【五月】
しょか[初夏]
せいやう[正陽]
とりくづき[鳥来月]
とりまつづき[鳥待月]
なつはづき[夏初月]
はななごりづき[花名残月]
はなのこりづき[花残月]
まうか[孟夏]
よげつ[余月]

しづをぞめづき[賤男染月]
じゅんげつ[鶉月]
たちばなづき[橘月]
ちゅうか[中夏]
ちゅうか[仲夏]
つきみずづき[月不見月]
ばくしう[麦秋]
ふぶきづき[吹雪月]
むぎ(の)あき[麦秋]
わせづき[早稲月]

ちゃうか[長夏]
とこなつづき[常夏月]
なごしのつき[夏越月]
なるかみづき[鳴神月]
はやしのかね[林鐘]

ばんか[晩夏]
まつかぜづき[松風月]
みづかれづき[水涸月]
みなづき[水無月]
りんしょう[林鐘]

【六月】
あをみなづき[青水無月]
いすずくれづき[弥涼暮月]
かぜまちづき[風待月]
きか[季夏]
くゎげつ[火月]
すずくれづき[涼暮月]
せうげつ[焦月]
せみのはづき[蟬羽月]
たぐさづき[田草月]
たんげつ[旦月]

あ・は行

か・ま行

さ・や行

た・ら行

な・わ行

# 現代語から古語を引く辞典

金田一春彦 [序]
芹生 公男 [編]

三省堂

# 【本書の構成】

## ・基本語の周辺……P3～P113

関連項目の多い語を基本語として選び、その意味によって分類し掲載した。

基本語八一、関連項目約三、九〇〇。

収録古語延べ約一〇、七〇〇。

## ・本文……P115～P580

現代語の見出しを五十音順に並べた。

現代語は現代かなづかい、古語は歴史的かなづかい。

空見出しも含めて約九、五〇〇。

収録古語延べ約四〇、四〇〇。

## ・古典のしおり……P581～P614

和歌・俳句の創作をはじめ古文に親しむ際に幅広く利用できるよう、歴史的かなづかい要覧・各種活用表など基本的文法事項のほか、

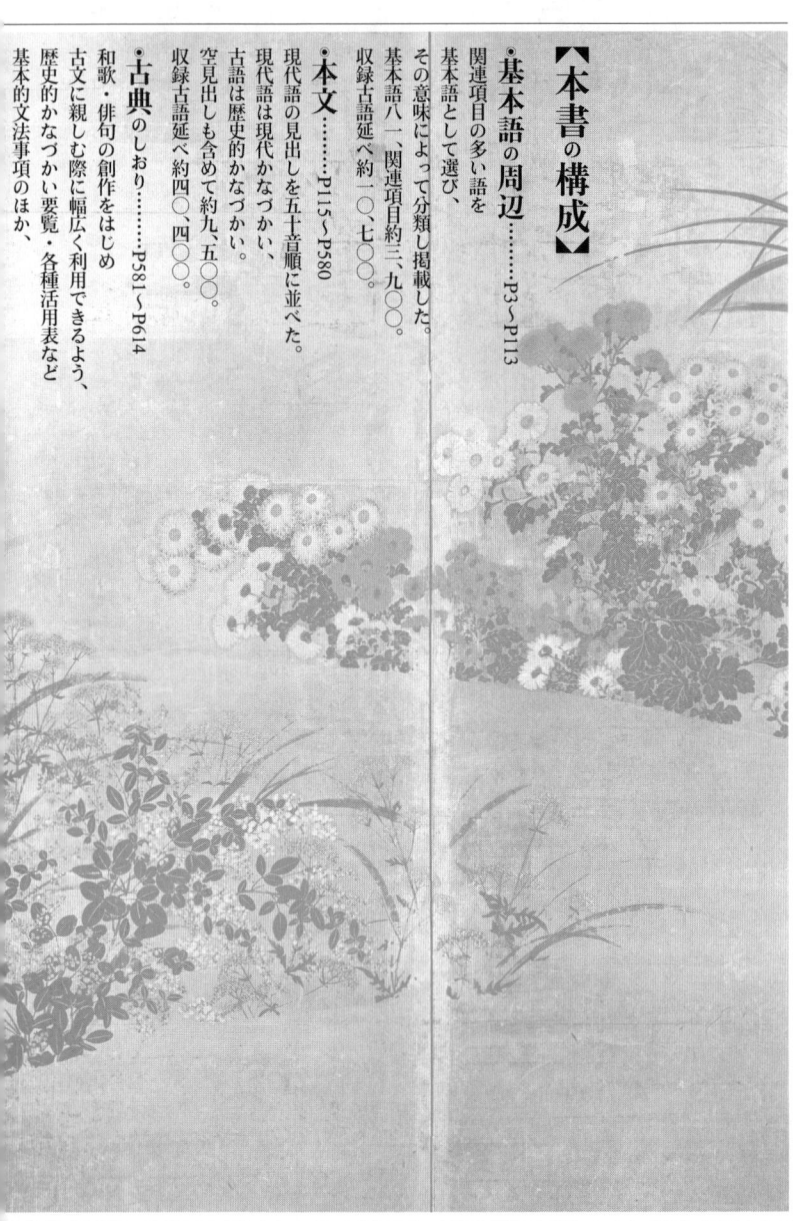

古語総索引………p.1〜p.270

古語からもその類語が探し出せるように、本辞典に収録されているすべての古語を五十音順に並べた。
「本文」にある語は現代語の見出しを示し、「基本語の周辺」にある語はページ数を示した。

【編者】
芹生公男〈せりふ きみお〉
一九六一年広島大学教育学部卒業
元、兵庫県立西脇高等学校長

【使用図版】
〔箱〕=「秋草図屛風」(俵屋宗雪画)
東京国立博物館蔵
Image : TNM Image Archives
Source : http://TnmArchives.jp/
【基本語の周辺】=「和漢三才図会」

【装幀】
三省堂デザイン室
©Sanseido Co., Ltd. 2007
Printed in Japan

# はじめに

『現代語から古語が引ける古語類語辞典』を世に問うたのは平成七年のことである。書名は、「逆引き古語辞典」『現古辞典』などの案もあったが「古語類語」とした。それから十二年、今インターネットで検索すると多数のサイトが出てきて、「古語類語」という造語が少しは市民権を得たものと誇らしく思う。また、その関連サイトを眺めていると、この辞典が予想を超えて多方面で活用されていることが分かる。短歌・俳句を創る人、時代物の小説や戯曲を書く人などが利用するのは当然だが、例えば、方言調査の基礎資料として利用したという記事があったり、また、「古文の授業で古語による作文の演習を行うことがあるため高校の図書館などに必備」という書き込みがあったりする。中でもうれしかったのは、「読んで楽しい辞典」という感想が少なからずあることだった。この数年品切れ状態が続いて復刊を望む声が高まり、ネット上だけでなく出版元の三省堂にも多く寄せられるようになったというのもうれしいことだった。

そんな多くの声に応えるべく、この度三省堂から再刊の計画が寄せられ、検討の結果、訂正すべきは訂正し、さらに広く利用していただけるよう付録もつけ、書名も一新して新刊として発行される運びとなった。十二年前、世間の話題にもならず静かなデビューであったが、忘れ去られることなく再び世にまみえることとなって喜ばしい。願わくは、より一層多くの人の机上にあって長く活用されんことを。

平成十九年三月

芹生公男

## 序 ——旧版序

　私は『明解古語辞典』を作りながら、英和辞典に対して、和英辞典があるように、現代語から古語が引ける辞典があって然るべしと考えていた。例えば、昔のことを題材にして、小説や戯曲を書く人には、そういうものがあれば便利だろうし、和歌や俳句を作る人も、知らない単語を教えられて好都合だろうと思ったからである。私は、今の『明解古語辞典』の単語をカードに取って、語釈を五十音順に並べたら、簡単に出来るのではないかと思い、将来暇があったら作ってみようと思っていたが、今度芹生さんという未知の方が作られたこの辞典の原稿を見せられて驚いた。
　開いてみると、本文は現代語が五十音順に並んでおり、それに一々古語が当てられている。正に私が作ろうとしていながら、研究や遊び事にかまけて作りそこなった辞典の体裁である。そうして私の『明解古語辞典』のような小さな辞典は相手にせず、『大日本国語辞典』のような大きな辞典を活用して作っておられるので、私が計画したものより、遥かにりっぱなものになっている。私は自分が作れなかったという残念な気持ちと、見劣りするようなものを作らないでよかったという、安心の気持ちとを同時に味わった。
　個々の見出し語の下には、「あな」「あなめ」「あなや」「あはれ」…というように、古語が五十音順に並んでいる。これは、古語辞典に当たれば、詳しい意義や、何時代の単語であるかということは分かるから、これで用は果たすはずである。感心したのは、基本語というものを選び出して、それを意味によって分類整理して並べてあるところ

である。これはすばらしい思いつきで、もし「日」の古語を引いて適当なものが見付からなかったら、そこに挙がっている「朝日」とか「明日」とかの項を探せば、適当な単語が見付かることがあるはずで、これは私など全然考えていなかったところである。この欄の一つひとつの単語を読んで行くと、「月」の条などにはいろいろな月が別の名をもっていたことが知られ、日本人にとって如何に月が大切なものだったかということが伺われて楽しい。もしギリシャ語やアラビア語にこのような辞典ができたら、星の条が、むやみに詳しく作られたであろう。

この辞典を見て、もっと望みたいこともないではない。一つの現代語の並んでいる古語は、五十音順にするよりも、用いられた時代の順にした方がよかったし、簡単に、上代とか、中古とか注記があったらなお便利だった。また、「雨」という語は、『万葉集』以来今の意味で使われていたが、そのようなものも、『万葉集』時代にあったということを記載しておいた方がよかった。そうしないとそのころは、今と同じ用法がなかったのか、それともあったのか、はっきりしない。ちょうど和英辞典に、日本語と同じ形の英語も、挙げていなければいけないようなものである。

それはともかくとして、いい辞典が出来たことは嬉しい。私は早速机の上に置いて愛用しよう。芹生さんは、まだ若い方であるから、これを第一作として、今後ますます内容の充実した辞典をお作りになるであろう。わたしはその前途洋々たることを祝し、筆硯のますます隆昌ならんことを祈ってやまない。

平成七年二月一日

金田一春彦

◆凡例◆

現代語によって古語を探し出す辞典は今まで出版されたことがなく、本書の前身『現代語から古語が引ける古語類語辞典』をもって嚆矢とする。嚆矢ゆえにその命名については当初からさまざまな案が交錯して苦慮したが、結局『古語類語』として発刊された。この度その書名を変更するのは「現代語から」という言葉を強調したかったからである。『古語類語』という書名に未練なきにしもあらずであるが、「現代語↓古語」というこの辞典の基本姿勢をもって書名とする方がより多くの人に受け入れてもらいやすいと考えたからである。

内容は書名のとおり「現代語から古語を引く辞典」である。

『例解短歌用語辞典』（窪田空穂 尾山篤二郎 編──創拓社）の「まえがき」の言葉を借りて言えば、「民族の歴史の中に生きてきた言葉」には「真実の生活感情を託すことのできる語が、無尽蔵に存在するように思われる。そこには、漢語やカタカナ語にはない、日本の伝統文化に裏打ちされた、情操豊かな言葉の世界が広がっている。民族の言葉──やまとことばを今に生かす一つの手掛かりに、この辞典は提供するものである。古語を示すだけで却ってその解説は一切ない。意味、品詞、活用、用例、自動詞と他動詞の区別、派生語等々を示すと却って煩雑になると考え、漢字のみ添えて他は一切省略した。この辞典は傍らに一般の古語辞典を置いて随時参照しながら利用することを想定して編集した。巻末の索引は古語からもその類語が検索できるようにしたものである。また今回、作歌・作句をはじめ古文に親しむ際に幅広く利用できるよう、基本的な文法事項、かなづかい、季語一覧等を添えて付録とした。

金田一博士のご指摘のとおり、問題がないわけでもない。今後、類語間のニュアンスの違い、その古語が使われた時代の特定や学習者のための重要度の表示、さらに、「古語」を近世で切るのではなく、近代も含めて言葉の収集を進めていきたいと考えている。

古語の採録は高校生用の古語辞典数冊を基礎として、『大日本国語辞典』(上田万年 松井簡治 共著—冨山房)、『日本類語大辞典』(芳賀矢一閲 志田義秀 佐伯常麿 編—講談社)等で補った。「きちゃう[几帳]」「ぎっしゃ[牛車]」のように現代にないものや、「みちのく[陸奥]」「つくし[筑紫]」のような固有名詞、それに助詞・助動詞は原則として省いた。代わりに、動植物の異名を歳時記や類語辞典から補ったが、必ずしも古語と言えないものも含まれる。

現代語の見出しは『必携類語実用辞典』(武部良明編—三省堂)を参考にして選定した。空見出しも含めて約一万、五十音順に並べた。語幹と活用語尾は「・」(中黒)で分け、形容動詞は語尾を省いた。

収録した古語は、延べ約五万一千百。漢字・かなづかい等の確認は、前記辞典のほか、『角川古語大辞典』(中村幸彦 岡見正雄 阪倉篤義 編—角川書店)に依った。明らかな当て字も、学説の違いによって表記が定まらないものも、一応記載した。

関連語で見出し語と共通する部分は—で示した。その他の関連語は▼をもって示した。↓は参照項目、（ ）内の↳は枕詞の掛かる語を示す。掛かる語が同じ枕詞は、「・」でつないだ。（ ）がないものは見出し語に掛かる。他に、

尊=尊敬語　謙=謙譲語　丁=丁寧語　枕=枕詞　感=感動詞　反=反語
句=ことわざなど　頭=文頭表現　困=文末表現　接=接頭語　尾=接尾語

などの記号を使った。

関連語の多い語を、巻頭に「基本語の周辺」としてまとめた。基本語八一を「自然」「人事」「表現」の三部に分類し、関連の深い語をかためて列挙した。小見出し約三千九百、大見出しごとに原則として五十音順に並べた。これらの基本語には、日本人、あるいは人間が古来関心を持ち続けてきた事物が凝縮されていることを感じる。また、「雨」「風」などを見ていると、古人の自然に対する多様な思いを知ることができる。「基本語の周辺」はその意味で読み物としても興味深い。

(8)

# 基本語の周辺 目次

## 【自然】

### ●天文・気候・地理
ひ[日]…3　つき[月](空の)…4　つき[月](年月の)…5
ほし[星]…7　あめ[雨]…8　かぜ[風]…11　つき[月](年月の)…5
いろ[色]…14　とき[時]…16　きせつ[季節]…17
ゆうがた[夕方]…18　よあけ[夜明]…19　よる[夜]…20
うみ[海]…22　かわ[川·河]…24　のはら[野原]…26　みず[水]…26
やま[山]…27　た[田]…29　みち[道]…30

### ●動物・植物
どうぶつ[動物]…32　とり[鳥]…33　むし[虫]…36
さかな[魚]…37　くさ[草]…38　き[木]…43

## 【人事】

### ●人間
からだ[身体]…46　み[身]…48　め[目眼]…49　おんな[女]…50
こども[子供]…51　ろうじん[老人]…52　つま[妻]…54
かぞく・しんせき[家族・親戚]…55　せけん[世間]…57

### ●気持ち
き[気]…58　こころ[心]…60　あい[愛]…61　わか[和歌]…64

### ●動き・状態
なく[泣・鳴]…65　なみだ[涙]…66　わらう[笑]…67
あるく[歩]…68　いう[言]…69　おちつく[落着]…70　きく[聞]…71
しぬ[死]…72　しる[知]…74　つくる[作]…75　ねる[寝]…76
みる[見]…77　おおい[多]…78　はかない[儚]…80
ふうりゅう[風流]…81　りっぱ[立派]…82　うわさ[噂]…83
けっこん[結婚]…84　じゅんび[準備]…85　たび[旅]…86
びょうき[病気]…87　ねんれい[年齢]…89　こえ[声]…89

### ●物
いえ[家]…91　きもの[着物]…93　さけ[酒]…94
たべもの[食物]…95　ふね[舟・船]…97

## 【表現】

### ●助詞・助動詞
かこ・かんりょう[過去・完了]…99　だんてい[断定]…99
うちけし[打消]…100　えいたん[詠嘆]…101
がんぼう[願望]…101　ぎもん[疑問]…102
すいてい・すいりょう[推定・推量]…103　でんぶん[伝聞]…104
はんご[反語]…104　とうぜん[当然]…105

### ●その他
だいめいし・しじご[代名詞・指示語]…105　じょすうし[助数詞]…110
せっとうご[接頭語]…111　せつびご[接尾語]…112

# 基本語の周辺 目次 〈五十音順〉

あい[愛]……61
あめ[雨]……8
あるく[歩]……68
いう[言]……69
いえ[家]……91
いろ[色]……14
うちけし[打消]……100
うみ[海]……22
うわさ[噂]……83
えいたん[詠嘆]……101
おおい[多]……78
おちつく[落着]……70
おと[音]……12
おんな[女]……50
かこ・かんりょう[過去・完了]……99
かぜ[風]……11
かぞく・しんせき[家族・親戚]……55
からだ・身体]……46
かわ[川・河]……24

がんぼう[願望]……101
き[木]……43
き[気]……58
きく[聞]……71
きせつ[季節]……17
きもの[着物]……93
ぎもん[疑問]……102
くさ[草]……38
けっこん[結婚]……84
こえ[声]……89
こころ[心]……60
こども[子供]……51
さかな[魚]……37
さけ[酒]……94
しぬ[死]……72
じゅんび[準備]……85
じょすうし[助数詞]……110
しる[知]……74
すいてい・すいりょう

[推定・推量]……103
せけん[世間]……80
せっとう[接頭語]……57
せつびご[接尾語]……112
た[田]……29
だいめいし・しじご
　[代名詞・指示語]……105
たび[旅]……86
たべもの[食物]……95
だんてい[断定]……99
つき[月(空の)]……4
つき[月(年月の)]……5
つくる[作]……75
つま[妻]……54
でんぶん[伝聞]……104
とうぜん[当然]……105
どうぶつ[動物]……32
とき[時]……16
とり[鳥]……33
なく[泣・鳴]……65
なみだ[涙]……66
ねる[寝]……76
ねんれい[年齢]……89

[のはら[野原]……26
はかない[儚]……80
はんご[反語]……104
ひ[日]……3
びょうき[病気]……87
ふうりゅう[風流]……81
ふね[舟・船]……97
ほし[星]……7
み[身]……48
みず[水]……26
みち[道]……30
みる[見]……77
むし[虫]……36
め[目眼]……49
やま[山]……27
ゆうがた[夕方]……18
よあけ[夜明]……19
よる[夜]……20
りっぱ[立派]……82
ろうじん[老人]……52
わか[和歌]……64
わらう[笑]……67

# 自然 — 天文・気候・地理

【自然】──ひ[日]

## ひ[日]

かけ ひさかた[久方] ひろま

ひ[真日]

**枕**—あかねさす[茜] あからひく[赤引] あまつたふ[天伝] あらたまの[新玉] あまてるや[天照] さしのぼる[差昇] たかてらす・たかてる[高照] たかひかる[高光] たまかぎる[玉] まきさく[真木割]

朝 あさづくひ[朝日]

朝日子 あさひこ[朝日子]

朝日の光 あさかげ[朝影] あさひかげ[朝日影]

明日 あくるけふ[明今日] くるひ[来日] またのひ[又日]

明日の朝 くるつあした[来旦]

一日中 →**本文** いちにちじゅう

隔日 ひとひまぜ[一日交]

昨日 きぞ[昨日]

数日 ひごろ[日頃]

先日 このあひだ[此間] さきつころ・さきつひ[先日] さきんど[先度] ひとひ[一日]

太陽 あまつひ・あめのひ[天日] てんたう・てんだう[天道] にちりん[日輪] はくじつ[白日] まひ[真日] ひかげ[日影・日景] ひ[日] 

太陽のある所 ひのありど[日在処]

旅の途中で日が暮れる ゆきくらす・ゆきくらす[行暮]

天上の太陽 たかひ[高日]

日が傾く うすづく[春]

日が暮れる やみにくる[闇暮] ゆきく

らす・ゆきくる[行暮]

日が高く上がる ひたく[日闌]

日が経つにつれて ひにそへて[日添]

日が早く暮れること つるべおとし[釣瓶落]

日ごと ひなみ[日次・日並]

日ごとに いやひけに[弥日異] ひにけに[日異] ひだまり[日溜] ひまし(に)[日増]

日の出 とよさかのぼり[豊栄登]

日に当てる あつ[当] さらす[晒]

日に翳す あつ[当]

日に晒すこと ひされ[日曝]

日の光 あさかげ[朝影] あさひかげ[朝日影] ひかげ[日影] ひのあし[日足] ひのめ[日目] ゆふかげ[夕影] ひ[日]

日向 おもて[日面] ひだまり[日溜] ひなたぼこ・ひなたぼこり[日向]

日々を暮らす あかしくらす[明暮] かがなべて[日日並] けならべ[日並]

日を重ねて かがなべて[日日並]

毎日 ひなみ[日並]

夕日 いりつひ[入日] せきやう[夕陽] ゆふづくひ[夕付日]

【自然】──── ひ[日]、つき[月]（空の）

連日　ひなみ[日並]

（一日）　つきたち[月立]
（三日）　みか[三日]
（四日）　よか[四日]
（六日）　むゆか[六日]
（八日）　やか[八日]
（十五日）　もち・もちのひ[望日]
（三十日）　つごもり[月籠]
（四十日）　よそか[四十日]
（五十日）　いか・いそか[五十]

つき[月]（空の）

かつらのはな[桂花]　かつらを・かつらをとこ[桂男]　ぎょくと[玉兎]　ささらえをとこ[小愛男・細壮士]　しまぼし　しらまゆみ[白真弓]　たまかつら[玉桂]　たるつきのかほ　つきしろ[月代]　つきのかほ　ひと・つきひとをとこ[月人男]　つきよみ[月夜見・月読]　きよ・つきくよ[月夜]　よみ[月夜見・月読]　つきよみ・つきよみをと

こ・よみをとこ[月夜見男]　つくひさかた[久方]
枕─あらたまの[新玉]　ぬばたまの[射干玉]　ひさかた（の）[久方]　ゆくかはの[行川]

明るい月　めいげつ[明月]
明け方の月　あさづくよ[朝月夜]
有明の月……夜明けに残る月
下弦の月　くだりづき[降月]　しもつゆ
みはり[下弓張]　もちくだち[望降]
月面　つきのかほ[月顔]
九月十三日夜の月　くりめいげつ[栗名月]　じふさんや[十三夜]　なごりのつき[名残月]　のちのつき[後月]
十四日夜の月　まめめいげつ[豆名月]　こもちづき[小望月]
十五日の月　かみつゆみはり[上弓張]　かばのつき[半月]
上弦の月　つきよ・つくよ[月夜]
月の明るい夜　つきしろ[月白]
月の出の前の空　つきしろ[月代]
月のない明け方　あかつきやみ・あかとき やみ[暁闇]

月の表面　つきのかほ[月顔]
月の光が漏れてくる　もりいる[漏入]
冷たく輝く月　ひょうりん[氷輪]
八月十四日の月　こもちづき[小望月]
八月十五日の月　じふごや[十五夜]　いげつ[名月・明月]
八月十六日の月　いさよひ・いさよふ き・いさよひのつき[十六夜月]
八月十七日の月　たちまち・たちまちづ き[立待月]
八月十八日の月　ゐまち・ゐまちづき[居待月・座待月]
八月十九日の月　ねまちづき・ねまちの つき[寝待月]　ふしまちづき[臥待月]
八月二十日の月　つぎのつき[次月]　ふ かまちづき[深待月]　るなかのつき[亥中月]
春の霞んだ月　おぼろづき[朧月]　おぼろづくよ[朧月夜]　えんげつ[朧月]
半月　かたわれづき

月の入る時・方向　いるさ[入]
月の光　つきあかり[月影]　つきかげ[月影]

《自然》── つき[月]〈空の〉、つき[月]〈年月の〉

## つき[月]〈空の〉

[片割月] なかばのつき[半月] ゆみはりづき[弓張月]
冬の月 かんげつ[寒月] ふゆみかづき[冬三日月]
満月・名月 さんごやつき[三五夜] じふごや[十五夜] つきのかがみ[月鏡] もちづき[望月] めいげつ[月夕][名月] もなかづき[最中月] ちうしゅうむげつ[中秋無月] むげつ[無月]
名月が見えないこと むげつ[無月] ちうしうむげつ[中秋無月]
名月の夜 さんごや[三五夜]
夕方の月 ゆふづきよ・ゆふづくよ[夕月夜]
弓の形の月 ゆみはり・ゆみはりづき[弓張月]
夜明けに残る月 あかつき・あかつきづくよ・あかつきづきよ[暁月] ときづくよ[暁月] あさづくよ[朝月夜] あさゆきづき[朝行月] ありあけ・ありあけのつき[有明月] なごりのつき[名残月] のこんのつき[残月]

月の異称

月末 つきごもり[月籠] つきじり[月尻] つごもり・つもごり[晦日] みそか[三十日・晦日]
月ごろ つごもりがた[晦日方] つごもり[当月]
今月 たうのつき[当月]
数ヶ月来 つきごろ[月頃]
月末以来 つごもりかふ[月変]
月が改まる つきなみ[月並]
月ごとに つきなみ[月並] つきにけにき[月異]
月の下旬 しも[下] しものとをか[下十日] つごもり[晦日] つごもりがた[晦日方]
月の下旬の夜 しもつやみ[下闇]
月の上旬 かみ[上] ついたち[朔日]
月の中旬 なか[中]
月の初め さく[朔] ついたち[朔日]
毎月 つきなみ[月並]
来月 らいげつ[来月]

## つき[月]〈年月の〉

(一月・正月) あらたまづき[新玉月・璞月] いはひづき[祝月] かすみそめづき[霞染月] くれしづき[暮新月] げつしゃう[月正] げんげつ[元月] さみどりづき[早緑月] しゃうがち・しゃうぐゎつ[正月] じょうげつ[上春] しょげつ[初月] せいやう[青陽] たらうづき[太郎月] ただしづき[端月] としのはじめ[年初月] としのはつそらづき[初空月] ねのひづき[子日月] はつづき[初月] はつそらづき[初空月] はつはなつき[初花月] はつはるづき[初春月] はつみつき[初見月] まうしゅん[孟春] むつき[睦月]

(二月) うめみづき[梅見月] うめづき[梅月] かんしゅん[酣春] きさらぎ[如月] けいふう[恵風] さみどりづき[早緑月] しょげつ[木芽月] じょげつ[如月] ちうしゅん[仲春] ちゅうやう[仲陽] ゆききえづき[雪消月] れいげつ[令月] れいげつ[麗月] をぐさおひづき[小草生月]

(三月) あうげつ・さくらづき[桜月]

【自然】──── つき[月] (年月の)

(一月) いやおひ[弥生] かげつ[嘉月] つき[忌五月] いむつき[忌月] うづき[秋初月] あさみなづき あきはづき[秋端月] あきづき[秋初月]

しゅん[帰春・季春] くゎげつ[花月] げつ[雨月] うめのいろづき[梅色づき[相月] おやづき[親月] ささはづき[早花咲月] ざんしゅん[残月] ごよう[五陽] さはなさづき[花月] くんぷう[薫風] さうげつ[皐月] づき[瓜月] こげつ[孤月] しんしづき[桃月] めいろづき[桃月] たうげつ[桃月] しなへづき[早苗月] しつまつき[初秋] たなばたつき[七夕月]

惜月] ばんしゅん[晩春] やよひ[弥生] つきみずづき[月不見月] たちばなづき[橘月] じゅんげつ[鶉月] しづをぞめづき[賤男染う[吹雪月] わせづき[早稲月] なよづき[七夜月] はつあき[初秋]

(四月) いんげつ[陰月] うづき[卯月] き[風待月] きか[季夏] くゎげつ[文月] ふづき・ふみづのはなづき[卯花月] えとりはの[火月] すずくれづき[涼暮月] き[女郎花月]

つき[得鳥羽月] ことばのつき こ ろげつ[文開月] ほみづき[穂見

[正陽] とりくづき[鳥来月] とり つき[旦月] たぐさつき[田草月] (八月) あきかぜづき[秋風月] かつらづき・けいげつ[桂月]

まつづき[鳥待月] なつはづき[夏 つづき[常夏月] なごしのつき[夏 げつ[弦月] こそめづき[木染月]

[首夏] しょか[初夏] せいやう [旦月] たぐさつき[田草月] つき[蝉羽月] がんらいづき[雁来月] くゎんげつ[観月] げん

初月] はなごりづき[花残月] やしのかね[林鐘] ばんか[晩夏] げつ[弦月] こそめづき[紅染月]

まつかぜづき[松風月] みづかれづき[水涸月] せいしう[正秋・清秋]

[孟夏] よげつ[余月] はなのこりづき[花残月] まうか き[水涸月] みなづき[水無月] ろつき[其色月・園色月] たけのこのはる[竹小春] たけのはる・ちくし

[五月] いついろづき[五色月] いむさ んしょう[林鐘] はる

6

【自然】──── つき[月]（年月の）、ほし[星]

つき[月]

ゅん[竹春] ちゅうしゅう[中秋・仲秋] つきみづき[月見月] つばめさりづき[燕去月] なかのあき[仲秋] なんりょ[南呂] はづき[葉月] もろこしづき[諸越月]

〈九月〉 いろどりづき・いろどるつき[色取月] かうしう[高秋] きくさきづき[菊咲月] きくづき[菊月] きくさしう[季秋] くちつき[朽月] げつ[玄月] こうばいのつき[紅梅月] こずゑのあき[梢秋] こそめつき[濃染月・木染月] ながつき[長月] ねざめづき[寝覚月] はなふくあき[花吹秋] ばんしう[晩秋] ぽしう[暮秋] みちづき[紅葉月] ゑとりづき[夜長月] をだかりづき[小田刈月] 枕─きみがよの[君代]・すがのねの[菅根]（▶ながつき）

〈十月〉 かみさりづき[神去月]・かみなしづき・かみなづき・かんなづき[神無月] きつげつ[吉月] げんちょ[玄猪] げんとう

げんげつ[玄冬] こはる[小春] こはるづき[小春月] ころくぐゎつ[小六月] しぐれづき[時雨月] じゃうとう[上冬] しょとう[初冬] しんとう[新冬] しんとう・しんいん[秦正] ざんとう[正陰] せいしん[新陽] せうしゅん[小陽春] はつしも[初霜] はるまちづき[春待月] やうげつ[陽月] りゃうげつ[良月]

〈十一月〉 かぐらづき[神楽月] かみきづき[神来月] かもづき[鴨月] さくえき[朔易] しもつき[霜月] しもふりづき[霜降月] しんやう[新陽] せんげつ[千月] たつげつ[達月] ちゅうとう[中冬・仲冬] つゆこもりのはづき[露隠葉月] なかのふゆ[仲冬] ねづき[子月] ふうかん[風寒] ふくげつ[復月] ゆきまちづき・ゆきまつつき[雪待月] ゆきみづき[雪見月]

〈十二月〉 うめはつづき[梅初月] おとごづき[乙子月] おとづき[弟月]

おはつづき かぎりのつき[限月] きげつ[季月] きとう[季冬] くれこづき[暮古月・暮来月] ごくげつ[極月] さいばん[歳晩] ざんとう[歳晩] しはす[師走] しゅうげつ[終月] じょげつ[除月] じんげつ[尽月] たいりょ[大呂] としつみづき[年積月] としのをはり[年世積月] としのをはり[年満月] としみつづき としよつむ[年尾尽月] はてのつき[果月] はるまちづき[春待月] はるのとなり[春隣] ばんとう[晩冬] ぼさい[暮歳] みふゆづき[三冬月] ゆき[雪] らふ[臘] らふげつ[臘月]

ほし[星]

あまつぽし[天津星] あまつみかぼし[天津甕星] せいしん[星辰] いと[星斗]

**明けの明星** あかぼし[明星] かはたれ

【自然】 ── ほし[星]、あめ[雨]

**ほし[星]**

あやしい星 あまつきつね[天津狐]

衛星 そひぼし[添星] まもりぼし[守星]

多くの星 ほしのはやし[星林]

煌めく星 きらぼし[星星]

天上の星 あまつほし[天星] たかぼし[高星]

天の川 あまつみかは[天御川] あめのやすのかは[天安川] みなしがは[水無川] やすのかは[安川]

火星 けいわく[蛍惑] なつひぼし[夏日星] ひなつぼし[日夏星]

銀河 → 天の川

金星 あかぼし[赤星] かはたれぼし[彼誰星] たいはく・たいはくせい[太白星] たれどきぼし[誰時星]

牽牛星 いぬかひぼし[犬飼星] うしかひぼし[牛飼星] とほぼし[遠夫星] ひこぼし[彦星]

牽牛織女 めをとぼし[妻夫星]

ゆふづつ[夕星]

織女 あさがほひめ[朝顔姫] おりひめ・おりひめぼし[織姫星] かじのはひめ[梶葉姫] ささがにひめ[小篠姫] しょくぢょ[織女] たなばた[七夕・棚機] たなばたひめ[棚機姫] たなばたつめ[棚機津女] たなばたひめ[棚機姫] てんそん[天孫] てんにょ[天女] とほづま[遠妻] ともしづま

水星 しんせい[辰星]

彗星 はうきぼし[箒星] ははきぼし[帚星] ほだれぼし[穂垂星] りうする[流彗]

星座 しゅく[宿] せいしゅく[星宿] せいしん[星辰] せいと[星斗] しのやどり[星宿] やどり[宿]

七夕星 あさがほひめ[朝顔姫] たなばた

七夕に牽牛織女が会うこと ほしあひ[星合]

小さい星 ぬかぼし[糠星]

土星 ちんせい[鎮星] てんせい[塡星]

流れ星 かたわれぼし[片破星] しりぼし[流星・走星] ひかりもの[光物] よばひぼし[婚星・夜這星] りうせい[流星]

彦星 → 牽牛星

帚星 ほうきぼし[箒星] ははきぼし[帚星] ほだれぼし[穂垂星]

北斗七星 てんかん[天関] しちなつぼし[七星] ほくしん[北辰]

北極星 ほくしん[北辰]

星屑 ぬかぼし[糠星]

星明かりの夜(月はない) ほしづくよ・ほしづきよ[星月夜]

明星 たいはく・たいはくせい[太白星]

日月と星 さんくゎう[三光] さんしん[三辰]

木星 たいさい[太歳]

宵の明星 ゆふづつ[夕星]

流星 → 流れ星

**あめ[雨]**

あまつみづ[天水] てんすい[天水] ひさかたの[久方] まくら[枕]

秋の雨 あきさめ[秋雨] あきついり

8

【自然】───── **あめ** [雨]

[秋梅雨入][秋霖] えきう[液雨] せいう[凄雨] しうり[秋霖]催

明け方の雨 あかつきあめ・あかときあめ [暁雨]

明け方まで降る ふりあかす [降明]

朝の雨 あささめ [朝雨] あさしぐれ [朝時雨]

雨垂れ あましだり [雨滴] あまそそぎ・あまたり・あまだり・あまたれ [雨注][雨垂]

句のきのいとみづ [軒糸水] のきのたまみづ [玉水]

雨垂れの落ちる所 あまうち [雨打] あまだり・あまたれ [雨落]

雨水 にはたづみ [庭潦・潦] あまがくれ [雨隠]

雨宿り あまやどり かさやどり [笠宿]

雨が一日中降る ふりくらす [降暮]

雨が降る↓降る

雨がやっと止むこと にじりあがり [躙上]

雨になりそう あまぐもり [雨曇] あま

もやひ・あまもよひ・あめもよひ [雨催]

雨の晴れ間 あまま・あめま [雨間] もま [雲間] をやみ [小止]

雨の降りきる時 あめもよに [雨]

雨の降りしきるさま しめじめ（と）

雨模様 あまもやひ・あまもよひ・あめもよひ [雨催]

五月雨 さみだれ [五月雨] きあめ [黄雨] うのはなくたし [卯花腐] さつ

霰 あられ [霰] ひさめ [氷雨] そらのみだれ [空乱]

枕─あられうつ [霰打]

一時的な豪雨 ひとしぼり [一絞]

一段と激しく降る ふりまさる [降増]

一日中降る ふりくらす [降暮]

一面に降る しめしく [降敷]

大雨 ひさめ [大雨]

大雨が降るさま しゃちく [車軸]をつく [篠突]

大雨・豪雨 てっぱうあめ [鉄砲雨] しのをつく [篠突]

大粒の雨が降る しのあめ・きりさめ [霧雨]

霧のような雨 ぬかあめ [糠雨] きりあめ・きりさめ [霧雨]

大粒の雨 てっぱうあめ [鉄砲雨]

風を伴い降る ふりふぶく [降吹雪]

五月二十八日の雨 とらがあめ [虎雨]

小雨のような霧 あまぎり [雨霧]

小降りになる をだやむ・をだゆむ [小弛]

細かな雨 こぬかあめ [小糠雨] ぬかあめ [糠雨] さあめ [小雨]

桜の頃の雨 さくらあめ [桜雨] はなのあめ [花雨]

五月雨 さみだれ [五月雨]

しきりに降る しきふる [頻降] ふりしこる [降頻]

時雨 あさしぐれ [朝時雨] かたしぐれ [片時雨] きりしぐれ [霧時雨]

掻凝 ふりふる [降降]

夜時雨 さよしぐれ [小夜時雨] しぐれ・しぐれのあめ [時知雨]

ときしるあめ [時間雨] なつしぐれ [夏時雨] はつしぐれ [初時雨]

まのあめ [時間雨] はるしぐれ [春時雨] ふゆしぐれ [冬時雨] ゆふ

るしぐれ [春時雨] むらしぐれ [村時雨] よこしぐれ [横時雨]

しぐれ [夕時雨]

【自然】――あめ[雨]

時雨が降る　うちしぐる[打時雨]　しぐる[時雨]　かきしぐる[搔時雨]　しぐる[時雨]　かき
ほとつ・そぼつ[濡]　そぼつ・そぼふる[降]
しとしと降る　そほつ・そぼふる[降]
空模様　ていけ・てけ・てんけ[天気]
晴雨に関係なく　てれふれなし[照降無]
しょぼしょぼ降るさま　そぼそぼ　そぼ　そぼ
ふる[降]
初冬の小雨　かざはな[風花]
驟雨→にわか雨
雨　ほふる・そぼふる[降]
梅雨　うめのあめ[梅雨]　さつきあ
め[五月雨]　さみだれ[五月雨]
梅雨入り　ついり[梅雨入]
どんより曇ったさま　あまつづき[雨続]　どんみり
長い雨　ながめ[長雨]
にわか雨　しばあめ[柴雨]　はやさめ
[早雨]　ひぢがさ・ひぢかさあめ・ひ
ぢがさめ[肘笠雨]　むらさめ[村雨・叢雨]　わたくしあめ[私雨]
夏の嵐　せいらん[青嵐・晴嵐]
激しい雨　かきたる[搔垂]　みだれ[乱
れ]

春の雨　しゅんりん[春霖]　はるさめ[春雨]　はるしぐれ[春時雨]
激しく降る　かきたる[搔垂]　ふりある[降荒]
日の照っている時の雨　きつねのよめいり[狐嫁入]
びしょびしょになるぐらい降る　ふりそ
ほつ・ふりそぼつ[降濡]
雹　ひょう[氷]　ひさめ[氷雨]　へう[雹]
氷雨　ひさめ[氷雨]　へう[雹]
晩秋・初冬のさっと降る雨→時雨
晴れ間→雨の晴れ間
風雨が激しいさま　みだれ[乱]
降ったり止んだり　ふりみふらずみ[降
句―しのをみだす[篠乱]
降ったり止んだりの雨　むらさめ[村雨・叢雨]
降り荒れる　ふりある[降荒]
降り掛かる　うちかく[打懸]
降り掛ける　そそく[注・灌]
降り籠められる　あまごもり[雨籠]

まさはり・あまつつみ[雨障]
降りしきる時　あめもよに[雨]
降りしきるさま　しめじめ(と)[雨]
降り続く　しきふる[頻降]　ながらふ[流]
降り積もる　ふりおく[降置]　ふりうづ
む[降埋]
降る　うちふる[打降]　そそく・そほつ
[注・灌]　ながらふ・ながらふる[流]　そほつ[濡]
まばらに降る雪　ささめゆき[細雪]
ますます降る　ふりしく[降頻]
霙　みぞれ[霙]
霙が降る　ひさめ[氷雨]
身の上を知り顔にふる雨　みをしるあめ
夕方の雨　ゆふさめ[夕雨]
夕立　ゆふだち・ゆだち・よだち[夕立]
夕立が降る　ゆふだつ[夕立]
横なぐりの雨　よこあめ[横雨]
夜の雨　さよしぐれ[小夜時雨]　よさめ
[夜雨]

《自然》 ── かぜ［風］

## かぜ［風］

枕──あさはふる［朝羽振］

青葉の頃の風 くんぷう［薫風］
青葉を吹く風 あをあらし［青嵐］
秋から冬の風 こがらし［木枯・凩］ はわけのかぜ［葉分風］
秋の強い風 のわき［野分］
秋初めての風 はつかぜ［初風］
朝の風 あさけのかぜ［朝風］ あさとかぜ［朝戸風］
朝の東風 あさこち［朝東風］
朝の北風 あさきた［朝北］
あちこち吹き荒れる風 よものあらし［四方嵐］
海辺を吹く風 うらかぜ［浦風］ へつかぜ［辺風］
海を吹く風 おきつかぜ［沖津風］
海を吹きわたる風 うみをひたす［海浸］ あまりかぜ［余風］
大風の後の風 ふきたつ［吹立］
追い風 おひて［追風］ ときつかぜ［時津風］ まとも［真艫］

微かな風の音 そそ［颯颯］
風が起こる たちく［立来］ たつ［立］
風が軽やかに吹く そよふ［戯］
風がさっと吹くさま さうさう さつさ
風が騒ぐ空 かぜぞら［風空］ さやさや
風が激しく吹く ふきまく［吹巻］ ふきまよふ［吹迷］
風が頻りに吹く ふきしく［吹頻］
風がぴたっと止む かぜおつ［風落］
風が吹き当たる音 ひたひたと
風が吹く音 さくさく［索索］ さつさっ・さつさつ［颯颯］ そそ そより そよろ そよそよ そよろ そよ（と）
風が吹いて空が晴れる ふきはる［吹晴］
風が吹き荒れる しまく［風巻］ ふきす さぶ［吹］
風が止んだ後の波 なごり・なごろ［余波］
風で撓む ふきしなふ［吹撓］ ふきたわむ［吹撓］
風で舞い上がる ふきたつ［吹立］
風と共に かぜのむた［風共］
風の音 →風が吹く音

風の吹いている時 かざま［風間］ あさはふる［朝羽振］
風の吹く様子 あさはふる［朝羽振］
風の止んでいる時 かざま［風間］
寒風 しもかぜ［霜風］
北風 あをぎた［青北風］（八月ごろ吹く） きた［北］ きたおろし［北嵐］ きたかぜ
急に吹く風 はやて・はやちかぜ［疾風］
九月の風 いろなきかぜ［色無風］
草木の上を吹く風 うはかぜ［上風］
桜の盛りに吹く風 はなかぜ［花風］ はなのしまき［花風巻・花風捲］
寒い、冷たい風 しもかぜ［霜風］
潮風 うらかぜ［浦風］ しほあらし［潮嵐］ おきつかぜ［沖津風］ しほかぜ［潮風］ ときつかぜ［時津風］ まつかぜ［浜津風］
疾風 はやち［疾風］
順風 →追い風
初夏の風が吹き渡る かぜかをる［風薫］
初夏の南風 くんぷう［薫風］
西北の風 あなし・あなぜ［西北風］
西南の風 ひかた［日方］

## 【自然】　　かぜ［風］、おと［音］

### かぜ［風］

旋風　しまき［風巻・風捲］　つじかぜ［辻風・旋風］　つむじ［旋風］　てんぐかぜ［天狗風］

台風　のわき［野分］

高い峰からの風　たかねおろし［高嶺嵐］

つむじ風　…旋風

梅雨の頃の南風　くろはえ［黒南風］　しらはえ・はえ［白南風］

強い、激しい風　あからしまかぜ［暴風］　あらし［嵐］　あらしがさね［嵐騒］

風巻　よこしまかぜ［横風］

天を吹く風　あまつかぜ［天風］　あまつさよかぜ［天小夜風］

東南の風　いなさ［東南］

突風　あからしまかぜ［暴風］

鳥や虫の羽ばたきの風　はかぜ［羽風］

夏の季節風　ひかた［日方］

西風　にし［西］

野分が吹く　のわきだつ・のわけだつ［野分立］

野分の気配がする　のわきだつ・のわけだつ［野分立］

野を渡る風　のかぜ［野風］

激しい風　→強い、激しい風

花の頃に吹く風　→桜の盛りに吹く風

春の東風　あゆのかぜ・あいのかぜ［鮎風］　こち［東風］　つよごち［強東風］　あさごち［朝東風］　ゆふごち［夕東風］

東からの風　あゆ・あゆのかぜ　こち・こちかぜ［東風］　ひがし・ひむがし・ひんがし［東］　ひかた［日方］

微風　ありなしかぜ［有無風］

吹き荒れる　ふきすさぶ［吹］

吹き下ろす風　ふきおろし［吹下］　いぶきおろし［伊吹颪］

吹き返し　ふきかへし［吹返］

吹き過ぎる　ふきこす［吹越］

吹き募る　ふきそふ［吹添］

吹き始める　ふきたつ［吹立］

吹きまくる　ふきまく［吹］

吹き乱れる　ふきまがふ［吹紛］

吹き戻す　ふきかへす［吹返］　ふきまよふ［吹迷］

春の日に風が吹き渡る　かぜひかる［風光］

山からの激しい風　やまあらし［山嵐］　みやまおろし［深山颪］　やまおろし・やまおろしのかぜ［山颪］　やませ［山背］

雪混じりの風　ゆきおろし［雪下］

横なぐりの風　よこしまかぜ［横風］

夜中の風　よはのあらし［夜半嵐］

夜の風　さよあらし［小夜嵐］

立秋後初の風　はつあらし［初嵐］

松風　しょうふう［松風］　しょうらい［松籟］

松風の音　まつのこゑ［松声］

南からの風　はえ［南風］　まじ・まぜ　みなみ・みんなみ［南］

吹く　→【本文】ふく

暴風雨　あらし（の）あめ［嵐雨］

### おと［音］

おとなひ［音］　こゑ［声］　と［音］　枕─あづさゆみ［梓弓］　あまびこ　なく　おとはやま［音羽山］　［天彦］

◆自然◆ ── おと［音］

たづの［鳴田鶴］(=ね) なるかみの［鳴神］ はるかぜの［春風］ やまびこの［山彦］ やまが はの［山川］ やまびこの［山彦］

足音 あおと［足音］
と［足音］
音がかすかに満ちる なりみつ［鳴満］
音がかすかに聞こえる ほのきく・ほのきこゆ
音が冴える さやか［清］ さゆ［冴］ す む［澄］
音がする・音を立てる おとづる・おとな ふ［音・訪］ きしめく［軋］ こぼめ く さやぐ さやめく さらめく ざらめく さわぐ さらめく・ ならす［鳴］ ばさつく ふためく ほとめく
音が高い たからか［高］ たつ［立］
音が響き渡る とどろく［轟］
音律 しらべ［調］
風・木の葉・雨の音 さやさや さらさら
風の音 さくさく［索索］ そそ そよ(と) つささつ［颯颯］ そそ さっさっ・さ

足音 あおと［足音］ あなおと・あのおお と［足音］
あなおと・あのおお なりみつ［鳴満］ ほのそし［細］ ほのか［仄］

軽い音がする よそよ そより さらり(と) そよろ
車などの音 からめかす・がらめかす
木霊 あまびこ［天彦］ やまびこ［山彦］
木の葉などがそよぐ音 さや・さやに
騒がしい音 おとなひ［音］ ぞめき［騒］ なり［鳴］ さめく
ざわめく さやぐ さるさるし そそめ く ゆすりみつ［揺満］ わななく ［戦慄］
玉などの擦れ合う音 かはと［川音］ ぬなと ゆらに・ ゆらく［揺］ せらぎ［細流・小流］
玉など擦れて音がする ゆらと ゆらら
鼓・風鈴の音 とほと・とほね ていとう(と) ［遠音］
遠くの音 とほと・とほね ［遠音］
轟き鳴る音 とど とどろ
流れる音 かはと［川音］ ささらぐ せ
波が立ち騒ぐ音 しほさゐ・しほざゐ［潮 騒］ なみと［波音］
鳴らす とどろかす［轟］ とよむ

鳴り響く (音)ごほごほ なりどよむ とどろく［鳴響］ とよむす［響］ なす［鳴］ ゆらかす ［揺］
平手で打つ音 ふたと ふたりと
仄かに音がする ほのめく［仄］
笛の音 ちゃく［笛］
物が沈む音 ごぶごぶ(と) つぶつぶ (と)
物が煮える音 つぶつぶ(と)
物が触れ合う音 さやさや さらさら (と) はらはら
物を切る音 ふっと
物の音 けはひ［気配］
夜の音 よと［夜音］
雷鳴などが轟く はたたく

擬音語
(かさこそ) こそめく
(がさつごそ) そより そよろ
(かちんと) ちゃうど［丁］ はっし(と)
(ぎしぎし) きしめく・きしむ・きしる ［軋］ ひしめく［犇］
(ぐつぐつ) つぶつぶ

13

【自然】──── おと[音]、いろ[色]

- (ごうごう) とどろに とどろく
- (こっつん) こっきり
- (ことこと) ほとめく
- (ごとごと・ごろごろ) めく・ごほめく
- (ころころ) ころろく(と)
- (ごろごろ) こほこほ(と)・ごほごほ・ごぼごぼ ごぼごぼ こほ
- (ざぶざぶ) そぶそぶ
- (ざぶん) ざっぷと
- (さらさら) さらめく・さらめかす・さらめく
- (ぎらぎら) ざらり(と)
- (さやさや) さやぐ・さらめく
- (ざわざわ) さわさわ さわだつ
- (そよそよ) そよぐ・そよめく[戦]
- (どうどう) とどろ・とどろとどろ
- (とんとん) ちゃうちゃうと[丁丁・打打]
- (どんどん) とど ほとほと
- (ばたばた) ふたふた ふためかす・ふためく[打]
- (ぱらぱら) ためく
- (ぴしっと) はらめく
- (ぴちゃぴちゃ) ひたひたと
- (ぶすり) つぶと
- (ぶつん) ふっさり(と)
- (みしみし) ひしと しっとと しとと

## いろ[色]

枕──あからひく[赤引] くれなゐの[紅]

### 藍色(あいいろ)
あをにび・あをにぶ[青鈍] こあいろ[苦色] こんじゃう[紺青] にがいろ[水縹] はなだ みはなだ[縹] わかなへいろ[若苗色]

### 青
あさぎ[浅葱] あをあをし[青青] あをし[青] あをやか[青] さうぜん[蒼然] さうさう[蒼蒼] さゐ[真青] もえぎ・もゑぎ[萌黄] やなぎ・やなぎいろ[柳色] わかなへいろ[若苗色]
枕──そにどりの[翠鳥](↓あをき)

### 青々と あをやかに[青]
### 青みがかった藍 あをにび・あをにぶ[青鈍]

### 赤
あかし[赤] あかね[茜] あから・あからけし[赤] あけ[朱・紅・緋] うつしいろ[移色] おもひのいろ[思色] しゅ[朱] に[丹] ひ[緋] ますほ・まそほ[真赭色] ふ・あかむ[赤] あからぶ・あからし[赤] あかる[赤] おもてる[面照]
枕──はるのよの[春夜]・もみぢばの[紅葉・黄葉]・やまもとの[山下](↓あけ)

### 赤い顔料 に[丹]
### 赤く輝くさま あかばら[赤張]
### 赤くする・なる あからか[赤]
### 赤みがかっている あからけし[赤]
句──あけをそぐ[朱注] べにさす[紅差]

### 一面の青 ひたあを[直青]
### 浅葱色(あさぎいろ) あさぎ[浅葱]
### 色合い いろあはひ[色合] いろざし

14

【自然】── いろ[色]

[色差] にほひ[匂]
色(が)褪せる あさゆ[浅] あす[褪] かへる[返] さぶ[寂・荒] うつる[移] さむ[冷] さる[曝]
色が濃い こし[濃] こまやか[濃]
色が染み付く うつる[移]
色がはっきりする いろめく[色]
色付く あからみあぶ[赤合] いろふ[移] したふ・したぶ そむ[染] にほふ[匂] にほす もみづ[紅葉]
色付いているさま にほひやか・にほやか[匂]
色付かせる →色を付ける
色付かせる いろふ[色・彩] そむ[染] にほす・にほほす・にほふ
色艶 いろざし[色差] にほひ[匂]
彩る あやなす[文成] あやどる[操・綾] いろふ[色・彩] さす[注] だむ[彩]
色を塗る ゑどる[絵取]
薄い藍色 あさぎ[浅葱] はないろ[花色]
薄い黄色 あさぎ[浅黄]

薄緑 もえぎ・もよぎ[萌黄]
美しい色合い にほひ[匂]
黄色 あさぎ[浅黄] いはぬいろ[不言色] くちなし・くちなしいろ[梔子色] そうわいろ・そがいろ[承和色]
金色 こんじき[金色] わうごんいろ[黄金色]
黒 かぐろし[黒] くり[涅] こずみ[濃墨] からすはいろ[烏羽色] ぬばたまの・むばたまの[烏羽玉] ぬばたまの・むばたまの[射干玉]
黒ばんだ赤 きゃらいろ[伽羅色] すはうちぐさ・ちぐさいろ[蘇芳色]
濃い藍色 こあゐ[濃藍]
濃い緑 こみどり[濃緑]
白 しろたへ[白妙・白栲] しろらか[白] そ[素] しろあを[白青] しろある[白藍] はなだ・はなだいろ[縹] はなだ・はなだいろ[千草] はなだ・はなだいろ[紺青色] はなだ・はなだいろ[縹色]
空色 ちぐさ・ちぐさいろ[千草]
空の色 こんじゃうのいろ[紺青色]
だいだい色 かうじいろ[柑子色] さういろ[萱草色]
つやつやと色付いているさま にほひや

か[匂]
鈍色 どんじき[鈍色] にばいろ[鈍色] にばむ・にぶ・にぶむ[鈍]
鈍色になる にばむ・にぶ・にぶむ[鈍]
灰色 うすずみいろ[薄墨色] にびいろ・にぶいろ[鈍色]
鼠色 うすずみいろ[薄墨色]
配色 あはひ[間]
緋色 おもひのいろ[思色] くれなゐ[紅] くれのあゐ[呉藍]
紅色 からくれなゐ[唐紅]
真っ赤 からくれなゐ・みなくれなゐ[皆紅] みなくれなゐ[直紅]
変色する うつろふ[移]
真っ白 しろらか[白]
真っ青 まさを[真青]
真っ黒 ひたくろ[直黒]
水色 あさぎ[浅葱] みはなだ[水縹] あをみどり[水縹]
緑色 あを・あをいろ[青色] あをみどり[緑] もえぎ[萌黄] さみどり[若緑] わかみどり[若緑] もえぎ[緑]
紫色 うすいろ[薄色] えびぞめ[葡萄染] ゆかりのいろ[縁色] こい[此糸] と[末紫]
紫がかった赤 あかね[茜] すはう[蘇

【自然】——いろ[色]、とき[時]

喪服の色　にびいろ[鈍色]

芳

## とき[時]

きざみ[刻]　きは[際]　きはめ[際]
目　くゎいん[光陰]　ご[期]
こく[刻]　さだ[時]　じ[時]　じあ
ひ[時合]　じぶん[時分]　せつ
[節]　じこく[時刻]　じじ[時時]
たび[度]　と[間]　ところ　ひ
[日]　ほど[程]　みぎり[砌]　をり
[折]　をりふし[折節]
[枕]—けころもを[褻衣]

永遠　いくちよ[幾千代]　いやながく
　えいごふ[永劫]　えいたい[永代]
　くゎうごふ[曠劫]　くをん[久遠]
　さんぜじっぱう[三世十方]　たしゃ
　うごふ・たしゃうくゎうごふ[他生曠
　劫]　ちいほあき[千五百秋]　ちよ
　[千代・千世]　ちんみらい[塵未来]
　つね[常]　ときは・ときはかきは[常
　磐堅磐]　とこ・とこしなへ・とこし

[枕]—いはほなす[巌]（⇒ときは）

へ[常・永久]　とこは　とは[永久]
はくたい・ひゃくだい[百代]　ひさ
し[久]　やうごふ[永劫]　やちよ
[八千代]　よろづよ[万代]　⇒本文

いつまでも

永久　⇒永遠

永久不変　じゃうぢゅう[常住]　ときは
[常磐]　ときはかきは[常磐堅磐]
ことことは[永遠]

延長する　をりふし・をりはへて[折延]

瞬間　そのかみ

その時　そのかみ

同時　ひととき[一時]

時が来る　かたまく[片設]

時が経つ　うつる[移]　ふ[経]

時を送る　をののえくつ[斧柄朽]
[句]—をのえくつとして[時]

長い時　あまたとし[数多年]　うちは
へ・うちはへて[打延]　おくまんご
ふ[億万劫]　せんざい[千歳・千載]
ちいほあき[千五百秋]　ちとせ[千

年・千歳]　としごろ[年頃]　としつ
き[年月]　としひさに[年久]　なが
いほあき[長五百秋]　ばんぜい[万
歳]　ひさ・ひさし[久]　ほどほどし
[程程]　まけながく[真日長]　まん
ごふ[万劫]　むご[無期]　ももとせ
[百代]　やほか[八百日]　よよ[世
世・代代]

短い時　いちじ[一時]　いちねん[一念
一旦]　いったん[一旦]　かたとき[片時]
このごろ[此頃]　しば・しばらく・し
まし・しましく・しまらく・しんばし
[暫]　しゅゆ[須臾]　すんいん[寸
陰]　せつな[刹那]　たまゆら[玉
響]　だんしのかん[弾指間]　つか
のあひだ・つかのま[束間]　つゆ
のま[露間]　とき・ときのほど[時程]
ときのま[時間]　ねん・ねん
ねん[念念]　へんし[片時]　ほ
どなし[程無]　めぢかし[目近]
[句]—あしのふしのま[葦節間]　くび
すをめぐらす・くびすをめぐらすべ

16

【自然】──とき[時]、きせつ[季節]

## きせつ[季節]

無限の過去 むし[無始] むしくゎうご ふ[無始曠劫]

からず[踰回]

き[季] ころ[頃] しいじ[四時] とし[年・歳] よ[世] をりふし[折節]
じせつ[時節] せち・せつ[節] とき[時] り[折]

秋 あきざま・あきつかた[秋方] あきのみなと[秋湊] さはきり[多霧] てんたかくうまこゆ[天高馬肥]
句─こがらしの[木枯] つゆじもの[露霜]
枕─

秋が深くなる あきたく[秋闌] けし[秋更]
秋の頃 あきさる[秋方] あきふけし[秋更]
秋になる あきさる[秋]
秋の末 あきのはて[秋果] くれのあき[暮秋]
秋の日中 みじかび[短日]

秋風 こがらし[木枯・凩] のわき[野分] はつかぜ[初風] → 基本 かぜ (P.11)
秋雨 あきさめ[秋雨] あきついり[秋霖] せいう[凄雨] → 基本 あめ
梅雨入 えきう[液雨] しうりん[秋霖] (P.8)
秋めく あきさぶ[秋] あきづく[秋]
暑い盛り さんじゅん[三旬] さんぷく[三伏]
いつも夏 とこなつ[常夏]
季節が来る さる
季節が過ぎる おゆ[老] くる[暮・昏]
季節が始まる たつ[立]
季節が終わりになる おゆ[老] くる[暮・昏] くれはつ[暮果]
季節に関係ない ときじ[時]
季節の変わり目 ゆきあひ[行合]
季節の終わり くれがた・くれつかた[暮方]
季節を問わずいつも ときじ[時]
暮れ行く秋 ゆくあき[行秋] をりふし[折節]
四季折々 ときのはな[時花]
四季折々の花

四季折々の景色 けいぶつ[景物] じせつ[時節]
時候 ころ・ころほひ[頃] せち・せつ[節]
秋冷の候 あささむ[朝寒]
初夏 しゅか[首夏] ばくしう・むぎ(の)あき[麦秋] まうか[孟夏]
初秋 あきぐち[秋口] しんしう[新秋] まうしう[孟秋]
初春 せいやう[青陽] まうしゅん[孟春]
初冬 まうとう[孟冬]
夏 げ[夏] しめじ
夏になる なつかく[夏掛] なつまく[夏設] なつさる
夏の朝 つやなつ
夏の朝の涼しさ あさすず[朝涼]
夏の盛り なつなか[夏中]
夏の末 ばんか[晩夏]
夏の野原 あをの[青野]
夏の夜 みじかよ[短夜]
夏はいつも とこなつ[常夏]
苗代の頃 
句─かへるのめかりどき[蛙目借時]
春 せいやう[青陽] はるつかた[春方]

【自然】――きせつ[季節]、ゆうがた[夕方]

はるなが[春永] はるのみなと[春湊] はるへ・はるべ[春辺]
春が終わる はるいぬ[春往] はるゆく[春行]
春が来る [春立] はるさる[春] はるたつ[春]
春が近いこと はるどなり・はるのとなり[春隣]
春先 はるべ[春辺]
春に川の水が暖かくなる みづぬるむ[水温]
春の頃 はるつかた[春方]
春の終わり はるのかぎり[春限]
春の雨 しゅんりん[春霖] はるさめ[春雨]
春の時雨 はるさめ[春雨] はるしぐれ
春の三ヵ月 みはる[三春]
春の日 えいじつ[永日] おそきひ[遅日]
春を待ち受ける はるかたまく[春片設]
[枕]――あさがすみ[朝霞]
はるまく[春設]

晩春 くれのあき[暮秋] おいのはる[老春] くれのはる[暮春]
冬 げんとう[玄冬] よもぎのせき[蓬関] たましげ みふゆ[冬]
冬が終わる みふゆつく[冬尽]
冬枯れの頃 くさがれ[草枯]
冬籠りする ちっす[蟄]
冬籠りの準備 ふゆがまへ[冬構]
冬になる ふゆさる[冬]
冬の暖かい日 こはるび[小春日] しょうしゅん[小春] こはるび[小春]
冬の季節 しもがれ・しもがれどき[霜枯時]
冬の景色 ふゆがれ[冬枯] しもがれ・しもがれどき
ふゆさび
冬の三ヵ月 みふゆ[三冬] ふゆざれ
冬の晴天 ふゆびより[冬日和]
冬の空 かんぞら[寒空] かんてん[寒天]
冬の月 かんげつ[寒月] ふゆみかづき[冬三日月]
冬の天気 ふゆびより[冬日和]
冬の日中 みじかび[短日]

### ゆうがた[夕方]

あふまがとき[逢魔時] あれはたそ どき・あれはたれどき[彼誰時] いりあひ・いりあひのかね[入相鐘] かいくらみどき[掻暗見時] かたゆ ふぐれ かはたれどき[彼誰時] くらくら・くらぐら[暗暗] くれ[暮] くれあひ[暮合] くれかた・くれつかた[暮方] せきやう[夕陽] すずめいろどき[雀色時] たそがれ・たそかれどき[黄昏] たれかれ・たれたそがれ・たそかれどき[誰時] つつぐれのとき ななめ[斜] なまゆふぐれ[生夕暮] ばんけい・ばんげい[晩景] ばんとう[晩頭] ひとぼしころ・ひともしご ろ・ひともしどき[灯点頃] ひょうそく・へいしょく[秉燭] まづみど き[先見時] みせさしどき[店鎖時] みせしどき・みせしめどき・みせしどき ゆふ・ゆふべ[夕] ゆふぐれ[夕暮] ゆふけ ゆふけい[夕景] ゆふさ り・ゆふされ・ゆふさりつかた・ゆふ

【自然】──ゆうがた[夕方]、よあけ[夜明]

## ゆうがた[夕方]

つかた[夕方] ゆふづきよ・ゆふづくよ[夕月夜] ゆまぐれ[夕間暮] ようさつかた・ようさり・ようさりつかた[夜方] 枕―あまづたふ[天伝](↓いりひ) すみぞめの[墨染](↓たそがれ) ふづつの[夕星](↓ゆふべ) いもがひも[妹紐] たまかぎる[玉] ぬばたまの[射干玉](↓ゆふ)

恋人を待つ夕方 まつよひ[待宵]
月が出る前の闇 ゆふやみ[夕闇]
月のある夕べ ゆふづきよ・ゆふづくよ[夕月夜]

日月が沈む頃 いりかた・いりつかた[入方] いるさ[入方]
日が傾く くたつ・くだつ[降・斜] さる[夕]
日が暮れる くる[暮] ゆふさる[夕] きくる[行暮] ゆきくらす・ゆづく[夕] ゆふ
日暮れが早いこと つるべおとし[釣瓶落] やみにくる[闇暮]
日が暮れて暗くなる

晩方 ばんけい・ばんげい[晩景] よう[明放・明離] あけぼの[曙] あけ・あさあけ[明未来] あしけ・あさあけ[朝明] あさぼらけ[朝]

夕方になる ゆふさらず[夕] ゆふかく[夕掛] ゆふかた[夕方] まく[夕] ゆふさる・ゆふづく[夕設]

夕方ごとに ゆふさる・ゆふづく[夕]

夕方になると ゆふされば[夕]
夕方の雨 ゆふさめ[夕雨]
夕方の景色 ばんけい・ばんげい[晩景]
夕方の寒さ ゆふさむ[夕寒]
夕方の姿 ゆふかげ[夕影]
夕方の光 ゆふかげ[夕影] ゆふばえ[夕映]
夕日 いりつひ[入日] せきやう[夕陽] ゆふづくひ[夕日]
夕焼け あまがへに[天紅] そらほてり[空火照]

## よあけ[夜明]

あかつき・あかつきがた・あかつきどき・あかとき[暁] あかときつくよ[暁月夜] あけ[明] あけがた[明方] あけぐれ[明暗] あけはなれ[明放・明離] あけぼの[曙] あさ・あさあけ[朝明] あさぼらけ[朝未来] あしたけ・あさまだき[朝明] ありあけ・ありあけがた[有明] あれはたれとき・かはたれどき[彼誰時] いなのめ[黎明] おしあけがた[押明] くらくら・くらぐら[暗暗] けいめい[鶏鳴] しぬのめ・しののめ[東雲] しらしらあけ[白白明] じんでう[晨朝] つとめて[早朝] ひきあけ[引明] ひなと[暁] ほのぼのあけ[仄仄明] よのほどろ[夜] 枕―ゆふづくよ[夕月夜](↓あかときやみ)

## 明け切らない暗い時

あけぐれ[明暗]

## 朝 あした[朝] たんじつ[旦日] うたん[朝旦] 枕―あからひく[赤引](↓あさとりの[朝鳥])(↓あさだち)

朝朝 →朝ごとに

【自然】―― よあけ[夜明]、よる[夜]

**朝風** あさけのかぜ[朝風] あさとかぜ[朝戸風]

**朝ごとに** あささらず[朝] あさなあさな[朝毎] あさごと[朝毎]に[朝異]

**朝ごと日ごと** あさなけに・あさにけに[朝日]

**朝御飯** あさいひ・あさのいひ[朝飯] あさけ・あさげ[朝餉・朝食] あさのおもの[朝膳]

**朝っぱら** あさはら[朝原]

**朝になる** あささる[朝]

**朝寝** あさい[朝寝] あさぶせり あさまどひ[朝惑]

**朝の雨** あささめ[朝雨]

**朝の食事時** あさもよひ[朝催]

**朝の太陽** →基本ひ[P.3]

**朝の月** あさづくよ[朝月夜]

**朝の東風** あさこち[朝東風]

**朝の光** あさかげ[朝影]

**朝早く** あさはら[朝腹] つとに つとめて あさまだき

**朝ぼらけ** [朝未来] あさびらき[朝開]

**朝夕** あけくれ[明暮] あさなゆふな[朝夕] あさよひ[朝宵] あしたゆふべ[朝夕] あさごとゆふごと[朝夕]

**明日の朝** →翌日の朝

**或る朝** けさのま[今朝間]

**今朝** いつたん[一旦]

**次第に白んでゆく夜明け** あれはたれとき・かはたれとき[彼誰時] しらしらあけ[白白明] ほのぼのあけ[仄明]

**月が残っている夜明け** よ・あかときつくよ・あかときづくよ

**月のない夜明け** あかつきやみ・あかつきやみ[暁月夜]

**早朝** つやなつ

**夏朝** あさまだき[朝未来]

**日の出** とよさかのぼり[豊栄登]

**冬の朝** ゆたけつ

**ほのぼの**（朝の空） ほがらほがら[朗朗]

**毎朝** →朝ごとに

**未明** →夜明け前

**夜明けに月や星が残る** あけのこる[明残]

**夜明けの鐘** じんじょう[晨鐘] ほどろ

**夜明けの頃** あかつきづくよ・あかつきづくよ[暁月夜]

**夜明けの月** あさづくよ[朝月夜] ありあけ・ありあけづき・ありあけづくよ・ありあけのつき[有明月]

**夜明け前** あかつき・あかとき[暁] あさまだき[朝未来] くらくら・くらぐら[暗暗] びめい[未明] ほろ・よのほどろ

**夜明けを待つ** あかす[明]

**翌日の朝** あくるつとめて[翌] あけのあさ・あけのあした[明朝] あした[朝] くるつあした[来旦] こうてう[後朝] つとめて またのあした[又朝]

**夜の明け始め** よのほどろ[夜]

**よる**[夜]

さよ[小夜] ようさり・よさ・よさり

【自然】━━よる[夜]

[夜] ようさつかた・ようさりがた・ようさりつかた・よさりつかた・よさりがた・よさりつがた[夜方] よら[夜]
半 よひ[宵] よら[夜]

[枕]━あしのね[葦根]

[烏羽玉] くれたけの[呉竹] うばたまの[射干玉] ぬばたまの[烏羽玉] さざなみの[小波] あちさはふ[味] たけの[笹竹] なよたけの[弱竹] ばたまの[射干玉](↓よるひる)

沢相](↓よるひる)

秋深く夜が寒いこと よさむ[夜寒]
明日の夜 くるひのよ[来日夜]
一日おきの夜 ひとよまぜ[一夜交]まぜ(に)[夜交]

いつまでも夜 とこやみ[常闇] とこよ[常夜]

多くの夜 あまたよ[数多夜] いほよ[五百夜] ちよ[千夜] ももよ[百夜] よごろ[夜頃]

大晦日の夜 としのよ[年夜] としこし[年越]

暗い夜 しきやみ[敷闇]

五月ごろの闇夜 さつきやみ[五月闇]

昨日の夜 きぞ[昨夜] ようべ[昨宵]
霜の降りる寒い夜 しもよ[霜夜]
十五日の夜 さんごのゆふべ[三五夕] じふごや[十五夜]
深夜 →夜更け
素晴らしい夜 あたらよ[惜夜]
外で立ったまま夜を明かす たちあかす[立明]
月の出ない暗い夜 よひやみ[宵闇]
月のぼんやりした夜 おぼろづくよ・おぼろよ[朧月夜]
夏の夜 みじかよ[短夜]
二十日以後の闇夜 しもつやみ[下闇] くだりやみ[降闇]
人が寝静まる頃の夜 にんぢゃう[人定]
一晩中 →【本文】ひとばんじゅう
星明かりの夜 ほしづきよ・ほしづくよ
ぼんやりした月のある夜 おぼろづくよ[朧月夜]
毎夜 よなよな[夜夜] よひよひ[宵宵]
真夜中 さよなか[小夜中] しんかう[深更] はんや[半夜] ちゅうや[中夜]

物思いで夜を明かす ながめあかす[眺明]

夜半 はんや[半夜] しょや・そや[初夜] ちゅうや[中夜]
夜半まで しょや・そや[初夜]
夜半までの夜 しょや・そや[初夜]
夜半以後の夜 ごや[後夜]
夜半より朝まで ごや[後夜]
闇夜 さつきやみ[五月闇] つゆやみ[梅雨闇]

宵の間 あさよ[浅夜]
夜中 さよなか[小夜中] やいん[夜陰]
夜 はんや[半夜] やいん[夜陰]
夜更け くたち・くだち[降・斜] よは[夜半] よぶかし[夜深] →よる
よふけがた[小夜更か] しんかう[深更] よくたち[夜降] ぐたち[夜降] よごもり[夜籠] は[夜半] よふか・よぶか[夜深]
夜遅くまで起きていること よひる[宵居]
夜が明ける あかる[明] あかる[明] あく[明] あけたつ[明立] あけ あけはなつ[明放] あけはなる[明放・明離] あけゆく[明行] あけわたる

【自然】──よる[夜]、うみ[海]

明渡 あささる[朝] しらむ[白] つなでひく[綱手引]
しらみわたる[白渡]
夜が深い（夜明けまで間がある） よをこ
む[夜籠]
夜が更ける うちふく[打更] くたつ・よくた
つ・よぐたつ[降・斜] ふく[更] よくた
つ・よぐたつ[夜降]
夜更けること よくたち・よぐたち[夜]
降 よごもり[夜籠]
夜の間 よごろ[夜頃]
夜の音 よおと[夜音]
夜の風 さよあらし[小夜嵐]
夜の暗い時 やいん[夜陰]
夜を待って よるになす[夜]

うみ[海]

あをうなばら[青海原]
[海原] うのはら おほうみ・おほ
わた[大海] しほうみ[潮海] み
[海] わた・わだ[海] わたつうみ・
わたつみ・わだつみ[海神・洋海] わ
たのはら[海原]

枕──いさなとり[勇魚取] つなでひ
く[綱手引]

荒波 いそふり[磯触] げきらう[激浪]
荒い磯 あらいそ・ありそ[荒磯]
上げ潮……満ち潮
磯 あらいそ・ありそ[荒磯] いそみ[磯
回・磯廻] そ[磯] はなれそ[離磯]
へつべ[辺]
磯の廻り いそみ・いそわ[磯回・磯廻]
枕──小余綾 みさごゐる[睢鳩居] 梓弓
こゆるぎの
入り江 いそみ・いそわ[磯回・磯廻] い
りうみ[入海] うら[浦] え[江]
入り江のほとり かうしゃう・かうじゃ
う[江上]
海の風 うらかぜ[浦風] おきつかぜ
[沖津風] しほあらし[潮嵐] しほ
かぜ[沖津風] はまつかぜ[浜津風]
海の獲物 うみさち[海幸]
海の神 おきつかみ[沖津神] わだつみ
のかみ[海神] わだつみのみこと
[海神]
海の中 わたなか[海中]

海の波 うしほなみ[潮波]
海の果て うなさか[海境]
海のほとり うみが[海処] うみづら
[海面] うら[浦]
海辺 うみが[海処] うみづら[海面]
うみへた・うみべた[海辺] うら
そこ[海底・洋底]
へつへ[辺方]
かた[潟] へ・へた[辺・端]
大きな入り江 おほわだ[大曲]
海辺の風 へつかぜ[辺風]
沖 おきへ・おきべ[沖方・沖辺] とほな
だ[遠灘] わたなか[海中] わたの
そこ[海底・洋底]
枕──たまもかる[玉藻刈] みさごゐ
る[睢鳩居]
沖の波 おきつなみ[沖津波]
沖の島 おきつしま[沖津島]
沖の方 おきへ・おきべ[沖津辺]
沖の風 おきつかぜ[沖津風]
沖の おきつ[沖] へつ[辺]
沖の白波 おきつしららなみ[沖津白波]
沖まで潮の引いた海岸 とほひがた[遠
干潟]
海岸 あらいそ[荒磯] うなぎし[海岸]

【自然】── うみ［海］

うみへた・うみべた［海辺］　うら［浦］　うらべ［浦辺］　うらみ［浦回・浦廻］　うらわ［浦回］　きょくほ［極浦・曲浦］　句―ちゃうていきょくほ［長汀曲浦］

海峡　と［戸・門］　おほと［大門］　せと［瀬戸・迫門］　なると［鳴門］　と島門　しま門　となと［門中］　には［庭］　わたなか

海上　うみづら［海面］　しほのやほへ［潮八百重］

海中　となか［門中］

海面　うみつち［海路］　なみぢ［波路］　かいだう［海道］

海路　しほぢ［潮路］　みを［水脈］　ふなて［船手］　やしほぢ［八潮路］

海水浴　しほあみ［潮浴］　しほゆあみ［潮浴］

海峡の波　となみ［門波］

海　うしほ［潮］　からしほ［鹹塩］　しほ［潮・汐］

海水　うしほ［潮］

重なる波　いほへなみ［五百重波］　やへなみ［八重波］

---

風が止んだ後の波　なごり・なごろ［余波］

木などに隠れている入り江　こもりえ［籠江］

航路→基本 ふね（P.97）

三角波　とがりなみ［尖波］

潮が引く　ひる・ふ［干・乾］

潮が満ちる時の風　ときつかぜ［時津風］

潮の引いた潟　かた［潟］　ひがた［干潟］

潮の引いた所　しほひ［潮干］　しほがれ［潮涸］

潮の引いている間　しほがひ・しほま［潮間］

潮の干満　しほ［潮・汐］　しほあみ［潮浴］

潮を被る　しほあみ［潮浴］

潮風　うらかぜ［浦風］　しほあらし［潮嵐］　おきつかぜ［沖津風］　つかぜ［津風］　しほかぜ［潮風］　ときつかぜ［時津風］　はまつかぜ［浜津風］

潮路　しほせ［潮瀬］

干満　さす［差・指・射］　しほ　がひ［潮間］　しほひ［潮干］　でしほ・でじほ［潮間］　しほ・でじほ［出潮・出汐］　ひる［干］　ゆふしほ［夕潮・夕汐］

白い波　しほばな［潮花］　しらなみ［白波］

四方の海　しかい［四海］

飛沫　なみのはな［波花］

しきりに寄せ来る波　しきなみ・しくなみ［頻浪］

潮干　しほがれ［潮涸］　しほひ［潮干］

---

砂浜　さとう［沙頭］　はま［浜］

瀬戸→海峡

小さな波　さざなみ・ささらなみ・さざれなみ［細波］　しわ・さざ［皺］　みじわ［水皺］

小さな入り江　をえ［小江］

高い波　かたをなみ［片男波］

怒濤　いたぶるなみ［高潮］

渚・汀　ちゃうてい［長汀］

波・浪　あらなみ［荒波］　うしほなみ・しほなみ［潮波］　いたぶるなみ［高潮］　しきなみ［頻浪］　じんしんば［甚振波］　へつなみ［辺波］　やへなみ［八重波］　ときつかぜ［時津風］　まつかぜ［松風］　枕―しろたへの［白妙］　あさはふる　朝羽振（→なみのと）

津波　たかしほ［高潮］

潮流　うしほ［潮］　しほぢ［潮路］

【自然】──── うみ[海]、かわ[川・河]

### うみ[海]

波打ち際　いそ[磯]　きし[岸]　なぎさ[渚]
波が打ち寄せる　たちよる[立寄]
波がうねる　とをらふ[撓]　をる[折]
波が崩れること　をりかく[折懸]
波がしばしば寄せること　しばたつ[屢立]
波頭　なみのほ・なみほ[波穂]
波が寄せ返すこと　をりかく[折懸]をりしく[折頻]
波の間　あやま[綾間]　なみま[波間]
波の泡　なみのはな[波花]
波の音　しほさる・しほざる[潮騒]しほなり[潮鳴]　なみと・なみのと[波音]
波の絶え間　あやま[綾間]　なみま[波間]
波の引いた後に残る海水　なごり・なご[余波]
波紋　しわ[皺]
波濤　はとう[波濤]
広い海　うなはら・うなばら[海原]
引き潮　いりしほ[入潮]　おちしほ[落潮]　しほひ[潮干]　しほがれ[潮]

船に寄せる波　へつなみ・へなみ[辺波]
水の濁った入り江　いでしほ・でしほ[濁江]にごりえ[濁江]
満ち潮　いでしほ・でしほ[出潮]　さし
夕方の満ち潮　ゆふしほ[夕潮・夕汐]しほ[差潮]
磯に打ち寄せる荒い波　いそふり[磯触]
湾　うらみ[浦回]　え[江]　おほわだ[大曲]　かうしゃう[江上]
稲席　枕──いなうしろ・いなむしろ[稲筵]

### かわ[川・河]

浅い川　あさがは[浅川]　いさらがは・いさらをがは[川]
浅瀬　いはせ[岩瀬]　かはせ[川瀬]　せ[瀬]　たかせ[高瀬]
朝渡る川　あさかは[朝川]
天の川　あまつみかは[天津御川]あめのやすかは[天安川]やすのかは[安川]

岩影の淵　いはぶち[岩淵]
岩を越える流れ　せまくら[瀬枕]
大きな川　こうが[洪河]
多くの川　やそかは[八十川]
多くの瀬　せせ[瀬瀬]　ななせ[七瀬]やそせ[八十瀬]
小川　いささがは・いささをがは[細川]いささせ[細瀬]　いさらがは・いさらをがは[川]　ささらみづ・さざれみづ・ささみづ[細水]　せせらぎ・ぜせらき[細流・小流]　やりみづ[遣水]
音をたてて流れる　ささらぐ[細]
河口　しほいりがは[潮入川]　みと[水門]　みなと[水門]
下流 →川の下流
川遊び　かはせうえう[川逍遥]
川が海に流れ込む　てうす[朝]
川が合流する　おちあふ[落合]
川が合流する所　おちあひ[落合]
川岸　かし[河岸]
川の音　かうど・かはと[川音]
川の下流　したて[下手]　しも[下]　す[裾]　する[末]　みなしも[水下]

**▶自然◀ ── かわ[川・河]**

川の上流　かみ[上]　かみべ[上辺]　みづがは[三途川]　わかれぢのふちせがは[滝川]　たきつせ・たぎつせ[激瀬]　はやせ[早瀬]

川の水面　かはつら[水上]

川の深い所　ふちせ[淵瀬]

川のほとり　かうしゅう・かうじょう[江上]　かはかみ[川上]　かはつら・かはづら[川面]　はべ[川廻]

川の様子　かはから[川柄]　かはなみ[川波・川浪]

川の両岸がせまっている所　かうど・かはと[川門]　はやせ

洪水　たかみづ[高水]　でみづ・でみづがは[出水川]

川幅の広い瀬　ひろせ[広瀬]

急流・激流　たき[滝]　たきがは[滝川]　たきつせ・たぎつせ[激瀬]

さざ波　ささらなみ・さざれなみ[細波]

しわ[皺]　みじわ[水皺]

さらさら流れる水　さざれみづ[細水]

三途の川　みすぢのかは[三途川]　みつせがは[三瀬川]　さうづがは・さんづがは[三途川]

---

上流　→川の上流

支流　えだがは[枝川]　わたりがは[渡川]　はやせ[早瀬]

せせらぎ　かうど・かはと[川音]

平らで緩やかな瀬　ひらせ[平瀬]

滝　たきつ[滝津]　たるみ[垂水]

だらだらと流れるさま　よよ（と）

小さな川　→小川

水量の増えた川　→洪水

流れ　みづのを[水尾]

流れ落ちる　おちたぎつ[落滾]

流れが滞る　よどむ[淀]

流れが留まること　よど・よどみ[淀]

流れが濁ること　ささにごり[小濁・細濁]

流れが曲がって淀む所　みわた[水曲]

流れ下る　なだる[頽]

流れ込む　そそく・そそぐ[注・灌]

流れ続ける　ながらふ[流]

流れ出る　こぼる[零・溢]　こぼれいづ[零出]

流れの速い川　はやだち[早立]

流れの速い瀬　せ[瀬]　たき[滝]　たき

---

瀬がは[滝川]　たきつせ・たぎつせ[早瀬]

流れの淀む所　よど[淀]

流れる　せせらぐ[潺湲]　ながる[流]

枕──かはたけの[川竹]　にはたづみ　みづくきの[瑞茎]

流れるさま　ささと

庭の細い流れ　やりみづ[遣水]

瀑布　→滝

激しい流れ　たぎち[滾]　たぎちみなぎり[滾漲]

激しく流れる　たぎつ・たぎる[滾]　そそく・そそぐ[注・灌]

速く流れ落ちる　おちたぎつ[落滾]

速く流れる　はしる[走]

早瀬　せ[瀬]　せぎり[瀬切]

淵　ふち[淵]　へきたん[碧潭]　たきがは[滝川]　たきつせ・たぎつせ[激瀬]

曲がった川　かはくま[川隈]　かはわだ

川わ　みくま[水隈]

水際　きしね[岸根]　へた[辺・端]

水のない川　みなしがは・みなせがは[水無瀬川]（地名）

【自然】────かわ[川・河]、のはら[野原]、みず[水]

溝 せせなき・せせなぎ・せせなげ[溝・細流] やりみず[遣水]

水を引く樋 かけひ[筧・懸樋]

物の下を流れる水 したみづ[下水]

山と川 やまかは[山川]

山の中を流れる川 やまがは[山川]

床涼み かはゆか[川床]

淀み かはよど[川淀]

渡し場 かはづ[川津] ふち[淵]

渡し舟 かよひぶね[通舟] かうど・かはと[川門] つ[津] わたり[渡]

渡し守 かはもり[川守] かはをさ[川長]

## のはら[野原]

ぬ・の[野] のずゑ[野末] [野面] のべ[野辺] のもせ[野面] のら[野良] のろ[野] をの[小野] 枕─あさぢふの[浅茅生] あさみどり[浅緑] なつくさの[夏草]

秋の花の咲く野原 はなの[花野]

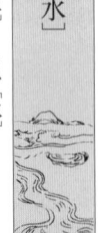

草地 あさぢふ[浅茅生] [浅茅原] くさふ[草生] むぐらふ[律生] よもぎふ[蓬生]

草木の茂った野原 しげの[繁野]

木のある野原 こばら[木原]

大きな野原 おほぬ・おほの[大野]

荒れた野原 あらぬ・あらの・あらのら・あれの[荒野] ふ[焼生]

草の深い野原 くさふかの[草深野] けぬ[深野]

草の枯れた冬の野原 かれしばはら[枯芝原] かれの[枯野] かれふ[枯生]

篠竹の生えている野原 しのはら[篠原] いつしばはら[柴原]

雑木の茂った野原 ちぶ[茅生]

茅の生えた野原 あをの[青野]

夏の野原 

夏の草の伸びた野原 たかぐさはら[高草原]

野面 のづら のもせ[野面]

野の中の丘 のづかさ[野皐]

野の果て のずゑ[野末] のもせ[野狭]

野原一面 のび[野火]

野焼きの火 

野焼きの後の野原 やけの[焼野] やけふ[焼生]

焼けた後に草の生えた野原 やけふ[焼生]

山の裏の野原 かげの[陰野]

冬の野原 くだらの[朽野]

広い野原 おほぬ・おほのろ[大野] にはら[国原]

春の草の萌え出る野原 もえの[萌野]

野を渡る風 のかぜ[野風]

## みず[水]

み[水] もひ[水]

青い水垢 あをみしぶ[青水渋]

雨の水溜まり にはたづみ[庭潦・行潦]

井戸水 せいすい・ゐみづ[井水] しほみづ[潮水]

海の水 うしほ[潮] ましほ[真潮]

お供えの水 あか[閼伽] よるべのみづ[寄辺水] じんすい[神水]

【自然】 ―― みず[水]、やま[山]

## みず[水]

髪を洗う水　ゆする[沐]
曲水　まはりみづ・めぐりみづ[廻水]
　はのじのみづ[巴字水]
氷の解けた水　ひみづ[氷水]
小石の上を流れる水　さざれみづ[小石水]
少しの水　いささみづ・いさらみづ
下を流れる水　したみづ[下水]
飛沫　そそき[注]　みづまり[水鞠]
清水　ましみづ[真清水]
水源　みなもと[源]
水面　みなも・みのも[水面]
水路　みづのて[水手]　みを[水脈]
社前で手を洗う水　みたらし・みたらひ[御手洗]
冷たい水　さむみづ[寒水]
汀…水際　よるべのみづ[寄辺水]
飲み水　もひ[水]　みもひ[御水]
仏に供える水　あか[閼伽]　あかみづ[閼伽水]
ほとばしる　たばしる[走]　とばしる
水垢　しぶ[渋]　みあか[水垢]　みさび
真水・淡水　さみづ[真水・素水]

[水錆・水錆]　みしぶ[水渋]
水音　せせらぎ・せせらき[細流・小流]
水高　みかさ[水嵩]
水の底　みそこ・みなそこ[水底]
水が滴る　たる[垂]
水が澄み切る　すみはつ[澄果]
水がはねて掛かる　うちかく[打掛]　しりかかる[走掛]
水が飛び散る(激しく)　たばしる[走]
水が流れ込む　そそく・そそくむ[注・灌]
水が流れる(速く)　はしる[走]
水際・汀　なぎさ[渚]　へた[辺・端]　みぎはべ[汀]　みなぎは[水際]
水草　みくさ[水草]
水玉　みづまり[水鞠]
水溜まり　にはたづみ[庭潦・行潦]
水でふやける　ほとぶ[潤]
水と岸の接する所　きしね[岸根]
水に映る　しづく[沈]
水に浮く　しづく[沈]
水に沈む　しづく[沈]
水に沈む音　つぶつぶ
水に漬かる　なづさふ[漬]　みづく・みづつく[水漬]
水に漬ける　ひたす[浸]
水の泡　みなわ[水泡]
水の中の塵　みくづ[水屑]
水のない川　みなしがは[水無川]　みなせがは[水無瀬川]
水辺→水際
水を掛ける　うちかく[打懸]
水を注ぐ　そそぐ[注・灌]　さす[差]
水を飲ませる　みづかふ[水飼]
水を引く　まかす[引]
山の麓を流れる水　やましたみづ[山下水]
雪解けの水　ゆきしる[雪汁]　ゆきげのみづ[雪解水]　ゆきみづ[雪水]

## やま[山]

枕　みやま[山]　やまと[山処]
しきしまや[敷島]　あしひきの・あしびきの[足引]　あさがすみ[朝霞]・あさぎりの[朝霧](→やへやま)

## 【自然】──やま[山]

あふことは【逢事】（＝かたやまかげ）　たたなはる【畳】（＝あをがきやま）　たりころも【狩衣】（＝すその）　はし　たかの【鷹】（＝とやま）　まよびきの【眉引】（＝よこやま）

**青く清らかな山**　あをすがやま［青菅山］
**青々とした山**　あをがきやま［青垣山］
**青葉の瑞々しい山**　あをみづやま［青瑞山］
**幾重にも重なった山**　いほへやま［五百重山］・ももへやま［百重山］・やへやま［八重山］
**頂**　いただき→頂上
**多くの峰**　やつを［八峰］
**多くの山**　むらやま［群山］
**丘・岡**　つかさ［野皐］　つむれ［培塿］の　づかさ　おきつやま［奥津山］　みやま［深山］
**奥深い山の木**　みやまぎ［深山木］
**奥深い山の道**　みやまぢ［深山路］
**尾根**　やまのは［山端］
**火山**　ひのやま［火山］

**片側が切り立った崖**　かたきし・かたぎし［片崖］
**木樵・樵**　そま・そまうど・そまとり・そまびと［杣人］
**草木の茂った山**　しげやま［繁山］　あをばしみやま［青葉繁山］
**草木の枯れた山**　からやま［枯山］
**草の生えた山**　かやぐさやま・かややま［萱草山］
**渓谷**　かひ［峡］
**険しい山**　あらやま［荒山］
**険しい山道**　そはみち・そばみち［岨道］　かけぢ・かけみち［懸路］
**小高い所**　つかさ［皐］　はなは［塙］
**寂しい山**　あらやま［荒山］
**山間・山峡**　やまかひ・やまがひ［山峡］
**自分の住む山**　わがたつそま［我立杣］
**植林した山**　そまやま［杣山］
**神聖な山**　れいざん［霊山］
**聳える**　そそる［聳］　そばたつ・そばだつ［峙］　そびゆ［聳］
**高い山**　たかね［高嶺・高根］　たけ［岳・嶽］
**高く険しい山**　たけ［岳・嶽］
**谷**　かひ［峡］

**小さい峰**　さをね［小峰］
**頂上**　いただき［頂］　するへ・するゑへ［末辺・末方］　たけ［岳・嶽］　つじ［旋毛・辻］　ね・みね［峰］　やまのつかさ［山司］　やまのほ［山秀］　をのへ［尾上］
**築山**　しま［山斎］　しまやま［島山］　つきやま［山］
**遠くの山**　とほやま［遠山］　まゆずみ［眉微・墨・黛］
**峠**　たむけ［峠］
**峠や山**　たむけやま［手向山］
**夏の山**　なつやま［夏山］
**野と山**　のくれやま［野暮山暮］
**のくれ[野暮山暮]**
**野中に隠れる山**　やまがくれ・みやまがくれ［山隠］
**禿山**　からやま［枯山］
**人里近い山**　とやま［外山］・はやま［端山］
**麓**　すそ［裾］・やました［山下］・やまも と［山本］
**麓の辺り**　すそみ［裾廻］・もとへ［本辺・

【自然】——やま[山]、た[田]

## 本方

盆地 やまふところ[山懐]
瑞々しい美しい山 みづやま[瑞山]
峰 ね[峰]
峰の辺り みねべ[峰]
峰の先 をのはつ[尾末]
向かいの峰 をむかひ[峰向]
向こうの山 むかつを[向峰]
山間→山間・山峡
山嵐 やまおろし[嵐] やましたかぜ[山下風]
山奥 みやまぶみ[深山隠]
山奥の道 みやまぢ[深山路]
山歩き やまぶみ[山踏]
山遊び ゆさん[遊山]
山陰 とかげ[常陰] そとも[背面]
山火事 やまび[山火]
山風 やませ[山風]
山際の空 やまぎは[山際]
山里 かたやまざと[片山里]
山里に住む者 しづやまがつ[賤山賤]
　しづを[賤男] やまざとぶ[山里]
山里めく やまざとぶ[山里]
山中 ひとやま[一山]

山裾 すそ[裾]
山裾ののびた所 を[尾]
山裾で働く人 やまうど[山人] やまずみ
　[山住]
山と川 やまかは[山川]（やまがは＝
　山の中を流れる川）
山に囲まれた所 やまふところ[山懐]
山の辺り やまと[山処] やまのべ[山辺]
山の頂付近 すゑへ[末辺・末方]
山の獲物 やまさち[山幸]
山の怪物 すだま[魑魅]
山の神 やまつみ[山神]
山の川 やまがは[山川]（やまかは＝
　山と川）
山の険しい所 せっしょ[切所・殺所・節
　所] そば・そば[岨]
山の険しい道 かけぢ・かけみち[懸路]
　そはみち・そばみち[岨道]
山の斜面 やまづら[山面]
山の斜面を行くこと そはづたひ・そば
　づたひ[岨伝]
山の空に接するあたり すいび[翠微]

山の突き出た所 はなは[塙]
山の中の田 やまだ[山田] をやまだ
　[小山田]
山の登り口 やまぐち[山口]
山の番人 やまもり[山守]
山の表面 やまづら[山面]
山の麓 すそ[裾]
山のほとり やまぎは[山際] やまび・
　やまべ[山辺]
山の女神 やまひめ[山姫]
山肌 やまづら[山面]
山道 せんだう[山道] やまぢ[山路]
山焼け やまび[山火]
山を吹く風 やまかぜ[山風]
山を吹き下ろす風 やまおろし[山嵐]
稜線 やまのは[山端]
稜線に接する空 やまのは[山端]

## た[田]

こなた[水田・熟田] たしろ[田代]

【自然】──た[田]、みち[道]

たづら[田面] たる[田居] つくだ[佃] でんばく[田畠] はりた[墾田]
浪田[淳浪田] のら[野良] ぬなた[淳田] をだ[小田]

畔道 → 田圃道(たんぼみち)

新たに拓いた田 あらきだ[新墾田] あらた[新田] はりた[墾田] はつた[初田] にひばりた[新墾田] [新墾・新治] らきばり あらた[新田] にひばり[新墾田]

荒れた田 あらた[荒田] あらはた[荒畑] あらをだ[荒小田]

稲穂の出た田 ほだ[穂田]

稲の苗を作る田 さなへだ[早苗田] なはしろ[苗代]

稲を刈り取った田 かりた[刈田] かりをた[刈小田]

丘の上の田 をろた[佃] つくりだ[作田・佃]

耕作している田 つくだ[佃]

小作 したさく[下作]

山峡にある田 かひをだ[峡小田]

鹿や猪が荒らす田 ししだ[鹿田・猪田]

田植えする女 さをとめ[早乙女]

高い所にある田 あげた[高田・上田]

耕した田 こなた[熟田] はりた[墾田]

耕す うつ[打] うちかへす[打返] かがへす[掻] かへす[耕] すく[鋤] つくる[作]

田の彼方 たずゑ[田末]

田の草 たぐさ[田草]

田の中 ゐなか[田舎]

田の表面 たのむ・たのも[田面]

田のほとり たづら[田面]

田圃道(たんぼみち) [畦道] あ[畔] くろ[畔] さく[畔] なはて・なはてち[畦路・畷路・縄手路]

段々畑(千枚田) たなだ[棚田]

低地にある田 くぼた[窪田] ふけ・ふけだ[深田] ぬまた[沼田] ふかだ[深田] なりはひ[生業]

遠くの田 おきだ[奥田]

泥の深い田 さはだ[沢田] ぬまた[沼田] ぬな[淳浪田]

農作物 つくり[作・造] なりはひ[生業]

農業 なりはひ[生業] なりはひ[生業]

農夫(百姓) はたこ[畑子・畠子] たご[田子] でんぶ[田夫]

農夫の頭 たをさ[田長]

畑 のら[野良]

広々とした田 ちまちだ[千町田]

水さびの浮いている田 みさびた[水錆田]

水はけのよい田 あげた[上田]

門の近くの田 かなとだ[金門田] かど[門田]

山の中の田 やまだ[山田] をやまだ[小山田]

蓮華の田 げんげた[紫雲英田]

僅かな田 としろだ・としろをだ[十代小田]

枕 ─たまぼこの[玉矛の]

**みち[道]**

かよひち[通路] たまぼこ[玉矛・玉桙] ち[路] ちまた[巷・岐] とほりくゎん[往還] ゆきかひぢ[行交路] わう[通]

畦道 あ[畔] くろ[畔] さく[畔] な

【自然】──みち[道]

新しい道　にひばりみち[新墾道]　はり みち[墾道]

あちこちの道　みちみち[道道]

歩く道　かちぢ[徒路]

磯づたいの道　いそぢ[磯路]

田舎の遠い道　ひなのながみち[鄙長道]

岩場の険しい道　いはのかけみち[岩懸 道]

裏道　くけぢ[漏路・匿路]

遠路　ながぢ・ながぢ[長路]

横断　よこぎれ[横切]

大通り　おほぢ・おほぢ[大路]　だいだ う[大道]

街道　うまやぢ[駅路]　かいだう[海道]

海路　ちまた[巷・岐]
街路　ちまた[巷・岐]

帰る道　いへぢ[家路]　かへさ・かへる さ・かへるさま[帰様]

通う道　かよひぢ[通路]

間道　よきみち[避道]

危険な所　くるまがへし[車返]　なんしょ・なんじょ[難 へし[駒返] 所]

木の下の道　このしたみち[木下道]　し たぢ[下道・下路]

切り開いて作った道　きりどほし[切通 道]　ながて[長手]

切り開いて作った水の道　ほりわり[掘 割]

草木の茂った道　しげぢ[繁道]

航路　うみつぢ[海路]　かいだう[海道] しほぢ[潮路]　なみぢ[波路]　なみ みを[水脈]　やしほぢ[八潮路]
みのかよひぢ[波通路]　ふなて[船手]

坂道　くるまがへし[車返]　つまさきあ がり[爪先上]

十字路　つじ[辻]　つむじ[十字]

水路　ほりえ[堀江]

狭い道　こうぢ[小路]

正しい道　しゃうろ[正路]

近道　すぐみち[直路]　ただち・ぢきろ [直路]　はやみち[早道]

田圃の道　たんぼ[畦道]

中途　なかぞら[中空]

通路　かよひぢ[通路]　とほり[通]

月の道　くもぢ[雲路]

辻　ちまた[巷・岐]　つむじ[十字]

天人の道　くものかよひぢ[雲通路]

遠い道　ちさと[千里]　ちゃうと[長途] とほぢ[遠路]　ながぢ・ながぢ[長 ぢ・うめつみち[上道]

東海道　うへつみち[上道]　うみつみ ち・うめつみち[海道]

峠　たむけ[峠]

東西の大通り　ひのたて[日経] 道中　みちゆき[道行]

遠回りする　たもとほる[徘徊]　まはる [回・廻]

鳥の道　くもぢ[雲路]　くもるぢ[雲居路] とり のみち[雲通路]

南北の大通り　たちしのみち・たてのみ ち[縦道]　ひのぬき[日緯]　ひのよこ こ[日緯]　ひのよこし[日横]

抜け道　くけぢ[漏路]　ちまた[巷・岐]

分岐点　ちまた[巷・岐]

星の道　くもぢ[雲路]

曲がり角　くま[隈]　くまみ[隈回・隈 廻]

曲がった坂道　つづらをり[葛折]　やそ

【自然】──みち[道]・どうぶつ[動物]

くまさか[八十隈坂] やそすみさか[八十隅坂]

**まっすぐな道** すぐみち[直道] ただち・ただぢ[直路]

道案内 しをり・みちのしをり[道枝折]

**道案内する** しをる[枝折] みちびく[導]

**道案内すること** みちしるべ[道標・路導]

道一杯に みちもせに[道狭]

道が凸凹 たぎたぎし[道]

道草 みちてんがう[道]

道しるべ しをり[枝折・栞]

道すがら みちのあひだ[道間] みちのまま[道儘] みちみち[道道]

すがら・ゆくすがら ゆき[路次]

道筋 みちのり[道理] つじ[路次]

だうり[道面・道列] ろし[路次]

道連れ どうぎゃう[同行] どうぜい[同勢] とも[友]

道のり みちのほど[道程] ちさと[千里]

遠い道のり さかしま[逆・倒]

道に外れること

道の神 くなどのかみ[岐神] たむけの

かみ[手向神] ちまたのかみ[岐神] ちもりのかみ[道守神] ふなどのか み[岐神]

**道の中程** なかぞら[中空]

**道の辺り** みちのべ・みちべ[道辺]

道端 つじ[辻] みちのべ・みちべ[道 辺]

**道の途中で** みちのそら・みちのそらぢ [道空路]

**道を間違える** ふみたがふ[踏違]

物影の道 したぢ[下道・下路]

山の道 せんだう[山道] みやまぢ[深 山路] やまぢ[山路]

道々…道すがら

山などに道を作る きりどほす[切通]

**山の険しい道** いはのかけみち[岩懸道] かたそば[片岨] せっしょ[切所・殺 所・節所] そばみち・そばみち[岨 道] ほき[崖] ほきぢ・ほきみち 道]

↓崖路 やまのかけぢ[山懸路]

四辻 よっつじ↓十字路

陸路 ろくぢ[陸地]

路上 みちづら[道面・道列]

**分かれ道** ちまた[巷・岐]

脇道 よきぢ・よきみち[避道]

脇道にそれる なぐる

**脇道にそれること** よこぎれ[横切]

【自然】

# 動物・植物

**どうぶつ[動物]**

きんじう[禽獣] ちくしゃう[畜生]

海驢 うみかむろ[海禿] みち[海驢]
あしか

雨蛙 あまがへる↓蛙

犬 ゑぬ[狗]

[枕]──かきこゆる[搔越]

犬の子 ゑぬ[狗] ゑぬころ・ゑの

【自然】 ── どうぶつ[動物]、とり[鳥]

**猪**[いのしし] ころ[狗児] くさみ・くさゐなぎ[野猪] さみ[猪] しながどり[息長鳥] ふす[臥猪床] やちょ[野猪] ゐ・ふするのとこ[臥猪床] ゐのこ[豕・猪子] [枕]—かるもかく[枯草掻]（→ゐ）
**猪の肉** しし[肉] やまくじら[山鯨]

**兎**[うさぎ] さうさぎ[兎] しめこ[占子] つきのわ[月輪] つゆぬすみ[露盗]

**雄の牛** こっていうし・ことひうし・ことひのうし[特負牛]

**馬** こま[駒] しゅんめ[駿馬] はだせ[肌背馬] むま[馬] やば[野馬] りゃうてい[竜蹄]
[枕]—もちづきの[望月]（→こま）

**蛙**[かえる] かはきぎす[川雉子] かはづ[蛙] かへら
**おたまじゃくし** かと・くゎと[蝌] かへるご[蛙子] 蚪[と]
**雨蛙** あをがへる[青蛙] えだかはづ[枝蛙]
**蛙・亀など** しっしゃう[湿生]
**蟇蛙**[ひきがえる] たにかこ・たにぐく[谷蟇]

**鯨** いさ・いさな[勇魚・鯨]
**蝙蝠**[こうもり] かくひどり[蚊食鳥] かはほり[蝙蝠]

**猿** このみどり[木実鳥] まし・ましら[猿] ゑんこう[猿猴] すがたのむし[姿虫]
**猿回し** さるひき[猿引]

**鹿**[しか] か・かせぎ・かのしし[鹿] かこ[鹿子] すがる
**鹿の子** かのこ[鹿子]
**牡の鹿** さをしか[小牡鹿]
**蝶蠃**[蝶蠃] 子・鹿児[鹿子・鹿児]

**象** きさ[象] 象牙[きさのき 象牙]
**二十日鼠** あまくちねずみ[甘口鼠]
**豚** ゐのこ[豕]

**河鹿**[かじか・蛙] ひき[蟇] かはきぎす[川雉子] かはづ[蛙]
**羚羊**[かもしか] かましし[羚羊]
**川獺・獺** かはをそ[川獺] をそ[獺]
**狐** いがたうめ[伊賀専女] きつ・くつね[狐] たまどの[玉殿] やかん[野干・射干]
**蝮**[まむし] くちはみ・くちばみ[蝮]
**蛇** くちなは[蛇] くちばみ[蛇] ながむし[長虫] へみ[蛇] うはばみ[蟒蛇] をろち[大蛇] じゃ
**大きな蛇** うはばみ[蟒蛇]
[枕]—あまとぶや[天飛]

**とり**[鳥]

**多くの鳥** ちどり[千鳥] ももちどり[百千鳥] ももとり[百鳥] ももや
**沢山の鳥** ちどり[千鳥] ももちどり[百千鳥] ももとり[百鳥] ももや
**嘴**[くちばし] はし[嘴]
**卵** かひ[卵] とりのこ[鳥子] かひご・かひこ[卵子]
**水鳥の卵** かりのこ[雁子]
**鳥が枝などにとまる** ついゐる[突居] ゐる[居]
**鳥が飛び移る** こづたふ[木伝]
**鳥が飛び立つこと** とだち[鳥立]

【自然】──とり［鳥］

鳥が人里に馴れる さとなる［里馴］

鳥小屋 とや［鶏舎］

鳥や獣 きんじう［禽獣］

野の鳥 さぬつどり［野鳥］

雛を守る鳥 すもりどり［巣守鳥］

水鳥 うきねどり［浮寝鳥］

群らがっている鳥 むらとり［群鳥］

家鴨・鶩 あひろ・なきがも［鳴鴨］

鶉 しまつとり［島鳥］ まとり［真鳥］ みつのからす
［水鳥］
枕──しまつとり［島鳥］

鶯 きゃうよむとり［経読鳥］ ささへこどり［小鳥］ ささへ・
ささへこどり［小鳥］ にほひどり［匂鳥］ はなみ
どり［禁鳥］［花見鳥］ はるつげどり［春告
鳥］［人来鳥］ はるのつかひ［春使
どり［人来鳥］ みみめどり［耳目鳥］
ももちどり［百千鳥］ やどかしどり
［宿貸鳥］

鶯の子 ささこ［笹子］

鴛鴦 ゑんあう・をし［鴛鴦］
（おしどり）

かいつぶり しながどり［息長鳥］ に
ほ・にほどり［鳰］ みほ・みほどり

懸巣 かしどり［樫鳥・橿鳥］ やどかし
どり［宿貸鳥］

鵲 うじゃく［烏鵲］
きじゃく［喜鵲］ からがらす［唐烏］

鸎鳥 おほかり［大雁］ まらうどがらす
（がちょう）［客人烏］

郭公 かすひどり［蚊吸鳥］ かんこ・か
んこどり［閑古鳥］ たねまきどり
［種蒔鳥］ つつどり［筒鳥］ ふふど
り［呼子鳥］

鴨 あしがも・よしがも［葦鴨］ あをく
び［青頸（真鴨の雄）］ おきつと
り［沖鳥］ みのよし［蓑葦］
枕──おきつとり［沖鳥］ みつとりの
［水鳥］

鷗 かまめ［鷗］ みやこどり［都鳥］

烏・鴉 おほをそどり［大嘘鳥］ をそど
り［嘘鳥］

雁 かりがね［雁音］
枕──あまとぶや［天飛］ とほつひと
［遠人］

雁の声 かりがね［雁音］

その年初めての雁 はつかりがね［初雁］
初雁の声 はつかり［初雁］

翡翠 そにどり［翠鳥］ そび［鴗］ ひす
い［翡翠］

雉 うつはり かりばのとり［狩場鳥］
きぎし・きぎす［雉子］ こが
ねのきぎす［黄金雉］
［黄金雌鳥］ さぬつどり・さのつど
り［野鳥］ しろをとり［白尾鳥］ す
がねどり［菅根鳥］ たかのとり［鷹
野鳥］ つまごひとり［妻恋鳥］ な
きめ
枕──さぬつどり・ぬつとりの・のつと
り［野鳥］

雉の鳴き声 ほろほろ ほろろ

雉鳩 つちくればと［土塊鳩］

啄木鳥・啄木 きたたき［木叩］

四十雀 えばらすずめ［荏雀］

雀 いなおほせどり［稲負鳥］ たたき［田畑］ きすずめ［石・黄雀］

雀の子 いしたたき［石］ いしなぶり い
もせどり

鶺鴒 いなおほせどり［稲負鳥］
なおほせどり

【自然】――とり[鳥]

[妹背鳥] かはらすずめ[川原雀] もどり さなへどり[早苗鳥] しき どり[杏手鳥] さくめどり・さくこひしりどり[恋知鳥] こひをしへどり[恋教鳥] つつなはせどり[嫁教鳥] つまなばしら とつぎをしへどり つまなばしら・にはなぶり[庭] にはたたき[庭叩] しら まなば

[鷹たか]
[真白斑] [くち[鷹] せう[兄鷹] ましらふ

[燕つばめ]
つばくら(め)・つばくろ[燕] つば ひ つばびらこ・つばびらこ[燕] やどかしどり[宿貸鳥]

[鳩にばどり]
[鳩] かいつぶり[鳰] にほ・にほとり・みほ・みほとり[鳰] むぐり[潜] あけつげどり[明告鳥] り・いへつどり[家鳥] かけ・かけろ [鶏] きんけい[金鶏] くたかけ・くだかけ[時告鳥] しばなきどり[屢鳴鳥] ときつげどり[常世長鳴鳥] こよのながなきどり[長鳴鳥] ながなきどり[長鳴鳥] にはつどり[庭鳥] ひんけい[牝鶏] やこゑのとり[八声鳥] ゆふつげどり[夕告鳥・木

[鶯うぐひす]
黄鳥] くぐひ[鵠] [鵠] 菱喰・鴻 ぬまたらう[沼太郎]

[鶴たづ]
はくとうをう[白頭翁] ひえどり

ひよこ [雛] ひな・ひなどり[雛・雛鳥]

[枕]――いへつとり[家鳥] にはつどり[庭鳥] 鶏の鳴き声 かけろ(と) 暁に鳴く鶏 きんけい[金鶏] 雌の鶏 ひんけい[牝鶏]

きんじゃく[金雀]
[梟ふくろう]
しとと[巫鳥・鵐] ふくろ[梟] みなせどり[鵬鳥] くゎてう[禍鳥] ふくてう[鵬鳥]

頬白[ほほじろ]
しとと[巫鳥・鵐]

時鳥[ほととぎす] あやめどり[菖蒲鳥] いもせどり[妹背] うたひどり[歌鳥] うつたど[巧婦鳥] かけたかのとり・うなゐこどり・うなゐどり[童子鳥] 宇・杜鵑・蜀魂・郭公・不如帰・田魂・田鵑・杜 いにしへこふ[古恋鳥] いもせどり[妹背鳥] うたひどり[歌鳥] うつたど[巧婦鳥] かけたかのとり・うなゐこどり・うなゐどり[童子鳥] きくらく くつ

鶏 ほととぎすの初音 しのびね[忍音]

溝五位鷺・巧婦鳥 かぶとどり[甲鳥]・さぎ・ささき[鶴鷺]・たくみどり[巧鷺]・すどり[洲鳥]

[杏子規] しでのたをさ[死出田長] たうたどり[田歌鳥] し ろとり[白鳥] たそがれどり[黄昏鳥] たちばなどり[橘鳥] たなかどり[田中鳥] た まさかどり[適鳥] たまむかへどり[魂迎鳥] つくもどり つなどり[綱鳥] つねことばどり[時鳥] なつゆきどり[夏雪鳥] ももこゑど り[百声鳥] ゆふかげどり[夕影鳥] よただどり[終夜鳥] よやなしどり

木兎[みみずく] かくし[角鴟] つく・づく[木兎] はくとうをう[白頭翁] とほやまどり[遠山鳥] からからし けら ぎゃうぎゃう

椋鳥[むくざい]

山鳥[やまどり]

葦切[よしきり] [行行子]

【自然】——とり[鳥]、むし[虫]

瑠璃鳥（るりちょう）　ちくりんてう[竹林鳥]　るり[瑠璃]

鷲（わし）　まとり[真鳥]

## むし[虫]

虫の声　むしがね・むしのね[虫音]

虫が地中から這い出る日（三月五日ごろ）　けいちつ[啓蟄]

虫が地中に籠ること　ちっきょ[蟄居]

虫籠　むしこ[虫籠]　むしや[虫屋]

季節外れの虫の声　わすれね[忘音]

秋に鳴く虫　こほろぎ[蟋蟀]

赤蜻蛉（あかとんぼ）　あかあきつ[赤蜻蛉]　あかゑん・ば[赤蜻蛉]

虻（あぶ）　あむ[虻]　すがる[蜾蠃]

蟻地獄（ありじごく）　あとさりむし・あとしざり・あとずさり[後]　すりばちむし[摺鉢虫]

馬追い　すいっちょ・すいと

浮塵子（うんか）　こぬかむし[小糠虫]　ぬかばへ[糠蠅]

蚊（か）

蚊の幼虫　けつけつ[孑孑]　すいそ[水虱]　ぼうふり・ぼうふりむし[棒振虫]

群れをなして飛ぶ蚊　かばしら[蚊柱]

句—やぶかのもちつき[藪蚊餅搗]

蛾（が）　ひひる[蛾]

蚕　かふこ[蚕]　ひむし[蛾・火虫]　こがひ[桑子]　くはこ[桑子]　こ[蚕]

蚕を飼うこと　こがひ[蚕飼]

秋（春・夏）に孵る蚕　あきこ[秋蚕]（春蚕、夏蚕）

養蚕の時期　こどき[蚕時]

蜉蝣（かげろう）　ひをむし[蜉]

かなかなの蟬　ひぐらし[蜩]

甲虫・兜虫　さいかち・さいかちむし[皀莢虫]

蟷螂（かまきり）　いぼうじり・いぼじり・いぼむし・いぼう・ゑ[疣丈]　たうらう・たうろう・たう・ろぎ[蟷螂]

蟋蟀（きりぎりす）　いねつきこまろ[稲春子麿]　ぎす　こほろぎ[蟋蟀]　しゅうし[螽斯]　はたおり　はたおりめ[機織]

蜘蛛（くも）　ささがに[細蟹]　う[蜘蛛]　ちちゅ・ちちゅ

枕—ささがにの[蜘蛛]

蜘蛛が巣をかける　いがく・すがく[糸構]

蜘蛛の糸　い[蜘糸]

蜘蛛の巣　くものい[蜘蛛巣]　いがき[蜘糸構]　すがき[巣垣]

毛虫　かはむし[皮虫]

蟋蟀（こおろぎ）　いとど[蟋蟀]　きりぎりす[蟋蟀・螽斯]　ちちろ・ちちろむし

米搗虫　ぬかつきむし・ぬかづきむし[糠搗虫]

鈴虫　げつれいし[月鈴子]　まつむし[松虫]

蟬（せみ）　うつせみ[空蟬]　せび[蟬]

つくつくぼうし　かむぜみ・かんぜみ・かんぜん[寒蟬]　つくつくぼふし・つくしこひし[筑紫恋]　つくつくぜみ[法師蟬]

蜩（ひぐらし）　かなかな

蟬など夏の虫　なつむし[夏虫]

【自然】――むし[虫]、さかな[魚]

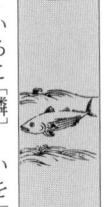

## むし[虫]

- 蝶[ちょう] こてふ[胡蝶] てふ[蝶] ゆめむし[夢虫] ゆめみどり[夢見鳥]
- 蜻蛉[とんぼ] あきつ・あきつむし・あけつ[秋津・蜻蛉] かげろひ・かげろふ[蜻蛉・蜉蝣] せいれい[蜻蛉] とんばう[蜻蛉] やんま ゑんば[蜻蛉]
- 赤とんぼ あかあきつ[赤蜻蛉] あかゑんば[赤蜻蛉]
- 蛞蝓[なめくじ] なめくぢら・なめくぢり[蛞蝓]
- 蠅[はへ]
- 五月の蠅 さばへ[五月蠅]
- 飛蝗・蝗虫[ばった] おうと はたはた[蝗蚻]
- 蜩[ひぐらし] かなかな
- 蛍 くさのむし[草虫] くちくさ[腐草]
- 蛍など[蟬・蚊] なつむし[夏虫]
- 蛍の光 ほたるび[蛍火]
- 松虫 すずむし[鈴虫]
- 蓑虫[みのむし] おにのこ[鬼子] ちちよ 雨彦
- 馬陸[やすで] あまびこ かやむし ゑんざむし
- むし ぜにむし[銭虫] をさむし[筬虫] [円座虫]

## さかな[魚]

- 枕――みなしたふ[水下](とうを) [水民]
- 魚 いろくづ・いろこ[鱗] いを[魚] うろくづ・うろこ[鱗] な[魚] は[鰭] まな[真魚] みづのたみ
- 鮎の稚魚 ひを[氷魚]
- 魚などを獲(と)る いさる・あさる[漁] すなどる[漁]
- いろいろな小魚 ざこ[雑魚]
- 鱗 いろくづ・いろこ・うろくづ[鱗] ぎょりん[魚鱗]
- 鰓[えら] あぎと[顎・腮]
- 大きな魚 はたのひろもの[鰭広物]
- 雑魚 いろくづ・いろこ・うろくづ こ[鱗]
- 塩漬けの魚 ししびしほ[肉醬]
- 新鮮な魚貝類 ぶえん[無塩]
- 小さな魚 はたのさもの ぶえん[無塩]
- 生の魚 はたのさもの[鰭狭物]
- 安物の魚 したもの[下物]
- 鰭[ひれ] はた[鰭]

- 赤貝 きさ[蚶] きさがひ[蚶貝] きさ
- 穴子 うみうなぎ[海鰻]
- 鮎 かうぎょ[香魚] ねんぎょ[年魚] わかゆ[若鮎]
- 越年した鮎 ふるせ[古瀬]
- 落ち鮎 さびあゆ[錆鮎] しぶあゆ[渋鮎]
- 鮑[あわび] わすれがひ[忘貝]
- 鯔子[いなご] かますご[叭子]
- 磯巾着[いそぎんちゃく] いしぼたん[石牡丹]
- 鰻[うなぎ] むなぎ[鰻]
- 鰍[かじか] いしぶし[石斑魚・石伏]
- 栄螺[さざえ] ぜぜがひ[銭貝]
- 鯉 りぎょ[鯉魚]
- 鯉のぼり[鯉幟] のぼり[幟]
- 鱏の幼魚 つなし[鯯]
- 桜貝[さくらがひ] はながひ[花貝]
- 竹魚[さより] はりを[針魚]
- 山椒魚[さんしょううお] はんざき[半裂・半割]
- 白魚 しらを[白魚]
- すっぽん どんがめ[団亀]

## 【自然】──さかな[魚]、くさ[草]

### さかな[魚]

鯛　たい　あかめ[赤女]
竜の落とし子　かいば[海馬]
飛魚　つばめうを[燕魚]　とびを[飛魚]
海鼠　なまこ[海鼠]
鰊・鯡　にしん　はるつげうを[春告魚]
蜷　みな[蜷]
鮫・蝦虎魚・沙魚　ふるせ[古瀬]
鱧　うみうなぎ[海鰻]
河豚・鰒　ふぐ　てっぱう[鉄砲]
鰡・鯔　くちめ[口女]　しぎょ[鯔魚]　ちくばくぎょ[竹麦魚]　なよし[名吉]
巻き貝　にし[螺・小辛螺]
鮪の大きなもの　しび[鮪]
鱒　はらあか[腹赤]
夜光貝　やくがひ[夜久貝]
公魚　さくらいを・さくらうを[桜魚]
寄居虫　がうな[寄居虫]　かみな

### くさ[草]

くさね[草根]　まくさ[真草]
枕──うちなびく[打靡]（↳くさき）

浮き草　ねなしぐさ[根無草]
多くの草　ちくさ・ちぐさ[千草]
海草　め[海布・海藻]　もしほぐさ[藻汐草]
刈った後また出る草　またおひ[再生]
枯れた芝の生えた草原　かれしばはら[枯芝原]　かれふ[枯生]
草が枯れるさま　かれがれ[枯枯]
草が霜で枯れるさま　しもがれ[霜枯]
草が生えかける　くさたつ[草立]
草がますます茂ること　いやおひ[弥生]
草の生えている所　ふ[生]
草の生えている山　かやゝやま[萱山]
草花が一面に咲いているさま　はなむしろ[花筵・花蓆]
草を揉んだ匂い　あをくさし[青臭]
薬となる草　やくしゅ[薬種]
穀物→[本文]　こくもつ
雑草　あらくさ[荒草]
茂った草　あさぢふ[浅茅生]
すすき・かやなど　みくさ[草]
多数の草　ちくさ・ちぐさ[千草]
田の雑草　はくさ・はぐさ[莠]

棘のある草　いばら・うばら・むばら[荊・茨]
夏の草　あをふかくさ[青深草]
冬枯れの草　くさがれ[草枯]
柔らかい草　にこぐさ[柔草]
夕方、物影の草　ゆふかげぐさ[夕影草]
若草　にこぐさ・にひぐさ[新若草]　はつくさ
枕──うちなびく[打靡]
葵　あふひ・あほひ[葵]　かたみぐさ[形見草]
あかざ　れいさい[藜菜]　れいさう[藜]
朝顔　あきのかがみぐさ・かがみぐさ[鏡草]　きんくわ[槿花]　けにごし・けんごし・けにごし・けんごし[牽牛子]　しののめぐさ[東雲草]　ゆふかげぐさ[夕影草]　牛花
薊　あざみ　しんさう[針草]　まゆはき・まゆつり[眉刷毛]　まゆほうき
葦　あし　はけ　かやのひめ[茅野姫]　くさかやひめ

【自然】──くさ［草］

［草茅姫］　さざれぐさ［小石草］　はれぐさ［被問草］　ねからぐさ［秋無草］　あきくさのはな［秋草花］

まえぐさ［玉江草］　なにはめ［難波見草］　ざめぐさ［寝覚草］　ふみみぐさ［文くんし／隠君子］　いなてぐさ・いなでぐさ　いん

女］　なにはぐさ［浪花草］　ひとば草］　をぎ［荻］　をとこぐさ［男おととぐさ・おととさう・おとばな

ぐさ［一葉草］　ひむろぐさ［氷室草］　　　　　　　　　　　　　　　　　　　　　　　［弟花］　かたみぐさ・かたみさう［形

よし［葦・葭・蘆］　わすれぐさ［忘草］　　　　　　　　　　　　　　　　　　　　　　　見花］　かはらおはぎ　からよもぎ［翁草］

葦の芽　あしかび　あすれぐさ　あしづの　　　　　　　　　　　　　　　　　　　　　　　［唐蓬］　しもみぐさ［霜見草］　そが

蘭草　しりくさ［尻草・知草］　おもひぐさ［思草］　かまくさ　　　　　　　　　　　　　　　ぎく［承和菊］　ちぎりぐさ［契草］

虎杖　さいたづま　すいば［酸葉］　たち　　　　　　女郎花　　　　　　　　　　　　　　　　ちょくさ［千代草］　ちよみぐさ・ち

［虎杖］　ひ［虎杖］　　　　　　　　　　　　　　　をみなへし・をみなべし・をみなめし　　　　　よみさう［千代見草］　つなでぐさ

苺・苺　くさくだもの［草果物］　　　　　　　　　　　含羞草　　　　　　　　　　　　　　　　［綱手草］　ぬれさぎ［濡鷺］　はくと

いちごつり　　　　　　　　　　　　　　　　　　　　雄日芝　おもひぐさ　すまひぐさ［相撲草］　　うげ［白頭花］　はなのいも［花妹］

蛇苺　くちなはいちご［蛇苺］　　　　　　　　　　　　白朮　うけら［白朮］　ねむりぐさ［眠草］　　　はなのおと・はなのおとと［花弟］

稲　　　本文　いね　　　　　　　　　　　　　　　　燕子花　かほばな・かほよばな　　　　　　　　ほしみぐさ・ほしみさう［星見草］

芋　うも［芋］　まも　　　　　　　　　　　　　　　蕪　すずな［菘］　　　　　　　　　　　　　　まさりぐさ　ももよぐさ［百

裏白　ほなが［穂長］　やまくさ［山草］　　　　　　　南瓜　かんぽちゃ　たうなす［唐夜草］　やまちぐさ・やまぢさう［山

いらくさ　いら［刺・苛］　　　　　　　　　　　　　　茄子　ぽうぶら［南瓜］　　　　　　　　　　　　路草］　よそひぐさ［装草］　よはひ

ういきょう　くれのおも［呉母］　　　　　　　　　　蒲　かま［蒲］　みづくさ［水草］　　　　　　　ぐさ［齢草］

瓜　ふり［瓜］　　　　　　　　　　　　　　　　　　榧　かへ［榧］　　　　　　　　　　　　　　　　　　　　　　　枕────おとにのみ［音

瓜など　くさくだもの［草果物］　　　　　　　　　　萱草　かやぐさ・くゎざう・くゎんざう　　　　　　　　　　　　　　　　　　　　聞草］

荻　うみがや［海萱］　かぜききぐさ［風　　　　　　　　　　　わするるぐさ・わすれぐさ　　　　　　黄菊　そがぎく［承和菊］

狗尾草　ゑのころぐさ［狗尾草］　　　　　　　　　　　［萱草］　　　　　　　　　　　　　　　　　　野菊　かはらおはぎ　かはらよもぎ

車前草　おばこ・おんばこ［車前草］　か　　　　　　　桔梗　あさがほ［朝顔］　ありのひあふ　　　　　　　［河原蓬］

聴草　かぜもちぐさ［風持草］　と　　　　　　　　　　　［忘草］　　　　　　　　　　　　　　　　　羊蹄　ぎしぎし　いちし［壱師］　しぶき［蘵］　やま

へるば［蛙葉］　　　　　　　　　　　　　　　　　　　　　　　きちかう［桔梗］　　　　　　　　　　し・やまじ

　　　　　　　　　　　　　　　　　　　　　　　　　　菊　あきしく・あきじく・あきしくのはな

　　　　　　　　　　　　　　　　　　　　　　　　　　［秋敷花］　あきなぐさ・あきなしぐ

【自然】──くさ［草］

茸類 きのこるい くさびら［草片］ たけ［茸］
黍 きみ［黍］
キャベツ たまな［玉菜・珠菜］
金鳳花 きんぽうげ うまのあしがた［馬足型］
鶏頭 けいとう からあい・からゐ［唐藍・韓藍］
葉鶏頭 はげいとう かるくさ がんらいこう［雁来紅］
小松菜 こまつな うぐひすな［鶯菜］
胡麻 ごま うごま［胡麻］
御形 ごぎょう おぎゃう［御形］ ははこ［母子］
紫蘇 しそ のらえ
三角藺 さんかくい しりくさ［知草・尻草］
米 →［本文］こめ
忍 しのぶ ことなしぐさ［事無草］ しのぶもぢずり［忍捩摺］ しのぶぐさ
菖蒲 しょうぶ あやめ・あやめぐさ［菖蒲］
生姜・生薑 しょうが はじかみ［椒・薑］
蓴菜 じゅんさい ぬなは［蓴］ ぬなはくり
薯蕷 しょよ ぶ・しょうぶ［菖蒲］ くれなる［紅］
末摘花 すえつむはな
すかんぽ → 虎杖
杉菜・問荊 すぎな ふでぐさ［筆草］
薄・芒 すすき をばな［尾花］ はなすすき［花薄］ 薄の穂 すすきのほ をばな［尾花］ 枯れた薄 かれたすすき かれをばな［枯尾花］ 白い穂の出た薄 しろいほのでたすすき ましろほすすき［真白穂薄］ 風に吹かれる薄 かぜにふかれるすすき はたすすき［旗薄］ 穂の出た薄 ほのでたすすき はなすすき［花薄］
菫 すみれ すまふとりぐさ［相撲取草］ ひとはぐさ［一葉草］ たむけぐさ［手向草］ ふたばぐさ［双葉草］ ふたよぐさ［二夜草］
石竹 せきちく いしたけ・いしのたけ［石竹］ かたぐさ
芹 せり たぜり［田芹］ つみましぐさ ねじろぐさ［根白草］ ねぜり［根芹］
千振 せんぶり たうやく［当薬］
大根 だいこん おほね［大根］ すずしろ［清白］ つちおほね おほねのわかめ さはやけ
大根の若芽 だいこんのわかめ あひおもひぐさ［相思草］ めざましぐさ［目覚草］
煙草・莨 たばこ もひぐさ［思草］ わすれぐさ［忘草］
田平子 たびらこ かはらけな［土器菜］ ほとけのざ［仏座］
ダリア てんぢくぼたん［天竺牡丹］

蒲公英 たんぽぽ たな［田菜］ ふぢな［藤菜］
茅・白茅 ちがや ち・ちばな つばな［茅花］
茅の花 ちのはな つばな［茅花］
月見草 つきみそう まつよひぐさ［待宵草］
土筆 つくし つくしんぼ ふでつばな［筆つばな］ つくづくし 筆頭菜 おもひぐさ［思草］
露草・鴨跖草 つゆくさ 月草 つきくさ［月草・鴨跖草］ つきくさ［跖草］ 青花 あをばな［藍花］ ふでのはな
蔓草 つるくさ はなだぐさ［縹草］ ももよぐさ［百夜草］
葛 くず つら［蔓］ むぐら［葎］ つづら
石蕗 つわぶき つは［石蕗］
唐辛子 とうがらし てんじゃうまもり［天井守］
冬瓜 とうがん かもうり たまきび［玉黍］ しぶき［蕺］ じふやく［十薬］
玉蜀黍 とうもろこし
蕺草 どくだみ しぶき［蕺］ じふやく［十薬］
撫子 なでしこ おもひぐさ［思草］ とこなつ［常夏］ かたみぐさ［形見草］ こひぐさ［懐草］ ひぐらしぐさ
[枕]─あしひきの・あしひきの［足引］

【自然】——くさ［草］

南瓜（→やまとなでしこ）
南瓜 かぼちゃ

韮 にら　かみら［韭］　こみら［小韭］　ふたもじ［二文字］　みら［韭］

大蒜・葫 にんにく　おほびる［大蒜］　ただみ

葱 ねぎ　き［葱］　しろね　ねぶか［根深］　ひともじ［一文字］

にんにくなど

秋の葱 あきぎ［秋葱］

捩花 ねじばな　もぢずり［捩摺］

野菊 のぎく　かはらよもぎ［河原蓬］　かはらお

蒿草 のこぎりさう　めどぎ［蓍木］　めどぐさ［蓍草］　めどはぎ［蓍萩］

野蒜 のびる　あららぎ［蘭］

葉鶏頭 はげいとう　かるくさ　がんらいこう［雁来紅］

繁縷 はこべ　あさしらげ　くさのいと［草糸］　にっしゅつさう［日出草］　はこべら

芭蕉 ばしょう　せんしせん［扇子仙］　にはみぐさ［庭見草］　ばせう・ばせを［芭蕉］

蓮 はす　いけみぐさ［池見草］　うきば［浮葉］　くんしくゎ［君子花］　つまなしぐさ［妻無草］　つゆたまぐさ［露玉草］　つゆたへぐさ［露堪草］　つれなしぐ さ　はちす［蓮］　みたへぐさ［水堪草］　みづきぐさ　みづくさ［水草］

蓮の葉 はちすば［蓮葉］

蓮の花 れんげ［蓮華］

蓮台 はなのうてな［花台］　はちす のうてな

蓮根 はひ［蓮根］

花菅 はなすげ

母子草 おぎゃう・ごぎゃう　はらははこ［河原母子］　はうこ［鼠麹］　ひきよもぎ［逢］

浜木綿 はまおもと［浜万年青］　はまも めん［浜木綿］

日影蔓・日影葛 ひかげかづら　じゃがたらいも がりごけ　かづらかけ［葛蘿］　［玉蘿・玉日陰］　［下苔・松蘿］　ひかげぐさ［日影草］　やまかづら［山蔓・山鬘］

馬鈴薯 ばれいしょ

向日葵 ひまわり　にちりんさう［日輪草］　まは［向日葵］　うきば・ひぐる

姫百合 ひめゆり　あかひめ［赤姫］　からゆり［唐鳴瓢］

瓢箪 ひょうたん　なりひさご・ひさご・なりびさご・ふくへ［瓢］

昼顔 すまひぐさ［相撲草］　はやひとぐ さ

福寿草 ふくじゅさう　ぐゎんじつさう［元日草］　しかぎく・いたちさう［元日草］　としぎく［歳菊］　ふじぎく［富士菊］　つくも［江 蘭］

藤袴 ふじばかま　おほゐぐさに［蘭］　らに［浦草］

太藺 ふとゐ　おほゐぐさ［太藺草］

糸瓜 へちま　いとうり［糸瓜］

紅花 べにばな　くれなゐ［紅］　すゑつむはな［末摘花］

蛇苺 へびいちご　くちなはいちご［蛇苺］　かにとりぐさ［蟹取草］

ぺんぺん草 くちなはいちご　からなづな［三味線草］　きはな　しゃみせんぐさ　すもとりさう［相撲取草］

帚草 ほうきぐさ　あかくさ［赤草］　なづな［薺］　たまははき・た

【自然】――くさ［草］

まばはき［玉箒］　ちふ［地膚］　にはくさ［庭草］　ははきぎ［帚木］　ははきぐさ［帚草］　ははこ［母子］

鳳仙花（ほうせんくわ）　つまぐれ・つまくれなゐ［爪紅］　つまねばな　つまべに［爪紅］　ほねぬき［骨抜］　まき

酸漿（ほおずき）　かがみぐさ［赤酸醬］　かかち　ぬかつき・ぬかづき［酸漿］

真菰（まこも）　かすみぐさ　かつみ［勝見］　かまやまあやめ［釜山菖蒲］　こも・こも

仏の座　たびらこ［田平子］　ぐさ［薦草］　はながつみ［花勝見］

馬尾藻・神馬藻（ほんだはら）　なのりそ・なのりそも［名告藻］　ほだはら［穂俵］

松葉牡丹（まつばぼたん）　てりふりさう［照降草］　ふししば［伏柴］　ほろ

曼珠沙華・石蒜（まんじゅしゃげ・せきさん）　かみそりばな　きつねのかみそり［狐剃刀］　さんまいはな［三昧花］　しびとばな［死人花］　てんがいばな［天蓋花］　とうろうばな［灯籠花］

三稜草（みくり）　うきやがら［浮矢幹］　おほやがら［大矢幹］　かはすげ　こすげ［小やきぐさ［焼草］　もちぐさ［餅草］

水葵（みずあおい）　ことなしぐさ［事無草］　なぎ［水葱］

溝萩・禊萩・千屈菜（みぞはぎ）　みぞかけぐさ　たまのやぐさ　れいくゎ［精霊花］

都草・百脈根（みやこぐさ）　きれんげ［黄蓮華］　えぼしぐさ［烏帽子草］　こがねばな［黄金花］

海松（みる）　うみまつ［海松］

目弾（めはじき）　つちはり［土針］　母草

捩摺草・文字摺草（もじずりぐさ）　ねぢばな［捩花］

藪萱草（やぶかんぞう）　わするるぐさ・わすれぐさ［忘草］

夕顔（ゆうがお）　かほうり［顔瓜］　すすけのはな　たそがれぐさ［黄昏草］　ひ

藪蘭（やぶらん）　やますが・やますげ［山菅］

嫁菜（よめな）　うはぎ　さご［瓟］　はぎな　よめがはぎ［嫁萩］　をはぎ［薺蒿］

竜胆（りんどう）　うらべに［裏紅］　えやみぐさ［疫病草］　おもひぐさ［思草］　いぐさ［竜胆草］　にがな［苦菜］　たつのまひこな［山彦草］　りうたん・りん

らい麦（らいむぎ）　なつむぎ［夏麦］　［指文草］　たはれぐさ［戯草］　つくろひぐさ［繕草］

辣韮・薤（らっきょう）　おほみら［薤］　さとにら［里韮］　たまむらさき［玉紫］　やまむらさき［山紫］　やいばぐさ

蓮華草（れんげそう）　げげばな［五形花］　雲英［蜜］　げんげ

蓮根　はひ・蜜

蕨・薇（わらび）　いはねぐさ［岩根草］　ほどろ　まねぐさ

芽を出したばかりの蕨　さわらび［早蕨］

我毛香・吾亦紅（われもこう）　さ［夷草・決明］　あやめたむ　えびすね［夷根］　えびすぐさ　のがるかや［雄刈萱］　のつち［野槌・蠍］　［薺草］

蓬・艾（よもぎ）　さしもぐさ・させも・させもぐさ

## き[木]

枕 —おくやまの「奥山」（↓たつき）　おふしもと[生楷]

けこ[木]　やまちもの

磯辺の風雨に傾いた木　そなれぎ[磯馴木]

枝　え[枝]　このえ[木枝]
枝が垂れる　こだる[木垂]
枝が出る　ももえさす[百枝]
枝先　すゑ[末]
枝の枝　ひこえ[孫枝]
枝の茂った木　しげき[繁木]
枝振り　えだぐみ[枝組]
枝や幹が傾いて伸びる　そなる[磯馴]　えたざし・えだし[枝差]
枝をもぎ取った木　もぎき[捥木]
多くの枝　ちえ[千枝]
枝葉の茂った木　しげき[繁木]
枯れた木　からき[枯木]
枯れて枝のない木　もぎき[捥木]

木が隙間なく茂っていること　しみみに[茂]
木がまばらに生えている所　もとあら[本疎・本荒]
木の間　このま・こま[木間]
木の切り株　かりばね[刈株]　[切杭]　くひぜ[株・杭]
木の切り株から出る芽　ひこばえ[蘖]
木の屑　こつ・こつみ・こづみ[木屑・木積]
木の削り屑　こっぱ[木葉・木端]
木の茂み　しげ[繁]　こむら[木叢]
木の下　このもと[木下]
木の下の暗い所　こぐらし[木暗]　こぐれ・このくれ[木暗・木暮]　このしたやみ[木下闇・木暗闇]
木の新芽　つのめ[角芽]
木の葉がよく茂っている　こだる[木足]
木の葉などがそよぐさま　さやに
木の葉が散り乱れる　きそふ・きほふ[競]
木の芽が萌え出る　このめはる[木芽張]
木を切る　こる[伐・樵]

空洞になった腐った木　くちき[朽木]　ふしき[節木]
小枝　こしば[小柴]
楮　つまぎ[爪木]　すはえ・ずはえ・すはへ　こやで　さえだ　こぬれ[木末]　うらき[末木]　うら・うれ[末・梢]　このうれ[木末]　さえだ[小枝]　すゑ[末]　とぶさ[鳥総・杪]　はつえ・ほつえ・ほづえ[上枝]　ひこえ[孫枝]
梢　こずえ[梢]
梢が高い　こだかし[木高]
梢の葉　うらばえ・うれは[末葉]
木陰　こがくれ[木隠]　このしたかげ[木下陰]　このくれ[木暗・木暮]
木陰の道　このしたみち[木下道]
先の方の枝　ほつえ・ほづえ[上枝]
下の方の枝　しづえ[下枝]　しもつえ
柴　しば[柴]　ふししば[伏柴]
樹下　このもと[木下]
常緑樹　しょうはく[松柏]　ときはぎ[常磐木]　いつしば[柴]　しば[柴]　ふゆき[冬木]
雑木
倒れた木　ふしき[臥木]

【自然】——き[木]

【自然】――き[木]

高い枝 たちえ[立枝]
沢山の枝 いほえ[五百枝] ちえ[千枝]
立ち木 たつき[百枝]
小さい枝 こしば[立木]
　[小枝] すはえ・ずはえ[小柴] こやで　さえ
だ[小枝] すはえ・ずはえ
刺のある草木 いばら・うばら・むばら
小さな木 かなぎ[爪木]
　つまぎ[金木]
[荊・茨]
夏の木陰 なつかげ[夏陰]
細い枝 こしば[小柴]
盆栽 はちのき[鉢木]
薪 たばねぎ[束木]
幹 もとき[本木]
瑞々しい枝 みづえ[瑞枝]
紅葉 いろみどり[色見草] かへで[楓]
枕―さにつらふ・さにづらふ[丹]
山奥の木 みやまぎ[深山木]
立派な木 まき[真木・槙]
老木 おいき[老木]
若葉が出始めた木 もえぎ[萌木]
　[蘖] ひこばえ
若く長い枝 しもと[細枝]
　[蘗] すはえ・ずはえ・すはへ[楚・楉]

赤目柏 あかがしは・あからがしは[赤
柏] あづさ[梓] ひさき・ひさぎ
[楸]
烏覆子・通草 あけぶ あさうつ　おめ
かつら やまのおうな[山女]
紫陽花 あづさゐ[紫陽花]
馬酔木 あしぶ・あせび・あせぼ・あせみ・あせも[馬酔木] まんざい
ふぢ[万歳藤]
翌檜 あすなろ ひばのき[檜葉木]
杏 からもも[唐桃]
いちい あららぎ[蘭]
荊・茨 うばら・むばら・うまら[茨・荊]
おどろ けいきょく[荊棘]
梅 かざまちぐさ[風待草] つげぐさ[告草] かざみぐさ
[風見草] にほひぐさ[匂草] はつなぐさ[初名草] はつはなぐさ[初花草] はなのあに
[花兄] はるつげぐさ[春告草] む
め[梅]
梅や桜 このはな[木花]
売子木 ちさ[萵苣]

榎 え[榎]
槐 きふぢ[木藤・黄藤] くぜまめ ゑ
にす・ゑにすのき
楝・樗 おうち[樗檀]
楓 かへるて・かへるで[蛙手・蝦手] も
みぢ[紅葉]
要黐 そばのき[梍木]
唐橘 ささりんだう[笹竜胆]
木虹豆 ひさぎ[楸]
銀杏 いてふのみ[銀杏実]
　[銀杏実] ちちのみ
草苺 いちし[壱師]
櫟 ははそ[柞]
茱萸 くみ　もろなり[諸成]
桑 つみ[柘]
欅 つき[槻]
楮 かぞ[楮] たく[栲]
小楢 ははそ[柞]
黒檀 くろき[黒木]
辛夷 こぶしはじかみ[辛夷] やまあ
らぎ[山蘭]
榊 たのぐし・たまぐし[玉串] あけぼのぐさ[曙草] かざしぐさ
[挿頭草] はな[花]
桜

【自然】――き[木]

桜、梅など このはな[木花]
桜の盛りに吹く風 はなかぜ[花風]
桜の咲き乱れる景色 はなのくも[花雲]
　桜桃 あうたう[桜桃]
枝垂桜 いとざくら[糸桜]
散る桜 はなのゆき[花雪]
笹 ささ
　枕―なつかりの
　ねざさ[根笹] をざさ[小笹]
山椒 さんせう[山椒] はじかみ[椒]
　山椒の新芽 きのめ[木芽]
椎木 しひしば[椎柴]
篠竹 しの[篠] すず[篠] しののはぐ
　さ[篠葉草]
石楠花 しゃくなげ・しゃく
　なぎ[石楠花] さくなむざ[石楠草]
　せきなん[石楠]
南燭 さしぶ[鳥草樹]
棕櫚 すろ[棕櫚]
　かには[桜皮] からにはざくら
白樺 しらかんば[白樺]
忍冬 にんどう[忍冬] はなすはう[花蘇芳]
蘇芳花
　さき[花紫]

杉 すぎ[杉] まき[真木・槙]
　枕―むらくもの[叢雲]
真っすぐな杉 ほこすぎ[矛杉・鉾
　杉] びゃくだん[白
栴檀 あふち[棟・楝]
竹 枕―わぎもこに[吾妹子]（↓あふち
　[常世物] さつきまつ[五月待]（↓
橘 たちばな
　枕―とこよもの[常世物]
　　―からころも[唐衣] とこよもの
橘の実 かくのこのみ[香木実・香
　菓]
筍 たかうな・たかむな・たかんな
栂 とが・とがまつ[栂松]
衝羽根 つちはり[土針]
団栗 つるばみ[橡]
梨 ありのみ[有実]
楢 ははそ[柞] みづなら[水楢]
接骨木 たずのき みやつこぎ・みやと
　こき[造木] やまたづ[接骨木]

白膠木 ぬるで かちのき ぬで・ぬり[白膠木]
猫柳 かはやぎ[川柳] えのころやなぎ
　狗柳 くろやなぎ[黒柳] たにが
　はやなぎ[谷川柳]
杜松 ねずさし[杜松] むろ・むろのき
合歓木 がふくゎのき[合歓木] ねぶ
凌霄花 のうせう・のせう[凌霄] まか
　やき[凌苕] やかやき
萩 はぎ
　あきしりぐさ・あきしるくさ[秋知
　草] あきはぎ[秋萩] からはぎ[唐
　萩] こぞめぐさ[濃染草]
　さく・しかのしがらみ[鹿柵] しか
　のはなづま[鹿花妻] つきみぐさ
　[月見草] のもりぐさ[野守草] は
　なづま[花妻]
櫨・黄櫨 はぜ はじ[櫨・黄櫨] はにじ
淡竹 はちく[幹竹] くれたけ[呉竹]
薔薇 いばら[薔薇] さうび・しゃうび
　[薔薇]
榛木 はんのき はり[榛]
檜 ひのき ひ[檜] ひばのき[檜葉木]
　真木・槙

【自然】——き［木］、からだ［身体］

姫栂（ひむろ） あやすぎ［綾杉］
白檀（びゃくだん） せんだん［栴檀］
藤（ふじ） しうん［紫雲］ ふたきぐさ［二季草］
　ふぢなみ［藤波］ まつくさ［松草］
　まつなぐさ［松菜草］ まつみぐさ
　［松見草］ むらさきぐさ［紫草］
山毛欅（ぶな） しろぶな［白橅］ そばき　そば
　ぐるみ［稜稜桃・蕎麦胡桃］
朴（ほほ）の木 ほほがしは［朴・厚朴］
牡丹（ぼたん） きしゃくやく［木芍薬］
　［枕］―あらたへの［荒妙・荒栲］
　草］ となりぐさ［隣草］
　さ［名取草］ はつかぐさ［二十日草］
　ふうきさう［富貴草］ ぽうたん［牡丹］
　［深見草］ よろひぐさ［鎧草］
松（まつ） ちばな［皇花］ てりさきぐさ［照咲
　のはな［皇花］ すべらぎ
木天蓼（またたび） つるたで［蔓蓼］ なつうめ［夏
　梅］ なつめづる［夏梅蔓］
つばき［夏椿］
あさみぐさ［朝見草］ いろなぐさ
　［色無草］ おきなぐさ［翁草］
　ひきぐさ［琴弾草］ じふはちのきみ
　［十八君］ たまつ［玉松］ ちよき
　［千代木］ ときはぐさ［常磐草］ と
　ちよぐさ［十千代草］
小さい松 ひめまつ［姫松］
年老いた松 せんぐゎんまつ［千貫
　松］
松笠・松毬 ちちり まつふぐり［松
　毬・松陰嚢］
松の花 とかへりのはな［十返花］
木槿（むくげ） あさがほ［朝顔］ きはちす・きば
　ちす［木槿］ ゆふかげぐさ［夕陰草］
三叉・三椏（みつまた） むすびき
金縷梅 まんさく うめすゑ
郁子 いくし［郁子］ いたみ きまんぢ
　ゅう　ときはあけび　もくまんぢゅ
　う
木斛 あかみのき
柳 あそびぐさ［遊草］ かざなぐさ
　かざみぐさ［風見草］ かはぞひぐ
　さ・かはぞへぐさ［川添草］ かはた
　かぐさ［川高草］ ねみづぐさ［根水
　草］ はるすすき［春薄］
　［枕］―あさみどり［浅緑］
柳の細い枝 みどりのいと［緑糸］
藪柑子 あかだま えびかづら かねぶ
　ししくはず［猪不食］ へいちもく
　［平地木］ やまたちばな［山橘］
山吹 おもかげぐさ［面影草］ かがみぐ
柚 ゆ［柚］
交譲木 おやこぐさ［親子草］ こがねの
　は ゆずるは［譲葉］

【人事】——からだ［身体］

# 人間

## 人事

からだ［身体］
からど［身体］ じんしん・にんじん
［人身］ たい［体］ み・む［身］ み
がら［身柄］ むくろ［軀・身］

【人事】──からだ[身体]

[尊]─おんみ[御身] ごしん[御身]

顎(あご) あぎ・あぎと[顎・頤] おとがひ[頤]

足 [本文]あし
 枕─あしのうれの[葦末]の[鴫鳥](─[あしぬらし])

足の先 あなすゑ・あなうら[足裏・蹠跌]

足の裏 あうら・あなうら[足裏・蹠跌] にほとり

頭 いただき[頂] かうべ[首・頭] かづき[頭] つぶり[頭] つむり[頭]
 なづき[脳・髄]
 しら[頭] かぶり[頭] くし[首] か
 [頭] つぶき[頭]

[尊]─みぐし[御首・御頭]

肋骨(あばらぼね) わきぼね[脇骨]

腕 かひな[腕・肱] たくぶら・たこむら[手腓] ただむき[腕・臂]

襟首 うなじ[項] たてくび[項]

おとがい おゆび[指]

顔 おも・おもて[面] おもわ[面輪]
 つら[面]

顔つき……[本文]かおつき

踵(かかと) あくと・あぐと[踵] きびす・くびす

髪の毛 → [本文]かみ

からだごと むくろごめ[身籠]

からだ全部 → 全身

からだつき こつがら[骨柄] にんてい[人体] みさま[身様]

からだの中 ごしゃくのみ[五尺身] みひとつ[身一]

からだの出来物 → [本文]できもの

からだ一つ ごしゃくのみ[五尺身] みひとつ[身一]

ひにく[皮肉]

肝 い[胆]

関節 みふし[身節]

薬指 ななしのおよび[名無指]

首 かうべ[頭・首] くし[首] しるし

首筋 ちりけもと[身柱元]

首の後ろ うなじ[項]

瘤(こぶ) あましし[余肉] ひね[瘤] ふすべ[贅]

踝(くるぶし) つぶなぎ・つぶふし[踝]
 こくみ[瘜肉] し

小指 こおよび[小指]

心臓 しん[心]

心臓と肝臓 しんかん[心肝]

頭蓋骨(ずがいこつ) はち[鉢] のざらし[野晒]

素手 てぶり[手振] むて[無手] むな
 で[空手]

脛(すね) こはぎ[小脛] すねはぎ[臑脛] むかはぎ[向脛]

全身 ごさう[五臓] ひゃくがいきうけう[百骸九竅] みうち[身内] むくろ
 ごめ[身籠]

乳 むなち[胸乳]

乳房 ち[乳] むなち[胸乳]

手 かひな[腕・肱] ただむき・ただむぎ

手先 たなすゑ[手房]

手首 たぶさ[手房]

手ぶら → 素手

掌(てのひら) たなうら[掌] たなごころ[掌] たなそこ[掌] てのうち[手内] ての
 うら[手裏]
 爪 つま[手妻・手

胴体 むくろ[軀・身]

内臓 きも[肝・胆] ござう・ござうろっ
 ぷ・ろっぷ[五臓六腑] しんかん[心肝]
 腑 しんかん[心肝] わた[腸] ざうふ[臓]

## 【人事】——からだ［身体］、み［身］

### 肉体　しょうじん［生身・正身］

- がいきうけつ［百骸九竅］
- 人間のからだ　ごしゃくのみ［五尺身］
- 脳天　ずいなう［随脳］　なづき［脳・髄］
- 脳　ひゃくゑ［百会］
- 喉　いきのたばね［息束］　のみど・のんど［咽喉］　ふえ［吭］
- 歯茎　はじし［歯肉］　はぶし［歯節］
- 肌　かはべ［皮辺］　ししへ　はだせ［肌］
- 背　はだへ［肌・膚］
- 裸　すはだ［素肌］
- 腹　きもののたばね［肝束］→本文 はら
- 腸　きも［肝・胆］
- 膝の後ろ側　よほろ［膕］
- 額　さはち［砂鉢］　ぬか［額］　ひたひ
- 額の真ん中　まっかう［真向］
- 左手　あきて［空手］　ゆんで［左手・弓手］
- 骨　ひゃくがい［百骸］
- 頬骨　ほほげた［頬桁］
- 頬　ほほ［頬］　つら［面］
- 臍　ほぞ［臍］
- ふくらはぎ　こぶら・こむら［腓］

### 骨組　こつがら［骨柄］　こっぱふ［骨法］

- ぼんのくぼ　ちりけ［身柱・天柱］
- まことの身体　むざね［身実］　さうじみ
- 瞼　まかは［眼皮］　まなぶた［目蓋・瞼］
- 眉毛　まゆ・まよ・まゆね・まよね［眉］
- 眉と眉の間　みけん［眉間］
- 右手　めて［右手・馬手］
- 胸・胸板　たかむなさか［高胸坂］　むね
- 胸ぐら　わけ［胸分］　むなづくし［胸尽］
- 目　まなかひ［眼間］　まなこ［眼］　めら［目］→基本め(P.49)
- 目尻　めかど［目角］　まじり・まなじり［眦］
- 目つき→本文 めつき
- 股（両方のもも）およひ［指］　むかもも［向股］
- 指　たなすゑ［手末］
- 両手　まて・まで［真手・全手］　もろて［諸手］
- 肋骨　どうぼね［胴骨］
- 脇腹　そばはら［側腹］　ひはら［脾腹］

### み［身］

- 枕—うつせみの［空蟬］　たまくしげ［玉櫛笥］　つるぎたち［剣太刀］
- 身が竦む　すくむ　ゐすくむ［居竦］
- 身に負う　う［得］　うけとる［受取］
- 身に染みる　こたふ［応答］　おもひしむ・おもひそむ［思染］
- 身に受ける　とる［取］　きる［着］　まねく［招］
- 身に付ける　おぶ［帯］　ととのふ［調］
- 身に付く　そなふ［具・備］　しゅす［修］　せむ［迫・逼］　つく［付・着］　たいす
- はく［佩・帯］　ちゃくす［着］
- 身の置き所　たたずみ［佇］　いでいり［出入］　所作　ふうぎ［風儀］　みぶり［身振］
- 身のこなし
- 身の振り方　おきどころ［置所］　てもち［手持］

【人事】——み[身]、め[目・眼]

身の程 がいぶん[涯分] ざい[ぶん]　[分] ぶげん・ぶんげん[分限]　んざい[分際] みがら[身柄]→
身の程知らず
[本文] みぶん
句——たうろうがをの[蟷螂斧] ゑん こうがつき[猿猴月] てまはり[手回・手廻]
身の回り
身の回りの道具 てだうぐ[手道具]
身一つ ごしゃくのみ[五尺身] みがら [身空]
身を動かす みじろぐ[身]
身を清める けっさい[潔斎] しゃうじ・しゃうじん[精進]
身を清めること みそぎ[禊]
身を捧げる みをつくす[身尽]
身を寄せる よりつく[寄付]

## め[目・眼]

まなかひ[眼間] まなこ[眼] めら
[目]
枕——あぢさはふ[味沢相] はなかた
[目]

み[花筐](⇒めならぶ)

あら探しの目 さがなめ[目]
大きな目のたとえ つぼざら[壺皿]
眼力 まなこ[眼]
子供の目 をさなめ[幼目]
眼線 めがほ[目顔] めづま[目褄]
視線 めがほ[目顔] めづま[目褄]
視線をそらす しりめ[尻目・後目] すがめ[眇
目]
流し目 そばむ[側]
流し目をする みのぶ[見延]
涙で目がかすむ きる[霧]
眼差し まみ[目見] め[目・眼] まな
こる[眼居]
まの当たり まさか[目前] まさめ[正
目] まなかひ[目交] まのまへ[眼
前]
瞬 まなかひ[目交]
瞬き まくなぎ まびき[目引] めはじ
き[目弾] めまぜ[目交]
瞬きする まじろぐ[瞬] まだたく[瞬]
瞼 まぶた
瞼 まかは[眼皮] まぶた[目蓋・瞼]
めたたく[目叩]
眉毛 まゆ・まよ・まゆね・まよね[眉]

目がさめる うちおどろく[打驚] おど
ろく[驚] さむ[覚] ねおく[寝起]
目が届く みおよぶ[見及]
目が離れる めかる[目離]
目が回る くる[眩・転] くるべく[眩]
目が眩む めしひ[盲]
目が見えない →[本文] めくばせ
目くばせ まじり・まなじり[眦] めかど[目
角]
目じり まじり まなこ[眼]
目玉 まなこ[眼]
目つき まじり[眦] まなざし[眼差] ま
み[目見] め[目] めがほ[目顔]
目と目の間 まなかひ[目交]
目に浮かぶ まざまざ
目に角が立つ つのめだつ[角目立]
目に付く めとまる[目止]
目に留める うちみる[打見] みかく
[見掛] めにかく[目懸]
目に物を見せる ならはす[習・慣]
目の高さ めどほり[目通]

【人事】――― め[目・眼]、おんな[女]

## め[目・眼]

目の前 てまへ[手前] まのあたり まなかひ[目交] めどほり[目当] まのまへ[眼前]
目もと まなこる[眼居] まみ[目見]
目をいからせる ひきたつ[汲姉] にょうば[女郎]
目をかける めをいれる[引立]
目を覚ます おどろかす[驚] さます [覚・醒]
目を留める みたつ[見立] めみたつ[見立]
目を付ける みこむ[見込]
目を逸らす めかる[目離]
目を細めて見る すがむ[眇]
目をみはる みいだす[見出] めをおどろかす[目驚]
目を離す あからめ[目] めをそばむ[目側]
物事を見抜く目 てんがん・てんげん[天眼]
横目 しりめ[尻目・後目] すがめ[眇]
横目で見る しりめにかく[尻目掛] ばめにかく[側目掛] めをそばむ[目側]

## おんな[女]

あしよわ[足弱] いも[妹] こな[古奈・子奈] ちょらう[女郎] なね[汝姉] にょうば[女房] にょし[女子] にょしゃう[女性] めのこ[女子] わぎも[我妹] わぎもこ[我妹子・吾妹子] 吾妹 わごぜ[吾御前] をうな・をみな・をんな[女]
尊――ご・ごたち[御達] とうじ・とじ[刀自]
枕――ぬえくさの[奴延草]

妹娘・末娘 おとごぜ[乙御前]
美しい女 → 美人
美しい娘 おとごぜ[乙御前] まをとめ[真乙女]
永遠の少女 とこをとめ[常乙女]
大勢の女 やそをとめ[八十処女]
男勝り
句――ひんけいあしたす[牝鶏晨]

乙女 てこ・てこな[手児名] をとめ
女の子 → 少女
女らしい をんなしき・をんなめかし[女]
かわいい少女 をんなしき・をんなめかし[手児名]
かわいい少女 いらつめ[郎女・郎姫] たわやめ・たをやめ[手弱女]
かわいい少女 → 美少女
かわいい娘 たわやめ・たをやめ[手弱女]
か弱い女 たわやめ・たをやめ[手弱女]
気品高い女 すがしめ[清女] れんちゅう[簾中]
紅顔の美少女 あからをとめ[赤良乙女]
好ましい女 よろしめ[宜女]
最愛の娘 まなむすめ[愛娘]
しなやかな女 たわやめ・たをやめ[手弱女]
主婦 にょうばういへぬし[女房家主]
少女 あげまき いらつめ[郎女] さをとめ[早乙女] どうめ[童女] にょし[女子] めこ・めのこ[女子] めらは[女郎] をうなご・をとめ・をみなご・をんなわらは[女童]
は[女童]

【人事】――**おんな**[女]、**こども**[子供]

**女子** いらつめ[郎女・郎姫] うるめ[植女] [北台] ちょうろう[女郎] にょうば う[女房] にょしょう[女性] にょにん[女人] [尊]とうじ・とじ[刀自]

**田植えする女** うるめ[植女]

**早苗乙女** [五月乙女] さなへをとめ[早苗乙女] さをとめ[早乙女]

**妻** にょうぼう[女房] め[妻・女]

**天の乙女** あまびと[天人] あまつをとめ・あまつをとめ[天津少女]

**年老いた女** → 基本 **ろうじん**（P.52）

**妊娠** みもち[身持]

**妊婦** うぶめ[産女] はらめ

**箱入り娘** ふところご[懐子]

**美少女** てこ・てこな[手児名] まをとめ[真乙女]

**美人** いうそく[有識・有職] かうしょく[好色] かたち[形容・貌] ちびと[形人] かほびと[佳人] かれい[佳麗] ぎょくぢょ[玉女] くはしめ[美女] けいせい・けいせん[傾城] こくし[国色] しなもの[品者] しょく[清女] すがた[姿] すがたみめよし[見目好・見目佳]

**婦人** きたのかた[北方] きたのだい

**未婚の若い女** をとめ[乙女] をとめご[乙女子]

**醜い女** いなしこめ[否醜女] おとごぜ[乙御女] しこめ[醜女]

**優しい女** たわやめ・たをやめ[手弱女]

**若い女のたとえ** はつはな[初花]

**若い娘** しんざう[新造] をな[女] めなご・めのこ[女子]

**こども**[子供]

**あしよわ**[足弱] あるご[髫] うなゐ・うなね[髫] くそ[久曾] せうじん[小人・少人] そく[息] ちご[稚児] ちひさびと[小人] ちびと[小人] どうじ[童子] めざし[目刺] わかうど[若人] わくご[若子] わっぱ・わらは・わらべ・わらんべ[童] わろ[和郎] をぐな[童男] をさな

**愛する子供** おもひご[思子] なでしこ[撫子] まなご[愛子] めづこ[愛い[幼]]

**愛する子供を呼ぶ語** おもひご[思子] まこ[真子]

**赤子** かたこ[片子] たわこ[手児] ちご[稚児] てこ[手児] ひよひよ みどりご[嬰児]

**一歳の子供** ひとつご[一子]

**幼い子供** こわらは[小童] ちご[稚児] ふたば[二葉] みどりご[嬰子] わか[若] わかこ[二葉] わくご[若子] をのわらは[男童]

**幼い子供のたとえ** はつくさ[初草]

**男の子供** どうなん[童男] をのこ[若人] ほふし[法師] わかうど[若人] をぐな[童男] をのこ・をのこご[男子・男子]

**遺児** わすれがたみ[忘形見] そうりゃう[総領・惣領]

**跡取り** そうりゃう[総領・惣領]

**同じ歳の子供** よち よちこ

**女の子供** どうにょ[童女] めこ・めのこ[女子] めのわらは[女童] わらはめ[童女] をんなご[女子] をんなのこ[女子] をんな[女]

51

【人事】─── こども[子供]、ろうじん[老人]

## こども[子供]

なわらは[女童] わらは

貴人の子供 ざうし[曹司] みこ[御子・皇子]

子供心 わらはごごろ[童心]

子供の生い立ち わらはおひ[童生]

三歳以下の子供 みどりご[嬰児]

子供っぽい ここし[子子] こめく[子]めく→本文 あどけな
こち [幼心地] わかわかし[若若]

子供っぽく見える こめく[子]めく わらはぐ[童]をさなぶ[幼]

子供の遊び をさなあそび[幼遊・童遊]

自分の子供 あがこ あこ・あご・わこ

実の子供 うみのこ[生子]

子息 そく[息]

私生児 おちば[落葉]

嗣子 →跡取り

庶子 おとりばら[劣腹] げじゃくばら[外戚腹] そし[庶子] ほかばら[外腹]

神仏に授かった子供 おとこ[乙子・弟子] まうしご[申子]

末の子供

生誕百日目 ももか[百日]

先妻の子供 さきばら[先腹]

乳飲み子 ちご[稚児] わかこ[若子]

長子 えこ[長子] このかみ[兄・首]

長女・長男 そうりゃう[総領・惣領]

長女 えひめ[兄姫]

長男 じんろく[甚六]

八歳の子供 やとせご[八年児]

秘蔵っ子 ふところご[懐子]

一人っ子 ひとつご[一子]

坊や ほふし[法師]

息子 そく[息] ひこひと・をのこ[男・男子]

六・七歳の子供 うなゐ・うなゐご

わが子 →自分の子供

## ろうじん[老人]

あしよわ[足弱] おい[老] おいそ[陳]
けもの[老者] おいのみ[老身] おいびと[老人] おきな[翁] おほち[成]
こじん[古人] しゅくらう[宿老] そう[叟] としおい[年老]
としだかびと[年高人] としより[年寄] とほびと[遠人] ながびと[長人] はくとうをう[白頭翁] ふるひと・ふるびと[古人] みづは[瑞歯] むかしびと・むかしへびと[昔人] よのとほびと[世遠人] よのながびと[世長人] らうざ[老者] をぢ[小父]

生き長らえる →長らえる

老いた声 おいごゑ[老声]

老いていく ふりゆく[旧行] ねぶ[老成]

老いている たかし[高] ひねくろし[陳] ふるぶるし[旧旧]

老いて腰が曲がる おいかがまる[老屈]

老いてよぼよぼする おいくづほる[老]
おいくづつる[老]

老いぼれ おいくづほる[老] おいほよむ[耄]

老いぼれる もうろく[耄碌]

老いる おいづく おいつむ おいらく
おきなさぶ[翁進] おきなぶ[翁]

【人事】──ろうじん[老人]

**おゆ**[老] さたすぐ・さだすぐ[過]
すぐす[過] ちゃうず[長] とした[過]
く[年長] ねびる・ねぶ[長] としたか
く[更] ふる[旧・古] みづはぐむ
[瑞歯含] みづはさす[瑞歯差] み
つわぐむ[三輪組]

**老いること** おい・おいらく[老]
のなみ[老波] もうろく[耄碌] おい
なみ[老波]

**老いるたとえ** おいかれ[老嗄] おいの
ゆく[旧行]

**高齢** としたかし
**高齢となる** としたく[年高]
**腰の曲がった人** こしをれ[腰折]
**自然に老いる** ふりゆく[旧行]
**嗄声** おいごゑ[老声] からごゑ[枯声]
**嗄声になる** おいかる[老嗄] からぶ
[乾] かる[嗄] つくもがみ[九十九髪]
かればむ[嗄]

**白髪** しも[霜] つくもがみ[九十九髪]
**皺** おいのなみ[老波]
**皺が寄る** しぼよる[皺寄]
**少し老いる** さだすぐ
**すっかり年を取ってしまう**
ふ おいはつ[旧果] おいさらばふ[旧
果] みづはぐむ[瑞歯含] みづはさ

**祖父** おほぢ[祖父]
**長老** おとな[大人] おいばむ[老] そう[叟]
**年寄りっぽく見える** おいばむ[老]
きなさぶ[翁]
**年取って痩せ衰える** おいさらぼふ[老
曝]
**年寄** おいづく[老就] おゆ[老]
**年を取ってゆく** あうよる[奥寄] ふり
ます[経上] ふる[旧・古] ふく[更] なり
成 ふく[更] へあがる[経上] みづはぐむ[瑞歯含]
**年を取る** あうよる[奥寄] ねびる・ねぶ[長] すぐす[過]
としたく[年長] ふく[更]
**年を取ってよぼよぼする** おいくづほる
[老]
**年を取ること** おいのなみ[老波]
**共白髪** かいらう[偕老] もろしらが
[諸白髪]
**長生き** ちゃうめい[長命]
**長生きする** みづはぐむ[瑞歯含] みづ
はさす[瑞歯差]
**長生きする人** とほひと[遠人] ながひ

と[長人]
**長生きの薬** いくくすり[生薬]
**長らえる** あととむ[跡留] ありすぐす[有過] ありはつ
[有果] ありふ[有経] ありめぐる
[有果] ありめぐる[在巡] いきながらふ[生長] いき
めぐる[生巡] いのちいく[命生]
ぞんず[存] ながらふ[長・永] ま
だたく[瞬] めぐる[巡]

**ばあさん →老女**
**非常に老いる** みづはぐむ[瑞歯含] み
づはさす[瑞歯差]
**不老不死の国** とこよのくに[常世国]
**不老不死の薬** せんやく[仙薬]
**ますます老いる** ふりまさる[旧増]
**耄碌する** おいしらふ・おいしら・おい
しる[老痴] ほけしる[惚痴] ほる
[惚]  らうらうと[老老]
**よぼよぼ** らうらうと[老老]
**よぼよぼになる** よよむ
**余命** つもり[老積] おいのゆくへ[老
行末] おいのゆくする[老
行方]

枕──つのくにの[津国](⇒ながらへ)

【人事】──── ろうじん[老人]、つま[妻]

**老人くさい** ふるめかし[古]　ふるめく[古]

**老人が若返る** こまがへる[返]

**老人の後からはえた歯** みつば[瑞歯]

**老人になる** おいづく[老就]　つくもがみ[九十九髪]　とべ・とめ[姥]　をさめ[長女]

**老人めく** ねぶ[老成]

**老人らしくなる** おいづく[老就]　おきなさぶ・おきなぶ[翁]　およすく・およすけ

**老人にとっての新年** おいのはる[老春]

**老人くさく見える** こだい[古代]　ふるめかし[古]　ふるめく[古]

**老女** うば・むば[姥]　おむな・おんな[媼]　おな・おみな・たうめ[専女]　おうな・おみな・よな[老女]

**老後** おいのゆくへ[老行方]

**老境** おいいれ[老入]　おいなみ[老次]

**余命幾許もない** よぢかし[世近]
句─せうすいのうを[少水魚]

**余命許もない**（いくばく）よさん[余算]

**老年** こうしん[後心]　おいなみ[老次]　おいのよ[老世]

**老成者** [翁]

【行末】くすゑ[行末]　よさん[余算]

おいらく・おゆらく[老]　よのすゑ

**若さがなくなる** ねびる

## つま[妻]

**貴人の妻** きたのかた[北方]　きたのだい[北台]　だいばんどころ[台盤所]　みだい・みだいばんどころ[御台盤所]

**奥方** うらかた[裏方]　きたのだい[北台]　きたのかた[北方]　きたのだいばんどころ[北の台盤所]

**御婦人方** ごたち[御達]

**主婦** とうじ・とじ[刀自]

**自分の妻** あづま[吾妻]　いへのいも[家妹]　おのづま[己妻]　わぎも・わぎもこ[我妹子・吾妹子]　わにょうばう[吾女房]

**先妻** こなみ[前妻]　ふるめ[古妻]

**僧の妻** だいこく[大黒]　ぼんさい[梵妻]

**町人の妻** ないぎ[内儀]

**大臣などの妻** ごれんちゅう[御簾中]

**妻と子** めこ[妻子]

**妻とする** あとふ[聘]　めとる[娶]　まく[枕]　めうけ[妻儲]
[見] →基本 けっこん(P.84)

**愛する妻** いはひづま[斎妻]　おくづま[奥妻]　おもひづま[思妻]　はしづま[愛妻]　こころづま[心妻]　よそりつま[寄妻]

**美しい妻** はなづま[花妻]　まさづこ[美児]

**遠くの妻** とほづま[遠妻]

**長く連れ添った妻** ふるめ[古妻]

**新妻** しんぞう[新造]

**妻** いへ[家]　いも[妹]　いもねね[妹]　さいし・めこ[妻子]　たのみどころ[頼所]　つれあひ[連合]　にょうば[女房]　まこ[真子]　め[妻]　めのをんな[妻女]　やどもり[宿守]　よすが[縁・因・便]
尊─めぎみ[妻君]
枕─からころも[唐衣]　なみくもの[靡藻]（=うつくしつま）
[若草]　わかくさの

【人事】── つま[妻]、かぞく・しんせき[家族・親戚]

## 人の妻
うちかた[内方]　ないぎ[内儀]　ないしょう[内証]　ないほう[内方]

## 人の妻を卑しめる語
したば[下端]

## 本妻
きみざね[君]　きゃらのおんかた[伽羅御方]　とまり[留・止]　むかひめ[嫡妻]

## 若い妻
しんぞう[新造]　をな[女]

## かぞく・しんせき[家族・親戚]

いちもん[一門]　いちるい[一類]　いへ[家]　いへびと[家人]　うから・うがら[族・親族]　うからやから[族・親族]　えだ[枝]　かど[門]　きうぞく[九族]　けご[家子]　けない[家内]　けはひ[気配]　けんぞく[眷族・眷属]　しぞく[親族]　しん[親]　んるい[族類]　ぞう[族]　ぞうるい[族類]　ないしゃく[内戚]　ないし[内証]　なからひ[仲]　ひとす[一す]　ひとすぢ[一筋]　ひとぞう[一族]　ほとり[辺]　みうち[身内]　もんえふ[門葉]　もんこ[門戸]　やから[族]

ゆかり[縁]　よすが[縁・因]　るい[類]　るいはん・るいばん[類伴]　るいそう[流類]

尊─みぞう[御族]

## 兄
尊─え[兄]　このかみ[兄]　せうと[兄]　あにごぜ[兄御前]　あにぢゃひと[兄人]

兄妹　いもせ[妹背]

実の兄　しんきゃう[親兄]　しゃけ[舎兄]

長兄　このかみ[伯兄]　はくし[伯氏]　たいけい[大兄]　はくけい[伯兄]

## 姉
尊─あねご・あねぎみ[姉御前]　あねちゃひと[姉人]

長姉　おほいぎみ[大君]　おほいこ[大子]　おほひめ・おほひめぎみ[大姫君]　たいし[大姉]

## 妹
いも・いもと[妹]　いもなね・いもなろ[妹]　いもひと・いもびと[妹人]　いもとご[妹子]　いもうと[妹]　おと[弟・乙]　おとうと・おとと[妹]　おといもと[弟妹]　おとごぜ[乙御前]　わぎも[我妹]

すぐ下の妹　さしつぎ[差次]

妹・吾妹　わぎもこ[我妹子・吾妹子]　さにづらふ・さにつらふ[丹・た]　まつさの[玉章]（→いも）

## 乳母
尊─おち・おちのひと[御乳人]　まま[乳母]　めのと[乳母]　ちおも・ちも[乳母]

## 縁故
えにし・えん[縁]　たより[便]　な[綱]　ひき[引]　ゆかり[縁]　ゑ[故]　よし[由・因]　よしみ[好・誼]　るい[類]　いんえん・いんねん[因縁]　えん・ゑん[縁]

## 夫
せうと[兄人]　つま[夫]　ていしゅ[亭主]　とと[父]　ぬし[主]　ひこぢ[夫]　よすが[縁・因・便]　をとこ[男]　をうと[夫]　をひと[夫]

枕─わかくさの[若草]

夫を持つ　をとこす[男]

愛する夫　おもひづま[思夫]　よそりづま[寄夫]

妻が呼ぶ夫　こちのひと[此方人]　つまのこ[夫の子]　との[殿]

昔の夫　いにしへびと[古人]

## 【人事】——かぞく・しんせき［家族・親戚］

**配偶者** まくらぞひ［枕添］

**弟** おと［乙・弟］ おとと［弟］
　枕—はしむかふ［愛向］（→おと）
**すぐ下の弟** さしつぎ［差次］
**実の弟** しゃてい［舎弟］ しんきゃう［親兄］

**家系** いっせき［一跡］ いへ［家］

**兄弟姉妹** いもせ［妹背］ いろせ いろとえ いろね いろも おととい・おとと［弟兄］ せうと［兄人］ つらなるえだ［連枝］
**男の兄弟** をのこはらから［男同胞］
**女の兄弟** をんなはらから［女同胞］
**貴人の兄弟** ごれんし［御連枝］れんし［連枝］
**同母の兄弟** ひとつはら［一腹］
**年下の兄弟** おとうと・おと［弟・妹］
**腹違いの兄弟** ことはら［異腹］ ことはら［異腹］
**血縁** えん［縁］ けはひ［気配］ ちのすぢ［血筋］ ゆかり［縁］

**子供** → 基本 こども（P.51）
**子孫** あとかばね［後姓］ あなすゑ［足

末］ うまご［孫］ うみのこ［生子］ おやのこ［親子］ こういん［後胤］ こはな［後葉］ すゑ［末］ ぞう［末胤］ するゐ［末葉］ するする［末末］ ぞうるゐ［末葉］ そん［孫］ たね［種］ つぎつぎ［次次・継継］ ながれ［流］ なごり［名残］ のち［後］ のちどころ ひとのこ［人子］ べうえい［苗裔］ ばつえふ・まつえふ［末葉］
**貴人の子孫** みすがら［御孫］ みま［御孫］ むえん［無縁］ するすみ 匹如身

**親戚がないこと**

**曾祖父** おほおほぢ［大祖父］ ひおほぢ・ひぢおぢ［曾祖父］
**曾祖母** おほおほは［大祖母］ ひおほば・ひばば［曾祖母］
**祖父** おほぢ［祖父］ おば［祖母］
**祖母** うば［姥］ しし［父］ たらちね［垂乳根］ たらちを［垂乳男］ ててき・ててぎみ［父君］ とと［父］
**父** かぞ・かぞ［祖母］
　尊—ごしんぶ［御親父］ ちちご・て

てご［父御］ ててき・ててぎみ［父君］ ちちぬし［父主］

**父母** かぞいろ・かぞいろは［父母］ ぶも［父母］
**亡くなった父** せんかう［先考］
　枕—ちちのみの［実］
**実の父母** たねはら［種腹・胤腹］

**妻** → 基本 つま（P.54）

**肉親** こつにく［骨肉］ しんみ［親身］
**母** あも いろは［母］ おも［母］ かか［母］ たらちね［垂乳根］ たらちめ［垂乳女］ ははぎ［箸木］ ははび ははは［母人］ ほくだう［北堂］ めおや［女親］
　尊—おもとじ［母刀自］ おもとど［母刀自］ ははごぜ・ははごぜん［母御前］ ははとじ［母刀自］
　枕—たらちし・たらちね・たらちしや［垂乳］ たらちね［垂乳根］ たるしの・たるしや［垂乳］
**貴人の母** そのかた［其葉］ おほうへ［大上］ おほき
**天皇の母** おほきさいのみや［皇太

【人事】──かぞく・しんせき[家族・親戚]、せけん[世間]

# 【人事】

**后宮** くにのおや[国親] くにのはは[国母] こくも[国母]

**孫** 孫の孫 やしはご・やしゃご[孫] そん[孫]
うまご・むまご[孫] やしはご・やしゃご[玄孫]

**両親** ⇒父母。⇒|本文|りょうしん

## せけん[世間]

うきよ[浮世] うつしみ・うつせみ・うつそみ[現身] おほやけ[公] しかい[四海] しゃばのよ[世] しかい[世界] せじゃう[世上] ちまた[巷・岐] ちり・ちりのよ[塵世] 濁世 にんげん[人間] ひとなか[人中] ほか[外] よ[世] よのなか[世中] よのつね[世常] わたりなみ[渡並]
枕─あしのねの[葦根] うつせみの[空蟬] かはたけの[川竹] くれたけの[呉竹] ささたけの[笹竹] たまきはる[霊極] なよたけの[弱竹]（⇒よ）

浮世 あだしよ[徒世] うろち[有漏路] うゐのよ[有為世] (P.80) ⇒|基本|はかない

多くの世の人 いほよ[五百世] おほよそびと[凡人]
世間一般の人 いほよ[五百世] おほよそびと[凡人]
世間から遠ざかる よばなる[世離] よごもる[世籠]
世間知らず よごもる[世籠]
世間付き合いをする たちまふ[立舞]
世間体を気にする よをはばかる[世憚] なみ[並] なる[世付]
世間並み そうなみ[総並] なみ[並]
世間体 せけんぎ[世間気]
世間の人 ひとなみ・ひとなみ[人並] よなる[世憚]
世間に知れ渡る るふ[流布]
世間に気兼ねする よをはばかる[世憚]
世間の目 よの[世]
世間の人 せかい[世界] せけん[世間] ぞく[俗] よひと[世人]
世間馴れする [世馴・世慣]
世間話 せけんぐち[世間口] よがたり

俗世間 ぞく[俗] りうぞく[流俗] ちりのよ[塵世] よ・よのちり[夜語]
[夜語]
世に慣れていない こころわかし[心若]
世に言う いはゆる[所謂]
世に聞こえる、なにたつ[名立]
世に知られる きこゆ[聞]
世の常 うきよのならひ[浮世習] ただごと[直事] ならひ[習・慣] よのさが[世性]
世の中全体 いってん[一天] よのなか[世中]
世の乱れ げきらう[逆浪]
世渡り とせい[渡世] よすぎ[世過]
世を厭うこと ものうじ・ものうんじ[物倦]
世を捨てる とんせい・とんぜい[遁世]
世を拗ねた者 すねもの[拗者]

辛い世の中 あぢきなのよ[味気無世]
はかない世の中 ⇒|基本|はかない (P.80)
世心が付く よにふ[世経]
世慣れる しほしむ・しほじむ[潮染] しほなる[塩慣] よづく[世付] なる[世慣]

57

【人事】————せけん[世間]、き[気]

# 人事

## 気持ち

世を渡る　すぐ[過]

### き[気]

気が合う　たまあふ[魂合]
気が合う者同士　おもひどち・おもふどち[思]
気が合わない　ふあひ・ふがふ[不合]
気がおかれる　はづかし[恥]
気がおけない　あなづらはし[侮]　はづかしげなし[恥無]
気がおける　わづらはし[煩]
気が重い　ものむつかし[物難]
気が変わる　ゆるぐ[揺]
気がきく　かどかどし[才才]　うるせし　こころづく[心付]　こぶ[媚]
気がきいているさま　すし[粋]
気がきかない　こころおそし[心遅]　なまかたくなし[生頑]

気が挫ける　をる[折]
気が狂いそうだ　ものぐるほし[物狂]
気が狂う　きがふれる[気触]　ものぐるふ[物狂]　たぶるほし[狂]
気が進む　いさむ[勇]
気が進まない　しぶしぶ[渋渋]　しぶる[渋]　とほし[遠]　ものくさし[物臭]　ものうし[物憂]
気が進まないさま　しぶしぶ[渋渋]　のうぐさし[物臭・懶]
気が済む　たんのう[堪能]
気がする　おぼゆ[覚]
気が立つ　いさむ[勇]
気が散る　まぎる[紛]
気付かない　ぶねん[不念・無念]　おぞし・おぞまし[悍]
気が強い　きはだけし[際猛]　さかし[賢]　こころぶとし[心太]　こころづよし[心強]

気が挫める　うしろめたし[後]　やまし[疚]
気が強いさま　どうづよし[胴強]　きをり[気折]　うぶ[大丈夫]
気が強くなる　きがくらくなる[気暗]
気が遠くなる　きえいる[消入]　たえいる[絶入]
気が早い　こころをさます[興醒]　はやりか[逸]　ものさわがし[物騒]
気が長い　こころながし[心長]
気が抜ける　うつく[空・虚]　きょうさむ[興醒]
気が晴れる　いぶせし[鬱悒]　うもれいたし・むもれいたし[埋]　むつかし[難]　ものうし[物憂]
気が晴れない
気が晴れる　おもひなぐさむ[思慰]　おもひなほる[思直]　こころゆく[心行]　さむ[心開]　こころひらく[心開]　こころさむ[覚・醒]　しわのぶ[皺伸]　なぐさもる[慰]　はらがゐる[腹居]　たんのう[堪能]　むねあく・むねひらく[胸開]

58

【人事】——き[気]

**気がひける** うひうひし[初初] こころはづかし[心恥] つつまし・つつましげ・つつましやか[慎] はづかしまばゆし[眩] ものつつまし[物慎] やさし[恥]

**気がひけること** ゑんりょ[遠慮]

**気が塞ぐ** いぶかし・いぶかしむ[訐] うちしめる[打湿] うづむ[埋] うもる・むもる[埋] うらぶる[悄] おもひうんず[思倦] おもひきゆ[思消] おもひくす・おもひくっす・おもひくんず[思屈] おもひしづむ[思沈] おもひしなゆ[思萎] おもひむすぼる・おもひむすぼほる[思結] きがくらくなる[気暗] くさる[腐] くしいたし[屈甚] くづほる[頽] くす・くっす・くんず[屈甚] くゆる[薫] くれふたがる[暮塞] くんじいたし[屈甚] しづめる[沈] ふとくむつかし[難]
尊——おぼしくづほる[思]

**気が紛れる** なぐさむ[慰] きにあたる[気当] みみにあたる[耳当]

**気が減入る** →気が塞ぐ

**気が休まること** こころゆるび[心弛]

**気が弛む** こころとく[心解]

**気に入る** こころいる・こころにいる[心入]

**気に入ること** こころづき[心付] こころにつく[心付] めづ[愛]
尊——ぎょいにいる[御意入]

**気に入らない** →気にくわない

**気に掛ける** こころにつく[心染] こころにかなふ[心叶] こころにとがむ[答] とりかかる[取付] とんぢゃく[頓着・貪着]

**気にくわない** あいなし・あひなし[憂] うたてあり・うたてし[辛] からし[辛] こころづきなし[心付] すずろはし・そぞろはし[漫] つきなし[付] にくし[憎] ほいなし[本意無] むしがきらふ[虫嫌] めざまし[目覚] もどかし ものしげ[物]

**気に障る** きあひにかまふ[気合構] きにあたる[気当] みみにあたる[耳当] すつ[捨]

**気に止めない** すつ[捨]

**気に病む** こころやむ[心病] わづらふ[煩]

**気のせい** おもひなし[思]

**気の向くままに…する** すさぶ・すさむ[遊・荒]

**気の弛み** こころゆるび[心弛] すき[隙・透]

**気持ち** おもひ[思] きげん[機嫌] きしょく・きそく[気色] きづま[気褄] きび・きみ[気味] けはひ[気配] けしき[気色] こころざし[志] こころむけ[心向] そら[空] ここち[心地] こころ[心]

**気を失う** おちいる[陥] きえいる[消入] きゆ[消] こころうす[心失] しにいる[死入] たえいる[絶入] たまさかる[魂離] まくる・まぐる[眩]

【人事】——き[気]、こころ[心]

気を落とす おもひくづほる[思]
気を配る おもひやる[思遣]
気を鎮める おもひのどむ[思]
気を遣う うれふ[憂・愁]
気をつける かまへて[構]
気をつけて こころす[心]
気詰 こころしらふ[心]
気を取られる かまく[感]
気を取り直す おもひおこす[思起]
気を晴らす なぐさむ[慰]
気を晴らすこと たんのう[堪能]
気を揉ませる きします[軋]
気を揉む あつかふ[扱] こころづ
 かし・こころをつくす[心尽] こころ
 をくだく[心砕]
気を揉むさま はらはら
気を和らげる おもひのぶ[思延]

気化粧 ひきつくろふ[引繕]
さう[心化粧]
心付 とむ[正・留] まぶる・ま
ぼる・まもる[守]

こころ[心]

（「心苦しい」などの複合語は本文見
出し語）

あさみぐさ[朝見草] うら[心] か
んたん[肝胆] き[気] きも[肝]
きもこころ[肝心] きもだましひ
[肝魂] くれみぐさ[暮見草] こ
ち[心地] こころ[心] こころぎも
[心肝] こころたま[心珠] こころ
だま[心魂] こころのしるべ[心師
南] こころのそら[心空] こころ
のみづ[心水] こころのやま[心山]
こひぐさ[恋草] した[心] じゃう
[情] しん[神] しんかん[心肝]
ときみぐさ[時見草] とはれぐさ
[問草] ねざめぐさ[寝覚草] は
かん[肺肝] はうすん・ほうすん[方
寸] はつみぐさ[初見草] はら
[腹] むらぎも[腎肝] むね[胸]
めざめぐさ[目覚草] ゆふみぐさ
[夕見草] をりみぐさ[折見草]
尊—おぼしめし[思召] はうい[芳

意] みこころ[御心]
枕—きもむかふ[肝向] つるぎたち
[剣太刀] むらぎもの[群肝]

心痛める こころやむ[心病]
心が傷む →本文 かなしい
心が動く ゆるぐ[揺]
心が奪われる おぼる[溺] まぎる[紛]
心が踊る ときめく
心が重い →本文 ゆううつ
心が傾く うちなびく[打靡] こく[倒・
転]
心が清い はらぎたなし[腹汚] はらぐ
ろし[腹黒]
心が騒ぐ たぎつ・たぎる[滾] はらや
りか[明] あかし[明]
心が鎮まる おちゐる[落居]
心が拗けている かたましい・かだまし
い[奸・姧]
心が逸る はやりか[逸]
心が晴れない おほほし おぼほし むすぼ
る・むすぼほる[結] やらむかたな
し[遣方無] → 基本 き(P.58)
心が晴れる いひなぐさむ[言慰] なぐ

【人事】――こころ[心]、あい[愛]

心が惹かれる さむ[慘]
心が乱れる おくゆかし[奥床]　おもしろし[面白]
心が広い →[本文]かんだい
なつかし[懐] →[本文]こころひかれる
　　　　　かきみだる[掻乱]　やく[焼]
心から しんぞ[神・真]
心ならず こころにもあらず[心]
心にかけて かまへて[構]
心にかけている かけかけし[懸懸]
心にかける かへりみる[顧]
心にしみる しんかんにそふ[心肝添]
心に留めない おもひいる[思入]　きもにしむ[肝染]
心に留める こころいる[心入]　ころにしむ[肝染]　とりかかる[取掛]　ふくむ[含]（聞いて）みみにきどとむ[耳掛]　ききとがむ[聞咎]　きとどむ[聞留]
心の奥 うち[内]　そこ・そこのこころ[底心]　はいかん[肺肝]
心のすべて こころのかぎり[心限]
心の底 ふくしん[腹心]

心の中 ござうろっぷ[五臓六腑]　したごころ[下心]　しんとう[心頭]　しんちゅう[心中]　すん・ほうすん[方寸]　なか[中・仲]　はうすん[心頭]
心の中で したゆ[下]
心の深さ こころのたけ[心丈]
心のまま こころづから[心]　こころなから[儘]
心のままにする すさぶ・すさむ[遊・荒]
心の乱れ しのぶのみだれ[忍乱]
心ばかり こころまで[心]
心を合わす はだをあはす[肌合]
心を痛める いたつく[病・労]
心を傾ける こころいる[心入]　とりす[執]
― おぼしなげく[思嘆]
[尊]―おぼす[尊]
心を尽くす こころをいたす[心致]
心を留める こころす[心]　とどむ[留・止]
心を馳せる こころをやる[心遣]
心を晴らす あからぶ[明]
心を奮い立たせる こころをおこす[心起]　ひきたつ[引立]

心を寄せる かたまく[心傾]　こころにそむ[心染]　こころをしむ[心染]　そむ[染]　なびく[靡]　つく[心付]
下心 げしん[下心]　そこい[底意]
内心 うら[心]　はら[腹]
腹の中 はらぬち[腹内]
迷いの心 まうしん[妄心]　まうねん[妄念]

あい[愛]

あはれ　おもひ[思]　おんあい[恩愛]　こころざし[志]
愛が冷める あきかぜ[秋風]　あきのちぎり[秋契]　きぬぎぬ[衣衣・後朝]　すみはなる[住離]　とこはなる[床離]　とだゆ・とだえ[途絶]　よがれ[夜離]　よよ[世世・代代]
愛される ときめく[時]
愛される人 さいはひびと[幸人]

## 【人事】──あい[愛]

**愛し合う** おもひあふ[思合] もろごひ[諸恋] つく[言付] いひわたる[言渡] よばふ[呼]

**愛情** あはれ おもひ おんあい[恩愛] こころざし[志] [濃]

**愛情がこまやか** こし[濃] なつかし[懐]

**愛すべきだ** はし[愛] めだし[愛]

**愛する** あいす あはれぶ・あはれむ[愛] いつくしぶ・いつくしむ[愛・慈] うつくしがる[愛] うつくしむ[慈] うるはしがる[麗] おも ひはふ[思] おもふ[思] かなし くしむ[愛] かなしがる・かなしぶ・かなし む[愛] このむ[好] ときめかす [時] にくからず[不憎] めづ[愛] めでくつがへる[愛覆] めでる[愛] らうたがる わきばむ をしむ[愛]

**愛に溺れる** まどふ[惑] たはる[戯]

**愛に染まる** あいぜん[愛染]

**愛欲** あいしふ[愛執] よくしん[欲心]

**愛を寄せること** こころよせ[心寄]

**いせつ**[大切]

**淡い恋心** なまごころ[生心]

**言い寄る** いどむ[挑] いふ[言] いひ

**いちゃつく** あだつく・あだづく[徒付] せせくる 意中の恋人 こころづま[心妻]

**思いが募る** こりつむ[心積]

**思い焦がれる** くゆる[薫・燻] こがる[焦] こころやく[心焼] したこがる[下焦] なづむ[泥] もえこがる[燃焦]

**思い慕う** うちしのぶ[打偲] こふ[恋] しぬぶ・しのぶ[偲・忍] つまごひ[妻恋・夫恋]

**思い慕うこと** おもひつく[思付] けさう・けしゃう[懸想]

**思いを掛ける** こころよす[心寄] ほる[惚]

**かりそめの恋** あだぼれ[徒惚] みちゆき[道行]

**駆け落ち** あだぼれ[徒惚] みちゆき[道行]

**片恋** かたもひ かたこひ[片思]

**枕**──いそかひの・いそがひの[磯貝] ぬえとりの[奴延鳥] ぬえことり[鵺子鳥・鵺子鳥]

**聞いて恋い慕う** ききめづ[聞愛]

**求婚** いひいれ[言入] さよばい[小呼] つまどひ[妻問] よばひ[婚]

**求婚し続ける** よばひわたる[婚渡]

**求婚する** あとふ[誂] いひわたる[言渡] いふ[言] おもひよる[思寄] くどく[口説] つまどふ[妻問] よばふ[呼]

**恋** いろ[色] こひち[恋路] ぬれ[濡]

**恋い焦がれること** こがれ[焦]

**恋い焦がれる** くゆる[薫・燻] もえこがる[燃焦]

**恋が途絶える** たえま[絶間]

**恋がさめる** こひやむ[恋止]

**恋心** おもはく[思] なさけ[情] よごころ[世心]

**恋し合う** あひおもひ[相思] もろごひ[諸恋] おもひか はす[思交]

**恋しい** あはれ・あはれげ[憐・哀] こひ しこほし[恋] したはし[慕] し のばし[偲] ともし[羨]

**恋しく思いながら暮らす** おもひくらす[焦]

**恋しく思う** うらこがる[焦] おもひか

【人事】── あい[愛]

恋の邪魔物 こひのせき[恋関]
恋のきっかけ こひのはし[恋端]
恋の歌 こひのうた[恋歌]
恋仲となる なれそむ[馴初]
恋する →恋しく思う
恋に溺れる 愛に溺れる
恋い慕う おもひつく[思付] おもひこ
恋い慕うこと けさう・けしゃう[懸想]
恋い続ける こひわたる[恋渡]
恋し始める おもひそむ[思初] おもひ
つく[思付] こひそむ[恋初] みそ
む[見初]
恋しくて耐えられない おもひかねぬ[思]
恋い慕う おもひつく[思付] おもひこ
ふ[思] こひもふ[恋思] しぬ
ぶ・しのぶ[偲] しのばゆ[偲]
る[惚]
く[思懸] おもひこふ[思恋] おも
ふ[思] こころかく[心掛] こひし
のぶ[恋忍] こひもふ[恋思] こ
ふ・こふる[恋] したふ[慕]
れんぼ[恋慕]
恋って泣く こひなく[恋泣]
焦がる[焦] しむ[染]
懸想
白人[幸人]
艶書
紅筆
通文
情文
濡文
恋文 いろぶみ[色文] えんしょ
かよはせぶみ[通文] くれなゐのふ
で[紅筆] けさうぶみ[懸想文] つ
けぶみ[付文] なさけのふみ[情文]
ぬれぶみ[濡文]
恋患い こひやみ・こひやまひ・こひのや
まひ[恋病] こひわぶ[恋侘] しの
ぶのみだれ[忍乱]
恋を知るようになる よづく[世付] よ
なる[世慣]
心が惹かれる おもひよる[思寄]
心の中で恋い慕う うらこふ[恋] した
ばふ[下延]
心の乱れ こひみだる[恋乱] しのぶの
みだれ[忍乱]
こまやかな愛情 あいきゃう・あいぎゃ
う[愛敬]
最後まで愛する おもひはつ[思果]
雌雄が互いに恋い慕う つまごひ[妻恋・
夫恋]
恋の仲立ち
句──くゎてうのつかひ[花鳥使]
恋人 おもひびと・おもひもの・おもふひ
と[思人] きみさま[君様] けさう
びと[懸想人] こころづま[心妻]
さいはひびと[幸人] ひと[人]
恋人のたとえ しらたま[白玉]
恋人を待つ夕方 まつよひ[待宵]
恋文 いろぶみ[色文] えんしょ[艶書]
情死 しんぢゅう[心中]
相思相愛 もろごひ[諸恋]
絶ち難い愛 きづな[絆]
男女の愛 あいきゃう[愛敬]
男女が会う あひみる[相見] ちぎ
る[契] まく[枕] まぐはひ[目合]
まじはる[交]
男女が会う機会 あふせ[逢瀬]
男女が言い交わす かたらふ[語]
男女が関係する
句──えだをかはす[枝交] はねをか
はす[羽交] はねをならぶ[羽並]
男女が別れること そでのわかれ[袖別]
よがれ[夜離] よよ[世世・代代]
男女のことを知らない むつごと[睦言]
よごころ[世心] よごもる[世籠]
男女の情を解す よこふ[恋]

恋のたとえ おもひがは[思川] こひぐ
さ[恋草]

【人事】──── あい[愛]、わか[和歌]

男女の仲 よ[世]
寵愛 ちょうあい
寵愛 おぼえ[覚]
寵愛[色] ときめき きしょく・きそく[気色]
寵愛する ときめく[時]
寵愛する ときめかす[時] もてあがむ
寵愛を受ける ときめく・ときめかし[時]
付け文 なさけのふみ[情文] ぬれぶみ[濡偲]
遠くの人を恋しく思う うちしのぶ[打]
秘めた恋心 したこがれ したおもひ・したもひ[下思] したもえ・したもゆ[下燃] したごひ[下恋] しのびごころ[忍心]
ますます恋しい おもひます[思増]
ひどく恋しい こひたし[恋]
人知れず恋い慕う こもりこひ[籠恋]
共寝 さしまくら さぬらく[寝]
共寝 そでつぐ[袖継] まきぬ[枕寝]
共寝する さぬ[寝] まく[枕] まくら かはす[枕交]
共寝する みとあたはす
[率寝]
共寝の翌朝 きぬぎぬ[衣衣・後朝] こうてう・ごてう[後朝] のちのあした[後朝]
泣いて恋い慕う なきこふ[泣恋]
長い恋 ながこひ[長恋]
なんとなく恋しい うらごひし・うらご ほし[恋]
初恋 はついろ[初色]

わか[和歌]

こと[言] ことのは[言葉] ことのはぐさ[言葉草] ことのはな[言葉花] しきしまのみち[敷島道] やくも[八雲] やまとうた[大和歌] やまとことのは[大和言葉]

歌人 うたぬし[歌主] うたよみ[歌詠] うたてう[歌詠]
苦吟する うちうめく[打呻] うめく[呻]
恋の歌 さうもん[相聞]
古歌 ふるうた[古歌] ふること[古言]
滑稽味のある短歌 ざれうた[戯歌]
詞書 ことばがき[事書・言書] はしこと

ば[端詞]
詩歌 えい[詠・咏] きゃうげんきぎょ つ・ふげつ[風月]
詩歌の集まり ことばのその[言葉苑]
詩歌のはやし ことばのはやし[言葉林]
死に際の短歌 じせい[辞世]
詩文 ふうが[風雅]
優れた短歌らしい うたがまし[歌]
即興の短歌 たうざ[当座]
つまらない短歌 うたくづ[歌屑] こしをれ・こしをれうた[腰折歌] むし んしょちゃく[無心所着]
短歌 ことのはぐさ・ことばぐさ[言葉草] ことばのつゆ[言葉露] さんじふい ちじ[三十一字] まつのことのは[松言葉] みそもじあまりひともじ[三十一文字] みそひともじ[三十一文字] みじかうた[短歌]
短歌などを歌う えい・よむ[詠・咏] ぎんず[吟] くちずさぶ[口遊]
短歌が入選すること にっしふ[入集]
短歌の格調が高い たけたかし[長高]

【人事】

短歌の上の句 かみ[上]
短歌の下の句 しも[下]
短歌の第三句 こしのく[腰句]
短歌の添削 てん[点]
短歌の批評 てん[点]
短歌の腹案 はらみく[孕句]
短歌を詠む いふ[言] うめく[呻]
短歌を詠ず ぎんず[吟ず] よむ[詠]
短歌を詠むこと うたよみ[歌詠]
[詠・咏] ながめ[詠]
俳句 はいかい[俳諧・誹諧] ふうが[風雅]
連歌 つくばのみち[筑波道] つらねうた[連歌] ことのはぐさ[言葉草]
古い和歌 → 古歌
返歌 かへし・かへり[返]
和歌の草稿 やまひ[病]
和歌の難点 かく[格]
和歌の風格 かく[格]
和歌の前書き → 詞書
和歌の道 しきしまのみち[敷島道] やくもものみち[八雲道] くもいろ[八雲色]
和歌の詠み手 うたぬし[歌主]

和歌の詠み み[歌詠]
和歌の詠みぶり うたぐち[歌口]

なく[泣・鳴]

いなく[泣] しほたる[泣・塩垂]
ほころぶ[綻]
枕─あさとりの[朝鳥] つのくにの[津国] ぬえどりの[鵺鳥] あしたづの[葦田鶴]・にほとりの[鳰鳥]・ひくあみの[引網]（↓ねのみなく）
はるとりの[春鳥]
嘶く いなく・いばゆ[嘶] ひひらく[嘶返] むせぶ[咽] むせかへる[咽返]
息を詰まらせて泣く
犬などが鳴く そらなき[吠]
嘘泣き そらなき[空泣] そらなみだ[空涙]
悲しみ泣く なきわぶ[泣佗] なげく[嘆・歎]
おいおいと泣くさま よよ（と）
急に泣く うちなく[打泣]

──わか[和歌]、なく[泣・鳴]

なく[泣・鳴]

クイナが鳴く たたく[敲・叩]
恋しくて泣く こひなく[恋泣] ふ[泣恋]
声をたてて泣く ねなく・ねになく・ねを なく・ねをのみなく なきこ
心の中で泣く うらなく[音泣] にむせぶ[心咽]
込み上げる せぐりあぐ・せぐる[心泣]
声高に鳴き出す ふりいづ・ふりづ[振出]
囀る ─ 鳥などが鳴く
しきりに鳴く しきなく[頻鳴] しばなく[屢鳴]
忍び泣くこと しめりなき・しめぬき[湿泣]
忍び泣く声 しのびね[忍音] ひそみね[潜音]
しゃくりあげて泣く さくりあぐ[嚔上] さくりもよよと しゃくる せきあぐ[咳上] せきかへす[咳返]
しゃくりあぐ せ
しゃくり泣く さくる・しゃくる[嚏]
しゃくりあげて泣くさま よよ（と）

【人事】　——　なく[泣・鳴]、なみだ[涙]

啜り泣くこと　はなすすり[鼻啜]

ずっと泣いている　なきくらす[泣暮]　暮・鳴暮

共に泣くこと　もろなみだ[諸涙]

鳥などが鳴く　さひづる・さやづる・さへづる[囀]　すだく[集]　なきとよむ・なきどよむ[鳴響]

鳴いて響かせる　なきとよもす[鳴響]

泣いて取り乱す　なきまどふ[泣惑]

泣いて恋しがる　なきこふ[泣恋]

泣きじゃくる　ふける　ほころぶ[綻]

泣き叫ぶ・鳴き叫ぶ　おらぶ[号・哭]　なきとよむ・なきどよむ[鳴響・泣響]　なきののしる[泣罵]

鳴き声ささなき[笹鳴・小鳴]　ね[音]　こゑ[声]　なきこゑ[泣声]　なきののしる[泣罵]

泣き顔　ほえづら　なきづら　なきかほ[泣面]

告む・なきよむ[鳴響]　なのる[名告]

大勢が泣き叫ぶ　なきとよむ・なきどよむ[泣響]　なきおとす[泣落]

泣き沈む　しづむ[涙沈]

泣きそうになる　うちひそむ[打聲]

泣き出す　ふりいづ・ふりづ[振出]

泣き立てる→泣き叫ぶ

泣き続ける・鳴き続ける　なきくらす[泣]

泣きながら　なくなく[泣泣]　しのびね[忍音]

泣き濡れる　なきしみづく[泣浸]　なみだがか　なきそほつ[泣]

泣きべそをかく　うちひそむ[打]　かひぶ　ひそむ[聲・噸]

鳴き真似　をつくる[音作]　ひそむ[聲・噸]

泣くさま　よよ（と）

泣く真似をすること　そらなみだ[空涙]　そらなき[空泣]

涙…基本なみだ（P.66）

涙を流して泣く　しほたる[潮垂]　しほどく[潮]　そでにあまる[袖余]　そでにしぐる[袖時雨]　そでをぬらす[袖濡]　りう　ていこがる　流涕焦

涙を流して泣くこと　しぐれ[時雨]

喉を詰まらせて泣く→息を詰まらせて泣く

激しく泣く　いさちる・いさつる[泣入]　なきかへる[泣返]　なきしきる[泣頻]　なきしづむ[泣沈]

ピイピイと鳴く　ひひめく・ひめく

人知れず泣く　しのびなく[忍泣]

人知れず泣く声　しのびね[忍音]

一晩中泣き続ける　なきあかす[泣明]

欲しがって泣く　こひなく[乞泣]

噎せ返る　せきあぐ[咳上]

咽び泣く　むせかへる[噎返]

咽る　むせぶ[噎・咽]

胸がつまる　むす[噎・咽]

めそめそ　めろめろ（と）

喧しく泣く　なきとよむ・なきどよむ[鳴響]

酔って泣くこと　ゑひなき[酔泣]

**なみだ[涙]**

いのちのつゆ[命露]　いのちのみづ[命水]

おもひのつゆ[思露]

みのみづ[形見水]　こひみづ[恋水]　かたみのしぐれ[袖時雨]

そでのしぐれ[袖時雨]　そでのしづく[袖雫]

そでのつゆ[袖露]　そらしらぬあめ[空不知雨]　たもとのつゆ[袂露]　つゆ[露]　とこのうみ　なみだ[涙]

なみだのつゆ[涙露]　なんだ[涙]

秋露　袖露

【人事】　———　なみだ［涙］、わらう［笑］

## なみだ［涙］

まくらのしたのうみ［枕下海］　みを　きる［霧］　くる［眩・暗］　なみだに　くもる［涙曇］　なみだにくる［涙眩］
しるあめ［身知雨］　やどれるきり
枕—にはたづみ［庭潦・行潦］

血の涙　くれなゐのなみだ［紅涙］
涙が溢れてくる　すすむ［進］
涙が落ちる　うちしぐる［打時雨］　そそ
く・そそぐ［注・灌］
涙が涸れる　なみだつき［涙尽］
涙がち　しほたれがほ［潮垂顔］　つゆけ
し［露］
涙が出そう　なみだぐまし［涙］
涙が止めどなく流れること　なみだがは
［涙川］
涙がはらはら落ちるさま　ほろほろ
涙ぐむ　さしぐむ［差含］　しぐる［時雨］
めきる［目霧］
涙ぐむさま　みろみろ（と）
涙で濡れがち　あきのそで［秋袖］　あき
のたもと　しぐる［時雨］
涙で濡れる　しほどけ［潮］
涙で濡れること　しほどけ［潮］
涙で濡れるさま　しほしほ・しほほ
ほどけし［潮］

涙で目がかすむ　きりふたがる［霧塞］

涙ながらに　なみだかたてに［涙片手］
涙にくれる　おぼほる［溺］
涙に濡れる　なきそほつ［泣］　ふらふら
涙を抑えること　そでのしがらみ［袖柵］
涙を零すこと　しぐれ［時雨］
涙を堪える　せきあふ［塞敢］
涙を堪えかねること　せきかぬ［塞・堰］
涙を流す　うちなく［打泣］　しほたる
［潮垂］　しほどく［潮］　そでにしぐる［袖時雨］　そでにあま
る［袖余］
涙を流すこと　りうてい［流涕］
涙を流すさま　はらはら
激しく流れる涙　なみだがは［涙川］
落涙　りうてい［流涕］
別れの涙　なごりのなみだ［名残涙］
涙暗

## わらう［笑］

うちゑむ［打笑］　ゑまふ・ゑむ［笑］

嘲笑う　あざわらふ　あざける［嘲］　あざむ［嘲］　し
らふらひ［冷笑］　をこつく［痴付］
笑顔　ゑみがほ［笑顔］
大笑い　おとがひをはなつ［頤放］　たか
ゑ・たかゑみ［高笑］　はらわたをた
つ［腸断］
苦笑する　にがりわらふ［苦笑］
口を開けて笑う　ほころぶ［綻］
声を出して笑う　ゑわらふ［笑］
滑稽なこと　せうし［笑止］
笑止　かたはらいたし［傍痛］
少し笑う…微笑む
楽しそうに笑う　ゑらく［笑］
嘲笑　ものわらひ［物笑］
にこにこ笑う　ゑふぶに　ゑみさかゆ［笑栄］
にこにこすること　ゑふぶに
にこやか　ゑみがち［笑］
にやにや　ゑみゑみと［笑笑］
微笑み　ゑまひ・ゑみ［笑］

# 人事

## わらう[笑]、あるく[歩]

### 動き・状態

微笑む　うそゑむ・うちゑむ[打笑]　たゆむ[片笑]　わららか[笑]
かたまく[笑傾]　ゑみゑみ[笑笑]
ゑむ[笑]
もの笑い　ひとわらはれ・ひとわらへ[人笑]
喜び笑う　ほくそわらふ[北叟笑]　わらひさかゆ・ゑみさかゆ[笑栄]　ゑみまく[笑設]　ゑらぐ　ゑる[啁]
冷笑　はなまじろき[鼻笑]　ゑみがほ[笑顔]
笑い顔　ゑみがほ[笑顔]
笑い興じる　ゑつぼにいる[笑壺入]
笑い崩れる　ゑみかたまく・ゑみこだる[笑]
笑い声　ゑみひろごる[笑広]
笑い　ふっと　ゑみごゑ[笑声]
笑い騒ぐ　わらひののしる[笑罵]
笑うべきこと　せうし[笑止]
笑ったときの眉　ゑまゆ[笑眉]

### あるく[歩]

歩み出る　ねりいづ[練出]
歩いて行く　はひわたる[這渡]
歩いて行くこと　かち[徒歩]
歩き回る　ありく　うかる[浮]　けいくわい[経回・経廻]　しありく[為歩]　せうえう[逍遙]　たたずみありく[佇歩]　たちもとほる・たもとほる・もとほる・もとほろふ[回]　めぐる[巡・回]　わうかう[横行]
歩く人　かちびと[徒人・歩人]

歩み　あゆみひ・あよみ[歩]

あるく　あゆぶ・あゆむ・あよむ[歩]　ありく[行歩]　かちだち[徒立]　ぎゃうぶ[行歩]　はこぶ[運]　ふむ[踏]　這渡　尊　ひろふ[拾]

歩く道　かちぢ[徒路]
歩けるだけ　あしをかぎりに[足限]
気ままに歩く　せうえう　しをはかりに
健脚　たっしゃ[達者]
散策　せうえう[逍遙]　たふせい[踏青]
散歩　すずろありき・そぞろあるき[漫歩]　せうえう[逍遙]　たふせい[踏青]　ゆぎゃう[遊行]
そっと歩く　はひわたる[這渡]
得意そうに歩く　ゆるぎありく[揺歩]
徒歩　かち[徒・徒歩]　かちありき[徒歩]　かちだち[徒立]　ぎゃうぶ[行歩]
徒歩で　かちより[徒歩]
徒歩の旅　かち[徒・徒歩]
徒歩の人　かちびと[徒人・歩人]
とぼとぼと歩く　たづたづし・たどたどし
春の野を気ままに歩く　たふせい[踏青]
日暮れまで歩く　ゆきくらす・ゆきくる[行暮]
人目を忍んで歩く　まぎれいづ[紛出]　まぎれありく[紛歩]

68

【人事】———— あるく[歩]、いう[言]

## あるく[歩]

ゆっくり歩く　くゎんぽ[寛歩]
夜歩き　やかう・やぎゃう[夜行]
横に歩く　よこさらり　くちぎよし[口清]
よろよろと歩く　ちどりあし[千鳥足]
　ゆるぎありく[揺歩]　よろめく[踉蹌]
　蹌]　よろぼふ[踉]

## いう[言]

うちいだす[打出]　うちいふ[打言]
かたる[語]　こちづ・ことづ・ことに
いづ[言出]　こつ　こととふ[言問]
ことにいづ[言出]　ことにいふ[言
言]　つづしる[噸]　のる[宣・告]
はぶしへだす[歯節出]
謙↓本文　もうしあげる
尊↓本文　おっしゃる
枕―やまみづの[山水](↓いはまほ
　し)

敢えて言う　いひなす[言做]
あれこれ言うこと　さう[左右]
言い方が軽々しい　くちがるし・くちがしし[口軽]
夜歩き　やかう[夜行]
言い方が下品　くちぎたなし[口汚]
言い方が早い　くちとし[口疾]
言い方が立派　くちぎよし[口清]
言うこと　いはく[曰]　いひけらく[言]
　いひたて[言立]　くち[口]　こうじ
　ちゃう[口上]
言うに足りない　いひがひなし・いふか
　ひなし[言甲斐無]
言うのに慣れる　いひつく[言付]　いひ
　なる[言慣・言馴]
言うまでもない　いふべきにもあらず
　[言有]　いふもおろか・いへばおろ
　か[言愚]　いふもさら・いへばさら
　[言更]　さら[更]　さらにもあら
　ず[更有]　さらにもいはず[更言]
　なかなかのこと　ろんなし[論無]
　いかにいはむや[如何況]　まして[況]
言って聞かせる　いひととのふ[言調]
言ってやる　いひやる[言遣]
言って寄こす　いひおこす[言遣]
言わないのに　いはなくに[言]

息絶え絶えに言う　いきのしたにいふ
　[息下言]
うまく言う　いひかなふ[言叶]
陰口　うしろごと[後言]　かくれごと
　[隠言]　かげごと[陰言]　しびごと
　[誣言]　よこごと[横言]
がやがや言う　さざめく・ざざめく
　のしる[喧]
口調　こわさき[声先]　こわざし[声差]
口に出して言う　うちいだす[打出]　こ
　とづ・ことにいづ[言出]　ことにい
　ふ[言言]
くどくど言う　くりごと[繰言]
　説[言説]　はぶしへだく・くどく・くどく・[搔口
口を挟む　まず　こゑ[交・混・雑]
声高に言う　いひののしる[言罵]
ささやく　うちささめく・ささめく・ささ
　やく[囁]　つつめく・ささやく・さ
　さめく[囁]
しゃべりまくる　ひひらく　さへく　さ
　へづる[囀]
口上　いひたて[言立]
謙遜して言う　ことばをさぐ[言葉下]
繰り返し言う　くりごと[繰言]
ごまかして言う　いひまぎらはす[言紛]

【人事】──── いう[言]、おちつく[落着]

少しずつ言う　くづしいづ[崩出]　つづしる[嘰]
すらすら言う　いひやる[言遣]
それとなく言う　ほのめかす・ほのめく[仄]
それらしく言う　いひなす[言做]
取り立てて言う　いひたつ[言立]
取りなして言う　いひなす[言做]
巧みに言う　いひなす[言做]
他言する　ちらす[散]
ちょっと言う　うちいふ[打言]
遠回しに言う　ほのめく[仄]
とやかく言う　さう[左右]
初めて言う　いひそむ[言初]
白状する　おつ[落]
独り言を言う　つぶめく[呟]　ひとりごつ[独言]
早口　くちど・くちとし[口疾]　したど・したどし[舌疾]
ふくれっ面でぶつぶつ言う　はちぶく[蜂吹]
ぶつぶつ言う　つぶつぶ(と)いふ
丸め込む　いひくろむ[言]
無理を言う　いひかかる[言掛]　しひご[強言]

物の言い方　くちつき[口付]　したぶり[舌振]
世に言う　いはゆる[所謂]
わざわざ言う　いひなす[言做]
悪く言う　さしもどく　しこづ　よこす
悪く言うこと　→陰口

## おちつく[落着]

ありつく[有付]　うちしめる[打湿]　おちゐる[落居]　おもひしづまる[思鎮]　さだまる[定]　すむ[澄・清]　たまる[溜]　ちゅうす[住]　のどまる[和]　ひそまる[潜]

落ち着かせる　おもひしづむ[思鎮]　しづむ[鎮]　もてしづむ[鎮]

落ち着かない　あくがる・あこがる[憧]　あはし[淡]　ありもつかず[有付]　いたぶらし[甚振]　うかむ・うく[浮]　うかる・うかぶ[浮]　こころもとなし[心許無]　すずろぐ[心慌]　すずろはし[漫]　すずろはし・そぞろはし　そそめく　そそる　そめく　ただよはし・ただよふ[漂]　ちる[散]　なかぞら[中空]　ぶっさう[物騒]　やすげなし[安無]　わわし

落ち着かない心　すずろごころ[漫心]

落ち着いた顔　ありつきがほ[有付顔]
落ち着いた心　しづごころ[静心]
落ち着いたさま　おとなしやか[大人]　おほどか　しめやか
落ち着いている　おいらか・おほやう[大様]　おもおもし[重重]　おもし[重]　おもらか・おもりか[重]　みさぶ・かんさぶ[神]　きもきもし[肝肝]　しとどく[宿徳]　しづか・しめる　しづけし・しづやか[湿]　しづまる・しづもる[鎮]　しづまる・しづもる[静]　しづやか　いばんじゃく[大磐石]　づしやか　どうなし[動無]　なまめく[艶]　ふかし[深]

【人事】

落ち着かないさま　さうそつ[倉卒・早卒]　せはせは[忙忙]　そこそこ[其処其処]　まじくじ　ゆくゆく(と)　ふいふい(と)
落ち着かないさまをする　ずろぐ・すずろぶ[漫]
落ち着きがある　かみさぶ・かんさぶ[神]　しめる[湿]　あはし[淡]　せはし
落ち着きがない　あぐし　わわし
落ち着きがなくなる　そぞろぐ[漫]
落ち着きをする　ちぢゃう[治定]
落ち着くこと　ちぢゃう[治定]
落ち着くところ　とまり[止・留]
心が落ち着く　なぐ[和・凪]　おもひしづまる[思鎮]

## きく[聞]

〈「聞き苦しい」など複合語は本文見出し語〉
とふ[問・訪]
尊—きこす[聞]　おちつく[落着]、きく[聞]
　　おちつく[落着]、きく[聞]
　　きこしめす[聞召]

きこしをす

一心に聞く　ききおよぶ[聞及]
噂で聞く←→熱心に聞く
終わりまで聞く　ききはつ[聞果]
聞いて明らかにする　ききあきらむ[聞明]
聞いて安心　みみやすし[耳易]
聞いていて不愉快　ききにくし[聞]
聞いて思い直す　ききなほす[聞直]
聞いて感心する　ききめづ[聞愛]
聞いて気持ちがよい　ききよし[聞良]
聞いて慕う　ききかよふ[聞通]
聞いて知る　ききつく[聞付]
聞いて問いただす　ききとがむ[聞咎]
聞いて理解する　ききう[聞得]　ききわく[聞知]・ききひらく[聞開]　ききわづらふ[聞煩]
聞いて問題とする　ききとがむ[聞咎]
聞いて褒めそやす　ききはやす[聞囃]
聞いて悩む　ききわづらふ[聞煩]
聞いてはっきりする　ききあきらむ[聞明]
聞かないふりをする　ききしのぶ[聞忍]

聞きたい　きかな[聞]　きかまほし[聞]　ゆかし[床]
聞くに堪えない　ききぐるし[聞苦]
幻聴　そらね[空音]　そらみみ[空耳]
心を鎮めて聞く　ききすます[聞澄]
小耳に挟む　うちぎき[打聞]　ききはさむ[聞挟]　たちぎく[立聞]　もりきく[漏聞]　こゆ
注意して聞く　みみとどむ[耳留]　ききとがむ[聞咎]　ききとどむ[聞留]
なんとなく聞く　たちぎく[立聞]　もりきく[漏聞]
盗み聞きする　たちぎく[立聞]　もりきく[漏聞]
熱心に聞く　ききいる[聞入]　ききふける[聞耽]
残らず聞く　ききすます[聞済]
初めて聞く　ききそむ[聞初]
密かに聞く　もりきく[漏聞]
耳学問　ききおぼゆ[聞覚]
耳を傾けて聞く　みみきく[耳聞]
耳を澄ます
句—まくらをそばだつ[枕欹]
よそ事として聞く　ききはなつ[聞放]

【人事】──しぬ［死］

## しぬ［死］

あさましくなる［浅果］　あへなくなる［敢果］　あへはつ［相果］　いかにもなる［如何］　いきたゆ［息絶］　いたづらになる［徒］　いぬ［往］　いのちすぐ［命過］　いふかひなくなる［言甲斐］　うす［失］　おちいる［陥］　かきたゆ［掻絶］　かくる［隠］　かひなくなる［甲斐無］　きえいる［消入］　きえうす［消失］　きえす［消］　きえはつ［消果］　きゆ［消］　くつ［朽］　けがらふ［汚・穢］　こときる［事切］　ことをはる［事終］　しす［死］　しにいくうにきす［四大空帰］　しにいる［死入］　しにす［死］　しぬ［死］　しだえいる［絶入］　たえはつ［絶果］　たふる［倒］　ちぢむ［縮］　とむ［絶］　とぢむ　ともかくもなる　なくなるさかる　はかなくなる［魂離］　きぎつく［薪尽］　たまはつ［果］　ばうず［亡］　はつ［果］　ひきとる［引取］　ほろぶ［亡］　閉［閉］　る［引入］

［滅］まかる［罷］　みうす［身失］　みまかる［身罷］　むなしくなる［空］　めっきゃく［滅却］　めっす［滅］　や　む［已・止・罷］　ゆく［行・逝］　をはる［終］　─いはがくる［岩隠］　かむさる［神去］　くもがくる［雲隠］　こうぎょ［薨御］　こうず［薨］　しゅっす［卒］　とのごもる［殿籠］　にふじゃく［入寂］　にふめつ［入滅］　にふちゃう［入定］　ねはん［涅槃］　ばんぜい［万歳］　ひじゃう・ひざう［非常］　まかる［罷］　枕─いゆししの［射鹿］

**後に残して死ぬ**　さきだつ［先立］　みす［見捨］

**横死**　よこさまのしに［横様死］

**溺れて死ぬこと**　かはながれ［川流］

**思い焦がれて死ぬ**　おもひいぬ［思往］　こひしぬ［恋死］

**親より先に死ぬ**　おやにあとをやる［親跡］

**災難などで早く死ぬこと**　ひごふ［非業］

**火葬される**　くもとなる［雲］　けぶる［煙・烟］

**火葬の煙**　つひのけむり［終煙］

**火葬場**　さんまいば［三昧場］

**身体がなくなる**　しだいくうにきす［四大空帰］

**危篤**　ほとほとし［殆］

**狂言自殺**　しにてんがう［死］

**首をくくって死ぬ**　くびる［縊］　わなく

**高僧が死ぬこと**　せんげ［遷化］　じゃくめつ［寂滅］　にふじゃく［入寂］　にふめつ［入滅］　にふちゃう［入定］　ねはん［涅槃］　ゑんじゃく［円寂］

**極楽**　かのきし［彼岸］　くほんじゃうど［九品浄土］　こがねのきし［黄金岸］　ここのしな［九品］　じふまんおくど［十万億土］　すずしきかた［涼方］　すずしきくに［涼国］　すずしきみち［涼道］　はちすのうへ［蓮上］　ちのその［福地園］　ふたいのところ［不退所］　むらさきのくもぢ［紫雲路］

【人事】──しぬ［死］

魚が死ぬ あがる［上］
先に死なせる さきだつ［先立］
先に死ぬ さきだつ［先立］
三途の川 みすぢのかは［三途川］ みつせがは［三瀬川］ さうづがは・さんづがは［三途川］ わかれぢのふちせ［別路淵瀬］ わたりがは［渡川］
死骸 あらぬすがた［姿］ かばね［屍］ なきがら［亡骸］ むくろ［軀・身］ もぬけ［蛻］ から［殻］ しかばね［屍］
死刑 しざい［死罪］
死後 あと［後］ うしろ［後］ なきよ［亡世］ のちのよ［後世］ のちのこと［後事］ のちのわざ［後業］
死後に落ち着く所 つひのすみか［終住処］
死後の世界 → 本文 あのよ
死後の法事 めつご［滅後］
死後の幸福 ごしやう［後生］
死後の誉れ しにびかり［死光］ しょうがい［生害］
自殺 じがい［自害］

死になす・死になせる じゅすい［入水］ あへなくす［敢］ いたづらになす［徒］ うしなふ［失］ なくなす［亡］
死に遅れる おくる［後］ たちおくる
死に際 ⋯ 臨終
死に際の歌 じせい［辞世］
死に際の恥 しににはぢ［死恥］
死に支度 しにまうけ［死設］
死に装束 しにいでたち・しにでたち［死出立］
死にそうだ ほとほとし［殆］
死にそうなほど しぬばかり・しぬべく［死］
死にそうになる しにかへる［死返］
死に場所 さいごば［最期場］ しにまうけ［死設］
死ぬ覚悟 しにまうけ［死設］
死ぬこと かぎり［限］ かぎりあるみち［限有道］ かくれ［隠］ かぎりあるみち かへらぬみち［帰道］ かへらぬたび［帰旅］ じせい［辞世］ しで・しでの たび［死出旅］ しにいき［死生］ じょうぶつ［成仏］ しゃうじ［生死］

死ぬ準備 いでたちいそぎ［出立急］
死ぬのが近い よちかし［世近］
死ぬまで こんじゃうのかぎり［今生訣］ さらぬわかれ［避別］ つひのわかれ・ながのわかれ［終別］ ながきわかれ・ながのわかれ［長別］ わかれ［別］
死別 わかれ［別］ わかれぢ［別路］
死別する しゃうをへだつ［生隔］ わかる［別］
情死 しんぢゅう［心中］
死霊 なきかげ［亡影］ なきたま［亡霊］
死んだ人 いたづらびと［徒人］ うたかたびと［泡沫人］ かへらぬひと［帰

じゅすい［入水］ しゃしん［捨身］
じゃくめつ［寂滅］
せんど［先途・前途］ たかい［他界］ ちゅううのたび［中有旅］ とはのねむり［永久眠］ ながきねむり［長眠］ にしのむかへ［西迎］ ねはん［涅槃］ ひつみゃう［畢命］ むじゃう［無常］ むじゃうのかたき［無常敵］ むじゃうのさっき［無常殺鬼］ めつぽふ［滅法］ やみぢ［闇路］ わうじゃう［往生］ をはり［終］

## 【人事】——しぬ[死]、しる[知]

人 こじん[故人] ほとけ[仏] 縁

死んだ人の仲間 なきかず[亡数]

死んだふり そらじに[空死]

心中 あひたいじに[相対死]

死んでいる むなし[空・虚]

正義や名誉のために死ぬ たまとくだく[玉砕]

生死 しにいき[死生] しょうめつ[生滅]

生前 さうぜん・しゃうぜん[生前]

僧が死ぬこと たちわうじゃう[立往生]

葬式 →[本文]そうしき

立ったままで死ぬこと たちじに[立死]

たちわうじゃう[立往生] →高僧が死ぬこと

天寿を全うする ながらへはつ[存果]

弔辞 しぬびごと・しのびごと[誄]る[誄]

天皇が死ぬ いはがくる[岩隠] かみさる・かむさる[神去] かむあがる[神上] ほうぎょ[崩御]

投身 じゅすい[入水]

歳の順に死ぬこと じゅんえん[順縁]

歳の順でなく死ぬこと ぎゃくえん[逆縁]

人 まうじゃ[亡者]

死んだ人の仲間 なきかず[亡数]

墓 ……→[本文]はか

薄命の人 うたかたびと[泡沫人]

早死に ひごふ[非業]

半死半生 なからじに[半死]

身投げ →投身

無常 しょうじゃひつめつ[生者必滅]

無駄に死なせる いたづらになす[徒]

冥土 →[本文]あのよ

命日 おもふひ[思日] きにち[忌日] しゃうき[正忌]

命日の前夜 たいや[逮夜]

物の怪が人を死なせる ひきいる[引入]

もはやこれまで いまはかう[今斯] まかりぢ[罷路] いまはかぎり[今限] いまはのとち[今限]

黄泉 さんづ[三途]

やそくまち・やそくまで[八十隈路]

臨終 いまは[今] いまのきは[今際] いま[今] きはまる[極] かぎり[限] ご[期] さいご[最期] しご[死期] しゅうえん[終焉] とちめ[閉] まつご[末期] みのなるはて[身成果]

## しる[知]

たなしる[知]

尊 しらしめす・しろしめす[知]

謙 ぞんず[存]

枕 しらなみの[白波](→しらず) しらすげの[白菅](→しられぬ) もれぎの[埋木](→ひとしれぬ)

聞いて知る ききつく[聞付]

詳しく知る さとる[悟]

事情を知る こころしる[心知]

十分に知る いりたつ[入立] たなしる[知] かよふ[通]

知っていながら しるしる[知知]

知っている いりたつ[入立]

知らない ぶさた[無沙汰]

知らないで しらに[知]

知らないふり しかながほ[然無顔] しらずがほ[知顔] そらおぼめき[空]

【人事】──しる[知]、つくる[作]

## しる[知]

**知らないふりをする** うそぶく・うそむく[嘯] さりげなし[然] そらしらず[空知] そらぞらし[空空] みかくす[空隠]
**知らばくれる** しらばけ[白化] おぼめかす・おぼめく[白化]
**知られる** しる[知]
**知りたい** おくゆかし[奥床] ゆかし[床]
**知りたがる** ゆかしがる[床]
**知ること** かくご[覚悟]
**知れわたっている** かくれなし[隠無]
**知れわたる** つたはる[伝] とほる[通]
**知れわたること** るふ[流布] ひびく[響]
**素知らぬ** さあらぬ・さらぬ[然] そらさぬ[逸]
**素知らぬさま** つれなし[強顔・強面]
**道理を知る** こころしる[心知]
**なんでも知る** たなしる[然]
**秘密が知られる** もりいづ[漏出] もる[漏]

そらしらず[空知] つれなしがほ[強顔顔] よそげ[余所]
ことなしぶ[事] さりげなし[然] そらぞらし[空空] しらばけ[白化] おぼめ

## つくる[作]

**見て知る** みとる[見取]
**見ぬふり** そらめ[空目]
**よく知っている** いりたつ[入立]
**漢詩などを作る** ふす[賦]
**木などをねじまげて作る** ねる[練] いづ[構出]
**工夫して作る** かまへいだす[構出]
**組み合わせて作る** くむ[組]
**組み立てる** かまふ[構] ゆふ[結]
**故意に作る** かまふ[構]
**詩歌・俳句を作る** ぎんず[吟]
**詩歌・文を作る** つづる[綴] つらぬ[連]
**詩歌・文を作ること** ふうげつ・ふげつ[風月]
**巣などを作る** くふ[構] すくふ[巣構]
**短歌などを作る** よむ[詠]
**短歌などを作ること** ながめ[詠]
**調和するように作る** つくりあはす[作合]
**謙—つかうまつる・つかまつる[仕]**
**一面に作る** しわたす[為渡]
**美しく作る** つくりみがく[作磨]
**考えて作り出す** かまへいだす・かまへなす[成・為] まうく[設]
**作り上げる** いとなみいだす・いとなみいづ[営出] したつ[営出] しいだす・しいづ[為出] でかす[出来] つくりたつ[作立]
**作り出す** でかす[出来] しいだす[仕出] しなす[為成] いづ[為出] つくりいづ[為出] つくりいだす・し

いとなみいだす[営出] いとなむ[営] かまふ[構] かまへいだす[構出] こしらふ[拵] しいだす・しいづ[為出] しだす[下立] しつく[仕付] しいだす[仕出] しなす[為成] つくりいとなむ[作営] つくりたつ[作立] つくりまうく[作設] てうず[調] でかす[出来] なす[成・為] まうく[設]

75

【人事】　——　つくる[作]、ねる[寝]

いとなむ[作営]　つくりまうく[作設]
作りつける　しつく[仕付]　とりつく[取付]
作り設ける　しつく[仕付]　ゆふ[結]
宮を作る　みやづかふ[宮仕]
やっと作り出す　ひねりいだす[捻出]
立派に作る　たかしらす・たかしる[高知]
つくりみがく[作磨]　みがきなす[磨成]

## ねる[寝]

いぬ[寝]　いねつむ[稲積]　いをぬ[寝寝]　うちなびく[打靡]　うちぬ[打寝]　うちふす[打伏]　ぐわす[打伏]　こやす・こむ[打休]　ぐわす[臥]　やる・こゆ[臥]　さぬ[寝]　ぬ・ぬる[寝]　ねぶる[眠]　ひそまる[潜]　ふす[臥・伏]　まく[枕]　めあふ[目合]　よこたふ・よこたはる・よこほる・よころばふ[横臥]　おほとのごもる・おんとのごもる[御殿籠]　ぎょしんなる・ぎょしなる[御寝成]　こやす[臥]　さなす[寝]　とのごもる[殿籠]
枕——ねぬなはの[根蓴]　やまどりの[山鳥]

朝寝　あさい[朝臥]　あさぶす・あさぶすせり[朝臥]　あさまどひ[朝惑]
安眠　うまい[熟睡]　たかまくら[高枕]　やすい[安寝]
うたた寝　かりそめふし[仮初臥]　かりね[仮寝]　ころびね[転寝]　まろびね[転寝]　うちまどろむ[打微睡]　うちめく　まどろむ[微睡]
ぐっすり寝ること
句——しらかはよぶね[白川夜船]
ごろ寝　ころびね[転寝]　まろね[丸寝]　まろびね[転寝]　まろぶし[丸臥]
寂しく寝る　わびね[侘寝]

熟睡　うまい[熟睡]
枕——ししくしろ・しじくしろ[繁釧]
——本文しんしつ
寝室　い[寝]　すいめん[睡眠]
睡眠　そひぶし[添臥]
添い寝　そひぶし[添臥]
添い寝する　そひふす[添臥]
抱いて寝る　まくらまく・まくらく[枕]
狸寝入り　そらね[空寝]　たぬき寝[狸寝]
共寝　さしまくら　さぬらく[寝]　そでつぐ[袖継]　まきぬ[枕寝]　ぬ[率寝]
共寝する　さぬ[寝]　まく[枕]　かはす[枕交]　みとあたはす　ゐぬ[率寝]
寝言　たはごと[戯言]
寝そべる　そべる
寝たいと願う　ねまくほる[寝欲]
寝たきり　つくばひ[踞]
寝たり起きたり　おきふし[起伏・起臥]
寝ている　いぎたなし[寝汚]
寝かせる　しづむ[鎮]　なす[寝]
涙に濡れて寝ること　うきね[浮寝]
何かを枕として寝る　まく[枕]
塒——ねど・ねどころ[寝所]
——率寝

【人事】――ねる[寝]、みる[見]

寝床 さねどこ[寝処]
寝坊 いぎたなし[寝汚]
寝惚ける ねまどふ[寝惑]
寝乱れる ねくたる[寝腐]
眠気がさす とろめく
寝られない(心が落ち着かず) うきね[浮寝]
寝ること い[寝] まくら[枕]
早寝 よひね[宵寝]
一人寝 あだぶし[徒臥] いたづらね[徒寝] あだまくら[徒枕] いたづらぶし[徒臥] うきまくら[浮枕] いたづらまくら[浮枕] ひとりぶし[一人臥] しらね[素寝] そでかたしき[袖片敷]
一人寝する かたしく[片敷]
一人寝で寂しい かたはらさびし[傍寂]
人を思いつつ寝る おもひね[思寝] せまくら[思枕]
船の中で寝る うきね[浮寝]
もの思いしながら寝る おもひふす[思臥] [瀬枕]
横向きに寝る かたはらふす[傍臥・傍伏]

みる[見]

(見間違う)など複合語は本文見出し語)
うちみる[打見]
尊─ごらうず・ごらんず[御覧] みそなはす・みそこなはす・みそなはす・みそなはす[見] かがみなす[鏡] まそかがみ[真澄鏡] ますかがみ・まそかがみ[真澄鏡] おほともの[大伴](→みつ) つくばねの[筑波嶺](→みねど)

仰ぎ見る ふりさく[振放]
あちこち見る みくるべかす[見廻]
あれこれ多く見る みあつむ[見集]
いろいろの角度から見る ためつすがめつ[矯肳]
大騒ぎして見る みさわぐ[見騒]
大勢で見る みあふ[見合]
かいま見る → 覗き見る

隠れていてよく見えない くまぐまし[隈隈]
神様が見ること せうらん[照覧]
軽く見る そばめにかく[側目]
気長に見る めをながくする[目長]
きょろきょろするさま まじくじ
気を付けて見る みいる[見入]
最後まで残らず見る みはつ[見果]
視線 めがほ[目顔] めづま[目褄]
視線をそらす そばむ[側]
じっと見る →見守る
事情を見てとる けしきどる[気色取]
全体が見える みえわたる[見渡]
外から中を見る みる[見入]
他の人に見られる みゆ[見]
注意して見る みたつ[見立] めとどむ[目止]
ちょっと眺めやる うちみやる[打見遣]
ちらっと見える うちほのめく[打仄]
できるだけ遠くを見る めをきはむ[目極]
遠くを仰ぎ見る ふりさけみる ふりさけみる[振放仰] ふりさけみる[振放見]
遠く広く見る みはるかす[見晴] みわ

【人事】── みる[見]、おおい[多]

## みる[見]

たす[見渡]

**遠くを見る** ふりさく[振放] みさく[見放] みのぶ・みのぶ[見延] みやる[見遣]

**中から外を見る** みいだす・みいづ[見出]

**流し目をする** みのぶ[見延]

**眺める** けしき[気色] のぞみ[望]

**眺めやる** みいだす・みいづ[見出] みやる[見遣]

**眺めること** ながむ[眺] のぞむ[望] みる[見]

**覗き見る** かいばみ・かいまみ[垣間見]

**覗き見る**(のぞ) うかがふ[窺] かいばみる・かいばむ[窺] かいまみる・かいまむ[垣間見]

**初めて見る** みそむ[見初]

**はっきりと見える** みえわく[見分]

**引き寄せて見る** ひきみる[引見]

**広く四方を見る** うちわたす[打渡] はるかす[見晴] みめぐらす[見巡] みわたす[見渡]

**振り返りみかへす・みかへる[見返]

**ぼんやりと見る** うちながむ[打眺]

**見える** みゆ[見]

**前もって見ておく** みおく[見置]

**見交わす** みあはす・みあふ[見合]

**見せる** めにかく[目懸]

**見たい** いぶかし[訝] おくゆかし[奥床] みえななむ[見] みがほる[見欲] みがほし[見欲] みまくほし・みまほし[見欲] ゆかし・ゆかしが[欲] ゆかし・ゆかしがる[床]

**見たがる** ゆかしがる[床]

**見た感じ** めのうちつけ[目]

**見付ける** みいだす[見出]

**見て安心** みやすし[見易]

**見ていながら** みすみす[見見] みるみ

**見て褒める** みめづ[見愛]

**見て見ぬふりをする** みかくす[見隠]

**見破る** みあらはす[見顕]

**見る価値のある所** みどころ[見所]

**見る影もない** けもなし[気無]

**見たいが見られない** みかぬ[見兼]

**見ることができる** みおよぶ[見及]

**見るに忍びない** みかねる[見兼] みぐる[見苦]

**目に止める** うちみる[打見] みたつ[見立] めにかく[目懸]

**見るに忍びない** みかめ[見掛]

**よく注意して見る** めならぶ[目並] めをたつ[目立]

**横目で見る** しりめにかく[尻目掛] めをそばむ[目側]

**よそ見** あからめ[余所目] ほかめ[外目] よこめ[横目] よそめ[余所目] あからめ[余目]

**脇見**(わき) あからめ[余目]

**脇見をしない** おもてもふらず[面振]

**見ること** みまく・みゆらく・みらく[見]

## おおい[多]

あつし[厚] あまた[数多] おびた
たし・おびただし[夥] おほきし
[大] おほらか[多] こきし[幾許]

【人事】——— おおい［多］

**多いこと**　こきだし　ここだ［許多］　こちたし［言甚・事痛］　さは［多］　しげし［繁］　したたか［健・強］　せんばん［千万］　ち［千］　ちぢ［千千］　ひろ［寄］　ふかし・ふかしい［深］　ふさ・ふすさに　ほら［法螺］　まねし　まんと［万］　やよし　もも［百］

**多いことのたとえ**　はまのまさご［浜真砂］

**多い様子**　したたか［健・強］

**多い**　あはに　いくそ・いくそばく［幾十］　かずしらず［数知］　こきし・こきだ・こきだく・ここば・ここばく・ここら［幾許］　さは・さはだ［多］　しじに［繁］　しっかり　すこぶる［頗］　そきだ・そきだく・そくばく・そこばく・そこら・そこらく［許多］　ちぢ［千千］　ふさ・ふさふ・そくばく［頗］　ももち［百千］　やそ［八十］　やちよろづ［八万］　よろづ［万］

**多いこと**　だい［大］　ちよろづ［千万］　ももち［百千］　やそ［八十］　やほよろづ［八百万］　よろづ［万］

**多過ぎる**　めにあまる［目余］

**多くする**　かずそふ［数添］　ます［増］　まさる［増］　ます［増］　よる［寄］

**多くなる**　まさる［増］　ます［増］　よる［寄］

**多くの枝**　ちえ［千枝］

**多くの川**　やそかは［八十川］

**多くの国**　やそくに［八十国］

**多くの草**　ちくさ・ちぐさ［千草］

**多くの瀬**　ななせ［七瀬］

**多くの鳥**　ちどり［千鳥］　ももとり［百鳥］　ももや［百千鳥］　ももちどり［百千鳥］

**多くの人**　しゅ［衆］　もろひと［諸人］

**多くの日**　やほか［八百日］

**多くの物**　ものかず［物数］　もろもろ［諸諸］

**多くの村里**　ちさと［千里］

**多くの峰**　やつを［八峰］

**多くの夜**　ちよ［千夜］

**大勢**　ところせし［所狭］

**回数が多い**　たびまねし［度遍］　ちたび　まねし　ももたび［百度］

**限りなく多い**　むりょう［無量］

**数が多い**　いくそばく［幾十許］　いほ・いほつ［五百個］　かずしらず［数知］　いほ［八十］　やよろづ［八万］　せんばん［千万］　まねし　やそ［八十］

**事が多い**　ことしげし［事繁］

**種類が多い**　ちぐさ［千種］　やぐさ・やちぐさ［八千種］　やそぐさ・やちぐさ［八千種］

**生活の手段が多い**　みすぎはくさのたね［身過草種］

**日数が多い**　けながし［日長］

**莫大**　さまねし　まねし

**非常に多い**　こちたし［言甚・事甚］　おほらか［多］　しげし・しげけし［繁］

**分量が多い**

**ますます多い**　やよし

**ますます多く**　いやましに［弥増］

**ますます多くなる**　いやまさる［弥増］　いやます［弥増］

**道一杯に多い**　みちもせに［道狭］

**無数**　かずなし［数無］　ちよろづ［千万］

**物が多い**　ものさは［物多］

【人事】――はかない［儚］

## はかない［儚］

あえなし・あへなし［敢無］ あだ・あだし［徒］ あるにもあらず［有有］ かりそめ［仮初］ そら［空］ つねならず［常無］ つねならず［常］ はかなし［果無・果敢無］ むなし［空］ もろし［脆］ ゆめがまし［夢］

## なんとなく儚い ものはかなし［物果無・本雫］

## 儚い命 つゆのいのち［露命］

儚いこと つゆのいのち［露命］ むじゃう［無常］ ゆめ［夢］ ゆめのうきはし［夢浮橋］ ゆめのゆめ［夢夢］ ゆめみる［夢夢見］ ゆめにゆめみる［夢夢見］ らうせうふぢゃう［老少不定］ 句――するのつゆもとのしづく［末露本雫］

儚い身 あだしみ［徒身］
儚い人生 ふせい［浮生］
儚いさま あだげ［徒］ そら［空］
儚いこの世 →儚い世

## 儚い夢 ゆめのうきはし［夢浮橋］

儚い世 あだしよ［徒世］ うきよ［浮世・憂世］ うつしよ［現世］ うろち［有漏路］ うるのよ［有漏世］ かりのうつつ［仮現］ かりのやど［仮宿］ かりのやどり［仮宿］ かりのよ［仮世］ げんきゃう［幻境］ げんせ［幻世］ さだめなきよ［不定世］ [露世］ まぼろしのよ［幻世］ ゆめのうきはし［夢浮橋］ ゆめのよ［夢世］ ゆめのちゅう［夢中間］

儚い我が身 つゆのみ［露身］ つゆのいのち［露命］

## 儚いもの あさつゆ［朝露］ あだもの［徒物］

句――あとのしらなみ［跡白波］ なみ［波・浪］ あだざくら［徒桜］ あしたのつゆ［朝露］ かぜのまへのちり［風前塵］ かんたんのまくら［邯鄲枕］ きのふのはなはけふのゆめ［昨日花今日夢］

## 無常 うゐてんぺん［有為転変］ さだめなし［定無］ しゃうじゃひつめつ［生者必滅］ しょぎゃうむじゃう［諸行無常］ ぜしゃうめっぽふ［是生滅法］ つねなし［常無］ つねならず［常］ はかなし［果無・果敢無］ ふちせ［淵瀬］ ふうん［浮雲］ ゑしゃぢゃうり［会者定離］

無常のたとえ せっき［殺鬼・刹鬼］
無常の世 うきよ［浮世・憂世］ つゆのよ［露世］

## むなしい あだ［徒］ あとなし［跡無］ いたづら［徒］ ただ［只・唯・徒］ はかなし［果無・果敢無］

枕――うつせみの［空蟬］

むなしい物 あだもの［徒物］ 無・果敢無］
むなしく思う はかなぶ・はかなむ［果無・果敢無］
むなしく終わる くつ［朽］
むなしさ きょ［虚］

【人事】——ふうりゅう[風流]

## ふうりゅう[風流]

あざる[狂・戯]　うしん[有心]　おもしろし[面白]　がゑん[雅韻]　かんが[閑雅]　すき[好・数奇]　ずきし[好好]　すく[好]　なさけ[情]　なめく[艶]　なよびか　うが[風雅]　ふうげつ[風月]　ふう[風騒]　さう[風骚]　ふりうう[風流]　みやさし　び・みやびか・みやびやか[雅]　やさし[優・恥]

## 趣

あぢはひ[味]　あはれ・あはれげ[憐・哀]　いろ[色]　かかり[掛]　きび・きみ[気味]　くさはい[種]　けしき・けしきあり[気色]　こころ[心延]さま[様]　こころばへ[心延]さま[様]　こころ[心]　しほ[潮・汐]　じゃう[情]　しなさけ[情]　ふうてう[風調]　ふぜい[風情]　ふうりう・ふりう[風流]　もののあはれ[物]　もののこころ[物心]　ゆゑ[故]　よし[由]　よせ[余情]　よそほひ[装]

趣がある　あはれ・あはれげ[憐・哀]　いたりふかし[至深]　おもしろし[面白]　かなし[愛・悲]　きょうあり[興]　けしきあり[気色覚]　こころふかし[心深]　ことこもる[事籠]　さる・ざる[戯]　ものさぶ[事籠]　やさし[優]　ゆゑづく・ゆゑぶ[故]　よしあり・よしづく[由]　をかし・をかしげ・をかし

趣があること　うしん[有心]　ふうゐん[風韻]

趣がある様子　すがた[姿]　やさばむ　かど[才]

趣がない　あさし[浅]　なさけなし[情無]　ふつつか[不束]　ものすさまじ[物凄]　ゆゑなし[故無]

趣深い　いたりふかし[至深]　かし[心深]　ものあはれ・もののあはれ[物哀]

趣深く感じる　けしきおぼゆ[気色覚]

趣に乏しい→趣がない

趣を解する心　こころあり[心有]　こころ

趣を壊すこと　ものぞこなひ[物損]

趣を解する心　ゆるよし[故由]

趣を変える　さまかふ[様変]

趣を添える　ゆゑづく・ゆゑぶ[故]

趣を見せる　ざればむ[戯]

枯れた趣がある　からぶ[乾]

閑寂な趣　さび[寂]

風雅　あざる[狂・戯]　ふうさう[風騒]　ふうりう[風流]　ふうきょう[風狂]　ふうゐん[風韻]

風雅に接すること　からめく[唐]

風雅に見える　ふぜい[風情]

風雅の嗜みがある　よしづく[由]

風雅の道　すき[好・数奇]

風雅を愛する　すきずきし[好好]

風雅がる　ざれつくがへる[戯復]

風流　あざる[狂・戯]　ざればむ[戯]

風流気がある　ざればむ[戯]

風流好み　ことごのみ[事好]

風流心　なさけ[情]

風流心がないこと　むしん・むじん[無心]

なさけあり[心情有]　ゆゑよし[故由]

【人事】　ふうりゅう[風流]、りっぱ[立派]

**風流人**　さうかく[騒客]　しうじん[愁人]　すきしゃ・すきもの　ふうがもの[風雅者]　みやびを[好者]　ものずきしゃ[物好者]

**風流でない**　きすぐ[生直]　こちごちし

**風流な人**　さうじん[騒人]　すきしゃ・すきもの[好者]

**風流めかす**　ざればむ[戯]

**風流のわかる男**　えんがる・えんげだつ[艶立]

**風流ぶる**　えんがる・えんげだつ[艶立]　けがる　なさけだつ[情立]

**風流に見える**　からめく[唐]

**風情**　あはれ・あはれげ[憐・哀]　おもむき[趣]　かかり[掛]　ころばへ[心延]　なさけ[情]　ゆゑ[故]　よし[由・因]　よせい[余情]

**風情を見せる**　ざればむ[戯]

**不風流**　きすぐ[生直]　こちごちし[骨骨]　なさけなし[情無]　ものものし[物]

**骨**　こちなし[骨無]　なさけなし[情無]　むくつけし

**古びて趣がでる**　さぶ[錆]　ものふる[物旧]

---

**りっぱ[立派]**

**良い趣**　ちけい[致景]

あはれ・あはれげ[憐・哀]　いかし[厳]　いたいし[甚]　いつかし[厳]　いつくし[美・厳]　いみじ・いみじげ　うつくし[美・愛]　うまし[美・甘・旨]　うるはし[美・麗]　かぐはし[香・芳]　かしこし[賢]　きらきらし　くきゃう・くっきゃう[究竟]　けっこう[結構]　こともなし[事無]　さうなし[双無]　さりぬべし[然]　しかるべし[然]　ただならず[徒]　たふとし[尊]　たっとし　びし[美美]　みごと[見事]　めざまし[目覚]　めづらし[珍]　めでたし[愛]　めもあや　ものめかし[物愛]　ものものし[物]　ゆゆし・ゆゆしげ[由由]　よし[良]　をかし

**美しく立派**　よそほし[装]　りなし[限無]　かしこし[賢]　きはなし[際無]　けっこう[結構]　ここちづかし[心恥]　こともなし[事無]　こよなし　さかし[賢]　しかるべし[然]　じんじゃう[尋常]　たかし[高]　たぐひなし[類無]　たけし[猛]　ただならず[徒]　たへ[妙]　になし[二無]　はつかし[恥]　めづらし[珍]　めでたし[愛]　よし[良]　よにこゆ[世越]　よろし[宜]

**口のきき方が立派**　くちぎよし[口清]

**すぐれている**　いう[優]　いし[美]　いたし[甚]　いみじ・いみじげ　かぎりなし[限無]　かしこし[賢]　きはなし[際無]　けっこう[結構]　ここちづかし[心恥]　こともなし[事無]　こよなし　さかし[賢]　しかし　じんじゃう[尋常]　たかし[高]　たぐひなし[類無]　たけし[猛]　ただならず[徒]　たへ[妙]　になし[二無]　はつかし[恥]　めづらし[珍]　めでたし[愛]　よし[良]

**成長して立派になる**　ねびまさる[老勝]　おびたたし・おびただし[夥]

**建物などが立派**　おびたたし・おびただし[夥]

**人柄などが立派**　きゃうさく・きゃうざく[警策]

**人柄が立派らしい**　じんたいらし[人体]

**眩しいほど立派**　まばゆかる・まばゆし[眩]　めもあや[目]　めもおよばず[目及]

---

**相手が立派**　こころはづかし[心恥]　は[目及]づかし・はづかしげ[恥]　いみじ・いみじげ　かぎりなし[限無]　かしこし[賢]　きはなし[際無]

【人事】――りっぱ[立派]、うわさ[噂]

目が覚めるほど立派　めざまし[目覚]
立派で美しい　きらきらし
立派な　きはめたる[極]　さる[然]るべき・さんべき・しかるべき[然]
立派な木　まき[真木・槇]
立派なこと　ますら[益荒]
立派なさま　じんじゃう[尋常]　ものみ[物見]
立派な男　ますらたけを[益荒荒男]　ますらを・ますらをのこ[益荒男]
立派な人　いうそく[有職・有識]　くんし[君子]　さいじん[才人]　ひと[人]　またうど[全人]
立派に　よく[良・能]
立派にする　しあぐ[仕上]
立派に成長する　ねびまさる[老勝]
立派に作る　つくりみがく[作磨]

## うわさ[噂]

うけ[承・請]　おと[音]　おとぎき[音聞]
[音聞]　おとなひ[音]　おもひいれ[思入]　かぜのたより[風便]　きき[聞]　きこえ[聞]　くち[口]　くち[口端]　くちずさび・くちずさみ[口遊]　くちのは[口端]　くちさんだん[口賛嘆・賛談]　じんこう[人口]　せつ[説]　つてごと[伝言]　となへ[称・唱]　とりさた・とりざた[取沙汰]　な[名]　ひとぎき[人聞]　ひとごと[人言]　ひとのくち[人口]　ひびき[響]　ふせつ[浮説]　みゃうもん[名聞]　ものいひ[物言]　もののこゑ[物聞]　もろくち[諸口]　よかたり[世語]　よぎごと[世語]　よのおぼえ・よのおぼえ[世覚]　よのきこえ[世聞]

噂する　あつかふ[扱]　いひあつかふ[言扱]　いひはやす[言囃]　いふ[言]　ひびかす[響]
噂で聞く　きこえつたふ[聞伝]　おとにきく[音聞]　かへりきく[還聞]　ききおよぶ[聞及]　なにきく[名聞]
噂の句―よをひびかす[世響]
噂になりそう　なだたし[名立]
噂になる　きこえいづ[聞出]　くちにのぼる[口乗]　たつ[立]　とほる[通]　めいよ[名誉]　なにたつ[名立]
噂の種　あつかひぐさ・もてあつかひぐさ[扱草・扱種]　ことぐさ[言草・言種]
噂を聞く　みみをきく[耳聞]
噂を立てられる　なをながす[名流]　なをたつ[名立]
噂を人に言う　ききもらす[聞漏]
噂を広める　ながす[流]
噂の　きこゆる[聞]

悪評→悪い噂
いろいろの噂　たてよこざた[縦横沙汰]　ちな[千名]
噂が高い　ののしる[罵・喧]
噂が立つ　いひたつ[言立]　さわぐ[騒]
噂が広まる　ひろごる[広]
噂される　きこゆ[聞]　ののしる[罵]
噂やかましい　こととし[言疾]
噂喧[喧]

色恋の噂　あだな[徒名]
陰口　しりうごと[後言]

【人事】 ──うわさ[噂]、けっこん[結婚]

**根拠のない噂** あだな[徒名] なきな[無名] ふせつ[浮説]
**世間の噂** おぼえ[覚] おもひなし[思] ぐわいぶん[外聞] さんだん[賛嘆・讃談] じんこう[人口] せけんぐち[世間口] とほな[遠名] ひとぎき[人聞] ひとのくち[人口] ひとぎ[物言] とほな[遠名] ひとぎ もろくち[諸口] よおぼえ・よのおぼえ[世語] よがたり[世語] きこえ[世間] これざた[此沙汰] よのなか[世中] いひ[物言] ものの きこえ[物聞] もの言
**大評判** これざた[此沙汰]
**他人の噂** まひとごと[真人言]
**他人についての噂** ひとのうへ[人上]
**遠くの噂** とほと[遠音]
**どこからともない噂** かぜのたより[風便]
**反響** ひびき[響]
**評判が高い** おとにきく[音聞] なだたり[名立] なに(し)おふ[名負] なにきく[名聞] ののしる[罵・喧]
**評判が高いこと** かうみゃう[高名] めいよ[名誉]

**評判が悪くなるのを惜しむ** 句 ―なををしむ[名惜]
**評判を取る** なをとる[名取] かめい[佳名] みゃうもん[名聞]
**名声** かめい[佳名] みゃうもん[名聞]
**評判が高い** これざた[此沙汰]
**専らの噂** これざた[此沙汰] ほとぼり[熱]
**世の中の噂** ふせつ[浮説] なきな[無名]
**身に覚えのない噂** ほどほり[熱]
**良い噂** かめい[佳名]
**流言蜚語** ひご[戯名] なさか・なさが[名]
**悪い噂** あくみゃう[悪名] あだしな[徒名] うきな[浮名] たはれな[戯名]

**けっこん[結婚]**

**許嫁** いなづけ なづけ[名付] むこがね[婿]
**夫を持つ** をとこす[男]
**駆け落ち** はしりめうと[走夫婦]
**求婚** いひいれ[言入] さばふひ[小呼] つまどひ[妻問] よばひ[婚]
**求婚し続ける** よばひわたる[婚渡]
**求婚する** あとふ[誂・聘] いひよる[言寄] いひわたる[言渡] いふ[言] くどく[口説] よばふ[呼]
**結婚させる** あづく[預] あはす[合] えんにつける[縁付] くばる[配] しつく[仕付] みす[見] めあはす[妻会]
**結婚する** あづく[預] あふ[会・合・逢] そふ[添] ちなむ[因] つく[付] みとあたはす[相見] みゆ[見]
**結婚生活をする** すむ[住]
**婚約** ちなみ[因]
**婚約者** むこがね[婿]
**婚約する** いひかはす[言交]
**婚礼** こしいれ[輿入] しうげん[祝言]
**男女が契る** あひみる[相見] ちぎる[契]
**対** つがひ[番]
**対になる** つがふ[番]
**妻とする** あとふ[聘] めとる[娶] まく[枕] みる[見]
**適齢期** やりどき[遣時] めまうけ[妻儲] →年頃[としごろ]
**動物の夫婦** つがひ[番]
**嫁ぐ** →結婚する

## 【人事】

年頃 さだ[時] じぶん[時分] としは・としひ[年延] よはひ[齢]

仲人 なかだち[仲立] よはひと[仲人]

夫婦 いもせ[妹背] えん[縁] かたき[敵・仇] ぐ[具] つがひ[番] に言

せのえん[二世縁] めをと[女男] めをとこ[妻夫・夫妻] をひとつめ[夫婦]

夫婦関係 ちぎり[契]

夫婦仲 よ・よのなか[世中]

夫婦になる あひぐす[相具] ぐす[具]

夫婦の縁 えん[縁] にせのえん[二世縁] にせのちぎり[二世契]

夫婦として暮らす すみつく[住着]

夫婦として落ち着く とこはなる[床離]

夫婦関係がなくなる …離婚する

夫婦関係を結ぶ ちぎりをむすぶ[契結]

夫婦の関係 よ[世]

夫婦の契り かためごと[固事]

夫婦の約束 にせのかため[二世固]

夫婦別れする …離婚する

夫婦を…結婚させる
娶（めあ）せる …結婚させる

―― けっこん[結婚]、じゅんび[準備]

娶る …妻とする

結納 いひいれ[言入] しるしのたのみ[印頼] たのみ[頼]

結納品 こしいれ[輿入] しうげん[祝言]

嫁入り

嫁入り先 しつけどころ[仕付所]

嫁入りさせる しつく[仕付]

嫁取り めまうけ[妻儲]

離縁 いとま[暇] ひま[暇・隙]

離縁状 きれぶみ[切文] さりじゃう[去状] さりぶみ[去文]

離婚 ことさか[事離]

離婚する さる[去] せたいをやぶる[世帯破]

## じゅんび[準備]

あしろ・あしじろ[足代] いそぎ[急] いでたち[出立] いとなみ[営] かくご[覚悟] けっこう[結構] こころがまへ[心構] こころぐみ[心組] こしらへ[拵] さうぞくまうけ[心設]

心の準備 こころがまへ[心構]

心に準備する おもひかまふ[思構]

準備しておく こしらへおく[拵置]

準備ができる ことなる[事成]

準備して待つ もよほす[催]

準備して遣る いそぐ[急] いだしたつ[出立] いでたつ[出立] おもひまうく[思設] けいめい[経営] こしらふ[拵] さ

準備する いそぐ[急] いとなむ[営] こしらふ[拵]

十分に準備して あひかまへて[相構]

死出の旅の準備 しにいでたち・しにでたち[死出立]

うぞく・しゃうぞく[装束] しだす[仕出] した

く[装束] しがく[仕覚] したかた[下形] したく[支度] したぐみ[下組] しただめ[認] したち[下地] しまひ[仕舞] そなへ[具・備] てあて[手当] てうはふ[調法] まうけ[設] もよひ[用意] よそひ・よそほひ[装]

たむ[鎖固] しだす[仕出] しだた

【人事】―――― じゅんび[準備]、たび[旅]

**正月の準備** しゃうぐゎつじまひ[正月仕舞]

**旅立ちの準備** いでたち・いでたちいそぎ[出立急]

**朝食の準備** あさもよひ[朝催]

**出船の準備** ふなよそひ[船装]

**逃げる準備** にげまうけ[逃設]

**身支度** いでたち[出立] こしらへ[拵] さうぞく・さうぞく・しゃうぞく[装束] みづくろひ[身繕] みじまひ[身仕舞]

む[認] したためまうく[認設] しまうく[為設] そなふ[具備] うず[調] ととのふ[具・備] てうず[調] とりあつかふ[取具] とりたつ[取立] とりまかなふ[取賄] とりよそふ[取装] まかなふ[賄] もよほす[催] よそふ・よそほふ[装] うく・まく[設]

**たび[旅]**

あんぎゃ[行脚] きりょ[羈旅・羇旅] げきりょ[逆旅] だうちゅう[道中] みちゆき[道行] わうらい[往来] [道中] たびゆき[旅行] みち[道]

**旅路** みち[道]

**旅先の土地** たびのそら[旅空]

**旅先の暮らし** たびゐ[旅居]

**旅支度** たびいでたち・たびでたち[旅出立] たびよそほひ[旅装]

**旅立ち** いでたつ[出立] かどで[門出] しゅったつ[出立] たつ[立] たちゆく[立行] たつ[立] [出立]

**旅立たせる** たつ[立]

**旅立つ** あさだつ[朝立] かしまだち[鹿島立]

**朝早く旅立つ** あさだつ[朝立]

**朝早い旅立ち** あさだち[朝立] あさと[朝戸出]

**行脚** づだ[頭陀] とそう[抖擻]

**一時的な宿** みづうまや[水駅]

**温泉宿** ゆのやど[湯宿]

**船中での旅寝** うきね[浮寝] うきまくら[浮枕]

**死出の旅** かぎりあるみち[限有道] かへらぬみち[帰らぬ道] しで[死出] やみぢ[闇路]

**旅商人** たびあきんど[旅商人]

**商人・糶商人** せり[競・糶] せりうり[競売・糶] せりあきんど[競売・糶触]

**たびあきんど[旅商人]**

**旅先で宿る** かりね[仮寝] くさむすぶ[草結]

**旅先の宿り** かりね[仮寝] かりまくら[仮枕] くさぶし[草伏・草臥] くさまくら[草枕] さまくら・くさのまくら[草枕] もまくら[薦枕] たびね[旅寝] たびまくら[旅枕] たびやどり[旅宿]

**枕** くさまくら[草枕]

**旅日記** だうちゅうき[道中記] にき[道日記] みちゆきぶり[道行]

**旅で日が暮れる** ゆきくらす・ゆきくる[行暮]

**旅立ちの準備** いでたちいそぎ[出立急]

**旅寝→旅先の宿り**

**旅寝する** くさむすぶ[草結] すぶ[枕結] まくらむ

**旅の僧** きゃくそう[客僧] ごてん[呉天]

**旅の空** だうちゅう[道中]

**旅の途中** 

**旅人** いうし[遊子] うんすい[雲水]

【人事】──たび[旅]、びょうき[病気]

かうじん[行人]　たびと[旅人]　へうかく[漂客]　みちゆくひと[道行人]　ちゅきびと[道行人]　くわかく[過客]

**遠い旅** ちゃうと[長途]　また[真旅]　のくれやまくれ[野暮山暮]

**遠い旅の空** みちゆき[道行]　ごてん[呉天]

**道程** みちのほど[道程]　ろし[路次]

**徒歩の旅** かちゆ[徒路]　ひざくりげ[膝栗毛]

**野宿** いはまくら[岩枕]　かりね[仮寝]　[草枕]　くさのやどり[草宿]　こもまくら[薦枕]　たびまくら[旅枕]　やまぶし[山臥・山伏]

**野宿する** くさむすぶ[草結]　まくらむすぶ[枕結]

**花のある宿** はなのやど[花宿]

**遥かな舟の旅** やへのしほぢ[八重潮路]

**漂泊の旅** ふううん[風雲]

**船路** ⇒ 基本 ふね（P.97）

**船の旅** 

**舟の中の旅寝** うきね[浮寝]　うきまく

ら[浮枕]　みだりごこち・みだのやまひ　ものやまひ[物病]　やまひ[病]　れいな　らず[例]　わづらひ[患]　るれい ─ 尊 ─ ごなう[御悩]

**道案内** しをり[道枝折]　だうちゅうき[道中記]　みちの

**本格的な長い旅** また[真旅]

**安物の宿** したやど[下宿]　はたごや

**宿** げきりょ[旅籠屋]　たごや　しゅく[宿]　たびどころ[旅所]　どころ[旅所]　ぎゃくりょ[逆旅]　はたごや[旅屋]　たび籠屋[旅籠屋]　ひとやど[人宿]　はたご・はたごや[旅籠・旅籠屋]　やどもと[宿元・宿許]

**宿を貸す** やどす[宿]

**旅費** ろぎん[路銀]　ろよう[路用]

**別れて旅する** たちわかる[立別]

## びょうき[病気]

いたつき・いたづき[病・労]　いたは　り[労]　いれい[異例]　え[疫]　えやみ[疫病]　くさつつみ[草恙]　ここち[心地]　こと[薬事]　しょうらう[所労]　なやみ[悩]

しつらい[失例]　つつが・つつみ[恙]

**疫病・伝染病** えやみ[疫病]　ときのけ[時気]　ときのえ[時病]　よごこち[世心地]　よのなかごこち[世中心地]

**瘧** おこり　さむやみ[寒病]　わらはやみ[瘧]

**回復期** やみがた[正方]

**重い病気** ふくしんのやまひ[腹心病]

**風邪** しはぶきやみ[咳病]　ふびゃう[風病]　みだりかぜ[乱風]

**脚気** かっけ　あしのけ[脚気]　みだりかくびょう[乱脚病]　[乱脚気]

**感冒** あつかひ[扱]　とぎ[伽]　かいはう[介抱]

**看護** 

**貴人の病気** ごなう[御悩]

**怪我人** けがにん　ておひ[手負]

【人事】──────びょうき[病気]

**病気** きょうびゃう[虚病] さくびゃう・つくりやまひ[作病] そらばらやむ[空腹病]
**恋に悩んで病む** おもひやむ[思病]
**重病** ふくしんのやまひ[腹心病]
**衰弱する** あつしる[篤]
**すべての病気** しひゃくしびょう[四百四病]
**咳(せき)** しはぶく[咳] しはぶる[咳]
**そこひ** かかりもの[瞖]
**体温が上がる** ぬるむ[温]
**助からない病気** しにやまひ[死病]
**治療** ち[治] やうじやう[養生]
**治療する** いたはる[労] くすす[薬]ぢす[治] をさむ[治] つくろふ[繕] なほす[直] やくれい[薬礼]
**治療費** でやうじゃう[出養生]
**転地療養** でやうじゃう[出養生]
**天然痘** ほうさう[疱瘡]
**治りにくい病気** ごふびゃう[業病]
**治る →病気が治る**
**長く病む** ながやみ[長病] やまふ[病]
**ノイローゼ** きのかた[気方]

**肺結核** らうがい[労咳] らうさい[労瘵]
**麻疹(はしか)** あかもがさ[赤疱瘡]
**腫れ物** ねぶと[根太]
**病気が襲う** をかす[犯・侵]
**病気が重い** だいじ[大事] わづらはし[患]
**病気が重くなる** あつしる[篤] おもる
**病気が治る** いゆ[癒] おこたる[怠] おつ[落] ぢす[治] たひらぐ[平] なほる[治] みなほす[見直]やむ[已] をさまる[治]
**病気がぶり返す** やみがたへ[止方] はみかへる[食返]
**病気する** をゆ[瘴]
**病気で衰える** あつし[篤] ぬるむ[温] ほとほる[熱]
**病気で熱がある** あつし[熱]
**病気で苦しい** いたはし[労] やまし[疚]
**病気で苦しむ** うちなやむ[打悩] なやむ[悩] をゆ[瘴]
**病気にかかる →病気になる**
**病気になる** いたつく[病・労] いたはる[労] おこる[起] ここちたがふ[心地違] ここちそこなふ[心地損] しづむ[沈] つつむ[恙] なやます[悩] ふじゅん[不順] やまひづく[病] やむ・なやむ[病]
**病気を起こす気** じゃき・じゃけ[邪気]
**病気をこじらせる** ししこらかす
**病弱** あえか あつし[篤]
**病床** やまひのとこ[病床]
**病状** やうだい[様体・容体]
**病人** ばうざ・びゃうざ・びゃうじゃ[病者] ばうたい・びゃうたい[容体・容態]
**疲労からの病気** らうげ[労気]
**腹痛** さしこむ[差込] むしがかぶる
**麻痺** しひ[癈]
**疱瘡(ほうそう)** いもがさ もがさ[疱瘡] [虫嚢]
**胸の病気** むね[胸] むねけ[胸気]
**病み衰える** をゆ[瘴]
**病む →病気になる**
**病気で苦しむ** ましがる[悩] うちなやむ[打悩] なやむ[悩] をゆ[瘴]

## ねんれい[年齢]

しゃうねん・せいねん[生年]　とし[年・歳]　としなみ[年次・年並]　としのよはひ・としは[年端]　とし・としは[年齢]　としのよはひ・よ・よは[世]　よははひ[年齢]　りうねん[流年]　れきすう[暦数]

**年齢が若いこと**　うらわかし[若下]

**この世にいる年齢**　ありかず[有数]

**天皇の年齢**　ほうさん[宝算]

**年を取る**　すぐす[過]

**厄年**　男　にじふご[二十五歳]　しじふに[四十二歳]　女　じふく[十九歳]　さんじふさん[三十三歳]

（一歳）たうさい[当歳]　たうねん[当年]
（三歳）ひるこのとし・ひるのこがよはひ[蛭子歳]
（十歳）えうがく[幼学]
（十三歳）ぶしゃく[舞勺]
（十五歳）さんご[三五]　しがく[志学]　ぶしゃう[舞象]　りっしのよはひ[立志齡]
（二十歳）じゃくくゎん[弱冠]　ていねん[丁年]　はた・はたち・はたとせ[二十]
（三十歳）いうしつ[有室]　さんじゅん[而立]　みそぢ[三十・三十路]　じりつ[而立]　りふねん[立年]
（四十歳）きゃうし[強仕]　しじゅん[四旬]　しょうし[初老]　とん[強仕]　はじめのおい・はつおい[初老]　ふわく[不惑]　よそぢ[四十・四十路]
（四十八歳）そうねん[桑年]
（五十歳）いそぢ[五十・五十路]　がいんねん[艾年]　ちめい[知命]
（六十歳）かじゅ[下寿]　くゎんれき[還暦]　きし[耆指]　しゅくにく[宿肉]　ぢゃうきゃう[杖郷]　ほんけがへり[本卦還]　ろくじゅん[六旬]　しゅくにく[宿肉]　ぢじゅん[耳順]　そち[六十・六十路]
（七十歳）きこ[稀古]　けんしゃ[懸車]　こき[古稀]　じぜん[弐膳]　しちじゅん[七旬]　しちちつ[七秩]　しゅうしん[従心]　ぢゃうこく[杖国]　なちぢ[至仕]　ふこ・ふゆ[不踰]
（七十七歳）きじゅ[喜寿]　なそぢ[七十・七十路]
（八十歳）さんじゅ[傘寿]　ちゅうじゅ[中寿]　はちじゅん[八旬]　はっつ[八秩]　もう[耄]　やそぢ[八十・八十路]
（八十八歳）べいじゅ[米寿]　よね[米]
（九十歳）くじゅん[九旬]　そつじゅ[卒寿]
（九十一）
（九十九歳）はくじゅ[白寿]
（百歳）じゃうじゅ[上寿]　ももとせ[百歳]　大齊[大齊]　たいせい

## こえ[声]

おと[音]　おんじゃう[音声]　しゃ

【人事】――ねんれい[年齢]、こえ[声]

【人事】━━こえ[声]

## 声

う［声］と［音］ね［音］
枕━あさとりの[朝鳥] やまびこの[山彦] たわらはの[手童]（=ねのみしなかぬ） なくこなす[泣子] なくたづの[鳴田鶴]（=ね・ねになく）

嘲笑う声 しい

一緒に出す声 もろごゑ[諸声]

犬・雉・鹿などの声 けいけい(と) べう

鶯などの初声 はつね[初音]

美しい声 うぐひすこゑ[鶯声] めうおん[妙音]

うわずった声 しらごゑ[白声]

老い衰えた声 おいごゑ[老声]

大きな声 かうしゃう[高声] こわだか[声高] だいおんじゃう[大音声] とき[鯨波・鬨]

大きな声で言う よばはる[呼]

大きな声で騒ぐ さわぎののしる[騒罵]

大きな声でわめく どしめく

大きな声をあげる こゑやまだつ[声山立] ののしる[罵・喧] ひしる

大きな声をあげるさま わっぱと 大勢が一度に声を出すさま ささ どっと

落ち着きのない声 せっきごゑ[節季声]

金切り声 ほそごゑ[細声]

か細い声 ほそごゑ[細声]

がらがら声 われごゑ[破声]

烏などが鳴く かかなく[鳴]

甲高い声 しらごゑ[白声] たつみあがり[辰巳上]

雉や山鳥の声 ほろほろ・ほろろ

狐の声 こうこう こんくわい

苦しそうに咳き込む声 せぐるしごゑ

けらけら笑う声 きらきら

声がかすれる からぶ[乾]

声がしわがれる おいかる[老嗄] [嗄] かればむ[嗄]

声がとぎれる こわだえ[声絶]

声が濁る だむ[訛]

声が響く すみのぼる[澄昇]

声が弱い ほそし[細]

声を出す いだす[出] おとづる[訪] しじめく よばはる[呼]

声を発する はなつ[放]

声を張り上げる うちあぐ[打上] ふり

声を無理に出す しぼる[絞]

小声 しのびね[忍音]

声高に言う いひののしる[言罵]

囀る さひづる・さやづる・さへづる[囀] すだく[集] なのる[名告] ほころぶ

む[鳴響] なきとよむ・なきどよむ

さざめく しじめく

騒ぎ立てる いひののしる[言罵] ささめく さめく さわぎののしる[騒罵] たける[猛哮] たちさわぐ

騒がしい声 われごゑ[破声]

時節外れの虫の声 わすれね[忘音]

絞り出す声 せみごゑ[蟬声]

嗄声 おいごゑ[老声] からごゑ[枯声]

鋭い声 とごゑ[鋭声・利声]

咳などの声 ごつごつ

咳払いする こわづくる[声作]

立騒 どしめく ひしめく[犇]

【人事】

## 人事 物

**高い大きな声** かうしゃう[高声] こわだか[声高]
**作り声をする** こわづくる[声作]
**鬨の声** ときのこゑ・げいは[鯨波]
**どっと笑う声** しゃなりごゑ さとさと[颯]
**怒鳴り声** しゃなりごゑ[声]
**怒鳴り散らす** どしめく
**泣き声** しし
**鳴き声** ささなき[小鳴] ね[音]
**訛った声** だみごゑ[訛声]
**涙で声がつまる** なみだにむす[涙咽]
**鶏の声** かけろ(と)ころろく[嘶]
**喉が鳴る** のど[嚥]

**初雁の声** はつかりがね[初雁音]
**初めての声** はつね[初音]
**含み声** くくもりごゑ・くぐもりごゑ[声]
**ほととぎすの初めての声** しのびね[忍音]
**皆で合わせて出す声** もろごゑ[諸声]
**虫の声** むしがね[虫音]
**やかましく声を立てる** しじめく・じじめく
**わめき声** しゃなりごゑ[声]
**弱々しい声を出す** のどよふ[呼響]
**呼び声が轟く** よびとよむ[呼響]
**家に閉じこもる** ちっきょ[蟄居]
**家の外** せかい[世界]
**家の中** うちうち[内内] やぬち[家内]
**家の者** けご[家子] けない[家内]
**家の影** やかげ[家陰]
**家を建てる** かまふ[構]
**家…仮の家**
**庵に泊まる** いほる[庵・廬]
**一軒家** ひとつや[一屋]
**田舎の家** くさがくれ[草隠] たぶせ[田伏] たる[田居] でんじゃ[田舎]
**居間** けの[家居・褻居]
**馬小屋** うまや・むまや[馬屋] まや
**応接間** たいめんじょ[対面所] [廏・馬屋]

### いえ[家]

いへる[家居] きよをく[居屋] し
ゃ[舎] てい[亭] ところ[所] へ
[家] や[屋・家] やか[屋・やけ[宅]

やかかす[門棲] やど・やどり[宿・屋] をりや[居屋]
[枕]しきたへの[敷栲]

東屋・四阿 あずまや ちん・てい[亭]

**新しい家** あらや[新屋] にひむろ[新室]
**あばらや** → 次項
**荒れた家** あさちやど・あさちふのやど[浅茅宿] あばらや むぐらのやど[露宿] はをく[破屋] むぐらのもん[律宿] やぶれや・やぶれが[破屋]

こえ[声]、いえ[家]

【人事】——いえ［家］

**大きい家** たいか［大厦］ でん［殿］ との［殿］ みあらか［御殿・御舎］

**改築する**
句——いらかあらたむ［甍改］

**奥の間** ないしょう［内証］

**貸し家** たな［店］ あきだな［空店］

**家風** いへのかぜ［家風］

**仮の家** いほ・いほり［庵・廬］ かりや［仮屋］ かりいほ・かりほ［仮庵］ くさのいほ・くさのいほり・さうあん［草庵］ くさのと［草戸］ やかた［館・屋形］

**貴人の家** うてな［台］ おとど［大臣］ しゅもん［朱門］ たち［館］ たまどの［玉殿］ たまのうてな［玉台］ との［殿］ みあらか［御殿・御舎］ みむろ・みもろ［御室］ やかた［館・屋形］

**汚い家** しこや［醜家］

**客間** ざしき［座敷］

**御殿** たまのうてな［玉台］ との［殿］ みあらか［御殿・御舎］

**山中の家** かたやまが［片山家］ やまが［山家］

**静かな家** かんきょ［閑居］

**実家** さと［里］

**自分の家** いほ［庵・廬］ おもひのいやど［思家］ ふるさと［古里・故郷］ やどもと［宿許・宿元］ わいへ・わいへん・わがへ・わぎへ［我家］

**僧侶の家** そうぼう［僧坊］ ばう［坊］

**新築の家** →新しい家

**城** たち［館］

**粗末な家** むろ［室］ あしのまろや［葦丸屋］ あしのや・あしや［葦屋］ あれや［荒屋］ いたや［板屋］ くさのいへ［草屋］ くさのいほ・くさのいほり・さうあん［草庵］ くさのとざし・くさのや［草屋］ くさのとざり・くさのやどり［草宿］ こいへ［小家］ さうだう［草堂］ さうあん［草庵］ しづのいほり［賤庵］ しづのや［賤家］ しばのいほり［柴庵］ しばのとぼそ［柴枢］ とまや［苫屋］ ばうをく［茅屋］ はくをく［白屋］ はにふ・はにふのをや［埴生］

**高い家** ろう・ろうかく［楼閣］ うてな［台］ たかどの［高殿］

**だれそれの家** なんけ［何家］ 句——くしゃくにけん［九尺二間］

**小さな家** こいへ・こへ［小家］ いほり［笹庵］ ふせいほ［伏庵］ ささのや［小屋］ ぬや［小屋・小家］

**邸宅** たち・たて［館］ との［殿］ やしき［屋敷］

**寺の家** だうじゃ［堂舎］ のきば［軒端］

**軒先・軒下** のきば［軒端］

**軒下の暗い所** のきやみ［軒闇］

**花のある家** はなのやど［花宿］

**番小屋** たぶせ［田伏］

**晩年の家（住み家）** するぱのやどり［末葉宿］

**古い家** ふるや［古屋］ ふるへ［古家］

**別荘** さんさう・さんざう［山荘・山庄］

**小屋** はをく［破屋］ ふせいほ・ふせや［伏庵・伏屋］ まげいほ［曲庵］ まろや［丸屋］ やまがつ［山賤］ よもぎがそま［蓬生杣］ ゐや［居屋］ をぐらのやど［小屋・蓬生宿］ よもぎ［蓬］

【人事】―――いえ[家]、きもの[着物]

部屋→本文[本文]へや
本邸 ほんじゃく[本宅]
密集した家 かどなみ[門並]のきなみ[軒並]
　句―のきをあらそふ[軒争]のきを
民家 ざいけ[在家]
元住んでいた家 ふるへ[古家]
屋敷 てい[亭]
侘び住まい くさのいほり[九尺二間]
　句―くしゃくにけん[九尺二間]
藁葺きの家 くずや[葛屋]

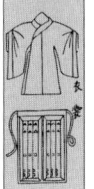

## きもの[着物]

きぬ[衣] きりもの[着物] ころも[衣] ころもで[衣手] さごろも[狭衣] しょうぞく[装束] さうぞく[装束] そ[衣] みのかは[身皮] よそひ[装] よそほひ[装]
尊―おんぞ・おほんぞ・みけし・みぞ・ぎょい[御衣] ごれう[御料] たてる[慣・馴]

まつりもの[奉物] めしもの[召物]
はごろも[羽衣] かはぎぬ・かはごろも[皮衣]
枕―しきたへの[敷栲]・しろたへの[白栲]（↓ころも[衣]） しらさぎの[白鷺]（↓ぬれごろも[濡衣]）

赤ん坊の着物 うぶぎぬ[産衣] かにとり・かにとりこそで[蟹取小袖] ひよひよ むつき[襁褓]
雨合羽 あまぎぬ・あまごろも[雨衣]
頂いた着物 しきせ[仕着]
一枚の着物 いちえ[一衣]
薄衣 せみのきぬ[蟬衣] せみのはごろも[蟬羽衣]
美しい着物 きら[綺羅] たまぎぬ・たまごろも[珠衣] はなのころも[花衣]
上着 うへのきぬ・うへのころも[上衣]
着飾る いろふ[色・彩]
着物がごわごわしている こはらか[強]
着物がやわらかいさま なよよかなよよひ
着物などが古びる したたる[古]

合羽 おそぎ[襲着] おそひ[襲] うい[雨衣] ゆい[油衣]

僧の着物 こけのたもと[苔衣] ころも[衣] すみぞめ[墨染] だうぶく[道服] つづり・つづれ[綴] のりのころも[法衣] れんげえ[蓮華衣]
庶民の着物 ててれ じゃうえ[浄衣] そ[衣] ほふぶく[法服]
白い着物 そふく[素服] びゃくえ[白衣]
粗末な着物 こけのころも[苔衣] つづり[綴] つづりごろも・うづらごろも[麻衣]
粗末な着物 あさぎぬ・あさのころも[麻衣]
ちゃんちゃんこ かたぎぬ[肩衣]
つぎはぎの着物 うづらごろも・うづらぎぬ[鶉衣] つづり[綴]
濡れた着物 こよる[小夜] ぬれぎぬ[濡衣]
寝間着 さよぶとん[小夜蒲団] さよぎぬ[小夜衣] よぎぬ[夜衣]
羽織 だうぶく[胴服]
肌着 はだつき[肌付]
晴れ着 いっちゃうら[一張羅] よそひ[装]

## 【人事】―― きもの[着物]、さけ[酒]

**花見の晴れ着** はなごろも・うつらごろも・うつらぎぬんず[天濃漿] とよみき[豊酒]
わけごろも[花分衣]

**単衣** かたびら[帷子]

**普段着** けぎ[褻着] けごろも[褻衣]
けなり[褻形] けよそひ[褻装] そ
きら[素綺羅] なれごろも・なれぎ
ぬ[馴衣・褻衣] みなれごろも[身馴
衣]

**普通の着物** ただぎぬ[徒衣]

**古着** きそげ[着殺]

**喪服** あさごろも[麻衣] あらはしぎ
ぬ・あらはしごろも[著衣] うすず
みごろも[薄墨衣] かすみのころも
[霞衣] こけのころも[苔衣] このた
もと[苔袂] ころものやみ[衣闇] し
ひしば・しひしばのそで[椎柴袖]
すみぞめ・すみぞめのころも[墨染
衣] そふく[素服] ぶく[服] ふ
ぢごろも[藤衣] もぎぬ[喪衣]

**喪服を着る** いろかはる[色変]

**喪服の色** かたみのいろ[形見色] にび
いろ・にぶいろ[鈍色] くろむ
[黒] にばむ[鈍]

**破れた着物** うづらごろも・うづらぎぬ
[鶉衣] やぶれごろも・やれごろも
[破衣]

**浴衣** ゆあがり[湯上] ゆかたびら[湯
帷子] ゆとり[湯取]

**綿入れ** ぬのこ[布子] わたぎぬ[綿衣]
わたこ[綿子]

## さけ[酒]

えぐし[咲酒] おによけ[鬼除] き
[酒] くし・ぐし[酒] けんずい[献水]
水・御水 ささ[酒] せいけん[聖
賢] せいじん[聖人] たけのは[竹
葉] とよみき[豊御酒] はんにゃ
たう[般若湯] ひじり[聖] ひゃく
やくのちゃう[百薬長] みわ[酒甕]
尊—おささ[酒] おほみき[大御酒]
ことなぐし[事和酒] とよみき[豊
御酒]

**味のよい酒** うまさけ・うまざけ[旨酒・
味酒] たむざけ[甜酒] てんのこ

んず[天濃漿] とよみき[豊酒]
とりおこなふ[執行]
**甘酒** こさけ[小酒] にひしぼり[新酒]
ひとよざけ[一夜酒]
**お供えの酒** おほみき[大御酒] みき・
みわ[御酒]
**一杯やる** とりおこなふ[執行]
**新しく醸造した酒** にひしぼり[新酒]
**寒中に造った酒** かんづくり[寒造]
**盃一杯の酒** ひとつき[一杯]
**盃のやりとり** さしあふ[差合]
**辛党** →酒飲み
**酒屋** しゅし[酒肆]
**酒で顔が赤くなる** とよのあかり[豊明]
**酒で陽気になる人** きげんじゃうご[機
嫌上戸]
**酒に酔った状態** さかぐるひ[酒狂] す
いきゃう[酔狂]
**酒の雫** しづく[流]
**酒の好きな人** じゃうご[上戸] →酒飲
み
**酒の飲めない人** げこ[下戸]
**酒飲み** うはばみ[蟒蛇] ささのみ[酒
呑] じゃ[蛇] じゃうご[上戸]
しゃうじゃう[猩猩] じゃのすけ

【人事】──さけ［酒］、たべもの［食物］

酒飲みの集まり　しゅうじゅうかう［猩猩講］
酒飲みの友達　けづりともだち［削友達］　どろばうじ［泥棒上戸］
酒も甘い物も両方いける人　どろばうじゃうご［泥棒上戸］
酒を注ぐ　さす［注］
酒を飲む　そこをいる［底入］
死ぬほど酔う　ゑひしぬ［酔死］
十分に酔う　ゑひあく［酔飽］
酒宴の後の散乱　はいばんらうぜき［杯盤狼藉］
酒宴の道具類　はいばん［杯盤］　こん［喉］
酒肴　きょうぜん［饗膳］　くだもの［果物］
酒食　さかがり［酳］
酒乱　あはもり［泡盛］
焼酎　もろはく［諸白］　たちざけ［立酒］
上等の酒　ともじにふむ［十文字踏］
旅立ちの酒　きくのさけ［菊酒］　ちんすい［沈酔］
千鳥足　てんもくざけ［天目酒］
茶碗酒　じょでい［如泥］
重陽の節句に飲む酒
泥酔　だりむくる
泥酔する

蛇之助　そこしらず［底知］
泥酔するさま　でいのごとし［泥如］　どれ
濁酒　しろうま［白馬］　もそろ［酹］
飲むと笑う酒　ゑぐし［笑酒］
晩酌　けざけ［食酒］
美酒　…味のよい酒
まずい酒　だざけ［駄酒］
酩酊　めれん
やけ酒　がざけ［我酒］
酔う　たべゑふ［食酔］　ゑふ［酔］　[酔痴]
酔い心地　ささげん［酒機嫌］
酔い潰す　もりつぶす［盛潰］
酔い潰れ　すいきゃう［酔狂］
酔い潰れたさま　つぶつぶ［酔狂］
酔い潰れる　ゆきつく［行着］　ゑひしる
酔う　たべゑふ［食酔］　ゑふ［酔］
酔うこと　ゑひ［酔］　なまゑひ［生酔］
酔うさま　めれん
酔った時の言葉　ゑひごと［酔言］
酔ったふり　そらゑひ［空酔］　そらみだれ［空乱］
酔って気を失う　ゑひしる［酔痴］
酔ってだらしなくする　ゑひさまたる
酔って泣くこと　ゑひなき［酔泣］

酔って乱れる　どれ
酔っ払い　ばうだら［棒鱈］
酔わせる　ゑはす［酔］
立派な酒　とよみき［豊酒］

## たべもの［食物］

あご［顎］　うか・うけ［食］　おんじき［御食］　かて・かりて［糧］　くち[口食物]　くひもの［食物］
くご［供御］　ごれ
さん［餐］　じき・じきもつ［食物］　だい［台］　まうけ［設］
うもつ［糧物・粮物］　おほひ［大炊］　おほみけ［大御食］
う［御料］　まゐりもの［参物］　みけ［御食］　みけつもの［御食物］
もの［召物］　をしもの［食物］

朝御飯　→朝食
味　あんばい［塩梅］
一度の食事　かたけ［片食］
餌　はみもの［食物］　ゑ・ゑば［餌］
餌を食う　ゑばむ［餌］

## 【人事】── たべもの[食物]

**おいしい食べ物** ためつもの[味物]
**おかず** あさな[朝菜] てうさい[調菜] な[肴] ゆふな[夕菜]
**おはぎ** かいもちひ[掻餅]
**おもゆ** こんづ[濃水・濃漿]
**鏡餅** もちひかがみ[餅鏡]
**菓子** くだもの[果物] てんじん[点心]
**果実** なりもの[生物]
**かやく御飯** かて・かてめし[糅飯]
**粥** あづきがゆ[小豆粥] いもがゆ[芋粥] かたかゆ[固粥] しるかゆ[汁粥] もちがゆ[望粥・餅粥]
**軽い食事** こづけ[小漬]
**軍隊の食糧** ひゃうらう[兵糧]
**携行食** かれいひ・かてめし[乾飯・餉] はたご[旅籠] ほしいひ・ほしひ[干飯・糒] → 馳走
**御馳走** いひ[飯] おだい[御台] おだいばん[御台盤] かたがゆ[固粥] く[供御] ごきのみ[御器実] ご[供御] みだい[御台] しゃり[舎利] わうばん・わんばん[椀飯]
**御飯粒** いひほ・いひぼ[飯粒]

---

**御飯時** けどき[食時]
**ごまめ** たづくり[田作] にきしね[和稲] よね[米] → 本文
**米** へうもの[俵物] はちぼく[八木] こめ
**酒食** きゃう・きゃうぜん[饗膳]
**寺院の食堂** じきだう[食堂]
**食事** あご[顎] おだい・みだい[御台] しただめ[認] だい[台] まへ[前] まゐをし[参物] みだい[御台] めしあがりもの[召上物] しゃう[雑餉・雑掌]
**食事させる** まかなふ[賄]
**食事する** したたむ[認]
**食事時** けどき[食時]
**食事の支度** まかなひ[賄]
**食卓** つくえ[机]
**吸い物** あつもの[羹]
**素干し** しらぼし[白乾・素干] あかがしは[赤柏]
**赤飯** きゃうぜん[饗膳]
**膳**

---

**僧の食事** とき[斎]
**粗食** しゅくすい[菽水] ねこおろし[猫下]
**食べ残し** あへ[饗] あるじまうけ[饗応] きゃうおう・きゃうやう[饗応] けいめい[経営] ざっしゃう[雑餉・雑成] ざっしゃう[雑掌] だいきゃう[大饗] ふるまひ[振舞] まうけ[設] もてなし[持掌]
**馳走**
**昼食** けんずい[硯水・間水] ひるけ・ひるげ[昼餉・昼食]
**朝食** あさけ・あさげ[朝餉・朝食] あさのおもの[朝膳]
**朝食時** あさもよひ[朝催]
**常の食事** つねのもの[常物]
**出掛ける前の食事** でたち[出立] あさがれひ[朝餉]
**天皇（天子）の食事** あさがれひ[朝餉] おほみけ[大御食] おもの[御物] く[供御] おぼんくご[供御]
**鳥や獣の食べ物** はみもの[食物]
**握り飯** とんじき[屯食]
**糠味噌** じんだ[糂粏]

【人事】────たべもの[食物]、ふね[舟・船]

## たべもの[食物]

飲み食い　おんじき[御食]
干物　からもの[干物・乾物]
弁当　わりご[破子・破籠]
干した御飯　かれいひ・かれひ[乾飯・餉]
　　ほしいひ・ほしひ[干飯・糒]
満腹する　あきみつ[飽満]
飯　…御飯
飯櫃　めしびつ　げようびつ[下用櫃]
餅　もちひ[餅]
もてなしの食事　きょう[饗]
夕食　ゆふけ・ゆふげ[夕餉・夕食]
料理　きょうぜん[饗膳]
料理した食べ物　れうり[料理]
旅行用の食べ物　はたご[旅籠]

## ふね[舟・船]

筏　いかだ
　いささかけふね[掛舟]　うきき[浮木]
　うきだから[浮宝]　ふか[浮家]　ふな[船]
　枕―ももたらず[百足]（→いかだ）

急ぎの舟　こはや[小早]　ころふね　は
　しりぶね[走船]　はやぶね[早船]
一艘の舟　いちえふ[一葉]　いちる[一葉舟]
葦　ひとはぶね[一葉舟]
大きな船　つぐのふね・つぐふね[舶・続舟]
　　[舶]　もとぶね[本船]
多くの船　ちふね[千船]　ももふね[百船]
沖を行く船　おきつぶね[沖津船]
外国の船　もろこしぶね[唐土船]
梶・楫・舵　たいし・たぎし[舵]
岸にもやってある舟　かかりぶね[掛船]
漁船　あまをぶね[蜑小舟・海人小舟]
　　いざりぶね[漁船]
漁船の火　いざりひ・いざりび[漁火]
朽ちた船　おほろぶね[朧船]
軍船　つはものぶね[兵船]　ひゃうせん
　[兵船]

航海　とかい[渡海]
航路　うみつぢ[海路]　かいだう[海道]
　しほぢ[潮路]　なみぢ[波路]　なみ
　のかよひぢ[波通路]　ふなて[船手]
　みを[水脈]　やしほぢ[八潮路]
漕ぎ出る　こぎいづ・こぎづ[漕出]

漕ぐ　こぎたむ[漕回]　たく[縋]　ふな
　ぎほふ[船競]
壊れた船　われふね[破船]　かたわれふ
　ね[片割船]
笹舟　たけのはぶね[竹葉舟]
水路　みを[水脈]
船首・舳先　みよし[船首]
船首　〈さきぶね〉へ[舳]
船尾　とも[艫]　ふなども[船艫]　まと
　も[真艫]
船頭　…船乗り・船頭
捨てられた舟　すてぶね[捨舟]　すてを
　ぶね[捨小舟]
宝舟　ばくのふだ[貘札]
小さな舟　さをぶね[小舟]　はしぶね
　[端舟]　をぶね[小舟]
繋ぎ合わせた舟　ふなもやひ[舟舫]　も
　やひぶね[舫舟]
停泊・碇泊　ふなはて[船泊]
停泊する　かかる[掛・懸]　とまる[泊]
停泊中の船　はつ[泊]
　　かかりぶね[掛船]　かけぶね[掛
　船]
仲間の船　ともぶね[友船・伴船]

## 【人事】── ふね[舟・船]

**艀** うはにふね[上荷舟] てんま・てんまぶね[天馬舟] はしぶね[端舟] あしからをぶね[足軽小舟]

**波止場→港**

**船着き場→港**

**船遊び** かはせうえう[川逍遥]

**船旅** かいだう[海道] なみち[浪路] なみのかよひぢ[波通路] なみまくら[浪枕] ふなぢ[船路] ふなみち[船路]

**船出（朝の）** あさびらき[朝開] あさほらけ[朝朗]

**船出の用意** ふなよそひ[船装]

**船乗り・船頭** かこ[水夫] かぢこ[楫子] かぢとり・かんどり[楫取] かはをさ[川長] すいしゅ[水手・水主] ふなぎみ[船君] ふなこ[船子・舟子] ふなびと[船人] ふなをさ[船長] みづをさ[水長] わたしもり[渡守]

**船べり** ふなばた[船端]

**船べりに寄せる波** へつなみ・へなみ[辺波]

**船酔い** ふなごころ[船心] ふなゑひ[船酔]

**船が行き来する** さしかへる[差返]

**船が岸に着く** さしつく[差着]

**船がのろのろ進む** ゐざる[居]

**船が揺れる** かひろぐ

**船の上の旅寝** うきね[浮寝] うきまくら[浮枕]

**船の旅** しほぢ[潮路] なみち[浪路] なみまくら[浪枕] ふなぢ[船路] ふなみち[船路] やへのしほぢ[八重潮路]

**帆掛け船** いささかけふね[掛舟] さんまいほ[三枚帆] ほふね[帆船] ほまへせん[帆前船]

**船を漕いで渡る** さしわたる[差渡]

**船を漕いで隠れる** こぎかくる[漕隠]

**船を岸に着ける** さしつく[差着]

**丸木舟** うけ・うけぶね[空舟] うつほぶね[空舟] うつろぶね[覆舟] くぼぶね[凹舟] まろきぶね[丸木舟]

**港** かはづ[川津] すいえき[水駅] つ[津] とまり[泊] ふなせ[船瀬] ふなつ[船津] ふなば[船場]

**港の船** とまりぶね[泊船] みなとふね[湊船]

**港へ戻る船** いりぶね[入船]

**屋形船** いたやぶね[板屋船] ござ・ござぶね[御座船] やかた[屋形] たいぶね[屋台船] やねぶね[屋根船]

**漁師の乗る舟→漁船**

**櫓** まかぢ[真楫]

**渡し場** かはづ[川津] かうど・かはとの[川門] つ[津] わたり[渡] わたし[渡]

**渡し船** わたし[渡] わたりぶね[渡船]

**渡し守** かはもり[川守] かはをさ[川長]

98

# 表現 助詞・助動詞

## かこ・かんりょう [過去・完了]

きけむけりたりつぬり

だったか とよ
だったらよかったのに
だったろうに なまし
であろう つらむ
たではないか けらずや
たとみえる つめり
たならば ては
たにちがいない けらし
たのだったなあ けらし
たのだろう たりけむ つらむ にけむ
たものだろうか てまし
たようだ
　なり たなり ためり つめり ぬめり
たらしい けらし にけらし ぬらし

たらどうだ なむ なん
たらば・たら てば てば
であった たりけり なりき なりけり
であったことよ けらし
であったとしても でまれ
であったなあ なりけり
であったろう なりけむ
ていた たりつ たりけり

## だんてい [断定]

ことぞかし さり[然] さなり[然]
しかなり[然] たり とあり なら
しなり ものぞ よな
［丁］—さうらふ［候］→本文 いいきる

あるのだ あるぞかし
だということだ ななり

だとしたら ばや
だな よな
だなあ かな かも とよ なれや
だね よな
だよ ぞや とよ
だろ な をや
だろう うずべからむ べう・べし むむず
　ず・むずらむ・むとす
だろうか かは ものか・ものかは も
　や やは やらむ・やらん をや
だろうか…いや てむや めかも めや
　ものかは ものかもや やも
だろうこと まく
だろうに まし
きっと…だろうに てまし
であった たりけり なりき なりけり
であったことよ けらし
であったとしても でまれ
であったなあ なりけり
であったろう なりけむ
であってほしい →本文 きぼう
であっても とても まれ

【表現】————かこ・かんりょう [過去・完了]、だんてい [断定]

【表現】 ―― だんてい[断定]、うちけし[打消]

**でありたい** まくほし
**である以上は** からは
**であるけれど** こそあれ
**であること** ならく
**であることよ** かな なれや
**であるそうだ** あなり あんなり なんなり
**であるだろう** あらむずらむ あめり あんめり
**であると思われる** あめり あんめり
**であるにせよ** でまれ
**であるにちがいない** なるべし
**であるのか** なれや
**であるのに** こそあれ
**であるよ** ことぞかし
**であるようだ** あべかめり あめり あんめり あんめり まし
**であるらしい** あめり あらし あんめり なり ななり ならし
**であればなあ** もが もがもな もがな もがも
**であろう ならむ
**であろうかあ** ぞや とよ にかあらむ

**にや** にやあらん **がに** がね
**であろうから** べくもあらず まじ
**でさえ** すら だに とては
**でさえあるのに** すらを
**でさえも** だも
**できること** すら
**でないならば** ずは ずば ずんば
**でないのに** ならなくに
**でないのだから** ならなくに
**でないものかなあ** ぬかも
**でなくては** ならでは
**でなくて** ならで
**ではない** あらず ならず
**ではないか** ものか ものかも
**ではないから** ならなくに
**ではないのに** ならなくに
**ではなくて** あらで ならで

## うちけし[打消]

**ありはしない** あらず じ ず まじ
**あるはずがない** あるまじ

**いいえ** あらず
**しそうにない** べくもあらず まじ
**しなかっただろう** ざらまし ざりけむ まじ
**そうでない** さならず[然]
**そうではあるまい** しかはあらじ
**でないならば（もし）** ずは ずば ずん ば
**でないのだから** ならなくに
**でないのに** ならなくに
**でないものかなあ** ぬかも
**でなくて** ならで
**ではない** あらず ならず
**ではないから** ならなくに
**ではないのに** ならなくに
**ではなくて** あらで ならで
**ないから** なみ[無]
**ないことだから** なくに
**ないことだなあ** なけなくに[無]
**ないそうだ** ざなり ざんなり
**ないために** なみ
**ないだろう** ざらむ ざるべし じ ま じ
**ないだろうか（反語）** ざらむや

ないで　ずして　ずて　で
ないのだから　ずて　あらなくに
ないので　…ないから
ないのに　あらなくに　なくに
ないままで　ずして　ずて
ないものとする　なきになす [無]
ない様子だ　ざなり　ざめり　ざんめり
ないようだ　ざなり　ざめり　ざんめり　ざんなり
なかった　ざりき　ざりけり　ざりつ
なかったとすれば　なかりせば
なかったならば　なかりせば
なかったらよいのになあ　なくもがな
なくて　ずして　ずて　で
なくてほしい　なくもがな
なくても(たとえ)　ずとも
はずがない　ましじ

## えいたん [詠嘆]

ああ　あな　あなや　あはや　あはれ
いで　いでや　はしきやし　はしき

ことだなあ　かや　つも　ものを
だったなあ　けり　けらし　なりけり
だったか　とよ
だなあ　かな　かも　とよ　なれや　や
な　をや
なれや
てしまったなあ　つも　にけり
であることよ　かな　なれや
のになあ　ものを
なあ　はも　も　ものか　ものかは　も　やや　を
ないことだなあ　なくに　ぬかも
なんという　いかが　なんぞの　なんでふ　さて　さても　さも　さり
なんとまあ　いかに　さても　さて
ものだなあ　ものかな
よくもまあ　えも

## がんぼう [願望]

がな　たし　ばや　まし　まほ
しもが　もがな

あってほしい　あらな　あらなむ　あらまほし　あれな
ありたい　あらな
祈り願う　こひのむ
祈願　きねん [祈念]　ぐゎん [願]　だいぐゎん [大願]　ねがひ [願]
祈願する　ぐゎんをおこす [願起]　のむ　こひのむ [乞祈]
希望する→[本文] ねがふ
したい・したいものだ　ほっす・ほりす [欲]
[困]──こともがな　しか・しが・しかも　な…しが　にしか・にしがな
してほしい　たし　まほし　な…そね
しないでほしい　な…そ
神仏に願うこと　そくゎい [素懐]
宿願　ねぎごと [祈事]
ぜひとも…たい　いかにも [如何]
たい　たし　まほし
たいものだ　てしか　てしがな　にしか・にしがな　まし
だったらよかったのに　まし
であってほしい　ともがな　なれかし　ぬかも

## 【表現】　がんぼう[願望]、ぎもん[疑問]

### がんぼう[願望]

**でありたい** まくほし
**であればなあ** もが　もがな　もがも
**てしまいたい** なまほし
**てしまってほしい** ななむ　ぬかむ
**でないものかなあ** あらなむ　こそ　なも　ね
**てほしい** なむ　ね
**どうかして…したい・なんとかして…したい** いかで　いかでか　いかで…ばや　いかにも　なくもがな
**なかったらよいがなあ** なくもがな
**願い** おもひ[思]　しゅくい[宿意]　しゅくぐゎん[宿願]　しょぐゎん[所願]　しょくゐ[宿意]　そくゎい[素懷]　しょまう[所望]　のぞみ[望]
**願う** ねがう
**望み** →願い
**望みが達しがたい**
　句—くもにはしご[雲梯子]
**望む** →本文
**ほしいなあ** がな　がも　ぬかも
**ほしがること** しょまう[所望]
**本望** そくゎい[素懷]　ほんぐゎん[本願]

### ぎもん[疑問]

かは　や　やも

**見えてほしい** みえななむ[見]
**見たい** いぶかし[訝]　おくゆかし[奥]　みえななむ[見]　みがほし[見]　みまくほし・みまほし[見欲]　ゆかし・ゆかしがる[床]
**欲** ゆかし・ゆかしがる[床]

**いつになったら** いつか
**いつのまにか** いつか
**だからなのだろうか** なれや
**だれ** たれ　なんびと
**だろうか** かは　ぞや　にや　にやあらむ　とよ　もや　やは　をや
**どういう** なにぞの　なんの
**どういうわけで** いかで　いかなれば　なにとかして
**どうしたのだろうか** いかにしけむ
**どうしたらよいだろう** いかがすべから
**どうしようか** いかがせむ
**どうであろうか** いかならむ
**どこ** いづかた　いづく　いづこ　いづち　いづへ　いづら　いづれ
**どのくらい** いくだ[幾許]　いくばく
**どのような** いくら　いかやう
**どのように** いかに　いかにか　いかん　なにとかは　なんとして
**どれくらい・どれほど** いかに　いかば　かり　いかほど　いくそばく[幾十許]　いくばく[幾許]
**どんな** いかな　なぞの　なんぞ　なんぞの
**どんなに** いかな　いかなる　いかに　いかにか　なじか　なじ
**なぜ** いかに　いかにか　なじか　なじ
**どうしようか** いかがせむ　いかがはせむ　いかがすべき　いかがはせむ　いかでかは　いかでかは　いかなれば　いかにか　いかにか　いかにかは　いか
**どうして** なれば　いかで　などや　なにが　なにしか　などて　などやは　なにぞ　なにしに　なにすれぞ　なにぞ　にと　なにとして　なにとて
**かは** なじに　など　などか

【表現】── **ぎもん**[疑問]、**すいてい・すいりょう**[推定・推量]

## すいてい・すいりょう[推定・推量]

**なんのために** なにしに なにせむに
なにとして
**なんという** なにぞの
**なんだ** なにぞ なんぞ
にと なんとして
てなにか なにかは なにぞ な
**なにゆえ** いかに いかにか などな
になにか なにかと などか な
**なにか** なんぞ
はなにしに なにぞ なにぞは な
んとして
てなどや なに なにか なにか

けむ じ なり べし まじ む
めり もや らし らむ

**ありそうだ** あなり あんなり あべか
めり
**あるにちがいない** あべし あんべし
ありなむ

**あるようだ** あべかめり あめり・あん
めり あらし あんなり あんめり
**あるらしい** あめり あらし
**いくことだろう** いなむず [往・去]
**きっとしただろう** にけむ
**きっと…だろう** てむ
**きっと…ちがいない** つべし
**きっと…ているだろう** ぬらむ
**きっとあるだろう** ありなむ
**きっとなりそうだ** なりぬべし
**見当をつける** すいしいだす [推出]
**しそうだ** べう べし べらなり ほっ
す・ほりす [欲]
**しそうなようすだ** べかなり べかんな
り
**しそうにない** べうもあらず べくもあ
らず まじ
**しただろう** てけむ
**したようだ** ためり
**しているようだ** ためり
**してしまいそうだ** ぬべし
**してしまったのだろう** ぬらむ
**してしまったようだ** ぬめり

**してしまったらしい** ぬらし
**しないだろう** まじ
**しなかっただろう** ざらまし
**するにちがいない** べらなり
**そうだろう** さはさうず
**そうではあるまい** しかはあらじ
**そうらしい** さなり
**そのようだ** さななり さり
**そのであろう** つらむ
**たであろう** たりけむ つらむ にけ
む
**たようだ** たなり ためり つめり ぬ
なり
**たらしい** けらし にけらし ぬらし
**だろう** うず てむ なむ ならむ な
むず むずらむ べう べからむ べし
むずむ むとす
**だろうか** あらむずらむ
**であるだろう** あめり あんめり
**であると思われる** あめり あんめり
**であるにちがいない** あべかめり あ
**であるようだ** あべかめり なるべし
らし ななり なめり

【表現】——— すいてい・すいりょう[推定・推量]、でんぶん[伝聞]、はんご[反語]

- であるらしい　めり
- まし
- であるらしい　あめり　あらし　あんめ
- り　ななり　なり　ならし
- いるだろう　たらむ
- ているようだ　ためり　たんめり
- ているらしい
- ているらしい　たんめり
- できそうだ　ぬべし
- できるだろう　てむ
- てしまいそうだ　つべし
- てしまうだろう　なまし　なむ　なん
- なんず
- てしまっただろう　にけむ
- てしまったらしい　にけらし
- でしょう　さうず[候]
- どんなだろう　いかならむ
- ないだろう　ざらむ　ざるべし　じ　ま
- しじ
- ないようだ　ざなり　ざめり　ざんなり
- なのだろう　ならむ　なかめり
- なのだろうか　なれや
- なるにちがいない　なりぬべし
- になるだろう　あらむずらむ
- にちがいない　らし

にちがいないようだ　べかめり　べかん
- のはずのようだ　べかめり　べかんめり
- のようだ　あなり・あんなり　ごとくな
- り・ごとくに・ごとし[如]　なめり・
- なんめり　ならし　なり　めり　や
- うなり
- 尾—がはし　だつ　ふぜい[風情]
- めかし
- のような物　じもの
- のように　がに　ごと[如]　じもの
- のようにする　めかす
- のはずであろう　べからむ
- はずだ　あなり　べかめり　べかんめり
- らしい　めり
- らしくする　めかす
- らしくなる　さぶづく
- らしく見える　だつ　めく
- 尾—がはし　がまし　やか

## でんぶん[伝聞]

- けり　とあり　とふ　てふ　なり
- らむ

あるそうだ　あなり　あんなり
- していたそうだ　けり
- たそうだ　たなり　たんなり　にけり
- ぬけり
- だということだ　ななり
- であるそうだ　あなり　なんなり
- ているそうだ　たんなり
- ということだ　とかや　とぞ　となり
- とや　とよ　やらむ
- ないそうだ　ざなり　ざんなり
- のはずだそうだ　べかなり　べかんなり

## はんご[反語]

- か　しか　や　やも

- いつ…か　いつか
- 思わない　おもへや[思]
- 及ばない　しかめやも[及]
- そうであっても…だろうか　さてもやは
- そのように…だろうか　さやは　さしもやは
- だろうか　てむや　なれや　めかもめ

【表現】── はんご[反語]、とうぜん[当然]、だいめいし・しじご[代名詞・指示語]

## はんご[反語]

ものかは ものかも やは や やも
ものかは ものかも やは や
あに えや えやは なむや な んや
どうして あに いかが いかにか いかで いかにか いかにかは なじかで なぞ なでふ など なじかは などてか などてふ などて なにか などて なにかは なにしに なに せんに なにとは なにかせむ とかも なにとして なんぞ なん でふ なんと なんとして なんの やはか
どうしようか いかがはせむ
ないだろうか ざらむや
なぜ なに なにか なにかは
なのだろうか なれや
なんになろう なにせむ なにかせむ
なににかはせむ

### できようか えや えやは なむや な んや

### とうぜん[当然]
べし

## だいめいし・しじご[代名詞・指示語]

### 表現 その他

あるはずがない あるまじ
あるはずだ あべかめり あべし
しかるべき てむ なむ べき べし あん
すべきだ うず べかし べきなり
するのがよい

当然…そうだ つべし
はずがない まじ
はずだ べきなり べし
はずであろう べからむ
べきだったのだ べかりけり
むず

### 人称代名詞自称(一人称)

あ・あれ[我・吾] あこ[吾子] うぬ [己] おいら[俺等] おの・おのれ [己] おら[己] おれ[己・乃公] ぐらう[愚老] げせつ[下拙] こち と[此許人] こちら[此方] こな もと[此許] これ[此・是・之] せっ た[此方人] ちと[此方人] こなた[此方] [拙] せっしゃ[拙者] それがし [某] てまへ[手前] なにがし[某] 何某] ふねい[不佞] まろ[麿・麻 呂] み[身] みづから[自] みど も[身共] やつかれ・やつがれ[僕・ 臣] やつこ[奴] よ[余・予] わ [吾・我] わあ わがみ[我身] わ 輩] わし[私] わたい わたくし[私] わちき[妾] われ[我・吾] われら [我等] われわれ[我我]

## 【表現】──── だいめいし・しじご[代名詞・指示語]

**私たち** おのら[己] これら[我等]

**私** あが・あぎ[吾・我] わご[我・吾] わ

**私の** あが[我・吾] わがり[我許]

**私の所** わがり[我許]

**私め** わっぱ[童] わなみ[吾濟]

### 対称（二人称）

あなた あがほとけ[吾仏] あぎみ[吾君] あこ[吾子]
あなた[貴方] ありさま[我様]
い・いまし[汝] おこと・おんこと[御事]
おとまへ[御手前] おどれ[己] おぬし[御主]
おの・おのし・おのれ[己] おまへ[御前] おみ・おんみ[御身]
かふか[閣下] きこう[貴公] きさま[貴様]
きしょ[貴所] きでん[貴殿] きはう[貴方]
きみ[君] きむち・きむぢ・きんち[君貴]
くそこう[公] こそ こちのひと[此方人]
こなひと[此人] ごぶん[御分] ごへん[御辺]
これ[此・之・是] こんた[此方] さま[様] し

こちと[此方] こちのはう[此方] わ
こちら[此方] このはう[此方] わご[我・吾]
[其・汝] そくか[足下] そこ[其]
[其処] そこに[其処] そこもと[其許]
ささま・そざま[其様] そち
そなた[其方] そのはう[其方] そ
のもと[其許] そもじ[其文字] そ
れ それさま[其様] そ
なひと・なびと[汝人] な
ち・なれ・なんち[汝] ぬし[主]
[真人] まし[汝] みまし[汝]
わいら[汝等] わおもと・わがおも
と[我御許] わがみ[我身] わきみ
[吾君] わけ[汝] わごぜ[我御前]
わごりょ・わごれう[我御寮] わせ
んじゃう[我先生・吾先生]
[我党・吾党] わぬし[我主・吾主] わ
[吾殿] わびと[吾人] わみこと[我尊・
吾尊] わりさま[我様] われら[吾
等] わをとこ・わをんな[吾男・和
男・吾女・和女]

**あなたがた**
**卑しめて言う「おまえ」** うぬ[己] うれ
[方方] おのおの[各々] かたがた

**おまえたち** おのれ[己] おれ[己・乃公] しゃ
のら[己] ものども[者
共]

**女性からの「あなた」** あせ[吾兄] かた
さま[方様] こなさま[此方様] せ
うと[兄人] せこ[兄子・背子] な
し[汝兄] ぬし[主] わがせ[我背]
わがせこ[我背子]

**僧を呼ぶ語** わそう[我僧] わに
ふだう[吾人道] わほふし[吾法師]
わごばう[吾御房]

**男性からの「あなた」** あがおもと[吾御
許] こ[子・児] おもと[御許] な
にも[汝兄] わぎも[我妹・吾妹]
わぎもこ[我妹子・吾妹子] わごぜ
[吾御前]

**夫婦間の「あなた」** こちのひと[此方人]
つまのこ[妻子] との[殿] ひと
[人]

### 他称（三人称）

あ・あれ[彼] あいつ[彼奴] あい
ら[彼等] か・かれ[彼] こいつ[此
奴] しゃつ[奴] そいつ[其奴]

## 【表現】——だいめいし・しじご [代名詞・指示語]

### 指示語

**あちこち** あたりあたり かのもこのも [彼面此面] ここかしこ [此処彼処] こちごち [此方] ざいざいしょしょ [在在所所] ところどころ [所所] しばし よも・よもやま [四方山] をちこち [遠方此方]
[枕]——またまつく [真玉付] 山

**あちこち吹き荒れる風** よものあらし [四方嵐]

**あちこち見る** とみかうみ [左見右見]

**あちら** あしこ・あすこ・あそこ [彼処]

### 不定称

**あの人この人** これかれ [此彼] かれこれ [彼此]

**あの人** あたり・わたり [辺] いづれ [何] それがし [某] た・たれ・だれ [誰] どいつ [何奴] どな た [何方] どれ [何] なにがし [某・何某] なんびと [何人]

### あの

**あの人** あたり・わたり [辺] かの [彼] かのもこのも [彼面此面] かれ そなた [其方] かれ・かれ [彼] そなた [其方] をちかた [遠方・彼方]

**あの** この [此] れいの [例]

**あの方** あ [彼] かしこ [彼処] かなた [彼方] かのも [彼面] そなた [其方] なにやかや [何]

**あの人この人** これかれ [彼此] かれこ れ [彼此]

**あの方面** かずかず [数数] かれこれ [彼]

**あれ** [方方] こちごち [此方] これかれ [彼] こなたかなた [此方彼方] ことごと

**あの人この人** これかれ [彼面] かのも・かれ [彼]

**あれ** [方方] か・かれ [彼面]

**あれこれ** あ [彼] か [彼] かしこ [彼処] こなた [此方] こちごち [此方] これかれ かたがた [方方] こちごち [此方] こなたかなた [此方彼方] ことごと ひだりみぎ [左右] ふしぶし [節節] はしばし [端端] なにやかや [何彼] とざまかうざま

**あれこれ言うことはない** しさいにおよばず [子細及]

**あれこれする** しありく [為歩]

**あれこれと** かにかくに だんだん [段段] とにかくに なにくれと [何]

**あれやこれや** ちちわくに [千千分] と かく とやかくや なにくれ [何] なにやかや [何]

**あれやこれやと** かたがた [方方] なに くれと [何]

**何時でも** ときをわかず [時分]

**何時っか** いづれ [何]
[枕]——いちしばの [櫟柴] (→いつしか) 反——いつか・いつかは

**ここ** こ [此是] ここいら・ここら [此処]

**ここにある** ここな・ここなる [此是]

**ここかしこ** をちこち [彼方此方] ざいざいしょしょ [在在処処]

**こう** かう・かく [斯]

**こちら** こち [此是]

**こちら→ここ**

**こちら側** こちのかた [此方]

**こちら** このかた [此方] てまへ [手前] 面 こなた・こちら・こなん・こっち・こっちら の [此面] これ [此・是] こなた [此方]

**こちらとあちら** こなたざま [此方様] こなたかなた [此方彼方]

**こちらの方** こなたざま [此方様]

**このあたり** これら [此]

## 【表現】──── だいめいし・しじご[代名詞・指示語]

**これ** か・こ[此・是]
**これほど** かばかり[斯許] かほど[斯] 程
**これほどまでに** かくばかり[斯許] し
かばかり[斯許]
**こんな** かかり[然許]
**すぐ近く** ここもと[此処許]
**そう** さ・しか
**そうあるべきでない** さるべきでない
**そういう** さる[然]
**そう思うようになる** おぼしなる・おも
ほしなる[思成]
**そうして** さて・さてさて・さては[偖]
**そうしてこそ** さてこそ[然]
**そうすれば** さらば[然]
**そうだから** さるから[然]
**そうだけれど** しかあれど・しかはあれ
ど[然]
**そうだと言っても** さりとても
**そうだとは** さりとは[然]
**そうだね** さかし
**そうだろう** さはさうず[然]
**そうであっても…だろうか**
[反]—さてもやは

**そうであるなら** さもあらば[然有]
**そうであるのに** さるに[然]
**そうで(は)ない** さらぬ・さならず[然]
(とんでもない)さもさうず[然]
**そうでなくて** さらで
**そうでなくてさえ** さらぬだに[然]
**そうでなければ** さらずは[然無] さらで
は[然] さならくは[然無]
**そうではあるが** さるは[然無] しかはあ
れど[然有]
**そうではあるまい** しかあらじ[然有]
**そうでもない** さすがが[道]
**そうなるはずの** さるべき・さんべき・し
かるべき[然]
**そうは** さは[然]
**そうは言うものの** さこそいへ[然言]
はた[将]
**そうは言っても** さすが[道] さはいへ
(ど)[然言] しかすがに しかはあ
れど[然]
**そうまで** さまで[然]
**そうむやみに** さのみ[然]

**そうも** さも[然]
**そうもいかない** さすがが[道]
**そうらしい** さななり さなり[然]
**なるほどそうだった** さることあり[然
事有]
**そこ** そこ そこいら・そこら[其処等]
**そこの方** そちら・そっち・そなた・そのはう[其
方] そのかた[其方] それ[其]
**そこで** かれ[然間] 故 さるあひだ・しかる
あひだ[然間] すなはち[即・則・乃]
**そこにある** そこな[其処] それなる
**そこの辺りの** そこほど[其処程]
**そこここ** →あちこち
**そちら** →そこ
**そちらの方** そなたざま[其方様]
**その上(に)** あまさへ・あまつさへ・あま
りさへ[剰] いま[今] かつ[且]
ことに[異・殊] さらに[更] しか
のみならず[加之] しかも[然] し
かれにのほ・なほなほ[尚・猶] はた
[将] ひときは[一際] また[又・
亦]

【表現】── だいめいし・しじご[代名詞・指示語]

その上にまた　はた・はたまた[将]
その折に　せ・瀬　たうじ[当時]
そのついでに　ついでに[序]
そのくせ　さるは[然]
その後　さて[偖・扨]
その頃　すなはち　即・則・乃
[其上]　そのほど[其程]
その都度　つぎつぎ[次次・継継]
その程度　それてい[其体]
その点　さるかた[然方]
そのとおり　いかにも[如何]　そのかみ
[宜]　さもあり[然有]　しるし[著]　さらに[更]
そのとおりだが　しかはあれど[然有]　つがひ[番]
そのなか　しか・しかり[然]　ちゃう[定]
その時　たうじ[当時]　そのなる[其]
その時々　をりふし[折節]
その場　たうざ[当座]
その場で　すなはち[即・則・乃]
その場逃れ
　句─いっすんのがれ[一寸逃]
　そのひすぎ[其日過]
その日暮らし
ろべくそろ[候候]

その辺　よそよそ[余所余所]
その方面　さるかた[然方]　すぢ[筋]
その外　じよ[自余・爾余]
そのまま　さしながら[然]　そながら
ずいと　それながら・さながら[然]　ぐち[丸]　やがて
　ただ[只・唯・徒]　つい　まる
そのままに　さてなり[然]
そのままでは　さては[然]　そながら[其]
そのままでもよい　さてしもあるべし[然
有]
そのままばかり　ただなか[直中・只中]
そのものずばり　しだう[斯道]
そのような　さるなり[然]　さり[然]
そのよう　さななり[然]　さり[然]
そのようにも　さは[然]　さも[然]
そのようにも　さは[然]　さも[然]
そのように　さぞ・さぞな[嘸・
然]　しか[然]
それ　さ[然]　そ[其・夫]
それかそれでないか　それかあらぬか
[其有]

それ相応に　さるかたに[然方]
それ相応の　さるべき・さるべき[然]
それもそうだ　じよ[自余・爾余]　さもさうず[然]
それ以外　じよ[自余・爾余]
それ以後　このかた[此方]
それ以来　こなた[此方]　このかた[此方]　こ
のかた[此方]
それきり　さてのみ　それのみ
それからまた　さてしかして[而]
それから　さてしかして・さてさて[然然]　しか
うして・しかして[而]
それぞれ　おのおの[各]　おのがじし
[己]　これこれ[此彼]　しなじな
[品品]　めんめん[面面]→めいめ
い
それだけで　さてのみ[然]　それのみ
それだよ　そよ
それで　かれ[故]　さて[然]　すなはち
　[即・則・乃]
それで初めて　さてこそ[然]　さらば[然]　さ
それでは[然]　→それなら

【表現】　―――――――― だいめいし・しじご [代名詞・指示語]、じょすうし [助数詞]

**それでもやはり**　なほなほ [猶猶・尚尚]
**それとなく**　ほのぼの [仄仄]　よそながら [余所]
**それとなく言う**　ほのめかす・ほのめく [仄]
**それとも**　はた [将]
**それともまた**　はたまた [将又]
**それなら(ば)**　さあらば・さらば・しからば [然]
**それにしても**　さは [然]
**それなりに**　さながら・それながら [然]
**それにしても**　さても [然]
[抑]　さりとも　さても　そもそも → [本文し]
**それは**　そは
**それはともかく**　さるものにて [其]
**それはともあれ**　さるにても [然者]
**それは**　さは
**それほど**　さばかり [然許]
**それほど…ない** →本文たいして…ない　さならぬ [然]
**それでもない**　さならぬ [然]
**それほどの**　させる
**それほどまで(に)**　さまで [然]　さしも [然]　さばかり [然許]

---

**それ故**　かるがゆゑに [故]　されば [然]　しかるあひだ [然間]　よって・よて・よりて [因依]　→本文だから　さる [然]
**そんな**　さやう [左様・然様]　さる [然]　しかばかり [然]　そらほど
**そんなに**　しかもやは　[反] →さしもやは
**そんなにまで**　しかも [然]
**どう**　どこ [何処]　いかに [何]　かた [何方]　いづく・いづこ・いづち [何処]　いづら・いづれ [何]
**どこ**　いづこ [何処]
**どこどこ**　そこそこ [其処其処]　いづちいづち・いづらいづら [何] →どのように [何処]
**どこへなりと**　いづちもいづちも [何処]
**どちら**　いづかた [何方]　いづち [何処]　いづへ・いづべ [何処・何辺]　いづら [処分]
**どこともわからず**　そこともわかず [其]
**どことなく**　なにとやらん [何]
**どこまでも**　こんりんざい [金輪際]
**どうして**　なにゆゑ
**どの**　いづれ [何]　どち
**どのくらい**　いくだ・いくばく・いくら

---

**どの辺**　いづへ・いづべ [何処・何辺] [何]　なにほど　いくばかり [幾許]　なにばかり [何]
**どのような**　いかやう [如何様]　なでふ [何]
**どのように**　いかが [如何]　いかさま [如何様]　いかに・いかにか [如何]　いかん [如何]　なにとかは [何]　なんと [何]
**どのようにして**　なんとして [何]
**どのようにしてでも**　とてもかくても [如何]　なにかにも [如何]
**どれ**　いづれ [何]
**どれほど**　いかに [如何]　いかばかり [如何]　いかほど [如何程]　いくばかり　いくそばく [幾十許]　いくばく [幾許]　なにばかり [何]　なにほど [何程]
**どれほど多く**　いくそ [幾十]

---

**じょすうし** [助数詞]

**器の食物**　つき [杯・坏]
**回数**　かへり [返]

110

## じょすうし［助数詞］

重なった物　へ［重］
刀など　ふり［振］
家督　だい［代］
紙・葉など薄い物　ひら［枚・片］
蚊帳　ちゃう［帳］
きれ・布・田など　きだ［段］
草木など　もと［本］
位・家督・御代など　だい［代］
鍬・鋤　ちゃう［丁・挺］
田　きだ［段］　まい［枚］
鋤・鍬　はしら［柱］
神仏・貴人　はしら［柱］
書籍・巻物　まき［巻］
装束など　くだり［領］
酒杯など　こん［献］
詩歌　しゅ［首］
魚　しゃく［隻］
弦楽器　ちゃう［帳］
鍬・鋤　ちゃう［丁・挺］
台・脚のある物　き［基］
束ねた物　そく［束］
短歌など　しゅ［首］
対の物　ばん［番］
動物・布など　ひき［匹・疋］
鳥　しゃく［隻］

荷物　か［荷］
布　きだ［段］　ひき［匹・疋］
船　しゃく［隻］
巻いた物　まき［巻］
幕　ちゃう［帳］
矢の長さ　そく［束］
矢　しゃく［隻］
世・代　つぎ［継］
蠟燭　ちゃう［丁・挺］

## せつとうご［接頭語］

愛らしい　おと［弟・乙］　ひめ［姫・媛］
新しい　にひ［新］
生き生きしている　いく［生］
いくらか　け［気］
一途　ひた［直］
一面　たな
一緒　もろ［諸］
卑しめる　あた・あった
美しい　いろ［色］　たま［玉］　みづ［瑞］
うっすら　ほの［仄］
嘘　そら［空］

永遠　とこ［常］
多い　おほ・おほき［大］　もろ［諸］
お互い　もろ［諸］
大きい　おほ［大］　ふと［太］
およそ　こ［小］
温和　にき・にぎ・にこ［和］
下位　ごん［権］　じゅ［従］
外国　たう［唐］
重なり　やへ［八重］
かすか　ほのか［仄］
かわいい　ひめ［姫］
完全　ま［真］
現実　あら［現］
敬意　お　おん・おほん［御］　ぎょ・ご［御］　み　御
濃い　こ［濃］
荒廃　あら［荒・粗］
心　うら［心］
語調を整える　い　うち［打］　おし［押］　か　かい・かく［掻］　さ　さし［差・指］　た　たち［立］　とり［取］　ひき［引］　み［美］　を［小］
細か　にき・にぎ・にこ［小］
強いて　おし［押］

▲表現▲　　　じょすうし［助数詞］、せっとうご［接頭語］

【表現】──── せっとうご[接頭語]、せつびご[接尾語]

純粋 き[生] ま[真]
親愛 さ を[真]
真実 ま[真]
神聖 い[斎] ゆつ[斎]
親族 いろ
死んでいる こ[故]
少し こ[小] を[小]
正確 ま[真]
清浄 ゆつ[斎]
粗雑 あら[荒・粗]
そのまま つい[突]
高い たか[高]
猛々しい あく[悪]
小さい いささ・いさら[小・細] こ[小]
違う こと[異]
中国風 たう[唐]
ちょっと うち[打] こ[小] つい[突]
次の位 ごん[権] じゅ[従]
つまらない す[素]
程度 て[手]
丁寧 お
手を加えた て[手]
尊い ふと[太]

遠く離れた かた[片]
どことなく なま[生] もの
突然 つい[突]
整った にき・にぎ・にこ[和]
生の き[生]
並み ひら[平]
なんとなく け[気] こ[小] そら[空]
憎しみ あた・あった もの
偽の えせ[似非]
激しい あら[荒・粗]
初めて うひ[初] にひ[新]
裸の あか[赤]
ひたすら かた[片] ひた[直] ひら
ひねくれた ひが[僻]
百 もも[百]
広く たな
不完全 かた[片]
普通 ひら[平]
不変 とこ[常]
別の こと[異]
仄かに細い ささ[小・細] ほの[仄]

せつびご[接尾語]

あたり へ[辺]
言う ごつ
一緒 あふ[合]
卑しめる め[奴]
詠嘆 らく
おおよその時 がた[方]
片寄る がち

間違い ひが[僻]
全く あか[赤]
まばら あらあら・あらら
未熟 なま[生]
瑞々しい みづ[瑞]
無駄 そら[空]
めいめい もろ[諸]
柔らかい にき・にぎ・にこ[和]
立派 たか[高] ふと[太]
両方 もろ[諸]
若い おと[弟・乙]
わずか いささ・いさら[小・細]
ほの[仄] を[小]

【表現】――せつびご[接尾語]

- 感じる　がる
- 完全　あふ[敢]
- 繰り返し　つつ
- 敬意　がた[方]　こう[公]　ごぜ・ごぜん[御前]　し[子]　しゅ・しゅう[衆]
- 謙遜　てい[体]　ども　め[奴]　ら[等]
- 候補　がね
- 個数　か[個・箇]
- こと　ぎ[儀]　く・らく
- 根源　ざね
- しにくい　がた[難]　がたし[難]　がたな[難]　なし[難]　かぬ　ぐるし
- しやすい　がち
- 状態　から・がら[柄]　ざし[差・指]　さぶ
- 親愛　こ[子]　こう[公]　し[子]　しゅ・しゅう[衆]　ら[等]
- 助数詞・数詞 → 基本じょすうし(P.110)
- ずっと　すがら
- する　ごつ　なふ
- 性質　から・がら[柄]　ばむ
- 全部　づくし　ながら
- 育ち　だち

- そのまま　すがら
- 絶え間　ま[間]
- 互いに…する　しろふ
- たびに　ごと[毎]
- ためのもの　がね
- 男子　し[子]
- 中断　かく　さす
- 程度　しき　てい[体]
- 通りに　ながら
- とたんに　がしら
- 途中　すがら
- 仲間　どち
- 日数　か[日]　ぢ[路]
- 年月　ぢ[路]
- 場所　か・こ[処]
- 卑下　てい[体]　ども　め[奴]
- 品格　から・がら[柄]
- 複数　しゅ・しゅう[衆]　たち・だち[達・等]　ども　ばら　ら[等]
- ふりをする　だて[立]
- 振る舞う　がる
- 儘　ままで　づから
- 道・路　ぢ[路]
- 身分　から・がら[柄]

- 難しい　がた[難]　がたし[難]　がたな[難]
- 許へ　がり
- 様子　げ　ぶり[振]　やう[様]
- ようだ・ように　がはし・がまし　げ　と[如]　じもの　ふぜい[風情]　めかし
- 予定しているもの　がね
- 呼び掛け　ども
- らしい　がはし・がまし　げ　めかし
- らしいさま　やか
- らしくする　めかす
- らしくなる　づく　ばむ　めく
- 理由　み
- 湾曲　み[回・廻]

# あ

**ああ** あな あなや あなめ あはれ いかが いで いでや はしきや し・はしきよし・はしけやし ⇒かん どう [愛敬] しほ[潮・汐]

**ああだこうだ・ああもこうも** とあり かかり とにもかくにも

**ああもゆきこうもゆき【行行】** とゆ きかくゆき[行行]

**あい【愛】** ⇒基本(P.61)

**あいいろ【藍色】** あをにび・あをにぶ [青鈍] こあゐ[濃藍] こんじゃう [紺青] にがいろ[苦色] はなだ[縹] みはなだ[水縹] わかなへいろ[若苗色] ⇒基本いろ(P.14)
- 青みがかった— あをにび・あをに ぶ[青鈍]
- 薄い— あさぎ[浅葱]
- 濃い— こあゐ[濃藍]

**あいきょう【愛敬・愛嬌】** あいぎゃう あへしらひ こうじ あはれ おもひ

**ああ——あいちゃく**

—がある あいづかはし[愛] あ いあいし[愛愛]
—句— あいにあいをもつ[愛愛持]
—がない あいなし[愛無] あい だちなし・あいだてなし[愛無] けんけん すくすくし・す くずくし・すぐずくし[直直] すく やか・すくよか[健] すげなし[素気 無] そばそばし[稜稜] にべもな い[鯰無・鱓膠無・鯰膠無]⇒れいた ん

**あいさつ【挨拶】** あへしらひ
—**言葉だけの—** きゃら[伽羅]

**あいしゃう【口上】** しぎ・じぎ[時宜・時儀] しきだい[色代・色体] しきれい[式 礼]

**あいじょう【愛情】** あはれ おもひ

**あいじん【愛人】** あいず[合図]
—する てかく・てをかく[手掻] 目で—する くはす[食] めをひく [目] めくはす[目] めをくはす [目] ⇒めくばせ
▼狼煙 とぶひ[飛火] ひ[火] ほ うくゎ[烽火] らうえん[狼煙]

**あいそ・あいそう【愛】** ⇒基本 あい(P.61)

**あいそ・あいそう【愛想】** ⇒あいきょう

**あいそをつかす【愛想】** おもひはなる [思放] おもひはなる [思放]

**あいだ【間】** あはひ・あひ・あひだ[間] ちゅうげん[中間] はさま・はざま [狭間・迫間] ひま[暇・隙] ひまひ ま[暇暇] ほど[程] まあひ[間合] —が大きい まどほ[間遠]

**あいだがら【間柄】** あはひ[間] あひ だ[間] なか[仲] なからひ[仲] —**かんけい**

**あいちゃく【愛着】** あいしふ[愛執] [思] おんあい[恩愛] こころざし [志] ⇒基本 あい(P.61)
尊— おぼえ[覚]

**あいじん【愛人】** しるし[印・標・験] 目印 ⇒めくばせ

あいづちをうつ——あおにさい

**あいづちをうつ**【相槌打】 あどうつ そよ…こたえる

**あいて**【相手】 かたき[敵・仇] しこ[醜] もこ[婿] しゅうかん[相看] たいめ[対面] であふ[出会] みゆ[見] みる[見]
 ―[謙]―げんざんにいる[見参入] まみゆ[目見] めもじ・おめもじ・ごげんもじ[御目文字]
 ―にしない さしはなつ[差放] てはなる[離]
 ―になる あひしらふ とりあふ[取合]

**あいにく**【生憎】 あなにく[生憎] あやにく・あやにくし なめあなめ あやにくだつ をり[折悪]
 あし[悪]

**あいぼう**【相棒】 なかま

**あいま**【合間】 …あいだ

**あいまい**【曖昧】 …はっきり

**あいらし・い**【愛らしい】 →かわいい

**あ・う**【合】 がっす[合]
 話がよく― くちあふ[口合] やうあひ[性合] しやうけい[黙契]
 意気投合 あひしやう[合性] もくけい[黙契]

**あ・う**【会】 あひあふ あひあふ[相逢] あひみる ありあふ[在合] いきあふ[行逢] いであふ[出逢] くわいす[会] しやうかん[相看] たいめ[対面] であふ[出会] みゆ[見] みる[見]
 ―[謙]―げんざんにいる[見参入] まみゆ[目見] めもじ・おめもじ・ごげんもじ[御目文字]
 [枕]―かたいとの[片糸] あはしまの[粟島](→あはじ) からころも[唐衣] さなかづら[狭名葛] たまかつま[玉勝間] つま[玉勝間] わぎもこに[吾妹子]
 ―いたい みまくほし[見欲] まほし[折悪] めをほる[目欲]
 ―えない みるめなし[見目]
 ―機会 あふせ[逢瀬]
 ―ことが少なくなる めかる[目離]
 生き長らえて故人に― いきめぐ
 偶然に― ゆきあふ[行逢]
 牽牛星と織女星が― ほしあひ[星合]
 しばしば― みえしらがふ
 待っていて― まちつく[待]

**あえ・ぐ**【喘】 あはく・あへく[喘] い
ききる[息切] いきづく[息] いきだはし[息] いきつかはし[息] いきつぐ[息次] いぶく[息吹]

**あお・あおいろ**【青】 あをあをし[青青] あさぎ[浅葱]
 さあを・さを[真青] さうぜん[蒼然] なだ[縹] さうさう[蒼然] はなだ[縹] まさを[真青] もえぎ[萌黄] やなぎ・やなぎいろ[柳色] わかなへいろ[若苗色] →基本いろ(P.14)
 [枕]―そこにどりの[翠鳥] (→さを) ひとだまの[人魂](→さを)
 青々と あをやかに[青]
 一面の― ひたあを[直青]
 ▼真っ青 まさを[真青]

**あお・い**【葵】 あふひ・あほひ[葵] かたみぐさ[形見草] ひかげぐさ[日蔭草]

**あお・ぐ**【仰】 あふぐ[仰] さしあふぐ[差仰]

**あおざ・める**【青褪】 あをびる[青] あをむ[青]

**あおぞら**【青空】 あをくも・あをぐも[青雲] へきらく[碧落]

**あおにさい**【青二才】 じゅし[竪子・竪]

あおみどろ──あかるい

**あおみどろ【青味泥】** あをみどろ みしぶ[水渋]

**あおむけに【仰向】** のけざまに・のっけに[仰]のけざまに・仰様

**あおむ・ける【仰向】** うちささぐ[打捧]

**あお・る【煽】** あふる[煽] そそる し ゃくる ⇒そそのかす

**あか【垢】** 水に生ずる── みあか・みづあか[水垢] みさび[水錆] みしぶ[水渋]

**あか・あかいろ【赤・朱】** あかし[赤] 頭の── いろこ・うろこ[鱗] 渋─ みづごけ[水苔] [赤] あけ[朱・紅・緋] うつしいろ[移色] おもひのいろ[思色] [朱] に[丹] ひ[緋] ますほ・ま そほ・まそほのいろ[真赭色] あかね[茜] あからか・あからけし
枕─はるのよの[春夜]・もみぢばの[紅葉・黄葉]・やまもとの[山下](⇒あけ)
基本 いろ(P.14)

──い顔料 に[丹]
──く輝くさま あからか[赤]
──くする・なる あかぶ・あかむ[赤] あからむ・あか らむ[赤] あかる[赤] おもてる[面照] べにさす[紅差]
紫がかった── あかね[茜]
▼真っ赤 みなくれなゐ[皆紅] ひたくれなゐ[直紅]
▼朱 ひ[緋]

**あかがい【赤貝】** きさ[蚶] ひ[緋]

**あかぎれ【皹】** あかがり[皹] しもく[霜朽]
──が切れる かかる・かがる[輝]

**あかご【赤子】** かたこ[片子] たわは[手童] ちご[稚児] てこ[手児] ひよひよ みどりご[嬰児] ⇒基本 こども(P.51)

**あかざ【藜】** れいさい[藜菜] れいさう[藜草]

**あかし【証】** ⇒しょうこ

**あかしお【赤潮】** にがしほ[苦潮]

**あか・す【明】** ⇒うちあける

**あかつき【暁】** ⇒基本 よあけ(P.19)

**あかつち【赤土】** に[丹] はに・はにつち[埴土] はにふ[埴生]

**あかとんぼ【赤蜻蛉】** あかあきつ[赤蜻蛉] あかゑんば[赤蜻蛉]

**あかめがしわ【赤芽柏】** あかがしはは・ひさぎ・ひさぎ[楸]

**あかめる【崇】** ⇒とうとぶ

**あからさまにする** しらく[白化] ⇒ろこつ

**あから・む【赤】** ⇒あかくなる

**あかる・い【明】** あかし[明] さやか・さやけし[清] しろし[著] わいわいし・わきわきし[分明] あきらか・あきらけし[明明]

──く うららに[麗]
枕─あがこころ[吾心]

あかんぼう――あきる

**―・くする** あかす[明] あきらむ
**―・くなる** あかる[明] しらむ[白]
**心を―・くする** あきらむ[明] ほがらかに[明]
**月などが―** かかぐ[掲]
**道理に―** あきらか[明]
**花の色で―** はなあかり[花明]
**ぼんやりと―** ろうろう[朧朧]

**あかんぼう【赤坊】**→あかご
あきのみなと[秋湊] さはきり[多霧]…[基本]**きせつ**(P.17)

**あき【秋】** あきさま・あきつかた[秋方]
あきま・あきま[秋間] てんたかくうまこゆ[天高馬肥]
[句]―こがらしの[木枯] つゆじもの[露霜]

**あきっぽ・い【飽】** こころみじかし[心短] →あきる

**あきな・い【飽】** あかず[飽] ともし
**▽飽き足りないのに** あかなくに

**あきない【商】**→しょうばい

**あきな・う【商】** ひさぐ[販・鬻] あきさぶ[秋]
**―にする** あかす[明] あきらむ[聞明]
**正しく―** くきやか[明]

**あきめ・く【秋】** あきだな[空店]
**あきや【空家】** づく[秋]

**あきらか【明】** あからさま[明状] あざあざ・あざざし[鮮鮮] あざやか・あざ・やぐ・あざやかし[鮮] あらた[灼]
[定] さはやか・さやらか[爽・明] しる・しろし[著] うつし[現] うららか
[麗] きはやか[際] きよし[清]
けざけざ けざやか けしょう・けざそう・けんしょう・けんそう[顕証] けちえん[揭焉] さだか
[花・華] ふんみゃう[分明] ほがらか[朗] まさやか[正] まのあたり[目当] ものはかばかし きれき[歴歴]
[果] らか[詳] はかばかし つばひらか・つまびらかし[著]
**―でない**→ぼんやり、→はっきり

**あきらめ【諦】** あきらむ[諦] もひかぎる[思限] おもひけつ[思消] おもひたゆ[思絶] おもひとどむ[思止] おもひ
ぢむ[思閉] おもひはたす・おもひはつ[思果]
おもひやむ[思止]・おもひはなつ・おもひはなる[思放]
**どうしようもない**→
[尊]おぼしすつ[思捨] おぼしはなつ[思放]
**―こと** わうじゃう[往生]

**あ・きる【飽】**→たりる

**あ・きる【飽・厭】** あく[倦飽] うむ[倦] うむ・うんず[倦] くんず[屈] ふるす
[倦果] くんず

118

あきれる──あける

[古・旧]

[枕]あかぼしの[明星] あくたびの[芥火] くれなゐの[紅] てるつきの[照月]（↓あかず）やまのゐの[山井]（↓あかず）

──こと ものうじ・ものうんじ[物倦]

[句]──こころのあき[心秋]

▼飽き足りないことだ あかなくに

[短] ──こころみじかし[心短]

**あき・れる**【呆】 あきる[呆] あさむ[浅] あきれいたし[呆痛] すさまじ[凄・荒] めざまし[目覚]

**あきんど**…しょうにん[商人]

**あく**【開】…ひらく[開]

**あく**【悪】…わるい[悪]

**あ・く**（穴が）[穿] うぐ[穿]

[悪]
[積悪] あくごう[悪業] けうとし[気疎] せきあく・しゃくあく[積悪] ひがごと[僻事] わるじり[悪尻]

**あくじ**【悪事】 あくごう[悪業] けしからず

**あくせく・する** あがく[足掻] はたらきて[在在] すゑ[末] たかし[高] はてはて[果果] ついに[終] みゃうもんぐるし[名聞苦] わしる[走] りて[在在] すゑ[末]

**あくどい**【悪】 あくどし[悪] いろこし[色濃]

**あくにん**【悪人】…わるもの

**あくび・する**【欠伸】 あくぶ[欠] に[朝] あさよひ[朝宵] おきふし[起伏] くるとあくと[暮明]

**あくひょう**【悪評】 あくみゃう[悪名]

**あくま**【悪魔】 なさか・なさがなか[煩]→**あきる**

**あく・む**（…しかねる）[倦] ばけもの

**あくやく**【悪役】 あかつら[赤面] くがた[悪方・悪形]

**あぐら**【胡座】 あぐみ・あぐみぬ[足組] 居] あぐらゐ[胡床居] らくゐ[楽居]

──をかく あぐまふ・あぐむ[足組]

**あくらつ**【悪辣】 いろこし[色濃]

**あけがた**【明方】…[基本]よあけ(P.19)

**あけくれ**【明暮】 あさなゆふな・あしたゆふべ[朝夕] あさなけに・あさにけに[朝毎] あさごとゆふごと[朝毎夕毎] おめかづら[山女] やまひめ[山嫗]

**あけしお**【上潮】…みちしお

**あけのみょうじょう**【明星】 かはたれぼし[彼誰星] あかぼし[明星] ほし(P.7)

**あけび**【通草・木通・山女・蓇葖】 あけぶ あさうち・あさうつ おめかづら やまのをんな[山女] やまひめ[山嫗]

**あけはなつ**【明放】 かいはなつ[掻放] はなつ[放] ひらく[開]

**あ・ける**【開ける】 あく[開] はだく・はたぐ[掻放]

**あけぼの**【曙】

[枕]たまくしげ[玉匣]

──けはなつ[開]

**あ・ける**【明】→**[基本]よあけ**(P.19)

[明]──穴を── うがつ[穿] あかる・あく[明] しら

**あげる――あさひ**

**あ・げる【上】** あぐ[上] もたぐ[擡]
枕―…さしあげる
謙―…いもがかみ[妹髪](↓あぐ)
声を― ささく こゑたつ[声立]

**あご【顎】** あぎ・あぎと[顎・腮] おぎろ おとがひ[頤]

**あこが・れる【憧】** あくがる・あこがる
[憧] おもひあくがる・おもひあこがる[思憧] ゆかし[床] …おもい・こがれる

**あ・ける【上】** あぐ[上] もたぐ[擡]
少し― なまあくがる[生憧]
はなはだしく― あくがれまどふ[憧惑]

**あこやがい【阿古屋貝】** そでがひ[袖貝] あつがひ[厚貝] てふがひ[蝶貝]

**あ・ける【明】**
年が― あく[明] あかぼしの[明星](↓あく)
夜が― あく[明] あけたつ[明立] あけはなる[明離] あけさる[明去]
たまくしげ[玉匣] あかほしの[明星](↓あく)
む[白]
枕―あけごろも[朱衣] いなのめの

**あさ【朝】** → **基本 よあけ**(P.19)
**あさ【麻】** を[麻]

**あさ・い【浅】**
[無] あさあさし[浅浅] あさし[奥無] うらなし[心無・裏無] あさふ[浅] あさし[薄] うらなし[心無・裏無] け
[浅] あさぶ・あさむ[浅]
―くなる あすゆ あさる[浅] 考えが― …あさはか

**あさがお【朝顔】** あきのかがみぐさ・かがみぐさ[秋鏡草] けにごし・けんごし[牽牛子] けんごくゎ[牽牛花] きんくゎ[槿花] しののめぐさ[東雲草] ゆふかげぐさ[夕影草]

**あぎ・ける【嘲】** あざむく[欺] あざわらふ[嘲笑] あざむ[浅] あざむ[浅] ろうず[弄]

**あさごはん【朝御飯】** あさけ・あさげ[朝飯] あさいひ・あさよひ[朝宵] のいひ[朝飯] 餉・朝食

**あさせ【浅瀬】** かわせ[川瀬] せ[瀬] たかせ[高瀬]

**あさっぱら【朝】** あさはら[朝原]
**あさねぎいろ【浅葱色】**(P.19) あさぎ[浅葱]
**あさはか【浅】** あうなし[奥無] あさあさし[浅浅] あさし[浅] あさふ[浅] うす[薄] うらなし[心無・裏無] け
はかなし[軽薄] こころあさし[心浅] いはく ふつつか[不束] ほとり[辺] はしりちゑ[走知恵] みじかし[短] ほとりめく[辺] みじかし
―な知恵 すずろごころ[漫心] せんざい[浅才] たんりょ[短慮] はしりちゑ[走知恵]
句―はなのさきちゑ[鼻先知恵]

**あさばん【朝晩】** あけくれ[明暮] さごとゆふごと[朝夕] あさなゆふな[朝夕] あさにけに[朝日] あしたゆふべ[朝夕] あさづくひ[朝日] あ

**あさひ【朝日】** さひこ[朝日子] あさづくひ[朝日]
枕―あかねさす[茜]

**あさぼらけ**──**あしもと**

―の光 あさかげ[朝影] あさひ[朝日]かげ[朝朗]

**あさぼらけ**【朝朗】 あさびらき[朝開]

**あさましい**【浅】 あさまし[浅] さもし ひすかし[浅]

**あざみ**【薊】 あざめ[薊] しんさう[針草] せんしんさう[千針草] まゆはき・まゆはけ[眉刷毛] まゆつりもし

**あざむく**【欺】…**だます**

**あさめし**【朝飯】…**あさごはん**

**あさめしまえ**【朝飯前】 あさはら[朝腹]

句―あさのだちん[朝駄賃]

**あざやか**【鮮】 あざあざ(と) あざらけし あざらかし 煌煌 けざけざし[鮮鮮] けざやか・けやか[鮮] けざけざし さはやか さや 清・明…はっきり

―にする(見える) あざやぐ[鮮]

**あさゆう**【朝夕】…**あさばん**

**あさ・る**【漁】 あをかに[青] はゆ[映]

青く― あさ・る[漁]…**さがす**

**あざわら・う**【嘲笑】…**あざける**

**あし**【葦】 かやのひめ[茅野姫] くさかやひめ[草茅姫] さざれぐさ[小石草] たまえぐさ[玉江草] なにはぐさ[難波草] ひむろぐさ[氷室草] よし[葦・葭・蘆] わすれぐさ[忘草] はなぐはし[花細]

枕―なつかりの[夏刈]

―の芽 あしかび[葦牙] あしづち[海鱸]

**あし**【足】 あ[足]

枕―あしのうれの[葦末]の 鴫鳥(↓あしぬらし) にほとり

―の裏 あうら・あなうら[足裏・蹠・跣]

―の先 あなすゑ

―を組む あぐむ[足組] あぐらる

疲れた― あしたゆし[足懈] あしなへ[足萎] しどろあし[足] みだりあし・みだれあし[乱]

▼足音 あおと・あのと[足音] ひとあし[人足] ひとおと[人音]

**あじ**【味】 あんばい・えんばい[塩梅] からし[辛] しほはゆい[鹹]

―が辛い からし[辛]

―を試す きく[聞]

▼珍味 ひゃくみ[百味]

**あしおと**【足音】 あおと・あのと[足音] ひとあし[人足] ひとおと[人音]

**あしか**【海鱸】 うみかむろ[海禿] みち[海鱸]

**あしかがり**【足掛】…**あしば**

**あしかせ**【足枷】 ほだし[絆]

**あじけな・い**【味気】 あいなし[愛無]

**あじさい**【紫陽花】 しらじらし[白白] あづさる ななへんげ[七変化]

**あしば**【足場】 あぐら[呉床・胡床] あしがかり・あしかけ[足掛] あしだまり[足溜] あしじろ[足代] あしだまり[足]

ろ・あしじろ[足代] あしだまり[足]

あななひ たちど[立所・処]

**あしび**【馬酔木】 あしぶ・あせび・あせも[馬酔木]ぶ・あせぼ・あせみ・あせも[馬酔木]

**あしもと**【足元】 たちど[立所] まんざいふち[万歳藤]

あじわい ―― あたえる

**あじわい【味】** あぢはひ きみ・き
―**がある** けしきあり［気色］け
しきおぼゆ［気色覚］
―**おもむく** しな［品］じゃう［情］
び［気味］

**あす【明日】** あくるけふ［明今日］
―**の朝** くるつあした［来日］
基本 よあけ (P.19)

**あず・ける【預】** あそふ［相副］
あとらふ［預］

**あすなろ【翌檜】** ひばのき［檜葉木］

**あずまや【東屋・四阿】** ちん・てい［亭］

**あぜ・あぜみち【畔・畔路】** あ［畔］く
ろ［畔］ くろつか［畔塚］ さく［畔］
なはて・なはたち［畦路］ をくろ［小
畔］

**あせ【汗】** あせ あえす［零］
―**をながす**［汗］
せあゆ［汗零］

**あせ・る【焦】** いらつ［苛］ せく［急］
すみやく［速］ こころすす
む［心進］

**あせび【馬酔木】** → あしび

**あぜん【啞然】** → あちら → あきれる

**あそこ** → あちら → あきれる

**あ・せる【褪】** あす［褪］ またく［急］
ろふ［移］ かへる［返・帰］ さる
［曝・晒］ さぶ［寂・荒］ うすらぐ

**あそじ【五十路】** (P.105)

**あそ・び【遊】** あそびだて［遊立］ いう
げ［遊戯］ すさび・すさみ［遊・遊
戯］ たはぶれごと［戯事］ てす
さび・てすさみ・てわざ［手遊］ なぐ
さみ［慰］ ふれあそび［戯遊］ ゆげ
び［童遊・幼遊］
―**慰める** すさぶ・すさむ［荒・遊］
もてあそぶ［玩・弄］
―**豪勢な―をする** はなをやる［花
遣］
▼**遊び相手** もちあそび・もてあそ
び［玩・弄］ もてあそびぐさ［弄種］
もてあそびもの［弄物］
▼**鬼ごっこ** おにぶくろ［鬼袋］ お
にわたし［鬼渡］ そくぎ［捉戯］
▼**隠れんぼ** かくれあそび［隠遊］

わらはあそび・をさなあそ
び［童遊・幼遊］
ゆさばり
▼**ぶらんこ** しゅせん［鞦韆・秋千］
▼**船遊び** ふなせうえう［船逍遥］
ふなゆさん［船遊山］
▼**雛遊び** ひひなあそび［雛遊］
めあそび［目競］
▼**蹴鞠** くゑまり［蹴鞠］
▼**競馬** きそひうま・きほひ・きほひ
うま［競馬］ くらべうま［走馬］
まくらべ［駒較］ はしりうま［走馬］
こうぢがくれ［小路隠］
かくれごと［隠事］ かくればう［隠］

**あたい【値】** → だいきん
**あた・える【与】** あたふ［与］ えさす
［得］ おくる［贈］ かいやる［搔遣］
かづく［被］ くはふ［加］ くばる
［配］ くる［呉］ さづく［授］ つた
ふ［伝］ とらす［取］ なげいづ［投
出］ ひく［引］ ほどこす［施］ や
る［遣］ わたす［渡］
**尊**―かづく［被］ さづく［授］ たう
［下］ さぐ［下］ さづく［授］ た
ぶ・たぶ・たまはる・たまふ［給・賜］
くだす・くださる

**あげる** かかぐ[掲] きこえさす・きこゆ[聞] ささぐ[捧] さしあぐ[差上] しんず[進] たいまつる・たてまつらす・たてまつる[奉] つかうまつる・つかへまつる・つかまつる[仕] まうす・まをす[申] まだす[遣] まつる[奉] まらする・まるらす・まるる[参] もてまゐる[持参]

**あたたか** さながら[然]

**あたたかい【暖】** あたたかし[暖] ぬくとし[温] ぬるし[微温]

**あたかも** みづぬるむ[水温]

春―くなる

**あだな【渾名・綽名】** いみゃう[異名] しこな[醜名]

**あたま【頭】** いただき[頂] かうべ・かしら・かぶり[頭] くし[首] づ・つぶり・つむり[頭] なづき[脳・髄]

尊―みぐし[御首・御頭]

―の格好 かぶし かしらつき

―のふけ いろこ・うろこ[鱗]

**あたらしい【新】** あらた・あらたし

[新] にひ・にひし[新] わかくさの[若草]

**あたり【辺】** うへ[上] きは[際] ばかりに・ばかりの[辺] へ[辺] へろ[辺] めぐり[回・巡] もと[元・本] わたり[辺]

枕―わかくさの[若草]

―くする あらたむ[改む]

―一面・一帯 せかい[世界] せじゃう[世上]

―のこと れい[例]

**あたりまえ【当前】** ほんたい[本体] もっとも[尤] よろし[宜]

**あちこち** あたりあたり[辺辺] かのもこのも[此面彼面] ここかしこ[此処彼処] こちごち[在在所] ざいざいしょしょ[在在所] ところどころ[所所] はしばし・端端[端端] はつれはつれ[外外] よも・よもやま[四方山] をちこち[彼方此方] またまつく[真玉付]

**あちら** あなた[彼方] かしこ[彼処] かなた[彼方] かのも[彼面] そなた[其方] をちかた[遠方・彼方]

―見る とみかうみ[左見右見]

こちら→あちこち、基本だいめいし・しじご (P.105)

**あつ・い【厚】** あつし・あつらか[厚]

**あつ・い・あつさ【熱・暑】** あつかはし[暑・熱] あつけさ・あつし[熱・暑] ごくねち[極熱] さんぷく[三伏] ほとぼり[熱]

▽蒸し暑い

**あつか・う【扱】** あつかがはし[暑・熱] あつかふ[扱] いろとる[取] さばくる[捌] とりなす[取成]

―いにくい くらべぐるし[比苦] ものめかす[物]

**あつかましい【厚】** あこぎ[阿漕] おもなし[面無] つれなし[強顔・強面] はぢなし[恥無]→ずうずうしい

―さま ぬけぬけ[抜抜]

―吹き荒れる風 よものあらし[四方嵐]

あたかも――あつかましい

あつくなる——あてはずれ

**あつくなる【熱】** ほとぼる[熱] ほどひしふゑ[集会] たうさん[当参] —にする おもひたのむ[思頼] かたたかく[片掛] たのむ[頼] みこむ[見込]

**あつけな・い【敢無】** あへなし[敢無] はかなし[果無・果敢無]

**あつけにとら・れる** あきれる

**あっさり** あさあさ[浅浅] あさぎ[浅浅] あはし[淡] すがし・すがすがし[清清] なほざり[等閑] ぬるしやか[温] わっさりと

**あっ・する【圧】** …おさえつける おす[押・圧] けつ[消] へす[押]消]

**あっせん【斡旋】** なかだち[寄]

**あってほし・い[有]** あらな[有] あらなほし[有]

**あっとう・する【圧倒】** おしけつ[押消]

**あっぱく【圧迫】** …おさえつける けおさる[気圧]

**あっぱれ【天晴】** にくし[憎] まく[負] —される

**あつまり【集】** くんじゅ[群衆・群集]

**あつま・る【集】** かんつどひ[神集] —神々の— かんつどひ[神集] つどひ[集]]
いむる[群] うごなはる[聚・満] うちむる[打群] おしこる[押凝] かよりあふ[寄合] こぞる[挙] こりあつまる[凝集] さしつどふ[差集] しぐらふ・しぐらむ[蝟集] すだく[集] たかる[集] つどふ[集] むる[群] よりあはす・よりあふ[寄合] よる

**あつ・める【集】** あつむ[集] かきよす[搔寄] すぶ[統] たくはふ[貯] たむ[溜] つかぬ[束] とりあつむ[取蓄] もよほす[催]

**あつらえる【誂】** あつらふ[誂] このむ[好] たのむ[頼]

**あて**
—がない あはあはし[淡淡] ゆくへなし[行方無]
—にさせる たのむ[頼]
—にする おもひたのむ[思頼] あやふし[危] うろん[胡乱] ふぢゃう[不定] そらだのめ・そらだのみ[空頼] あいなだのみ[頼] こんやのみゃうごにち・こうやのあさって[紺屋明後日] ——句
—にならない あやふし[危]
—もなく そこともしらず[其処知]

**あてが・う【宛】** あつ[当] あておこなふ[宛行] あてがふ[宛] あてつく[当付]

**あてこす・る【当】** →ひにく

**あてこすり【当】** →ひにく

**あてずいりょう【当推量】** おしあて[推当] こころあて[心当] すいあて[推当] ちゅうづもり[中積]

**あてつ・ける【当】** かすむ[掠] あてあてし[当当行]

**あてつけ【当】** →ひにく

**あてつけがまし・い[当]** かすむ[掠] あてあてし

**あてはずれ** すまた[素股]

あてど――あなた

**あて-ど【当処】** 句―あごがくひちがふ[顎食違] さんごのじふはち[三五十八] ‥めあて

**あでやか【艶】** えん[艶] せんけん・せんげん[嬋娟]

**あ・てる【当】** あつ[当] さしあつ[差当]

**あと【後】** ―くみえる こめく[子]・こめかし[子] こめかし・こめく[子] こころなし[心無] をさなし[幼] わかし[若]

**あと【後】** 枕―さゆりばな[小百合花] やま[後瀬山] のちせ(‥のち) さなかづら・さねかづら[実葛] はふくずの[這葛](‥のちもあはむ)

**あと【後・尻】** しり[後・尻] ゆり[後]

―日光に― さらす[晒]

―に残る とまる[止・留]

―回しにする さしおく[差置]

―をつける つなぐ[繋・踵]

**あと【跡】**

**あとあし【後足】** しりあし[後足] みづくき の[水茎]

**あとかた【跡形】** なごり[名残]

**あとかたづけ【後片付】** あとしまつ あだなし あどけなし

**あどけな・い** あだなし あどけなし

**あとしまつ【後始末】** しりをぬぐふ[尻拭] しまひ[仕舞]

**あとじさり【後】** しりさき[後前] ‥あとずさりする

**あとずさり・する【後】** ふむ[後足踏] しりへしぞく[後方退] すりのく[摩退] かとく[家督] 句―しりをよこす[尻寄越]

**あととり【跡取】** そうりゃう[総領・惣領] ちゃくし[嫡子] ちゃくなん[嫡男] つぎ・つぎめ[継目]

▼家督 みゃうせき[名跡]

**あともどり【後戻】** ‥もどる

**あな【穴】** うつほ[空] うぐ[穿] かけうぐ[欠]

―があく うぐ[穿]

―蔵 つちぐら[土倉]

―をあける うがつ[穿]

―洞穴 いはほつぼ[岩壺]

**あなご【穴子】** うみうなぎ[海鰻]

**あなた【貴方】** あがきみ・あぎ・あぎみ[吾君] あがほとけ[吾仏] あれ[彼] おこと・おんこと[御事] おまへ[御前] おんみ[御身] かふか[閣下] き[貴所] きでん[貴殿] きこう[貴公] きしょ[貴所] ごぶん[御分] ごへん[御辺] これ[此・之・是] こちのひと[此方人] こんた[此方] さま[様] し[其・汝] そくか[足下] そこ[其] そこに[其処に] そこもと[其処許] そざま[其様] そち[其方] そもじ[其文字] あれ[彼] それ[其] それさま[其様] し[汝] わおもと[我御許] わごり ょ・わごりょ[我御寮] わどの[我殿・吾殿] わぬし[我主] わひと[吾人] われら[吾等] ‥おまえ‥

## あなどる──あのよ

### あなどる【侮る】 あさぶ・あさむ・あなどる
[侮]あなどる[欺]あざむく[欺]あなづる
[侮]あはむ[淡]あばむ[貶]い
やしむ[卑・賤]おとしむ[貶・落]
おとす[落]おもひあなづる[思侮]
おもひおとす[思落・思貶]

### あなた だいめいし・しじご (P.105)
──がた かたがた[方々]
▼女性からの「あなた」
かたさま[方様] あせ[吾兄] こ
っしょ[忽諸・忽緒] さぐ[下]さ
みす[狭・貶] しのぐ[凌] なみす
[無] みおとす[見貶] みたつ[見
立] [汝兄] ぬし[主] わがせ[我
背] わがせこ[我背子]
▼男性からの「あなた」
[吾御許] [御許] いも[妹] こ
おもと[御許] なにも[汝妹] わぎ
も[我妹・吾妹] わぎもこ[我妹子・
吾妹子] わぎぜ[我御前]
▼夫婦間の「あなた」
[此方人] つまのこ[妻之子] との
[殿] ひと[人]
▼僧を呼ぶ語
わにふだう[吾入道] わほふし[吾
法師] わごぼう[我御房]
あんど・る【侮る】 あさぶ・あさむ・あ
ざむ[欺] あざむく[欺] あなづる
[侮] あはむ[淡] あばむ[貶] い
やしむ[卑・賤] おとしむ[貶・落]
おとす[落] おもひあなづる[思侮]
おもひおとす[思落・思貶] おもひ

### あに【兄】
尊──[上枝] え[兄] このかみ[兄] せうと
──ぎみ[兄君]
句──あにごぜ[兄御前] あにぢゃひ
と[兄人]
──さま あなづらはし[侮] しり
めにかく[尻目掛] みたぶす[見倒]
ろうず[弄] みなみす[見貶]
あなづらおとす[思貶]

### あね【姉】
尊──のかみ[兄] いもうと[妹] え[兄] こ
──あねご・あねごぜ[姉御前] あ
ねぢゃひと[姉人]
実の──しんきゃう[親兄] しゃ
──妹 いもせ[妹背]

### あの この[此] れいの[例]

### あのよ【後世】 あらぬよ[世] うしろ
[後] かくりよ[隠世] きなるいつ
み・くゎうせん[黄泉] くさのかげ・
くさばのかげ[草葉陰] くらきみち
[冥道] こけのした[苔下] ごしゃ
う[後生] こむよ[来世] さんづの
かは[世外] したつくに[下国]
──方面 かのも[彼面] これかれ
うち[彼此]
──一人 あたり・わたり[辺] あなた
[彼方] あれ[彼] か・かれ[彼]
これかれ[彼此]
──人 あたり・わたり[辺] あなた
[彼方] あれ[彼] か・かれ[彼]
これかれ[彼此]
──この人 これかれ[此彼]
けつ[思消] おもひくたす[思腐]
かろしむ・かろむ・かろんず[軽]
けれこ[彼此] のもかのも[此彼]
やみ[三途闇] したへ[下辺]
じゃくくゎうど[寂光土] せ
んか[泉下] そこつねのくに[底根
国] たしゃう[他生] ちゃうや[長
夜] とほつくに[遠国] ねのかた
すくに[根堅洲国] ねのくに[根国]
のちのよ[後世] ぶつど[仏土] ま
かりち[罷路] またのよ[又世]
つだい[末代] めいど[冥土] めい
ろ[冥路] やみぢ[闇路] よみ・よ
みぢ・よみのくに・よもつくに[黄泉]

あばらぼね──あま

らいせ[来世] ➡めいど
枕──ししくしろ・しじくしろ[繁釧]
とほつくに[遠国](➡よみ)
─からの加護 とほきまもり[遠守]
─の山 しでのやま[死出山]
─でのやまぢ・しでのやまみち[死出山路]
─への旅 ちゅうのたび[中有旅] まかりぢ[罷路]
▼極楽 かのきし[彼岸] くほんじゃうど[九品浄土] こがねのきし[黄金岸] ここのしな[九品] じふまんおくど[十万億土] すずしきかた[涼方] すずしきくに[涼国] すずしきみち[涼道] はちすのうへ[蓮上] ふくちのその[福地園] ふたいのところ[不退所]
▼極楽の空 むらさきのくもぢ[紫雲路]
▼三途の川 みすずのかは[三瀬川] さうづがは・さんづがは[三途川] わかれぢのふちせ[別路淵瀬] わたりがは[渡川]

▼地獄 ないり[奈利・泥梨] ならく・ならくのそこ[奈落底] みゃうだう[冥道] むけん・むげん・むけんぢごく[無間地獄] むけんならく[無間奈落]
▼冥土の山 しでのやま[死出山]
▼冥土の山道 しでのやまぢ[死出山路]

あばらぼね【肋骨】 わきぼね[脇骨]
あばらや ➡そまつ、→基本 いえ(P.91)
あば・れる【暴れる】 あがく[足搔] ある[荒] たけぶ[猛] くるふ[狂] あらぶ[荒]
あび・せる【浴】 あびす・あぶす[浴] いかく[沃懸] いる[沃] かく[掛・懸]
あひる【家鴨・鶩】 あひろ・なきがも[鳴鴨]
あ・びる【浴】 あむす・あぶす[浴] あびす・あむ[浴]
あぶ【虻】 あむ[虻] すがる[蠑蠃]
あぶく ➡あわ
あぶな・い【危】 ➡きけん
─くする あやむ[傷害]

─・げ あだげ[徒] さだ[蹉跎]
たづたづし・たどたどし
─・つかしい ➡─げ
あぶら【油】 くさうず[臭水] ひどる[火取]
あぶ・る【炙・焙】
あふ・れる【溢】 あまる[余] あふる・はぶる[溢] はふる・はぶる[溢]
美しさが─ にほひいづ[匂出]
涙が─ すすむ[進]
あべこべ うららへ[裏表]
あま【返様】 ➡ぎゃく
あま【尼】 あまぜ[尼前] おれう[御寮] しゅすびん[襦子鬢] ぜんに[禅尼] びく・びくに[比丘尼] をみなかみなが[女髪長] あまや[尼屋]
▼尼寺 あまでら[女寺]
あま【海女】 あまめ[海人女] あまをとめ[海人少女] かづきめ[潜女] はまひめ[浜姫]
あま【海人】 あこ・あびこ[網子] あみびと[網人] いをとり[魚捕] はくすいらう[白水郎] むらぎみ[漁父・漁翁]
のこ[蜑子] あみびと[網人] あまのこ

あまえる——あやまる

**あま・える**【甘】 あいだる あまゆ
━【甘】ほたゆ
━言い方 したつき[舌]
━態度 したたるし[舌緩]

**あまがえる**【雨蛙】 あをがへる[青蛙]
えだかはづ[枝蛙]

**あまがっぱ**【雨合羽】
ごろも[一夜酒]

**あまざけ**【甘酒】 こさけ[小酒] ひとよざけ[一夜酒]

**あまだれ**【雨垂れ】 あましだり[雨滴]
あまそそき・あまそそぎ[雨注] あまたり・あまだり・あまたれ[雨垂]
たまみづ[玉水]
━句—のきのいとみづ・のきのたまみづ[軒糸水]
━の落ちる所 あまうち[雨打] あれおち[雨落] あまおち[雨落] あまだり・あまだれおち[雨垂落]

**あまでら**【尼寺】 あまや[尼屋] をんなでら[女寺]

**あまねく**【普・遍】 おしなべて[押並]

**あまのかわ**【天川】 あまつみかは[天御川] あめのやすのかは[天安川]

**あまみず**【雨水】 にはたづみ[庭潦・潦] [安川]

**あまやどり**【雨宿】 かさやどり[笠宿] あまがくれ[雨隠]

**あまり**【余】 ほこり[埃] よ[余]

**あまり…(ない)** あぶす[溢]

**あまん・じる**【甘】 あまなふ[甘] まんず[甘] たれりとす[足]

**あめ**【雨】→基本ほし（P.7）

**あめ**【飴】 たがね[飴]

**あやうい**【危】→きけん

**あやうく**【危】 すでに[既・已] ほとほと[殆]

**あやか・る**【肖】 あゆ[肖]
━り物 あえもの[肖物]

**あやし・い**【怪】 あやし・あやしげ[怪・卑] いかがし・いかがはし[如何] いぶかし[疑] いぶせし[鬱悒] うたがはし[訝] おぼつかなし[覚束無] きくゎい[奇怪] けし[怪・異] けしからず[不怪] けしかる[怪・異] けしきあり[気色異] けしきおかし[気色覚] ふしぎ[不思議] ものくさし・ものぐさし[物臭]
━こと さざなみの[小波]
━枕 物臭
━さま うさん[胡散] うろん[胡乱] け[怪] けい[怪異]
━者 うさんもの[胡散者] しれもの[痴者]
━姿 いぎゃう[異形]
━もの・くせびと[曲者]
━代・稀代 とがむ・みとがむ[見咎]
━く思う あやしむ・あやしぶ[怪] あやしばむ[怪] きたい[希代]

**あやつ・る**【操】 あやす[調和] からくる[絡繰] つかなす[使・遣] つまぐる[爪操] らう[牢籠] わかつる[機巧]
━り人形 くぐつ・てくぐつ[手傀儡]

**あやぶ・む**【危】→しんぱい

**あやまち**【過】→かしつ
━事】ひがこと・ひがごと[僻事]

**あやま・る**【謝】 うべなふ[宜] かし

128

あやまる──あらそう

**あやまる【誤】** つみさる[罪去] わぶ[詫] とりはづす[取外]
──った心 まうしん[妄心]
──つ[誤] たがふ[違]
**こまる・かしこむ**[畏] [怠状] たいじゃう

**あゆ【鮎】** かうぎょ[香魚] ねんぎょ[年魚] わかゆ[若鮎] ひを[氷魚] さびあゆ[錆鮎] しぶあゆ[渋鮎]
──の稚魚
落ち──

**あらあらし・い【荒荒】** あし[悪] あらあらし[荒荒] あらけなし[荒] あらくまし・あらまし[荒] あららか[荒] いかし[厳] いかる[怒] おにおにし・おにし[鬼] けはし[険・嶮] こはし[強] たけし[猛] ちはやぶる[千早振] なまあらあらし[生荒荒] はげし[激] 男あらを[荒男] 強強こはらか[強] 鬼

**あら・い【荒】** たつみあがり[辰巳上]
──く振る舞ひ たけぶ[猛]
──く…する …ちらす[散]
──態度

**あら・う【洗】** すすぐ・そそく・そそぐ[濯・滌] すます[清・澄] ながす[流]
洗濯 すまし[清]
枕──くさかげの[草陰](→あら)

**あらかじめ【予】** かねて[予] まへかど[前廉] まへかた[前方]
──定める ぎす[擬]

**あらさがし【捜】** きずをもとむ[瑕求] さがなめ[目]
句──の目

**あらし【嵐】** そらのみだれ[空乱] ひとごころ[人心] せいらん[青嵐・晴嵐]
枕──夏の─

**あら・す【荒】** したく・しだく[蹂]

**あらそい【争】** あらそひ[争] さやあて[鞘当] すまひ[相撲] とうじゃう[闘諍]
句──くゎぎうのつののあらそひ[蝸牛角争]
愚かな──
▽相剋

**あらそ・う【争】** あらがふ[諍] いさかふ[諍] いそふ[争・競] いろふ[弄・綺] うちあふ[打合] からかふ[争] きしみあふ[軋] きそふ・きほふ[競] すまふ[争] せめく・せめぐ[闘] ろんず[論] わたりあふ[渡合] 逆きょうそう
句──しのぎをけづる[鎬削]
枕──ゆくとりの[行鳥]
──い騒ぐ さうどく[騒動]
──って…する …しらがふ
恨み── せめぐ[閲]
▽揉み合い きしろふ[軋]
▽競い合う いどみかはす[挑交]
▽競う いそふ[競] いどむ[挑]
▽いざこぎ いでいり[出入]
▽海戦 ふないくさ[船戦]
▽口喧嘩 いひごと[言事] いひしろふ[言] ものあらがひ[物争・物諍]
▽戦場 しゅらのちまた[修羅巷]
▽戦乱 えき[役] さわぎ[騒]
▽歩兵戦 かちだち[徒立]
あらそふ あらがふ[諍・諍] いさかふ[諍] いそふ[争・競]
[争・競]
[合] きそふ・きほふ[競] せめく・せめぐ[闘] わたりあふ[渡合]
[闘] ろんず[論]
▽牛角争 ぎうかくあらそひ

あらたか――ある

**あらたか**
きしろふ[軋・競] いがむ
▽**くってかかる** いろふ[弄・綺] そむく・もどく[抵悟]
▽**逆らう** うちそむく[背・叛]
▽**勝負する** たちあふ[立合]
▽**挑戦する** いどむ[挑]
▽**敵対する** あたす[敵] おもてをむかふ[面向]
▽**張り合う** いどみかはす・いどむ[挑交]

**あらた** ちじろし[著] いやちこ[灼然]

**あらた・てる**[荒立] あらたつ・あらだつ[荒立]

**あらたに**[新] いまさら[今更] さらに[更]

**あらたま・る**[改] あらたむ[改]

**あらたまって―** こころげさう[心化粧]

**緊張して―**

**月が―** つきかふ[月変] つきたつ[月立]

**年が―** かへる[返] としかへる[年返] ゆきかへる[行返]

**あらためて**[改] うちかへし[打返] さらさら[更更] とりかへし[取返] ちいづ[立出] ほにいづ[穂出]

**あらた・める**[改] あらたむ[改] さらに[更]
**なほす**[差直] てんず[点] とりなほす[取直] なほす[直] なほしたつ[直立]
**正しく―** なほしたつ[直立]
**元のように―** ひきなほす[引直]

**あらなみ**[荒波] いそふり[磯触]

**あららぐ**[激浪] きらう

**あらゆる→すべて**

**あられ**[霰] ひさめ[氷雨] →基本 **あめ**(P.8)

**あらわ**[露] あからうつ[霰打]
**あらは**[露] けちえん[掲焉]
**―なこと** けしょう・けせう・けんしょう[顕証]

**あらわ・す**[表] ほにだす[穂出]

**あらわ・れる**[現] あらはる[現] いでく[出来] けしきだつ[気色立] けしきばむ[気色] げんず[現]

**ありあけ**[有明] →基本 **よあけ**(P.19)

**ありか**[在処] しょざい[所在]
**ありどころ・ありど**[有処]

**ありがた・い** うれし[嬉] くゎぶん[過分] たふとし・たっとし[尊] みゃうがなし[冥加]

**ありきたり** おほろけ[朧気] なほなほし[直直]

**ありさま**[有様] →**よう**す

**ありじごく**[蟻地獄] あとずさり[後]

**ありったけ** あるかぎり[有限] ここ ろのかぎり[心限]

**ありのまま** あからさま[白地] ありてい[有体] ありやう[有様] すぐ[直] ただ・ただあり[直]

**ありふれて・いる** ありてい[有体] じんじゃう[尋常] ななめ・なのめ[斜] なけなく[無不] もの

**あ・る**[有・在] す[物] ござさうらふ[候]

**あるあさ――あれる**

さぶらふ・さむらふ・さもらふ はべる・はんべる[侍]

[枕]――ありぎぬの[織衣] ありちがた[在千潟] ありますげ[有馬菅] かげろふの[陽炎](↓あるかなきか)[荒磯波]

**―り[有]** あべかめり あなり・あんなり

**―りそうだ[有]** あべかめり

**―そうでない[有]** あらな

**―にちがいない[有]** あべし・あんべし

**―りたい[有]** あらな

**―のだ[有]** ありなむ

**―のに[無不]** あるぞかし

**―はずがない[無不]** なけなくに あるまじ

**―はずだ[有]** あべし・あんべし・あんべし

**―句―たまごのしかく[卵四角]**

**あるいは[或]** あべかめり あらし あるは ただし ないし[乃至] はた・はたま

**あるあさ[或朝]** いったん[一旦]

[但] ないし[乃至] はた・はたま

た・はたや・はたやはた[将] また・ばし[端端] ひだりみぎ[左右] ふしぶし[節節]

**―言うことはない** しさいにおよばず[子細及]

**あるき[歩]**

**―する[歩]** しありく[為歩]

**あるきまわ・る[歩廻]** しゃつぎみ[家君] てい[亭主]

しゅ[亭主] ありく[経廻・経廻] ずずず しありく[為歩] うかる[浮] けいくわい[経廻・経廻] せうえう[逍遥] たたずみありく[佇歩] たちもとほる・たもとほる[徘徊] もとほる・もとほる[回・廻] めぐる くれと[何]

**ある・く[歩] ⇒基本(P. 68)** わうかう[横行]

**あるじ[主]** いへつぎみ[家君] やど[宿・屋戸]

**あるときには[或時]** ときとして[時]

**あるときは[或時]** あるは[或]

**あるとし[或年]** ひととせ[一年]

**あるひ[或日]** ひとひ[一日]

**あるよ[或夜]** ひとよ・いちや[一夜]

**あれ[彼]** かれ[彼]

**あれこれ** かずかず[数数] かたがた[方方] かれこれ[彼此] こちごち[此方] これかれ こなたかなた[此方彼方] ことごと[事事] とかう・とかく[左右・兎角] とざま かうざま なにやかや なにかや[何彼] はし

あ・れる[荒] あらく[荒] ある[荒] あれまどふ[荒惑] からさぶ さぶ[荒] しだく[蹂] となみ[沖津波]

**―おきつなみ[沖津波]**

**―れた[荒]** あさぢがやど・あさぢふのやど[浅茅宿] あばらや[荒屋] つゆのやど[露宿] はをく[破屋] むぐらのもん[葎門] やぶれや・やぶれが[破屋] むぐらのやど[律宿]

[枕] しだく[蹂] あ・れる[荒] あらく[荒] ある[荒] あれまどふ[荒惑] からさぶ さぶ

**―と** かたがた[方方] なにくれ

**―とかたがた[方方]** しありく[為歩]

**―れた家** あさぢがやど・あさぢふ

[律宿] やぶれや・やぶれが[破屋] むぐらのやど[律宿]

**―れた田** あらた[荒田] あらは

**―れ[基本 いへ(P. 91)]**

## あわ — あんしん

### あわ
- ―た[荒]　あらをだ[荒小田]→かし　そうそう[忽忽]　ものさわが
- ―れた土地　やぶはら[藪原]　し[物騒]
- ―れた野　あらぬ・あれの[荒野]
- ―れている　あばら[荒]　ある[荒]　あれまどふ　あらまし[荒]　あらぶ[荒]
- ―れているさま　あばる[荒]
- ―れ果てる　あばる[荒]
- 気持ちが―　さぶ[荒・寂]　すさぶ[荒]

▼荒廃　あばら[荒]

### あわ【泡】
うたかた[泡沫]　みなわ[水泡・泡沫]　みなつぼ[泡]
枕 ―みづのあわの[水泡]（→うたかた）

潮の―　しほなわ[潮]

### あわ【合】
あはし[淡]　かそけし[幽]

### あわ・い【淡】
あはし[淡]

### あわ・せる【合】
あふ[合]　ととのふ[調]　さしあはす[差合]

### あわただし・い【慌】
ただし[慌]　あわたたし・あわはし[慌]　けたたまし　けはし[険・嶮]　せはせはし[忙忙]　そそ

### あわた だ し・い【慌】 ▼気忙しい
せはしなし[忙]

### あわ・てて来る
まどひく[惑来]

### ―てて出る
まどひいづ[惑出]

### あわ・てる【慌】
あわつ[慌・周章・狼狽]　あしをそら[足空]いすすく　いわく[惑]　うすく・うすすく・うろたふ[狼狽]　おびえまどふ[怯惑]　そぞろ[漫]　てまどひ・てまどはし[手惑]　どうず[動]　はふはふ[這這]　まどひく[惑来]　まどひいづ[惑出]　まどふ[惑]→う

### あわ・てて　とり乱す
ろたえる

### あわてさわ・ぐ【慌騒】
ぞんじのほか[存外]　ことのほか[事外]

### あわてはし・る【慌走】
はしりまどふ　まどひかへたつ[浮立]　うかぶ・うかむ[浮]　うかぶ・うかむ[聞浮]

### あわてふため・く【慌】
おびえまどふ[怯惑]　はふはふ[這這]（恐ろしくて）

### あわ・てる【慌】
あしをそら[足空]　これ　うはのそら

### あわて いそ・ぐ【慌急】
そうそう[倉卒・早卒]　くしむ[慈]　めぐむ[恵]

### あわれ【哀】
あはれ・あはれむ[哀]　いつくしぶ・いつ[悲]　めぐし[愛]

### あわれ・む【哀】
あはれがる・あはれ

### あわび【鮑】
わすれがひ[忘貝]

### あわれ【憐】
あはれし[憐]　じひ[慈]

### あんぎゃ【行脚】
しゅぎゃう・すぎゃう[修行]　づだ[頭陀]　とそう[抖擻]

### あんき【暗記】
そらに[空]　そらんず[諳]　ちう[宙]

### あんきょ【暗渠】
うづみひ[埋樋]

### あんこく【暗黒】
にほはす[匂]→やみ

### あんじ【暗示】
にほはす[匂]

### あんじゅう【安住】
あんど[安堵]　ちゅうす[住]

### あんしょう【暗礁】
いくり[暗礁]

### あんしょう【暗唱】
→あんき

### あんしん【安心】
あんど[安堵]　うし　ろやすし[後安]　おちつく[落着]　おちゐる[落居]　くつろぐ[寛]　こころとく[心安・浦]　やすし　ことにもあらず[事有]　ここ解

## い

**あんず【杏】** →いぐさ
**いあつ【威圧】** →あっとう
　—する態度

ろながし[心長] こころやすし[心安] たる[足] とく[解] やすむ・うちやすむ[休]
　—して聞ける みみやすし[耳易]
　—の表情
　句—まゆをひらく[眉開]　からもも[唐桃]

**あんてい【安定】** ちゅうす[住]
　だまる[定] ととのほる[調] さだう[引導] しるべ[導] いん[引入]

**あんない【案内】** あない[案内] だう[引導] しるべ[導] じん[尋所] てびき[手引] ひきいれ[引入]
　こ[消息] ▽案内者 しじょう[仕承] じんしょ[尋所] じんじょう[尋承] せんだち[尋所] じんじょう[尋承] せんだつ[先達] みちしるべ[水脈引][道標・路導]
　▽水先案内 みをひき[水脈引]

**あんなに** さこそ[然] さしも[指合]

**あんのじょう【案定】** さればこそ[然] はたして[果]

**あんぴ【安否】** いなせ[否諾]
　—を問う とふ・とぶらふ・とむらふ[問・訪]

**あんまり** それほど

**あんみん【安眠】** うまい[熟睡] まくら[高枕] やすい[安眠] →

基本 ねる（P.76）

**いいあらそい【言争】** くぜち・くぜつ

[口舌・口説] ものあらがひ[物争] ものいひ[物言]
**いいあらそう【言争】** あげつらふ[物争] あらがふ[諍・争] あらそふ[争] いさかふ[諍] いひむかふ[言迎] ろんず[論]
**いいえ** あらず いな・いなや[否]
**いいがかり【言掛】** いひかけ[言掛] くじだくみ[公事工]
**いいか・ける【言掛】** いひかく[言掛]
　尊—おほせかく[仰掛] 謙—きこえかく[聞掛]
　ことどふ[言問]
**いいかげん【加減】** あだおろそか・あだやかおろそか・あだおろそか・あだおろそか・あだおろそか[徒疎] うく[浮] うはのそら・そら[上空] おほ[凡] おほざう・おほぞう[大空] おろそか おほそか[疎] おほろか・おぼろか・おぼろがるし[軽軽] かろがろし・かろがろし[軽軽] くゎうりゃう[広量] そら[空] ぞんざい[存在] たいだいし[怠怠] ちゅうぐくり[中括] なめ[斜] なほざり[等]

**閑** なまはんじゃく[生半尺] めった[滅多] ゆる[緩] れうじ[聊爾]
―に みだり(に) おろおろ そこそこ(に)
―にする おこたる[怠] そでになす[袖] とうかん[等閑]
す・そでになす[袖] とうかん[等閑]

**いいかた【言方】** くちつき[口付] こわさし[声差] しものいひ[物言] くちがるし・くちがろし[口軽]
―が下品 くちぎたなし[口汚]
―が早い くちとし[口疾]
―が立派 くちぎよし[口清]
―が軽々しい くちがるし・くちがろし[口軽]
▼口調 こわさき[声先]
▼早口 くちど・くちとし[口疾] したどしたどし[舌疾]
▼流暢 なだらか

**いいかた―いいぶん**

**いいき・る【言切】** いひとぢむ[言閉]

**いいきか・せる【言聞】** いひいる[言入] いひくくむ[言含] ふくむ[含] わる[割]
[含]人

**いいくる・める** いひはなつ[言放]

**いいしぶ・る【言渋】** ことこむ[言籠]

**いいす・ぎる【言過】** したなが[舌長]

**いいそこない【言損】** ことあやまり[言誤]

**いいたいほうだい【言放題】** はうごん[放言]

**いいた・てる【言立】** あげつらふ[論] いひののしる[罵] ことあげ[言挙] ことなす[言] まくしかく[捲掛] もてなす

**いいつ・ける【言付】** おきつ[掟] れいす[令] →めいれい
尊―おほせくだす[仰下] おほせつく[仰付]

**いいつた・える【言伝】** ふること[古言]

**いいつた・う【言伝】** いひつぐ[言継]

**いいっぱなしにする【言放】** いひすつ[言捨]

**いいなずけ【許嫁】** なづけ[名付] む

**いいな・れる【言慣・言馴】** いひなる[言馴] くちおもし[口重] くちづく[口付]

**いいのがれ【言逃】** まにあひことば[間合言葉]

**いいはじ・める【言始】** いひはじむ[言始] いひそむ[言初]

**いいは・る【言張】** いひつのる[言募]

**いいひろ・める【言広】** いひちらす[言散] いひはやす[言囃] いひひろむ[言広] いひわたる[言渡] いひふらす[言触] かうす・がうす[号] ちらす[散] とりなす[取成]

**いいにくい【言】** くちおもし[口重]

**いいふく・める【言含】** いひいる[言入] いひくくむ[言含] いひふくむ[言含] くくむ[含]

**いいふら・す【言】** →いいひろめる

**いいふるさ・れる【言古】** ことふる[言古]

**いいぶん【言分】** いひでう[言条] ま

こがね[黄金] 婿

悪口を― くちさがなし[口]

**いいふる・す【言古】**

こがもし[口付]

いいひろ・める[言広]

いいふら・す[言]

いひなる[言馴]

いひそむ[言初]

**いいまちがえる【言間違える】** ことあやまり　いひまがふ[言間違]

**いいようがない【言様無い】** いはむかたなし・いひかたなし[言方無]　いふかぎりなし[言限無]　いひにもあまる[言余]　いふべきかたなし[言方無]　いふべくもあらず[言有無]　いふよし無し[言由無]　やるかたなし・やるむかたなし[遣方無]

**いいよる【言寄る】** いどむ[挑]　いふ[言]　いひかく[言掛]　いひつく[言付]　いひわたる[言渡]　くどく[口説]　よばふ[呼]

**いいわけ【言訳】** がうけ[豪家]　かごと・託言[託言]　かしこまり[畏]　ことわり[理・断]　じごんじ[自言辞]　よし[由] →**こうじつ**
　—**する** あきらむ[明]　あらがふ[争・諍]　いひひらく[言開]　いひ状[言状]　もうしぶん[申言分]　まうしじょう[申状]　まうしぶん[申分]　うしごと[申言]　わく[言分]　ちんず[陳]　まうしひらく[言開]

**いいわずらう【言煩う】** いひわづらふ[言煩]　いひかかづらふ[言寄]　いひかねる[言佗]

**いう【言】** →基本(P.69)
　—**にする** ことよす[言寄]

**いいずらう【言煩う】** いひわづらふ[言煩] ➡**已次**

**いうまでもない【言うまでもない】** いふべきにもあらず[言愚]　いふもおろか・いへばおろかこともおろか[言愚]　いふもさら・いへばさらなり[更]　さらにもいはず[更言]　さらにもあらず[更]　さらにもいはず[更言]　ことわり[理]　さらなり[更]　さらにもいはず[更言]　ふしぎ有[更有]　なかなかのこと ろんなし[論]　いかにいはむや[如何況]
　—**く** いかにいはむや[如何況]

**いえ【家】** ➡基本(P.91)

**いえがら【家柄】** いへ[家]　かど[門]きは[際]　しな・しなかたち[品形]　じゅくこん[塾根]　すじょう[素性]すち[筋]　すちめ[筋目]　ぞくしゃう[俗姓]　ねざし[根差]　ひと[人]ほど[程]

盛んな—　けんもん[権門]　れき れき[歴歴]

**いか【以下】** いしいし[以次以次・已次]　➡**已次**

**いか【以外】** じょ[自余・爾余] よ[余]
　—**に** …ならで

**いがい【意外】** あさまし[浅]　おもはざるほか[思外]　おもはずなり・おもはずの[思]　おもひのほか[思外]　こころのほか[心外]　ことのほか[心外]こころよりほか[心外]　ことのほか[事外・殊外]　ねんじのほか[念]　ふしぎ[不思議]　ふりょ[不慮]　ほか[外]　りょぐわい[慮外]　れうぐわい[料外] →**おもいがけない**
　—**な** あらぬ　とんだ
　—**なこと** ふぢゃう[不定]　け[物怪・勿怪]　おぼえず[覚]　おもはずけ[物怪・勿怪]　おぼえず[覚]　おもはざるほか[思外]
　—**にも** おぼえず[覚]　おもはずも[思]

**いかがわしい** いかが・いかがしい[如何]　かがはし[如何]

**いかさまし【師】** しかけもの[仕掛者]

いかす――いきごむ

いか・す【生】 いく[生]

いかだ【筏】 うきき[浮木]

いかなご【鮊子】 かますご[叺子]

いかに【如何】 なにほど[何程]
　枕――ささがにの[蜘蛛]

いかにして【如何】 なんとして[何]

いかにも【如何】 いかさま[如何様]
　うべ[宜] うべなうべな[宜宜] げ
　に[実] さぞな さもこそ さも[然]
　さもありぬべし[然有] さもさうず
　[然候] さもなかなか しかり
　[然] なかなか なにさま
　[何様] むべ[宜] もっとも[尤]
　よにも[世]

いかめし・い【厳】 いかし・いかめし
　【厳】 いつくし[厳] きはだけし
　[際猛] きびし[厳] したたか[強・
　健] たたはし まう[猛] ものも
　のし[物物] よそほし[装] を[雄・
　牡] 男

いかり【怒】 しんい・しんに・しんね
　[瞋恚]
　――を鎮める はらをすう[腹据]
　帝王の―― げきりん[逆鱗]

いか・る【怒】→おこる

いかん【遺憾】→ざんねん

いき【息】 いきざし[息差] いきね[息
　根] いきのを[息緒] いぶき[息
　吹] おきそ[嘆息・息嘯]
　――が荒い いきだはし[息]
　――を切らす あへく・あへぐ[喘]
　――をする いぶく[息吹] つく
　[吐]
　▽呼吸 いきね[息根] いぶき[息吹]
　　虫の―― いき[息] いきざし[息差]
　▽ため息をつく いきづく[息] う
　ちなげく[打嘆] うめく[呻]

いき【粋】 すい[粋] すし だて[伊
　達] わけらし[訳]

いぎ【意義】→いみ

いきいきして・いる【生生】 あざら
　か・あざらけし[鮮] いく[生] わ
　かだつ[若立]

いきおい【勢】 いきほひ[勢] せい
　[勢] たけ[丈] ひかり[光] きほ
　ひ[競]

いきき【行来】→ゆきき

いきごみ【意気込】 きさき[気先] ち
　から[力]

いきご・む【意気込】 おもひおこす[思

　―がある ののしる[罵・喧]
　―が盛ん いさまし[勇] かひが
　ひし[甲斐] たくまし たけし
　[猛] ちはやぶる[千早振] ゆたし
　句――くさきもなびく[草木靡] くち
　をきく[口利]
　―がなくなる すさぶ・すさむ[荒・
　遊]
　―づく いきほふ[勢] おもひた
　けぶ[思猛] すすむ[進] はつむ
　[弾]
　―に押される けおさる[気圧]
　―を盛んにする たくましうす

いきか・える【生返】 いきあがる[生
　上] いきいづ[生出] いく[生]
　いのちいく[命生] しにかへる[死
　返] ひととなる[人成] よみがへ
　る[蘇]

いきき【行来】→ゆきき

いきごみ【意気込】 きさき[気先] ち
　から[力]

いきご・む【意気込】 おもひおこす[思

いきさき――いくさ

いきさき[行先] ▽てをねぶる[手紙]起] おもひたつ[思立] きほひか かる[競掛] おもひたつ[思立] きほひか

いきしに[生死] しゃうじ[生死]

いきしょうちん・する[意気消沈] おもひしなゆ[思萎] おもひたわむ

いきすぎる[行過] →ゆきすぎる

いきた・える[息絶] →基本 しぬ(P.72)

いきちがう[行違] →ゆきちがう

いきづかい[息遣] →いき

いきづ・く[行着] →ゆきつく

いきづま・る[行詰] →ゆきづまる

いきて・いる[有経] ありふ[有経] よに あり[世在] ぞんず[存]

いきどお・る[憤] ふつくむ[憤・恚] いきどほる[憤]
句 ――いきとしいけるもの[生生物] いっさいしゅじょう[一切衆生]

いきとど・く[行届] →ゆきとどく

いきどま・る[行止] →ゆきどまる

いきながら・える[生長] あととむ[跡留] ありさる[有去] ありすぐす[有過] ありはつ[有果] ありふ[有経] ありめぐる[在巡] いのちのいく[命生] いきめぐる[生巡] ながらふ[長・永] まだたく[瞬] みづはぐむ[瑞歯含] みづはさす[瑞歯] めぐる[巡] →基本
枕 ――つのくにの[津国](→ながらへ) ろうじん(P.52)

いきなや・む[行悩] →ゆきなやむ

いきなり さしくみに・さしぐみに ひょうど やにはに[矢庭]

いきのこ・る[生残] おくる[後] おちとまる[落止] きえのこる[消残] とまる[止・留] のこる[残]

いきもの[生物] じゃ[生者] しゃうるい[生類] しゃう[生] しゃうじゃう[生生物] しゅじゃう[衆生] の[物]
すべての―― うじゃう[有情] しょうじゃう[衆生]
人間以外の―― ちくしゃう[畜生]

いきりょう[生霊] いきすだま[息巻] いきまく[息巻] をんりょう[怨霊]

いきりた・つ[生霊] めだつ[角目立]

いき・る[生] いく[生] →いきている ――きた心地がしない あるにもあ らず

いきわた・る[行渡] →ゆきわたる

い・く[行] →ゆく

いくえにも[幾重] ちへにもももへに[千重百重]

いくさ[戦] →たたかい

▽助ける いく[生]
▽助かる ぞんじゃう[存生]
▽蘇る よみがえ いきいづ[生出] いく[生]
▽存命 ぞんじゃう[存生]
▽命生 いのちのいく[命生]
――命内 いのちのうち[命内]

いきした・える 助ける いく[生]

――世在 あらる[在・有]
――間 いのちなるま[命有間] さうぜん・しゃうぜん[世前]
――限り よのかぎり[世限]
――こと ぞんじゃう[存生]
――めい[命] 
――ことができる あらる[在・有]
▽生存中 いのちなるま[命有間]

いぐさ──いさみたつ

**いぐさ**【藺草】 しりくさ[尻草・知草]

**いくじ**【意気地】 しっこし[尻腰] しっこしがない[尻腰がない]
―がない しっこしがない[尻腰がない]
―なし つちなし[拙]をしなし[拙]

**いくせい・する**【育成】 つちかふ[培]

**いくたび**【幾度】 いくそたび[幾十度]

**いくらか**【幾】 →わずか

**いくぶん**【幾分】 →わずか

**いくら**【幾】 いくそばく[幾十許]
そきだく・そくだく・こきだく・そこばく・そこらく[若干] やや[漸] →すこし

▼**いけ**【池】
溜め池 つつみ[堤]

**いけい**【畏敬】 おそる・おそれ[畏・恐]

**いけがき**【生垣】（神社などの）みづがき[瑞垣] かみがき[神垣]

**いげた**【井桁】 つつ[筒] ゐづつ[井筒]

**いけない** →きんし

**いけばな**【生花】 いけもの[生物・活物]

**いけん**【意見】 いさめ[諫] かさ[嵩] →かんがえ

**いげん**【威厳】 いかめし[厳] いかめしい
―がある いかめし[厳] いつく

し[厳] おもおもし[重重] きらき
らし[諱] しうとく[宿徳] たたはし
[遠方]

**いご**【囲碁】 しゅだん[手談] きゃうごきゃうこう[向
後] このかた[此方] じこん[自
今] をちかた[彼方・遠] をちかた

**いご**【以後】 きゃうご・きゃうこう[向
後] このかた[此方] じこん[自
今] をちかた[彼方・遠] をちかた

**いこう**【威光】 ひかり[光]

**いこう**【意向】 いしゅ[意趣] おもむ
け[赴・趣] きしょく・きそく・けし
き[気色] こころ[心] こころざし[志] こころおき
て[心掟] →かんがえ
―を伺う けしきどる[気色取]
給う けしきたまはる[気色

**いこう**【以降】 →いご

**いこ・う**【憩】 →やすむ

**いこく**【異国】 →がいこく

**いこじ**【依怙地】 →がんこ

**いこつ**【遺骨】 こつ[骨] こつぼとけ
[骨仏]
▼**頭蓋骨**
はち[鉢] のざらし[野
晒]

**いこん**【遺恨】 いしゅ[意趣] しゅく

い[宿意] →ねた[妬]

**いさかい**【諍】 →あらそい

**いさぎよ・い**【潔】
きよし[清] →いさぎよし[潔]
じんじゃう[尋常] す

**いさぎよし**【潔】
いでいり[出入]
すこし[少] ちり[塵] はつはつ →すこ
し →わずか

**いさざか**【聊・些】 すこぶる[頗] すこ

**いさざこぎ** いさぎよし[潔] かひ
がひし[甲斐甲斐] たけし[猛] ゆ
うみゃう[勇猛] ゆゆし[由由]
―…（ない）→さそう

**いざな・う**【誘】 →さそう

**いさまし・い**【勇】 いさをし[功] かひ
がひし[甲斐甲斐] たけし[猛] ゆ
うみゃう[勇猛] ゆゆし[由由]
をし[雄雄]
―男 たけを[猛夫]
句―おにともくむ[鬼組] おにをあ
ざむく[鬼欺]
―さま けなげ・けなりげ[健気]
はやりか[逸]
―く振る舞う やたけごころ[弥猛心]

▼**勇猛心**
たけぶ[猛]
いきほふ[勢]

**いさみた・つ**【勇立】

138

いさみはだ──いしゃ

いさみはだ【勇肌】いきほひはだ[弥猛] きほひはだひづく[勢付] すむ[進] はやる[逸]
──さま やたけ[弥猛] はやる[逸]
いさ・む【勇】いきほひづく[勢付] すすむ[進] はやり
きほふ[競] すすむ[進] しゅくい[宿意]
か・はやる[逸]
いさ・める【諌】あさむ[諌] いさむ[諌]
いさ・る【漁】あさる[漁]
いざりよ・る るよる[居寄]
いさりび【漁火】よぶり[夜振]
いし【石】 いしこ・いしな[石]
大きな── ばんじゃく[磐石]
小さな── いしなご[石子・擲石] たび
さざれいし・さざれし[細石]
投げつけた小── つぶて[礫]
丸い── つぶれいし[円石]
▽敷石 きりいし[切石] おほみぎ
り[大砲]

いさん【遺産】あとしき[跡式・跡職]
いっせき[一跡] そうぶん[遺分]
──の土地 ゆいせき[遺跡]

いし【意志】こころ[心] しゅくい[宿意]
意] ほい・ほんい[本意] いちぶん
[一分] きじょう[気情] いちぶんい[意趣]
き[心意気] はり[張]
──が悪い くせぐせし[癖癖] さ
がなし さがにくし[性憎] →いじ
わる
いじ【意地】いしゅ[意趣] いちぶんい
[一分] きじょう[気情] こころい
き[心意気] はり[張]
──っぱり たてたてし[立立] た
ていれ[立入] たてひく[立引] た
てひきづく[立引尽]
──を通す・を張る おしはる[押張]
しこる[凝・掴] じゃうをはる[情
張] たてひく[立引] つなひく[綱
引]
──を張ること こっちゃう[骨頂・
骨張]
いじ【維持】もつ[持] たもつ[保]
いしき【意識】
──がなくなる きゆ[消] ふかく
[不覚] われか・われかひとか[我
人] →きぜつ
──する こころかく[心掛]

いしぐみ【石組】いしだて[石立] い
はぐみ[岩組] くづす[屈]
いじ・ける くづす[屈]
いしずえ【礎】 →どだい
いしだたみ【石畳】いしじき[石敷]
きりいしのきだ・いしのきだはし
軒下などの── みぎり・みぎん[砌
石段]
いじ・める【苛む・虐】いたむ[痛・傷]
きたふ[鍛] こなす[熟] さいなむ
[苛・嘖] せごす[虐] せこむ
せこまはす せちがふ[畳] てうず
[責] せちがふ せびる・せぶる[調
虐] せちが・せつなう[凌・陵]
たたむ・たたぬ[畳]
りょうず・れうず[凌・陵]
▽弱い者いじめをする しへたく
[虐]
いしゃ【医者】くすし[薬師]
し[薬師] たうけいか[刀圭家] て
ぐすし[手医者]
▽目医者 めくすし[目薬師]
▽藪医者 でもいしゃ[医者] やぶ
[藪]
いじゅつ【医術】たうけい[刀圭]
いしょ【遺書】おきぶみ[遺文]

いしょう――いそぎんちゃく

**いしょう**【衣裳】→基本きもの(P. 93)

**いじょう**【異常】あやし[怪・卑] けし[怪・卑] ねじけがまし[拗] ものぐるはし[物狂] よこさま・よこざま[横様]

**いしょく**【委嘱・依嘱】→まかせる

**いじらしい** いたいけ[幼気] いとほし・いとほしがる・いとほしげ→かわいい

**いじる**【搔弄】いろふ[弄・綺] かいまさぐる[搔] せせりさがす せせる

**いじわる**【意地悪】あやにく[生憎] くせぐせし[癖癖] こころあし[心悪] さがなし さがにくし[性憎] はらあし[腹悪] はらぎたなし[腹汚] はらぐろし[腹黒] ―な目つき じゃのめ[蛇目] さかなめ

**いずみ**【泉】→しみず

**いずれにせよ** かたがた[方方] とてもかくても

**いせい**【威勢】→いきおい

---

**いぜん**【以前】かみ[上] さき[前・先] さきざき[先先] そのかみ[其上] はじめ[初・始] まへ[前] まへかた[前方] まへかど[前廉] むかし[昔] もと[許・本・元] をち[彼方・遠] ―がよい ののしる[罵・喧] あわただし[慌] ―づく いきほふ[勢]

**いせき**【遺跡・遺蹟】あとところ[跡所] ゆいせき[遺跡]

**いぜんとして**【依然】なほ[尚・猶]

**いそ**【磯】→基本うみ(P. 22) いそべ[磯辺] そ[磯] [枕]あづさゆみ[梓弓] こゆるぎの[小余綾] みさごゐる[雎鳩居](↓ありそ) みづうた[水伝] いそみ・いそわ[磯廻・磯回] ―の廻り ありそ[荒磯] あらいそ・ありそ[荒磯]

**いそうろう**【居候】かかりうど・か

---

りびと[掛人] もんかく[門客] あわただし[慌]

**いそがしい**【忙】いそがし・いそがはし[忙] いとなし[暇] けはし[険・嶮] ことしげし[事繁] さわがし[騒] せはし・せはしなし・せせはし[忙] まぎらはし・まぎる[紛] ―こと けいくわい[計会] そうげき[忽劇] さわぎ[騒] ―さま ほつほつ [句] かまどにまめをくぶ[竈豆] ―の 句 ほつほつ ―から ほつほつ

▽取り紛れる まぎらはし[紛] ▽取り込み けいくわい[計会] さわぎ[事] ▽多忙 そうげき[忽劇] ―くなる まぎる[紛] ―・く動く さわぐ[騒] ―・そうだ いそがはし[忙] 跳・撥 ほんそう[奔走] はねぎる 馬などを― もむ[揉]

**いそが・せる**【急】せつく・せっつく[責付] はやむ[早]

**いそぎ**【急】とみ[頓]

**いそぎんちゃく**【磯巾着】いしぼたん

140

いそ・ぐ【急】 すみやく[速] せく[急]
　[石牡丹]
　[句]―よるをひるになす[夜昼]
　[枕]―こゆるぎの[小余綾]

いぞん【依存】→たよる

いたい【遺体】→しがい

いたい【痛】→いたし[痛]

いた・い【依託】→まかせる

いだ・く【抱】→だく

いたけだか【威丈高】→いばる

いたずら[悪] さがなし あがき[足掻]
　わざくれ まさなごと あくたれ
　事 わるがう[悪] わるさ[悪]足
　搔 わるあがき 悪足
　―好き しる[痴]
　―する あがく[痴] あだめく[徒・婀
　娜
　―なさまをする あだなふ[徒・婀
　娜

いただき【頂】→ちょうじょう、→基本
　やま(P.27)

いただ・く【頂・戴】 あづかる[与] う
　く[受・承・請] かうぶる・かうむる[被]
　かがふる[被] かづく[賜・給] たぶる
　[賜] たまはる[賜・給] たばる
　[賜]

いそぐ――いちがつ

いたち【鼬】 ちこう[地猨] やゑん[夜
　猨]

いた・る【至】 およぶ[及]
　その時期に―かく[掛・懸]
　いたるところに―いたつき[四方]

いたわし・い【労】 いたつき[病・労]
　たはる[労] いとふ[厭] ねぎら
　ふ・ねぐ[労] はぐくむ・はぐくも
　る・はごくむ[育] らうたがる

いたん・いたんしゃ【異端者】 げだう
　[外道]

いち【市】→いちば

いち【位置】 かた[方] ところ[所]

いちい【蘭】 あららぎ

いちおう【一応】 ひとまど

いちがいには【一概】 あながち[強]

いちがつ【一月】 あらたまづき[新玉
　月] 璞月 いはひづき[祝月] かす
　みそめつき[霞染月] くれしつき
　[暮新月] げつしょう[月正] げん
　げつ[元月] さみどりづき[早緑月]

いた・める【傷】→きずつける、→そこな
　う

いたらな・い【至】 およばず[及]
　およびなし[及]

いた・る【至】 およぶ[及]

いたわ・る【労】 いたつき[病・労]
　たはる[労] いとふ[厭] ねぎら
　ふ・ねぐ[労] はぐくむ・はぐくも
　る・はごくむ[育] らうたがる

いたわし・い【労】→いたましい

いたるところに―いたつき[四方]

いたどり【虎杖】 さいたづま すいば
　[酸葉] たぢひ・たちひ[虎杖]

いたましい【痛】 あからし[懇] い
　たいたし[傷傷] いたけし[痛]
　たし・いたまし[痛・傷] むざう・む
　ざうらしげ・むざん[無慙・無慘] め
　ぐし[愛]

いたまえ【板前】→りょうり

いた・む【痛】 おこづく さしこむ[差
　込] どよむ[響] ひひく・ひひら
　く・ひひらぐ[疼]
　心が―とぶらふ[弔・
　訪]
　[枕]―いゆししの[射猪]

いた・む【傷】 きずつく、→くさる

いた・む【悼】→とむらう

いためつ・ける【痛付】→いじめる

## いちご——いちにちおき

**いちご【苺】** くさくだもの[草果物]

▽[蛇苺] くちなはいちご[蛇苺]

**いちじ【一時】**

▽[時]→基本 とき(P.16)

▽[一時的] しばらく[暫] とき たうざまかなひ[当座叶] たうざさばき[当座捌]

▽[一時逃れ] あだ[徒]

**いちじく【無花果】** うもれぎ[埋木]

**いちじてき【一時的】** あだ[徒] かり[仮初] そめ[仮初] ゆきずり[行摺]

— に いったん[一旦]

**いちじるし・い【著】** あらた[新] いちしるし・いちじるし・いちしろし しるし・いちじるし[著] めたたし・めだたし・めだ・めだし[目立] やしるし[著] きはやか[際] きはきはし[際際]

**いちご**
しゃうがち・しゃうぐわつ[正月] じゃうしゅん[上春] しょげつ[初月] せいやう[青陽] ただしづき[正月] [端月] たらうづき[太郎月] とし ねのひづき[子日月] はつそらづき[初空月] [初空月] [初花月] はつはるづき[初春月] はつみづき[初見月] はつむつき[初睦月] まう しゅん[孟春] むつき[睦月]
▽[歳始] としはつき[年初月]
▽[初月] はつづき[初月] はつはるづき[初春月]
▽白波・白浪
▽白雪 しらゆきの[白雪] しらなみの ひ[氷]

**いちず【一途】**
▽[一途] あながち[強] いちづ [一途] せつ・せち[切] ひたおも ひ[直趣] ひたぶる[直] ひたみ ち[直道] ひとすぢ[一筋]
▽[直道] ひとすぢ[一筋]
▽[強] むき[直趣] ひたぶる[直] ひたおも
— な心 ひたごころ[直心] ひた ぶるこころ[一向心] ひとへごころ [偏心]
— なさま むにむさん[無二無三]
— に いちづに[一途] いちでう[一 条] いっかう・いかう[一向] うち たえ[打絶] さんまい[三昧] せち に[切] たりふし[垂伏] ひたと・ ひたすら[只管] ひたに・ひたたに・ひたぶる[直] ひとすぢ[一筋] ひたみちに[一道]
— 際 ひとかすみ[一霞] ひたもの [直物] ひとかすみ[一霞] ひたもの は[一際] ひとしほ[一入] ひとへ [二重]→いっそう

**いちだん【一段】** ひときざみ[一刻]
— と さらに[更] ひとしほ[一入] 猶 なほさらに[尚更] なほかし[尚]

**いちだんらく【一段落】** いちらく[一 落]

**いちど【一度】** いったん[一旦] ひと かへり[一返] ひとわたり[一渡] ひと

**いちどう【一同】** そうぞう[総総・物物]

**いちにち【一日】** てうせき[朝夕] [一日] ひとひまぜ[日交] ひまぜ[日交]

**いちにちおき【一日】** ひとひまぜ[一 日交]

**いちぞく【一族】** いちもん[一門] い ちるい[一類] いへ[家] うから [族] えだ[枝] かど[門] きうぞく[九族] けんぞく[眷族・眷属] ぞうるい[族類] なから ひ[仲] ひとすぢ[一筋] ひとぞう [一族] みうち[身内] もんえふ [門葉] もんこ[門戸] やから[族] るい[類] るいはん・るいばん[類 伴]→基本 かぞく・しんせき(P.55) 尊 みぞう[御族]

**いちにちじゅう【一日中】** あさにけに しみらに・しめらに ひがないちにち[日一日] ひぐらし・ひぐらし[日一日] ひすがら・ひもすがら[終日] ひねもす・ひめもす[終日] ひとひ[一日] ひとめかし・ひとめく[日]

**いちにん・する【一任】** うちまかす[打任]

**いちにんまえ【一人前】** ひとかず[人数] ひとめく[人]

**いちば【市場】** かし[河岸] ざこば[雑魚場]

**いちねん【一年】** ひととせ[一年]

**いちはつ【一】** あなせいとう[紫羅欄花] こやすぐさ[子安草]

**いちぶしじゅう【一部始終】** だんだん[段段] はじめ[初・始] しゅび[首尾]

**いちはやく【逸早】→すぐに**

**いちぶぶん【一部分】** かたそば[片側・片傍] かたはし[片端] ひとふし[一節]

**いちにちじゅう——いっしゅるい**

---

**いちみ【一味】→なかま**

**いちめんに【一面】** おして[押] ひとさし[一指] ひとふし[一節]

**いちもくさん【一目散】** ただただ(と)

**いちもん【一門】→いちぞく**

**いちもんなし【一文無】** まずしい→びんぼう[貧乏]

**いちょうのみ【銀杏実】→ぎんなん**

**いちゃつ・く** あだつく[徒付] せせくる

**いつ【何時】** いづれ[何] ——でも ときをわかず[時分] 反——いつか・いつかは→基本はんご(P.104) 枕——いちしばの[櫟柴](↓いつしか)

**いっか【一家】→いちぞく**

**いっかい【一回】** ひとわたり[一渡]

**いっかつ【一括】→まとめる**

**いっきに【一気】** ずいと

---

**いっきゅうひん【一級品】** じゅうぼん[上品] ずいいち[随一]

**いっきょく【一曲】** ひとさし[一差・一指] ひとふし[一節]

**いつくしみ【慈】** おんあい[恩愛] じひ[慈悲]→おもいやり

**いつくし・む【慈】** あいす[愛] あがむ[崇] あはれぶ・あはれむ[憐・哀] なづ[撫] はぐくむ・はぐくもる[育] わきばむ[脇・腋] をごくむ[育]

**いっけん【一軒】** いちう[一宇] ▽——一軒家 ひとつや[一屋]

**いっけん【一件】** いちらく[一落] ひとふし[一節]

**いっこう…(ない)【一向】→ぜんぜん**

**いっさい【一切】→すべて ——…(ない) さながら**

**いっさくねん【一昨年】** きょきょねん[去去年]

**いっさん【一散・逸散】→いちもくさん**

**いっしゅうき【一周忌】** むかはり[迎]

**いっしゅるい【一種類】** ひとくさ[一種]

いっしゅん―いっぱん

**いっしゅん【一瞬】** いちねん[一念] せつな[刹那] ねん[念]→[基本とき](P.16)

**いっしゅんいっしゅん【一瞬一瞬】** ねんねん[念念]

**いっしょう【一生】** いちご[一期] とよ[一世]

**いっしょう【一世】** いちご[一期] よ[世]

**いっしょうけんめいになる【一生懸命】** きをつむ[気詰]
―句―かんたんをくだく[肝胆砕]
―暮らして世話するそひみる[添見]

**いっしょに【一緒】** あひ…あふ たぐふ[比・類] もろともに[諸共]
―行く[相具]
[相具]→つれる
―合合わす あはす[差合] かいつらぬ[掻連] さしあふ[差合]
―する あふ[差合] とりあつむ[取集]
―なる あふ[合] さしあふ[差合] たづさはる[携] なりあふ[成合]

**いっしんふらん【一心不乱】** さんまい[三昧]

**いっ・する【一逸】** はづす[外]→にがす

**いっせいに【一斉】** さと[颯]

**いっそ** いかう・いっかう[一向] なか[中中]→かえって

**いっそう【一層】** いちだん[一段]
―のこと とてもものにとど けに[異] いよいよ・いやよ[愈愈] ことさら[殊更] さらに[更] なほかし[尚猶] なほもって[猶以] ひとかすみ[一霞] ひとかへり[一返] ひときは[一際] ひとしほ[一入] ひとへ[一重] まして
―多くなる そへまさる[添]
―掃→とりのける

**いったい** →そもそも
**いったいに【一帯】** →いちめんに
**いったりきたり【行来】** あふさきるさ かゆきかくゆき[彼往] たたずむ[佇] たもとほる[回] わうらい[往来]

**いったん【一端】** かたそば[片側・片傍]
―に おしなみに[押並] おほよそ[凡・大凡] そうじて[総] なべ

**いっ【三昧】** →ねっちゅう

**いっつい【一対】** つがひ[番] 動物の―しない たがふ・ちがふ[違・交]
―する みをあはす[身合] あふ おちあふ[落合]

**いつでも【何時】** ときをわかず[時分]

**いつのまにか【何時】** いつか・いつしか

**いっぱい【一杯】** ところせし[所狭] ひたもの[直物] ひとつ[一] ひとつの[一物] はた[一杯]
―に しきりに[頻] しじに[繁] しみじみに・しみみに・しめらに[茂]
―にする たたふ[湛] ふたぐ[塞] みつ[満] つむ[詰]
―になる たたふ[湛] ふさがる[塞]
[憚] ふさぐ[塞] みちみつ[充満] みつ[満]
国中― くにもせに[国狭]
野原― のもせ[野狭]

**いっぱん【一般】** れい[例]
―に おしなみに[押並] おほよ そうじて[総] なべ

144

いっぽう――いとまごい

いっぽう【一方】
―の　なべての[並]
―の人　ぢげにん[地下人]　ぞくぎゃう[俗形]　ぞくじん[俗人]
―かたへ　かたつかた[片方]
―ひとつ　かつ・かつは[且]
―では　かたつかた[片方]
―の端　かたはし[片端]
▼一方的　あながち[強]

いつまでも　いやつぎつぎに[弥継継]　じんみらい・じんみらいさい[尽未来際]　ときじくに[時]
―思う　おもひつづく[思続]

いつも　あけくれ[明暮]　あさなゆふな[朝暮]　あさにけに[朝日]　おきふし・起臥]　あさゆふ[朝夕]　ときさらず[片時去]　じゅうぢゅう[常住]　じやうぢう[常住]　つね[常]　じやうふだん[常不断]　たえず[絶]　ときとなく・ときなし[時]　とはに[永久]　ひごろ[日頃]　ふだん[不断]　まなくときなく[間無時]

―無　よとともに[世共]
―ある　ときじ[時]　とこし[常]
―そうだ　いつとなし・いつともな・いつともわかず[何時]
―だが特に　いつはあれど・いつはならず[例]
―と違う　れいならず[例]
―の　れいの[例]　くだんの[件]
―のように　れいの[例]
―は　つねに[常]

いつわり【偽】→うそ
―がない　あかし[明]　じっしゃう[実正]
―ごと　ふづくりごと[文作事]
いつわる【偽】　いつはる[偽]　たむ・矯・採]
いでたち【出立】　ぬすまふ[盗]　みなり　ぎやうさう[行装]
いてん【移転】　うつろふ[移]→ひっこし
いと【糸】
枕――あさみどり[浅緑]　あをやぎの[青柳]　あふことの[逢事]（→かたし）
いと【意図】→いこう

いど【井戸】　いしゐ[石井]　いたる[板井]　ゐ[井]　つつゐ[筒井]　ふきゐ[噴井]　やまゐ[山井]　ゐ[井]
いど・う【厭】→きらう
いどう・する【移動】　たちわたる[立渡]　つたはる[伝]
いどころ【居所】　ざいしょ[在所]　みどころ[住所]　もと[元・本・許・原]→いばしょ
いとぐち【糸口】　こぐち[小口]　つま[端]
いとけない→あどけない
いとし・い→かわいい
いとおし・い→かわいい
いとおし・む→あいする
枕――なつびきの[夏引]（→いとほし）
いとしい→かわいい
―く思う　にくからず[憎]　かなしぶ[愛]
いとしがる→かわいがる
いとなむ【営】　もてなす[持成]
いとま【暇】→ひま
枕――なつびきの[夏引]
いとまごい【暇請】　まかり・まかりまうし[罷申]→わかれ

## いとわしい―いね

**いとわし・い【厭】**…いや
　枕―なつびきの[夏引]
　―く　うたて・うたてげ
　―くなる　あく[飽]

**いなか【田舎】**あがた[県]　いなしき[稲敷]　いなむしろ[稲筵]　いなほとり[片辺・偏辺]　かたやまざと[片山里]　くさぶかきとち[草深土地]　くに[国]　ざい・ざいしょ[在所]　ざいがう[在郷]　さと・さとむら[里村]　さとひ[里居]　たる[垂る]　ち[地]　でんしゃ・でんじゃ[田舎]　ひとのせかい[人世界]　ひとばなる[人離]　な・ひなべ[鄙辺]　ひなさかる[鄙離]　へんち[辺地]　へんど[辺土]　みち[道]
▽離れた―　あまざかる[天離]（→ひな）
―じみる　さとぶ[里]　つちけ[土気]　ひなぶ[鄙]　やぼ[野暮]　やまざとぶ[山里]　ゐなかだつ[田舎立]　ゐなかぶ[田舎]
―の家　くさがくれ[草隠]　ざい

[在家]　でんしゃ・でんじゃ[田舎]　たる[田居]　たふせ[田伏]
―の出た刈り頃の田　ほだ[穂田]
　刈り取った―　かりほ[刈穂]
―の人　さとびと[里人]　やまがつ[山賤]
↓基本 **いえ**(P.9)

**いなか者【田舎者】**でんぶ[田夫]　やぶ[野夫]　ゐなかびと[田舎人]
▽多くの村里　ちさと[千里]
▽田舎住まい　さとずみ[里住]
▽田舎育ち　くにそだち[国育]
▽田舎娘　ひなつめ[鄙女]
▽田舎者→いなかもの
▽遠い―　ひなさかる[鄙離]
―びる　→じみる
―めく　→じみる

**いなずま・いなびかり【稲妻・稲光】**
　いなだま[稲魂]　いなつるび・いなづるひ[稲魂]　いなかみなり[稲雷]

**いななく【嘶】**いなく[嘶]　いばゆ[嘶]　ひひらく・ひひらぐ[嘶]

**いなたば【稲束】**いなつか[稲束]

**いなならぶ【居並】**ゐなむ[居並]　つきなむ[着並]
▽穂の先並んでいる―　ほなみ[穂波]　なみほ[並穂]　ほなみ[穂面]　ほなみれ[穂末]

**いぬ【犬】**ゑぬ[狗]　ゐぬ[狗]
　枕―かきこゆる[掻越]

**いにん・する【委任】**ゆだぬ[委]

**いね【稲】**あきのたのみ[秋田実]　いな[稲]　おきつみとし・しね[稲]　たなつもの[穀]　たのみ[田実]　さ・とみくさ[富草]　とし[年・歳]　みしね[御稲]　みづかげぐさ[水陰草・水影草]　みづほ[瑞穂]　みとし[御年]をしね[小稲]
　枕―あさつゆの[朝露]・しらつゆの[白露]（→おくて）
―の子　ゑぬ[狗]
―の刈り跡　いなくき[稲茎]

[八束穂]
―の出た刈り頃の田　ほだ[穂田]
　刈り取った―　かりほ[刈穂]
▽穂の先並んでいる―　ほなみ[穂波]　なみほ[並穂]　ほなみ[穂面]　ほなみれ[穂末]

いのしし――いばる

- の茎 しべ いながら[稲柄]
- の苗 さなへ[早苗]
- の穂 あきのほ[秋穂] ほだち[穂立] みづほ[瑞穂] やつかほ[八束穂]
- 穂 ⇒いなほ
▼穂波 なみほ[並穂] ほづら[穂面]
▼取り入れ あきをさめ[秋収] おしね 晩稲 おくて[晩手・奥手] ひね[晩稲]
▼飯粒 いひぼ[飯粒]
▼藁 いなから・いながら[稲幹・稲茎]
▼藁すぢ わらすち・わらしぶ・わらしべ・わらしべ
▼藁束 ⇒いなたば

いのしし【猪】 くさゐ・くさゐなぎ[野鳥] ふすゐ・ふすゐのとこ[臥猪床] やちょ[野猪] ゐ・ゐのこ[猪]
枕―かるもかく[枯草搔]
- の肉 しし[肉] やまくじら[山鯨]

いのち【命】 いきのいのち[生命] いきのを[息緒] ことぶき[寿] しゃう[生] しんめい・しんみゃう[身命] たまのを[玉緒] てんめい[天命] よ[世] よはひ[松齢] めい[命] よはひ[齢]
枕―あさつゆの[朝露] うつせみの[空蟬] ささがにの[蜘蛛] たまきはる[魂極] なつそひく[夏麻引] みなわなす[水泡] つきくさの[月草](⇒かりなるいのち) つゆくさの[露草](⇒つゆのいのち)
―がけで いきのをに[息緒] からくして[辛]
―の限り わぎのをに[息緒] はひ[松齢]
長い― ことぶき[寿] まつのよはひ[松齢]
自分の― わがのち[吾命]
残りの― おいいれ・おいれ[老入] おいのつもり[老積] おいのゆくす ゑ[老行末] おいのゆくへ[老行方] ゆくすゑ[行末] よさん[余算]
短い― つゆのいのち・ろめい[露命]
▼寿命 れきすう[歴数]
▼薄命の人 うたかたびと[泡沫人]

いの・る【祈】 せうすいのうを[少水魚] いりもむ[入揉] おもひ ねんず[思念] こひのむ[請祈] ねがふ[願] ねぐ[祈] ねんじいる[念入] ねんず[念] のむ[祈] まじなふ[呪]
―りの言葉 よごと[寿詞]
お籠り さんろう[参籠] せいぐゎん[誓願]
加持祈禱 しゅほふ・すほふ・ずほふ[修法]
願掛け・願立 きせい[祈誓]
▼念仏 しょうみゃう[称名]

いばしょ【居場所】 くら[座] ざしき[座敷] たたずみ[佇]
―とする しむ[占]

いばら【茨・荊】 うばら・うまら・むばら[茨・荊] おどろ[棘・刺棘] けいきょく[荊棘]

いば・る【威張】 さどる[嵩取] かうにきる[甲着] かけんにかる[権借]

いはん――いみ

**いはん**【違反】 はたばる[端張]
—もって…(ない) つひに[遂・終]
—する そむく
**いひょうをつ・く**【意表】 うらかく[裏]
**いびる** →いじめる
**いひん**【遺品】 →かたみ
**いぶか・し・い** いふかし・いぶかし[訝]
 こころにくし[心憎] →あやし
**いぶか・る**【訝】 あやむ[怪] いふか
 る・いぶかる[訝]
**いふく**【衣服】 →基本 きもの(P.93)
**いへん**【異変】 さわぎ[騒] もっけ[物
 怪・勿怪]
**いぼ**【疣】 あましし[余肉] いひぼ[飯
 粒] こくみ[瘜肉] いぼ[疣]
**いほう**【異邦】 →がいこく
**いま**【今】 いまのうつつに[今現] ただ
 いま[只今] むま
 [今]当時 ただいま[只今]
 枕—ささがにの[蜘蛛]
 —丁度 いまし[今] いままさに
 [今] たちまち(に)[忽]
 —のところ さしあたりて[差当]
 —の世 たうせい[当世] たうだ

▼現代
**いま**【居間】 けや[婢居・家居]
**いまいまし・い**【忌忌】 うれたし[慨] うれはし[憂]
 ねたがる・ねたげ・ねたし・ねたまし
 [妬] のろのろし[呪呪] まがまが
 し[禍禍] むやくし[無益] →はら
 だたしい
**いまから**【今】 いまゆ[今] じこん[自
 今]
**いまごろ**【今頃】 このごろ[此頃]
**いまさら**【今更】 さらさら[更更] は
 じめて[初]
**いましがた**【今方】 ただいま[只今]
**いましも**【今】 すでに[既・已]
 —のように とりかへし[取返]
**いまじぶん**【今時分】 いまほど[今程]
 このごろ[此頃]

**いましめ**【戒】 いさめ[諫] さとし
 [諭]
**いまし・める**【戒・誡】 いましむ[戒・
 誡] かんぼつ[勘発] しめす[示]
 —もまた いまはた[今将] はぢしむ[恥]を
 たった— いましがた[今方] た
 はしたなむ[端] はぢしむ[恥]を
**いますぐ**【今】 いまいま[今今] ただ
 いま[只今]
**いまだ(かつて)…(ない)** いまに[今
 に] ぜんせ・ぜんぜ[前世] みぞう
 [未曾有]
**いまにも**【今】 →すぐに
**いまわ**【今際】 →基本 しぬ(P.72)
**いまわし・い**【忌】 まがまがし[禍禍]
 し[禍禍] いまいまし・いまは
 し[由由] →ふきつ
**いみ**【意味】 おもむき[趣] ぎ[義]
 ぎり[義理]
 —じゅう[心] こころばへ[心延]
 —こころあり[心有]
 —が通じる きこゆ[聞]
 —がない えうなし[要無] あや
 なし[文無]

いみあい ── いやしめる

いみあい【意味合】
　―がないこと　すずろごと[漫事]
　―が深い　じんじん[甚深]

いみあけ【忌明】　ちょふく[除服]

いみきらう【忌嫌】→いや

いみょう【忌明】　すぢ[筋]

い・む【忌】→いや、→きらう

いむべきだ【忌】　いまいまし[忌忌]

いま【芋】　うも　▽馬鈴薯　じゃがたらいも

いまはし[忌]

いもうと【妹】　いも・いもうと　いも
　とご[妹子]　いもひと・いもびと　いも
　[妹]　いもなね・いもなろ[妹]
　と[弟・乙]　おといも・いもびと[妹]お
　[乙御前]　おとうと・いもとと[弟]
　わぎも[我妹・吾妹]　わぎもこ[我妹
　子・吾妹子]
　枕─さにづらふ・さにつらふ[丹]・た
　まつさの[玉章](→いも)

いものし【鋳物師】　いもじ[鋳物師]

いや【嫌】　あいなし[愛無]　あさまし
　[浅]　いとふ・いとはし[厭]　いま
　はし・いむ[忌]　うし[憂]　うたて・
　うたてあり・うたてし・うたてう・うとまし・う
　とましう

いや(感動詞)　なにか[何]
　―　あらず[有]　いでや
　―な顔をする　にがむ・にがる[苦]
　―な　あらぬ
　―に　うたて・うたてげ
　―にならない　あかず[飽]
　―になる　あく[飽]　あぐねる・あ
　ぐむ　うんず・うむ[倦]　おもひう
　んず[思倦]　たいくつ[退屈]
　句─あいそもこそもつきはて[愛想]

いやいやながら【嫌嫌】　しぶしぶ[渋]

いやおう【否応】　ふしょう[不請]

いやがる【嫌】　いなせ[否諾]　うとむ[嫌]　きらふ[嫌]
　いとふ[厭]　いとはし[厭]
　しぶる[渋]　むつかる[憤]　ものう
　し[物憂]→きらう
　おもひうんず[思倦]

いやけがさす・嫌気がさす【嫌気】
　おもひうんず[思倦]

いやし・い【卑】　あさまし[浅]　あや
　し[怪・卑]　いひがひなし・いふかひ
　なし[言甲斐無]　いやし[卑・賤]
　きたなし[汚・穢]　くちをし[口惜]
　さもし　すぢなし[筋無]　はかな
　し[果無・果敢無]　むげ[無下]
　ほどなし[程無]　ひきょう[比興]
　枕─しづたまき[倭文環](→いやし
　き)

いやけがさす【嫌気】
　―こと　しづ[賤]　げせん[下賤]
　―根性　げこん[下根]
　―人・者　えせもの[似非者]　しづ
　のを・しづを[賤男]　しづめ・しづ
　め[賤女]　たびしかはら[礫瓦]…
　みぶん
　―身分が─　みじかし[短]
　―心が─　こころきたなし[心汚]
　さもし

いやしげ【卑・賤】　ものきたなし[物汚]

いやしむ・いやしめる【卑・賤】　いやしむ[卑・

いやみ――いりぐち

**いやみ【嫌】** しのぐ[凌] あさむ[浅]
**いやみ【嫌】** あてこと[当言]
　ひにく[皮肉] ねすりごと[言] すし
　―がある うるさし
**いやらし・い** あさまし きらはし 嫌] むくつけし
**いよいよ** いとど・いとどし いとのきて いや[弥] うたた[転] けすでに[既・已] なほ・なほなほ[猶・尚] →ついに、→ますます
**いよう【異様】** け[異] けし[怪・異] けしからず[怪] けしきあり[気色] けしきおぼゆ[気色覚] けやけし[尤]
　―な姿 いぎゃう[異形] ひぎゃう[非形]
　―なけしかる[怪・異]
**いらい【依頼】** →たのむ
**いらいら・する** →いらだたしい
**いらくさ** いら[刺・苛]
**いらだたし・い** [苛立] いりもむ[入揉] いらる[焦] きもをいる[肝煎] こころあわただし[心慌]

**いらだ・つ**[苛立] いらつ[苛] いりもむ[焦揉] こころもとなし[心許無] すみやく[速] たぎる[滾] はやる[逸] →じれったい
　―さま ひききり[引切]
**いらだた・せる** きします[軋]
**いらっしゃい** させたまへ[給] いざ
　たまへ[給]
**いらっしゃ・る** いでます[出座] ます・いますかり[在] おはす・おはさうず・おはしまさふ・おはしまさす・おはす[御座] ござあり・ござさうらふ[御座] まさふ・ござまします[座・坐] みまそがり・みまそかり わたる[渡]
**いりえ【入江】** いりうみ[入海] うら[浦] え[江] いそみ・いそわ[磯回] かた[潟] わだ[曲]
　―のほとり かうしゃう・かうじゃう[江上]

**大きな―** おほわだ[大曲]

木などに隠れている― こもりえ[籠江]
**小さな―** をえ[小江]
**水の濁った―** にごりえ[濁江]
**いりぐち【入口】** くち[口] と[戸]
　とばくち・とぼくち[這入] やりどぐち[遣戸口] はひり[這入]
　―を閉める さしかたむ[差固] さしこむ[鎖籠] さす[鎖] たつ[立] たてこむ[立籠・閉込]
**海や川の―** みと・みなと[水門]
**―裏口** しもぐち[下口] せど・せどぐち[背戸口]
**▼河口・入り江** みと・みなと[水門]
**▼勝手口** せど・せどぐち[背戸口]
**▼門口** とばくち・とぼくち[口]
　はしりど[走出]
**▼潜り戸** きりど[切戸] くぐり[潜]
**▼戸** あさど[朝戸] しばのと・しばのとぼそ[柴枢] しをりど[枝折戸] とぼそ[枢]
**▼扉** とぼそ[枢]
**▼非常口** あけずのもん[開門]

**いりく・む【入組】** こむ【籠・込】

**いりこ・む【入込】** たちいる【立入】

ゐいる【居入】

光などが— さしこむ[差込]

**いりひ【入日】** いりつひ[入日]

やう[夕陽] ゆふづくひ[夕日] せき

**基本** ゆうがた(P.18)

**いりまじ・る【入交】** かふ[交] まじはる[交]

[紛] まじはる[紛]

**いりみだ・れる【入乱】** まがふ[紛] まぎる

こむ[込込] まがふ[紛]

**いりむこ【入婿】** いりえ[入縁]

**いりよう【入用】** えう[要] よう[用]

**いりょく【威力】** いきほひ[勢]

**いる【射】** いいづ[射出] とばす[飛]

[枕]—あづさゆみ[梓弓] しらまゆみ
[白檀弓]

**いる【入】** → はいる

**いる【居】** → おる

**いるす【居留守】** そらがくれ[空隠]

**いれか・える【入替】** → かえる

**いれかわ・る【入替】** → かわる

**いれずみ【入墨】** ほりもの[彫物・分身]

いりくむ ─ いろづく

**いれもの【入物】** → うつわ

**い・れる【入】**

間に— さしはさむ[差挟]

口の中へ— ふくむ[含]

中に— さしいる[差入]

—をする きざむ[刻] もどろく

**いろ【色】** → **基本**(P.14)

**いろあい【色合】** いろあはひ[色合]

にほひ[匂]

**いろあ・せる【色褪】** あす[褪] うつ

ろふ・うつる[移] さる[曝]

**いろいろ【色色】** かたがた[方方] くさ

ぐさ[種種] ことこと・ことごと

ん・せんばん[千般] せんばん[千

万] だんだん[段段] ちくさ・ちぐ

さ[千草] ちぢ[千千] とかう[取耕]

ざまかうざま[様様] とりどり[取取]

にやかや[何彼] ふさに[多] やち

くさ[百種] やうやう[様様] やち

[四方山]

よもやま
—な考え こころごころ[心心]

—な身分 しなじな[品品]

**いろう【色う・する【慰労】** いたはる[慰・労]

なぐさむ[慰] ねぐ[労]

**いろけ【色気】** なまごころ[生心] ぬ

れけ はるごころ[春心] よごころ
[世心]

—がある ざる[戯] → **なまめかしい**

**いろけづ・く【色気付】** ぬれごとと[濡事]

**いろごと【色事】** すきごと[好事]

さけ[情] ぬれごと[濡事]

[戯] → **こうしょく**

—らしい すきがまし[好] たはし
[戯]

**いろごのみ【色好】** あだけ[徒] いろ

[色] いろいろし[色色] いろめか

し[色] かうしょく[好色] かはま

どひ[皮惑] このまし[好] このみ

ごころ[好心] すき[好・数奇] す

きごと[好心] すきごと[好] たは

ざまかうざま[様様] とりどり[取取]

▼色男 あだしをとこ[徒男] みそ

かをとこ・みそかをとこ[密男]

あからみあふ[赤

**いろづ・く【色付】**

**いろめく【色】**

めく[色] みだりがはし[濫・猥]

いろっぽい――いんぼう

**いろっぽ・い【色】**→なまめかしい

**いろつや【色艶】**にほひ[匂]

**いろど・る【彩】**あやなす あやどる[彩] さす[注] だむ

**いろり【囲炉裏】**すびつ[炭櫃] ちくわろ・ぢくぁろ[地火炉] ぢひろ ひをけ[火桶] ゆるり[囲炉裏]
―枕〔↓いは〕一つのさはふる・つぬさはふる[角障経]

**いろん【異論】**→はんたい

**いわ【岩】**いはがね・いはね[岩根] いはほ[巌] ばんじゃく[磐石]
―合 いろめく[色] うつろふ[移] しむ そむ[染] にほふ[匂] にほす[匂] もみづ[紅葉] にほやか・にほやか[匂]
―いているさま にほひやか・にほはす・にほふ[匂]
―かせる にほはす・にほはす・にほふ[匂]
―ふ[匂]

**いわ【岩】**
大きな― いはね[岩根] いはほ[巌] だいばんじゃく[大磐石] ちびきのいは[千引岩]
堅い― かきは・かしは・かたしは[堅磐] たまがしは[玉堅磐]
突き出た― いははな[岩鼻]
平らな― いはだたみ[岩畳] はとこ[岩床]
▽岩場の険しい道 いはのかけみち[岩懸道]

**いわい【祝】**が[賀] ことほがひ・ほかひ・ほがひ[祝・寿] よろこび[慶] ぜんざい[善哉]
―の言葉 しゅげん[祝言]
―物→基本たべもの（P.95）

**いわう【祝】**ほぐ[寿] ほかふ[祝] ほく・寿 ほむ[褒・誉] ことぶく・ことほく・ことほぐ・ことほがひ・ほかふ[祝] よろこび・慶] ほか喜]

**いわお【巌】**→いわ

**いわかげ【岩影】**→いわかくれ

**いわかげ【岩蔭】**いはぶち[岩淵] いはがくれ[岩隠] いはが
―の淵 いはぶち[岩淵]

**いわし【鰯】**きぶち[岩垣淵] うんぎょ[鰮魚]

**いわれ【謂】**いひ[謂] いはく[曰]
ことのよし[事由] さるやう[然様] ゆゑん[所以] よし[由・因] らいれき[来歴]→ゆら

**いわんや【況】**→まして

**いんが【因果】**→むくい

**いんき【陰気】**うもる・むもる[埋]

**いんしゅう【因習・因襲】**→しきたり、あと

**いんしょう【印象】**こころのあと[心跡]
―付けられる とまる[止・留]
―に残る こころにしむ[心染]

**いんしょく【飲食】**さん[餐]→たべる

**いんとん【隠遁】**そむく[背・叛] ひく いる[引入]
―者→しゅっけ
▽隠遁者→よすてびと

**いんにん【隠忍】**→がまん

**いんねん【因縁】**しょえん[諸縁] しゅくえん[宿縁] ちなみ[因] すくせ[宿世]→えん

**いんぼう【陰謀】**そこだくみ[底企] ぎり[契]

152

## う

**う【鵜】** しまつとり[島鳥] みづのからす[水鳥] まとり[真鳥]

**ういういし・い【初初】** よつかず[世付] →そぼく

**ういきょう** くれのおも[呉母]

**うえ【上】**
—の方 かみべ[上辺]
—に立つ しのぐ・しぬぐ[凌]
—こと きかつ・けかち・けかつ[飢渇] とうたい[凍鮠]
▼餓死 かつゑじに[餓死]

**うえきや【植木屋】** そのひと[園人]

**うえこみ【植込】** きりたて[切立] せんざい[前栽]

**う・える【飢】** うう[飢] かつゑる[餓] つかる[疲]

**う【鵜】** —空様

**うお【魚】** →さかな

**う——うぐいす**

**うかい【迂回】** →まわりみちする

**うかうか** →うっかり

**うかが・う【伺】** うけたまはる[承] さぶらふ・さむらふ[侍] まうづ・まゐる[詣] うでく・もうのぼる[参]
—意向を— けしきたまはる[気色] 給 けしきどる[気色取]

**うかつ** →うっかり

**うが・つ【穿】** うぐ[穿] はく[穿]

**うか・ぶ【浮】** うく[浮] なづさふ[玉藻] あまぐもの[雨雲] とりじもの[鳥物] をしどりの[鴛鴦](▷うき) みつとりの[水鳥] たまもなす[玉藻]

**うか・れる【浮】** ただよふ[漂] 雲が— たちゐる[立居] あくがる・あこがる

**うきうきする** うかる・うく[浮] かぶく[傾] ぞめく[騒] ぬめる[滑]
—つ・うく[浮子] うけ[浮]
**うきうき・する【浮浮】** うかる・うきた そぞろはし[漫] →うかれる
—様子 わさわさ(と)

**うきくさ【浮草】** ねなしぐさ[根無草]

**うきぐも【浮雲】** ふうん[浮雲]

**うきな【浮名】** →基本 うわさ(P.83)

**うきめ【憂目】** →ふうん

**うきよ【浮世】** このよ

**う・く【浮】** なづさふ

**うぐい【鯎・石斑魚】** いぐひ[鯎・石斑魚] せきはんぎょ[石斑魚]

**うぐいす【鶯】** きゃうよむとり[経読鳥] ささへことり[小鳥] とどめどり[禁鳥] にほひどり[匂鳥] なみだどり[花見鳥] はるつげどり[春告鳥] はるのつかひ[春使] とくどり[人来鳥] みみめどり[耳目鳥] ももちどり[百千鳥] やどかしどり[宿貸鳥]

うけいれる──うしろむき

**うけいれる**
─の子 ささこ[笹子]

**うけい・れる【受入】** →ひきうける

**うけこたえ【受答】** さしいらへ[差答]
─する あひしらふ・あへしらふ

**うけたまわ・る【承】** かしこまる・かしこむ[賢・畏]

**うけつ・ぐ【受継】** うく[受・承] つぐ[継]

**うけと・る【受取】** うく[受・承・請]

**うけも・つ【受持】** →たんとう[担当]
学問を─ つたふ[伝]

**うけら【白朮】** びゃくじゅつ[白朮]

**う・ける【受】** うく[受] きる[着] かぶる・かうむる[被] くふ・くらふ[食] まねく[招]
謙─→いただく
損失などを─ かふ[買] まねく[招]

**うごか・す【動】** あゆかす・あゆがす[揺] すべらかす[滑] はたらかす[働]

**うご・く【動】** あゆく・あゆぐ[歩] ゆく・あゆぐ[揺] す

べる[滑] はたらく[働] ばんじゃく
─の子 ささこ[笹子]
─ **かない こと【動】** ばんじゃく[磐石]
─ **き回る** さわぐ[騒] ただよひありく[漂歩] ひろめく
身体が─ **かない** かからはし[懸]
敏捷に─ いそめく[急]
虫などが─ →うごめく
をごめく[蠢]

**うごめ・く【蠢】** おごめく・むくめく・うごめく[蠢]

**うさぎ【兎】** さうさぎ[兎] しめこ[占] 子 つきのわ[月輪] つゆぬすみ

**うさんくさ・い【憂晴】** なぐさみ くさし・ものぐさし[物臭・懶]

**うさばらし【憂晴】** なぐさみ
雄の─ こっていうし・ことひうし[特負牛]
強大な─ ことひのうし[特負牛]

**うし【牛】**
雄の─ こっていうし
[特負] かばね[姓] →な

**うじ【氏】**

**うしお【潮】** →しお

**うじがみ【氏神】** うぢのしん[氏神]

うぢゆひのかみ[氏結神] そうべう[宗廟]

**うしな・う【失】** うしなふ[失] →なくなる
─こと しっつい[失墜]
─す おとす[落] なくなす[無]
時期を─ さだすぐ・さたすぐ

**うしろ【後】** しりへ[後方] せびら[背] そがひ[背面・背向] そびら[背] そとも[背]
─の方 しり[後・尻] そとも[背面]

**うしろあし【後足】** しりあし[後足]

**うしろがわ【後側】** うしろで[後手]

**うしろぐら・い【後暗】** →うしろめたい

**うしろすがた【後姿】** うしろかげ[後影] うしろつき[後付] しりぶり[後振]

**うしろだて【後楯】** うしろで[後見] うしろみ・うしろみる・うしろむ[後見] たすく[助] かへさま[返様] うしろざま[後様]

**うしろまえ【後前】**
よせ[寄]

**うしろむき【後向】** そがひ[背面・背向]

**うしろめた・い【後】** うしろめたし・うしろめたなし[後暗] うしろめたさ[後] —泣き そらなき[空泣] そらなみだ[空涙] —ことうしろめたし[後] にごり[濁] —を言う いつはる[偽] しふ[誣] そらごと[諳] ▼ほらふき ちんず[陳] [法螺吹] せんみつ[千三]

**うす・い【薄】** あそに・あそにに あろし[淡] うすし[薄] かるし・かろし[軽] —ことなつごろも[夏衣] 枕—物 ひら[片] —くない ほのぼのし[直] —くする あはづ[淡] けづる[削] 色などが—くなる →うすらぐ 人情が— あさし[浅] あはし[淡]

**うすうす【薄薄】** →きみわるい

**うすきみわる・い【薄気味悪】** →きみわるい

**うず・く【疼】** ひひらく・ひびらく[疼]

**うずくま・る【蹲】** くぼまる[凹] つくばふ[蹲・蹲] ねまる →かがむ

**うすぐら・い【薄暗】** なまぐらし[生暗] ほのぐらし[仄暗] ものぐらし[物暗] をぐらし[小暗] もうもう[朦朦] うづもる・うもる・む[埋] もる[埋]

**うすま・る【埋】** うづもる・うもる・む[埋]

**うすめ【薄目】** ちゅうがん[中眼]

**うず・める【埋】** うづむ[埋]

**うすら・ぐ うす・れる【薄】** あさゆ[浅] [褪] うつろふ・うつる[移] かへる[返] さぶ[寂・荒] 愛が— よがる[夜離] さむ[冷]

**うすらさむ・い【寒】** そぞろさむし[漫寒] →さむい

**う・せる【失】** →なくなる

**うそ【嘘】** あかうそ[赤嘘] あだこと・あだごと[徒言] あとなしごと[跡無事] いつはり[偽] およづれ・およづれこと[妖言・逆言] きょたん[虚誕] ・こま[虚妄] ねらごと[虚言] てっぱう[鉄砲] はかなしごとなしごと[果無言] ひがごと[根無言] まうご[妄語] むなこと[空言・空事] ゑそらごと[絵空事] →いつわり

**うた【歌】** →基本 わか(P.64) くちずさぶ・くちずさむ[口遊] ながむ[詠] ▽ほらふき

**うた・う【歌】** いだす[出] いだしたつ[出立] うたふ[歌] ぎんず[吟] —句—あかをぬく[垢抜] —を晴らす うぃをはらす[心鬼]

**うたがい【疑】** —句—ぎしんあんき[疑心暗鬼] ここ ろのおに[心鬼]

**うたが・う【疑】** あやしむ[怪] いぶかしがる・あやしがる・あやしいぶかしむ・いぶかる[訝] とがむ[咎] —いない うつなし[答] —いないこと けつぢやう[決定]

**うたがわし・い【疑】** あやし[怪・卑] いぶかし[訝] いぶせし[鬱悒] う

---

**うしろめたい—うたがわしい**

うたたね——うつくしい

**うたがはし**【疑】 おぼつかなし[覚束無] →**あやしい** ─こと うさん[胡散] うろん[胡乱] ふしん[不審] いぶかしむ[訝]

**うたたね**【転寝】 かりね[仮寝] かりそめぶし[仮初臥] ころびね[転寝] →**ねる**(P.76)

**うたよみ**【歌詠】 うたぬし[歌主] →**歌**基本わか(P.64) —と外 枕—たまきはる[霊極] うち[内]—した[下]

**うちあ・ける**【打明】 あかす[明] あらはす[表・現] うちあく[打明] さんげ・ざんげ[懺悔] しらく[白] ひあらはす[言表] ─そうだん

**うちき**【内気】 うもれいたし・むもれい たし[埋] おくまる[奥] はぢ[恥]

**うちこ・む**【打込】 とりす[執] みをなぐ[身投] みをはむ[身墳] む[励]

**うちあわ・せる**【打合】 はからふ[計]

**うちこわ・す**【打壊】 くだく[砕・摧] しっく[仕付] はふる・ほふる[屠] やへす[圧] うちなす[打鳴]

**うちしおれる**【打萎】 →**ふさぎこむ**[思萎] →**こわす**

**うちす・てる**【打捨】 うちすつ[打捨] はふらす・はうらす[放]

**うちすて**【打捨】 さしくみに・さしぐみに →**とつぜん**

**うちつけに** さしくみに・さしぐみに →**とつぜん**

**うちつづいて**【打続】 しくしく[頻頻]

**うちとうける**【打解】 あざる[狂・戯] くだく[砕・摧] こころひらく[心開] こころをゆるす[心許] とく[解] →**したしい** なる[慣・馴] ゆる[許] みだる[乱] ─けている[打解] しどけなし ─けていない ─け易い →**うちとけやすい**

**うちとけやすい**【打解易】 つぼし[窄]

**うちとる・うちはた・す**【討取・討果】 とる[取] しとむ[為留]

**うちなら・す**【打鳴】 うちなす[打鳴]

**うちまか・す** →**うちやぶる**

**うちやぶ・る**【打負・撃破】 くだく[砕・摧] しへたく[虐] はふる・ほふる[屠] やぶる[破] →**まかす**

**うちゅう**【宇宙】 さんぜんせかい[三千世界] ちう[宙] ほふかい[法界]

**うちょうてん**【有頂天】 →**とくい**

**うちよ・せる**【打寄】 うちよす[打寄] 枕—ころもでを[衣手](→**うちさわぐ**) し らなみの[白波](→**うちさわぐ**・うち しきり) とこじもの[床物](→**うち ふす**)

**う・つ**【打】 しらぐ[張] はる[張] よそる[寄]

**うっかり** しらぐ[白] ─と たちよる[立寄] むさと・むざ と おる[愚・痴] くわうりゃ う[広量] こころおそし[心遅] こ ころおくる[心後] れうじ[聊爾] ─すると ようせずば

**うつぎ**【空木】 うのはな[卯花] ─すると あはれ・あはれげ

**うつくしい**【美】 あはれ・あはれげ

うつす―うつむく

いう［優］　いつくし・いつくしむ・う
つくし［美］　うまし［味・旨］　うる
はし［美・麗］　えん・えんがる［艶・
だつ］［艶］　かうばし・かぐはし［香・
芳］　きよげ・きよし　きよら
［清］　きらきらし　きらびやか・き
らら・きららか［煌］　くはし［美］
けうら［清］　こまか［細］　さや・さ
やに・さやか・さやけし　しなふ［撓］
すごげ［凄］　せんけん・せんげん［嬋
娟］　たへ［妙］　つやゃか［艶］
まめかし・なまめく［艶］　なまやか
［生］　にほはし・にほひやか・にほ
ふ・にほやか［匂］　にほひいづ［匂
出］　はなやか［華］　はゆ［映］　び
びし［美美］　まぐはし・めぐはし［目
細］　まばゆし［目映］　みめう［微
妙］　みめよし［見目良］　めざまし
［目覚］　めでたし［愛］　やさし［優
よし［良］　よそほし［装］　らうら
じ・りゃうりゃうじ［労労］　らうた
く［臈］をかし
枕―なみくもの［波雲］
接―たま…［玉］

―顔　びさう［美相］
―声　めうおん［妙音］
―こと　うづ［珍］　きら［綺羅］
にほひ［匂］
―すら　うすらか［薄］　ほのぼの
訴］　もんちゅう［問注］　しうそ［愁
訴］　たましき［玉敷］
―妻　はなつま・はなつま［花妻］
―所　たましき［玉敷］
―服　きら［綺羅］
―娘　おとごぜ［乙御前］
―もの（の例え）　たま［玉］　しゅ
ぎょく［珠玉］
―く飾る →―く作る
―く作る　いろふ［色・彩］　つく
りみがく［作磨］
―くない　わろし［悪］
―くなる（成長して）　おひまさる
［生優］　ねびまさる［勝］
―く見える　かをる［薫］　けぶる
［煙・烟］　にほふ［匂］
―く見せる　もてはやす［映・囃］
―さ　いろ［色］　きら［綺羅］
―ほひ［匂］
▼優美　→ゆうび
ああ　あなにやし　あなにゑや
声が―　こゑあり［声有］

うつ・す【移】　わたす［渡］　つきくさの
［月草］
うつすら →うすらか［薄］
うったえ【訴】　うたへ［訴］
うってかわ・る【変】　ひきかへ・ひきか
へし［引返］　ひきたがふ・ひきたが
へ［引違］
うってつけ【打付】 →ふさわしい
うっとうし・い【鬱陶】　いぶせし［鬱
悒］　おぼほし　おぼほし　ここ
ろぐし［心鬱］　むつかし・ものむつ
かし［物難］
―こと　うつつ（と）［鬱鬱］　い
ぶせさ［鬱悒］
うっとり　ほれほれ（と）
―させる　とろめかす
うっぷん →いかり
―が溜まる　はらふくる［腹膨
す　うつぶす・うつぶしふ
うつむ・く【俯】　うつぶす［面伏］　ふす
枕―が溜まる　うつぶす［俯臥］
［伏・臥］

うつりあう——うとんじる

**うつりあ・う【映合】** さしあふ［差合］

**うつりが【移香】** ひとが［人香］

**うつりかわ・る【移変】** たちかはる［立代］
—・り けぢめ

**うつりぎ【移気】** うつしごころ［移心］ かはりごころ［変心］

**うつりす・む【移住】** うつろふ［移］

**うつ・る【移】** くだる［下］ ゆきかふ［行交］ ゆつる［移］
枕—つきくさの［月草］（→うつろひやすし） はるばなの［春花］（→うつろふ） もみぢばの［紅葉葉］
年月が— もみぢばの［紅葉葉］

**うつ・る【映】** うつろふ［映］ しづく［沈］
枕—ますかがみ［真澄鏡］
—（水面に）[映] しづく［沈］

**うつ・る【徙】** うつろふ［移］

**うつろ【虚】** →ぼんやり，→から
心が—（うわの空） そら［空］

**うつわ【器物】** うつはもの［器物］
なまり［金椀］ け［笥］ けご［笥子］ し
ごき［御器］ さかづき［杯・盃］ し
ゅかい［酒海］ ちゃうき［定器］ つ
き［杯・坏］ つぼざら［壺皿］ てんもく［天目］ ばん［盤］ まがり［鋺］
まり［椀・鋺］ めんつ・めんつう［面桶］ もたひ［瓮・甕］ もっさう［物相・盛相］ もひ［盌］ ゆとう［湯桶］

美しい— たまもひ・たまもひ［玉盌］

お供えの水を入れる— あか・あかつき［閼伽坏］

お茶の葉などを入れる— わたし

金属製の— かなまり［金椀］

蓋付きの— がふし［合子］ ごき［御器］

仏壇に供える— ぢゃうき［定器］

漆器 じきろう［食籠］

竹製の入れ物 じきろう［食籠］

茶碗 てんもく［天目］

水を入れる容器 ふね［船・舟］ もひ［盌］

**うで【腕】** かひな［腕・肱］ たくぶら・たこむら［手腓］ たぶさ［手房］ ただむき・ただむ［腕・臂］ せきしゅ［隻手］ せきわん［隻腕］

片方の— せきしゅ［隻手］ せきわん［隻腕］

両方の— まて・まで［全手・真手］

**うでぐみ・する【腕組】** たむだく［拱・手抱］ つかぬ［束］

**うでまえ【腕前】** て［手］ てぎは［手際］ てじな［手品］ てのうち［手内］ てまへ［手前］ てもと［手元・手許］ わざまへ［業前］

**ひとかどの—** げいたつ［芸立］

**うと・い【疎】** うとし［疎］ かれがれ［離離］ けどほし［気遠］ そばそばし ものとほし・ものどほし［物遠］ よそがまし［余所］ →そえん
不案内 おぼめかし［臓］ つきなし［付無］

**うとうと・する** うちまどろむ［打微睡］ とろめく［蕩］ まどろむ［微睡］

**うどん【饂飩】** けんどんや［慳貪屋］
—屋 けんどんや［慳貪屋］
—**す【麺子】**

**うとまし・い【疎】** →いや

**うと・む【疎】** →うとんじる

**うとん・じる【疎】** あはむ［淡］ あばむ［貶］ あくがる［憧］ あはづ［淀］ すさはづ・うとむ・うとまし［疎］ すさ

うとんずる——うまる

うとん・ずる【疎】→うとんじる
うとんじる【疎】そねむ へだつ む[荒・遊] そねむ[嫉] へだつ[隔] まく[撒]
うなが・す【促】→うとんじる そふ[誘] すすむ[勧・薦] さすふ・させむ[駆] かる[駆] さすふ[勧・薦] せむ[責] そそくる そそなかす・そそのかす[唆] もよほす[催]→さい そく
うなさ・れる〔夢などで〕おそはる・ものにおそはる[物襲]
うなぎ【鰻】 むなぎ[鰻]
—ことがってん・がてん[合点] —して出す いだしたつ[出立]
うなず・く【頷】うべなふ[肯・諾] たてくび[項]
うなじ【項】うなかぶす かぶす
うなだ・れる うなかぶす かぶす しなゆ[撓・萎] うつむく[傾]
うなばら【海原】→基本うみ(P.22)
うな・る【唸】うめく
うぬぼれ【自惚】いちぶじまん[一分自慢] がまん[我慢] しほや[潮屋]
じゃまん[邪慢] まんしん[慢心]

おもいあがり
—気味 みそけ[味噌気] みそ[味噌] われだのみ[我頼] おもひおごる[思驕]
うぬぼ・れる【自惚】おもひあがる[思上] おもひおごる[思驕]
うね・る くねる 波が— とをらふ[撓]
うのはな【卯花】うつぎ[空木] はつみぐさ[初見草]

うば【姥】おも[母] ちおも・ちも・まま[乳母] めのと[乳母]
—尊— おち・おちのひと[御乳人]
うばい・あう【奪合】とりあふ[取合]
うばいと・る【奪取】とりもつ[取持] いぶ[追捕] うばふ[奪] ひき とる[引取]
うば・う【奪】かすむ・かする[掠] わだかまる[蟠] とる[取]
うぶ【初】しょしん[初心] ぶえん[無塩] →そぼく
うぶぎ【産着】うぶぎぬ[産衣] かにとり・かにとりこそで[蟹取小袖] かに ひよひよ むつき[襁褓] →基本き

もの(P.93)
うぶゆ【初湯】むかへゆ[迎湯]
うま【馬】こま[駒] むま[馬] やばはだせ[肌背馬] りゅうてい[竜蹄] しゅんめ[駿馬]
枕—もちづきの[望月](↠こま)
▼馬貸し ばしゃく[馬借]
▼馬小屋 うまや・むまや・まや[馬屋]
うま・い【甘】→おいしい
うま・い【巧】いし[美] かしこし[賢]
うま・い【旨】→じょうず
—ぐあいに よろしな・へ・よろしな べ[宜]
—く言う いひかなふ[言叶]
—くいく きまる[決] ことなる[事成]
—くやった したり
—くやる してやる でかす
うまおい【馬追】すいっちょ・すいと
うまごや【馬小屋】うまや[厩・馬屋]
うま・る【埋】→うずまる

うまれかわる——うらさびしい

**うまれかわ・る**【生変】

**うまれこきょう**【生故郷】 →こきょう

句——しゃうをかふ[生代]

**うまれつき**【生】 ▽生誕百日目

——こと あれ[生]

——れた土地 うぶすな[産土]

——れながら あれながら[生]

**うま・れる**【生】 ある[生] さしいづ[差出] なりいづ[成出] なりいづ[生出] むす[生・産] ものす[物]

**うまれつく**【生】 →てんせい

**うま・る**【生】 おふ[生] なる[生] うまる

**うみ**【海】 →基本(P. 22)

**うみべ**【海辺】 うみが[海処] うみづら[海面] うら[浦] かた[潟] へ・へた[辺] 辺[辺・端] へつへ[辺方] へつかぜ[辺風] ——の風 ありなし・ありやなしや[有無]

**うむ**【有無】

**う・む**【生・産】 こむ[子産] なす[生]

▽生誕百日目 ももか[百日]

▽出産 さん[産] こやす[子安]

▽安産 みみ[身身]

▽流産 せうさん[小産・消産]

**う・む**【倦】 →あきる

**うめ**【梅】 かざまちぐさ[風待草] ざみぐさ[風見草] つげぐさ[告草] にほひぐさ[匂草] はつなぐさ[初名草] はつはなぐさ[初花草] なのおに[花兄] むめ[梅] ——告草 むめ[梅]
——や桜 このはな[木花]

**うめあわ・せる**【埋合】 あがなふ・あがふ[贖]

**うめ・く**【呻】 あめく さまよふ[吟] にえぶ・によふ・によぶ[呻吟] ぬえどりの[奴延鳥](⇨のどよふ)

**う・める**【埋】 うづむ[埋]

▽埋もれている ひかげ[日陰・日蔭]

**うやうや・し**【恭】 うやうやし[恭] ゐやゐやし[礼礼]

**うやま・う**【礼・敬】 あがまふ・あがむ[崇] あふぐ[仰] うやまふ[礼・敬] たっとぶ・たっとむ・たふとぶ・たふとむ[尊] ゐやまふ・ゐやむ[礼]

——うやむやにする まぎらはす[紛]

——いいかげん

**うら**【浦】 かた[潟] →基本 うみ(P. 22)

枕——くずのはの[葛葉] からころも[唐衣] しほがまの[塩釜](⇨うらみ)

**うら**【裏】 した[下] せ[背]

**うらがえし**【裏返】 かへさま[返様]

**うらがえす**【裏返】 ひきかふ・かへさふ・かへす[返] ひるがへす[翻] →ひっくりかえす

**うらがえ・る**【裏返】 かへる[返] な りかへる[成返] ひっくりかえる

**うらがな・し**【悲】 ものがなし[物悲]

**うらぎり**【裏切】 →かなしい

——の心 ふたごころ[二心] かへりちゅう[返忠]

**うらさび・し**【寂】 ものわびし[物

うらじろ――うり

うらじろ【裏白】→さびしい

うらじろ【裏白】くさ[山草] ほなが[穂長] やま祭

うらづ・ける【裏付】→しょうめい

うらない【占】うら[占] うらかた[占形] うらへ[占] さうけ[祈・誓] うらふ[占] うらひと[占人] おんみゃうじ・おんやうじ[陰陽師] すくようし[宿曜師] ―・わせる みす[見]
▽易者 さうにん[相人] さうじゃ[相者] さんおき[算置] みちゆきうら[道行占] ゆふうら・ゆふけ[夕占]
▽手相見 てうら[手占]

うらな・う【占】うけふ[祈・誓] うらなふ[占] とふ[占問] うらふ[占] うらひとふ[言問] とふ・ものとふ[物問] ぼくす[卜]
―ごととふ[言問] とふ・ものとふ[物問] ぼくす[卜]
▽夢占い ゆめあはせ[夢合] ゆめとき―[夢解]
―多くの― やうら[八占・弥占]
―人 うらかた[占形] うらひとおく[算置] うらみす[見]
―句 ―さんをおく[算置]

うらぶ・れる→おちぶれる

うらぼん【盂蘭盆】しゃうりゃうまつり[精霊祭] たままつり[魂祭・霊祭]

うらみ【恨】あた[仇] いしゅ[意趣] しんい・しんに・しんね[嗔恚] うらみ[物恨] ものゑんじ[物怨] ゐこん[遺恨]
―いて泣くこと かこちなき[託泣]
―ごと[言] うらみごと
―ごと[言] うらみごと

うらみあらそう【恨争】せめく・せめぐ[閥]

うらみいきどお・る【恨憤】うれたむ[慨]
―を晴らす うらむ[恨]
―かねての― しゅくい[宿意]

うらみかなし・む【悲】うらみわぶ[恨侘]

うらみがまし・い[恨]かごとがまし[託言]
―.んでいるようだ かごちがほ[託顔] かごとがまし[託言]

うらみごと[恨言]わびごと[佗言]
―を言う かこつ[託] ゑず・ゑん

うらみつづ・ける[恨続] うらみわたる[恨渡]

うらみなげ・く[恨嘆] せめく・せめぐ[閥]

うらみぬ・く[恨抜] うらみはつ[恨果]

うら・む[恨] あたむ[仇] うれたむ[慨] こころやむ[心病] ねたむ[妬] ゑず・ゑんず[怨]
枕―くずのはの[葛葉]

うらめし・い[恨]→くやしい

うらやまし・い[羨] けなりがる・けながる[異] ともし[羨]

うらや・む[羨] ねたむ[妬] ともしぶ・ともしむ[羨]

うららか[異] のどか・のどけし・のどやか[長閑]
―に うらうら うらら

うり【瓜】ふり[瓜]
―など くさくだもの[草果物]

## うる——うわぎ

**う・る【売】** ひさぐ[販・鬻]
　—・り払う はなつ[放]

**うるう【潤】** うるふ・うるほふ[潤]
　[湿] ほとぶ[潤]

**うるおう【潤】** うるふ・うるほふ[潤] しめる[湿] しむ[染]

**うるおす【潤】** うるふ・うるほす[潤] しめす[湿]

**—っている** つやめく[艶]

**うるさ・い【繚】** あつかはし いとはし[厭] うし[憂] うたてし うたてあり おどろおどろし おびただし[夥] かしかまし・かしがまし・かしまし・かまびすし[囂] けたたまし こちたし[言痛・事痛] さがなし さわがし[騒] しげし[繁] なやまし[悩] ののしる[罵] なりたかし[鳴高] むつかし・ものむつかし[物難] ものさわがし[物騒] わづらはし[煩] がはし[囂] らうがはし[乱] やかましい わわし[騒] —あなかま・かま[囂] なりたかし[鳴高] 感—なりやまむ[鳴止]
　—音 なり[鳴]

　—声 われごゑ[破声]
　—こと けんくゎ[喧嘩]
　—さま ぶっそう[物騒]

**多くて—** しげけし・しげし[繁]

**小—** とがとがし

**少し—** なまむつかし[生]

**人の口が—** こちたし[言痛・事痛]

**涙で—** かきくもる[掻曇]

**うるむ【潤】** ↓ぬれる

**うるわし・い【麗】** うるはし[美・麗] まぐはし・めぐはし[目細] めでたし[愛] うむかし・うむがし・うれし[嬉] こころよし[快] →しんぱい →よろこぶ

**うれい【憂】** くはし[美] まぐはし・めぐはし[目細] めでたし[愛]

**うれし・い【嬉】** うむかし・うむがし・うれし[嬉] こころよし[快] →よろこび

**—こと** よろこび[喜]

**—さま** よろこぶ[喜]

**うれしが・る【嬉】** たたずみありく[佇歩] たちさまよふ[立彷徨] たちやすらふ[立休] たどりありく[辿歩] ↓さまよう

**うろうろ・する** たたずみありく[佇歩] たちさまよふ[立彷徨] たちやすらふ[立休] たどりありく[辿歩] ↓さまよう

**うろおぼえ【覚】** なまおぼえ[生覚]

**うろこ【鱗】** いろくづ・いろこ・うろく[鱗] ぎょりん[魚鱗]

**うろた・える【狼狽】** あわつ[慌] いすすく・うすすく[狼狽] てまどはし[手惑] とちめく はいまう[敗亡] ふためく まどふ[惑] てまどはし・てまどひ[手惑]
　—こと てまどはし・てまどひ[手惑] →あわてる

**うろつ・く【彷徨】** ↓さまよう

**うわき【浮気】** あからめ[目] あくしゃう[悪性] あだ・あだごと・あだごち・あだごと[徒] あだわざ[徒業] あだごと[徒事] ↓うわきごころ

**うわきごころ**
　—っぽい すきがまし[好] あだめく[徒] 
　—っぽく見える あだごまし[好]
　—軽軽 かるがるし・かろがろし[軽軽]

▼移り気 あだごころ[徒心] うつしごころ[移心] かはりごころ[変心] こころみじかし[心短] こころごろ[外心] ほか

**うわぎ【上着】** うへのきぬ・うへのころも

**うわきごころ【浮気心】**
 あだしごころ あだごころ
 [移心] ことごころ[異心] うつしごころ[移心] すきごころ[好心] このみごころ[好心地] はなごごち[花心] ふたごころ[二心] わきごころ[脇心]

**うわきもの【浮気者】**
 あだびと[徒人] いたづらもの[徒者] たはこと[戯言]

**うわごと【譫言】** たはこと[戯言]

**うわさ【噂】** ⇒基本(P.83)

**うわつく【浮】** あだつく[徒付] うかぶ・うかむ[浮] ⇒うきうきする
 ─・いた心 すずろごころ・そぞろごころ[漫心]
 ─・いている あだ[徒]

**うわのそら【上空】** あまつそら・あまつみそら[天空] おほぞら[大空] こころそら[心空] そら[空] なかぞら[中空] めはそら[目]

**うわべ【上辺】** ひにく[皮肉]
 ─になる あくがる・あこがる[憧]
 ─の同情 なげのあはれ[無哀]
 ─を飾る みえ[見栄・見得]

**うわまえ【上前】** うはしる[上汁]
 句─をはねる うはしるすふ[上汁吸]

**うん【運】** まん[間] ⇒うんめい
 ─がよい ⇒こうふく
 ─が悪い つたなし[拙] ⇒ふしあわせ
 ─悪い おこたり[怠] ⇒ふしあわ

**うんか【浮塵子】** こぬかむし ぬかばえ[糠蠅]

**うんが【運河】** ほりわり[掘割]

**うんざり**
 ─する あきたし[飽] あぐねる あぐむ うんず[倦] たいくつ[退屈] ⇒あきる、─いや

**うんめい【運命】** いのち[命] うまれじゃう[生性] おきて[掟] さが[性・相] すくせ[宿世] てんめい[天命] めい[命] よのなか[世中]
 句─同じ─いちれん・いちれんたくしゃう[一蓮托生]
 ─前世からの─ しゅくうん[宿運]
 ─悪い─ おこたり[怠]
 ▼宿命 いのち[命] さが[性・相] しゅくうん[宿運] しゅくしふ[宿執] すくせ[宿世]

─────

**え**

**え【絵】** かた[形・象]

**えいえん【永遠】** いくちよ[幾千代]

**えいが―えとく**

**いやながく**
えいごふ[永劫] →えいごふ[曠劫]

**えいたい【永代】** くゎうごふ[曠劫] くをん[久遠] さんぜじっぱう[三世十方] たしゃうごふ[他生曠劫] ちいほあき[千五百秋] ちよ[千代・千世] ちんみらい[塵未来] つね[常] ときはかきは[常磐堅磐] とこしなへ・とこしへ・ひゃくだい[百代] ひさし[久] やちよ[八千代] よろづよ[万代]
までも、→基本 とき(P.16)

**えいきゅう【永久】**→えいえん
枕―いはほなす じゃうぢゅう[常住] ときはかきは・とこは[常磐] ときはかきは[常磐堅磐]
―不変

**えいが【栄華】** えいえう[栄耀] きら[綺羅] にほひ[匂] はな[花・華]

**えいこせいすい【栄枯盛衰】**
句―いっすいのゆめ[一炊夢] かんたんのゆめ[邯鄲夢] きのふのはな

**えいしん【栄進】**→しゅっせ
**えいぞく【永続】**→つづく ながむ・ながめ[詠]
**えい・ずる【詠】**→ながむ・ながめ[詠]
**えいたつ【栄達】**→しゅっせ
**えいてん【栄転】**→しゅっせ
**えいよ【栄誉】**→ほまれ
**えいへい【衛兵】** えじ[衛士]
**えいり【鋭利】** するど[鋭] とし[利]

**えと**
**えがお【笑顔】** ゑまひ[笑顔] ゑみがほ[笑顔]
**えかき【絵】** ゑだくみ[画工]
**えきしゃ【易者】** うらない
**えきびょう【疫病】** えやみ[疫病] ときのけ[時気] ときのえ[時疫] よごころ[世心地] よのなかごこち[世中心地]→基本 びょうき(P.87)
**えぐ・る【抉】** くじる[抉]
**えごのき【売子木】** ちさ[萵苣]
**えこひいき【依怙贔屓】**→ひいき
**えさ【餌】** はみもの[食物] ゑ・ゑば[餌]
―を食べる ゑばむ[餌]
**えしゃく【会釈】**→あいさつ
**えだ【枝】** え[枝] このえ[木枝]
基本 き(P.43)
―先 うら・うれ[末] こだる[木垂]
―が垂れる する[末]
―振り えだぐみ[枝組] えださし・えだざし[枝差]
―をもぎとった木 もぎき[捥木]
多くの― いほえ[五百枝] ちえ[千枝] ももえ[百枝]
先の方の― ほつえ・ほづえ[上枝]
下の方の― しづえ[下枝] しも
つえ[下枝]
高い― たちえ[立枝]
小さい― こしば[小柴] こやで さえだ[小枝] すはえ・ずはえ・すはへ[楚・楉] つまき[爪木]
細い― こしば[小柴]
みずみずしい― みづえ[瑞枝]
柳の― みどりのいと[緑糸]

**えっけん【越権】**→でしゃばる
**えとく【会得】** けんとく[見得・見徳]

えのき——えんぎ

えのき【榎】→さとる

えのぐ【絵具】 え[榎]

えのぐ【絵具】 にいし[丹石]

えのこぐさ【狗尾草】 ゑぬのこぐさ[狗尾草]

えもの【獲物】 さち[幸]

えもよう【絵模様】 ゑやう[絵様]

えら【腮・鰓】 あぎと[腮・鰓]

えら・い【偉】 かしこし[賢]

—ひと[偉人]→けんじん

—そうなさま たかあふぎ[高扇]

えらびだ・す【選出】 えりいづ[選]

すぐる[選] せうす[抄・鈔]

いづ[取出] とる[採・取]

[引]

えらびぬ・く【選抜】 すぐる[選]

えら・ぶ【選】 えらふ・えらぶ・えらむ

[選] える[選] このむ[好] せん

[撰] みたつ[見立] たてく

えりくび【襟首】 うなじ[項]

び[項・頸]

えりごのみ【選好】 さりきらひ[去嫌]

え・る【得】 う[得] まうく[設] まち

う[待得]

えんがわ【縁側】 えん[縁椽]

—に出ること はしる[端居]

えんぎ【演技】 わざ[業態]

えんぎ【縁起】 ほんえん[本縁]

—がよい きっきょうよし[吉凶
良]

—が悪い →ふきつ

えんかい【宴会】 いっこん[一献] う
たげ[宴] えんいん[宴飲] かはら
け[土器] さかごと[酒事] さかづ
き[杯・盃] さかほかひ[酒祝] さ
しき[座敷] さわぎ[騒]

—の後の散乱 はいばんらうぜき
[杯盤狼藉]

—の道具類 はいばん[杯盤]

—をする さかみづく[酒]
おこなふ[執行]

宮中の— とよのあかり[豊明]

将軍への— きょうえん[饗宴]

小さな— いっこん[一献]
[椀飯]

花見の— はなのえん[花宴]

祭りの後の— きょうえん[竟宴]

▼宴席 ざしき[座敷]

えん【縁】 あいさつ[挨拶] いんえん
[因縁] えに・えにし[縁] しょえ
ん[諸縁] すくせ[宿世] たより
[便] ちぎり[契] ちなみ[因] つ
な[綱] ゆかり[縁] よし[由・因]
よすが[縁・因・便] よせ[寄]

—が切れる うちたゆ[打絶] か
れはつ[離果] はなる[離]

—がない よしなし[由無] わ
りなし[理無]

—が深い ものふかし[物深]

—きる あいさつをきる[挨拶
切] かんだう[勘当]

—もない つれもなし[預]

—遠い うとうとし・うとし[疎]

—付ける あづく[預]

—ない つれなし[預]

句—いちじゅのかげ・いちじゅのか
げにやどる[一樹陰宿] いちがのな
がれもたしょうのえん[一河流他生
縁]

## えんきする ― えんりょ

**えんきする【延期】**
—を担ぐ ごへいをかつぐ[御幣]
—直し まんなほし[間直]
—が悪いこと きょうじ[凶事] ふしゃう[不祥]

**えんきん【遠近】** こちごち[此方彼方] こなたかなた[此方彼方] をちこち[遠近・彼方此方] このもかのも[此面彼面]

**えんこ【縁故】** いんえん・いんねん[因縁] えに・えにし・えん[縁] たより[便] つな[綱] ひき[引] ゆかり[縁] ゆゑ[故] よし[由・因] よしみ[好・誼] るい[類] →えん
—がない ゆゑなし[故無]
—の者 ほとり[辺]

**えんごく【遠国】** とほつくに[遠国]

**えんざ【円座】** わらうだ・わらふだ[藁蓋・円座]

**えんざい【冤罪】** なきこと[無事] な きな[無名] ぬれぎぬ[濡衣]

**えんじゅ【槐】** きふぢ[木藤・黄藤] ゑにす・ゑにず[槐]

**えんじゅく・する【円熟】** たく[長・闌] ぜまめ

**えんじょ【援助】** かふりょく[合力] みつぎ[見継] →たすける

**えんそう【演奏】** しらべ[調] て[手]
—し続ける かきたつ[掻立] かきわたす[掻渡]
—する かいひく[掻引] かきならす[掻鳴] かく[掻] かなづ[奏] しらぶ[調] そうす[奏] たんず[弾] つまびく[爪弾] ひきすさぶ[弾遊] ひきすます[弾澄] ひく[弾] ふきすさぶ[吹] らべあはす[調合]
▽合唱 つれぶし[連節]
▽合奏 つれぶき[連吹]
▽合奏する かきあはす[掻合] せめふす[責伏] をりはふ[折延]
▽激しく笛を吹く したや[下屋]

**えんちょう・する【延長】**

**えんのした【縁下】**

**えんぼう【遠望】** とほめ[遠目] みはるかす[見霽] めもはるに[目遥]

**えんぽう【遠方】** →とほい

**えんまん【円満】** まどか[円]

**えんりょ【遠慮】** いみ[忌・斎] かしこまり[畏] じぎ[辞儀・辞宜] つつしみ[慎] ものづつみ[物慎]
—いらぬ あなづらはし[侮]
—がちにする ひきいる[引入]
—がない あいだちなし・あひだちなし うらなし・うらもなし[心無] こころやすし[心安] ぜひなし[是非無] →ぶえんりょ
—がないさま むずむずと ゆく(と)
—される つつまし・つつましげ・つつましやか・ものつつまし[慎] わづらはし[煩]
—する おちはばかる[怖憚] おもひつつむ[思慎・思包] おもひは ばかる[思憚] かしこまる・かしこむ[賢] かたさる[片去] しんしゃく[斟酌] つつまし・つつむ[慎] こころおく[心置] かね[兼] ところ

# お

**お**(を)**おく**[所置] はつ[恥] はつす
　―**深い** つつまし・つつましげ・つ
　つましやか[慎]
　―**深いこと** ものづつみ[物慎]
　**世間体で―する** よをはばかる[世
　間]
**お**[外] はばかる[憚] ひかふ[控]
　[煩]
　―**尊** おぼしつつむ[思包]
**―する言葉** さしあひ[差合]
**―はいらない** はづかしげなし[恥
　憚]

**お**[尾・緒] を・をろ[尾・緒]
　[枕]―**かたいとの**[片糸] さごろも
　[狭衣] やまどりの[山鳥](➡を)
**おい**(感動) あいや いかに[如何]
　やや よや よよ
**おいかえ・す**[追返] かへす[返]
**おいかぜ**[追風] おひて[追風] とき
　つかぜ[時津風] まとも[真艫] ➡
　[基本]**かぜ**(P.11)
**おいこ・む**[追込] ➡**おいつめる**

**えんろ**――**おいはらう**

**えんろ**[遠路] ちさと[千里] ちゃう
　と[長途] とほぢ[遠路] ながぢ・
　ながち[長路] ながて[長手]

**おいこ・む**[老込] おいばむ[老]
**おいし・い**[美味] あまし[甘] いし
　[美] うまし[甘]
　―**物** かんろ[甘露]
　―**く** うまらに[甘] うまげに[美]
　　・そうだ きよげ[清]
**おいしげ・る**[生茂] おひこる[生凝]
　おひををる[生] しげりあふ[茂合]
　しげりわたる[茂渡]
**おいしば** すまひぐさ[相撲草]

**おいすが・る**[追] おひすがふ[追]
**おいだ・す**[追出] ➡**おいはらう**
**おいたち**(子供の)[生立] わらはおひ
　[童生] をさなおひ[幼生] をさな
　だち[幼立]
**おいた・てる**[追立] ➡**おいはらう**
**おいちら・す**[追散] ➡**おいはらう**
**おいつ・く**[追付] いしく[及] おひ
　しく[及] および[及] しく[及]
　すがふ[及] ゆきつく[行着]
**おいつ・める**[追詰] つむ[詰]
　せむ[追・逼] さしつむ[差詰]
**おいでになる** おはします・おはす
　[御座] わす[座]
**おいとまする**[暇] ➡**たいしゅつする**
**おいの・ける**[追除] ➡**おいはらう**
**おいはぎ** わるもの
**おいはら・う** おひすつ[追棄]
　さく[駆] しりぞく[退] てうず[調]
　[駆] はなつ[放] はらふ[払]
　[追] ぽひまくる[捲] まくしだ
　す・まくりだす[捲出] やらふ[遣]
　―**すべがない** やらふかたなし[遣]

おいる——おえる

**お・いる【老】** おいたり →ふみたつ[踏立]
鳥などを足で—

**お・う【追】**
後を— たづぬ[尋]
獲物を— つなぐ[繋・踵]

**おうぎ【奥義】** あうぎ[奥義] おくが
[奥処] くけつ[口訣] くでん[口
伝] ごくい[極意] こつ[骨] こ
っぱふ[骨法] そこ[底] だうあう
[堂奥]

**おうぎ【扇】** あふぎ[扇] すゑひろ・す
ゑひろがり[末広]

**おうごん【黄金】** →きん

**おうじ【皇子】** きさいばら・ききさきばら
[后腹] ひのみこ[日御子] わうじ
[皇子]

**おうじ【往時】** いんじ[往]

**おうじる【応】** →こたえる

**おうじょう【往生】** →基本 しぬ(P.72)

**おうせい【旺盛】** →さかん

**おうせつ【応接】** →もてなし

**おうたい【応対】** るや[応・礼] →もてなし
—する あしらふ あひしら
ふ・あへしらふ であふ・いであふ
[出会]

**おうだん【横断】** よこぎれ[横切]

**おうちゃく【横着】** →せんだん
—者 かだもの[野太] そげもの[削
者] のさもの[の者]

**おうち【棟・楝】** のぶとし

**おうとう【応答】** あいさつ[挨拶] あ
へしらひ たふわ[答和]
—する あひしらふ・あへしらふ

**おうと・する【嘔吐】** ゑづく →はく

**おうとつ【凹凸】** だくぼく

**おうふく【往復】** わうくゎん[往還]
わうばん[往反] わうへん[往返]
わうらい[往来]

**おうへいなきさま【横柄様】** のさのさ

**おうほう【応報】** こたへ[答・応]
う・むくい[報] よあう[余殃] ほ

**おうむ【鸚鵡】** あうむ[鸚鵡] ことま
なび[言学] ものいひどり・ものい
ふとり[物言鳥]

**おうむがい** あまりがひ うけつ
めつ

**おうよう【鷹揚】** おいらか おほどか
ここし[子子] ひろし[広]

**おうらい【往来】** じんせき[人跡] かよ
ひ[通] ひとあし[人足] ひとめ[人
目] みちかひ[道交] ゆきかひ[行
交] わうくゎん[往還] わうらい
[往来]
—する かよふ[通] とほる[通]
ゆきかふ[行交] ゆきかふ[行返]
ゆきかよふ[行通] ゆきく[行来]
船が—する さしかへる[差返]
▼行き来の道 ゆきかひぢ[行交路]

**おうりょう・する【横領】** →うばう

**お・える【終】** あふ[敢] すます[済]
やる[遣] →おわる

おおあめ――おおばこ

**おおあめ【大雨】**→ 基本 あめ(P.8)
**おお・い【多】**→ 基本(P.78)
　―**かなり** ずいぶん[随分] そこら[等]
**おおいに【大】**
　―**くする** のばす・延・伸
　―**くなる** ひろごる[広]
**おお・う【覆】** ふたぐ[塞]→つつみかく[包]
　雲・霧が―・い掛かる　たちわたる[立渡]
　水などが―・い掛かる　うちかく[打懸]
　―・い隠す　おほふ[覆]
　―**われる** うもる・むもる[埋]
　―**枕を―** たまくらしげ[玉匣]
　屋根を―　ふく[葺]
**おおかた【大方】** おほかた[大方]
　よそ[凡] たいりゃく[大略] たぶん[多分] なかば[半] ほとど・ほとほと[殆]
**おおがた【大型】** おほぐれ[大塊]
**おおがねもち【大金持】**→かねもち
**おおかみ【狼】** まかみ[真神]
**おおき・い【大】** いかめし[厳] おほ き・おほきやか[大] とほしろし[遠
立] ののしる[罵・喧] ひしる

　―**白**
　―**魚** はたのひろもの[鰭広物]
　―**くする** のばす[延・伸]
　―**に** おぼぞら[大方] おほなおほな
　―**に** おほやか・おほきやか[大]
　―**に** おぼのか[大]
　―**さ** かさ[嵩] ほど[程]
　―**な川** こうが[洪河]
　―**に** たかし[高]
**おおげさ【大袈裟】**→おおぎょう
**おおぎょう【大仰】** いらなし[苛] けたたまし こちたし[言痛・事痛] ことごとし[事事] ―**に** のか[大] けおどろおどろし おぼのか[大]
　―**な** よだけし[所狭] ものものし[物物]
**おおごえ【大声】** かうしゃう[弥猛] こわだか[声高] だいおんじゃう[大音声] とき[鯨波・鬨]→基本
　―**で言う** よばはる[呼]
　―**で騒ぐ** さわぎののしる[騒罵]
　―**をあげる** こゑやまだつ[声山立] ののしる[罵・喧]

**おおざっぱ【大雑把】** あららか[荒]
　おほかた[大方] おほざう・おほぞう・おほに[大方] おほなおほな
**おおぞら【大空】** おぼぞら[大空] おほなか[大]
**おおせ【仰】** おほせ[仰]→いさましい
　―**する** みこと・みことのり[命・御言]
**おおぜい【大勢】** しゅ[衆] たいぜい[大勢] ところせし[所狭] ひとがち[人勝] すじん[数人] しゅ・しゅじゅ[衆] たいぜい[大勢] にんじゅ[人数]
**おおづかみ【大摑】**→おおざっぱ
**おおづめ【大詰】**→おわり
**おおどおり【大通】** おほち・おほぢ[大路] だいだう[大道]
**おおばこ【車前草】** かへるば[蛙葉] おばこ・おんばこ[車前草]

おおはじ——おきな

**おおはじ【大恥】** ごふはぢ[業恥]
**おおぶね【大船】** もとぶね[本船]
**おおまか【大】** →おおざっぱ
**おおみず【大水】** →こうずい
**おおみそか【大晦日】** →ねんまつ
**おおむかし【大昔】** →むかし
**おおむね** →およそ・だいたい
**おおやけ【公】** くがい[公界] くばう[公方] こう[公] こうぎ[公儀]
 [公] はれ[晴]
 ▽非公式
 [句]——はらはすぎる[腹筋縒] はらわたをたつ[腸断] はらをきる[腹切]
**おおよそ** →およそ
**おおらか** おほどか ゆるし[緩]
**おおわらい・する【大笑】** ゑみこだる[笑] ゑみしる[笑罵] わらひのの まがる[笑曲]
**おおよう【大様】** うちうち[内内] くわんくわつ[寛闊]
**おか【丘・岡】** つかさ[阜] つむれ[培 塿] のづかさ[野阜] を[丘・岡]

**おか【岡】**
 →基本**やま**(P.27)
 ゆじもの[露霜] つ——の辺り をかび・をかへ・をかべ[岡辺]
 ——の上の田 をろた[峰田]
 ——の端 をかさき[岡岬]
**おかあさん【母】** →はは
**おかげ【蔭】** →おんけい
**おかしい【可笑】**
 ——こと せうし[笑止]
 →おもしろい
**おかす【犯】** をかす[犯・侵] はづる[外]
**おかず【菜】** てうさい[調菜] な[肴]
 朝御飯の—— あさな[朝菜]
 夕御飯の—— ゆふな[夕菜]
**おがむ【拝】** →かね
**おがむ【拝】** ぬかつく・ぬかづく[額付] はいす[拝] らいす[礼] らくがむ[頤賛] はいひ[拝礼] を ろがむ[頤賛]
**おから【雪花菜】**
 ——こと らいさん[礼賛]
 うのはな[卯花] き らず[雪花菜]
**おがわ【小川】** いさきがは・いささをがは

**おき【沖】** おきへ・おきべ[沖方・沖辺] とほなだ[遠灘] わたなか[海中] をとこぐさ[男草] うみそこ[海底・洋底]
 枕—たまもかる[玉藻刈] みさごる る 雎鳩居
**おきて【掟】** きんかい[禁戒] さだめ [定] せい[制] ならひ[習・慣] はっと[法度] みのり[御法] →き そく
**おぎ【荻】** ぐさ[風聴草] かぜもちぐさ[風持 草] とはれぐさ[被問草] ねから ぐさ[寝覚草] ふみみ ぐさ[文見草] めざましぐさ[目覚 草] をぎ[荻]
**おぎぎりに・する【置去】** うちすつ[打 捨]
**おきな【翁】** そう[叟] をぢ[小父] →
 は[細川] いささせ[細瀬] いさら みづ・いさらをがは[細水] いさら ささらみづ・さざれみづ[細流] せ せらぎ・せぜらぎ[細流・小流] やり みづ[遣水]
 →基本**かわ**(P.24)

おぎなう――おくる

**おぎなう【補】** →うめあわせる

**おぎな【基本 ろうじん】(P.52)** あななふ

**おきゃく【客】** →きゃく

**おきる【起】**
—目が覚める →めざめる
枕—なよたけの「弱竹」 ねおく「寝起」

**おく【奥】**
枕—しらつゆの「白露」 おくが「奥処」
▼奥まった所
—に寄る あうよる「会寄」
—底 おくが「奥処」
枕—玉櫛笥

**お・く【置】**
—すう「据」 くはふ「加」 さしおく「差置」
枕—あさつゆの「朝露」 しらつゆの「白露」 しほぶねの「潮船」 はつしもの「初霜」
—き間違える おきまよふ「置迷」
—き忘れる おきまどはす「置惑」
—場所 くら「座」
—場所に困る たちわづらふ「立煩」
下に― ついすう「突据」

**おくがい【屋外】** こがい「戸外」 ふかし「物深」 よしあり「由」 よしづく「由付」

**おくぎ【奥義】** →おうぎ

**おくする【臆】** →おそれる
—感じ はくする「端近」

**おくそく【憶測】** →おしはかる

**おくない【屋内】** うちうち「内内」 やぬち「家内」

**おくない【家内】** →基本 いえ(P.91)

**おくびょう【臆病】** つたなし「拙」 ふかく「不覚」 をぢなし「怯」
—者 おにみそ「鬼味噌」

**おくふか・い【奥深】** おくふかし「奥深」 ふかし「深」 ものふかし「物深」
—こと いうげん「幽玄」 こぶかし「木深」
—所 そこひ「底」 ね「根」 くま「隈」
—くない あさま「浅」

**おくやま【奥山】** おきつやま「沖山」 みやま「深山」
—の木 みやまぎ「深山木」
—から吹き下ろす風 みやまおろし「深山風」

**おくゆかし・い【奥床】** おくまる「奥」 おくゆかし「奥床」 こころゆかし「心床」 こころにくし「心憎」

**おくりだ・す【送出】** いだしやる「出遣」
—くない はしぢかし「端近」

**おくりもの【贈物】** いんしんもつ「音信物」 いんぶつ・いんもつ「音物」 こころづけ「心付」 こころざし「志」 しうぎ「祝儀」 しんぶつ「進物」 しんじゃうもの「進上物」 しんもつ「進物」 だいひき「台引」 たうらい「到来」 つつみもの「包物」 とりやり「取遣」 にへ「贄」 ひきいでもの・ひきでもの「引出物」 へい「幣」 まひ・ひきもの「引出物」 まひなひ「賂・幣」 もたせ「持」 わうらい「往来」
—とする ひく「引」
▼引き出物 しうぎ「祝儀」 ひきいでもの・ひきでもの・ひきもの「引出物」
▼賄賂 まひなひ「賂・幣」
**おくる【贈・送】**
賄賂を贈る まひなふ「賄」
こころざす「志」 つ

おくれる──おこる

**おくれる【後・遅】**
おそなはる さがる[下] はせおくる[馳遅]
　—れて来ること おくればせ[遅馳]
　決意が— おもひおくる[思後]
▼手後れ おくればせ[遅後]

**おけら** うけら

**おこがましい【痴・烏滸】**→でしゃばり、→おもいあがり

**おこ・す【起】** おどろかす[驚]
　—つ[引立]

**おこた・る【怠】** おくらかす[遅後]・ゆるぶ[緩]

**かはす**[遣] よす[寄] やる[遣]
　—：ってくる おこす[遣]
　—謙：たてまつる おこす[奉]
　引き出物として— ひきいづ[引出]
　まひなふ[賄]

**おく・れる【後・遅】**
おそなはる さがる[下] はせおくる[馳遅]
　—れて来ること おくればせ[遅馳]
　決意が— おもひおくる[思後]
▼手後れ おくればせ[遅後]

**おけら** うけら

**おこがましい【痴・烏滸】**→でしゃばり、→おもいあがり

**おこ・す【起】** おどろかす[驚]
　—つ[引立]

**おこた・る【怠】**
　かく[欠] たゆむ[弛] ゆるふ・ゆるぶ[緩]

**おこつ【骨】** しゃり[舎利]

**おこない【行】**
　き[行跡] ぎょうぎ[行儀] かうせ[行作] きょ[挙] しょぎょう[所行] しょさ[所作] しょざい[所在] しょ[所為] みもち[身持] わざ[業・態]
　良い— ぜんこん[善根]→ふるまい

**おこな・う【行】** おこなふ[行] つくる[作] なす[成・為] ほどこす[施] しゅ[修] つかふ[遣・使]
　—謙：つかうまつる・つかへまつる・つかまつる[仕]
　—こと こうぎょう[興行]
　強いて— おしたつ[押立]
　実際に— ふむ[踏]
　少しずつ— くづす[崩]

**おこり【起】**→はじめ

**おこり【瘧】** さむやみ[寒病] わらはやみ[瘧]

**おごり【奢】** ええう[栄耀] けうまん[驕慢] けん[権] ぜい[贅] せんしゃう・せんじゃう[僭上] まんしん[慢心]

**おこりっぽ・い【怒】** はらあし[腹悪] ひすかし[曙]

**おこ・る【起】**
　—こと たちばら[立腹] いでく[出来] しゅったい[出来]
　えん・へんねん[攀縁]
　—ろうとする きざす[兆萌]
　風など— たちく[立来] たつ[立]

**おこ・る【怒】**
　いかる[怒] いきまく[息巻] いきどほる[憤] いきらく[苛] いららく・いらだつ[腹立] ほとほる[心病] はらだつ[腹立] ほとほる・ふつくむ・ふづくむ[憤・恚] こころやむ[心病] くりふ[腹心] ちゅうっぱら[中腹]
　—こと ちゅうっぱら[中腹]
▼気色[気色] けしきばむ
▼お叱り かんき[勘気]
▼義憤 →ぎふん
▼怒った表情になる

おごる──おしえる

▼天子の怒り げきりん[逆鱗]
▼ふくれっ面でぶつぶつ言う はちぶく[蜂吹]
▼憤慨する へんえん・へんねん[熱]
 憤怒 ほとほる[熱]
おご・る【驕】
 ─り高ぶる うったかし[高] →いばる
 ─り高ぶるさま あたまがち[頭]
句─うへみぬわし[上見鷲]
おさえ・つける【押付】おしひしぐ[押拉]おしへす[押圧]けつ[凌]
 しぬぐ・しのぐ[凌] とどむ[留・止]
 ふす[臥伏] へしつく[圧付]
おさ・える【抑】おさふ[抑・押]
 ふ[控] ふまへ[踏]
 思いを─ おもひしづむ[思鎮]
 おもひせく[思塞]
 涙を─ せきとむ・せきとどむ[塞]
 止・堰止]
おさな・い【幼】かたなり[片生] わかし[若] をさなし[幼] →あどけない
 ─くて思慮がない たわいなし[稚]
 ─くて弱々しい きびはなし[稚]

おさなご【幼子】か・わかこ・わかご・わくご[初草・若子] わ
→基本 こども (P.51)
おざなり ざなり[座形] →いいかげん
おさま・る【治】したたまる[認] だまる[定] たひらぐ[平]
おさむし【虫】うしはく[領] さだむ[定] しく[敷] したたむ[認]
おさ・める【治】あまびこ[雨彦]
 つくる[作] まつりごつ[政] ちす[治]
 しる[世知] よをたもつ[世保] をさむ[治]
 尊─ きこしめす[聞召] しきます[敷坐] しらしめす・しらす・しろしめす[知]
▼立派に─ たかしかす・たかしく[高敷] よのかため・よのおもし[世固・世重]
▼国政 よのかため[世固]
▼国家の重鎮 よのかためのおもし[世重]
おさ・める【納・収】 りいる[取入] をさむ[収・納]
 正しく─ なほす[直]
おさ・める【修】しゅす[修] をさむ[修]

おさん【産】→うむ
おしあ・う【押合】 せきあふ[塞合] もむ[揉] いりもむ[入揉]
おしあ・てる【押当】さしつく もむ[採] さしあつ[差当]
おし・い【惜】あたら・あたらし[惜] うたてし もったいなし[勿体]
 うたてし[惜・愛] をしけしの[鴛鴦] (しをし)
 枕─をしどりの[鴛鴦] (しをし)
 心残り あかず[飽] をしげ[惜]
 ─く思う むざと・むざと[惜]
 ─げもなく →おし
おじいさん【爺】→基本 ろうじん (P.52)
おし・える【教】しめし[示]
 父の─ ていきん[庭訓]
▼家庭教育 にはのをしへ[庭訓]
おしえこ・む【教込】しこむ[仕込]
おしえ・る【教込】しこむ[仕込]しこむる[仕込]
おしえつ・ける【教告】しこむ・したつ[仕立] しいる[仕入]
おしえならわ・せる【教習】しいる[仕付]
おしえみちび・く【教導】さづく[授] しめす

おじか――おそう

**おじか【雄鹿】** しか[鹿] をじか[小雄鹿]

▽**教授** しなん[指南] をしふ[教]

**おしか・ける【押掛】** しきせ[仕着] すいさん[推参]

**おじきそう【含羞草】** ねむりぐさ[眠草]

**おしきせ【仕着】** しきせ[仕着]

**おしこ・む【押込】** とりこむ[取籠] うちはむ[打嵌] おさふ[押] つむ[詰]

**おしこ・める【押込】** →おしこむ

**おじ・ける【怖】** おくす[臆] ひるむ[怯]

**おしくだ・く【押砕】** とりひしぐ[取拉]

**おしすす・める【押進】** はこぶ[運]

**おしたお・す【押倒】** ふす[伏・臥]

**おしつ・ける【押付】** おさふ[押] たたきつく[叩付] にじる[踏] へしつく[圧付] へす[圧] もむ[揉]

**おしっこ** →しょうべん

**おしつぶ・す【押潰】** おしひしぐ[押拉] おしへす[押圧] つく[搗]

**おしどり【鴛鴦】** ゑんあう・をし[鴛鴦]

**おしなべて【大方】** おほかた すべて[総] なべて・なめて[並] →いっぱん

**おしなら・す【押】** おしなぶ・おしなむ

**おしのびすがた【忍姿】** やつれ・やつし[窶]

**おしはか・る【推量】** はかる[計・測] さげすむ[下] すいす[推]

**おしふ・せる【押伏】** おしなぶ・おしなむ[押靡]

**おし・む【惜】**
—・まない あたらしぶ・あたらしむ[惜] をしむ[惜]
—・べき あたら・あったら[軽]かろんず[軽]

**おしめ【襁褓】** むつき[襁褓]

**おしゃべり【喋】** あご[顎] ことながし[言長]

**おしゃれ【お洒落】** しだし[仕出] はなを—をする[花遺] しだす[仕出] さしやる[差遣] そやる[側]

**おしやる【押】** さしやる[差遣] そばむ[側]

**おじょうさん【嬢】** →けしょう

**おしよ・せる【押寄】** おしかく[押掛] よせかく[寄掛]

**おしろい【白粉】** きぬ[衣] しろきもの[白物] はふに[白粉] →けしょう

**おしわ・ける【押分】** わる[割]

**おす【押す】** おそぶらふ・おそぶる[押揺] へす[圧]
—・けて進む さぐくむ

**おせじ【世辞】** けいはく[軽薄] しゃうぐわつこ とば[正月言葉] せじ[世辞・世事] そらけいはく[空軽薄]

**おせっかい【節介】** →くちだし

**おぜん【膳】** →ぜん

**おそう【襲】** おしかく[押掛] かかる

**おそくなる【遅】**[懸・掛][延・伸] ➡**おくれる**

のぶ[延・伸] おそなはる[遅]

**おそざくら【遅桜】** よくゎ[余花]

**おそなえ【供】** くぐ[供具] くもつ[供物]
ごくう[御供] さんもつ[散供]
物 じんく[神供] たむけ[手向]
物 の[祓物] にへ[贄] ぬさ[幣]
ぐさ[手向草] はらへ・はらへつも
はつほ[初穂] ひぼろき・ひもろき・ひも
ろぎ[胙] みてぐら[幣]
—する そなふ[具・備] たむく
[手向] まひなふ[賄]
—の米 うちまき[打撒] くまい・
くましね[供米] しゃうぐ[聖供]
はつほ[初穂]
—の酒 おほみき[大御酒] みき
[御酒] みわ[神酒]
—の食べ物 おほみけ[大御食]
くご[供御] みけ[御食]
—の花 たむけばな[手向花]
—の水 あか[閼伽] じんすい[神
水] よるべのみづ[寄辺水]
—の花と水 はなみづ[花水]

**おそくなる——おそろしい**

▼**寄進** ほうが[奉加] ほうなふ
[奉納] ゑかう[回向]
▼**寄進した物** あがりもの[上物]
▼**賽銭** さんせん[散銭] さんもつ
[産物]

**おそらく** けだし・けだしく(も)[蓋
し][畏] うれし[嬉] かたじけなし[忝] も
[畏] はた[将] よもや

**おそれい・る【恐入】** ➡**きょうしゅく**

**おそれおお・い【恐多】** あなかしこ
[畏] かたじけなし[忝] おほけなし[忝] も
ったいなし[勿体無] やうごとなな
し・やごとなし・やむごとなし・やん
ごとなし[止事無] ゆゆし[由由]
[畏]—いはくだす[仕事無]

**おそれつつし・む【畏慎】** おちはばか
る[怖憚] かしこまる・かしこむ
[畏] はばかる[憚]
—**こと** かしこし[畏] はばかり
[憚]

**おそ・れる【恐】** おくす[臆] おそる
[恐・畏] おびゆ[怯] おづ・おむ
[怖・畏] ひるむ[怯]
句—いろをうしなふ[色失]

ゆ[肝消] きもをつぶす[肝潰]
もをひやす[肝冷] ぞぞがみたつ
[髪立] たまぎる[魂消] みのけよ
だつ[身毛] みのけをつめる[身毛
詰]
—**れさせる** おどす[脅・威嚇]

**▼恐怖** おそり・おそれ[畏・恐]
**▼おそるおそる** おづおづ[怖怖]
**—こと** ものおち[物怖]
—**さま** けうとげ[気疎]
ぞぞが
みたつ[髪立]
**—とおもう気持ち** こはげ[恐気]

**おそろし・い【恐】** いかし[厳]
まし・おとまし[疎] おどろおどろ
し[悍] おそろし[恐] おぞし・おぞま
し おにおにし[鬼鬼] かしこし
[畏] けうとし[気疎] けおそろし
きょう[気恐] けむつかし[気難] こころ
し・すごげ[心凄] こはし[強] すご
し[凄] すごげ[凄] つべたまし[冷
難] むくつけし むつかし・むつかしげ
[難] むくむくし ものし[物] ゆ
ゆし[由由]
枕—しらまゆみ[白檀弓](➡こはし)
—**さま** けうとげ[気疎]
ぞぞが
みたつ[髪立]
**—とおもう気持ち** こはげ[恐気]

## おたがいに―おちぶれる

**おたがいに‐【互】** →たがいに

**おだ・てる【煽】** あふる［煽］ いひはやす［言囃］ けしかく［嗾］ しゃくる［決・刳・渫］ すかす［賺］ そそる［乗］ のぼす［上］
―句 あぶらをのす［油乗］

**おたまじゃくし【於玉杓子】** かと・く そそなかす・そそのかす［唆］
―てて誘う そそなかす・そそのかす［唆］

**おたがいに―** もの・こと こはもの［恐物］
―くりこくり
―がらせる おどす［威・嚇・脅］
―く うたて・うたてげ
―く思う かしこむ［畏］
―くて慌てふためく おびえまどふ［怯惑］
―さ いぶせさ［鬱悒］ すごげ［凄］

**どことなく―** なまおそろし［生恐］
**なんとなく―** けむつかし［気難］ こきみわるし［小気味悪］ そらおそろし［空恐］ ものむつかし［物難］

**おためごかし** じゃうずごかし［上手］
**おだやか【穏】** あんをん［安穏］ うら うら・うららうららか・うらら おいらか おだし・おだひか・おだしけし たひらか・たひらけし［大人］ となし・おとなしやか おだし なごやかし・なごはし・なごやかし［和］ なだらか［穏］ のど・のどか・のどけし のどやか［長閑］ のびらか・のどけし まどか［円］ やすらか・やすらけし［安］ やはらか［柔］ ゆる・ゆるがし［緩］
―でない けしあし［気悪］ さわがし［物騒］ ぶっさう［物騒］ ものさわがし［物騒］
―にする おもひのどむ［思和］ なだむ［宥］ なごむ［和］ のどむ［和］
―なさま のどに［和・長閑］ ひかに・おだひに［穏］
―になる おだやむ［穏］ たをやぐ［嫋］ なぐ［和・凪］ なごむ［和］ のどまる やはらぶ［和］ をさまる

**おちい・る【陥】** ［治］ はまる［嵌・墳］
**おちこ・む【落込】** くえこむ［嵌墳］ ふみこむ［踏込］ はまる［嵌墳］
**おちついて・いる【落着】** →基本 おちつ く(P.70)
**おちど【落度】** →かしつ・けってん
**おちば【落葉】** くちば［朽葉］ おちばぶね［落葉舟］
水に流れる― おちばぶね［落葉舟］
**おちぶ・れる【落】** あふる・あぶる［溢］ うらびる・うらぶる［悽］ おちあぶる［落］ おちゆく［落行］ おつ［落］ くだる［下］ しづまる［鎮］ しづむ［沈］ なぐる なりはつ［成果］ はふる・はぶる［放］ ほろぶ［滅・亡］ みをしづむ［身沈］ わぶ［侘］
―句 ときをうしなふ［時失］ をはうちからす［尾羽枯］
―れさせる しづむ［沈］ みをし づむ［身沈］
―れさまよふ ちりぼふ［散］

おちめ――おとこ

**おちめ【落目】** …おちぶれる
―れた人 いたづらびと[徒人]・わびびと[侘人]
―こと ちんりん[沈淪]・ひっそく[逼塞]

**お・ちる【落】** あゆ[落]・おつ[落]・こぼる[零・溢] れいらく[零落]

**おつかえ・する【仕】** つかうまつる・つかへまつる[仕] はべり[侍]

**おっくう【億劫】** ものうがる[物憂] ものくさし・ものぐさし[物臭・懶] よだけし[弥猛]
雨風・花が静かに― ながらふ[流]
雫が― したたる・しただる[滴]
涙が― そそく・そそぐ[注・灌]
涙が―さま はらはら

**おっしゃ・る** おほす[仰] おほせか[仰] おほせらる[仰掛] きこす[聞] のたうぶ・のたまふ[宣] のたまはす[宣] まうす[申] のたまはく[宣] のたばく・のたまはく[宣]
―には しゃてい[舎弟] すぐ下の― しゃてい[舎弟]

**おっと【夫】** せうと[兄人] つま[夫] ぬし[主] ひこぢ[夫] よすが[縁・因・便] を[男・夫] をうと[夫] をとこ[男] をひと[古人]
妻が呼ぶ― こちのひと[此方人] つまのこ[夫の子] との[殿]
昔の― いにしへびと[古人]
▼配偶者 まくらぞひ[枕添]

**おっとりして・いる** あいだる おいらか おびる[惚] おほどか ここし[子子] こめかし・こめく[子]

**おてあらい【手洗】** →べんじょ

**おと【音】** →基本（P. 12）

**おとうさん【父】** →ちち

**おとうと【弟】** おと[乙・弟] おとひと[弟人]
枕 ―はしむかふ[愛向]（↓おと）

**おとがい【頤】** あぎ・あぎと[顎・腮]

**おとがめ【答】** →おとをたてる

**おとこ【男】** せ[兄] なんし[男子] をとこ[道化] さるがう[散楽・猿楽] ちゃり[茶利] はいかい[俳諧]
尊 ―いらつこ・をのこ[郎子] とのばら[殿原]
枕 ―もののふの[武士]
―盛り りふねん[立年] をざかり[男盛]
―の子 どうなん[童男] をのこ[男子] をのこご[男子] をのわらは[男童]
―勝り
句 ―ひんけいあしたす[牝鶏晨]

**おと**

おとさた――おとなびる

おとさた【音沙汰】→たより

おとしあな【落穴】→わな

おとし・める【貶】あはむ[堪・嵌] おとしむ[貶]

おと・す【落】ちらす[散] とりはづす[取外] もらす[洩・漏]

おとずれ【訪】いんしん[音信] すいさん[推参] おとなひ[音] せん[左遷]

おとず・れる【訪】おとづる[訪] おとなふ[音・訪] ことととふ[言問] さしのぞく[差覗] たちよる[立寄] たづぬ[尋・訪] たづねく[尋来]

枕――あまびこの[天彦]

おとな【大人】
―を上げる をとこす[男]
荒々しい― あらを[荒男]
勇ましい― たけを[猛夫]
風雅を愛する― みやびを[雅男]
立派な― し[士] だいちゃうぶ[大丈夫] ますらたけを[益荒猛男] ますらを[益荒男]
好男子 えをとこ[好男]
―舞 ゆきとぶらふ[行訪] よぎる[過]
―訪 たづぬ[尋・訪] みまふ[見舞] みまひ[見舞]
―こと おと[音] おとなひ[訪] せうそこ[消息] みみひ[見舞] ぶさた[無沙汰]
音 すいさん[音信]
―れないこと ぶさた[無沙汰]
▼音・れなくなる あとたゆ[跡絶]
▼客 まらうと・まらうど・まらひと[客人] きゃくらい[客来] さうもん[相聞]
▼客が来る きゃくらい[客来]
▼客が―れない ひとめなし[人目無]
誰も―れなくなる あとたゆ[跡絶]
▼訪問し合うこと さうもん[相聞]

おとって・いる【劣】あし[悪] くぼし[窪・凹] こよなし[口惜] くつたなし[拙] なほなほし[直直] よわし[弱] わろし[悪]

おととし【一昨年】きょきょねん[去去年] つぎざま[次様]

おとな【大人】ひと[人] およすく・およすぐ・おとなふ[大人] おとなぶ[老成] ひとだつ[人立] ひととなる[人成]
―になる およすく・およすぐ・おとなふ[大人] としたく[年長] ねぶ[老成] ひとだつ[人立] ひととなる[人成] →おとなび
▼成人式（男子） うひかうぶり[初冠] かくわん[加冠] げんぷく[元服] はつもとゆひ[初元結]（女子）かみあげ[髪上] びんそぎ[鬢除] もぎ[裳着]

おとなげな・い【大人】わかわかし[若若]
―になる をさなし[幼]

おとなし・い【大人】おいらか[大人] じんじゃう[尋常] しんべう・しんみょう・しんめう[神妙] すなほ[素直]

おとな・びる【大人】おとなし[大人] おとなだつ・おとなだつ・およすく・およすぐ・およすぐ[大人] ねびひとのふ・ねびととのほる[老成整] ねぶ[老成] ねびひとのふ・ねびととのほる・ねびまさる[老成勝] ねぶ[老成]
―・びている おとなおとなし・おとなしやか[大人] をさなしおとなし・おとなしやか[大人] をさ

をさし[長長]
—びて見える ねびゆく[老成行]
—びてゆく ねびととのふ[老成行] ねびまさる[老成] おとなだつ[大人立]

おとめ【乙女】→[基本]おんな(P.50)
をとめ[乙女] たまもかる[玉藻刈] さにづらふ[丹] てこ・てごな[手児名] ほとばしる[迸]

おとも【供】→とも

おどり【踊】かなで[奏] はぬ[跳・撥]

おどりあがる【踊上】はね

おと・る【劣】おくる[後] おろか[疎・愚] くだる[下] けおとる[気劣] さがる[下] たちくだる[立下] たちおくる[立後] ちくだる[下] たちろく・たぢろく[立退] みち ぐ つたなし[拙] はづ[恥] みぢ かし[短]

—らない はぢなし[恥無]

はなはだしく— こよなし

おとろ・える【衰】あす[褪] うつろ ふ[移] うらがる[末枯] おとろふ[衰] おゆ[老] かたぶく・かたむ

く[傾] くたつ・くだつ[降] くちる[朽] くづほる[頽] さぶ [寂・荒] さらばへる さらぼふ しめる[湿] しらむ[白] すがる [末枯] すたる[廃] たく[長・闌] たゆむ[弛] つひゆ[弊] なづむ[泥] める[滅]

—こと らうろう[牢籠]

気力が— うちしなふ[打萎]

勢力が— しづまる・しづもる[鎮]

なんとなく— ものさぶ[物寂]

▼体力の衰え

句—あごではへをおふ[顎蠅追] あらぎもをとる[荒肝取] ぎもをひしぐ[荒肝拉] きもをぬく[気抜] きもきゆ[肝消] きもをけす[肝消] きもをつぶす[肝潰] したをふるふ[舌振] したをまく[舌巻] ねみみにみづ[寝耳水]

—いて声が出ない 句—こゑをのむ[声呑]

—べきだ おそろし[恐] けう[稀 有・希有]

—ほど あやに いかなこと[如何事] きよきよ すはる[浅] あさむ あざる うちおど ろく[打驚] うはぐむ ぎゃうてん [仰天] けでん[怪顛・怪転] たま ぎる[魂消] とむね(を)つく[胸突] みみおどろく[耳驚] むねつぶらは し・むねつぶる[胸潰] むねひしぐ [胸拉]

句—きもきゆ[肝消] きもをけす [肝消] きもをつぶす[肝潰] した をふるふ[舌振] したをまく[舌巻]

おどろか・す【驚】

おどろきあき・れる【驚呆】あら どぶ[呆惑] あさむ[浅] あさましがる[浅] あきれま さむ・あざむ[浅] みあさむ[見]

おどろきあわ・てる【驚慌】どうず [動]

おどろきさわ・ぐ【驚騒】いすすく・い すぐ ゆする[揺]

おどろ・く【驚】あさまし・あさましが

おとをた・てる【音立】おとづる・おと なふ[音・訪] きしめく[軋] ごほ めく さやぐ さやめく さらさら めく さゆらぐ さわぐ[騒] そそ く・ざらめく さわぐ[騒] そそ く・ならす[鳴] ばさつく ふため く ほとめく→[基本]おと(P.12)

おなじ――おまえ

**おなじ【同】** ごとし[如] ひとし[等] ひとしなみ[等] ひとつ[一]
枕―いれひもの[入紐]（↳おなじころ）
―河 いちが[一河]
―く なほ[尚・猶] また[又・亦・復]
―ことなら ことは・ことに・ことことは
―調子だ ひとやう[一様]
―に ごとくに[如]
―ほど たちならぶ[立並]
―ものと考える おもひなずらふ
▼と同じに ごとくに[如]
[思準]

**おに【鬼】** きじん[鬼神] せっき[殺]
鬼・刹鬼
**おにび【鬼火】** いんくゎ[陰火]
**おね【尾根】** やまのは[山端] →基本 や ま（P.27）
**おのおの【各各】** ↳それぞれ、↳めいめい
**おのずから【自】** じねんに[自然] われと おのれ[己] ↳しぜん[自然](に)
枕―我 ↳やまどりの[山鳥]

**おのずと【自】** しぜん[自然] じねん[自然] ↳しぜん(に)

**おば【帯】**
つゆそくさ[露曾草]
**おばあさん【婆】** ↳ばあさん
**おばな【尾花】** おもひぐさ[思草] すすき[薄] そでふりぐさ[袖振草]
**おびえる【怯】** おそれ
**おびきよせる【誘】** をびく[誘]
**おびしば** すまふとりぐさ[相撲取草] すまひぐさ[相撲草]
**おびただし・い【夥】** こちたし[言痛・事痛] ↳基本 おおい(P.78)
**おふだ【札】** ふ[符] ふだ・ふだいた[札・簡]
**おぼ・れる【溺】**
枕―あさぎりの[朝霧]
ふける[耽] おぼほる・おぼる[溺]
―れて死ぬ かはながれ[川流]

**おぼつかな・い【覚束無】** たどたどし・たづたづし・

**おぼろげ【朧気】** ↳うらぼん
もうろう[朦朧] ゆめうつつ[夢現] ろうろう[朧朧] ↳かすか、↳はっきりしない
**おぼん【盆】** ↳うらぼん
**おまえ【前】** あこ[吾子] いまし[汝]
おぬし[御主] おみ[御身] おもと[御許] きさま[貴様] きむぢ・きむち[君貴] こなひと[此人] そち[其方] そなた[其方] そのはう[其方] そのもと[其許] な・なむぢ・なれ・なんじ・まし[汝] わがみ[我身] わけ[戯奴] わごぜ[我先生・吾先生] わたう[我党] わびと[吾人] わみこと[我尊・吾尊] わをとこ・わをんな[吾男・和男・吾女・和女] ↳あなた、
↳基本 だいめいし・しじじ(P.105)
―たち おのら[己] ものども[者共]
▼卑しめて言う「おまえ」 うぬ[己] うれ おのれ[己] おれ[己・乃公] しゃ

**おまけ** そへ[添]
　—に　あまさへ・あまつさへ・あまりさへ[剰] ⇒ そのうえ
**おまもり**[守]　おうご・をうご[擁護]　ふ・ふもん[符文]　ふだ[札・簡]　まもり[守]
**おみなえし**[女郎花]　おもひぐさ[思草]　かまくさ　このてがしは　めぐさ[汚名]　ちへし・をみなべし・をみなめし[女郎花]
**おむつ**[襁褓]　むつき[襁褓]
**おめい** ⇒ **おしゃれ**
**おめしもの**[召物] ⇒ 基本 きもの(P.93)
**おも・い**[重]　おもし[重]
　—くなる　おもらか・おもり[重]
　—そうなさま　おもひやか
　か[重]　づしやか
　病気が—・くなる　あつしる[篤]
**おもい**[思]　てのうち[手内]　むね[胸] ⇒ きもち

**おまけ —— おもいおこす**

　—が及ばない　おもひあへず[思敢]
　—が生ずる　きざす[兆・萌]
　—が迫るさま　せつせつ[切切]
　—がつのる　こりつむ[椎積]
　—が積もる　おもひつむ[思積]
　—が離れない　こころにのる[心乗]
　—に耽る　ものおもふ[物思]
　—の外　おもはざるほか[思外]　ことのほか[事外]　ぞんじのほか・ぞんのほか[存外]　りょぐわい[慮外] ⇒ いがい
　—のまま　しんだい[進退]　ほしいまま・ほしきまま[恣・縦]　まにまに[随・随意]
　—を懸ける　こころよす・けしやう・けしやう[心寄]
　—を焦がす　やく[焼]
　—を懸けること　けさう・けしやう[懸想]
　—を述べること　しゅっくわい・じゅっくわい[述懐]
　—を巡らす　おもひみる[思見]
　—を寄せる　こころづく[心付]　つく[付・就]　おもひつく[思付]

**おもいあわ・せる**[思合]　おもひあはす[思合]
**おもいあが・る**[思上]
　尊 ——おぼしあがる　むねにあたる[胸当]
**おもいあた・る**[思当]　おもひおこる[思驕] ⇒ うぬぼれる
　　おもひあたる[思当]　おもひよる[思寄]　こころにこたふ[心応]
**おもいあがり**[思上]　くわしよく[華飾]　うまん[軽慢]　おごり[驕]　おもひあがり[思上]　こころあがり[心上] ⇒ うぬぼれ　ここ
　　ろおごり[心驕]
**おもいあわ・す** ⇒ **おもいあわせる**
**おもいいた・る**[思至]　たどる[辿]　おもひいたる[思至]　おもひよす・おもほしよる[思寄]　す[思合]　おもひあふ[思合]
**おもいうか・ぶ**[思浮]　きたりうかぶ[来浮]　おもひうかぶ[思浮]
**おもいうか・べる**[思浮]　うかぶ・うかむ[浮]　おぼゆ[覚]　おもひながす[思流]　おもかげにす[面影]
**おもいおこ・す**[思起] ⇒ **おもいうかべる**

おもいおもい(に)——おもいつづける

**おもいおもい(に)**[思思] おのがむき むき[己向] こころごころ[心心] ひきひき・ひきびき[引引] むきむき[向向]

**おもいかえ・す**[思返] かへさふ[返] おもひかえす[覚] おもはずなり[思] けんにょもなし[権輿]

**おもいがけな・い**[思] あさまし[浅] あらぬ おぼえず[覚] おぼえなし[覚無] おぼはずなり[思] けもなし[気無] こころよりほか[心外] すずろ・すぞろ・そぞろ[漫] たけそか さか[偶] とんだ ねんなし[念無] ひざう・ひじゃう[非常] ふしぎ[不思議] ふぢちゃう[不定] ふと ふりょ[不慮] まさなし[正無] もってのほか[以外] ゆくりか・ゆくりなし りょぐわい[慮外] れうぐわい[料外]

—**さま** めづらか[珍]
—**方面** あらぬかた[方] あらぬすぢ[筋]
—**く** おもほえず[思] たちまち(に)[忽] はからずも・はからざる

**おもいき・る**[思切] きれはなれ[切離] いさぎよし[潔]
—**がよい** すがすがし(と)[清清]

**おもいきり**[思切] おもひいれ[思入] 僞[偲] こふ[恋] しぬぶ・しのぶ[偲]

**おもいくら・べる**[思比] おもひくらぶ[思比] おもひよす[思寄] よそふ[寄] よそひ[寄]

**おもいこが・れる**[思焦] くゆる[薫・燻] こがる[焦] こころやく[心焼] したこがる[下焦] なづむ[泥] やく[焼]

**おもいこ・む**[思込] いだく[抱] おもひいる[思入] おもひしむ[思染] おもひつむ[思詰] おもひなす[思] おもひはつ[思果] こころにしむ[心染] [心入] こる[凝] そむ[染]

**おもいさだ・める**[思定] あんじさだむ[案定] おもひさだむ[思定]

**おもいしず・む**[思沈] おもひきゆ[思消] こふ[恋] しぬぶ・しのぶ[偲] しのばゆ[偲] うちしのぶ[打]

**おもいした・う**[思慕]
うかべたつ[浮立] おぼえうかぶ[覚浮] おぼゆ[覚] おこす[思起] おもひいづ・おもひつづく[思出続]

**おもいだ・す**[思出] おぼえいづ・おもひひづ[思出] おもひおこす[思起] おもひよる[思寄]

尊—おぼしめしいづ[思出]

**おもいださ・れる**[思出]

**おもいちがい**[思違] …ごかい

**おもいつ・く**[思付] おもひおこす[思起] おもひよる[思寄] こころづく[心付]

尊—おぼしよる・おもほしよる[思寄]

**おもいつき**[思付] ぞんじつき[存付] みたて[見立] ぞんじよる[存] おもひう[思得]

**おもいつづ・ける**[思続] おもひつらぬ[思連] おもひつづく[思続]

—**かない** おもひかぬ[思]

182

**おもいつめる——おもう**

もひわたる[思渡] はふ[延]

**おもいつめる**[思詰] 尊—おぼしわたる[思渡] お もひつむ[思詰] おもひいる[思 入] おもひつむ[思詰] おもひは つ[思果] きえかへる[消返] さし つむ[差詰] しむ[染]

**おもいで**[思出] おもひいで[思出]
—の品 かたみ[形見]
—話 ふるものがたり[古物語]

**おもいとおす**[思通] おもひはつ[思 果]

**おもいどおり**[思通] あんのごとく[案如] おもふさま[思様] じいう[自由]

**おもい…おもい**
—に…おもい
—にいく ことゆく[事行]
—にさせる かなふ[叶・適]
—にする こころにまかす[心任] こころをやる[心遣] しんだい[進退] たくましうす[逞] てにかく[手懸]
—にならない さだ[蹉跎] ふに ょい[不如意] ふべん[不弁] か

なふ[叶・適] ことかなふ[事適] もひながす[思流] おもひはかる[思量] おもひみる[思見]

**おもいとどまる**[思留] やけとまる [焼止] →あきらめる

**おもいなおす**[思直] ききなほす[聞 直] みなほす[見直]

**おもいながら**[思] おもふおもふ[思 思]

**おもいなし**[思] こころのなし[心做] →なやむ

**おもいなやむ**[思悩] →なやむ

**おもいのほか**[思外] いがい

**おもいはかる**[思計] かんがふ・かう [考・勘]

**おもいまどう**[思惑] くる[眩・暗] →なやむ

枕—あさぎりの[朝霧] やみよなす [闇夜]

**おもいまよう**[思迷] おもひくだ く[思砕] おもひみだる[思乱] く

だく[砕] こころまどふ[心惑] わる[割]

**おもいみだれる**[思乱] おもひくだ く[思砕] おもひみだる[思乱]

枕—あしかきの・あしがきの[葦垣] かるかやの[刈萱]

**おもいめぐらす**[思巡] めぐらす [巡・回] おもひつづく[思続] お もひめぐる[思廻]

**おもいもよらない** →おもいがけない

**おもいやり**[思遣] あいきゃう・あい ぎゃう[愛敬] こころ[心] なさけ [情]
—どうじょう・—なさけ [情]
—がある こころあり[心有]
—がない おもひぐまなし[思隈 無] こころなし・こころもなし[心 無] つらし[辛] なさけなし[情 無]
—が深い こころなさけあり[心情 有] なさけふかし[情深]

**おもいやる**[思遣] くむ[汲・酌] こ ころをやる[心遣] すいす[推]

**おもいわずらう**[思煩] →なやむ

**おもう**[思] おもふ[思] みる[見] 尊—おぼしゃる[思遣] おぼす[思] おぼす・おぼしめす・おぼほす・ おもほす・おもほしめす[思] ぞん

おもうつぼ——おもて

—ず[存]
—枕[枕]かがみなす[鏡]
—からか おもへれや[思]
—こと おもはく[思]
—ことを止める おもひやむ[思止]
—存分 あくまで[飽] おもへらく[思] おもひやま[思止] ろのかぎり[心限]
—には おもへらく[思]
—壺 …おもうつぼ
—ままに おもい
—わない(反語)おもへや[思]
—わないで おもはずは[思]
—われる おぼゆ[覚] おもほゆ[思] みゆ[見]
—ないで おもほえで[思]
ゆ・おもほゆ[覚]おもひきゆ[思消]
消え入るほど深く— おもひきゆ[思消]
心に— かく[懸掛] ふくむ[含] おもひならふ[思習]
常にそう— おもひならふ[思習]
深く— ふかむ[深]
▼と思って とて
おもうつぼ【思壺】づ[図]

おもうつぼ——おもて

—にはまる あんにおつ[案落]
おもおもし・い【重重】あつし[厚]
おもし[重] づしやか ところせし[所狭]
なし[所狭] ところせし[所狭] ものものし[物物]
—そうだ ひきょう[比興]
おもかげ【面影】あしてかげ[足手影] おもざし[面差] かげ[影] かんばせ[顔] けはひ[気配] …おごそか
おもくるし・い【重】あつかはし[暑]
おもざし【面差】おももち[面持] おもわ[面輪] めんてい[面体]
おもくなる →おもい
おもしろ・い【面白】うむがし・おむがし[愛] き[奇] きょう[興] こころをかし[心] せち[切] たぬし[楽] ひきょう[比興] をかし・をかしがる・をかし[興]
—くない あいなし・あひなし[愛無] あちきなし・あづきなし[味気無] いぶせし[鬱悒] こころやまし[心疚] ことにがし[事苦] すさまじ[凄・荒] にがし・にがにがし

おもしろがる【面白】きょうがる・き[興]ょうず・きょうにいる[興] このむ[好] もてきょうず[興] をかしやか[苦]
—こと いっきょう[一興] きょう[興] ひきょう[比興]
—そうだ をかしやか
おもだ・つ【主立】おとなぶ[大人] つかさ[長・首] むねと[宗徒]
—った人 おとなし[大人] むねむねし[宗宗] むねと[宗徒]
おもちゃ【玩具】あそびもの[遊物] たぐさ[手草] てすさび・てすさみ[手遊] もちあそび・もてあそび[玩種・弄種・翫種]
おもて【表】おも・も[面] つら[面] ひにくく[皮肉] ほか[外] もて[面] —立っている おほやけおほやけし[公公] はかばかし[果果] はれ
—がない きょくがない[曲]
おもしろみ あぢはひ[味]
ころづきなし[心付] わびし[侘]

おもねる――おり

**おもねる【阿】** ‥‥へつらう

**おもはゆ・い【面】** はれがまし・かがやかし[輝・赫] はれがまし[晴] はづかしい

**おもむき【趣】** あぢはひ[味] あはれ・あはれげ[哀] いろ[色] かかり[掛] きび・きみ[気味] くさはひ[種] けしき・けしきあり[気色] こころ・こころばへ[心延] さま[様] しな[品] しほ[潮・汐] じゃう[情] なさけ[情] にほひ[匂] ふうてう[風調] ふぜい[風情] ふうりう[風流] もののあはれ[物心] よし[由] よせい[余情] ゆゑ[故] よそほひ[装] ‥‥**基本 ふうりう**(P.81)

**おもむ・く【赴】** ‥‥ゆく

**おもむろに[徐]** おもぶるに[徐] やや

いつ[穂出] ―に出る たちいづ[立出] ほにいづ[穂出] ―に出す もていづ[持出] ―の表向き こうぎ[公儀] はれ[晴] ▽表面 うはべ[上辺]

**おもね・る【阿】** ‥‥へつらう

**おもはゆ・い【面】** かかやかし・かがやかし[輝・赫] はれがまし[晴] はづかしい

**おもゆ【重湯】** こんづ[濃水・濃漿]

**おもわく【思惑】** おもひいれ[思入] きげん[機嫌] しょぞん[所存] おもひ・‥‥かんがえ

**おもわしくな・い【思】** ふでう[不調]

**おもわず[思]** こころにもあらず[心]

**おもわせぶり[思]** えん[艶] もたせぶり[持振]

**おもん・じる【重】** おもくす[重] しゃうくゎん・しゃうぐゎん[賞翫] たっとぶ・たっとむ・たふとぶ・たふとむ[尊] ものめかす[物]

**おや【親】** ‥‥りょうしん ―枕―たらちねの[垂乳根] たらちをの[垂乳男] ―の教へ にはのをしへ[庭訓] ―らしくする おやがる・おやめく ―する けうず[孝養]

**おやごころ[親心]** 句―やけののきじ[焼野雉] ‥‥おもいやり

**おやふこう[親不孝]** ふけう[不孝]

**おやもと[親元]** おやざと[親里]

**およそ[凡]** あらあら おほかた[大方] おほよそ[大方] おほやう[大様] おほよそ[凡・大凡] かれこれ[彼此] けりゃう[仮令] ざっと[粗粗] そうじて[総] そうべつ[総別] たいてい[大抵] なのめに[斜] なべて[凡] ‥‥**だいたい**

**およ・ぶ[及]** いしく[及] しく[及] ―ばない あまる[余] おくる[後] おとる[劣] およびなし[及・若無] しかず[及・如・若] はづる[外] 反―しかめやも[及・如] 若如

**おり[折]** あはひ[間] きざみ[刻] きはめ[際目] じせつ[時節] せつ[節] たび[度] ついで[序] とき[時] はし[端] ひ[日] ふし[節] ほど[程] みぎり・みぎん[砌] よ

おりおり──おろそか

**おりおり【折折】** ⇒ ときどき

**おりかえす【折返す】** おしかへす[押返]
たちかへる[立返]
―波が…し寄せる をりかく[折懸]
波が…し寄せる をりかく[折懸]

**おりがみ【折紙】** をりかみ[折紙]

**おりしも【折】** ときしも[時] をりしも[折]
―も折なのに ときしもあれ[時]
―何かの― ものをり[物折]

**おりふし【折節】** あやにく[生憎・可憎]
―が悪い をりあし[折悪]
びんあし[便悪] びんなし[便無]
―便無 をりあし[折悪]
[便無]

**おりばこ【折箱】** すぎをり[杉折] わ
りご[破子・破籠]

**おりひめ【織姫】** たなばたつめ[棚機津
姫] ⇒ しょくじょ[織女]

**おりふし【折節】** をりふし[折節] を
りをり[折折]

**おりまげる【折曲】** をりかがむ[屈]

**おりもの【織物】** はたもの[織物]

**おる【折】** たをる[手折]

[世] をり[折]
をりふし[折節]

**おる【織】**
―り続ける おりつぐ[織次]
りはふ[織延]

**おる【居】** ものす[物]
[丁] さぶらふ・さむらふ[候・侍] さ
もらふ[候] はべり・はんべり[侍
[尊] いますかり・いまそがり・いまそうず・おは
しますかり・おはさふ・おはします・おはす
[御座] ます・まします[坐]
ござる[御座] ぬたまふ[居給]
みまそかり[御座]

**おれい【礼】** かしこまり[畏] こころ
ざし[志] みゃうが[冥加] よろこ
び[喜]
▽お礼参り かへりまうし[返申]

**おれまがる** ⇒ まがる

**おれる【折】**
―れて傾く をれこだる[折]
―れて倒れる をれふす[折倒]

▽お茶しこ[遅]

**おる【居】** ものす[物]
らがり[暗] くらし[暗] こけ[虚
仮] こころおくる[心後] つたな
し[拙] はかなし[果無・果敢無]
ふかく[不覚] ふつつか[不束] も
うまい[蒙昧] をこ[痴] をさなし
[幼] ⇒ ばか
―な男 しこのますらを[醜太夫]
―なこと かぐ[下愚] しれごと
[痴事] たはけ[戯] こころお
くれ[心後] ぬる
―な行動 たはけ[戯]
―に見える をこめく[痴]
親に似ず― ふせう[不肖]
▽愚か者 うつけ・うつけもの[空
者] おれもの[愚者] しれもの[痴
者] じんろく[甚六] たくらだ
[痴] たはけ・たはけもの[戯者]
にばん・にばんばえ[二番生] ばう
だら[棒鱈]
―ほけしる[惚痴]
―になる おる[愚・痴] しる[痴]

**おろそか【疎】**
▽馬鹿らしい おほ[凡] おろかし
[痴]
―おそか[疎・

**おろか【愚】** あまし[甘] うつ[鬱]
鈍】おほほし[鬱] おれおれし[愚・
愚] かたくな・かたくなし[頑] く

おわらせる──おんわ

**おわらせる**
―愚 おろそか[疎] そさう[粗相]
―たいだいし とうかん[等閑] なほざり[等閑] ゆるかせ[忽]
―なこと ゆる[緩] ゆるかせ・ゆるがせ[忽]
―にする こともなおろか[言愚]
―なく おくらかす[後・遅] そでにす・そでになす[袖]

**おわら・せる【終】** ―過 たつ[断・絶]
―にするさま きはむ[極] ぞんざい すぐ[極]

**おわり【終】** あげく[揚句] いまはか ぎり[今限] きはみ・きはめ[極] ご き[期] さいご[最後] さいはて[最果] しじゅう[始終] しまひ[仕舞] する[末] せんど[先途] つひ・つひに[遂・終] とぢめ[閉目] とまり[止・留] つもり[積] なごり[名残] ならく・ならくのそこ[奈落底] はて・はてはて[果] ↓はて―頃 するゑつかた[末方]
―に つひに[遂・終] とど[止]
―にする つくす[尽] ををさむ[治]

**おわ・る【終】** あがる[上] つく・つくす[尽] おほす[果枯] はつ[果] をさむ[治] 末枯 なりはつ[成果]
年・季節の― くれがた・くれつかた[暮方]
―になる すぐ[過] やむ[止・罷]
―までする はつ[果]
年・季節の―になる おゆ[老] くれはつ[暮果]
物事の― おく[奥]
事が― こときる[事切]
―・ろうとする すぐしはつ[過果]
そのままで― くる[暮]
年・季節の― くつ[朽]
むなしく― くつ[朽]

**おん【恩】** ↓おんけい
**おんがく【音楽】** いとたけ・しちく[糸竹] がく[楽] くゎんげん[管弦] もののね[物音]
美しい― めうおん[妙音]
▼音律 しらべ[調]
▼演奏 しらべ[調] て[手] ↓えんそう

**おんけい【恩恵】** いたはり[労] おん あい[恩愛] かげ[蔭・陰] しるし[験・標] せいとく[勢徳] ちから[力] とく[徳] みたま[御霊] り やう[利益] よけい[余慶] りや く[冥利]

**おんしん【音信】** ↓てがみ

**おんせん【温泉】** いでゆ[出湯] はし りゆ[走湯] みゆ[御湯]
▼湯治 ゆあみ[湯浴]
温泉宿 ゆのやど[湯宿]

**おんな【女】** ↓基本（P.50）

**おんりょう【怨霊】** ↓ばけもの

**おんわ【温和】** おとなし・おとなしやか[大人] なだらか にょほふ[如法] やさし[優]

# か

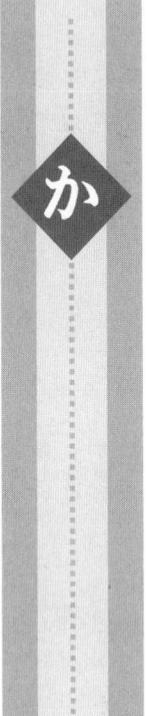

**か**【疑問】 →基本 ぎもん(P.102)

**か**〈反語〉 →基本 はんご(P.104)

**か**【蚊】
- —の幼虫 けっけつ[孑孑] ぼうふり・ぼうふりむし[棒振虫] 水蛆
- 群れをなして飛ぶ— かばしら[蚊柱]
- 句 やぶかのもちつき— [藪蚊餅搗]

**が**【蛾】 ひひる[蛾]

**が**【我】
- —を折る おもひよわる[思弱]
- たふる[倒]
- —を通す よこがみをやる[横紙破]
- —を張る こころをたつ[心立]

**かあさん**【母】→はは

**かい**【甲斐】→[甲斐・効] せん[詮] やう[益] [印・験・標] しるし [詮] やう[益]

↓ききめ
- —がない あぢきなし・あづきなし[味気無] せんなし[詮無] あえなし・あへなし[敢無] よしなし[由無] やくなし・やけなし[益無]

**かいがいし・い**[甲斐甲斐]→がいこく けなげ・けなりげ[健気] をさをさし[長長]

**かいかく**【改革】→あらためる

**かいかつ**【快活】 はなやか[華]

**かいがら**【貝殻】 うつせがひ[空貝・虚貝]

**かいがん**【海岸】 うなぎし[海岸] うみが[海処] うみべた・うみべた[海辺] うら[浦] うらべ[浦辺] へつべ[辺方] →基本 うみ(P.22)

▽沖まで潮の引いた— とほひがた[遠干潟]

曲がった— きょくほ[曲浦] うらわ[浦廻・浦回]

▽長い浜と曲がった入り江
- 句 ちょうていきょくほ[長江曲浦]

**がいかん**【外観】→みかけ
- こみ[見込] そばつき[側付] な・しなかたち[品形] きざみ[刻] ほど[程]

**かいきゅう**【階級】→みぶん

**かいきょう**【海峡】 と[戸・門]
大きな— おほと[大門]
小さな— せと[瀬戸]

**かいぐん**【海軍】 ふなて[船手] いくさ[船戦]

**かいけい**【外形】→かたち

**かいけつ・する**【解決】 とく[解]

**かいけん**【外見】 おもて[表] ふうてい[風体] みざま[見様] みめ・みるめ[見目] →みかけ

**がいけん**【外見】→みかけ

**かいこ**【蚕】 かふこ[蚕] こ[蚕・桑子] ひむし[蛾・火虫]
子 こ[蚕・桑子] くはばこ[桑子]

**かいそ**【磯】 岩の多い— あらいそ・ありそ[荒磯] いそ[磯]
—沿いに行く うらづたふ[浦伝]

かいごう──かいつぶり

**かいこ[蚕]**
—を飼うこと こがひ[蚕飼]
秋(春・夏)に孵る— あきこ[秋蚕]
(春蚕・夏蚕)
▼繭 まよ[繭]
▼養蚕の時期 こどき[蚕時]

**かいごう[会合]** さんくゎい[参会] よりあひ[寄合] ⋯

**あつまり**

**がいこく[外国]** あだしくに[異朝] ごてん[呉天] いてう[異朝] ことどころ[異処・異所] とつくに[異国] ひとのくに[人国] 余所 一人 からひと[唐人]
—船 もろこしぶね[唐土船] はる[唐土船]

**かいこん・する[開墾]**
▼新たな開墾地 にひばり[新治]

**かいさん・する[解散]** くづる[崩]

**かいさんぶつ[海産物]** うみさち[海幸]

**かいし[懐紙]** くゎいし[懐紙] たたうがみ[畳紙] ふところがみ[懐紙]

**かいし・する[開始]** はじむ[始] ⋯ は

じめる

**がいして[概]** そうじて[総] →だいたい

**がいしゃく[解釈]** せつ[説]
—する しゃくす[釈]

**がいしゅつ[外出]** ありき[歩] ほか
尊—ぎゃうけい[行啓] ぎゃうかう[行幸] ぎょしゅつ[御出] ごかう[御幸] みゆき[御幸・行幸] わたり[渡] →でかける
—禁止 きんそく[禁足]
—しないこと ちっきょ[蟄居]
—する ありく[歩] むかふ[向・対] でかく[出掛] います・いますかり[在]
朝の— あさで[朝出]
夜の— よとで[夜戸出]

**かいじょう[海上]** うなづら・うみづら[海面] しほのやほへ[潮八百重] となか[門中] には[庭] わたなか[海中]
—の磯 はなりそ・はなれそ[離磯]

**かいすい[海水]** うしほ[潮] ほ[鹹塩] しほ[潮]
**かいすいよく[海水浴]** ほゆあみ[潮浴] しほあみ・しほあみ[潮]
**がい・する[害]** はむ[食] やぶる[破] そこなふ[害]

**かいせつ・する[解説]** かうず[講] →せつめい

**かいそう[海藻]** いそもの[磯物] いそな[磯菜] たまも[玉藻] め[海布・海藻] もしほぐさ[藻汐草] も は[藻葉]
—昆布 ひろめ[広布]

**かいぞう[改造]** →かいちくする

**かいだん[階段]** きざはし・きだはし[階] くれはし[榑階] しな[品] はし[階・梯] みはし[御階]
お宮などの— みはし[御階]
土間からの— はし[階・梯]

**かいちく・する[改築]** いらかあらたむ[甍改]

**かいちゅう[懐中]** ほほ[懐]

**かいつぶり** しながどり[息長鳥] に

かいてき——かえる

**かいてき【快適】** ➡こころよい
　—する くるめかす・くるめく[眩・転] まはる[廻・回]
**かいてん【回転】**
　—させる くるめかす・くるめく[眩・転]
**かいどう【街道】** うまやぢ か いだう[海道] はゆまぢ[駅路] うくゎん[往還]
**かいにん・する【解任】**
　—芸人 はうかし[放下師]
　—期 やみがた[止方]
**かいひ【回避】** ➡さける
**がいぶ【外部】** そとも[外面] らぐ[平] なほる[直] みなほす[見直] ➡なおる
　—に向かう おこたる[怠]
**かいぶつ【怪物】** ➡ばけもの
**がいぶん【外聞】** ➡基本うわさ(P.83)
　—が悪い はちがまし・はぢがまし

[恥] ひとわるし・ひとわろし[人悪]
**かいほう【介抱】** かいしゃく[介錯] ➡かんご
　—する あつかふ[介添] いたはる[労] とりみる[取見] なぐさむ[慰]
**かいまき【搔巻】** ふすま[衾・被]
**かいみょう【戒名】** いみな[諱] おくりな[法名] おくりがう[贈号] ほふみゃう[法名]
**かいめん【海面】** うみづら[海面] には[庭] ➡基本うみ(P.22)
**かいらく【快楽】** けらく[快楽] みを[水脈]
**がいりゃく【概略】** およそ[凡]
**かいろ【海路】** かいだう[海道] しほぢ[潮路] なみぢ[波路] ふなぢ[船手] みをのしほぢ[八重潮路] やしほぢ[八潮路] やへのしほぢ[八重潮路]
**がいろ【街路】** ちまた[巷・岐]
**か・う【飼】** かふ[飼] かひつく[飼付]
　—い馴らす のがふ[野飼]
　—放し・いする

**か・う【買】** あがなふ・あがふ[購] かふ[買] ととのふ[調] もとむ[求]
**かえ・す【返】** かへす[返]
　恩や仇を— むくふ・むくゆ[報]
　元の状態に— ひきかへす[引返]
　▽返歌かへし[返]
**かえすがえす【返返】** くれぐれ[呉呉]
**かえって【返・却】** かへりて[却] けく・けっく[結句] まにかへりに・かへらまに かへりて・かへるで[蛙手・結手]
**かえで【楓】** かへるで[蛙手・結手] もみぢ[紅葉]
**かえり・みる【顧】** すさむ[荒・遊]
**かえ・る【帰・返】** いかへる[帰] かへる[帰・返] しりぞく[退] 
　枕—あづさゆみ[梓弓] ころもで[衣手] いはつな[石綱] ふなあまり[船余]
　—ってくること きさん[帰参]

かえる — かおつき

―・らせる まく[罷]
―・りがけ かへさ・かへり[返・帰]
かへりにくそうだ かへりがて[帰]
―・り道 いへぢ[家路] かへさ・かへるさ・かへるみち[帰]
―・返 かへさ・かへるさま[帰]
―こと かへり[返・帰] かへり
[帰参]
尊―・くゎんぎょ[還御]
―ついでに かへりあし[帰足]
かへりざま[帰様]
―とき……・りがけ
―途中……・りがけ
元へ―・かへる[返・帰]
る[復返] をつ[復]
▽若返る をつちかへる[復返]
[復]

か・える【変】 あらたむ[改] かふ[変]
たがふ[違] とりなほす[取直]
―こと へんやく[変易]
趣を― さまかふ[様変]
主義・主張を― しゅしをかふ
[宗旨変]

姿を― さまかふ[様変]
すっかり― ひきたがふ[引違]
態度を急に― ひるがへす[翻]
―なほる[居直]

かえる【蛙】 かはきぎす[川雉子] か
はづ[蛙] かへら
▽雨蛙 あをがへる[青蛙]
▽蛙・亀など ひきがえる[枝蛙]
▽蟇蛙 たにかこ・たにぐく[谷蟇]
[湿生]

かえん【火炎】 ほむら[炎・焰]
[面輪] かたち[形] かほ[顔] おもわ

かお【顔】 おも・おもて[面] おも
ら[面]
―が赤くなる(酒で) とよのあか
り[豊明]
―を赤らめる おもてる[面照]
―を向ける おもてをむかふ[面
向]
愛しているような―つき おもひ
がほ[思顔]
美しい― かたち[形・容・貌]
落ち着いた―つき ありつきがほ
[有付顔]
嘆いている― かこちがほ[託顔]
まじめな― をさめがほ[納顔]
訳ありそうな― ことありがほ[事
有顔]
▽素顔 ただがほ[唯顔]
▽横顔 かたはらめ[側目・傍目]
そばがほ[側顔]

かおいろ【顔色】 いろ・いろあひ[色合]
いろざし[色差] かほぎ[顔気
色] かほさき[顔先] かほばせ・か
んばせ[顔・容] きしょく[気色]
[気色] きづま[気棲] けしき[気
色]

かおかたち【顔形】→よう
し

かおだち【顔立】 おもやう[面様] か
ほ[顔] きりょう[器量] ようがん
[容顔]

かおつき【顔付】 おも・も[面] おもか
げ[面影] おもがた[面形] おもへ
り[面] おももち[面持] かたち
[面様] おもわ[面輪] かたち[形・
容・貌] かほげしき[顔気色] かほ
ざま[顔様] かほばせ・かんばせ

かおみしり――かかわる

**かおみしり【顔見知】** →しりあい

**かおり【香】** か[香] にほひ[匂] れい・きゃう[霊香] ―が満ちる にほひわたる[匂満] にほひみつ[匂満] ―がよい かうばし・かぐはし[芳・馨] ―と味 きび・きみ[気味] ―どこからともなく漂う そらだき[空薫] 残った― うつりが[移香] 良い― にほふ[匂] かをる[香] くんず[薫] にほはす[匂]

**かお・る【香】** かほふ[匂] にほふ[匂] きこゆ[聞] ―・らせる にほはす[匂]

[顔・容] かほもち[顔持] けしき[気色] つらがまち[輔・面框] つらつき[面付・頬付] らつき[面作] みめ[見目・眉目] 愛しているような― おもひがほ[思顔] 落ちついた― ありつきがほ[有付顔]

**かか【嬶】** →かかあ
**かか・える[抱]** かかふ[抱] ―え持つ たばさむ[手挟] 脇の下に― わきばさむ[腋挟]
**かかく[価格]** →だいきん
**かか・げる[掲]** かかぐ[掲] かきあぐ[搔上]
**かかし・かがし[案山子]** そうづ[僧都・添水] そほど[案山子]
**かかと[踵]** あくと・あぐと[踵] きびす・くびす[踵] つぶなぎ[踵]
**かがま・る** しじまる[蹙]
**かが・む[屈]** かがまる[屈] くぐまる・せくくまる・せくくぐまる[踞] →しゃがむ
**かがみ[鏡]** (よく澄んだ) ますみのかがみ・まそかがみ[真澄鏡] ▽合わせ鏡 ともかがみ[共鏡]
**かがみもち[鏡餅]** もちひかがみ[餅鏡]

**がか[画家]** →えかき
**かがやき[輝]** ひかり[光] くわうみゃう[光明]
**かがや・く[輝]** はやふ・はゆ[映] ひかる[光] まかがやく[真輝] →ひかる[光]
―いている[輝] きらきらし[映映]
―かしさ きら[綺羅]
―かせる かかやかす・かがやかす[輝]
―ほど美しい きらびやか[煌]
**かか・る[懸]**
[枕]おくつゆの[置露] ゆふだすき[木綿襷] しづむ[沈] あづかる[与] いろふ[弄・綺] かかづらふ[拘] かかる[懸・掛] かかはる[構] ふる[触] たづさはる[携] ふればふ[触] とり合う とりあふ[取合]

かき――かぎり

**かき【垣】**→かきね

**かき・あ・げる【掻上】** 髪などを― かかぐ[掲] さくりあぐ[噦上]

**かきあつ・める【掻集】** かきつむ[掻集]

**かきあらわ・す【書表】** たく[綴]

**かきうつ・す【書写】** じょす[序]

**かきけ・す【書消】** かいけつ・かきけつ[掻消]

**かきし・る【書記】** かきとめる

**かきす・てる【書捨】** すてかく[捨書] かきすつ[書捨]

**かきちら・す【書散】** かきみだる[書乱]

**かきつ・く【掻付】** かいつく[掻付]

**かきつけ【書付】** じょう[状] しょし[書札] しょさつ[書札]

**かきつ・ける【書付】**→かきとめる

**かきつづ・ける【書続】** かきやる[書遣]

**かきつばた【燕子花】** よばな[顔佳花] かほばな・かほ[杜若]

**かきて【書手】**→しょき

**かきと・む【書留】**→かきとめる

**かきと・める【書止】** ふだたむ[認] しるす[記] あらはす[表] つく[付]

**かきなが・す【書流】** かきすつ[書捨]

**かきね【垣根】** かきほ[垣穂] き[城]・くへがき[柵] すいがい・すいがき[透垣] くね[柵] なかがき[中垣] はんべい[藩屏・蕃屏] めぐり[回・巡] ▼枕―あきぎりの[秋霧]・あさぎりの[朝霧] たたなづく[畳] (▶あをがき)

神社や皇居の― みやがき[宮垣] みかき[御垣] 竹の透けて見える― すがき[簀垣]

何重もの― やへがき[八重垣] 馬場の― らち[埒] 牧場の― うまみ[馬柵] ▼囲い めぐり[巡・回] ▼築地 ついがき・ついがき[築地] ついぢ[築地] つちる[土居] ねりべい[練塀] わきつぢ[土居] どる ▼土塀 ▼築地

**かきま・ぜる【掻混】**→まぜる

**かきむし・る【掻毟】** かきたくる[掻]

**かぎょう【佳境】** かなぐる

**かぎょう【家業】** いへごと[家事] かしょく[家職] なりはひ[生業] よすき[世続]・しごと

**かきよ・せる【掻寄】** かきよす[掻寄]

**かぎり【限】** きは[際] きはみ・きはめ

猪などを防ぐ― ししがき[鹿垣] 柴で編んだ― こしばがき[小柴垣] しばがき[柴垣] 柴や竹の― まがき・ませ・ませき[籬] もがり[虎落] ―の中 かきつ[垣内] 神社の― いがき・いみがき[忌垣・斎籬] たまがき・たまがき[玉垣] ひもろき[神籬] みづがき[瑞垣・瑞垣]

かく——かくす

かく
[極] そこ[底] はうづ[方図] はんち[辺地] ぞんぢ[存知] ぞ
[果] ぶんざい[分際] へんさい・へんざい[辺際] はうりゃう[方量]
—ない かぎりなし[限無] きはなし そこひなし[底無] そこひもしらず[底知] はかりなし[量]

—ないこと てんじゃうぬけ[天井抜] むへん[無辺]

▽特定の事と限らない そのこととなし[其事無]

か・く【書】 しるす[記] ものす[物]
枕—もしほぐさ[藻塩草]
—いては消す かきけつ[書消] 気の向くままに— かきすさぶ[書遊]
慰みに— かきすさぶ[書遊]
念を入れて— かきすます[書澄]
乱雑に— かきみだる[書乱]
立派な字を— てかく[手書]

かぐ【家具】 いへのぐ[家具] ぐ[具]

か・ぐ【嗅】 じふほう[什宝] きく[聞]

かくご[覚悟] くゎんねん[観念] ぞひまぜ[日交] ひとまぜ[日交]
—する おもひきる[思切] けっしん[決心] おもひとる[思取] どうすはる[胴据] おもふ[思期] ごす[期] どうをす[胴据] はらわたをすう[腸据]
決死の— しにみ[死身] しにまうけ[死設]
死ぬ— しにみ[死身]

がくしき【学識】 いうそく[有職・有識] さいがく[才学] ざえ[才] ざえざえし[才才]
—がありそう こびる
—がある
かくしきばって・いる【格式張】 うべむべし[宜宜]
かくしきれな・い[隠切] しのびあまる[忍余]
かくしごと[隠事] →ひみつ
かくしつ【確執】 しゅくしふ[宿執] いちぢゃう[一定] さだか[定] ぢぢゃう[治定] まさし[正]
句—てれふれなし[照降無] →たし

かく・す【隠】 おしつつむ[押包] おほふ[覆] くらむ[暗] さしかくす[差隠] しなぶ・しなむ[暗] つつむ[包] しぬぶ・しのぶ[忍] かくす[取隠] ひそむ[潜] ひむ・ふす[伏・臥] まぎらはす[紛] [秘]
—しきれない しのびあまる[忍余]
—しごと しぬびごと・しのびごと

がくしゃ[学者] いうそく[有職・有識] せきがく[碩学] はかせ[博士] もんじゃ[文者]

かくじつ【隔日】 ひまぜ[日交] ひと交
がくしつづ・ける[隠続] かくさふ
かくじん【各人】 →それぞ
かくしん【確信】 →しんじる
がくしゅう【学習】 ならひ[習・慣] →それぞ

かく・す[隠]
→れ
まなぶ
—させる ならはす[習・慣]

**―しだて** くま[隈]
**―しておく** ひきこむ[引込]
**―して暮らす** しのびすぐす[忍過]
**―し通す** しのびすぐす[忍過]
**顔を―** おもがくし[面隠]
**霧や霞が―** たちかくす[立隠]
**心に包み―**
　包み― おしつつむ[押包] おほ
　ふ―おぼしつつむ[思包]
**尊―おぼしつつむ[覆]**
**姿を―** あとたゆ[跡絶]
**そっと―** もてかくす[持隠]
**何度も―** かくさふ[隠]
**身を―** ふける

**がくせい【学生】** がくしゃう[学生]
**未熟な―** なまものしり[生物知]
**生**　なまがくしゃう[生学生]

**かくだい【拡大】→ひろげる**

**かくちょう【格調】** たけ[丈・長]
**―が高い** たけたかし[長高]

**かくにん・する【確認】** みる[見]…み
　とめる

**かくばる【角】** かどかどし[角角] そ

**がくせい ―― かくれる**

ばそばし[稜稜]

**かくべつ【格別】** いちだん[一段] お
ぼろけ・おぼろけならず[朧] きら
きらし け[異] こと[異・殊]
とさら[殊更] ことに[異・殊] こ
し[殊無] ことのほか[事外] こ
とならず[事ならず] ななめならず・なのめ
ならず[斜] なべてならず・なめて
ならず[並] やうごとなし・やんごとなし
なし[止事無] れいならず[例]…とく
べつ
**―に** べっして[別]
**―によい** しゅしょう[殊勝]

**がくもん【学問】** かんぼく[翰墨]
え[才] さいがく[才学] てならひ
[手習] ふみ[文・書] みち[道]
もじ[文字] ものまなび[物学] も
んざい[文才] むさい・むざえ[無
才] むひつ[無筆]
**―がないこと** ものならふ[物習]
**―する** ものならふ[物習]
**―すること** しょがく[所学]
**―的** みちみちし[道道]

**―の道** しだう[斯道] ふみのみ
ち[文道]
**―をさせること** ものならはし[物
習]
**未熟な―** うひまなび[初学]
**▼苦学する**
**句―** えだのゆきをならす[枝雪馴]

**がくりょく【学力】** さいかく・さいが
く[才覚]

**かく・れる【隠】** いかくる[隠] かく
こもる[籠] かくろふ[隠] かく
る[隠] かくろく[籠] しぬぶ・しのぶ[忍]
たちかくる[立隠] なばる[隠] は
ひかくる[這隠] ひきしのぶ[引忍]
ひそむ[潜] ふす[臥・伏] まぎる
[紛]
**―枕―うつゆふの[虚木綿]**（＝かくる＝死ぬ）
**―れている** かくらふ[隠]
**―れて住む** ひっそく[逼塞]
**―れ場所** まぎれどころ[紛所] ひっ
そく[逼塞]
**落ちぶれて―れ住むこと** ひっそ
く[逼塞]
**木の陰に―** こがくる[木隠]

かくん──かける

**かくれ**[隠]
草など周囲の物に──　ぬはる[縫]
草や木の葉陰に──　はがくれ[葉隠]
こそこそと這って──　はひかくる[這隠]
島の陰に──　しまがくる[島隠]
水中に──　みがくる[水隠] もり・みごもり[水籠]
半分──　はたかくれ[半隠]
舟を漕いで──　こぎかくる[漕隠]
身をすぼめて──　ほそる[細]
世を逃れて──　ちっす[蟄]
▼頭隠して尻隠さず
句──きじのかくれ[雉隠]
▼隠れんぼ　かくれあそび[隠遊] かくれごと[隠事] かくればう[隠]
こうぢがくれ[小路隠]
▼雲隠れ　あからめ[目]
▼人目を避ける　しのぶ[忍] ひき しのぶ[引忍]
▼行方をくらます　あとたゆ[跡絶]

**かくん**【家訓】　ていきん[庭訓]
**かけ**[賭] →ばくち
**かげ**[影]　かくれ[隠] くま[隈] く

まど[隈処]
枕──かがりびの[篝火]
[玉鬘]　まそかがみ[真澄鏡]　たまかづら
──がない　こがくれ[木隠]　くまなし[隈無]
▼木陰　こがくれ[木隠] このした かげ[木下陰] みどりかげ[緑陰]
▼日陰　かたかげ[片陰]
**がけ**【崖】　あず[垰] ほき[崖] そば・
そばぢ[岨] きし[岸]
──を行く　そばづたひ・そばづたひ
[岨伝]
荒々しい──　あらそは・あらそば[荒岨]
片側が切り立った──　かたきし・か
たぎし[片崖]
切り立った険しい──　きりぎし[切崖]
山沿いの──　かたやまぎし[片山岸]
▼岩壁　いはがき[岩垣] いはかべ[岩壁]
**かけあい**【掛合】→だんぱん
**かけい**【家系】　いっせき[一跡] いへ[家]

**かけい**【家計】　ないしょう[内証] →く
らし
**かけおち**【駆落】　みちゆき[道行]
──した者　はしりもの[走者]
──で夫婦になった者　はしりめう [走夫婦]
**かげき**【過激】→はげしい
**かげぐち**【陰口】→わるくち
**かけす**　かしどり[樫鳥・橿鳥] やどか しどり[宿貸鳥]
**か・ける**【賭】　あらがふ[争・諍] のる[賭] はる[張]
▼宝くじ　とみ[富] →ばくち
**ばくちうち**　おつ[落] とぶ[飛] は しる[走]
**か・ける**【駆】
**か・ける**【掛・懸】　かく[掛・懸]
枕──たまかづら[玉鬘]・まそかがみ[真澄鏡]・たまだすき[玉襷]・まそかがみ[真澄鏡] ⇩か く]からころも[唐衣]・たくひれの[栲領巾]・ゆふだすき[木綿襷] ⇩か

け]
鍵を──　さす[鎖]

196

かげる──かさねる

かげる【陰】
肩に── かつぐ[担] かづく[被]
水を── そそく・そそぐ[注・灌]
両岸に── かく[架] さしわたす[差渡]
わたす[渡]
▼吊り下げる ひきかく[引掛]

かげ・る【陰】 かげろふ[陰]
かげろう【蜉蝣】 ひをむし[陰]
かげろう【陽炎】 いとゆう・いとゆふ
[糸遊] いとし[糸子] かぎろひ
かげん【加減】 あんばい[塩梅] →ぐあ
い

かこ【過去】 いにしへ[古] いんじ
[往] かみ[上] きしかた・こしかた
[来方] さき[先・前] さきざき
[先先] すぐよ[過世] そのかみ
[其上] まへ[前] むかし・むかし
むかし[昔] むしくゎうご
う[無初曠劫] →基本 かこ・かんりょ
う(P.99)
──と未来 をちこち[彼方此方]
きしかたゆくすゑ・こしかたゆくす
ゑ[来行]
──のこと いんじ[去]

かこ【過去】
──の世 あらぬよ[世]
無限の── むし[無始] むしくゎ
うごふ[無始曠劫]

かご【加護】 たま[霊・魂] みゃうが
[冥加] みゃうじょ[冥助] おうご
[擁護] →まもり
──する ちはふ[幸]

かご【籠】 かたみ[筐] かつま[勝間]

かごい【囲】
▼花籠 はながたみ[花筐]
──で飼う こがひ[籠飼]

かこう【河口】 みと[水門]

かこつ・ける【託付】 かこつ[託]
とづく[言付・託] ことなづく[事名
付] ことよす[言寄] じょうず
[乗] よす[寄] よそふ[寄] →こ
じつける
──こと ことづけ[言付・託]

かこ・む【囲】 いだく[抱] かくむ[囲]
つぼぬ[局] とりこむ[取込] ゐね
う[囲繞]
──ませる めぐらす[回]

かげ・す【翳】 あつ[当]
かさ【笠】
──まれている こもる[籠]
枕──あまごもり[雨籠・雨隠]
かさい【火災】 →かじ
かさいどうぐ【家財道具】 →かぐ
かささぎ【鵲】 うじゃく[烏鵲] から
がらす[唐烏] まらうどがらす[客
人烏]
かざ・す【翳】 てのひら
掌を目の上に──こと まかげ[目
蔭・目陰]
かさな・る【重】 しきる・しく[頻] た
たむ・たたねる[畳]
枕──たたみこも[畳薦](→へ)
──っていること やへやへ[八重
八重]
──り合う たたなはる・たたなづ
く[畳]
多くの──り ちょうでふ[重畳]
ももへ[百重] やへ・やへやへ[八重
八百] やほへ[八百重]
たび── しきる・しく[頻] まねし
[数]
▼合致する ゆきあふ[行合]
かさ・ねる【重】 かさぬ[重] くはふ

# かさばる——かしや

**かさば・る**【嵩張】
―**ね合わせる** うちかはす[打交]
さしあはす[差合]

**幾重にも―**
たたむ・たためぬ[畳]
ひみがく[繕磨]

**かさ・む**【嵩】 つもる[積]

**かざり**【飾】 はやし[栄] よそひ[装]
しゃうぞく[装束] さうぞく・そひ・よそほひ[飾]

**―気がない** きすく・きすぐ[生直]

**―物** さいく[細工]
くすむ[燻]

**かざりた・てる**【飾立】 さうぞく・しゃうぞく[装束] したつ[下立] つくりたつ[作立] つくろひたつ[繕立] とりつくろふ[取繕] きらめく[煌]
**―こと** ふうりう・ふりう[風流]

**かざりつけ**【飾付】 よそひ[装] しゃうごん[荘厳]

**かざりつ・ける**【飾付】 かざす[挿頭]
したつ[仕立] しつらふ[設]

**かざ・る**【飾】 こしらふ[拵] つくる[作] みがく[磨]
ふ[立装] たちよそふ・よそほふ[装]

**かさばる——かしや**

美しく― いろふ[色・彩] つくろをさし[長長] きょう[器用] けんこう[利口]
**―こと** はつめい[発明] りはつ[利発] り
**厳かに―こと** しゃうごん[荘厳]
**身なりなど―こと** よそほひ[装]

**かし**【河岸】 はま[浜]
**かし**【菓子】 くだもの[果物] てんじん[点心]

**かじ**【鍛冶】 かぬち[鍛]
**かじ**【火事】 ひ[火] せうばう・ぜうまう[焼亡]

**―失火** てあやまち[手過]
**▽猛火** みゃうくゎ[猛火]
**▽燃えさがら** くゎいじん[灰塵]
**がし**【餓死】 ⇒うえる
**かじか**【河鹿】 かはづ[蛙]
**かじか**【鰍】 かはばき[石斑魚・石伏]
いしぶし・たぎし[鮀]
**かじ**【梶・楫・舵】 たいし[大楫]

**かしこ・い**【賢】 あきらけし[明] う
るせし かしこし[賢] かどかどし
[才才] けん[賢] こころとし[賢]
疾 さかし・さかさかし[賢] さと
し[聡] とし[疾・敏] よし[良] を
りこん[利根] りはつ[利発]

**かしこま・る**【畏・恐】 つひゐる[突居]
おそる[畏・恐]
**―人** ⇒けんじん
**―ふりをする** さかしら・さかしらがる
さかしらだつ[賢立]

**かしつ**【過失】 あやまち[過] あやま
り[誤] おこたり[怠] くゎ[過]
くゎたい[過怠] くゎんたい[緩怠]
けちがひ[蹴違] ことあやまり
[心誤] ことあやまり[事誤] し
か・しが[舐瑕] しちらい・しつらい
[失礼] しつ[失] そこつ[粗忽]
そさう[粗相] つみ[罪] てあやま
ち[手誤] とが・とがめ[咎・科] ど
ち ふかく[不覚] おこたる[怠]
**―越度** しっぱい
**―を犯す** おこたる[怠] すぐす
[過]

**かじつ**【果実】 ⇒み
**かしや**【貸家】 たな[店]

かじや──かぞえる

**かじや【鍛冶屋】** 空いている― あきだな[空店] かぬち[鍛] かぶち[鍛] かたし[鍛]
　[鍛] かたしどころ[鍛処]
**かじょうがき【箇条書】** かきたて[書立] ことがき[言書・事書] ひとつがき[一書]
**かしら【頭】** かうべ[頭・首] こうかみ ゆ[尺見] ほのめく[尺見]
　[兄] つかさ[長・首] とう[頭] →あ
　とうりゃう[棟梁] をさ[長] →あ
**かじる【齧】** かぶる[齧] きしる[軋]
　たま
**かじん【歌人】** うたびと[歌人] うたよみ[歌詠]
**か・す【貸】** いらす[貸]
　▽貸し手 おほせかた[負方]
　枕―しつたまき・しづたまき[倭文環]（⇒かずにもあらぬ）
　―に入れる かぞふ[数]
**かず【数】**
**かすか【幽】** ありなし[有無] あるか
　なきか[有無] おほほし・おぼほし[鬱] おぼろげ[朧] かそけし[幽] はつか・はつはつ[僅] ほそし

　[細] ほのか[尺] →ほのか
　なこと たまゆら[玉響] はう
　ふつ[彷彿] はつはつ
　―に聞こえる ほのか[尺] ほの
　きく・ほのきこゆ[尺聞]
　―に見える ほのか[尺] ほのみ
　ゆ[尺見] ほのめく[尺見]
**かすみ【霞】** き[気] せいらん[青嵐・晴嵐] ひとかすみ[一霞] さほひめ[佐保姫]
**かす・む【霞】** あをぎる[青曜] きる
　[霞] けぶる[煙・烟]
　一面に― かすみわたる きる
　かすみしく[霞敷] →くもる
　霧で一面に― きりわたる[霧渡] きる[霧] くる[暗・眩] る
　▽霧が立つ きらふ[霧] きらす[霧] きらふたがる[霧塞] き
　▽霧で曇らせる きらす[霧]
　▽霧で見えない きりふたがる[霧塞]
**かすめとる【掠取】** はぬ[撥]
**かす・れる〈声が〉【掠】** からぶ[乾]
**かすんで・いる【霞】** おぼろ[朧] け

　ぶる[煙・烟] けぶる[煙・烟]
　・見える[煙・烟]
**かぜ【風】** →基本 びょうき(P.87)
　―基本 びょう[風邪] しぶきやみ[咳病] みだりかぜ[乱風] ふ
**かせい【加勢】** よりき[与力]
**かそう【家相】** さう[相] おちあふ[落合]
**かそう【火葬】** だび[茶毘]
　―場 さんまいば[三昧場] のべ[野辺] ひや・ほや[火屋]
　―にする けぶりになす[煙] はぶる[葬]
　―の煙 かたみのくも[形見雲] けぶり・けむり[煙] つひのけむり[終雲] のべのけむり[野辺煙] よはのけむり[夜半煙]
　―の遺骨 しゃり[舎利]
**かぞ・える【数】** かきかぞふ[掻数] かずまふ・かぞふ[数] よむ[読]
　→けいさん

かぞく――かたな

かぞく【家族】いへ[家] いへびと[家人] けご[家子] けない[家内] ▼基本 かぞく[眷族・眷属]
けんぞく[眷族・眷属]
く・しんせき(P.55)

かた【潟】→ひがた

かた・い【固・堅】かたし[固・堅] こはし[強]
―ごはし かたかた[固堅] こはし[強]
―こと けんご[堅固]
―物 こんがう[金剛]
―くなる こはばる[強張]

かたいじ【片意地】かたくな[頑]
―を張ること へんしふ[偏執]

かたいっぽう【片一方】 かたし[片]

かたいなか【片田舎】かたへ[片辺・傍] かたつかた[片方] かたへ[片辺・傍] あた[仇]

かたおもい【片思】→かたこい・あい(P.61)

かたき【敵】あた[仇]
―役 あくがた[悪方・悪形] あかつら[赤面]

かたがた【方方】ところどころ[所所]

かたがわ【方側】おのおの[各各]

かたくな【頑】すくむ[竦] ものこはし[物強] こころごはし[心強]

かたくるし・い【堅苦】うるはし[美・麗] きすく・きすぐ[生直] ものごはし[物強]

かたく・する【固】すくむ[竦]

かたこい【片恋】あだぼれ[徒惚] かたもひ[片思]

かたすみ【片隅】かたほとり[片辺・偏辺] くま[隈] こすみ[小角・小隅] すみ[角・隅] ぬえどりの[鵺鳥・鵼鳥] ぬえことり[鵺子鳥・鵼子鳥] ▼基本 あい(P.61)

枕―いそかひの・いそがひの[磯貝] ぬえとりの[鵺鳥・鵼鳥] ぬえことり[鵺子鳥・鵼子鳥]

かたち【形】かげ[陰・影・蔭] かたち[形・象] さう[相] てい[体] やう[様] やうす[様子] やうだい[容体・容態] ようたい・ようだい[様体] けしきばかり[気色]
―だけ・ばかり けしきばかり[気色] かごとばかり[託言] はかなげ[果無・果敢無] わざと[態]
―作る むすぶ[結]

かたつむり【蝸牛】くゎぎう[蝸牛] ででむし[蝸牛] かたおち[片落] かたつぶり[蝸牛]

かたづ・く【片付】ほかげ[火影] らくきょ[落居]
―らちあく[埒明] をさまる[治] したたむ[認]
―取置 とりやる[取遣] なほす[直] ひき[引]

かたづ・ける【片付】したたむ[認] とりしたたむ[取認] たたぬ・たたむ[畳] なほす[直] ひき[引認]

かたておち【片手落】かたおち[片落]

かたどおり【型通】にょほふ[如法]

かたとき【片時】へんし[片時]

かたな【刀】うちもの[打物] こしのもの[腰物]
句―さんじゃくのしうすい[三尺秋水]
貴人の― みはかし[御佩刀]
赤く錆びた― あかいわし[赤鰯]
鍛えた― やきもの[焼物]
切れ味の良い― わざもの[業物・技物]

▼小刀 はきぞへ[佩添] わきざし

**かたはし【片端】** かたつま → いっぽう [脇差] かたそば [片側・片傍]

**かたほう【片方】** → かたがわ [片側]

**かたま・る【固】** こる [凝] まろかる [丸] むすぶ・むすぼる・むすぼほる [結]

**かたみ【形見】** あと [跡] なごり [名残]

**かたみ** ——の品 わすれがたみ [忘形見] ——っている様子 こごし [凝]

**かたみがせまい【肩身狭】** すぼし [窄]

**かたみに・らせる** こらす [凝]

**かた・く【傾】** やさし [恥・優]

**かたむ・く【傾】** かしぐ [傾] くだつ・こだつ [木垂] くたつ・たぢろく・たちろく [打擲] ことよる [事寄] ——いて崩れる なだる [頽] ——[事寄] たぢろく・たちろく ここる [向] 陽が—— くたつ・くだつ [降] 心が—— うちなびく [打靡] ろゆらぐ [心揺] 衰えて—— たぢろく・たちろく

**かたはし——がっかり**

**かたむ・ける【傾】** かたぶく・かたむく [降]

---

**かた** 頭を—— かぶく [傾]

**かたよ・める【固】** かたむ [固]

**かたよ・せる【片寄】** かたそふ [片添] そばむ [側詰] ことよる [片去] そばむ

**かたよ・る【片寄】** かたつく・かたづく [片付] かたさる [片去] そばむ [側] へんぱ [偏頗]

**かたりあ・う【語合】** あひかたらふ [相語] いひかたらふ [打語] かたらふ [言語] うちかたりあはす [語合] ことかたらふ [言語]

**かた・る【語】** つたふ [伝] ——こと ことどひ [言問] むつごと [睦言]

▼**恋人の語らい**

——見聞を詳しく—— まねびたつ [学立] 見聞を真似て—— まねびいだす [学出] 十分に—— のばふ [述]

▼**語り草** かたらひぐさ [語草]

---

**かたわら【傍】** → そば **かたをつ・ける【傍】** しまふ [仕舞]

**かたをなら・べる【肩並】** およぶ [及] たちならぶ [立並] しく [及・如・若] むかふ [向・対]

**かち【価値】** あたひ [値] かひ [効・甲斐] → ねうち ——ある所 みどころ [見所] ——がある よし [良] ——がない よしなし [由無] ——がない物 よしなしごと [由無事] なにかはせむ [何] ——が低い かろし [軽] ——のない こと よしなしごと [由無] ちり [塵]

**かちあわ・せる【合】** さしあはす [差合]

**がちょう【鵞鳥】** おほとり [大鳥] たうがん [唐雁] おほかり [大雁]

**がっかり** あへなし [敢無] すさまじ [凄・荒] → きおち ——する おもひくづほる [思] んず [倦] 尊——おぼしくづほる [思]

**がっき【楽器】** いとたけ・しちく[糸竹]
　や[学舎]　まなびのには[学庭]　まなびのまど[学窓]
▽ふきもの[吹物]
▽楽曲　しらべ[調]
▽打楽器　うちもの[打物]
▽琵琶　よつのを[四緒]
▽横笛　やうでう[横笛]
▽乱脚病

**かっきがある【活気】** にぎはし・にぎはし[賑]　わかし[若]

**かつ・ぐ【担】** かたぐ[担]　になふ[担]
→せおう

**かっけ【脚気】** あしのけ[脚病]
びゃう[脚病]　みだれあし・みだりあしのけ[乱脚病]　みだりかくびゃう[乱脚病]

**かっこう【恰好】** なり[形・態]　みざま・見様]　みぶり[身振]　かしらつき[頭付]　かぶし・かぶしかたち

**かっこう【郭公】** かすひどり[蚊吸鳥]　かんこ・かんこどり[閑古鳥]　まきどり[種蒔鳥]　たねまき[種蒔]　つつどり[筒鳥]　よぶこどり[呼子鳥]　ふふどり[布穀鳥]　ほうほう

**がっこう【学校】** ふや[文屋]　まなび

**がっしょう【合唱】** つれぶし[連節]　[教庭]

**がっそう【合奏】** つれぶき[連吹]
―する　かきあはす[掻合]　しらべあはす[調合]

**がったい・する【合体】** みをあはす[身随]

**かつて【勝手】** じいう[自由]　ずいい[随]

**かつて【嘗・會】** ぜんせ[前世]
―な考え　じゃうしき[情識]

**かってきまま【勝手気儘】** さんまい[三昧]　じゅうわう[縦横]　じゅうわうむげ[縦横無礙]　はういつ[放逸]　はうらつ[放埒]　ほしきまま[恣・縦]　ほしいまま[恣]　りうん[利運]
→わがまま

**かってぐち【勝手口】** せど・せどくち[背戸口]→いりぐち

**かつどう・する【活動】** はたらく[働]

**かつら【桂】**
枕―てるつきの[照月]
ちず[思案落]

**かていきょういく【家庭教育】** ていきん・にはのをしへ[庭訓]

**がてんがゆかぬ【合点行】** しあんにお

**かっぱ【河童】** かはたらう[河太郎]

**かっぱ【合羽】** うい[雨衣]　ゆい[油衣]
―させる　はたらかす[働]

**かつやく【活躍】** はたらき[働]
―する　はたらく[働]

**かっぱつ【活発】** はなやか[華]→いき
いきしている

**かつよう【活用】** はたらき[働]
―される　はたらく[働]

**かど【角】**
―が立つ　そばたつ・そばだつ[峙]
―がない　まろし[丸・円]
**かとう【下等】** げぼん[下品]
**かとく【家督】** みゃうせき[名跡]
―相続　つぎめ[継目]

**かどぐち【門口】** はしりで[走出]→いりぐち

**かどだ・つ・かどだ・てる【角立】** いら

ばくち・とぼくち[口]→いりぐち

かどで――かなしむ

**かどで【門出】**⇨しゅっぱつ
らく・いららぐ[哥] そばたつ・そば
だつ[峙]

**かどばって・いる【角張】**
[角角] そばそばし[稜稜]

**かどまつ【門松】**
まつ[松] かざりまつ[飾松]
はつしろぐさ・はつよぐさ[初代草]

**かどわか・す【拐】**
かどふ・かどはす[勾引] おこつる・をこつる
[誘] かんな・かりな[仮名]

**かな【仮名】**
かんな・かりな[仮名] をんなもじ[女文字] をんなで[女手] かなふ[叶・適] つが
ふ[番] ほいあり[本意]

**かな・う【叶・適】**
かなふ[叶・適] およばす[及]
――わない およばず[及] およ
ばす なし[及無]

**かなきりごえ【金切声】**
しらごゑ[白声]

**かなかなぜみ【蝉】**
ひぐらし[蜩]

**かなし・い【悲】**
あはれ[哀] いたはし
うれはし いきづかし[息] かなし

**かとりせんこう【蚊取線香】**
かやり・かやりび[蚊遣火] かいぶし[蚊燻] ――の煙 かび[蚊火]

[悲] まがなし[真悲] むねいたし
[悲] 胸痛
――なさけない
[句]――はらわたをたつ[腸断]
[枕]――おほしまの[大島](⇨うらがな
し)
――家 つゆのやど[露宿]
――思ひをする おもひわぶ・おもひ
わぶる[思侘]
――目 うきめ[憂目]

**かなし【暗】**

**なんとなく――** うらかなし・うらが
なし[悲] さびし・さぶし・さぶ[寂・
淋] ものがなし[物悲]

▽悲しみで心を暗くする くらす
[暗]

**かなしま・せる【悲】**
いたむ[痛・傷] むせかへる

**かなしが・る【悲】**
あはれがる
[愁・憂]
――で気が乱れる むねつぶる[胸
潰] むねひしぐ[胸拉]
――で胸が一杯になる こころむす
[心咽] むす[咽・噎] むせかへる
[噎返] むねふたがる[胸塞] 思湿

**かなしみ【悲】**
うらみ[恨] うれへ

**かなしみな・く【悲泣】**
ちのなみだ[血涙] なきわぶ[泣
侘] なげく[嘆]

**かなし・む【悲】**
いきづく[息] いた
びる・うらぶる[打侘] うらみわぶ[恨
侘] うらむ[恨] うれふ[憂・愁]
おもひわぶ[思侘] かこつ[託] か
なしぶ・かなしむ[悲・愛] さまよ
[吟] たちなげく[立嘆] なげか
ふ・なげかゆ・なげく[嘆・歎] なげ
きわぶ[嘆侘] むねつぶる[胸潰]
尊――おぼししづむ[思沈] おぼしな
げく[思嘆]
――み切れないほどだ なげきあ
まる[嘆余]

かきくらす[掻暮]
――に沈む なげきわぶ[嘆侘]
――に沈むさま くれくれ くれぐ
れ(と)
――の極み そでのこほり[袖氷]
ちのなみだ[血涙] なみだのそこ
[涙底]
――の涙 ちのなみだ[血涙]
――のどん底 なみだのそこ[涙底]
――のどん底 なみだのそこ[涙底]

**かなしみ【悲】**
うらみ[恨] うれへ

かなた――かねもち

**かなた**――み嘆くこと　しうたん[愁嘆]
　―し　嘆くこと　しうたん[愁嘆]
　―し　なげき[嘆]
**ずっと**・み続ける　なげきわたる[嘆渡]
　[嘆暮]
　夜明けまで・み続ける　なげきあかす[嘆明]

**かなた**【彼方】　あなた[彼方・遠]
　[彼面]　をち[彼方・遠]　かのも

**ため息をつく**　なげかふ[嘆]
　山や海の―　はて[果]

**かな・でる**【奏】　えんそう・ひく

**かなめ**【要】　えう[要]　すうき・すうぎ

**かなめもち**【要黐】　そばのき[枴稜木]
　[枢機]

**かなもじ**→かなもち

**かならず**【必】　いちぢゃう[一定]
　きと・きときと・きっと[急度・屹度]
　きはめて[極]　けつぢゃう[決定]
　さだめて　さぞ・さぞな[嘸・然]
　けんご[堅固]　さね[実]　しかと
　[確]　しっかい[悉皆]　せいもん
　[誓文]　ぜひ[是非]　ぢぢゃう[治
　定]　ていと・ていど　ひつぢゃう

▼[必定]　ふつに→きっと
▼**しも**　あながち[強]　うたがた
　ふつに　ゆめ・ゆめゆめ[努]
　…するな　ゆめ・ゆめゆめ[努]

**かなり**　すこぶる[頗]　たいてい[大
　抵]　なかなか[中中]　なかば[半]
　やや[漸]

**かね**【金】　あし・ぜに[銭]
　子[金子]　ぎんす[銀子]　きんす[金
　しろがね[銀]　ぜに[銭]　こがね[金]
　[代物]　たから[宝]　つうほう[通
　宝]　てうもく[鳥目]　ひかりもの
　[光物]　やまぶきいろ[山吹色]　よ
　うど・ようとう・ようどう[用途]

―**は身を守る**
　句―たからはみのさしあはせ[宝身
　差合]
▼**金**　くがね・こがね[金]　やまぶ
　きいろ[山吹色]
▼**銀**　しろかね・しろがね[白金]
▼**金銀**　くゎうはく[黄白]　ひかり
　もの[光物]
▼**青銅**　からかね[唐金]

▼**大金**　たかがね[高金]
▼**代金**→だいきん
▼**釣り銭**　かへしろ[返代]
▼**鉄**　くろがね[鉄]　まかね・まが
　ね[真金]
▼**銅**　あかがね[銅]
▼**はした金**　めくさりがね[目腐金]
▼**費用**　ようど[用途]
　[料足]
▼**値段**　あたひ[値]　こけん[沽券]
▼**無駄金**　たうへなげたかね[唐投金]

**かねて**　かつて[嘗・曾]　はやう・はや
　く[早]

**かねつきどう**【鐘撞堂】　しゅろう[鐘
　楼]

**かねもち**【金持】　うちくら[内蔵]
　とく[有徳・有得]　だいじん[大尽]
　ちゃうじゃ[長者]　てまへしゃ[手
　前者]　とくにん[得人]　とみ[富
　　ふうき・ふっき[富貴]　ふくしゃ[福
　者]　ぶげん・ぶげんしゃ・ぶんげん
　[分限者]
▼**大金持ち**　だいじん[大尽]　だい

かねる――がまん

かねる【兼】 かく［掛・懸］ かづく［被］ ひきかく［引掛・懸］ かづく［被］

**かふ【寡婦】** ゐんちょ［怨女］

**かふう【家風】** いへのかぜ［家風］ おほふ［覆］ かく［構］

稲の刈りあとの― いなくき［稲茎］

**かぶせる【被】** おほふ［覆］

**かぶ【株】** かりくひ［刈杭］ くひぜ［株］

**かび【華美】** いろ［色］ くゎしょく［華飾・過飾］ ばさら・ばしゃれ［婆娑羅］ …はなやか

**かひつ【加筆】** いれふで［入筆］

**かばね【骸・屍・戸】** かうばり ―・いだて たばふ［庇］ →まもる

**かばう【庇】** かかふ［抱］ かばふ［庇］

**か・ねる【兼】** かく［掛・懸］ かぬ［兼］

▼**富み栄えること** ふうき［富貴］
▼**富裕** うとく［有徳・有得］ たのもし［頼］ にぎはし・にぎははし［賑］ ぶねう［豊饒］ ゆたか・ゆたけし・ゆたやか ［豊］ →ゆたか

し・たのし・たのしむ［楽］ たのもし

**とくじん【大徳人】** だいふくちゃうじゃ［大福長者］

---

**かぶとむし【兜虫・甲虫】** さいかちむし［皂莢虫］

**かぶら【鏑】** すずな［菘］

**かぶ・る【被】** かがふる［被］ かづく［被］ ひきかがふる［引被］ ひきかく［引掛］ ひきかぶる［引被］ ひきいる［引入］ ひきこむ［引込］

**かぶん【過分】** くゎぶん［過分］ てう枕―にほとりの［鴇鳥］（→かづく）

**かへい【貨幣】** →かね

**かべん【花弁】** よ［弁］

**かほう【果報】** むくい［報］ →こうふく

**かほう【家宝】** ―者 あやかりもの［肖者］

―の道具類 じふほう［什宝］ じもつ［什物］

**かぼちゃ【南瓜】** たうなす［唐茄子］ ぼうぶら［南瓜］ かんぼちゃ［南瓜］

**がま【蒲】** かま［蒲］ みづくさ［水草］

**かまえ【構】** かかり［掛］ けっこう［結構］

---

**かま・える【構】** まうく［作設］ むすぶ［結］ ゆだちち［弓立］ つくり［構］ 弓を射る―

**かまきり【蟷螂】** いぼむしり［疣毛］ いぼうじり・いぼじり ろう・たうろぎ・たうらう・たう［蟷螂］

**がまがえる【蟇】** ひきがえる

**かまど【竃】** くど［竃突］ くゎうじん［荒神］ へつひ［竃］
―の神 くゎうじん［荒神］

**かまわな・い【構】** あふ［敢］ あへな むしどなし

**がまん【我慢】** かんにん［堪忍］ かんのう［堪能］ ものねんじ［物念］

―する あふ［敢］ あまんず［甘うけん［料簡・了簡］ おさふ［抑・押忍］ こたふ［堪］ こらふ［堪］ しおもひねんず［思念］ かんにん［堪ぬぶ・しのぶ［忍］ しのぐ［凌］ うちしのぶ［打忍］ きあふ［塞敢］ たしなむ［嗜］ たふ堪・耐］ とりあふ［取敢］ ねんず［念］ ゆるす［許・赦］

句―はらわたをすう［腸据］ ころす［虫殺］

かみ――かみ

**かみ**
―強い みさを[操]
―できない せきかぬ[塞・堰] せまらず[溜] むかたなし たへがたし[堪難] たまらず[溜]
かん[不堪] ねんじわぶ[念詫]
―を続ける ねんじすぐす[念過]
仕方なく―する せきあふ[塞敢]
涙を―する せきあふ[塞敢] あまんず[甘]
▼堪忍袋 こらへぶくろ[堪袋]
▼忍耐力 こらへぢ[堪性]

**かみ【神】** かみのみこと[神命] かむろぎ・かむろみ[神漏岐・神祖] くゎう[造化] しんめい[神明] しんれい[神霊] すべがみ・すべらがみ・すめがみ[皇神] すべらぎ・すめろぎ[天皇] そうべう[宗廟] てんたう・てんだう[天道]
枕―うまざけを[味酒] たまちはふ
[魂幸] ちはやぶる[千早振] みづかきの[瑞籬] ゆふしでの[木綿四手]
―に参ること しゃさん[社参]
―の時代 かみよ[神代]
荒れる― あらぶるかみ[荒神]

**かみ【神】**
多くの― もろがみ[諸神] やそがみ[八十神]
―を束ねる くゎうじん[荒神]
祟りをする― まがつひ[禍津日] じゃき[邪鬼]
山の― やまつみ[山神]
山の女― やまひめ[山姫]

**かみ【髪】**
頭 かみすぢ[髪筋] かんざし[髪] くし[髪] つぶり[頭] びん[髪]
尊―おぐし・みぐし[御髪]
枕―うちなびく[打靡] しきたへの[敷栲](↓くろかみ) ぬばたまの[烏羽玉](↓くろかみ) ふるゆきの[降雪](↓しろかみ)
―が垂れ下がるさま はらはら
―がぼさぼさになる ふくだむ
―がほつれる わななく[戦慄]
―が乱れる まよふ[迷]
―の形 あたまつき[頭付] かしらつき[頭付] かんざし[髪差・髪状]
―の寝癖 たわ[撓]

―を洗うこと すまし[清]
―を束ねる かいつのぐる[掻角繰]
美しい― やなぎのかみ[柳髪]
―を撫で付ける かきつく[掻付]
逆立った― さかがみ[逆髪]
寝癖のついた― あさねがみ[朝寝髪] たわ[撓] ねくたれがみ[寝腐髪]
乱れた― おどろのかみ[荊髪] さみだれがみ[乱髪] はだけがみ[開髪]
櫛 かんざし[簪] さしもの[指物]
▼梳櫛 さしもの[指物]
梳る けづる[梳]
黒髪 みどりのかみ[緑髪]
白髪 しも[霜] しらかみ・しろかみ[白髪] ゆき[雪]
▼すっかり白髪になること ましらが[真白髪] もろしらが[諸白髪]
▼抜け毛 おちがみ[落髪]
▼坊主頭になる まろむ[丸・円]
▼前髪 ぬかがみ[額髪]

206

## かみ【紙】

**いらない―** ふみがら[文殻]
うぐ・ほうご・ほぐ・ほご・ほんご[反
古・反故]
懐の― ふところがみ・たたんがみ
[畳紙]
▼懐紙 こがみ[小紙]

**かみかけて【神・誓】** しんぞ[神以]し
んもって[神以] せいもん[誓文]

**かみがた【髪型】** ゆみやはちまん[弓矢八幡]
ゆみやはちまん[弓矢八幡] かしらつき[頭付]

**かみくず【紙屑】** たたうがみ・たたんがみ →かみ

**かみそり【剃刀】** かうぞり[髪剃]

**かみつ・く【噛付】** くふ[食]
**―・こうとする**（獣などが） いがむ
[唹]

**かみなり【雷】** いかづち[雷] かみ
[神] なるかみ[鳴神] ひかるかみ
[光神] はたたかみ[霹靂神]
枕―あまぐもの[天雲]（↓いかづち）[天
雲] てんくゎ[天火]
春の― はるのかみ・はるがみなり
[春雷]
―による火災 はるがみなり
春初めての― むしだしかみなり
[虫出雷]
日照りの前兆の― ひかみなり[日
雷]
雪の前の― ゆきおこし[雪起]
▼稲妻 いなだま[稲魂] いなつる
び[稲・雷]
▼落雷 かむとき・かむとけ[霹靂]

**かみのけ【髪毛】** →かみ

**かみん【仮眠】** うたたね[仮眠]
**―する** まどろむ[微睡]

**かめ【甕】** みか[甕]

**かめ・かえるなど【亀・蛙】** しっしゃう[湿生]

**かめい【仮名】** つくりな[作名]

**かも【鴨】** あしがも・よしがも[葦鴨]
あをくび[青頸] まがも[真鴨の雄] おきつ
どり[沖鳥] みのよし[蓑葦] おきつ
枕―おきつとり[沖鳥] みづとりの
[水鳥]

**かもしか【羚羊】** かましし[羚羊]

**かもしれない** もこそ もぞ →おそ
らく

**かも・す【醸】** かむ[醸]

**かもめ【鷗】** かまめ[鷗] みやこどり
[都鳥]

**かや【蚊帳】** まくらがや[枕蚊帳]
枕―あさとりの・あさどりの[朝鳥]
たまづさの[玉章]

**かや【榧】** かへ[榧]

**かやくさ【萱草】** →かんぞう

**かよ・う【通】** いかよふ[通]
**―道** かよひぢ[通路]
**―って行く** ゆきかよふ[行通]
**―って来る** きかよふ[来通]
**―わなくなる** とだゆ[途絶]
**女の許へ―い続ける** すみわたる
[住渡] よばひわたる[婚渡]

**かよわ・い【弱】** あえか たよわし[手
弱] めめし[女女] わうじゃく[尪
弱]
**―女** たわやめ・たをやめ・たをや
めぶり[手弱女]

## から

**から【空・殻】**
きょ[虚] むなし[空・虚] →こく
枕―うつせみの[空蝉] うつほ・うつろ[空・虚]
**―になる** うちあける[打空] う
つく[空・虚]

から―かりそめ

**から**〔理由〕 ほどに〔程〕 もちて・もって〔以〕 ので
**から**〔起点・経過点〕 ゆ・ゆり
**から・い**〔鹹〕 ⇒しおからい
**からか・う** せせる ねたます〔妬〕 なぐさむ〔慰〕 をこづく〔痴〕
**からくり** ⇒しくみ
**からくりにんぎょう**〔空車〕 ⇒あやつる
**からぐるま**〔空車〕 むなぐるま〔空車〕
**から・げる**〔裾を〕 はこゆ・ひきはこゆ
**からげんき**〔空元気〕 ぎせい〔擬勢〕
**からさわぎ**〔空騒〕 そらさわぎ〔空騒〕 おほをそどり〔大嘘鳥〕 をそどり〔嘘鳥〕
**からす**〔烏・鴉〕
**ガラス**〔硝子〕 るり〔瑠璃〕
**からすうり**〔烏瓜〕 たまずさ〔烏瓜〕
**からだ**〔身体〕 ひさごおり ⇒基本
**からだつき**〔体付〕 ⇒たいかく
**からたちばな** ささりんだう〔笹竜胆〕
**からっぽ**〔空〕 ⇒から
**からて**〔空手〕 ⇒すで
**からとう**〔辛党〕 うはばみ〔蟒蛇〕 さ

けのすけ〔酒之助〕 そこしらず〔底知〕
**からま・る**〔絡〕 まつふ・まとふ〔纏〕 ⇒からむ
**枕**―はほまめの〔逗豆〕
**からみあ・う**〔絡合〕 かからはし〔懸〕 なふ・あざはる あざなふはし〔懸〕
**からみつ・く**〔絡付〕 しがらむ〔柵〕 ひづらふ〔引〕 まつはす・まとはす・まとふ〔纏〕
**から・む**〔絡〕 いひかかる・いひかく〔言掛〕 くむ〔組〕 まつふ〔纏〕 人情で― ほだす〔絆〕
**から・める**〔絡合〕 あざなふ・あざぬ・あざふ〔糾〕 くむ〔組〕 まつはす・まとふ〔纏〕
**かり**〔狩〕 ⇒りょう
**かり**〔仮〕 かりそめ、かりに 枕―あやめぐさ〔菖蒲草〕 くさまく

さのみ〔酒呑〕 じゃ〔蛇〕 じゃうご〔上戸〕 しゃうじゃう〔猩猩〕 じゃら〔草枕〕 こもまくら〔薦枕〕 たはれね まろびね〔転寝〕
―の小屋 いほり〔庵・廬〕 かりい ほ〔仮庵〕
―の橋 かけはし〔懸橋・桟〕
**かり**〔雁〕 かりがね 枕―あまとぶや〔天飛〕 〔遠人〕
―の声 かりがね〔雁音〕
―の年初めての― はつかり〔初雁〕
▼初雁の声 はつかりがね〔初雁音〕
**かりこ**〔狩子〕 せこ〔勢子〕
**かりそめ**〔仮初〕 いささか(に)〔些〕 けりょう〔仮令〕 はかなげ・はかなし〔果無・果敢無〕
枕―あきのたの〔秋田〕 ゆきずり〔行摺〕 つきくさの〔月草〕(→かり) なつくさの〔夏草〕
―でない まめやか〔忠実〕
―に あからさまに しばらく〔暫〕 いささめに
―の恋 あだぼれ〔徒惚〕

208

かりとる――かれる

**かりとる【刈取】** うちはらふ[打払]
　―の契り うきね[浮寝]

**かりに【仮】** あからさま いささめ しばらく[暫] たまさか[偶] よし
　―も →もし
　―…ても たとへば たとひ・たとも →もし

**かりゅう【下流】** しも[下] すゑ[末] みなし も →水下

**かりゅうど【狩人・猟人】** さつびと[猟人] さつを[猟夫] やまのさつを[山猟夫]

**か・る【借】** いらふ[借] かる[借]

**か・る【刈】** かきかる[搔刈]

**かる・い【軽】** かるし・かろし かろがろし[軽軽] かろびやか・かろやか・かろろか[軽]
　枕―あまとぶや[天飛]
　―音がするさま さらり(と) す はすは

**―くする** かろむ[軽] かろんず[軽]
**―くなる** かろむ[軽]
**―く見る** ありなし[有無] かろ む[軽] そばめにかく[側目] 口が― くちがるし[口軽] くちとし[口疾]

**かるがるし・い【軽軽】** あだく[徒] あなづらはし[侮] あはあはし[淡淡] あはそか(に) あはつか・あは つけし[打付] かや すし[易] かるがほし・かるらか・かろらか・かろびやか・かろやか・かろろか[軽] かろがろし[軽軽] きゃう きゃう[軽軽] きゃうこつ[軽忽] たいだいし[怠怠] たはやすし・た やすし[易] ようい[容易] やすし[安] わわし

**―く言う** くちがるし・くちがろ し[口軽]

**かるくち【軽口】** しうく[秀句] くちがるし・くちがろ す →かる

**かるそう・だ【軽】** かろぶ[軽]

**かるはずみ【軽】** →けいそつ
　―に むさと・むざと

**かるわざ【軽業】** きょく[曲]

**かれ【彼】** あなた[彼方] あれ[彼] おまへ[御前] かのかれ[彼] し[其]

**かれ** ▽あいつ かやつ[彼奴] きゃつ [彼奴] しゃつ[奴] すやつ[其奴] きゃつばら[彼奴] ▽あいら きゃつばら[彼奴] ▽あの人この人 かれこれ[彼此] これかれ[此彼]

**かれい【華麗】** きよら[清] →はなやか
**かれい【鰈】** からえひ[唐えひ]
**かれき【枯木】** からき[枯木]
**かれき【瓦礫】** ぐゎりゃく[瓦礫]
**かれは【枯葉】** かれからびば[枯涸葉] わくらば[病葉]
　落ちて水に流れる― おちばぶね [落葉舟]

**か・れる【枯】** かる[枯] かれす[枯] かれはつ[枯果] かれがれ[枯枯] しもが

かれる──かわいがる

## かれる

─れ [霜枯]

### か・れる【涸】

あす[浅] かる[涸]

### かれん【可憐】

らうたげ・らうたし[美・愛]

### かろうじて【辛】→やっと

### かろん・じる・かろん・ずる【軽】→あなどる、→けいべつする

─れ落ちること れいらく[零落]
─れかかる おゆ[老]
─れた趣がある からぶ[乾]
─れた草 かるも[冬草] ふゆく[冬草]
─れた草木 たちがる[立枯]
─れた草原 かれしばはら[枯芝原] かれふ[枯生]
─れて枝のない木 もぎき[椛木]
声が─ かれけば
霜で─ しもがる[霜枯]
梢や葉先が─ うらがる[末枯]
立ったまま─ たちがれ[立枯]
ますます─れてゆく かれまさる[枯増]
をだまき[芋環]

## かわ【川・河】→基本(P.24)

### かわい・い【可愛】

あいくろしげ[愛] あいあいし[愛愛]
うつくしがる[愛] かなしがる・かなしぶ[愛] こころをかし[心]
─げ あいらしげ[愛] あはれ・あはれげ[哀] いたはし[労] いたいけ[幼気] いとし[愛]
─し[労] いたはる[労] いとほし・いとほしがる・いとほしげ[愛]
─くない あいなし あふなし にくし[憎]
─くなる あいぎょうづく[愛敬付]
[最愛・糸惜] うつくし・うつくしげ[美・愛] うらやまし[羨]
[美・愛] めぐし[愛] めだし[愛] らうたげ・らうたし らうらうじ[労] らうた
[可愛] しをらし つぼし かはゆし[芳・馨] かなし[愛・悲] かぐはし[芳・馨]
[羨・乏] ともし[羨・乏] なつかし[懐]
[愛] はしきやし・はしきよし[愛] まかなし[真愛] めぐし[愛] めだし[愛]
[不憫・不便] ふびん[不憫] いはく・いわく[生憐] しほらし
─句 あいにあいをもつ[惜愛]
接─ひめ[姫・媛]
─盛り あいざかり[愛盛]
─さま あいくろしげ[愛]
─妻 はしづま[愛妻]
─と思う いとほしむ[最愛・糸惜]
うつくしがる かなしがる・かなしぶ[愛] こころをかし[心]
─くない あいなし あふなし
─くなる あいぎょうづく[愛敬付]
─くし[憎]
─く見える あいきゃう・あいぎゃう[愛敬]
─げ あいきゃう・あいぎゃう[愛敬]
─さ あいきゃう・あいぎゃう[愛敬]
─さ あいくろしげ・あいづかはし[愛敬]
幼くて─ あどなし いたいけ[幼気] いはく・いわく[稚]
少し─ なまいとほし[生憐] しほらし

### かわいが・る【可愛】

あいす[愛] あがむ[崇] あはれぶ・あはれむ[哀] いたはる[労] いつくしむ[最愛・糸惜] いとほしむ[慈] うつくしがる・うつくしむ[慈・愛] かなしうす・かなしがる・かなしくす[愛] なつ

[撫] はぐくむ・はぐくもる・はぐく
む[育] ふびんにす[不憫・不便]
ふびんをかく[不憫掛・不便掛] め
づ[愛] もてあそぶ[弄・玩] らう
たがる をしむ[愛]
—こと ちょう[寵] ほんそう[奔
走]

**かわいそう【可哀相・可愛相】** あはれ・
あはれげ[哀] いたいたし[痛痛
し] いたはし[労] いたまし[痛]
いとし・いとしなげ[愛] いとほ
し・いとしがる・いとほしと
うたてし かたはらいたし[傍痛]
かはゆし[可愛] こころぐるし[心
苦] せうし[笑止] びなし・びんな
し[便無] ふびん[不憫] むごらし
[酷・惨] むざん[無惨・無慙] めぐ
し[愛]
—に思う あはれぶ・あはれむ[哀]
いとほしがる・いとほしむ[最愛・糸
惜] せうしがる[笑止]
—に思う顔 せうしがほ[笑止顔]

**かわうそ【可愛】→かわいい**

**かわいらし・い【可愛】** かはをそ[川獺]

**かわいそう——かわる**

をそ[獺]

**かわかみ【川上】** かみ[上]
ひがもの[僻者] みなかみ[水上]
辺] と[門]

**かわぎし【川岸】** かし[河岸] →
かわ(P.24) →基本**かわ**

**かわきり【皮切】** くちあけ[口明・口開]
→**はじまり**

**かわ・く【乾】** かる[涸] からぶ[乾] からめく
[枯] ひる・ふ[干・乾]

**かわしも【川下】** したて[下手] しも
[下] する[末] すそ[裾] みなし

**かわせみ【翡翠】** ひすい[翡翠] そ
び[水下] →基本**かわ**(P.24)
も にどり[翠鳥] そ

**かわら【瓦】** いらか[甍]
—屋根 いらか[甍]

**かわり【代】** しろ[代] だい[代]
さきく[幸]

**かわりなく【変無】**

**かわりは・てる【変果】** なりはつ[成
果]

**かわりもの【変者】** くせびと[曲人]

くせもの[曲者] そげもの[削者]
ひがもの[僻者] さだめなし
ふちせ[淵瀬] [定]

**かわりやすい【変易】** さだめなし

**かわ・る【変】** うつろふ[移] あきのそら[秋空]
—いい心 あすかがは[飛鳥川]
—いたとえ
—った き[奇] ことごと[異
事]
—った事 さぶ・すさぶ[荒]
ひきたがふ[引違]
—った事情はない しさいなし
[子細無]
—った様子 ことざま[異様]
ねぢけがまし[拗]
—っていること ことやう[異様]
—っている
—らない ときは[常磐] とこ
し・とこしなへ・とこしへ[常・永久]
とは[永久] ふえき[不易]
—らない世 とこよ[常世]
—こと へんやく[変易]
色などが— うつる[移] さる

かわるがわる──かんがえつく

**かわるがわる【代代】** かたみに しのびやつす[忍寰]
 こもごも[交交] すがひすがひす
 ぎすぎ[次次] たがひに[互]
▽顔形が―― おもがはり[面変]
 [曝]
▽季節などの――り目 ゆきあひ[行合]
▽時代が―― こける[転・倒]
▽月や時が―― かたまく[片設]
つる
▽移り変わり けぢめ
▽心変わり こころのあき[心秋]
▽心変わりする おもひかはる[思変]
 [尊]──おぼしうつる[思移]
▽変化 けぢめ
▽変化する うつる・うつろふ[移]
 けす[化] さる[曝] へあがる[経上]
▽変装する いでたつ[出立] しのびやつす[忍寰]

**がをおる【我折】** おもひによわる[思弱] たふる[倒]

**がをとおす【我通】** よこがみをやる

[横紙破]

**がをはる【我張】** こころをたつ[心立]

**かん【勘】** こつ[骨]
 ――が悪い にぶし[鈍]

**がん【棺】** →ひつぎ

**がん【雁】** →かり

**かんか【感化】** ひとならはし[人習]

**かんがえ【考】** おもひ[思] おもひいれ[思入] おもふさま[思様] きげん[機嫌] ここち[心地] こころ[心] こころいれ[心入] こころえ[心得] こころぎも[心肝] しあん[思案] しょぞん[所存] ぞんねん[存念] たくむ[工・巧] ねん[念] はからひ[計] はら[腹] ふんべつ[分別] みたて[見立] わかち[分] わき[分別] →しりょ
 尊──ぎょい[御意]
 ――が浅い あさし[浅] むしん・む
じん[無心]
 ――をめぐらす たくむ[工・巧]

神仏のお―― みょうりょ[冥慮]
**つまらない――** よしなしごころ[由無心]
 日頃の―― へいぐわい[平懐]
 深い―― ゑんりょ[遠慮]
 外の―― よねん[余念]
 凡人の―― ぼんりょ[凡慮]
 前々からの―― はらみく[孕句]
 間違った―― まうざう[妄想]
 余計な――ことごころ[異心]

**かんがえあぐねる【考】** おもひあぐそふ[思余]

**かんがえあわせる【考合】** おもひよみくらべる

**かんがえこむ【考込】** うちあんず[打案]

**かんがえだす【考出】** しだす[仕出]

**かんがえちがい【考違】** ひねる[捻・捻り]
[心誤]

**かんがえつく【考付】** →おもいつく
 ――工夫 くふうにおつ
 ――かない おもひあへず[思敢]
 [工夫落]

かんがえなお・す【考直】→おもいなおす

かんがえめぐら・す【考巡】おもひはかる[思量]
　はす　おもひはかる[思量]
　たくむ[工・巧]　あんず[案]　おも
　ひわく[思分]　かうがふ・かんがふ
　[考・勘]　たばかる[謀]　はからふ
　[計]　よむ[読]

かんが・える【考】
　あんずる[案]　おも
　ひつづく[思続]
　おもひなずらふ[思
　集]　おもひあつむ[思
　集]

あれこれと—
　おもひなずらふ[思
　準]

同じものと—
　おもひなずらふ[思
　準]

是非・善悪をよく—　ぜひをこらす
　[是非凝]

照らし合わせて—　かがみる[鑑]
　がみる[鑑]

あれこれと—
　さうなし
　[左右無]

あらかじめ—　えておく
　うく[思設]

頭を使って—
　あたまをわる[頭
　割]

かんがえなおす——かんじ

深く—　ゑんりょ[遠慮]
よくよく—　おもんぱかる[惟]
　　→あいだ

かんかく【間隔】→あいだ
—が空く　へだたる・へだつ[隔]
—を空ける　まをくばる[間配]

かんかけ【願掛】→いのる

がんき【寒気】→さむい

かんきゃく【観客】　けんじょ[見所]
　—席　けんじょ[見所]

かんきょう【環境】　きゃうがい[境界]
　—が深い　したし[親]
　—しない・ない　かけはなる[懸離]

がんぐ【玩具】→おもちゃ

かんけい【関係】　ちなみ[因]
　—する　あづかる　とぼしほし
　由無]　あづかる　とぼしほし
　[由無]
　—もなし　よしなし[遠]
　つれもなし　よしなし[遠]
　[構]・綿[綺]　かかづらふ　いろふ
　[構]　くみす[与]　たちいる[立入]
　たづさはる・たづさふ[携]　ふる
　[触]　よす・寄]

—付ける　ひきかく[引掛]

よそふ[寄]

俗事に—する　ことにあづかる[事
与]

人と人との—　なか[中・仲]

かんご【看護】　あつかひ[扱]　かいは
　う[介抱]

がんこ【頑固】　こはし[強]
　[頑]

かんごう【頑固】　かたくな・かたくなし
　[頑]　こはし[強]→ごうじょう

なんとなく—　なまかたくなし[生
頑]

かんげん【諫言】→いましめ

かんけつ【簡潔】→かんたん

かんけつ【完結】→おわり

かんげき【感激】→かんどう

かんげい【歓迎】→むかえる

かんざし【簪】　かざし[挿頭]
—や櫛など　さしもの[指物]

かんし【監視】　みまはうし[見廻]
—すること　よこめ[横目]

かんし【漢詩】　からうた[唐歌]　さく
もん[作文]　し[詩]　ふみ[文・書]
—を創ること　さくもん[作文]

かんじ【感】　きみ[気味]　ここち[心
地]

かんじ──かんしん

かんじ
　―が良い　きょげ[清]
　[好]　にくからず[憎]　めやすし[目安]
　―が悪い　あいなし[憎]　めやすし
　とまし・おとまし[疎]
かんじ【漢字】　まな・まんな[真字・真名]　をとこで[男手]　をとこもじ[男文字]
がんじつ【元日】　ひのはじめ[日初・日始]
　―の朝　…がんたん
　―の空　はつぞら[初空]
かんじゃ【感謝】　…ありがたい
かんじゃ【患者】　…びょうにん
かんじゅう【慣習】　こじつ[故実]　…しゅうかん
かんしゅ【観書】　あかしぶみ[証文]　うれへぶみ[愁訴文]　ことねがひぶみ[事願書]
がんしょ【願書】
かんしょ　―くひぜをまもる[株守]
　―に拘る
　句　―くちひげをまもる
　かまひ[構]　くちいれ[口入]　さしこみ[差込]　…くちだし

がんじつ【元日】　ひのはじめ[日初・日始]
　さん
　―高い　せち[世知]
かんじょう【感情】　こころ[心]　じゃう[情]
　―のないもの　ひじゃう[非情]
　恨みや嫉妬の―　ほむら[炎・焔]
がんじょう【頑丈】　したたか[健]
　身体が―　すくやか・すくよか[健]
かんしょう【鑑賞】　みる[見]
　花や紅葉を―　かる[狩]
かんしょく【官職】　しょたい[所帯]
　―に就くこと　つかさ[官]
かんしょく【間食】　けんずい[硯水・間水]　てんじん[点心]
かん・じる【感】　おぼゆ[覚]　みゆ

がんしょう【感傷】　あきのこころ[秋心]
　秋の―　あきのこころ[秋心]
かんしょう【歓笑】　ゑみさかゆ[笑栄]　ゑみまく[笑設]　ゑらぐ
かんじょう【勘定】　さんよう[算用]
　でいり[出入]　わけ[分・別]　…けい
　さん
　―高い　せち[世知]
かんじょう【感情】　こころ[心]　じゃう[情]

かんしん【関心】　…きょうみ
　心に深く―　かんおう[感応]　しむ・そむ[染]
　みにしむ[身沁]
　―が薄い　とほし[遠]
　―がない　ぶさた[無沙汰]
　―を引く
　句　―じもくをおどろかす[耳目驚]
　―を寄せる　とどむ[留・止]　そむ[染]
　―を持つ　とんちゃく[頓着・貪着]
かんしん【感心】　にくし[憎]　やさし[優]
　―して見る　みめつ[見愛]
　―しない　やうなし・やくなし[益]
　　わろし[悪]
　―する　いたがる[痛]　かまく
　[感]　かんしん・かんじん[甘心]
　かんず[感]　めづ[愛]　めでまどふ[愛惑]
　―なこと　きどく[奇特]
　聞いて―する　ききめづ[聞愛]
　見て―する　みとがむ[見咎]

かんじん――かんてい

**かんじん【肝心】** ➡たいせつ

**かんせい【閑静】** かんじゃく・かごやか・かごやか【閑寂】 ➡しずか

**かんせい【完成】** じょうじゅ【成就】 しゅったい【出来】 なりあふ【成合】 なる ―する できあがる

**かんせつ【間接】** ―的に よそながら【余所】

**かんせつ【関節】** つぎめ【継目】 ふし[節] みふし[身節]

**がんせき【岩石】** ➡いわ

**がんぜない【頑是無】** なごりなし【名残無】 ➡あどけない

**かんぜん【完全】** またけし・またし・まったし【全】 まつぶさ【真具】 まほ【真面・真秀】 ひろし[広] ―なさま ひたぶる[直] ―な人 またうど【全人】 ―に けんご[堅固] ことごと[悉・尽] たえて[絶] つやつや まったく まつぶさに[真具] ―に…する …あふ[敢] ―になる みつ[満]

**―無欠** きずなきたま[瑕無玉] ▽**不完全** かたほ[片秀・偏] かた[片] かたは[片端]

**がんぜん【眼前】** まなかひ[目交] なま[生] ―のあたり ➡基本めp.49

**▽朝飯前** おほあした[大朝] おほあした[朝腹] あさはら[朝腹] さと[颯] ふと

**かんぜん【感染】** そむ[染] ―する おろそか[疎] ➡かんたん

**かんそ【簡素】** そうししゃ

**かんそ【元祖】** おや[祖・親] そし[祖師]

**がんぞう【萱草】** かやぐさ[萱草] わすれぐさ・わするるぐさ・わすれぐさ[忘草]

**かんぞう【肝臓】** きも[肝] くゎん[肝]

**かんだい【寛大】** くゎんくゎつ[寛闊] ひろし[広] ゆる・ゆるし[緩] ―に扱う なだむ[宥] ―にする ゆるす・ゆるぶ[緩]

**かんたい【歓待】** もてはやす[持囃] ➡むかえる

**かんだかいこえ【甲高声】** たつみあがり[辰巳上] しらごゑ[白声]

**がんたて【願立】** ➡いのる

**かんたん【簡単】** あさし[浅] けいせつ こみじかし[小短] やすう[易] やすらか[安] ―に うちまかせて[打任] ざっと さと[颯]

**▽朝飯前** おほあした[大朝] あさはら[朝腹] さいたん[歳旦]

**がんたん【元旦】** おほあした[大朝] さいたん[歳旦]

**かんだんな・い【間断無】** まなくとき なし ―間無時無

**かんちがい【勘違】** ごかい

**かんちょう【官庁】** おほやけ[公] くげ[公廨] くゎん・つかさ[官] まんどころ[政所] ➡やくしょ

**かんちょうのあいだ【干潮間】** しほがひ・しほま[潮間]

**かんつう・する【貫通】** ➡つらぬく

**かんづ・く【感】** けどる[気取]

**かんてい【鑑定】** きき[聞] みたて[見立] めあかし・めあけ[目明] めき[目利] ―書 かんじょう[勘状]

かんてつ——かんよう

**かんてつ【貫徹】** →つらぬく
―人 めきき[目利き]

**かんどう【勘当】** かうじ・かんじ・かんじ[勘事]
かしこまり[畏] なつき[鼻突] ふけう[不孝]
―する かんだうきる[勘当切]
きうりをきる[久離切]

**かんどう【感動】** →基本 えいたん(P.101)
―して手を打つ よこてをうつ[横手打]
勘 かんがふ・かんがふ[考] かんず[感] かんじゃうごく[感動獄]
しみかへる[染返] めづ[愛] ものにかんず[物感]
[感] しみつく[染着]

**かんとく【監督】** さいりゃう[宰領]
よきみち・よきぢ[避路]
みあつめ[見集] みまはし[見廻]
かくれみち[隠道]

**かんにん【堪忍】** →がまん

**かんにんぶくろ【堪忍袋】** こらへぶくろ[堪袋]

**かんぬし【神主】** かうぬし[神主] かみのはふり[神祝] かみのみやびと[神宮人] かみびと[神人] かみをき ぐうじ[宮司]
[神宮人] いちこ[市子・神巫] いちこ[祝女] かうばし・かぐはし・かんばし[芳・香・馨] かうなぎ・かみなぎ・かむなぎ・かんなぎ[巫覡・宜禰] はふりめ[祝女]
▼巫女 みこ
しゃけ[社家] しゃし[社司] しくゎん[祠官]
にん[社人] じんくゎん[神官] じゃ
[祝] みやじ[宮仕] ねぎ[禰宜] はふり
[祝司]

**かんばし・い【芳・香】** かうばし・かぐはし・かんばし[芳・香・馨]

**がんばる【頑張る】** こころばむ[心]

**かんび【完備】** →そなえる
―する ととのふ・ととのほる[整]

**かんびょう【看病】** →かんご

**かんぷう【寒風】** しもかぜ[霜風]

**かんぷく【感服】** →かんしん

**かんぶん【漢文】** からぶみ[漢文] ふみ[文・書]

**かんぺき【完璧】** →かんぜん

**がんぺき【岩壁】** いはかべ[岩壁] がけ はかべ[岩壁] い

**かんにん【堪忍】** →がまん

**かんぼう【感冒】** しはぶきやみ[咳病] ひゃう[風病] みだりかぜ[乱風]

**がんぼう【願望】** →基本 びょうき(P.87)
[祈誓] きねん[祈念] ぐゎん[願]
[祈誓] たいぐゎん・だいぐゎん[大願]
がひ[祈願] ぼんなう[煩悩] きぼ
う、→のぞみ、→基本 がんぼう(P.101)
かねてからの— しゅくぐゎん[宿願] しゅくばう・しゅくまう[宿望]
本来の— ほんぐゎん[本願]

**かんむり【冠】** かぶり[冠]

**がんもく【眼目】** こつずい[骨髄]
[眼目] まなこ[眼]

**かんゆう【勧誘】** もよほし[催]
困—てむ なな なむ →さそう
―する すすむ[進]

**かんよう【寛容】** →かんだい

**かんよう【肝要】** かんもん[肝文] →たいせつ

**かんよ・する【関与】** ゆびをさす[指差] ⇒**かんけい**

**がんらい【元来】** こんぽん[根本] じたい[自体] にょほふ[如法] はやう・はやく[早] ⇒**もともと**

**かんり【官吏】** ⇒**やくにん**

**かんり【管理】** ―する おこなひをさむ[行治]

**かんり[目角]** ―人 あづかり[預]

**がんりき【眼力】** いせう[軽少] めだか[目高] ―する まなこ[眼] ⇒
**かんたん[簡略]** あららか[荒] け 優れた― 

ことぞく[事削] そぐ[削・殺] はぶくすつ[削棄]

**かんりょう【完了】** じゅがん[忽然] おわる、⇒**基本 かこ・かん**
**―にするさま** そうそう[怱怱]
**りょう[入眼]** (P. 99)
**―する** ことをはる[事終] しゃる[為遣] をはんぬ[畢・了]

**かんよする** ―― **きえる**

**かんれい【慣例】** かた[形・象] きちれい[吉例] さほふ・さほふ[定法]
ちゃうはふ[定法]
**―となる** さだまる[定]
**―に従って** かたのごとく[形如]

**かんれいなさま【寒冷様】** さえさえし

**かんれき【還暦】** かじゅ[下寿] きし
[冴冴] (P. 89)

**かんろく【貫禄】**
**―がつく** はくがつく[箔付]
[耆指] くゎんれき[還暦] じじゅん[耳順] しゅくにく[宿肉] ちゃうきゃう[杖郷] ほんけがへり[本卦還] むそぢ[六十・六十路] ろくじゅん[六旬] ⇒**基本 ねんれい** (P. 89)

---

**き**

**き【気】** ⇒**基本 (P. 58)**

**き【木】** ⇒**基本 (P. 43)**

**きい【奇異】** きたい[希代・稀代] いはぬいろ[言色]

**きいろ【黄色】** ―薄い― あさぎ[浅黄]

**きうん【機運】** きぶん[気分]

**きえ・する【帰依】** きす[帰] ⇒**しんこう**

**きえる【消】** うすうせる[失] きえあふ[消敢] きえはつ[消果] きえたゆ[絶] はつ[果] す・きゆ[消]
**―にをさまる**[治]
**―えずに残る** けのこる[消残] きえがた[消方]
**―えそうなとき** あさしもの・あさじもの[朝霜]・あさつゆの[朝露]・おくつゆの[置露]・つゆじもの[露霜](⇒**きえ**) あさしもの・あさじもの[朝霜]・あわゆきの[泡雪・沫雪]・おくつゆの[置露]・しらつゆの[白露]・つきくさの[月草]・つゆじもの[露霜](⇒**きえ**)
ふるゆきの[降雪]

## きおく――きがかり

**きおく**
―えて無くなる〈消え失せる〉うせる[失] きえいる[消入] きえうす[消失] きえかへる[消返] けぬ[消] つく[尽] はつ[果]
―えない きえせぬ[消] きえやらぬ[消]
―えにくい きえがて[消難] きえはつ けやすし[消易]
―易い けやすし[消易] きえぬがに[消]
―ように けぬがに[消]
―えようとして・・えない きえわぶ[消侘]
―こと じゃくめつ[寂滅]
煙・音などが― たゆ[絶]
すっかり― きえかへる[消返]
火が― しめる[湿]

**きおく**【記憶】かくご[覚悟] ―違い ひがおぼえ[僻覚]

**きおくれ**【気後】おくれ[後・遅] ろおくれ[心後] ばうす[場打]
―する おくす[臆] おちはばかる[怖憚] おむ[怖] こころはづかし[心恥]

**きおって・いる**【気負】すすまし[進]

**きが**【飢餓】きかつ・けかち・けかつ[飢渇] とうたい[凍餒]

**きかい**【機会】きざみ[刻] さだせ[瀬] しほ[潮] しほあひ[潮合] そったく[啐啄] たより[便] つい[序] つがひ[番] とき[時] ひま[暇・隙] びんぎ[便宜] ふし[節] をり[折]
―を失う さだすぐ[距]
準備して―を待つ てぐすねひく[手薬練引]
席を立つ― たちは[立端]
男女が逢う― あふせ[逢瀬]
都合の良い― しほ[潮・汐] びん[便] びんぎ[便宜]

**きが・える**【着替える】ぬぎかふ[脱換]

**きがかり**【気掛】あつかふ[扱] あやし[怪] あやふし[危] あんず[案] いぶかし[訝] いぶせし[鬱悒] うしろめたげ・うしろめたし・うしろめたなし[後] うらもとなし[心許無] うれはし[憂] おぼつかなし[覚束無] おぼめかし・おぼめく[朧] かへりみる[顧] きづかはし・きづかひ[気遣] こころがかり[心掛] こころもとなし[心許無] たまだすき[玉]

きがきく――ききつたえる

**襷]** めぐし[愛]
―**に思う** いぶかる[訝] しんぱい
[愁・憂] おぼつかながる[覚束無]
▼**心配** あやふし[危] うしろめた
し[後] うれへ[憂・愁] おそれ
[畏・恐] おぼつかなし[覚束無]
おもひ[思] きづかひ[気遣] ここ
ろぼそし[心細] たのもしげなし[頼
[心許無] つつまし[慎]
▼**心配する** あつかふ[扱] うれふ
[愁・憂] おぼつかながる[覚束無]
おもひあつかふ[思扱] おもふ[思]
かぬ[予] こころをくだく[心砕]
[尊] おぼしさわぐ[思騒]

**きがき・く【気]** うるせし かどかど
し[才才] こころづく[心付] こび
―**いている** こころおそし[心遅]
―**かない** こころやすし[心安]
**きかざ・る【着飾】** いろふ[色・彩] け
さう・けしゃう[化粧] さうぞきた
つ[装束立] たちよそふ[立装] つ
くろふ[繕] はなをやる[花遣]

**きがね・する【気兼】** おもひははばかる
[思憚] つつまし・つつましげ・つつ
ましやか・つつむ[慎] はづ[恥]
はばかる[憚]
―**しない** あいだちなし・あひだ
なし
**きがる【気軽】** うらなし[心無・裏無]
**世間に―** よをはばかる[世憚]
**なんとなく―** ものつつまし[物
憚]
―**する** くどく[口説] ぐゎんを
おこす[願起] こひのむ[請祈] こ
ふ[請・乞] ねがふ[願] ねぐ[祈]
ねんず[念] のむ[祈]・いのる
**きき【危機】** せと[瀬戸] せとぎは[瀬
戸際]
**ききあ・きる【聞飽】** みみふる[耳旧]
**ききあわ・せる【聞合】** ききあつむ[聞
集]

**ききい・る【聞入】** ききつく[聞付]
**ききい・れる【聞入】** ききいる[聞入]
**ききおと・す【聞落】** きく[聞] きこ
漏]
**ききお・える【聞終】** ききはつ[聞果]
ききはつる[聞削]
**ききか・じる【聞齧】** ききもあへず
し[頑] ききおよぶ[聞及]
**ききぐるし・い【聞苦】** かたくなし
[頑] ききぐるし[聞苦] ききにく
し[聞]
**ききし・る【聞知】** うちきく[打聞]
きく[聞]
**ききずてに・する【聞捨】**――**ききながす**
**ききた・す【聞足】** ききそふ[聞添]
**ききだ・す【聞出】** ききあらはす[聞
顕] ききいづ[聞出]
**ききちがい【聞違】** そらね[空音] そらみみ[空耳] ひ
がぎき[僻聞] ひがみみ[僻耳]
**ききちが・う【聞違】** ききまがふ[聞
紛]

**ききつた・える【聞伝】** ききかよふ[聞

**きき つづ ける —— きぐろう**

**きき つづ・ける【聞続】** ききわたる・きき [通]

**きき つづ・ける【聞続】** ききわたす [聞渡]

**きき づら・い【聞】** →ききぐるしい

**きき て【聞手】** ちゃうしゅ・ちゃうじゅ [聴衆]

**きき と・る【聞取】** ききあふ [聞敢]
 [聴取]

**きき とお・す【聞流】** →ききぐるしい
 [過] ききはなつ [聞放]
 [流]

**きき な・れる【聞慣】** ききならふ [聞慣]
 [慣] みみなる [耳馴] みみふる [耳旧]

**—れない** みみどほし [耳遠]

**きき はじ・める【聞初】** ききそむ [聞初]

**きき ほ・れる【聞惚】** ききとる [聞蕩]

**きき まちが・う【聞間違】** →ききちがい、→ききちがう

**きき みみをた・てる【聞耳立】** ききいる [聞入] ききつく [聞付] みみみたつ [耳立]
 がむ [聞咎]

**きき め【効目】** かひ [甲斐・効] げん [験] しるし [印・験・標] ちから [力] やく [益] →かい
 **—がない** かひなし [甲斐無] んなし [験無]
 **大きな—** たいよう [大用]

**きき やす・い【聞易】** ききよし [聞良]

**きき よ【起居】** たちふるまひ [立振舞]
 →くらし

**きき ょう【桔梗】** あさがほ [朝顔] あ りのひふき きちかう [桔梗]

**きぎ れ【木切】** こつ・こづみ・こづみ [木 屑・木積] ほた・ほだ [榾]

**きき わ・ける【聞分】** ききう [聞得]
 [枕] おとにのみ [音]
 **—の節句** ちょうきう [重九] ち ょうやう [重陽]

**き・く【聞】** →基本 (P.71)

**きく【菊】** あきしく・あきじく・あきし くのはな [秋敷花] あきなぐさ・あ きなぐさのはな [秋無草] あつかひぐさ [扱草] いくんし [隠君子] おきなぐさ [翁草] おととぐさ・おととそう・おとばな [弟花] かたみぐさ・おとそう・かたみさう [形

▼**冬菊** はつみぐさ [初見草]

▼**黄菊** そがぎく [承和菊]

▼**野菊** かはらよもぎ [河原蓬] はらおはぎ

**きき ぐすり【生薬】** やくしゅ [薬種]

**きく ばり【気配】** こころづかひ [心遣]

**きぐらいがたか・い【気位高】** かし [際高]

**きぐろう【気苦労】** →しんぱい

見草] からよもぎ [唐蓬] しもみ ぐさ [霜見草] そがぎく [承和菊] ちぎりぐさ [契草] ちよくさ [千代 草] ちよみぐさ・ちよみさう [千代 見草] つなでぐさ [綱手草] ぬれ さぎ [濡鷺] はくとうげ [白頭花] はなのいも [花姉] はなのおとと・は なのおとと [花弟] ほしみぐさ・ほ しみさう [星見草] まさりぐさ [勝 草] ももよぐさ [百夜草] やまぢ ぐさ・やまぢさう [山路草] よそひ ぐさ [装草] よはひぐさ [齢草]

**きけん【危険】** あぶなし[危] あやふし・あやぶみ[危] からし[辛] けらす[打慎] こころをやぶる[心破] そはし[険・嶮] さがし[険・嶮] ただたどし ひあい[非愛] ぶっさう[物騒] ふよう[不用] ほとほとし 殆―
**句**―たまごをわたる[卵渡] ぢごく・あいす[愛] おもねる・うど・そまびと[仙人] やまうど・やのうへのいっそくとび[地獄上一足飛] とらのををふむ[虎尾踏] けのきじ[焼野雉]
―な所 なんしょ・なんじょ[難所]
―に思う あやふがる・あやぶむ
[危]
―に晒す あやぶむ[危]

**きけん【期限】** きり[切] ご[期]
―が来る みつ[満]
―がない むご[無期]

**きげん【機嫌】** きづま[気褄] きぶん[気分] けしき[気色] きげんを取る
―が直る おもひなほる[思直]
―が悪い けしきあし[気色悪]
むつかし[難] そこねる[損]
―が悪くなる そこねる[損]
―の悪い顔 じふめん[渋面]

**きげんを損なう・損ねる** うちむつかる・きげごつなし[心破] そこねること ものむつかり うぜう[鬱憂] ふきょう・ぶきょう[不興]
―を取る あいす[愛] おもねる・うど・そまびと[仙人] やまうど・やまばと[回・廻] 媚 こぶ へつらふ[諂] まはす[回・廻] 媚 こぶ へつらふ
―を悪くする いろをそんず[色] けしきばむ[気色]

**きこ【季語】** →はじまり

**きごとば【季言葉】** きことば やがため[屋固]

**きこうしき【起工式】** ずいさう
**きこうぶん【紀行文】** みちのきき[道日記] みちのき[道記] みちゆきぶり [道行振]

**きこえる【聞】** きこゆ[聞] ⇒基本き
こく(P.7)
―えにくい みみどほし[聞遠] 一面に― きこえわたす[聞渡]
音が澄んでよく― さやか[清]

**きこり【木樵・樵】** しばびと[柴人] そま・そまびと[杣人] そまとり・そまうど[山人] やまがつ[山賤]

**きさき【后】** あきのみや[秋宮] いちのみや[一后] きさい[后] きさきのみや[后宮] ひ[妃]

**きささぎ【気】** →きぎる
**きさご【細螺】** ぜぜがひ[銭貝]
**きさし【兆】** けんとく[見得・見徳] さが[祥] しるし[印・標・験] しるまし[先走] さとし[諭] ずいけん[瑞験] ずいさう[瑞相] せんべう・ぜんべう[先表・前表] もよほし[催] やうす[様子] やまぐち[山口] もよひ[催]
―が見える もよほす[催]
良い― きっさう[吉相] ずいけん[瑞験] ずいさ
尾― きぐむ
う[吉兆]

きさす——きじん

**きざし【瑞相】** う［瑞相］ 悪い— あくそう［悪相］ しるまし［怪・相］

**きざ・す【兆】** けしきだつ［気色立］ けしきばむ［気色］ しきづく［気色付］ しるす［徴］ つはる［胚］ も えいづ［萌出］

**きざみつ・ける【刻付】**
尾—ぐむ

**きし【岸】** ひじ はへつへ［辺方］ めいず［銘］
ぎわ
枕—いはそそぐ［岩注］

**きじ【雉】** ききし・ききぎし・ききぎす［雉子］ さぬつどり［菅根鳥］ すがねどり［菅根鳥］ たかのとり［鷹野鳥］ つまごひどり［妻恋鳥］
—さぬつどり・さのつとり・ぬつとりの・のつとり［野鳥］（↓きぎし）
—の鳴き声 ほろほろ ほろろ

**きじ【生地】**⇒きれ

**ぎしき【儀式】** いろふし［色節］ ぎ［儀］ さほふ・さはふ［作法］ こと［事］
—張っている おほやけし・おほや けおほやけし［公公］

**ぎしぎし【羊蹄】** いちし しぶき［蕺］

**ぎじしな・る【鳴】** ひしめく［犇］

**きじつ・きにち【忌日】**（命日） たちび［立日］

**きじばと【雉鳩】** つちくればと［土塊鳩］

**ぎじゅつ【技術】** わざ［業・態・技］

**きじゅん【基準】** のり［法・則］ はかせ［博士］

**きしょう【気性】** きふく［帰服・帰伏］

**きじゅん【帰順】** きどり［気取］

**きじょう【気丈】** きじょう［気情］ た けし［猛］

**きしょうもん【起請文】** せいもん［誓 文］

**きし・る【軋・轢】** きしむ・きしめく［軋］

**きしべ【岸辺】** へつへ［辺方］

**きじょう【気折】**
—が強い きはだけし［際猛］ き をり［気折］
—な者 したたかもの［強者］

**きじゅん【帰順】** きふく［帰服・帰伏］

**きじん【貴人】** あてびと［貴人］ うへ［上人］ うまひと［上方］ おとど［大臣］ ［雲客］ かみ［上］
かみさま［上方］ かんだちべ・かん だちめ［上達部］ きにん［貴人］ き ょくろ［棘路］ きんだち［君達・公 達］ くぎゃう［公卿］ くげ［公家］
くものうへびと［雲上人］ けい［卿］ けいしょう［卿相］ げっけい［月卿］ しゃうけい［上卿］ じゃうふ［上 臈］ だいじゃう［堂上］ てんじゃ うびと［殿上人］ まうちぎみ・まへ つきみ［公卿］ まうと［真人］
—の子 うまひとのこ［貴人子］ きんだち［公達］ みこ［御子・皇子］
—の仲間 つきのはやし［月林］ げっけい［月卿］
—らしく振る舞う じゃうずめか し・じょうずめく［上衆］
官位の低い— ただうど・ただびと

きじん―きそ

**きじん【直人】**
[直人]

**ぎしんあんき【疑心暗鬼】**
[句]―こころのおに かわりもの

**きず【疵・傷】**
[瑕瑾] しつ[失] あやまち[過] かきん
―を受けること ておひ[手負]
―を負わせる ておはす[手負]
軽い― あさで[浅手] うすで[薄手]
戦いの― てきず[手疵]
▽切り傷 きんさう[金瘡・金創]
▽血をたらす あえす[落・零]
▽負傷者 ておひ[手負]

**きずい【気随】**
つく[築] とりたつ[取立]
―きまま わがまま

**きずく【築く】**

**きずつく【傷付】**
[八百土]（⇨きづき）
やぶる[破] やむ[病]
―き易い もろし

**きずつ・ける【傷付】**
[過] あやま・つ あやま
[病] やむ [危] いたむ [傷]
がいす[害] くふ[食] けがす[汚・
穢] けつ[消] そこなふ[損・害]
そんず[損] ておほす[手負] やぶ
る[破] ⇨そこなう

**き・する【帰】**
ほだし[絆] にんじゃう[刃傷]
―こと
**ぎ・する【擬】**
⇨もどる
**ぎ・する【議】**
⇨そうだん

**きせい【気勢】**
きさき[気先] きほひ
―を上げる いきまく[息巻]
―を削がれる しらまかす・しらま
―を削ぐ しらまかす・しらま
す[白]

**きせいひん【既製品】**
できあひ[出来
合]
**きせいする【寄生】**
やどる[宿]

**きせつ【季節】**
⇨基本（p.17）
**きぜつ【気絶】**
あるにもあらず
うつつともなき・うつつなし[現無]
ふかく[不覚] ものもおぼえず[物
覚] われかのけしき[我気色] わ
れかひとか[我人] われにもあらず
[我]

**ぎぜんてき【偽善的】**

**きぜわしい【気忙】**
あわたたし・あわ
ただし[慌] いそがはし[忙] ここ
ろあわただしい[心慌] せはしなし
[忙]

**きぜん【憧惑】**
▽正気でなくなる おぼほる[惚]
きがのぼる[気上] くるふ[狂] ゑ
ひしる[酔痴] ゑふ[酔]
▽正気をなくさせる まどはす[惑]
▽呆然自失 あれかにもあらず[我]
有吾有[聞]
▽譫言 たはごと[戯言]
▽うわの空 あまつそら[天空]
▽平静さをなくさせる あくがれまどふ
まくる・まぐる[眩]
ころうす[心失] しにいる[死入]
たえいる[絶入] たまさかる[魂離]
消入[消失] きゆ[消] くるふ[狂] こ
ころ入[陷] きえいる[消]
―させる けどる[気取] とらか
す[蕩] おちいる[陷] きえいる

[穢]

**きそ【基礎】**
あししろ・あしじろ
[足代]

きそいあう——きっかけ

**きそいあう【競い合う】** →いどみかはす[挑交]

**きそいあ・う【競合】** →きょうそう、→あらそう

**きそうぬし【寄贈主】** せしゅ[施主]

**きそく【規則】** ぎ[儀] しおき[仕置] のり[法・則]

**きた【北】** そとも[背面] ね子[子] —正しい きちゃうめん[几帳面] ―外れ たがひめ[違目]

**きたい【期待】** あてこと[当事] あり[本意有] —させる たのむ[頼] —される たのむ・たのもしげ[頼] —する あらます こころよせ[心寄] ごす[期] たのむ・たのもしげ ほひ[頼] —すること あてこと[当事] —できない頼み あいなだのみ・そらだのみ[空頼] そらだのみ・そらだのめ[空頼]

**きた・える【鍛】** かたす[鍛] にらぐ[鍛] ねる[練] もむ[揉]

**きたかぜ【北風】** きた[北] きたおろし[北颪] さくふう[朔風] あをぎた[青北風] かりわたし[雁渡] し[北颪]

**きだて【気立】** こころいき[心意気] こころおきて[心掟] こころざま[心様] こころばせ[心馳] こころばせ[心延] すぢ[筋] はだ[肌・膚] しゃうね[性根] —が良い けっこう[結構] —よろし[心良]

**きたな・い【汚】** いぶせげ・いぶせし[鬱悒] きたなし[汚] しこめし[醜] びろう[尾籠] むさし[汚穢] —家 しこや[醜屋] びろう[尾籠] —こと きたなむ[尾籠] —と思う けがす[汚] —くする けがす[汚・穢] すすく[煤] —・くなる けがる[汚・穢] —なんとなく— ものきたなし[物汚]

**きたならし・い【汚】** →きたない

**きちがいじみて・いる【気違】** ものぐるはし・ものぐるほし[物狂]

**きちゅう【忌中】** →も

**きちょう【貴重】** おもし[重] ちょう[重] たから[宝] →たいせつ —な物 たから[宝] —な事 やうごとなし・やんごとなし・やごとなし[止事無]

**きちょうめん【几帳面】** うるはし[麗・美] きちゃうめん[几帳面]

**きちんと** りんと[凜] —している うるはし[麗・美] とうるはし[事麗] ただし[正] さをさし[長長] —する かいつくろふ[掻繕] きつくろふ[引繕]

**きづかい【気遣】** おそり・おそれ[畏・恐] きづくろし[事尽] わづらはし[煩] あんず[案] おそる[畏・恐] こころおく[心置] こころばむ[心] とふ[問] →しんぱい

**きっかけ** ついで[序] つま[端] ひま[暇・隙] し[端] はし[端] 恋の— こひのはし[恋端]

きづかれ・する【気疲】 きをつくす［気尽］

きづ・く【気付】 こころう［心得］ こころいる［心入］ こころづく［心付］ こころ—・かせる おどろかす［驚］ こころづく［心付］

—・寄　おぼしよる・おもほしよる［思寄］

ぎっしり　しじに［繁］　しっかり

きっちょう【吉兆】　きずい［奇瑞］

きづち【木槌】　さいづち［才槌］

きつつき【啄木鳥・啄木】　きたたき［木叩］　けら・けらつつき　たくぼく［啄木］

きっと　いちぢゃう　うたがたも［一定］　いかさまならず［如何様］　かまへて　きと・きときと・きっと　きは・きっちゃう［急度・屹度］　けっめて［極］　けつぜに　けん［堅固］　ご・さぞ・さぞな［悉・然］　しっかい［悉皆］　せい　だめて［定］　ぜひ［是非］　ちぢゃう　もん［誓文］

—あるだろう　ありなむ
—・・・しているだろう　ぬらむ
—・・・ただろう　てけむ　にけむ
—・・・だろう　まさに　てむ　なまし
—・・・だろうに　てまし
—なりそうだ　なるべし
—・・・にちがいない　つべし

きつね【狐】　いがたうめ［伊賀専女］　きつ・くつね［狐］　たまどの［玉殿］

きっぱり（と）　きっと　とんと　ふっと　ふつふつ（と）　ほっとり

—言う　いひはなつ［言放］

—している（性質が）　あざやか・あざやけし

きっぽう【吉報】　きっさう［吉左右］

きづまり【気詰】　けにくし［気憎］　けぶたし［煙］　ところせきなし・ところせし［所狭］　はづかし［恥］

きつもん【詰問】　ことがめ［言咎］

—する　せりかく［迫掛］

きつよ・い【気強】　たのもし・たのもしげ［頼］

きてい【規定】　おきて［掟］　おきめ［置目］

—治定　はた［将］　ひつぢゃう［必定］　ゆめゆめ［努努］　よもや…か

きてん【機転】
—がきく　さいかく・ざいがく［才覚］　さる［洒落］　ざる［戯］　りこん［利根］

きとう【祈禱】　…いのる

—屋　よしばみ［由］

きとく【危篤】　よしばみごと［殆］　ほとほとし［殆］

きどり【気取】　よしばみ［由］　よしばみごと［由事］

きど・る【気取】　きむ［極］　けしきだつ［気色立］　けしきばむ［気色］　ころばむ［心］　ざれくつがへる［戯覆］　つくろふ［繕］　やにさがる［脂下］　ゆめくだつ［故立］　よしばみ・よしばむ

きなが【気長】　のんびり

—しめく

きにくわな・い　あいなし・あひなし　うし［憂］　うたてあり　うたてし　おもはずなり［思］　からし［辛］　こころうし［心憂］　ころづきなし

きのう―きぼう

[心付]つきなし[付無] にくし[憎]
[漫]すずろはし・そぞろはし
ふとくしん[不得心] ほいなし[本意]
意無] むしがきらふ[虫嫌] めざ
まし[目覚] ものしげ[物]
き(P.58)

**きのう【昨日】** きぞ[昨日]

**きのう【機能】** はたらき[働] →うでま
え
―する はたらく[働]

**ぎのう【技能】** ざえ[才]

**きのこ【茸】** くさびら[草片] たけ
[茸]

**きはずかし・い【心恥】** うひうひし[初
初]こころはづかし[心恥] はづ
かし[恥] →はずかしい

**きはだかし・い【心勢】** 

**ものうげ・ものうし[物憂] とほし[遠]

**きのりしな・い【気乗】** →かわいそう

**きのどく【気毒】** →かわいそう

**きばつ【奇抜】** いっきょう[一興・逸興]

**きばらし【気晴】** きさんじ[気散じ]
―する よす[寄]
ぐすり・きのくすり[気薬] こころ
なぐさ[心慰] こころやり[心遣]

こころゆかし[心行] なぐさみ[慰]
まぎらはし[紛] ゆさん[遊山]
**なぐさみ**
―をする こころをやる[心遣]
**養** こころをやしなふ[心
―の所** はるけどころ[晴所
地違]

**きび【黍】** きみ[黍]

**きばん【規範】** →てほん
―・く きっと[急度・屹度]

**きびし・い【厳】** 
かたし[固・堅] きびし[厳]
きはだかし[際高]
やまし[疚]

**きひん【気品】** 
―がある うづたかし[堆] にほひ[匂] けた
かし・けだかし[気高]
―高い女性 すがしめ[清女]
しな[品]
とし[疾・敏] すばやい

**きびん【機敏】** こころとし[心疾] す
どどし・すずどし・すずどけなし[鋭

**きふ【寄附】** くわんげ[勧化] くわ
じん[勧進] ほうが[奉加]
―する よす[寄]

**きふう【気風】** かたぎ[気質]
れんちゅう[簾中]
**きふじん【貴婦人】**
**きぶん【気分】** →きもち
―がすぐれない ―が悪い
―が普段と違う ここちたがふ[心
地違]
―が悪い こころあし[心悪]
こころあやまり[心誤]
やまし[疚]

**ぎふん【義憤】** おほやけばら[公腹]
―を感じる おほやけばらだつ
おほやけばらだつ[公腹立]

**きぼ【規模】**
―が大きい おほのか[大]

**きぼう【希望】** けまう[希望]
あらましごと おもひ
[思] こころいき
[心意気] このみ[好] しょもう
[所望] ねがひ[願] のぞみ[望]
ほい・ほんい[本意] ぼんなう[煩
悩] →がんぼう、→のぞみ、→基本が
んぼう(P.101)
―する →ねがう

**せいし**
達しがたい―

きほん――きめる

**きまず・い**【気拙】 ことにがし[事苦] …まずい

**きまぐれ**【気紛】 すさび・すさみ[遊・荒] ふうらい[風来]
―な人 ふうらい[風来]

**きまじめ**【気真面目】 きすく・きすぐし[生直] くすむ[燻] すくすくし

**きほん**【基本】 ほん[本] もと[本・元・原・許]

**きがん**【祈願】 きねん[祈念] ぎごと[祈事]
▽**祈願する** ぐゎんをおこす[願起] ねがふ[願]
▽**見たい** みえななむ[見] みがほし[見欲]

**どうかして…(たい)** いかでか・いかでかは・いかでか・いかでかも・いかでも・いかにも・いかにか・いかにも・いかにして・いかにもして・いかにもして・いかにして・いかにもして…ばや

▽**祈願** きねん[祈念] ねがひ[願] ねがふ[願] ぐゎん[願]
だいぐゎん[大願] ぐゎん[願]

句――くもにはしご[雲梯子]
本来の― しゅくぐゎん[宿願] ほい[本意] そくゎい[素懐] ほんぐゎん[本願]

**きまま**【気儘】 きずい[気随] きなり[気成] じまま[自儘] ずい[随]
はういつ[放逸] →わがまま
―に遊び歩くこと せうえう[逍遥]
―に過ぎる じいうがまし[自由]
―に振る舞う せんき・せんぎ[先規]

**きまり**【決】 かく[格] ならひ[習慣] ぎしき[儀式]
―ちゃう[定]

**きまりもんく**【決文句】 ことぐさ[言草・言種] せりふ[台詞]

**きまりがわる・い**【悪】 はづかし[恥]
前からの― せんき・せんぎ[先規]

**きま・る**【決】 ちぢゃう[治定]
[付・就・着]
―らない さうなし[左右無]
―らないこと ふちゃう[不定]

**きみ**【君】 →あなた
枕――あかねさす[茜] さすたけの[刺竹] さにつらふ[丹] しらたまの[白玉] からころも[唐衣]

**きみがわる・い**【気味悪】 …おそろしい

**きみじか**【気短】 きなり[気成] →たんき

**きみつ**【機密】 →ひみつ

**きみょう**【奇妙】 あやし[怪] めう[妙] べう・べし・べみ
―名誉 めう[妙]
―ないな[異]

**ぎむ**【義務】

**ぎめい**【偽名】 つくりな[作名]

**きめ** はだ[膚・肌]

**き・める**【決】 おきつ[掟] おもひおく[思置] きす・ごす[期] ひさだむ[思定] きはまる・きはむ[極] きる[切] さだむ[定] しむ[締] せいす[制] まぼる・まもる[守] よる[依・因]
**尊 決心する** おもひさだむ[思定] もとほす[思取] ごす[期] おもほしなる[思成]
**予め―ぎす**[擬]
**尊 よく考えて―** あんじさだむ[案定] おぼしさだむ[思定] おもひたつ[思立] おぼしたつ[思立] おぼほしな

227

# きも―きゅうけい

**きも【肝】** い[胆] どうぼね[胴骨]
**―が潰れる** きもきゆ[肝消] きもつぶす[肝潰] たまぎる[魂消]
**―が太い** きもふとし[肝太] だいたん[大胆] どうづよし[胴強]
句 ―てらからさと[寺里]
**きもち【気持】** おもひ[思] きげん[機嫌] きしょく・きぞく[気色] きっぷ[気褒] け[気] けしき[気色] けはひ[気配] けづま[気棲] きび・きみ[気味] きづろむけ[心向] こころ[心] こころざし[志] ここち[心地] こころよし[聞良]
**―がいい** こきみよし[小気味良]
**―思う** おもふそら[思空]
**聞いていてーがいい** ききよし[聞良]
**本来のー** そい[素意] ほい[本意] (P.58)

**きもの【着物】** →**基本** (P.93)

**きゃく【客】** ひんかく[賓客] まらうと・まらうど・まらひと・まれびと[客人]

**ぎゃく【逆】** あまさかさま[天逆様] うらうへ[裏表] かへさま[返様] さかさま・さかしま[逆・倒] そむきひ[背様]
句 ―に おしかへし[押返] さっとりあへず[取敢] とはっと ひたと[直] →**とつぜん**
**―にする** おしかへす[押返] かへりてらに・かへらまに[反] ちかへす[打返]
**ぎゃくじょう・する【逆上】** あがる・けがのぼる[気上]
句 ―きがのぼる[気上] ちみちをあげる[血道上] →**のぼせる**

**ぎゃくま【客間】** ざしき[座敷]
**きゃしゃ【華奢】** あえか きびは[稚] ひはづ・ひはやか[繊弱] →**よわい**
**きやすめ【気休】** ことのなぐさめ[言慰]
**きゃくしょく【脚色】** しくみ[仕組]
**キャベツ** たまな[玉菜・珠菜]
**きゅう【急】** けはし[険・嶮] にはか[俄] はやし[早] せはし
**―なこと** くゎきふ[火急]

**―な使**
句 ―とりのつかひ[鳥使] やのつかひ[矢使]
**―に** あからさま きっと[急度・屹度] さっと[颯] きと こつぜん[忽然] ふと[頓] ひたと[直] とみに[頓]
**―には** ふとしも
**―には…(ない)** とみに[頓]
**―の** とみに[頓]

**きゅうあい【求愛】** →**きゅうこん**
**きゅうか【旧家】** るいえふ[累葉] るいたい・るいだい[累代] →**はて**
**きゅうきょく【究極】** →**はて**
**きゅうくつ【窮屈】** けぶたし[煙] せし[狭] ところせきなし[所狭] ところせし[所狭]
**―な思う** せばがる[狭] ところせまい
**―に思う** せばがる[所狭]
**―になる** つまる[詰]
**きゅうけい【休憩】** →**きゅうそく、→やす**

**きゅうこん ― きよい**

**きゅうこん【求婚】** ―する よばふ[呼・婚] よばひわたる[婚渡] つまどふ[妻問] いひいれ[言入] さよばひ[小呼] よばひ[呼・婚] つまどひ[妻問] よばふ[言] くどく[口説] おもひよる[思寄]

**きゅうしき【旧式】** ふるかく[古格]

**きゅうじつ【休日】** まび[間日]

**きゅうじっさい【九十歳】** くじゅん[九旬] そつじゅ[卒寿] ⇒基本 ねんれい(P.89)

**きゅうしゅう【九州】** ちんぜい[鎮西]

**きゅうじゅう【九十】** ここのそぢ[九十]

**きゅうしょ【急所】** かんじん[肝心・肝腎]

**きゅうじょ【救助】** ⇒たすける

**きゅうす【急須】** 句―きものたばね[肝束]
句―ちゃだし[茶出]

**きゅう・する【窮】** つむ[詰] ゆきあたる[行当] ⇒こまる

**きゅうせき【旧跡】** ゆいせき[遺跡] ―めいしょ

**きゅうそく【休息】** やすむ[休] やすらふ[休] ―する いこふ[憩] やすらひ[休] やすむ[休] うちやすむ[打休] くつろぐ[寛] ―させる いこふ[憩] いこふ[憩]

**きゅうちゅう【宮中】** あまつそら・あまつみそら[天空] うち[内] うん・しょう・うんじょう[雲上] おほうち・おほうちやま[大内山] おほみや・おほみやどころ[大宮所] やけ・おほやけどころ[公所] かみのみかど[神御門] きうてん[九天] きんけつ[禁闕] きんちゅう[禁中] きんてい[禁庭・禁廷] きんもん[禁門] きんり[禁裏・禁裡] くものうへ[雲上] くもゐ・くもゐのそら[雲居空] ここのへ[九重] ごしょ[御所] しめのうち[標内] せうばう[椒房] だいだい・だいり[内裏] ていけつ[帝闕] ちゅうぐう[中宮] ひのみかげ[日御影] ひのみかど[日御門] ほうけつ[鳳闕] ほうじょう[鳳城] みかど御門] みや・みやどころ[宮所] みやど[御門] ももしき[百敷] ―に出仕する さんだい[参内] ―の門 きんけつ[禁闕] きんもん[禁門] ほうけつ[鳳闕]

**きゅうてい【宮廷】** ⇒きゅうちゅう
―風 みやぶ[雅]

**きゅうてん【宮殿】** ⇒まずしい

**きゅうぼう【窮乏】** ⇒まずしい

**きゅうゆう【旧友】** ⇒ゆうじん

**きゅうよう【急用】** いそぎ[急]

**きゅうりゅう【急流】** あらぬいそぎ[急] 予想外の― たき[滝] はやせ[早瀬] ⇒たぎつせ[滝瀬]

**きゅうりょう【給料】** くちのよ[口世]

**きよ・い【清】** ⇒基本 かわ(P.24) あざらか[清] けぎよし[気清] すが・らけし[清] きよし・きよよし[清]

きょう——ぎょうじょう

**きよらか** →きよらか
**枕**—あがこころ[吾心] まそかがみ[真澄鏡]
—く明るい せいめい[清明]
—くなる きよまはる・きよまる[清]

**きく[器用]** たくみ[工・匠・巧]
—な人 てきき[手利]
—する けす[化] もむ[揉]
らはし[習・慣]

**きょういく[教育]** しなん[指南] な
家庭の— ていきん・にはのをしへ
[庭訓]
▼**教育費** しつけぎん[仕付銀]
**きょうおう[饗応]** →もてなし
**きょうか[教化]** ひとならはし[人習]
—**する** けういく
…**きょういく**　けす[化]
仏教への— くゎんげ[勧化] けうけ・けうげ[教化]
わんじん[勧進]

**きょうか[供花]** たむけばな[手向花]
**きょうかい[境界]** きは[際] きはめ[際目] きはめさか
[際目] きゃう[境] けぢめ さか
ひ[境]
**きょうかしょ[教科書]** わうらいもの[往来物]

**きょうかん[共感]** →どうい
**きょうき[狂気]** ふうきゃう[風狂]
ものぐるほひ[物狂]
▼**発狂** こころがはり[心変]
**きょうぎ[教義]** さた[沙汰]
**ぎょうぎ[行儀]** ぎゃうさ[行作]
りめ[折目]
**ぎょうぎょうし・い[仰仰]** →おおげさ
**きょうぐう[境遇]** きゃうがい[境界]
さかひ[境] みすぎ[身過] め[目]
…**みのうえ**
**ぎょうこう[僥倖]** →しあわせ
**きょうざめ[興醒]** あいなし・あひな
しあさまし[浅] きょうさむ・き
ょうをさます[興醒] けうとげ[気
疎] けすさまじ[気凄] しらじら

し[白白] すさまじ・すさまじげ
[凄・荒] なさけなし[情無] ふき
ょう・ぶきょう[不興] つまらない
—した顔をする はなじろむ[鼻
白]
—**する** いひしらける[言白] き
ょうさむ[興醒] ことさむ[言醒]
—**すること** ことざまし[事醒]

**きょうじ[凶事]** わざわい[見醒]
**ぎょうじ[行事]** いとなみ[営] ぎ
儀 ぎゃうじ[行事] こと[事] ぎ
宮中の— おほやけごと・くじ[公
事]
—**する** かしこまる・かしこむ[賢]
**ぎょうし・する[凝視]** →みつめる
**きょうじゅ[教授]** しなん[指南]
**きょうしゅく[恐縮]** かしこし[畏]
かたじけなし[辱・忝]
—**する** かしこまる・かしこむ[賢]
**きょうしょう[行商]** かよひあきなひ[通商] ゐなかわたらひ[田舎渡]
—**の女** ひさぎめ・ひさめ[販女]
**ぎょうじょう[行状]** かうせき[行跡]

きょうじる――きょうみ

きゃうざく・きゃうじゃく[景迹] →おもしろがる

**きょう・じる【興】** →おもしろがる

**きょうせい【強制】** なまじひ[生強] ひとやり[人遣] ―する しふ[強] せむ[責] せびらかす

**ぎょうせい【行政】** まつりごと[政]

**きょうせい・する【矯正】** たむ[矯・揉]

**きょうそう【競争】** あらがひ[争・諍] いどみごと[挑事] きほひ[競] はしりこぎり・はしりこくら[走] ―する あらがふ[争・諍] あらそふ[争] いそふ・いそほふ[争・競] いどむ[挑] きしろふ[軋・競] きそふ[競] きほふ[競] くらぶ[比] すまふ[競] →あらそう

**きょうだい【兄弟】** いもせ[妹背] いろせ[兄背] いろと・いろど[弟・弟妹] いろね[兄弟] いろも[同母妹] おとうと・おととえ[弟兄] せうと[兄人] つらなるえだ[連枝] はらから[同胞]

男の―― をのこはらから[男同胞]

女の―― をんなはらから[女同胞]

貴人の―― ごれんし[御連枝] れんし[連枝]

同母の―― ひとつはら[一腹]

年下の―― おとうと・おとと[弟・妹]

腹違いの―― ことはら[異腹] こだ[上枝]

▽兄 え[兄] かみつえ・かみつえだ[上枝] このかみ[兄・長・氏上] せうと[兄]

▽姉 あねご・あねごぜ[姉御前] あにぢゃひと[兄人]

▽兄妹 いもせ[妹背] このかみ[兄]

▽姉弟 おと[弟・乙] おとうと・おとと[弟人] さしつぎ[差次] しゃてい[舎弟]

▽妹 おと[弟・乙] おとうと・おとと[弟] おとひと[弟人] さしつぎ[差次] しゃてい[舎弟]

▽実の兄 しんけい・しんきゃう・しんけい[親兄] しゃけい・しゃきゃう[舎兄]

▽長兄 このかみ[兄・長・氏上] た

いけい[大兄] はくけい[伯兄] はくし[伯氏]

▽長姉 おほいぎみ[大君] おほいこ・おほいご[大子] おほひめぎみ[大姫君] おほひめ・おほひめごぜん[大姫御前] たいし[大姉]

**きょうだいになる【強大】** ぞうちゃう[増長]

**きょうち【境地】** きゃう・さかひ[境]

**きょうちゅう【胸中】** こころぎも[心肝] はうすん・ほうすん[方寸]

―の思い くゎいはう[懐抱]

**きょうとへはいること【京都】** じゅらく[入洛]

**きょうどう【共同】** →きょうりょく

**きょうふう【強風】** しまき[風巻] きしまき[き風巻]

**きょうふ【恐怖】** →おそれる

**きょうねん【凶年】** いひゑとし[飯飢年]

**きょうぼう【共謀】** あひどり[相取]

―する はだをあはす[肌合]

**きょうみ【興味】** きょう[興] きょく

**きょうよう【教養】** ざえ[才]
―[曲] おもしろし[面白]ひ
きょう[比興] をかし・をかしがる
―がある ひきょう[比興]
―が湧かない わびし[侘]
**きょうよう【教養】** ざえ[才]
―ありげ ゆゑよし[故由]
―がある いうそく[有職・有識]
よし[良]
―がない かたくな[頑] こころなし[心無]
**きょうらん【狂乱】** きゃうわく[狂惑]
**きょうり【郷里】** くにがた[国方]くにもと[国元]→こきょう
**きょうりょく【協力】** かふりょく[合力] こころぞへ[心添] もろもち[諸持]
―する どうしん[同心]ひきあふ[引合]
**ぎょうれつ【行列】** つら[列]
**きょうれん【教練】** てうれん[調練]

**きょうをよ・む【経読】** どきゃう[読経] どくじゅ[読誦]
**きょか【許可】** ゆるし[許]
―される かなはず[叶・適] ゆるす[許]
―されない ききとどく[聞届]ゆるす[許]
**きょかく・する【漁獲】** すなどる[漁]りょう[漁]
**きょくげん【極限】** くきゃう・くっきゃう[究竟] はて
―の いたりたる[至]
**きょくたんに【極端】** いとのきて[除]過]ことわりすぐ[理過]
**きょくち【極致】** →さいこう
**きょくりょく【極力】** ずいぶん[随分]
**きょげん【虚言】** →うそ
**きょしつ【居室】** →へや
**きょしょく【虚飾】** けさう・けしゃう[化粧]
**きょせい【虚勢】** ぎせい[擬勢] →みえ
**きょぜつ【拒絶】** ことわり[断]→ことわる

**きょえい【虚栄】** ぜい[贅]
**きょか【許可】** ゆるし[許]
―の火 いさりひ・いさりび[漁火]
―舟 いざりぶね[漁船]
**きょだい【巨大】** いかめし[厳]
**きょどう【挙動】** しんし[進止]たち[立]振舞
**きょねん【去年】** こぞ[去年] さきつとし[先年] ふるとし[旧年]
―の暮 ふゆとし[冬年]
**ぎょせん【漁船】** あまをぶね[海人小舟]
**ぎょふ【漁夫】** あこ[網子]みこ[網子] あま・あまうど[海人・蜑] あまのこ[蜑子] あみびと[網人] いをとり[魚捕] うらびと[浦人] はくすいらう[白水郎] むらぎみ[漁父・漁翁]
**ぎょみん【漁民】** →前項
**きよ・める【清】** すすぐ・そそぐ[清・澄]
恥を― いさぎよし[潔]きよし[清] さやけし[明・清]
**きよらか【清】** いさぎよし[潔] きよし[清]
―そうなさま ものきよげ[物清]

きょり──きりょく

──でさやかなさま　さえざえし[冴]
　冴　すずやかなさま　しゃうじゃう[清浄]
──で汚れのないさま　しゃうじゃう[清浄]
──な女性　さや[明・清]
──な光　すがしひかり[清光]
きより【距離】あひだ[間]　ほど[程]
　みちのほど[道程]　ものあひ[物間]
──を置く　さしへだつ[差隔]
長い──　ちさと[千里]
きらい【嫌】…いや
きら・う[嫌]　あく[飽・厭]　あぐむ
　[倦]　いとふ[厭]　いやむ[嫌]　い
　む[忌]　うとむ・うとまし[疎]　き
　らふ[嫌]　すさむ[荒・遊]　そばむ
　[側]　にくむ[憎]　いむ[忌]…いや
きらく【気楽】こころやすし[心安]
　しどけなし　やすげ・やすし・やすら
　か[安]
──なこと　きさんじ[気散]
──に　じゅんぎ[順義]

きらびやか　いろふし[色節]　きらら
──って避ける　いむ[忌]
きらら[雲母]
きらめ・く[煌]　かがよふ[耀]　ひら
　めく・ひろめく[閃]　まかがやく[真
　輝]
▽きらきらしている　めもあや[目]
きり[霧]
──が一面にかかる　きりわたる[霧渡]
　きりのまがき[霧籬]　きりふたがる
　[霧籬]　きりふたがる[霧塞]　きり
　のまよひ[霧迷]
──が立つ　さぎり[狭霧]　きる[霧]
──で前が見えない　きりのまがき
　[霧籬]　きりふたがる[霧塞]　きり
小雨のような──　あまぎり[雨霧]
──雨　あまぎり　きりあめ[霧雨]
　[糠雨]　ぬかあめ
ぎり【義理】たてわけ[立分]　なさけ
　[情]　みち[道]
──堅い　りちぎ[律儀・律義]
──立て　たていれ[立入]　たてわ
　け[立分]
──立てする　じゃうをたつ[情立]

きりおと・す[切落]　はぬ[刎]
きりかぶ[切株]　かりばね[刈株]　き
　りくひ[株杭]
きりきざ・む[切刻]
きりきず[切傷]　きんさう[金瘡・金創]
きりぎりす　いねつきこまろ[稲春子]
　うし蝨蝨[蟲蝨]　こほろぎ[蟋蟀]　しゅ
　おりめ[機織女]
きりくち[切口]　こぐち[小口]
きりさ・く[切裂]　はふる・ほふる[屠]
きりと・る[切取]　かきさる[搔切]　さく
　[裂・割]　たつ[断・絶]
きりはな・す[切放]　かく[搔]　さく
　[裂・割]　たつ[断・絶]
きりぼし[切干]　きりおほね[切大根]
きりょう[器量]　きぶん[気分]　かたち
　[形・容・貌]　みめ[見目]…かほ
きりょう[技量]　かたち[形・容・貌]
きりょく[気力]　いき[息]　いさみ
　[勇]　きせい[気精]　きも[肝・胆]
　きもだましひ[肝魂]　こころいきほ

**きる―きんか**

**きる[心勢]** こころだましひ[心魂]
ひ[心] こころど[心] こんき[根機・根器]
せいき[精気] たましひ[魂] ちから[力]
―が衰える きがへる[気減]

**きる[着]** さうぞく・しゃうぞく[装束]
とふ[纒] たつくる[手作] ちゃくす[着]
まゐる[参] めさる・めす[召] 尊―けす
[奉] ―からころも[唐衣] 枕―たつ[立]
ふ[縫] はなをやる[花遣]
**きている** けり[着]
**き馴れた衣** みなれごろも[見馴衣]
**きふるしてよれよれになる** きなやす[着萎]なればむ
**着飾る** いろふ[色・彩] けさう・
けしゃう[化粧] さうぞきたつ[装
束立] たちよそふ[立装] つくろ
**き・る[切]** たつ[断・絶・裁]
―れてなくなる きれうす[切失]
すぱすぱと― たつ[裁]
**きれ[切]** （布などの） さいで[裂帛]

**きれい[綺麗]** いつくし・うつくし[美・
愛] きよし[清] さはやか[爽]
…な服 はなのころも[花衣]
―な けしょう[顕証] なべてならず・なめ
しけ[異] けはやか[極] きらきら
なし きはきはし[際際] きはだか
てならず[顕証] なべてならず・なめ
はな・はなやか[華] わきわきし[分
はな・はなやか[並] はかばかし[果果]
けせう[顕証] なべてならず・なめ

**きれめ[切目]** きだ[段] しろむ[白
―にする しろむ[白]
**きれ・る[切]** たゆ[絶]
ちょっと聞いた事の― うちぎき
[内聞]
**ぎろん[議論]** →とうろん
―する しるす[記]
**きろく[記録]** き[記]
―する しるす[記]
男女の仲が― とだゆ[途絶]
**ぎろん[議論]** あげつらひ[論] ろん
[論] いさかふ[諍] いらがふ
[争・諍] あらそふ[争] さだむ
[定]
**きわ[際]** つま[端] つめ[詰]
**きわだ・つ[際立]** きはははなる[際離]
―って うちはへ(て)[打延] す
ぐれて[勝]
―っている あざやぐ[鮮] いら

**きわま・る[極・窮]** いたる[至] きは
まる・きはむ[極]
**きわみ[極]** きはは[際] →はて、→かぎり
**きわめて[極]** いかにも[如何] いた
りて[至] きはまりて・きはめて
[極] しごく[至極] せめて[切]
よくよく[良良・能能] よにより[世
世] →とても
**きわ・める[極]** つくす[尽] →つくす
**きをつ・ける[気付]** →基本き(P.88)
**きん[金]** くがね・こがね[金] やまぶ
きいろ[山吹色]
▼金銀 くゎうはく[黄白] ひかり
もの[光物]
**きん[銀]** しろかね・しろがね[白金]
**きんいろ[金色]** こんじき[金色]
**きんか[金貨]** ひかりもの[光物]

**ぎんか【銀貨】** しろかね・しろがね[白金]

**ぎんが【銀河】** みなしがは[水無川] やすのかは[安川] → ねだん[基本]ほし(P.7)

**きんがく【金額】** → ねだん[値段]

**きんし【禁止】** むよう[無用] いさめ[禁] ふうず・ふん[封]

**―する** いさむ[禁] ゆめゆめ[努努] ゆめ[努] ゆめさらさら[努] [頭]―ゆめ[努]

**[困]―あるまじ なかれ ありそね なせそ なせ まな まじ な…そ な…そ べからず**

**きんじょ【近所】** あたりどなり[辺隣] そばあたり[側辺] →きんしん

**きんじょう【今上】**（天皇）

**きんじょう【近所】** →あたり[辺]

**ぎん・じる【吟】** →うたう[詠]

**きん・じる【吟】** あざける[嘲] →うたう

**きんしん【近臣】** おもとびと[御許人] きんじふ・きんじゅ・きんず[近習]

**きんしんしゃ【近親者】** ほとり[辺]

**きんしん・する【謹慎】** かしこまる・か[調]

**きんせい【禁制】** いさめ[禁] いましめ[戒] せいたう[政道] はっと[法度]

**きんせい【金星】** あかぼし[赤星] はたれぼし[彼誰星] たいはく・たいはくせい[太白星] たれどきぼし[誰時星] ゆふづつ[夕星] →[基本]ほし(P.7)

**きんせいがと・れる【均整】** ととのふ[調]

**きんせん【金銭】** →かね

**きんぞく【金属】** →かね

**きんちょう【緊張】** ―が弛む こころとく[心解] ―させる はる[張] ―する こころげさう[心化粧] ―で声が出ない こゑをのむ[声呑]

**ぎんなん【銀杏】** ちちのみ[銀杏実] まめ[忠実]

**きんべん【勤勉】** いそし・いそしむ[勤]

**きんぺん【近辺】** せじゃう[世上] →あたり

**きんぽうげ【金鳳花】** うまのあしがた[馬足型]

**ぎんみ・する【吟味】** あらたむ[改]

**きんむ・する【勤務】** つとむ[勤・勉]

**きんらい【近来】** →ちかごろ

---

# く

**ぐ【愚】** →ばか

**ぐあい【具合】** がふ[都合] つがひ[番] てしゅび[手首尾] ―が悪い あし[悪] かたは[片端] かたはらいたし[傍痛] たが

くい―くぎんする

くい【違】びなし・びんなし[便無] びんあし[便悪] しらく[白らく] まさなし[正] わろし[悪]
―が悪くなる ふしらく[白]
―身体の―が悪い くびぜ[株・杭] わづらはし[患]
くい【杭】くびせ[株・杭]
標識の―を[澪・水脈]みをつくし[澪標] しるし[標]
くい【悔】→くやむ
くいいる【悔】くゆ[悔] こる[懲] →くやむ―いはくえの[岩崩]（→くゆ）
くいちがい【食違】→ふせきとめる
くいちがう【食違】たがひめ[違目] きかふ[錯] ちがふ[違] がふ[違]
くいちらす【食散】くひかなぐる[食]
くいとめる【止】ふせく・ふせぐ[防]
くいふせる【悔】→くやむ
くう【食】→たべる
くう【空】→から
くうかん【空間】そら[空] →すきま、くうげ・ざんげ[懺悔]―い改めること さんげ・ざんげ[懺悔]

くうき【空気】き[気] うつけ[空] きょ[虚]→むなしい
くうきょ【空虚】→むなしい
くうじ【宮司】→しんかん[神官]
くうぜん【空前】みぞう[未曾有]
ぐうぜん【偶然】おのづから[自] つき[仮初] けりょう[仮令]
―に じせつと[時節] ありあふ[有合] ゆくりなく わくらばに[邂逅]
くうちゅう【空中】ちう[宙]
くうどう【空洞】うつほ[空・虚] ほら[洞]
くうはく【空白】→から
くうふく【空腹】うゑ[飢] すぐち[素口・虚口] ひだるし ひもじ→う
くおん【久遠】→基本 とき(P.16)
くかく【区画】でうり[条理]―する しきる[仕切]
くがく【苦学】

くがつ【九月】
句―えだのゆきをならす[枝雪馴]
いろどりづき・いろどるづき[色取月] かうしう[高秋] きくさきづき[菊咲月] きしう[季秋] くちづき[朽月] げんげつ[玄月] こうばいの月[紅梅月] こずゑのあき[梢秋] こそめつき[濃染月・木染月] たいしょう[太衝] ながつき[長月] はなふくあきざめつき[寝覚月] ばんしう[晩秋] ぼしう[暮秋] もみぢづき[紅葉月] よながつき[夜長月] ゑとりづき かりづき[小田刈月]→基本 つき(P.5)
くきょうにたつこと【苦境立】→ろう[牢籠]
くきのみがよの[君代]・すがのねの[菅根]（→ながつき）

くぎり【区切】きり[切]らち[埒]
くぎる【区切】きる[切] さかふ[境]
くぎんする【苦吟する】うちうめく[打呻] うめく[呻]

**くぐってゆ・く**【潜行】 →**くぐる**[潜]

**くぐりど**【潜戸】 きりど[切戸] くぐり[潜]

**くく・る**【括】 からぐ[絡] くく[潜・漏] くくす[括] しむ[締] とり つかぬ[取束] →→しばる

**くげん**【苦言】 →→いましめ

**くさ**【草】 → 基本 (P.38)
▽若草 にこぐさ[柔草] にひぐさ[新草] にひわかくさ[新若草] はつくさ[初草]
枕—うちなびく[打靡]
—が枯れるさま かれがれ[枯枯]
—が霜で枯れるさま しもがれ[霜枯]
—がますます茂ること いやおひ[弥生]
—の生えている所 ふ[生]
—薬となる やくしゅ[薬種]

**くさばのかげ**【草葉陰】 こけのした[苔下]

**くさいちご**【草苺】(ぎしぎし) いちし

**くさき**【草木】

**くさはら**【草原】 → 基本 のはら(P.26)

**くさ・る**【腐】 おつ[落] くゆ[崩]
—っている ねまる
—らせる くたす[腐]
気持ちが— きおち,めいる
魚肉などが— あざる[戯]
句—こつずいをくだく[骨髄砕] →→する[下]

**くさわけ**【草分】 →→はじまり

**くし**【櫛】 かんざし[簪] けづりぐし[梳櫛] さしもの[指物] たまぐし[玉櫛] まくし[真櫛] をぐし[小櫛]

**くじ・く**【挫】 くじびき[籤引]

**くじ・ける** けづる[拉]

**くしけず・る** しぐ[拉] おもひたわむ[思撓] くす くんず[屈] したくづる[下崩]

**くじ・ける**【屈】 たふる[倒] をる[折]
▽意気込みをくじく くじとり[籤取]

**くじびき**【籤引】 くじとり[籤取]

**くしゃみ**【嚔】
—する はなひる・はなふ・ひる

**くしょう・する**【苦笑】 にがりわらふ[苦笑]

**くじら**【鯨】 いさ・いさな[勇魚・鯨] いすくはし[魚細]

**くしん・する**【苦心】
枕—こつずいをくだく[骨髄砕] →→する

**ぐずぐず** まじまじ(と)
—して日を暮らす やすらひくらす[休暮] たちやすらふ[立休] たぢろく・たぢろぐ ためらふ[蹯躇] とどこほる[滞] ふみとどむ[踏止]

**くず**【屑】 あくた →→ごみ
▽屑籠 ちりこ[塵籠]

**くず**【葛】 ずら
—かつらぐさ[葛草] くずかづら

**くず・す**【崩】 みだる[乱] かきくづす[掻崩] こぼ

**くず・ねる** →→ぬすむ

**くすぶ・る** くすぼる ふすぶ・ふすぼる[燻] くゆる

**くす・ねる**【薫・燻】
—らせる くゆらかす・くゆらす

**くぐってゆく**──**くすぶる**

くすり――ぐち

[薫・燻] ふすぶ [燻] ――っている火 いぶしび・いぶり び [燻火]

**くすり**【薬】
―となる草木 やくもく[薬種]
―の材料 やくしゅ[薬種]
―の代金 やくれい[薬礼]
―屋 やくしゅや[薬種屋]
最高の― ひゃくやくのちゃう[百薬長]＝酒
不老不死の― せんやく[仙薬]
よく効く― めうやく[妙薬]
▽生薬 やくしゅ[薬種]
▽解毒剤 どくけし[毒消]
▽常備薬 ぢやく[持薬]
▽煎じ薬 せんやく[煎薬] ゆ[湯]
▽即効薬 てひかずかう[手引膏]
▽薬品 やくしゅ[薬種]
▽薬用にする動植物など ほんざう[本草]

**くすりゆび**【薬指】 ななしのおよび[名無指]

**くず・れる**【崩】 くだく[砕・摧] くづ

る[崩] くゆ[崩] こほる・こぼる [毀] つひゆ[費・弊] つゆ[潰] ―れかかる よろぼふ・よろめく [蹌踉] ―れさせる つひやす・つひゆ

**くすんで・いる** とらく・とろく[曇] 形が― くもらはし[曇]

**くせもの**【曲者】 →わるもの

**くだ・く**【砕】 こなす こぼつ[毀] し たく・しだく はたく 叩・砕] やぶ る[破] わる[割]

**くだ・ける**【砕】 くだく[砕] くづる [崩] やぶる[破] わる[割]

**ください**【下】 くれさしめ[呉] たび たまへ [賜給]

**くださる**【下】 かづく[被] たびたま ふ[賜給] たぶ[賜給] たまふ [給] たもる[給・賜] とらす[取]

**くたび・れる**【草臥】 →つかれる

**くだもの**【果物】 こもの[籠物] くゎ し[菓子]

**くだらな・い**[益無] やくたい なし・やくなし[益無] ひきょう[比興] やう なしごと[由無事] なしごと[益無体無] よしなし[由] よし (も)なし[益無] すずろごと[漫事]

**くち**【口】
―がうるさい わわし
―が旨い うまりこん[利根]
―が旨く諂う人 へつらひじん[佞人]
―が軽い くちとし[口疾]
―にするのも かけまくも[懸]
―に入れる ふくむ[含]
―に出す うちいだす[打出] こ といづ[言出] はぶしへだす[歯節出]
―が達者 くちてうはふ[口調法]
―が悪い くちがまし くちごは し[口強] さがにくし[性憎]
―が　 くちたっしゃ →くちたっしゃ
―の形 くちつき[口付]
―をきかないこと へいこう[閉口]
―を出す いひいづ[言出] まず
―を閉じる かごと[託言] つくふ・つくぶ[噤] きょたん
―口 [混・交・雑]

**ぐち**【愚痴】

238

[虚誕] くりごと[繰言] しゅっくわい・じゅっくわい[述懐] ぼんなう[煩悩] よまひごと[世迷言] わびごと[侘言] →ふへい
—っぽい かごとがまし[託言] うれふ[憂・愁] いびくんず[言屈] かこつ[託] くどく[口説] うらむ[恨]
—ちぶく[蜂吹] ぽやく
—を言うこと ものもどき[物擬] ものいひ
—を言うさま つぶつぶ(と)

**くちおし・い**【口惜】 ざんねん、→くやしい

**くちかず**【口数】 ものかず[物数]
—が多い ことながし[言長]
—が多いこと ちゃうぜつ[長舌]

**くちきり**【口切】 くちあけ[口開・口明]

**くちぐせ**【口癖】 くちづけ[口付] こ とぐさ・ことのはぐさ[言種・言草] まくらごと[枕言]
—となる くちづく[口付]

**くちぐるま**【口車】 したぐるま[舌車]

**くちげんか**【口喧嘩】 いひごと[言事]

**くちごも・る**【口籠】 いひしろふ[言] ことこむ[言籠]

**くちおしい**──**くつがえす**

---

**くちさき**【口先】 くちさきら[口先] つ[口端] ほほげた[頬桁]
—くちのは[口手]

**くちじょうず**【口上手】 りこん[利根] —が旨い →くちたっしゃ
**くちずさ・む**【口】 じゅす・ずうず・ず[誦] ながむ[詠]
→うたう

**くちぞえ**【口添】 じょごん[助言] と りあはせ[取合]

**くちだし**【口出】 くちいれ[口入] にふ[口入] さしでぐち[差込]
—する いろふ[弄・綺] さしこむ[差込]

**くちたっしゃ** ことくはし[言加 利] くちきき[口]
—ものいひ[物言]

**くちどめ**【口止】 くちかため[口固]
—する くちかたむ・くちがたむ・くちをかたむ

**くちば**【朽葉】 わくらば[病葉]
—料 くちぐすり[口薬]

**くちばし**【嘴】 はし[嘴]

**くちぶえ**【口笛】 うそ[嘯]

**くちぶり**【口振】 くちもち[口持] こ わさき[声先]

---

**くちべた**【口下手】 くちづつ・くちてづつ[木訥・朴訥]
—ぼくとつ[木訥・朴訥]

**くちまね・する**【口真似】 まねぶ[真似・学]

**くちやかまし・い**【口喧】 くちさがなし[口] わづらはしい[煩]
—さま そぶそぶ

**くちやくそく**【口約束】 くちがため[口固]
—する いひあはす[言合] いひ かたむ[言固] いひかはす[言交] いひきす[言期] いひさだむ[言定] いひちぎる[言契]

**くちょう**【口調】 こわつき[声付] こわざま[声様] こわつき[声付] こわさき[声先] こわづかひ[声遣]
—ものいひ[物言]

**くち・る**【朽】 くつ[朽] くゆ[崩] →くさる

**ぐち・る**【愚痴】
—を言う ぐちをいう

**くつう**【苦痛】 しく[四苦] しくはっ く[四苦八苦] →くるしみ
—が増す
句—きりめにしほ[切目塩] かへす[返] くつ

**くつがえ・す**【覆】

くつがえる――くふう

くつがえす【覆】
 予想を―
 ひきたがふ[引違] かへる[返] くつがへる[覆] たふる[倒]
くつがえる【覆】かへる[返] くつがへる[覆] たふる[倒]
くつきよく・する【屈曲】わだかまる[蟠]
くっきり(と) あざあざ(と) けざけざ
ぐったり(と) なえなえと[萎萎] しのに
 ―する なゆ[萎]
くってかかる あざる[狂・戯] うちみだる[打乱] にくむ
ぐっと むずと・むずむずと
くっぷく・する【屈伏】へいこう[閉口] ふくす[伏服]
くつろ・ぐ【寛】
 とく[打解] きぶ[和] ねまる のぶ[延・伸] やつす[窶] ゆるぐ[揺] ゆるぶ[綾]

ぐったり(と) なえなえと[萎萎] しのに
くど・い【管】こちたし[言痛・事痛] しつこい
 ―く言う かきくどく[掻口説] くりごと[繰言] せっとく
ぐどく【愚鈍】ぬるし[温] のろし[鈍]
くに【国】おほやけ[公] しゃしょく[社稷] せかい[世界] てう[朝] みかど[御門] ―の隅々 はっくわう[八荒]
▽国内 くぬち[国内]
くなん【苦難】くるしみ
 ―なもの おそ・おぞ[三太郎] なんぎ[難儀]
くにじゅう【国中】くぬち[国内] よものうみ[四方海]
くに・する【苦】やむ[病]

くにもと【国元】くににがた[国方] ざい[在] ざいがう[在郷] ざいしょ[在所]
くぬぎ【櫟】ははそ[柞]
くねりまがる【曲】わだかまる[蟠]
くのう【苦悩】くげん[苦患] くるしみ
くば・る【配】あかつ・あがつ[分ち当] かうべ[分・配] くまる[分・配] ふす[賦] わく[割]
くび【首】
 ―しるし[印] かうべ[頭・首] くし[首] ―尊みぐし[御首・御頭] ―にする とく[解] ―の後ろ うなじ[項]
くびすじ【首筋】ちりけもと[身柱元]
くびす・する【具備】ひきぐす[引具]
くび・れる【縊】くびる[縊] わなく ―を絞める をくくる わなく[絞]
くふう【工夫】
 きも[肝・胆] くめん・ぐめん[工面] ことはかり[事計] さくい さいかく・ざいがく[才覚]

240

[作意] しがく[仕覚] しだし[仕出] しゅかう[趣向] たくみ[工・匠・巧] たばかり[謀] とりまはし[取回] はつめい[発明]
—して拵える かまへいだす[構出]

[絡] しかく[仕掛] しだす[仕出]
たくむ[工・巧] たばかる[謀] はかる[謀・測・計] めぐらす[回]

くべつ[区別] あやめ[文目] けぢめ しゃべつ[差別] へだて[隔] わい
ため・わいだめ[弁別] わかち[分] わいかた
わき・わけ[分・別] わきまへ[弁]
わづき[別]
—がつかない まがふよ[紛] み
えまがふ[見紛] みぐるし[見苦]
—がつかなくなる まぎる[紛]
—がつく わかる[分別]
—される わかる[分別]
—する おもひわく[思分] さし
わく[差分] わかつ[分別] わく[分・別]

く・べる(火に) くぶ[焼]

[作意] しがく[仕覚] しだし[仕出] しゅかう[趣向] たくみ[工・匠・巧] たばかり[謀] とりまはし[取回] はつめい[発明] —して拵える かまへいだす[構出]

くぼ・む[凹・窪] おちいる[陥] くえこむ[崩込] へこむ[凹]
くま[隈] おしてる[押照]
枕 あさぢはら[浅茅原](→つばら
つばら)
くまなく[限無] つばらつばらに[委曲]
枕 ささがにの[蜘蛛] ひさかたの[久方]
—でいる くぼし[凹・窪]
—が浮かんでいる しろたへの[白妙]

くまごひ[委曲]

くみ[組] たう[党] べ[部]
くみあはせ[組合] とりあはせ[取合]
くみあわ・せる[組合] つがふ[付・就]
くみ・する[与・組] つく[付・就] →み
かた
くみたて[組立] けっこう[結構]
くみた・てる[組立] かまふ[構] か
らくむ[絡組] ゆふ[結] →
基本つくる(P. 75)
くみと・る[酌取・汲取](気持ちを) かく[構] し
んしゃく[斟酌]
くめん[工面] しゅび[首尾] つがふ
[都合]
—する つうくつ[通屈]

くも[雲] あをくも[青雲] くものな

み[雲波] くもゐ[雲居] くもの[蜘蛛]
—が立ち上る さす[射・差・指]
—と霞 うんか[雲霞]
—の絶え間 くもま[雲間]
—の中の道 くものかよひぢ[雲通
路]
猪の形の— ゐのこぐも[猪雲]
浮いている— ふうん[浮雲]
重なった— やくも[八雲] やへ
ぐも[八重雲] やへはたぐも[八重
旗雲]
白い— しらくも[白雲]
棚引く— くものかけはし[雲梯]
たなぐも[棚雲] とよはたぐも[豊
旗雲] はたぐも[旗雲] よこぐも
[横雲]
夏の— くものね・くものみね[雲
峰]

くも――くらい

## くも

**ひと群れの―** むらくも・むらぐも [群雲・叢雲]
**鰯雲**　うろこぐも [鱗雲]
**▼雲行き**　くものあし [雲足]
のあし [空足] ⇒**てんき**
**▼ちぎれ雲**　へんうん [片雲]
**▼入道雲**　くものね・くものみね [雲峰] みねぐも [峰雲]

## くも【蜘蛛】 ささがに [細蟹] ちちゅう・ちちう [蜘蛛]
枕―ささがにの [蜘蛛]
**―が巣をかける**　いがく・すがく [糸構]
**―の糸**　い [蜘糸] くものい [蜘糸]
**―の巣**　ささがに [細蟹] すがき [巣垣]
**巣**　ささがに [細蟹] くものい [蜘蛛]

**くもがくれ【雲隠れ】** あからめ [目]
**くもつ【供物】**…**おそなえ**
**くもり【曇】** くま [隈]
**―がない** あきらか [明] きよし [清] くまなし [限無] せいめい [清明]

**くも・る【曇】** あまぎらふ・あまぎる [天

霧] うるむ [潤] かきくる [掻暗]
きる [霧] くもらふ [曇] くらがる [暗] さぐもる [曇] さしくもる [差曇]
**―らす** きらす [霧] くらす [暗]
**枕**―ささがにの [蜘蛛] ⇒**かすむ**
**―りがち** くもらはし [曇]
**青く―** あをぎる [青曜]
**一面に―** あまぎらふ [天霧] たなぐもる [棚霧]
**一面に―らせる** あまぎらす [天霧]
**霧や霞で―らせる** うちきらす [打霧] きらす [霧]
**桜が散り―** ちりかひくもる [散交曇]
**涙で目が―** くる [暗・眩]

**くやし・い【悔】** うらめし [恨・怨] く ちをし [口惜] くやし [悔] ねんな し [念無] むやくし [無益]
**―がる** ねたがる・ねたむ [妬]
**―気分になる** くれふたがる [暮

塞]
**―さま** みゃうみゃう [冥冥]

**くや・む【悔】** おもひくゆ [思悔] くや しむ [悔] くゆ [悔]
**くゆ・らす【燻】** にほふ・にほはす [匂]
**香を―** たく [薫]
**くよう【供養】** けう [孝] こころざし [志] ついぜん [追善] ついふく [追福] ⇒**とむらう**
**親などの―する** けうやう [孝養] こころざす [志]
**くよくよする** けうず [孝]
**くら【蔵・倉】** ひふ [秘府] つぼや [壺屋]
**▼物置部屋**
**枕**―はしだての [梯立]
**くら・い【暗】** くらし [暗] くららか [暗]
**枕**―すみぞめの [墨染] (⇒**くらし**) ゆふづきよ・ゆふづくよ [夕月夜] (⇒

くらい――くらす

―・くする くらむ[暗]
―・くなる くらむ[暗] くらがる[暗]
[暗] くれふたがる[暮塞]
一面に―・くなる くれふたがる[暮塞]
[暮塞]
一面に空が―・くなる かきくもる
薄― ほのぐらし[物暗] をぐらし[小暗]
[掻暗]
木が茂って―― こぐらし[木暗]
闇― このくれやみ[木下闇]
こぐれ[木暮] このくれやみ[木暗]
木などで――所 こぐれ[木暮・木暗]
このくれ・このくれやみ[木暗闇]
霧や雨で―― もうもうたり[朦朦]
雲が垂れて――・くなる かきたる
[掻垂]
心を―・くする くらす[暗]
少し―― をぐらし[小暗]
空が急に―・くなる かきくもる
[掻曇]
月の出ない―夜 よひやみ[宵闇]
なんとなく―― こぐらし[木暗]
ものぐらし[物暗]

▼暗がり くま[隈]
―・くする かく[格] くらゐ[位]
しな[品] ぶん[分]
―が上がる のぼる[上]
―が低い あさし[浅]
―を下りる すべる[滑]
天子の―― ほくきょく[北極]
ぐらい ばかり(に) ほど[程]
くら・う[食]→たべる
くらし[暮] あさゆふごと[朝夕事]
くやう[口養] けぶり[煙] すぎはひ[生業] せけん[世間] たみのかまど[民竈] てうさん・てうさんぼし[朝三暮四] てまへ[手前] とせい[渡世] みすぎ[身過] よわたらひ[世渡]
わたらひ[渡]
よ[世]

▼暮らし向き しゅくすい[菽水]
あさゆふ[朝夕] くわっけい[活計] しんしょう[身上] てまへ[手前] ないしょう[内証]
▼独り暮らし ひとりずみ[独住]
くら・す[暮] あかしくらす[明暮] くらふ[食] すぐ・すぐす・すごす[過]
めぐらふ[巡・回] わたらふ[渡]
[句] おとがひをやしなふ[頤養]
―・していたい ありがたし[有難]
―・してゆく ありがほし[有欲]
―・しにくい ありがたし[有難]
―・しわぶ ありわぶ[有侘] すまふ[住] すみうし[住憂]
すみわぶ[住侘]
―・しやすい ありよし[有良]
―・しにくい あらる[有]
―ことができる ありよし[有良]
閑寂に―― わぶ[侘]
苦しみに耐えて―― しのびすぐす[忍過]
なんとか――ことができる くろむ[黒]

ふしおき[臥起]
貧しい―― しゅくすい[菽水] あさゆふ[朝夕]
一生―― すみはつ[住果]
閑寂に―― わぶ[侘]
苦しみに耐えて―― しのびすぐす[忍過]
毎日の―― あさゆふごと[朝夕事]
―に困る くひつむ[食詰]
普段の―― うちうち[内内]
―に慣れる ありならふ[有習]
―が楽になる うるほふ[潤]
―が立つ くろむ[黒]
―が苦しくなる つまる[詰]
ろむ[黒]
すみつく[住着]
よわたらひ[世渡]
―・が苦しくなる つまる[詰]

ぐらつく――くる

## ぐらつく

日々を――　あかしくらす[明暮]
夫婦として――　そひゐる[添居]
貧しく――　うちわぶ[打侘]
▽安住する　あんど[安堵]
▽居場所とする　ありつく[有付]　しむ[占]
▽日を送る　ありふ[有経]
▽不安定な暮らしをする　ただよふ[漂]

## くら・べる【比】　ひろろぐ

くらぶ[比]　たぐふ[類・比]　たくらぶ[比]　たちならぶ[立並]　よそふ[寄]　ならぶ[並]　めならぶ[目並]
――べにくい[比]　くらべがたし[比難]
――こと　なずらへ[准・準・擬]　なぞへ[准]　よそへ[寄・比]
――ものがない　さうなし[双無]　ならびなし[並無]　になし[二無]　ものにーにず[物似]　心の中で――　おもひなずらふ[思準]

▽計り比べる　かく[懸・掛]　くどく[口説]
――して言う　かきくどく[掻口説]
たびたび――　うちしきる[打頻]　しきる・しく[頻]
二度――　ふたゆく[二行]

## くら・む【眩】

くる・くるべく・くるめく　めならぶ[目並]　まばゆし[眩]　めくる・めくるめく[目眩]　かすむ[掠]

## くらやみ【暗闇】

くらがり[暗]　くれやみ[暗闇]　つやみ[真闇]　ぬばたま[射干玉]　うばたま[烏羽玉]　つやみ[真闇]
月の下旬の夜の――　しもつやみ[下闇]
五月雨の頃の――　さつきやみ[五月闇]

## くりかえし【繰返】

あまたたび[数多度]　あまたかへり[数多返]　うちかへし[打返]　かへすがへす・かへるがへる[返返]　しきって[頻]　たちかへり[立返]

## くりかえ・す【繰返】

おしかへす[押返]　かさぬ[重]　かへさふ[返]　たちかへる[立返]　ひきかへす[引返]　をりかへす[折返]　をりかへる[復返]

## くりごと【繰言】→ぐち

## くりぬ・く【繰抜】→ゑる[彫]

## くりょ【苦慮】→くろう

## く・る【来】　こす[越]　みゆ[見]　まうく・まうす[参来]　わたる[渡]
▽物　――いらっしゃる　――たまふく[参来]　まゐる[参]
▽尊　――まうく[参来]　まゐる[参]
枕――かたいとの[片糸]　さねかづら[実葛]　たまかづら[玉鬘]　からころも[唐衣]（――き・て）かりころも[狩衣]（――きて）きて親しくする　きむつぶ[来睦]　きて鳴く　きなく[来鳴]
――とき　くさ[来]
――途中　――→とき
――ようにする　きたす[来]
あわてて――　まどひく[惑来]
季節や時が――　さる

くるいざき――くろい

次々と― きとく[来来]
続いて― きしく[来及]
遥々と―　きとく[来来]
はるばる

**くるいざき【狂咲】** かへりばな[返花] かへりざき[返咲]

**くる・う【狂】** きがふれる[気触] くるふ[狂] こころたがひ[心違]

**くるおしい【狂】** くるはし・くるほし
―わせる たぶらかす[誑]

**くるしい【辛】** おもひぐるし[思苦]
からし[辛] くるし[苦] せつなし[切] たへがたし[堪難] なやまし[悩] わびし[侘] わりなし[理無]
枕―ねぬなはの[根蓴]（←くるし）
―切 つらみ[辛]
―思いをする なやましがる[悩]
―こと きのどく[気毒]
―なすすべなく― いたはし[労] ずなし・ずつなし[術無] たしなし[足無]

**くるしみ【苦】** くげん[苦患] ごふく[四苦]
[業苦] しく[四苦] しくはっく
[四苦八苦] たしなみ[困・窘] と
たん[塗炭] なやみ[悩] なんぎ
[難儀] をんぞうゑく[怨憎会苦]
―が差し迫ること ひっぱく[逼迫]
―が増すこと きりめにしほ[切目塩]
―で胸が張り裂けるようだ むね
さく[胸裂]
―の多い人間界 くかい[苦海・苦
界]
別れの― あいべつりく[愛別離
苦]

**くるし・む【苦】** いたむ[痛・傷] こう
ず[困] しにかへる[死返] たしな
む[困・窘] なやむ・なやます[悩]
もだゆ[悶] わづらふ[煩]
―困 のたうつ[打]
―み転げる もえわたる[燃渡]
―み続ける もえこがる[燃焦]
―み悶える むねこがる[胸焦]
病気などで― うちなやむ[打悩]
をゆ[瘁]
行き詰まって― きはまる[極・窮]

▼悶えて転げ回ること もんぜつ
ぢゃくち[悶絶躄地]

**くるしめる【苦】** なやます・なやむ[悩]
む[困・窘] せむ[責] たしな
む[困・窘] わづらはす[煩]
句―てんじゃうをみせる[天井見]
ぐるになる なれあふ[馴合]

**くるぶし【踝】** つぶなぎ[踝] つぶぶ
し[踝]

**くるまざ【車座】** まとゐ・まどゐ
―になる ゐまはる・ゐめぐる[居
回]

**く・む【含】** ⇒つつむ

**く・れる【呉】** くる[呉]

**く・れる【暮】** くる[暮・昏] ゆふさる
[夕] ゆふづく[夕]
旅の途中で― ゆきくらす・ゆきく
る[行暮]

**くろ【黒】**
枕―うばたまの[烏羽玉] ぬばたま
の[射干玉]

**くろ・い【黒】** かぐろし[黒] くろし
▼真っ黒 ひたぐろし[直黒]

くろう――ぐんじん

くろう【黒】
―[枕]みなのわた[蜷腸](↓くろし)
―・くする くろむ[黒]
―・くなる くろむ[黒] すすく[煤]

くろう【苦労】 いたつき[労・病] しん ろう[辛労] らう[労] わづらひ [煩]
―が多い いたはし[労]
―する いたつき[労・病] いたはる[病・労] らうす[労] わづらふ[煩]
―こぼねをる[小骨折]
―を無にする ほねをやむ[骨病]
―ほねをぬすむ[骨盗]
句―ほねをやむ[骨病]
人の面倒で―する
句―せわをやむ[世話病]
世渡りの―
句―しほがしむ[潮浸]

くろうと【玄人】 にん

くろかみ【黒髪】 →かみ

くろず・む【黒】 →くろい

くろだけ【黒竹】 しちく[紫竹]

くわ【桑】 つみ[柘]
[工・巧・企][計・測・謀] めぐらす[回] はかる

くわえて【加】 しかのみならず[加之][発功]

くわ・える【加】 うちそふ[打添] くはふ[添] つく[付] とりそふ[取添] そふ[添] ひきそふ[引添] ほどこす[取添] とりかさぬ[取重][施]
―・え入れる まず[混・交] 力を―しをる[萎・撓]
仲間に―いる[入]

くわし・い【詳】 くはし[詳] こまやかな[細] つばら・つばらかに[具・悉] つまびらか・つまびらかに[詳・審] まつぶさ[真具]
―・く ことごと[悉・尽] よく[委曲]

くわだて【企】 きょ[挙] こんたん[魂胆] しくみ[仕組] たくみ[工・巧・企][催] はかりこと[謀] もよほし[良・能]

くわだ・てる【企】 おもひかまふ[思構] かまふ[構] かまへいづ[構出][企] たくむ くはたつ・くはだつ[企]

くわ・る【加】 さしあふ[差合] はる・そふ[添] たちそふ[立添] ―ことほっき[発起] ほっしん [発心]

くんかい【訓戒】 しめし[示] →いまし める

くんしゅ【君主】 わう[王]

ぐんしゅう【群衆】 くんじゅ[群衆・群集]

ぐんじん【軍人】 いくさ[軍] いくさ びと[軍人] ぐんぴょう[軍兵] せ い[勢] ひょうじ[兵士] ますらた けを[益荒猛男] ますら・ますら をのこ[益荒男] むさ・むしゃ[武者] もののふ[武士]
強い―せいびょう[精兵]
身分の低い―ざふひょう[雑兵]
▼軍勢 →ぐんぜい
▼豪傑 いさを[勇男]
▼僧兵 しゅうと・しゅと[衆徒]

ぐんぜい——けいかする

# け

▽部下 て[手] てぜい[手勢]
▽伏兵 ふせぜい[伏勢]
▽武士 かうのもの・がうのもの[剛者] きゅうせん[弓箭] し[士] さぶらひ[侍] せいびゃう[精兵] つはもの[兵] ぶへん[武辺] む さ・むしゃ[武者] もののふ[武士] ゆみとり・ゆみや・ゆみやとり[弓矢取]
▽武士道 きゅうせんのみち[弓箭道]

**ぐんぜい【軍勢】** いくさ[軍] ぐんぴょう[軍兵] ぐんりょ[軍旅] せい[勢] たいぜい[大勢] てぜい[手勢]

**ぐんせん【軍船】** →ぐんたい

**ぐんたい【軍隊】** ぐんりょ[軍旅] たいぜい[大勢] →ぐんぜい
▽天皇の—— すめらみいくさ・すめらみくさ[皇御軍]
▽水軍 ふなて[船手]
▽隊列 そなへ[具・備]
▽予備軍 うしろづめ[後詰]

**ぐんばい【軍配】** たうちは[唐団扇]
**ぐんれん【軍練】** てうれん[調練]
——する ねる[練]

**けい【毛】** →かみ
柔らかい—— にこげ[和毛]
**けい【計】** →ごうけい
**けいえい・する【経営】** いとなむ[営]
**けいかい【警戒】** こころづかひ[心遣] →ちゅうい、ようじん
——すべきだ こころにくし[心憎]
——する いましむ[戒] さしかため[鎖固・差固] まぶる・まぼる・まもらふ・まもる[守]

**けいかい【軽快】** かろぶ[軽] はやり か[逸]
**けいかく【計画】** あらまし おきて[掟] あん[案] けいくわい[計会] けっこう[結構] ことはかり しくみ[仕組] したぐみ[下組] しよう[事計] たばかり[謀] はかり[計] はかりこと・はかりごつ[謀] はかりごと[謀] はからひ[計] →くわだて
——する おぼしかまふ[思構] あらます かまふ[構] くはたつ・くはだつ[企] こしらふ[拵] しかく[仕掛] たくむ[工・巧・企] たばかる[謀] はかる[計]
▽悪い—— わるあんじ[悪案] うちすぐ[打過]
**けいか・する【経過】** すぐ・すぐす[過] とほす[通・徹] ふ[経] →すぎる とき すぐす[時過] めぐる[巡・回] わたる[渡]
▽月日を送る あけくらす[明暮] すぐす[過]

けいがん——けいそつ

**けいがん【慧眼】** ゑげん［恵眼・慧眼］

**けいき【契機】** →きっかけ

**けいき【景気】
　—が悪いとき** しもがれ・しもがれどき［霜枯時］
　
**けいけん【経験】
　—が浅い
　句—くちばしきなり［嘴黄］くちわきしろし［口脇白］
　—がある** ふ［経］みしる［見知］
　—させる** めをみす［目見］
　—する** ししる［為知］しる［知］ならふ［習・慣］ふ［経］めをみる［目見］
　—豊か** ならうあり［労有］
　—を積む** なる［馴・慣］
　**長い仕事の—** こう［功］

**けいこ【稽古】** てならひ［手習］ならひ［習・慣］

**けいご【警護】** しゅご［守護］ばん［番］まもり［守］

**けいごう【迎合】** →へつらう

**けいこく【渓谷】** かひ［峡］→基本ま（P.27）

**けいこく・する【警告】** おどろかす［驚］こころづく［心付］→ちゅうい

**けいさん【計算】** さん［算］さんよう［算用］しまひ［仕舞］ましゃく［間尺］
　**▽合計する** しむ［締］
　**▽数える** かきかぞふ［掻数］かず・かぞふ［数］よむ［読］
　**—ずくであること** りかん［利勘］

**けいさんりょく【計算力】** さんかん［算勘］

**けいしき【形式】** おきて［掟］さま［様］やう［様］

**けいしゃ【傾斜】** なだる［頽］にょほへ［如法］

**けいしゃ【鶏舎】** とや［鳥屋］

**けいしょう【継承】** つづき［続］→うけつぐ

**けいじょう【形状】** かた［形・象］→かたち［形・態］

**けいず【系図】** うちぶみ［氏文］つりか［吊］つりがき［吊書・系書］→けっ

**けいせい【形勢】** いきほひ［勢］ひより［日和］やうだい［容体］→なりゆき

**けいせき【形跡】** かた［界・罫］→形・象

**けいせん【罫線】** け［界・罫］

**けいぞく【継続】** →つづく

**けいそつ【軽率】** あうなし［奥無］あだだし［徒徒］あはし・あはあはし［淡淡］あはそか（に）あはつけし うすつし［薄］うちつけ［打付］うはのそら［上空］かるし・かるがるし・かるらか・かろか・かろがろし・かろし・かろびやか・かろらか・かろらけし［軽］きょうこつ［軽忽］くゎうりゃう［荒涼］けいはく［軽薄］こころを さなし［心幼］すずろ・すぞろ・そぞろ［漫］そこつ［粗忽］そつじ・そつじながら［率爾］たはやすし・たやすし［易］はやり相］ふつつか［不束］ゆくり・ゆくりなし れうじ［聊爾］

—に おほなおほな・おふなおふな むさと・むざと →**かるがるしい**
—に振る舞う うく[浮]

**けいだい**[境内] おきつき・おくつき[奥津城] しめのうち[標内] みやち[宮内]

**けいたい・する**[携帯] たづさふ[携]
—**する** ゐる

**げいたっしゃ**[芸達者] のうしゃ・のうじゃ[能者]

**けいちゅう・する**[傾注] かたまく[傾]

**けいとう**[鶏頭] からあゐ・からあい[唐藍]
▼**葉鶏頭** かるくさ がんらいこう[雁来紅]

**げいどう**[芸道] しだう[斯道] わざをき[俳優]

**げいにん**[芸人] わざをき[俳優]

**げいのう**[芸能] のう[能] のうげいす[能芸]
—**のよくできる人** ざえ[才] たっしゃ[達者]

**けいば**[競馬] きそひうま・きほひうま[競馬] くらべうま[競馬] ほひうま[競馬]

こまくらべ[駒較] はしりうま[走馬] まご はかりごと

**けいりゃく**[計略] たばかり[謀]

**けいはく**[軽薄] →**けいそつ**
—**で派手** はすは[蓮葉]

**けいひ**[経費] いりまへ[入前] →**ひよう**

**けいび**[警備] いましめ[戒]
—**する** かたむ[固] さしかたむ[鎖固]
**貴人の通行の**— つじがため[辻固]

**けいべつ・する**[軽蔑] あなづる[侮] あはむ[淡] あばむ[貶] いやしむ[卑・賤] おとしむ[貶] おとす[落] おもひあなづる[思貶] おもひおとす[思落] かろしむ・かろんず[軽] ひけつ ないがしろにす[蔑] みおとす[見落] みおとす[見落] みたつ[見立] みたふす[見倒] →**あなどる**
—**さま** しりめにかく[尻目掛]

**けいやく**[契約] →**やくそく**
—**を結ぶこと** てあひ[手合]

**けいらん**[鶏卵] とりのこ[鳥子]

**けが**[怪我] →**きず**

**けがにん**[怪我人] ておひ[手負] けがし[汚]

**けがらわし・い**[汚] けがし[汚]
—**こと** びろう[尾籠]

**けがれ**[汚・穢] あか[垢] ぞくじん[俗塵] ぢょくあく[濁悪] つみ[罪] にごり[濁] ふじゃう[不浄] しゅうじゃう[清浄]
—**のない** しこめし[醜] きたなし[汚・穢]

**けが・れる**[汚・穢] にごる[濁] まぶる[塗] →**よごれる**

**けぎじょう**[激情] ほむら[炎・焔]

**げきりゅう**[激流] たきがは[滝川] たぎち[滾] たきつせ・たぎつせ[激瀬]

**げきれい**[激励] →**はげます**

**けげん**[怪訝] →**ふしぎ、ふしん**

**けさ**[袈裟] →**基本きもの**(P.93)

**けしか・ける**[嗾] そそりあぐ

けしからん――けつい

**けしからん** あやし[怪・卑]・きくわい[奇怪]・きくわい[稀有]・けう[稀有]・はしたなし[端]・びんなし[便無]
―こと くせごと[曲事]

**けしき**【景色】 ありさま[有様]・けい・けいき[景気]・ながめ[眺景]
―がよい しゅしょう[殊勝]
荒涼とした冬の― ふゆさび[冬]
ふゆざれ[冬]
四季折々の― けいぶつ[景物]
自然の― ふげつ・ふうげつ[風月]
**すばらしい**― かうふう[好風]
しょうち[勝地]

**けじめ** わいため・わいだめ[弁別]・き[分・別]

**げしゅく**【下宿】 したやど[下宿]

**げじゅん**【下旬】 しも[下]・しものとをか[下十日]・すゑつかた[末方]・つごもり・つもごり[晦日]・つごもりがた[晦日方]→げじつまつりがた

**げじょ**【下女】 くりやめ[厨女]・つぶね[奴]・をんな[女] しも・はした

**けしょう**【化粧】 かたちづくり[形作]・かほづくり[顔作]・けさう・けしゃう[化粧]・けはひ[化粧]・こうふん[紅粉]・しまひ[仕舞]・みじまひ[身仕舞]・よそほひ[装]→おしゃれ
―箱 はこ[匣]・くしげ[櫛笥]
初― はつかがみ[初鏡]
美しく装う たちよそふ[立装]
▽白粉 しろきもの[白物]・おしろひ[白粉]
―をみがく[磨・研]
きぬ[衣]
▽紅白粉 こうふん[紅粉]
▽身支度 みじまひ[身仕舞]

**け・す**【消】
さっと― かいけつ・かきけつ[掻消]

**げす**【下衆】 げらう[下郎]・げらふ[下臈]

**げすい**【下水】 せせなき・せせなぎ・せなげ[溝・細流]

**けずりと・る**【削取】 きさく・きさぐ[刮]・こそぐ[刮]・そぐ[削・殺]
―[刮] きさぐ・こそぐ[刮] けづる[削]
こぼす・こぼつ・こぼつ[毀]

**けずる**【削】 きさく・きさぐ[刮] けづる[削] そぐ[削・殺] へぐ[剥]

**げせん**【下賤】 すゐぜう[廋蕘]→げひん
―の者 かはら[礫瓦]

**けだか・い**【気高】 あて[貴]・あてはか・あてやか[貴]・しなじなし[品]

**げだつ】【解脱】 じゃうぶつとくだつ[成仏得脱] しゅっせ[出世] しゅつり[出離]

**けち**【吝嗇】 あたじけなし いやしみづ[小道] けんどん[慳貪] こみち・せちべん・せちべんばう[世知弁坊]
―なこと ―をつける いひくたす[言]
―句 つめにひをともす[爪火灯]

**けちけちする** びびる

**けつい**【決意】→けっしん
―が遅れる おもひおくる[思後]

けつえき——けってい

けつえき【血液】 ちのすぢ[血筋] ゆかり[縁] けはひ[気配]

けつえん【血縁】⇒ち

けっか【結果】 いたり[至] する[末] ため[為]

けっかん【血管】 ちすぢ[血筋] ちのみち・ちみち[血道]

けっかん【欠陥】⇒けってん、⇒きず

けっきざかり【血気盛】 さかり[盛]

けっきょく【結局】 あげく[挙句] ありて[有有] けく・けっく[結句] しかしながら しじゅう[始終] しょせん[所詮] せん[詮] せんずるところ せんど[先途・前途] たか[高] つひに[遂・終] つまり[詰] とても はてはて[果果] ひっきょう[畢竟] よろし[宜]

けっこう【結構】 きびし[厳]

けっこう【月光】 つきかげ[月影] つきのかほ[月顔] ⇒[基本](P.84)

けっこん【結婚】⇒けってい

けっさい【潔斎】 しょうじ・しょうじん[精進] つつしみ[慎] ほい・ほんい[本意]

けっさく【傑作】 できもの・でけもの[出来物]

けっさん【決算】 しまひ[仕舞]

けっして【決】 —期 せっき[節季]

—する あひかまへて[相構] かまへて[構] さね[実] しんもつ[神以] せいもん[誓文] はちまん[八幡] はちまんだいぼさつ[八幡大菩薩]

—…(するな) あなかしこ ゆめ・ゆめさらさら・ゆめゆめ

—…(ない) あながち[強] あに あひかまへて[相構] いかに[如何] うつたへに[一向] かつて[曾・嘗] こんりんざい[金輪際] さらさら[更更] さらに[更] つひに[遂・終] はたと・はったと ふっつと ほっても まったく[全] ゆめにも—[夢] よに・よにも[世] うたかた・うたた[—](ないだろう) よも[世]

けっしん【決心】 こころおきて[心掟] ひとる[思取] —する おもひきる[思切] おもひとどこほる[思滞] —が鈍る おもひひたつ[思立] おもほしなる[思成] —句—ほぞをかたうす[臍固] ほしいたつ[思立] 決断力のない人の急な—句—うしのいっさん・うしのいっさんばしり[牛一散走]

けつだんりょく【決断力】 しっこし[尻腰]

けっそく・する【結束】 むすぶ[結]

けっちゃく【決着】 すみすまし[済済] —がつかない さうなし[左右無] —がつく おちつく[落着] きる[切] ことをはる[事終]

けってい【決定】 きはめ[極] さだめ[定] ⇒きめる —する あんじさだむ[案定] きはまる・きはむ[定] さだめさだむ[定定] ⇒きめる ちちゃう[治定] ちがう・ちがふ おもひおく[思置]

けってん――げひん

**けってん【欠点】** あくめ[悪目] おも[思所・思処] かきん[瑕瑾]
ひど[片端] きず[傷・瑕] くせ[癖] しっ[疵瑕]
かたは[片端] きず[傷・瑕] くせ[癖] しっ[疵瑕]
くま[隈] しが[疵瑕] しっ[疵瑕]
[失] たりひづみ[歪] つみ[罪]
[癖] とがめ[咎・科] なん[難] ひ
とが・とがめ[咎・科] なん[難] ひ
[非] やまひ[病]
―がある くらし[暗] よわし
[弱]
―が多い ふでう[不調]
―がない なんなし[難無]
―をつく たなおろし[店卸] て
んつかる[点付] なんつく[難]
いろいろな― しちなん[七難]
人に隠している― わるじり[悪
尻]
人の― あくたもくた[芥] きず
[瑕]

**けっとう【血統】** いっせき[一跡] す
ぢ[筋] すぢめ[筋目] そん[孫]
たね[種] ち[血] ながれ[流]

**けっぱく【潔白】**
さぎよし[潔] きよらけし[清] こころ

きよし[心清] すずし[涼]
[傾] にごる[濁]
[明]
―の身となること みはれ[身晴]

**けつぼうさ・せる【欠乏】** つからかす
[疲]

**けつまつ【結末】** はて[果] すみすま
し[済済]

**げつまつ【月末】**
つきじり[月尻] つきごもり・つもご
り[晦日] みそか[三十日・晦日]
―頃 つごもりがた[晦日方]

**げつめん【月面】** つきのかほ[月顔]

**けつらく・する【欠落】** もる[漏]

**げどくざい【解毒剤】** どくけし[毒消]

**けなげ【健気】**
[異] しゅしょう[尋常] しんべう・しん
[行] やうす[様子]
―な者 けなもの・けなげもの[健
者]

**けなす【貶】**
いひおとす[言落] いひ
たなし[言無] いひけつ[言消] おと

しむ[貶] おとす[落] おもひくた
す[思腐] おろす[下] かたぶく
[傾] くたす[腐] けつ[消] こな
す[熟] しごつ[讒] とがむ[咎]
よこす[讒]

**げなん【下男】** げすをとこ[下種男]
をのこ[男] おとこ[男子]

**けねん・する【懸念】** かへりみる[顧]

**けはい【気配】** いきざし[息差] おと
なひ[音] き・け[気] けいき[景
気] けぶらひ[気振] たたずまひ
[行] やうす[様子]
―がする かげさす[影指]
―がない けもなし[気無]

**けばけばしい**

**けばだ・つ【毛羽立】** そそく ふくだ
む[脹]

**けびょう【仮病】** きょびゃう[虚病]
さくびゃう・つくりやまひ[作病]
そらばらやむ[空腹病]

**げひん【下品】**
いやし[卑・賤]
たなし[口汚] げすげすし[下衆下
衆] さがなし ばうぞく ふつつ

**けぶる―けんきょ**

**けぶる**[煙] くゆ・こゆ[燻] くゑはらら かす[蹴散]

**ける**[蹴] くゆ・こゆ[蹴] くゑはらびと[直人・徒人]

**けらい**[家来] おみ[臣] くわざ・くわじゃ・くゎんじゃ[眷族・眷属] けにん[家人] けんぞく[眷族・眷属] こかた[子方] しょじゅう[所従] じんし[人臣] つかひ[使] つぶね[遭] て[手] てのもの[手者] てぶり[手振] とも[供] はたした[旗下] らうじゅう[郎従] らうどう[郎等] ▼臣下 ただうど・ただびと[直人・徒人]

**けやき**[欅] つき[槻]

**けむし**[毛虫] かはむし[皮虫]

**けむたい**[煙] けにくし[気憎]

**けむり**[煙] き[気]

**けむる**[煙] ふすぼる[燻] ‥くすぶる
―らせる ふすぶ[燻]

**けもの**[獣] しし[獣]

**けみ・する**[閲] ‥しらべる

**けぶる**[煙] ‥けむる

**か**[不束] むとく[無徳]

---

**けわし・い**[険] あし[悪] あらし・あらまし[荒] ががたり[峨峨] きび し[厳] けはし[険] こごし[凝] さがし[険・嶮] そばし[稜稜] はげし[激] 枕―はしだての[梯立](⇒けはし) ―所 そは・そば[岨] ―道 こまがへし[駒返] ―山 あらやま[荒山] ―山道 そはみち・そばみち[岨道] ―く高い山 たけ[岳・嶽]

**けん**[件] でう[条]

**けんい**[権威] おもし[重石] けん [権] とく[徳]

**げんいん**[原因] くさ・くさはひ[種] たね[種] ため[為] ちゃうぼん [張本] ねざし[根差] もと[元・本・原] ゆゑ[故]

**げれつ**[下劣] ‥いやしい
―になる かかれど[斯] いやしい

**けれども** かかれど[斯] さるをし[然] ながら[然・而] しかるに・しかるを [然] なれども[然] ものから ものゆゑ ものを ‥しかし

---

**けんえい**[幻影] かげ[影・陰]

**けんか**[喧嘩] くぜち・くぜつ[口舌・口説] でいり[出入] はらだつ [腹立]
―する いさかふ[諍] はらだつ [腹立]

**げんかい**[限界] ‥かぎり、‥げんど

**げんかく**[厳格] いちはやし[逸早] きびだかし[際高] ‥きびしい

**げんかん**[玄関] いりぐち

**げんき**[元気] き[気] いりぐち せいこん[精根] りちぎ[律儀・律義] ‥けんこう、‥じょうぶ

**けんきゃく**[健脚] たっしゃ[達者] たどり[辿]

**けんきゅう**[研究]

**けんぎゅうせい**[牽牛星] いぬかひぼし[犬飼星] うしかひぼし[牛飼星] たなばた[七夕] ひこぼし[彦星]
―と織女星 めをとぼし[妻夫星]

**けんきょ**[謙虚] ‥けんそん ☞基本ほし(P.7)

けんごー--けんちく

けんご【堅固】 ばんじゃく[大磐石] こんがう[金剛] —な物 かたい
けんご【言語】 こと[言] ごんご[言語] ▷ことば
けんこう【健康】 かしらかたし[頭堅] けなげ[健] そくさい[息災] つつがなし[悪無] まめ[忠実] れいざま[例様] —で まさしく[真幸] —な人 たっしゃ[達者] —を害すること ふじゅん[不順]
げんこう【原稿】 さうし[草紙・草子]
げんざい【現在】 たうじ[当時] ただいま[只今] まさか[目前] ▷いま
けんじつ【堅実】 こうたう[公道] すくやか・すくよか[健] ものまめやか[物忠実]
げんじつ【現実】 うつそみ[現身] うつつ[現] げんざい[現在]
けんじつ【厳重】 きびし[厳] ▷きび

げんじゅう【厳重】 きびし[厳] —的 まめやか[忠実]

けんご【堅固】
けんしゅく【厳粛】 おごそか
けんじょう【献上】 しんじょう[進上] —する きこゆ[聞] けんず[献] けんず[進] さしあぐ[差上] しんず[進] たいまつる・たてまつらす[奉] てうす[朝] まらす・まるらす[参]
▽神仏などに— そなふ[供]
▽貢ぎ物 たてまつりもの[奉物] ことごと[事]
げん・じる【減】 ▷へらす▷へる
げんじん【賢人】 けん[賢] さかしびと[賢人] じょうち[上知] せいけん[聖賢] せいじん[聖人] たいさい[大才] ちしゃ[知者・智者]
けんせい【現世】 ▷このよ
けんせい【権勢】 いきほひ[勢] はたばり[端張・機張] —を得る ときめく・ときめかし[時]
けんせき【譴責】 ところう[所得] かんぽつ[勘発]

けんせつ【建設】 ▷けんちく
けんぜん【健全】 ▷けんこう
けんそ【険阻・嶮岨】 けわしい
けんぞく【眷族】 ▷しんるい
けんそく【原則】 さだめ[定]
けんそん【謙遜】 ひげ[卑下] —して言う ことばをさぐ[言葉下]
げんだい【現代】 いまのよ[今世] ころほひ[頃] たうせい[当世] たうだい[当代] —のよ[世] ころほひ[頃] たうせい[当世] —風 いまめかし・いまめく[今] このごろやう[此頃様] いまやう[今様] たうせいふう[当世風] たうふう[当風] たうりう[当流]
けんちく【建築】 けいえい[経営] こしらふ[拵] こんりふ[建立] —する つくる[作] とりたつ[取立] —となむ[作営] つくりいとなむ[作営]
▽宮を造営する みやづかふ[宮仕]
▽棟上げ じょうとう[上棟]

**けんちょ【顕著】** あらた[灼] →いちじるしい

**げんちょう【幻聴】** そらね[空音] そらみみ[空耳] そね[空音]根

**げんど【限度】** かぎり[限] きり[切] ご[期] せきのやま[関山] たけ[丈] つもり[積] はうづ[方図] →かぎり
　—**がある** かぎりあり[限有]
　—**に達する** きはまる・きはむ[極]
　—**違い** すまた[素股]

**けんとう【見当】** きはまり[極] ちゅうぐくり[中括] はかり[計・量]
　—**を付ける** 推察してーを付ける すいしいだす[推出]

**げんに【現】** すでに[既・已] たちまち[忽] まのあたり[目当] →いま

**けんのん【剣呑】** →きけん

**けんぶつ【見物】** ものみ[物見]
　—**する** ものみる[物見]
　—**人** けんじょ[見所] みもの[見物]

**けんぶん【見聞】** きき[聞]

**げんぽん【原本】** しゃうほん[正本]

**けんちょ——こいしい**

**けんむ・する【兼務】** せっす[摂]

**けんめい【賢明】** よし[良] りこん[利根]

**けんめい【懸命】**
　—**にする** かんたんをくだく[肝胆砕]

**げんめつ・する【幻滅】** こころおとり[心劣]

**けんやく【倹約】** しまつ[始末]
　—**する** つむ[詰]
　—**するさま** つつまやか・つづまやか[約]
　—**と財産** いきほひ[勢] けん[権]

**けんりょく【権力】** いきほひ[勢] けん[権]
　—**と財産** せいとく[勢徳]
　—**を振るう** けんをほどこす[権施]
句—けんをほどこす[権施]

# こ

**こ【子】** →基本 こども (P.51)

**ご【碁】** しゅだん[手談]

**こい【恋】** いろ[色] こひぢ[恋路] ぬれ[濡] →基本 あい (P.61) 枕—いそがひの[磯貝] (→かたこひ)
句—ことさら、→わざと
**こ・い【濃】** あつし[厚] ふかし[深] まやか[細] こし[濃]
**こ・い【故意】** ことさら、→わざと
**こいこが・れる【恋焦】** もえこがる[燃焦] くゆる[薫・燻]
**こいしあ・う【恋合】** あひおもひ[相思] おもひかはす[思交] もろごひ[諸恋]
**こいし【小石】** →いし
**こいし・い【恋】** あはれ・あはれげ[哀] こひし[恋] したはし[慕] しのばし[偲] ともし[羨] →基本 あい (P.

こいしたう——こううん

## こいしたう【恋慕う】
① —く思う うらこがる[焦] おもひこがる[思焦] おもひこふ[思懸] おもひこふ[思恋] こころかく[心掛] こひしのぶ[恋忍] こひもふ[恋思] こふ・こふる[恋] こころかく[心掛] こひしのぶ[恋忍] こひもふ[恋思] ぬぶ・しのぶ[偲] したふ[慕] しのばゆ[偲] ほる[惚] ⇒ 基本 あい(P.61)

## こいした・う【恋慕う】[付]
おもひこふ[思恋] おもひつく[思付] しむ[染] ⇒ 基本 あい(P.61)

## こいしつづ・ける【恋続ける】[恋続]
みそむ[見初] こひわたる

## こいしはじ・める【恋始める】[思初][恋初]
おもひそむ おもひつく[思付] こひそむ[恋始]

## こい・する【恋】 ⇒こいしい、⇒ 基本 あい(P.61)

## こいなかとな・る【恋仲】[恋仲]
なれそむ[馴初] ⇒こいびと

## こいに【故意】
ことさら[殊更] たへに[故]

## こいねが・う【希・冀】 ⇒ねがう

## こいびと【恋人】
おもひびと・おもひも の・おもふひと[思人] きみさま[君様] けさうびと[懸想人] こころよせ[心寄] つま[心妻] さいはひびと[幸人] ひと[人]

## こいぶみ【恋文】
いろぶみ[色文] えんしょ[艶書] かよはせぶみ[通文] くれなゐのふで[紅筆] けさうぶみ[懸想文] つけぶみ[付文] なさけのふみ[情文] ぬれぶみ[濡文] ほうそ[宝祚] みくらゐ[御位]

## こいみどり【濃緑】
こみどり[濃緑]

## こいわずらい【恋患】
こひみどり[恋患] やまひ・こひのやまひ[恋病] しのぶのみだれ[忍乱]

## こいわずら・う【恋煩】
こひわぶ[恋侘]

## こう
かう・かく[斯]

## こう【請】 ⇒きとめる

## こう【効】 ⇒ききめ

## こう【恋】 ⇒こいしい

## こうい【好意】
こころざし[志] はうい[芳意] よしみ[好・誼] りやく[利益] —を寄せる こころよす[心寄] よる[寄]
▼好感が持てる —を寄せること こころよせ[心寄] にくからず[憎]

## こうい【皇位】
あまつひつぎ[天日嗣] あまつみくらゐ[天御位] いってんばんじょう[一天万乗] おほみくらゐ[大御位] くこのくらゐ[九五位] たかみくら[高御座] ひつぎ[日嗣] ほうそ[宝祚] せんそ[践祚] みくらゐ[御位] —継承 せんそ[践祚] —再びにつく ちょうそ[重祚]

## こうい【行為】
かうせき[行跡] こと わざ[事業] しわざ[仕業] ことわざ[事業]
—に振る舞う はりおこなふ[張行]

## こうい【厚意】
こころざし[志]

## ごういん【強引】
けやけし[尤] なし[是非無] ⇒むりに ぜひ

## ごうう【豪雨】
ひさめ[大雨] ⇒ 基本 あめ(P.8)

## こううん【幸運】
くもほう[果報] さき・さく・さいはひ・さきはひ[幸]

こうえい──こうけん

さち[幸] しあはせ[仕合] ひゃく[百年目] まん[間] りうん[利運]
―に巡り合う うけにいる[有卦入]
**句**―ねんめ[百年目]

**こうえい【後裔】** こういん[後胤]
**句**―いわしあみでくじら[鰯網鯨]

**こうえい【光栄】** いろふし[色節] おもだたし[面立] ひかり[光] はえばえし[映映]

**こうか【効果】** かひ[効・甲斐] はたらき[働] やう・やく[益] りしゃう[利生]
―がある あらた[灼] いやちこ[灼然] きく[利]
―がない かひなし[甲斐無]
**句**―うしにきゃうもん[牛経文]
―的 かひがひし[甲斐甲斐]
加持祈禱の―げん[験]
**こうかい【後悔】** くい[悔] さんげ・ざんげ[懺悔] るこん[遺恨]
―される くやし[悔]

思いがけない― きつねふく[狐福]
**句**―いわしあみでくじら[鰯網鯨]

―する おもひくゆ[思悔] くゆ[悔] よし[良]
―な人 あてびと[貴人] むごとなし・やんごとなし[止事無]
**句**―ほぞをかむ[臍噛]
何度も繰り返す―
**句**―くいのはっせんど[悔八千度]

**こうかい【航海】** とかい[渡海] かち[徒歩]
まくら[梶枕]
**枕**―しろたへの[白妙]

**こうがい【郊外】** へんち[辺地] たる[田居] はしば[端端]

**ごうかく【合格】** かつらををる[桂折]

**こうかん【交換】** かへごと[替事] ひきかふ[引替]
―する かふ[換]

**こうかん【高官】** せいうん[青雲]
**こうがん【厚顔】** あつかましい
**こうがん【睾丸】** ふぐり[陰嚢]
**こうき【好機】** とき[時]
**こうき【香気】** こり[香] にほひ[匂]
にほひが[匂]
**こうき【高貴】** あて・あてはか・あてやか[貴] うづたかし[堆] たかし[高] やごとなし・やうごとなし・やごとなし・やうごとなし

むごとなし・やんごとなし[止事無] よし[良]

**こうぎ【抗議】** ひごん[非言]
**こうきしん【好奇心】** ききゅうちゅう[きゅうちゅう]
**こうきょ【皇居】** おほやけ[公]
**こうきょう【公共】** おほやけ[公]
**こうぐう・する【厚遇】** もてはやす
いくさ[囃]
**こうぐん【皇軍】** すめらくさ・すめらみいくさ[皇御軍]
**ごうけい【合計】**
―する つがふ[都合]
**こうけい【光景】** ➡けしき
―して しむ[締]
**ごうけつ【豪傑】** いさを[豪傑] かうのもの[剛者] だいかう[大剛]
**こうけん【後見】** うしろみ・うしろむ[後見]
―する たすく[助] うしろみる・うしろむ[後見]
―人 めしろ[目代] よせ[寄]
―人の身分が高い よせおもし[寄]

こうけん——ごうじょう

**こうけん【貢献】**ちから[力]
—**する** けうず[孝]
　[孝養]

**こうこう【孝行】**けう[孝]　けうやう
　[孝養]
—**する** けうず[孝]

**こうごう【皇后】**おほきさき・おほきさ
　き・おほきさきのみや・きさき・きさき
　さい・きさいのみや・きさき・きさき
　のみや[后宮]　こくも[国母]　せう
　ばう[椒房]　ひ[妃]

**こうごうし・い【神神】**かみさぶ・かむ
　ぶ・かんさぶ[神]　しゅしょう[殊
　勝]

**こうごに【交互】**→**まじわる**

**こうさ【交差】**かたみに[互]
—**させる** かふ[交]　くむ[組]
　さしかはす・さしかふ[差交]　ちが
　ふ[違]　ひきちがふ[引違]　ゆきあ
　ふ[行合]
—**する** かふ[交]　すぢかふ[筋
　違・筋交]　ゆきあふ[行合]

**こうさい【交際】**だんきん[断金]　で
　あひ[出会]　なからひ[仲]　にんじ
　[人事]　まじらひ[交]　→**つきあい**

—**が途絶える** なかたゆ[仲絶]
—**する** あひかたらふ[相語]　あ
　ひしる[相知]　かたらふ[語]　しる
　[知]　まじはる・まじらふ・まじる
　[交]　みしる[見知]
**謙**—きこえなる・きこえまつはす
　[言付・託]　よす[寄]
**世間と**—**する** いでまじらふ[出
　交]　たちまふ[立舞]　めぐる[巡・
　回]

**こうさい【光彩】**はえ[映・栄]

**こうさく【耕作】**たづくり[田作]
—**する** つくる[作・造]
—**する** たがやす

**こうさん【降参】**へいこう[閉口]
—**する** くだる[下]

**こうじ【工事】**ふしん[普請]

**こうじ【麹】**かむたち[麹]

**こうしき【公式】**うちうち[内内]
▽**非公式**

**こうしつ【皇室】**すめむつ[皇睦]　た
　けのその・たけのそのふ[竹園生]
　てうか[朝家]

**こうじつ【口実】**いひたて[言立]　が

うけ[豪家]　かごと[託言]　ことづ
け[言付・託]　だし[出]　よし[由・
因]　よせ・よせごと[寄事]　→**いい
わけ**
—**にする** かこつ[託]　ことづく
　[言付・託]　よす[寄]

**こうして** かうて・かくて[斯]
—**いるうちに** かかるほどに・かか
　りしほどに[斯程]

**こうしょ【高所】**かさ[嵩]

**こうしょう【交渉】**わたり[渡]
—**する** かけあふ[掛合]

**こうしょう【高尚】**たかし[高]　→**じょ
　うひん**

**こうじょう【厚情】**はうい[芳意]

**こうじょう【口上】**いひたて[言立]
　**商売の**—　あきなひぐち[商口]

**ごうじょう【強情】**おずし・おぞし・お
　ぞまし[悍]　かたくな・かたくなし
　[頑]　こころごはし・こころづよし
　[心強]　こはし[強]　しふねし[執
　念]　じゃうがこはい[情強]　じゃ

こうしょく——こうてつ

うはり[情張] はりたましひ・はり
だましひ[張魂]
—な人 くせもの[曲者] くせび
と[曲人] じゃうはり・じゃうはり
もの[情張者]
—を張る あやにくだつ・あやにく
がる[生憎] こはばる[強張] じく
ねる じゃうをはる[情張]

こうしょく【好色】→いろごのみ
—がましい このまし[好] みだ
りがはし・みだれがはし[濫・猥]
—な男 まめをとこ[忠実男]
—な心 このみごころ[好心]
—な人 すきびと・すきしゃ・すきもの[好者・数奇人]
ぬれもの[濡者] すきびと[好人・数奇人]
—めいている かけかけし[懸懸]
かるがるし・みだりがはし[軽]
ずきし[好好] みだりがはし・みだ
れがはし[濫・猥]
—めく いろめく[色] かけかけ
し[懸懸]
▽浮気心 すきごこち[好心地] は
なごころ[花心]

うはり[情張] はりたましひ・はり
▽淫らなことをする たはる[戯]
こうしんりょう【香辛料】やくみ[薬
味]
こうしん【後進】こうせい[後生]
こうずい【洪水】でみづ[出水]
—による損害 すいそん[水損]
▽増水 たかみづ[高水]
こうずか【好事家】すきもの[好者]
好者
こうせい【後世】するのよ[末世] の
ちせ・のちのよ[後世] まつだい[末
代] よのすゑ[世末] →しょうらい
こうせき【功績】いたはり[労] →てが
ら
こうぜん【公然】あらは[露・顕]
—と振る舞う うけばる[受張]
こうぞ【楮】かぞ[楮]
こうぞう【構造】きぼ[規模] しかけ
[仕掛] てうか[朝家] みや[宮] わ
こうぞく【皇族】たけのその(ふ)[竹園
生] てうか[朝家] みや[宮] わ
うし[王氏]

ごうぞく【豪族】うけ[豪家]
こうだい【広大】おほき[大] ひろし
[広]
こうたいし【皇太子】ちょくくん[儲君]
とうぐう[東宮・春宮] ひつぎのみこ
[春宮] ひつぎのみこ[日嗣皇子]
まうけのきみ[儲君] みこのみや
[東宮・春宮]
こうたいする【交替】たちかはる[立
替] →かわる
こうたく【光沢】にべ[鰾膠] にほひ
[匂]
こうちく【構築】→けんちく
こうつごう【好都合】ちょうでふ[重
畳] →つごう
こうてい【肯定】うけがふ[肯]
こうてい・する【肯定】→みとめる
こうでい・する【拘泥】なづむ[泥]
係]
こうてき【好適】ふさわしい
こうぞく【皇族】たけのその(ふ)[竹園
こうてつ【更迭】かいえき[改易]

こうどう──こうりょう

こうどう【行動】 ふるまひ[振舞]‥ふ
句──さいをうがうま[塞翁馬] 幸不幸は量りがたい

こうにん【公認】 ゆる[許]す
　─される ゆるす[許]

こうにゅう【購入】‥かう

こうはい【後輩】 こうせい[後生]

こうはい【荒廃】 あばら[荒]‥あれる

こうねつ【高熱】 ごくねち[極熱]

こうのう【効能】 せん[詮] しるし[印・験・標]

こうばし・い【香】‥かんばしい

こうび【交尾】 つるむ[交]

こうふく【幸福】 くゎほう[果報] さき・さく・さいはひ[幸] さきはひ[幸] さき・しあはせ[仕合]
　─な人 さいはひびと[幸人] ふくしゃ[福者]
　─になる さきはふ[幸]
　─を与える さきはふ[幸]
▽思いがけない幸運 きつねふく[狐福]

こうふく【降伏】
　─させること てうぶく・でうぶく[調伏]
　─する ゆみをふす[弓伏]
句──ゆみをふす[弓伏]

こうふん【興奮】
　─する うはぐむ[上]

こうへい【公平】 おほやけ[公] こう

こうべん・する【抗弁】 あらがふ[争]

こうほう【後方】 うしろ・うしろで[後手] そがひ[背面・背向] そとも[背面]

こうほね【川骨】 かはほね[川骨]

こうまん【高慢】 あたまがち[頭] づたかし[堆] がまん[我慢] くゎしょく[華飾・過飾] てんぐ[天狗]

ごうまん【傲慢】 たかごし[高腰] おごる[驕]
　─な様子をする
　─いばる[傲]‥い

こうみょう【功名】 いさを[功]‥てがら
　ふううんのおもひ[風雲思]

こうみょう【巧妙】 かしこし[賢] た[へ[妙]‥じょうず

こう・る【被】‥う[得] うく[受・承・請] うけとる[受取] おふ[負]

こうもり【蝙蝠】 かくひどり[蚊食鳥] かはほり・かはぼり[蝙蝠]

こうもん【拷問】 せめ[責]

こうめい【高名】‥ゆうめい

こうよう【紅葉】 もみづ[紅葉]
　─する もみづ[紅葉]
　─を見に行く もみぢがり[紅葉狩]

こうよう【効用】‥ききめ

こうらく【行楽】 あそび[遊] ゆさん[遊山]

ごうりゅう【合流】
　─点 おちあひ[落合]
　川などが─する おちあふ[落合]

こうりょう【荒涼】 すさまじ[凄] すごし・すごげ[凄] ものすさ

**こうりょく【効力】** ちから[力] →きき

**こうれい【高齢】** →基本 ろうじん(P.52)
—となる としたかし[年長] としたかし[年高]

**こうろ【航路】** うみつち[海路] しほち[潮路] なみち[浪路] なみのかよひち[波動路] ふなて[船手] みを[水脈] 遥かな— やしほち[八潮路] やへのしほち[八重潮路]

**こうろん【口論】** くぜち・くぜつ[口舌・口説] くちろん[口論] ものあらがひ[物諍] ものいひ[物言] →いいあらそい
—する いさかふ[諍] いひしろふ[言]

**こえ【声】** →基本
**こえだ【小枝】** こしば(P.89) すはえ・ずはえ・すはへ[楚・小枝]さえだ[小枝]

**こうりょく——こがれる**

---

まじ[物凄]
—とした景色 ふゆざれ・ふゆさび[冬]

**こ・える【越】** こす[越] こゆ[越] た[渡]
**こ・える【肥】** →ふとる
**こおり【氷】** つらら[氷柱・氷] ひ[氷] けづりひ[削氷] ひむろ[氷室] ひみづ[氷水]
—を保存する部屋 ひむろ[氷室]
薄く張った— うすらひ・うすらひ[薄氷]
削った— けづりひ[削氷]
▼朝大地が凍っていること あさじみ[朝凍]
▼つらら [氷柱・氷] しみつく[凍付] たるひ[垂氷]
**こおりつ・く[凍付]** しみつく[凍付] しむ[凍] さゆ[冴] こほる[凍]
固く— しみこほる[氷居]
**こおろぎ[蟋蟀]** いとど[蟋蟀] きりぎりす[蟋蟀] ちちろ・ちちろむし
**こか【古歌】** ふるうた[古歌] ふること[古言]
**ごかい【誤解】** こころあやまち[心誤]

---

ひがおぼえ[僻覚] ひがごころ[僻心]
**こかげ【木陰】** こがくれ[木隠] くれ[木暗・木暮] このしたかげ[木下陰]
—する おもひまがふ[思紛]
—の道 このしたみち[木下道] このしたかげ[木下陰]
夏の— なつかげ[夏陰]

**ごがつ【五月】** いついろづき[五色月] いむさつき[忌五月] うげつ[雨月] うめのいろづき[梅色月] くんぷう[薫風] さつき[早月] さくもつき[早苗月] さなへづき[早苗月] しづをぞめつき[賤男染月] じゅんげつ[鶉月] ちばなづき[橘月] ちゅうか[仲夏] つきみづつき[月不見月] ばくしう・むぎ(の)あき[麦秋] ふぶきづき[吹雪月] わせづき[早稲月] →基本 つき(P.5)

**こがら【小柄】** →きん
**こが・れる【焦】** くゆる[薫・燻] こが

ごかん――こころえ

ごかん【語感】 ことばづら[言葉面] る[焦] たえこがる[絶焦]
こきつか・う【扱使】 せこめまはす
こきゅう【呼吸】 →いき
たたきつかふ[叩使]
こきょう【故郷】 うぶすな[産土] が
う[郷] くに[国] くにがた[国方]
くにさと[国里] くにどころ[国所]
しゃうじょ[生所] ふるさと[古里・故郷]
くにもと[国元] ざいしょ[在所]
[本所] ほんがう[本郷] ほんじょ
―の辺り くにへ[国辺] もとつくに[本国]
―の人 ふるさとびと[古里人]
くにびと[国人]
ごぎょう【御形】 ごぎゃう[御形]
杖――つゆじもの[露霜] は
はこ[母子]
こ・ぐ【漕】 たく[綰]
――いで出る こぎいづ・こぎづ[漕
出]
あちこちと――ぎ回る こぎたむ[漕
回]
競って―― ふなぎほふ[船競]

ごくい【極意】 あうぎ[奥義]
こくう【虚空】 ちう[宙] むなしきそ
しきみち[涼方] すずしきくに[涼国]
すずしきみち[涼道] はちすのうへ[蓮
上] ふくちのその[福地園] ふた
ごくしょ【極暑】 さんぷく[三伏]
ら[空空] ごくねち[極熱]
―の候 さんげ・ざんげ[懺悔]
こくない【国内】 くぬち[国内]
こくはく【告白】 のりごえる
こくふく【克服】 →そうしき
こくべつ【告別】 →じんみん
こくみん【国民】 くにびと[国人]
こくもつ【穀物】 ぞく[粟] たなつも
の[穀] たはらもの[俵物] へうもつ・へう
▼雑穀 けしね[飯米]
もつ[俵物] とし[年・歳]
こくど【国土】 くに[国] せかい[世
界]
ごくつぶし【穀潰】 しゃばふさげ[娑
婆塞]
こくたん【黒檀】 くろき[黒木]
ごくらく・ごくらくじょうど【極楽浄
土】 かのきし[彼岸] くほんじゃ
うど[九品浄土] こがねのきし[黄
金岸] ここのしな[九品] じふま
んおくど[十万億土] すずしきかた

こぐれ【木暮】 →くらい
ごくろうさま【御苦労様】 いたつかは
し・いたつき[労]
ここ【此処】 こ[此・是] →こちら
―にある ここもと[此処許]
―すぐ近く をちこち[彼方此方] ざ
いざいしょしょ[在在処処]
ごけ[後家] ゑんぢょ[怨女]
ここかしこ ここと・ここなる[此処]
ここち【心地】 →きもち
ごこと【小言】 じごんじ[自言辞] だ
んぎ[談義]
こころ【心】 →基本(P.60)
こころあて【心当】 →心
―の往生 ぼだい[菩提]
―の空 むらさきのくもぢ[紫雲
路]
きっかけ[切掛]
こころいき【心意気】 あてこと[当事]
こころいき【心意気】 したかた[下形] ぞ
んち・ぞんぢ[存知]

―がある こころう[心得]
**こころ・える【心得】** おもひとる[思取]／わきまふ[弁]

**こころがけ【心掛】** こころいれ[心入]
―ひ こころげさう[心化粧]／こころばせ[心馳]／こころまうけ[心儲]／こころもちゐ[心用]／[心秋] よこめ[横目]
―する おもひうつるふ・おもひうつる[思移]／うつろふ[移]
―尊 おぼしうつる[思移]

**こころから【心】** しんぞ[神・真]

**こころがわり【心変】** こころのあき[心秋]

**こころがまえ【心構】** かくご[覚悟]／きさき[気先] おきて[掟]／こころ(の)おきて[気先]／[心儲] しんさう[心馳] こころまうけ[心儲]／[心操] こころもちゐ[心用]／しんさう[心操] ようい[用意]

**こころかなし【心悲】** うらがなし・うらかなし[悲]

**こころくばり【心配】** →こころづかい

**こころぐるし・い【心苦】** いらなし[奇]／[心構] うし[憂] こころうし[心憂]／つらし[辛]／[心苦] ざんよう・むねざんよう[胸算用]

**こころざし【志】** ややまし
―を高く持つ おもひあがる[思上]
―を立てる こころをたつ[心立]

**こころじょうぶ・い【心丈夫】** →こころづよ[心有]
―便り つより[強]

**こころたのしまな・い【心楽】** すかなし

**こころだのみ【心頼】** きづかひ[気遣]

**こころづかい【心遣】** きづかひ[気遣]／こころいれ[心入]／こころばせ[心馳]／こころしらひ[心知]／こころもちゐ[心用]／ようい[用意]／[心染]
―がする かなし[悲]
―をしげ[惜]

**こころづくし【心尽】** きもせい[肝精]／けんずい[間水]

**こころづけ【心付】**
いつも― とこなつかし[常懐]
なんとなく― ものゆかし[物床]

**こころづもり【心積】** こころがまへ[心構]／こころづもり[心積]／こころまうけ[心儲]／むなざんよう・むねざんよう[胸算用]

**こころづよ・い【心強】** うしろやすし[後安]／きづよし[気強]／たのもし[頼]／つれなし[強]

**こころならず【心】** こころにもあらず[心有]

**こころね【心根】** こころぎは[心際]／しゃうね[性根]

**こののこり【心残】** あかず[飽]／のこりおほし[残多]
―げ[惜] ざんねん[残念]

**こころひか・れる【心惹】** おもひよる[思寄]／こころとまる[心留]／しむ[染]／なづむ[泥]／ゆかし[床]／ゆかし[床]／しむ[染] なづむ[泥]
→ 基本こころ(P.60)

**こころえる**――**こころひかれる**

こころぼそい——ごじっさい

**こころぼそ・い【心細】** あとはかなし[跡無] うらさびし[心寂] うらさぶ[心荒] おぼつかなし[覚束無] こころぼそし[心細] たのもしげなし[頼] はかなし[果無・果敢無] わびし[侘] ▶

**しんぱい**
—さま わびしげ[侘]
—く思う わぶ[侘]
静かで— さびし・さぶし[淋・寂]
死ぬほど— きえわぶ[消侘]
なんとなく— ものわびし[物侘]
侘しく— うらさぶ[荒]

**こころまち【心待】** →きたい

**こころみ【試】** せぶみ[瀬踏]

**こころ・みる【試】** →ためす
きみる[見] ひねる[捻・撚] みる[見] 引見

**こころもち【心持】** けしき[気色] こころざし[感情] こころぎは[心際]
—[見] →きもち

**こころもとな・い【心許無】** →きがかり

**こころやす・い【心安】** つぼし[窄] とうかんなし
こころやすし[心安]

—[等閑無] わりなし[理無]
—・そうだ なれなれし[馴馴]
**こころよ・い【心良】** うらぐ[嬉] おもしろし[面白] きみよし[気味良] ここちゆく[心地行] こきみよし[小気味良] [心良] よし[良]
—く思う かんしん[甘心]

**ございます** ござある・ござる[御座] ざうらふ・ざぶらふ・さむらふ[候] さうらふ[御座候] さぶらふ・さむらふ・はべり[侍]

**こぎかし・い【小賢】** なまさかし[生賢] さかし[賢] あざとし[浅]

**こざかな【小魚】** はたのさもの[鰭狭物]

**こぎっぱりして・いる** きたなげなし[汚無]

**こきく【小作】** したさく[下作]

**こじ【故事】** ふること・ふるごと[故事] れい[例]
—に付ける はく[佩・帯]
—を下ろす しりうたぐ[踞]
—を曲げる かがむ[屈]
年取って—が曲がる おいかがまる[老屈]

**こじき【乞食】** かたゐる[勧進] こつがい・こつがいにん[乞丐人] こつじき[乞食] こも かぶり[薦被] そでごひ[袖乞] ほかひびと[乞児]
▼物乞い そでごひ[袖乞]

**こじ・する【誇示】** てらさふ・てらふ[衒]

**ごじつ【後日】** たじつ[他日] ゆり[後]

**こじつ・ける** かこちよす[託寄] し ふ[諉] たむ[矯・揉] →かこつける

**ごじっさい【五十歳】** いそぢ[五十] がいねん[艾年] ごじゅん[五旬] ちてんめい[知天命] [五旬] →基本 ねんれい(P.89)
十路[五十路] ごじゅん[五十五] ちめい[知命] ▶

**こしゃく【小癪】** なまぐさし[生臭]

**こしゅ【戸主】** いへをさ[家長]

**ごじゅう【五十】** いそ・いそぢ[五十五十路]
　枕 ももたらず[百足] ももちたふ[百伝]

**こしょう【故障】** さしあひ[差合] さはり[障] ゆゑ[故]

**こしらえる【拵える】** つくる[作]
　基本 つくる(P.75)

**こじらせる【拗】** しこじらかす・しこじらす・ししこらかす

**こじん【個人】** わたくし[私]
　—的なこと わたくしごと[私事]
　—的にも わたくしにも[私]
　—様 わたくしざま[私様]

**こじん【故人】** いたづらびと[徒人] ふるひと・ふるびと[古人] むかしびと・むかしへびと[昔人] ⇒ししゃ、…
　基本 しぬ(P.72)

**こす【越】** とほす[通]

**こす【漉・濾】** したむ[湑]

**こずえ【梢】** うらき[末木] うられ・このうれ[木末] うら・うれ[末・梢]

**こそ【擦】** する[末] とぶさ[鳥総] はつえ・ほつえ・ほづえ[上枝] さえだ[小枝] する[末] こだかし[木高] こがし[孫枝] ひこえ[孫枝]
　—が高い こだかし[木高]
　—の葉 うらば・うれは[末葉]

**こする【擦】** おしする[擦摩] する[擦摩]

**こせき【古跡・古蹟】** ゆいせき[遺跡]

**こぞう【小僧】** こじ[小師] わっぱ[童]

**こぞって【挙】** ⇒みな

**こそこそふるまう【振舞】** こそめく

**こそどろ【泥】** すっぱ[素破皮] みそかぬすびと[密盗人] すっぱのかは[素破・透波]

**こたえ【答】** いらへ[応・答] かへし・かへしごと[返事] ことうけ[言承]
　⇒へんじ

**こたえる【答】** あへしらふ いらへ[応・答] きこえかへす[聞返] さしいらふ[差応] たふ[答・応]
　▽返答に困ること　へいこう[閉口]

**ごたごた** なみ[波・浪]
　—している くだくだし ものさわがし[物騒]
　—する とりこむ[取込] ひたた　く[沼・混]

**こだま【木霊・谺】** あまびこ[天彦] こたへ[答・応] こたま・こだま[木霊・木魂] すたま・すだま[魑魅] やまびこ[山彦]

**こだわる【拘】** かかづらふ[拘] かはる[関] なづむ[泥]
　—りのないさま　わっさりと

**ごちそう【御馳走】** あへ[饗] あるじまうけ[主設] きゃうおう・きゃう　よう[饗応] けいめい[経営] しょう・ちそう[雑餉・雑掌] だいきゃう[大饗] まうけ[設] ふるまひ[振舞] みあへ[御饗]
　—する あるじす[主] こなあへ[御饗]
　尊 みあへ[御饗]

**こちら** こち こなた[此方] このかた[此方] こ
　—がわ[側] ⇒ここ
　—のも このも[此方]

こっか――ことば

のも[此面] てまへ[手前]
―とあちら こなたかなた[此方彼方]
―の方 こなたざま[此方様]
―を見る みおこす[見遣]
▽このあたり これら[此]

こっか【国家】→くに

こづかい【小遣】 きんちゃく[巾着] きんちゃくがね[巾着金]

こっけい【滑稽】 どうづく・どつく[突] はい かい[俳諧] はらいたし[腹痛] をかし

―なこと せうし[笑止]
―な様子 ちゃめく[茶]
―味のある歌 ざれうた[戯歌]

ごつごつして・いる いかる[怒] こ

こっそり（と） うちうち[内内] うち しのぶ[打忍] しのぶ・しのびの び・しのびに・しのびの[忍] そとな いない[内内] ぬすみに[盗] ひそ か[密・窃] ひとしれず[人知] みそ か[密] やをら そか[密]

ちごごちし[骨骨] こはごはし[強強]

ごつごつして・いる

ことこまか【事細】 つばら・つばらか [委曲] つばひらか・つまびらか [詳・審]

ことごとく【孤独】

ことごとく【悉】 いっせつ[一切] し っかい[悉皆] ふつくに[悉] ぎ よし[由・因] しき[式] ちらく[一落] せんさく[穿鑿]

ことあるたびに【事有度】 ことごとに し[遠]

こと【古京】 きょうと[旧都] こきゃう [古京] ふるさと[古里・故郷]

ごてん【御殿】→基本 いえ(P.91)

こてん【古典】 いにしへふみ・いにしへ ぶみ[古文] とよす[言寄] つく[付] つたふ [伝]

―話す そそやく[囁・噂]
ぎる[切る]
しぬぶ・しのぶ[忍]

―…する
しぬぶ・しのぶ[忍] ま とだつ[態]

―らしい わざとめく[態] わざ

ことづて【言】 →でんごん

ことなる【異】 ことやう[異様] ちがふ[違] とほ

ことに【殊】 たてて[立]

ことのはじめ【事初】 くさわけ[草分] →はじめ くさむすび[草結]

ことば【言葉】 ごんご[言語] した[舌] も じ[文字] 尊のりごと 枕―たまづさの[玉章]・わかくさの [若草](←ことのは)

―が旨い ことよし[言良]
―数が少ない ことずくな[言少]
―巧みに誘う こしらふ[慰・喩]
―に出す うちいだす[打出]
―とづ[言出] ことにいづ[言出] こ

とづ・ける【言付】 ことつく[言付・ 託] ことづつ・ことづつ[言伝] こ

とにいふ【言言】 はぶしへだす［歯節出］ ➡ 基本 いう（P.69）
―の力 ことだま［言霊］
―の端 ことばのすゑ［言葉末］
ことばのはづれ［言葉外］ こわさき［声先］
―をかける
尊―おほせかく［仰掛］
謙―きこえかく［聞掛］
―を交わす まず、そへごと［混・交・雑］
機知に富んだ― こうじゃう［口上・口状］
心のこもらない― なげのことば・ゑひごと［酔言］
酔ったときの― ゑひごと［酔言］
和歌や文の良い― すく［秀句］
ことばがき【詞書】 ことがき［事書・言書］ はしことば［端詞］
ことばづかい【言葉遣】 こわづかひ［声遣］
ことばつき【言葉付】 ものいひ［物言］ ➡くちょう
ことほ・ぐ【言祝・寿】 ほかふ・ほく

ことばがき――こののち

こども【子供】 ➡ 基本 いわう（P.51）
―の心 わらはこころ［童心］
こどもあろうに ことしもあれ［事有］
こどもごころ【子供心】 さなごこち［幼心地］ ［童心］をさなごこち わらはごころ
ことよ・せる【事寄】 せわ［世話］ かこつける
ことわざ【諺】 わびごと［詫言］
ことわり【断】
ことわ・る【断】 いなぶ・いなむ［辞・否］ さへなふ［障敢］ すまふ［辞］ のがる［逃］ ➡じたいする
こなごなにする【粉粉】 さりがたし［避難］ ―りにくい くだく［砕］
こな・す さばく［裁］
こなゆき【粉雪】 こゆき［粉雪］
こなら【小楢】 ははそ［柞］
こにくらし・い【小憎】 けにくし［気憎］
こ・ねる むつかる［憤］ ねやす・ねる［練］
ご・ねる
このあいだ【此間】 せんど［先度］ ➡さきごろ

このあたり【此辺】 これら［此］
このうえ【上】 ➡そのうえ
このうえな・い【此上】 いたりたる［至］ かみがかみ［上上］ きはめたる［極］ かみなし［上無］ことなし［殊］ ふたつなし［二無］ またなし よにしらず［世知］よにならび ず［世似］ よの［世］
このかた【此方】 こなた［此方］ これ ―こと しごく［至極］ ―く きはまりて・きはめて［極］ こよなく しごく［至極］ てんと
このきかん【此期間】 かばかり［斯］
このくらい【此位】
このごろ【此頃】 けいじつ［頃日］ きのふけふ［昨日今日］ このほど［斯］ このあひだ［此間］ ちかごろ［近頃］ ひごろ［日頃］ ➡ちかごろ
このしろ ―の幼魚 つなし［鯯］
このたび【此度】 こたび・こたみ［此度］
このていど【此程度】 かほど［斯程］
このどど【此度】
こののち【此後】 ➡いご

このは──こふう

**このは【木葉】** 常緑の— とこは[常葉]

**このほか【外】** …いがい

**このまえ【前】** さきのたび[先度]

**このまし・い【好】** あらまほし[有]
いし[美] おもはし[思] このまし
[好] つきづきし[付付] ねがはし
[願] ふさはし[相応] よし[良]
よろし[宜]
—女性 よろしめ[宜女]
—く よろしなへ・よろしなべ
[宜]

**このまま** かくながら[斯] ここな
し・おとまし[疎] まさなし[正無]
がら[此]

**このみ【好】** たしなみ[嗜]
—はさまざま
**句**—たでくふむしもすきずき[蓼食]
**―・む【好】** すく[好] めづ[愛]
―・んで励む たしなむ[嗜] た
ぶ・たしむ[嗜] ちやうず[長]

**このよ【此世】** あめがした・あめのした
[天下] いってん[一天] うきよ
[浮世・憂世] うつしみ・うつせみ・
うつそみ[現身] おほやけ[公]
ぎりあるよ[限有世] かりのうつつ
[仮現] かりのやど(り)[仮宿] か
りのよ[仮世] くわたく[火宅] げ
んぜ[現世] ここ[此処] こんじゃ
う[今生] さんがい[三界] ちまた
[巷・岐] よのなか[世中]
—とあの世 にせ[二世]
—の人 うつしみ・うつせみ・うつ
そみ[現身]
**定めない・儚い—** つゆのよ[露世]
ふせい[浮生]
**濁り汚れた—** ぢよくせ[濁世]
**迷いの多い—** くわたく[火宅]
ゑど[穢土]

**このよう** かかり[斯]
**―な** この[此] かかり・かかる
[斯]
**―な様子** かうざま[斯様]
**―に** かう・かく[斯] かくのごと
く[斯如]
**―にして** かくて[斯]

**こはく【琥珀】** あかだま[赤玉]
**こばし・る【小走】** ささはしる・さばし
る[小走]
**こば・む【拒】** →ことわる
**ごはん【御飯】** かたがゆ[固粥]
しゃり[舎利] みだい[御台] わうば
ん・わんばん[椀飯] →基本**たべもの**
(P.95)
**かやく—** [加薬御飯]
**干した—** ほしいひ・ほしひ[干飯]
かて・かてめ
し[糅飯]
**―こと** ついしょう・ついせう・つ
いそう[追従]
**こびゃく【五百】** いほ[五百]
**こび・る【媚】** こぶ[媚]
**こぶ【瘤】** あまいし[余肉]
**―肉** しひね[瘤] ふすべ[贅]
**ごぶ【護符】** ふ[符]
**こふう【古風】** あうよる[奥寄] いに
しへぶり[古振] かみさぶ・かむさ
ぶ・かんさぶ[古神] こたい[古体]
こだい[古代] じだい[時代] ふる
かく[古格] ふるめかし・ふるめく
[古] まへかた[前方] むかしざま

こぶし──こまる

[昔様] むかしぶ [昔]
―な人 ふるひと・ふるびと・ふるひとへびと [古人]
むかしびと・むかしへびと [昔人]
―に思われる むかしおぼゆ [昔覚]
―になる ふるぶ [古・旧]
―に見える ふるめく [古・旧]

**こぶし**【辛夷】 こぶしはじかみ [辛夷]
やまあららぎ [山蘭]

**こぶ・する**【鼓舞】 ふりおこす [振起]

**こぶね**【小舟】 さをぶね [小船] はしぶね [端舟] をぶね [小船] → 基本 ふね(P.97)

**こぶりになる**【小降】 をだやむ・をだゆむ

**こぶん**【子分】 こかた [子方]

**こぼ・す**【零】 あます [余] あやす [零・落] もらす [漏]

**こぼ・れる**【零】 あまる [余] こぼる [零・溢] もる [漏]
―れ落ちる あゆ [落]
―れ出る もりいづ [漏出]

**こま**【独楽】 こまつくり・こまつぶり
れいづ [零出]

こま【独楽】 つむくり [独楽]
**ごま**【胡麻】 うごま [胡麻]
**こまか・い**【細】 くはし [精・詳] つばひらか・つばびらか・つまびらか [詳] まつぶさ
―こと みぢん [微塵]
―に降るさま ささめゆき [細雪]
―に分かれるさま ちぢ [千千]

**ごまかし**【誤魔化】 くちざみせん・くちじゃみせん [口三味線] しかけ [仕掛] ばけ [化] まぎら [紛]

**ごまか・す**【誤魔化】 かすむ [掠] くらます [暗] くろむ [黒] たばかる [謀] たらす [誑] つくろふ [繕] ぬく [抜] ぬすまふ・ぬすむ [盗] ひとめをはかる [人目謀] ふづくる [文作・符作] まぎらはす [紛] めをぬく [目抜]
―して言う いひまぎらはす [言]

**こまごま**【細細】
―している こまか [細]
―しているさま つぶつぶ(と)

**こまつな**【小松菜】
**こまつめ**【小松目】 たづくり [田作]
**こまめ** たづくり [田作]
**こまやか**【細】 あつし [厚] → こまかい
―な愛情 あいきゃう・あいぎゃう [愛敬]
愛情が― こし [濃] なつかし [懐]

**こまりはてる**【困果】 じゅつなし・ずちなし・ずつなし [術無]
**こま・る**【困】 いたまし [痛] こうず [困] たしなむ [困・窘] つまる [詰] なづむ [泥] なやます・なやむ [悩] ふびん [不便] わづらふ [煩] わぶ [侘]
―こと きのどく [気毒] けいくわい [計会] なんじふ [難渋]
―さま すべなし [術無] わびし [侘]
―ったこと せうし [笑止] やうなし・やくなし [益無] ほど
―ったさま
―らせる たしなむ [困・窘] なやます [悩] はしたなむ [端] わづ

## ごみ──こめ

**ごみ** [塵・芥] あくた あくたもく たくた [腐] こつ・こつみ・こづみ [芥] ちり [木屑・木積] ごもく [芥] ゆする [汩] うず [前後忘] たどる [迪] わぶ [舎利] [八木] へうもの [俵物] よね [米] 粒 いひほ・いひぼ [飯粒] しゃり のとぎ汁 かしきみづ [炊水]

らはす [煩]

扱いに──もてあつかふ [持扱]

意地を張って──らせる あやにく あやにくだつ [生憎]

手段がなくなり──てづまる [手詰]

処置に──もてあつかふ [持扱] もてなやむ [悩] もてわづらふ [煩]

…すると──にもこそあれ もぞ する

生活に──うちわぶ [打佗] くひつむ [食詰] せまる [逼迫] つまる [詰] ひっぱく [逼迫]

急き立てて──らせる せめまどはす [責惑]

なくて──ことかく・ことをかく [事欠]

見て──みわづらふ [見煩]

苦境に立つこと らうろう [牢籠]

世話がしにくい みわづらふ [見煩]

途方に暮れる きえまどふ [消惑] くれまどふ [暗惑] すべなし [術無] ぜんごにくる [前後暮] ぜんごをば

**ごみ** [塵・芥] あくた あくたもく こつ・こつみ・こづみ [芥] ちり [塵]

──捨て場 ちりづか [塵塚]

細かい── みぢん [微塵]

水の中の── みくづ [水屑]

──屑籠 ぢんこ [塵籠]

**こみあ・う** [混合・込合] さしこむ [差込] せきあふ [塞合] たちこむ [立込] らうがはし [乱] →こんざつ

**こみあ・げる** [込上] せぐりあぐ・ふさがる [塞] 悲しみが── こころにむせぶ [心咽]

涙が── せきあぐ [咳上] せぐる

**こみち** [小道] →基本 みち (P.30)

**こみみにはさ・む** [小耳挟] [打聞] ききはさむ [聞挟] 通り掛かりに── たちぎく [立聞] うちぎき

**こ・む** [混・込] →こみあう

**こめ** [米] にきしね [和稲] はちぼく

御飯としての── けしね [飯米] しゃうげ [聖供] はつほ [初穂]

──をとぐ かす [淅]

──をつぶした糊 そくひ [続飯]

お供えの── うちまき [打撒] くまい・くましね [供米] げよう [下用]

常食用の── けしね [飯米] げよう [下用]

食料としての── らうまい [糧米・根米] らうれう [糧料]

精米された── しらげ・しらげよね [精米]

蒸した── いひ [飯]

玄米 あらしね [荒稲]

穀物 ぞく [粟]

小米 あらもと [糊]

米櫃 げようびつ [下用櫃]

収穫 あきをさめ [秋収]

新米 にひしね [新米] にひよね

こめつきむし——ころがる

[新米]
▽**精米する** しらぐ[精]
▽**洗米** かしよね[粳米] くましね[神稲]
▽**白米** しらげ・しらげよね[精米] しろつき[白搗] つきごめ[舂米・搗米]
**こめつきむし【米搗虫】** ぬかつきむし・ぬかづきむし 糠虫
**こ・める【込】** こむ[籠・込]
**こもごも【交交】** →かわるがわる
**こ・もる【籠】** こむ[籠] とづ[閉] かくれる
 [枕]うつゆふの[虚木綿] さすたけの[刺竹]
**こや【小屋】** →基本 いえ(P.91)
**こよみ【暦】** ひよみ[日読]
**こより【紙捻・紙縒・紙撚】** かみひねり[紙捻] かんじより・かんぜよりくゎんぜこより[観世紙捻]
**こら・える【堪】** →がまん
 —**えかねる** あへなむ[敢] せきかぬ[塞・堰]
 —**え切れない** しのびあへず[忍敢] たまらずあへなむ[敢]
 —**えよう** あへなむ[敢]
 —**えず** せきあふ[塞敢] かへす[念返]

**ごらく【娯楽】** →たのしみ
 涙を— いましめ[戒]
 何度も— ねんじかへす[念返]
**こらしめ【懲】** うちてうず[打調]
**こらし・める【懲】** きたむ[懲] しむ[締] しをる[責] ちょうず[調] てうず[調]
 —**こと** せいばい[成敗]
**ごらんに・る【御覧】** ごらんず[御覧] みす[見] みそこなはす[見行]
**こりつむえん【孤立無援】** →しめんそか[四面楚歌]
**ごりやく【御利益】** しるし[印・験・標] りしゃう[利生] りやく[利益] れいげん[霊験]
**こ・りる【懲】** おもひこる[思懲] さき[立端]
 —**りさせる** ちょうごる[懲] ならはす[習慣]
 —**りもせず** こりずまに[不懲]
 —**こと** てごり[手懲] ものごり[物懲]

**これ** か こ[此・是]
**これこそ** これやこの[此此]
**これから** →いご
**これくらい** こはそも[驚き] いかに[如何]
**これはいったい(呼び掛け)** いかに[如何]
**これほど** かばかり[斯] かほど[斯] しかばかり[然]
**これほどまでに** かくばかり[斯] しかばかり[然]
**ころ【頃】** かた[方] ほど[程] ほどろ
**ころあい【頃合】** きげん[機嫌] しぎ・じぎ[時宜・時儀] じあひ[時合] じぶん[時分] しほあひ[潮合] しほ・しほほぎ[潮・汐] しほあひ[潮合] さき[潮先] たちは[立端]
**ころが・す【転】** こかす[転・倒] まろがす・まろばかす・まろはす・まろばす[転]
**ころが・る【転】** こく[転・倒] はしる[走] まろぶ[転] →ころぶ、→よこ

ころげまわる ── こんげん

## ころげまわる【転回】 こいまろぶ
たわる
─・り寝る こいふす[臥伏]

## ころ・す【殺】 あやまつ・あやまる[過]
あやむ[危] うしなふ[失] がいす[害] しす[殺] しとむ[為留] そはたす[果] ほろぼす[滅亡]
─こと きょうがい[凶害] しゅうがい[生害] せちがい・せつがい[殺害] せっしょう[殺生]
自分の手で─ てにかく[手懸]
▼殺人と盗み せつぞく[殺賊]
▼絞め殺す くびる[縊]
▼殺生の反意語 はうじょう[放生]
▼見殺し しにしだい[死次第]

## ごろね【寝】 ころびね[転寝] まるね・まろね[丸寝] まろびね[転寝] ろぶし[転伏]

## ころば・す【転】 →ころがす

## ころ・ぶ【転】 こいまろぶ[臥転] こける[転・倒] たふる[倒] まろぶ[転]
─…ころがる、→よこたわる

## ころも【衣】 →基本 きもの(P.93)
枕 しきたへの[敷栲] しろたへの[白妙]

## こわ・い【怖・恐】 →おそろしい
枕 しらまゆみ[白檀弓](→こはし)

## こわが・る【怖・恐】 →おそれる

## こわごわ【恐恐】 おづおづ[怖怖]

## こわ・す【壊】 かく[欠] くだく[砕・推] こぼす・こほつ・こぼつ[毀] しだく そんず[損] はる[破] わる[割]
─しごと めぐ やぶる・やる[破]
▼破壊 そんまう[損亡]

## こわば・る【強】 すくむ[竦]
─・っている こはごはし[強強]
─・らせる すくむ[竦]

## こわ・れる【壊】 あばる[荒] かく[欠] くだく[砕・推] くづる・くゆる[崩] こぼる・こほる[毀] そこねる[損] つひゆ[費・弊] めぐやぶる・やる[破] わる[割]
─れて無くなる そんまう[損亡]
─れ易い もろし[脆] したし[親] ねむごろ・ねもころ・ねんごろ[懇] わりなし

## こんかい【今回】 こたび・こたみ[此度]

## こんかん【根幹】 こっぱふ[骨法]

## こんがん・する【懇願】 のむ[祈]

## こんき【根気】 きこん[気根] せいこん[精根]
─強い ねづよし[根強]

## こんきゅう・する【困窮】 →こまる

## こんきょ【根拠】 よりどころ[拠所]
─がない あとなし[跡無] すぞろ・すずろ・そぞろ[漫] ゆゑなし[故無] よしなし[由無]
─地 あしだまり[足溜]
─もなく もとな

## ごんげ【権化】 へんげ[変化]

## こんげん【根源】 たね[種] ちたい[地体] ね[根] ねざし[根差] はじん・じゅっこん[入魂・昵懇] じっこん[入魂・昵懇] じゅこん・じゅっこん[語]
─にしていること かたくなん[理無]
─にすること じっこん・じゅっこん[入魂・昵懇]

## こんごう【金剛】
よるべ[寄辺]

## こんじょう【今生】
うく[浮] うはのそら[上空] すぞろ・すずろ・そぞろ[漫]

め[初・始] ものざね・ものだね[物実] →こんぽん
こんご[今後] →いご
ごんごどうだん【言語道断】 もってのほか[以外] さたのかぎり[沙汰限]
こんざつ【混雑】 さわぎ[騒] まぎれ[紛]
こんじょう【根性】 こころぎは[心際] しゃうこつ[性骨] しゃうね[性根] どしゃうぼね[土性骨]
　こころは はらぐろし[腹黒] はらぎたなし[腹汚]
　—が悪い らくがはし[乱]
　—する たちこむ[立込] へす・もてかやす[返]
こんどう・する【混同】 まぎる[紛]
こんてい【根底】 しゃうね[性根]
こんど【今度】 →こんかい
こんな かかり[斯] →こう
こんなに かう[斯]
こんなふうに かくのみに[斯]
こんなん【困難】 ありがたし[有難] かたし[難] なんぢ[難治] なんぎ[難儀]

こんばん【今晩】 →こんや
こんぶ【昆布】 ひろめ[広布] おほね[大根] はじめ[初・始] こん
ごんぽん【根本】 げん[根源・根元] ほん[本] ほんたい[本体] もと[本・原・元・許]
こんや【今夜】 こず[今夜] こよひ[今宵]
こんやく【婚約】
　—者 むこがね[婿]
　—する いひかはす[言交]

## さ

さあ【誘う言葉】 いざ いで いでや いさい いさや
さあ【考える時のつぶやき】

さい【差異】 へだて[隔]
ざいあく【罪悪】 ざいごふ[罪業] さんげ・ざんげ[懺悔] ちょくあく[濁悪] とが[科] とがめ[咎] →つみ

さいかく【才覚】 →さいのう
さいかち【皂角子】 さいかいし・さいかし[西海枝]
さいき【才気】 かど[才] たましひ[魂] →さいのう
　—がある かどかどし[才才] か

こんらん【混乱】 あふ[和] まどはす・まどはかす[惑] みだる[乱]
　—させる あふ[和] まどはす・みだる[乱]
　—する みだる[惑]
こんりゅう【建立】 →けんちく 句—しろくろになる[白黒]
こんれい【婚礼】 こしいれ[輿入]
こんわく【困惑】 けいくゎい[計会] めいわく[迷惑]
　—する せうしがる[笑止]

さいかく【才覚】 →さいのう
さいかち【皂角子】 さいかいし・さいかし[西海枝]
さいき【才気】 かど[才] たましひ[魂] →さいのう
　—がある かどかどし[才才] かどめく[才]

さいきん——さいちがある

弁舌などの—　さきら[先]

**さいきん【最近】**　きのふけふ[昨日今日]　きんだい[近代]　ちかごろ[近頃]　まぢかし[間近]　ちかごろ

**さいげつ【歳月】**　じつげつ[日月]　つゆしも・つゆじも[露霜]　はるあき・しゅんじう[春秋]　ねんげつ[年月]　りうねん[流年]

過ぎ去る—　ちいほあき[千五百秋]

長い—　ちいほあき[千五百秋]

**さいげん【際限】**　そこひ[底]　へんさい・へんざい[辺際]　はうりゃう[方量]　ほとり[辺]　かぎり

**さいご【最後】**　しんがり[殿]　しんがり殿　隊列の—　しんがり[殿]　おわり

**さいご【最期】**　→基本しぬ(P.72)　かみなし[上無]　このうえない

**さいこう【最高】**　→基本しぬ(P.72)　っちゃう[骨頂・骨張]　このうえなる

**ざいさんか【財産家】**　かねもち[金持]　しんじ・じんじ[神事]

**さいし【妻子】**　めこ[妻子]

**さいし【祭祀】**　しんじ・じんじ[神事]

**さいしき・する【彩色】**　→さいしょくす[彩色]

相続した—　かとく[家督]

少ない—　こぬかさんがふ[小糠三合]

—定の収入　つねのさん[常産]

—と権力　せいとく[勢徳]

—を失う　しんだいあく[身代明]

—を使い果たす　もちくづす[持ち崩]

**ざいさんか【財産家】**　かねもち[金持]

**さいしゅう【最終】**　おわり

興行などの—の日　せんしうらく[千秋楽]　せんざいらく[千歳楽]

**さいしゅう【採集】**　あつめる

花や紅葉の—　かり[狩]

花や紅葉を—する　かる[狩]

**さいしょ【最初】**　あたま[頭]　かうし[嚆矢]　だいいち[第一]　はじめ[初]　ひのはじめ[日初]　はつ[初]　みづはな[水端]　らんしゃう[濫觴]　➡はじめて[初]

**さいじょう【最上】**　➡このうえない

**さいしょく【菜食】**　しゃうじ・しゃうじん[精進]

**さいしょく・する【彩色】**　いろふ[色・彩]　だむ[彩]

**さいせん【賽銭】**　さんせん[散銭]　さんもつ[散物]

**さいぜん【最善】**　➡このうえない

**さいぜんせん【最前線】**

敵に面した—　やおもて[矢面]かしら[頭]

**さいそく【催促】**　せめ[責]　もよほし[催]　—する　いひもよほす[言催]　せつく・せっつく[責付]　せむ[責]　せる[迫]　はたる[徴]　もよほす[催]　うながす

**さいたけて・いる【才長】**　➡さいちがあ

**さいだん・する【裁断】**　たつ[裁]　さかし[賢]

**さいちがある【才知】**

さいちゅう――さえぎる

らうらうじ・りゃうりゃうじ[労労]

**さいちゅう【最中】** さなか[最中] たけなは[酣・闌] なかば[半] →まっさかり

**さいてい【裁定】** さばき[裁]

**さいてい【最低】** しもがしも[下下]

**さいな・む【苛】** きざむ[刻] →いじめる

**さいなん【災難】** なんぎごと[難儀事] やく[厄] わざはひ[禍・災] まがごと[禍事] わざはひ[池魚災]

悪事の報いの—— よあう[余殃]

思いがけない—— 

句——ちぎょのわざはひ[池魚災]

戦争による—— ひゃうぢゃう[兵仗]

病気などの—— つつが[恙] つつみ[恙]

**さいのう【才能】** うつはもの[器者] かど[才] きりゃう[器量] こころだましひ[心魂] ざえ[才] しゅこつ[性骨] とく[徳] のう[能] のうじゃ[能者]

——ある人 のうしゃ[能者]

**さいばい・する【栽培】** つくる[作]

**さいばんざた【裁判沙汰】** くじだくみ[公事工]

**さいばん・する【裁判】** さばく[裁]

——すること せいばい[成敗]

**さいふ【財布】** きんちゃく[巾着] ふくろ[袋]

**さいぶん・する【細分】** くだく[砕・摧]

**さいほう【裁縫】** ぬひはり[縫針] ぬひもの[縫物] ものたち[物裁]

——する ぬふ[縫]

**さいまつ【歳末】** →ねんまつ

**さいもく【材木】** くれ[榑]

**さいやく【災厄】** →さいなん

**さいゆうしゅう【最優秀】** きはなし[際無]

**さいよう・する【採用】** ちふ・もちゆ・もちゐる[用] とる[採] も

**さいりょう【最良】** →このうえない

**さいりょう【材料】** しろ[代] だうぐ[道具] ものぐさ[物種] れう[料]

**さいわい【幸】** →こうふく

——に まさきく[真幸]

**さえ** さへ すら そら だに だにあり だにも とてはまでに までに あるのに すらを も だも

**さえぎ・る【遮】** かせぐ[枷] ふせく[枷] ふせぐ・ふさぐ[防] 

[障]たふ[遮]

枕——はやかはの[早川]

——って止める せきとどむ[塞留・堰留] せく[塞・堰] たちさふ[遮]

——られる へだたる[隔]

——立って行く手を—— たちさふ[立塞] たちはだかる[立]

**さいゆう【最有】** —がある かしこし[賢] かどか—がある[才才]

—がないように見える かどめく[才]

—がない ぶこつ[無骨] みつな—がない[大才]

優れた—— たいさい[大才]

少しの—— かたかど[片才]

——ある[才有]

かしこし[賢] かどか[才才]

—がないように見える かどめく[才]

—がない ぶこつ[無骨] みつな[無才] 

優れた—— たいさい[大才]

少しの—— かたかど[片才]

さえずる——さかずき

**さえず・る**【囀】 さきはづる・さやづる
 —[囀] ほころぶ[綻]

**さ・える**【冴】
 —・えない はえなし[映無]
 —・えわたる すみはつ[澄果]

**さおとめ**【早乙女】 さつきをとめ[五月乙女] さなへをとめ[早苗乙女]
 —・えている[早乙女] うゑめ[植女]
 ▽をとめ[早乙女]

**さか**【坂】
 枕—いゆきあひの[行遇] となみはる[鳥網張]
 曲がった— つづらをり[葛折]
 坂道 くるまがへし[車返] つまさきあがり[爪先上]
 峠 たむけ[峠]

**さかい**【境】→**きょうかい**

**さか・える**【栄】 ひかり[光]
 —[幸] ときめく[時] にぎはふ[賑] いきほふ[息巻] さかゆ[栄] さきはふ[幸] ひろく[草分] さぐる[探] たづぬ[訪・尋] たどる[辿] とぶらふ[弔・訪] まぐ[求・覓]

**さか・える**【栄】
 —[幸] ときめく[時] にぎはふ[賑] はな・はなめく[花] はやる[流行]
 枕—あしびなす[馬酔木] はるはなの[春花] ゆふばなの[木綿花]
 —・えさせる さきはふ[幸] ひろく[拡]
 —・えている さかゆく[栄行] にぎはひ[匂] にぎははし[賑]
 —・えている人 ときなるひと[時]
 —こと えいえう・ええう[栄耀] えいぐわ[栄華・栄花] さかえ[栄] にほひ[匂] はな[花・華] はんじゃう[繁盛・繁昌] むくさかによ
ざかり[世盛]
 時節にあって— ときにあふ[時合] ときめく・ときめかし[時]
 富んで— にぎははし・にぎははふ[賑]
 根が張って— ねだる[根足] ますます— いやさか[弥栄] 一族が— えだをつらぬ[枝連] かどひろし[門広]

**さかき**【榊】 たのぐし・たまぐし[玉串] ゆき[瑞玉串] うき[玉籤] みづたま

**さかさ・さかさま**【逆】→**ぎゃく**

**さが・す**【捜・探】 あなぐる[索] いたづらとる[辿] うかがふ[窺] くさをわく[草分] さぐる[探] たづぬ[訪・尋] たどる[辿] とぶらふ[弔・訪] まぐ[求・覓] もとむ[求]
 —し当てる たづねあふ[尋逢] たづねとる[尋取] たどる[辿] もとめあふ[求会]
 —し出す つけいだす[付出] とぶらひいづ[訪出] みいだす[見出] もとめいづ[求出]
 —し来る たづねく[尋来]
 —し求める あさる・いさる[漁] かせぐ[稼] せんさく[穿鑿] たづぬ[訪・尋] とぶらふ・とむらふ[訪・弔]
 —し疲れる たづねわぶ[尋侘]
 —して手に入れる たづねとる[尋取]
 句—目つき うのめたかのめ[鵜目鷹目]

**さかずき**【盃・杯】 うき[瑞玉杯] うき[玉盞] みづたま
 —一杯の酒 ひとつき[一杯]

さかだつ―さきだす

**さかだ・つ**【逆立】
―の雫 ながれ[流]
―の遣り取り さしあふ[差合]
貝殻の― やくがひ[夜久貝]
素焼きの― かはらけ[土器]
別れの― みらいのさかづき[未来杯]
―った髪の毛 さかがみ[逆髪]
髪の毛が― そばたつ・そばだつ[峙]
つまさきあがり[爪先上]
曲がりくねった― つづらをり[葛折]

**さかな**【魚】→基本(P.37)

**さかな**【肴】 くだもの[果物]

**さかま・く**【逆巻】 たぎる[滾]

**さかみち**【坂道】 くるまがへし[車返]

**さかもり**【酒盛】→えんかい[宴会]

**さかや**【酒屋】 しゅし[酒肆]

**さから・う**【逆】 あらがふ[争・諍]
らそふ[争・綺] いろふ[弄・綺] さかふ[争] さかる[逆] すまふ[争] そむく[背・叛] たがふ[違] はむ[咀]

**さかり**【盛】 たけなは[酣・闌]
―こと ものあらがひ[物諍・物争]
―わない やなぎにやる[柳遣]
―が過ぎる うらがれ・すがれ[末枯] くたつ・くだつ[降] さたす ぐ・さだすぐ[時過] すぐ[過] く[長・闌]
―を過ぎている ひねひねし

一時の― ひとさかり[一盛]
官位が― しりぞく[退] たる[垂] しづむ[沈]

**さかん**【盛】 おびたたし・おびただし[夥] ののしる[罵・喧] はな・はなやか[花・華] まう[猛] すさぶ・すさむ[遊・荒]
―にする おこす[起] ひらく[開] のばす[伸・延]
―に…する ひらく[開]
―になる おこる[起] しこる[凝・瘤] はびこる[蔓延] はゆ

**さが・る**【下】 しりぞく[退] たる[垂] しづむ[沈]

**さぎ**【鷺】
―らし[人誑] やまうり[山売]

**さぎ**【詐欺】 てうぎ[調義・調儀]→だます
▽詐欺師・ぺてん師 しかけもの[仕掛者] すっぱ[素破・透波] ひとたぶらかし[人誑] やまうり[山売]

**さき**【先】
―を争う きそふ・きほふ[競]
―を越す せんず[先]
足の― あなすゑ[足末]

**さかん**【左官】 さうくゎん・さくゎん みなぎ[映] ひらく[開]
―水などの勢いが―になる みなぎらふ・みなぎる[漲]

**さかん**【左官】 さうくゎん・さくゎん

**さきおととし**【一昨昨年】
枕たくひれの[栲領巾] さをととし

**さきか・ける**【咲】 ひらけさす[開]

**さきがけ**【先駆】 せんぢん[先陣]

**さきごろ**【先頃】
さいつごろ・さいつごろ・さきつごろ[往頃] いにしころ[先頃] せんど[先度] さきいづ・さきづ

**さきだ・す**【咲出】 さきいづ・さきづ

さきだつ——さけ

**さきだ・つ【先立つ】** おくらかす・おくらす[後・遅] みすつ[見捨] ゑむ[笑] ひもとく
　—たせる みすつ[見捨]
　—たれる おくる[後] たちおく[立後]
**さきに**[先] まつ[先] もと[元]
　—なる さきだつ[先立] せんず[先]
　—行かせる さきだつ[先立]
**さきのよ**[先世] ぜんせ[前世]
**さきばし・る**[先走] さいまくる・さいまぐる
**さきみだ・れる**[咲乱] さきすさぶ[咲]
**さきほどの**[先程] ありつる[有]
**さきほこ・る**[咲] さきすさぶ[咲]
**さきゅう**[砂丘] たかすなご[高砂子]
　たかはま[高浜]
**さきゆき**[先行] → しょうらい
**さきん・じる・さきん・ずる**[先] さきだつ[先立] ひきこす[引越]
**さく**[策] → さくりゃく
**さ・く**[裂] やぶる・やる[破] わる[割]

**さ・く**[咲] はなだつ[花立] ひもとく[紐解] ひらく[開] ゑむ[笑]
　枕—あさがほの[朝顔]
　一面に・長く— さきわたる[咲渡]
　色美しく— さきにほふ[咲匂]
　沢山— さきををる[咲撓]
　▽狂い咲き かへりざき[返咲]
　▽蕾がほころぶ ふくろぶ[綻]
**さ・く**[柵] き[城・柵] くへ[柵] → かきね
　馬場の— らち[埒]
**さくじつ**[昨日] きぞ[昨日]
**さくせん**[作戦] → せんじゅつ
**さくねん**[昨年] → きょねん
**さくばん**[昨晩] → さくや
**さくふう**[作風] すぢ[筋]
**さくぶん・する**[作文] つくる[作]
**さくや**[昨夜] きそ・きぞ・きそのよ[昨夜] こぞ[去夜] こよひ[今宵] ゆふべ[夕] よべ・ようべ・よんべ[昨夜]

**さくら**[桜] あけぼのぐさ[曙草] ざしぐさ[挿頭草] はな[花]
　枕—はなぐはし[花細]
　—、梅など このはな[木花]
　—の盛りに吹く風 はなかぜ[花風]
　—の咲き乱れる景色 はなのくも[花雲]
　散る— はなのゆき[花雪]
　▽枝垂れ桜 いとざくら[糸桜]
**さくらがい**[桜貝] べにがひ[紅貝]
**さくらんぼ**[桜桃] あうたう[桜桃]
**さくりゃく**[策略] こころたばかり[心謀] てうぎ[調義・調儀] はうべん[方便] はうりゃく[方略] はかりごと[謀] まうりゃく[謀略] あたる[当] あなぐる[索] たどる[辿]
**さぐ・る**[探] → はかりごと
　—り求める あなぐる[索]

夜が明けてからの— こよひ[今宵]

**さけ**[酒] → 基本(P.94)

さけ——さしあたり

**さけ**【鮭】 ねんぎょ[年魚]

**さげす・む**【蔑】 →あなどる、→けいべつする

**さけのみ**【酒呑】 うはばみ[蟒蛇] さのみ[酒呑] じゃ[蛇] じゃうご[猩猩] じゃのすけ[蛇之助] そこしらず[底知]

**さけ・ぶ**【叫】 あめく[叫] おらぶ[哮・号] けぶ[哮・詰] とよむ[号] どよむ[響] ひしる わめく・をめく[喚] 口々に— さわぎののしる[騒罵] 泣き— おらぶ[号] 喚き— けうくわん[叫喚]

**さ・ける**【避】 さく[避] さる[避] にぐ[逃] のがる[逃] のく[退] はづす[外] ひきよく[引避] まくづす[撒] よく[避] —られない さりがたし[避難] あへず[避敢] さりどころなし[避所無] 人目を— うちしのぶ[打忍] ぬひ・しのぶ[忍] 世を— いとふ[厭]

**さ・ける**【裂】 さく[裂・割] やぶる・や[破]

**さ・げる**【提】 さぐ[下・提] たづさふ[携] ひきかく[引掛] ひきさぐ[提]

**さ・げる**【下】 官位を— しづむ[沈] 官位を—こと させん[左遷]

**ざこ**【雑魚】 いろくづ・いろこ・うろこ づ・うろこ[鱗] →基本さかな(P.37)

**ささ**【笹】 ねざさ[根笹] をざさ[小笹] —枕 なつかりの[夏刈]

**さ・げる**【捧】 ささぐ[捧] つる[奉] たてまつる・たてまつる[奉] まだす[奉出] つかまつる[仕] まうす・まをす[申] まだす[奉・献・遺] まつる奉] まらする[参] もてまなる[持参] —え持つ たまる[溜]

**ささ・える**【支】 かせぐ[枷] —え止める ささふ[支]

**さ・げる**【捧】 ささぐ[捧] たてまたす・たてまたす・たてまたす[奉] まだす[奉出] つかまつる・つかへまつる[奉] まうす・まをす[申] まだす[奉・献・遺] まつる[奉] まらする[参] まゐる・まなる[持参] —げ物 ぬさ[幣] みてぐら[幣] 身を— みをつくす[身尽]

**さざなみ**【小波】 ささらなみ・さざれなみ[細波] しわ[皺] みじわ[水皺]

**さざめ・く** しじめく・じじめく

**ささやか** わづか[僅] →ちいさい

**ささやき** ささめごと[私語]

**ささや・く**【囁】 そそやく・そそやぐ[詢] ひそめく[囁] つつめく・つつやく[詞] そそめく[囁・私語] 耳元で— みみをかる[耳借] みうつ[耳擦] 耳元で—こと みみこすり[耳擦] ▽耳打ち →みみうち

**さざんぼ**【南燭】 さしぶ[烏草樹]

**さじ**【匙】 かひ[匙]

**さしあ・げる**【差上】 かかぐ[掲] きこえさす・きこゆ[聞] ささぐ[捧] さしあぐ[差上] しんず[進] たいまつる・たてまつらす[奉] つかまつる・つかへまつる・つかうまつる[仕] まうす・まをす[申] まだす[奉・献・遺] まゐる[参] まらする[参] まゐらす・まならす・まいらす・まらす[奉・献・遺]

**さしあたって** かつがつ[且且] さしづめ[差詰] たうざ[当座] まさに[正]

**さしあたり** →さしあたって

さしおく——ざせき

**さしお・く**【差置】 おく[置・措]

**さしかか・る**【差掛】 のぞく[臨]

**さしこ・む**【差込】 さしはさむ[差挟]
　光が——　さしいる[差入]

**さしさわり**【差障】 かまひ[構]
　——ゆゑ[事故]　ささはり[障]　ことゆゑ[事故]
　ひ[差合]　しらく[白]　ふさがり[塞]
　——がある　くるし[苦]
　——がない　あふ[敢]　けしうはあらず・けしくはあらず　なんなし[難無]　よろし・事宜[白]　とどこほり[滞]　はばかり[憚]　べちぎなし・べつぎなし[別儀無]　ちぎなし[絆]　ゆゑ　ゆゑざはり[故障]
　——となる事情　しさい[子細]

**さしさわ・る**【差障】 さしあふ[差合]　さはる・さやる[障]　つつむ[恙・障]

**さししめ・す**【指示】 めいれいする[指図]　おきつ[掟]　おこなふ[行]　ひきまはす[引回]

**さしずめ**【差詰】 さしあたって

**さしせま・る**【差迫】 せせくる・せむ[迫・逼]
　——って　いとせめて[迫]
　——っているさま　きふ[急]　ほとほとし[殆]

**さ・す**【切羽】
　——こと　せっぱ[切羽]

**さしだ・す**【差出】 さしいづ[差出]
　惜しげもなく——　なげうつ[投抛]

**さしつかえ**【差支】 さしさわり

**さしでがまし・い**【差出】 すいさん[推参]　をこがまし[痴]　でしゃばり[差出]

**さしでぐち**【差出口】 くちだし
　——する　さしこみ[差込]　さかしらに[賢]

**さし・でる**【差出】 でしゃばる
　光が——　さかしいづ[差出]

**さしとお・す**【刺通】 すぐ[挿]　ぬく[貫]

**さしとめ**【差止】 ちゃうじ[停止]

**さしひか・える**【差控】 えんりょする

**さしまね・く**【差招】 まねく

**さしむかい**【差向】 むかいあう

**さしむ・ける**【差向】 はけん[派遣]

**さしものし**【指物師】 きのみちのたくみ[木道工]　はこや[箱屋]

**さしゅ**【詐取】 てうぎ[調義・調儀]

**さ・す**【刺】 つく[突・衝]

　　——枕——つくしぐし[筑紫櫛]
　虫などが——　せせる[挵]

**さすがに**　しかすがに

**さずか・る**【授】 うく[受・承・請]

**さず・ける**【授】 つたふ[伝]　——あたえる

**さすらい**【流離】 くもみづ[雲水]
　——の人　へうかく[漂客]　らう[流浪]

**さすら・う**【流離】 あふる・あぶる[溢]　さすらふ[流離]　ただよぶ・あぶる[漂]　ながる[流]　はふ[這]　はふる[放]　さまよう、→基本形あるく（P.68）

**さす・る**【擦】 かきなづ[掻撫]　——なでる

**ざせき**【座席】 →せき

**させん・する【左遷】** さぐ[下] なが

**さぞ[嘸]** →さぞかし

**さそいこ・む【誘込】** ひきいる[引]

**さそう【誘】** あとふ・あとらふ[誂・聘] いざなふ[誘] おごつる・おごづる・をこつる[慰] こしらふ[慰・喩] さすらふ・さそふ[誘] すすむ[勧・薦] ひく[引] もとむ[求] もよほす[催] わかつる[誘]
—**い入れる** ひきいる・ひきいる[引入]
—**い出す** もよほす[催]
—**気配** もとむ[求]
—**言葉巧みに—** こしらふ[慰・喩]
こそ さぞ・さぞな・さぞや[嘸] さぞやさぞ

**さぞかし[嘸]** いかばかり[如何] さ

**さた[沙汰]** →しより

**さだか[定]** →はっきり

**さだま・る[定]** →きまる

**さだめ[定]** →おきて

**さだめし** →さぞかし

**させんする** — さっぱり

---

**さだめて** →さぞかし

**さだ・める[定]** →きめる
—**めないもののたとえ** ねなしぐさ[根無草] ふうん[浮雲]

**さつ[幸]** →こうふく

**さつがい【殺害】** →ころす

**さっかく【錯覚】** うちつけめ[打付目] おもひまがふ[思紛]
—**を起こさせる** こころあやまり[心誤]

**さっきの** ありける[有] ありつる

**ざっくばらん** うらなし[心無]

**ざっこく【雑穀】** けしね[飯米]

**さっこん【昨今】** →このごろ

**さっさと** とうとう・とくとく[疾疾] ひたひたと[走走]

**ざっし【雑事】** さぶじ[雑事]

**さっしがよ・い【察良】** おしはかる

**ざっじ【雑事】**

**ざつじ【雑事】**

**さっ・する【察】**
**ざつぜんとして・いる【雑然】** しどけなし

**ざっそう【雑草】** あらくさ[荒草]

---

水田の— はくさ・はぐさ[莠・根]

**さっそうとして・いる【颯爽】** さっさつ[颯颯]

**さっそく【早速】** やがて →すぐに とく[疾] すみやか[速] とう・

**ざつだん【雑談】** ざふたん[雑談] ずろものがたり[漫物語] す

**さっち・する【察知】** とほる[通]
**さっと** きと くと さくと さと [颯] ちゃっと ついと つっと ふと
—**降る雨** → 基本 あめ(P.8)
▽**動きの速いさま** ささ
▽**風や水の流れるさま** ささ・ささ と

**ざっと** あらあら[粗粗] おろおろ
ざらり(と) はしるはしる[走走]

**さっぱり** いき[粋] さらり(と) すっきり わっさりと
—**…(ない)** すきと
—**させる** はるく[晴]
—**している** かわらか[清爽] さや[清・明] ちょく[直] なごりなし[名残無] はれらか[晴] はればれ

## ざっぴ ── さびしい

**ざっぴ【雑費】** しょわけ[諸訳] しょぶん[諸分]

**さつぷうけい【殺風景】** すさまじ・す さまじげ[凄・荒]

**ーで寂しい** うらさびし

**さて【扨・偖】** かくて[然] ここに[此] さてもさるを[然] しかうして・し かして・しかるを[而・然] そも・そ もそも[抑]

**さと【里】**
枕──たまぼこの[玉鉾]

**さと・い【聡】**➡**かしこい**

**さと・す【諭】** いひととのふ[言調] しらふ[慰・喩] とく[説] をしふ [教]

**―し戒める** いましめる

**さとり【悟】** かくご[覚悟] むえ[無 依]

**―の境地** けだつ・げだつ[解脱]

---

**ーを得ること** しょうがく[正覚] じょうだう[成道] じょうぶつ[成 仏] しゅっせ[出世]

**さと・る【悟】** う[得] おもひう[思 ひ得] おもひしる[思知] おもひえ 解] おもひとる[思取] おもひとく[思 し) [心得]

**―らせる** みる[見]

**―こと** とくしん[得心] とくだ う[得道]

**しみじみと―** おもひしる[思知]

**真理を―** くゎんず[観]

**真理を―こと** かいげん[開眼]

**見て―** みとく[見解]

**さなか【最中】**➡**さいちゅう**

**さながら【然】** やがて[恰] さしながら

**さばく【裁】**➡**さいばんする**

**さびし・い【寂・淋】** あはれ・あはれげ [哀] うらさぶ[荒] くゎうりゃう [荒涼] こころすごし[心凄] ここ ろぼそし[心細] さうざうし[心索] さびしさぶし[寂淋] じゃくじゃ く・せきせき[寂寂] じゃくまく・せ

---

きばく[寂漠・寂寞] すごし・すごげ [凄] せうでう[蕭条] わびし・わ びしげ[侘]

枕──くずのはの[葛葉](➡**うらさび し**)

**景色が―こと** くゎうりゃう[荒 涼]

**―ことよ** さびしゑ[寂]

**―く思う** さぶ[寂・荒] わぶ [侘]

**―く心に迫る** せつせつ[切切]

**―くなる** うちあける[打空]

**―くひっそりしている** じゃくま く・せきばく[寂寞]

**―さ** あはれ・あはれげ[哀]

**―そうに** さびしらに[寂]

**―なく―** うらさぶし[心荒]

**殺風景で―** うらさびし[心寂]

**なんとなく―** うらさぶし[心寂] こころさぶし[心寂] ものさびし [物寂]

**なんとなく―様子で** ものさびし [物寂]

**人気なく―** けどほし[気遠]

**人気なく―山** あらやま[荒山]

**一人寝で―** かたはらさびし[傍寂] みありく[佇歩] ふ[流離] さまよふ[彷徨] たたず

▼**さびれている** ものさぶ[物]

**さ・びる【錆付】** さぶ[錆]

**さび・れる【寂】** さぶ[寂] ふる[古・旧] ‥**おとろえる**

**ざぶんと**〈水音〉 だんぶ[と] ざっぶ と

**さべつ【差別】** しゃべつ[差別] ひとわき[人別] ‥**くべつ**

**さほう【作法】** ぎゃうさ[行作] こつぱふ[骨法] しおき[仕置] しかけ[仕掛] をりめ[折目] ‥**れいぎ**
―**する** おもひわく[思分] たしなむ[仔] ただよふ[漂] ためらふ[躊躇] たちもとほる[立徘徊] つたふ[蕩] はふ[這] はふる・はぶる[放] ふみまよふ[踏迷] ほつく まどふ[惑] まよふ[迷] もとほる[回] ゆるぎありく[揺歩] ―**こと** ながれあるき[流歩] いくゎい[徘徊] るらう[流浪]

行事などの― ぎしき[儀式] 昔からの― こじつ[故実]

**さほど…（ない）** ‥**たいして…（ない）**

**さまざま【様様】** ‥**いろいろ**

**さまたげ【妨】** ‥**さしさわり**

**さまた・げる【妨】** さまたぐ[妨] せく[塞・堰] ふさがる・ふたぐ[塞] ‥**さえぎる**

**さまた【又】** ふさがる[妨]

**さまよいある・く【彷徨歩】** あくがれありく[憧歩] うかる[浮] さすらふ

**さまよい・でる【彷徨出】** あくがれいづ[憧出]

**さまよ・う【彷徨】** こがる[憧] あくがる・あこがる[憧] あくがれありく・あこがれありく[憧歩] さすらふ[流離] うかる[浮] さすらひありく[佇歩] たたずみありく[佇歩] たたずむ[佇] ただよふ[漂] たちもとほる[立徘徊] つたふ[蕩] はふる・はぶる[放] ふみまよふ[踏迷] ほつく まどふ[惑] まよふ[迷] もとほる[回] ゆるぎありく[揺歩]
**あてもなく―** まどひありく[惑歩]
**あてもなく―こと** ながれあるき[流歩]
―**枕**―はるとりの[春鳥]

**落ちぶれて―** ちりぼふ[散]

▼**春の野のそぞろ歩き** たふせい[踏青]

▼**散歩** ゆぎゃう[遊行]

**さみだれ【五月雨】** ‥**基本 あめ**(P.8)

**さむ・い【寒】** さむけし・さむげ・さむし・さむら[寒] そぞろさむし[漫寒]
―**くなる** さえまさる[冴増]
―**さがしみる** さえわたる[冴渡]
―**さが戻る** いてかへる[凍返] いてもどる[凍戻] さえかへる[冴返] はるさむ[春寒] よかん[余寒]
―**そう** さむけし・さむら[寒] ゆふさむ[夕寒]

夕方の―**さ** ゆふびえ[夕冷] ゆふさむ[夕寒]
桜花の頃の―**さ** はなびえ[花冷]
**なんとなく―** そぞろさむし[漫寒]
▼**寒気がきびしくなる** さえまさる[冴増]
▼**冷え切る** ひえいる[冷入]
▼**冷え冷えとしている** さえこほる

**さむざむとしている**——**さわぐ**

**さむざむとしている**——**さわぐ** 冷え冷えとする ひゆ[冷]
冷え凍る さえわたる[冴渡]
[冴凍]

**さむざむとしている**【寒寒】 すさま
じ・すさまじげ[凄・荒] さびし・さ
ぶし[寂・淋] さむけし・さむし・さ
むら[寒] すごし[凄]

**さ・める**【褪】 うつろふ[移]
色が— かへる[返]

**さ・める**【覚・醒】 さむ[覚・醒]
眠りから— おどろく[驚]
眠りから—・めやすい いざとし
[寝聡]
酔いが— さむ[覚・醒]
▽目覚めさせる おどろかす[驚]

**さ・める**【覚・醒】 さむ[覚・醒]
愛が— あきかぜ[秋風] あきの
ちぎり[秋契] こひやむ[恋止]

**さもし・い** あさまし[浅] いやし
[卑・賤] →いやしい

**さもなければ** さなくは[然] しから
ずは[然]

**さやか** さえざえし[冴冴]

**さゆう**【左右】 うららへ[裏表] さう
[左晒]

**さよう**【作用】 なし[為] よう[用]

**ざれごと**【戯言】 →じょうだん

**さわ**【沢】 やち[谷地・野地]

**さより**【細魚・針魚・鱵】 はりを[針魚]

**さら・す**【晒】 ばん[盤]

**さら**【皿】
—更 光に— あつ[当]
水に— さはす[渋]

**さらに**【更】 →そのうえ
—一層 いとどし さらさら[更]

**さりげな・い** ついでがまし[序] つ
れなし[強顔] さらぬてい[避体]
さりげなし[然無]

**さ・る**【動詞】 さしのく[差退]
—らせる たちわづらふ[立煩]
—り難い

**さる**【去】（連体詞） いにし・いんじ[往]

**さる**【去】 さんぬる[去]

**さる**【猿】 このみどり[木実鳥] すが
たのむし[姿虫] まし・ましら[猿]
ゑんこう[猿猴]
—回し さるひき[猿引]

**ざる**【笊】 →かご

**されこうべ**【髑髏・曝首】 のざらし[野
晒]

**さわがしい**【騒】 →うるさい、→やかま
しい

**さわぎ**【騒】 おとなひ[音] そそき
ぞめき[騒] とよみ・どよみ[響]
なみ[波浪] なみかぜ[波風] ま
ぎれ[紛] みだれ[乱]
—を起こす おびたたし・おびただし[夥]
大— おとなひ[音] そそき

**さわぎた・てる**【騒立】 いひののしる
[言罵] さうどく[騒動] さわだつ
[騒立] どめく[騒動] ののしりみつ
[罵満] ひびく[響] ゆすりみつ
[揺満] ゆする[揺]
—さま ひたさわぎ[直騒]
押し合って— ひしめく[犇]

**さわ・ぐ**【騒】 さうどく[騒動] さざめ
く・ざざめく さめく さやぐ そ
そめく どどめく とめく とよむ・どよむ・
どよめく ののしる[罵・喧] さば
く ざざめく ざめく とよむ・どよむ・
枕— あぢむらの[味叢・鴫群] さば

ざわつく―ざんこく

へなす[五月蠅]
―ぎ出す[騒出]
―にする[騒]
―さま さや・さやに さるさゐし[騒騒]
慌ててて― ふたみく
浮かれて― ぞめく[騒]
大声で― さわぎののしる[騒罵]
たける[猛・哮]
**がやがやと―** さざめく・ざざめく そよぐ[戦]
戸惑って― まどひふたみく[惑]
取り乱して― あざる[狂・戯]
**わいわい―** どどめく

**ざわつ・く・ざわめ・く** さめく さやめく ゆすりみつ[揺満] そそめく そよめく ゆすりみつ[揺満] わななく [戦慄] →さわぐ

**さわやか【爽】** かわらか[清爽] さは・さははやと さはやか[爽] さはやぐ・さははやと さや[清・明] すがし・すがすがし・すがやか[爽] すずし[涼] すずやか[涼] ほがらか[朗]
―に さははさは(と)

**ざわつ・く・ざわめ・く** さめく わななく[戦慄] →さわぐ

**さわやか【爽】** かわらか[清爽] さは・さははやと さやか[清爽] さはやぐ さや[清・明] すがし・すがすがし・すがやか[爽] すずし[涼] すずやか[涼] ほがらか[朗]
―に さははさは(と)

**さわ・る【触】** あたる[当] いろふ[弄] さふ[障] さやる[障] ふる[触] ぐ[爽] ひらく[開] さははや
―に感じる すがしむ[清]
―にする あきらむ[明]
―になる さはだつ[爽]

**さんか【参加】** →くわわる
―させる あづく[預]
―する まじりたつ[交立] まじる[交]

**さんかい・する【参会】** よりあはす[寄合] →あつまる

**さんがつ【三月】** あうげつ・さくらづき[桜月] いやおひ[弥生] かげつ[嘉月] きしゅん[帰春・季春] くわげつ[花月] ごやう[五陽] さはなさつき[早花咲月] ざんしゅん[残春] しめいろづき たうげつ・ももつき[桃月] しめいろづき たけのあき・ちくしう[竹秋] はなつき[花月] はなづき[花月] はなみづき[花

見月] はなをしみづき[花惜月] はるのわかれづき[春別月] しみづき[春惜月] ばんしゅん[晩春] ほしゅん[暮春] やよひ[弥生] やよひづき[夢見月] ゆめみづき[夢見月] やよひ[弥生月]

**さんかん【山間】** →基本 やま(P.27)
**さんけい【参詣】** しゃさん[社参] のまうで[物詣]
―する こもる[籠] まうづ・まうでく・まうのぼる[詣] まゐる[参]

**ざんげつ【残月】** なごりのつき[名残月] のこんのつき[残月]

**ざんげん【讒言】** ざうげん[讒言] かしら[賢] ささやぐち[支口] ざんそう[讒奏] なかごと[中言] こじごと・よこごと[横言] わんざん[和讒] しこづ[讒] よこす[横] ▽告げ口する いひつぐ[言告] ひつぐ[讒] よこす[横] いひつく[言付]

**ざんこく【残酷】** からし[辛] じゃけん[邪見] むげちなし・むげつけな

## さんさく――さんろうする

**さんさく【散策】** せうえう［逍遥］ふせい［踏青］

し むげなし むごらし［酷・惨］むざう・むざうらしげ・むざん［無慚・無慙］もぎだう［没義道］

**さんじっさい【三十歳】** いうしつ［有立］みそぢ［三十・三十路］じりつ［而立］ねんれい（P.89）

**さんじゅう【三十】** みそ・みそぢ［三十・三十路］りふね［立年］→基本 ねんれい（P.89）

**さんじゅう・する【参集】** →あつまる

**さんしょう【山椒】** はじかみ［椒］ーの新芽 きのめ［木芽］

**さんしょううお【山椒魚】** はんざき

**さんじょう・する【参照】** ［鑑］かがみる

**さんじょう・する【参上】** さんず［参］まうづ［詣］まうでく［詣来］まうのぼる［詣上］まかりいづ［罷出］まかりこす［罷越］まかる［罷］まうくし［参来］まゐづ［参出］まゐでく［参出］

**さんじょう【侍】** さぶらふ・さむらふ［侍］

**さんしょう【半割】** 

**さんじゅうじ【三十路】** 

[参出来］まるのぼる［参上］まる［参］

**▽参内する** てうす［朝］のぼる［上］

**さんせい・する【賛成】** →どうい

**ざんせつ【残雪】** のこんのゆき［残雪］→ゆき

**さんぞく【山賊】** やまだち［山立］→基本 やま（P.27）

**さんだん【算段】** くめん・ぐめん［工面］つうくつ［通屈］→くふう

**さんちょう【山頂】** →ちょうじょう

**さんどう【山道】** まうでぢ［詣］みやぢ［宮路］→基本 みち（P.30）、さんこく

**ざんにん【残忍】** →ざんこく

**ざんねん【残念】** あたらし［惜］うたてし うらめし［恨］うれたし［憂］くちをし［口惜］くやし［悔］ねた・ねたげ［妬］ねんなし［念無］のこりおほし［残多］ほいなし［本意無］むやし・ねたげ［無念・無慙］ほいなし［本意無］むやこし［無益］るこん［遺恨］をし・をしけし［惜・愛］

**さんぶつ【産物】** 土地の―― つと［苞］とさん・どさん［土産］

**さんぱい【参拝】** →さんけい

**さんぽ【散歩】** すずろありき・そぞろあるき［漫歩］せうえう［逍遥］たふせい［踏青］ゆきぎゃう［遊行］→基本 あるく（P.68）

**さんらん【散乱】** うちちる［打散］ちる［散］さんをみだす［算乱］はいばんらうぜき［杯盤狼藉］

**さんろう・する【参籠】** こもる［籠］こもりゐる［籠居］

**し【師】** →せんせい

**し【死】** →基本 しぬ (P. 72)

**し【詩】** →基本 わか (P. 64)

**じ【字】** →字

**しあい【試合】** たちあひ[立合]

**しあ・げる【仕上】** なす[成・為]

**しあわせ【幸】** →こうふく[幸福]
　—に　さきく[幸] まさきく[真幸]

**しあん【思案】** あん[案] ものあんじ[物案] か[案] たばかる[謀] →かんがえる
　—する　おもひくだく[思砕] たばかる[謀] おもひはす[思回] ふまふ[踏] なやむ[悩] おもひあまる[思余]
　—に余る　おもひあまる[思余]
　—に暮れる　おもひめぐらす[思回] まよふ[迷]

**しいか【詩歌】** えい[詠・咏] きゃうげ
幸

**しあん【思案】** あん[案] ものあんじ[物案] →かんがえる
　—する　おもひくだく[思砕] たばかる[謀] おもひはす[思回] ふまふ[踏] なやむ[悩] おもひあまる[思余]
　—の集まり　ことばのはやし[言葉苑] ことばのはやし[言葉林]

**じいさん【爺】** →基本 ろうじん (P. 52)

**しいた・げる【虐】** せたぐ[虐] →いじめる

**しいて【強】** あへて[敢] おして[押] しひて[強] せめて[切] まげて[枉] むげに[無下] われて[破]
　—する　あながちに[強] おしたつ[押立] なまじひ[生強]

**しいのき【椎木】** しひしば[椎柴] だじひ

**しい・る【強】** しふ[強] →きょうせい
　—枕　まつがへり[松反](→しふ)

**しい・れる【仕入】** しこむ[仕込]

**じいん【寺院】** →てら

**しうち【仕打】** おもむけ[趣・赴] しかた[仕方]

**しえん【支援】** かうばり[張] →たすける

**しお【塩】** からしほ[辛塩]
　—漬けの魚・肉　ししびしほ[肉醢]
　—水　からしほ[辛塩]

**しお【潮】** →基本 うみ (P. 22)

**しお・える【仕終】** あふ[敢] しあふ[敢] →おえる

**しおお・せる【仕終】** あふ[敢] しあふ[敢] →おえる

**しおかぜ【潮風】** うらかぜ[浦風] おきつかぜ[沖津風] しほあらし[潮嵐] しほかぜ[潮風] しほびかぜ[浜津風] ときつかぜ[時風] はまかぜ[浜風] →基本 かぜ (P. 11)

**しおから・い【塩辛】** しははゆし・しほはゆし[鹹]

**しおくり【仕送】** みつぎ[見続]

**しおじ【潮路】** しほせ[潮瀬] →基本 うみ (P. 22)

**しおどき【潮時】** →ころあい

**しおひ【潮干】** しほがれ[潮涸] しほひ[潮干]

**しおらしい —— しがつ**

**しおらし・い**【悄】 しをらし ➡かわい

**しお・れる**【萎】
うらぶる うちしなゆ おもひうらぶる[打萎]
しく[悴] しなぶ[萎] しなゆ[撓・萎]
しぼむ[萎] しをる[萎] ちりしをる[散萎]
なづむ[泥] なゆ[撓・萎]
[萎]➡かれる、➡きおち
枕—なつくさの[夏草](➡しなゆ)

—·れさせる しをる[萎]
—·れたさま しのに[萎・撓] し
をしをと

**しか**【鹿】 か・かせぎ・かのしし[鹿]
かこ[鹿子・鹿児] さをしか[小牡鹿]
すがる[蜾蠃]
—の子 かのこ[鹿子]
牡の— しか[鹿] しし[獣] か
せぎ[鹿] さをしか[小牡鹿]

**じか**【直】 ただ[直] ぢき[直] ➡ちょ
くせつ
—に ただ[直・只・唯・徒] ただち
に[直] ひたと[直]

**じが**【自我】 ➡じぶん

**しかい**【視界】 めかい[目界]

**しかい**【市外】 ➡こうがい

**しかい**【死骸】 あらぬすがた[有姿]
かばね[屍] から[殻] しかばね
[屍] なきがら[亡骸] むくろ[軀・
身] もぬけ[蛻] ➡基本 しぬ(P.72)

**じがい**【自害】 ➡じさつ

**しかえし**【仕返】 こたへ[答] たふ
[答] たふわ[答和] へんれい[返
礼] むくひ[報]

**しかく**【四角】 よはう・よほう[四方]

**しかくがあ・る**【資格】 たらふ[足]

**しかけ**【仕掛】 あやつり[操] からく
り[絡繰]
—を作る しかく[仕掛]

**しか・ける**【仕掛】 しかく[仕掛] は
る[張]

**しかし** さすがに[遉] さはあれ・さは
れ[然] さはいへ[然言] さりなが
ら[然] されど(も)・さるは・さるを・しかるを
[然] しかすがに[然] しかれど[然]
しかすがに[然] ただし[但] なれ
ども はた[将] また[又]

**しかじか** ささ[然然]

**じがじさん・する**【自画自賛】 みそを
あげる[味噌上]

**しかしながら** ➡しかし

**しかた**【仕方】 ➡やりかた

**しかた(が)な・い**【仕方】 あへなし[敢
無] いかがはせむ[如何] じゅつ
なし・ずちなし[術無] しょせんな
し[所詮無] すべなし[術無] せむ
かたなし[為方無] せんなし[詮無]
ちからなし[力無] よしなし[由無]
わりなし[理無] ➡やむをえない

**しがつ**【四月】 いんげつ[陰月] う
き[卯月] うのはなつき[卯花月]
えとりはのつき[得鳥羽月] ことば
のつき このはとりづき[木葉取月]
しゅか[首夏] しょか[初夏] せい
やう[正陽] とりくづき[鳥来月]
とりまつづき[鳥待月] なつはづき
[夏初月] はなのこりづき[花残
月] はなのこりづき[花名残
月] よげつ[余月] ➡基本
つき(P.5)
枕—このくれの[木暗](➡うつき)
み[木暗闇](➡うつき)

しかと―じきょ

- **しかと** ていと・ていど とんと
- **しか・ねる** わづらふ[煩]
  - ―ねて かてに・がてに
  - ―ねない ぬべし
- **しかばね**【屍】→しがい
- **しがみつ・く** かいつく・かきつく[掻]
  付 →すがる
- **しかめっつら**【顰面】 じふめん[渋面]
  ―になる ひそむ[顰]
- **しか・める**【顰】 にがむ・にがる[苦]
- **しか・る**【叱】 いさかふ[言付] いさむ
  [諫] いひつく[言付] きめつく
  [極付] ころふ[嘖] さいなむ・さ
  きなむ[嘖] しをる[責] せが
  む はしたなむ[端] はらだつ[腹]
  立
  ―られる まぬらる[真罵] めを
  もらふ[目貰]
- **しかりつける** いひつく[言付]
  ―さるに さるに[然] それに→しか
  し
- **しかるに** さるに[然]
- **しかるべき** さべき・しかるべき・さる
  べき・しかるべき[然]
  ―さんべき さるもの[然]

- **しかん**【仕官】 しゅっし[出仕]
- **じかん**【時間】→基本とき(P. 16)
- **しき**【四季】 しいじ[四時]→基本きせ
  つ(P. 17)
- **しき**【式】→ぎしき
- **じき**【時期】 きげん[機嫌] きざみ
  [刻] ご[期] しほさき[潮先] じ
  せつ[時節] じぶん[時分] しほあ
  ひ[潮合] ほど[程] をりふし[折
  節]→ころあい
  ―遅れ
  句―ゑにあはぬはな[会逢花]
  ―遅れの草木 おくて[奥手・晩手]
  ―に逢う あふ[合・逢・会]
  ―になる かたまく[片設]
  ―を失う さたすぐ・さだすぐ

- **しきい**【敷居】 しきみ[閾] しきゐん
  [敷尹] とじきみ[戸閾]
  門の― かどづめ[門詰]

- **しきいし**【敷石】 きりいし[切石]
  軒下などの― おほみぎり[大砌]
- **しきさい**【色彩】→基本いろ(P. 14)
- **しきじき**→じか
- **じきじき**→じか
- **しきたり**【仕来】 かく[格] かた[形・
  象] しなし[為成] ならはし・なら
  ひ[習・慣] ふうぞく・ふぞく[風俗]
  よのためし[世例] れい[例]→な
  らわし、→ふうしゅう
- **しきつ**【識別】 わきまへ[弁]→く
  べつ
- **しきぶとん**【敷布団】 しきたへ[敷妙]
- **しきもの**【敷物】 しき[敷] しきる[敷
  居] しとね[茵褥] にく[肉]
  もの[引敷物] ひっしき[引敷] む
  しろ[筵・蓆] ゑんざ[円座] わら
  ふだ[円座・藁蓋]
  毛皮の― しきかは[敷皮]
- **しきゐ**【死去】→基本しぬ(P. 72)
- **じきょ**【辞去】 まかり[罷] まかりま
  ―する じす[辞] まかりまうす

じぎょう【事業】 たいかう[大行]

しきり【仕切】 へだて[隔] けぢめ

しきり【頻】 しくしく しげし・しげけし[繁] せちに[切] たびまねし[手繁] とこしき

枕—おきつなみ[沖波](→しく) —しきしきに しばしば[屡屡] しくしく[頻頻] しのに しこる[凝・痼]

ちへしくしくに[千重頻] ちへなみしきに[千重波頻] ひらに[平] とな →たびたび

—に行う しきなみ[頻並]

—に風が吹く ふきしく[吹頻]

—に降る しきふる[頻降]

▼頻繁なさま しきなみ[頻並]

し・く【敷】

枕—いなむしろ[寝延]

しきーる【仕切】 ひきへだつ[引隔]

しぐさ【仕草】 →みぶり

しくじり →かしつ

しくじ・る【蒙・被】 あやまつ・あやまる[過] かぶる[蒙・被] だりむくる[とり]

じぎょう——しご

はづす[取外] ぬかる[抜] はたく[叩・砕] ふみかぶる[踏被] もてそこなふ[損] …そこなふ[損]

—った しなしたり

しくみ【仕組】 あやつり[操] しかけ[仕掛]

しく・む【仕組】 からくむ[絡組]

—こと →かしつ

わだてる

しぐれ【時雨】 あさしぐれ[朝時雨] かきしぐれ[掻時雨] かたしぐれ[片時雨] きたしぐれ[北時雨] しぐれ・しぐ[時雨] 小夜時雨 しぐれのあめ[時雨の雨] ときしるあめ[時知雨] しぐれ[時雨] ときのまのあめ[時間雨] さなつしぐれ[夏時雨] はつしぐれ[初時雨] はるしぐれ[春時雨] ふゆしぐれ[冬時雨] むらしぐれ[村時雨] よこしぐれ[横時雨] ゆふしぐれ[夕時雨] →基本 あめ(P.8)

—が降る うちしぐる[打時雨] しぐる[時雨]

しけ【時化】 →あらし

しけい【死刑】 しざい[死罪]

しげみ【繁・茂】 しげり[繁・茂] こむら[木叢] しげ・る[茂] さかゆ[栄] しみさぶ[茂・繁] はびこる[蔓延] はひひろごる[這広]

枕—なつくさの[夏草] このくれの[木暮]・はるくさの[春草](→しげき)

—にする ちゅうす[誅]

—っている しみさぶ[繁茂]

—っているさま もし[茂]

—って重なり合う しげりあふ[茂合]

しけん【試験】 こころみ[試] —する こころみる・こころむ[試] いちらく[一落] こと[事]

じけん【事件】

しご【死後】 あと[後] うしろ[後] なきよ[亡世] のち[後] のちのよ[後世] のちのこと[後事] みのち[身後] めつご[滅後] →基本 しぬ(P.72)

—に落ち着く所 つひのすみか[終住処]

じこ——しじっさい

じこ
——の幸福 ごしょう[後生]
——の世界 ▶あのよ
——の法事 のちのこと[後事]
　ちのわざ[後業]
——の誉れ しにびかり[死光]
——の世 ▶あのよ
——事故 ことゆゑ[事故] ▶こしょう

じこ【自己】 ▶じぶん

じこう【嗜好】 ▶このみ

じこう【時候】 じせつ[時節] とき[時]　とし[年・歳]　をり[折] ▶[心柄]

じこう【施行】 せす[施] ほどこす[施]

じごうじとく【自業自得】 基本 きせつ(P.17)

しこう・する【同候】 さうらふ・ざうらふ[侍] はべり[侍]

しごく【至極】 せんばん[千万] ▶きわめて

しごく【扱】 こく[扱]
——・き落とす こくおとす[扱]
——・き散らす こきちらす[扱散]

じごく【地獄】 ▶あのよ

じごく【時刻】 こく[刻] こきる[扱]
　　　　　　　 じ[時]

▼職務 しょしょく[所職] そく職 くちすぎ[口過] げふ[業] しょさ[所作] すぎはひ[生業] つねのさん[常産] なりはひ[生業] なりはひ[渡世] り[業] みすぎ[身過] よすぎ[世] と謀 わざ[業態] わたらひ[渡] 過 みすぎ[身過] わたらひ[渡]

▼家業 よ[世]

▼失業
——句——あしがあがる[足上]

しごと【仕事】 いとなみ[営] げふ[業] こと[事] ことわざ[事業] さ[仕立]

しさい【子細】 けしき[気色] やうす[様子] よせ[寄] ▶くわしい

じさつ【自殺】 じがい[自害] しょうがい[生害]
——する 刃物で——する やいばにふす[刃伏]

じさん・する【持参】 もてわたる[持参] ゐる[率]

▼身投げ じゅすい[入水]

しさん【資産】 ▶ざいさん

しし【嗣子】 ▶あととり

しし【私事】 わたくしごと[私事]

しじ【指示】 さしづ[指図] ▶めいれい

しじ・する【師事】 したふ[慕]

しじつ【事実】 ▶しんじつ

しじっさい【四十歳】 きゃうし[強仕] しじゅん[四旬] しょらう[初老] とん[強仕] はじめのおい・はつおい[初老] ふわく[不惑] よそぢ

しごと【仕事】 いとなみ[営] げふ[業] こと[事] ことわざ[事業] しょさ[所作] たくみ[工・匠・巧]

しこ・む【仕込む】 しいる[仕入] したつ[仕立]

▼退職 おる[降・下] じす[辞] 職
　句——みすぎはくさのたね[身過草種]
大きな——句——たいかう[大行]
生活のための——句——いきのたつき[生過草種] いきぬ[生計] かしょく[家活] いとなみ[営] かしょく[家職] くちすぎ[口過] げふ[業] しょさ[所作] すぎはひ[生業] つねのさん[常産] なりはひ[生業] なりはひ[渡世] はかりこと[世] と謀 みすぎ[身過] よすぎ[世] 過 わざ[業態] わたらひ[渡]
——は数が多い いとなみはくさのたね[身過草種]
——句——みすぎはくさのたね[身過草種]
大きな——句——たいかう[大行]
——する いとなむ[営] はたらく働

## しじみ―しずまる

**しじみ【蜆】** しじめ【蜆】 →基本 ねんれい (P.89)

**しじゅう【四十】** よそ・よそぢ [四十・四十路]

**しじゅう【始終】** →いつも

**ししゅう【詩集】** しへん [詩編・詩篇]

**ししゅう【刺繡】** ぬひもの [縫物]

**じしゃ【寺社】** れいげん [霊験]

**ししゃ【使者】** つかひ [使遣]

**ししゃ【死者】** いたづらびと [徒人] と [帰人] こじん [故人] かへらぬひゐ [仏] まうじゃ [亡者] →こじん ほとけ

**しじみ【蜆】** しじめ [蜆]

**しじゅうがら【四十雀】** えばらすずめ [荏雀]

**ししょう【支障】** →さしさわり

**ししょう【師匠】** し [師] →せんせい

**じじょう【事情】** ありかた [有形] あるべきかぎり [有限] あるやう [有様] ぎ [儀] きげん [機嫌] けしき [気色] こころ [心] こと [事] ことのこころ [事心] さう [左右] しき [式] しさい [子細] しだい [次第] しな [品] しょわけ [諸訳・諸分] つがふ [都合] やう [様] やうす [様子] やうだい [様体] ゆゑ [故] ようだい [容体] よし [由] わかち [分] わけ [訳] 和 なごやか [和] なごし・なごはし

**―ありげ** しさいらし [子細]
**―うがり** [様]
**―で動きが少ない** たゆし [弛・懈]
**―な心** しづごころ [静心]
**―に** おもむろに [徐・舒] こそろ と そと なりやまむ [鳴止] やはら・やをら
**―に考える** おもひすます [思澄]
**―にさせる** しづむ [鎮]
**―になる** うちしめる [打湿]
**む** ひそまる [潜]

**じしょく【辞職】** いとま [暇] ちじ [致仕]
**―する** おる [降・下] じす [辞]
▽**辞表** いとまぶみ [暇文]

**ししん【私心】** わたくし [私]
**―がない** あかし [明・赤]

**しじん【詩人】** しうじん [愁人]

**じしん【地震】** おほなゐ [大地震] なゐ [地震] なゐふる [地震振]
**―が起きる** なるふる [地震振]

**しずか【静】** かごか・かごやか・かすか・しじま [無言] しづか・しづやか・しづけし [静] しめやか・ひらけし [平] なごやか [和] のど [長閑]
**―で動きが少ない** たゆし [弛・懈]
**―な心** しづごころ [静心]
**―に** おもむろに [徐・舒] こそろ と そと なりやまむ [鳴止] やはら・やをら
**―に考える** おもひすます [思澄]
**―にさせる** しづむ [鎮]
**―になる** うちしめる [打湿]
む ひそまる [潜]
▽**しずしず** しとしと(と)
▽**物静か** →ものしずか

**しずく【雫】** しづり・しづれ [垂] たまみづ [玉水]

**しずしず(と)** しとしと(と) もそろ もそろに

**しずま・る【静】** したひらぐ [平] なごむ [和] のどまる [和] しづまる [静・鎮] しめる [湿] たひらぐ [平] なごむ [和] しんしん(と)
**―り返ったさま** しんしん(と)

しずむ——しそん

風や波が——　なぐ[和・凪]
心が——　おもひしづまる[思鎮]
おちゐる[落居]　さむ[冷]
病気などが——　をさまる[治]
**しず・む【沈】**　なづさふ
——　おぼほる[溺]　しづむ[沈]
[沈]　なづさふ　しづむ
——こと　ちんりん[沈淪]
——【もうとする】　かたむかる[落懸]
——んでいる　しづく[沈]
悲しみに——　おもひしめる[思湿]
しをる[萎]
いるさ[入方]
気分を——ませる　うづむ[埋]
日月が西に——みかける　おちかか
る[落懸]
**しず・める【静・鎮】**　しづむ[静・鎮]
すます[澄・清]　なごむ[和]　のど
む[和]　むく[平]　をさむ[治]
感情を——　おもひさます[思醒]
反乱などを——　はききよむ[掃清]
はらふ[払]

世を——　すます[澄・清]
**しせい【姿勢】**　ゐずまひ[居住] ‥‥すが
れと[我]
——に接する機会
ねん[自然]　ひとり[一人・独]　わ
**しせい【時勢】**　ときよ[時世]
**しせいじ【私生児】**　おちば[落葉]
**じせい【自制】**　まぐ[曲]
**しせつ【施設】**
**じせつ【時節】**　ころ・ころほひ[頃]　せ
ち・せつ[節]　ときよ・ときよ[時世]　みぎ
り・みぎん[砌]　よ[世]　をりふし
[折節] ‥‥基本きせつ(P.17)
——遅れ　ならず[態]
句——むいかのあやめとをかのきく
[六日菖蒲十日菊]　ゑにあはぬはな
[会逢花]
——外れ　ときじ[時]
**しせん【視線】**　めがほ[目顔]　めづま
——を反らす　そばむ[側]
**しぜん【自然】**　ざうくゎ[造化]　じね
ん[自然]　ふううん[風雲]　ぶゐ
[無為]
——の美　せつげつくゎ[雪月花]
——のたより　ふううん[風雲]　ふげつ‥ふげつ
[風月]
——の風物・風景　ふうげつ・ふげつ
——のまま　じねん[自然]　わざと
——のままに　あめのまにまに[天]
あめつちのまにまに[天地]
▼不自然ではない　けしうはあらず
[怪有]
ふ[堪・耐]
**しそ【紫蘇】**　のらえ[野良苣]
**しそうなので**べみ‥‥すいてい
**じぞく・する【持続】**　こたふ[堪]た
**しそこな・う【損】**‥‥しくじる
**しそん【子孫】**　あとかばね[後姓]　あ
なすゑ[足末]　うまご[孫]　うみの
こ[生子]　おやのこ[親子]　こうい
ん[後胤]　こはな[裔]　する[末]
する・する[後裔]　すゑば[末葉]　ぞ
う[族]　ぞうるい[族類]　そん[孫]

## しそんじる——したがう

### しそんじる →しくじる

### じそんしんがあ・る【自尊心】 たかし[高]

### した【下】
枕—あしねはふ[葦根這] うもれぎ[埋木] かやりび[蚊遣火] こもりづの[隠水] したひもの[下紐] したびやま[下樋山] はふくずの[這葛] みなしがは・みなせがは[水無瀬川] もりつの[隠沼]

したひもの[下紐] したびやま[下樋山] ねかた[根方] もとへ[本辺]・本方
—に敷く ふす[伏・臥]
—の方 ねかた[根方] もとへ[本辺]
—を向く うつむく

### したあご【下顎】 おとがひ[頤]

### したい【姿態】 すがた、ようし

### したい【死体】 しがい

### したい【希望】 ほっす・ほりす[欲]

### しだい【次第】 ぎ[儀] さう[左右] しあはせ[仕合] せんさく[穿鑿] しき[式] しゅび[首尾] だんだん[段段] ついで[序] よし[由・因] わざ[業・態]
困→基本 がんぼう(P.101)
—と なりをり・ややや[漸] ゆくゆく(と) をりをり[折折] なりまさる[成増・成勝] なりもていく[成持行] なる[成]
—に しだいに

### しだい【事態】 ことのさま[事様] じ事の—しあはせ[仕合] しまつ[始末]

### じたい【辞退】 ことわり[断]
—し通す すまひはつ[辞果]
—する かへさふ[返] ことわる[断] さる[避] じす[辞] しんしゃく[斟酌] すまふ[辞] のがる[逃] のく[退] へす[謙] きこえいなぶ[聞否] きこえかへす[聞返]
—の言葉 わびごと[詫言]

### しだいに【次第】 すがひすがひ[次次] ぜんぜん(と)[漸漸] だんだん[段段] ちくちく(と) つぎつぎ[次次・継継] やうやう・やうやうに[漸] ややや[漸] ゆくゆく(と) をりをり[折折]

### した・う【慕】 おもひかく[思懸] したふ[慕] しぬぶ・しのぶ[偲・忍]
枕—なくこなす[哭児]
—い寄る うちなびく[打靡] 聞いて—ききかよふ[聞通] 互いに恋い— つまごひ[妻恋・夫恋]
遠くの人を— おもひしのぶ[打偲]
▽思慕の情 おもひ[思]

### したが・う【従】 うべなふ[宜] おもむく[赴・趣] ぐす[具] くっす[屈] したがふ[従] つる[連] なびく[靡] ふくす・まつろふ[服・伏] まかす[任] まつらふ・まつろふ[服・順] よる[依・因]
—わせる おもむく[赴・趣] ことむく[言向] したがふ[従] つく

[付] とりこむ[取込] なびく・なびかす[靡] まつらふ・まつろふ[服・順] むく[平]
—・わない うちそむく[打背]
むく[背・叛] たがふ[違]
相手の主張に— きく[聞] まくけ[負]
後に— つづく[続]
逆らわずに— しなふ[撓] つく[付]
付き— つく[付]

**したが・える【従】** ぐす[具]
**したがって【従】** さう[草] さうし[草]
…だから
…に— まにまに[随・随意] まま に[儘]

**したがき【下書】** さう[草] さうし[草]
→つれる
紙・草子
—する さうす[草]

**したぎ【下着】** →はだぎ
**したく【支度】** →基本 じゅんび (P.85)
食事の— まかなひ[賄]
朝食の— あさもよひ[朝催] おもひ

**じたく【自宅】** いほり[庵・廬]
**したくえる**——**したしめる**

したごころ【下心】 げしん[下心] そへ・わぎへ[我家] →基本 いえ (P.91)
のいへ[思家] ふるさと[古里・故郷] やど[宿] やどもと[宿許・宿元] わいへ・わいへん・わが許・宿[底意]

**したごしらえ【下拵】** したがた[下形] したぢ[下地]
**したじ【下地】** したかた[下形]
**したし・い【親】** こころやすし[心安] ねんごろなる[懇] にぎぶ[和] たじなし[疎] ものうとし[物疎] むつまし[睦] わりなし[理無] むつまし[親昵]
—こと ばくげき・ばくぎゃく[莫逆] →しんみつ
—人 しんぢつ[親昵] まのあたり[目当]
—く まじはらぐ[和]
—くさせる やはらぐ[和]
—くする →したしむ
—く付き合う くらぶ[比]
—くない うとし[疎]
—くなり過ぎる なれすぐ[馴過]
—くなる いひつく[言付] やはらぐ[和] ゆる[許]
—く交わる みなる[見馴]

したしみ【親】 しん[親] むつび[睦]
**したしみあ・う【親合】** なれあふ[馴合]
**したしみな・く【親】** むつる[睦]
**したしみな・れる【親馴】** なつかし[懐]
**したしみにく・い【親】** けうとし[気疎]
**したしみはじ・める【親始】** なれそむ[馴初]
**したしみぶか・い【親深】** ねむごろ・ねもころ・ねんごろ[懇]
**したしみやす・い【親易】** けぢかし[気近]
**したし・む【親】** いりたつ[入立] おもなる[面馴] おもひむつぶ[思睦] くらぶ[比] なつさふ ならふ・なる[馴・慣] なれむつぶ[馴睦] にぎぶ[和] むつぶ・むつる[睦睦] —・み愛すること あいげう[愛楽]
▽男女が— うちとく[打解]
**したし・める【親】** なつかし[懐] あまゆ[甘]

したたかもの──しつけ

**したたかもの【強者】** くせもの[曲者] くせびと[曲人]

**したたらず【舌足らず】** したつき[舌]

**したた・る【滴】** たる[垂]
　─・らせる　したたむ[滴] たる・したたづ[滴・瀝]
　─さま　ほつほつ
　汗や涙が─　あゆ[落] ながる[流]

**した【仕立】** こしらふ[拵] したつ[仕付] しなす[為成] たちぬふ[裁縫]
▽仕立屋　おものし[御物師]

**したりがお** →まんぞく

**しだ・れる【枝垂・垂】**
　─れさせる　しづ[垂]
　─れて咲く　さきしだる・さきたる[咲垂]

**しだれざくら【枝垂桜】** いとざくら[糸桜] おくゆかし[奥床]

**したわし・い【慕】** こひし・こほし[恋] したはし[慕] しのばし[偲] なつかし[懐] むがし[慕] むつまし[睦] ものゆかし[物]

---

**しちがつ【七月】** あきのはづき[秋初月] あきはづき[秋端月] あひづき[相月] あさみづき[文開月] おやづき[親月] くゎげつ[瓜月] こげつ[孤月] ささはなさづき[ささ花月] しょうげつ[宗正] しんしう[新秋] たなばたづき[七夕月] ななよづき[七夜月] はつあき[初秋] ふげつ[婦月] ふづき・ふみづき[文月] ふみひらき[文開] ふみひろげづき[文開月] まうしう[孟秋] みなづき[穂見月] めであひづき[愛逢月] らんげつ[蘭月] らんしう[蘭秋] りゃうげつ[涼月] をみなへし[女郎花月] をみなべしつき[女郎花月]
→**基本 つき**(P.5)

**しちぐさ【質草】** →たんぽ

**しちや【質屋】** ぐら[土倉] ななつや[七屋] つち[槌]

**しちゅう【市中】** てう[朝]

**じっか【実家】** さと[里]

**しっかり** したたに
　─動かない　たしか[確]
　─した心　とごころ[利心・鋭心]
　─している　かたし[固・堅] さかし[賢] すくやか[健]
　　したたか[強・健] だいぢゃうぶ[大丈夫] はかばかし[果果] むねむね[宗宗] をさをさし[長長]
　─と　しつかと[確] たしに　はたと・はったと[確] ひしひしと　みしと　ひしに　ふつつか[不束]
　ますます─している　やがたし[弥堅]
　肝が─している　ふとし[太]
　心が─している　こころまさり[心優] きぢゃう[気丈]
　根元が─している

**しっき【漆器】** じきろう[食籠]

**しつぎょう・する【失業】** あしがあがる[足上]

**しつく・す【尽】** つくしはつ[尽果]

**しつけ【躾】** ならはし[習・慣]

しっけい──しっぱい

しっけい【失敬】→しつれい
しつ・ける【仕付・躾】 したつ[下立] しつく[仕付] しいる[仕入]
じつげん・する【実現】 なる[成] ことなる[事成]
しつこ・い あつかはし したたるし[舌] しふねし[色濃] こし[色濃]
じっこう・する【執行】 とりおこなふ[執行]
じっこん【昵懇】 しんぢつ[熱縑] じゅこん・じゅっこん[入魂] つ[企]
じっさい【実際】 まこと[誠・真] げんざい[現在] ち[地]
計画を─に移す くはたつ・くはだつ
じつじょう【実情】 ありかた[有形]
じっしょう【実証】→しょうめい
しっしん【失神】→きぜつ
しっさく【失策】→しっぱい
─の目当

しっ・する【失】→なくす
しっそ【質素】 おろそか[疎] くすむ
─にする およすく・およすぐ・おこみち[小道] つつまやか[約]
じったい【実態】 しちらい・しつらい[寶]
じったい【失態】→しくじる
したかぶり【聞知顔】 しりがほ[知顔] きがほ・ききし[実体] むざね[実]
じっち【湿地】 しづや[閑野]
じっち【実地】 ち[地]
じっちょく【実直】 こうたう・こうだう[公道] じちよう[実用] じってい[実] すくすくし[直] まめ・まめやか たまか まこと[誠・真] ものまめやか[忠実] ぎ[律儀・律義] まめひと・まめびと[忠実]
─な人 まめやかなる人

じって【実弟】 しんきゃう[親兄]
しっと【嫉妬】 そねみ ものうらみ[物恨] もものうたがひ[物疑] ものねたみ[物悋] ねたみ[嫉] のうらやみ[物羨] ものゐんじ[物怨] ─する そねむ[嫉] ふすぶ[燻]
じっと っと つやつや
─しているさま まじまじ(と)
─見つめる うちまもる[打守]
しっとり(と) なまめかし・なまめく
─している

じっに【実に】→ほんとうに
じつは【実は】 さるは[然] はや[早]げに[艶]
しっぱい【失敗】→しくじる
─する→しくじる
同じ─にのまひ[二舞]
能力ある人の─

しっぷう——しなれる

しっぷう【疾風】→ 基本 かぜ (P.11)

しつぼう【失望】→きおち

しっぽ【実母】→はは

じつめい【実名】 じつみゃう[実名]
にじ[二字]

しつもん・する【質問】→たずねる

しつよう【執拗】→しつこい

じつようてき【実用的】 まめ・まめや
か・まめまめし まめわざ[忠実業]

しつれい【失礼】 あいだてなし
—な仕事 まめまめし[忠実]
[悪] そこつ[粗忽] そつじ[率
爾] なめげ・なめし[無礼] はした
なし [端] びろう[尾籠] ぶこつ
[無骨] らうぜき[狼藉] れうじ
[聊爾] ゐやなし[礼無]→ぶれい[無礼]
[骨無]くゎんたい[緩怠] こちなし

▽不躾け・不仕付け そさう[粗相]

句——くじのたふれ[孔子倒]

能力のない人の—

句—うのまねするからす[鵜真似烏]
けいまのたかあがり[桂馬高上]

▽しまった! さしつたり これは
したり しなしたり したり

してん【支店】 でだな[出店]
[出]しいだす・しいづ[為出] しだ
す[仕出]

じどう【児童】→ 基本 こども (P.51)

しどうしゃ【指導者】→せんせい

しどう・する【指導】 みちびく[導]
[回] ひきまはす[引

しと・げる【遂】 しいだす[為出] で
かす[出来] とぢむ[閉] はたしと
ぐ[果遂] はたす[果]

しとね【褥】→しきもの

しと・める【仕留】 はたす[果]

しとやか しなやか・たをたを・たやか
[尋常] にこやか・にこよか[和
婉] にやさし[優] あいきゃう・あいぎゃ
う[愛敬]
—で優しい あいきゃう・あいぎゃ
う[愛敬]

しでか・す ひきいだす・ひきいづ[引
出]しいだす・しいづ[為出]
—さま たわ・たわわ・たわたわ
[枕]—あきはぎの[秋萩](↓しなふ)

をる[撓・生]→まがる

—さま たわ・たわわ・たわたわ
[撓]
—ほど とををに(—に)[撓]

—わせる しをる[萎・撓]

しなさだめ【品定】 ものさだめ[物定]

しなじな【品品】 くさ・くさはひ[種
種]
かんてい

しなだ・れる【撓垂】 こだる[傾・木垂]
—れている したるし

しな・びる【萎】 うちしなゆ[打萎]

しなやか たわやか・たをやか・たをた
を[婉] なえやか なびやか なよ
びか なよびたり なよらか なよ
よか やはらか[柔]
—で細っそりしている ほそやか
[細]
—な女 たわやめ・たをやめ[手弱
女]
—なさま しっとり(と)
—に しとしと(と)
—になる なよやぐ[萎]

しないで【撓】 ずは

しな・う【撓】 たわむ・たをむ[撓]を

しな・れる【馴】 しつく[仕付] なる
[馴・慣]

しにぎわ―じひ

しにぎわ【死際】→りんじゅう
しにく・い …がたし・…がた なし …かぬ …ぐるし …がた[難]
しにものぐるい【死狂】 しにぐるひ [死狂]
じにん・する【辞任】 しりぞく[退] じす[辞]
し・ぬ【死】→基本【P.72】
しのこ・す【残】 しのこす
しのだけ【篠竹】 しの[篠] すず[篠] しののはぐさ[篠葉草]
しの・ばれる【偲】
しのばせる ひそむ[潜]
しのびやかに[忍] しのびかに しのばゆ・しのばゆ[忍]
しの・ぶ【忍】…がまん
枕―しのぶやま[忍山](→しの)
―び隠れる はひまぎる はひくろへごと[隠事]
―びごと かくろへごと[隠事]
―び姿 やつれ[褻]
―び泣き したなき[下泣] しめなき・しめりなき[湿泣]
―び歩きする まぎれありく[紛歩]

しのぶぐさ【忍草】 ことなしぐさ[事無草] しのぶもぢずり[忍捩摺] しのぶずり[伏柴]
しのぶで行く はひわたる[這渡]
しは【柴】 ふし[柴] ふししば[伏柴]
しはい【支配】 そうりょう[総領・惣領] ちぎゃう[知行]
―する しんだい[進退] すぶ[統] つかさどる[司・掌] ふまふ[踏]
しばし【暫】 く[暫]→しばらく
―とも しまし・しましく・しまらく[暫] かのまも[束間] の間も うたかたも[泡沫] つき[一時] ときのほど[時程] とき のま[時間] ときのま[時間] ―の間 いったん[一旦] ひとと き[一時] ときのほど[時程] とき ―露間] つかのま[束間] たまゆら[玉緒計] たまゆら[玉響] やや[稍] ややしばし[稍暫] やや[稍] ややしばし[稍暫] ばし・しまし・しましく・しまらく[今暫] し ―らくして[暫] いましばし[暫] しばらく[暫] わけをたてる

しばしば【屡】 しくしく・しきる[頻] しげけし・しげし[繁] ましばに[真羅] よく[良・能] た びたび[度]
しはじ・める【始】 しくなみの[頻浪] かかる[掛] しそ む[為初・仕初] とりかかる[取掛]
しはた・す【果】 まったうす[全]
しはら・う【支払】 しまふ[仕舞] と りかく[取掛]

しば・る【縛】 いはへる[結] いましむ [縛] からぐ[絡] くくす・くくる [括] しむ[締] ほだす[絆] ゆふ [結] →くくる
―こと いましめ[縛]
―り上げる ゆひからむ[結搦]

じひ【慈悲】 だうしん[道心] とく [徳] →なさけ
―なき ゆひからむ[結紮]
―人の世の― うきよのなさけ[浮世 情]

299

じひょう――しまう

**じひょう【辞表】** いとまぶみ[暇文]

**じび・れる** ひるむ[怯]

**じふ【自負】** われだのみ[我頼]
　―する おもひあがる[思上]
　―ぼれ

**しぶき【飛沫】** そそき[注] みづまり[水鞠]

波の― なみのはな[波花]

**しふくをこやす【私腹肥】** りゃう[利養]

**しぶしぶ【渋】** ⇒ためらう
　―がむ[苦苦] なまなま[生生] にがむにがむ[苦苦]

**しぶん【詩文】** ふうが[風雅]

**じぶん【自分】** かた[方]

**じぶん【時分】** じあひ[時合] ほど[程] ころ[頃] とき(P.16) ⇒基本

**じぶん【自分】** ここもと[此許・処許] し[其] しこ[醜] み[我身] み[身] よ[余・予] わがみ[我身]
　―勝手 みがまま[身侭]
　―から こころから[心] みづから[自]
　―[自] われから・われと[我]

仏の大きな― だいひ[大悲]

―自身 おのれ[己] みがら[身柄] われ[我]

―自身 われわれ[我我]

―自身で みづから[自] わがで[我手]

―でさえも われさへに[我]

―で おのづから[自] てづから[手]

―の考えで こころと[心]

―の考えする ひとやりならず[人遣]

―の心のまま こころづから[心]

―の言葉で くちづから[口]

―までも われさへに[我]

**しべつ【死別】** こんじゃうのわかれ[今生訣] さらぬわかれ[避別] つひのわかれ[終別] ながきわかれ・ながのわかれ[長別] わかれ[別] わかれぢ[別路]
　―する しゃうをへだつ[生隔]
　―の旅 わかれぢ[別路]
　わかる[別]

**しほう【四方】** よも[四方]

**じぼうじき【自暴自棄】** わざくれ

**しほうだい【放題】** しちらす[為散]

**しぼする【思慕】** ⇒したう

**しぼ・む【萎】** しなゆ[萎・撓] ⇒かれる
　―ませる しをる[萎・撓]

**しぼりだすこえ【絞出声】** せみごゑ[蝉声]

**しぼりとる【絞取】** あぶらをとる[油取]

**しま【島】** しまね[島根]
　―の辺り しまべ[島辺] しまび・しまわ[島曲・島廻]
　―の陰に隠れる しまがくる[島隠]
　―の周り しまみ[島見・島廻] しまわ[島曲・島廻]
　―巡り ―の周り
　多くの― ももつしま[百津島] やそしま[八十島]
　遠い― おきつしま・おきつしまね[沖島根] おきつしまやま[沖島山]
　▼**島国** しまね[島根]

**しまい【姉妹】** をんなはらから[女同胞] ⇒きょうだい

**しま・う【仕舞】
　―っておく とりおく[取置] を

しまつ——しめなわ

**さむ**[納] 心の中に—こむ[籠・込] 大切に—きすむ[蔵]

**しまつ**[始末] さた[沙汰] したたむ[認] とりしたたむ[取認] —に困る あます[余] —する したおく[仕置] とりおき[取置] とりおく[取置] [仕合] しあはせ

**しまりがな・い**…しっぱい しどもなし らちもない[埒無] しだらなし

**しまった→しっぱい**

**しま・る**[締] とづ[閉] ふさがる[塞] 句—しりもむすばぬいと[尻結糸] —・くなる[緩] ゆるぶ[緩] —・く振る舞う おほどる・おほど・ゆるぶ にょでいにん[如泥人] —人 とろく[盪]

**じまん**[自慢] しほや[塩屋] ぜんせい[全盛] ふきがたり[吹語] みそ [味噌] みぼめ[身褒] われぼめ[我褒] —話 だみそ[駄味噌] ほこりか[誇] みそをあげる[味噌上] —顔 まさりがほ[優顔] われはがほ[我顔]

—げ ほこらし・ほこりか[誇] —する てらさふ[衒] ひけらかす ほこる・ほころふ[衒] まんず[慢] —しきりに—する ほこりふ[誇] —カー ちからだて[力立] ▼手前味噌 だみそ[駄味噌]

**じみ**[地味] しっそ

**しみこ・む**[染込] しとむ

**しみじみ** つくづく(と)[塾] つばら [委曲委悉] →つくづく —思う うちおぼゆ[打覚] つばらに こころもしのに[心]

**しみず**[清水] たまみづ[玉水] はし りゐ[走井] やまのゐ・やまゐ[山井] ゐ[井] 枕—たたなめて[楯並] (→いづみ) いはみづ[岩水] —井 岩から流れる— いはみづ[岩水] いはしみづ[岩清水] そけ[味噌気] 岩場の—ましみづ[真清水] 清らかな—うつる[移] しむ・しみつく[染] **しみとお・る**[染通]

**しむ・ける**[仕向] しかく[仕掛]

**しめき・る**[締切] たてこむ[立籠・閉込]

**しめくく・る**[締括] すぶ[統] →まとめる

**しめころ・す**[絞殺] くびる[縊]

**しめしあわ・す**[示合] はだをあはす [肌合]

**しめ・す**[示] たる[垂] みゆ[見] それとなく— ほのめかす・ほのめく[仄] はっきり— あらはす[表・現] 皆に広く— さらす[晒] **しめっぽ・い**[湿] つゆけし[露] —・くなる うるむ[潤]

**しめなわ**[注連縄] かざりなは[飾縄]

301

# しめやか――しゃざい

**しめやか** しめ[標・注連] しりくべなは・しりくめなは[注連縄]
　うちしめる　なまめかしい・なまめく[艶]　う[蕭条]

**しめら・す【湿】** うるふ・うるほす[潤] しほる[湿・露] しめす[湿]

**し・める【占】** うしはく[領] しむ[占・標]

**し・める【締】** しむ[締] とづ[閉] ひきたつ[引立] ▷[縊]
　首を―　くびる

**しめ・る【湿】** うるふ・うるほふ[潤] しほる[湿・露] →ぬれる
　▼湿っぽい　つゆけし[露]

**じめん【地面】** ぢ[地] つち[土] たつち[直土] →とち
　凍った―　ひづち[氷土]

**しも【霜】**
　―で草木が枯れること　しもがれ[霜枯]
　―の降りる寒い夜　しもよ[霜夜]
　露と―　つゆしも・つゆじも[露霜]

**しも【斑】**　斑に降った―　はだら・はだれじも・はだれ[斑霜]

**しもべ【下部】** げす[下衆] げにん[下人]

**しもばれ【霜腫】** しもくち[霜朽]

**しもやけ【霜焼】**

**しや【視野】** めぢ[目路]

**しゃあく【邪悪】** おほがま[大鎌] おほやけ[公] →な者　おほがま[大鎌] まが[禍]

**しゃかい【社会】** よのなか[世中] せけん[世間] →基本

**せけん**（P.57）

**しゃが・む** かがむ[屈] つくばふ[蹲・蹲] したにゐる[居] →かがむ

**しゃがれごえ【嗄声】** からごゑ[枯声] おいごゑ[老声]
　―になる　おいかる[老嗄] かる[乾] かれば む[嗄]

**しゃく【癪】** つらし[辛] ねたし・ねたがる[妬] ねたしむ[妬]
　―に障る　ねたむ[妬] ねたしげ[妬] ねたがる[妬] ねたし・ねたたげ・ねたがる[妬]

**しゃくし【杓子】** →しゃもじ

**しゃくとりむし【尺取虫】** すんとりむし[寸取虫]

**しゃくなげ【石楠花】** うづきばな[卯月花] さくなげ・しゃくなぎ[石楠花] さくなむざ[石楠草] せきなん[石楠]

**しゃくはち【尺八】** さくはち[尺八]

**しゃくめい・する【釈明】** いひわけ[陳]

**しゃくや【借家】** たな[店]

**しゃくやく【芍薬】** えびすぐすり[夷薬] かほよぐさ[貌佳草] ぬみぐすり[枸杞]

**しゃくようしょうしょ【借用証書】** しゃくじょう[借状]

**しゃくりあ・げる【嗄上】** さくりあぐ[嗄上] さくる[咳] せきあぐ[咳上] せきか へす[咳返] せぐりあぐ[咳上] さくりもよよと　さくる・しゃくる

**しゃくりな・く【泣】** さくる・しゃくる

**しゃけん【邪険・邪慳】** けんどん[慳貪] かし[怠]

**しゃざい【謝罪】** おこたり[怠]

しゃしゃんぼ——じゅう

こまり【畏】 たいじょう【怠状】 わびごと【詫言・侘言】 →あやまる
▽謝罪文 おこたりぶみ【怠文】 わじょう【過状】
しゃしゃんぼ【南燭】
しゃぜつ【謝絶】→ことわる
しゃせつ【邪説】 げどう【外道】
じゃっかん【若干】 さしぶ【鳥草樹】
 ―する おふ【負】
 ―取り しゃくせんこひ【借銭乞】
しゃっくり さくり【噦】
しゃにむに ただいきに【唯行】
 ―をする さくる・しゃくる【噦】
じゃねん【邪念】
 ―がある こころきたなし【心汚】
 ―がない こころきよし【心清】
 ―を抱く こころのにごり【心濁】にごり【濁】 にごる【濁】

しゃくぎん【借銀】 しゃくせん【借銭】
たしゃく【他借】
しゃっきん【借金】 おひめ【負目】
そこばく・ここらく【幾許】 そくばく・きばく・ここら【幾許】 こきし【幾許】
しゃほん【写本】 せうもつ・せうもち【抄物】
しゃぶ・る しはぶる【舐】 ねぶる【舐】 なめる
しゃべ・る →基本語いう（P.69）
じゃま【邪魔】 しゃうげ【障碍】
 ―する こだはる さふ【障】 さまたぐ【妨】 せく【塞・堰】 ふさがる【塞】
 ―な物 ましゃう【魔障】
 ―つきにむらくもはなにかぜ【月に叢雲花に風】
 ―になる さはる【障】
しゃみせん【三味線】 いろいと【色糸】
しゃめん【斜面】 やまづら【山面】山の― かひ【匙】
しゃもじ【杓文字】 いひがひ【飯匙】しゃくし【杓子】
しゃれ【洒落】 いひかけ【言掛】 かるくち【軽口】 こぜごと【言】 しゅくしく【秀句】 もんさく【文作】

しゃべい【謝礼】 よろこび【喜】 ものいふ【物言】 →おれ
しゃば【娑婆】 げかい【下界】 さんがい【三界】 迷いの多い―くゎたく【火宅】
しゃれい【謝礼】
 ―の金 るやしろ【礼代】
 ―の品 まひなひ【賄・幣】
しゃ・れる【洒落】 ざる・ざればむ【戯】
 ―れたことをする ひねる【捻・撚】
 ―れている あざる・ざればむ【戯】 そぼる【戯】 なまめく【艶】 そぼまめかし・いまめく【今】 ざればむ【戯】
 ―れた様子 ふう【風】
じゃ・れる そばふ・そばゆ【戯】 そぼる【戯】 ほたゆ
しゅい【趣意】 むね【旨】
しゅいろ【朱色】 ひ【緋】
じゅう【十】 そ・とを【十】
じゆう【自由】 じざい【自在】 やすらか【安】
 ―自在 じゅうわう・じゅうわうむげ【縦横無礙】
 ―にする こころにまかす【心任】
 ―にすること しんだい【進退】
 ―になる たなごころのなか【掌】

しゅうあく ── じゅうごさい

**しゅう**
— を失うこと　　してう[翅鳥]
中

**しゅうあく【醜悪】**　にくさげ[憎]

**しゅうい【周囲】**　せかい[世界]　せけん[世間]　めぐり[巡・回]　しま[島]　しまみ[島見・島廻]　しまわ[島曲・島廻]

**じゅういちがつ【十一月】**　かぐらづき[神楽月]　かみきづき[神来月]　かみさりづき[神去月]　かみなかりづき・かみなしづき・かみなづき・かんなづき[神無月]　きこえつき[吉月]　げんちょ[玄猪]　げんとう[吉冬]　こはる[小春]　ころくぐゎつ[小六月]　しぐれづき[時雨月]　しょとう[初冬]　しんとう[新冬]　しんせい[秦正]　せいいんげつ[正陰月]　せうやうしゅん[小陽春]　せつやう[節陽]　しゅうかく[秋収]

**しゅうい【拾遺】**　こころづけ[心付]　かづけもの[被物]　みくにぶり[御国風]　つつみがね[包金]　しゅうげん[祝言]　はな[花・華]　ろく[禄]

**じゅうがつ【十月】**　かみありづき[神有月]　かみなかりづき・かみなしづき・かみなづき・かんなづき[神無月]　きこえつき[吉月]　げんちょ[玄猪]　げんとう[吉冬]　こはる[小春]　しぐれづき[時雨月]　しょとう[初冬]　しんとう[新冬]　しんせい[秦正]　せいいんげつ[正陰月]　せうやうしゅん[小陽春]　せつやう[節陽]　しもつき[初霜月]　まうとう[孟冬]　りょうげつ[良月]　はるまちづき[春待月]　やうげつ[陽月]

**しもつき[霜月]**　しゃうとう[上冬]　しんげつ[新月]　たつげつ[達月]　ちゅうとう[中冬・仲冬]　ちょうげつ[暢月]　つゆこもりのはつき[露隠葉月]　なかのふゆ[仲冬]　ねづき[子月]　ふうかん[風寒]　ふくげつ[復月]　まつふゆ[末冬]　まちづき[待月]　ゆきまちづき[雪待月]　ゆきみづき[雪見月]

**しゅうう【驟雨】**→ 基本 あめ(P.8)

**しゅうかい【集会】**　しふゑ[集会・衆会]　よりあひ[寄合]→あつまり

祭礼などの —　　ゑ[会]

**しゅうかん【習慣】**　かたぎ[気質]　ここたろならひ[心習]　さが[性・相]　ならし・ならはし・ならはかし・ならはし・ならひ[習慣]　ふう[風]→ふうしゅう
— となる　　ならふ[習・慣]
— をつける　　ならはす[習・慣]
その土地の —　　ぞく[俗]

長い間の —　　せきしふ[積習]
日本の —　　みくにぶり[御国風]

**しゅうぎ【祝儀】**　かづけもの[被物]　こころづけ[心付]　しゅうげん[祝言]　つつみがね[包金]　はな[花・華]　ろく[禄]

当座の —　　てんとう[纏頭]

**じゅうき【什器】**　じふほう[什宝]　じもつ[什物]

**じゅうきょ【住居】**　いへる[家居]　きょをく[居処]　しゅくしゃ[宿所]　しょざい[所在]　すまひ[住]　ところ[所]　てい[亭]　やど[宿・屋戸]　やどり[宿]　るや[居屋]→ 基本 いえ(P.91)

**しゅうきょく【終局】**　くきゃう[究竟]

**しゅうきんにん【集金人】**　かけこひ[掛乞]

**しゅうけつ【終結】**　とぢめ[閉]

**しゅうげん【祝言】**　ことぶき[寿]

**しゅうごう【集合】**→あつまる

**じゅうごさい【十五歳】**　さんご[三五]　しがく[志学]　ぶしょう[舞象]り

しゅうさい――しゅうちゃく

っしのよはひ [立志齡] → 基本 ねん れい (P.89)

**しゅうさい [秀才]** すさい [秀才]

**じゅうざい [重罪]** だいぼん [大犯] ちゅうくゎ [重科] →つみ

▽重罪人 だいぼん [大犯] もん [宗門]

**しゅうし [宗旨]** しゅう [宗]

**しゅうし [習字]** てならひ [手習]

**じゅうし [重視]**
―する かかづらふ
―されない かるがるし・かろがろし [軽軽]
―しておもんじる ばうず [坊主]

**じゅうじ [住持]**

**じゅうじざい [自由自在]** →じゅう

**しゅうじつ [終日]** →いちにちじゅう

**じゅうしゃ [従者]** ぐさ [具者] けにん [家人] けんぞく [眷族・眷属] しょじゅう [所従] ずさ [従者] てぶり [手振] とも [供] らうどう [郎従] らうじゅう [郎等]

**しゅうしゅう [収集・蒐集]** …あつめる

**しゅうじゅく [習熟]**

**じゅうじゅん [従順]** すなほ [素直] →みぐるしい [醜態] ものなる [物馴] たづたづし・ただたどし [馴慣]

**じゅうしょ [住所]** やはらか [柔] やどもと [宿許・宿] ぎ [大儀] だいじ [大事]

**じゅうしょう [重傷]** おもで [重手]

**じゅうしょく [住職]** ちゅうぢ [住持] ていばう [亭坊] てら [寺] てらがた [寺方] はうぢゃう・ほうぢゃう [方丈] ばうず [坊主] →そう

**じゅうしょくぐち [就職口]** くち [口]

**じゅうじろ [十字路]** つじ・つむじ [辻]

**しゅうしん [執心]** おもひいれ [思入]

**じゅうしん [泥]** →しゅうちゃく ―する こころづく [心付] こころす [心着]

**しゅうじん [囚人]** めしうど [召人]

**しゅうじん [衆人]** すじん [数人]

**しゅうせい [終生]** いっせいちご [一世一期]

**しゅうせん [周旋]** くちいれ・くにふ [口入] →なかだち

**しゅうぜん [修繕]** →しゅうり

**しゅうたい [醜態]** →みぐるしい

**じゅうだい [重大]** おほき [大] たいぎ [大儀] だいじ [大事]
―な事柄 だいじ [大事]

**じゅうたん [絨毯]** かも [氈]

**しゅうちゃく [執着]** がしふ [我執] しぶ [執] しぶしん [執心] しぶち ゃく [執着・執著] せんぢゃく [染み [泥] とんぢゃく [頓着・貪着] なづ 着] まうしふ・まうじふ [妄執] りんゑ [輪廻]
―心 あいす [愛]
―心が強い こころとどむ [心留] ここ ろにそむ [心染] こころおく [心置] [執] しっす [執] しふ ちゃくす [心染] しむ [染] し ろにそむ [心染] むさぼる [貪 [住] なづむ [泥] ちゃくす [着]
異性への― あいしふ [愛執] いぢゃく [愛着]

しゅうちゅう――しゅうり

**しゅうちゅう【集中】** しゅくしふ[宿執] 前世からの― ふゆづき[三冬月] ゆきづき[雪月]
―する こらす[凝] らふ[臘] らふげつ[臘月] → 基本
つき(P.5)

**しゅうとう【修道】** となふ[調・整] まほ[真面・真秀]
心を―すること さんまい[三昧]

**じゅうどう【柔道】** やはら[柔]

**しゅうとく・する【習得・修得】** たづね とる[尋取] まねぶ[真似・学] らふ[習・慣]

**じゅうにがつ【十二月】** うめはつづき [梅初月] おとごづき[乙子月] おとづき[弟月] おはつづき[季月] きり のつき[限月] きとう[季冬] くれこづき[暮古月・暮来 月] ごくげつ[極月] さいばん[歳 晩] ざんとう[残冬] しはす[師 走] しゅうげつ[終月] じょげつ [除月] じんげつ[尽月] たいりょ [大呂] としつみづき[年積月] と しのをはり[歳終] としょつむづき [年満月] はてのつき[果月] はるのと なり[春隣] はるまちづき[春待月] ばんとう[晩冬] ぼさい[暮歳] み

**じゅうにし【十二支】** ひよみ[日読]

**じゅうにゅう【収入】** いりまい[入米] しょうとく[所得]

**しゅうねん【執念】** おくねん[臆念・憶 念] しふ[執] しふしん[執心] ねん[念] まうしふ・まうじふ[妄 執]

**じゅうのう【十能】** ひかき[火掻]
前世からの― しゅくしふ[宿執]
―深いこと りんゑ[輪廻]
―深い こはし[強] しふねし[執 念]

**しゅうは【宗派】** しゅう[宗] しゅう もん[宗門]

**しゅうふく【修復】** ↓しゅうり

**しゅうぶつ【私有物】** わたくしもの [私物]

**しゅうぶん・しゅんぶん【秋分・春分】** じしゃう[時正]

**しゅうまん・する【充満】** たたふ[湛] ほどこる[播・延] みつ[満]
―する とりつくろふ[取繕] な

**しゅうまつ・する【終末】** ↓おわり

**しゅうよう【重要】** おもし[重] →たい せつ

**じゅうよう【重要】** おもし[重] →たい せつ

**しゅうり【修理】** しふく[修復] し ゅふく[修復] しゅうざう[修造] し ゅづくり[綴] しゅり・すり[修理]
―する とりつくろふ[取繕] な ほす[直]

家などの― さくじ[作事]

はかばかし[果果] まったし[全] ―過ぎる みにあまる[身余] ―に そこらくに[真具] よく[良・ ほっ てと まつぶさに[真具] よく[良・ 能] ろくろく(に)[陸陸] ―にある ももだる・ももちたる・ ももちだる[百千足] ―にあるさま たぶやか ―にする みつ[満] よくす[良] ―に富む とみたらふ[富足] ―になる みつ[満] ―には…(できない) えも ―になるさま たぶやか よくす[良] ―富む とみたらふ[富足] ―足 たぶやか たらふ・たる[足]

しゅうりょう【終了】 をさめ[納] →おわる
　—させる とぢむ[閉]
しゅうれいのころ【秋冷頃】 あささむび[朝寒] → 基本 きせつ(P.17)
しゅえん【酒宴】 …えんかい
じゅか【樹下】 このもと[木下]
しゅぎょう【修行】 おこなひ[行]
　—とめ者 おこなひびと[行人] ぎょうざ[行澄]
　—する おこなふ[行] つとむ[勤・務・勉]
　—に励む おこなひすます[行]
しゅくえん【宿怨】 しゅくい[宿意]
しゅくえん【宿縁】 しゅくいん[宿因] しゅくごふ[宿業] しゅくしふ[宿執] ちぎり[契]
しゅくえん【祝宴】 …えんかい
しゅくが【祝賀】
　—の儀式 しゅうぎ[祝儀]

しゅうりょう——しゅこう

しゅくがん【宿願】 そくゎい[素懐] まくら[浮枕]
しゅくじ【祝辞】 …きぼう ことぶき[寿] しう[寿詞] よごと[寿詞] よろこす[是非凝]
しゅくしょう【縮小】 つむ[話]
　…ちぢめる
じゅく【熟】 あからみあふ[赤合] うる[熟] つゆ[潰・熟] わらふ[笑] …みのる
じゅくすい【熟睡】 うまい[熟睡] ねむる
じゅくせい・する【熟成】 なる[慣・馴]
しゅくちょく【宿直】 たうばん[当番] とのゐ[宿直] ばん[番] よる[夜]
　—の人 とのゐびと[宿直人]
しゅくはく【宿泊】 やどり[宿] …とまる
　—させる とむ[止・留] やどす[宿]
　—所 やどもと[宿元・宿許] やど[宿屋]
　—する とまる[泊]

じゅくめい【宿命】 …うんめい …いわう
じゅくりょ・する[熟慮] ぜひをこらす[是非凝]
じゅくれん【熟練】 らう[労] …じょう
　—した人 てきてしゃ[手者] てだり・てだれ[手利] てひと[手人] ものし・物士] …する くうづく[功付・功就] …している らうあり[労] なる[慣・馴] ものなる[物馴] れんず[練] …の手慣 なる[手慣]
しゅくん【主君】 きみ[君] しう[主] との[殿]
しゅげんじゃ【修験者】 げんざ・げんじゃ[験者] まもり[守] …まもる やまぶし[山伏・山臥]
しゅご【守護】 まもり[守] …まもる
　—する かたむ[固] まぶる・まぼる・まもらふ[守]
　▼神の加護 みゃうが[冥加]
しゅこう【趣向】 きどり[気取] くさ

しゅごう――しゅっけ

**しゅごう【酒豪】** じゃうごう[上戸]しゃうじゃう[猩猩]

**しゅし【趣旨・主旨】** こころ[心] こと のこころ[事心] ししゅ[旨趣] む ね[旨] →わけ

**しゅじゅ** →いろいろ ―雑多 よもやま[四方山]

**しゅしょう【殊勝】** →けなげ ―なこと きどく[奇特]

**しゅしょく【酒食】** きゃうぜん[饗膳] ざっしゃう[雑飴・雑掌]

**しゅじん【主人】** きみ[君] しゅ [主] やど[宿・屋戸] ていしゅ[亭主] いへあるじ[家主]家の― 

**じゅず【数珠】** ずず[数珠] おもひのたま ねんじゅ・ねんず[念珠]

**じゅそ【呪詛】** てうぶく・でうぶく[調伏]

**しゅだん【手段】** あだて[術] かた[方] しかた[仕方] じゅつ・すべ[術] せん[詮] だうぐ[道具] たづき・たつき・たどき[方便] たより[便] て[手] てぐみ[手組] てすぢ[手筋] てだて[手立] みち[道] はうべん[方便] やう[様] やうだい[様体] ようたい・ようだい[容体] よし[由・因] よすが ―があればよい たづかなし・たつきしらず[方便無] ―がない たづきなし・たつきしらず[方便知よしなし[由無] ―を講じる てをくだく[手砕] ももて[百手]

**じゅっかい・する【述懐】** おもひつづく[思続]

**しゅっきん【出勤】** しゅっし[出仕]―日 じょうにち[上日]

はい[種] こころろば へ[心延] さくい[作意] さま[様] すぢ[筋] はかりこと[謀]―をこらす たくむ[工・巧] ふうりう・ふりう[風流] 創作の― さくい[作意]物語などの― しくみ[仕組]

**しゅっけ【出家】** いへで[家出] かうしゅ[家主]ぞり[髪剃] しゃしん[捨身] しゅくはつ[祝髪] しゅっせ[捨身] し ゅつり[出離] すけ[丈] そう[僧] そむき[背] だいじ[大事]ちはつ[薙髪] ていはつ[剃髪] とくど[得度] とんせい・どんぜい[遁世] ほっしん[発心] ほったい[法体]―したばかりの人 しんぼち・しぼち[新発意]―した人 しゅっせしゃ[出世者] だうじん[道人] にふだう[入道]―する あたまをまるむ[頭丸] いとふ[厭] いへをいづ[家出] おろす[下] かざりをおろす[飾下] かしらをおろす かみをおろす・かたちかはる[形変] かたちをかふ[形変]ろす[髪下] さまかはる・さまかふ[様変] すつ[捨] そむきはつ[背果]むきすつ[背捨] そむく[背] そのがる[逃] やつす[俏] みをすつ[身捨] ひぢる[聖] よをすつ[世捨] よをはなる[世離]

【尊】—みぐしおろす[御髪下]
—の志　そくわい[素懐]
貴人の—　らくしょく[落飾]
▼剃髪(ていはつ)　ちはつ[薙髪]　そむき[背]
▼遁世　とんせい
▼坊主頭になる　まろむ[丸・円]
▼世捨て人になる　くはのもん・さうもん[桑門]　だうじん[道人]　よすてびと[世捨人]　しゃ[捨]　わびびと[佗人]

**しゅっさん【出産】** さん[産]　みみ[身身]　→うむ

**しゅっし・する【出仕】** つむ[詰]　まゐる[参]

**しゅっしょ【出所】** さんだい[参内]　内裏に—　らいれき[来歴]

**しゅっせ【出世】** いでたつ[出立]　せいうん[青雲]
—する　いでたつ[出立]　たつ[立]　なりいづ[成出]　なりのぼる[成上]　へあがる[経上]　みをたつ[身立]

**しゅっせいち【出生地】** のぞむ[臨]

**しゅっせき・する【出席】** →こきょう

**しゅっさん——じゅんしゅする**

**しゅっぱつ【出発】** いでたつ[出立]　かしまだち[鹿島立]　かなとで[金門出]　しゅったつ[出立]　でたち[出立]

**しゅっかう【発向】

**しゅつるい【種類】** くさ・くさはい[種]　くち[口]　たぐひ[類]　つれ[連]
→たぐひ

**しゅっぴ【出費】** いりめ[入目]

**しゅつとして【主】** たてて[立]　むねと[宗]
—がかさむ　せけんばる[世間張]
無駄な—　つひえ[費]

**じゅばん【襦袢】** ててれ[家刀自]

**しゅふ【主婦】** いへとうじ・いへとじ[刀自]
ようばうい・へぬし[女房家主]

**しゅびうびしゃ【首謀者】** ちゃうぼんにん[張本人]

**しゅみ【趣味】** こころばへ[心延]　のみ[好]

**じゅみょう【寿命】** →いのち

**じゅもん【呪文】** しゅそ・じゅそ・ずそ[呪詛]

**しゅりょう【狩猟】** →りょう

**しゅるい【種類** →たぐひ

**しゅろ【棕櫚】** すろ[棕櫚]

**しゅわん【手腕】** うつはもの[器・器物]
—のある人　うつはもの[器]　きれもの[切者]

**じゅん【順】** つぎつぎ[次次]　→じゅんじょ

**じゅんかい・する【巡回】** めぐる[巡]

**しゅんかしゅうとう【春夏秋冬】** しいじ[四時]

**しゅんかん【瞬間】** →基本 とき(P.16)
せつな[刹那]　いちねん[一念]

**じゅんさい【蓴菜】** ぬなは[蓴]　ぬなはくり

**じゅんし【殉死】**

**じゅんし【巡視】** みまひ[見舞]　みまふ[見舞]

**じゅんしゅ・する【遵守】** まぶる・まぼる・ままらふ・まもる[守]

**じゅんじょ【順序】** しだい[次第] ついで[序] らっし・らふし[臈次] つぎつ[継]―だてる

**じゅんじょう【純情】** こころわかし[心若] …そぼく

**じゅんすい【純粋】** きっすい[生粋] むく[無垢]―の(接頭語) き[生]

**じゅん・じる【準】** なずらふ・なぞらふ[準・擬]

**じゅんばん【順番】** ついで[序] ばん[番]

**じゅんぱく【純白】** むく[無垢]

**じゅんのう・する【順応】** しなふ[撓]

**じゅんぷう【順風】** おひて[追風] と きつかぜ[時風] まとも[真艫] …

**基本 かぜ**(P. 11)

**しゅんぶん・しゅうぶん【春分・秋分】** じしゃう[時正]

**じゅんれい【巡礼】** だうしゃ[道者] しゅぎゃう・すぎゃう[修行]

**じゅんび【準備】** …**基本**(P. 85)

**しょ**(意志) 困―うず なばや べう・べし

**じょうあい【情愛】** あはれ じゃう[情]

**じょうか【商家】** たなむき[店向] ちや[町家]

**しょうが【生姜・生薑】** はじかみ[椒]

**しょうかい【紹介】** ひきあはせ[引合]

**しょうがい【障害】** さしさわり

**しょうがい【生涯】** いっしょう

**しょうがつ【正月】** いちがつ、… **基本**

つき(P. 5) ▽新年 …しんねん ▽元旦 …がんたん

**しょうがない・い** …しかたない

**しょうき【正気】** うつし・うつしごこ ろ・うつつごころ[現心] うつ つしざま[現様] うつし・しゃうたい・しゃうだい[正体] しゃうこん[心魂] しゃうねん[正念] ひとごこ ち[人心地]

**じょうき【上気】** きがのぼる[気上] のぼる[上]▽逆上する きがのぼる[気上] しゃうらく・じゃうらく[上洛]

**じょうき酔って…を失う【酔痴】** ゑひしる[酔痴]―を失わせる とらかす[蕩] ま どはかす・まどはす[惑]

**じょうきょう【上京】** しゃうらく・じゃうらく[上洛]

**じょうきょう【状況】** ことのさま[事様] さう・さほうさ[左右]

**しょうけん【証券】** つがふ[都合] てがた[手形]

**じょうけん【条件】** だいもく[題目] …ようす[様体]

**しょうこ【証拠】** さう・しょう・そう[証] しょうぜき[證跡] しるし[印・標・験] ためし[例]

**しょうこ【正庫】** さう[左右] ようだい[容体]

ととなる[人] ほんしゃう[本性]―がない …きぜつ―でなくなる きがのぼる[気上] くるふ[狂] たぶる[狂] わけもな し[訳無]―になる ひととなる[人成] もののおぼゆ[物覚]

**しょうご【正午】** うまのとき[午時] ていご・ねんごろ[懇] ひのつち[日辻] るつかた[昼方]

**しょうごう【照合】** かうがふ・かんがふ[考・勘]

**しょうこりもなく【性懲】** こりずまに[凝]

**しょうざ【上座】** よこざ[横座]

**しょうさい【詳細】** こまか[細] つぶさ(に)[具・悉] —くわしい—ことごとと[悉]

**しょうさん・する【賞賛】** —ほめる

**しょうし【笑止】** かたはらいたし[傍痛] きゃうこつ[軽忽]

**しょうじ【障子】** かみさうじ・かみしゃうじ[紙障子] あかりさうじ[明障子] あだごと[徒事] い

**しょうじ【情事】** うきよ[浮世] すきごと[色] なさけ[情] ぬれ・ぬれごと[濡事] わけ[訳]

**しょうじき【正直】** あかし[明] しゃうろ[正路] すぐ[直] すなほ[素直] ちょく[直] ねむごろ・ねもこ[懇] りちぎ[律儀・律義] —じっちょく—まなほに[真直] ありやうに[有様] —さま—ありやうに[真情] —者—まじゃうもの[真情者]

**しょうしつ【焼失】** ぜうばう・ぜうまう[焼亡]

**しょうしゅ【情趣】** → 基本 ふうりゅう(P.81)

**じょうしゅ【成就】** じゅがん・じゅげん[入眼] しゅったい[出来] —する—ことなる[事成] なる[成]

**じょうしゅう【召集】** もよほし[催] —する—もよほす[催]

**じょうじゅつ【上述】** くだり[件] —の—くだんの[件]

**じょうじゅん【上旬】** かみ[上] ついたち[朔日]

**しょうじょ【少女】** あげまき いらつめ[郎女] こひめ[小姫] さをとめ[早乙女] どうにょ[童女] にょし[女子] めこ・めなご・めのこ[女子] めらう[女郎] わらは・めらは[女童] をとめご[乙女子] をんなご[女子] をんなわらは[女童] → 基本 おんな(P.50)

**永遠の—かわいい—** → 基本 美少女

**紅顔の美—** あからをとめ[赤良乙女]

**腰の細い—** すがるをとめ[螺蠃乙女]

▼**美少女** てこ・てこな[手児名] とこをとめ[常少女] まをとめ[真乙女]

▼**美少女—とこをとめ[常少女]**

**じょうしょ【浄書】** きよがき[清書]

**しょうじょう【賞状】** かんじゃう[勘状]

**しょうしょう【賞賞】**

**じょうしょう・する【上昇】** のぼる[上]

**しょうじる【生】** いでく[出来] おふ[生] つく[付] なりいづ[成出・生出] むす[生・産] むすぶ[結] もえいづ[萌出] もよほす[催]

しょうじん ── じょうだん

**しょうじん**
思いがー　きざす[兆・萌]
風・波がー　たつ[立]

**しょうじん【精進】**　けっさい[潔斎]
さうじ・さうじん[精進]　しゃうじん[精進]
ーする　きよまはる[清]

**しょうしん・する【昇進】**　へあがる[経上]　しゅっせ　→じゅく

**じょうず【上手】**　いし[美]　うるせし
かしこし[賢]　きく[利]　きめう[奇妙]　さかし[賢]　たへ[妙]　ほつて[秀手]　よし[良]　らうらう　じ・りゃうりゃうじ[労労]　れん
ーそうに振る舞う　じゃうずめく
[上手]
ーなこと　きりゃう[器量]
ーな人　てひと・てびと[手人]
ーに　よく[良・能]
ーに言う　いひなす[言]
ーにする　よくす[良]
ーになる　ちゃうず[長]

**じょうせい【情勢】**　あはひ[間]　→しょうじる
**じょう・ずる【生】**　→なり

**ゆき**

**しょうせつ【小説】**　きゃうげんきぎょ[狂言綺語]

**しょうぜんとしたさま【悄然】**　しをとける

**じょうぞう・する【醸造】**　かむ・かもす[醸]

**しょうそく【消息】**　いなせ[否諾]　かりのたまづさ[雁便]　かりのたより[雁便]　かりのつかひ[雁使]　と[言]　たまづさ[玉梓・玉章]　より[便]　ふみ[文・書]　てがみ
ーが絶える　かきたゆ[掻絶]

**しょうぞく【装束】**　よそほひ[装]

**しょうたい【招待】**　あない[案内]　→まねく

**しょうたい【正体】**　さうじみ[正身]　ほんたい[本体]　むざね[身実]
ーがない　きぜつ
ーがはっきりしない　そのものとなし[其物無]
ーなくさせる　けどる[気取]

**じょうたい【状態】**　ありさま[有様]　たたずまひ[佇]　てん[点]　ぶん

[分]　やう[様]　→ようす
[尾]ざし
[合点]　ことうけ[事請]　→ひきう[合点]
ーして従うこと　しょうぶく[承服]

**しょうだく【承諾】**　がってん・がてん[合点]　ことうけ[事請]　→ひきう
ーしない　いなむ[否・辞]
ーする　あまなふ[甘]　うけがふ[肯]　うく[受・請]　うけたまはる[承]　うけとる[請取・受取]　うけこむ[請込・受込]　うけひく[承引]　うけばる[受張]　うべなふ[宜]　がへんず[肯]　ききいる[聞入]　ききずむ[聞済]　きく[聞]　しゃうじゃう[承引]　ゆるす[許・赦]　りゃうじゃう[領状・領掌]　謙ーうけたまはる[承]
いやいやながらのー　ふしゃう[不請]
神がーする　うづなふ[珍諾]
口頭のー　ことうけ[言承]

**じょうたつ【上達】**　あがる[上]　すすむ[進]

**じょうだん【冗談】**　あだこと・あだご

しょうち――しょうひん

**じょうと【譲渡】** ふぞく[付属]
棚・見世] まち[町]
▼ショーウインドー みせだな[店
―街 まち[町]
**しょうてん【商店】**→みせ
**―する** かしこまる・かしこむ[賢
ききひらく[聞開] こころう[心得
**しょうちゅう【焼酎】** あはもり[泡盛
せうちう
**―を言う** さるがふ[散楽]
ぶる・たはむる[戯]
▼無駄話 すずろごと[漫言] たは
わざごと まさなごと りこう[利口
みだれごと[漫言・濫言]
[正無事] みだりごと[果無言]
はかなしごと[果無言] たはぶれ・
たはぶれごと・たはれごと[戯言
言] そぞろごと[漫言] ざれ
ごと[戯事・戯言] すずろごと[漫
がう[従言] さるがうごと[散楽言]
と[徒言] きょうげん[興言]
**しょうち【承知】** ぞんじ・ぞんぢ[存知
こむ[込・籠]

**じょうとう【上等】** じょうぼん[上品]
**じょうど【浄土】**→あのよ
**しょうにん【商人】** あきうど・あきび
と・あきんど[商人] いちびと[市
人] しゃう[商] ばいにん[売人
ひさぎびと・ひさぐひと[鬻人
―の物 いちめ[市女]
女の― いちめ[市女]
▼行商の女 ひさぎめ・ひさめ[販
女]
▼行商人 ゐなかわたらひ[田舎渡
らひ[旅商] たびあきなひ[旅商
たびあきうど[旅商人] たびあきな
かよひあきなひ[通商] かうしゃう[行商
▼行商・行商人 あきうど・あきび
と[露店] でだな[出店]
▼出店 ほしみせ[干店・乾店]
**―手代** たなもの[店者]
▼旅商人→▼行商人
**―代々続いた店** しにせ[老舗
▼町屋 げす[下衆] やつこ[性骨
**しょうにん【使用人】**→めしつかひ
**しょうにん【証人】** はんにん[判人
**しょうね【性根】** しゃう[性]
こつ[性骨
**しょうねん【少年】** じゅし[豎子・豎
子] せうじん[小人] わかうど[若
人]
**しょうばい【商売】** あき・あきなひ
[商] しゃう[商]
**―する** あきなふ[商] ひさぐ
[販・鬻]
―人→しょうにん
―の信用 しにせ[老舗
小さな― こまへ[小前]

抜け目ない― のこぎりあきなひ
[鋸商
▼商家 たなむき[店向] まちや
[町屋]
**しょうひ・する【消費】** つかふ[使・遣]
**しょうび・する【賞美】** →ほめる
―する しぬぶ・しのぶ
[偲・忍] めづ[愛]
見て― みめづ[見愛]
**じょうびやく【常備薬】** ぢゃく[持薬]
**しょうひん【商品】** あきもの[商物]
しろもの[代物

## じょうひん ── じょうりゅう

**いろいろな─** しょしき[諸式・諸色]

**じょうひん【上品】** あて・あてはか・あてやか[貴] いう[優] けたかし・あてやか[気高] けだかし[貴] こまやか[細] しなじなし[品] 憎こころにくし[心憎] こまやか[細] しなよし[品好] しなめかし・なまめく[艶] みやび・みやぶ[雅] ものふかし[物深] やさし[優] よし[良] ⋯⋯**ゆうが**
─な人 あてびと[貴人]
─品 しなよし[品好] すむ[澄・清]
─になること あてぶ[貴]
**うつくしく─** よしばみ[由]
**古めかしく─** ものさぶ[物]
**優雅で─** きゃしゃ[華奢・花車] みやび・みやぶ・みやびやか[雅]
**しょうぶ【勝負】** たちあひ[立合]
あひ・てあはせ[手合]
─**する** たちあふ[立合] てのる[賭]
▽**勝負事** いどみごと[挑事]
**しょうぶ【菖蒲】** さうぶ・しゃうぶ[菖蒲] あやめ・あやめぐさ[菖蒲]

**じょうぶ【丈夫】** けんご[堅固] し[猛] たっしゃ[達者] ふつつか[不束] まめ[忠実] ぼだい[菩提] だいばんじゃく[大磐石]
**じょうぶつ【成仏】** ぼだい[菩提]
**基本 しぬ**(P.72)
**しょうぶん【性分】** ⋯⋯**せいしつ**
**しょうへい【招聘】** ⋯⋯**まねく**
**しょうべん【小便】** いばり・ゆばり・ゆまり・よばり[尿] しと[尿]
─**する** ひる・まる[放]
▽**寝小便** よばり[夜尿]
**しょうみ【賞味】** しゃくわん・しゃうぐわん[賞翫]
**しょうめい【証明】** あかし[証]
─**する** あかす[明] あきらむ[明]
**しょうめん【正面】** おもて[表] まおもて[真面] まへ[前] むかひ[向]
**しょうもう【消耗】** つひえ[弊]
**しょうもん【証文】** てがた[手形]
**しょうやく【生薬】** やくしゅ[薬種]
**じょうよく【情欲】** ぼんなう[煩悩]

**しょうらい【将来】** おく・おくか[奥処] おひさき[生先] さきいき・さきゆき[先行] さき[先・前] さきざき[先先] する・するゑ[先行] すゑ・すゑずゑ[末末] せんてい・ぜんてい[前程] たうらい[当来] のち[後] ゆくさき[行先] ゆくて[行手] ゆくへ[行方] ゆくゑ[行末] ゆり[後] よのす ゑ[世末]
─に ゆくゆく[行行]
─の約束をする ちぎりかはす[契交]
**しょうらいせい【将来性】** おひさき[生先] おひすゑ[生末] おひさきみゆる[生先見]
─がある おひさきこもる[生先籠]
**じょうり【条理】** じゃう[情] あや[文] ことわり[理]
**しょうりゃく【省略】** そぐ[削] 殺 やつす[窶] ⋯⋯**はぶく**
**じょうりゅう【上流】** かみ[上]
**基本 かわ**(P.24)
かみ[水上] みな かみ かみざま[上方] ─社会 かみべ[上辺] ─の方 かみべ[上辺]

**しょうりょう―しょせい**

**しょうりょう【少量】**→すこし

**じょうりょく【常緑】**―樹 しょうはく[松柏] ときは[常磐] ときはぎ[常磐木]

**しょうれい・する【奨励】**ばくしう[麦秋] すすむ[勧] ―の南風 くんぷう[薫風]

**しょか【初夏】**

**しょかん【書簡】**→てがみ

**しょき【書記】**いうひつ[右筆・祐筆] しゅひつ[執筆] ふでとり[筆執]

**▽代筆** てかき[手書] ものかき[物書]

**しょくぎょう【職業】**→しごと

**しょくじ【食事】**あご[顎] おだい[御台] したため[認] だい[台] まへ[前] やしなひ[養] ―おもの[御物] ごぜん[御膳] まゐりもの[参物] みだい[御台] みをし[御食] めしあがりもの[召上物]

**尊**―おもの[御物] やしなひ[養] へ[前] ―おもの[御物] ごぜん[御膳] まゐりもの[参物] みだい[御台] みをし[御食] めしあがりもの[召上物] →基本たべもの[御食]

**しょくじょせい【織女星】**おりひめ・おりひめぼし[織姫星] かじのはひめ[梶葉姫] あさがほひめ[朝顔姫]

ささがにひめ[小蟹姫] しょくぢょ[織女] たなばた[七夕・棚機] たなばたつめ[棚機津女] てんそん[天孫] たなばたひめ[棚機姫] てんにょ[天女] とほづま[遠妻] とも しづま→基本ほし(P.7)

**しょくたく【食卓】**つくえ[机]

**しょくどう【食堂】**寺院の―じきだう[食堂]

**しょくにん【職人】**たくみ[工・匠・巧] てひと・てびと[手人] ―はじ[土師]

**▽土器の―** はじ[土師]

**▽鋳物師** いもじ[鋳物師]

**▽大工** とびのもの[鳶者]

**しょくむ【職務】**そく[職] つとめ[勤・勉] やく[役] →しごと

**しょくもつ【食物】**→基本たべもの(P.95)

**しょくりょう【食糧】**らうれう[糧料] つみす・つみな[兵糧]

**軍隊の―** ひゃうらう[兵糧]

**しょけい・する【処刑】**

ふ[罪] ちゅうす[誅] うちくす・うちくっす[打屈] →きおち

**しょこ【書庫】**ふどの・ふみどの[文殿] ぶんこ[文庫]

**しょさ【所作】**てまへ[手前] ふり[振・風] みぶり

**しょさい【書斎】**しょゐん[書院]

**しょざいなく【所在無】**つれづれと[徒然] おとりばら[劣腹] げ[庶子] ほかばら[外戚腹] そし[庶子]

**じょし【庶子】**おとりばら[劣腹] げ[庶子] ほかばら[外戚腹] そし[庶子]

**じょし【女子】**いらつめ[郎女・郎姫] めのわらは[女童] めのわらはご おんな(P.50)→基本おんな

**じょし【初志】**

**しょじひん【所持品】**ぐそく[具足]

**しょしゅう【初秋】**あきぐち[秋口]

**しょしゅん【初春】**せいやう[青陽]

**しょじょう【書状】**→てがみ

**じょじょに【徐徐】**→おもむろに

**しょせい【処世】**→よわたり

**じょせい【女性】** ⇒ 基本 おんな(P.50)

**しょせき【書籍】** ⇒ しょもつ

**しょせん【所詮】** ⇒ けっきょく

**しょぞう・する【所蔵】** ⇒ しょもつ

**じょそう・する【除草】** くさぎる[草切]

**しょぞん【所存】** ⇒ かんがえ

**しょたいじ・みる【所帯】** [塩侵]

**しょたいどうぐ【所帯道具】** うぐ[世間道具]

**しょたいめん【初対面】** っけん[一見]

**しょち【処置】** ことはかり[事計] さはい[差配] せいばい[成敗] さばき[裁] したため[認] ちたため[手回] とりおき[取置] はからひ[計] もてなし[持成] ⇒ しより
- **してをく** みをく[見置]
- **する** さばく[裁] したためる まうす[申] おこなふ[認設] はからふ[計] もてなす[成]
- **なし** じゅつなし・ずちなし・ず

つなし[術無] すべなし[術無] せむかたなし・せんかたなし[為方無・詮方無]
- **に困る** あつかふ[扱] しあつかふ[為扱] もてなやむ[悩] もてわづらふ[煩]

**じょちゅう【女中】** ⇒ げじょ

**しょっき【織機】** たなばた[七夕・棚機] はた・はたもの[機物]

**しょっき【食器】** ごき[御器] ちゃうき[定器] からし[辛] しははゆし[鹹]

**しょっぱい** ⇒ うつわ

**しょとう【初冬】** まうとう[猛冬]

**しょどう【書道】** しょ[書] てならひ[手習]
- ▼ **悪筆** とりのあと[鳥跡]
- ▼ **書風** ふでやう[筆様]
- ▼ **筆遣い** ふでやう[筆様]

**しょとく【所得】** ⇒ しゅうにゅう

**しょばつ【処罰】** いましめ[戒] かんだう[勘当] くせごと[曲事] ざい[罪科] しおき[仕置] せいたう[政道] ちゅうばつ[誅罰]

うりく[誅戮]
- **する** ⇒ ばっする

**しょぶん【処分】** ⇒ しょする

**しょみん【庶民】** せうじん[小人・少人] ぼんげ[凡下] ぼんぞく[凡俗]

**しょもう【所望】** ⇒ きぼう

**しょもつ【書物】** かんす[巻子] さうし[草子・草紙・冊子・双紙] しょ[書] ふみ[文] もののほん[物本] もんじゃく[文籍] もんじょ[文書]
- **を載せる台** ぶんだい[文台]

**しょや【除夜】** としこしのよ[年越夜] としのよ[年夜]

**じょゆう【所有】** ⇒ もつ
- **したい** ほし[欲] らうず・りゃうず[領]
- **する**
- ▼ **所有者** ぬし[主]
- ▼ **所有物** てのもの[手物]

**しょり【処理】** さた[沙汰] しまつ[始末] せいばい[成敗] とりさた・とりざた[取沙汰] れうり[料理] ⇒ しょち
- **する** おこなひをさむ[行治]

しょりょう ── しりあい

おこなふ[行] さばく[裁] したためまうく[認設] つくる[作] とりしたたむ[取設] まかなふ[賄] みる[見] 計画を立てて─する おもひおきつ[思掟]

**しょりょう【所領】** ちぎゃうしょ[知行所]

**じょりょく【助力】** ふち[扶持] よりき[与力] かふりょく[合力]

**しょるい【書類】**⇒**ぶんしょ**

**しょんぼり** しほしほ・しほほ… ⇒**きお―する** うらぶる[悋] さぶ[寂・荒] しをる[萎] そげたつ[立]

**しらうお【白魚】** しらかみ・しろかみ[白魚]

**しらが【白髪】** 枕─髪 ゆき[雪] ─ふるゆきの[降雪](↓しろかみ) 老女の─ つくもがみ[九十九髪]

**しらかば【白樺】** かには[桜皮]

**しら・ける【白】** ある[荒] いひしら

事件を─する わけをたてる[訳立]
─**けさせる** しらかす・しらまかす
─**けた顔をする** はなじろむ[鼻白] しらばくれる⇒**とぼける**
─**けた気持ちになる** さます[冷] ─**興味を殺ぐ** つまらな

**しらじらし・い【白白】**⇒**しらじらし**[白]

**しらせ【知】** きっさう[吉左右] うそこ[消息] せうそこぶみ[消息文]
▽**吉報** きっさう[吉左右] しめす[示] しる[知] つたふ[伝] つぐ[告] つげやる[告遣] のる[宣・告]
─**に来る** つげく[告来]

**しら・せる【知】** しめす[示] しる[知] つたふ[伝] つぐ[告] つげやる[告遣] のる[宣・告]
─**せてくれる** つげこす[告]

ける[言白] ことさむ[事醒] さむ[冷] しらく[白] しらじらし[白] なさけなし[情無]⇒**つまらな**
─**けさせる** しらかす・しらまかす ふる[触]
─**けた顔をする** はなじろむ[鼻白]

**しらなみ【白波】** しほばな[潮花]

**しらぬかお【知顔】** しらずがほ[知顔] そらしらず[空知] なしがほ[強顔顔] よそげ[余所]

めき[空] そらしらず[空知] なしがほ[強顔顔] よそげ[余所]
⇒**基本語 しる**(P.74)

**しらばく・れる【知】**⇒**とぼける**

**しら・べる【調】** あらたむ[改] しらぶ・しらしむ[調] せんさく[穿鑿]
─**べ糺す** かうがふ・かんがふ[考・勘]
─**ごと** せんぎ[詮議]
**罪の有無を─** ただす[正・糺]

**しり【尻】** ゐさらひ[臀] [考・勘] [穿鑿]

**しりあい【知合】** おもしる[面知] しるべ[知辺] ちい

**しらすな【白砂】** しらまなご[白真砂] さた[沙汰] せうそこぶみ[消息文]

**しらずな【白砂】** まざまざし

**しらじらし・い【白白】** そらぞらし[空]

りうど[知人] しるべ[知辺] ちいん[知音]⇒**ちじん**

しりごみする——しろ

**しりごみ・する【後込】** たちろく・たちんばかり[思遣] おもふさま[思様] おもやみにくる[闇暮] やみにまどふ[闇惑]

**しりぞ・く【退】** あとじさり・あとびさり[後退] しざる・しざらく[差退] しさる[退] じす[辞] しぞく[退] のく[退] そく[退] はづる[外] ひく[引] ひきいる[引入] ひきのく[引立] まかづ[罷出] まかる[罷] →たいしゅつ[退出]
—・かせる さしのく[差退] ひきのく[引退]
—・き立つ そきたつ・そきだつ[退立]
—ことがないこと ふたいてん[不退転]
その場を— ゐのく[居退]

**しりぞ・ける【退】** さぐ[下] しりぞく[退]

**しりぬぐい【尻拭】→あとしまつ**

**しりゅう【支流】** えだかは[枝川] みなまた[水脈・水流]

**じりゅう【時流】** ときよ[時世]

**しりょ【思慮】** おもひ[思] おもひや[思遣] おもふさま[思様] おも

**しる【汁】** あつもの[羮]

**しる・る[知]→基本**(P.74)

**しりょく【視力】** めかい[目界]

**奥深い—** こころのおく[心奥]

**幼くて—がない** たわいなし

**—分別を失う** やみにくる[闇暮] やみにまどふ[闇惑]

り[思遣] おもふさま[思様] おもんばかり[慮] きも[肝・胆] きもだましひ[肝魂] こころ[心] こころぎも[心肝] ここち[心地] こころばせ[心] ねん[念] ふんべつ[分別] たましひ[魂] たどり[辿] たましわき[分・別]
—が浅い あうなし[遇無] あさふ[浅] おもひぐまなし[思隈無] こころちなし[心地無] ここらあさし[心浅]
—があること うしん[有心]
—が足らぬ こころなし[心無]
—が深い こころのいたり[心至] こころふかし[心深] ふかし[深]
—ものふかし[物深]
—才覚 かうがふ・かんがふ[考・勘]
—する こころだましひ[心魂]
—分別 れうけん[了簡・料簡]
—分別がないこと やみ[闇] やみくも[闇雲]
—分別のない者 こころなし[心無]

**しれった・い** いらいらし[苛苛] こころもとながる こころもとなし[心許無] しんきがわく[心気湧]
—く思う しんきがわく[心気湧]

**しるこ【汁粉】** ぜんざいもち[善哉餅]

**しるし【徴】** げんざい[験] さが[祥]

**しれった・い** いらいらし[苛苛]
こころもとながる こころもとなし[心許無] はがゆし[歯痒] もどかし わびし[侘]

**しろ【城】** き[城] さし[城] しき[城・磯城] じゃうくゎく[城郭] まる[丸]
**小さな—** とりで
**山の上の—** たかき[高城]

**しろ・しろ・い【白】** しろたへ[白妙・白栲]
—白雲 あをくもの[青雲] たくづぬの・たくづのの[栲綱] たくひれの
枕—

**しろうと**〖素人〗 しろらか[白]
▽真っ白 しろらか

**しろ**〖皺〗 おいのなみ[老波] なみ[波]
―が寄る にがむ・にがる[苦] し
わむ[皺] しぼよる[皺寄]
―になる よる[撚・縒]

**しわがれごえ**〖嗄声〗→しゃがれごえ

**しわざ**〖仕業〗 ことわざ しな
し[為成] しょぎょう[所行] しょ
さ[所作] しょざい[所在] しょ
[所為]

**しわぶく**〖咳〗→おこない
せく[咳]

**しろうと**――**しんじつ**

[栲領巾]・たくぶすま[栲衾]〖⇒し
ら〗
―砂 しらまなご[白真砂]
―服 そふく[素服] びゃくえ[白
衣]
―くする しろむ[白]
―くて鮮やか しららか[白]
―くなる しらく・しらむ[白]
―っぽい しらじらし[白白]

**しんいり**〖新入〗→しんじん
**しんおう**〖心奥〗→しんてい
**しんか**〖心外〗→けらい
**しんがい**〖臣下〗→けらい
**しんがい**〖心外〗
こころのほか[心外] おもはずなり[思
覚] いがい めざまし[目
覚]
**しんかん**〖神官〗→かんぬし
**しんぎ**〖審議〗 せん[詮]
**しんぎ**〖真偽〗 じつぴ[実否] きょじ
つ[虚実]

**しんきょう**〖心境〗 きゃう[境] さか
ひ[境] そら[空] きもち
**しんく**〖辛苦〗 しんらう[辛労]
**しんぐ**〖寝具〗→やぐ
**しんけいすいじゃく**〖神経衰弱〗 き
のかた[気方]
**しんけん**〖真剣〗 ねむごろ ねもころ・
ねんごろ[懇] まめまめし まめや
か[忠実]
―なこと じつごと[実事]
―な様子 まめざま[忠実様]
―になる まめだつ[忠実立]
―味がない かるがるし・かろがろ
し[軽軽]

**しんこう**〖信仰〗
しんがう[信仰] しん[信] しんかう・
―する きす[帰] しんをなす[信
成] しんをいたす[信致]
▽信仰心 こんがうしん[金剛心]
だうしん[道心]
**しんこう**〖進行〗→すすむ
**しんこう**〖親交〗 よしみ[好・誼]
**しんこつ**〖人骨〗→ほね
**しんざんもの**〖新参者〗→しんじん
**しんしつ**〖寝室〗 くみど[隠処] さね
ど・さねどこ[寝処] さゆどこ・さよ
ど[小夜床] つまや[妻屋] とこ
[床] ねど・ねどこ[寝所] ねや
[閨] よどこ[夜床] ふしど[臥
所] よどこ[夜床] よどの[夜殿]
貴人の― すいちゃうこうけい[翠
帳紅閨] ちゃうだい[帳台] よる
のおまし[夜御座]
女性の― こうけい[紅閨]
夫婦の― つまや[妻屋]
▽塒 ねど・ねどころ[寝所]
**しんじつ**〖真実〗 うつし[現] じちじ

## しんじゃ――しんだん

**しんじゃ**
[実] じつごと[実事] じっしゃ[実]
[実正] じっせい[実正] しょう[正]
[正真] しょうじん[正真] じり[事理]
しんじち[真実] じょう[定理]
ほんぽん[本本] まこと・まことし[誠・実・真] まさし[正]
―でない むじつ・むじつ[無実]
―の姿 ほんたい[本体]

**しんじゃ【信者】** だうしんじゃ[道心者] だんな[旦那・檀那]

**じんじゃ【神社】** かみがき[神垣] かみのみやしろ[神御室] かみのみや[神宮] しづみや[鎮宮] ひぼろき・ひもろき[神籬] [祠] みむろ[御室] みや[宮] やしろ[社]
―や寺 れいげん[霊験]
小さな― つまやしろ[端社・妻社]
▼境内 しめのうち[標内]
▼祠 つまやしろ[端社・妻社] ほくら[神庫・宝倉]

**しんじゅ【真珠】** あこやだま・あこやのたま[阿古屋珠] あはびたま・あはびしらたま[鰒白玉] おきつしらたま[沖白珠] しゅぎょく[珠玉] したま[玉]

**しんじゅう【心中】** あひたいじに[相対死]

**しんじゅん【新春】** ↓しんねん らし・あざらか・あざらけし[鮮] あたらし・あらたし[新] なまし[生] ぶえん[無塩]

**しんじょう【真情】** なさけ[情] しゃうね[性根]

**しんじょう【尋常】** つねてい[常体]

**しんしょく【神職】** ↓しんかん

**しんじる【信】** しんをなす[信成] たのむ[頼]

**しんじん【新人】** うたがはし[疑] いま[今出] いままゐり[今参] しんざん[新参] にひまるり[新参] わかうど[若人]

**じんせい【人生】** ひとのよのたび[人世旅]

**しんせき【親戚】**(P.55) → 基本 かぞく・しんせき

**しんせつ【親切】** かずかず[数数] ころざし[志] こまか・こまやか[細] ねむごろ・ねもころ・ねんごろ[懇] はうしん・はうじん[芳心] まめやか[忠実]

**しんせん【新鮮】** あざやか・あざらけし[鮮] あたらし・あらたし[新] なまし[生] ぶえん[無塩]
▼不親切 こころなし[心無]
肉親のような― しんみ[親身]
―でかわいい とこめづらし[常珍]
―でない ふるし[古] わろし[悪]
―でなくなる よにふる[世旧]
―な魚貝類 ぶえん[無塩]
―に思う なまめく[艶]
―に見える あざやぐ[鮮]

**しんそう【真相】** ほんたい[本体] ↓しんじつ

**しんぞう【心臓】** しん[心] しんのざう[心のざう]

**しんぞく【親族】** → 基本 かぞく・しんせき

**しんたい【身体】** ↓からだ(P.46)

**しんだい【身代】** ↓さいさん

**しんたく【神託】** たくせん[託宣]

**しんだん【診断】** みたて[見立]
―する みたつ[見立]

**しんちく【新築】** ⇒けんちく
―の家・部屋 にひむろ[新室]
―の風呂場 にひゆどの[新湯殿]

**しんちゅう【心中】** ござろっぷ[五臓六腑] したごころ[下心] しんちゅう[中・仲] しんとう[心頭] なか[中・仲] はうすん・ほうすん[方寸] ⇒ 基本こころ(P.60)

**しんちょう【新調】** きりたて[切立]

**しんちょう【身長】** たけだち[丈立]
―が高い そそろか[聳]

**しんちょう【慎重】** こころおもし[心重]
―でない づしやか

**じんつうりき【神通力】** じんりき[神力・通力] じんりき[神力] つう・つうり[通力]

**しんてい【心底】** ごころ[下心] したごころ[下心] したごこち[下心地] こころのおく[心奥] こころのくま[心隈] こつずい[骨髄] したごころ[下心] そこい[底意] そこ・そこのこころ・そこしん[底心] ふくしん[腹心] ⇒

**しんちく ― しんぱい**

**基本こころ(P.60)**

**しんでん【神殿】** かみのみかど[神御門]

**しんでん【新田】** あらきばり あらきだ[新墾田] あらはり[新墾・新治] にひばり[新墾・新治] にひばりた[新墾田] にひはり[新墾・新治] はつた[初田] はりた[墾田]

**じんどう【人道】** にんだう[人道] ⇒基本た(P.29)

**しんどう・する【振動】** ふる[振]

**しんにゅう・する【侵入】** おしいる[押入]

**しんねん【新年】** あけのはる[明春] あらたまのとし[璞年] はつはる[初春] はる[春]
―を迎える ゆきむかふ[行迎]
▼元日 ⇒がんじつ
▼元旦 ⇒がんたん
▼注連縄 かざりなは[飾縄] しめなは[注連縄] しりくべなは・しりくめなは[標縄] ⇒注連縄
▼年が改まる かへる[返・帰] としかへる[年返] としのはつ[年端] としのはつ[年立] としのはつ[年立]
▼年の初め としのはつ[年立]

**しんぱい【心配】** あやふし[危] うしろめたさ[後] うしろめたし・うしろめたなし[後] おそり・おそれ[恐・畏] おもひ[思] きづかはし・きづかひ[気遣] ここもとなし[心許無] むなつはらし[胸] ものあんじ[物案] わづらはし・わづらひ[煩] ⇒きがかり
―がなくなる まゆをひらく[眉開]
―する あつかふ[扱] あやぶむ[危] あやふがる・あやふがる[危] あんず[案] うれふ[愁・憂] おぼつかなし おもひあつかふ[思扱] おもひなやむ[思悩] かねふ[予] こころばむ[心] こころもとながる[心許無] こころをまどはす[心惑] むねつぶらはし[胸潰] やむ[病] ▼尊―おぼしさわぐ[思騒]
▼句―きもなますをつくる[肝膽作]

**しんぱん――しんらい**

**しんぱん** ざうふをもむ[臓腑揉]
—ない こころやすし[心安]
—になる
—句—きあひにあたる[気合当]
—の種 やまひ[病]
▽心配事 ものおもひ[物思]
▽心配事が絶えない ものおもはし しぐ[胸拉]
▽どきどき・はらはら むねつぶる[胸潰] むねはしる むねひ[胸走]

**しんぱん【審判】** けんじゃ・けんじょう[見証]
—する人 はんざ・はんじゃ[判者]
[奇] じんじん[甚深]

**しんぴ【神秘】** くし・くすし・くすはし

**じんぴん【人品】** こつがら[骨柄] じんたい[人体・仁体] にんてい[人体] かたへ[傍・片方] て

**しんぺん【身辺】** まはり[手回・手廻]

**しんぼう【信望】** よせ[寄]→じんぼう

**しんぼう【辛抱】**→がまん
—する みさをつくる[操作]

**しんぼう【人望】** ねんじすぐす[念過]
—強い みさを[操]
—を続ける うけ[承・請] おぼえ[覚] おもひいれ[思入] おもひな[思] よおぼえ[世覚] ますひと[益人] よひと[世人]

**じんぼう【進歩】** ひらく[開]

**しんまいのもの【新米者】**→しんじん

**しんみち【新道】** はりみち[墾道]

**しんみつ【親密】** こし[濃] じっこん[入魂・昵懇] じゅこん・じゅっこん ばくげき・ばくぎゃく[莫逆] ふかし[深] むつまし・む つまじ[睦]

**しんみになる【親身】** ちかづく[近]
—句—うをとみづ[魚水]

**しんみり(と)** しみじみ しめじめ(と) (と)[熟] つれづれ(と)[徒然]→つくづく
—としたさま しめやか

**じんみん【人民】** おほみたから[大御宝] くに

びと[国人] たみ[民] たみくさ[民草] はくせい・ひゃくしゃう[百姓] ひとくさ[人草] ますひと[益人] もろびと[諸人]

**しんめ【新芽】** このめ[木芽] みどり[緑翠] わかだち[若立] つのめ[角芽] どようめ[土用芽] 盛夏の頃の— つぼほ[蕾] 蕾のままの— つぼみめ[蕾芽]

**しんもつ【進物】**→おくりもの

**じんもん【尋問】** かんもん[勘問] きし[夜深]

**しんや【深夜】** しんかう[深更] よごもり[夜籠] よふか・よぶか・よぶか

**しんゆう【親友】** こころのとも[心友] ぜんちしき[善知識] ぢっきん[昵近]→ゆうじん

**しんよう【信用】**
商売の— しにせ[老舗]

**しんらい【信頼】** こころだのみ[心頼] しん[信] しんかう・しんがう[信

樹木の— つのめ[角立]

**しんみ** おほみたから[大御宝] くに

草] あをひとくさ[青人草]

# す

- **す**【巣】
  - 蜘蛛の— くも
  - 鳥の— ねぐら[塒]
- **す**【酢】 からざけ[辛酒]
- **す**【洲】 ひがた
- **すいい**【推移】 うつりかわる
- **ずいい**【随意】 →じゆう
- **ずいいち**【随一】 このうえない
- **すいえい**【水泳】 すいれん[水練]
- **すいがい**[水害] →こうずい

**しんり ── すいせい**

- **しんり**【真理】 じり[事理] しんにょ[真如] ほふ[法] まこと[誠・実・真]
  - —と知恵の光 じゃくくゎう[寂光](P.55)
- **しんりゃく・する**【侵略】 かいげん[開眼]—する うる[料] まかなふ[侵] れる[料]
- **じんりょく**【尽力】 せっかく[折角]
- **しんるい**【親類】 →基本 かぞく・しんせき
- **しんりょく**【親類】 みづくみぐるま[水汲車] みづなるこ[水鳴子]

- **すいかずら** にんどう[忍冬]
- **すいきょ**【推挙】 →すいせん
- **すいきょう**【酔狂】 →ものずき
- **すいぎん**【水銀】 みづかね[水銀]
- **すいげん**【水源】 みなもと[源]
- **すいこう・する**【推敲】 ねる[練る]
- **すいさつ・する**【推察】 おもひ[思]しんしゃく[斟酌] きゃう じゃく[推]はかる[量]→すいりょう
- **すいせい**【景跡】 しんしゃく[斟酌] きゃう
  - —**する** たどる[辿]

- **すいじ**【炊事】 かしき[炊] しんすい[新水] →りょうり
  - —**する** かしぐ[炊] まかなふ[賄]
  - —**の煙** ゆふけぶり[夕煙]
- **すいじ**【随時】 →いつでも
- **すいしゃ**【水車】 みづくみぐるま[水汲車] みづなるこ[水鳴子]
- **すいじゃく**【衰弱】 きょらう[虚労]
  - →よわし
  - —**させる** そこなふ[損]
  - —**している** あつし[篤]
  - —**しているさま** あるかなきか[有無] よわし[弱]
- **すいじゅんき**【水準器】 みづばかり
  - →**水準**
- **すいじん**【粋人】 すいしゃう[粋匠] つうじん・とほりもの[通人] ぬれもの[濡者]
- **すいしょう**【水晶】 すいさう[水晶]
- **すいじょう**【水上】 みなも・みのも[水面]
- **すいせい**【彗星】 ははきぼし[帚木星]

すいせん──すおうのはな

すいせん【推薦】 ほだれぼし[穂垂星] →おしはかる、→基本 すいてい・すいりょう
**─する** すすむ[勧・薦] きょ[挙]
すいそう【水槽】 きつ[槽] ふね[船・舟]
すいそく【推測】 →すいりょう[思遣] おもひなす[思] おもひやる[思遣] おもひやる[思遣] つもる[積] はかる[計・量]
すいちょく【垂直】 たたさま・たたざま[縦様]
すいてい【水底】 みそこ・みなそこ[水底]
すいふ【水夫】 ふなのり
ずいぶん【随分】 すこぶる[頗] →かなり
すいへい【水平】 ろく[陸]
すいほう【水泡】 あわ
すいみん【睡眠】 い[寝] すいめん[睡眠] →基本 ねる(P.76)
すいめん【水面】 みなも・みのも[水面] 氷のはった─ ひも[氷面]
すいもの【吸物】 あつもの[羹]
すいりょう【推量】 おしあて[推当] こころのうら[心占] すい[推]
きょうじゃく[景迹] こころあて[心当]

→頭──いかならむ →おしはかる、→基本 すいてい・すいり ょう(P. 103)
─する おしはかる[推量] おもふ[思] おもひなす[思] おもひやる[思遣] くむ[汲・酌] つもる[積] はかる[計・量]
▼当て推量 おしあて・すいあて[推当] こころあて[心当] すい[推]
▼推察 きょうじゃく[景迹] すい
すいりょう【水量】 みかさ[水嵩]
すいれん【睡蓮】 ひつじぐさ[未草]
すいろ【水路】 みづのて[水手] みを[水脈] 人工の─ ほりえ[堀江]
すうじつ【数日】 ひごろ[日頃] ─来 ひごろ[日頃]
すうかげつらい【数月来】 つきごろ[月頃]
すうねんらい【数年来】 としごろ[年頃] 句──ぬすびとたけだけし[盗人猛猛] 数か月来 つきごろ[月頃]
すうはい・する【崇拝】 →うやまう
すうや【数夜】 よごろ[後夜・夜頃]
すえ【末】 しり[後・尻] するつかた[末方] すゑ・するべ[末辺] はり[終]
─の方 するざま[末様] すらまゆみ[白檀弓] あづさゆみ[梓弓] するへ[末辺]
─の娘 おとごぜ[乙御前] おとむすめ[弟娘]
▼末っ子 おとご[乙子・弟子]
すえつむはな【末摘花】 くれなゐの[紅]
す・える【据】
─枕 くれなゐの[紅] すう・すゆ[据] おく[置] ひきすう[引据] しすう[為据]
─えおく[据置] しすう[為据]
─えすう[据] ついすう[突据]
すおうのはな【蘇芳花】 はなすはう[花蘇芳] はなむらさき[花紫]

# ずがいこつ —— すきま

**ずがいこつ【頭蓋骨】** はち［鉢］
　—を隠す　あとたゆ［跡絶］　あと
　野ざらしの—　のざらし［野晒］
　をかくかす［跡隠］　いきかくす［行隠］
　いきかくす［行失］
**すがお【素顔】** ただがほ［唯顔］
**すかす【透】** …すきとおる
　—して見る　ますかす［目透］
**すがすがしい【清清】** いさぎよし
　［潔］　さはやか・さはらか［爽
　やけし［清・明］　すがすがし［清清］
　…さわやか
**なんとなく—** ものきよし［物清］
　晴れて—　はればれし［晴晴］
**すがた【姿】** いでたち［出立］　おもか
　げ［面影］　かげ［影］　かたち［形・
　容・貌］　さう［相］　せい［勢］　て
　いたらく［体］　とりなり［取
　成］なり［形・態］　ふう［風］　ふう
　ぎ［風儀］　ふうこつ［風骨］　ふうて
　い［風体］　ふぜい［風情］　ふり［振・
　風］　みざま［見様］　やう［様］　よう
　うす［様子］　やうだい［様体］　よ
　たい・ようだい［容体・容態］
　—を変えさせる（元服）　とりなす［取成］　さまかふ［様
　変］　やつす［窶］

**一般の人の—** ぞくぎゃう［俗形］
**後ろ—** うしろ［後］　うしろで［後
　手］
**僧の—** そうぎゃう［僧形］
**月に照らされた—** つきかげ［月
　影］
**透けて見える—** すきかげ［透影］
**灯火で見える—** ほかげ［火影］
**目に映る—** め［目・眼］
**夕方の—** ゆふばえ［夕映］
**夕日に映える—** ゆふかげ［夕影］

**すがる【縋】** かかぐる［踠］　かかる
　［掛・懸］　かきつく［掻付］　よつ
　かかる［取掛］　とりつく［取付］
　—り付く　かいつく［掻付］　とり
　つく［取付］
**すかんぽ** いたどり［虎杖］　さいたづ
　ま　すいば［酸葉］　たぢひ［虎杖］
**すき【隙】** …すきま
**心に—がない** ひまなし［暇無］

**すき【鋤】** さひ・さへ［鉏］
**—になる** おもひつく［思付］
**すぎ【杉】** すぎ［杉］　まき［真木・槙］
　**枕**—むらくも［叢雲］
　**真っすぐな—** ほこすぎ［矛杉・鉾
　杉］
**すぎ【杉菜】**
　しうす［逞］
**すききらい【好嫌】** さりきらひ［去嫌］
**すきかってにする【好勝手】** たくま
　…このみ
**すきとおす【透通】** とほす［通徹］
**すきとおる【透通】** すく［透］　とほ
　る［通・徹］
**すきな【門荊・杉菜】**
**すきま【隙間】** あはひ・あひ・あひだ
　［間］　いとま［暇］　きょ［虚］　さま
　［狭間］　すき［隙］　すけき・すげき
　［隙・透］　はさま・はざま［狭間・迫
　間］　ひま［暇・隙］　ま［間］　まあひ
　［間合］　ものあひ［物間］
　**—が多い** あばら［荒］
　**—ができる** すく［透］
　**—がない** ひまなし［暇無］　まな
　し［間無］

## すぎる——すぐれる

### すぎる【過】
—がないさま（ぴったり）　つぶさと　みらに・しめらに　ひしと・ひしひしと　ひっしり（と）
—なく　しかと　確　しみみにし
年月が—　ゆく[行]　わたる[渡]　つもる[積]
あちこちの—　ひまひま[暇暇]
接した物の—　ゆきあひのま[行合間]
季節が—　くる[暮・昏]
盛りを—　ふる[古・旧]
月日が—　ふる[古・旧]
時が—　いぬ[往]　うつる[移]　さたすぐ・さだすぐ[時過]　ときうつる[時移]　ふ[経]　ふく
[立]ながる[流]
[時過]めぐる[巡・回]
[更]
長い年月が—
[句]—をののえくつ[斧柄朽]

わたる[渡]
[枕]—つゆじもの[露霜]　ゆくかはの[行川]　ゆくみづの[行水]ねの[行舟]
[紅葉]もみぢばの
—・ぎきさせる　すぐす[過]
日数が—　つもる[積]
年月が—　ゆく[行]　わたる[渡]
▼素通りする　よぎる[過]
素通りしにくい　すぎうし[過憂]
**すく【好】**　ぢき[直]好
このむ[好]
**すく【直】**　→すぐに
**すく・う【救】**　たすく[助]　→たすける
**すく・う【掬】**　むすぶ[掬]
—い上げる　むすびあぐ[掬上]
世の人を—　よをわたす[世渡]
**すく・う【浮】**　うかぶ・うかむ[浮]
**すくさま→すぐに**
**すくな・い【少】**　いささか・いささけし　かるし・かろし[軽]　けいせ
う[聊]　すこし・すこしき・すこし
く[少]　つゆ[露]　つゆちり[露塵]　まれま
ればふせう・ぼくせう[乏少]　まれま
れ[稀稀]
—こと・もの　すかす[透]
—くする　すかす[透]
—くとも　せめて・せめては
—くなる　そんず[損]　める[滅]

### すぐに【直】
▼多数の中の少数
[句]—きうぎうがいちまう[九牛一毛]
▼微少な　ありなしの[有無]
[今]いまいま[今今]　あからさま[白地]　いま
かつ[且]　すぐと　おかず[置]
屹度[且]きと　きときと　すなはち・
即[即]すみやかに　ただ唯・
只・徒[徒]　ただいま[只今]　ただちに
[直]たちかへり[立返]　たちどこ
ろに[立所]　とう・とく　たちまち（に）[忽]　ぢ
き[直]　つと[急度]　ときかは
さず[直]ひき[時交]　ときをおかず[時置]
とくとく[疾疾]　とりあへず[取敢]
もあへず[取敢]　はじめて[初]　は
や・はやう・はやく[早]　ふと　まな
し[間無]　やがて　やにはに

**すく・む【竦】**　すくばる[竦]　→ひるむ
**すぐ・れる【優・勝】**　いみじ　けやけし
尤[尤]こゆ[越・超]　たく[長・闌]　たちこ
ゆ[立越]　ちゃうず[長]　ひいづ
[秀]まさる[勝]
すすむ[進]
すぐる[優・勝]

**すげない — すこし**

**—ようにする** ます[優]
**—れた** ありがたし[有難] さるべき・さんべき・し
かるべき[然]
**—れたる**[極] めでたる[極]
**—れた歌の様子** うたがまし[歌]
**—れた場所** まほら・まほらま・まほろば
**—れた人** くんし[君子] さいじん[才人]
**—れた物** いちもち・いちもつ[逸物]
**—れている** いう[優] いうそく[有職・有識] いし[美] いたし[甚] いみじ・いみじげ[大] まか[摩訶]
かしこし[賢] けっこう[結構] こ
ころはづかし[心恥] こともなし
[事無] こよなし さかし[賢] し
かるべし[然] じんじゃう[尋常] た
かし[高] たぐひなし[類無] た
けし[猛] ただならず[徒] た
まさざま・まさりざま[勝様] めう
[妙] めづらし[珍] めでたし[愛]
よし[良] よにこゆ[世越] よろし
[宜] をかし → 基本 りっぱ(P.82)
**—れていること** きどく[奇特]
くきゃう・くっきゃう[究竟] だい
[大] まか[摩訶]
**—れている物** ほ[秀]
**—れて価値がある** たっとし・た
ふとし[貴]
**—れて見える** ひかる[光] みま
す[見増]
言い表せないほど—れていること
ごんごだうだん[言語道断]
技芸が—れていること かんの
う・たんのう[堪能]
神々しく—れている たへ[妙]
最高に—れている かぎりなし
[限無] きはなし[際無] たぐひな
し[類無]
詩歌などが—れていること きゃ
うさく・きゃうざく[警策] しうい
つ[秀逸] しゅしょう[殊勝]
特に—れていること きどく[奇
特] しゅしょう[殊勝]

**すげな・い**
**—くする** けんけん →れいたん
うとむ・うとまし[疎]

**す・げる**[箝] すぐ[挿]
**すごい**[凄] おどろおどろし
**すこし**[少] いささか・いささけし[些・
聊] おどろ かごとばかり[託
言] くさのはつか[草] けしきば
かり[気色] すこぶる[頗] すん
[寸] せうせう[少々] ただ・ただ
…のみ[唯・只] ちっと・ちと[些]
ちへのひとへ[千重一重] ちりばか
り[塵] はつか[仄] ひとつ[一]
ほのぼの[仄仄] やや[漸] ゆめ
ばかり[夢] わづか[僅]
**—ちょっと、—わずか**
**—ずつ** ちくちく[ちく] ほつほつ
**—ずつ行う** くづす[崩]
**—出す** うちいだす[打出]
**—でも** かけても
**—の間** いちじ[一時] いったん
[一旦] かたとき[片時] しば・し
ばらく・しましーしましく・しまらく[暫] しゅゆ[須臾] すん
しんばし[寸時] すん
いん[寸陰] たまゆら[玉響] つか
のあひだ・つかのま[束間] つゆ
ま[露間] とき・ときのほど[時程]

## すごす——すすむ

**すごす**
ときのま [時間] とばかり ひととき [一時] ふしのま [節間] へんし [片時]
句——あしのふしのま [葦節間] くび
すをめぐらす・くびすをめぐらすべ
からず [踵回]
——ばかり せうぶん [小分・少分]
ちくと せうせう [少少]
——も いささか [些・聊] かけて
——も…（ない） ⇒ぜんぜん
もう—— もそっと
句——きうぎうがいちまう [九牛一毛]
多数の中の—— けしきばかり [気色]
ほんの—— けしきばかり [気色]
▽少額
**すご・す**【過】 ふむ [踏] へだつ [隔]
あてにして—— たのみすぐす [頼]
過
言いながら—— いひわたる [言渡]
生きて年月を—— ありふ [有経]
ありわたる [有渡]
心奪われて—— まぎれくらす [紛]
過

時間・月日を—— あけくらす [明暮]
くらす [暮]
——が通る さばく [裁]
——をたてる ことをわく [事分]
しゅっこん [熟根] ぞくしゃ
う [俗姓] ねざし [根差] ゆくすゑ
[行末]
だらだら—— べんべんと
時を—— うつす [移] たつ [立]
日を—— ひくらす [日暮]
無駄な時を—— べんべんと [便便]
もの思いに沈みながら—— ながめ
くらす [眺暮] ながめふ [眺経]
**すこぶる**【頗】 ずいぶん [随分] なか
なか [中中]
**すさ・ぶ**【荒】 さぶ [寂・荒]
**すさまじ・い**【凄】 ⇒きものわる
げしい
**すざん**【杜撰】 ⇒いいかげん
**すじ**【筋】
**すじかい**【筋交】 なぞへ [傾斜]
すぢかひ・すぢか
**すじちがい**【筋違】 すぢかひ・すぢか
へ [筋違]
**すじみち**【筋道】 あやめ [文目] ぎ
り [義理] ことわり [理] じり [事理]
すぢ [筋] すぢめ [筋目] みち [道]
り [理] わけ [訳]
——が通らない あやなし [文無]
りふじん [理不尽]

**すじょう**【素性】
——が通る さばく [裁]
——をたてる ことをわく [事分]
しゅっこん [熟根] ぞくしゃ
う [俗姓] ねざし [根差] ゆくすゑ
[行末]
**ずじょう**【頭上】 しろなまり [白鉛]
ばな [尾花]
**すず**【錫】 しろなまり [白鉛]
**すすき**【薄・芒】 はなすすき [花薄]
ばな [尾花]
——の穂 をばな [尾花]
枯れた—— かれをばな [枯尾花]
白い穂の出た—— ましろほすすき
[真白穂薄]
風に吹かれる—— はたすすき [旗
薄]
穂の出た—— はなすすき [花薄]
**すす・ける**【煤】 くすぶる [燻]
ふすぼる [燻] すすぶ [煤] すす・
**すずし・い**【涼】 すずし・すずやか [涼]
——くする すずしむ [清・涼]
**すす・む**【進】 むかふ [向・対] むく
[向]

—・まない　よどむ[淀]　なんじふ[難渋]
—・みかねる　いさよふ[躊躇]
—さま　しんしん[駸駸]
—・めない　はばかる[憚]
間を縫って—　さぐくむ
押し分けて—　さぐくむ
気持ちが—　いさむ[勇]
すらすらと事が—　さらり(と)
滞りなく—　ゆきやる[行遣]　ゆくゆく[行行]
膝で—　ゐざりいづ[膝行出]　ゐざる[膝行]
船がのろのろ—　ゐざる[膝行]
舟を—ませる　さをさす[棹差・竿差]
踏み分けて—　さぐむ・さくむ
しのぐ[凌]

すずむし[鈴虫]　まつむし[松虫]
—まつむし[松虫]　げつれいし[月鈴子]

すす・める[勧]　すすむ[勧]
酒を—　さす[差・指]
すずめ[雀]　たはた[田畑]
すずみ[雀]　いなおほせどり[稲負鳥]
—の子　きすずめ[黄雀]

すずむし——すてばちになる

すす・る[啜]　つづしる[啜]
すそ[裾]
—[枕]—からころも[唐衣]
着物などの—　けまはし[蹴回]
—[枕]—かりごろも[狩衣]
すだ・つ[巣立]　うひだつ[初立]→し
ゅっぱつ
すだれ[簾]　す[簾]　をす[小簾]
—[一]—みす[御簾]
美しい—　たますだれ・たまだれ
[玉簾]
すた・れる[廃]　くちす・くつ[朽]　す
たる[廃]
すっかり　きよく[清]　ことごとく[悉
・尽]　ことごと[事]　しっかい[悉
皆]　すっぱり　すでに[既・已]　た
えて[絶]　つぶと　つやつや　てん
と　てんに　とうと　のこりなく
[残無]　はたと・はったと　ひたす
ら[只管]　ひたぶる[一向・頓]　ふ
っつり(と)
髪が—白くなること　もろしらが
[諸白髪]

すっきり　すきと
—しない　いぶせし　鬱悒]
心が—する　むねひらく[胸開]
服装などが—している　あざやか・
あざやかし[鮮]
ずっと　つっと　とったる[渡]
—…する　わたる[渡]
—続くこと　ふだん[不断]
—泣いている　なきくらす[泣暮]
すっぱ・い[酸]　からし[辛]→しょ
ぱい
すっぱだか　はだか
すっぱりと　きっぱり
すっぽん[鼈]　どんがめ[団亀]
すで[素手]　てぶり[手振]　むて[無
手]　むなで[空手]
すてき[素敵]→すばらしい
すてておく[捨置]→ほっておく
すでに[既]　とう・とく[疾]　とっと
はや・はやう・はやく[早]　はやばや
と[早早]
すてばちにな・る[捨鉢]　ふつ[棄]
→やけくそ

# すてみ——すばらしい

**すてみ【捨身】** いきのをに[息緒]し にみ[死身]

**す・てる【捨・棄】** あぶす[打棄] うちす く[打棄] うちすつ[溢] うちや る[打棄] うつ[棄] すつ[捨・棄] はふる[放] ふつ[捨・棄]
―てがたい をし・をしけし[惜]
―てて置けない やうごとなし・やぐしがたし・やむごとなし・やんごとなし[止事 過難] すぐしがたし
▽見捨てる うちすつ[打捨] おも ひすつ[思捨]

**すどおり・する【素通】** よぎる[過] ―・しにくい すぎうし[過憂] ―・しにくに すぎがてに[過]

**すな【砂】** いさご[砂・砂子] さいさご[小砂] す[砂] すなご[砂子] ま さご・まなご[真砂]
杭―しろたへの[白妙]（⇒はまのま さご）
▽細かい― まさご・まなご[真砂]
▽砂丘 たかすなご[高砂子]
▽砂地 まなごち・まなごつち[真砂 地]
▽砂浜 さとう[沙頭] はま[浜]
▽平らな砂原 へいさ[平沙]

**すなお【素直】** おいらか じっぽふ・じ ほふ[実法] しんべう・しんみょう・ しんめう[神妙] ちょく[直] なほ し[直] なほなほ[直直]
―でない かたくな[頑] ねぢけ がまし・ねぢけたる・ねちけひと[拗人] ―になる やはらぐ[和]

**すなわち【即】** かれ[故] やがて

**すね【臑】** はぎ[脛] こはぎ[小脛] すねはぎ[臑脛] むかはぎ[向脛]

**す・ねる【拗】** うちむつかる[打憤] ねる[拗] じくねる じぶくる そばむ [側] ひがむ[僻] ひぞる[乾反・干 反] ふすぶ[燻] むつかる[憤]

**すのこ【簀子】** えん[縁・椽]

**すばしこ・い** うるせし ⇒すばやい

**ずばぬけて** すぐれて[勝]

**すばや・い【素早】** いちはやし[逸早] こころばや[心早] さそく[早速・逸早] 足] とし[疾・敏] はやし[早] すばやし[素 早] とし・すどし[鋭] すばやし[素 早] とし[疾・敏] はやし[早] て かしこし[手賢]
―く きっと[急度・屹度] きと・ きときと くと ちゃっと
―く動く いそめく[急] すすどし[鋭]
勇敢で― すすどし[鋭]

**すばらし・い【素晴】** いたし[甚] い ひしらず[言知] いみじ・いみじげ うまし[甘・美・旨] きめう かぐ はし[芳・馨] けやけし さうな とし[気疎] すばらし[素晴] せち・ し[双無] たっとし・たふとし[尊] せつ[切] なならず・なめてならず・な てならず・なめてならず・斜] なべ てならず・なめてならず[並] にな し[二無] みごと[見事] めでたし [微妙] ゆゆし[由由] よろし[宜 愛] ゆゆし[理無] ⇒ 基本 りっぱ（⇨わりなし[理無]
―夜 あたらよ[惜夜]

ずぶとい——すみなれる

**あきれるほど—** めざまし[目覚] としあるき[有有] ありとある・あり
 —他に例のないほどー よにしらず
 —[世知] よににず[世似]
 —憎らしいほどー ねたげ[妬]
**ずぶぬれ【濡】** しとど のぶたけ[野太] ひとしぼり[一絞]
**ずぶと・い【図太】**
**すべて【全】** あげて[挙・上] あるかぎり[有限] いちいち[一一] いちゐ[一圍] いっさい[一切] おしん[押] かぎり[限] ことごとく[悉・尽] しじゅう[始終] しっかい[悉皆] すっきり[数尽] すでに[既・已] そうじて[総じて] そうべつ[総別・惣別] つぶと ながらに・なべてなめて[並] まったく[全] まるぐち[丸] みな・みながら・みなながら[皆] よろづ[万] —出す かずをつくす[数尽] —に よろづに[万] くす[尽]
**すべき・だ** → 基本 とうぜん(P.105)

**すべ・る【滑】** ぬめる[滑]
 —らせる すべす[滑] すべらかす[滑]
 —り落ちる こける[転・倒] しづる[垂・雪朋]
 雪などが—り落ちる ほしをさす[星指]
**すぼし【素干】** しらぼし[白乾・素干]
**すぼし【図星】** ただなか[直中・只中]
**ずぼら** →なまけもの
 —を指す
**すまい【住】** →じゅうきょ
**すま・う【住】** →すむ
**すま・す【澄】**
 —した顔 をさめがほ[納顔]
 耳を— みみをそばたつ[耳敬]

—の あらゆる ありとある・あり
 としある[有有]
 —の生き物 うじゃう[有情]
 —の事 ばんじ[万事]
 —の物 うざう・うざうむざう[有象無象] もろもろ[諸諸]
 —残らず あげて[挙・上] いちいち[一一] すでに[已・既] みながら[皆]

**すみ【墨】** するすみ[摺墨]
**すみ【炭】**
 —火 うづみび[埋火] ひ[火]
 —焼き やまうど[山人] やまがつ[山賤]
**すみか【住処】** →じゅうきょ、基本 いえ(P.91)
▼ **すみっこ【住処】** こすみ[小隅・小角]
**すみ【隅】**
 —隅 くまぐま[隈隈] つまり[詰] つまづま[端端] そばそば[側側] はし[端] はじ[端]

▼取り澄ましている けけし
**すま・す・すませ・る【済】** すぐす[過] おわらせる しゃる[為遣]
 滞りなく— とぢむ[閉]

**すみずみ【隅隅】** →すみ
**すみつ・く【住】** ありつく[有付]
 —まで行き渡る くまなし[隈無]
 女の家に— かよひすむ[通住]
**すみづ・ける【住続】** すまふ[住]
**すみな・れる【住慣】** ありならふ[有]
 すみすむ[住住] すみわたる[住渡]

すみやか―する

**すみやか【速】** かたらか[堅] すみなる[住侘] すみうし[住憂] すみわぶ[住侘]
　―けし[速] はやらか・はやりか[速] すむや
　―に ずいと とう・とく[疾] は
　―はやい、―はやく
　や[早] ひたひたと

**すみれ【菫】** すまふとりぐさ[相撲取草] たむけぐさ[手向草] ひとは
ぐさ[一葉草] ふたばぐさ[双葉草]
や[早] ふたよぐさ[二夜草]

**す・む【澄】**
　―みきっていること ますみ[真澄]
　―みきる すみはつ[澄果]
　―みわたる さゆ[冴] すみわたる[澄渡]
　―んでいる さやか[清]
　空など寒々と― さえわたる[冴渡]

**す・む【住】** しむ[占] すまふ[住] みなす ぢゅうす[住] やどる[宿] ゐる[居]
　―みづらい ありわぶ[在侘・有

佗]
　―みにくい ありがたし[有難]
　―みよい ありよし[在良]
　―んでいたい ありがほし[有欲]
　―んでいられる あらる[有
過] しのぶすぐす[忍暮]
苦しみに耐えて―
恋しく思いながら― おもひくらす[思暮]
人里離れて― よばなる[世離]
夫婦・雌雄が― つまごもる[妻隠]
▼住み家を離れる すみはなる[住
離]
▼暮らし →くらし
▼生活 →くらし
▼生活する →くらす

**す・む【済】** →おわる

**ずめん【図面】** さしづ[指図] づ[図]

**すもう【相撲】** すまひ[相撲]
　―取り すまひとり[相撲鳥] す
まひびと[相撲人] ほて[最手] り
きし・りきじ[力士] りきしゃ[力
者] りきじん[力人]

**ずら・す** かはす[交]
**すらすら** くるくる さはさは(と) すがすが(と) さらさら さらり(と) すがすが(と)[清清] すがやか[清]
　―言う いひやる[言遣]
　ゆくゆく

**すり【掏模】** きんちゃくきり[巾着切]
　―わるもの

**すりきれる【擦切】** ちぶ[禿] つぶ木

**すりこぎ** こがらし[木枯] れんぎ[連木]

**すりぬ・ける[抜]** くくる・くぐる[潜]

**すりへ・る[擦減]** →すりきれる

**する【為】** す・なす[為] ものす[物
尊] あそばす[遊]
　―うちに ほどに[程]
　―こと(接尾語) く すらく
　―ことができる(可能) なむ な
　ん
　―ために かに がに がぬ
　―と同時に なへ なべ なへに

するどい ― せいい

**―と共に** なへ なへに
**―な**(禁止) なへ なへに な…そ な…そ
ねなせそ まな
**―に違いない** なへらなり
**―につれて** なへ なへに
**―はずがない** べからず べうも
あらず べくもあらず まじ
**―ほどに** かに がに ほどこそありけれ [程・有]
**―やいなや** ほどこそありけれ
**―ように** かに がに がぬ
**―声** とごゑ [鋭声・利声]

**するど・い【鋭】** とし [利]
枕―やきたちの [焼太刀]

**わざわざ―** さしはふ [指延]
**強いて事を―** おしたつ [押立]

**すれちが・う【行違】** きずり [行違]
**すれちがい【行違】** みちかひ [道交] ゆきちがふ [行違] すりちがふ [摩違] ちがふ [違・交]

**すわりこ・む【座込】** ゐる [居入] ゐるなほる [居直]
**すわりなお・す【座直】**
直

**すわ・る【座】** ざす [座] したにゐる [下居] ついゐる [突居] ねまる
**―った姿勢** ゐずまひ [居住]
**―らせる** すう [据] ついすう [突据] ひきすう [引据] をらしむ [居]
**―りきれない** ゐこぼる [居溢]
**ちょこんと―** つきなむ [着並]
**並んで―** ゐなこぼる [突居] ゐながる [居流]
**寄り掛かって―** そひふす [添臥]

▼ **あぐら【胡座】** らくる [楽居]
▼ **居並ぶ** つきなむ [着並]
▼ **車座** まとゐ・まどゐ [円居]
▼ **腰掛ける** しりうたぐ [踞]
▼ **正座する** なほる [直]
▼ **対座する** むかひゐる [向居]

**すんか【寸暇】** すんいん [寸陰]
**すんし【寸志】** まつのは [松葉]
**すんでのことに** すでに・已 ほとほと [殆]
**すんぽう【寸法】** ましゃく [間尺]

## せ

**せ【瀬】** →基本 かわ (P.24)
**せ【背】** →せたけ、→せなか
**せい【精】** →どりょく
**―を出す** いさをし [功] いそし む [勤]

**ぜい【税】** うんじゃう [運上] かかり もの [掛物・懸物] たちから [税・田租・田税] ちから [税] つき [調] つぎ ちゅう [調中] みつぎ [貢・調] みつぎつぎ [実義]

**せいい【誠意】** こころざし [志] しんじち・じつ [実] じ
**―がない** ぶしんちゅう [不心中]
**―を尽くす**

せいいっぱい――せいしつ

せいいっぱい【精一杯】がいぶん[涯分] こころのかぎり

句―かんたんをくだく[肝胆砕]
のやま[関山] たけし[猛]…でき
るだけ
―でできること たけきこと[猛
立] おとがひをやしなふ[頤養]
くちをくふ[口食] くちをすぐ[口
過] くらす[暮] すごす[過] ひ
くらす[日暮] みをたつ[身立] わ
たらふ[渡]

せいう【晴雨】
―に関係なく てれふれなし[照降
無]
―事 あふなあふな

せいかく【性格】…せいしつ
せいかくに【正確】 りんと
せいかつ【生活】 きふ[急] …でき
せいきゅう【性急】 きふ[急] ひきき
り[引切] …せっかち
せいきゅう・する【請求】 はたる[徴]
…もとめる
せいぎょう【生業】…しごと
せいきん【精勤】 かくごん[恪勤]
ぜいきん【税金】 おほやけごと[公事]
しょとう[所当] やくぎ[役儀]
せいけい【生計】 あさゆふ[朝夕] い
きのたつき[生活] くちすぎ[口過]

くゎっけい[活計] なり・なりはひ
[業] みすぎ[身過] わたらひ[渡]
―をたてる うきよをたつ[浮世
立]
―くらす[日食] くちをすぐ[身立] わ
たらふ[渡]

せいけつ【清潔】 きよげ[清]
―にする きよまる[清]
せいげん【制限】…そくばく
せいこう・する【成功】 こうあり[功
有] ことなる[事成]
せいざ【星座】 ほしのやどり・せいしゅ
く[星斗] せいしん[星辰] せい
と[星宿] やどり・しゅく[宿]
せいさん・する【清算】 しまふ[仕舞]
せいし【制止】 せいす[制] せく[塞・堰]
とどむ[止・留] とむ[止・留]
せいさく【制作・製作】…基本 つくる(P.
75)

せいし【生死】 しにいき[死生] しゃ
うめつ[生滅] …ちかい
せいし【誓詞】 せいもん[誓文]
…基本 しぬ(P.72)
せいし【誓紙】…ちかい
せいじ【政治】 せいたう・せいだう[政
道] せいばい[成敗] ち[治] ば
んき[万機] まつりごと[政]
―を行う せいばい[成敗] まつ
りごつ[政]
せいじ【正式】 ほんだう[王道]
正しい― わうだう[王道]
せいしき【正式】 ほんぱん[本本]
ことし[誠・実・真]
―に わざとの[態]
―の わざとの[態]
せいし・する【静止】 たまる[溜] …と
まる
せいしつ【性質】 かたぎ[気質] ここ
ろいき[心意気] こころざま[心柄]
は[心際] こころがら[心柄] ここ
ろだて[心立] こころざま[心様] ここ
ろばえ[心延] こころばせ[心馳]
こころむき[心向] さが[性] し
たうぢ[下地] すぎ[性] すじ
ゃう[性] すじょう[素性] すぢ

せいじつ――せいちょう

[筋] ひととなり[為人] →きだて
[尾]―から・がら[尾]
―を帯びる〈接尾語〉
生まれ付きの―…てんせい
▽卑しい根性 げこん[下根]
▽素質 …そしつ

**せいじつ【誠実】** じつぎ[実義] まこと[誠・実・真] まめ・まめやか[忠実] まめまめし[忠実忠実] もの まめやか[物忠実] →まこと、→まじめ
―さがないこと けいはく[軽薄]
―な心 まめごころ[忠実心]
―な男 まめをとこ[忠実男]
▽誠実 じゅくす[熟] なりあふ[成合] ね びととのふ[整]

**せいじゃく【静寂】** しじま[無言] しずか

**せいじゅく【成熟】** あがる[上]
▽未成熟 …みじゅく

**せいじょう【清浄】** むく[無垢] …きよらか
―にする きよむ[清]

**せいしょ【清書】** きよがき[清書]

**せいしん【精神】** きもこころ[肝心] きもだましひ[肝魂] こころだましひ[心魂] しょう[性] しん[神] たましひ[魂] →基本こころ(P.60)
―錯乱 こころあやまち・こころあ やまり[心過・心誤]
―集中 さんまい[三昧]
―統一 ぜひをこらす[是非凝]
▽精神力 き[気]

**せいしん【清新】** なまめかし[艶] め づらし[珍]

**せいじん【成人】** →おとな
―の道 しだう[斯道]
―する せいけん[聖賢]
―と賢人 せいけん[聖賢]

**せいじん【聖人】** ひじり[聖]

**せいぜん【生前】** ありし[有・在] [生前] しめし(P.72)

**せいせい・する【制】** けつ[消]

**せいせい・する【精製】** さうぜん・しゃうぜん [抄・鈔]

**せいそう【星霜】** つゆしも・つゆじも [露霜] →ねんげつ

**せいそう・する【盛装】** きらめく[煌] せいぞう・する【製造】 →基本つくる(P.

**せいぞん【生存】** …いきている
ぜいたく【贅沢】 ええう[栄耀] おご り[奢] くゎさ[過差] くゎしょく [華飾・過飾] けい[活計] ぜい[贅] おごる[奢] ―する おごる[奢]
―すること せんしゃう・せんじゃ う[僣上]
―なさま くゎんくゎつ[寛闊]

**せいたん【生誕】** →うまれる
―させる おぶす・おほす[生]

**せいち【生地】** →きょう

**せいちょう【成長】**
―が不十分 かたなり[片生]
―する およすく・およすぐ・およ びゆく[行]
―していく おひゆく[生行] ね びゆく[行]
―する おとなびる、→そだつ
―すること ひだち[日立]
十分する なりあふ[成合]

せいつうしている―せき

せいつうしている【精通】 くはし
せいてん【晴天】 はれ[晴] ひより[日和] …はれる
せいどう【青銅】 からかね[唐金]
せいとん・する【整頓】 …せいりする
せいねん【青年】 わかもの
せいばい【成敗】 ちゅう[誅] …しょばつ
せいび・する【整備】 はらひしつらひ しつらふ[設]
せいふ【政府】 おほやけ[公] くゎん[官]
せいぶつ【生物】 いきもの
せいへき【性癖】 こころならひ[心習] こころぐせ[心癖]
せいべつ【生別】 わかれ
せいほうけい【正方形】 はう・ほう[方]
せいまい【精米】 しらげよね[精米]
せいむ【政務】 おほやけごと[公事]
せいめい【生命】 いのち
せいめい【姓名】 …な

せいやく・する【誓約】 ちかふ[誓] …つ
せいよう・する【静養】 ためらふ[躊躇] …ようじょう
せいらい【生来】 あれながら[生] …このうえない
せいり・する【整理】 したたむ[認]
せいりつ・する【成立】 なる[成]
せいりょく【勢力】 せい[勢] …いきお い[精] せいき[精気]
せいりょく【精力】 きこん[気根] せいこん[精根] …たましい
せいれい【精霊】 せい[精] せいこん[精魂]
せいれん・する【精練】 きたふ[鍛] 木の…こたま・こだま[木霊] ねやす[練] ねる[練] ふく[吹] こしき[甑] かたぐ[担]
せいろ【蒸籠】 こしき[甑] かたぐ[担]
せお・う【背負】 おふ[負] どう[筒] かたぐ[担]
―する かろふ にな ふ おほす[負]

せかい【世界】 ごく[三国] てんか[天下] ひのし
た[日下] …てんか
苦しい― しゃうじのうみ[生死海]
人間― ぢょくせ[濁世]
全世界 いってんしかい[一天四海] いってんか[一天下] さんがい[三界] さんぜんせかい[三千世界]
▼ このうえない 世界― さんごくいち[三国一]
ほふかい[法界]
せかせか ―する せはせは[忙忙] …せっかち
せが・む せびる・せぶる せむ[責] …せきたてる そそく
せき【堰】 せき[関] ゐせき・ゐぜき[堰] るで[堰・井手]
せき【咳】 しはぶき・すはぶき[咳]
―する うちしはぶき しはぶく・しはぶる [咳] せき[咳] たぐる[吐]
―の出る病気 しはぶきやみ[咳病]
▼ 咳払い しはぶき・すはぶき

# せき ― せぞく

**こわづくろひ**[声繕] 咳払いする →**せきばらい**

**せき**【席】 ざ[座] むしろ[筵・席・蓆] 天皇の― ぎょざ[御座]
▽上座 よこざ[横座]
▽御座 ござ[御座] ぎょくざ[玉座]
貴人の― ござ[御座]

**せきこむ**【咳込】 せきいる[咳入] たぐる[吐] むす・むせぶ[咽・噎]

**せきたぐる**[咳吐] たぐる[吐]

**せきたてる**【急立】 せきたつ[急立]
せく[急] せたぐ[虐] せむ[責] せる[迫] そそなかす・そそのかす[唆] もみたつ[揉立] もよほす[催]
―[咳] せき[咳]

**せきちく**【石竹】 からなでしこ[唐撫子] いしたけ・いしのたけ

**せきとめる**【塞・堰】 せきわぶ[堰侘] せきやる[堰遣]
―物 しがらみ[柵]

**せきにん**【責任】 せめ[責]
―者 ぎょうじ[行事]
―逃れ みぬけ[身抜]

―をもって行う とりもつ[取持]
[嫁教鳥] にはくなぶり・にはたたき[庭叩] まなばしら とつぎをしへどり

**せきばらい**【咳払】 しはぶき・すはぶり[庭] にはたたき[庭叩] しら
**―する** うちしはぶく[打咳] こわづくる[声作] しはぶく・しはぶる[咳]

**せきはん**【赤飯】 あかめし[赤柏]

**せきひ**【石碑】 いしぶみ[碑]

**せきべつ**【惜別】
―の情 なごり[名残] なごりのたもと[名残袖] そで
**―する** おもてる・おもほてる[面照] はちかかやく・はぢかかやく[恥赫]

**せきむ**【責務】 →**せきにん**

**せきめん**【赤面】 →**はずかしい**

**せきら**【赤裸裸】
**―すること** →**ありのまま**

**せきれい**【鶺鴒】 いしたたき[石敲] なおほせどり[稲負鳥] いもせどり[妹背鳥] かはらすずめ[川原雀] こひしりどり[恋知鳥] こひをしへどり[恋教鳥] つつなはせどり

**せく**【急】 いそぐ[急] またく[急]
**―**[塞] せかふ

**せけん**【世間】 →**基本**(P.57)
**せけんてい**【世間体】 せけんぎ[世間気]
―を気にする よをはばかる[世憚]
**せけんなみ**【世間並】 そうなみ[総並] なみ[並] ひとなみ・ひとなみなみ[人並] よのつね[世常] わたりなみ[渡並]
**せこう・する**【施行】 せす[施]
**せじ**【世辞】 →**おせじ**
**せしゅ**【施主】 だんな[旦那・檀那] ぞく
**せじん**【世人】 せかい[世界] せぞく
**せせこましい**【狭細】 →**せまい**
**せせらぎ** かうど・かはと[川音]
**せぞく**【世俗】 りうぞく[流俗] →

せたい——せつび

**せたい**【基本 せけん】(P. 57)
—的 ぞく[俗]

**せたい**【世帯】 しょたい[所帯]

**せたい**【背丈】 せい[勢] たけだち[丈立]

—が高い そぞろか そびやぐ[聳]そびゆ[聳]

**せちがら・い**【世知辛】→けち[惜]

**せっかくの**【折角】 あたら・あったら[惜]

**せっかち** こころとし[心疾] こころばや[心早] こころみじかし[心短] こころきり[引切] はやりか[逸] ものさわがし[物騒] じかし[短] みじかし[心短]
—なさま まんがち

**せっき**【節季】 きは[際]

**せっきょう**【説教】 だんぎ[談義]

**せっきん**【接近】→ちかづく[近付]起

**せっく**【節句・節供】 せく[節句・節供] せち[節] せちく[節句・節供]
▼五節句
正月七日 じんじつ[人日]
三月三日 じょうし[上巳] ちゅうさん・ちょうさん[重三]
五月五日 くすりび[薬日] たんご[端午] ちょうご[重五・重午] つ[節]
七月七日 あきのなぬか[秋七日] きかうでん・きっかうでん[乞巧奠] たなばた[七夕] ほしあひ[星逢] ほしのいもせ[星妹背] ほしまつり[星祭]
九月九日 ちょうく[重陽] きくのえん[菊宴] ちょうやう[重陽]

▼ひな祭 ひひなあそび[雛遊]

**せっけいず**【設計図】 さしづ[指図]

**ぜっこう**【絶交】 ぎぜつ[義絶] たえ[仲絶] ひま[暇・隙]
—する なかたゆ[仲絶]

**せつじょく**【雪辱】 おもておこし[面起]

**せっしょく**【接触】→ふれる[触]
—する ふる[触]

**せっ・する**【接】 ふる[触]→ふれる 一方に— かたつく・かたづく[片付]

**せっせい**【摂生】 やうじゃう[養生]
—する やしなふ[養]

**せっせと** ひたと[直]

**せっそう**【節操】 しんさう[心操] せつ[節] みさを[操]

**せったい**【接待】→もてなし

**ぜったい…**(ない)【絶対】→けっして[決]

**せっち・する**【設置】 すう[据] まうく[設]→もうける

**ぜっちょう**【絶頂】 きはめ[極]

**せっとく**【説得】 かたらひ[語]
—する こしらふ[慰・喩] つめふす[語伏] とる[語取]
仲間にするためー・する かたらひとる[語取]

**せつな・い**【切】 うし[憂] からし[辛] こころぐるし[心苦] やらむかたなし・やるかたなし[遺方無] わびし[侘]→つらい
—ので こころうし[心]
—く悩む わぶ[侘]

**せつに**【切】→ひたすら

**せっぱくして・いる**【切迫】 せつなし[切無]→さしせまる

**せつび**【設備】 そなへ[具備]

**せつぶん―せめる**

**せつぶん【節分】** 部屋などの―　しつらひ[設]　―を向ける　そむく[背・叛]

**ぜつぺき【絶壁】**　…がけ

**せっぽう【説法】**　だんぎ[談義]　―をきおち

**ぜつぼう【絶望】**　⇒きおち

**せつめい【説明】**　せつ[説]
　―する　とく[説]
　訳を―する　きこえしらす[聞知]
**謙**―きこえやる

**せと【瀬戸】**（P.22）
　しまと[島門]　⇒**基本**うみ

**せとぎわ【瀬戸際】**　ここをせんど[此処先途]
　最後　せんど[前途・先途]　そ[背]　そびら[背]

**せなか【背中】**　せくぐまる
　―を丸める　せくぐまる[背]
　―を向けさせる　そむく[背・叛]

**ぜに【銭】**　…かね

**せのび・する【背伸】**　くはたつ[企]
　つくづくし　ほふしぜみ[法師蟬]

**せばまる【狭】**　すぼる[窄]　つづむ[約]

**せばめる【狭】**　つづむ[約]

**ぜひ【是非】**
　[左右・兎角]
　―とも　いかさま[如何様]　かまへて[構]　せちに[切]　ひらさらに　ゆめゆめ[努努]　とかく　―かならず

**せひょう【世評】**　⇒**基本**うわさ(P.83)

**せま・い【狭】**　さし[狭]　すぼし[窄]　せし[狭]　せばし・せまし[狭]　ころせし[所狭]　ほどなし[程無]
[枕]—うつゆふの[虚木綿]
—家　くしゃくにけん[九尺二間]
　―こと・―もの　せばがる[狭]
　―と思う　せまる[逼・迫]
　―くなる　すぼる[窄]
　―く纏まる　つぼむ[窄]
　幅が―　ほそし[細]

**せま・る【迫】**　⇒さしせまる

**せみ【蟬】**　―り来る　おす[押・圧]
▼**つくつくぼうし**　うつせみ[空蟬]　せび[蟬]　ぜみ・かんぜみ[寒蟬]　くつくつぼふし　つくしこひし[筑紫恋]　つくつくぼうし[筑紫恋]　つくつくぜん[寒蟬]
▼**蜩**ひぐらし　かなかな
▼蟬など夏の虫　なつむし[夏虫]

**せめい・る【攻入】**　うちいる[討入]

**せめおと・す【攻落】**　ぬく[抜]

**せめかか・る【攻掛】**　かかる[掛・懸]

**せめかけて…**　せむ[責]

**せめた・てる【責立】**　せむ[責]

**せめて…だけでも**　しも　だに　だに

**せめよ・せる【攻寄】**　よす[寄]

**せ・める【責】**　ふ[勘・考]　いひけつ[言消]　かうが[勘]　しをる[責]　せがむ　せたむ　こう[苛・嘖]　せごす[瀬越]

## せり──ぜんいん

**せり**
[貴] せちがふ せむ[責] たたぬ・たたむ[畳] とがむ[咎] なんず[難] ひづむ[歪] りょうず[陵・凌]
―**められる** はうすんをせむ・ほうすんをせむ[方寸責]
▼**お咎め** かしこまり[畏] かしゃく[呵責] かんき[勘気]
[芹] たぜり[田芹] つみましぐさ・ねじろ[根白] ねじろぐさ[根白草]

**せりあ・う【競合】** きそふ・きほふ[競]

**せわ【世話】** あつかひ[介抱] いたはり[労] かへりみ[顧] きもいり[肝入] て[手] はぐくみ[育] ふち[扶持]
―**がしにくい** みわづらふ[見煩]
―**がやける** せわ[世話]
―**したい** あつかはし[扱]
―**する** あつかふ[扱] いたはる[労] いたつく[病・労] いろふ[弄・綺] うしろみる・うしろむ[後見] おもひあつかふ[思扱] かい しゃく[介錯] かいぞへ[介添] かしづく[傅] かへりみる[顧] きもをいる[肝煎] きもせいをやく[肝精焼] きもをいる[肝入] しる[知] そばひみる[添見] つぐ[継] とりまかなふ[取賄] とりみる[取見] ひかしづく[傅] はぐくむ・はぐくむ[育] まぶる・まぼる・まもる[守] みなす[見成] みる[見] みもてあつかふ[持扱] もてなす[成] もほしあつかふ[思扱] ものあつかひ[物扱] めくちかわき[目口乾] ―**する人** かしづく[傅] きもいり[肝入] さいりょう[宰領] よせ[寄]
―**のやき過ぎ** みそす[見過]
―**焼き** めくちかわき[目口乾]
―**を頼む** みゆづる[見譲]
**あれこれ言って―する** いひあつかふ[言扱]
▼**育** はぐくもる[羽含] ふびんにおもふ[不便] まぶる・まぼる・まもる[守] みいる[見入] みまもる[見守] せわかく[世話] さばくる[捌] しる[知] おもひあつかふ[思扱] かい しゃく[介錯] かいぞへ[介添] かしづく[傅] かへりみる[顧] きもをいる[肝煎] きもせいをやく[肝精焼] きもをいる[肝入] てしほにかく[手塩掛]
**親身になって―する** いつく[傅] おもひかしづく[思傅]
**大切に―する** いつく[傅] おもひかしづく[思傅] かしづきたつ[傅立] まぶる・まぼる・まもる[守]
**自分で―する** てしほにかく[手塩掛]
**最後まで―する** みはつ[見果]
**貴人の―** まかなひ[賄]
**忙しく―する** けいめい[経営]

**せわし・い …いそがしい**
―**く動く** そそくる
―**・く立ち回る** くるべく・くるめく[眩・転]
**雇い人を―** くちいれ[口入]

**せん【線】** け[罫] ・界
▼**直線** かね[矩]

**ぜん【膳】** きゃうぜん[饗膳]
▼**直** みだい[御台]

**ぜんあく【善悪】** じゃしょう[邪正] ぜひ[是非]

**ぜんいん【船員】** …ふなのり

**ぜんいん【全員】** ひとみな[人皆] み かふ[言扱]

**ぜんかいする――ぜんぜん**

**ぜんかい・する**〘全快〙→**なおる**

**ぜんき**〘前記〙→**ぜんじゅつ**

**ぜんご**〘前後〙 うらうへ[裏表] しりはふ[後前] 97

**ぜんこう**〘善行〙 しゃくぜん・せきぜん[積善] 句――しゃくぜんのいへによけいあり[積善家余慶有]

**ぜんこく**〘全国〙 てんか[天下]

**ぜんこくの**〘先刻〙 ありける[有] ありつる[有]

**せんさい**〘先妻〙 こなみ[古妻] ふるめ[古妻]

**ぜんさい**〘繊細〙 あえか

**せんさく・する**〘詮索〙 あなぐる[索] ……しらべる

**ぜんじぐすり**〘煎薬〙 せんやく[煎薬]

**せんじつ**〘先日〙 このあひだ[此間] さいつころ・さきつころ[先頃] さ

きつひ[先日] せんど[先度] ひと ひ[一日] せきごろ[先頃] ぜんじゅ〘船首〙 ふなのへ[船舳] へ ・[舳] みよし[船首]→**基本 ふね**(P. 46)

**せんじゅつ**〘戦術〙 ひゃうはふ・へい[兵法] ぶりゃく[武略]

**ぜんじゅつ**〘前述〙 くだり・くだん[件]

――の くだんの[件]

**せんじょう**〘戦場〙 いくさのにはば[戦場] しゅらのちまた[修羅巷] やにはは[矢庭]

**ぜんしょ・する**〘善処〙 せいばい[成敗]

**せんしん**〘専心〙 さんまい[三昧] あからめもせず[目]

**ぜんしん**〘全身〙 ござう[五臓] ひとみ[人身] ひゃくがいきう けう[百骸九竅] みうち[身内] むくろごめ[身籠]→**基本 からだ**(P.

**せんす**〘扇子〙 あふぎ[扇]

**せんすい**〘潜水〙 かづき[潜] ぜんせ〘前世〙 さうぜん・しゃうぜん すくせ[先世] すぐよ[過世] せんじゃう[先生] むかし[昔]

**ぜんせい**〘先生〙 し[師] せんだち・せんんだつ[先達] せんじゃう[先生] たしゃう[他生]

**ぜんせいき**〘全盛期〙 よのがよ[世世]

**ぜんせかい**〘全世界〙→**せかい**

**ぜんぜん**〘全然〙 いささか[些・聊] けんご[堅固] さね[実]

――……(ない) あへて[敢] いかう・いっかう[一向] いかな[如何] いささか いちゑん[一円] うたがた・うたたへに(も)[未必] うちたえて[打絶] うつたへに かつて[曾] かつもって[且以] かけても[大方] けんご・けん ご[堅固] さながら さらに[更] しっかい[悉皆] しばらくも[暫・且] すきと すっきり すべて[総] たえて[絶] つぶと つやつや つゆ・つゆばかり・つゆも[露] つんと てんと とうと とんと

## せんぞ ─ せんぷう

**せんぞ**[二] ふっと ふつに まつ ひとつ[一] むげに[無下] もっとも たく[全] ゆめゆめに[夢] ゆめに・よにも[世] ゆめゆめ[努努] め・最[尤・最] もはら・もはらに[専] のはな

**せんぞ**[先祖] おや[親・祖] かみ・かむろき・かむろみ[神祖] せん[先] とほつおや[遠祖] ひとのおや[人親]
―神 かみるみ・かみるき[神] もろもろ[諸諸] せん[詮]

**せんそう**[戦争] いくさ[軍] えき[役]
―の霊 さきのみたま
―する たたかい

**せんたく**[洗濯] すまし 清・澄 ―する すます[清・澄] あらう

**せんたく**[選択] せん[詮] とる[採]

**せんだい**[先代] せん[先]

**せんたい**[全体] もろもろ[諸諸]

**せんだって**[先達] →さきごろ

**せんたん**[先端] うら・うれ[末] さき[先] つま・すゑ[末] →はし
―端 は[端] →はし

**せんだん**[梅檀] あふち[棟・楷] びゃ

くだん[白檀]
─枕─わぎもこに[吾妹子]（→あふち）

**せんちょう** 基本 ふね(P.97)

**せんちょう**[船長] →ふなのり、→せんど

**せんちょう**[前兆] →きざし

**ぜんと**[前途] さき[先・前] せんて い・ぜんてい[前程] ゆくて[行手・ 先途]

**せんてい**[選定] みたて[見立]
―を示す →さす
―する てんず[点]

**ぜんと**[先途] せん[先]

**ぜんと**[前途] さき[先・前]
い・ぜんてい[前程] ゆくて[行末] ゆくへ[行方] →しょうらい

**せんとう**[先頭] さき[先] てさき[手先]

**せんとう**[銭湯] →ふろ

**せんどう**[船頭] かこ[水夫] かぢとり・かんどり[楫取] かはをさ[川 長] すいしゅ[水主・水手] ふなぎ み[舟君] ふなをさ[船長] みづを さ[水長] わたしもり[渡守] →せん ど

**せんどう**[先導] せんぐ・ぜんく・ぜん

ぐ[前駆・先駆]

**せんどう**[扇動] →そそのかす

**せんにゅうかん**[先入観] おもひなし[思]

**せんにん**[仙人] しんせん[神仙] だうし[道士] だうしゃ[道者] はうじ[方士] ひじり[聖人] やまう ど・やまびと[山人]

**せんねん**[先年] いにしとし[往年] いにしころ[往頃]

**せんねん**[千年] せんざい[千歳・千載] ちとせ[千年] ちよ[千代・千 世] やちよ[八千代]

**せんねん**[前年] さきのとし[前年]

**せんねん・する**[専念] こころにいる[心入] こととす[事]

**せんぱく**[浅薄] →あさはか

**せんぱつ**[洗髪] すまし[清]

**せんび**[船尾] とも[艫] ふなども[船艫] まとも[真艫]

**ぜんぶ**[全部] →すべて こぞりて[挙] すべて[総]
─で こぞりて[挙] すべて[総] つがふ[都合]

**せんぷう**[旋風] しまき[風巻] つじ

せんぶり――そう

**せんぷう【旋風】** つむじ・つむじか ぜ[旋風] ゆきしまき[雪風巻] かぜ[辻風・旋風]

**せんぶり【千振】** たうやく[当薬]

**せんべつ【餞別】** うまのはなむけ・むま のはなむけ[餞] せん[餞] たむけ[手向] はなむけ[餞] たむけ[手向]
― **をする** たむく[餞] → **おくりもの**
― **の道** みち[道]

**せんめい【鮮明】** まざまざし

**せんもん【専門】** しょどう[諸道]
― **家** し[師] みちのもの[道者] しむ[占]

**せんゆう【占有】** ゆふべ[夕]

**ぜんや【前夜】** [標刺]

**そ**

**そあく【粗悪】** あららか[荒] →**そまつ**

**そいね・する【添寝】** そひふす[添臥]

**そう【然】** さ・しか・さなり・さり・しか なり[然] →[基本] **だいめいし・しじご**(P. 105)

**せんらん【戦乱】** さわぎ[騒]

**せんりゃく【戦略】** →**せんじゅつ**

**せんりょう【占領】** ふさぐ[塞]

**ぜんりょく【全力】**
― **を傾ける** こころをつくす[心 尽]

**せんれい【先例】** こしつ・こじつ[故実] せんき・せんぎ[先規] せんじょう[先蹤] ふと[浮屠・浮図] ためし[例] れ い[例]

**せんれん【洗練】**
― **されていない** なまあらあらし[生荒荒] いやし[卑・賤]
― **されている** らふたく[臈闌]

**そう【僧】** かはごろも[皮衣] くはの かど・さうもん[桑門] ざうす[蔵 主] さもん・しゃもん[沙門] しゃ うにん[上人・聖人] しゃくもん[釈 門] しゅうもん[宗門] すけ[出 家] ぜじ・ぜんじ[禅師] ぜんりょ [禅侶] ぜんりん[禅林] だいと く・だいとこ[大徳] だうし[道士] だうしゃ[道者] だうにん[道人] のりのし[法師] ばう[坊] びく [比丘] ひじり[聖] ぶっけ[仏家] ほっし・ほふし[法師] みょのし[三世師]

尊―**ごぼう**[御坊]
― **と俗人** しんぞく[真俗] そう ぞく[僧俗] だうぞく[道俗]
― **の家** そうばう[僧坊] ばう [坊] むろ[室]
― **の姿** そうぎゃう[僧形] ほっ たい[法体]
― **の妻** ぼんさい[梵妻] だいこ く[大黒]
― **を親しんで呼ぶ語** わごばう[我 門]
― **の衣** こけのころも[苔衣] こ ろも[衣] じゃうえ[浄衣] すみぞ め[墨染] そ[衣] だうぶく[道服] つづり・つづれ[綴] のりのころも [法衣] ほふふく[法服] れんげえ [蓮華衣] →[基本]**きもの**(P. 93)

ぞう──そうしき

御房 わそう[我僧・和僧] わにふ[和入道][和人道] わほふし[和法師]

行脚している─ うんすい[雲水] しゃみ[沙弥] しゅぎゃうじゃ・すぎゃうざ[修行者] しょけ[所化] すいうん[水雲] ひじりほふし[聖法師]

多くの─ しゅうと・しゅと[衆徒] だいしゅ[大衆]

出家したばかりの─ しぼち・しんぼち[新発意]

徳の高い─ しゃうにん[上人・聖人] ぜんちしき[善知識] だいとく・だいとこ[大徳] ちしき[知識] ちしゃ[知者] ひじり[聖] ほっちゃう・ほふちゃう[方丈] ばうず[坊主]

▼亭坊 はうちゃうぢ[住持] ていばう[亭坊]
▼住職 ちゅうぢ[住持]
▼行者 おこなひびと[行人]
▼聖人 →せいじん
▼僧形 ほったい[法体]
▼僧兵 しゅうと・しゅと[衆徒]
▼丈 ばうず[坊主]
▼世捨て人 さうもん[桑門]

**ぞう**[象] きさ[象]

**ぞう**[像]
─を創る ねやす[練]

**そうあん**[創案] はつめい[発明]

**そうい**[相違] けぢめ →ちがい

**そうおう**[相応] たる[足] →てきとう
─な さる・さるべき・さんべき・し
かるべき[然]
─に さるかたに[然方]
─のもの さるもの・さるものにて[然]

**ぞうか**[造花] つくりばな[造花]

**ぞうか・する**[増加] まさる・ます[増] ふえる

**そうかつ・する**[総括] ふさぬ[総] まとめる

**そうぎ**[葬儀] →そうしき

**ぞうき**[雑木] いつしば[柴] しば[柴]

**そうきゅうに**[早急] さうさう[早早]

**ぞうげ**[象牙] きさのき・きさのきば[象牙]

**ぞうけい**[造詣] →ちしき

**そうけん**[創建] そうさう[草創] こうぎゃう[興行]
**そうけん**[壮健] りちぎ[律儀・律義] かしらかたし[頭堅] →げんき

**そうげん**[草原] くさち[草地] くさふ[草生] →基本 のはら(P. 26)

**そうこ**[倉庫] くら[蔵・倉] →くら

**そうこう**[草稿] さう[草] →したがき

**そうごん**[荘厳] いかめし[厳] →おごそか
─を作る しつらふ[設]

**ぞうさく**[造作] つくり[作・造]
**そうさく・する**[創作] →基本 つくる(P. 75)

**そうじ**[掃除] きよめ[清]
─する はらふ[払] はるく[晴] 朝─ あさきよめ・あさぎよめ[朝清]

▼掃き清める すすはらひ[煤払] はらはらふ[払払] はらふ[払]

**そうしき**[葬式] おくり[送] かぎり[限事] のこと さうそう[葬送] と

そうししゃ――そうだ

ちぢめ・とぢめのこと［閉事］　とりおき［取置］　のおくり［後送］　のべのおくり［野送］　はふり・はぶり［葬］　やまおくり［山送］
――の前夜　たいや［逮夜］
――天皇の――　おほみはふり［大御葬］
立派な――　しにびかり［死光］
▼火葬　だび［荼毘］　→かそう
▼棺桶　ひつぎ［棺・柩］　→ひつぎ
　［奥棄戸］　おきつすたへ・おくつすたへ
▼供養　けう［孝］　ついふく［追福］　ついぜん［追善］　こころざし［志］
→くよう
▼葬送の歌　ばんか［挽歌］
▼葬送の道　はふりみち［葬道］
▼弔う　とふ［問・訪］
▼服喪　ぶく［服］
▼葬る　はふる・はぶる［葬］
▼埋葬する　すつ［捨］　つきこむ［築込］　はふる・はぶる［葬］　をさむ［治］　→まいそう
▼命日　おもふひ［思日］　き・きに

そうししゃ【創始者】　かいさん［開山］　くさわけ［草分］
▼喪に服す　ぶくす［服］　せしゅ［施主］　→めいにち
そうして　さて・さててさて・さては［偖］
――こそ　さてこそ
そうじて【総】　なべて・なめて［並］　→すべて
そうじゅう・する【操縦】　あやす［操縦］
そうじょ【草書】　さう［草］
そうじょう・する【奏上】　そうす［奏］　皇后などに――　そうもん［奏聞］　けいす［啓］　天皇に――　そうけい［奏啓］
そうしょく【装飾】　さうぞく・しゃうぞく［装束］　しつらふ［設］　よそひ［装］　よそふ［装］
――する　しつらふ［設］　よそふ［装］
ぞうすい【増水】　→えんぞうする
ぞうす【奏】　→えんぞうする

▼洪水　でみづ［出水］
そうすう【総数】　つばめあはせ［燕合］　つばめざんよう［燕算用］
▼そうそう【葬送】　→そうしき
――する　おくる［送］
――の歌　ばんか［挽歌］
――の道　はふりみち［葬送道］
そうそう（相槌を打つ）　しかしか［然然］（思い出した時）　まことや　そよ・そよや
そうぞう【想像】　おもひ［思］
――する　おしはかる［推量］　おもひやる［思遣］
そうぞうし・い【騒騒】　→うるさい
そうぞく【相続】　かとく［家督］
――する　つぐ［継］
そうそふ【曾祖父】　おほおほぢ［大祖父］　ひおほぢ［曾祖父］　ひぢぢ［曾祖父］
そうそぼ【曾祖母】　おほおほば［大祖母］　ひおほば［曾祖母］

そう・だ　さなり・さり・しかなり［然］　→基本［だいめいし・しじご］（P.105）

ぞうだい――ぞくご

**ぞうだい【増大】** ぞうちょう[増長]

**そうだん【相談】** だんかふ・だんがふ[談合] だんぎ[談義] ひとかたらひ[人語]
―**相手** かたらひびと[語人] だんかふばしら[談合柱]
―**する** いひふる[言触] かたらふ[語] ぎす[議] たばかる[謀] はからふ・はかる[計] まうしあふ[申合]
―**すること** とひだんかふ[問談合]

**多くの人の―** ひゃうぢゃう[評定]

**内々の―** ないぎ[内義・内議] いだん[内談]

**長くて結論の出ない―** をだはらひゃうぢゃう[小田原評定]

**そうち【装置】** からくり[絡繰] しかけ[仕掛] →**しくみ**

**そうちょう【早朝】** →**基本 よあけ**(P.19)
―**から** あさはら[朝腹] あさまだき[朝未来] つとに つとめて さりぬべし[然]

**そうとう【相当】** たぐぶ[類・比] むかふ[向・対]
―**する** さる・さるべき[然] さるべき・さんべき・しょたう[所当]
―**な事** さること[然事]
―**な年配** としまへ[年前]
―**なもの** さるもの・さるものにて[然者] けしうはあらず[異有]
―**に** たいてい[大抵]

**そうどう【騒動】** さわぎ[騒] みだれ[乱]
―**が起きる** さわぐ[騒]

**そうとう【贈答】** しつらひ[設] おくりもの

**そうび【装備】** しつらひ[設]

**そうふ【送付】** →**とどける**

**そうへい【僧兵】** しゅうと・しゅと[衆徒]

**そうべつ【送別】** みたつ[見立] →**わかれる**

**そうめん・うどんなど** めんす[麺子] →**そうどう**

**そうらん【騒乱】** →**そうどう**

**ぞうり【草鞋】** はんものぐさ[半物草]

―ょたう[所当]
―**する** たぐぶ・さるべき[然]
**そうりょ【僧侶】** とりぐす[取具] そふ[添] →**そう**
→**くわえる**
―**え物** ひれ[鰭]

**そえん【疎遠】** うとし・うとうとし[疎遠] かれがれ[離離] かれやう[離様] とほし・とほとほし・とほどほし[遠遠] はるか[遥] ものとほし・ものどほし[物遠] よそ・よそよそ[余所]
―**にする** さしはなつ[差放]
―**になる** あらぶ[荒] かる[離] さしはなる[差離] とほざかる[遠離] へだたる[隔]

**人の訪れが―** ひとま[人間]

**そがい・する【疎外】** あはむ[淡] おもひへだつ[思隔]

**そぐ【殺・削】** →**けずる**
―**ぎおとす**[削落] こそぐ[刮]

**興味を―** さます[冷]

**ぞくあく【俗悪】** →**げひん[下品]**

**ぞくご【俗語】** せわ[世話]

そくざ―そぜい

そくざ【即座】 たうざ[当座] ⇒すぐに
そくさい【息災】 ⇒ぶじ
そくじ【俗事】 せじ[世事・世辞]
そくりょう【測量】 けんづもり[間積]
—▽俗でないこと ふうりう・ふりう[風流]
そくしょう【俗称】 ぞくみゃう[俗名]
—けみゃう[仮名]
ぞくじん【俗人】 しろぎぬ[白衣] ぞく[俗] ぼんぷ[凡夫]
[凡俗] ぞく[俗] ぼんぞく
ぞくせ【俗世】 ⇒基本せけん(P.57)
そくせき【足跡】 あしがた[足形]
—と残す じんせき[人跡]
—跡 ふみとむ[踏留]
ぞくせけん【俗世間】 ⇒基本せけん(P.57)
—とかかわる ちりにまじはる[塵交]
—を逃れること とんせい・とんぜい[遁世]
ぞくねん【俗念】 こころのにごり[心濁]
そくばく【束縛】 ほだし[絆]
—する ほだす[絆]

—するもの ほだし[絆]
そざつ【粗雑】 そばざま[側方・側様] あらし[粗]
▽優れた— じゃうき[上機]
そし【素志】 したかた[下形] したごころ[下心] しゃうこつ[性骨] すぢ[筋] たましひ[魂] ⇒てんせい
そしつ【素質】 そくゐ[素懐]
そしょう【訴訟】 いでいり[出入] うたへ[訴] くじ[公事] さた[沙汰] しうそ[愁訴] でいり[出入] もんちゅう[問注]
▽裁判沙汰 くじざた[公事沙汰] くじだくみ[公事工]
—で争う ろんず[論]
そこつ【粗忽】 ⇒けいそつ
そこここ【其処此処】 ⇒あちこち
そこで【然間】 さるあひだ・しかるあひだ[然間] すなはち[即・則・乃] けつ
そこなう【損・害】 がいす[害] けつ[消] そこなふ[損・害] そんず[損] はつす[外] はむ[食] やぶる[破] ⇒こわす、⇒きずつける
—われる かく[欠]
そこ・ねる【損】 ⇒そこなう

そざい【素材】 ⇒さいりょう
そくめん【側面】 そばざま[側方・側様]
さげずみ[下墨・垂墨]
—する さげずむ[下]
そこ【其所・其処】
—にある そこもと[其処]
▽その辺りの そこな[其処] それなる[其処]
そこ【底】 そこひ[底] まそこ[真底]
枕—いけみづの[池水] かたもひの[片垸] かくれぬの[隠沼] かひの[蚊遣火] わたつみの[渡津海]
そしょう【訴性】
—たへ[訴] くじ[公事]
しうそ[愁訴] でいり[出入] もんちゅう[問注]
▽裁判沙汰 くじざた[公事沙汰] くじだくみ[公事工]
そしらぬ【素知】
そしょく【粗食】 しゅくすい[菽水]
そし・る【謗】 いひくたす[言腐] くたくたす[言腐] けつ[消] おろす[下・降] なんず[難] ひなん[非難] ひばう[誹謗] あざける[嘲]
—り笑う
—こと ひはう・ひばう[誹謗]
そせい【蘇生】 ⇒いきかえる
そぜい【租税】 ⇒ぜいきん

そせん――そなえ

**そせん【祖先】** ➡せんぞ

**そそう・する【粗相】** とりはづす[取外] ➡かしつ

**そそ・ぐ【注】** いる[沃] さす[注] し たつ・したづ[滴・瀝]

**そそっかしいこと** そさう[粗相] ➡けいそつ

**そそのか・す** あざむく[欺] あふる ふ[誘] けしかく[嗾] さすふ[教 煽] をしふ[教]

**そだち【育】** すじゃう[素性] ➡おい たち

**そだ・つ【生立】** おひいづ[生出] おひなる[生成] おひたつ[生立] おふ[生] ちゃうず[長] おひゆ く[生行] なりいづ[成出] なりたつ[成立] なりたつ[成長] ねびゆく

**そだ・てる【育】** おふす・おほす[生] おほしたつ[生立] およすく・およ すぐ・およずく かしづく[傅] だつ[育] つくる[作] つちかふ [培] なしたつ[成立] はぐくむ [育] ひたす・ はぐくもる・はごくむ[育]

**そちら** そなた[其方] そのかた[其 方] そのはう[其方] ➡そこ そなたざま[其方様]

―**の方** そなた[其方] そのかた[其 方]

▼**養父母** とりおや[取親]

**尊**―**おぼしかしづく** もりたつ[守立] 大事に守り―かしづく[持傅] てかしづく[手傅] もりたつ[守立] 心をこめて―かしづきたつ[傅] 草木・樹木を―つちかふ[撫傅] なでかしづく おもひかしづく [思傅] かわいがって―おもひかしづく [思傅] ―て上げる おふす・おほす[生] おほしたつ[生立] なしたつ[成立] ―こと かしづき[傅] やしなひ[養]

**そっくり** さしながら・さながら[然] しっかい[悉皆] それながら ただ [只・唯・徒] ➡にる、➡すべて

**そっけな・い** うとうとし[疎疎] う とし[疎] けにくし[気憎] すくす くし すげなし つらし[辛] はし

**そと【外】** と[外]
―**に置いておく** さらす[晒]
―**の方** そとべ[外辺] そとも[外 面] とかた・とがた[外方] とざま[外様] とのかた[外方]
―**家から**― そとも[外面]

**そで【袖】** ころもで[衣手] **枕**―あきつばの[蜻蛉羽] しきたへの[敷栲] しろ たへの[白妙]

**そと・する** きもをひやす[肝冷] ぞっとがみたつ[髪立] ―**ほど凄い** こころすごし[心凄]

**そっと** そっと やはら・やはら か ―**歩く** はひわたる[這渡]

**そっちょく【率直】** ➡すぐに
―**態度** たにんむき[他人向]

**そっこく【即刻】** ➡すぐに

**そっ【外】** と[外]

**そとば【卒塔婆】** たふば[塔婆] とば[塔婆] ふと[浮屠・浮図] しるし[墓標]

**そなえ【供】** ➡おそなえ

**そなえ【備】** てあて[手当] ➡基本 じゅ んび(P.85)

ひだす[養] もりたつ[守立] やう たなし[端無] ➡れいたん ―**向** たにんむき[他人向]

そなえもの——そのゆえに

**そなえもの【供物】** …おそなえ

**そな・える【供】** そなふ[供] たむく[手向] とりむく[取向]

**そな・える【備】** そなふ[具・備] そふ[添] つく[付] すう[据] もてつく[付]
とりむく[取向]

**そな・える【具】** ぐす[具] そふ[添] つく[付]

**そなわ・る【備】** ぐそく[具足] うちぐす[打具] ととのふ
す[具] ぐそく[具足] ととのほる
身にー しむ[占] まうく[設]
名としてー おふ[負]
身にー つく[付]
更にー そふ[添]
▽完備 ぐそく[具足] つぶさ[具・悉]
▽完備する ととのふ・ととのほる

**そね・む【嫉】** うらやむ[羨] にくむ[憎]
[調]

**そのうえ(に)** あまさへ・あま
つさへ・あまりさへ[剰] いま[今]
かつ[且] ことに[異・殊] さらに
[更] しかのみならず[加之] しか
も[然] それに なほ・なほなほ[尚

尚・猶猶] はた[将] [又・亦]
ひときは[一節]

**そのおり【其折】** せ・瀬 たうじ[当
時]
ーまた はた・はたまた[将]

**そのくせ** さるは[然]

**そのご【其後】** さて[然]

**そのころ【其頃】** すなはち[即・則・乃]

**そのかみ【其上】** そのほど[其程]

**そのつど【其都度】** つぎつぎ[次次・継
継]

**そのていど【其程度】** それてい[其体]

**そのてん【其点】** さるかた[然方]

**そのとおり【其通】** いかにも[如何]
うべしこそ[宜] さもあり[然有]
さら[更] しか・しかり[然] しる
し[著] なかなか[中中] ちゃう
[定]
ーだが しかはあれど[然]

**そのとき【其時】** たうじ[当時] つが
ひ[番]

**そのときどき【其時時】** をりふし[折

節]

**そのば【其場】** たうざ[当座]
ーで すなはち[即・則・乃]
ー逃
句ーいっすんのがれ[一寸逃]

**そのひぐらし【其日暮】** そのひすぎ
[其日過]

**そのへん【其辺】** よそよそ[余所余所]

**そのほう【其方】** すぢ[筋]

**そのほうめん【其方面】** さるかた[然
方]

**そのほか【其外】** じよ[自余・爾余]

**そのまま【其儘】** さしながら・さながら
[然] ずいと それながら・それな
り ただ[只・唯・徒] つと
まるぐち[丸] やがて
ーで さて[然] そながら
ーでは さては[然]
ーでも さても[然]
ーでよい さてしもあるべし[然
有]

**そのみち【其道】** しだう[斯道]

**そのものずばり【其物】** ただなか[直
中・只中]

**そのゆえに【其故】** それに

そのよう——そまつ

**そのよう【其様】** さななり[然] さり
　—な さる[然]
　—に さ[然] さぞ・さぞな[嘸・然] しか[然] (反語)さやは
　—には さは[然]
　—にも さも[然]

**そば【蕎麦】** くろむぎ[黒麦] そばむぎ・そむむぎ[蕎麦]
　—やどんの店 けんどんや[慳貪屋]
　豪華な器の— だいみゃうけんどん[大名慳貪]

**そば【側・傍】** かたがた[片方] かたはら・かたほとり[傍・片方] かたほとり[偏辺・片辺] かたへ[傍] きは[際] そばざま[側様] そばひら[側平] そひ[傍] そひら[側平] そば[傍] つめ[詰] つら[面] はた[端] へ・へた[辺・端] ほとり[許・元・本] もと[左右] わき[脇] わきひら[脇平]
　—にいる ひかふ[控]
**そばめ【側目】** かたはらめ[傍目]

**そび・える【聳】** そびく[聳] そびやぐ・そびゆ[聳] そばたつ・そばだつ[峙] そびく[聳] そぎたつ[削立] そばたつ・そばだつ[峙]
　—え立つ しんしん[森森]
　樹木が—さま しんしん[森森]
　山が—さま そそる[聳]

**そふ【祖父】** おほち[祖父] おほおほち[大祖父] ▽曾祖父(そうそふ) おほぢ[曾祖父]

**そぶり【素振】** けはひ[気配] けぶら[由・因] ひ[気振] ふり[振・風] よし[由]

**そぼ【祖母】** うば[姥] おば[祖母] おほば[祖母]

**そぼう【粗暴】** あらあらし[荒荒]

**そぼく【素朴】** すなほ[素直] ぼくとつ[木訥・朴訥]

**そまつ【粗末】** あさま[浅] あし[悪] あやし[怪・卑] あららか[荒] おろそか[疎] そさう[粗相] はかなし[果無・果敢無]
　—な やつる[窶] けしかる[異・怪]
　—な家 あしのまろや[葦丸屋] あしのや・あしや[葦屋] あれや[荒屋] いほ[庵] くさのいほ・くさのいほり[草庵] くさのいほり[草庵] くさのと[草戸] くさのとざし[草扃] くさのやどり[草宿] こけのいほり[苔庵] こいへ[小家] さうだう[草堂] しづのや[賤家] しばのいほり[柴庵] しばのと[柴枢] しばのと[柴戸] とまや[苫屋] ばうしゃ[茅舎] ふせや[伏屋] まげいほ[曲庵] まろや[丸屋] やまがつ[山賤] よもぎがそま[蓬杣] るや[居屋] をや[小屋・小家] →基本 いえ(P.91)
　—な衣服 あさぎぬ・あさのころも[麻衣] →基本 きもの(P.93)
　—な服装でいる やつる[窶]
　—な布団 あさぶすま[麻衾] くさむしろ[草筵] さぶとん[草布団]

そまる――そらみみ

**そま・る【染】** しむ[染] そむ[染]

**そま【杣】**
―な物（一時的に使用する）のは・はすのはもの[蓮葉物]
―にするさま やむおろそか・ざっと
―にするさま あだおろそか・あだやおろそか

**そまつ【過】** さかふ[逆] すぢかふ[筋違・筋交] ふ・ちがふ[違]
約束に― ひきたがふ[引違]

**そ・める【染】** しむ・そむ[染] にほはす・にほふ[匂] にほす[匂]
▽染物屋 こうや・こんや[紺屋] こうかき・こんかき[紺掻]

**そもそも** されば じたい[自体] そも そもやそも それ[夫]

**そや【粗野】** あらまし[荒] かたくなし[頑] きごつなし・ぎこつなし

**そよ・ぐ** さやぐ

**そら【空】**
[路] あま・あめ[天] あまぢ[天路] あまそら・あまつそら[天空] あまのはら[天原] あをくも[青雲] うはのそら[上空] くもの[雲上] こくう[虚空] ちう[宙] くものうへ[雲上] きうてん[九天] たかひ[高日] ひさかたの[久方] へきらく[碧落]
枕―ひさかたの[久方]
―が雲や霧で曇ること あまぎる[天霧]
―が寒々とする さえわたる[冴渡]
―の あまつ[天]
青い― あをくも[青雲] へきらく[碧落]
雲のある遠くの― くもゐ・くもゐ[雲居空]
元日の― はつぞら[初空]
日没後の明るい― にしあかり[西明]
月の出る前の白い― つきしろ[月白]
広々とした― おほぞら[大空]
山際の― やまぎは[山際]
▽大空 いってん[一天] きうてん[九天] こくう[虚空] ちう[宙] てん[天] へきらく[碧落]
▽空全体 いってん[一天]

▽空模様 →そらもよう
▽天上 あめ[天] きうてん[九天] くものうへ[雲上] くもゐ[雲居]
▽虚空 むへんせかい[無辺世界]
▽中空 てんしん[天心] なかぞら[中空] はんてん[半天]

**そらおそろし・い【空恐】** そらおそろし[空恐] ゆゆし[由由]
**そら・す【反】** …はずす そばむ[側]
**そらぞらし・い【空空】** しらじらし[白白] そらぞらし[空空] そらけしはく[空軽薄]
―お世辞 そらぞらし[空空]
**そらだのみ【空頼】** あいなだのみ[頼] ひとだのめ[人頼]
**そらとぼ・ける** そらおぼめき[空]
**そらとぼ・ける** しらばけ[白化] …とぼける
―けた顔 つつごかしのかほ[筒転顔] ほる[惚] うちおぼめく[空]
**そらね【空寝】** そらうそぶき
**そらみみ【空耳】** たぬき[狸] そらね[空音] そら

そらもよう——そろう

**そらみみ【空耳】** みみ

**そらもよう【空模様】** てんけ[天気] ひより[日和]

**そりゃく【疎略】** およそ[凡] おろか おろおろか・おろそかに[疎] →そまつ

**そる【反】** のる[伸・仰] 乾いて—り返る ひぞる[乾反]

**そる【剃】** まろむ[丸・円]

**それ【其】** さ[然] し[其] そ[其・夫] そ[其候]
—かそれでないか それかあらぬか
—相応に さるかたに[然方]
—相応の さべき・さるべき[然]
—もそうだ さもさうず[然候]

**それ【感動詞】** すは・すはすは そそや

**それいがい【其以外】** じょ[自余・爾] ほか

**それいらい【其以来】** このかた[此方] こなた[此方]

**それいご【其以後】** このかた[此方] しか うして・しかして[而]

**それから** さて・さてさて[然然] しかるして[而] さては[然扨]

**それきり** まま[儘]

**—で** さてのみ[然]

**それぞれ(相槌を打つ語)** そよ[然] おのおの[各] おのがじし[己] これかれ[此彼] めんめん[面面] しなじな[品品] →めいめい

**それは** そは
—ともかく それはともあれ[然者]

**それだけで** さてのみ[然] それのみ

**それだよ** そよ

**それで** かれ[故] さて[然] すなはち[即・則・乃] →そこで
—初めて さてこそ[然]
—はやはり さても[然] なほな らば[然] それなら
—では さては[然] さは[然] さら ば[然]
—もやはり さても[然] なほな ほ[猶猶・尚尚]
—となく ほのぼの[仄仄] よそな がら[余所]
—とも はた[将] はたまた[将又]
—言う ほのめかす・ほのめく[仄]
—また はた[将] はたまた[将又]
—なら(ば) さあらば・さらばば・しか らば[然]
—なりに さながら・それながら

**それにしても** さても[然] さりとも [然] さるにしても[然] そも・そも や[抑] そもそも[抑] →しかし

**それはともかく** それはともあれ[然者]

**それほど【其程】** さばかり[然許]
—でもない さならぬ[然]
—の させる[然]
—まで(に) さまで[然]
—許り さばか り[然許]

**それゆえ【其故】** かるがゆゑに[故] されば しかるあひだ[然間] よって・よりて[因・依] →だか ら

**それる【逸・反】** きる[切] そる[逸] たがふ[違] なぐる[逸] のる[伸・仰] はづる[外] よこぎれ[横切]

**そろう【揃】** うちぐす[打具] ぐす [具] たちならぶ[立並]
脇道に—こと
—い整っている そなはる・そな

そろえる ― そんぼう

ふ[具・備]
—・っている ぐそく[具足]
不足なく— ととのふ・ととのほる[調]
そろ・える【揃】 ぐす[具] そろふ[揃] とりぐす[取具] とりなむ[取並] ならぶ[並]
きちんと— みみをそろへる[耳揃]
金額などを— ととのふ[調]
人員を— そなふ[具・備]
一つに— となふ[調・整]
そろそろ やうやう・やうやく[漸]
そわそわ・する うかる[浮] すずろく・そそめく・そそる そぞろ・そぞろく・そぞろはし[漫] そそく・そそめく・そぞろ・そぞろはし[漫]
—した心 すずろごころ・そぞろごころ なかぞら[中空]
—さま そぞろ[漫]
落ち着かず— うきたつ[浮立]
楽しくて— すずろはし・そぞろはし[漫]

そん【損】
不安で— すずろはし・そぞろはし[漫]
—[費] つひえ[費] もっきゃく[没却]
—[失] しっつい[失墜]
—[得] とくしつ[得失] とくさう[得喪]
—[劣] かく[欠]
句—ぬすびとにおひ(せん)[盗人追銭]
—目先の— はたく[叩・砕] わりをくふ[割食]
—の上の損 おとる[劣] かく[欠] はなをかく[鼻欠]
—をする へこむ[凹]
そんがい【損害】→そん
そんけい・する【尊敬】 あがまふ・あがむ[仰] あふぐ[仰] たっとぶ・たふとぶ・ゐやまふ[尊]
— っとむ・たふとむ[尊]
困—さす しむ たまふ らる
礼—さす しむ たまふ らる
接—お[御] おほん[大御] ご・み
尾—ご[御] こう[公] ごぜ・ごぜん[御前] しゅ・しゅう[衆] たち[達]

そんげん【尊厳】 かみさぶ・かむさぶ[神]
ぞんざい ざまく
ぞんざい・する【存在】 ぞんず[存]
そんしつ【損失】→そん
そん・する【損】→そん
そんぞく【存続】つづく
そんだい【尊大】 →いばる しゃくわん[賞]
困—たりけり たる にたり
そんちょう【尊重】 もてあがむ[崇]
そんちょう【村長】 むらぎみ[村君] さとをさ[里長] むらをさ[村長]
そんな さやう[左様・然様] さる[然]
— —に しかばかり[然]
区—さしもやは
—にまで しかも[然]
ぞんぶんに【存分】 ほってと →じゅう
そんぼう【存亡】 ありなし・ありやなし

ぞんめい——たいこ

ぞんめい【有無】
ぞんめい【存命】 ぞんじゃう[存生]
ぞんめい[存命] →いきている
　—する ありふ[有経] ありわた[有渡]
　　る[有渡] ひく[引] →しりぞく
　—中 さうぜん・しゃうぜん[生前]

## た

た【田】 →基本(P. 29)
た【他】 →いがい
　—の事 ことごと[異事]
　—の時 こととき[異時]
　—の人 ことざま[異様]
　—の方面 さらぬ
　—の— ことざま[異様]
　その— さらぬ
た【過去】 →基本 かこ・かんりょう(P. 99)
た【断定】 →基本 だんてい(P. 99)
た(希望) →基本 がんぼう(P. 101)
たい【鯛】 あかめ[赤女]
だい【台】 ばん[盤]
　本などを載せる— ぶんだい[文
　台] さき[先・前] てんじゃう[天
　張] さき[先・前] てんじゃう[天
だいいち【第一】 こっちゃう[骨頂・骨
　頂]

たいか【大家】 →だいきん
　もっとも[尤]
たいかい【大海】 →基本 うみ(P. 22)
たいかく【体格】 こつがら[骨柄]
　とがら[事柄] き[気]
たいかん【退官】 ちじ[致仕]
だいか【代価】 →だいきん
たいき【大気】 き[気]
たいき【待機】 ひかふ[控] ま
　ちかく[待掛]
たいぎ【大儀】 ものくさし・ものぐさし
　[物臭・懶] →めんどうくさい
だいきぼ【大規模】 おほのか[大]

だいきん【代金】 きんす[金子] こけん[沽券]
たいきょ【退去】 →たいしゅつ
たいきん【大金】 たかがね[高金]
だいきん【代金】 あたひ[値] かはり
　[代] きんす[金子] こけん[沽券]
　しろ・しろもの[代物] だい・だいも
　つ[代物] れう[料] →かね
だいく【大工】 このみちのたくみ・きの
　みちのたくみ[木道匠] こだくみ
　[木巧] たくみ[巧・匠・工] ばんじ
　ゃう[番匠] ひだのたくみ[飛騨匠]
　ひだひと[飛騨人] もく[木工・杢]
　のかみ・もくのかみ[木工頭]
　—の頭 とうりゃう[棟梁] むく
たいぐう【待遇】 あつかひ[扱] もて
　なし[持成] →もてなす
たいくつ【退屈】 しょざい・しょざいな
　し[所在無] つれづれ(と)・とぜん
　[徒然]
たいけん【体験】 →けいけん
たいげんそうご【大言壮語】 したなが
たいこ【太鼓】 うちもの[打物]

**たいこう・する【対抗】** あたる[当]

**だいこくばしら【大黒柱】** しんのはしら[心柱]

**たいこばし【太鼓橋】** そりはし[反橋]

**たいこもち【太鼓持】** くつびと[沓人]・くつもち[沓持]

**だいこん【大根】** おほね[大根]・すずしろ[清白]・つちおほね[土大根]・―の若芽 さはやけ[黄菜]

**たいざい【滞在】** とうりう[逗留] ―する とどまる[留・停・止]

**たいざい【大罪】** つみ

**たいざ・する【対座】** さしむかふ[差向] むかひゐる[向居]

**たいさん【退散】** ―させる てうず[調] ―させること せいたう[征討] ―する てうぶく・でうぶく[調伏] さんず[散] あかる[別・散] ひきのく[引退]

**たいし【大志】** ―を抱く おもひあがる[思上] こと[事]

**だいじ【大事】** たいぎ[大儀] →たいせつ 一生の― いちごのふちん[一期浮沈] 命にかかわる― いのちがはり・いのちがへ[命代] 一般― ちげにん[地下人] のちがひ[後行]

**だいじぎょう【大事業】** たいかう[大行]

**だいじけん【大事件】** だいじ[大事]

**たいした** さること[然事] ―ことない いとしもなし こと にもあらず なでふことなし・なでふことか あらむ なにならず なにことか はなし[何無] ものげなし[物気無] ―もの けう[稀有・希有] けうと し[気疎]

**たいして…(ない)** あまり[余] いくばく[幾許] いたう・いたく[甚] いと いとも さしたる さして さしも さのみ[然] さばかり[然] さま で[然迄] さも[然] と

**たいしつ【体質】** ぢ[地]

**たいしゅ【体主】** さるまじ[然]

**たいしゅう【大衆】** しゅう[衆]

**たいしゅつ【退出】** さがり[下] ―させる まく[罷] ―する あかる[下] さがる[下] じす[辞] たつ[立] まかづ[罷] まかりいづ・ま かりいでる[罷帰] かんづ[罷出] まどひいづ[惑出] そっと―する すべりいづ[滑出] すべる[滑] うざりいづ[膝行出] ―しりぞく

**だいしょう【代償】** かはり[代] ―にする つのる[償]

**だいじん【大臣】** おとど[大臣] いもん[槐門] こう[公] しょうこく[相国] しょうじょう・じょうしょう[丞相]

**だいじゃ【大蛇】** うはばみ[蟒蛇] じゃ[蛇] はは[大蛇] をろち[大蛇]

**たいこうする―だいじん**

たいする――たいとう

**たい・する【対】** のぞむ［臨］
**たいせき・する【退席】** →たいしゅつ
**たいせつ【大切】** いたはし［労］せち・ひざう［秘蔵］
― [切] だいじ[大事] たいよう[大用] たっとし・たふとし[尊]
[命代]
―に扱う いたはる[労] もてあそぶ[弄・玩]
―に思う いたはし[労]
―にしている まもりゐる[守居]
―なところ かんじん[肝心] かんよう[肝要] [肝心・肝腎]
―な人 ほとけ[仏]
―な物 いのちがはり・いのちがへ
[物] わきばむ[腋] をしむ[愛]
―にすること いたはり[労]
しょうだいじ[後生大事] ひさう・
ひざう[秘蔵]
自分の―な物 わたくしもの[私物]
珍しい物を―にする ちんちょう
[珍重]
最も―な いちの[一]

**たいそう【大層】** いといと おそ
ろし[恐] かしこし[賢] ここだ・
ここだく・ここば・ここばく[幾許]
そくばく・そこばく・そこ
ら・そこらく[許多] そこひなく
もっとも[尤・最] やくと・やくやく
と[役]

**たいだ【怠惰】** →なまける
**だいたい【大体】** おほかた[大方] お
ほやう[大様] おほよそ[凡・大凡] そ
うじて[総] そうらふ[候] [大・大凡]
けりやう[仮令] そうじて[総] そ
うべつ[総別・惣別] たいりゃく[大
略] →およそ
**だいだい【代代】** よよ[世世・代代]
いたい・るいだい[累代]

[物]
**たいだん【対談】** じめんづく[自面尽]
**だいたん【大胆】** きもぎもし[肝肝]
→どきょう
**だいち【大地】** ち[地] つち[土]
**だいちょう【台帳】** こんりんざい[金輪際]
―の下
**たいちょう【体調】** あやまつ・あやまる[過]
―が狂う
[大福帳]
**たいてい【大抵】** たぶん[多分] →ほと
んど
**たいと【泰斗】** せきがく[碩学]
**たいど【態度】** ありさま[有様] けし
き[気色] しうち[仕打] とりなり
[取成] もてなし[持成] ものごし
[物腰]
―を急に変える ゐなほる[居直]
荒々しい― たつみあがり[辰巳]
上]
**そっけない―** たにんむき[他人
向]
礼儀に叶った― ようぎ[容儀]
**たいとう【対等】** たいたい[対対] た
いやう[対揚]

だいどう―たいら

**だいどう【大道】** →**基本** みち(P.30)

**だいどころ【台所】** かって・かってかた[勝手方] くりや[厨] だいや[台屋] にへど[贄殿] みづしどころ[御厨子所] ゆどの[湯殿]
―の流し はしり[走]
―に ちかごろ[近頃]
―なこと しょうし・しょうじ[勝事]
―良い いたし[甚]

**そうなったら―** もこそ もぞ もぞする

**だいはん【大半】** なかば[半] なから[半]

**だいなし【台無】** らり[乱離]

**たいひ【対比】** →くらべる

**だいひつ【代筆】** ものかき[物書]

**だいひょう【代表】** ただなか[直中・只中]

**たいふう【台風】** のわき・のわけ[野分]

**だいぶぶん【大部分】** →おおかた

**たいぶん【多分】** →かなり

**たいへい【太平】** せいひつ[静謐]

**たいへん【大変】** いみじ・いみじげ おびたたし・おびただし[夥] おろか ならず[愚] ここだ・ここだく・ここばく・ここら・ごこら[幾許] さばかり[然許] せうし[笑止] とんだ

**だいべん【大便】** はこ[箱・筥] をあいもく[合目]
―汚穢
―をする ひる・まる[放] ふじゃう[不浄]
―と小便など べんり[便利]
▽便器 はこ[筥・葷器]
▽便所 かはや[厠] こうか[後架] しどの[尿殿] せっちん[雪隠] ひどの[樋殿]

**たいほ・する【逮捕】** からむ[搦] →と らえる

**たいぼう【待望】** →きたい

**たいまつ【松明】** うちまつ[打松] さつ[続松] いまつ[割松] たひ[手火] ついひまつ[手火松]

**たいまん【怠慢】** →なまける

**たいめん【対面】** →あう
謹―ざげん・げんざん[見参]
―する あひあふ[相会] あひみる[相見] いであふ[出逢] みゆ・みる[見]

**たいめん【体面】** いちぶん[一分] おもて[面] めいぼく・めんぼく・めんもく[面目]

**たいよう【太陽】** あまつひ・あめのひ[天日] てんたう・てんだう[天道] にちりん[日輪] はくじつ[白日] ひ[日] ひかげ[日影・日景] まひ[真日] →**基本** ひ(P.3)

**だいよう【代用】** しろ[代]

**たいら【平】** たひらか[平] なほし[直] ひら[平] ひら[平・枚] ろく[陸] ―にする ひらむ[平] ひらぐ[平] ひらめかす[平] ひく[引] ―な物 たひらぐ[平] ひらむ[平] ―になる たひらぐ[平] ついひらがる[突平] ひらむ[平]

357

# だいり――たおれる

**だいり**【内裏】→きゅうちゅう

**だいり**【代理】だい[代] みゃうだい[名代]
▽代理人 めしろ[目代] かはり[代]
― **となる** なりかはる[成代]
― **する** せっす[摂]

**たいりょく**【体力】ちから[力]
おほうちびな[大内雛]
― **雛** びな

**たいれつ**【隊列】そなへ[具備]

**たえがた・い**【堪難】あへず[敢] つらし[恥・辛] ねんじわぶ[念侘] やさし[優] わびし[侘] わりなし[理無]

**たえか・ねる**【耐】あへず[敢] せきかぬ[塞・堰] ねんじわぶ[念侘] おさふ[抑・押]

**たえしの・ぶ**【堪忍】おもひねんず[思念] しのぐ[凌] しのびかへす[忍返]

押して――にする おしなぶ・おしなむ[押靡]
踏んで――にする ふみならす[踏]
大地が―― ろく[陸]

――**こと** かんにん[堪忍] にんにく[忍辱] ものねんじ[物念]
――**なく** いとまなく[暇無] おき[起伏] しじゅう[始終] すま[闇] ふし[起伏] しじゅう[始終] ときなし[時無] たえせず[絶]

**たえず**【絶】いとまなく[暇無]

**たえつづ・ける**【堪続】ねんじすぐす[念過]

**たえま**【絶間】あひだ[間] ひま[暇・隙] ま[間]
枕――わすれみづ[忘水](⇒たえまた えま)
――**ない** しげけし・しげし[繁] たゆみなし[弛無] ひまなし[暇無・隙無] ふだん[不断] まなし[間無]
枕――かる[離] たえず[絶] たゆ[絶] とだゆ[途絶] とどまる[留・停・止] やむ[止・罷]

**た・える**【絶】
[夏葛]・はふくもの[這葛] なつくずの[夏葛]・はふくもの[這葛] ゆくみづ の[行水](⇒たえず) すがのねの[菅根]・たまかづら[玉葛]・たまのをの[玉緒]・みなしがは[水無川](⇒た

ゆ) ゆくみづの[行水]・まつがねの[松根](⇒たゆることなく)
交際などが―― うちたゆ[打絶]
消息などが―― かきたゆ[掻絶]

**た・える**【堪】 がまん
――**え切れない** あへず[敢] しのびあへず[忍敢] たまらず
涙を―― せきあふ[塞敢]
何度も―― ねんじかへす[念返]
――**えよう** あへなむ[敢]
――**えられないほど** しぬばかり・しぬべく[死]
恋しくて――えられない おもひかぬ[思]

**たおす**【倒】こかす[転倒] たふす[伏・臥]

**たおやか**【嫋】→しなやか

**たおれかか・る**【倒掛】よろぼふ[蹌]

**たおれふ・す**【倒伏】ふす[伏・臥]

**たお・れる**【倒】こく[転倒] こける[倒・転] たふる[倒] まろぶ[転]
――**れさせる** なびく[靡]
仰向けに――**こと** びゃうぶがへし

たか――たきぎ

[屏風返]　横に――なびく[靡]
**たか【鷹】**　くち[鷹口]　せう[兄鷹]　ま
しらふ[真白斑]　とがり[鳥狩]
**たか狩り**――　いややか　いよよか　た
かし[高]
**たか・い【高】**
枕―きみがよは[君代]　こもまくら
[薦枕]　かさ[嵩]　ころもでを[衣手]
―所　かさ[嵩]　かみ[上]　たか
ど[高処]　たかみ[高]
―波　かたをなみ[片男波]　たか
やぐ[聳]
―くする　ささぐ[捧]　さしあぐ
[差上]
声や音が――　たかやか・たからか
[高]
木立ちや梢が――　こだかし・たかし[木高]
背が――　そそろか・そびやか・そび
やく[聳]
太陽が――くなる　たく[長・闌]

**たがい【互】→**　他界　基本 しぬ（p.72）
**たがいに【互】**　かたみに[互]　こもご
も[交・更]
――**する**　…かはす[交]　…あふ・

**たかがよし[打楽器]**　たけだだち[丈立]
**たかさ【高】**　かさ[嵩]　たけ[丈・長]
**たか見る[高見]**　みかはす[見交]
▼身長　たけだだち[丈立]
**たかぶ・る【高】**　すすむ[進]
**たかま・る【高】**　たぎる[滾]
情熱が――　もゆ[燃]
**たがや・す【耕】**　うつ[打]　うちかへ
す[打返]　かく[掻]　かへす[返]
　すく[鋤]　たがへす[耕]　つくる
[作]
**たかつき[打楽器]**　うちもの[打物]
**たから【宝】**　しざい[資財]　ちょうほ
う[重宝]
枕―ありぎぬの[織衣]
――**人**　たご[田子]　たびと[田人]
▼畝を作る　うなふ[耕]
**たから作る**――　うなふ[耕]
▼先祖代々の――　ぢゅうだい[重代]
珍万宝　しっちんまんぽう[七
珍万宝]
**あらゆる――**　しっちんまんぽう[七
珍万宝]

無上の――　そこだから[底宝]
**だから**　かかれば[斯]　かるがゆゑに
[故]　されば・しかれば[然]　そ
に[其故]　なれば　よって・よ
りて[因・依]
――**といって**　さりとて[然]　…か
らに

**たからくじ[宝籤]**　けんとく[見徳・見
得]　とみ・とみくじ[富籤]
**たからのくじ[宝籤]**いはばしる[石走]　たまみづの
[玉水]
**たき【滝】**　たきつせ・たきつせ
[滝瀬]　たるみ[垂水]
枕―いはばしる[石走]　たまみづの
[玉水]
――**のある崖**　たきそば[滝岨]
――**の水**　たきなみ[滝波]　たきの
いと・たきのしらいと[滝白糸]
▼滝壺　たきもと[滝本]
**だきかか・える[抱]**　いだかふ[抱]

**たきぎ【薪】**　かきいだく[掻抱]
――**木**　つまぎ[爪木]　そまぎ[杣
木]　わりまつ[割
松]
かまぎ[竈木]

## たきぐち――たけ

**たきぐち【焚口】** ほぐち[火口] だきつ・く【抱付】 かいつく[搔付]

**束ねた―** たばねぎ[束木]
**燃え残りの―** もえくひ[燃杭]
**▽春に伐った柴** はるごり[春伐]

**だきょう【妥協】** わよ[和与]
**かかる[掛・懸]**

**だきよ・せる【抱寄】** かきよす[搔寄]

**た・く【炊】** かしく・かしぐ[炊]

**だ・く【抱】** いだく・うだく・むだく[抱]
かかふ[抱] かきむだく[搔抱]
両手で― むだく[抱]

**たぐい【類】** →しゅるい
つれ[連] くち[口] たぐひ[類]
無― ふたつなし[二無] ならびなし[並無]

**たぐいな・い【類無】** →基本 おおい(P. 78)

**たくしあ・げる** はこゆ ひきはこゆ

**たくさん【沢山】** →基本

**たくせん【託宣】** →おつげ

**たくち【宅地】** やしき[屋敷]

**たくはつ【托鉢】** こつじき[乞食] す

**たく・する【託・托】** かく[懸・掛] つく[付・着・就] →まかせる
[引]

**たくまし・い【逞】** →つよい

**たくみ【巧】** さくい[作意] しかけ[仕掛] したぐみ[下組]
―する はちをひらく[鉢托]
[工・企・巧] てうぎ[調義・調儀] →じょうず

**たくらみ【企】** [仕掛] しこむ[為籠] たくむ[工・く
[工・企] はかる[計・測・謀] →くわだてる

**かねてからの―** したごころ[下心]
**密かな―** いちもつ[一物]

**たくら・む【企】** かまふ[構] しかく
企[企・巧]

**たぐりよ・せる【手繰寄】** かいくる[搔操] くる[操]

**たぐ・る【手繰】** くる[操]

**たくわ・える【貯・蓄】** たくはふ[貯・蓄] たばふ[貯] たむ[溜]
尊―おぼしかまふ[思構]

**たけ【竹】** かくばしら[角柱] からたけ[幹竹] このきみ[此君] ちひろ

ぎょう・しゅぎょう[修行] づだ[頭陀] はち[鉢]
―の茂み いささむらたけ[群竹・叢竹]
―の葉 たかば[竹葉]
―の節 よ[節]
**青々とした竹藪** あをたかむら[青竹群]
**―のぐさ** [千尋草] にがたけ[苦竹]
叢―[千尋草] むらたけ[群竹・叢竹]
**壁の下地の―** こまひ[木舞]
**真竹** [篠藪]
**川辺の女竹** かはたけ[川竹]
**群生する小さな―** しの・しのやぶ[篠藪]
**若い、しなやかな―** なよたけ[弱竹]
**黒竹** しちく[紫竹]
**笹** ねざさ[根笹] をざさ[小笹] しのだけ[篠竹] しの[篠] すず[篠] しののはぐさ[篠葉草]
**竹籠** かたみ[筐] かつま[勝間]
**▽筍** たかうな・たかむな・たかんな[筍]
**▽竹藪** あをたかむら[青竹群] た
かはら[竹生] たかむら

だけ——たすける

【竹叢・篁】▽淡竹 はちく からたけ くれたけ【呉竹】▽女竹 めだけ にがたけ【苦竹】むね【宗宗】

だけ のみ ばかり(に) だに(も) まで —でも …だに からに —なのに …からに —のためで …でで からに —ちょっと… のみ

だけど …しかし

たけなわ【酣】→まっさかり —になる たく【長・蘭】 ふく【更】なかば[半]

たけのこ【筍】 たかうな・たかむな・かんな

たけやぶ【竹藪】→たけ

たこ【凧・幡旗】 いかのぼり[凧・紙鳶] はた[幡]

たこく【他国】→がいこく

たごんする【他言】 ちらす[散]

ださんてき【打算的】 りかん[利勘]

たじ【多事】 こちたし[言痛・事痛]

たしか【確】 いちぢゃう[一定] うつ

し[現] うつなし さだかなり[定] たしけし[確] はかばかし[果果] ひつぢゃう[必定] まさし[正] むねし[宗宗] —でない →はっきり —なこと じっしゃう[実正] —に きと・きときと さださだと[定定] しかと[確] したたに し——っかり すでに[既已] たしだしに てひと・ていと とうと はたと・はったと ひしと ひつぢゃう[必定] まさでに・まさに むげに[無下] (相手に領く)なるほど[成程]

たしかめる【確】→しらべる 多くの人が見て— めならぶ[目並]

たしなむ【嗜】 たしぶ・たしむ[嗜] —みがある こころう[心得] —みがない こころなし[心無]

たしなめる【窘】 さいなむ[苛・嘖] →しかる

だしぬく【出抜】 はしたなむ[端] うら(を)かく[裏] はなあかす[鼻明]

とつぜん

たしぬけ【出抜】→とつぜん

たしょう【多少】 そこばく しろむ[許多] →すこし

たじろぐ【遅】 しくはふ[為加] →ためらう

たす【足】 いだす[出] うちいづ[打出] さしいづ[差出]

だす【出】 つくしはつ[尽果] つくす[尽] うちいづ[打叩] はなつ[放] おほい(P.78) —し切る そこをたたく[底叩] —音や光を— つきはつ[尽果] つくす[尽]

たすう【多数】→基本おほい(P.78)

たすかる【助】いく[生]

たすき【襷】 ちはや[襷] かうばり[白妙] すけ[助]

たすけ【助】 ためる[為] ひく[引] ふち[扶持] —に縋る たよる[頼] 他人の— たりき[他力]

たすける【助】 いだく[抱] たすく[助] たばふ[庇] みつぐ[見継] —ほさする →け合う ひきあふ[引合]

# たずさえる ― たたり

**たずさえる**
―こと …たすけ
命を― いく[生]
▼負け戦で加勢する 手紙で― おちあふ[落合]

**たずさわ・る**【携】
たちいる[立入]
きぐす[引具]

**たずさ・える**【携】
たづさふ[携] ひとつづる[訪]

**たず・ねる**【尋・訪】
いたどる[辿] おとなふ[訪・音] きく[聞] こととふ[言問] さしのぞく[差覗] たづぬ[訪・尋] とぶらふ[尋・求・覓] とふ[問・訪] とむ[尋・求・覓] まぐ[求・覓] まうでとぶらふ[詣訪] まかりとぶらふ[罷訪]
|枕―ところづら なくたづの[鳴鶴](⇒たづね) つまごみの[冬薯蕷]
―来る とめく[尋来]
―ね求める さぐる[探]
―ね行く とめゆく[尋行]
―ね探す うかがふ[窺]

**たそがれ**【黄昏】わざわざ―
―すみぞめの[墨染]
―どき あれはたそどき・あれはたれどき[誰時] なまゆふぐれ[生夕暮] 色時] すずめいろどき[雀様] わろし[悪]

**ただ**【唯・只】
―単に…(でない) ただに[唯・只]
―でさえ いとど さらでだに・さらぬだに[然]
▶ゆうがた(P.18)
▶ほめる

**たた・える**【称・讃】
たふ[称・讃] はやす[栄・映・囃] ほむ[褒・誉]

**たたかい**【戦】いくさ[軍] えき[役] きゅうせん[弓箭] へいかく[兵革]
▼戦場 いくさのには[戦場]

**たたか・う**【戦】あらそふ[争] うちあふ[打合] わたりあふ[渡合]
激しく― しのぎをけづる[鎬削]
―こと どうづく・どつく[突] はらふ[払] ちゃうちゃく[打擲]

**ただし・い**【正】
なほし[直] なほす[正] よこさま・よこざま[横様] わろし[悪]
―くなる なほる[直]
心が―くなくなる ゆがむ[歪]
―道 しゃうろ[正路]
―く まさに[正]
―くする なほす[正]
―くない よこさま・よこざま[横様] わろし[悪]
し[誠・実・真] まさし[正] よし[良]

**ただ・す**【正】たむ[矯・揉]

**たたずまい**【佇】
いでたち[出立]

**たたず・む**【佇】
たたずまふ[佇] たちやすらふ[立休]

**ただちに**【直】⇒すぐに

**たたみ**【畳】
▼貴人の― ござ[御座]

**ただよ・う**【漂】いさよふ[躊躇] ただよふ[漂] つたよふ[留連] なづさふ

**たたり**【祟】
|枕―あまぐもの[天雲](⇒たゆたふ) 水に― なづさふ
―をする神 じゃき[邪鬼]
わざ[業・態・事]

たたる―たつ

**たた・る**【祟】 みいる[見入]

**ただ・れる**【爛】 ただる[爛]

**だだをこ・ねる**【駄駄捏】 むつかる[慣]

**たち**【質】 すぢ[筋] さがなし
　—の悪い さがなし
　—の悪いもの さがなもの[者]

**たちいふるまい**【立居振舞】 しんだい[進退]

**たちおく・れる**【立後・立遅】 おもひおくる[思後] たちおくる[立後・立遅]

**たちくたび・れる**【立草臥】 らふ[立煩]

**たちこ・める**【立込・立籠】 きらふ[霧] こむ[籠・込] たちこむ[立込・立籠] たつ[立]

**たちさ・る**【立去】 いぬ たちい[立] づ[立出] のく[退] ↓しりぞく[退] ぎがてに[過] すぎうし[過憂] ・りにくい[過]

**たちつづ・ける**【立続】 たちすくむ[立] 錬

**たちどころに** とりあへず[取敢] つぜん・こつぜんと[忽然] あからさま[白地] こ すなはち[即ち] とみに[頓] ↓きゅうに・↓すぐに[急・速]

**たちどま・る**【立止】 たたずむ[佇] とま ち[佇] やすらふ[休] ゆきとまる・ゆ る[止・留] きどまる[行止]

**たちなら・ぶ**【立並】 たちなむ[立並]

**たちの・く**【立退】 ゐのく[居退] ↓し きりぞく[退] 返

**たちのぼ・る**【立昇】 たちいづ[立出] —・かせる[立退] さしのく[差退] 煙や匂いが— くゆる[薫・燻] 雲が— さす[射・差・指]

**たちばな**【橘】 とこよもの[常世物] [枕]—からころも[唐衣] さつきまつ[五月待](↓ [常世物] はなたちばな) —の実 かくのこのみ[香木実・香 菓]

**たちひろが・る**【立広】 たちこむ[立 込]

**たちふさが・る**【立塞】 さやる[障]

**たちふさ・ぐ**【立塞】 たちさふ[立塞]

**たちまち**【忽】 あからさま[白地] こ つぜん・こつぜんと[忽然] すなはち[即ち] とみに[頓] ↓きゅうに・↓すぐに[急・速]

**たちまわ・る**【立回】 くるべく・くるめ く[眩・転]

**たちむか・う**【立向】 あふ[合] いで あふ[出逢] とりかかる[取掛] ゆ きむかふ[行向]

**たちもど・る**【立戻】 たちかへる[立 返]

**たちよ・る**【立寄】 さしのぞく[差覘] はいくゎい[徘徊] よぎる[過] よ る[寄]

**ちょっと—** とよる[寄] ほのめ く[仄]

**た・つ**【立】
[枕]—あきぎりの[秋霧] あさぎりの [朝霧] あさどりの[朝鳥] からこ ろも[唐衣] からにしき[唐錦] か りころも[狩衣] さざれなみ[小波] しらくも[白雲] なつごろも[夏 衣] はるがすみ[春霞] ふぢなみ の[藤波・藤浪] みづとりの[水鳥]

363

## だっしゅつする――たなばた

**だっしゅつする【脱出する】** → たなばた

みどりご【嬰児】 むらとりの【群鳥】 ゐるくもの【居雲】

**─：たせる** たつ[立] ひきたつ[引立]

**─：ったり座ったりする** たちゐる[立居] ゐたつ[居立]

**─っている** たちゐる[立居]

**─って舞う** たちまふ[立舞]

**さっと─** ついたつ[突立]

**次々と─** たちたつ[立立]

**波などが頻しりに─** たちしく[立]

**頻** また

**股を広げて─** はだかる[開]

**よろよろと─** ゆるぎたつ[揺立] おしたつ[押立]

▼**突っ立つ** たちたつ[立立]

▼**爪先立つ** くはたつ[企]

**だっしゅつ・する【脱出】** ぬきいづ[抜出] ぬく[抜]

**たつじん【達人】** →めいじん

**その道の─** みちのもの[道者] およぶ[及]

**たっ・する【達】** およぶ[及]

**たっせい【達成】** じゃうず[成] じゃうじゅ[成就] せいこう

**─する** する

**たったいま【今】** ただいま[只今] いましがた[今方]

**たっとい【尊】** →とうとい

**たっと・ぶ【尊】** とうとぶ

**たづな【手綱】** くつわづら くち[口] くつわ[轡]

**たて** よし・よしも・よしや・よしよし[縦]

**─…ても** たとへば[例]

**たつのおとしご【竜落子】** かいば[海馬]

**だっぴ【脱皮】** もぬけ[蛻]

**たっぷり** たぶやか ひとはた[一杯・一盃] →基本 たぶたぶ(と) おおい(P.78)

**─と** ほつてと たぶさ・たたし[縦]

**たて【縦】** たたさま・たたざま[縦様]

**だてらく・する【脱落】** ぬく[抜]

▼**垂直** たたさま・たたざま[縦様]

**たてこも・る【立籠】** ひきこもる

**たてつづけ【立続】** しきなみ[頻並]

**たてつづける【立続】** しげし[繁] しくしく[頻頻]

**たてなら・べる【立並】** たてあつむ[立集] たてわたす[立渡]

**たてまつ・る【奉】** けんず[献] たつ[奉] →さしあげる

**たてもの【建物】** →基本 いえ(P.91)

**たてやくしゃ【立役者】** たてやく[立役]

**家などを─** かまふ[構] ふとし[太敷]

**たとえ** し・よしゑやし[縦]

**─…ても** たとへば[例]

**たとえば【例】** けりやう[仮令]

**─…のようだ** ごとし・ごとくなり[如] やうなり

**たと・える【例・譬】** そふ[添] たとふ[譬・喩] みたつ[見立] よそふ[寄]

**─えようがない** いふばかりなし[言無] たとしへなし[譬無]

**─えようがないほど** あやに

**─こと** よそへ[寄・比]

**ただたどし・い** おぼおぼし[朧] つたづたし・たどたどし

**たど・る【辿】** いたどる[辿]

**跡を─** たづぬ[訪・尋]

**たなごころ【掌】** →てのひら

**たなばた【七夕】** あきのなぬか[秋七

たなびく――たのみ

[日] きかうでん・きっかうでん [乞巧奠] ほしあひ [星逢] ほしのいもせ [星妹背] ほしまつり [星祭] ─星 あさがほひめ [朝顔姫] なばたつめ [棚機津女] ─に牽牛織女が会うこと ほしあひ [星合]
▽天の川 (銀河) あまつみかは [天御川] あめのやすのかは [天安川] みなしがは [水無川] やすのかは [安川]
▽銀河 ⇨ 天の川
▽織姫 ⇨ 織女
▽織女 あさがほひめ [朝顔姫] おりひめ・おりひめぼし [織姫星] かじのはひめ [梶葉姫] ささがにひめ [小蟹姫] しょくぢょ [織女] たなばた [七夕・棚機] たなばたたつめ [棚機津女] たなばたひめ [棚機姫] てんそん [天孫] てんにょ [天女]
▽牽牛織女 めをとぼし [妻夫星] とほづま [遠夫]
▽牽牛 いぬかひぼし [犬飼星] しかひぼし [牛飼星] たなばた [七夕] ─夕 とほづま [遠妻] ともしづま [乏妻]
▽彦星 ⇨ 牽牛

たなびく [棚引] そびく [聳]
─かせる たなびく [棚引]
─雲 たなぐも [棚雲] はたぐも [旗雲]

たに・たにま [谷間] かひ [峡] はさま・はざま [狭間・迫間] ─の辺り たにのと [谷戸] ─の入り口 たにべ [谷辺] ─の深い所 たにふけ [谷深]
たにん [他人] よそ・よそびと [余所人]
たぬき [狸] たのき [狸] むじな [狢・貉]
たぬきねいり [狸寝入] そらね [空寝]
たね [種] くさ・くさはひ [種] さね [実] もよほし [催] れう [料]
たねん [多年] ⇨ ながねん
─話の― ためし [例]
たのしい [楽] うまし [旨・美・甘] こころよげ・こころよし [心良] たのし・たのしよし [楽] よし [良] ⇨ ゆかい

たのしみ [楽]
─世の中 うきよ [浮世]
─そうに笑う ゑらく [笑]
─そうなさま わさわさ (と)
─くない すかなし
─さま わさわさ (と)
─心の― けうらく [快楽]
─ませる なぐさむ [慰]
目を―ませる こやす [肥]
たのしむ [楽] あまんず [甘] たのしぶ・たのしむ [楽] ゆげす [遊戯]
たのみ [頼] なぐさみ [慰] ゆげ [遊戯]
─とする ちから [力] ⇨ たより
─とする人 しま [島] たのもしびと [頼人]
─とする所 しま [島]
─に思わせる たのむ [頼]
─に思わせること たのめ [頼]
─のもしだて たのもしだて [頼立]
─にできる人 ふくしん [腹心]
─になる たのもし・たのもしげ [頼]

## たのむ──たべる

**あてにならない――** あいなだのみ[空頼] そらだのみ・そらだのめ[空頼]

**たの・む【頼】** あつらふ・あとらふ[誂・聘] いひつく[言付] いひよる[言寄] ―おほぶねの・おほぶねの[大船] 枕―おほぶねの・おほぶねの[大船] 急

**たのもし・い【頼】** かひがひし[甲斐甲斐] はかばかし いひよる[言寄]

**タバコ【煙草・莨】** あひおもひぐさ[相思草] おもひぐさ[思草] わすれぐさ[忘草] しぐさ[目覚草] めざましぐさ[目覚草]

**たはた【田畑】** かたぬ[結] たがぬ

**たは・ねる【束】** つかぬ[束] とりつかぬ[取束]

**たば【束】** たばり[束・把] つか・つかね[束]

**さぬ ⇒くくる**

**髪を― ⇒かいつのぐる[掻角繰]**

**たび【旅】** ⇒基本(P.86)

**たびあきんど【旅商人】⇒しょうばい**

**たびかさな・る【度重】** まねし

**たびじ【旅路】** みち[道]

---

**遠い――** ちゃうと[長途]

**たびだち【旅立】** いでたち[出立] かどで[門出] しまだち[鹿島立] しゅったつ[出立]

**―の準備** いでたちいそぎ[出立急]

**―を見送る** みたつ[見立]

**朝早い――** あさだち[朝立] あさとで[朝戸出]

**たびだ・つ【立行】** たちゆく[立行] いでたつ[出立] たつ[立]

**―：たせる** たつ[立]

**朝早く――** あさだつ[朝立]

**別れて――** たちわかる[立別]

**たびたび【度度】** あまたかへり[数多返] あまたたび[数多度] いくそしじに しば・しば[屡] しみみ・しみら[茂] しば[屡] たび[度] たびたび[数度] せつせつ[折折・節節] どど[度度] まねし よく[良・能]

**―になる** うちしきる[打頻]

**―しきり、⇒しばしば**

**たびにっき【旅日記】** だうちゅうき[道中記] みちのにき[道日記]

---

ちゆきぶり[道行触]

**たびね【旅寝】** うんしゅく[雲宿] うきね[浮寝] ⇒のじゅく くさむすぶ[草結]

**船中での―** まくら[浮枕] うきまくら[浮枕]

**たびびと【旅人】** すい[雲水] かうじん[行人] くわかく[過客] たびと[旅人] みちゆきびと・道行人 へうかく[漂客]

**たびらこ【田平子】** ほとけのざ[仏座]

**たぶらか・す【誑】** かす[魅] くらます[暗] まどはかす・まどはす[惑]

**たぶん【多分】** けだし[蓋] (も)[蓋] ⇒おそらく

**―：おそらく** けだしく

**たべのこし【食残】** ねこおろし[猫下]

**たべもの【食物】** ⇒基本(P.95)

**た・べる【食】** くふ・くらふ[食] したむ[認] たうぶ・たぶ[食] はむ[食] ぶくす[服] ものす[物] ―ぐ[食] すく[食] ⇒あがる[上] きこしめす[聞召] 尊―あがる[上] きこしめす[聞召] たてまつる[奉] まうぼる・まほる

めさる・めす【召】 まゐる・まうる【参】 ものまゐる【物参】 をす【食】
謙—たうぶ・たぶ【食】
句—そこをいる【底人】
—・べさせる くはす【食】
飽きるほど— はみかへる【食返】
餌を— ゑばむ【餌】
少しずつ— つづしる・つづしろふ【啜】
▽栄養になる みになる【身成】
▼齧る かぶる【齧】 きしる【軋】 そうげき【怨劇】 …いそがしい
たま【珠】 に・ぬ【瓊】
▽啄む ついばむ【啄】 せせる
たぼう【多忙】 かたつかれ【片方】
たほう【他方】 くはす【食】
たまげる【魂消】 …おどろく
たまご【卵】 かひ【卵】 かひこ・かひご【卵子】 とりのこ【鳥子】 水鳥の— かりのこ【雁子】
[白露]
—おくつゆの[置露] しらつゆの[白露]
たまさかに【偶・適】…たまに
たほう——たむける

たましい【魂】 こん【魂】 しょう【性】 しょうりょう【精霊】 せい【精】 せいこん【精魂】 たま【魂・霊】 たましひ【魂】 なきかげ【亡影】 はく【魄】 はくれい【魄霊】 りょう【霊】 をんりょう【怨霊】
—・される くふ[食] はまる[嵌・壇]
句—うしにくらはる[牛食] まつよまる[睫読]
—こと たらし[誑] ばけ[化]
—して誘う をびく[誘]
—して惑わすこと きょうわく[誑惑]
だましとおす【騙通】 すかしふす[誑伏]
だましと・る【騙取】 あざむく[欺] いつはる[掠]
だま・す【騙】 かく[掛・懸] かすむ[掠] かつぐ[担] くはす[食] こかす[誑] こしらふ[慰・喩] すかす[賺] たぶろかす・たぶらかす[誑] たばかる[謀] たぶらぬく・めをぬく[目抜] つもる[積] ぬく[抜] ぬすむ[盗] のす[乗] はかる[謀] ばかす[化] はむ[壇・嵌] はかりごつ[謀] ふす[魅] まふ・ぬすむ[盗] まどはかす[惑] まだはかる・まどはかす[惑] わだかまる・まどはす[誘] あまし[甘]
—・されやすい あまし[甘]

たまに たまたま【偶偶】 わくらばに りそめに[仮初] けりょう[仮令] じせつと[時節] たけそか たまさか[偶]
句—てうさんぼし[朝三暮四]
たまたま【偶偶】 おのづから[自] か
たまる【溜】 つぐむ[噤] つむ・つもる[積]
—避逅 をりふし[折節]
だま・る【黙】 つぐむ[噤] つくふ・つくぶ・つぐぶ[黙]
—っている もだす[黙]
—って答えないこと へいこう[閉口]
▽沈黙 しじま[無言] もだ[黙] もだす[黙] もだ[黙]
たみ【民】…じんみん
たむ・ける【手向】 たむく[手向] と

ため―たより

**ため【為】** りむく[取向] むく[向] ―から[故] ―け[故] ―だけに からに ―に ままに 貴人の―ごゑう[御料] ―の― がね ―のもの ―のらしい らし

**だめ【駄目】** ふよう[不用] ―になる やぶる[破]

**ためいき【溜息】** おきそ[息嘯] ―き[吐息] なげき[嘆] ―をつく いきづく[息] うちなげく[打嘆] うめく[呻] なげかふ・なげく[嘆・歎] 思わず―をつく うちうめく[打呻]

**ためいけ【溜池】** つつみ[堤]

**ためし【例】** あたる[当] ・しきたり

**ため・す【試】** こころむ[試] ひきみる[引見] みる[見] ・こころみる 味などを― かなぐ[金引] 人の心を― きく[聞]

**ためらい【躊躇】** いさよひ[躊躇] た

**ためら・う【躊躇】** いさよふ[躊躇] ―の表情 まかげ[目蔭・目陰] やすらひ[躊躇] おもひやすらふ[思休] かかづらふ[拘] しぶる[渋] しろむ[白] ためらふ[躊躇] たゆたふ[揺蕩・猶予] とどこほる[滞] めぐらふ[巡・回] やすらふ[滞] ゆらふ[揺] よどむ[淀] 尊―おぼしやすらふ[思休] 句―しりあしをふむ[後足踏] ―さま もちかは はなじろむ[鼻白] ―様子をする おもひやすらふ[思休] あれこれ思って― おもひつつむ[思包・思慎] 遠慮して― おもひとどこほる[思滞] 佇んで― たちやすらふ[立休] 決断を― たむらふ[溜]

**た・める【溜】** たむ[溜] ―めて置く たくはふ[貯・蓄] ぞんず[存]

**たも・つ【保】** おぶ[帯] た

ちろき[持] つかふ[使・遣] ちす[持] とうりう[逗留] つぐ[継] もつ[持] こたふ[堪] ―しきたへの[敷栲] しろたへの[白妙] ももしきの[百敷] たえす[絶] ほろぼす[滅]

**たや・す【絶】** たえす[絶] ほろぼす[滅]

**たやす・い【容易】** →やさしい ―く ふと ―くないこと だいじ[大事]

**たゆた・う【揺蕩】** →ただよう ―く ふとしも

**たより【便】** いっさう[一左右] いんしん[音信] おと[音] おとなひ[音] かりのつかひ[雁使] ―音 かりのつかひ[雁使] ことつて[言付] ことのかよひ[言通] さう[左右] せうそく・せうそこ・せうそこぶみ[消息文] たまづさ[玉梓・玉章] つたへ[伝] たより[音] びんぎ[便宜] ―てがみ 枕―ふくかぜの[吹風] ―がない おともせず[音] た[無沙汰]

たより―たらたら

**たより**
―をする 謙―きこえかよふ[聞通] 家からの― いへごと[家言]
うれしい― きっさう[吉左右]
**たより【頼】** えこ[依怙] たつき・たづき・たどき[方便] たのみ[頼] ちから[力] つな[綱] のちのたのみ[後頼] 枕―ふくかぜの[吹風]
―とる たのむ[頼]
―とすること たのみ・たのみどころ[頼所]
―とする人 たのみ・たのみどころ[頼所]
―とする所 はしら[柱]
―に思う所 たのみどころ[掛所]
―に思う人 たのもしびと[頼人]
―にさせる たのむ[頼]
―にして近付く よりつく[寄付]
―にする かいつく・かきつく[搔付]
―にならない たのもしげなし[頼無]

―になりそう たのもしげ[頼]
―になる たのもし・たのもしげ[頼]
あてにならない― そらだのみ[空頼]
心強い― つより[強]
将来の― のちのたのみ[後頼]
**たよりな・い【頼無】** あだ[徒] あとなし[跡無] うかぶ・うかむ[浮] おぼおぼし・おぼほし[鬱] くゎうりゃう[広量] はかなし[果無・果敢無] つきなし[付] ばうだら[棒鱈] ものはかなし[物果無] わびし[侘]
―ことの譬え
句―にほのうきす[鳰浮巣]
―もの はかなもの[果無物] ゆめ[夢]
―く思う はかなぶ・はかなむ[果無・果敢無]
―さそう はかなだつ[果無立]

**たよ・る【頼】** かかる[掛・懸] かたかく[片掛] よる[寄]
―所 しま[島] よりどころ[拠]

―所 よるべ[寄辺]
―所がなくなる あしがあがる[足]
**だらく・する【堕落】** もちくづす[持崩]
**だらしな・い** おほとる・おほどる・おほどる[蓬] しどなし しどけなし しどもなし しどろなし たわいなし のろし[鈍]
―こと じだらく[自堕落]
―さま みだり(に)[濫・猥・妄・乱]
―物 ばうだら[棒鱈]
―くする うちみだる[打乱] ほとる・おほどる・おほどる[蓬]
―一人 にょでいにん[如泥人]
▽乱れたさま しどろ・しどろもどろ[乱] どれる なまく[怠] みだる[乱] ゆるぶ[緩]
**たら・す【垂】** たる[垂] とりしづ[取垂]
―血や汗を― あやす[零・落]
**たらたら** とろとろ

だらだらと —— たわめる

**だらだらと** べんべんと[便便]
**ダリア** てんぢくぼたん[天竺牡丹]
**たり・る**[足] こころゆく[心行]
　はし―　たる[足]　たんのう[堪能]
　枕―もちづきの[望月]
　―りない　みじかし[短]
**だる・い**　たるし[怠・懈]
　―くなる　たゆげ[疲]　たゆむ[弛]
　―そう　たゆげ[疲]　たゆむ[弛]　なやま
　　しげ[悩]
　足が―　あしたゆし[足懈]
　腕が―　かひなだゆし[腕弛]
　心が―　ゆるふ・ゆるぶ[緩]
**たる・む**[弛]　ゆたふ・ゆたぶ→**ゆるむ**
　―ませる　ゆるふ・ゆるぶ[緩]
　―んでいる　ゆるし[緩]
**だれ**[誰]　いづれ[何・孰]　た・たれ
　[基本] **だいめいし・しじご**(P. 105)
　[尊] ―いづかた[何方]
　―が　たが[誰]　たそ[誰]
　―の　たが[誰]
　―も　いない　ひとめなし[人目無]
**たれさが・る**[垂下]→**たれる**

**だれそれ**[誰]　かがし[何某]　かれが
　し[彼某]　くれ・くれがし[某]　そ
　れかれ[其彼]　それそれ[其其]　た
　れかれ[誰某]　なにがし[某・何某]
　なにがしくれがし[何某]　なにくれ
　がし[何其]　なにそれ[某其]
**た・れる**[垂]→**たわむ**
　枕―いはそそぐ[岩注]
　古木の枝が―　したたる・しただる[滴]
　水が―　しだる[垂]　しなだる[撓垂]
　　たる[垂]
**たわいない**　あどなし　あどけなし
　いひがひなし・いふかひなし[言甲斐
　無]　けもなし[気]　しどなし　つ
　がなし　らちもない[埒無]
　―こと　まさなごと[正無事]
　子供っぽく―　いふかひなし・いひ
　がひなし[言甲斐無]
**たわけ**　しれごと[痴事]　しれもの[痴
　者]　たはもの→**ばか**
　―ごと　たはわざ[戯業]
**たわごと**[戯言]　しれごと[痴言]　み

　だりごと[漫言・濫言]
**たわみ**[撓]　しなひ[撓]
**たわ・む**[撓]　しなふ[撓]　とをむ[撓]
　枕―おきつなみ[沖浪]・さきたけの
　[裂竹](→とをむ)
　―ませる　しをる[萎・撓]　たわ
　　(に)[撓]
　―さま　たわ・たわわ[撓]　とをを
　　[撓]
　風に吹かれて―　ふきしなふ[吹
　　撓]　ふきしをる[吹枝折・吹栞]
**たわむれ**[戯]　あだこと[徒事]　きょ
　う[興]　さるがう[散楽・猿楽]　ざ
　れごと[戯事]　そばえ・そばへ[戯]
　はいかい[俳諧]　わざごと[俳諧]
**たわむ・れる**[戯]　あざる[戯]　あだ
　る[徒]　いそばふ[戯]　おもひたは
　る[思戯]　ざる[戯]　そばふ・そぽ
　る[戯]　たはぶる[戯]　たはむる[戯]
　たはる[戯]　ほたゆ
　―・れ浮かれる　かぶたゆ[傾]
**たわ・める**[撓]　たわむ[撓]　まげる
　わぐ・わぐむ[綰]→**まげる**

たわわ【撓】 たわ[撓] とををに(に)

たわわ――だんねん

**だん**[段] きだ[段]
―文の一部分 くだり[件]
**たんか**[短歌] さんじふいちじ[三十一字] みそもじ[三十文字] みそひともじ[三十一文字] みそじあまりひともじ[三十文字余一文字] →基本 わか(P.64)
**だんか**[檀家] だんな[旦那・檀那]
**だんかい**[段階] きざみ[刻] ちゅうがい
**だんがい**[断崖] →がけ
**だんがん**[嘆願] わびごと[侘事] →ね
**だんかい**[重重] ぢゅう
―書 くゎんじゃう[款状]
**たんき**[短気] きふ[急] たちばら[立腹] かしら[心短] ちゅっぱら[中腹] たんりょ[短慮] はらあし[腹悪] みじかし[短] はやりか[逸]
**たんきゅう・する**[探求] たづぬ[尋・訪]
**だんげん・する**[断言] いいきる、→基本 だんてい(P.

**だんご**[団子] いしいし
**だんごう**[談合] だんぎし[談義] →そう
**たんごのせっく**[端午節句] ちょうご
**たんざく**[短冊] たんじゃく[短尺・短冊]
**だんざん**[重五] →せっく
**だんし**[男子] →おとこ
**だんじて**[断] こんりんざい[金輪際] はちまん[八幡] はちまんだいぼさつ[八幡大菩薩] ふっつり(と) ゆみやはちまん[弓矢八幡]
―…(ず) ゆめゆめ
―…(ない) はたと・はったと よに…(ず) ゆめさらさら[夢更]
―(するな) ゆめゆめ
―更 ゆめゆめ
**たんじゅく**[短縮] →ちぢめる
**たんじゅん**[単純] こころをさなし[心幼]
**たんしょ**[短所] →けってん
**たんしょ**[端緒] こぐち[小口] →きっかけ
**だんじょ**[男女] なんにょ[男女]

―の仲 なからひ[仲] よ[世] →基本 あい(P.61)
**たんせい**[端正] いつくし[美] ことうるはし[事麗] うるはし[麗・美] →おとこ
**たんせい**[男性] ふっつり(と) →だんじて
**たんぜん**[断然] ふっつり(と) →だんじて
**たんそく・する**[嘆息] →ためいき
**だんだん**(と) →しだいに
**たんとう**[担当] ぎょうじ[行事]
▼担当者 あづかり[預] つかさどる[司・掌] てつがふ[手結] てつがひ[手都合]
**だんどり**[段取] てつがふ[手結]
**たんに**[単] ただ[只]
**たんねん**[丹念] こまか・こまやか[細] ぬるし[温] ねむごろ・ねもころ・ねんごろ[懇] →ねんいり
**だんねん**[断念] きれはなれ[切離] もひきる[思切] おもひかぎる[切限] おもひたゆ[思絶] おもひとぢむ[思閉] おもひとどむ

たんのう――ちえ

**たんのう【堪能】** …あきらめる
　[思留] おもひはなる[思放]　みき[見切]
**たんぱく【淡泊】** …あっさり
**だんぱん【談判】** …じゅくれん
　―する　かけあふ[掛合]　せりふ[台詞]　つう[通屈]
　くつ[通屈]
**だんぺん【断片】** …はし[端]
**たんぽ【担保】** →基本た(P.29)
**たんぽ【田圃】** かた[形・象]　まげもの
　膝詰の―　せっぱはばき[切羽鐔]

## ち

**ち【地】** …とち
　―上　つち[土]
　―下の国　したへ[下辺]
　―の底　こんりんざい[金輪際]
**ち【血】**
　―の涙　くれなゐのなみだ[紅涙]
　―のり　のり[血]
　―まみれ　ちみどろ[血]

**たんぽぽ【蒲公英】** たな[田菜]　ふぢな[藤菜]
**だんめん【断面】** こぐち[小口]
**だんらん【団欒】** まどゐ・まどゐ[円居]
　―する　まどゐる・まどゐる[円居]
**たんれい【端麗】** きも[肝・胆]　き
　もだましひ[肝魂]→どきょう
**たんりょく【胆力】** きも[肝・胆]　き
**だんわ【談話】** →たんせい
　ものがたり[物語]

**ち**
　―をたらす　あえす[零]
**ちい【地位】** くらゐ[位]　しな[品]
　すぢ[筋]　ところ[所]　ほど[程]
　しょたい[所帯]　しんだい[身代]
**ちいき【地域】** きゃう[境]
**ちいさ・い【小】** こまか[細]　ささ
　し[細・小]　さざれ・ささやか[細さ]
　し[狭]　すこしき[少]　ちひさし

**ち【小】** ほどなし[程無]
　―家　こへ[小家]
　―石　いしなご[石子・擲石]　さざ
　れ・さざれいし[細石]
　―感じ　ちひさやか[小]
　―こと　いささ[細・小]　せう[小]
　―竹の茂み　いささむらたけ[小群竹]
　―流れ　いささせ[細瀬]
　―波　さざなみ・さざれなみ[細波]
　―舟　さをぶね[小舟]
　―峰　さをを[小峰]
　―くする　ひきしじむ[引縮]
　―くなる　しじむ[蹙]　つぼむ
　[窄]
　―声が―　ほそし[細]

**ちえ【知恵】**
　―と真理の光　じゃくくわう[寂光]
　―のある人　じゃうち[上知]
　いち[大知・大智]
　浅はかな―　せんざい[浅才]　は
　しりちゑ[走知恵]
　後からの―

ちかい――ちから

句――げすのちゑはあとから[下衆知恵後] げすのあとちゑ[下衆後知恵]
すぐれた―― だいち[大知・大智]
じゃうち[上知]
世俗の―― せち[世知]

**ちか・い【近】** ちかし[近]
音が―― みみぢかし[耳近]
枕――いはばしの[石橋]

**ちがい【違】** けじめ わき・わけ[分・別]

**ちがいな・い【違】**
――ようだ べかめり・べかんめり

**ちか・う【誓】** きす[期] かみかけて[神掛] せい

句――ちすのちゑはあとから[下衆知恵後]
予言――せいごん[誓言] ちかごと[誓言]
――の水 じんすい[神水]

**ちかい【誓】** うけひ[誓] かねごと[誓言]
非常に――こと かげふむばかり[影踏]
ごく―― まぢかし[間近]

**ちが・う【違】** たがふ[違]
――ている こと[異] こよなし
――ようにさせる たがふ・ちがふ[違・交]
ひきたがふ・ひきちがふ[引違]
事実と――っているさま ひがざま[僻様]
甚だしく――っている いまほど こよなし

**ちかごろ【近頃】**
――のふけふ[昨日今日] きんだい[近代] けのこのごろ このあひだ[此間] このころ・このごろ[此頃] このほど[此程] ただち[直路] ちかみち[直]

**ちかしつ【地下室】** したや[下屋]

**ちかづ・く【近付】**
きむかふ[来向] すべりよる[滑寄]
せまる・せむ[迫・逼]
――ちかよる
――かせる よす[寄] よりつく[寄付]
そっと―― すべりよる[滑寄]
時が―― むかふ[向]
愛を―― ちぎる[契]

もん[誓文]

**ちが・う【違】** たがふ[違] こよなし

**ちかづ・ける【近付】** よりつく[寄付]
拠り所として―― よす

**ちかみち【近道】** すぐぢ・すぐみち[直道] ただち[直路] ぢきろ[直路]

**ちがや【茅・白茅】** ち・ちばな[茅] つばな[茅花]
――の花 つばな[茅花]
はやみち[早道]

**ちかよ・る【近寄】** さしよる[差寄]
たちよる[立寄] ねぢよる[捻寄] はひよる[這寄] よす[寄] よる[寄]
そっと―― すべりよる[滑寄] よりあふ[寄合]
とよる[這寄]
――ちかづく
――らせる ちかづく ひく[引]
親しんで―― なれよる[馴寄]
じわじわと―― ねぢよる[捻寄]
互いに―― よりあふ[寄合]

**ちかよる【近寄】** さしよる[差寄] ちかづく[近付] はひよる[這寄] よる[寄]
季節や時が―― かたまく[片設] さる

**ちから【力】** せい・せいりき[勢力] いこん[精根] そこ[底]

ちからおとし――ちつじょ

―自慢 ちからだて[力立]
―の限り てのきは[手際]
―の強い人 がうりき[強力]
―からまさり がうりき[力勝]
―を入れる ちからをたつ[力立]
―を入れること ちからいり[力入]
▼腕力 たぢから[手力]
**ちからおとし【力落】** →きおち
**ちからづ・ける【力付】** →はげます
**ちからづよ・い【力強】** ちからぢから し[力力]
―こと がうりき[強力] くきゃう・くっきゃう[究竟]
―人 がうりき[強力] ちからま さり[力勝]
**ちき【稚気】** →あどけない
**ちぎり【契】**
男女の― かたらひ[語]
夫婦・主従の― かため[固]

**ちぎ・る【契】** むすぶ[結]
男女が― かたらふ[語] くさり てご[父御] ちちぬし[父主]
**ちぎれぐも【雲】** へんうん[片雲] あふ[鎖合]
**ちくせき【蓄積】** →たくわえる
**ちご【稚児】** →基本 こども(P.51)
**ちしき【知識】** こしつ・こじつ[故実] さいかく・さいがく・ざいかく[才覚] もじ[文字]
**ちじょう【地上】** つち[土・地] →じめん
**ちじん【知人】** いにしへびと[古人] おもしる[面知] しるべ[知辺] ちいん[知音] しりうと[知人] ふるびと[古人] るい[類]
**ちず【地図】** さしづ[指図] づ[図]
**ちすじ【血筋】** すぢ[筋] すぢなは[筋縄] たね[種] ち[血] →けっとう

**ちそう【馳走】** →ごちそう
―が近い したし[親]
**ちち【父】** かそ・かぞ[父] しし てて[父] ててき・ててぎみ[父君] とと[父] →基本 かぞく・しんせき(P.55)

ちね[垂乳根] たらちを[垂乳男] ててき・ててぎみ[父君]
**ちちはは【父母】** かぞいろは[父母] ちちのみの[実] 亡くなった― せんかう[先考] 枕―ちちのみの[実]
**ちち【乳】** ち[乳] むなち[胸乳] 尊―ごしんぶ[御親父] てご[父御] ちちぬし[父主]
**ちちはは【父母】** かぞいろは[父母] たねはら[種腹・胤腹] 実の― かぞいろは[父母] →ちちむ
**ちぢまる【縮】** →ちぢむ
**ちぢ・む【縮】** しじかむ[縮] しじまる しじむ[縮] すぼる[窄] ちぢく[縮] つづまる つづむ
**ちぢ・める【縮】** しじむ[縮] ひきし じむ[引縮] つづむ[約] つむ[詰]
**ちぢ・れる【縮】**
―んでこわばる しじむ[縮]
**ちっきょ【蟄居】** こもりゐ[籠居] こ もりすむ[籠住]
**ちつじょ【秩序】**
―がない みだりがはし・みだれが

**ちっとも…(ない)** ――→ちゅうごしになる

**ちっとも…(ない)** はし[濫・猥]―なく みだりに(に)[濫・猥・妄・乱]→ぜんぜん

**ちどり【千鳥】** ももちどり[百千鳥] 群れている― ともちどり[友千鳥] むらちどり[群千鳥]

**ちどりあし【千鳥足】** ともじにふむ[十文字踏]

**ちのみご【乳飲み子】** ちご[稚児] こ[若子] →基本こども(P. 51)

**ちぶさ【乳房】** ち[乳] むなぢ[胸乳]

**ちほう【地方】** ぢ[地] みち[道] →い なか

**ちゃ【茶】** めざましぐさ[目覚草]
―を立てる てんず[点]
―を立てる作法 てまへ[手前・点前]

**ちゃかい【茶会】** ちゃのゑ[茶会]

**ちゃがし【茶菓子】** ちゃうけ[茶請] ちゃのこ[茶子]

**ちゃか・す** ちゃにする[茶]

**ちゃくし【嫡子】** あととり

**ちゃくしゅ・する【着手】** でかく[出掛] とりつく[取付]

**ちゃくそう【着想】** →おもいつき

**ちゃくふく・する【着服】** ぬすむ

**ちゃしつ【茶室】** すきや[数寄屋] すきしゃ[好者・数寄者]

**ちゃじん【茶人】**

**ちゃせん【茶筅】** →ぬすむ

**ちゃのま【茶間】** →いま

**ちゃみせ【茶店】** ちゃや[茶屋]

**ちゃわん【茶碗】** →うつわ

**ちゃんちゃんこ** かたぎぬ[肩衣] →基本きもの(P. 93)

**ちゃんと** しかと[確] →きちんと

**ちゅうい【注意】** いさめ[諫] いましめ[戒] こころいれ[心入] ねんよういう[用意] →ようじん
―して あひかまへて[相構]
―まへて こころして[心]
―して聞く ききとがむ[心答] ききとどく[聞届] みみたつ[耳立]
―してする だいじかく[大事懸]
―する こころおく[心置] ここ ろす[心] つつしむ[謹・慎] とどむ・とむ[留・止]
―すること ねん[念] いましむ[念]
―を与える いましむ[戒]

**ちゅうおう【中央】** なかば[半] もなか[最中] まな か[真中]

**ちゅうかい【仲介】** ひきあはせ[引合]
▼仲介料 なかだち こうせん[口銭] あひ[間] ちゅうげん[中間]

**ちゅうかん【中間】** あひ[間] ちゅう げん[中間]

**ちゅうくう【中空】** はんてん[半天]

**ちゅうこ【中古】**
―の着物 なかなれ[中馴]

**ちゅうこく【忠告】** いさむ[諫]
―する いさむ[諫]

**ちゅうごく【中国】** から[唐] からく に[唐国] しんたん・しんだん[震 旦] たう・たうど[唐土] ひのいるくに[日入国] もろこし[唐土]
▼中国人 からびと[唐人]
▼中国風 からめく[唐]

**ちゅうごしにな・る【中腰】** しりうた

ちゅうさい――ちょうあい

**ちゅうさい【仲裁】** あいさつ[挨拶]
ぐ[踞]
―する あつかふ[扱] ちゅうぶん[中分]
なかなほし[仲直] とりさふ
[取障] わく[分別]
あつかひ[扱]→とりなし

**ちゅうし【中止】** あいさつ[挨拶]
▽仲裁人
―する とどむ[留・止] やむ[已・
止・罷]
―になる とどまる[留・停・止]
とまる[留・止] やむ[已・止・罷]
めとむ

**ちゅうし・する**[注視] みいる[見入]

**ちゅうじつ【忠実】** まめやか[心
実] まめごと[忠実]→まじめ
―なこと まめごと[忠実事]

**ちゅうしゃくしょ**[注釈書] せうも
ち・せうもつ・せうもの[抄物]

**ちゅうじゅん**[中旬] なか[中・仲]
―句[中十日]

**ちゅうしょう【中傷】** ざうげん[讒
言][讒言] ざんそう[讒奏]→わるくち
ごと・よこしごと[横言]

**ちゅうしょく【昼食】** けんずい[硯水・
間水] ひるげ・ひるげ[昼餉・昼食]

**ちゅうしん【中心】** こころ[心]
なから[直中・只中] むね[宗]
なかご[中子]
―答[答]
―する めとどむ[目止] めにか
どたつ[目角立] めたつ[目見立]

**ちゅうだん【中断】** やむ[止・罷]

**ちゅうちょ【躊躇】**→ためらい

**ちゅうと【中途】** なかぞら[中空]→
ちゅう
―で止める …さす

**ちゅうとはんぱ【半端】** なかぞら
[中空] なかたほ[生片] なまじ
ひ[生強] なまなか[生半] はた
したなし[生端無] はしたなまは
したなし[端無]
―なさま なまはんじゃく[生半
尺]
―句―なみにもいそにもつかず[波磯
付]

**ちゅうねん【中年】** ちゅうらう[中老]
―の人 そこそこに[其処其処]

**ちゅうふく【中腹】**
山の―すいび[翠微]

**ちゅうもく【注目】**→ちゅうい
―して取り上げる みとがむ[見
咎]
―する めとどむ[目止] めにか
どたつ[目角立] めたつ[目見立]

**ちゅうもん【注文】** このみ[好]
―が多い やうがまし[様]
―する あつらふ[誂] このむ
[好]

**ちゅうや【昼夜】**
―の別なく ちうやをおかず[昼夜
舎] ちうやをわかたず[昼夜分]
よをひにつぐ[夜日継] よるをひる
になす[夜昼]

**ちゅうりゅう【中流】** なか[中・仲]

**ちょう【蝶】** こてふ[胡蝶] てふ[蝶]
ゆめむし[夢虫] ゆめみどり[夢見
鳥]

**ちょう【長】** をさ[長]

**ちょうあい【寵愛】** おぼえ[覚] きし

**ちょうきょうする――ちょうど**

**ちょうきょう・する【調教】** れんず[練]

**ちょうこう【兆候】** →きざし

**ちょうこく・する【彫刻】** きざむ[刻]ゐる[彫]

**ちょうさ【調査】** →しらべる

**ちょうし【調子】**
 ―が悪い ひがしひがし[僻僻]
 ―に乗せる すかす[賺]
 ―に乗る づにのる[図乗]
 うしにかかる[拍子掛]
 ―を合わせる きょうおう・きゃうよう[饗応]
 楽器の―を合わせる しらべあはす[調合]
 声の― こわづかひ[声遣]
 と［誄］るい[誄]

**ちょうしづ・く【調子付】** おこづく

**ちょうじ【弔辞】** しぬひごと・しのひごと

よく・きそく[気色] ちょう[寵]
 ―する ときめかす[時]もてあがむ[崇]
 ―を受ける ときめく・ときめかし[時]

**ちょうじゃ【長者】** →かねもち

**ちょうじゅ【長寿】** ことぶき[寿]ちゃうめい[長命]まつのよはひ[松齢]→**基本 ろうじん**(P.52)
 ―の人 とほひと[遠人]ながひと・ながびと[長人]よのながびと[世長人]

**ちょうじゅう【鳥獣】** とりどころ[取所]とりしし[鳥獣]

**ちょうじょ【長所】** とくしつ[得失]
 ―短所 いささかの― かたかど[片才]
 えひめ[兄姫]

**ちょうじょ【長女】** ものわらひ[物笑]
 ―する あさむ[浅]あざわらふ[嘲笑]

**ちょうじょう【頂上】** いただき[頂]すゑのへ・する[末辺・末方]ぜんちゃう[禅定]たけ[岳・嶽]つじ[辻]ね・みね[峰]やまのほ[山秀]やまのつかさ[山司]をのへ[尾上]→**基本 やま**(P.27)
 霊山の― ぜんぢゃう[禅定]

**ちょうしん【長身】** そそろか・そびや
 か・そびやぐ[聳]

**ちょうず【手水】** みたらし[御手洗]

**ちょうせん・する【挑戦】** いどむ[挑]

**ちょうだい・する【頂戴】** →いただく

**ちょうたつ・する【調達】** てうしん[調進]→ととのえる

**ちょうちょう【蝶】** →ちょう[調]

**ちょうてい【朝廷】** あいたどころ・あいたんどころ・あいだんどころ[朝所]・朝食所・朝膳所・朝政所]おほやけ[公]くわん[官]こう[公]うぎ[公儀]しゃしょく[社稷]てう[朝]

**ちょうてい【調停】** あつかふ[扱]なほす[直]→とりなす

**ちょうど【調度】** →どうぐ

**ちょうど【丁度】** ただ[只・唯・徒]と…(のようだ) あたかも[恰]―今 まさに[正]

ちょうない――ちょっと

**ちょうない**【町内】 ちゃうない ちゅうなみ[町並]
―そのころ ころしも[頃]
―そのとき ときしも[時] をりしも・をりしもあれ[折] かなふ[叶・適]
―から[折柄] をりふし[折節]
―よい をりふし[折節]

**ちょうなん**【長男】 じんろく[甚六] たらう[太郎] そうりゃう[総領・惣領]

**ちょうば**【帳場】 さんようば[算用場] だいふくちゃう[大福帳]

**ちょうぼ**【帳簿】 ➡むすこ

**ちょうぼう**【眺望】 ➡ながめ

**ちょうほんにん**【張本人】 ➡しゅぼうしゃ

**ちょうめい**【長命】 ➡ながらえる

**ちょうめん**【帳面】 ちゃう[帳]

**ちょうもん**【弔問】 ➡とむらう

**ちょうり**【調理】 れうり[料理]
―する ➡りょうり
―場 ➡だいどころ

**ちょうりゅう**【潮流】 うしほ[潮] しほぢ[潮路]

**ちょうろう**【長老】 おとな[大人] そ

う[叟] ➡基本 ろうじん(P.52)

**ちょうわ**【調和】 あはひ[間] ととのふ・ととのほる[調] とりあふ[合・会] きまる[決]
―する あふ[合・会] きまる[決]
―させる とりあふ[取合]
―している つきづきし[付付] にあふ[似合] ふさふ[相応]
―するように作る つくりあはす[作合]
―良く よろしなへ・よろしなべ[宜]
▽不調和 ➡ふさわしい

**ちょくしゃ・する**【直射】 たださす[直射]

**ちょくしょ**【勅書】 りんし・りんじ[倫旨]

**ちょくせつ**【直接】 ただ[直] ぢき[直] ひたと[直] ただちに・ただに ひたと[直] まのあたり[目当]
―に ただ[直]
―に向き合う ただむかふ[直向]

**ちょくせん**【直線】 かね[矩]

**ちょくめい**【勅命】 ちょくぢゃう[勅定]

**ちょくめん**【直面】
―している まのあたり[目当]
―する のぞむ[臨]

**ちょっかく**【直角】 かね[矩]

**ちょっかん**【直感】 こつ[骨]

**ちょっと** あからさま(に) いささか すこし[些・聊] かつ[且] きと・ざっと・ちくと・ちっと ほのか ほのぼの[仄] と・ちと ほのか ちいさ[小] うちいふ[打言]
―言う うちいふ[打言]
―した とある あだ[徒] はかなげ・はかなし[果無・果敢無]
―したこと あだ[徒] ともある
―の間 いちにちへんし[一日片時] かたとき[片時] しばし・しましましく・しんばし[暫] たまゆら[玉響] つかのま・つかのあひだ[束間] ときのま[時間] とばかり へんし[片時]
―立ち寄る とよる[寄]

**ちょめい**【著名】→ゆうめい

**ちらか・す**【散】→ちらす →みだす

**ちら・す**【散】あかつ・あがつ あだす さんず[散] したく・しだく はららかす

**ちらちら・する**【散】→ちらつく しごいて— こきちらす[散] ほろに

**ちらつ・く**【散】かがよふ[耀] 光が— かがよふ[耀] またたく・まだたく[瞬]

**ちらりと**【散】 —ている ちらふ[散] 一面に— ちらふ[散]

**ちら・ばる**【散】あらく[散] さんを みだす[算乱] ちりぼふ[散] ちる[散]

**ちり**【塵】ごみ —にまみれる ちりばむ[塵]

**ちりがみ**【塵紙】くゎいし[懐紙] がみ[小紙] たたうがみ・たたんが み[畳紙] ふところがみ[懐紙]

**ちりしお・れる**【散萎】 ちりしをる[散萎] さんざん[散散] ちりしをる[散萎]

**ちりぢり**【散散】 —・って萎れる しをしをる[散萎]

**ちょめい**——**ちんもく**

らばら
—になる ちりあかる[散別]
—になること ほかほか[外外]
—になるさま はらら・はららに ほろに

**ちりみだ・れる**【散乱】 ちりぼふ[散] ちりまがふ[散] ちりみだる[散乱] はららく[散]

**ちりょう**【治療】ち[治] やうじゃう[養生] れうち[療治] —する いたはる[労] くすす[薬] くする[薬] ぢす[治] つくろふ[繕] なほす[直] をさむ[治] 祈りで—する まじなふ[呪] ▽治療代・費 やくれい[薬礼] ▽湯治 ゆあみ[湯浴]

**ち・る**【散】うつる[移] こぼる[零・溢] さんず[散] ちりぼふ[散] 枕—まつのはの[松葉](⇒ちりうせず)
—・ってしまう ちりすぐ[散過]
—・って時 ちりがた[散方]
—花のたとえ はなのゆき[花雪] しきりに—って ちらふ[散]
木の葉が— きそふ・きほふ[競] 花が—って曇る ちりかひくもる[散交曇]

**ちりょう**【治療】... ちりかふ[散交]

**ちんぎん**【賃金】あげせん[揚銭]

**ちんご**【鎮護】→まもる

**ちんしゃ**【陳謝】→あやまる

**ちんたいりょう**【賃貸料】あげせん[揚銭]

**ちんちょう**【珍重】 ちょうほう[重宝] —する もてなす[珍] くゎん・しゃうぐゎん[賞翫] しゃうくゎん[賞翫]

**ちんぴ**【陳腐】ふるし[古] へいぐゎい[平懐]

**ちんみ**【珍味】ひゃくみ[百味]

**ちんもく**【沈黙】しじま[黙・無言] もだ[黙] …だまる ▽黙っている もだす[黙]

## つ

**つ**【津】
囲―おほふねの・おほぶねの【大船】

**ついじ**【築地】 ついかき・ついがき・ついち・ついひぢ【築地】
　きがき【築垣】 つちゐ【土居】 どる【土居】 ねりべい【練塀】
　かわら瓦と土で作った― ねりべい【練塀】
　門の脇の― わきつち【脇築地】
　見えすいた― つちでにははく【槌庭掃】 そでがき【袖書】 はしがき【端書】

**ついしょう**【追従】 けいはく【軽薄】
　しきだい【色代・色体】 てんとり【点取】
　―する あぶらをのす【油乗】 おもねる【阿】 へつらふ【諂】

**ついしん**【追伸】 そでがき【袖書】 はしがき【端書】

**ついぜん**【追善】 こころざし【志】
　―する こころざす【志】 →とむら

**ついぞ** かつて【嘗・曾】

**ついそう**【追想】 →なつかしむ

**ついたち**【一日】 さく【朔】

**ついで**【序】 ことのたより【事便】 し
　だい【次第】 たより【便】 びんぎ【便宜】

**ついてい**【付行】 したがふ【従】
　―に がてら がてり

**ついとう**【追悼】 →とむらう
　したふ【慕】 しりにたつ【後立】

**ついに**【遂】 いよいよ【愈愈】 おそ
　やも【晩早】 つまり【詰】 しじゅう【始終】
　―は はては【果】

**ついになる**【対成】 つがふ【番】

**ついばむ**【啄】 せせる

**ついほう**【追放】 ひんしゅつ【擯出】 はなつ
　【放】 はふる【放】 はらふ【払・掃】
　やらふ【遣】 →おいはらう

**ついや・す**【費】 する【擦・摩】 つひや
　す・つひゆ【費】

▽浪費する つうほう【通宝】

**つうか**【通貨】 おごる【奢】 →かね

**つうかい**【痛快】 いさぎよし【潔】

**つうか・する**【通過】 すぐ【過】 ふ
　【経】 わたる【渡】 →とおりすぎる
　―おうら い

**つうこう**【通行】 とほり【通】

**つうしょう**【通称】 あざ・あざな【字】
　けみゃう【仮名】 とほりな【通名】
　ぞくみゃう【俗名】
　―人 かうじん【行人】 みちゆきびと【道行人】 ろせい【路生】

**つうじょう**【通常】 おほよそ【凡・大凡】 →ふつう

**つう・じる**【通】
　―じ合う かよふ【交】 ゆうづう・ゆづう【融通】
　―させる とほす【通】
　―する とほる【通】 まかる【罷】
　―じ合うこと ゆうづう・ゆづう

**うせつ ── つかれる**

**言葉などが──**　ことかよふ[言通]

**つうせつ【痛切】**　あからし[懇]

**つうち【通知】**　あない[案内]　いっさう[一左右]　きっさう[吉左右]　つうじ[通事・通詞]をさ[訳語]

**つうやく【通訳】**　つうじ[通事・通詞]

**つうれつ【痛烈】**…はげしい

**つうろ【通路】**　かよひぢ[通路]　とほり[通]…[基本]みち(P.30)

**つえ【杖】**　しもと[笞]　つかなぎ[栲]

**つか【塚】**　つむれ[培塿]

**つが【栂】**　とが・とがまつ[栂松]

**つかい【使】**

　句──たまづさの[玉章]

　句──とりのつかひ[鳥使]　やのつかい[矢使]

　手紙の──　せいてう[青鳥]

　天皇の──　ちょくし[勅使]

**つがい【番】**　すがひ[番・次]　つがひ[番]

　行ったまま帰らぬ──

　句──きぎしのひたつかひ[雉子頓使]

　急な──　はべり[侍]

**つかいこなす【使】**　てならす[手慣]

**つかいこむ【使込】**　ひきおふ[引負]

**つかいつける【使付】**　てなる[手慣]

**つかいならす【使馴】**　てなる[手慣]　もてならす[馴]

**つかいな・れる【使馴】**

**つかいはた・す【使果】**　すりきる[摩切]　する[擦・摩]　はたく[叩・砕]

**つか・う【使古】**　ふるす[古・旧]

**つか・う【使】**　つかふ[使]　もちふ・もちゆ[用]

**つか・える【仕】**　さうらふ・さむらふ・ざうらふ[侍]　つかうまつる・つかへまつる・つかまつる[仕]　つとむ[勤・勉]

　神に──　いつく[斎]

　宮中に──こと　さんだい[参内]　みやづかへ[宮仕]

　▽仕官　しゅっし[出仕]

**つか・える【支】**　こだはる　喉に──　むせぶ[噎・咽]

**つがう・える**　つがふ[番]　やはぐ[矢剥]

**つかさどる【司】**　しる[領]

**つかのま【束間】**…すこし、…[基本]とき(P.16)

**つかま・える【捕】**…とらえる

**つか・む【攫】**　とらふ[捕]

**つか・る【漬】**　つく[漬]　ひつ・ひづ[漬・沾]　ひたぶ[潤]　みづく[水漬・沾]

**つかれおとろ・える【疲衰】**　つかる・ひえ[疲・弊]

**つかれは・てる【疲果】**　みつる[羸]

**つかれよわら・せる【疲弱】**　つひやし そこなふ[費・弊]

**つか・れる【疲】**　あはく[喘]　いたつく[労・病]　こうず[困]　こになる[粉成]　たゆむ[弛]　なまく[怠]　たる[疲]　── れさせる　つからかす[疲]　── ること　たゆさ[弛]　飽きて──　たわむ[撓]

つかわす——つきる

つかわす 立ち— たちわづらふ[立煩] 手が—れてだるい てだゆし[手当]
ひどく— くはをぬかす[鍬抜]
▽だるい たゆげ・たゆし[弛・懈]

つかわ・す【遣】→はけん
つき【月】→基本(P.4)
つぎ【次】
—について[次]
—の日の早朝 またのあした またのつとめて[又]
—の日の夜 またのよ[又夜]
つきあい【付合】であひ[出合] にんじ[人事] ひとあひ[人間] まじらひ[交]
つきあい【付合】 うちたゆ[打絶]
—が絶える うちたゆ[打絶]
—がある しる[知]
つきあ・う【付合】 あひしる[相知] くらぶ[比] しる[知] まじはる[交] まじらふ[交]
謹—まうしむつぶ[申睦]
—・いにくい くらべぐるし[比苦]
—世間と— いでまじらふ[出交]
せけんす[世間] たちまふ[立舞]

つきあかり【月明】 つきかげ[月影]
つきあたる【突当】 ゆきあたる[行当]
つぎあわ・せる【継合】 つづる[綴]
つきうぬ・ける【突抜】 とほる[通]
つきはじめ【月初】 さく[朔] ついたち[朔日]
つぎに【次】 ついで[次]
つぎくさ【月草】→つゆくさ
つぎさ・す【突刺】 うがつ[穿] つきたつ[突立] つく[突衝]
つきしたが・う【付従】 そふ[添]
つぎずえ【月末】 つきじり[月尻] みそか[三十日]
つきそい【付添】 つきづき[付付]
つきそ・う【付添】 うちそふ[打添] そひゐる[添居] そふ[添] たちそふ[立添]
つぎあわ・せる【次合】
—・わせる
つぎつぎ【次次】 こもごも[交交] すぎすぎ[次次] せんぐり[先繰]
枕—つがのきの[栂木]
—と いくいく(と)[行行] かつ[且]
—に すがひすがひ[次次]
—にする つぎつ[継]

つきと・める【突止】 つきつむ[突詰]
つきとむ[突止] ついで[次] つけいだす[付出]
つきに【次】 ついで[次]
つきぬ・ける【突抜】 とほる[通]
つきはじめ【月初】 さく[朔] ついたち
つきひ【月日】 くゎういん[光陰] じつげつ[日月] としつき[年月]→
ねんげつ
—のたつのが早いこと つきのねずみ[月鼠]
—を送る まんごふ[万劫] あけくらす[明暮] かかづらふ[拘] まつはす・まとはす[纏] まつはる・まとはる・まとふ[纏]

つきまと・う【付】 かかづらふ[拘] まつはす・まとはす[纏] まつはる・まとはる・まとふ[纏]
つきみそう【月見草】 まつよひぐさ[待宵草]
つきもの【憑物・付物】→ばけもの
つきやま【築山】 しま[山斎] しまやま[島山] やま[山]
つき・きる【尽】
つきす[尽] きる[切] たえす[絶]
[無] はつ[果] つく[尽] なくなる[無] みなになる[皆成]

382

つく──つげる

つく‐ことがない つきしなし[尽無]
　──ことがないこと むじん[無尽]

つ・く[付] ──いて学ぶ したふ[慕]

つ・く[着] ちゃくす[着] ⇒とうちゃく
　舟が岸に── さしつく[差着]

つ・ぐ[継・次] すがふ[次]
　[枕]──たまのをの つがふ[継]
　──いで行く つがふ[継]

つ・ぐ[注] さす[注]

つくえ[机] あん[案] つき[机] ふ
　づくえ[文机] ぶんだい[文台]
　─[枕]─や篁苛など さしもの[指物]

つくし[土筆] つくしんぼ つくづく
　し[筆頭菜] ふでつばな・ふでのはな[筆花]

つく・す[尽] いたす[致] きはむ[極]
　力を── あがこころ[吾心] みをつくす[身尽]
　命をかけて── くだく[砕] 推
　[枕]──あがこころ[吾心] 身尽
　ばらつばらに つれづれ[徒然]
　[熟・俤] しみじみ・しめじめ（と）つ
　つやつや つらつら

つくつくぼうし かむぜみ・かんぜみ・
　かんぜん[寒蝉] くつくつぼうし
　つくしこひし[筑紫恋] つくつくし
　ほふしぜみ[法師蝉]

つぐない[償] あがなひ[贖・償] あ
　がひ[贖・償] かはり[代] くわた
　い[過怠] つみしろ[罪代] はらへ
　[祓] わきまへ[弁]

つぐな・う[償] あがなふ・あがふ[贖]
　つのる[贖] まどふ[償] わきまふ
　[弁]

つぐごと[弁] ⇒つくりばなし

つぐ・む[噤] ちんず[陳]

つくばね[衝羽根] つちはり[土針]

つくりあ・げる[作上] ⇒基本 つくる（P.75）

つくりごと[作事] ⇒つくりばなし
　──を言う ちんず[陳]

つくりそ・える[作添] しそふ[為添]

つくりだ・す[作出] ⇒基本 つくる（P.75）

つくりつけ[作付] しつけ[仕付]

つくりつ・ける[作付] しつく[仕付]
　とりつく[取付]

つくりばなし[作話] つくりごと[作言]
　そらごと[虚言] ふづくりごと

つくりもうけ[作設] しつく[仕付]
　[文作事] つくりまうく[作設] ゆふ
　[結]

つくりもの[作物] へうり[表裏]

つく・る[作] ⇒基本（P.75）

つくろ・う[繕] かきあはす[掻合]
　つぐ[継]

つけあが・る とりなす[取成]
　づにのる[図乗]

つげぐち[告口] ⇒ざんげん
　──する いひつく[言付]

つけくわ・える[付加] ⇒くわえる

つげこ・む[告込] じょうず[乗]
　えてする しそふ[為添]

つ・ける[点] とぼす・ともす[点・灯]

つ・ける[着] つく[着]
　舟を岸に── さしつく[差着]

つ・ける[漬] おしひたす 押浸 かす
　[漬] つく[漬] ひたす[浸] かす
　[枕]──ししじもの[鹿]（⇒みづく）

つ・げる[告] ⇒しらせる

つごう——つつましやか

**つごう【都合】** あはひ[間] しゅび[首尾] つがひ[番] てしゅび[手首尾] びん[便]
—がよい くきゃう・くっきゃう[究竟] びん[便] びんぎ[便宜]
—がよいこと びんよし[便良] よし[良]
—がよいとき ちょうでふ[重畳] びんびん[便便] たより[便]
—が悪い あし[悪] あやにく[生憎・可憎] あらぬ[有] つきなし[付無] びなし[便無] ふびん・びんなし[不便] をりあし[折悪]
—しなし よし[由無] さはる[障]
—が悪くなる けりゃう[仮令]
—よくいく ことあふ[事合]

**つじ【辻】** ちまた[巷・岐] つむじ[十字]

**つたいある・く【伝歩】** とりつたふ[取伝]

**つたえ・く【伝聞】** ききかよふ[聞通] ききつぐ[聞及] ききおよぶ[聞] ききつたふ[聞伝]

**つた・える【伝】** つぐ[告] つぐ[継]

つたふ[伝] つつ[伝] のる[載]
—いて来る きしく[来及]
—けて せめて
—にくい わぶ[侘]
—けにくい
いつまでも— とこし[常] →いつまでも
すぐ後に— うちすがふ[打次]
ぞろぞろと— ぞろめく
長く— ながらふ[長・永]
長く—こと を[緒]
ひっきりなしに— うちしきる[打頻]

つたふ[伝] つつ[伝] まうしつたふ[申伝]

▼継承 つづき[続]

**つたな・い【拙】** →へた

**つたわ・る【伝】** きこゆ[聞] つたふ[伝]

▼伝

**つち【土】** ひぢ[泥] こひぢ[小泥] つつ[土]
枕—あまづたふ[天伝]
枕—あらがねの[荒金]
赤い— に[丹] ますほ・まそほ[真緒]
▼泥 こひぢ[小泥] つち[土・地] でい[泥] ひぢ[泥]
▼ぬかるみ
▼粘土 はに[埴]

**つっかいぼう【棒】** すけ[支柱]

**つつがな・い【恙無】** →ぶじ

**つつきあ・う【合】** つきしろふ[突]

**つづ・く【続】** くさる[鎖] さしつぐ[差続] さしつづく[差次] さしつづく[差続] つづく[継] つづく[続] しきる・しく[頻]

**つつ・ける【続】** さしつづく[差続]

**つつし・む【慎】** つぐむ[継] つつむ[慎] いむ[忌] たしなむ[嗜] をさむ[修・収・納]
—ませる いましむ[戒]
—み深い づしやか
—み守る いはふ[斎]
—んで承る かしこむ[畏]

**つつまし・い【慎】** つましい[慎] →しっそ

**つつましやか【慎】** じんじゃう[尋常] やさし[優]

つづみ―つぼみ

つづみ・たいこなど【鼓・太鼓】 うち もの【打物】
つづみかく・す【包隠】 おしつつむ[押包] おほふ[覆] おもひつつむ[思包] しぬぶ・しのぶ[忍] しのびこむ[忍籠]
―こと ものがくし[物隠]
つつみこ・む【包込】
つつみも・つ【包持】 くくむ・くぐもる[銜・含]
―まれる くもる・くぐもる[銜・含]
つつ・む【包】 おしくくむ[押包] くくむ・しなぶ・しなむ[匿]
つづら【葛籠】 つづらこ[葛籠]
つづらおり【九十九折・葛折】 やそすみさか[八十隅坂] まさか[八十隈坂]
つて【伝】 えん[縁] ひき[引] たより[便] よし[由・因] すぢ[手筋] びん[便] て
つと・める【勤】 いそしむ[勤] つとむ[勤・勉・務] いとなみ[営] わざ[事・業・態]
―に出る しゅっし[出仕] ▽出勤
つとめて【努】 せっかく[折角] つむ[詰] せめ

つと・める いそしむ[勤] ゆめ・ゆめさらさらな・・・(するな)
つな【綱】 つぬ・つの[綱]
つながり【繋】 きづな[絆]
つなが・る【繋】 いつがる[繋] ‥かんけい
つな・ぐ【繋】 くさる[鎖] つぐ[継] ほだす[絆]
つなぎと・める【繋止】 かく[繋] くさる[繋・連・鎖] つがる[繋] さしわたす[差渡]
▽直接― 鎖
つなみ【津波】 たかしほ[高潮]
つねに【常】 ‥いつも
つね・る【抓】 つむ・つめる[抓] ‥つむ
つの・る【募】 おもひます[思増] すすむ[進] つむ・つもる[積]
つの【角】 つぬ[角]
つばさ【翼】 はがひ[羽交]
つばな【茅】 ち・ちばな[茅]

つばめ【燕】 つばくら(め)・つばくろ[燕] つばひ・つばびらく・つばび らこ[燕] やどかしどり[宿貸鳥]
つばさ【具】 くはし[精・詳] つばら・つばらか[委曲] まつぶさ[真具] つばらつばら[曲] ひさぶさ[拉] めっす[滅] くわしい
つぶ・す【潰】 ひさぐ[拉] めっす[滅]
つぶや・く【呟】 ひとりごつ[独言] ため息まじりに― うちなげく[打嘆]
つぶら【円】 つぶら・つづらか[円]
つぶれくだ・ける【潰砕】 ひしげくだ く[拉砕]
つぶ・れる【潰】 つぶる[潰] つひゆ・つゆ[潰] ひしぐ[拉] ひしげくだ く[拉砕] めっす[滅]
―そうだ ひさぐはし[潰]
押されて― ひさぐ・ひしぐ[拉]
つぼ【壺】 つふ・つぶ[壺]
つべこべと つべらこべら(と)
つぼみ【蕾】
―が開く わらふ[笑]
―のまま ほほまる[含]

つま――つめたい

**つま【妻】** →基本(P.54)

**つま【褄】**
枕―からころも「唐衣」

―のままの新芽 つぼみめ[蕾芽]
―のまま開かない ふふまる・ふふむ[含] ほほまる[含] ふくむ[含]
―を付ける つぼむ[蕾] ふくむ[含]

**つまはじき【爪弾】** だんし[弾指]

**つまびらか【詳】** →くわしい

**つまみ【抓】** とりどころ[取所]
酒の― さかな[肴]
▽器などの取っ手 とりどころ[取所]

**つまむ【抓】** つみあぐ[摘上] つむ・つめる[抓] ひねる[捻・撚]

**つまらない** あいなし[愛無] あぢきなし・あづきなし[味気無] あさまし[浅] あちきなし・あやなし[文無] づきなし[味気無] あやなし[文無] いひしらず[言知] いひがひなし・いふかひなし[言甲斐無] いぶせし[非] えうなし[要無] えせ[似非] うつし[鬱悒] かずなし[数無] かずならず[数] かひなし[甲斐無] きょうな

し[興無] くちをし[口惜] げいもない[芸無] せんなし[詮無] そこはかとなし なほ・なほし[直直] はかなげ・はかなし[果無] むやくし[無益] やうなし・やくなし[益無] めやすし やすし をかし[犯]
―よしなし[由無] わびし[侘]
―歌 うたくづ[歌屑]
―考え よしなしごころ[由無心]
―こと すずろごと・そぞろごと[由無事] 漫事・漫言[漫事] よしなしごと[由無事] ちりぢり・はしばし[塵泥] はかなきもの[果無物] はかなきもの[果無物] よしなしもの[由無物]
―さま すずろ・すぞろ・そぞろ
―もの あくたもくた[芥] うざうむざう[有象無象] えせもの[似非者] きのはし[木端] すてもの[捨物] ちり[塵] ちりひぢ[塵泥]

**つまり【詰】** こむ[込]
**つまるところ** →けっきょく

**つみ【罪】** あやまち[過] くゎんたい[緩怠] ざいくゎ[罪科] ざいごふ[罪業] つみなへ[罪] とが・とが[咎・科] をかし[犯] →ざいあく[罪悪]
―がないこと むしつ・むじつ[無実]
▽重科
**つまるところ** →けっきょく

**つみ【罪】**
▽大罪人 だいぼん[大犯] ぢうく
**つみあげる【積上】** つむ[積]
**つみかさなる【積重】** いつもる・つもる[積] もる[盛] たたぬ・たたむ[畳]
**つみとる【摘取】** のす[乗]
**つむ・む【積】**
**つむじ【旋毛】** つじ
**つむじかぜ【旋風】** しまき[風巻] つじかぜ[辻風・旋風] つむじ[旋風] てんぐかぜ[天狗風]
**つめたい【冷】** さむし[寒] つらし[辛]
―風 しもかぜ[霜風]
―感じ ひややか[冷]

つめる――つらい

つめる【詰】
―目で見る めをそばむ[目側]
―く扱う むげにす[無下]
―・くなる さむ[冷] ひゆ[冷] ひえいる[冷入]
心が― うし[憂]
態度が― けし[怪] けんけん
けんどん[慳貪] →れいたん
[約]

つ・める【詰】 こむ[込・籠] つづむ

つ・む【積】 たまる[溜] つむ[積]
[寄]
枕―しらゆきの[白雪]
雪が― ふりつむ[降積]

つや【艶】 にべ[鰾膠]

つやつや【艶】 つやつや[艶艶] つや
めく・つややか[艶]

つややか【艶】 つややか[艶]

つゆ【露】 しらつゆ[白露] つゆのた
ま[露玉]
句―かりのなみだ[雁涙] つきのし
づく[月雫]
枕―つゆくさの[露草] (→つゆのい
のち)
―に濡れる わけそぼつ[分濡]

明け方の― あかつきつゆ・あかと
きつゆ[暁露]
草木を枯らす― したつゆ[下露]

つゆ【梅雨】 →基本 あめ(P.8)
枕―くさまくら[草枕]

つゆくさ【露草】 あをばな[青花] おもひぐさ
[思草] つきくさ[月草・鴨跖草]
つみくさ[跖草] はなだぐさ[縹草]
ももよぐさ[百夜草]

つよ・い【強】 あつし[厚] いらなし
[苛・苛甚] おずし・おぞし[悍] く
っきゃう[究竟] けんご[堅固] こ
はし[強] したたか[強・健] たく
まし[逞] たけし[猛] ゆうみゃう
[勇猛]

―力 ゆうりき[勇力]
―者 したたかもの[強者・健者]
だいかう[大剛]
―く言う いひすさ[言過]
―くする つむ[強]
―・くなる つよる[強]
香が― はやし[早]
我が― おずし・おぞし・おぞまし

つよき【強気】 たけし[猛] しこ[醜]
▽頑強
カがーこと くっきゃう[究竟]

つよま・る【強】 まさる[増]

つよめて【面当】 つらうち[面打]

つら・い【辛】 あはれ・あはれげ いた
なし[痛無] いたまし[悼・傷] うた
し[苛・苛甚] うし[憂] からし[辛]
うれはし[憂] くるし[苦] きき
のどく[気毒] こころぐるし[心苦]
うし[心憂] せつし[切] こころ
じゅつなし・ずちなし・ずつなし[術
無] せつし[切] せつなし[切無]
たしなし[窘] たへがたし[堪難]
つらし[辛] なやまし[悩] ものう
し[物憂] やさし[恥] わびし[佗]
わりなし[理無]
枕―あしねはふ[葦根這・あしのね
の[葦根]・うのはなの[卯花]・ひくあ
みの[引網]・みづとりの[水鳥]・を
どりの[鴛鴦](→うき)にほどりの
[鳰鳥](→うきすまひ)やくしほの
[焼塩](→からき)からくにの[韓

## つらなる ── つれだつ

**つらなる**
国・唐国・からころも[唐衣]（↳からくたまかづら[玉葛・玉蔓]（↳つらし）
──思い うさ わぶし からきめ[辛目] つらみ[辛]
──く思う わぶ[侘]
──く悲しい むねいたし[胸痛]
──世の中 うきよ[憂世]
──目 ないめ[泣目]
──境遇 うきせ[憂瀬]
──こと 思いをする うきめ[憂目] うけく[憂]
──く悲しいこと うきふし[憂節]
──さ うさ[憂]
──そうにする からがる[辛]
生きるのが── ありわぶ[在佗・有佗]
物が欠乏して── たしなし[窘]

**つらなる【連】** つらぬ[連] なむ[並]
──く[列] つる[連] つらら
──り続くさま つららに[列]

**つらにく・い【面憎】** おもにくし[面憎]

**つらぬ・く【貫】** うがつ[穿] つなぬ[通・徹] とほす[通・徹] とほる[通・徹] ぬく[貫]

**つららら【氷柱】** たるひ[垂氷]

**つらあ・う【釣合】** あふ[合] かけあふ[掛合] そぐふ たぐふ[類・比] とりあふ[取合] にあふ[似合] ふさふ[相応] →にあう

**つら・ねる【連】** ならべる[通・徹]

句 ──わないこと かなはず[叶・適]
家柄が──わない もんこてきすべからず[門戸敵]

**つりいと【釣糸】** つりのを[釣緒]

**つりさ・げる【吊下】** →さげる

**つりばり【釣針】** ち[鉤]

**つる【鶴】** あしたづ[葦田鶴] たづ[鶴] たづがね[鶴音] ちとせどり[千歳鳥]
──の群れ たづむら[鶴群]

**つるぎ【剣】** →かたな

**つるくさ【蔓草】** たまかづら[玉葛・玉蔓] つづら[葛] つら[蔓] むぐら[律]

**つる・す【吊】** さぐ[下] →さげる

**つる【連】** どし[同志・同士] どうぎゃう[同行] →なかま

**つれ【連】** そなふ[具・備] みる[見] →つれる

**つれそ・う【連添】**
──もの ぐ[具]
──わせる たぐふ[類・比] そふ[添]
長く── とこふる[床旧]
最後まで──こと とまり[止・留]
夫婦として── つま[夫・妻] めをと・めうと[夫婦]
▼連れ合い つま[夫・妻]

**つれだ・す【連出】** あともふ・あどもふ[率] ぬすみいづ[盗出]

**つれだ・つ【連立】** うちそふ[打添] かいつらぬ[掻連] ぐす[具] そなふ[具・備] たぐふ[類・比] たづさはる・たづさふ[携] つらなる・つらぬる・つる[連] ともなふ[伴] るいす[類] →つれる
──こと ぐそく[具足]

…**って行く** ゆきつる[行連]

―**二人で**― つるむ[連]

―**皆で**― こぞる[挙]

**つれな・い** あいだちなし・あひだちなし あさし[浅] うし[憂] きづよし[気強] こころごはし[心強] こころなし[心無] すげなし つれなし[強顔] にくし[憎] はしたなし[端無]

　…**れいたん**

　―**さま** みさを[操]

枕―**まつのはの** 「松葉」

**つ・れる【連】** あともふ・あどもふ[率] ちぐす[打具] かいつらぬ[掻連] ぐす[具] そふ[添] たぐふ[類] つぬ[連] つる[連] つるむ[連] つらなる[連] つらもなふ[伴] ひきぐす[引具] ひきしろふ[引] ひきつる[引具] ひきまはす[引回] ゐる[率] るいす[類] 尊―めしぐす[召具]

―**れて歩く** ひきまはす[引回]

―**れて行く** あひぐす[相具] い

ざなふ[誘] さすふ・さそふ[誘] したがふ[従] たぐふ[類・比] ともなふ[伴] ひきつる[引連] ひく[引] 尊―めしぐす[召具]

**無理に**―**れて行く** ひきたつ・ひったつ[引立]

▽**お供** ずいじん[随身]

▽**こっそり連れ出す** ぬすみいづ[盗出]

▽**付き添わせる** そふ[添]

▽**連れ添う** あひぐす[相具] そなふ[具・備] みる[見]

▽**連れ添わせる** たぐふ[類・比]

▽**同行者** つれ[連] どうぜい[同勢] とも[友]

▽**同行する** そでをつらぬ[袖連] つる[連] ゆきつる[行連]

---

### て【手】 かひな[腕・肱] ただむき・ただむぎ[腕]

―**が廻らないこと** てはなち[手放]

―**に汗を握る** てをにぎる[手握]

―**に入れる** う[得] たづねとる[尋取] とりこむ[取籠] まちう[待得]

―**に負えない** かなはず[叶・適] ふよう[不用]

―**に負えない人** さがなもの[者]

―**に取つ** とりたつ[取立]

―**に持つ** たづさふ[携]

―**を翳す** まかげさし[目蔭]

―**を翳すこと** まかげ[目蔭]

―**を加える** しくはふ[為加]

―**をこまねいている** なほあり[尚]

―**をこまねく** てをつかぬ[手束]

―**を添える** たすく[助]

---

**つれない**―**て**

であい――ていせつ

**―を出す** ゆびをさす[指差]
**―を取る** たづさふ[携]
**―を抜く** ほねをぬすむ[骨盗]
**荒れた―** さきて[裂手]
**女の―** たわやかひな[手弱肘]
**素手**〔すで〕 てぶり むて[無手]
▼**むなで**〔空手〕
**手振** たぶさ[手房]
▼**掌** たなうら[手中] たなら たなそこ[手末]
▼**掌**〔たなごころ〕 てのうち[掌] たなうへ[手内] てのうら[手裏]
**手首** たぶさ[手房]
▼**手先** たなすゑ[手末] てづま[手妻・手爪]

**であい**【出会】
**男女の―** みるめ[見目]
**であいがしら**【出会頭】 はなじろ[鼻白] 突]
**であ・う**【出会】 はなじろ[鼻白]
あふ[引合] さしあふ[差合] ひき合 みえあふ[見触] みあふ[見逢] ゆきあふ[行合]
**謙**―げんざん[見参] ―さんくゎい[参会] →あう
―こと ゆき

あひ[行合]

**偶然に―** ゆきあふ[行合]
**であそび**【手遊】 →てなぐさみ
**であつ・い**【手厚】 →ていねい
**であら**【手荒】 はういつ[放逸] →らん
**てあらい**【手荒】 ていたし[手痛] あらあらし[荒荒]
**てあらいみず**【手洗水】 てうづ[手水] ►基本だんてい (P.99)
**である**〈断定〉 まかりあるく[罷歩]
**である・く**【出歩】
**ていい**【帝位】 くらゐ[位]
**ていいん**【定員】
―**外** かずのほか・かずよりほか[数外]
**ていえん**【庭園】 →にわ
**ていか**【定価】 →だいきん
**ていきん**【庭訓】 にはのをしへ[庭訓]
**ていこう**【抵抗】 たてあふ[立合] →あらそう[争] →はむかう
**ていさい**【体裁】 つくり[作・造] てしゅび[手首尾]

ものがら[物柄] やうす[様子]
**―がよい** しなよし[品好]
**―が悪い** なまはしたなし[生端無] にくし[憎] はしたなし[端無] ひとわるし・ひとわろし[人悪]
**みゃうもん**[名聞] わろぶ[悪]
**―を保つ** みさをつくる[操作]
**―を作る** けしきばむ[気色]
**―を繕う** よせい[余情]
**―を繕うさま** みえ[見栄・見得]
**ていしゅ**【亭主】 とと[父] →おっと
**ていじゅう・する**【定住】 すみつく[住着]
**ていしょく**【停職】 ちゃうにん[停任]
**でいすい**【泥酔】 じょでい[如泥] ちんすい[沈酔] だりむくる[泥如] なほす[直]
**ていせい・する**【訂正】 なほす[直]
**ていせつ**【定説】 ちゃうせつ[定説]
―**となる** さだまる[定]
**ていせつ**【貞節】 みさを[操] →せっそう

ていぞく【低俗】→げひん
ていたい・する【停滞】
とどこほる[滞] よどむ[淀] →とどこほる

ていたく【邸宅】→基本いえ(P.91)
貴人の— たち・たて[館] やかた[屋形・館] しゅもん[朱門]

ていど【程度】 きは[際] たか[高] ちゅう[定] つもり[積] つれ[連] てい[体] ぶん[分] ぶんざい[分際] ほど ほどらひ[程] たけ[丈]
—の人 きは[際]

ていとう【抵当】→たんぽ
—の家 かじち[家質]

ていねい【丁寧】 いんぎん[慇懃] こまか・こまやか[細] ねむごろ・ねもごろ・ねんごろ[懇] ゐややか[礼]
—に たしだしに

ていはく【停泊・碇泊】 ふなはて[船泊] とまる[泊] かかる[懸・掛] かけぶね[掛船]
—する はつ[泊]
—中の船 かけぶね[掛船]

ていぞく——てがみ

ていはつ【剃髪】→しゅっけ
でいり【出入】 ないげ[内外]
—する かよふ[通] ゆきかふ[行交]
でいりぐち【出入口】→いりぐち
…ている たり にたり そうだ たんなり —だろう たらむ —ようだ ためり たんめり —らしい ためり たんめり

ていれ・する【手入】 とりつくろふ[取繕]
ておくれ【手遅】 おくればせ[遅馳] てのび・てのべ[手延]
—だ そつ[率] じょさい[如才・如在] をちど・をっど・をつど[越度] →かしつ

てがかり【手掛】 つま[端] てすぢ[手筋] あししろ・あしじろ[足代]
—がない つきなし[付無]
—を得る とりつく[取付] たちこゆ[立越]

でか・ける【出掛】 むかふ[向・対] →がいしゅつ
てかげん・する【手加減】 はからふ[計]

でかした【手数】→てま
てかせ【手枷】 ほだし[絆]
てがみ【手紙】 おと[音] かりのたま づき[雁玉章] かりのたより[雁便] かりのつかひ[雁使] こと[言] さう[左右] さた[沙汰] しょさつ[書札] じゃう・じゃうじ[状文] しゃくとく・せきとく[尺牘] しょ[書] しょし[書紙] せうそく・せうそこ・せうそくぶみ[消息文] たまづさ[玉章] ぢきひつ[直筆] びん[便] びんぎ[便宜] ふみ[文] みづくき・みづぐき[水茎] わうらい[往来] →たより
尊—ごじゃう[御状] ごしょ[御書]
—で尋ねる おとづる[訪]
—を入れる箱 ふばこ・ふみばこ[文箱]
—を送る・出す おとなふ[音・訪] かきやる[書遣] かよはす[通]
—をくれる いひおこす[言]
—うれしい— きっさう[吉左右]

## てがら ── できもの

**誠意のない形式的な──** すてぶみ[捨文]

**返事が来ない──** かたたより[片便]

**毎日の恋の──** ひぶみ[日文]

**短い──** せきそ[尺素] たんし[短紙]

▼**恋文** → **基本あい**(P.61)

▼**返事** へんさつ[返札]

**追伸** そでがき[袖書] はしがき[端書]

▼**親書** ぢきひつ[直筆]

**はたらき[働]** みめ[見目] こう[功]

──を立てた かやすし[易] こみじかうみゃう[功]

**てがら[手柄]** いさを[功] いさをし[功]

かし[短] ちょく[直]

**てがる[手軽]** あた[仇] かたき[敵・仇]

──にする あた[仇] かたき[敵・仇]

**てき[敵]** あた[仇]

──とする あたむ[仇]

──に囲まれる

句──しめんそか[四面楚歌]

**朝廷に背く──** てうてき[朝敵]

**憎い──**

句──ぐふたいてん[俱不戴天] いでく[出来]

**できあがる[出来上]** なりあふ[成合]

じょうづ[成] なりたつ[成立]

──だんだんと── なりなる[成]

**てきおう・する[適応]** かなふ[叶・適]

をりにつく[折付]

**できごころ[出来心]** うちつけごころ[打付心]

**てきごう・する[適合]** →**てきおうする**

**てきず[手傷]** →**きず**

**てきせつ[適切]** →**てきとう**

──でない あながち[強]

**てきごと[出来事]** ひとふし[一節]

**てきたい・する[敵対]** →**はむかう**

**てきとう[適当]** しょたう[所当] さ

りぬべし[然] しかるべし[然] な

ほざり[等閑] ふさはし[相応] よ

ろし[宜] わろし

──でない さるまじ[然]

──[悪]

──な さるべき・さんべき・しかる

べき[然] かっかう[恰好]

──なこと なにをがな[何]

──なものを なにをがな[何]

**できばえ[出来栄]** →**できる**

**できない──** てぎは[手際]

──がよいこと てぎは[手際]

──が不十分なこと なまなり[生]成

**てきぱき** あざやぐ[鮮] はかばかし

──する はかばかし[果果] もの

はかばかし[物果果]

**てきはつ・する[摘発]** ただす[糾・正]

**てきびし・い[手厳]** ていたし[手痛]

→**きびしい**

**できもの[出来物]** かさ[瘡] かたね

[固根]

▼**疥** あかがり[輝] しもくち[霜]

▼**疣** あましし[余肉] いひぼ[飯]

▼**粒** こくみ[瘜肉]

▼**瘤** あましし[余肉]

▼**肉** しひね[瘜] ふすべ[贅]

▼**霜焼** しもやけ[霜朽] しもばれ

**[箱腫]** にきび
▼**[皰]** おもくさ[面瘡]
▼**[腫物]** かさ すべよく づ
　いもの ねぶと[根太] 徒
▼**[疱瘡]** いもがさ もがさ
▼**[疱瘡]** ははくそ[黒子]
▼**[黒子]** ははくそ ははくろ

**で・きる【出来】**
―よくす[能] あたふ[能] う[得]
―き上がる ⇒できあがる
―だけ あるべきかぎり[有限]
　ずいぶん[随分]
―だろう てむ
　露ばかりが― むすぶ[結]
▼**できそうだ** ぬべし
▼**できそうにない** べうもあらず・
　べくもあらず
▼**できない** え…ず えせず およ
　ばず[及] かてぬ・がてぬ べから
　ず
▼**できなくて** かてに・がてに
▼**できようか**(反語) えや えやは
　なむや・なんや

**てきれいき【適齢期】**
　結婚の― やりどき[遣時]

**できる――てすり**

**てぎわ【手際】**
―がよい たくみ[工・匠・巧]
　づ
▼**てした【手下】** ⇒けらい
▼**てじな【手品】** てづま[手爪・手妻]
―師 てづまつかひ[手妻遣]
▼**でしゃばり** さかしら[賢] さしい
　[差出] さしこみ[差込] さしで
　がまし[痴] すいさん[推参]
▼**でしゃばる** うけばる[受張]
　いづ[打出] さいまくる・さいまぐ
　る・さきまくる・さきまぐる さくじ
　しすぐす さやばしる[鞘走]
―者 すいさんもの[推参者] うち
　いづ すいさん[推参]

**てじゅん【手順】** ⇒だんどり

**てすう【手数】** ⇒てま

**てずから【手】** みづから[自]

**ですぎ【出過】** ⇒でしゃばり

**てすさび【手遊】** ⇒てなぐさみ

**てすり【手摺】** おばしま[欄] こう
　ら

**てぎわり【手触】** てあたり[手当]
**でし【弟子】** ざうし[曹司] もんと[門
　徒 幼い― でしご[弟子子]
**てくび【手首】** たぶさ[手房]
**てしごと【手仕事】** てわざ[手業]
**でくわ・す【手出】** ⇒あう、⇒であう
**でこずること【手】** てごり[手懲]
**てごたえ【手答・手応】** てのうち[手
　内] 句―ぬかにくぎ[糠釘]
―がある くぎがきく[釘利] し
―がないこと
　相手として―がある てにたつ[手
　立]
**でこぼこ【凸凹】** だくぼく
　道が― たぎたぎし
**てごわい【手強】** こはし[強] したた
　か[強健]
**てさき【手先】** たなさき[手先] たな
**てさぐり【手探】** てづま もさく[模索]
　てづかひ[手使・手遣]
**てさばき【手捌】**
**てした【手下】** ⇒けらい
する[手末] てづま[手爪・手妻]
⇒けらい

せい ── てま

てせい【勾欄】
神社・宮殿の―

てせい【手製】さく[手作]

てそうみ【手相見】うらない

てだい【手代】たなもの[店者]

てだすけ【手助】すけ[助] →たすけ

てだて【手】→しゅだん

でたらめ【出鱈目】
あだごち 徒口・仇口 きょたん[虚誕] しひごと[誣言] たはこと・たはぶれごと 漫言・濫言 れごと[戯言] みだりごと[漫言・濫言]

── なこと たいへいらく[大平楽] ── な話 そらものがたり[空物語]

てつ【鉄】くろがね まかね・まがね[真金]

精練した― ねりかね[練金]

てつき【手付】てじな[手品]

てづくり【手作】てさく[手作]

つけきん【手付金】さきがね[先金]

でっちあ・げる かまふ[構]

てっていてきに【徹底的】あくまで もはら(に)

てっぺん【天辺】→ちょうじょう

てづまり【手詰】→てづかへ[手支]

てつや・する【徹夜】
あかす[明] をりあかす[居明] ねひく[手曳] つがふ[都合] てぐみ[手組] ねはず[手筈]
てづかひ[手使・手遣]

てなぐさみ【手慰】→てづる

▼一晩中 →ひとばんじゅう

てづる【手蔓】→つて

み[手遊] てまさぐり[手弄]

てなず・ける いひくろむ[言]
らひとる[語取] こまづく・こまつ
つく[懐] てならす[手慣]
ける

てなみ【手並】→うでまえ

てぬかり【手抜】じょさい[如才]
つ[率] ひま[暇・隙] ぶねん[不
念・無念] →かしつ

てぬぐひ【手拭】しゅきん[手巾] た
のごひ・てのごひ[手拭]

てのひら【掌】たなうち[手拭] たな
うら[掌] たなごころ・たなそこ
[掌] てのうち[手内] てのうら
[掌] てのうち[掌] てうら[掌裏]

てはい・する【手配】
あれこれと ―― さうす[左右]

てはじめ【手始】ものはじめ[物始]

てはず【手筈】つかがひ[都合] てぐみ[手組]

てばな・す【手放】とばす[飛] はなつ[放] ゆるす[許・赦]

てばや・い【手早】てかしこし[手賢]
→すばやい

てびき【手引】いんだう[引導] ひきいれ[引入] ひきあはせ[引合] ひきひ[引] むて[無手]

てぶら【手】てぶり[手振] むて[無手]

てびょうし【手拍子】しだら

てひど・い【手酷】ていたし[手痛]

てぶり【手振】てじな[手品]

てほん【手本】
[形木] きぼ[規模] ためし[例]
かがみ[鏡・鑑] かたぎ
のり[法・則] はかせ[博士] ほん
[本] やう[様]

てま【手間】ござふさ・ざふさ[御雑作]

デマ——てれくさい

——がかかる　こむ[込・籠]　わづらはし[煩]

——取ること　ひまいり[隙入]

**デマ** …基本 うわさ(P.83)

**てまえみそ**[手前味噌]　だみそ[駄味噌]

　——じまん

**でまかせ**[出任]　きぎょ・きご[綺語]

　きゃうげん[狂言]　まにあひことば[間合言葉]　→でたらめ

**てまくら**[手枕]　たまくら[手枕]

**てまさぐり**[手弄]　→てなぐさみ

**てまねき・する**[手招]　まねく[招]

**てまわし**[手回]　もよほし[催]　→てはず

**てみじか**[手短]　つづまやか[約]　かんたん

**でみせ**[出店]　でだな[出店]

**てみやげ**[手土産]　もたせ[持]　わうらい[往来]

**てむか・う**[手向]　→はむかう

**でむかえ**[出迎]　だうむかへ[道迎]　ゆきむかふ[行迎]

**でもちぶさた**[手持無沙汰]　→たいくつ

**てもと**[手元]　てびん[手便]　てまは

り[手回・手廻]　もとこ[許処]

ぜつ[浄利]　しゃうじゃ[精舎]　じゃうぜんりん[禅林]　ぜんばう[禅坊・禅房]　だうぢゃう[道場]　ぶっけ[仏家]　妹門(→いづ)

——の門　さんもん[山門]

**てら**[寺]

——や神社　れいげん[霊験]

——で始め　さんばそう[三番叟]　みづはな[水端]

いづらふ[出]　たちいづ[立出]

がいしゅつ[出]　あをくもの[青雲]・いもがかど 枕——あをくものあをくも[青雲]→

**てり・いる**[照入]　さす[射・差]

**てりかがやく**[照輝]

**てりは・える**[照映]　にほふ[匂]

　赤く——につらふ[丹]

　花の下など——したてる・したでる[照]

**てりつ・ける**[照付]

　月が——すみはつ[澄果]　にほふ[匂]　てりはたたく[照]

**て・る**[照]

　枕——あかねさし[茜](→てれるつくよ)　まそかがみ[真澄鏡]　てりしらむ[照白]

　——って白くなる

　あまねく——おしてる[押照]

　猛烈に——てりさかる[照盛]

**でる**[出]　うちいづ[打出]　いづ[出]

　でて行く　いでたつ[出立]

　でて来る　いでく[出来]

　でにくい　いでかてに[出]

　はな——さんばそう[三番叟]　みづ[立出]

　まどひいづ[惑出]

　表に——さしいづ[差出]　たちいづ[立出]

　さっと——つきいづ[突出]

　外へ——うかぶうかむ[浮]

　大勢が——おこる[起]

　悠然と——ゆるぎいづ[揺出]

　湧いて——たぎつ[滾]

▼**お出まし**　ぎょしゅつ[御出]　ごかう[御幸]　とぎょ[渡御]　わたり[渡]

▼**退出する**　まかつ[罷]　まかりいづ[罷出]

**てれかくし**[照隠]　おもがくし[面隠]

**てれくさ・い**[照]　おもはゆし[面映]

てる――でんじゅする

**てる【照】** かかやかし・かがやかし・かがやかし[輝・赫] はづかし[恥] はなじろむ[鼻白]

**てれてれくだ【手練手管】** てごと[手合] てごと[手事]

**わた・す【手渡】** さしわたす[差渡] さしとらす[差取]

**てん【点】** ところ[所]

**てん【天】** あま そら [空] ひさかた[久方] →そら

枕――ひさかたの[久方](→あめ)

――の あまつ[天]

**てんか【天下】** あめのした・あめがした[天下] しかい[四海] しほう[四方] はっくわう[八荒] ひのした[日下] ふてん・ふたてん[普天] よものうみ[四方海] よもやま[四方山] →せかい

――の よの[世]

▼天下一 よいち[世一] →このえない

▼天下太平 えだをならさず[枝鳴] あぶす・あむす

**てんか・する【転嫁】**

**てんか・する【点火】** つく[付] とぼす・ともす[点]

――する ことづく ことづつ[言伝] つく[付・着] つたふ[伝]

**てんき【天気】** そらあひ[空合] てけ・ていけ・てんけ[天気] ひ[日] ひより[日和] はる[晴]

――が良くなる てれふれなし[照降無]

▼雲行き くものあし[雲足] そらのあし[空足]

**てんきょ【転居】** →ひっこし

**てんぐ【天狗】** ぐひん[狗賓]

**てんくう【天空】** →そら

**てんぐさ【天草・心太草】** こころぶと[心太]

**てんけい【典型】** ただなか[直中・只中]

**てんけん・する【点検】** てんず[点] しらべる

**てんこう【天候】** →てんき

**てんごく【天国】** →ごくらく

**でんごん【伝言】** ことづけ[言付・託] つたへ[伝] つて・ってごと[伝言] つたつて[伝] せうそこ[消息]

**てんさい【天才】** てんこつ[天骨]

**てんさく【添削】** てん[点]

**てんじつ【天日】** →たいよう

**てんし【天子】** あきつかみ[現御神] あきつみかみ あまつみかど[天御門] おほきみ[大君・大王・主] きんりさま[禁裏] きんていさま[禁庭様] すめら・すべら[皇] すめみま[皇御孫・皇孫] すめらみこと[天皇・皇尊] ひじり[聖] みかど[御門・帝] →てんのう

――いってんばんじょう[一天万乗]の句

――の位 ほくきょく[北極] きんてい[今上]

――当代の― きんじょう[今上]んてい

**てんじゅ【天寿】** てんめい[天命] →いのち

――を全うする ながらへはつ[存果]

**でんじゅ・する【伝授】** さづく[授]

とりつたふ[取伝]

**てんじょう【天井】** そら[空]

**てんじょう【天上】** →たおれる

**でんしょう【伝承】** ふること[古言]

**てんせい【天性】** うまれじょう[生性] うまれだち[生立] きひん[気稟] きぶん[機分] しょう[性] さが[性] じしょう[自性] しょうとく[生得] すじゃう[性骨] たましひ[魂] てんこつ[天骨] てんせい[天性] とく[徳] ねざし[根差] ほんしょう・ほんじゃう[本性] 句—せんだんはふたばよりかうばし[梅檀双葉芳]

**でんせつ【伝説】** つたへ[伝]

**てんち【天地】** あめつち[天地] けんこん[乾坤] ざうくゎ[造化] じっぱうせかい[十方世界]

**てんちりょうよう【転地療養】** でやう

**てんてい【天帝】** てんたう・てんだう[天道] →でんぶん

**でんとう【伝統】** ふうりう[風流]

**てんにょ【天女】** あまつをとめ[天女]

**てんねん【天然】** →しぜん

**てんねんとう【天然痘】** もがさ[疱瘡]

**てんのう【天皇】** あきつかみ・あきつみかみ[現御神] あらひとがみ[現人神] いちじん[一人] いってんばんじょう[一天万乗] うち[内] うちのうへ・うちのへ[内上] おほやけ[公] かみ[神] おほきみ[大君] おほんみこと[内帝] かみいちにん[神一人・上一人] き み[君] くげ[公家] くにのおやかみ[国親] くゎうてん[皇天] ごしょ[御所] じふぜんのきみ[十善君] しゅしゃう・しゅじゃう[主上] すめみこと[天皇] すべらぎ・すめらぎ・すめらみか[天皇] だいり[内裏] てんか[天下] ばんじょう[万乗] ひのみかど[日御門] ひのみこ[日御子] みかど[御門・帝]

—の顔 りゅうがん・りょうがん[竜顔]
—の位 たかみくら[高御座] ほうそ[宝祚]
—の言葉 みことのり[詔] りん げん[倫言] りんじ[倫旨]
—の自称 ちん[朕]
—の母 くにのはは・こくも[国母]
—の命令 せんじ[宣旨] せんみょう[宣命] ちょく・ちょくめい[勅命]
—の恵み てうおん[朝恩]
今の— きんじょう[今上] たうだい[当代]
先代の— せんだい・せんてい[先帝]
退位した— しょうくゎう・じゃうくゎう[上皇]

**てんびんぼう【天秤棒】** あふご[朸]

**てんぷくさ・せる【転覆】** くつがへす[覆]

**てんぶん【天分】** →てんせい

**でんぶん【伝聞】** ききづて[聞伝] →基本 でんぶん (P.104)

てんめい【天命】 →い

てんじゅ【天寿】 →い

でんらいのしなもの【伝来品物】 たりもの[渡物] わのち

# と

と【戸】 とぼそ[枢] →いりぐち、→もん
開ける— あさど[朝戸] ゆふと[夕戸]
柴で作った粗末な— しばのと[柴戸] しばのとぼそ[柴枢] しをりど[枝折戸]
竹や木の簡単な—
かくれひ[隠樋] かけひ[筧・懸樋]
したひ・したび[下樋] ひ[樋] ふせひ[伏樋]

と【樋】 うづみひ・うづめひ[埋樋]

とい【樋】

…といふ →基本 でんぶん(P.104)
—こと ならく
—名で とて
—のか とや
—わけではない とにはあらず
—わけでもない とにもあらず

と【枢】 とぼそ[枢]

とい・う[言]

といかける[問掛] とひさく[問放]
といただす[問糺・問質] かへさふ[返] とふ[問・訪]
—こと きうもん[糾問・糺問] もんじん[問訊]
…といって とて
…といっては とては
…といっても とても
…といつ・める[問詰] せめふす[責伏]
とう[塔] →たずねる
とう[問] ふと[浮屠・浮図]
とう[銅] あか・あかがね[銅]
枕—やましろの[山城] (→とはぬ)
どう →どのように
どうあげ・する[胴上] ゆりにあぐ[揺上]
どうあっても とありともかかりとも

どうい[有斯有・同意] ごころ[諸心]
—させる なびく[靡]
—する うべなふ[宜] おもむく[趣] かんしん[甘心] ききいる[聞入] くみす[与] どうず[同] なびく[靡]

どういう なにぞの[何]
—人 なにぴと[何人]
—わけで いかで いかにして[如何]

どうか なにとかして[何]
—[灯火] あかし[明・灯] あかり[明] ともし[明・灯] ともしび[灯火]
どうかして…たい いかで いかでか・いかにかは・いかで・いかでか・いかにかで・ばや →基本
どうして なにとぞ[何]
—[何] いかに[如何]
どうがた・つ[薹立] くきだつ[茎立] とうだち(P.101)
とうがらし[唐辛子] てんじゃうまもり[天井守] なんばんこせう[南蛮胡椒]

どうかん【同感】 →どうい

とうがん【冬瓜】 かもうり[冬瓜]

とうき【陶器】 すゑ[陶] すゑもの[陶物]

とうき【陶工】 すゑびと[陶人]

とうき【動悸】 こころはしり[心走] —する こころうごく[心動] こころさわぎ[心騒] つくつく つぶる[潰] むねつぶる[胸潰]

どうぐ【道具】 うつはもの[器物] 〔具〕 ぐそく[具足] さしもの[指物] てうど[調度] だうぐ[手道具] もののぐ[物具] 家宝の— じふほう[什宝] もつ[什物]

どうくつ【洞窟】 むろ[室] 岩の— いはつぼ[岩壺]

とうげ【峠】 たむけ[峠] たわ・たをり[撓] —や山 たむけやま[手向山]

どうけつ【洞穴】 ⇒どうくつ

とうけん【刀剣】 ⇒かたな

とうがん—どうして

とうこう【陶工】 すゑびと[陶人]

どうこう【同行】 —する つれる[連] —する[連] ゆきつる[行連] 〔連〕 つれ[連] どうぜい[同勢] とも[友]

▼同行者 つれ[連] どうぜい[同勢] とも[友]

どうこく【慟哭】 あづま[東]

どうごく【東国】 いなく[泣]

どうさ【動作】 こと[事] しょさ[所作] しょざい[所在] しんだい[進退] たちゐ[立居] つまはづれ[褄外] ふり[振] ふるまひ[振舞] ゐぎ[威儀] 日常の— たちゐ[立居]

とうざい【東西】 ひのたて[日縦] —南北 よも[四方]

とうさん【父】 ⇒ちち

とうじ【当時】 そのかみ[其上] すなはち[即・乃・則] とき[時] ひのよこ[日横]

とうじ【湯治】 ゆあみ[湯浴] —する ゆづ[茹]

どうし【同士】 はうじ[方士] ⇒なかま —討ち どしいくさ[同士軍] ど

しうち[同士討]

どうじ【同時】 ひとつ[一] ひとどき[一時] —に からに なへ ひとしく 〔儘〕 ほどこそありけれ[程有] まに[儘] やがて

どうじ【童児】 ⇒こども(P.51)

とうじき【陶磁器】 やきもの[焼物] [基本][何]

どうしたことか いかなこと[如何]

どうしたらよいだろう いかがすべからむ・いかがはせむ

どうしたのだろう いかがしけむ[如何]

どうして いかでか・いかでかは[如何] いかなれば・いかに・いかには[如何] いかにしてか・いかにして・いかにしてふ・いかんぞ[如何] うれむぞ なじか・なじかは[何] なぞ・なでふ なぞ・などか・などかは[何] などて[何] などや[何] なに・なにか[何] にしか・にしに[何] なにすれぞ[何] なにぞ[何] なにと・なにとて[何] なにとして・なにとて[何] やはか

## どうしても―とうちゃく

**どうしても** →なぜ
　反―　基本 はんご〔P. 104〕 ぜひ［是非］ せめて［切］
**どうしても…(できない)** ぜんあく［善悪］
**どうしても…(ない)** とかく ほっても
**どうしてよいかわからな・い** ぜんごをばうず［前後忘］
**どうしょ**【当初】 はじめつかた［始方］ →はじまり
**どうじょ**【童女】 →基本 こども〔P. 51〕
**どうじょう**【同情】 いかにせむ［如何］ いかがはせむ［如何］ おもひぐま［思隈］ きのどく［気毒］ ひとはなごころ［一花心］
**どうしょう**【凍傷】 しもばれ［霜腫］
**どうしよう** いかにせむ［如何］ いかがせむ［如何］
　―する あはれがる［哀］ おもひやる［思遣］
　―する顔 せうしがほ［笑止顔］
　上辺の― なげのあはれ［無哀］

**どうしようもな・い** あへなし［敢無］ ありぬべし［有］ いかにせむ［如何］ いかがはせむ［如何］ いひがひなし・いふかひなし［言甲斐無］ しょせんなし［所詮無］ ずちなし・ずつなし［術無］ すべなし・ずべなし［術無］ すべもすべなさ［術術無］ ぜひなし［是非無］ ぜひにおよばず［是非及］ せむかたなし［為方無］ ちからなし［力無］ なにかはせむ［何為］ やめがたし［止難］ やらむかたなし・やるかたなし［遣方無］ よしなし［由無］
　いはん・るいばん ひきゐる［率］
**とうしん**【投身】 じゅすい［入水］ →じ
**どうしん**【同心】 もろごころ［諸心］
**どうしん**【道心】 ひじりごころ［聖心］
**どうする** →しんこう
**どうせ** おなじくは［同］ いづれ［何］ とても
**とうせい**【当世】 いまのよ［今世］ いまめかし［今］ いまやう［今様］ いまめく［今］ やう［此頃様］

**とうぜん**【当然】 ことわり［理］ さも ありぬべし［有］ さるべし［然］ →基本 とうぜん〔P. 105〕 さるべく…べし［然］
　―の さるべき・さんべき・しかるべき［然］
　―のこと さるもの［然］
　―のなりゆきで さるべくて［然］
**とうそう**【闘争】 とうじゃう［闘諍］
**とうぞく**【盗賊】 じら たうじん［盗人］ →わるもの
**どうぞく**【同族】 るいち［一類］
**とうたい**【胴体】 むくろ［軀・身］
**とうたつ・する**【到達】 とほる［通］
**とうち・する**【統治】 しきなぶ［敷並］ しる［知・領］ ちす［治］
　尊― しらす［知］
**とうちゃく**【到着】 →おさめる きつく［来着］ ちゃくたう［着到］ ちゃくす［着］

**どうちゅう ── どうやら**

**[着]** つく[着] とく[着] ゆきい たる[行至] ゆきつく[行着]
**船がーする** さしつく[差着]
**どうちゅう【道中】** みちゆき[道行] ろし[路次] ‥→ **基本 たび**(P.86)
▽**旅日記** だうちゅうき[道中記] みちのにき[道日記] みちゆきぶり
**[道行触]**
**どうであろうか** いかならむ[如何]
**どうてい【道程】** みちのほど[道程]
**どうてい…(ない)** とても
**とうとい【尊・貴】** あはれ・あはれげ ありがたし[有難] うづたかし[堆] おほけなし かみさぶ・かむさぶ・かんさぶ[神] たふとし[尊・貴] やうごとなし・やごとなし・やむごとなし[止事無]
枕─はるはなの[春花](→たふとし)
**とうとう** ありありて[有有] つひに[遂・終] とど→ついに[同等] としなみ なみなみ[並並] ひ─に扱う たちならぶ[立並]
**どうどう【堂堂】** むねむねし[宗宗] うれい[同隷] かたへ[傍・片方] ともがら[輩] ‥→な かま

**とうはつ【頭髪】** ‥→かみ
**とうばん【当番】** ばん[番]
──の日 じゃうにち[上日]
**どうはん【同伴】** ‥→つれる
**とうふ【豆腐】** おかべ・かべ[壁] ささ のゆき[笹雪] しらかべ[白壁]
**とうぶん【当分】** たうざ[当座]
**とうぼう【逃亡】** ちくてん・ちくでん[遂電]
▽**逃亡者** はしりもの[走者] すごもり[巣籠]
**とうみん【冬眠】**
**とうめい【透明】に・なる** すむ[澄]
**とうめん【当面】** さしあたり[差当] さしづめ[差詰] さしあたって
──**する** さしあたる[差当]
**とうもろこし【玉蜀黍】** たまきび[玉

**どうとく【道徳】** とく[徳] みち[道] ところせし[所狭]
**とうとつ【唐突】** ‥→とつぜん
**どうでもなれ** さはれ・さはあれ[然] さもあらばあれ[然有有] さ もあれ[然有]
**とうとぶ【尊】** あがまふ・あがむ[崇] いつく[斎] おそる[畏・恐] たふ とぶ・たふとむ・たっとぶ・たっとむ[尊] もちふ・もちゆ・もちゐる[用] ゐやまふ[礼・敬] うやまう
**どうなることか** いかならむ[如何]
**どうにか** どうがな なにとぞ[何]
**どうにも…(できない)** えも ずつなし[術無] ‥→どうしようもない
**どうにもしかたがない** ずちなし・ずつなし[術無] すべもすべなさ

**どうにもならない** ‥→**どうしようもない** ぜひなし[是非 無] なにかはせむ[何為] たちわうじゃう[立往生] さうじみ[正身]

**どうやら** そこそこ なんとやら[何

## とうよう——とおい

**とうよう**→やっと

**とうよう【登用】**　とりたて[取立]　ひきあぐ[引上]　ひきた[引立]
　——する　ひきたつ[引立]
　——つ[引立]

**どうよう【同様】**→とりたて
　とやう[一様]　いちぶん[一分]　ひ[引]
　——に　→おなじ

**どうよう【動揺】**　たちろき
　——が見える　いろめく[色]
　——しない　たしか[確]
　——する　うかる[浮]　うきたつ[浮立]　こころゆらぐ[心揺]　うきたつ[浮立]　どうず[動]　はたらく[働]　騒ぐ　どうず[動]　はたらく[働]　むねさわぐ[胸騒]　ゆるぐ[揺]　わ　きかへる[沸返]　わななく[戦慄]

**どうらく【道楽】**　どら
　▼**道楽者**　あくしゃうもの[悪性者]
　——のら[野良]

**どうり【道理】**　あや[文]　あやめ
　目　ぎ[義]　ぎり[義理]　ことわ
　り[理]　じゃう[情]　すぢ・すぢめ
　[筋目]　たてわけ[立分]　はず[筈・
　弭]　みち[道]　ものこころ[物・
　心]　り[理]　りかた[利方]　わけ

[訳]
　——が立たない　わけなし・わけもな
　し[訳無]
　——が分かる　こころあり[心有]
　——に明るい　あきらか[明]
　——に合わない　あやなし[文無]
　すぢなし[筋無]　ふじゅん[不順]
　わりなし[理無]
　——に合わないこと　くせごと[曲
　事]　ふじゅん[不順]
　——に適っている　みちみちし[道
　——に暗いこと　あやめもしらず[文
　目知]　やみ[闇]
　——に外れていること　ひ[非]　ひ
　がごと[僻事]　ひがわざ[僻業]
　——に外れているさま　あいだてな
　し　ひがさま[僻様]　むだう[無道]
　——を知る　こころしる[心知]　さ
　とる[悟]
　——を尽くさないこと　りふじん[理
　不尽]

真実の——　じつぎ[実義]

**どうりで【道理】**　むべ[宜]

**とうりょう【頭領】**　とう[頭]
　大工の——　とうりゃう[棟梁]

**どうりょう【同僚】**　どうやく[同役]

**どうるい【同類】**　たぐひ[類]　つら
　[列]　ともがら[輩]　なみ[並]　る
　ゐ[類]

**どうれい【同隷】**→なかま

**とうれい【答礼】**　かへりこと・かへりご
　と[返事]

**どうれつ【同列】**　ひとしなみ[等並]　ひ
　とつら[一列・一連]　なみなみ[並並]

**どうろ【道路】**　→基本　みち(P.30)

**とうろん【討論】**　つめあひ[詰合]　ろ
　んぎ[論議]　→ぎろん

**とうわく【当惑】**　きのどく[気毒]　→と
　ほにくれる、→とまどい
　——させる　せめまどはす[責惑]
　——する　しわぶ[為侘]　わぶ[侘]

**とお·い【遠】**　さどほし[遠]　ただほし
　[遠]　とほし·とほやか·とほらか
　[遠]　ながめのする[眺末]　はるけ

**とお·い【尊】**——おぼしまどふ[思惑]

402

**とおざかる──とおりすぎる**

**―[遥]** ものとほし・ものどほし[物遥] ―くの音 とほと・とほね[遥遥] ろはろ・はろばろ[遥遥] ―くの人 をちかたびと[彼方人] ―[くの音] とほと・とほね[遠音] ―[くのとなり] とほなり[遠鳴] ―くの山 とほやま[遠山] ―くを離れている きへなる[来隔] ―くを見る みのぶ[見延] みやる[見遣]

**とお・す[通]** わしす[走]
**とお・の・く[遠]** ある[離・散] →はなれ
**とおまわし[遠回]** あてこと[当言]
**とおまわり・する[遠回]** たもとほる[徘徊] まはる[廻・回]
**とおり[通]**（のとおり）ごとし[如]
**とおりいっぺん[通一遍]** うちまかせて[打任] おぼろけ[朧気] かいなで・かきなで[搔撫] こともおろかで[言愚]
**とおりかか・る[通掛]** かかる[掛・懸]
**とおりこ・す[通越]** こす[越]
**とおりすがり[通]** ゆきずり[行摺]
**とおりす・ぎる[通過]** さしすぐ[差過] すぐ[過] ゆきすぐ[行過] ひきすぐ[引過] よぎる

し[遥] ものとほし・ものどほし[物遥] ―くの音 ろはろ・はろばろ[遥遥]
―[石橋] かぜのとの[風音] くもなす[雲居] さなかづら[狭名葛] はふくずの[這葛]
ねの[葛根] くもなす[雲居] さなかづら[狭名葛] はふくずの[這葛]
枕―あられふり[霰降] いはばしの
**遠**
―**海上** しほのやほへ[潮八百重]
―**国** ごてん[呉天] とほのくに ゑんごく・をんごく[遠国]
―**遠国** せんり[千里] そきへ・そくへ・そぐへ[退方] とほさかひ[遠境] とほち[遠地] へきらく[碧落] やへやへ[八重八重] やほへ[八百重] をち・をちかた[遠方・彼方]
―**さま** はるか[遥] まんまん[漫漫]
―**所** あまつそら・あまつみそら[天空] くもゐのよそ[雲居余所]
―**道のり** ちさと[千里] ちう[長途] とほち[遠路] ながち・ながて[長手]
―**く** はるに[遥] はるばる・は

縁が―・くなる さしのく[差退]
距離が―・くなる さしはなる[差離]
**ますます―・くなる** いやとほに[弥遠] のく[退] よく[退] へだつ[隔] もてはな
**ますます―** なぐるさの[投]
枕―なぐるさの[投]
▽**遠ざかって来る** さかりく[離来]

**とおざか・る【遠離】** かれまさる[離増] さる[去] そく[退] とほそく[通遠] はなる[離] はなれる[隔] ‥**はなれる**
▽**はるばる** くれぐれ（と）かたよる[片去] さる[去] はなる[離] へだたる[隔] ‥**はなれる**

▽**遠路** ちさと[千里] ちう[長途] とほち[遠路] ながち・ながて[長手]

403

とおりぬける―とく

とおりぬける【通抜ける】 くくる[潜] すく[透] でぬける[出抜]
とおる【通】 わたる[渡] ふ[経] ―っていく すぐす[過]
 ―ごさせる すぐす[過]

とが【科】 ➡つみ
とかく【兎角】 とく[溶] とらかす[蕩] ―あれこれ
とかす【溶】 すく[梳] 髪を―
とがめ【咎】 目上の人の― かんき[勘気]
とがめる【咎】 いひけつ[言消] かうがふ[勘考] せむ[責] とがむ[咎] なんず[難] はしたなむ[端] ―く[極付] きむ[極] きめつく[極付]
 ―め責めること かしゃく[呵責]
 ―めだて ものとがめ[物咎]
とげ【尖】 いららく・いららぐ[苛] ほそる[細]
 ―っているさま するど[鋭]
 ―って見える いらめく[苛]
 ―らせる いららく・いららぐ[苛]

とき【時】 ➡基本(P.16)
とき【鴇・朱鷺・鶴・桃花鳥】 つき[鴇・紅]鶴
ときいろ【鴇色】
とき【土器】 やきもの[焼物]
 ―を作る職人 はじ[土師] かはらけ[土器]
ときおり【時折】 まれまれ[稀稀] をり ふし[折節]
ときたま【時折】 ➡ときおり
ときどき【時時】 せぜ[瀬瀬] せつせつ[節節・折折] まま[間間] より[度度] をりふし[折節] をり[折]
どきどき〈胸が〉 だくだく つぶつぶ くつく こころときめく[心] だはしる[走] むねつぶる[胸潰] むねはしる[胸走] むねひしぐ[胸拉] ➡どうき
ときのこえ【鬨声】 呼 げいは[鯨波] いくさよばひ[戦] をたけび[雄叫]
ときはなつ【解放】 はなつ[放]
ときふ・せる【説伏】 かたらひとる[語]

とき ほどく【取】 つめふす[詰伏] ときさく[解放]
ときめき こころときめき[心悸] はなめく・はなやぐ[花] はやる[流行] ―さま はなやか[花華]
ときめく【時】 こころはしり・こころめく[心走]
 ―人 ときなるひと[時人]
どきょう【度胸】 きも[肝] きもだましひ[肝魂] きもふとし[肝太]
 ―がある きもふとし[肝太]
 ―いたん[大胆] どうづよし[胴強]
どきょう【読経】 ずきゃう[誦経] のりのこゑ[法声]
 ―の声 のりのこゑ[法声]
とぎれとぎれ【途切途切】 たえだえ[絶絶] とだゆ[途絶]
とぎれる【途切】 とだえ[途絶] とだゆ[途絶] ―止
ときわぎ【常磐木】 しょうはく[松柏]
とく【得】 ➡りえき
 ―こと とだえ[途絶]
とく【徳】 うとく[有得・有徳] ちゃうじゃ[長者]
 ―のある人 しうとく[宿徳]

とくにん[得人]

と・ぐ[研] する[擦・摩] …みがく
枕 —つるぎたち[剣太刀] まそかがみ[真澄鏡]

とくい[得意] えて[得手] えてもの[得手物] えもの[得物]
—げ ほこらし・ほこらしげ[誇] ほこりか[誇]
—とするもの てのもの[手物] おしもの[押物] えもの[得物]
—なさま おごる[驕] きむ[極] たかあふぎ[高扇] まんず[慢]
—になる えてにほ・えてにほをあぐ[得手帆上] かたがいかる[肩怒] こころおごり[心驕]
—になること こころおごり[心驕]
—句 えてにほ・えてにほをあぐ[得手帆上]
得 ほこらふ[心遺] ところう[所得] ところをやる[心遣]
▽得意顔 えたりがほ[得顔] えたりがほやつ[得顔奴] したりがほ[為顔] したりがほ[得顔] ここ
ろえがほ[心得顔] ところえがほ[所得顔] まさりがほ[勝顔] われはがほ[我顔]
[優顔] われたけし[我猛]

とくいさき[得意先] じゃうとくい[常得意]

とくじつ[篤実] しんみ[親身]
とくしょ[読書] ものよみ[物読]
とくしん[独身] やもめ[寡身]
—の男 やもを[寡夫・寡男]
どくせん・する[独占] らうず[領]
どくだみ[蕺草] しぶき[蕺] じふや[十薬] どくだめ[蕺草]

とくに[特] いとのきて うちはへう ことと・へて[打延] さして たへに[故] たてて[立] すぐれて[勝] とりわきて[取分] なかんづく・なかんづくに[就中] べっして[別] わいて・わきて・わけて[分・別] わざと[態] …とりわけ

とくべつ[特別] とりわき[取分] ざう・ひじゃう[非常] べち[別] べちぎ・べつ
—扱いする とりわく[取分]
—なこと べち[別] べちぎ・べつぎ[別儀]
—に …とくに

とくり[徳利] かめ[瓶・甕] てうし[銚子] へいじ[瓶子]

どくりょく[独力] いちりき[一力]
とぐろ[蜷局]
—を巻く わだかまる[蟠]
どくろ[髑髏] されかうべ・しゃれかうべのざらし[野晒]

とげ[棘・刺] いばら[荊・茨] いら[刺苛]
—のある草木 いばら・うばら・むばら[荊・茨]
とげとげし・い[刺刺] かどかどし[角角] たてたてし[立立] とがとがし

とけい[時計] ろうこく[漏刻]
—のある草木 いばら[荊・茨]
—[水時計] つのめだつ[角目立]

と・ける[溶] うちとく[打溶] く・とろく[蕩] とく[溶]
枕 —あさごほり[朝氷] (⇒とく)

と・ける[解] とく[解]
—けにくくなる むすぼほる・むすぼる[結]
緊張が— ほころぶ[綻]

と・げる[遂] おほす[果] しあふ[為遂] とぐ[遂] を敢 しいづ[為出]

どける ── としごと

どける ふ[終] ⋯しとげる

ど・ける のく[退] ひきのく[引退]
　⋯のぞく

とこ[床] をどこ[小床]
　枕─しきたへの[敷栲] まそかがみ
　[真澄鏡](⇒とこのべ)
　─につく うちふす[打伏]

どこ[何処] いづかた・いづれのかた
　[何方] いづし[何方] いづら・いづち[何
　処] いづこ・いづち[何方] いづら[何
　処] いづら・いづれ[何]
　─どこ そこそこ[其処其処]
　─へ いづち[何処]
　─なりとも いづちもいづちも[何
　処何処]
　─までも こんりんざい[金輪際]

とこしえに[常・永久] ⋯えいえん

どこなく なにとやらん[何]

どこともわからず そこともわかず
　[其処分]

ところ[所] ちまた[巷・岐] みぎり・みぎん[砌] ⋯ばしょ
　[処] みぎり・みぎん[砌] ⋯ばしょ
　[処]
　─へ ⋯のところへ

ところ 美しい─ たましき[玉敷]
　よい─ まほら・まほらま・まほろ
　ば
　─が さるに・さるを・しかるに・し
　かるを[然] それに[然] ⋯しかし
　─で さて・さても[其] ⋯しかる
　を[然] ⋯さて

ところてん[心太]

ところどころ[所所] はつれはつれ[外外] ⋯あちこち

とざす[閉] さす[鎖] とづ[閉]
　門や戸を─ とじまりする

とさか[鶏冠] さか[鶏冠]

とざんぐち[登山口] やまぐち[山口]

とし[年・歳] ⋯[基本 ねんれい](P.89)
　枕─あらたまの[新玉]
　─が明ける あく[明]
　─が改まる としたつ[年立] か
　はる[変] かへる[返・帰]
　─が暮れる くる[暮]
　─が若い うらわかし[若]
　─の暮れ おほぐれ[大暮] くれ
　[暮] くれがた・くれつかた[暮方]
　さいばん[歳晩] せっき[節季] と

しのせ[年瀬] はるのとなり[春隣]
　─の始め あけのはる[明春] あ
　らたまのとし[新玉年・璞年] はつ
　はる[初春] はる[春] ⋯しんねん
　[新年]
　多くの─ ももとせ[百年]
　─越しの費用 としとりもの[年
　取物]
　長く続く年月 としのを[年緒]
　▼年月 くゎういん[光陰] しゅ
　んじう・はるあき[春秋] せいさう・せ
　いざう[星霜] つきひ[月日] つく
　ひよ[月日夜] つゆしも・つゆじも
　[露霜] ときよ[時世] とし・年・
　歳] としつき[年月] ほど[程]
　⋯ねんげつ

としうえ[年上]
　─の人 え[兄] このかみ[兄]
　かみ[上] おとな[大人]

としお・いる[年老] ふるぶるし[古・旧]
　⋯[古・旧]

としごと[年毎] としなみ[年並・年次]
　[年端事]
　─は・としのはごと[年端事]
　─に としに[年]

**とじこめる【閉込】** いましむ[戒] さしかたむ[鎖固・差固] さしこむ[鎖固・込] さしこむ[籠・込] こむ[籠・込] うちはむ[打塙・打嵌] とづ[閉] とりこむ[取籠] こめすう[込据] さしこむ[鎖籠] さす[鎖]

**とじこ・める【閉籠】** ふうこむ[込据] こめる[籠]

神仏の力で― とぢこめる[鎖籠]

**とじこも・る【閉籠】** かきこもる[掛籠] さしこむ・さしこもる[鎖籠] こもる[籠] たてこもる[立籠] たれこむ[垂籠]

**としごろ【年頃】** さだじぶん[時分] よはひ[齢] としばい・としばへ[年延]

**としした【年下】** おと[弟・乙]

**としつき【年月】** →ねんげつ

**としては** とては までも

**としても** 

**どしどし** →どんどん

**としと・る【年取】** あうよる[奥寄] すぐす[過] としたく[老成] ふく[更] ねぶる[旧・古] みづはぐむ[瑞歯含] →基本 ろうじん(P.52) ふりまさる[旧増] へあがる[経上] ん(P.52)

**とじまり・する【戸締】** かたむ[固]

**とじこめる――どちら**

**としより【年寄】**
―じみている こだい[古代] ふるめかし・ふるめく[古]
―じみる おいばむ[老]
石の多い痩せた― そね[礎]
果樹や花を植えた― その・そのふ[園生]

**とし・じる【閉】** さす[鎖] とづ[閉] ひふさがる[塞] →基本 ろうじん(P.52) しめる[塞]

**としよ・る【年寄】** →基本 ろうじん(P.52)

**としをと・る【年取】** →基本 ろうじん(P.52)

**どせい【土星】** ちんせい[鎮星]

**どぞう【土蔵】** つちぐら[土倉] やぐら[土屋倉]

**どだい【土台】** しょうね[性根] つち ゐ[土居]
―石 いしずゑ[礎] くついし[沓石] つみし・つめいし[積石]

**とだえ【途絶】** たえま[絶間] かれがれ[離離] ―がち かれはつ[離果]

**とだ・える【途絶】** たゆ[絶] とだゆ[途絶]

**とたん【途端】** やさき[矢先] →すぐに
―に つと せっぱ[切羽]

**どたんば【土壇場】** 

**とち【土地】** さかひ[境] せかい[世界] その・そのふ[陸地] ろくち[陸地] つち[土地]
石の多い痩せた― そね[礎] その・そのふ[園生]
広々とした― くにのはら[国原]
領有している― しょりゃう[所領]

**どちゃくのひと【土着人】** くにびと[国人]

**とちゅう【途中】** なから[半] みち[道] ろし[路次]
―で みちすがら[道] みちのそら・みちのそらぢ[道空路] みちのまま・みちのそら[道] みちみち[道道]
道の― みちのほど[道程]

**どちら** いづかた[何方] いづく[何処] いづくへ・いづくべ[何処] いづち[何] いづへ・いづべ[何] いづら[何] いづれ[何] どち[何方]

407

とつぐ──ととのえる

**とつ・ぐ【嫁】** ▷基本 けっこん(P.84)
　—・がせる えんにつける[縁付]
**とっくに** すでに[既・已] ▷みす[見]
**[疾]** はやう・はやく[早] ▷はや・とく
**とっしん【突進】** ししふんじん[獅子奮迅]
**とつぜん【突然】** あわたたし・あわただし[慌] うちつけ[打付] おのづから[自] くと さしくみに・さしぐみに[差含] さっと[颯] そつじ・そつじながら[率爾] たけそかに ちまち[忽] つと とみ・とみに[頓] にはか[俄] にはしく[俄] はたと・はったと はなつき[鼻突] ひゃうと ふっと ふと ゆくりか・ゆくりかなし・ゆくりなし・ゆくりなう・ゆくりもなし[慮外] ぐわい[慮外]
**句**—やぶからばう[藪棒] ▷きゅう
**—のこと**
**句**—あしもとからとりがたつ[足元鳥立]
**きっかけがなく—** ついでなし[序無]

**どっちつかず** ちゅうげん[中間] なかぞら[中空] はしたなし[端無]
**とって【取手・把手】** とりどころ[取所]
**どっと**
**—急なさま** ざっと
**—大勢が笑うさま** ささ さと
**▼なみはずれている**
**とってい【徒弟】** でし
**どて【土手】** つつみ[堤]
**とっぴ【突飛】** ▷なみはずれている
**とっぷう【突風】** あからしまかぜ[暴風] てんぐかぜ[天狗風]
**とても** いたも[甚] はなはだ[甚]
**—…(できない)** えしも えも ほ
**—…(ない)** なかなか[中中]
**—きわめて**
**どうじに【同時に】** ▷どうじ
**どうどう【怒濤】** いたぶるなみ[波]
**ととう【徒党】** およぶ[及] かよふ[通] むすぶ[結]
**とど・く【届】** およぶ[及] かよふ[通]
**とどうじに【同時に】** ▷どうじ
**ととのう【整】** ぐす[具] したたまる[具備] きよげ[清] そなはる・そなふ[具備] またけし・またしまったし[全] まほ[真面・真秀]
**—さま** ひとし[等]
**—わさ** くだく[砕・摧]
**—わないこと** しどろ しどけなし ふでう[不調]
**成長して容姿が—** ねびととのふ・ねびとのほる[整]
**ととの・える【整】** おこなひをさむ[行治] かいつくろふ[掻繕] しつらふ[設] そなふ[具備] ただす[正・糺] つくろふ[繕] てうず[調] とく[解] ととのふ[調] となふ[整・調] とりたつ[取立] とまかなふ[賄]
**とど・ける【届】** とづく・とどく[届] やる[遣]
**—けてくる** おこす[遣]
**とどこお・る【滞】** しぶく・しぶる[渋] しづむ[泥] むせぶ[噎・咽] ゆらふ[揺]
**とどま・る【滞】**
**—っている** なづむ[泥]
**—・ろなふ[具・備]**

とどのつまり――とびしょく

わたす――[渡] そなふ[具備]
十分に―― ひきつくろふ[引繕]
服や容姿を―― かいつくろふ[掻繕]
元のように―― ひきなほす[引直]

**とどのつまり** ──けっきょく

**とどまる**【止・留】 たまる[溜] やす
らふ[休] やどる[宿] ゐる[居] ゆらふ
[揺]

──らせる やどす[宿]
後に―― のこる[残]

**とどめる**【止・留】 せいす[制] たま
る・たむ[溜] とどむ[止・留] とむ
[止・留] やすらふ[休]
──め置く とりおく[取置]

**とどろかす**【轟】 ひびかす[響]
よく・どよぐ・とよむ・どよむ・どよめ
く[響・動] はたたく[霹靂]

**とどろく**【轟】 とどろめく[轟] と
る・どよぐ・とよむ・どよむ ⇒ひ
びく

**となえる**【唱・称】 かうす・がうす
[号] じゅす[誦] となふ[唱・称]

**どなた**【何方】 ⇒だれ

**となり**【隣】 あたりどなり[辺隣] さ

しどなり[里隣]
[枕]――さしならぶ[並]

**どなる**【怒鳴】
――り声 しゃなりごゑ[声]
――り立てる ほゆ[吠]
――り散らす どしめく

**とにかく**【兎角・左右】 かにかくも さ
もあらばあれ[所詮] とかう・とかくも
[左右・兎角] ともあれかうまれ・ともあ
れ・とまれかうまれ・とまれかくま
あれ[左右・兎角] なにがさて[何]
ひとまづ・ひとまど[一先] ⇒とも
かくも

**となるように** がね

**とにもかくにも** ――これだけは なにがさて[何]

**どの** いづれ[何]

**どのくらい** いくだ・いくばく・いくら
[幾許] なにばかり[何] なにほど
[何程]

**どのへん**【辺】 いづへ・いづべ[何処・何
辺]

**どのような** いかやう[如何様] なで

ふ[何]

**どのように** いかが[如何] いかさま
[如何様] いかん・いかにか[如何] な
んと[何]
――して なんとして[何]
――しても とてもかくても
――でも いかにも[如何]

**どばく**【賭博】 しりくる
──ばっちりがくる ⇒ばくち

**とばり**【帳】 かいしろ[垣代] ちゃ
どる[踊]

**とびあがる**【飛上】 はぬ[撥・跳] を

**とびうお**【飛魚】 つばめうを[燕魚]
ひらひらと―― ひひる[冲・冲]

**とびうつる**【飛移】 こづたふ[木伝]

**とびかう**【飛交】 とびちがふ[飛違]

**とびかかる**【飛掛】 はしりかかる[走
掛]

**とびこす**【飛越】 こゆ[越]

**とびしょく**【鳶職】 とびのもの[鳶者]

409

## とびだす――とみさかえる

**とびだ・す【飛出】** つきいづ[突出] ばしる[迸] はしる[走] ほとばしる[迸]

**とびち・る【飛散】** たばしる[迸]

**とびまわ・る【飛回】** 忙しく―― はねきる[跳]

**とびょう【土俵】**(相撲の) つつみ[堤]

**とびら【扉】** ↓と

**と・ぶ【飛】** あまがける[天翔] たつ[立] ひひる[沖・冲] 
――鳥 してう[翅鳥]
空高く―― かける[翔]

**どぶろく【土墻】** しろうま[白馬]

**どべい【土塀】** ついじ

**とほ【徒歩】** かち・かちありき[徒歩] かちだち[徒立] かちより[徒歩] ――で かちより[徒歩] ぎょうふ[行歩]
――の旅 かちち[徒路]
――の人 かちびと[徒人・歩人]

**とほうにく・れる【途方暮】** あきる[呆] おもひまどふ[思惑] くれまどふ[暮惑] きえまどふ[消惑] すべなし[術無] ぜんごくる[前後暮] たどる[辿] まどふ[惑] やみにくる[闇暮] ゆくへなし[行方無] わぶ[侘]
――こと こころまどひ[心惑] まいわく[迷惑] めいわく[迷惑]
→とうわく、→とほう

**とまど・う【戸惑】** いすすく・うすすく[怯] おびえまどふ[怯惑]
悲しみで―― なみだにまよふ[涙迷]
――こと こころまどひ[心惑] どまぐれる ものにあたる[物当] まどふ[惑]

**とほうもな・い【途方無】** づのない[図無]

**とぼ・ける【恍・惚】** うそぶく・うそむく[嘯] うちおぼめく[朧] おぼほる[惚] おぼめかし・おぼめく[朧] しらばけ[白化] そらおぼめき[空朧] そらしらず[空知] みかくす[見隠] をこめく[痴]
――けたふりをする そらうそぶく[空嘯]
――けている おぼめかし・おぼめく[朧]
――けているさま そらぞらし[空空]

**とぼし・い【乏】** うすし[薄] おくる[後] とぼし・ともし[乏] ほそし[細] まどし[貧] →すくない[少] ぱふせう・ぽくせう[敗亡] めいわく[迷惑]

**とまり【泊】** とのゐ[宿直]
――番 たうばん[当番]
――番の人 とのゐびと[宿直人]

**とま・る【止】** たたずまふ・たたずむ[佇] たちやすらふ[立休] たまる[溜] やむ[已・止・龍] ゐる[居]
目に―― かかる[掛・懸]
枝などに―― つい+ゐる[突居]
――らせる すう[据]
――る庵に―― いほる[庵・廬]

**とみ【富】** とく[徳] →ざいさん

**とみさか・える【富栄】** かかる[掛・懸] →しゅくはく にぎはふ[賑] ふっき[富貴]
――こと ふうき・ふっき[富貴]

▼停泊する

とむ―とやかく

と・む【富】 うるほふ[潤] かまどにぎはふ[竈賑] たのしむ[楽] とくつく[徳付] とみたらふ[富足] にぎはふ[賑] →ゆたか

とむら・う【弔】 あととふ[後問] とふ[訪・問] とぶらふ・とむらふ[弔・訪]

と・める【止】 さふ[障] せきとむ[塞] 止・堰止 せきとどむ[塞留・堰留] せきやる[堰遣] せく[堰] たむ[溜] とどむ[留・止] とむ[留・止] ひかふ[控]

足を― ふみとどむ[踏止]

とも【友】 しりうと[知人] ぜんちしき[善知識] ちいん[知音] ちしき[知識] どうぼう[同朋] ともこ[友子] ともだち[友達] ともびと[友人] ほういう[朋友] やから[族]

心の― とくい[得意]

酒飲みの― けづりともだち[削友達]

親しい― かたらひびと[語人] ぢっきん[昵近からの― こじん[故人] しゅくしふ[宿執] むかしのひと・むかしびと[昔人]

よく知り合った― ちいん[知音]

悪友 ばうぐみ[棒組]

幼友達 わらはともだち[童友達]

▽仲間 あひくち[合口] あひし[相仕] おのがどち[己] おもひど[思人] かたへ[傍・片方] かたうど[方人] しん[心] たぐひ[類] つら[列] たう[党] [動]

▽てあひ[手合] どうぼう[同朋] どし[同士・同志] どち[友] ともがら[輩] ばうぐみ[棒組] もとつひと[本人] るい[類] わきさし[脇] →なかま

とも【供】 ぐのもの[具者] ぐぶ[供奉] ずさ[従者] ずいじん[随身] ついしょう・ついそう[追従] てぶり[手振] ともぜい[供勢] ともばやし[供] ともまはり[供回・供廻] もやし[供] [輩] こ[婿] やから[族]

とも

ともかく →とにかく

ともかくも かくべつ[格別・各別] かつがつ[且且] かもかくも かもかくにも [左右・兎角] まづ[先]

昔からの― ちん[知音]

ともかせぎ[共稼]

ともしび[灯火] あかし[灯明] あかり[明] ともすぎ[灯] ひ[火]

ともしらが[共白髪] もろしらが[諸白髪]

ともすれば とかく[兎角] ややともすれば・ややもすれば

ともだち[友達] →とも

ともな・う[伴] →つれる

ともに[共] なへ[共] むた[共] →いっしょ

ともね[伴寝] さしまくら[差枕] さぬらく[寝] そでつぐ[袖継] ―する さぬ[寝] まきぬ[枕寝] まく[枕] まくらかはす[枕交] みーとあたはす ゐぬ[率寝]

とやかく かにかく かにかくに かれこれ[彼此] ちちわくに[千千分] とざまかうざま とつおいつ[取捨] ひだりみぎ[左右] →あれこれ

# どよめく——とりさる

**どよめく**
─言う さう[左右]
─言わない なにがなし[何]

**どよめ・く** うちとよむ[打響]

**とら・える【捕】** とらふ・とる[捕] しとる[召取]
─こと ついぶ[追捕]
─われる ちゅうぶ[住]

**とらつぐみ** ぬえ・ぬえこどり・ぬえどり[鵺子鳥・鵺子鳥]

**とり【鳥】** →基本(P.33)

**とりあ・う【取合】** ひきあふ[引合]
─わない もてはなる[離]

**とりあえず【取敢】** かつがつ[且且]

**とりあ・げる【取上】** けづる[削] とりはなつ[取放] とる[取] とりあぐ[取上] んず[点] みとがむ[見咎]

**とりあつかい【取扱】** はからひ[計] もてなし[成] ものあつかひ[物扱]
丁寧な─ たっぱい・たふはい[答拝]

**とりあつか・う【取扱】** あしらふ・あひしらふ・あへしらふ おきつ[掟] かふ[引替] かふ[持賄] みる[見] もてあつかふ[持賄] もてなす[成] さかす[栄・盛]

**表だって─** りこむ[取籠] とりあつむ[取集]

**とりあつ・める【取集】** しつむ[為集] とりあつむ[取集]

**とりあわせ【取合】** あへしらひ[応・会釈]
句─ ししにぼたん[獅子牡丹] もみぢにしか[紅葉鹿]

**とりあわ・せる【取合】** あしらふ[応・会釈] あひしらふ・あへしらふ[取合]

**とりいれ【取入】** あきをさめ[秋収]

**とりい・れる【取入】** とりいる[取入]
─こと さた[沙汰]

**とりい【取居】** とりどころ[取所]

**とりえ【取柄】** とりどころ[取所]

**なんの─もない** なほなほし[直直]

**とりおこな・う【取行】** とりおこなふ[取行] もてなす[成]

**とりおさ・える【取押】** とらふ[捕]

**とりおと・す【取落】** とりはづす[取外]

**とりか・える【取替】** かふ[換] ひきかふ[引替]

**とりかか・る【取掛】** とりつく[取付]
→はじめる

**とりかこ・む【取囲】** いだく[抱] めぐる[巡・回]

**とりかわ・す【取交】** かきかはす[書交]

**とりきめ【取決】** さだめ[定] ちぎり[契] はからひ[計] しむ[締] はかごと[計]

**とりき・める【取決】** →きめる

**とりこ【虜】**
─にする りゃうず[領]

**とりこみ【取込】** けいくゎい[計会] さわぎ[紛]

**とりこ・む【取込】** とりいる[取入]

**とりごや【鳥小屋】** とや[鶏舎] ものいひ[物言]

**とりざた【取沙汰】**
─する ひびく[響]

**とりさ・る【取去】** かきはらふ[掻払]

とりしきる——とりのこす

**とりしきる【取仕切】** ひく[引] ひらく[開]

**とりすつ【取捨】** ひく[引] ひらく[開]

**とりしまり【取締】** たばね[束] みあがふ[引誤]

**とりしらべ【取調】** せんぎ[詮議] とがむ[咎]

**とりすまして・いる** けけし

**とりすがる【取縋】** …すがる

**とりそえる【取添】** あひしらふ・あへしらふ とりそふ[取添]

**とりそろえる【取揃】** よそふ・よそほふ[装] ととのえる

**とりだす【取出】** ひきいづ[引出] とうづ[取出]

**とりたてて**
— 言う いひたつ[言立]
— 言うこともない そのこととなし[其事無]

**とりたてる【取立】** ことといへば[事言] はたる[徴] ひきたつ[引立] とりたつ[引立]

**とりちがえる【取違】** とりたがふ[取違] ひきちがふ[引違]

**とりつぎ【取次】** ことつて[言伝] めしつぎ[召次]

**とりつく【取付】** かきつく[搔付] すがる[縋] のる[乗]
—きょうがない つきなし[付無]
神や物の怪が— つく[憑] とりいる[取入] のりうつる[乗移] ものにつく[物憑]
心に— みいる[見入]
病や眠気が— をかす[犯・侵]

**とりつぐ【取次】** いひつぐ[言継] とりつたふ[取伝]
謙 きこえつぐ[聞継]

**とりつくろう【取繕】** こしらふ[誘] たばかる[謀] つくろふ[繕] とりつくろふ[取繕] ひきつくろふ[引繕] もてつく[付]

**とり**
謙 きこえなす[聞]
急場を— まをわたす[間渡]

**とりで【砦】** き[城・塞] じゃうくゎく[城郭] そこ[塞] …しろ

**とりとめ**
—がない たわいなし
—ない話 すずろものがたり[漫物語] そらものがたり[空物語]
—を頼む せうそこ[消息]
—もない そこはかとなし
—もないこと そぞろごと[漫事・漫言]

**とりとめる【取留】** いのちいく[命生] とりとむ[取留]
命を— いのちいく[命生]

**とりなし【取成】** とりあはせ[取合]

**とりなす【取成】** あひしらふ[誘] なだむ[宥] なほす[直] もてなす[成]
—して言う いひなす[言做]

**とりにがす【取逃】** はづす[外] もらす[漏・洩]

**とりのける【取除】** …とりのぞく あぶす あます

**とりのこす【取残】**

とりのぞく——とるにたりない

**とりのぞく**
―される　はせおくる[馳遅]
**とりのぞ・く【取除】** かきのく[搔退]　けづる[削]　たね・たたむ[畳]　とく[解]　はつす[外]　はぶく[省]　はらふ[払]　ひく[引]　ひらく[開]
**謙**―まうしなほす[申直]
**とりはからい【取計】** はかり[計]　もてなし[成]
**とりはから・う【取計】** さばくる[捌]　なやむ[悩]
―っておく　みをく[見置]
**とりはず・す【取外】** とりはなつ[取放]　ひく[引] ⇒とりのぞく
**とりはら・う【取払】** たたぬ・たたむ[畳]　のく[退]　はつす[外]　ひく[引]
**とりひき・する【取引】** ひきあふ[引合]
▼決まった取引先　じゃうとくい[常得意]
**とりまぎ・れる【取紛】** とりまぎる[取紛]　まぎらはし[紛]

**とりま・く【取巻】** まはす[回・廻]る　めぐる[居回] ⇒かこむ
**とりまと・める【取纏】** ひきしたたむ[引] ⇒まとめる
**とりみだ・す【取乱】** まどふ[惑] ⇒あわてる
―したさま　みだりごこち・みだれごこち[乱心地]
―して騒ぐ　あざる[狂・戯]
**とりも・つ【取持】** なきまどふ[泣惑]
―こと　こころまどひ[心惑]
泣いて―　きもいる[肝入]
―人　なかづかひ[中使]
**とりや・める【取止】** さたなし[沙汰無]
**とりやめ【取止】** とむ[止・留]
**どりょう【度量】**
―の広いこと　くゎうりゃう[広量]　だいふくちゅう[大腹中]　だいみゃうぎ[大名気]
句―だいかいはちりをえらばず[大海塵択]
**どりょく【努力】** はたらき[働] ⇒ほね

**とりよ・せる【取寄】** とりはなつ[取放]
**とりよ・せる【取寄】** めしいだす・めしいづ[召出]　めします[召寄]　めす[召]
**とりわけ** いとのきて　かくべつ[格別]　ことさら[殊更]　ことごと[事ごとに]　べっして[別]　なかんづく(に)　まづは[先]　もっとも[尤・最]　よくよく[良良・能能]　わきて[別]　わざと[態]
⇒とくに
**とりわ・ける【取分】** とりはなつ[取放] ⇒とりわく[取分]
**と・る【取】**
枕―いもがてを[妹手]
**とるにたり・ない【取足】**
―ことひがひがなし・いふかひなし[言甲斐無]　かずなし・いふかひなし[数無]　かずならず[数]　なでふことなし[何事]　なでふことかあらむ[何事有無]　なでふことならず[何]　なになにならず[何]　はかなげ・はかな

**どれ**（感動） いざ

**どれくらい** → **どれほど**

**どれほど**[如何程] いかに[如何] いかばかり いく そばく[幾十許] いくばく[何許] なにほど[何程] なにばかり いくそ[幾十] なにほど[何許]

**どろ**[泥] うき[泥] うひぢ[泥土] でい[泥] ひぢ[泥] こひぢ[小泥] →つち

—多く いくそ[幾十] つち[土]

**どろくさ・い**[泥臭] つちけ[土気]

**どろぼう**[泥棒] さっくゎ[擦過・察化] じら たうじん[盗人] ちゅうたう ぬすびと[盗人] ものとり [偸盗] やじりきり[家尻切] →わ るもの [物取]

**どをこ・す**[度越] さしすぐ・すぐ・すぐす・すごす[過]

し[果無・果敢無] にもあらず[物有] ものかは[物有] もの—こと ひきょう[比興] —もの きのはし[木端] ちりひ ぢ[塵泥]

**どんかん**[鈍感] つれなし[強顔]

**どんぐり**[団栗] つるばみ[橡]

**どんせい**[遁世] そむき[背]

**どんぞこ**[底] ならく[奈落]

**どんち**【頓智】

**とんでもない話** たうわ[当話]

—のきいた話 あるべうもなし けもなし[無] けう[稀有・希有] づなし[図無] —気 すずろ・すずろ・そぞろ[漫]

だいそれた づなし[図無] なにが さて[何] まさなし[正無] むさ と・むざと めっさう[滅相] もっ てのほか[以外] やくたいもなし [益体無]

—こと ごんごだうだん[言語道 断] もってのほか[以外]

—人 づなし[図無]

**とんと** ほうと

**とんと**… **(ない)** とうと

**とんど**【やき】 さぎちゃう[左義長]

**どんと**（物を置く） どうど

**とんとん**（音） ほとほと

**どんどん** ことと[事] ゆくゆく

**どんな** いかな・いかなる[如何] いか ならむ[如何] なぞの・なんぞ・なん ぞの[何] なにの[何]

—だろう いかならむ[如何]

—に いかに[如何] いかん[如 何] なにほど[何程]

—にか さぞや[嘸・然] さこそ [然]

—もの なに[何]

**とんぼ**[蜻蛉] あきつ・あきつし・あ けつ[秋津・蜻蛉] かげろひ・かげろ ふ[蜻蛉・蜉蝣] せいれい[蜻蛉] とんばう[蜻蛉] やんま ゑんば [蜻蛉]

赤— あかあきつ[赤蜻蛉] ゑんば [赤蜻蛉]

**とんぼがえり**[翻筋斗] もんどり

**とんや**[問屋] とひや[問屋] とひま る[問丸]

**どんよく**【貪欲】 →よくふかい

**どんより** どんみり

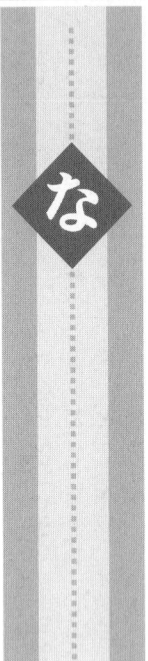

## な【名】

- 尊─ みな[御名]
- 枕─ つるぎたち[剣太刀] なのりそ の[名告藻] なはのりの[縄苔] なとりがは[名取川]（→うきな）
- ─が美しい なぐはし[名細]
- ─として聞く なにきく[名聞]
- ─をあげる なをたつ[名立]
- ─を死後に留める なをのこす[名残]
- ─を世に広める なをながす[名流]
- ─を付ける →なづける
- 正しい─ まさな[正名]
- ▽あだ名 いみゃう[異名] しこな[醜名]
- ▽氏名 かばね[姓]
- ▽戒名 いみな[諱] おくりがう
- ▽贈号 おくりな[諡] ほふみゃう[法名]
- ▽雅号 へうとく[表徳]
- ▽仮名 つくりな[作名]
- ▽偽名 つくりな[作名]
- 器物に刻む作者名 めい[銘]
- ▽虚名 な[名]
- ▽実名・本名 じつみゃう[実名] にじ[二字]
- ▽俗称 けみゃう[仮名]
- ▽通称 あざ・あざな[字] けみゃう[仮名] とほりな[通名] ぞくみゃう[俗名]
- ▽別名 いみゃう[異名] またのな[又名]
- ▽名字・苗字 かばね[姓]
- ▽名声 な[名] はな[花・華] よのなか[世中]
- ▽有名 →ゆうめい
- ▽幼名 わかな[若名] わらはな[童名]
- ▽呼び名 →基本 えいたん(P. 101)

## なあ →なみ[無]

## なあ・い →基本 うちけし(P. 100)

- ─から なくに
- ─ことだから なくに
- ─ことだなあ なくに ぬかも
- ─ことはないのに なけなくに
- ─そうだ ざんなり ざんなり
- ─ために なみ
- ─だろう ざらむ ざるべし じ
- ─だろうか（反語） ざらむや
- ─のだから あらなくに なくに
- ─のだに なくに
- ─ので →─から
- ─のに あらなくに なくに
- ─ましじ
- ─ままで ずして
- ─ものとする なきになす[無]
- ─様子だ ざめり ざんめり
- ─ようだ ざなり ざめり ざんなり ざんめり
- ─なり ざんめり なかめり
- ─かった ざりき ざりけり ざ

ない――なおる

ない・い
　―かったとすれば　なかりせば
　―かったならば　→―かったとすれば
　―かったらよいのになあ　なくもがな
　―くて　ずして　ずて　で
　―くてほしい　なくもがな
　―くても　ずとも
　―くなる　→なくなる
　―さそうに　なげ
　・さそうに　なげ　なみす
　―にする　なくなす［無］
ないい【内意】　うちと［内外］
ないがい【内外】　うちと［内外］
ないがしろ　なげ［無］
　―にすること　むたい［無体・無代］
ないしょ【内緒】　さたなし［沙汰無］
　したない［下内］　しのびごと・しぬ
　びごと　ひそか　みそかごと　密事
　そかごと【秘事】　うちしのぶ［打忍］
　―にする　うちしのぶ［打忍］
　―話　ささめきごと・さざめきご
　と・ささめごと・さざめごと［私語］

ないだん［内談］
ないしょう【内証】　したない［下内］
ないじょう【内情】　あない［案内］
　くや［楽屋］　こころ［心］　ないしょ
　う［内証］
ないしん【内心】　うら［心］　げしん・し
　たごころ　したごころ［下心］
　地　なか［中・仲］　はら［腹］
ないぞう【内臓】　きも［肝・胆］　ざうふ
　［臟腑］　ござうろっぷ・ろくぞう［五臟
　六腑］　わた［腸］
　▽心臟と肝臟　しんかん［心肝］
ないない【内内】　ないぶん［内分］　→な
　いしょ
ないぶ【内部】　した［下］　なか［中］
　―に　したゆ［下］
　―からの災い　ししんちゅうのむし［獅子身
　中虫］
ないみつ【内密】　→ないしょ
　―に　ないない［内内］
ないよう【内容】　すぢ［筋］

なお
　文や言葉の―　ぎり・義理
なお【猶・尚】　ことに［異・殊］
ほろか・おぼろか［凡］　おろそか
［疎］　こっしょ［忽諸・忽緒］　とう
かん［等閑］　なほざり［等閑］
まいて・まして　困―をや
なおさら【猶更】　なほもって［猶以］
なおざり【等閑】　なほざり［等閑］
おほぞら［大空］　お
なおし【直・治】　さしなほす［差直］
　つくろふ［繕］
病気や傷を―　いやす［癒］
［治］　やむ［已］
なおも　せめて
なおる【直・治】　みなほす［見直］
腹立ちが―　むしがをさまる［虫
納］
病気が―　いゆ［癒］　おこたる［怠
つ［怠果］　おこたる［怠］　おつ［落］
さはやぐ［爽］　たひらぐ［平］　ちす
［治］　なほる［治］　みなほす［見直］
［治］　やむ［已］　をさまる［治］

## なおれ——なかなか

**なおれ【名折】** なをり[名折] ➡はじ
病気がすっかり― おこたりはつる[怠]
[怠果]
病気が―頃 やみがた[止方]
▼持ち直す(快方に向かう) おこたる[怠]

**なか【中】**
[枕]―さきくさの[三枝]
―と外 うちと[内外]

**なか【仲】** あいさつ[挨拶] あはひ[間] あひだ[間] なかどち[仲]
―が良い たじはなし[他事無]
なからひ
むごろ・ねもころ・ねんごろ[懇] むつまし・むつまじ[睦]
―睦まじい あいさつよし[挨拶良]
―良くする のばふ・のぶ[延]
―く続く ひさし[久]
▼仲違い ➡なかたがい、➡ふわ

**ながあめ【長雨】** ながめ[長雨]
[基本]あめ(P.8)
[長]ながけし[長] ながし[長] ながながし[長長] ながやか[長]

**なが・い【長】**
[長]ながけし[長] ながし[長] ながながし[長長] ながやか[長]

[枕]―あきのよの[秋夜] きみがよの[君代] すがのねの[菅根] たくなはの[栲縄] たまかづら[玉葛・玉蔓] たまのをの[玉緒] はるのひの[春日]
―間 まけながく[真日長] ももよ[百夜]
―感じ ながやか[長]
―恋 ながこひ[長恋]
―年月 おくまんごふ[億万劫] ちとせ[千歳・千年] ちよ[千代・千世] ながいほあき[長五百秋] やちよ[八千代] よよ[世世・代代]
―道のり ながぢ・ながて[長手・長道][基本]とき(P.16)
―く喋ること ちゃうぜつ[長舌]
―くする のばふ・のぶ[延]
―く続く ひさし[久]
―く続くことを緒 ちゃうぜつ[長舌]
―くなる のぶ[伸・延]
―く病む やまふ[病]
―さ たけ[丈・長] つか[束]
―め ながざま[長様]
時間が― ひさ・ひさし[久]

**ながいき【長生】** ちゃうめい[長命]
[句]―とかへりのまつ[十返松]
―の人 とほひと[遠人] ながひと[長人]

**ながし【流】**(台所の) はしり[走] しりめ[尻目・後目]

**ながしめ【流目】**
―する みのぶ[見延]

**なが・す【流】** あやす[零・落]
―し落とす たる[垂]
―し掛ける そそく・そそぐ[注・灌]

**なかぞら【中空】** てんしん[天心] あやす[零・落] なんてん[半天]
汗や血を― あやす[零・落]

**なかだち【中立】** かけはし[懸橋・桟・梯]

**なかたがい【仲違】** ひま[暇・隙] ➡ふわ
男女の―する みちびく[導]

**なかでも** とりわけ

**なかなか**
―の さる[然]
―…(ない) ずいぶん[随分] を

ながながと——ながれる

**さをさ**
▽**ありにくい** かたし[難]
**ながながと【長長】** つれづれと[徒然]
—している ながやか[長]
—喋ること ちゃうぜつ[長舌]
**なかにわ【中庭】** つぼせんざい[坪前栽] つぼ[坪] つぼにはし[坪庭] いしつぼ[石坪] つ
**ながねん【長年】** としごろ[年頃] とし ひさに[年久] →**ねんげつ**
**ながばなし【長話】** ながごと[長言]
**ながび・く【長引】** のぶ[延・伸]
—かせる[長引] のばす[延・伸] をりはふ[折延]
**なかま【仲間】** あひくち[合口] あひし[相仕] おのがどち[己] おもひどち・おもふどち[思] かたうど[方人] かたへ[傍・片方] しんたう[党] たぐひ[類] つら[列] てあひ[手合] どうぼう[同朋] ど し[同士・同志] なかどち[仲] とも[友] ともがら[輩] もこ[婿] もとひと ぐみ[棒組] やから[本人] るい[類]

きさし[脇]
—入りする まじらふ・まじる[交]
—同士 おのがどち[己] ひとど ち[人]
—に入れる くはふ[加] あづかる[与] くみす[与]
—になる あづかる[与]
**なかよくする【仲良】** むつぶ[睦]
**なかよくなる【仲良】**
男女が—こと つうくつ[通屈]
ながら がてら がてり
—ありさる[有] ありすぐす[跡過] ありはつ[有果] ありふ[有経] あ りめぐる[在巡] いきめぐる[生巡] いのちいく[命生] ぞんず[存] ながらふ[長・永] まだたく[瞬] め ぐる[巡] →**基本ろうじん**(P.52)
**なかむつまじ・い【仲睦】** あいさつよ し
自分たちの—
気の合った— われどち[我] どち[思]
—に入る まじらふ・まじる[交] おもひどち・おもふどち[思]
**ながめ【眺】** けしき[気色] のぞみ[望]
四季折々の— けいぶつ[景物] —同士 みいだす・みいづ
**ながめやる【眺遣】** みやる[見遣]
**ちょっと—** うちみやる[打見遣]
遥かに— のぞむ[望] みはるか す[見晴] みやる[見遣]
**ながめる【眺】** みる[見] …**基本みる**(P.77)
遠くを— みさく[見放] のぞむ[望]

[望]
**なかよくする【仲良】** あまなふ[甘]
[望]
**なかよくなる【仲良】**
ながら がてら がてり
—ありさる[有] ありすぐす[跡過] ありはつ[有果] ありふ[有経]
**ながれ【流】** みづのを[水尾] かわ(P.24)
枕—つのくにの[津国] (→ながらへ) …**基本**
**ながれでる【流出】** こぼれいづ[零出]
**ながれぼし【流星】** はしりぼし[走星] よばひぼし[婚星] りうせい[流星] →**基本ほし**(P.7)
**ながれもの【流者】** ながれ[流]
**ながれる【流】** せせらぐ[潺湲] な がる[流]

## ながわずらい――なぐさめる

**ながわずらい【長患】** ⇒ ながやみ【長病】

**なかんずく【就中】** ⇒ とりわけ

**なきがお【泣顔】** ほえづら[吠面]

**なきがら【骸】** しがい

枕――うつせみの[空蟬]

**なきくらす【泣暮】** なきあかす[泣明]

**なきくず・れる【泣崩】** なきおとす[泣落] なきしづむ[泣沈]

枕――なきしづむ[空蟬]

**なきごえ【泣声・鳴声】** ね[音]

小さな―― ささなき[小鳴・笹鳴]

**なきごと【泣言】** くどきごと[口説言]

**なぎさ【渚・汀】** ちゃうてい[長汀] ⇒ **基本**うみ(P.22)

枕――かはたけの[川竹] にはたづみ[庭潦・行潦] みづくきの[瑞茎]

――さま かわ(P.24)

音を立てて―― よよ(と) つぶつぶ(と)

涙や血が――さま つぶつぶ(と) ささらぐ

木陰を――水 こもりづ[隠水]

激しく―― そそく・そそぐ[注・灌]

速く―― はしる[走]

横に―― なびく[靡]

**なきさけ・ぶ【泣叫・鳴叫】** おらぶ[号・哭] こくす[哭] なきとよむ・なきまぎれ[紛] なきとよむ[鳴響・泣響]

――どよむ[鳴響・泣響] ほゆ[吠]

大勢が―― なきとよむ・なきどよむ[泣罵]

**なきさわ・ぐ【泣騒】** ⇒ 前項

**なきしず・む【泣沈】** なみだにしづむ[涙沈]

**なきだ・す【泣出】** ふりいづ・ふりづ[振出]

**なきた・てる【泣立・鳴立】** ⇒ **なきさけぶ**[泣続・鳴続] なきくらす[泣暮・鳴暮]

**なきつづ・ける【泣続・鳴続】** なきくらす[泣暮・鳴暮]

**なきながら【泣】** なきあかす[泣明]

一晩中―― なきあかす[泣明]

**なきぬ・れる【泣濡】** なきしみづく[泣染] なきそほつ[泣濡]

**なきひと【亡人】** ⇒ こじん

**なきまね【鳴真似】** そらね[空音]

**なきわめ・く【泣喚】** ⇒ **なきさけぶ**

**な・く【泣・鳴】** ⇒ **基本**(P.65)

**なきさみ【慰】** あそび[遊] てすさび・てすさみ[手遊] てまさぐり[手弄]

――まぎれ[紛] ゆさん[遊山]

――ごと すさび・すさびごと[荒事・遊事]

――とする もてあそぶ[玩・弄]

――に…する すさむ・すさぶ[荒・遊]

――に書く かきすさぶ[書遊]

――物 まさぐりもの[弄物]

**なぐさめか・ねる【慰】** こころなぐさめわぶ

**なぐさ・める【慰】** こころをやる[心遣・遊] すかす[賺] なぐさむ[慰] ねぐ[労]

謙――きこえなぐさむ[聞慰]

――めようがない やるかたなし・やるかたなし[遣方無] やるせなし[遣瀬無]

――められる いさむ[慰] こしらふ[慰・喩] すかす[賺] なぐさも

る[慰] やる[遣]

――こと とぎ[伽] なぐさみ[慰]

なくす――なげやり

もちあそび・もてあそび[玩・弄]
**あれこれ言って―** いひなぐさむ[言慰]
**自分を―** おもひなぐさむ[思慰]
▼慰め種 なぐさ・なぐさぐさ[慰草]

**なく・す**【無】 うしなふ[失] おとす[落] さんず[散] ちらす[散] くす[尽] みなになす[無] ほろぼす[滅・亡] みなにす・みなにす[皆]
**―こと** もっきゃく[没却]

**なくな・る**【無】 うす・うすせる[失] きはまる[極] きる[切] けうす[消失] さんず[散] たえす[絶] つゆ[絶] つきす・つく[尽] つゆ[潰] はつ[果] ほろぶ[滅・亡] みなになる[皆]
消えて― きえいる[消入] きえ うす[消失] きえはつ[消果]
恨みなどが― きゆ[消]
雪・露・明かりなどが― きゆ[消]
▼死ぬの意 →基本しぬ(P.72)

**なぐ・る**【殴】 ちゃうず[打] どうづ[突]
くどつく[突] はる[張]

**なげい・れる**【投入】→なげこむ[打擲]
**なげかわし・い**【嘆】 あさまし[浅] いきづかし[息] いきどほろし[憤] うたてあり うたてし うれたし[慨] うれはし[憂] なげかし[嘆]
**―様子をする** なげかしがる[嘆]
**なんとなく―** ものなげかし[物嘆]

**なげき**【嘆】 うらみ[恨] うれひ・うれへ[憂・愁]
**―なさけない** なげかしい うれた し
**―の種** わびごと[侘事]
**―に沈む** ふししづむ[伏沈]

**なげきうった・える**【嘆訴】 うれふ[憂・愁]
**なげきかなし・む**【嘆悲】 さまよふ[吟] しほたる[潮垂]
**なげききれな・い**【嘆切】 なげきあま る[嘆余]
**なげきつづ・ける**【嘆続】 なげかふ[嘆]
**一日中―** なげきくらす[嘆暮]

長い年月― なげきわたる[嘆渡]
夜明けまで― なげきあかす[嘆明]
**なげ・く**【嘆】
**―かれる** なげかゆ[嘆]
**―いている顔** かこちがほ[託顔]
**―いているようだ** かごとがまし[託言]
**なげこ・む**【投込】 うちはむ[打填・打嵌] はむ[填・嵌]
**荒々しく―** ぽっこむ[込]
**なげす・てる**【投捨】 とりすつ[取捨] なげうつ[投棄・投抛]
**なげだ・す**【投出】 うちやる[打遣] なげうつ[投棄・投抛] なげいづ[投出] なげうつ[投棄・投抛]
**なげつ・ける**【投】 うちすつ[打捨] なげかく[打掛]
**なげやり**【投】 ぞんざい[存在]
[無] ゆるかせ・ゆるがせ[忽] →い
**―にする** いかげん なぐる[殴・擲]

421

なげやる──なぜ

**なげやる**【投遣】うちやる[打遣]　す
　─ありげに振る舞う　なさけがる
　[情]　なさけだつ[情立]　なさけば
　む・なさけぶ[情]
　─がある　こころあり[心有]
　─深そう　なさけなさけし[情情]
　─を掛ける　めぐむ[恵]
　一時の─心　ひとはなごころ[一花
　心]

**なげやり**【投遣】とらく・とろく[蕩]に
　きぶ[和]

**なごむ**【和】

**なこうど**【仲人】ちゅうじん[仲人]
　なかだち[仲立]　なかづかひ[中使]
　なかびと[仲人]

**なごやか**【和・柔】
　にこし・なごはし[和]　のびらか[伸]
枕─さねがやの[狭莢萱]　むしぶす
　ま[蒸被]

**なごり**【名残】
枕─しらなみの[白波]

**なごりおし・い**【名残惜】
　なごりをし[名残惜]　あかず[飽]
　し[飽]

**なさけ**【情】
　─じゃう[愛・惜]　なごり[名残]
　─に　あかなくに[飽]
　─のに　こころ[心]　じひ[慈悲]
　─ありげ
　　じゃう[情]　➡おもいやり、➡じひ[情]

**なさけな・い**【情無】あさまし[浅]
　あぢきなし・あづきなし[味気無]
　くちをし[口惜]　こころうし[心憂]
　なさけなし[情無]　➡かなしい
　─く　うたて・うたてげ

**なし**【梨】ありのみ[有実]
**なしお・える**【終】おほす[果]　しあ
　ぐ[仕上]　しあふ[為合]　しいだ
　す[為出]　しおほす[為果]　しおふ[為敢]
　しまふ[仕舞]　じゃうず[成就]
　じゃうず[成]　とぐ[遂]　なす[成]
　なる[成]　はたしとぐ[果遂]　はた
　す[果]　みつ[満]
**なしと・げる**【成遂】➡なしおえる

**なじみ**【馴染】ひさし[久]

　─の土地　ふるさと[古里・故郷]
**なじ・む**【馴染】おもなる[面馴]
　しほなる[塩馴・潮馴]　しほな
　しむ・しほじむ[潮染・塩染]　そむ[染]　たちな
　る[立馴]　なつく[懐]　なづさふ
　ならふ[習・慣]　なる[馴・慣]　みつ
　く[見付]　みならふ・みなる[見馴]
**なじ・る**【詰】きめつく[極付]
　せむ[責]　とがむ[咎]　なぜる[詰]
　─ませる　なつく[懐]
　─めない　けうとし[気疎]
**なず・む**【泥】ぬりつく[塗付]
**なすりつ・ける**【擦付】➡こだわる
**なぜ**【何故】あぜ[何]　いかでか[如
　何]　なじか・なじかは・なじに[何]
　なぞ[何]　など[何]　などか[何]
　て・などや[何]　なにしに[何]　な
　にぞ・なにぞは[何]　なに・なにか・
　なにかは[何]　なにと・なにとして・
　なにとて[何]　➡どうして
　─か　いかにぞや[如何]

**なぞらえる【擬・準・准】** ぎす[擬] たぐふ[類・比] たとふ[譬・喩] なずらふ・なぞふ・なぞらふ[準・擬・准] なぞふ[寄・比] よそふ[準] よそへ[擬]
　**―こと** なぞへ
　**―もの** よそへ・よそへもの[寄物・比物]

**なぞる** ゐどる[絵取]

**なだ【灘】**

**なだか・い【名高】** [枕]―いさなとり[勇魚捕]

**なだたる【名】** →ゆうめい [枕]―むらさきの[紫]

**なだめすか・す【宥】** こしらふ[慰]

**なだ・める【宥】** こしらふ[誘] すかす[賺] なぐさむ[慰] なだむ[宥]
　子供などを― たらす[誑]

**なだらかに** なびなびと
　**―する** なだらむ

**なつ【夏】** げ[夏] しめじ →[基本 きせつ](P.17)

**なつかし・い【懐】** あはれ・あはれげ こひし・こほし →[恋] したはし[慕]

なぞらえる — なでる

る[底入]
　**―する** かんしん[甘心] しょうぶく[承服] かんしん[受取] おっ
　[落] くふうにおつ[工夫落] げす
　[解]

**なんとなく―** けなつかし[気懐]

**なつかし・む【懐】** おもふ[思] したふ[慕]

**なつ・く【付】** つく[付] なづさふ ならふ[習・慣] むつる[睦]
　**―かせる** なつる[懐] なづさふ[馴]
　動物などが人に― ひととなる[人事行]

**なつくさ【夏草】** あをふかくさ[青深草]

**なづ・ける【名付】** いひつく[言付] おぼす[号] かうす[号] しょうず しょうす・しょうず[称] なづく[号] よぶ[呼]

**なつみかん【夏蜜柑】** かたみぐさ[形見草] なつかしぐさ[懐草] ひぐらしぐさ [枕]―あしひきの・あしびきの[足引]
　夏 なつみかんしぐさ[常]

**なでしこ【撫子】** おもひぐさ[思草] とこなつ[常夏] やまとなでしこ

**なでつ・ける【撫付】** かきつく[掻付]
　髪を― かいなづ・かきなづ[掻撫]

**な・でる【撫】** なづ[撫]

**なっとく【納得】** がってん・がてん[合点] かんしん[甘心] とくしん[得心] とくだう[得道] れうけん[了簡・料簡]
　**―がいく** あたふ[能] そこをい
　**―させる** くくむ[含]

**なつくさ【夏草】** あをふかくさ[青深草]

**なつかし・む【懐】** むつぶ・しのぶ[偲]
　**―かせる** なつる[懐] なづさふ ならふ[馴]
　動物などが人に― ひととなる[人事行]
　**―できる** きこゆ[聞] ことゆく
　**―できない** けうとし[気疎]　ふとくしん[不得心]
　**―のいかないこと** うろん[胡乱] だいかうじ[大柑子]

## ななくさ——なびく

**ななくさ【七草】**
▼秋の七草 たなばたのななくさ[七夕七草]
はぎ[秋] をばな[尾花=すすき] くずはな[葛花] なでしこ[撫子] をみなへし[女郎花] ふじばかま[藤袴] あさがほ[朝顔]
▼春の七草 ななくさ[七草] せり[芹] なずな[薺=ぺんぺんぐさ] はこべら[繁縷=はこべ] ごぎゃう[御形=ははこぐさ] ほとけのざ[仏座=たびらこ] すずな[鈴菜=かぶらな] すずしろ[蘿蔔=だいこん]

**ななさま** すはりすはり
**髪を—** はだく[刷]
**手に取って—** とりなづ[取撫]

**ななじっさい【七十歳】** ななそぢ[七十・七十路]
**ななじゅう【七十】**→基本ねんれい(P.89) ななそ・ななそぢ[七十・七十路]

**ななめ【斜】**
**—にする** すぢかふ[筋交・筋違]
**—にずれる** すぢかふ[筋交・筋違]

**なになる** かたぶく、かたむく[傾]
**なにか【何】** なぞ、なんぞ[何]
**—につけて** よろづに[万]
**句—さすてひくて[差手引手]** すにあてこにあて[酢粉酢粉]つけ[酢漬粉漬]
**—欲しい** なにがな[何]

**なにがし【某】** なにくれと[何]、…だれそれ

**なにくわぬ【然】** さあらぬ[然] そらさぬ

**なにげな・い【何気無】** さあらぬ[然]

**なにごとか【何事】** なんぞ[何]

**なにごともな・い【何事無】** こともなし[事無]
**—ふりをする** ことなしぶ[事無]

**なにとぞ【何】** ひらに[平]

**なににつけても【何】** そのこととなし[其事無]

**なにはさておき【何】** しも とりあへず[取敢]

**なにはともあれ【何】** さもあらばあれ[善悪] とまれかうまれ・とまれかくまれ なにがさて[何] むなで[徒手・空手]

**なにもしないこと** なにがさて[何]

**なにやかや【何】** とかう・とかく[兎角・左右] かれこれ[彼此] なにくれと[何]→あれこれ…いろいろ

**なにゆえ【何故】** いかに・いかにか[如何] など・などか・などて[何] な・なにか・なにかは・なにぞ・なにとに・なんとして[何]

**なのだ** ことぞかし[事]
**—よ** ぞかし
**—ろう** なれや

**なの・る【名告】**
[枕]なのりその[名告藻]

**なび・く【靡】**
[枕]むく[赴・趣] かひろぐ[打靡] おも
[枕]おきつもの[沖藻] たまもなす[玉藻]
**—かせる** なぶ[靡] ひるがへす[翻] なびかす[靡]

なふだ――なやましい

**なふだ**【名札】 なづき[名付] みゃう ぶ[名符・名簿]
**なぶ・る**【嬲】 まさぐる[弄]
**なま**【生】 なまし[生]
　―の魚 ぶえん[無塩]
**なまあたたか・い**【生暖】 ぬるむ[温] ぬるし[温]
**なまいき**【生意気】 なまぐさし[生臭] なまへんじ[生返事] こざかし[小賢]
　―くなる なまめるくなる[生臭] 
　―事
　さかし[賢] なまざかし[小賢] なまもの[生者]
**なまえ**【名前】 なまもの[生者]
　―な者　すまもの
　―なさま
**なまけもの**【怠け者】 なまかは[生皮] のらくもの[能楽者] のらほねぬすびと[骨盗人]
**なま・ける**【怠】 おこたる[怠] くゎんたい[緩怠] しどけなし たいだ[怠] いし[怠怠] たゆむ[弛] なまく[怠]
　―けがち こころぶしゃう[心無精]
　―けずに たゆみなし[弛無]
　―こと おこたり[怠] けたい・けだい[懈怠]

▼怠け者→なまけもの
**なまこ**【海鼠】 こ[海鼠]
**なまじっか**【生強】 なまじひ[生強] なかなか(に)
**なまなまし・い**【生生】 なまなまし[生生]
**なまぬるくな・る**【生温】 なまく[生]
**なまへんじ**【生返事】 ぶへんじ[不返事]
**なまみ**【生身】 しゃうじん[生身・正身]
**なまめかし・い**【艶】 あだ[婀娜] いろめかし[色] えん[艶] したるし[艶]
　―様子をする えんだつ[艶]
**なまめ・く**【艶】 いろめく[色] こぶだむ[訛]
**なま・る**【訛】 しただむ[舌訛] よこなばる・よこなまる[横訛]
**なみ**【並】 →ふつう
**なみ**【波・浪】 →基本 うみ(P.22)
　―の人 ちゅうじん[中人]
**なみうちぎわ**【波打際】 いそ[磯]
**なみがしら**【波頭】 なみのほ・なみほ

[波穂]
**なみだ**【涙】 →基本(P.66)
**なみなみ**【並並】 →ふつう
　―でない いみじ・いみじげ えならず かしこし[賢] けしからず[怪] こころこと[心異] こと[異・殊] ただならず はかりなし [量無] ただならず ものににず[物似] となし・やごとなし・やむごとなし・やんごとなし[止事無] ゆゆし[由由]
**なみはずれて・いる**（液体が）【並外】 たぶたぶ(と) さまこと[様異] づなし[図無]
　―こと あく[悪] づはづれ[図外]
**なめくじ**【蛞蝓】 なめくぢら・なめくぢり[蛞蝓]
**な・める**【舐・嘗】 なだらか なめる[舐] しはぶる[咳] ねぶる[舐]
**なめらか** なだらか なめる[滑] ねぶる
　―め 味わう ねずる・ねぶる[嘗・舐]
　唇を― なめづる[嘗・舐]
**なやまし・い**【悩】 うし[憂] なやまし[悩] こころぐし[心鬱] ややまし[悩] やゆ

## なやます―ならびない

**なやま・す【悩】** いたむ[傷・痛] いたましむ[困・窘] こがす[焦] きも をけす[肝消] たしなむ[困・窘] なやむ・[責]悩] やく[焼] わづらはす[煩]

**なやみ【悩】** おもひ[思] おもひまどひ[心惑] し[心尽] こころづく ものおもひ[物思] ゆめ[夢] ゆめのまどひ[夢惑] もてなやみぐさ[悩草] —の種
—に沈む ふししづむ[伏沈]
**なや・む【悩】** あつかふ[扱] なづむ[泥] む[打悩] うちわぶ うちなやむ[打悩] あつかふ[思扱] おもひあまる[思余] おもひまどふ[思惑] おもひ みだる[思乱] おもひめぐらす[思回] おもひやむ[思病] おもひわづらふ[思煩] おもひわぶ[思侘] おもふ[思] かかづらふ くだく[砕・摧] くるめく[眩・暗] こうず[困]

物の怪などが— とりいる[取入]
**なやみわづら・ふ【悩煩】** なやまはす・わづらはす[煩]
**なやましげ[悩]** おぼしなやむ[思悩] おぼしみだる[思乱] おぼしわづらふ[思煩] おぼしわぶ[思侘]
—尊—おぼしなやむ[思悩] おぼしみだる[思乱] おぼしわづらふ[思煩] おぼしわぶ[思侘]
のもふ[物思] まどふ[惑] まよふ[迷] みだる[乱] もだゆ[悶] ものおもふ・ものおもひみだる[物思]
やく[焼] ややむ やむ わづらふ[煩] わぶ[侘]
—こと みだれ[乱] なんじふ[難渋] ものおもひ[物思] わび[侘]
聞いて— ききわづらふ[聞煩]
消えないことを— きえわぶ[消侘]
恋に— こひわぶ[恋侘]
身の上について— みをたどる[身迂]

**なよなよ・する** なよぶ
—・している したるし なびやか
**なよやか** なよめくなよやか[嫋]
—なさま たよたよ(と)

**なら・くぬぎ【楢・櫟】** ははそ[柞] みづなら[水楢]
**ならい**→ならふ
**ならい・おぼ・える【習覚】** ならふ[思習]
**ならう・→ならう**
**なら・う【習】** ならふ[習] まねぶ[真似]
世の— よのさが[世性] よのためし[世例]
**なら・はせる** ならす・ならはす[馴・慣]
**なら・す【均】** おしなぶ・おしなむ[押靡] おしひらむ[押平] たひらぐ[平] ひく[引] ふみならす[踏均]
**なら・す【鳴】** なす[鳴]
踏んで— ふみならす[踏均]
玉など触れさせて— ゆらかす[揺]
**ならずもの【者】** あぶれもの[溢者]
**ならびな・い【並無】** たぐひなし[類無] さうなし[双無] ならびなし[並無] ぶさう[双無] ぶさう・むさう[無双] たなし[又無]→このうえない
—こと ぶさう・むさう[無双]

ならびに――なる

**ならびに【並】** また［又・亦・復］

**なら・ぶ【並】** さしなむ・さしならぶ［差双］
並 すがふ［次］ たぐなふ［類・比］
たちならぶ［立並］ つらなる・つらぬ［連］ なむ［並］ ゐなむ［居並］
ゐながら［居流］
枕―しほぶねの［潮船］

―んで居させる たぐふ［類・比］
―んで居る つきなむ［着並］
ながる［居流］ ゐなむ［居並］
―んで座る ゐなむ［着並］ ゐながる［居流］
―んで立っている なみたち［並立］
―び続く つららく［列］
―ばせる たぐへ［類・比］
**きちんと―** さしならぶ［差並］
互いに―― さしなむ［連］ つるぶ［連］なぶ・とりなむ・とりならぶ［取並］
**なら・べる【並】** さしならぶ［差並］
つらなむ・つらぬ［連］ つるぶ［連］とりなむ・とりならぶ［取並］
なむ［並］ ならふ［並］
―・べて座らせる すゑなむ［据並］

―・べられない ならびなし［並無・双無］
肩を―― およぶ［及］
**きちんと―** さしならぶ［差並］
順序立てて―― ついづ［序］
ずらっと― うちわたす［打渡］
するわたす［据渡］
次々と― かきつらめ［掻連］
無理に―― おしならぶ［押並］
列を組んで―― つらなむ［列並］

**ならわし【習】** さが［性・相］
質［質］ さはふ・さほふ
［作法］ てぶり［手振・手風］ならし・ならはし［慣］
俗 ふり［振］ れい［例］ →しきたり
―となる なる［成］
風 ふうき［風儀］ ふうぞく［風俗］
世の― ぞく［俗］ よのさが［世
性］ よのためし［世例］ りうぞく
［流俗］

**なり【形】** ふう［風］ ふり［振・風］
▽世俗 りうぞく［流俗］
**なりあがる【成上】** なりのぼる［成上］ へあがる［経上］

**なりかたち【形】** やうだい［容体・容態］ようだい［様体］よ
―響 ふるふ［震］
**なりひびく【鳴響】** とどろく・とどろめく［轟］ なりとよむ・どよむ・どよめく
［響］ なりとよむ・なりどよむ［鳴響］
―かせる とどろかす［轟］ とよむ・どよむ・とよもす［響］
―さま とどろに［轟］

**なりふり【形振】** ふう・ふり［振・風］ →みなり

**なりゆき【成行】** おくか［奥処］かざ
なみ［風並］ かざむき［風向］ こと
のよし［事由］ さう［左右］ しあは
せ［仕合］ しぎ［仕儀］ しゅび［首
尾］ せんさく［穿鑿］ ひより［日
和］ ゆくへ［行方］
―にまかせて まにまに［随・随意］
世の― ときよ［時世］
**なりわい【生業】** →しごと
**なりわたる【鳴渡】** なりみつ［鳴満］

**な・る【成】** ひびく［響］

なる――なんど

なる
　枕――おほしまの[大島]　ふじのねの[富士嶺]
な・る【鳴】
　▽なろうとする　なりぬべし　なんなんとす[垂]
　―に違いない　なりぬべし
な・る【成】
　玉などが触れて―　ゆらく・ゆらぐ・ゆらめく[揺]
なるこ【鳴子】ひきた・ひた[引板]
なるほど【成程】なるほど[成程]
　―【宜】いかさま[如何様]
　うべ[宜]　うべなうべな[宜宜]　げにげにしげにやげにやげにに[実実]
　べなう[宜・諾]　げにや・げにげにし[実実]
　さかし[然]　さることあり[然事有]
　むべ[宜]　もっとも・もとも[尤]
なるべく[成程]　なるべく[成程]
なれしたし・む【慣親】ありならふ[有習]
　たちなる[立馴]　なつく[懐]
　なつさふ　なれむつぶ[馴睦]　にきぶ・にぎぶ[和]
　―ませる　たちならす[立馴]
　―こと　ちっきん[昵近]
　―んで近寄る　なれよる[馴寄]
▽なれなれしくする　あまゆ[甘]
　ものなる[物馴]

なれのはて【成果】
な・れる【慣・馴】
　―[塩染]　しほなる[潮馴]　しほしむ・しほじむ
　ならふ[習・慣]　なる[慣・馴]　なづさふ
　[睦]　めなる[目馴]　ものなる
　[物慣・物馴]　れんず[練]　ものなる
　枕―からころも[唐衣]　ならしばの[楢柴]　ふぢごろも[藤衣]
　―れさせる　ならす・ならはす
　―れている　らうらうじ・りゃうりゃうじ[労労]
なわしろ【苗代】さなへだ[早苗田]
なんかいも[何回]ちへなみしきに[千重波頻]
なんぎ【難儀】めいわく[迷惑]　わび
　―する　いたまし[痛]　こうず
　[困]　たしなむ[困・窘]　つまる
　[詰]　なづむ[泥]　なやます・なやむ[悩]　ふびん[不便]　わづらふ
　[煩]　わぶ[侘]
なんきん【南瓜】たうなす[唐茄子]
　ぼぶら

なんきん・する【軟禁】とりこむ[取籠]
なんくせ【難癖】いひかけ[言掛]
　―を付ける　こだはる
なんじ【汝】
　―おまえ
なんじゅう・する【難渋】
なんしょ【難所】あくしょ[悪所]
　こまる　波の荒い海の―　なだ[灘]
　山の―　くるまがへし[車返]　せっしょ[切所・殺所・節所]
なんせい【南西】ひつじさる[未申・坤]
なんだ[何]なにぞ・なんぞ[何]
なんだか[何]なにやら[何]
なんだかんだと　すのこんにゃくのとなく
なんだんだと[酢蒟蒻]
なんでもな・い[何]ことにもあらず[事無]
なんてん【難点】→けってん
なんと[何]いかが[如何]
なんど[何度]くそたび[幾十度]　いくかへり[幾返]　い
　くそたび[幾十度]
なんど[納戸]つぼや[壺屋]　をさめどの[納殿]

**なんという【何】** なぞの・なにぞの [何]

**なんということもない** なでふ・なんでふ [何] →つまらない

**なんとう【南東】** たつみ [辰巳・巽]

**なんとか【何】** どうがな
―して いかさま [如何様] なにとぞ [何]
―していかでかは・いかでも [如何]
―かにも [如何]
―なる
―末―なまほし
―有
―句―しゃうあればじきあり [生有食]

**なんとしても【何】** かくも [左右・兎角]

**なんとでも【何】** ともかうも・ともかくも [左右・兎角]

**なんとなく【何無】** あいなく [愛無] あやに そこはかと そこはかとなく [無] それとはなしに [其無] すずろ・すぞろ・そぞろ [漫] なにとやらん [何] 接―うらけ [気] こ [小] そら [空] もの [物]

**なんとまあ【何】** さて・さても [然] さりとては・さりとは [然] はやく [早]

**なんども【何度】** あまたかへり [幾多返] あまたたび [幾多度] いくそたび [幾十度] うちかへし [打返] かへすがへす [返返] かへるがへる [返返] そこらくに よろづたび [万度]

**なんともいえない【何言無】** えもいはず [言]

**なんにち【何日】** いくか [幾日]

**なんにちも…(ない)** →ぜんぜん [何]

**なんのかんの【何】** とやかくや [左右・兎角]

**なんのために【何】** なにしに [何] なにとして [何] なにせむに [思草]

**なんばんギセル【南蛮】** おもひぐさ

**なんべん【何遍】** いくそたび [幾十度]

**なんぼく【南北】** ひのよこ [日緯]

**なんやかや【何】** とやかくや [左右・兎角]

**なんになろう【何】** なにかせむ・なにせむ・なにになにかはせむ [何]

---

### に

**にあう【似合】** あふ [合] ありつく [有付] うつる [映・写] かなふ [叶・適] かよふ [通] そぐふ つきづきし [付付] にげなし [似無] びなし・びんなし [便無] つきなし [付無] にあはし [似合] ふさふ [相応] むく [向]

―っている しかるべし [然] つきづきし [付付] にあはし [似合] につかはし [似合] ―わない つきなし [付無] にげなし [似無]

**なんという**――**にあう**

にいさん──にくむ

**にいさん**[兄] →あに

▼似つかわしくない つきともなし [付無] はづす[外] はなつ[放] やる[遣] ゆるす[許・赦]

**にいづま**[新妻] ごしんざう・ごしんぞ[御新造] しんざう[新造]

**にえた・ぎる**[煮滾] わきかへる[沸返] わきたぎる[沸滾] たぎる[滾]

**にえた・つ**[煮立] たぎらかす[滾] たぎる[滾]

**にえゆ**[煮湯] たぎりゆ[滾湯] かいつぶり[鳰]

**にえ・におどり**[鳰鳥] にほ・にほどり[鳰鳥] みほ[鳰] むぐり

**におい**[匂] か[香] →かおり

**におい**[匂] →薫

**─がする** かをる[薫]

**にお・う**[匂] かにたつ[香立] くんず[薫] ほふ[香匂] きこゆ[聞] にほふ[匂]

**におい**[薫] かきつばた[杜若] はるはなの[春花] つつじばな[躑躅花・むらさきの[紫・やまぶきの[山吹]

**におうだち**[仁王立] とりゐだち[鳥居立] りきしだち[力士立] そらす[逸] おとす[落]

**にが・す**[逃] あはむ[淡] うらむ[恨]

**にがつ**[二月] うめづき[梅見月] うめ─月・うめ─月・うめ─月・うめ─月 きさらぎ[如月] けいふう[恵風] このめづき[木芽月] さみどりづき[早緑月] じょげつ[如月] ちうしゅん[中春・仲春] ちゅうやう[仲陽] ゆききえづき[雪消月] れいげつ[令月] れいげつ[麗月] をぐさおひづき[小草生月] →基本つき (P. 5)

**にがにがし・い**[苦苦] あぢきなし・あづきなし[味気無] にがにがし[苦苦] [傍痛] じふめん[渋面]

**にかわ**[膠] にべ[鰾膠]

**にきび**[皰] おもくさ[面瘡]

**─こと** ひきょう[比興]

**─顔** にがむにがむ[苦苦]

**にかよ・う**[似通] かよふ[通]

**にぎやか**[賑] そよめく にぎはし・にぎははし[賑] [賑賑] にぎはし・にぎははし[賑] はな・はなやか[花・華]

**にぎりめし**[握飯] たにぎり[手握] とんじき[屯食] はなめ─なさま むくさかに─になる にぎはふ[賑]

**にぎ・る**[握] く[花・華] ひかふ[捕]

**にぎわい**[賑] ぞめき[騒]

**にぎわ・う**[賑] にぎはふ[賑]

**にく**[肉] しし[肉] ししむら[肉叢]

**─の塊** ししむら[肉叢]

**塩漬けの─** ししびしほ[肉醬]

**にく・い**[憎] にくらしい

**─く思う** うらむ[恨]

**にくしみ**[憎] うらみ[恨]

**にくしん**[肉親] こつにく[骨肉] しん・しんみ[親身]

**にくたい**[肉体] しょうじん[生身] ひゃくがいきうけう[百骸九竅] み・しん[身]

**にくづき**[肉付] ししおき[肉置]

**にくまれぐち**[憎口] あくたい[悪態] にくげごと[憎言]

**にくみけな・す**[憎貶] おとしむ[貶] うらむ[恨]

**にく・む**[憎]

**にくらしい**〔憎〕 ―心 あやにくごころ[生憎心] ―おとしむ[貶]

**にくらし・い**〔憎〕 あし[悪] あやにくし[生憎] いまいまし[忌忌] おくし[生憎] けにくし[気憎] もにくし[面憎] けにくし[気憎] そねまし[妬] にくげ・にくさげ・にくし・にくらか[憎] ねたがる・ねたげ・ねたし・ねたまし[妬] まがまがし[禍禍]

―**がらせる** ねたます[妬]
―**がる**〔憎〕 ねたがる[妬] ねたげ
―**そうだ** にくげ[憎] ねたげ[妬]
―**なんとなく**― なまにくし[生憎]
―**人から見て**― ひとにくし[人憎]

**にげさ・る**【逃去】 さんず[散] にげのく[逃退]
 句 ―かぜをくらふ[風食] くも(を)かすみ[雲霞]

**にげだ・す**【逃出】
 句 ―ところをはしる[所走] …にげる

**に・げる**【逃】 おちゆく[落行] ちがふ[違・交] にぐ[逃] にげのく[逃

退] ぬく[抜] のがる[逃] はしる[走] はなる[離] ふける[耽] にぐ

**―げさせる** のばす[延・伸]
**―げて行く** おちゆく[落行]
**―げられない** さりどころなし[避所無]

―**準備** にげまうけ[逃設]
―**急いで**―
句 ―しりにほをかける[尻帆]

**裏切って**― そむきはしる[背走]
**戦いに負けて**― おちゆく[落行] おつ[落] おちうす[落失]
**戦いに負けて**―者 おちうど[落

**にこにこ** ほやほや(と) ゑらゑらに
 →にやにや
―**と** にふぶに
―**と笑う** ゑがちに にこやか・にこよか[和]
**喜んで―と笑う** ゑみさかゆ[笑栄]

**にこやか** わららか[笑] ゑがちに[笑] ゑみ[笑] →にこ

**にごりざけ**【濁酒】 もそろ[醪]

**にご・る**【濁】 声が― だむ[訛] 灰色に― はひだむ[灰訛] 水が少し― ささにごり[小濁・細濁]

**にし・にしのほう**【西方】 とり[酉]

**にごる**【濁】 しろうま[白馬]

**にしかぜ**【西風】 ひのよこ[日横] ひむかひ[日向]

**にしき**【錦】 ささらがた[細形]
―**小車**

**…にしたがって**【従】 ままに[儘] まにまに[随・随

**にじっさい**【二十歳】 じゃくくわん[弱冠] ていねん[丁年] はた・はたち・はたとせ[二十] →基本ねんれい(P.89)

**にじみ・でる**【滲出】 あゆ[落]

**にじゅう**【二十】 はた・はたち[二十] ねぢよる[捩寄]

**にじりよ・る**【躙寄】 ゐざりいづ[膝行出] ゐよる[居寄]

にくらしい――にじりよる

にしん――にほん

**にしん**【鰊・鯡】 はるつげうを[春告魚]

**にしの**【贋・偽】 えせ[似非]

**にせもの**【偽物】 えせもの[似非物] つくりもの[作物] ぎんながし[銀流] まがひ[紛]

**に・せる**【似】 かたどる[象] たぐふ[類・比] つくる[作] なずらふ[準・擬] ぞらふ[準・擬] にす[似] もどく[抵悟]

**にたた・せる**【煮立】 はしらかす[走]

**にたりよったり**【似寄】 もちのかたち[餅形]

**…にちがいない**→ちがいない

**にちげつ**【日月】(太陽と月) じつげつ[日月]

**にちげん**【日限】 ひぎり[日限]

**にちじ**【日時】 ほど[程]

**にちじょう**【日常】 け[褻] ふだん[不断]

—は つねに[常]

▽日常生活 おきふし[起伏・起臥]

▽日常的 ぞく[俗]

**にちぼつ**【日没】→ゆうがた(P. 18)

**につかわし・い**【似】→ふさわしい

**にっき**【日記】 にき[日記] ひちゃう[弛]

—ろし[弛]

—ちょう[帳]

—がら[柄]

**にっこう**【日光】→たいよう

[日高]

**につすう**【日数】 か[日] ぢ[路] ひ[日] ひちゃう[弛]

—が多い けながし[日長]

—がかかる ひがこむ[日込]

—がたつ つもる[積]

**につちゅう**【日中】 あかひる[明昼] はくじつ[白日] ひ[日] ひだかほく

▽正午 ていご[亭午]

**…につれて** なへ まにまに[随・随意] ままに[儘]

**にっぽん**【日本】→にほん

**になる**【蜷】 みな[蜷]

**に・なるだろう** あらむずらむ[有]

**にのうで**【二腕】 かひな[腕・肱]

**にびいろ**【鈍色】 どんじき[鈍色]

**にぶ・い**【鈍】 おそし[遅] つたなし[拙] にぶし[鈍] ぬるし[温]

[鈍]

—ぶいろ[鈍色]

—になる にばむ・にぶ・にぶむ[鈍]

**にぶ・る**【鈍】 なまる[鈍]

—こと たゆし[弛・懈]

—くなる なまく[惰]

心の働きが— こころおそし[心遅] たゆし[弛・懈]

知覚が—くなる ほく・ほつく・ほく

**にほん**【日本】 あきつくに[秋津国] あきつしま・あきつしまね[秋津島根] あしはらのなかつくに[葦原中津国] あしはらのみづほのくに[葦原瑞穂国] うらやすのくに[安国] おほやしま[大八州・大八洲] おほやまと[大倭・大日本] しきしま[敷島] じちるき[日域] すめらみくに[皇御国] ちいほあきのみづほのくに[千五百秋瑞穂国] とよあきつしま[豊秋津島] とよあきつしま[豊秋津] とよあしはら[豊葦原] とよあしはらのちいほあきのみづほのくに[豊葦原千五百秋瑞穂国] とよあしはらのみづほのくに[豊葦原瑞穂国] とよあしはらのみづほのくに[豊葦原瑞穂国] にちるき[日域] ひいづるくに[日]

**にら・む**【睨】 そばむ[側] にらまふ[睨] ねむ[睨] ねめかく[睨掛]

**句**—めにかどたつ[目角立] 怒って—

**にりゅう**【二流】 つぎさま[次様]

**にる**【煮】 かしく・かしぐ[炊]

**にる**【似】 あゆ・あやかる[肖] うちお[打覚] おぼゆ[覚] かよふ[通] なぞらふ・なぞらぶ[準・擬] るいす[類] まがふ・まぎる[紛] にほふ[象] たぐふ

**にせる** かたどる[象] つくる[作] なずらひ[準・擬] にす[似] もどく[抵悟]

**にた者同士** なずらひ[準・擬]

**句**—うしはうしづれ[牛牛連]

**にたりよったり** うちおぼゆ[打覚]

**句**—もちのかたち[餅形]

**にている** うちおぼゆ[打覚]

**句**—し[如] ちかし[近]

**尾**—てい[体]

---

**にゅうどうぐも**【入道雲】 くものみね・くものみね[雲峰] みねぐも[峰雲]

**にゅうもんしょ**【入門書】 わうらいもの[往来物]

**にゅうようじ**【乳幼児】 てこ[手児]

**にゅうよく**【入浴】 ゆ[湯] ゆあみ[湯浴] ゆどの[湯殿]

—**する** あぶ・あむ[浴・沐]

**引** ゆづ[茹] ゆをひく[湯引]

**にゅうわ**【柔和】 にょほふ[如法] やはらか[柔]

**…によって** ほどに[程] もて[以] ゆ

**にら**【韮】 かみら[韮] こみら[小韮] ただみら[韮] ふたもじ[二文字] みら[韮] めくらべ[目比]

**にらみあい**【睨合】 めくらべ[目比]

**にらみつ・ける**【睨付】 にらまふ[睨] ねめかく[睨掛] ねめつく[睨付] まかつ[目勝] ちゃうど[丁] はたと・は

---

**…にまかせて** ままに

**にやにや・にたにた** ゑみゑみと[笑] ににこにこ

**にゅうじ**【乳児】 わかこ[若子] →
**基本**こども (P. 51)

**にゅうじゃく**【柔弱】 めめし[女女]

**にゅうじょう**【入場】 ふだ[札]

▼**入場券** ふだせん[札銭]

▼**入場料**

**にゅうせん**【入選】

短歌が—すること にっしふ[入集]

---

**…にまかせて**—**にる**

---

**出国** ひのもと[日本] ふさう[扶桑] ほんてう[本朝] みくに[御国] みづほのくに[瑞穂国] やしま・やしまくに[八島国] やまとしまね[大和島根] わ[和・倭] わこく[和国・倭国] わてう[和朝]

枕—あきつしま[秋津島] しきしまの[敷島] みくにことば[御国言葉]

▼**日本語** ひのもとの[日本]

▼**日本全土** ろくじふよしふ[六十余州]

## にわ──にんぎょう

**にわ【庭】** さには[狭庭] のらやぶ[野藪] みそのふ[御園生] そのふ[園生] つぼ[壺] つぼせんざい[坪前栽] みぎり・みぎん[砌] ―には[庭] ひとには[一庭]
- ▽あやかる あゆ[肖]
- ▽あやかり物 あえもの[肖物]
- ▽にていない とほし[遠]
- 見間違う・聞き間違うほど― まがふ[紛]
- にていること なずらひ・なずらへ[準・擬]
- にていろさま はうふつ[彷彿]
- ―全体 ひとには[一庭]
- 荒れた― のらやぶ[野藪]
- 貴人の家の― みそのふ[御園生]
- ▽築山 しま[山斎] しまやま[島山]
- ▽山 ―[山斎]
- ▽中庭 いしつぼ[石壺] つぼ[壺] つぼせんざい[壺前栽] つぼにわ[壺庭] つぼせんざい[庭狭] にはもせに[庭狭]
- ▽庭木 せざい・せんざい[前栽]
- ▽庭先 ていしょう[庭上]
- ▽庭中 ひとには[一庭]
- ▽前栽 せざい・せんざい[前栽]

**にわいし【庭石】** すていし[捨石] ていし[立石] まへ[前]
- ▽庭掃除 にはきよめ[庭清] にはぎよめ[庭清]
- ▽前庭 まへ[前]

**にわか【俄】** あわたたし・あわただし きどり[屨鳴鳥] とこよのながなきどり[常世長鳴鳥] ながなきどり[長鳴鳥] にはとり[牝鶏] にはつどり[八声鳥] やこゑのとり[庭鳥] ゆふつけどり・ゆふづけどり[夕告鳥・木綿附鳥] ―ひへつどり[家鳥] ―にはとりひへつどり[家鳥]
- [慌] そつじ[率爾] とみ[頓] はか[俄] ゆくりか
- ―に あからさま きっと[急度] 屹度 きと こつぜん(と)[忽然] さっと[颯] たちまち(に) つと とりあへず[取敢] はたと・はった[枕] ひたと[直] →とつぜ ん
- 一部の地域の― わたくしあめ[私雨]

**にわかあめ【俄雨】** はやさめ[早雨] ひぢかさあめ[肘笠雨] むらさめ[村雨・叢雨] →基本あめ(P. 8)

**にわき【庭木】** せざい・せんざい[前栽]

**にわさき【庭先】** ていしょう[庭上]

**にわじゅう【庭中】** ひとには[一庭]

**にわとこ【接骨木】** こぎ・みやつこき やたづき みやつこ[接骨木]

**にわとり【鶏】** あけつげどり[明告鳥] いへつとり・いへつどり[家鳥] かけ・かけろ[鶏] きんけい[金鶏] くたかけ・くだかけ[腐鶏] しばな きどり[屨鳴鳥] ときつげどり[時告鳥] とこよのながなきどり[常世長鳴鳥] ながなきどり[長鳴鳥] ひ にはとり[牝鶏] にはつどり[八声鳥] やこゑのとり[庭鳥] ゆふつけどり・ゆふづけどり[夕告鳥・木綿附鳥] ―ひへつどり[家鳥] ―にはとりひへつどり[家鳥]
- ―の鳴き声 かけろ(と)
- 暁に鳴く― きんけい[金鶏]
- 雌の― ひんけい[牝鶏]
- ▽卵 かひ[卵] かひこ・かひご[卵子] とりのこ[鳥子]
- ▽ひよこ ひな・ひなどり[雛・雛鳥] ひよひよ

**にんき【人気】** おもひいれ[思入]

**にんき【任期】** にん[任]

**にんぎょ【人魚】** かうじん[鮫人]

**にんぎょう【人形】** おとぎばふこ[御

にんげん――ぬかす

伽這子・御伽婢子 ひとかた・ひとがた[人形] ひいな・ひな・ひひな[雛]
木彫りの― でく[木偶]
▼操り人形 でく[木偶] てぐつ[手傀儡] おほうちびな[大内雛]
▼雛人形

**にんげん【人間】** いっさいしゅじゃう[一切衆生] しゅじゃう[衆生] はだかむし[裸虫] ひと[人] ひとのうへ[人上] よひと[世人]
―臭い ひとめかし[人]
―の身体 ごしゃくのみ[五尺身]
―未開人 えびす[夷・戎]

**にんげんかい【人間界】** げかい[下界]
苦しみの多い― くかい[苦界・苦海]

**にんじゃ・にんじゅつ【忍者・忍術】**
しのび[忍]

**にんじょう【人情】** じゃう[情] なさけ[情] ひとごころ[人心] なさけなし[情無]
―味がない なさけおくる[情後] ―味に乏しい なさけおくる[情後]

**にんしん【妊娠】** みもち[身持] ただならずなる[徒]
―する つはる[悪阻] はらむ[孕] みごもる[身籠] やどす[宿] をれこむ[折込]
―している
▼産婦 うぶめ[産女] こるめ[子米] はらめ[孕婦]
▼妊婦 むかへゆ[迎湯]
▼流産 せうさん[消産]

**にんずる【任】** さう[相]
**にんそう【人相】**→にんめい
**にんそうみ【人相見】**→うらなう
**にんたい【忍耐】**→がまん
**にんていしょ【認定書】** かんじゃう[人形]

**にんにく【大蒜・葫】** おほみら[葷] おほひる[大蒜] ひる[蒜]
**にんぴにん【人非人】** にんぐゎい[人外] にんちく・にんちくしゃう[人畜生] [勘状]
―など
**にんぷ【人夫】** ぶ[夫]
**にんぷ【妊婦】** うぶめ[産女] こるめ はらめ[孕婦]
**にんむ【任務】** つとめ[務・勤・勉] と事]
**にんめい【任命】** まけ[任]
―される あたる[当]
―する さしまく[差任] なす[成・為] はいす[拝] まく[任] よす[寄] [射・差・指]

# ぬ

**ぬいあ・げる【縫上】** たちぬふ[裁縫]
**ぬいあわ・せる【縫合】** つづる[綴]

**ぬ・う【縫】** さす[刺] したつ[仕立]
**ぬか・す【抜】** おとす[落] かく[欠]

## ぬかずく — ぬれる

**ぬかずく【額付】** もらす[漏・洩]

**ぬかづ・く【額付】** つく[衝・突] ⇒おがむ

**ぬかみそ【糠味噌】** じんだ[糂粏]

**ぬかるみ【泥】** ひぢ[泥]

**ぬきがき【抜書】** せう[抄・鈔] —した物 せうもち・せうもつ[抄物]

**ぬきだ・す【抜出】** とりいづ[取出]

**ぬきと・る【抜取】** はぬ[跳・刎・撥] ひく[引]

**ぬきん・でる【抜出】** きははなる[際離] すぐる[勝] —する すぐれる —秀 —でているもの ほ[秀]

**ぬ・ぐ【脱】** ぬく[脱] はづす[外] —がせる からにしき[唐錦] はぐ[剥] 衣を滑らせて— すべす[脱滑] ぎすべす 枕—

**ぬぐいと・る【拭取】** かいのごふ[搔拭]

**ぬぐ・う【拭】** のごふ[拭]

---

押すように— おしのごふ[押拭]

**ぬく・める【温】** ぬくむ[温]

**ぬけお・ちる【抜落】** 髪の毛が— つぶ[禿] はぐ[禿] ▼抜け毛 おちがみ[落髪]

**ぬけがら【抜殻】** から[殻]

**ぬけ・でる【抜出】** ぬけいづ[抜出]

**ぬけみち【抜道】** かくれみち[隠道]

**ぬけめ(が)な・い【抜目無】** うるせし くまなし[隈無] こざかし[小賢] すすどけなし[鋭無] すどし[鋭] せち[世知]

**ぬ・ける【抜】** ぬく[抜] ぬけいづ[抜出]

**ぬさ【幣】** とよみてぐら[豊御幣] にぎて[和幣] みてぐら[幣]

**ぬすびと【盗人】** ⇒どろぼう

**ぬすみぎき【盗聞】** たちぎき[立聞]

**ぬすみつづ・ける【盗続】** ぬすまふ

**ぬすみ・とる【盗取】** ひく[引]

**ぬす・む【盗】** かすむ[掠] とる[取]

---

**ぬの【布】**
白い— しろたへ[白妙・白栲] 粗末な— あらたへ[荒妙・荒栲]
▼盗みと殺人 せつぞく[殺賊]
▼盗人 ⇒どろぼう

—こと ちゃくふく・ちゃくぶく・ちゃくぼく[着服]
人の目を— ひとめをはかる[人目謀]

**ぬま【沼】** うみ[海] ぬ[沼]
草などに隠れた— こもりぬ[籠沼]
水をたたえた— みぬま[水沼]

**ぬら・す【濡】** 湿・霑 しめす[湿] しほる[湿・霑] ひつ・ひづ[湿・沾]

**ぬるで・ふしのき【白膠木】** かちのき ぬで・ぬりで すのこ[簀子] ▼白膠木 なきこと[無事] きな[無名]

**ぬれぎぬ【濡衣】**

**ぬれえん【濡縁】**

**ぬ・れる【濡】** うるほふ[潤] しとむ[浸] しほる[湿・霑] しほたる[潮] しめる[湿] しむ[染] そぼ垂 しめる[湿]

## ね

たる　そぼつ・そほつ[濡]　つく[漬]　ぬる[濡]　ぬれそぼつ[濡]
ひつ・ひづ[漬・沾]
枕─しらさぎの[白鷺]（▶ぬれごろも）

**ね**【根】　このね[木根]　もと[本]
枕─うきくさの[浮草]（▶ねをたえて）　さしやなぎ[差柳]　ねざす[根差]
─がつく　ねざす[根差]
─が伸びる　ねばふ[根延]　ねだる[根足]
─が生える　→─がつく

たる　そぼつ・そほつ[濡]　つく[漬]　ぬる[濡]
─れているさま　しとど
─れているように見える　ぬれば
む[濡]
─こと　しほどけ[潮]
─さま　しののに
海水に─　しほたる[潮垂]　しほ
どく[潮]

衣がぐっしょり─　しをる[萎]
しっとりと─　そぼぬる[濡]
立ったまま雨などに─　たちぬる[立濡]
涙で─　しぐる[時雨]　しほしほ・しほほ
びっしょり─　くさる[腐]　しほ
どく・しほどけし[潮]　そほつ・そぼ
つ[濡]　ぬれそぼつ[濡]
水に─　ひづつ[漬]
▼**ずぶ濡れ**　しとど

**ね**【値】　あたひ[値]　こけん[沽
券]　→かち
**ねえさん**【姉】　→あね
**ねがい**【願】　おもひ[思]　のぞみ[望]
─事　ねぎごと・きぼう
─事　ねぎごと[祈事]　まうしご
と[申言]
─を言う　ねぎかく[祈掛]　しゅくぐゎん[宿願]　そい[素意]　ほい[本意]
─事をする　ねぎごと[祈事]
平素の─　そくゐ[素懐]
▼**願書**　あかしぶみ[証文]　うれへぶみ[愁訴文]　ことねがひぶみ[事願書]
▼**嘆願書**　くゎんじゃう[款状]
**ねがいいのる**【願祈】
**ねがいもとめる**【願求】こひねがふ[乞祈]
**ねがいで**【願出】　まうしじゃう[申状]
**ねがう**【願】　ごんぐ[欣求]
─こと　おもふ[思]　くどく[口説]　こひねがふ[乞願]　こふ[乞・請]　なげく[嘆・歎]　ねがふ[願]

─がつく
─が伸びる
─の張り具合　ねざし[根差]
─のまま引き抜くこと　ねびく[根引]　ねこぎ[根扱]　ねこじ[根掘]
▼**根元**　ねかた[根方]　ねどころ[根所]

ねがえり——ねたましい

**ねがえり【寝返】** かへりちゅう[返忠] —をうつ ふしかへる てんてん[展転・輾転] —をうつこと

**ねがわしい【願】** ねがふ おもほし[思] ね がはし[願]

**ねか・せる【寝】** なす[寝] ふす[臥・伏] …よこたえる

抱いて— かきふす

**ねづ・く【根付】** ねざす[根差]

**ねぎ【葱】** き[葱] しろね[白根] ね ぶか[根深] あきぎ[秋葱] ひともじ[一文字] 秋の— あきぎ[秋葱]

**ねぎら・う【労】** いたはる[労] なぐ さむ[慰] ねぐ[労]
▽御苦労 いたつかはし・いたつき [労]

**ねぎ・る【値切】** こぎる[小切]

**ねぐせ【寝癖】**

—のついた髪 あさねがみ[朝寝 髪] たわ[撓] ねくたれがみ[寝腐 髪]

**ねぐら【塒】** ねどころ[寝所]

**ねこ【猫】** ねこま[猫]
▽化け猫 ねこまた[猫]

**ねこぜにな・る【猫背】** おせくむ・おせ ぐむ

**ねこそぎ【根】** ねこぎ[根扱] ねこじ [根掘] ねごめ[根込] ねびき[根 引]

**ねごと【寝言】**
—にする たうじんのねごと[唐人 寝言]

**ねこやなぎ【猫柳】** えのころやなぎ かはやぎ くろやなぎ [黒柳] たにがはやなぎ[谷川柳]

**ねころ・ぶ【寝転】** こやる[臥]

**ねじけて・いる【拗】** くねくねし ねぢく・ねぢ し[姦] かたまし・かだま けがまし[拗]

**ねじ・ける【拗】** ひがむ[僻] 心が— かだむ[姦]

**ねじばな【捩花】** →もじずりそう

**ねじま・げる【捩曲・捩曲】** ねづ[捩・ 捻] まぐ[曲]

**ねじょうべん【寝小便】** よばり ねづ[捩・ 縊] よる[夜尿]

**ねじりあわ・せる【捩合】** ねづ[捩] ひねる[捻]

**ねじ・る【捩】** もぢる[捩] ねぢく[拗] よづ[攀] [捻・捩] ねづ[捩] ひづむ

**ねじ・れる【捩】**

**ねず・ねずみさし【杜松】** むろ・むろのき[杜松・檜] ねずさし[杜 松]

**ねずみ【鼠】** よめがきみ[嫁君]
—取り ちごくおとし[地獄落]
—十二支の— ね[子]

**ねずみいろ【鼠色】** にびいろ・にぶい ろ[鈍色]

**ねそべ・る【寝】** そべる・ぞべる

**ねたきり【寝】** つくばひ[踞]

**ねたまし・い【妬】** そねまし[妬] ね たまし[妬]

**ねた・む【寝】** →よこたわる

**ねたまし・い【妬】**
—がる ねたがる[妬]
—がること ねた[妬] へんしふ [偏執]

ねたみ――ねらい

なんとなく―― なまねたし[生妬]

ねたみ【妬】 そねみ[嫉] ものうらやみ[物羨]

ねた・む【妬】 にくむ[憎] うらやむ[嫉] ふすぶ[燻] そねむ
　[嫉] しゅらをもやす[修羅燃]

ねだ・る いたぶる[甚振] せがむ
　句― みをやつす[身窶]

ねだん【値段】 あたひ[値] こけん[沽券]
　―こと むしん・むじん[無心]

ねつ【熱】
　―を出す ほとほる
　病気で―がある あつし[熱] ぬ
　るむ[温] ほとほる
　暑さ ごくねち[極熱]

ねっしん【熱心】 いそし・いそしむ[勤]
ねむごろ・ねもころ・ねんごろ[懇]
　―でない ぬるし[温]
　―に ひらに[平]
　―に聞く ききいる[聞入]
　―にする こころをいる[心入]
　―になる みをなぐ[身投] さんまい[三昧]

ねっちゅう【熱中】 ねんねん[念念]

―している人 しれもの[痴者]
―して他を見ない
　句― しかをおふれふしはやまをみず
　[鹿追猟師山見]
―する やつす[窶]
　句― うきみをやつす[憂身窶]
　ろにいる[心入] みをやつす[身窶]
　―するさま まっくろ[真黒]

ねつびょう【熱病】 しゃうかん[傷寒]
ねて・いる[寝] いぎたなし[寝汚]
ねどこ[寝床] じゃくめつ[寂滅]
ねはん【涅槃】
ねぶみ・する[値踏] ふむ[踏]
ねぼう【寝坊】 いぎたなし[寝汚]
ねぼ・ける[寝惚] ねおびる[寝]
　ほる[惚] ねまどふ[寝惑]

▽ねぼけ声 ねぶりごゑ[眠声]

ねま【寝間】 →しんしつ
ねまき[寝巻] こよる[小夜] さよ
　ろも[小夜衣] さよぶとん[小夜蒲
　団]

ねみだ・れる[寝乱]
　―・れ髪 →ねぐせ

ねむ・い[眠] ねぶたし[眠]

―頃・季節
　句― かへるのめかりどき[蛙目借時]
　―くなる とろめく

ねむのき[合歓木] がふくゎのき[合歓
　木] ねぶ[合歓]

ねむり[眠] すいめん[睡眠] ねぶり
　―につく いぬ[寝] ひそまる
　[潜]

ねむ・る[眠] 基本 ねる(P.76)
　―れない いもねられず[寝寝]
　うきね[浮寝]

ねもと[根元] ねかた[根方] ねどこ
　ろ[根所] い[寝]

▽ひと眠り ひとい[一寝]

ねや【寝屋】 →しんしつ
ねゆき【根雪】 かたゆき[堅雪]
ねらい[狙] やさき[矢先・矢前] →め
　あて

　―を定める さしあつ[差当]

▽ねらい所 やっぽ[矢坪・矢壺]
　やどころ[矢所]

▽ねらい目 つぼ[壺]

ねらう——ねんまつ

**ねらう【狙】** めざす[目指]　隙を—　うかがふ[窺]

**ね【寝】** →[基本](P.76)　ねやす[練]

**ね・る【練】** ねやす[練]

**ねん【念】**
—を入れて　とくと
—を押す　そこをおす[底押]
めをおす[駄目押]
—を押すこと　おさへ[抑押]
—を押すさま　くれぐれ(と)

**ねんいり【念入】** ねむごろ・ねもごろ・ねんごろ[懇]　わづらはし[煩]

**ねんがん【念願】** そくわい[素懐]　たんねん
—に　かへすがへす[返返]　とく
—に書く　かきすます[書澄]
よく・よくよく[良良・能能]　→ぼう

**ねんぐ【年貢】** しょたう[所当]

**ねんげつ【年月】** くゎうゐん[光蔭]　しゅんじう・はるあき[春秋]　せいさう・せいざう[星霜]　つきひ[月日]　つくひよ[月夜]　つゆしも・つゆじも[露霜]　ときよ[時世]　とし[年・歳]　としつき[年月]　ほど[程]　多くの—　あまたとし[数多年]　—を送る　すぐす・すごす[過]　せんざい[千歳・千載]　ちとせ[千年]　ちよ[千代・千世]　ちとせ・つき[年月]　やちよ[八千年]　→[基本]とき(P.16)

▼半年　としなか[年中]

**ねんこう【年功】** こう[功]　こふ[劫]
—が積もる　くづづく[功付・功就]
—を積む　ふるし[古]　らふたく[]
—を積んだ年数　らっし・らふし[]
—膾次[膾]

**ねんごろ【懇】** かゞこまやか[細]
—に　おぶなおぶな・おほなおほな　たりふし　つらつら　よくよく[良良・能能]
—に扱う　いたはる[労]

**ねん・じる【念】** →いのる

**ねんじゅ【年数】** れきすう[暦数]

**ねんちょう【年長】**

▼年長者　かみ[上]　このかみ[兄]
ちゃうじゃ[長者]
▼年長者らしく振る舞う　おきなさぶ[翁]　ちゃうず[長]

**ねんど【粘土】** はに[埴]　はにつち[埴土]　まはに[真赤土]

**ねんとう【念頭】** →きにかける
—に置く　おもひかく[思懸]

**ねんぱい【年配】**
しまへ[年前]　よははひ[齢]
▼年配者　としより[年寄]

**ねんぶつ【念仏】** しょうみゃう[称名]

**ねんまつ【年末】** おほぐれ[大暮]　くれ[暮]　くれがた・くれつかた[暮方]　さいばん[歳晩]　せっき[節季]　としのせ[年瀬]　はるのとなり[春隣]
▼大晦日　おほみそか[大晦日]　ごもり[大晦日]　おほどし[大年・大歳]
▼大晦日の前日　こつごもり[小晦日]
▼大晦日の夜　としのよ[年夜]　よひのとし[宵年]

## の

▼去年の暮れ ふゆとし[冬年]
▼暮れ行く年 ふるとし[旧年]
▼除夜 としこしのよ[年越夜] しのよ[年夜]
▼年越しの費用 としとりもの[年取物]
▼年が暮れる くる[暮・昏] くれはつ[暮限] とく[徳] こころだましひ[心魂] ちから[力] ぶんげん[分]
▼年や季節が終わる
▼年来 としつき[年月] →な
ねんらい[年来] →
ねんれい[年齢] →基本(P.89)

の[野] →基本 のはら(P.26)
のあそび[野遊] きのかた[気方] たふせい[踏青] [凌霄]
ノイローゼ
のうか[農家] →ひゃくしょう
のうぎょう[農業] なり なりはひ[生業] →ひゃくしょう[業]
のうこう[濃厚] こし[濃]
のうさくぶつ[農作物] つくり[作・造]
のうしょ[能書] →のうひつ
のうずい[脳髄] ずいなう[髄脳] なづき[脳・髄]
のうぜん・のうぜんかずら[凌霄花]

のうせう・のせう[紫葳] まかやき[凌霄]
のうてん[脳天] やかやき
のうひつ[能筆] てかき[手書] のうしょ[能書] てしゃ[手者] のうしょひ[手者] のうしょ[能書]
▼能書家 てしゃ[手者] のうしょひ
のうふ[農夫] →ひゃくしょう
のうべん[能弁] [能書]
　くちぎよし[口利]
のうみん[農民] →ひゃくしょう
のうりょく[能力] うつはもの[器物]

のが・す[逃] →にがす
のが・れる[逃]
　罪を— つみさる[罪去]
のぎく[野菊] かはらおはぎ かはらよもぎ[河原蓬]
のきさき[軒先] のきば[軒端]
のきした[軒下] のきば[軒端] のきやみ[軒闇]
　—の暗い所 のきやみ[軒闇]
　商家の— たなした[店下]
の・く[退] はづる[外] →しりぞく
のけぞ・る[除] そる[反] のる[仰・伸]
の・ける[除] →のぞく
　乱暴に— かなぐる
のこぎりそう[蓍草] めどぐさ[蓍草] めどはぎ[蓍萩] めどき[蓍木]
のこ・す[残] あぶす[溢] とどむ[止・留]
のこ・る[残] とむ[止・留]

ねんらい——のこす

のこらず ― ので

**のこらず**
—**さない** あぶさはず[溢]
—**所がない** くまなし[隈無] くまもおちず[隈落]
**のこらず[残]** あげて[挙・上] さながら[然] すきと すでに[既・已] そのこりなし[残無] ふつくに[悉] みなながら・みながらに・みなながらも[皆] →**すべて**
—**聞く** ききすます[聞済]
—**見る** みはつ[見果]
**のこり[残]** ほこり[埃]
—**の** のこんの[残]
—**物** つかひからし[使枯]
**のこりか[残香]** よくん[余薫]
**のこる[残]** とどまる[留・停・止]
**のこりが[残]** いはまくら[岩枕]
**のじゅく[野宿]** かりね[仮寝] かりまくら[仮枕] くさ(の)まくら[草枕] くさぶし[草伏・草臥] こもまくら[薦枕] たびまくら[旅枕] やまぶし[山臥・山伏] —**する** くさむすぶ[草結] まくらむすぶ[枕結]
**の・せる[載]** きす[着] くはふ[加]

**のぞいて・みる[覗見]** つむ[積] のす[乗] 句] くもにはしご[雲梯子]
**のぞきこ・む[覗込]** のぞく[覗] みる[視]
**のぞきみ[覗見]** さしのぞく[差覗]
**のぞき・みる[覗見]** うかがふ[窺] かいばみる・かいまみる[垣間見]
**のぞきむ[垣間見]** かいまむ[垣間見]
**のぞ・く[除]** あます[余] かきのく[掻退] けづる[削] そく[退] とりやる[取遣] のく[退] はづす[外] はなつ[放] ひきやる[引遣] [欲] →**かれる** のぞこる[除] もる[漏]
**のぞまし・い[望]** あらまほし あるべかし[有] いう[優] いし[美] おもはし・おもほし[思] ねがはし[願] まくほし・まくほりす[欲] →**このましい**
**のぞみ[望]** ねがひ[願] こころ[心] たのみ[頼] →**がんぼう、→きぼう**
**のぞみ・みる[望見]** しゅくい[宿意] おもふ[思] ほっす・ほりす・ほる[欲] のぞく[臨] もとむ[求] →**ねがう**
**のぞ・む[望・臨]** みさく[見放] おもふ[臨] このむ[好] のぞく[臨]
—**を抱く** おもひをかく[思掛]
**かねてからの** —

—**が達し難い** 欲深く— むさぼる[貪]
—**こと** しょまう[所望]
**のぞむ[垣間見]** ひろめく[閃]
**のたうちまわ・る**
**のたうつこと** びゃくち[蹩地]
**のたく・る** もこよふ・もごよふ
**のたくる** ごと[毎]
**のたびに** —**のために** →**ため**
—**のためのもの** →**ため**
—**のためらしい** →**ため**
—**のついでに**[序] **ついでに** →**のついでに**
—**のっとる[乗取]** ぬく[抜] →**うばう**
**のたれじに[死]** のざらし[野晒]
**のち[後]** あと、→**しょうらい**
**のて[後]** のざらし[野晒]
**のづら[野面]** のもせ[野面]
**ので** から ほどに[程] ままに[儘] みものゆゑ[物故] ものを[物]

のど【喉】 のみど・のんど[咽喉]
　を→から
　―が鳴る のろろく[嘶]　ふえ
　ものを[物]　―なあ ものを[物]
　―のとおり【通】 ごとし[如]　やうな
　　り
…のどおり【通】 ごとし[如] やうな
のどか【長閑】 うらら・うららか[麗]
　おだし・おだひし[穏] おだやか[麗]
　のどのどし[穏] のどやか
　[長閑] のどのど のんどり（と）
　やすし[安]
　―に おだひかに・おだひに[穏]
　―で緩やかに ゆたに[豊]
　―なさま のどに[長閑・和]
　―な時 こころの いとま[心暇]
　―な日 のどかび[長閑日]
　―になる おだやむ[穏]
　―になる おだやむ[穏]
　心が―な時 こころの いとま[心暇]
　なんとなく― ものうららか[物麗]
…のに ながらも ものゆゑ[物故]
　がり[許]
のど――のみみず

ののしりあ・う【罵合】 のりあふ[罵合]
のの・しる【罵】 ののる[罵]
　―られる まぬらる[真罵] おろす[下]
　―こと めり[罵詈]
のば・す【延・伸】 のばふ[延] のぶ
　[延・伸]
　木や竹などを― たむ[矯・揉]
　時間を― のどむ[和]
　爪などを― おふす[生]
　長く― ひきはふ[引延]
…のはずだそうだ べかなり・べかん
　なり
…のはずのようだ べかめり・べかん
　めり
のはら【野原】 →基本（P.26）
のびのびさ・せる【伸伸】 のぶ[伸・延]
のびひろが・る【延広】 ほどこる[播・延]
の・びる【延】
の・びる【野蒜】 あららぎ[蘭]
　おそなはる[遅] のぶ

[伸・延] はたぶる[端張]
十分に― たく[長・蘭]
根が― ねばふ[根延]
の・べる【述】 のばふ[述]
　告― のばふ[述] のる[宣・告] じょす[序]
…のほうがよかった べかりけり
のぼ・せる【逆上】 あがる[上] うは
　ぐむ けあがる・けのぼる[気上]
　ちみちをあげる[血道上] のぼる
　[上] →ぎゃくじょうする
のぼりざか【登坂】 つまさきあがり
　[爪先上]
のぼ・る【上・登・昇】
　―り詰めた者は必ず滅びる [兀竜悔
　有]
…のままで づから ながら（に）
　澄んだ月が― すみのぼる[澄登]
のみくい【飲食】 おんじき[飲食]
　―する したたむ[認] すばすば
　―するさま すばすば
のみこ・む【飲込】 すく[食]
のみみず【飲水】 ▼理解する
　もひ[水] こころう[心得]

のむ──のんべえ

**の・む【飲】** くふ・くらふ[食] たぶ[食] はむ[飲]
　─[食] たぶ
　謙─たぶ[食]
　尊─きこしめす[聞召] たてまつる[奉] まゐる[参] めす[召] をす[食]
　酒などを─ ぶくす[服]
　薬などを─・ませる すすむ[勧]
　茶や酒を酌んで─ くむ[汲・酌]
　手ですくって─ たなごころ／たのむ[手飲]
　水を─・ませる みづかふ[水飼]
**…のもとに** → もとに
**のやき【野焼】**
　─の後の草の色 すぐろ[末黒]
　─の後の野 やけの[焼野] やけふ[焼生]
　─の火 のび[野火]
**…のようだ** → 基本 すいてい・すいりょう (P.103)
**のり【糊】**
**のりうつ・る【乗移】** つく[憑] のる[乗]
　物の怪などが─ とりつく[取付]
　飯を潰した─ そくひ[続飯]

ものにつく[物付] よる[寄]
**のりき【乗気】** いさましい[勇] いさむ[勇] こころたつ[心立]
　─になる いさましい[勇] いさむ[勇] すすまし[進]
**のりこ・える【乗越】** しのぐ[凌]
**の・る【乗】** がす[駕]
　尊─たてまつる[奉] めす[召]
**のれん【暖簾】** たれぎぬ[垂衣] たれぬの[垂布] とばり[帳] なうれん・なんれん・のんれん[暖簾]
**のろ・い【呪】** しゅ[呪] ずそ・しゅそ・じゅそ[呪詛]
　─こと ずそ・しゅそ・じゅそ[呪詛]
**のろ・う【呪】** うけふ[祈・誓] かしる[呪] とこふ[呪・詛] のろふ[呪]
　　調伏 じゅそ[呪詛]
**のろし【狼煙】** とぶひ[飛火] ひ[火] ほうくゎ[烽火] らうえん[狼煙]
**のろま** おそ・おそし[鈍・遅] たゆし[弛・懈] ぬるま[温・微温] のさも

のろのろし[呪呪]
**のろわし・い【呪】** のろのろし[呪呪]
**のんき【呑気・暢気】** きさんじ[気散] きさんじもの[気散者] きさんじもの(さんじのさ)・のどけし[広量] たゆし[弛・懈] くゎうりゃう[広量] のどけし・のどやか[長閑]
▼呑気者
　─なさま のどけし・のどやか[長閑]
**のんびり** のんどり(と)
　─くつろぐ おほどく おほどけし・のどけし・のどやか[長閑] のびらか[伸] ゆるがし[緩]
　─したさま おほどく のびらか[伸] ゆるがし[緩]
　─している おほどく のどか・のどけし・のどやか[長閑] ゆるがし[緩]
　─しているさま こころのどか[心緩]
　─する のどまる・のどむ[和]
**のんべえ【飲兵衛】** → 基本 さけ (P.94)

444

# は

**は【葉】**
―の先 はずゑ[葉末]
―の茂り はむら[葉群]
紅葉(黄葉)した― もみぢ[紅葉・黄葉]
先の方の― うらは・うらば・うれは
▽朽ち葉 わくらば[病葉]

**は【刃】** やいば[刃]

**ばあい【場合】**
じせつ[時節] ついで[序] とき[時] ところ[所] をり[折]
―によって ときにとりて[時]
―場合 をりふし[折節]

**ばあさん【婆】** うば・むば[姥] おうな・おみな・おむな・おんな[嫗] たうめ[専女] つくもがみ[九十九髪] とべ・とめ[姥]

**はい【灰】**

**はい ― はいぼくする**

―と燃え殻 くゎいじん[灰塵]

**はいいろ【灰色】** うすずみいろ[薄墨色] にびいろ[鈍色]

**ばいう【梅雨】** →基本あめ(P.8)

**はいか【配下】** はたした[旗下] →てし

**はいかい・する【徘徊】** たもとほる・もとほる・する[回・廻] →さま よう

**はいがん【拝顔】** げんざん[見参]

**ばいきゃく【売却】** →うる

**はいぐうしゃ【配偶者】** かたき[敵・仇] ぐ[具] つれあひ[連合] ま くらぞひ[枕添]

**はいけっかく【肺結核】** らうがい[労咳] らうさい[労瘵]

**はいご【背後】** うしろ[後] そがひ[背向] →うしろ

**はいごう【配合】** あへしらひ とりあ はせ[取合] →まぜる ちゃうはい[停廃] →や める

**はいし【廃止】** →まぜる

**ばいしゃくにん【媒酌人】** →なこうど

**はいじょ【排除】** →のぞく

**ばいしょう【賠償】** →つぐない

**ばいしょく【配色】** あはひ[間]

**ばいしょく【陪食】** しゃうばん[相伴]

**はいせつ・する【排泄】** つく[吐] ひる[放]

**はいせん【敗戦】**
―の恥 くゎいけいのはぢ[会稽恥]

**はいち【配置】**
―便 ―する くばる[配]

**はいつくばる【這】** ついひらがる[突] おきて[掟] たより[便]

**はいとう・する【配当】** わかつ[分別]

**はいび【配備】**
軍勢などの― ちんだて[陣立]

**はいよう【手使・手遣】** てづかひ[手使・手遣]

**はいぶつ【廃物】** あがりもの[上物]

**はいぼく・する【敗北】** やぶる[破]

# はいまわる——ばか

**はいまわ・る【這回】** はひありく[這歩] はひたもとほる・はひもとほる[這廻]

**はいめん【背面】** そとも[外面] そむき[背]

**はいりょ【配慮】** あてがひ[充行・宛行] おそり・おそれ[畏・恐] きづくし[気尽] ここち[心地] こころづかひ[心遣] こころひ[心] こころもちる[心用] こころろげさう[心化粧] こころろもちる[心用]
— が行き届いている いたりふかし[至深]
— が行き届いているさま かずかず[数数]
年上らしい— このかみごころ[兄心]
▼気を配る おそる[恐・畏] おもひやる[思遣] ひきつくろふ[引繕]
気を配ること いたり[至] きづかひ[気遣] こころろげさう[心化粧] こころもちる[心用] ようい[用意]

**はい・る【入】** おしいる[押入] さしい

る[差入] たちいる[立入] たちまへ[奥葉戸] くさのかげ[草陰] くさのはら[草原] くさば[草葉] さんまいば[三昧場] つか[塚] のべ[野辺] はかどころ[墓所] はかはら[墓原] べう・べうしょ[廟所] ほくぼう[北邙] みたまや[御霊屋] みやま[御山] むじゃうしょ[無常所] むしょ[墓所]
— のある所 あだしの・徒所[あだしの] はとこ[磐床] つかはら[塚原] はかはら[墓原]
— の下 こけのした[苔下]
— の中の石室 いしき・いはき[石城・岩城]
天皇などの— みささぎ[陵] みやま[御山] やま[山]
野中の— のばか[野墓]
▼仮の埋葬地 あがり[殯] あらき[殯] もがり（のみや）[殯(宮)]
▼火葬場 のべ[野辺]

**は・う【這】** したばふ[下延] はふ[這] にじりこむ[躙込]
すっかり— いりはつ[入果]
そっと— すべりいる[滑入]
深く— おしいる[押入] にじりこむ[躙込]
無理に— おしいる[押入]
—方向・時刻 いもがかど[妹門]
—枕— いもがかど[妹門]

**は・う【蠅】**
五月の— さばへ[五月蠅]

**はえ【蠅】** [透逝]

**はえかわ・る【生変】** おひつぐ[生継]

**はえて・くる【生来】** はえる[生]

**は・える【生】** おふ[生] はえす[生] むす[生・産]

**はえさせる** おふす・おほす[生]

**はえ【栄】** → ほまれ

**はおり【羽織】** どうぶく[胴服]

**はか【墓】** あとのしるし[跡標] おきつき・おくつき・おくつきどころ[奥津城所] おきつすたへ・おくつすたへ・おくつすた

やま[御山] やま[山]
野中の— のばか[野墓]
▼仮の埋葬地 あがり[殯] あらき[殯] もがり（のみや）[殯(宮)]
▼火葬場 のべ[野辺]

**ばか【馬鹿】** おそ・おそし[鈍・遅] おれ・おれし[愚] おほほし[鬱] かたくなし[頑] こけ[虚仮] かたくなし[拙] つたなし[戯] どち

はかい―はぎ

はかい【破壊】 ▷こわす
　をこ[痴・烏滸・尾籠] ▷おろか
　―こ[痴] …ばかげた
　―げた …ばかげた
　―げている …ばかげている
　―なこと しれごと[痴事]
　―にしている なめげ・なめし[無礼]
　―にする あさむ・あざむ[浅]
　　あなづる[侮] おもひあなづる[思侮]
　　ちゃにする[茶] つけにする[付]
　　ないがしろ[蔑] をこがる[痴] を
　　こづく[痴] ▷あなどる
　―になる おろく しる[痴]
　▽馬鹿者 …ばかもの
　ばかい【破壊】 そんまう[損亡] はき
　　やく[破却] はゑ[破壊] ▷こわす

ばかいた【馬鹿】
　―行為 たはわざ[戯業]
　―こと きゃうこつ[軽忽]
　―ことをする たはく[戯]
　―話 しれごと[痴言]
ばかげて・いる【馬鹿】 しれがまし
　[痴] びろう[尾籠] をこ・をこがま
　し[痴・烏滸・尾籠]
ばかげてみ・える【馬鹿見】 しれじれ

はか・げる【馬鹿】 …ばかげている
はが・す[剥] ▷はぐ・へぐ[剥]
ばか・す[化]
　―される まつげよまる[睫読]
はかどり【捗】 はか[果・計] みちはか
　[道捗]
はかど・る[捗] ▷[埒開]
　―らない たぎたぎし・たづたづ
　　し・たどたどし よどむ[淀]
　―らないこと なんじふ[難渋]
ばかばかし・い【馬鹿馬鹿】 ▷ばからし
　　い【儚】 ▷基本(P.80)
はかな・い【儚】
　―らちあく[埒開]
はがみ【歯噛】 ▷はぎしり
ばかもの【馬鹿者】 あやかし うつけ・
　　うつけもの[空者] えせもの[似非
　　者] おれもの[愚者] さんたらう
　　[三太郎] しれもの[痴者] じんろ
　　く[甚六] たくらだ たはけ・たは
　　けもの[戯者] にばん[二番] にば
　　んぜえ[二番生] ほれもの[惚者]
はがゆ・い【歯痒】 ▷じれったい

し[痴痴] …ばかげている
　か
ばか・へぐ[剥]
か
はから・う[計] おきつ[掟] とりな
　　す[取成]
はからし・い【馬鹿】 しれがまし[痴]
はからずも【計事・謀】 おもひがけな
　　く見える ▷おもいがけなく
はからひ[計] ▷[図]
はかりごと【計事・謀】 おもんばかり
　　[慮] けっこう[結構] たくみ[工・企・巧]
　　ばかり[計] づ[図] はうりゃく
　　[方略] ばけ[謀] づ[図]
　―く思う をこがる[痴]
はかりしれな・い【計知無】 はかりな
　　し[量無] むりょう[無量]
はが・れる[剥] ▷はぐ[剥]
はぎ[萩] あきはぎ[秋萩] からはぎ
　　[唐萩] こぞめぐさ[濃染草] しか
　　のさく・しかのしがらみ[鹿柵] し
　　かのはなづま[鹿花妻] つきみぐさ
　　[月見草] のもりぐさ[野守草] は
　　なづま[花妻]

はからい【計】 ことはかり[事計]
　　からひ[計] もよほし[催] ▷けい
　　かく

**はききよめる【掃清】** はらふ[払]

**はききり【歯軋】** はぎしみ・はぎしめ[歯軋]

**はぎしり【歯軋】** はぎしみ・はぎしめ[歯軋]

**はきけ・がする【吐気】** むかふ[迎]

**はきは・きして・いる** きはぎはし[際]
―する きかむ・きばをかむ[牙嚙]
[際] はっし(と)

**はきだ・す【吐出】** たぐる[吐]

**はきもの【履物】** げそ[下下]
▼草鞋 わらうず[藁沓] わらんぢ

**は・く【吐】** えずく[嘔吐] かへす[返]
たぐる[吐]

**はぐき【歯茎】** はじし[歯肉] はぶし
[歯節]

**はくじょう【薄情】** うし[憂] けし
[怪] こころなし[心無] つらし
[辛] つれなし[心無] なさけおくる[情
後] なさけなし[情無] はしたな
し[端無] ぶしんちゅう[不心中] →むじ
ひ
―なこと どうよく[胴欲・胴慾]

**はくじょう・する【白状】** いひあらは
す[言表] おつ[落] しらく[白]

**ばくぜんと【漠然】** おほに[凡] くゎ
うりょう[荒涼]

**ばくだい【莫大】** さまねし[数多]
ねし →基本 おおい(p.78)
―してあてがないさま やみくも
[闇雲]

**はくだつ・する【剥奪】** とりはなつ[取
放]

**ばくちゅう【博昼】** あかひる[明昼]

**ばくち【博打・博奕】** てなぐさみ[手慰]
ばくえき・ばくやう[博奕] →かける
▼博奕打ち とほりもの[通者]

**ぱくぱく・する**(魚が水面で) はむ
[食]

**はくはつ【白髪】** しも[霜] しらかみ・
しろかみ[白髪] ゆき[雪]

**ばくふ【幕府】** こうぎ[公儀]

**ばくふ【瀑布】** →たき

**はくまい【白米】** しらげ・しらげよね
らげ・しらげよね しろづき
[白搗] つきごめ[突米・搗米]

**はくめいのひと【薄命人】** うたかたび
と[泡沫人]

**はくらいひん【舶来品】** わたり・わた
りもの[渡物] ほかと

**はげ【禿】** かぶろ・かむろ[禿]

**ぱくりと** きんかあたま[金柑頭]

**はげいとう【葉鶏頭】** かるくさ がん
らいこう[雁来紅]

**はげお・ちる【剥落】** あはく・あばく
[剥]

**はげし・い【激】** あらあらし[荒荒]
あらまし[荒] いか
し・いかめし・いからし[厳] いたし
[甚] いちはやし[逸早] いらなし
[苛] けはし[険・嶮] さんざん[散
散] せはし[忙] たけし[猛] て
しげし[手繁] はげし[激] はしたな
し[端無] はやし[早] まうに
[猛]
―勢い きほひ[競]
―奇 おもひのけぶり[思煙]
―恋 おもひのけぶり[思煙]
―く いた[甚]
―くない かるし・かろし[軽]
―くなる すさぶ・すさむ[荒・遊]

**はげます―く降る** ふりまさる[降増]

**気性が―** きはだけし[際猛]

**気性が―こと** ようかん[勇敢]

**ますます―** いとどし

**はげま・す【励】** いさむ[勇] すすむ[勧・薦] ふるふ[振]

**はげ・む【励】** つとむ[務・勤・勉]

**―こと** かくごん[恪勤]

**ばけもの【化物】** あくき[悪鬼] あくらう・あくりゃう[悪霊] あしきもの[悪物] あやかし け[怪] かりのもの[仮物] きじん[鬼神] くせびと[曲人] くせもの[曲者] けにん[化人] けてう[化鳥] けしゃう[化生]

[鬼魅] きみ[鬼神]

[化鳥] さかがみ[逆髪] じゃき・じゃけ[邪気] しょけ[所化] せき[醜女] つきもの[憑物] へんげ[変化] まうりゃう[魍魎] まみ[魔魅] もの[物] もののけ[物怪] ものにつく[物化・物怪]

**―えん[魔縁]**

**―が取りつく** ものにつく[物憑]

**―が乗り移る** ものにつく[物憑]

**はげます――はし**

**―よる**[寄]

**―が夜出歩くこと** ひゃくきやぎゃう[百鬼夜行]

**▼生き霊** いきすだま・いきりゃう[生霊] をんりゃう[怨霊] すだま[魑魅]

**▼人魂** ひかりもの[光物]

**▼蛇に似て水中に棲む怪物** みづち[蛟]

**▼亡霊** ばうこん[亡魂] はくれい[魄霊]

**▼幽霊** せい[精]

**はげやま【禿山】** からやま[枯山] はげ[禿]

**は・げる【派遣】** さしつかはす[差遣] さしむく[差向] さす[差・指] まだす[遣] もらかす[貫] やる[遣]

**はけん・する【派遣】**

**―つかはす**[遣・使]

**はこ【箱】** —たまくしげ[玉櫛笥]

**はごいた【羽子板】** こぎいた[胡鬼板]

**はこいりむすめ【箱入娘】** ふところご[懐子]

**はこべ【繁縷】** あさしらげ くさのい と[草糸] にっしゅつさう[日出草] はこべら[繁縷] へづる みきくさ

**はさま・る【挟】** はさかふ[挟] ⇒**はま挟**

**はさみこ・む【挟込】** さしはさむ[差挟]

**はさ・む【挟】** つひさす[突挿]

**はさん・する【破産】**

**句―** かまどをやぶる[竈破]

**はし【端】** きは[際] さき[先・前] し り[後・尻] つま[端] つめ[詰] は[端] へり[縁] きれ[切] ⇒**せんたん**

**▼端くれ** はたて[果] はづれ[外]

**▼端々** そばそば[側側・端端] つまづま[端端] はつれはつれ・はづれはづれ[外外]

**はし【橋】**

**―のたもと** はしづめ[橋詰]

**―板を渡しただけの―** たなはし[棚橋]

**小さい―** さをばし[小橋]

## はじ―はしゃぐ

**▼太鼓橋** そりはし[反橋]

**はじ【恥】** かきん[瑕瑾] きず[傷・瑕] なをり[名折] はぢ[恥]…はずかしい、ふめいよ
—をかかせる かかやく[輝] はぢかかせる[恥]
—をかく はぢをみる[恥見]
したなむ[恥] はぢをみす[恥見]
はづかしむ[恥]
—を気にしない はぢをすつ[恥捨]
—を曝<sub>さら</sub>す おもてをさらす[面曝]
—を知ること はぢ[恥・辱]
死に際の— しにはぢ[死恥]
▼大恥 ごふはぢ[業恥]

**はしか【麻疹】** あかもがさ[赤疱瘡]

**はしがき【端書】** じょ[序] はしこと ば[端詞]

**はじ・く【弾】** つまぐる[爪繰] つまびく[爪引]

**はしくれ【端】** きれ[切]

**はしけ【艀】** てんまぶね[天馬舟] しぶね[艀船]

**はじ・ける【弾】** はぬ[撥・跳]

**はしご【梯子】** かけはし[懸橋・桟] は

し[階・梯]

**はじしらず【恥知】** はぢしらず[恥知] きたなし[汚・穢]

**はした【端】** ほこり[埃]

**はしたがね【端金】** こまがね[細金・細銀] めくさりがね[目腐金] はすは[蓮葉]

**はしたないこと** そばそば[側側・端端] つまづま[端端] はつれはつれ・は づれはづれ[外外]

**はしばし【端端】** つれつれ[端端]

**はじまり【始】** あたま[頭] かいさん [開山] かうし[嚆矢] くさわけ[草分] [草結] くさむすび[草結] くちあけ[口開・口明] けんよ[権輿] こんげん[根源] こんぽん[根本] さうさう[草創] さんばさう[三番] 叟] しほさき[潮先] じよびらき [序開] そし[祖師] そもそも[抑] ね[根] はじめ[初・始] みなかみ [水上] みなもと[源] もと[許・元・原・本] やまぐち[山口] らん しょう[濫觴]
天地の— かいびゃく・かいひゃく [開闢]

**はじま・る【始】** おこる[起] ことな

る[事成] ひらく[開] たつ[立]
季節・年が— …はじまり
—から もとより しじゅう[始終] し
—と終わり しじゅう[始終] しゅび[首尾]
—に はじめ[初・始] まつ・まつ る[先]
—の頃 はじめつかた[初方]
—の共寝 にひたまくら・にひまく ら[新手枕]

**はじめて【初・始】** いまさら[今更] はつ[初]
—言う いひそむ[言初]
—聞く ききそむ[聞初]
—の うひ[初]

**はじ・める【始】** おこす[起] そむ [初] はじむ[始]
—めた人 くさむすび[草結] か いさん[開山] くさわけ[草分]
しー しそむ[為初・仕初]

**はしゃぎまわる** おしありく[押歩]

**はしゃ・ぐ** おそばふ・おそばゆ[戯] さる[洒落] さうどく[騒動] ざる

ばしょ――はずかしい

[戯] はねぎる[跳]
―・いで話す かたりきょうず[語興]

**ばしょ【場所】** かた[方] くま[隈] せ[瀬] そら[空] ちまた[巷・岐] みぎり・みぎん[砌] むしろ[筵・席] 花や果樹のある― その・そのふ[園生]
▽置き場所 くら[座]
▽場所柄 ところから・ところがら[所柄]

**ばしょう【芭蕉】** せんしせん[扇子仙] にはみぐさ[庭見草] ばせを[芭蕉]

**はしら【柱】** まきはしら[真木柱]

**はしる【走】** からく[絡]

**はじらう【恥】** ↓はじる、↓はにかむ

**はしりまわ・る【走回】** はせあるく[馳歩] たちはしる[立走] ↓いそがし い

**はし・る【走】** かける[駆] さばしる[走] はす[走] ⇒次項

[走] わしる[走]
[馳] たちまふ[立舞] とぶ[飛]
―・らす →馳項

―・らせる かる[駆] とばす[飛]
[馳] はさす[馳] はしらかす[走] はす[馳] わしす[走]
―・り回る はしりまどふ[走惑] はせまどふ[馳惑]
慌てて―・り回る かく[駆]
馬に乗って―・り回る はしりまどふ[立走]
ちょこちょこ― ささはしる[小走]

**は・じる【恥】** はぢかがやく[恥赫] はぢかくる[恥隠]
―こと ざんき[慙愧]
―・じて隠れる はぢかくる[恥隠]

**はす【蓮】** いけみぐさ[池見草] は・うきば[浮葉] くんしくゎ[君子花] つまなしぐさ[妻無草] つゆたへぐさ[露堪草] つれなしぐさ[連無草] つゆたまぐさ はちす[露玉草] みたへぐさ[水堪草] みづき[蓮] みづくさ[水草] みづたへぐさ
―の葉 はちすば[蓮葉]
―の花 れんげ[蓮華] はなのうてな[花台]
▽蓮台 れんだい[蓮台] はなのうてな[花台] すのうてな[蓮台]

**はず** べう べし
―がない まじし
―であった べかりき べかりつる
―であろう べからむ ひうひし うふひし
―おもてぶせし[面無] おもはゆし[初初]
おもなし[面無]

**はずかし・い【恥】** うふひし[初初] おもなし[面無] おもてぶせし[面伏] おもてぶ[面映] ものはゆし[目映] ものはづかし[物映] おもがくす[面恥] ―・優
―・く思う おもぶす[面伏] きえいる[消入] はぢしらふ[恥]
―句―おもてをふす[面伏]
―・くて顔を隠す おもがくす[面隠]
かたはらいたし[傍痛] かはゆし つつまし・つつましげ・つつましやか[慎] はぢかかやく[恥赫] はぢがはし[恥] はぢかがやく[輝・赫] かたじけなし はぢしらふ[恥] はづかし[恥赫] はちがましし[恥] びろう[尾籠] まばゆかる・まばゆし[目映] ものはづかし[物恥]

451

# はずかしがる——はちがつ

**はずかしがる**
―くて隠れる　はぢかくる[恥隠]
―そうなさま　ものはゆげ[物映]
―そうに　もちかは　うそはづかし[空恥]
なんとなく―　もちかは　はちがはし[恥]
そらはづかし　うそはづかし[空恥]
人目が―　めはづかし[目恥]
―って顔を赤める　はちかかやく[恥赫]

**はずかしがる【恥】**　あまゆ[甘]　かやく[輝]　はぢらふ[恥]
はづかしむ[恥]
―こと　ものはぢ[物恥]

**はずかしめる【辱】**　はぢかはす[恥交]
互いに―　はぢかはす[恥交]

**はず・す【外】**　すかす[透]　はづす[外]
―される　もる[漏]

**はずだそうだ**　べかなり・べかんなり
**はずのようだ**　べかめり・べかんめり
**はずみ**　ひゃうし[拍子]

**はず・れる【外】**　ちがふ[違]　はづる[外]　→はみだす

**はぜ【鯊・蝦虎魚・沙魚】**　ふるせ[古瀬]

**はぜ・はぜのき【櫨・黄櫨】**　はじ[櫨・黄櫨]　はにじ

**はそん【破損】**　→これる

**はた【機】**　たなばた[棚機・七夕]　はた

**はた【肌】**　かはべ[皮辺]　ししへ[肌]
―の様子　はだつき[肌付]
枕―　あからひく[赤]

**はだ【裸】**　すはだ[素肌]　あか[赤]
枕―　あからひく[赤]

**はだかうま【裸馬】**　はだせ・はだせう[肌背馬]

**はだぎ【肌着】**　はだつき[肌付]

**はた・く【叩】**　はらふ[払]

**はだ・ける【開】**　はだく[開]　まびろく[真広]

**はたご【旅籠】**　ひとやど[人宿]

**はたして【果】**　はた[将]　はやう・はや[早]

**はた・す【果】**　とぐ[遂]　をふ[終]　→

**はたと【礑】**　ひだう[非道]
―とげる
―と音をたてる　ふたふた　ふつふつ　ためく

**はたばた**　ふたふた　ふつふつ　ためく

**はため【傍目】**　そばめ[側目]　ひとめ[人目]　よそめ[余所目]

**はため・く【翻】**　ひるがへす[翻]

**はためく**　ひらめく[閃]

**はたらき【働】**　こう[功]　しわざ[仕業]　よう[用]
―かす　つかふ[遣・使]　しかく[仕掛]
―ける[働]　なる[業]

**はたん【破綻】**　やぶれ[破]

**はちがつ【八月】**　かつらづき[桂月]　あきかぜづき[秋風月]　かりくづき・がんらいげつ[雁来月]　くさつづき[草津月]　げんげつ[弦月]　くわんげつ[観月]　こうぞめづき[紅染月]　こそめづき[木染月]　さうげつ[壮月]　せいしう[正秋清]

**秋** そのいろづき[其色月・園色月]・ちくしゅん[竹小春] たけのはる[竹春] ちゅうしゅん[竹春] つきみづき[月見月][中秋・仲秋] つきみづき[月見月] [仲秋・仲秋] つばめさりづき[燕去月] なかのあき[仲秋] なんりょ[南呂] はづき[葉月] もろこしづき[諸越月]→基本つき(P.5)

**はちく**【淡竹】 からたけ[幹竹] くれたけ[呉竹]

**はちじっさい**【八十歳】 さんじゅ[傘寿] ちゅうじゅ[中寿] はちじゅん[八旬] はっちつ[八秩] もう[耄] やそち[八十・八十路]→

**はちじゅう**【八十】 やそ・やそぢ[八十・八十路] ももたらず[百足]・ももづたふ[百伝](⇒やそ)

**はちじゅうはっさい**【八十八歳】 いじゅ[米寿] よね[米]→基本ねんれい(P.89)

**はちにち**【八日】 やか[八日]
**はちみつ**【蜂蜜】 みち・みつ[蜜]
**はちく——はつげんする**

**ばつ**【罰】
—**する** いましむ[戒] つみす・つみなく[罪]→ばっする
—**を受けること** かんだう[勘当]
【勘】 つみ[罪]
【懲】 つみす・つみなく[罪]→ばっする
【鬱】 かうがふ[勘] つみす・つみなく[罪]

**はつ**[幽・微]
—**する**[鬱] おぼろ・おぼろげ[朧] かすか[幽・微] さだめなし[心許無] さだなし[定無] たたづなし・ただただづ つきなし[付無] ふちゃう[不定] —**しないこと** やみのうつつ[闇現] ゆめうつつ[夢現]
—**する** けざやぐ[著] つく[付]
—**それと…(ない)** そこはかとあざあざ[鮮鮮] うつらうつら さださだと まさやかに[正] そこはかと ますらか[正] さやに

**はつ**【初】
—**はつ・する**[発育] そだつ→
**はつおん**【発音】 しゅう[声]
**はつかねずみ**【二十日鼠】 あまくちね
**はっき・する**【発揮】 ふるふ[振]
**はっきょう・する**【発狂】 こころがはり[心変] →きょうき
**はっきり** けざけざ→あきらか、→あざやか
[枕]あさぢはら[浅茅原](⇒つばら)
[枕]つばら
—**させる** ききあらわす[聞顕]
—**していること** しるけく[著]
—**していさま** つまびらか[詳・分明] はなやか[華] ふんみゃう[分審]
—**していること** はなやか[華]

**はつげん**【発言】 くちあく[口開]

**ばっきん**【罰金】 くわれう[過料]
**ばつぐん**【抜群】 すぐれる
**はっけん**【発見】→みつける
—**される** あしがつく[足]
—**する** みいだす・みいづ[見出]
—**認識する** ききあきらむ[聞明] —**見る** あきらむ[明]

はつこい——はな

**はつこい【初恋】** はついろ［初色］

**ばっさい・する【伐採】** きこる［伐・樵］

**はっさんさ・せる【発散】** ちらす［散・こる］

**ばっすい【抜粋】** とりたて［取立］

**はっ・する【発】（光や声など）** はなつ［放］

**ばっ・する【罰】** いましむ［戒］　かう［勘］　つみす・つみなふ［罪］　きたむ［懲］　ーこと　ざいくゎ［罪科］　⇒こらしめる

**こらしめる** しょばつ［成敗］　せいばい［成敗］

**死刑にする** ちゅうす［誅］

**流罪にする** ながす［流］

**はっせい・する【発生】** いでく［出来］

**ばった【飛蝗】** はたはた［蝗］

**ばってき・する【抜擢】** ぬきいづ［抜出］

**はっと**
— 驚く　うちおどろく［打驚］
— する　おどろく［驚］

**ぱっと**　ざっと
—（明るくなるさま）くゎっと
— しない　わろし［悪］

**はつねつ・する【発熱】** ほとほる［熱］

**はつはる【初春】** あけのはる［明春］

**はつもの【初物】** はしり［走］　はしり・はしりもの［走物］　はつ［初］　はつなり［初生］　⇒しんねん

**はて【果】**　おくか［奥処］　きは・きははみ［極］　くきはみ［究竟］　しり［後・尻］　そき［退］　そぐへのきはみ［退方極］　そこ・そこひ［底］　そっと・そこと［率土］　つまり［詰］　とまり［止・留］　はたて・はて［果］　はづれ［外］　へきらく［碧落］　ほとり［辺］　へんさい・へんざい［辺際］　⇒おわり
— がない　⇒はてし（が）ない
—まで行く　きははまる・きははむ［極］

**はで【派手】**　いろ［色］　ばさら・ばしゃら［婆娑羅］　はなばなし［花花］
— 好み　くゎんくゎつ［寛闊］

**はてい【馬丁】**　くちつき・くゎんくゎつ［伊達］
— なさま　はなやか［華］
— な振る舞い　だて［伊達］
— な様子　くゎんくゎつ［寛闊］

**ばてい【口引】**　くちつき［口付］　くち　ひき［口引］

**はてし（が）な・い【果】**　おくかなし［奥処無］　かぎりなし［限無］　きはな　し［際無］　そこひなし［底無］　そこ　もしらず［底知］　つきしなし［尽無］　まんまん［漫漫］
— こと　むご［無期］

**は・てる【果】**　つく［尽］　はつ［果］　おわる
— こと　⇒おわる

**はとう【波濤】**　うしほなみ・しほなみ

**ばとう【罵倒】**　⇒ののしる
— 潮波

**はとば【波止場】**　ふなどめ［船留］　ふなかかり［船繋］　ふなば［舟場］　みなと

**はな【花】（祝儀）** てんとう［纏頭］

**はな【花】** あきはぎの［秋萩］（⇒はなの）　たまかづら［玉葛］（⇒はなのみさき　枕）

はなかご——はなすげ

て つきくさの[月草](⇩はない
ろ) わかくさの[若草](⇩はなのさ
かり)
—が咲く ゑむ[笑]
—が散り乱れること ちりのまが
ひ[散紛]
—のある家 はなのやど[花宿]
—の雫 はなしたつゆ[花下露]
季節に遅れて咲く— よくゎ[余
花] わすればな[忘花]
季節外れの— かへりばな[返花]
四季折々の— ときのはな[時花]
散らない— とこはな[常花]
▽花びら よ[弁]
▽花見 さくらがり[桜狩]
▽花見客 さくらびと[桜人] はな
びと[花人]
▽草花が一面に咲いている はなむ
しろ[花筵]
▽蕾が開く ほころぶ[綻]

はながみ【鼻紙】
 はながたみ[花筐] こがみ[小紙] ⇒ちり
がみ[笑]

はなかご【花籠】 はながたみ[花筐]

はなくさ——はなすげ

はなし【話】 こととひ[言問]
—がうまくなる くちがあがる[口
上]
—にならない いひがひなし・いふ
かひなし[言甲斐無]
—に夢中になる かたりきょうず
[語興]
—の種 あつかひぐさ[扱草] か
たらひぐさ[語草] かたりく[語句]
かたりぐさ[語種] くち[口] くち
ずさび・くちずさみ[口遊] よのた
めし[世例]
でたらめな— そらものがたり[空
物語]
頓智のきいた— りこう[利口] りこん
[利根]
▽話し上手 かたらひびと[語人]

はなしあ・う【話合】 こととひ[言問]
⇩そうだん

はなしあいて【話相手】 かたらひびと
[語人]

はなしあい【話合】 こととひ[言問]
⇩そうだん
 いひあはす[言合] いひかたらふ[言語] いひしろふ[言]う うちいひかたらふ[打私

はなし【話】 ことととひ[言問] か
たらふ[打語] かたらふ[語] か
まうしあふ[申語] こととふ[言問]
かく[掛・懸] ⇩そうだん

はなしか・ける【話掛】 こわざし[声差
触]

はなしかた【話方】 こわざし[声差
語]

はなしじょうず【話上手】 りこうじ
⇩いいかた

はなしはじ・める【話始】 かたりいづ
[語出]

はなしぶり【話振】 こうじょう[口上]

はな・す【離】 さく[放・離] さる[去
]
そく[退] のく[退] はなつ[放]
ひきはなつ[引放] ゆるす[許・赦]
心を— そむく[背・叛]

はな・す【話】 いふ[言] かたる[語]
それらしく— かたりなす[語]
はしゃいで— かたりきょうず[語
興]

はな・す【基本】いう(P.69)
ひそひそ— うちささめく[打私
語]

はなすげ【花菅】 やまし・やまじ

はなつ——はなれる

## はな——はなれる

**はな・つ【放】** さく[放・離] とばす[飛] ⇒はなす

**はなはだ【甚】** いかにも[如何] そきだく そこら[許多] ちかごろ[近頃] むげに[無下] よに[世] ⇒たいそう

**はなはだし・い【甚】** あつし[厚] あやにく[生憎・可憎] いとどし いはむかたなし[言方] いみじ・いみじ かぎりなし[限無] きはめたる[極] きびし[厳] けしからず[怪] ことさら[殊更] さんざん[散散] せちせつ[切切] せんばん[千万] たとしへなし[譬無] づんど なのめならず・なのめならず はしたなし[端無] はなはだし[斜] めっさう[滅相] ゆゆし[由由] わりなし[理無] —く かへる —・く あまり[余] いた[甚] いたう[甚] いとのきて せめて[切] よくよく[良良・能能] ⇒はなやか

**はなばなし・い【華華・花花】** ⇒はなやか

**はなびら【花弁・花片】** よ[弁] —になる はなやぐ[花] —に見える はなめく[花]

**はなふだ【花札】** めくり[捲]

**はなまつり【花祭】** くゎんぶつゑ[灌仏会]

**はなみ【花見】** さくらがり[桜狩] —の晴れ着 はなごろも[花衣] ▽花見客 さくらびと[桜人] はなびと[花人]

**はなみず【鼻水】** すすばな[洟]

**はなむけ【餞】** うまのはなむけ・むまのはなむけ[餞]

**はなやか【華】** あざやか・あざやけし[鮮] いろいろし[色色] きよらか[清] きらやか・きららか[煌] さかはし・にぎははし[賑] にほひやか・にほやか[匂] はなばなし[花花] びびし[美美] めもあや[目文]

—さ きら[綺羅] はえ[映・栄] —な感じがする いまめく[今] —な生活をする はなをやる[花遣] —に はなばな[花花・華華] —にする はなををる[花折]

**はなれがた・い【離難】** さりがたし[去難] —もちどりの 鶉鳥 —愛情 きづな[絆]

**はなればなれ【離離】** ⇒ばらばら

**はなれさ・る【離去】** たちわかる[立別]

**はな・れる【離】** あかる[別・散] ある[離・散] かる・かれる[離] さかる[離] さしのく[差退] さる[去] そく[退] そむく[背・叛] たちはなる[立離] たちわかる[立別] とほそく[遠] のく[退] はづる[外] はてはなる[離] へだたる[隔] もてはなる[離] 枕—ふゆくさの[冬草](⇒かれ) —れて行く たちはなる[立離] ゆきはなる[行離] —れている きへなる[来隔] と

ほどほし[遠遠] はるけし[遥] ま
どほ・まどほし[間遠] ものとほし・
ものどほし[物遠]
—**れているさま** よそよそ
余所
—**れている人** をちかたびと[彼
方人]
—**れて来る** さかりく[退来]
—**れにくい** さりがたし[去難]
**魂が—** あくがる・あこがる[憧]
**遠く—** そきだつ[退立] とほざ
かる[遠離] とほそく・とほぞく[遠
退] へなる[隔]
**わかる[分・別]**
**遠く—れていること** やへやへ
[八重八重] やほへ[八百重]
**まったく—** たゆ[絶]
**人里を—** かれはつ[離果]

はにか・む はぢしらふ・はぢらふ[恥]
つめくふ[爪食]
はにわ【埴輪】 たてもの[立物]
はね【羽】 はがひ[羽交]
枻—とりかよふ[鳥通]
はねあ・げる【撥上】 はぬ[撥]

はにかむ——はぶり

はねの・ける【刎除】 ひきかなぐる ↓
—**がある** いまいまし・いまはし
**—さま** はね[跳] をどる[踊]
は・ねる【跳】 はぬ[跳]
はは【母】 あも[母] いろは[母] かか
[母] たらちめ[垂乳
根] たらちね[垂乳
根] かか[母] たらちめ[垂乳
根] たらちね[垂乳
根]
[尊] おもとじ[母刀自] ははぎ
[北堂]
**御前** ははぎぜ・ははごぜん[母
御前] ははとじ[母刀自]
枻—たらちし・たらちしの・たらち
や・たらちねの[垂乳根] はは
そばの[柞葉]
**貴人の—** おほうへ[大上] おほ
きたのかた[大北方]
**天皇の—** おほきさいのみや[皇太
后宮] くにのおや[国親] くにの
はは[国母] こくも[国母]
▼**実母** いろは たらちめ[垂乳女]
▼**母親** めおや[女親]

はば【幅】 はたばり[端張]
**—をきかす** はたばる[端張・機張]

はばか・る[憚]
—**がある** いみ[忌・斎]
[忌忌]
はばかり【憚】 いみ[忌・斎]
いまいまし・いまはし
—**がある** つつむ[慎] えんりょ
[遠慮] ところ
(を)おく[所置]
はばこぐさ【母子草】 おぎゃう・ごぎ
ゃう[御形] ひきよもぎ[蓬]
はばこ[河原母
子] ひきよもぎ[蓬] はうこ[鼠
麹]
はばた・く【羽搏】 はぶき[羽振]
はばたき【羽搏】 はふる・はぶく[打羽
振]
はび・こる【蔓延】 ははかる[憚] は
ふ[這] ほびこる[蔓延] ↓**ひろま
る**
はびこ・る【蔓延】 ささふ[支] ↓**さえぎる**
はぶ・く【省】 ことそぐ[事削] こぼす
—**かれる** もる[漏]
そぐ[削・殺] もらす[漏・
洩]
はぶり【零・溢】
はぶり【羽振】 はぶ[幅・巾] はぶく
—**がよい** きのきら[時綺羅]
ときのきら[時綺羅] ののしる[罵・
喧]
—きのきく ちくちをきく[口利] と

はま――はら

**はま**【浜】↓はまべ
**―がよいこと** はきき[羽利]
**はまべ**【浜辺】うみが[海処]　うみつら[海面]　はまづら[浜面]　はま・ら・はまべ[浜辺]　をばま[小浜]　び・はまべ[浜面]　ひたはま[勇魚捕]　枕―いさなとり
**はまゆう**【浜木綿】はまおもと[浜万年青]　はまもめん[浜木綿]
**はま・る**【填】にえいる[入]　にえこむ[込]
**はみだ・す**【食出】↓はみだす
**―させる** こぼす[零・溢]
**はみ・でる**【食出】こぼる[零・溢]　はづる[外]
**はむか・う**【歯向】あたす[敵]　あだなふ[寇]　おもてをむかふ[面向]　さかふ[逆]　そむく[背・叛]　たちむかふ[立向]　たてあふ[立合]　きたふ[敵]　はむく[刃向]　むかふ[対・向]　ゆみひく[弓引]
**―こと** たてつき[楯突]　いであふ[出逢]　とりかかる[取掛]　あたむ[寇]
▽**立ち向かう**
▽**敵対する**

[仇]　てきたふ[敵]　むかふ[向・対]
**はめつ**【破滅】↓ほろびる
枕―たきつせの[滝瀬]　とぶとりの[飛鳥]　やまがはの[山川]　ゆくみづの[行水]　たかゆくや[高行]
**は・める**【填】うちはむ[打填・嵌]　くむ[含]　はむ[填・嵌]　くひたひた(と)[疾疾]
**はもの**【刃物】きれもの[切物]
**はもん**【波紋】しわ[皺]
**はや**【早】とっと
**はや**【早】いっしか[何時]　かつがつ[且且]　まだき[未]
**はや・い**【早・速】かたらか　すみやか[速]　すむやけし[速]　とし[疾]
**―さま** すみやか・すむやけし[速]
**―こと** ちくてん・ちくでん[逐電]
**―く**↓**はやく**
**言い方が―** くちど・くちとし[口疾]
**時期が―** とし[疾・迅]
**立ち向かう** すすむ[進]
**速度が―** とし[疾・迅]
**まだ―** いまだし[未]

**はやおき**【早起】あかつきおき[暁起]
**はやく**【早】とう・とうとう・とうに[疾疾]　とくとく[疾疾]　はや[早]
枕―たかゆくや[高行]
**―も** いっしか[何時]
**―から** つとに
▽**速度を―する** はやむ[早]
▽**待ち望む気持ち** いつしか[何時]
**はやく**【端役】こづめやくしゃ[小詰役]者　もっともやく[尤役]
**はやくち**【早口】くちど・くちとし[口疾]　したどしたどし[舌疾]　おふす[生]
**はや・す**【生】おふす[生]
**はやせ**【早瀬】せ[瀬]　せぎり[瀬切]　たき[滝]　たきがは[滝川]　たきつせ・たぎつせ[滝瀬]
**はやね**【早寝】よひね[宵寝]
**はやみみ**【早耳】みみとし[耳疾]
**はやりうた**【流行歌】わざうた[謡歌]
**はや・る**【逸】すすむ[進]
**はら**【腹】きものたばね[肝束]
**―がかぶる**[齧]
**―が痛い**

はら――はる

**はら**
—が据わる どうすはる[胴据]
—が立つ いきどほろし[憤] はらだつ[腹立] むやくし[無益]
—句—ごぶがにゆ[業煮]
—を立てる いきどほる[憤] いかる・いからす[怒] ふつくむ[憤・恚] ほとほる[熱]
—を立てること ものむつかり[物憤]
▼下腹 ふくりふ[小腹] ほがみ[腹立]

**はら【原】**…基本のはら(P.26)

**ばら【薔薇】** いばら[薔薇] さうび・しゃうび[薔薇]

**はら・う【払】** かいやる・かきやる[搔遣] かきのく[搔退] かく[搔] はるく[払]
はらふ[搔払]

**はらいおと・す【払落】** うちはらふ[打払]

**はらいの・ける【払除】** かいやる・かきやる[搔遣] はらふ[逼]

**はらいのけ【払】**

**ばらう【薔薇】** いばら

**はら・す【晴】** さんず[散] あかす[明] あかをぬる[心遣]
思いを— さます[覚・醒] はるく[晴]
気を— あからぶ[明] こころやる[心遣]

**はらだたし・い【腹立】** うれたし[慨] むやくし[無益]

**はらはら**(木の葉や涙が散るさま) ほろほろ
—心 あやにくごころ[生憎心]

**はらば・う【腹這】** →きょうだい

**はらちがい【腹違】** ことはら[異腹]

**ばらばら** おのがちりぢり[己散散] さんざん[散散] はらら(に) はららかす[蕩] はふる[放] さばく[捌] とらくと

ろく[蕩]
—になるさま ほろに なる ひしぐ[胸潰] かたはらいたし[傍痛] きをへらす[気減] てをにぎる[手握] むねつぶる[胸潰] むね

**はらわた【腸】** きも[肝・胆]

**はらあい【張合】**
—がない あへなし[敢無]
—こと きほひ[競]
そふ[争] いどみかはす[挑交] いどむ[挑] からかふ[争] きそふ・きほふ[競] すまふ[争] たちならぶ[立並]

**はりあ・う【張合】** あたる[当] あら

**はりあげる【張上】**(声を) うちあぐ[打上]

**はりき・る【張切】** つよむ[強]

**はりこ【張子】** はりぬき[張抜]

**はりしごと【針仕事】** →さいほう

**はりめぐらす【張巡】** はしらかす

**はる【走】** はふ[延] ひく[引]

**はる【春】** せいやう[青陽] はるのみなと[春湊] はるながつき[春永] はる
汚・腹穢] はらあし[腹悪] はらぎたなし[汚・穢] はらぎたなし[腹

## はるか――ばれる

**はるか**【遥】 → はる・はるべ[春方] → 基本きせつ(P.17)

〈と〉
- **へ** はるべ[春方]
- 枕 —あづさゆみ[梓弓] あらたまの[新玉] うちなびく[打靡] かぎろひの・かげろふの[陽炎] かすみたつ[霞立] からころも[唐衣] しらまゆみ[白檀弓] ふゆごもり[冬籠] みふゆつぎ[冬継]

**はるか**【遥】 はる・はるか[遥]
- 枕 —しらくもの[白雲]
- **―彼方** ながめのする[眺末]
- **―な** とほつ[遠]
- **―な海路** やしほぢ[八潮路]
- **―な道** ながぢ・ながち[長路]
- **―なさま** はるばち・ながち[長遥]
- **―に遠く** はるばる・はろばろ[遥遥] やほ
- **―に望む** ふりさく[振放] さけみる[振放見]
- **―へ**[八百重]

**はるばる**【遥遥】 くれくれ・くれぐれ

〈と〉
- **―とやってくる** きとく[来来]
- 枕 —あきぎりの[秋霧]
- **―・れ渡っている** はればれし[晴晴]

**は・れる**【晴】 はる[晴] ほがらか[朗]

- **―一方だけ―** かたてる[片照]
- **―風が吹いて―** ふきはる[吹霽]
- **気が―** こころゆく[心行]
- **心が―** ひらく[開] むねひらく[胸開]
- **心が―・れない** むすぼほる・むす ぼる[結]
- **長雨の後―こと** にじりあがり[躙上]
- **物思いが―** さむ[覚・醒]
- **▼晴れ間** あまま・あめま[雨間] くもま[雲間] をやみ[小止]

**は・れる**【腫】 はる[腫] はれみつ[腫満]

**ば・れる** しりがわれる[尻割] わる[割]
- **―こと** ろけん[露見]

**はれあが・る**【腫上】 うぐふ[馬鈴薯] じゃがたらいも[馬鈴薯]

**はれかか・る**【晴】 あかるむ[明]

**はれがまし・い**【晴】 おもだたし[面立] はえばえし[映映] はればれし[晴晴]

**はれぎ**【晴着】 いっちゃう[一張羅] よそひ[装] 花見の― はなごろも[花衣]

**はればれ**【晴晴】 はればれし・はればれしげ[晴晴] はれらか[晴]
- **―させる** おもひはるく[思晴]
- **―しない** ものうげ[物憂]
- **―する** おもしろし[面白]

**はれもの**【腫物】 かさ[瘡] ねぶと[根太]

**はれやか**【晴】 はればれし[晴晴] は

ばん――はんてい

**ばん【番】**
―をする はる[張] まぶる・まほる・まもらふ・まもる・もる[守]
▽番小屋 たぶせ[田伏]
▽番人 …ばんにん

**はんい【範囲】** ちゅう[定] 力の及ぶ― きゃうがい[境界]

**はんえい【繁栄】** →さかえる

**はんえい・する【反映】** うつす[映] ひかりあふ[光合]

**ばんがた【晩方】** ばんけい・ばんげい[晩景] ようさつかた・ようさりつかた[夜方] →基本 ゆうがた(P.18)、 こたま・こだま[木霊] ひびき[響]

**はんきょう【反響】** こたへ[応・答] ―する こたふ[応・答]

**はんげつ【半月】** えんげつ[偃月] かたわれづき[片割月] なかばのつき[半月] ゆみはりづき[弓張月]

**はんけつ【判決】** くじさた[公事沙汰] げぢ[下知]

**はんこう【反抗】** たてつき[楯突]

―する ゆみひく[弓引] →はむか

**はんたい【反対】** うらうへ[裏表] そむき[背]
―する あらがふ[争・諍] さからふ[逆] そむく[背・叛] たがふ[違] にくむ[憎] をかす[犯・侵]
謎 きこえかへす[聞返] ―に おしかへし[押返] かへらばに・かへらまに[反] かへりて[却] けく・けっく[結句] ―にする おしかへす[押返] ひきかふ[引替]

**はんだん【判断】** おもはく[思] ことわり[断] とかく[左右・兎角] はからひ[計] はん[判] ふんべつ[分別]
―する おもひさだむ[思定] かうがふ[勘] こともひわく[思分] はんず[判] わかつ・わく[分別] わきまふ[弁・辨] わかる[理・断]

**ばんづけひょう【番付表】** すまうわり[相撲割]

**はんてい【判定】** さだめ[定] さた[沙汰] ことわり[断] しなさだめ[品定]

ばんごや【番小屋】 たぶせ[田伏] あくごふ[悪業] をかし[犯]

**はんざい【犯罪】** わづらはし[煩] そう[惣]

**はんざつ【煩雑】** しっかい[悉皆] ―べつ[総別・惣別] ないげ[内外] なにごと[何事] よろづ[万] →す

**ばんじ【万事】**

**はんしはんしょう【半死半生】** なからじに[半死]

**はんじゃ【判者】**(短歌・俳句の) てんじゃ[点者]

**はんじゅん【晩春】** くれのはる[暮春] おいのはる[老春]

**ばんしゅん【晩春】** くれのあき[暮秋]

**ばんしゃく【晩酌】** けざけ[食酒]

**はんじょう・する【繁盛】** →さかえる

**はんすう・する【反芻】** たがふ・ちがふ[違] にれかむ[齝]

**はんせい・する【反省】** かへさふ[返] かへりみる[顧]

ばんとう――ひえびえ

## ひ

**ばんとう【番頭】** ⇒はんだん
[品定] しなさだめ
**―する** ことわる[理・断] さだむ[定] はんず[判]
**ばんとし【半年】** たなものの[店者] としなか[年中]
**ばんにん【番人】** こもり[木守] さきもり[防人] しまもり[島守] のもり[野守] まもりめ[守目] ものみ[物見] もり・もりべ[守部]
**ばんねん【晩年】** やまもり[山守]
山の― すゑ[末] すゑつかた[末方] すゑのよ[末世] よのすゑ[世末] すゑばのやどり[末葉宿]
―の住居

**ひ【日】** →基本（P.3）
**ひ【火】** ほむら[炎・焔] みゃうくゎ[猛火]
―の中 ほなか[火中]
―の光 ほかげ[火影]
―を点ける とぼす・ともす[点]

**はんのう・する【反応】** こたふ[応・答]
**はんのき【榛木】** はり[榛]
**はんばい・する【販売】** ⇒うる
**はんぷく・する【反復】** をりかへす[折返] くりかへす
**ばんぶつ【万物】** しょぎゃう[諸行]
**はんぶん【半分】** かたへ[片方・傍] なかば[半]
**はんべつ【判別】** わかつ・わく[分・別] わきまへ[弁] きまふ[弁]
**はんめい・する【判明】**
**はんも【繁茂】** ⇒しげる
意味が― きこゆ[聞]
**はんもん・する【反問】** かへさふ[返]
**はんらん【反乱】** むほん[謀反]

**ひあい【悲哀】** ⇒かなしみ
地獄の― ごふくゎ[業火]
激しい― ごふくゎ[業火]
▼火遊び ひなぶり[火嬲]
―火元 ほもと[火元]

**ひいき【贔屓】** えこ[依怙] かうばり[交張] かたおち[片落] とりたて[取立] かたひく[片引] へんば[偏頗] ひき[引] とりたつ[取立] ひきたつ[引立] めをいれる[目入]
―する
―よす[心寄]
―する人 かたうど[方人]
―にする ひく[引]
―の人 とくい[得意]

**ひい・でる【秀】** すぐる[勝] ぬきんづ[抽擢] ぬく[抜] ぬけいづ[抜出] ひいづ[秀] →すぐれる
―・でているもの ほ[秀]
**ひいろ【緋色】** おもひのいろ[思色]
**ひうん【悲運】** →ふうん
**ひえき・る【冷】** さゆ[冴] ひえいる
**ひえびえ【冷冷】**

ひえる──ひかる

**ひえる**
 ─としている さえこほる ひやややか [冷]
 ─とする さえわたる [冴渡] さゆ [冴] ひゆ [冷]
**ひ・える [冷]** かんずる [寒] さえかえる [冴返] さえわたる [冴渡] さむ [冷] さゆ [冴] ひゆ [冷]
**ひがい [被害]** ⇒そん
 ─を受けること そんまう [損亡]
**ひかえ [控] (メモ)** とめちゃう [留帳]
**ひかえめ [控目]** あさぎ [浅気] おく つましやか つつまし・つつましげ・つつまる [奥] しじむ [慎] まへかた [前方] うもれいたし・むもれいたし [埋]
**ひかえ [控]** したてにつく [下手付] ひかふ [控] のどむ [和] ひきいる [引入] もてしづむ [鎮]
**ひか・える [控]** しじむ [蟄] ひかふ [控] ゆらふ [揺]
**ひかく [比較]** よそへ [寄・比] ⇒くらべる
 ─しにくい くらべぐるし [比苦]

**ひかげ**
 ─する おもひくらぶ [思比] くらぶ [比] よそふ [寄]
**ひかげかずら [日影蔓・日影葛]** らかげ [葛蘿] たまひかげ [玉蘿] ひかげぐさ [日影草] やまかづら [山蔓] さがりごけ [下苔・松蘿]
**ひがし [東]** あづま [東] う [卯] ひむかし・ひむがし・ひんがし [東]
  [枕]─とりがなく [鳥啼] (⇒あづま)
 ─の方 ひのたて [日経]
 **▼東風** あいのかぜ・あゆのかぜ [鮎風] こち・こちかぜ [東風] ひがし [東]
**ひがた [干潟]** ひし・ひじ [潟] しほひがた [潮干潟] かた [潟]
**ひが・む [僻]** かたむ [姦] くせむ [癖] ねぢく [拗] そばむ [側]
 ─くねる かたましひ [姦] くせぐせし [癖癖] ひずかし・ひずかし [姦]
 ─んでいる ひすかまし [姦]
 ─すねる
**ひがら [日柄]** ひついで・ひつぎ [日次]

**ひから・びる [干]** からめく [枯]

**ひかり [光]** あかり [明] かげ [陰・影・蔭] ─あかねさす [茜]
 [枕]─さす [差・射・指]
 [久方]
 ─が増す みがく [研・磨]
 ─が差す おつ [落] さしいづ [差出]
 ─が澄む さゆ [冴]
 ─がちらちらする かげろふ [陽炎]
 隙間からの─ すきかげ [透影]
 明け方の─ かぎろひ [陽炎]
 月の─ つきかげ [月影]
 ほのかほ─ [月顔]
**ひか・る [光]** にほふ [匂] ひらめく・ひろめく [閃]
 ─らせる かかやかす・かがやかす
 ─り輝く きらめく・煌
 美しく─ ちらちら─ つややか [艶] かがよふ [耀] かげ

ひかれる──ひきつづける

**ひいる【率】** ひきゐる →つれる

**ひきあう【引合】** ましゃくにあふ [尺合]

**ひきあいにだ・す【引合出】** ひきそふ [引添]

**ひかん・する【悲観】** うちわぶ [打侘]

**ひがんばな →まんじゅしゃげ**

**ひがん【彼岸】** しほひのやま [潮干山]

**まばゆく──** かかやく・ひろめく [輝] まかがやく [真輝]

**ひか・れる【惹】**
 おもしろし おもひつく [面白]
 おもひよる [思寄]
 かぐはし [芳馨] かうばし・このまし [好]
 たよる [頼] ひかさる [引] をかし
 尊──おぼしよる・おもほしよる [思寄]

**目や耳が──** とどまる [留・停・止]
 心得──うけたまはる [承] かんず [肯]
 こころう [心得]
 ──こと ことうけ [事請]
 責任などを── かづく [被]
 手元に── ひきとる [引取]

**ピカッと──** ひらめく・ひろめく [閃]

**ろう [陽炎]**

**ひきおこ・す【引起】**
 事を── とりいづ [取出]
 す [催] ひきいだす [引出]
 人を──（手などを引いて）ひきた
 つ・ひったつ [引立]

**ひきかえ・す【引返】** たちかへる [立
 返] とってかへす [取返] →もどる

**ひきがえる** たにかこ・たにぐく [谷
 蟇] ひき [蟇] →かえる

**ひききょう・じる【弾興】** ひきすさぶ
 [弾遊]

**ひきこな・す【弾】** ひきしづむ [弾鎮]
 ひきすます [弾澄]

**ひきこ・む【引込】** ひきいる [引入]
 ごもる [籠] ひきいる・ひきこもる [掻
 籠] こもる [籠] ひたやごもり
 ひきこむ [引込]

**ひきこも・る【引籠】** かきこもる [掻
 籠] こもる [籠] ひたやごもり [直屋隠]

**ひきさが・る【引下】** →しりぞく

**ひきさ・く【引裂】** ひきやる [引破]

**ひきしお【引潮】** いりしほ [入潮] お
 ちしほ [落潮] しほがれ [潮涸] し
 ほひ [潮干]

**ひきずる【引】** ひきしろふ [引]

**ひきた・つ【引立】**
 ──たせる もてはやす [囃]
 ──こと はえ [栄・映]

**ひきた・てる【引立】** はやす [栄・映]
 →ひいき
 ──落とす かなぐりおとす [落]
 ──り落とす かなぐりおとす [落]

**ひきつづ・く【引続】** →つづく

**ひきつづ・ける【弾続】**（琴などを）か
 きわたす [掻渡]

**ひきう・ける【引受】**
 うけがふ [肯] うけこむ [受・承・請
 込] うけとる [受取] うく [受・承・請]
 ひきうく [引受] がへんず [肯]
 く [承引] うけとる [受取] うけひ
 [受諾] うけたまはる [承] まうしうく
 [申受] うけたまはる [承] こころう
 [心得] がへんず [肯] こころろう [心得]
 ──こと ことうけ [事請]

**ひきおこ・す【引起】**

ひきつ・れる【引連】→つれる
ひきでもの【引出物】…おくりもの
ひきと・める【引止】かけとどむ・かけとむ[掛留] とどむ[止・留] とりとむ[取留] ひかふ[控] ひきとどむ[引止]
おく[取置]
ひきぬ・く【引抜】ぬきいづ[抜出] ぬく[抜] ひく[引]
根こそぎ―こぐ[扱]
ひきの・ける【引除】かなぐる かなぐりおく[引] ひきのく[引退]
ひきのば・す【引延】はふ[延] はふる[引延] ひきのく[延]
ひきはな・す【引離】さく[放] とり はなつ[取放] ひきのく[引退]
ひきもど・す【引戻】ひこしらふ[引]
ひきやぶ・る【引破】さく[裂・割] ひきやる[引遣]
ひきょう【卑怯】きたなし
しろふ[]
もし つたなし[拙] めだりがほ・めだれがほ[目垂顔] ふかく[不覚] まさなし[正無]
―な振舞いをする きたなびる

ひきよ・せる【引寄】くる[繰] たぐる[手繰] ひきいる[引入] ひきそばむ[引側] ひきよづ[引攀] まねく[招] よづ[攀]
ひきわけ【引分】
―の相撲 われずまう[割相撲]
―・せられる ぢ[持]
ひ・く【引】
枕―あづさゆみ[梓弓] しらまゆみ[白檀弓] ふすまちを[衾道](→ひくて)
潮が― ひる・ふ[干・乾]
水を― まかす[引]
ひ・く【弾】かいひく[掻弾] かきなす・かきならす[掻鳴] かく[掻] しらぶ[調] たんず・だんず[弾]
―き続ける かきわたす[掻渡]
―き興じる ひきすさぶ[弾遊]
―きこなす ひきしづむ[弾鎮]
―きこなす ひきすます[弾澄]

ひきよう【比況】→ようだ
ひきょう【引寄】くる[繰] たぐる[手繰] ひきいる[引入] ひきそばむ[引側] ひきよづ[引攀] まねく[招] よづ[攀]
▼卑怯者 ふかくじん[不覚人]
ひく・い【低】ひくし[低] ひきやか・ひきし・ひきやか[低] ほどなし[程無]
―くする ひきしじむ[引縮]
―くなる さがる[下]
音や調子が―くなる あさし[浅] める[減] ひきし・ひきやか―くなる ひきし[低]
位が― あさし[浅] ひきし・ひきやか・ひきらか[低]
びくびく・する たまぎる[魂消]
ひぐらし【蜩】かなかな
ひげ・する【卑下】へる[謙] ざえさがる[才]
ひけらか・す てらさふ・てらふ[衒]
盛・栄 ひきしじむ
ひけをとる【引取】→おとる
ひご【庇護】
―を受ける はがひにつく[羽交付]
▼庇護者 おほひ[覆・庇]
ひごう【非業】よこしま[邪・横]
ひごと【日毎】ひなみ[日次・日並] ひに いやひけに・ひましに[日異] ひまし(に)[日増]
―に いやひけに[日異] ひまし(に)[日増]
けに[日異]
ひこぼし【彦星】
ひごろ【日頃】かねて[予] →ふだん
ひざ【膝】

ひきつれる──ひざ

ひさご —— ひそか

**ひさご**【瓠】 ふくべ [瓢]
　—の後ろ よほろ [膕]
　—の後ろの筋肉 よほろすぢ [膕筋]
　—を崩す そべる
**ひさし**【庇】 ひがくし [日隠]
**ひざし**【日差】 ひかげ [日影・日景]
**ひさし・い**【久】 けながし [日長] はるけし [遥] ひさ・ひさし [久] ほどほどし [程程]
**枕**—まつのはの [松葉] みづがきの [瑞籬]
　—こと むご [無期]
　—く うちはへ(て) [打延] つひなる [終居] ひさし [久]
**ひざまず・く**【跪】 ひさし [久]
**ひさめ**【氷雨】 あられ [霰] ひ [氷]
　へう [雹] → **基本 あめ** (P.8)
**ひさん**【悲惨】 むげ [無下] → **みじめ**
**ひじ**【肱・肘・臂】 たなひじ [手肱]
**ひくい**【鴻・菱喰】 ぬまたらう [沼太郎]
**ピシッと** しっとと しとと
**ひしめ・く**【犇】 ぎぎめく

**ひしゃく**【柄杓】 ひさく [柄杓] ひさご [瓠]
**ピシャッと** はたと・はったと
**ひしゃ・げる**【拉】 ひしぐ [拉]
**ひしゅ**【美酒】 とよみき [豊酒]
**ひじゅつ**【秘術】 じゅつ [術] → **おうぎ**
**ひじょ**【美女】 → **びじん**
**ひじょう**【非情】 → **はくじょう**
　—なもの ぼくせき [木石]
**—しょう**【微小】 ありなしの [有無]
**ひじょうぐち**【非常口】 あけずのもん [開門]
**ひじょうしき**【非常識】 こころなし [心無]
**びしょうじょ**【美少女】 てこ・てこな [手兒名] とこをとめ [常少女] をとめ [真乙女]
→ **基本 おんな** (P.50)
**びしょう・する**【微笑】 かたゑむ [片笑]
**びしょうに**【非常に】 あまた [数多] あまり [余] いかにも [如何] いたく [甚] いたりて [至] いと いとの

**びじん**【美人】 いうそく [有識・有職] かほよき [顔佳人] かたち [形・容・貌] かたちびと [形人] かほよびと [形人] かれい [佳麗] ぎよくちょ [玉女] くはしめ [美女] けいこく [傾国] けいせい・けいぜい [傾城] こくしょく [国色] しなもの [品者] すがれし [清女] すがた [姿] みめよし [見目好・見目佳]
→ **基本 おんな** (P.50)
　—に濡れる しほどく [潮] そほぬる [濡] たる そぼぬる [潮] ずんぶり(と) みさみさ(と) しほどけし [潮] しのののに よに・よによに [甚]
ひとかたならず [一方] はなはだ [甚] そこらく・そこら・そこらく [幾許] そくばく・せめて [切] きはめて [極]

**ひぞう**【秘蔵】 ひさう [秘蔵]
　—の書物 ひしょ [秘書]
**ひそか**【密】 → **ひみつ**
▼**ひそか子** しのびやかな [密]
　ふところご [懐子] ひそや かに [密] ひそや [密] した
　—な恋 したこがれ [下焦] した

ひそひそ ── ひっきりなし

ひそひそ
こひ【下恋】 みそかごころ【密心】 しのびに・しのぶ【打忍】 しぬびに・しのびしのびに・しのびに
―に うちうち【内内】 うちしのぶ・しのぶ しぬびに・しのびしのび・し のびに・しのびに ぬすみに そと ないない【内内】 ひとしれず【人知】 ひそか【密・窃】 やをら
―密
ひそひそ
―言う つつめく・つつやく【囁】
―話 しぬびごと・しのびごと【忍言】
―話す うちささめく・ささめく【私語】 そそやく【囁】
ひそ・む【潜・臥】 ふふむ【含】 こもる【籠】 ふす【伏】 あるかなきか【有無】
ひそやか【密】 さはち【砂鉢】 ぬか【額】 しのびやか【忍】
ひたい【額】
ひたひ【額】

ひた
―の生え際 こびたひ【小額】
―の真ん中 まっかう【真っ向】
―の様子 ひたひつき【額付】
ひた・す【浸】 かす【漸】 さしひたす【差浸】 ひづ【漬・沽】
ひたすら【只管・一向】 いちづ【一途】 うちたえ【打絶】 おふなおふな・おほなおほな おもてもふらず【面振】 せち・せちに・せつ【切】 ただ・ただに【唯】 ただ(と)ひたぶる【直】 ひたみち【直道】 ひたもぶる【直】 ひたた・ひたに・ひたひた【直】 ひたりふし【垂伏】 ひたおもむき【直趣】 ひたと・ひたに・ひたひた【直】 ひたもぶる・ひったもの【直物】 ひときは【一際】 ひとすぢ【一筋】 ひらさら もはら(に)【専】 やくと・やくやくと
―かた【片】 ひた【直】 ひら【平】
→もっぱら
―接】
―進むさま ただいきに【唯行】
―に ひとへに【偏】
―励む おこなひすます【行澄】 あながち【強】

ひたすら【只管・一向】 ひたぶること【一向言】 ひたぶるに【只管・一向】
ひた・る【浸】 なづさふ みづく【水漬】
ピチャピチャ（水の音） ひたひたと
ひつう【悲痛】 →かなしみ
ひっかかる【引掛】 さふ【障】
ひったん【悲嘆】 →かなしみ
ひつぎ【棺・柩】 おくつすたへ・おきつき【棺】 ひとぎ【人城】
ひっかける【引掛】 うちかく【打懸】
ひっか・ける【引掛】 うちかく【打懸】
ひだり【左】 ひんだり【左】
―な言葉 ひたぶるごと【一向言】
―なさま ひたすら【只管・一向】
ひだり【左】 ひんだり【左】 ゆみとる【弓取方】 ゆんで【左】
▼左側 うらうへ【裏表】 さう【左右】
▼左右 あきて【空手】 おくのて ゆんで【弓手】
▼左手 あきて【空手】 おくのて ゆんで【弓手】 さや ろ【頻】 ひまなし【暇無】 まなくと る【頻】 ひまなし【暇無】 まなくと
ひっきりなし しきりに・しき

## ひっくりかえす――ひつよう

**ひっくりかえす【返】** うちかへす[打返] かへさふ・かへす[覆] うちかへす[打返] かへす[覆]
　―に続く きなし[間無時無]
　―**に続く** うちしきる[打頻]
**ひっくりかえ・す【返】** かへさふ・かへす[覆] うちかへす[打返]
**ひっくりかえ・る【返】** かへる[反] うちかへる[打返] くつがへる[覆] なりかはる[成反]
**びっくりする** ⇒おどろく
　―**させる** きをぬく[気抜]
**ひっくるめて** つがふ[都合]
**ひっこし【引越】** いへうつり[家移] さとうつり[里移] たながへ[店替] とのうつり[殿移] やごし[家越]
　―**する** うつろふ[移]
**ひっこみじあん【引込思案】** わたましおくまる[奥] うちもる[埋] うもる・むもる[埋] ひそやか・ものは
　ち[物恥]
**貴人の―** ひさぐ[提]
**ひっさ・げる【引提】** ひさぐ[提]
**ひっしに【必死】** からく[辛]
**ひつじょう【必定】** けつちゃう[決定] ちちゃう[治定] ちゃう[定]
**びっしょり**（濡ぬれるさま）⇒びしょびしょ

ひたたと[直] ひたひたと
　―**そろうさま** たいやう[対揚] ひとし[等]
**ひってき【匹敵】** ならぶ[並]
　―**させる** ならぶ[並]
　―**しない** かなはず[叶]
　―**する** あたる[当] およぶ[及] すがふ[適] たぐ
　しく[及・如・若] たちならぶ[立並] むか
　ふ[向・対] ならぶ[準・擬] ならぶ[並]
　―**類・比** みづくきのあと[水茎跡]
**ひっとう【筆頭】** ふでがしら[筆頭]
　―**すること** なずらひ[準・擬]
**ひっぱりあう【引張合】** ひきしろふ
**ひっぱ・る【引張】** はる[張] ひきしらふ・
　ひきしろふ[引] ひこづらふ[引]
**ひっぱりだ・す【引張出】** はりいづ[張出]
　かきいづ[搔出]
**ひつよう【必要】** えう・えうず[要]
　―**句** ひんのぬすみにこひのうた[貧
　盗恋歌]
　―**がない** えうなし[要無]

**びっしりと** しかと[確] ひっしり
**よ**
**ひっせき【筆跡】** あと[跡] しゅせき
　[手跡] すみつき[墨付] て[手]
　てがた[手形] てつき[手付] とり
　のあと[鳥跡] ふで・ふで
　のあと[筆跡] みづくき・みづくき・
　みづきのあと[水茎跡]
　**尊**―**ごしょ**[御書]
　**天皇の**―**しんぴつ**[宸筆] ちょ
　くひつ[勅筆]
**ひっそり** ⇒しずか・かならず
　―**したさま** かごやか[閑] しの
　びやか[忍]
　―**している** かんじゃく[閑寂] すむ
　[澄] ひそやか[密]
　―**とのもの寂しいさま** じゃくじゃ
　く・まく・せきばく[寂
　漠・寂寛] せきせき[寂寂]
**ぴったり（と）** しっとと つぶとし
　とと とうと ひしと ひしひしと

**ひつりょく【筆力】** ふで[筆] あらがふ[争・諍]

**ひてい・する【否定】**
—いひけつ[言消]

**ひでり【日照】** まひてり[真日照]

**ひと【人】** じん[仁] →にんげん
— [枕]うつせみの[空蟬] たまづさの[玉章]
—のいない間 ひとま[人間]
—の上に立つ ひとかど おとなぶ[大人]
—の気配 ひとげ[人気]
—の気配がない ひとぎれなし[人切無]
—の出入り ひとめ[人目]
—海岸に住む うらびと[浦人]
—徳の高い— しうとく[宿徳]
—能力・才能のある— うつはもの[器物]

**ひとかどの—**
**ひとがまし[人品]**
**ひど・い【酷・非道】**
▽貴人・学者 うし[大人]
まり[余] あやにく[生憎・可憎] いたし[甚] いとどし いみじ・い・みじげ いらなし[奇・苛甚] うたてあり おもし[重] からし[辛] きびし[厳] さんざん[散散] すさめて[切] そこら つっとめったとめったに[滅多] めっぽふ[滅法] むげに[無下] めにあまる[目に余] ゆゆしき[由由] つらし[辛] ふかし[深] むげ[無下] く・いたも[甚] すこぶる[頗] せた・めったと・めったに[滅多] よく[良・能] むげに[無下]
—…する ちぎる[千切・捩][補助動詞]
**ますます—なる** すさぶ・すさむ[荒・遊]

**ひどう【非道】** ひだう[非道] ぶたう[無道] むだう[無道] よこさま・よこざま[横様] わうだう[横道]
**ひとえ[一重]**
**ひといろ[一色]**
—・く →ひどく
—目に遭わせる ならはす[習・慣]
—目 からきめ[辛目]
—に まっぴら[真平] ひら[平]
[枕]なつごろも[夏衣]

**ひとがら【人柄】** けはひ[気配] がら[骨柄] ことがら[事柄] しな[品] じんたい[人体] ひととなり[為人] ざま[人様] ひとがら[人体・仁体]
—尊ごじんたい[御仁体]
—のよい人 じんたい[人体・仁体]

**ひときわ[一際]** →いっそう

**ひどく[酷・非道]** いた・いたう・いた [癖]
—者 しさいもの[子細者]

**ひとくぎり[一区切]** いちだん[一段]
**ひとくせ・ある[一癖]** くせぐせし[癖癖]
**ひとここちがしな・い[人心地]** かのけしき[我気色]

**ひとけがな・い[人気無]** ひとどほし[人遠]

**ひとごみ[人混]** ひとぜり[人競]

**ひとざと[人里]** ひと[人] やにには[家庭]
—の辺り さとみ[里回・里廻]
—離れて住む ひとばなる[人離] よばなる[世離]
—鳥などが—に馴れる さとなる[里

ひとしい――ひとめ

ひとし・い【等】 ならぶ[並] ひとし 馴

ひとしお【一入】→いっそう

ひとしお[等]

ひとじち【人質】 しち[質] むかはり[身代]

ひとすくい いきく[一掬]

ひとすじ【一筋】 いちでう[一条]
—に ただに[唯] ひたみちに[一道] ひとときは[一際]

ひとそろい【一揃】 いちぐ[一具]

ひとだかり【人集】 ひとだち[人立]

ひとたび【一度】 いったん[一旦] かたへは[片方]

ひとだま【人魂】 ひかりもの[光物]

ひとつ[一]
—にする あはす・あふ[合] なりあふ[成合] さしあふ[差合]
—になる なりあふ[成合]
—には かつは[且]
—方 かたへは[片方]
—残らず いちいち[一二] わたり[一渉] なのめ[斜] なべて・なめて[並] なみなみ[並並]

ひとでなし【人】→わるもの

ひととおり【一通】 ざらり(と) ひとわたり[一渉] なのめ[斜] なべて・なめて[並] なみなみ[並並]
[小夜終] じゃや[常夜] たりよ[足夜] ひとよ[一夜] よがなよっぴて[夜通] ひとすぢ[一筋] よすがら・よもすがら[夜] よただ[夜直] よのことごと・よひとよ[夜一夜] よるはすがら[夜悉] よひとよ[夜通] よわたし[夜渡]
▽徹夜する →てつやする
▽物思いで夜を明かす ながめあかす[眺明]

ひとびと【人人】 たぐひ[類] なんに[男女] わたり[辺]

ひとまえ【人前】 てまへ[手前]

ひとまず いったん[一旦]

ひとまね【人真似】 しりまひ[尻舞] ものまねび[物学] にのまひ[二舞]

ひとみしり【人】 おもぎらひ[面嫌]

ひとむれ【一群】 ひとむら[一叢]

ひとめ【人目・一目】枕—しらくもの[白雲] みるめ[見目] めがほ[目顔] めづま[目褄]
—に付く けせう・けそう・けんそう[顕証]

ひととなり【人】→ひとがら
ひとなし[理無]
ひとなみ[人並] ひとなみなみ[人並並] ひとがかず[人数]
—でない ひとげなし[人気無]
—に扱う かずまふ[数] ひとかず[人数]
—に見える ひとめかし・ひとめく[人]

ひとにぎり【一握】 いっきく[一掬]

ひとばん【一晩】 いちや[一夜]

ひとばんじゅう【一晩中】 さよすがら

とがまし[人] ひとなみなみ[人並並] なし[止事無] ゆゆし[由由] わりなし めならず おほろけ・おほろけならず[大方] おろかならず[愚] なかならず[斜] ひとかたならず[一方] やごとなし・やむごとなし・やうごとなし・やんごとなし[事事無]

ひとり──ひねくれる

**ひとり**【一人・独】 みひとつ[身一]
　―かこじもの[鹿児]　かしのみの[一人]
　[樫実]
　どちらか―　ひとりびとり[一人一人]
　―親類がないこと　するすみ[匹如]
　身　むえん[無縁]
　▽独身　やもめ[寡婦]　やもを[寡夫・寡男]
　▽一人暮らし　ひとりずみ[独住]
　▽一人っ子　ひとつご[一子]
　▽未亡人　ゑんぢょ[怨女]　ひとり
　ごつ[独言]
**ひとりね**【独寝】　あだぶし[徒臥]
　だまくら[独枕]　いたづらね[徒寝]
　いたづらぶし[徒臥]　うきまくら[浮枕]
　かたしき[片敷]　しらね
　もどくら[独臥]　ひとりぶし[独臥]
　[衣片敷]　そでかたしく[袖片敷]
　ます[点打]　とがむ[咎]　なやむ・なや
　[難]　にくむ[憎]　なんず[難]　みと
　がむ[見咎]　もどきいふ[擬言]　も
　どく[抵悟]
**ひとりごとをいう**【一人言言】
　―し合う　さしあふ[指合]
　―したい様子　そしらはし[謗]
　―すべき　もどかし
　―する　いひおとす[言落]　いひ
　―される　てんつかる[点付]
　―し合う　さしあふ[指合]
**ひな**【雛】…にんぎょう、→ひよこ
　―まつり　ひひなあそび[雛遊]
　―祭　ひなまつり[雛祭]
　―ぼこ　ひなたぼこり[日向]
**ひなうた**【鄙歌】さとびうた[俚歌]
**ひながた**【雛型】したかた[下形]　ひだ
**ひなた**【日向】　ひおもて[日面]　ひ
　まり[日溜]
**ひなん**【非難】そしり[謗]　とがめ
　[咎]　なん[難]　はん[判]　ひごん
　[非言]
**ひな・びる**【鄙】…いなかじみる
**ひなん**【非難】
　―答　なん[答]
　▽雑祭　ひひなまつり[雛祭]
**びなん**【美男】
　みやびを[雅男]　かつらをとこ[桂男]
**ひにく**【皮肉】　あてこと[当言]　つら
　こすり[耳擦]
　―っぽい　あてあてし[当当]
**ひにひにに**【日日】　ひにけに[日日]
**ひねく・れる**【捻・拈】　じくねる　ねぢ
　―けた心　ひぞる[乾反]
　―れた人　ねぢけひと[拗人]　ひ
　がもの[僻者]
　―れている　くせぐせし[癖癖]
　くねくねし　ねぢけがまし[拗]　は
　らあし[腹悪]　はらぎたなし[腹汚]

ひねもす——ひみつ

**ひねもす【終日】**→いちにちじゅう
　ひがひがし[僻僻]　よちりすぢり[捩]　よる[撚・縒]
**ひねる【捻】**ねんず[拈]　よづ[攀]
**ひのいり【日入】**→ゆうひ
　—り出すさま　よちりすぢり[捩]
**ひのき【檜】**ひ[檜]　ひばのき[檜葉]　まき[真木・槇]
**ひので【日出】**とよさかのぼり[豊栄登]
**ひばち【火鉢】**すびつ[炭櫃]　ひつ[火櫃]　ひをけ[火桶]
**ひはん【批判】**→ひなん
**ひび【輝】**ひみ[輝]
　—が入る　はしる[走]　ひわる[干割]
　—を入れる　はしらかす[走]
**ひびき【日日】**→まいにち
**ひびき【響】**おと・と[音]　おとなひ[音]　とよみ・どよみ[響]
　—[音]　すみのぼる[澄昇]　たつ[立]
　—く【響】
　—かせる　たつ[立]　ならす[鳴]
　—き透る　すむ[澄]

　—き渡る　とどろく・とどろめく[轟]　とよむ・どよむ[響]
　—き渡る音　とどろ・とどろく[轟]　とどろ・どよむ[響]
　—り響く　はん[判]
　澄んだ高い声が—　すみのぼる[澄]
**ひひょう【批評】**はん[判]
　—し合う　さだめあふ[定合]
　—する　あげさげをとる[上下取]　さだむ[定]　てんをうつ[点打]
　和歌・俳句の—　てん[点]
**ひふ【皮膚】**はだせ[肌背]　はだへ[肌・膚]
　—の様子　はだつき[肌付]
**びふう【微風】**ありなしかぜ[有無風]　すき[隙・透]　ま[間]
**ひま【暇】**いたづら[徒]　いとま[暇]　ひびのがない　いとなし[暇無]　まなくときなし[間無時無]
　▼仕事がない　ちゃをひく[茶挽]
**ひまご【曾孫】**やしはご・やしゃご[玄孫]

**ひましに【日増】**いやひけに[弥日異]　ひにけに[日異]　ひにそへて[日添]
　→しだいに
**ひまわり【向日葵】**ひぐるま[向日葵]　にちりんさう[日輪草]
**ひみつ【秘密】**かくろへごと[隠事]　くま・隈]　さたなし[沙汰無]　しぬびごと・しのび・しのびごと[忍事]　ないしょう[内証]　ひじ[秘事]　ひそか・ひそかごと[密事]　ひとしれず[人知]　みそかごと[密事]　みそか・ひそかごと[密]　みそかもり[水籠]　みつ[密]
　—が顕れやすい　ろけん[露見]
　—が漏れること　いははのものいふ[岩物言]　やぶにめ[藪目]
　—にする[秘]
　—にすること　しぬぶ・しのぶ[忍]　ひむ[秘]
　—にすること　ものがくし[物隠]
　—を漏らす　いひもらす[言漏]
　—を見破る
　句—うちかぶとをみすかす[内兜見]
　▼こっそり　しのびしのび[忍忍]　そと　ひそか・みそか

びみょう——びょうじょう

- [密] ひとしれず[人知] まぎる[紛] ひそかに みたぶす[見倒] ふむ[踏] ぶ[採]
- **ひそひそ話** しぬびごと・しのびごと[忍言]
- ▼**人目を避けること** しのび[忍] めぐはし・まぐはし[目細]
- **びみょう【微妙】** たへ[妙]
- **ひめごと【秘事】** ひみつ
- **ひめ（ぎみ）【姫（君）】** ひめごぜ[姫御前] をんなぎみ[女君]
- **ひめゆり【姫百合】** からゆり[唐百合] あかひめ[赤姫]
- **ひ・める【秘】** ➡かくす
  - — ・めた恋 したおもひ・したもひ[下思]
- **ひむろ【氷室】** あやすぎ[綾杉]
- **ひも【紐】** つかねを[束緒] を[緒]
  - 枕——こまにしき[高麗錦] さごろもの[狭衣] さにつらふ・さにづらふ[丹]
- **ひもじ・い** ひだるし
- **ひもの【干物】** からもの[干物] ひもじ ➡うえる
- **ひやか・す** そそる かれうを[枯魚] きたひ[腊]
- **ひゃく【百】** ほ[百] もも[百]
- **ひゃくさい【百歳】** じょうじゅ[上寿]
- **ひゃくしょう【百姓】** ➡基本 ねんれい(P.89)
- **ひゃくしょう【百姓】** いちものづくり[一物作] たご[田子] たづくり[田作] たびと[田人] でんぶ[田夫] はくせい・ひゃくしょう・ひゃくせい[百姓] はたご[畑子・畠子] たをさ[田長]
  - — の頭 かしら
- **ひゃくだん【白檀】** せんだん[栴檀]
- **ひゃくにち【百日】** ももか[百日]
- **ひゃくねん【百年】** ももとせ[百年]
- **ひやけ【日焼】** ひまけ[日負]
- **ひやとい【日雇】** ひよう[日傭・日用]
- **ひややか【冷】** すずし[涼] つれなし ➡つめたい
- **ひょいと** つれもなし
- **ひょう【雹】** あられ[霰] ひょうど ふと
- **ひょう【氷雨】** ➡基本 あめ(P.8)
- **ひよう【費用】** いりめ[入目] よう[用] ようだい・ようどう[用途] れう[料] うようどう[用途] つかひ[使・遣]
- **ひょうか・する【評価】** ぎちゃう[議定] せんぎ[詮議] ぎす[議] おもひあぐ[思上]
  - — がかかる うそく[料足] もめる[揉]
  - 高く—— うそく[沙汰]
- **びょうき【病気】** ➡基本(P.87)
- **ひょうげんりょく【表現力】** ふで[筆]
- **ひょうし【拍子】** はうし[拍子]
- **ひょうしき【標識】** しめ[標・注連] しめさす[標刺]
  - 立入禁止の—— あえか あつし[篤]
- **びょうじゃく【病弱】** あえか あつし[篤]
- **ひょうじょう【表情】** いろ[色] おももち[面持] おもやう[面様] おもわ[面輪] おもかげ[面影] かほばせ[顔先] きしょく・きそく[気色] ➡かおつき
- **びょうしょう【病床】** やまひのとこ[病床]
- **びょうじょう【病状】** やうだい[様体・容体・容態]

ひょうたん ── ひるがえす

**ひょうたん【瓢箪】** なりひさご・なり ふくべ[瓢]
**びさこ【鳴瓠】** ひさこ・ひさご[瓢]
**びょうじゃ【病者】** → **びょうにん**
**びょうどう【平等】** へらへいとう[平等]
**ひょっとすると…か** はたや・はたや はた[将]
—が高い たかし[高]
—が悪くなるのを惜しむ なををしむ[名惜]
**ひょうばん【評判】** ↓**基本 うわさ**(P.83)
きく[名立] なに(し)おふ[名負・喧] なにたたり[高] なだたり[名]
**ひょうはく【漂泊】** :
—の高いこと かうみゃう[高名]
めいよ[名誉]
**ひょうにん【病人】** ばうざ・びゃうざ・びゃうじゃ[病者]
—となる よをひびかす[世響]
—を立てられる なをながす[高名] なをたつ[名立]
—を取る なをとる[名取] すずめがた[雀形]
**びょうぶ【屏風】** でふ[帖]

**ひょうめん【表面】** →おもて
**ひよけ【日除】** ひがくし[日隠]
**ひよこ** ひな・ひなどり[雛鳥] ひよひ
[蓋] もしや[若]
**ひょっと** おのづから[自] ひゃうと・ひゃうど ふっと
—したら けだし・けだしく(も) はた[将] はたまた[将]
**ひよどり【鵯】** はくとうをう[白頭翁] ひえどり[鵯]
**ひより【日和】** ひなみ[日次・日並]
**ひよわ【弱】** ひはづ・ひはやか[繊弱] わうじゃく[尪弱] ↓**よわよわしい**
**ひらがな【平仮名】** かりな・かんな[仮名] をんなで[女手] をんなもじ[女文字]
**ひら・く【開】** ひきあく[引開]
枕 ── たまくしげ[玉櫛笥]
**蕾が** ─ ひもとく[紐解] ひらく[開]
蕾などが…ない ふふむ[含]

花が少し ── ほほゑむ[微笑]
花が半ば ── ひらけさす[開]
広がり ── はだかる[開]
**ひらけて・いる【開】** はる[晴] ほがらか[朗]
**ひらひら**
—させる ひるがへす[翻]
**ひらたい【平】** →たいら
**ひらめ・く【閃】**
—と ふりふり(と)
—かす ひろめかす[閃]
**ひらり** ゆらり(と)
**ひる【昼】** ひ[日] ひのうち[日中]
枕 ── あかねさす[茜]
▼**正午** ていご[亭午]
▼**昼頃** ひるつかた[昼方] ひるなか[昼中]
▼**昼過ぎ** ひるつかた[昼方] ひるさがり[昼下]
▼**真昼** あかひる[明昼]
**ひるがえ・す【翻】** あふる[煽] かへす[返] ひらめく[閃] ふきかへす

**ひるがえる【翻】** あふる[煽] かへる[反] ひらめく[閃]
—[吹返]

**ひるがお【昼顔】** すまひぐさ[相撲草] はやひとぐさ[旋草]

**ひるま【昼間】** ⇒**にっちゅう**

**ひるごはん【昼御飯】** けんずい[硯水・間水] ひるけ・ひるげ[昼餉・昼食]

**ひる・む【怯】** おむ こだる[傾] たぢろく・たちろぐ ゆらゆくれ[心後] たぢろき
—こと おくれ[遅・後]
—まず へらず[減]
⇒**すくむ**

**ひるめし【昼飯】** ⇒**ひるごはん**
—時 ひるけ・ひるげ[昼餉]

**ひれ【鰭】** はた[鰭]

**ひれつ【卑劣】** うしろぎたなし[後汚] きたなし さもし ぶきょう[不器用] ⇒**ひきょう**

**ひれふ・す【伏・臥】** ねまる ひらがらむ[平]
—して拝む ふしをがむ[伏拝]

**ひろ・い【広】** ⇒**ひろびろ**

ひるがえる ——— びわ

—こと だい[大]
—田 ちまちだ[千町田]
—所 はれ[晴]
—土地 くにはら[国原]
—野原 おほの・おほのろ[大野]
—くする ひろぐ[広]
—くなる ひりふ[拾] おしひろごる[押広]

**ひろ・う【拾】** ひりふ[拾]
—い集めること しふる[拾遺]

**ひろう【疲労】** つひえ・つひゆ[弊] つかれる つひやす・つひゆ[弊]
—させる つかる[疲]
—する はる[晴]

**ひろが・る【広】** おしひろごる[押広] しく・はたぐ・はだくる[延・伸] はたばる[端張] はびこる[蔓延] はふる・はぶる[溢] ひろぐ・ひろごる[広・拡] ひろる[広]
—り開く はだかる[開]
—面に— はる[張]
一面に— しく[敷] はるく[晴]
だらしなく— まびろく[真広]

**ひろ・げる【広】** のぶ[伸・延] はる[張] はたぐ・はだく[開] ひろぐ[広・拡]

**ひろさ【広】** ほど[程]

**ひろば【広場】** ひろみ[広]

**ひろびろ【広広】** ひろし[広] ゆほびか
手足を—げて踏ん張る はだかる[開]

**ひろま【広間】** ひろしき[広敷]

**ひろま・る【広間】** ながる[流] はびこる[蔓延]
—とする はる[晴]

**ひろまん【漫漫】** ゆほびか
—している ゆたけし[豊]
—と はるばる ひろばろ・はろばろ[遥遥]

**ひろ・める【広】** ひろむ[広]
—したさま ひろら・ひろらか[広]
—名を— ながす[流]
一般に広く— ほどこす[施]
世間に— ちる[散]
噂などが— うはさる[蔓延]
▼広く知られる名を— ひろむ[広]

**ひわ【鶸】** きんじゃく[金雀]

**びわ【琵琶】** なかばのつき[半月] よつのを[四緒]

475

びわこ―ふあん

**びわこ**【琵琶湖】 にほのうみ[鳰海]

**びわい**【品位】 くらゐ[位] けはひ[気配] しな[品] ひとがら[人柄]
―ひとさま[人様] ⇒ひとがら
―がある じんじゃう[尋常]
―がない あさまし[浅] げすげす[下衆下衆] むとく[無徳]
細く―がある きゃしゃ[花車・華奢]
すし

**ひんかく**【品格】 ⇒ひとがら、⇒ひんい

**ひんこう**【品行】 きゃうじゃく[景迹] みもち[身持]
―しげ[侘]
―になる せまる[逼・迫]

**ひんこん**【貧困】 ⇒びんぼう、⇒まずしい

**ひんしつ**【品質】 ものがら[物柄]

**ひんじゃく**【貧弱】 わづか[僅] わび

**びんじょう・する**【便乗】 しりうまにのる[尻馬乗]

**びんしょう**【敏捷】 すばやい

**ひんせい**【品性】

**ひんそう**【貧相】 さむし[寒] ⇒ひんい、⇒まずし

**びんそく**【敏速】 とし[疾・敏] ⇒すば⇒まずしい
―じみている わびしげ[侘]
―で寂しい ひそやか[密]
―な人 あやしのしづ[賤] はだかむし[裸虫]
よりなし[便無]

**ひんぱん**【頻繁】 しきなみ[頻並]
―なさま ちへしくしくに[千重頻]

**ひんぴょう**【品評】 しなさだめ[品定]

**びんぼう**【貧乏】 けいくわい[計会] とぼし・ともし[乏] ふがふ[不合] ふびん[貧]
にょい[不如意] まづし・まどし[貧] りょく[無力] わうじゃく[尩弱]
むとく[無徳]
▽みすぼらしいこと むとく[無徳] み[身] すりきり[摩切] するすみ[匹如身] てぶり[手振] みがら[身空]
▽無一匹 すりきり[手振]
▽無一文になる すりきり[摩切]
句―ひざのさらにひがつく[膝皿火]てとみになる[手身成]

### ふ

**ぶあいそう**【無愛想】
あひだちなし・あひだてなし けにくし[気憎] けんどん[慳貪] しょにん すくやか・すくよか[健] にくさげ・にくし[憎] はしたなし[端無] ひとにくし[人憎] ぶあい[不愛・無愛] ⇒れいたん

―な態度
句―きではなをくくる[木鼻括]
―な様子 けんけん

**ふあん**【不安】
―し うしろめたなし[後] うらさぶ[危] あやし[怪・卑] あやふし・うしろめたし・うしろめたなし[後] うらもとなし[心許無]
[心荒] うらめし

ふあんてい──ふうふ

ふい →とつぜん

ふあんない【不案内】 つきなし[付無] おぼめかし[朧]

ふあんてい【不安定】 あはあはし[淡淡] ただよはし[漂] はかなげ・はかなし[果無・果敢無] ―句―うきにのる[浮木乗] うきぐさまかはる[様変] ものおもひ[浮雲思] かものうきね[鴨浮寝] ―でふらふらしている ただよふ[漂]

れひ・うれへ[憂・愁] おぼつかなし[覚束無] おぼめかし[朧] ならず[心許無] こころもとなし[心許無] こころ騒がし[心騒] し[愛] たのもしげなし[頼無] ものしげなし[物心細] やすげなし[安無] ややましんばい →し見騒

―がない うしろやすし[後安]

―で心が乱れる むねつぶる[胸潰] むねひしぐ[胸拉]

不吉な夢で― ゆめみさわがし[夢見騒]

ふいご たたら[踏鞴]

ぶいん【無音】 ぶさた[無沙汰]

ふう【封】 ―をする ふうず・ふんず[封]

ふう【風雨】 ―が激しいさま しのをみだす[篠乱] みだれ[乱]

ふうが【風雅】 あざる[狂・戯] ふうりう[風流] ふうさん[風韻] →基本 ふうりゅう(p.81)

ふうかく【風格】 かうふう[高風] にんてい[人体] ふうこつ[風骨] け[丈] →ひんい、→ひとがら

ふうがわり【風変】 かく[格] いっきょう[一興] 俳句などの― さまかはる[様変]

ふうけい【風景】 けいき[景気] そら[空] ながめ[眺] けしき[景色] ―で面白い きょうがる[興]

ふうさい【風采】 かたちありさま[形有様] ふうこつ[風骨] →ひにく

ふうし【風刺】 をこゑ[痴絵]

ふうしが【風刺画】 →ひにく

ふうじこ・める【封込】 ふうず・ふんず[封]

ふうしゅう【風習】 かぜ[風] しなし[為成] せぞく[世俗] てぶり[手振・手風] ならはし[習・慣] ふう[風] ふうぎ[風儀] ふうぞく・ふぞく[風俗] 形・象[形・象] ―ならひ[習・慣] かみよのかぜ[神代風]

ふうせつ【風説】 せぞく[世俗] せつ[説] 世の中の― しゅうかん[習慣] 昔からの― かみよのかぜ[神代風] 所の― ところならはし・ところならひ[所習]

ふうぞく【風俗】 ならはし[習・慣] てぶり[手振・手風] ふう[風] →ふうしゅう

ふうちょう【風潮】 せぞく[世俗] 世の中の― すがた[世俗]

ふうひょう【風評】 おとぎき[音聞]

ふうふ【夫婦】 いもせ[妹背] いもとせ[妹背] かたき[敵・仇] ぐせん[縁] つがひ[番] にせのえん[二世縁]

## ふうぶつ ─ ぶき

**ふうぶつ【風物】** けいぶつ[景物] おと[音] かぜのたより[風便] きき[聞]

**ふうぶん【風聞】** けいぶつ[景物] おと[音] かぜのたより[風便] きき[聞]

**ふうふ【夫婦】** めを[女男] めをとめをと[妻夫・夫妻] をひとめ[夫婦]
→基本 けっこん(P.84)

**ふうりゅう【風流】** ふうさう[風箏]

**ふうりん【風鈴】** ほうたく・ほうちゃく[宝鐸]

**ふうん【不運】** あくじ[悪事] ぶくゎほう[不報] ふしょう[不祥] せう[不肖] わざはひ[災・禍]

**ふえ【笛】** ちゃく[笛]
澄んだ音で―を吹く ふきすます

**ふ・える【増】** そはる[添] まさる・ます[増]

**ぶえんりょ【無遠慮】** おもなし[面無] ぼうぞく[非愛] へいぐゎい[平懐] むさと・むざと[礼無] ゐやなし[礼無]→えんりょ
―な言葉 うちつけごと[打付言]

**ふおん【不穏】** さわがし[騒] あし[悪] こころやまし[心疚] ふきょう・ぶきょう[不興] すずろはし・そぞろはし[漫] むつかし・むつかし やまし[疚] ものし・ものしげ[物]

**ぶか【部下】** てのもの[手者] てぜい[手勢] はたした[旗下] →けらい
―の兵 てのもの[手者] はたした[旗下]

**ふか・い【深】** ふかし[深]
▽深さ たけ[丈]
▽深まるさま しんしん[深深]
―甚 ふかし[厚] じんじん[甚深]
枕―おくやまの[奥山] なつくさの[夏草] ふかみるの[深海松]
―愛 なし[言甲斐無]
句―えだをかはす[枝交] えだをつらぬ[枝連]
―こと ちひろ[千尋]
―く あはに
―く思う ふかむ[深]
―く感じる かんおう[感応]
―く,する ふかむ[深]
―く積もった雪 みゆき[深雪]

**ぶかっこう【不恰好】** ふつつか[不束] ―みぐるしい えせず えも およばず[及] ―なこと

**ふかのう【不可能】** えせず えも およばず[及] ―なこと しゃくしではらをきる[杓子腹切] だいかいをてですく[大海手堰]

**ふか・める【深】** ふかむ[深]

**ふかんぜん【不完全】** かたは[片端] ―な なま[生] かた[片] ―に おろおろ

**ぶき【武器】** いくさだうぐ[軍道具] うちもの[打物] ぐそく[具足] だ

ー

**ふがいな・い** いひがひなし・いふかひなし →ふゆかい
―なこと いぶせさ むつかる[慣]
―に思う いぶせさ むつかる[慣]

**ふかい【不快】** いまいまし[忌忌] いぶせし[鬱悒] くっす・くんず[屈]

ふきあれる——ふく

うぐ[道具]　つはもの[兵]　てうど[調度]　ひゃうぐ[兵具]　ひゃうち[由由気]　ぶ[武]　ぶぐ[武具]
ものゝぐ[物具]　ゆみや[弓矢]
**得意とする——**　えもの[得物]
ものゝぐ[物具]　うちもの[打物]　くすんごぶ[九寸五分]　よろひどほし[鎧通]　た
ち[太刀]
**▼刀** うちもの[打物]　こしのもの[腰物]　→
かたな
**▼武器庫** やぐら[矢倉・櫓]
**▼弓矢** きゅうせん[弓箭]　やまさち[山幸]

**ふきあ・れる**【吹荒】
しまく[風巻]　ふきすさぶ[吹]
**ふきかえし**【吹返】　かへし[返]
**ふきげん**【不機嫌】ものむつかり　じふめん[渋面]　ものしげ[物]
**——な顔**　うちむつかる
**——な様子**　うちむつかる[打憤]
**——になる**　けしきばむ[気色]　そこねる[損]
**ふきす・ぎる**【吹過】　ふきこす[吹越]
**ふきだ・す**【吹出】　ふく[吹]
**ふきつ**【不吉】　いまいまし[忌忌]　い
まはし[忌]　ふしゃう[不祥]　まが

ごと[曲事]　きゃうじ[凶事]　くせ
ごと[曲事]
**——な言葉** まがこと・まがごと[禍事]
**——な夢を見る** ゆめみさわがし[夢見騒]
**▼忌み嫌う** いむ[忌]

**ふきつ・ける**【吹付】　しぶく[頻吹]
**ふきつの・る**【吹募】ふきそふ[吹添]
**ふきと・る**【拭取】かいのごふ[搔拭]
**ふきなら・す**【吹鳴】ふきなす[吹鳴]
**ふきはじ・める**【吹初】　ふきたつ[吹立]
**ふきまく・る**【吹】　ふきまよふ[吹迷]
**ぶきみ**【不気味】
**——な感じがする** おそろしい
けしきおぼゆ[気色覚]

**ふきみだ・れる**【吹乱】ふきまどふ[吹惑]　ふきまがふ[吹紛]　ふきまどふ[吹惑]　ふきまよ

ふ[吹迷]

**ふきもど・す**【吹戻】　ふきかへす[吹返]
**ぶきよう**【不器用】→へた
**ぶぎり**【不義理】ぶしんちゅう[不心中]
**ふきわた・る**【吹渡】
**海を——** うみをひたす[海浸]
**初夏の風が——** かぜかをる[風薫]
**春の日の中で——** かぜひかる[風光]
**ぶきん**【付近】　あたり・わたり[辺]　そばあたり[側辺]　ちかきさかひ[近境]　ちかきせかい[近世界]　ほど[程]　→あたり
**ふきんしん**【不謹慎】みだりがはし・みだれがはし[濫猥]
**ふ・く**【吹】そよふ[戯]
**野分けめいた風が——** のわきだつ[野分]
**激しく——** あきかぜの[秋風]　ときつかぜ[時風]　のわけだつ[野分]　ふきまく[吹]　ふきまよふ[吹迷]
**激しく笛を——** せめふす[責伏]

ふく——ふこう

笛を慰みに——　ふきすさぶ[吹]

**ふ・く**[拭] のごふ　てっぱう[鉄砲]

**ふぐ**[鰒・河豚]

**ぶぐ**[武具] …ぶき

**ふくあん**[腹案]（短歌の）　はらみく[孕句]

**ふぐう**[不遇] つたなし[拙] →ふうん

**ふくざつ**[複雑] わづらはし[煩]

**ふくしゅう**[復讐] …しかえし

**ふくじゅう**[服従] きふく[帰服・帰伏]

　——させる ことむく[言向]

がふ[従] せめふす[責伏] まつらふ・まつろふ[服・順] した

す・なびく[靡] なびか——

[服・順]

　——する うべなふ[宜] くっす[屈] なびく[靡] へいこう[閉口] まつらふ・まつろふ[服・順] した

がう

**ふくじゅそう**[福寿草] ぐゎんたんさう[元旦草] ぐゎんじつさう[元日草] しかぎく ついたちさう[朔日草]

草　としぎく[歳菊] ふじぎく[富士菊] ゆきはちす

**ふくしょくぶつ**[副食物] →おかず

**ふくすう**[複数]

**ふくそう**[服装] いでたち[出立] こしらへ[拵] さうぞく・しゃうぞく[装束] すがた[姿] そでつま[袖] でたち[出立] ふうてい[風体] ふうぞく[風俗] ふうてい[風体] みなり ほひ[装] よそひ・よそ

　——などを整える さうぞく・しゃうぞく[装束] みをもてなす[身] ひきつくろふ[引繕] うらなし[心無]

**ふくぞうがない**[腹蔵無]

**ふくつう**[腹痛] さしこむ[差込]

　——がおこる むしがかぶる[虫嚙]

**ふくへい**[伏兵] ふせぜい[伏勢]

**ふく・む**[含] おぶ[帯] ふふむ[含]

　——ませる くくむ くくむ[含]

　——み声 くぐもりごゑ[含声] ふふむ[含] 口に—— くぐむ　ふふむ[含]

**ふくも**[服喪] けう[孝] けがらひ[穢] しひしば[椎柴] ぶく[服]

▼喪に服す　けがらふ[汚・穢] くす[服] ぶ

**ふくらはぎ** こぶら・こむら[腓] ふくむ[含]

**ふくら・む**[膨] こぶら・こむら[腓] 水を含んで—— ほとぶ[潤] 穂が出ようとして—— はらむ[孕]

**ふくろう**[梟] てう[鵂鳥] ふくろ[梟]

**ふく・れる**[膨] あつごゆ[厚肥] ——んでいる　ふくむ[含]

**ぶげい**[武芸] いろこ・うろこ[鱗] ぶへん[武辺]

**ふけいき**[不景気] すぼる[窄] せけんが

——になる　つまる[世間詰]

**ふけつ**[不潔] むさし ちゃうず[長] きたない

**ふ・ける**[耽] ほく[惚]

**ふ・ける**[老] →おいる

**ふ・ける**[更] くたつ・くだつ[降] ふ・く[更]

**ふこう**[不幸] ふしゃう[不祥] わざはひ[禍] →ふうん

**ふごう【富豪】**→かねもち

**ふこうへい【不公平】** へんぱ[偏頗] かたおち[片落]

**ふごうり【不合理】** ひきょう[比興]

**ふこころえ【不心得】** ふしょぞん[不所存] ふとくしん[不得心]

**ぶこつ【無骨】** あらあらし[荒荒] ちごちし[骨骨] こちなし[骨無] こはごはし[強強] こはらか[強] こはばし[強強] すくやか・すくよか[健] ふつつか[不束] むくつけし
 **ーな人** でんぶ[田夫]

**ふさい【負債】** せめ[責]

**ぶさいく【不細工】**→みぐるしい

**ふさがる【塞】** つまる[詰] ふたぐ[塞] とづ[閉] ふたがる[塞] ふたぐ[塞]

**ふさ・ぐ【支】** さやる[障]

**ふさぎこ・む【塞込】** さふ[支] ふたぐ[塞] ひさぐ[塞] ふたく[塞]
気が— いぶかし・いぶかしむ[訝] うちくす・うちくっす[打屈] ふたぐ[塞] しめる[打湿] うづむ[埋] うち・むぞる[埋] おもひ・むもる[埋] おもひきゅ[思消] うんず[思倦] おもひ[思倦]

おもひくす・おもひくっす・おもひく んず[思莟] おもひしなゆ[思萎] おもひ[思屈] おもひしづむ[思沈] おもひなゆ[思萎] おもひしをる[思萎] おもむほる[思結] むすぼる[思結] くさる[腐] きがくらくなる[気暗] くす・くっす・くんず[屈] くつほる[暮塞] くんじいたし・くんずいたし[屈甚] くゆる[薫・燻] くれふたがる[沈] むすぼほる[難] むすぼほる[沈] める[滅]

**ぶざま【不様】**→みぐるしい

**ぶさほう【無作法】**→ぶれい

**ふさふさと** ふさやかに[多]

**ふさわしい【相応】** あたふ[有付] ある べかし[有] おふ[負] げにげにし [実実] ことよろし[事宜] さるべ き・さんべき・しかるべき[然] たる[足] つきづきし[付付] にあはし[似] ふさはし・ふさふ[相応] むく[向] よろ し・ふさはふ[相応]

**ふざ・ける** あざる[狂・戯] あだふ [徒] いそばふ[戯] おそばふ・お そばゆ[戯] おぼしくづほる[思] さるがふ[猿楽・散楽] そばふ・そほ ふる[戯] たはく・たはる[戯] たは ぶる・たはむる[戯] ほたゆ をこ めく[痴]
**ーけたこと** ざれごと[戯事] そばごと[戯言] たはこと・たはぶれ [戯]
**ーけた言葉** たはこと・たはぶれ ごと・たはれごと[戯言]
**ーけている** きょうがる[興]
**ーこと** たはけ[戯]

▽**悪ふざけ** こはばざれ[強戯] わる あがき[悪足搔]
▽**いたずらなさまをする** あだめく[徒・婀娜]

**ぶさた【無沙汰】** ぶいん[無音]

**ぶさほう【無作法】**
**ー場に** ところにつく[所付]

**ふし【節】** よ[節]
尾—しらふ・しろふ
**ーもない** つきなし・つきまじ[付無] にげなし[似無]
**ーくない** すさまじ[凄] つきと もなし・つきなし[付無] にげなし [似無]
**ーこと** かっかう[恰好]

**ふじ【富士】** かひがね[甲斐嶺]
枕―あまのはら[天原]

**ふじ【藤】** しうん[紫雲] ふぢなみ[藤波] ふたきぐさ[二季草] まつく[松]
さ[松草] まつなぐさ[松なぐさ] ま
つみぐさ[松見草] むらさきぐさ
[紫草]
枕―あらたへの[荒妙・荒栲]

**ぶし【武士】** きうせん[弓箭] さぶ
らひ・さむらひ[侍] せいびやう[精兵]
もの[兵] ぶへん[武辺] むさ・む
しゃ[武者] もののふ[武士] ゆみ
とり・ゆみや・ゆみやとり[弓矢取]
**強い―** かうのもの・がうのもの
[剛者]
▼**武士道** きうせんのみち[弓箭
道]

**ぶじ【無事】** ことなし・こともなし[事
無] おだやか[穏] そくさい[息
災] たひらか・たひらけし[平] つ
つがなし・つつみなし[恙無] なだ
らか むやう[無恙] やすし・やす
らか・やすらけし[安]
**―に** さきく[幸] ひらに[平]

まさきく[真幸]
**ふしあわせ【不幸】** ぶくゎほう[無果
報] →**ふうん**

**ふしぎ【不思議】** あやかし あやし
[怪・卑] きくゎい[奇怪] きたい
[希代・稀代] きめう[奇妙] くし・
くすし[奇] くしび[奇・霊] くす
ばし[奇] け[怪] けう[稀有・希
有] けしかる[異・怪] しんべう・
しんみょう[神妙] めいよ[名誉]
―**がる** かたぶく・かたむく[傾
妙] ―**な** じんづう[神通] じんり
き[神力]
―**なこと** け[怪] けい[怪異]
―**なしるし** きどく[奇特]
―**に思う** きょうがる[興]

**ふしだら** けかいなし[結解無] じだ
らく[自堕落] たはし[戯]

**ぶしつけ【不仕付・不躾】** あらは・露・
顕] うちつけ[打付] くゎうりゃ
う[荒涼] こちなし[骨無] そさう
[粗相] そつじ・そつじながら[率
爾] なれなれし[馴馴] ぶこつ[無

骨] ふよう[不用] みだりがはし・
みだれがはし[濫・猥] むさと・むざ
と りょぐゎい[慮外] れうじ[聊
爾] つれい

**ふじばかま【藤袴】** らに[蘭]

**ふしまつ【不始末】** ふしゅび[不首尾]
―**が顕れる** てがみえる[手見]

**ふじゅう【不自由】** してう[翅鳥] と
ころせし[所狭] てがみえる[手見]
―**しない** ことたる[事足]
―**する** ことかく[事欠]
[不足] まだし[未] まどし[貧]
―**だろう** まだしかるべし[未]
―**ながら** かつがつ[且且]
―**な出来** なまなり[生成]
―**に** おろおろ おろか[疎・愚]

**ぶじゅつ【武術】** ひゃうはふ・へいはふ
[兵法]

**ふじょ【扶助】** かふりょく[合力]

**ふしょう【負傷】** →**きず**
―**させる** ておほす[手負]

▼負傷者　ておひ[手負]　けがれ[汚・穢]　→き[倒]　→よこ　→よこたわる

**ふじょう**【不浄】
**ふじょう**【不浄】→き[弱竹]
枕——くれたけの[呉竹]　なよたけの[弱竹]

**ぶじょく**【侮辱】
——されること　はぢ[恥・辱]　→き[恥]
——する　はづかしむ[恥]

**ふしん**【普請】　さくじ[作事]

**ふしん**【不審】　あやし[怪・卑]　いぶかし[訝]　いぶせし[鬱悒]　うさん[胡散]　うろん[胡乱]　おぼつかなし[覚束無]　きくわい[奇怪]　きっくわい[奇怪]　きたい[希代・稀代]　きめうじゃく[景迹]　こころえず[心得]　こころにくし[心憎]

頭——いかにぞや[如何]

——に思う　あやしぶ[怪]　いぶかる[訝]　おぼめく[朧]　かたぶく・かたむく[傾]

**ふじん**【婦人】→[基本]**おんな**(P.50)

**ふしんせつ**【不親切】　こころなし[無]

**ふ・す**[伏]　こやる・こゆ[臥]　たふる[倒]

**ふすま**【襖】ふすまさうじ[袋障子]

**ふせ**【布施】　ずきゃう[誦経]

**ふせい**【不正】
[拗]ぶぎ[不義]　よこ[横]　ねじく[邪・横]　わうだう[横道]
[柾]しま[邪・横]　うわく[枉惑]　→わるい

**ふぜい**【風情】
——にする　ゆがむ[歪]

**ふせいこう**【不成功】→[基本]**ふうりゅう**(P.81)　ふしゅび[不首尾]

**ふせいじつ**【不誠実】　ぶしんちゅう[不心中]

**ふせぎとめる**【防止】　さふ[遮]

**ふせぎまもる**【防守】　まぶる・まぼる・まもらふ[守]

**ふせ・ぐ**[防]　ふせく[防]　おさふ[抑・押]　さふ[支]

**ふせる**——こと　おさへ[抑・押]
——物　たて[盾・楯]

**ふせん**【付箋】つけがみ[付紙]
**ふそうおう**【不相応】くゎぶん[過分]
**ふそく**【不足】　しっつい[失墜]　とも——している　とぼし[乏]
——する　かく[欠]　こと(を)かく[事欠]
——ない　かく[欠]

**ふぞろい**【不揃】　かたほ[片秀]　とこしまだら　たらふ[足]

**ふそん**【不遜】→いばる

**ふた**【蓋】
枕——たまくしげ[玉櫛笥]　まそかがみ[真澄鏡]
——のある容器　がふ[合]
——をする　ふさぐ[塞]

**ぶた**【豚】ゐ[猪]　ゐのこ[亥子]

**ふたごころ**【二心】とごころ[異心]　へうり[表裏]

**ふたしか**【不確】
**ふたつごころ**【不定】　たづたづし　ふぢゃう[不定]

**ぶたに**物　ゆめ[夢]

**ふたたび**[再]　かさねて[重]　また[又・亦]　たちか へり[立返]

ふじょう——ふたたび

ふたつ——ふつう

**ふたつ【二】**
—**とない** になし[二無] ぶさう[無双] ふたつなし[二無] またなし[又無] もろ[諸・両]
—**の** もろ[諸・両]

**ふたまたをか・ける【二股】** ふたゆく[二行]

**ふたん【負担】**
—**させる** もよほす[催] しょくわ[諸課]
—**する** もめる[揉] たふ[耐・堪]
—**できる** たふ[耐・堪]

**ふだん【普段】** け[褻] じゃうぢゅう[常住] じゃうふだん[常不断] ただ[常] つね[常] ひごろ[日頃]
**句 れい**[例]
—**ぎゃうぢゅうざぐゎ**[行住座臥]
—**ことだつ**[事立] れいざま[例様]
—**と違う** ことだつ[事立] れいざま[例様]
—**の生活** うちうち[内内]
▼**普段着** け[褻] けぎ[褻着] けころも[褻衣] けなり[褻] けよそひ[褻装] [褻衣] そきら[素綺羅] なれぎぬ・なれころも[馴衣] みなれごろも[身馴衣]

**ふち【縁】** つま[端] は・はし[端] はた[端] へた[辺・端] へり[縁]

**ふち【淵】**
青く澄んだ— へきたん[碧潭]
山深い草などで隠れた— こもりふち[籠沼]

**ふちゃく【付着】** つく[付・着]
—**させる** したふ[慕] つく[付・着]

**ふちゅうい【不注意】** きょ[虚] くゎうりう[荒涼] ふかく[不覚] ぶねん[不念・無念]
—**者** こころなし[心無]
—**に** むさと
**句** ねんじゃのふねん[念者不念]
注意深い人の—

**ぶちょうほう【不調法】** ふつつか[不束]

**ふつう【普通】** おいらか おしなべて[押並] おほ[凡] おほよそ[凡・大凡] おぼろけ[朧気] かいなで・かきなで[搔撫] じんじゃう[尋常] せうせう[少々] ただ[唯・只] ただあり[徒有・直有] つづう[通途] つね[常] つねてい[常体] ななめ・なのめ[斜] なべて・なめて[並] なほ・なほし[直] なほなほし[直直] なみ・なみなみ[並並] ひとかた[一方] ひとしなみ[等並] ひとすぢ[一筋] よづく[世付] よなる[世慣・世馴] よのつね[世常] よろし[宜] れい[例] れいざま[例様] わたりなみ[渡並] →へいぼん
—**でない** こと[異・殊] ただならず[徒] なべてならず・なめてならず[並]
—**と違う** ことやう[異様] さま こと[様異]
—**と違うさま** け[異]
—**と違って** ことに[異・殊] おしなべて・おしなみに[押並] うちまかせて[打任] ただ
—**に** うちまかせて[打任] おし なべて・おしなみに[押並] ただ
—**の** なべての[並]
—**の言い方** ただこと[直言]
—**の事** ただこと[直事]
—**直**

**ぶつかる**

—**の人** おほよそびと[凡人] たうじん[中人] なほびと[直人]→

**ぼんじん**
だうどう・ただびと[直人・徒人] ちゅ

**ぶつか・る[行当]** あたる[当] ゆきあたる

**ふっき・する[復帰]** なほる[直] ことなほる[事直]

**ふっきゅう・する[復旧]**

**ぶっきらぼう** すくすくし すくすくしくすくよか・すぐすぐし

**ぶつぐてん[仏具店]** てんがいや[天蓋屋]

**ふっくら**—**して** つぶらか ふくよか・ふくらか・ふくらか・ほこらか[脹]
まろらか[円・丸]

**ぶっ・ける** あつ[当]

**ふつごう[不都合]** あし[悪] あやしい[怪・卑] かたは[片端] くるし[苦] けしか[傍痛] いたし 

らず さたのかぎり[沙汰限] たいだいし[怠怠] ひきょう[比興] び なし・びんなし[便無] ぶあい[不愛・無愛] ぶこつ[無骨] ぶさたなし ふびん[不便] まさなし[正] もったいなし[勿体無] わろし[悪]

—**な** あらぬ

**ぶつじ[仏事]** ほとけ[仏]

**ぶっそう[物騒]** らうぜき[狼藉]→き

**ぶっちょうづら[仏頂面]** にんさうづら[人相面]

**プッツリ** ふつふつ(と)

**ぶってん[仏典]** のりのみち[法道]

**ふっとう[沸騰]** しゃうげう[聖教]
—**した湯** たぎる[滾] たぎりゆ[滾湯] まことのみち[真道]

**ぶつぶつ**
口の中で—つぶつぶ(と)

**ぶつもん[仏門]** さうもん[桑門] ぶいぶい し

**ぷつんと**
**ふで[筆]** ふっつり(と) ふっと
くき・みづぐき[文手] みづくき[筆] ふみて・ふんで[文手] みづくき・みづぐき[水茎]
—**を濡らす** しめす[湿]

▼**筆跡** あと[跡] すみつき[墨付] て[手] てがた[手形] てつき[手付] とりのあと[鳥跡] な[字] ふで・ふでのあと[筆跡] みづくき・みづぐき・みづぐき[水茎跡] きのあと[水茎跡]

**尊**—**ごしょ[御書]**

▼**筆遣い** ふでやう[筆様]

**ふてきとう[不適当]** さるまじ[去] わろし[悪]

**ふてきせつ[不適切]** あながち[強]→**ふてきせつ**

**ふと[不図]** かりそめに[仮初] きと すずろに[偶・適] たちまちに[忽] たま はしなく・はしなくも[端無] ふっと ゆくりかに ゆくりなく

—**耳にする** こみみにはさむ[小耳挟]

**やくし[釈子]**
—**に入る**→しゅっけ

ふとい——ふひつよう

ふと・い【太】 ふとし【太】
　枕 はるばなの[春花] まきはしら[真木柱]
　—さま まろ[丸・円]
　—くて丈夫 ふつつか[不束]
ふとう【太藺】 おほゐぐさ[太藺草]
　つくも[江浦草]
ふとう【不当】 あぢきなし・あづきなし[味気無]
ぶどう【武道】 ゆみや[弓矢]
ふところ【懐】 くゎいはう[懐抱] ほ
　ほ・懐
　▼懐紙 くゎいし[懐紙]
ふところあい【懐具合】 ないしょう[内証]
ふとっぱら【太腹】 だいふくちゅう[大腹中]
ふとどき【不届】 びなし・びんなし[便
　無] ふよう[不用] もったいなし
　[勿体無] →ふつごう
　▼ふとどき者 わうだうもの[横道
　者]
ふと・る【太】 こゆ[肥]
　—っているさま つぶつぶと[円
　円] まろ[丸・円]

ふとん【布団】 こやす[肥] さよふとん・さよぶとん
　[小夜蒲団] ふすま[衾・被] よる
　のふすま[夜衾]
　—など よるのもの[夜物]
　粗末な— さぶとん[草布団] くさむしろ[草
　筵] 藁を紙で包んだ— かみぶすま[紙衾]
　▼敷き布団 しきたへ[敷妙] しと
　ね[茵・褥]
ぶな【山毛欅】 しろぶな[白橅] そば
　き そばぐるみ[稜胡桃・蕎麦胡桃]
ふなじ【不仲】 →ふわ
ふなじ【船路】 →基本 ふね(P.97)
ふなたび【船旅】 かいだう[海道] な
　みち[浪路] なみのかよひぢ[波通
　路] ふなみち[船路]
ふなつきば【船着場】 かはづ[川津]
　つ[津] とまり[泊] ふなつ[船津]

ふなのり【船乗】 さぼらけ[朝朗]
　枕 あさびらき[朝開] あさぼらけ
　[朝朗]
　かはをさ[楫] かちとり・かんどり[楫取]
　かこ[水夫] かぢこ
　ふなきみ[船君] すいしゅ[水手・水
　主] ふなびと[船人] ふなこ[船
　子・舟子] ふなびと[船人] ふなを[船
　長] みづをさ[水長] わたし
　もり[渡守] →せんどう
ふなべり【船縁】 ふなばた[船端]
ふなよい【船酔】 ふなごころ[船心]
ぶなん【無難】 ふなるひ[船酔]
　めやすし[目安] なだらか なのめ[斜]
ふにおちな・い【腑落】
　句 しあんにおちず[思案落]
ふにょい【不如意】 たしなし[窘] ふ
　がふ[不合]
ふにんじょう【不人情】 もぎだう[没
　義道] →はくじょう
ふね【舟・船】 →基本(P.97)
ふはい・する【腐敗】 →くさる
ふひつよう【不必要】 →ふよう

ふびん【不憫】→かわいそう

ぶふうりゅう【不風流】こちごちし[骨骨] きすぐ[生直] なさけなし[情無] こちなし[骨無] むくつけし

ふぶき【吹雪】ゆきあれ[雪荒]

ふふく【不服】→ふまん

ふへい【不平】かごと[託言] ぐち[愚痴]
—述懐 しゅっくゎい[述懐] じゅっくゎい
—がる ふそく[不足]
—に思うこと ものうらみ[物恨]
らむ[恨] うれふ[憂・愁] うくんず[言屈]
託 くどく[口説] くねる はちこつ
ぶく[蜂吹] いきどほる[憤]
—を言う いひくんず[言屈] かこつ
—を抱く いきどほる[憤]

ふへん【不変】じゃうちゅう[常住]
じゃうや[常夜] つね[常] ときは
[常磐] とこし・とこしなへ・とこし
へ[常・永久] ふえき[不易]

ふべん【不便】びなし・びんなし[便無]
ふにょい[不如意]

ふぼ【父母】かそいろ・かぞいろ・かぞ
いろは[父母] ぶも[父母]

ふほう【不法】ふらち[不埒]

ふほんい【不本意】
[心外] こころならず[心] なまなま[生生] ほいなし
[本意無]

ふまじめなもの【不真面目者】すっぱ
[素破・透波]

ふまん【不満】あかず[飽] こころづ
きなし[心付無] しゅっくゎい・じ
ゅっくゎい[述懐] ふそく[不足]
—で あかで[飽] そぞろ[漫]
—でものたりない
—なさま あかず[飽] そぞろ[漫]
—に思う うらむ[恨] いきどほ
る[憤]

ふまんぞく【不満足】→ふまん

ふみあら・す【踏荒】ふみあだす[踏]
ちらす[踏散]

ふみつ・ける【踏】ふみしたく・ふみしだく[踏]
[踏] しのぐ[凌] ふむ[踏]
—けて押さえる ふまふ[踏]

ふみとどま・る【踏留】とどまる[留・停・止]

ふみなら・す【踏鳴】ふみとどろかす[踏轟] ふみならす[踏鳴]

ふみにじ・る【踏】ふみしだく[踏]

ふみわ・ける【踏分】さくむ しのぐ[凌]

ふ・む【踏】
—んで鳴らす ふみならす[踏鳴]
—んで行く ふみさくむ[踏]

ふめいよ【不名誉】おもてふせ・おもぶ
せ[面伏] おもてをふす[面伏] お
もなし[面無] きず[傷・瑕] なを
り[名折] はぢ[恥・辱] →はじ

ふめんぼく【不面目】→ふめいよ

ふもと【麓】すそ[裾] やました[山下] やまもと[山本]
—のあたり すそみ・すそわ[裾廻]
—の方 もとへ[本辺・本方]

ふや・ける ほとぶ[潤]

ふや・す【増】つむ[積]

ふゆ【冬】みふゆ[冬] よもぎのせき
財産を—のばす[延・伸]

487

ふうう──ふりきる

**ふうう**[蓬関] ⇒ 基本きせつ(P.17)
**ふゆう**[富有] ⇒ ゆたか
**ぶゆう**[武勇] ぶよう[武勇]
句─武名をならす
句─はがねをならす 鋼鳴
**ふゆかい**[不愉快] あさまし[浅]
し[悪] うたてあり[浅]
[心憂] こころづきなし[心付無]
つきなし[付無] にがし・にがが
し[苦苦] ふきょう・ぶきょう[不
興] ⇒ふかい
─そうだ すさましげ[凄]
─に思う むつかる[憤]
聞いていて─ ききにくし[聞]
聞いて─に思う みみにさかふ[耳
逆]
**ふゆがれ**[冬枯]
─の草 くさがれ[草枯]
─の頃 くさがれ[草枯]
**ふゆごもり**[冬籠]
─の準備 ふゆがまへ[冬構]
虫が─する ちっす[蟄]
**ふよう**[不要・不用]
句─つきよにちゃうちん[月夜提灯]

**ふよう**[扶養] やしなひ[養]
─する かんにん[堪忍] やしな
ふ[養]
**ぶよう**[舞踊] をどる[踊]
**ふようい**[不用意] きょ[虚] なげ
[無] ゆくりか・ゆくりなし ⇒ふち
ゅうい
**ぶようじん**[不用心・無用心] ぶさた
[無沙汰] ふよう[不用]
**ぶらいのやから**[無頼輩] じら
るもの
**ぶらさがる**[下]
[垂] ⇒さがる
**ぶらさげる**[下] たる[垂] うちたる[打垂] ひさぐ[提]
**ふらち**[不埒] ⇒ふつごう
[奇怪]
**ふらつく** ひろめきたつ[閃立] ひ
ろめく[閃] ⇒よろめく
**ぶらつく** さまよふ[彷徨] そぞろ

**ぶらんこ** しうせん[鞦韆・秋千] ぶら
廻 はいくゎい[徘徊] ゆぎゃう
[遊行] ありく[漫歩] たちもとほる[立徘
徊] ここ ゆさはり・ゆさふり[鞦韆]
**ふり**[不利] ひ[非]
**ふり**[振] よし[由・因]
─をする とりなす[取成] もて
なす[成] ─だて[立]
**ふりあおぐ**[振仰] ふりさく[振放]
**ふりあげる**[振上] かたぐ[担]
**ふりあれる**[降荒] ふりある[降荒]
**ふりかえす**(病気が) はみかへる[食
返]
**ふりかえる**[振返] かへりみる[顧]
みかへす[見返] みかへる[見返]
**ふりかかる**[降掛] うちかく[打懸]
そぞく・そそぐ[注・濯] ⇒こうむる
**ふりかける**[降掛]
そそく・そそぐ[注・灌]
**ふりきる**[振切] ふりすつ[振捨]
─って出て行く ふりいづ・ふり

**ふりこめら・れる【降籠】** あまごもり[雨籠]　ふりこむ[降籠]
　—くする　あまはり・あまつつみ[雨障]　ふりこむ[降籠]

**ふりつづ・く【降続】** ふりこむ[降続]　しきふる[頻降]　ながらふ[流]

**ふりつも・る【降積】** ふりおく[降置]　ながらふ[流]
　—って埋める　ふりうづむ[降埋]

**ふりを・する【振】** ⇒ふり

**ふ・る【降】** うちふる[打降]　そそく・そそぐ[注・灌]　ながらふ・ながる[流]
▷基本　あめ(P.8)

**ふる・い【古・旧】** ひねひねし[陳陳]　ふるぶるし[旧旧]
枕—あしかきの・あしがきの[葦垣]　うづらなく[鶉鳴]　いそのかみ[石上]　さざなみの[小波](⇒ふるきみやこ)　しらゆきの[白雪](⇒ふりにしさと)
　—家　ふるへ[古家]　ふるや[古屋]
　—時代　こだい[古代]
　—都　きうと[旧都]
　—物　ひね[古・陳]

**ふりこめられる** —— **ふるぼける**

　—くから　もとより[固]
　—くする　ふるす[古す]
　—くなる　あうよる[奥寄]
　　ことふる[事古]　こけむす[苔生]　すすぶる[煤]　さぶ・錆ぶ　ひねる[陳]　ふりはつ[旧果]　ふりゆく[旧行]　ふるめかし・ふるめく[古体]　ものふる[物旧]　⇒ふるびる

**ふるいおこ・す【奮起】** こころをおこす[心起]　つよる[強]　はげむ[励]　いきまく[息巻]　いきほふ[勢]　いさむ[勇]　つよむ[強]　はげむ[励]
　—たせる　おこす[起]　はげます[励]

**ふるいた・つ【奮立】** いきまく[息巻]　いきほふ[勢]　ふるめく[古]

**ふる・える【震】** ふるふ[震]　わななく[戦慄]
　小刻みに—　うちわななく[打戦慄]

**古めかしい** かみさぶ・かむさぶ[神]　こたい[古体]　ふるめかし・ふるめく[古]　くろし[陳]

**ふるぎ【古着】** きそげ[着殺]　ふるぎぬ・ふるごろも[古衣]

**ふるくさ・い【古臭】** みたふしや[見倒屋]
　—屋　みたふしや[見倒屋]
　—くなる　あうよる[奥寄]　ことふる[事古]　こけむす[苔生]　さぶ・錆ぶ　ひねる[陳]　すすぶる[煤]　ふりはつ[旧果]　ふりゆく[旧行]　ふるめかし・ふるめく[古]　ものふる[物旧]　⇒ふるびる

**ふるさと【故郷】** ⇒こきょう

**ふるどうぐや【古道具屋】** とりうり[取売]　みたふしや[見倒屋]

**ふる・びる【古】** あうよる[奥寄]　けむす[苔生]　ことふる[事古]　こけむす[苔生]　さぶ・錆ぶ　ひねひねし[陳陳]　ふりはつ[旧果]　ふりゆく[旧行]　ふる・ふるぶる[古・旧]　ふるめかし・ふるめく[古]　ものふる[物旧]　よにふる[世旧]
　—びている[物旧]
　—びてしまう　ふりゆく[旧行]
　—びてゆく　ふりゆく[旧行]
　—びて落ち着きがある　かみさぶ・かむさぶ・かんさぶ[神]　よにふる[世旧]

**ふるぼ・ける[古]** よにふる[世旧]　⇒
　衣服などが—なる[馴慣]

ふるい──ふろうしゃ

## ふるびる

## ふるまい【振舞】 ありさま[有様] い
でいり[出入] かうせき[行跡] ぎ
ゃうぎ[行儀] ぎゃうさ[行作] ぎ
ゃうぢゅうざぐゎ[行住座臥] しか
た[仕方] しょぎゃう[所行] しょ
さ[所作] しんしい[進止] しんし
[進止] しんだい[棲外] たちる
[立居] つまはづれ[褄外] とりま
はし[取回] はたらき[働] はづれ
[外] ふうぎ[風儀] ふり[振・風]
ふるまひ[振舞] みぶり[身振] も
てなし[成] →おこない
▽客への── あつかひ[扱] あへ
[饗]あへしらひ あるじまうけ
[主設] かしはで[膳] けいめい
[経営] ざうさ[造作] しなし[為
成] ちそう[馳走] ふるまひ[振
舞] →もてなし
▽計画に基づく── きょ[挙]
▽派手な── だて[伊達]
▽品行 みもち[身持]

## ふるま・う【振舞】 かまふ[構] ふる
まふ[振舞] もてなす[成]

尾──がる
荒々しく── たけぶ[猛]
思うがままに── うけばる[受張]
公然と── うけばる[受張]
こころをやる[心遣]

## ふるめかし・い【古】 かみさぶ・かむさ
ぶ・かんさぶ[神] こたい[古体]
ひねくろし[陳] ふるめかし・ふる
めく[古]
──古めいている むかしぶ[昔]

## ふるわ・す【震】 ふるふ[震]

## ぶれい【無礼】 きごつなし・ぎこつなし
・こちなし・ぎこつなし
[緩怠] こちなし[骨無] そこつ[粗
忽] こちなし[骨無] そこつ[粗
骨] そつじ[率爾] ぞんざい[存
在] なめげ・なめし[無礼] ばうぞ
く[傍若] はしたなし[端無] びろう[尾
籠] ぶこつ[無骨] ふとくしん[不
得心] ふよう[不用] へいぐゎい
[平懐] みだりがはし・みだれがは
し[濫・猥] むらい[無礼] らうが
はし[乱] りょうぜき[狼藉] りょ
うじ[聊爾] るやな
し[礼無] →しつれい

## ふろ【風呂】 すいふろ[水風呂]
貴人の── おゆどの[御湯殿]
新築の── にひゆどの[新湯殿]
──温泉 いでゆ[出湯] はしりゆ
[走湯]
▽尊── みゆ[御湯]
▽温泉宿 ゆのやど[湯宿]
▽温治 ゆあみ[湯浴]
▽湯治 ゆ[湯] ゆあみ[湯浴]
▽入浴 ゆ[湯] ゆあみ[湯浴]
▽風呂場 ゆどの[湯殿] ゆや[湯
屋]
▽風呂屋 ゆや[湯屋]
▽湯殿 ゆどの[湯殿] ゆや[湯
屋]
▽湯船 ゆつぼ[湯壺]
▽露天風呂 のてんゆ[野天湯]

## ふれまわ・す【触回】 めぐらす[回]
## ふ・れる【触】 あたる[当] さやる[障]
ふらばふ・ふればふ[触] ふる[触]
──音 はらはら

## ふろうしゃ【浮浪者】 うかれびと[浮

**ふろしき【風呂敷】** つつみ[包]人] まどひもの[惑者]

**ふわ【不和】** かくしつ[確執] ひま[暇・隙] ふあひ[不合] ふくゎい[不会]
—になる わる[割]

**ふん【糞】** をあい[汚穢] →だいべん

**ふんいき【雰囲気】** けはひ[気配]
—を壊す さます[冷]

**ふんがい【憤慨】**
—する ほとほる[熱]
—して文句を言う むつかる[慎]

**ぶんがく【文学】** ことばのその[言葉苑] ことばのはやし[言葉林] ふみ[文・書] →基本 わか(P.64)
▼詩人・文人 しうじん[愁人] さうかく[騒客] 風流人

**ぶんかつ【分割】** →わける
—する さしわく[差分] わく[分・別] わる[割]
細かな— こまけ[細]

**ふんき【奮起】** ふるいたつ
—させる ふりおこす[振起]
—する おもひおこす[思起]

ふろしき——ふんべつ

よる[強]

**ぶんきてん【分岐点】** みくまり[水分] わかれ[分・別] ちまた[巷・岐] 道の— みくまり[水分] らちそい

**ふんきゅう・する【紛糾】** あざはる[絆]

**ぶんけ【分家】**

**ぶんげん【分限】** きゃうがい[境界]

**ぶんざい【分際】** がいぶん[涯分] ぶん[分] げん・ぶんげん[分限] ぶん[分] 自分の— きはきは[際際]

**ふんしつ・する【紛失】** →なくす せきとく[尺牘] き[記] しょ[書] しゃくどく・ちゅう

**ぶんしょ【文書】** もん[注文・註文] もんじゃう[文章]

**ぶんしょう【文章】** ふみ[文] もじ[文字] ばる

▼文例集 わうらい[往来]
▼文筆に秀でた人 いうひつ[祐筆・右筆]

**ぶんじん【文人】** さうかく[騒客] し うじん[愁人]

**ふんすい【噴水】** ふきあげ[吹上]

**ぶんすいれい【分水嶺】** みくまり[水分]

**ふんそう【紛争】** かくしつ[確執]

**ぶんそうおう【分相応】**
—でない あまる[余] ひぶん[非分]

**ふんそう【扮装】** こしらへ[拵]

**ふんつう【文通】** せうそこ[消息] つき[槿裸]

**ふんど（ふんぬ）【憤怒・忿怒】** →おこる[迅]
—に あふなあふな・おふなおふな

**ふんとう【奮闘】** ししふんじん[獅子奮迅]

**ぶんぱい【分配】** はいたう[配当]

**ふんぱつ・する【奮発】** ふみこむ[踏込]

**ふんばる【踏張】** ふみはだかる[踏]

**ぶんぶ【文武】** ゆみふで[弓筆]

**ふんべつ【分別】** おもひやり[思遣] こころ[心] さいかく・ざいがく[才

ぶんや——へいち

―覚] しあん[思案] たどり[辿]
みたて[見立] れうけん[了簡・料簡] わかち[分] わき[分・別]
―がある おとなし・おとなし[大人] こころあり[心有]し[聡]
―があること うしん[有心]
―が付く こころづく[心付]
―がない あいだてなし あやめもわかず
[文目分] ここちなし[心地無]
もしらず[文目知] あやめもわかず こ[闇]

へいあん[平安]→ぶじ
へいい[平易]→やさしい
―にする やはらぐ[和]
へいおん[平穏] やはらぐ、→ぶじ
―がある おだやか、→ぶじ
―なさま ぶる[和・凪] やはらぶ[和]
―になる なぐ[和・凪] やはらぶ

へいがい[弊害] しつ[失]

へ

ころなし[心無] しどもなし すち
なし[筋無] たわいなし めった
[滅多] おもひわく[理無]
―する おもひわく[思分]
―もなく やみやみ[闇闇]
―を失う まどふ(と)[闇闇]
―を失った心 こころのやみ[心闇]

ぶんり・する[分離] わかる[分・別]
ぶんれつ[分裂] わる[割]

へいき[平気] さらぬ[然] さらぬか
ほ[然顔] つれなし[強顔] のどか
[長閑]
―なさま さらぬてい[然体]
―なふりをする ことなしぶ[事無] つれなしづくる[強顔作]
さをつくる[強顔] みづからをごかさず[鼻動]
―になる おもなる[面馴]
馴れて―になる おもなる[面馴]

へいきこ[兵器庫] やぐら[矢倉・櫓]
じん[問訊]
へいこう[閉口]→こまる
詰問されて―する もんしん[問訊]

へいし[兵士] いくさびと[軍人] ひゃうじ[兵士] ますらをのこ[益荒男] ゑじ[衛士]→ぐんじん、→ぶし

へいじょう[平常] つね[常]→ふだん
へいせい[平静] →基本 おちつく(P.70)
―を失う あくがれまどふ[憧惑]
みだる[乱]
へいぜい[平生] かねて[予] ぎゃうぢゅうざぐわ[行住座臥]→ふだん
へいぜん[平然]
―としている けんにょもなし[権興無] のどか[長閑] つれなし
句]―はなもうごかさず[鼻動]
―としているさま まじまじ(と)[強顔]

へいたい[兵隊]→ぐんじん
へいたん[平坦]→たいら
へいち[平地] ろくぢ[陸地]

492

**へいてい-する【平定】** ことむく[言向] すますu[澄・清] たひらぐ[平] ちす[治] はきよむ[掃清] はらふ[払] をさむ[治]

**へいふく-する【平伏】** つくばふ[踞・蹲] ねまる

**へいほう【兵法】** ひゃうはふ・へいはふ[兵法]

**いぼん【平凡】** あさし[浅] おほかた[大方] ただあり[徒有・直有] こともなし[事無] ななめ・なのめ[斜] なべて・なめて[並] なみなみ[並並] なほなほ[直直] へいぐゎい[平懐] ぼんぞく[凡俗] [凡] かい[甲斐]なで・かきなで[搔撫] かきまぎる[搔紛] なほし[直] ほし ぼん[凡] ちげ[凡下] よろし[宜] れい[例]

— な人 → ふつう
— に おしなみに[押並]

和歌などが — へいぐゎい[平懐]

**へいや【平野】** → 基本 のはら(P.26)

**へいりょく【兵力】** せい[勢]

**へいわ【平和】** おだし[穏] おだやか

[穏] せいひつ[静謐] 句 — えだをならさず[枝鳴]
— にする やはす[和]
— になる せいひつ[静謐]

**へこ-む【凹】** くえこむ[崩込] → くぼむ

**へさき【舳先】** みよし[船首] へ[舳]

**へそ【臍】** → 基本 ふね(P.97) ほぞ[臍]

**へそくり** へつりがね・ほつりがね[折金] ほそくりがね・ほぞくりがね[臍繰金]

**へそをか・く【貝作】** うちひそむ[打顰] ひそむ[顰]

**へた【下手】** あさはか[浅] おろか[愚] あし[悪] いまだし[未] つたなし[拙] てづつ[手つつ] ふかんぶこう[不堪・不巧] むくち[無口] わろし[悪]
— な歌 こしをれ・こしをれうた[腰折歌] むしんしょちゃく[無心所着]
— な字 とりのあと[鳥跡]

— な文章 こしをれ・こしをれぶみ[腰折文]

**へだたり【隔】** へだて[隔] → きょり

**へだた・る【隔】** かる[離] さしはなる[差離] たちはなる[立離] はなる[離] へなる[隔] さかる[隔]

**へだて【隔】** けぢめ[差別] せき[関] — 心がない よぎなし[余儀無]

**へだ・てる【隔】** さく[放・離] さしへだつ[差隔] のく[退] へだつ[隔] — たたみこも[畳薦] はまゆふの[浜木綿] ふたさやの[二鞘] 枕 — だつ[立]

**へちま【糸瓜】** いとうり[糸瓜] べち[別] — のく[退] → 退 ちがふ[違・交]

**べつ【別】** こと[異] べち[別] — として そもしらず[其知]
— に また — あらぬ[有]
— にする ちがふ[違・交]
— のこと ことごと[異事] べち — の機会 ことをり[異折]
— の時 ことどき[異時]
— の場所 ことどころ[異所] — 所着
— の人 またひと[又人]

493

べつじん【別人】 ことひと[異人]

べっせかい【別世界】 たかい[他界] ことなるところ[業所] ほか[外界]

べっそう【別荘】 なりどころ[業所] べっしょ[別墅] べつげふ[別業]
　山に構えた— さんさう・さんざう[山庄・山荘]

べったく【別宅】 →べっそう

へつつい →かまど

べつべつ【別別】 よそよそ[余所余所]
　—にばらばら
　—にすることごと・ことごと[異異]
　—にするわかつ[分別]
　—になるあかる[別散]

べつめい【別名】 いみゃう[異名] またのな[又名]

べつもの【別物】 こともの[異物]

へつら・う【諂う】 おもねる[阿] こぶ[媚] →きげん
　—ことついしょう・ついせう・ついそう[追従] てんごく[諂曲] わかいそう[諛曹]

べつり【別離】 たばなれ[手放] わかれぢ[別路]

ぺてんし【師】 すっぱ[素破・透波] やまうり[山売]

---

べにおしろい【紅白粉】 こうふん[紅粉]

べにばな【紅花】 くれなゐ[紅] すゑつむはな[末摘花]

へび【蛇】 くちなは[蛇] くちばみ[蝮] ながむし[長虫] へみ[蛇]
　大きな—うはばみ[蟒蛇] じゃ[蛇]
　はは[大蛇]
　—まむし[蝮] くちはみ・くちばみ

へびいちご【蛇苺】 くちなはいちご

へま どぢ

へや【部屋】 ざうし[曹司] ばう[房]
　奥まった土の—むろ[室]
　氷を保存する—ひむろ[氷室]
　住職の—はうぢゃう・ほうぢゃう[方丈]

へら・す【減】 しじむ[蹙] すかす[透]

へり【縁】 →ふち
　はぶく[省]

へりくだ・る【遜】 くだる[下] へる[経] けん[謙] ひげ[卑下]

---

へ・る【減】 おとる[劣] そんず[損] める[減] つひやす[費] つひゆ[費弊]

へ・る【変】 けし[怪] ひがひがし[僻] いな[異]
　—化[化] さる[曝] なりかはる[成]
　万物の—るるてん[流転]
　年を取って—するへあがる[経上]
　風雨に晒されて—するさる[曝]
　様子が—するなる[成]
　—するうつる・うつろふ[移] け
す[化] さる[曝] なりかはる[成]

へんか【返歌】 かへし・かへり[返]

へんか【変化】 けぢめ →かわる
　—するうたて・うたたげ

べん【便】 →だいべん

べんか【弁解】 じごんじ[自言辞] いいわけ
　→べんぎ

▼変転 てんてん[展転・輾転]

べんぎ【便宜】 たより[便] びん[便]

**へんきょう【辺境】** ほとり[辺] →へん

**べんきょう・する【勉強】** →まなぶ

**へんくつ【偏屈】** かたくな[頑] へん こ[偏固]

**へんさい【返済】** へんぺん[返弁]

**へんざい【遍在】** かたいき・かたゆき [片行]

**へんさん【編纂】** →へんしゅう

**へんじ【返事】** あいさつ[挨拶] いら へ[応・答] かへし・かへり[返] へりこと・かへりこと[返言] こた へ[応・答] さしいらへ[差言] こた [答] たふ[答和] —する いらふ[応・答] こたふ [応・答] →こたえる —に困ること へいこう[閉口] —の手紙 へんさつ[返札]

**へんしゅう【編集・編修】** せん[撰] せんじふ[撰集] —する かく[構] せうす[抄・鈔] せんず[撰]

**べんじょ【便所】** かはや[厠] こうか [後架] せついん・せっちん[雪隠]

べんしょう【弁償】 →つぐない

**へんしょく・する【変色】** うつろふ [移]

**へんしん【変心】** こころがはり[心変] —する うつろふ[移]

**へんじん【変人】** →かわりもの

**べんぜつ【弁舌】** くちさきら・さきら [口先] した[舌] —が巧み くちぎよし[口清]

**へんそう【変装】** やつし[褻] —する いでたつ[出立] しのび やつす[忍褻] やつす[褻]

**へんち【辺地】** →へんぴ

**へんてん【変転】** てんてん[展転・輾転]

**へんとう【返答】** →へんじ

**へんどう【変動】** 自然の— てんぺん[天変]

**べんとう【弁当】** わりご[破子・破籠・櫑] ▽破子籠 かれいひ・かれひ[乾 飯・餉] かれひけ[餉笥] わりご [破子籠]

**へんぴ【辺鄙】** そっと[率土] ほとり [辺] —な所 かたほとり[偏辺・片辺]

はしばし[端端] —な土地 へんち[辺地] ゑんご く・をんごく[遠国]

**べんべつ・する【弁別】** さしわく[差 分] →くべつ

**ぺんぺんぐさ** かにとりぐさ[蟹取草] からなづな[辛薺] きはる[しゃみ せんぐさ[三味線草] すもとりぐさ [相撲取草] なづな[薺]

**べんめい【弁明】** →いいわけ

**べんり【便利】** かって[勝手] ちょ ほう[重宝] びんぎ[便宜]

**へんれい【返礼】** かへりこと・かへりご と[返言] たふ[答] →おれい

**へんれき・する【遍歴】** へめぐる[経 巡]

ほー ほうしん

## ほ

**ほ**【穂】→いなほ
―がかるかやの【刈萱】
―が出る ひづ[秀]
―の先 ほぬれ[穂末]
―の出たすすき はなすすき[花薄]

**ぼいん**【拇印】 つめいん[爪印] つめばん[爪判]

**ぼう**【法】→ほうりつ

**ぼう**【棒】 ちぎりぎ[乳切木] つかなぎ[栂]

**ほうい**【包囲】 とりこむ[取籠] ひきまはす[引回] →かこむ

**ほういつ**【放逸】 ばさら・ばしゃれ[婆娑羅]

**ぼうえき**【貿易】 けうやく[交易]

**ぼうおん**【報恩】 みゃうが[冥加]

**ほうが**【萌芽】→きざし

**ほうがい**【法外】 づはづれ[図外] め

かへ[宮仕]

**ほうかい・する**【崩壊】→さまたげる

**ぼうがい・する**【妨害】 さまたぐ[妨]

**ほうがく**【方角】→ほうごう

**ぼうかん**【傍観】 よそめ[余所目]
―する てをつかね[手束] なだる[頽]

**ほうき**【箒】 ははき[箒]

**ほうきぐさ**【箒草】 あかくさ[赤草] たまははき・たまばはき[玉箒] ちふ[地膚] にはぐさ[庭草] ははきぎ[箒木] ははきぐさ[箒草] はは こ[母子] まきくさ

**ほうきぼし**【箒星】→基本 ほし(P.7)

**ぼうぎょ**【防御】→基本 しぬ(P.72)

**ぼうきゃく**【忘却】→わすれる

**ぼうげん**【放言】 はうごん[放言]

**ほうげん**【放言】 はうごん[放言]

**ほうこう**【奉公】 つぶね[奴] みやつかへ[宮仕]

―する つとむ[務]
―に上がる まゐる[参]

**ほうこう**【方向】 かた[方] かたさま[方様] すぢ[筋] そら[空] て

▼尾ーかた・がた
―向き かたさま[方様] とうざい[東西]

**ほうこく**【報告】 さた[沙汰]
▼報告書 ちゅうしん[注進] ちゅうもん[注文・註文]
急いでする― はや[早]

**ほうさく**【豊作】→ほうねん

**ほうし**【法師】

**ほうじ**【法事】 かぎりのこと[限事] のちのこと[後事] わざ[業・態] のちのわざ[後業] ほとけ[仏] わざ[業・態]
一周忌の― はてのこと[後事] はてのわざ[果業] むかはり[向・迎]
四十九日の― はてのこと[果事]

**ほうしゅう**【報酬】 てあて[手当]
―を払う むくふ・むくゆ[報]

**ほうしん**【放心】→ぼんやり

**ほうせき** ―― **ほうめん**

―したさま ほれほれ(と)[惚惚]
―状態になる こころあくがる[心憧]
―する ほる[惚]

**ほうせき**【宝石】 たま[玉]
▽水晶 すいさう⇒すいしゃう[水晶]

**ぼうぜん**【呆然・茫然】⇒ぼんやり

**ほうせんか**【鳳仙花】つまくれ・つまくれなる[爪紅] つまべに[爪紅] ほねぬき[骨抜]

**ぼうぜんじしつ**【呆然自失】 あれかひとかもあらず われにもあらず[我有・非我有] あれかひとかにあらず[我有非我有]
―する くはをぬかす[鍬抜]やり

**ほうそう**【疱瘡】 いもがさ[疱瘡・痘瘡] もがさ[疱瘡]

**ほうそく**【法則】 かく[格] ぎしき[儀式]

**ほうち・する**【放置】 さしはなつ[差放] みおく[見置] ほっておく[放] おぼつかなし[覚束無]

**ぼうっとしている**⇒ぼんやり

**ほうとう**【放蕩】 あくだう[悪道] どら むし[棒振虫]

**ほうねん**【豊年】 とよあき[豊秋] としわすれ よのとし[豊年]

**ぼうねんかい**【忘年会】 としわすれ[年忘]

**ほうのう**【奉納】 はう[方] はうぶん[方便] みち[道] よし[由・因]⇒しゅだん

**ほうび**【褒美】 かづけもの[被物] ろく[禄]
―を取らせること けじゃう・けんじゃう[勧賞]

**ぼうび**【防備】 おさへ[押・抑] そなへ[具備]

**ほうふ**【豊富】 たたはし ゆたか

**ぼうふ**【亡父】 せんかう[先考]⇒ちち

**ぼうふう**【暴風】 あからしまかぜ[暴風] よこしまかぜ[横風]
秋の― のわき・のわけ[野分] あらし[野分(の)雨]

**ぼうふうう**【暴風雨】 あらし[嵐雨]⇒あらし

**ほうふく**【報復】 かへし[返] へんれい[返礼]⇒しかえし
―する うらむ[恨]

**ぼうふら**【棒振・孑孑】 けつけつ[孑孑]

**ほうほう**【方法】 さま[様] しかけ[仕掛] しかた[仕方] じゅつ[術] すべ[便]⇒しゅだん
―があればよい すべもがな[術]
―がない じゅつなし・ずちなし・ずつなし[術無] せむかたなし・たづきなし[方便無] たつきしらず[方便知] なたかたなし[為方無] しなし[由無]
いろいろの― ももて[百手]

**ほうぼう**【方方】 こちごち[此方] こなたかなた[此方彼方]

**ほうぼく**【放牧】 のがひ[野飼] のがふ[野飼]
―する のがふ[野飼]

**ほうまつ**【泡沫】 あわ

**ほうむる**【葬】 はふる・はぶる[葬]⇒そうしき

**ほうめん**【方面】⇒ほうこう
その― さるかた[然方] すぢ

**ほうべん**【方便】 だし[出] たより[便]⇒しゅだん

497

ほうもつ——ほくとしちせい

**ほうもつ【宝物】** ことざま[異様]→たから[宝物] [筋] 他の—

**ほうもん【訪問】** →おとづれる
[訪・音] すいさん[推参] おと[音] おとなひ[見舞] [訪] おとなひ
—がない ひとめなし[人目無]
—し合うこと ぶさた[無沙汰]
—すること せうそこ[消息]
▽訪問者 まらうと[客人]
客の— きゃくらい[客来]
ひと・まれびと[客人]

**ほうよう【法要】** →ほうじ

**ほうりだ・す【放出】** すつ[捨] はふらかす・はふらす・はふる[放]

**ほうりつ【法律】** おきて[掟] おきめ[置目] みのり[御法] のり[法・則] はっと[法度] りゃう[令]

**ぼうりゃく【謀略】** たばかり[謀] はかりごと

**ほうれい【法令】** →ほうりつ

**ぼうれい【亡霊】** くれい[魄霊] ばうこん[亡魂] →ばけもの

**ほうろう【放浪】** あるき[流歩] ながれ[流] ながれありく[流歩] らうざ[?] —する あくがれありく[憧歩] あくがる・あこがる[憧] すらふ[流離] さすらふ さまよふ[彷徨] [流離] ありく[佇歩] たちもとほる[立徘徊] たたずみ[佇] ただよふ[漂] ためらふ[躊躇] たもとほる[徘徊・つたよふ[蕩] はふ[這] はぶる[放] ふみまどふ[踏惑] ふみまよふ[踏迷] ほつく まどふ[惑] まよふ[迷] もとほる[回]
▽放浪者 あとなしびと[跡無人] うかれうど・うかれびと[浮人] さんがいばう[三界坊]

**ほ・える【吠・吼】** うそぶく・うそむく[嘯] うたく・うだく たけぶ[哮・詰] ほゆ[吠・吼]

**ほお【頬】** ほほ[頬] つら[面]

**ほおじろ(など)【頬白】** しとと[巫鳥・鵐]

**ほおずき【酸漿】** あかかがち[赤酸醤] かかち[酸漿] かがみご[酸漿] ぬかつき・ぬかづき[酸漿]

**ほおづえ【頬杖】** かほづゑ[顔杖] つらづゑ[頬杖]

**ほおのき【朴木】** ほほがしは[朴・厚朴]

**ほおぼね【頬骨】** ほほげた[頬桁]

**ほか【外】** ほかほか[外外]
[枕]—あらがきの[荒垣]
—に また あらぬ[又・亦][有]
—の考え よねん[余念]
—の事 べちぎ・べつぎ[別儀] のぎ[余儀]
—のことではない ことごとなし[異事無]
—の日 たじつ[他日]

**ほがらか【朗】** うららか[麗] あきらか[明] うらら・うらうら

**ぼくじょう【牧場】** →まきば

**ぼくせい【北西】** いぬる[戌亥・乾]

**ぼくせき【木石】** ひじゃう[非情]

**ほくとう【北東】** うしとら[丑寅・艮]

**ほくとしちせい・ほくとせい【北斗七星】**

ほくほく――ほたる

**星】** てんかん[天関]　ななつのほし・ななつぼし[七星]
**ほくほく（うれしそう）** ほたほた
**ぼ・ける【惚】** くろ
**ほくろ【黒子】** ははくそ[黒子]　ははく・ほく
**―けて愚かになる** ほけしる[惚]
**―けている** ほけほけし[惚惚]
ほれほれし[惚惚]
**ほけ・る【惚】** おろく　しる[痴]　ほけほけし[惚惚]
**―おいしる** おいしらふ・おいしらむ[老痴]
**年取って―** おいしらふ・おいしらむ[老痴]
**ほご【反古】** ふみがら[文殻]
**ほこう【歩行】** かち・かちありき[徒歩]
**ほご・する【保護】** かかふ[抱]　まぼらふ・まもらふ[守]
**ほこら【祠】** つまやしろ[端社・妻社]
**ほこり【神庫・宝庫】** ぜい[贅]
**ほこり【誇】**
**句―たかはうゑてもほをつまず[鷹]**
飢穂摘

**ほこり【埃】** …ごみ
**ほこ・る【誇】** おごる[驕]　たかぶる[誇]
**ほころ・びる【綻】** ふくろぶ[綻]　ひもとく[紐解]　ひらく[開]
蕾が―　ふくろぶ[綻]
花が―・びかける　ひらけさす[開]
**ほころぶ【綻】** ひろぐ[広・拡]
**ほさ・する【補佐】** うしろみる・うしろむ[後見]
**ほし【星】** …たすく[助]　…たすけ
**ほし・い【欲】** ゆかし[床]　…のぞましい
囲―…きぼう
**―・って泣く** こひなく[乞泣]
**ほしいまま【欲】** じゆう[自由]　…ねがう
**ほしが・る【欲】** …ねがう
**ほしくず【星屑】** ぬかぼし[糠星]　しぐそ[星糞]
**ほじくりだ・す【保持】** くじる[抉]
**ほじ・する【保持】** たもつ[保]

**ほしゅう【補修】** つづくり[綴]
**ぼしょ【墓所】** …はか
**ほしょうにん【保証人】** うけ・請・承]
家を借りる時の―　やうけ[屋請]
**ほそ・い【細】** ささ・さざ[細]　ほそし[細]　せう[小]
**―こと** せう[小]
**―流れの川** いさらがは[川]
**―・くなる** ほそやぐ[細]　ほそる[細]
**―やせほそる、…やせる** …やす[痩]
**すぼんでいて―** すぼし・つぼし[窄]
**▽ほっそりしたさま** ほそやか[細]　ほそらか[細]
**▽骨ばる** ほねだつ[骨立]
**痩せる** こける[憔悴]　やせとほる[痩通]
**ほぞん・する【保存】** …たもつ

**ほだされる【絆】** ひかさる[引]
**ぽたぽた（雫などが）** ほたほた
**ほたる【蛍】** くさのむし[草虫]　くち

499

ぼたん――ほととぎす

**ぼたん**〖牡丹〗 なつむし〖夏虫〗 きしゃくやく〖木芍薬〗 すべらぎのはな〖皇花〗 てりさきぐさ〖照咲草〗 となりぐさ〖隣草〗 とりぐさ〖名取草〗 なはつかぐさ〖二十日草〗 ふうきさう〖富貴草〗 ぼうたん〖牡丹〗 かみぐさ〖深見草〗 やまたちばな〖山橘〗 よろひぐさ〖鎧草〗

**ぼち**〖墓地〗 →はか

**ほっきょくせい**〖北極星〗 ほくしん〖北辰〗

**ぼっしゅう**〖没収〗 もったう〖没倒〗 ついぶ〖追捕〗 てんず〖点〗 とりはなつ〖取放〗 とる〖取〗

**ほっ・する**〖欲〗 →ねがう

**ぼっ・する**〖没〗
　日月が―　いる〖入〗 →しずむ
　人が――… →基本しぬ〖死ぬ〗(P. 72)

**ほっそり**
　―したさま　ほそらか〖細〗
　―してしなやか　ほそやか〖細〗

くさ〖腐草〗

―など〖蟬・蚊〗

―する　ほそやぐ〖細〗

**ぼったん**〖発端〗 はし〖端〗 →きっかけ

**ほっておく**〖放〗 うちすつ〖打捨〗 うちやる〖打遣〗 さしおく〖差置・差措〗 さしはなつ〖差放〗 みおく〖見置〗

**ほっとうする**〖没頭〗 ことととす〖事〗

**ぼつにゅうする**〖没入〗 にえいる〖入〗 にえこむ〖込〗

**ぼつぼつ**（少しずつ） ほつほつ

**ぼつらく**〖没落〗 →ほろびる

**ほつ・れる**〖触〗 そそく はつる ほつる わわく

**ほて・る**〖火照〗 ほつねん ほとほる・ほとぼる
　―こと　ほめく〖熱〗

**ポツンと** ぽつねん

髪の毛が―　わななく〖戦慄〗

**ほど**〖程〗 きは〖際〗 ぶん〖分〗 ばかり(に) ほどろ →ていど
　―なく　おしつけ〖押付〗 ついで〖次〗
　―に　まで(に)

**ほどあい**〖程〗 ほどらひ〖程〗 →ていど

**ぼどう**〖母堂〗 →はは

**ほど・く**〖解〗 とく〖解〗

**ほとけ**〖仏〗 さんぽう〖三宝〗
　―くさくなる　ほふけづく〖法気付〗
　―に供える花と水　はなみづ〖花水〗
　―に供える水　あか〖閼伽〗
　―の教え　しゃうげう〖聖教〗
　―の道　みち〖道〗 たびらこ〖田平子〗

**ほとけのざ**〖仏座〗

**ほど・ける**〖解〗 とく〖解〗 ぬる

**ほどこ・す**〖施〗 めぐむ〖恵〗 →あたえる

**ほととぎす**〖時鳥・子規・郭公・不如帰・田魂・田鵑・杜宇・杜鵑・蜀魂〗 あさはどり〖浅羽鳥〗 あやめどり〖菖蒲鳥〗 いにしへこふるとり〖古恋鳥〗 いもせどり〖妹背鳥〗 うたひどり〖歌鳥〗 うつたどり うなるこどり・うなるどり〖童子鳥〗 かけたかどり きくら くきら〖拘耆羅〗 のとり

**ほどなく―ほのめく**

**ほどなく【程無】** →まもなく いで[次] おしつけ[押付] つ

**ほとばし・る【迸】** たばしる[走] とばしる[迸] わきかへる[湧返]

**ほとほと【殆】** ほうど

**ほどほど【程程】** なほざり[等閑]

**ほとり【辺】** うへ[上] つら[面] は た[端] へ・へろ[辺] ほど[程] わたり[辺] みぎは・みぎはべ・みなぎ は[汀]

**ほとんど【殆】** ほとど[殆] ほとほと[殆] ―しそうだ →おほかた 水の― ―…(ない)

**ほなみ【穂並】** なみほ[並穂] ほづら[穂面]

**ぼにゅう【母乳】** ち[乳] ―の表面 をささを

**ほね【骨】** こつ[骨] こっぱふ[骨法] しゃり[舎利] ひゃくがい[百骸]
―が折れる いたはし[労]
―が折れること たいぎ[大儀] いたつく[労・病] いたはる[労] らす[労]
―を折る いたつく[労・病] いた
火葬の― しゃり[舎利]

**ほねおり【骨折】** いたつき・いたづき[労・病] きもせい[肝精] しんらう[辛労] せいりき[勢力] せっかく[折角] たいぎ[大儀] らう[労]
▽骨惜しみする ほねをぬすむ[骨盗]

**ほねぐみ【骨組】** こつがら[骨柄] こ つから[骨柄]

**ほねば・る【骨】** ほねだつ[骨立]

**ほのお【炎】** ひ[火] ほむら[炎・焔] →ひ

**ほのか【仄】** かすか[幽・微] くさのはつか[草僅] はつか[僅] こころもとなし[心許無] →かすか
枕―あさがすみ[朝霞] いさりびの[漁火] かぎろひの・かげろふの[陽炎] たまかぎる[玉] はなすすき[花薄]

**ほのぐら・い【仄暗】** ほのぐらし[生暗] ほのぼの[仄仄]

**ほのぼの【(朝の空)】** ほがらほがら[朗朗] うちかすむ[打諷] にほはす[匂] まはす[回・廻]

**ほのめか・す【仄】** うちかすむ[打諷] にほはす[匂] まはす[回・廻]

**ほのめ・く【仄】** おぼめかす かすむ[掠]
―に聞こえる ほのめく[仄]
―に見える ほのめく[仄]
意中を― おもむく[赴・趣]

ほへいせん――ほろびる

**ほへいせん【歩兵戦】** 枕―かげろふの[陽炎]　かちだち[徒立]

**ほほえまし・い【微笑】** ゑまし・ゑまはし[笑]

**ほほえみ【微笑】** うちゑむ[打笑] かたゑむ[片笑] み[笑笑] ゑむ[笑] → 基本 わらう (P.67)

**ほまれ【誉】** いろふし[色節] おこし[面起] きぼ[規模] びもく[眉目] みめ[見目] めいぼく[名目] めいよ[名誉] 死後の―　しにばな[死花] びかり[死光] ▽手柄　みめ[見目]

**ほめさわ・ぐ【褒騒】** ほめののしる[褒罵] めでののしる[愛罵]

**ほめそや・す【褒】** いひはやす[言囃] もてはやす[愛罵] はやす[栄映] よみす[好・嘉・善] ―こと　ほうび[褒美] 尊―ぎょかん[御感]

**ほめた・てる【褒】** ほめののしる[褒罵] いたたがる[痛] いひはやす[言囃] もてはやす[愛罵] よみす[好・嘉・善] かんず[感] しょうす[頌] すさむ[賞・偲] たたふ[称] ほむ[褒・誉] めづ[愛] 映―はやす[映] 感心して盛んに―かんじののしる[感罵] ことさらに―ほめなす[褒・誉] 世間がこぞって―めでゆする[愛揺] 皆が一緒に―かんじあふ[感合] ▽煽てる　いひはやす[言囃] ▽褒美を取らせること　けじゃう・

**ほめたた・える【褒称】** しょうす・しょ けんじゃう[勧賞] うるむ[過・潤] てっぽう[鉄砲]

**ぼや・く** →ぐち

**ほら【法螺】** 鰡鯛 ちくばくぎょ[竹麦魚] な

**ぼら【鯔・鯔】**

▽法螺吹き　せんみつ[千三]

**ほらあな【洞穴】** うつほ[空] いはつぼ[岩壺] みづき[水城] かへす[口女] しぎょ

**ほり【堀・壕】**

**ほりかえ・す【掘返】**

**ほりだ・す【掘出】** あばく[発]

**ほりょ【俘虜】** ふしう[俘囚]

**ほれこ・む【惚込】** こく[倒・転] とろとろ

**ほれぼれ【惚惚】**

**ほ・れる【惚】** こく[倒・転]

**ほろぎれ・ぼろぬの【布】** かかふ[襤褸] つづり[綴] らんる[襤褸] [泥]

**ほろ・びる【滅】** かたぶく・かたむく[傾] くつがへる[覆] たふる[倒] つゆ[潰] ばうず[亡] ほろぶ[滅・

ほろぶ──ほんとう

**ほろぶ【亡】** みのひし[身菱] みをうつ[身打] 句──かうりょうのくいあり[元竜悔有] つちぼとけのみづあそび[土仏水遊]

**ほろ・ぶ【滅】** →ほろびる

**ほろぼ・す【滅】** かたぶく・かたむく[傾] めっす[滅] くつがへす[覆] たつ[断・絶] ──こと めっきゃく[滅却] もったう[没倒]

**ぼろぼろ** ほろほろ ──になる わわく

**ほん【本】** →しょもつ

**ぼん【盆】** うらぼん・うらぼんゑ[盂蘭盆会]

**ほんき【本気】** まめやか[態] まこと[真・誠] まめ[実] わざと[忠実] ──に まめだつ[忠実立] ──でない なほざり[等閑] し[忠実] まめまめし[忠実]

**ほんい【本意】** →ほんしん

**ほんかくてき【本格的】** まことし[真・誠実]

**ほんげん【本源】** ほんぢ[本地]

**ほんごく【本国】** ほんじょ[本所] も

**ほんさい【本妻】** きみざね[君実] とまりがた[留・止] むかひめ[嫡妻] やらのおんかた[伽羅御方]

**ほんざい【本罪】** とつくに[凡下] ぼんぞく[凡俗] ぼんにげ[凡下] ぼんぷ[凡夫] ぼんにん[凡人]

**ぼんじん【凡人】** うだい[有待] ──を失っている うつつともなき[現無] うつつなし[現無]

**ほんしき【本式】** ほんて[本手] まめやか[忠実]

**ぼんさい【盆栽】** はちのき[鉢木]

**ほんしつ【本質】** たい・てい[体] ぢ[地] たい・てい[体] ほんぢ[地体] ほっしょう[法性] ほんしょう[本性] じしょう[自性] すじゃう[素性] たい・てい[体] ぢ[地] ぢがね[地金] ほんしゃう[本性] ぢがね[地金] ほい[本意] ほんしゃう[本性] したぢ[下地] こころね[心根] しぜん[自然] 物そのものの── うつしごころ[現心]

**ほんしん【本心】** ──を失う おぼほる[惚] ──でない われにもあらず[我] 

**ほんせい【本性】** →ほんしょう

**ほんそう・する【奔走】** さわぐ[騒] けいめい[経営] 

**ほんたい【本体】** しゃうたい・しゃうだい[正体] →じったい

**ほんだわら【馬尾藻・神馬藻】** なのりそ・なのりそも[名告藻] ほだはら[穂俵]

**ぼんち【盆地】** やまふところ[山懷] 

**ほんてい【本邸】** ほんじょ[本所]

**ぽんと** ふたと ほうと

**ほんとう【本当】** →しんじつ ──にそうだ さりや[然] ──にまあ さも[然] まことや[誠] ──のこと ありやう[有様] ──のところは げには[実] ──でない ありやうは[有様] さるは[然] はや[早] はやう・はやく[酔]

503

**ほんとうに**

[早]
━らしい げにげにし[実実] さぞな[嘸・然] まことし[真・実]

**ほんとうに【本当】**
いと うたがた・うたがた(も) かへすがへす[返返] げに げにげにし[実] じち・じつ[実] さぞな[嘸・然] さね [実] [実実] しんぞ[真・神] しんもって [神以] とっと なにさま[何様] はたと・はったと はちまん[八幡] はちまんだいぼさつ[八幡大菩薩] まこそ[真] まこと(に)[真・誠・実] まつ[先] まんざら もっとも[尤]

**ほんにん【本人】** さうじみ[正身] ━自身 ただみ[直身・正身]

**ほんの** →すこし
━少し けしきばかり のみ

**ぼんのう【煩悩】** あいぜん[愛染] ここのちり[心塵] にごり[濁] め・ゆめのまどひ[夢惑]
━で悟れない

**ほんとうに──ほんりょう**

句━ぢゃうやのやみ[長夜闇] きよのやみ[長夜闇] ちりけ[身柱・天柱] ながれほれし[惚無] たづたづし・たどたどし[心許無] ほれほれし[惚惚]
━する うつつく[空・虚] おぼほる[惚] おる[愚・痴] たまさかる[魂離] ほうく・ほく・ほつく・ほほく[惚] ほる[惚]

**ほんのくぼ【身柱・天柱】** ほのか[仄]

**ほんのり** ほのか[仄] ほのぼの

**ぼんぷ【凡夫】** →ぼんじん

**ぼんぽんと** ほうほう(と)

**ほんまつてんとう【本末転倒】** てらからさと[寺里]

**ほんみょう【本名】** じつみょう[実名]

**ほんもう【本望】** そくゎい[素懐] →き

**ほんもの【本物】** しゃうめい[正銘] ほんて[本手] まことし[真・誠実]

**ぼんやり** くらくら・くらぐら[暗暗] つくづく(と) ほのか[仄] ほれほれ(と)
━している あはつか[彷彿・髣髴] うはのそら[上空] おぼ[凡] おぼおぼし・おほほし・おぼほし[朧] おぼつかなし[覚束無] おぼめかし・おぼろか・おぼろげ[朧] かすか[幽・微] かすむ[霞] くゎう
━と つくねんと つくりと・と霞んでいる おぼろ[朧]
心━している われか・われかのそら[我人]
寝起きで━する もうもう[朦朦] おおびる[寝]
物思いで━する おもひほる[思惚]

**ぼんよう【凡庸】** はくち[薄地] →へい

**ほんらい【本来】** ぼん
ちたい[地体] ほんぢ[本地] →もと
━の願望 ほい・ほんい[本意]
━の心 ほい・ほんい[本意]

**ほんりゅう【奔流】** たぎち[滾]

**ほんりょう【本領】** →ほんしょう

りゃう[広量] こころもとなし[心許無]

# ま

**ま【間】** →あいだ
—が抜けている をこがまし[痴]
—を置く へだつ[隔]

**まあ** あな いで えも

**まあまあ** さてさて

**まいあが・る【舞上】** ふきたつ[吹立]
—風で— ひひる[冲]
高く— ひひる[冲]

**まいあさ【毎朝】** あさあさ[朝朝] あ
ささらず[朝] あさなあさな・あさ
なさな[朝朝] あさにけに[朝異]

**まいご【迷子】** まよひご[迷子]

**まいそう【埋葬】**
—する すつ[捨] つきこむ[築
込] はふる・はぶる[葬] をさむ
[治]
▽仮の埋葬所 あがり[殯] あらき
[新城] もがり・もがりのみや[殯
宮]

▽埋葬地 のべ[野辺]

**まいつき【毎月】** つきなみ[月並] つ
きにけに[月異]

**まいど【毎度】** どど[度度]

**まいにち【毎日】** あさゆふ[朝夕] け
ならべ[日並] ひにけに[日異] ひ
み[日並] ひにけに[日異] ひつぎ[日次] ひな

**まいねん【毎年】** いやとしに[弥年]
としごとに[年毎] としなみ[年並・年
次] としのは[年端]

**まいばん【毎晩】** ひさらず よなよな
[夜夜] よならべて[夜並] よひよ
ひ[宵宵] よひよひごと[宵宵毎]
句—ぬるよおちず[寝夜落]

**まいゆう・まいよ【毎夕・毎夜】** ゆふべ
句—ぬるよおちず[寝夜落]
句—ゆふべ[夕夕] ゆふさらず[夕]
句—ぬるよおちず[寝夜落]

**まい・る【参】** さんず[参] まうづ[詣]

**ま・う【舞】** かなづ[奏] まふ[舞]
—い姿 たちすがた[立姿]
立って— たちまふ[立舞]

**まえ【前】**
—から[前] もとより[元]
—に述べたとおり しかいふ[然
言] さんぬる[去]
—の さんぬる[去]

**まえがみに・なる【前屈】** かみおろし[上降] およぶ

**まえおき【前置き】** ふでだて[筆立]

**まえがき【前書き】** じょ[序]
和歌の— ことばがき[詞書]

**まえかけ【前掛】** まへだれ[前垂]

**まえがみ【前髪】** ぬかがみ[額髪] ひ
たひ[額]

**まえにわ【前庭】** まへ[前]

**まえのよ【前世】** →ぜんせ

**まえぶれ【前触】** →きざし

**まえまえ【前前】** さきざき[先先]

**まえもって【前以】** かねて[予] まへかた[前方] まへかど[前廉]

**まがいもの【紛物】**→にせもの

**まか・う【紛】**→まぎれる

**まか・す【負】** しつく[仕付] へす[圧] やぶる[破]→うちやぶる

**まかせきる【任】** うちまかす[打任] けおさる[気圧] 勢いに—される

**まかせる【任】** あづく[預] うちま かす[打任] おもひゆづる[思譲] ことよす[事寄] したがふ[従] ま かす[任] まかせはつ[任果] ゆ だぬ[委] ゆづる[譲] よ す[寄]

**まかぬけて・いる【間抜】**→まぬけ

**まがぬけて・いる【間抜】**[痴]→まぬけ

**まがりかど【曲角】** くま[隈] くまみ をこがまし

**まがりくねる【曲】** すぢる[捩] ね ぢく[拗]

**まがる【曲】** きる[切] くねる たわ む・とをむ[撓] のる[伸・仰] ゆ がむ[歪] をる[折] ををる[撓・ 生]
▽捩れる ひづむ[歪]

**まき【薪】**→たきぎ

**まき【巻貝】** にし[螺・小辛螺]

**まきぞえ【巻添】**
—を食う かかる[掛・懸]

**まきつく【巻付】** ふ・まとふ[纏]
—かせる まつふ・まとふ[纏]
**まきつける【巻付】** からむ[絡] さ しまく[差巻] まとふ[纏]

**まきば【牧場】** うまき・まき・むまき [牧]

**まきがい【巻貝】** にし[螺・小辛螺]

**まきもの【巻物】** ぢく[軸]
▽放し飼い のがひ[野飼]
—の木戸 ませど[馬柵戸]
—の垣 うませ[馬柵]

**まぎらす【紛】** くろむ[黒] つくろ ふ[繕] はひまぎる[這紛] まぎら はす・まぎらす[紛]

**まぎらわし・い【紛】** まがはし・まぎら

**まぎれこ・む【紛込】** まぎる[紛] ま じはる[紛] まよふ[迷]

**まぎれみだ・れる【紛乱】** もどろく [紛]

**まぎれもなく【紛無】** すでに[既・已]

**まぎ・れる【紛】** かきまぎる[搔紛] まぎる[紛]
—れて分からなくなる まよふ [迷]
—こと まぎれ[紛] まよひ[迷]

**まぎわ【際際】** きはぎは[際際] き はきは[際際] やさき[矢先・矢前]

**まくさ【秣】** くさしろ[草代]

**ま・く【幕】** かいしろ[垣代]

**ま・く【蒔】** すう[据]

**まくら【枕】**
枕—しきたへの[敷栲]
—とする まく・まくらく・まくら まく[枕]
▽手枕 たまくら[手枕]
▽枕元 まくら[枕] まくらがみ [枕上] まくらへ・まくらべ[枕辺]

**まくりあ・げる【捲上】** かいまくる[搔

**まぐろ【鮪】** 大きな— しび[鮪]

**まけおしみ【負惜】**
[句]—ひかれものこのうた[引者小唄]
—がない あだ[徒]
—をこめる こころをいたす[心致] こころをつくす[心尽]

**ま・ける【負】** したがふ[従] まく[負]
—けそうな様子が見える いろめく[色]
—こと おくれ・後[遅・後]
戦いに— やぶる[破]
戦いに—けてさすらうこと ぼつらく[没落]

**ま・げる【曲・柱】** しをる[萎・撓] たむ[矯・揉] たわむ[撓] ひがむ[僻] ひづむ[歪] まぐ[曲・柱] をる[折]
体を—れこだる[折]
風が吹いて枝を— ふきたわむ[吹撓]

**まご【孫】** うまご・むまご[孫] そん[孫]
—の孫 やしはご・やしゃご[玄孫]

**まごころ【真心】** あかきこころ[赤心] じち・じつ[実] じつぎ[実義] たんぜい[丹精・丹誠] まこと[真・誠・実] んだいぼさつ[八幡大菩薩] まごそ[真] まこと(に)[真・誠・実] まつ[先] まんざら こも[薦]

**まこと【誠】** じち・じつ[実] じつぎ[実義] しんぢゅう[心中] ほん[本] …し…んじつ、…せいじつ
—がない あだあだし[徒徒]
—に いと うたかた・うたがた(も) かへすがへす[返返] かまへて[構] げに[実] げにげにし[実実] さぞな[嘸然] さね[実] ち・じつ[実] しんじち[真実] しんぢゅう[心中] しんじつ[真実] じっさい・じちさい[実際] じつに[実] たしんぞ[真・神] しんもって[神以] とっとなにさま[何様] はたと・

**まごつ・く** たどる[辿] まどふ[惑]
—かせる まどはかす・まどはす[惑]

**まこも【真菰】** かすみぐさ かつみ こも[薦] こもはながつみ ふしし

**まさか** やはか
—…(ない) よも[世] よもやもや

**まさきのかづら** やまかづら[山蔓]

**まさしく【正】** まさてに・まさでに・まさに[正] まさやか[正]

**まさに【正】** すでに[既・已] あたかも[恰]…(ようだ) こゆ[越・超] すぎ[過] すぐる[勝] すすむ[進] たちまさる[立勝] ます[勝]

**まざまざと** うつらうつら

**まざ・る【混】** かふ[交] まじらふ・まぢらふ[交]
—らせる ます[勝]
[基本]りっぱ(P.82)

**まさ・る【優】**

**まざる【混】** かふ[交] まじらふ[交]

**まじ・える【交】** かはす[交] かふ

## まして ― ますます

**まして**[交] まじふ[交]
　いかにいはむや はむや・いはんや[如何況] い
　はむや・いはんや[如何況] まいて

**まじない**【呪】 かしり[況] しゅ[呪]
　まじもの[蠱物] まじわざ[蠱業]

**まじめ**【真面目】 くすむ[燻] げにげ
　にし[実実] こころまめし
　じちょう[実用] じつぎ[実義] じ
　っていい[実体] じっぽふ・じほふ[実
　法] すぐ[直] すくよか[健] ちょく[直]
　やか・すくよか まこと[真] まこと・まめ・まめや
　まことし[真・誠・実] まめ・まめや
　か[忠実] まめまめし[忠実忠実]
　ろく[陸]
　―そうな様子 まめしげ[忠実]
　―でない けいはく[軽薄]
　―な心 まめごころ[忠実心]
　―なこと まめごと[忠実事]
　―な人 まめひと・まめびと[忠実
　人] まめをとこ[忠実男]
　―な様子 まめざま[忠実様]
　―に振る舞う まめだつ[忠実立]
　―ぶる くすしがる[奇]
▽正直 すぐ[直]

**まじめくさ・る**【真面目】 くすしがる
　[奇]

**ましょうめん**【真正面】
　―の― やおもて[矢面]

**まじ・る**【交・混】…まぎる

**まじ・る**【交】 あざはる[糾] かた
　らふ[語] まじはる[交] みなる
　[見馴]

**まじわり**【交】→つきあい
　男女の― ちぎり[契]

**まじわ・る**【交】 あざはる[糾] かた
　らふ[語] まじはる[交] みなる
　[見馴]
　世の人と― めぐらふ・めぐる[巡・
　回]

**まじん**【魔神】 じゃき[邪鬼]

**ま・す**【増】 くはふ[加] そふ[添] そ
　へまさる[添]

**ま・す**【鱒】 はらか[腹赤]

**ます**【先】 だいいち[第一] とりあへ
　ず[取敢]

**まず・い**【拙】 あし[悪] つたなし[拙]
　もみない わろし[悪]→へた

**まずし・い**【貧】 あし[悪] さむし
　[寒] とぼし・ともし[乏] まどし
　[貧] わづか[僅] わびし[侘] わ
　ろし[悪]
▽びんぼう
　―こと ぶりょく[無力]
　―さま ふべん[不弁]
　―生活 しゅくすい[菽水]
　―人 あやしのしづ[賎賤]
　―句―ひざのさらにひがつく[膝皿火]
　をく[白屋]
　―く暮らす うちわぶ[打侘]
　―く心清らか せいひん[清貧]
　―く一文無し するすみ[匹如身]
▽貧相・みすぼらしい さむし[寒]
　わびし[侘] わろし[悪]

## ますます
　いとど・いとどし いや[弥]
　ますに[弥増] いよいよ・いやます
　[愈愈] うたた[転] うたて・うたう
　てげ さらさら[更更] ちゅうぢゅ
　う[重重] なほ・なほなほ・なほなほ
　なり[猶猶・尚尚] なほかし[猶]
　なほさらに[猶更]

508

ますらお――まちがえやすい

**ますらお【益荒男】** ―甚(はなは)だしくなる すすむ・進 すらおすらたけを[益荒猛夫] ま[斑] ぶち[斑] ほどろ・はだれ[斑] ふろほどろ(に) むらむら[斑斑・叢いはばし[石橋]

**まぜあわ・せる【混合】** あふ[和] こきまず[扱]

**まぜる【混和】** こきまず[扱]

**まぜる【混】** あふ[和] まず[混・交・雑]

**まぜかえ・す【混返】** あざかへす[交返]

**ま・せる** ねぶ[老成] ひねる[陳]
―に むらむら[斑・叢]
―にする もどろかす・もどろく[斑]
―になる もどろく[斑]
―に残ること むらぎえ むらぎゆ[斑消]
雪などが―に消える むらぎえ むらぎゆ[斑消]

**まぜる【混】** まじふ[混・交・雑]

**まだ【未】** いまだ・いまだし[未]
―…(ない) つひに[遂・終]
―その時期でない はやし[早]
―に[今]

**まだし【未】**

**まだけ【真竹】** からたけ[幹竹] にがたけ[苦竹]

**またた・き【瞬】** …まばたき
―なし[紛無]

**またた・く【瞬】** まじろぐ[瞬]

**またたび【木天蓼】** つるたで[蔓蓼]
―間に たちまち(に)[忽]

**まちあぐ・む【待倦】** まちわぶ[待侘]

**まちう・ける【待受】** …まちかまえる
時期を― まく[設]

**まちがい【間違】** あやまり[誤] ひがごと[僻事] わろし[悪] …あやまり

**まちがいなく** かならず[必] きっと[急度・屹度] ていと・ていど …たしかに

**まちが・う【間違】** あやまつ・あやまる[過] たがふ[違] とりあやまる[取誤] とりたがふ[取違] とりはづす[取外] ひきちがふ[引違] まどふす[惑]
―っている ひが―[僻]
―って置く おきまよふ[置迷]
見― まがふ[紛] みえまがふ・みまがふ[見紛]
聞き― まがふ[紛] まぎる[紛]
道を― ふみたがふ[踏違]

**まぢか・い【間近】** まぢかし[間近] めぢかし[目近] ものぢかし[物近] あしかきの・あしがきの[葦垣]
枕―あしかきの・あしがきの[石橋]

**まちがえやす・い【間違違易】** まがはし・まぎらはし[紛]
▽しまった これはしたり さしっしなしたり

**まちがえやすい**

聞き― そらね[空音] そらみみ[空耳]
―なく …たしかに
―ないさま たしか[確] まぎれなし[紛無]
見― そらめ[空目]

まちがえる──まっこうくさくなる

**まちが・える**【間違】 たがふ[違] とりたがふ[取違] ひきたがふ[引違] まどふ[惑] →**まちがう**

**まちかねて**【待兼】 まちがたに[待難] まちかてに・まちがてに[待兼]

**まちか・ねる**【待兼】 またく[急・速]

**まちかま・える**【待構】 まちいづ・まちづ[待出] まちう[待得] まちかく[待構] まちとる[待取]

**まちきれず**【待】 →**まちかねて**

**まちくたび・れる**【待草臥】 まちわぶ[待佗]

**まちつづ・ける**【待続】 ありまつ[在待] まちわたる[待渡]

**まちどおし・い**【待遠】 おぼつかながる・おぼつかなし[覚束無] こころもとなし[心許無] ─く思う こころもとながる[心許無]

**まちどおり**【町通】 ちまた[巷・岐]

**まちなか**【町中】 いちなか[市中]

**まちなみ**【町並】 まちや[町屋] ちゃうなみ[町並]

**まちはずれ**【町外】 →**こうがい**

**まちまち**【─】 いろいろ

**まちむか・える**【待迎】 まちう[設]

**まちわ・びる**【待佗】 →**まちくたびれる**

**ま・つ**【待】 まちう[設] まちかまえる

枕─たかさごの[高砂] まつがねの[松根]

**─っている** ひかふ[控]
**密かに─** したまつ[下待]
**ひたすら─こと** かたまつ[片待]
密かに─ したおもひ・したもひ[下思]

**まつ**【松】 あさみぐさ[朝見草] おきなぐさ[翁草] いろなぐさ[色無草] ことひきぐさ[琴弾草] じふはちのきみ[十八君] たままつ[玉松] ちよぎ[千代木] ときはぐさ[常磐草] ときみぐさ[時見草] とちよぐさ[─] はつみぐさ[初見草] ねざめぐさ[寝覚草] [目覚草] ゆふみぐさ[夕見草] をりみぐさ[折見草]

枕─とほつひと[遠人] まつがねの[松根] しらなみの[白波](→はままつがえ) ─の花 とかへりのはな[十返花] 磯辺の風雨に傾いた─ そなれまつ[磯馴松] 小さい─ ひめまつ[姫松] 年老いた─ せんぐゎんまつ[千貫松]

**まつえい**【末裔】 すゑば[末葉]
**まっか**【真赤】 ひたくれなゐ[直紅]
**まつかさ**【松笠】 ちちり まつふぐり [松陰嚢・松毬]
**まつかぜ**【松風】 しょうたう[松濤]
─の音 まつのこゑ[松声]
**まっき**【末期】 すゑざま[末様] すゑつかた[末方] →**おわり**
**まっくらやみ**【真暗闇】 つつやみ[闇]
─になる くれふたがる[暮塞]
**まっくろ**【真黒】 ひたぐろ[直黒]
**まつご**【末期】 さいご[最期] →**基本**しぬ(P.72)
**まっこう**【真向】 めんかう[面向]
**まっこうくさくな・る**【抹香臭】 ほふ

510

**まっさいちゅう【真最中】** →まっさかり
**まっさお【真青】** まさを[真青]
**まっさかり【真盛】** さなか[真中] さかり[盛] ただなか[直中・只中] ちゃうず[長] まさかり[真盛] みなか[最中] もなか[最中]
**まっさきに【真先に】** まづ[先]
　**―に** おもてもふらず[面振]
**まっしぐら【真先】**
　**―に** ましくらに
**まっしろ【真白】** しろらか[白]
　**―な髪** ましらが[真白髪]
**まっすぐ【真直】** すぐ・すぐこし・すぐす ぐし・すぐろ[直] ただ・すぐし・すぐす[只・唯・直] ただし・ただしま[縦様] なほ・なほし・なほほ[直直]
　**―な道** すぐみち[直道] ただち[直]
　**―に** ただ(に) なほる[直]
　**―になる** なほる[直]
　**―に向かう** ただむかふ[直向]
**まっせ【末世】** すゑ[末] すゑのよ[末世] まつだい[末代]

**まっせき【末席】** ばつざ・まつざ[末座]
**まつだい【末代】** のちのよ[後世]
**まったく【全】** うちたえ・うちたゆ[打絶] かへすがへす[返返] げに・げにげに(し)[実実] けんご[堅固] ことごと[事] さも[然] しんじち[真実] すっぱり すべて[総] てんと てんに とうと(っと とんと なほし[猶] ふ[如法] はたと・はったと はちまんだいぼさつ[八幡大菩薩] ひたすら ひとへに[偏] ふっつり(と) ふつに まことに[誠実・真] またく[全] まつ は[先] まんざら もはら[専]
　**―…(ない)** →ぜんぜん
**まったん【末端】** すそ[裾]
**まつばばたん【松葉牡丹】** てりふりさう[照降草]
**まつぼくり【松毬】** ほろべし
**まつむし【松虫】** →まつかさ
**まつり【祭】** いはひ[斎] すずむし[鈴虫] かみわざ[神事・神業] みもの[見物] しんじ・じんじ[神事]
▽**花祭** くゎんぶつゑ[灌仏会]
▽**雛祭** じゃうし[上巳]
**まつりゅう【末流】** ながれのすゑ[流末]

**まつ・る【祭る】**
　**―所** いはひ[斎]
**まつわり つ・く【纏付】** →からみつく
**まつわ・る【纏】** →からみつく、→まといつく
**までも** さへ・ふちなみの[藤浪]
**まと【的】** つぼ[壺] やつぼ[矢坪・矢枕] ―ふちなみの[藤浪] すら そら だに
**まど【窓】**
　**小さな―** さま[狭間]
**まといつ・く【纏付】** からむ[絡] しがらむ[柵] たかる まつはる・まとふ[纏] つぽ[壺] まつはる・まとはす
　**―とは・す[纏]** まつはる・まとはす
　**―かせる** まつはす・まとはす

**まっさいちゅう ― まといつく**

まといつける――まのあたり

**まといつ・ける【纏付】** からむ[絡]→

**まとう【纏】**→きる

**まど・う【惑】** おもひくだく[思砕] くる[眩・暗] くもりよの[曇夜]→まよう

**まどお【間遠】** →ふぢごろも[藤衣]

**まどかし【枕】** ふぢごろも[藤衣]

**まとまり【纏】**
――がない くだく[砕・摧] くだく[砕]
だし

**まとま・る【纏】** むすぶ[結]
――らない ちる[散]

**まとめ【纏】** たばね[束]

**まとめて【纏】** すべて[総]
小さく―― つづまる・つづむ[約]

**まと・める【纏】** くくる[括] しむ[締] すぶ[統] ととのふ[調] とりすぶ[取統] ふさぬ[総] まろぐ[丸] ねむごろ・ねもころ・ねんごろ[懇] ろく[陸]

**まとも【真面】** ねむごろ・ねもころ・ねんごろ[懇]

**まどろ・む【微睡】** うちまどろむ→[打微睡] とろとろ とろめく→[基本]

**まどわ・す【惑】** たぶらかす・たぶろかす[誑] まどはす[惑] もどろかす

**まなく【招】** さうず・しゃうず[請] むかふ[迎] もとむ[求] よぶ[呼] をく・をぐ[招]

**まなこ【眼】** →基本 め[P.49]

**まなざし【眼差】** まみ[目見] め・じゃう[尊]――めす[召]

**まなじり【眦】** まじり[眦]

**まなびと【学取】** しゅぎゃう・すぎゃう[修行]

**まな・ぶ【学】** ならふ[習・慣] まねぶ[学]
――ばせる ならはす[習・慣]
付いて―― したふ[慕]
▼苦学する えだのゆきをならす[枝雪馴]

**まにあ・う【間合】** とりあふ[取敢]

**まにあわせ【間合】** ざなり[座形] で
きあひ[出来合]

**まぬが・れる【免】** のがる[逃]

**まぬけ【間抜】** うつけもの[空者] おそ[鈍] おほほし[鬱] どち――なさま ぬけぬけ[抜抜]

**まね【真似】** しかた[仕方] ものまね

**まねきよ・せる【招寄】** まねく[招] び[物学]

**まね・く【招】** さうず・しゃうず[請] むかふ[迎] もとむ[求] よぶ[呼] をく・をぐ[招]――めす[召]
――こと しょうだい[請待] せう じゃう[請]

**まねごと【真似事】** ものまねび[物学] 損失などを―― かふ[買]

**まね・する【真似】**→まねる

**ま・ねる【真似】** うつす[写] かたどる[象] しにす[為似] たぐふ[類・比] なずらふ・なぞらふ[準・擬] ならふ[習・慣] ぬすむ[盗] まねぶ・まねぶ[真似] もどく[抵悟]
――句 かざしたにゐる[風下居]
――ねて語る まねびいだす[学出]
▼物真似 しかた[仕方] ものまねび[物学]

**まのあたり【目当】** まさか[目前] ま さめ[正目] まなかひ[目交] まの まへ[眼前]

まばたき――まゆ

**まばたき【瞬】** まくなぎ[蠛] まびき[目引] めはじき[目弾] めまぜ[目交]
　―**する** まじろぐ[瞬] めたたく[目叩]

**まばゆ・い【目映・眩】** はゆし[映] まばゆし[映]
　―**さま** ものはゆげ[物映] おもはゆし[面映] まぎらはし[紛]

**まばら【疎】** あらし[粗] すく[透]
　―**さま** おろおろ
　―**に** すかす[透]
　―**にする** すく[透]
　―**になる** はだら・はだれ[斑]
　―**に降る雪** ささめゆき[細雪]

**まひ【麻痺】** しひ[癈]
　―**する** しふ[癈] ひるむ[怯]

**まひる【真昼】** あかひる[明昼] てい[亭午]

**まぶし・い【眩】** まぎらはし[紛] まばゆし[眩]
　―**さま** ものはゆげ[物映]
　―**ほど立派** めもあや[目]

**まぶた【瞼】** はざめ[比] まかは[眼] 皮 まなぶた[目蓋・瞼]

**まほう【魔法】** げんじゅつ[幻術]
　―**使い** まぼろし[幻]

**まぼろし【幻】** おもかげ[面影] [継親](のちのおや[後親])

**ままおや【継親】** のちのおや[後親]

**ままに** まにまに・ままに(ながら)(に)[随・随意]

**ままよ** さはあれ・さはあれ・さもあれ[然] さもあらばあれ[然有] よしよし・よしゑ・よしゑやし[縦] よしさらば[縦然] よしよし[縦縦] わざくれ

**まみ・れる** りちぎ まぶる[塗] まみる[塗] ↓**まじめ**

**まめ** りちぎ

**まめまめし・い【律儀・律義】** かひがひし[甲斐甲斐]

**まもない【間無】** ほどなし[間無]

**まもなく【間無】** いま[今] けふあす[今日明日] このごろ[此頃] さるほどに[然程] ほどなく[程無] めぢかし[目近] やがて

**まもの【魔物】** まみ[魔魅] ↓**ばけもの**

**まもり【守】** かげ・影・陰・蔭 [具・備] たて[盾・楯] ばん[番] まぼり・まもり[守] そなへ[備] とほきまもり[遠守]
　―**あの世からの―**

**まもりがみ【守神】** まもり[守]

**まもる【守】** かかふ[抱] かたむ[固] ふせく・ふせぐ[防] まぼる[守] たもつ[保]
　―**ことかくし** [隠] しづめ[鎮]
　―**物** たて[盾・楯]
　―**いたわり** はぐくむ[育] まもる・はぐくむ[育]

**まもりつづ・ける【守続】** ↓**おまもり**

**まもりふだ【守札】** ↓**おまもり**

**まやかしもの** やどもり[宿守] ↓**にせもの**

**まゆ【眉】** まゆ・まゆね・まよ・まよね[眉] やなぎのまゆ[柳眉]

**▼固く―** ちす[持]
**▼番人** もりびと[守部] おさへ[押・抑] そなへ[具・備]
**▼防備** おさへ[押・抑] そなへ
**▼留守番** やどもり[宿守]
**▼山の番人** やまもり[山守]

513

**まゆげ【眉毛】**⇒まゆ

—と眉の間 みけん[眉間]

—に唾を付ける まつげをぬらす[睫濡]

笑った時の— ゑまゆ[笑眉]

**まよい【迷】** まどひ[惑] まよひ[迷]

やみぢ[闇路] ゆめ[夢] ゑひ[酔] ゆめのまどひ[夢惑]

句—こころのさび[心錆]

—が去る すむ[澄]

—がなくなる さむ[覚・醒]

—の心 まうしん[妄心] まうねん[妄念]

句—こころのやみ[心闇] ふぢゃうのくも[不定雲]

**まよう【迷】** あふさきるさ おもひまどふ[思惑] ここちまどふ[心地惑] さどふ[惑] さまよふ[彷徨] たどる[辿] まどふ[惑] まよふ[迷]

どふ[辿] まどひ[惑] まよひ[迷]

—心 こころのやみ[心闇]

—こと まよひ[迷]

—余地がない たどりなし[辿無]

—っている くらし[暗]

**まよう【迷】** あふさきるさ

**どうしよう** いかにせむ[如何]

**まよ・う【迷】**⇒まよう

**まよなか【真夜中】**

しんかう[深更] さよなか[小夜中] はんや[半夜] ちゅうや[中夜]

涙にくれて— なみだにまよふ[涙迷]

▽道を間違える ふみたがふ[踏違]

かす[蕩] まどはす・まどはかす[惑]

**まよわ・す【迷】**⇒まよう

**まる・い【丸】** まどか[円] まろし[丸・円]

—こと つぶら[円]

—石 つぶれいし[円石]

—さま つづらか・つぶらか[円]

—物 まろらか[円] たま[玉]

—く固まる まろむ[丸]

—く固める まろかる[丸]

—くする まろかる[丸・円]

—くなる まろむ[丸]

▽**まるまるしていること** つぶらつぶら[円円]

**まるごと** まるぐちに[丸]

**まるで** さながら[然] しっかい[悉皆] すべて[総] ただ[只・唯・徒] ともかうも・ともかくも[左右・兎角] やうなり

—皆 あくがらす[憧] とら

—のようだ あたかも[恰]

**まるみえ【丸見】** あらは[露・顕]

—のさま あらは[露・顕]

**まるめこ・む【丸込】** いひくろむ[言]

口さきで—こと くちぐるま[口車]

**まる・める【丸】** まろかす・まろがす[丸・円]

—こと つぶら[円]

**まれ【希・稀】** ありがたし[有難] かたし[難] きたい[希代・稀代] きどく[奇特] きめう[奇妙] くし[奇] たまさか[偶] たまたま[偶・適] まれら[稀] めづらか・めづらし[珍] わくらば[邂逅]

—なよの[世]

—なさま たまさか[偶] たまたま[偶・適]

—に たまたま[偶・適] わくらば

まわす──まんなか

**まわ・す【回】** ひねる[捻・撚] まとほす[回] まはかす[回] めぐらす[回]
　**ぐるぐると―** まろはす・まろばす[回]
**まわり【周】** →しゅうい
　**島の―** しまみ・しまわ[島見・島廻]
**まわりみち・する【回道】** たもとほる[徘徊]
**まわ・る【回】** くるめく[眩・転] たむ[回・廻] まふ[舞] みる[回・廻] めぐる[回・廻・巡] もとほる・もとほろふ[回]
　**くるくると―** くるべく・くるめく[眩・転]
　**目が―** くるべく・くるめく[眩・転]
**まをお・く【間置】** へだつ[隔]
**まんいち【万一】** けだし[蓋] せんばん[千万] たまさか[偶] やはか よし・よしや・よしよ し・よしゐるゑやし[縦]
　**―…(しても)** たとひ・たとへ[縦・仮令]
　**―にも** やはか
**まんえつ【満悦】** こころだらひ[心足] →まんぞく
**まんが【漫画】** をこゑ[痴絵]
**まんげつ【満月】** つきのかがみ[月鏡] さんごのつき[三五月] つきのゆふべ[月夕] なかばのつき[半月] めいげつ[名月] もち・もちづき[最中月・望月] もなかづき[最中月] →基本

**まんさく【満作・金縷梅】** うめすゑ
**まんじゅう【饅頭】** じふじ[十字]
**まんじゅしゃげ【曼珠沙華・石蒜】** かみそりばな[剃刀花] からすのまくら きつねのかみそり[狐剃刀] さんまいはな[三昧花] しびとばな[死人花] てんがいばな[天蓋花] とうろうばな[灯籠花]
**まんしん【慢心】** こころおごり[心驕]
**まんしん【満身】**→うぬぼれ
　**―** ござう[五臓]

**まんぜん【漫然】** おぼえず[覚] すず ろ・そぞろ[漫]
　**―と** そぞろに[漫]
**まんぞく【満足】** しうちゃく[祝着・祝著] たんのう[堪能] ちょうでふ[重畳] とくい[得意] はかばかし[果果]
　**―させる** こやす[肥]
　**―しているさま** ゆたか[豊]
　**―しない** あかず[飽]
　**―する** あきたる・あきだる[飽足] あきみつ[飽満] あく[飽] あまん ず[甘] こころゆく[心行] ことに たたはし たる[足] たんのう[堪能] みつ[満] ゆく[行]
　**―そうな顔** こころゆきがほ[心行顔]
　**―に** ろくろく(に)
　**富んで―する** とみたらふ[富足]
**まんちょうになる【満潮】** みちく[満来] みつ[満]
**まんなか【真中】** ただなか[直中・只中] なかば・なから[半] なか[中・仲] なかなか

## まんねん——みがく

## み

**まんねん**【万年】
 まなか【真中】 みなか【真中】 もな
 か【最中】→ちゅうしん

**まんねんせい**【万年青】 ばんぜい【万歳】

**まんぷく**【満腹】 じゅうまん[充満]

**まんべんなく**【満遍無】 つばらつばら
 に[委曲]

**まんりょう**【万両】 しきんじゅう

## み

**み**【身】→基本 からだ(P. 46)、→基本 み
 (P. 48)

**み**【実】 くゎ[果] なる[生] なりもの[生物]
 ―ができる ほにいづ[穂出]
 ―を結ぶ

**みあ・う**【見合】 みかはす[見交]

**みあかし**【御灯】 じゃうとう[常灯]

**みあやまり**【見誤】 ひがめ[僻目]

**みあやま・る**【見誤】 みえまがふ[見
 紛]
 ―らせる まどはかす・まどはす
 [惑]

**みいだ・す**【見出】→みつける

**みうごき**【身動】 とうざい[東西]
 ―できなくなる たちすくむ[立]

**みうしなわ・せる**【見失】 まどはかす・
 まどはす[惑]

**みうち**【身内】→基本 かぞく・しんせき(P. 55)
 しん[親] ないしょう[内証]

**みえ**【見栄】 けしゃう[化粧] ぜい
 ぜい[贅] せけんぎ[世間気] ぜん
 せい[全盛]
 ―をはる せけんばる[世間張]
 よせい[余情]
 ―をはること せんしゃう・せんじ
 ゃう[僭上] そとにしき[外錦] だ
 て[伊達]

**み・える**【見】→基本 みる(P. 77)
 ―えてほしい みえななむ[見]
 全体が―― みえわたる[見渡]
 ちらっと―― うちほのめく[打仄]
 はっきりと―― みえわく[見分]
 隠れていてよく――えない くまぐ
 まし[隈限]

**みお**【水脈】 みづのを[水尾]

**みおくり**【見送】 おくり[送]

**みお・る**【見送】

**みおとり・する**【見劣】 こころおとり
 [見過] みもらす[見漏]→みのが
 す

**みおと・す**【見落】 みすぐす・みそくす
 [見過] みもらす[見漏]→みのが
 す

**みおも**【身重】→にんしん

**みおろ・す**【見下】 のぞく[臨・覘]

**みかい**【未開】 あらぶ[荒] くらし
 [暗]
 ▼未開人 いてき[夷狄] えびす
 [夷・戎]

**みがきた・てる**【磨立】 みがきます[磨
 増]

**みかぎ・る**【見限】→みすてる

**みが・く**【磨】 する[擦・摩]

516

枕―まそかがみ[真澄鏡] ―いて美しくする みがきなす[磨]

みかけ【見掛】 から[空] みるめ[見目]―もちのかたち[餅形] ―はやさしく中身は恐い句―おににころも[鬼衣] おほかみにころも[狼衣]
▽みかけ倒し からだたたふし[体倒]
ぎんながし[銀流]

みかた【味方】 かたうど[方人] かたうで[当手] ↓なかま

―する くみす[与] つく[付・着] どうしん[同心]
―にする かたらひとる[語取]
みがって【身勝手】 あながち かってづく[勝手尽] じまま[自儘] まんがち みがまま[身儘] ↓わがまま
みかど【御門】…てんし、…てんのう
みがまえ【身構】 たちみ[立身] だつ[生憎] あやにくがる・あやにくだつ[生憎]

みかけ―みぐるしい

みがる【身軽】 かやすし[易] かろび[軽]
みかわす【見交】 みあはす・みあふ[見交]
みがわり【身代】 みかはす[見交] [見代] ひとかたしろ[人形] かたしろ[形代] むかはり[身代]
みかん【蜜柑】 かうじ・かんじ[柑子]
▽夏蜜柑 だいかうじ[大柑子]
みき【幹】 もとき[本木]
みき【右】 めて[馬手] うらうへ[裏表] さう[左右] ▽左右 に ついと
みきりをつ・ける【見切】 おもひきる[思切]
みぎわ【汀】 なぎさ[渚] へた[辺・端] みぎは・みぎはべ[汀] みなぎは[水際]
みきわめ【見極】 さだめ[定]
みきわ・める【見極】 みあきらむ[明] みきる[見切] みふす[見伏]
みくだ・す[見下] ↓けいべつ
み・びる[見] あざむく[欺] つも

みくら・べる[見比] みたつ[見立] みあはす[見合] ↓あなどる
みぐり【三稜草】 めならぶ[目並]
おほやがら[大矢幹] かはすげ すげ[小菅]
みぐるし・い[見苦] あさまし[浅] あし[悪] あやし[怪・卑] いひがひなし・いふかひなし[言甲斐無] うたて・うたてげ えせ[似非] かたくな・かたくなし[頑] かたは[片端] かたはらいたし[傍痛] からし[辛] きたなし[汚・穢] くるし[苦] さまあし[様悪] さもし さんざん[散散] はしたなし[端無] ひとわるし・ひとわろし[人悪] まさなし[正無] みぐるし[見苦] みにくし・みにくやか[醜・見悪] めきたなし[目穢] わろし[悪]
―さま あしげ[悪]
―様子 きたなげ[汚] めやすし[目安]
―くない めやすし[目安]
―くなる やつる[窶]

みこ──みずいろ

みこ
　─・く　振る舞う　わろびる[悪]
みこ【御子】　わうじ[皇子]
みこ【巫女・巫子・神子】　いちこ[市子]　いちどの[市殿]　うなぎ・かみな　ぎ・かむなぎ・かんなぎ[巫]　きね　[巫覡・宜禰]　すずしめ　はふりめ　[祝女]

みことのり【詔】　ちょくぢゃう[勅諚]　りんげん[倫言]
みごと【見事】→基本りっぱ(P. 82)
みこし【御輿】　しんよ・じんよ[神輿]
みこみ【見込】　あだて[術]　あてがひ　[充行・宛行]
みごもる【身籠・妊】　みどころ[見所]
みごろし【見殺】　しにしだい[死次第]　にんしんする
みさお【操】→せっそう
みさかい【見境】→くべつ
みさげる【見下】→けいべつする
みさご【鶚】　すどり[洲鳥]
みささぎ【陵】　みやま[御山]　やま[山]
みさだめる【見定】　まぶる・まぼる・まもらふ・まもる[守]　みたつ[見立]

みじか【身近】　けぢかし[気近]
みじか・い【短】　みじかし・みじかや　か・みじからか[短]
　─生　はかなげ[果無]　ぶこう[無巧・果敢無]
　[枕]─たまのをの[玉緒]
　─期間　あしのふしのま[葦節]　ふせう[不肖]　まだし[未]　みれん　[未練]　わかし[若]　わかわかし　[若若]
　─時間　だんしのかん[弾指間]　─をさなし[幼]
　─くなる　つづまる・つづむ[約]

みじたく【身支度】　いでたち[出立]　こしらへ[拵]　さうぞく・しゃうぞ　く[装束]　みづくろひ[身繕]　みじ　まひ[身仕舞]→基本　じゅんび(P. 85)
　─する　いでたつ[出立]　みをな　す[身成]　よそふ・よそほふ[装]
　厳重に─する　さしかたむ[鎖固]
　死ぬ時の─　しにいでたち・しにで　たち[死出立]

みじめ【惨】　あさまし[浅]　いらなし[奇・奇甚]　ふせう[不肖]
みしみしと　ひしと・ひしひしと
　─な暮らしをする　わぶ[侘]
みじゅく【未熟】　あさし[浅]　いまだ　し[未]　おろか[愚・疎]　かたおひ・　かたなり[片生]　かたほ[偏・片秀]

かひなし[甲斐無]　たどたどし　つ　たなし[拙]　なまし[生]　なまなま　[生生]　はかなげ[果無]　ぶこう　[無巧・果敢無]
　─な人　じゅし[豎子・竪子]　しょ　しん[初心]　なまもの[生者]　まだ　しからむひと[未人]　わかうど[若　人]　わらもの[悪者]
　中途半端な　なまなま　なま
　─な学問　うひまなび[初学]
　─な　なさま　あさはか[浅]
　─だろう　まだしかるべし[未]
　─なさま　あさはか[浅]

みず【水】→基本(P. 26)
みずあおい【水葵】　なぎ[水葱]
みずあか【水垢】　しぶ[渋]　みあか[水　垢]　みさび[水錆・水銹]　みしぶ　[水渋]
青い─　あをみしぶ[青水渋]　みは
みずいろ【水色】　あさぎ[浅葱]

みずうみ——みせかける

**みずうみ【湖】** あはうみ・あふみ [水縹] なだ [水縹]
 うみ [海] みづのうみ
 ▽琵琶湖 あふみのうみ [海原] ほにならぬうみ [潮海] にほのうみ [鳰海]

**みずおと【水音】** せせらぎ・せぜらき [細流・小流]

**みずかさ【水嵩】** みかさ [水嵩]

**みずから【自】** てづから [手] みづからわがで・わがでに [我] われから [我] われと [我]

**みぎわ【水際】** なぎさ [渚] へた [辺・端] みぎは・みぎはべ [汀] みなぎは [水際]
 ▽水と岸の接する所 きしね [岸根] きしは [岸]
 ▽海や川の—— きし [岸]

**みずくさ【水草】** みくさ [水草] おもひぐさ [思捨]

**みずたま【水玉】** みづまり [水鞠]

**みずたまり【水溜】** にはたづみ [庭潦・行潦]

**みずご・す【見過】** もだす [黙]

**みす・てる【見捨】** おく [置・措] おもひすつ うちすつ [打捨] おもひはなつ [思放] すつ [捨] はふる [放] ふりすつ [振捨] ふるす [古・旧] みおく [見置] みすつ [見捨] みはなつ [見放]
 ——おもひすつ おぼしはなる [思離] おぼしはなつ [思放] おぼしはなる [思離]
 ——尊おぼしすつ おぼしはなつ [思放]

**みずどり【水鳥】** うきねどり [浮寝鳥] みたらし [御手洗]

**みずばち【水鉢】**

**みずべ【水辺】**→みぎわ

**みすぼらし・い** あさまし [浅] いやし・卑・賤] けもなし [気無] さむなし [寒] さもし すぼし [窄] つたなし [拙] みだてなし [見立無] みるめなし [見目無] ものげなし [物無] わびし・わびしげ [侘] わろし [悪]
 ——家 はにふ・はにふのをや [埴生] 小屋
 ——こと むくつけ [無徳・微]
 ——さま かすか [幽・微] わうじゃく [厄弱]
 ——様子 みすぼげ [身] やつる [窶]
 ——くする やつす [窶]
 ——くなる しほたる [潮垂] やつる [窶] わぶ [侘]

**みずみずし・い 【瑞瑞】** うらわかし [若] なまめかし [艶] みづみづと [瑞瑞] わかし [若] わかだつ [若] わかやか [若]
 ——句をはうちからす 尾羽枯
 ——山 みづやま [瑞山] 瑞瑞山

**みせ【店】** たな [店] みせだな [店棚・見世棚]
 ——の者 たなもの [店者]
 ——代々続いた—— しにせ [老舗]
 ▽支店 でだな [出店]

**みせいじゅく【未成熟】**→みじゅく

**みせかけ【見掛】**→みかけ
 ——の行為 けしゃうわざ [化粧業]

**みせか・ける【見掛】** つくる [作] もてなす [成]

みせさき──みだれる

**みせさき**【店先】 たなした[店下]

**みせびらか・す**【見】 さかす[栄・盛] てらふ[衒] ひけらかす ふける ─して歩く みえありく[見歩]

**み・せる**【見】 みす みゆ[見] め 学問・才能を─ ざえがる[才] にかく[目懸]

**みぞ**【溝】 せせなき・せせなぎ・せせなげ[溝・細流] →基本 かわ

水を引くための─ うてな[樋] (P.24)

▽懸樋 かけひ[筧]

**みぞおち**【鳩尾】 きうび[鳩尾]

**みぞか**【晦日】 つごもり・つもごり[晦日] →げつまつ

**みそぎ**【禊】 ゆかはあみ[斎川浴] ─する みそぐ[禊]

**みそこな・う**【見損】 →みまちがう

**みそさざい**【巧婦鳥・溝鷦鷯】 かぶとどり[青鳥] ささき・さざき[鷦鷯]

**みそはぎ**【禊萩】 みぞかげぐさ せいれいくゎ[精霊花] たまのやぐさ

**みぞれ**【霙】 ひさめ[氷雨]

─が降る みぞる[霙]

**みた・い**【見】 いぶかし[訝] おくゆかし[奥床] みえななむ[見] みがほし[見欲] みがほる[見欲] ほし・みまほし[見欲] ゆかし・ゆかしがる[床]

**みたが・る**【見】 ちりぼふ[散] ちりまがふ[散紛]

**みた・す**【満】 たたふ[湛] つむ[詰]違

**みだしなみ**【身】 →みづくろい

**みだ・す**【乱】 したく・しだく[蹂] みだる[乱] やぶる[乱]

**みだ・てる**【見立】 ぎす[擬] なぞふ[準] みたつ[見立] みなす[見]

**みため**【見目】 みめ[見目]

**みだら**【淫】 いろがまし[色] しどけなし たはし[戯] らうがはし[乱] ─な行為 たはけ[戯] ─なことをする たはく・たはる[戯] たはぶる・たはむる[戯] ─に むさと もとな

**みた・つ**【見立】 →みだてる

**みぞ**【溝】

─の心 まどひ[惑]

秘めた恋による心の─ しのぶのみだれ[忍]

**みだれち・る**【乱散】 ちりかふ[散交] ちりぼふ[散] ちりまがふ[散紛]

**みだれと・ぶ**【乱飛】 とびちがふ[飛違]

**みだれひろが・る**【乱広】 おほとる・おほどる・おぼとる[逢]

**みだれま・う**【乱舞】 うちちる[擣散] くだく[砕・摧] さまたる[様乱] したたく・しだく[蹂]

**みだ・れる**【乱】 かきみだる[攪乱] くだく[砕・摧] さまたる[様垂] さみだる[乱] したたく・しだく[蹂] ひたたく、[滔・混] みだる[乱] どろく

─枕 あさがみの[朝髪] あしかきの・あしがきの[葦垣] かりこもの・かりごもの[刈菰] すがのねの[菅根] たまのをの[玉緒] ねの[解衣] やますげの[山菅] ─れた髪 おどろのかみ[荊髪] さみだれがみ[乱髪] はだけがみ

髪の毛、糸などの─ まよひ[迷]

みち――みづくろい

[開髪]

―・れたさま　しどろ・しどろもどろ

―・れていない　ただし[正]

―・れている　あぢきなし・あづきなし[味気無]　おどろ[棘]　しどけなし　しどろ

思い―　かきみだる[搔乱]　くだく[砕・摧]　わる[割]

心が―　みだる[乱]　もどろく

髪・糸などが―　まよふ[迷]

恋で心が―　こひみだる[恋乱]

木の葉が散り―　きそふ・きほふ[競]

酒で―　どれる

紛れ―　もどろく

雪が―・れ降る　ふりみだる[降乱]

▽狂乱　きゃうわく[狂惑]

みち【道】…基本(P.30)

みちあふ・れる【満溢】　みなぎらふ・みなぎる[漲]

みちあんない【道案内】　しをる[枝折]　しをり[枝折・栞]　みちびく

―する　しをる[枝折]　みちびく

[導]

―すること　みちしるべ[道標・路導]

みちがえる【見違】　みえまがふ[見紛]…みまちがう

みちくさ【道草】　みちてんがう[道草]

みちしお【満潮】　いでしほ・でしほ[出潮]　さししほ[差潮]…しお

みちしるべ【道】　ゆふしほ[夕潮・夕汐]

土を盛り上げた―　つか[塚]

みちすがら【道】　みちのまま[道儘]　みちみち[道道]　ゆきすがら・ゆくすがら[行]　ろし[路次]

みちすじ【道筋】　だうり[道理]　つじ[辻]　みちづら[道面・道列]　ろし[路次]

みちた・りる【満足】　あく[飽]…まんぞく

―・りたさま　ゆたか[豊]

―・りている　たたはし　たる[足]

[溢]

みちのり【道】　どうぜい[同勢]　とも[友]

遠い―　ちさと[千里]　みちのほど[道程]

みちばた【道端】　つじ[辻]　みちつじ[道辻]　みちのべ・みちべ[道辺]　みちほとり[道辺]

みちひ【満干】　しほ[潮・汐]

みちびき【導】　てびき[手引]

―するもの　しるべす[導]　しを

る[枝折・栞]　ひく[引]

みちひろが・る【満広】　はふる・はぶる

みちみち【道道】…みちすがら

み・ちる【満】　たたふ[湛]　ほどこる

[播・延]　みつ[満]

―枕―さばへなす[五月蠅]

潮が―　さす[差・指]　みちく[満来]

―・ちて来る潮　みちしお

みつぎもの【貢物】　たてまつりもの[奉物]

みづくろい【身繕】　かたちづくり[形

**みつけだす―みなり**

**みつけだす**【見付出す】→みつける

**みつ・ける**【見付】みいだす・みいづ[見出] もとむ[求得] もとめいづ[求出]

**みつ・ける**【見続】みつぐ[見継]

**みつこむ**【見込】めかれせず[目離] めをすます[目澄] もらふ[守]

**みつだん**【密談】ないだん[内談] ふぎ[不義]

**みつつう**【密通】ふぎ[不義]

**みつづ・ける**【見続】みつぐ[見継]

**みっともない**→みぐるしい なんとなく なまぐるしい[生悪]

**みつまた**【三叉・三椏】むすびき

**みつ・める**【見】うちまもる[打守] まぶる・まぼらふ・まぼる・まもらふ・まもる[守] みこむ[見込] めかれせず[目離] めをすます[目澄] もらふ[守]

**みっしゅう・する**【密集】しぐらふ・しぐらむ→よりあつまる

**みつもり**【見積】さんよう[算用] つもり[積]

**だいたいの―** ちゅうづもり[中積] なひと[皆人] もろもろ[諸諸]

**すべて 皆さん** おのおの[各] めんめん[面面]

**胸の内の―** むなざんよう・むねざんよう[胸算用]

**みつ・もる**【見積】さげすむ[下] もる[積]

**みながら**【見】てら・みがてり[見見]

**みづら・い**【見辛】みまうし・みまくう

**みどころ**【見所】かど[角・才] けんじょ[見所]

**―あるもの** みもの[見物]

**みと・める**【見届】つきつむ[突詰] みつぐ[見継] みふす[見伏] みる[見]

**―なす**【見】みつむ[突止] みふす[見伏] みる[見]

**[知]** みとる[見取] みる[見] うべなふ[宜] しる

**人物・才能を― 世間に―められる** ゆるす[許・赦] ゆるされにあふ[世有]

**みどり**【緑】さみどり・こみどり[濃緑]

**濃い― 濃緑**

**みな**【皆】ことごと・ことごとく しゃう[濫觴] ひとみな[人皆] そうぞう[総総・惣惣] みなながら[皆] みんざ[万座]

**みな・す**【見做・看做】あだむ[取成]

**―する**【見做・看做】みをしづむ[身沈] みをなぐ[身投]

**みなげ**【身投】じゅすい[入水]

**みなと**【港】かはづ[川津] すいえき[水駅] つ[津] とまり[泊] ふなせ[船瀬] ふなつ[船津] ふなば[船場]

**みなみ**【南】うま[午] みんなみ[南]

**▽南風** はえ[南風] まじ・まぜ

**みんなみ[南]**

**▽南向き** みなみおもて[南面]

**みなもと**【源】みなかみ[水上] らん しゃう[濫觴]→はじまり

**みなり**【身】こしらへ[拵] すがた[姿] そでつま[袖褄] でたち[出立] とりなり[取成・容態] なり

[形・態] ふうてい[風体] ふうぞく・ふぞく[風俗] ふうてい[風体] みぶり[身振] やうす[様子]

—を整えること よそほひ[装]

▽容姿が醜くなる おとろふ[衰]

**みな・れる**【見慣】
みつく[見付] めなる[目馴] おもなる[面馴]
—れている めぢかし[目近]
—にちかし[目近]

**みにく・い**【醜】 あし[悪] あやし[賤] しこ[醜] しけこし[醜] にくげ・にくさげ・にくし[憎] みぐるし[見苦] みにくし[醜] →みぐるしい
—女 しこめ おとろふ[衰] 醜女
—・くなる かたほ[片秀] びさうなし[美相無] ぶきりゃう[不器量]
顔が— ねら・ねろ を[丘・岡]
枕—たかさごの みねをの を[丘・小峰]
—の辺り みねべ[峰辺]
—の先 をぬれ[尾末]

**みなれる**——みぶん

**みね**【峰】
をのへ[尾上] たかさごの[高砂]

**みのうえ**【身上】
うへ[上] きゃうが い[境界] しんしゃう[身上] みそら[身空] みのほど[身程] →きょうがい
—話 みがたり[身語]
—の— わがみざま[我身様]
自分の— わがみざま
他人の— ひとのうへ[人上]
辛いことの多い— うきみ[憂身]

**みのがす**【見逃】 みすぐす[見過] みゆるす[見許] みもらす[見漏]

**みのけがよだ・つ**[身毛] おそろしい そぞがみたつ[髪立]

**みのほど**【身程】 がいぶん[涯分] ぶげん・ぶんげん[分限] ぶんざい[分際] みがら[身柄] みぶん[分] →みぶん
—知らず おほけなし
句—たうろうがをの[蟷螂斧] こうがつき[猿猴月]

**みのむし**【蓑虫】 おにのこ[鬼子] ゑんざい

**みの・る**【実】 あがる[上] なる[生]

ほにいづ[穂出]
稲(穀物)がよく— としあり[年有]
よく— じゅくす[熟]

**みばえ**【見栄】 →みかけ
—がしない はえなし[映無] はえばえし[映映]
—がする はえなし[映無]
**みば**【見場】 →みかけ [映・栄] みだてなし[見立無]

**みはな・す**【見放】 →みすてる
神仏に—された みゃうがなし 冥加無

**みはら・す**【見晴】 みはるかす[見晴]

**みはり**【見張】 みあつめ[見集] はる[張] もる[守]

**みは・る**【見張】 みがら[身空]

**みひとつ**【身一】
句—ごしゃくのみ しかた[仕方] てまへ[手前]

**みぶり**【身振】 ふり[振・風] かく[格] きは[際] しな[品] しょざい[所在] しんだい[身代] ところ[所] ひと[人] ぶげん・ぶ
**みぶん**【身分】 ざい[際]

## みぼうじん――みまわり

**みぼうじん【未亡人】** ゑんぢょ[怨女]

んげん【分限】 ぶんざい[分際] ほど[程] み[身] みがら[身柄] ゆゑ[故]
[尊]―ごじんたい【御仁体】
―が高い あて・あてはか・あてやか[貴] おもおもし[重重] やごとなし・やむごとなし・やんごとなし[止事無] よし[良]
―が低い あさし[浅] あやし[怪・卑] いひがひなし[言甲斐無] いやし・いふかひなし[卑・賤] かるし・かろがろし・かろろか[軽] しづ[賤] ひきし・ひき[低] むげ[無下]
―相応 ずいぶん[随分] みのほど[身程] ど[程] きはぎは[際際]
―の差
―の低い兵士 ざふひゃう[雑兵]
―の低い者 あまのこ[海人子] あやしのしづ[賤賤] えせもの[似非者] げらふ[下臈] げにん[下人] げらう[下郎] こ[下衆男] しづ[下] しもざま[下様] しづ・しもうと・しもびと[下人] しもつかた[下方] しもべ[下部] ゑぞ[蝦夷] すご[素子] するゑ[下部] せうじん[小人・少人] たうか・だせうしんもの[小身者] ちげ・ちげにん[地下人] なまもの[生者] ぼんげ[凡下] ぼんぞく[凡俗] やっこ[奴・臣] やまがつ[山賤] わろびと[悪人]
―の高い人 あてびと[貴人] くんし[君子] じゃうず[上衆] じんたい[人体・仁体] そんじゃ・そんざ[尊者] との[殿原] れきれき[歴歴] なまをんな[生女] ざふひゃう[雑兵]
―不相応 おほけなし くゎぶん[過分]

**みまい【見舞】** とぶらひ・とむらひ[訪] をりみまひ[折見舞]
四季折々の― をりみまひ[折見舞]
病気の― ことどふ[言問] ゆきとぶらふ[訪・行訪]

**みまう【見舞】**

**みまがう【見紛】** →みまちがう

**みまちがい【見間違】** そらめ[空目] ひがめ[僻目]

**みまちがう【見間違】** まがふ[紛] まよふ[迷] みえがふ[見紛] みつむ[見紛] みまがふ[見紛]

**みまもる【見守】** まぶる・まぼる・まもらふ・まもる[守] まもりゐる[守居] うちまもる[打守] めかれせず[目離] めつくめ・めをつく[目付] めとどむ[目止] めをたつ[目立] もらふ[守]

**みまわり【見回】** みまひ[見舞] まもりゐる[守居] もらふ[守]
―り続ける
―っている

**みまわ・る【見回・巡】** みまふ[見舞] め す・ききならふ[聞馴・聞慣] みみち[みやこ] 上]・さざなみの[小波][▷ふるき みやこ)

**みみ【耳】**
—慣れない ききにくし[聞]
—に止まる みみたつ[耳留]
みとどまる もりきこゆ[漏聞]
—に入る みみはゆし[耳映]
—を澄ます みみだんかふ[耳談合] みみそばだつ[耳立] みみたつ[耳敬]
[句]—みみをそばだつ[耳敬]
寝ていて—を澄ます
[句]—まくらをそばだつ[枕敧]

**みみうち【耳打】** みみこすり[耳擦]
**みみがくもん・する【耳学問】** ききお ぼゆ[耳聞覚]
**みみざと・い【耳聡・耳敏】** みみとし
**みみざわり【耳障】** みみさき[耳聞]
—こと みみざわり[耳障]
**みみずく【木兎】** かくし[角鴟] つく・ づく[木兎]
**みみっち・い⇒けち**
**みみな・れる【耳馴・耳慣】** ききなら

**みまわる——みょうじょう**

す・ききならふ[聞馴・聞慣] みみち みみなる[耳馴・耳慣] みみどほし[耳遠]
**みみふる[耳旧]**
古い— ききそむ[聞初]
**みめ【見目】⇒ようぼう**
—にくし[聞] みみどほし[耳遠]
**みめい【未明】⇒基本よあけ**(P.19)
**みもだえ・する【身悶】** ふしまろぶ[臥 転]
**みもの【見物】** みごと[見事]
**みや【宮】** みやこ[都]
枕—うちひさす・うちひさつ[日]じんじゃ
**みやげ【土産】** いへづと[家苞] つと とさん・どさん[土産] つと・ く[洛]
**みやこ【都】** きやう[京師] ここのへ[九 重] つきのみやこ[月都] ほうじ ゃう[鳳城] みさと[御里・京]
枕—うちひさす・うちひさつ[日] ひさかたの[久方] いそのかみ[石

**みやこぐさ【百脉根】** えぼしぐさ・ れんげ・こがねばな
**みやびやか【雅】** なまめかし[艶] やさし[優・ 古い— きうと[旧都]
美しい— うりう・ふりう[風流]
—の辺り つきのみやこ[月都]
**みやぶ・る【見破】** みあらはす[見顕]
**みやび・る【見遣】**
秘密を— うちかぶとをみすかす[内兜見]
[句]—うちかぶとをみすかす[内兜見]
**みゆき【御幸】⇒ぎょうこう**
遠くを— ながめやる[眺遣]
ぼんやりと— うちながむ[打眺]
**みよ【御代】** てう[朝]
**みょう【妙】⇒へん**
—な いな[異]
**みょうじ【名字・苗字】** かばね[姓] せ い[姓]
**みょうじょう【明星】** あかぼし[明星] たいはく・たいはくせい[太白星]

# みょうちょう ── むかう

**みょうちょう【明朝】** →あさ
　夕べの── ゆふづつ[夕星]
　暁の── あかぼし[明星] かはた[彼誰星]

**みより【身寄】** しんるい[親類] よす
が[縁・因・便] →基本 **かぞく・しんせき** (P. 55)

**みらい【未来】** たうらい[当来] のち
[後] →しょうらい

**みらいえいごう【未来永劫】** ちんみら
い[塵未来]

**みりょう・する【魅了】** →基本 (P. 77)

**み・る【見】** →基本 (P. 77)

**みる【海松】** うみまつ[海松]

**みるまに【見間】** →すぐに

**みるみる【見見】** みすみす[見見] →す
ぐに

**みれん【未練】** うらみ[恨]
　──がある かなしい[悲] なづむ
[泥] いさぎよし[潔] なご
りなし[名残無] のこりなげ[残無]
　──がましい やぶさか[吝]
　──がない

**みわけ【見分】** →くべつ
　──を残す おもひおく[思置]
[弁] みわかち[分] わきまへ
[見知] みわく[見分] わきまふ
[見分] しる[知] みしる
[見知] みわかる・みえわく
[見分]

**みわ・ける【見分】**
[見知] しる[知] みしる
[見分] わきまふ
[弁] わきまへる[弁知]

**みわた・す【見渡】**
ながむ[眺] ながめやる[眺遣] み
うちわたす[打渡]

# む

**むいぎ【無意義】** →むいみ

**むいしき【無意識】** こころならず[心]
──に こころにもあらず[心] ふ
かく[不覚]

**むいちぶつ【無一物】** →むいちもん

**むいちもん【無一文】** すりきり[摩切]
するすみ[匹如身] てぶり[手振]

**むいみ【無意味】** せんなし[詮無] よ
しなし[由無]
　──なこと すずろごと[漫事]
　──になる みになる[手身]

**むえき【無益】** →むだ

**むかいあ・う【向合】** いであふ[出逢]
さしむかふ[差向] おもむく[赴・趣] すす
む[進] むかふ[向]

**むか・う【向】** むかふ[向]

はるかす[見晴] みやり[見遣]
──こと みえわたる[見渡]
▽**見渡せる** みえわたる[見渡]

**みんか【民家】** ざいけ[在家]

**みんかんじん【民間人】** さんにけ[散人]
[人] さとびと[里

**みんしゅう【民衆】** →じんみん

**みんな【皆】** →みな

**みんよう【民謡】** くにぶり[国風]

むかえいれる──むきとる

**むかえいれる【迎入】** むかへる

▼立ち向かう あふ[合・会・逢]
おもむく むかふ・むく[向・対]
―わせる おもむく むかふ[赴・趣] さ
しむく 差向
枕―あさづくひ[朝日] ますかが
み・まそかがみ[真澄鏡]

**むかえまねく【迎招】** よばはる[呼]

**むかえる【迎】** もてなす[成]
はやす[囃] むかふ[迎]
▼出迎え だうむかへ[道迎]
枕―やまたづの[接骨木]
据

**むがく【無学】** ひがく[非学] ふがく
[不学] むひつ[無筆] やみ[闇]

**むかし【昔】** あがりたるよ[上世] あ
りしよ[有世] いにしへ[古] かみ
[上] かみつよ[上世] かみよ[神
代] きしかた・こしかた[来方] こ
だい[古代] しゃうこ・じゃうこ
[上古] そのかみ[其上] はやう・はや
く[早] まへ[前] むかしへ・むか
しべ[昔] もと[元・本・原・許] わ
うじゃく[往昔]
―の ありし[有]

―の夫 いにしへびと[古人] ふるひと・ふ
るびと[古人] むかしのひと・むか
しびと・むかしへびと[昔人] もと
つひと[本人]
―のこと ふること・ふるごと[故
事]
―の話 ふること[古言]
―の人 こじん[古人] ふるひと・
ふるびと[古人] みぬよのひと[見
世人]
―のがたり むかしものがたり[昔物語]
[昔語] ふること[古物語] ふるも
のがたり[古物語] むかしがたり
ふるびと[古人] むかしびと・
ふるびと[古人] むかしびと[昔人]
そう遠くない― なかごろ[中頃]
▼大昔 いとむかし[昔] あがりて
のよ[上世]
はるか― あがりたるよ・あがりて
のよ[上世]
―のまま ありしながら[有]
▼神代の時代 かみよ[神代]
▼古風 むかしぶ[昔]
▼古風な人 むかしびと[昔]
▼古風かたぎ【昔気質】こだい[古代]
―の人 こじん[古人] ふるひと・

**むかしなじみ(のひと)【昔馴染(人)】**

**むかしふう【昔風】** →こふう

**むかつく【向行】** たちかかる[立
掛] ゆきむかふ[行向]
―(怒りをこらえて) ちゅっぱら
[中腹]
(吐き気をもよおし) むかふ[迎]

**むかで【百足】** ばげん[馬弦]
そくのむし[百足虫]

**むがむちゅう【無我夢中】** あるにもあ
らず[有有] ものもおぼえず[物
覚]

**むかんしん【無関心】** うとし[疎] す
ずろ・すぞろ・そぞろ[漫] つれなし
[強顔]

**むき【向】** かたさま[方様]
→むちゅう

**むきあう【向合】** →ほうこう

**むきあう【向合】** ただむかふ[直向]
うちつけ[打付]

**むきだし【剝出】** とうざい
[東西]

**むきとる【剝取】** はぐ[剝]

むく——むじょう

**む・く**【向】 さしむく[差向]

**むくい**【報】 いんぐゎ[因果] くゎほう[果報] くゎん[宿縁] しゅくごふ[宿業] しゅくしふ[宿執] ほう[報] ごふくゎ[業火] こたへ[応答] しゅくえ[宿会] ―業火 ―くしふ[宿執] ―が現れる ―の災難 よああ[余殃]

**むく・いる**【報】 むくふ・むくゆ[報]

**むくげ**【木槿】 あさがほ[朝顔] きはちす・きばちす[木槿] ゆふかげぐさ[夕陰草] ―の花 きんくゎ[槿花]

**むくち**【無口】 くちおもし[口重] こ とずくな[言少] へいこう[閉口] ぼくとつ[木訥・朴訥] ―で飾り気がない

**むくろ**【軀】→しがい

**むくどり**【椋鳥】 はくとうをう[白頭翁]

**むげい**【無芸】 むとく[無徳]

**む・ける**【向】 むかふ[向] むく[向] よす[寄]

**むげん**【無限】→はてしがない

**むこ**【婿・聟】 むこぎみ[男君] ―尊―をとこぎみ[男君]

**むご・い**【酷・惨】 からし[辛] いたし[痛] いぶり[酷・惨] つらし[辛] むざ・むざうらしげ[無慙] ―こと どうよく[胴欲・胴慾] ことしょう[殺生] もぎだう[没義道] ―さま むそく[無足] むかはぎ[向脛] こくう[虚空] ―な心 ひたぶるこころ[一向心]

**むごたらし・い** むごらし[惨・酷] →ざんこく

**むこう**【無効】

**むこうずね**【向脛】 むかはぎ[向脛]

**むこうみず**【向見】 こくう[虚空] ―な心 ひたぶるこころ[一向心]

**むごん**【無言】 しじま[黙] もだ[黙]

**むさくるし・い** いぶせげ[鬱悒] む さし むつかし[難] らうがはし

**むざん**【惨酷】

**むし**【虫】 ―返 くりかえす[繰返]

**むしかえ・す**【蒸返】 さらがへる[更返]

**むしかご**【虫籠】 むしこ[虫籠] むし や[虫屋]

**むしき**【蒸器】 こしき[甑] どう[筒]

**むじつのつみ**【無実罪】 なきこと[無事] ぬれぎぬ

**むしのいき**【虫息】 いきのした[息下]

**むじひ**【無慈悲】 あこぎ[阿漕] じゃ けん[邪見] むとくしん[無徳心] 句―おにのねんぶつ[鬼念仏]→は くじょう

**むしゃき**【無邪気】 なにごころなし[何 心無]→あどけない

**むしゃくしゃする** いきどほろし[憤]

**むじょう**【無上】 てんじゃう[天上]

**むじょう**【無常】 うゐてんぺん[有為転 変] さだめなし[定無] しゃうじゃひつめつ[生者必滅] しょうぎゃう

**むさぼ・る**【貪】→よくばる

**むし**【無視】 むたい[無体・無代] ―する おもひけつ[思消]

**むし**【基本】(P.36)

**むし**【無始】 むしくゎん ―の過去 むし[無始] むしくゎん ―の時間・空間 さんぜじっぱう[三世十方]

**むこ**【婿】 もこ[婿]

528

むじょう—むだ

**むじょう【無常】**―諸行無常
―こと なんぢ[難治]
―・そう かたげ[難]
ぜしゃうめっぽふ[是生滅法] つねならず[常] つねの[常] はかなし[果無・果敢無] ふうん[浮雲] ふぢせ[淵瀬] むなし[空・虚] ゑしゃぢゃうり[会者定離]
▶ 基本 はかない (P. 80)

**むじょう【無情】**↓はくじょう
―で勇猛 おにともくむ[鬼組]

**むしりちら・す【毟散】**↓むやみに かなぐりちらす[散] こきちらす[扱散]

**むしりと・る【毟取】**こく[扱]

**むしろ【寧】**いかう・いっかう[一向] けく・けっく[結句] とてものこと になかなか(に)

**むしろ【筵】**さむしろ[狭筵] もひなげ[思無] むが[無我] むさう[無相・無想] むねん[無念] ちょろづ[千万]

**むしん【無心】**うらもなし[心無] なにごころなし[何心無] むねん[無念]

**むすう【無数】**かずなし[数無] ちょろづ[千万]

**むずかし・い【難】**↓基本 おおい (P. 78) ありがたし[有難] かたし[難] にくし[憎]

**むすこ【息子】**そく[息] ひこ・ひこひこ[男・男子] をのこ[男・男子] をのこご[男子] ひこぐさ[彦人]
▶ 基本 せつびこ (P. 112)
貴人の― ざうし[曹司]
―するのが― ↓ 基本 せつびこ (P. 112)
▼ 養子 とりこ[取子] やしなひ[養]

**むす・ぶ【結】**いはへる[結] ゆふ[結] ゆひつく[結付]

**むすびつ・ける【結付】**ゆひつく[結付]

**むすびたば・ねる【結束】**ゆひつくる[結付]

**むすめ【娘】**めなごのこ[女子児] めのこご[女子] めのわらは[女童] めのこご・めのこ[女子] ―枕 あきくさの・あきぐさの[秋草]
―こと ゆひ[結]
▶ 基本 おんな (P. 50)
貴人の― ひめ[姫] ひめぎみ[姫君] ひめごぜ[姫御前]
最愛の― まなむすめ[愛娘] 若い― をな[女]

**むせかえ・る【噎返】**せきあぐ[咳上]

せぐりあぐ[上] むせかへる[噎返] むせかへる[噎返]

**むせびな・く【咽泣】**むせぶ[噎]

**むせ・る【噎】**むす・むせぶ[噎・噎]

**むぞうさ【無雑作】**さうなし[左右無] しどけなし[しどけ無] なげ[無] やすし[易]
▼ 尾―すつ[捨]

**むだ【無駄】**あだ[徒] あぢきなし・あぢきなし[味気無] あやなし[文無] いたづら[徒] えうなし[要無] そつ[率] つひえ[費] ふよう[不用] ほうご・ほぐ[反古・反故] むなし[空・虚] むよう[無用] とく・むやくし[無徳] やくたいもなし[益体無] やう・やくし[益無] せんなし[詮無]
▼ 不用意
―に おふなおふな・おほなおほな かけず[掛]
―に書く すてかく[捨書] ふと
―句 つきよにちゃうちん[月夜提灯] やみよのにしき[闇夜錦]

むだがね——むね

**むだがね【無駄金】** すてちぎゃう[捨て行] すてぶち[捨扶持] たうへなげたかね[唐投金]
- **接** ——そら[空]
- —なこと ただ あいなだのみ[頼]
- —なことをする そらにすがく[空巣掛]
- しき[夜錦]
- —な頼み あいなだのみ[頼]
- —にする むげにす[無下]
- —に使う つひやす・つひゆ[費]
- —になる むそく[無足]

**むだぐち【無駄口】** あだくち[徒口]
**むだづかい【無駄遣い】** →ろうひ
**むだばなし【無駄話】** すずろごと[漫言]
**むち【鞭】** すはえ・ずはえ・すはへ[楚・楉] しもと[笞] はくら[答]
**むちゃ【無茶】** わんざん[和讒]
- —苦茶 わりなし[理無]
- —苦茶に みだり(に)[濫猥・妄乱]
**むちゅう【夢中】** あれにもあらず・われにもあらず[我] こころそら[心空]

→むがむちゅう
- —で やみやみ(と)[闇闇]
- —になって たなしらに ぜひも しらず[是非知]
- —になる うつつをぬかす[現抜] おぼる[溺] きをつくす[気尽] しこる[凝・痼] ちみちをあげる[血道上] はやる[逸] ほうく・ほく[惚] みをなす[身成]

**むつかし・い【難】** →むずかしい
**むつまじ・い【睦】** したし[親] ねむごろ・ねもころ・ねんごろ[懇] まし・むつまじ[睦] →なか
- —くなる ちかづく[近] なれむ つぶ[馴睦] やはらぐ[和]

**むてっぽう【無鉄砲】** こくう[虚空]
**むないた【胸板】** たかむなさか[高胸坂]
**むなぐら【胸】** むなづくし[胸尽]
**むなさわぎ【胸騒】** こころはしり・こころばしり[心走] はしる[走] むねはしりび[胸走火] むねさわぐ[心騒] は しる[走] むねさわぐ[胸騒] むねはしる[胸走]

**むなしさ【空】** きょ[虚]
**むなし・い【空】** あだ[徒] あとなし[跡無] いたづら[徒] ただ[只・唯・徒] はかなし[果無・果敢無] むなし[空・虚] →基本 はかない (P.80) **枕**—うつせみの[空蝉]

**むね【胸】** ねわけ[胸分] たかむなさか[高胸坂] む めく
- —が苦しくなる せぐる
- —が騒ぐ つぶつぶ(と) むす[咽・噎] むせか へる[咽返] むなづはらし[胸] むねふたがる[胸塞]
- —がつまる つぶつぶし[胸]
- —がどきどきする だくつく・だく めく
- —の病気 むね[胸] むねけ[胸気]
- —を焦がす こころやく[心焼] 悲しみで—が一杯になる こころ むす[心咽]
- 悩んで—が塞がる おもひむすぼる・おもひむすぼほる[思結]

むねあげ──むり

**むねあげ【棟上】** じゃうとう[上棟]
　—に あいなく あやに[奇] しきりに[頻] しひて[強] すずろ・すぞろ・そぞろ[漫] ただ[只・唯] ひたすら ひたぶる[直] ひたもの・ひったもの[直物] ひとへに[偏] むげに[無下] むさと・むざと めたとめっぽふ[滅法] もとな やみと[闇・暗] やくやくと[役役] やみと[闇・暗]
　—にする しちらす[為散]
　—にすること さんまい[三昧]
　—やたら へらへいとう[平平等]
　ぞろ[漫]

**むねん【無念】** くやし[悔] ねんなし[念無] ⇒ざんねん

**むのう【無能】** ぶきりゃう[不器量] ぶこつ[無骨] ふねい[不佞] むさい・むざえ[無才] むて[無手]

**むふんべつ【無分別】** こくう[虚空]
　—な人 さんじん[散人]
　こころのやみ[心闇]

**むべ【郁子・野木瓜】** いくし[郁子] ときはあけび もくまんぢゅう

**むほう【無法】** ぶたう[無道] ふてき[不敵] むたい[無体・無代] むだ[無駄] らうぜき[狼藉] わんざん[和讒]
　▽無法者 ふたうじん[不当人]

**むほんにん【謀反人】** きょうと[凶徒] 兇徒

**むやみ【無闇】** こくう[虚空] すずろ・すぞろ・そぞろ[漫] ひたぶる[直] ひたもの[直物] むげ[無下] わりなし[理無]

**むよう【無用】**
　—の者 いたづらもの[徒者] たりもの[廃者]
　句—かろとうせん[夏炉冬扇]

**むよく【無欲】** ⇒むだ
　句—たいよくはむよくににたり[大欲無欲似]

**むら【村】** ⇒むらさと

**むら【斑】** ところまだら[所斑]

**むらがる【群】** うごなはる[集] うちむる[群] する[群・叢・集] すだく[集] むる[群] むれ—ゆくとりの[行鳥]
　枕—むら[群・叢]
　接—むら[群・叢]
　—っている鳥 むらとり[群鳥]
　—って立つ むらだつ・むれだつ[群立・叢立]
　—り集まる おしこる[押凝]

**むらさき【紫】**
　枕—あかねさす[茜]
　—がかる むらさきだつ[紫立]

**むらざと【村里】** がう[郷] さと[里] さとむら[里むら]

**むらびと【村人】** さとびと[里人] 多くの—ちさと[千里]

**むり【無理】** あながち[強] ひだう[非道] むたい[無体・無代] わりなし[理無]
　—する おしたつ[押立]
　—ない いはれぬ[言]
　—難題を言うさま わんざん[和讒]
　—もない わりなし[理無]

# むりじいする —— めいず

**むりじいする――を言う** いひかかる[言掛]

**むりじい・する【無理強】**
―**強** しふ[強] せびらかす・せびる・せぶる

**むりに【無理】**
―**押** しひて[強] せめて[切] まげて[柱] むげに[無下] われて[破]
―**入り込む** おしいる[押入] じりこむ[込]

**め【目・眼】** → 基本（P.49）

**め【芽】**
―**が出る** →めばえる
―**を出す** →めばえる
切り株から出る― ひこばえ[蘖]
地中から出る― したもえ[下萌]

**めあたらし・い【目新】** めづらし・めづらか[珍] →めずらしい

**めあて【目当】** あだて あてど[当所]

**め――押し込む** おしいる[押入]
―**並べる** おしならぶ[押並]
―**をなす** むらめかす[群]
―**をなす枕** むらとりの[群鳥]

**むれ【群】** べ[部]

**むりやり【無理矢理】** けやけし[尤] →むりに

**むりむたい【無理無体】**

**むろん【無論】** →いうまでもない

**めいげつ【名月】** さんごのつき[三五月] さんごやつき[三五夜月] じふごや[十五夜] → 基本 つき（P.4）
―**の前夜** さんごやむかへ[三五夜待] むげつ[無月]
―**が見えないこと** さんごやむかへ

**めいしゃ【目医者】** めくすし[目薬師]

**めいしょ【名所】** しょうち[勝地] などころ[名所]

**めいしょう【名称】** だいもく[題目]

**めいしょう【名勝】** →めいしょ

**めい・じる【命】** →めいれい
**尊**―**おほす**[仰] おほせいだす[仰出] おほせかく[仰掛] おほせつく[仰付]
**きつ**[掟] →めいれい
**だす** 仰下

**めいしん【迷信】**
―**を気にする** ごへいをかつぐ[御幣担]

**めいじん【名人】** かんのう[堪能] じゃうず[上手] たっしゃ[達者] たつじん[達人] ひじり[聖] みちのもの[道者] もののじゃうず[物上手]

**めい・ず【命】** →めいれい

**めい・ぎ【名義】** ぶん[分]

**めいかく【明確】** →はっきり

**めあわ・せる【娶・妻】** あはす[合] みつけめ[付目] はか[計・果] はかり[計] やさき[矢先・矢前] →もく[句]―ぬすびとのひるね[盗人昼寝]
何でも―があること

## めいせい【名声】
[名] みゃうもん[名聞] めいよ[名誉] よのおぼえ[世覚] よのなか[世中]
—が広がる ほまれ
—を得る なにながる[名流] なをあぐ[名揚] かれこころごころに[心心] とりどり むきむき[向向] めんめん[面面] われわれ
[句] …する わたす[渡]
—で おのがじし[己] てんでに・てんでんに[手手]
—に おのがじし[己]

## めいもく【名目】
[名] よせごと[寄事] だいもく[題目]

## めいよ【名誉】
[名] おもだたし[面立] きぼ[規模] ぐわうみゃう[高名] きだめい[家名]

## めいもん【名門】
いへ[家]

## めいぶん【眉目】みめ[見目] めいぼく・めんぼく・めんもく[面目] →めんぼく

## めいれい【命令】
おきて[掟] おもむけ[趣] げぢ[下知] さう[左右] さしづ[指図] さた[沙汰] さはい[差配・作配] せつど[節度] ちゃう[丁] てい[定] めい[命] てうおほせごと[仰言] きめい[貴命] ぎょい[御意] ごさた[御沙汰] ごちゃう[御諚] みこと[命・御言] みことのり[勅詔]
[末] —べし とこそ
—する いひつく[言付] おきつ[掟] おこなふ[行] さうす[左右]
[尊] —おほす[仰] おほせいだす[仰出] おほせかく[仰掛] おほせく[仰下] おほせつく[仰付]

## めいせい【酩酊】
めれん

## めいど【冥土】→あのよ

## めいにち【命日】
おもふひ[思日] き・きにち[忌日] しゃうき[正忌] しゃうつきめいにち[祥月命日] たちび[立日]
—の前夜 たいや[逮夜]
月毎の— ぐわっき[月忌]
毎年の— ねんき[年忌] むかはり[向・迎]
▼一周忌

## めいはく【明白】あきらか[明] あらは[露・顕] さだか[定] さはやか[爽] しるし[著] わきわきし[分分]
[句] —たなごころをさす[掌指]

## めいふくをいの・る【冥福祈】とぶらふ[弔・訪]

## めいめい【銘銘】
[各] おのがじし[己] おのがむき[己向向] 此彼[かれこれ] 著[しるし]
[句] —正 →あきらか

## めいりょう【明瞭】さやか[清] しるか[著] はかばかし[果果] まさやか[正] →あきらか

## めい・る【滅入】→ふさぐ

## めいれい — めいれい

—と利益 みゃうり[名利]
—挽回 おもておこし[面起]
—を失う なををる[名折]

[句] —ぐわいぶんをうしなふ[外聞失]
—を重んじる はぢあり[恥]
死後残す—
[句] —しにばながさく[死花咲]

めいろ――めざわり

**めいろ【迷路】** まよひぢ[迷路]

**めいわく【迷惑】** いたまし[痛] ざふさ[雑作] なんぎ[難儀] わづらひ[煩] わぶ[侘]
 尊―ごふしゃう[御不詳]
 ―がる いたまし・いたむ[痛・傷]
 **なんとなく―** なまわづらはし[生煩]

**めうえのひと【目上人】** そんざ・そんじゃ[尊者]

**めかけ【妾】** そばめ[側女] をなめ・をんなめ[妾] ─の子 そばはら[側腹]

**めが・ける【目】** めざす[目指]

**めか・す** つくりたつ[作立]

**めき・す【目利】** めだか[目高]

**めくばせ【目配】** まぐはひ[目合] めはびき[目引] めづかひ[目遣]

だす[下] のりごつ[告]
貴人の― きめい[貴命] ちょくめい[勅命]
[詔] 天皇の― せい[制] ちょく[勅]
ちゃう[詔]

**めくばり【目配】** めづかひ[目遣]
**―する** くはす[食] めをくはす[目]
[目引]

じき[目弾] めまぜ[目交]
**めぐ・る【巡】** たむ[回・廻] となむ[舞] みる[廻] みる[歴] へめぐる[経廻] まふ[廻] もとほる・もとほろふ[回] ゆきみ る[行廻]

**めぐみ【恵】** →おんけい
神仏の― みゃうり[冥利]
力強い― せいとく[勢徳]
―する にぎはす[賑] いつくしぶ・いつくしむ[慈]

**めぐ・む【芽】** →めばえる

**めぐら・す【巡】** まはす[回・廻] もとほす[回]

**めぐり【回】**

**めぐりある・く【巡歩】** けいくゎい[経回・経廻] へめぐる[経廻] ゆきめぐる[行巡]

**めぐりあひ【巡合】** であひ[出会]
男女の― みるめ[見目]

**めぐりあはせ【巡合】** しあはせ[幸] まん[間] めい[命] →うんめい

**めぐりつづ・ける【巡続】** ありめぐる[在巡]

**めぐりなが・れる【巡流】** いゆきもとほる[行廻]

**めざ・す【志】** さす[射・差・指] かく[掛・懸] むかはる[向・迎] こころざす[志]

**めざと・い【目聡】** めがしこし[目賢] めさとし[夜聡・夜敏] よさとし[目聡] めざと・めざとし[目聡]

**めざ・める【目覚】** ねざめ[寝覚]
おどろく[驚] さむ[覚・醒]
尊―ねおく[寝起]
**―めさせる** おどろかす[驚] ねおどろく[寝驚]
**はっと―** ねおどろく[寝驚]

**めざわり【目障】** めざまし[目覚] も

**めざめ【目覚】** うちおどろく[打驚] おどろく[驚] さむ[覚・醒] おほひるなる[御昼]

▼眠りから覚めやすい
めざとし[寝聡]

めし──めちゃくちゃ

**めし【飯】** のし[物] いひ[飯] おだい[御台] おだいばん[御台盤] かたかゆ[固粥] ⇒くご[供御] ごきのみ[御器] 基本たべもの(P.95)
▼飯粒 いひほ[飯粒]
▼飯時 けどき[食時]
▼飯櫃 げようびつ[下用櫃]

**めしあがる【召上】** あがる[上] きこしめす[聞召] たてまつる[奉] まうぼる・まほる まゐる[参] めさる・めす[召] ものまゐる[物参] をす[食]

**めしつかい【召使】** くゎざ・くゎじゃ・くゎんじゃ[冠者] げす[下衆] げすをとこ[下種男] げにん[家人] けにん[家人] げらう[下郎] げらふ[下臈] けんぞく[眷族・眷属] しもうど・しもびと しもべ[下部] ずさ・ずざふしき[雑色] じゅうしゃ・じゅうじゃ[従者] しんざ つかひ[使・遣] つぶね[奴] やとひど[雇人] をのこ[男・男子] はしため[端女] はしたもの[端者] みづし[御厨子物] くゎざ・くゎじゃ・くゎんざ[冠者] らうじゅう[郎従] らうど[郎等] ▼家来 くゎざ・くゎじゃ・くゎんざ[冠者] らうじゅう[郎従] らうど[郎等] ─の女 げすをんな[下種女] は

したため[端女] はしたもの[端者]
台所の─の女 みづし[御厨子物]
時期に合った─物 けいぶつ[景物]
[世旧] 極めて─ とほめづら[遠珍]

**めしと・る【召取】** とらふ[捕]
**めじり【目尻】** まじり・まなじり[眦]
**めじるし【目印】** しるし[印・標・験]
─の紙 つけがみ[付紙]
水路の─ みをつくし[澪標]

**めす【牝】** め[牝]
**めずらし・い【珍】** ありがたし[有難] き[奇] きどく[奇特] きめう[奇妙] くし[奇] けう[稀有・希有] こびる とほめづら[遠珍] ともしまれ・まれら[稀] めだしめづらか・めづらしい[珍] [枕]はるくさの[春草] [愛]めづらか・めづらしい[珍] もちづきの[望月] くずのはの[葛葉](→うらめづらし) ─**さま** めづらか
─**く** まれまれ[稀稀]
─**くない** ふるし[古] よにふる

**めそめそ** めろめろ
**めだけ【女竹】** にがたけ[苦竹] めとまる[目止] ⇒きわ
**めだ・つ【目立】** けやけし[尤] とりわく[取分]
─**く** 取分
**めだつ** ものげなし[物無] やつる[窶]
─**たない姿になる** やつる[窶]
─**たない人** ありなしびと[有無人]
─**こと** けしょう・けせう・けんしょう[顕証]
─**っている** きはやか[極] けちえん[掲焉] しるし[著]
─**って見える** めたたし[目立]
─**ようにする** しらがふ[見]
─**ように振る舞う** しらがふ

**めだま【目玉】** まなこ[眼]
**めちゃくちゃ・めちゃめちゃ** みそみそ(と) らり[乱離]

めつき――めんかい

**めつき【目付】** まじり[眦] まなこる[眼居] まなざし[眼差] まぶし[目伏] まみ[目見] め[目] めがほ[目顔]

意地悪そうな― じゃのめ[蛇目]
悲しそうな― いやめ[否目]
鋭い― めかど[目角]
涙ぐんだ― いやめ[否目]
―の兆し やきつく[焼付]

**めっきを・する【鍍金】**

**めっぽう【滅亡】** →ほろびる

**めったに…（ない）** ありがたし[有難] かたし[難] けう[稀有・希有] め づらか・めづらし[珍]

**めったにない** →めったに…（ない）

**めでた・い** めでたしひとは きりひとは[桐一葉]
―こと かうじ[好事] ばんぜい[万歳] ちんちょう[珍重]
―さま むくさかに
―しるし きってう[吉兆]
―日 きちにち[吉日]
―例 きちれい[吉例]

**め・でる【愛】** →ほめる

**めど【目途】** →めあて

**めど【婆】** あとふ[聘] まく[枕] めまうけ[妻儲] →基本 けっこん（P.84）

**めのと【乳母】** うば[姥] まま[乳母] おちのひと[御乳人]
貴人の― おちのひと[御乳人]

**めのまえ【目前】** まなかひ[目交] ま のあたり[目当] まのまへ[眼前]

**めばえ【芽生】** きざし[兆・萌] めおひ[芽生] →きざし

**めば・える【芽生】** あをむ[青] きざ す[兆・萌] さす[差・射・指] つのぐ む[角・萌] めだち[芽立] めばる [生] めぶく[芽吹] むす[生] もえいづ[萌出] もえたつ[萌立] もゆ[萌]
木の芽が― このめはる[木芽張]
切り株から― ひこばゆ
草木の芽が― つのぐむ[角]
盛んに― もえたる[萌渡]
地中から― したもゆ[下萌]
一面に― もえわたる[萌渡]

**若葉が―** わかばさす[若葉差] わかめふく[若芽吹]
**若芽が―** わかだつ[若立]
▼新芽 このめ[木芽] しんが[新芽] つのめ[角芽] みどり[緑翠] もよひ[催]
▼兆しが見えること きざし[兆] わかだつ[若立] わかめ[若芽]
▼穂が出る ひづ[秀] つちはり[土針]

**めはじき【草の名】** →めばえる

**めぶ・く【芽】** →めばえる

**めべり・する【目減】** かんがたつ[欠立]

**めまいが・する【眩暈・目眩】** くる[眩暗] まくる・まぐる[眩] くるべく・くるめく[眩・転]

**めまぐるし・い【目】** →あわただしい

**めめしいさま【女女】** めめし[女女]

**めもと【目元】** なごる[目見] まみ[目見] かどをいる[角入]

**メモ** とめちゃう[留帳] めろめろ（と）

**めんかい【面会】** さうかん・しゃうかん[相看]

**めんかんとなる──もうける**

[謙]──げざん・げんざん[見参]
──する あふ[合・会・逢]

**めんかんとな・る【免官】** はなる[離]
**めんしきがあ・る【面識】** みしる[見知]

**めんしょく【免職】**
──される はなる[離]
──する とく[解] はなつ[放]

**めんせき【面積】** ほど[程]

**めんどう【面倒】** いたつかはし・いたづかはし[労] いたはし[労]
かし[事難] うるさし ことむつかし[世話] たいぎ[大儀] ざうさ[造作] せわなし・ところせし[所狭] なんぎ[難儀] むつかし[物狭] ものくさし・ものぐさし[物臭・懶] よだけし[弥猛] わづらはし[煩]
──ござうさ[御造作]

**めんどうくさ・い【面倒臭】** ものうし[物憂] わづらはし[煩] →おっく

**めんどくさ・い【面倒臭】** しさいなし[子細無]
──がない
──なこと たいぎ[大儀]
──の種 しりみや[尻宮]

**めんかんとなる──もうける**

**めんぼく【面目】** かうみゃう[高名] ぎり[義理] ぐゎいぶん[外聞] ひとまへ[人前] びもく[眉目] みめ[見目] めいぼく・めんぼく・めんもく[面目] →めいよ
──ない おもなし[面無] おもぶせ[面伏] かたじけなし[忝]
──を失う いちぶんすたる[一分廃] いちぶんをすつ[一分捨] おもてをふす[面伏] いちぶんうしなふ[外聞失] なををる[名折]
──を失うこと はぢ[恥・辱]
──を保つ ぐゎいぶんをう[外聞得] いちぶんたつ[一分立]
──をほどこす おもておこす[面起]

**めんみつ【綿密】** こまか・こまやか[細]
**めんもく【面目】** →めんぼく

**も**

**も【喪】** →ふくも
**も【藻】** 海底の── おきつも[沖藻]

**もう** いつしか[何時] まだき[末] すでに[既・已]
**もうか【猛火】** みゃうくゎ[猛火]
地獄の── ごふくゎ[業火]

**もうけ【儲】** とくぶん[得分・徳分] く[益] りとく[利徳・利得] りぶん[利分]

**もう・ける【儲】** のばす[伸・延]

**もう・ける【設】** さす[差・射・指] したたむ[認] しつらふ[設] すう[据] まうく[設]

**もうしあげる―もくろく**

**もうしあげる【申上】** きこえあぐ[聞上] きこえいづ[聞出] きこえさす[聞] きこゆ[聞] けいす[啓] そうす[奏] そうもん[奏聞] つかうまつる[仕] まうしいづ[申出] まうす[申] まつる[奉] まゐらす[参] する まゐる[参] ものきこゆ[物聞] ものまうす・ものをまうす[物申]

**もうしあわ・げる【申上】** きこえたてまつる[聞奉]

**もうしおく・る【申送】** まうしこす[申越]

**もうしこ・む【申込】** いひよる[言寄]

**もうしつ・ける【申】** れいす[令]

**もうしわけていど【申訳程度】** かごと ばかり

**もうしわた・す【申渡】** →もうしあげる

**もう・す【申】** →もうしあげる

―こと そうもん[奏聞] まうし

天皇に― そうもん[奏聞]

皇后などに― けいす[啓]

**もうすこし【少】** まっと もそっと ―で すでに[既・已] ほとほと ばかり

**もう・でる【詣】** →まいる

**もうのつ【猛烈】** あらし[荒] あらあらし[荒荒]

**もうれつ【猛烈】** あらし[荒] あらあらし[荒荒]

**もうろく・する【耄碌】** おいしらふ・おいしらむ[老痴] ほけし[惚] ほる[惚]

**もえがら【燃殻】** くゎいじん[灰塵]

―の木 もえくひ[燃杭]

**もえさか・る【燃盛】** もえわたる[燃渡]

**もえ・でる【萌出】** →めばえる

**も・える【萌】** さす[射・差]

**も・える【燃】** もゆ[燃]

枕―かぎろひの・かげろふの[陽炎]

一面に― もえわたる[燃渡]

**もが・く【苦】** あがく[足掻] のたうつ[打悶] もだゆ[悶]

**もぎとる【取】** ちぎる[千切] もる[挘]

**もくげ【木槿】** →むくげ

**もくこく・もっこく【木斛】** あかみのき

**もくさ【艾】** やきくさ[焼草]

**もくさん【目算】** さんよう[算用] つもり

**もくせい【木星】** たいさい[太歳]

**もくてき【目的】** あてど[当所] こころざし[志] ため[為] ほい・ほん い[本意] →め

―を決める こころざす[志]

**もくひょう【目標】** →もくてき

**もくめ【木目】** きさ[椊] もくり[木理]

**もぐ・る【潜】** かづく[潜] くく・くくる[漏・潜] たちくく[立潜] みなくくる[水潜] かづく[潜] くくる・くぐる[潜]

―らせる かづく くくる・くぐる[潜]

―って行く たちくく[立潜]

―こと かづき[潜]

**もくろく【目録】** かきたて[書立] ちゅうもん[注文・註文]

もくろみ――もちだす

**もくろみ【目論見】** いちもつ[一物] おもひいれ[思入]

**もくろ・む【目論見】** かまふ[構] くはたつ・くはだつ[企] →くわだてる

**もし【若・如】** けだし[蓋] けだしくも[蓋] しぜん[自然]
―…（ならば） たとひ・たとへ[縦・仮令]
―も けだしくも[蓋] しぜん[自然] せんばん[千万] たまさか[偶]
―や →もしかして…か

**もじ【文字】** て[手] とりのあと[鳥跡] な[字]
―を書く てかく[手書]
▽漢字 まな・まんな[真字] をとこもじ[男文字]
▽平仮名 かんな[仮名] さうがな[草仮名] をんなで[女手] をんなもじ[女文字]

**もしかして…か** はたや・はたまた・はた や・はたやはた[将将]

**もしかすると** はたや・はたまた・はたようせずは

**もしくは** ただし[但] あるいは・あるは[或] また[又・亦・復] もしは[掛]

**もじずりそう【文字摺草】** ねぢばな[捩花]

**もしくは→あるいは**

**もじどおり【文字通】** にょほふ[如法]

**もしも→もし**

**もしもし** なう・なうなう まうし[申] ものうけたまはる・ものけたまはる[物承] ものまう[物申] ものまうす・ものまをす[物申]

**もじもじ** まじまじ（と） もぢかはす・ものまをす[物申]
―する きえいる[消入] きえうす[消失]

**もじゃもじゃ→まじまじ**

**もしゅ【喪主】** せしゅ[施主]

**もず【百舌鳥】** はくらう[伯労] はんぜつ[反舌]

**もだ・える【悶】** あつかふ[熱] ふしまろぶ[臥転] もだゆ[悶] ろやく[心焼]
―えて転げ回るさま もんぜつびゃくぢ[悶絶躄地]
―句―さま よぢりすぢり[捩]

**もたせかける【凭掛】** よせかく[寄掛]

**もたもたする** いたす[致] きたす[来]

**もたらす【齎】** いたす[致] きたす[来]

**もたれかかる【凭掛】** かかる[掛・懸]
**もた・れる【凭】** いかかる[懸] よる[寄] もちひ[餅]

**もち【餅】** かちいひ[搗飯] もちいひ・もちひ[餅]

**もちあ・げる【持上】** ささぐ[捧] たぐ[擎] もてあぐ[持上]

**もち・いる【用】** なす[成・為] ほどこす[施] ようす[用]

**もちかえる【持変】** とりなほす[取直]

**もちこた・える【持堪】** あふ[敢] さふ[支] たふ[堪・耐] たもつ[保]

**もちだ・す【持出】** いだす[出] になひいだす[担出] もていづ[持出]

もちつづける──もっぱら

**もちつづ・ける【持続】** つぐ[継]

**もちぬし【持主】** ぬし[主]

**もちはこ・ぶ【持運】** もちこす[持越]

**もちもの【持物】** ぐそく[具足]

**もちろん【勿論】** いふまでにもあらず [言有] いふもさらなり・いへばさらなり [言更] いかにいはむや・いはさら [如何況] ことわり [理] さらなり [更] さらにもあらず さらにもいはず [更言] なかなかのこと なにがさて [何] まうさんや [申] ろんなし [論無]

**も・つ【持】** ぞんず [存] たいす [帯] ぢす [持]
　──って　もて [持]
　──って歩く　もていく もてまゐる [持行]
　──って行く　もてわたる [持渡] もてまぬる [持参]
　もてわたる [持渡]
　──って来る　もてわたる [持渡]
　──のこと　さるものにて [然]
　心に──　しむ [占]
　提げて──　ひさぐ [提]
　しっかりと──　とらふ [捕] とり

たつ [取立]
包み──　ふふむ [含]
手に──　たづさふ [携] とりもつ [取持] ひきさぐ [引提]
▽抱え持つ　たばさむ [手挟]
▽携帯する　たづさふ [携] ひきぐす [引具]
▽ぶらさげる　ひさぐ [提] たいす [帯]
▽身に付ける　たいす [帯]
▽神仏の加護に対して──　みゃうがなし [冥加無]

**もったいぶ・る【勿体立】** よしづく・よしばむ・よしめく [由]
　──った態度　もったい [勿体・物体]
　──っている　しさいらし [子細] やうがまし [様] やうやうし [様様]
▽もったいを付けること　やうだい [様体]

**もったいな・い【勿体無】** あたらあったら [惜] あたらし [惜] おほけなし [賢] をしげ [惜]
　──くも　いやしくも [苟]

**もってのほか** あるべうもなし [有無] さたのかぎり [沙汰限] たいだいし [怠怠]

**もっとも【最】** きはめて [極] むねと [宗] もとも [最] いちの [一] ──大切な

**もっとも【尤】** いはれたり [言] ことわり [理] さかし [然] さもあり [然有] さもいはれたり [然言] さるべし [然] ただし [但] もともべし [尤]
　──な　さる [然]
　──なこと　さること [然事] しごく [至極]
　──・く見える　ことさらぶ・ことさらめく [殊更]

**もっともらし・い【尤】** あるべかしうべ・むべ・うべうべし・むべむべし [宜宜] げにげにし [実実] さりぬべし [然]

**もっぱら【専】** たうめ・たくめ [専] たてて [立] ひたすら [只管] やくとやくやくと [役役] むねと [宗]

もつ【専】→ひたすら
　—とする ことととす[事]
　—の噂 うはさ これさた[此沙汰] まがふ

もてあそび【弄】
　[紛] もつる[縺] こむ[籠・込]

もてあそぶ【弄】 いろふ[弄・綺] すさぶ・すさむ[荒・遊] せせりさがす[慰] せせる そそくる なぐさむ[慰] まさぐる[弄] ろうず[弄]

もてあます【持余】 あぐねる・あぐむ [倦] あつかふ[扱] あます[余] しあつかふ[為扱] もちあつかふ・もてあつかふ[持扱] もてなやむ[持悩] 酔ふ[持煩]

もてなし【扱】 あしらひ あへしらひ[饗] あるじまうけ[主設] かしはで[膳] けいめい [経営] ざうさ[造作] しなし[為成] ちそう[馳走] ふるまひ[振舞] 舞

簡単な— ちゃぶるまひ[茶振舞]

もてなす【扱】 あたる[当] あつかふ[扱] あひしらふ・あへしらふ[饗] あるじす[主] せっす[摂] とりもつ[取持] ふるまふ[振舞] もてはやす[囃]

　—こと ほんそう[奔走]
　盛んに— きらめく[煌]
　ほどよく— あひしらふ・あへしらふ
　▼相手する あひしらふ・あへしらふ
　▼歓待する きらめく[煌]
　みづうまや[水駅] 客を招いての— しゃうだい[請待] 急な— つちでにははく[槌庭掃] 句—
　手厚い— たっぱい・たふはい[答拝] 馳走
　酒や食べ物の— きゃう[饗] きゃうおう・きゃうよう[饗応] ちそう[馳走]
　▼珍重すること しゃうくわん・しゃうぐわん[賞翫]
　愛でて— みはやす[見栄] しゃうくわん・しゃうぐ

もてはや・す[囃] [荒・遊] みはやす[見栄] もてな

　す[持成] もてさわぐ[持騒] はやる[流行]

もと【元】→はじまり
　—に戻る さらがへる[更返]
　—の家 ふるへ[古家]
　—の方 もとへ[元辺・本辺]
　—の儘 さながら[然]
　—の儘の(接頭語) き[生]
　—へ戻る をちかへる[復返] をつ[復]

もどかし・い →じれったい

もど・す[戻] つく[吐] ゑづく[嘔吐]
　—の [引返] かへす[返] ひきかへす

▼元通りにする なほす[直] なほしたつ[直立]

もとづ・く[基] ねざす[根差] よる [依・因]

もとに【許】 がり[許]

もはら(に)[専]→ひたすら

もつれる——もとに

もとへ――ものしり

**もとへ【許】** がり[許]

**もと・める【求】** えうず[要] おふま[追] こふ[乞・請] せむ[責]
- ぐ[求・覓] もとむ[求]
- 餌を― あさる・いさる[漁]
- 尋ね― とむ[求・尋]
- 強く― はたる[徴]
▽探し求める せんさく[穿鑿]

**もともと** こんぽん[根本] そもそも はやく[早] もとより
- ―ちたい[地体]
→いうまでもない

**もとより** いとど にょほふ[如法] らい

**もとりなば【戻花】** かへりばな[返花]

**もど・る【戻】** かへる[返]
- 道理に― ひだう[非道]

**もど・す【戻】** なりかへる[成返] ひきかへす[引返] めぐる[巡・回]
- [復] さらがへる[更返] をつ[復]
- 元に― さらがへる[更返] をつむ[復]
- かへる[復返]

**もにふく・す[喪服]** →ふくも

**もとめる【求】** がり[許]
[抑]ちたい[地体] はや・はやう・がん[固]

---

**ものいみ【物忌】** けっさい[潔斎] つつしみ[慎] つつみ[慎] いはふ[斎]
- ―する つつしむ[慎]
- ―して祈る いはふ[斎]

**ものう・い【懶】** つつしむ[慎] →だるい

**ものおしみ【物惜】** おほやう[大様] やぶさか[吝]
- ―しない おほやう[大様]
- ―するさま やぶさか[吝]

**ものおと【物音】** けはひ[気配]

**ものおもい【物思】** おもひ[思] もの
もひ[物思]
- ―が晴れる さむ[覚・醒]
- ―が満ちるたとえ こころのいけ[心池]
- ―する うちながむ[打眺] ながめわぶ[眺侘] ここ
ろづくし[心尽] うづむ[埋]
- ものもふ[物思] ながめがつ[眺]
- ―に沈ませる うづむ[埋]
- ―に沈みがち ながめがち[眺]
- ―に沈む おもひしづむ[思沈] ふししづむ[伏沈]
- しめる[湿] ながむ[眺]
- ―を晴らす さます[覚・醒]

---

**ものかき【物書】** いうひつ[祐筆・右筆] くまど[隈所] うしろ[後] くまど・まぎれどころ[紛所]

**ものかげ【物陰】** ものくまど[物隈]

**ものがなし・い[物悲]** あはれ・あはれげ[哀] わびし[侘] →かなしい

**ものぐさ** なまけもの
- ―なこと なまけもの
- ―な人 なまかは[生皮]

**ものごい【物乞】** そでごひ[袖乞]
→こじき

**ものごころづ・く【物心付】** こころづく[心付] ものおぼゆ[物覚]

**ものごし【物腰】** けはひ[気配]

**ものさし【物差】** かね[矩]

**ものしずか・い[物寂]** →さびしい

**ものしずか【物静】** しづやか[静] しめやか[湿] しめる[湿] なまめくな
まめかし[艶] →しずか
- ―なこと かごやか[閑] かんじ
やく・かんせき[閑寂] しとしと
(と)しめやか

**ものしり【物知】** いうそく[有職・有識] いたりふかし[至深]
▽造詣が深い

**ものずき【物好】** ことごのみ・ことこのむ［事好］ すいきょう［酔狂］ すきごと［好事］ すきずきし［好好］ものごのみ［物好］
　—な人　すきしゃ・すきもの［好者］

**ものすごい【凄】** おどろおどろし　おびたたし・おびただし［夥］

**ものたりない【物足】** くちをし［口惜］ さうざうし　わびし［侘］ ほいなし［本意無］
　—く思わせる　ともしぶ・ともしむ［羨］　あかで［飽］

**ものな・れる【慣】** らうあり［労有］ らうらうじ・りゃうりゃうじ［労労］
　—れている　うひうひし［初初］
　—れない　ながら　ものから

**もののかず【物数】** ことのかず　あやなし［文無］ いかひがひなし・いふかひなし［言甲斐無］ かずなし［数無］ かずならず
　—ではない　ひがひなし・いふかひなし［言甲斐無］ かずなし［数無］ かずならず・なでふ・なてふ［何］ なになしかあらむ・なでふことなし　なになならず［何］ はかなげ・はかなし［果無・果敢無］ ものにもあらず［物有］ ものかは

**もののけ【物怪】** →ばけもの

**もののはずみ【物拍子】**

**もののまね【物真似】** →まねる

**もののものしい【物物】** ことごとし［事事］ ものめかし［物］ ものものし［物物］ ゆゑゆゑし［故故］ よだけし［弥猛］

**もののもらい【物貰】** →こじき

**ものやわらかに【物柔】** やはやは（と）とわらへ［人笑］

**ものわかりがよ・い【物分】** ざる［戯］

**ものわらい【物笑】** ひとわらはれ・ひとわらへ［人笑］

**もはや** すでに［既・已］
　—これまで　いまはかう・いまはかぜ［波風］

**もはん【模範】** →てほん［今斯］

**もふく【喪服】** あさごろも［麻衣］ あらはしごろも［著衣］ うすずみごろも［薄墨衣］ かすみのころも［霞衣］ くろきころも・くろきぬ［黒衣］ こけのころも［苔衣］ こけのたもと［苔袂］ ころものやみ［衣闇］ しひしば・しひしばのそで［椎柴袖］ すみぞめ・すみぞめのころも［墨染衣］ そふく［素服］ ふぢごろも［藤衣］ もぎぬ［服］

**もほう・する【模倣】** →まねる

**もみあ・う【揉合】** きしろふ［軋・競］

**もみじ【紅葉】** いろみぐさ［色見草］ かへで［楓］ さにつらふ・さにづらふ［丹頬］

**もめごと【採事】** まぎれ［紛］ なみかぜ［波風］ →あらそい［糾］

**も・める【揉】** あさはる［糾］

**もも【股】**
　両方の—　むかもも［向股］

**もものせっく【桃節句】** ちょうさん・ちうさん［重三］ →せっく

**も・ゆ【燃】** くぶ［焼］ けぶりになす

## もよう――もんもう

**もよう**【模様】 あいろ[文色] あやめ[文目] かた[形・象] あや[文・紋]
　―[煙] たく[焚]

**もよおす**【催】
　―し事 ぎょうじ[行事]
　―こと こうぎゃう[興行]

**もらう**【貰・受・承・請】うく[受・承・請] →いただく

**もり**【森】 かく[欠]
　神の― かむなび・かんなび[神奈備・神名備・神南備]

**もりす**【漏】 おつ[落] かく[欠] もる[漏]

**もる**【漏】
　数から― はづる[外]
　月の光などが―・れて来る もりい[漏入]

**もろい**【脆】 あへなし[敢無] もろし
　[脆]
　―さま あだげ[徒]
　―こと つゆ[露]
　枕―みなわなす[水泡]（↳もろきいのち）

**もろとも**【諸共】 →いっしょに

**もろもろ**【諸諸】 →いろいろ

**もん**【門】 かなと[金門] と[戸・門] →い
　とざし[鎖・扃] もんこ[門戸] →い
　りぐち
　尊―おほみかど[大御門] ていけつ
　[帝闕] みかど[御門]
　―の近くの田 かどた[門田] か
　なとだ[金門田]
　―の敷居 もんぬき[門閾]
　城の― おほて・おほてもん[大手
　門] きど[木戸]
　寺の― さんもん[山門]
　見せ物小屋の― きど[木戸]
　皇居の― ほうけつ[鳳闕]
　裏門 せど・せどぐち[背戸口]
　非常口 あけずのもん[開門]

**もんか**【門下】→でし

**もんく**【文句】 もんごん[文言]
　―を言う はちぶく[蜂吹] むつ
　かる[慍]
　―を付ける くねる じぶくる
　[句] すのこんにゃくの[酢蒟蒻]

**もんじん**【門人】→でし

**もんだい**【問題】
　―外として そもしらず[其知]
　―にしない ことともせず[事
　―にする とりあふ[取合] とん
　ぢゃく[頓着・貪着] ろんず[論
　―になる ならない かずなし[数無]
　かずならず[数ならず] ものにもあらず
　[物有]
　聞いて―にする ききとがむ[聞
　咎]
▽問題外 こころのほか[心外] さ
　たなし[沙汰無]

**もんばん**【門番】 みかきもり[御垣守]
　みかどもり[御門守]

**もんもう**【文盲】→むがく

544

## や

**や【矢】** そや[征矢] のや[野矢] →ゆ
　み　や
　最初の—　はや[甲矢]
　狩猟用の—　さつや[猟矢] しし
　や[鹿矢]
▽**矢先** やさき[矢先]
▽**矢面** やおもて[矢面]
▽**矢尻**（やじり）**[矢尻]** やのね[矢根]

**やあ** やよ・やよや　やれ

**やえ【八重】**
　枕―あさぎりの[朝霧] あづさゆみ
　[梓弓]

**やおや【八百屋】** せんざいうり[前栽
　売]

**やがて【矢面】** やさき[矢先]

**やがい【野外】** のづら[野面] のもせ
　[野面]

**やがて** おしつけ[押付] さるほどに
　[然程] しかるあひだ[然間] ふじ
　つ[不日] ゆくゆく[行行] →まも

**やから【輩】** →なかま

## やかまし・い

あなかま[囂] おどろ
おどろし おびたたし・おびただし
[夥] かしかまし・かしがまし・かし
まし[囂] かま[囂] かまし・かま
びすし[喧] さわがし・さわぎ・さわ
ぐ[騒] みみかしがまし[耳囂] も
のさわがし[物騒] らうがはし[乱]
わわし →うるさい
　—こと　さわぎ[騒] ぞめき[騒]
　—く言う　さへづる[囀] ののし
　る[罵]
　—く鳴く　なきとよむ・なきどよ
　む[鳴響]
**噂が**—　こととし[言疾] さが
　なし
**うるさい**　ことがまし[言] さが
　なし
▽**うるさい人**　さがなもの[者]

## やく【役】

　—に立てる　→やくだてる
　—に立たない　あぢきなし・あづき
　なし[味気無] いたづら[徒] えう
　なし[要無] よしなし[由無]
　[益体無]
　—に立たない者　さんぼく[散木]
　でく・でくのぼう[木偶坊]
　—に立つ　きく[利] はたらく
　[働] みになる[身成]
　—に立つこと　やくたい[益体]

## やきいんをお・す【焼印押】 やきつく

## やきもき・する【焼付】
いらる[焦] じれったい
しる[胸走] →じれったい

## やきもち【焼餅】
うはなりねたみ[嫉
妬]

## やきもの【焼物】 すゑもの[陶物]
▽**陶工** すゑひと[陶人]

## やきをい・れる【焼】（鉄に）にらぐ[焠]

## や・く【焼】 さしやく[差焼] ひどる
枕―火取

## やくしほの[焼塩]

やぐ―やさしい

**やぐ**【夜具】→ふとん

**やくしょ**【役所】おほやけ[公] こう
ぎ[公儀] ちゃう[庁] つかさ[官]
ふ[府] やく[役]

**やくそく**【約束】かため[固] かたら
ひ[語] きんちゃう[金打] ちかご
と[誓言] ちぎり[契] はず[筈・
弾]
―ごと かねごと[予言] かため
ごと[固言] しゅくしふ[宿習] かため
―しておく ちぎりおく[契置]
―する かたむ[固] かたらふ
[語] きす[期] ちかふ[誓] ちぎ
りをむすぶ[契結] ちぎる[契] つ
がふ[番] ひきあふ[引合] むすぶ
[結]
―に背く ひきたがふ[引違]
▽あてにならない―
句―こんやのみゃうごにち・こうや
のあさって[紺屋明後日]
▽将来の―をする
交]
▽前世からの―
▽口約束 くちがため[口固]

**やくだてる**【役立】つかふ[使・遺]
す[用]

**やくどし**【厄年】→基本ねんれい(P.89)
男の― しじふに[四十二] にじ
ふご[二十五]
女の― じふく[十九] さんじふ
さん[三十三]

**やくにん**【役人】おほやけびと[公人]
くゎんにん[官人] やくしゃ[役者]
びと[官人] ひゃくくゎん[百官]
多くの―

**やくひん**【薬品】やくしゅ[薬種]→く
すり

**やくめ**【役目】やく[役] やくぎ[役
儀]
▽口約束する いひあはす[言合]
いひかたむ[言固] いひかはす[言
交] いひきす[言期] いひさだむ
[言定] いひきす[言固] いひちぎる[言契]

**やくだつ**【役立】さんぼく[散木]
かため[固] にせの
かため[二世固]

**やくこげる**【焼焦】もえこがる[燃
焦]

**やけざけ**【酒】がざけ[我酒]

**や・ける**【焼】
日に― こがる[焦]

**やこうがい**【夜光貝】やくがひ[夜久
貝]

**やさい**【野菜】くさびら[草片] せん
ざいもの[前栽物]
畑で採れる― はたつもの[畑物]

**やさし・い**【優】おとなし[大人] し
たるし なつかし[懐] なよびか
やさし[優]
―と思う やさしむ[優]

**やさし・い**【易】あさし[浅] かやす
し[易] こころやすし[心安]
なし・こともなし[事無] さうなし
[左右無] たはやすし・たやすし[容
易] ねんなし[念無] やすし[易]
句―すごさいてのむ[酢飲] たなご

やさしさ──やってのける

**やさしさ【優】** ころをかへす[掌返]
- [愛敬] いろ[色] あいきゃう・あいぎゃう ふ[憩] うちやすむ[打休] おこたる[怠] もてやすらふ・やすらふ[休]
- [愛敬] しほ[潮・汐]
- 心の— こころのいろ[心色]
- 思いやり あいきゃう・あいぎゃう[愛敬]

▼[屋敷] てい[亭] →[基本]いへ[家] (P.91)

**やしな・う【養】** →そだてる

**やし・い** ▼養父母 とりおや[取親]

**やじゅう【野獣】** しし[獣]

**やじり【矢尻】** やのね[矢根]

**やしろ【社】** ほくら・ほこら[神庫・宝庫] ほこら[祠] みむろ・みもろ[御室]

**やす・い【安】** —っぽい やすし[安] 物の値段が— げぢき[下直]

**やすで【馬陸】** あまびこ[雨彦] かやむし くさむし ぜにむし[銭虫] ゑんざむし[円座虫] をさむし[筬虫]

**やすむ【休】** いきをつぐ[息継] いこふ[憩] やすらふ

- —ませる いこふ[憩] やすらふ

**やすみ【休】** いとま[暇]
▼休日 まび[間日]

**やすやすと** ひらに[平]

**やすらか【安】** あんをん[安穏] おだし[安穏] やすし[心安] のどけし[長閑] まどか[円]
- —そう やすげ[安]
- —なこと うらやす[安]
- —に おだひかに・おだひに[穏]
- —になる →やすらぐ
- 心が—でない やまし[疚]
- 心を—にさせる やすむ[休]

**やすら・ぐ【安・和】** なぐ[凪・和] をさまる[治] →くつろぐ

**やすらふ【休】** すむ[休]

**やせおとろ・える【痩衰】** おいさらぼふ[老曝] やつる[寠]
- —こと やつれ[寠]

**やせほそ・る【痩細】** さらぼふ[曝] やせがる[痩枯] やせさらぼふ[痩曝]
- —[細] やす[痩] こける[憔悴] やせとほる[痩通]
- **やせる【痩】** [細] やす[痩] ほそし[細]
- —せた土地 そね[磝]
- —せている ほそし[細]
- —せているさま やすやす・やせやせ[痩痩]
- —せて骨ばる ほねだつ[骨立] みをやつす[身寠]
- —る思い やつす[寠]

**やたら** →むやみ

**やっかい【厄介】** →めんどう
- —に思う うたて・うたてげ[所狭]

**やっつ・ける** たたぬ・たたむ[畳]

**やって・くる【来】** きたる[来] かふ[来向] さりく[去来] たちこゆ[立越] みえくる[見来] →くる[来]

**やって・ける** 諷—まるでく・まゐりく[参出来] しいだす[為出] すます[為済]

## やっと──やぶらん

**やっと** かつがつ[且且] からうじて・うにして[辛] からく・からくして[辛] けうにして[希有] やうやう・やうやく[漸]
　—**作り出す** ひねりいだす[捻出]
　—**のことで** からうじて・からくして[辛]
　—**のことで歩いて** はふはふ[這這]

**やっぱり** → やはり

**やつ・れる【窶】** おもやす[面痩] つひゆ[費・弊] みつる[羸] やせさらぼふ[瘦]

**やど【宿】** げきりょ[逆旅] しゅく[宿] たびどころ[旅所] たびやかた[旅館] はたごや・はたごごや[旅籠屋] ひとやど[人宿] やどもと[宿元・宿許]
　—**を貸す** やどす[宿]
　**一時的な**—　みづうまや[水駅]
　**花のある**—　はなのやど[花宿]
　**安物の**—　したやど[下宿] はたご・はたごや[旅籠屋]

**やと・う【雇】** かかふ[抱]
　—**温泉宿** ゆのやど[湯宿]
**やどかり【寄居虫】** がうな[寄居虫] かみな
**やどや【宿屋】** → やど
**やどりぎ【宿木】** ほや・ほよ[寄生]
**やど・る【宿】** とどまる[留・停・止]
**やなぎ【柳】** あそびぐさ かざみぐさ かざなぐさ[風無草] かざみぐさ[風見草] かはたかぐさ・かはぞへぐさ[川沿草] はぐさ[羽草] みづかげぐさ[水蔭草] ねみづぐさ[根水草] はるすすき[春薄] 枕—**あさみどり**[浅緑]
　—**の細い枝** みどりのいと[緑糸]
**やにわに【矢庭に】** → とつぜん
**やね【屋根】** おほひ[覆・庇] や[屋・家]
　**瓦の**— いらか[甍]
**やはり** さすが・さすがに[流石・遉・有繋] さればこそ・さればよ[然] なほ[猶・尚] なほし[猶] なほも[猶] なほなほ[猶猶・尚尚] はた[将] はやう・はやく[早] また

[又・亦]
　—**そうだ** さりや[然]
　—**思った通り** そう言っても—さてこそ[遉]
**やはん【夜半】** はんや[半夜] ちゅうや[中夜] しょや[初夜] ごや[後夜]
　—**まで** しょや[初夜]
　—**より朝まで** ごや[後夜]
**やばんじん【野蛮人】** いてき[夷狄] えびす[夷・戎]
**やひ【野卑】** いやし[卑・賤]
**やぶ【藪】** おどろ[荊・棘] のらやぶ[野藪]
**やぶいしゃ【藪医者】** でもいしゃ[医者] やぶ[藪]
**やぶかんぞう【藪萱草】** さ・わすれぐさ[忘草]
**やぶこうじ【藪柑子】** あかだま・あかしくはず・えびかづら かねぶしくはず[猪不食] やまたちばな[山橘] ちもく[平地木]
**やぶ・ける【破】** → やぶれる
**やぶさか【吝】** → けち
**やぶらん【藪蘭】** やますが・やますげ

**やぶりすてる【破捨】** やりすつ[破捨]

**やぶ・る【破】** つひやす・つひゆ[弊]　ひきやる[引破]　やる[破]　わる[割]

敵を―　くだく[砕・摧]　ほふる[屠] →うちやぶる

服など引っ掛けて―　かけやる[掛破]

**やぶれさ・ける【破裂】** はらめく[破]

**やぶれみだ・れる【破乱】** わわく[破壊]

**やぶ・れる【破】** こほる・こぼる[毀]　やぶる[破]

はる[破壊]　まく[負]

敵に―　まく[負]

**やぼ【野暮】** しょしん[初心]

―くさい　かたくな[頑]

―な格好　やてい[野体]

**やぼう【野望】** ふううんのおもひ[風雲思]

**やま【山】** → 基本 (P.27)

**やまあい【山間】** やまかひ・やまがひ[山峡]

**やまあそび【山遊】** ゆさん[遊山]

**やまあるき【山歩】** やまぶみ[山踏]

**やまい【病】** → 基本 びょうき(P.87)

枕――あしひきの・あしびきの[足引]

―が襲う　をかす[犯・侵]

**やまおく【山奥】** みやまがくれ[深山隠]

―の道　みやまぢ[深山路]

**やまおろし【山颪】** おろし[颪]　やまおろし[山下風]　したかぜ[下風]

**やまかげ【山陰】** とかげ[常陰]　そともやまかげ[背面]

―に住む者　しづやまがつ[賤山者]　しづを[賤男]　やまがつ[山賤]

**やまかじ【山火事】** やまび[山火]

**やまかぜ【山風】** やませ[山風]　やまおろしぐさ[山颪草]

**やまざと【山里】** かたやまざと[片山里]　―めく　やまざとぶ[山里]　やまうり[山売]

**やまし【山師】** やまうり[山売]

**やまし・い【疚】** うしろめたさ・うしろぐらし[後暗]　うしろめたし・うしろめたなし[後]　やまし[疚] →うしろめたい

**やまじゅう【山中】** すそ[裾]　ひとやま[一山]

**やますそ【山裾】** すそ[裾]

**やまどり【山鳥】** とほやまどり[遠山鳥]

**やまびこ【山彦】** あまびこ[天彦]　こたま・こだま[木霊]

**やまぶき【山吹】** おもかげぐさ[面影草]　かがみぐさ[鏡草]

**やまぶし【山伏】** しゅげんじゃ[修験者]

**やまみち【山道】** せんだう[山道]

―の険しい所　そはみち・そばみち[岨道・節所]　かけぢ・かけみち[懸路]

**やまやけ【山焼】** やまび[山火]

**やみ【闇】** めいあん[冥暗・冥闇] →く

らやみ

枕――うばたまの・ぬばたまの[烏羽玉]　むばたまの[射干玉]

―になる　くらがる[暗]

五月雨の頃の―　さつきやみ[五月

## やみおとろえる―やわらかい

**やみおとろ・える【病衰】**　やみ［闇］
茂った木の下の―　このしたやみ
［木下闇］

**やみよ【闇夜】**　やみのよ［闇］
夜

**や・む【病】**
真っ暗い―　つつやみ［真闇］
五月雨の頃の―　さつきやみ［五月闇］
つゆやみ［梅雨闇］
月の下旬の―　しもつやみ［下闇］
月が出る前の―　ゆふやみ［夕闇］

**や・む【病】**　いたつく［病・労］おこる［起］ここちたがふ［心地違ふ］ここちそこなふ［心地損］いたはる［労］つつむ［悪・障］ふじゅん［不順］なやむ・なやます［悩］しづむ［沈］つつむ［慎］やまひづく［病］やまふ・やます［病］わづらふ［患］⇒ 基本 びょうき（P.87）

**や・む【止】**
枕―さざれなみ［小波］やますげの［山菅］やまぶきの［山吹］
―ときなく　ときなし［時無］
雨や雪が―　ころ　やみがた［止方］

**やむをえな・い**　えさらず［避］さらず［避］ぜひなし［是非無］ぜひに
およばず［是非及］ぜひにかなはず［是非叶］せんなし［詮無］よぎなし［余儀無］わりなし［理無］⇒し
かたがない

**や・める【止】**
差置　おく［置・措］さしおく
［留・止］やむ［已・止・罷］
きっぱりと―　やけとまる［焼止］
習慣・交際などを―　たつ［断・絶］
途中で―　しさす

**やや【稍】**　すこし

**ややもすれば**　とかく［左右・兎角］さはふ・さほふ［作法］しうち［仕打］しかけ［仕掛］しざま［仕様］てまへ［手前］みち［道］やう［様］

**やもめ【寡婦・媚】**　ゐんちよ［怨女］

**やりかた【方】**　さはふ・さほふ［作法］しうち［仕打］しかけ［仕掛］しざま［仕様］てまへ［手前］みち［道］やう［様］

**やりお・える【終】**　しまふ［仕舞］

**やりくり**　さいかく［才覚］つがふ［都合］とりまはし［取回］まかなひ［賄］
―する　さいかくす［才覚］

**やりこ・める**
句―てんじゃうをみせる［天井見］

**やりす・ぎる【過】**　しそす［為過］

**やりすご・す【過】**　すぐす［過］

**やりつ・ける**　しつく［仕付］ものし［物師・物士］

**やりて【遣手】**
**やりと・げる【遂】**　しすます［為済］しそす［果］をさむ［収］
―げられる　とほる［通］

**やりとり【遣取】**　とりやり［取遣］

**や・る【遣】**　かはす［交］づく［被］くる［呉］さづく［授］

**やるせな・い**　しよざい・しよざいなし［所在無］やるかたなし［遣方無］
―くれづれ（と）［徒然］

**やわはだ【柔肌】**　にきはだ［和肌・柔膚・柔膚］

**やわらか・い【柔】**　なよびか　なごし・なごはし［和］なびびか　にこやか・にこよか［和］やはらか［柔・和］
接―にき・にぎ［和］
―くする　なやす［萎］

## ゆ

―くなる やはらぐ[和]
―なさま ほやほや(と) ゆるゆるか
―味がない こちごちし[骨骨]
衣服などが―くなる なえばむ・なゆ[萎]
衣服などが―なさま なえやか・なよよか・なよらなゆ[萎萎] なえなえ

**ゆいごん【遺言】** ゆいかい[遺戒・遺誡]のみ[頼]
**ゆいしょ【由緒】** いはれ[謂] ならひ[習・慣] よし[由] ゆゑ[故] ゆゑよし[故由] ゆらい[由来]
―ありげ ゆゑゆゑし[故故] よししし[由由]
―ありげにする よしづく・よしばむ・よしめく[由]
―ある よしあり・よしづく[由]
**ゆいのう【結納】** いひいれ[言入]たのみ[頼]
―の品 しるしのたのみ[印頼]
**ゆう【夕】** →基本ゆうがた(P.18)
**ゆう【言】** →基本いう(P.69)
**ゆううつ【憂鬱】** いぶかし[訝] いぶせし[鬱悒] うもれいたし・むもれいたし[埋] すかなし むつかし[難] ものげ・ものうし[物憂]
**ゆうが【優雅】** えんげ[艶] みやびか・なまめく[艶] みやび・みやぶ[雅] ゆゑゆゑし[故故] よし[由・因] らうらうじ・りゃうりゃうじ[労労] ...じょうひん
―に振る舞う えんだつ[艶]
上品で― きゃしゃ[華奢・花車] 洗練されて― きゃしゃ[華奢・花車]
**ゆうかいする【誘拐】** かどはかす[勾引]
**ゆうがお【夕顔】** かほうり[顔瓜] すけ(の)はな[壺盧] たそがれぐさ[黄昏草] ひさご[瓢]
**ゆうがた【夕方】** →基本(P.18)
**ゆうかん【勇敢】** →いさましい
**ゆうき【勇気】** いさみ[勇]
―がある きもふとし[肝太]
**ゆうぎ【遊戯】** ゆげ[遊戯] たはぶれごと[戯事]
**ゆうきょう【遊興】** さわぎ[騒]
**ゆうぐれ【夕暮】** →基本ゆうがた(P.18)
つまる[気詰] くれふたがる[暮塞]
―なさま なまめかし・なまめく[艶] みやび・みやぶ[雅] ゆゑゆゑし[故故] よし[由・因] らうらうじ・りゃうりゃうじ[労労] ...じょうひん

**やわら・ぐ【和】** なごむ[和] にきぶ[和] のどまる[和] とろく[蕩] ..しずめる
心が― なごむ[和] なだむ[宥] ▽やわらげる なごむ[和]
**やんちゃ** さがなし
**やんわりと** やはやは(と)[柔柔]

姿形が― たわやか・たをたをた・をやか[嫋]

## や（続き）

やわらぐ→ゆうぐれ

やわらぐ[和]―ゆうぐれ

# ゆうし――ゆうらん

**ゆうし**【勇士】→次項

**ゆうしゃ**【勇者】 いさを[勇夫] かうのもの[剛者] こはもの[強者] はやを[逸雄] ますらをのこ[益荒男] ますらたけを・ますらたけを

**ゆうじゃう**【友情】 だんきん[断金]

**ゆうじょ**【遊女】 あそびめ[遊女] うかれめ[浮女] うぢやうつま[一夜妻] いろびと[色人] ぢょ[興女] くぐつ[傀儡] けいこ[傾城] けいせい・けいしせん[傾国] きみ[君] きょう[京] こよね たはれめ[戯女] ちょらう[女郎] ながれのひと[流人] やましゅう[山衆] よね[女郎]

―の身の上 ながれのみ[流身]
最下層の― てっぱう[鉄砲]
強い― くつわ[轡]

**ゆうしょく**【夕食】 ゆふけ・ゆふげ[夕餉・夕食]

**ゆうじん**【友人】→とも

**ゆうずう**【融通】→やりくり
―がきく くつろぐ[寛] とほる[通]

**ゆうだい**【雄大】→おおきい

**ゆうだち**【夕立】 ゆだち・よだち[夕立]
―が降る ゆふだつ[夕立]

**ゆうとう**【遊蕩】 あくしゃう[悪性]

**ゆうとく**【有徳】
―の僧 しょうにん[上人・聖人]

**ゆうひ**【夕日】 せきやう[夕陽] にしび[西日] いりつひ・いりひ[入日] ゆふづくひ[夕日]
―の光 ゆふかげ[夕影]

**ゆうび**【優美】 あて・あてはか・あてやか[貴] いう[優] やさし[優・恥] なまめかしな・まめく[艶] →うつくしい
―で美しい様子をする あだ[婀娜] えんがる[艶]
―な様子をする えんがる[艶]

**ゆうふく**【裕福】→ゆたか

**ゆうべ**【夕】(昨夜) よべ・こよひ[今宵] やぜん[夜前] きそ・きぞ・きその[昨夜] ▽基本ゆうがた(P.18)

**ゆうめい**【有名】 かうみゃう[高名] おとにきく[音聞] たかし[高] なうて[名] なだたり[名立] なにおふ・なにしおふ[名負] なにきく[名聞] めいよ[名誉] なにくはし[名細] なくはし[名]
―な かくれなし[隠無] きこゆる[聞] 言有
―になる なにたつ[名立] なをあぐ[名上] なをたつ[名立] なをとる[名取] なをながす[名流] ひびく[響]

**ゆうめいむじつ**【有名無実】 ことにし あり[言有]

**ゆうもう**【勇猛】→いさましい
▽勇猛心 やたけごころ[弥猛心]

**ゆうやけ**【夕焼】 あまがべに[空火照] そらほでり[空火照] ▽夕焼け雲 あまがべに[天紅]

**ゆうゆうと**【悠悠と】 のどのどと ▽ゆったり

**ゆうよ**【猶予】 とうりう[逗留]

**ゆうらん**【遊覧】 せうえう[逍遥]
▽遊覧船 やかたぶね[屋形船]

ゆうり――ゆきあわせる

ゆうり【有利】 かって[勝手]
ゆうりょくしゃ【有力者】 ときのひと[時人]
ゆうれい【幽霊】 せい[精] ばうこん[亡魂] ➡ばけもの
ゆうれつ【優劣】 かふおつ[甲乙] くらゐ[位]
ゆうわく・する【誘惑】 かどはかす・かどふ[勾引]
ゆえ【故】 から[故] け[故] ➡りゆう
―に からに[故] かるがゆゑに[故] なれば よって・よりて[因]
ゆえん【所以】 よて・よりて[因]
ゆかい【愉快】 うれし[嬉] おもしろし[面白] こころよし[快] たぬし・たのし・たのしむ[楽] ➡たのしい
―がること ゆげ[遊戯]
―になる うらぐ ゆく[行]
ゆかうえ【床上】 ➡おくゆかしい だうじゃう[堂上]
ゆかし・い かはゆか[川床] ゆかたびら[湯帷子]
ゆかすずみ【床涼み】
ゆかた【浴衣】

ゆがみ【歪】 ふり[振・風]
ゆが・む【歪】
―さま たわ ひづむ[歪]
ゆが・める【歪】 ひがむ[僻] ひづむ[歪] まぐ[曲] ゆがむ[歪]
ゆかり【縁】 ➡えん
ゆき【雪】 てんくゎ[天花] みゆき[枕] しろたへの[白妙] むつのはな[六花]
―が乱れ降る ふりみだる[降乱]
―が積もる ふりつむ[降積]
―が解ける したぎゆ[下消]
―がまだらに消える むらぎゆ[斑消]
―の消えた所 ゆきま[雪間]
―の晴れ間 ゆきま[雪間]
―の降りそうな様子 ゆきげ[雪]
―枕 しろたへの[白妙]
―など降るさま しんしん(と)
―まじりの風 ゆきがて[雪糅]
―まじりの山嵐 ゆきおろし[雪下]
―消
薄く積もった― あはゆき[淡雪] かざはな[風花]

消えやすい・柔らかい― あはゆき[淡雪] あわゆき[泡雪・沫雪]
去年の― ふるゆき[古雪]
細かに降る― ささめゆき[細雪]
下の方の―解け したぎえ[下消]
初冬の― かざはな[風花]
深く積もった― みゆき[深雪]
まだらの― はだれ・はだらゆき・はだれゆき[斑雪]
まだらに残る― むらゆき[斑消]
まばらに降る― ささめゆき[細雪]
▼粉雪 こゆき[粉雪]
▼根雪 かたゆき[堅雪]
▼吹雪 ゆきあれ[雪荒]
▼雪合戦 ゆきうち[雪打]
▼雪解け ゆきげ[雪消] ゆきしろ[雪]
▼雪だるま ゆきぼとけ[雪仏]
▼雪模様 ゆきげ[雪] ゆきもよひ[雪催]
―花
―[淡雪] あわゆき[泡雪・沫雪]
―[古雪] ふるゆき
―[細雪] ささめゆき
―[下消] したぎえ
―[風花] かざはな
―[深雪] みゆき
―[下消] したぎえ
―[斑消] むらぎえ
―[斑消] むらゆき
―[細雪] ささめゆき

ゆきあわ・せる【行合】 ゆきあふ[行合]

**ゆきかう──ゆく**

**ゆきか・う【行交】** ゆきかふ[行交]
ゆきかよふ[行通] ゆきく[行来]
▽行き来の道
枕—たまぼこの[玉桙]
ゆきかひぢ[行交路]

**ゆきか・える【行帰】**
枕—あまぐもの[天雲]

**ゆきがかり【行掛】** いしゅ[意趣]

**ゆきがっせん【雪合戦】** ゆきうち[雪打]

**ゆきか・ねる【行】** いゆきはばかる[行憚]

**ゆきき【行来】** ⇒おうらい

**ゆきさき【行先】** ゆくさき

**ゆきしぶ・る【行渋】** ゆきなづむ[行泥]

**ゆきす・ぎる【行過】** さやばしる[鞘走] ゆきすぐ[行過] よぎる[過] みちゆきぶり[道行触] かぶつとけ[雪仏] すが

**ゆきだるま【雪】**

**ゆきちが・う【行違】** たがふ[違] はせちがふ[馳違] ふ[次] かふ[交]

**ゆきつ・く【行着】** いゆきいたれる[行至] いたる[至]

**ゆきつまる【行詰】** みなと[水門] つまる・つむ[詰] てつまる[手詰] きはまる[極] いたり[至]

**ゆきづま・る【行詰】**
ゆきあたる[行当] ーところ

**ゆきどけ【雪解】** ゆきげ[雪消] ゆきしろ[雪] ゆきにごり[雪濁]
下の方の— したぎえ[下消]

**ゆきとど・く【行届】** ゆきおよぶ[行及] こむ[籠・込] ゆきわたる[行渡]
—·いている いたり[至] ——·っているさま かずかず[数数]
—·かないこと てはなち[手放] ぶてうはふ[不調法]

**ゆきどま・る** ⇒ゆきづまる
—·いていずかし[至深]
—·いているさま なづむ[泥]

**ゆきなや・む【行悩】** きなづむ[行泥]

**ゆきめぐ・る【行巡】** いゆきもとほる[行廻]

**ゆきもよう【雪模様】** ゆきもよひ[雪催] ゆきげ[雪気]

**ゆきぎょう【遊行】** づだ[頭陀]

**ゆきわた・る【行渡】** いたる[至] し く[敷] ひろし[広] ほどこる[播・延] みつ[満] るふ[流布] ほどこす[施] まはす[回・廻] くばる[配] あまねし[普・遍]
—·らせる

**ゆ・く【行】** いぬ[往] いゆく[行] かよふ[通] こす[越] はこぶ[運] まかる[罷] ものす[物] わたる

尊—いでます[出座] います・いますかり[在] おはさうず・おはします・おはす・おはしまさふ・おはしまします・おはすかり・おはします・みまそがり・みまそかり・ざる[御座] ござあり・ござさうらふ・ござる[御座] まさふ・まします・ます[座・坐] みそがり・みまそかり・わす[座] わたる[渡]
謙—まゐる[参]
枕—あまぐもの[天雲] はやかはの[早川] ふるゆきの[降雪] にはた づみ[庭燎・行潦・汀づき] (⇒ゆくへしらず) やみのよの[闇夜] (⇒ゆくさきしらず)
—·かせる いひだしたつ[出立] い

ゆくえ──ゆだん

だしやる[出遣] つかはす[遣] やる[遣]
―だろう いなむず[往・去]
―ついで ゆくて[行手]
―時 ゆくさ[行]
―時来る時 ゆくさくさ[行来]
―のをためらう いゆきはばかる[行憚]
▼行き着く いゆきいたれる[行至]
**ゆくえ【行方】** あと[跡] ゆきがた[行方] ゆくへ[行方]
―知れずになる
―跡 いきうす[行失] いきかくる[行隠] うす[失]
―をくらます あとかくす[跡隠] あとたゆ[跡絶]
**ゆくさき【行先】** おく[奥] すゑ[末] せんど[前途・先途] せんてい・ぜん
てい[前程] ゆくかた[行方] ゆくて[行手]
**ゆくすえ【行末】** →しょうらい、→ゆくさき
―に ゆくゆく[行行]
**ゆくすえ【行末】** せんてい・ぜんてい[前程] ゆくさき[行先] ゆくへ[行方]
―程 ゆくて[行手]
**ゆず【柚】** ゆ[柚]
**ゆずり【強請】** もがり[虎落・強請] ゆづらふ[譲]
**ゆずりあう【譲合】** ゆづらふ[譲]
**ゆずりうける【譲受】** つたふ[伝]
**ゆずりは【交譲木】** おやこぐさ[親子草] こがねのは ゆづるは[譲葉]
**ゆす・る【揺】** いたぶる
**ゆす・る【強請】** ゆぶる・ゆる・ゆるがす[揺]
**ゆず・る【譲】**
**ゆたか【豊】** うとく[有徳・有得] たぬ
し・たのし・たのしむ[楽] たのもし[頼] にぎはし・にぎははし[賑] ぶねう[豊饒] ゆたか・ゆたけし・ゆ
たやか[豊]
―でない わろし[悪]
―な家 たのしや[楽屋]
―なさま ゆるらか・ゆるるか[緩]
―な人 ふくしゃ[福者] ふくじ
ん・ふくにん[福人]
―に ゆたに[豊]
―にする にぎはふ[賑]
―になる うるほふ[潤] たのし
む[楽] とくつく[徳付] とみたら
ふ[富足] にぎはふ[賑]
―句 かまどにぎはふ[竈賑]
**ゆだ・ねる【委】** →まかせる
**ゆだん【油断】** きょ[虚]
隙] ふかく[不覚] ぶさた[無沙汰]
句―つきよにかまをぬかれる[月夜釜抜]
―がない たゆみなし[弛無] ひ
まなし[暇無] うちたゆむ[打弛]
―させる うちたゆむ[打弛] た
ゆむ[弛]
―する あはく・あばく[褫] うち
たゆむ[打弛] うちとく[打解] お
ゆむ[弛]
にぎはし・にぎははし[賑]
び[心弛] すき[隙・透] こころゆる
](削除)

## ゆっくり ─ ゆりうごかす

### ゆっくり
こたる[怠] おもひたゆむ[思弛] すかす[透] たゆむ[弛] ゆるふ[弛] ゆるぶ[緩]
―ならない者 くせもの[曲者] くせびと[曲人]

### ゆったり
ゆるゆる(と) [緩緩]
―したさま くつろか[寛] ゆたけし・ゆたけしゃ[寛] ゆたやか[豊] のどけし[長閑] ゆたけし・ゆるらか・ゆるるか・ゆるり[緩] ゆらりくゎん[緩寛]
―しているさま おほどか らかに ゆたか[豊]
―歩く くゎんぽ[寛歩]
―したさま ゆるらか・ゆるるか[緩]
―(と)もそろもそろに ゆるゆる [緩]
―(と) [緩緩]
とうとう のどのどと ゆる・らし[御執]

### ゆっくり
―させる のどむ
―したさま くつろか[寛] とろ とろ のどけし[長閑] ゆたけし・ゆたやか[豊]
―する くつろぐ[寛] ゆるぐ
―して穏やか ゆほびか[寛]
―と おもぶるに[徐] のどのど

### ゆ・でる[茹] ゆづ[茹]
### ゆどの[湯殿] ゆや[湯屋] →ふろ
### ゆとり ひま
―と揺れ動くさま ゆたにたゆた に[寛]

### ゆび[指] および[指]
―と矢 きゅうせん[弓箭] てうど[調度]
―の先 ゆずゑ[弓末]
―の長さ ゆだけ・ゆんだけ[弓丈]
―を作る職人 しぼる[絞]
―を張る しぼる[絞]

### ゆびさき[指先] たなすゑ[手先]
### ゆびわ[指輪] ゆびがね[指金]
### ゆぶね[湯船] ゆつぼ[湯壺] →ふろ
### ゆみ[弓] たらし[執] みたらし・みと らし[御執]
―と矢 きゅうせん[弓箭] てうど[調度]
―の先 ゆずゑ[弓末]
―の長さ ゆだけ・ゆんだけ[弓丈]
―の稽古場 ゆば[弓場] やば[矢場]

### ゆめ[夢] いめ[夢] ゆめみ[夢見] 枕 うばたまの・むばたまの[烏羽玉] ぬばたまの[射干玉]
―に見ること ゆめぢ[夢路] ゆ めのうきはし[夢浮橋] ゆめのかよ ひぢ[夢通路]
―にも…(ない) ゆめに[夢]
―のお告げ むさう[夢想]
―を見る ゆめをむすぶ[夢結]
中断した― みはてぬゆめ[見果夢]

### ゆめごこち[夢心地] うつつなし・う つつともなき[現無]

### ゆらい[由来]
いんねん[因縁] えんぎ[縁起] し だい[次第] いはれ[謂] いんえん・ ほんえ ん[本縁] ねざし[根差] ゆゑ・ゆゑよし[故由] よし[由・因] らいれき[来歴] えんぎ[縁起] 神社などの― えんぎ[縁起]

### ゆら・す[揺] →ゆりうごかす
### ゆらゆら
―(と)揺れるさま ゆくらゆくらに ゆららか[揺] 春の野に―する気 かげろふ[陽炎] 炎

### ゆりうごか・す【揺動】
あゆかす・あゆ がす[揺] そそる ふるふ[振] ゆ

ゆるい——よい

する [揺] ゆぶる [揺] ゆるがす [揺] 少し―になる をだやむ・をだゆむ [漂] たゆたふ [揺]

**ゆる・い【緩】** ゆるふ・ゆるぶ [緩]
　―くする ゆるふ・ゆるぶ [緩]
　―くなる ゆるふ・ゆるぶ [緩]

**ゆるが・す【揺】**→ゆりうごかす

**ゆる・ぐ【揺】**→ゆれる

**ゆる・す【許】**
　―[宥] めんず ゆる [免]
　―される ゆる [許]
　―し放すこと ききとどく [聞届] ん [放免] らか [揺]
　―こと しゃめん [赦免]

**ゆる・む【緩】** うちとく [打解] おもひ ろとく [心解] たゆむ [弛] ここ たゆむ [思弛] くつろぐ [寛] ふゆ ―とく [心解] たゆむ [弛]
　―んで解ける たゆむ [弛] ぬる

**ゆる・める** のどむ やすむ・やす らふ [休] ゆるす [許・赦] ゆるふ・

ゆるぶ [緩] ゆるし [緩] ゆるらか・

**ゆるやか【緩】** ゆるふ [緩] ゆるらか・

　―なさま ゆる [緩]

ゆるるか [緩]

**ゆれうご・く【揺動】** つむつむ とをらふ [撓] ゆする・ゆるぐ [揺] [震] ふゆ [振] ふる・ふ る [揺]

**ゆ・れる【揺】** あゆく・あゆぐ・あよく [揺] たぢろく・たぢろぐ ふゆ [振] ふるふ [震] ゆる・ゆるぐ [揺] ゆする・ゆるぐ [揺] [小弛]
　―さま たゆら たよら ゆら [揺] 浮かんで― かひろぐ ただよふ

　大地が― なゐふる [地震振] 激しく― いたぶる
　ゆったりと―さま ゆたにたゆた とをらふ [撓] ふゆする・ゆるぐ [揺] [震] ふるふ [震] ゆる・ゆるぐ [揺] [振]

---

# よ

**よ【世】**→基本 せけん (P.57)

枕―あしのねの [葦根] うつせみの [空蟬] かはたけの [川竹] くれたけの [呉竹] ささたけの [笹竹] たまきはる [霊極] なよたけの [弱竹] まきはしら [真木柱] あさよ [浅夜]
　―の間
　―の明星 ゆふつづ・ゆふつづつ [夕星]

**よ【夜】**→基本 よる (P.20) かも はや

**よ**（助詞） かし はも はや

**よあかし**→てつやする

**よあけ【夜明】**→基本 (P.19)

**よある・き【夜歩】** やぎゃう・やかう [夜行]

**よい【宵】** よひ [宵]
枕―うばたまの・むばたまの [烏羽玉] ぬばたまの [射干玉]
　―の間 あさよ [浅夜]
　―の明星 ゆふつづ・ゆふつづつ [夕星]

**よい【酔】** ゑひ [酔]

**よ・い【良】** いし [賢] よし [良] えし [善] よろし [宜] かし こし [賢] よし [良]

よいごこち──ようしき

**よいごこち**
―行い ぜんこん[善根]
―機会 びんぎ[便宜]
―こと よけく[良] よごと[善事・吉事] よみす[嘉・善]
―とする よみす[嘉・善]
―日 きちにち[吉日] たるひ[足日]
―ようだ よかなり
―くない けしからず[怪] まさなし[正無] わろし[悪]
―くなること さはやぐ へまさる[経優]
―・さそうだ さはやぐ[爽]
病気などが―・くなる さはやぐ[爽]
善し悪し ぜひ[是非]
善し悪しも分からぬ ふちせもしらず[淵瀬知]

**よいつぶす**【酔潰】ふちつぶす[盛潰]
**よいごこち**【酔心地】ささきげん[酒機嫌]
**よいつぶれ**【酔潰】すいきゃう[酔狂]る

**よいつぶ・れる**【酔潰】ゆきつく[行着] ゑひしる[酔痴] づぶづぶ[沈酔]
―こと ちんすい[沈酔]
**よいん**【余韻】なごり[名残] よせい[余情]
**よ・う**【酔】たべゑふ[食酔] ゑふ[酔]
**よう**【用】→基本 さけ(P.94)
**よう**【容易】→やさしい
―には…(ない) ずいぶん[随分]
**よういく**【養育】→そだてる
**ようかい**【妖怪】→ばけもの
**ようかい**【溶解】→とける
**ようき**【容器】→うつわ
**ようき**【陽気】 はなやか[華] わらら か[笑]
―になる うく[浮]
―に振る舞う いまめく[今]
**ようきゅう・する**【要求】→もとめる
**ようご**【擁護】 かげ[影・陰・蔭]

**ようし**【容姿】 ありさま[有様] おもざし[面差] かたち・かたちありさま[形有様] けいたい[景体] こつがら[骨柄] さま[様] すがたかたち[姿形] せい[勢] にんてい[人体] びもく[眉目] ふうぞく[風俗] ふうてい[風体] ふり[振] みざま[見様] みめ[見目・眉目] みるめ[見目] やすみめ[見目] やうがん[容顔] ようだい[様体] ようだい[容体・容態] ようめい[容面] →かおだち、→かおつき、→すがた
物の姿 いでたち[出立]
**ようし**【養子】 とりこ[取子] やしなひ[養]
**ようし**【幼児】 こわらは[小童] ちご[稚子] わか[若] わかこ・わかご・わくご[若子] をさあい[幼児]
**ようじ**【用事】 よう[用]
急用 いそぎ[急]
**ようしき**【様式】 かた[形・象] ふう

予想外の急用 あらぬいそぎ[急]

**ようしゃ【容赦】** →ゆるす
　[風] やう[様]

**ようじゅつ【妖術】** げんじゅつ[幻術]

**ようしょ【要所】** みどころ[見所] →よ うてん

**ようじょ【幼女】** めのこご[女子児] めのわらは[女童]

**ようしょう【幼少】** きびは →おさない
　—のたとえ ふたば[双葉・二葉]

**ようじょう【養生】** いたはる やしなふ [養]　　[労] ためらふ[躊躇]

**ようじん【用心】** つつしみ・つつみ[慎] ようい[用意]
　—して こころして[心]
　—する いましむ[戒]　こころう [心得]　こころおく[心置]　こころ す[心]　つつしむ[謹・慎]
　騙されないように—する まつげ をぬらす睫濡

**ようす【様子】** あいろ[文色]　あやめ [文目]　ありさま[有様]　いきざし[息 う・あるやう[有様]　いきほひ[勢]　おとなひ[音 差]

—ぶる　けしきばむ[気色] つく ろふ[繕]
おもかげ[面影]　おもむき[趣] かり[掛]　かた[形・象]
[形・容・貌] かって[勝手] き・け [気] きげん[機嫌] きみあひ[気 味合] け[気] けしき[景気] け しき[気色] けはひ[気配] けぶら ひ[気振] ここち[心地] ことざま 事様]　さう[相]　さはふ・さほふ [作法] さま[様] しゅび[首尾] すがた[姿] すまひ[佇] たづき・た どき[方便] ちゃう[定] づ[図] [体] たたずまひ[佇]たたい・てい ていたらく[為体] てん[点] ふう なり[風成] なり[形・態] ふぜい [風情] ふり[振・風] もてなし[持成] やう[様] やうす[様子] やうはひ [様体] ようたい・ようだい[容体・ 容態] よそほひ[装] わけ[訳]
—ありげ やうやうし[様様]
—が変わっている やうはなる[様 離]
—が見える いろめく[色]
—ぶる けしきばむ[気色] つく ろふ[繕]
—を変える さまかふ[様変] やうだい[様体]
—を作ること やうだい[様体]
—をみる こころみる・こころむ [試] のぞく[臨・覗]
—をみること せぶみ[瀬踏]
事の— ことがら[事柄] ことざ ま[事様]
そばから見た— そばつき[側付] みだて[見立] そばめ[側目]
横からの— あや[文]
▼模様　あいろ[文色]　あや[文 目] かた[形・象]
すげない— けんけん
そばから見た— そばつき[側付]
見た— みだて[見立] そばめ[側目]

**ようするに【要するに】** →けっきょく

**ようすいおけ【用水桶】** きつ

**ようすい・ようていすいりょう〈中 無〉** しどけなし たわいなし わ かし・わかわかし[若若] →あどけな い

**ようち【幼稚】** きびは こころを さなし[心幼] しどけなし 四度計 [器] しどもなし たわいなし わ

## ようてん ── よけいな

**ようてん【要点】**
─な いはく[稚]
すうき・すうぎ[枢機] かんじん[肝心・肝腎]

**ようふぼ【養父母】** とりおや[取親]
のちのおや[後親]

**ようぼう【容貌】** きりゃう[器量] みざま[見様] みめ[見目] ようがん[容顔] かほ[顔]
─が変わる おもがはり[面変]
らはな[童名] わかな[若名]

**ようみょう【幼名】**

**ようやく【漸】** からうじて[辛]
[漸] →やっと

**よか【余暇】** →ひま

**よかろう【良】** ありなむ[有] よからむ[良] よけむ[良]

**よき【予期】** あらまし・あらましごと
─しない おもひのほか[思外]
─する あらます おもはふ[思]
おもひかく[思懸] おもひまうく[思設] おもふ[思] ごす[期] は

**よぎ【夜着】** さよごろも[小夜衣] さよぶとん[小夜蒲団]
小さい─ こよる[小夜]

**よぎ**
▼予言 かねごと[予言]

**よく【欲】** →よくぼう

**よくあつ・する【抑圧】** まぐ[曲] →お さえる

**よくじつ【翌日】** あけのひ[明日] またのひ[又日] またのけふ[明今日]
─の朝 またのつとめて[又朝]
[翌朝]

**よくしつ【浴室】** →ふろ
─の朝 →よくちょう

**よくじょう【浴場】** →ふろ

**よくせい【抑制】** →おさえる

**よくそう【浴槽】** ゆげた[湯桁]

**よくちょう【翌朝】** あくるつとめて[翌朝] あした[朝] こうてう[後朝]
[翌朝] つとめて またのあした[朝] こうてう・ごてう[後朝]
衣・後朝[後朝]
のちのあした[後朝]
▼次の日の早朝 またのつとめて
[又朝]

**よくねん【翌年】** →らいねん

**よくばり【欲張】** けんどん[慳貪] どうよく[胴欲・胴慾]
─[大欲] とんよく・どんよく[貪慾] つかみづら[摑面]
─の者 つかみづら[摑面]
─のような顔 つかみづら[摑面]

**よくふか・い【欲深】** あこぎ[阿漕] ふかつけし[貪] よくどし[欲]
─こと どうよく[胴欲・胴慾] げうよく[楽欲] ぼ

**よくぼう【欲望】** ぼんなう[煩悩] よくしん[欲心]

**よくよく** つくづく(と)[熟] つやつや[世] よ[世]
世俗的な─
─の せめての

**よけいな【余計】** いはれぬ[言]
─口出し さしで・さしでぐち[差出]
─口出しをする ことくはふ[言加]

―こと　くだ[管]　さかしら[賢]
―ことをする　さかしがる[賢]

**よ・ける【避ける】**⇩さける

**よげん【予言】**かねごと[予言]

**よこ【横】**かたはら・かたはらざま[傍様]　よこさ[横]　かたはら[横様]
枕―まよびきの[眉引]
―わき[脇・腋・掖]
―からの様子　そばめ[側目]
―からの雨　よこあめ[横雨]
―からの風　よこしまかぜ[横風]
―になる　うちなびく[打靡]
ちふす[打伏]　うちやすむ[打休]
うつぶしふす[俯伏]　こやる[臥]
こゆ[臥]　たふる[倒]　ふす[伏・臥]　よころばふ[臥]
尊―こやす[臥]
―の方　よこしま[邪横]
―を向く　そばむ[側]
▼水平　ろく[陸]

**よこう【余光】**よくん[余薫]

**よこう【予行】**しふらい[習礼]

**よこがお【横顔】**そばがほ[側顔]
たはらめ[傍目]

**よこがわ【横側】**かたはら・かたはらざ
ま[傍様]

**よこぎ・る【横切る】**
空を―　わたる[渡]

**よこしま【邪】**きたなし[汚・穢]
[横]

**よこ・す【寄越す】**おこす[遣]

**よこた・える【汚】**けがす[汚・穢]

**よこたわ・る【横】**ねまる　ふす[伏・臥]　よこたはる・よこたふ[横・臥]

**よこっぱら【横腹】**そばはら[側腹]
ひはら[脾腹]

**よごとに【夜毎】**よなよな[夜夜]　よ
ならべて[夜並]　よひよひ[宵宵]

**よこぶえ【横笛】**やうでう[横笛]

**よこむき【横向】**よこさま・よこざま
[横様]

**よこめ【横目】**しりめ[尻目・後目]
がめ[眇目]　そばめ[側目]
―で睨む　にらむ
―で見る　しりめにかく[尻目掛]

**よごれ【汚】**あか[垢]　けがれ[汚・穢]
ちり[塵]　にごり[濁]　ふじゃう[不浄]
―がない　いさぎよし[潔]
**よご・れる【汚】**あかじむ[垢染]　け
がらふ・けがる[汚・穢]　すすく・す
すぶ[煤]　ちりばむ[塵]
―れたこの世　ゐど[穢土]
―れて垢じみている　したたるし
[舌緩]

**よしあし【善悪】**ぜひ[是非]
―も分からぬ　ふちせもしらず[淵
瀬知]

**よしきり【葦切】**ぎゃうぎゃうし
[行行子]

**よじのぼ・る【攀登】**よづ[攀]

**よじょう【余情】**なごり[名残]　よせ
い[余情]
―があること　いうげん[幽玄]

**よ・じる【捩】**すぢる[捩]　ひねる[捻・

## よしんば――よそみ

**よしんば** [縦] もちる[捩] よづ[捩] ―…(ても)[縦]ゑやし[縦] 仮令

**よしもん**[柔門] だうじん[道人] とんせいしゃ[遁世者] わびびと[侘人]

**よすが** ⇒よりどころ

**よすてびと**[世捨人] くはのもん・さんせいしし[柔門] だうじん[道人] とんせいしゃ[遁世者] わびびと[侘人] ―仮令 たとひ・たとへば[縦・放]

**よせあつめる**[寄集] とりあつむ[取集] ⇒あつめる

**よせい**[余生] ⇒よめい

**よせかえす**[寄返] をりかく[折掛] をりしく[折頻]

**よせがき**[寄書] めいめいがき[銘銘書]

**よ・せる**[寄] さしよす[差寄] つどふ[集] よす[寄] ―・せて来る きよす[来寄] 心を― たよる[頼] そばに― さしよす[差寄] 波が― をりかく[折掛]

**よそ**[余所] ことどころ[異所] たし

――[他所] ほか・ほかほか[外外] ょ[余所] ―枕―あまぐもの[雨雲] あらがきの[荒垣] ―の国 あだしくに[他国] いてうこく[異朝] ごてん[呉天] ことどころ[異処] とほよそ[遠余所] とつくに[外国] ひとのくに[人国] ―事として聞く ききはなつ[聞果] まさし しるし[著] ―通り はかる[計・測] ⇒よき ―外 あんにたがふ[案違] あんのほか[案外] こころのほか[心外] ひきたがふ[引違] ほら[法螺] まさなし[正無] もっけ[物怪] ⇒い がい、⇒おもいがけない ―外のこと うちつけごと[打付事]

**よそう**[予想] あてがひ[充行・宛行] おもはく[思] おもひ[思] つもり[積] ―を見ること ⇒よそみ ―以上に良い こころまさり[心優]

**よそお・う**[装] しらふ[拵] さうぞきたつ[装束立] さうぞく・しゃうぞく[装束] たづくる[手作] つくる[作] とりよそふ[取装] もてつく[付] よそふ・よそほふ[装]

**よそおい**[装] いでたち[出立] つくり[作・造] よそひ・よそほひ[装] ▼美しく― たちよそふ[立装] つくろひたつ[繕立] つくろふ[繕] ▼若々しく― わかやぎだつ[若立] ▼飾り立てる つくろひたつ[繕立] とりつくろふ[取繕] ▼化粧する つくりたつ[作立] つくる[作] つくろふ[繕]

**よそく**[予測] ⇒よそう

**よそみ**[見] あからめ[目] ひがめ[僻]

**よそめ【余所目・外目】** ほかめ[外目] よこめ[横目] よそめ[目] ひとめ[人目]

**よそよそし・い→れいたん**

**よちがない【余地無】** ところなし[所無]

**よつぎ【世継】→あととり**

**よつつじ【四辻】** つじ[辻] つむじ[十字]

**よっぱら・う【酔】→よう**

**よてい【予定】** あらまし[予] おきて[掟] はず[筈・弭]
▽計画なさる おぼしかまふ[思構]

**よど【淀】→よどみ**

**よどおし【夜通】→ひとばんじゅう**
枕—まこもかる[真菰刈]

**よどみ【淀・停】** ふち[淵] とどみ[停]
川の— かはよど[川淀]

**よなか【夜中】** さよなか[小夜中] ちゅうや[中夜] はんや[半夜] やい[夜陰] よは[夜半] よぶかし[夜深]
[夜深]
▽真夜中 さよなか[小夜中] しんかう[深更] ちゅうや[中夜] はん

や[半夜]

**よな・れる【世慣】**
[世付] しほなる[塩慣] しほしむ・しほじむ[潮染]
[世慣] よなる[塩慣] よづく[世付]
—れていない こころわかし[心若]
▽もしもし なう なうなう そそや

**よねん【余念】** たねん[他念]
—がない たじなし[他事無]

**よのつね【世常】** うきよのならひ[浮世習] よのさが[世性] よのなか[世中] ただこと[直事] ならひ[習・慣]

**よのなか【世中】→基本 せけん**(P.57)
—全体 いってん[一天]

**よびあ・う【呼合】** よびかはす[呼交]

**よびあつ・める【呼集】** よびつどふ[呼集]
尊—めしあつむ[召集] めしはなつ[召放] めしよす[召寄]

**よびい・れる【呼入】**
尊—めしいる[召入]

**よびか・ける【呼】** よぶ[呼]

**よびぐん【予備軍】** うしろづめ[後詰]

**よびだ・す【呼出】**
尊—めしいだす・めしいづ[召出]

**よびな【呼名】** あざ・あざな[字] けみ
ゃう[仮名] な[名]

**よびよ・せる【呼寄】** のぼす[上] よびおろす[呼下] よびこす[呼越] をく[招]
近くに—よびとる[呼取]
尊—めしさる[召] めしあぐ[召上] めしいづ・めしいだす[召出] めしよす[召寄] めしはなつ[召放] めす[召]

**よ・ぶ【呼】**
尊—めしあつむ[召集] めしいづ・めしいだす[召] めす

**よびい【宵】**
尊—めしいる[召入]

**よそめ** ▽いらっしゃい いざたまへ おい あいや いかに いかにいでや いざ いで いでや そそや なう なうなう もの これこれ いかに[如何] さあ・そら いかに[如何]

**よぶ**

よふかしする――よりすがる

**よふかし・する【夜更】** よふかす[更]
　―**こと** よひゐ[宵居]
　―**よどおし**

**よふけ【夜更】** くたち[降] さよなか[小夜中] しんかう[深更] よごもり[夜籠] よは[夜半] よふか・よぶか ち・よぐたち[夜立] よばはる[呼 [夜深]

▽**夜が更ける** うちふく[打更] たつ[降]

**よぶん【余分】** ほこり[埃] よ[余]

**よほど【余程】** ずいぶん[随分] なか ば[半]

**よぼよぼ** らうらうと[老老]
　―**になる** よよむ[老老]
　**年取って―する** おいくづほる[老 頽]

**よまわり【夜廻】** やかう・やぎゃう[夜 行]

**よふかしする――よりすがる**

―**んで連れてゆく** よびぐす[呼 具]
―**と……** かうす・がうす[号]
**声を響かせて―** よびとよむ[呼響]

**よびたつ【呼立】** よばはる[呼]

**よひゐ【宵居】** よふかし

**よみがえ・る【蘇】** →いきかえる

**よみぢ【黄泉】** →あのよ

**よみのくに【黄泉国】** →あのよ

**よ・む【詠】** えいず[詠] ぎんず[吟 唱] ひもとく[紐解]

**よ・む【読】** かたる[語] じゅす・ずう ず・ずっす・ずんず[誦] となふ[誦]

**よ・む【詠】** ながむ[詠]

**よめい【余命】** おいすゑ・おいいれ[老入] おいのつもり[老積] おいのゆくす ゑ[老行末] おいのゆくへ[老行方]
―**幾何もない** よぢかし[世近]

**よめいり【嫁入】** こしいれ[輿入]
―**句を―せうすいのうを[少水魚]**
―**先** しつけどころ[仕付所]
―**させる** しつく[仕付]

**よめとり【嫁取】** めうけ[妻儲]

**よめな【嫁菜】** うはぎ[薺蒿] よめがはぎ[嫁萩] はぎな [萩菜] をはぎ[薺蒿]

**よもぎ【蓬・艾】** さしもぐさ・させもさ

せもぐさ[指艾草] たはれぐさ[戯 草] つくろひぐさ[繕草] もちぐ さ[餅草] やきくさ[焼草] やいば ぐさ

**よもや** やはか
　―**……（ないだろう）** よも[世]

**よゆう【余裕】** ひま[暇・隙]
―**がある** ゆたけし[豊]

**より** ゆ

**よりあい【寄合】** しふゐ[集会] さんくゎい[参会] つどふ[集] →あつ まる

**よりあう【寄合】** →しゅうかい

**よりあつま・る【寄集】** こりあつまる[凝集] こる[凝] さしつどふ[差 集] しこる[凝・痼] たかる[集]

**よりあわ・す【撚合】** あざなふ[糾]

**よりかか・る【寄掛】** おしかかる[押 掛] かかる[掛・懸] たちかかる[立掛] たづさはる[携] よせかく[寄掛]

**よりか・ける【寄掛】** よる[寄]

**よりすが・る【寄り】** すがる[縋]

**よりすぐ・る【選】**→えらぶ

**よりそ・う【寄添】** そひゐる［添居］ たちよる［立寄］ そばにー さしよる［差寄］ より
つく［寄付］ 近寄る さしよる［差寄］
たちそふ［立添］ はねをかはす［羽 交］ はねをならぶ［羽並］ みにそ ふ［身添］

**よりどころ【拠所】** たつき・たどき［方 便］ たね［種］ たより［頼・便］ ち から［力］ つな［綱］ もと［元・許・ 本］ よすが［縁・因・便］ よるべ［寄 辺］
ー がない（寄る辺がない） なし・たつきなし［方便無］
しらず・たつきなし［方便知］
ーをなくさせる
これからのー のちのたのみ［後 頼］

**よりぬ・く【選抜】**→えらぶ

**よ・る【夜】**→[基本]（P. 20）

**よ・る【寄】**[枕]―さざなみの［小波］ しらなみの ［白波］ たまもなす［玉藻］ ふぢな みの［藤波］
かよりあふ［寄合］ かよる ［寄］ よす［寄］

**よ・る【撚】**
[枕]―かたいとの［片糸］

▼**にじり寄る** さしよる るよる［居寄］

**よるべ**→よりどころ
[萎］なればむ［馴］

**よれよれになる（着物が）** なえばむ はひふ

**よろこばし・い【喜】** うれし［嬉］ む
ーこと ぜんざい［善哉］
ーく思う うむがしむ・おむがし む

**よろこば・せる【喜】** こやす［肥］

**よろこび【喜】** ずいき［随喜］ ゆげ［遊 戯］
ー の涙 ずいきのなみだ［随喜涙］

**よろこ・ぶ【喜】** むかしぶ よろこぼふ［喜］
［嬉］ うれしぶ・うれしむ
ー び祝うこと しうちゃく［祝着・ 祝著］

**よろし・い【宜】**
ーくない びなし・びんなし［便

そばにー さしよる［差寄］ より
つく［寄付］ 近寄る さしよる［差寄］
るよる［居寄］

**よろめ・く** ひろろぐ ゆらゆ ちどりあし［千鳥足］ しどろあし［足］
ー き歩くこと よろぼふ［蹌踉］
ーくさま たちたち

▼**よろけそう** さだ

**よわい【齢】** とし［年・歳］ としなみ ［年並・年次］ としのは［年端］ よ はひ［齢］ →[基本] ねんれい（P. 89）

**よわ・い【弱】** たよわし［手弱］ よわし ［弱］→[基本] きゃしゃ、→よわよわしい
勢いがー ゆるし［緩］
気がーくなる おもひよわる［思 弱］
声や音がー ほそし［細］
ーか弱い たよわし［手弱］
こころおくる［心後］

**よわたり【世渡】** とせい［渡世］ よす ぎ［世過］

**よわま・る【弱】** しらむ［白］ たゆむ ［弛］

**よわわし・い【弱弱】** あえか あつ し［篤］ あるかなきか［有無］ かす か［幼・微］ かひなし［甲斐無］ き

**よりすぐる――よわよわしい**

## よわる―らんぼう

**よわ・る【弱】** おゆ[老] くづほる[頽] こうず[困] たゆむ[弛] しめる[湿] しらむ[白]
—・らせる つひやす・つひゆ[弊]
勢いが— こだる[傾]
心が— おもひしをる[思萎]
病で— をゆ[瘁]

**よんどころな・い** →やむをえない

**ら**

**よわ・る【弱】** おゆ[老] くづほる[頽] こうず[困] たゆむ[弛] しめる[湿] しらむ[白]

**よわ・い【弱】**
びは[稚] たよわし[手弱]
げ・はかなし[果無・果敢無] めめし[女女] よわげ・よわし[弱]
—さま たよたよ(と) わうじゃく[厄弱]
幼くて— きびは[稚]
ほっそりして— ひはづ・ひはやか[繊弱]

**ライオン** しし[獅子]
**らいきゃく【来客】** →きゃく
**らいげつ【来月】** こむつき[来月] たむつき・たたんづき[立月]
**らいせ【来世】** →あのよ
—の安楽 ごせ[後世]
**らいねん【来年】** かへるとし[返年] くるとし・こむとし[来年] またのとし[又年]
**らいはい【礼拝】** →れいはい
**らいほう【来訪】** →やってくる

**らいむぎ【麦】** なつむぎ[夏麦]
**らいれき【来歴】** ゆくすゑ[行末] ゆゑ[故]
**らくがき【落書】** らくしょ[落書]
**らくご【落伍】** ぬく[抜]
**らくたん【落胆】** わび[侘]
**らくちゃく【落着】** らくきょ[落居] →きおち
—する まひをさまる[舞収] をさまる[治]
**らくてんか【楽天家】** きさんじもの[気散者]

**らくになる【楽】** (暮らしが) うるほふ[潤]
**らくらい【落雷】** かむとき・かむとけ[霹靂] →かみなり
—による火災 てんくゎ[天火]
**らくるい【落涙】** りうてい[流涕] →基本 なみだ(P.103)

**らし・い** → 基本 すいてい・すいりょう(P.66)

**らっきょう【辣韮・薤】** おほみら[薤] さとにら たまむらさき[玉紫] やまむらさき[山紫]
**らん【蘭】** らに[蘭]
**らんかん【欄干】** おばしま[欄] こう[勾欄]
**らんざつ【乱雑】** おどろ[棘] ざまく みだりがはし・みだれがはし[濫] らうがはし[乱] らうぜき[狼藉] —に みだり(に)[濫・猥・妄・乱]
**らんしん【乱心】** こころたがひ[心違] ものぐるひ[物狂]
**らんぼう【乱暴】** あらあらし[荒荒] あらくまし[荒] あらけなし[荒] あららか[荒] すねざ

# り

んまい[臓三昧] ぞんざい[存在]
ちはやぶる[千早振] はういつ[放
逸] ぶっさう[物騒] ふてき[不
適] ふよう[不用] むざん[無慙・
無慚] むはふ[無法] らうぜき[狼
藉]
―する あらぶ[荒]
―なさま あららか[荒]
―な振る舞い あらぎ[荒儀]
―者 あくたれ・あくたれもの[悪
取] おもひしる[思知] げす[思
者] しれもの[痴者]
▼暴れる ある[荒]
▼荒々しい あらくまし・あらけな
し[荒]
▼荒くなる あらくる[荒]
▼手荒 はういつ[放逸]

**りえん【離縁】**
―する さる[去]
▼離縁状 きれぶみ[切文] さりじ
やう[去状] さりぶみ[去文]

**りかい【理解】** さとり[悟] とくしん
[得心] わきまへ[弁]
―させる ふくむ[含]
―される きこゆ[聞]
―しにくい みみどほし[耳遠]

**りえき【利益】** しょとく[所得] ため
[為] とく[徳] とくぶん[徳分・得
分] とくよう[徳用] やう・やく
[益] りとく[利得・利徳] りぶん
[利分]
―がない やうなし・やくなし[益
無]
―を与える うるほす[潤]
―を得る とくつく[徳付] まう
く[儲]
大きな― こやく[巨益]

優れた― しょうり[勝利]
―隙 いとま[暇] ひま[暇・
隙]

できること ちうとし[気疎]
―すること けうとし[気疎]
聞いて―する きしる[聞知]
きく[聞] ききとる[聞取] き
きしる[聞知] ききわく[聞分]
見て―する みとる[見取]

**りがい【利害】** とくしつ[得失]

**りきさく【力作】** きっさく
**りきし【力士】** ➡すもう
**りきせつ・する【力説】** いひたつ[言
立]
**りきむ【力】** おこづく いきまく・い
きむ[息]
**りきりょう【力量】** せいりき[勢力]
ちから[力]
**りく【陸】** ➡りくち
―の方 くがざま[陸様]

さとる[悟] しる[知] とほる[通・
分・別]

知識 きうとし[知識]
きく[聞] ききう[聞得] き
きしる[聞知] ききとる[聞取]
きひらく[聞開] ききわく[聞分
別]

―する う[得] うけとる[受取]
おもひしる[思知] おもひとる[思
取] こころう[心得] こころあり[心有]
こころろしる[心知] とほる[通・
分・別]

りくち―りゅうぎ

りくち
　―の道　ろくち[陸地]
りくち【陸地】　くぬが[陸]　くが[陸]　ろく
　路[陸路]　くぬが[陸処]　ぢ[地]　ろく
　ぢ[陸地]　をか[陸]
りくつ【理屈】　りかた[利方]
　―っぽい　みちみちし[道道]
　―に合う　あたふ[能]
　―に合わない　あやなし[文無]
　―をこねる　じぶくる
りくろ【陸路】　かちぢ[徒路]　くがぢ・
　くがみち[陸路]
りこう【利口】　はつめい[発明]　→かし
　こい
　―そうだ　さかし・さかしら[賢]
　―ぶっている　こざかし[小賢]
　―ぶっているさま　われかしこ[我
　賢]
　―ぶる　さかし・さかしがる・さか
　しだつ[賢]
　―ぶること　さかしら・さかしがる
　[賢]
　―ぶるさま　われさかし[我賢]
りこしゅぎ【利己主義】　にんがのさう
　[人我相]

りこん【離婚】　ことさか[事離]　→りえ
りさん・する【離散】　せたいをやぶる[世帯破]
　―する　ちりぼふ[行別]　ちりあかる[散別]　い
　ちりぼふ[行別]　ちる[散]
り し【利子】　このしろ　りぎん[利銀]
　りぶん[利分]
りせい【理性】
　―がない　わけもなし[訳無]
　―を失う　くらむ[暗]
りそう【理想】
　―が高い　こころたかし[心高]
　―的　あらまほし[有]　あるべか
　し[有]　いう[優]
りちぎ【律儀】　じちょう[実体]　じっ
　てい[実体]　またうど[全人]
りそく【利息】→りし
　―者　いう[有]
りっしん【立身】→しゅっせ
りっぱ【立派】→基本(P.82)
りっぷく【立腹】　ふくりふ[腹立]　も
のむつかり[物]　→いかり
りにかなう【理叶】　あたふ[能]

りはつ【利発】→かしこい、→りこう
りはん【離反】　そむく[背]
　―する　そむく[背]
りゃくだつ【掠奪】　ついぶ[追捕]　→
　うばう
りゅう【竜】　おかみ[龗]
　▽みずち　かうりゅう[蛟竜]　すい
　かう[水蛟]
りゆう【理由】　あや[文]　いしゅ[意
　趣]　いはく[曰]　ことのよし[事
　由]　ことわり[理]　ため[為]　や
　う[様]　ゆゑ・ゆゑよし[故由]　ゆ
　ゑん[所以]　よし[故由]　よせ[寄]
　わけ[訳]
　―なく　すずろ・すぞろ・そぞろ
　[漫]　もとな
　―なし　ゆゑなし[故無]　よし
　なし[由無]
　―がない　わけ[訳]
　句―ぬすびとのひるね[盗人昼寝]
りゅうい【留意】→ちゅうい
りゅうぎ【流儀】　かく[格]　ながれ
　[流]　りう[流]

568

**りゅうぐう【竜宮】** —を受け継ぐ ながれをくむ[流汲]

**りゅうぐう【竜宮】** たつみのうろこのみや[綿津見鱗宮] すいふ[水府] わ

**りゅうげん【流言】** ねなしごと[根無言] そぞろごと[漫言] ふせつ[浮説] → 基本 **うわさ**(P.83)

**りゅうこう【流行】** はっこう[発向] —蜚語[妖言] —する はやる[流行] 今の— たうりう[当流] ▽流行遅れ すたりもの[廃物]

**りゅうざん【流産】** せうさん[小産・消産]

**りゅうせい【流星】** ひかりもの[光物] よばひほし[婚星・夜這星] →基本 ほし(P.7)

**りゅうちょう【流暢】** なだらか

**りゅうは【流派】** → りゅうぎ

**りゅううれい【流麗】** なびなびぎ

**りょう【漁・猟】** いさり・いざり[漁] すなどり[漁] ししがり[獣狩] せっしょう[殺生]

▽父 たらちを[垂乳男] てて[父] ててき・ててぎみ[父君] とと[父]
▽母 いろは おも[母] かか[母] たらちね[垂乳根] たらちめ[垂乳女] あもうど[海人・蜑] あまのこ[蜑子] あみびと[網人] いをとり[魚捕] うらびと[浦人] はくすいらう[白水郎] むらぎみ[漁父・漁翁]
▽魚取り あさる[漁] いざり[漁]
▽鷹狩り とがり[鳥狩]
**りょうかい・する【了解】** おつ[落] おもひとく[思解]
**りょうが・する【凌駕】** しのぐ[凌] うらへ[裏表]
**りょうがわ【両側】** このもかのも[此面彼面]
**りょうきん【料金】** れうそく[料足] さつを[猟夫]
**りょうし【猟師】** さつびと[猟人] やまのさつを[山猟夫] さつを[猟夫]
**りょうし【漁師】** → りょう
**りょうしん【両親】** あもしし・おもちち[母父] かそいろ・かぞいろ・かぞいろは[父母] しん[親] たねはら[種腹・胤腹] たらちね[垂乳根]

▽継親・養父母 のちのおや[後親] とりおや[取親] じょうず[乗]

**りょう・する【利用】**
▽継親・養父母
**りょうせん【稜線】** やまのはは[山端]
**りょうち【領地】** しょたい[所帯] ちぎゃうしょ[知行所] りょう[領] りょうず[領]
**りょうて【両手】** もろて[諸手] まで[真手]
**りょうど【領土】** → りょうち
**りょうほう【両方】** こなたかなた[此方彼方]
**りょう—を兼ねる** かぬ[兼]
**りょうゆう【領有】** そうりょう[総領・惣領]

## りょうよう――るろう

**りょうよう【領有】**
―している土地　しょりょう[所領]
―する　しる[知・領]　らうじしむ[領占]
―物　りょう[領]

**りょうよう【療養】**→ようじょうする
―する　やうじゃう[養生]

**りょうり【料理】**
うちゃう[調]　てうはう[調法]　れうり[料理]
―すじ
―する　つくる[作]　てうず[調]
―人　かしはで[膳・膳夫]　くりや・くりやびと[厨人]　はうちゃう・はうちゃうじゃ[包丁者]　はうちゃうにん[包丁人]

【る】

**るい【類】**
たぐひ[類]
―する　なずらふ・なぞらふ[準・擬]

**りょかん【旅館】**
もてなしの―　きょうぜん[饗膳]
―にする　やど
―の地　たくしょ[謫所]　はいしょ[配所]

**りょこう【旅行】**→基本　たび (P. 86)
―の基本　ろぎん[路銀]　ろよう[路用]

**りょひ【旅費】**

**りろん【理論】**→りくつ
**りんご【林檎】**　りうごう
**りんじゅう【臨終】**→基本　しぬ (P. 72)
**りんしょく【吝嗇】**→けち
**りんせき・する【臨席】**　のぞむ[臨]
**りんどう【竜胆】**　うらべに[裏紅]　えやみぐさ[疫病草]　おもひぐさ[思草]　たつのいぐさ[竜胆草]　にがな[苦菜]　やまひこな[山彦菜]　りうたん・りんだう[竜胆]

**るいじ【類似】**→にる
**るいすい【類推】**→おしはかる
**るざい【流罪】**　る[流]　るけい[流刑]

をんる[遠流]
―なし　ながす[流]　はいる[配流]
―の地　たくしょ[謫所]　はいしょ[配所]

**るす【留守】**
―なし　むなし[無・亡]
―にする　もり[守]　やどもり[宿守]
―の地　たくしょ[謫所]
**るすばん【留守番】**　あづかり[預]
無常滅　しゃうぢゅういめつ[生住異滅]　しょぎゃうむじゃう[諸行無常]　りんゑ[輪廻]

**るふ【流布】**
―させる　ながる[流]
―する　ながる[流]

**るてん【流転】**　しゃうぢゅういめつ[生住異滅]

**るりちょう【瑠璃鳥】**　ちくりんてう[竹林鳥]　るり[瑠璃]

**るろう【流浪】**
―する　さすらふ[流離]　さまよふ[彷徨]→さまよう
―の人　あとなしびと[跡無人]

# れ

**れい【例】** ためし[例]
― によって ありつる くだんの[件]
― の ありつる くだんの[件]
― をする はいす[拝]

**れい【礼】** …おれい
▼お礼参り かへりまうし[返申]

**れいぎ【礼儀】** うやうやし うや・るや[礼] …ぎょうぎ
― 作法 さはふ・さほふ[作法] しつけ[仕付]
― 正しい いんぎん[慇懃・殷勤] うやうやし[恭] こうたう[公道] るやるやし 礼礼

**れいげん【霊験】** きどく[奇特] げん[験] しるし[印・標] 験

**れいこく【冷酷】** つべたまし[冷] …む

**れいこん【霊魂】** ごい
 尊 みたま[御霊] …たましい

**れいしょう【冷笑】** はなまじろぎ[鼻瞬]

**れいたん【冷淡】** あいだちなし・あひだちなし あはづ[淡] うとうとし[疎疎] おぼおぼし[朧] きごつなし・ぎごつなし[気憎] けけし けし[怪] けどほし[気遠] けにくし けんどん[慳貪] こころごはし[心強] こころなし[心無] しらしらじ[白白] すくやか・すくよか[健] すげなし すさまじ[凄] すずし[涼] そばそばし[稜] 荒 つべたまし[冷] つらし[辛] つれなし 強顔 つれもなし にくし[憎] ぬるし[温] はしたなし ひややか[冷] ぶしんちゅう[不心中] もぎだう[没義道] もしのとほし・ものどほし[物遠] よそ・よそよそし[余所] よそがまし・よそげ[余所] むげにす[無下] な目で見る めをそばむ[目側] にする あはむ[淡]

**れいはい【礼拝】** ぬか・ぬかづく[額付]
― する おがむ
― を作る ぬかをつく[額付]

**れいびょう【霊廟】** みたまや[御霊屋]

**れいらく【零落】** …おちぶれる

**れいりょく【霊力】** つう[通] つうりき[通力]

**れきぜん【歴然】** れきれき[歴歴]
**れきだい【歴代】** つづき[続]
**れつ【列】** なみ[並]
― をつくる つらなる[連]
**れっきとした** しかるべき・さるべき・さんべき[然]
**れっきょ・する【列挙】** かぞふ[数]
**れっせき・する【列席】** ゐなむ[居並] なみゐる[並居]
**れんあい【恋愛】** →基本 あい (P.61)

# ろ

**れんげそう――ろくじっさい**

**れんげそう【蓮華草】** げげばな[五形花] げんげ[紫雲英] げんげた[紫雲英田] げんげん
　―の田 げんげた[紫雲英田]
**れんこん【蓮根】** はひ
**れんざ・する【連座】** かかる[掛・懸]
**れんじつ【連日】** ひなみ[日並]
**れんしゅう【練習】** てならひ[手習・慣]
　―させる ならす・ならはす[馴・慣]
**れんぞう・する【連想】** おもひよそふ[思寄・思準]
**れんぞく・する【連続】** つづく
**れんだ・する【連打】**（太鼓など） きざむ[刻]
**れんちゅう【連中】** なかま
**れんぺい【練兵】** てうれん[調練]
**れんぼ【恋慕】** → 基本 あい (P.61)

**ろ【炉】** すびつ[炭櫃] ひをけ[火桶]
**ろ【艪】** まかぢ[真楫]
**ろうえい・する【朗詠】** よむ
**ろうきょう【老境】** おいいれ[老入] おいのゆくへ[老行方] おいらく[老]
　―になみ[老次]
**ろうご【老後】** おいらく[老]
**ろうこう【老巧】** らう[労] → じょうず
　―な人 ひねもの[陳者]
**ろうごく【牢獄】** ひとや[人屋・獄]
**ろうじょ【老女】** → ばあさん

**ろうじん【老人】** → 基本 (P.52)
**ろうせいしゃ【老成者】** こうしん[後心]
**ろうぜきもの【狼藉者】** しれもの[痴者] らんぼうもの
**ろうどう【労働】** はたらき[働]
**ろうねん【老年】** おいなみ[老次] おいらく[老] よのする[世末] → 基本 ろうじん(P.52)
　―期 おいのよ[老世]

**ろうば【老婆】** → ばあさん
**ろうばい【狼狽】** → あわてる
**ろうひ【浪費】** つひえ[費] → むだがね
　―する おごりつひやす[驕費] おごる[奢] つひやす・つひゆ[費]
**ろうぼく【老木】** おいき[老木]
**ろうがつ【六月】** いすずくれづき あをみなづき[青水無月] かぜまちづき[風待月] きか[季夏] くゎげつ[火月] すずくれづき[涼暮月] せうげつ[蟬羽月] たぐさづき[田草月] たんげつ[旦月] ちゃうか[長夏] とこなつづき[常夏月] なごしのつき[夏越月] なるかみづき[鳴神月] はやしのかね[林鐘] ばんか[晩夏] かぜつき[松風月] みづかれづき[水涸月] みなづき[水無月] りんしょう[林鐘] → 基本 つき(P.5)
**ろくじっさい【六十歳】** くゎんれき[還暦] じじゅん[耳順] むそぢ[六十] 六十路 → 基本 ねんれい(P.89)

**ろくじゅう【六十】** むそ・むそぢ［六十］・六十路

**ろけん・する【露見】** あらはる［現・顕］
→あらわれる
しりがわれる［尻割］ほころぶ［綻］

**ろこつ【露骨】** あらは［露・顕］うちつけ［打付］けせう・けそう・けんそう［顕証］

**ろじょう【路上】** みちづら［道面・道列］

**ろっこつ【肋骨】** どうぼね［胴骨］

**ろてん【露天】** のてん［野天］
—くなる わかやぐ・わかゆ［若］
—く見える わかぶ［若］わかやか［若］わかやぐ・わかゆ［若］わかわかし［若］

**ろてん【露店】** ほしみせ［干店・乾店］

**ろてんぶろ【露天風呂】** のてんゆ［野天湯］

**ろんきゃく【論客】** ものいひ［物言］

**ろんじあう【論合う】** さだむ［定］

**ろんじる【論】** だめあふ［定合］あげつらふ［論］

**ろんそう・する【論争】** あらがふ［争］諍

**わあわあ**（大声で）わっぱと

**わいきょく・する【歪曲】** ゆがむほほゆがむ

**わいろ【賄賂】** くさづと［草苞］そでのした［袖下］まひなひ［賂・幣］まひなふ［賂］
—を贈る

**わか【和歌】** → 基本（P.64）

**わか・い【若】** よごもる［世籠］わかし［若］

**わかくさの【若草】**
—枕— わかくさの［若草］
—女性のたとえ— はつはな［初花］
—妻— しんざう［新造］
—人— きそん・くゎざ・くゎじゃ・くゎんじゃ［冠者］わかうど［若人］
—娘— しんざう［新造］
**句**—くて経験が浅い
きしろし・くちばしきなり［嘴黄］くちわきばむ［口脇黄］くちわききばむ

**わかがえり【若返】**
▽若返る わかがえる
▽若やぐ → —く見える

**わかがえ・る【若返】**
しわのぶ［皺伸］にひぐさ［柔草］をちかへる［復返］わかやぐ・わかゆ［若］
▽若返る こまがへる［復］にわかくさ［新若草］をつ［復］

**わかくさ【若草】** はつくさ［初草］

**わがこ【我子】** あがこ・あこ・あご・わこ［吾子］

**わかさぎ【公魚】** さくらいを・さくらう［桜魚］

**わかづくり【若作】** しじふふりそで［四十振袖］

**わかば【若葉】** みどり［緑・翠］

**いつも—** とこわか［常若］
—く装う わかやぎだつ［若立］
—く見える
わかやかしい
わかやぐ

ろくじゅう——わかば

わがまま——わかれにくい

## わがまま【我儘】
- が萌え出る わかばさす[若葉]
- わかめふく[若芽]
- の出始めた木 もえぎ[萌木]
- ▼若芽が出る わかだつ[若立]

## わがまま【我儘】 あながち[強]
- う[栄耀] えてかって[得手勝手]
- かって[勝手] きずい[気随] きな
- り[気成] さんまい[三昧] じい
- う・じいうがまし[自由] じまま[自
- 儘] じょうじょうしき[情識] じゅ
- う・じゅうわうむげ[縦横無礙] ず
- う[随] はうらつ[放埓]
- —にする あながち[強] あやに
- くがる・あやにくだつ[生憎] おご
- る[驕]
- ▼勝手な考え じょうしき[情識]
- ▼我の強い者 すねもの[拗者]
- ▼我を通す よこがみをやる[横紙
- 破]
- —し放題 しちらす[為散] たくま
- しうす[逞]

## わかめ【若芽】→め、→わかば
- ―をかる めかり[海布刈]

## わかもの【若者】 きそん くわざ・くゎ
- じゃ・くゎんじゃ[冠者] わかうど
- [若人] わかれち[別路]
- —の出始めた木 もえぎ[萌木]
- ▼若芽が出る わかだつ[若立]

## わがものがお【我物顔】 ところえがほ
- 血気盛んな— はやりを[逸雄]
- —に振る舞う うけばる[受張]
- —所得顔

## わがや【我家・吾家】 いほり[庵・廬]
- おもひのいへ[思家] ふるさと[古
- 里・故郷] やど[宿・屋戸] やども
- と[宿許・宿元] わいへ・わいへん・
- わがへ[我家]→基本 いへ

## わかや・ぐ【若】 →わかい
## わか・る【分】 こむ[籠・込] しる[知]
- —わく[分・別]
- —らない くらし[暗] こころえ
- がたし[心得難]
- —らなくなる まぎる[紛]
- —りやすい やさし[易]
- —りやすくする やはらぐ[和]
- —耳慣れて—りやすい みみぢかし
- [耳近]
- ▼意味が通じる きこゆ[聞]

## わかれ【別】 あかれ[別] たばなれ[手
- 放] なごり[名残] はなむけ[餞]
- わかれ[分・別] わかれち[別路]
- 枕—あまぐもの[天雲]
- —の苦しみ
- 句—あいべつりく[愛別離苦]
- —の涙 なごりのなみだ[名残涙]
- —を告げる いとままうす[暇申]
- 男の女との— よがれ[夜離]
- 句—してうのわかれ[四鳥別]
- 最後の—の盃 みらいのさかづき
- [未来杯]
- 男女の朝の— きぬぎぬ[衣衣・後
- 朝] こうてう[後朝] きぬぎぬの
- わかれ[後朝別]
- 名残尽きない— あかぬわかれ[飽
- 別]
- 都からの— ゑしゃぢゃうり[会者定離]
- 句—ひなのわかれ[鄙別]
- ▼暇請い いとまごい いとままうす[暇申] ま
- かり・まかりまうし[罷申]

## わかれにく・い【別】 さりがたし[去]

**わかれみち【分道】** ちまた[巷・岐]

**わかれめ【分目】** やちまた[八巷・八衢]

**わかれめ【分目】** きだ[段] きはめ[際目] せと・せとぎは[瀬戸際]

**わか・れる【分・別】** あかる[別・散] いとままうす[暇申] いわかる[言別] うちそむく[打背] そでわかる[袖別] そむく[背・叛] たちわかる[立別] はなる[離] ひきわかる[引別] わかる[分別] わる[割]
[枕]——あまぐもの[天雲]・ころもでの[衣手]・はふつたの[這蔦]（▶わかる） おきつなみ[沖津波]・しらくもの[白雲]・はるがすみ[春霞]（▶たちわかる）

——れて住む すみあかる[住離]

——互いに—— ゆきあかる[行別]

▼離散する

**わかわかし・い【若若】** うらわかし[若] なまめかし[艶] ひわかし[艶] わかし・わかやか・わかやる[若]

——くなる わかだつ[若立]

**わき【脇】** かたはら[傍] かたはらざま[傍様]
——く振る舞う わかやぐ[若]
——に寄せる そばむ[側]

**わきあが・る【沸上】** たぎつ・たぎる[滾]

**わきばら【脇腹】** そばはら[側腹] ひ[枕]——さばへなす[五月蠅]

**わきだ・す【湧出】** わきかへる[湧返]

**わきまえし・る【弁知】** おもひしる[思知] ものおぼゆ[物覚]

**わきみ【脇見】** あからめ[僻目] そばめ[側目] ひがめ[僻目] よこめ[横目] よそめ[余所目]

——をしない おもてもふらず[面振]

**わきみず【湧水】** めはなす[目離] ましみづ[真清水] よきぢ・よきみち[避道]

**わきみち【脇道】**

**わぎめ【脇目】** ▶わきみ

**わぎり【輪切】** ずんぎり[寸切]

**わ・く【沸】** たぎる[滾]
[枕]——さばへなす[五月蠅]

**わ・く【湧】** さす[射・差・指]

**わくわく・する** こころときめく[心悸] はしる[走]

——して はしるはしる[走走]

**わけ【訳】** あるやう[有様] いしゅ[意趣] いはく[曰] いはれ[謂] か しこまり[畏] ぎ[儀] けしき[気色] こころ[心] こと[事] こと わり[理] さるやう[然様] しさい[子細] しだい[次第] たてわけ [立分] みち[道] やう[様] やう す[様子] よし[由・因] ゆゑ ゆゑづく・ゆゑぶ[故] わけらし [訳] ゐん[因] よせ[寄] ゆゑん[所以] やうがまし[様]

——がありそうだ やうがまし[様]

——がありそうな顔 ことありがほ[事有顔]

——がある こころあり[心有]

**わけあたえる ── わずか**

**わけあたえる【分け与える】** くばる・くまる[配] はぶく[省]
▽言い訳にする
―を説明する ことわる[理・断]
―言い訳をする ことよす[言寄]
**わけい・る【分入】** ふみわく[踏分]
―もなく あいなく あやに[奇]
なし[何] むさと もとな
―も分からず ぜひもしらず[是非知]
**わけがない** すずろ・すぞろ・そぞろ[漫]
―が分からない こころえず[心得]
―もなく あいなく あやに[奇]
すずろ・すぞろ・そぞろ[漫]
**わけない** こころやすし[心安] しさいなし[子細無] つがなし・つがもなし
**わけへだ・てる【分隔】** きらふ[嫌] →ひいき
**わけまえ【分前】** ぶん[分]
**わけもなく** あいなく あやに[奇]
すずろ・すぞろ・そぞろ[漫] なにが
まじる[交]
かけず[掛] やみやみ(と)
おもひへだつ
なし[何] むさと もとな
**わ・ける【分】** あかつ・あがつ[頒] さく[分・割] わかつ[分・別] わく[分・別]
**わざ【業】** のう[能]
―けておく くばる・くまる[配]
枕─あしのねの[葦根]
**わざ【態】**
―すぐれた― ほつて[秀手]
**わざと【態】** ことさら
―する さしわく[差別]
**わざとらし・い** いまめかし・いまめく[今] ことあたらし[事新] わざとがまし わざとめく[態] わざとだつ わざわざし[態態]
―く見える ことさらめく[殊更]
わざとだつ わざとめく[態]
―く見えない ことさらならず[態]
わざとならず
**わざわい【災・禍】** まが・まがこと・まがごと[禍] も[喪] やく[厄] わざ[業・ん[難] たいやく[大厄]
態・事]

**わざわざ【態態】** ことさら[殊更] せっかく[折角] ふりはへ・ふりはへて[振延] わざと[態]
―言う いひなす[言做]
―する さしひなす[指延] ふりはふ[振延]

**わし【鷲】** まとり[真鳥]

**わずか【僅】** いささ・いささか・いささかに・いささけし[聊] くさのはつか[草] けいせつ すこし・すこしき[少] すん[寸] せうせう[少少] ただ[只] ちり・ちりばかり[塵] つゆ・つゆちり・つゆばかり[露] ともしかり[気色] ちょっと[軽少] けしきばかり[気色]

**わざわざ【態態】**
句─ししんちゅうのむし[獅子身中虫]

**わ【和】**
―の火 まがつひ[禍火]
大きな― たいやく[大厄]
神仏の― たたり[祟]
内部から起こる―
句─ししんちゅうのむし[獅子身中虫]

─の種
句─せんりののにとらをはなつ[千里野虎放]

はかなし[果無・果敢無] はつか

わずらい――わたくし

[僅] はつはつ・はつはつに[端端] ひたほそし[細] ほのか[仄] まれまれ[稀稀] みぢん[微塵] ややれ[稍・漸] ゆめがまし[夢] ほのぼのの[有無] —のありなしの[有無]

[僅] →すこし

わずらい【患】→[基本]びょうき(P.87)
 —にかつ[且] はつはつ[端端] [悶]

わずらいくるし・む【煩苦】もだゆ

わずらう【煩】なづむ[泥] わぶ[侘]

わずら・う【患】→やむ、→[基本]びょうき(P.87)

わずらわし・い【煩】あつかはし・いたつかはし・いたづかはし・いたづがはし[労] いとはし[厭] うしろめたし[後] くだくだしことむつかし[事難] しげし・しげけし[繁] ところせし[所狭] にくし[憎] むつかし・むつかしげ[難] わづらはし[煩] →めんどう

わすれがた・い【忘難】おもひやすむ[思休] おもひけつ[思消] おきまどはす[置惑] 他に心奪われて— まぎる[紛] 恋を— おもひすぐ(す)・おもひす ごす[思過] —古 わする[忘]

わす・れる【忘】おもひわする[思忘] ふるす[旧] —れられない しみつく[染着] —がた・い[忘難] ふりがたし[様]

わだい【話題】あつかひぐさ[扱草] いひごと[言事] かたらひぐさ[語草] くち[口] くちずさび・くちずさみ[口遊] ことぐさ[言種・言草] もてあつかひぐさ[持扱種] —とする あつかふ[扱] おもむ

条件が多くて— やうがまし[様] 世間の—・さ ぞくぢん[俗塵] 人の口が— こちたし[言痛] 注文が多い やうがまし[様]

▼置き忘れる

茶飲み話の— ちゃのみぐさ[茶飲草]

わたいれ[綿入] ぬのこ[布子] わたこ[綿子] わたぎぬ[綿衣]

わたくし・わたし【私】あ・あれ[我] 袖のない— わたこ[綿子]

わたくし・わたし【私】あ・あれ[我] こ[子] あこ[吾子] うぬ[己] おの こ[己] あこ[吾子] うぬ[己] おの・おのれ[己] おれ[己・乃公] ぐら[愚老] げせつ[下拙] ここもと[此方] こちた[此方人] これ[此・是・之] せつ[拙] せっしゃ[拙者] そがし[磨・麻呂] み[身] みづから[自] みども[身共] やつかれ・やつがれ[僕] やつこ[奴] わ[吾・我] わあ わがみ[我身] わけ わし わたくし[私] わなみ わら[妾] われ[我・吾] われら[我等] われわれ[我我] →[基本]だいめいし・しじご(P.105)

—たち おのら[己] こちら[此方] このはう[此方] ひとびと[人人] われら[我等]

—の あが[我・吾] わご[我]

わたしば――わらび

**わたしば**
―の所 わがり[我許]
―め わっぱ[童]

**わたしば【渡場】** かはづ[川津] かう ど・かはと[川門] つ[津] わたり [渡]

**わたしぶね【渡舟】** かはぶね[通舟]

**わたしもり【渡守】** かはもり[川守]

**わた・す【渡】** さしとらす[差取]
かはをさ[川長]
わたす[渡] さしとらす[差渡]

**わた・る【渡】** いわたる[渡] さわたる[渡] となむ[歴] とわたる[門渡] ゆきわたる[行渡]
枕―おほぶねの・おほぶねの[大船]
(→わたり)
―って行く いゆきわたる[行] たちわたる[立渡] ゆきわたる[行渡] わたらふ[渡]
川・海峡を― とわたる[門渡]
船を漕いで― さしわたる[差渡]

**わな【罠】** くびち[弳] こぶち だう ぐをとし[道具落] ちごくおとし[地獄落]

**わなな・く【戦慄】** ふるふ[震] わぐ・わぐむ[震] わがぬ

**わに・する【輪】**

**わびごと【詫言】** [綰]
―く思う うつせみの[空蟬] ら わびしむ・わぶる[侘] かしこまり[畏]

**わびし・い【侘】** わびし・わびしげ[侘]
枕―うつせみの[空蟬] うらさぶ

**わびしょう【詫状】** おこたりぶみ[怠] く[くゎじゃう[過状] たいじゃ う[怠状]

**わびしむ[侘]**
―く思わせる わびしむ[侘]

**わびずまい【侘住】** ⇒あやまる
のいほり[草庵] くさのと[草戸] くしゃくにけん[九尺二間] →基本 いえ(P.91)

**わ・びる【詫】** ⇒あやまる

**わめききけ・ぶ【喚叫】** けうくゎん[叫喚] よばはる[呼・喚]

**わめきちら・す【喚散】** いひちらす[言散]

**わめ・く【喚】** あめく[叫] うめく[呻] をめく[喚] →さけぶ

▼**わめき声**
大声で― どしめく

**わら【藁】** しべ[稭] しゃなりごゑ わらしぶ・わらし

**わらいがお【笑顔】** ゑみがほ[笑顔] ら[稲幹・稲茎] いなから・いなが べ・わらすぢ・わらすべ[藁稭]
―束 いなつか[稲束]
稲扱きの後の― いながら・いなが

**わらいきょう・じる【笑興】** ゑつぼに いる[笑壺人]

**わらいくず・れる【笑崩】** ゑみかたま く[笑傾] ゑみこだる[笑] ゑみひ ろごる[笑広]

**わらいごえ【笑声】**
[笑声]

**わらいさわ・ぐ【笑騒】** ふっと ゑみごゑ わらひののし る[笑罵]

**わら・う【笑】** →基本(P.67)

**わらじ【草鞋】** わらうづ・わらぐつ[藁 沓] わらんぢ・わらんづ[草鞋・藁 沓]

**わらしべ【藁】** →わら

**わらび【蕨・薇】** いはねぐさ[岩根草] ぜんまいわらび[薇] ほとろ まね ぐさ
芽を出したばかりの― さわらび [早蕨]

わらべ――わるもの

**わらべ【童】**…→基本こども(P.51)

**わりあて【割当】** はいたう[配当]

　ー**ん**[分]

**わりあ・てる【割当てる】**

[頒] あつ[当] あておこなふ[当行] あてがう[宛] てんず[点]ふす[賦] わる[割]

**わ・る【割】**(ひびを入れる) はしらかす[走]

**わる【悪】** あし むげ[無下] わろし[悪]

**わる・い【悪】** あし[悪] けし[怪・異] けしからず[怪] むげ[無下] わろし[悪]

　ー**こと** くせごと[曲事] がごと・まがごと[禍事] まがこと[曲事]

　ー**心** あくねん[悪念]

　ー**言う** あざける[嘲] いひけつ[言消] おろす[下] さしもどく[差抵悟] かたむく[傾] かたぶく・そしる[謗・誹] とく思う おもひくたす[思腐] くす そんず[損] くすると ようせずば くない けしうはあらず[怪・異] けしかる よろし[宜] さがにくし[憎] さがぶ[悪]

　ー**意地** さがなし

　ー**意地悪く見える** さがぶ[悪]

　ー**意地悪な目** さがなめ[目]

　▼**やかまし屋** さがなもの[者]

　▼**邪きたなし** [汚・穢] よこ[横]

**きまりが**ー はしたなし[端無]

**口が**ー さがなし

**性格が**ー さがなし

**体裁が**ー はしたなし[端無]

**ばつが**ー はしたなし[端無]

**品が**ー はしたなし[端無]

**悪口** …▶わるくち

**わるがしこ・い【悪賢】** すずどし[鋭]

**わるくち【悪口】** あくたい[悪態] なり[難] ひはう・ひばう[誹謗] めちさがなし[口] のる[罵] もどき[擬言] ゆびをさす[指差] よこす[譴] かげぐち

　ー**を言う** いひくたす[言腐] くちさがなし[口] のる[罵] もどき[擬言] ゆびをさす[指差] よこす[譴]

　▼**かげぐち** ひはう・ひばう[誹謗] めいふ[擬言] ゆびをさす[指差]

**わるさ・する【悪】** あがく[足掻]

**わるだくみ【悪巧】** きょうがい[凶害] きょうあんじ[悪案]

**わるふざけ【悪戯】** こはばざれ[強戯]

**わるもの【悪者】** あしげびと[悪人] あぶれもの[溢者]

　▼**徒者** くせびと[曲人] いたづらもの[悪人]

　▼**曲者** くせもの[曲者] じんちく・にんちく[人畜] じらし

　▼**痴者** じんちく・にんちく[人畜] にんぴにん[人非人] ねいじん[佞人] ふたうじん[不当人]

　▼**さがなもの** じらし

　▼**だいかま[大鎌]** にしもの

　▼**人畜** にんぴにん[人非人]

　▼**横道** わろびと[悪人]

**凶悪な**ー きょうぞく[凶賊] わうと[凶徒]

　▼**追い剥ぎ** ひきはぎ・ひはぎ[引剝]

　▼**街道の盗人** ごまのはひ[護摩灰]

　▼**強盗** ひるがんだう[昼強盗] るとんび[昼鳶]

　▼**こそ泥** すっぱ[素破] すっぱのかは[素破皮] 素破・透波 みそかぬすび

## われながら―わんわん

**われながら【我】** こころながら[心] みながら[身] われから[我]

**われもこう【我毛香・吾亦紅】** あやめ たむ えびすぐさ[夷草・決明] えびすね おがるかや のこぎりさう[薔草] のつち

**わ・れる【割】** さく[割・裂] わる[割]
▽**ひびが入る** はしる[走]

**詐欺師・ぺてん師** しかけもの[仕掛者] [人誑] すっぱ[素破・透波] ひとた らし[人誑] やまうり[山売]
▽**山賊** のぶせり[野伏・野臥] やまだち[山立]
▽**すり[掏摸]** きんちゃくきり[巾着切]
▽**盗賊** ↓**盗人**
▽**泥棒** ↓**盗人**
▽**盗人** さっくゎ[擦過・察化] ものとり[物取] やじりきり[家尻切] じ らうじん[盗人]
▽**謀反人** きょうと[凶徒・兇徒]
▽**山師** やまうり[山売]
▽**狼藉者** しれもの[痴者]
▽**着切** 

**われわれ【我我】** →わたくし・わたし
**われをわす・れる【我忘】** あれにもあ らず・われにもあらず[我有]
**わん【湾】** うらみ[浦回] え[江]
―**のほとり** かうしゃう・かうじゃ う[江上]
**わん【椀】** →うつわ
**わんきょく【湾曲】** わだ[曲]
**わんぱくこぞう【腕白小僧】** わるさ[悪]
**わんりょく【腕力】** たぢから[手力]
―**の強い者** したたかもの[強者]
**わんわん**〈犬の鳴き声〉べうべう →
基本こえ(P.89)

# 【古典のしおり】…目次

- 五十音図 …………………… 582
- 歴史的かなづかい要覧 …………… 583
- 歴史的かなづかい一覧 …………… 587
- 動詞活用表 ………………… 594
- 形容詞活用表 ……………… 595
- 形容動詞活用表 …………… 595
- 主要助動詞活用表 ………… 596
- 主要助詞一覧表 …………… 599

- 古典の基本的修辞 ………… 604
- 季語一覧 …………………… 606
- 季語索引 …………………… 610

◎五十音図

# 【五十音図】

| 行／段 | ア行 | カ行 | サ行 | タ行 | ナ行 | ハ行 | マ行 | ヤ行 | ラ行 | ワ行 |
|---|---|---|---|---|---|---|---|---|---|---|
| ア | あ | か | さ | た | な | は | ま | や | ら | わ |
| イ | い | き | し | ち | に | ひ | み | い | り | ゐ |
| ウ | う | く | す | つ | ぬ | ふ | む | ゆ | る | う |
| エ | え | け | せ | て | ね | へ | め | え | れ | ゑ |
| オ | お | こ | そ | と | の | ほ | も | よ | ろ | を |

ん(撥音)　　っ(促音)

　五十音図は、五十音を縦五段、横一〇列に配列した表です。縦のならび(行)に子音の共通するもの、横のならび(段・列)に母音(=アイウエオ)の共通するものを配置し、清音の直音音節を整理し配列した、音節表です。

　濁音(だくおん)(=が・ざ…)・半濁音(=ぱぴ…)・拗音(ようおん)(=きゃ・ちゃ…)・撥音(はつおん)(=ん)・促音(そくおん)(=っ)などが示されていないため、国語の完全な音節表とはいえませんが、基本的な音節は収められており、その配列が組織的であるので、古くから国語の音の変化・活用・かなづかいの整理などに利用されています。

　最初の目的は明らかではありません。悉曇学(しったんがく)(=インドの音声に関する学問)の影響とも、漢字音の反切(はんせつ)のためにできたともいわれています。

　成立時期には諸説ありますが、ア行とヤ行に「い」「え」が重なり、ア行とワ行の「う」に区別がない点から見て、平安時代前期以後の成立で、中期にはすでに広く用いられていたと考えられています。なお、もう一つの音節表である「いろは歌」も、ア行・ヤ行・ワ行の「い」「え」「う」の区別がなくなった時代の成立らしく、四十七文字からなっています。

# ▲歴史的かなづかい要覧▼

## 一、かなづかいの歴史

### 歴史的かなづかいとは

平安時代の平がな（＝女手）や片かなができたころの書き方にあわせたかなづかいを古典かなづかい、歴史的かなづかい、旧かなづかいといいます。現在、主に古典文学を習ったり、読んだりするときに目にする表記のことです。

かなづかいは、区別すべき文字の数が定まっているところに、音韻変化によって、それまでは発音が異なっていた文字に発音上の区別がなくなったとき、問題になります。例えば、「お」と「を」は「おとな（大人）」と「をとこ（男）」のように書き、平安時代には「お」を[o]、「を」を[wo]のように発音していました。鎌倉時代に入るころには「お」と「を」は発音の区別を失ってしまいます。歴史的かなづかいは、まだ発音と表記のずれが問題になる前の、平安時代の発音の別と文字の別とが一致していた時代の書き方を手本としたかなづかいです。つまり、いろは四十七文字に「ん」を加えた四十八文字の書き分けの規則です。

この歴史的かなづかいの基礎を築いたのが江戸時代の僧、契沖（一六四〇～一七〇一）です。契沖以前にも定家かなづかいなどがありましたが、和歌や連歌などの限られたところで使用されていましたし、契沖のかなづかいも研究の立場では受け入れられましたが、契沖以降でもかなづかいに全く頓着しない表記法も用いられてきました。

契沖が扱ったのは主に和語（＝やまとことば）のかなづかいでしたが、江戸時代には字音（＝漢字の音読み）のかなづかい研究も行われました。字音かなづかいは、中国語である漢字を日本語に取り入れる際に、日本語らしく変化させてありますが、それが和語と同様に音韻変化によって発音が変化して現在にいたりますので、これも発音と表記にずれが生じてしまいました。

### 歴史的かなづかいと現代かなづかい

いわゆる歴史的かなづかいは、明治以降は学校教育におけるかなづかいにも、歴史的かなづかいとして引き継がれ、昭和二十一年（昭和21年内閣告示第33号）まで、社会一般の表記の基準として用いられました。現在でも歴史的かなづかいで書かれた小説などの文献などを読む機会は多くあります。また、昭和二十一年以降の現代かなづかいにも、昭和六十一年の現代かなづかいの改定（昭和61年内閣訓令第1号）においても歴史的かなづかいを基準に定めた部分があります。「表記の慣習による特例」がこれにあたります。例えば、「オー」という発音を「おお」「おう」のどちらで書くのかは、歴史的かなづかいが「おほ」であったか、字音語の「ワウ」であったかなど、歴史的かなづかいの違いによっています。現代かなづかいの使用においても歴史的かなづかいの理解が必要となります。

現代かなづかいと歴史的かなづかいの対照表は昭和六十一年の「現代仮名遣い」に「付表（歴史的仮名遣い対照表）」があります。文化庁ホームページの「国語施策情報システム　国

◎歴史的かなづかい要覧

◎歴史的かなづかい

語表記の基準　現代仮名遣い」を参考にしてください。
http://www.bunka.go.jp/kokugo/

## 二、音韻変化と歴史的かなづかいの関係

日本語の音韻変化と表記の関係について、例を挙げながら説明します。
例は、カタカナで現在の発音、――のあとに平がなで歴史的かなづかいを、（　）に漢字表記、［　］に簡単に変化の過程を示しました。

［1］語頭以外のハ行音の変化と歴史的かなづかい

語頭以外のハ行音は、平安中期ごろまでにワ行音（一部ア行音）に変わります。その理由はハ行音が現在とは異なり、唇で発音するファ行音のような音であったため、語中尾ではワ行音に変わったと考えられます。これを後世、表記からみて「ハ行転呼音」と呼びます。
ハ行で表記したものをワ行、ア行で発音するという意味を持ちますが、実情はハ行が語頭にしか立たなくなるという用法上の変化が起こったということです。その後、江戸中期までにハ行音が唇で発音する音かから、現在のハ行音に変わりましたので、江戸時代以降にできた単語では、「アヒル（家鴨）」のように語中でもハ行音の存在するものがあります。また、複合語の場合、「アキハギ（秋萩）」のように構成要素の元の単語が強く意識される場合はハ行転呼音が起こらなかったようです。
歴史的かなづかいでは、ハ行転呼音の起こる以前の表記を

基準とします。

例　カワ――かは（川）　カイ――かひ（貝・峡）
　　アウ――あふ（会）　カエス――かへす（返）
　　カオ――かほ（顔）

なお、現代かなづかいでは、助詞のワ・エを歴史的かなづかいの伝統を生かして「は・へ」と表記します。また、例外としては次のものがあります。

例　アオイ――あふひ（葵）
　　タオル――たふる（倒）

［2］ア行の「い・え・お」とワ行の「ゐ・ゑ・を」の合流

標記の合流が鎌倉初期までに起こり、現在までにア行音に統合されます。歴史的かなづかいでは、これらについても単語ごとに書き分けを行います。

例　イル――ゐる（居）　アイ――あゐ（藍）
　　エ――ゑ（絵）　　　コエ――こゑ（声）
　　カオリ――かをり（香）
　　オガム――をがむ（拝）

なお、現代かなづかいでは、「ゐ・ゑ」を用いませんが、助詞のオは歴史的かなづかいの伝統を生かして「を」と表記します。

［3］音便による新しい音韻の発生と音韻配列の変化

平安時代中ごろになると音便が起こります。そのうち、撥音便と促音便により、撥音と促音が生まれます。音便が起こったばかりのときには、撥音と促音ともに表記をしなかったため、表記をしないこともありました。現代古典作品がなかを読むときに「あめり」を「アンメリ」、「なめり」を「ナンメ

リ」と読むのはこのためです。音便が定着しますと、撥音については、もともと「む」の異体字であった「ん」がンの専用のかなになります。促音については、「つ」を表記に用いました。現代かなづかいにおいても促音は「つ」でも小書きの「っ」でもよいことになっています。

なお、助動詞の「む・らむ」などの「む」はムからンに発音を変え、さらにウに変化します。平安初期には表記のまま ム・ラムと発音されていましたが、鎌倉初期以降は「む・らむ」と書いてン・ランと発音していたと考えられます。

また、イ音便、ウ音便はこれまで日本語の音韻配列にはなかった母音連続を許すことになります。

## [4] 長音の誕生

これまで説明しました [1] から [3] までの音韻変化の結果、それまでは存在しなかった母音連続が現われるようになると、やがて隣りあった母音の融合が起こり、長音化します。ここにも新しい長音という音韻が生まれます。

長音化が起こった当初においては、アウからの口をすぼる（丸める）合長音との区別がありました。しかし、室町時代末期ごろには多くの地域で、合長音に統合されてしまいます。

歴史的かなづかいでは、これらの変化に関らず、平安時代の表記を使うことになりますので、発音と表記のずれが最も大きく、簡単に歴史的かなづかいを再現できない部分といえます。

さらに、この変化は字音語にも及びますので、以下例を挙

◎歴史的かなづかい要覧

げて説明します。

○ウ段長音

イウの母音連続からユーという長音ができます。イの前に子音が来ると、例えばキウ＞キューという拗音を含む拗長音になります。

例

・和語の場合

ユーーいふ（言）［イフ＞イウ＞ユー］

ユーベーゆふべ（夕）［ユフベ＞ユウベ＞ユーベ］

ウレシュー うれしう（嬉）［ウレシク＞ウレシウ＞ウレシュー］

シュートーしうと（舅）［シウト＞シュート］

ハニュー はにふ（埴生）［ハニフ＞ハニウ＞ハニュー］

・字音語の場合

キュウシュー きうしう（九州）［キウシウ＞キュウシウ＞キューシュー］

カリュー くゎりふ（顆粒）［クヮリフ＞クヮリウ＞クヮリュー＞カリュー］

○オ段長音

開音はアウ・アフから、合音はオウ・オフ、オホ、オヲから長音化します。

例

・和語の場合

オーギーあふぎ（扇）［アフギ＞アウギ＞オーギ］

オーカミーおほかみ（狼）［オホカミ＞オヲカミ＞オウカミ＞オーカミ］

◎歴史的かなづかい要覧

オモー　おもふ（思）［オモフ∨オモウ∨オモー］
トーとを（十）［トヲ∨トウ∨トー］

・字音語の場合
オージー　わうじ（王子）［ワウジ∨オージ］
コー　かう（孝）［カウ∨コー］
かふ（甲）［カフ∨カウ∨コー］
こう（功）［コウ∨コー］
ゴーリュー　がふりう（合流）［ガフリウ∨ガウリウ∨ゴーリュー］

○オ段拗長音
開音はイヤウから、合音はイョウ・エウ・エフから長音化します。

例
・和語の場合
キョー　けふ（今日）［ケフ∨ケウ∨キョー］
チョーズ　てうづ（手水）［テミヅ∨テウヅ∨チョーズ］

・字音語の場合
キョー　きゃう（京・経）［キャウ∨ケウ∨キョー］
きょう（興・恐）［キョウ∨キョー］
けう（教・橋）［ケウ∨キョー］
けふ（協・峡）［ケフ∨ケウ∨キョー］

[5]「四つ仮名」の統合
四つ仮名と呼ばれる「じぢずづ」は、発音の区別がありましたが、室町時代になると「ぢ」「づ」の発音が破裂音から破擦音に変わり、摩擦音である「じ」「ず」に近づく発音上の区別を失ってしまいまし

た。江戸時代中ごろには、書き分けのための『蜆縮涼鼓集（けんしゅくりょうこしゅう）』（元禄八年）などのかなづかい書が刊行されるようになります。

例　ミズーみづ（水）　イズクーいづく（何処）
フジーふぢ（藤）　ハジーはぢ（恥）

なお、現代かなづかいでは、「じ」を用いるのが一般ですが、複合により濁る場合と、かつての同音連呼であったものには、それぞれ「はなぢ・かなづかい」「つづく・ちぢむ」のように「ぢづ」を用います。また、現在でも四つ仮名の発音を区別している人もいます。

[6] 合拗音の直音化
カ行とガ行の合拗音とは、音節中に唇音wを含むものことをいいます。古くはクキ・クエ・グキ・グエもありましたが、室町時代末にはクヮ[kwa]グヮ[gwa]だけが残ります。さらに、江戸中期ごろには、多くの地域で唇音性を失い直音化し、カ行、ガ行に合流してしまいました。合拗音は主に字音語の発音に出現します。

例　カジークヮじ（火事）［クヮジ∨カジ］
カジークヮじ（家事）［カジ］直音
カイソウ
　　　かいそう（階層）［カイソウ∨カイソー］直音
　　　くゎいさう（回想）［クヮイサウ∨クヮイソー∨カイソー］合拗音

＊なお、歴史的かなづかいの表記には、古くは濁点を施す習慣がなかったことから清濁の区別をしない場合や、拗音を小書きにしない場合があります。

# 歴史的かなづかい一覧

○歴史的かなづかいによる表記で、検索に迷いやすい語の主なものの読みを、現代かなづかいによる五十音順配列で示しました。
○表の第一段はカタカナによる現代かなづかいを、第二段は歴史的かなづかいを、第三段は相当漢字で古文で現れるものを掲げました。第一段で、現代かなづかいと異なる発音が行われているもの、また、第二段で広く行われている別のかなづかいを（　）に包んで示しました。第二段の平がなは音を表しています。カタカナは音を表しています。

## ●あ行

| | | | |
|---|---|---|---|
| アイ | アイ | | 哀埃・挨愛 |
| アイ | あひ | | 相・間・会・逢 |
| アイダ | あひだ | | 間 |
| アイ | あゐ | | 藍 |
| ア(オ)ウ | あふ | | 合・会・逢・遭 |
| アエ | あへ | | 和・敢・饗 |
| アオ | あふひ | | 葵 |
| アオイ | あふひ | | 葵 |
| アオグ | あふぐ | | 仰・扇・煽 |
| アオル | あふる | | 煽 |
| アガナ(ノ)ウ | あがなふ | | 贖 |
| アキ | あきなふ | | 商 |
| アキ(キュウ)ド | あきうど | | 商人 |
| アギツラ(ロ)ウ | あげつらふ | | 論 |
| アザナワル | あざなはる | | 糾 |
| アジ | あぢ | | 味・鯵 |

| アシラ(ロ)ウ | あしらふ | | 扱 |
| アズカル | あづかる | | 与・預 |
| アズケル | あづく | | 預 |
| アズサ | あづさ | | 梓 |
| アズマ | あづま | | 東吾妻 |
| アタ(ト)ウ | あたふ | | 与・能 |
| アタイ | あたひ | | 直・価・値 |
| アツラエル | あつらふ | | 誂 |
| アナズル | あなづる | | 侮 |
| アヤウシ | あやふし | | 危 |
| アヤツラ(ロ)ウ | あやつる | | 操 |
| アラウ | あらふ | | 洗 |
| アラソウ | あらそふ | | 争 |
| アラワス | あらはす | | 表・現・著・顕 |
| アルイハ | あるいは(あるひは) | | 或 |
| アワ | あは | | 粟・或 |
| アワ | あわ | | 泡・沫 |
| アワイ | あはひ | | 間 |

| アワシ | あはし | | 淡 |
| アワス | あはす | | 合・併 |
| アワビ | あはび | | 鮑 |
| アワレ | あはれ | | 哀・憐 |

### イ

| イ | ゐ | | 五・以・衣・医・已・斎・寝 |
| | ヰ | | |
| イ | ひ | | |
| いい | いふ | | 言・飯 |
| イイドモ | いへども | | 雖 |
| イオ | いほ | | 庵・廬・五百 |
| イオリ | いほり | | 庵・廬 |
| イカヅチ | いかづち | | 雷 |
| イキオイ | いきほひ | | 勢 |
| イキドオル | いきどほる | | 憤 |
| キキ | | | |
| いくさ | いくさ | | 域 |
| いこう | いこふ | | 憩 |
| いさかう | いさかふ | | 諍・叱 |
| イサナ(コ)ウ | いざなふ | | 誘 |
| イサヨイ | いさよひ | | 十六夜 |
| イシズエ | いしずゑ | | 礎 |
| イズ | いづ | | 出 |
| イズク | いづく | | 何処 |
| イズコ | いづこ | | 何処 |

| イズチ | いづち | | 何方 |
| イズミ | いづみ | | 泉・和泉 |
| イズレ | いづれ | | 何・孰 |
| イタズキ | いたづき | | 労 |
| イタズラ | いたづら | | 徒 |
| イタワシ | いたはし | | 労 |
| イタワル | いたはる | | 労 |
| イツ | いつ | | 何・壱・逸・溢 |
| イツワル | いつはる | | 偽・詐 |
| イド | ゐど | | 井戸 |
| イトウ | いとふ | | 厭 |
| イトオシ | いとほし | | 愛 |
| イナカ | ゐなか | | 田舎 |
| イナズマ | いなづま | | 稲妻・電 |
| イニシエ | いにしへ | | 古 |
| イヌイ | いぬゐ | | 乾・戌亥 |
| イノシシ | ゐのしし | | 猪 |
| イマワシ | いまはし | | 忌 |
| イヤ | いや | | 弥 |
| イラ(ロ)ウ | いらふ | | 応答 |
| イル | ゐる | | 居・射・煎・鋳 |
| イワ(オ)ウ | いはふ | | 祝・斎 |
| イワ | いは | | 石・岩・磐・巖 |
| イワオ | いはほ | | 巌 |
| イワケナシ | いはけなし | | 幼稚 |
| イワユル | いはゆる | | 所謂 |
| イワンヤ | いはんや | | 況 |
| イン | いん | | 引・印・因・胤 |

## ◎歴史的かなづかい一覧

| 読み | 歴史的かなづかい | 例 |
| --- | --- | --- |
| ウ | う | 鵜 |
| ウエ | うへ | 上 |
| ウエ | うゑ | 飢・植 |
| ウイ | うゐ | 初 |
| ウイ(ン) | うひ(ン) | 淫・陰・慇・蔭 |
| キン | | 尹・員・院・韻 |
| ウオ | うを | 魚 |
| ウカガ(ゴ)ウ | うかがふ | 伺・窺 |
| ウグイス | うぐひす | 鶯 |
| ウケイ | うけひ | 祈誓 |
| ウケガ(ゴ)ウ | うけがふ | 肯 |
| ウケタマワル | うけたまはる | 承 |
| ウジ | うぢ | 氏 |
| ウシオ | うしほ | 潮 |
| ウシナ(ノ)ウ | うしなふ | 失 |
| ウズ | うづ | 雲珠・髻華 |
| ウズ | うづ | 渦 |
| ウズク | うづく | 疼 |
| ウズクマル | うづくまる | 蹲 |
| ウズタカシ | うづたかし | 堆 |
| ウズム | うづむ | 埋 |
| ウタガウ | うたがふ | 疑 |
| ウタウ | うたふ | 鶉 |
| ウツオ(ホ) | うつほ | 空洞 |
| ウッタ(ト)ウ | うったふ | 訴 |
| ウツロウ | うつろふ | 移・映 |
| ウツワ | うつは | 器 |
| ウナイ | うなゐ | 髫髪 |
| ウナズク | うなづく | 頷・諾・領 |
| ウバ | うば | 奪 |
| ウヤマウ | うやまふ | 敬 |
| ウラナ(ノ)ウ | うらなふ | 占・卜 |
| ウウ | うう | |
| ウハ | うは | |
| ウレシイ | うれしい | |
| ウレワシ | うれはし | |
| ウルシ | うるし | |
| ウルハシ | うるはし | 美・愛・麗 |
| ウルウ | うるふ | 閏・潤 |

### エ

| 読み | 歴史的かなづかい | 例 |
| --- | --- | --- |
| ヘエ | へエ | 兄 |
| エ | え | 柄・得 |
| エ | ゑ | 上江役枝 |
| エ | え | 衣依 |
| エイ | ゑひ | 上戸方重 |
| エイ | ゑい | 回・餌 |
| エ | え | 辺 |
| エイ | ゑい | 永・英・映・栄 |
| エサ | ゑさ | 餌 |
| エガク | ゑがく | 画描 |
| エツ | ゑつ | 悦 |
| エツ | ゑつ | 謁 |
| エビ | えび | 海老・葡萄 |
| エビス | えびす ゑびす | 夷・蛭子・戎 |
| エボシ | えぼし | 烏帽子 |
| エン | ゑむ | 笑 |
| エビス | ゑびす | 恵比須 |
| エル | える | 得 |
| エン | えん | 炎・宴・煙 |
| エン | ゑん | 円・怨・園・艶 |
| エン | えん | 延・演・縁 |
| エン | えん | 鉛 |
| エン | ゑん | 淵・遠・鳶・猿 |

### オ

| 読み | 歴史的かなづかい | 例 |
| --- | --- | --- |
| オ | を | 小・夫・尾・牡 |
| オ | お | 阿・御 |
| オキナ | おきな | 翁 |
| オギナ(ノ)ウ | おぎなふ | 補 |
| オギ | をぎ | 荻 |
| オク | おく | 奥・置 |
| オク | おく | 億・臆 |
| ヲク | をく | 屋 |
| オクル | おくる | 送・後・贈 |
| オクル | おくる | 桶 |
| オコ | をこ | 烏滸・尾籠 |
| オケ | をけ | 桶 |
| オゴル | おごる | 奢・驕 |
| オコナ(ノ)ウ | おこなふ | 行 |
| オサ | をさ | 長 |
| オサ(ソ)ウ | おさふ | 抑・押 |
| オサナイ | をさなし | 幼 |
| オサム | をさむ | 収・納 |
| オサム | をさむ | 治・修 |
| オジ | をぢ | 叔父 |
| オジ | をぢ | 小父・伯父 |
| オシム | をしむ | 惜愛 |
| オシマズキ | おしまづき | 惜愛・鴛鴦 |
| オス | をす | 牡・雄 |
| オソウ | おそふ | 教 |
| オズ | おづ | 怖 |
| オソウ | おそふ | 襲・復・彼方 |
| オチ(チュウ)ド | おちうど | 落人 |
| オチガイ | をとがひ | 頤 |
| オトコ | をとこ | 男 |
| オドシ | をどし | 威・縅 |
| オトズル | おとづる | 訪 |

### オウ・オイ

| 読み | 歴史的かなづかい | 例 |
| --- | --- | --- |
| オイ | おい | 老 |
| オウ | おふ | 負・笈・生・追 |
| オウ | あふ | 汚悪 |
| オウ | あふ | 岡・麻・雄・緒 |
| オウ | あふ | 男・苧・峰・丘 |
| オウ | あふ | 央・桜・奥・鶯 |
| オウ | あふ | 凹・圧・押 |
| オウ | あふ | 応・欧 |
| オウ(ヲウ) | あふ | 翁 |
| ワフ | あふ | 王・生・往・皇・黄 |
| オウ | おふ | 終・負・追覆 |
| オウナ | おうな | 嫗・媼・老女 |
| おうみ | あふみ | 近江 |
| おほい | おほい | 大凡 |
| おふ | おほ | 覆 |
| あふき | あふぎ | 扇 |
| をほし | をほし | 狼 |
| おほかみ | おほかみ | 狼 |
| おほち | おほち | 祖父・大路 |
| をほね | おほね | 雄雄 |
| をほやけ | おほやけ | 公 |
| おほよそ | おほよそ | 概 |
| おほむね | おほむね | 概 |
| おほい | おほい | 大凡 |
| をかし | をかし | 可笑 |
| をか | をか | 丘岡 |
| をかむ | をがむ | 拝 |
| をかす | をかす | 犯・侵・冒 |

## ◎歴史的かなづかい一覧

| 現代読み | 歴史的かなづかい | 用例 |
|---|---|---|
| オツイ | をつひ | 一昨日 |
| オトメ | をとめ | 乙女・少女 |
| オドル | をどる | 踊 |
| オトロウ | おとろふ | 衰 |
| オドロク | おどろく | 驚 |
| オノ | をの | 斧 |
| オノコ | をのこ | 男子 |
| オノズカラ | おのづから | 自 |
| オノノク | おののく | 戦慄 |
| オノレ | おのれ | 己 |
| オバ | をば | 姨・小母・伯 |
| オボエ | おぼえ | 覚 |
| オモウ | おもふ | 思憶 |
| オメク | をめく | 喚 |
| オミナ | をみな | 女 |
| オミナエシ | をみなへし | 女郎花 |
| オリ | をり | 折居 |
| オル | をる | 居 |
| オロカ | おろか | 愚 |
| オロソカ | おろそか | 疎 |
| オワス | おはす | 御座在 |
| オワル | をはる | 終畢 |
| オン | おん | 御恩隠穏 |
| オン・ヲン | おん・をん | 音温遠 |
| オンナ | をんな | 怨 |
| オンナ | をんな | 女 |

### ●か行

| カ | か | 日香鹿・彼 |
| ガ | が | 我賀雅 |
| カイ | かい | 貨靴過課 |
| カイ | かひ | 介甲斐効匙 |
| カイ | かひ | 果科華菓 |
| ガ | が | 瓦画臥 |
| カイ | かい | 火化瓜花 |
| ガイ | がひ | 骸 |
| カイ | かひ | 皆 |
| カイ | かひ | 回灰会快 |
| クヮイ | くゎい | 怪 |
| ガイ | がい | 咳害涯街 |
| ガイ | がひ | 外 |
| カエス | かへす | 反返帰還 |
| カエデ | かへで | 楓 |
| カエル | かへる | 反返帰還 |
| カエル | かへる | 蛙 |
| カエル | かへる | 孵 |
| ガエンズ | がへんず | 肯 |
| カオ | かほ | 顔貌 |
| カオル | かをる | 香薫馨 |
| カガヨウ | かがよふ | 陽炎 |
| カカワル | かかはる | 係関 |
| カク | かく | 角革鶴核 |
| カク | かく | 脚覚拡郭 |
| カケイ | かけひ | 筧懸樋 |
| カク | かく | 画拡郭穫 |
| ガ | が | |

| カゲロウ | かげろふ | 蜻蛉・蜉蝣 |
| カジ | かぢ | 陽炎・梶・楫・加 |
| カジ | かぢ | 舵・梶・楫・加 |
| カシワ | かしは | 柏榭 |
| カズク | かづく | 被潜 |
| カズラ | かづら | 葛蔓蔦 |
| カゾウ | かぞふ | 数 |
| カタイ(ロ)ウ | かたら(ら)ふ | 語 |
| カタキ | かたき | 傍側 |
| カツ | かつ | 括活滑 |
| カツ | かつ | 渇喝割轄 |
| クヮツ | くゎつ | 乞食乞丐 |
| カツオ | かつを | 月 |
| カナエ | かなへ | 鼎釜 |
| カナエル | かなへる | 叶適 |
| カナズ | かなづ | 奏 |
| カナ(ウ)ウ | かな(ふ) | 庚 |
| カノエ | かのえ | 構 |
| カマ(ヲ)ウ | かま(を)ふ | 通 |
| カマビスシ | かまびすし | |
| カヨウ | かよふ | 通 |
| カレイ | かれひ | 鰈 |
| カワ | かは | 川河皮革 |
| カワ | かは | 飼鰈 |
| カワヤ | かはや | 厠 |
| カワホリ | かはほり | 蝙蝠 |
| カワズ | かはづ | 蛙 |
| カワラ | かはら | 側 |
| カワル | かはる | 川 |
| カン | かん | 瓦・川原・河 |
| カハル | かはる | 代変替 |
| カン | かん | 原甘肝看 |
| カン | かん | 干 |
| カン | かん | 管勘乾間 |
| カン | かん | 寒感漢鑑 |
| カン | かん | 完官冠巻 |
| カン | かん | 患歓還館 |
| カン | かん | 緩含眼雁 |
| ガン | がん | 顔元頑願 |
| ガン | がん | 丸勘 |
| カンガ(ゴ)ウ | かんが(う) | 考 |
| キ | き | 競絆 |
| キ | き | 築后 |
| キ | き | 昨日 |
| キイ | きい | 紀伊 |
| キサイ | きさい | 后妃 |
| キザシ | きざし | 兆萠 |
| キズ | きづ | 傷疵瑕 |
| キズク | きづく | 築 |
| キズナ | きづな | 絆 |
| キソウ | きそふ | 競 |
| キノエ | きのえ | 甲 |
| キノウ | きのふ | 昨日 |
| キフ | きふ | 及級給急窮汲救求 |
| クヮン | くゎん | |
| グヮン | ぐゎん | |
| キュウ | きうorきふ | 九久旧休 |
| キュウ | きう | 弓宮窮 |
| キュウ | きう | 急救求灸 |
| キュウ | きう | 及級給汲吸泣 |
| キュウ | きう | 牛狂京香 |
| ギュウ | ぎう | 卿強経郷 |
| キャウ | きゃう | 兄京 |
| キョウ | きゃう | 凶兄共興 |
| キョウ | きゃう | 胸恐驚 |
| キョウ | けう | 叫孝・興 |
| ケウ | けう | 教橋校梟 |
| ケフ | けふ | 今日 |

◎歴史的かなづかい一覧

| | | | |
|---|---|---|---|
| ギョウ | | | |
| | キワム | きはむ | 極・杭 |
| | キワメテ | きはめて | 究・極・窮 |
| | ギョウ | ゲフ | 業 |
| | ギョウ | ゲウ | 暁・堯・楽 |
| | クイ | クヒ | 凝 |
| | クズオル | くづほる | 頽 |
| | クズエス | くづほす | 崩 |
| | クモイ | くもゐ | 覆 |
| | クライ | くらゐ | 位 |
| | クルウ | くるふ | 狂 |
| | クレナイ | くれなゐ | 紅 |
| | クロウド | くらうど | 蔵人 |
| | クワ | くは | 桑・鍬 |
| | クワ | くは | 加 |
| | クワ(オ)ウ | くは(を)う | 委曲・細詳 |
| | クワイ | くはし | 精 |
| | クワツ | くはつ | 削梳 |
| | クワイ | くはし | 気配・化粧 |
| | ケワシ | けはし | 険 |
| | ケフ | けふ | 乞恋 |
| | コウ | こひ | 巧交向好 |
| | コウ | こう | 行江考鯉 |
| | カウ | かう | 更効幸孝 |
| | カウ | かう | 航校香 |
| | カウ | かう | 耕港項講 |
| | カウ | かう | 康高 |

仰・協・狭・脇
行・刑・形

●さ行

| | | | |
|---|---|---|---|
| ゴウ | ガウ | がう | 轟 |
| | ガフ | がふ | 合郷 |
| コウ | ゴウ | こふ | 乞恋 |
| | コウジ | かうじ | 小路 |
| | コウシ | かうし | 格子・柑子 |
| | コウシ | かうし | 笄 |
| | コウジ | かうじ | 劫業 |
| | コウブル | かうぶる | 冠・被 |
| | コウベ | かうべ | 首・頭 |
| | コウムル | かうむる | 被豪 |
| | コオリ | こほり | 氷郡 |
| | コオロギ | こほろぎ | 蟋蟀 |
| | コシラ(ラ)ウ | こしらふ | 拵・誘 |
| | コトジ | ことじ | 琴柱 |
| | コトワリ | ことわり | 理断 |
| | コトワル | ことわる | 理断 |
| | コワシ | こはし | 強恐 |
| ●さ行 | | | |
| | コワイ | こはい | 強 |
| | コハシ | こはし | |

| | | | |
|---|---|---|---|
| カフ | クッウ | | 甲合閣 |
| | | | 広光宏 |
| | | | 荒黄鉱皇 |
| | | | 口工攻功 |
| | | | 弘后虹厚洪肯 |
| | | | 後貢構興 |
| | | | 紅豪請鴻 |
| | | | 号拷剛毫 |

| サイワイ | | さいはひ | 幸 |
|---|---|---|---|
| サワ | サエギル | さへぎる | 支障 |
| | サエズル | さへづる | 囀 |
| | サカイ | さかひ | 遮掉境 |
| | サカズキ | さかづき | 杯界堺境 |
| | サカイ | さかひ | 杯盃 |
| | サムライ | さぶらひ | 侍候 |
| | サブラ(ロ)ウ | さぶらふ | 侍候 |
| | サブライ | さぶらひ | 侍 |
| | サラボウ | さむらふ | 流離 |
| | サワヤカ | さはやか | 爽 |
| | サワル | さはる | 触障 |
| | ジ | ヂ | 二耳字 |
| シイテ | シヒテ | しひて | 次寺爺 |
| シオ | シホ | しほ | 時辞慈 |
| シオリ | しをり | しをり | 地治持 |
| シオル | しをる | しをる | 路爺廃諺 |
| ジキ | ヂキ | ぢき | 直食 |
| シク | チク | ちく | 強諺 |
| シジ | しぢ | しぢ | 入汐塩潮 |
| シズ | しづ | しづ | 栞枝折・撓 |
| シジ | ちぢ | ちぢ | 菱葭 |
| シジ | しぢ | しぢ | 竺軸 |
| シジ | ちぢ | ちぢ | 桐 |
| | | しづ | 静鎮 |
| | | しづ | 賤垂 |

| | | | |
|---|---|---|---|
| ショウ | シャウ | しゃう | 正生匠床 |
| ジョ | ジョ | ぢょ | 女除如助序 |
| ジュン | ジュン | じゅん | 汝順準遵 |
| ジュン | ジュン | じゅん | 純盾 |
| ジュツ | ジュツ | じゅつ | 句巡術 |
| ジュク | ジュク | じゅく | 述十重 |
| シュウトメ | しうとめ | しうとめ | 塾熟 |
| シュウト | しうと | しうと | 姑 |
| | | | 舅 |
| ジュウ | チュウ | ちゅう | 中住従縦 |
| | ジュウ | じゅう | 充汁銃渋 |
| | ジュウ | じふ | 入從 |
| | ジュウ | じゅう | 柔蹂 |
| | シュウ | しゅう | 襲崇獣終 |
| シフ | | しふ | 拾渉集 |
| | シュウ | しゅう | 週執 |
| | シュウ | しうしう | 秋愁 |
| | ジュ | じゅ | 綬呪祝 |
| | ジュ | じゅ | 寿需樹 |
| | ジュ | じゅ | 邪蛇寂 |
| シュ | | | 授 |
| ジャク | ジャク | じゃく | 設昵 |
| ジツ | ジツ | じつ | 弱雀 |
| シタ(ト)ウ | シタガフ | したがふ | 日実 |
| シズム | しづむ | しづむ | 從隨 |
| シズク | しづく | しづく | 沈鎮 |
| シズカ | しづか | しづか | 雫 |
| | | | 静閑 |
| | | | 倭文 |

◎歴史的かなづかい一覧

## ◎歴史的かなづかい一覧

| カナ | かな | 漢字 |
|---|---|---|
| タフ | たふ | 納答塔踏 |
| トウ | とう | 冬豆東透 |
| ドウ | どう | 筒頭訪 |
| | | 統・棟・登・等・ |
| | | 童・働・銅・瞳 |
| | | 同・胴・動・道 |
| | | 堂・導 |
| | | 問・闘・藤 |
| トウゲ | たうげ | 峠 |
| トウトシ | たふとし | 尊貴 |
| トウブ | たうぶ | 給賜・食 |
| トオシ | とほし | 十 |
| トオス | とほす | 遠通 |
| トオル | とほる | 通徹 |
| トコシエ | とこしへ | 永久・長・常 |
| トズ | とづ | 閉綴 |
| トドコオル | とどこほる | 滞 |
| トナフ | となふ | 称唱調 |
| トノ(ノ)ウ | とのふ | 調整 |
| トブラフ | とぶらふ | 弔・訪 |
| トモナフ | ともなふ | 伴 |
| トラワル | とらはる | 囚捕 |

### ●な行

| ナイ | なゐ | 地震 |
| ナ(ノ)ウ | なう | 萎綯 |
| ナエ | なえ | 萎蹇 |
| ナオ | なほ | 尚直猶 |
| ナオザリ | なほざり | 等閑 |
| ナオ(ノウ)シ | なほし | 直直衣 |

| ナガラロウ | ながらふ | 永存流 |
| ナコウド | なかうど | 媒 |
| ナデフ | なでふ | |
| ナジョウ | なじょう | |
| ナズ | なづ | 撫 |
| ナズム | なづむ | 泥 |
| ナズラフ | なずらふ | 准擬・ |
| ナニ | なに | |
| ナニワ | なには | 浪速・難波・ |
| ナニワヅ | なにはづ | 浪花 |
| ナラフ | ならふ | 習慣傚 |
| ナラワシ | ならはし | 習慣 |
| ナリワイ | なりはひ | 生業・作業 |
| ナワテ | なはて | 縄縄手 |
| ナンジ | なんぢ | 汝 |
| なん(むち) | | |
| ナエ | なへ | 暖 |
| ニイ | にひ | 新 |
| ニエ | にへ | 牲贄 |
| ニオイ | にほひ | 匂臭 |
| ニオフ | にほふ | 匂 |
| ニギワ(オ)ウ | にぎははふ | 鳰 |
| ニナ(ノ)ウ | になふ | 担荷 |
| ニニュウ | にふにふ | 賑 |
| ニフ | にふ | 入 |
| ニュウ | にう | 柔 |
| ニョウ | ねう | 女 |
| ネウ | ねう | 尿・遶・鏡 |
| ニワ | には | 庭 |
| ニワカ | にはか | 俄 |
| ニワトリ | にはとり | 鶏 |
| ヌウ | ぬふ | 縫 |
| ヌキンズ | ぬきんづ | 抽・擢 |
| ヌグウ | ぬぐふ | 拭 |

### ●は行

| ネガウ | ねがふ | 願 |
| ネギラ(ロ)ウ | ねぎらふ | 労犒 |
| ネツ | ねつ | 捏 |
| ネラフ | ねらふ | 狙 |
| ノウ | のう | 悩脳・囊 |
| ノウ | のふ | 衲納 濃膿 |
| ナフ | なふ | 能 |
| ノウ | のほし | 直 |
| ノゴウ | のごふ | 拭 |
| ノタマ(モ)ウ | のたまふ | 宣 |
| ノロウ | のろふ | 呪詛 |

| ハイ | はひ | 灰這 |
| ハイル | はひる | 這入 |
| ハウ | はふ | 這延匍 |
| ハエ | はへ | 蠅 |
| ハカラフ | はからふ | 計 |
| ハジ | はぢ | 恥辱 |
| ハジラウ | はぢらふ | 恥羞 |
| ハズ | はず | 筈 |
| ハズス | はづす | 外 |
| ハダエ | はだへ | 肌膚 |
| ハニフ | はにふ | 埴生 |
| ハラウ | はらふ | 払祓掃 |
| ハニュウ | はにふ | 埴生 |
| ハラウ | はらふ | 払祓掃 |
| ヒイズ | ひいづ | 秀 |
| ヒイナ | ひひな | 雛 |
| ヒカ(コ)ウ | ひかふ | 控 |
| ヒキイル | ひきゐる | 率 |
| ヒジ | ひぢ | 肘肱 |
| ヒジ | ひぢ | 泥 |
| ヒシオ | ひしほ | 醬醢 |
| ヒタイ | ひたひ | 額 |

| ヒトエ | ひとへ | 単・一重偏 |
| ヒトエニ | ひとへに | 偏 |
| ビュウ | びう | 謬 |
| ヒュウガ | ひうが | 日向 |
| ヒョウ | ひやう | 平兵・拍・評 |
| ヒョウ | ひよう | 水憑 |
| ビョウ | びやう | 表・豹・標・瓢 |
| ヘウ | へう | 苗病猫鋲 |
| ビワ | びは | 琵琶枇杷 |
| ヒワダ | ひはだ | 檜皮 |
| ヒンガシ | ひんがし | 東 |
| ヒョウ | ひょう | 梟 |
| フジ | ふぢ | 藤 |
| フソウ | ふさう | 扶桑 |
| フクロウ | ふくろふ | 梟 |
| フルフ | ふるふ | 奮 |
| ヘツラ(ロ)ウ | へつらふ | 諂諛 |
| ハウ | はう | 抱方・包邦芳 |
| ハウ | はう | 賑震飾奮 |
| ハウ | はう | 訪倍泡・報褒 |
| ハウ | はう | 方 |
| ホウ | ほう | 法〈仏教〉 |
| ハフ | はふ | 法 |
| ホフ | ほふ | 法 |
| パウ | ぱう | 豊鳳縫・峰・逢 |
| バウ | ばう | 奉封峰・宝 |
| ボウ | ぼう | 帽冒望忘 |
| ボフ | ぼふ | 房坊妨傍謀 |
| ボウ | ばう | 亡 |
| ホオ | ほほ | 頰 |
| ホウムル | はうむる | 葬 |
| ホフ | ほふ | 朴 |

◎歴史的かなづかい一覧

| カタカナ | ひらがな | 漢字 |
|---|---|---|
| ホシイ | ほしひ | 乾し飯糒 |
| ホノオ | ほのほ | 炎・焔 |
| ホホエム(ホオエム) | ほほゑむ | 微笑 |

**●ま行**

| カタカナ | ひらがな | 漢字 |
|---|---|---|
| マイ | まひ | 舞 |
| マイル | まゐる | 参 |
| マウ | まふ | 舞 |
| マエ | まへ | 前 |
| マガ(ゴ)ウ | まがふ | 紛 |
| マカズ | まかず | 罷 |
| マカナ(ノ)ウ | まかなふ | 賄 |
| マカヅ | まかづ | 晦 |
| マガワシ | まがはし | 紛 |
| マグワシ | まぐはし | 目細 |
| マジワル | まじはる | 交 |
| マズ | まづ | 先 |
| マズシ | まづし | 貧不味 |
| マツワル | まつはる | 纏 |
| マトウ | まとふ | 纏 |
| マトル | まとる | 纏 |
| マドウ | まどふ | 惑・迷 |
| マドイ | まどゐ | 団居・円居 |
| マナカイ | まなかひ | 客・賓 |
| マヨウ | まよふ | 迷 |
| マヨワシ | まよはし | 目交・眼間 |
| マラウト | まらうと | 客・賓 |
| マロウト | まろうと | 客 |
| マワス | まはす | 回・廻 |
| ミオ | みを | 水脈・澪 |
| ミギワ | みぎは | 汀・水際 |
| ミサオ | みさを | 操 |
| ミズ | みづ | 水 |
| ミズウミ | みづうみ | 湖 |
| ミズカラ | みづから | 自 |
| ミズノエ | みづのえ | 壬 |
| ミズノト | みづのと | 癸 |
| ミズラ | みづら | 鬟・角髪・角子 |
| ミソナワス | みそなはす | 見 |
| ミョウ | みやう | 名・命・明・冥 |
| メイ(ミョウ) | めう | 妙・苗 |
| メイ | めい | 姪 |
| メオト | めをと | 女夫・夫婦 |
| メシイ | めしひ | 盲 |
| ムスボオル | むすぼほる | 結 |
| ムクイ | むくい | 報 |
| ムカイ | むかひ | 向・迎・対 |
| ムカ(コ)ウ | むかふ | 向・迎・対 |
| モウ | まうす | 申 |
| モウ | まうづ | 詣・参 |
| モウス | マウス | 設・儲 |
| モウク | まうく | 設・儲 |
| モウ(マウ) | まう | 蒙・孟・猛・網 |
| モウ | めづらし | 珍 |
| モウ | めつ | 妄 |
| モウ | めで | 愛 |
| モジ | もぢ | 帽子 |
| モズ | もず | 帽額・抹額 |
| モチウ | もちふ | 用 |
| モチル | もちる | 用 |
| モチイ | もちひ | 餅 |
| モチウ | もちゆ | 用 |
| モトイ | もとゐ | 基 |
| モトオル | もとほる | 回・廻 |
| モミジ | もみぢ | 紅葉・黄葉 |
| モヤス | もやす | 舫 |
| モヨオス | もよほす | 催 |
| モラ(ロ)ウ | もらふ | 貫 |

**●や行**

| カタカナ | ひらがな | 漢字 |
|---|---|---|
| ヤオラ | やをら | 徐 |
| ヤシナ(ノ)ウ | やしなふ | 養 |
| ヤシロ | やしろ | 社 |
| ヤスラ(ロ)ウ | やすらふ | 休・躊躇 |
| ヤトウ | やとふ | 雇・傭 |
| ヤマイ | やまひ | 病 |
| ヤラワ(ロ)ウ | やらふ | 遣 |
| ヤワラ | やはら | 和・柔 |
| ユイ | ゆひ | 結 |
| ユイ(ユキ) | ゆひ | 唯・維・遺 |
| ユウ | いふ | 言 |
| ユウ | いう | 有・幽・憂・郵 |
| ユウ | ゆう | 遊・誘・悠・優 |
| ユウ | いふ | 邑 |
| ユウ | ゆう | 勇・雄・融 |
| ユウベ | ゆふべ | 夕・昨夜 |
| ユウ | ゆゑ | 故 |
| ユエン | ゆゑん | 所以 |
| ユヅル | ゆづる | 譲 |
| ヨイ | よひ | 宵 |
| ヨウ | えふ | 酔 |
| ヨウ | えふ | 葉 |
| ヨウ | やう | 腰・遥・謡・曜 |
| ヨウ | やう | 天・幼・妖・要 |
| ヨウ | やう | 羊・洋・陽・様 |
| ヨウ | やう | 瘍・養・影・慵 |
| ヨウ | やう | 用・容・庸・擁 |
| ヨウヤク | やうやく | 漸 |
| ヨコタ(ト)ウ | よこたふ | 横 |
| ヨズ | よづ | 振攀 |
| ヨソウ | よそほふ | 装 |
| ヨミジ | よみぢ | 黄泉 |
| ヨロイ | よろひ | 鎧 |
| ヨロズ | よろづ | 万 |
| ヨロボウ | よろぼふ | 蹌踉 |
| ヨワイ | よはひ | 齢 |

**●ら行**

| カタカナ | ひらがな | 漢字 |
|---|---|---|
| リュウ | りう | 柳・流・留 |
| リフ | りふ | 立・粒 |
| リョウ | れう | 了・料 |
| リュウ | りう | 隆・竜 |
| リョウ | りやう | 令・両・良・涼 |
| リョウ | りやう | 陵・稜・綾・糧 |
| リョウ | りやう | 量・領・霊・竜 |
| リョウ | りやう | 参・療 |
| リョウ | れう | 猟 |
| リョウ | れう | 了 |
| リョウ | りやう | 涙・累・類 |
| ルイ | るい | 老・臘・郎 |
| ロウ | らう | 繭・蠟 |
| ラフ | らふ | 漏・朧・籠 |
| ロウ | ろう | 楼 |

**●わ行**

| カタカナ | ひらがな | 漢字 |
|---|---|---|
| ワ | は | 羽 |
| ワキマ(モ)ウ | わきまふ | 弁・辨 |
| ワザオギ | わざをぎ | 俳優 |
| ワザワイ | わざはひ | 災禍 |
| ワズカ | わづか | 僅 |
| ワズラ(ロ)ウ | わづらふ | 煩嘆 |
| ワラ | わらは | 笑 |
| ワラワ | わらは | 妾・童 |
| ワロウダ | わらうだ | 藁蓋・円座 |

593

◎ 動詞活用表

# 【動詞活用表】

| 種類 | 例語 | 語幹 | 未然形 ズなどが接続 | 連用形 ケリなどが接続 | 終止形 言い切る | 連体形 体言などが接続 | 已然形 ドモなどが接続 | 命令形 命令で言い切る | 備考 |
|---|---|---|---|---|---|---|---|---|---|
| 四段 | 書く | 書（か） | か | き | く | く | け | け | ● 四段・ラ変・ナ変の連用形は、音便化することがある。 マ行（住む）・ラ行（走る）・ガ行（急ぐ）・バ行（呼ぶ）に活用するものがあり、多い。 ウ音便（思ひて→思うて） イ音便（書きて→書いて） 撥ぁ音便（呼びて→呼んで）（死にて→死んで） 促そく音便（立ちて→立って）（有りて→有って） |
| | 話す | 話（はな） | さ | し | す | す | せ | せ | |
| | 立つ | 立（た） | た | ち | つ | つ | て | て | |
| | 思ふ | 思（おも） | は | ひ | ふ | ふ | へ | へ | |
| ラ行変格 | 有り | 有（あ） | ら | り | り | る | れ | れ | ラ行のみに活用する。所属語は、「有り・居ゥり・侍はべり・いまそかり」の四語のみ。 |
| ナ行変格 | 死ぬ | 死（し） | な | に | ぬ | ぬる | ぬれ | ね | ナ行のみに活用する。所属語は、「死ぬ・往いぬ」の二語のみ。 |
| 上一段 | 着る | （着） | き | き | きる | きる | きれ | きよ | 所属語は、上記カ・ヤ行のほか、ナ行（似る）・ハ行（干る）・マ行（見る）・ワ行（居る）などに活用するものがあるが、十数語程度。 |
| | 射る | （射） | い | い | いる | いる | いれ | いよ | |
| 上二段 | 起く | 起（お） | き | き | く | くる | くれ | きよ | 所属語は、上記カ・タ・ヤ行のほか、マ行（恨む）・ヤ行（老ゆ）・ラ行（下る）・ガ行（過ぐ）・ダ行（恥づ）・バ行（侘ぶ）などに活用するものがあり、多い。 |
| | 落つ | 落（お） | ち | ち | つ | つる | つれ | ちよ | |
| | 強ふ | 強（し） | ひ | ひ | ふ | ふる | ふれ | ひよ | |
| 下一段 | 蹴る | （蹴） | け | け | ける | ける | けれ | けよ | 所属語は、事実上、カ行の「蹴る」一語のみ。 |
| 下二段 | 得 | （得） | え | え | う | うる | うれ | えよ | 所属語は、上記ア・カ・サ行のほか、ナ行（尋ぬ）・ハ行（与ふ）・マ行（定む）・ヤ行（越ゆ）・ラ行（流る）・ワ行（植う）・ガ行（告ぐ）・ザ行（交ず）・ダ行（出づ）・バ行（述ぶ）などに活用するものがあり、多い。 |
| | 受く | 受（う） | け | け | く | くる | くれ | けよ | |
| | 寄す | 寄（よ） | せ | せ | す | する | すれ | せよ | |
| | 捨つ | 捨（す） | て | て | つ | つる | つれ | てよ | |
| カ行変格 | 来 | （来） | こ | き | く | くる | くれ | こ（よ） | カ行にのみ活用する。所属語は、「来く」一語のみ。 |
| サ行変格 | 為す | （為） | せ | し | す | する | すれ | せよ | サ行（ザ行）にのみ活用する。所属語は、「為す・おはす」の二語が基本。ほかに、「案内す・信ず」などの「す」を含む複合語が多数ある。 |

594

## 【形容詞活用表】

| 種類 | 例語 | 語幹 | 未然形 ズなどが接続 | 連用形 動詞ナル・ケリなどが接続 | 終止形 言い切る | 連体形 体言などが接続 | 已然形 ドモなどが接続 | 命令形 命令で言い切る | 備考 |
|---|---|---|---|---|---|---|---|---|---|
| ク活用 | 白し | 白(しろ) | から | く / かり | し / (かり) | き / かる | けれ / (かれ) | かれ | ●上代には、未然形と已然形に「け」(ク活用)・「しけ」(シク活用)があった。<br>●未然形に、「く」(ク活用)・「しく」(シク活用)を認める説もある。<br>●各活用の左側の活用は、補助的な活用で、特別にカリ活用と呼ぶことがある。これは、連用形「く」「しく」に動詞の「あり」(ラ変)をつけて、「くあり」「しくあり」と言っていたものが、つづまってできた形である。ただし、終止形と已然形はあまり用いられない。<br>●連用形は音便化することがある。<br>ウ音便(白く→白う)<br>●連体形は音便化することがある。<br>イ音便(白き→白い)<br>撥(はつ)音便<br>(楽しかるなる→楽しかんなる) |
| シク活用 | 楽し | 楽(たの) | しから | しく / しかり | し / (しかり) | しき / しかる | しけれ / (しかれ) | しかれ | |
| | いみじ | いみ | じから | じく / じかり | じ / (じかり) | じき / じかる | じけれ / (じかれ) | じかれ | |

## 【形容動詞活用表】

| 種類 | 例語 | 語幹 | 未然形 ズなどが接続 | 連用形 動詞ナル・ケリなどが接続 | 終止形 言い切る | 連体形 体言などが接続 | 已然形 ドモなどが接続 | 命令形 命令で言い切る | 備考 |
|---|---|---|---|---|---|---|---|---|---|
| ナリ活用 | 静かなり | 静か | なら | に / なり | なり | なる | なれ | なれ | ●ナリ活用の連体形は音便化することがある。<br>撥(はつ)音便<br>(静かなるめり→静かなんめり) |
| タリ活用 | 堂々たり | 堂々 | たら | と / たり | たり | たる | たれ | たれ | ●各活用の左側の活用は、連用形「に」「と」に動詞の「あり」(ラ変)をつけて「にあり」「とあり」と言ったものが、つづまってできた形である。 |

◎形容詞活用表・形容動詞活用表

## 主要助動詞活用表

| 種類 | 語 | 未然形 | 連用形 | 終止形 | 連体形 | 已然形 | 命令形 | 活用型 | 接続 | 主な意味・用例 |
|---|---|---|---|---|---|---|---|---|---|---|
| 使役<br>尊敬 | す | せ | せ | す | する | すれ | せよ | 下二型 | 四段・ラ変・ナ変の未然形 | 1 使役 名を、三室戸斎部（みむろどいんべ）の秋田を呼びて付けさす。<br>2 尊敬 姫はうち休ませ給（たま）ふ。（オ…ニナル） |
| | さす | させ | させ | さす | さする | さすれ | させよ | 下二型 | 右以外の動詞の未然形 | |
| | しむ | しめ | しめ | しむ | しむる | しむれ | しめよ | 下二型 | 未然形 | 1 尊敬 山崎にて出家せしめたまひてけり。（ナサル） |
| 受身<br>可能<br>尊敬<br>自発 | る | れ | れ | る | るる | るれ | れよ | 下二型 | 四段・ラ変・ナ変の未然形 | 1 受身 ある人に誘はれ奉（たてまつ）りて、折り試みられよ。（オ…ニナル）<br>2 尊敬 つゆまどろまれず、<br>3 可能 はろばろに思ひやらるるかも筑紫（つくし）の母は。<br>4 自発 故郷を思ひ出（い）でらる。 |
| | らる | られ | られ | らる | らるる | らるれ | られよ | 下二型 | 右以外の動詞の未然形 | |
| | ゆ | え | え | ゆ | ゆる | ゆれ | ○ | 下二型 | 四段・ラ変・ナ変の未然形 | 1 受身 妹（いも）を思ひいの寝らえぬに、<br>2 可能 心にも限りなく思ひ出（い）でらる。<br>3 自発 かく行けば人に憎まえ、<br>4 可能・自発の意味の場合、命令形がない。 |
| | らゆ | (らえ) | (らえ) | (らゆ) | (らゆる) | (らゆれ) | ○ | 下二型 | 右以外の動詞の未然形 | （「らゆ」には可能の意味の例しか見られない。） |
| 尊敬 | す | せ | さ | す | し | せ | ○ | 四段型 | 未然形 | 1 尊敬 大君は、朝狩りに立たすらし。（ナサル） |
| 過去 | き | (せ) | ○ | き | し | しか | ○ | 特殊型<br>（カ変・サ変の場合特殊） | 活用語の連用形 | 1 過去 死にし子顔よかりき。（タ） |
| | けり | (けら) | ○ | けり | ける | けれ | ○ | ラ変型 | 活用語の連用形 | 1 過去 竹取の翁（おきな）といふものありけり。（タトサ）<br>2 気付き・詠嘆 見渡せば花も紅葉（もみぢ）もなかりけり。（ダッタナア） |
| 完了 | つ | て | て | つ | つる | つれ | てよ | 下二型 | 活用語の連用形 | 1 完了 由良（ゆら）の岬（みさき）にこの日暮らしつ。（タ・テシマウ）<br>2 確述 乳母（めのと）の替へてむ。（キット…（ダロウ・ショウ））<br>3 並列 行きつ戻りつ（…タリ…タリ） |

596

◎主要助動詞活用表

| | | | | | | | 基本形 |
|---|---|---|---|---|---|---|---|
| ぬ | な | に | ぬ | ぬる | ぬれ | ね | ナ変型 活用語の連用形 | 1完了 潮満ちぬ。(タ・テシマウ) 2確述 風も吹きぬべし。(キット…・ダロウ・ショウ) 3並列 浮きぬ沈みぬ揺られけり。(…タリ…タリ) |

| 完了 | | | | | | | | |
|---|---|---|---|---|---|---|---|---|
| たり | たら | たり | たり | たる | たれ | たれ | ラ変型動詞型活用語の連用形 | 1完了 おもしろく咲きたる桜(テイル・テアル) 2存続 くらもちの皇子おはしたり。(…タ) |
| り | ら | り | り | る | れ | れ | ラ変型 四段の命令形 サ変の未然形 | 1完了 香炉峰の雪、いかならむ。(…タ) 2存続 内侍なども参り。(テイル・テアル) |

| 推量 | | | | | | | | |
|---|---|---|---|---|---|---|---|---|
| む | (ま) | ○ | む | む | め | ○ | 四段型 活用語の未然形 | 1推量 香炉峰の雪、いかならむ。(ダロウ・ヨウ) 2意志 恋ひしきときの思ひ出にせむ。(ウ・ヨウ) 3勧誘 花を見てこそ帰り給たはむ。(ヨイ・ナサイ) |
| むず | ○ | ○ | むず | むずる | むずれ | ○ | サ変型 活用語の未然形 | 1仮想 恋しからむ折々、取りいでて見給へ。(トシタラ、ソノ) |
| らむ | ○ | ○ | らむ | らむ | らめ | ○ | 四段型 活用語の終止形 (ラ変型は連体形) | 5婉曲 心あらむ友もがな。(ヨウナ) 4現在推量 それその母もわを待つらむそ。 3伝聞・婉曲 我のみやかく恋ひすらむ。(…ノダロウ・カ) 2伝聞・婉曲 蓬莱といふらむ山(トカイウ) 1過去推量 かかる目見むとは思ひかけけむや。(タダロウ) |
| けむ | (けま) | ○ | けむ | けむ | けめ | ○ | 四段型 活用語の連用形 | 1過去推量 かかる目見むとは思ひかけけむや。(タダロウ) 2伝聞・婉曲 増賀ひじりの言ひけむやうに、(タトカイウ) |
| めり | めり | めり | めり | める | めれ | ○ | ラ変型 活用語の終止形 (ラ変型は連体形) | 1視覚にもとづく推量 子になりたまふべき人なめり。 2婉曲 …と人ごとに言ふめれど、(ヨウダ・ヨウニミエル) |
| らし | ○ | ○ | らし | らし (らしき) | らし | ○ | 特殊型 活用語の終止形 (ラ変型には連体形) | 1根拠ある推量(推定) 春過ぎて夏来たるらし白妙の衣ほしたり天の香具山。(ラシイ) |
| べし | べから べく べかり | べく べかり | べし | べき べかる | べけれ | ○ | ク活用型 活用語の終止形 (ラ変型には連体形) | 1推量 潮満ちぬ。風も吹きぬべし。(ダロウ) 2意志 我が心すべきこと(ベキダ・ハズダ) 3当然 心すべきこと(ベキダ・ハズダ) 4勧誘 ただ、人の行くにまかせて行くべし。(ガヨイ) 5可能 羽なければ、空をも飛ぶべからず。(コトガデキル) |

◎主要助動詞活用表

| 意味 | 助動詞 | 未然形 | 連用形 | 終止形 | 連体形 | 已然形 | 命令形 | 活用型 | 接続 | 用例 |
|---|---|---|---|---|---|---|---|---|---|---|
| | まし | ませ ましか | ○ | まし | まし | ましか | ○ | 特殊型 | 活用語の未然形 | 1 反実仮想 鏡に色あらましかば映らざらまし。(タトシ) 2 迷い これに何を書かまし。(タラ…タダロウ/タモノダロウカ) |
| | じ | ○ | ○ | じ | じ | じ | ○ | 特殊型 | 活用語の未然形 | 1 打消推量 吾が行を人は知らじ。(ナイダロウ) 2 打消意志 人に知られじ。(ベキデハナイ・マイ) |
| 打消推量 | まじ | まじく まじから | まじく まじかり | まじ | まじき まじかる | まじけれ | ○ | シク活用型 | 活用語の終止形（ラ変型には連体形） | 1 打消推量 男もの持つまじきもの。(ナイツモリダ・マイ) 2 打消意志 今は見るまじ。(ナイツモリダ) 3 打消当然 薬のほかはなくとも事欠くまじ。(ベキデハナイ) 4 不可能 この女見では世にあるまじ。(デキソウニナイ) 5 禁止 人に漏らさせ給ふまじ。(テハナラナイ) |
| 打消 | ず | ず (に) ざら | ず ざり | ず | ぬ ざる | ね ざれ | ざれ | 特殊型 | 活用語の未然形 | 打消 京には見えぬ鳥なれば、みな人見知らず。(ナイ) |
| 断定 | たり | たら | と たり | たり | たる | たれ | (たれ) | タリ活用型 | 体言 | 1 断定 親たるもの (デアル) 2 存在 駿河なる富士の高嶺 (ニアル) |
| 断定 | なり | なら | に なり | なり | なる | なれ | (なれ) | ナリ活用型 | 体言・活用語の連体形 | 1 断定 月の都の人なり。(デアル) |
| 伝聞推定 | なり | ○ | (なり) | なり | なる | なれ | ○ | ラ変型 | 活用語の終止形（ラ変型には連体形） | 伝聞 男もすなる日記といふものを 聴覚にもとづく推定 物語して居たるほどに、人々あまた来、なり。(ヨウダ) |
| 願望 | まほし | まほし まほしから | まほしく まほしかり | まほし | まほしき まほしかる | まほしけれ | ○ | シク活用型 | 動詞型活用語の未然形 | 1 自己の願望 いかなる人なりけむ。尋ね聞かまほし。(タイ) 2 他の在り方への願望 花はかくこそ匂はまほしけれ。(テホシイ) |
| 願望 | たし | たから | たく たかり | たし | たき たかる | たけれ | ○ | ク活用型 | 動詞型活用語の連用形 | 1 自己の願望 敵に会うてこそ死にたけれ。(タイ) 2 他の在り方への願望 家にありたき木は松、桜。(テホシイ) |
| 比況 | ごとし | ○ | ごとく | ごとし | ごとき | ○ | ○ | ク活用型 | 体言・活用語の連体形・格助詞「の」「が」 | 1 比況 松島は笑ふがごとく…(ノヨウダ) 2 同等 つひに本意のごとく会ひにけり。(ノトオリダ) 3 例示 箱には往生要集ごときの抄物を入れたり。(ノヨウナ) |

◎主要助詞一覧表

# 【主要助詞一覧表】

| 種類 | 語 | 接続 | 意味・用法 | 用例 |
|---|---|---|---|---|
| 格助詞 | が | 体言、体言に準ずる語句 | (1)主格<br>(2)同格<br>(3)連体格<br>(4)準体格 | 葦原のしけしき小屋に菅畳いやさや敷きてわが二人寝し〈古事記〉<br>いとやむごとなき際にはあらぬが、すぐれて時めきたまふありけり〈源氏・桐壺〉<br>梅が枝に来ゐる鶯春かけて鳴けどもいまだ雪は降りつつ〈古今・春〉<br>この歌は、ある人のいはく、大伴黒主がなり〈古今・雑〉 |
| 格助詞 | の | 体言、体言に準ずる語句 | (1)主格<br>(2)同格<br>(3)連体格<br>(4)連用格<br>(5)準体格 | 春立てば花とや見らむ白雪のかかれる枝に鶯の鳴く〈古今・春〉<br>風まじり雨降る夜の雨まじり雪降る夜は〈万葉・五・長歌〉<br>鶯の笠にぬふとふ梅の花折りてかざさむ老い隠るやと〈古今・春〉<br>春日野の雪間をわけて生ひ出でくる草のはつかに見えし君はも〈古今・恋〉<br>古き歌、みづからのをも、奉らしめたまひてなむ〈古今・仮名序〉 |
| 格助詞 | を | 体言、体言に準ずる語句 | (1)対象格<br>(2)分離格<br>(3)経過格<br>(4)範囲格 | 石見のや高角山の木の間よりわが振る袖を妹見つらむか〈万葉・二〉<br>わが国のうちを離れ〈竹取〉<br>玉藻かる敏馬を過ぎて夏草の野島の崎に舟近づきぬ〈万葉・三〉<br>年ごろを住みし所のしおへば来寄る波をもあわれとぞ見る〈古今・仮名序〉 |
| 格助詞 | に | 体言、体言に準ずる語句 | (1)時格<br>(2)場所格<br>(3)着点格<br>(4)主格<br>(5)手段格<br>(6)与格 | 桜花咲きなむ時に山たづの迎へに参出む君が来まさば〈万葉・六・長歌〉<br>熟田津に舟乗りせむと月待てば潮もかなひぬ今は漕ぎいでな〈万葉・一〉<br>御前にも、いみじう落ち笑はせたまふ〈枕〉<br>わが背子を都にやりて塩釜のまがきの島のまつぞこひしき〈古今・東歌〉<br>月草に衣は摺らむ朝つゆにぬれてののちはうつろひぬとも〈万葉・四〉<br>玉守に玉は授けてかつがつも枕と我はいざ二人寝む〈万葉・四〉 |
| 格助詞 | へ | 体言 | (1)方向格<br>(2)着点格 | 桜田へ鶴鳴き渡る年魚市潟潮干にけらし鶴鳴き渡る〈万葉・三〉<br>大路へ出でにけり〈十訓抄〉 |
| 格助詞 | と | 体言、体言に準ずる語句 | (1)共同格<br>(2)内容格<br>(3)基準格 | わが背子と二人見ませばいくばくかこの降る雪のうれしからまし〈万葉・八〉<br>野とならばうづらとなりて鳴きをらむかりにだにやは君は来ざらむ〈伊勢〉<br>思ふこといはでぞただにやみぬべきわれとひとしき人しなければ〈伊勢〉 |

◎主要助詞一覧表

| 分類 | 助詞 | 接続 | 意味・用法 | 用例 |
|---|---|---|---|---|
| 格助詞 | より | 体言、体言に準ずる語句 | (1)起点格 (2)経過格 (3)比較格 | 今年より春知りそむる桜花散るといふことは習はざらなむ〈古今・春〉／波の花沖から咲きて散り来〈めり海の春とは風やなるらむ〈古今・物名〉／水底の月の上より漕ぐ船のさをにさはるはかつらなるらし〈土佐〉 |
| 格助詞 | から | 体言、体言に準ずる語句 | (3)比較格 | 月夜よく良み妹に逢はむと直道よりわれは来つれど夜ぞふけにける〈万葉・一一〉／ありのことごとく着襲へども寒き夜すらを我よりも貧しき人の父母は飢ゑ寒ゆらむ〈万葉・五・長歌〉 |
| 格助詞 | にて | 体言、体言に準ずる語句 | (1)場所格 (2)手段格 (3)理由格 | 塩海のほとりにてあざれあへり〈土佐〉／たづねゆくまぼろしもがなつてにても魂のありかをそこと知るべく〈源氏・桐壺〉／竹の中におはするにて知りぬ〈竹取〉 |
| 格助詞 | して | 体言、体言に準ずる語句 | (1)被使役格 (2)手段格 (3)状態格 | 楫取して、幣奉らするに〈土佐〉／およびの血して書きつけける〈伊勢〉／二人して結びし紐をひとりしてあひ見ずにあれは解き直せじ今帰り来むまでは〈万葉・一二〉 |
| 接続助詞 | ば | 未然形 | 順接仮定 | 立ちわかれいなばの山の峰に生ふるまつとし聞かば今帰り来む〈古今・離別〉 |
| 接続助詞 | ば | 已然形 | (1)順接確定 (2)修辞的仮定 | 世の中にたえて桜のなかりせば春の心はのどけからまし〈古今・春〉／ほととぎす鳴かず寝にけらしも〈万葉・八〉 |
| 接続助詞 | とも | 動詞型の終止形、形容詞型の連用形 | (1)強調(修辞的仮定) (2)逆接仮定 | ①必然的条件—世の中を憂しとやさしと思へども飛び立ちかねつ鳥にしあらねば〈万葉・五〉 ②恒常的条件—夕されば小倉の山に鳴く鹿は今夜ごよひは鳴かず寝にけらしも〈万葉・八〉 ③偶然的条件—五月まつ花橘の香をかげば昔の人の袖の香ぞする〈古今・夏〉 あらしのみ吹きくめる宿に花すすき穂に出でたりとかひやなからむ〈古今〉 |
| 接続助詞 | ども | 已然形 | 逆接確定 | 千年をも過ぐすと思へども一夜ばかりの夢の心地して〈徒然〉 |
| 接続助詞 | が | 連体形 | (1)単純接続 (2)逆接確定 | 世の中を憂しとやさしと思へども飛び立ちかねつ鳥にしあらねば〈万葉・五〉／二人行けど行き過ぎがたき秋山をいかにか君が独り越ゆらむ〈万葉・二〉 |
| 接続助詞 | に | 連体形 | (1)単純接続 (2)順接確定 (3)逆接確定 | 平家重恩の身なりしが、それもそむいて為則とて、御車くるまのしりに候ひけるが、「…」と言ひたり〈平家〉／庭の面おももはまだ乾かぬに夕立の空さりげなく澄める月かな〈新古今・夏〉／火の中にうちくべて焼かせたまふに、めらめらと焼けぬ〈竹取〉／秋風に今か今かと紐解きてうら待ちをるに月かたぶきぬ〈万葉・二〇〉 |

◎主要助詞一覧表

| 分類 | 語 | 接続 | 意味・用法 | 例文 |
|---|---|---|---|---|
| 接続助詞 | を | 連体形 | (1)順接確定 (2)逆接確定 (3)単純接続 | 夏の夜はまだ宵ながら明けぬる**を**雲のいづこに月宿るらむ〈古今・夏〉／君により言こちの繁きを故郷の明日香の川にみそぎしに行く〈万葉・四〉／「夏山となむ申す」と申ししを、やがて、繁樹となりつけさせたまへりし〈大鏡〉 |
| 接続助詞 | ものを | 連体形 | 逆接確定 | 空蟬の世の人言の繁ければ忘れぬ**ものの**かれぬべらなり〈古今・恋〉 |
| 接続助詞 | ものの | 連体形 | 逆接確定 | 恨みわび干さぬ袖だにあるものを恋にくちなむ名こそ惜しけれ〈後拾遺・恋〉 |
| 接続助詞 | ものから | 連体形 | 逆接確定 | 玉かづら絶えぬ**ものから**さ寝らくは年の渡りにただ一夜のみ〈万葉・一〇〉 |
| 接続助詞 | ものゆゑ | 連体形 | (1)順接確定 (2)逆接確定 | 秋ならで逢ふことかたき女郎花天の川原に生ひぬ**ものゆゑ**をしりあひたり〈竹取〉／春過ぎて夏来たるらし白たへの衣干したり天の香具山〈万葉・一〉 |
| 接続助詞 | て | 連用形 | (1)順接確定 (2)逆接確定 (3)単純接続 | さはることありて、なほ同じ所なり〈土佐〉／目には見て手には取らえぬ月の内のかつらのごとき妹をいかにせむ〈万葉・四〉 |
| 接続助詞 | して | 連用形 | 単純接続 | 飽かずして別るる袖の白玉を君が形見と包みてぞゆく〈古今・離別〉 |
| 接続助詞 | つつ | 連用形 | (1)反復継続 (2)並立 | 明日よりは春菜摘まむと標めし野にきのふも今日も雪は降り**つつ**〈万葉・八〉／思ひ**つつ**寝ればや人の見えつらむ夢と知りせば覚めざらましを〈古今・恋〉 |
| 接続助詞 | ながら | 動詞の連用形・形容詞・形容動詞の語幹・「ず」の連用形、助動詞 | (1)存続 (2)逆接確定 (3)並立 | 夏の夜はまだ宵**ながら**明けぬるを雲のいづこに月宿るらむ〈古今・夏〉／日は照り**ながら**雪の頭にふりかかりけるをよませたまひける〈古今・春〉／桜散る花の所は春**ながら**雪ぞ降りつつ消えがてにする〈古今・春〉 |
| 接続助詞 | で | 未然形 | 打消接続 | 君ならで誰にか見せむ梅の花色をも香をも知る人ぞ知る〈古今・春〉 |
| 副助詞 | だに | 体言、連用修飾語 | (1)類推 (2)取り立て | 散りぬとも香を**だに**残せ梅の花恋しき時の思ひ出にせむ〈古今・春〉／夕占にも占**だに**問れる今夜こそ来まさぬ君をいつとか待たむ〈万葉・一一〉 |
| 副助詞 | すら | 体言、連用修飾語 | (1)類推 (2)取り立て | 大空ゆ通ふ我**すら**汝がゆゑに天の川道をなづみてぞ来し〈万葉・一〇〉／言ことに問はぬ木**すら**妹と兄とありといふをただ独り子にあるが苦しさ〈万葉・六〉 |
| 副助詞 | さへ | 種々の語句 | (1)類推 (2)添加 | 梓弓おして春雨降らぬ明日**さへ**降らば若菜つみてむ〈古今・春〉／烏の、寝どころへ行くとて、三つ四つ、二つ三つなど、飛びいそぐ**さへ**あはれなり〈枕〉 |

◎主要助詞一覧表

| 分類 | 助詞 | 接続 | 意味 | 用例 |
|---|---|---|---|---|
| 副助詞 | のみ | 種々の語句 | (1)限定 (2)強調 | 我のみぞ悲しかりける彦星もあはで過ぐせる年しなければ〈古今・恋〉 御胸のみつとふたがりて、ものをとかう思ひめぐらし、〈源氏・須磨〉 |
| 副助詞 | ばかり | 種々の語句 | (1)限定 (2)程度 (3)限度範囲 | かくばかり恋ひつつあらずは高山の岩根しまきて死なましものを〈万葉・二〉 月ばかり面白きものはあらじ〈徒然〉 名にめでて折れるばかりぞをみなへし我落ちにきと人に語るな〈古今・秋〉 |
| 副助詞 | まで | 種々の語句 | (1)範囲 (2)程度 (3)限度 | 堀江越え遠き里まで送り来る君が心は忘らゆましじ〈万葉・二〇〉 うすく濃き野べの緑の若草に跡まで見ゆる雪のむら消え〈新古今・春〉 わが宿は道もなきまで荒れにけりつとせしまに待つ人〈古今・恋〉 |
| 副助詞 | など なんど | 種々の語句 | (1)例示 (2)婉曲 | ひじりなどすら、「前きの世のこと夢に見るは、いとかたかなるは〈更級〉 「日を望めば都遠し」などいふな言のさまを、〈土佐〉 |
| 副助詞 | し しも | 種々の語句 | 強調 | 唐衣着つつなれにしあればはるばる来ぬる旅をしぞ思ふ〈伊勢〉 家にあれば笥に盛る飯を草枕旅にしあれば椎の葉に盛る〈万葉・二〉 |
| 係助詞 | は | 種々の語句 | (1)提題 (2)対比 (3)強調 | 大和は国のまほろば畳なづく青垣山籠れる大和しうるはし〈古事記〉 世の中は何か常なる飛鳥川昨日の淵ぞ今日は瀬になる〈古今・雑〉 里中に鳴くなる鶏の呼び立てていたくは泣かぬ妻はこもれり〈万葉・一一〉 |
| 係助詞 | も | 種々の語句 | (1)列挙 (2)添加 (3)類推 | あふことの絶えてしなくはなかなかに人をも身をも恨みざらまし〈拾遺・恋〉 熟田津に船乗りせむと月待てば潮もかなひぬ今は漕ぎいでな〈万葉・一〉 夏は、夜。月のころは、さらなり。闇もなほ、蛍のおほく飛びちがひたる〈枕〉 |
| 係助詞 | ぞ | 種々の語句 | 強調 | 秋来ぬと目にはさやかに見えねども風の音にぞおどろかれぬる〈古今・秋〉 |
| 係助詞 | なむ なん | 種々の語句 | 強調 | 「これなむ都鳥」といふを聞きて、ものあはれも知らずずなりゆくかな、あさましき〈徒然〉 |
| 係助詞 | や | 種々の語句 | (1)疑問 (2)反語 | 名にし負はばいざ言こと問はむ都鳥我が思ふ人はありやなしやと〈伊勢〉 思ひ出でて恋しき時は初雁のなきわたるよと人知るらめや〈古今・恋〉 |
| 係助詞 | か | 種々の語句 | (1)疑問 (2)反語 | ねもころに片思ひすれかこの頃のあが心どの生けるともなき〈古今・仮名序〉 生きとし生けるもの、いづれか歌を詠まざりける〈古今・仮名序〉 |
| 係助詞 | こそ | 種々の語句 | (1)強調 (2)逆接強調 | 散ればこそいとど桜はめでたけれ憂き世になにか久しかるべき〈古今・春〉 春の夜の闇はあやなし梅の花色こそ見えね香やは隠るる〈古今・春〉 |

602

◎主要助詞一覧表

| 分類 | 助詞 | 接続 | 意味 | 例文 |
|---|---|---|---|---|
| 終助詞 | ばや | 動詞・助動詞の未然形 | 願望 | 身せ**ばや**な雄島の海人の袖だにもぬれにぞぬれし色は変はらず〈千載・恋〉 |
| 終助詞 | なむ | 動詞の未然形 | 誂え | 小倉山峰のもみぢ葉心あらば今ひとたびのみゆき待た**なむ**〈拾遺・秋〉 |
| 終助詞 | しか・しが | 連用形 | 願望 | 折れ太刀をひっさげて、「あはれ太刀がな」〈古活字本平治〉 |
| 終助詞 | がな | 体言 | 願望 | 秋の野の花々とりてわが衣手に移してしか**がな**〈弘恩集〉 |
| 終助詞 | もがな | 体言・形容詞の連用形 | 願望 | 甲斐がね嶺をさやかにも見しが**もがな**と思ひけるかな〈古今・東歌〉 |
| 終助詞 | な | 終止形(ラ変には連体形) | 禁止 | 君がため惜しからざりし命さへ長くも**がな**と思ひけるかな〈後拾遺・恋〉 |
| 終助詞 | そ | 動詞の連用形(カ変・サ変には未然形) | 禁止 | 庭に立つ麻手刈り干し布さらす東女を忘れたま**ふな**〈万葉・四〉 |
| 終助詞 | かな | 体言、連体形 | 詠嘆 | 浅緑糸よりかけて白露を玉にもぬける春の柳**か**な〈伊勢〉/ かぎりなく遠くも来にける**かな**〈古今・春〉 |
| 終助詞 | な | 文末 | 詠嘆 | 武蔵野は今日はな焼きそ若草のつまもこもれりわれもこもれり〈伊勢〉/ 吹く風を**な**こその関と思へども道もせにちる山ざくらかな〈千載・春〉 |
| 終助詞 | かし | 文末 | 確認 | 花の色は移りにけりないたづらに我が身世にふるながめせしまに〈古今・春〉/ 寂しさに堪へたる人のまたもあれな庵ならべん冬の山里〈新古今・冬〉 |
| 終助詞 | は | 種々の語句 | (1)確認 (2)詠嘆 | 交野の少将には、笑はれたまひけむ**かし**〈源氏・帚木〉/ 春日野の雪間を分けて生ひ出でくる草のはつかに見えし君**はも**〈古今・恋〉 |
| 終助詞 | ぞ | 体言、体言に準ずる語句 | (1)詠嘆 (2)疑問 (3)反語 | うまし国**ぞ**あきづ島大和の国は〈万葉・一・長歌〉/ 筏師だに待て言はん水上はいかばかり吹く山のあらしぞ〈新古今・冬〉/ なんでふものつくべき**ぞ**〈十訓抄〉 |
| 間投助詞 | よや | 文節の末尾 | (1)呼びかけ (2)詠嘆 | 少納言**よ**、香炉峰の雪いかならむ〈枕〉/ 世の中**や**道こそなけれ思ひ入る山の奥にも鹿ぞ鳴くなる〈古今・雑〉 |
| 間投助詞 | を | 文節の末尾 | (1)詠嘆 (2)強調 | 萩が花散るらむ小野の露霜に濡れて**を**ゆかむさ夜はふくとも〈古今・秋〉/ 君があたり見つつ**を**居らむ生駒山雲な隠しそ雨は降るとも〈伊勢〉 |

◎古典の基本的修辞

# 【古典の基本的修辞】

○言葉を効果的に使って、詩歌や文章を美しく表現する技術を修辞といいます。ここでは、特に和歌にしばしば用いられる修辞を中心に説明しました。

**枕詞**(まくらことば) ある特定の言葉の上に固定的について、これを修飾し、句調を整える語。多くは五音節からなり、上代では多く用いられた。たとえば、「あしひきの」は「山」に、「ぬばたまの」は「夜」にかかる枕詞・枕詞はふつう訳出しない。どうして二つの語が固定的な関係になったのか、わからないものも多い。

**序詞**(じょことば) ある語句を導き出すために、その前に置かれる修飾的な語句。枕詞と同じ働きをするが、(ア)枕詞よりも語句が長い、(イ)序詞とそれを受ける語句の間に特定の関係がない点で、枕詞と異なる。序詞は、その都度創作され具体的な内容を持っているので、訳出する必要がある。

《序詞の続き方》
①同音の反復によるもの
【例】「ほととぎす鳴くや五月のあやめ草あやめも知らぬ恋をするかな」〈古今・恋一〉
【訳】ほととぎすが鳴く五月に咲く菖蒲(あやめ)ではないが、その「文目(あやめ)」という言葉のように物事の筋道もわからない(無我夢中の)恋をすることよ。
▼「ほととぎす鳴くや五月のあやめ草」が序詞で、同音の「文目」を導き出している。

②掛詞によるもの
【例】「風吹けば沖つ白波たつた山夜半にや君がひとり越ゆらむ」〈伊勢・二三〉
【訳】風が吹くと沖の白波が立つ、そんな恐ろしい竜田山を夜中にあなたは独りで越えているのだろうか。
▼「風吹けば沖つ白波」が「たつた山」を導く序詞。白波が「立つ」と「たつた山」の「たつ」との掛詞を応用したもの。

③意味の共通性によるもの
【例】「あしひきの山鳥の尾のしだり尾のながながし夜をひとりかも寝む」〈拾遺・恋三〉
【訳】山鳥の長く垂れ下がった尾のように、長い長いこの秋の夜を、わたしは独り寂しく寝るのであろうか。
▼「あしひきの山鳥の尾のしだり尾の」が序詞で、山鳥の垂れ下がった尾が長いことから「ながながし」を導き出している。「あしひきの」は「山」にかかる枕詞。

**掛詞**(かけことば) 「松(まつ)」と「待(まつ)」のような、同じ音で意味の異なる語(同音異義語)を利用して、一語に二つの意味を持たせる技法。
【例】「山里は冬ぞさびしさまさりける人目も草もかれぬと思へば」〈古今・冬〉
【訳】山あいの里は、冬になると一段と寂しさがつのってくるよ。人の行き来も遠のくし、そのうえ、草も枯れてしまうと思うと。
▼「かれ」が、(人目も)「離(か)れ」と(草も)「枯(か)れ」の掛詞である。

**縁語**(えんご) 一つの言葉と意味の上でつながりのある言葉を特に意識的に用いて表現の効果をあげる技法。縁のある語があっても、それらが文脈上必然的なつながりがある場合には、縁語とはいわない。通常、縁語は、掛詞と併用される。
【例】「鈴鹿山うき世をよそにふり捨ていかになり行くわが身なるらむ」〈新古今・雑中〉
【訳】鈴鹿山よ、つらい世間とのつながりを自分とは無関係なものとしてつながりを切って(今わたしは鈴鹿山を越えて行くが)、今後わが身はどうなってゆくのだろうか。
▼「鈴鹿山」の「鈴」と「振り」「なり」「鳴り」は縁語。「なり」は「成り」と「鳴り」の掛詞。

**見立て**(みたて) 白梅の花を雪と見たり、涙を白玉と見たりするなど、ある事がらを別の事がらになぞらえて表現する技法。見立てのうち、人以外のものを人になぞらえて表現するものを、擬人法という。
【例】「見渡せば柳桜をこきまぜて都ぞ春の錦(にしき)なりける」〈古今・春上〉
【訳】見わ

◎古典の基本的修辞

たすと、柳の緑と薄紅の桜とをまぜ合わせて、ほかならぬこの都こそが春の錦であったよ。
▼柳の葉の緑と桜の花の色とが混ざって見える風景を、錦織に見立てた。

**隠し題**（かくしだい） 歌の中に、その内容とはかかわりなくある言葉を隠す技法。ひとつづきに隠す「物の名」と、各句の切れ目に一字ずつ隠す「折り句」がある。清音も濁音も同じ音として扱う。

例「うばたまのわが黒髪はかはるらむ鏡の影に降れる白雪」〈古今・物名〉
訳 わが黒髪が変わったのであろうか。鏡に映った姿は降っている白雪は。
▼「くろかみやかはかはるらむ」に「紙屋川」を隠す「物の名」の歌。「うばたまの」は「黒」の枕詞。白髪を「降れる白雪」と見立て、上句と下句が倒置となっている。

例「春の夜の闇（やみ）はあやなしかくる梅の花色こそ見えね香（か）やはかくるる」〈古今・春上〉
訳 春の夜の闇は（梅の花を覆い隠そうとして）筋道の立たないことをするものだ。梅の花は見えないが、香りは隠れるだろうか、いや隠れはしない。
▼梅の花が春の夜の闇の中にあるさまを、春の夜の闇が梅の花の中にあると、擬人化して表現したもの。

**歌枕**（うたまくら） 和歌に詠まれる諸国の名所。『古今和歌集』以後の和歌用語についていう。歌枕となる名所には、「吉野」といえば雪や桜を、「竜田山」といえば紅葉を、「飛鳥川」といえば無常を連想するように、先行する和歌により特定のイメージが付与されていて、そのイメージにかかわって表現することになる。

**句切れ**（くぎれ） 五（初句）・七（二句）・五（三句）・七（四句）・七（結句）の結句以外の所で、意味上の切れ目があること。初句で切れるものを「初句切れ」、以下「二句切れ」「三句切れ」「四句切れ」という。句切れのないものは「無句切れ」という。句切れはリズムと深くかかわっており、二句切れ・四句切れは五七調、初句切れ・三句切れは七五調に近い。五七調は『万葉集』に多く力強いリズムがあり、七五調は『古今和歌集』に多く繊細優美なリズムがある。和歌がどこで句切れているかの判断は、終止形・命令形・係り結びなどに注目するとよい。倒置の場合も句切れとなる。

**体言止め**（たいげんどめ） 和歌の末尾（結句）を体言で言い切る技法。余情・余韻を残す効果がある。『新古今和歌集』でよく用いられる。

例「春の夜の夢の浮き橋とだえして峰にわかるる横雲（よこぐも）の空」〈新古今・春上〉
訳 春の夜のはかない夢がとぎれた折しも、横雲が峰から別れてゆく明け方の空であることよ…。

**本歌取り**（ほんかどり） 有名な古歌（本歌）の語句や趣向などを、意識的に取り入れて歌を詠む技法。本歌を連想させることによって、複雑な情感を生み出し、余情・余韻が深まることになる。

例「駒（こま）とめて袖（そで）うちはらふ陰（かげ）もなし佐野のわたりの雪の夕暮れ」〈新古今・冬〉
訳 馬をとめて袖に積もった雪を払う物陰もない。ここ佐野の渡しの雪の降る夕暮れよ。
▼本歌は「苦しくも降り来る雨か三輪の崎狭野（さの）の渡りに家もあらなくに」〈万葉・巻三〉訳 困ったことに降り出してきた雨だなあ。三輪の岬の佐野の渡し場には、（雨やどりをする）家もないことなのに。（雨の中を行く旅の苦労を歌っているが、この歌は、雨を雪にかえて寂しさに優美な情感をこめ、絵画的な世界を創出している。

例「から衣きつつなれにしつましあれば

◎季語一覧

# 【季語一覧】

○近世に使われた主要な季語を、季別・類別に歴史的かなづかいの五十音順で挙げました。
○季語は陰暦によって定められているので、太陽暦で暮らしている私たちには、属する「季」がわかりにくいことも多くあります。
○春の部のうち＊印は特に新年のものです。

## 【春】

### 時候・天文・地理

あたたか・凍(い)て解け・浮き氷(ごほ)・うららか・お降(さが)り・遅(おそ)き日・朧月(おぼろづき)・陽炎(かげろふ)・風光る・貝寄せ・去年(こぞ)・東風(こち)・今年・冴(さ)え返る・佐保姫(さほひめ)・残雪・＊人日(じんじつ)・雪崩(なだれ)・苗代(なはしろ)・のどか・初日(はつひ)・彼岸・日永(ひなが)・雪間姫・＊焼け野・山笑ふ・雪解(ゆきげ)む・雪間(ま)・若菜野・忘れ霜け

### 人事

畦(あぜ)塗り・伊勢参り・磯遊び・お水取り・風車・＊飾り・寒食(かんしょく)・菊根分け・御忌(ぎょき)・曲水の宴・草餅・桑摘み・炎(ろげ)・独楽(まこ)・小松引き・挿(さ)し木・鞦韆(しうせん)・汐干(しほひ)狩り・注連(しめ)飾り・田打ち・耕(たが)す・凧(たこ)・田螺和(たにしあへ)・種まき・茶摘み・接(つ)ぎ木・摘草・出代(でがは)り・手毬(まり)・苗床(などこ)・涅槃(ねはん)・野焼く・海苔掻(のりか)き・畑打ち・花見・針供養(はりくやう)・雛(ひな)・＊二日灸(ふつかきう)・鮒膾(ふなます)・遍路・蓬莱(ほうらい)・麦踏み・目刺し・＊餅・屋根替へ・＊藪(やぶ)入り・炉塞(ふさ)ぎ・若菜摘む・＊若水(わかみづ)・若布(わかめ)刈る・絵踏(ふ)み

### 動物

あさり・あぶ・＊伊勢海老(いせえび)・蜆(あり)・＊青麦・独活(うど)・馬酔木・蝌蚪(かと)・鶯(うぐひす)・鷽(うそ)・蛙・蚕(かひこ)・帰(かへ)る雁・海棠(かいだう)・立ち草の芽・きじ・蝌蚪(くわと)・子猫・桜鯛・桑・小米花(こごめ)・木(こ)の芽・辛夷(こぶし)・歯朶(しだ)・下萌え・石楠花(しゃくなげ)・松露(しょうろ)・杉菜・杉の花・菫(すみれ)・芹・雀(すずめ)の子・蜆(しじみ)・白魚・(にし)の角落つ・田螺(たにし)・沈丁(ぢんちゃうげ)・たんぽぽ・蔦苔(つたごけ)・つつじ・椿・蝶(ちょう)・燕の巣・猫の恋・鳥雲に入る・鳥の巣・鳥帰る・雲雀(ひばり)・蜂・蛤(はまぐり)・雲雀・鰈(ひらめ)・鱒(ます)・百千鳥(ももちどり)・やどかり・柳鮠(やなぎはえ)・呼ぶ子鳥・＊嫁が君・若鮎(あゆ)

### 植物

薊(あざみ)・蘆(あし)の角・＊青麦・独活(うど)・馬酔木・蚕豆(そらまめ)・茎(あさつき)立ち草の芽・梅・海棠(かいだう)・立ち草の芽・桑・小米花(こごめ)・木(こ)の芽・辛夷(こぶし)・桜・＊歯朶(しだ)・下萌え・石楠花・杉菜・杉の花・菫(すみれ)・芹・沈丁(ちんちやうげ)・たんぽぽ・土筆(つくし)・つつじ・椿・菜の花・韮(にら)・梨(なし)の花・防風(ばうふう)・蕗(ふき)の薹(たう)・＊海苔(のり)・藤の花・桃の花・ぼけの花・松の花・＊ゆづり葉・嫁菜・若柳・山吹・＊豆の花・蓬(よも)・山葵(わさび)・蕨(わらび)・連翹(れんぎょう)・若草・若緑・若布(わかめ)

◎季語一覧

## 【夏】

秋近し・秋を待つ・暑さ・油照り・青嵐(あおあらし)・青田(あおた)・泉(いずみ)・卯浪(うなみ)・卯(う)の花腐(はなくたし)・植ゑ田・雲の峰・黒南風(くろはえ)・薫(かお)る雷・喜雨(きう)・五月雨(さみだれ)・三伏(さんぷく)・滴(したた)り・清水(しみず)・涼し・滝・田に水引く・梅雨入(つゆい)り・梅雨(つゆ)明け・露涼し・出水(でみず)・土用・土用波・虎(とら)が雨・虹(にじ)・入梅(にゅうばい)・梅雨(ばいう)・麦の秋・夕立(ゆうだち)・夜の秋・日盛り・旱(ひで)り・旱畑(ひでりばた)・短夜(みじかよ)・裸富士・焼け田・雹(ひょう)・

麻刈り・袷(あわせ)・扇(あおぎ)・葵祭(あおいまつり)・雨乞ひ・甘茶・洗ひ鯉(こい)・安居(あんご)・印地打(いんぢうち)・鵜(う)飼ひ・薄物・団扇(うちわ)・打ち水・梅干・閻魔(えんま)参り・起こし絵・大矢数(おおやかず)・泳ぎ・帷子(かたびら)・嘉定食(かじょうぐい)ひ・川狩(かがり)・蚊帳(かや)・行水(ぎょうずい)・草刈り・薬玉(くすだま)・葛水(くずみず)・競(くら)べ馬・灌仏(かんぶつ)・飼ひ蚕(こ)・衣更(ころもがえ)・晒(さら)し井・早乙女(さおとめ)・菖蒲葺(しょうぶふ)く・鮓(すし)・施米(せまい)・水飯(すいはん)・鮒(ふな)・蝉(せみ)・白重(しろがさね)・鵜(う)・なめくぢ・蚤(のみ)・初鰹(はつがつお)・羽抜(はぬけ)鳥・蠅(はえ)・蟇(ひき)・袋蛇(ふくろへび)・火取り虫・蛭(ひる)・蛞蝓(なめくじり)・蛇(へび)・ぼうふり・蛍・時鳥(ほととぎす)・松蟬(まつぜみ)・繭(まゆ)・目高(めだか)・葭(よし)切り・ゐもり・みづすまし・端午・竹夫人(ちくふじん)・茅(ち)の輪・粽(ちまき)取り・毒消し売り・ところてん・照射(ともし)・幟(のぼり)・端居(はしゐ)・日傘(ひがさ)・裸跣足(はだし)・はったい・風鈴(ふうりん)・冷や汁(じる)・昼寝・麦打ち・麦笛・虫干し藻(も)刈り・矢車・浴衣(ゆかた)・蘭湯(らんとう)・夜振(よぶり)・

雨蛙(あまがえる)・あめんぼう・鮎(あゆ)・蟻(あり)・青鷺(あおさぎ)・芋虫・鵜(う)・浮き巣・空蟬(うつせみ)・老い鶯(うぐいす)・落とし文(ぶみ)・蚊・蝙蝠(こうもり)・河鹿(かじか)・かたつぶり・蟹(かに)・鹿(しか)の子・川蟬(かわせみ)・甲虫(かぶとむし)・鍬形虫(くわがたむし)・くらげ・毛虫・鳧(けり)・蝉(せみ)・とかげ・こほろぎ・金魚・水鶏(くいな)・黄金虫(こがねむし)・蜘蛛(くも)・閑古鳥(かんこどり)・ささげ・早苗(さなえ)・百日紅(さるすべり)・茂(しげ)り・椎(しい)の花・菖蒲・柘榴(ざくろ)の花・栗(くり)の花・けしの花・苔(こけ)・木下闇(こしたやみ)・微(かび)・桐(きり)の花・くちなし・

藜(あかざ)・麻・あぢさゐ・樗(おうち)・あやめ・青蘆(あおあし)・青梅・青桐(あおきり)・青葉・苺(いちご)・茨(いばら)・卯(う)の花・瓜(うり)・沢瀉(おもだか)・河骨(こうほね)・かきつばた・柿の花・歓(ねむ)の花・撫子(なでしこ)・夏菊(なつぎく)・薔薇(ばら)・葉桜・蓮(はす)の浮き葉・芭蕉(ばしょう)・巻き葉・蓮(はす)の花・帚木(ははきぎ)・葉柳・昼顔・花柑子(はなこうじ)・枇杷(びわ)の花・牡丹・菱(ひし)の花・藤(ふじ)・紅(べに)の花・実梅・海松(みる)・麦・藻(も)の花・桃・柚(ゆ)の花・夕顔(ゆうがお)の花・若竹・若葉・病葉(わくらば)・百合(ゆり)・忘れ草・杜若(とじゃく)・芍薬(しゃくやく)・蓼(たで)・月見草・橘(たちばな)・なすび・茄子(なす)・石竹(せきちく)・芍(しゃく)・椎(しい)の花・忍冬(すいかずら)・袋(ふくろ)・茶・葉・合歓(ねむ)の花・葉桜・竹の子・蚕(きぬこ)・繭(まゆ)

◎季語一覧

## 【秋】

| | 時候・天文・地理 | 人事 | 動物 | 植物 |
|---|---|---|---|---|
| | 朝寒(あさ)寒(さむ)・天の川・十六夜(いざよひ)・稲妻(いなづま)・色づく鰯雲(いわしぐも)・うそ寒(むざむ)・落とし水・刈り跡・刈り田・霧・残暑・不知火(しらぬひ)・月(ぬき)・新涼(しんりやう)・すさまじ・田の面(にひもと)・後の月・露・二百十日(にひやくとおか)・野分き・野を染むる・肌寒(はださむ)・初嵐(はつあらし)・八朔(はつさく)・初(ひぐな)汐(しほ)・花園(くわゑん)・花野・ひややか・冬近し・冬隣(ふゆどなり)・星月夜(ほしづきよ)・待つ宵(よひ)・無月(むげつ)・三日月・名月・山の錦・山を染むる・やや寒・寒(さむ)夜(よ)・良夜(りやうや) | 蘆(あし)刈り・稲刈り・盂蘭盆(うらぼん)・送り火・案山子(かがし)・懸(かけ)煙草(たばこ)・萱(かや)刈り・砧(きぬた)・岐(まち)・門火(かどび)・毛見(けみ)・迎へ・猿(こう)酒(ぜん)・御遷宮(ごせんぐう)・小鳥網・駒(こま)迎へ・相撲(すまふ)・新酒・新米・捨て扇(おうぎ)・摂待(せつたい)・走馬(そうま)灯(とう)・添水(そうづ)・狩り・七夕(たなばた)・大文字(だいもんじ)・茸(たけ)狩り・月見・角切り・灯籠(とうろう)・鳴子(なるこ)・濁り酒・放生(はうじやう)会(え)・墓参り・稲架(はざ)・吹く花火・星祭・迎へ火・籾(もみ)・流灯(りうとう)・綿取り・踊(をど)り・柚味噌(ゆみそ)・魚釣(うを)り・鳩(はと)吹く花火・沙魚(はぜ)釣り | 穴惑ひ・あめのうを・いとど・稲負(いなおほせ)鳥・蝗(いなご)・色鳥・鰯(いはし)・落ち鮎・かげろふ・かじか・鉦(かね)たたき・蟋蟀(かまきり)・雁(かり)・啄木(きつつ)鳥・小鳥・きり・ぎりす・くつわ虫・こほろぎ・鮭(さけ)・鹿(しか)・鴫(しぎ)・鈴虫・鶺鴒(せきれい)・太刀魚(たちうを)・つくつくぼふし・とんぼ・沙魚(はぜ)・はたおり・蜩(ひぐらし)・鶲(ひたき)・筆つ虫・頬(ほほ)赤・頬白・松虫・蓑(みの)虫・蚯蚓(みみず)鳴く・目白・鴨(もず)・紅葉鮒(もみぢぶな)・渡り鳥 | あけび・朝顔(あさがほ)・粟(あは)・稲の花・薄・薄紅葉(うすもみぢ)・梅もどき・末(うら)枯れ・白粉(おしろい)の花・落ち穂・柿・かぼちゃ・烏瓜(からすうり)・桔梗(ききやう)・菊・きのこ・黍(きび)・桐一葉(きりひとは)・草の花・草の実・草紅葉(くさもみぢ)・葛(くず)・栗(くり)・鶏頭(けいとう)・木(こ)の実落つ・胡麻・紫苑(しをん)・西瓜(すいくわ)・自然薯(じねんじょ)・椎(しひ)の実・蕎麦(そば)の花・唐辛子(たうがらし)・露(つゆ)・蔦(つた)・蓼(たで)の花・零余子(ぬかご)・草・どんぐり・梨(なし)・菜(な)・野菊・萩(はぎ)・葉鶏頭・芭蕉(ばせう)・瓢(ふく)・爐紅葉(はぜもみぢ)・葡萄(ぶだう)・菱(ひし)・芙蓉(ふよう)・へちま・鳳仙花(ほうせんくわ)・ほづき・松茸(まつたけ)・蜜柑(みかん)・間引き菜・曼珠沙華(まんじゆしやげ)・木犀(もくせい)・紅葉(もみぢ)・女郎花(をみなへし)・柳散る・蘭(らん)・竜胆(りんだう)・槿(むくげ) |

608

◎季語一覧

## 【冬】

淡雪(あわゆき)・霰(あられ)・薄雪・薄氷(うすらひ)・鏡・枯れ野・寒(かん)・朽(く)ちる・小六月(ころくがつ)・寒空・冴(さ)ゆる・時雨(しぐれ)・師走(しわす)・しまき・霜・霜柱・霜夜(しもよ)・節分・短日(たんじつ)・除夜(じょや)・氷柱(つらら)・年の川・年の暮れ・年の夜(よ)・初時雨(はつしぐれ)・初氷(はつごおり)・初雪・春隣(はるとなり)・冷ゆる・糞(みそ)・水涸(みずか)るる・六(む)つの花・山枯るる・山眠る雪

野木枯らし・小春・氷(こおり)

網代(あじろ)・埋(うず)み火・恵比須講(えびすこう)・置き炬燵(たつ)・御命講(おめいこう)・神楽(かぐら)・掛け乞ひ・粕汁(かすじる)・風邪(かぜ)・髪置き・神の子鳴く・兎(うさぎ)・かいつぶり・牡蠣(かき)・杜父魚(かくぶつ)・鴨(かも)・狐(きつね)・笹鳴(ささなき)・鶴(たつ)・鷹(たか)・海鼠(なまこ)・鴇(にほ)・千鳥・友千木(こ)の葉・山茶花(さざんか)・残菊・枯れ菊・枯れ葦(あし)・枯れ芝・枯れ蔦(つた)・枯れ葉・枯れ尾花(おばな)・朽ち葉・送り紙子(かみこ)・神の旅・神の留守(るす)・乾鮭(からさけ)・狩り・口切り・衣(ころもがえ)配り・茎漬(くきづけ)・炬燵(こたつ)・障子(しょうじ)・里神楽・煤(すす)払ひ・十夜(じゅうや)・炭・炭竃(すみがま)・炭俵(すみだわら)・炭火(かぐら)・節季候(せきぞろ)・大根引(だいこんひき)・玉子酒・頭巾(ずきん)・焚(た)き火・足袋(たび)・大根・年の市・年忘れ・袴着(はかまぎ)・鉢叩(はちたた)き・日向(ひなた)ぼこ・火鉢・屏風(びょうぶ)・火桶(ひおけ)・衾(ふすま)・蒲団(ふとん)・古暦(ふるごよみ)・干し菜・榾(ほた)・餅搗(もちつ)き・豆を打つ・麦まき・炉・炉開き・囲炉裏(いろり)・夜着(よぎ)

あぢむら・穴熊(あなぐま)・鮟鱇(あんこう)・磯(いそ)千鳥・浮き寝鳥・鶯(うぐいす)・鯨(くじら)・鳴(もぬき)・鱈(たら)・千鳥・友千鳥・鳥・鷦鷯(みそさざい)・水鳥(みずとり)・木兎(みみずく)・鷲(わし)・鴛鴦(おしどり)・鵯(ひよ)・温め鳥・寒雀(かんすずめ)・蕎麦刈(そばか)り・大根・水仙・茶の花・石蕗(つわ)の花・年の梅・茄子(なすび)・葱(ねぎ)・根深(ねぶか)・柊(ひいらぎ)の花・枇杷(びわ)の花・室(むろ)咲き・室の花・梅・紅葉(もみじ)散る・八つ手の花・臘梅(ろうばい)

落ち葉・蕪(かぶ)・返(かえ)り花・榠樝(かりん)の花・枯れ蘆(あし)・枯れ木・枯れ菊・枯れ草・枯れ芝・枯れ蔦(つた)・枯れ葉・枯れ尾花(おばな)・朽ち葉・枯(こ)の葉・山茶花(さざんか)・残菊・茎菜(くくたち)・櫁(しきみ)・霜枯れ・水仙・蕎麦刈(そばか)り・大根・種茄子(たねなすび)・石蕗(つわ)の花・力草(ちからぐさ)・茶の花・葱(ねぎ)・根深(ねぶか)・柊(ひいらぎ)の花・早咲き・梅・枇杷(びわ)の花・室(むろ)咲き・室の花・干し蕪(かぶ)・紅葉(もみじ)散る・八つ手の花・臘梅(ろうばい)

## ◎季語索引

## 【季語索引】
○【季語一覧】を、すべておさめました。
○配列は現代かなづかいの五十音順、カタカナで示しました。

- アオアシ〔青蘆〕 夏
- アオアラシ〔青嵐〕 夏
- アオイ〔葵〕 夏
- アオイマツリ〔葵祭〕 夏
- アオウメ〔青梅〕 夏
- アオギリ〔青桐〕 夏
- アオザギ〔青鷺〕 夏
- アオタ〔青田〕 夏
- アオバ〔青葉〕 夏
- アオムギ〔青麦〕 夏
- アザ〔藜〕 夏
- アキチカシ〔秋近し〕 夏
- アキマツ〔秋を待つ〕 夏
- アケビ〔あけび〕 秋
- アサ〔麻〕 夏
- アサガオ〔朝顔〕 秋
- アサカリ〔麻刈り〕 秋
- アサム〔朝寒〕 秋
- アザミ〔薊〕 夏
- アサリ〔あさり〕 春
- アシカリ〔蘆刈り〕 秋
- アジサイ〔あぢさゐ〕 夏

- アシツノツノ〔蘆の角〕 春
- アセ〔汗〕 夏
- アシビ〔馬酔木〕 春
- アヅムラ〔あぢむら〕 秋
- アジロ〔網代〕 冬
- アゼヌリ〔畦塗り〕 春
- アタタカ〔あたたか〕 春
- アッサ〔暑さ〕 夏
- アナグマ〔穴熊〕 冬
- アナタドイ〔穴惑ひ〕 秋
- アブ〔あぶ〕 春
- アブラデリ〔油照り〕 夏
- アマガエル〔雨蛙〕 夏
- アマゴイ〔雨乞ひ〕 夏
- アマチャ〔甘茶〕 春
- アマノガワ〔天の川〕 秋
- アメノウオ〔あめのうを〕 秋
- アメンボウ〔あめんぼう〕 夏
- アヤメ〔あやめ〕 夏
- アラレ〔霰〕 冬
- アユ〔鮎〕 夏
- アライゴイ〔洗ひ鯉〕 夏
- アリ〔蟻〕 夏

- アワ〔粟〕 秋
- アワセ〔袷〕 夏
- アワユキ〔淡雪〕 春
- アンゴ〔安居〕 夏
- アンコウ〔鮟鱇〕 冬
- イ〔藺〕 夏
- イイダコ〔飯蛸〕 春
- イザヨイ〔十六夜〕 秋
- イズミ〔泉〕 夏
- イセエビ〔伊勢海老〕 冬
- イセマイリ〔伊勢参り〕 春
- イソアソビ〔磯遊び〕 春
- イソチドリ〔磯千鳥〕 冬
- イチゴ〔苺〕 夏
- イテドケ〔凍て解け〕 春
- イトド〔いとど〕 秋
- イナオオセドリ〔稲負鳥〕〔稲負鳥〕 秋
- イナゴ〔蝗〕 秋
- イナズマ〔稲妻〕 秋
- イナカリ〔稲刈り〕 秋
- イナノハナ〔稲の花〕 秋
- イバラ〔茨〕 夏
- イモ〔芋〕 秋
- イモムシ〔芋虫〕 夏
- イモリ〔蠑〕 夏
- イロツク〔色づく〕 秋

- イロドリ〔色鳥〕 秋
- イロリ〔囲炉裏〕 冬
- イワシ〔鰯〕 秋
- イワシグモ〔鰯雲〕 秋
- インジウチ〔印地打ち〕 夏
- ウ〔鵜〕 夏
- ウエタ〔植ゑ田〕 夏
- ウカイ〔鵜飼ひ〕 夏
- ウキクサ〔萍〕 夏
- ウキゴオリ〔浮き氷〕 春
- ウキス〔浮き巣〕 夏
- ウキネドリ〔浮き寝鳥〕 冬
- ウグイス〔鶯〕 春
- ウグイスノコナク〔鶯の子鳴く〕 夏
- ウサギ〔兎〕 冬
- ウズミビ〔埋み火〕 冬
- ウスモノ〔薄物〕 夏
- ウスモミジ〔薄紅葉〕 秋
- ウスユキ〔薄雪〕 冬
- ウズラ〔鶉〕 秋
- ウスライ〔薄氷〕 春
- ウソサム〔うそ寒〕 秋
- ウチミズ〔打ち水〕 夏
- ウチワ〔団扇〕 夏
- ウツセミ〔空蟬〕 夏

- ウド〔独活〕 春
- ウナミ〔卯浪〕 夏
- ウノハナ〔卯の花〕 夏
- ウノハナクタシ〔卯の花腐し〕 夏
- ウメ〔梅〕 春
- ウメボシ〔梅干〕 夏
- ウメボツキ〔臘月〕 冬
- ウメモドキ〔梅もどき〕 秋
- ウメカレ〔末枯れ〕 秋
- ウラボン〔盂蘭盆〕 秋
- ウラガレ〔末枯れ〕 秋
- ウララカ〔うららか〕 春
- ウリ〔瓜〕 夏
- エビスコウ〔恵比須講〕 冬
- エブミ〔絵踏み〕 春
- エンマイリ〔閻魔参り〕 夏
- オイウグイス〔老い鶯〕 夏
- オウギ〔扇〕 夏
- オウチノハナ〔樗の花〕 夏
- オオヤカズ〔大矢数〕 冬
- オキゴタツ〔置き炬燵〕 冬
- オクリビ〔送り火〕 秋
- オコシエ〔起こし絵〕 夏
- オサガリ〔お降り〕 春
- オシドリ〔鴛鴦〕 冬
- オシロイノハナ〔白粉の花〕 秋
- オソヒ〔遅き日〕 春

- オチアユ〔落ち鮎〕 秋
- オチバ〔落ち葉〕 冬
- オチボ〔落ち穂〕 秋
- オトシブミ〔落とし文〕 夏
- オトシミズ〔落とし水〕 秋
- オドリ〔踊り〕 秋
- オミナエシ〔女郎花〕 秋
- オニヤンマ〔御命講〕 冬
- オメイコウ〔御命講〕 冬
- オモダカ〔沢瀉〕 夏
- オヨギ〔泳ぎ〕 夏
- カ〔蚊〕 夏
- カイコ〔蚕〕 春
- カイツブリ〔かいつぶり〕 夏
- カイドウ〔海棠〕 春
- カイヨセ〔貝寄せ〕 春
- カエリバナ〔返り花〕 冬
- カエルガリ〔帰る雁〕 春
- カガシ〔案山子〕 秋
- カガミ〔鏡〕 春
- カキ〔柿〕 秋
- カキガキ〔牡蠣〕 冬
- カキノハナ〔柿の花〕 夏
- カキバタ〔かきつばた〕 夏
- カクブツ〔杜父魚〕 冬
- カグラ〔神楽〕 冬

◎ 季語索引

|  |  |
|---|---|
| カケゴイ(掛け乞ひ) | 冬 |
| カケタバコ(懸け煙草) | 秋 |
| カゲロウ(陽炎) | 春 |
| カゲロウ(かげろふ)〈昆虫〉 | 秋 |
| カザグルマ(風車) | 春 |
| カザリ(*飾り) | 春 |
| カジ(火事) | 冬 |
| カジカ(河鹿) | 夏 |
| カジカ(かじか)〈魚〉 | 冬 |
| カジマリ(梶鞠) | 秋 |
| カジョウグイ(嘉定食ひ) | 夏 |
| カスジル(柏汁) | 夏 |
| カスミ(霞) | 春 |
| カゼ(風邪) | 冬 |
| カゼカオル(風薫る) | 夏 |
| カゼヒカル(風光る) | 春 |
| カタツブリ(かたつぶり) | 夏 |
| カトビ(帷) | 夏 |
| カドビ(門火) | 秋 |
| カニ(蟹) | 夏 |
| カネタタキ(鉦たたき) | 秋 |
| カノコ(鹿の子) | 夏 |
| カビ(黴) | 夏 |
| カブ(蕪) | 冬 |
| カブトムシ(甲虫) | 夏 |

| カマキリ(蟷螂) | 秋 |
| カミオキ(髪置き) | 冬 |
| カミオクリ(神送り) | 冬 |
| カミコ(紙子) | 冬 |
| カミナリ(雷) | 夏 |
| カミノタビ(神の旅) | 冬 |
| カミノルス(神の留守) | 冬 |
| カモ(鴨) | 冬 |
| カヤ(蚊帳) | 夏 |
| カヤカリ(萱刈り) | 秋 |
| カヤノハナ(榧の花) | 夏 |
| カラゲケ(乾鮭) | 冬 |
| カラスウリ(烏瓜) | 秋 |
| カリ(雁) | 秋 |
| カリアト(刈り跡) | 秋 |
| カリタ(刈り田) | 秋 |
| カリノコ(軽鳧の子) | 夏 |
| カルノコ | 夏 |
| カレアシ(枯れ蘆) | 冬 |
| カレオバナ(枯れ尾花) | 冬 |
| カレキ(枯れ木) | 冬 |
| カレギク(枯れ菊) | 冬 |
| カレクサ(枯れ草) | 冬 |
| カレシバ(枯れ芝) | 冬 |
| カレツタ(枯れ蔦) | 冬 |
| カレノ(枯れ野) | 冬 |

| カレハ(枯れ葉) | 冬 |
| カワガリ(川狩り) | 夏 |
| カワズ(蛙) | 春 |
| カワセミ(川蟬) | 夏 |
| カン(寒) | 冬 |
| カンショク(寒食) | 春 |
| カンコドリ(閑古鳥) | 夏 |
| カンピョウ(干瓢) | 秋 |
| カンブツ(灌仏) | 春 |
| キウ(喜雨) | 夏 |
| キキョウ(桔梗) | 秋 |
| キク(菊) | 秋 |
| キクネワケ(菊根分け) | 春 |
| キジ(きじ) | 春 |
| キツツキ(啄木) | 秋 |
| キツネ(狐) | 冬 |
| キヌギヌバリ(衣配り) | 冬 |
| キヌタ(砧) | 秋 |
| キノコ(きのこ) | 秋 |
| キビ(黍) | 秋 |
| ギフチョウチン(岐阜提灯) | 夏 |
| ギョウズイ(行水) | 夏 |
| ギョキ(御忌) | 冬 |
| キョクスイノエン(曲水の宴) | 春 |
| キリ(霧) | 秋 |

| キリギリス(きりぎりす) | 秋 |
| キリノハナ(桐の花) | 夏 |
| キリヒトハ(桐一葉) | 秋 |
| キンギョ(金魚) | 夏 |
| クイナ(水鶏) | 夏 |
| クキヅケ(茎漬け) | 冬 |
| クキタチ(茎立ち) | 春 |
| クサイチ(草市) | 秋 |
| クサカリ(草刈り) | 夏 |
| クサノハナ(草の花) | 秋 |
| クサノミ(草の実) | 秋 |
| クサノメ(草の芽) | 春 |
| クサモチ(草餅) | 春 |
| クサモミジ(草紅葉) | 秋 |
| クジラ(鯨) | 冬 |
| クス(葛) | 秋 |
| クスダマ(薬玉) | 夏 |
| クスミズ(葛水) | 夏 |
| クスレヤナ(崩れ簗) | 秋 |
| クチキリ(口切り) | 冬 |
| クチナシ(くちなし) | 夏 |
| クチノ(朽ち野) | 冬 |
| クチバ(朽ち葉) | 冬 |
| クツワムシ(くつわ虫) | 秋 |
| クモ(蜘蛛) | 春 |
| クモノミネ(雲の峰) | 夏 |

| クラゲ(くらげ) | 夏 |
| クラベウマ(競べ馬) | 夏 |
| クリ(栗) | 秋 |
| クリノハナ(栗の花) | 夏 |
| クロハエ(黒南風) | 夏 |
| クワツミ(桑摘み) | 春 |
| ケイトウ(鶏頭) | 秋 |
| ケシノハナ(けしの花) | 夏 |
| ケムシ(毛虫) | 夏 |
| ケリ(鳧) | 春 |
| ゲンゲ(*紫雲英) | 春 |
| コウボネ(河骨) | 夏 |
| コウモリ(蝙蝠) | 夏 |
| コオリ(氷) | 冬 |
| コオロギ(蟋蟀) | 秋 |
| コガイ(蚕飼ひ) | 春 |
| コガネムシ(黄金虫) | 夏 |
| コガラシ(木枯らし) | 冬 |
| コケノハナ(苔の花) | 夏 |
| ココノバナ(木下闇) | 夏 |
| コンヤミ(木下闇) | 夏 |
| コンギャツ(小六月) | 冬 |
| ゴセングウ(御遷宮) | 冬 |
| コタツ(炬燵) | 冬 |
| コゾ(*去年) | 冬 |
| コチ(東風) | 春 |

| コトシ(*今年) | 新年 |
| コトリ(小鳥) | 秋 |
| コトリアミ(小鳥網) | 秋 |
| コネコ(子猫) | 春 |
| コノハ(木の葉) | 冬 |
| コノニオツ(木の実落つ) | 秋 |
| コハル(木の芽) | 春 |
| コブシ(辛夷) | 春 |
| コマ(独楽) | 新年 |
| ゴマ(ごま) | 秋 |
| コマツビキ(*小松引き) | 新年 |
| コマムカエ(駒迎へ) | 秋 |
| コロガツ(小六月) | 冬 |
| コロモガエ(衣更へ) | 夏 |
| サエズリ(囀り) | 春 |
| サエカエル(冴え返る) | 春 |
| サオトメ(早乙女) | 夏 |
| サオヒメ(佐保姫) | 春 |
| サクラ(桜) | 春 |
| ザクロノハナ(ざくろの花) | 夏 |
| サケ(鮭) | 秋 |
| サザエ(栄螺) | 春 |
| ササゲ(ささげ) | 秋 |
| ササナキ(笹鳴き) | 冬 |
| サザンカ(山茶花) | 冬 |

611

◎季語索引

- サンキ(挿し水) 春
- サトカグラ(里神楽) 冬
- ジネンジョ(自然薯) 冬
- サナエ(早苗) 夏
- シンマイ(新米) 秋
- シンリョウ(新涼) 秋
- サミダレ(五月雨) 夏
- シンキ(しめき) 冬
- シミ(紙魚) 夏
- サムライ(寒空) 冬
- シミズ(清水) 夏
- サユル(冴ゆる) 冬
- スイカ(西瓜) 夏
- スイカズラ(忍冬) 夏
- サラシイ(晒し井) 夏
- シメカザリ(注連飾り) 春
- シモ(霜) 冬
- スイセン(水仙) 冬
- サルザケ(猿酒) 秋
- スイハン(水飯) 夏
- シモガレ(霜枯れ) 冬
- サルスベリ(百日紅) 夏
- スキナ(杉菜) 春
- シモバシラ(霜柱) 冬
- ザンギク(残菊) 冬
- スキノハナ(杉の花) 春
- シモヨ(霜夜) 冬
- ザンショ(残暑) 夏
- ズキン(頭巾) 冬
- シャクナゲ(石楠花) 春
- ザンセツ(残雪) 春
- スサマジ(すさまじ) 秋
- サンプク(三伏) 夏
- シャクヤク(芍薬) 夏
- スジ(鮓) 夏
- シユウセン(楸糟) 春
- ススキ(すすき) 秋
- ジユウヤ(十夜) 冬
- ススシ(涼し) 夏
- ジョウサイウリ(定・斎売り) 春
- ススハライ(煤払ひ) 冬
- シイノハナ(椎の花) 夏
- シオヒガリ(汐干狩り) 春
- ススムシ(鈴虫) 秋
- スズメノコ(雀の子) 春
- ショウブ(菖蒲) 夏
- シカ(鹿) 秋
- ステオウギ(捨て扇) 夏
- ショウブフク(菖蒲葺く) 夏
- シオン(紫苑) 秋
- スミ(炭) 冬
- スミカマ(炭竈) 冬
- スミガワラ(炭俵) 冬
- ショウジ(障子) 冬
- ショウロ(松露) 春
- シイノミ(椎の実) 秋
- スミビ(炭火) 冬
- ジョヤ(除夜) 冬
- シカノツノオツ(鹿の角落つ) 春
- スミレ(菫) 春
- シラウオ(白魚) 冬
- シキミ(樒) 春
- スモウ(相撲) 秋
- シラガサネ(白重ね) 夏
- シグレ(時雨) 冬
- セカイ(施餓鬼) 秋
- シラヌイ(不知火) 秋
- シゲリ(茂り) 夏
- セキゾロ(節季候) 冬
- シワス(師走) 冬
- シジミ(蜆) 春
- セキチク(石竹) 夏
- シンジツ(人日) 春
- シダ(歯朶) 新年
- シンシュ(新酒) 秋
- シタタリ(滴り) 夏

- ジンチョウゲ(沈丁花) 春
- セキレイ(鶺鴒) 秋
- タチバナ(橘) 夏
- チョウ(蝶) 春
- テングサトリ(天草取り) 夏
- ツイリ(梅雨入り) 夏
- セツタイ(摂待) 夏
- タテ(蓼) 秋
- セツブン(節分) 冬
- タデノハナ(蓼の花) 秋
- ツキ(月) 秋
- デミズ(出水) 夏
- セミ(蟬) 夏
- タナバタ(七夕) 秋
- ツキサシギ(接ぎ木) 春
- テマリ(手毬) 新年
- セリ(芹) 春
- タニシ(田螺) 春
- ツキミ(月見) 秋
- デカワリ(出代はり) 春
- ソウズ(添水) 秋
- タニシアエ(田螺和) 春
- ツキミソウ(月見草) 夏
- ツワノハナ(石蕗の花) 冬
- ソウマトウ(走馬灯) 夏
- タニミズヒク(田に水引く) 夏
- ソバキリ(蕎麦切り) 冬
- タヌキ(狸) 冬
- ツクシ(土筆) 春
- ツララ(氷柱) 冬
- ソバノハナ(蕎麦の花) 秋
- タスキツスビ(種茄子) 秋
- ツクツクボウシ(つくつくぼうし) 秋
- ツユスズシ(露涼し) 夏
- ダイコヒキ(大根引き) 冬
- タネマキ(種まき) 春
- ツタ(蔦) 秋
- ツユクサ(露草) 秋
- ダイコン(大根) 冬
- タビ(足袋) 冬
- ツツジ(つつじ) 春
- ツユアケ(梅雨明け) 夏
- ダイモンジ(大文字) 秋
- タノモ(田の面) 秋
- ツノキリ(角切り) 秋
- ツバメノス(燕の巣) 春
- タウエ(田植) 夏
- タマツリ(魂祭) 秋
- ツバキ(椿) 春
- ツミクサ(摘み草) 春
- タウチ(田打ち) 春
- タマダナ(魂棚) 秋
- ツバメ(燕) 春
- ツミレ(円柱) 冬
- タカ(鷹) 冬
- タマゴザケ(玉子酒) 冬
- ツバメノメス(燕の巣) 春
- ツキグサ(摘み草) 春
- タカアエス(耕す) 春
- タンゴ(端午) 夏
- タンジツ(短日) 冬
- ツユ(梅雨) 夏
- タカムシロ(簟) 夏
- タンポポ(たんぽぽ) 春
- ツユ(露) 秋
- タキ(滝) 夏
- タラ(鱈) 冬
- タキビ(焚き火) 冬
- チカラグサ(力草) 秋
- タケウルヒ(竹植うる日) 夏
- チクフジン(竹夫人) 夏
- タケオチバ(竹落ち葉) 夏
- チサ(萵苣) 夏
- タケガリ(竹狩り) 秋
- チドリ(千鳥) 冬
- タケノコ(竹の子) 夏
- チノワ(茅の輪) 夏
- タコ(凧) 春
- チマキ(粽) 夏
- タチウオ(太刀魚) 夏
- チャツミ(茶摘み) 春
- チャノハナ(茶の花) 秋

◎季語索引

| | | | | | |
|---|---|---|---|---|---|
| トウガラシ（唐辛子） 秋 | トクサ（木賊） 秋 | トクケシウリ（毒消し売り） 夏 | トコロテン（ところてん） 夏 | トシギコリ（年木樵り） 冬 | トシノイチ（年の市） 冬 |

トウガラシ（唐辛子） 秋
トウロウ（灯籠） 秋
トカゲ（蜥蜴） 夏
ナスビ（なすび） 夏
ドクケシウリ（毒消し売り） 夏
トコロテン（ところてん） 夏
トシギコリ（年木樵り） 冬
トシノイチ（年の市） 冬
トシノウメ（年の梅） 冬
トシノカワ（年の川） 冬
トシノクレ（年の暮れ） 冬
トシノヨ（年の夜） 冬
トシワスレ（年忘れ） 冬
トモシ（照射） 夏
トモチドリ（友千鳥） 冬
ドヨウ（土用） 夏
ドヨウナミ（土用波） 夏
ドラガアメ（虎が雨） 夏
トリアワセ（鶏合はせ） 春
トリカエル（鳥帰る） 春
トリクモニイル（鳥雲に入る） 春
トリノス（鳥の巣） 春
ドングリ（どんぐり） 秋
トンボ（蜻蛉） 秋
ナエドコ（苗床） 春
ナシ（梨）秋

ナシノハナ（梨の花） 春
ナズナ（薺） 新年
ナダレ（雪崩） 春
ナデシコ（撫子） 秋
ナノハナ（菜の花） 春
ナマコ（海鼠） 冬
ナメクジ（なめくぢ） 夏
ナルコ（鳴子） 秋
ナワシロ（苗代） 春
ニオ（鳰） 冬
ニゴリザケ（濁り酒） 冬
ニシキギ（錦木） 秋
ニジ（虹） 夏
ニャクノハナ（菜の花） 春
ニヒャクトオカ（二百十日） 秋
ニュウバイ（入梅） 夏
ニラ（韮） 春
ヌカゴ（零余子） 秋
ヌクメドリ（温め鳥） 春
ヌナワ（蓴） 夏
ネギ（葱） 冬
ネコノコイ（猫の恋） 春
ネハン（涅槃） 春
ネブカ（根深） 冬
ネムノハナ（合歓の花） 夏
ノギク（野菊） 秋

ノヂノッキ（後の月） 秋
ノドカ（のどか） 春
ノノシキ（野の錦） 秋
ハダカ（裸） 夏
ハダカフジ（裸富士） 冬
ハダシ（跣足） 夏
ハチ（蜂） 春
ハチス（蓮） 夏
ハチタタキ（鉢叩き） 冬
ハツアシダ（初足駄） 冬
ハツアラシ（初嵐） 秋
ハツガツオ（初鰹） 夏
ハツガン（初雁） 秋
ハツガラサ（初日傘） 夏
ハツギリ（彼岸） 秋
ハツゴヨリ（初暦） 新年
ハツヒガエル（墓蛙） 夏
ハツヒゲラシ（蜩） 秋
ハツサク（八朔） 秋
ハツシオ（初汐） 秋
ハツズラ（初空） 新年
ハットイ（はったい） 夏
ハトブキ（鳩吹く） 秋
ハナコウジ（花柑子） 秋
ハナノ（花野） 秋
ハナビ（花火） 秋
ハナミ（花見） 春
ハヌキドリ（羽抜け鳥） 夏
ハハキキ（帚木） 秋
ハマグリ（蛤） 春

ハマチドリ（浜千鳥） 冬
ハモ（鱧） 夏
ハタオリ（はたおり） 秋
ハヤザキウメ（早咲き梅） 冬
ハヤナギ（葉柳） 夏
ハヤブサ（隼） 冬
ハリヨウ（針供養） 春
ハルトナリ（春隣） 冬
ハルラギノハナ（柊の花） 冬
ハンナビ（火桶） 冬
ヒオケ（火桶） 冬
ヒガサ（日傘） 夏
ヒガン（彼岸） 春
ヒガラシ（日傘） 夏
ビワ（枇杷） 夏
ビワノハナ（枇杷の花） 冬
ヒキガエル（蟇蛙） 夏
ヒクラシ（蜩） 秋
ヒザカリ（日盛り） 夏
ヒシノハナ（菱の花） 夏
ヒジノミ（菱の実） 秋
ヒタキ（鶲） 秋
ヒデリ（早） 夏
ヒデリバタ（早畑） 夏
ヒトリムシ（火取り虫） 夏
ヒナ（雛） 春
ヒナガ（日永） 春
ヒナタボコ（日向ぼこ） 冬
ヒバチ（火鉢） 冬
ヒバリ（雲雀） 春
ヒモ（氷面） 冬

ヒヤケダ（日焼け田） 夏
ヒヤジル（冷や汁） 夏
ヒヤヤカ（冷ややか） 秋
ヒユル（冷ゆる） 秋
ヒヨ（鵯） 冬
ビョウブ（屏風） 冬
ヒヨドリ（鵯） 秋
ヒル（蛭） 夏
ヒルガオ（昼顔） 夏
ヒルネ（昼寝） 夏
フウリン（風鈴） 夏
フキ（蕗） 春
フキノトウ（蕗の墓） 春
フク（河豚） 冬
フクロウ（梟） 冬
フクロツノ（袋角） 夏
フジ（藤） 春
フスマ（衾） 冬
フッカキュウ（二日灸） 春
フデツミシ（筆つ虫） 春
ブト（蚋） 夏
ブドウ（葡萄） 秋
フトン（蒲団） 冬
フナナマス（鮒鱠） 冬

613

◎ 季語索引

- 夏 フナムシ（船虫）
- 秋 フユチカシ（冬近し）
- 冬 フユドナリ（冬隣）
- 秋 フユナラ（冬隣）
- 秋 フヨウ（芙蓉）
- 冬 ブリ（鰤）
- 冬 フルゴヨミ（古暦）
- 夏 ヘチマ（へちま）
- 秋 ベニノハナ（紅の花）
- 夏 ヘビ（蛇）
- 夏 ヘンロ（遍路）
- 秋 ホウジョウエ（放生会）
- 秋 ホウセンカ（鳳仙花）
- 春 ボウフウ（防風）
- 夏 ボウフリ（ぼうふり）
- 春 ホウライ（*蓬萊）
- 夏 ホオアカ（頬赤）
- 冬 ホオジロ（頬白）
- 秋 ホオズキ（ほほづき）
- 春 ボケノハナ（ぼけの花）
- 冬 ホシカブラ（干し蕪）
- 冬 ホシクサ（干し草）
- 秋 ホシヅキヨ（星月夜）
- 冬 ホシナ（干し菜）
- 秋 ホシマツリ（星祭）
- 冬 ホゾ（臍）
- 夏 ホタル（蛍）
- 冬 ボタン（牡丹）

- 夏 ホトトギス（時鳥）
- 春 マス（鱒）
- 秋 マツオチバ（松落ち葉）
- 秋 マツヲシエ（道教へ）
- 夏 マツゼミ（松蟬）
- 秋 マツタケ（松茸）
- 冬 マツノハナ（松の花）
- 秋 マツムシ（松虫）
- 秋 マツヨイ（待宵）
- 夏 マツリ（祭り）
- 春 マビキナ（間引き菜）
- 秋 マメノハナ（豆の花）
- 冬 マメヲウツ（豆を打つ）
- 春 マユ（繭）
- 秋 マンジュシャゲ（曼珠沙華）
- 夏 ミカヅキ（三日月）
- 秋 ミカン（蜜柑）
- 夏 ミジカヨ（短夜）
- 夏 ミズカルル（水涸るる）
- 夏 ミズゲンカ（水喧嘩）
- 夏 ミズスマシ（みづすまし）
- 冬 ミズトリ（水鳥）
- 冬 ミズヌルム（水温む）
- 春 ミズヌルム（水温む）
- 春 ミスヒトリ（水取り）
- 夏 ミズバン（水番）
- 夏 ミソギ（みそぎ）

- 夏 ミソサザイ（鷦鷯）
- 春 ミゾレ（霙）
- 秋 ミカリ（藻刈り）
- 夏 モクセイ（木犀）
- 秋 ミニシム（身に沁む）
- 秋 ミノムシ（蓑虫）
- 秋 ミミズク（木兎）
- 夏 ミミズナク（蚯蚓鳴く）
- 春 ミヤコドリ（都鳥）
- 夏 ミル（海松）
- 秋 ムカエビ（迎へ火）
- 春 ムギ（麦）
- 冬 ムギウチ（麦打ち）
- 春 ムギノアキ（麦の秋）
- 夏 ムギフエ（麦笛）
- 夏 ムギフミ（麦踏み）
- 秋 ムギマキ（麦まき）
- 秋 ムクゲ（木槿）
- 秋 ムゲツ（無月）
- 夏 ムシ（虫）
- 秋 ムシナク（虫鳴く）
- 夏 ムシボシ（虫干し）
- 夏 ムツノハナ（六つの花）
- 冬 ムロザキ（室咲き）
- 冬 ムロノウメ（室の梅）
- 春 メイゲツ（名月）
- 春 メザシ（目刺し）
- 秋 メジロ（目白）

- 冬 メダカ（目高）
- 冬 モガリ（藻刈り）
- 夏 モクセイ（木犀）
- 秋 モクセイ（木犀）
- 秋 モチ（*餅）
- 冬 モチツキ（餅搗き）
- 夏 モノハナ（藻の花）
- 秋 モミ（籾）
- 夏 モミジ（紅葉）
- 秋 モミジチル（紅葉散る）
- 秋 モミジブナ（紅葉鮒）
- 夏 モモ（桃）
- 秋 モモチドリ（百千鳥）
- 春 モモノハナ（桃の花）
- 春 モロコ（諸子）
- 夏 ヤグルマ（矢車）
- 春 ヤケノ（焼け野）
- 春 ヤツデノハナ（八つ手の花）
- 冬 ヤドカリ（やどかり）
- 春 ヤナギ（柳）
- 春 ヤナギチル（柳散る）
- 春 ヤナギバエ（柳蜻）
- 春 ヤネガエ（屋根替へ）
- 冬 ヤブイリ（藪入り）
- 春 ヤマカルル（山枯るる）
- 秋 ヤマネムル（山眠る）

- 夏 ヤマノニシキ（山の錦）
- 冬 ヤマブキ（山吹）
- 春 ヤマワラウ（山笑ふ）
- 秋 ヤマゾノル（山を染むる）
- 秋 ヤヤサム（やや寒）
- 冬 ユウガオ（夕顔）
- 夏 ユウダチ（夕立）
- 夏 ユカタ（浴衣）
- 冬 ユキ（雪）
- 冬 ユキゲ（雪解け）
- 冬 ユキマ（雪間）
- 秋 ユズリハ（*ゆづり葉）
- 春 ユノハナ（柚の花）
- 夏 ユリノハナ（百合の花）
- 夏 ヨギ（夜着）
- 夏 ヨサム（夜寒）
- 春 ヨンドリ（呼ぶ子鳥）
- 春 ヨメガキミ（*嫁が君）
- 春 ヨメナ（嫁菜）
- 春 ヨモギ（蓬）
- 春 ヨルノアキ（夜の秋）

- 秋 ラントウ（蘭湯）
- 春 リュウトウ（流灯）
- 秋 リョウヤ（良夜）
- 春 リンドウ（竜胆）
- 秋 レンギョウ（連翹）
- 冬 ロ（炉）
- 春 ロウバイ（臘梅）
- 冬 ロビラキ（炉開き）
- 夏 ロフサギ（炉寒ぎ）
- 夏 ワカアユ（若鮎）
- 夏 ワカウミ（*若水）
- 夏 ワカクサ（若草）
- 秋 ワカケ（若竹）
- 夏 ワカタケ（若竹）
- 春 ワカナ（若菜）
- 春 ワカナツム（若菜摘む）
- 春 ワカノ（若葉野）
- 春 ワカバ（若葉）
- 夏 ワカミドリ（若緑）
- 春 ワカメ（若布）
- 春 ワカメカル（若布刈る）
- 夏 ワクラバ（病葉）
- 夏 ワサビ（山葵）
- 夏 ワシ（鷲）
- 春 ワスレグサ（忘れ草）
- 春 ワスレジモ（忘れ霜）
- 夏 ワタトリ（綿取り）
- 秋 ワタリドリ（渡り鳥）
- 春 ワラビ（蕨）

614

**をひと──をんる**

| | | |
|---|---|---|
| をひと | 55 | |
| をひとめ | ふうふ | |
| をひとめ | 85 | |
| をふ | おわる | |
| をふ | とげる | |
| をたす | はたす | |
| をぶね | こぶね | |
| をぶね | 97 | |
| をみな | 50 | |
| をみなかみなが | あま | |
| をみなご | 50 | |
| をみなし | おみなえし | |
| をみなへし | おみなえし | |
| をみなへし | ななくさ | |
| をみなへし | 39 | |
| をみなへし | おみなえし | |
| をみなべし | 39 | |
| をみなへしづき | しちがつ | |
| をみなへしづき | 6 | |
| をみなべしつき | しちがつ | |
| をみなべしつき | 6 | |
| をみなめし | おみなえし | |
| をみなめし | 39 | |
| をみね | みね | |
| をみね | 29 | |
| をむかひ | みね | |
| をむかひ | 29 | |
| をめく | さけぶ | |
| をめく | わめく | |
| をや | なおさら | |
| をや | 99, 101, 102 | |
| をや[小屋] | そまつ | |
| をや[小屋] | 92 | |
| をやまだ | 29, 30 | |
| をやみ | はれる | |
| をやみ | 9 | |
| をやむ | ときれとぎれ | |
| をゆ | くるしむ | |
| をゆ | やみおとろえる | |
| をゆ | よわる | |
| をゆ | 88 | |
| をらしむ | すわる | |
| をり | おり | |
| をり | きかい | |
| をり | じこう | |
| をり | ばあい | |
| をり | 16, 17 | |
| をりあかす | てつやする | |
| をりあし | あいにく | |
| をりあし | おり | |
| をりあし | つごう | |
| をりかく | よせかえす | |
| をりかく | よせる | |
| をりかく | おりかえす | |
| をりかく | 24 | |
| をりかへす | くりかえす | |
| をりかへす | はんぷくする | |
| をりから | おり | |
| をりから | おりしも | |
| をりから | ちょうど | |
| をりしく | よせかえす | |
| をりしく | 24 | |
| をりしも | おりしも | |
| をりしも | ちょうど | |
| をりしもあれ | ちょうど | |
| をりすゑ | おりがみ | |
| をりにつく | てきおうする | |
| をりはふ | えんきする | |
| をりはふ | えんちょうする | |
| をりはふ | ながびく | |
| をりはふ | 16 | |
| をりはへて | ひきつづく | |
| をりはへて | 16 | |
| をりふし | おり | |
| をりふし | おりしも | |
| をりふし | おりがみ | |
| をりふし | しき | |
| をりふし | じき | |
| をりふし | じせつ | |
| をりふし | そのときどき | |
| をりふし | たまに | |
| をりふし | ちょうど | |
| をりふし | ときたま | |
| をりふし | ときどき | |
| をりふし | ばあい | |
| をりふし | 16, 17, 109 | |
| をりみぐさ | まつ | |
| をりみぐさ | 60 | |
| をりみまひ | みまい | |
| をりめ | ぎょうぎ | |
| をりめ | さほう | |
| をりや | 91 | |
| をりをり | ときどき | |
| をりをり | おりふし | |
| をりをり | しだいに | |
| をる | くじける | |
| をる | まがる | |
| をる | まげる | |
| をる | 24, 58 | |
| をれこだる | まげる | |
| をれこむ | にんしん | |
| をろ | お | |
| をろがむ | おがむ | |
| をろた | おか | |
| をろち | だいじゃ | |
| をろち | へび | |
| をろち | 33 | |
| ををし | いさましい | |
| ををる | まがる | |
| ををる | しなう | |
| をんごく | とおい | |
| をんごく | へんぴ | |
| をんぞうゑく | くるしみ | |
| をんな | 50 | |
| をんなぎみ | ひめ(ぎみ) | |
| をんなご | しょうじょ | |
| をんなご | 50, 51 | |
| をんなし | 30 | |
| をんなで | かどわかす | |
| をんなで | ひらがな | |
| をんなで | もじ | |
| をんなでら | あま | |
| をんなでら | あまでら | |
| をんなはらから | きょうだい | |
| をんなはらから | しまい | |
| をんなはらから | 56 | |
| をんなめ | めかけ | |
| をんなめかし | 50 | |
| をんなもじ | かどわかす | |
| をんなもじ | ひらがな | |
| をんなもじ | もじ | |
| をんなわらは | しょうじょ | |
| をんなわらは | 50, 51 | |
| をんりゃう | いきりょう | |
| をんりゃう | たましい | |
| をんりゃう | ばけもの | |
| をんる | るざい | |

| | | |
|---|---|---|
| をさむ[治] ……… そうしき | をす[食] ……… めしあがる | をとこ ……… おとこ |
| をさむ[治] ……… ちりょう | をす[小簾] ……… すだれ | をとこ ……… 55 |
| をさむ[治] ……… なおす | をそ ……… かわうそ | をどこ ……… しんしつ |
| をさむ[治] ……… へいていする | をそ ……… 33 | をどこ ……… とこ |
| をさむ[治] ……… まいそう | をそどり ……… からす | をとこぎみ ……… むこ |
| をさむ[治] ……… 88 | をそどり ……… 34 | をとこぐさ ……… おぎ |
| をさむ[収] ……… やりとげる | をだ ……… 30 | をとこぐさ ……… 39 |
| をさむ[修] ……… おさめる | をだかりづき ……… くがつ | をとこす ……… おっと |
| をさむ[修] ……… つつしむ | をだかりづき ……… 7 | をとこす ……… おとこ |
| をさむ[納] ……… しまう | をたけび ……… ときのこえ | をとこす ……… 55, 84 |
| をさむ[納] ……… おさめる | をだはらひゃうちゃう | をとこで ……… かんじ |
| をさむ[納] ……… しょぞうする | ……… そうだん | をとこで ……… もじ |
| をさむし ……… やすで | をだまき ……… かれる | をとこもじ ……… かんじ |
| をさむし ……… 37 | をだやむ ……… こぶりになる | をとこもじ ……… もじ |
| をさめ[納] ……… しゅうりょう | をだやむ ……… ゆるやか | をとめ ……… おとめ |
| をさめ[長女] ……… 54 | をだむ ……… かおる | をとめ ……… 50, 51 |
| をさめがほ ……… かお | をだゆむ ……… こぶりになる | をとめご ……… しょうじょ |
| をさめがほ ……… すます | をだゆむ ……… ゆるやか | をとめご ……… 50, 51 |
| をさめどの ……… なんど | をだゆむ ……… 9 | をどる ……… とびあがる |
| をさをさ ……… なかなか | をち[復] ……… わかがえり | をどる ……… はねる |
| をさをさ ……… ほとんど | をち[遠] ……… いご | をどる ……… ぶよう |
| をさをさ ……… めったに | をち[遠] ……… いぜん | をな ……… むすめ |
| をさをさし ……… おとなびる | をち[遠] ……… かなた | をな ……… 51, 55 |
| をさをさし ……… かいがいしい | をち[遠] ……… とおい | をなめ ……… めかけ |
| をさをさし ……… かしこい | をぢ ……… おきな | をぬれ ……… みね |
| をさをさし ……… きちんと | をぢ ……… 52 | をぬれ ……… 29 |
| をさをさし ……… しっかり | をちかた ……… あちら | をの ……… 26 |
| をし[惜] ……… すてる | をちかた ……… とおい | をのこ ……… おとこ |
| をし[惜] ……… なごりおしい | をちかた ……… 107 | をのこ ……… げなん |
| をし[惜] ……… おしい | をちかたびと ……… とおい | をのこ ……… やすこ |
| をし[惜] ……… かわいい | をちかたびと ……… はなれる | をのこ ……… めしつかい |
| をし[惜] ……… ざんねん | をちかへる ……… かえる | をのこ ……… 51, 52 |
| をし[鴛鴦] ……… おしどり | をちかへる ……… くりかえす | をのこご ……… おとこ |
| をし[鴛鴦] ……… 34 | をちかへる ……… もと | をのこご ……… 51 |
| をしげ ……… おしい | をちかへる ……… もどる | をのこはらから ……… きょうだい |
| をしげ ……… こころのこり | をちかへる ……… わかがえる | をのこはらから ……… 56 |
| をしげ ……… もったいない | をちこち ……… あちこち | をののえくつ ……… すぎき |
| をしけし ……… すてる | をちこち ……… えんきん | をののえくつ ……… 16 |
| をしけし ……… なごりおしい | をちこち ……… かこ | をのへ ……… ちょうじょう |
| をしけし ……… おしい | をちこち ……… ここかしこ | をのへ ……… みね |
| をしけし ……… かわいい | をちこち ……… 107 | をのへ ……… 28 |
| をしけし ……… ざんねん | をちこちびと ……… あちこち | をのわらは ……… おとこ |
| をしどりの ……… うかぶ | をちこちびと ……… 107 | をのわらは ……… 51 |
| をしどりの ……… おしい | をちつかた ……… いご | をはうちからす ……… おちぶれる |
| をしどりの ……… つらい | をちど ……… ておち | をはうちからす ……… みすぼらしい |
| をしね ……… いね | をぢなし ……… いくじ | をはぎ ……… よめな |
| をしふ ……… いましめる | をぢなし ……… おくびょう | をはぎ ……… 42 |
| をしふ ……… おしえる | をぢなし ……… おとっている | をばな ……… すすき |
| をしふ ……… さとす | をぢなし ……… へた | をばな ……… ななくさ |
| をしふ ……… そそのかす | をつ ……… かえる | をばな ……… 40 |
| をしへのには ……… がっこう | をつ ……… もと | をはま ……… はまべ |
| をしむ ……… いつくしむ | をつ ……… もどる | をはり ……… すえ |
| をしむ ……… かわいがる | をつ ……… わかがえる | をはり ……… はて |
| をしむ ……… たいせつ | をっど ……… ておち | をはり ……… 73 |
| をしむ ……… 62 | をつど ……… かしつ | をはる ……… 72 |
| をしむ ……… おしむ | をつど ……… ておち | をはんぬ ……… かんりょう |
| をしもの ……… 95 | をづめ ……… はし | をびく ……… おびきよせる |
| をす[食] ……… たべる | をとこ ……… おっと | をびく ……… だます |
| をす[食] ……… のむ | | をひと ……… おっと |

269

ゑやう――をさむ

| | | |
|---|---|---|
| ゑやう | …………… | えもよう |
| ゑらく | …………… | たのしい |
| ゑらく | …………… | 67 |
| ゑらぐ | …………… | かんしょう |
| ゑらぐ | …………… | 68 |
| ゑる[彫] | …………… | くりぬく |
| ゑる[彫] | …………… | ちょうこくする |
| ゑる[唱] | …………… | 68 |
| ゑわらふ | …………… | 67 |
| ゑんあう | …………… | おしどり |
| ゑんあう | …………… | 34 |
| ゑんこう | …………… | さる |
| ゑんこう | …………… | 33 |
| ゑんこうがつき | …………… | みのほど |
| ゑんこうがつき | …………… | 49 |
| ゑんごく | …………… | とおい |
| ゑんごく | …………… | へんぴ |
| ゑんざ | …………… | しきもの |
| ゑんざむし | …………… | やすで |
| ゑんざむし | …………… | 37 |
| ゑんじゃく | …………… | 72 |
| ゑんず | …………… | うらみごと |
| ゑんず | …………… | うらむ |
| ゑんちょ | …………… | かふ |
| ゑんちょ | …………… | ごけ |
| ゑんちょ | …………… | ひとり |
| ゑんちょ | …………… | みぼうじん |
| ゑんぢょ | …………… | やもめ |
| ゑんば | …………… | とんぼ |
| ゑんば | …………… | 37 |
| ゑんりょ | …………… | かんがえ |
| ゑんりょ | …………… | かんがえる |
| ゑんりょ | …………… | 59 |

## を

| | | |
|---|---|---|
| を | …………… | ので |
| を | …………… | のに |
| を | …………… | 101, 112 |
| を[緒] | …………… | つづく |
| を[緒] | …………… | ながい |
| を[緒] | …………… | ひも |
| を[小] | …………… | 111, 112 |
| を[尾] | …………… | やますそ |
| を[尾] | …………… | お |
| を[尾] | …………… | 29 |
| を[麻] | …………… | あさ |
| を[丘] | …………… | おか |
| を[丘] | …………… | みね |
| を[丘] | …………… | 28, 29 |
| を[男] | …………… | おとこ |
| を[男] | …………… | おっと |
| を[男] | …………… | 55 |
| を[雄] | …………… | いかめしい |
| をあい | …………… | だいべん |
| をあい | …………… | ふん |
| をうご | …………… | おまもり |
| をうと | …………… | おっと |
| をうと | …………… | 55 |
| をうな | …………… | 50 |
| をうなご | …………… | じょし |
| をうなご | …………… | 50 |
| をうなめ | …………… | めかけ |
| をえ | …………… | いりえ |
| をえ | …………… | 23 |
| をか | …………… | りくち |
| をかさき | …………… | おか |
| をかし | …………… | うつくしい |
| をかし | …………… | おもしろい |
| をかし | …………… | かわいい |
| をかし | …………… | きょうみ |
| をかし | …………… | こっけい |
| をかし | …………… | すぐれる |
| をかし | …………… | ひかれる |
| をかし | …………… | よろこばしい |
| をかし | …………… | 81, 82 |
| をかし[犯] | …………… | つみ |
| をかし[犯] | …………… | はんざい |
| をかしがる | …………… | おもしろい |
| をかしがる | …………… | きょうみ |
| をかしげ | …………… | かわいい |
| をかしげ | …………… | 81 |
| をかしやか | …………… | おもしろい |
| をかしやか | …………… | 81 |
| をかす | …………… | おかす |
| をかす | …………… | さからう |
| をかす | …………… | しんりゃくする |
| をかす | …………… | せめいる |
| をかす | …………… | とりつく |
| をかす | …………… | はんたい |
| をかす | …………… | ほうりつ |
| をかす | …………… | やまい |
| をかす | …………… | 88 |
| をかび | …………… | おか |
| をかへ | …………… | おか |
| をかへ | …………… | おか |
| をがるかや | …………… | 42 |
| をぎ | …………… | おぎ |
| をぎ | …………… | 39 |
| をく | …………… | まねく |
| をく | …………… | よびよせる |
| をぐ | …………… | まねく |
| をぐさおひづき | …………… | にがつ |
| をぐさおひづき | …………… | 5 |
| をぐし | …………… | くし |
| をぐし | …………… | 51 |
| をぐな | …………… | |
| をぐらし | …………… | うすぐらい |
| をぐらし | …………… | くらい |
| をぐるまの | …………… | にしき |
| をぐろ | …………… | あぜ・あぜみち |
| をこ | …………… | おろか |
| をこ | …………… | ばか |
| をこ | …………… | ばかげている |
| をこがまし | …………… | おろか |
| をこがまし | …………… | さしでがましい |
| をこがまし | …………… | でしゃばり |
| をこがまし | …………… | ばからしい |
| をこがまし | …………… | ま |
| をこがまし | …………… | まがぬけている |
| をこがまし | …………… | ばかげている |
| をこがる | …………… | ばか |
| をこがる | …………… | ばからしい |
| をごし | …………… | みね |
| をこつく | …………… | 67 |
| をこづく | …………… | からかう |
| をこづく | …………… | ばか |
| をこつる | …………… | かどわかす |
| をこつる | …………… | きげん |
| をこつる | …………… | さそう |
| をこつる | …………… | だます |
| をこふ | …………… | ばからしい |
| をこめく | …………… | おろか |
| をこめく | …………… | とぼける |
| をこめく | …………… | ばかげてみえる |
| をこめく | …………… | ふざける |
| をごめく | …………… | うごめく |
| をこゑ | …………… | ふうしが |
| をこゑ | …………… | まんがか |
| をさ[長] | …………… | かしら |
| をさ[長] | …………… | ちょう |
| をさ[訳語] | …………… | つうやく |
| をさあい | …………… | ようじ |
| をさあい | …………… | 51 |
| をざかり | …………… | おとこ |
| をささ | …………… | ささ |
| をささ | …………… | たけ |
| をささ | …………… | 45 |
| をさなあそび | …………… | あそび |
| をさなあそび | …………… | 52 |
| をさなおひ | …………… | おいたち |
| をさなごこち | …………… | こどもごころ |
| をさなごこち | …………… | 52 |
| をさなし | …………… | あどけない |
| をさなし | …………… | おさない |
| をさなし | …………… | おとなげない |
| をさなし | …………… | おろか |
| をさなし | …………… | へた |
| をさなし | …………… | みじゅく |
| をさなだち | …………… | おいたち |
| をさなぶ | …………… | あどけない |
| をさなぶ | …………… | 52 |
| をさなめ | …………… | 49 |
| をさまる | …………… | おだやか |
| をさまる | …………… | かたづく |
| をさまる | …………… | きえる |
| をさまる | …………… | しずまる |
| をさまる | …………… | なおる |
| をさまる | …………… | やすらぐ |
| をさまる | …………… | らくちゃく |
| をさまる | …………… | 88 |
| をさむ[治] | …………… | おさめる |
| をさむ[治] | …………… | おわり |
| をさむ[治] | …………… | おわる |
| をさむ[治] | …………… | しずめる |

268

| | | |
|---|---|---|
| ゐぜき | …………… | **せき** |
| ゐたつ | …………… | **たつ** |
| ゐたまふ | …………… | **おる** |
| ゐづつ | …………… | **いげた** |
| ゐで | …………… | **せき** |
| ゐなか | …………… | **いなか** |
| ゐなか | …………… | 30 |
| ゐなかうど | …………… | **いなかもの** |
| ゐなかせかい | …………… | **いなか** |
| ゐなかだつ | …………… | **いなか** |
| ゐなかのつき | …………… | 4 |
| ゐなかぶ | …………… | **いなか** |
| ゐながる | …………… | **すわる** |
| ゐながる | …………… | **ならぶ** |
| ゐなかわたらひ | … | **ぎょうしょう** |
| ゐなかわたらひ | … | **しょうばい** |
| ゐなほる | …………… | **かえる** |
| ゐなほる | …………… | **すわりなおす** |
| ゐなほる | …………… | **たいど** |
| ゐなむ | …………… | **いならぶ** |
| ゐなむ | …………… | **ならぶ** |
| ゐなむ | …………… | **れっせきする** |
| ゐぬ | …………… | **ともね** |
| ゐぬ | …………… | 64, 76 |
| ゐねう | …………… | **かこむ** |
| ゐねう | …………… | **とりかこむ** |
| ゐのく | …………… | **しりぞく** |
| ゐのく | …………… | **たちのく** |
| ゐのこ | …………… | **いのしし** |
| ゐのこ | …………… | **ぶた** |
| ゐのこ | …………… | 33 |
| ゐのこぐも | …………… | **くも** |
| ゐまち | …………… | 4 |
| ゐまちづき | …………… | 4 |
| ゐまはる | …………… | **くるまざ** |
| ゐみづ | …………… | 26 |
| ゐめぐる | …………… | **くるまざ** |
| ゐめぐる | …………… | **とりまく** |
| ゐや[礼] | …………… | **おうたい** |
| ゐや[礼] | …………… | **れいぎ** |
| ゐや[居屋] | …………… | **じゅうきょ** |
| ゐや[居屋] | …………… | **そまつ** |
| ゐや[居屋] | …………… | 91, 92 |
| ゐやしろ | …………… | **しゃれい** |
| ゐやなし | …………… | **しつれい** |
| ゐやなし | …………… | **ぶえんりょ** |
| ゐやなし | …………… | **ぶれい** |
| ゐやぶ | …………… | **とうとぶ** |
| ゐやまふ | …………… | **うやまう** |
| ゐやまふ | …………… | **そんけいする** |
| ゐやまふ | …………… | **とうとぶ** |
| ゐやむ | …………… | **うやまう** |
| ゐややか | …………… | **ていねい** |
| ゐややか | …………… | **れいぎ** |
| ゐやゐやし | …………… | **うやうやしい** |
| ゐやゐやし | …………… | **れいぎ** |
| ゐより | …………… | **いざりよる** |
| ゐより | …………… | **にじりよる** |
| ゐより | …………… | **よる** |

| | | |
|---|---|---|
| ゐる[居] | …………… | **しゃがむ** |
| ゐる[居] | …………… | **すむ** |
| ゐる[居] | …………… | **すわる** |
| ゐる[居] | …………… | **とどまる** |
| ゐる[居] | …………… | **とまる** |
| ゐる[居] | …………… | 33 |
| ゐる[率] | …………… | **けいたいする** |
| ゐる[率] | …………… | **じさんする** |
| ゐる[率] | …………… | **つれる** |
| ゐる[率] | …………… | **ひきいる** |
| ゐるくもの | …………… | **たつ** |
| ゐれい | …………… | 87 |

## ゑ

| | | |
|---|---|---|
| ゑ[会] | …………… | **しゅうかい** |
| ゑ[餌] | …………… | **えさ** |
| ゑ[餌] | …………… | 95 |
| ゑかう | …………… | **おそなえ** |
| ゑかう | …………… | **きしん** |
| ゑがち | …………… | **にこやか** |
| ゑがち | …………… | 67 |
| ゑぐし | …………… | 95 |
| ゑげん | …………… | **けいがん** |
| ゑし | …………… | **えかき** |
| ゑじ | …………… | **へいし** |
| ゑしゃぢゃうり | … | **むじょう** |
| ゑしゃぢゃうり | … | **わかれ** |
| ゑしゃぢゃうり | … | 80 |
| ゑず | …………… | **うらみごと** |
| ゑず | …………… | **うらむ** |
| ゑそらごと | …………… | **うそ** |
| ゑだくみ | …………… | **えかき** |
| ゑづく | …………… | **おうとする** |
| ゑづく | …………… | **もどす** |
| ゑつぼにいる | | |
| | …… | **わらいきょうじる** |
| ゑつぼにいる | …………… | 68 |
| ゑど | …………… | **このよ** |
| ゑど | …………… | **よごれる** |
| ゑとりづき | …………… | **くがつ** |
| ゑとりづき | …………… | 7 |
| ゑどる | …………… | **なぞる** |
| ゑどる | …………… | 15 |
| ゑにあはぬはな | …………… | **じき** |
| ゑにあはぬはな | …………… | **じせつ** |
| ゑにす | …………… | **えんじゅ** |
| ゑにす | …………… | 44 |
| ゑにすのき | …………… | **えんじゅ** |
| ゑにすのき | …………… | 44 |
| ゑぬ | …………… | **いぬ** |
| ゑぬ | …………… | 32 |
| ゑぬころ | …………… | 32 |
| ゑぬのこぐさ | …………… | **えのこぐさ** |
| ゑぬのこぐさ | …………… | 39 |
| ゑのころ | …………… | **いぬ** |
| ゑのころ | …………… | 32 |

| | | |
|---|---|---|
| ゑば | …………… | **えさ** |
| ゑば | …………… | 95 |
| ゑはす | …………… | 95 |
| ゑばむ | …………… | **えさ** |
| ゑばむ | …………… | **たべる** |
| ゑばむ | …………… | 95 |
| ゑひ | …………… | **まよい** |
| ゑひ | …………… | **よい** |
| ゑひ | …………… | 95 |
| ゑひあく | …………… | 95 |
| ゑひごと | …………… | **ことば** |
| ゑひごと | …………… | 95 |
| ゑひさまたる | …………… | 95 |
| ゑひしね | …………… | 95 |
| ゑひしる | …………… | **きぜつ** |
| ゑひしる | …………… | **よいつぶれる** |
| ゑひしる | …………… | 95 |
| ゑひなき | …………… | 66, 95 |
| ゑふ | …………… | **ほんしん** |
| ゑふ | …………… | **よう** |
| ゑまし | …………… | **ほほえましい** |
| ゑまはし | …………… | **ほほえましい** |
| ゑまひ | …………… | **ほほえみ** |
| ゑまふ | …………… | 67 |
| ゑまふ | …………… | 67 |
| ゑまゆ | …………… | **まゆ** |
| ゑまゆ | …………… | 67 |
| ゑみ | …………… | **ほほえみ** |
| ゑみ | …………… | 67 |
| ゑみかたまく | … | **わらいくずれる** |
| ゑみかたまく | …………… | 68 |
| ゑみがほ | …………… | **えがお** |
| ゑみがほ | …………… | **わらいがお** |
| ゑみがほ | …………… | 67, 68 |
| ゑみこだる | …………… | **おおわらいする** |
| ゑみこだる | …………… | **わらいくずれる** |
| ゑみこだる | …………… | 68 |
| ゑみごゑ | …………… | **わらいごえ** |
| ゑみごゑ | …………… | 68 |
| ゑみさかゆ | …………… | **かんしょう** |
| ゑみさかゆ | …………… | **にこにこ** |
| ゑみさかゆ | …………… | 67, 68 |
| ゑみひろごる | … | **わらいくずれる** |
| ゑみひろごる | …………… | 68 |
| ゑみまがる | …………… | **おおわらいする** |
| ゑみまく | …………… | **かんしょう** |
| ゑみまく | …………… | 68 |
| ゑみゑむ | …………… | **ほほえむ** |
| ゑみゑみ | …………… | 68 |
| ゑみゑみと | | |
| | … | **にやにや・にたにた** |
| ゑみゑみと | …………… | 67 |
| ゑむ | …………… | **さく** |
| ゑむ | …………… | **はな** |
| ゑむ | …………… | **ほほえむ** |
| ゑむ | …………… | 67, 68 |

わらんぢ―ゐせき

| | | |
|---|---|---|
| わらんぢ | …………… | はきもの |
| わらんづ | …………… | わらじ |
| わらんべ | …………… | 51 |
| わりご | …………… | べんとう |
| わりご | …………… | おりばこ |
| わりご | …………… | 97 |
| わりさま | …………… | 106 |
| わりなし | …………… | えん |
| わりなし | …………… | くるしい |
| わりなし | …………… | こころやすい |
| わりなし | …………… | こんい |
| わりなし | …………… | しかた(が)ない |
| わりなし | …………… | したしい |
| わりなし | …………… | すばらしい |
| わりなし | …………… | たえがたい |
| わりなし | …………… | つらい |
| わりなし | …………… | どうり |
| わりなし | …………… | はなはだしい |
| わりなし | …………… | ひととおり |
| わりなし | …………… | ふんべつ |
| わりなし | …………… | むちゃ |
| わりなし | …………… | むやみ |
| わりなし | …………… | むり |
| わりなし | …………… | やむをえない |
| わりまつ | …………… | たきぎ |
| わりをくふ | …………… | そん |
| わる | …………… | いいきかせる |
| わる | …………… | おしわける |
| わる | …………… | おもいみだれる |
| わる | …………… | くだく |
| わる | …………… | くだける |
| わる | …………… | くばる |
| わる | …………… | こわす |
| わる | …………… | こわれる |
| わる | …………… | さく |
| わる | …………… | ばれる |
| わる | …………… | ふわ |
| わる | …………… | ぶんかつ |
| わる | …………… | ぶんれつ |
| わる | …………… | みだれる |
| わる | …………… | やぶる |
| わる | …………… | わかれる |
| わる | …………… | わける |
| わる | …………… | わりあてる |
| わる | …………… | われる |
| わるあがき | …………… | いたずら |
| わるあがき | …………… | ふざける |
| わるあがき | …………… | わるふざけ |
| わるあんじ | …………… | けいかく |
| わるあんじ | …………… | わるだくみ |
| わるぢう | …………… | いたずら |
| わるさ | …………… | いたずら |
| わるさ | …………… | わんぱくこぞう |
| わるじり | …………… | あくじ |
| わるじり | …………… | けってん |
| われ | …………… | わたくし・わたし |
| われ | …………… | 105 |
| われか | …………… | いしき |
| われか | …………… | ぼんやり |
| われかしこ | …………… | りこう |
| われかのけしき | …………… | きぜつ |
| われかのけしき | …………… | ひとごこちがしない |
| われかひとか | …………… | いしき |
| われかひとか | …………… | きぜつ |
| われかひとか | …………… | ぼんやり |
| われから | …………… | じぶん |
| われから | …………… | みずから |
| われから | …………… | われながら |
| われごゑ | …………… | うるさい |
| われごゑ | …………… | 90 |
| われさかし | …………… | りこう |
| われさへに | …………… | じぶん |
| われずまう | …………… | ひきわけ |
| われたけし | …………… | とくい |
| われだのみ | …………… | うぬぼれ |
| われだのみ | …………… | じふ |
| われて | …………… | しいて |
| われて | …………… | むりに |
| われと | …………… | おのずから |
| われと | …………… | しぜん |
| われと | …………… | じぶん |
| われと | …………… | みずから |
| われどち | …………… | なかま |
| われにもあらず | …………… | きぜつ |
| われにもあらず | …………… | ほんしん |
| われにもあらず | …………… | むちゅう |
| われにもあらず | …………… | ぼうぜんじしつ |
| われにもあらず | …………… | われをわすれる |
| われはがほ | …………… | じまん |
| われはがほ | …………… | とくい |
| われふね | …………… | 97 |
| われぼめ | …………… | じまん |
| われら | …………… | わたくし・わたし |
| われら | …………… | あなた |
| われら | …………… | 105, 106 |
| われら | …………… | じぶん |
| われわれ | …………… | めいめい |
| われわれ | …………… | わたくし・わたし |
| われわれ | …………… | 105 |
| わろ | …………… | 51 |
| わろし | …………… | うつくしい |
| わろし | …………… | おとっている |
| わろし | …………… | かんしん |
| わろし | …………… | くさる |
| わろし | …………… | ぐあい |
| わろし | …………… | しんせん |
| わろし | …………… | ただしい |
| わろし | …………… | てきとう |
| わろし | …………… | ぱっと |
| わろし | …………… | ふつごう |
| わろし | …………… | ふてきせつ |
| わろし | …………… | へた |
| わろし | …………… | まずい |
| わろし | …………… | まずしい |
| わろし | …………… | まちがい |
| わろし | …………… | みおとりする |
| わろし | …………… | みぐるしい |
| わろし | …………… | みすぼらしい |
| わろし | …………… | ゆたか |
| わろし | …………… | よい |
| わろし | …………… | わるい |
| わろびと | …………… | みぶん |
| わろびと | …………… | わるもの |
| わろびる | …………… | きおくれ |
| わろびる | …………… | みぐるしい |
| わろぶ | …………… | ていさい |
| わろぶ | …………… | わるい |
| わろもの | …………… | みじゅく |
| わわく | …………… | ほつれる |
| わわく | …………… | ぼろぼろ |
| わわく | …………… | やぶれみだれる |
| わわし | …………… | かるがるしい |
| わわし | …………… | くち |
| わわし | …………… | やかましい |
| わわし | …………… | うるさい |
| わわし | …………… | 70, 71 |
| わをとこ | …………… | おまえ |
| わをとこ | …………… | 106 |
| わをんな | …………… | おまえ |
| わをんな | …………… | 106 |
| わんざん | …………… | ざんげん |
| わんざん | …………… | むちゃ |
| わんざん | …………… | むほう |
| わんざん | …………… | むり |
| わんぱん | …………… | えんかい |
| わんぱん | …………… | ごはん |
| わんぱん | …………… | 96 |

## ゐ

| | | |
|---|---|---|
| ゐ[井] | …………… | いど |
| ゐ[井] | …………… | しみず |
| ゐ[猪] | …………… | いのしし |
| ゐ[猪] | …………… | ぶた |
| ゐ[猪] | …………… | 33 |
| ゐあかす | …………… | てつやする |
| ゐいる | …………… | いりこむ |
| ゐいる | …………… | すわりこむ |
| ゐぎ | …………… | どうさ |
| ゐこほる | …………… | すわる |
| ゐこん | …………… | こうかい |
| ゐこん | …………… | ざんねん |
| ゐさらひ | …………… | しり |
| ゐざりいづ | …………… | すすむ |
| ゐざりいづ | …………… | たいしゅつ |
| ゐざりいづ | …………… | にじりよる |
| ゐざる | …………… | すすむ |
| ゐざる | …………… | 98 |
| ゐすくむ | …………… | 48 |
| ゐずまひ | …………… | しせい |
| ゐずまひ | …………… | すわる |
| ゐせき | …………… | せき |

| | | | | | |
|---|---|---|---|---|---|
| わづらはし[患] | ぐあい | わび | なやむ | わぶ | みすぼらしい |
| わづらはし[患] | 88 | わび | らくたん | わぶ | めいわく |
| わづらはし[煩] | いや | わびごと | ことわり | わぶ | わずらう |
| わづらはし[煩] | うるさい | わびごと | じたい | わぶる | わびしい |
| わづらはし[煩] | えんりょ | わびごと | うらみごと | わほふし | あなた |
| わづらはし[煩] | きづかい | わびごと | ぐち | わほふし | そう |
| わづらはし[煩] | くちやかましい | わびごと | たんがん | わほふし | 106 |
| わづらはし[煩] | しんぱい | わびごと | なげき | わみこと | おまえ |
| わづらはし[煩] | てま | わびごと | しゃざい | わみこと | 106 |
| わづらはし[煩] | ねんいり | わびし | おもしろみ | わめく | さけぶ |
| わづらはし[煩] | はんざつ | わびし | きょうみ | わよ | だきょう |
| わづらはし[煩] | ふくざつ | わびし | くるしい | わらうず | はきもの |
| わづらはし[煩] | めんどう | わびし | こころぼそい | わらうだ | えんざ |
| わづらはし[煩] | めんどうくさい | わびし | こまる | わらうづ | ぞうり |
| わづらはし[煩] | わずらわしい | わびし | さびしい | わらうづ | わらじ |
| わづらはし[煩] | 58 | わびし | じれったい | わらぐつ | ぞうり |
| わづらはす[煩] | くるしめる | わびし | せつない | わらぐつ | わらじ |
| わづらはす[煩] | こまる | わびし | たえがたい | わらしぶ | いね |
| わづらはす[煩] | なやます | わびし | たよりない | わらしぶ | わら |
| わづらひ[患] | 87 | わびし | つまらない | わらしべ | いね |
| わづらひ[煩] | くろう | わびし | つらい | わらしべ | わら |
| わづらひ[煩] | しんぱい | わびし | なんぎ | わらすち | いね |
| わづらひ[煩] | めいわく | わびし | まずしい | わらすち | わら |
| わづらふ[患] | やむ | わびし | みすぼらしい | わらすべ | いね |
| わづらふ[患] | 88 | わびし | めいわく | わらすべ | わら |
| わづらふ[煩] | あぐむ | わびし | ものがなしい | わらは[妾] | わたくし・わたし |
| わづらふ[煩] | くるしむ | わびし | ものたりない | わらは[妾] | 105 |
| わづらふ[煩] | くろう | わびし | わびしい | わらは[童] | 51 |
| わづらふ[煩] | こまる | わびしげ | こころぼそい | わらはあそび | あそび |
| わづらふ[煩] | しかねる | わびしげ | さびしい | わらはおひ | おいたち |
| わづらふ[煩] | なやむ | わびしげ | ひんじゃく | わらはおひ | 52 |
| わづらふ[煩] | なんぎ | わびしげ | びんぼう | わらはぐ | あどけない |
| わづらふ[煩] | わずらう | わびしげ | みすぼらしい | わらはぐ | 106 |
| わづらふ[煩] | 59 | わびしげ | わびしい | わらはごころ | こどもごころ |
| わてう | にほん | わびしむ | わびしい | わらはごころ | 52 |
| わとの | 106 | わひと | あなた | わらはともだち | とも |
| わどの | あなた | わひと | おまえ | わらはな | な |
| わどの | 106 | わひと | 106 | わらはな | ようみょう |
| わなく | くび | わびと | 106 | わらはべ | 51 |
| わなく | くびれる | わびね | 76 | わらはめ | しょうじょ |
| わなく | 72 | わびびと | しゅっけ | わらはめ | 50, 51 |
| わななく | かみ | わびびと | おちぶれる | わらはやみ | おこり |
| わななく | ざわつく・ざわめく | わびびと | よすてびと | わらはやみ | 87 |
| わななく | ちぢれる | わぶ | あやまる | わらひさかゆ | 68 |
| わななく | どうよう | わぶ | おちぶれる | わらひののしる | おおわらいする |
| わななく | ふるえる | わぶ | きおち | わらひののしる | わらいさわぐ |
| わななく | ほつれる | わぶ | くらす | わらひののしる | 68 |
| わななく | 13 | わぶ | こころぼそい | わらふ | じゅくす |
| わなみ | わたくし・わたし | わぶ | こまる | わらふ | つぼみ |
| わなみ | 105, 106 | わぶ | さびしい | わらふ | はな |
| わにふだう | あなた | わぶ | せつない | わらふだ | しきもの |
| わにふだう | そう | わぶ | つづく | わらふだ | えんざ |
| わにふだう | 106 | わぶ | つらい | わらべ | |
| わにょうばう | 54 | わぶ | とうわく | わららか | ほほえむ |
| わぬし | あなた | わぶ | とほうにくれる | わららか | にこやか |
| わぬし | 106 | わぶ | なやむ | わららか | ようき |
| わび | きおち | わぶ | なんぎ | わららか | 68 |
| | | わぶ | ひかんする | わらんぢ | わらじ |
| | | わぶ | みじめ | | |

|  |  |  |  |  |  |
|---|---|---|---|---|---|
| わざくれ | **ままよ** | わせんじゃう | 106 | わたのそこ | 22 |
| わざくれ | **やけくそ** | わそう | **あなた** | わたのはら | 22 |
| わざごと | **じょうだん** | わそう | 106 | わたまし | **ひっこし** |
| わざごと | **たわむれ** | わそう | **そう** | わたらひ | **くらし** |
| わざと | **かたち** | わた[海] | 22 | わたらひ | **しごと** |
| わざと | **せいしき** | わた[腸] | **ないぞう** | わたらひ | **せいけい** |
| わざと | **とくに** | わた[腸] | 47 | わたらひごろ | **こころがまえ** |
| わざと | **とりわけ** | わだ[海] | 22 | わたらふ | **くらす** |
| わざと | **ほんかくてき** | わだ[曲] | **いりえ** | わたらふ | **せいけい** |
| わざと | **わざわざ** | わだ[曲] | **わんきょく** | わたらふ | **わたる** |
| わざとがまし | **わざとらしい** | わたい | 105 | わたり[渡] | **がいしゅつ** |
| わざとだつ | **ことさら(に)** | わたう | **おまえ** | わたり[渡] | **こうしょう** |
| わざとだつ | **わざとらしい** | わたう | 106 | わたり[渡] | **でる** |
| わざとだつ | **わざとらしい** | わだかまる | **うばう** | わたり[渡] | **わたしば** |
| わざとなし | **わざとらしい** | わだかまる | **くっきょくする** | わたり[渡] | **はくらいひん** |
| わざとならず | **しぜん** | わだかまる | **くねりまがる** | わたり[渡] | 26, 98 |
| わざとならず | **わざとらしい** | わだかまる | **だます** | わたり[辺] | **あたり** |
| わざとの | **せいしき** | わだかまる | **ちゃくふくする** | わたり[辺] | **あの** |
| わざとめく | **ことさら(に)** | わだかまる | **とぐろ** | わたり[辺] | **ひとびと** |
| わざとめく | **わざとらしい** | わだかまる | **ぬすむ** | わたり[辺] | **ふきん** |
| わざはひ | **ふこう** | わたぎぬ | **わたいれ** | わたり[辺] | **ほとり** |
| わざはひ | **さいなん** | わたぎぬ | 94 | わたり[辺] | 107 |
| わざはひ | **ふうん** | わたくし | **こじん** | わたりあふ | **あらそう** |
| わざはひ | **わざわい** | わたくし | **ししん** | わたりあふ | **たたかう** |
| わざまへ | **うでまえ** | わたくし | **わたくし・わたし** | わたりがは | **あのよ** |
| わざもの | **かたな** | わたくし | 105 | わたりがは | 25, 73 |
| わざよし | **かたな** | わたくしあめ | **にわかあめ** | わたりなみ | **せけんなみ** |
| わさわさ(と) | **うきうきする** | わたくしあめ | 10 | わたりなみ | **ふつう** |
| わさわさ(と) | **たのしい** | わたくしごと | **こじん** | わたりなみ | 57 |
| わざとざし | **わざとらしい** | わたくしごと | **しじ** | わたりぶね | 98 |
| わざをき | **げいにん** | わたくしざま | **こじん** | わたりもの | **でんらいのしなもの** |
| わざん | **ざんげん** | わたくしにも | **こじん** | わたりもの | **はくらいひん** |
| わし | 105 | わたくしもの | **しゅうぶつ** | わたる | **いちめんに** |
| わしす | **とおす** | わたくしもの | **たいせつ** | わたる | **いらっしゃる** |
| わしす | **はしる** | わたこ | **わたいれ** | わたる | **くる** |
| わしる | **あくせくする** | わたこ | 94 | わたる | **けいかする** |
| わしる | **はしる** | わたし | **うつわ** | わたる | **すぎる** |
| わす | **いらっしゃる** | わたし[渡] | 98 | わたる | **ずっと** |
| わす | **おいでになる** | わたしもり | **せんどう** | わたる | **つうかする** |
| わす | **ゆく** | わたしもり | **ふなのり** | わたる | **とおる** |
| わする | **わすれる** | わたしもり | 98 | わたる | **ゆく** |
| わするるぐさ | **かんぞう** | わたす | **あたえる** | わたる | **よこぎる** |
| わするるぐさ | **やぶかんぞう** | わたす | **うつす** | わちき | 105 |
| わするぐさ | 39, 42 | わたす | **かける** | わづか | **ささやか** |
| わすれがたみ | **かたみ** | わたす | **こえる** | わづか | **すこし** |
| わすれがたみ | 51 | わたす | **ととのえる** | わづか | **ひんじゃく** |
| わすれがひ | **あわび** | わたす | **めいめい** | わづか | **まずしい** |
| わすれがひ | 37 | わたつうみ | 22 | わづか | **わずか** |
| わすれぐさ | **あし** | わたつみ | 22 | わづか | **くべつ** |
| わすれぐさ | **かんぞう** | わだつみ | 22 | わっさりと | **あっさり** |
| わすれぐさ | **やぶかんぞう** | わたつみの | **そこ** | わっさりと | **こだわる** |
| わすれぐさ | **タバコ** | わたつみのうろこのみや | **りゅうぐう** | わっさりと | **さっぱり** |
| わすれぐさ | 39, 40, 42 | わだつみのみこと | 22 | わっち | 105 |
| わすれね | 36, 90 | わたなか | **おき** | わっぱ | **こぞう** |
| わすればな | **はな** | わたなか | **かいじょう** | わっぱ | **わたくし・わたし** |
| わすれみづ | **たえま** | わたなか | 22, 23 | わっぱ | 51, 106 |
| わせづき | **ごがつ** | わたのそこ | **おき** | わっぱと | **わあわあ** |
| わせづき | 6 | | | わっぱと | 90 |
| わせんじゃう | **おまえ** | | | | |

| | | | | | |
|---|---|---|---|---|---|
| わがみ | おまえ | わきさし | とも | わぐむ | わにする |
| わがみ | じぶん | わきさし | なかま | わくらば | かれは |
| わがみ | わたくし・わたし | わきざし | かたな | わくらば | くちば |
| わがみ | 105, 106 | わきたぎる | にえたぎる | わくらば | は |
| わがみざま | みのうえ | わきつち | かきね | わくらば | まれ |
| わかみどり | 15 | わきつち | ついじ | わくらばに | ぐうぜん |
| わかめ | めばえる | わきて | とりわけ | わくらばに | たまに |
| わかめふく | わかば | わきて | とくに | わくらばに | まれ |
| わかめふく | めばえる | わぎのち | いのち | わけ[訳] | じじょう |
| わかやか | わかい | わきばさむ | かかえる | わけ[訳] | じょうじ |
| わかやか | わかわかしい | わきばむ | いつくしむ | わけ[訳] | すじみち |
| わかやぎだつ | よそおう | わきばむ | たいせつ | わけ[訳] | どうり |
| わかやぎだつ | わかい | わきばむ | 62 | わけ[訳] | ようす |
| わかやぐ | わかい | わきひら | そば | わけ[訳] | りゆう |
| わかやぐ | わかがえる | わぎへ | じたく | わけ[戯奴] | おまえ |
| わかやる | わかわかしい | わぎへ | わがや | わけ[戯奴] | 105, 106 |
| わかやる | わかい | わぎへ | 92 | わけ[分] | かんじょう |
| わかやる | わかわかしい | わきぼね | あばらぼね | わけ[分] | くべつ |
| わかゆ | わかい | わぎほね | 47 | わけ[分] | ちがい |
| わかゆ[若] | わかがえる | わきまふ | こころえる | わけそぼつ | つゆ |
| わかゆ[若鮎] | あゆ | わきまふ | つぐなう | わけて | とくに |
| わかゆ[若鮎] | 37 | わきまふ | はんべつ | わけなし | どうり |
| わがり | わたくし・わたし | わきまふ | みわける | わけもなし | しょうじ |
| わがり | 106 | わきまへ | くべつ | わけもなし | どうり |
| わかる | しべつ | わきまへ | しきべつ | わけもなし | りせい |
| わかる | 73 | わきまへ | つぐない | わけらし | いき |
| わかる | くべつ | わきまへ | はんべつ | わけらし | わけ |
| わかる | はなれる | わきまへ | みわけ | わけわし | わたくし・わたし |
| わかる | ぶんりする | わきまへ | りかい | わけをたてる | しはらう |
| わかれ | わかれる | わきまへしる | みわける | わけをたてる | しょり |
| わかれ | しべつ | わきみ | 106 | わこ | わがこ |
| わかれ | 73 | わぎも | あなた | わこ | 52 |
| わかれ | ぶんけ | わぎも | いもうと | わご | わたくし・わたし |
| わかれ | わかれる | わぎも | 50, 54, 55, 106 | わご | 106 |
| わかれぢ | しべつ | わぎもこ | あなた | わこく | にほん |
| わかれぢ | べつり | わぎもこ | いもうと | わごぜ | あなた |
| わかれぢ | わかれ | わぎもこ | 50, 54, 55, 106 | わごぜ | 50, 106 |
| わかれぢ | 73 | わぎもこに | あう | わごばう | あなた |
| わかれぢのふちせ | あのよ | わぎもこに | せんだん | わごばう | そう |
| わかれぢのふちせ | 25, 73 | わぎもこに | 45 | わごばう | 106 |
| わかわかし | おとなげない | わきわきし | あかるい | わごりょ | あなた |
| わかわかし | みじゅく | わきわきし | きわだつ | わごりょ | 106 |
| わかわかし | ようち | わきわきし | めいはつ | わごれう | あなた |
| わかわかし | わかい | わきわきし | あきらか | わごれう | 106 |
| わかわかし | わかわかしい | わく | くばる | わざ | こうい |
| わかわかし | 52 | わく | くべつ | わざ | えんぎ |
| わき[脇] | そば | わく | ちゅうさい | わざ | おこない |
| わき[脇] | よこ | わく | はんだん | わざ | しごと |
| わき[分・別] | かんがえ | わく | はんべつ | わざ | しだい |
| わき[分・別] | くべつ | わく | ぶんべつ | わざ | ほうじ |
| わき[分・別] | けじめ | わく | りかい | わざ | ぎじゅつ |
| わき[分・別] | しりょ | わく | わかる | わざ | たたり |
| わき[分・別] | ちがい | わく | わける | わざ | ようす |
| わき[分・別] | ふんべつ | わぐ | たわめる | わざ | わざわい |
| わきかへる | どうよう | わぐ | わにする | わざ | つとめ |
| わきかへる | にえたぎる | わくご | おさなご | わざうた | はやりうた |
| わきかへる | ほとばしる | わくご | ようじ | わざくれ | いたずら |
| わきかへる | わきだす | わくご | 51 | わざくれ | じぼうじき |
| わきごころ | うわきごころ | わぐむ | たわめる | わざくれ | じょうだん |

わがみ―わざくれ

| | | | | | |
|---|---|---|---|---|---|
| ろくじゅん | かんれき | わうくゎん | おうらい | わかこ | おさなご |
| ろくじゅん | 89 | わうくゎん | かいどう | わかこ | ちのみご |
| ろくち | とち | わうくゎん | 30, 31 | わかこ | にゅうじ |
| ろくち | へいち | わうごんいろ | 15 | わかこ | ようじ |
| ろくち | りく | わうし | こうぞく | わかこ | 51, 52 |
| ろくち | りくち | わうじ | おうじ | わかご | おさなご |
| ろくち | 32 | わうじ | みこ | わかご | ようじ |
| ろくにゐる | くつろぐ | わうじゃう | あきらめ | わかし | あどけない |
| ろくろく(に) | まんぞく | わうじゃう | あきらめる | わかし | おさない |
| ろくろく(に) | じゅうぶん | わうじゃう | 73 | わかし | かっきがある |
| ろけん | ばれる | わうじゃく[往昔] | むかし | わかし | みじゅく |
| ろけん | ひみつ | わうじゃく[尫弱] | かよわい | わかし | みずみずしい |
| ろし | とちゅう | わうじゃく[尫弱] | ひよわ | わかし | わかい |
| ろし | どうちゅう | わうじゃく[尫弱] | びんぼう | わかし | わかわかしい |
| ろし | みちすがら | わうじゃく[尫弱] | みすぼらしい | わかし | ようち |
| ろし | みちすじ | | | わがせ | あなた |
| ろし | 32, 87 | わうじゃく[尫弱] | よわよわしい | わがせ | 106 |
| ろせい | つうこう | わうだう | ひどい | わがせこ | あなた |
| ろっぷ | ないぞう | わうだう | ふせい | わがせこ | 106 |
| ろっぷ | 47 | わうだう | わるもの | わかだち | しんめ |
| ろめい | いのち | わうだう | せいじ | わかだち | めばえる |
| ろよう | りょひ | わうだうもの | ふとどき | わかだつ | いきいきしている |
| ろよう | 87 | わうばん[往反] | おうふく | わかだつ | みずみずしい |
| ろんぎ | ぎろん | わうばん[椀飯] | えんかい | わかだつ | めばえる |
| ろんぎ | とうろん | わうばん[椀飯] | ごはん | わかだつ | わかば |
| ろんず | あらそう | わうばん[椀飯] | 96 | わかだつ | わかわかしい |
| ろんず | いいあらそう | わうへん | おうふく | わかたつそま | 28 |
| ろんず | そしょう | わうらい | いったりきたり | わかち | かんがえ |
| ろんず | もんだい | わうらい | おうふく | わかち | くべつ |
| ろんなし | いうまでもない | わうらい | おうらい | わかち | じじょう |
| ろんなし | もちろん | わうらい | おくりもの | わかち | ふんべつ |
| ろんなし | 69 | わうらい | てがみ | わかち | みわけ |
| | | わうらい | てみやげ | わかつ | くばる |
| **わ** | | わうらい | ぶんしょう | わかつ | くべつ |
| | | わうらい | 86 | わかつ | はいとうする |
| わ | わたくし・わたし | わうらいもの | きょうかしょ | わかつ | はんだん |
| わ | 105 | わうらいもの | てびき | わかつ | はんべつ |
| わ | にほん | わうらいもの | にゅうもんしょ | わかつ | べつべつ |
| わあ | わたくし・わたし | わうわく | ひどい | わかつ | わける |
| わあ | 105 | わうわく | ふせい | わかつる[誘] | さそう |
| わいため | くべつ | わおもと | あなた | わかつる[機巧] | あやつる |
| わいため | けじめ | わおもと | 106 | わがで | みずから |
| わいだめ | くべつ | わか | ようじ | わがでに | じぶん |
| わいだめ | けじめ | わか | おさなご | わがでに | みずから |
| わいて | とくに | わか | 51 | わかな | な |
| わいへ | じたく | わかうど | しょうねん | わかな | ようみょう |
| わいへ | わがや | わかうど | しんじん | わかなへいろ | あいいろ |
| わいへ | 92 | わかうど | みじゅく | わかなへいろ | あお・あおいろ |
| わいへん | じたく | わかうど | わかい | わかなへいろ | 14 |
| わいへん | わがや | わかうど | わかもの | わがぬ | たわめる |
| わいへん | 92 | わかうど | 51 | わがぬ | わにする |
| わいら | 106 | わがおもと | 106 | わがはい | 105 |
| わいわいし | あかるい | わかくさの | あたらしい | わかばさす | わかば |
| わう | くんしゅ | わかくさの | おっと | わかばさす | めばえる |
| わうかう | あるきまわる | わかくさの | ことば | わかぶ | わかい |
| わうかう | 68 | わかくさの | はな | わがへ | じたく |
| わうくゎん | おうふく | わかくさの | わかい | わがへ | わがや |
| わうくゎん | おうふく | わかくさの | 54, 55 | わがへ | 92 |
| | | | | わがまま | ぜいたく |

ろくじゅん――わがまま

| | | | | | | |
|---|---|---|---|---|---|---|
| りょぐゎい | …… | おもいがけない | | | れうじ | …… ぶれい |
| りょぐゎい | …… | とつぜん | | | れうず | …… いじめる |
| りょぐゎい | …… | ぶしつけ | **れ** | | れうそく | …… かね |
| りょぐゎい | …… | ぶれい | | | れうそく | …… ひよう |
| りんげん | …… | てんのう | れい | …… あたりまえ | れうそく | …… りょうきん |
| りんげん | …… | みことのり | れい | …… いっぱん | れうぢ | …… ちりょう |
| りんし | …… | ちょくしょ | れい | …… こじ | れうぢ | …… 88 |
| りんじ | …… | ちょくしょ | れい | …… しきたり | れうり | …… しょり |
| りんじ | …… | てんのう | れい | …… せんれい | れうり | …… ちょうじ |
| りんしょう | …… | ろくがつ | れい | …… ためし | れうり | …… りょうり |
| りんしょう | …… | 6 | れい | …… ならわし | れうり | …… 97 |
| りんだう | …… | りんだう | れい | …… ふだん | れうる | …… すいじ |
| りんだう | …… | 42 | れい | …… ふつう | れうる | …… りょうじ |
| りんと | …… | せいかくに | れい | …… へいぼん | れきすう | …… うんめい |
| りんと | …… | きちんと | れいきゃう | …… かおり | れきすう | …… ねんすう |
| りんゑ | …… | しゅうちゃく | れいげつ[令月] | …… にがつ | れきすう | …… 89 |
| りんゑ | …… | しゅうねん | れいげつ[令月] | …… 5 | れきすう | …… いのち |
| りんゑ | …… | るてん | れいげつ[麗月] | …… にがつ | れきれき | …… あきらか |
| | | | れいげつ[麗月] | …… 5 | れきれき | …… いえがら |
| **る** | | | れいげん | …… ごりやく | れきれき | …… はっきり |
| | | | れいげん | …… じしゃ | れきれき | …… みぶん |
| る | …… | そんけいする | れいげん | …… じんじゃ | れきれき | …… れきぜん |
| る[流] | …… | るざい | れいげん | …… てら | れんぎ | …… すりこぎ |
| るい[類] | …… | いちぞく | れいさい | …… あかざ | れんげ | …… はす |
| るい[類] | …… | えんこ | れいさい | …… 38 | れんげ | …… 41 |
| るい[類] | …… | ちじん | れいさう | …… あかざ | れんげえ | …… そう |
| るい[類] | …… | とも | れいさう | …… 38 | れんげえ | …… 93 |
| るい[類] | …… | どうるい | れいざま | …… けんこう | れんし | …… きょうだい |
| るい[類] | …… | なかま | れいざま | …… ふだん | れんし | …… 56 |
| るい[類] | …… | 55 | れいざま | …… ふつう | れんず | …… じゅくれん |
| るい[誅] | …… | ちょうじ | れいざん | …… 28 | れんず | …… ちょうきょうする |
| るい[誅] | …… | 74 | れいす | …… いいつける | れんず | …… なれる |
| るいえふ | …… | きゅうか | れいす | …… めいれい | れんちゅう | …… きふじん |
| るいす | …… | つれだつ | れいす | …… もうしつける | れんちゅう | …… 50 |
| るいす | …… | つれる | れいでう | …… 38 | れんぼ | …… 63 |
| るいす | …… | にる | れいならず | …… いつも | | |
| るいたい | …… | きゅうか | れいならず | …… かくべつ | **ろ** | |
| るいだい | …… | だいだい | れいならず | …… 87 | | |
| るいだい | …… | きゅうか | れいの | …… あの | ろう | …… 92 |
| るいだい | …… | だいだい | れいの | …… いつも | ろうかく | …… 92 |
| るいはん | …… | いちぞく | れいの | …… れい | ろうこく | …… とけい |
| るいはん | …… | どうぞく | れいの | …… 107 | ろうず | …… あざける |
| るいはん | …… | 55 | れいらく | …… おちぶれる | ろうず | …… あなどる |
| るいばん | …… | いちぞく | れいらく | …… かれる | ろうず | …… からかう |
| るいばん | …… | どうぞく | れう | …… ざいりょう | ろうず | …… もてあそぶ |
| るいばん | …… | 55 | れう | …… たね | ろうろう | …… あかるい |
| るけい | …… | るざい | れう | …… だいきん | ろうろう | …… おぼろげ |
| るてん | …… | へんか | れう | …… ひよう | ろぎん | …… りょひ |
| るふ | …… | ゆきわたる | れうぐゎい | …… いがい | ろぎん | …… 87 |
| るふ | …… | 57,75 | れうぐゎい | …… おもいがけない | ろく[陸] | …… すいへい |
| るらう | …… | さすらい | れうけん | …… しりょ | ろく[陸] | …… たいらめ |
| るらう | …… | さまよう | れうけん | …… なっとく | ろく[陸] | …… まじめ |
| るり | …… | るりちょう | れうけん | …… ふんべつ | ろく[陸] | …… まとも |
| るり | …… | ガラス | れうけん | …… がまん | ろく[陸] | …… よこ |
| るり | …… | 36 | れうじ | …… いいかげん | ろく[禄] | …… しゅうぎ |
| るるい | …… | 55 | れうじ | …… うっかり | ろく[禄] | …… ほうび |
| | | | れうじ | …… けいそつ | ろくじふよしふ | …… にほん |
| | | | れうじ | …… しつれい | | |
| | | | れうじ | …… ぶしつけ | | |

|  |  |
|---|---|
| らうたし | かわいい |
| らうどう | けらい |
| らうどう | じゅうしゃ |
| らうどう | めしつかい |
| らうまい | こめ |
| らうもつ | 95 |
| らうらうじ | うつくしい |
| らうらうじ | かわいい |
| らうらうじ | さいちがある |
| らうらうじ | じょうず |
| らうらうじ | なれる |
| らうらうじ | ものなれる |
| らうらうじ | ゆうが |
| らうらうと | よぼよぼ |
| らうらうと | 53 |
| らうれい | こめ |
| らうれう | しょくりょう |
| らうろう | あやつる |
| らうろう | おとろえる |
| らうろう | くきょうにたつこと |
| らうろう | こまる |
| らうろう | ひきこもる |
| らく | する |
| らく [洛] | 112, 113 |
| らく [洛] | みやこ |
| らくしょ | かたづく |
| らくきょ | らくちゃく |
| らくしょ | らくがき |
| らくしょく | しゅっけ |
| らくゐ | あぐら |
| らくゐ | すわる |
| らし | ため |
| らし | ちがいない |
| らし | 103, 104 |
| らち | かきね |
| らち | くぎり |
| らち | さく |
| らちあく | かたづく |
| らちあく | はかどる |
| らちもない | しまりがない |
| らちもない | たわいない |
| らっし | しだい |
| らっし | じゅんじょ |
| らっし | ねんこう |
| らに | ふじばかま |
| らに | らん |
| らに | 41, 42 |
| らふ | じゅうにがつ |
| らふ | 7 |
| らふげつ | じゅうにがつ |
| らふげつ | 7 |
| らふし | しだい |
| らふし | じゅんじょ |
| らふし | ねんこう |
| らふたく | うつくしい |
| らふたく | じょうひん |
| らふたく | ねんごろ |
| らふたく | せんれん |
| らむ | 103, 104 |

|  |  |
|---|---|
| らり | だいなし |
| らり | …めちゃくちゃ・めちゃやめちゃ |
| らる | そんけいする |
| らんげつ | しちがつ |
| らんげつ | 6 |
| らんしう | しちがつ |
| らんしう | 6 |
| らんしょう | さいしょ |
| らんしょう | はじまり |
| らんしょう | みなもと |
| らんる | ぼろぎれ・ぼろぬの |

## り

|  |  |
|---|---|
| り | 99 |
| り [理] | すじみち |
| り [理] | どうり |
| りう | りゅうぎ |
| りうごう | りんご |
| りうする | 8 |
| りうせい | ながれぼし |
| りうせい | 8 |
| りうぞく | ぜぞく |
| りうぞく | ならわし |
| りうぞく | 57 |
| りうたん | りんどう |
| りうたん | 42 |
| りうてい | らくるい |
| りうてい | 67 |
| りうていこがる | 66 |
| りうねん | さいげつ |
| りうねん | 89 |
| りうん | かってきまま |
| りうん | こううん |
| りかた | どうり |
| りかた | りくつだん |
| りかん | けいさん |
| りかん | ださんてき |
| りきじ | すもう |
| りきじ | すもう |
| りきじだち | におうだち |
| りきしゃ | すもう |
| りきじん | すもう |
| りぎょ | こい |
| りぎょ | 37 |
| りぎん | りし |
| りけり | 104 |
| りこう | かしこい |
| りこう | しゃれ |
| りこう | じょうだん |
| りこう | はなし |
| りこう | はなしじょうず |
| りこん | かしこい |
| りこん | きてん |
| りこん | くち |

|  |  |
|---|---|
| りこん | くちさき |
| りこん | けんめい |
| りこん | はなし |
| りこん | はなしじょうず |
| りしゃう | こうかい |
| りしょう | ごりやく |
| りちぎ | ぎり |
| りちぎ | げんき |
| りちぎ | しょうじき |
| りちぎ | じっちょく |
| りちぎ | そうけん |
| りちぎ | まめ |
| りっしのよはひ | じゅうごさい |
| りっしのよはひ | 89 |
| りとく | りえき |
| りとく | もうけ |
| りはつ | かしこい |
| りふじん | すじみち |
| りふじん | どうり |
| りふねん | おとこ |
| りふねん | さんじっさい |
| りふねん | 89 |
| りぶん | もうけ |
| りぶん | りえき |
| りぶん | りし |
| りゃう [領] | りょうち |
| りゃう [領] | りょうゆう |
| りゃう [令] | ほうりつ |
| りゃう [霊] | たましい |
| りやう | しふくをこやす |
| りやうげつ [良月] | じゅうがつ |
| りゃうげつ [良月] | 7 |
| りゃうげつ [涼月] | しちがつ |
| りゃうげつ [涼月] | 6 |
| りゃうじゃう | しょうだく |
| りゃうず | しょゆう |
| りゃうず | とりこ |
| りゃうず | とりつく |
| りゃうず | みりょうする |
| りゃうず | りょうう |
| りゃうてい | うま |
| りゃうてい | 33 |
| りゃうりゃうじ | うつましい |
| りゃうりゃうじ | さいちがある |
| りゃうりゃうじ | じょうず |
| りゃうりゃうじ | なれる |
| りゃうりゃうじ | ものなれる |
| りゃうりゃうじ | ゆうが |
| りやく | おんけい |
| りやく | こうい |
| りやく | こうか |
| りやく | ごりやく |
| りゅうがん | てんのう |
| りゅうがん | てんのう |
| りょうず | いじめる |
| りょうず | せめる |
| りょうず | ひどい |
| りょぐゎい | いがい |
| りょぐゎい | おもい |

| | | | | | |
|---|---|---|---|---|---|
| よりあふ | ちかよる | よろし | すぐれる | よんべ | さくや |
| よりあふ | よりあつまる | よろし | すばらしい | | |
| よりき | かせい | よろし | てきとう | **ら** | |
| よりき | じょりょく | よろし | ひととおり | | |
| よりつく | たより | よろし | ふさわしい | ら | ふくすう |
| よりつく | ちかづく | よろし | ふつう | ら | 113 |
| よりつく | よる | よろし | へいぼん | らいさん | おがむ |
| よりつく | 49 | よろし | よい | らいす | おがむ |
| よりて | ゆえ | よろし | わるい | らいせ | あのよ |
| よりて | それゆえ | よろし | 82 | らいれき | いわれ |
| よりて | だから | よろしなへ | うまい | らいれき | しゅっしょ |
| よりて | 110 | よろしなへ | このましい | らいれき | ゆらい |
| よりどころ | こんきょ | よろしなへ | ちょうわ | らう | くろう |
| よりどころ | たよる | よろしなべ | うまい | らう | じゅくれん |
| よりより | ときどき | よろしなべ | このましい | らう | ほねおり |
| よる[寄] | あつまる | よろしなべ | ちょうわ | らう | ろうこう |
| よる[寄] | こうい | よろしめ | このましい | らうあり | じゅくれん |
| よる[寄] | たちよる | よろしめ | 50 | らうあり | けいけん |
| よる[寄] | たよる | よろづ | すべて | らうあり | ものなれる |
| よる[寄] | ちかよる | よろづ | ばんじ | らうえん | あいず |
| よる[寄] | つもる | よろづ | 79 | らうえん | のろし |
| よる[寄] | のりうつる | よろづたび | なんども | らうがい | はいけっかく |
| よる[寄] | ばけもの | よろづに | すべて | らうがい | 88 |
| よる[寄] | もたれる | よろづに | なにか | らうがはし | うるさい |
| よる[寄] | よりかかる | よろづよ | えいえん | らうがはし | こみあう |
| よる[寄] | 79 | よろづよ | 16 | らうがはし | こんざつ |
| よる[揺] | ゆれる | よろひぐさ | ぼたん | らうがはし | ぶれい |
| よる[依] | きめる | よろひぐさ | 46 | らうがはし | みだら |
| よる[依] | げんいん | よろひどほし | かたな | らうがはし | むさくるしい |
| よる[依] | したがう | よろひどほし | ぶき | らうがはし | やかましい |
| よる[依] | もとづく | よろぼふ | よろめく | らうがはし | らんざつ |
| よる[撚] | からまる | よろぼふ | くずれる | らうげ | 88 |
| よる[撚] | しわ | よろぼふ | たおれかかる | らうざ | 52 |
| よる[撚] | ねじりあわせる | よろめく | くずれる | らうさい | はいけっかく |
| よる[撚] | ねじれる | よろめく | 69 | らうさい | 88 |
| よる[撚] | ひねる | よわげ | よわよわしい | らうじしむ | りょうゆう |
| よるになす | 22 | よわし | おとっている | らうじゅう | けらい |
| よるのおまし | しんしつ | よわし | けってん | らうじゅう | じゅうしゃ |
| よるのにしき | むだ | よわし | すいじゃく | らうじゅう | めしつかい |
| よるのふすま | ふとん | よわし | よわい | らうす | くろう |
| よるのもの | ふとん | よわし | よわよわしい | らうす | ほね |
| よるはすがら | ひとばんじゅう | よわたし | ひとばんじゅう | らうず | しょうず |
| よるべ | こんきょ | よわたらひ | くらし | らうず | どくせんする |
| よるべ | たよる | よゐ | しゅくちょく | らうせふちゃう | 80 |
| よるべ | よりどころ | よをこむ | 22 | らうぜん | さんらん |
| よるべのみづ | おそなえ | よをしる | おさめる | らうぜき | しつれい |
| よるべのみづ | 26 | よをすつ | しゅっけ | らうぜき | ぶっそう |
| よるをひるになす | いそぐ | よをたもつ | おさめる | らうぜき | ぶれい |
| よるをひるになす | ちゅうや | よをはなる | しゅっけ | らうぜき | むほう |
| よろく | よろめく | よをはばかる | えんりょ | らうぜき | らんざつ |
| よろこび | うれしい | よをはばかる | きがねする | らうぜき | らんぼう |
| よろこび | おれい | よをはばかる | せけんてい | らうたがる | いたわる |
| よろこび | しゃれい | よをはばかる | 57 | らうたがる | かわいがる |
| よろこび | しゅくじ | よをひにつぐ | ちゅうや | らうたがる | 62 |
| よろこび | いわい | よをひびかす | ひょうばん | らうたげ | かれん |
| よろこぼふ | よろこぶ | よをゆする | 83 | らうたげ | かわいい |
| よろし | あたりまえ | よをむさぼる | よくばる | らうたし | かれん |
| よろし | けっこう | よをわたす | すくう | | |
| よろし | このましい | | | | |

| | | |
|---|---|---|
| よのことごと … **ひとばんじゅう** | よばひわたる …… **62, 84** | よみす …………………… **よい** |
| よのさが ……………… **ならい** | よばふ ………………… **いいよる** | よみる …………………… **ほめる** |
| よのさが ……………… **ならわし** | よばふ …………………… **よぶ** | よみち ………………… **あのよ** |
| よのさが ……………… **よのつね** | よばふ ……………… **きゅうこん** | よみのくに …………… **あのよ** |
| よのさが ………………… 57 | よばふ ……………… **62, 84** | よみをとこ ………………… 4 |
| よのすゑ ……………… **こうせい** | よばり ……………… **しょうべん** | よむ[詠] ……………… **65, 75** |
| よのすゑ ……………… **しょうらい** | よばり ……………… **ねしょうべん** | よむ[読] ……………… **かぞえる** |
| よのすゑ ……………… **ばんねん** | よひ …………………… **よい** | よむ[読] ……………… **かんがえる** |
| よのすゑ ……………… **ろうねん** | よひ ……………………… 21 | よむ[読] ……………… **けいさん** |
| よのすゑ …………………… 54 | よびおろす ………… **よびよせる** | よめがきみ …………… **ねずみ** |
| よのためし …………… **しきたり** | よびかはす ………… **よびあう** | よめがはぎ …………… **よめな** |
| よのためし …………… **ならい** | よびぐす ………………… **よぶ** | よめがはぎ ……………… 42 |
| よのためし …………… **ならわし** | よびこす …………… **よびよせる** | よも[世] ……………… **けっして** |
| よのためし …………… **はなし** | よびたつ ………………… **よぶ** | よも[世] ……………… **まさか** |
| よのつね ……………… **せけんなみ** | よびつどふ ………… **よびあつめる** | よも[世] ……………… **よもや** |
| よのつね ……………… **ふつう** | よひと …………………… **じんみん** | よも[四方] …………… **いたるところ** |
| よのつね ………………… 57 | よひと …………………… **にんげん** | よも[四方] …………… **しほう** |
| よのとほびと ……………… 52 | よひと ……………………… 57 | よも[四方] …………… **とうざい** |
| よのなか ……………… **うんめい** | よひとよ …………… **ひとばんじゅう** | よも[四方] …………… **あちこち** |
| よのなか ……………… **このよ** | よびとよむ ……………… **よぶ** | よも[四方] ……………… 107 |
| よのなか ……………… **しゃかい** | よびとよむ ……………… 91 | よもぎがそま ……………… 92 |
| よのなか ………………… **な** | よびとる …………… **よびよせる** | よもぎがそま …………… **そまつ** |
| よのなか ……………… **めいせい** | よひね …………………… **はやね** | よもぎのせき …………… **ふゆ** |
| よのなか ……………… **よのつね** | よひね ……………………… 77 | よもぎのせき ……………… 18 |
| よのなか ………… 57, 84, 85 | よひのとし …………… **ねんまつ** | よもぎふ …………………… 26 |
| よのなかごこち …… **えきびょう** | よひやみ ………………… **くらい** | よもぎふのやど ……………… 92 |
| よのなかごこち ……………… 87 | よひやみ ……………………… 21 | よもすがら …………… **ひとばんじゅう** |
| よのながびと ……… **ちょうじゅ** | よひよひ ………………… **まいばん** | よもつくに ……………… **あのよ** |
| よのながびと ……………… 52 | よひよひ ………………… **よごとに** | よものあらし ………… **あちこち** |
| よのほどろ ……………… 19, 20 | よひよひごと …………… **まいばん** | よものあらし ………… 11, 107 |
| よは[世] …………………… 89 | よひる ……………… **よふかしする** | よものうみ …………… **くにじゅう** |
| よは[夜半] …………… **よなか** | よひる ……………………… 21 | よものうみ …………… **てんか** |
| よは[夜半] …………… **よふけ** | よぶ …………………… **なづける** | よもや ………………… **おそらく** |
| よは[夜半] ……………… 21 | よぶ ……………………… **ひびく** | よもや ………………… **きっと** |
| よはう …………………… **しかく** | よぶ ……………………… **まねく** | よもや ………………… **まさか** |
| よばなる ………………… **すむ** | よぶ …………………… **よびかける** | よもやま ……………… **あちこち** |
| よばなる ……………… **ひとざと** | よぶ ……………………… 90 | よもやま ……………… **いろいろ** |
| よばなる …………………… 57 | よふか …………………… **しんや** | よもやま ……………… **しゅじゅ** |
| よはのあらし ……………… 12 | よふか …………………… **よふけ** | よもやま ……………… **てんか** |
| よはのけむり …………… **かそう** | よふか ……………………… 21 | よもやま ……………………… 107 |
| よばはる ……………… **おおごえ** | よふか …………………… **しんや** | よや ……………………… **おい** |
| よばはる …………… **むかえまねく** | よふか …………………… **よふけ** | よやど ………………… **しんしつ** |
| よばはる ………………… **よぶ** | よふか ……………………… 21 | よやなしどり ………… **ほととぎす** |
| よばはる ……………………… 90 | よふかし ……………… **しんや** | よやなしどり ……………… 35 |
| よばはる ……………… **わめきさけぶ** | よふかし ……………… **よなか** | よよ ……………………… **おい** |
| よばひ …………………… **いのち** | よぶこどり …………… **かっこう** | よよ[世世] …………… **だいだい** |
| よばひ ………………… **としごろ** | よぶこどり ………………… 34 | よよ[世世] …………… **ながい** |
| よばひ ………………… **ねんぱい** | よぶり …………………… **いさりび** | よよ[世世] ……… 16, 61, 63 |
| よばひ …………………… **よわい** | よべ …………………… **さくばん** | よよ(と) ……………… **ながれる** |
| よばひ ……………………… 85, 89 | よほう …………………… **しかく** | よよ(と) ………… 25, 65, 66 |
| よばひ ……………… **きゅうこん** | よほろ ……………………… **ひざ** | よよむ …………………… **こし** |
| よばひ ……………………… 62, 84 | よほろ ……………………… 48 | よよむ ………………… **よぼよぼ** |
| よばひぐさ ………………… **きく** | よほろすぢ ………………… **ひざ** | よよむ ……………………… 52, 53 |
| よばひぐさ ………………… 39 | よまぜ(に) ……………………… 21 | よら ………………………… 21 |
| よばひぼし …………… **ながれぼし** | よまひごと ……………… **ぐち** | よりあはす …………… **あつまる** |
| よばひぼし …………… **りゅうせい** | よみ ……………………… **あのよ** | よりあはす ………… **さんかいする** |
| よばひぼし …………………… 8 | よみがへる …………… **いきおい** | よりあひ ……………… **かいごう** |
| よばひわたる …………… **かよう** | | よりあひ ……………… **しゅうかい** |
| よばひわたる ……… **きゅうこん** | | よりあふ ……………… **あつまる** |

| | | |
|---|---|---|
| よそがまし …… **れいたん** | よそめ …………… **ぼうかん** | よどむ …………… **ためらう** |
| よそげ …… **しらぬかお** | よそめ …………… **わきみ** | よどむ ……… **ていたいする** |
| よそげ ……… **れいたん** | よそめ …………… **わきみ** | よどむ ………… **はかどる** |
| よそげ ……………… 75 | よそめ …………… 78 | よどむ …………… 25 |
| よそぢ ………… **しじっさい** | よそよそ ………… **そえん** | よな ……………… 99 |
| よそぢ …………… **しじゅう** | よそよそ ……… **そのへん** | よながづき ……… **くがつ** |
| よそぢ …………… 89 | よそよそ ……… **はなれる** | よながづき ……… 7 |
| よそながら ……… **かんせつ** | よそよそ ……… **べつべつ** | よなよな ………… **まいばん** |
| よそながら ……… **それとなく** | よそよそ ………… 109 | よなよな ………… **よごとに** |
| よそながら ……… 110 | よそよそし ……… **れいたん** | よなよな ………… 21 |
| よそひ …………… **かざり** | よそりつま ……… **おっと** | よならべて ……… **まいばん** |
| よそひ …………… **かざりつけ** | よそりつま ……… 54,55 | よならべて ……… **よごとに** |
| よそひ …………… **そうしょく** | よする ………… **うちよせる** | よなる …………… **よなれる** |
| よそひ …………… **はれぎ** | よする ………… **ひきよせる** | よなる …………… **ふつう** |
| よそひ …………… **ふくそう** | よだけし ………… **おおげさ** | よなる …………… 57,63 |
| よそひ …………… **よそおい** | よだけし ………… **おっくう** | よに…(ず) ……… **だんじて** |
| よそひ …………… 85,93 | よだけし ………… **めんどう** | よに ……………… **けっして** |
| よそひぐさ ……… **きく** | よだけし ……… **ものものしい** | よに ……………… **ぜんぜん** |
| よそひげさ ……… 39 | よだだ ……… **ひとばんじゅう** | よに ……………… **はなはだ** |
| よそひと ………… **たにん** | よただどり ……… **ほととぎす** | よに ……………… **ひじょうに** |
| よそふ[寄] … **おもいくらべる** | よただどり ……… 35 | よにあふ ………… **みとめる** |
| よそふ[寄] ……… **かこつける** | よだち …………… **ゆうだち** | よにあふ ………… **もちいる** |
| よそふ[寄] ……… **かんけい** | よだち …………… 10 | よにあり ……… **いきている** |
| よそふ[寄] ……… **くらべる** | よち ……………… 51 | よにあり ………… **みとめる** |
| よそふ[寄] ……… **たとえる** | よちかし ………… **いのち** | よにこゆ ………… **すぐれる** |
| よそふ[寄] ……… **ひかく** | よちかし ………… **よゐい** | よにこゆ ………… 82 |
| よそふ[装] ……… **かざる** | よちかし ………… 54,73 | よにしらず …… **このうえない** |
| よそふ[装] ……… **そうしょく** | よちこ …………… 51 | よにしらず ……… **すばらしい** |
| よそふ[装] ……… **とりそろえる** | よちりすちり ……… **ひねる** | よににず ……… **このうえない** |
| よそふ[装] ……… **みじたく** | よちりすちり ……… **もだえる** | よににず ………… **すばらしい** |
| よそふ[装] ……… **みづくろい** | よつ ……………… **すがる** | よにふ …………… 57 |
| よそふ[装] ……… **よそおう** | よづ ……………… **ねじる** | よにふる ………… **しんせる** |
| よそふ[装] ……… 86 | よづ ……………… **ひきよせる** | よにふる ………… **ふるびる** |
| よそふ[寄] ……… **なぞらえる** | よづ ……………… **ひねる** | よにふる ………… **ふるぼける** |
| よそへ …………… **くらべる** | よづ ……………… **よぢのぼる** | よにふる ………… **めずらしい** |
| よそへ …………… **たとえる** | よづ ……………… **よじる** | よにも …………… **いかにも** |
| よそへ …………… **ひかく** | よづかず ……… **ういういしい** | よにも …………… **けっして** |
| よそへ …………… **なぞらえる** | よづく …………… **いろけづく** | よにも …………… **ぜんぜん** |
| よそへもの ……… **なぞらえる** | よづく …………… **ふつう** | よによに ………… **きわめて** |
| よそほし ………… **いかめしい** | よづく …………… **よなれる** | よによに ………… **ひじょうに** |
| よそほし ………… **うつくしい** | よづく …………… 57,63 | よね[米] ………… **こめ** |
| よそほし ………… 82 | よって …………… **ゆえ** | よね[米] … **はちじゅうはっさい** |
| よそほひ ………… **おもむき** | よって …………… **それゆえ** | よね[米] ………… 89,96 |
| よそほひ ………… **かざり** | よって …………… **だから** | よね[女郎] ……… **ゆうじょ** |
| よそほひ ………… **かざる** | よって …………… 110 | よねん …………… **かんがえ** |
| よそほひ ………… **けしょう** | よつのを ………… **がっき** | よねん …………… **もちえる** |
| よそほひ ………… **しょうぞく** | よつのを ………… **びわ** | よの ………… **このうえない** |
| よそほひ ………… **ふくそう** | よて ……………… **ゆえ** | よの …………… **てんか** |
| よそほひ ………… **みなり** | よて ……………… **それゆえ** | よの …………… **まれ** |
| よそほひ ………… **ようす** | よて ……………… **だから** | よの …………… 57 |
| よそほひ ………… **よそおい** | よて ……………… 110 | よのおぼえ ……… **めいせい** |
| よそほひ ………… 81,85,93 | よと ……………… 13 | よのおぼえ ……… 83,84 |
| よそほふ ………… **かざる** | よど ……………… 25 | よのおもし ……… **おさめる** |
| よそほふ ………… **とりそろえる** | よどこ …………… **しんしつ** | よのかぎり ……… **いきている** |
| よそほふ ………… **みじたく** | よとで ………… **がいしゅつ** | よのかぎり ……… 73 |
| よそほふ ………… **みづくろい** | よとともに ……… **いつも** | よのかため ……… **おさめる** |
| よそほふ ………… **よそおう** | よどの …………… **しんしつ** | よのぎ …………… **ほか** |
| よそほふ ………… 86 | よどみ …………… **すすむ** | よのきこえ ……… 83,84 |
| よそめ …………… **はため** | よどむ …………… 25 | |

よそがまし──よのきこえ

257

| | | |
|---|---|---|
| よざかり | さかえる | |
| よざとし | めざとい | |
| よさむ | 21 | |
| よさめ | 10 | |
| よさり | 20 | |
| よさりがた | 21 | |
| よさりつがた | 21 | |
| よさん | いのち | |
| よさん | よめい | |
| よさん | 54 | |
| よし[縦] | かりに | |
| よし[縦] | たとえ | |
| よし[縦] | ままよ | |
| よし[縦] | まんいち | |
| よし[縦] | よしんば | |
| よし[良] | うつくしい | |
| よし[良] | かしこい | |
| よし[良] | かち | |
| よし[良] | きょうよう | |
| よし[良] | けんめい | |
| よし[良] | こうき | |
| よし[良] | こころよい | |
| よし[良] | このましい | |
| よし[良] | じょうず | |
| よし[良] | じょうとう | |
| よし[良] | じょうひん | |
| よし[良] | すぐれる | |
| よし[良] | ただしい | |
| よし[良] | たのしい | |
| よし[良] | つごう | |
| よし[良] | みぶん | |
| よし[良] | めでたい | |
| よし[良] | よい | |
| よし[良] | 82 | |
| よし[由] | いいわけ | |
| よし[由] | おもむき | |
| よし[由] | じじょう | |
| よし[由] | りゆう | |
| よし[由] | いわれ | |
| よし[由] | えん | |
| よし[由] | えんこ | |
| よし[由] | こうじつ | |
| よし[由] | ことがら | |
| よし[由] | しだい | |
| よし[由] | しゅだん | |
| よし[由] | そぶり | |
| よし[由] | つて | |
| よし[由] | ふり | |
| よし[由] | ほうほう | |
| よし[由] | ゆいしょ | |
| よし[由] | ゆうが | |
| よし[由] | ゆらい | |
| よし[由] | わけ | |
| よし[由] | 55, 81, 82 | |
| よし[葦] | あし | |
| よし[葦] | 39 | |
| よしあり | おくゆかしい | |
| よしあり | ゆいしょ | |
| よしあり | 81 | |
| よしがも | かも | |
| よしがも | 34 | |
| よしさらば | ままよ | |
| よしづく | おくゆかしい | |
| よしづく | きどる | |
| よしづく | もったいぶる | |
| よしづく | ゆいしょ | |
| よしづく | 81 | |
| よしなし | くだらない | |
| よしなし | えん | |
| よしなし | かい | |
| よしなし | かち | |
| よしなし | かんけい | |
| よしなし | こんきょ | |
| よしなし | しかた(が)ない | |
| よしなし | しゅだん | |
| よしなし | つごう | |
| よしなし | つまらない | |
| よしなし | どうしようもない | |
| よしなし | ほうほう | |
| よしなし | むいみ | |
| よしなし | やく | |
| よしなし | りゆう | |
| よしなしごころ | かんがえ | |
| よしなしごころ | つまらない | |
| よしなしごと | かち | |
| よしなしごと | くだらない | |
| よしなしごと | つまらない | |
| よしなしもの | つまらない | |
| よしばみ | きどり | |
| よしばみ | じょうひん | |
| よしばみごと | きどり | |
| よしばむ | きどる | |
| よしばむ | もったいぶる | |
| よしばむ | ゆいしょ | |
| よしみ | えんこ | |
| よしみ | こうい | |
| よしみ | したしみ | |
| よしみ | しんこう | |
| よしみ | 55 | |
| よしめく | きどる | |
| よしめく | もったいぶる | |
| よしめく | ゆいしょ | |
| よしも | かりに | |
| よしも | たとえ | |
| よしや | かりに | |
| よしや | たとえ | |
| よしや | ままよ | |
| よしや | まんいち | |
| よしや | よしんば | |
| よしよし | かりに | |
| よしよし | たとえ | |
| よしよし | まんいち | |
| よしよし | よしんば | |
| よしよし | ままよ | |
| よしよしし | ゆいしょ | |
| よしよしし | 81 | |
| よしゑ | かりに | |
| よしゑ | ままよ | |
| よしゑやし | かりに | |
| よしゑやし | たとえ | |
| よしゑやし | ままよ | |
| よしゑやし | まんいち | |
| よしゑやし | よしんば | |
| よす | おくる | |
| よす | おもいくらべる | |
| よす | かこつける | |
| よす | かんけい | |
| よす | きふ | |
| よす | こうじつ | |
| よす | せめよせる | |
| よす | ちかづく | |
| よす | ちかよる | |
| よす | にんめい | |
| よす | まかせる | |
| よす | むける | |
| よす | よせる | |
| よす | よる | |
| よすが | しゅだん | |
| よすが | えん | |
| よすが | おっと | |
| よすが | みより | |
| よすが | よりどころ | |
| よすが | 54, 55 | |
| よすがら | ひとばんじゅう | |
| よすぎ | しごと | |
| よすぎ | よわたり | |
| よすぎ | 57 | |
| よすてびと | しゅっけ | |
| よせ | うしろだて | |
| よせ | えん | |
| よせ | こうけん | |
| よせ | しさい | |
| よせ | しんぼう | |
| よせ | しんらい | |
| よせ | じんぞう | |
| よせ | せわ | |
| よせ | りゆう | |
| よせ | わけ | |
| よせ | こうじつ | |
| よせい | おもむき | |
| よせい | ていさい | |
| よせい | みえ | |
| よせい | よいん | |
| よせい | よじょう | |
| よせい | 81, 82 | |
| よせおもし | こうけん | |
| よせかく | おしよせる | |
| よせかく | もたせかける | |
| よせかく | よりかける | |
| よせごと | こうじつ | |
| よせごと | めいもく | |
| よそ[四十] | しじゅう | |
| よそ[余所] | たにん | |
| よそ[余所] | そえん | |
| よそ[余所] | れいたん | |
| よそか | 4 | |
| よそがまし | うとい | |

| | | | | |
|---|---|---|---|---|
| ようさりつかた | ばんがた | よぎる | たちよる | よごころ | いろけ |
| ようさりつかた | 19, 21 | よぎる | とおりすぎる | よごころ | 62, 63 |
| ようしゃ | えんりょ | よぎる | ゆきすぎる | よこさ | よこ |
| ようす | もちいる | よく[避] | さける | よこざ | じょうざ |
| ようす | やくだてる | よく[避] | とおざける | よこざ | せき |
| ようせずは | もしかすると | よく[良] | くわしい | よこさま | いじょう |
| ようせずば | うっかり | よく[良] | しばしば | よこさま | ただしい |
| ようせずば | わるい | よく[良] | じゅうぶん | よこさま | ひどう |
| ようたい | けいせい | よく[良] | じょうず | よこさま | よこ |
| ようたい | しゅだん | よく[良] | たびたび | よこさま | よこむき |
| ようたい | すがた | よく[良] | ひどく | よこざま | いじょう |
| ようたい | なりかたち | よく[良] | ねんいり | よこざま | ただしい |
| ようたい | ようし | よく[良] | 83 | よこざま | ひどう |
| ようたい | ようす | よくしん | よくぼう | よこざま | よこむき |
| ようたい | 88 | よくしん | 62 | よこさまのしに | 72 |
| ようだい | けいせい | よくす | できる | よこさらふ | 69 |
| ようだい | じじょう | よくす | じゅうぶん | よこしぐれ | しぐれ |
| ようだい | しゅだん | よくす | じょうず | よこしぐれ | 9 |
| ようだい | じょうきょう | よくたち | よふけ | よこしごと | ざんげん |
| ようだい | すがた | よくたち | 21, 22 | よこしごと | ちゅうしょう |
| ようだい | なりかたち | よぐたち | よふけ | よこしま | ひごう |
| ようだい | びょうじょう | よぐたち | 21, 22 | よこしま | ふせい |
| ようだい | ようし | よくたつ | 22 | よこしま | わるい |
| ようだい | ようす | よぐたつ | 22 | よこしまかぜ | ぼうふう |
| ようだい | 88 | よくどし | よくふかい | よこしまかぜ | よこ |
| ようど | かね | よくほる | よくばる | よこしまかぜ | 12 |
| ようど | ひよう | よくよく | きわめて | よこす | ざんげん |
| ようとう | かね | よくよく | とりわけ | よこす | けなす |
| ようとう | ひよう | よくよく | ねんいり | よこす | ちゅうしょう |
| ようどう | かね | よくよく | ねんごろ | よこす | わるくち |
| ようどう | ひよう | よくよく | はなはだしい | よこす | 70 |
| ようべ | さくや | よくゎ | おそくなる | よこたはる | よこたわる |
| ようべ | 21 | よくゎ | はな | よこたはる | 76 |
| ようめい | ようし | よくん | のこりか | よこたふ | よこたえる |
| よおと | 22 | よくん | よこう | よこたふ | よこたわる |
| よおぼえ | じんぼう | よげ | よい | よこたふ | 76 |
| よおぼえ | 83, 84 | よけい | おんけい | よごと[寿詞] | いのる |
| よか | 4 | よけく | よい | よごと[寿詞] | しゅくじ |
| よがたり | 57, 83, 84 | よげつ | しがつ | よごと[善事・吉事] | よい |
| よがなよっぴて | | よげつ | 6 | よこなばる | なまる |
| | ひとばんじゅう | よけむ | よかろう | よこなまる | なまる |
| よかなり | よい | よこ | ふせい | よこほる | よこたわる |
| よがよ | ぜんせいき | よこ | よこしま | よこほる | 76 |
| よからむ | よかろう | よこ | わるい | よめ | かんし |
| よがる | うすらぐ・うすれる | よこあめ | よこ | よめ | こころがわり |
| よがる | 61 | よこあめ | 10 | よめ | よそみ |
| よかれ | わかれ | よこがみをやる | が | よめ | わきみ |
| よかれ | 61, 63 | よこがみをやる | がをとおす | よめ | 78 |
| よきぢ | わきみち | よこがみをやる | わがまま | よごもり | しんや |
| よきぢ | かんどう | よこぎれ | おうだん | よごもり | よふけ |
| よきち | 32 | よこぎれ | それる | よごもり | 21, 22 |
| よぎなし | へだて | よこぎれ | わきみち | よごもる | わかい |
| よぎなし | やむをえない | よこぎれ | 31, 32 | よごもる | 57, 63 |
| よきみち | わきみち | よぐも | くも | よごろ | すうや |
| よきみち | かんどう | よごこち | えきびょう | よごろ | 21, 22 |
| よきみち | 31, 32 | よごこち | 87 | よろこばふ | よこ |
| よぎる | おとずれる | よこごと | ざんげん | よろこばふ | 76 |
| よぎる | すぎる | よこごと | ちゅうしょう | よさ | 20 |
| よぎる | すどおりする | よこごと | 69 | よさうがた | 21 |

ようさりつかた──よさうがた

# 【古語総索引】

1 ─ 本辞典に収録されているすべての古語を五十音順に並べました。
2 ─ 「本文」に収録されている古語は現代語の見出しを示し、
  「基本語の周辺」にあるものは、そのページ数を示しました。
3 ─ 同形の語で異義語が並んでいる場合、
  漢字を添えて区別しました。
4 ─ 本辞典は現代語から古語を探しだす辞典ですが、
  この索引によって古語からもその類語が検索できます。

## あ

|  |  |
|---|---|
| あ[足] | あし |
| あ[足] | 47 |
| あ[畔] | あぜ・あぜみち |
| あ[畔] | 30 |
| あ[彼] | あれ |
| あ[彼] | 106, 107 |
| あ[我・吾] | わたくし・わたし |
| あ[我・吾] | 105 |
| あいあいし | あいきょう |
| あいあいし | かわいい |
| あいきゃう | おもいやり |
| あいきゃう | かわいい |
| あいきゃう | こまやか |
| あいきゃう | しとやか |
| あいきゃう | やさしさ |
| あいきゃう | 63 |
| あいぎゃう | あいきょう |
| あいぎゃう | おもいやり |
| あいぎゃう | かわいい |
| あいぎゃう | こまやか |
| あいぎゃう | しとやか |
| あいぎゃう | やさしさ |
| あいぎゃう | 63 |
| あいぎゃうづく | かわいい |
| あいくろしげ | かわいい |
| あいげう | したしむ |
| あいざかり | かわいい |
| あいさつ | えん |
| あいさつ | おうとう |
| あいさつ | ちゅうさい |
| あいさつ | なか |
| あいさつ | へんじ |
| あいさつきる | ぜっこう |
| あいさつよし | なか |
| あいさつよし | なかむつまじい |
| あいさつをきる | えん |
| あいしふ | あいちゃく |
| あいしふ | しゅうちゃく |
| あいしふ | 62 |
| あいしゃう | なげく |
| あいす | いつくしむ |
| あいす | かわいがる |
| あいす | きげん |
| あいす | しゅうちゃく |
| あいす | たいせつ |
| あいす | 62 |
| あいぜん | ぼんのう |
| あいぜん | 62 |
| あいそもこそもつきはて… | いや |
| あいだちなし | あいきょう |
| あいだちなし | えんりょ |
| あいだちなし | きがねする |
| あいだちなし | つれない |
| あいだちなし | ぶあいそう |
| あいだちなし | れいたん |
| あいだてなし | あいきょう |
| あいだてなし | しつれい |
| あいだてなし | どうり |
| あいだてなし | ふんべつ |
| あいたどころ | ちょうてい |
| あいだる | あまえる |
| あいだる | おっとりしている |
| あいだんどころ | ちょうてい |
| あいだんどころ | ちょうてい |
| あいちゃく | あいちゃく |
| あいちゃく | しゅうちゃく |
| あいつ | 106 |
| あいづかはし | あいきょう |
| あいづかはし | かわいい |
| あいなく | むやみに |
| あいなく | わけ |
| あいなく | わけもなく |
| あいなく | なんとなく |
| あいなし | かわいい |
| あいなし | かんじ |
| あいなし | きにくわない |
| あいなし | きょうざめ |
| あいなし | あいきょう |
| あいなし | あじけない |
| あいなし | おもしろい |
| あいなし | つまらない |
| あいなし | 59 |
| あいなだのみ | あて |
| あいなだのみ | きたい |
| あいなだのみ | そらだのみ |
| あいなだのみ | たのみ |
| あいなだのみ | むだ |
| あいにあいをもつ | あいきょう |
| あいにあいをもつ | かわいい |
| あいのかぜ | ひがし |
| あいのかぜ | 12 |
| あいべつりく | くるしみ |
| あいべつりく | わかれ |
| あいや | おい |
| あいや | よびかけ |
| あいら | 106 |
| あいらし | かわいい |
| あいろ | もよう |
| あいろ | ようす |
| あうぎ | おうぎ |
| あうぎ | ごくい |
| あうげつ | さんがつ |
| あうげつ | 5 |
| あうたう | さくらんぼ |
| あうたう | 45 |
| あうなし | あさい |
| あうなし | あさはか |
| あうなし | けいそつ |
| あうなし | しりょ |
| あうなし | おうじ |
| あうよる | おく |
| あうよる | こふう |
| あうよる | としとる |
| あうよる | ふるい |
| あうよる | ふるびる |
| あうよる | 53 |
| あうら | あし |
| あうら | 47 |
| あえか | かよわい |
| あえか | きゃしゃ |
| あえか | せんさい |
| あえか | びょうじゃく |
| あえか | よわよわしい |
| あえか | 88 |
| あえす | ち |
| あえす | あせ |
| あえす | きず |
| あえなし | かい |
| あえなし | 80 |

あえもの──あからがしは

|  |  |
|---|---|
| あえもの | あやかる |
| あえもの | にる |
| あおと | あし |
| あおと | あしおと |
| あおと | 13 |
| あか[垢] | けがれ |
| あか[垢] | よごれ |
| あか[赤] | はだか |
| あか[赤] | 112 |
| あか[銅] | どう |
| あか[閼伽] | おそなえ |
| あか[閼伽] | ほとけ |
| あか[閼伽] | 26 |
| あか[閼伽] | うつわ |
| あが | わたくし・わたし |
| あが | 106 |
| あかあかし | あかるい |
| あかあきつ | あかとんぼ |
| あかあきつ | とんぼ |
| あかあきつ | 36, 37 |
| あかいわし | かたな |
| あかうそ | うそ |
| あがおもと | あなた |
| あがおもと | 106 |
| あかかかち | ほおずき |
| あかかかち | 42 |
| あかがしは | あかめがしわ |
| あかがしは | せきはん |
| あかがしは | 44, 96 |
| あかがね | かね |
| あかがね | どう |
| あかがり | あかぎれ |
| あがき | できもの |
| あがき | いたずら |
| あかきこころ | まごころ |
| あがきみ | あなた |
| あがきみ | 106 |
| あかぎれ | できもの |
| あがく | あくせくする |
| あがく | あばれる |
| あがく | いたずら |
| あがく | もがく |
| あがく | わるさする |
| あかくさ | ほうきぐさ |
| あかくさ | 41 |
| あがこ | わがこ |
| あがこ | 52 |
| あがこころ | あかるい |
| あがこころ | きよい |
| あがこころ | つくす |
| あかし[証] | しょうめい |
| あかし[赤] | あか・あかいろ |
| あかし[赤] | 14 |
| あかし[明] | あかるい |
| あかし[明] | きよい |
| あかし[明] | ししん |
| あかし[明] | しょうじき |
| あかし[明] | 60 |
| あかし[灯・明] | とうか |
| あかし[灯・明] | ともしび |
| あかしくらす | くらす |
| あかしくらす | 3 |
| あかしぶみ | がんしょ |
| あかしぶみ | ねがい |
| あかじむ | よごれる |
| あかす | あかるい |
| あかす | あきらか |
| あかす | うちあける |
| あかす | しょうめい |
| あかす | てつやする |
| あかす | はらす |
| あかす | 20 |
| あかず | あきない |
| あかず | いや |
| あかず | おしい |
| あかず | こころのこり |
| あかず | なごりおしい |
| あかず | ふまん |
| あかず | まんぞく |
| あかず | ものたりない |
| あがた | いなか |
| あかだま | やぶこうじ |
| あかだま | こはく |
| あかだま | 46 |
| あかだまのき | やぶこうじ |
| あかつ | ちらす |
| あかつ | わける |
| あかつ | わりあてる |
| あかつ | くばる |
| あがつ | ちらす |
| あがつ | わける |
| あがつ | わりあてる |
| あがつ | くばる |
| あかつき | うつわ |
| あかつき | 19, 20 |
| あかつきあめ | 9 |
| あかつきおき | はやおき |
| あかつきがた | 19 |
| あかつきづくよ | 5, 20 |
| あかつきつゆ | つゆ |
| あかつきつゆ | 10 |
| あかつきどき | 19 |
| あかつきやみ | 4, 20 |
| あかづく | よごれる |
| あかつら | あくやく |
| あかつら | かたき |
| あかで | ふまん |
| あかで | ものたりない |
| あかとき | 19, 20 |
| あかときあめ | 9 |
| あかときつくよ | 19, 20 |
| あかときつくよ | 5, 20 |
| あかときつゆ[暁露] | つゆ |
| あかときつゆ[暁梅雨] | 10 |
| あかときやみ | 4, 20 |
| あかなくに | あきない |
| あかなくに | あきる |
| あかなくに | なごりおしい |
| あがなひ | つぐない |
| あがなふ | かう |
| あがなふ | うめあわせる |
| あがなふ | つぐなう |
| あかぬわかれ | わかれ |
| あかね | あか・あかいろ |
| あかね | 14, 15 |
| あかねさし | てる |
| あかねさす | あさひ |
| あかねさす | ひかり |
| あかねさす | ひる |
| あかねさす | むらさき |
| あかねさす | 3 |
| あかのみづ | 27 |
| あかばる | あか・あかいろ |
| あかばる | 14 |
| あがひ | つぐない |
| あかひめ | ひめゆり |
| あかひめ | 41 |
| あかひる | にっちゅう |
| あかひる | はくちゅう |
| あかひる | ひる |
| あかぶ | あか・あかいろ |
| あかぶ | 14 |
| あがふ | かう |
| あがふ | うめあわせる |
| あがふ | つぐなう |
| あかぼし | きんせい |
| あかぼし | あけのみょうじょう |
| あかぼし | みょうじょう |
| あかぼし | 7, 8 |
| あかぼしの | あきる |
| あかぼしの | あける |
| あがほとけ | あなた |
| あがほとけ | 106 |
| あがまう | うやまう |
| あがまふ | そんけいする |
| あがまふ | とうとぶ |
| あかみづ | 27 |
| あかみのき | もくこく・もっこく |
| あかみのき | 46 |
| あかむ | あか・あかいろ |
| あかむ | 14 |
| あがむ | いつくしむ |
| あがむ | うやまう |
| あがむ | かわいがる |
| あがむ | そんけいする |
| あがむ | たいせつ |
| あがむ | とうとぶ |
| あかめ | たい |
| あかめ | 38 |
| あかもがさ | はしか |
| あかもがさ | 88 |
| あからか | あか・あかいろ |
| あからか | 14 |
| あからがしは | あかめがしわ |
| あからがしは | 44 |

|  |  |
|---|---|
| あからかに | あきらか |
| あからけし | あか・あかいろ |
| あからけし | 14 |
| あからさま | あらわ |
| あからさま | かりに |
| あからさま | きゅう |
| あからさま | にわか |
| あからさま | ありのまま |
| あからさま | すぐに |
| あからさま | たちまち |
| あからさま | あきらか |
| あからさま(に) | ちょっと |
| あからさまに | かりそめ |
| あからし | いたましい |
| あからしぶ | つうせつ |
| あからしぶ | いたましい |
| あからしまかぜ | とっぷう |
| あからしまかぜ | ぼうふう |
| あからしまかぜ | 12 |
| あからひく | はだ |
| あからひく | はだか |
| あからひく | 3, 14, 19 |
| あからぶ[赤] | あか・あかいろ |
| あからぶ[赤] | 14 |
| あからぶ[明] | はらす |
| あからぶ[明] | 61 |
| あからみあふ | いろづく |
| あからみあふ | じゅくす |
| あからみあふ | 15 |
| あからむ | あか・あかいろ |
| あからむ | 14 |
| あからめ | うわき |
| あからめ | かくれる |
| あからめ | くもがくれ |
| あからめ | よそみ |
| あからめ | わきみ |
| あからめ | 50, 78 |
| あからめもせず | せんしん |
| あからをとめ | しょうじょ |
| あからをとめ | 50 |
| あかり | けっぱく |
| あかり | とうか |
| あかり | ともしび |
| あかり | ひかり |
| あがり | はか |
| あがり | まいそう |
| あがりさうじ | しょうじ |
| あがりたるよ | むかし |
| あがりてのよ | むかし |
| あがりもの | おそなえ |
| あがりもの | きしん |
| あがりもの | はいぶつ |
| あがりもの | 95 |
| あかる[赤] | あか・あかいろ |
| あかる[赤] | 14 |
| あかる[明] | あかるい |
| あかる[明] | あける |
| あかる[明] | 21 |
| あかる[別・散] | たいさん |
| あかる[別・散] | たいしゅつ |
| あかる[別・散] | はなれる |
| あかる[別・散] | べつべつ |
| あかる[別・散] | わかれる |
| あがる | おわる |
| あがる | じょうたつ |
| あがる | せいじゅくする |
| あがる | たべる |
| あがる | のぼせる |
| あがる | みのる |
| あがる | めしあがる |
| あがる | 73 |
| あかるむ | はれかかる |
| あかれ | わかれ |
| あかゑんば | あかとんぼ |
| あかゑんば | とんぼ |
| あかゑんば | 36, 37 |
| あかをぬく | うたがい |
| あかをぬく | おめい |
| あかをぬく | はらす |
| あき | しょうばい |
| あぎ[吾君] | あなた |
| あぎ[吾君] | 106 |
| あぎ[顎・腮] | あご |
| あぎ[顎・腮] | おとがい |
| あぎ[顎・腮] | 47 |
| あきうど | しょうにん |
| あきかぜ | さめる |
| あきかぜ | 61 |
| あきかぜづき | はちがつ |
| あきかぜづき | 6 |
| あきかぜの | ふく |
| あきぎ | ねぎ |
| あきぎ | 41 |
| あきぎりの | かきね |
| あきぎりの | たつ |
| あきぎりの | はれる |
| あきぐさの | むすぶ |
| あきぐさの | むすぶ |
| あきくさのはな | きく |
| あきくさのはな | 39 |
| あきぐち | しょしゅう |
| あきこ | かいこ |
| あきこ | 36 |
| あきさぶ | あきめく |
| あきさぶ | 17 |
| あきざま | あき |
| あきざま | 17 |
| あきさめ | 8, 17 |
| あきさる | 17 |
| あきしく | きく |
| あきしく | 39 |
| あきじく | きく |
| あきじく | 39 |
| あきしくのはな | きく |
| あきしくのはな | 39 |
| あきしりぐさ | 45 |
| あきしるくさ | 45 |
| あきたく | 17 |
| あきたし | うんざり |
| あきだな | あきや |
| あきだな | かしや |
| あきだな | 92 |
| あきたる | まんぞく |
| あきだる | まんぞく |
| あきつ | とんぼ |
| あきつ | 37 |
| あきついり | 8, 17 |
| あきつかた | あき |
| あきつかた | 17 |
| あきつかた | 17 |
| あきつかみ | てんし |
| あきつかみ | てんのう |
| あきづく | あきめく |
| あきづく | 17 |
| あきつしま | にほん |
| あきつくに | にほん |
| あきつしまね | にほん |
| あきつばの | そで |
| あきつみかみ | てんし |
| あきつみかみ | てんのう |
| あきつむし | とんぼ |
| あきつむし | 37 |
| あきて | ひだり |
| あきて | 48 |
| あぎと | あご |
| あぎと | おとがい |
| あぎと | えら |
| あぎと | 37, 47 |
| あきなぐさ | きく |
| あきなぐさ | 39 |
| あきなしぐさ | きく |
| あきなしぐさ | 39 |
| あきなひ | しょうばい |
| あきなひぐち | こうじょう |
| あきなふ | しょうばい |
| あきのかがみぐさ | あさがお |
| あきのかがみぐさ | 38 |
| あきのこころ | かんしょう |
| あきのそで | 67 |
| あきのそら | かわりやすい |
| あきのたの | かりそめ |
| あきのたのみ | いね |
| あきのたもと | 67 |
| あきのちぎる | さめる |
| あきのちぎり | 61 |
| あきのなぬか | せっく |
| あきのなぬか | たなばた |
| あきのはづき | しちがつ |
| あきのはづき | 6 |
| あきのはて | 17 |
| あきのほ | いなほ |
| あきのほ | いね |
| あきのみなと | あき |
| あきのみなと | 17 |
| あきのみや | きさき |
| あきのよの | ながい |

あからかに──あきのよの

| | | |
|---|---|---|
| あきはぎ ……………… はぎ | あくがる ……………… うかれる | あくめ ……………… けってん |
| あきはぎ ……………… 45 | あくがる ……………… うとんじる | あくら ……………… あしば |
| あきはぎの …………… しなう | あくがる ……………… うわのそら | あくらう ……………… ばけもの |
| あきはぎの …………… はな | あくがる ……………… さまよいでる | あぐらゐ ……………… あし |
| あきはづき …………… しちがつ | あくがる ……………… さまよう | あぐらゐ ……………… あぐら |
| あきはづき …………… 6 | あくがる ……………… はなれる | あくりゃう …………… ばけもの |
| あきびと ……………… しょうにん | あくがる ……………… ほうろう | あくるけふ …………… あす |
| あきふけし …………… 17 | あくがる ……………… 70 | あくるけふ …………… よくじつ |
| あきみ ……………… あなた | あくがれありく | あくるけふ …………… 3 |
| あきみ ……………… 106 | ……… さまよいあるく | あくるつとめて …… よくちょう |
| あきみつ ……………… まんぞく | あくがれありく ……… さまよう | あくるつとめて ……… 20 |
| あきみつ ……………… まんぷく | あくがれありく ……… ほうろう | あけ[明] ……………… 19 |
| あきみつ ……………… 97 | あくがれまどふ ……… あこがれる | あけ[朱] …………… あか・あかいろ |
| あきもの ……………… しょうひん | あくがれまどふ ……… きぜつ | あけ[朱] ……………… 14 |
| あきらか ……………… あかるい | あくがれまどふ ……… へいせい | あけがた ……………… 19 |
| あきらか ……………… あきらか | あくき ……………… ばけもの | あげく ……………… けっきょく |
| あきらか ……………… くもり | あくごふ ……………… あくじ | あげく ……………… おわり |
| あきらか ……………… どうり | あくごふ ……………… はんざい | あけくらす …………… けいかする |
| あきらか ……………… ほがらか | あくさう ……………… きざし | あけくらす …………… すごす |
| あきらか ……………… めいはく | あくじ ……………… ふうん | あけくらす …………… つきひ |
| あきらけし …………… あかるい | あくしゅう …………… うわき | あけくれ ……………… あさばん |
| あきらけし …………… あきらか | あくしゅう …………… ほうとう | あけくれ ……………… いつも |
| あきらけし …………… かしこい | あくしゅう …………… ゆうとう | あけくれ ……………… 20 |
| あきらけし …………… けっぱく | あくしゅうもの ……… どうらく | あけぐれ ……………… 19 |
| あきらむ[諦] ………… あきらめる | あくしょ ……………… なんしょ | あけごろも …………… あける |
| あきらむ[明] ………… あかるい | あくた ……………… ごみ | あげさげをとる ……… ひひょう |
| あきらむ[明] ………… あきらか | あくたい ……………… にくまれぐち | あけさる ……………… あける |
| あきらむ[明] ………… いいわけ | あくたい ……………… わるくち | あけさる ……………… 21 |
| あきらむ[明] ………… うちあける | あくだう ……………… ほうとう | あけずのもん ………… いりぐち |
| あきらむ[明] ………… さわやか | あくたびの …………… あきる | あけずのもん ………… ひじょうぐち |
| あきらむ[明] ………… しょうめい | あくたもくた ………… ごみ | あけずのもん ………… もん |
| あきらむ[明] ………… はっきり | あくたもくた ………… けってん | あげせん ……………… ちんぎん |
| あきる ……………… あきれる | あくたもくた ………… つまらない | あげせん ……………… ちんたいりょう |
| あきる ……………… とほうにくれる | あくたれ ……………… いたずら | あげた ……………… 30 |
| あきれいたし ………… あきれる | あくたれ ……………… らんぼう | あけたつ ……………… あける |
| あきれまどふ | あくたれもの ………… らんぼう | あけたつ ……………… 21 |
| ……… おどろきあきれる | あくと ……………… かかと | あけつ ……………… とんげげ |
| あきをさめ …………… いね | あくと ……………… 47 | あけつ ……………… 37 |
| あきをさめ …………… こめ | あぐと ……………… かかと | あけつげどり ………… にわとり |
| あきをさめ …………… しゅうかく | あくどい ……………… あくせくする | あけつげどり ………… 35 |
| あきをさめ …………… とりいれ | あぐねる ……………… いや | あげつらひ …………… ぎろん |
| あきんど ……………… しょうにん | あぐねる ……………… うんざり | あげつらふ …………… いいあらそう |
| あく[悪] ……… なみはずれている | あぐねる ……………… もてあます | あげつらふ …………… いいたてる |
| あく[悪] ……………… 112 | あくねん ……………… わるい | あげつらふ …………… ろんじる |
| あく[開] ……………… あける | あくぶ ……………… あくびする | あげて ……………… すべて |
| あく[飽] ……………… あきる | あくまで ……………… おもう | あげて ……………… のこらず |
| あく[飽] ……………… いや | あくまで ……………… てっていてきに | あけのあさ …………… 20 |
| あく[飽] ……………… きらう | あぐまふ ……………… あぐら | あけのあした ………… 20 |
| あく[飽] ……………… まんぞく | あぐみ ……………… うんざり | あけのこる …………… 20 |
| あく[飽] ……………… みちたりる | あくみゃう …………… あくひょう | あけのはる …………… しんねん |
| あく[明] ……………… あける | あくみゃう …………… 84 | あけのはる …………… とし |
| あく[明] ……………… とし | あぐみる ……………… あぐら | あけのはる …………… はつはる |
| あく[明] ……………… 21 | あぐむ ……………… いや | あけのひ ……………… よくじつ |
| あぐ ……………… あげる | あぐむ ……………… うんざり | あけはなつ …………… 21 |
| あくがた ……………… あくやく | あぐむ ……………… きらう | あけはなる …………… あける |
| あくがた ……………… かたき | あぐむ ……………… もてあます | あけはなる …………… 21 |
| あくぬける …………… さっぱり | あぐむ[足組] ………… あぐら | あけはなれ …………… 19 |
| あくがらす …………… まよう | あぐむ[足組] ………… あし | あけぶ ……………… あけび |
| あくがる ……………… あこがれる | | あけぶ ……………… 44 |

| | | | |
|---|---|---|---|
| あけぼの | 19 | あさかげ | 3, 20 |
| あけぼの | さくら | あさかすみ | ほのか |
| あけぼのぐさ | 44 | あさかすみ | 18, 27 |
| あげまき | しょうじょ | あさかは | 24 |
| あげまき | 50 | あさかは | 24 |
| あけゆく | 21 | あざかへす | まぜかえす |
| あけわたる | 21 | あさがほ | ききょう |
| あけをそそぐ | あか・あかいろ | あさがほ | ななくさ |
| あけをそそぐ | 14 | あさがほ | むくげ |
| あこ［吾子］ | おまえ | あさがほ | 39, 46 |
| あこ［吾子］ | わがこ | あさがほの | さく |
| あこ［吾子］ | わたくし・わたし | あさがほひめ | しょくじょせい |
| あこ［吾子］ | 52, 105, 106 | あさがほひめ | たなばた |
| あこ［網子］ | あま | あさがほひめ | 8 |
| あこ［網子］ | ぎょふ | あさがみの | みだれる |
| あこ［網子］ | りょう | あさがれひ | 96 |
| あご［顎］ | おしゃべり | あさぎ［浅黄］ | きいろ |
| あご［顎］ | しょくじ | あさぎ［浅黄］ | 15 |
| あご［顎］ | 95, 96 | あさぎ［浅気］ | あっさり |
| あご［吾子］ | わがこ | あさぎ［浅気］ | ひかえめ |
| あご［吾子］ | 52 | あさぎ［浅葱］ | あいいろ |
| あごがくひちがふ | あてはずれ | あさぎ［浅葱］ | あお・あおいろ |
| あこがる | あこがれる | あさぎ［浅葱］ | あさねぎいろ |
| あこがる | うかれる | あさぎ［浅葱］ | みずいろ |
| あこがる | うわのそら | あさぎ［浅葱］ | 14, 15 |
| あこがる | さまよいでる | あさきた | 11 |
| あこがる | さまよう | あさぎぬ | そまつ |
| あこがる | はなれる | あさぎぬ | 93 |
| あこがる | ほうろう | あさききよめ | そうじ |
| あこがる | 70 | あさぎよめ | そうじ |
| あこぎ | あつかましい | あさぎりの | おぼつかない |
| あこぎ | ずうずうしい | あさぎりの | おもいまどう |
| あこぎ | むじひ | あさぎりの | かきね |
| あこぎ | よくふかい | あさぎりの | たつ |
| あごではへをおふ | おとろえる | あさぎりの | みだれる |
| あこやだま | しんじゅ | あさぎりの | やえ |
| あこやのたま | しんじゅ | あさぎりの | 27 |
| あざ | つうしょう | あさけ［朝食］ | あさごはん |
| あざ | な | あさけ［朝食］ | 20, 96 |
| あざ | よびな | あさけ［朝明］ | 19 |
| あさあけ | 19 | あさげ | あさごはん |
| あさあさ［浅浅］ | あさはか | あさげ | 20, 96 |
| あさあさ［浅浅］ | あっさり | あさけのかぜ | 11, 20 |
| あさあさ［朝朝］ | まいあさ | あざける | ぎんじる |
| あさあさ［朝朝］ | 20 | あざける | そしる |
| あざあざ | あきらか | あざける | わらい |
| あざあざ | はっきり | あざける | 67 |
| あざあざ（と） | くっきり（と） | あさこち | 11, 20 |
| あざあざ（と） | あざやか | あさごち | 12 |
| あさあさし | あさい | あさごと | 20 |
| あさあさし | あさはか | あさごとゆふごと | あけくれ |
| あざあざし | あきらか | あさごとゆふごと | あさばん |
| あさい | 20, 76 | あさごとゆふごと | 20 |
| あさいひ | あさごはん | あさごほり | とける |
| あさいひ | 20, 96 | あさごろも | もふく |
| あさうち | あけび | あさごろも | 94 |
| あさうつ | あけび | あささむ | しゅうれいのころ |
| あさかげ | 44 | あささむ | 17 |
| あさかげ | あさひ | あささめ | 9, 20 |

| | | | |
|---|---|---|---|
| あささらず | まいあさ | | |
| あささらず | 20 | | |
| あささる | 20, 22 | | |
| あささし | あさい | | |
| あさし | あさはか | | |
| あさし | うすい | | |
| あさし | かんがえ | | |
| あさし | かんたん | | |
| あさし | くらい | | |
| あさし | じょうひん | | |
| あさし | つれない | | |
| あさし | ひくい | | |
| あさし | ふじゅうぶん | | |
| あさし | へいぼん | | |
| あさし | みじゅく | | |
| あさし | みぶん | | |
| あさし | やさしい | | |
| あさし | 81 | | |
| あさしぐれ | しぐれ | | |
| あさしぐれ | 9 | | |
| あさじみ | こおり | | |
| あさしもの | きえる | | |
| あさじもの | きえる | | |
| あさしらげ | はこべ | | |
| あさしらげ | 41 | | |
| あさすず | 17 | | |
| あさだち | たびだち | | |
| あさだち | 86 | | |
| あさだつ | たびだつ | | |
| あさだつ | 86 | | |
| あさちがはら | 26 | | |
| あさちがやど | あれる | | |
| あさちがやど | 91 | | |
| あさちはら | くまなら | | |
| あさちふ | 26, 38 | | |
| あさちふの | 26 | | |
| あさちふのやど | あれる | | |
| あさちふのやど | 91 | | |
| あさづくひ | あさひ | | |
| あさづくひ | むかう | | |
| あさづくひ | 3 | | |
| あさづくよ | 4, 5, 20 | | |
| あさつゆ | 80 | | |
| あさつゆの | いね | | |
| あさつゆの | いのち | | |
| あさつゆの | おく | | |
| あさつゆの | きえる | | |
| あさで［浅手］ | きず | | |
| あさで［朝出］ | がいしゅつ | | |
| あさど | いりぐち | | |
| あさど | と | | |
| あさとかぜ | 11, 20 | | |
| あざとし | こざかしい | | |
| あさとで | しゅっぱつ | | |
| あさとで | たびだち | | |
| あさとで | 86 | | |
| あさとりの | かよう | | |
| あさとりの | 19, 65, 90 | | |
| あさどりの | かよう | | |

あさどりの ──
──あさる

|  |  |
|---|---|
| あさどりの | たつ |
| あさな | おかず |
| あさな | 96 |
| あさな | つうしょう |
| あざな | な |
| あざな | よびな |
| あさなあさな | まいあさ |
| あさなあさな | 20 |
| あさなけに | あけくれ |
| あさなけに | 20 |
| あさなさな | まいあさ |
| あさなさな | 20 |
| あざなはる | からみあう |
| あざなはる | まつわりつく |
| あざなふ | からみあう |
| あざなふ | からめる |
| あざなふ | よりあわす |
| あさなゆふな | あけくれ |
| あさなゆふな | あさばん |
| あさなゆふな | いつも |
| あさなゆふな | 20 |
| あさにけに［朝異］ | まいあさ |
| あさにけに［朝異］ | 20 |
| あさにけに［朝日］ | あけくれ |
| あさにけに［朝日］ | あさばん |
| あさにけに［朝日］ | いちにちじゅう |
| あさにけに［朝日］ | いつも |
| あさにけに［朝日］ | 20 |
| あざぬ | からめる |
| あさねがみ | かみ |
| あさねがみ | ねぐせ |
| あさのいひ | あさごはん |
| あさのいひ | 20,96 |
| あさのおもの | 20,96 |
| あさのころも | そまつ |
| あさのころも | 93 |
| あさのだちん | あさめしまえ |
| あさはか | あさはか |
| あさはか | へた |
| あさはか | みじゅく |
| あさはどり | ほととぎす |
| あさはどり | 35 |
| あさはふる | 11,23 |
| あさはら | あさっぱら |
| あさはら | あさめしまえ |
| あさはら | かんたん |
| あさはら | そうちょう |
| あさはら | 20 |
| あざはる | からみあう |
| あざはる | ふんきゅうする |
| あざはる | まじわる |
| あざはる | まつわりつく |
| あざはる | もめる |
| あさひかげ | あさひ |
| あさひかげ | 3 |
| あさひこ | あさひ |
| あさひこ | 3 |
| あさびらき | あさぼらけ |
| あさびらき | ふなで |
| あさびらき | 20,98 |
| あさふ | あさはか |
| あさふ | しりょ |
| あさふ | みぶん |
| あさふ | あさい |
| あさふ | あなどる |
| あさふ | けいべつする |
| あさぶ | からめる |
| あさぶす | 76 |
| あさぶすま | そまつ |
| あさぶすま | ふとん |
| あさぼらけ | 20,76 |
| あさぼらけ | ふなで |
| あさぼらけ | 19,98 |
| あさま | あさはか |
| あさま | あらわ |
| あさま | おくふかい |
| あさま | そまつ |
| あさまし | あさましい |
| あさまし | いがい |
| あさまし | いや |
| あさまし | いやしい |
| あさまし | いやらしい |
| あさまし | おどろく |
| あさまし | おもいがけない |
| あさまし | きょうざめ |
| あさまし | さもしい |
| あさまし | つまらない |
| あさまし | なげかわしい |
| あさまし | なさけない |
| あさまし | ひどい |
| あさまし | ふんい |
| あさまし | ふゆかい |
| あさまし | みぐるしい |
| あさまし | みじめ |
| あさまし | みすぼらしい |
| あさましがる | おどろきあきれる |
| あさましがる | おどろく |
| あさましくなる | 72 |
| あさまだき | そうちょう |
| あさまだき | 19,20 |
| あさまどひ | 20,76 |
| あさまに | あきらか |
| あさみぐさ | まつ |
| あさみぐさ | 46,60 |
| あさみどり | いと |
| あさみどり | やなぎ |
| あさみどり | 26,46 |
| あさみなづき | しちがつ |
| あさみなづき | 6 |
| あさむ［浅］ | おどろく |
| あさむ［浅］ | あきれる |
| あさむ［浅］ | あさい |
| あさむ［浅］ | あざける |
| あさむ［浅］ | あなどる |
| あさむ［浅］ | いやしめる |
| あさむ［浅］ | おどろきあきれる |
| あさむ［浅］ | ちょうしょう |
| あさむ | ばか |
| あさむ［諫］ | いさめる |
| あざむ | あなどる |
| あざむ | おどろきあきれる |
| あざむ | ばか |
| あざむ | 67 |
| あざむく | あざける |
| あざむく | あなどる |
| あざむく | そそのかす |
| あざむく | だます |
| あざむく | みくびる |
| あざめ | あざみ |
| あざめ | 38 |
| あさもよひ | したく |
| あさもよひ | 20,86,96 |
| あざやか | あきらか |
| あざやか | きっぱり(と) |
| あざやか | しんせん |
| あざやか | すっきり |
| あざやか | はなやか |
| あざやぐ | あきらか |
| あざやぐ | あざやか |
| あざやぐ | きわだつ |
| あざやぐ | しんせん |
| あざやぐ | てきぱき |
| あざやけし | あきらか |
| あざやけし | きっぱり(と) |
| あざやけし | しんせん |
| あざやけし | すっきり |
| あざやけし | はなやか |
| あさゆ | あさい |
| あさゆ | うすらぐ・うすれる |
| あさゆ | 15 |
| あさゆきづき | 5 |
| あさゆふ | いつも |
| あさゆふ | くらし |
| あさゆふ | せいけい |
| あさゆふ | まいにち |
| あさゆふごと | くらし |
| あさよ | よい |
| あさよ | 21 |
| あさよひ | あけくれ |
| あさよひ | あさばん |
| あさよひ | 20 |
| あさらか | あっさり |
| あざらか | きよい |
| あざらか | いきいきしている |
| あざらか | しんせん |
| あさらかに | あさはか |
| あざらけし | あざやか |
| あざらけし | いきいきしている |
| あざらけし | しんせん |
| あさる［漁］ | いさる |
| あさる［漁］ | さがす |
| あさる［漁］ | もとめる |
| あさる［漁］ | りょう |
| あさる［漁］ | 37 |

| | | |
|---|---|---|
| あさる[浅] …………… あさい | あししろ ………… てがかり | あす[浅] …………… あさい |
| あざる …………… おどろく | あししろ ………………… 85 | あす[浅] …………… かれる |
| あざる …………… くさる | あしじろ ………… あしば | あす[褪] …………… あせる |
| あざる …………… たわむれる | あしじろ …………… きそ | あす[褪] …………… いろあせる |
| あざる …………… うちとける | あしじろ ………… てがかり | あす[褪] …… うすらぐ・うすれる |
| あざる …………… うろたえる | あしじろ ………………… 85 | あす[褪] …………… おとろえる |
| あざる …………… くつろぐ | あした ………… よくちょう | あす[褪] …………………… 15 |
| あざる …………… さわぐ | あした ………………… 19, 20 | あず ………………… がけ |
| あざる …………… しゃれる | あしたづ ……………… つる | あすかがは ……… かわりやすい |
| あざる …………… とりみだす | あしたづの ……………… 65 | あすこ …………………… 107 |
| あざる …………… ふうが | あしたのつゆ …………… 80 | あせ …………… あなた |
| あざる …………… ふざける | あしだまり ……… あしば | あせ …………………… 106 |
| あざる ………………… 81 | あしだまり ……… こんきょ | あぜ …………… なぜ |
| あざわらふ ……… あざける | あしたゆし ……………… あし | あせあゆ …………… あせ |
| あざわらふ ……… ちょうしょう | あしたゆし …………… だるい | あせび …………… あしび |
| あし[悪] ……… あらあらしい | あしたゆふべ ……… あけぐれ | あせび …………………… 44 |
| あし[悪] ……… おとっている | あしたゆふべ ……… あさばん | あせぶ …………… あしび |
| あし[悪] …………… ぐあい | あしたゆふべ …………… 20 | あせぶ …………………… 44 |
| あし[悪] …………… けわしい | あしづの …………… あし | あせぼ …………… あしび |
| あし[悪] …………… しつれい | あしづの ………………… 39 | あせび …………………… 44 |
| あし[悪] …………… そまつ | あしてかげ ……… おもかげ | あせみ …………… あしび |
| あし[悪] …………… つごう | あしなへ …………… あし | あせみ …………………… 44 |
| あし[悪] …………… にくらしい | あしねはふ …………… した | あせも …………… あしび |
| あし[悪] …………… ふつごう | あしねはふ …………… つらい | あせも …………………… 44 |
| あし[悪] …………… ふゆかい | あしのうれの …………… あし | あそこ …………………… 107 |
| あし[悪] …………… へた | あしのうれの …………… 47 | あそそに …………… うすい |
| あし[悪] …………… まずい | あしのけ …………… かっけ | あそそに …………… うすい |
| あし[悪] …………… まずしい | あしのけ ………………… 87 | あそばす …………… する |
| あし[悪] …………… みぐるしい | あしのねの …………… つらい | あそび …………… こうらく |
| あし[悪] …………… にくい | あしのねの ………… わける | あそび …………… なぐさみ |
| あし[悪] …………… わるい | あしのねの ……………… 21, 57 | あそびぐさ …………… やなぎ |
| あし[銭] …………… かね | あしのふしのま ……… みじかい | あそびぐさ ………………… 46 |
| あしがあがる ……… しごと | あしのふしのま ……… すこし | あそびだて …………… あそび |
| あしがあがる … しっきょうする | あしのふしのま …………… 16 | あそびめ …………… ゆうじょ |
| あしがあがる ……… たよる | あしのまろや ……… そまつ | あそびもの ……… おもちゃ |
| あしがかり ……… あしば | あしのまろや ……………… 92 | あそふ …………… あずける |
| あしかきの …… おもいみだれる | あしのや ……… そまつ | あた ………………… 111, 112 |
| あしかきの ………… ふるい | あしのや ……………… 92 | あた[仇] …………… かたき |
| あしかきの ………… まちがい | あしはらのなかつくに … にほん | あた[仇] …………… てき |
| あしかきの ………… みだれる | あしはらのみづほのくに | あだ[徒] ………… いちじてき |
| あしかきの …… おもいみだれる | …………………… にほん | あだ[徒] ………… いちじてき |
| あしがきの ………… ふるい | あしひきの ………… なでしこ | あだ[徒] …………… うわき |
| あしがきの ………… まちがい | あしひきの ……………… 27, 40 | あだ[徒] …………… たよりない |
| あしがきの ………… みだれる | あしびきの ………… なでしこ | あだ[徒] …………… ちょっと |
| あしかけ ………… あしば | あしびきの ……………… 27, 40 | あだ[徒] …………… まこと |
| あしがた ………… そくせき | あしびなす …………… さかえる | あだ[徒] …………… まごころ |
| あしがつく ………… はっけん | あしぶ …………… あしび | あだ[徒] …………… むだ |
| あしかび ………………… あし | あしぶ …………………… 44 | あだ[徒] …………… むなしい |
| あしかび ………………… 39 | あしもとからとりがたつ | あだ[徒] …………………… 80 |
| あしがも …………… かも | …………………… とつぜん | あだ[婀娜] ……… なまめかしい |
| あしがり ………………… 34 | あしや …………… そまつ | あだ[婀娜] …………… ゆうじょ |
| あしからをぶね ………… 98 | あしや ……………………… 92 | あだあだし …………… うわつく |
| あしきもの ……… ばけもの | あしよわ ……………… 50, 51, 52 | あだあだし …………… けいそつ |
| あしげ ………… みぐるしい | あしらふ …………… とりあつかう | あだあだし …………… まこと |
| あしげびと ……… わるもの | あしらふ …………… おうたい | あだおろそか ……… いいかげん |
| あしこ ………………… 107 | あしらふ …………… とりあわせる | あだおろそか ……… そまつ |
| あしざま …………… わるい | あしをかぎりに ………… 68 | あたかも …………… さながら |
| あしししろ ……… あしば | あしをそら ……… あわてる | あたかも …………… ちょうど |
| あしししろ ……………… きそ | あしをはかりに ………… 68 | あたかも …………… まさしく |

あさる──あたかも

7

あたかも──あつかましい

| | | |
|---|---|---|
| あたかも | …… | まるで |
| あだく | …… | うわつく |
| あだく | …… | かるがるしい |
| あだくち | …… | むだぐち |
| あだぐち | …… | でたらめ |
| あだけ | …… | いろごのみ |
| あだけ | …… | うわき |
| あだげ | …… | もろい |
| あだごころ | …… | うつりぎ |
| あだごころ | …… | うわき |
| あだごころ | …… | うわきごころ |
| あだこと | …… | うそ |
| あだこと | …… | じょうだん |
| あだこと | …… | でたらめ |
| あだごと | …… | じょうだん |
| あだごと | …… | うわき |
| あだごと | …… | じょうじ |
| あだごと | …… | たわむれ |
| あだごと | …… | でたらめ |
| あだざくら | …… | 80 |
| あだし | …… | 80 |
| あだしくに | …… | がいこく |
| あだしくに | …… | よそ |
| あだじけなし | …… | けち |
| あだしごころ | …… | うわきごころ |
| あだしな | …… | 84 |
| あだしの | …… | はか |
| あだしみ | …… | 80 |
| あだしよ | …… | 57, 80 |
| あだしをとこ | …… | いろごのみ |
| あたす | …… | あらそう |
| あたす | …… | はむかう |
| あだす | …… | ちらす |
| あたたかし | …… | あたたかい |
| あたたけし | …… | あたたかい |
| あだつく | …… | いちゃつく |
| あだつく | …… | うわつく |
| あだつく | …… | 62 |
| あだて | …… | めあて |
| あだて | …… | しゅだん |
| あだて | …… | みこみ |
| あだな | …… | 83, 84 |
| あだなし | …… | あどけない |
| あだなふ | …… | はむかう |
| あたひ | …… | かち |
| あたひ | …… | かね |
| あたひ | …… | だいきん |
| あたひ | …… | ねうち |
| あたひ | …… | ねだん |
| あだびと | …… | うわきもの |
| あたふ[能] | …… | できる |
| あたふ[能] | …… | なっとく |
| あたふ[能] | …… | ふさわしい |
| あたふ[能] | …… | りくつ |
| あたふ[能] | …… | りにかなう |
| あたふ[与] | …… | あたえる |
| あだふ | …… | ふざける |

| | | |
|---|---|---|
| あだぶし | …… | ひとりね |
| あだぶし | …… | 77 |
| あだぼれ | …… | かたこい |
| あだぼれ | …… | かりそめ |
| あだぼれ | …… | 62 |
| あたま | …… | さいしょ |
| あたま | …… | はじまり |
| あたまがち | …… | おごる |
| あたまがち | …… | こうまん |
| あだまくら | …… | ひとりね |
| あだまくら | …… | 77 |
| あたまつき | …… | かみ |
| あたまをまるむ | …… | しゅっけ |
| あたまをわる | …… | かんがえる |
| あたむ | …… | うらむ |
| あたむ | …… | てき |
| あたむ | …… | はむかう |
| あたむ | …… | みなす |
| あだめく | …… | うわき |
| あだめく | …… | いたずら |
| あだめく | …… | うわつく |
| あだめく | …… | ふざける |
| あだもの | …… | 80 |
| あだやおろそか | …… | いいかげん |
| あだやおろそか | …… | そまつ |
| あたら | …… | おしい |
| あたら | …… | おしむ |
| あたら | …… | せっかくの |
| あたら | …… | たいせつ |
| あたら | …… | もったいない |
| あたらし[新] | …… | しんせん |
| あたらし[惜] | …… | おしい |
| あたらし[惜] | …… | ざんねん |
| あたらし[惜] | …… | もったいない |
| あたらしぶ | …… | おしむ |
| あたらしむ | …… | おしむ |
| あたらよ | …… | すばらしい |
| あたらよ | …… | 21 |
| あたり | …… | あの |
| あたり | …… | ふきん |
| あたり | …… | 107 |
| あたりあたり | …… | あちこち |
| あたりあたり | …… | 107 |
| あたりどなり | …… | きんじょ |
| あたりどなり | …… | となり |
| あたる | …… | さぐる |
| あたる | …… | たいこうする |
| あたる | …… | ためす |
| あたる | …… | にんめい |
| あたる | …… | はりあう |
| あたる | …… | ひってき |
| あたる | …… | ふれる |
| あたる | …… | ぶつかる |
| あたる | …… | もてなす |
| あだる | …… | たわむれる |
| あだわざ | …… | うわき |
| あち | …… | 107 |
| あちきなし | …… | おもしろい |

| | | |
|---|---|---|
| あちきなし | …… | かい |
| あちきなし | …… | つまらない |
| あちきなし | …… | なさけない |
| あちきなし | …… | にがにがしい |
| あちきなし | …… | ふとう |
| あちきなし | …… | みだれる |
| あちきなし | …… | むだ |
| あちきなし | …… | やく |
| あちきなのよ | …… | 57 |
| あちさはふ | …… | 21, 49 |
| あちはひ | …… | あじわい |
| あちはひ | …… | おもしろみ |
| あちはひ | …… | おもむき |
| あちはひ | …… | 81 |
| あちむらの | …… | さわぐ |
| あつ | …… | あてがう |
| あつ | …… | あてる |
| あつ | …… | かざす |
| あつ | …… | くばる |
| あつ | …… | さらす |
| あつ | …… | ぶつける |
| あつ | …… | わりあてる |
| あつ | …… | 3 |
| あつかはし[扱] | …… | せわ |
| あつかはし[暑] | …… | あつい・あつさ |
| あつかはし[暑] | …… | おもくるしい |
| あつかはし[暑] | …… | わずらわしい |
| あつかはし[繁] | …… | うるさい |
| あつかはし[繁] | …… | しつこい |
| あつがはし | …… | あつい・あつさ |
| あつかひ | …… | かんご |
| あつかひ | …… | せわ |
| あつかひ | …… | たいぐう |
| あつかひ | …… | ちゅうさい |
| あつかひ | …… | ちょうてい |
| あつかひ | …… | ふるまい |
| あつかひ | …… | もてなし |
| あつかひ | …… | 87 |
| あつかひ | …… | あこやがい |
| あつかひぐさ | …… | きく |
| あつかひぐさ | …… | はなし |
| あつかひぐさ | …… | わだい |
| あつかひぐさ | …… | 83 |
| あつかふ[扱] | …… | あつかう |
| あつかふ[扱] | …… | かいほう |
| あつかふ[扱] | …… | きがかり |
| あつかふ[扱] | …… | しょち |
| あつかふ[扱] | …… | しんぱい |
| あつかふ[扱] | …… | せわ |
| あつかふ[扱] | …… | ちゅうさい |
| あつかふ[扱] | …… | ちょうてい |
| あつかふ[扱] | …… | なやむ |
| あつかふ[扱] | …… | もてあます |
| あつかふ[扱] | …… | もてなす |
| あつかふ[扱] | …… | わだい |
| あつかふ[扱] | …… | 60, 83 |
| あつかふ[熱] | …… | もだえる |
| あつかましい | …… | あつかましい |

| | | |
|---|---|---|
| あづかり | かんり | |
| あづかり | たんとう | |
| あづかり | るすばん | |
| あづかる | いただく | |
| あづかる | かかわる | |
| あづかる | かんけい | |
| あづかる | なかま | |
| あずきがゆ | 96 | |
| あづきなし | おもしろい | |
| あづきなし | かい | |
| あづきなし | つまらない | |
| あづきなし | なさけない | |
| あづきなし | にがにがしい | |
| あづきなし | ふとう | |
| あづきなし | みだれる | |
| あづきなし | むだ | |
| あづきなし | やく | |
| あづく | あずける | |
| あづく | えん | |
| あづく | さんか | |
| あづく | まかせる | |
| あづく | 84 | |
| あづけさ | あつい・ふかき | |
| あづごゆ | ふくらむ | |
| あづさ | あかめがしわ | |
| あづさ | 44 | |
| あづさゆみ | いそ | |
| あづさゆみ | いる | |
| あづさゆみ | かえる | |
| あづさゆみ | すえ | |
| あづさゆみ | はる | |
| あづさゆみ | ひく | |
| あづさゆみ | やえ | |
| あづさゆみ | 12, 22 | |
| あづさる | あじさい | |
| あづさる | 44 | |
| あつし[厚] | あつい | |
| あつし[厚] | おもおもしい | |
| あつし[厚] | こい | |
| あつし[厚] | こまやか | |
| あつし[厚] | つよい | |
| あつし[厚] | はなはだしい | |
| あつし[厚] | ふかい | |
| あつし[厚] | 78 | |
| あつし[篤] | すいじゃく | |
| あつし[篤] | びょうじゃく | |
| あつし[篤] | よわよわしい | |
| あつし[篤] | 88 | |
| あつし[熱] | ねつ | |
| あつし[熱] | あつい・あつさ | |
| あつし[熱] | 88 | |
| あつしる | おもい | |
| あつしる | すいじゃく | |
| あつしる | 88 | |
| あった | 111, 112 | |
| あったら | おしむ | |
| あったら | せっかくの | |
| あったら | たいせつ | |
| あったら | もったいない | |
| あっち | 107 | |
| あづま | とうごく | |
| あづま | ひがし | |
| あづま | 54 | |
| あつまる | あつまる | |
| あつむ | あつめる | |
| あつもの | しる | |
| あつもの | すいもの | |
| あつもの | 96 | |
| あつらか | あつい | |
| あつらふ | あつらえる | |
| あつらふ | ちゅうもん | |
| あつらふ | たのむ | |
| あて | けだかい | |
| あて | こうき | |
| あて | じょうひん | |
| あて | みぶん | |
| あて | ゆうび | |
| あてあてし | あてつけがましい | |
| あてあてし | ひにく | |
| あておこなふ | あてがう | |
| あておこなふ | わりあてる | |
| あてがひ | はいりょ | |
| あてがひ | みこみ | |
| あてがひ | よそう | |
| あてがふ | あてがう | |
| あてがふ | わりあてる | |
| あてこと | いやみ | |
| あてこと | とおまわし | |
| あてこと | ひにく | |
| あてこと | きたい | |
| あてこと | こころあて | |
| あてつく | あてがう | |
| あてど | めあて | |
| あてど | もくてき | |
| あてはか | けだかい | |
| あてはか | こうき | |
| あてはか | じょうひん | |
| あてはか | みぶん | |
| あてはか | ゆうび | |
| あてびと | きじん | |
| あてびと | こうき | |
| あてびと | じょうひん | |
| あてぶ | じょうひん | |
| あてやか | けだかい | |
| あてやか | こうき | |
| あてやか | じょうひん | |
| あてやか | みぶん | |
| あてやか | ゆうび | |
| あと[後] | しご | |
| あと[後] | 73 | |
| あと[跡] | かたみ | |
| あと[跡] | そくせき | |
| あと[跡] | ひっせき | |
| あと[跡] | ふで | |
| あと[跡] | ゆくえ | |
| あどうつ | あいづちをうつ | |
| あとかばね | しそん | |
| あとかばね | 56 | |
| あどけなし | あどけない | |
| あどけなし | たわいない | |
| あとさりむし | 36 | |
| あとしき | いさん | |
| あとしざり | 36 | |
| あとじさり | しりぞく | |
| あとずさり | ありじごく | |
| あとずさり | 36 | |
| あとたゆ | おとずれる | |
| あとたゆ | かくす | |
| あとたゆ | かくれる | |
| あとたゆ | すがた | |
| あとたゆ | ゆくえ | |
| あとところ | いせき | |
| あととふ | ひひん | |
| あととむ | いきながらえる | |
| あととむ | ながらえる | |
| あととむ | 53 | |
| あどなし | こんきょ | |
| あどなし | むなしい | |
| あどなし | 80 | |
| あどなし | あどけない | |
| あどなし | かわいい | |
| あどなし | たわいない | |
| あとなしごと | うそ | |
| あとなしびと | ほうろう | |
| あとなしびと | るろう | |
| あとのしらなみ | 80 | |
| あとのしるし | はか | |
| あとはかなし | ゆくえ | |
| あとはかなし | こころぼそい | |
| あとはかなし | たよりない | |
| あとはかなし | はっきり | |
| あとびさり | しりぞく | |
| あとふ | めとる | |
| あとふ | きゅうこん | |
| あとふ | さそう | |
| あとふ | たのむ | |
| あとふ | 54, 62, 84 | |
| あともふ | つれだつ | |
| あともふ | つれる | |
| あともふ | ひきいる | |
| あどもふ | つれだつ | |
| あどもふ | つれる | |
| あどもふ | ひきいる | |
| あとらふ | あずける | |
| あとらふ | さそう | |
| あとらふ | たのむ | |
| あとをかくす | すがた | |
| あとをかくす | ゆくえ | |
| あな | ああ | |
| あな | まあ | |
| あな | 101 | |
| あない | あんない | |
| あない | しょうたい | |
| あない | つうち | |
| あない | ないじょう | |
| あなうら | あし | |

| | | |
|---|---|---|
| あなうら | 47 | |
| あなおと | 13 | |
| あなかしこ | けっして | |
| あなかしこ | おそれおおい | |
| あながち | いちがいには | |
| あながち | いちず | |
| あながち | いっぽう | |
| あながち | かならず | |
| あながち | けっして | |
| あながち | てきせつ | |
| あながち | ひたむき | |
| あながち | ふてきせつ | |
| あながち | みがって | |
| あながち | むり | |
| あながち | わがまま | |
| あながち(に) | しいて | |
| あなかま | うるさい | |
| あなかま | やかましい | |
| あなぐる | さがす | |
| あなぐる | さぐる | |
| あなぐる | せんさくする | |
| あなしぜ | 11 | |
| あなすゑ | あし | |
| あなすゑ | さき | |
| あなすゑ | しそん | |
| あなすゑ | 47, 56 | |
| あなぜ | 11 | |
| あなせいとう | いちはつ | |
| あなた[貴方] | 106 | |
| あなた[彼方] | あちら | |
| あなた[彼方] | あの | |
| あなた[彼方] | かなた | |
| あなた[彼方] | かれ | |
| あなた[彼方] | 107 | |
| あなづらはし | あなどる | |
| あなづらはし | えんりょ | |
| あなづらはし | かるがるしい | |
| あなづらはし | 58 | |
| あなづる | あなどる | |
| あなづる | けいべつする | |
| あなづる | ばか | |
| あなゝひ | あしば | |
| あなゝふ | おぎなう | |
| あにくく | あいにく | |
| あになやし | うつくしい | |
| あになゑや | うつくしい | |
| あぬめ | ああ | |
| あぬめあぬめ | あいにく | |
| あなや | ああ | |
| あなや | 101 | |
| あなり | 100, 103, 104 | |
| あなり | ある | |
| あに | けっして | |
| あに | 105 | |
| あにごぜ | あに | |
| あにごぜ | きょうだい | |
| あにごぜ | 55 | |
| あにぢゃひと | あに | |
| あにぢゃひと | きょうだい | |

| | | |
|---|---|---|
| あにぢゃひと | 55 | |
| あねご | あね | |
| あねご | きょうだい | |
| あねご | 55 | |
| あねごぜ | あね | |
| あねごぜ | きょうだい | |
| あねごぜ | 55 | |
| あねちゃひと | あね | |
| あねちゃひと | きょうだい | |
| あねちゃひと | 55 | |
| あのおと | 13 | |
| あのと | あし | |
| あのと | あしおと | |
| あはあはし | あて | |
| あはあはし | かるがるしい | |
| あはあはし | けいそつ | |
| あはあはし | ふあんてい | |
| あはうみ | みずうみ | |
| あはく | はげおちる | |
| あはく | あえぐ | |
| あはく | つかれる | |
| あはく | ゆだん | |
| あばく | はげおちる | |
| あばく | ほりだす | |
| あばく | ゆだん | |
| あはし | あっさり | |
| あはし | あわい | |
| あはし | うすい | |
| あはし | けいそつ | |
| あはし | 70, 71 | |
| あはしまの | あう | |
| あはす | たがいに | |
| あはす | ひとつ | |
| あはす | めあわせる | |
| あはす | 84 | |
| あはそか(に) | かるがるしい | |
| あはそか(に) | けいそつ | |
| あはづ | うすい | |
| あはづ | うとんじる | |
| あはづ | れいたん | |
| あはつか | かるがるしい | |
| あはつか | ぼんやり | |
| あはつけし | けいそつ | |
| あはつけし | かるがるしい | |
| あはに | ふかい | |
| あはに | 79 | |
| あはひ | あいだ | |
| あはひ | あいだがら | |
| あはひ | おり | |
| あはひ | じょうせい | |
| あはひ | すきま | |
| あはひ | ちょうわ | |
| あはひ | つごう | |
| あはひ | なか | |
| あはひ | はいしょく | |
| あはひ | 15 | |
| あはびしらたま | しんじゅ | |
| あはびたま | しんじゅ | |
| あはむ | あなどる | |

| | | |
|---|---|---|
| あはむ | うとんじる | |
| あはむ | おとしめる | |
| あはむ | けいべつする | |
| あはむ | そがいする | |
| あはむ | にくむ | |
| あはむ | れいたん | |
| あばむ | あなどる | |
| あばむ | うとんじる | |
| あばむ | けいべつする | |
| あはもり | しょうちゅう | |
| あはもり | 95 | |
| あはや | 101 | |
| あはゆき | ゆき | |
| あばら | あれる | |
| あばら | こうはい | |
| あばら | すきま | |
| あばらや | あれる | |
| あばらや | 91 | |
| あばる | あれる | |
| あばる | こわれる | |
| あばる | あばれる | |
| あはれ | ああ | |
| あはれ | あいじょう | |
| あはれ | うつくしい | |
| あはれ | じょうあい | |
| あはれ | つらい | |
| あはれ | とうとい | |
| あはれ | おもむき | |
| あはれ | かなしい | |
| あはれ | かわいい | |
| あはれ | かわいそう | |
| あはれ | こいしい | |
| あはれ | さびしい | |
| あはれ | ひあい | |
| あはれ | ものがなしい | |
| あはれ | なつかしい | |
| あはれ | 62, 81, 82, 101 | |
| あはれがる | かなしい | |
| あはれがる | ほめる | |
| あはれがる | あわれむ | |
| あはれがる | どうじょう | |
| あはれげ | うつくしい | |
| あはれげ | つらい | |
| あはれげ | とうとい | |
| あはれげ | なつかしい | |
| あはれげ | おもむき | |
| あはれげ | かわいい | |
| あはれげ | かわいそう | |
| あはれげ | こいしい | |
| あはれげ | さびしい | |
| あはれげ | ひあい | |
| あはれげ | ものがなしい | |
| あはれげ | 62, 81, 82 | |
| あはれし | あわれ | |
| あはれぶ | ほめる | |
| あはれぶ | あわれむ | |
| あはれぶ | かわいがる | |
| あはれぶ | かわいそう | |
| あはれぶ | いつくしむ | |

| | | |
|---|---|---|
| あはれぶ ……………………… ほめる 62 | あひだちなし ………… つれない | あぶす[浴] ……………… あびせる |
| あはれむ ……………………… ほめる | あひだちなし ………… ぶあいそう | あぶす[浴] ……………… あびる |
| あはれむ ……………………… あわれむ | あひだてなし ………… れいたん | あぶす[浴] ……………… てんかます |
| あはれむ ……………………… かわいがる | あひだてなし ………… ぶあいそう | あぶす[溢] ……………… あます |
| あはれむ ……………………… かわいそう | あひづき ……………… しちがつ | あぶす[溢] ……………… すてる |
| あはれむ ……………………… いつくしむ | あひづき ……………………… 6 | あぶす[溢] ……………… のこす |
| あはれむ ……………………… 62 | あひどり ……………… きょうぼう | あぶせ ……………………… あう |
| あひ[相] ……………………… いっしょに | あひなし ……………………… かんじ | あぶせ ……………………… きかい |
| あひ[間] ……………………… あいだ | あひなし ……………… きにくわない | あぶせ ……………………………… 63 |
| あひ[間] ……………………… すきま | あひなし ……………… きょうざめ | あぶち ……………………… せんだん |
| あひ[間] ……………………… ちゅうかい | あひなし ……………… おもしろい | あぶち ……………………………… 45 |
| あひあふ ……………………… たいめん | あひなし ……………… つまらない | あぶなあぶな …… せいいっぱい |
| あひあふ ……………………………… 59 | あぶなあぶな …… ぶんそうおう |
| あひおもひ ………………… こいしあう | あひはつ ……………………… 72 | あぶなし ……………………… かわいい |
| あひおもひ ……………………… 62 | あひみる ……………………… あう | あぶなし ……………………… きけん |
| あひおもひぐさ …………… タバコ | あひみる ……………………… たいめん | あぶみ ……………………… あおい |
| あひおもひぐさ ……………… 40 | あひみる ……………………… 63, 84 | あぶひ ……………………………… 38 |
| あひかたらふ ……… かたりあう | あひろ ……………………… あひる | あぶまがとき ……………………… 18 |
| あひかたらふ ………………… こうさい | あひろ ……………………………… 34 | あぶみ ……………………… みずうみ |
| あひかまへて ……………… けっして | あふ[敢] ……………………… おえる | あふみのみ ……………… みずうみ |
| あひかまへて ……………… ちゅうい | あふ[敢] ……………………… かまわない | あぶらぐち ……………… のうべん |
| あひかまへて ……………………… 85 | あふ[敢] ……………………… がまん | あぶらをとる …………… しぼりとる |
| あひぐす ……………………… いっしょに | あふ[敢] ……………………… さしさわり | あぶらをのす ……………… おだてる |
| あひぐす ……………………… つれそう | あふ[敢] ……………………… しおおせる | あぶらをのす ……………… ついしょう |
| あひぐす ……………………… つれる | あふ[敢] ……………………… もちこたえる | あぶる[溢] ……………… あふれる |
| あひぐす ……………………… ゆく | あふ[敢] ……………………………… 113 | あぶる[溢] ……………… おちぶれる |
| あひぐす ……………………………… 85 | あふ[合] ……………………… あわせる | あぶる[溢] ……………… さすらう |
| あひくち ……………………… とも | あふ[合] ……………………… いっしょに | あぶる[煽] ……………… おだてる |
| あひくち ……………………… なかま | あふ[合] ……………………… いっち | あぶる[煽] ……………… そそのかす |
| あびこ ……………………… あま | あふ[合] ……………………… たちむかう | あぶる[煽] ……………… ひるがえす |
| あびこ ……………………… ぎょふ | あふ[合] ……………………… つりあう | あぶる[煽] ……………… ひるがえる |
| あびこ ……………………… りょう | あふ[合] ……………………… にあう | あぶる[煽] ……………… あおる |
| あひし ……………………… とも | あふ[合] ……………………… ひとつ | あぶる ……………………… あふれる |
| あひし ……………………… なかま | あふ[合] ……………………………… 112 | あぶる ……………………… おちぶれる |
| あひしゅう ……………………… あう | あふ[和] ……………………… こんらん | あぶる ……………………… さすらう |
| あひしらひ ……………… もてなし | あふ[和] ……………… まぜあわせる | あぶれもの ……………… ならずもの |
| あひしらふ ……………………… あいて | あふ[和] ……………………… まぜる | あぶれもの ……………… わるもの |
| あひしらふ ……………… うけこたえ | あふ[合・会・逢] ……… ちょうわ | あへ ……………………… ごちそう |
| あひしらふ ……………………… おうたい | あふ[合・会・逢] ……………… あう | あへ ……………………… ふるまい |
| あひしらふ ……………………… おうとう | あふ[合・会・逢] ……… むかう | あへ ……………………… もてなし |
| あひしらふ ……………… とりあつかう | あふ[合・会・逢] ……… めんかい | あへ ……………………………… 96 |
| あひしらふ ……………… とりそえる | あふ[合・会・逢] ……… じき | あべかめり ……………………… ある |
| あひしらふ ……………… とりなす | あふ[合・会・逢] ……………………… 84 | あべかめり ……… 100, 103, 105 |
| あひしらふ ……………… もてなす | あふ[響] ……………… もてなす | あへく ……………………… あえぐ |
| あひしらふ ……………… とりあわせる | あふ ……………………… あびる | あへく ……………………… いき |
| あひしる ……………………… こうさい | あぶ ……………………… にゅうよく | あへぐ ……………………… いき |
| あひしる ……………………… つきあう | あぶぎ ……………………… おうぎ | あべし ……………………………… ある |
| あびす ……………………… あびせる | あぶぎ ……………………… せんす | あべし ……………… 103, 105 |
| あひだ ……………………… あいだ | あふぐ ……………………… あおぐ | あへしらひ ……………… あいさつ |
| あひだ ……………………… あいだがら | あふぐ ……………………… うやまう | あへしらひ ……………… おうとう |
| あひだ ……………………… きかん | あふぐ ……………… そんけいする | あへしらひ ……………… とりあわせる |
| あひだ ……………………… きょり | あふご ……………… てんびんぼう | あへしらひ ……………… はいごう |
| あひだ ……………………… すきま | あふことの ……………………… いと | あへしらひ ……………… ふるまい |
| あひだ ……………………… たえま | あふことは ……………………………… 28 | あへしらひ ……………… もてなし |
| あひだ ……………………… なか | あふさきるさ … いったりきたり | あへしらふ ……………… あいさつ |
| あひたいじに ……………… しんじゅう | あふさきるさ …………… まよう | あへしらふ ……………… うけこたえ |
| あひたいじに ……………………… 74 | あふさはず ……………… のこさず | あへしらふ ……………… おうたい |
| あひだちなし ………… えんりょ | あふさはず ……………… のこす | あへしらふ ……………… おうとう |
| あひだちなし ……… きがねする | あふす ……………… とりのこす | あへしらふ ……………… こたえる |

あheしらふ ── あまゆ

| | | |
|---|---|---|
| あへしらふ | ……… | とりあつかう |
| あへしらふ | ……… | とりそえる |
| あへしらふ | ……… | とりなす |
| あへしらふ | ……… | もてなす |
| あへしらふ | ……… | とりあわせる |
| あへず | ……… | たえかねる |
| あへず | ……… | たえがたい |
| あへて | ……… | しいて |
| あへて | ……… | ぜんぜん |
| あへて | ……… | むりに |
| あへなくす | ……… | 73 |
| あへなくなる | ……… | 72 |
| あへなし | ……… | あっけない |
| あへなし | ……… | かい |
| あへなし | ……… | しかた(が)ない |
| あへなし | ……… | どうしようもない |
| あへなし | ……… | はりあい |
| あへなし | ……… | もろい |
| あへなし | ……… | 80 |
| あへなむ | ……… | かまわない |
| あへなむ | ……… | たえる |
| あほひ | ……… | あおい |
| あほひ | ……… | 38 |
| あま［天］ | ……… | そら |
| あま［天］ | ……… | てん |
| あま［海人・蜑］ | ……… | ぎょふ |
| あま［海人・蜑］ | ……… | りょう |
| あまうち | ……… | あまだれ |
| あまうち | ……… | 9 |
| あまうど | ……… | ぎょふ |
| あまうど | ……… | りょう |
| あまおち | ……… | あまだれ |
| あまおち | ……… | 9 |
| あまがくれ | ……… | あまやどり |
| あまがくれ | ……… | 9 |
| あまがける | ……… | とぶ |
| あまがべに | ……… | ゆうやけ |
| あまがべに | ……… | 19 |
| あまぎぬ | ……… | あまがっぱ |
| あまぎぬ | ……… | 93 |
| あまぎらす | ……… | くもる |
| あまぎらふ | ……… | くもる |
| あまぎらふ | ……… | そら |
| あまぎり | ……… | きり |
| あまぎり | ……… | 9 |
| あまぎる | ……… | くもる |
| あまぎる | ……… | そら |
| あまくちねずみ | … | はつかねずみ |
| あまくちねずみ | ……… | 33 |
| あまぐもの | ……… | うかぶ |
| あまぐもの | ……… | よそ |
| あまぐもの | ……… | かみなり |
| あまぐもの | ……… | ただよう |
| あまぐもの | ……… | ゆきかえる |
| あまぐもの | ……… | ゆく |
| あまぐもの | ……… | わかれ |
| あまぐもの | ……… | わかれ |
| あまぐもり | ……… | 9 |
| あまごもり | ……… | かさ |
| あまごもり | ……… | ふりこめられる |
| あまごもり | ……… | 10 |
| あまごろも | ……… | あまがっぱ |
| あまごろも | ……… | 93 |
| あまさかさま | ……… | ぎゃく |
| あまさかる | ……… | いなか |
| あまさはり | ……… | ふりこめられる |
| あまさはり | ……… | 10 |
| あまさへ | ……… | おまけ |
| あまさへ | ……… | そのうえ(に) |
| あまさへ | ……… | 108 |
| あまし | ……… | おいしい |
| あまし | ……… | おろか |
| あまし | ……… | だます |
| あましし | ……… | いぼ |
| あましし | ……… | こぶ |
| あましし | ……… | できもの |
| あましし | ……… | 47 |
| あましだり | ……… | あまだれ |
| あましだり | ……… | 9 |
| あます | ……… | こぼす |
| あます | ……… | しまう |
| あます | ……… | とりのこす |
| あます | ……… | のぞく |
| あます | ……… | もてあます |
| あまぜ | ……… | あま |
| あまそそき | ……… | あまだれ |
| あまそそき | ……… | 9 |
| あまそそき | ……… | あまだれ |
| あまそそき | ……… | 9 |
| あまた | ……… | ひじょうに |
| あまた | ……… | 78 |
| あまたかへり | ……… | なんども |
| あまたかへり | ……… | くりかえし |
| あまたかへり | ……… | たびたび |
| あまたたび | ……… | なんども |
| あまたたび | ……… | くりかえし |
| あまたたび | ……… | たびたび |
| あまたとし | ……… | ねんげつ |
| あまたとし | ……… | 16 |
| あまたよ | ……… | 21 |
| あまたり | ……… | あまだれ |
| あまたり | ……… | 9 |
| あまだり | ……… | あまだれ |
| あまだり | ……… | 9 |
| あまたれ | ……… | あまだれ |
| あまたれ | ……… | 9 |
| あまだれおち | ……… | あまだれ |
| あまだれおち | ……… | 9 |
| あまぢ | ……… | そら |
| あまつ | ……… | そら |
| あまつ | ……… | てん |
| あまつかぜ | ……… | 12 |
| あまつきつね | ……… | 8 |
| あまつさへ | ……… | おまけ |
| あまつさへ | ……… | そのうえ(に) |
| あまつさへ | ……… | 108 |
| あまつさよかぜ | ……… | 12 |
| あまつそら | ……… | うわのそら |
| あまつそら | ……… | きぜつ |
| あまつそら | ……… | きゅうちゅう |
| あまつそら | ……… | そら |
| あまつそら | ……… | とおい |
| あまづたふ | ……… | つたわる |
| あまづたふ | ……… | 3,19 |
| あまつづき | ……… | 10 |
| あまつつみ | ……… | ふりこめられる |
| あまつつみ | ……… | 10 |
| あまつひ | ……… | たいよう |
| あまつひ | ……… | 3 |
| あまつひつき | ……… | こうい |
| あまつほし | ……… | 8 |
| あまつぼし | ……… | 7 |
| あまつみかど | ……… | てんし |
| あまつみかは | ……… | あまのかわ |
| あまつみかは | ……… | たなばた |
| あまつみかは | ……… | 8,24 |
| あまつみかぼし | ……… | 7 |
| あまつみくらる | ……… | こうい |
| あまつみそら | ……… | うわのそら |
| あまつみそら | ……… | きゅうちゅう |
| あまつみそら | ……… | そら |
| あまつみそら | ……… | とおい |
| あまつみづ | ……… | 8 |
| あまつをとめ | ……… | てんにょ |
| あまつをとめ | ……… | 51 |
| あまてるや | ……… | 3 |
| あまとぶや | ……… | かり |
| あまとぶや | ……… | かるい |
| あまとぶや | ……… | 33,34 |
| あまなふ | ……… | あまんじる |
| あまなふ | ……… | しょうだく |
| あまなふ | ……… | なかよくする |
| あまねし | ……… | ゆきわたる |
| あまのこ | ……… | あま |
| あまのこ | ……… | ぎょふ |
| あまのこ | ……… | りょう |
| あまのこ | ……… | みぶん |
| あまのはら | ……… | そら |
| あまのはら | ……… | ふじ |
| あまびこ［天彦］ | ……… | こだま |
| あまびこ［天彦］ | ……… | やまびこ |
| あまびこ［天彦］ | ……… | 13 |
| あまびこ［雨彦］ | ……… | おさむし |
| あまびこ［雨彦］ | ……… | やすで |
| あまびこ［雨彦］ | ……… | 37 |
| あまびこの | ……… | おとずれ |
| あまびこの | ……… | 12 |
| あまびと | ……… | 51 |
| あまま | ……… | はれる |
| あまま | ……… | 9 |
| あめも | ……… | あま |
| あまもやひ | ……… | 9 |
| あまもよひ | ……… | 9 |
| あまや | ……… | あま |
| あまや | ……… | あまでら |
| あまゆ | ……… | あまえる |

| | | |
|---|---|---|
| あまゆ …………… したしむ | あも ………………… 56 | あやなす ………… いろどる |
| あまゆ …………… なれしたしむ | あもしし ………… りょうしん | あやなす ………… あやつる |
| あまゆ …………… はずかしがる | あも ……………… じょうり | あやなす ………………… 15 |
| あまり ……… たいして…(ない) | あや ……………… どうり | あやに …………… おどろく |
| あまり ………… はなはだしい | あや ……………… もよう | あやに …………… たとえる |
| あまり …………… ひじょうに | あや ……………… ようす | あやに ………… なんとなく |
| あまり …………… ひどい | あや ……………… りゆう | あやに …………… むやみに |
| あまりかぜ ………………… 11 | あやかし ………… ばかもの | あやに ……………… わけ |
| あまりがひ ……… おうむがい | あやかし ………… ばけもの | あやに ………… わけもなく |
| あまりさへ ……… おまけ | あやかし ………… ふしぎ | あやにく ………… いじわる |
| あまりさへ …… そのうえ(に) | あやかりもの ……… かほう | あやにく ………… あいにく |
| あまりさへ ……………… 108 | あやかる ………… にる | あやにく …………… おり |
| あまる …………… あふれる | あやし …………… きがかり | あやにく …………… つごう |
| あまる …………… および | あやし …………… きみょう | あやにく ……… はなはだしい |
| あまる …………… こぼれる | あやし …………… みにくい | あやにく ………… ひどい |
| あまる ………… ぶんそうおう | あやし ………… あやしい | あやにくがる ……… こまる |
| あまをとめ[海人少女] …… あま | あやし ………… いじょう | あやにくがる ……… ごうじょう |
| あまをとめ[天津小女] ……… 51 | あやし ………… いやしい | あやにくがる ……… みがって |
| あまをぶね …………… ほうりつ | あやし …………… うたがわしい | あやにくがる ……… わがまま |
| あまをぶね ………… ぎょせん | あやし ………… けしからん | あやにくごころ … はらだたしい |
| あまをぶね ………………… 97 | あやし ………… そまつ | あやにくし ………… にくらしい |
| あまんず ………… あまんじる | あやし …………… ふあん | あやにくし ………… あいにく |
| あまんず ………… がまん | あやし …………… ふしぎ | あやにくだつ ……… あいにく |
| あまんず ………… たのしむ | あやし …………… ふしん | あやにくだつ ……… こまる |
| あまんず ………… まんぞく | あやし …………… ふつごう | あやにくだつ ……… ごうじょう |
| あみこ …………… ぎょふ | あやし ………… みぐるしい | あやにくだつ ……… みがって |
| あみす ………… あびる | あやし …………… みぶん | あやにくだつ ……… わがまま |
| あみびと …………… あま | あやしがる ……… うたがう | あやふがる ………… きけん |
| あみびと ………… ぎょふ | あやしげ ………… あやしい | あやふがる ……… しんぱい |
| あみびと ………… りょう | あやしのしづ ……… びんぼう | あやふし …………… あて |
| あむ[虻] …………… あぶ | あやしのしづ ……… まずしい | あやふし …………… きがかり |
| あむ[虻] ………………… 36 | あやしのしづ ……… みぶん | あやふし …………… きけん |
| あむ[浴] ………… あびる | あやしばむ ……… あやしい | あやふし ………… しんぱい |
| あむ[浴] ………… にゅうよく | あやしばむ ……… ふしん | あやふし …………… ふあん |
| あむす …………… あびる | あやしぶ ………… あやしい | あやぶみ …………… きけん |
| あむす ………… てんかする | あやしぶ ………… うたがう | あやぶむ …………… きけん |
| あめ ………………… そら | あやしぶ ………… ふしん | あやぶむ ………… しんぱい |
| あめがした ………… このよ | あやしむ ………… あやしい | あやま ………………… 24 |
| あめがした ………… てんか | あやしむ ………… うたがう | あやまち ………… かしつ |
| あめく …………… うめく | あやしむ ………… ふしん | あやまち …………… きず |
| あめく …………… さけぶ | あやす[操縦] … そうじゅうする | あやまち …………… つみ |
| あめく …………… わめく | あやす[調和] ……… あやつる | あやまつ ………… きずつける |
| あめつち ………… てんち | あやす[落] ………… こぼす | あやまつ ………… ころす |
| あめつちのまにまに …… しぜん | あやす[落] ………… たらす | あやまつ ………… しくじる |
| あめのした ………… このよ | あやす[落] ………… ながす | あやまつ ………… そむく |
| あめのした ………… てんか | あやすぎ …………… ひむろ | あやまつ ………… たいちょう |
| あめのひ ………… たいよう | あやすぎ ………………… 46 | あやまつ ………… まちがう |
| あめのひ ………………… 3 | あやつり …………… しかけ | あやまり ………… かしつ |
| あめのまにまに ……… しぜん | あやつり …………… しくみ | あやまり ………… まちがい |
| あめのやすのかは … あまのかわ | あやどる ………… いろどる | あやまる ………… きずつける |
| あめのやすのかは ……… たなばた | あやどる ………………… 15 | あやまる ………… ころす |
| あめのやすのかは ……… 8, 24 | あやなし …………… いみ | あやまる ………… しくじる |
| あめま …………… はれる | あやなし ………… すじみち | あやまる ………… たいちょう |
| あめま ………………… 9 | あやなし ………… つまらない | あやまる ………… まちがう |
| あめもよに ……………… 9, 10 | あやなし ……… とるにたりない | あやまり ………… かしつ |
| あめもよひ ………………… 9 | あやなし ………… どうり | あやむ[怪] ………… いぶかる |
| あめり ………………… ある | あやなし …………… むだ | あやむ[怪] ………… ふしん |
| あめり ………… 100, 103, 104 | あやなし ……… もののかず | あやむ[危] ………… きずつける |
| あも ………………… はは | あやなし ………… りくつ | あやむ[危] ………… ころす |

あまゆ——あやむ

13

| | | |
|---|---|---|
| あやめ[菖蒲] …………… **しょうぶ** | あらがひ …………… **きょうそう** | あらそふ …………… **はりあう** |
| あやめ[菖蒲] …………… 40 | あらがふ …………… **あらそう** | あらた[新] …………… **あたらしい** |
| あやめ[文目] …………… **くべつ** | あらがふ …………… **いいわけ** | あらた[新] …………… **あらたか** |
| あやめ[文目] …………… **すじみち** | あらがふ …………… **かける** | あらた[新] …………… **いちじるしい** |
| あやめ[文目] …………… **どうり** | あらがふ …………… **きょうそう** | あらた[荒田] …………… **あれる** |
| あやめ[文目] …………… **もよう** | あらがふ …………… **こうべんする** | あらた[荒田] …………… 30 |
| あやめ[文目] …………… **ようす** | あらがふ …………… **さからう** | あらた[新田] …………… **しんでん** |
| あやめぐさ …………… **しょうぶ** | あらがふ …………… **はんたい** | あらた[新田] …………… 30 |
| あやめぐさ …………… 40 | あらがふ …………… **ひていする** | あらた[灼] …………… **あきらか** |
| あやめたむ …………… **われもこう** | あらがふ …………… **ろんそうする** | あらた[灼] …………… **けんちょ** |
| あやめたむ …………… 42 | あらがふ …………… **いいあらそう** | あらた[灼] …………… **こうか** |
| あやめどり …………… **ほととぎす** | あらき …………… **はか** | あらたし …………… **あたらしい** |
| あやめどり …………… 35 | あらぎ …………… **まいねん** | あらたし …………… **しんせん** |
| あやめもしらず …………… **どうり** | あらぎ …………… **らんぼう** | あらたつ …………… **あらだてる** |
| あやめもしらず …………… **ふんべつ** | あらきだ …………… **しんでん** | あらだつ …………… **あらだてる** |
| あやめもわかず …………… **ふんべつ** | あらきだ …………… 30 | あらたへ …………… **ぬの** |
| あゆ[肖] …………… **あやかる** | あらきばり …………… **しんでん** | あらたへの …………… **ふじ** |
| あゆ[肖] …………… **にる** | あらきばり …………… 30 | あらたへの …………… 46 |
| あゆ[落] …………… **おちる** | あらぎもをとる …… **おどろかす** | あらたまづき …………… **いちがつ** |
| あゆ[落] …………… **こぼれる** | あらぎもをひしぐ … **おどろかす** | あらたまづき …………… 5 |
| あゆ[落] …………… **したたる** | あらく[荒] …………… **あれる** | あらたまの …………… **はる** |
| あゆ[落] …………… **にじみでる** | あらく[散] …………… **ちらばる** | あらたまの …………… 3, 4 |
| あゆ[東風] …………… 12 | あらく[散] …………… **はなれる** | あらたまのとし …………… **しんねん** |
| あゆかす …………… **うごかす** | あらくさ …………… **ざっそう** | あらたまのとし …………… **とし** |
| あゆかす …………… **ゆりうごかす** | あらくさ …………… 38 | あらたむ …………… **あらたまる** |
| あゆがす …………… **うごかす** | あらくまし …………… **あらあらしい** | あらたむ …………… **あらためる** |
| あゆがす …………… **ゆりうごかす** | あらくまし …………… **らんぼう** | あらたむ …………… **かえる** |
| あゆく …………… **うごく** | あらくる …………… **らんぼう** | あらたむ …………… **ぎんみする** |
| あゆく …………… **ゆれる** | あらげ …………… **あらあらしい** | あらたむ …………… **しらべる** |
| あゆぐ …………… **うごく** | あらけなし …………… **あらあらしい** | あらたむ …………… **あたらしい** |
| あゆぐ …………… **ゆれる** | あらけなし …………… **らんぼう** | あらで …………… 100 |
| あゆのかぜ …………… **ひがし** | あらし …………… 100, 103, 104 | あらな …………… **あってほしい** |
| あゆのかぜ …………… 12 | あらし[荒] …………… **あらあらしい** | あらな …………… **ある** |
| あゆぶ …………… 68 | あらし[荒] …………… **あれる** | あらな …………… 101 |
| あゆまひ …………… 68 | あらし[荒] …………… **けわしい** | あらなくに …………… **ない** |
| あゆむ …………… 68 | あらし[荒] …………… **はげしい** | あらなくに …………… 101 |
| あよく …………… **ゆれる** | あらし[荒] …………… **もうれつ** | あらなみ …………… 23 |
| あよみ …………… 68 | あらし[荒] …………… **らんぼう** | あらなむ …………… **あってほしい** |
| あよむ …………… 68 | あらし[粗] …………… **そざつ** | あらなむ …………… 101, 102 |
| あら[現] …………… 111 | あらし[粗] …………… **まばら** | あらぬ …………… **いがい** |
| あら[荒・粗] …………… 111, 112 | あらし[有] …………… **ある** | あらぬ …………… **いや** |
| あらあら …………… **およそ** | あらし[嵐] …………… 12 | あらぬ …………… **おもいがけない** |
| あらあら …………… **ざっと** | あらし(の)あめ …… **ぼうふうう** | あらぬ …………… **ふつごう** |
| あらあら …………… 112 | あらし(の)あめ …………… 12 | あらぬ …………… **つごう** |
| あらあらし …………… **あらあらしい** | あらしがさる …………… 12 | あらぬ …………… **べつ** |
| あらあらし …………… **そぼう** | あらしね …………… **こめ** | あらぬ …………… **ほか** |
| あらあらし …………… **そまつ** | あらず …………… **いいえ** | あらぬ[荒野] …………… **あれる** |
| あらあらし …………… **てあらい** | あらず …………… **いや** | あらぬ[荒野] …………… 26 |
| あらあらし …………… **はげしい** | あらず …………… 100 | あらぬいそぎ …………… **きゅうよう** |
| あらあらし …………… **ぶこつ** | あらそば …………… **がけ** | あらぬいそぎ …………… **ようじ** |
| あらあらし …………… **もうれつ** | あらそべ …………… **がけ** | あらぬいそぎ …………… **よそう** |
| あらあらし …………… **らんぼう** | あらそひ …………… **あらそい** | あらぬかた …………… **おもいがけない** |
| あらいそ …………… **いそ** | あらそふ …………… **あらそう** | あらぬすがた …………… **しがい** |
| あらいそ …………… **かいがん** | あらそふ …………… **いいあらそう** | あらぬすがた …………… 73 |
| あらいそ …………… 22 | あらそふ …………… **きょうそう** | あらぬすじ …… **おもいがけない** |
| あらがきの …………… **ほか** | あらそふ …………… **ぎろん** | あらぬよ …………… **あのよ** |
| あらがねの …………… **よつち** | あらそふ …………… **さからう** | あらぬよ …………… **かこ** |
| あらがねの …………… **つち** | あらそふ …………… **たたかう** | あらの …………… 26 |
| あらがひ …………… **あらそい** | あらそふ …………… **ていこう** | あらのら …………… 26 |

|  |  |
|---|---|
| あらは | あらわ |
| あらは | あきらか |
| あらは | こうぜん |
| あらは | ぶしつけ |
| あらは | まるみえ |
| あらは | めいはく |
| あらは | ろこつ |
| あらばこそ | 100 |
| あらはしぎぬ | もふく |
| あらはしぎぬ | 94 |
| あらはしごろも | もふく |
| あらはしごろも | 94 |
| あらはす | かきとめる |
| あらはす | うちあける |
| あらはす | しめす |
| あらはた | あれる |
| あらはた | 30 |
| あらはる | あらわれる |
| あらはる | ろけんする |
| あらひとがみ | てんのう |
| あらぶ | あばれる |
| あらぶ | あれる |
| あらぶ | そえん |
| あらぶ | みかい |
| あらぶ | らんぼう |
| あらぶるかみ | かみ |
| あらまし | けいかく |
| あらまし | よき |
| あらまし | よてい |
| あらまし[荒] | あらあらしい |
| あらまし[荒] | あれる |
| あらまし[荒] | けわしい |
| あらまし[荒] | そや |
| あらまし[荒] | はげしい |
| あらましごと | きぼう |
| あらましごと | けいかく |
| あらましごと | よき |
| あらます | きたい |
| あらます | けいかく |
| あらます | よき |
| あらまほし | あってほしい |
| あらまほし | このましい |
| あらまほし | のぞましい |
| あらまほし | りそう |
| あらまほし | 101 |
| あらむずらむ | になるだろう |
| あらむずらむ | 100, 103, 104 |
| あらもと | こめ |
| あらや | 91 |
| あらやま | けわしい |
| あらやま | さびしい |
| あらやま | 28 |
| あらゆる | すべて |
| あらら | 112 |
| あららか | あらあらしい |
| あららか | おおざっぱ |
| あららか | かんりゃく |
| あららか | そあく |
| あららか | そまつ |
| あららか | らんぼう |
| あららぎ | いちい |
| あららぎ | のびる |
| あららぎ | 41, 44 |
| あらる | くらす |
| あらる | すむ |
| あらる | いきている |
| あられ | ひさめ |
| あられ | ひょう |
| あられうつ | あられ |
| あられうつ | 9 |
| あられふり | とおい |
| あらを | あらあらしい |
| あらを | おとこ |
| あらをだ | あれる |
| あらをだ | 30 |
| あらをたを | かえす |
| ありあけ | 5, 19, 20 |
| ありあけがた | 19 |
| ありあけづき | 20 |
| ありあけづくよ | 20 |
| ありあけのつき | 5, 20 |
| ありあふ | あう |
| ありあふ | ぐうぜん |
| ありありて | …あげく・あげくのはて |
| ありありて | けっきょく |
| ありありて | とうとう |
| ありかず | 89 |
| ありかた | じじょう |
| ありかた | じつじょう |
| ありがたし | くらす |
| ありがたし | こんなん |
| ありがたし | すぐれる |
| ありがたし | すむ |
| ありがたし | とうとい |
| ありがたし | まれ |
| ありがたし | むずかしい |
| ありがたし | めずらしい |
| ありがたし | めったにない |
| ありがほし | くらす |
| ありがほし | すむ |
| ありき | がいしゅつ |
| ありぎぬの | ある |
| ありぎぬの | たから |
| ありく | あるきまわる |
| ありく | がいしゅつ |
| ありく | 68 |
| ありける | さっきの |
| ありける | せんこくの |
| ありさま | けしき |
| ありさま | じょうたい |
| ありさま | たいど |
| ありさま | ふるまい |
| ありさま | ようし |
| ありさま | ようす |
| ありさま | 106 |
| ありさる | いきながらえる |
| ありさる | ながらえる |
| ありさる | 53 |
| ありし | いぜん |
| ありし | むかし |
| ありし | せいぜん |
| ありしながら | むかし |
| ありしよ | むかし |
| ありすぐす | いきながらえる |
| ありすぐす | ながらえる |
| ありすぐす | 53 |
| ありそ | いそ |
| ありそ | かいがん |
| ありそ | 22 |
| ありそなみ | ある |
| ありちがた | ある |
| ありつかはし | ふさわしい |
| ありつきがほ | かお |
| ありつきがほ | かおつき |
| ありつきがほ | 70 |
| ありつく | くらす |
| ありつく | すみつく |
| ありつく | にあう |
| ありつく | ふさわしい |
| ありつく | 70 |
| ありつる | れい |
| ありつる | さきほどの |
| ありつる | さっきの |
| ありつる | せんこくの |
| ありてい | ありのまま |
| ありてい | ありふれている |
| ありど | ありか |
| ありとある | すべて |
| ありどころ | ありか |
| ありとしある | すべて |
| ありなし | うむ |
| ありなし | かすか |
| ありなし | かるい |
| ありなし | そんぼう |
| ありなしかぜ | びふう |
| ありなしかぜ | 12 |
| ありなしの | すくない |
| ありなしの | びしょう |
| ありなしの | わずか |
| ありなしびと | めだつ |
| ありなむ | ある |
| ありなむ | きっと |
| ありなむ | よかろう |
| ありなむ | 103 |
| ありならふ | くらし |
| ありならふ | すみなれる |
| ありならふ | なれしたしむ |
| ありのひあふぎ | 39 |
| ありのひふき | ききょう |
| ありのひふき | 39 |
| ありのみ | なし |
| ありのみ | 45 |
| ありはつ | いきながらえる |
| ありはつ | ながらえる |
| ありはつ | 53 |

ありふ―あん

| | | |
|---|---|---|
| ありふ ………… **いきている** | あるは ………… **もしくは** | あゐばな ………… **つゆくさ** |
| ありふ ………… **いきながらえる** | あるべうもなし … **とんでもない** | あゐばな ………… 40 |
| ありふ ………… **くらす** | あるべうもなし … **もってのほか** | あを ………… **15** |
| ありふ ………… **すごす** | あるべかし ………… **のぞましい** | あをあらし ………… **11** |
| ありふ ………… **ぞんめい** | あるべかし ………… **ふさわしい** | あをあをし ………… **あお・あおいろ** |
| ありふ ………… **ながらえる** | あるべかし ………… **もっともらしい** | あをあをし ………… 14 |
| ありふ ………… 53 | あるべかし ………… **りそう** | あをいろ ………… 15 |
| ありますげ ………… **ある** | あるべきかぎり ……… **じじょう** | あをうなばら ………… 22 |
| ありまつ ………… **まちつづける** | あるべきかぎり ……… **できる** | あをがきやま ………… 28 |
| ありめぐる …… **いきながらえる** | あるまじ ………… **きんし** | あをがへる ………… **あまがえる** |
| ありめぐる …… **ながらえる** | あるまじ ………… **ある** | あをがへる ………… **かえる** |
| ありめぐる …… **めぐりつづける** | あるまじ ………… 100, 105 | あをがへる ………… 33 |
| ありめぐる ………… 53 | あるやう ………… **じじょう** | あをぎた ………… **きたかぜ** |
| ありもつかず ………… 70 | あるやう ………… **ようす** | あをぎた ………… 11 |
| ありやう ………… **ありのまま** | あるやう ………… **わけ** | あをぎる ………… **かすむ** |
| ありやう ………… **ほんとう** | あれ ………… 107 | あをぎる ………… **くもる** |
| ありやう ………… **ようす** | あれ[生] ………… **うまれる** | あをくさし ………… 38 |
| ありやうに ………… **しょうじき** | あれ[彼] ………… **あなた** | あをくび ………… **かも** |
| ありやうは ………… **じつは** | あれ[彼] ………… **あの** | あをくび ………… 34 |
| ありやうは ………… **ほんとう** | あれ[彼] ………… **かれ** | あをくも ………… **あおぞら** |
| ありやなしや ………… **うむ** | あれ[彼] ………… 106, 107 | あをくも ………… **くも** |
| ありやなしや ………… **そんぼう** | あれ[我・吾] | あをくも ………… **そら** |
| ありよし ………… **すむ** | ……… **わたくし・わたし** | あをぐも ………… **あおぞら** |
| ありよし ………… **くらす** | あれ[我・吾] ………… 105 | あをくもの ………… **しろ・しろい** |
| ありわたる ………… **いきている** | あれ[彼・吾] ………… 106 | あをくもの ………… **でる** |
| ありわたる ………… **すごす** | あれかにもあらず | あをざむ ………… **あおざめる** |
| ありわたる ………… **ぞんめい** | ……… **ぼうぜんじしつ** | あをし ………… 14 |
| ありわぶ ………… **くらす** | あれかにもあらず … **きぜつ** | あをすがやま ………… 28 |
| ありわぶ ………… **すむ** | あれかひとか … **ぼうぜんじしつ** | あをたかむら ………… **たけ** |
| ありわぶ ………… **つらい** | あれな ………… **あってほしい** | あをたかむら ………… **たけ** |
| ある[荒] ………… **あばれる** | あれな ………… 101 | あをにび ………… **あいいろ** |
| ある[荒] ………… **あれる** | あれながら ………… **うまれる** | あをにび ………… 14 |
| ある[荒] ………… **しらける** | あれながら ………… **せいらい** | あをにぶ ………… **あいいろ** |
| ある[荒] ………… **らんぼう** | あれにもあらず ………… **むちゅう** | あをにぶ ………… 14 |
| ある[生] ………… **うまれる** | あれにもあらず | あをの ………… 17, 26 |
| ある[離・散] ………… **とおのく** | ……… **われをわすれる** | あをばしみやま ………… 28 |
| ある[離・散] ………… **はなれる** | あれの ………… **あれる** | あをばな ………… **つゆくさ** |
| ある[離・散] ………… **りさんする** | あれの ………… 26 | あをばな ………… 40 |
| あるいは ………… **もしくは** | あれはたそどき ………… **たそがれ** | あをひとくさ ………… **じんみん** |
| あるかぎり ………… **ありったけ** | あれはたそどき ………… 18 | あをびる ………… **あおざめる** |
| あるかなきか ………… **すべて** | あれはたれとき ………… 19, 20 | あをふかくさ ………… **なつくさ** |
| あるかなきか ………… **かすか** | あれはたれどき ………… **たそがれ** | あをふかくさ ………… 38 |
| あるかなきか ………… **すいじゃく** | あれはたれどき ………… 18 | あをみしぶ ………… **みずあか** |
| あるかなきか ………… **ひそやか** | あれまどふ ………… **あれる** | あをみしぶ ………… 26 |
| あるかなきか ………… **よわよわしい** | あれや ………… **そまつ** | あをみづやま ………… 28 |
| あるじす ………… **ごちそう** | あれや ………… 92 | あをみどり ………… 15 |
| あるじす ………… **もてなす** | あわたたし ………… **あわただしい** | あをみどり ………… **あおみどろ** |
| あるじまうけ ………… **ごちそう** | あわただし ………… **きぜわし** | あをみなづき ………… **ろくがつ** |
| あるじまうけ ………… **ふるまい** | あわただし ………… **とつぜん** | あをみなづき ………… 6 |
| あるじまうけ ………… **もてなし** | あわただし ………… **にわか** | あをむ ………… **あおざめる** |
| あるじまうけ ………… 96 | あわただし ………… **あわただしい** | あをむ ………… **めばえる** |
| あるぞかし ………… **ある** | あわただし ………… **いそがしい** | あをやか ………… **あお・あおいろ** |
| あるぞかし ………… 99 | あわただし ………… **きぜわしい** | あをやか ………… 14 |
| あるにもあらず ………… **いきる** | あわただし ………… **とつぜん** | あをやかに ………… **あお・あおいろ** |
| あるにもあらず ………… **きぜつ** | あわただし ………… **にわか** | あをやかに ………… **あざやか** |
| あるにもあらず ………… **むがむちゅう** | あわつ ………… **うろたえる** | あをやかに ………… 14 |
| あるにもあらず ………… 80 | あわつ ………… **あわてる** | あをやぎの ………… **いと** |
| あるは ………… **あるいは** | あわゆき ………… **ゆき** | あをやま ………… 28 |
| あるは ………… **あるときは** | あわゆきの ………… **きえる** | あん ………… **けいかく** |

あん――いかに

| | | |
|---|---|---|
| あん | …………… | しあん |
| あん | …………… | つくえ |
| あんぎゃ | …………… | 86 |
| あんじさだむ | … | おもいさだめる |
| あんじさだむ | …………… | きめる |
| あんじさだむ | …………… | けってい |
| あんず | …………… | かんがえる |
| あんず | …………… | きがかり |
| あんず | …………… | きづかう |
| あんず | …………… | くふう |
| あんず | …………… | しんぱい |
| あんど | …………… | しょき |
| あんど | …………… | あんじゅう |
| あんど | …………… | くらす |
| あんなり | …………… | ある |
| あんなり | …………… | 100, 103, 104 |
| あんにおつ | … | おもいどおり |
| あんにおつ | …………… | おもうつぼ |
| あんにたがふ | …………… | よそう |
| あんのごとく | … | おもいどおり |
| あんのほか | …………… | よそう |
| あんばい | …………… | あじ |
| あんばい | …………… | かげん |
| あんばい | …………… | 95 |
| あんべし | …………… | ある |
| あんべし | …………… | 103, 105 |
| あんめり | …………… | ある |
| あんめり | …………… | 100, 103, 104 |
| あんをん | …………… | おだやか |
| あんをん | …………… | やすらか |

## い

| | | |
|---|---|---|
| い | …………… | 111 |
| い［斎］ | …………… | 112 |
| い［寝］ | …………… | すいみん |
| い［寝］ | …………… | ねむる |
| い［寝］ | …………… | 76, 77 |
| い［胆］ | …………… | きも |
| い［胆］ | …………… | 47 |
| い［汝］ | …………… | 106 |
| い［蜘糸］ | …………… | くも |
| い［蜘糸］ | …………… | 36 |
| いいづ | …………… | いる |
| いいひろむ | …………… | いいひろめる |
| いう | …………… | うつくしい |
| いう | …………… | じょうひん |
| いう | …………… | すぐれる |
| いう | …………… | のぞましい |
| いう | …………… | ゆうび |
| いう | …………… | りそう |
| いう | …………… | 82 |
| いうくん | …………… | ゆうじょ |
| いうげ | …………… | あそび |
| いうげん | …………… | おくふかい |
| いうげん | …………… | よじょう |
| いうし | …………… | たびびと |
| いうし | …………… | 86 |
| いうしつ | …………… | さんじっさい |
| いうしつ | …………… | 89 |
| いうそく | …………… | びじん |
| いうそく | …………… | がくしき |
| いうそく | …………… | がくしゃ |
| いうそく | …………… | きょうよう |
| いうそく | …………… | すぐれる |
| いうそく | …………… | ものしり |
| いうそく | …………… | 51, 83 |
| いうぢょ | …………… | ゆうじょ |
| いうひつ | …………… | しょき |
| いうひつ | …………… | ぶんしょう |
| いうひつ | …………… | ものかき |
| いか | …………… | 4 |
| いかう | …………… | いちず |
| いかう | …………… | いっそ |
| いかう | …………… | ぜんぜん |
| いかう | …………… | むしろ |
| いかが | …………… | ああ |
| いかが | …………… | いかがわしい |
| いかが | …………… | どのように |
| いかが | …………… | なんと |
| いかが | …………… | 101, 105, 110 |
| いかがし | …………… | あやしい |
| いかがし | …………… | いかがわしい |
| いかがしけむ | | |
| …… | どうしたのだろう | |
| いかがしけむ | …………… | 102 |
| いかがすべからむ | | |
| … | どうしたらよいだろう | |
| いかがすべからむ | …………… | 102 |
| いかがすべき | | |
| … | どうしたらよいだろう | |
| いかがすべき | …………… | 102 |
| いかがせむ | …………… | どうしよう |
| いかがせむ | …………… | 102 |
| いかがは | …………… | 105 |
| いかがはし | …………… | あやしい |
| いかがはし | …………… | いかがわしい |
| いかがはせむ | …………… | あきらめる |
| いかがはせむ | … | しかた（が）ない |
| いかがはせむ | | |
| … | どうしたらよいだろう | |
| いかがはせむ | …………… | どうしよう |
| いかがはせむ | | |
| …… | どうしようもない | |
| いかがはせむ | …………… | 102, 105 |
| いかかる | …………… | もたれる |
| いがき［糸構］ | …………… | 36 |
| いがき［忌垣・斎籬］ | …………… | かきね |
| いかく［沃懸］ | …………… | あびせる |
| いかく［沃懸］ | …………… | そそぐ |
| いかく［糸構］ | …………… | くも |
| いかく［糸構］ | …………… | 36 |
| いかくる | …………… | かくれる |
| いかさま | …………… | いかにも |
| いかさま | …………… | きっと |
| いかさま | …………… | ぜひ |
| いかさま | …………… | どのように |
| いかさま | …………… | なるほど |
| いかさま | …………… | なんとか |
| いかさま | …………… | 110 |
| いかし | …………… | あらあらしい |
| いかし | …………… | いかめしい |
| いかし | …………… | おそろしい |
| いかし | …………… | はげしい |
| いかし | …………… | 82 |
| いがたうめ | …………… | きつね |
| いがたうめ | …………… | 33 |
| いかづち | …………… | かみなり |
| いかで | …………… | きぼう |
| いかで | … | どうかして…たい |
| いかで | …………… | どういう |
| いかで | …………… | なんとか |
| いかで | …………… | 102, 105 |
| いかで…ばや | | |
| … | どうかして…たい | |
| いかで…ばや | …………… | きぼう |
| いかで…ばや | …………… | 102 |
| いかでか | …………… | きぼう |
| いかでか | … | どうかして…たい |
| いかでか | …………… | どうして |
| いかでか | …………… | なぜ |
| いかでか | …………… | なんとか |
| いかでか | …………… | 102 |
| いかでかは | …………… | きぼう |
| いかでかは | … | どうかして…たい |
| いかでかは | …………… | どうして |
| いかでかは | …………… | なんとか |
| いかでかは | …………… | 102 |
| いかでも | …………… | なんとか |
| いかな | …………… | ぜんぜん |
| いかな | …………… | どんな |
| いかな | …………… | 102 |
| いかないかな | …………… | どうして |
| いかなこと | …… | どうしたことか |
| いかなこと | …………… | おどろく |
| いかならむ | …………… | すいりょう |
| いかならむ | …… | どうであろうか |
| いかならむ | …… | どうなることか |
| いかならむ | …………… | どんな |
| いかならむ | …………… | 102, 104 |
| いかなる | …………… | どんな |
| いかなる | …………… | 102 |
| いかなれば | …………… | どうして |
| いかなれば | …………… | 102 |
| いかに | …………… | おい |
| いかに | …………… | これこれ |
| いかに | …………… | どうして |
| いかに | …………… | どのように |
| いかに | …………… | どれほど |
| いかに | …………… | どんな |
| いかに | …………… | なにゆえ |
| いかに | …………… | よびかけ |

17

| | | |
|---|---|---|
| いかに ……………… 102, 110 | いき[粋] ……………… **さっぱり** | いきほひ ……………… **けんりょく** |
| いかにいはむや | いき[息] ……………… **いき** | いきほひ ……………… **ようす** |
| 　……… **いうまでもない** | いき[息] ……………… **きりょく** | いきほひづく ………… **いさむ** |
| いかにいはむや ……… **まして** | いきあかる ………… **りさんする** | いきほふ ……………… **いきおい** |
| いかにいはむや ……… **もちろん** | いきあがる ………… **いきおい** | いきほふ ……………… **いさみたつ** |
| いかにいはむや ……… 69 | いきあふ ……………… **あう** | いきほふ ……………… **さかえる** |
| いかにか …………… **どうして** | いきいづ ……………… **いきおい** | いきほふ ……………… **ふるいたつ** |
| いかにか …………… **どのように** | いきいづ ……………… **いきている** | いきまく ……………… **りきむ** |
| いかにか …………… **なにゆえ** | いきうす ……………… **すがた** | いきまく ……………… **いきりたつ** |
| いかにか ……… 102, 105, 110 | いきうす ……………… **ゆくえ** | いきまく ……………… **おこる** |
| いかにかは ………… 105 | いきかくる …………… **すがた** | いきまく ……………… **きせい** |
| いかにして ………… **どうして** | いきかくる …………… **ゆくえ** | いきまく ……………… **さかえる** |
| いかにしてか ……… **どうして** | いきき ……………… **おうらい** | いきまく ……………… **ふるいたつ** |
| いかにせむ ………… **あきらめ** | いききる ……………… **あえぐ** | いきむ ……………… **ふるいたつ** |
| いかにせむ ………… **どうしよう** | いきざし ……………… **いき** | いきむ ……………… **りきむ** |
| いかにせむ … **どうしようもない** | いきざし ……………… **けはい** | いきめぐらふ ………… **あう** |
| いかにせむ ………… **まよい** | いきざし ……………… **ようす** | いきめぐる ……… **いきながらえる** |
| いかにぞや …………… **なぜ** | いきすだま ………… **いきりょう** | いきめぐる ………… **ながらえる** |
| いかにぞや …………… **ふしん** | いきすだま ………… **ばけもの** | いきめぐる ……………… 53 |
| いかにも ……………… **きぼう** | いきたなし …………… **ねている** | いぎゃう ……………… **あやしい** |
| いかにも ……………… **きわめて** | いきたなし …………… **ねぼう** | いぎゃう ……………… **いよう** |
| いかにも ……………… **けっして** | いきたなし ………… 76, 77 | いきりゃう ………… **ばけもの** |
| いかにも ……………… **ぜひ** | いきだはし …………… **あえぐ** | いきをつぐ ……………… **やすむ** |
| いかにも ……………… **そのとおり** | いきだはし …………… **いき** | いく ……………… **いかす** |
| いかにも ……………… **どのように** | いきたゆ ……………… 72 | いく ……………… **いきいきしている** |
| いかにも ……………… **なんとか** | いきつかし …………… **かなしい** | いく ……………… **いきおい** |
| いかにも ……………… **はなはだ** | いきつかし ………… **なげかわしい** | いく ……………… **いきている** |
| いかにも ……………… **ひじょうに** | いきづく ……………… **あえぐ** | いく ……………… **いきる** |
| いかにも … 101, 102, 109, 110 | いきづく ……………… **いき** | いく ……………… **たすかる** |
| いかにもなる ………… 72 | いきづく ……………… **かなしむ** | いく ……………… **たすける** |
| いかのぼり …………… **たこ** | いきづく ……………… **ためいき** | いく ……………… 111 |
| いかばかり …………… **さぞかし** | いきとしいけるもの … **いきもの** | いくいく(と) ………… **つぎつぎ** |
| いかばかり …………… **どれほど** | いきどほる ………… **いきどおる** | いくか ……………… **なんにち** |
| いかばかり ……… 102, 110 | いきどほる …………… **おこる** | いくかへり …………… **なんど** |
| いかへる ……………… **かえる** | いきどほる …………… **はら** | いくくすり ……………… 53 |
| いかほど ……………… **どれほど** | いきどほる …………… **ふへい** | いくさ ……………… **ぐんじん** |
| いかほど ……… 102, 110 | いきどほる …………… **ふまん** | いくさ ……………… **ぐんぜい** |
| いがむ ……………… **あらそう** | いきどほる …………… **ゆううつ** | いくさ ……………… **せんそう** |
| いがむ ……………… **くってかかる** | いきどほろし ……… **なげかわしい** | いくさ ……………… **たたかい** |
| いがむ ……………… **かみつく** | いきどほろし …………… **はら** | いくさだうぐ …………… **ぶき** |
| いかめし …………… **いかめしい** | いきどほろし | いくさのには ………… **せんじょう** |
| いかめし ……………… **いげん** | 　……… **むしゃくしゃする** | いくさのには ………… **たたかい** |
| いかめし ……………… **おおきい** | いきながらふ ………… 53 | いくさびと …………… **ぐんじん** |
| いかめし ……………… **きょだい** | いきね ……………… **いき** | いくさびと …………… **へいし** |
| いかめし ……………… **そうごん** | いきのいのち ………… **いのち** | いくさばひ ………… **ときのこえ** |
| いかめし ……………… **はげしい** | いきのした ……………… **いき** | いくし ……………… **むべ** |
| いかやう …………… **どのような** | いきのした ………… **むしのね** | いくし ……………… 46 |
| いかやう ……… 102, 110 | いきのしたにいふ ……… 69 | いくそ ……………… **どれほど** |
| いかよふ ……………… **かよう** | いきのたつき …………… **しごと** | いくそ ……………… 79, 110 |
| いからす …………… **はげしい** | いきのつき …………… **せいけい** | いくそたび ………… **いくたび** |
| いからす ……………… **はら** | いきのたばね …………… 48 | いくそたび ………… **たびたび** |
| いかる ……………… **あらあらしい** | いきのを ……………… **いき** | いくそたび ………… **なんど** |
| いかる ……………… **おこる** | いきのを ……………… **いのち** | いくそたび ………… **なんども** |
| いかる ……… **ごつごつしている** | いきのをに …………… **いのち** | いくそたび ………… **なんべん** |
| いかる ……………… **はら** | いきのをに …………… **すてみ** | いくそばく ………… **いくら** |
| いかん ……………… **どのように** | いきほひ ……………… **いきおい** | いくそばく ………… **どれほど** |
| いかん ……………… **どんな** | いきほひ ……………… **いりょく** | いくそばく ……… 79, 102, 110 |
| いかん ……… 102, 110 | いきほひ ……………… **けいせい** | いくだ ……………… **どのくらい** |
| いかんぞ …………… **どうして** | いきほひ ……………… **けんせい** | いくだ ……………… 102, 110 |

18

| | | |
|---|---|---|
| いくちよ …………… **えいえん** | いささみづ ……………… 27 | いさらをがは ……………… 24 |
| いくちよ ……………… 16 | いささむらたけ ………… **ちいさい** | いさり …………… **りょう** |
| いくばく …… **たいして…(ない)** | いささむらたけ ……………… **たけ** | いざり …………… **りょう** |
| いくばく …………… **どのくらい** | いささめしばらく ……… **かりに** | いさりひ …………… **ぎょせん** |
| いくばく …………… **どれほど** | いささめに …………… **かりそめ** | いさりび …………… **ぎょせん** |
| いくばく …………… 102, 110 | いささめをがは …………… **おがわ** | いざりび ……………… 97 |
| いぐひ ……………… **うぐい** | いささをがは ……………… 24 | いざりびの …………… **ほのか** |
| いくら …………… **どのくらい** | いざたまへ …………… **よびかけ** | いざりぶね …………… **ぎょせん** |
| いくら …………… 102, 110 | いざたまへ ………… **いらっしゃい** | いざりぶね ……………… 97 |
| いくり …………… **あんしょう** | いさちる ……………… 66 | いさる …………… **さがす** |
| いけみぐさ ………………… **はす** | いさつ ……………… 66 | いさる …………… **もとめる** |
| いけみぐさ ……………… 41 | いざとし …………… **さめる** | いさる …………… **りょう** |
| いけみづの ……………… **そこ** | いざとし …………… **めざとい** | いざる ……………… 37 |
| いけもの …………… **いけばな** | いざとし …………… **めざめる** | いざる …………… **りょう** |
| いこふ …………… **きゅうそく** | いさとよ …………… **ええと** | いさを …………… **こうみょう** |
| いこふ …………… **やすむ** | いさな …………… **くじら** | いさを …………… **てがら** |
| いさ …………… **ええと** | いさな ……………… 33 | いさを …………… **ごうけつ** |
| いさ ……………………… **さあ** | いさなとり ……………… **なだ** | いさを …………… **ぐんじん** |
| いさ[勇魚・鯨] ……… **くじら** | いさなとり ……………… **はまべ** | いさを …………… **ゆうしゃ** |
| いさ[勇魚・鯨] ……… 33 | いさなとり ……………… 22 | いさをし …………… **いさましい** |
| いざ …………… **うながす** | いざなふ …………… **さそう** | いさをし …………… **せい** |
| いざ …………………… **さあ** | いざなふ …………… **つれる** | いさをし …………… **てがら** |
| いざ ……………………… **どれ** | いさまし …………… **いきおい** | いし ……………… **うまい** |
| いざ …………… **よびかけ** | いさまし …………… **いさましい** | いし …………… **おいしい** |
| いさかふ …………… **あらそう** | いさまし …………… **のりき** | いし …………… **いなげ** |
| いさかふ ………… **いいあらそう** | いさみ …………… **きりょう** | いし …………… **このましい** |
| いさかふ …………… **ぎろん** | いさみ …………… **ゆうき** | いし …………… **じょうず** |
| いさかふ …………… **けんか** | いさむ[慰] ……… **なぐさめる** | いし …………… **すぐれる** |
| いさかふ …………… **こうろん** | いさむ[禁] ……… **きんし** | いし …………… **のぞましい** |
| いさかふ …………… **しかる** | いさむ[勇] ……… **げんき** | いし …………………… **よい** |
| いさぎよし ………… **いさぎよい** | いさむ[勇] ……… **すすむ** | いし ……………… 82 |
| いさぎよし ………… **いさましい** | いさむ[勇] ……… **のりき** | いしいし …………… **だんご** |
| いさぎよし ………… **おもいきり** | いさむ[勇] ……… **はげます** | いしいし[以次以次] … **つぎつぎ** |
| いさぎよし ………… **きよらか** | いさむ[勇] ……… **ふるいたつ** | いしいし[以次以次] … **いか** |
| いさぎよし ………… **けっぱく** | いさむ[勇] ……… 58 | いしき ……………… **はか** |
| いさぎよし ……… **すがすがしい** | いさむ[諫] ……… **いさめる** | いしく …………… **おいつく** |
| いさぎよし ………… **つうかい** | いさむ[諫] ……… **しかる** | いしく …………… **およぶ** |
| いさぎよし ………… **みれん** | いさむ[諫] ……… **ちゅうこく** | いしこ ……………… **いし** |
| いさぎよし ………… **よごれ** | いさめ[禁] ……… **いましめ** | いしじき …………… **いしだたみ** |
| いさご ……………………… **すな** | いさめ[禁] ……… **きんし** | いしずゑ …………… **きそ** |
| いささ …………… **わずか** | いさめ[禁] ……… **きんせい** | いしずゑ …………… **どだい** |
| いささ …………… **ちいさい** | いさめ[諫] ……… **いけん** | いしたけ …………… **せきちく** |
| いささ ……………… 112 | いさめ[諫] ……… **ちゅうい** | いしたけ ……………… 40 |
| いささか …………… **すくない** | いさめ[諫] ……… **ちゅうこく** | いしたたき ……………… 34 |
| いささか …………… **わずか** | いさや …………… **ええと** | いしたたき …………… **せきれい** |
| いささか …………… **すこし** | いさや ……………………… **さあ** | いしだて …………… **いしぐみ** |
| いささか …………… **ぜんぜん** | いさよひ …………… **ためらい** | いしつぼ …………… **なかにわ** |
| いささか …………… **ちょっと** | いさよひ ……………………… 4 | いしつぼ …………………… **にわ** |
| いささか(に) ……… **かりそめ** | いさよひのつき ……………… 4 | いしな …………………… **いし** |
| いささかけふね ……… 97, 98 | いさよふ …………… **すすむ** | いしなご …………… **ちいさい** |
| いささかに …………… **わずか** | いさよふ …………… **ただよう** | いしなご ……………… **いし** |
| いささがは …………… **おがわ** | いさよふ …………… **ためらう** | いしなぶり ……………… 34 |
| いささがは ……………… 24 | いさよふつき ……………… 4 | いしのきだ ………… **いしだたみ** |
| いささけし …………… **すくない** | いさら ……………………… 112 | いしのきだはし ……… **いしだたみ** |
| いささけし …………… **わずか** | いさらがは …………… **おがわ** | いしのたけ …………… **せきちく** |
| いささけし …………… **すこし** | いさらがは …………… **ほそい** | いしのたけ ……………… 40 |
| いささせ …………… **おがわ** | いさらがは ……………… 24 | いしぶし …………… **かじか** |
| いささせ …………… **ちいさい** | いさらみづ ……………… 27 | いしぶし ……………… 37 |
| いささせ ……………… 24 | いさらをがは …………… **おがわ** | |

いしぶみ ― いたはり

| | | |
|---|---|---|
| いしぶみ …………… せきひ | いそふり ………… 22, 24 | いだす ………………… 90 |
| いしぼたん ……… いそぎんちゃく | いそべ ………………… いそ | いただき …………… あたま |
| いしぼたん ……………… 37 | いそみ ……………… いりえ | いただき ………… ずじょう |
| いしゅ ……………… いこう | いそみ ………………… いそ | いただき ……… ちょうじょう |
| いしゅ ……………… いこん | いそみ ………………… 22 | いただき ………… 28, 47 |
| いしゅ …………… かんがえ | いそめく ……………… うごく | いたつかはし …… ごくろうさま |
| いしゅ ……… ゆきがかり | いそめく …………… すばやい | いたつかはし …… ねぎらう |
| いしゅ …………… りゆう | いそもの …………… かいそう | いたつかはし …… わずらわしい |
| いしゅ ……………… わけ | いそわ ……………… いりえ | いたつかはし …… めんどう |
| いしる ……………… いど | いそわ ………………… いそ | いたつかはし …… わずらわしい |
| いしる …………… しみず | いそわ ………………… 22 | いたつかはし …… めんどう |
| いすくはし ……… くじら | いた …………… はげしい | いたづかはし …… わずらわしい |
| いすすく ………… あわてる | いた ………… はなはだしい | いたつき ……… ごくろうさま |
| いすすく …… おどろきさわぐ | いた ……………… ひじょうに | いたつき ……… ねぎらう |
| いすすく ……… とまどう | いた ………………… ひどく | いたつき ……………… くろう |
| いすすく ……… うろたえる | いたいけ ………… いじらしい | いたつき …………… ほねおり |
| いすすぐ …………… あわてる | いたいけ …………… かわいい | いたづき ……………… 87 |
| いすすぐ ……… おどろきさわぐ | いたいたし ……… いたましい | いたづき …………… ほねおり |
| いすずくれつき ……… ろくがつ | いたいたし …………… かわいそう | いたづき ……………… 87 |
| いすずくれつき ……………… 6 | いたう …………… たいして…(ない) | いたつる …………… いたわる |
| いそ [磯] ……………… かいがん | いたう ………… はなはだしい | いたつく ……………… せわ |
| いそ [磯] ………… なみうちぎわ | いたう ………………… ひどく | いたつく ……………… やむ |
| いそ [磯] ……………… 24 | いだかふ ………… かかえる | いたつく ……………… くろう |
| いそ [五十] ……… ごじゅう | いだかふ ………… だきかかえる | いたつく …………… つかれる |
| いそか ………………… 4 | いたがる ……… かんしん | いたつく ……………… ほね |
| いそがし ……… いそがしい | いたがる …………… ほめる | いたつく ……… 61, 88 |
| いそがはし …… いそがしい | いたく …………… たいして…(ない) | いたづら ……………… ひま |
| いそがはし ……… きぜわしい | いたく ………… はなはだしい | いたづら ……………… むだ |
| いそかひの …………… かたこい | いたく ………………… ひどく | いたづら …………… むなしい |
| いそかひの ……………… 62 | いだく …………… おもいこむ | いたづら ……………… やく |
| いそがひの …………… かたこい | いだく ……………… かかえる | いたづら ……………… 80 |
| いそがひの …………… こい | いだく ……………… かこむ | いたづらになす ……… 73, 74 |
| いそがひの ……………… 62 | いだく …………… たすける | いたづらになる ……………… 72 |
| いそぎ …………… きゅうよう | いだく ………………… だく | いたづらね ……… ひとりね |
| いそぎ ……………… ようじ | いだく …………… とりかこむ | いたづらね ……………… 77 |
| いそぎ ……………… 85 | いたけし ……… いたましい | いたづらびと …… おちぶれる |
| いそぐ ……………… せく | いたし …………… すぐれる | いたづらびと …… こじん |
| いそぐ ……………… 85 | いたし …………… すばらしい | いたづらびと …… ししゃ |
| いそし ……………… きんべん | いたし ……………… たいへん | いたづらびと ……………… 73 |
| いそし ……………… ねっしん | いたし ……………… はげしい | いたづらぶし …… ひとりね |
| いそしむ ……………… きんべん | いたし ……………… ひどい | いたづらぶし ……………… 77 |
| いそしむ ……………… せい | いたし ……………… いたい | いたづらもの …… うわきもの |
| いそしむ ……………… つとめる | いたし ……………… むごい | いたづらもの …… むよう |
| いそしむ ……………… ねっしん | いたし ……………… いたましい | いたづらもの …… わるもの |
| いそしむ …………… はためく | いたし ……………… つらい | いたづらもの …… ねずみ |
| いそぢ [磯路] ……………… 31 | いたし ……………… 82 | いたどり …………… すかんぽ |
| いそぢ [五十] …… ごじっさい | いだしたつ ……………… うたう | いたどる …………… さがす |
| いそぢ [五十] …… ごじゅう | いだしたつ …………… うながす | いたどる …………… たずねる |
| いそぢ [五十] ……………… 89 | いだしたつ ………… しゅっぱつ | いたどる …………… たどる |
| いそな ……………… かいそう | いだしたつ ……………… ゆく | いたはし …………… かなしい |
| いそのかみ ……………… ふるい | いだしたつ ……………… 85 | いたはし …………… かわいい |
| いそのかみ ……………… みやこ | いだしやる ……… おくりだす | いたはし …………… かわいそう |
| いそばふ …………… きょうそう | いだしやる ……………… ゆく | いたはし …………… くるしい |
| いそばふ ……………… たわむれる | いたす …………… つくす | いたはし …………… くろう |
| いそばふ ……………… ふざける | いたす …………… とどく | いたはし …………… たいせつ |
| いそふ ……………… あらそう | いだす …………… どりょく | いたはし …………… ほね |
| いそふ ……………… きょうそう | いだす …………… もたらす | いたはし …………… めんどう |
| いそふり …………… あらなみ | いだす ……………… うたう | いたはし ……………… 88 |
| いそふり ………… 22, 24 | いだす ………………… だす | いたはり …………… おんけい |

| | | | | | |
|---|---|---|---|---|---|
| いたはり | こうせき | いたる | いど | いちはやし | きびしい |
| いたはり | せわ | いちいち | すべて | いちはやし | げんかく |
| いたはり | たいせつ | いちいち | ひとつ | いちはやし | すばやい |
| いたはり | 87 | いちいち | めいめい | いちはやし | はげしい |
| いたはる | いたわる | いちう | いっけん | いちびと | しょうにん |
| いたはる | かいほう | いちえ | 93 | いちぶじまん | うぬぼれ |
| いたはる | かわいがる | いちえふ | 97 | いちぶん | いじ |
| いたはる | せわ | いちが | おなじ | いちぶん | たいめん |
| いたはる | たいせつ | いちがのながれもたしょうのえん | えん | いちぶん | どうよう |
| いたはる | ちりょう | いちがん | ひとめ | いちぶん | めんぼく |
| いたはる | ねぎらう | いちぐ | ひとそろい | いちぶんすたる | めんぼく |
| いたはる | ねんごろ | いちぶんたつ | めんぼく |
| いたはる | ほね | いちげん | しょたいどうぐ | いちぶんをすつ | めんぼく |
| いたはる | やむ | いちこ | みこ | いちめ | しょうにん |
| いたはる | ようじょうする | いちこ | かんぬし | いちもう | わずかん |
| いたはる | いろうする | いちご | いっしょう | いちもち | すぐれる |
| いたはる | くろう | いちごのふちん | だいじ | いちもつ | たくらみ |
| いたはる | 88 | いちし | ぎしき | いちもつ | もくろみ |
| いたぶらし | 70 | いちし | くさいちご | いちもつ | すぐれる |
| いたぶる | ゆする | いちし | 39,44 | いちもののづくり | ひゃくしょう |
| いたぶる | ゆれる | いちじ | すこし | いちもん | いちぞく |
| いたぶる | ねだる | いちじ | 16 | いちもん | 55 |
| いたぶるなみ | どとう | いちしばの | いつ | いちや | あるよ |
| いたぶるなみ | 23 | いちしばの | 107 | いちや | ひとばん |
| いたまし | かわいそう | いちじゅのかげ | えん | いちやづま | ゆうじょ |
| いたまし | こまる | いちじゅのかげにやどる | えん | いちらく | いちだんらく |
| いたまし | なんぎ | いちしるし | あきらか | いちらく | いっけん |
| いたまし | いたましい | いちしるし | いちじるしい | いちらく | ことがら |
| いたまし | めいわく | いちしるし | めいはく | いちらく | じけん |
| いたまし | つらい | いちじるし | あらたか | いちりき | どくりょく |
| いたみ | むべ | いちじるし | いちじるしい | いちるい | いちぞく |
| いたみ | 46 | いちしろし | あきらか | いちるい | どうぞく |
| いたむ | きずつける | いちしろし | いちじるしい | いちるい | 55 |
| いたむ | なやます | いちしろし | めいはく | いちれん | うんめい |
| いたむ | いじめる | いちじろし | あらたか | いちれんたくしょう | うんめい |
| いたむ | かなしませる | いちだん | てんのう | いちる | 97 |
| いたむ | かなしむ | いちだん | いっそう | いちゑん | すべて |
| いたむ | くるしむ | いちだん | かくべつ | いちゑん | ぜんぜん |
| いたむ | めいわく | いちだん | ひとくぎり | いづ | でる |
| いたも | とても | いちちゃう | かくじつ | いづいづら | どこ |
| いたも | ひどく | いちちゃう | かならず | いづいづら | 110 |
| いたや | 92 | いちちゃう | きっと | いついろづき | ごがつ |
| いたやぶね | 98 | いちづ | たしか | いついろづき | 6 |
| いたり | けっか | いちづ | いちず | いつか | いつのまにか |
| いたり | はいりょ | いちづ | ひたすら | いつか | いつ |
| いたり | ゆきとどく | いちづ | ひたむき | いつか | 102,104,107 |
| いたり | ゆきわたる | いちでう | いちず | いっかう | いちず |
| いたりたる | きょくげん | いちでう | ひとすじ | いっかう | いっそ |
| いたりたる | このうえない | いちどうに | いっしょに | いっかう | ぜんぜん |
| いたりて | きわめて | いちどの | かんぬし | いつかし | むしろ |
| いたりて | ひじょうに | いちどの | みこ | いつかし | 82 |
| いたりふかし | そうけい | いちなか | まちなか | いづかた | だれ |
| いたりふかし | はいりょ | いちにちへんし | ちょっと | いづかた | どこ |
| いたりふかし | ふかい | いちねん | いっしゅん | いづかた | どちら |
| いたりふかし | ものしり | いちねん | しゅんかん | いづかた | どなた |
| いたりふかし | ゆきとどく | いちねん | 16 | いづかた | 102,110 |
| いたりふかし | 81 | いちの | たいせつ | いつかは | いつ |
| いたる | きわまる | いちの | もっとも | いつかは | 107 |
| いたる | ゆきわたる | いちのきさき | きさき | いつがる | つながる |

いたはり ー いつがる

21

| | | |
|---|---|---|
| いっきく ……… | ひとすくい | |
| いっきく ……… | ひとにぎり | |
| いっきょう ……… | おもしろい | |
| いっきょう ……… | ふうがわり | |
| いっきょう ……… | きばつ | |
| いつく ……… | つかえる | |
| いつく ……… | とうとぶ | |
| いつく ……… | せわ | |
| いづく ……… | どこ | |
| いづく ……… | 102, 110 | |
| いつくし[厳] ……… | いかめしい | |
| いつくし[厳] ……… | いげん | |
| いつくし[美] ……… | うつくしい | |
| いつくし[美] ……… | かわいい | |
| いつくし[美] ……… | たんせい | |
| いつくし[美] ……… | かれん | |
| いつくし[美] ……… | きれい | |
| いつくし[美] ……… | 82 | |
| いつくしぶ ……… | あわれむ | |
| いつくしぶ ……… | かわいがる | |
| いつくしぶ ……… | たいせつ | |
| いつくしぶ ……… | めぐむ | |
| いつくしぶ ……… | 62 | |
| いつくしむ ……… | あわれむ | |
| いつくしむ ……… | かわいがる | |
| いつくしむ ……… | たいせつ | |
| いつくしむ ……… | めぐむ | |
| いつくしむ ……… | うつくしい | |
| いつくしむ ……… | 62 | |
| いっけん ……… | しょたいどうぐ | |
| いづこ ……… | どこ | |
| いづこ ……… | 102, 110 | |
| いっこん ……… | えんかい | |
| いっさいしゅじゃう … | いきもの | |
| いっさいしゅじゃう … | にんげん | |
| いっさう ……… | たより | |
| いっさう ……… | つうち | |
| いづし ……… | どこ | |
| いづし ……… | 110 | |
| いつしか ……… | いつのまにか | |
| いつしか ……… | はやく | |
| いつしか ……… | もう | |
| いっしば ……… | ぞうき | |
| いっしば ……… | 43 | |
| いっしばばら ……… | 26 | |
| いっすいのゆめ | | |
| ……… | えいこせいすい | |
| いっすんのがれ ……… | そのば | |
| いっすんのがれ ……… | 109 | |
| いっせいちご ……… | しゅうせい | |
| いっせき ……… | いさん | |
| いっせき ……… | かけい | |
| いっせき ……… | けっとう | |
| いっせき ……… | 56 | |
| いっせつ ……… | ことごとく | |
| いっせつ ……… | すべて | |
| いったん ……… | あるあさ | |
| いったん ……… | いちじてき | |
| いったん ……… | いちど | |

| | | |
|---|---|---|
| いったん ……… | しばらく | |
| いったん ……… | すこし | |
| いったん ……… | ひとたび | |
| いったん ……… | ひとまず | |
| いったん ……… | 16, 20 | |
| いづち ……… | どこ | |
| いづち ……… | どちら | |
| いづち ……… | 102, 110 | |
| いづちもいづちも ……… | どこ | |
| いづちもいづちも ……… | 110 | |
| いっちゃうら ……… | はれぎ | |
| いっちゃうら ……… | 93 | |
| いってん ……… | このよ | |
| いってん ……… | せかい | |
| いってん ……… | そら | |
| いってん ……… | よのなか | |
| いってん ……… | 57 | |
| いってんか ……… | せかい | |
| いってんしかい ……… | せかい | |
| いってんばんじょう ……… | こうい | |
| いってんばんじょう ……… | てんし | |
| いってんばんじょう … | てんのう | |
| いつとなし ……… | いつも | |
| いつともな ……… | いつも | |
| いつともわかず ……… | いつも | |
| いつはあれど ……… | いつも | |
| いつはり ……… | うそ | |
| いつはる ……… | いつわる | |
| いつはる ……… | だます | |
| いづへ ……… | どちら | |
| いづへ ……… | どのへん | |
| いづへ ……… | 102, 110 | |
| いづべ ……… | どちら | |
| いづべ ……… | どのへん | |
| いつもる ……… | つみかさなる | |
| いづら ……… | どこ | |
| いづら ……… | どちら | |
| いづら ……… | 102, 110 | |
| いづらふ ……… | でる | |
| いづれ ……… | いつ | |
| いづれ ……… | どうせ | |
| いづれ ……… | どこ | |
| いづれ ……… | どちら | |
| いづれ ……… | どの | |
| いづれ ……… | だれ | |
| いづれ ……… | 102, 107, 110 | |
| いづれのかた ……… | どこ | |
| いづれのかた ……… | 110 | |
| いで ……… | ああ | |
| いで ……… | さあ | |
| いで ……… | まあ | |
| いで ……… | よびかけ | |
| いで ……… | 101 | |
| いであふ ……… | おうたい | |
| いであふ ……… | たいめん | |
| いであふ ……… | たちむかう | |

| | | |
|---|---|---|
| いであふ ……… | はむかう | |
| いであふ ……… | むかいあう | |
| いでいり ……… | あらそい | |
| いでいり ……… | いざこざ | |
| いでいり ……… | そしょう | |
| いでいり ……… | ふるまい | |
| いでいり ……… | 48 | |
| いてう ……… | がいこく | |
| いてう ……… | よそ | |
| いてかてに ……… | でる | |
| いてき ……… | みかい | |
| いてき ……… | やばんじん | |
| いでく ……… | あらわれる | |
| いでく ……… | おこる | |
| いでく ……… | しょうじる | |
| いでく ……… | できあがる | |
| いでく ……… | でる | |
| いでく ……… | はっせいする | |
| いでしほ ……… | みちしお | |
| いでしほ ……… | 24 | |
| いでたち ……… | しゅっせ | |
| いでたち ……… | しゅっぱつ | |
| いでたち ……… | すがた | |
| いでたち ……… | たたずまい | |
| いでたち ……… | たびだち | |
| いでたち ……… | ふくそう | |
| いでたち ……… | みじたく | |
| いでたち ……… | ようし | |
| いでたち ……… | よそおい | |
| いでたち ……… | 85, 86 | |
| いでたちいそぎ ……… | たびだち | |
| いでたちいそぎ ……… | 73, 85, 86 | |
| いでたつ ……… | かわる | |
| いでたつ ……… | しゅっせ | |
| いでたつ ……… | たびだつ | |
| いでたつ ……… | でる | |
| いでたつ ……… | へんそう | |
| いでたつ ……… | みじたく | |
| いでたつ ……… | よそおう | |
| いでたつ ……… | 85, 86 | |
| いてふのみ ……… | ぎんなん | |
| いてふのみ ……… | 44 | |
| いてまじらふ ……… | こうさい | |
| いてまじらふ ……… | つきあう | |
| いでます ……… | いらっしゃる | |
| いでます ……… | ゆく | |
| いでや ……… | ああ | |
| いでや ……… | いや | |
| いでや ……… | さあ | |
| いでや ……… | 101 | |
| いでやそやそや ……… | よびかけ | |
| いでゆ ……… | おんせん | |
| いでゆ ……… | ふろ | |
| いと ……… | たいして…(ない) | |
| いと ……… | たいそう | |
| いと ……… | ひじょうに | |
| いと ……… | ほんとうに | |
| いと ……… | まこと | |
| いという ……… | かげろう | |

| | | |
|---|---|---|
| いюいと | たいそう | |
| いとうり | へちま | |
| いとうり | 41 | |
| いときなし | あどけない | |
| いとけし | あどけない | |
| いとけなし | あどけない | |
| いとざくら | さくら | |
| いとざくら | しだれざくら | |
| いとざくら | 45 | |
| いとし[愛] | かわいい | |
| いとし[愛] | かわいそう | |
| いとし[糸子] | かげろう | |
| いとしなげ | かわいい | |
| いとしもなし | たいした | |
| いとせめて | さしせまる | |
| いとたけ | おんがく | |
| いとたけ | がっき | |
| いとど | いっそう | |
| いとど | いよいよ | |
| いとど | ただ | |
| いとど | ますます | |
| いとど | もとより | |
| いとど | 108 | |
| いとど[蟋蟀] | こおろぎ | |
| いとど[蟋蟀] | 36 | |
| いとどし | いよいよ | |
| いとどし | さらに | |
| いとどし | はげしい | |
| いとどし | はなはだしい | |
| いとどし | ひどい | |
| いとどし | ますます | |
| いとなし | いそがしい | |
| いとなし | ひま | |
| いとなみ | ぎょうじ | |
| いとなみ | しごと | |
| いとなみ | つとめ | |
| いとなみ | 85 | |
| いとなみいだす | 75 | |
| いとなみいづ | 75 | |
| いとなみする | けいえいする | |
| いとなむ | しごと | |
| いとなむ | 75, 85 | |
| いとにしき | 93 | |
| いとのきて | いよいよ | |
| いとのきて | とくに | |
| いとのきて | とりわけ | |
| いとのきて | はなはだしい | |
| いとのきて | ひじょうに | |
| いとのきて | きょくたんに | |
| いとはし | いや | |
| いとはし | うるさい | |
| いとはし | このましい | |
| いとはし | めんどう | |
| いとはし | わずらわしい | |
| いとふ | いたわる | |
| いとふ | いや | |
| いとふ | きらう | |
| いとふ | さける | |
| いとふ | しゅっけ | |
| いとふ | いやがる | |
| いとほし | いじらしい | |
| いとほし | かわいい | |
| いとほし | かわいそう | |
| いとほしがる | いじらしい | |
| いとほしがる | かわいい | |
| いとほしがる | かわいそう | |
| いとほしげ | いじらしい | |
| いとほしげ | かわいい | |
| いとほしげ | かわいそう | |
| いとほしむ | かわいい | |
| いとほしむ | かわいがる | |
| いとほしむ | かわいそう | |
| いとま | じしょく | |
| いとま | すきま | |
| いとま | ひま | |
| いとま | やすみ | |
| いとま | りえん | |
| いとま | 85 | |
| いとまなく | たえず | |
| いとまぶみ | じしょく | |
| いとまぶみ | じひょう | |
| いとままうす | やすむ | |
| いとままうす | わかれ | |
| いとままうす | わかれる | |
| いどみかはす | あらそう | |
| いどみかはす | きそいあう | |
| いどみかはす | はりあう | |
| いどみごと | きょうそう | |
| いどみごと | しょうぶ | |
| いどむ | あらそう | |
| いどむ | いいよる | |
| いどむ | きょうそう | |
| いどむ | ちょうせんする | |
| いどむ | はりあう | |
| いどむ | 62 | |
| いとむかし | むかし | |
| いとも | たいして…(ない) | |
| いとゆふ | かげろう | |
| いな[異] | きみょう | |
| いな[異] | へん | |
| いな[異] | みょう | |
| いな[稲] | いいえ | |
| いなうしろ | 24 | |
| いなおほせどり | すずめ | |
| いなおほせどり | せきれい | |
| いなおほせどり | 34 | |
| いなから | いね | |
| いなから | わら | |
| いながら | いね | |
| いながら | わら | |
| いなく | どうこくする | |
| いなく | いななく | |
| いなく | 65 | |
| いなくき | いね | |
| いなくき | かぶ | |
| いなさ | 12 | |
| いなしき | いなか | |
| いなしこめ | 51 | |
| いなせ | あんぴ | |
| いなせ | いやおう | |
| いなせ | しょうそく | |
| いなだま | いなずま・いなびかり | |
| いなだま | かみなり | |
| いなつか | いなたば | |
| いなつか | わら | |
| いなつるび | いなずま・いなびかり | |
| いなつるび | かみなり | |
| いなづるひ | いなずま・いなびかり | |
| いなてぐさ | きく | |
| いなてぐさ | 39 | |
| いなでぐさ | きく | |
| いなでぐさ | 39 | |
| いなのめ | 19 | |
| いなのめの | あける | |
| いなぶ | ことわる | |
| いなむ | ことわる | |
| いなむ | しょうだく | |
| いなむしろ | いなか | |
| いなむしろ | しく | |
| いなむしろ | 24 | |
| いなむず | ゆく | |
| いなむず | 103 | |
| いなや | いいえ | |
| いにし | さる | |
| いにしころ | さきごろ | |
| いにしころ | せんねん | |
| いにしとし | せんねん | |
| いにしへ | かこ | |
| いにしへ | むかし | |
| いにしへふるとり | ほととぎす | |
| いにしへふるとり | 35 | |
| いにしへびと | おっと | |
| いにしへびと | ちじん | |
| いにしへびと | むかし | |
| いにしへびと | むかしなじみ(のひと) | |
| いにしへびと | 55 | |
| いにしへふみ | こてん | |
| いにしへぶみ | こてん | |
| いにしへぶり | こふう | |
| いぬ[往] | すぎる | |
| いぬ[往] | たちさる | |
| いぬ[往] | ゆく | |
| いぬ[往] | 72 | |
| いぬ[寝] | ねむり | |
| いぬ[寝] | 76 | |
| いぬかひぼし | けんぎゅうせい | |
| いぬかひぼし | たなばた | |

|  |  |
|---|---|
| いぬかひぼし | ほくせい 8 |
| いぬぬ | ほくせい |
| いねつきこまろ | きりぎりす |
| いねつきこまろ | 36 |
| いねつむ | 76 |
| いのち | うんめい |
| いのちいく | いきおい |
| いのちいく | いきている |
| いのちいく | いきながらえる |
| いのちいく | とりとめる |
| いのちいく | ながらえる |
| いのちいく | 53 |
| いのちがはり | たいせつ |
| いのちがはり | だいじ |
| いのちがへ | たいせつ |
| いのちがへ | だいじ |
| いのちすぐ | 72 |
| いのちなるま | いきている |
| いのちのうち | いきている |
| いのちのつゆ | 66 |
| いのちのみづ | 66 |
| いはがき | がけ |
| いはがき | がんぺき |
| いはがきぶち | いわかげ |
| いはがくる | 72, 74 |
| いはがくれ | いわかげ |
| いはがね | いわ |
| いはかべ | がけ |
| いはかべ | がんぺき |
| いはき | はか |
| いはく[稚] | あどけない |
| いはく[稚] | かわいい |
| いはく[稚] | ようち |
| いはく[日] | いわれ |
| いはく[日] | じじょう |
| いはく[日] | りゆう |
| いはく[日] | わけ |
| いはく[日] | 69 |
| いはくえ | いわ |
| いはくえの | くいる |
| いはくだす | おそれおおい |
| いはぐみ | いしぐみ |
| いはけなし | あどけない |
| いはしみづ | しみず |
| いはせ | 24 |
| いはそそぐ | きし |
| いはそそぐ | たれる |
| いはだたみ | いわ |
| いはつなの | かえる |
| いはつぼ | あな |
| いはつぼ | いわ |
| いはつぼ | どうくつ |
| いはつぼ | ほらあな |
| いはとこ | いわ |
| いはとこ | はか |
| いはなくに | 69 |
| いぬぬいろ | きいろ |
| いぬぬいろ | 15 |
| いはね | いわ |
| いはねぐさ | わらび |
| いはねぐさ | 42 |
| いはのかけみち | いわ |
| いはのかけみち | 31, 32 |
| いはのものいふ | ひみつ |
| いはばしの | ちかい |
| いはばしの | とおい |
| いはばしの | まぢかい |
| いはばしる | たき |
| いははな | いわ |
| いはひ | まつり |
| いはひ | まつる |
| いはひづき | いちがつ |
| いはひづき | 5 |
| いはひづま | 54 |
| いはふ | たいせつ |
| いはふ | つつしむ |
| いはふ | ものいみ |
| いはぶち | いわかげ |
| いはぶち | 24 |
| いはへる | しばる |
| いはへる | むすぶ |
| いはほ | いわ |
| いはほなす | 16 |
| いはまくら | のじゅく |
| いはまくら | 87 |
| いはみづ | しみず |
| いはむ | あつまる |
| いはむかたなし | はなはだしい |
| いはむかたなし | いいようがない |
| いはむや | まして |
| いばゆ | いななく |
| いばゆ | 65 |
| いはゆる | 57, 70 |
| いばら | ばら |
| いばら | とげ |
| いばら | 38, 44, 45 |
| いばり | しょうべん |
| いはれ | ゆいしょ |
| いはれ | ゆらい |
| いはれ | わけ |
| いはれたり | もっとも |
| いはれぬ | むり |
| いはれぬ | よけいな |
| いはんや | まして |
| いひ[謂] | いわれ |
| いひ[飯] | こめ |
| いひ[飯] | めし |
| いひ[飯] | 96 |
| いひあつかふ | せわ |
| いひあつかふ | 83 |
| いひあはす | くちやくそく |
| いひあはす | はなしあう |
| いひあはす | やくそく |
| いひあらはす | うちあける |
| いひあはす | はくじょうする |
| いひいづ | くち |
| いひいる | いいきかせる |
| いひいる | いいふくめる |
| いひいれ | きゅうこん |
| いひいれ | ゆいのう |
| いひいれ | 62, 84, 85 |
| いひおこす | てがみ |
| いひおこす | 69 |
| いひおとす | けなす |
| いひおとす | ひなん |
| いひかづらへ | いいわずらう |
| いひかかる | からむ |
| いひかかる | むり |
| いひかかる | 70 |
| いひかく | いいかける |
| いひかく | いいよる |
| いひかく | からむ |
| いひかく | 62 |
| いひかけ | いいがかり |
| いひかけ | しゃれ |
| いひかけ | なんくせ |
| いひかたむ | くちやくそく |
| いひかたむ | やくそく |
| いひかたらふ | かたりあう |
| いひかたらふ | はなしあう |
| いひかたらふ | うまい |
| いひかなふ | 69 |
| いひかはす | くちやくそく |
| いひかはす | こんやく |
| いひかはす | はなしあう |
| いひかはす | やくそく |
| いひかはす | 84 |
| いひがひ | しゃもじ |
| いひがひなし | いやしい |
| いひがひなし | たわいない |
| いひがひなし | つまらない |
| いひがひなし | どうしようもない |
| いひがひなし | とるにたりない |
| いひがひなし | はなし |
| いひがひなし | ふがいない |
| いひがひなし | みぐるしい |
| いひがひなし | みぶん |
| いひがひなし | もののかず |
| いひがひなし | 69 |
| いひきす | くちやくそく |
| いひきす | やくそく |
| いひくくむ | いいきかせる |
| いひくくむ | いいふくめる |
| いひくたす | けち |
| いひくたす | けなす |
| いひくたす | そしる |
| いひくたす | わるくち |
| いひくろむ | いいくるめる |
| いひくろむ | てなずける |
| いひくろむ | まるめこむ |
| いひくろむ | 70 |
| いひくんず | ぐち |
| いひくんず | ふへい |
| いひけつ | けなす |
| いひけつ | せめる |

| | | |
|---|---|---|
| いひけつ …… とがめる | いひなぐさむ …… 60 | いふかぎりなし …… いいようがない |
| いひけつ …… ひていする | いひなす …… じょうず | いふかし …… いぶかしい |
| いひけつ …… ひなん | いひなす …… とりなす | いふかし …… あやしい |
| いひけつ …… わるい | いひなす …… わざわざ | いふかし …… いぶかしい |
| いひけらく …… 69 | いひなす …… 69, 70 | いふかし …… うたがわしい |
| いひごと …… あらそい | いひなる …… いいなれる | いふかし …… きがかり |
| いひごと …… くちげんか | いひなる …… 69 | いふかし …… ふさぐ |
| いひごと …… わだい | いひののしる …… いいきる | いふかし …… ふしん |
| いひさだむ …… くちやくそく | いひののしる …… さわぎたてる | いふかし …… みたい |
| いひさだむ …… やくそく | いひののしる …… 69, 90 | いふかし …… ゆううつ |
| いひしらける …… きょうざめ | いひはじむ …… いいはじめる | いふかし …… 59, 78, 102 |
| いひしらける …… しらける | いひはなつ …… いいきる | いふかしむ …… うたがう |
| いひしらず …… いいようがない | いひはなつ …… きっぱり(と) | いふかしむ …… うたがわしい |
| いひしらず …… すばらしい | いひはやす …… いいひろめる | いふかしむ …… ふさぐ |
| いひしらず …… つまらない | いひはやす …… おだてる | いふかしむ …… 59 |
| いひしろふ …… あらそい | いひはやす …… ほめそやす | いふかたなし …… いいようがない |
| いひしろふ …… いいあらそう | いひはやす …… ほめる | いふかひなくなる …… 72 |
| いひしろふ …… くちげんか | いひはやす …… 83 | いふかひなし …… いやしい |
| いひしろふ …… こうろん | いひふくむ …… いいふくめる | いふかひなし …… たわいない |
| いひしろふ …… はなしあう | いひふらす …… いいひろめる | いふかひなし …… つまらない |
| いひすつ …… いいっぱなしにする | いひふる …… いいひろめる | いふかひなし …… どうしようもない |
| いひすぐす …… いいすぎる | いひふる …… いいよる | いふかひなし …… とるにたりない |
| いひそむ …… つよい | いひふる …… そうだん | いふかひなし …… はなし |
| いひそむ …… いいはじめる | いひふる …… はなしかける | いふかひなし …… ふがいない |
| いひそむ …… はじめて | いひふる …… 62 | いふかひなし …… みぐるしい |
| いひそむ …… 70 | いひほ …… こめ | いふかひなし …… みぶん |
| いひたつ …… いいたてる | いひほ …… めし | いふかひなし …… もののかず |
| いひたつ …… とりたてて | いひほ …… 96 | いふかひなし …… 69 |
| いひたつ …… りきせつする | いひほ …… いね | いふかる …… いぶかる |
| いひたつ …… 70, 83 | いひほ …… いぼ | いふかる …… いぶかる |
| いひたて …… こうじつ | いひほ …… こめ | いふかる …… うたがう |
| いひたて …… こうじょう | いひほ …… できもの | いふかる …… きがかり |
| いひたて …… 69 | いひほ …… 96 | いふかる …… ふしん |
| いひちぎる …… くちやくそく | いひまがふ …… いいまちがえる | いふき …… いき |
| いひちぎる …… やくそく | いひまぎらす …… ごまかす | いふきおろし …… 12 |
| いひちらす …… いいひろめる | いひまぎらはす …… 69 | いふく …… いき |
| いひちらす …… わめきちらす | いひむかふ …… いいあらそう | いぶしび …… くすぶる |
| いひつく …… いいつける | いひもよほす …… さいそく | いぶせげ …… きたない |
| いひつく …… いいよる | いひもらす …… ひみつ | いぶせげ …… むさくるしい |
| いひつく …… ざんげん | いひやる …… すらすら | いぶせさ …… うっとうしい |
| いひつく …… しかる | いひやる …… 69, 70 | いぶせさ …… おそろしい |
| いひつく …… したしい | いひよる …… もうしこむ | いぶせさ …… ふかい |
| いひつく …… たのむ | いひよる …… 84 | いぶせし …… あやしい |
| いひつく …… つげぐち | いひわく …… いいわけ | いぶせし …… うたがわしい |
| いひつく …… なづける | いひわたる …… いいひろめる | いぶせし …… うっとうしい |
| いひつく …… めいじる | いひわたる …… いいよる | いぶせし …… おもしろい |
| いひつく …… めいれい | いひわたる …… きゅうこん | いぶせし …… きがかり |
| いひつく …… 62, 69 | いひわたる …… すごす | いぶせし …… きたない |
| いひつぐ[言継] …… いいつたえる | いひわたる …… 62, 84 | いぶせし …… すっきり |
| いひつぐ[言継] …… とりつぐ | いひわづらふ …… いいわずらう | いぶせし …… つまらない |
| いひつぐ[言告] …… ざんげん | いひわぶ …… いいわずらう | いぶせし …… はっきり |
| いひつぐ[言告] …… つげぐち | いひゑとし …… きょうねん | いぶせし …… ふかい |
| いひつのる …… いいはる | いふ …… いいよる | いぶせし …… ふしん |
| いひでう …… いいきる | いふ …… きゅうこん | いぶせし …… ゆううつ |
| いひとちむ …… いいきる | いふ …… なづける | いぶせし …… 58 |
| いひとちむ …… だんげんする | いふ …… はなす | いふにもあまる …… いいようがない |
| いひととのふ …… さとす | いふ …… 62, 65, 83, 84 | |
| いひととのふ …… 69 | | |
| いひなぐさむ …… なぐさめる | | |

いひけつ ― いふにもあまる

25

| | | |
|---|---|---|
| いふはかりなし ……… **いいようがない** | いほ …………………… 92 | います ………………… **おる** |
| いふはかりなし ……… **たとえる** | いほうじり ………… **かまきり** | います ………………… **いらっしゃる** |
| いふばかりなし ……… **いいようがない** | いほうじり ………………… 36 | います ………………… **がいしゅつ** |
| いふべきかたなし ……… **いいようがない** | いほえ ………………… **えだ** | います ………………… **ゆく** |
| いふべきにもあらず ……… **いうまでもない** | いほえ ………………………… 44 | いますかり ……………… **おる** |
| いふべきにもあらず … **もちろん** | いぼじり ………… **かまきり** | いますかり ……………… **いらっしゃる** |
| いふべきにもあらず ……… 69 | いぼじり ………………… 36 | いますかり ……………… **がいしゅつ** |
| いふべくもあらず ……… **いいようがない** | いほち ………………………… 79 | いますかり ……………… **ゆく** |
| いふもおろか **いうまでもない** | いほつ ………………………… 79 | いまそかり ……………… **おる** |
| いふもおろか ……………… 69 | いほへなみ ……………… 23 | いまだ ………………… **まだ** |
| いふもさら **いうまでもない** | いほへやま ……………… 28 | いまだし ……………… **はやい** |
| いふもさら ……………… 69 | いぼむしり ………… **かまきり** | いまだし ……………… **へた** |
| いふもさらなり ……… **もちろん** | いぼむしり ………………… 36 | いまだし ……………… **まだ** |
| いふよしなし ……… **いいようがない** | いほよ ………………… 21,57 | いまだし ……………… **みじゅく** |
| いぶり ………………… **むごい** | いほり ………………… **じたく** | いまで ………………… **しんじん** |
| いぶりび ……………… **くすぶる** | いほり ………………… **わがや** | いまに ………………… **まだ** |
| いへ …………………… **いえがら** | いほり ……………………… 92 | いまに … **いまだ（かつて）…（ない）** |
| いへ …………………… **いちぞく** | いほる ………………… **とまる** | いまのうつつに ……… **いま** |
| いへ …………………… **かけい** | いほる ……………………… 91 | いまのよ ……………… **げんだい** |
| いへ …………………… **かぞく** | いま …………………… **あたらしい** | いまのよ ……………… **とうせい** |
| いへ …………………… **めいもん** | いま …………………… **すぐに** | いまは ……………………… 74 |
| いへ ………………… 54,55,56 | いま …………………… **そのうえ(に)** | いまはかう …………… **もはや** |
| いへあるじ …………… **しゅじん** | いま …………………… **まもなく** | いまはかう …………………… 74 |
| いへうつり …………… **ひっこし** | いま ………………………… 108 | いまはかぎり ………… **おわり** |
| いへごと ……………… **たより** | いまいま ……………… **いますぐ** | いまはかぎり ………………… 74 |
| いへごと ……………… **かぎょう** | いまいま ……………… **すぐに** | いまはかく …………… **もはや** |
| いへぢ ………………… **かえる** | いまいまし …………… **いまわしい** | いまはし ……………… **いまわしい** |
| いへぢ ……………………… 31 | いまいまし …………… **いまいましい** | いまはし ……………… **いむべきだ** |
| いへつきみ …………… **あるじ** | いまいまし …………… **いむべきだ** | いまはし ……………… **いや** |
| いへづと ……………… **みやげ** | いまいまし …………… **にくらしい** | いまはし ……………… **ふきつ** |
| いへつとり …………… **にわとり** | いまいまし …………… **はばかり** | いまはし ……………… **はばかり** |
| いへつとり ………………… 35 | いまいまし …………… **ふかい** | いまはた ……………… **いま** |
| いへつどり …………… **にわとり** | いまいまし …………… **ふきつ** | いまはのきは ………………… 74 |
| いへつどり ………………… 35 | いまさうず ……………… **おる** | いまはのとぢめ ……………… 74 |
| いへで ………………… **しゅっけ** | いまさふ ………………… **おる** | いまほど ……………… **いまじぶん** |
| いへとうじ …………… **しゅふ** | いまさら ……………… **あらたに** | いまほど ……………… **ちがう** |
| いへとじ ……………… **しゅふ** | いまさら ……………… **はじめて** | いままさに …………… **いま** |
| いへのいも ………………… 54 | いまし[今] ……………… **いま** | いままるり …………… **しんじん** |
| いへのかぜ …………… **かふう** | いまし[汝] ……………… **おまえ** | いまめかし …………… **げんだい** |
| いへのかぜ ………………… 92 | いまし[汝] ……………………… 106 | いまめかし …………… **しゃれる** |
| いへのぐ ……………… **かぐ** | いましがた ……………… **いま** | いまめかし …………… **とうせい** |
| いへのぐ ……………… **どうぐ** | いましがた ……………… **たったいま** | いまめかし …………… **わざとらしい** |
| いへばおろか **いうまでもない** | いましばし ……………… **しばらく** | いまめく ……………… **げんだい** |
| いへばおろか ……………… 69 | いましむ[戒] ……………… **けいかい** | いまめく ……………… **しゃれる** |
| いへばさら **いうまでもない** | いましむ[戒] ……………… **ちゅうい** | いまめく ……………… **はなやか** |
| いへばさら ……………… 69 | いましむ[戒] ……………… **つつしむ** | いまめく ……………… **ようき** |
| いへばさらなり ……… **もちろん** | いましむ[戒] ……………… **とじこめる** | いまめく ……………… **わざとらしい** |
| いへびと ……………… **かぞく** | いましむ[戒] ……………… **ばっする** | いまやう ……………… **げんだい** |
| いへびと ……………………… 55 | いましむ[戒] ……………… **ばつ** | いまやう ……………… **とうせい** |
| いへる ………………… **じゅうきょ** | いましむ[戒] ……………… **ようじん** | いまゆ ………………… **いまから** |
| いへる ……………………… 91 | いましむ[縛] ……………… **しばる** | いみ …………………… **えんりょ** |
| いへをいづ …………… **しゅっけ** | いましむ[戒] ……………… **いましめる** | いみ …………………… **はばかり** |
| いへをさ ……………… **こしゅ** | いましむ[戒] ……………… **きんせい** | いみがき ……………… **かきね** |
| いほ …………………… **ごひゃく** | いましめ[戒] ……………… **けいび** | いみじ ………………… **すぐれる** |
| | いましめ[戒] ……………… **こらしめ** | いみじ ………………… **すばらしい** |
| | いましめ[戒] ……………… **さとす** | いみじ ………………… **すばらしい** |
| | いましめ[戒] ……………… **しょばつ** | いみじ ………………… **たいへん** |
| | いましめ[戒] ……………… **ちゅうい** | |
| | いましめ[縛] ……………… **しばる** | |

| | | | | | |
|---|---|---|---|---|---|
| いみじ | なみなみ | いもひと | 55 | いよいよ | ますます |
| いみじ | はなはだしい | いもじ | いもうと | いよし | いっそう |
| いみじ | ひどい | いもびと | 55 | いよよ | いっそう |
| いみじ | 82 | いや | いよいよ | いよよ | ますます |
| いみじげ | すぐれる | いや | ますます | いよよか | たかい |
| いみじげ | すばらしい | いやおひ | くさき | いら | いらくさ |
| いみじげ | たいへん | いやおひ | さんがつ | いら | とげ |
| いみじげ | なみなみ | いやおひ | 6, 38 | いら | 39 |
| いみじげ | はなはだしい | いやさか | さかえる | いらいらし | じれったい |
| いみじげ | ひどい | いやざかる | とおざかる | いらか | かわら |
| いみじげ | 82 | いやし | いやしい | いらか | やね |
| いみな | かいみょう | いやし | けち | いらかあらたむ | かいちくする |
| いみな | な | いやし | げひん | いらかあらたむ | 92 |
| いみゃう | あだな | いやし | さもしい | いらがふ | ぎろん |
| いみゃう | な | いやし | せんれん | いらす | かす |
| いみゃう | べつめい | いやし | みすぼらしい | いлесеらる | おる |
| いむ | いや | いやし | みぶん | いらつ | あせる |
| いむ | きらう | いやし | やひ | いらつ | いらだつ |
| いむ | つつしむ | いやしくくに | ますます | いらつこ | おとこ |
| いむ | ふきつ | いやしくも | かりに | いらつめ | しょうじょ |
| いむさつき | ごがつ | いやしくも | もったいない | いらつめ | じょし |
| いむさつき | 6 | いやしむ | あなどる | いらつめ | 50, 51 |
| いむづき | ごがつ | いやしむ | いやしめる | いらなし | きわだつ |
| いむづき | 6 | いやしむ | けいべつする | いらなし | はげしい |
| いむる | あつまる | いやす | なおす | いらなし | こころぐるしい |
| いめ | ゆめ | いやちこ | あらたか | いらなし | おおげさ |
| いも | あなた | いやちこ | こうか | いらなし | するどい |
| いも | いもうと | いやつぎつぎに | いつまでも | いらなし | つよい |
| いも | 50, 54, 55 | いやとしに | まいねん | いらなし | つらい |
| いもうと | あね | いやとほに | とおい | いらなし | ひどい |
| いもがかど | でる | いやながく | えいえん | いらなし | みじめ |
| いもがかど | はいる | いやながく | 16 | いらふ[借] | かりる |
| いもがかみ | あげる | いやひけに | ひごと | いらふ[答] | こたえる |
| いもがさ | できもの | いやひけに | ひましに | いらふ[答] | へんじ |
| いもがさ | ほうそう | いやひけに | 3 | いらへ[答] | こたえ |
| いもがさ | 88 | いやまさる | 79 | いらへ[答] | へんじ |
| いもがてを | とる | いやましに | 79 | いららく | とがる |
| いもがひも | 19 | いやます | 79 | いららく | おこる |
| いもがゆ | 96 | いやますすに | ますます | いららく | かどだつ・かどだてる |
| いもじ | いものし | いやむ | きらう | | |
| いもじ | しょくにん | いやめ | めつき | いららく | とがる |
| いもせ | あに | いややか | たかい | いららぐ | おこる |
| いもせ | きょうだい | いゆ | なおる | いららぐ | かどだつ・かどだてる |
| いもせ | ふうふ | いゆ | 88 | | |
| いもせ | 55, 56, 85 | いゆきあひの | さか | いららぐ | とがる |
| いもせどり | せきれい | いゆきいたれる | ゆきつく | いлесеる | いらだたしい |
| いもせどり | ほととぎす | いゆきいたれる | ゆきかねる | いらる | やきもきする |
| いもせどり | 34, 35 | いゆきはばかる | ゆきかねる | いりあひ | 18 |
| いもと | いもうと | いゆきはばかる | ゆく | いりあひのかね | 18 |
| いもと | 55 | いゆきもとほる | めぐりながれる | いりうみ | いりえ |
| いもとご | いもうと | いゆきもとほる | ゆきめぐる | いりうみ | 22 |
| いもとご | 55 | いゆきわたる | ゆく | いりがた | いりむこ |
| いもとせ | ふうふ | いゆきわたる | わたる | いりがた | しずむ |
| いもなね | いもうと | いゆく | ゆく | いりがた | 19 |
| いもなね | 54, 55 | いゆししの | いたむ | いりしほ | ひきしほ |
| いもなろ | いもうと | いゆししの | 72 | いりしほ | 24 |
| いもなろ | 55 | いよいよ | いっそう | いりたつ | したしむ |
| いもねられず | ねむる | いよいよ | ついに | | |
| いもひと | いもうと | | | | |

いみじ — いりたつ

| | | | |
|---|---|---|---|
| いりたつ | はいる | いろこ | ふけ | いろめく | いろづく |
| いりたつ | 74, 75 | いろこ | 37 | いろめく | どうよう |
| いりつひ | いりひ | いろこし | あくせくする | いろめく | なまめく |
| いりつひ | ゆうひ | いろこし | あくらつ | いろめく | まける |
| いりつひ | 3, 19 | いろこし | しつこい | いろめく | ようす |
| いりはつ | はいる | いろざし | かおいろ | いろめく | 15 |
| いりひ | ゆうひ | いろざし | 14, 15 | いろも | きょうだい |
| いりひなす | かくれる | いろせ | きょうだい | いろも | 56 |
| いりふね | 98 | いろせ | 56 | いろをうしなふ | おそれる |
| いりまい | しゅうにゅう | いろと | きょうだい | いろをそんず | きげん |
| いりまへ | けいひ | いろと | 56 | いわかる | わかれる |
| いりめ | しゅっぴ | いろど | きょうだい | いわく[稚] | かわいい |
| いりもの | ひよう | いろどりづき | くがつ | いわく[駿] | あわてる |
| いりもむ | いらだつ | いろどりづき | 7 | いわしあみでくじら | こううん |
| いりもむ | いのる | いろどるづき | くがつ | いわしぐも | くも |
| いりもむ | いらだたしい | いろどるづき | 7 | いわたる | わたる |
| いりもむ | おしあう | いろなきかぜ | 11 | いを | 37 |
| いりもむ | ふきあれる | いろなぐさ | まつ | いをとり | あま |
| いる[入] | くわえる | いろなぐさ | 46 | いをとり | ぎょふ |
| いる[入] | しずむ | いろね | きょうだい | いをとり | りょう |
| いる[入] | ひたすら | いろね | 56 | いをぬ | 76 |
| いる[入] | ぽっする | いろは | はは | いんえん | えん |
| いる[沃] | あびせる | いろは | りょうしん | いんえん | えんこ |
| いる[沃] | そそぐ | いろは | 56 | いんえん | ゆらい |
| いるさ | しずむ | いろひ | かんしょう | いんえん | 55 |
| いるさ | はいる | いろびと | ゆうじょ | いんぎん | ていねい |
| いるさ | 4, 19 | いろふ | あつかう | いんぎん | れいぎ |
| いれい | 87 | いろふ[色・彩] | いろどる | いんぎんぶろう | ぶれい |
| いれひもの | おなじ | いろふ[色・彩] | うつくしい | いんくゎ | おにび |
| いれひもの | むすぶ | いろふ[色・彩] | かざる | いんくゎ | むくい |
| いれふで | かひつ | いろふ[色・彩] | きかざる | いんくんし | きく |
| いろ | 112 | いろふ[色・彩] | きる | いんくんし | 39 |
| いろ[色] | いろごのみ | | さいしょくする | いんげつ | しがつ |
| いろ[色] | うつくしい | いろふ[色・彩] | 15, 93 | いんげつ | 6 |
| いろ[色] | おもむき | いろふ[弄・綺] | あらそう | いんじ | おうじ |
| いろ[色] | かび | いろふ[弄・綺] | いじる | いんじ | かこ |
| いろ[色] | こい | いろふ[弄・綺] | かかわる | いんじ | さる |
| いろ[色] | じょうじ | いろふ[弄・綺] | かんけい | いんしん | おとずれ |
| いろ[色] | はで | いろふ[弄・綺] | かんしょう | いんしん | たより |
| いろ[色] | ひょうじょう | いろふ[弄・綺] | くちだし | いんしんもつ | おくりもの |
| いろ[色] | やさしさ | いろふ[弄・綺] | さからう | いんだう | あんない |
| いろ[色] | かおいろ | いろふ[弄・綺] | さわる | いんだう | てびき |
| いろ[色] | 62, 81, 82, 111 | いろふ[弄・綺] | せわ | いんねん | えんこ |
| いろあはひ | いろあい | いろふ[弄・綺] | もてあそぶ | いんねん | ゆらい |
| いろあはひ | 14 | いろふし | きらびやか | いんねん | 55 |
| いろあひ | かおいろ | いろふし | ぎしき | いんぶつ | おくりもの |
| いろいと | しゃみせん | いろふし | こうえい | いんもつ | おくりもの |
| いろいろし | いろごのみ | いろふし | しきさい | | |
| いろいろし | はなやか | いろふし | はれがましい | | |
| いろかはる | もふく | いろふし | ほまれ | | |
| いろかはる | 94 | いろふし | 14 | | |
| いろがまし | みだら | いろぶみ | こいぶみ | | |
| いろくづ | うろこ | いろぶみ | 63 | う | |
| いろくづ | ざこ | いろみぐさ | もみじ | | |
| いろくづ | 37 | いろみぐさ | 44 | う[卯] | ひがし |
| いろこ | あか | いろめかし | いろごのみ | う[得] | える |
| いろこ | あたま | いろめかし | なまめかしい | う[得] | こうむる |
| いろこ | うろこ | いろめく | いろごのみ | う[得] | さとる |
| いろこ | ざこ | | | う[得] | すぐれる |
| | | | | う[得] | て |
| | | | | う[得] | できる |

| | | |
|---|---|---|
| う[得] …………… りかい | うきな ……………… 84 | うけ[承] ………… ほしょうにん |
| う[得] …………… 48 | うきね ………… かりそめ | うけ[承] ………… 83 |
| うい ……………… かっぱ | うきね ………… しゅくはく | うけがふ ……… こうていする |
| うい ……………… 93 | うきね ………… たびね | うけがふ ……… しょうだく |
| うう ……………… うえる | うきね ………… ねむる | うけがふ ……… ひきうける |
| うか ……………… 95 | うきね … 76, 77, 86, 87, 98 | うけく …………… つらい |
| うかがふ ………… さがす | うきねどり ……… みずどり | うけこむ ……… ひきうける |
| うかがふ ………… たずねる | うきねどり ……… 34 | うけこむ ……… しょうだく |
| うかがふ ………… のぞきみる | うきは ……………… はす | うけたまはる …… うかがう |
| うかがふ ………… 78 | うきは ……………… はす | うけたまはる …… しょうだく |
| うがつ …………… あける | うきば ……………… 41 | うけたまはる …… ひきうける |
| うがつ …………… あな | うきふし ………… つらい | うけつ …………… おうむがい |
| うがつ …………… つきさす | うきまくら …… しゅくはく | うげつ …………… ごがつ |
| うがつ …………… つらぬく | うきまくら …… たびね | うげつ …………… 6 |
| うかぶ …………… あんき | うきまくら …… ひとりね | うけとる ………… こうむる |
| うかぶ …………… うわつく | うきまくら … 77, 86, 87, 98 | うけとる ………… なっとく |
| うかぶ ……… おもいうかべる | うきみ ………… みのうえ | うけとる ………… りかい |
| うかぶ …………… すくう | うきみをやつす …… ねっちゅう | うけとる ………… ひきうける |
| うかぶ …………… たよりない | うきめ ………… かなしい | うけとる ………… しょうだく |
| うかぶ …………… でる | うきめ ………… つらい | うけとる ………… 48 |
| うかぶ ……………… 70 | うきやがら ……… みくり | うけにいる ……… こううん |
| うかべたつ ……… あんき | うきやがら ……… 42 | うけばる ………… こうぜん |
| うかべたつ …… おもいだされる | うきよ ………… じょうじ | うけばる ………… しょうだく |
| うかむ …………… あんき | うきよ ………… たのしい | うけばる ………… でしゃばる |
| うかむ …………… うわつく | うきよ ………… つらい | うけばる ………… ふるまう |
| うかむ ……… おもいうかべる | うきよ ………… このよ | うけばる ………… わがものがお |
| うかむ …………… すくう | うきよ ………… 57, 80 | うけひ …………… ちかい |
| うかむ …………… たよりない | うきよのなさけ …… じひ | うけひく ………… しょうだく |
| うかむ …………… でる | うきよのならひ …… よのつね | うけひく ………… ひきうける |
| うかむ ……………… 70 | うきよのならひ …… 57 | うけふ …………… うらなう |
| うから …………… いちぞく | うきよをたつ …… せいけい | うけふ …………… のろう |
| うから ……………… 55 | うく[浮] ………… いいかげん | うけぶね ………… 98 |
| うがら ……………… 55 | うく[浮] ………… うかぶ | うけら …………… おけら |
| うからやから ……… 55 | うく[浮] ………… うかれる | うけら …………… 39 |
| うかる ………… あるきまわる | うく[浮] ……… うきうきする | うごなはる ……… あつまる |
| うかる …………… うかれる | うく[浮] ………… けいそつ | うごなはる ……… むらがる |
| うかる ……… うきうきする | うく[浮] ………… こんきする | うごま …………… ごま |
| うかる ……… さまよいあるく | うく[浮] ………… ようき | うごま …………… 40 |
| うかる …………… さまよい | うく[浮] ……………… 70 | うさ ……………… つらい |
| うかる ……… そわそわする | うく[受] ………… うけとる | うざう …………… すべて |
| うかる …………… どうよう | うく[受] ………… いただく | うざうむざう ……… すべて |
| うかる …………… 68, 70 | うく[受] ………… うけつぐ | うざうむざう ……… つまらない |
| うかれうど ……… ほうろう | うく[受] ………… うける | うさん …………… あやしい |
| うかれびと ……… ふろうしゃ | うく[受] ………… こうむる | うさん …………… うたがわしい |
| うかれびと ……… ほうろう | うく[受] ………… さずかる | うさん …………… ふしん |
| うかれめ ………… ゆうじょ | うく[受] ………… しょうだく | うさんもの ……… あやしい |
| うき ……………… さかずき | うく[受] ………… ひきうける | うし[愛] ………… いや |
| うき ……………… どろ | うく[受] ………… もらう | うし[愛] ………… うるさい |
| うきき …………… いかだ | うぐ ……………… あく | うし[愛] ………… きにくわない |
| うきき ……………… 97 | うぐ ……………… あな | うし[愛] ………… こころぐるしい |
| うききにのる …… ふあんてい | うぐ ……………… うがつ | うし[愛] ………… せつない |
| うきくさの ………… ね | うぐひすこゑ ……… 90 | うし[愛] ………… つめたい |
| うきぐものおもひ …… ふあんてい | うぐひすな ……… こまつな | うし[愛] ………… つらい |
| うきせ …………… つらい | うぐひすな ……… 40 | うし[愛] ………… つれない |
| うきだから ……… 97 | うぐふ ………… はれあがる | うし[愛] ………… なやましい |
| うきたつ ……… うきうきする | うけ[食] ………… 95 | うし[愛] ………… はくじょう |
| うきたつ ……… そわそわする | うけ[浮] …………… うき | うし[愛] ………… わずらわしい |
| うきたつ ………… どうよう | うけ[覆舟] ………… 98 | うし[愛] ………… 59 |
| | うけ[承] ………… じんぼう | うし[大人] ………… ひと |

**うしかひぼし―うたてし**

| | | |
|---|---|---|
| うしかひぼし | … | けんぎゅうせい |
| うしかひぼし | … | たなばた |
| うしかひぼし | … | 8 |
| うしとら | … | ほくとう |
| うしなふ | … | うしなう |
| うしなふ | … | ころす |
| うしなふ | … | なくす |
| うしなふ | … | 73 |
| うしにきゃうもん | … | こうか |
| うしにくらはる | … | だます |
| うしのいっさん | … | けっしん |
| うしのいっさんばしり | … | けっしん |
| うしはうしづれ | … | にる |
| うしはく | … | おさめる |
| うしはく | … | しめる |
| うしほ | … | かいすい |
| うしほ | … | ちょうりゅう |
| うしほ | … | 23, 26 |
| うしほなみ | … | はとう |
| うしほなみ | … | 22, 23 |
| うじゃう | … | いきもの |
| うじゃう | … | すべて |
| うじゃく | … | かささぎ |
| うじゃく | … | 34 |
| うしろ | … | あのよ |
| うしろ | … | うしろすがた |
| うしろ | … | しご |
| うしろ | … | すがた |
| うしろ | … | はいご |
| うしろ | … | ものかげ |
| うしろ | … | こうほう |
| うしろ | … | 73 |
| うしろかげ | … | うしろすがた |
| うしろぎたなし | … | ひれつ |
| うしろぐらし | … | うしろめたい |
| うしろぐらし | … | やましい |
| うしろごと | … | 69 |
| うしろざま | … | うしろむき |
| うしろつき | … | うしろすがた |
| うしろづめ | … | ぐんたい |
| うしろづめ | … | よびぐん |
| うしろで | … | うしろがわ |
| うしろで | … | うしろすがた |
| うしろで | … | こうほう |
| うしろで | … | すがた |
| うしろみ | … | うしろだて |
| うしろみ | … | こうけん |
| うしろみる | … | うしろだて |
| うしろみる | … | こうけん |
| うしろみる | … | せわ |
| うしろみる | … | ほさする |
| うしろむ | … | うしろだて |
| うしろむ | … | こうけん |
| うしろむ | … | せわ |
| うしろむ | … | ほさする |
| うしろめたげ | … | きがかり |
| うしろめたさ | … | うしろめたい |
| うしろめたさ | … | しんぱい |
| うしろめたさ | … | ふあん |
| うしろめたさ | … | やましい |
| うしろめたし | … | うしろめたい |
| うしろめたし | … | きがかり |
| うしろめたし | … | しんぱい |
| うしろめたし | … | ふあん |
| うしろめたし | … | やましい |
| うしろめたし | … | 58 |
| うしろめたなし | … | うしろめたい |
| うしろめたなし | … | きがかり |
| うしろめたなし | … | しんぱい |
| うしろめたなし | … | ふあん |
| うしろめたなし | … | やましい |
| うしろやすし | … | あんしん |
| うしろやすし | … | こころづよい |
| うしろやすし | … | ふあん |
| うしん | … | しりょ |
| うしん | … | ふんべつ |
| うしん | … | 81 |
| うす | … | きえる |
| うす | … | なくなる |
| うす | … | ゆくえ |
| うす | … | 72 |
| うず | … | しよう |
| うず | … | 99, 103, 105 |
| うすいろ | … | 15 |
| うすく | … | あわてる |
| うすし | … | あさはか |
| うすし | … | うすい |
| うすし | … | けいそつ |
| うすし | … | とぼしい |
| うすすく | … | あわてる |
| うすすく | … | うろたえる |
| うすずまる | … | とまどう |
| うすずまる | … | むらがる |
| うすずみいろ | … | はいいろ |
| うすずみいろ | … | 15 |
| うすずみごろも | … | もふく |
| うすずみごろも | … | 94 |
| うすづく | … | 3 |
| うすで | … | きず |
| うすらか | … | うっすら |
| うすらひ | … | こおり |
| うすらび | … | こおり |
| うせる | … | きえる |
| うせる | … | なくなる |
| うそ | … | くちぶえ |
| うそはづかし | … | はずかしい |
| うそぶく | … | とぼける |
| うそぶく | … | ほえる |
| うそぶく | … | 75 |
| うそむく | … | とぼける |
| うそむく | … | ほえる |
| うそむく | … | 75 |
| うそゑむ | … | 68 |
| うだい | … | ほんじん |
| うたかた | … | ほんとうに |
| うたかた | … | まこと |
| うたかた | … | けっして |
| うたかた | … | ぜんぜん |
| うたかた[泡沫] | … | あわ |
| うたがた(も) | … | ほんとうに |
| うたがた(も) | … | まこと |
| うたがた(も) | … | かならず |
| うたがた(も) | … | きっと |
| うたがた(も) | … | けっして |
| うたがた(も) | … | ぜんぜん |
| うたかたびと | … | いのち |
| うたかたびと | … | ししゃ |
| うたかたびと | … | はくめいのひと |
| うたかたびと | … | 73, 74 |
| うたかたも | … | しばらく |
| うたがたも | … | かならず |
| うたがはし | … | あやしい |
| うたがはし | … | うたがわしい |
| うたがはし | … | しんじる |
| うたがまし | … | すぐれる |
| うたがまし | … | 64 |
| うたく | … | ほえる |
| うだく | … | あぐら |
| うだく | … | ほえる |
| うだく[抱] | … | だく |
| うたぐち | … | 65 |
| うたくづ | … | つまらない |
| うたくづ | … | 64 |
| うたげ | … | えんかい |
| うたた | … | いよいよ |
| うたた | … | ますます |
| うたたね | … | かみん |
| うたて | … | いじょう |
| うたて | … | いや |
| うたて | … | おそろしい |
| うたて | … | なさけない |
| うたて | … | ぶきみ |
| うたて | … | へん |
| うたて | … | ますます |
| うたて | … | みぐるしい |
| うたて | … | やっかい |
| うたてあり | … | いや |
| うたてあり | … | きにくわない |
| うたてあり | … | なげかわしい |
| うたてあり | … | ひどい |
| うたてあり | … | ふゆかい |
| うたてあり | … | 59 |
| うたてげ | … | いじょう |
| うたてげ | … | いや |
| うたてげ | … | おそろしい |
| うたてげ | … | なさけない |
| うたてげ | … | ぶきみ |
| うたてげ | … | へん |
| うたてげ | … | ますます |
| うたてげ | … | みぐるしい |
| うたてげ | … | やっかい |
| うたてし | … | いや |
| うたてし | … | うるさい |
| うたてし | … | おしい |
| うたてし | … | かわいそう |
| うたてし | … | きにくわない |

| | | | | | |
|---|---|---|---|---|---|
| うたてし | ざんねん | うちかく | ふりかかる | うちしはぶく | せきばらい |
| うたてし | つらい | うちかく | 10, 27 | うちしめる | しずか |
| うたてし | なげかわしい | うちかすむ | ほのめかす | うちしめる | しめやか |
| うたてし | 59 | うちかた | 55 | うちしめる | ふさぐ |
| うたぬし | うたよみ | うちかたらふ | かたりあう | うちしめる | 59, 70 |
| うたぬし | 64, 65 | うちかたらふ | はなしあう | うちすがふ | いっかする |
| うたびと | かじん | うちかはす | かさねる | うちすぐ | けいかする |
| うたひどり | ほととぎす | うちかぶとをみすかす | ひみつ | うちすぐ | どをこす |
| うたひどり | 35 | うちかぶとをみすかす | | うちすつ | うちすてる |
| うたふ | うったえ | | みやぶる | うちすつ | おきざりにする |
| うたへ | うったえ | うちかへし | あらためて | うちすつ | すてる |
| うたへ | そしょう | うちかへし | くりかえし | うちすつ | なげだす |
| うたよみ | かじん | うちかへし | なんども | うちすつ | ほっておく |
| うたよみ | 64, 65 | うちかへす | ぎゃく | うちすつ | みすてる |
| うち[打] | 111, 112 | うちかへす | たがやす | うちそふ | くわえる |
| うち[内] | きゅうちゅう | うちかへす | ひっくりかえす | うちそふ | つきそう |
| うち[内] | てんのう | うちかへす | 30 | うちそふ | つれだつ |
| うち[内] | 61 | うちかへる | ひっくりかえる | うちそむく | したがう |
| うちあく | うちあける | うちぎき | こみみにはさむ | うちそむく | せなか |
| うちあぐ | はりあげる | うちぎき | きろく | うちそむく | わかれる |
| うちあぐ | 90 | うちぎき | 71 | うちそむく | あらそう |
| うちあける | から | うちきく | ききかじる | うちたえ | いちず |
| うちあける | さびしい | うちきらす | くもる | うちたえ | ひたすら |
| うちあふ | あらそう | うちきる | きおち | うちたえ | まったく |
| うちあふ | いっち | うちくす | しょげる | うちたえて | ぜんぜん |
| うちあふ | たたかう | うちくす | ふさぐ | うちたゆ | えん |
| うちあんず | かんがえこむ | うちくす | 59 | うちたゆ | たえる |
| うちいだす | くち | うちくす | そなわる | うちたゆ | つきあい |
| うちいだす | ことば | うちぐす | そろう | うちたゆ | まったく |
| うちいだす | すこし | うちぐす | つれる | うちたゆむ | ゆだん |
| うちいだす | 69 | うちくっす | きおち | うちたる | ぶらさげる |
| うちいづ | だす | うちくっす | しょげる | うちちる | さんらん |
| うちいづ | でしゃばる | うちくっす | ふさぐ | うちちる | みだれまう |
| うちいづ | でる | うちくっす | 59 | うちつけ | かるがるしい |
| うちいふ | ちょっと | うちくら | かねもち | うちつけ | けいそつ |
| うちいふ | 69, 70 | うちささぐ | あおむける | うちつけ | とつぜん |
| うちいる | せめいる | うちささめく | はなす | うちつけ | ぶしつけ |
| うちうち | おおやけ | うちささめく | ひそひそ | うちつけ | むきだし |
| うちうち | おくない | うちささめく | 69 | うちつけ | ろこつ |
| うちうち | くらし | うちしきり | うつ | うちつけごころ | できごころ |
| うちうち | こっそり(と) | うちしきる | くりかえす | うちつけごと | ふぜんりょ |
| うちうち | ひそか | うちしきる | たびたび | うちつけごと | よそう |
| うちうち | ふだん | うちしきる | つづく | うちつけめ | さっかく |
| うちうち | 91 | うちしきる | ひっきりなし | うちつうず | こらしめる |
| うちうめく | くぎんする | うちしぐる | しぐれ | うちと | うち |
| うちうめく | ためいき | うちしぐる | 10, 67 | うちと | ないがい |
| うちうめく | 64 | うちしなゆ | おとろえる | うちと | なか |
| うちおく | すてる | うちしなゆ | しおれる | うちとく | うちとける |
| うちおく | ほっておく | うちしなゆ | しなびる | うちとく | くつろぐ |
| うちおどろく | おどろく | うちしのぶ[偲] | おもいしたう | うちとく | したしむ |
| うちおどろく | はっと | うちしのぶ[偲] | したう | うちとく | ゆだん |
| うちおどろく | めざめる | うちしのぶ[偲] | 62, 64 | うちとく | ゆるむ |
| うちおどろく | 49 | うちしのぶ[忍] | がまん | うちとく | とける |
| うちおぼめく | そらとぼける | うちしのぶ[忍] | こっそり(と) | うちとよむ | どよめく |
| うちおぼめく | とぼける | うちしのぶ[忍] | さける | うちながむ | みやる |
| うちおぼゆ | しみじみ | うちしのぶ[忍] | ないしょ | うちながむ | ものおもい |
| うちおぼゆ | にる | うちしのぶ[忍] | ひそか | うちながむ | 78 |
| うちかく | おおう | うちしのぶ[忍] | ひとめ | うちなく | 65, 67 |
| うちかく | ひっかける | うちしはぶく | せき | うちなげく | いき |

うちなげく ためいき
うちなげく つぶやく
うちなす うちならす
うちなびく かたむく
うちなびく かみ
うちなびく くさき
うちなびく したう
うちなびく なびく
うちなびく はる
うちなびく よこ
うちなびく 38, 60, 76
うちなやむ くるしむ
うちなやむ なやむ
うちなやむ 88
うちぬ 76
うちのうへ てんのう
うちのしん うじがみ
うちのへ てんのう
うちのみかど てんのう
うちはぶく はばたく
うちはへ とくに
うちはへ 16
うちはへ(て) きわだつ
うちはへ(て) ひさしい
うちはへて とくに
うちはへて 16
うちはむ おしこめる
うちはむ とじこめる
うちはむ なげこむ
うちはむ はめる
うちはらふ かりとる
うちはらふ はらいおとす
うちひさす みやこ
うちひさす みやこ
うちひそむ べそをかく
うちひそむ 66
うちふく よふけ
うちふく 22
うちふす とこ
うちふす よこ
うちふす 76
うちぶみ けいず
うちふる ふる
うちふる 10
うちほのめく みえる
うちほのめく 77
うちまかす いちにんする
うちまかす まかせきる
うちまかす まかせる
うちまかせて かんたん
うちまかせて とおりいっぺん
うちまかせて ふつう
うちまき おそなえ
うちまき こめ
うちまつ たいまつ
うちまどろむ うとうとする
うちまどろむ まどろむ
うちまどろむ 76
うちまもる じっと

うちまもる みつめる
うちまもる みまもる
うちみだる くつろぐ
うちみだる だらしない
うちみやる ながめやる
うちみやる 77
うちみる 49, 77, 78
うちむつかる きげん
うちむつかる すねる
うちむつかる ふきげん
うちむる あつまる
うちむる むらがる
うちもの かたな
うちもの がっき
うちもの たいこ
うちもの だがっき
うちもの つづみ・たいこなど
うちもの ぶき
うちやすむ あんしん
うちやすむ きゅうそく
うちやすむ やすむ
うちやすむ よこ
うちやすむ 76
うちやる すてる
うちやる なげだす
うちやる なげやる
うちやる ほっておく
うちゆひのかみ うじがみ
うちよす うちよせる
うちよす ちかづく
うちわたす ならべる
うちわたす みわたす
うちわたす 78
うちわななく ふるえる
うちわぶ かなしむ
うちわぶ くらす
うちわぶ こまる
うちわぶ なやむ
うちわぶ ひかんする
うちわぶ まずしい
うちゑむ ほほえむ
うちゑむ 67, 68
うつ[棄] すてる
うつ[打] たがやす
うつ[打] 30
うづ うつくしい
うづ とうとい
うつうつ(と) うっとうしい
うつぎ うのはな
うづき しがつ
うづき 6
うづきばな しゃくなげ
うづきばな 45
うつく から
うつく ぼんやり
うつく 58
うつくし うつくしい
うつくし かれん
うつくし かわいい

うつくし きれい
うつくし 82
うつくしがる かわいい
うつくしがる かわいがる
うつくしがる 62
うつくしげ かわいい
うつくしむ かわいがる
うつくしむ 62
うつけ くうきょ
うつけ おろか
うつけ ばかもの
うつけもの おろか
うつけもの ばかもの
うつけもの まぬけ
うつし あきらか
うつし しんじつ
うつし たしか
うつし しょうき
うつしいろ あか・あかいろ
うつしいろ 14
うつしごころ うつりぎ
うつしごころ うわき
うつしごころ うわきごころ
うつしごころ しょうき
うつしごころ ほんしん
うつしざま しょうき
うつしみ げんじつ
うつしみ このよ
うつしみ 57
うつしよ 80
うつす[移] すごす
うつす[映] はんえいする
うつす[写] まねる
うつせがひ かいがら
うつせみ げんじつ
うつせみ このよ
うつせみ せみ
うつせみ 36, 57
うつせみの いのち
うつせみの から
うつせみの ひと
うつせみの むなしい
うつせみの わびしい
うつせみの 48, 57, 80
うつそみ げんじつ
うつそみ このよ
うつそみ 57
うづたかし おごる
うづたかし きひん
うづたかし こうき
うづたかし こうまん
うづたかし とうとい
うったつ しゅっぱつ
うつたどり ほととぎす
うつたどり 35
うつたへに かならず
うつたへに けっして
うつたへに ぜんぜん
うつつ げんじつ

| | | |
|---|---|---|
| うつつ | …………… | ほんき |
| うつつ | …………… | しょうき |
| うつつごころ | …………… | しょうき |
| うつつともなき | …………… | きぜつ |
| うつつともなき | …………… | ほんしん |
| うつつともなき | …………… | ゆめごこち |
| うつつなし | …………… | きぜつ |
| うつつなし | …………… | ほんしん |
| うつつなし | …………… | ゆめごこち |
| うつつをぬかす | …………… | むちゅう |
| うつなし | …………… | うたがう |
| うつなし | …………… | たしか |
| うづなふ | …………… | しょうだく |
| うつはもの | …………… | しゅわん |
| うつはもの | …………… | さいのう |
| うつはもの | …………… | うつわ |
| うつはもの | …………… | どうぐ |
| うつはもの | …………… | のうりょく |
| うつはもの | …………… | ひと |
| うつはり | …………… | 34 |
| うつぶしふす | …………… | うつむく |
| うつぶしふす | …………… | よこ |
| うつぶす | …………… | うつむく |
| うつほ | …………… | あな |
| うつほ | …………… | ほらあな |
| うつほ | …………… | から |
| うつほ | …………… | くうどう |
| うつほぶね | …………… | 98 |
| うづみひ | …………… | あんきょ |
| うづみひ | …………… | とい |
| うづみび | …………… | すみ |
| うづむ | …………… | うずめる |
| うづむ | …………… | うめる |
| うづむ | …………… | きおち |
| うづむ | …………… | しずむ |
| うづむ | …………… | ふさぐ |
| うづむ | …………… | ものおもい |
| うづむ | …………… | 59 |
| うづめひ | …………… | とい |
| うづもる | …………… | うずまる |
| うつゆふの | …………… | かくれる |
| うつゆふの | …………… | こもる |
| うつゆふの | …………… | せまい |
| うつらうつら | …………… | はっきり |
| うつらうつら | …………… | まざまざと |
| うづらぎぬ | …………… | 93, 94 |
| うづらごろも | …………… | 93, 94 |
| うづらなく | …………… | ふるい |
| うつりが | …………… | かおり |
| うつる[移] | …………… | あせる |
| うつる[移] | …………… | いろあせる |
| うつる[移] | … | うすらぐ・うすれる |
| うつる[移] | …………… | かわる |
| うつる[移] | …………… | しみつく |
| うつる[移] | …………… | すぎる |
| うつる[移] | …………… | ちる |
| うつる[移] | …………… | へんか |
| うつる[移] | …………… | 15, 16 |
| うつる[映・写] | …………… | にあう |
| うつろ | …………… | から |
| うつろふ | …………… | あせる |
| うつろふ | …………… | いてん |
| うつろふ | …………… | いろあせる |
| うつろふ | … | うすらぐ・うすれる |
| うつろふ | …………… | うつりすむ |
| うつろふ | …………… | おとろえる |
| うつろふ | …………… | かわる |
| うつろふ | …………… | こころがわり |
| うつろふ | …………… | さめる |
| うつろふ | …………… | ひっこし |
| うつろふ | …………… | へんか |
| うつろふ | …………… | へんしょくする |
| うつろふ | …………… | へんか |
| うつろふ | …………… | 15 |
| うつろぶね | …………… | 98 |
| うてな | …………… | 92 |
| うとうとし | …………… | えん |
| うとうとし | …………… | そえん |
| うとうとし | …………… | そっけない |
| うとうとし | …………… | れいたん |
| うとく | …………… | とく |
| うとく | …………… | かねもち |
| うとく | …………… | ゆたか |
| うとし | …………… | うとい |
| うとし | …………… | えん |
| うとし | …………… | したしい |
| うとし | …………… | そえん |
| うとし | …………… | そっけない |
| うとし | …………… | むかんしん |
| うとし | …………… | れいたん |
| うとぶ | …………… | うとんじる |
| うとまし | …………… | いや |
| うとまし | …………… | うとんじる |
| うとまし | …………… | おそろしい |
| うとまし | …………… | かんじ |
| うとまし | …………… | このましい |
| うとまし | …………… | すげない |
| うとまし | …………… | れいたん |
| うとまし | …………… | いや |
| うとむ | …………… | うとんじる |
| うとむ | …………… | きらう |
| うとむ | …………… | すげない |
| うとむ | …………… | れいたん |
| うとむ | …………… | いやがる |
| うながす | …………… | さいそく |
| うなかふす | …………… | うなだれる |
| うなぎし | …………… | かいがん |
| うなぎし | …………… | 22 |
| うなさか | …………… | 22 |
| うなじ | …………… | えりくび |
| うなじ | …………… | くび |
| うなじ | …………… | 47 |
| うなづら | …………… | かいじょう |
| うなて[溝] | …………… | みぞ |
| うなはら | …………… | みずうみ |
| うなはら | …………… | 24 |
| うなばら | …………… | みずうみ |
| うなばら | …………… | 22, 24 |
| うなふ | …………… | たがやす |
| うなゐ | …………… | 51, 52 |
| うなゐご | …………… | 51, 52 |
| うなゐこどり | …………… | ほととぎす |
| うなゐこどり | …………… | 35 |
| うなゐどり | …………… | ほととぎす |
| うなゐどり | …………… | 35 |
| うぬ | …………… | おまえ |
| うぬ | …………… | わたくし・わたし |
| うぬ | …………… | 105, 106 |
| うのはな | …………… | うつぎ |
| うのはな | …………… | おから |
| うのはなくたし | …………… | 9 |
| うのはなづき | …………… | しがつ |
| うのはなづき | …………… | 6 |
| うのはなの | …………… | つらい |
| うのはら | …………… | 22 |
| うのまねするからす | … | しっぱい |
| うのめたかのめ | …………… | さがす |
| うば | …………… | そぼ |
| うば | …………… | ばあさん |
| うば | …………… | めのと |
| うば | …………… | 54, 56 |
| うはかぜ | …………… | 11 |
| うはぎ | …………… | よめな |
| うはぎ | …………… | 42 |
| うはぐむ | …………… | おどろく |
| うはぐむ | …………… | のぼせる |
| うはぐむ | …………… | あきれる |
| うはぐむ | …………… | こうふん |
| うはしる | …………… | うわまえ |
| うはしるすふ | …………… | うわまえ |
| うばたま | …………… | くらやみ |
| うばたまの | …………… | かみ |
| うばたまの | …………… | くろ |
| うばたまの | …………… | やみ |
| うばたまの | …………… | ゆめ |
| うばたまの | …………… | よい |
| うばたまの | …………… | 15, 21 |
| うはなりねたみ | …………… | やきもち |
| うはにふね | …………… | 98 |
| うはのそら | …………… | いいかげん |
| うはのそら | …………… | けいそつ |
| うはのそら | …………… | こんじょ |
| うはのそら | …………… | そら |
| うはのそら | …………… | ぼんやり |
| うはばみ | …………… | からとより |
| うはばみ | …………… | さけのみ |
| うはばみ | …………… | だいじゃ |
| うはばみ | …………… | へび |
| うはばみ | …………… | 33, 94 |
| うはふ | …………… | うばいとる |
| うはべ | …………… | おもて |
| うばら | …………… | いばら |
| うばら | …………… | とげ |

| | | | | | |
|---|---|---|---|---|---|
| うばら | 38,44 | うまさけ | 94 | うみべた | かいがん |
| うひ | はじめて | うまざけ | 94 | うみべた | 22,23 |
| うひ | 112 | うまざけを | かみ | うみまつ | みる |
| うひうひし | きはずかしい | うまし | おいしい | うみまつ | 42 |
| うひうひし | はずかしい | うまし | うつくしい | うみをひたす | ふきわたる |
| うひうひし | ものなれる | うまし | すばらしい | うみをひたす | 11 |
| うひうひし | 59 | うまし | たのしい | うむ | あきる |
| うひかうぶり | おとな | うまし | 82 | うむ | いや |
| うひだつ | すだつ | うませ | かきね | うむかし | うれしい |
| うひぢ | どろ | うませ | まきば | うむがし | うれしい |
| うひまなび | がくもん | うまのあしがた | きんぽうげ | うむがし | おもしろい |
| うひまなび | みじゅく | うまのあしがた | 40 | うむがしむ | よろこばしい |
| うぶきぬ | うぶぎ | うまのとき | しょうご | うめく | くぎんする |
| うぶきぬ | 93 | うまのはなむけ | せんべつ | うめく | ためいき |
| うぶすな | うまれこきょう | うまのはなむけ | はなむけ | うめく | わめく |
| うぶすな | うまれる | うまひと | きじん | うめく | 64,65 |
| うぶすな | こきょう | うまひとのこ | きじん | うめすゑ | まんさく |
| うぶめ | にんしん | うまや | うま | うめすゑ | 46 |
| うぶめ | にんぷ | うまや | うまごや | うめづき | にがつ |
| うぶめ | 51 | うまや | 91 | うめづき | 5 |
| うへ | あたり | うまやち | かいどう | うめつみち | 31 |
| うへ | てんのう | うまやち | 31 | うめのあめ | 10 |
| うへ | ほとり | うまら | いばら | うめのいろづき | ごがつ |
| うへ | みのうへ | うまら | 44 | うめのいろづき | 6 |
| うべ | いかにも | うまらに | おいしい | うめはつづき | じゅうにがつ |
| うべ | なるほど | うまる | うまれる | うめはつづき | 7 |
| うへ | もっともらしい | うまれじゃう | うんめい | うめみづき | にがつ |
| うべうべし | | うまれじゃう | てんせい | うめみづき | 5 |
| | …かくしきばっている | うまれだち | てんせい | うも | いも |
| うべうべし | もっともらしい | うみ | ぬま | うも | 39 |
| うべしこそ | そのとおり | うみ | みずうみ | うもる | いんき |
| うべしこそ | 109 | うみあく | あきる | うもる | うずまる |
| うへつがた | きじん | うみうなぎ | あなご | うもる | おおう |
| うへつみち | 31 | うみうなぎ | 37,38 | うもる | きおち |
| うべなうべな | いかにも | うみが | うみべ | うもる | ひっこみじあん |
| うべなうべな | なるほど | うみが | かいがん | うもる | ふさぐ |
| うべなふ | あやまる | うみが | はまべ | うもる | 59 |
| うべなふ | したがう | うみが | 22 | うもれいたし | うちき |
| うべなふ | しょうだく | うみかむろ | あしか | うもれいたし | ひかえめ |
| うべなふ | どうい | うみかむろ | 32 | うもれいたし | ゆううつ |
| うべなふ | ふくじゅう | うみがや | おき | うもれいたし | 58 |
| うべなふ | みとめる | うみがや | 39 | うもれぎ | いちじく |
| うべなふ | なるほど | うみさち | かいさんぶつ | うもれぎの | した |
| うべる | うなずく | うみさち | 22 | うもれぎの | 74 |
| うへのきぬ | うわぎ | うみつち | こうろ | うや | れいぎ |
| うへのきぬ | 93 | うみつち | 23,31,97 | うやうやし | うやうやしい |
| うへのころも | うわぎ | うみつみち | 31 | うやうやし | れいぎ |
| うへのころも | 93 | うみづら | うみべ | うやまふ | うやまう |
| うへひと | きじん | うみづら | かいじょう | うら | なんとなく |
| うへびと | きじん | うみづら | かいめん | うら[浦] | いりえ |
| うみぬわし | おごる | うみづら | 22,23 | うら[浦] | うみべ |
| うま | みなみ | うみづら | はまべ | うら[浦] | かいがん |
| うまい | あんみん | うみのこ | しそん | うら[浦] | 22,23 |
| うまい | じゅくすい | うみのこ | 52,56 | うら[心] | ないしん |
| うまい | 76 | うみひろぐ | う む | うら[心] | 60,61,111 |
| うまき | まきば | うみへた | うみべ | うら[占] | うらない |
| うまご | しそん | うみへた | かいがん | うら[末] | えだ |
| うまご | ま ご | うみへた | 22,23 | うら[末] | こずえ |
| うまご | 56,57 | うみべた | うみべ | | |

| | | |
|---|---|---|
| うら[末] | せんたん | |
| うら[末] | 43 | |
| うら(を)かく | だしぬく | |
| うらうへ | あべこべ | |
| うらうへ | ぎゃく | |
| うらうへ | さゆう | |
| うらうへ | ぜんご | |
| うらうへ | はんたい | |
| うらうへ | ひだり | |
| うらうへ | みぎ | |
| うらうへ | りょうがわ | |
| うらうら | うららか | |
| うらうら | おだやか | |
| うらうら | のどか | |
| うらかく | いひょうをつく | |
| うらかぜ | しおかぜ | |
| うらかぜ | 11, 22, 23 | |
| うらかた[占形] | うらない | |
| うらかた[占形] | うらなう | |
| うらかた[裏方] | 54 | |
| うらかなし | かなしい | |
| うらかなし | こころかなしい | |
| うらがなし | かなしい | |
| うらがなし | こころかなしい | |
| うらがる | おとろえる | |
| うらがる | かれる | |
| うらがれ | さかり | |
| うらき | こずえ | |
| うらき | 43 | |
| うらぐ | こころよい | |
| うらぐ | ゆかい | |
| うらこがる | こいしい | |
| うらこがる | 62 | |
| うらごひし | 64 | |
| うらこふ | 63 | |
| うらごほし | 64 | |
| うらさびし | こころぼそい | |
| うらさびし | さびしい | |
| うらさびし | こころぼそい | |
| うらさぶ | さっぷうけい | |
| うらさぶ | さびしい | |
| うらさぶ | わびしい | |
| うらさぶ | ふあん | |
| うらづたふ | かいがん | |
| うらとふ | うらなう | |
| うらなく | 65 | |
| うらなし | えんりょ | |
| うらなし | ざっくばらん | |
| うらなし | ふくぞうがない | |
| うらなし | あさい | |
| うらなし | あさはか | |
| うらなし | きがる | |
| うらなふ | うらなう | |
| うらは | は | |
| うらば | こずえ | |
| うらば | は | |
| うらば | 43 | |
| うらひと | うらなう | |
| うらびと | ぎょふ | |

| | | |
|---|---|---|
| うらびと | ひと | |
| うらびる | おちぶれる | |
| うらびる | かなしむ | |
| うらふ | うらなう | |
| うらぶる | しおれる | |
| うらぶる | ふさぐ | |
| うらぶる | わびしい | |
| うらぶる | おちぶれる | |
| うらぶる | かなしむ | |
| うらぶる | きおち | |
| うらぶる | しょんぼり | |
| うらぶる | 59 | |
| うらへ | うらない | |
| うらべ | かいがん | |
| うらべ | 23 | |
| うらべに | りんどう | |
| うらべに | 42 | |
| うらぼん | ぼん | |
| うらぼんゑ | ぼん | |
| うらみ[恨] | かなしみ | |
| うらみ[恨] | なげき | |
| うらみ[恨] | にくしみ | |
| うらみ[恨] | みれん | |
| うらみ[浦回] | わん | |
| うらみ[浦回] | 23, 24 | |
| うらみはつ | うらみつづける | |
| うらみわたる | うらみつづける | |
| うらみわぶ | うらみかなしむ | |
| うらみわぶ | かなしむ | |
| うらむ | うらみ | |
| うらむ | かなしむ | |
| うらむ | ぐち | |
| うらむ | しかえし | |
| うらむ | にくい | |
| うらむ | にくむ | |
| うらむ | ふへい | |
| うらむ | ふまん | |
| うらむ | ほうふく | |
| うらむらさき | 15 | |
| うらめし | ざんねん | |
| うらめし | くやしい | |
| うらもとなし | きがかり | |
| うらもとなし | ふあん | |
| うらもなし | えんりょ | |
| うらもなし | むしん | |
| うらやす | やすらか | |
| うらやす | あんしん | |
| うらやすのくに | にほん | |
| うらやまし | かわいい | |
| うらやむ | そねむ | |
| うらやむ | ねたむ | |
| うらら | うららか | |
| うらら | おだやか | |
| うらら | のどか | |
| うらら | ほがらか | |
| うららか | おだやか | |
| うららか | あきらか | |
| うららか | のどか | |

| | | |
|---|---|---|
| うららか | ほがらか | |
| うららに | うららか | |
| うららに | のどか | |
| うららに | あかるい | |
| うらわ | かいがん | |
| うらわ | 23 | |
| うらわかし | とし | |
| うらわかし | みずみずしい | |
| うらわかし | わかわかしい | |
| うらわかし | 89 | |
| うる | じゅくす | |
| うるさし | いやみ | |
| うるさし | うるさい | |
| うるさし | ぬけめ(が)ない | |
| うるさし | めんどう | |
| うるせし | かしこい | |
| うるせし | きがきく | |
| うるせし | じょうず | |
| うるせし | すばしこい | |
| うるせし | ぬけめ(が)ない | |
| うるせし | 58 | |
| うるはし | うつくしい | |
| うるはし | かたくるしい | |
| うるはし | きちょう | |
| うるはし | きちんと | |
| うるはし | たんせい | |
| うるはし | うるわしい | |
| うるはし | 82 | |
| うるはしぶ | えだ | |
| うるはしむ | かわいがる | |
| うるふ | うるおう | |
| うるふ | うるおす | |
| うるふ | しめらす | |
| うるふ | しめる | |
| うるほす | うるおす | |
| うるほす | しめらす | |
| うるほす | ぬらす | |
| うるほす | りえき | |
| うるほふ | うるおう | |
| うるほふ | くらし | |
| うるほふ | しめる | |
| うるほふ | とむ | |
| うるほふ | ぬれる | |
| うるほふ | ゆたか | |
| うるほふ | らくになる | |
| うるむ | くもる | |
| うるむ | しめっぽい | |
| うるむ | ぼやける | |
| うれ | おまえ | |
| うれ | 106 | |
| うれ[末] | えだ | |
| うれ[末] | こずえ | |
| うれ[末] | せんたん | |
| うれ[末] | 43 | |
| うれし | ありがたい | |
| うれし | うれしい | |
| うれし | おそれおおい | |
| うれし | こころよい | |
| うれし | ゆかい | |

うれし――えだをならさず

| | | |
|---|---|---|
| うれし | ………… | **よろこばしい** |
| うれしぶ | ………… | **うれしがる** |
| うれしぶ | ………… | **よろこぶ** |
| うれしむ | ………… | **うれしがる** |
| うれしむ | ………… | **よろこぶ** |
| うれたし | ………… | **なげかわしい** |
| うれたし | ………… | **はらだたしい** |
| うれたし | ………… | **いまいましい** |
| うれたし | ………… | **ざんねん** |
| うれたむ | ……… | **うらみいきどおる** |
| うれたむ | ………… | **うらむ** |
| うれは | ………… | **こずえ** |
| うれは | ………… | **は** |
| うれは | ………… | 43 |
| うれはし | ………… | **かなしい** |
| うれはし | ………… | **いまいましい** |
| うれはし | ………… | **きがかり** |
| うれはし | ………… | **つらい** |
| うれはし | ………… | **なげかわしい** |
| うれひ | ………… | **しんぱい** |
| うれひ | ………… | **なげき** |
| うれひ | ………… | **ふあん** |
| うれふ | ………… | **きがかり** |
| うれふ | ………… | **しんぱい** |
| うれふ | ………… | **かなしむ** |
| うれふ | ………… | **ぐち** |
| うれふ | ……… | **なげきうったえる** |
| うれふ | ………… | **ふへい** |
| うれふ | ………… | 60 |
| うれへ | ………… | **かなしみ** |
| うれへ | ………… | **しんぱい** |
| うれへ | ………… | **きがかり** |
| うれへ | ………… | **なげき** |
| うれへ | ………… | **ふあん** |
| うれへぶみ | ………… | **がんしょ** |
| うれへぶみ | ………… | **ねがい** |
| うれもぞ | ………… | **どうして** |
| うろくづ | ………… | **うろこ** |
| うろくづ | ………… | **ざこ** |
| うろくづ | ………… | 37 |
| うろこ | ………… | **あか** |
| うろこ | ………… | **あたま** |
| うろこ | ………… | **ざこ** |
| うろこ | ………… | **ふけ** |
| うろこ | ………… | 37 |
| うろこぐも | ………… | **くも** |
| うろだう | ………… | 80 |
| うろたふ | ………… | **あわてる** |
| うろたふ | ………… | **うろたえる** |
| うろたへ | ………… | **うろうろする** |
| うろち | ………… | 57, 80 |
| うろのよ | ………… | 80 |
| うろん | ………… | **あて** |
| うろん | ………… | **あやしい** |
| うろん | ………… | **うたがわしい** |
| うろん | ………… | **なっとく** |
| うろん | ………… | **ふしん** |
| うるてんぺん | ………… | **むじょう** |
| うるてんぺん | ………… | 80 |

| | | |
|---|---|---|
| うゐのよ | ………… | 57, 80 |
| うゑ | ………… | **くうふく** |
| うゑめ | ………… | **さおとめ** |
| うゑめ | ………… | 51 |
| うをとみづ | ………… | **しんみつ** |
| うんか | ………… | **くも** |
| うんかく | ………… | **きじん** |
| うんぎょ | ………… | **いわし** |
| うんじはつ | ………… | **あきる** |
| うんしゃう | ………… | **きゅうちゅう** |
| うんじゃう | ………… | **ぜい** |
| うんじゃう | ………… | **きゅうちゅう** |
| うんず | ………… | **あきる** |
| うんず | ………… | **いや** |
| うんず | ………… | **うんざり** |
| うんず | ………… | **がっかり** |
| うんず | ………… | **きおち** |
| うんすい | ………… | **そう** |
| うんすい | ………… | **たびびと** |
| うんすい | ………… | 86 |

## え

| | | |
|---|---|---|
| え…ず | ………… | **できる** |
| え…ず | ………… | **ふかのう** |
| え[疫] | ………… | 87 |
| え[榎] | ………… | **えのき** |
| え[榎] | ………… | 44 |
| え[兄] | ………… | **あに** |
| え[兄] | ………… | **あね** |
| え[兄] | ………… | **きょうだい** |
| え[兄] | ………… | **としうえ** |
| え[兄] | ………… | 55 |
| え[江] | ………… | **いりえ** |
| え[江] | ………… | **わん** |
| え[江] | ………… | 22, 24 |
| え[枝] | ………… | **えだ** |
| え[枝] | ………… | 43 |
| えい | ………… | **しいか** |
| えい | ………… | 64, 65 |
| えいえう | ………… | **さかえる** |
| えいいが | ………… | **えいが** |
| えいぐゎ | ………… | **さかえる** |
| えいごふ | ………… | **えいえん** |
| えいごふ | ………… | 16 |
| えいじつ | ………… | 18 |
| えいず | ………… | **よむ** |
| えいず | ………… | 65 |
| えいたい | ………… | **えいえん** |
| えいたい | ………… | 16 |
| えう | ………… | **いりよう** |
| えう | ………… | **かなめ** |
| えう | ………… | **ひつよう** |
| えうがく | ………… | 89 |
| えうず | ………… | **ひつよう** |
| えうず | ………… | **もとめる** |
| えうなし | ………… | **いみ** |

| | | |
|---|---|---|
| えうなし | ………… | **つまらない** |
| えうなし | ………… | **ひつよう** |
| えうなし | ………… | **むだ** |
| えうなし | ………… | **やく** |
| ええう | ………… | **さかえる** |
| ええう | ………… | **ぜいたく** |
| ええう | ………… | **わがまま** |
| ええう | ………… | **えいが** |
| ええう | ………… | **おごり** |
| えき | ………… | **あらそい** |
| えき | ………… | **せんそう** |
| えき | ………… | **たたかい** |
| えきう | ………… | 9, 17 |
| えぐし | ………… | 94 |
| えこ[依怙] | ………… | **たより** |
| えこ[依怙] | ………… | **ひいき** |
| えこ[長子] | ………… | 52 |
| えさす | ………… | **あたえる** |
| えさらず | ………… | **やむをえない** |
| えし | ………… | **よい** |
| えじ | ………… | **えいへい** |
| えしも | ………… | **とても** |
| えしも | ………… | **どうしても** |
| えしも | ………… | **ふかのう** |
| えせ | ………… | **つまらない** |
| えせ | ………… | **にせ** |
| えせ | ………… | **みぐるしい** |
| えせ | ………… | 112 |
| えせず | ………… | **できる** |
| えせず | ………… | **ふかのう** |
| えせもの | ………… | **いやしい** |
| えせもの | ………… | **つまらない** |
| えせもの | ………… | **ばかもの** |
| えせもの | ………… | **みぶん** |
| えせもの | ………… | **にせもの** |
| えだ | ………… | **いちぞく** |
| えだ | ………… | 55 |
| えだかは | ………… | **しりゅう** |
| えだがは | ………… | 25 |
| えだかはづ | ………… | **あまがえる** |
| えだかはづ | ………… | **かえる** |
| えだかはづ | ………… | 33 |
| えだぐみ | ………… | **えだ** |
| えだぐみ | ………… | 43 |
| えたざし | ………… | 43 |
| えださし | ………… | **えだ** |
| えださし | ………… | 43 |
| えだざし | ………… | **えだ** |
| えだのゆきをならす | … | **がくもん** |
| えだのゆきをならす | | |
| | ………… | **くがくする** |
| えだのゆきをならす | ……… | **まなぶ** |
| えたりがほ | ………… | **とくい** |
| えだをかはす | ………… | **ふかい** |
| えだをかはす | ………… | 63 |
| えだをつらぬ | ………… | **さかえる** |
| えだをつらぬ | ………… | **ふかい** |
| えだをならさず | ………… | **てんか** |
| えだをならさず | ………… | **へいわ** |

| | | |
|---|---|---|
| えづく | ……………… | はく |
| えて | ……………… | とくい |
| えてかって | ……………… | わがまま |
| えてにほ | ……………… | とくい |
| えてにほをあぐ | ……………… | とくい |
| えてもの | ……………… | とくい |
| えとりはのつき | ……………… | しがつ |
| えとりはのつき | ……………… | 6 |
| えならず | ……………… | すばらしい |
| えならず | ……………… | なみなみ |
| えならず | ……………… | ひととおり |
| えに | ……………… | えん |
| えに | ……………… | えんこ |
| えに | ……………… | 55 |
| えにし | ……………… | えん |
| えにし | ……………… | えんこ |
| えにし | ……………… | 55 |
| えのころやなぎ | ……… | ねこやなぎ |
| えのころやなぎ | ……………… | 45 |
| えばらすずめ | ……… | しじゅうがら |
| えばらすずめ | ……………… | 34 |
| えびかづら | ……………… | やぶこうじ |
| えびかづら | ……………… | 46 |
| えびす | ……………… | にんげん |
| えびす | ……………… | みかい |
| えびす | ……………… | やばんじん |
| えびすぐさ | ……………… | しゃくやく |
| えびすぐさ | ……………… | われもこう |
| えびすぐさ | ……………… | 42 |
| えびすぐすり | ……………… | しゃくやく |
| えびすね | ……………… | われもこう |
| えびすね | ……………… | 42 |
| えびぞめ | ……………… | 15 |
| えひめ | ……………… | ちょうじょ |
| えひめ | ……………… | 52 |
| えぼしぐさ | ……………… | みやこぐさ |
| えぼしぐさ | ……………… | 42 |
| えも | ……………… | じゅうぶん |
| えも | ……………… | とても |
| えも | ……………… | どうにも |
| えも | ……………… | ふかのう |
| えも | ……………… | まあ |
| えも | ……………… | 101 |
| えもいはず | … | なんともいえない |
| えもいはず | ……………… | はなはだしい |
| えもの | ……………… | とくい |
| えもの | ……………… | ぶき |
| えや | ……………… | できる |
| えや | ……………… | 105 |
| えやは | ……………… | できる |
| えやは | ……………… | 105 |
| えやみ | ……………… | えきびょう |
| えやみ | ……………… | 87 |
| えやみぐさ | ……………… | りんどう |
| えやみぐさ | ……………… | 42 |
| えらふ | ……………… | えらぶ |
| えらふ | ……………… | えらぶ |
| えらむ | ……………… | えらぶ |
| えりいづ | ……………… | えらびだす |

| | | |
|---|---|---|
| える | ……………… | えらぶ |
| えをとこ | ……………… | おとこ |
| えん[縁] | ……………… | えんこ |
| えん[縁] | ……………… | けつえん |
| えん[縁] | ……………… | つて |
| えん[縁] | ……………… | ふうふ |
| えん[縁] | ……………… | 55, 56, 85 |
| えん[艶] | ……………… | あでやか |
| えん[艶] | ……………… | うつくしい |
| えん[艶] | ……………… | おもわせぶり |
| えん[艶] | ……………… | なまめかしい |
| えん[縁・椽] | ……………… | えんがわ |
| えん[縁・椽] | ……………… | すのこ |
| えんいん | ……………… | えんかい |
| えんがる | ……………… | うつくしい |
| えんがる | ……………… | ゆうび |
| えんがる | ……………… | 82 |
| えんぎ | ……………… | ゆらい |
| えんげ | ……………… | ゆうび |
| えんげ | ……………… | 82 |
| えんげつ | ……………… | はんげつ |
| えんげつ | ……………… | 4 |
| えんしょ | ……………… | こいぶみ |
| えんしょ | ……………… | 63 |
| えんだつ | ……………… | うつくしい |
| えんだつ | ……………… | なまめかしい |
| えんだつ | ……………… | ゆうが |
| えんにつける | ……………… | とつぐ |
| えんにつける | ……………… | 84 |
| えんばい | ……………… | あじ |

## お

| | | |
|---|---|---|
| お | ……………… | そんけいする |
| お | ……………… | 111, 112 |
| おい | ……………… | 52, 53 |
| おいいれ | ……………… | いのち |
| おいいれ | ……………… | よめい |
| おいいれ | ……………… | ろうえいする |
| おいいれ | ……………… | 53, 54 |
| おいかがまる | ……………… | こし |
| おいかがまる | ……………… | 52 |
| おいかる | ……………… | しゃがれごえ |
| おいかる | ……………… | しわがれごえ |
| おいかる | ……………… | 53, 90 |
| おいかれ | ……………… | 53 |
| おいき | ……………… | ろうぼく |
| おいき | ……………… | 44 |
| おいくづほる | ……………… | よぼよぼ |
| おいくづほる | ……………… | 52, 53 |
| おいごゑ | ……………… | しゃがれごえ |
| おいごゑ | ……………… | 52, 53, 90 |
| おいさらばふ | ……………… | 53 |
| おいさらぼふ | … | やせおとろえる |
| おいさらぼふ | ……………… | 53 |
| おいしらふ | ……………… | ぼける |
| おいしらふ | ……………… | もうろくする |

| | | |
|---|---|---|
| おいしらふ | ……………… | 53 |
| おいしらむ | ……………… | ぼける |
| おいしらむ | ……………… | もうろくする |
| おいしらむ | ……………… | 53 |
| おいしる | ……………… | ぼける |
| おいしる | ……………… | もうろくする |
| おいしる | ……………… | 53 |
| おいそけもの | ……………… | おいる |
| おいつく | ……………… | おいる |
| おいづく | ……………… | 52, 53, 54 |
| おいつむ | ……………… | 52 |
| おいなみ | ……………… | ろうえいする |
| おいなみ | ……………… | ろうねん |
| おいなみ | ……………… | 54 |
| おいのつもり | ……………… | いのち |
| おいのつもり | ……………… | よめい |
| おいのつもり | ……………… | 53 |
| おいのなみ | ……………… | しわ |
| おいのなみ | ……………… | 53 |
| おいのはる | ……………… | ばんしゅう |
| おいのはる | ……………… | 18, 54 |
| おいのみ | ……………… | 52 |
| おいのゆくすゑ | ……………… | いのち |
| おいのゆくすゑ | ……………… | よめい |
| おいのゆくすゑ | ……………… | 53 |
| おいのゆくへ | ……………… | いのち |
| おいのゆくへ | ……………… | よめい |
| おいのゆくへ | ……………… | ろうご |
| おいのゆくへ | ……………… | 53, 54 |
| おいのよ | ……………… | ろうねん |
| おいのよ | ……………… | 54 |
| おいはつ | ……………… | 53 |
| おいばむ | ……………… | おいこむ |
| おいばむ | ……………… | としより |
| おいばむ | ……………… | 53, 54 |
| おいびと | ……………… | 52 |
| おいほく | ……………… | ぼける |
| おいほく | ……………… | 52 |
| おいぼる | ……………… | 52 |
| おいら | ……………… | 105 |
| おいらか | ……………… | あっさり |
| おいらか | ……………… | おうよう |
| おいらか | ……… | おっとりしている |
| おいらか | ……………… | おとなしい |
| おいらか | ……………… | すなお |
| おいらか | ……………… | そっちょく |
| おいらか | ……………… | ふつう |
| おいらか | ……………… | おだやか |
| おいらか | ……………… | 70 |
| おいらく | ……………… | ろうえいする |
| おいらく | ……………… | ろうねん |
| おいらく | ……………… | 52, 53, 54 |
| おいれ | ……………… | いのち |
| おいれ | ……………… | よめい |
| おいれ | ……………… | 53 |
| おうご | ……………… | おまもり |
| おうご | ……………… | かご |
| おうと | ……………… | ぱった |
| おうと | ……………… | 37 |

|  |  |  |  |  |  |
|---|---|---|---|---|---|
| おうな | ばあさん | おきなぐさ | 39, 46 | おくまる | おくゆかしい |
| おうな | 54 | おきなさぶ | おいる | おくまる | ひかえめ |
| おうなし | あさい | おきなさぶ | ねんちょう | おくまる | ひっこみじあん |
| おかず | すぐに | おきなさぶ | 52, 53, 54 | おくまんごふ | ながい |
| おかべ | とうふ | おきなぶ | おいる | おくまんごふ | 16 |
| おかみ | りゅう | おきなぶ | 52, 54 | おくやまの | ふかい |
| おがるかや | われもこう | おきふし | あけくれ | おくやまの | 43 |
| おきそ | ためいき | おきふし | たえず | おくゆかし | おくゆかしい |
| おきそ | いき | おきふし | いつも | おくゆかし | したわしい |
| おきだ | 30 | おきふし | にちじょう | おくゆかし | ひかれる |
| おきつ[沖] | 22 | おきふし | 76 | おくゆかし | みたい |
| おきつ[掟] | いいつける | おきぶみ | いしょ | おくゆかし | 61, 75, 78, 102 |
| おきつ[掟] | きめる | おきへ | おき | おくらかす | おろそか |
| おきつ[掟] | けいかく | おきへ | 22 | おくらかす | さきだつ |
| おきつ[掟] | とりあつかう | おきべ | おき | おくらかす | おこたる |
| おきつ[掟] | はからう | おきべ | 22 | おくらす | さきだつ |
| おきつ[掟] | めいじる | おきまどはす | おく | おくり | そうしき |
| おきつ[掟] | めいれい | おきまどはす | わすれる | おくり | みおくり |
| おきつかぜ | しおかぜ | おきまよふ | まちがう | おくりがう | かいみょう |
| おきつかぜ | 11, 22, 23 | おきまよふ | 76 | おくりがう | な |
| おきつかみ | 22 | おきめ | きてい | おくりな | かいみょう |
| おきつき | けいだい | おきめ | ほうりつ | おくりな | な |
| おきつき | はか | おぎゃう | ははこぐさ | おくる[後] | いきのこる |
| おきつしま | しま | おぎゃう | 40, 41 | おくる[後] | おとる |
| おきつしま | 22 | おぎろ | あご | おくる[後] | およぶ |
| おきつしまね | しま | おく[奥] | おわり | おくる[後] | さきだつ |
| おきつしまやま | しま | おく[奥] | ゆくさき | おくる[後] | とぼしい |
| おきつしらたま | しんじゅ | おく[起] | おきる | おくる[後] | 73 |
| おきつしらなみ | 22 | おく[置] | すえる | おくる[送] | そうそう |
| おきつすたへ | そうしき | おく[奥処] | しょうらい | おくる[贈] | あたえる |
| おきつすたへ | はか | おく[置・措] | さしおく | おくる[後・遅] | おくれる |
| おきつすたへ | ひつぎ | おく[置・措] | みすてる | おくれ | きおくれ |
| おきつとり | かも | おく[置・措] | やめる | おくれ | ひるむ |
| おきつとり | 34 | おくか | しょうらい | おくれ | まける |
| おきつどり | かも | おくか | なりゆき | おくればせ | おくれる |
| おきつどり | 34 | おくか | はて | おくればせ | ておくれ |
| おきつなみ | しきり | おくが | おうぎ | おこす[起] | さかん |
| おきつなみ | たわむ | おくが | おく | おこす[起] | はじめる |
| おきつなみ | あれる | おくかなし | はてし(が)ない | おこす[起] | ふるいたつ |
| おきつなみ | わかれる | おぐし | かみ | おこす[遣] | おくる |
| おきつなみ | 22 | おくす | おじける | おこす[遣] | とどける |
| おきつふね | 97 | おくす | おそれる | おこす[遣] | よこす |
| おきつみとし | いね | おくす | きおくれ | おこたり | うん |
| おきつも | も | おくつき | けいだい | おこたり | うんめい |
| おきつもの | なびく | おくつき | はか | おこたり | かしつ |
| おきつやま | おくやま | おくつきどころ | はか | おこたり | しゃざい |
| おきつやま | 28 | おくつすたへ | そうしき | おこたり | なまける |
| おきて | うんめい | おくつすたへ | はか | おこたりはつ | なおる |
| おきて | きてい | おくつすたへ | ひつぎ | おこたりはつ | 88 |
| おきて | けいかく | おくづま | 54 | おこたりぶみ | しゃざい |
| おきて | けいしき | おくつゆの | かかる | おこたりぶみ | わびじょう |
| おきて | はいち | おくつゆの | きえる | おこたる | いいかげん |
| おきて | ほうりつ | おくつゆの | たま | おこたる | かいふく |
| おきて | めいれい | おくて | じき | おこたる | かしつ |
| おきて | よてい | おくて | いね | おこたる | なおる |
| おきどころ | 48 | おくねん | しゅうねん | おこたる | なまける |
| おきな | 52 | おくのて | ひだり | おこたる | やすむ |
| おきなぐさ | きく | おくふかし | おくふかい | おこたる | ゆだん |
| おきなぐさ | まつ | おくまる | うちき | おこたる | 88 |

| | | | | | |
|---|---|---|---|---|---|
| おこづく | いたむ | おしかへし | ぎゃく | おす | せまる |
| おこづく | ちょうしづく | おしかへし | はんたい | おずし | ごうじょう |
| おこづく | りきむ | おしかへす | おりかえす | おずし | つよい |
| おこつる | かどわかす | おしかへす | ぎゃく | おせくむ | ねこぜになる |
| おこつる | さそう | おしかへす | くりかえす | おせぐむ | ねこぜになる |
| おこづる | さそう | おしかへす | はんたい | おそ | ぐどん |
| おこと | あなた | おしくくむ | くるむ | おそ | にぶい |
| おこと | 106 | おしくくむ | つつむ | おそ | まぬけ |
| おこなひ | おこない | おしけつ | あっとうする | おそ | のろま |
| おこなひ | しゅぎょう | おしこる | あつまる | おぞ | ばか |
| おこなひすます | しゅぎょう | おしこる | むらがる | おぞ | ぐどん |
| おこなひすます | ひたすら | おしする | こする | おぞ | にぶい |
| おこなひびと | しゅぎょう | おしたつ | おこなう | おそぎ | うわぎ |
| おこなひびと | そう | おしたつ | しいて | おそぎ | 93 |
| おこなひをさむ | かんり | おしたつ | する | おそきひ | 18 |
| おこなひをさむ | しょり | おしたつ | たつ | おそし | にぶい |
| おこなひをさむ | ととのえる | おしたつ | むり | おそし | おろか |
| おこなふ | おこなう | おしたつ | むりに | おそし | のろま |
| おこなふ | しゅぎょう | おしつけ | ほど | おぞし | おそろしい |
| おこなふ | しょり | おしつけ | ほどなく | おぞし | ごうじょう |
| おこなふ | めいれい | おしつけ | やがて | おぞし | つよい |
| おごめく | うごめく | おしつつむ | つつみかくす | おぞし | 58 |
| おごり [奢] | ぜいたく | おして | いちめんに | おそなはる | おくれる |
| おごり [驕] | おもいあがり | おして | しいて | おそなはる | おそくなる |
| おごりつひやす | ろうひ | おして | すべて | おそなはる | のびる |
| おこる | さかん | おして | むりに | おそばふ | はしゃぐ |
| おこる | でる | おしてる | くまなく | おそばふ | ふざける |
| おこる | はじまる | おしてる | てる | おそばやも | ついに |
| おこる | やむ | おしなぶ | おしならす | おそばゆ | はしゃぐ |
| おこる | 88 | おしなぶ | たいら | おそばゆ | ふざける |
| おごる [奢] | ぜいたく | おしなぶ | ならす | おそはる | うなされる |
| おごる [奢] | ついやす | おしなぶ | おしならす | おそひ | うわぎ |
| おごる [奢] | ろうひ | おしなべて | あまねく | おそひ | 93 |
| おごる [驕] | おもいあがる | おしなべて | ふつう | おそぶらふ | おす |
| おごる [驕] | こうまん | おしなみに | いっぱん | おそぶる | おす |
| おごる [驕] | とくい | おしなみに | ふつう | おぞまし | おそろしい |
| おごる [驕] | ほこる | おしなみに | へいぼん | おぞまし | ごうじょう |
| おごる [驕] | わがまま | おしなむ | おしならす | おぞまし | つよい |
| おささ | 94 | おしなむ | たいら | おぞまし | 58 |
| おさふ | おさえる | おしなむ | ならす | おそり | おそれる |
| おさふ | おしつける | おしなむ | おしふせる | おそり | きづかい |
| おさふ | がまん | おしならぶ | ならべる | おそり | はいりょ |
| おさふ | たえしのぶ | おしならぶ | むりに | おそり | しんぱい |
| おさふ | ふせぐ | おしね | いね | おそる | いけい |
| おさへ | ほうび | おしのごふ | ぬぐう | おそる | かしこまる |
| おさへ | まもる | おしはかる | すいりょう | おそる | きづかい |
| おさへ | ねん | おしはかる | そうぞう | おそる | とうとぶ |
| おさへ | ふせぐ | おしはる | いじ | おそる | おそれる |
| おし | 111 | おしひしぐ | おさえつける | おそる | はいりょ |
| おしあけがた | 19 | おしひしぐ | おしつぶす | おそれ | いけい |
| おしあて | あてすいりょう | おしひたす | つける | おそれ | おそれる |
| おしあて | すいりょう | おしひらむ | ならす | おそれ | きがかい |
| おしありく | はしゃぎまわる | おしひろごる | ひろい | おそれ | きづかい |
| おしいる | しんにゅうする | おしひろごる | ひろがる | おそれ | はいりょ |
| おしいる | はいる | おしへす | おさえつける | おそれ | しんぱい |
| おしいる | むりに | おしへす | おしつぶす | おそろし | おそろしい |
| おしかかる | よりかかる | おしもの | とくい | おそろし | おどろく |
| おしかく | おしよせる | おす | あっとうする | おそろし | たいそう |
| おしかく | おそう | | | | |

おそろし──おとなひ

| | | |
|---|---|---|
| おそろし | …………… | はなはだしい |
| おだい | …………………… | しょくじ |
| おだい | ………………………… | めし |
| おだい | …………………………… | 96 |
| おだいばん | ……………………… | めし |
| おだいばん | …………………………… | 96 |
| おだし | ……………………… | おだやか |
| おだし | …………………………… | のどか |
| おだし | …………………………… | へいわ |
| おだし | ……………………… | やすらか |
| おだひか | ……………………… | おだやか |
| おだひかに | …………………… | おだやか |
| おだひかに | ……………………………… | のどか |
| おだひかに | ……………………… | やすらか |
| おだひし | ……………………… | おだやか |
| おだひし | ……………………………… | のどか |
| おだひに | ……………………… | おだやか |
| おだひに | ……………………………… | のどか |
| おだひに | ……………………… | やすらか |
| おだやか | ……………………………… | ぶじ |
| おだやか | …………………………… | へいわ |
| おだやむ | ……………………… | おだやか |
| おだやむ | ……………………………… | のどか |
| おち | ……………………………… | うば |
| おち | ………………………………… | 55 |
| おちあひ | ……………………… | ごうりゅう |
| おちあひ | ………………………………… | 24 |
| おちあふ | ………………………………… | いっち |
| おちあふ | ………………………………… | かせい |
| おちあふ | ……………………… | ごうりゅう |
| おちあふ | ……………………………… | たすける |
| おちあふ | ………………………………… | 24 |
| おちあぶる | ……………………… | おちぶれる |
| おちいる | ……………………………… | きぜつ |
| おちいる | ……………………………… | くぼむ |
| おちいる | ……………………………… | 59,72 |
| おちうす | ……………………………… | にげる |
| おちうど | ……………………………… | にげる |
| おちかかる | ……………………………… | しずむ |
| おちがみ | ………………………………… | かみ |
| おちがみ | ……………………………… | ぬけおちる |
| おちしほ | ……………………………… | ひきしほ |
| おちしほ | ………………………………… | 24 |
| おちたぎつ | ………………………………… | 25 |
| おちつく | ……………………………… | あんしん |
| おちつく | ……………………………… | けっちゃく |
| おちとまる | ……………………………… | いきのこる |
| おちのひと | ………………………………… | うば |
| おちのひと | ………………………………… | めのと |
| おちのひと | ………………………………… | 55 |
| おちば | ……………………………… | しせいじ |
| おちば | ………………………………… | 52 |
| おちははかる | …………………………… | えんりょ |
| おちははかる | ……………… | おそれつつしむ |
| おちははかる | …………………………… | きおくれ |
| おちばぶね | ………………………………… | おちば |
| おちばぶね | ………………………………… | かれは |
| おちゆく | ……………………………… | おちぶれる |

| | | |
|---|---|---|
| おちゆく | ……………………………… | にげる |
| おちゐる | ……………………………… | あんしん |
| おちゐる | ……………………………… | しずまる |
| おちゐる | ……………………………… | 60,70 |
| おつ | ………………………………… | おちぶれる |
| おつ | ………………………………… | おちる |
| おつ | ………………………………… | かける |
| おつ | ………………………………… | くさる |
| おつ | ………………………………… | なおる |
| おつ | ………………………………… | なっとく |
| おつ | ………………………………… | にげる |
| おつ | ……………………… | はくじょうする |
| おつ | ………………………………… | ひかり |
| おつ | ………………………………… | もれる |
| おつ | ……………………… | りょうかいする |
| おつ | ………………………………… | 70,88 |
| おづ | ………………………………… | おそれる |
| おづおづ | ……………………………… | おそれる |
| おづおづ | ……………………………… | こわごわ |
| おてまへ | ………………………………… | 106 |
| おと[音] | ……………………………… | おとずれる |
| おと[音] | ……………………………… | おとずれる |
| おと[音] | ………………………………… | たより |
| おと[音] | ………………………………… | てがみ |
| おと[音] | ………………………………… | ひびき |
| おと[音] | ………………………………… | ふうぶん |
| おと[音] | ………………………………… | ほうもん |
| おと[音] | ……………………………… | 83,89 |
| おと[弟・乙] | …………………… | おとうと |
| おと[弟・乙] | ……………………… | きょうだい |
| おと[弟・乙] | ………………………… | としした |
| おと[弟・乙] | … | 55,56,111,112 |
| おといもと | ……………………………… | いもうと |
| おといもと | ………………………………… | 55 |
| おとうと | ……………………………… | いもうと |
| おとうと | ………………………… | きょうだい |
| おとうと | ……………………………… | 55,56 |
| おとがひ | ……………………………… | したあご |
| おとがひ | ………………………………… | あご |
| おとがひ | ………………………………… | 47 |
| おとがひをはなつ | | |
| | …………………… | おおわらいする |
| おとがひをはなつ | ………………………… | 67 |
| おとがひをやしなふ | …………………… | くらす |
| おとがひをやしなふ | ………………… | せいけい |
| おときき | ……………………………… | ふうひょう |
| おときき | ………………………………… | 83 |
| おとぎばふこ | ……………………………… | にんぎょう |
| おとご | ……………………………………… | すえ |
| おとご | ………………………………… | 52 |
| おとごぜ | ……………………………… | いもうと |
| おとごぜ | ……………………………… | うつくしい |
| おとごぜ | ……………………………………… | すえ |
| おとごぜ | …………………… | 50,51,55 |
| おとごづき | …………………… | じゅうにがつ |
| おとごづき | ………………………………… | 7 |
| おとしむ | ……………………………… | おとしめる |
| おとしむ | …………………… | けいべつする |

| | | |
|---|---|---|
| おとしむ | ……………………………… | けなす |
| おとしむ | ……………………………… | にくみける |
| おとしむ | ……………………………… | にくむ |
| おとしむ | ……………………………… | あなどる |
| おとす | ……………………………… | あなどる |
| おとす | ……………………………… | うしなう |
| おとす | …………………… | けいべつする |
| おとす | ……………………………… | けなす |
| おとす | ……………………………… | なくす |
| おとす | ……………………………… | にがす |
| おとす | ……………………………… | ぬかす |
| おとす | ……………………………… | おそろしい |
| おどす | ……………………………… | おそれる |
| おとづき | …………………… | じゅうにがつ |
| おとづき | ………………………………… | 7 |
| おとづれ | ……………………………… | おとずれる |
| おとづる | ……………………………… | たずねる |
| おとづる | ………………………………… | てがみ |
| おとづる | …………………… | おとをたてる |
| おとづる | ……………………………… | 13,90 |
| おとと | ……………………………… | いもうと |
| おとと | ………………………… | きょうだい |
| おとと | ……………………………… | 55,56 |
| おとど | ………………………………… | きじん |
| おとど | ……………………………… | だいじん |
| おとど | ………………………………… | 92 |
| おととい | ………………………… | きょうだい |
| おととい | ………………………………… | 56 |
| おととえ | ………………………… | きょうだい |
| おととえ | ………………………………… | 56 |
| おととぐさ | ………………………………… | きく |
| おととぐさ | ………………………………… | 39 |
| おととさう | ………………………………… | きく |
| おととさう | ………………………………… | 39 |
| おとな | ……………………………… | ちょうろう |
| おとな | ……………………………… | としうえ |
| おとな | ………………………………… | 53 |
| おとなおとなし | …………… | おとなびる |
| おとなおとなし | …………… | ふんべつ |
| おとなし | ……………………………… | おだやか |
| おとなし | ……………………………… | おとないし |
| おとなし | ……………………………… | おとなびる |
| おとなし | ……………………………… | おもだつ |
| おとなし | ……………………………… | おんわ |
| おとなし | ……………………………… | ふんべつ |
| おとなし | ……………………………… | やさしい |
| おとなしやか | ……………………… | おだやか |
| おとなしやか | ……………… | おとなびる |
| おとなしやか | ……………………… | おんわ |
| おとなしやか | ……………………………… | 70 |
| おとなだつ | ……………………… | おとなびる |
| おとなひ | ……………………………… | おとずれ |
| おとなひ | ……………………………… | けはい |
| おとなひ | ……………………………… | さわぎ |
| おとなひ | ………………………………… | たより |
| おとなひ | ………………………………… | ひびき |
| おとなひ | ……………………………… | ようす |
| おとなひ | ……………………………… | おとずれる |
| おとなひ | ……………………………… | ほうもん |

| | | | |
|---|---|---|---|
| おとなひ | 12, 13, 83 | おにおにし **あらあらしい** | おはさふ **いらっしゃる** |
| おとなふ **おとずれる** | おにおにし **おそろしい** | おはさふ **おる** |
| おとなをたてる | おにし **あらあらしい** | おはさふ **ゆく** |
| おとなふ **てがみ** | おにともくむ **いさましい** | おばしま **てすり** |
| おとなふ **たずねる** | おにともくむ **むじょう** | おばしま **らんかん** |
| おとなふ 13 | おににころも **みかけ** | おはしまさふ **いらっしゃる** |
| おとなぶ **おとな** | おにのこ **みのむし** | おはしまさふ **おる** |
| おとなぶ **おとなびる** | おにのこ 37 | おはしまさふ **ゆく** |
| おとなぶ **おもだつ** | おにのねんぶつ **むじな** | おはします **いらっしゃる** |
| おとなぶ **ひと** | おにぶくろ **あそび** | おはします **おいでになる** |
| おとにきく **ゆうめい** | おにみそ **おくびょう** | おはします **おる** |
| おとにきく 83, 84 | おによけ 94 | おはします **ゆく** |
| おとにのみ **きく** | おにわたし **あそび** | おはす **いらっしゃる** |
| おとにのみ 39 | おにをあざむく **いさましい** | おはす **おいでになる** |
| おとばな **きく** | おぬし **おまえ** | おはす **おる** |
| おとばな 39 | おぬし **おまえ** | おはす **ゆく** |
| おとはやま 12 | おの **わたくし・わたし** | おはつづき **じゅうがつ** |
| おとひと **おとうと** | おの 105, 106 | おはつづき 7 |
| おとひと **きょうだい** | おのおの **それぞれ** | おひいづ **しょうらい** |
| おとまし **いや** | おのおの **みな** | おびえまどふ **あわてふためく** |
| おとまし **おそろしい** | おのおの **めいめい** | おびえまどふ **あわてる** |
| おとまし **かんじ** | おのおの **かたがた** | おびえまどふ **おそろしい** |
| おとまし **このましい** | おのおの 106, 109 | おびえまどふ **とほうにくれる** |
| おとむすめ **すえ** | おのがじし **それぞれ** | おひこる **おいしげる** |
| おともせず **たより** | おのがじし **めいめい** | おひさき **しょうらい** |
| おとりばら **しょし** | おのがじし 109 | おひさき **しょうらいせい** |
| おとりばら 52 | おのがちりぢり **ばらばら** | おひさきこもる |
| おとる **およぶ** | おのがどち **とも** | **しょうらいせい** |
| おとる **そん** | おのがどち **なかま** | おひさきみゆる |
| おとる **へる** | おのがむきむき | **しょうらいせい** |
| おどれ 106 | **おもいおもい(に)** | おひしく **おいつく** |
| おどろ **みだれる** | おのがむきむき **めいめい** | おひすがふ **おいすがる** |
| おどろ **らんざつ** | おのし 106 | おひすう **おいはらう** |
| おどろ **いばら** | おのづから **おのずから** | おひすつ **ついほう** |
| おどろ **やぶ** | おのづから **ぐうぜん** | おひすゑ **しょうらいせい** |
| おどろ 44 | おのづから **しぜん** | おびたたし **うるさい** |
| おどろおどろし **うるさい** | おのづから **じぶん** | おびたたし **おおさわぎ** |
| おどろおどろし **おおげさ** | おのづから **たまたま** | おびたたし **さかん** |
| おどろおどろし **おそろしい** | おのづから **とつぜん** | おびたたし **さわぎ** |
| おどろおどろし **すごい** | おのづから **ひょっと** | おびたたし **たいへん** |
| おどろおどろし **ものすごい** | おのづと **しぜん** | おびたたし **ものすごい** |
| おどろおどろし **やかましい** | おのづま 54 | おびたたし **やかましい** |
| おどろかす **おこす** | おのもおのもに **めいめい** | おびたたし 78, 82 |
| おどろかす **きづく** | おのら **おまえ** | おびただし **うるさい** |
| おどろかす **けいこくする** | おのら **わたくし・わたし** | おびただし **おおさわぎ** |
| おどろかす **さめる** | おのら 106 | おびただし **さかん** |
| おどろかす **めざめる** | おのれ **おのずから** | おびただし **さわぎ** |
| おどろかす 50 | おのれ **おまえ** | おびただし **たいへん** |
| おどろく **さめる** | おのれ **じぶん** | おびただし **ものすごい** |
| おどろく **はっと** | おのれ **わたくし・わたし** | おびただし **やかましい** |
| おどろく **めざめる** | おのれ 105, 106 | おびただし 78, 82 |
| おどろく 49 | おのれ(と) **しぜん** | おひたつ **そだつ** |
| おどろのかみ **かみ** | おば **そぼ** | おひつぐ **はえかわる** |
| おどろのかみ **みだれる** | おば 56 | おひかぜ **おいかぜ** |
| おどろのみち 31 | おばこ **おおばこ** | おひて **じゅんぷう** |
| おとろふ **おとろえる** | おばこ 39 | おひて 11 |
| おとろふ **みなり** | おはさうず **いらっしゃる** | おひなる **そだつ** |
| おとろふ **みにくい** | おはさうず **おる** | おひまさる **うつくしい** |
| おなじくは **どうせ** | おはさうず **ゆく** | おひめ **しゃっきん** |

おとなひ ー おひめ

41

| | | |
|---|---|---|
| おびゆ …………… おそれる | おぼえず …………… いがい | おぼしおとす ………… あなどる |
| おひゆく …………… せいちょう | おぼえず …… おもいがけない | おぼしかしづく ……… そだてる |
| おひゆく …………… そだつ | おぼえず …………… まんぜん | おぼしかずまふ ……… ひとなみ |
| おびる ……… おっとりしている | おぼえなし …… おもいがけない | おぼしかまふ ………… けいかく |
| おひるなる ………… めざめる | おぼおぼし ………… うっとうしい | おぼしかまふ ………… たくらむ |
| おひををる ………… おいしげる | おぼおぼし ………… おぼろげ | おぼしかまふ ………… よてい |
| おふ[生] …………… うまれる | おぼおぼし ………… たどたどしい | おぼしくづほる ……… がっかり |
| おふ[生] …………… しょうじる | おぼおぼし ………… はっきり | おぼしくづほる ……… ふさぐ |
| おふ[生] …………… そだつ | おぼおぼし ………… ぼんやり | おぼしくづほる ……… 59 |
| おふ[生] …………… はえる | おぼおぼし ………… れいたん | おぼしさだむ ………… きめる |
| おふ[追] …………… もとめる | おぼおぼし ………… たよりない | おぼしさわぐ ………… きがかり |
| おふ[負] …………… こうむる | おぼおぼち ………… そうそふ | おぼしさわぐ ………… しんぱい |
| おふ[負] …………… しゃっきん | おぼおぼち ………… そふ | おぼししづむ ………… かなしむ |
| おふ[負] …………… せおう | おぼおぼち ………… 56 | おぼしすつ ………… あきらめる |
| おふ[負] …………… そなえる | おぼおぼば ………… そうそぼ | おぼしすつ ………… みすてる |
| おふ[負] …………… ふさわしい | おぼおぼば ………… 56 | おぼしたつ …………… そだつ |
| おふ ………………… おびる | おほかた …………… おおかた | おぼしたつ …………… そだてる |
| おふ ………………… たもつ | おほかた …………… おおざっぱ | おぼしたつ …………… きめる |
| おふ ………………… ふくむ | おほかた …………… おしなべて | おぼしたつ …………… けっしん |
| おふ ………………… 48 | おほかた …………… およそ | おぼしつつむ ………… えんりょ |
| おふしもと …………… 43 | おほかた …………… ぜんぜん | おぼしつつむ ………… かくす |
| おふす ……………… せいちょう | おほかた …………… だいたい | おぼしなげく ………… かなしむ |
| おふす ……………… そだつ | おほかたならず …… ひととおり | おぼしなげく ………… 61 |
| おふす ……………… そだてる | おほがま …………… じゃあく | おぼしなす ………… おもいこむ |
| おふす ……………… のばす | おほかみにころも ……… みかけ | おぼしなやむ ………… なやむ |
| おふす ……………… はえる | おほかり …………… がちょう | おぼしなる …………… 108 |
| おふす ……………… はやす | おほかり …………… 34 | おぼしはなつ ……… あきらめる |
| おふなおふな …… かるがるしい | おほき ……………… おおきい | おぼしはなつ ………… みすてる |
| おふなおふな …… けいそつ | おほき ……………… こうだい | おぼしはなる ………… みすてる |
| おふなおふな …… ねんごろ | おほき ……………… じゅうだい | おぼしはばかる ……… えんりょ |
| おふなおふな …… ひたすら | おほき ……………… 111 | おぼしまどふ ………… とうわく |
| おふなおふな …… ぶんそうおう | おほきさい ………… こうごう | おぼしまの ………… かなしい |
| おふなおふな …… むぞうさ | おほきさいのみや ……… はは | おぼしまの …………… なる |
| おほ[大] …………… 111 | おほきさいのみや ……… 56 | おぼしみだる ………… なやむ |
| おほ[凡] …………… いいかげん | おほきさき ………… こうごう | おぼしめし …………… 60 |
| おほ[凡] …………… およそ | おほきさきのみや … こうごう | おぼしめす …………… おもう |
| おほ[凡] …………… おろそか | おほきし ……………… 78 | おぼしやすらふ ……… ためらう |
| おほ[凡] …………… ふつう | おほきたのかた ……… はは | おぼしやる ……… おもいやる |
| おほ[凡] …………… へいぼん | おほきたのかた ……… 56 | おぼしよる ……… おもいあたる |
| おほ[凡] …………… ぼんやり | おほきみ …………… てんのう | おぼしよる ……… おもいやる |
| おほあかとき …………… 19 | おほきみ …………… てんし | おぼしよる …………… きづく |
| おほあした ………… がんたん | おほきやか ………… おおきい | おぼしよる ………… ひかれる |
| おほいぎみ ………… きょうだい | おほぐれ …………… おおがた | おぼしわたる … おもいつづける |
| おほいぎみ ……………… 55 | おほぐれ ……………… とし | おぼしわづらふ ……… なやむ |
| おほいこ ………… きょうだい | おほぐれ …………… ねんまつ | おぼしわぶ …………… なやむ |
| おほいこ ……………… 55 | おほけなし ……… おそれおおい | おほす ……………… おわる |
| おほいご ………… きょうだい | おほけなし ………… とうとい | おほす[果] …………… とげる |
| おほうち ………… きゅうちゅう | おほけなし ………… みのほど | おほす[果] ………… なしおえる |
| おほうちびな ………… だいり | おほけなし …………… みぶん | おほす[仰] ………… おっしゃる |
| おほうちびな ……… にんぎょう | おほけなし ……… もったいない | おほす[仰] ………… めいじる |
| おほうちやま … きゅうちゅう | おほけなし ……………… 49 | おほす[仰] ………… めいれい |
| おほうへ ……………… はは | おほざう ………… いいかげん | おほす[生] ………… せいちょう |
| おほうへ ……………… 56 | おほざう ………… おおざっぱ | おほす[生] …………… そだつ |
| おほうみ ……………… 22 | おほざう …………… ふつう | おほす[生] ………… そだてる |
| おぼえ …………… あいじょう | おぼしあつかふ ……… せわ | おほす[生] …………… はえる |
| おぼえ …………… じんぼう | おぼしあはす … おもいあたる | おほす[負] …………… せおう |
| おぼえ …………… ちょうあい | おぼしいづ ……… おもいだす | おほす[負] ………… なづける |
| おぼえ …………… 61,64,84 | おぼしうつる …………… かわる | おほす ………………… おもう |
| おぼえうかぶ … おもいだされる | おぼしうつる …… こころがわり | おほせ ……………… おおせ |

| | | |
|---|---|---|
| おほせいだす …… **めいじる** | おほとのごもる ……… 76 | おほほし ………… **かすか** |
| おほせいだす …… **めいれい** | おほとのもの ………… 77 | おほほし ……… **はっきり** |
| おほせかく ……… **いいかける** | おほとり ………… **がちょう** | おほほし …………… **ばか** |
| おほせかく ……… **おっしゃる** | おほとり ……………… 34 | おほほし ………… **まぬけ** |
| おほせかく …………… **ことば** | おほとる ……… **しまりがない** | おほほし ……………… 60 |
| おほせかく ……… **めいじる** | おほとる ………… **だらしない** | おほほし ……… **うっとうしい** |
| おほせかく ……… **めいれい** | おほとる …… **みだれひろがる** | おほほし ……… **おぼろげ** |
| おほせかた …………… **かす** | おほどる ……… **しまりがない** | おほほし ……… **ぼんやり** |
| おほせくだす …… **いいつける** | おほどる ………… **だらしない** | おほほし ……… **たよりない** |
| おほせくだす …… **めいじる** | おほどる …… **みだれひろがる** | おほほし ……… **はっきり** |
| おほせくだす …… **めいれい** | おほとる ……… **しまりがない** | おほほす ………… **おもう** |
| おほせごと ……… **めいれい** | おほとる ………… **だらしない** | おほほる[惚] ……… **きぜつ** |
| おほせつく ……… **いいつける** | おほとる …… **みだれひろがる** | おほほる[惚] …… **そらとぼける** |
| おほせつく ……… **めいじる** | おほなおほな ……… **おおざっぱ** | おほほる[惚] ………… **とぼける** |
| おほせつく ……… **めいれい** | おほなおほな ……… **かるがるしい** | おほほる[惚] ……… **ほんしん** |
| おほぞう ……… **いいかげん** | おほなおほな ……… **けいそつ** | おほほる[惚] ……… **ぼんやり** |
| おほぞう ……… **おおざっぱ** | おほなおほな ……… **ねんごろ** | おほほる[溺] ……… **おぼれる** |
| おほぞう …………… **ふつう** | おほなおほな ……… **ひたすら** | おほほる[溺] ………… **しずむ** |
| おほぞう ……… **いいかげん** | おほなおほな ……… **むぞうさ** | おほほる[溺] ……………… 67 |
| おほぞら ……… **うわのそら** | おほなる ………… **じしん** | おほみかど …………… **もん** |
| おほぞら ……… **おおざっぱ** | おほに ……… **おおざっぱ** | おほみき ……… **おそなえ** |
| おほぞら …………… **そら** | おほに ………… **およそ** | おほみき ……………… 94 |
| おほぞり ……… **なおざり** | おほに ……… **ばくぜんと** | おほみぎり ………… **いし** |
| おほち ……… **おおどおり** | おほね ……………… 26 | おほみぎり ……… **しきいし** |
| おほち ……… **だいどう** | おほね ………… **こんぽん** | おほみくらる ……… **こうい** |
| おほち ……………… 31 | おほね ………… **だいこん** | おほみけ ……… **おそなえ** |
| おほち[祖父] ………… **そふ** | おほね ……………… 40 | おほみけ ………… 95, 96 |
| おほち[祖父] …… 52, 53, 56 | おほの ………… **ひろい** | おほみたから …… **じんみん** |
| おほち[大路] …… **おおどおり** | おほの ……………… 26 | おほみはふり …… **そうしき** |
| おほち[大路] …… **だいどう** | おほのか ……… **おおざっぱ** | おほみや ……… **きゅうちゅう** |
| おほち[大路] ……………… 31 | おほのか …………… **きぼ** | おほみやどころ … **きゅうちゅう** |
| おぼつかながる …… **きがかり** | おほのか ……… **だいきぼ** | おほみら ……… **にんにく** |
| おぼつかながる …… **しんぱい** | おほのろ ………… **ひろい** | おほみら ……… **らっきょう** |
| おぼつかながる … **まちどおしい** | おほのろ ……………… 26 | おほみら ………… 41, 42 |
| おぼつかなし ……… **きがかり** | おほば …………… **そぼ** | おぼめかし ……… **ぼんやり** |
| おぼつかなし …… **こころぼそい** | おほば ……………… 56 | おぼめかし ………… **うとい** |
| おぼつかなし ……… **あやしい** | おほひ[大炊] ………… 95 | おぼめかし ……… **きがかり** |
| おぼつかなし …… **うたがわしい** | おほひ[覆] ………… **ひご** | おぼめかし ……… **とぼける** |
| おぼつかなし ……… **しんぱい** | おほひ[覆] ………… **やね** | おぼめかし ………… **ふあん** |
| おぼつかなし ……… **はっきり** | おほひめ ……… **きょうだい** | おぼめかし ……… **ふあんない** |
| おぼつかなし ………… **ふあん** | おほひめ ……………… 55 | おぼめかし ……… **はっきり** |
| おぼつかなし ………… **ふしん** | おほひめぎみ …… **きょうだい** | おぼめかす ……… **ほのめかす** |
| おぼつかなし | おほひめぎみ ……………… 55 | おぼめかす ……………… 75 |
| …… **ぼうっとしている** | おほひめごぜん …… **きょうだい** | おぼめく ………… **ぼんやり** |
| おぼつかなし ……… **ぼんやり** | おほびる ……… **にんにく** | おぼめく ………… **きがかり** |
| おぼつかなし …… **まちどおしい** | おほびる ……………… 41 | おぼめく ………… **とぼける** |
| おほつごもり ……… **ねんまつ** | おほふ …………… **おおう** | おぼめく …………… **ふしん** |
| おほて ……………… **もん** | おほふ ………… **かくす** | おぼめく ………… **はっきり** |
| おほてもん ………… **もん** | おほふ ………… **かぶせる** | おぼめく ……………… 75 |
| おほと ……… **かいきょう** | おほふ ……… **つつみかくす** | おほやう ………… **およそ** |
| おほと ……………… 23 | おほふねの ……… **たのむ** | おほやう ……… **だいたい** |
| おほとか ………… **おうよう** | おほふねの …………… **つ** | おほやう ……… **ものおしみ** |
| おほとか ………… **おおらか** | おほふねの ………… **わたる** | おほやう ……………… 70 |
| おほとか …… **おっとりしている** | おほぶねの ……… **たのむ** | おほやか ………… **おおきい** |
| おほとか ………… **ゆったり** | おほぶねの …………… **つ** | おほやがら ………… **みくり** |
| おほとか ……………… 70 | おほぶねの ………… **わたる** | おほやがら ……………… 42 |
| おほどく ……… **くつろぐ** | おほほし ………… **ぼんやり** | おほやけ ……… **かんちょう** |
| おほどく ……… **のんびり** | おほほし ………… **おろか** | おほやけ …………… **くに** |
| おほどし ……… **ねんまつ** | | |

43

| | | | | | |
|---|---|---|---|---|---|
| おほやけ | こうきょう | おぼろけならず | ひととおり | おもがはり | ようぼう |
| おほやけ | こうへい | おぼろづき | 4 | おもぎらひ | ひとまね |
| おほやけ | このよ | おぼろづくよ | 4,21 | おもくさ | できもの |
| おほやけ | しゃかい | おぼろぶね | 97 | おもくさ | にきび |
| おほやけ | せいふ | おぼろよ | 21 | おもくす | おもんじる |
| おほやけ | ちょうてい | おぼわた | 22 | おもくす | たいせつ |
| おほやけ | てんのう | おほわだ | いりえ | おもざし | おもかげ |
| おほやけ | やくしょ | おほわだ | 22,24 | おもざし | ようし |
| おほやけ | ぎしき | おほゐぐさ | ふとい | おもし | おもい |
| おほやけ | きゅうちゅう | おほゐぐさ | 41 | おもし | おもおもしい |
| おほやけ | 57 | おほをそどり | からす | おもし | きちょう |
| おほやけおほやけし | おもて | おほをそどり | 34 | おもし | じゅうよう |
| おほやけおほやけし | ぎしき | おほん | そんけいする | おもし | とうとい |
| おほやけごと | ぎょうじ | おぼん | 111 | おもし | ひどい |
| おほやけごと | せいむ | おぼんぞ | 93 | おもし | 70 |
| おほやけごと | ぜいきん | おまへ | あなた | おもし[重石] | けんい |
| おほやけし | おもて | おまへ | かれ | おもしる | かおみしり |
| おほやけどころ | かんちょう | おまへ | 106 | おもしる | しりあい |
| おほやけどころ | きゅうちゅう | おみ[臣] | けらい | おもしる | ちじん |
| おほやけばら | ぎふん | おみ[御身] | おまえ | おもしろし | きょうみ |
| おほやけばらだたし | ぎふん | おみ[御身] | 106 | おもしろし | こころよい |
| おほやけばらだつ | ぎふん | おみな | ばあさん | おもしろし | はればれ |
| おほやけびと | やくにん | おみな | 54 | おもしろし | ひかれる |
| おほやしま | にほん | おむ | おそれる | おもしろし | ゆかい |
| おほやまと | にほん | おむ | きおくれ | おもしろし | 61,81 |
| おぼゆ | おもいうかべる | おむ | ひるむ | おもだたし | こうえい |
| おぼゆ | おもいだされる | おむがし | うれしい | おもだたし | はれがましい |
| おぼゆ | おもいだす | おむがし | おもしろい | おもだたし | めいよ |
| おぼゆ | おもう | おむがしむ | よろこばしい | おもちち | りょうしん |
| おぼゆ | かんじる | おむな | ばあさん | おもて[表] | がいけん |
| おぼゆ | にる | おむな | 54 | おもて[表] | しょうめん |
| おぼゆ | 58 | おめかづら | あけび | おもて[面] | かお |
| おほよそ | いっぱん | おめかづら | 44 | おもて[面] | たいめん |
| おほよそ | および | おめもじ | あう | おもて[面] | めんぼく |
| おほよそ | だいたい | おも[母] | うば | おもて[面] | 47 |
| おほよそ | つうじょう | おも[母] | はは | おもで | じゅうしょう |
| おほよそ | ふつう | おも[母] | りょうしん | おもておこし | せつじょく |
| おほよそびと | ふつう | おも[母] | 55,56 | おもておこし | ほまれ |
| おほよそびと | 57 | おも[面] | おもて | おもておこし | めいよ |
| おほらか | 78,79 | おも[面] | かお | おもておこす | めんぼく |
| おぼる | おぼれる | おも[面] | かおつき | おもてぶせ | じったい |
| おぼる | むちゅう | おも[面] | 47 | おもてぶせ | はずかしい |
| おぼる | 60 | おもおもし | いげん | おもてぶせ | ふめいよ |
| おぼろ | かすんでいる | おもおもし | おもだつ | おもてぶせし | はずかしい |
| おぼろ | はっきり | おもおもし | みぶん | おもてもふらず | ひたすら |
| おぼろ | ぼんやり | おもおもし | 70 | おもてもふらず | まっしぐら |
| おぼろか | いいかげん | おもかくし | かくす | おもてもふらず | わきみ |
| おぼろか | なおざり | おもかくし | てれかくし | おもてもふらず | 78 |
| おぼろか | いいかげん | おもかくす | はずかしい | おもてる | あか・あかいろ |
| おぼろか | なおざり | おもかげ | かおつき | おもてる | かお |
| おぼろか | ぼんやり | おもかげ | すがた | おもてる | せきめん |
| おぼろけ | かくべつ | おもかげ | まぼろし | おもてる | 14 |
| おぼろけ | ひととおり | おもかげ | ようす | おもてをさらす | はじ |
| おぼろけ | ありきたり | おもかげぐさ | やまぶき | おもてをふす | はずかしい |
| おぼろけ | とおりいっぺん | おもかげぐさ | 46 | おもてをふす | ふめいよ |
| おぼろけ | ふつう | おもかげにす | おもいうかべる | おもてをふす | めんぼく |
| おぼろげ | かすか | おもかげにす | れんそうする | おもてをむかふ | あらそう |
| おぼろげ | はっきり | おもがた | かおつき | おもてをむかふ | かお |
| おぼろげ | ぼんやり | おもがはり | かわる | おもてをむかふ | はむかう |

| | | |
|---|---|---|
| おもと | あなた | |
| おもと | おまえ | |
| おもと | 106 | |
| おもとじ | はは | |
| おもとじ | 56 | |
| おもとびと | きんしん | |
| おもなし | あつかましい | |
| おもなし | はずかしい | |
| おもなし | ふめいよ | |
| おもなし | ぶえんりょ | |
| おもなし | めんぼく | |
| おもなる | したしむ | |
| おもなる | なじむ | |
| おもなる | へいき | |
| おもなる | みなれる | |
| おもにくし | つらにくい | |
| おもにくし | にくらしい | |
| おもねる | きげん | |
| おもねる | ついしょう | |
| おもねる | へつらう | |
| おもの | しょくじ | |
| おもの | 96 | |
| おものし | したてる | |
| おもはく | おもう | |
| おもはく | かんがえ | |
| おもはく | はんだん | |
| おもはく | よそう | |
| おもはく | 62 | |
| おもはざるほか | いがい | |
| おもはざるほか | おもい | |
| おもはし | このましい | |
| おもはし | のぞましい | |
| おもはずげ | いがい | |
| おもはずなり | おもいがけない | |
| おもはずなり | きにくわない | |
| おもはずなり | しんがい | |
| おもはずなり | 59 | |
| おもはずは | おもう | |
| おもはふ | よき | |
| おもはゆ | おもう | |
| おもはゆし | てれくさい | |
| おもはゆし | はずかしい | |
| おもはゆし | まばゆい | |
| おもひ | あいじょう | |
| おもひ | かんがえ | |
| おもひ | がんぼう | |
| おもひ | きがかり | |
| おもひ | きぼう | |
| おもひ | きもち | |
| おもひ | したう | |
| おもひ | しりょ | |
| おもひ | しんぱい | |
| おもひ | すいさつ | |
| おもひ | そうぞう | |
| おもひ | なやみ | |
| おもひ | ねがい | |
| おもひ | ものおもい | |
| おもひ | よそう | |

| | | |
|---|---|---|
| おもひ | 59, 62, 102 | |
| おもひあかす | てつやする | |
| おもひあがる | うぬぼれる | |
| おもひあがる | こころざし | |
| おもひあがる | じふ | |
| おもひあがる | たいし | |
| おもひあく | いや | |
| おもひあぐ | ひょうかする | |
| おもひあくがる | あこがれる | |
| おもひあこがる | あこがれる | |
| おもひあつ | おもいあたる | |
| おもひあつかふ | きがかり | |
| おもひあつかふ | しんぱい | |
| おもひあつかふ | せわ | |
| おもひあつかふ | なやむ | |
| おもひあつむ | かんがえる | |
| おもひあなづる | あなどる | |
| おもひあなづる | けいべつする | |
| おもひあはす | おもいあたる | |
| おもひあはす | おもいあわせる | |
| おもひあふ | 62 | |
| おもひあへず | おもい | |
| おもひあへず | かんがえつく | |
| おもひあまる | かんがえあぐねる | |
| おもひあまる | かんがえつく | |
| おもひあまる | しあん | |
| おもひあまる | なやむ | |
| おもひいづ | おもいだす | |
| おもひいで | おもいで | |
| おもひいぬ | 72 | |
| おもひゐる | いちず | |
| おもひゐる | おもいこむ | |
| おもひゐる | おもいつめる | |
| おもひゐる | 61 | |
| おもひいれ | おもいきり | |
| おもひいれ | おもう | |
| おもひいれ | おもわく | |
| おもひいれ | かんがえ | |
| おもひいれ | しゅうしん | |
| おもひいれ | じんぼう | |
| おもひいれ | にんき | |
| おもひいれ | もくろみ | |
| おもひいれ | 83 | |
| おもひう | おもいつく | |
| おもひう | さとる | |
| おもひうた | 63 | |
| おもひうつる | こころがわり | |
| おもひうつろふ | こころがわり | |
| おもひうとむ | いやがる | |
| おもひうらぶる | しおれる | |
| おもひうんず | いや | |
| おもひうんず | いやけがさす | |
| おもひうんず | きおち | |
| おもひうんず | ふさぐ | |
| おもひうんず | 59 | |
| おもひおきつ | きめる | |
| おもひおきつ | しょり | |

| | | |
|---|---|---|
| おもひおく | きめる | |
| おもひおく | けってい | |
| おもひおく | みれん | |
| おもひおくる | おくれる | |
| おもひおくる | たちおくれる | |
| おもひおこす | いきごむ | |
| おもひおこす | おもいだす | |
| おもひおこす | おもいつく | |
| おもひおこす | ふんき | |
| おもひおこす | 60 | |
| おもひおごる | うぬぼれる | |
| おもひおごる | おもいあがる | |
| おもひおとす | けいべつする | |
| おもひおとす | あなどる | |
| おもひかぎる | あきらめる | |
| おもひかぎる | だんねん | |
| おもひかく | こいしい | |
| おもひかく | したう | |
| おもひかく | そうぞう | |
| おもひかく | ねんとう | |
| おもひかく | よき | |
| おもひかく | よそう | |
| おもひかく | 62 | |
| おもひかしづく | せわ | |
| おもひかしづく | そだてる | |
| おもひかぬ | おもいつく | |
| おもひかぬ | たえる | |
| おもひかぬ | 63 | |
| おもひかはす | こいしあう | |
| おもひかはす | 62 | |
| おもひかはる | かわる | |
| おもひかほ | かお | |
| おもひかほ | かおつき | |
| おもひかまふ | くわだてる | |
| おもひかまふ | 85 | |
| おもひきゆ | おもいしずむ | |
| おもひきゆ | おもう | |
| おもひきゆ | ふさぐ | |
| おもひきゆ | 59 | |
| おもひきる | かくご | |
| おもひきる | けっしん | |
| おもひきる | だんねん | |
| おもひきる | みきりをつける | |
| おもひぐさ | おばな | |
| おもひぐさ | おみなえし | |
| おもひぐさ | つゆくさ | |
| おもひぐさ | なでしこ | |
| おもひぐさ | なんばんギセル | |
| おもひぐさ | りんどう | |
| おもひぐさ | タバコ | |
| おもひぐさ | 39, 40, 42 | |
| おもひく | きおち | |
| おもひく | ふさぐ | |
| おもひくす | 59 | |
| おもひくだく | おもいみだれる | |
| おもひくだく | しあん | |
| おもひくだく | まどう | |
| おもひくたす | あなどる | |

おもと──おもひくたす

45

おもひくたす──おもひはるく

| | | |
|---|---|---|
| おもひくたす …………… | けなす | |
| おもひくたす …………… | わるい | |
| おもひくっす …………… | ふさぐ | |
| おもひくっす …………… | 59 | |
| おもひくづほる ……… | がっかり | |
| おもひくづほる ……… | 60 | |
| おもひぐま ………… | どうじょう | |
| おもひぐまなし …… | おもいやり | |
| おもひぐまなし …… | しりよく | |
| おもひくゆ …………… | くやむ | |
| おもひくゆ …………… | こうかい | |
| おもひくらす ………… | すむ | |
| おもひくらす ………… | 62 | |
| おもひくらぶ … | おもいくらべる | |
| おもひくらぶ ………… | くらべる | |
| おもひくらぶ ………… | ひかく | |
| おもひぐるし ………… | くるしい | |
| おもひくんず ………… | きおち | |
| おもひくんず ………… | ふさぐ | |
| おもひくんず ………… | 59 | |
| おもひけつ ………… | あきらめる | |
| おもひけつ ………… | あなどる | |
| おもひけつ ……… | けいべつする | |
| おもひけつ ………… | むし | |
| おもひけつ ………… | わすれる | |
| おもひこ ………………… | 51 | |
| おもひこふ ………… | こいしい | |
| おもひこふ ………… | こいしたう | |
| おもひこふ ………… | 63 | |
| おもひこる ………… | こりる | |
| おもひさだむ … | おもいさだめる | |
| おもひさだむ ………… | きめる | |
| おもひさだむ ………… | はんだん | |
| おもひさます ………… | しずめる | |
| おもひしづまる ……… | しずまる | |
| おもひしづまる ……… | 70, 71 | |
| おもひしづむ ………… | ふさぐ | |
| おもひしづむ ……… | ものおもい | |
| おもひしづむ ………… | おさえる | |
| おもひしづむ ………… | 59, 70 | |
| おもひしなゆ | | |
| … | いきしょうちんする | |
| おもひしなゆ ……… | うちしおれる | |
| おもひしなゆ ………… | ふさぐ | |
| おもひしなゆ ………… | 59 | |
| おもひしむ ………… | おもいこむ | |
| おもひしむ ………… | しみこむ | |
| おもひしむ ………… | 48 | |
| おもひしめる ………… | かなしみ | |
| おもひしめる ………… | しずむ | |
| おもひしめる ……… | ひかんする | |
| おもひしる …………… | さとる | |
| おもひしる …………… | りかい | |
| おもひしる ……… | わきまえしる | |
| おもひしをる ………… | ふさぐ | |
| おもひしをる ………… | よわる | |
| おもひしをる ………… | 59 | |
| おもひすぐ(す) ……… | わすれる | |
| おもひすごす ………… | わすれる | |
| おもひすつ …………… | すてる | |
| おもひすつ ………… | みすごす | |
| おもひすつ ………… | みすてる | |
| おもひすます ………… | しずか | |
| おもひせく …………… | おさえる | |
| おもひそむ[思初] | | |
| … | こいしはじめる | |
| おもひそむ[思初] ……… | 63 | |
| おもひそむ[思染] …… | しみこむ | |
| おもひそむ[思染] ……… | 48 | |
| おもひたけぶ ………… | いきおい | |
| おもひたつ …………… | いきごむ | |
| おもひたつ …………… | きめる | |
| おもひたのむ ………… | あて | |
| おもひたはる ……… | たわむれる | |
| おもひたゆ ………… | あきらめる | |
| おもひたゆ ………… | だんねん | |
| おもひたゆむ ………… | ゆだん | |
| おもひたゆむ ………… | ゆるむ | |
| おもひたわむ | | |
| … | いきしょうちんする | |
| おもひたわむ ………… | きおち | |
| おもひたわむ ………… | くじける | |
| おもひづ ………… | おもいだす | |
| おもひつく …………… | おもい | |
| おもひつく …… | こいしはじめる | |
| おもひつく …………… | すき | |
| おもひつく ………… | ひかれる | |
| おもひつく ………… | 62, 63 | |
| おもひつづく ……… | いつまでも | |
| おもひつづく ……… | おもいだす | |
| おもひつづく …… | おもいつづける | |
| おもひつづく …… | おもいめぐらす | |
| おもひつづく ……… | かんがえる | |
| おもひつづく … | じゅっかいする | |
| おもひつつむ ……… | つつみかくす | |
| おもひつつむ ………… | えんりょ | |
| おもひつつむ ………… | ためらう | |
| おもひづま …………… | おっと | |
| おもひづま …………… | 54, 55 | |
| おもひつむ ………… | おもいこむ | |
| おもひつむ ………… | おもいつめる | |
| おもひつむ …………… | おもい | |
| おもひつらぬ …… | おもいつづける | |
| おもひど ……………… | けってん | |
| おもひどく …… | りょうかいする | |
| おもひどち …………… | とも | |
| おもひどち …………… | なかま | |
| おもひどち …………… | 58 | |
| おもひとぢむ ……… | あきらめる | |
| おもひとぢむ ……… | だんねん | |
| おもひとどこほる ……… | けっしん | |
| おもひとどこほる ……… | ためらう | |
| おもひとどむ ……… | あきらめる | |
| おもひとどむ ……… | だんねん | |
| おもひとる …………… | かくる | |
| おもひとる …………… | きめる | |
| おもひとる …………… | けっしん | |
| おもひとる ………… | こころえる | |
| おもひとる …………… | さとる | |
| おもひとる …………… | りかい | |
| おもひながす …… | おもいうかべる | |
| おもひながす …… | おもいめぐらす | |
| おもひなぐさむ …… | なぐさめる | |
| おもひなぐさむ ………… | 58 | |
| おもひなげ …………… | むしん | |
| おもひなし …………… | じんぼう | |
| おもひなし …… | せんにゅうかん | |
| おもひなし ………… | 59, 84 | |
| おもひなす ………… | おもいこむ | |
| おもひなす ………… | すいりょう | |
| おもひなずらふ ……… | おなじ | |
| おもひなずらふ …… | かんがえる | |
| おもひなずらふ …… | くらべる | |
| おもひなほる ………… | きげん | |
| おもひなほる ………… | 58 | |
| おもひならふ ………… | おもう | |
| おもひならふ …… | ならいおぼえる | |
| おもひね ……………… | 77 | |
| おもひねんず ………… | いのる | |
| おもひねんず ………… | がまん | |
| おもひねんず …… | たえしのぶ | |
| おもひのいへ ………… | じたく | |
| おもひのいへ ………… | わがや | |
| おもひのいへ ………… | 92 | |
| おもひのいろ … | あか・あかいろ | |
| おもひのいろ ………… | ひいろ | |
| おもひのいろ ………… | 14, 15 | |
| おもひのけぶり ……… | はげしい | |
| おもひのたま ………… | じゅず | |
| おもひのつゆ ………… | 66 | |
| おもひのどむ ……… | おだやか | |
| おもひのどむ ………… | 60, 70 | |
| おもひのぶ …………… | 60 | |
| おもひのほか ………… | いがい | |
| おもひのほか ………… | よき | |
| おもひはかる …… | おもいめぐらす | |
| おもひはかる | | |
| … | かんがえめぐらす | |
| おもひはげむ ………… | どりょく | |
| おもひはたす ……… | あきらめる | |
| おもひはつ ………… | あきらめる | |
| おもひはつ ………… | おもいこむ | |
| おもひはつ ………… | おもいつめる | |
| おもひはつ ………… | おもいとおす | |
| おもひはつ ………… | 62, 63 | |
| おもひはなつ … | あいそをつかす | |
| おもひはなつ ……… | あきらめる | |
| おもひはなつ ……… | みすてる | |
| おもひはなる … | あいそをつかす | |
| おもひはなる ……… | あきらめる | |
| おもひはなる ……… | だんねん | |
| おもひはなる ……… | みすてる | |
| おもひはばかる ……… | えんりょ | |
| おもひはばかる …… | きがねする | |
| おもひはばかる …… | はればれ | |
| おもひはるく ……… | はればれ | |

46

| | | |
|---|---|---|
| おもひびと …… こいびと | おもひよる …… おもいあたる | おもへり …… かおつき |
| おもひびと …… 63 | おもひよる …… おもいつく | おもへれや …… おもう |
| おもひふす …… 77 | おもひよる …… きゅうこん | おもほえず …… いがい |
| おもひへだつ …… そがいする | おもひよる …… こころひかれる | おもほえず …… おもいがけない |
| おもひへだつ …… わけへだてる | おもひよる …… ひかれる | おもほえで …… おもう |
| おもひほる …… ぼんやり | おもひよる …… 62, 63, 84 | おもほし …… ねがわしい |
| おもひまうく …… かんがえる | おもひよわる …… が | おもほし …… のぞましい |
| おもひまうく …… よき | おもひよわる …… がをおる | おもほしいづ …… おもいだす |
| おもひまうく …… 85 | おもひよわる …… よわい | おもほしなる …… きめる |
| おもひまがふ …… ごかい | おもひわく …… かんがえる | おもほしなる …… けっしん |
| おもひまがふ …… さっかく | おもひわく …… くべつ | おもほしなる …… 108 |
| おもひます …… つのる | おもひわく …… さべつ | おもほしめす …… おもう |
| おもひます …… 64 | おもひわく …… はんだん | おもほしよる …… おもいあたる |
| おもひまどふ …… とほうにくれる | おもひわく …… ふんべつ | おもほしよる …… おもいつく |
| おもひまどふ …… なやむ | おもひわたる …… わすれる | おもほしよる …… きつう |
| おもひまどふ …… まよう | おもひわたる …… いつまでも | おもほしよる …… ひかれる |
| おもひまはす …… かんがえめぐらす | おもひわたる …… おもいつづける | おもほす …… おもう |
| おもひまはす …… かんがえる | おもひわづらふ …… なやむ | おもほてる …… せきめん |
| おもひまはす …… しあん | おもひわぶ …… かなしい | おもほゆ …… おもう |
| おもひみだる …… おもいみだれる | おもひわぶ …… かなしむ | おもむき …… いみ |
| おもひみだる …… なやむ | おもひわぶ …… なやむ | おもむき …… ようす |
| おもひみる …… おもい | おもひわぶ …… かなしい | おもむき …… 82 |
| おもひみる …… おもいめぐらす | おもひをかく …… のぞみ | おもむく …… したがう |
| おもひむすぼほる …… ふさぐ | おもふ …… おもう | おもむく …… どうい |
| おもひむすぼほる …… むね | おもふ …… きがかり | おもむく …… なびく |
| おもひむすぼほる …… 59 | おもふ …… こいしい | おもむく …… ほのめかす |
| おもひむすぼる …… ふさぐ | おもふ …… しんぱい | おもむく …… むかう |
| おもひむすぼる …… むね | おもふ …… すいりょう | おもむく …… わだい |
| おもひむすぼる …… 59 | おもふ …… なつかしむ | おもむけ …… いこう |
| おもひむつぶ …… したしむ | おもふ …… なやむ | おもむけ …… しうち |
| おもひめぐらす …… しあん | おもふ …… ねがう | おもむけ …… めいれい |
| おもひめぐらす …… なやむ | おもふ …… のぞむ | おもむろに …… しずか |
| おもひもの …… こいびと | おもふ …… よき | おももち …… おもざし |
| おもひもの …… 63 | おもふ …… 62, 63 | おももち …… かおつき |
| おもひやすむ …… わすれる | おもふおもふ …… おもいながら | おももち …… ひょうじょう |
| おもひやすらふ …… ためらう | おもふさま …… おもいどおり | おもやう …… おもざし |
| おもひやむ[思止] …… あきらめる | おもふさま …… おもう | おもやう …… かおだち |
| おもひやむ[思止] …… おもう | おもふさま …… かんがえ | おもやう …… かおつき |
| おもひやむ[思病] …… なやむ | おもふさま …… しりょ | おもやう …… ひょうじょう |
| おもひやむ[思病] …… 88 | おもふす …… うつむく | おもやす …… やつれる |
| おもひやり …… かんがえ | おもふす …… はずかしい | おもらか …… おもい |
| おもひやり …… しりょ | おもふす …… めんぼく | おもらか …… 70 |
| おもひやり …… どうじょう | おもふせ …… じったい | おもりか …… おもい |
| おもひやり …… ふんべつ | おもふせ …… はずかしい | おもりか …… 70 |
| おもひやる …… おもい | おもふせ …… ふめいよ | おもる …… おもい |
| おもひやる …… すいりょう | おもふそら …… きもち | おもる …… 88 |
| おもひやる …… そうぞう | おもふどち …… とも | おもわ …… おもざし |
| おもひやる …… どうじょう | おもふどち …… なかま | おもわ …… かお |
| おもひやる …… はいりょ | おもふどち …… 58 | おもわ …… かおつき |
| おもひやる …… 60 | おもふひ …… そうしき | おもわ …… ひょうじょう |
| おもひゆづる …… まかせる | おもふひ …… めいにち | おもわ …… 47 |
| おもひよす …… おもいあわせる | おもふひ …… 74 | おもんぱかり …… しりょ |
| おもひよす …… おもいくらべる | おもふひと …… こいびと | おもんぱかり …… はかりごと |
| おもひよそふ …… おもいあわせる | おもふひと …… 63 | おもんみる …… かんがえる |
| おもひよそふ …… おもいくらべる | おもぶるに …… おもむろに | おや …… せんぞ |
| おもひよそふ …… かんがえあわせる | おもぶるに …… ゆったり | おや …… がんそ |
| おもひよそふ …… れんそうする | おもへや …… おもう | おやこぐさ …… ゆずりは |
| | おもへや …… 104 | おやこぐさ …… 46 |
| | おもへらく …… おもう | おやざと …… おやもと |

| | | | | | | |
|---|---|---|---|---|---|---|
| おやづき | …… | しちがつ | およぶ | …… | まえかがみになる | おん …… 111 |
| おやづき | …… | 6 | およる | …… | 76 | おんあい …… あいじょう |
| おやにあとをやる | …… | 72 | おら | …… | 105 | おんあい …… いつくしみ |
| おやのこ | …… | しそん | おらぶ | …… | さけぶ | おんあい …… おんけい |
| おやのこ | …… | 56 | おらぶ | …… | なきさけぶ | おんあい …… 61, 62 |
| おゆ | …… | おいる | おらぶ | …… | 66 | おんこと …… あなた |
| おゆ | …… | おとろえる | おりつぐ | …… | おる | おんこと …… 106 |
| おゆ | …… | おわり | おりはふ | …… | おる | おんじき …… のみくい |
| おゆ | …… | かれる | おりひめ | … | しょくじょせい | おんじき …… 95, 97 |
| おゆ | …… | よわる | おりひめ | …… | たなばた | おんじょう …… 89 |
| おゆ | …… | 17, 53 | おりひめ | …… | 8 | おんぞ …… 93 |
| おゆどの | …… | ふろ | おりひめぼし | … | しょくじょせい | おんとのごもる …… 76 |
| おゆび | …… | 47 | おりひめぼし | …… | たなばた | おんな …… ばあさん |
| おゆらく | …… | ろうねん | おりひめぼし | …… | 8 | おんな …… 54 |
| おゆらく | …… | 54 | おる[愚・痴] | …… | うっかり | おんばこ …… おおばこ |
| およすく | …… | おとな | おる[愚・痴] | …… | おろか | おんばこ …… 39 |
| およすく | …… | しっそ | おる[愚・痴] | …… | ぼんやり | おんみ …… あなた |
| およすく | …… | せいちょう | おる[降・下] | …… | しごと | おんみ …… 47, 106 |
| およすく | …… | そだてる | おる[降・下] | …… | じしょく | おんみゃうじ …… うらなう |
| およすく | …… | 54 | おれ | …… | おまえ | おんやうじ …… うらなう |
| およすぐ | …… | おとな | おれ | … | わたくし・わたし | |
| およすぐ | …… | おとなびる | おれ | …… | 105, 106 | |
| およすぐ | …… | しっそ | おれう | …… | あま | か |
| およすぐ | …… | せいちょう | おれおれし | …… | ばか | |
| およすぐ | …… | そだてる | おれおれし | …… | おろか | か …… これ |
| およずく | …… | おとな | おれもの | …… | おろか | か …… 3, 104, 108, 111 |
| およずく | …… | おとなびる | おれもの | …… | ばかもの | か[荷] …… 111 |
| およずく | …… | しっそ | おろおろ | …… | いいかげん | か[香] …… かおり |
| およずく | …… | せいちょう | おろおろ | …… | ざっと | か[香] …… におい |
| およずく | …… | そだてる | おろおろ | …… | すこし | か[鹿] …… しか |
| およずく | …… | 54 | おろおろ | …… | そりゃく | か[鹿] …… 33 |
| およそ | …… | いいかげん | おろおろ | …… | とりとめ | か[処] …… 113 |
| およそ | …… | おおかた | おろおろ | …… | ふかんぜん | か[日] …… にっすう |
| およそ | …… | がいりゃく | おろおろ | …… | ふじゅうぶん | か[日] …… 113 |
| およそ | …… | そりゃく | おろおろ | …… | まばら | か[彼] …… あの |
| およづれ | …… | りゅうげん | おろか | …… | そりゃく | か[彼] …… かれ |
| およづれ | …… | うそ | おろか | …… | へた | か[彼] …… 106, 107 |
| およづれ | …… | 84 | おろか | …… | みじゅく | か[個・箇] …… 113 |
| およづれこと | …… | うそ | おろか | …… | おとる | が …… いわい |
| およづれごと | …… | りゅうげん | おろか | …… | おろそか | かい …… 111 |
| およな | …… | 54 | おろか | …… | ふじゅうぶん | かいえき …… こうてつ |
| およばず | …… | かなう | おろかならず | …… | たいへん | かいくらみどき …… 18 |
| およばず | …… | いたらない | おろかならず | …… | ひととおり | かいくる …… たぐりよせる |
| およばず | …… | できる | おろく | …… | ばか | かいけつ …… かきけす |
| およばず | …… | とどく | おろく | …… | ぼける | かいけつ …… けす |
| およばず | …… | ふかのう | おろし | …… | やまおろし | かいげん …… さとる |
| および | …… | ゆび | おろし | …… | 29 | かいげん …… しんり |
| および | …… | 48 | おろす | …… | けなす | かいさん …… そうししゃ |
| およびなし | …… | いたらない | おろす | …… | しゅっけ | かいさん …… はじまり |
| およびなし | …… | かなう | おろす | …… | ののしる | かいさん …… はじめる |
| およびなし | …… | およぶ | おろす | …… | わるい | かいしゃく …… かいほう |
| およぶ | …… | いたる | おろす | …… | そしる | かいしゃく …… せわ |
| およぶ | …… | おいつく | おろそか | …… | いいかげん | かいさく …… とばり |
| およぶ | …… | かたをならべる | おろそか | …… | おろそか | かいしろ …… まく |
| およぶ | …… | たっする | おろそか | …… | かんそ | がいす …… きずつける |
| およぶ | …… | とどく | おろそか | …… | しっそ | がいす …… ころす |
| およぶ | …… | ならべる | おろそか | …… | そりゃく | がいす …… そこなう |
| およぶ | …… | ひってき | おろそか | …… | なおざり | かいぞへ …… かいほう |

| | | | | | |
|---|---|---|---|---|---|
| かいぞへ | せわ | かいやる | あたえる | がうす | なづける |
| かいだう | かいどう | かいやる | はらいのける | がうす | よぶ |
| かいだう | かいろ | かいやる | はらう | かうせき | おこない |
| かいだう | こうろ | かいらう | ともしらが | かうせき | ぎょうじょう |
| かいだう | ふなたび | かいらう | 53 | かうせき | こうい |
| かいだう | 23, 31, 97, 98 | かう | こう | かうせき | ふるまい |
| かいつく | かきつく | かう | このよう | かうぞり | かみそり |
| かいつく | しがみつく | かう | こんなに | かうぞり | しゅっけ |
| かいつく | すがる | かう | 107 | かうて | こうして |
| かいつく | たより | がう | いなか | かうど[川音] | せせらぎ |
| かいつく | だきつく | がう | こきょう | かうど[川音] | 24, 25 |
| かいつく | とりすがる | がう | むらざと | かうど[川門] | かわぎし |
| かいつくろふ | きちんと | かうがふ | せめる | かうど[川門] | わたしば |
| かいつくろふ | ととのえる | かうがふ | はんだん | かうど[川門] | 25, 26, 98 |
| かいつのぐ | かみ | かうがふ | ばっする | がうな | やどかり |
| かいつのぐる | たばねる | かうがふ | ばつ | がうな | 38 |
| かいつぶり | にお・におどり | かうがふ | おもいはかる | かうなぎ | かんぬし |
| かいつぶり | 35 | かうがふ | かんがえる | かうなぎ | みこ |
| かいつらぬ | いっしょに | かうがふ | しょうごうする | かうにきる | いばら |
| かいつらぬ | つれだつ | かうがふ | しらべる | かうぬし | かんぬし |
| かいつらぬ | つれる | かうがふ | しりょ | かうのもの | ぐんじん |
| かいなづ | なでる | かうがふ | とがめる | かうのもの | ごうけつ |
| かいなで | とおりいっぺん | かうぎょ | あゆ | かうのもの | ぶし |
| かいなで | ふつう | かうぎょ | 37 | かうのもの | ゆうしゃ |
| かいなで | へいぼん | がうけ | いいわけ | がうのもの | ぐんじん |
| がいねん | ごじっさい | がうけ | こうじつ | がうのもの | ぶし |
| がいねん | 89 | がうけ | ごうぞく | かうばし | かんばしい |
| かいのごふ | ぬぐいとる | かうざま | このよう | かうばし | うつくしい |
| かいのごふ | ふきとる | かうし | さいしょ | かうばし | かおり |
| かいば | たづな | かうし | はじまり | かうばし | ひかれる |
| かいば | 38 | かうじ[勘事] | かんどう | かうばし | 82 |
| かいはう | かんご | かうじ[柑子] | みかん | かうばり | かばう |
| かいはう | せわ | かうじ[好事] | めでたい | かうばり | しえん |
| かいはう | 87 | かうじいろ | 15 | かうばり | たすけ |
| かいはなつ | あけはなつ | かうしう | くがつ | かうばり | ひいき |
| かいはなつ | あける | かうしう | 7 | かうふう | けしき |
| かいばみ | のぞきみ | かうしゃう[江上] | いりえ | かうふう | ふうかく |
| かいばみ | 78 | かうしゃう[江上] | わん | かうぶる | いただく |
| かいばみる | のぞきみる | かうしゃう[江上] | 22, 24, 25 | かうぶる | うける |
| かいばみる | 78 | かうしゃう[行商] | しょうばい | かうべ | あたま |
| かいばむ | 78 | かうしゃう[高声] | おおごえ | かうべ | かしら |
| かいひく | えんそう | かうしゃう[高声] | 90, 91 | かうべ | くび |
| かいひく | ひく | かうじゃう | いりえ | かうべ | 47 |
| かいひゃく | はじまり | かうじゃう | わん | かうみゃう | てがら |
| かいびゃく | はじまり | かうじゃう | 22, 25 | かうみゃう | ひょうばん |
| かいぶし | かとりせんこう | かうしょく | いろごのみ | かうみゃう | ほまれ |
| がいぶん | せいいっぱい | かうしょく | びじん | かうみゃう | めいよ |
| がいぶん | ぶんざい | かうしょく | 51 | かうみゃう | めんぼく |
| がいぶん | みのほど | かうじん[行人] | たびびと | かうみゃう | ゆうめい |
| がいぶん | 49 | かうじん[行人] | つうこう | かうみゃう | 84 |
| かいまくる | まくりあげる | かうじん[行人] | 87 | かうむる | いただく |
| かいまさぐる | いじる | かうじん[鮫人] | にんぎょ | かうむる | うける |
| かいまみ | のぞきみ | かうす | いいひろめる | がうりき | ちから |
| かいまみ | 78 | かうす | となえる | がうりき | ちからづよい |
| かいまみる | のぞきみる | かうす | なづける | かうりゅう | りゅう |
| かいまみる | 78 | かうす | よぶ | かうりょうのくいあり | |
| かいまむ | のぞきみ | かうず | かいせつする | | ほろびる |
| かいまむ | 78 | がうす | いいひろめる | かうりょうのくいあり | のぼる |
| かいもちひ | 96 | がうす | となえる | かか | はは |

| | | |
|---|---|---|
| かか | ………… | りょうしん |
| かか | ………… | 56 |
| かかぐ | ………… | あかるい |
| かかぐ | ………… | あたえる |
| かかぐ | ………… | かかげる |
| かかぐ | ………… | さしあげる |
| かかぐる | ………… | すがる |
| かがし | ………… | だれそれ |
| かがせ | ………… | かかし・かがし |
| かがたり | ………… | けわしい |
| かかち | ………… | ほおずき |
| かかち | ………… | 42 |
| かかづらふ | ………… | じゅうし |
| かかづらふ | ………… | なやむ |
| かかづらふ | ………… | かかわる |
| かかづらふ | ………… | こだわる |
| かかづらふ | ………… | ためらう |
| かかづらふ | ………… | つきまとう |
| かかづらふ | ………… | かんけい |
| かかなく | ………… | 90 |
| かがなべて | ………… | 3 |
| かかはる | ………… | かかわる |
| かかはる | ………… | こだわる |
| かかはる | ………… | かんけい |
| かかはる | ………… | こうでいする |
| かかふ[抱] | ………… | かかえる |
| かかふ[抱] | ………… | かばう |
| かかふ[抱] | ………… | だく |
| かかふ[抱] | ………… | ほごする |
| かかふ[抱] | ………… | まもる |
| かかふ[抱] | ………… | やとう |
| かかふ[襤褸] | | |
| | ………… | ぼろぎれ・ぼろぬの |
| かがふる | ………… | いただく |
| かぶふる | ………… | かぶる |
| かがまる | ………… | かがむ |
| かがまる | ………… | こし |
| かがみ | ………… | てほん |
| かがみぐさ | ………… | やまぶき |
| かがみぐさ | ………… | あさがお |
| かがみぐさ | ………… | 38, 46 |
| かがみご | ………… | ほおずき |
| かがみご | ………… | 42 |
| かがみなす | ………… | おもう |
| かがみなす | ………… | 77 |
| かがみる | ………… | かんがえる |
| かがみる | ………… | さんしょうする |
| かがむ | ………… | おりまげる |
| かがむ | ………… | かがめる |
| かがむ | ………… | こし |
| かがむ | ………… | しゃがむ |
| かかやかし | ………… | おもはゆい |
| かかやかし | ………… | てれくさい |
| かかやかし | ………… | はずかしい |
| かかやかし | ………… | おもはゆい |
| かかやかし | ………… | てれくさい |
| かかやかし | ………… | はずかしい |
| かかやかす | ………… | かがやく |
| かかやかす | ………… | ひかる |
| かがやかす | ………… | かがやく |
| かがやかす | ………… | ひかる |
| かかやく | ………… | かがやく |
| かかやく | ………… | はじ |
| かかやく | ………… | はずかしがる |
| かかやく | ………… | ひかる |
| かがよふ | ………… | かがやく |
| かがよふ | ………… | きらめく |
| かがよふ | ………… | ちらつく |
| かがよふ | ………… | ひかる |
| かからはし | ………… | うごく |
| かからはし | ………… | からまる |
| かからふ | ………… | かかわる |
| かかり | ………… | おもむき |
| かかり | ………… | かまえ |
| かかり | ………… | ようす |
| かかり | ………… | このよう |
| かかり | ………… | こんな |
| かかり | ………… | 81, 82, 108 |
| かかりうど | ………… | いそうろう |
| かかりしほどに | ………… | こうして |
| かかりどころ | ………… | たより |
| かかりびと | ………… | いそうろう |
| かがりびの | ………… | かげ |
| かかりぶね | ………… | 97 |
| かかりもの | ………… | ぜい |
| かかりもの | ………… | 88 |
| かかる[斯] | ………… | このよう |
| かかる[輝] | ………… | あかぎれ |
| かかる[掛] | ………… | しはじめる |
| かかる[掛] | ………… | すがる |
| かかる[掛] | ………… | せめかかる |
| かかる[掛] | ………… | たよる |
| かかる[掛] | ………… | だきつく |
| かかる[掛] | ………… | とおりかかる |
| かかる[掛] | ………… | とまる |
| かかる[掛] | ………… | まきぞえ |
| かかる[掛] | ………… | もたれかかる |
| かかる[掛] | ………… | よりかかる |
| かかる[掛] | ………… | れんざする |
| かかる[掛] | ………… | おそう |
| かかる[掛] | ………… | かかわる |
| かかる[掛] | ………… | かんけい |
| かかる[掛] | ………… | ていはく |
| かかる[掛] | ………… | 97 |
| かがる | ………… | あかぎれ |
| かかるほどに | ………… | こうして |
| かかれど | ………… | けれども |
| かかれば | ………… | だから |
| かきあぐ | ………… | あかるい |
| かきあぐ | ………… | かかげる |
| かきあはす | ………… | えんそう |
| かきあはす | ………… | がっそう |
| かきあはす | ………… | つくろう |
| かきいだく | ………… | だきかかえる |
| かきいづ | ………… | ひっぱりだす |
| かきかぞふ | ………… | かぞえる |
| かきかぞふ | ………… | けいさん |
| かきかはす | ………… | とりかわす |
| かきかる | ………… | かる |
| かききらす | ………… | きり |
| かききる | ………… | きりとる |
| かきくづす | ………… | くずす |
| かきくどく | ………… | くどい |
| かきくどく | ………… | くりかえす |
| かきくどく | ………… | 69 |
| かきくもる | ………… | くらい |
| かきくらす | ………… | かなしみ |
| かきくらす | ………… | くらい |
| かきくる | ………… | くもる |
| かきけつ | ………… | かく |
| かきけつ | ………… | かきけす |
| かきけつ | ………… | けす |
| かきこもる | ………… | とじこもる |
| かきこもる | ………… | ひきこもる |
| かきこゆる | ………… | いぬ |
| かきこゆる | ………… | 32 |
| かきしぐる | ………… | 10 |
| かきしぐれ | ………… | しぐれ |
| かきしぐれ | ………… | 9 |
| かきすさぶ | ………… | かく |
| かきすさぶ | ………… | なぐさみ |
| かきすつ | ………… | かきすてる |
| かきすつ | ………… | かきながす |
| かきすます | ………… | かく |
| かきすます | ………… | ねんいり |
| かきたくる | ………… | かきあつめる |
| かきたくる | ………… | かきむしる |
| かきたくる | ………… | かきよせる |
| かきたつ | ………… | えんそう |
| かきたつ | ………… | ひく |
| かきたて | ………… | かじょうがき |
| かきたて | ………… | もくろく |
| かきたゆ | ………… | しょうそく |
| かきたゆ | ………… | たえる |
| かきたゆ | ………… | 72 |
| かきたる | ………… | くらい |
| かきたる | ………… | たれる |
| かきたる | ………… | 10 |
| かきつ | ………… | かきね |
| かきつく | ………… | かみ |
| かきつく | ………… | しがみつく |
| かきつく | ………… | すがる |
| かきつく | ………… | たより |
| かきつく | ………… | とりつく |
| かきつく | ………… | なでつける |
| かきつばた | ………… | におう |
| かきつむ | ………… | かきあつめる |
| かきつらぬ | ………… | ならべる |
| かきなす | ………… | ひく |
| かきなづ | ………… | さする |
| かきなづ | ………… | なでる |
| かきなで | ………… | とおりいっぺん |
| かきなで | ………… | ふつう |
| かきなで | ………… | へいぼん |
| かきならす | ………… | えんそう |
| かきならす | ………… | ひく |

| | | |
|---|---|---|
| かきのく ……………… とりのぞく | かく[格] ……………… りゅうぎ | かくのこのみ ……………… 45 |
| かきのく ……………… のぞく | かく[格] ……………… 65 | かくのみに ……… こんなふうに |
| かきのく ……………… はらいのける | かく[駆] ……………… はしる | かくばかり …… これほどまでに |
| かきは ……………… いわ | かく[欠] ……………… おこたる | かくばかり ……………… 108 |
| かきはらふ ……………… とりのぞく | かく[欠] ……………… おろそか | かぐはし ……………… うつくしい |
| かきはらふ ……………… のぞく | かく[欠] ……………… こわす | かぐはし ……………… かおり |
| かきはらふ ……………… はらいのける | かく[欠] ……………… こわれる | かぐはし ……………… かわいい |
| かきふす ……………… ねかせる | かく[欠] ……………… そこなう | かぐはし ……………… かんばしい |
| かきほ ……………… かきね | かく[欠] ……………… そん | かぐはし ……………… すばらしい |
| かきまぎる ……………… へいぼん | かく[欠] ……………… ぬかす | かぐはし ……………… ひかれる |
| かきまぎる ……………… まぎれる | かく[欠] ……………… ふそく | かぐはし ……………… 82 |
| かきみだる ……………… かきちらす | かく[欠] ……………… もらす | かくばしら ……………… たけ |
| かきみだる ……………… かく | かく[欠] ……………… もれる | かくひどり ……………… こうもり |
| かきみだれる ……………… みだれる | かく[構] ……………… くみたてる | かくひどり ……………… 33 |
| かきみだれる ……………… 61 | かく[構] ……………… へんしゅう | かくびゃう ……………… とりわけ |
| かきむだく ……………… だく | かく[斯] ……………… こう | かくべつ ……………… とりわけ |
| かきやる[書遣] … かきつづける | かく[斯] ……………… このよう | かくべつ ……………… ともかくも |
| かきやる[書遣] ……………… てがみ | かく[斯] ……………… 107 | かくむ ……………… かこむ |
| かきやる[搔遣] … はらいのける | かく[掛] ……………… あびせる | がくや ……………… ないじょう |
| かきやる[搔遣] ……………… はらう | かく[掛] ……………… いたる | かぐらづき …… じゅういちがつ |
| かきよす ……………… あつめる | かく[掛] ……………… かける | かぐらづき ……………… 7 |
| かきよす ……………… かきあつめる | かく[掛] ……………… かねる | かくらふ ……………… かくれる |
| かきよす ……………… かきよせる | かく[掛] ……………… かぶせる | かくりよ ……………… あのよ |
| かきよす ……………… だきよせる | かく[掛] ……………… だます | かくる ……………… かくれる |
| かぎり ……………… おわり | かく[掛] ……………… はなしかける | かくる ……………… 72 |
| かぎり ……………… げんど | かく[掛] ……………… めざす | かくれ ……………… かげ |
| かぎり ……………… すべて | かく[掛] ……………… おもう | かくれ ……………… 73 |
| かぎり ……………… 73,74 | かく[掛] ……………… くらべる | かくれあそび ……………… あそび |
| かぎりあり ……………… げんど | かく[掛] ……………… たくわえる | かくれあそび ……………… かくれる |
| かぎりあるみち ……………… 73,86 | かく[搔] ……………… えんそう | かくれごと[隠言] ……………… 69 |
| かぎりあるよ ……………… このよ | かく[搔] ……………… きりはなす | かくれごと[隠事] ……………… あそび |
| かぎりなし ……………… かぎり | かく[搔] ……………… たがやす | かくれごと[隠事] ……………… かくれる |
| かぎりなし ……………… すぐれる | かく[搔] ……………… はらいのける | かくれなし ……………… ゆうめい |
| かぎりなし …… はてし(が)ない | かく[搔] ……………… ひく | かくれなし ……………… 75 |
| かぎりなし …… はなはだしい | かく[搔] ……………… 30,111 | かくれぬの ……………… そこ |
| かぎりなし ……………… 82 | かく[繋] ……………… つなぎとめる | かくればう ……………… あそび |
| かぎりのこと ……………… そうしき | かぐ ……………… おろか | かくればう ……………… かくれる |
| かぎりのこと ……………… ほうじ | かぐ ……………… おんがく | かくれひ ……………… とい |
| かぎりのつき …… じゅうにがつ | かくご ……………… あきらめ | かくれみ ……………… かんどう |
| かぎりのつき ……………… 7 | かくご ……………… きおく | かくれみち ……………… ぬけみち |
| かぎろひ ……………… かげろう | かくご ……………… こころがまえ | かぐろし ……………… くろい |
| かぎろひ ……………… ひかり | かくご ……………… さとり | かぐろし ……………… 15 |
| かぎろひの ……………… はる | かくご ……………… 75,85 | かぐろふ ……………… かくれる |
| かぎろひの ……………… ほのか | かくごん ……………… せいきん | かくろへごと ……………… しのぶ |
| かぎろふ ……………… もえる | かくごん ……………… はげむ | かくろへごと ……………… ひみつ |
| かきわたす ……………… えんそう | かくさふ ……… かくしつづける | かくゎん ……………… おとな |
| かきわたす ……………… ひきつづける | かくさふ ……………… かくす | かけ ……………… にわとり |
| かきわたす ……………… ひく | かくし ……………… まもる | かけ ……………… 35 |
| かきん ……………… きず | かくし ……………… みみずく | かげ ……………… おもかげ |
| かきん ……………… けってん | かくし ……………… 35 | かげ ……………… すがた |
| かきん ……………… はじ | かくしつ ……………… ふわ | かげ ……………… おんけい |
| かく ……………… 113 | かくしつ ……………… ふんそう | かげ ……………… げんえい |
| かく[格] ……………… きまり | がくしょう ……………… がくせい | かげ ……………… かたち |
| かく[格] ……………… くらい | かくて ……………… こうして | かげ ……………… ひかり |
| かく[格] ……………… しきたり | かくて ……………… このよう | かげ ……………… まもり |
| かく[格] ……………… ふうかく | かくて ……………… さて | かげ ……………… ようご |
| かく[格] ……………… ほうそく | かくながら ……………… このまま | かけあふ ……………… こうしょう |
| かく[格] ……………… みぶん | かくのごとく ……………… このよう | かけあふ ……………… だんぱん |
| | かくのこのみ ……………… たちばな | かけあふ ……………… つりあう |

かけうぐ ── かしこまる

| | | |
|---|---|---|
| かけうぐ | | あな |
| かけかけし | | 61 |
| かげごと | | 69 |
| かけこひ | | しゅうきんにん |
| かけこもる | | とじこもる |
| かけさす | | けはい |
| かけず | | かんたん |
| かけず | | むぞうさ |
| かけず | | わけない |
| かけたかのとり | | ほととぎす |
| かけたかのとり | | 35 |
| かけち | | やまみち |
| かけち | | 28, 29 |
| かげつ[嘉月] | | さんがつ |
| かげつ[嘉月] | | 6 |
| かけて | | けっして |
| かけて | | すこし |
| かけても | | すこし |
| かけても | | ぜんぜん |
| かけとどむ | | ひきとめる |
| かけとむ | | ひきとめる |
| かげの | | 26 |
| かけはし | | はしご |
| かけはし | | なかだち |
| かけはなる | | かんけい |
| かけひ | | みぞ |
| かけひ | | とい |
| かけひ | | 26 |
| かけぶね | | ていはく |
| かけぶね | | 97 |
| かげふむばかり | | ちかい |
| かけまくも | | くち |
| かけみち | | やまみち |
| かけみち | | 28, 29 |
| かけやる | | やぶる |
| かける[駆] | | はしる |
| かける[翔] | | とぶ |
| かけろ | | にわとり |
| かけろ | | 35 |
| かけろ(と) | | にわとり |
| かけろ(と) | | 35, 91 |
| かげろひ | | とんぼ |
| かげろひ | | 37 |
| かげろふ[陰] | | かげる |
| かげろふ[陽炎] | | ひかり |
| かげろふ[陽炎] | | ひかる |
| かげろふ[陽炎] | | ゆらゆら |
| かげろふ[蜻蛉・蜉蝣] | | とんぼ |
| かげろふ[蜻蛉・蜉蝣] | | 37 |
| かげろふの | | ある |
| かげろふの | | はる |
| かげろふの | | ほのか |
| かげろふの | | ほのめく |
| かげろふの | | もえる |
| かこ[水夫] | | せんどう |
| かこ[水夫] | | ふなのり |
| かこ[水夫] | | 98 |
| かこ[鹿子] | | しか |
| かこ[鹿子] | | 33 |

| | | |
|---|---|---|
| かごか | | かんせい |
| かごか | | ひっそり |
| かごか | | しずか |
| かこじもの | | ひとり |
| かこちがほ | | うらみがましい |
| かこちがほ | | かお |
| かこちがほ | | なげく |
| かこちなき | | うらみがましい |
| かこちよす | | こじつける |
| かこつ | | うらみごと |
| かこつ | | かこつける |
| かこつ | | かなしむ |
| かこつ | | ぐち |
| かこつ | | こうじつ |
| かこつ | | ふへい |
| かごと | | いいわけ |
| かごと | | ぐち |
| かごと | | こうじつ |
| かごと | | ふへい |
| かごとがまし | | うらみかなしむ |
| かごとがまし | | うらみがましい |
| かごとがまし | | ぐち |
| かごとがまし | | なげく |
| かごとばかり | | かたち |
| かごとばかり | | すこし |
| かごとばかり | | もうしわけていど |
| かごやか | | かんせい |
| かごやか | | ひっそり |
| かごやか | | ものしずか |
| かごやか | | しずか |
| かさ[嵩] | | いげん |
| かさ[嵩] | | おおきい |
| かさ[嵩] | | かんろく |
| かさ[嵩] | | こうしょ |
| かさ[嵩] | | たかい |
| かさ[嵩] | | たかさ |
| かさ[瘡] | | できもの |
| かさ[瘡] | | はれもの |
| がざけ | | やけざけ |
| がざけ | | 95 |
| かざし | | かんざし |
| かざしぐさ | | さくら |
| かざしぐさ | | 44 |
| かざしたにゐる | | まねる |
| かざす | | かざりつける |
| かざそら | | 11 |
| かさどる | | いばる |
| かざなぐさ | | やなぎ |
| かざなぐさ | | 46 |
| かざなみ | | なりゆき |
| かさぬ | | かさねる |
| かさぬ | | くりかえす |
| かさねて | | ふたたび |
| かざはな | | ゆき |
| かざはな | | 10 |
| かざま | | えんりょ |
| かざまちぐさ | | うめ |
| かざまちぐさ | | 44 |

| | | |
|---|---|---|
| かざみぐさ | | うめ |
| かざみぐさ | | やなぎ |
| かざみぐさ | | 44, 46 |
| かざむき | | なりゆき |
| かさやどり | | あまやどり |
| かさやどり | | 9 |
| かざらひ | | かざり |
| かざりなは | | しめなわ |
| かざりなは | | しんれい |
| かざりまつ | | かどまつ |
| かざりをおろす | | しゅっけ |
| かし | | よ |
| かし[河岸] | | いちば |
| かし[河岸] | | かわぎし |
| かし[河岸] | | 24 |
| かしかまし | | うるさい |
| かしかまし | | やかましい |
| かしがまし | | うるさい |
| かしがまし | | やかましい |
| かしき | | すいじ |
| かしきみづ | | こめ |
| かしく[炊] | | たく |
| かしく[炊] | | にる |
| かしく[悴] | | しおれる |
| かしく[傾] | | かたむく |
| かしく[炊] | | すいじ |
| かしぐ[炊] | | たく |
| かしぐ[炊] | | にる |
| かしこ | | あちら |
| かしこ | | 107 |
| かしこし | | おそれおおい |
| かしこし | | おそろしい |
| かしこし | | きょうしゅく |
| かしこし | | よい |
| かしこし | | うまい |
| かしこし | | かしこい |
| かしこし | | こうみょう |
| かしこし | | さいのう |
| かしこし | | じょうず |
| かしこし | | すぐれる |
| かしこし | | たいそう |
| かしこし | | とうとい |
| かしこし | | なみなみ |
| かしこし | | もったいない |
| かしこし | | 82 |
| かしこまり | | いいわけ |
| かしこまり | | えんりょ |
| かしこまり | | おとがめ |
| かしこまり | | おれい |
| かしこまり | | かんどう |
| かしこまり | | しゃざい |
| かしこまり | | せめる |
| かしこまり | | わびごと |
| かしこまる | | あやまる |
| かしこまる | | おそれつつしむ |
| かしこまる | | えんりょ |
| かしこまる | | きょうしゅく |
| かしこまる | | しょうち |

| | | | | | | |
|---|---|---|---|---|---|---|
| かしこまる | きんしんする | かす | のる | かせぎ | 33 |
| かしこまる | うけたまわる | かすか | しずか | かぜききぐさ | おぎ |
| かしこむ | あやまる | かすか | はっきり | かぜききぐさ | 39 |
| かしこむ | おそれつつしむ | かすか | ひっそり | かせぐ[稼] | さがす |
| かしこむ | おそろしい | かすか | ほのか | かせぐ[枷] | さえぎる |
| かしこむ | つつしむ | かすか | ぼんやり | かせぐ[枷] | ささえる |
| かしこむ | えんりょ | かすか | みすぼらしい | かぜのたより | ふうぶん |
| かしこむ | きょうしゅく | かすか | よわよわしい | かぜのたより | 83, 84 |
| かしこむ | しょうち | かずかず | あれこれ | かぜのとの | とおい |
| かしこむ | きんしんする | かずかず | しんせつ | かぜのまへのちり | 80 |
| かしこむ | うけたまわる | かずかず | ねんごろ | かぜのむた | 11 |
| かじち | たんぽ | かずかず | はいりょ | かぜひかる | ふきわたる |
| かじち | ていとう | かずかず | ゆきとどく | かぜひかる | 12 |
| かしづき | せわ | かずかず | 107 | かぜまちづき | ろくがつ |
| かしづき | そだてる | かずしらず | 79 | かぜまちづき | 6 |
| かしづきたつ | せわ | かずぐさ | 79 | かぜもちぐさ | おぎ |
| かしづきたつ | そだてる | かずなし | つまらない | かぜもちぐさ | 39 |
| かしづく | せわ | かずなし | とるにたりない | かぜをくらふ | にげさる |
| かしづく | そだてる | かずなし | むすう | かそ | ちち |
| かしどり | かけす | かずなし | もののかず | かそ | 56 |
| かしどり | 34 | かずなし | もんだい | かぞ[父] | ちち |
| かじのはひめ | しょくじょせい | かずなし | 79 | かぞ[乳] | 56 |
| かじのはひめ | たなばた | かずならず | つまらない | かぞ[楮] | こうぞ |
| かじのはひめ | 8 | かずならず | とるにたりない | かぞ[楮] | 44 |
| かしのみの | ひとり | かずならず | もんだい | かそいろ | ちちはは |
| かしは | いわ | かずならず | もののかず | かそいろ | ふぼ |
| かしはで | りょうり | かずのほか | ていいん | かそいろ | りょうしん |
| かしはで | ふるまい | かすひどり | かっこう | かそいろ | 56 |
| かしはで | もてなし | かすひどり | 34 | かぞいろ | ちちはは |
| がしふ | しゅうちゃく | かずまふ | かぞえる | かぞいろ | ふぼ |
| かしまし | うるさい | かずまふ | けいさん | かぞいろ | りょうしん |
| かしまし | やかましい | かずまふ | ひとなみ | かぞいろ | 56 |
| かしまだち | しゅっぱつ | かすみぐさ | まこも | かぞいろは | ちちはは |
| かしまだち | たびだつ | かすみぐさ | 42 | かぞいろは | ふぼ |
| かしまだち | 86 | かすみしく | かすむ | かぞいろは | りょうしん |
| かしゃく | せめる | かすみそめづき | いちがつ | かぞいろは | 56 |
| かしゃく | とがめる | かすみそめづき | 5 | かそけし | あわい |
| かじゅ | かんれき | かすみたつ | はる | かそけし | かすか |
| かじゅ | 89 | かすみのころも | もふく | かぞふ | かず |
| かしょう | かぎょう | かすみのころも | 94 | かぞふ | かぞえる |
| かしょく | しごと | かすみわたる | かすむ | かぞふ | けいさん |
| かしよね | こめ | かすむ[霞] | ぼんやり | かぞふ | れっきょする |
| かしら | あたま | かすむ[掠] | あてつける | かた | ほうこう |
| かしら | かみ | かすむ[掠] | うばう | かた[潟] | いりえ |
| かしら | さいせんたん | かすむ[掠] | くらむ | かた[潟] | うみべ |
| かしら | 47 | かすむ[掠] | ごまかす | かた[潟] | うら |
| がしら | 113 | かすむ[掠] | だます | かた[潟] | ひがた |
| かしらかたし | けんこう | かすむ[掠] | ぬすむ | かた[潟] | 22, 23 |
| かしらかたし | そうけん | かすむ[掠] | ほのめかす | かた[片] | かんぜん |
| かしらつき | あたま | かずよりほか | ていいん | かた[片] | ひたすら |
| かしらつき | かっこう | かする | うばう | かた[片] | ふかんぜん |
| かしらつき | かみ | かずをつくす | すべて | かた[片] | 112 |
| かしらつき | かみがた | かぜ | ならわし | かた[方] | いち |
| かしらをおろす | しゅっけ | かぜ | ふうしゅう | かた[方] | ころ |
| かしり | まじない | かぜおつ | 11 | かた[方] | しゅだん |
| かしる | のろう | かぜかをる | ふきわたる | かた[方] | じぶん |
| かす | つける | かぜかをる | 12 | かた[方] | ばしょ |
| かす | ひたす | かせぎ | おじか | かた[方] | ほうこう |
| | | かせぎ | しか | かた[形] | え |

| | | |
|---|---|---|
| かた[形] ………… **かたち** | かたぎし …………… **がけ** | かたじけなし …… **はずかしい** |
| かた[形] ………… **かんれい** | かたぎし …………… 28 | かたじけなし …… **きょうしゅく** |
| かた[形] ………… **けいじょう** | かたぎぬ …… **ちゃんちゃんこ** | かたしどころ …… **かじや** |
| かた[形] ………… **けいせき** | かたぎぬ …………… 93 | かたしは …………… **いわ** |
| かた[形] ………… **しきたり** | かたぐ …………… **かつぐ** | かたしろ ………… **みがわり** |
| かた[形] ………… **たんぽ** | かたぐ …………… **せおう** | かたす …………… **きたえる** |
| かた[形] ………… **ふうしゅう** | かたぐ ………… **ふりあげる** | かたそば[片側] ……… 32 |
| かた[形] ………… **もよう** | かたくな ………… **おろか** | かたそば[片側] … **いちぶぶん** |
| かた[形] ………… **ようしき** | かたくな ………… **かたいじ** | かたそば[片側] … **いったん** |
| かた[形] ………… **ようす** | かたくな ………… **がんこ** | かたそば[片側] … **かたはし** |
| かだ …………… **おこたる** | かたくな ………… **きょうよう** | かたそふ ……… **かたよせる** |
| がた …………… **ほうこう** | かたくな ………… **ごうじょう** | かただより ………… **てがみ** |
| がた …………… **しにくい** | かたくな ………… **すなお** | かたち …………… **ようし** |
| がた[難] …………… 113 | かたくな ………… **そや** | かたち …………… **かお** |
| がた[方] ……… 112, 113 | かたくな ………… **ばか** | かたち ………… **かおつき** |
| かたいき ………… **へんざい** | かたくな ………… **へんくつ** | かたち ………… **きりょう** |
| かたいとの ………… **あう** | かたくな ……… **みぐるしい** | かたち ………… **すがた** |
| かたいとの ………… **お** | かたくな ………… **やぼ** | かたち …………… **びじん** |
| かたいとの ………… **くる** | かたくなし ……… **おろか** | かたち …………… **ようす** |
| かたいとの ………… **よる** | かたくなし ……… **がんこ** | かたち …………… **ようぼう** |
| かたうど …………… **とも** | かたくなし …… **ききぐるしい** | かたち …………… 51 |
| かたうど ………… **なかま** | かたくなし ……… **ごうじょう** | かたちありさま … **ふうさい** |
| かたうど ………… **ひいき** | かたくなし ……… **ばか** | かたちありさま … **ようし** |
| かたうど ………… **みかた** | かたくなし …… **みぐるしい** | かたちかはる ……… **しゅっけ** |
| かたおち ……… **かたておち** | かたけ …………… 95 | かたちづくり …… **けしょう** |
| かたおち ………… **ひいき** | かたげ ………… **むずかしい** | かたちづくり … **みづくろい** |
| かたおち ……… **ふこうへい** | かたこ …………… **あかご** | かたちびと ……… **びじん** |
| かたおひ ………… **みじゅく** | かたこ …………… 51 | かたちびと ……… 51 |
| かたがいかる …… **とくい** | かたこひ ………… **かたこい** | かたちをかふ …… **しゅっけ** |
| かたかく …………… **あて** | かたこひ …………… 62 | かたつかた ……… **いっぽう** |
| かたかく ………… **たよる** | かたさま ………… **あなた** | かたつかた ……… **かたがわ** |
| かたかげ …………… **かげ** | かたさま ………… **ほうこう** | かたつかた ……… **たほう** |
| かたがた ……… **かたがわ** | かたさま ………… **むき** | かたつく ………… **かたよる** |
| かたがた ……… **かたすみ** | かたさま …………… 106 | かたづく ………… **せっする** |
| かたかた …………… **そば** | かたさる ………… **えんりょ** | かたづく ………… **かたよる** |
| かたがた ………… **あなた** | かたさる ……… **かたよる** | かたづく ………… **せっする** |
| かたがた ………… **あれこれ** | かたさる ………… **しりぞく** | かたつぶり ……… **かたつむり** |
| かたがた ……… **あれやこれや** | かたさる ………… **とおざかる** | かたつま ………… **かたはし** |
| かたがた …… **いずれにせよ** | かたし[鍛] ………… **かじや** | かたづむ ………… **かたよる** |
| かたがた ………… **いろいろ** | かたし[難] ……… **こんなん** | かたてる …………… **はれる** |
| かたがた ……… 106, 107 | かたし[難] ……… **なかなか** | かたとき …………… **すこし** |
| かたかど ………… **さいのう** | かたし[難] ………… **まれ** | かたとき …………… **ちょっと** |
| かたかど ……… **ちょうしょ** | かたし[難] …… **むずかしい** | かたとき …………… 16 |
| かたかゆ …………… **めし** | かたし[難] … **めったにない** | かたときさらず …… **いつも** |
| かたかゆ …………… 96 | かたし[片] …… **かたいっぽう** | かたどる ………… **にせる** |
| かたがゆ ………… **ごはん** | かたし[固・堅] …… **かたい** | かたどる …………… **にる** |
| かたがゆ …………… 96 | かたし[固・堅] …… **きびしい** | かたどる ………… **まねる** |
| かたき …………… **あいて** | かたし[固・堅] …… **しっかり** | がたなし ………… **しにくい** |
| かたき …………… **てき** | がたし ………… **しにくい** | がたなし …………… 113 |
| かたき ……… **はいぐうしゃ** | がたし …………… 113 | かたなり ………… **おさない** |
| かたき …………… **ふうふ** | かたしき ………… **ひとりね** | かたなり ………… **せいちょう** |
| かたき …………… 85 | かたしき …………… 77 | かたなり ………… **みじゅく** |
| かたぎ[気質] ……… **きふう** | かたしく ………… **ひとりね** | かたぬ …………… **たばねる** |
| かたぎ[気質] …… **しゅうかん** | かたしく …………… 77 | かたね …………… **できもの** |
| かたぎ[気質] …… **せいしつ** | かたしぐれ ………… **しぐれ** | かたのごとく …… **かんれい** |
| かたぎ[気質] …… **ならわし** | かたしぐれ ………… **はれる** | かたは …………… **かんぜん** |
| かたぎ[形木] ……… **てほん** | かたしけ …………… 9 | かたは …………… **ぐあい** |
| かたきし …………… **がけ** | かたじけなし … **おそれおおい** | かたは …………… **けってん** |
| かたきし …………… 28 | かたじけなし … **めんぼく** | かたは …………… **ふかんぜん** |

| | | | | | |
|---|---|---|---|---|---|
| かたは | ふじゅうぶん | かたほとり | そば | かたやまぎし | がけ |
| かたは | ふつごう | かたほとり | へんぴ | かたやまざと | いなか |
| かたは | みぐるしい | かたほとり | いなか | かたやまざと | やまざと |
| かたはし | いちぶぶん | かたほとり | かたすみ | かたやまざと | 29 |
| かたはし | いっぽう | かたまく[傾] | けいちゅうする | かたゆき[堅雪] | ねゆき |
| かたはら | わき | かたまく[傾] | 61 | かたゆき[堅雪] | ゆき |
| かたはら | そば | かたまく[片設] | かわる | かたゆき[片行] | へんざい |
| かたはら | よこ | かたまく[片設] | じき | かたゆふぐれ | 18 |
| かたはら | かわ | かたまく[片設] | ちかづく | かたらか | はやい |
| かたはらいたし | かわいそう | かたまく[片設] | 16 | かたらか | すみやか |
| かたはらいたし | ぐあい | かたまし | ねじけている | かたらひ | せっとく |
| かたはらいたし | しょうじ | かたまし | ひがむ | かたらひ | ちぎり |
| かたはらいたし | にがにがしい | かたまし | 60 | かたらひ | やくそく |
| かたはらいたし | はずかしい | かだまし | ねじけている | かたらひぐさ | かたる |
| かたはらいたし | はらはらする | かだまし | 60 | かたらひぐさ | はなし |
| かたはらいたし | ふつごう | かたまつ | まつ | かたらひぐさ | わだい |
| かたはらいたし | みぐるしい | かたみ[筐] | かご | かたらひとる | せっとく |
| かたはらいたし | 67 | かたみ[筐見] | たけ | かたらひとる | てなずける |
| かたはらさびし | さびしい | かたみ[形見] | おもいで | かたらひとる | ときふせる |
| かたはらさびし | ひとりね | かたみぐさ | あおい | かたらひとる | みかた |
| かたはらさびし | 77 | かたみぐさ | きく | かたらひびと | そうだん |
| かたはらざま | そば | かたみぐさ | なでしこ | かたらひびと | とも |
| かたはらざま | よこ | かたみぐさ | 38, 39, 40 | かたらひびと | はなしあいて |
| かたはらざま | よこがわ | かたみさう | きく | かたらふ | かたりあう |
| かたはらざま | わき | かたみさう | 39 | かたらふ | こうさい |
| かたはらふす | よこむき | かたみに | かわるがわる | かたらふ | こんい |
| かたはらふす | 77 | かたみに | こうごに | かたらふ | せっとく |
| かたはらめ | そばめ | かたみに | たがいに | かたらふ | そうだん |
| かたはらめ | よこがお | かたみのいろ | もふく | かたらふ | ちぎる |
| かたはらめ | かお | かたみのいろ | 94 | かたらふ | はなしあう |
| かたひく | ひいき | かたみのくも | かそう | かたらふ | まじわる |
| かたびと | みかた | かたみのみづ | 66 | かたらふ | やくそく |
| かたびら | 94 | かたむ[姦] | ひがむ | かたらふ | 63 |
| かたぶく | おとろえる | かたむ[固] | かためる | かたりあはす | かたりあう |
| かたぶく | かたむける | かたむ[固] | けいび | かたりあはす | はなしあう |
| かたぶく | けなす | かたむ[固] | しゅご | かたりいづ | はなしはじめる |
| かたぶく | しずむ | かたむ[固] | とじまりする | かたりきょうず | はしゃぐ |
| かたぶく | なじる | かたむ[固] | まもる | かたりきょうず | はなし |
| かたぶく | ななめ | かたむ[固] | やくそく | かたりきょうず | はなす |
| かたぶく | ひなん | かたむく | ねじける | かたりく | はなしい |
| かたぶく | ふしぎ | かたむく | おとろえる | かたりぐさ | はなし |
| かたぶく | ふしん | かたむく | かたむける | かたりなす | はなす |
| かたぶく | ほろびる | かたむく | しずむ | かたる | はなす |
| かたぶく | ほろぼす | かたむく | ななめ | かたる | よむ |
| かたぶく | わるい | かたむく | ひなん | かたる | 69 |
| かたへ | かたがわ | かたむく | ふしぎ | かたわれづき | はんげつ |
| かたへ | はんぶん | かたむく | ふしん | かたわれづき | 4 |
| かたへ | いっぽう | かたむく | ほろびる | かたわれふね | 97 |
| かたへ | しんぺん | かたむく | ほろぼす | かたわれぼし | こじき |
| かたへ | そば | かたむく | わるい | かたゐ | こじき |
| かたへ | とも | かため | ちぎり | かたゑむ | びしょうする |
| かたへ | どうはい | かため | やくそく | かたゑむ | ほほえむ |
| かたへ | なかま | かためごと | やくそく | かたゑむ | 68 |
| かたへは | ひとつ | かためごと | 85 | かたをなみ | たかい |
| かたほ | ふぞろい | かだもの | おうちゃく | かたをなみ | 23 |
| かたほ | みにくい | かたもひ | かたこい | かち | とほ |
| かたほ | ふじゅうぶん | かたもひ | 62 | かち | ほこう |
| かたほ | みじゅく | かたもひの | そこ | かち | 68 |
| かたほ | かんぜん | かたやまが | 92 | がち | 112, 113 |

かたは―がち

| | | | | | |
|---|---|---|---|---|---|
| かちありき | とほ | かって | ゆうり | かどかどし | かくばる |
| かちありき | ほこう | かって | わがまま | かどかどし | かしこい |
| かちありき | 68 | かって | だいどころ | かどかどし | かどばっている |
| かちいひ | もち | かって | かねて | かどかどし | きがきく |
| かちこ | ふなのり | かって | けっして | かどかどし | さいきう |
| かちこ | 98 | かって | ぜんぜん | かどかどし | さいのう |
| かちだち | あらそい | かって | ついぞ | かどかどし | とげとげしい |
| かちだち | とほ | かってかた | だいどころ | かどかどし | 58 |
| かちだち | ほへいせん | かってづく | みがって | かとく | あととり |
| かちだち | 68 | がってん | うなずく | かとく | ざいさん |
| かちぢ | とほ | がってん | しょうだく | かとく | そうぞく |
| かちぢ | りくろ | がってん | なっとく | かどた | もん |
| かちぢ | 31, 68, 87 | かつは | いっぽう | かどた | 30 |
| かちどり | せんどう | かつは | ひとつ | かどづめ | しきい |
| かちどり | ふなのり | かつま | かご | かどで | たびだち |
| かちどり | 98 | かつま | たけ | かどで | 86 |
| かちのき | 45 | かつみ | まこも | かどなみ | 93 |
| かちのきぬで | | かつみ | 42 | かどはかす | ゆうかいする |
| | ぬるで・ふしのき | かつもって | ぜんぜん | かどはかす | ゆうわくする |
| かちびと | とほ | かづらかげ | ひかげかずら | かどはす | かどわかす |
| かちびと | 68 | かづらかげ | 41 | かどひろし | さかえる |
| かちまくら | こうかい | かづらぐさ | くず | かどふ | かどわかす |
| かちより | とほ | かつらづき | はちがつ | かどふ | ゆうわくする |
| かちより | 68 | かつらづき | 6 | かどめく | さいきう |
| かつ | いっぽう | かつらのはな | 4 | かどめく | さいのう |
| かつ | すぐに | かつらを | 4 | かどをいる | めもと |
| かつ | そのうえ(に) | かつらをとこ | びなん | かどをいる | 50 |
| かつ | ちょっと | かつらをとこ | 4 | かな | 99, 100, 101 |
| かつ | つぎつぎ | かつらををる | ごうかく | がな | 101, 102 |
| かつ | わずか | かつゑじに | うえる | かなかな | せみ |
| かつ | 108 | かつゑじに | 72 | かなかな | ひぐらし |
| かっかう | てきとう | かつゑる | うえる | かなかな | 36, 37 |
| かっかう | ふさわしい | かて | ごはん | かなぎ | 44 |
| かつがつ | さしあたって | かて | 95, 96 | かなぐりおとす | ひきずる |
| かつがつ | ともかくも | かてに | しかねる | かなぐりちらす | むしりちらす |
| かつがつ | とりあえず | がてに | できる | かなぐる | かきむしる |
| かつがつ | はやく | がてに | しかねる | かなぐる | のける |
| かつがつ | ふじゅうぶん | がてに | できる | かなぐる | ひきのける |
| かつがつ | やっと | かてぬ | できる | かなし | おもしろい |
| かづき | せんすい | がてぬ | できる | かなし | かわいい |
| かづき | もぐる | かてめし | ごはん | かなし | こころのこり |
| かづきめ | あま | がてめし | 96 | かなし | みれん |
| かつぐ | かける | がてら | ついで | かなし | かわいい |
| かつぐ | だます | がてら | ながら | かなし | 81 |
| かづく[潜] | もぐる | がてり | ついで | かなしうす | かわいがる |
| かづく[被] | あたえる | がてり | ながら | かなしうす | 62 |
| かづく[被] | いただく | がてん | うなずく | かなしい | かわいい |
| かづく[被] | かける | がてん | しょうだく | かなしがる | かわいがる |
| かづく[被] | かぶせる | がてん | なっとく | かなしがる | 62 |
| かづく[被] | かぶる | かと | おたまじゃくし | かなしくす | かわいがる |
| かづく[被] | くださる | かと | 33 | かなしぶ | いとしい |
| かづく[被] | とる | かど[才] | さいきう | かなしぶ | かわいい |
| かづく[被] | なすりつける | かど[才] | さいのう | かなしぶ | ほめる |
| かづく[被] | ひきうける | かど[才] | みどころ | かなしぶ | かなしむ |
| かづく[被] | やる | かど[才] | 81 | かなしぶ | 62 |
| かづけもの | しゅうぎ | かど[門] | いえがら | かなしむ | ほめる |
| かづけもの | ほうび | かど[門] | いちぞく | かなしむ | かなしむ |
| がっす | あう | かど[門] | 55 | かなしむ | 62 |
| かって | べんり | | | かなた | あちら |

| | | |
|---|---|---|
| かなた ………… 107 | がね ………… 100, 113 | かはたれとき ………… 20 |
| かなづ ………… えんそう | かねごと ………… ちかい | かはたれどき ………… 18, 19 |
| かなづ ………… まう | かねごと ………… やくそく | かはたれぼし |
| かなで ………… おどり | かねごと ………… よき |　　　… あけのみょうじょう |
| かなと ………… もん | かねごと ………… よげん | かはたれぼし ………… きんせい |
| かなとだ ………… もん | かねて ………… あらかじめ | かはたれぼし ………… みょうじょう |
| かなとだ ………… 30 | かねて ………… ひごろ | かはたれぼし ………… 7, 8 |
| かなとで ………… しゅっぱつ | かねて ………… へいぜい | かはづ[蛙] ………… かえる |
| かなはず ………… きょか | かねて ………… まえもって | かはづ[蛙] ………… かじか |
| かなはず ………… つりあう | かねふ ………… やぶこうじ | かはづ[蛙] ………… 33 |
| かなはず ………… て | かねふ ………… 46 | かはづ[川津] ………… ふなつきば |
| かなはず ………… ひってき | かのきし ………… あのよ | かはづ[川津] ………… みなと |
| かなびく ………… ためす | かのきし | かはづ[川津] ………… わたしば |
| かなふ ………… おもいどおり | 　　　… ごくらく・ごくらくじょうど | かはづ[川津] ………… 26, 98 |
| かなふ ………… かなう | | かはつら ………… 25 |
| かなふ ………… ちょうど | かのきし ………… 72 | かはづら ………… 25 |
| かなふ ………… てきおうする | かのこ ………… しか | かはと[川音] ………… せせらぎ |
| かなふ ………… にあう | かのこ ………… 33 | かはと[川音] ………… 13, 24, 25 |
| かなまり ………… うつわ | かのしし ………… しか | かはと[川門] ………… かわぎし |
| かならず ………… きっと | かのしし ………… 33 | かはと[川門] ………… わたしば |
| かならず ………… まちがいなく | かのも ………… あちら | かはと[川門] ………… 25, 26, 98 |
| かに ………… する | かのも ………… あの | かはながれ ………… おぼれる |
| がに ………… する | かのも ………… かなた | かはながれ ………… 72 |
| がに ………… ように | かのも ………… 107 | かはなみ ………… 25 |
| がに ………… 100, 104 | かのもこのも ………… あちこち | かばね[屍] ………… しがい |
| かにかく ………… とやかく | かのもこのも ………… 107 | かばね[屍] ………… 73 |
| かにかくに ………… あれこれ | かは ………… 99, 102 | かばね[姓] ………… うじ |
| かにかくに ………… とやかく | かはかみ ………… 25 | かばね[姓] ………… な |
| かにかくに ………… 107 | かはから ………… 25 | かばね[姓] ………… みょうじ |
| かにかくも ………… いろいろ | かばかり ………… このくらい | かはのべ ………… 25 |
| かにかくも ………… とにかく | かばかり ………… これほど | かはび ………… 25 |
| かにたつ ………… におう | かばかり ………… 108 | かばふ ………… かばう |
| かにとり ………… うぶぎ | かはきぎす ………… かえる | かはべ[川廻] ………… 25 |
| かにとり ………… 93 | かはきぎす ………… かじか | かはべ[皮辺] ………… はだ |
| かにとりぐさ ……… ぺんぺんぐさ | かはきぎす ………… 33 | かはべ[皮辺] ………… 48 |
| かにとりぐさ ………… 41 | かはぎぬ ………… 93 | かはほね ………… こうほね |
| かにとりこそで ………… うぶぎ | かはくま ………… 25 | かはほり ………… こうもり |
| かにとりこそで ………… 93 | かはごろも ………… そう | かはほり ………… 33 |
| かににほふ ………… におう | かはごろも ………… 93 | かはほり ………… こうもり |
| かには ………… しらかば | がはし ………… 104, 113 | かはほり ………… 33 |
| かには ………… 45 | かばしら ………… か | かはまどひ ………… いろごのみ |
| かぬ ………… しにくい | かばしら ………… 36 | かはむし ………… けむし |
| かぬ ………… 113 | かはす ………… ずらす | かはむし ………… 36 |
| かめ[兼] ………… えんりょ | かはす ………… つうじる | かはもり[川守] ………… わたしもり |
| かめ[兼] ………… かねる | かはす ………… まじえる | かはもり[川守] ………… 26, 98 |
| かめ[兼] ………… りょうほう | かはす ………… やりとり | かはや ………… だいべん |
| かめ[予] ………… きがかり | かはすげ ………… みくり | かはや ………… べんじょ |
| かめ[予] ………… しんぱい | かはすげ ………… 93 | かはやぎ ………… ねこやなぎ |
| かめ[予] ………… よそう | かはせ ………… 24 | かはやぎ ………… 45 |
| がぬ ………… する | かはせうえう ………… 24, 98 | かはゆか ………… ゆかすずみ |
| かぬち ………… かじ | かはぞひぐさ ………… やなぎ | かはゆか ………… 26 |
| かぬち ………… かじや | かはぞひぐさ ………… 46 | かはゆし ………… はずかしい |
| かね ………… せん | かはぞへぐさ ………… やなぎ | かはゆし ………… かわいい |
| かね ………… ちょくせん | かはぞへぐさ ………… 46 | かはゆし ………… かわいそう |
| かね ………… ちょっかく | かはたかぐさ ………… やなぎ | かはよど ………… よどみ |
| かね ………… まっすぐ | かはたかぐさ ………… 46 | かはよど ………… 26 |
| がね ………… ものさし | かはたけの ………… ながれる | かはらおはぎ ………… きく |
| がね ………… ため | かはたけの ………… 25, 57 | かはらおはぎ ………… のぎく |
| がね ………… となるように | かはたらう ………… かっぱ | かはらおはぎ ………… 39, 41 |

|  |  |
|---|---|
| かはらけ | えんかい |
| かはらけ | さかずき |
| かはらけ | どき |
| かはらけな | たびらこ |
| かはらけな | 40 |
| かはらすずめ | せきれい |
| かはらすずめ | 35 |
| かはらははこ | ははこぐさ |
| かはらははこ | 41 |
| かはらふ | かわる |
| かはらよもぎ | きく |
| かはらよもぎ | のぎく |
| かはらよもぎ | 39, 41 |
| かはり | だいきん |
| かはり | だいしょう |
| かはり | だいり |
| かはり | つぐない |
| かはり | みがわり |
| かはりごころ | うつりぎ |
| かはりごころ | うわき |
| かはる | かわる |
| かはる | とし |
| かはわだ | 25 |
| かはをさ | せんどう |
| かはをさ | ふなのり |
| かはをさ | わたしもり |
| かはをさ | 26, 98 |
| かはをそ | かわうそ |
| かはをそ | 33 |
| かひ [峡] | たに・たにま |
| かひ [峡] | 28 |
| かひ [匙] | さじ |
| かひ [匙] | しゃもじ |
| かひ [卵] | たまご |
| かひ [卵] | にわとり |
| かひ [卵] | 33 |
| かひ [効・甲斐] | かち |
| かひ [効・甲斐] | こうか |
| かひ [効・甲斐] | かい |
| かひ [効・甲斐] | ききめ |
| かび | かとりせんこう |
| かひがね | ふじ |
| かひがひし | いきおい |
| かひがひし | いさましい |
| かひがひし | こうか |
| かひがひし | たのもしい |
| かひがひし | まめまめしい |
| かひこ | たまご |
| かひこ | にわとり |
| かひこ | 33 |
| かひご | たまご |
| かひご | にわとり |
| かひご | 33 |
| かひつく | かう |
| かひな | うで |
| かひな | て |
| かひな | にのうで |
| かひな | 47 |
| かひなくなる | 72 |
| かひなし | ききめ |
| かひなし | こうか |
| かひなし | つまらない |
| かひなし | みじゅく |
| かひなし | むだ |
| かひなし | よわよわしい |
| かひなだゆし | だるい |
| かひろぐ | なびく |
| かひろぐ | ゆれうごく |
| かひろぐ | 98 |
| かひをだ | 30 |
| かひをつくる | べそをかく |
| かひをつくる | 66 |
| かふ [換] | こうかん |
| かふ [換] | とりかえる |
| かふ [交] | いりまじる |
| かふ [交] | まざる |
| かふ [交] | まじえる |
| かふ [交] | ゆきちがう |
| かふ [飼] | かう |
| かふ [買] | かう |
| かふ [買] | まねく |
| かふ [変] | かえる |
| がふ | ふた |
| かふおつ | ゆうれつ |
| かふか | あなた |
| かふか | 106 |
| かぶく | うかれる |
| かぶく | かたむける |
| かぶく | たわむれる |
| がふくゎのき | ねむのき |
| がふくゎのき | 45 |
| かふこ | かいこ |
| かふこ | 36 |
| かぶし | あたま |
| かぶし | かっこう |
| かぶし | うつわ |
| かぶしかたち | かっこう |
| かぶす | うなだれる |
| かぶとどり | みそさざい |
| かぶとどり | 35 |
| かぶり [冠] | かんむり |
| かぶり [頭] | あたま |
| かぶり [頭] | 47 |
| かふりょく | えんじょ |
| かふりょく | きょうりょく |
| かふりょく | じょりょく |
| かふりょく | ふじょ |
| かぶる [齧] | いたい |
| かぶる [齧] | かじる |
| かぶる [齧] | たべる |
| かぶる [齧] | はら |
| かぶる [蒙] | しくじる |
| かぶろ | はげ |
| かへ | かや |
| かへ | 39 |
| かへ | とうふ |
| かへごと | こうかん |
| かへさ | かえる |
| かへさ | 31 |
| かへさふ | うらがえす |
| かへさふ | おもいかえす |
| かへさふ | かえす |
| かへさふ | くりかえす |
| かへさふ | じたい |
| かへさふ | といただす |
| かへさふ | はんせいする |
| かへさふ | はんもんする |
| かへさふ | ひっくりかえす |
| かへさま | あべこべ |
| かへさま | うしろまえ |
| かへさま | うらがえし |
| かへさま | ぎゃく |
| かへし | かえす |
| かへし | ふきかえす |
| かへし | へんか |
| かへし | へんじ |
| かへし | ほうふく |
| かへし | こたえ |
| かへし | 12, 65 |
| かへしごと | こたえ |
| かへしろ | かね |
| かへす | うらがえす |
| かへす | おいかえす |
| かへす | かえす |
| かへす | くつがえす |
| かへす | たがやす |
| かへす | はく |
| かへす | ひっくりかえす |
| かへす | ひるがえす |
| かへす | ほりかえす |
| かへす | もどす |
| かへす | 30 |
| かへすがへす | くりかえし |
| かへすがへす | なんども |
| かへすがへす | ねんいり |
| かへすがへす | ほんとうに |
| かへすがへす | まこと |
| かへすがへす | まったく |
| かへで | もみじ |
| かへで | 44 |
| かへら | かえる |
| かへら | 33 |
| かへらぬたび | 73, 86 |
| かへらぬひと | ししゃ |
| かへらぬひと | 73 |
| かへらぬみち | 73, 86 |
| かへらばに | かえって |
| かへらばに | ぎゃく |
| かへらばに | はんたい |
| かへらまに | かえって |
| かへらまに | ぎゃく |
| かへらまに | はんたい |
| かへり | かえる |
| かへり | へんか |
| かへり | へんじ |
| かへり | 65, 110 |
| かへりあし | かえる |

| | | | |
|---|---|---|---|
| かへりがて …… **かえる** | かへるのめかりどき …… 17 | かまふ …… **くみたてる** | |
| かへりきく …… 83 | かへるば …… **おほば** | かまふ …… **くわだてる** | |
| かへりこと …… **へんじ** | かへるば …… 39 | かまふ …… **けいかく** | |
| かへりこと …… **へんれい** | がへんず …… **しょうだく** | かまふ …… **たくらむ** | |
| かへりこと …… **とうれい** | がへんず …… **ひきうける** | かまふ …… **たてる** | |
| かへりごと …… **へんじ** | かほ …… **かお** | かまふ …… **でっちあげる** | |
| かへりごと …… **へんれい** | かほ …… **かおだち** | かまふ …… **ふるまう** | |
| かへりごと …… **とうれい** | かほ …… **ようぼう** | かまふ …… **もくろむ** | |
| かへりざき …… **くるいざき** | かほうり …… **ゆうがお** | かまふ …… 75,91 | |
| かへりざき …… **さく** | かほうり …… 42 | かまへいだす …… **くふう** | |
| かへりざま …… **かえる** | かほげしき …… **かおいろ** | かまへいだす …… 75 | |
| かへりちゅう …… **うらぎり** | かほげしき …… **かおつき** | かまへいづ …… **くわだてる** | |
| かへりちゅう …… **ねがえり** | かほげしき …… **ひょうじょう** | かまへいづ …… 75 | |
| かへりて …… **かえって** | かほさき …… **かおいろ** | かまへて …… **きっと** | |
| かへりて …… **ぎゃく** | かほさき …… **ひょうじょう** | かまへて …… **けっして** | |
| かへりて …… **はんたい** | かほざま …… **かお** | かまへて …… **ぜひ** | |
| かへりばな …… **くるいざき** | かほづくり …… **けしょう** | かまへて …… **ちゅうい** | |
| かへりばな …… **さく** | かほづゑ …… **ほおづえ** | かまへて …… **ほんとうに** | |
| かへりばな …… **はな** | かほど …… **このていど** | かまへて …… **まこと** | |
| かへりばな …… **もどりばな** | かほど …… **これほど** | かまへて …… 60,61 | |
| かへりまうし …… **おれい** | かほど …… 108 | かまめ …… **かもめ** | |
| かへりまうし …… **れい** | かほばせ …… **かおいろ** | かまめ …… 34 | |
| かへりみ …… **せわ** | かほばせ …… **かおつき** | かまもと …… **だいどころ** | |
| かへりみる …… **きがかり** | かほばな …… **かきつばた** | かまやあめ …… 42 | |
| かへりみる …… **けねんする** | かほばな …… 39 | がまん …… **うぬぼれ** | |
| かへりみる …… **せわ** | かほもち …… **かおつき** | がまん …… **こうまん** | |
| かへりみる …… **はんせいする** | かほよぐさ …… **しゃくやく** | かみ[上] …… **いぜん** | |
| かへりみる …… **ふりかえる** | かほよばな …… **かきつばた** | かみ[上] …… **かこ** | |
| かへりみる …… 61 | かほよばな …… 39 | かみ[上] …… **かわかみ** | |
| かへる …… **はなはだしい** | かほよびと …… **びじん** | かみ[上] …… **じじん** | |
| かへる[反] …… **ひっくりかえる** | かほよびと …… 51 | かみ[上] …… **じょうじゅん** | |
| かへる[反] …… **ひるがえる** | かま[蒲] …… **がま** | かみ[上] …… **じょうりゅう** | |
| かへる[返] …… **あらたまる** | かま[蒲] …… 39 | かみ[上] …… **たかい** | |
| かへる[返] …… **うすらぐ・うすれる** | かま[鷗] …… **うるさい** | かみ[上] …… **としうえ** | |
| かへる[返] …… **うらがえる** | かま[鷗] …… **やかましい** | かみ[上] …… **ねんちょう** | |
| かへる[返] …… **くつがえる** | かまえて …… **かならず** | かみ[上] …… **むかし** | |
| かへる[返] …… **さめる** | かまぎ …… **たきぎ** | かみ[上] …… 5,25,65 | |
| かへる[返] …… **もどる** | かまく …… **かんしん** | かみ[神] …… **かみなり** | |
| かへる[返] …… **かえる** | かまく …… 60 | かみ[神] …… **てんのう** | |
| かへる[返] …… **あせる** | かまくさ …… **おみなえし** | かみあげ …… **おとな** | |
| かへる[返] …… **しんねん** | かまくさ …… 39 | かみいちにん …… **てんのう** | |
| かへる[返] …… **とし** | かまし …… **やかましい** | かみおろし …… **まえおき** | |
| かへる[返] …… 15 | がまし …… 104,113 | かみがかみ …… **このうえない** | |
| かへるがへる …… **くりかえし** | かましし …… **かもしか** | かみがき …… **いけがき** | |
| かへるがへる …… **なんども** | かましし …… 33 | かみがき …… **じんじゃ** | |
| かへるがへる …… **まったく** | かますご …… **いかなご** | かみかけて …… **ちかう** | |
| かへるご …… **おたまじゃくし** | かますご …… 37 | かみがしら …… **かみ** | |
| かへるご …… 33 | かまどにぎはふ …… **とむ** | かみきづき …… **じゅういちがつ** | |
| かへるさ …… **かえる** | かまどにぎはふ …… **ゆたか** | かみきづき …… 7 | |
| かへるさ …… 31 | かまどにまめをくぶ …… **いそがしい** | かみさうじ …… **しゅうじ** | |
| かへるさま …… **かえる** | かまどをやぶる …… **はさんする** | かみさうじ …… **こうごうしい** | |
| かへるさま …… 31 | かまひ …… **かんしょう** | かみさぶ …… **こふう** | |
| かへるて …… **かえで** | かまひ …… **さしさわり** | かみさぶ …… **そんげん** | |
| かへるて …… 44 | かまびすし …… **やかましい** | かみさぶ …… **とうとい** | |
| かへるで …… **かえで** | かまびすし …… **うるさい** | かみさぶ …… **ふるい** | |
| かへるで …… 44 | かまふ …… **かかわる** | かみさぶ …… **ふるびる** | |
| かへるとし …… **らいねん** | かまふ …… **かまえる** | かみさぶ …… **ふるめかしい** | |
| かへるのめかりどき …… **ねむい** | かまふ …… **かんけい** | かみさぶ …… 70,71 | |
| | | かみざま …… **きじん** | |

| | | | |
|---|---|---|---|
| かみざま | じょうりゅう | かむさぶ | ふるい | かよひ | おうらい |
| かみさりづき | じゅうがつ | かむさぶ | ふるびる | かよひあきなひ | ぎょうしょう |
| かみさりづき | 7 | かむさぶ | ふるめかしい | かよひあきなひ | しょうばい |
| かみさる | 72,74 | かむさる | 72,74 | かよひすむ | すみつく |
| かみしょうじ | しょうじ | かむぜみ | せみ | かよひち | かよう |
| かみすぢ | かみ | かむぜみ | つくつくぼうし | かよひち | つうろ |
| かみそりばな | まんじゅしゃげ | かむぜみ | 36 | かよひち | 30,31 |
| かみそりばな | 42 | かむたち | こうじ | かよひぶね | わたしぶね |
| かみつえ | あに | かむとき | かみなり | かよひぶね | 26 |
| かみつえ | きょうだい | かむとき | らくらい | かよふ | おうらい |
| かみつえだ | あに | かむとけ | かみなり | かよふ | かよう |
| かみつえだ | きょうだい | かむとけ | らくらい | かよふ | つうじる |
| かみつゆみはり | 4 | かむなぎ | かんぬし | かよふ | でいり |
| かみつよ | むかし | かむなぎ | みこ | かよふ | とどく |
| かみな | やどかり | かむなび | もり | かよふ | にあう |
| かみな | 38 | かむぶ | こうごうしい | かよふ | にかよう |
| かみなかりづき | じゅうがつ | かむみや | きゅうでん | かよふ | にる |
| かみなかりづき | 7 | かむろ | はげ | かよふ | ゆく |
| かみなぎ | かんぬし | かむろぎ | せんぞ | かよふ | 74 |
| かみなぎ | みこ | かむろぎ | かみ | かよりあふ | あつまる |
| かみなし | このうえない | かむろみ | せんぞ | かよりあふ | よる |
| かみなし | さいこう | かむろみ | かみ | かよる | よる |
| かみなしづき | じゅうがつ | かめ | とくり | から | ので |
| かみなしづき | 7 | かめい | めいせい | から[殻] | しがい |
| かみなづき | じゅうがつ | かめい | 84 | から[殻] | ぬけがら |
| かみなづき | 7 | かも | 99,101 | から[殻] | 73 |
| かみのはふり | かんぬし | かも[鴨] | じゅうたん | から[空] | みかけ |
| かみのみかど | きゅうちゅう | がも | 102 | から[故] | ため |
| かみのみかど | しんでん | かもうり | とうがん | から[故] | ゆえ |
| かみのみこと | かみ | かもうり | 40 | から[柄] | せいしつ |
| かみのみむろ | じんじゃ | かもかくも | ともかくも | から[柄] | 113 |
| かみのみや | きゅうでん | かもかも | ともかくも | から[唐] | ちゅうごく |
| かみのみや | じんじゃ | かもす | じょうぞうする | がら | せいしつ |
| かみのみやびと | かんぬし | かもづき | じゅういちがつ | がら | 113 |
| かみびと | かんぬし | かもづき | 7 | からある | けいとう |
| かみひねり | こより | かものうきね | ふあんてい | からある | 40 |
| かみぶすま | ふとん | かや | ふるびる | からいへ | あきや |
| かみべ | うえ | かやぐさ | かんぞう | からうじて | やっと |
| かみべ | かわかみ | かやぐさ | 39 | からうじて | ようやく |
| かみべ | じょうりゅう | かやぐやま | 28,38 | からうた | かんし |
| かみべ | 25 | かやすし | かるがるしい | からえた | かれい |
| かみよ | かみ | かやすし | てがる | からえひ | かれい |
| かみよ | むかし | かやすし | みがる | からかね | かね |
| かみよのかぜ | ふうしゅう | かやすし | やさしい | からかふ | せいどう |
| かみら | にら | かやつ | かれ | からかふ | あらそう |
| かみら | 41 | かやのひめ | あし | からかふ | はりあう |
| かみるき | せんぞ | かやのひめ | 38 | からからし | よしきり |
| かみるみ | せんぞ | かやむし | やすで | からからし | 35 |
| かみろぎ | せんぞ | かやむし | 37 | からがらす | かささぎ |
| かみわざ | まつり | かややま | 28,38 | からがらす | 34 |
| かみをおろす | しゅっけ | かやり | かとりせんこう | からがる | つらい |
| かみをき | かんぬし | かやりび | かとりせんこう | からき | かれき |
| かむ | かもす | かやりびの | した | からき | 43 |
| かむ | じょうぞうする | かやりびの | そこ | からきめ | つらい |
| かむあがる | 74 | かゆきかくゆき | | からきめ | ひどい |
| かむごと | おつげ | | いったりきたり | からく | いのちに |
| かむさぶ | こふう | かよはす | てがみ | からく | ひっしに |
| かむさぶ | そんげん | かよはせぶみ | こいぶみ | からく | やっと |
| かむさぶ | とうとい | かよはせぶみ | 63 | からぐ | くくる |

| | | | | | |
|---|---|---|---|---|---|
| からぐ | しばる | からなづな | ぺんぺんぐさ | かりごもの | みだれる |
| からぐ | はしょる | からなづな | 41 | かりころも | くる |
| からぐ | まくりあげる | からなでしこ | せきちく | かりころも | すその |
| からくして | やっと | からなでしこ | 40 | かりころも | たつ |
| からくに | ちゅうごく | からに | ため | かりさく | おいはらう |
| からくにの | つらい | からに | だけ | かりそく | かりとる |
| からくむ | くふう | からに | どうじ | かりそめ | いちじてき |
| からくむ | くみたてる | からに | ゆえ | かりそめ | ぐうぜん |
| からくむ | しくむ | からにしき | おる | かりそめ | 80 |
| からくり | そうち | からにしき | たつ | かりそめに | たまたま |
| からくり | しかけ | からにしき | ぬぐ | かりそめに | ふと |
| からくる | あやつる | からにはざくら | 45 | かりそめぶし | うたたね |
| からくれなゐ | 15 | からは | 100 | かりそめぶし | 76 |
| からころも | あう | からはぎ | はぎ | かりた | 30 |
| からころも | うら | からはぎ | 45 | かりたつ | おいはらう |
| からころも | かえす | からひと | がいこく | かりて | 95 |
| からころも | かける | からびと | ちゅうごく | かりな | かどわかす |
| からころも | きる | からぶ | かすれる | かりな | ひらがな |
| からころも | くる | からぶ | かれる | かりね | うたたね |
| からころも | すそ | からぶ | かわく | かりね | のじゅく |
| からころも | そで | からぶ | しゃがれごえ | かりね | 76, 86, 87 |
| からころも | たちばな | からぶ | しわがれごえ | かりのうつつ | このよ |
| からころも | たつ | からぶ | ひからびる | かりのうつつ | 80 |
| からころも | つま | からぶ | 53, 81, 90 | かりのこ | たまご |
| からころも | つらい | からぶみ | かんぶん | かりのこ | 33 |
| からころも | なれる | からむ[絡] | まきつく | かりのたまづさ | しょうそく |
| からころも | はる | からむ[絡] | まきつける | かりのたまづさ | てがみ |
| からころも | 45, 54 | からむ[絡] | まといつく | かりのたより | しょうそく |
| からごゑ | しゃがれごえ | からむ[絡] | まといつける | かりのたより | たより |
| からごゑ | 53, 90 | からむ[搦] | たいほする | かりのたより | てがみ |
| からさけ | す | がらめかす | 13 | かりのつかひ | しょうそく |
| からさぶ | あれる | がらめかす | 13 | かりのつかひ | たより |
| からし | あじ | からめく[枯] | かわく | かりのつかひ | てがみ |
| からし | いや | からめく[枯] | ひからびる | かりのなみだ | つゆ |
| からし | きけん | からめく[唐] | ちゅうごく | かりのもの | ばけもの |
| からし | きにくわない | からめく[唐] | 81, 82 | かりのやど | 80 |
| からし | くるしい | からもの | ひも | かりのやど(り) | このよ |
| からし | ざんこく | からもの | 97 | かりのやどり | 80 |
| からし | しょっぱい | からもも | あんず | かりのよ | このよ |
| からし | すっぱい | からもも | 44 | かりのよ | 80 |
| からし | せつない | からやま | はげやま | かりばね | きりかぶ |
| からし | つらい | からやま | 28 | かりばね | 43 |
| からし | ひどい | からゆり | ひめゆり | かりばのとり | 34 |
| からし | みぐるしい | からゆり | 40 | かりほ[仮庵] | 92 |
| からし | むごい | からよもぎ | きく | かりほ[刈穂] | いなほ |
| からし | 59 | からよもぎ | 39 | かりまくら | のじゅく |
| からしほ | しお | からる | けいとう | かりまくら | 86, 87 |
| からしほ | かいすい | からる | 40 | かりや | 92 |
| からしほ | 23 | がり | のところへ | かりわたし | きたかぜ |
| からすのまくら | まんじゅしゃげ | がり | もとに | かりをた | 30 |
| からすのまくら | 42 | がり | もとへ | かる[駆] | うながす |
| からすいろ | 15 | がり | 113 | かる[駆] | おいはらう |
| からたけ | たけ | かりいほ | 92 | かる[駆] | はしる |
| からたけ | はちく | かりがね | かり | かる[枯] | かれる |
| からたけ | まだけ | かりがね | 34 | かる[借] | かれる |
| からたけ | 45 | かりくづき | はちがつ | かる[狩] | かんしょうする |
| からだたふし | みかけ | かりくづき | 6 | かる[離] | そえん |
| からど | 46 | かりくひ | かぶ | かる[離] | たえる |
| | | かりこもの | みだれる | かる[離] | はなれる |

からぐ――かる

| | | |
|---|---|---|
| かる[離] …………… **へだたる** | かれがれ[離離] ………… **そえん** | かろぶ …………… **けいかい** |
| かる[嗄] …………… **しゃがれごえ** | かれがれ[離離] ………… **とだえ** | かろぶ …………… **けいそつ** |
| かる[嗄] …………… **しわがれごえ** | かれこれ …………… **あの** | かろぶ …………… **みぶん** |
| かる[嗄] …………… 53, 90 | かれこれ …………… **あれこれ** | かろむ …………… **あなどる** |
| かる[涸] …………… **かれる** | かれこれ …………… **およそ** | かろむ …………… **かるい** |
| かる[涸] …………… **かわく** | かれこれ …………… **とやかく** | かろらか …………… **かるがるしい** |
| がる …………… **ふるまう** | かれこれ …………… **なにやかや** | かろらか …………… **けいそつ** |
| がる …………… 113 | かれこれ …………… 107 | かろらか …………… **みぶん** |
| かるかやの ……… **おもいみだれる** | かれしばはら …………… **かれる** | かろらか …………… **かるがるしい** |
| かるかやの ……… **みだれる** | かれしばはら …………… 26, 38 | かろろか …………… **かるがるしい** |
| かるがゆゑに ………… **それゆえ** | かれす …………… **かれる** | かろろか …………… **けいそつ** |
| かるがゆゑに ………… **だから** | かれの …………… 26 | かろんず …………… **あなどる** |
| かるがゆゑに ………… **ゆえ** | かれはつ[枯果] ………… **かれる** | かろんず …………… **おしむ** |
| かるがゆゑに ………… 110 | かれはつ[離果] ………… **えん** | かろんず …………… **かるい** |
| かるがるし …………… **けいそつ** | かれはつ[離果] ………… **とだえる** | かろんず …………… **けいべつする** |
| かるがるし …………… **いいかげん** | かれはつ[離果] ………… **はなれる** | かわせ …………… **あさせ** |
| かるがるし …………… **うわき** | かればむ …………… **かれる** | かわたけ …………… **たけ** |
| かるがるし …………… **かるい** | かればむ …………… **しゃがれごえ** | かわらか …………… **さっぱり** |
| かるがるし …………… **かるがるしい** | かればむ …………… **しわがれごえ** | かわらか …………… **さわやか** |
| かるがるし …………… **しんけん** | かればむ …………… 53, 90 | かわわ …………… 25 |
| かるがるし …………… **じゅうし** | かれひ …………… **べんとう** | がるん …………… 81 |
| かるがるし …………… **みぶん** | かれひ …………… 96, 97 | かをる …………… **うつくしい** |
| かるくさ …………… **けいとう** | かれひけ …………… **べんとう** | かをる …………… **たちこめる** |
| かるくさ …………… **はげいとう** | かれふ …………… **かれる** | かをる …………… **におい** |
| かるくさ …………… 40, 41 | かれふ …………… 26, 38 | かをる …………… **かおる** |
| かるくち …………… **しゃれ** | かれまさる[枯増] ……… **かれる** | かんおう …………… **かんじる** |
| かるし …………… **うすい** | かれまさる[離増] … **とおざかる** | かんおう …………… **ふかい** |
| かるし …………… **かるい** | かれやう …………… **そえん** | かんが …………… 81 |
| かるし …………… **けいそつ** | かれやう …………… **とおのく** | かんがたつ …………… **めべりする** |
| かるし …………… **すくない** | かれる …………… **はなれる** | かんがふ …………… **ばっする** |
| かるし …………… **はげしい** | かれをばな …………… **すすき** | かんがふ …………… **おもいはかる** |
| かるし …………… **みぶん** | かれをばな …………… 40 | かんがふ …………… **かんがえる** |
| かるも …………… **かれる** | かろがろし …………… **いいかげん** | かんがふ …………… **しょうごうする** |
| かるもかく …………… **いのしし** | かろがろし …………… **うわき** | かんがふ …………… **しらべる** |
| かるもかく …………… 33 | かろがろし …………… **かるがるしい** | かんがふ …………… **しりょ** |
| かるらか …………… **かるがるしい** | かろがろし …………… **しんけん** | かんがみる …………… **かんがえる** |
| かるらか …………… **けいそつ** | かろがろし …………… **じゅうし** | かんき …………… **おこる** |
| かるらか …………… **みぶん** | かろがろし …………… **みぶん** | かんき …………… **おとがめ** |
| かれ …………… 107 | かろし …………… **うすい** | かんき …………… **かんどう** |
| かれ[故] …………… **すなわち** | かろし …………… **かち** | かんき …………… **せめる** |
| かれ[故] …………… **そこで** | かろし …………… **かるい** | かんき …………… **とがめ** |
| かれ[故] …………… **それで** | かろし …………… **けいそつ** | かんきょ …………… 92 |
| かれ[故] …………… **ゆえ** | かろし …………… **すくない** | かんげつ …………… 5, 18 |
| かれ[故] …………… 108, 109 | かろし …………… **はげしい** | かんこ …………… **かっこう** |
| かれ[彼] …………… **あの** | かろし …………… **みぶん** | かんこ …………… 34 |
| かれ[彼] …………… **あれ** | かろしむ …………… **あなどる** | かんこどり …………… **かっこう** |
| かれ[彼] …………… **かれ** | かろしむ …………… **けいべつする** | かんこどり …………… 34 |
| かれ[彼] …………… 106, 107 | かろとうせん …………… **むよう** | かんざし[髪] …………… **かみ** |
| かれい …………… **びじん** | かろび …………… **かるがるしい** | かんざし[髪差・髪状] …… **かみ** |
| かれい …………… 51 | かろび …………… **みがる** | かんざし[簪] …………… **かみ** |
| かれいひ …………… **べんとう** | かろびやか …………… **かるい** | かんざし[簪] …………… **くし** |
| かれいひ …………… 96, 97 | かろびやか …………… **かるがるしい** | かんさぶ …………… **こうごうしい** |
| かれうを …………… **ひもの** | かろびやか …………… **けいそつ** | かんさぶ …………… **こふう** |
| かれからびば …………… **だれそれ** | かろびやか …………… **みぶん** | かんさぶ …………… **そんげん** |
| かれがし …………… **かれは** | かろふ …………… **せおう** | かんさぶ …………… **とうとい** |
| かれがれ[枯枯] ………… **かれる** | かろぶ …………… **かるそうだ** | かんさぶ …………… **ふるい** |
| かれがれ[枯枯] ………… **くさき** | | かんさぶ …………… **ふるびる** |
| かれがれ[枯枯] ………… 38 | | かんさぶ …………… **ふるめかしい** |
| かれがれ[離離] ………… **うとい** | | |

| | | |
|---|---|---|
| かんさぶ …………… 70, 71 | かんな …………… **ひらがな** | き[生] …………………… 112 |
| かんじ[勘事] ………… **かんどう** | かんな …………………… **もじ** | き[葱] …………………… **ねぎ** |
| かんじ[柑子] ………… **みかん** | かんなぎ ………… **かんぬし** | き[葱] ……………………… 41 |
| かんじあふ …………… **ほめる** | かんなぎ …………………… **みこ** | き[忌] ………… **そうしき** |
| かんじのしるし ……… **ほめる** | かんなづき ……… **じゅうがつ** | き[忌] …………… **めいにち** |
| かんじゃう ………… **かんてい** | かんなづき ……………………… 7 | き[城] …………… **かきね** |
| かんじゃう ……… **しょうじょう** | かんなび …………………… **もり** | き[城] ………………… **さく** |
| かんじゃう ……… **にんていしょ** | かんにん …………… **がまん** | き[城] ………………… **とりで** |
| かんじゃく ……… **かんせい** | かんにん …………… **たえしのぶ** | ぎ[儀] ………………… **きそく** |
| かんじゃく ……… **ひっそり** | かんにん ……………… **ふよう** | ぎ[儀] ………………… **ぎしき** |
| かんじゃく ……… **ものしずか** | かんのう ……………… **がまん** | ぎ[儀] ……………… **ぎょうじ** |
| かんしゅん ………… **にがつ** | かんのう …………… **すぐれる** | ぎ[儀] ……………… **ことがら** |
| かんしょ ……………………… 5 | かんのう …………… **めいじん** | ぎ[儀] ………………… **しだい** |
| かんじょり …………… **こより** | かんばし …………… **かんばしい** | ぎ[儀] ………………… **じじょう** |
| かんしん …………… **かんしん** | かんばせ …………… **おもかげ** | ぎ[儀] …………………… **わけ** |
| かんしん …………… **こころよい** | かんばせ …………… **かおいろ** | ぎ[儀] ……………………… 113 |
| かんしん ……………… **どうい** | かんばせ …………… **かおつき** | ぎ[義] ……………………… **いみ** |
| かんしん …………… **なっとく** | かんぼく …………… **がくもん** | ぎ[義] ……………………… **どうり** |
| かんじん[甘心] ……… **かんしん** | かんぼちゃ …………… **かぼちゃ** | きあひにあたる ……… **しんぱい** |
| かんじん[肝心] ……… **きゅうしょ** | かんぼちゃ ……………………… 39 | きあひにかまふ …………………… 59 |
| かんじん[肝心] ……… **たいせつ** | かんぼつ …………… **いましめる** | きうぎうがいちまう … **すくない** |
| かんじん[肝心] ……… **ようてん** | かんぼつ …………… **けんせき** | きうぎうがいちまう … **すこし** |
| かんじんより ………… **こより** | かんもん[勘問] ……… **じんもん** | きうぞく …………… **いちぞく** |
| かんす …………… **しょもつ** | かんもん[肝文] ……… **けいとう** | きうぞく ……………………… 55 |
| かんず ……………… **ひえる** | がんらいこう ……… **けいとう** | きうてん …………… **きゅうちゅう** |
| かんず …………… **かんしん** | がんらいこう ……… **はげいとう** | きうてん ……………………… **そら** |
| かんず …………… **ほめる** | がんらいす ………… 40, 41 | きうと ………………………… **こと** |
| かんせい ………… **こころもち** | がんらいづき ……… **はちがつ** | きうと ……………………… **ふるい** |
| かんせき ………… **ものしずか** | がんらいづき ………………………… 6 | きうと ……………………… **みやこ** |
| かんせみ ……………… **せみ** | かんろ ……………… **おいしい** | きうび ……………… **みぞおち** |
| かんぜみ ……… **つくつくぼうし** | | きうび ……………………… 48 |
| かんぜみ ………………………… 36 | | きうもん …………… **じんもん** |
| かんぜん ……………… **せみ** | **き** | きうもん …………… **といただす** |
| かんぜん ……… **つくつくぼうし** | | きうりをきる ………… **かんどう** |
| かんぜん ………………………… 36 | き …………………………… 99 | きえあふ …………… **きえる** |
| かんぞら ……………………… 18 | き[棺] ………………… **ひつぎ** | きえいる …………… **きえる** |
| かんだう ……………………… **えん** | き[基] ……………………… 111 | きえいる …………… **きぜつ** |
| かんだう ……………… **しょばつ** | き[奇] …………… **おもしろい** | きえいる …………… **なくなる** |
| かんだう …………………… **ばつ** | き[奇] ………………… **かわる** | きえいる …………… **はずかしい** |
| かんだうきる ……… **かんどう** | き[奇] ……………… **めずらしい** | きえいる …………… **もじもじ** |
| かんだちべ …………… **きじん** | き[気] ………………… **かすみ** | きえいる ………… 58, 59, 72 |
| かんだちめ …………… **きじん** | き[気] …………………… **きり** | きえうす …………… **なくなる** |
| かんたん ……………………… 60 | き[気] …………………… **くうき** | きえうす …………… **もじもじ** |
| かんたんのまくら ……………… 80 | き[気] …………………… **けはい** | きえうす ……………………… 72 |
| かんたんのゆめ | き[気] …………………… **けむり** | きえがた ……………… **きえる** |
| …………… **えいこせいすい** | き[気] …………………… **げんき** | きえがて ……………… **きえる** |
| かんたんをくだく | き[気] …………………… **せいしん** | きえかへる ………… **おもいつめる** |
| … **いっしょうけんめい** | き[気] …………………… **たいき** | きえかへる …………… **きえる** |
| **になる** | き[気] …………………… **ようす** | きえす ………………… **きえる** |
| かんたんをくだく …… **けんめい** | き[気] ……………………… 60 | きえす ……………………… 72 |
| かんたんをくだく …… **せいい** | き[季] ……………………… 17 | きえせぬ ……………… **きえる** |
| かんづくり ……………………… 94 | き[記] ………………… **きろく** | きえのこる ………… **いきのこる** |
| かんつどひ …………… **あつまり** | き[記] ………………… **ぶんしょ** | きえはつ ……………… **きえる** |
| かんてん ……………………… 18 | き[酒] ……………………… 94 | きえはつ …………… **なくなる** |
| がんとう ……………………… **いわ** | き[城] ………………… **しろ** | きえはつ ……………………… 72 |
| かんどり …………… **せんどう** | き[生] ……………… **じゅんすい** | きえまどふ …………… **こまる** |
| かんどり …………… **ふなのり** | き[生] …………………… **もと** | きえまどふ ………… **とほうにくれる** |
| かんどり ……………………… 98 | | きえやらぬ …………… **きえる** |
| かんな ……………… **かどわかす** | | |

| | | |
|---|---|---|
| きえわぶ ………… **きえる** | ききじ ………… **きじ** | ききひらく ………… **しょうち** |
| きえわぶ ………… **こころぼそい** | ききじ ………… 34 | ききひらく ………… **りかい** |
| きえわぶ ………… **なやむ** | ききし ………… **きじ** | ききひらく ………… 71 |
| きか ………… **ろくがつ** | ききし ………… 34 | ききふける ………… 71 |
| きか ………… 6 | ききしのひたつかひ …… **つかい** | ききまがひ ………… **ききちがい** |
| きかうでん ………… **せっく** | ききしのぶ ………… 71 | ききまがふ ………… **ききちがう** |
| きかうでん ………… **たなばた** | ききしりがほ …… **しったかぶり** | ききめく ………… **ひじめく** |
| きがくらくなる ………… **ふさぐ** | ききしる ………… **ききわける** | ききめづ ………… **かんしん** |
| きがくらくなる ………… 58, 59 | ききしる ………… **りかい** | ききめづ ………… 62, 71 |
| きかつ ………… **うえる** | ききしる ………… 71 | ききもあへず ………… **ききおわる** |
| きかつ ………… **きが** | ききす ………… **きじ** | ききもらす ………… **ききおとす** |
| きがつまる ………… **ゆううつ** | ききす ………… 34 | ききもらす ………… 83 |
| きかな ………… 71 | ききすぐす ………… **ききながす** | ききょ ………… **でまかせ** |
| きがのぼる ………… **きぜつ** | ききすます ………… **のこらず** | ききよし ………… **ききやすい** |
| きがのぼる … **ぎゃくじょうする** | ききすます ………… 71 | ききよし ………… **きもち** |
| きかのぼる ………… **しょうき** | ききずむ ………… **しょうだく** | ききよし ………… 71 |
| きがのぼる ………… **じょうきする** | ききそふ ………… **ききたす** | ききわく ………… **りかい** |
| きかふ ………… **くいちがう** | ききそむ ………… **ききはじめる** | ききわく ………… 71 |
| きがふれる ………… **くるう** | ききそむ ………… **はじめて** | ききわたす ………… **ききつづける** |
| きがふれる ………… 58 | ききそむ ………… **みみなれる** | ききわたる ………… **ききつづける** |
| きがへる ………… **きりょく** | ききそむ ………… 71 | ききわづらふ ………… **なやむ** |
| きかまほし ………… 71 | ききつく ………… **ききいる** | ききわづらふ ………… 71 |
| きかむ ………… **はぎしり** | ききつく ………… **ききとる** | きく[聞] ………… **あじ** |
| きかよふ ………… **かよう** | ききつく …… **ききみみをたてる** | きく[聞] ………… **かぐ** |
| きき ………… **かんてい** | ききつく ………… 71, 74 | きく[聞] ………… **ききいれる** |
| きき ………… **けんぶん** | ききつぐ ………… **つたえきく** | きく[聞] ………… **ききしる** |
| きき ………… **ふうぶん** | ききつたふ ………… **つたえきく** | きく[聞] ………… **したがう** |
| きき ………… 83 | ききづて ………… **でんぶん** | きく[聞] ………… **たずねる** |
| ききあきらむ … **あきらか** | ききとがむ … **ききみみをたてる** | きく[聞] ………… **ためす** |
| ききあきらむ ………… **はっきり** | ききとがむ ………… **ちゅうい** | きく[利] ………… **こうか** |
| ききあきらむ ………… 71 | ききとがむ ………… **もんだい** | きく[利] ………… **じょう** |
| ききあつむ ……… **ききあわせる** | ききとがむ ………… 61, 71 | きく[利] ………… **やく** |
| ききあふ[聞敢] ……… **ききとる** | ききとどく ………… **きょか** | きくさきづき ………… **くがつ** |
| ききあふ[聞合] ……… **たがいに** | ききとどく ………… **ちゅうい** | きぐさきづき ………… 7 |
| ききあらはす ………… **ききだす** | ききとどく ………… **ゆるす** | きぐすり ………… **きばらし** |
| ききあらわす ………… **はっきり** | ききとどむ ………… **ちゅうい** | きくづき ………… **くがつ** |
| ききいづ ………… **ききだす** | ききとどむ ………… 61, 71 | きくづき ………… 7 |
| ききいる ………… **ききいれる** | ききとる[聞取] ………… **りかい** | きくのえん ………… **せっく** |
| ききいる …… **ききみみをたてる** | ききとる[聞蕩] ………… **ききほれる** | きくのさけ ………… 95 |
| ききいる ………… **しょうだく** | ききなほす ……… **おもいなおす** | きくら ………… **ほととぎす** |
| ききいる ………… **どうい** | ききなほす ………… 35 | きくら ………… 35 |
| ききいる ………… **ねっしん** | ききならす ………… **みみなれる** | きくゎい ………… **あやしい** |
| ききいる ………… 71 | ききならふ ………… **ききなれる** | きくゎい ………… **けしからん** |
| ききう ………… **ききわける** | ききならふ ………… **みみなれる** | きくゎい ………… **ふしぎ** |
| ききう ………… **りかい** | ききにくし ………… **ききぐるしい** | きくゎい ………… **ふしん** |
| ききう ………… 71 | ききにくし ………… **ふゆかい** | きくゎい ………… **ふらち** |
| ききうかぶ ………… **あんき** | ききにくし ………… **みみ** | きげつ ………… **じゅうにがつ** |
| ききおぼゆ ………… **ききしる** | ききにくし ………… **みみなれる** | きげつ ………… 7 |
| ききおぼゆ …… **みみがくもんする** | ききにくし ………… 71 | きげん ………… **おもわく** |
| ききおぼゆ ………… 71 | ききはさむ …… **こみみにはさむ** | きげん ………… **かんがえ** |
| ききおよぶ ………… **つたえきく** | ききはさむ ………… 71 | きげん ………… **きもち** |
| ききおよぶ ………… 71, 83 | ききはつ ………… **ききおわる** | きげん ………… **ころあい** |
| ききがほ ………… **しったかぶり** | ききはつ ………… 71 | きげん ………… **じき** |
| ききかよふ ………… **ききつたえる** | ききはつる ………… **ききかじる** | きげん ………… **じじょう** |
| ききかよふ ………… **したう** | ききはなつ ………… **ききながす** | きげん ………… **ようす** |
| ききかよふ ………… **つたえきく** | ききはなつ ………… **よそ** | きげん ………… 59 |
| ききかよふ ………… 71 | ききはなつ ………… 71 | きげんじゃうご ………… 94 |
| ききぐるし ……… **ききぐるしい** | ききはやす ………… **ほめそやす** | きこ ………… 89 |
| ききぐるし ………… 71 | ききはやす ………… 71 | きご ………… **でまかせ** |

| | | |
|---|---|---|
| きこう | あなた | |
| きこう | 106 | |
| きこえ | 83 | |
| きこえあぐ | もうしあげる | |
| きこええいづ | もうしあげる | |
| きこえいづ | 83 | |
| きこえいなぶ | じたい | |
| きこえかく | いいかける | |
| きこえかく | ことば | |
| きこえかへす | こたえる | |
| きこえかへす | じたい | |
| きこえかへす | はんたい | |
| きこえかよふ | たより | |
| きこえさす | あたえる | |
| きこえさす | さしあげる | |
| きこえさす | もうしあげる | |
| きこえしらす | せつめい | |
| きこえたてまつる | もうしあげる | |
| きこえつぐ | とりつぐ | |
| きこえつたふ | つたえる | |
| きこえつたふ | 83 | |
| きこえなぐさむ | なぐさめる | |
| きこえなす | とりつくろふ | |
| きこえなる | こうさい | |
| きこえまつはす | こうさい | |
| きこえやる | せつめい | |
| きこえわたす | きこえる | |
| きこしめす | おさめる | |
| きこしめす | する | |
| きこしめす | たべる | |
| きこしめす | のむ | |
| きこしめす | めしあがる | |
| きこしめす | 71 | |
| きこしをす | 71 | |
| きこす | おっしゃる | |
| きこす | 71 | |
| ぎごつなし | ぎこちない | |
| ぎごつなし | そや | |
| ぎごつなし | れいたん | |
| ぎごつなし | ぶれい | |
| ぎこつなし | ぎこちない | |
| ぎこつなし | そや | |
| ぎこつなし | れいたん | |
| ぎこつなしくゎんたい | ぶれい | |
| きこゆ | あたえる | |
| きこゆ | いみ | |
| きこゆ | かおる | |
| きこゆ | きこえる | |
| きこゆ | けんじょう | |
| きこゆ | さしあげる | |
| きこゆ | つたわる | |
| きこゆ | なっとく | |
| きこゆ | におう | |
| きこゆ | はんめいする | |
| きこゆ | もうしあげる | |
| きこゆ | りかい | |
| きこゆ | わかる | |
| きこゆ | 57, 83 | |
| きこゆる | ゆうめい | |
| きこゆる | 83 | |
| きこる | ばっさいする | |
| きこん | こんき | |
| きこん | せいりょく | |
| きさ[象] | ぞう | |
| きさ[象] | 33 | |
| きさ[樒] | もくめ | |
| きさ[蚶] | あかがい | |
| きさ[蚶] | 37 | |
| きさい | きさき | |
| きさい | こうごう | |
| きさいのみや | きさき | |
| きさいのみや | こうごう | |
| きさいばら | おうじ | |
| きさがひ | あかがい | |
| きさがひ | 37 | |
| きさき[気先] | いきごみ | |
| きさき[気先] | きせい | |
| きさき[気先] | こころがまえ | |
| きさき[后宮] | こうごう | |
| きさきのみや | こうごう | |
| きさきばら | おうじ | |
| きさく | けずりとる | |
| きさぐ | けずりとる | |
| きさぐ | けずる | |
| きさぐ | こそげる | |
| きざし | めばえる | |
| きざし | めばえ | |
| きざす | おこる | |
| きざす | おもい | |
| きざす | しょうじる | |
| きざす | めばえる | |
| きさと | あかがい | |
| きさと | 37 | |
| きさのき | ぞうげ | |
| きさのき | 33 | |
| きさのきば | ぞうげ | |
| きざはし | かいだん | |
| きさま | おまえ | |
| きさま | 106 | |
| きざみ | おり | |
| きざみ | かいきゅう | |
| きざみ | きかい | |
| きざみ | じき | |
| きざみ | だんかい | |
| きざみ | ばあい | |
| きざみ | 16 | |
| きざむ | いれずみ | |
| きざむ | さいなむ | |
| きざむ | ちょうこくする | |
| きざむ | れんだする | |
| きさらぎ | にがつ | |
| きさらぎ | 5 | |
| きさん | かえる | |
| きさんじ | きばらし | |
| きさんじ | きらく | |
| きさんじ | のんき | |
| きさんじもの | のんき | |
| きさんじもの | らくてんか | |
| きし[岸] | がけ | |
| きし[岸] | みずぎわ | |
| きし[岸] | 24 | |
| きし[耆指] | かんれき | |
| きし[耆指] | 89 | |
| きしう | くがつ | |
| きしう | 7 | |
| きしかた | かこ | |
| きしかた | むかし | |
| きしかたゆくすゑ | かこ | |
| ぎしき | きまり | |
| ぎしき | さほう | |
| ぎしき | ほうそく | |
| きしく | くる | |
| きしく | つづく | |
| きしね | みずぎわ | |
| きしね | 25, 27 | |
| きじのかくれ | かくれる | |
| きします | いらだたせる | |
| きします | 60 | |
| ぎしみあふ | あらそう | |
| きしむ | きしる | |
| きしむ | 13 | |
| きしめく | おとをたてる | |
| きしめく | きしる | |
| きしめく | 13 | |
| きじゃう | きじょう | |
| きじゃう | いじ | |
| きじゃう | 34 | |
| きしゃくやく | ぼたん | |
| きしゃくやく | 46 | |
| きじゅ | 89 | |
| きしゅん | さんがつ | |
| きしゅん | 6 | |
| きしょ | あなた | |
| きしょ | 106 | |
| きしょく | いこう | |
| きしょく | かおいろ | |
| きしょく | きもち | |
| きしょく | ちょうあい | |
| きしょく | ひょうじょう | |
| きしょく | 59, 64 | |
| きしる | かじる | |
| きしる | たべる | |
| きしる | 13 | |
| きしろふ | あらそう | |
| きしろふ | きょうそう | |
| きしろふ | もみあう | |
| きじん | おに | |
| きじん | ばけもの | |
| ぎしんあんき | うたがい | |
| きす[期] | きめる | |
| きす[期] | ちかう | |
| きす[期] | やくそく | |
| きす[帰] | きえする | |
| きす[帰] | しんこう | |
| きす[着] | のせる | |
| きず | けってん | |

きず — きづま

| | | |
|---|---|---|
| きず | はじ | |
| きず | ふめいよ | |
| きず | きりきりす | |
| ぎす | 36 | |
| ぎす[擬] | あらかじめ | |
| ぎす[擬] | きめる | |
| ぎす[擬] | なぞらえる | |
| ぎす[擬] | みたてる | |
| ぎす[議] | そうだん | |
| ぎす[議] | ひょうぎ | |
| きずい[奇瑞] | きっちょう | |
| きずい[気随] | きまま | |
| きずい[気随] | わがまま | |
| きすく | かざり | |
| きすく | かたくるしい | |
| きすく | きまじめ | |
| きすぐ | かざり | |
| きすぐ | かたくるしい | |
| きすぐ | きまじめ | |
| きすぐ | ぶふうりゅう | |
| きすぐ | 82 | |
| きすずめ | すずめ | |
| きすずめ | 34 | |
| きずなきたま | かんぜん | |
| きすむ | しまう | |
| きずをもとむ | あらさがし | |
| きせい[気精] | きりょく | |
| きせい[祈誓] | いのる | |
| きせい[祈誓] | がんぼう | |
| きせい[祈請] | きがん | |
| ぎせい | からげんき | |
| ぎせい | きょせい | |
| ぎぜつ | ぜっこう | |
| きそ | さくや | |
| きそ | ゆうべ | |
| きそ[昨日] | きのう | |
| きそ[昨日] | さくじつ | |
| きそ[昨日] | 3 | |
| きそ[昨夜] | さくや | |
| きそ[昨夜] | ゆうべ | |
| きそ[昨夜] | 21 | |
| きそく | いこう | |
| きそく | かおいろ | |
| きそく | きもち | |
| きそく | ちょうあい | |
| きそく | ひょうじょう | |
| きそく | 59, 64 | |
| きそげ | ふるぎ | |
| きそげ | 94 | |
| きそのよ | さくや | |
| きそのよ | ゆうべ | |
| きそひうま | あそび | |
| きそひうま | げいのう | |
| きそふ | あらそう | |
| きそふ | きょうそう | |
| きそふ | さき | |
| きそふ | せりあう | |
| きそふ | ちりみだれる | |
| きそふ | はりあう | |
| きそふ | みだれる | |
| きそふ | 43 | |
| きそふ | わかい | |
| きそん | わかもの | |
| きた | きたかぜ | |
| きた | 11 | |
| きだ | きれめ | |
| きだ | だん | |
| きだ | わかれめ | |
| きだ | 111 | |
| きたい | あやしい | |
| きたい | きい | |
| きたい | ふしぎ | |
| きたい | ふしん | |
| きたい | まれ | |
| きたおろし | きたかぜ | |
| きたおろし | 111 | |
| きたけ | 11 | |
| きたしぐれ | しぐれ | |
| きたしぐれ | 9 | |
| きたす | くる | |
| きたす | もたらす | |
| きたたき | きつつき | |
| きたたき | 34 | |
| きたなげ | みぐるしい | |
| きたなげ | よごれる | |
| きたなげなし | | |
| …こざっぱりしている | | |
| きたなし | きたない | |
| きたなし | ひれつ | |
| きたなし | よごれる | |
| きたなし | いやしい | |
| きたなし | けがれる | |
| きたなし | はしご | |
| きたなし | はらぐろい | |
| きたなし | ひきょう | |
| きたなし | みぐるしい | |
| きたなし | よこしま | |
| きたなし | わるい | |
| きたなびる | ひきょう | |
| きたなむ | きたない | |
| きたのかた | 51, 54 | |
| きたのだい | 51, 54 | |
| きだはし | かいだん | |
| きたひ | ひもの | |
| きたふ | いじめる | |
| きたふ | しゅうじゅく | |
| きたふ | せいれんする | |
| きたむ | こらしめる | |
| きたむ | ばっする | |
| きたりうかぶ | おもいうかぶ | |
| きたる | やってくる | |
| きちかう | ききょう | |
| きちかう | 39 | |
| きちにち | めでたい | |
| きちにち | よい | |
| きちゃう | しっかり | |
| ぎちゃう | ひょうぎ | |
| きちゃうめん | きそく | |
| きちゃうめん | きちょう | |
| きちれい | かんれい | |
| きちれい | めでたい | |
| きつ[狐] | きつね | |
| きつ[狐] | 33 | |
| きつ[槽] | すいぎゅう | |
| きつ[槽] | ようすいおけ | |
| きっかうでん | せっく | |
| きっかうでん | たなばた | |
| きっかけ | こころいき | |
| きづかはし | きがかり | |
| きづかはし | しんぱい | |
| きづかひ | きがかり | |
| きづかひ | こころづかい | |
| きづかひ | しんぱい | |
| きづかひ | はいりょ | |
| きっきょうよし | えんぎ | |
| きつく | とうちゃく | |
| きづくし | きづかい | |
| きづくし | はいりょ | |
| きっくゎい | けしからん | |
| きっくゎい | ふしん | |
| きっくゎい | ふらち | |
| きつげつ | じゅうがつ | |
| きつげつ | 7 | |
| きっさう | きざし | |
| きっさう | きっぽう | |
| きっさう | しらせ | |
| きっさう | たより | |
| きっさう | つうち | |
| きっさう | てがみ | |
| きっすい | じゅんすい | |
| きっすい | まじる | |
| きってう | きざし | |
| きってう | めでたい | |
| きっと | きっぱり(と) | |
| きっと | かならず | |
| きっと | きっと | |
| きっと | きびしい | |
| きっと | くる | |
| きっと | げんじゅう | |
| きっと | すぐに | |
| きっと | すばやい | |
| きっと | にわか | |
| きっと | まちがいなく | |
| きづな | つながり | |
| きづな | はなれがたい | |
| きづな | 63 | |
| きつねのかみそり | | |
| …まんじゅしゃげ | | |
| きつねのかみそり | 42 | |
| きつねのよめいり | 10 | |
| きつねふく | こううん | |
| きつねふく | こうふく | |
| きづま | かおいろ | |
| きづま | きげん | |
| きづま | きもち | |
| きづま | 59 | |

| | | | | | |
|---|---|---|---|---|---|
| きづよし | こころづよい | きのかた | 88 | きはなはる | ぬきんでる |
| きづよし | つれない | きのくすり | きばらし | きはまりて | きわめて |
| きでん | あなた | きのどく | くるしい | きはまりて | このうえない |
| きでん | 106 | きのどく | こまる | きはまりて | ひじょうに |
| きと | きゅう | きのどく | つらい | きはまる | おわる |
| きと | さっと | きのどく | とうわく | きはまる | きめる |
| きと | しっかり | きのどく | どうじょう | きはまる | きわまる |
| きと | すぐに | きのはし | つまらない | きはまる | けってい |
| きと | すばやい | きのはし | とるにたりない | きはまる | げんど |
| きと | たしか | きのふけふ | このごろ | きはまる | なくなる |
| きと | ちょっと | きのふけふ | さいきん | きはまる | はて |
| きと | ちらりと | きのふけふ | ちがう | きはまる | ゆきづまる |
| きと | にわか | きのふのはなはけふのゆめ | | きはまる | くるしむ |
| きと | かならず | | えいこせいすい | きはみ | おわり |
| きと | きっと | きのふのはなはけふのゆめ | 80 | きはみ | かぎり |
| きど | もん | きのみちのたくみ | さしものし | きはみ | はて |
| きとう | じゅうにがつ | きのみちのたくみ | だいく | きはむ | おわらせる |
| きとう | 7 | きのめ | さんしょう | きはむ | きめる |
| きときと | すぐに | きのめ | 45 | きはむ | きわまる |
| きときと | すばやい | きは | はて | きはむ | けってい |
| きときと | たしか | きは | あたり | きはむ | げんど |
| きときと | かならず | きは | いえがら | きはむ | つくす |
| きときと | きっと | きは | おわり | きはむ | はて |
| きとく | くる | きは | かぎり | きはめ[極] | おわり |
| きとく | はるばる | きは | きょうかい | きはめ[極] | かぎり |
| きどく | かんしん | きは | きわみ | きはめ[極] | けってい |
| きどく | しゅしょう | きは | せっき | きはめ[極] | ぜっちょう |
| きどく | すぐれる | きは | そば | きはめ[際目] | おり |
| きどく | ふしぎ | きは | ていど | きはめ[際目] | きょうかい |
| きどく | まれ | きは | はし | きはめ[際目] | わかれめ |
| きどく | めずらしい | きは | ばあい | きはめ[際目] | まぎわ |
| きどく | れいげん | きは | ほど | きはめ[際目] | 16 |
| きとすずろに | ふと | きは | みぶん | きはめたる | このうえない |
| きどり | きしょう | きは | 16 | きはめたる | すぐれる |
| きどり | しゅこう | きう | 106 | きはめたる | はなはだしい |
| きなく | くる | きはぎは | ぶんざい | きはめたる | ひじょうに |
| きなやす | きる | きはぎは | まぎわ | きはめたる | 83 |
| きなり | きまま | きはぎは | みぶん | きはめて | かならず |
| きなり | わがまま | きはぎはし | いちじるしい | きはめて | きっと |
| きなるいづみ | あのよ | きはぎはし | きわだつ | きはめて | このうえない |
| きにあたる | 59 | きはぎはし | はきはきしている | きはめて | ひじょうに |
| きにち | そうしき | きはだかし | きぐらいがたかい | きはめて | もっとも |
| きにち | めいにち | きはだかし | きびしい | きはやか | きわだつ |
| きにち | 74 | きはだかし | きわだつ | きはやか | めだつ |
| きにん | きじん | きはだかし | げんかく | きはやか | あきらか |
| きぬ | おしろい | きはだけし | いかめしい | きはやか | いちじるしい |
| きぬ | けしょう | きはだけし | きしょう | きはる | ぺんぺんぐさ |
| きぬ | 93 | きはだけし | はげしい | きはゐ | 41 |
| きぬぎぬ | よくちょう | きはだけし | 58 | きばをかむ | くやしい |
| きぬぎぬ | わかれ | きはちす | むくげ | きばをかむ | はぎしり |
| きぬぎぬ | 61,64 | きばちす | 46 | きび | あじわい |
| きぬぎぬのわかれ | わかれ | きばちす | むくげ | きび | おもむき |
| きね | かんぬし | きばちす | 46 | きび | かおり |
| きね | みこ | きはなし | はてし(が)ない | きび | きもち |
| きねん | がんぼう | きはなし | かぎり | きび | 59,81 |
| きねん | きぼう | きはなし | さいゆうしゅう | きびし | いかめしい |
| きねん | 101 | きはなし | すぐれる | きびし | きびしい |
| きのかた | しんけいすいじゃく | きはなし | 82 | きびし | けっこう |
| きのかた | ノイローゼ | きははなる | きわだつ | | |

| | | |
|---|---|---|
| きびし | …………… | けわしい |
| きびし | …………… | げんじゅう |
| きびし | …………… | はなはだしい |
| きびし | …………… | ひどい |
| きびす | …………… | かかと |
| きびす | …………… | 47 |
| きびは | …………… | ようしょう |
| きびは | …………… | おさない |
| きびは | …………… | きゃしゃ |
| きびは | …………… | ようち |
| きびは | …………… | よわよわしい |
| きひん | …………… | てんせい |
| きふ | …………… | さしせまる |
| きふ | …………… | せいきゅう |
| きふ | …………… | たんき |
| きふく | …………… | きじゅん |
| きふく | …………… | ふくじゅう |
| きふぢ | …………… | えんじゅ |
| きふぢ [機分] | …………… | 44 |
| きぶん [機分] | …………… | きりょう |
| きぶん [機分] | …………… | てんせい |
| きぶん [気分] | …………… | きうん |
| きぶん [気分] | …………… | きげん |
| きへなる | …………… | とおい |
| きへなる | …………… | はなれる |
| きほ | …………… | こうぞう |
| きほ | …………… | てがら |
| きほ | …………… | てほん |
| きほ | …………… | ほまれ |
| きほ | …………… | めいよ |
| きほひ | …………… | いきおい |
| きほひ | …………… | きせい |
| きほひ | …………… | きょうそう |
| きほひ | …………… | はげしい |
| きほひ | …………… | はりあう |
| きほひ | …………… | あそび |
| きほひ | …………… | げいのう |
| きほひうま | …………… | あそび |
| きほひうま | …………… | げいのう |
| きほひかかる | …………… | いきごむ |
| きほひはだ | …………… | おしよせる |
| きほひはだ | …………… | いさみはだ |
| きほふ | …………… | あらそう |
| きほふ | …………… | いさみたつ |
| きほふ | …………… | きょうそう |
| きほふ | …………… | さき |
| きほふ | …………… | せりあう |
| きほふ | …………… | ちりみだれる |
| きほふ | …………… | はりあう |
| きほふ | …………… | みだれる |
| きほふ | …………… | 43 |
| きまる | …………… | うまい |
| きまる | …………… | ちょうわ |
| きまんぢゅう | …………… | むべ |
| きまんぢゅう | …………… | 46 |
| きみ [黍] | …………… | きび |
| きみ [黍] | …………… | 40 |
| きみ [君] | …………… | しゅくん |
| きみ [君] | …………… | しゅじん |
| きみ [君] | …………… | てんのう |
| きみ [君] | …………… | ゆうじょ |
| きみ [君] | …………… | 106 |
| きみ [気味] | …………… | あじわい |
| きみ [気味] | …………… | おもむき |
| きみ [気味] | …………… | かおり |
| きみ [気味] | …………… | かんじ |
| きみ [気味] | …………… | きもち |
| きみ | …………… | 59, 81 |
| きみ [鬼魅] | …………… | ばけもの |
| きみあひ | …………… | ぐあい |
| きみあひ | …………… | ようす |
| きみがよの | …………… | くがつ |
| きみがよの | …………… | ながい |
| きみがよの | …………… | 7 |
| きみがよは | …………… | たかい |
| きみざね | …………… | ほんさい |
| きみざね | …………… | 55 |
| きみさま | …………… | こいびと |
| きみさま | …………… | 63 |
| きみよし | …………… | こころよい |
| きむ | …………… | きどる |
| きむ | …………… | とがめる |
| きむ | …………… | とくい |
| きむ | …………… | なじる |
| きむかふ | …………… | ちかづく |
| きむかふ | …………… | やってくる |
| きむち | …………… | おまえ |
| きむち | …………… | 106 |
| きむち | …………… | おまえ |
| きむち | …………… | 106 |
| きむつぶ | …………… | くる |
| きめい | …………… | めいれい |
| きめう | …………… | じょうず |
| きめう | …………… | すばらしい |
| きめう | …………… | ふしぎ |
| きめう | …………… | ふしん |
| きめう | …………… | まれ |
| きめう | …………… | めずらしい |
| きめつく | …………… | しかる |
| きめつく | …………… | とがめる |
| きめつく | …………… | なじる |
| きも | …………… | かんぞう |
| きも | …………… | きりょく |
| きも | …………… | くふう |
| きも | …………… | しりょ |
| きも | …………… | たんりょく |
| きも | …………… | どきょう |
| きも | …………… | ないぞう |
| きも | …………… | はらわた |
| きも | …………… | 47, 48, 60 |
| きもいり | …………… | せわ |
| きもいる | …………… | せわ |
| きもいる | …………… | とりもつ |
| きもきもし | …………… | 70 |
| きもきもし | …………… | だいたん |
| きもきゆ | …………… | おそれる |
| きもきゆ | …………… | おどろく |
| きもきゆ | …………… | きも |
| きもこころ | …………… | せいしん |
| きもこころ | …………… | 60 |
| きもせい | …………… | こころづくし |
| きもせい | …………… | ほねおり |
| きもせいをやく | …………… | せわ |
| きもだましひ | …………… | きりょく |
| きもだましひ | …………… | しりょく |
| きもだましひ | …………… | せいしん |
| きもだましひ | …………… | たんりょく |
| きもだましひ | …………… | どきょう |
| きもだましひ | …………… | 60 |
| きもなますをつくる | …… | しんぱい |
| きもにしむ | …………… | 61 |
| きものたばね | …………… | きゅうしょ |
| きものたばね | …………… | はら |
| きものたばね | …………… | 48 |
| きもふとし | …………… | きも |
| きもふとし | …………… | どきょう |
| きもふとし | …………… | ゆうき |
| きもむかふ | …………… | 60 |
| きもをいる | …………… | いらだたしい |
| きもをいる | …………… | せわ |
| きもをけす | …………… | おどろく |
| きもをけす | …………… | なやます |
| きもをつぶす | …………… | おそれる |
| きもをつぶす | …………… | おどろく |
| きもをつぶす | …………… | せわ |
| きもをひやす | …………… | おそれる |
| きもをひやす | …………… | ぞっとする |
| きゃう [京] | …………… | みやこ |
| きゃう [境] | …………… | きょうかい |
| きゃう [境] | …………… | きょうち |
| きゃう [境] | …………… | しんきょう |
| きゃう [境] | …………… | ちいき |
| きゃう [饗] | …………… | しゅしょく |
| きゃう [饗] | …………… | もてなし |
| きゃう | …………… | 96, 97 |
| きゃうえん | …………… | えんかい |
| きゃうおう | …………… | ごちそう |
| きゃうおう | …………… | ちょうじ |
| きゃうおう | …………… | もてなし |
| きゃうおう | …………… | 96 |
| きゃうがい | …………… | かんきょう |
| きゃうがい | …………… | きょうぐう |
| きゃうがい | …………… | はんい |
| きゃうがい | …………… | ぶんげん |
| きゃうがい | …………… | みのうえ |
| ぎゃうかう | …………… | がいしゅつ |
| ぎゃうぎ | …………… | おこない |
| ぎゃうぎ | …………… | ふるまい |
| きゃうきゃう | …………… | かるがるしい |
| きゃうきゃう | …………… | けいそつ |
| ぎゃうぎゃうし | …………… | よしきり |
| ぎゃうぎゃうし | …………… | 35 |
| ぎゃうけい | …………… | がいしゅつ |
| きゃうげん | …………… | でまかせ |
| きゃうげんきぎょ | …………… | しいか |
| きゃうげんきぎょ | …… | しょうせつ |
| きゃうげんきぎょ | …………… | 64 |

| | | |
|---|---|---|
| きゃうご | いご | |
| きゃうこう | いご | |
| きゃうこつ | かるがるしい | |
| きゃうこつ | けいそつ | |
| きゃうこつ | しょうし | |
| きゃうこつ | ばかげた | |
| ぎゃうさ | おこない | |
| ぎゃうさ | ぎょうぎ | |
| ぎゃうさ | さほう | |
| ぎゃうさ | ふるまい | |
| ぎゃうさう | いでたち | |
| きゃうさく | すぐれる | |
| きゃうさく | 82 | |
| きゃうざく | ぎょうじょう | |
| きゃうざく | すぐれる | |
| きゃうざく | 82 | |
| きゃうし | しじっさい | |
| きゃうし | 89 | |
| きゃうじ | ふきつ | |
| ぎゃうじ | ぎょうじ | |
| ぎゃうじ | せきにん | |
| ぎゃうじ | たんとう | |
| きゃうじ | もよおす | |
| きゃうじゃく | ぎょうじょう | |
| きゃうじゃく | すいさつ | |
| きゃうじゃく | すいりょう | |
| きゃうじゃく | ひんこう | |
| きゃうじゃく | ふしん | |
| ぎゃうず | しゅぎょう | |
| きゃうぜん | しゅしょく | |
| きゃうぜん | ぜん | |
| きゃうぜん | りょうり | |
| きゃうぜん | 95, 96, 97 | |
| ぎゃうちゅうざぐゎ | ふだん | |
| ぎゃうちゅうざぐゎ | ふるまい | |
| ぎゃうちゅうざぐゎ | へいぜい | |
| ぎゃうてん | おどろく | |
| ぎゃうと | とほ | |
| ぎゃうぶ | ほこう | |
| ぎゃうぶ | 68 | |
| きゃうまん | おもいあがり | |
| きゃうよう | ごちそう | |
| きゃうよう | ちょうし | |
| きゃうよう | もてなし | |
| きゃうよう | 96 | |
| きゃうよむとり | うぐいす | |
| きゃうよむとり | 34 | |
| きゃうわく | きょうらん | |
| きゃうわく | みだれる | |
| きゃうわく | だます | |
| ぎゃくえん | 74 | |
| きゃくそう | そう | |
| きゃくそう | 86 | |
| きゃくらい | おとずれる | |
| きゃくらい | ほうもん | |
| きゃしゃ | ひんい | |
| きゃしゃ | じょうひん | |
| きゃしゃ | ゆうが | |
| きゃつ | かれ | |

| | | |
|---|---|---|
| きゃつばら | かれ | |
| きゃら | あいきょう | |
| きゃらいろ | 15 | |
| きゃらのおんかた | ほんさい | |
| きゃらのおんかた | 55 | |
| きゆ | いしき | |
| きゆ | きえる | |
| きゆ | きぜつ | |
| きゆ | なくなる | |
| きゆ | 59, 72 | |
| きゅうせん | ぐんじん | |
| きゅうせん | たたかい | |
| きゅうせん | ぶき | |
| きゅうせん | ゆみ | |
| きゅうせんのみち | ぐんじん | |
| きゅうせんのみち | ぶし | |
| きょ[挙] | おこない | |
| きょ[挙] | くわだて | |
| きょ[挙] | けいかい | |
| きょ[挙] | すいせん | |
| きょ[挙] | ふるまい | |
| きょ[虚] | うそ | |
| きょ[虚] | から | |
| きょ[虚] | くうきょ | |
| きょ[虚] | すきま | |
| きょ[虚] | ふちゅうい | |
| きょ[虚] | ふようい | |
| きょ[虚] | むなしさ | |
| きょ[虚] | ゆだん | |
| きょ[虚] | 80 | |
| ぎょ | 111 | |
| ぎょい[御意] | かんがえ | |
| ぎょい[御意] | めいれい | |
| ぎょい[御衣] | 93 | |
| ぎょいにいる | 59 | |
| きょう | おもしろい | |
| きょう | きょうみ | |
| きょう | たのしい | |
| きょう | たわむれ | |
| きよう | かしこい | |
| きょうあり | おもしろい | |
| きょうあり | 81 | |
| きょうがい | ころす | |
| きょうがい | わるだくみ | |
| きょうがる | おもしろがる | |
| きょうがる | ふうがわり | |
| きょうがる | ふざける | |
| きょうがる | ふしぎ | |
| きょうげん | じょうだん | |
| きょうさむ | きょうざめ | |
| きょうさむ | 58 | |
| きょうじ | えんぎ | |
| きょうじ | おもしろがる | |
| きょうぞく | わるもの | |
| きょうちょ | ゆうじょ | |
| きょうと | むほんにん | |
| きょうと | わるもの | |
| きょうなし | つまらない | |

| | | |
|---|---|---|
| きょうにいる | おもしろがる | |
| きょうをさます | きょうざめ | |
| きょうをさます | 58 | |
| きよがき | じょうしょ | |
| きよがき | せいしょ | |
| ぎょかん | ほめる | |
| きよきょ | おどろく | |
| きょきょねん | いっさくねん | |
| きょきょねん | おととし | |
| きょく | かるわざ | |
| きょく | きょうみ | |
| きよく | すっかり | |
| きょくがない | おもしろみ | |
| ぎょくざ | せき | |
| ぎょくちょ | びじん | |
| ぎょくちょ | 51 | |
| ぎょくと | 4 | |
| きょくほ | かいがん | |
| きょくほ | 23 | |
| きょくろ | きじん | |
| きよげ | うつくしい | |
| きよげ | おいしい | |
| きよげ | かんじ | |
| きよげ | せいけつ | |
| きよげ | ととのう | |
| ぎょざ | せき | |
| きよし | あきらか | |
| きよし | いさぎよい | |
| きよし | うつくしい | |
| きよし | きよらか | |
| きよし | きれい | |
| きよし | くもり | |
| きよし | けっぱく | |
| きょじつ | しんぎ | |
| ぎょしなる | 76 | |
| ぎょしゅつ | がいしゅつ | |
| ぎょしゅつ | でる | |
| ぎょしんなる | 76 | |
| きよす | よせる | |
| きょたん | うそ | |
| きょたん | ぐち | |
| きょたん | でたらめ | |
| きょびょう | けびょう | |
| きょびょう | 88 | |
| きよまはる | きよい | |
| きよまはる | しょうがわり | |
| きよまる | きよい | |
| きよまる | せいけつ | |
| きよまる | せいじょう | |
| きよむ | せいじょう | |
| きよめ | そうじ | |
| きよら | うつくしい | |
| きよら | かれい | |
| きよら | はなやか | |
| きよらう | すいじゃく | |
| きよらけし | きよい | |
| ぎょりん | うろこ | |
| ぎょりん | 37 | |

|  |  |
|---|---|
| きょをく | じゅうきょ |
| きょをく | 91 |
| きら | うつくしい |
| きら | えいが |
| きら | かがやく |
| きら | はなやか |
| きら | 93 |
| きらきら | 90 |
| きらきらし | いげん |
| きらきらし | うつくしい |
| きらきらし | かがやく |
| きらきらし | かくべつ |
| きらきらし | きわだつ |
| きらきらし | あざやか |
| きらきらし | 82, 83 |
| きらす | かすむ |
| きらす | くもる |
| きらず | おから |
| きらはし | いや |
| きらはし | いやらしい |
| きらびやか | うつくしい |
| きらびやか | かがやく |
| きらふ [嫌] | いや |
| きらふ [嫌] | いやがる |
| きらふ [嫌] | きらう |
| きらふ [嫌] | わけへだてる |
| きらふ [霧] | かすむ |
| きらふ [霧] | きり |
| きらふ [霧] | たちこめる |
| きらぼし | 8 |
| きらめく | かざりたてる |
| きらめく | かんたいする |
| きらめく | せいそうする |
| きらめく | ひかる |
| きらめく | もてなす |
| きらやか | うつくしい |
| きらやか | きらびやか |
| きらやか | はなやか |
| きららか | うつくしい |
| きららか | きらびやか |
| きららか | はなやか |
| きり | きげん |
| きり | くぎり |
| きり | げんど |
| ぎり | いみ |
| ぎり | すじみち |
| ぎり | どうり |
| ぎり | ないよう |
| ぎり | めんぼく |
| きりあめ | きり |
| きりあめ | 9 |
| きりいし | いし |
| きりいし | いしだたみ |
| きりいし | しきいし |
| きりおほね | きりぼし |
| きりぎし | がけ |
| きりぎりす | こおろぎ |
| きりぎりす | 36 |
| きりくひ | きりかぶ |
| きりくひ | 43 |
| きりさめ | 9 |
| きりたて | うえこみ |
| きりたて | しんちょう |
| きりど | いりぐち |
| きりど | くぐりど |
| きりどほし | 31 |
| きりどほす | 32 |
| きりのまがき | きり |
| きりのまよひ | きり |
| きりひとは | めつぼう |
| きりふたがる | かすむ |
| きりふたがる | きり |
| きりふたがる | 67 |
| きりめにしほ | くつう |
| きりめにしほ | くるしみ |
| きりもの | 93 |
| きりゃう | かおだち |
| きりゃう | さいのう |
| きりゃう | じょうず |
| きりゃう | ようぼう |
| きりょ | 86 |
| きりわたる | かすむ |
| きりわたる | きり |
| きる [切] | きめる |
| きる [切] | くぎる |
| きる [切] | けっちゃく |
| きる [切] | けってい |
| きる [切] | それる |
| きる [切] | つきる |
| きる [切] | なくなる |
| きる [切] | まがる |
| きる [着] | うける |
| きる [着] | 48 |
| きる [霧] | かすむ |
| きる [霧] | きり |
| きる [霧] | くもる |
| きる [霧] | 49, 67 |
| きれ | はし |
| きれ | はしくれ |
| きれうす | きる |
| きれはなれ | あきらめ |
| きれはなれ | おもいきり |
| きれはなれ | だんねん |
| きれぶみ | りえん |
| きれぶみ | 85 |
| きれもの | しゅわん |
| きれもの | はもの |
| きれんげ | みやこぐさ |
| きれんげ | 42 |
| きをつくす | きづかれする |
| きをつくす | むちゅう |
| きをつむ | いっしょうけんめいになる |
| きをつむ | 60 |
| きをとる | きげん |
| きをぬく | おどろかす |
| きをぬく | びっくりする |
| きをはなでくくる | ぶあいそう |
| きをへらす | はらはらする |
| きをり | きしょう |
| きをり | 58 |
| きんかあたま | はげ |
| きんかい | おきて |
| きんくゎ | あさがお |
| きんくゎ | むくげ |
| きんくゎ | 38, 46 |
| きんけい | にわとり |
| きんけい | 35 |
| きんけつ | きゅうちゅう |
| きんさう | きりきず |
| きんさう | きりきず |
| きんじう | 32, 34 |
| きんじふ | きんしん |
| きんじゃう | てんし |
| きんじゃう | てんのう |
| きんじゃく | ひわ |
| きんじゃく | 35 |
| きんじゅ | きんしん |
| きんす | かね |
| きんす | だいきん |
| きんず | きんしん |
| ぎんす | かね |
| ぎんず | うたう |
| ぎんず | よむ |
| ぎんず | 64, 65, 75 |
| きんそく | がいしゅつ |
| きんだい | さいきん |
| きんだい | ちがう |
| きんだち | きじん |
| きんち | おまえ |
| きんぢ | 106 |
| きんちゃう | やくそく |
| きんちゃく | こづかい |
| きんちゃく | さいふ |
| きんちゃくがね | こづかい |
| きんちゃくきり | すり |
| きんちゃくきり | わるもの |
| きんちゅう | きゅうちゅう |
| きんてい | てんし |
| きんてい | きゅうちゅう |
| きんていさま | てんし |
| ぎんながし | にせもの |
| ぎんながし | みかけ |
| きんもん | きゅうちゅう |
| きんり | きゅうちゅう |
| きんりさま | てんし |

## く

| | |
|---|---|
| く | する |
| く | 113 |
| く [来] | くる |
| ぐ | かぐ |
| ぐ | つれそう |

| | | | | | |
|---|---|---|---|---|---|
| ぐ | どうぐ | くぐり | いりぐち | くさのかげ | はか |
| ぐ | はいぐうしゃ | くぐり | くぐりど | くさのかげ | あのよ |
| ぐ | ふうふ | くくる[括] | しばる | くさのと | そまつ |
| ぐ | 85 | くる[括] | まとめる | くさのと | わびずまい |
| くい | こうかい | くくる[潜] | すりぬける | くさのと | 92 |
| くいのはっせんど | こうかい | くくる[潜] | とおりぬける | くさのとざし | そまつ |
| ぐうじ | かんぬし | くぐる[潜] | もぐる | くさのとざし | 92 |
| くうづく | じゅくれん | くぐる | すりぬける | くさのはつか | すこし |
| くうづく | ねんこう | くぐる | もぐる | くさのはつか | わずか |
| くえこむ | おちこむ | くげ[公家] | きじん | くさのはつか | ほのか |
| くえこむ | くぼむ | くげ[公家] | てんのう | くさのはら | はか |
| くえこむ | へこむ | くげ[公廨] | かんちょう | くさ(の)まくら | のじゅく |
| くが | りくち | くけち | 31 | くさ(の)まくら | 87 |
| くかい | くるしみ | くけつ | おうぎ | くさのまくら | 86 |
| くかい | にんげんかい | くげん | くなん | くさのむし | ほたる |
| くがい | おおやけ | くげん | くのう | くさのむし | 37 |
| くがざま | りく | くげん | くるしみ | くさのや | 92 |
| くがち | りくち | くご | おそなえ | くさのやどり | そまつ |
| くがち | りくち | くご | めし | くさのやどり | のじゅく |
| くがね | かね | くご | 95, 96 | くさのやどり | 87, 92 |
| くがね | きん | くごのくらゐ | こうい | くさば | はか |
| くがみち | りくち | くさ[種] | げんいん | くさばのかげ | あのよ |
| くぎがきく | てごたえ | くさ[種] | しなじな | くさはひ | おもむき |
| くきだつ | とうがたつ | くさ[種] | しゅるい | くさはひ | げんいん |
| くきゅう | きょくげん | くさ[種] | たね | くさはひ | しなじな |
| くきゅう | しゅうきょく | くさ[来] | くる | くさはひ | しゅこう |
| くきゅう | すぐれる | ぐさ | じゅうしゃ | くさはひ | しゅるい |
| くきゅう | ちからづよい | くさうず | あぶら | くさはひ | たね |
| くきゅう | つごう | くさがくれ | いなか | くさはひ | 81 |
| くきゅう | はて | くさがくれ | 91 | くさびら | きのこ |
| くきゅう | 82 | くさかやひめ | あし | くさびら | やさい |
| くぎゅう | きじん | くさかやひめ | 38 | くさびら | 40 |
| くきやか | あきらか | くさがれ | ふゆがれ | くさふ | そうげん |
| くきら | ほととぎす | くさがれ | 18, 38 | くさふ | 26 |
| くきら | 35 | くさきもなびく | いきおい | くさぶかきとち | いなか |
| くく | くくる | くさぎる | じょそうする | くさぶかの | 26 |
| くく | もぐる | くさぐさ | いろいろ | くさぶし | のじゅく |
| くぐ | おそなえ | くさくだもの | いちご | くさぶし | 86, 87 |
| くくす | くくる | くさくだもの | うり | くさぶとん | そまつ |
| くすす | しばる | くさくだもの | 39 | くさぶとん | しとん |
| くぐつ | ゆうじょ | くさしろ | まぐさ | くさまくら | かりそめ |
| くぐつ | あやつる | くさたつ | 38 | くさまくら | 86 |
| くぐひ | はくちょう | くさち | そうげん | くさむし | やすで |
| くぐひ | 35 | くさつくどり | ほととぎす | くさむし | 37 |
| くぐまる | かがむ | くさつくどり | 35 | くさむしろ | そまつ |
| くくむ | いいふくめる | くさつづき | はちがつ | くさむしろ | ふとん |
| くくむ | なっとく | くさつづき | 6 | くさむすび | ことのはじめ |
| くくむ | はめる | くさつづみ | 87 | くさむすび | そうししゃ |
| くくむ | ふくむ | くさづと | わいろ | くさむすび | はじまり |
| くくむ | つつみもつ | くさね | 39 | くさむすび | はじめる |
| くくむ | つつむ | くさのいと | はこべ | くさむすぶ | たびね |
| くぐむ | かがめる | くさのいと | 41 | くさむすぶ | のじゅく |
| くぐむ | かがむ | くさのいへ | 92 | くさむすぶ | 86, 87 |
| くくもりごゑ | 91 | くさのいほ | そまつ | くさめ | くしゃみ |
| くくもりごゑ | ふくむ | くさのいほ | わびずまい | くさりあふ | ちぎる |
| くくもりごゑ | 91 | くさのいほ | 92 | くさる[鎖] | つづく |
| くくもる | つつみこむ | くさのいほり | 91 | くさる[鎖] | つながる |
| くくもる | つつみこむ | くさのいほり | わびずまい | くさる[鎖] | つなぐ |
| | | くさのいほり | 92, 93 | くさる[腐] | ぬれる |

|  |  |
|---|---|
| くさる[腐] | ふさぐ |
| くさる[腐] | 59 |
| くさわけ | ことのはじめ |
| くさわけ | そうししゃ |
| くさわけ | はじまり |
| くさわけ | はじめる |
| くさゐ | いのしし |
| くさゐ | 33 |
| くさゐなぎ | いのしし |
| くさゐなぎ | 33 |
| くさをわく | さがす |
| くし[奇] | しんぴ |
| くし[奇] | ふしぎ |
| くし[奇] | まれ |
| くし[奇] | めずらしい |
| くし[酒] | 94 |
| くし[首] | あたま |
| くし[首] | くび |
| くし[首] | 47 |
| くし[髪] | かみ |
| くじ | ぎょうじ |
| くじ | そしょう |
| ぐし | 94 |
| くしいたし | きおち |
| くしいたし | ふさぐ |
| くしいたし | |
| くしげ | けしょう |
| くじさた | はんけつ |
| くじざた | そしょう |
| くじだくみ | いいがかり |
| くじだくみ | さいばんざた |
| くじだくみ | そしょう |
| くじとり | くじびき |
| くじのたふれ | しっぱい |
| くしび | ちから |
| くしび | ふしぎ |
| くしゃくにけん | せまい |
| くしゃくにけん | わびずまい |
| くしゃくにけん | 92, 93 |
| くじゅん | きゅうじっさい |
| くじゅん | 89 |
| くじる | えぐる |
| くじる | ほじくりだす |
| くす | いじける |
| くす | きおち |
| くす | くじける |
| くす | ふさぐ |
| くす | 59 |
| ぐす | したがう |
| ぐす | したがえる |
| ぐす | そなえる |
| ぐす | そなわる |
| ぐす | そろう |
| ぐす | そろえる |
| ぐす | つれだつ |
| ぐす | つれる |
| ぐす | ととのう |
| ぐす | 85 |
| くずかずら | くず |

|  |  |
|---|---|
| くすし[奇] | しんぴ |
| くすし[奇] | ふしぎ |
| くすし[薬師] | いしゃ |
| くすしがる | じっちょく |
| くすしがる | まじめ |
| くすしがる | まじめくさる |
| くすす | ちりょう |
| くすす | 88 |
| くずのねの | とおい |
| くずのはの | うら |
| くずのはの | うらむ |
| くずのはの | さびしい |
| くずのはの | めずらしい |
| くすはし | しんぴ |
| くすばし | ふしぎ |
| くずはな | ななくさ |
| くすぼる | くすぶる |
| くすぼる | すすける |
| くすむ | かざり |
| くすむ | きまじめ |
| くすむ | しっそ |
| くすむ | まじめ |
| くすや | 93 |
| くすりし | いしゃ |
| くすりのこと | 87 |
| くすりび | せっく |
| くする | ちりょう |
| くする | 88 |
| くすんごぶ | かたな |
| くすんごぶ | ぶき |
| くせ | けってん |
| くせぐせし | いじ |
| くせぐせし | いじわる |
| くせぐせし | ひがむ |
| くせぐせし | ひとくせある |
| くせぐせし | ひねくれる |
| くせごと | けしからん |
| くせごと | しょばつ |
| くせごと | どうり |
| くせごと | ふきつ |
| くせごと | わるい |
| くぜち | いいあらそい |
| くぜち | けんか |
| くぜち | こうろん |
| くぜつ | いいあらそい |
| くぜつ | けんか |
| くぜつ | こうろん |
| くせびと | あやしい |
| くせびと | かわりもの |
| くせびと | ごうじょう |
| くせびと | したたかもの |
| くせびと | ばけもの |
| くせびと | ゆだん |
| くせびと | わるもの |
| くぜまめ | えんじゅ |
| くぜまめ | 44 |
| くせむ | ひがむ |
| くせもの | あやしい |
| くせもの | かわりもの |

|  |  |
|---|---|
| くせもの | ごうじょう |
| くせもの | したたかもの |
| くせもの | ばけもの |
| くせもの | ゆだん |
| くせもの | わるもの |
| くそ | あなた |
| くそ | 106 |
| くそ[久曾] | 51 |
| ぐそく | しょじひん |
| ぐそく | そなわる |
| ぐそく | そろう |
| ぐそく | つれだつ |
| ぐそく | どうぐ |
| ぐそく | ぶき |
| ぐそく | もちもの |
| くた | くず |
| くた | ごみ |
| くだ | くどい |
| くだ | よけいな |
| くたかけ | にわとり |
| くたかけ | 35 |
| くだかけ | にわとり |
| くだかけ | 35 |
| くだく | おもいみだれる |
| くだく | くだける |
| くだく | うちこわす |
| くだく | うちとける |
| くだく | うちやぶる |
| くだく | くずれる |
| くだく | こなごなにする |
| くだく | こわす |
| くだく | こわれる |
| くだく | さいぶんする |
| くだく | つくす |
| くだく | ととのう |
| くだく | なやむ |
| くだく | まとまり |
| くだく | みだれる |
| くだく | やぶる |
| くだくだし | うるさい |
| くだくだし | ごたごた |
| くだくだし | まとまり |
| くだくだし | わずらわしい |
| くださる | あたえる |
| くたす | きおち |
| くたす | くさる |
| くたす | くじく |
| くたす | くじける |
| くたす | けなす |
| くたす | そしる |
| くたす | ひなん |
| くだす | あたえる |
| くだす | めいれい |
| くだす | もうしわたす |
| くたち | よふけ |
| くたち | 21 |
| くだち | |
| くたつ | おとろえる |
| くたつ | かたむく |

| | | | | | |
|---|---|---|---|---|---|
| くたつ | さかり | くちがまし | くち | くちど | いいかた |
| くたつ | ふける | くちがるし | いいかた | くちど | はやい |
| くたつ | よふけ | くちがるし | かるい | くちど | はやくち |
| くたつ | 19, 22 | くちがるし | かるがるしい | くちど | 70 |
| くだつ | おとろえる | くちがろし | 69 | くちとし | いいかた |
| くだつ | かたむく | くちがろし | いいかた | くちとし | かるい |
| くだつ | さかり | くちがろし | かるがるしい | くちとし | くち |
| くだつ | ふける | くちがろし | 69 | くちとし | はやい |
| くだつ | 19, 22 | くちき | 43 | くちとし | はやくち |
| くだもの | かし | くちきき | くちたっしゃ | くちとし | 69 |
| くだもの | さかな | くちきき | のうべん | くちとし | 70 |
| くだもの | 95, 96 | くちぎたなし | いいかた | くちなし | 15 |
| くだらの | 26 | くちぎたなし | げひん | くちなしいろ | 15 |
| くだり[件] | じょうじゅつ | くちぎたなし | 69 | くちなは | へび |
| くだり[件] | ぜんじゅつ | くちぎよし | いいかた | くちなは | 33 |
| くだり[件] | だん | くちぎよし | のうべん | くちなはいちご | いちご |
| くだり[領] | 111 | くちぎよし | べんぜつ | くちなはいちご | へびいちご |
| くだりづき | 4 | くちぎよし | 69, 82 | くちなはいちご | 39, 41 |
| くだりやみ | 21 | くちくさ | ほたる | くちにのる | 83 |
| くだる | うつる | くちくさ | 37 | くちのは | くちさき |
| くだる | おちぶれる | くちぐすり | くちどめ | くちのは | 83 |
| くだる | おとる | くちくひもの | 95 | くちのよ | きゅうりょう |
| くだる | こうさん | くちぐるま | まるめこむ | くちば | おちば |
| くだる | たいしゅつ | くちごはし | いいはる | くちばしきなり | けいけん |
| くだる | へりくだる | くちごはし | くち | くちばしきなり | わかい |
| くだん | ぜんじゅつ | くちさがなし | くちやかましい | くちはみ | へび |
| くだんの | いつも | くちさがなし | わるくち | くちはみ | 33 |
| くだんの | じょうじゅつ | くちさきら | くちさき | くちばみ | へび |
| くだんの | ぜんじゅつ | くちさきら | べんぜつ | くちばみ | 33 |
| くだんの | れい | くちざみせん | ごまかし | くちひき | ぼてい |
| くち[口] | いりぐち | くちじゃみせん | ごまかし | くちめ | ぼら |
| くち[口] | しゅうしょくぐち | くちす | おとろえる | くちめ | 38 |
| くち[口] | しゅる | くちす | すたれる | くちもち | くちぶり |
| くち[口] | たぐい | くちすぎ | しごと | くちゅうざ | しゅぎょう |
| くち[口] | たづな | くちすぎ | せいけつ | くちろん | こうろん |
| くち[口] | はじまり | くちずさび | はなし | くちわききばむ | わかい |
| くち[口] | はなし | くちずさび | わだい | くちわきしろし | けいけん |
| くち[口] | わだい | くちずさび | 83 | くちわきしろし | わかい |
| くち[口] | 69, 83 | くちずさぶ | うたう | くちをかたむ | くちどめ |
| くち[鷹] | たか | くちずさぶ | 64 | くちをきく | いきおい |
| くち[鷹] | 35 | くちずさみ | はなし | くちをきく | はぶり |
| ぐち | ふへい | くちずさみ | わだい | くちをくふ | せいけい |
| くちあけ | はつげんする | くちずさみ | 83 | くちをし | いやしい |
| くちあけ | くちきり | くちずさむ | うたう | くちをし | おとっている |
| くちあけ | はじまり | くちすすぐ | よむ | くちをし | くやしい |
| くちあけ | かわきり | くちずから | じぶん | くちをし | ざんねん |
| くちあふ | あう | くちつき | いいかた | くちをし | つまらない |
| くちいれ | かんしょう | くちつき | くち | くちをし | なさけない |
| くちいれ | くちだし | くちつき | ぼてい | くちをし | ふほんい |
| くちいれ | しゅうせん | くちつき | 70 | くちをし | ものたりない |
| くちいれ | せわ | くちづき | くがつ | くちをすぐ | せいけい |
| くちおもし | いいにくい | くちづき | 7 | くつ | おとろえる |
| くちおもし | むくち | くちづく | いいなれる | くつ | おわる |
| くちがあがる | はなし | くちづく | くちぐせ | くつ | くさる |
| くちかたむ | くちどめ | くちづけ | くちぐせ | くつ | くちる |
| くちがたむ | くちどめ | くちづつ | くちぐち | くつ | すたれる |
| くちがため | くちやくそく | くちてうはふ | くち | くつ | 72, 80 |
| くちがため | やくそく | くちてづつ | くちべた | くついし | どだい |
| | | | | くつがへす | くつがえす |

くたつ―くつがへす

73

くつがへす――くびる

| | | |
|---|---|---|
| くつがへす | …… | てんぷくさせる |
| くつがへす | …… | ひっくりかえす |
| くつがへす | …… | ほろぼす |
| くつがへる | …… | くつがえる |
| くつがへる | …… | ひっくりかえる |
| くつがへる | …… | ほろびる |
| くっきゃう | …… | きょくげん |
| くっきゃう | …… | しゅうきょく |
| くっきゃう | …… | すぐれる |
| くっきゃう | …… | ちからづよい |
| くっきゃう | …… | つごう |
| くっきゃう | …… | つよい |
| くっきゃう | …… | 82 |
| くつくつぼふし | …… | せみ |
| くつくつぼふし | …… | つくつくぼうし |
| くつくつぼふし | …… | 36 |
| くづしいづ | …… | 70 |
| くっす | …… | きおち |
| くっす | …… | したがう |
| くっす | …… | ふかい |
| くっす | …… | ふくじゅう |
| くっす | …… | ふさぐ |
| くっす | …… | 59 |
| くづす | …… | おこなう |
| くづす | …… | すこし |
| くつてどり | …… | ほととぎす |
| くつてどり | …… | 35 |
| くつね | …… | きつね |
| くつね | …… | 33 |
| くつびと | …… | たいこもち |
| くづほる | …… | ふさぐ |
| くづほる | …… | おとろえる |
| くづほる | …… | きおち |
| くづほる | …… | よわる |
| くづほる | …… | 59 |
| くつもち | …… | たいこもち |
| くづる | …… | かいさんする |
| くづる | …… | くずれる |
| くづる | …… | くだける |
| くづる | …… | こわれる |
| くつろか | …… | くつろぐ |
| くつろか | …… | ゆったり |
| くつろぎがまし | …… | のんき |
| くつろぐ | …… | あんしん |
| くつろぐ | …… | きゅうそく |
| くつろぐ | …… | ゆうずう |
| くつろぐ | …… | ゆったり |
| くつろぐ | …… | ゆるむ |
| くつわ | …… | たづな |
| くつわづら | …… | たづな |
| くでん | …… | おうぎ |
| くと | …… | さっと |
| くと | …… | すばやい |
| くと | …… | とつぜん |
| くど | …… | かまど |
| くどきごと | …… | なきごと |
| くどきたつ | …… | 69 |
| くどく | …… | いいよる |
| くどく | …… | きがん |
| くどく | …… | きゅうこん |
| くどく | …… | くりかえす |
| くどく | …… | ぐち |
| くどく | …… | ねがう |
| くどく | …… | くへい |
| くどく | …… | 62, 69, 84 |
| くなどのかみ | …… | 32 |
| くに | …… | いなか |
| くに | …… | こきょう |
| くに | …… | こくど |
| くにがた | …… | きょうり |
| くにがた | …… | くにもと |
| くにがた | …… | こきょう |
| くにさと | …… | こきょう |
| くにそだち | …… | いなか |
| くにどころ | …… | こきょう |
| くにのおや | …… | てんのう |
| くにのおや | …… | はは |
| くにのおや | …… | 57 |
| くにのはは | …… | てんのう |
| くにのはは | …… | はは |
| くにのはは | …… | 57 |
| くにのはら | …… | とち |
| くにはら | …… | ひろい |
| くにはら | …… | 26 |
| くにびと | …… | こきょう |
| くにびと | …… | じんみん |
| くにびと | …… | どちゃくのひと |
| くにふ | …… | くちだし |
| くにふ | …… | しゅうせん |
| くにぶり | …… | みんよう |
| くにへ | …… | こきょう |
| くにもせに | …… | いっぱい |
| くにもと | …… | きょうり |
| くにもと | …… | こきょう |
| くぬが | …… | りくち |
| くぬち | …… | くに |
| くぬち | …… | くにじゅう |
| くぬち | …… | こくない |
| くね | …… | かきね |
| くねくねし | …… | ねじけている |
| くねくねし | …… | ひねくれる |
| くねる | …… | うねる |
| くねる | …… | うらみ |
| くねる | …… | おれまがる |
| くねる | …… | ぐち |
| くねる | …… | すねる |
| くねる | …… | ひがむ |
| くねる | …… | ふへい |
| くねる | …… | まがる |
| くねる | …… | もんく |
| ぐのもの | …… | とも |
| くばう | …… | おおやけ |
| くはこ | …… | かいこ |
| くはこ | …… | 36 |
| くはし[美] | …… | うつくしい |
| くはし[美] | …… | うるわしい |
| くはし[詳] | …… | くわしい |
| くはし[詳] | …… | せいつうしている |
| くはし[詳] | …… | こまかい |
| くはし[詳] | …… | つぶさ |
| くはしめ | …… | びじん |
| くはしめ | …… | 51 |
| くはす | …… | あいず |
| くはす | …… | たべる |
| くはす | …… | だしぬく |
| くはす | …… | だます |
| くはす | …… | めくばせ |
| くはたつ | …… | くわだてる |
| くはたつ | …… | けいかく |
| くはたつ | …… | じっこう |
| くはたつ | …… | せのびする |
| くはたつ | …… | たつ |
| くはたつ | …… | もくろむ |
| くはだつ | …… | くわだてる |
| くはだつ | …… | けいかく |
| くはだつ | …… | じっこう |
| くはだつ | …… | もくろむ |
| くはのかど | …… | そう |
| くはのもん | …… | しゅっけ |
| くはのもん | …… | よすてびと |
| くはふ | …… | あたえる |
| くはふ | …… | おく |
| くはふ | …… | かさねる |
| くはふ | …… | くわえる |
| くはふ | …… | なかま |
| くはふ | …… | のせる |
| くはふ | …… | ほどこす |
| くはふ | …… | ます |
| くばる | …… | あたえる |
| くばる | …… | はいち |
| くばる | …… | ゆきわたる |
| くばる | …… | わけあたえる |
| くばる | …… | わける |
| くばる | …… | 84 |
| くはをぬかす | …… | つかれる |
| くはをぬかす | …… | ぼうぜんじしつ |
| くひかなぐる | …… | くいちらす |
| くびす | …… | かかと |
| くびす | …… | 47 |
| くびすをめぐらす | …… | すこし |
| くびすをめぐらす | …… | 16 |
| くびすをめぐらすべからず | …… | すこし |
| くびすをめぐらすべからず | …… | 16 |
| くひぜ | …… | かぶ |
| くひぜ | …… | きりかぶ |
| くひぜ | …… | くい |
| くひぜ | …… | 43 |
| くひぜをまもる | …… | かんしゅう |
| くびち | …… | わな |
| くひつむ | …… | くらし |
| くひつむ | …… | こまる |
| くひもの | …… | 95 |
| くびる | …… | くび |
| くびる | …… | くびれる |
| くびる | …… | ころす |

| | | | |
|---|---|---|---|
| くびる | しめころす | くまなし | のこす |
| くびる | しめる | くまみ | まがりかど |
| くびる | 72 | くまみ | 31 |
| ぐひん | てんぐ | くまもおちず | のこす |
| くふ[構] | 75 | くまる | わけあたえる |
| くふ[食] | うける | くまる | わける |
| くふ[食] | かみつく | くまる | くばる |
| くふ[食] | きずつける | くみす | かんけい |
| くふ[食] | たべる | くみす | どうい |
| くふ[食] | だます | くみす | なかま |
| くふ[食] | のむ | くみす | みかた |
| くぶ | くべる | くみど | しんしつ |
| くぶ | もやす | く[む][組] | からむ |
| ぐぶ | とも | く[む][組] | からめる |
| くふうにおつ | かんがえつく | く[む][組] | 75 |
| くふうにおつ | なっとく | く[む][汲] | おもいやる |
| ぐふたいてん | てき | く[む][汲] | すいりょう |
| くへ | さく | く[む][汲] | のむ |
| くへ | かきね | ぐむ | きざし |
| くへ | かきね | ぐむ | きざす |
| くへがき | かきね | くめん | くふう |
| くぼ | かかと | くめん | さんだん |
| くぼ | 47 | ぐめん | さんだん |
| くぼし | くぼむ | ぐめん | さんだん |
| くぼし | おとっている | くも(を)かすみ | にげさる |
| くぼた | 30 | くもがくる | 72 |
| くぼぶね | 98 | くもぢ | 31 |
| くぼまる | うずくまる | くもつ | おそなえ |
| くほんじゃうど | あのよ | くもとなる | 72 |
| くほんじゃうど | | くもにはしご | のぞみ |
| …ごくらく・ごくらく | | くもにはしご | 102 |
| じょうど | | くものあし | くも |
| くほんじゃうど | 72 | くものあし | てんか |
| くま | おく | くものい | くも |
| くま | おくふかい | くものい | 36 |
| くま | かくす | くものうへ | きゅうちゅう |
| くま | かげ | くものうへ | そら |
| くま | かたすみ | くものうへびと | きじん |
| くま | くもり | くものかけはし | くも |
| くま | くらい | くものかよひ | くも |
| くま | けってん | くものかよひぢ | 31 |
| くま | ばしょ | くものなみ | くも |
| くま | ひみつ | くものね | くも |
| くま | まがりかど | くものね | にゅうどうぐも |
| くま | 31 | くものみね | くも |
| くまい | おそなえ | くものみね | にゅうどうぐも |
| くまい | こめ | くもま | はれる |
| くまぐま | すみ | くもま | 9 |
| くまぐまし | みえる | くもみづ | さすらい |
| くまぐまし | 77 | くもらはし | くすんでいる |
| くましね | おそなえ | くもらはし | くもる |
| くましね | こめ | くもらふ | くもる |
| くまと | ものかげ | くもりよの | まどう |
| くまど | かげ | くもゐ | くも |
| くまど | ものかげ | くもゐ | そら |
| くまなし | かげ | くもゐ | みやこ |
| くまなし | くもり | くもゐ | きゅうちゅう |
| くまなし | すみずみ | くもぢ | 31 |
| くまなし | ぬけめ(が)ない | | |
| くもゐなす | とおい |
| くもゐのそら | きゅうちゅう |
| くもゐのそら | そら |
| くもゐのよそ | とおい |
| くやう | くらし |
| くやし | くやしい |
| くやし | こうかい |
| くやし | ざんねん |
| くやし | むねん |
| くやしむ | くやむ |
| くゆ[悔] | くいる |
| くゆ[悔] | くやむ |
| くゆ[悔] | くよくよする |
| くゆ[悔] | こうかい |
| くゆ[蹴] | ける |
| くゆ[崩] | くさる |
| くゆ[崩] | くずれる |
| くゆ[崩] | くちる |
| くゆ[崩] | こわれる |
| くゆらかす | くすぶる |
| くゆらかす | くゆらす |
| くゆらす | くすぶる |
| くゆる | おもいこがれる |
| くゆる | きおち |
| くゆる | くすぶる |
| くゆる | こいこがれる |
| くゆる | こがれる |
| くゆる | たちのぼる |
| くゆる | ふさぐ |
| くゆる | 59, 62 |
| くら[座] | いばしょ |
| くら[座] | おく |
| くら[座] | ばしょ |
| くら[蔵] | そうこ |
| ぐらう | わたくし・わたし |
| ぐらう | 105 |
| くらがり | おろか |
| くらがり | くらやみ |
| くらがる | くもる |
| くらがる | くらい |
| くらがる | やみ |
| くらきみち | あのよ |
| くらくら | ぼんやり |
| くらくら | 18, 19, 20 |
| くらぐら | ぼんやり |
| くらぐら | 18, 19, 20 |
| くらし | おろか |
| くらし | くらい |
| くらし | けってん |
| くらし | ふじゅうぶん |
| くらし | まよう |
| くらし | みかい |
| くらし | わかる |
| くらす[暗] | かなしい |
| くらす[暗] | くもる |
| くらす[暗] | くらい |
| くらす[暮] | すごす |
| くらす[暮] | せいけい |
| くらふ | うける |

| | | |
|---|---|---|
| くらふ …………… くらす | くるし …………… いや | くれぐれ(と) ………… とおい |
| くらふ …………… こうむる | くるし …………… くるしい | くれぐれ(と) ………… ねん |
| くらふ …………… たべる | くるし …………… さしさわり | くれぐれ(と) ………… はるばる |
| くらふ …………… のむ | くるし …………… つらい | くれこづき ……… じゅうにがつ |
| くらふ …………… きょうそう | くるし …………… ふかい | くれこづき ……………… 7 |
| くらふ …………… くらべる | くるし …………… ふつごう | くれさしめ ………… ください |
| くらふ …………… したしい | くるし …………… みぐるしい | くれしづき ………… いちがつ |
| くらふ …………… したしむ | ぐるし …………… しにくい | くれしづき ……………… 5 |
| くらふ …………… つきあう | ぐるし ………………… 113 | くれたけ …………… たけ |
| くらふ …………… ひかく | くるつあした ……… あす | くれたけ …………… はちく |
| くらべうま ………… あそび | くるつあした ……… 3, 20 | くれたけ ……………… 45 |
| くらべうま ………… けいば | くるとあくと ……… あけくれ | くれたけの ………… ふす |
| くらべがたし ……… くらべる | くるとし …………… らいねん | くれたけの ……… 21, 57 |
| くらべがたし ……… ひかく | くるはし …………… くるおしい | くれつかた ………… おわり |
| くらべぐるし ……… あつかう | くるひ ………………… 3 | くれつかた ………… とし |
| くらべぐるし ……… くらべる | くるひのよ …………… 21 | くれつかた ………… ねんまつ |
| くらべぐるし ……… つきあう | くるふ …………… あばれる | くれつかた ……… 17, 18 |
| くらべぐるし ……… ひかく | くるふ …………… きぜつ | くれなゐ ……… すえつむはな |
| くらます …………… ごまかす | くるふ …………… くるう | くれなゐ ………… べにばな |
| くらます …………… たぶらかす | くるふ …………… しょうき | くれなゐ …… 15, 40, 41 |
| くらむ …………… かくす | くるふ …………… みだれる | くれなゐの ………… あさい |
| くらむ …………… くらい | くるべく …………… くらむ | くれなゐの ………… うつす |
| くらむ …………… りせい | くるべく …………… たちまわる | くれなゐの ………… あきる |
| くららか …………… くらい | くるべく …………… あわてさわぐ | くれなゐの ……… すえつむはな |
| くらゐ …………… くらい | くるべく …………… かいてん | くれなゐの …………… 14 |
| くらゐ …………… ちい | くるべく …………… せわしい | くれなゐのなみだ ………… ち |
| くらゐ …………… ていい | くるべく …………… まわる | くれなゐのなみだ ………… 67 |
| くらゐ …………… ひんい | くるべく …………… めまいがする | くれなゐのふで ……… こいぶみ |
| くらゐ …………… ゆうれつ | くるべく ……………… 49 | くれなゐのふで ……………… 63 |
| くり ………………… 15 | くるほし …………… くるおしい | くれのあき ………… ばんしゅう |
| くりごと …………… くどい | くるまがへし ……… さか | くれのあき ……… 17, 18 |
| くりごと …………… ぐち | くるまがへし ……… さかみち | くれのあゐ …………… 15 |
| くりごと ……………… 69 | くるまがへし ……… なんしょ | くれのおも ………… ういきょう |
| くりめいげつ ………… 4 | くるまがへし ……… 31 | くれのおも …………… 39 |
| くりや …………… だいどころ | くるめかす ………… かいてん | くれのはる ………… ばんしゅう |
| くりや …………… りょうり | くるめく …………… くらむ | くれのはる …………… 18 |
| くりやびと ………… りょうり | くるめく …………… あわてさわぐ | くれはつ …………… かいだん |
| くりやめ …………… げじょ | くるめく …………… かいてん | くれはつ …………… おわり |
| くる[呉] ………… あたえる | くるめく …………… せわしい | くれはつ …………… ねんまつ |
| くる[呉] ………… くれる | くるめく …………… たちまわる | くれはつ ……………… 17 |
| くる[呉] ………… やる | くるめく …………… まわる | くれふたがる ……… きおち |
| くる[繰] ………… ひきよせる | くるめく …………… めまいがする | くれふたがる ……… くらい |
| くる[繰] ………… たぐりよせる | くるめく ……………… 49 | くれふたがる ……… ふさぐ |
| くる[繰] ………… たぐる | くれ[暮] ………… とし | くれふたがる ……… まっくらやみ |
| くる[暗] ………… かすむ | くれ[暮] ………… ねんまつ | くれふたがる ……… ゆううつ |
| くる[暗] ………… くもる | くれ[暮] ……………… 18 | くれふたがる ……… 59 |
| くる[暮] ………… くれる | くれ[某] ………… だれそれ | くれまどふ ………… こまる |
| くる[暮] ………… すぎる | くれ[樽] ………… ざいもく | くれまどふ ……… とほうにくれる |
| くる[暮] ………… ねんまつ | くれあひ ……………… 18 | くれみぐさ …………… 60 |
| くる[暮] ………… おわる | くれがし …………… だれそれ | くれやみ …………… くらやみ |
| くる[暮] ………… とし | くれがた …………… おわり | くろ …………… あぜ・あぜみち |
| くる[暮] ……… 17, 19 | くれがた …………… とし | くろ ……………………… 30 |
| くる[眩] ……… おもいまどう | くれがた …………… ねんまつ | くろがね …………… かね |
| くる[眩] ………… くらむ | くれがた ……… 17, 18 | くろがね …………… てつ |
| くる[眩] ………… なやむ | くれくれ …………… かなしみ | くろき …………… こくたん |
| くる[眩] ………… まどう | くれくれ …………… はるばる | くろき ……………… 44 |
| くる[眩] ………… めまいがする | くれくれ …………… かえすがえす | くろきころも ……… もふく |
| くる[眩] ………… 49, 67 | くれぐれ(と) ………… かなしみ | くろきころも ……………… 94 |
| くるくる …………… すらすら | くれぐれ(と) ………… きおち | くろきぬ …………… もふく |

| | | |
|---|---|---|
| くろきぬ | ………………… 94 | |
| くろし | | **くろい** |
| くろつか | **あぜ・あぜみち** | |
| くろはえ | ………………… 12 | |
| くろむ | | **くらし** |
| くろむ | | **くらす** |
| くろむ | | **くろい** |
| くろむ | | **ごまかす** |
| くろむ | | **まぎらす** |
| くろむ | | **もふく** |
| くろむ | ………………… 94 | |
| くろむぎ | | **そば** |
| くろやなぎ | | **ねこやなぎ** |
| くろやなぎ | ………………… 45 | |
| くゎ[果] | | **み** |
| くゎ[果] | | **むくい** |
| くゎ[過] | | **かしつ** |
| くゎ[過] | | **ほら** |
| くゎいけいのはち | | **はいせん** |
| くゎいし | | **かいし** |
| くゎいし | | **ちりがみ** |
| くゎいし | | **ふところ** |
| くゎいじん | | **かじ** |
| くゎいじん | | **はい** |
| くゎいじん | | **もえがら** |
| くゎいす | | **あう** |
| くゎいはう | | **きょうちゅう** |
| くゎいはう | | **ふところ** |
| ぐゎいぶん | | **めいよ** |
| ぐゎいぶん | | **めんぼく** |
| ぐゎいぶん | ………………… 84 | |
| ぐゎいぶんをうしなふ | | **めいよ** |
| ぐゎいぶんをうしなふ | | **めんぼく** |
| くゎいもん | | **だいじん** |
| くゎうゐん | | **ねんげつ** |
| くゎうゐん | | **つきひ** |
| くゎうゐん | | **とし** |
| くゎうゐん | ………………… 16 | |
| くゎうごふ | | **えいえん** |
| くゎうごふ | ………………… 16 | |
| くゎうじん | | **かまど** |
| くゎうじん | | **かみ** |
| くゎうせん | | **あのよ** |
| くゎうてん | | **てんのう** |
| くゎうはく | | **かね** |
| くゎうはく | | **きん** |
| くゎうみゃう | | **かがやき** |
| くゎうりゃう[広量] | | **いいかげん** |
| くゎうりゃう[広量] | | **うっかり** |
| くゎうりゃう[広量] | | **たよりない** |
| くゎうりゃう[広量] | | **どりょう** |
| くゎうりゃう[広量] | | **のんき** |
| くゎうりゃう[広量] | | **ぼんやり** |
| くゎうりゃう[荒涼] | | **けいそつ** |
| くゎうりゃう[荒涼] | | **さびしい** |
| くゎうりゃう[荒涼] | | **ばくぜんと** |
| くゎうりゃう[荒涼] | | **ふちゅうい** |
| くゎうりゃう[荒涼] | | **ぶしつけ** |
| くゎかく | | **たびびと** |
| くゎかく | ………………… 87 | |
| くゎぎう | | **かたつむり** |
| くゎぎうのつののあらそひ | | **あらそい** |
| くゎきふ | | **きゅう** |
| くゎげつ[火月] | | **ろくがつ** |
| くゎげつ[火月] | | **しちがつ** |
| くゎげつ[瓜月] | | **6** |
| くゎげつ[瓜月] | | **さんがつ** |
| くゎげつ[花月] | | **6** |
| くゎげつ[花月] | | **ぜいたく** |
| くゎさ | | **けらい** |
| くゎざ | | **めしつかい** |
| くゎざ | | **わかい** |
| くゎざ | | **わかもの** |
| くゎざう | | **かんぞう** |
| くゎざう | ………………… 39 | |
| くゎさういろ | ………………… 15 | |
| くゎし | | **くだもの** |
| くゎじゃ | | **けらい** |
| くゎじゃ | | **めしつかい** |
| くゎじゃ | | **わかい** |
| くゎじゃ | | **わかもの** |
| くゎじゃう | | **しゃざい** |
| くゎじゃう | | **わびじょう** |
| くゎしょく | | **おもいあがり** |
| くゎしょく | | **かび** |
| くゎしょく | | **こうまん** |
| くゎしょく | | **ぜいたく** |
| くゎす | ………………… 76 | |
| くゎたい | | **かしつ** |
| くゎたい | | **つぐない** |
| くゎたく | | **このよ** |
| くゎたく | | **しゃば** |
| ぐゎっき | | **めいにち** |
| ぐゎっき | ………………… 74 | |
| くゎっけい | | **くらし** |
| くゎっけい | | **せいけい** |
| くゎっけい | | **ぜいたく** |
| くゎっと | | **ぱっと** |
| くゎてう | | **ふくろう** |
| くゎてう | ………………… 35 | |
| くゎてうのつかひ | ………………… 63 | |
| くゎと | | **おたまじゃくし** |
| くゎと | ………………… 33 | |
| くゎぶん | | **ありがたい** |
| くゎぶん | | **かぶん** |
| くゎぶん | | **ぶそうおう** |
| くゎぶん | | **みぶん** |
| くゎほう | | **こううん** |
| くゎほう | | **こうふく** |
| くゎほう | | **むくい** |
| くゎみ | ………………… 44 | |
| くゎらくゎら(と) | ………………… 13 | |
| ぐゎれき | | **がれき** |
| くゎれう | | **ばっきん** |
| くゎん | | **かんちょう** |
| くゎん | | **せいふ** |
| くゎん | | **ちょうてい** |
| ぐゎん | | **がんぼう** |
| ぐゎん | | **きがん** |
| ぐゎん | | **きぼう** |
| ぐゎん | ………………… 101 | |
| くゎんぎょ | | **かえる** |
| くゎんくゎつ | | **おおよう** |
| くゎんくゎつ | | **かんだい** |
| くゎんくゎつ | | **ぜいたく** |
| くゎんくゎつ | | **はで** |
| くゎんげ | | **きふ** |
| くゎんげ | | **きょうか** |
| くゎんげつ | | **はちがつ** |
| くゎんげつ | | **6** |
| くゎんげん | | **おんがく** |
| くゎんざ | | **めしつかい** |
| くゎんざう | | **かんぞう** |
| くゎんざう | ………………… 39 | |
| くゎんじつさう | | **ふくじゅそう** |
| くゎんじつさう | ………………… 41 | |
| くゎんじゃ | | **けらい** |
| くゎんじゃ | | **めしつかい** |
| くゎんじゃ | | **わかい** |
| くゎんじゃ | | **わかもの** |
| くゎんじゃう | | **たんがん** |
| くゎんじゃう | | **ねがい** |
| くゎんじん | | **きふ** |
| くゎんじん | | **きょうか** |
| くゎんじん | | **こじき** |
| くゎんず | | **さとり** |
| くゎんぜこより | | **こより** |
| くゎんたい | | **かしつ** |
| くゎんたい | | **しつれい** |
| くゎんたい | | **つみ** |
| くゎんたい | | **なまける** |
| ぐゎんたんさう | | **ふくじゅそう** |
| ぐゎんたんさう | ………………… 41 | |
| ぐゎんてう | | **がんたん** |
| くゎんにん | | **やくにん** |
| くゎんねん | | **あきらめ** |
| くゎんねん | | **かくご** |
| くゎんぶつゑ | | **はなふだ** |
| くゎんぶつゑ | | **まつり** |
| くゎんぽ | | **ゆっくり** |
| くゎんぽ | ………………… 69 | |
| くゎんれき | | **かんれき** |
| くゎんれき | | **ろくじっさい** |
| くゎんれき | ………………… 89 | |
| ぐゎんをおこす | | **きがん** |
| ぐゎんをおこす | | **きぼう** |
| ぐゎんをおこす | ………………… 101 | |
| くゑはらかす | | **ける** |
| くゑまり | | **あそび** |
| くをん | | **えいえん** |

| | | |
|---|---|---|
| くをん | …………… | 16 |
| くんし | …………… | **すぐれる** |
| くんし | …………… | **みぶん** |
| くんし | …………… | 83 |
| くんじいたし | …………… | **ふさぐ** |
| くんじいたし | …………… | 59 |
| くんしくゎ | …………… | **はす** |
| くんしくゎ | …………… | 41 |
| くんじゅ | …………… | **あつまり** |
| くんじゅ | …………… | **ぐんしゅう** |
| くんず[屈] | …………… | **あきる** |
| くんず[屈] | …………… | **きおち** |
| くんず[屈] | …………… | **くじける** |
| くんず[屈] | …………… | **ふかい** |
| くんず[屈] | …………… | **ふさぐ** |
| くんず[屈] | …………… | 59 |
| くんず[薫] | …………… | **かおる** |
| くんず[薫] | …………… | **におう** |
| ぐんぴょう | …………… | **ぐんじん** |
| ぐんびょう | …………… | **ぐんぜい** |
| くんぷう | …………… | **ごがつ** |
| くんぷう | …………… | **しょか** |
| くんぷう | …………… | 6, 11 |
| ぐんりょ | …………… | **ぐんぜい** |
| ぐんりょ | …………… | **ぐんたい** |

# け

| | | |
|---|---|---|
| け | …………… | **いよいよ** |
| け | …………… | 3 |
| け[異] | …………… | **いよう** |
| け[異] | …………… | **かくべつ** |
| け[異] | …………… | **きわだつ** |
| け[異] | …………… | **ふつう** |
| け[怪] | …………… | **あやしい** |
| け[怪] | …………… | **ばけもの** |
| け[怪] | …………… | **ふしぎ** |
| け[気] | …………… | **きもち** |
| け[気] | …………… | **けはい** |
| け[気] | …………… | **なんとなく** |
| け[気] | …………… | **ようす** |
| け[気] | …………… | 59, 111, 112 |
| け[故] | …………… | **ため** |
| け[故] | …………… | **ゆえ** |
| け[食] | …………… | 95 |
| け[笥] | …………… | **うつわ** |
| け[木] | …………… | 43 |
| け[褻] | …………… | **にちじょう** |
| け[褻] | …………… | **ふだん** |
| け[罫] | …………… | **けいせん** |
| け[罫] | …………… | **せん** |
| げ | …………… | 113 |
| げ[夏] | …………… | **なつ** |
| げ[夏] | …………… | 17 |
| けあがる | …………… | **ぎゃくじょうする** |
| けあがる | …………… | **のぼせる** |
| けあし | …………… | **おだやか** |
| けあし | …………… | **すさまじい** |
| けい[怪異] | …………… | **あやしい** |
| けい[怪異] | …………… | **ふしぎ** |
| けい[景] | …………… | **けしき** |
| けい[卿] | …………… | **きじん** |
| けいえい | …………… | **けんちく** |
| けいき | …………… | **けしき** |
| けいき | …………… | **けはい** |
| けいき | …………… | **ふうけい** |
| けいき | …………… | **ようす** |
| けいきょく | …………… | **いばら** |
| けいきょく | …………… | 44 |
| けいくゎい[計会] | …………… | **いそがしい** |
| けいくゎい[計会] | …………… | **けいかく** |
| けいくゎい[計会] | …………… | **こまる** |
| けいくゎい[計会] | …………… | **こんわく** |
| けいくゎい[計会] | …………… | **とりこ** |
| けいくゎい[計会] | …………… | **びんぼう** |
| けいくゎい[経回] | …………… | **あるきまわる** |
| けいくゎい[経回] | …………… | **めぐりあるく** |
| けいくゎい[経回] | …………… | 68 |
| けいけい(と) | …………… | 90 |
| けいげつ | …………… | **はちがつ** |
| けいげつ | …………… | 6 |
| けいこく | …………… | **びじん** |
| けいこく | …………… | **ゆうじょ** |
| けいこく | …………… | 51 |
| けいし | …………… | **みやこ** |
| けいじつ | …………… | **このごろ** |
| けいしゃう | …………… | **きじん** |
| けいす | …………… | **そうじょうする** |
| けいす | …………… | **もうしあげる** |
| けいせい | …………… | **びじん** |
| けいせい | …………… | **ゆうじょ** |
| けいせい | …………… | 51 |
| けいせう | …………… | **かんたん** |
| けいせう | …………… | **かんりゃく** |
| けいせう | …………… | **すくない** |
| けいせう | …………… | **わずか** |
| けいせん | …………… | **びじん** |
| けいせん | …………… | **ゆうじょ** |
| けいせん | …………… | 51 |
| けいたい | …………… | **ようし** |
| げいたつ | …………… | **うでまえ** |
| けいちつ | …………… | 36 |
| げいは | …………… | **ときのこえ** |
| げいは | …………… | 91 |
| けいはく | …………… | **あさはか** |
| けいはく | …………… | **おせじ** |
| けいはく | …………… | **けいそつ** |
| けいはく | …………… | **しんちょう** |
| けいはく | …………… | **せいじつ** |
| けいはく | …………… | **ついしょう** |
| けいはく | …………… | **まじめ** |
| けいふう | …………… | **にがて** |
| けいふう | …………… | 5 |
| けいぶつ | …………… | **けしき** |
| けいぶつ | …………… | **ながめ** |
| けいぶつ | …………… | **ふうぶつ** |
| けいぶつ | …………… | **めずらしい** |
| けいぶつ | …………… | 17 |
| けいまのたかあがり | …………… | **しっぱい** |
| けいめい[経営] | …………… | **ごちそう** |
| けいめい[経営] | …………… | **せわ** |
| けいめい[経営] | …………… | **ふるまい** |
| けいめい[経営] | …………… | **ほんそうする** |
| けいめい[経営] | …………… | **もてなし** |
| けいめい[経営] | …………… | 85, 96 |
| けいめい[鶏鳴] | …………… | 19 |
| げいもんない | …………… | **つまらない** |
| けいわく | …………… | 8 |
| けう[孝] | …………… | **おやこうこう** |
| けう[孝] | …………… | **くよう** |
| けう[孝] | …………… | **こうこう** |
| けう[孝] | …………… | **そうしき** |
| けう[孝] | …………… | **ふくも** |
| けう[稀有] | …………… | **おどろく** |
| けう[稀有] | …………… | **けしからん** |
| けう[稀有] | …………… | **たいした** |
| けう[稀有] | …………… | **とんでもない** |
| けう[稀有] | …………… | **ふしぎ** |
| けう[稀有] | …………… | **めずらしい** |
| けう[稀有] | …………… | **めったにない** |
| けうあく | …………… | **あくじ** |
| けうくゎん | …………… | **さけぶ** |
| けうくゎん | …………… | **わめきさけぶ** |
| けうけ | …………… | **きょうか** |
| けうけ | …………… | **きょうか** |
| けうす | …………… | **きえる** |
| けうす | …………… | **なくなる** |
| けうず | …………… | **おやこうこう** |
| けうず | …………… | **くよう** |
| けうとげ | …………… | **おそろしい** |
| けうとげ | …………… | **きょうざめ** |
| けうとし | …………… | **いや** |
| けうとし | …………… | **おそろしい** |
| けうとし | …………… | **したしみにくい** |
| けうとし | …………… | **すばらしい** |
| けうとし | …………… | **たいした** |
| けうとし | …………… | **なじむ** |
| けうとし | …………… | **なっとく** |
| けうとし | …………… | **りかい** |
| けうにして | …………… | **やっと** |
| けうまん | …………… | **おごり** |
| けうやう | …………… | **おやこうこう** |
| けうやう | …………… | **くよう** |
| けうやう | …………… | **こうこう** |
| けうやく | …………… | **こうかん** |
| けうやく | …………… | **ぼうえき** |
| げうよく | …………… | **よくぼう** |
| けうら | …………… | **うつくしい** |
| けおさる | …………… | **あっとうする** |
| けおさる | …………… | **いきおい** |
| けおさる | …………… | **まかす** |
| けおそろし | …………… | **おそろしい** |

| | | | | | |
|---|---|---|---|---|---|
| けおとる | おとる | けさうびと | 63 | けしきあり | あやしい |
| げかい | しゃば | けさうぶみ | こいぶみ | けしきあり | いよう |
| げかい | にんげんかい | けさうぶみ | 63 | けしきあり | おもむき |
| けかいなし | ふしだら | けざけ | ばんしゃく | けしきあり | 81 |
| けがし | けがらわしい | けざけ | 95 | けしきおぼゆ | あじわい |
| けがす | きずつける | けざけざ | あきらか | けしきおぼゆ | いよう |
| けがす | きたない | けざけざ | くっきり(と) | けしきおぼゆ | あやしい |
| けがす | よごす | けざけざ | あざやか | けしきおぼゆ | ぶきみ |
| けかち | うえる | けざけざあさちはら | はっきり | けしきおぼゆ | 81 |
| けかち | きが | けさのま | 20 | けしきだつ | あらわれる |
| けかつ | うえる | けざやか | あきらか | けしきだつ | きざす |
| けかつ | きが | けざやか | あざやか | けしきだつ | きどる |
| けがらひ | ふくも | けざやぐ | きわだつ | けしきたまはる | いこう |
| けがらふ | けがれる | けざやぐ | はっきり | けしきたまはる | うかがう |
| けがらふ | ふくも | げざん | めんかい | けしきづく | きざす |
| けがらふ | よごれる | けし | いじょう | けしきとる | きげん |
| けがらふ | 72 | けし | つめたい | けしきどる | いこう |
| けがる | きたない | けし | はくじょう | けしきどる | うかがう |
| けがる | けがれる | けし | へた | けしきどる | きげん |
| けがる | よごれる | けし | へん | けしきどる | 77 |
| けがれ | ふじょう | けし | れいたん | けしきばかり | かたち |
| けがれ | よごれ | けし | わるい | けしきばかり | すこし |
| けぎ | ふだん | けし | あやしい | けしきばかり | ほんの |
| けぎ | 94 | けし | いよう | けしきばかり | わずか |
| けぎよし | きよい | けしうはあらず | わるい | けしきばむ | あらわれる |
| げきらう | あらなみ | けしうはあらず | そうとう | けしきばむ | おこる |
| げきらう | 22,57 | けしうはあらず | さしさわり | けしきばむ | きげん |
| げきりょ | やど | けしうはあらず | しぜん | けしきばむ | きざす |
| げきりん | 86,87 | けしかく | おだてる | けしきばむ | きどる |
| げきりん | いかり | けしかく | そそのかす | けしきばむ | ていさい |
| げきりん | おこる | けしからず | ふつごう | けしきばむ | ふきげん |
| けく | かえって | けしからず | いよう | けしきばむ | |
| けく | けっきょく | けしからず | なみなみ | げじく | ろうひ |
| けく | はんたい | けしからず | はなはだしい | けしくはあらず | さしさわり |
| けく | むしろ | けしからず | よい | けしね | こくもつ |
| げげ | はきもの | けしからず | わるい | けしね | こめ |
| げげ | みぶん | けしからず | あやしい | けしね | ざっこく |
| けけし | すます | けしかる | わるい | けじめ | ちがい |
| けけし | とりすましている | けしかる | そまつ | けしゃう[化粧] | きかざる |
| けけし | れいたん | けしかる | ふしぎ | けしゃう[化粧] | きょしょく |
| げげばな | れんげそう | けしかる | あやしい | けしゃう[化粧] | きる |
| げげばな | 42 | けしかる | いよう | けしゃう[化粧] | けしょう |
| けご[家子] | かぞく | けしかる | いこう | けしゃう[化粧] | みえ |
| けご[家子] | 55,91 | けしき | おもむき | けしゃう[化生] | ばけもの |
| けご[筍子] | うつわ | けしき | かおいろ | けしゃう[懸想] | おもい |
| げこ | 94 | けしき | かおつき | けしゃう[懸想] | 62,63 |
| けころも | ふだん | けしき | きげん | けじゃう | ほうび |
| けころも | 94 | けしき | きもち | けじゃう | ほめる |
| けころもを | 16 | けしき | こころもち | けしゃうわざ | みせかけ |
| げこん | いやしい | けしき | しさい | けじゃくばら | しょし |
| げこん | せいしつ | けしき | じじょう | げじゃくばら | 52 |
| けさう[化粧] | きかざる | けしき | たいど | けしょう | あきらか |
| けさう[化粧] | きょしょく | けしき | ないい | けしょう | あらわ |
| けさう[化粧] | きる | けしき | ながめ | けしょう | きわだつ |
| けさう[化粧] | けしょう | けしき | ようす | けしょう | めだつ |
| けさう[化粧] | みえ | けしき | わけ | げしん | したごころ |
| けさう[懸想] | おもい | けしき | 59,78,81 | げしん | ないしん |
| けさう[懸想] | 62,63 | けしきあし | きげん | げしん | 61 |
| けさうびと | こいびと | けしきあり | あじわい | けす[化] | おしえみちびく |

けす――けにごし

| | |
|---|---|
| けす[化] | かわる |
| けす[化] | きょういく |
| けす[化] | きょうか |
| けす[化] | へんか |
| けす[着] | きる |
| けす[解] | なっとく |
| けす[解] | りかい |
| げす[下衆] | しもべ |
| げす[下衆] | しょうにん |
| げす[下衆] | めしつかい |
| げす[下衆] | みぶん |
| げすげすし | げひん |
| げすげすし | ひんい |
| けすさまじ | きょうざめ |
| げすのあとち恵 | ちえ |
| げすのち恵はあとから | ちえ |
| げすをとこ | げなん |
| げすをとこ | めしつかい |
| げすをとこ | みぶん |
| げすをんな | めしつかい |
| けせう | あきらか |
| けせう | あらわ |
| けせう | きわだつ |
| けせう | ひとめ |
| けせう | めだつ |
| けせう | ろこつ |
| げせつ | わたくし・わたし |
| げせつ | 105 |
| げせん | いやしい |
| けそう | あきらか |
| けそう | ひとめ |
| けそう | ろこつ |
| けたい | なまける |
| けだい | おこたる |
| けだい | なまける |
| げだう | いたん・いたんしゃ |
| げだう | じゃせつ |
| けたかし | きひん |
| けたかし | じょうひん |
| けだかし | きひん |
| けだかし | じょうひん |
| けだし | ひょっと |
| けだし | おそらく |
| けだし | たぶん |
| けだし | まんいち |
| けだし | もし |
| けだしく(も) | ひょっと |
| けだしく(も) | おそらく |
| けだしく(も) | たぶん |
| けだしくも | もし |
| けたたまし | あわただしい |
| けたたまし | うるさい |
| けたたまし | おおげさ |
| けだつ | さとり |
| げだつ | さとり |
| げち | しき |
| げち | はんたい |
| げち | めいれい |
| けちえん | あきらか |
| けちえん | あらわ |
| けちえん | めだつ |
| けちえん | ろこつ |
| けちかし | したしみやすい |
| けちかし | みじか |
| けちがひ | かしつ |
| げちき | やすい |
| けぢめ | うつりかわる |
| けぢめ | かわる |
| けぢめ | きょうかい |
| けぢめ | くべつ |
| けぢめ | しきり |
| けぢめ | そうい |
| けぢめ | へだて |
| けつ | あっとうする |
| けつ | おさえつける |
| けつ | きずつける |
| けつ | けつ |
| けつ | けなす |
| けつ | せいする |
| けつ | そこなう |
| けつ | そしる |
| けつ | のぞく |
| けつ | ひなん |
| けっく | かえって |
| けっく | けっきょく |
| けっく | はんたい |
| けっく | むしろ |
| げっけい | きじん |
| けつけつ | か |
| けつけつ | ぼうふら |
| けつけつ | 36 |
| けっこう | かまえ |
| けっこう | きだて |
| けっこう | くみたてる |
| けっこう | けいかく |
| けっこう | すぐれる |
| けっこう | はかりごと |
| けっこう | 82,85 |
| けっさい | しょうじん |
| けっさい | ものいみ |
| けっさい | 49 |
| げっしゅう | いちがつ |
| げっしゅう | 5 |
| けっちゃう | うたがう |
| けっちゃう | かならず |
| けっちゃう | きっと |
| けっちゃう | ひつじょう |
| けづりぐし | かみ |
| けづりぐし | くし |
| けづりともだち | とも |
| けづりともだち | 95 |
| けづりひ | こおり |
| けづる[削] | うすい |
| けづる[削] | けずる |
| けづる[削] | とりあげる |
| けづる[削] | とりのぞく |
| けづる[削] | のぞく |
| けづる[梳] | かみ |
| けづる[梳] | くしけずる |
| げつれいし | すずむし |
| げつれいし | 36 |
| けてう | ばけもの |
| けでん | おどろく |
| けどき | めし |
| けどき | 96 |
| けどほし | うとい |
| けどほし | さびしい |
| けどほし | れいたん |
| けどる | かんづく |
| けどる | きぜつ |
| けどる | しょうたい |
| けない | かぞく |
| けない | 55,91 |
| けながし | にっすう |
| けながし | ひさしい |
| けながし | 79 |
| けなげ | いさましい |
| けなげ | かいがいしい |
| けなげ | けんこう |
| けなげもの | けなげ |
| けなつかし | なつかしい |
| けなもの | けなげ |
| けならべ | まいにち |
| けならべ | 3 |
| けなり | ふだん |
| けなり | 94 |
| けなりがる | うらやましい |
| けなりげ | けなげ |
| けなりげ | いさましい |
| けなりげ | かいがいしい |
| けなるがる | うらやましい |
| けに | いっそう |
| げに | いかにも |
| げに | ほんとうに |
| げに | まこと |
| げに | なるほど |
| げに | まったく |
| けにくし | あいきょう |
| けにくし | いや |
| けにくし | きづまり |
| けにくし | けむたい |
| けにくし | こにくらしい |
| けにくし | そっけない |
| けにくし | にくらしい |
| けにくし | ぶあいそう |
| けにくし | れいたん |
| げにげに(し) | まったく |
| げにげにし | じっちょく |
| げにげにし | なるほど |
| げにげにし | ふさわしい |
| げにげにし | ほんとう |
| げにげにし | ほんとうに |
| げにげにし | まこと |
| げにげにし | まじめ |
| げにげにし | もっともらしい |
| けにごし | あさがお |

| | | | | | |
|---|---|---|---|---|---|
| けにごし | 38 | けみゃう | よびな | げん | しるし |
| げには | じつは | けむ | 99, 103 | げん | れいげん |
| げには | ほんとう | けむつかし | おそろしい | げんきゃう | 80 |
| げにや | なるほど | けむり | かそう | けんくゎ | うるさい |
| げにやげに | なるほど | けもなし | たわいない | げんげ | れんげそう |
| けにん[化人] | ばけもの | けもなし | とんでもない | げんげ | 42 |
| けにん[家人] | けらい | けもなし | おもいがけない | げんげた | れんげそう |
| けにん[家人] | じゅうしゃ | けもなし | けはい | げんげた | 30 |
| けにん[家人] | めしつかい | けもなし | みすぼらしい | げんげつ[元月] | いちがつ |
| げにん | しもべ | けもなし | 78 | げんげつ[元月] | 5 |
| げにん | みぶん | けや | あざやか | げんげつ[弦月] | はちがつ |
| げにん | めしつかい | けやか | あざやか | げんげつ[弦月] | 6 |
| けぬ | きえる | けやけし | いよう | げんげつ[玄月] | くがつ |
| けぬがに | きえる | けやけし | ごういん | げんげつ[玄月] | 7 |
| けのこのごろ | ちがう | けやけし | すぐれる | けんけん | あいきょう |
| けのこる | きえる | けやけし | すばらしい | けんけん | すげない |
| けのぼる | ぎゃくじょうする | けやけし | むりやり | けんけん | ぶあいそう |
| けのぼる | のぼせる | けやけし | めだつ | けんけん | ようす |
| けはしい | けわしい | けやけし | きえる | けんけん | れいたん |
| けはし | あらあらしい | けやにさやに | あざやか | げんげん | れんげそう |
| けはし | あわただしい | げよう | こめ | げんげん | 42 |
| けはし | いそがしい | げようびつ | こめ | けんげんけんどん | つめたい |
| けはし | きけん | げようびつ | めし | けんご | かたい |
| けはし | きゅう | げようびつ | 97 | けんご | かならず |
| けはし | はげしい | けよそひ | ふだん | けんご | かんぜん |
| けはひ[気配] | おもかげ | けよそひ | 94 | けんご | きっと |
| けはひ[気配] | きもち | けら | きつつき | けんご | じょうぶ |
| けはひ[気配] | けつえん | けら | よしきり | けんご | ぜんぜん |
| けはひ[気配] | そぶり | けら | 34, 35 | けんご | つよい |
| けはひ[気配] | ひとがら | げらう | げす | けんご | まったく |
| けはひ[気配] | ひんい | げらう | みぶん | けんごくゎ | あさがお |
| けはひ[気配] | ふんいき | げらう | めしつかい | けんごくゎ | 38 |
| けはひ[気配] | ものおと | けらく | かいらく | けんごし | あさがお |
| けはひ[気配] | ものごし | けらく | たのしみ | けんごし | 38 |
| けはひ[気配] | ようす | けらし | 99, 101, 103 | けんこん | てんち |
| けはひ[気配] | 13, 55, 56, 59 | けらし | 99 | げんざ | しゅげんじゃ |
| けはひ[化粧] | けしょう | けらつつき | きつつき | げんざい | げんじつ |
| げふ | しごと | けらつつき | 34 | げんざい | じっさい |
| けふあす | まもなく | げらふ | げす | げんざん | であう |
| けぶたし | きづまり | げらふ | みぶん | げんざん | はいがん |
| けぶたし | きゅうくつ | げらふ | めしつかい | げんざん | めんかい |
| けぶらひ | けはい | けり | 99, 101, 104 | げんざんにいる | あう |
| けぶらひ | そぶり | けり[着] | きる | けんしゃ | 89 |
| けぶらひ | ようす | けりゃう | およそ | げんじゃ | しゅげんじゃ |
| けぶり | かそう | けりゃう | かりそめ | けんじゃう | ほうび |
| けぶり | くらし | けりゃう | ぐうぜん | けんじゃう | ほめる |
| けぶりになす | かそう | けりゃう | たとえば | げんじゅつ | まほう |
| けぶりになす | もやす | けりゃう | たまたま | げんじゅつ | ようじゅつ |
| けぶる | うつくしい | けりゃう | だいたい | けんじょ[所] | かんきゃく |
| けぶる | かすむ | けりゃう | つごう | けんじょ[見所] | けんぶつ |
| けぶる | かすんでいる | けぬ | いま | けんじょ[見所] | みどころ |
| けぶる | かそう | ける | 91 | けんじょ[見証] | しんぱん |
| けぶる | 72 | けん[権] | おごり | けんしょう[顕証] | あきらか |
| げぼん | かとう | けん[権] | けんい | けんしょう[顕証] | あらわ |
| けまう | きぼう | けん[権] | けんりょく | けんしょう[顕証] | きわだつ |
| けまはし | すそ | けん[賢] | かしこい | けんしょう[顕証] | めだつ |
| けみゃう | ぞくしょう | けん[賢] | けんじん | けんしょう[見証] | しんぱん |
| けみゃう | つうしょう | げん | ききめ | けんず | けんじょう |
| けみゃう | な | げん | こうか | けんず | たてまつる |

げんず──こがねのは

| | | |
|---|---|---|
| げんず | ……… | あらわれる |
| けんずい | ……… | こころづけ |
| けんずい | ……… | かんしょく |
| けんずい | ……… | ちゅうしょく |
| けんずい | ……… | ひるごはん |
| けんずい | ……… | 94, 96 |
| げんせ[幻世] | ……… | 80 |
| げんぜ[現世] | ……… | このよ |
| けんぞ | ……… | しんぱん |
| けんそう | ……… | あきらか |
| けんそう | ……… | ひとめ |
| けんそう | ……… | ろこつ |
| けんぞく | ……… | いちぞく |
| けんぞく | ……… | かぞく |
| けんぞく | ……… | けらい |
| けんぞく | ……… | じゅうしゃ |
| けんぞく | ……… | みうち |
| けんぞく | ……… | めしつかい |
| けんぞく | ……… | 55 |
| げんちょ | ……… | じゅうがつ |
| げんちょ | ……… | 7 |
| けんづもり | ……… | そくりょう |
| げんとう | ……… | じゅうがつ |
| げんとう | ……… | 7, 18 |
| けんとく | ……… | えとく |
| けんとく | ……… | きざし |
| けんとく | ……… | たからくじ |
| けんどん | ……… | うどん |
| けんどん | ……… | けち |
| けんどん | ……… | じゃけん |
| けんどん | ……… | ぶあいそう |
| けんどん | ……… | よくばり |
| けんどん | ……… | れいたん |
| けんどんや | ……… | うどん |
| けんどんや | ……… | そば |
| げんなし | ……… | ききめ |
| けんにかる | ……… | いばる |
| けんにょもなし | | |
| | ……… | おもいがけない |
| けんにょもなし | ……… | へいぜん |
| げんぷく | ……… | おとな |
| けんもん | ……… | いえがら |
| けん | ……… | はじまり |
| けんをほどこす | ……… | けんりょく |

## こ

| | | |
|---|---|---|
| こ[故] | ……………… | 112 |
| こ[此] | ……………… | これ |
| こ[此] | ……………… | 108 |
| こ[此] | ……………… | 113 |
| こ[子] | ……………… | あなた |
| こ[子] | ……………… | 106 |
| こ[処] | ……………… | 113 |
| こ[小] | ……………… | なんとなく |
| こ[小] | ……………… | 111, 112 |
| こ[濃] | ……………… | 111 |

| | | |
|---|---|---|
| こ[木] | ……………… | 43 |
| こ[籠] | ……………… | かご |
| こ[海鼠] | ……………… | なまこ |
| こ[海鼠] | ……………… | 38 |
| こ[是] | ……………… | ここ |
| こ[是] | ……………… | 107 |
| こ[蚕] | ……………… | かいこ |
| こ[蚕] | ……………… | 36 |
| ご[期] | ……………… | おわり |
| ご[期] | ……………… | きげん |
| ご[期] | ……………… | げんど |
| ご[期] | ……………… | じき |
| ご[期] | ……………… | 16, 73, 74 |
| ご[御] | ……………… | そんけいする |
| ご[御] | ……………… | 50, 111 |
| こある | ……………… | あいいろ |
| こある | ……………… | 14, 15 |
| こいつ | ……………… | 106 |
| こいふす | ……………… | ころがる |
| こいへ | ……………… | そまつ |
| こいへ | ……………… | 92 |
| こいまろぶ | ……………… | ころげまわる |
| こいまろぶ | ……………… | ころぶ |
| こう[公] | ……………… | あなた |
| こう[公] | ……………… | おおやけ |
| こう[公] | ……………… | そんけいする |
| こう[公] | ……………… | だいじん |
| こう[公] | ……………… | ちょうてい |
| こう[公] | ……………… | 106, 113 |
| こう[功] | ……………… | けいけん |
| こう[功] | ……………… | てがら |
| こう[功] | ……………… | ねんこう |
| こう[功] | ……………… | はたらき |
| こうあり | ……………… | せいこうする |
| こういん | ……………… | こうえい |
| こういん | ……………… | しそん |
| こういん | ……………… | 56 |
| こうか | ……………… | だいべん |
| こうか | ……………… | べんじょ |
| こうが | ……………… | おおきい |
| こうが | ……………… | 24 |
| こうかき | ……………… | そめる |
| こうぎ | ……………… | おおやけ |
| こうぎ | ……………… | おもて |
| こうぎ | ……………… | ちょうてい |
| こうぎ | ……………… | ばくふ |
| こうぎ | ……………… | やくしょ |
| こうぎょう | ……………… | おこなう |
| こうぎょう | ……………… | そうけん |
| こうぎょう | ……………… | もよおす |
| こうぎょ | ……………… | 72 |
| こうけい | ……………… | しんしつ |
| こうこう | ……………… | 90 |
| こうじょう | ……………… | あいさつ |
| こうじょう | ……………… | ことば |
| こうじょう | ……………… | はなしぶり |
| こうじょう | ……………… | 69 |
| こうしん | ……………… | ろうせいしゃ |
| こうしん | ……………… | 54 |

| | | |
|---|---|---|
| こうず[困] | ……………… | くるしむ |
| こうず[困] | ……………… | こまる |
| こうず[困] | ……………… | つかれる |
| こうず[困] | ……………… | なやむ |
| こうず[困] | ……………… | なんぎ |
| こうず[困] | ……………… | よわる |
| こうず[甍] | ……………… | 72 |
| こうせい | ……………… | こうしん |
| こうせん | ……………… | ちゅうかい |
| こうぞめづき | ……………… | はちがつ |
| こうぞめづき | ……………… | 6 |
| こうたう | ……………… | けんじつ |
| こうたう | ……………… | こうへい |
| こうたう | ……………… | しっそ |
| こうたう | ……………… | じっちょく |
| こうたう | ……………… | れいぎ |
| こうだう | ……………… | こうへい |
| こうだう | ……………… | しっそ |
| こうだう | ……………… | じっちょく |
| こうち | ……………… | 31 |
| こうちがくれ | ……………… | あそがれ |
| こうちがくれ | ……………… | かくれる |
| こうてう | ……………… | よくちょう |
| こうてう | ……………… | わかれ |
| こうてう | ……………… | 20, 64 |
| こうばいのつき | ……………… | くがつ |
| こうばいのつき | ……………… | 7 |
| こうふん | ……………… | けしょう |
| こうふん | ……………… | べにおしろい |
| こうや | ……………… | そめる |
| こうやのあさって | ……………… | あて |
| こうやのあさって | ……………… | やくそく |
| こうらん | ……………… | てすり |
| こうらん | ……………… | らんかん |
| こおよび | ……………… | 47 |
| こがい | ……………… | おくがい |
| ごかう | ……………… | がいしゅつ |
| ごかう | ……………… | でる |
| こがくる | ……………… | かくれる |
| こがくれ | ……………… | かげ |
| こがくれ | ……………… | こかげ |
| こがくれ | ……………… | 43 |
| こかす | ……………… | ころがす |
| こかす | ……………… | たえる |
| こかす | ……………… | だます |
| こかす | ……………… | なやます |
| こがす | ……………… | なやむ |
| こかた | ……………… | けらい |
| こかた | ……………… | こぶん |
| こがね | ……………… | かね |
| こがね | ……………… | きん |
| こがねのきぎす | ……………… | 34 |
| こがねのきし | ……………… | あのよ |
| こがねのきし | | |
| … ごくらく・ごくらくじょうど | | |
| こがねのきし | ……………… | 72 |
| こがねのは | ……………… | ゆずりは |

| | | | | | |
|---|---|---|---|---|---|
| こがねのは | 46 | こく[扱] | しごく | こけのたもと | 93,94 |
| こがねばな | みやこぐさ | こく[扱] | むしりとる | こけむす | ふるい |
| こがねばな | 42 | こく[刻] | じこく | こけむす | ふるびる |
| こがねめどり | 34 | こく[刻] | 16 | こける[憔悴] | ほそい |
| こがひ[蚕飼] | かいこ | こく[倒] | ころがる | こける[憔悴] | やせる |
| こがひ[蚕飼] | 36 | こく[倒] | たおれる | こける[倒] | かわる |
| こがひ[籠飼] | かご | こく[倒] | ほれこむ | こける[倒] | ころぶ |
| こがみ | かみ | こく[倒] | ほれる | こける[倒] | すべる |
| こがみ | ちりがみ | こく[倒] | 60 | こける[倒] | たおれる |
| こがみ | はながみ | こぐ | ひきぬく | こけん | かね |
| こがらし | すりこぎ | ごくい | おうぎ | こけん | だいきん |
| こがらし | 11, 17 | こくう | そら | こけん | ねうち |
| こがらしの | あき | こくう | むこうみず | こけん | ねだん |
| こがらしの | 17 | こくう | むてっぽう | ごげんもじ | あう |
| こがる | おもいこがれる | こくう | むふんべつ | ここ | このよ |
| こがる | こいしたう | こくう | むやみ | ここ | にほん |
| こがる | こがれる | ごくう | おそなえ | ここいら | 107 |
| こがる | やける | ごくげつ | じゅうにがつ | ここかしこ | あちこち |
| こがる | 62, 63 | ごくげつ | 7 | ここかしこ | 107 |
| こがれ | こいこがれる | こくしゅ | てんのう | ここし | あどけない |
| こがれ | 62 | こくしょく | びじん | ここし | おうよう |
| こき | 89 | こくしょく | 51 | ここし | おっとりしている |
| ごき | うつわ | こくす | なきさけぶ | ここし | 52 |
| ごき | しょっき | こくす | 66 | こごし | かたまる |
| こぎいた | はごいた | こぐち | いとぐち | こごし | けわしい |
| こぎいづ | こぐ | こぐち | きりくち | ここだ | たいそう |
| こぎいづ | 97 | こぐち | すこし | ここだ | たいへん |
| こぎかくる | かくれる | こぐち | たんしょ | ここだ | 79 |
| こぎかくる | 98 | こぐち | だんめん | ここだく | たいそう |
| こきし | じゃっかん | ごくねち | あつい・あつさ | ここだく | たいへん |
| こきし | 78, 79 | ごくねち | こうねつ | ここだく | 79 |
| こきだ | 79 | ごくねち | ごくしょ | ここち | かんがえ |
| こきだく | いくらか | ごくねち | ねつ | ここち | かんじ |
| こきだく | 79 | こくばく | 79 | ここち | きもち |
| こきだし | 79 | こくみ | いぼ | ここち | しりょ |
| こぎたむ | こぐ | こくみ | こぶ | ここち | はいりょ |
| こぎたむ | 97 | こくみ | できもの | ここち | ようす |
| こきちらす | しごく | こくみ | 47 | ここち | 59, 60, 87 |
| こきちらす | ちらす | こくも | こうごう | ここちそこなふ | やむ |
| こきちらす | むしりちらす | こくも | てんのう | ここちそこなふ | 88 |
| こぎづ | こぐ | こくも | はは | ここちたがふ | やむ |
| こぎづ | 97 | こくも | 57 | ここちたがふ | 88 |
| ごきのみ | めし | こぐらし | くらい | ここちなし | しりょ |
| ごきのみ | 96 | こぐらし | 43 | ここちなし | ふんべつ |
| こきばく | いくらか | こぐれ | くらい | ここちまどふ | まよう |
| こきばく | じゃっかん | こぐれ | 43 | ここちゆく | こころよい |
| こきまず | まぜあわせる | こけ | おろか | ここちゆく | はればれ |
| こきまず | まぜる | こけ | ばか | ここな | ここ |
| こきみよし | きもち | こげつ | しちがつ | ここな | 107 |
| こきみよし | こころよい | こげつ | 6 | ここながら | このままで |
| こきみわるし | おそろしい | こけのいほり | そまつ | ここなる | ここ |
| こきみわるし | ふかい | こけのいほり | 92 | ここなる | 107 |
| こきょう | こと | こけのころも | そう | ここに | さて |
| ごぎょう | ごぎょう | こけのころも | もふく | ここのしな | あのよ |
| ごぎょう | ななくさ | こけのころも | 93, 94 | ここのしな | |
| ごぎょう | ははこぐさ | こけのした | あのよ | | ごくらく・ごくらくじょうど |
| ごぎょう | 41 | こけのした | くさばのかげ | ここのしな | 72 |
| こぎる | しごく | こけのした | はか | ここのそち | きゅうじっさい |
| こぎる | ねぎる | こけのたもと | もふく | | |

こ が ね の は ─ ─ ─ こ こ の そ ち

83

| | | |
|---|---|---|
| ここのそぢ …… **きゅうじゅう** | こころあり …………… **どうり** | こころおくる ………… **うっかり** |
| ここのそぢ …………………… 89 | こころあり …………… **なさけ** | こころおくる ………… **おろか** |
| ここのへ …… **きゅうちゅう** | こころあり ………… **ふんべつ** | こころおくる ………… **しりょ** |
| ここのへ ……………… **みやこ** | こころあり …………… **りかい** | こころおくる ………… **よわい** |
| ここば ………………… **たいそう** | こころあり …………… **わけ** | こころおくれ ………… **おろか** |
| ここば …………………………… 79 | こころあり …………………… 81 | こころおくれ ………… **きおくれ** |
| ここばく ……………… **じゃっかん** | こころあわただし | こころおくれ ………… **ひるむ** |
| ここばく ……………… **たいそう** | …………… **いらだたしい** | こころおごり …… **おもいあがり** |
| ここばく ……………… **たいへん** | こころあわただし …………… 70 | こころおごり ………… **とくい** |
| ここばく ……………………… 79 | こころあわただしい | こころおごり ………… **まんしん** |
| ここめ ………………… **ばけもの** | …………………… **きぜわしい** | こころおそし ………… **うっかり** |
| ここもと …… **わたくし・わたし** | こころいき …………… **いじ** | こころおそし ………… **きがく** |
| ここもと ……………… **ここ** | こころいき …………… **きだて** | こころおそし ………… **にぶい** |
| ここもと ……………… **じぶん** | こころいき …………… **きぼう** | こころおそし ………………… 58 |
| ここもと ………………… 105, 108 | こころいき ………… **せいしつ** | こころおとり …… **げんめつする** |
| ここら ………………… **たいそう** | こころいきほひ ……… **きぼう** | こころおとり …… **みおとりする** |
| ここら ………………… **たいへん** | こころいきほひ ……… **きりょく** | こころおもし ………… **しんちょう** |
| ここら …………………… 79, 107 | こころいらる ………… **いらだつ** | こころおよぶ ……… **ゆきとどく** |
| ここり ……………………………… 60 | こころいる …………… **きづく** | こころがかり ………… **きがかり** |
| こころ ………………… **いこう** | こころいる ……………… 59, 61 | こころがかり ………… **しんぱい** |
| こころ ………………… **いし** | こころいれ …………… **かんがえ** | こころかく …………… **いしき** |
| こころ ………………… **いみ** | こころいれ ………… **こころがけ** | こころかく …………… **こいしい** |
| こころ ……………… **おもいやり** | こころいれ ………… **こころづかい** | こころかく …………… **したう** |
| こころ ………………… **かんがえ** | こころいれ …………… **ちゅうい** | こころかく ……………………… 63 |
| こころ ………………… **かんじょう** | こころう ……………… **きづく** | こころがはり ………… **きょうき** |
| こころ ………………… **きもち** | こころう …………… **こころえる** | こころがはり ………… **はっきょう** |
| こころ ……………… **こころがまえ** | こころう ……………… **さとる** | こころがはり ………… **へんしん** |
| こころ ………………… **しゅし** | こころう ……………… **しょうち** | こころがまへ …… **こころづもり** |
| こころ ………………… **しりょ** | こころう ……………… **たしなむ** | こころがまへ …………………… 85 |
| こころ ………………… **じじょう** | こころう ……………… **のみこむ** | こころから …………… **じぶん** |
| こころ ……………… **ちゅうしん** | こころう …………… **ひきうける** | こころがら …………… **じごうじとく** |
| こころ ………………… **ないじょう** | こころう ……………… **ようじん** | こころがら …………… **せいしつ** |
| こころ ………………… **なさけ** | こころう ……………… **りかい** | こころかるし ………… **けいそつ** |
| こころ ………………… **のぞみ** | こころうがる ………… **なさけない** | こころかろし ………… **けいそつ** |
| こころ ………………… **ふんべつ** | こころうごく ………… **どうよう** | こころきたなし ……… **いやしい** |
| こころ ………………… **わけ** | こころうし ……………… **いや** | こころきたなし ……… **じゃねん** |
| こころ ………………… **おもむき** | こころうし ………… **きにくわない** | こころぎは …………… **きもち** |
| こころ ………………………… 59, 81 | こころうし ………… **こころぐるしい** | こころぎは …………… **こころね** |
| こころ(の)おきて | こころうし ……………… **つらい** | こころぎは …………… **こころもち** |
| …………………… **こころがまえ** | こころうし ………… **なさけない** | こころぎは …………… **こんじょう** |
| こころあがり …… **おもいあがり** | こころうし ……………… **ふゆかい** | こころぎは …………… **せいしつ** |
| こころあくがる ……… **ほうしん** | こころうす ……………………… 59 | こころぎは ……………………… 59 |
| こころあさし ………… **あさはか** | こころうす ……………… **きぜつ** | こころぎも …………… **かんがえ** |
| こころあさし ………… **しりょ** | こころうす ……………………… 59 | こころぎも …………… **きょうちゅう** |
| こころあさし ………… **じょうあい** | こころうえ …………… **かんがえ** | こころぎも …………… **しりょ** |
| こころあだし ………… **いじわる** | こころえがたし ……… **わかる** | こころぎも ……………………… 60 |
| こころあて …… **あてすいりょう** | こころえがほ ………… **とくい** | こころきよし ………… **けっぱく** |
| こころあて …………… **すいりょう** | こころえず ……………… **ふしん** | こころきよし ………… **じゃねん** |
| こころあやまち ……… **かしつ** | こころえて ……………… **わけ** | こころぐし …………… **うっとうしい** |
| こころあやまち ……… **ごかい** | こころおきて …………… **いこう** | こころぐし …………… **なやましい** |
| こころあやまち ……… **せいしん** | こころおきて …………… **きだて** | こころぐせ …………… **せいへき** |
| こころあやまり | こころおきて …………… **けっしん** | こころぐみ …………… **せつない** |
| …………………… **かんがえちがい** | こころおきて …………… **せいしつ** | こころぐみ[心組] ……………… 85 |
| こころあやまり ……… **さっかく** | こころおく …………… **えんりょ** | こころぐみ[心凝] …… **なやましい** |
| こころあやまり ……… **せいしん** | こころおく …………… **きづかう** | こころぐるし …………… **かわいそう** |
| こころあり …………… **いみ** | こころおく ………… **しゅうちゃく** | こころぐるし … **こころぐるしい** |
| こころあり ………… **おもいやり** | こころおく …………… **ちゅうい** | こころぐるし …………… **せつない** |
| こころあり …………… **しっかり** | こころおく …………… **ようじん** | こころぐるし …………… **つらい** |
| | | こころげさう ………… **あらたまる** |

| | | |
|---|---|---|
| こころげさう …… | きんちょう | |
| こころげさう …… | こころがけ | |
| こころげさう …… | はいりょ | |
| こころげさう……… | 60 | |
| こころげさう …… | いろいろ | |
| こころごころ …… | おもいおもい(に) | |
| こころごころに … | めいめい | |
| こころこと ……… | なみなみ | |
| こころごはし …… | かたくな | |
| こころごはし …… | ごうじょう | |
| こころごはし …… | つれない | |
| こころごはし …… | れいたん | |
| こころざし ……… | あいじょう | |
| こころざし ……… | いこう | |
| こころざし ……… | おくりもの | |
| こころざし ……… | おれい | |
| こころざし ……… | きもち | |
| こころざし ……… | くよう | |
| こころざし ……… | こうい | |
| こころざし ……… | こうじょう | |
| こころざし ……… | こころもち | |
| こころざし ……… | しんせつ | |
| こころざし ……… | せいい | |
| こころざし ……… | そうしき | |
| こころざし ……… | ついぜん | |
| こころざし ……… | もくてき | |
| こころざし | 59, 61, 62 | |
| こころざす ……… | おくる | |
| こころざす ……… | くよう | |
| こころざす ……… | ついぜん | |
| こころざす ……… | めざす | |
| こころざす ……… | もくてき | |
| こころさぶし …… | さびしい | |
| こころざま ……… | きだて | |
| こころざま ……… | こんじょう | |
| こころざま ……… | せいしつ | |
| こころさわぎ …… | どうき | |
| こころさわぐ …… | むなさわぎ | |
| こころして ……… | ちゅうい | |
| こころして ……… | ようじん | |
| こころしらひ …… | こころがけ | |
| こころしらひ …… | こころづかい | |
| こころしらひ …… | はいりょ | |
| こころしらふ …… | こころづかい | |
| こころしらふ …… | はいりょ | |
| こころしらふ……… | 60 | |
| こころしる ……… | じじょう | |
| こころしる ……… | どうり | |
| こころしる ……… | りかい | |
| こころしる | 74, 75 | |
| こころす ………… | ちゅうい | |
| こころす ………… | ようじん | |
| こころす | 60, 61 | |
| こころすごし …… | おそろしい | |
| こころすごし …… | さびしい | |
| こころすごし …… | ぞっとする | |
| こころすすむ …… | あせる | |
| こころぞへ ……… | きょうりょく | |
| こころそら ……… | うわのそら |
| こころそら ……… | むちゅう |
| こころたかい …… | きぐらいがたかい |
| こころたかし …… | りそう |
| こころたがひ …… | くるう |
| こころたがひ …… | らんしん |
| こころたつ ……… | のりき |
| こころだて ……… | せいしつ |
| こころだのみ …… | しんらい |
| こころたばかり … | さくりゃく |
| こころたばかり … | はかりごと |
| こころたま ……… | 60 |
| こころだま ……… | 60 |
| こころだましひ … | きりょう |
| こころだましひ … | さいのう |
| こころだましひ … | しょうき |
| こころだましひ … | しりょ |
| こころだましひ … | せいしん |
| こころだましひ … | のうりょく |
| こころたらひ …… | まんぞく |
| こころだらひ …… | まんえつ |
| こころだらひ …… | まんぞく |
| こころづかひ …… | きくばり |
| こころづかひ …… | けいかい |
| こころづかひ …… | はいりょ |
| こころづから …… | じぶん |
| こころづから ……… | 61 |
| こころづき ……… | おもい |
| こころづきなし … | おもしろみ |
| こころづきなし … | きにくわない |
| こころづきなし … | ふまん |
| こころづきなし … | ふゆかい |
| こころづきなし……… | 59 |
| こころづく ……… | おもい |
| こころづく ……… | おもいつく |
| こころづく ……… | きがきく |
| こころづく ……… | きづく |
| こころづく ……… | けいこくする |
| こころづく ……… | しゅうしん |
| こころづく ……… | ふんべつ |
| こころづく ……… | ものごころつく |
| こころづく ………… | 58 |
| こころづくし …… | なやみ |
| こころづくし …… | ものおもい |
| こころづくし ……… | 60 |
| こころづけ ……… | おくりもの |
| こころづけ ……… | しゅうぎ |
| こころづま ……… | こいびと |
| こころづま | 54, 62, 63 |
| こころづよし …… | ごうじょう |
| こころづよし …… | つれない |
| こころづよし …… | れいたん |
| こころづよし ……… | 58 |
| こころと ………… | じぶん |
| こころど ………… | きりょく |
| こころときめき … | ときめき |
| こころときめく … | どきどき |
| こころときめく … | わくわくする |
| こころとく ……… | あんしん |
| こころとく ……… | きんちょう |
| こころとく ……… | ゆるむ |
| こころとく ………… | 59 |
| こころとし ……… | かしこい |
| こころとし ……… | きびん |
| こころとし ……… | さっしがよい |
| こころとし ……… | せっかち |
| こころとし ………… | 58 |
| こころとどむ …… | しゅうちゃく |
| こころとどむ ………| 59 |
| こころとまる …… | こころひかれる |
| こころながし …… | あんしん |
| こころながし …… | きなが |
| こころながし ………| 58 |
| こころながら …… | われながら |
| こころながら ………| 61 |
| こころなぐさ …… | きばらし |
| こころなぐさ …… | なぐさめ |
| こころなさけあり … | おもいやり |
| こころなさけあり ……| 81 |
| こころなし ……… | あどけない |
| こころなし ……… | おもいやり |
| こころなし ……… | きょうよう |
| こころなし ……… | しり741 |
| こころなし ……… | しんせつ |
| こころなし ……… | たしなむ |
| こころなし ……… | つれない |
| こころなし ……… | はくじょう |
| こころなし ……… | ひじょうしき |
| こころなし ……… | ふしんせつ |
| こころなし ……… | ふちゅうい |
| こころなし ……… | ふんべつ |
| こころなし ……… | れいたん |
| こころならず …… | ふあん |
| こころならず …… | ふほんい |
| こころならず …… | むいしき |
| こころならひ …… | しゅうかん |
| こころならひ …… | せいへき |
| こころにいる …… | おもいこむ |
| こころにいる …… | せんねんする |
| こころにいる …… | ねっちゅう |
| こころにいる ………| 59 |
| こころにかなふ ……| 59 |
| こころにくし …… | いぶかしい |
| こころにくし …… | おくゆかしい |
| こころにくし …… | けいかい |
| こころにくし …… | したわしい |
| こころにくし …… | じょうひん |
| こころにくし …… | ふしん |
| こころにくし ………| 61 |
| こころにこたふ … | おもいあたる |
| こころにしむ …… | いんしょう |
| こころにしむ …… | おもいこむ |
| こころにしむ ………| 61 |
| こころにそむ …… | しゅうじん |
| こころにそむ …… | しゅうちゃく |
| こころにそむ | 59, 61 |
| こころにつく ………| 59 |

| | | |
|---|---|---|
| こころにのる………… **おもい** | こころばしり……… **むなさわぎ** | こころみじかし………… **たんき** |
| こころにまかす… **おもいどおり** | こころばせ………… **きしょう** | こころみる………………… **しけん** |
| こころにまかす…………… **じゆう** | こころばせ…………… **きだて** | こころみる………………… **ためす** |
| こころにむせぶ…… **こみあげる** | こころばせ……… **こころがけ** | こころみる………………… **ようす** |
| こころにむせぶ…………… 65 | こころばせ……… **こころづかい** | こころむ…………… **こころみる** |
| こころにもあらず…… **おもわず** | こころばせ…………… **しりょ** | こころむ…………………… **しけん** |
| こころにもあらず…… **ふほんい** | こころばせ………… **せいしつ** | こころむ…………………… **ためす** |
| こころにもあらず…… **むいしき** | こころはづかし……… **きおくれ** | こころむ…………………… **ようす** |
| こころにもあらず | こころはづかし… **きはずかしい** | こころむき……………… **きしょう** |
| ………… **こころならず** | こころはづかし…… **すぐれる** | こころむき…………… **せいしつ** |
| こころにもあらず………… 61 | こころはづかし… 59,82 | こころむけ………………… **いこう** |
| こころね………………… **しんてい** | こころばへ………………… **いみ** | こころむけ……………… **きもち** |
| こころね………………… **ほんしん** | こころばへ………… **おもむき** | こころむけ………………… 59 |
| こころのあき……………… **あきる** | こころばへ…………… **きだて** | こころむす……………… **かなしみ** |
| こころのあき……………… **かわる** | こころばへ………… **しゅこう** | こころむす…………………… **むね** |
| こころのあき…… **こころがわり** | こころばへ…………… **しゅみ** | こころもしのに……… **しみじみ** |
| こころのあと……… **いんしょう** | こころばへ………… **せいしつ** | こころもしのに… **しんみり（と）** |
| こころのいけ…… **ものおもい** | こころばへ……… 81,82 | こころもちゐ…… **こころがけ** |
| こころのいたり…………… **しりょ** | こころばむ…………… **がんばる** | こころもちゐ…… **こころづかい** |
| こころのいとま……………… **のどか** | こころばむ…………… **きづかう** | こころもちゐ…………… **はいりょ** |
| こころのいろ………… **やさしさ** | こころばむ…………… **きどる** | こころもとながる…… **しんぱい** |
| こころのうら……… **すいりょう** | こころばむ……………… **きばる** | こころもとながる…… **じれったい** |
| こころのおく……………… **しりょ** | こころばむ………… **しんぱい** | こころもとながる |
| こころのおく……………… **しんてい** | こころばや………… **すばやい** | ………… **まちどおしい** |
| こころのおに…………… **うたがい** | こころばや………… **せっかち** | こころもとなし……… **いらだつ** |
| こころのおに…… **ぎしんあんき** | こころばや………………… 58 | こころもとなし……… **きがかり** |
| こころのおに……………… **せめる** | こころひらく……… **うちとける** | こころもとなし……… **しんぱい** |
| こころのかぎり…… **ありったけ** | こころひらく………………… 58 | こころもとなし……… **じれったい** |
| こころのかぎり………… **おもう** | こころふかし…………… **しりょ** | こころもとなし………… **はっする** |
| こころのかぎり… **せいいっぱい** | こころふかし………………… 81 | こころもとなし……………… **ふあん** |
| こころのかぎり………… 61 | こころぶしょう…… **なまける** | こころもとなし……………… **ほのか** |
| こころのくま……………… **しんてい** | こころぶと………… **てんぐさ** | こころもとなし…… **ぼんやり** |
| こころのこま………… **こうふん** | こころぶと………… **ところてん** | こころもとなし… **まちどおしい** |
| こころのさび……………… **まよい** | こころぶとし………………… 58 | こころもとなし………………… 70 |
| こころのしるべ………… 60 | こころへだつ……… **うちとける** | こころもなし……… **おもいやり** |
| こころのそら……………… 60 | こころほそし……… **きがかり** | こころやく…… **おもいこがれる** |
| こころのたけ………………… 61 | こころほそし…… **こころぼそい** | こころやく…………………… **むね** |
| こころのちり……………… **ぼんのう** | こころほそし………… **さびしい** | こころやく……………… **もだえる** |
| こころのどか…………… **のんびり** | こころほそし……………… **ふあん** | こころやく………………… 62 |
| こころのとも………… **しんゆう** | こころまうけ…… **こころがけ** | こころやすし…………… **あんしん** |
| こころのなし…… **おもいなし** | こころまうけ…… **こころがまえ** | こころやすし…………… **えんりょ** |
| こころのなし………………… 59 | こころまうけ…… **こころづもり** | こころやすし…………… **きがる** |
| こころのにごり…………… **じゃねん** | こころまうけ………………… 85 | こころやすし…………… **きらく** |
| こころのにごり…………… **ぞくねん** | こころまさり………… **しっかり** | こころやすし…… **こころやすい** |
| こころのほか……………… **いがい** | こころまさり……………… **よそう** | こころやすし…………… **したしい** |
| こころのほか……………… **しんがい** | こころまで………………… 61 | こころやすし…………… **しんぱい** |
| こころのほか……………… **もんだい** | こころまどひ… **とほうにくれる** | こころやすし…………… **やさしい** |
| こころのほか……………… **よそう** | こころまどひ…… **とりみだす** | こころやすし………… **やすらか** |
| こころのほか………………… 61 | こころまどひ……………… **なやみ** | こころやすし…………… **わけない** |
| こころのみづ………………… 60 | こころまどふ…… **おもいみだれる** | こころやまし…… **いらだたしい** |
| こころのやま………………… 60 | こころまどふ…………… **とまどう** | こころやまし…… **おもしろい** |
| こころのやみ……… **ふんべつ** | こころまめし…… **ちゅうじつ** | こころやまし…… **じれったい** |
| こころのやみ……………… **まよい** | こころまめし………………… **まじめ** | こころやまし……………… **ふかい** |
| こころのやみ……………… **まよう** | こころみ…………………… **しけん** | こころやむ………………… **うらむ** |
| こころのやみ…… **むふんべつ** | こころみじかし………… **あきっぽい** | こころやむ………………… **おこる** |
| こころはしり………… **ときめき** | こころみじかし………………… **あきる** | こころやむ………………… **なやむ** |
| こころはしり………………… **どうき** | こころみじかし………… **うつむき** | こころやむ…………… 59,60 |
| こころばしり…… **むなさわぎ** | こころみじかし………… **うわき** | こころやり……………… **きばらし** |
| こころばしり………… **ときめき** | こころみじかし………… **せっかち** | こころやる………………… **きまま** |

| | | |
|---|---|---|
| こころやる ………… | はらす | |
| こころゆかし[心行] … | きばらし | |
| こころゆかし[心床] ………… | おくゆかしい | |
| こころゆかし[心床] ………… | こころひかれる | |
| こころゆきがほ …… | まんぞく | |
| こころゆく ………… | たりる | |
| こころゆく ………… | はればれ | |
| こころゆく ………… | はれる | |
| こころゆく ………… | まんぞく | |
| こころゆく ………… | 58 | |
| こころゆらぐ ……… | かたむく | |
| こころゆらぐ ……… | どうよう | |
| こころゆるび ……… | ゆだん | |
| こころゆるび ……… | 59 | |
| こころよげ ………… | たのしい | |
| こころよし ………… | うれしい | |
| こころよし ………… | ゆかい | |
| こころよし ………… | きだて | |
| こころよし ………… | こころよい | |
| こころよし ………… | たのしい | |
| こころよす ………… | おもい | |
| こころよす ………… | こうい | |
| こころよす ………… | ひいき | |
| こころよす ………… | 62 | |
| こころよせ ………… | きたい | |
| こころよせ ………… | こうい | |
| こころよせ ………… | こころだのみ | |
| こころよせ ………… | 62 | |
| こころよりほか …… | いがい | |
| こころよりほか ………… | おもいがけない | |
| こころよりほか …… | ふほんい | |
| こころわかし …… | じゅんじょう | |
| こころわかし …… | よなれる | |
| こころわかし ……… | 57 | |
| こころをいたす …… | まごころ | |
| こころをいたす …… | 61 | |
| こころをいる ……… | ねっしん | |
| こころをおこす … | ふるいおこす | |
| こころをおこす …… | 61 | |
| こころをかし …… | おもしろい | |
| こころをかし ……… | かわいい | |
| こころをくだく …… | きがかり | |
| こころをくだく …… | 60 | |
| こころをさなし …… | けいそつ | |
| こころをさなし …… | たんじゅん | |
| こころをさなし …… | ふちゅうい | |
| こころをさなし …… | ようち | |
| こころをしむ ……… | 61 | |
| こころをたつ ……… | が | |
| こころをたつ ……… | がをはる | |
| こころをたつ ……… | こころざし | |
| こころをつく ……… | ちゅうい | |
| こころをつく ……… | 60, 61 | |
| こころをつくす …… | ぜんりょく | |
| こころをつくす …… | まごころ | |
| こころをつくす …… | 60 | |
| こころをとる ……… | きげん | |
| こころをまどはす … | しんぱい | |
| こころをまどはす ………… | とほうにくれる | |
| こころをやしなふ … | きばらし | |
| こころをやぶる …… | きげん | |
| こころをやる ……… | おもいどおり | |
| こころをやる ……… | おもいやる | |
| こころをやる ……… | きばらし | |
| こころをやる ……… | とくい | |
| こころをやる ……… | なぐさめる | |
| こころをやる ……… | ふるまう | |
| こころをやる ……… | 61 | |
| こころをゆるす …… | うちとける | |
| ここをさいご ……… | せとぎわ | |
| ここをせんど ……… | せとぎわ | |
| ここをもちて ……… | したがって | |
| ござ ……………… | せき | |
| ござ ……………… | たたみ | |
| ござ ……………… | 98 | |
| ござあり …………… | いらっしゃる | |
| ござあり …………… | ゆく | |
| ござある …………… | ございます | |
| ござう ……………… | ぜんしん | |
| ござう ……………… | まんしん | |
| ござう ……………… | 47 | |
| ござうさ …………… | めんどう | |
| ござうろっぷ ……… | しんちゅう | |
| ござうろっぷ ……… | ないぞう | |
| ござうろっぷ ……… | 47, 61 | |
| こざかし …………… | なまいき | |
| こざかし …………… | ぬけめ(が)ない | |
| こざかし …………… | りこう | |
| こさけ ……………… | あまざけ | |
| こさけ ……………… | 94 | |
| ござさうらふ ……… | ある | |
| ござさうらふ ……… | いらっしゃる | |
| ござさうらふ ……… | ございます | |
| ござさうらふ ……… | ゆく | |
| ござた ……………… | めいれい | |
| ござふさ …………… | てま | |
| ござふね …………… | 98 | |
| ござる ……………… | いらっしゃる | |
| ござる ……………… | おる | |
| ござる ……………… | ございます | |
| ござる ……………… | ゆく | |
| こし ……………… | こい | |
| こし ……………… | こまやか | |
| こし ……………… | したしい | |
| こし ……………… | しんみつ | |
| こし ……………… | のうこう | |
| こし ……………… | 15, 62 | |
| こじ ……………… | こぞう | |
| こしいれ …………… | こんれい | |
| こしいれ …………… | よめいり | |
| こしいれ …………… | 84, 85 | |
| こしかた …………… | かこ | |
| こしかた …………… | むかし | |
| こしかたゆくすゑ ………… | かこ | |
| こしき ……………… | せいろ | |
| こしき ……………… | むしき | |
| こしつ ……………… | せんれい | |
| こしつ ……………… | ちしき | |
| こじつ ……………… | かんしゅう | |
| こじつ ……………… | さほう | |
| こじつ ……………… | せんれい | |
| こじつ ……………… | ちしき | |
| こしのく …………… | 65 | |
| こしのもの ………… | かたな | |
| こしのもの ………… | ぶき | |
| こしば ……………… | えだ | |
| こしば ……………… | こえだ | |
| こしば ……………… | 43, 44 | |
| こしばがき ………… | かきね | |
| こしほらし ………… | かわいい | |
| ごしゅう …………… | あのよ | |
| ごしゅう …………… | しご | |
| ごしゅう …………… | 73 | |
| ごじゅう …………… | てがみ | |
| ごしゅうだいじ …… | たいせつ | |
| ごしゃくのみ ……… | にんげん | |
| ごしゃくのみ ……… | みひとつ | |
| ごしゃくのみ ……… | 47, 48, 49 | |
| ごじゅん …………… | ごじっさい | |
| ごじゅん …………… | 89 | |
| ごしょ [御所] …… | きゅうちゅう | |
| ごしょ [御所] …… | てんのう | |
| ごしょ [御書] …… | てがみ | |
| ごしょ [御書] …… | ひっせき | |
| ごしょ [御書] …… | ふで | |
| こしらふ [誘] …… | とりつくろう | |
| こしらふ [誘] …… | なだめる | |
| こしらふ [拵] …… | かざる | |
| こしらふ [拵] …… | けいかく | |
| こしらふ [拵] …… | けんちく | |
| こしらふ [拵] …… | したてる | |
| こしらふ [拵] …… | よそおう | |
| こしらふ [拵] …… | 75, 85 | |
| こしらふ [慰] …… | ことばる | |
| こしらふ [慰] …… | さそう | |
| こしらふ [慰] …… | さとす | |
| こしらふ [慰] …… | せっとく | |
| こしらふ [慰] …… | だます | |
| こしらふ [慰] …… | なぐさめる | |
| こしらふ [慰] …… | なだめすかす | |
| こしらへ …………… | けいかく | |
| こしらへ …………… | ふくそう | |
| こしらへ …………… | ふんそう | |
| こしらへ …………… | みじたく | |
| こしらへ …………… | みなり | |
| こしらへ …………… | 85, 86 | |
| こしらへおく ……… | 85 | |
| こしをれ …………… | こし | |
| こしをれ …………… | へた | |
| こしをれ …………… | 53, 64 | |
| こしをれうた ……… | へた | |
| こしをれうた ……… | 64 | |
| こしをれぶみ ……… | へた | |

こころやる──こしをれぶみ

こじん[古人] ……… むかし
こじん[古人] …… むかしかたぎ
こじん[古人] ……… 52
こじん[故人] ……… ししゃ
こじん[故人] ……… とも
こじん[故人] ……… 74
ごしん ……… 47
ごしんざう ……… にいづま
ごしんぞ ……… にいづま
ごじんたい ……… ひとがら
ごじんたい ……… みぶん
ごしんぷ ……… ちち
ごしんぷ ……… 56
こす ……… くる
こす ……… こえる
こす ……… とおりこす
こす ……… ゆく
こす ……… こんや
ごす ……… かくご
ごす ……… きたい
ごす ……… きめる
ごす ……… けっしん
ごす ……… よき
こすげ ……… みくり
こすげ ……… 42
こすみ ……… かたすみ
こすみ ……… すみ
こずみのあき ……… 15
こずゑのあき ……… くがつ
こずゑのあき ……… 7
ごせ ……… あのよ
ごせ ……… らいせ
ごぜ ……… そんけいする
ごぜ ごと ……… 113
こせごと ……… しゃれ
ごぜん[御膳] ……… しょくじ
ごぜん[御膳] ……… 96
ごぜん[御前] …… そんけいする
ごぜん[御前] ……… 113
こそ ……… あなた
こそ ……… 102, 106
こぞ[去年] ……… きょねん
こぞ[去夜] ……… さくや
こそあれ ……… 100
こそぐ ……… けずりとる
こそぐ ……… そぐ
こそめく … こそこそふるまう
こそめく ……… 13
こそめぐさ ……… はぎ
こそめぐさ ……… 45
こそめづき ……… はちがつ
こそめづき ……… くがつ
こそめづき ……… 6, 7
こぞりて ……… ぜんぶ
こぞる ……… あつまる
こぞる ……… つれだつ
こそろと ……… しずか
こたい ……… こふう
こたい ……… ふるい

こたい ……… ふるめかしい
こだい ……… こふう
こだい ……… としより
こだい ……… ふるい
こだい ……… むかし
こだい ……… むかしかたぎ
こだい ……… 54
こだかし ……… こずえ
こだかし ……… たかい
こだかし ……… 43
ごたくせん ……… おつげ
こだくみ ……… だいく
こたち ……… 50, 54
こだてにとる ……… こうじつ
こだはる ……… じゃま
こだはる ……… つかえる
こだはる ……… なんくせ
こたび ……… このたび
こたづ ……… こんかい
こたふ[堪] ……… がまん
こたふ[堪] ……… じぞくする
こたふ[堪] ……… たもつ
こたふ[答] ……… はんえい
こたふ[答] ……… はんのうする
こたふ[答] ……… へんじ
こたふ[答] ……… 48
こたふ[応] ……… こたえる
こたへ ……… しかえし
こたへ ……… へんじ
こたへ ……… はんきょう
こたへ ……… むくい
こたへ ……… おうほう
こたへ ……… こだま
こたま ……… せいれい
こたま ……… はんきょう
こだま ……… やまびこ
こだま ……… こだま
こだま ……… せいれい
こだま ……… はんきょう
こだま ……… やまびこ
こたみ ……… このたび
こたみ ……… こんかい
こだる[傾] ……… ひるむ
こだる[傾] ……… よわる
こだる[木垂] ……… えだ
こだる[木垂] ……… かたむく
こだる[木垂] ……… たれる
こだる[木垂] ……… 43
こだる[木垂] ……… しなだれる
こだる[木足] ……… 43
こち[此方] ……… こちら
こち[此方] … わたくし・わたし
こち[此方] ……… 105, 106
こち[東風] ……… ひがし
こち[東風] ……… 12
こちかぜ ……… ひがし
こちかぜ ……… 12
こちごち ……… あちこち

こちごち ……… あれこれ
こちごち ……… ほうぼう
こちごち ……… えんきん
こちごち ……… 107
こちごちし … ごつごつしている
こちごちし ……… ぶこつ
こちごちし ……… ぶふうりゅう
こちごちし ……… ぶれい
こちごちし ……… やわらかい
こちごちし ……… 82
ごちごちし ……… ぎこちない
こちたし ……… わずらわしい
こちたし ……… うるさい
こちたし ……… おおげさ
こちたし ……… おびただしい
こちたし ……… くどい
こちたし ……… たじ
こちたし ……… 79
こちづ ……… 69
こちと ……… わたくし・わたし
こちと ……… 105, 106
こちなし ……… しつれい
こちなし ……… ぶこつ
こちなし ……… ぶしつけ
こちなし ……… ぶふうりゅう
こちなし ……… ぶれい
こちなし ……… 82
こちのひと ……… あなた
こちのひと ……… おっと
こちのひと ……… 55, 106
ごちゃう ……… めいれい
こちら …… わたくし・わたし
こちら ……… 105, 106, 107
こつ ……… 69
こつ[骨] ……… いこつ
こつ[骨] ……… おうぎ
こつ[骨] ……… こだま
こつ[骨] ……… ちょっかん
こつ[骨] ……… ほね
こつ[木屑] ……… きぎれ
こつ[木屑] ……… ごみ
こつ[木屑] ……… 43
ごつ ……… 112, 113
こつがい ……… こじき
こつがいにん ……… こじき
こつがら ……… たいかく
こつがら ……… ひとがら
こつがら ……… ほねぐみ
こつがら ……… ようし
こつがら ……… じんぴん
こつがら ……… 47, 48
こっきり ……… 14
こづけ ……… 96
ごつごつ ……… 90
こつごもり ……… ねんまつ
こつじき ……… こじき
こつじき ……… たくはつ
こっしょ ……… あなどる
こっしょ ……… なおざり

| | | |
|---|---|---|
| こつずい | がんもく | |
| こつずい | しんてい | |
| こつずいをくだく | くしんする | |
| こつぜん | たちまち | |
| こつぜん(と) | きゅう | |
| こつぜん(と) | にわか | |
| こつぜんと | たちまち | |
| こづたふ | とびうつる | |
| こづたふ | 33 | |
| こっち | 107 | |
| こっちゃう | いじ | |
| こっちゃう | さいこう | |
| こっちゃう | だいいち | |
| こっちら | 107 | |
| こっていうし | うし | |
| こっていうし | 33 | |
| こつにく | にくしん | |
| こつにく | 56 | |
| こっぱ | 43 | |
| こっぱ | おうぎ | |
| こっぱふ | こんかん | |
| こっぱふ | きほう | |
| こっぱふ | ほね | |
| こっぱふ | ほねぐみ | |
| こっぱふ | 48 | |
| こつぼとけ | いこつ | |
| こつみ | きぎれ | |
| こつみ | ごみ | |
| こつみ | 43 | |
| こづみ | きぎれ | |
| こづみ | ごみ | |
| こづみ | 43 | |
| こづめやくしゃ | はやく | |
| ごてう | よくちょう | |
| ごてう | 64 | |
| こてふ | ちょう | |
| こてふ | 37 | |
| ごてん | がいこく | |
| ごてん | とおい | |
| ごてん | よそ | |
| ごてん | 86, 87 | |
| こと[異] | かくべつ | |
| こと[異] | ことなる | |
| こと[異] | ちがう | |
| こと[異] | なみなみ | |
| こと[異] | ふつう | |
| こと[異] | べつ | |
| こと[異] | 112 | |
| こと[言] | げんご | |
| こと[言] | ことば | |
| こと[言] | しょうそく | |
| こと[言] | たより | |
| こと[言] | てがみ | |
| こと[言] | 64, 83 | |
| こと[事] | いみ | |
| こと[事] | ぎしき | |
| こと[事] | ぎょうじ | |
| こと[事] | げんしょう | |
| こと[事] | こうい | |
| こと[事] | しごと | |
| こと[事] | じけん | |
| こと[事] | じじょう | |
| こと[事] | だいじ | |
| こと[事] | どうさ | |
| こと[事] | にんむ | |
| こと[事] | わけ | |
| ごと[如] | 104, 113 | |
| ごと[毎] | のたびに | |
| ごと[毎] | 113 | |
| こと(を)かく | ふそく | |
| ことあげ | いいたてる | |
| ことあたらし | わざとらしい | |
| ことあふ | つごう | |
| ことあやまり | いいそこない | |
| ことあやまる | いいまちがえる | |
| ことあやまり | かしつ | |
| ことありがほ | かお | |
| ことありがほ | わけ | |
| こといづ | くち | |
| ことうけ | こたえ | |
| ことうけ | しょうだく | |
| ことうけ | ひきうける | |
| ことうるはし | きちんと | |
| ことうるはし | たんせい | |
| ことがき | かじょうがき | |
| ことがき | ことばがき | |
| ことがき | 64 | |
| ことかく | こまる | |
| ことかく | ふじゆう | |
| ことかたらふ | かたりあう | |
| ことかなふ | おもいどおり | |
| ことがまし[言] | やかましい | |
| ことがまし[言] | おおげさ | |
| ことがまし[事] | おおげさ | |
| ことかよふ | つうじる | |
| ことがら[言柄] | ことばつき | |
| ことがら[事柄] | じんぴん | |
| ことがら[事柄] | たいかく | |
| ことがら[事柄] | ひとがら | |
| ことがら[事柄] | ようす | |
| こどき | かいこ | |
| こどき | 36 | |
| こときる | おわる | |
| こときる | 72 | |
| ことぐさ | くちぐせ | |
| ことぐさ | わだい | |
| ことぐさ | きまりもんく | |
| ことぐさ | 83 | |
| ごとくなり | たとえば | |
| ごとくなり | 104 | |
| ごとくに | がいこく | |
| ごとくに | よそ | |
| ごとくに | おなじ | |
| ごとくに | 104 | |
| ことくはふ | くちだし | |
| ことくはふ | よけいな | |
| ことごころ | うわきごころ | |
| ことごころ | かんがえ | |
| ことごころ | ふたごころ | |
| ことこと | いろいろ | |
| ことごと | べつべつ | |
| ことごと | みな | |
| ことごと | しょうさい | |
| ことごと | いろいろ | |
| ことごと | べつべつ | |
| ことごと | かわる | |
| ことごと | た | |
| ことごと | べつ | |
| ことごと | あれこれ | |
| ことごと | かんぜん | |
| ことごと | くわしい | |
| ことごと | まったく | |
| ことごと | 107 | |
| ことごと(く) | すべて | |
| ことごとく | みな | |
| ことごとく | すっかり | |
| ことごとし | おおげさ | |
| ことごとし | ものものしい | |
| ことごとなし | ほか | |
| ことごとに | ことあるたびに | |
| ことことは | おなじ | |
| ことごのみ | ものずき | |
| ことごのみ | 81 | |
| ことこのむ | ものずき | |
| ことこむ | いいしぶる | |
| ことこむ | くちごもる | |
| ことこもる | 81 | |
| ことさか | りこん | |
| ことさか | 85 | |
| ことざま | かわる | |
| ことざま | た | |
| ことざま | ほうめん | |
| ことざま | ようす | |
| ことざまし | きょうざめ | |
| ことさむ | きょうざめ | |
| ことさむ | しらける | |
| ことさら | いっそう | |
| ことさら | かくべつ | |
| ことさら | こいに | |
| ことさら | とりわけ | |
| ことさら | はなはだしい | |
| ことさら | わざと | |
| ことさら | わざわざ | |
| ことさらぶ | もっともらしい | |
| ことさらぶ | わざとらしい | |
| ことさらめく | もっともらしい | |
| ことさらめく | わざとらしい | |
| ごとし | のとおり | |
| ごとし | おなじ | |
| ごとし | たとえば | |
| ごとし | とおり | |
| ごとし | にる | |
| ごとし | 104 | |
| ことしげし | いそがしい | |
| ことしげし | 79 | |
| ことしもあれ | こどもあろうに | |
| ことずくな | ことば | |
| ことずくな | むくち | |

ことぞかし ……………… 99, 100
ことぞかし ……………… **なのだ**
ことそぐ ……………… **かんりゃく**
ことそぐ ……………… **しっそ**
ことそぐ ……………… **はぶく**
ことぞともなし
　　　　… **どうということはない**
ことだつ ……………… **ふだん**
ことたへに …… **ことさら(に)**
ことたへに ……………… **こいに**
ことたへに ……………… **とくに**
ことたる ……………… **じゅうぶん**
ことたる ……………… **ふじゆう**
ことづ ……………… **ことば**
ことづ ……………………… 69
ことづく ……………… **ことづける**
ことづく ……………… **でんごん**
ことづく ……………… **かこつける**
ことづく ……………… **こうじつ**
ことづけ ……………… **かこつける**
ことづけ ……………… **こうじつ**
ことづけ ……………… **でんごん**
ことづつ ……………… **ことづける**
ことづつ ……………… **でんごん**
ことづづ ……………… **ことづける**
ことづづ ……………… **でんごん**
ことづて ……………… **でんごん**
ことづて ……………… **とりつぎ**
ことと ……………… **かくべつ**
ことと ……………… **すっかり**
ことと ……………… **とくに**
ことと ……………… **とりわけ**
ことと ……………… **どんどん**
ことと ……………… **まったく**
ことと ……………… **みるみる**
ことといへば ……… **とりたてて**
こととがめ ……… **きつもん**
ことどき ……………………… **た**
ことどき ……………… **べつ**
ことどころ ……………… **べつ**
ことどころ ……………… **よそ**
ことどころ ……………… **がいこく**
こととし ……………… **やかましい**
こととし ……………………… 83
こととす ……………… **せんねんする**
こととす ……………… **ぼっとうする**
こととす ……………… **もっぱら**
こととひ ……………… **はなし**
こととひ ……………… **はなしあい**
こととふ ……………… **いいかける**
こととふ ……………… **うらなう**
こととふ ……………… **おとずれる**
こととふ ……………… **たずねる**
こととふ ……………… **はなしあう**
こととふ ……………… **みまう**
こととふ ……………………… 69

ことともせず ……… **もんだい**
ことながし ……… **おしゃべり**
ことながし ……… **くちかず**
ことなぐし ……………………… 94
ことなし[殊] …… **このうえない**
ことなし[殊] ……… **かくべつ**
ことなし[事無] …… **なんでもない**
ことなし[事無] ……………… **ぶじ**
ことなし[事無] ……… **やさしい**
ことなしぐさ ……… **しのぶぐさ**
ことなしぐさ ……… **みずあおい**
ことなしぐさ ………… 40, 42
ことなしぶ …… **なにごともない**
ことなしぶ ……………… **へいき**
ことなしぶ ……………………… 75
ことなす ……………… **いいたてる**
ことなづく ……………… **かこつける**
ことなほる ……………… **かいふく**
ことなほる ……… **ふっきゅうする**
ことなる[異] ……… **ことなる**
ことなる[事成] ……………… **うまい**
ことなる[事成] … **じつげんする**
ことなる[事成] ……… **じょうじゅ**
ことなる[事成] ……… **せいこうする**
ことなる[事成] ……… **はじまる**
ことなる[事成] ……………… 85
ことに ……………… **かくべつ**
ことに ……………… **そのうえ(に)**
ことに ……………… **とりわけ**
ことに ……………… **なお**
ことに ……………… **ふつう**
ことに ……………………… 108
ことにあづかる ……… **かんけい**
ことにいづ ……………… **ことば**
ことにいづ ……………………… 69
ことにいふ ……………… **ことば**
ことにがし ……………… **おもしろい**
ことにがし ……………… **きまずい**
ことにしあり … **ゆうめいむじつ**
ことにす ……………… **まんぞく**
ことにもあらず …… **なんでもない**
ことにもあらず ……… **あんしん**
ことにもあらず ……… **たいした**
ことねがひふみ ……… **がんしょ**
ことねがひふみ ……… **ねがい**
ことのかず ……… **もののかず**
ことのかよひ ……………… **たより**
ことのこころ ……………… **しゅし**
ことのこころ ……………… **じじょう**
ことのさま ……………… **じょうきょう**
ことのたより ……………… **ついで**
ことのなぐさ ……………… **きやすめ**
ことのは ……………… **ことば**
ことのは ……………………… 64
ことのはぐさ ……… **くちぐせ**
ことのはぐさ ………… 64, 65
ことのほか ……………… **あんがい**

ことのほか ……………… **おもい**
ことのほか ……………… **かくべつ**
ことのほか ……………… **いがい**
ことのやう ……………… **じじょう**
ことのよし ……………… **いわれ**
ことのよし ……………… **なりゆき**
ことのよし ……………… **りゆう**
ことは ……………… **おなじ**
ことばがき ……………… **まえがき**
ことばかり ……………… **くふう**
ことばかり ……………… **けいかく**
ことばかり ……………… **しょち**
ことばかり ……………… **はからい**
ことばぐさ ……………………… 64
ことばじち ……………… **げんち**
ことばづら ……………… **ごかん**
ことばのすゑ ……………… **ことば**
ことばのその ……………… **しいか**
ことばのその ……………… **ぶんがく**
ことばのつき ……………………… 64
ことばのつき ……………… **しがつ**
ことばのつき ……………………… 6
ことばのはづれ ……………… **ことば**
ことばのはな ……………………… 64
ことばのはやし ……………… **しいか**
ことばのはやし ……………… **ぶんがく**
ことばのはやし ……………………… 64
ことはら ……………… **きょうだい**
ことはら ……………… **はらちがい**
ことはら ……………………… 56
ことはらから ……………… **きょうだい**
ことはらから ……………………… 56
ことばをさぐ ……………… **けんそん**
ことばをさぐ ……………………… 69
ことひうし ……………………… **うし**
ことひうし ……………………… 33
ことひきぐさ ……………… **まつ**
ことひきぐさ ……………………… 46
ことひと ……………… **べつじん**
ことひのうし ……………… **うし**
ことひのうし ……………………… 33
ことぶき ……………… **いのち**
ことぶき ……………… **しゅうげん**
ことぶき ……………… **しゅくじ**
ことぶき ……………… **ちょうじゅ**
ことぶく ……………… **いわう**
ことふる[言古]
　　　　… **いいふるされる**
ことふる[事古] ……… **ふるい**
ことふる[事古] ……… **ふるびる**
ことほがひ ……………… **いわい**
ことほく ……………… **いわう**
ことほぐ ……………… **いわう**
ことまなび ……………… **おうしゅ**
ことむく ……………… **したがう**
ことむく ……………… **ふくじゅう**
ことむく ……… **へいていする**
ことむつかし ……………… **めんどう**

ことむつかし――このみなす

| | | |
|---|---|---|
| ことむつかし | …… | わずらわしい |
| こともおろか | …… | いうまでもない |
| こともおろか | …… | おろそか |
| こともおろか | …… | とおりいっぺん |
| こともおろか | …… | 69 |
| こともがな | …… | 101 |
| こともなし | …… | すぐれる |
| こともなし | …… | なにごともない |
| こともなし | …… | ぶじ |
| こともなし | …… | へいぼん |
| こともなし | …… | やさしい |
| こともなし | …… | 82 |
| こともの | …… | べつもの |
| ことやう | …… | かわる |
| ことやう | …… | ことなる |
| ことやう | …… | ふつう |
| ことゆく | …… | おもいどおり |
| ことゆく | …… | なっとく |
| ことゆゑ | …… | さしさわり |
| ことゆゑ | …… | じこ |
| ことよし | …… | ことば |
| ことよす[言寄] | …… | いいわけ |
| ことよす[言寄] | …… | かこつける |
| ことよす[言寄] | …… | ことづける |
| ことよす[言寄] | …… | でんごん |
| ことよす[言寄] | …… | わけ |
| ことよす[事寄] | …… | まかせる |
| ことよる | …… | かたむく |
| ことよる | …… | かたよる |
| ことよろし | …… | さしさわり |
| ことよろし | …… | ふさわしい |
| ことわざ | …… | こうい |
| ことわざ | …… | しごと |
| ことわざ | …… | しわざ |
| ことわり[断] | …… | きょぜつ |
| ことわり[断] | …… | じたい |
| ことわり[断] | …… | はんだん |
| ことわり[断] | …… | はんてい |
| ことわり[理] | …… | いうまでもない |
| ことわり[理] | …… | じょうり |
| ことわり[理] | …… | すじみち |
| ことわり[理] | …… | とうぜん |
| ことわり[理] | …… | どうり |
| ことわり[理] | …… | もちろん |
| ことわり[理] | …… | もっとも |
| ことわり[理] | …… | りゆう |
| ことわり[理] | …… | わけ |
| ことわり[理] | …… | いいわけ |
| ことわり[理] | …… | 69 |
| ことわりすぐ | …… | きょくたんに |
| ことわる | …… | じたい |
| ことわる | …… | せつめい |
| ことわる | …… | はんだん |
| ことわる | …… | はんてい |
| ことわる | …… | わけ |
| ことをかく | …… | こまる |
| ことをはる | …… | かんりょう |
| ことをはる | …… | けっちゃく |
| ことをはる | …… | 72 |
| ことをり | …… | べつ |
| ことをわく | …… | すじみち |
| こな | …… | 50 |
| ごのう | …… | 87 |
| こなさま | …… | あなた |
| こなさま | …… | 106 |
| こなす | …… | くだく |
| こなす | …… | いじめる |
| こなす | …… | けなす |
| こなた[此方] | …… | いぜん |
| こなた[此方] | …… | こちら |
| こなた[此方] | …… | このかた |
| こなた[此方] | …… | それいらい |
| こなた[此方] | …… | わたくし・わたし |
| こなた | …… | 105, 107, 109 |
| こなた[熟田] | …… | 29, 30 |
| こなたかなた | …… | あれこれ |
| こなたかなた | …… | えんきん |
| こなたかなた | …… | こちら |
| こなたかなた | …… | ほうほう |
| こなたかなた | …… | りょうほう |
| こなたかなた | …… | 107 |
| こなたざま | …… | こちら |
| こなたざま | …… | 107 |
| こなひと | …… | おまえ |
| こなひと | …… | 106 |
| こなみ | …… | せんさい |
| こなみ | …… | 54 |
| こなん | …… | 107 |
| こになる | …… | つかれる |
| こぬかあめ | …… | 9 |
| こぬかさんがふ | …… | ざいさん |
| こぬかむし | …… | うんか |
| こぬかむし | …… | 36 |
| こぬれ | …… | こずえ |
| こぬれ | …… | 43 |
| この | …… | あの |
| この | …… | このよう |
| この | …… | それいらい |
| この | …… | 107, 109 |
| このあひだ | …… | このごろ |
| このあひだ | …… | せんじつ |
| このあひだ | …… | ちがう |
| このあひだ | …… | 3 |
| このいと | …… | 15 |
| このうれ | …… | こずえ |
| このうれ | …… | 43 |
| このえ | …… | えだ |
| このえ | …… | 43 |
| このかた | …… | いご |
| このかた | …… | こちら |
| このかた | …… | それいご |
| このかた | …… | それいらい |
| このかた | …… | 107, 109 |
| このかみ | …… | あに |
| このかみ | …… | あね |
| このかみ | …… | かしら |
| このかみ | …… | きょうだい |
| このかみ | …… | としうえ |
| このかみ | …… | ねんちょう |
| このかみ | …… | 52, 55 |
| このかみごころ | …… | こころづかい |
| このかみごころ | …… | はいりょ |
| このきみ | …… | たけ |
| このくれ | …… | くらい |
| このくれ | …… | こかげ |
| このくれ | …… | 43 |
| このくれの | …… | しがつ |
| このくれの | …… | しげる |
| このくれやみ | …… | くらい |
| このくれやみ | …… | しがつ |
| このくれやみ | …… | 43 |
| このころ | …… | ちがう |
| このごろ | …… | いまごろ |
| このごろ | …… | いまじぶん |
| このごろ | …… | ちがう |
| このごろ | …… | まもなく |
| このごろ | …… | 16 |
| このごろやう | …… | げんだい |
| このごろやう | …… | とうせい |
| このしたかげ | …… | かげ |
| このしたかげ | …… | こかげ |
| このしたかげ | …… | 43 |
| このしたみ | …… | こかげ |
| このしたみち | …… | 31, 43 |
| このしたやみ | …… | くらい |
| このしたやみ | …… | やみ |
| このしたやみ | …… | 43 |
| このしろ | …… | りし |
| このてがしは | …… | おみなえし |
| このてがしは | …… | 39 |
| このね | …… | ね |
| このはう | …… | わたくし・わたし |
| このはう | …… | 106 |
| このはとりづき | …… | しがつ |
| このはとりづき | …… | 6 |
| このはな | …… | うめ |
| このはな | …… | さくら |
| このはな | …… | 44, 45 |
| このほど | …… | このきかん |
| このほど | …… | このごろ |
| このほど | …… | ちがう |
| このま | …… | 43 |
| このまし | …… | いろごのみ |
| このまし | …… | かんじ |
| このまし | …… | このましい |
| このまし | …… | すき |
| このまし | …… | ひかれる |
| このみ | …… | きぼう |
| このみ | …… | しゅみ |
| このみ | …… | ちゅうもん |
| このみごころ | …… | いろごのみ |
| このみごころ | …… | うわきごころ |
| このみちのたくみ | …… | だいく |
| このみどり | …… | さる |
| このみどり | …… | 33 |
| このみなす | …… | ちゅうもん |

| | | |
|---|---|---|
| このむ | …… | **あつらえる** |
| このむ | …… | **えらぶ** |
| このむ | …… | **おもしろがる** |
| このむ | …… | **すく** |
| このむ | …… | **ちゅうもん** |
| このむ | …… | **のぞむ** |
| このむ | …… | 62 |
| このめ | …… | **しんめ** |
| このめ | …… | **めばえる** |
| このめづき | …… | **にがつ** |
| このめづき | …… | 5 |
| このめはる | …… | **めばえる** |
| このめはる | …… | 43 |
| このも | …… | **こちら** |
| このも | …… | 107 |
| このもかのも | …… | **あちこち** |
| このもかのも | …… | **えんきん** |
| このもかのも | …… | **りょうがわ** |
| このもかのも | …… | 107 |
| このもと | …… | **じゅか** |
| このもと | …… | 43 |
| このよ | …… | **げんだい** |
| このよ | …… | **とうだい** |
| このよ | …… | 57 |
| このよのほか | …… | **あのよ** |
| こはいかに | …… | **これはいったい** |
| ごぼう | …… | **そう** |
| こはぎ | …… | **すね** |
| こはぎ | …… | 47 |
| こはげ | …… | **おそろしい** |
| こはごはし | …… | **あらあらしい** |
| こはごはし | …… | **かたい** |
| こはごはし | …… | **こわばる** |
| こはごはし | …… | **ごつごつしている** |
| こはごはし | …… | **ぶこつ** |
| こはざれ | …… | **ふざける** |
| こはざれ | …… | **わるふざけ** |
| こはし | …… | **おそろしい** |
| こはし | …… | **かたい** |
| こはし | …… | **がんこ** |
| こはし | …… | **ぎこちない** |
| こはし | …… | **けわしい** |
| こはし | …… | **ごうじょう** |
| こはし | …… | **しゅうねん** |
| こはし | …… | **つよい** |
| こはし | …… | **てごわい** |
| こはしそも | …… | **これはいったい** |
| こはな | …… | **しそん** |
| こはな | …… | 56 |
| こはなぞ | …… | **これはいったい** |
| こはばる | …… | **かたい** |
| こはばる | …… | **ごうじょう** |
| こはもの[強者] | …… | **ゆうしゃ** |
| こはもの[恐物] | …… | **おそろしい** |
| こはや | …… | 97 |
| こばら | …… | 26 |
| こはらか | …… | **あらあらしい** |
| こはらか | …… | **ぶこつ** |
| こはらか | …… | 93 |
| こはる | …… | **じゅうがつ** |
| こはる | …… | 7, 18 |
| こはるづき | …… | **じゅうがつ** |
| こはるづき | …… | 7 |
| こはるび | …… | 18 |
| こひぐさ | …… | 60, 63 |
| こひし | …… | **こいしい** |
| こひし | …… | **したわしい** |
| こひし | …… | 62 |
| こひしぬ | …… | 72 |
| こひしのぶ | …… | **こいしい** |
| こひしのぶ | …… | 63 |
| こひしりどり | …… | **せきれい** |
| こひしりどり | …… | 35 |
| こひそむ | …… | **こいしはじめる** |
| こひそむ | …… | 63 |
| こひたし | …… | 64 |
| こびたひ | …… | **ひたい** |
| こひぢ[小泥] | …… | **つち** |
| こひぢ[小泥] | …… | **どろ** |
| こひぢ[恋路] | …… | **こい** |
| こひぢ[恋路] | …… | 62 |
| こひなく | …… | **ほしがる** |
| こひなく | …… | 63, 65, 66 |
| こひねがふ | …… | **ねがいもとめる** |
| こひねがふ | …… | **ねがう** |
| こひのせき | …… | 63 |
| こひのはし | …… | **きっかけ** |
| こひのはし | …… | 63 |
| こひのむ | …… | **きぼう** |
| こひのむ | …… | **いのる** |
| こひのむ | …… | **きがん** |
| こひのむ | …… | **ねがいいのる** |
| こひのむ | …… | 101 |
| こひのやまひ | …… | **こいわずらい** |
| こひのやまひ | …… | 63 |
| こひみだる | …… | **みだれる** |
| こひみだる | …… | 63 |
| こひみづ | …… | 66 |
| こひめ | …… | **しょうじょ** |
| こひめ | …… | 50 |
| こひもふ | …… | **こいしい** |
| こひもふ | …… | 63 |
| こひゅう | …… | **こがら** |
| こひやまひ | …… | **こいわずらい** |
| こひやまひ | …… | 63 |
| こひやみ | …… | **こいわずらい** |
| こひやみ | …… | **さめる** |
| こひやむ | …… | 62 |
| こびる | …… | **がくしみ** |
| こびる | …… | **きがきく** |
| こびる | …… | **めずらしい** |
| こひわたる | …… | **こいしつづける** |
| こひわたる | …… | 63 |
| こひわぶ | …… | **こいわずらう** |
| こひわぶ | …… | **なやむ** |
| こひわぶ | …… | 63 |
| こひをしへどり | …… | **せきれい** |
| こひをしへどり | …… | 35 |
| こふ[劫] | …… | **ねんこう** |
| こふ[鵠] | …… | 35 |
| こふ[恋] | …… | **おもいしたう** |
| こふ[恋] | …… | **こいしい** |
| こふ[恋] | …… | **なつかしい** |
| こふ[恋] | …… | 62, 63 |
| こふ[乞] | …… | **ねがう** |
| こふ[乞] | …… | **ほしがる** |
| こふ[乞] | …… | **もとめる** |
| こふ[乞] | …… | **きがん** |
| こふ[鵠] | …… | **はくちょう** |
| こぶ | …… | **きげん** |
| こぶ | …… | **こびる** |
| こぶ | …… | **なまめく** |
| こぶ | …… | **へつらう** |
| こぶ | …… | 58 |
| こぶかし | …… | **おくふかい** |
| ごぶがにゅ | …… | **はら** |
| ごふく | …… | **くるしみ** |
| ごふくぁ | …… | **ひ** |
| ごふくぁ | …… | **むくい** |
| ごふくぁ | …… | **もうか** |
| ごぶごぶ(と) | …… | 13 |
| こぶしはじかみ | …… | **こぶし** |
| こぶしはじかみ | …… | 44 |
| ごふしゃう | …… | **めいわく** |
| こぶち | …… | **わな** |
| ごふはち | …… | **おおはじ** |
| ごふはち | …… | **はじ** |
| ごふびゃう | …… | 88 |
| こぶら | …… | **ふくらはぎ** |
| こぶら | …… | 48 |
| こふる | …… | **こいしい** |
| こふる | …… | 63 |
| ごぶん | …… | **あなた** |
| ごぶん | …… | 106 |
| こへ | …… | **ちいさい** |
| こへ | …… | 92 |
| ごへいをかつぐ | …… | **えんぎ** |
| ごへいをかつぐ | …… | **めいしん** |
| ごへん | …… | **あなた** |
| ごへん | …… | 106 |
| ごぼごぼ | …… | 13, 14 |
| ごぼぼぼ | …… | 14 |
| こぼこぼ(と) | …… | 14 |
| こほし | …… | **したわしい** |
| こほし | …… | **なつかしい** |
| こほし | …… | 62 |
| こぼす[毀] | …… | **くずす** |
| こぼす[毀] | …… | **けずる** |
| こぼす[毀] | …… | **こわす** |
| こぼす[零] | …… | **はぶく** |
| こぼす[零] | …… | **はみだす** |
| こぼつ | …… | **けずる** |
| こぼつ | …… | **こわす** |
| こぼつ | …… | **くだく** |
| こぼつ | …… | **けずる** |
| こぼつ | …… | **こわす** |

| | | | | | |
|---|---|---|---|---|---|
| こぼねをる | くろう | こまやか | ていねい | こもまくら | 86, 87 |
| こぼめく | 14 | こまやか | ねんごろ | こもり | ぼんにん |
| こぼめく | 13 | こまやか | めんみつ | こもりえ | いりえ |
| ごぼめく | おとをたてる | こまやか | 15 | こもりえ | 23 |
| ごぼめく | 14 | こまやかな | くわしい | こもりこふ | 64 |
| こぼる | くずれる | こみじかし | てがる | こもりすむ | ちっきょ |
| こぼる | こわれる | こみじかし | かんたん | こもりづ | ながれる |
| こぼる | やぶれる | こみち | けち | こもりづ | 25 |
| こぼる | くずれる | こみち | しっそ | こもりづの | した |
| こぼる | こわれる | こみづ | けち | こもりぬ | ぬま |
| こぼる | やぶれる | こみどり | こいみどり | こもりぬの | した |
| こぼる | あらわれる | こみどり | みどり | こもりふち | ふち |
| こぼる | おちる | こみどり | 15 | こもりゐ | ちっきょ |
| こぼる | こぼれる | こみみにはさむ | ふと | こもりゐる | さんろうする |
| こぼる | ちる | こむら | にら | こもる | かくれる |
| こぼる | ながれいづ | こむら | 41 | こもる | かこむ |
| こぼる | はみだす | こむ[込] | つまる | こもる | さんけい |
| こぼる | 25 | こむ[籠] | かくれる | こもる | さんろうする |
| こぼれいづ | こぼれる | こむ[籠] | こもる | こもる | とじこもる |
| こぼれいづ | ながれいづ | こむ[子産] | うむ | こもる | ひきこもる |
| こぼれいづ | 25 | こむ[込・籠] | かくす | こもる | ひそむ |
| こほろぎ | きりぎりす | こむ[込・籠] | しょうち | ごや | やはん |
| こほろぎ | 36 | こむ[込・籠] | つめる | ごや | 21 |
| こま[駒] | うま | こむ[込・籠] | てま | ごやう | さんがつ |
| こま[駒] | 33 | こむ[込・籠] | いりくむ | ごやう | 6 |
| こま[木間] | 43 | こむ[込・籠] | おさめる | こやく | りえき |
| こまう | うそ | こむ[込・籠] | こめる | こやす[臥] | よこ |
| こまか | うつくしい | こむ[込・籠] | しまう | こやす[臥] | 76 |
| こまか | くわしい | こむ[込・籠] | たちこめる | こやす[肥] | たのしむ |
| こまか | こまかい | こむ[込・籠] | とじこめる | こやす[肥] | ふとる |
| こまか | こまごま | こむ[込・籠] | もつれる | こやす[肥] | まんぞく |
| こまか | しょうさい | こむ[込・籠] | ゆきとどく | こやす[肥] | よろこばせる |
| こまか | しんせつ | こむ[込・籠] | わかる | こやす[子安] | うむ |
| こまか | たんねん | こむつき | らいげつ | こやすぐさ | いちはつ |
| こまか | ちいさい | こむとし | らいねん | こやで | えだ |
| こまか | ていねい | こむよ | あのよ | こやで | 43, 44 |
| こまか | ねんごろ | こむら[脯] | ふくらはぎ | こやる | ねころぶ |
| こまか | めんみつ | こむら[脯] | 48 | こやる | ふす |
| こまがね | はしたがね | こむら[木叢] | しげみ | こやる | よこ |
| こまがへし | けわしい | こむら[木叢] | 43 | こやる | 76 |
| こまがへし | 31 | こめかし | あどけない | こゆ[越] | こえる |
| こまがへる | わかがえる | こめかし | おっとりしている | こゆ[越] | とびこす |
| こまがへる | 54 | こめく | あどけない | こゆ[越] | すぎる |
| こまくらべ | あそび | こめく | おっとりしている | こゆ[越] | すぐれる |
| こまくらべ | げいのう | こめく | 52 | こゆ[越] | まさる |
| こまけ | ぶんかつ | こめすう | とじこめる | こゆ[臥] | ふす |
| こまづく | てなずける | こも | まこも | こゆ[臥] | よこ |
| こまつくり | こま | こも | 42 | こゆ[臥] | 76 |
| こまづける | てなずける | こもかぶり | こじき | こゆ[蹴] | ける |
| こまつぶり | こま | ごもく | ごみ | こゆ[肥] | ふとる |
| こまにしき | ひも | こもぐさ | 42 | こゆき | こなゆき |
| ごまのはひ | わるもの | こもごも | かわるがわる | こゆき | ゆき |
| こまひ | たけ | こもごも | つぎつぎ | こゆるぎの | いそ |
| こまへ | しょうばい | こもごも | たがいに | こゆるぎの | いそ |
| こまやか | こい | こもちづき | 4 | こゆるぎの | 22 |
| こまやか | しんせつ | こもの | くだもの | こよなく | このうえない |
| こまやか | じょうひん | こもはながつみ | まこも | こよなし | おとっている |
| こまやか | たんねん | こもまくら | たかい | こよなし | おとる |
| こまやか | つつましい | こもまくら | のじゅく | こよなし | すぐれる |

| こよなし | ちがう |
| こよなし | 82 |
| こよね | ゆうじょ |
| こよひ | こんや |
| こよひ | さくや |
| こよひ | ゆうべ |
| こよる | ねまき |
| こよる | よぎ |
| こよる | 93 |
| ごらうず | 77 |
| こらす | かたまる |
| こらす | しゅうちゅう |
| こらふ | がまん |
| こらへぜい | がまん |
| こらへぶくろ | かんにんぶくろ |
| こらへぶくろ | がまん |
| ごらんず | ごらんになる |
| ごらんず | 77 |
| こり | こうき |
| こりあつまる | あつまる |
| こりあつまる | よりあつまる |
| こりずまに | しょうこりもなく |
| こりずまに | こりる |
| こりつむ | おもい |
| こりつむ | 62 |
| こる[凝] | あつまる |
| こる[凝] | おもいこむ |
| こる[凝] | かたまる |
| こる[凝] | よりあつまる |
| こる[懲] | くいる |
| こる[懲] | こりる |
| こる[樵] | ばっさいする |
| こる[樵] | 43 |
| こるめ | にんしん |
| こるめ | 51 |
| こるめはらめ | にんぷ |
| これ | このかた |
| これ | わたくし・わたし |
| これ | あなた |
| これ | 105, 106, 107 |
| ごれう | ため |
| ごれう | 93, 95 |
| これかれ | あの |
| これかれ | あれこれ |
| これかれ | かれ |
| これかれ | それぞれ |
| これかれ | めいめい |
| これかれ | 107, 109 |
| これざた | もっぱら |
| これざた | 84 |
| これはしたり | しっぱい |
| これはしたり | まちがう |
| これやこの | これこそ |
| これら | こちら |
| これら | このあたり |
| これら | 107 |
| ごれんし | きょうだい |
| ごれんし | 56 |
| ごれんちゅう | 54 |

| ころ | じせつ |
| ころ | じぶん |
| ころ | 17 |
| ころくぐゎつ | じゅうがつ |
| ころくぐゎつ | 7 |
| ころしも | ちょうど |
| ころびね | うたたね |
| ころびね | ごろね |
| ころびね | 76 |
| ころふ | しかる |
| ころふ | せめる |
| ころふ | 97 |
| ころほひ | げんだい |
| ころほひ | ころあい |
| ころほひ | じせつ |
| ころほひ | 17 |
| ころも | そう |
| ころも | 93 |
| ころもかたしく | ひとりね |
| ころもで | そで |
| ころもで | 93 |
| ころもでの | かえる |
| ころもでの | わかれる |
| ころもでを | うつ |
| ころもでを | たかい |
| ころものやみ | もふく |
| ころものやみ | 94 |
| ころろく | のど |
| ころろく | 14, 91 |
| こわさき | いいかた |
| こわさき | くちぶり |
| こわさき | くちょう |
| こわさき | ことば |
| こわさき | 69 |
| こわざし | いいかた |
| こわざし | はなしかた |
| こわざし | 69 |
| こわざま | くちょう |
| こわだえ | 90 |
| こわだか | おおごえ |
| こわだか | 90, 91 |
| こわづかひ | くちょう |
| こわづかひ | ことばづかい |
| こわづかひ | ちょうし |
| こわつき | くちょう |
| こわづくる | せきばらい |
| こわづくる | 90, 91 |
| こわづくろひ | せき |
| こわづくろひ | せきばらい |
| こわらは | ようじ |
| こわらは | 51 |
| こゑ | 12 |
| こゑあり | うつくしい |
| こゑたつ | あげる |
| こゑたつ | 90 |
| こゑやまだつ | おおごえ |
| こゑやまだつ | 90 |
| こゑをのむ | おどろく |
| こゑをのむ | きんちょう |

| こん[献] | 111 |
| こん[喉] | さかな |
| こん[喉] | 95 |
| こん[魂] | たましい |
| こん | 111, 112 |
| こんがう | かたい |
| こんがう | けんご |
| こんがうしん | しんこう |
| こんがき | そめる |
| こんき | きりょく |
| ごんぐ | ねがいもとめる |
| こんくゎい | 90 |
| こんげん | はじまり |
| こんげん | こんぽん |
| ごんご | げんご |
| ごんご | ことば |
| ごんごだうだん | すぐれる |
| ごんごだうだん | とんでもない |
| こんじき | きんいろ |
| こんじき | 15 |
| こんじゃう | このよ |
| こんじゃう | あいいろ |
| こんじゃう | 14 |
| こんじゃうのいろ | 15 |
| こんじゃうのわかれ | しべつ |
| こんじゃうのわかれ | 73 |
| こんた | あなた |
| こんた | 106 |
| こんたん | くわだて |
| こんたん | ないじょう |
| こんづ | おもゆ |
| こんづ | 96 |
| こんぽん | がんらい |
| こんぽん | はじまり |
| こんぽん | もともと |
| こんや | そめる |
| こんやのみょうごにち | あて |
| こんやのみょうごにち | やくそく |
| こんりふ | けんちく |
| こんりんざい | けっして |
| こんりんざい | だいち |
| こんりんざい | だんじて |
| こんりんざい | ち |
| こんりんざい | どこ |
| こんりんざい | 110 |

## さ

| さ | 111, 112 |
| さ[然] | そう |
| さ[然] | そのよう |
| さ[然] | それ |
| さ[然] | 108, 109 |
| ざ | せき |
| さあめ | 9 |
| さあらぬ | なにくわぬ |

| | | |
|---|---|---|
| さあらぬ | …………… | なにげない |
| さあらぬ | …………… | 75 |
| さあらば | …… | それなら(ば) |
| さあらば | …………… | 110 |
| さあを | …… | あお・あおいろ |
| さあを | …………… | 14 |
| さい | …………… | さいころ |
| ざい | …………… | みのほど |
| ざい | …………… | 49 |
| ざい[際] | …………… | みぶん |
| ざい[在] | …………… | くにもと |
| ざい[在] | …………… | いなか |
| さいかいし | …………… | さいかち |
| ざいがう | …………… | いなか |
| ざいがう | …………… | くにもと |
| さいかく | …………… | がくりょく |
| さいかく | …………… | きてん |
| さいかく | …………… | くふう |
| さいかく | …………… | ちしき |
| さいかく | …………… | ふんべつ |
| さいかく | …………… | やりくり |
| さいがく[才覚] | …… | がくりょく |
| さいかく[才覚] | …… | きてん |
| さいかく[才学] | …… | がくしき |
| さいかく[才学] | …… | がくもん |
| ざいがく | …………… | がくりょく |
| ざいがく | …………… | きてん |
| ざいがく | …………… | くふう |
| ざいがく | …………… | ちしき |
| ざいがく | …………… | ふんべつ |
| さいかくす | …………… | やりくり |
| さいかし | …………… | さいかち |
| さいかち | …………… | 36 |
| さいかちむし | …… | かぶとむし |
| さいかちむし | …………… | 36 |
| さいく | …………… | かざり |
| ざいく | …………… | しょばつ |
| ざいくゎ | …………… | つみ |
| ざいくゎ | …………… | ばっする |
| ざいけ | …………… | いなか |
| ざいけ | …………… | みんか |
| ざいけ | …………… | 91,93 |
| さいご[最期] | …………… | まつご |
| さいご[最期] | …………… | 74 |
| さいご[最後] | …………… | おわり |
| さいごば | …………… | 73 |
| ざいごう | …………… | ざいあく |
| ざいごふ | …………… | つみ |
| ざいざいしょしょ | … | ここかしこ |
| ざいざいしょしょ | … | あちこち |
| ざいざいしょしょ | …………… | 107 |
| さいさご | …………… | すな |
| さいし | …………… | 54 |
| ざいしょ | …………… | いとけない |
| ざいしょ | …………… | いなか |
| ざいしょ | …………… | くにもと |
| ざいしょ | …………… | こきょう |
| さいじん | …………… | すぐれる |
| さいじん | …………… | 83 |
| さいたづま | …………… | いたどり |
| さいたづま | …………… | すかんぽ |
| さいたづま | …………… | 39 |
| さいたん | …………… | がんたん |
| さいつころ | …………… | さきごろ |
| さいつころ | …………… | せんじつ |
| さいつごろ | …………… | さきごろ |
| さいつごろ | …………… | 3 |
| さいづち | …………… | きづち |
| さいで | …………… | きれ |
| さいなむ | …………… | いじめる |
| さいなむ | …………… | しかる |
| さいなむ | …………… | せめる |
| さいなむ | …………… | たしなめる |
| さいはて | …………… | おわり |
| さいはひ | …………… | こうふん |
| さいはひ | …………… | こうふく |
| さいはひびと | …………… | こいびと |
| さいはひびと | …………… | こうふく |
| さいはひびと | …………… | 61,63 |
| さいばん | …………… | じゅうにがつ |
| さいばん | …………… | とし |
| さいばん | …………… | ねんまつ |
| さいばん | …………… | 7 |
| さいまくる | …………… | さきばしる |
| さいまくる | …………… | さしでぐち |
| さいまくる | …………… | でしゃばる |
| さいまぐる | …………… | さきばしる |
| さいまぐる | …………… | でしゃばる |
| さいまつ | …………… | たいまつ |
| さいりゃう | …………… | かんとく |
| さいりゃう | …………… | せわ |
| さいをうがうま | …… | こうふく |
| さう[証] | …………… | しょうこ |
| さう[相] | …………… | かそう |
| さう[相] | …………… | かたち |
| さう[相] | …………… | すがた |
| さう[相] | …………… | にんそう |
| さう[相] | …………… | ようす |
| さう[草] | …………… | したがき |
| さう[草] | …………… | そうこう |
| さう[草] | …………… | そうしょ |
| さう[左右] | …………… | さゆう |
| さう[左右] | …………… | しだい |
| さう[左右] | …………… | しらせ |
| さう[左右] | …………… | じじょう |
| さう[左右] | …………… | じょうきょう |
| さう[左右] | …………… | たより |
| さう[左右] | …………… | てがみ |
| さう[左右] | …………… | とやかく |
| さう[左右] | …………… | なりゆき |
| さう[左右] | …………… | ひだり |
| さう[左右] | …………… | みぎ |
| さう[左右] | …………… | めいれい |
| さう[左右] | …………… | 69,70 |
| さうあん | …………… | そまつ |
| さうあん | …………… | 92 |
| さうかく | …………… | ぶんがく |
| さうかく | …………… | ぶんじん |
| さうかく | …………… | 82 |
| さうがな | …………… | もじ |
| さうかん | …………… | めんかい |
| ざうくゎ | …………… | かみ |
| ざうくゎ | …………… | しぜん |
| ざうくゎ | …………… | てんう |
| さうくゎん | …………… | さかん |
| さうげつ[壮月] | …… | はちがつ |
| さうげつ[壮月] | …………… | 6 |
| さうげつ[早月] | …………… | ごがつ |
| さうげつ[早月] | …………… | 6 |
| ざうげん | …………… | ざんげん |
| さうげん | …………… | ちゅうしょう |
| さうこく | …………… | あらそい |
| ざうさ | …………… | ふるまい |
| ざうさ | …………… | めんどう |
| ざうさ | …………… | もてなし |
| さうさう | …………… | 11 |
| さうさう[早早] | … | そうきゅうに |
| さうさう[草創] | …………… | そうけん |
| さうさう[草創] | …………… | はじまり |
| さうさう[蒼蒼] | | |
| | …… | あお・あおいろ |
| さうさう[蒼蒼] | …………… | 14 |
| さうざうし | …………… | さびしい |
| さうざうし | …… | ものたりない |
| さうさぎ | …………… | うさぎ |
| さうさぎ | …………… | 33 |
| ざうさく | …………… | けんちく |
| さうし | …………… | しょもつ |
| さうし | …………… | げんこう |
| さうし | …………… | したがき |
| さうじ[障子] | …………… | しょうじ |
| さうじ[精進] | …………… | しょうじん |
| さうし | …………… | でし |
| ざうし | …………… | へや |
| ざうし | …………… | むすこ |
| ざうし | …………… | 52 |
| さうじみ | …………… | しょうたい |
| さうじみ | …………… | とうにん |
| さうじみ | …………… | ほんにん |
| さうじみ | …………… | 48 |
| さうじゃ | …………… | うらなう |
| さうじん[精進] | …… | しょうじん |
| さうじん[騒人] | …………… | 82 |
| さうす[草] | …………… | したがき |
| さうす[草] | …………… | そうこう |
| さうす[左右] | …………… | てはいする |
| さうす[左右] | …………… | めいれい |
| さうず[候] | …………… | 104 |
| さうず[請] | …………… | まねく |
| ざうず | …………… | そう |
| さうずく | …………… | 86 |
| さうぜん[生前] | …… | いきている |
| さうぜん[生前] | …………… | せいぜん |
| さうぜん[生前] | …………… | ぜんせ |
| さうぜん[生前] | …………… | ぞんめい |
| さうぜん[生前] | …………… | 74 |
| さうぜん[蒼然] | | |

| | | | | | |
|---|---|---|---|---|---|
| | …… **あお・あおいろ** | ざえ | …… **がくもん** | さかしま | …… **ぎゃく** |
| さうぜん[蒼然] | …… 14 | ざえ | …… **きょうよう** | さかしま | …… 32 |
| さうそう | …… **そうしき** | ざえ | …… **ぎのう** | さかしら | …… **かしこい** |
| さうぞきたつ | …… **きかざる** | ざえ | …… **げいのう** | さかしら | …… **さしでぐち** |
| さうぞきたつ | …… **きる** | ざえ | …… **さいのう** | さかしら | …… **ざんげん** |
| さうぞく | …… **よそおう** | ざえかへる | …… **ひえる** | さかしら | …… **でしゃばり** |
| さうぞく | …… **かざり** | ざえがる | …… **ひけらかす** | さかしら | …… **よけいな** |
| さうぞく | …… **かざりたてる** | ざえがる | …… **みせびらかす** | さかしら | …… **りこう** |
| さうぞく | …… **きる** | さえこほる | …… **ひえびえ** | さかしらがる | …… **かしこい** |
| さうぞく | …… **そうしょく** | さえざえし | …… **かんれいなさま** | さかす | …… **とりあつかう** |
| さうぞく | …… **ふくそう** | さえざえし | …… **きよらか** | さかす | …… **みせびらかす** |
| さうぞく | …… **みじたく** | さえざえし | …… **さやか** | さかす | …… **もてはやす** |
| さうぞく | …… **よそおう** | さえざえし | …… **がくしき** | さかす | …… **ひけらかす** |
| さうぞく | …… 85, 86, 93 | さえだ | …… **えだ** | さかづき | …… **うつわ** |
| さうそつ | …… **あわていそぐ** | さえだ | …… **こえだ** | さかづき | …… **えんかい** |
| さうそつ | …… 71 | さえだ | …… **こずえ** | さかな | …… **つまみ** |
| さうだう | …… **そまつ** | さえだ | …… 43, 44 | さがなし | …… **いじ** |
| さうだう | …… 92 | さえわたる | …… **さむい** | さがなし | …… **いじわる** |
| さうづがは | …… **あのよ** | さえわたる | …… **すむ** | さがなし | …… **いたずら** |
| さうづがは | …… 25, 73 | さえわたる | …… **そら** | さがなし | …… **うるさい** |
| さうでん | …… **うけつぐ** | さえわたる | …… **ひえびえ** | さがなし | …… **げひん** |
| さうどく | …… **あらそう** | さえわたる | …… **ひえる** | さがなし | …… **たち** |
| さうどく | …… **さわぎたてる** | さが | …… **とさか** | さがなし | …… **やかましい** |
| さうどく | …… **さわぐ** | さが[祥] | …… **きざし** | さがなし | …… **やんちゃ** |
| さうどく | …… **はしゃぐ** | さが[祥] | …… **しるし** | さがなし | …… **わるい** |
| さうなし[双無] | …… **くらべる** | さが[性] | …… **きしょう** | さがなめ | …… **いじわる** |
| さうなし[双無] | …… **すばらしい** | さが[性] | …… **せいしつ** | さがなめ | …… **あらさがし** |
| さうなし[双無] | …… **ならびない** | さが[性] | …… **てんせい** | さがなめ | …… **わるい** |
| さうなし[双無] | …… 82 | さが[性] | …… **うんめい** | さがなめ | …… 49 |
| さうなし[左右無] | …… **かんがえる** | さが[性] | …… **しゅうかん** | さがなもの | …… **たち** |
| さうなし[左右無] | …… **きまる** | さが[性] | …… **ならわし** | さがなもの | …… **て** |
| さうなし[左右無] | …… **けっちゃく** | さかえ | …… **さかえる** | さがなもの | …… **やかましい** |
| さうなし[左右無] | …… **むぞうさ** | さかがみ | …… **かみ** | さがなもの | …… **わるい** |
| さうなし[左右無] | …… **やさしい** | さかがみ | …… **さかだつ** | さがなもの | …… **わるもの** |
| さうにん | …… **うらなう** | さかがみ | …… **ばけもの** | さがにくし | …… **わるい** |
| さうび | …… **ばら** | さかがり | …… 95 | さがにくし | …… **いじ** |
| さうび | …… 45 | さかぐるひ | …… 94 | さがにくし | …… **いじわる** |
| さうぶ | …… **しょうぶ** | さかごと | …… **えんかい** | さがにくし | …… **くち** |
| さうぶ | …… 40 | さかさかし | …… **かしこい** | さかひ | …… **いなか** |
| ざうふ | …… **ないぞう** | さかさま | …… **ぎゃく** | さかひ | …… **かぎる** |
| ざうふ | …… 47 | さかし[賢] | …… **かしこい** | さかひ | …… **きょうかい** |
| ざうふをもむ | …… **しんぱい** | さかし[賢] | …… **こざかしい** | さかひ | …… **きょうぐう** |
| さうもん[桑門] | …… **しゅっけ** | さかし[賢] | …… **さいちがある** | さかひ | …… **きょうち** |
| さうもん[桑門] | …… **そう** | さかし[賢] | …… **しっかり** | さかひ | …… **しんきょう** |
| さうもん[桑門] | …… **ぶつもん** | さかし[賢] | …… **じょうず** | さかひ | …… **とち** |
| さうもん[桑門] | …… **よすてびと** | さかし[賢] | …… **すぐれる** | さかふ[逆] | …… **あらそう** |
| さうもん[相聞] | …… **おとずれる** | さかし[賢] | …… **なまいき** | さかふ[逆] | …… **さからう** |
| さうもん[相聞] | …… **ほうもん** | さかし[賢] | …… **りこう** | さかふ[逆] | …… **そむく** |
| さうもん[相聞] | …… 63, 64 | さかし[賢] | …… 58, 82 | さかふ[逆] | …… **はむかう** |
| さうらふ[候] | …… **ある** | さかし[然] | …… **なるほど** | さかふ[逆] | …… **はんたい** |
| さうらふ[候] | …… **ございます** | さかし[然] | …… **もっとも** | さかふ[境] | …… **くぎる** |
| さうらふ[候] | …… 99 | さかし[然] | …… 108 | さかほかひ | …… **えんかい** |
| さうらふ[侍] | …… **しこうする** | さがし | …… **きけん** | さかみづく | …… **えんかい** |
| さうらふ[侍] | …… **つかえる** | さがし | …… **けわしい** | さかゆ | …… **さかえる** |
| ざうらふ[候] | …… **ございます** | さかしがる | …… **よけいな** | さかゆ | …… **しげる** |
| ざうらふ[候] | …… 99 | さかしがる | …… **りこう** | さかゆく | …… **さかえる** |
| ざうらふ[侍] | …… **しこうする** | さかしだつ | …… **りこう** | さからふ | …… **はんたい** |
| ざうらふ[侍] | …… **つかえる** | さかしだつ | …… **かしこい** | さかり | …… **けっきさかり** |
| さえ | …… **さいころ** | さかしびと | …… **けんじん** | さかり | …… **まっさかり** |
| ざえ | …… **がくしき** | | | | |

| | | |
|---|---|---|
| さがり | たいしゅつ | |
| さかりく | とおざかる | |
| さかりく | はなれる | |
| さがりごけ | ひかげかずら | |
| さがりごけ | 41 | |
| さかる [逆] | さからう | |
| さかる [離] | はなれる | |
| さかる [離] | へだたる | |
| さがる | おくれる | |
| さがる | おとる | |
| さがる | くさる | |
| さがる | たいしゅつ | |
| さがる | たれる | |
| さがる | ひくい | |
| さがる | ぶらさがる | |
| さき [幸] | こううん | |
| さき [幸] | こうふく | |
| さき [先] | せんたん | |
| さき [先] | せんとう | |
| さき [先] | かこ | |
| さき [先] | しょうらい | |
| さき [先] | ぜんと | |
| さき [先] | だいいち | |
| さき [先] | はし | |
| さき [先] | いぜん | |
| さきいき | しょうらい | |
| さきいづ | さきだす | |
| さきがね | てつけきん | |
| さきく | かわりなく | |
| さきく | しあわせ | |
| さきく | ぶじ | |
| さきくさの | なか | |
| さきざき | いぜん | |
| さきざき | かこ | |
| さきざき | しょうらい | |
| さきざき | まえまえ | |
| さきしだる | しだれる | |
| さきすさぶ | さきほこる | |
| さきすさぶ | さきみだれる | |
| さきたけの | たわむ | |
| さきだつ | さきに | |
| さきだつ | さきんじる・さきんずる | |
| さきだつ | 72, 73 | |
| さきたる | しだれる | |
| さぎちゃう | とんど | |
| さきづ | さきだす | |
| さきつころ | さきごろ | |
| さきつころ | せんじつ | |
| さきつころ | 3 | |
| さきつとし | きょねん | |
| さきつひ | せんじつ | |
| さきつひ | ふしん | |
| さきて | て | |
| さきなむ | しかる | |
| さきにほふ | さく | |
| さきのたび | このまえ | |
| さきのとし | ぜんねん | |
| さきのみたま | せんぞ | |
| さきのよ | ぜんせ | |
| さきばしり | きざし | |
| さきはひ | こううん | |
| さきはひ | こうふく | |
| さきはふ | こうふく | |
| さきはふ | さかえる | |
| さきばら | せんさい | |
| さきばら | 52 | |
| さきまくる | でしゃばる | |
| さきまぐる | でしゃばる | |
| さきもり | ばんにん | |
| さきゆき | しょうらい | |
| さきら | さいき | |
| さきらのよ | べんぜつ | |
| さぎり | きり | |
| さきわたる | さく | |
| さきをををる | さく | |
| さく [畦] | あぜ・あぜみち | |
| さく [畦] | 30 | |
| さく [幸] | こううん | |
| さく [幸] | こうふく | |
| さく [朔] | ついたち | |
| さく [朔] | つきはじめ | |
| さく [朔] | 5 | |
| さく [避] | さける | |
| さく [放] | はなす | |
| さく [放] | はなつ | |
| さく [放] | ひきはなす | |
| さく [放] | へだてる | |
| さく [裂] | きりはなす | |
| さく [裂] | さける | |
| さく [裂] | ひきやぶる | |
| さく [裂] | われる | |
| さぐ | あたえる | |
| さぐ | あなどる | |
| さぐ | しりぞける | |
| さぐ | つるす | |
| さぐ | ぶらさげる | |
| さぐ | さげる | |
| さぐ | させんする | |
| さくい | くふう | |
| さくい | しゅこう | |
| さくい | たくらみ | |
| さくえき | じゅういちがつ | |
| さくえき | 7 | |
| さくくむ | おしわける | |
| さくくむ | すすむ | |
| さくくむ | ゆく | |
| さくげつ | じゅういちがつ | |
| さくげつ | 7 | |
| さくさく | 11, 13 | |
| さくじ | しゅうり | |
| さくじる | でしゃばる | |
| さくと | さっと | |
| さくなげ | しゃくなげ | |
| さくなげ | 45 | |
| さくなむざ | しゃくなげ | |
| さくなむざ | 45 | |
| さくはち | しゃくはち | |
| さくびゃう | けびょう | |
| さくびゃう | 88 | |
| さくふう | きたかぜ | |
| さくふう | 11 | |
| さくむ | すすむ | |
| さくむ | ふみわける | |
| さくむ | ゆく | |
| さくめどり | ほととぎす | |
| さくめどり | 35 | |
| さくもつき | ごがつ | |
| さくもつき | 6 | |
| さくもどり | ほととぎす | |
| さくもどり | 35 | |
| さくもる | くもる | |
| さくもん | かんし | |
| さくもん | ぶんしょう | |
| さくらあめ | 9 | |
| さくらいを | わかさぎ | |
| さくらいを | 38 | |
| さくらうを | わかさぎ | |
| さくらうを | 38 | |
| さくらがり | はな | |
| さくらがり | はなみ | |
| さくらづき | さんがつ | |
| さくらづき | 5 | |
| さくらびと | はな | |
| さくらびと | はなみ | |
| さくり | しゃくり | |
| さくりあぐ | かきあげる | |
| さくりあぐ | しゃくりあげる | |
| さくりあぐ | 65 | |
| さくりもよよと | しゃくりあげる | |
| さくりもよよと | 65 | |
| さくる | しゃくりあげる | |
| さくる | しゃくりなく | |
| さくる | しゃっくり | |
| さくる | 65 | |
| さぐる | さがす | |
| さぐるん | たずねる | |
| さくゎん | さかん | |
| さげすみ | そくりょう | |
| さげすむ | おしはかる | |
| さげすむ | そくりょう | |
| さげすむ | みつもる | |
| ざこ | 37 | |
| さこそ | さぞかし | |
| さこそ | あんなに | |
| さこそ | どんな | |
| さこそいへ | 108 | |
| ざこば | いちば | |
| さごろも | 93 | |
| さごろもの | お | |
| さごろもの | ひも | |
| ささ | さっと | |
| ささ | どっと | |
| ささ | 90, 91 | |

| | | |
|---|---|---|
| ささ[酒] ……………… 94 | ささふ ……………… はばむ | さしあぐ ……… さしあげる |
| ささ[然然] ………… しかじか | ささふ ……… ふせぎとめる | さしあぐ …………… たかい |
| ささ[細] …………… ちいさい | ささふ ……… もちこたえる | さしあぐ ……………… 90 |
| ささ[細] ……………… ほそい | ささへ ……………………… 34 | さしあたりて ……… いま |
| ささ[細] …………………… 112 | ささへぐち ………… ざんげん | さしあたりて ……… とつめん |
| ささ[細] ……………… ほそい | ささへこどり ……… うぐいす | さしあたる ………… とつめん |
| ささがに ……………… くも | ささへこどり ……………… 34 | さしあつ …………… あてる |
| ささがに ……………………… 36 | ささみづ …………… おがわ | さしあつ ………… おしあてる |
| ささがにの ………… いかに | ささみつ ……………………… 24 | さしあつ …………… ねらい |
| ささがにの ………… いのち | さざめきごと ……… ないしょ | さしあはす ………… あわせる |
| ささがにの …………… いま | さざめきごと ……… ないしょ | さしあはす ……… いっしょに |
| ささがにの …………… くも | ささめく ………… ささやく | さしあはす ………… かさねる |
| ささがにの ………… くもる | さざめく …………… ひそひそ | さしあはす …… かちあわせる |
| ささがにの ……………………… 36 | ささめく ……………………… 69 | さしあひ …………… えんりょ |
| ささがにひめ … しょくじょせい | ざさめく ………… さわぐ | さしあひ …………… こしょう |
| ささがにひめ ……… たなばた | ざさめく ……………… 69,90 | さしあひ ………… さしさわり |
| ささがにひめ ………………… 8 | ざざめく …………… さわぐ | さしあふ[指合] … いいあらそう |
| ささがねの …………… くも | ざざめく ……………………… 69 | さしあふ[指合] ………… ひなん |
| ささがねの ……………………… 36 | ささめごと ……… ささやき | さしあふ[差合] ……… いっしょに |
| ささぎ ………… みそさざい | さざめごと ……… ないしょ | さしあふ[差合] ……… うつりあう |
| ささぎ ……………………… 35 | さざめごと ……… ないしょ | さしあふ[差合] ……… くわわる |
| ささき ………… みそさざい | ささめゆき ………… こまかい | さしあふ[差合] ……… さかずき |
| ささぎ ……………………… 35 | ささめゆき ………… まばら | さしあふ[差合] ……… さしさわる |
| ささきげん ……… よいごこち | ささめゆき …………… ゆき | さしあふ[差合] ……… であう |
| ささきげん ……………………… 95 | ささめゆき ……………………… 10 | さしあふ[差合] ……… ひとつ |
| ささく ……………… あげる | ささやか …………… こまかい | さしあふ[差合] ……………… 94 |
| ささく ……………… あたえる | ささやか ……………… ちいさい | さしあふぐ ………… あおぐ |
| ささぐ ……………… ささげる | ささやく ……………………… 69 | さしいづ ………… あらわれる |
| ささぐ ……………… さしあげる | ささらえをとこ ……………… 4 | さしいづ ………… うまれる |
| ささぐ ……………… たかい | ささらがた …………… にしき | さしいづ ………… さしだす |
| ささぐ ……………… もちあげる | ささらぐ …………… ながれる | さしいづ ……………… だす |
| ささぐ ……………………… 90 | ささらぐ …………… 13, 24 | さしいづ ………… でしゃばる |
| ささこ ………………… うぐいす | ささらなみ ………… さざなみ | さしいづ ……………… でる |
| ささこ ……………………… 34 | ささらなみ ………… 23, 25 | さしいづ …………… ひかり |
| ささたけの ………… 21, 57 | ささらみづ ………… おがわ | さしいで ………… でしゃばり |
| ささと ……………… さっと | ささらみづ ……………………… 24 | さしいらふ ……… こたえる |
| ささと ……………………… 25 | ささりんだう … からたちばな | さしいらへ ……… うけこたえ |
| ささなき ………… なきごえ | ささりんだう ……………… 44 | さしいらへ …………… へんじ |
| ささなき …………… 66, 91 | さざれ …………… ちいさい | さしいる …………… いれる |
| ささなみ ……………………… 23 | さざれいし ……………… いし | さしいる …………… さしこむ |
| さざなみの ………… あやしい | さざれいし ……………… ちいさい | さしいる …………… はいる |
| さざなみの …………… ふるい | さざれぐさ ……………… あし | さしおく …………… あと |
| さざなみの ………… みやこ | さざれぐさ ……………………… 39 | さしおく …………… おく |
| さざなみの …………… よる | さざれし ……………… いし | さしおく …………… やめる |
| さざなみの ……………………… 21 | さざれなみ ………… さざなみ | さしおく ………… ほっておく |
| ささにごり ………… にごる | さざれなみ ……………… ちいさい | さしかくす …………… かくす |
| ささにごり ……………………… 25 | さざれなみ ………… 23, 25 | さしかたむ ………… いりぐち |
| ささのいほり ……………… 92 | さざれなみ ……………… たつ | さしかたむ ………… けいび |
| ささのみ ………… からたう | さざれなみ …………… やむ | さしかたむ ………… みじたく |
| ささのみ ………… さけのみ | さざれみづ …………… おがわ | さしかたむ ……………… 98 |
| ささのみ ……………………… 94 | さざれみづ ……… 24, 25, 27 | さしかたむ ……… とじまりする |
| ささのゆき …………… とうふ | さし[狭] ……………… せまい | さしかたむ ……………………… 85 |
| ささはしる ………… こぼしる | さし[狭] …………… ちいさい | さしかへる ………… おうらい |
| ささはしる …………… はしる | さし[城] ……………… しろ | さしかへる ……………………… 98 |
| ささはなさづき ……… しちがつ | さし[差] ……………………… 111 | ざしき …………… いばしょ |
| ささはなさづき ………………… 6 | ざし ……………… じょうたい | ざしき …………… えんかい |
| ささはり ………… さしさわり | ざし[差] ……………………… 113 | ざしき …………… きゃくま |
| ささふ ……………… ささえる | さしあぐ …………… あたえる | ざしき ……………………… 92 |
| さしあぐ ………… けんじょう | さしくみに ………… いきなり |

| | | | | | |
|---|---|---|---|---|---|
| さしくみに | うちつけに | さしでぐち | よけいな | さしもどく | ひなん |
| さしぐみに | とつぜん | さしとらす | てわたす | さしもどく | わるい |
| さしぐみに | いきなり | さしとらす | わたす | さしもどく | 70 |
| さしぐみに | うちつけに | さしながら | さながら | さしもの | かみ |
| さしぐみに | とつぜん | さしながら | そっくり | さしもの | かんざし |
| さしぐむ | 67 | さしながら | そのまま | さしもの | くし |
| さしくもる | くもる | さしながら | 109 | さしもの | たんすなど |
| さしこみ | かんしょう | さしなほす | あらためる | さしもの | つくろい |
| さしこみ | さしでぐち | さしなほす | なおす | さしもの | どうぐ |
| さしこみ | でしゃばり | さしなむ | ならぶ | さしもやは | そんな |
| さしこむ[差込] | いたむ | さしならぶ | となり | さしもやは | 104,110 |
| さしこむ[差込] | いりこむ | さしならぶ | ならぶ | さしやく | やく |
| さしこむ[差込] | いりまじる | さしならぶ | ならべる | さしやなぎ | ね |
| さしこむ[差込] | くちだし | さしのく | さる | さしやる | おしやる |
| さしこむ[差込] | こみあう | さしのく | しりぞく | さしよす | ちかづける |
| さしこむ[差込] | ふくつう | さしのく | たちのく | さしよす | よせる |
| さしこむ[差込] | 88 | さしのく | とおい | さしよる | ちかよる |
| さしこむ[鎖籠] | いりぐち | さしのく | はなれる | さしよる | よる |
| さしこむ[鎖籠] | とじこめる | さしのぞく | おとずれる | さしわく | くべつ |
| さしこむ[鎖籠] | とじこもる | さしのぞく | たずねる | さしわく | ことさら(に) |
| さしこむ[鎖籠] | とじまりする | さしのぞく | たちよる | さしわく | ぶんかつ |
| さしこもる | とじこもる | さしのぞく | のぞいてみる | さしわく | べんべつする |
| さししほ | みちしお | さしのぼる | 3 | さしわく | わける |
| さししほ | 24 | さしはさむ | いれる | さしわく | わざと |
| さしすぐ | でしゃばる | さしはさむ | さしこむ | さしわたす | かける |
| さしすぐ | とおりすぎる | さしはさむ | はさみこむ | さしわたす | つながる |
| さしすぐ | どをこす | さしはなつ | あいて | さしわたす | てわたす |
| さしすぐす | でしゃばる | さしはなつ | そえん | さしわたす | わたす |
| さしたる | たいして…(ない) | さしはなつ | とおざける | さしわたる | わたる |
| さしづ | しじ | さしはなつ | ほうちする | さしわたる | 98 |
| さしづ | ずめん | さしはなつ | ほっておく | さす | そんけいする |
| さしづ | せっけいず | さしはなる | そえん | さす | 113 |
| さしづ | ちず | さしはなる | とおい | さす[差] | 27 |
| さしづ | めいれい | さしはなる | はなれる | さす[鎖] | いりぐち |
| さしつかはす | はけんする | さしはなる | へだたる | さす[鎖] | かける |
| さしつぎ | おとうと | さしはふ | する | さす[鎖] | とじまりする |
| さしつぎ | きょうだい | さしはふ | わざわざ | さす[鎖] | とじる |
| さしつぎ | 55,56 | さしひたす | ひたす | さす[刺] | ぬう |
| さしつく[差着] | つく | さしぶ | ささんぼ | さす[注] | いろどる |
| さしつく[差着] | つける | さしぶ | しゃしゃんぼ | さす[注] | そそぐ |
| さしつく[差着] | とうちゃく | さしぶ | 45 | さす[注] | つぐ |
| さしつく[差着] | 98 | さしへだつ | きょり | さす[注] | 15,95 |
| さしつく[差付] | おしてる | さしへだつ | へだてる | さす[差・指] | すすめる |
| さしつく[差付] | おしつける | さしまく | まきつける | さす[差・指] | はけんする |
| さしつぐ | つづく | さしまく | にんめい | さす[差・指] | みちる |
| さしったり | しっぱい | さしまく | ともえ | さす[射] | てりいる |
| さしったり | まちがう | さしまくら | 64,76 | さす[射] | もえる |
| さしつづく | つづく | さしむかふ | たいざする | さす[射・差] | ひかり |
| さしつづく | つづける | さしむかふ | むかいあう | さす[射・差] | めばえる |
| さしつどふ | あつまる | さしむく | はけんする | さす[射・差] | もうける |
| さしつどふ | よりあつまる | さしむく | むかう | さす[射・差] | くも |
| さしつむ | おいつめる | さしむく | むく | さす[射・差] | たちのぼる |
| さしつむ | おもいつめる | さしも | あんなに | さす[射・差] | にんめい |
| さしづめ | さしあたって | さしも | あまり…(ない) | さす[射・差] | めざす |
| さしづめ | とうめん | さしも | それほど | さす[射・差] | わく |
| さして | たいして…(ない) | さしも | たいして…(ない) | さす[射・差] | 23 |
| さしで | とくに | さしも | 110 | ざす | すわる |
| さしで | よけいな | さしもぐさ | よもぎ | さすが | やはり |
| さしでぐち | でしゃばり | さしもぐさ | 42 | | |

さしくみに──さすが

| | | |
|---|---|---|
| さすが | ……… | 108 |
| さすがに | ……… | しかし |
| さすがに | ……… | やはり |
| さすたけの | ……… | こもる |
| さすてひくて | ……… | なにか |
| さすふ | ……… | うながす |
| さそふ | ……… | さそう |
| さそふ | ……… | そそのかす |
| さそふ | ……… | つれる |
| さすらふ | ……… | さすらう |
| さすらふ | ……… | さまよいあるく |
| さすらふ | ……… | さまよう |
| さすらふ | ……… | ほうろう |
| さすらふ | ……… | るろう |
| させたまへ | ……… | いらっしゃい |
| させも | ……… | よもぎ |
| させも | ……… | 42 |
| させもぐさ | ……… | よもぎ |
| させもぐさ | ……… | 42 |
| させる | ……… | たいした |
| させる | ……… | それほど |
| させる | ……… | 110 |
| させん | ……… | おとす |
| さぜん | ……… | さげる |
| さぞ | ……… | さぞかし |
| さぞ | ……… | かならず |
| さぞ | ……… | きっと |
| さぞ | ……… | そのよう |
| さぞ | ……… | 109 |
| さそく | ……… | すばやい |
| さぞな | ……… | さぞかし |
| さぞな | ……… | いかにも |
| さぞな | ……… | かならず |
| さぞな | ……… | きっと |
| さぞな | ……… | そのよう |
| さぞな | ……… | ほんとう |
| さぞな | ……… | ほんとうに |
| さぞな | ……… | まこと |
| さぞな | ……… | 109 |
| さそふ | ……… | うながす |
| さそふ | ……… | さそう |
| さそふ | ……… | そそのかす |
| さそふ | ……… | つれる |
| さぞや | ……… | さぞかし |
| さぞや | ……… | どんな |
| さぞやさぞ | ……… | さぞかし |
| さた | ……… | おおせ |
| さた | ……… | きょうぎ |
| さた | ……… | しまつ |
| さた | ……… | しょり |
| さた | ……… | しらせ |
| さた | ……… | そしょう |
| さた | ……… | てがみ |
| さた | ……… | とりきめる |
| さた | ……… | はんてい |
| さた | ……… | ひょうぎ |
| さた | ……… | ほうこく |
| さた | ……… | めいれい |
| さた | ……… | 83 |

| | | |
|---|---|---|
| さだ | ……… | きかい |
| さだ | ……… | としごろ |
| さだ | ……… | ふぐう |
| さだ | ……… | よろめく |
| さだ[時] | ……… | 16, 85 |
| さだ[蹉跎] | ……… | おもいどおり |
| さだ[蹉跎] | ……… | きかい |
| さだか | ……… | あきらか |
| さだか | ……… | かくじつ |
| さだか | ……… | たしか |
| さだか | ……… | めいはく |
| さださだと | ……… | たしか |
| さださだと | ……… | はっきり |
| さたすぐ | ……… | うしなう |
| さたすぐ | ……… | じき |
| さたすぐ | ……… | おいる |
| さたすぐ | ……… | さかり |
| さたすぐ | ……… | すぎる |
| さたすぐ | ……… | 53 |
| さだすぐ | ……… | うしなう |
| さだすぐ | ……… | じき |
| さだすぐ | ……… | おいる |
| さだすぐ | ……… | さかり |
| さだすぐ | ……… | すぎる |
| さだすぐ | ……… | 53 |
| さたなし | ……… | とりやめ |
| さたなし | ……… | ないしょ |
| さたなし | ……… | ひみつ |
| さたなし | ……… | もんだい |
| さたのかぎり | ……… | ごんごどうだん |
| さたのかぎり | ……… | ふつごう |
| さたのかぎり | ……… | もってのほか |
| さだまる | ……… | あんてい |
| さだまる | ……… | おさまる |
| さだまる | ……… | かんれい |
| さだまる | ……… | ていせつ |
| さだまる | ……… | 70 |
| さだむ | ……… | おさめる |
| さだむ | ……… | きめる |
| さだむ | ……… | ぎろん |
| さだむ | ……… | けってい |
| さだむ | ……… | はんてい |
| さだむ | ……… | ひひょう |
| さだむ | ……… | ろんじあう |
| さだめ | ……… | おきて |
| さだめ | ……… | けってい |
| さだめ | ……… | げんそく |
| さだめ | ……… | とりきめ |
| さだめ | ……… | はんてい |
| さだめ | ……… | みきわめ |
| さだめあふ | ……… | ひひょう |
| さだめあふ | ……… | ろんじあう |
| さだめて | ……… | かならず |
| さだめて | ……… | きっと |
| さだめなきよ | ……… | 80 |
| さだめなし | ……… | かわりやすい |
| さだめなし | ……… | はっきり |
| さだめなし | ……… | むじょう |
| さだめなし | ……… | 80 |

| | | |
|---|---|---|
| さち | ……… | えもの |
| さち | ……… | こううん |
| さち | ……… | こうふく |
| さつき | ……… | ごがつ |
| さつき | ……… | 6 |
| さつきあめ | ……… | 9, 10 |
| さつきまつ | ……… | たちばな |
| さつきまつ | ……… | 45 |
| さつきやみ | ……… | くらやみ |
| さつきやみ | ……… | やみ |
| さつきやみ | ……… | やみよ |
| さつきやみ | ……… | 21 |
| さつきをとめ | ……… | さおとめ |
| さつきをとめ | ……… | 51 |
| さづく | ……… | あたえる |
| さづく | ……… | おしえる |
| さづく | ……… | でんじゅする |
| さづく | ……… | やる |
| さっくゎ | ……… | どろぼう |
| さっくゎ | ……… | わるもの |
| さっさっ | ……… | 11, 13 |
| さつさつ | ……… | さっそうとしている |
| さつさつ | ……… | 11, 13 |
| ざっしゃう | ……… | ごちそう |
| ざっしゃう | ……… | しゅしょく |
| ざっしゃう | ……… | 96 |
| さっと | ……… | あっさり |
| さっと | ……… | きゅう |
| さっと | ……… | とつぜん |
| さっと | ……… | にわか |
| ざっと | ……… | およそ |
| ざっと | ……… | かんたん |
| ざっと | ……… | そまつ |
| ざっと | ……… | どっと |
| ざっと | ……… | ぱっと |
| ざっと | ……… | ちょっと |
| さつびと | ……… | かりゅうど |
| さつびと | ……… | りょうし |
| ざっぷと | ……… | ざぶんと |
| ざっぷと | ……… | 14 |
| さつや | ……… | や |
| さつを | ……… | かりゅうど |
| さつを | ……… | りょう |
| さつを | ……… | りょうし |
| さて | ……… | そのご |
| さて | ……… | そのまま |
| さて | ……… | それで |
| さて | ……… | ところで |
| さて | ……… | なんとまあ |
| さて | ……… | そうして |
| さて | ……… | それから |
| さて | ……… | 101, 108, 109 |
| さてこそ | ……… | そうして |
| さてこそ | ……… | それで |
| さてこそ | ……… | やはり |
| さてこそ | ……… | 108, 109 |
| さてさて | ……… | まあまあ |
| さてさて | ……… | そうして |
| さてさて | ……… | それから |

|  |  |
|---|---|
| さてさて | 108, 109 |
| さてしもあるべし | そのまま |
| さてしもあるべし | 109 |
| さてのみ | それきり |
| さてのみ | それだけで |
| さてのみ | 109 |
| さては | そのまま |
| さては | それでは |
| さては | そうして |
| さては | それから |
| さては | 108, 109 |
| さても | さて |
| さても | そのまま |
| さても | それでもやはり |
| さても | それにしても |
| さても | ところで |
| さても | なんとまあ |
| さても | 101, 109, 110 |
| さてもやは | 104, 108 |
| さと | どっと |
| さと[里] | いなか |
| さと[里] | じっか |
| さと[里] | むらざと |
| さと[里] | 92 |
| さと[颯] | いっせいに |
| さと[颯] | かんたん |
| さと[颯] | きっと |
| さと[颯] | 91 |
| さとう | すな |
| さとう | 23 |
| さとうつり | ひっこし |
| さとし[聡] | かしこい |
| さとし[聡] | しっかり |
| さとし[聡] | ふんべつ |
| さとし[諭] | いましめ |
| さとし[諭] | きざし |
| さとし[諭] | おつげ |
| さとずみ | いなか |
| さととなり | きんじょ |
| さとどなり | となり |
| さとなる | ひとざと |
| さとなる | 34 |
| さとにら | らっきょう |
| さとにら | 42 |
| さとびうた | ひなうた |
| さとびと | いなか |
| さとびと | みんかんじん |
| さとびと | むらびと |
| さとぶ | いなか |
| さどふ | おぼれる |
| さどふ | まよう |
| さどほし | とおい |
| さとみ | ひとざと |
| さとむら | いなか |
| さとむら | むらざと |
| さとり | りかい |
| さとる | どうり |
| さとる | りかい |
| さとる | 74 |
| さとをさ | そんちょう |
| さなか | さいちゅう |
| さなか | まっさかり |
| さなかづら | あう |
| さなかづら | とおい |
| さなかづら | すべて |
| さながら | ぜんぜん |
| さながら | あたかも |
| さながら | そっくり |
| さながら | そのまま |
| さながら | それなりに |
| さながら | のこらず |
| さながら | まるで |
| さながら | もと |
| さながら | 109, 110 |
| さなきだに | 108 |
| さなくは | さもなければ |
| さなくは | 108 |
| さなす | 76 |
| さなり | そのよう |
| さなり | 103, 108, 109 |
| さなへ | いね |
| さなへだ | なわしろ |
| さなへだ | 30 |
| さなへづき | ごがつ |
| さなへづき | 6 |
| さなへどり | ほととぎす |
| さなへどり | 35 |
| さなへをとめ | さおとめ |
| さなへをとめ | 51 |
| さならず | ある |
| さならず | 100, 108 |
| さならぬ | それほど |
| さならぬ | 108, 110 |
| さなり | そう |
| さなり | そうだ |
| さなり | 99 |
| ざなり | ない |
| ざなり | 100, 101, 104 |
| ざなり[座形] | おざなり |
| ざなり[座形] | まにあわせ |
| さにつらふ | いもうと |
| さにつらふ | ひも |
| さにつらふ | もみじ |
| さにつらふ | 44, 55 |
| さにづらふ | いもうと |
| さにづらふ | おとめ |
| さにづらふ | ひも |
| さにづらふ | もみじ |
| さにづらふ | 44, 55 |
| さには | にわ |
| さぬ | ともね |
| さぬかづら | あと |
| さぬつどり | きじ |
| さぬつどり | 34 |
| さぬらく | ともね |
| さぬらく | 64, 76 |
| さね | かならず |
| さね | けっして |
| さね | ぜんぜん |
| さね | たね |
| さね | ほんとうに |
| さね | まこと |
| ざね | 113 |
| さねかづら | あと |
| さねかづら | くる |
| さねがやの | なごやか |
| さねど | しんしつ |
| さねどこ | しんしつ |
| さねどこ | 77 |
| さのつとり | きじ |
| さのつとり | 34 |
| さのみ | たいして…(ない) |
| さのみ | 108 |
| さは[然] | そのよう |
| さは[然] | それでは |
| さは[然] | それなら(ば) |
| さは[然] | 108, 109, 110 |
| さは[多] | 79 |
| さはあれ | しかし |
| さはあれ | どうでもでもなれ |
| さはあれ | ままよ |
| さはい | しょち |
| さはい | めいれい |
| さはいへ | しかし |
| さはいへ(ど) | 108 |
| さばかり | あんなに |
| さばかり | それほど |
| さばかり | たいして…(ない) |
| さばかり | たいへん |
| さばかり | 110 |
| さばき | さいてい |
| さばき | しょち |
| さはきり | あき |
| さはきり | 17 |
| さばく | こなす |
| さばく | さいばんする |
| さばく | しょち |
| さばく | しょり |
| さばく | すじみち |
| さばく | とりしきる |
| さばく | ばらばら |
| さばくる | あつかう |
| さばくる | せわ |
| さばくる | とりはからう |
| さはさうず | 103, 108 |
| さはさは | さわやか |
| さはさは(と) | さっぱり |
| さはさは(と) | さわやか |
| さはさは(と) | すらすら |
| さはさはと | さわやか |
| さばしる | はしる |
| さばしる | こぼしる |
| さはす | さらす |
| さはだ[多] | 79 |
| さはだ[沢田] | 30 |

| | | | |
|---|---|---|---|
| さはだつ | さわやか | さぶ | 104, 113 | さま[様] | おもむき |
| さはち | ひたい | さぶ[荒] | あれる | さま[様] | けいしき |
| さはち | 48 | さぶ[荒] | かわる | さま[様] | しゅこう |
| さはなさづき | さんがつ | さぶ[寂] | さびれる | さま[様] | ほうほう |
| さはなさづき | 6 | さぶ[寂] | あせる | さま[様] | ようし |
| さはふ | かんれい | さぶ[寂] | うすらぐ・うすれる | さま[様] | ようす |
| さはふ | ぎしき | さぶ[寂] | おとろえる | さま[様] | 81, 106 |
| さはふ | じょうきょう | さぶ[寂] | きおち | さま[狭間] | すきま |
| さはふ | ならわし | さぶ[寂] | さびしい | さま[狭間] | まど |
| さはふ | やりかた | さぶ[寂] | しょんぼり | さまあし | みぐるしい |
| さはふ | ようす | さぶ[寂] | すさぶ | さまかはる | しゅっけ |
| さはふ | れいぎ | さぶ[寂] | かなしい | さまかはる | ふうがわり |
| さばへ | はえ | さぶ[寂] | 15 | さまかふ | かえる |
| さばへ | 37 | さぶ[錆] | さびる | さまかふ | しゅっけ |
| さばへなす | さわぐ | さぶ[錆] | ふるい | さまかふ | すがた |
| さばへなす | みちる | さぶ[錆] | ふるびる | さまかふ | ようす |
| さばへなす | わく | さぶ[錆] | 82 | さまかふ | 81 |
| さはやか | あきらか | ざふごん | わるくち | ざまく | ぞんざい |
| さはやか | あざやか | ざふさ | めいわく | ざまく | らんざつ |
| さはやか | きれい | ざふさ | てま | さまこと | なみはずれている |
| さはやか | さわやか | ざふざふのひと | みぶん | さまこと | ふつう |
| さはやか | すがすがしい | さぶし | かなしい | さます[冷] | しらける |
| さはやか | めいはく | さぶし | そびし | さます[冷] | そぐ |
| さはやぐ | さっぱり | さぶし | さむざむとしている | さます[冷] | ふんいき |
| さはやぐ | さわやか | さぶし | こころぼそい | さます[覚] | さとる |
| さはやぐ | なおる | ざふじ | さつじ | さます[覚] | はらす |
| さはやぐ | よい | ざふしき | めしつかい | さます[覚] | ものおもい |
| さはやぐ | 88 | ざふたん | ざつだん | さます[覚] | 50 |
| さはやけ | だいこん | ざふにん | みぶん | さまたぐ | さまたげる |
| さはやけ | 40 | ざふひゃう | ぐんじん | さまたぐ | じゃま |
| さはらか | あきらか | ざふひゃう | みぶん | さまたぐ | ぼうがいする |
| さはらか | すがすがしい | さぶらひ | ぐんじん | さまたる | だらしない |
| さはり | こしょう | さぶらひ | ぶし | さまたる | みだれる |
| さはり | さしさわり | さぶらふ | ございます | さまだる | だらしない |
| さはる | さしさわる | さぶらふ | ある | さまで | それほど |
| さはる | じゃま | さぶらふ | うかがう | さまで | たいして…(ない) |
| さはる | つごう | さぶらふ | さんじょうする | さまで | 108, 110 |
| さはれ | しかし | さぶらふ | つかえる | さまねし | ばくだい |
| さはれ | どうとでもなれ | さぶらふ | おる | さまねし | 79 |
| さはれ | ままよ | さへ | さえ | さまよふ[吟] | うめく |
| さひ | すき | さへ[鉏] | すき | さまよふ[吟] | かなしむ |
| さひ | 81 | さへ(に) | までも | さまよふ[吟] | なげきかなしむ |
| さびあゆ | あゆ | さべき | しかるべき | さまよふ[彷徨] | |
| さびあゆ | 37 | さべき | それ | | さまよいあるく |
| さびし | かなしい | さべき | 105, 109 | さまよふ[彷徨] | さまよう |
| さびし | さびしい | さへく | 69 | さまよふ[彷徨] | ぶらつく |
| さびし | さむざむとしている | さへづる | やかましい | さまよふ[彷徨] | ほうろう |
| さびし | こころぼそい | さへづる | 66, 69, 90 | さまよふ[彷徨] | まよう |
| さびしらに | さびしい | さへなふ | きょぜつ | さまよふ[彷徨] | るろう |
| さびしゑ | さびしい | さへなふ | ことわる | さみす | あなどる |
| さひづる | さえずる | さほひめ | かすみ | さみだる | みだれる |
| さひづる | 66, 90 | さほふ | かんれい | さみだる | 9 |
| さふ[支] | ふさぐ | さほふ | ぎしき | さみだれ | 10 |
| さふ[支] | さほぐ | さほふ | じょうきょう | さみだれがみ | かみ |
| さふ[障] | さえぎる | さほふ | ならわし | さみだれがみ | みだれる |
| さふ[障] | さわる | さほふ | やりかた | さみづ | 27 |
| さふ[障] | じゃま | さほふ | ようす | さみどり | みどり |
| さふ[障] | とめる | さほふ | れいぎ | さみどり | 15 |
| さふ[障] | ひっかかる | さま[様] | あなた | さみどりづき | いちがつ |

| | | | | | |
|---|---|---|---|---|---|
| さみどりづき | 5 | さもあれ | どうとでもなれ | さやる | ひっかかる |
| さむ[冷] | うすらぐ・うすれる | さもいはれたり | もっとも | さやる | ふさぐ |
| さむ[冷] | しずまる | さもこそ | いかにも | さやる | ふれる |
| さむ[冷] | しらける | さもさうず | いかにも | さゆ | こおる |
| さむ[冷] | つめたい | さもさうず | それ | さゆ | すむ |
| さむ[冷] | ひえる | さもさうず | 108, 109 | さゆ | ひえきる |
| さむ[冷] | 15 | さもし | あさましい | さゆ | ひえびえ |
| さむ[覚] | さめる | さもし | いやしい | さゆ | ひえる |
| さむ[覚] | はれる | さもし | ひきよう | さゆ | ひかり |
| さむ[覚] | まよい | さもし | ひれつ | さゆ | 13 |
| さむ[覚] | めざめる | さもし | みぐるしい | さゆどこ | しんしつ |
| さむ[覚] | ものおもい | さもし | みすぼらしい | さゆりばな | あと |
| さむ[覚] | 49, 58 | さもらふ | おる | さよ | 20 |
| さむげ | さむい | さもらふ | ある | さよあらし | 12, 22 |
| さむけし | さむい | さもん | そう | さよごろも | ねまき |
| さむけし | さむさむとしている | さや | うつくしい | さよごろも | よぎ |
| さむし | さむい | さや | さわぐ | さよごろも | 93 |
| さむし | さむさむとしている | さや[清] | 13 | さよしぐれ | しぐれ |
| さむし | つめたい | さや[清] | あきらか | さよしぐれ | 9, 10 |
| さむし | ひんそう | さや[清] | あざやか | さすがら | ひとばんじゅう |
| さむし | まずしい | さや[清] | さっぱり | さよどこ | しんしつ |
| さむし | みすぼらしい | さや[清] | さわやか | さよなか | まよなか |
| さむしろ | むしろ | さや[清] | きよらか | さよなか | よなか |
| さむみづ | 27 | さやあて | あらそい | さよなか | よふけ |
| さむやみ | おこり | さやう | そんな | さよなか | 21 |
| さむやみ | 87 | さよう | 110 | さばひ | きゅうこん |
| さむら | さむい | さやか | うつくしい | さばひ | 62, 84 |
| さむら | さむさむとしている | さやか | あかるい | さよふけがた | 21 |
| さむらひ | ぶし | さやか | きこえる | さよふとん | ふとん |
| さむらふ | ございます | さやか | すむ | さよふとん | ねまき |
| さむらふ | ある | さやか | めいりょう | さよぶとん | ふとん |
| さむらふ | うかがう | さやか | あきらか | さよぶとん | よぎ |
| さむらふ | さんじょうする | さやか | 13 | さよぶとん | 93 |
| さむらふ | つかえる | さやぐ | おとをたてる | さら | いうまでもない |
| さむらふ | おる | さやぐ | さわぐ | さら | そのとおり |
| さめく | さわぐ | さやぐ | ざわつく・ざわめく | さら | もちろん |
| さめく | ざわつく・ざわめく | さやぐ | そよく | さら | 69, 109 |
| さめく | 13, 90 | さやぐ | 13, 14 | さらがへる | むしかえす |
| ざめり | ない | さやけし | うつくしい | さらがへる | もと |
| ざめり | 101, 104 | さやけし | あかるい | さらがへる | あらためて |
| さも | いかにも | さやけし | あきらか | さらさら | あらためて |
| さも | そのよう | さやけし | すがすがしい | さらさら | いまさら |
| さも | たいして…(ない) | さやけし | きよらか | さらさら | けっして |
| さも | ほんとう | さやさや | 11, 13 | さらさら | さらに |
| さも | まったく | さやづる | さえずる | さらさら | ますます |
| さもあらば | 101, 108, 109 | さやづる | 66, 90 | さらさら(と) | すらすら |
| さもあらば | 108 | さやに | うつくしい | さらさら(と) | 13 |
| さもあらばあれ | なにはともあれ | さやに | さわぐ | さらす | あてる |
| さもあらばあれ | ままよ | さやに | あきらか | さらす | しめす |
| さもあらばあれ | とにかく | さやに | はっきり | さらす | そと |
| さもあらばあれ | どうとでもなれ | さやに | 13, 43 | さらす | 3 |
| さもあり | そのとおり | さやは | 104 | さらず | やむをえない |
| さもあり | もっとも | さやばしる | でしゃばる | さらずは | 108 |
| さもあり | 109 | さやばしる | ゆきすぎる | さらで | 108 |
| さもありぬべし | いかにも | さやめく | おとをたてる | さらでだに | ただ |
| さもありぬべし | とうぜん | さやめく | 13 | さらでは | 108 |
| さもあれ | ままよ | さやる | さしさわる | さらでも | 108 |
| | | さやる | さわる | さらに | あらたに |
| | | さやる | たちふさがる | さらに | あらためて |

| | | | |
|---|---|---|---|
| さらに | いちだん | さりがたし | さける | さる[避] | じたい |
| さらに | いっそう | ざりき | ない | さる[洒落] | きてん |
| さらに | けっして | ざりき | 101 | さる[洒落] | はしゃぐ |
| さらに | ぜんぜん | さりきらひ | えりごのみ | さる[洒落] | ふざける |
| さらに | そのうえ(に) | さりきらひ | すききらい | ざる | いろけ |
| さらに | 108 | さりげなし | やってくる | ざる | きてん |
| さらにもあらず | いうまでもない | さりげなし | さりげない | ざる | しゃれる |
| さらにもあらず | もちろん | さりげなし | なにげない | ざる | たわむれる |
| さらにもあらず | 69 | さりげなし | 75 | ざる | はしゃぐ |
| さらにもいはず | いうまでもない | ざりけむ | 100 | ざる | ふざける |
| さらにもいはず | もちろん | ざりけり | ない | ざる | ものわかりがよい |
| さらにもいはず | 69 | ざりけり | 101 | ざる | 81 |
| さらぬ[然] | た | さりじゅう | りえん | さるあひだ | そこで |
| さらぬ[然] | へいき | さりじょう | 85 | さるあひだ | 108 |
| さらぬ[然] | 75, 108 | ざりつ | ない | さるがう | おどけ |
| さらぬ[避] | さける | ざりつ | 101 | さるがう | じょうだん |
| さらぬかほ | へいき | さりどころなし | さける | さるがう | たわむれ |
| さらぬだに | ただ | さりどころなし | にげる | さるがうごと | じょうだん |
| さらぬだに | 108 | さりとて | だから | さるかた | そのてん |
| さらぬてい | へいき | さりとては | なんとまあ | さるかた | そのほうめん |
| さらぬてい | さりげない | さりとても | 108 | さるかた | ほうめん |
| さらぬわかれ | しべつ | さりとは | なんとまあ | さるかた | 109 |
| さらぬわかれ | 73 | さりとは | 101, 108 | さるかたに | そうおう |
| さらば | それでは | さりとも | それにしても | さるかたに | それ |
| さらば | それなら(ば) | さりとも | 110 | さるかたに | 109 |
| さらば | 108, 109, 110 | さりながら | しかし | さるがふ | ふざける |
| さらばへる | おとろえる | さりぬべし | そうとう | さるがふ | じょうだん |
| さらぼふ | おとろえる | さりぬべし | てきとう | さるから | 108 |
| さらほふ | やせほそる | さりぬべし | もっともらしい | さること | もちろん |
| ざらまし | 100, 103 | さりぬべし | 82 | さること | そうとう |
| ざらむ | ない | さりふみ | りえん | さること | たいした |
| ざらむ | 100, 104 | さりふみ | 85 | さること | もっとも |
| ざらむや | ない | さりや | ほんとう | さることあり | なるほど |
| ざらむや | 100, 105 | さりや | やはり | さることあり | 108 |
| さらめかす | 14 | さる | くる | さるに | しかるに |
| さらめく | おとをたてる | さる | ちかづく | さるに | ところが |
| さらめく | 13, 14 | さる | 17 | さるに | 108 |
| ざらめく | おとをたてる | さる[戯] | 81 | さるにても | それにしても |
| ざらめく | 13 | さる[去] | とおざかる | さるにても | 110 |
| さららめく | 14 | さる[去] | とおざける | さるは | しかし |
| さらり(と) | かるい | さる[去] | はなす | さるは | じつは |
| さらり(と) | さっぱり | さる[去] | はなれる | さるは | そのくせ |
| さらり(と) | すすむ | さる[去] | りえん | さるは | ほんとう |
| さらり(と) | すらすら | さる[去] | 85 | さるは | 108, 109 |
| さらり(と) | 13 | さる[然] | しかるべき | さるひき | さる |
| ざらり(と) | ざっと | さる[然] | そうおう | さるひき | 33 |
| ざらり(と) | ひととおり | さる[然] | そうとう | さるべき | しかるべき |
| ざらり(と) | 14 | さる[然] | そのよう | さるべき | すぐれる |
| さり | そう | さる[然] | そんな | さるべき | そうおう |
| さり | そうだ | さる[然] | なかなか | さるべき | そうとう |
| さり | そのよう | さる[然] | もっとも | さるべき | それ |
| さり | 99, 103, 109 | さる[然] | 83, 108, 109, 110 | さるべき | てきとう |
| さりあへず | さける | さる[曝] | あせる | さるべき | とうぜん |
| さりがたし | はなれがたい | さる[曝] | うすらぐ・うすれる | さるべき | ふさわしい |
| さりがたし | はなれる | さる[曝] | かわる | さるべき | れっきとした |
| さりがたし | わかれにくい | さる[曝] | へんか | さるべき | 83, 108, 109 |
| さりがたし | ことわる | さる[曝] | 15 | さるべくて | とうぜん |
| | | さる[避] | さける | さるべし | とうぜん |
| | | | | さるべし | もっとも |

|  |  |
|---|---|
| ざるべし | ない |
| ざるべし | 100, 104 |
| さるほどに | まもなく |
| さるほどに | やがて |
| さるまじ | ふてきせつ |
| さるまじ | たいせつ |
| さるまじ | てきとう |
| さるもの | しかるべき |
| さるもの | そうおう |
| さるもの | とうぜん |
| さるもの | もっとも |
| さるもの | そうとう |
| さるものにて | そうおう |
| さるものにて | もちろん |
| さるものにて | もっとも |
| さるものにて | それはともかく |
| さるものにて | 110 |
| さるやう | いわれ |
| さるやう | じじょう |
| さるやう | わけ |
| さるを | けれども |
| さるを | さて |
| さるを | しかし |
| さるを | ところが |
| さるを | ところで |
| ざれうた | こっけい |
| ざれうた | 64 |
| されこうべ | どくろ |
| ざれくつがへる | きどる |
| ざれくつがへる | 81 |
| ざれごと | たわむれ |
| ざれごと | ふざける |
| ざれごと | じょうだん |
| されど（も） | しかし |
| されば | そもそも |
| されば | それゆえ |
| されば | だから |
| されば | 110 |
| さればこそ | あんのじょう |
| さればこそ | やはり |
| ざればむ | しゃれる |
| さればや | 81, 82 |
| さればよ | やはり |
| さわがし | いそがしい |
| さわがし | うるさい |
| さわがし | おだやか |
| さわがし | ふあん |
| さわがし | ふおん |
| さわがし | やかましい |
| さわぎ | あらそい |
| さわぎ | いそがしい |
| さわぎ | いへん |
| さわぎ | えんかい |
| さわぎ | こんざつ |
| さわぎ | せんらん |
| さわぎ | そうどう |
| さわぎ | とりこ |
| さわぎ | やかましい |
| さわぎ | ゆうきょう |
| さわぎたつ | さわぐ |
| さわぎたつ | 71 |
| さわぎののしる | おおごえ |
| さわぎののしる | さけぶ |
| さわぎののしる | さわぐ |
| さわぎののしる | 90 |
| さわぐ | いそがしい |
| さわぐ | うごく |
| さわぐ | おとをたてる |
| さわぐ | そうどう |
| さわぐ | どうよう |
| さわぐ | ほんそうする |
| さわぐ | やかましい |
| さわぐ | 13, 83 |
| さわさわ | そうとう |
| さわだつ | さわぎたてる |
| さわだつ | 14 |
| さわたる | わたる |
| ざわめく | ざわつく・ざわめく |
| さわらび | わらび |
| さわらび | 42 |
| さる | いのしし |
| さる | 33 |
| さるさるし | さわぐ |
| さるさるし | 13 |
| さを | あお・あおいろ |
| さを | 14 |
| さをさす | すすむ |
| さをしか | しか |
| さをしか | おじか |
| さをしか | 33 |
| さをととし | さきおととし |
| さをとめ | さおとめ |
| さをとめ | しょうじょ |
| さをとめ | 30, 50, 51 |
| さをばし | はし |
| さをぶね | こぶね |
| さをぶね | ちいさい |
| さをぶね | 97 |
| さををを | ちいさい |
| さをを | 28 |
| さん[産] | うむ |
| さん[産] | ざいさん |
| さん[産] | しゅっさん |
| さん[算] | けいさん |
| さん[餐] | いんしょく |
| さん[餐] | 95 |
| さんおき | うらなう |
| さんがい | このよ |
| さんがい | しゃけ |
| さんがい | せかい |
| さんがいぼう | ほうろう |
| さんかん | けいさんりょく |
| ざんき | はじる |
| ざんき | わるくち |
| さんくゎい | かいごう |
| さんくゎい | であう |
| さんくゎい | よりあい |
| さんくゎう | 8 |
| さんげ | うちあける |
| さんげ | くいる |
| さんげ | こうかい |
| さんげ | こくはく |
| さんげ | ざいあく |
| ざんげ | うちあける |
| ざんげ | くいる |
| ざんげ | こうかい |
| ざんげ | こくはく |
| ざんげ | ざいあく |
| ざんげん | ちゅうしょう |
| さんご | じゅうごさい |
| さんご | 89 |
| さんごく | せかい |
| さんごくいち | せかい |
| さんごのじふはち | あてはずれ |
| さんごのつき | まんげつ |
| さんごのつき | めいげつ |
| さんごのつき | 5 |
| さんごのゆふべ | 21 |
| さんごや | めいげつ |
| さんごや | 5 |
| さんごやつき | 5 |
| さんごやづき | めいげつ |
| さんさう | べっそう |
| さんさう | 92 |
| さんざう | べっそう |
| さんざう | 92 |
| さんざん | ちりぢり |
| さんざん | はげしい |
| さんざん | はなはだしい |
| さんざん | ばらばら |
| さんざん | ひどい |
| さんざん | みぐるしい |
| さんじふいちじ | たんか |
| さんじふいちじ | 64 |
| さんじふさん | やくどし |
| さんじふさん | 89 |
| さんじゃくのしうすい | かたな |
| さんじゅ | はちじっさい |
| さんじゅ | 89 |
| さんじゅん | さんじっさい |
| さんじゅん | 17, 89 |
| ざんしゅん | さんがつ |
| ざんしゅん | 6 |
| さんしん | みんかんじん |
| さんじん | むのう |
| さんず[参] | さんじょうする |
| さんず[参] | まいる |
| さんず[散] | たいさん |
| さんず[散] | ちらす |
| さんず[散] | ちる |
| さんず[散] | なくす |
| さんず[散] | なくなる |
| さんず[散] | にげさる |
| さんず[散] | はらす |
| さんせう | 45 |

| | | |
|---|---|---|
| さんぜじっぽう | …… | えいえん |
| さんぜじっぽう | …… | せかい |
| さんぜじっぽう | …… | むげん |
| さんぜじっぽう | …… | 16 |
| さんせん | …… | おそなえ |
| さんせん | …… | さいせん |
| さんぜんせかい | …… | うちゅう |
| さんぜんせかい | …… | せかい |
| ざんそう | …… | ちゅうしょう |
| さんだい | …… | きゅうちゅう |
| さんだい | …… | しゅっしする |
| さんだい | …… | つかえる |
| さんたらう | …… | ぐどん |
| さんたらう | …… | ばかもの |
| さんだん | …… | 83, 84 |
| さんづ | …… | 74 |
| さんづがは | …… | あのよ |
| さんづがは | …… | 25, 73 |
| さんづのやみ | …… | あのよ |
| ざんとう | …… | じゅうにがつ |
| ざんとう | …… | 7 |
| ざんなり | …… | ない |
| ざんなり | …… | 100, 101, 104 |
| さんぬる | …… | かこ |
| さんぬる | …… | さる |
| さんぬる | …… | まえ |
| さんばそう | …… | でる |
| さんばそう | …… | はじまり |
| さんぷく | …… | あつい・あつさ |
| さんぷく | …… | ごくしょ |
| さんぷく | …… | 17 |
| さんべき | …… | しかるべき |
| さんべき | …… | すぐれる |
| さんべき | …… | そうおう |
| さんべき | …… | そうとう |
| さんべき | …… | てきとう |
| さんべき | …… | とうぜん |
| さんべき | …… | ふさわしい |
| さんべき | …… | れっきとした |
| さんべき | | 83, 108 |
| さんぼう | …… | ほとけ |
| さんぼく | …… | やく |
| さんぼく | …… | やくたたず |
| さんまい | …… | いちず |
| さんまい | …… | いっしんふらん |
| さんまい | …… | かってきまま |
| さんまい | …… | しゅうちゅう |
| さんまい | …… | せいしん |
| さんまい | …… | せんしん |
| さんまい | …… | ねっちゅう |
| さんまい | …… | むやみ |
| さんまい | …… | わがまま |
| さんまいば | …… | かそう |
| さんまいば | …… | はか |
| さんまいば | …… | 72 |
| さんまいはな | …… | まんじゅしゃげ |
| さんまいはな | …… | 42 |
| さんまいほ | …… | 98 |

| | | |
|---|---|---|
| ざんめり | …… | ない |
| ざんめり | …… | 101, 104 |
| さんもつ | …… | おそなえ |
| さんもつ | …… | さいせん |
| さんもつ | …… | おそなえ |
| さんもん[三文] | …… | かち |
| さんもん[山門] | …… | てら |
| さんもん[山門] | …… | もん |
| さんよう | …… | かんじょう |
| さんよう | …… | けいさん |
| さんよう | …… | みつもり |
| さんよう | …… | もくさん |
| さんようば | …… | ちょうば |
| さんろう | …… | いのる |
| さんをおく | …… | うらなう |
| さんをみだす | …… | さんらん |
| さんをみだす | …… | ちらばる |

## し

| | | |
|---|---|---|
| し[士] | …… | おとこ |
| し[士] | …… | ぐんじん |
| し[士] | …… | ぶし |
| し[子] | …… | 113 |
| し[師] | …… | ししょう |
| し[師] | …… | せんせい |
| し[師] | …… | せんもん |
| し[詩] | …… | かんし |
| し[其] | …… | かれ |
| し[其] | …… | じぶん |
| し[其] | …… | それ |
| し[其] | …… | あなた |
| し[其] | …… | 106, 107, 109 |
| じ | …… | ない |
| じ | …… | 100, 103, 104 |
| じ[時] | …… | じこく |
| じ[時] | …… | 16 |
| しあぐ | …… | なしおえる |
| しあぐ | …… | 83 |
| しあつかふ | …… | しょち |
| しあつかふ | …… | もてあます |
| しあはせ | …… | めぐりあわせ |
| しあはせ | …… | うん |
| しあはせ | …… | こううん |
| しあはせ | …… | こうふく |
| しあはせ | …… | しだい |
| しあはせ | …… | しまつ |
| しあはせ | …… | なりゆき |
| じあひ | …… | ころあい |
| じあひ | …… | じぶん |
| じあひ | …… | 16 |
| しあふ | …… | しおおせる |
| しあふ | …… | とげる |
| しあふ | …… | なしおえる |
| しありく | …… | あるきまわる |
| しありく | …… | あれこれ |
| しありく | …… | 68, 107 |

| | | |
|---|---|---|
| しあん | …… | かんがえ |
| しあん | …… | ふんべつ |
| しあんにおちず | | |
| | …… | がてんがゆかぬ |
| しあんにおちず | … | ふにおちない |
| しい | …… | 90 |
| じいう | …… | おもいどおり |
| じいう | …… | かって |
| じいう | …… | わがまま |
| じいうがまし | …… | きまま |
| じいうがまし | …… | わがまま |
| しいじ | …… | しき |
| しいじ | …… | しゅんかしゅうとう |
| しいじ | …… | 17 |
| しいだす | …… | しでかす |
| しいだす | …… | しとげる |
| しいだす | …… | なしおえる |
| しいだす | …… | やってのける |
| しいだす | …… | 75 |
| しいづ | …… | しでかす |
| しいづ | …… | とげる |
| しいづ | …… | なしおえる |
| しいづ | …… | 75 |
| しいる | …… | おしえこむ |
| しいる | …… | しこむ |
| しいる | …… | しつける |
| しういつ | …… | すぐれる |
| しうぎ | …… | おくりもの |
| しうぎ | …… | しゅくが |
| しうぎ | …… | かるくち |
| しうく | …… | しゃれ |
| しうげん | …… | いわい |
| しうげん | …… | こんれい |
| しうげん | …… | しゅうぎ |
| しうげん | …… | しゅくじ |
| しうげん | …… | よめいり |
| しうげん | …… | 84, 85 |
| しうじん | …… | しじん |
| しうじん | …… | ぶんがく |
| しうじん | …… | ぶんじん |
| しうじん | …… | 82 |
| しうせん | …… | あそび |
| しうせん | …… | ぶらんこ |
| しうそ | …… | うったえ |
| しうそ | …… | そしょう |
| しうたん | …… | かなしむ |
| しうたん | …… | なげきかなしむ |
| しうち | …… | たいど |
| しうち | …… | やりかた |
| しうちゃく | …… | まんぞく |
| しうちゃく | …… | よろこぶ |
| しうとく | …… | いげん |
| しうとく | …… | とく |
| しうとく | …… | ひと |
| しうとく | …… | 70 |
| しうりん | …… | 9, 17 |
| しうん | …… | ふじ |
| しうん | …… | 46 |
| しおき | …… | きそく |

| | | | | | | |
|---|---|---|---|---|---|---|
| しおき | さほう | しかた | しゅだん | しかるべき | とうぜん | |
| しおき | しょばつ | しかた | ふるまい | しかるべき | ふさわしい | し |
| しおほす | なしおえる | しかた | ほうほう | しかるべき | れっきとした | お |
| しか | 101, 104 | しかた | まね | しかるべき | 83, 108 | き |
| しか[鹿] | おじか | しかた | まねる | しかるべし | すぐれる | ― |
| しか[鹿] | しか | しかた | みぶり | しかるべし | てきとう | し |
| しか[然] | そう | しかと | かならず | しかるべし | にあう | き |
| しか[然] | そのとおり | しかと | すきま | しかるべし | 82 | な |
| しか[然] | そのよう | しかと | たしか | しかるを | けれども | み |
| しか[然] | 108, 109 | しかと | ちゃんちゃんこ | しかるを | しかし | |
| しか[瑕疵] | かしつ | しかと | びっしりと | しかるを | ところが | |
| しが | 101 | しかながほ | しらぬかお | しかるを | ところで | |
| しが[瑕疵] | かしつ | しかなかほ | 74 | しかをは | さて | |
| しが[瑕疵] | けってん | しかなり | そう | しかれど | しかし | |
| しかあらじ | 108 | しかなり | そうだ | しかれば | だから | |
| しかあれど | 108 | しかなり | 99 | しかをおふれふしはやまをみず | |
| しかい | てんか | しかのさく | はぎ | | ねっちゅう | |
| しかい | 23, 57 | しかのさく | 45 | しき | 113 | |
| じかい | じさつ | しかのしがらみ | はぎ | しき[式] | ことがら | |
| じがい | 73 | しかのしらみ | 45 | しき[式] | しだい | |
| しかいふ | まえ | しかのはなづま | はぎ | しき[式] | じじょう | |
| しかうして | それから | しかのはなづま | 45 | しき[敷] | しきもの | |
| しかうして | さて | しかのみならず | くわえて | しき[子規] | ほととぎす | |
| しかうして | 109 | しかのみならず | そのうえ(に) | しき[子規] | 35 | |
| しかぎく | ふくじゅそう | しかのみならず | 108 | しき[城] | しろ | |
| しかぎく | 41 | しかはあらじ | 100, 103 | しぎ[仕儀] | なりゆき | |
| しかく | けいかく | しかはあれど | そのとおり | しぎ[時宜] | あいさつ | |
| しかく | しかけ | しかはあれど | 108, 109 | しぎ[時宜] | ころあい | |
| しかく | しかける | しかばかり | これほどまでに | じき | 95 | |
| しかく | しむける | しかばかり | そんな | じぎ[時宜] | あいさつ | |
| しかく | たくらむ | しかばかり | 108, 110 | じぎ[時宜] | ころあい | |
| しかく | はたらきかける | しかばね | しがい | じぎ[辞儀] | えんりょ | |
| しがく[仕覚] | くふう | しかばね | 73 | じぎ[辞儀] | じたい | |
| しがく[仕覚] | 85 | しかめやも | および | しきかは | しきもの | |
| しがく[志学] | じゅうごさい | しかめやも | 104 | しきしま | にほん | |
| しがく[志学] | 89 | しかも | そのうえ(に) | しきしまの | にほん | |
| しかけ | こうぞう | しかも | そんな | しきしまのみち | 64, 65 | |
| しかけ | ごまかし | しかも | 101, 108, 110 | しきしまや | 27 | |
| しかけ | さほう | しかも | けれども | しきせ | おしきせ | |
| しかけ | しくみ | しからずは | さもなければ | しきせ | 93 | |
| しかけ | そうち | しからば | それなら(ば) | しきだい | あいさつ | |
| しかけ | たくらみ | しからば | 110 | しきだい | おせじ | |
| しかけ | ほうほう | しがらみ | せきとめる | しきだい | ついしょう | |
| しかけ | やりかた | しがらむ | からみつく | じきだう | しょくどう | |
| しかけもの | いかさまし | しがらむ | まといつく | じきだう | 96 | |
| しかけもの | さぎ | しかり | いかにも | しきたへ | しきぶとん | |
| しかけもの | わるもの | しかり | そのとおり | しきたへ | ふとん | |
| しかしか | そうそう | しかり | 109 | しきたへの | かみ | |
| しかして | それから | しかるあひだ | そこで | しきたへの | そで | |
| しかして | さて | しかるあひだ | それゆえ | しきたへの | たもと | |
| しかして | 109 | しかるあひだ | やがて | しきたへの | とこ | |
| しかしながら | けっきょく | しかるあひだ | 108, 110 | しきたへの | まくら | |
| しかしながら | すべて | しかるに | けれども | しきたへの | 91, 93 | |
| しかず | および | しかるに | ところが | しきって | くりかえし | |
| しかすがに | さすがに | しかるべき | しかるべき | しきって | しきり | |
| しかすがに | しかし | しかるべき | すぐれる | しきなく | 65 | |
| しかすがに | 108 | しかるべき | そうおう | しきなぶ | とうちする | |
| しかた | しうち | しかるべき | そうとう | しきなみ | しきり | |
| しかた | しゅだん | しかるべき | てきとう | しきなみ | たてつづけ | |

| | | |
|---|---|---|
| しきなみ …………… ひんぱん | しぐらふ …………… あつまる | しこめ …………… みにくい |
| しきなみ …………… 23 | しぐらふ …………… みっしゅうする | しこめ …………… 51 |
| しきふる …………… しきり | しぐらむ …………… あつまる | しこめし …………… きたない |
| しきふる …………… ふりつづく | しぐらむ …………… みっしゅうする | しこめし …………… けがれる |
| しきふる …………… 9, 10 | しぐる …………… しぐれ | しこや …………… きたない |
| しきます …………… おさめる | しぐる …………… ぬれる | しこや …………… 92 |
| しきみ …………… しきい | しぐる …………… 10, 67 | しこる …………… いじ |
| じきもつ …………… 95 | しぐれ …………… しぐれ | しこる …………… さかん |
| しきやみ …………… 21 | しぐれ …………… 9, 66, 67 | しこる …………… しげし |
| しぎょ …………… ぼら | しぐれづき …………… じゅうがつ | しこる …………… むちゅう |
| しぎょ …………… 38 | しぐれづき …………… 7 | しこる …………… よりあつまる |
| しきり …………… くぎり | しぐれのあめ …………… しぐれ | じこん …………… いご |
| しきりに …………… いっぱい | しぐれのあめ …………… 9 | じこん …………… いまから |
| しきりに …………… しばしば | しくゎん［仕官］ …… かんしょく | じごんじ …………… いいわけ |
| しきりに …………… ひっきりなし | しくゎん［祠官］ …… かんぬし | じごんじ …………… こごと |
| しきりに …………… むやみ | しげ …………… しげき | じごんじ …………… べんかい |
| しきる［頻］ …………… かさなる | しげ …………… 43 | しさい …………… さしさわり |
| しきる［頻］ …………… くりかえす | しげき …………… 43 | しさい …………… じじょう |
| しきる［頻］ …………… しばしば | しげけし …………… うるさい | しさい …………… わけ |
| しきる［頻］ …………… つづく | しげけし …………… しきり | しざい［死罪］ …… しけい |
| しきる［頻］ …………… ひっきりなし | しげけし …………… しばしば | しざい［死罪］ …… 73 |
| しきる［仕切］ …… くかく | しげけし …………… たえま | しざい［資材］ …… ざいさん |
| しきれい …………… あいさつ | しげけし …………… わずらわしい | しざい［資財］ …… たから |
| じきろう …………… うつわ | しげけし …………… 79 | じざい …………… じゆう |
| じきろう …………… しっき | しけこし …………… みにくい | しさいなし …………… かわる |
| しきゐ …………… しきもの | しげし …………… うるさい | しさいなし …………… めんどう |
| しきゐん …………… | しげし …………… しきり | しさいなし …………… わけない |
| しきんじょう …… まんりょう | しげし …………… しばしば | しさいにおよばず …… あれこれ |
| しく［頻］ …………… かさなる | しげし …………… たえま | しさいにおよばず …… 107 |
| しく［頻］ …………… くりかえす | しげし …………… たてつづけ | しさいもの …………… ひとくせある |
| しく［頻］ …………… つづく | しげし …………… わずらわしい | しさいらし …………… じじょう |
| しく［敷］ …………… おさめる | しげし …………… 79 | しさいらし …………… もったいぶる |
| しく［敷］ …………… ひろがる | しげち …………… 31 | しさす …………… しのこす |
| しく［敷］ …………… ひろげる | しげの …………… 26 | しさす …………… やめる |
| しく［敷］ …………… ゆきわたる | しげやま …………… 28 | しざま …………… やりかた |
| しく［四苦］ …………… くるしみ | しげり …………… しげみ | しさる …………… しりぞく |
| しく［四苦］ …………… くつう | しげりあふ …………… おいしげる | しざる …………… しりぞく |
| しく［及］ …………… おいつく | しげりあふ …………… しげる | しし［獣］ …………… おじか |
| しく［及］ …………… および | しげりわたる …………… おいしげる | しし［獣］ …………… けもの |
| しく［及］ …………… かたをならべる | しこ …………… あいて | しし［獣］ …………… しか |
| しく［及］ …………… ひってき | しこ …………… じぶん | しし［獣］ …………… やじゅう |
| しくしく …………… うちつづいて | しこ …………… つよい | しし［肉］ …………… いのしし |
| しくしく …………… しきり | しご …………… みにくい | しし［肉］ …………… にく |
| しくしく …………… しばしば | しご …………… 74 | しし …………… 33 |
| しくしく …………… たてつづけ | しごく …………… きわめて | しし［父］ …………… ちち |
| しくなみ …………… 23 | しごく …………… このうえない | しし［父］ …………… 56 |
| しくなみの …………… もっとも | しごく …………… もっとも | しし［獅子］ …………… ライオン |
| じくねる …………… ごうじょう | しこじらかす …………… こじらせる | ししおき …………… にくづき |
| じくねる …………… すねる | しこじらす …………… こじらせる | ししがき …………… かきね |
| じくねる …………… ひねくれる | しこつ …………… けなす | しじかむ …………… ちぢむ |
| しくはっ …………… くつう | しこつ …………… ざんげん | しじかり …………… りょう |
| しくはっ …………… くるしみ | しこつ …………… 70 | ししくしろ …………… あのよ |
| しくはふ …………… くわえる | しこな …………… あだな | ししくしろ …………… 76 |
| しくはふ …………… たす | しこな …………… な | ししくしろ …………… あのよ |
| しくはふ …………… | しこのますらを …… おろか | ししくしろ …………… 76 |
| しくみ …………… きゃくしょく | しこむ［為籠］ …… たくらむ | ししくはず …………… やぶこうじ |
| しくみ …………… くわだて | しこむ［為籠］ …… めぐらす | ししくはず …………… 46 |
| しくみ …………… けいかく | しこむ［仕込］ …… おしえこむ | ししこらかす …………… こじらせる |
| しくみ …………… しゅこう | しこむ［仕込］ …… いれる | ししこらかす …………… 88 |

| | | |
|---|---|---|
| ししじもの ……… つける | ししる ……………… けいけん | したおもひ ……………… 64 |
| ししじんちゅうのむし … ないぶ | しす[殺] …………… ころす | したかた …………… こころえ |
| しししんちゅうのむし | しす[死] ……………… 72 | したかた …………… したじ |
| ……………… わざわい | じす ………………… しごと | したかた …………… そしつ |
| ししだ ………………… 30 | じす ………………… じきょ | したかた …………… ひながた |
| ししと ………………… 91 | じす ………………… じしょく | したかた …………… 85 |
| しじに ……………… たびたび | じす ………………… じたい | したがふ …………… したがう |
| しじに ……………… いっぱい | じす ………………… じにんする | したがふ …………… ついていく |
| しじに ……………… ぎっしり | じす ………………… しりぞく | したがふ …………… つれる |
| しじに ………………… 79 | じす ………………… たいしゅつ | したがふ …………… ふくじゅう |
| ししにぼたん ……… とりあわせ | しすう ……………… すえる | したがふ …………… まかせる |
| ししびしほ …………… しお | しすます …………… やってのける | したがふ …………… まける |
| ししびしほ …………… にく | しすます …………… やりとげる | したぎえ ……………… ゆき |
| ししびしほ …………… 37 | じせい ……………… 64, 73 | したぎえ …………… ゆきどけ |
| しじふに …………… やくどし | じせつ ……………… おり | したぎゆ ……………… ゆき |
| しじふに ……………… 89 | じせつ ……………… じこう | したく[散] ………… ちらす |
| しじふふりそで …… わかづくり | じせつ ……………… ばあい | したく[蹴] ………… あらす |
| ししふんじん ……… とっしん | じせつ ……………… 17 | したく[蹴] ………… みだれる |
| ししふんじん ……… ふんとう | じせつと …………… ぐうぜん | したく[支度] ……… 85 |
| ししへ ………………… はだ | じせつと …………… たまたま | しだく ……………… くだく |
| ししへ ………………… 48 | しぜん …………… おのずと | しだく ……………… こわす |
| ししま ……………… むごん | しぜん ……………… ほんしょう | しだく ……………… あらす |
| しじま ……………… しずか | しぜん ……………… まんいち | しだく ……………… あれる |
| しじま ……………… せいじゃく | しぜん ………………… もし | しだく ……………… ちらす |
| ししま ……………… だまる | じぜん ………………… 89 | しだく ……………… みだす |
| ししま …………… ちんもく | しぞく[退] ……… こうたいする | しだく ……………… みだれる |
| しじまる …………… かがまる | しぞく[退] ……… しりぞく | したくづる ………… くじける |
| しじまる …………… ちぢむ | しぞく[親族] ……… 55 | したぐみ …………… けいかく |
| しじむ ……………… ちいさい | しそす ……………… やりすぎる | したぐみ …………… たくらみ |
| しじむ ……………… ちぢむ | しそす ……………… やりとげる | したぐみ ……………… 85 |
| しじむ ……………… ちぢめる | しそふ ……………… つくりそえる | したぐるま ………… くちぐるま |
| しじむ ……………… ひかえる | しそふ ……………… つけくわえる | したこがる …… おもいこがれる |
| しじむ ……………… へらす | しそむ ……………… しはじめる | したこがる ………… ひそか |
| ししむら ……………… にく | しそむ ……………… はじめる | したこがる …………… 62 |
| ししめ ……………… しじみ | した[下] …………… うち | したこがれ ………… ひそか |
| ししめく …………… さざめく | した[下] …………… うら | したこがれ …………… 64 |
| しじめく ……………… 90, 91 | した[下] …………… ないぶ | したごこち ………… しんてい |
| じじめく …………… さざめく | した[下] ……………… 89 | したごころ ………… たくらみ |
| じじめく ……………… 91 | した[心] ……………… 60 | したごころ ………… ないしん |
| ししや ………………… や | した[舌] …………… ことば | したごころ ………… しんちゅう |
| じしょう[時正] | した[舌] …………… べんぜつ | したごころ ………… しんてい |
| … しゅうぶん・しゅん | しだい ……………… じじょう | したごころ ………… たくらみ |
| ぶん | しだい ……………… じゅんじょ | したごころ ………… ないしん |
| じしょう[自性] …… てんせい | しだい ……………… ついで | したごころ …………… 61 |
| じしょう[自性] …… ほんしょう | しだい ……………… ゆらい | したこひ …………… ひそか |
| ししゅ ……………… かんがえ | しだい ……………… わけ | したごひ ……………… 64 |
| ししゅ ……………… しゅし | じたい ……………… がんらい | したさく …………… こさく |
| しじゅう …………… おわり | じたい ……………… そもそも | したさく ……………… 30 |
| しじゅう …………… けっきょく | じだい ……………… こふう | したし ……………… かんけい |
| しじゅう …………… すべて | しだいくうにきす ……………… 72 | したし ……………… こんい |
| しじゅう …………… たえず | しだう ……………… がくもん | したし ……………… したしい |
| しじゅう …………… ついに | しだう ……………… げいどう | したし ……………… ちすじ |
| しじゅう …………… はじめ | しだう ……………… せいしん | したし ……………… むつまじい |
| しじゅん …………… しじっさい | しだう ……………… そのみち | しだし ……………… おしゃれ |
| しじゅん ……………… 89 | しだう ………………… 109 | しだし ……………… くふう |
| じじゅん …………… かんれき | したおもひ ………… ひめる | したじた …………… みぶん |
| じじゅん …………… ろくじっさい | したおもひ ………… まつ | しだす ……………… おしゃれ |
| じじゅん ……………… 89 | | |
| ししょう …………… あんない | | |

# しだす―じつ

| | | | |
|---|---|---|---|
| しだす | かんがえだす | したづ[滴] | したたる |
| しだす | くふう | したづ[滴] | そそぐ |
| しだす | してかす | したつき | あまえる |
| しだす | 75, 85 | したつき | したたらず |
| したたか | がんじょう | したつくに | あのよ |
| したたか | いかめしい | したつゆ | つゆ |
| したたか | しっかり | したて | かりゅう |
| したたか | つよい | したて | かわしも |
| したたか | てごわい | したて | 24 |
| したたか | おおげさ | したてにつく | ひかえめ |
| したたか | 79 | したてる | てりはえる |
| したたかもの | きじょう | したでる | てりはえる |
| したたかもの | わんりょく | したど | いいかた |
| したたかもの | つよい | したど | はやくち |
| したたに | しっかり | したど | 70 |
| したたに | たしか | したどし | いいかた |
| したたまる | おさまる | したどし | はやくち |
| したたまる | ととのう | したどし | 70 |
| したたむ | おさめる | したない | ないしょう |
| したたむ | かきとめる | したない | ないしょ |
| したたむ | かたづける | したなが | いいすぎる |
| したたむ | しまつ | したながし | たいげんそうご |
| したたむ | しょり | したなき | しのぶ |
| したたむ | せいりする | したにゐる | しゃがむ |
| したたむ | たべる | したにゐる | すわる |
| したたむ | のみくい | したば | 55 |
| したたむ | もうける | したはし | こいしい |
| したたむ | 85, 96 | したはし | したわしい |
| しただむ | なまる | したはし | なつかしい |
| したため | しょくじ | したはし | 62 |
| したため | しょち | したばふ | はう |
| しただめ | 85, 96 | したばふ | 63 |
| したためまうく | しょち | したび | とい |
| したためまうく | しょり | したび | とい |
| しただめまうく | 86 | したひもの | した |
| したたる | おちる | したびやま | した |
| したたる | たれる | したふ | いろづく |
| しただる | おちる | したふ | 15 |
| しただる | たれる | したふ[慕] | こいしい |
| したたるし | しつこい | したふ[慕] | しじする |
| したたるし | あまえる | したふ[慕] | したう |
| したたるし | よごれる | したふ[慕] | ついていく |
| したたるし | 93 | したふ[慕] | つく |
| したち | したごしらえ | したふ[慕] | なつかしい |
| したち | せいしつ | したふ[慕] | ふちゃく |
| したち | そしつ | したふ[慕] | まなぶ |
| したち | ほんしん | したふ[慕] | 63 |
| したち | 31, 32, 85 | したふ | 15 |
| したつ[下立] | かざりたてる | したぶり | いいかた |
| したつ[下立] | しつける | したぶり | 70 |
| したつ[下立] | 75 | したへ | あのよ |
| したつ[仕立] | おしえこむ | したへ | ち |
| したつ[仕立] | かざりつける | したまつ | まつ |
| したつ[仕立] | しこむ | したみづ | 26, 27 |
| したつ[仕立] | したてる | したみづ | こす |
| したつ[仕立] | ぬう | したむ | したたる |
| したつ[仕立] | 75 | したもえ | 64 |
| したつ[滴] | したたる | したもえ | め |
| したつ[滴] | そそぐ | したもの | 37 |

| | | | |
|---|---|---|---|
| したもひ | ひめる | | |
| したもひ | まつ | | |
| したもひ | 64 | | |
| したもゆ | 64 | | |
| したもゆ | めばえる | | |
| したや | えんのした | | |
| したや | ちかしつ | | |
| したやど | げしゅく | | |
| したやど | やど | | |
| したやど | 87 | | |
| したゆ | ないない | | |
| したゆ | 61 | | |
| しだら | てびょうし | | |
| じだらく | だらしない | | |
| じだらく | ふしだら | | |
| しだらなし | しまりがない | | |
| しだらなし | だらしない | | |
| したり | うまい | | |
| したり | でかした | | |
| したりがほ | とくい | | |
| しだる | たれる | | |
| したるし | しなだれる | | |
| したるし | なよなよする | | |
| したるし | やさしい | | |
| したるし | なまめかしい | | |
| したをふるふ | おどろく | | |
| したをまく | おどろく | | |
| しち | ひとじち | | |
| じち | しんじつ | | |
| じち | じったい | | |
| じち | せいい | | |
| じち | ほんとうに | | |
| じち | まこと | | |
| じち | まごころ | | |
| しちく[糸竹] | おんがく | | |
| しちく[糸竹] | がっき | | |
| しちく[紫竹] | くろだけ | | |
| しちく[紫竹] | たけ | | |
| しちじゅん | 89 | | |
| しちちつ | 89 | | |
| しちなん | けってん | | |
| じちよう | じっちょく | | |
| じちよう | まじめ | | |
| じちよう | りちぎ | | |
| しちらい | かしつ | | |
| しちらい | しったい | | |
| しちらす | しほうだい | | |
| しちらす | むやみ | | |
| しちらす | わがまま | | |
| じちゐき | にほん | | |
| しつ | かしつ | | |
| しつ | きず | | |
| しつ | けってん | | |
| しつ | そん | | |
| しつ | へいがい | | |
| しづ[垂] | しだれる | | |
| しづ[賤] | いやしい | | |
| しづ[賤] | みぶん | | |
| じつ | しんじつ | | |

じつ ……………… じったい
じつ ……………… せいい
じつ ……………… ほんしょう
じつ ……………… ほんとうに
じつ ……………… まこと
じつ ……………… まごころ
しづえ ……………… えだ
しづえ ……………… 43
しづか ……………… しずか
しづか ……………… 70
しっかい ……………… かならず
しっかい ……………… きっと
しっかい ……………… ことごとく
しっかい ……………… すっかり
しっかい ……………… すべて
しっかい ……………… ぜんぜん
しっかい ……………… そっくり
しっかい ……………… ばんじ
しっかい ……………… まるで
しっかと ……………… しっかり
しっかり ……………… ぎっしり
しっかり ……………… たしか
しっかり ……………… 79
じつぎ ……………… せいい
じつぎ ……………… せいじつ
じつぎ ……………… どうり
じつぎ ……………… まこと
じつぎ ……………… まごころ
じつぎ ……………… まじめ
しつく ……………… うちやぶる
しつく ……………… おしえならわせる
しつく ……………… したてる
しつく ……………… しつける
しつく ……………… しなれる
しつく ……………… つくりつける
しつく ……………… つくりもうける
しつく ……………… まかす
しつく ……………… やりつける
しつく ……………… よめいり
しつく ……………… 75, 76, 84, 85
しづく ……………… うつる
しづく ……………… しずむ
しづく ……………… 27
しづくも ……………… すこし
しつけ ……………… つくりつけ
しつけ ……………… れいぎ
しつけぎん ……………… きょういく
しづけし ……………… おだやか
しづけし ……………… しずか
しつけし ……………… 70
じつげつ ……………… さいげつ
じつげつ ……………… つきひ
じつげつ ……………… にちげつ
しつけどころ ……………… よめいり
しつけどころ ……………… 85
しづごころ ……………… しずか
しづごころ ……………… 70
しっこし ……………… いくじ
しっこし ……………… けつだんりょく

しっこしがない ……………… いくじ
じっこと ……………… しんけん
じっこと ……………… しんじつ
しづこどり ……………… ほととぎす
しづこどり ……………… 35
じっこん ……………… こんい
じっこん ……………… しんみつ
しっしょう ……………… かえる
しっしょう ……………… かめ・かえるなど
しっしょう ……………… 33
じっしょう ……………… しんじつ
じっしょう ……………… たしか
しっす ……………… しゅうちゃく
じったい ……………… しんじつ
したたまき ……………… かず
したたまき ……………… いやしい
したたまき ……………… かず
しっちんまんぽう ……………… たから
しっつい ……………… うしなう
しっつい ……………… そん
しっつい ……………… ふそく
しっつい ……………… ろうひ
じってい ……………… じっちょく
じってい ……………… まじめ
じってい ……………… りちぎ
しっとと ……………… しっとり(と)
しっとと ……………… ぴったり(と)
しっとと ……………… ビシッと
しっとと ……………… よめいり
しづとり ……………… ほととぎす
しづとり ……………… 35
しっとり(と) ……………… しとやか
しづのめ ……………… いやしい
しづのや ……………… そまつ
しづのや ……………… 92
しづのを ……………… いやしい
じっぱう ……………… てんち
じっぱうせかい ……………… てんち
じっぷ ……………… しんぎ
じっぽふ ……………… すなお
じっぽふ ……………… まじめ
しづまつき ……………… ごがつ
しづまつき ……………… 6
しづまる ……………… おちぶれる
しづまる ……………… おとろえる
しづまる ……………… しずまる
しづまる ……………… 70
しづみや ……………… じんじゃ
じつみゃう ……………… じつめい
しづみゃう ……………… な
じつみゃう ……………… ほんみょう
しづむ ……………… とりあつめる
しづむ[沈] ……………… おちぶれる
しづむ[沈] ……………… かかる
しづむ[沈] ……………… きおち
しづむ[沈] ……………… さがる
しづむ[沈] ……………… さげる
しづむ[沈] ……………… しずむ
しづむ[沈] ……………… ふさぐ

しづむ[沈] ……………… やむ
しづむ[沈] ……………… 59, 88
しづむ[鎮] ……………… しずか
しづむ[鎮] ……………… 70, 76
しづめる[鎮] ……………… しずめる
しづめ[鎮] ……………… まもる
しづめ[賤女] ……………… いやしい
しづもる ……………… おとろえる
しづもる ……………… 70
しつや ……………… しっち
しづやか ……………… しずか
しづやか ……………… ものしずか
しづやか ……………… 70
しづやまがつ ……………… やまざと
しづやまがつ ……………… 29
しつらい[失礼] ……………… かしつ
しつらい[失礼] ……………… しったい
しつらい[失例] ……………… 87
しつらひ ……………… せつじ
しつらひ ……………… そうび
しつらふ ……………… かざりつける
しつらふ ……………… せいびする
しつらふ ……………… ぞうさく
しつらふ ……………… そうしょく
しつらふ ……………… ととのえる
しつらふ ……………… もうける
しづり ……………… しずく
しづる ……………… すべる
しづれ ……………… いやしい
しづを ……………… いやしい
しづを ……………… みぶん
しづを ……………… やまざと
しづを ……………… 29
しづをぞめづき ……………… ごがつ
しづをぞめづき ……………… 6
して ……………… 73, 86
してう ……………… じゆう
してう ……………… とぶ
してう ……………… ふじゆう
してうのわかれ ……………… わかれ
してのたび ……………… 73
しでのたをさ ……………… ほととぎす
しでのたをさ ……………… 35
しでのやま ……………… あのよ
しでのやまぢ ……………… あのよ
しでのやまみち ……………… あのよ
してやる ……………… うまい
してやる ……………… かたづける
してやる ……………… たべる
してやる ……………… だましとる
しと ……………… しょうべん
しどけなし ……………… きらく
しどけなし ……………… くつろぐ
しどけなし
    ……… ざつぜんとしている
しどけなし ……………… だらしない
しどけなし ……………… ととのうる
しどけなし ……………… なまける
しどけなし ……………… みだら

じつ──しどけなし

し
ど
け
な
し
―
し
の
ぐ

| しどけなし | みだれる |
| しどけなし | むぞうさ |
| しどけなし | ようき |
| しどけなし | うちとける |
| しとしと | しとやか |
| しとしと(と) | しずか |
| しとしと(と) | ものしずか |
| しとと | ぴったり(と) |
| しとと | ビシッと |
| しとと | 14 |
| しとと[巫鳥・鴲] | ほおじろ |
| しとと[巫鳥・鴲] | 35 |
| しとと | ずぶぬれ |
| しとど | ぬれる |
| しどなし | かまわない |
| しどなし | たわいない |
| しどなし | だらしない |
| しとね | しきもの |
| しとね | ふとん |
| しとの | だいべん |
| しとむ[浸] | しみこむ |
| しとむ[浸] | ひたる |
| しとむ[浸] | ぬれる |
| しとむ[為留] | …うちとる・うちはたす |
| しとむ[為留] | ころす |
| しどもなし | しまりがない |
| しどもなし | だらしない |
| しどもなし | ふんべつ |
| しどもなし | ようち |
| しどろ | だらしない |
| しどろ | ととのう |
| しどろ | みだれる |
| しどろあし | あし |
| しどろあし | よろめく |
| しどろもどろ | だらしない |
| しどろもどろ | みだれる |
| しな | あじわい |
| しな | おもむき |
| しな | かいだん |
| しな | きひん |
| しな | くらい |
| しな | じじょう |
| しな | ちい |
| しな | ひとがら |
| しな | ひんい |
| しな | みぶん |
| しな | いえがら |
| しな | かいきゅう |
| しな | 81 |
| しなかたち | いえがら |
| しなかたち | かいきゅう |
| しながどり | いのしし |
| しながどり | かいつぶり |
| しながどり | 33, 34 |
| しなさだめ | はんてい |
| しなさだめ | ひんぴょう |

| しなし | しきたり |
| しなし | しわざ |
| しなし | ふうしゅう |
| しなし | ふるまい |
| しなし | もてなし |
| しなしたり | しくじる |
| しなしたり | しっぱい |
| しなしたり | まちがう |
| しなじな | いろいろ |
| しなじな | それぞれ |
| しなじな | 109 |
| しなじなし | けだかい |
| しなじなし | じょうひん |
| しなす | したてる |
| しなす | 75 |
| しなだる | たれる |
| しなひ | たわみ |
| しなふ | うつくしい |
| しなふ | したがう |
| しなふ | じゅんのうする |
| しなふ | たわむ |
| しなぶ | しおれる |
| しなぶ | かくす |
| しなぶ | つつむ |
| しなむ | かくす |
| しなむ | つつむ |
| しなもの | びじん |
| しなもの | 51 |
| しなやか | しとやか |
| しなやか | なよやか |
| しなゆ | しぼむ |
| しなゆ | うなだれる |
| しなゆ | したがう |
| しなよし | じょうひん |
| しなよし | ていさい |
| しなん | おしえる |
| しなん | きょういく |
| しなん | きょうじゅ |
| しにいき | せいし |
| しにいき | 73, 74 |
| しにいでたち | みじたく |
| しにいでたち | 73, 85 |
| しにいる | きぜつ |
| しにいる | 59, 72 |
| しにかへる | いきおい |
| しにかへる | くるしむ |
| しにかへる | 73, 74 |
| しにぐるひ | しにものぐるい |
| しにしだい | ころす |
| しにしだい | みごろし |
| しにす[死] | 72 |
| しにす[為似] | まねる |
| しにせ | しょうばい |
| しにせ | しんよう |
| しにせ | みせ |
| しにでたち | みじたく |
| しにでたち | 73, 85 |
| しにてんがう | 72 |
| しにはぢ | はじ |

| しにはぢ | 73 |
| しにばな | ほまれ |
| しにばながさく | めいよ |
| しにびかり | しご |
| しにびかり | そうしき |
| しにびかり | ほまれ |
| しにびかり | 73 |
| しにまうけ | かくご |
| しにまうけ | 73 |
| しにみ | かくご |
| しにみ | すてみ |
| しにやまひ | 88 |
| しぬぐ | うえ |
| しぬのめ | 19 |
| しぬばかり | たえる |
| しぬばかり | 73 |
| しぬびごと[誄] | ちょうじ |
| しぬびごと[誄] | 74 |
| しぬびごと[忍言] | ひそか |
| しぬびごと[忍言] | ひそひそ |
| しぬびごと[忍言] | ひみつ |
| しぬびごと[忍事] | かくす |
| しぬびごと[忍事] | ないしょ |
| しぬびごと[忍事] | ひみつ |
| しぬぶ[偲] | おもいしたう |
| しぬぶ[偲] | こいしい |
| しぬぶ[偲] | したう |
| しぬぶ[偲] | しょうびする |
| しぬぶ[偲] | なつかしむ |
| しぬぶ[偲] | 62, 63 |
| しぬぶ[賞] | ほめる |
| しぬぶ[忍] | かくす |
| しぬぶ[忍] | かくれる |
| しぬぶ[忍] | がまん |
| しぬぶ[忍] | こっそり(と) |
| しぬぶ[忍] | さける |
| しぬぶ[忍] | つつみかくす |
| しぬぶ[忍] | ひそか |
| しぬぶ[忍] | ひとめ |
| しぬぶ[忍] | ひみつ |
| しぬべく | たえる |
| しぬべく | 73 |
| しね | いね |
| じねん | おのずと |
| じねん | しぜん |
| じねんに | おのずから |
| しの | しのだけ |
| しの | たけ |
| しの | 45 |
| しのぎをけづる | あらそう |
| しのぎをけづる | たたかう |
| しのぐ | あなどる |
| しのぐ | いやしめる |
| しのぐ | うえ |
| しのぐ | おさえつける |
| しのぐ | がまん |
| しのぐ | すすむ |
| しのぐ | たえしのぶ |

| | | | | | | |
|---|---|---|---|---|---|---|
| しのぐ | のりこえる | しのぶ[偲] | こいしい | しばびと | きこり | |
| しのぐ | ふみつける | しのぶ[偲] | おもいしたう | しはふかふ | せき | |
| しのぐ | ふみわける | しのぶ[偲] | したう | しはぶき | せき | |
| しのぐ | りょうがする | しのぶ[偲] | しょうびする | しはぶき | せきばらい | |
| しのに | ぐったり(と) | しのぶ[偲] | なつかしむ | しはぶきやみ | かぜ | |
| しのに | しおれる | しのぶ[偲] | 62, 63 | しはぶきやみ | かんぼう | |
| しのに | しきり | しのぶ[賞] | ほめる | しはぶきやみ | せき | |
| しのに | しみじみ | しのぶ[忍] | かくす | しはぶきやみ | 87 | |
| しののに | ぬれる | しのぶ[忍] | かくれる | しはぶく | せき | |
| しののに | びしょびしょ | しのぶ[忍] | がまん | しはぶく | せきばらい | |
| しののはぐさ | しのだけ | しのぶ[忍] | こっそり(と) | しはぶく | 88 | |
| しののはぐさ | たけ | しのぶ[忍] | さける | しはぶる | しゃぶる | |
| しののはぐさ | 45 | しのぶ[忍] | つつみかくす | しはぶる | せき | |
| しののめ | 19 | しのぶ[忍] | ひそか | しはぶる | せきばらい | |
| しののめぐさ | あさがお | しのぶ[忍] | ひとめ | しはぶる | なめる | |
| しののめぐさ | 38 | しのぶ[忍] | ひみつ | しはぶる | 88 | |
| しのばし | こいしい | しのぶぐさ | 40 | しばらく | いちじ | |
| しのばし | したわしい | しのぶのみだれ | こいわずらい | しばらく | かりそめ | |
| しのばし | 62 | しのぶのみだれ | みだれ | しばらく | すこし | |
| しのはゆ | しのばれる | しのぶのみだれ | 61, 63 | しばらく | 16 | |
| しのばゆ | おもいだされる | しのぶもちずり | しのぶぐさ | しばらくも | ぜんぜん | |
| しのばゆ | こいしい | しのぶもちずり | 40 | しひ | まひ | |
| しのばゆ | しのばれる | しのぶやま | たけ | しひ | 88 | |
| しのばゆ | 63 | しのやぶ | たけ | しび | まぐろ | |
| しのはら | 26 | しのをつく | 9 | しび | 38 | |
| しのび | にんじゃ・にんじゅつ | しのをみだす | ふうう | じひ | あわれ | |
| しのび | ひとめ | しのをみだす | 10 | じひ | いつくしみ | |
| しのび | ひみつ | しば[暫] | しばらく | じひ | なさけ | |
| しのびあへず | たえる | しば[暫] | すこし | しひごと | こじつける | |
| しのびあまる | かくしきれない | しば[暫] | 16 | しひごと | でたらめ | |
| しのびあまる | かくす | しば[柴] | ぞうき | しひごと | 69, 70 | |
| しのびかに | しのびやかに | しば[柴] | 43 | しひしば | しいのき | |
| しのびく | しのぶ | しば[屢] | しばしば | しひしば | ふくも | |
| しのびかへす | たえしのぶ | しば[屢] | たびたび | しひしば | もふく | |
| しのびごと | ちょうじ | しば[屢] | しきり | しひしば | 45, 94 | |
| しのびごと | 74 | しばあめ | 10 | しひしばのそで | もふく | |
| しのびごと[忍言] | ひそか | しはう | てんか | しひしばのそで | 94 | |
| しのびごと[忍言] | ひそひそ | しばがき | かきね | しひそぶ | むりじいする | |
| しのびごと[忍言] | ひみつ | しばし | ちょっと | しひて | しいて | |
| しのびごと[忍事] | かくす | しばしば | たびたび | しひて | むやみ | |
| しのびごと[忍事] | ないしょ | しばしば | しきり | しひて | むりに | |
| しのびごと[忍事] | ひみつ | しはす | じゅうにがつ | しびとばな | まんじゅしゃげ | |
| しのびこむ | つつみかくす | しはす | 7 | しひとばな | 42 | |
| しのびしのび | こっそり(と) | しばたつ | 24 | しひね | こぶ | |
| しのびしのび | ひそか | しばなきどり | にわとり | しひね | できもの | |
| しのびしのび | ひみつ | しばなきどり | 35 | しひね | 47 | |
| しのびすぐす | かくす | しばなく | 65 | しひゃくしびょう | 88 | |
| しのびすぐす | くらす | しばのいほり | そまつ | しふ[強] | きょうせい | |
| しのびすぐす | すむ | しばのいほり | 92 | しふ[強] | しいる | |
| しのびなく | 66 | しばのと | そまつ | しふ[強] | むりじいする | |
| しのびに | こっそり(と) | しばのと | と | しふ[強] | むりに | |
| しのびに | ひそか | しばのと | いりぐち | しふ[執] | しゅうちゃく | |
| しのびね | ほととぎす | しばのと | 92 | しふ[執] | しゅうねん | |
| しのびね | 35, 65, 66, 90, 91 | しばのとぼそ | いりぐち | しふ[癈] | まひ | |
| しのびやか | ひそか | しばのとぼそ | そまつ | しふ[誣] | うそ | |
| しのびやか | ひそやか | しばのとぼそ | と | しふ[誣] | こじつける | |
| しのびやか | ひっそり | しははゆし | しおからい | しぶ | みずあか | |
| しのびやつす | かわる | しははゆし | しょっぱい | しぶ | 27 | |
| しのびやつす | へんそう | | | しぶあゆ | あゆ | |

| | | |
|---|---|---|
| しぶあゆ …………… 37 | じぶん …………… 16, 85 | しほぢ …………… **かいろ** |
| しぶき …………… **ぎしき** | しべ …………… **いね** | しほぢ …………… **こうりう** |
| しぶき …………… **どくだみ** | しべ …………… **わら** | しほぢ …………… **ちょうりゅう** |
| しぶき …………… 39, 40 | しへたく …………… **いじめる** | しほぢ …………… 23, 31, 97, 98 |
| しぶく[渋] ………… **とどこおる** | しへたく …………… **うちやぶる** | しほぢ …………… **しゅっけ** |
| しぶく[頻吹] ……… **ふきつける** | しへん …………… **ししゅう** | しほぢ …………… **そう** |
| じぶく …………… **やくどし** | しほ …………… **あいきょう** | しほどく …………… **ぬれる** |
| じぶく …………… 89 | しほ …………… **やさしさ** | しほどく …………… **びしょびしょ** |
| じぶくる …………… **すねる** | しほ …………… **かいすい** | しほどく …………… 66, 67 |
| じぶくる …………… **もんく** | しほ …………… **おむむき** | しほどけ …………… **ぬれる** |
| じぶくる …………… **りくつ** | しほ …………… **きかい** | しほどけ …………… 67 |
| じふごや …………… **めいげつ** | しほ …………… **ころあい** | しほどけし ………… **びしょびしょ** |
| じふごや …………… 4, 5, 21 | しほ …………… **みちひ** | しほどけし ………… **びしょびしょ** |
| じふさんや ………… 4 | しほ …………… 23, 81 | しほどけし ………… 67 |
| じふじ …………… **まんじゅう** | しほあひ …………… **きかい** | しほなみ …………… **はとう** |
| しぶしぶ …………… **いやいやながら** | しほあひ …………… **ころあい** | しほなみ …………… 23, 24 |
| しぶしぶ …………… 58 | しほあひ …………… **じき** | しほならぬうみ …… **みずうみ** |
| しふしん …………… **しゅうちゃく** | しほあみ …………… **かいすいよく** | しほなり …………… 24 |
| しふしん …………… **しゅうねん** | しほあみ …………… 23 | しほなる …………… **よなれる** |
| しぶす …………… **しゅうちゃく** | しほあらし ………… **しおかぜ** | しほなる …………… **なれる** |
| しふぜん …………… **てんのう** | しほあらし ………… 11, 22, 23 | しほなる …………… **なじむ** |
| しふぜんのきみ …… **てんのう** | しほいりがは ……… **かこう** | しほなる …………… 57 |
| しふちゃく ………… **しゅうちゃく** | しほいりがは ……… 24 | しほなわ …………… **あわ** |
| しふねし …………… **ごうじょう** | しほうみ …………… 22 | しほのやほへ ……… **かいじょう** |
| しふねし …………… **しつこい** | しほがしむ ……… **しょたいじみる** | しほのやほへ ……… **とおい** |
| しふねし …………… **しゅうねん** | しほがしむ ………… **くろす** | しほのやほへ ……… 23 |
| じふはちのきみ …… **まつ** | しほかぜ …………… **しおかぜ** | しほばな …………… **しらなみ** |
| じふはちのきみ …… 46 | しほかぜ …………… 11, 22, 23 | しほばな …………… 23 |
| じふほう …………… **かぐ** | しほがひ … **かんちょうのあいだ** | しほはゆし ………… **あじ** |
| じふほう …………… **かほう** | しほがひ …………… 23 | しほはゆし ………… **しおからい** |
| じふほう …………… **じゅうき** | しほがまの ………… **うら** | しほはゆし ………… **しょっぱい** |
| じふほう …………… **どうぐ** | しほがれ …………… **しおひ** | しほひ …………… **しおひ** |
| じふまんおくど …… **あのよ** | しほがれ …………… **ひきしお** | しほひ …………… **ひきしお** |
| じふまんおくど | しほがれ …………… 23, 24 | しほひ …………… 23, 24 |
| … **ごくらく・ごくらく** | しほさき …………… **ころあい** | しほひがた ………… **ひがた** |
| **じょうど** | しほさき …………… **じき** | しほひのやま ……… **あのよ** |
| じふまんおくど ……… 72 | しほさき …………… **はじまり** | しほひのやま ……… **ひがん** |
| じふめん …………… **きげん** | しほさる …………… 13, 24 | しほふ …………… **すなお** |
| じふめん …………… **しかめっつら** | しほざる …………… 13, 24 | じほふ …………… **まじめ** |
| じふめん …………… **にがにがしい** | しほしほ …………… **きおち** | しほぶねの ………… **おく** |
| じふめん …………… **ふきげん** | しほしほ …………… **しょんぼり** | しほぶねの ………… **ならぶ** |
| じふもつ …………… **かほう** | しほしほ …………… **ぬれる** | しほほ …………… **きおち** |
| じふもつ …………… **じゅうき** | しほしほ …………… 67 | しほほ …………… **しょんぼり** |
| じふもつ …………… **どうぐ** | しほしむ …………… **なれる** | しほほ …………… **ぬれる** |
| じふやく …………… **どくだみ** | しほしむ …………… **よなれる** | しほほ …………… 67 |
| じふやく …………… 40 | しほしむ …………… **なじむ** | しほま … **かんちょうのあいだ** |
| しふらい …………… **よこう** | しほしむ …………… 57 | しほま …………… 23 |
| しぶる …………… **いやがる** | しほじむ …………… **なれる** | しほみづ …………… 26 |
| しぶる …………… **きしる** | しほじむ …………… **よなれる** | しほむ …………… **しおれる** |
| しぶる …………… **ためらう** | しほじむ …………… **なじむ** | しほや …………… **きおち** |
| しぶる …………… **とどこおる** | しほじむ …………… 57 | しほや …………… **うぬぼれ** |
| しぶる …………… 58 | しほせ …………… **しおじ** | しほゆあみ ………… **かいすいよく** |
| しふゐ …………… **ひろう** | しほせ …………… 23 | しほゆあみ ………… 23 |
| しふゑ …………… **あつまり** | しほたる …………… **なげきかなしむ** | しぼよる …………… **しわ** |
| しふゑ …………… **よりあい** | しほたる …………… **ぬれる** | しぼよる …………… 53 |
| しふゑ …………… **しゅうかい** | しほたる …………… **ひんそう** | しほる …………… **うるおう** |
| じふん …………… **ころあい** | しほたる …………… **みすぼらしい** | しほる …………… **しめらす** |
| じぶん …………… **じき** | しほたる …………… 65, 66, 67 | しほる …………… **しめる** |
| じぶん …………… **としごろ** | しほたれがほ ……… 67 | しほる …………… **ぬらす** |

| | | | | | |
|---|---|---|---|---|---|
| しほる | ぬれる | しまみ | まわり | しめ | しんねん |
| しほる | ゆみ | しまもり | ばんにん | しめ | ひょうしき |
| しほる | 90 | しまやま | つきやま | しめいろづき | さんがつ |
| しま | たのみ | しまやま | にわ | しめいろづき | 6 |
| しま | たよる | しまやま | 28 | しめこ | うさぎ |
| しま | つきやま | しまらく | しばらく | しめこ | 33 |
| しま | にわ | しまらく | すこし | しめさす | せんゆう |
| しま | 28 | しまらく | 16 | しめさす | ひょうしき |
| しまうく | 86 | しまわ | しま | しめし | おしえ |
| しまがくる | かくれる | しまわ | しゅうい | しめし | くんかい |
| しまがくる | しま | しまわ | まわり | しめじ | なつ |
| しまき | きょうふう | しみかへる | かんじる | しめじ | 17 |
| しまき | せんぷう | しみこほる | こおる | しめじめ(と) | しんみり(と) |
| しまき | つむじかぜ | しみさぶ | しげる | しめじめ(と) | つくづく |
| しまき | 12 | しみじみ | しんみり(と) | しめじめ(と) | 9, 10 |
| しまく | ふきあれる | しみじみ | つくづく | しめす[示] | いましめる |
| しまく | 11 | しみつく[染着] | しみとおる | しめす[示] | おしえつげる |
| しまし | しばし | しみつく[染着] | わすれる | しめす[示] | おしえる |
| しまし | しばらく | しみつく[凍付] | こおりつく | しめす[示] | さとす |
| しまし | すこし | しみに | いっぱい | しめす[示] | しらせる |
| しまし | ちょっと | しみみ | たびたび | しめす[湿] | うるおす |
| しまし | 16 | しみみに | すきま | しめす[湿] | しめらす |
| しましく | しばし | しみみに | いっぱい | しめす[湿] | ぬらす |
| しましく | しばらく | しみみに | 43 | しめす[湿] | ふで |
| しましく | すこし | しみら | たびたび | しめなき | しのぶ |
| しましく | ちょっと | しみらに | いちにちじゅう | しめなき | 65 |
| しましく | 16 | しみらに | すきま | しめのうち | きゅうちゅう |
| しまつ | けんやく | しみらに | いっぱい | しめのうち | けいだい |
| しまつ | しだい | しむ | そんけいする | しめのうち | じんじゃ |
| しまつ | しめくくり | しむ[占] | いばしょ | しめやか | しずか |
| しまつ | しょり | しむ[占] | くらす | しめやか | しんみり(と) |
| しまつ | せつやく | しむ[占] | しめる | しめやか | ものしずか |
| しまつとり | う | しむ[占] | すむ | しめやか | 70 |
| しまつとり | 34 | しむ[占] | せんゆう | しめらに | いちにちじゅう |
| しまと | せと | しむ[占] | そなえる | しめらに | すきま |
| しまと | 23 | しむ[占] | もつ | しめらに | いっぱい |
| しまね | しま | しむ[染] | うるおう | しめりなき | しのぶ |
| しまひ | あとしまつ | しむ[染] | おもいつめる | しめりなき | 65 |
| しまひ | おわり | しむ[染] | かんじる | しめる | うるおう |
| しまひ | けいさん | しむ[染] | こいしたう | しめる | おとろえる |
| しまひ | けしょう | しむ[染] | こころひかれる | しめる | きえる |
| しまひ | けっさん | しむ[染] | しみとおる | しめる | しずまる |
| しまひ | しめくくり | しむ[染] | そまる | しめる | ものおもい |
| しまひ | みづくろい | しむ[染] | そめる | しめる | ものしずか |
| しまひ | 85 | しむ[染] | ぬれる | しめる | よわる |
| しまび | しま | しむ[染] | ひたる | しめる | 70, 71 |
| しまふ | かたをつける | しむ[染] | 63 | しめんそか | こりつむえん |
| しまふ | しはらう | しむ[縮] | きめる | しめんそか | てき |
| しまふ | せいさんする | しむ[縮] | くくる | じめんづく | たいだん |
| しまふ | なしおえる | しむ[縮] | けいさん | しも | せめたてる |
| しまふ | やりおえる | しむ[縮] | こらしめる | しも | なにはさておき |
| しまへ | しま | しむ[縮] | ごうけい | しも…ず | かならず |
| しまべ | しま | しむ[縮] | しばる | しも[下] | かりゅう |
| しまぼし | 4 | しむ[縮] | しめる | しも[下] | かわしも |
| じまま | きまま | しむ[縮] | とりきめる | しも[下] | げじゅん |
| じまま | みがって | しむ[縮] | まとめる | しも[下] | みぶん |
| じまま | わがまま | しむ[凍] | こおる | しも[下] | 5, 24, 65 |
| しまみ | しま | しめ | しめなわ | しも[霜] | かみ |
| しまみ | しゅうい | | | | |

| | | | |
|---|---|---|---|
| しも[霜] | はくはつ | しゃう[商] | しょうにん |
| しも[霜] | 53 | しゃう[商] | しょうばい |
| しもうと | みぶん | しゃう[性] | こんじょう |
| しもうど | めしつかい | しゃう[性] | しょうね |
| しもがしも | さいてい | しゃう[性] | せいしつ |
| しもかぜ | かんぷう | しゃう[性] | せいしん |
| しもかぜ | つめたい | しゃう[性] | たましい |
| しもかぜ | 11 | しゃう[性] | てんせい |
| しもがる | かれる | しゃう[性] | ほんしょう |
| しもがれ | かれる | しゃう[正] | しんじつ |
| しもがれ | くさき | しゃう[生] | いきもの |
| しもがれ | しも | しゃう[生] | いのち |
| しもがれ | けいき | しゃう[声] | はつおん |
| しもがれ | 18, 38 | しゃう[声] | 89 |
| しもがれどき | けいき | じゃう[情] | あじわい |
| しもがれどき | 18 | じゃう[情] | あじみ |
| しもくち | あかぎれ | じゃう[情] | おもむき |
| しもくち | しもやけ | じゃう[情] | かんじょう |
| しもくち | できもの | じゃう[情] | じょうあい |
| しもぐち | いりぐち | じゃう[情] | じょうり |
| しもざま | みぶん | じゃう[情] | どうり |
| しもじも | みぶん | じゃう[情] | なさけ |
| しもつえ | えだ | じゃう[情] | にんじょう |
| しもつえ | 43 | じゃう[情] | 60, 81 |
| しもつかた | みぶん | じゃう[状] | かきつけ |
| しもつき | じゅういちがつ | じゃう[状] | てがみ |
| しもつき | 7 | しゃうあひ | あう |
| しもつやみ | くらやみ | しゃうあればじきあり | |
| しもつやみ | やみよ | | なんとか |
| しもつやみ | 5, 21 | じゃう | そう |
| しもつゆみはり | 4 | じゃうえ | 93 |
| しもと[笞] | つえ | しゃうが[唱歌] | うたう |
| しもと[笞] | むち | しゃうが[鬢牙] | こめ |
| しもと[細枝] | 44 | しょうがい | ころす |
| しものもの | 104, 113 | しょうがい | じさつ |
| しものとをか | げじゅん | しょうがい | 73 |
| しものとをか | 5 | しゃうがく | さとり |
| しもばれ | しもやけ | じゃうがこはい | ごうじょう |
| しもばれ | できもの | しょうがち | いちがつ |
| しもばれ | とうしょう | しゃうがち | 5 |
| しもびと | みぶん | しゃうかん[傷寒] | ねつびょう |
| しもびと | めしつかい | しゃうかん[相看] | あう |
| しもふりづき | じゅういちがつ | しゃうかん[相看] | めんかい |
| しもふりづき | 7 | しゃうき | そうしき |
| しもべ | みぶん | しゃうき | めいにち |
| しもべ | めしつかい | しゃうき | 74 |
| しもみぐさ | きく | じゃうき | そしじ |
| しもみぐさ | 39 | じゃうき | こんき |
| しもよ | しも | しゃうぐ | おそなえ |
| しもよ | 21 | しゃうぐ | こめ |
| しもをんな | げじょ | しゃうくゎう | てんのう |
| しゃ | おまえ | じゃうくゎう | てんのう |
| しゃ | 106 | じゃうくゎく | しろ |
| しゃ[舎] | 91 | じゃう | とりで |
| じゃ | からとう | しゃうぐゎつ | いちがつ |
| じゃ | さけのみ | しゃうぐゎつ | 5 |
| じゃ | だいじん | しゃうぐゎつことば | おせじ |
| じゃ | へび | しゃうぐゎつじまひ | 86 |
| じゃ | 33, 94 | しゃうくゎん | おもんじる |
| しゃうくゎん | しょうみ | | |
| しゃうくゎん | そんちょう | | |
| しゃうくゎん | ちんちょう | | |
| しゃうくゎん | もてはやす | | |
| しゃうぐゎん | おもんじる | | |
| しゃうぐゎん | しょうじ | | |
| しゃうぐゎん | ちんちょう | | |
| しゃうぐゎん | もてはやす | | |
| しゃうげ[障㝵] | じゃま | | |
| しゃうげ[障㝵] | さしさわり | | |
| しゃうげ[鬢牙] | こめ | | |
| しゃうげ[鬢牙] | はくまい | | |
| しゃうけい | きじん | | |
| しゃうげう | ぶってん | | |
| しゃうげう | ほとけ | | |
| じゃうこ | むかし | | |
| じゃうこ | むかし | | |
| じゃうこ | からとう | | |
| じゃうご | さけのみ | | |
| じゃうご | しゅごう | | |
| じゃうご | 94 | | |
| じゃうこく | だいじん | | |
| しゃうこつ | こんじょう | | |
| しゃうこつ | さいのう | | |
| しゃうこつ | しょうね | | |
| しゃうこつ | そしつ | | |
| しゃうこつ | てんせい | | |
| しゃうごん | かざりつけ | | |
| しゃうごん | かざる | | |
| じゃうこん | こんき | | |
| じゃうこん | そしつ | | |
| しゃうじ[生死] | いきしに | | |
| しゃうじ[生死] | 73 | | |
| しゃうじ[精進] | けっさい | | |
| しゃうじ[精進] | さいしょく | | |
| しゃうじ[精進] | 49 | | |
| じゃうし | せっく | | |
| じゃうし | ひな | | |
| じゃうし | まつり | | |
| じゃうしき | かって | | |
| じゃうしき | わがまま | | |
| しゃうじのうみ | せかい | | |
| しゃうじゃ[生者] | いきもの | | |
| しゃうじゃ[精舎] | てら | | |
| しゃうじゃう[清浄] | きよらか | | |
| しゃうじゃう[清浄] | けがれ | | |
| しゃうじゃう[猩猩] | からとう | | |
| しゃうじゃう[猩猩] | さけのみ | | |
| しゃうじゃう[猩猩] | しゅごう | | |
| しゃうじゃう[猩猩] | 94 | | |
| しゃうじゃうかう | 95 | | |
| しゃうじゃひつめつ | むじょう | | |
| しゃうじゃひつめつ | 74, 80 | | |
| じゃうじゅ[上寿] | ひゃくさい | | |
| じゃうじゅ[上寿] | 89 | | |
| じゃうじゅ[成就] | かんせい | | |
| じゃうじゅ[成就] | たっせい | | |
| じゃうじゅ[成就] | なしおえる | | |

| | | | |
|---|---|---|---|
| じゃうしゅん | いちがつ | じょうとう[上棟] | むねあげ | じゃき[邪鬼] | かみ |
| じゃうしゅん | 5 | じょうとう[常灯] | みあかし | じゃき[邪鬼] | たたり |
| しゃうじょ | こきょう | しょうとく | てんせい | じゃき[邪鬼] | まじん |
| しゃうじん[精真] | しんじつ | しょうとくい | とくいさき | しゃきゃう | あに |
| しゃうじん[精進] | けっさい | しょうとくい | とりひきする | しゃきゃう | きょうだい |
| しゃうじん[精進] | さいしょく | じょうにち | しゅっきん | しゃきゃう | 55 |
| しゃうじん[精進] | しょうじん | じょうにち | とうばん | しゃく | 111 |
| しゃうじん[精進] | 49 | しゃうにん | ゆうとく | しゃくあく | あくしん |
| しゃうじん[生身] | なまみ | しゃうね | きだて | しゃくぎん | しゃっきん |
| しゃうじん[生身] | にくたい | しゃうね | こころね | じゃくくゎう | しんり |
| しゃうじん[生身] | 48 | しゃうね | こんじょう | じゃくくゎう | ちえ |
| しゃうず | たたえる | しゃうね | こんてい | じゃくくゎうど | あのよ |
| しゃうず[請] | まねく | しゃうね | しんじょう | じゃくくゎん | にじっさい |
| じゃうず[成] | たっせい | しゃうね | どだい | じゃくくゎん | 89 |
| じゃうず[成] | できあがる | しゃうねん[正念] | しょうき | しゃくし[釈子] | ぶつもん |
| じゃうず[成] | なしおえる | しゃうねん[生年] | 89 | しゃくし[杓子] | しゃもじ |
| じゃうず[上手] | めいじん | じょうはり | ごうじょう | しゃくしではらをきる | |
| じゃうず[上衆] | みぶん | じょうはりもの | ごうじょう | | ふかのう |
| じゃうずごかし | おためごかし | しゃうばん | ばいしょく | しゃくじょう | |
| じゃうずめかし | きじん | しゃうび | ばら | | しゃくようしょうしょ |
| じゃうずめく[上手] | じょうず | しゃうび | 45 | じゃくくゎう | さびしい |
| じゃうずめく[上衆] | きじん | しゃうぶ | しょうぶ | じゃくじゃく | ひっそり |
| じゃうせつ | てら | しゃうぶ | 40 | しゃくす | かいしゃく |
| しゃうぜん | いきている | じゃうふだん | いつも | しゃくせん | しゃっきん |
| しゃうぜん | せいぜん | じょうふだん | ふだん | しゃくぜん | ぜんこう |
| しゃうぜん | ぜんせ | じょうぶつ | さとり | しゃくせんこひ | しゃっきん |
| しゃうぜん | ぞんめい | じょうぶつ | 73 | しゃくぜんのいへによけいあり | |
| しゃうぜん | 74 | じょうぶつとくだつ | げだつ | | ぜんこう |
| しゃうぞく | かざり | じゃうぶみ | てがみ | しゃくとく | てがみ |
| しゃうぞく | かざりたてる | しゃうほん | げんぽん | しゃくとく | ぶんしょ |
| しゃうぞく | きる | しゃうほん | いっきゅうりょく | しゃくなげ | しゃくなげ |
| しゃうぞく | そうしん | じゃうほん | じょうとう | しゃくなぎ | 45 |
| しゃうぞく | ふくそう | しゃうめい | ほんもの | じゃくまく | さびしい |
| しゃうぞく | みじたく | しゃうめつ | せいし | じゃくまく | ひっそり |
| しゃうぞく | よそおう | しゃうめつ | 74 | じゃくめつ | きえる |
| しゃうたい | 85, 86, 93 | じゃうや | ひとばんじゅう | じゃくめつ | ねはん |
| しゃうたい | しょうき | じゃうや | ふへん | じゃくめつ | 72, 73 |
| しゃうたい | ほんたい | しゃうらく | じょうきょう | しゃくもん | そう |
| しゃうだい[正体] | しょうき | じゃうらく | じょうきょう | しゃくる | あおる |
| しゃうだい[正体] | ほんたい | じゃうらふ | きじん | しゃくる | しゃくりあげる |
| しゃうだい[請待] | しょうたい | じゃうらふ | みぶん | しゃくる | しゃっくりする |
| しゃうだい[請待] | まねく | しゃうりゃう | たましい | しゃくる | しゃっくり |
| しゃうだい[請待] | もてなし | しゃうりゃうまつり | うらぼん | しゃくる | 65 |
| じゃうだう | さとり | しゃうるい | いきもの | しゃくる[決・刔・漷] | |
| じゃうち | けんじん | しゃうろ | しょうじき | | おだてる |
| じゃうち | ちえ | しゃうろ | ただしい | しゃけ | かんぬし |
| じゃうぢゅう | いつも | しゃうろ | 31 | じゃけ | ばけもの |
| じゃうぢゅう | ふだん | しゃうをかふ | うまれかわる | じゃけ | 88 |
| じゃうぢゅう | ふへん | しゃうをたつ | ぎり | しゃけい | あに |
| じゃうぢゅう | 16 | じゃうをはる | いじ | しゃけい | きょうだい |
| しゃうぢゅういめつ | るてん | じゃうをはる | ごうじょう | しゃけい | 55 |
| しゃうちん | 89 | しゃうをへだつ | しべつ | じゃけん | ざんこく |
| しゃうつき | 74 | しゃうをへだつ | 73 | じゃけん | むじひ |
| しゃうつきめいにち | そうしき | じゃがたらいも | いも | しゃさん | かみ |
| しゃうつきめいにち | めいにち | じゃがたらいも | ばれいしょ | しゃさん | さんけい |
| しゃうつきめいにち | 74 | じゃがたらいも | 41 | しゃし | かんぬし |
| じゃうとう[上冬] | じゅうがつ | じゃき[邪気] | ばけもの | じゃしゃう | ぜんあく |
| じゃうとう[上冬] | 7 | じゃき[邪気] | 88 | しゃしょく | くに |
| じゃうとう[上棟] | けんちく | | | | |

117

| | | |
|---|---|---|
| しゃしょく … ちょうてい | しゅうげつ … 7 | しゅくしふ[宿執] … しゅうねん |
| しゃしん … しゅっけ | しゅうし … きりぎりす | しゅくしふ[宿執] … しゅくゑん |
| しゃしん … 73 | しゅうし … 36 | しゅくしふ[宿執] … とも |
| しゃちく … 9 | しゅうしをかふ … かえる | しゅくしふ[宿執] … むくい |
| しゃつ … かれ | じゅうしん … 89 | しゅくしふ[宿習] … やくそく |
| しゃつ … 106 | しゅうと … ぐんじん | しゅくしょ … じゅうきょ |
| しゃてい … おとうと | しゅうと … そう | じゅくす … せいじゅくする |
| しゃてい … きょうだい | しゅうと … そうへい | じゅくす … みのる |
| しゃてい … 56 | じゅうまん … まんぷく | しゅくすい … くらし |
| しゃなりごゑ … わめく | しゅうもん … しゅうし | しゅくすい … そしょく |
| しゃなりごゑ … どなる | しゅうもん … しゅうは | しゅくすい … まずしい |
| しゃなりごゑ … 91 | しゅうもん … そう | しゅくすい … 96 |
| しゃにん … かんぬし | じゅうわう … かってきまま | しゅくにく … かんれき |
| じゃのすけ … からとう | じゅうわう … じゆう | しゅくにく … 89 |
| じゃのすけ … さけのみ | じゅうわう … わがまま | しゅくばう … がんぼう |
| じゃのすけ … 94 | じゅうわうむげ … かってきまま | しゅくはつ … しゅっけ |
| じゃのめ … いじわる | じゅうわうむげ … じゆう | しゅくまう … がんぼう |
| じゃのめ … めつき | じゅうわうむげ[縦横無碍] … わがまま | しゅくらう … 52 |
| しゃば … 57 | しゅか … しがつ | じゅげん … かんせい |
| しゃばふさげ … ごくつぶし | しゅか … 6, 17 | じゅげん … かんりょう |
| しゃべつ … くべつ | しゅかい … うつわ | じゅげん … じょうじゅ |
| しゃべつ … さべつ | しゅかう … くふう | しゅげんじゃ … やまぶし |
| じゃまん … うぬぼれ | じゅがん … かんせい | しゅご … けいご |
| しゃみ … そう | じゅがん … かんりょう | じゅこん … じっこん |
| しゃみせんぐさ … ぺんぺんぐさ | じゅがん … じょうじゅ | じゅこん … こんいん |
| しゃみせんぐさ … 41 | しゅぎゃう … あんぎゃ | じゅこん … しんみつ |
| しゃめん … ゆるす | しゅぎゃう … じゅんれい | しゅざう … しゅうり |
| しゃもん … そう | しゅぎゃう … たくはつ | しゅし … さかや |
| しゃらく … さっぱり | しゅぎゃう … まなびとる | しゅし … 94 |
| しゃり … おこつ | しゅぎゃうじゃ … そう | じゅし … あおにさい |
| しゃり … かそう | しゅぎょく … うつくしい | じゅし … しょうねん |
| しゃり … こめ | しゅぎょく … しんじゅ | じゅし … みじゅく |
| しゃり … ごはん | しゅきん … てぬぐい | しゅしゃう … てんのう |
| しゃり … ほね | しゅく … せいざ | しゅしゃう[主上] … てんのう |
| しゃり … 96 | しゅく … やど | しゅしゃう[衆生] … いきもの |
| しゃる … かんりょう | しゅく … 8, 87 | しゅしゃう[衆生] … にんげん |
| しゃる … すすむ・すすめる | しゅくい … いこう | しゅしょう … かくべつ |
| しゃれかうべ … どくろ | しゅくい … いし | しゅしょう … けしき |
| しゅ[朱] … あか・あかいろ | しゅくい … うらみ | しゅしょう … こうごうしい |
| しゅ[朱] … 14 | しゅくい … しゅくゑん | しゅしょう … すぐれる |
| しゅ[首] … 111 | しゅくい … のぞみ | しゅす … おこなう |
| しゅ[呪] … のろい | しゅくい … 102 | しゅす … おさめる |
| しゅ[呪] … まじない | しゅくいん … しゅくゑん | しゅす … 48 |
| しゅ[衆] … おおぜい | しゅくうん … うんめい | じゅす … くちずさむ |
| しゅ[衆] … そんけいする | しゅくうん … いんねん | じゅす … となえる |
| しゅ[衆] … 79, 113 | しゅくゑん … むくい | じゅす … よむ |
| じゅ … 111, 112 | しゅくぐゎん … がんぼう | じゅすい … じさつ |
| しゅう[主] … しゅくん | しゅくぐゎん … きぼう | じゅすい … とうしん |
| しゅう[主] … しゅじん | しゅくぐゎん … ねがい | じゅすい … みなげ |
| しゅう[宗] … しゅうし | しゅくぐゎん … 102 | じゅすい … 73, 74 |
| しゅう[宗] … しゅうは | しゅくごふ … しゅくゑん | しゅすびん … あま |
| しゅう[衆] … おおぜい | しゅくごふ … むくい | しゅせき … ひっせき |
| しゅう[衆] … そんけいする | じゅくこん … いえがら | しゅせき … ふで |
| しゅう[衆] … たいしゅう | じゅくこん … すじょう | しゅそ … じゅもん |
| しゅう[衆] … 113 | しゅくしふ[宿執] … うらみ | しゅそ … のろい |
| じゅう … にわ | しゅくしふ[宿執] … うんめい | しゅそ … のろう |
| じゅう … ほしいまま | しゅくしふ[宿執] … かくしつ | じゅそ … じゅもん |
| しゅうゑん … 74 | しゅくしふ[宿執] … しゅうちゃく | じゅそ … のろい |
| しゅうげつ … じゅうにがつ | | |

| | | |
|---|---|---|
| じゅそ | …………… | のろう |
| しゅだん | …………… | いご |
| しゅだん | …………… | ご |
| じゅつ | …………… | しゅだん |
| じゅつ | …………… | ひじゅつ |
| じゅつ | …………… | ほうほう |
| しゅつぎょ | …………… | がいしゅつ |
| しゅっくゎい | …………… | おもい |
| しゅっくゎい | …………… | ぐち |
| しゅっくゎい | …………… | ふへい |
| しゅっくゎい | …………… | ふまん |
| しゅっくゎい | …………… | おもい |
| しゅっくゎい | …………… | ぐち |
| しゅっくゎい | …………… | ふへい |
| しゅっくゎい | …………… | ふまん |
| じゅっこん | …………… | じっこん |
| じゅっこん | …………… | こんい |
| じゅっこん | …………… | しんみつ |
| しゅっし | …………… | しかん |
| しゅっし | …………… | しゅっきん |
| しゅっし | …………… | つかえる |
| しゅっし | …………… | つとめる |
| しゅっす | …………… | 72 |
| しゅっせ | …………… | げだつ |
| しゅっせ | …………… | さとり |
| しゅっけ | …………… | しゅっけ |
| しゅっせしゃ | …………… | しゅっけ |
| しゅったい | …………… | おこる |
| しゅったい | …………… | かんせい |
| しゅったい | …………… | じょうじゅ |
| しゅったつ | …………… | しゅっぱつ |
| しゅったつ | …………… | たびだち |
| しゅったつ | …………… | 86 |
| じゅつなし | …………… | こまりはてる |
| じゅつなし | …………… | しかた(が)ない |
| じゅつなし | …………… | しょち |
| じゅつなし | …………… | つらい |
| じゅつなし | …………… | ほうほう |
| しゅつり | …………… | げだつ |
| しゅつり | …………… | しゅっけ |
| しゅと | …………… | ぐんじん |
| しゅと | …………… | そう |
| しゅと | …………… | そうへい |
| しゅび | …………… | いちぶしじゅう |
| しゅび | …………… | くめん |
| しゅび | …………… | しだい |
| しゅび | …………… | つごう |
| しゅび | …………… | なりゆき |
| しゅび | …………… | はじめ |
| しゅび | …………… | ようす |
| しゅひつ | …………… | しょき |
| しゅふく | …………… | しゅうり |
| しゅほふ | …………… | いのる |
| しゅほふ | …………… | ていたく |
| しゅもん | …………… | 92 |
| しゅゆ | …………… | すこし |
| しゅゆ | …………… | 16 |
| じゅらく | …………… | きょうとへはいるこ |

| | | |
|---|---|---|
| | **と** | |
| しゅらのちまた | …………… | あらそい |
| しゅらのちまた | …………… | せんじょう |
| しゅらば | …………… | せんじょう |
| しゅらをもやす | …………… | ねたむ |
| しゅり | …………… | しゅうり |
| しゅろう | …………… | かねつきどう |
| しゅゑ | …………… | しゅうかい |
| じゅんえん | …………… | えん |
| じゅんえん | …………… | 74 |
| じゅんぎ | …………… | ぎり |
| じゅんげつ | …………… | ごがつ |
| じゅんげつ | …………… | 6 |
| しゅんじう | …………… | さいげつ |
| しゅんじう | …………… | とし |
| しゅんじう | …………… | ねんげつ |
| しゅんめ | …………… | うま |
| しゅんめ | …………… | 10, 33 |
| しゅんりん | …………… | 10, 18 |
| しょ | …………… | しょどう |
| しょ | …………… | しょもつ |
| しょ | …………… | てつがみ |
| しょ | …………… | ぶんしょ |
| じょ | …………… | はしがき |
| じょ | …………… | まえがき |
| じょ | …………… | いがい |
| じょ | …………… | そのほか |
| じょ | …………… | それいがい |
| じょ | …………… | 109 |
| しょこ | …………… | しょうこ |
| しょいん | …………… | しょうだく |
| しょうし | …………… | たいへん |
| しょうじ | …………… | たいへん |
| しょうじゃう | …………… | だいじん |
| じょうしゃう | …………… | だいじん |
| しょうしゅん | …………… | 18 |
| しょうす | …………… | なづける |
| しょうす | …………… | ほめたたえる |
| しょうす | …………… | ほめる |
| しょうず | …………… | なづける |
| しょうず | …………… | ほめたたえる |
| じょうず | …………… | かこつける |
| じょうず | …………… | つけこむ |
| じょうず | …………… | りようする |
| しょうぜき | …………… | しょうこ |
| しょうたう | …………… | まつかぜ |
| しょうたう | …………… | 12 |
| しょうち | …………… | けしき |
| しょうち | …………… | めいしょ |
| しょうとく | …………… | しゅうにゅう |
| しょうはく | …………… | じょうりょく |
| しょうはく | …………… | ときわぎ |
| しょうはく | …………… | 43 |
| しょうぶく | …………… | しょうだく |
| しょうぶく | …………… | なっとく |
| しょうみゃう | …………… | いのる |
| しょうみゃう | …………… | ねんぶつ |
| しょうらい | …………… | 12 |
| しょうり | …………… | りえき |

| | | |
|---|---|---|
| しょえん | …………… | いんねん |
| しょえん | …………… | えん |
| しょか | …………… | しがつ |
| しょか | …………… | 6 |
| しょがく | …………… | がくもん |
| しょぎゃう[所行] | …… | おこない |
| しょぎゃう[所行] | …… | しわざ |
| しょぎゃう[所行] | …… | ふるまい |
| しょぎゃう[諸行] | …… | ばんぶつ |
| しょぎゃうむじゃう | …… | むじょう |
| しょぎゃうむじゃう | …… | るてん |
| しょぎゃうむじゃう | …… | 80 |
| しょく | …………… | しょくにん |
| しょくじょ | …… | しょくじょせい |
| しょくちょ | …………… | たなばた |
| しょくちょ | …………… | 8 |
| しょくゎ | …………… | ふたん |
| しょぐゎん | …………… | ねがう |
| しょぐゎん | …………… | 102 |
| しょけ | …………… | そう |
| しょけ | …………… | ばけもの |
| しょげつ[初月] | …… | いちがつ |
| しょげつ[初月] | …… | 5 |
| じょげつ[除月] | …… | じゅうにがつ |
| じょげつ[除月] | …… | 7 |
| じょげつ[如月] | …… | にがつ |
| じょげつ[如月] | …… | 5 |
| じょごん | …………… | くちぞえ |
| しょさ | …………… | おこない |
| しょさ | …………… | しごと |
| しょさ | …………… | しわざ |
| しょさ | …………… | どうさ |
| しょさ | …………… | ふるまい |
| しょさ | …………… | 48 |
| しょざい | …………… | ありか |
| しょざい | …………… | おこない |
| しょざい | …………… | しわざ |
| しょざい | …………… | じゅうきょ |
| しょざい | …………… | どうさ |
| しょざい | …………… | ふるまい |
| しょざい | …………… | みぶん |
| しょざい | …………… | たいくつ |
| しょざい | …………… | やるせない |
| じょさい | …………… | てぬかり |
| じょさい | …………… | ておち |
| しょざいなし | …… | たいくつ |
| しょざいなし | …… | やるせない |
| しょさつ | …………… | かきつけ |
| しょさつ | …………… | てがみ |
| しょし | …………… | かきつけ |
| しょし | …………… | てがみ |
| しょしう | …………… | しちがつ |
| しょしう | …………… | 6 |
| しょしき | …………… | しょうひん |
| しょじゅう | …………… | けらい |
| しょじゅう | …………… | じゅうしゃ |
| しょじゅう | …………… | ぶか |
| しょしょく | …………… | しごと |
| しょしょく | …………… | しょくむ |

じゅそ―しょしょく

しょしん　　　　　　　　うぶ
しょしん　　　　　　　　みじゅく
しょしん　　　　　　　　やぼ
じょす　　　　　　かきあらわす
じょす　　　　　　　　のべる
しょせん　　　　　　けっきょく
しょせん　　　　　　　とにかく
しょせんなし　…　しかた(が)ない
しょせんなし
　　　　　　　どうしようもない
しょぞん　　　　　　　おもわく
しょぞん　　　　　　　かんがえ
しょたい　　　　　　　かんしょく
しょたい　　　　　　　　ざいさん
しょたい　　　　　　　　せたい
しょたい　　　　　　　　ちい
しょたい　　　　　　　りょうち
しょたう　　　　　　　ぜいきん
しょたう　　　　　　　そうとう
しょたう　　　　　　　てきとう
しょたう　　　　　　　ねんぐ
しょだう　　　　　　　せんもん
じょでい　　　　　　　でいすい
じょでい　　　　　　　　　95
しょとう　　　　　　　じゅうがつ
しょとう　　　　　　　　　7
しょとく　　　　　　　　りえき
しょにん　　　　　　　ぶあいそう
じょびらき　　　　　　はじまり
しょまう　　　　　　　きぼう
しょまう　　　　　　　ねがう
しょまう　　　　　　　のぞむ
しょまう　　　　　　　ほしがる
しょまう　　　　　　　　102
しょや　　　　　　　　やはん
しょや　　　　　　　　　21
しょらう[初老]　……　しじっさい
しょらう[初老]　　　　　89
しょらう[所労]　　　　　87
しょりゃう　　　　　　　とち
しょりゃう　　　　　　りょうち
しょりゃう　　　　　　りょうゆう
しょわけ　　　　　　　　ざっぴ
しょわけ　　　　　　　　じじょう
しょゐ　　　　　　　　おこない
しょゐ　　　　　　　　しわざ
しょゐん　　　　　　　しょさい
じら　　　　　　　　　とうぞく
じら　　　　　　　　　どろぼう
じら　　　　　　　ぶらいのやから
じら　　　　　　　　　わるもの
しらかす　　　　　　　しらける
しらかはよぶね　　　　　76
しらがふ　　　　　　　めだつ
しらかべ　　　　　　　とうふ
しらかみ　　　　　　　　かみ
しらかみ　　　　　　　　しらが
しらかみ　　　　　　　はくはつ
しらく　……　あからさまにする

しらく　　　　　　　うちあける
しらく　　　　　　　きょうざめ
しらく　　　　　　　　ぐあい
しらく　　　　　　　さしさわり
しらく　　　　　　　　しらける
しらく　　　　　　　しろ・しろい
しらく　　　　　　はくじょうする
しらぐ　　　　　　　　うつ
しらぐ　　　　　　　　たたく
しらぐ[精]　　　　　　　こめ
しらぐ[精]　　　　せいせいする
しらぐ[精]　　　　　　せいまい
しらくも　　　　　　　　くも
しらくもの　　　　　　　たえる
しらくもの　　　　　　　たつ
しらくもの　　　　　　　はるか
しらくもの　　　　　　ひとむれ
しらくもの　　　　　　わかれる
しらげ　　　　　　　　こめ
しらげ　　　　　　　はくまい
しらげよね　　　　　　　こめ
しらげよね　　　　　　せいまい
しらげよね　　　　　　はくまい
しらごゑ　　　　　かなきりごえ
しらごゑ　　　　　かんだかいこえ
しらごゑ　　　　　　　　90
しらさぎの　　　　　　ぬれる
しらさぎの　　　　　　　93
しらしめす　　　　　　おさめる
しらしめす　　　　　　　74
しらしらあけ　　　　　19,20
しらしらじ　　　　　　れいたん
しらじらし　　　　　　あじけない
しらじらし　　　　　きょうざめ
しらじらし　　　　　　しらける
しらじらし　　　　　しろ・しろい
しらじらし　　　　そらぞらしい
しらす　　　　　　　　おさめる
しらす　　　　　　　とうちする
しらずがほ　　　　　しらぬかお
しらずがほ　　　　　　　74
しらすげの　　　　　　　74
しらたま　　　　　　　しんじゅ
しらたま　　　　　　　　63
しらつゆ　　　　　　　　つゆ
しらつゆの　　　　　　　いね
しらつゆの　　　　　　　おく
しらつゆの　　　　　　　きえる
しらつゆの　　　　　　　たま
しらに　　　　　　　　　23
しらなみの　　　　　　　うつ
しらなみの　　　　　　　なごり
しらなみの　　　　　　　まつ
しらなみの　　　　　　　よる
しらなみの　　　　いちじるしい
しらなみの　　　　　　　74
しらに　　　　　　　　　74
しらね　　　　　　　ひとりね
しらね　　　　　　　　　77

しらはえ　　　　　　　　12
しらばけ　　　　あからさまにする
しらばけ　　　　　　そらとぼける
しらばけ　　　　　　　とぼける
しらばけ　　　　　　　　75
しらふ　　　　　　　　ふさわしい
しらぶ　　　　　　　　えんそう
しらぶ　　　　　　　　しらべる
しらぶ　　　　　　　　ずにのる
しらぶ　　　　　　　　ちょうし
しらぶ　　　　　　　　ひく
しらふらひ　　　　　　　67
しらべ　　　　　　　　えんそう
しらべ　　　　　　　おんがく
しらべ　　　　　　　　がっき
しらべ　　　　　　　　13
しらべあはす　　　　　えんそう
しらべあはす　　　　　がっそう
しらべあはす　　　　　ちょうし
しらべととのふ　　　　がっそう
しらぼし　　　　　　　　すぼし
しらぼし　　　　　　　　96
しらまかす　　　　　　　きせい
しらまかす　　　　　　しらける
しらます　　　　　　　　きせい
しらます　　　　　　　しらける
しらまなご　　　　　　しらすな
しらまなご　　　　しろ・しろい
しらまゆみ　　　　　　おそろしい
しらまゆみ　　　　　　　すえ
しらまゆみ　　　　　　　はる
しらまゆみ　　　　　　　ひく
しらまゆみ　　　　　　　　4
しらみわたる　　　　　　22
しらむ[調]　　　　　　しらべる
しらむ[調]　　　　　　ずにのる
しらむ[白]　　　　　　あかるい
しらむ[白]　　　　　　あける
しらむ[白]　　　　　　おとろえる
しらむ[白]　　　　　　きせい
しらむ[白]　　　　　しろ・しろい
しらむ[白]　　　　　　よわまる
しらむ[白]　　　　　　よわる
しらむ[白]　　　　　　　22
しらゆきの　　　　いちじるしい
しらゆきの　　　　　　　つもる
しらゆきの　　　　　　　ふるい
しらを[調]　　　　　　しらうお
しらを　　　　　　　　　37
しり　　　　　　　　　あと
しり　　　　　　　　　うしろ
しり　　　　　　　　　すえ
しり　　　　　　　　　はし
しり　　　　　　　　　はて
じり　　　　　　　　　しんじつ
じり　　　　　　　　　しんり
じり　　　　　　　　　すじみち
しりあし　　　　　　　あとあし

| | | |
|---|---|---|
| しりあし  うしろあし | しる[知]  こうさい | しれごと[痴事]  ばか |
| しりあし(を)ふむ  あとずさりする | しる[知]  しらせる | しれしれし  ばかげてみえる |
| しりあしをふむ  ためらう | しる[知]  せわ | しれもの  あやしい |
| しりうごつ  かげぐち | しる[知]  つきあい | しれもの  おろか |
| しりうごと  かげぐち | しる[知]  つきあう | しれもの  たわけ |
| しりうごと  83 | しる[知]  にんしきする | しれもの  ねっちゅう |
| しりうたぐ  こし | しる[知]  みとめる | しれもの  ばかもの |
| しりうたぐ  すわる | しる[知]  みわける | しれもの  らんぼう |
| しりうたぐ … ちゅうごしになる | しる[知]  りかい | しれもの  ろうぜきもの |
| しりうと  ちじん | しる[知]  わかる | しれもの  わるもの |
| しりうり  とも | しる[知]  75 | しろ  かわり |
| しりうど  しりあい | しる[痴]  いたずら | しろ  さいりょう |
| しりうまにのる     びんじょうする | しる[痴]  おろか | しろ  だいよう |
| しりがくる … とばっちりがくる | しる[痴]  ばか | しろ  だいきん |
| しりがほ  しったかぶり | しる[痴]  ぼける | しろある  15 |
| しりがわれる  ばれる | しる[領] … つかさどる | しろあを  — |
| しりがわれる  ろけんする | しる[領]  とうちする | しろうま  どぶろく |
| しりくさ  いぐさ | しる[領]  りょうゆう | しろうま  にごりざけ |
| しりくさ  39,40 | しるかゆ  96 | しろうま  95 |
| しりくべなは  しめなわ | しるけく  はっきり | しろかね  かね |
| しりくべなは  しんねん | しるし  47 | しろかね  ぎん |
| しりくめなは  しめなわ | しるし[印]  くび | しろかね  ぎんか |
| しりくめなは  しんねん | しるし[著]  あきらか | しろがね  かね |
| しりこたふ  てごたえ | しるし[著]  いちじるしい | しろがね  ぎん |
| しりさき  あとさき | しるし[著]  そのとおり | しろがね  ぎんか |
| しりさき  ぜんご | しるし[著]  めいはく | しろかみ  かみ |
| しりぞく  おいはらう | しるし[著]  めいりょう | しろかみ  しらが |
| しりぞく  かえる | しるし[著]  めだつ | しろかみ  はくはつ |
| しりぞく  きょぜつ | しるし[著]  よそう | しろぎぬ  ぞくじん |
| しりぞく  ことわる | しるし[著]  109 | しろきもの  おしろい |
| しりぞく  さがる | しるし[標]  くい | しろきもの  けしょう |
| しりぞく  しりぞける | しるし[驗]  おんけい | しろくろになる  こんらん |
| しりぞく  じにんする | しるし[驗]  かい | しろし  あかるい |
| しりぞく  とおざける | しるし[驗]  ききめ | しろし  あきらか |
| じりつ(…)さんじっさい | しるし[驗]  こうのう | しろしめす  おさめる |
| じりつ  89 | しるし[驗]  ごりやく | しろしめす  74 |
| しりにたつ  ついていく | しるしがたい  あいず | しろたへ  しろ・しろい |
| しりにほをかける  にげる | しるし[驗]  きざし | しろたへ  ぬの |
| しりぶり  うしろすがた | しるし[驗]  しょうこ | しろたへ  15 |
| しりへ  うしろ | しるし[驗]  めじるし | しろたへの  おび |
| しりへざま  うしろ | しるし[驗]  れいげん | しろたへの  くも |
| しりへしぞく … あとずさりする | しるしのたのみ  ゆいのう | しろたへの  こうかい |
| しりまひ  ひとまね | しるしのたのみ  85 | しろたへの  すな |
| しりみや  めんどう | しるしる  74 | しろたへの  そで |
| しりめ  ながしめ | しるす[記]  かきとめる | しろたへの  たすき |
| しりめ  よこめ | しるす[記]  かく | しろたへの  たもと |
| しりめ  49,50 | しるす[記]  きろく | しろたへの  ゆき |
| しりめにかく  あなどる | しるし[徴]  きざす | しろたへの  23,93 |
| しりめにかく  けいべつする | しるべ[導]  あんない | しろづき  こめ |
| しりめにかく  よこめ | しるべ[知辺]  しりあい | しろづき  はくまい |
| しりめにかく  50,78 | しるべ[知辺]  ちじん | しろとり  ほととぎす |
| しりもむすばぬいと     しまりがない | しるべす  みちびく | しろとり  35 |
| しりをぬぐふ  あとしまつ | しるまし  きざし | しろなまり  すず |
| しりをよこす  あとしまつ | しれがまし  ばかげている | しろね  ねぎ |
| しる[知]  おさめる | しれがまし  ばからしい | しろね  41 |
| しる[知]  けいけん | しれごと[痴言]  たわごと | しろふ  ふさわしい |
| | しれごと[痴言]  ばかげた | しろふ  113 |
| | しれごと[痴事]  おろか | しろぶな  ぶな |
| | しれごと[痴事]  たわけ | しろぶな  46 |

| しろむ | きれい |
|---|---|
| しろむ | しろ・しろい |
| しろむ | たじろぐ |
| しろむ | ためらう |
| しろもの | しょうひん |
| しろもの | だいきん |
| しろらか | しろ・しろい |
| しろらか | まっしろ |
| | 15 |
| しろをとり | 34 |
| しわ | さざなみ |
| しわ | はもん |
| しわ | 23, 24, 25 |
| しわざ | こうい |
| しわざ | はたらき |
| しわし | けち |
| しわたす | いちめんに |
| しわたす | 75 |
| しわのぶ | わかがえる |
| しわのぶ | 58 |
| しわぶ | とうわく |
| しわむ | しわ |
| しをしをと | しおれる |
| しをしをと | しょうぜんとしたさま |
| しをらし | かわいい |
| しをらし | けなげ |
| しをらし | しおらしい |
| しをり | みちあんない |
| しをり | みちしるべ |
| しをり | 32 |
| しをりど | いりぐち |
| しをりど | と |
| しをる[萎] | きおち |
| しをる[萎] | くわえる |
| しをる[萎] | しおれる |
| しをる[萎] | しずむ |
| しをる[萎] | しなう |
| しをる[萎] | しぼむ |
| しをる[萎] | しょんぼり |
| しをる[萎] | たわむ |
| しをる[萎] | ちから |
| しをる[萎] | ぬれる |
| しをる[萎] | まげる |
| しをる[責] | こらしめる |
| しをる[責] | しかる |
| しをる[責] | せめる |
| しをる[枝折] | みちあんない |
| しをる[枝折] | みちびく |
| しをる[枝折] | 32 |
| しん[信] | しんこう |
| しん[信] | しんらい |
| しん[心] | しんぞう |
| しん[心] | とも |
| しん[心] | なかま |
| しん[心] | 47 |
| しん[神] | せいしん |
| しん[神] | 60 |

| しん[親] | したしみ |
|---|---|
| しん[親] | みうち |
| しん[親] | りょうしん |
| しん[親] | にくしん |
| しん[親] | 55 |
| じん | ひと |
| しい | いかり |
| しんが | めばえる |
| しんかう[信仰] | しんこう |
| しんかう[信仰] | しんらい |
| しんかう[深更] | しんや |
| しんかう[深更] | まよなか |
| しんかう[深更] | よなか |
| しんかう[深更] | よふけ |
| しんかう[深更] | 21 |
| しんがう | しんこう |
| しんがう | しんらい |
| しんがり | さいご |
| しんかん | ないぞう |
| しんかん | 47, 60 |
| しんかんにそふ | 61 |
| しんきがわく | いらだたしい |
| しんきがわく | じれったい |
| しんきゅう | あに |
| しんきゅう | きょうだい |
| しんきゅう | じってい |
| しんきゅう | 55, 56 |
| じんく | おそなえ |
| じんくゎん | かんぬし |
| しんけい | きょうだい |
| しんげつ | じゅうにがつ |
| じんげつ | 7 |
| しんこう | 83, 84 |
| しんさう[心操] | こころがけ |
| しんさう[心操] | こころがまえ |
| しんさう[心操] | せっそう |
| しんさう[針草] | あざみ |
| しんさう[針草] | 38 |
| しんざう | にいづま |
| しんざう | わかい |
| しんざう | 51, 55 |
| しんざん | しんじん |
| しんし | きょどう |
| しんし | ふるまい |
| しんじ | さいし |
| しんじ | まつり |
| しんじ | さいし |
| じんじ | まつり |
| しんしう | しちがつ |
| しんしう | 6, 17 |
| しんじち | しんじつ |
| しんじち | ほんとうに |
| しんじち | まこと |
| しんじつ | まったく |
| しんじつ | まこと |
| じんじつ | せっく |
| しんしゃう | くらし |
| しんしゃう | ざいさん |
| しんしゃう | みのうえ |

| しんじゃう | けんじょう |
|---|---|
| じんじゃう | ありふれている |
| じんじゃう | いさぎよい |
| じんじゃう | おとなしい |
| じんじゃう | けなげ |
| じんじゃう | しとやか |
| じんじゃう | すぐれる |
| じんじゃう | つつましやか |
| じんじゃう | ひんい |
| じんじゃう | ふつう |
| じんじゃう | 82, 83 |
| しんじゃうもの | おくりもの |
| しんしゃく | えんりょ |
| しんしゃく | くみとる |
| しんしゃく | じたい |
| しんしゃく | すいさつ |
| じんしょ | あんない |
| じんじょう | あんない |
| じんじょう | 20 |
| しんしん[森森] | そびえる |
| しんしん[深深] | ふかい |
| しんしん[駸駸] | すすむ |
| じんしん[人臣] | けらい |
| じんしん[人身] | 46 |
| じんじん | いみ |
| じんじん | しんぴ |
| じんじん | ふかい |
| しんしん(と) | しずまる |
| しんしん(と) | ゆき |
| しんず | あたえる |
| しんず | けんじょう |
| しんず | さしあげる |
| しんすい | すいじ |
| しんすい | おそなえ |
| しんすい | ちかい |
| しんすい | 26 |
| しんせい[秦正] | じゅうがつ |
| しんせい[秦正] | 7 |
| しんせい[辰星] | 8 |
| しんせき | おうしゅ |
| しんせき | そくせき |
| しんせん | せんにん |
| しんぞ | ほんとうに |
| しんぞ | まこと |
| しんぞ | かみかけて |
| しんぞ | こころから |
| しんぞ | 61 |
| しんぞう | 54 |
| しんぞく | そう |
| じんだ | ぬかみそ |
| じんだ | 96 |
| しんだい[身代] | ざいさん |
| しんだい[身代] | ちい |
| しんだい[身代] | みぶん |
| しんだい[進退] | おもい |
| しんだい[進退] | おもいどおり |
| しんだい[進退] | しはい |
| しんだい[進退] | じゆう |
| しんだい[進退] | |

| | | | | | |
|---|---|---|---|---|---|
| …… | たちいふるまい | しんもつ …… | おくりもの | ずいさう …… | きざし |
| しんだい[進退] …… | どうさ | しんもって …… | かみかわって | ずいさう …… | きっちょう |
| しんだい[進退] …… | ふるまい | しんもって …… | けっして | すいさん …… | おしかける |
| じんたい …… | じんぴん | しんもって …… | ほんとうに | すいさん …… | おとずれ |
| じんたい …… | ひとがら | しんもって …… | まこと | すいさん …… | おとずれる |
| じんたい …… | みぶん | しんやう …… | じゅういちがつ | すいさん …… | さしでがましい |
| しんだいあく …… | ざいさん | しんやう …… | 7 | すいさん …… | でしゃばり |
| じんたいらし …… | 82 | しんよ …… | みこし | すいさん …… | ほうもん |
| しんたく …… | おつげ | じんよ …… | みこし | すいさんもの …… | でしゃばり |
| しんたん …… | ちゅうごく | しんらう …… | くろう | すいさんもの …… | ぶれい |
| しんだん …… | ちゅうごく | しんらう …… | しんく | すいしいだす …… | けんとう |
| じんちく …… | わるもの | しんらう …… | ほねおり | すいしいだす …… | 103 |
| しんちつ …… | したしい | じんりき …… | じんつうりき | すいしゃう …… | すいしん |
| しんちつ …… | じっこん | じんりき …… | ふしぎ | すいしゅ …… | せんどう |
| しんちゅう …… | しんちゅう | しんるい …… | みより | すいしゅ …… | ふなのり |
| しんぢゅう …… | じょうし | しんるい …… | 55 | すいしゅ …… | 98 |
| しんぢゅう …… | せいい | しんれい …… | かみ | ずいじん …… | つれる |
| しんぢゅう …… | まこと | じんろく …… | おろか | ずいじん …… | とも |
| しんぢゅう …… | 61, 63, 73 | じんろく …… | ちょうなん | すいす …… | おしはかる |
| じんづう …… | じんつうりき | じんろく …… | ばかもの | すいす …… | おもいやる |
| じんづう …… | ふしぎ | じんろく …… | 52 | すいそ …… | か |
| じんでう …… | 19 | しんをいたす …… | しんこう | すいそ …… | ぼうふら |
| しんとう[心頭] …… | しんちゅう | しんをなす …… | しんこう | すいそ …… | 36 |
| しんとう[心頭] …… | 61 | しんをなす …… | しんじる | すいそん …… | こうずい |
| しんとう[新冬] …… | じゅうがつ | | | すいたい …… | 28 |
| しんとう[新冬] …… | 7 | **す** | | すいちゃうこうけい …… | しんしつ |
| しんに …… | いかり | | | すいっちゃん …… | うまおい |
| しんにょ …… | しんり | す …… | そんけいする | すいっちょ …… | 36 |
| じんにん …… | かんぬし | す[為] …… | する | すいと …… | うまおい |
| しんね …… | いかり | す[砂] …… | すな | すいと …… | 36 |
| しのざう …… | しんぞう | す[素] …… | 112 | ずいと …… | いっきに |
| しんのはしら …… | だいこくばしら | す[簾] …… | すだれ | ずいと …… | すみやか |
| しんばし …… | すこし | ず …… | 100 | ずいと …… | そのまま |
| しんばし …… | ちょっと | ず[図] …… | けしき | ずいと …… | 109 |
| しんばし …… | 16 | すい[推] …… | すいさん | ずいなう …… | のうずい |
| しんぴつ …… | ひっせき | すい[推] …… | すいりょう | ずいなう …… | 48 |
| しんべう …… | おとなしい | すい[粋] …… | いき | すいば …… | いただり |
| しんべう …… | けなげ | ずい …… | かって | すいば …… | すかんぼ |
| しんべう …… | すなお | ずい …… | きまま | すいば …… | 39 |
| しんべう …… | ふしぎ | ずい …… | わがまま | すいび …… | ちゅうふく |
| しんぼち …… | しゅっけ | すいあて …… | あてすいりょう | すいび …… | 28, 29 |
| しんぼち …… | そう | すいあて …… | すいりょう | すいふ …… | りゅうぐう |
| しんみ …… | しんせつ | ずいいち …… | いっきゅうひん | すいふろ …… | ふろ |
| しんみ …… | とくじつ | すいうん …… | そう | ずいぶん …… | おおいに |
| しんみ …… | にくしん | すいえき …… | みなと | ずいぶん …… | きょくりょく |
| しんみ …… | 56 | すいえき …… | 98 | ずいぶん …… | すこぶる |
| しんみゃち[身命] …… | いのち | すいがい …… | かきね | ずいぶん …… | できる |
| しんみょう[神妙] …… | おとなしい | すいかう …… | りゅう | ずいぶん …… | なかなか |
| しんみょう[神妙] …… | けなげ | すいかき …… | かきね | ずいぶん …… | みぶん |
| しんみょう[神妙] …… | すなお | ずいき …… | よろこび | ずいぶん …… | ようい |
| しんみょう[神妙] …… | ふしぎ | ずいきのなみだ …… | よろこび | ずいぶん …… | よほど |
| じんみらい …… | いつまでも | すいきゃう …… | ものずき | すいめん …… | すいみん |
| じんみらいさい …… | いつまでも | すいきゃう …… | よいつぶす | すいめん …… | ねむり |
| しんめい[神明] …… | かみ | すいきゃう …… | 94, 95 | すいめん …… | 76 |
| しんめい[身命] …… | いのち | ずいけん …… | きざし | すいれん …… | すいえい |
| しんめう …… | おとなしい | すいさう …… | すいしょう | すう …… | おく |
| しんめう …… | けなげ | すいさう …… | ほうせき | すう …… | すえる |
| しんめう …… | すなお | | | すう …… | すわる |
| しんめう …… | ふしぎ | | | すう …… | せっちする |

すう―すぐしはつ

| | | |
|---|---|---|
| すう | ……………… | そなえる |
| すう | ……………… | とまる |
| すう | ……………… | まく |
| すう | ……………… | もうける |
| すうき | ……………… | かなめ |
| すうぎ | ……………… | ようてん |
| すうぎ | ……………… | かなめ |
| すうぎ | ……………… | ようてん |
| ずうずう | ……………… | くちずさむ |
| ずうずう | ……………… | よむ |
| すうぜう | ……………… | きこり |
| すうぜう | ……………… | みぶん |
| すがき[巣垣] | ……………… | くも |
| すがき[巣垣] | ……………… | 36 |
| すがき[簀垣] | ……………… | かきね |
| すがく | ……………… | くも |
| すがく | ……………… | 36 |
| すがし | ……………… | あっさり |
| すがし | ……………… | さわやか |
| すがしひかり | ……………… | きよらか |
| すがしふす | ……………… | だましとおす |
| すがしむ | ……………… | さわやか |
| すがしめ | ……………… | きひん |
| すがしめ | ……………… | きよらか |
| すがしめ | ……………… | びじん |
| すがしめ | ……………… | 50, 51 |
| すかす[透] | ……………… | すくない |
| すかす[透] | ……………… | はずす |
| すかす[透] | ……………… | へらす |
| すかす[透] | ……………… | まばら |
| すかす[透] | ……………… | ゆだん |
| すかす[賺] | ……………… | おだてる |
| すかす[賺] | ……………… | だます |
| すかす[賺] | ……………… | ちょうし |
| すかす[賺] | ……………… | なぐさめる |
| すかす[賺] | ……………… | なだめる |
| すがすが(と) | ……………… | おもいきり |
| すがすが(と) | ……………… | すらすら |
| すがすがし | ……………… | あっさり |
| すがすがし | ……………… | さわやか |
| すがすがし | ……………… | すがすがしい |
| すがすがし | ……………… | きよい |
| すがすがと | ……………… | あっさり |
| すがた | ……………… | びじん |
| すがた | ……………… | ふうちょう |
| すがた | ……………… | ふくそう |
| すがた | ……………… | みなり |
| すがた | ……………… | ようす |
| すがた | ……………… | 51, 81 |
| すがたかたち | ……………… | ようし |
| すがたのむし | ……………… | さる |
| すがたのむし | ……………… | 33 |
| すかなし | … | こころたのしまない |
| すかなし | ……………… | たのしい |
| すかなし | ……………… | ゆううつ |
| すがねどり | ……………… | きじ |
| すがねどり | ……………… | 34 |
| すがのねの | ……………… | くがつ |
| すがのねの | ……………… | たえる |
| すがのねの | ……………… | ながい |
| すがのねの | ……………… | みだれる |
| すがのねの | ……………… | 7 |
| すがひ | ……………… | つがい |
| すがひすがひ | ……………… | かわるがわる |
| すがひすがひ | ……………… | しだいに |
| すがひすがひ | ……………… | つぎつぎ |
| すがふ | ……………… | おいつく |
| すがふ | ……………… | つぐ |
| すがふ | ……………… | ならぶ |
| すがふ | ……………… | ひってき |
| すがふ | ……………… | ゆきちがう |
| すがむ | ……………… | 50 |
| すがめ | ……………… | ながしめ |
| すがめ | ……………… | よこめ |
| すがめ | ……………… | 49, 50 |
| すがやか | ……………… | あっさり |
| すがやか | ……………… | すらすら |
| すがやか | ……………… | さわやか |
| すがら | ……………… | 113 |
| すがり | ……………… | なれのはて |
| すがる[酸] | ……………… | すっぱい |
| すがる[縋] | ……………… | とりいする |
| すがる[縋] | ……………… | よりすがる |
| すがる[末枯] | ……………… | おとろえる |
| すがる[末枯] | ……………… | おわる |
| すがる[蜾蠃] | ……………… | あぶ |
| すがる[蜾蠃] | ……………… | しか |
| すがる[蜾蠃] | ……………… | 33, 36 |
| すがるをとめ | ……………… | しょうじょ |
| すかれ | ……………… | さかり |
| すき[隙] | ……………… | すきま |
| すき[隙] | ……………… | ひま |
| すき[隙] | ……………… | ゆだん |
| すき[隙] | ……………… | 59 |
| すき[好] | ……………… | いろごのみ |
| すき[好] | ……………… | 81 |
| すぎ[杉] | ……………… | すぎ |
| すぎ[杉] | ……………… | 45 |
| すぎ[過] | ……………… | まさる |
| すぎうし | ……………… | すぎる |
| すぎうし | ……………… | すどおりする |
| すぎうし | ……………… | たちさる |
| すぎかげ | ……………… | すがた |
| すぎかげ | ……………… | ひかり |
| すぎがてに | ……………… | すぎる |
| すぎがてに | ……………… | すどおりする |
| すぎがてに | ……………… | たちさる |
| すきがまし | ……………… | いろごのみ |
| すきがまし | ……………… | うわき |
| すぎごこち | ……………… | うわきごころ |
| すきごころ | ……………… | うわきごころ |
| すきごと | ……………… | いろごと |
| すきごと | ……………… | いろごのみ |
| すきごと | ……………… | じょうじ |
| すきごと | ……………… | ものずき |
| すきしゃ | ……………… | ちゃじん |
| すきしゃ | ……………… | ものずき |
| すきしゃ | ……………… | 82 |
| すぎすぎ | ……………… | かわるがわる |
| すぎすぎ | ……………… | つぎつぎ |
| すきずきし | ……………… | ものずき |
| すきずきし | ……………… | 81 |
| すきと | ……………… | さっぱり |
| すきと | ……………… | すっきり |
| すきと | ……………… | ぜんぜん |
| すきと | ……………… | のこらず |
| すぎはひ | ……………… | くらし |
| すぎはひ | ……………… | しごと |
| すきびと | ……………… | こうずか |
| すきもの | ……………… | こうずか |
| すきもの | ……………… | ものずき |
| すきもの | ……………… | 82 |
| すきや | ……………… | ちゃしつ |
| すぎゃう | ……………… | あんぎゃ |
| すぎゃう | ……………… | じゅんれい |
| すぎゃう | ……………… | たくはつ |
| すぎゃう | ……………… | まなびとる |
| ずきゃう | ……………… | どきょう |
| ずきゃう | ……………… | ふせ |
| すぎゃうざ | ……………… | しゅぎょう |
| すぎゃうざ | ……………… | そう |
| すぎをり | ……………… | おりばこ |
| すく[好] | ……………… | いろごのみ |
| すく[好] | ……………… | このむ |
| すく[好] | ……………… | 81 |
| すく[鋤] | ……………… | たがやす |
| すく[鋤] | ……………… | 30 |
| すく[食] | ……………… | たべる |
| すく[食] | ……………… | のみこむ |
| すく[透] | ……………… | すきとおる |
| すく[透] | ……………… | くらす |
| すく[透] | ……………… | とおりぬける |
| すく[透] | ……………… | まばら |
| すく[梳] | ……………… | とかす |
| すく[秀句] | ……………… | ことば |
| すく[秀句] | ……………… | しゃれ |
| すぐ[過] | ……………… | おわり |
| すぐ[過] | ……………… | くらす |
| すぐ[過] | ……………… | けいかする |
| すぐ[過] | ……………… | さかり |
| すぐ[過] | ……………… | すぎる |
| すぐ[過] | ……………… | つうかする |
| すぐ[過] | ……………… | とおりすぎる |
| すぐ[過] | ……………… | どをこす |
| すぐ[過] | ……………… | 58, 72 |
| すぐ[挿] | ……………… | さしとおす |
| すぐ[挿] | ……………… | すげる |
| すぐ[直] | ……………… | ありのまま |
| すぐ[直] | ……………… | しょうじき |
| すぐ[直] | ……………… | じっちょく |
| すぐ[直] | ……………… | まじめ |
| すぐ[直] | ……………… | まっすぐ |
| すくいん | ……………… | しゅくえん |
| すごふ | ……………… | しゅくえん |
| すぐし | ……………… | まっすぐ |
| すぐしがたし | ……………… | すてる |
| すぐしはつ | ……………… | おわる |

| | | |
|---|---|---|
| すぐす ……………… おいる | すくよか ……………… しっかり | ずさ ……………… めしつかい |
| すぐす ……………… おわらせる | すくよか ……………… ぶあいそう | すさい ……………… しゅうさい |
| すぐす ……………… かしつ | すくよか ……………… ぶこつ | すさび ……………… あそび |
| すぐす ……………… くらす | すくよか ……………… ぶっきらぼう | すさび ……………… もてあそび |
| すぐす ……………… けいかする | すくよか ……………… まじめ | すさび ……………… きまぐれ |
| すぐす ……………… すぎる | すくよか ……………… れいたん | すさび ……………… なぐさみ |
| すぐす ……………… すます・すませる | すぐる[勝] ……………… すぐれる | すさびごと ……………… なぐさみ |
| すぐす ……………… とおりすぎる | すぐる[勝] ……………… ぬきんでる | すさぶ ……………… あれる |
| すぐす ……………… としとる | すぐる[勝] ……………… ひいでる | すさぶ ……………… かわる |
| すぐす ……………… どをこす | すぐる[勝] ……………… まさる | すさぶ ……………… あそび |
| すぐす ……………… ねんげつ | すぐる[選] ……………… えらびだす | すさぶ ……………… いきおい |
| すぐす ……………… やりすごす | すぐる[選] ……………… えらびぬく | すさぶ ……………… なぐさめる |
| すぐす ……………… 16, 53, 89 | すぐれて ……………… きわだつ | すさぶ ……………… はげしい |
| すくすくし ……………… きまじめ | すぐれて ……………… ずばぬけて | すさぶ ……………… ひどく |
| すくすくし ……………… じっちょく | すぐれて ……………… とくに | すさぶ ……………… もてあそぶ |
| すくすくし ……………… そっけない | すぐろ[直] ……………… まっすぐ | すさぶ ……………… さかん |
| すくすくし ……………… ぶっきらぼう | すぐろ[末黒] ……………… のやき | すさぶ ……………… 59, 61 |
| すくすくし ……………… まじめ | すけ[助] ……………… たすけ | すさまじ ……………… ふさわしい |
| すくすくし ……………… あいきょう | すけ[助] ……………… てだすけ | すさまじ ……………… つまらない |
| すくすくし ……………… ぶっきらぼう | すけ[支柱] ……………… つっかいぼう | すさまじ ……………… ひどい |
| すくずくし ……………… あいきょう | すけ[出家] ……………… しゅっけ | すさまじ ……………… あきれる |
| すぐすぐし ……………… ぶっきらぼう | すけ[出家] ……………… そう | すさまじ ……………… おもしろい |
| すぐすぐし ……………… まっすぐ | すぎき ……………… すきま | すさまじ ……………… がっかり |
| すぐすぐし ……………… あいきょう | すぎき ……………… すきま | すさまじ ……………… きょうざめ |
| すくせ ……………… いんねん | すげなし ……………… そっけない | すさまじ ……………… こうりょう |
| すくせ ……………… うん | すげなし ……………… つれない | すさまじ ……………… さっぷうけい |
| すくせ ……………… うんめい | すげなし ……………… れいたん | すさまじ ……………… さむざむとしている |
| すくせ ……………… えん | すげなし ……………… あいきょう | すさまじ ……………… れいたん |
| すくせ ……………… ぜんせ | すご ……………… みぶん | すさまじげ ……………… ふゆかい |
| すぐく ……………… くうふく | すごげ ……………… うつくしい | すさまじげ ……………… つまらない |
| すぐち ……………… ちかみち | すごげ ……………… おそろしい | すさまじげ ……………… きょうざめ |
| すくばる ……………… すくむ | すごげ ……………… こうりょう | すさまじげ ……………… さっぷうけい |
| すくふ ……………… 75 | すごげ ……………… さびしい | すさまじげ |
| すぐみち ……………… ちかみち | すこし ……………… いささか | ……………… さむざむとしている |
| すぐみち ……………… まっすぐ | すこし ……………… すくない | すさみ ……………… あそび |
| すぐみち ……………… 31, 32 | すこし ……………… ちょっと | すさみ ……………… もてあそび |
| すくむ ……………… うごく | すこし ……………… わずか | すさみ ……………… きまぐれ |
| すくむ ……………… かたくする | すごし ……………… おそろしい | すさむ ……………… あそび |
| すくむ ……………… かたくな | すごし ……………… こうりょう | すさむ ……………… いきおい |
| すくむ ……………… こわばる | すごし ……………… さびしい | すさむ ……………… いや |
| すくむ ……………… ちぢむ | すごし ……………… さむざむとしている | すさむ ……………… うとんじる |
| すくむ ……………… ちぢれる | すこしき ……………… すくない | すさむ ……………… かえりみる |
| すくやか ……………… あいきょう | すこしき ……………… ちいさい | すさむ ……………… きらう |
| すくやか ……………… がんじょう | すこしき ……………… わずか | すさむ ……………… なぐさみ |
| すくやか ……………… けんこう | すこしく ……………… すくない | すさむ ……………… なぐさめる |
| すくやか ……………… けんじつ | すごす ……………… くらす | すさむ ……………… はげしい |
| すくやか ……………… しっかり | すごす ……………… せいけい | すさむ ……………… ひどく |
| すくやか ……………… ぶあいそう | すごす ……………… どをこす | すさむ ……………… ほめる |
| すくやか ……………… ぶこつ | すごす ……………… ねんげつ | すさむ ……………… もてあそぶ |
| すくやか ……………… ぶっきらぼう | すこぶる ……………… いささか | すさむ ……………… もてあやす |
| すくやか ……………… まじめ | すこぶる ……………… かなり | すさむ ……………… やめる |
| すくやか ……………… れいたん | すこぶる ……………… すこし | すさむ ……………… さかん |
| すぐよ ……………… かこ | すこぶる ……………… ずいぶん | すさむ ……………… 59, 61 |
| すぐよ ……………… ぜんせ | すこぶる ……………… ひどく | すさる ……………… しりぞく |
| すくようし ……………… うらなう | すこぶる ……………… 79 | すし ……………… いき |
| すくよか ……………… あいきょう | すごもり ……………… とうみん | すし ……………… なまいき |
| すくよか ……………… がんじょう | ずさ ……………… けらい | すし ……………… きがきく |
| すくよか ……………… けんこう | ずさ ……………… じゅうしゃ | すし ……………… 58 |
| すくよか ……………… けんじつ | ずさ ……………… とも | |

| | | |
|---|---|---|
| ずして ……………………… ない | すすどけなし … ぬけめ(が)ない | すずろ ………… わけもなく |
| ずして ……………………… 101 | すすどし ……………… きびん | すずろありき ………… さんじ |
| すしひにく …………… いやみ | すすどし …………… すばやい | すずろありき ………… 68 |
| すじゅう ………… いえがら | すすどし … ぬけめ(が)ない | すずろく ……… そわそわする |
| すじゃう ………… せいしつ | すすどし ………… わるがしこい | すずろく ………… 71 |
| すじゃう ……………… そだち | すずな ……………… かぶら | すずろぐ ……… そわそわする |
| すじゃう …………… てんせい | すずな …………… ななくさ | すずろぐ ……… 70, 71 |
| すじゃう …………… ほんしょう | すずな ………… 39 | すずろごころ ……… あさはか |
| すじん ……………… おおぜい | すすばな …………… はなみず | すずろごころ ……… うわつく |
| すじん …………… しゅうじん | すすばむ ………… すすける | すずろごころ … そわそわする |
| すす …………………… すすける | すすはらひ ………… そうじ | すずろごころ ……… 70 |
| すず ………………… しのだけ | すすぶ ……………… すすける | すずろごと …… じょうだん |
| すず …………………… たけ | すすぶ ………………… ふるい | すずろごと …… むだばなし |
| すず ……………………… 45 | すすぶ ……………… ふるびる | すずろごと …… りゅうげん |
| ずす ……………… くちずさむ | すすぶ ………………… よごれる | すずろごと ……………… いみ |
| ずす …………………… よむ | すすまし ………… きおっている | すずろごと ……… くだらない |
| ず[誦] …………… くちずさむ | すすまし …………… のりき | すずろごと ……………… むいみ |
| ず[誦] ………………… よむ | すずみ ……………… すずめ | すずろごと …………… つまらない |
| ず[数珠] ……………… じゅず | すずみ …………… 34 | すずろはし ……… うきうきする |
| すすき ………………… おばな | すすむ[進] ………… あふれる | すずろはし ……… きにくわない |
| すすく ……………… きたない | すすむ[進] ………… いきおい | すずろはし ……… そわそわする |
| すすく ………………… くろい | すすむ[進] ……… いさみたつ | すずろはし ………… ふかい |
| すすく ……………… すすける | すすむ[進] ………………… いさぎ | すずろはし ………… 59, 70 |
| すすく ……………… よごれる | すすむ[進] ………… かんゆう | すずろぶ ……… そわそわする |
| すすぐ ………………… あらう | すすむ[進] ………… じょうたつ | すずろぶ ………… 71 |
| すすぐ ……………… きよめる | すすむ[進] ………… すぐれる | すずろものがたり …… ざつだん |
| すずくれづき ……… ろくがつ | すすむ[進] ………… たかぶる | すずろものがたり … とりとめ |
| すずくれづき ………… 6 | すすむ[進] ………………… つのる | すそ ……………………… かりゅう |
| すすけ(の)はな …… ゆうがお | すすむ[進] ………………… はやる | すそ ………………… かわしも |
| すすけのはな ……… 42 | すすむ[進] ………………… まさる | すそ …………………… ふもと |
| すすし ……………… いさぎよい | すすむ[進] ………………… ますます | すそ …………………… まったん |
| すすし ……………… けっぱく | すすむ[進] ………………… むかう | すそ ……………… やますそ |
| すすし ……………… さっぱり | すすむ[進] …………………… 67 | すそ ………… 24, 28, 29 |
| すすし ……………… さわやか | すすむ[勧] ………… すすめる | ずそ ………………… じゅもん |
| すすし …………… すずしい | すすむ[勧] ……………… のむ | ずそ ………………… のろい |
| すすし ……………… ひややか | すすむ[勧] ………… うながす | ずそ ………………… のろう |
| すすし …………… れいたん | すすむ[勧] ……………… さそう | すそみ …………………… ふもと |
| すずしきかた ……… あのよ | すすむ[勧] …… しょうれいする | すそみ …………… 28 |
| すずしきかた | すすむ[勧] ………… すいせん | すずろ ……… おもいがけない |
| … ごくらく・ごくらく | すずむし …………… はげます | すずろ ……………… けいそつ |
| じょうど | すずむし …………… まつむし | すずろ ………………… こんきょ |
| すずしきかた ……… 72 | すずむし ………… 37 | すずろ ……………… つまらない |
| すずしきくに ……… あのよ | すすめいろどき …… たそがれ | すずろ ………… とんでもない |
| すずしきくに | すすめいろどき …… 18 | すずろ ………… なんとなく |
| … ごくらく・ごくらく | すすめがた ………… びょうぶ | すずろ ……………… むかんしん |
| じょうど | すずやか …………… きよらか | すずろ ………………… むやみ |
| すずしきくに ……… 72 | すずやか …………… さわやか | すずろ ………………… りゆう |
| すずしきみち ……… あのよ | すずやか …………… すずしい | すずろ …………………… わけ |
| すずしきみち | すずろ ……… おもいがけない | すずろ ………… わけもなく |
| … ごくらく・ごくらく | すずろ ……………… けいそつ | すそわ …………………… ふもと |
| じょうど | すずろ ………………… こんきょ | すだく ……………… あつまる |
| すずしきみち ……… 72 | すずろ ……………… つまらない | すだく ……………… むらがる |
| すずしむ …………… すずしい | すずろ ………… とんでもない | すだく …………… 66, 90 |
| すずしめ ……………… みこ | すずろ ………… なんとなく | すだじひ ………… しいのき |
| すずしろ …………… だいこん | すずろ ……………… まんぜん | すたび ……………… たびたび |
| すずしろ ………… ななくさ | すずろ ……………… むかんしん | すたま ……………… こだま |
| すずしろ ………… 40 | すずろ ………………… むやみ | すだま ……………… こだま |
| すすどけ …………… きびん | すずろ ………………… りゆう | すだま …………… ばけもの |
| すすどけなし ……… きびん | すずろ …………………… わけ | すだま …………… 29 |

| | | | | | | |
|---|---|---|---|---|---|---|
| すたりもの | むよう | すつ | みすてる | すなどる | りょう | |
| すたりもの | ふよう | すつ | むぞうさ | すなどる | 37 | |
| すたりもの | りゅうこう | すつ | 59 | すなはち | すぐに | |
| すたる | おとろえる | すっきり | さっぱり | すなはち | たちまち | |
| すたる | すたれる | すっきり | すべて | すなはち | そこで | |
| すたる | ふよう | すっきり | ぜんぜん | すなはち | そのころ | |
| すぢ | いえがら | ずつなし | くるしい | すなはち | そのば | |
| すぢ | いみあい | ずつなし | こまりはてる | すなはち | それで | |
| すぢ | きだて | ずつなし | しょち | すなはち | つまり | |
| すぢ | けっとう | ずつなし | つらい | すなはち | とうじ | |
| すぢ | さくふう | ずつなし | どうしようもない | すなはち | 108, 109 | |
| すぢ | しゅこう | ずつなし | | すなほ | おとなしい | |
| すぢ | すぢみち | | どうにもしかたがない | すなほ | しょうじき | |
| すぢ | すぢょう | ずつなし | ほうほう | すなほ | じゅうじゅん | |
| すぢ | せいしつ | すっぱ | こそどろ | すなほ | そぼく | |
| すぢ | そしつ | すっぱ | さぎ | すにあてこにあて | なにか | |
| すぢ | そのほうめん | すっぱ | ふまじめなもの | すにつけこにつけ | なにか | |
| すぢ | たち | すっぱ | ぺてんし | すねざんまい | らんぼう | |
| すぢ | ちい | すっぱ | わるもの | すねはぎ | すね | |
| すぢ | ちすじ | すっぱのかは | こそどろ | すねはぎ | 47 | |
| すぢ | ないよう | すっぱのかは | わるもの | すねもの | わがまま | |
| すぢ | ぶんや | すっぱり | すっかり | すねもの | 57 | |
| すぢ | ほうこう | すっぱり | まったく | すのこ | ぬれえん | |
| すぢ | ほうめん | ずて | ない | すのこんにゃくの | | |
| すぢ | みぶん | ずて | 101 | | なんだかんだと | |
| すぢ | どうり | すていし | にわいし | すのこんにゃくの | もんく | |
| すぢ | 109 | すてかく | かきすてる | すは | おどろき | |
| すぢかひ | すぢちがい | すてかく | むぞうさ | ずは | それ | |
| すぢかふ | そむく | すでさいてのむ | やさしい | ずは | しないで | |
| すぢかふ | ななめ | すてちぎゃう | むだがね | ずは | 100 | |
| すぢかへ | すぢちがい | すでに | あやうく | ずば | 100 | |
| すぢなし | いやしい | すでに | いましも | すはう | 15 | |
| すぢなし | どうり | すでに | いよいよ | すはういろ | 15 | |
| すぢなし | ふんべつ | すでに | げんに | すはえ | えだ | |
| すぢなし | くるしい | すでに | すっかり | すはえ | こえだ | |
| ずぢなし | こまりはてる | すでに | すっきり | すはえ | むち | |
| ずぢなし | しかた(が)ない | すでに | すんでのことに | すはえ | 43, 44 | |
| ずぢなし | しょち | すでに | たしか | ずはえ | えだ | |
| ずぢなし | つらい | すでに | とっくに | ずはえ | こえだ | |
| ずぢなし | どうしようもない | すでに | のこらず | ずはえ | むち | |
| ずぢなし | | すでに | まぎれもなく | ずはえ | 43, 44 | |
| | どうにもしかたがない | すでに | まさに | すはすは | かるい | |
| ずぢなし | ほうほう | すでに | もう | すはすは | きる | |
| すぢなは | ちすじ | すでに | もうすこし | すはすは | それ | |
| すぢめ | いえがら | すでに | もはや | すばすば | のみくい | |
| すぢめ | けっとう | すでに | すべて | すだ | はだか | |
| すぢめ | すぢみち | すてぶち | むだがね | すだ | 48 | |
| すぢめ | すぢょう | すてぶね | 97 | すはぶき | せき | |
| すぢめ | どうり | すてぶみ | てがみ | すはぶき | せきばらい | |
| すぢる | まがりくねる | すてもの | つまらない | すはへ | えだ | |
| すぢる | よじる | すてをぶね | 97 | すはへ | こえだ | |
| すつ | かえりみる | ずとも | ない | すはへ | むち | |
| すつ | しゅっけ | ずとも | 101 | すはへ | 43, 44 | |
| すつ | すてる | すどり | みさご | すばやし | すばやい | |
| すつ | そうしき | すどり | 35 | すばらし | すばらしい | |
| すつ | なげやる | すなご | すな | すはりすはり | なでる | |
| すつ | ほうりだす | すなどり | りょう | すびつ | いろり | |
| すつ | まいそう | すなどる | ぎょかくする | すびつ | ひばち | |
| | | | | すびつ | ろ | |

すたりもの ―― すびつ

| | | |
|---|---|---|
| すぶ | …… | あつめる |
| すぶ | …… | しはい |
| すぶ | …… | しめくくる |
| すぶ | …… | まとめる |
| すべ | …… | しゅだん |
| すべがみ | …… | かみ |
| すべからく…べし | …… | とうぜん |
| すべす | …… | すべる |
| すべす | …… | ぬぐ |
| すべて | …… | おしなべて |
| すべて | …… | ぜんぜん |
| すべて | …… | ぜんぶ |
| すべて | …… | まったく |
| すべて | …… | まとめて |
| すべて | …… | まるで |
| すべなし | …… | こまる |
| すべなし | …… | しかた(が)ない |
| すべなし | …… | しょち |
| すべなし | …… | とほうにくれる |
| すべなし | …… | どうしようもない |
| すべもが | …… | しゅだん |
| すべもが | …… | ほうほう |
| すべもすべなさ | …… | どうしようもない |
| すべもすべなさ | …… | どうにもしかたがない |
| すべよく | …… | てぎわ |
| すべら | …… | てんし |
| すべらかす | …… | うごかす |
| すべらかす | …… | すべる |
| すべらがみ | …… | かみ |
| すべらぎ | …… | かみ |
| すべらぎ | …… | てんのう |
| すべらぎのはな | …… | ぼたん |
| すべらぎのはな | …… | 46 |
| すべりいづ | …… | たいしゅつ |
| すべりいる | …… | はいる |
| すべりよる | …… | ちかづく |
| すべりよる | …… | ちかよる |
| すべる | …… | うごく |
| すべる | …… | くらい |
| すべる | …… | たいしゅつ |
| すぼし | …… | かたみがせまい |
| すぼし | …… | せまい |
| すぼし | …… | ほそい |
| すぼし | …… | みすぼらしい |
| すぼふ | …… | いのる |
| ずぼふ | …… | いのる |
| すぼる | …… | せばまる |
| すぼる | …… | ちぢむ |
| すぼる | …… | ふけいき |
| すまうわり | …… | ばんづけひょう |
| すまし | …… | あらう |
| すまし | …… | かみ |
| すまし | …… | せんぱつ |
| すまし | …… | せんたく |
| すます[済] | …… | おえる |
| すます[清] | …… | しずめる |
| すます[清] | …… | へいていする |
| すます[清] | …… | あらう |
| すます[清] | …… | きよめる |
| すます[清] | …… | せんたく |
| すまた | …… | あてはずれ |
| すまた | …… | けんとう |
| すまに | …… | たえず |
| すまひ | …… | あらそい |
| すまひ | …… | ようす |
| すまひ[住] | …… | じゅうきょ |
| すまひ[相撲] | …… | すもう |
| すまひぐさ | …… | おいしば |
| すまひぐさ | …… | おひしば |
| すまひぐさ | …… | ひるがお |
| すまひぐさ | …… | 39,41 |
| すまひとり | …… | すもう |
| すまひはつ | …… | じたい |
| すまひびと | …… | すもう |
| すまふ[辞] | …… | ことわる |
| すまふ[辞] | …… | じたい |
| すまふ[住] | …… | くらす |
| すまふ[住] | …… | すみつづける |
| すまふ[住] | …… | すむ |
| すまふ[争] | …… | あらそう |
| すまふ[争] | …… | きょうそう |
| すまふ[争] | …… | さからう |
| すまふ[争] | …… | ていこう |
| すまふ[争] | …… | はりあう |
| すまふとりぐさ | …… | おひしば |
| すまふとりぐさ | …… | すみれ |
| すまふとりぐさ | …… | 40 |
| すみあかる | …… | すみか |
| すみあかる | …… | わかれる |
| すみうし | …… | くらす |
| すみうし | …… | すむ |
| すみすまし | …… | けっちゃく |
| すみすまし | …… | けつぼうさせる |
| すみすまし | …… | しめくくり |
| すみすむ | …… | すみつづける |
| すみぞめ | …… | そう |
| すみぞめ | …… | もふく |
| すみぞめ | …… | 93,94 |
| すみぞめの | …… | くらい |
| すみぞめの | …… | 19 |
| すみぞめのころも | …… | もふく |
| すみぞめのころも | …… | 94 |
| すみつき | …… | ひっせき |
| すみつき | …… | ふで |
| すみつく | …… | くらし |
| すみつく | …… | すみなれる |
| すみつく | …… | ていじゅうする |
| すみつく | …… | 85 |
| すみどころ | …… | いとけない |
| すみなす | …… | すみか |
| すみなる | …… | すみなれる |
| すみのぼる | …… | のぼる |
| すみのぼる | …… | ひびく |
| すみのぼる | …… | 90 |
| すみはつ[住果] | …… | くらす |
| すみはつ[澄果] | …… | さえる |
| すみはつ[澄果] | …… | すむ |
| すみはつ[澄果] | …… | てりかがやく |
| すみはつ[澄果] | …… | 27 |
| すみはなる | …… | すみか |
| すみはなる | …… | すむ |
| すみはなる | …… | 61 |
| すみやか | …… | さっそく |
| すみやか | …… | たちまち |
| すみやか | …… | はやい |
| すみやかに | …… | すぐに |
| すみやく | …… | あせる |
| すみやく | …… | いそぐ |
| すみやく | …… | いらだつ |
| すみわたる[住渡] | …… | かよう |
| すみわたる[住渡] | …… | すみつづける |
| すみわたる[澄渡] | …… | すむ |
| すみわぶ | …… | くらす |
| すみわぶ | …… | すむ |
| すむ[住] | …… | 84 |
| すむ[澄] | …… | きよい |
| すむ[澄] | …… | とうめいになる |
| すむ[澄] | …… | ひっそり |
| すむ[澄] | …… | ひびく |
| すむ[澄] | …… | まよい |
| すむ[澄] | …… | じょうひん |
| すむ[澄] | …… | 13,70 |
| すむやけし | …… | すみやか |
| すむやけし | …… | はやい |
| すめがみ | …… | かみ |
| すめく | …… | いき |
| すめくま | …… | てんし |
| すめむつ | …… | こうしつ |
| すめら | …… | てんし |
| すめら | …… | かみ |
| すめらぎ | …… | てんのう |
| すめらくさ | …… | こうぐん |
| すめらみいくさ | …… | ぐんたい |
| すめらみいくさ | …… | こうぐん |
| すめらみいくさ | …… | へいし |
| すめらみくさ | …… | ぐんたい |
| すめらみくさ | …… | へいし |
| すめらみくに | …… | にほん |
| すめらみこと | …… | てんのう |
| すめらみこと | …… | てんし |
| すめろき | …… | てんのう |
| すめろぎ | …… | かみ |
| すもとりぐさ | …… | ぺんぺんぐさ |
| すもとりさう | …… | 41 |
| すもり | …… | るすばん |
| すもりどり | …… | 34 |
| すやつ | …… | かれ |
| すゆ | …… | すえる |
| すら | …… | さえる |
| すら | …… | までも |
| すら | …… | 100 |
| すらく | …… | する |

| | | |
|---|---|---|
| すらを …………………… さえ | すゑつむはな ………… べにばな | せい[勢] ………………… せたけ |
| すらを …………………… 100 | すゑつむはな ………… 41 | せい[勢] ………………… ちから |
| すり ……………………… しゅうり | すゑなむ ……………… ならべる | せい[勢] ………………… へいりょく |
| すりきり ………………… びんぼう | すゑのつゆもとのしづく …… 80 | せい[勢] ………………… ようし |
| すりきる ………………… むいちもん | すゑのへ ……………… ちょうじょう | せい[勢] ………………… ちから |
| すりきる ………………… つかいはたす | すゑのへ ……………… 28 | せい[姓] ………………… みょうじ |
| すりちがふ ……………… すれちがう | すゑのよ ……………… こうせい | せい[精] ………………… せいりょく |
| すりのく ……… あとざさりする | すゑのよ ……………… ばんねん | せい[精] ………………… せいれい |
| すりばちむし …………… 36 | すゑのよ ……………… まっせ | せい[精] ………………… たましい |
| する ……………………… こする | すゑば …………………… しそん | せい[精] ………………… ばけもの |
| する ……………………… ついやす | すゑば …………………… まつえい | せい[精] ………………… ゆうれい |
| する ……………………… つかいはたす | すゑば …………………… 56 | ぜい ……………………… おごり |
| する ……………………… とぐ | すゑばのやどり ……… ばんねん | ぜい ……………………… きょえい |
| する ……………………… みがく | すゑばのやどり ……… 92 | ぜい ……………………… ぜいたく |
| するすみ[匹如身] | すゑひと ……………… やきもの | ぜい ……………………… ほこり |
| ………………… いちもんなし | すゑびと ……………… とうき | ぜい ……………………… みえ |
| するすみ[匹如身] ……… こどく | すゑびと ……………… とうこう | せいいんげつ ………… じゅうがつ |
| するすみ[匹如身] ……… ひとり | すゑひろ ……………… おうぎ | せいいんげつ ………… 7 |
| するすみ[匹如身] ……… びんぼう | すゑひろがり ………… おうぎ | せいう …………………… 9, 17 |
| するすみ[匹如身] ……… まずしい | すゑへ …………………… すえ | せいうん ……………… こうかん |
| するすみ[匹如身] ……… むいちもん | すゑへ …………………… ちょうじょう | せいうん ……………… しゅっせ |
| するすみ[匹如身] ……… 56 | すゑへ …………………… 28, 29 | せいき …………………… きりょく |
| するすみ[摺墨] ………… すみ | すゑよ …………………… とうき | せいき …………………… すみ |
| するど …………………… えいり | すゑもの ……………… とうき | せいき …………………… せいりょく |
| するど …………………… とがる | すゑもの ……………… やきもの | せいぐゎん ……………… いのる |
| するどし ………………… するどい | すん ……………………… すこし | せいけん ……………… けんじん |
| すろ ……………………… しゅろ | すん ……………………… わずか | せいけん ……………… せいし |
| すろ ……………………… 45 | すんいん ……………… すこし | せいけん ……………… 94 |
| すゑ[末] | すんいん ……………… すんか | せいこん[精根] ………… げんき |
| … あげく・あげくのはて | すんいん ……………… 16 | せいこん[精根] ………… こんき |
| すゑ[末] ………………… あととり | ずんぎり ……………… わぎり | せいこん[精根] ………… せいりょく |
| すゑ[末] ………………… えだ | ずんざ …………………… めしつかい | せいこん[精根] ………… ちから |
| すゑ[末] ………………… おわり | ずんず …………………… くちずさむ | せいこん[精魂] ………… せいれい |
| すゑ[末] ………………… かりゅう | ずんず …………………… よむ | せいこん[精魂] ………… たましい |
| すゑ[末] ………………… かわしも | すんとりむし … しゃくとりむし | せいごん ……………… ちかい |
| すゑ[末] ………………… けっか | ずんば …………………… 100 | せいさう ……………… とし |
| すゑ[末] ………………… こずえ | ずんぶり(と) ………… びしょびしょ | せいさう ……………… ねんげつ |
| すゑ[末] ………………… しそん | | せいざう ……………… とし |
| すゑ[末] ………………… ばんねん | ## せ | せいざう ……………… ねんげつ |
| すゑ[末] ………………… まっせ | | せいざう ……………… はちがつ |
| すゑ[末] ………………… ゆくさき | せ[兄] …………………… おとこ | せいしう ………………… 6 |
| すゑ[末] ………………… 24, 43, 56 | せ[瀬] …………………… あきせ | せいしゅく ……………… せいぎ |
| すゑ[陶] ………………… とうき | せ[瀬] …………………… きかい | せいしゅく ……………… 8 |
| すゑ[陶] ………………… やきもの | せ[瀬] …………………… そのおり | せいしん ……………… せいぎ |
| すゑ ……………………… しょうらい | せ[瀬] …………………… はやせ | せいしん ……………… 7, 8 |
| すゑ ……………………… せんたん | せ[瀬] …………………… ばしょ | せいじん ……………… けんじん |
| すゑざま ………………… すえ | せ[瀬] …………………… 24, 25, 109 | せいじん ……………… 94 |
| すゑざま ………………… まっき | せ[背] …………………… うしろ | せいす …………………… きめる |
| すゑすゑ ………………… しそん | せ[背] …………………… うら | せいす …………………… せいし |
| すゑすゑ ………………… 56 | せい[制] ………………… おきて | せいす …………………… とどめる |
| すゑずゑ ………………… しょうらい | せい[制] ………………… せいし | せいすい ……………… 26 |
| すゑずゑ ………………… せんたん | せい[制] ………………… めいれい | せいたう[征討] ………… たいさん |
| すゑずゑ ………………… みぶん | せい[勢] ………………… いきおい | せいたう[政道] ………… きんせい |
| すゑつかた ……………… おわり | せい[勢] ………………… ぐんじん | せいたう[政道] ………… しょばつ |
| すゑつかた ……………… げじゅん | せい[勢] ………………… ぐんぜい | せいたう[政道] ………… せいじ |
| すゑつかた ……………… すえ | せい[勢] ………………… すがた | せいだう[政道] ………… せいじ |
| すゑつかた ……………… ばんねん | せい[勢] ………………… せいりょく | せいてう ……………… つかいざ |
| すゑつかた ……………… まっき | | せいと …………………… せいぎ |
| | | せいと …………………… 7, 8 |

| | | |
|---|---|---|
| せいとく …………… おんけい | せうさん …………… りゅうざん | せうぶん …………… すこし |
| せいとく …………… けんりょく | せうし …………… かわいそう | ぜうまう …………… かじ |
| せいとく …………… ざいさん | せうし …………… こっけい | ぜうまう …………… しょうしつ |
| せいとく …………… めぐみ | せうし …………… こまる | せうもち …………… しゃほん |
| せいねん …………… 89 | せうし …………… たいへん | せうもち …… ちゅうしゃくしょ |
| せいばい …………… こらしめる | せうし …………… 67, 68 | せうもち …………… ぬきがき |
| せいばい ……… さいばんする | せうしがほ …………… かわいそう | せうもつ …………… しゃほん |
| せいばい …………… しょち | せうしがほ …………… どうじょう | せうもつ …… ちゅうしゃくしょ |
| せいばい …………… しょり | せうしがる …………… かわいそう | せうもの …… ちゅうしゃくしょ |
| せいばい …………… せいじ | せうしがる …………… こんわく | せうやうしゅん …… じゅうがつ |
| せいばい ……… ぜんしょする | せうじゃう …………… まねく | せうやうしゅん …………… 7 |
| せいばい …………… ばっする | せうしゅん …………… じゅうがつ | せうらん …………… 77 |
| せいひつ …………… たいへい | せうしゅん …………… 7 | せかい …………… あたり |
| せいひつ …………… へいわ | せうじん …………… しょうねん | せかい …………… いなか |
| せいびょう …………… ぐんじん | せうじん …………… しょみん | せかい …………… くに |
| せいびゃう …………… ぶし | せうじん …………… みぶん | せかい …………… こくど |
| せいひん …………… まずしい | せうじん …………… 51 | せかい …………… しゅうい |
| せいめい …………… きよい | せうしんもの …………… みぶん | せかい …………… せじん |
| せいめい …………… くもり | せうす …………… えらびだす | せかい …………… とち |
| せいもん …………… かならず | せうす …………… えらびぬく | せかい ……… にんげんかい |
| せいもん ……… かみかけて | せうす …………… かきうつす | せかい …………… 57, 91 |
| せいもん ……… きしょうもん | せうす ……… せいせんする | せかふ …………… せく |
| せいもん …………… きっと | せうす …………… ぬきがき | せがむ …………… しかる |
| せいもん …………… けっして | せうす …………… へんしゅう | せがむ …………… せめる |
| せいもん …………… せいし | せうすいのうを …………… いのち | せがむ …………… ねだる |
| せいもん …………… ちかう | せうすいのうを …………… よめい | せき[咳] …………… せき |
| せいやう[正陽] …………… しがつ | せうすいのうを …………… 54 | せき[関] …………… せき |
| せいやう[正陽] …………… 6 | せうせう …………… すこし | せき[関] …………… へだて |
| せいやう[青陽] …………… いちがつ | せうせう …………… ふつう | せきあく …………… あくじ |
| せいやう[青陽] ……… しょしゅん | せうせう …………… わずか | せきあぐ …………… こみあげる |
| せいやう[青陽] …………… はる | せうせつ …………… ぎり | せきあぐ ……… しゃくりあげる |
| せいやう[青陽] …………… 5, 17 | せうそく …………… しらせ | せきあぐ …………… むせかえる |
| せいらん …………… あらし | せうそく …………… たより | せきあぐ …………… 65, 66 |
| せいらん …………… かすみ | せうそく …………… てがみ | せきあふ[塞敢] …………… がまん |
| せいらん …………… 10 | せうそこ …………… あんない | せきあふ[塞敢] …………… たえる |
| せいりき …………… ちから | せうそこ ……… おとずれる | せきあふ[塞敢] …………… 67 |
| せいりき ……… ほねおり | せうそこ …………… しらせ | せきあふ[塞合] …………… おしあう |
| せいりき ……… りきりょう | せうそこ …………… でんごん | せきあふ[塞合] …………… こみあう |
| せいれい …………… とんぼ | せうそこ …………… とりつぎ | せきいる …………… せきこむ |
| せいれい …………… 37 | せうそこ …………… ぶんつう | せきがく …………… がくしゃ |
| せいれいくゎ …………… みそはぎ | せうそこ …………… ほうもん | せきがく …………… たいか |
| せいれいくゎ …………… 42 | せうそこ …………… たより | せきがく …………… たいと |
| せう[小] …………… すくない | せうそこ …………… てがみ | せきかぬ ……… たえかねる |
| せう[小] …………… せまい | せうそこぶみ …………… しらせ | せきかぬ …………… 67 |
| せう[小] …………… ちいさい | せうそこぶみ …………… たより | せきかへす ……… しゃくりあげる |
| せう[小] …………… ほそい | せうそこぶみ …………… てがみ | せきかへす …………… 65 |
| せう[兄鷹] …………… たか | せうちう …………… しょうちう | せきしふ …………… しゅうかん |
| せう[兄鷹] …………… 35 | せうちう …………… 95 | せきしゅ …………… うで |
| せう[抄・鈔] ……… ぬきがき | せうでう …………… さびしい | せきせき …………… さびしい |
| せうえう ……… あるきまわる | せうでう …………… しめやか | せきせき …………… ひっそり |
| せうえう …………… きまま | せうと …………… あに | せきぜん …………… ぜんこう |
| せうえう …………… さんさく | せうと …………… きょうだい | せきそ …………… てがみ |
| せうえう …………… さんぽ | せうと …………… あなた | せきたぐる …………… せきこむ |
| せうえう …………… ゆうらん | せうと …………… おっと | せきたつ ……… せきたてる |
| せうえう …………… 68 | せうと …………… 55, 56, 106 | せきとく …………… てがみ |
| せうげつ …………… ろくがつ | せうばう[焼亡] …………… かじ | せきとく …………… ぶんしょ |
| せうげつ …………… 6 | せうばう[椒房] ……… きゅうちゅう | せきとどむ …………… おさえる |
| せうさん …………… にんしん | せうばう[椒房] …………… こうごう | |
| せうさん …………… うむ | ぜうばう …………… しょうしつ | |

| | | |
|---|---|---|
| せきとどむ …… さえぎる | せこ[勢子] …………… りょう | せせる ……………… さす |
| せきとどむ …… とめる | せこ[背子] …………… あなた | せせる ……………… せめる |
| せきとむ …… おさえる | せこ[背子] …………… 106 | せぞく ……………… ぞくじん |
| せきとむ …… さえぎる | せごし ……………… どをこす | せぞく ……………… ふうしゅう |
| せきとむ …… とめる | せごす ……………… いじめる | せぞく ……………… ふうぞく |
| せきなん …… しゃくなげ | せごす ……………… せめる | せぞく ……………… 57 |
| せきなん …… 45 | せこむ ……………… いじめる | せたいをやぶる …… りこん |
| せきのやま …… げんど | せこめまはす …… いじめる | せたいをやぶる …… 85 |
| せきのやま …… せいいっぱい | せこめまはす …… こきつかう | せたぐ ……………… いじめる |
| せきばく …… さびしい | せざい ……………… にわ | せたぐ ……………… しいたげる |
| せきばく …… ひっそり | せざい ……………… にわき | せたぐ ……………… せきたてる |
| せきはんぎょ …… うぐい | せし ……………… きゅうくつ | せたむ ……………… いじめる |
| せきやう ……………… いりひ | せし ……………… せまい | せたむ ……………… せめる |
| せきやう ……………… ゆうひ | せじ ……………… ぞくじ | せち[切] …………… いちず |
| せきやう ……………… 3, 18, 19 | せじ ……………… おせじ | せち[切] …………… おもしろい |
| せきやる …… せきとめる | ぜじ ……………… そう | せち[切] …………… すばらしい |
| せきやる …… とめる | せじゃう ……………… あたり | せち[切] …………… たいせつ |
| せきり ……………… はやせ | せじゃう ……………… きんぺん | せち[切] …………… はなはだしい |
| せきり ……………… 25 | ぜじゃう ……………… 57 | せち[切] …………… ひたすら |
| せきわぶ …… せきとめる | ぜしゃうめっぽふ …… むじょう | せち[節] …………… じせつ |
| せきわん ……………… うで | ぜしゃうめっぽふ …… 80 | せち[節] …………… せっく |
| せく[咳] …… しわぶく | せしゅ ……………… きそうぬし | せち[節] …………… 17 |
| せく[急] …… あせる | せしゅ ……………… そうしき | せち[世知] …… かんじょう |
| せく[急] …… いそぐ | せしゅ ……………… もしゅ | せち[世知] …… ちえ |
| せく[急] …… せきたてる | せす ……………… しこうする | せち[世知] …… ぬけめ(が)ない |
| せく[塞] …… さえぎる | せす ……………… せごうする | せち[世知] …… けち |
| せく[塞] …… さまたげる | せす ……………… ほどこす | せちがい …… ころす |
| せく[塞] …… じゃま | せぜ ……………… ときどき | せちがふ …… いじめる |
| せく[塞] …… せいし | せぜ ……………… 24 | せちがふ …… せめる |
| せく[塞] …… せきとめし | ぜぜがひ …… ききご | せちく ……………… せっく |
| せく[塞] …… とめる | ぜぜがひ …… 37 | せちに ……………… いちず |
| せく[節句] …… せっく | せせくる …… いちゃつく | せちに ……………… しきり |
| せくくまる …… かがむ | せせくる …… 62 | せちに ……………… ひたすら |
| せくくまる …… せなか | せせくる[迫・逼] …… さしせまる | せちび ……………… せつぶん |
| せくぐまる …… かがむ | せせなき ……………… げすい | せちぶ ……………… せつぶん |
| せくぐまる …… せなか | せせなき ……………… みぞ | せちべん ……………… けち |
| せぐりあぐ …… こみあげる | せせなき ……………… 26 | せちべんぼう …… けち |
| せぐりあぐ …… しゃくりあげる | せせなぎ ……………… げすい | せつ[切] …………… いちず |
| せぐりあぐ …… むせかえる | せせなぎ ……………… みぞ | せつ[切] …………… おもしろい |
| せぐりあぐ …… 65 | せせなぎ ……………… 26 | せつ[切] …………… すばらしい |
| せぐる …… こみあげる | せせなげ ……………… げすい | せつ[切] …………… たいせつ |
| せぐる ……………… むね | せせなげ ……………… みぞ | せつ[切] …………… はなはだしい |
| せぐる ……………… 65 | せせなげ ……………… 26 | せつ[切] …………… ひたすら |
| せぐるしごゑ …… 90 | せせらぎ ……………… みぞ | せつ[拙] …… わたくし・わたし |
| せけん ……………… くらし | せせらぎ ……………… おがわ | せつ[拙] …… 105 |
| せけん ……………… ざいさん | せせらぎ ……………… みずおと | せつ[節] …………… おり |
| せけん ……………… しゃかい | せせらぎ ……………… 13, 24, 27 | せつ[節] …………… じせつ |
| せけん ……………… しゅうい | せせらき ……………… おがわ | せつ[節] …………… せつそう |
| せけん ……………… 57 | せせらき ……………… みずおと | せつ[節] …………… 16, 17 |
| せけんがつまる …… ふけいき | せせらき ……………… 24, 27 | せつ[説] …… かいしゃく |
| せけんぎ …… せけんてい | せせらぐ ……………… ながれる | せつ[説] …… せつめい |
| せけんぎ ……………… みえ | せせらぐ ……………… 25 | せつ[説] …… ふうせつ |
| せけんす ……………… 57 | せせりさがす …… いじる | せつ[説] …… 83 |
| せけんぐち ……………… 57, 84 | せせりさがす …… もてあそぶ | せつい ……………… つらい |
| せけんす …… つきあう | せせる ……………… いじる | せついん …… べんじょ |
| せけんだうぐ …… しょたいどうぐ | せせる ……………… からかう | せつがい …… ころす |
| せけんばる …… しゅっぴ | せせる ……………… たべる | せっかく …… じんりょく |
| せけんばる ……………… みえ | せせる ……………… ついばむ | せっかく …… つとめて |
| せこ[勢子] ……………… かりこ | せせる ……………… もてあそぶ | |

せきとどむ――せっかく

131

| | | |
|---|---|---|
| せっかく …………… ほねおり | ぜにむし ………………… 37 | せみのはごろも ………… 93 |
| せっかく …………… わざわざ | せばがる …………… きゅうくつ | せみのはづき ……… ろくがつ |
| せっき[節季] ……… けっさん | せばがる ………………… せまい | せみのはづき ………………… 6 |
| せっき[節季] …………… とし | せはし ……………… いそがしい | せむ[責] …………… うながす |
| せっき[節季] ………… ねんまつ | せはし ……………… はげしい | せむ[責] …………… きょうもん |
| せっき[殺鬼] ……………… おに | せはし …………………… 70, 71 | せむ[責] …………… くるしめる |
| せっき[殺鬼] ………… ばけもの | せばし …………………………… 70 | せむ[責] …………… さいそく |
| せっき[殺鬼] ………………… 80 | せはしなし ………… あわてる | せむ[責] ……………… せがむ |
| せっきごゑ ………………… 90 | せはしなし ……… いそがしい | せむ[責] …………… せきたてる |
| せつく ……………… いそがせる | せはしなし ……… きぜわしい | せむ[責] …………… せめたてる |
| せつく ……………… さいそく | せはしなし ……………………… 70 | せむ[責] ………………… せめる |
| せつげつくゎ ………………… しぜん | せはせせ ……………… せかせか | せむ[責] ……………… とがめる |
| せっしゃ … わたくし・わたし | せはせせ ……………………… 71 | せむ[責] ………………… なじる |
| せっしゃ ………………… 105 | せはせはし ……… いそがしい | せむ[責] ……………… なやます |
| せっしょう ……………… ころす | せはせはし ……… あわただしい | せむ[責] ……………… もとめる |
| せっしょう ……………… むごい | せび ………………………… せみ | せむ[迫] …………… おいつめる |
| せっしょう ……………… りょう | せび ………………………… 36 | せむ[迫] …………… さしせまる |
| せっしょ …………… なんしょ | ぜひ ……………………… かならず | せむ[迫] …………… ちかづく |
| せっしょ ……………… やまみち | ぜひ ………………………… きっと | せむ[迫] …………………… 48 |
| せっしょ ………………… 29, 32 | ぜひ ……………………… ぜんあく | せむかたなし …………… がまん |
| せっす ……………… けんむする | ぜひ ……………… どうしても | せむかたなし … しかた(が)ない |
| せっす ……………………… だいり | ぜひ …………………………… よい | せむかたなし |
| せっす ……………… もてなす | ぜひ ……………………… よしあし | …… どうしようもない |
| せつせつ[切切] ………… おもい | ぜひなし ……………… えんりょ | せむかたなし ………… ほうほう |
| せつせつ[切切] ………… さびしい | ぜひなし ……………… ごういん | せむかたなし ………… しょち |
| せつせつ[節節] ……… たびたび | ぜひなし …… どうしようもない | せめ ………………… ごうもん |
| せつせつ[節節] ……… しばしば | ぜひなし …… どうにもならない | せめ ………………… さいそく |
| せつせつ[節節] ……… ときどき | ぜひなし ……………… やむをえない | せめ ………………… せきにん |
| せつぞく ……………… ころす | ぜひにおよばず | せめ ………………… ふさい |
| せつぞく ……………… ぬすむ | …… どうしようもない | せめかく …………… せめかかる |
| せっちん ……………… だいべん | ぜひにおよばず … やむをえない | せめく ……………… あらそう |
| せっちん ……………… べんじょ | ぜひにかなはず … やむをえない | せめく ……………… うらみあらそう |
| せっつく ……………… いそがせる | ぜひにかなはず | せめく ……………… うらみなげく |
| せっつく ……………… さいそく | …… どうしようもない | せめぐ ……………… あらそう |
| せっど ………………………… しき | ぜひもしらず …………… むちゅう | せめぐ ……………… うらみあらそう |
| せっど ……………………… めいれい | ぜひもしらず ……………… わけ | せめぐ ……………… うらみなげく |
| せつな ……………………… いっしゅん | せびらかす …………… きょうせい | せめぐ ……………… せめさいなむ |
| せつな ……………………… しゅんかん | せびらかす ………… むりじいする | せめせちがふ ……… せめたてる |
| せつな ……………………… 16 | せびる ………………… むりじいする | せめて ……………… すくない |
| せつなし ……………………… くるしい | せびる ………………………… いじめる | せめて ……………… つづく |
| せつなし … せっぱくしている | ぜひをこらす …………… かんがえる | せめて ……………… つとめて |
| せつなし ……………………… つらい | ぜひをこらす … じゅくりょする | せめて ……………… なおも |
| せっぱ ……………………… さしせまる | ぜひをこらす ……… せいしん | せめて ……………… きわめて |
| せっぱ ……………………… どたんば | せぶみ ……………………… こころみ | せめて ……………… しいて |
| せっぱはばき …………… だんばん | せぶみ ……………………… ようす | せめて ……………… どうしても |
| せと ……………………… かいきょう | せぶる ……………………… せがむ | せめて ……………… はなはだしい |
| せと …………………………… きき | せぶる ……………………… むりじいする | せめてに ……………… ひじょうに |
| せと …………………………… わかれめ | せぶる ……………………… いじめる | せめて ……………… ひどく |
| せと …………………………… 23 | せまくら …………………… 24, 77 | せめて ……………… むりに |
| せど …………………………… いりぐち | せまし ……………………… せまい | せめての ……………… よくよく |
| せど …………………………… かってぐち | せまる ……………………… ちかづく | せめては ……………… すくない |
| せど …………………………… もん | せまる ……………………… こまる | せめふす ……………… えんそう |
| せとぎは …………………………… きき | せまる ……………………… せまい | せめふす ……………… といつめる |
| せとぎは …………………………… わかれめ | せまる ……………………… ひんじゃく | せめふす ……………… ふく |
| せどくち …………………………… いりぐち | せまるご ゑ …… しぼりだすこゑ | せめふす ……………… ふくじゅう |
| せどくち …………………………… かってぐち | せみごゑ …………………………… 90 | せめまどはす ……… こまる |
| せどくち …………………………… もん | せみのきぬ …………………………… 93 | せめまどはす ……… とうわく |
| ぜに ……………………………… かね | | せり ……………… しょうばい |
| ぜにむし …………………………… やすで | | せり ……………………… 86 |

| | | | |
|---|---|---|---|
| せりあきんど | しょうばい | ぜんごをぼうず | | せんそ | こうい |
| せりあきんど | 86 | | どうしてよいかわか | せんだい | てんのう |
| せりうり | しょうばい | | らない | せんだう | やまみち |
| せりうり | 86 | ぜんこん | おこない | せんだう | 29,32 |
| せりかく | きつもん | ぜんこん | よい | せんだち | あんない |
| せりふ | きまりもんく | せんざい[浅才] | あさはか | せんだち | せんせい |
| せりふ | だんばん | せんざい[浅才] | ちえ | せんだつ | あんない |
| せる | さいそく | せんざい[前栽] | うえこみ | せんだつ | せんせい |
| せる | せきたてる | せんざい[前栽] | にわ | せんだん | びゃくだん |
| せわ | ことわざ | せんざい[前栽] | にわ | せんだん | 46 |
| せわ | じんりょく | せんざい[千歳] | せんねん | せんだんはふたばよりかうばし | |
| せわ | せわ | せんざい[千歳] | ねんげつ | | てんせい |
| せわ | ぞくご | せんざい[千歳] | 16 | ぜんちしき | しんゆう |
| せわ | めんどう | ぜんざい | いわい | ぜんちしき | そう |
| せわかく | せわ | ぜんざい | よろこばしい | ぜんちしき | とも |
| せわをやむ | くろう | せんざいうり | やおや | ぜんちゃう | ちょうじょう |
| せん[先] | せんぞ | ぜんざいもち | しるこ | ぜんちゃう | 28 |
| せん[先] | せんだい | ぜんざいもの | やさい | せんちゃく | しゅうちゃく |
| せん[先] | せんど | せんさく | ことがら | せんちん | さきがけ |
| せん[餞] | せんべつ | せんさく | さがす | せんてい[先帝] | てんのう |
| せん[撰] | へんしゅう | せんさく | しだい | せんてい[前程] | しょうらい |
| せん[詮] | かい | せんさく | しらべる | せんてい[前程] | ぜんと |
| せん[詮] | がんもく | せんさく | なりゆき | せんてい[前程] | ゆくさき |
| せん[詮] | けっきょく | せんさく | もとめる | せんてい[前程] | ゆくて |
| せん[詮] | こうのう | せんじ | てんのう | ぜんてい | しょうらい |
| せん[詮] | しゅだん | ぜんじ | そう | ぜんてい | ぜんと |
| せん[詮] | しんぎ | せんしせん | ばしょう | ぜんてい | ゆくさき |
| せん[詮] | せんたく | せんしせん | 41 | ぜんてい | ゆくて |
| ぜんあく | どうしても | せんじふ | へんしゅう | せんど[先度] | このあいだ |
| ぜんあく | なにはともあれ | せんしゃう[僭上] | おごり | せんど[先度] | さきごろ |
| せんか | あのよ | せんしゃう[僭上] | ぜいたく | せんど[先度] | せんじつ |
| せんかう | ちち | せんしゃう[僭上] | みえ | せんど[先度] | 3 |
| せんかう | ぼうふ | せんじゃう[先生] | せんせい | せんど[先途] | おわり |
| せんかう | 56 | せんじゃう[僭上] | ぜんせ | せんど[先途] | けっきょく |
| せんかたなし | ほうほう | せんじゃう[僭上] | おごり | せんど[先途] | せとぎわ |
| せんかたなし | しょち | せんじゃう[僭上] | ぜいたく | せんど[先途] | ぜんと |
| せんき | きまり | せんしょう | ぜんせ | せんど[先途] | ゆくさき |
| せんき | きまりあれ | せんじょう[先蹤] | せんれい | せんど[先途] | 73 |
| せんき | せんれい | せんじょう[先蹤] | せんれい | せんなし | かい |
| せんき | しらべる | せんしんさう | あざみ | せんなし | しかた(が)ない |
| せんき | とりしらべ | せんしんさう | 38 | せんなし | つまらない |
| せんぎ | ひょうぎ | せんず[先] | さき | せんなし | むいみ |
| せんぐ | せんどう | せんず[先] | さきに | せんなし | むだ |
| せんく | せんどう | せんず[撰] | えらぶ | せんなし | やむをえない |
| せんぐり | つぎつぎ | せんず[撰] | へんしゅう | ぜんに | あま |
| せんぐゎんまつ | まつ | せんずるところ | けっきょく | ぜんばう | てら |
| せんぐゎんまつ | 46 | せんずるところ | つまり | せんばん | いろいろ |
| せんげ | 72 | ぜんせ | | せんばん | しごく |
| せんげつ | じゅういちがつ | | いまだ(かつて)…(な | せんばん | はなはだしい |
| せんげつ | 7 | | い) | せんばん | まんいち |
| せんけん | あでやか | ぜんせ | かつて | せんばん | もし |
| せんけん | うつくしい | ぜんせ | さきのよ | せんばん | 79 |
| せんげん | あでやか | ぜんぜ | | せんばん | いろいろ |
| せんげん | うつくしい | | いまだ(かつて)…(な | せんべう | きざし |
| ぜんごにくる | こまる | | い) | ぜんべう | きざし |
| ぜんごにくる | とほうにくれる | ぜんせい | じまん | ぜんまいわらび | わらび |
| ぜんごをばうず | こまる | ぜんせい | みえ | ぜんまいわらび | 42 |
| | | ぜんぜん(と) | しだいに | せんみつ | うそ |
| | | | | せんみつ | ほら |

| | | | |
|---|---|---|---|
| せんみょう | てんのう | そうづ | かかし・かがし | そぐ | けずりとる |
| せんやく[仙薬] | くすり | そうと | そう | そぐ | しょうりゃくする |
| せんやく[仙薬] | 53 | そうなみ | すべて | そぐ | はぶく |
| せんやく[煎薬] | くすり | そうなみ | せけんなみ | ぞく[粟] | こくもつ |
| せんやく[煎薬] | せんじぐすり | そうなみ | 57 | ぞく[粟] | こめ |
| せんり | とおい | そうにん | しょうにん | ぞく[俗] | しゅうかん |
| せんりののにとらをはなつ | | そうねん | 89 | ぞく[俗] | せじん |
| | わざわい | そうばう | そう | ぞく[俗] | せぞく |
| ぜんりょ | そう | そうばう | 92 | ぞく[俗] | ぞくじん |
| ぜんりん | そう | そうぶん | いさん | ぞく[俗] | ならわし |
| ぜんりん | てら | そうべう | うじがみ | ぞく[俗] | にちじょう |
| | | そうべう | かみ | ぞく[俗] | 57, 82 |
| **そ** | | そうべつ | およそ | そくか | あなた |
| | | そうべつ | すべて | そくか | 106 |
| そ | きんし | そうべつ | だいたい | そぎ | あそび |
| そ | する | そうべつ | ばんじ | ぞくぎょう | いっぱん |
| そ[衣] | そう | そうもん | そうじょうする | ぞくぎょう | すがた |
| そ[衣] | 93 | そうもん | もうしあげる | ぞくさい | けんこう |
| そ[磯] | いそ | そうりゃう | あととり | ぞくさい | ぶじ |
| そ[磯] | 22 | そうりゃう | しはい | ぞくしゃう | いえがら |
| そ[十] | じゅう | そうりゃう | ちょうなん | ぞくしゃう | すじょう |
| そ[素] | 15 | そうりゃう | りょうゆう | ぞくじん | いっぱん |
| そ[背] | せなか | そうりゃう | 51, 52 | ぞくちん | けがれ |
| そ[其] | それ | ぞうるい | いちぞく | ぞくぢん | わずらわしい |
| そ[其] | 109 | ぞうるい | しそん | そくばく | ひじょうに |
| そい | きもち | ぞうるい | 55, 56 | そくばく | じゃっかん |
| そいつ | ねがい | そうわいろ | 15 | そくばく | たいそ |
| そいつ | 106 | そがいろ | 15 | そくばく | たしょう |
| そう[証] | しょうこ | そがぎく | きく | そくばく | いくらか |
| そう[僧] | しゅっけ | そがぎく | 39 | そくばく | 79 |
| そう[叟] | おきな | ぞかし | なのだ | そくひ | こめ |
| そう[叟] | ちょうろう | そがひ | うしろ | そくひ | のり |
| そう[叟] | 52, 53 | そがひ | うしろむき | そぐふ | つりあう |
| ぞう | いちぞく | そがひ | こうはい | そぐふ | にあう |
| ぞう | しそん | そがひ | はいご | そくへ | とおい |
| ぞう | 55, 56 | そき | はて | そぐへ | とおい |
| そうぎゃう | すがた | そぎすつ | かんりゃく | そくへのきはみ | とおい |
| そうぎゃう | そう | そぎすつ | てがる | ぞくみゃう | ぞくしょう |
| そうぎょう | そう | そきだく | はなはだ | ぞくみゃう | つうしょう |
| そうげき | いそがしい | そきだく | いくらか | ぞくみゃう | な |
| そうげき | たぼう | そきだく | 79 | そくゐ | きぼう |
| そうじて | いっぱん | そきたつ | しりぞく | そくゐ | しゅくがん |
| そうじて | およそ | そきだつ | しりぞく | そくゐ | しゅっけ |
| そうじて | がいして | そきだつ | はなれる | そくゐ | そし |
| そうじて | すべて | そぎたつ | そびえる | そくゐ | ねがい |
| そうじて | だいたい | そきへ | とおい | そくゐ | ねんがん |
| そうす | えんそう | そきら | ふだん | そくゐ | ほんもう |
| そうす | そうじょうする | そきら | 94 | そくゐ | 101, 102 |
| そうす | もうしあげる | そく[職] | しごと | そげたつ | しょんぼり |
| そうそう | あわただしい | そく[職] | しょくむ | そげもの | おうちゃく |
| そうそう | かんりゃく | そく[息] | むすこ | そげもの | かわりもの |
| そうぞう | いちどう | そく[息] | 51, 52 | そこ[塞] | とりで |
| そうぞく | みな | そく[束] | 111 | そこ[底] | おうぎ |
| そうぞく | そう | そく[退] | しりぞく | そこ[底] | おくふかい |
| ぞうちゃう | きょうだいになる | そく[退] | とおざかる | そこ[底] | かぎり |
| ぞうちゃう | きょうだいになる | そく[退] | のぞく | そこ[底] | ちから |
| ぞうちゃう | ぞうだい | そく[退] | はなす | そこ[底] | はて |
| | | そく[退] | はなれる | そこ[底] | しんてい |
| | | そぐ | かんりゃく | そこ[底] | 61 |

| | | |
|---|---|---|
| そこ[其処] …………… 106 | そこほど ……………… 108 | そそく[注] …………… おちる |
| そこい ………… したごころ | そこもと ……………… あなた | そそく[注] …………… かける |
| そこい ……………… しんてい | そこもと ………………… そこ | そそく[注] …………… ながす |
| そこい ………………………… 61 | そこもと …………… 106,108 | そそく[注] ………… ながれる |
| そこいら ……………………… 108 | そこら ……………… おおいに | そそく[注] ………… ふりかかる |
| そこしらず ………… からとう | そこら ………………… ひどく | そそく[注] ………… ふりかける |
| そこしらず ……… さけのみ | そこら ……………… ひじょうに | そそく[注] ……………… ふる |
| そこしらず …………………… 95 | そこら ……………… たいそう | そそく[注] …… 10, 25, 27, 67 |
| そこしん …………… しんてい | そこら …………… はなはだ | そそく[濯] ……………… あらう |
| そこそこ ………… どうやら | そこら …………………………… 79 | そそく[濯] ………… きよめる |
| そこそこ ……………………… どこ | そこら[其処等] ……………… 108 | そそく[濯] …………… おちる |
| そこそこ ……………… 71, 110 | そこらく …………… ひじょうに | そそぐ[注] …………… かける |
| そこそこ(に) ……… いいかげん | そこらく …………… じゃっかん | そそぐ[注] …………… ながす |
| そこそこに …… ちゅうとはんぱ | そこらく ……………… たいそう | そそぐ[注] ………… ながれる |
| そこだから ……………… たから | そこらく ……………… たしょう | そそぐ[注] ………… ふりかかる |
| そこだくみ …………… いんぼう | そこらく …………… いくらか | そそぐ[注] ………… ふりかける |
| そこつ ……………………… かしつ | そこらく …………………………… 79 | そそぐ[注] ……………… ふる |
| そこつ …………………… けいそつ | そこらくに ………… じゅうぶん | そそぐ[注] …… 10, 25, 27, 67 |
| そこつ …………………… しつれい | そこらくに …………… たいそう | そそくる …………… うながす |
| そこつ ………………………… ぶれい | そこらくに ………… なんども | そそくる ……………… せわしい |
| そこつねのくに ……… あのよ | そこをいる ……………… たべる | そそくる ………… もてあそぶ |
| そこともしらず ………… あて | そこをいる …………… なっとく | そそなかす …………… うながす |
| そこともわからず | そこをいる …………………………… 95 | そそなかす …………… おだてる |
| ……… どこともわからず | そこをおす ……………… ねん | そそなかす ………… せきたてる |
| そこともわかず ……………… 110 | そこをたたく ……………… だす | そそのかす …………… うながす |
| そこな ……………………… そこ | そそう ……………… おろそか | そそのかす …………… おだてる |
| そこな ……………………………… 108 | そさう ……………………… かしつ | そそのかす ………… せきたてる |
| そこなふ ………… すいじゃく | そさう …………………… けいそつ | そそめく ………… おとをたてる |
| そこなふ …………… きずつける | そさう …………………… しつれい | そそめく ………………… さわぐ |
| そこなふ ……………… そこなう | そさう …… そそっかしいこと | そそめく … ざわつく・ざわめく |
| そこに ……………………… あなた | そさう ………………………… そまつ | そそめく ………… そわそわする |
| そこに ……………………………… 106 | そさう ………………………… ぶしつけ | そそめく ………………… 13, 70 |
| そこねる …………………… きげん | そさま ……………………………… 106 | そそや …………………… うながす |
| そこねる ………………… こわれる | そさま ……………………… あなた | そそや …………………………… それ |
| そこねる …………………… ふきげん | そさま ……………………………… 106 | そそやく ……………… ささやく |
| そこのこころ ……… しんてい | そし[初志] …………………… しょし | そそやく ……………… ひそひそ |
| そこのこころ ……………………… 61 | そし[庶子] …………………… しょし | そそやく ……………… こっそり(と) |
| そこはかと ………………… たしか | そし[庶子] …………………………… 52 | そそやぐ ……………… ささやく |
| そこはかと ………… なんとなく | そし[祖師] ………………… がんそ | そそりあぐ ………… けしかける |
| そこはかと ……………… はっきり | そし[祖師] ……………… はじまり | そそる ………………………… あおる |
| そこはかとなく …… なんとなく | そしらはし ………………… ひなん | そそる ………………………… おだてる |
| そこはかとなし …… つまらない | そしり ……………………… ひなん | そそる ………… そわそわする |
| そこはかとなし …… とりとめ | そしる ……………………… ひなん | そそる ……………………… ひやかす |
| そこはかとなし ……… はっきり | そしる …………………………… わるい | そそる ………… ゆりうごかす |
| そこばく …………………… いくらか | そす ……………………………… ころす | そそる …………………………… 70 |
| そこばく …………… じゃっかん | そそ ……………………………… 11, 13 | そそる[漫] ……… うきうきする |
| そこばく …………………… たいそう | そそかし ……………… あわただしい | そそる[聳] …………… そびえる |
| そこばく …………………… たしょう | そそかし ……………………………… 70 | そそる[聳] …………………………… 28 |
| そこばく …………… ひじょうに | ぞぞがみたつ ………… おそれる | そぞろ ……………………… あわてる |
| そこばく …………………………… 79 | ぞぞがみたつ ………… おそろしい | そぞろ ……………… おもいがけない |
| そこひ …………………… さいげん | ぞぞがみたつ ………… ぞっとする | そぞろ ………………… けいそつ |
| そこひ ……………………………… そこ | ぞぞがみたつ … みのけがよだつ | そぞろ …………………… こんきょ |
| そこひ ……………………………… はて | そそき …………………… しぶき | そぞろ ……………… そわそわする |
| そこひなし ………………… かぎり | そそき …………………… さわぎ | そぞろ ………………… つまらない |
| そこひなし …… はてし(が)ない | そそき …………………………… 27 | そぞろ …………… とんでもない |
| そこひもしらず …………… かぎり | そそく …………………… けばだつ | そぞろ ………………… なんとなく |
| そこひもしらず | そそく ………………… せかせか | そぞろ ……………………… ふほんい |
| ……… はてし(が)ない | そそく ……………… そわそわする | そぞろ ……………………… ふまん |
| そこほど ……………………… そこ | そそく ………………………… ほつれる | そぞろ ……………………… まんぜん |

135

|  |  | |  |  | |  |  |
|---|---|---|---|---|---|---|---|
| そぞろ | むかんしん | | そでごひ | ものごい | | そなふ[具・備] | つれる |
| そぞろ | むやみ | | そでつぎ | ともね | | そなふ[具・備] | ととのう |
| そぞろ | りゅう | | そでつぐ | 64, 76 | | そなふ[具・備] | ととのえる |
| そぞろ | わけ | | そでつま | ふくそう | | そなふ[具・備] | 48, 86 |
| そぞろ | わけもなく | | そでつま | みなり | | そなへ | ぐんたい |
| そぞろ | 70 | | そでにあまる | 66, 67 | | そなへ | せつび |
| そぞろありく | ぶらつく | | そでにしぐる | 66, 67 | | そなへ | たいれつ |
| そぞろあるき | さんぽ | | そでにす | いいかげん | | そなへ | ぼうび |
| そぞろあるき | 68 | | そでにす | おろそか | | そなへ | まもり |
| そぞろか | しんちょう | | そでになす | いいかげん | | そなへ | まもる |
| そぞろか | たかい | | そでになす | おろそか | | そなへ | 85 |
| そぞろか | ちょうしん | | そでのこほり | かなしみ | | そなる | 43 |
| そぞろか | せたけ | | そでのしがらみ | 67 | | そなれぎ | 43 |
| そぞろく | そわそわする | | そでのしぐれ | 66 | | そなれまつ | まつ |
| そぞろぐ | 71 | | そでのした | わいろ | | そにどり | かわせみ |
| そぞろごころ | うわつく | | そでのしづく | 66 | | そにどり | 34 |
| そぞろごころ | そわそわする | | そでのつゆ | 66 | | そにどりの | あお・あおいろ |
| そぞろごと | じょうだん | | そでのわかれ | 63 | | そにどりの | 14 |
| そぞろごと | りゅうげん | | そでふりぐさ | おばな | | そね | とち |
| そぞろごと | つまらない | | そでわかる | わかれる | | そね | やせる |
| そぞろごと | とりとめ | | そでをしぼる | 66 | | そねまし | にくらしい |
| そぞろさむし | うすらさむい | | そでをつらぬ | つれる | | そねまし | ねたましい |
| そぞろさむし | さむい | | そでをつらぬ | どうこう | | そねみ | しっと |
| そぞろに | まんぜん | | そでをぬらす | 66 | | そねみ | ねたみ |
| そぞろはし | うきうきする | | そと | こっそり(と) | | そねむ | うとんじる |
| そぞろはし | きにくわない | | そと | しずか | | そねむ | しっと |
| そぞろはし | そわそわする | | そと | そっと | | そねむ | ねたむ |
| そぞろはし | ふかい | | そと | ちょっと | | その | とち |
| そぞろはし | 59, 70 | | そと | ひそか | | その | ばしょ |
| そだつ | そだてる | | そと | ひみつ | | そのいろづき | はちがつ |
| そち | あなた | | そとにしき | みえ | | そのいろづき | 6 |
| そち | おまえ | | そとべ | そと | | そのかた | そちら |
| そち | 106, 108 | | そとも[外面] | がいぶ | | そのかた | 108 |
| そちら | 108 | | そとも[外面] | そと | | そのかみ | いぜん |
| そつ | ておち | | そとも[外面] | はいめん | | そのかみ | かこ |
| そつ | てぬかり | | そとも[背面] | うしろ | | そのかみ | そのころ |
| そつ | むだ | | そとも[背面] | うしろがわ | | そのかみ | とうじ |
| そつじ | けいそつ | | そとも[背面] | きた | | そのかみ | むかし |
| そつじ | しつれい | | そとも[背面] | こうほう | | そのかみ | 16, 109 |
| そつじ | とつぜん | | そとも[背面] | やまかげ | | そのこととなし | かぎり |
| そつじ | にわか | | そとも[背面] | 29 | | そのこととなし | とりたてて |
| そつじ | ぶしつけ | | そながら | そのまま | | そのこととなし | |
| そつじ | ぶれい | | そながら | 109 | | | なにについても |
| そつじながら | けいそつ | | そなた | あちら | | そのはう | おまえ |
| そつじながら | とつぜん | | そなた | そちら | | そのはう | そちら |
| そつじながら | ぶしつけ | | そなた | おまえ | | そのはう | 106, 108 |
| そつじゅ | きゅうじっさい | | そなた | 106, 107, 108 | | そのひすぎ | そのひぐらし |
| そつじゅ | 89 | | そなたざま | そちら | | そのひすぎ | 109 |
| そったく | きかい | | そなたざま | 108 | | そのひと | うえきや |
| そっち | 108 | | そなはる | そろう | | そのふ | とち |
| そっと | はて | | そなはる | ととのう | | そのふ | にわ |
| そっと | へんぴ | | そなふ[供] | そなえる | | そのふ | ばしょ |
| そっど | はて | | そなふ[供・備] | けんじょう | | そのほど | そのころ |
| そでがき | ついしん | | そなふ[具・備] | おそなえ | | そのほど | 109 |
| そでがき | てがみ | | そなふ[具・備] | そなえる | | そのもと | おまえ |
| そでかたしく | ひとりね | | そなふ[具・備] | そろう | | そのもと | 106 |
| そでかたしく | 77 | | そなふ[具・備] | そろえる | | そのものとなし | しょうたい |
| そでかひ | あこやがい | | そなふ[具・備] | つれそう | | そのものとなし | とりたてて |
| そでごひ | こじき | | そなふ[具・備] | つれだつ | | そは | それは |

| | | | | | | |
|---|---|---|---|---|---|---|
| そは | 110 | そばふ | 11 | そひゐる | くらす |
| そは[岨] | がけ | そばへ | たわむれ | そひゐる | つきそう |
| そは[岨] | けわしい | そばみち | けわしい | そひゐる | よりそう |
| そは[岨] | 29 | そばみち | やまみち | そひゐる | 85 |
| そば[岨] | がけ | そばみち | 28, 29, 32 | そふ | くわえる |
| そば[岨] | けわしい | そばみち | けわしい | そふ | くわわる |
| そば[岨] | 29 | そばみち | やまみち | そふ | そえる |
| そば[稜] | かど | そばみち | 28, 29, 32 | そふ | そなえる |
| そばあたり | きんじょ | そばむ | おしやる | そふ | そなわる |
| そばあたり | ふきん | そばむ | かたよせる | そふ | たとえる |
| そばえ | たわむれ | そばむ | かたよる | そふ | つきしたがう |
| そばがほ | かお | そばむ | きらう | そふ | つきそう |
| そばがほ | よこがお | そばむ | しせん | そふ | つれそう |
| そばき | ぶな | そばむ | すねる | そふ | つれる |
| そばき | 46 | そばむ | そらす | そふ | ます |
| そばぐるみ | うとい | そばむ | にらむ | そふ | 84 |
| そばぐるみ | ぶな | そばむ | ひがむ | そふく | しろ・しろい |
| そばぐるみ | 46 | そばむ | よこ | そふく | もふく |
| そばざま | そば | そばむ | よこめ | そふく | 93, 94 |
| そばざま | そくめん | そばむ | わき | そぶそぶ | くちやかましい |
| そばそば | はし | そばむ | 49, 77 | そぶそぶ | 14 |
| そばそば | はしばし | そばむぎ | そば | そへごと | おまけ |
| そばそば | すみ | そばめ[側女] | めかけ | そへごと | ことば |
| そばそばし | うとい | そばめ[側目] | はため | そへまさる | いっそう |
| そばそばし | あいきょう | そばめ[側目] | ようす | そへまさる | ます |
| そばそばし | かくばる | そばめ[側目] | よこ | そべる | ねそべる |
| そばそばし | かどばっている | そばめ[側目] | よこめ | そべる | ひざ |
| そばそばし | けわしい | そばめ[側目] | わきみ | そべる | 76 |
| そばそばし | れいたん | そばめ[側目] | 50 | ぞべる | ねそべる |
| そばたつ | かど | そばめにかく | かるい | そへぼ | 10 |
| そばたつ<br>…かどだつ・かどだてる | | そばめにかく | よこめ | そぼたる | ぬれる |
| | | そばめにかく | 50, 77, 78 | そぼたる | びしょびしょ |
| そばたつ | さかだつ | そばゆ | じゃれる | そほつ | ぬれる |
| そばたつ | そびえる | そはる | くわわる | そほつ | 10 |
| そばたつ | 28 | そはる | ふえる | そほつ | かかし・かがし |
| そばだつ | かど | そひ[側女] | そば | そぼつ | ぬれる |
| そばだつ<br>…かどだつ・かどだてる | | そひ | かわせみ | そぼつ | 10 |
| | | そび | 34 | そほど | かかし・かがし |
| そばだつ | さかだつ | そびく | そびえる | そぼぬる | ぬれる |
| そばだつ | そびえる | そびく | たなびく | そぼぬる | びしょびしょ |
| そばだつ | 28 | そひつく | よりそう | そほふる | 10 |
| そばつき | がいかん | そひふし | 76 | そほふる | 10 |
| そばつき | ようす | そひふす | すわる | そぼる | しゃれる |
| そばづたひ | がけ | そひふす | 76 | そぼる | じゃれる |
| そばづたひ | 29 | そひふす | そいねする | そぼる | たわむれる |
| そばづたひ | がけ | そひぼし | 8 | そぼる | ふざける |
| そばづたひ | 29 | そひみる | いっしょに | そま | きこり |
| そばのき | かなめもち | そひみる | せわ | そま | 28 |
| そばのき | 44 | そびやか | たかい | そまうど | きこり |
| そばはら | めかけ | そびやか | ちょうしん | そまうど | 28 |
| そばはら | よこっぱら | そびやぐ | せたけ | そまぎ | たきぎ |
| そばはら | わきばら | そびやぐ | そびえる | そまとり | きこり |
| そばはら | 48 | そびやぐ | たかい | そまとり | 28 |
| そばひら | そば | そびやぐ | ちょうしん | そまびと | きこり |
| そばふ | じゃれる | そびゆ | せたけ | そまびと | 28 |
| そばふ | たわむれる | そびゆ | そびえる | そまむぎ | そば |
| そばふ | ふく | そびゆ | 28 | そまやま | 28 |
| そばふ | ふざける | そびら | うしろ | そむ[初] | はじめる |
| | | そびら | せなか | そむ[染] | いろづく |

137

| | | |
|---|---|---|
| そむ[染] | おもいこむ | |
| そむ[染] | かんじる | |
| そむ[染] | かんせんする | |
| そむ[染] | そまる | |
| そむ[染] | そめる | |
| そむ[染] | なじむ | |
| そむ[染] | 15, 61 | |
| そむき | うしろ | |
| そむき | しゅっけ | |
| そむき | とんせい | |
| そむき | はいめん | |
| そむき | はんたい | |
| そむき | りはん | |
| そむきざま | ぎゃく | |
| そむきすつ | しゅっけ | |
| そむきそむき | はなればなれ | |
| そむきはしる | にげる | |
| そむきはつ | しゅっけ | |
| そむく | しゅっけ | |
| そむく | りはん | |
| そむく | あらそう | |
| そむく | いんとん | |
| そむく | さからう | |
| そむく | したがう | |
| そむく | せなか | |
| そむく | はなす | |
| そむく | はなれる | |
| そむく | はむかう | |
| そむく | はんたい | |
| そむく | わかれる | |
| ぞめき | さわぎ | |
| ぞめき | にぎわい | |
| ぞめき | やかましい | |
| ぞめき | 13 | |
| ぞめく | うかれる | |
| ぞめく | さわぐ | |
| そも | そもそも | |
| そも | さて | |
| そも | それにしても | |
| そも | 110 | |
| そもじ | あなた | |
| そもじ | 106 | |
| そもしらず | べつ | |
| そもしらず | もんだい | |
| そもそも | さて | |
| そもそも | それにしても | |
| そもそも | はじまり | |
| そもそも | もともと | |
| そもそも | 110 | |
| そもや | それにしても | |
| そもや | 110 | |
| そもやそも | そもそも | |
| そや[初夜] | 21 | |
| そや[征矢] | や | |
| ぞや | 99, 100, 102 | |
| そよ | あいづちをうつ | |
| そよ | そうそう | |
| そよ | それそれ | |
| そよ | それだよ | |
| そよ | 109 | |
| そよ(と) | 11, 13 | |
| そよぐ | さわぐ | |
| そよぐ | 14 | |
| そよそよ | 11, 13 | |
| そよめく | ざわつく・ざわめく | |
| そよめく | にぎやか | |
| そよめく | 14 | |
| そよや | そうそう | |
| そより | 11, 13 | |
| そよろ | 11, 13 | |
| | までも | |
| そら[空] | いいかげん | |
| そら[空] | うわのそら | |
| そら[空] | きもち | |
| そら[空] | くうかん | |
| そら[空] | しんきょう | |
| そら[空] | てん | |
| そら[空] | てんき | |
| そら[空] | てんじょう | |
| そら[空] | なんとなく | |
| そら[空] | ばしょ | |
| そら[空] | ふうけい | |
| そら[空] | ほうこう | |
| そら[空] | むだ | |
| そら[空] | 59, 80, 111, 112 | |
| そらあひ | てんき | |
| そらおそろし | おそろしい | |
| そらおそろし | そらおそろしい | |
| そらおぼめき | しらぬかお | |
| そらおぼめき | そらとぼけ | |
| そらおぼめき | とぼける | |
| そらおぼめき | 74 | |
| そらがくれ | いるす | |
| そらけいはく | おせじ | |
| そらけいはく | そらぞらしい | |
| そらごと | うそ | |
| そらごと | つくりばなし | |
| そらさぬ | なにくわぬ | |
| そらさぬ | 75 | |
| そらさま | うえ | |
| そらさわぎ | からさわぎ | |
| そらじに | しにまね | |
| そらしらず | しらぬかお | |
| そらしらず | とぼける | |
| そらしらず | 75 | |
| そらしらぬあめ | 66 | |
| そらす | きげん | |
| そらす | にがす | |
| そらす | はずす | |
| そらぞらし | しらじらしい | |
| そらぞらしい | そらぞらしい | |
| そらぞらしい | とぼける | |
| そらぞらしい | 75 | |
| そらだき | かおり | |
| そらだに | さえ | |
| そらだのみ | あて | |
| そらだのみ | きたい | |
| そらだのみ | たのみ | |
| そらだより | たより | |
| そらだのめ | あて | |
| そらだのめ | きたい | |
| そらだのめ | たのみ | |
| そらなき | うそ | |
| そらなき | 65, 66 | |
| そらなみだ | うそ | |
| そらなみだ | 65, 66 | |
| そらに | あんき | |
| そらにすがく | むだ | |
| そらね | ききちがい | |
| そらね | げんかく | |
| そらね | そらみみ | |
| そらね | なきまね | |
| そらね | まちがい | |
| そらね | たぬきねいり | |
| そらね | 66, 71, 76 | |
| そらのあし | くも | |
| そらのあし | てんき | |
| そらのみだれ | あらし | |
| そらのみだれ | 9 | |
| そらはづかし | そおくれる | |
| そらはづかし | はずかしい | |
| そらばらやむ | けびょう | |
| そらばらやむ | 88 | |
| そらほてり | 19 | |
| そらほてり | ゆうやけ | |
| そらほど | 110 | |
| そらみだれ | 95 | |
| そらみみ | ききちがい | |
| そらみみ | げんちょう | |
| そらみみ | そらみみ | |
| そらみみ | まちがい | |
| そらみみ | 71 | |
| そらめ | まちがい | |
| そらめ | みまちがい | |
| そらめ | 75, 78 | |
| そらものがたり | でたらめ | |
| そらものがたり | とりとめ | |
| そらものがたり | はなし | |
| そらゑひ | 95 | |
| そらんず | あんき | |
| そりはし | たいこばし | |
| そりはし | はし | |
| そる[逸] | それる | |
| そる[反] | のけぞる | |
| それ[其] | あなた | |
| それ[其] | 106, 108 | |
| それ[夫] | そもそも | |
| それかあらぬか | それ | |
| それかあらぬか | 109 | |
| それがし | わたくし・わたし | |
| それがし | 105, 107 | |
| それかれ | だれかれ | |
| それさま | あなた | |
| それさま | 106 | |
| それそれ | だれだれ | |
| それてい | そのていど | |

| | | | | |
|---|---|---|---|---|
| それてい | 109 | ぞんず | たもつ | たいぎ | めんどう |
| それとはなしに | なんとなく | ぞんず | ながらえる | だいきょう | ごちそう |
| それながら | そっくり | ぞんず | もつ | だいぐゎん | 96 |
| それながら | そのまま | ぞんず | 53, 74 | たいくつ | いや |
| それながら | それなりに | ぞんぢ | かくご | たいくつ | うんざり |
| それながら | 109, 110 | ぞんぢ | こころえ | たいぐゎん | がんぼう |
| それなり | そのまま | ぞんぢ | かくご | だいぐゎん | がんぼう |
| それなり | 109 | ぞんぢ | こころえ | だいぐゎん | きぼう |
| それなる | そのとおり | ぞんぢ | しょうち | だいぐゎん | 101 |
| それなる | そこ | ぞんねん | かんがえ | たいけい | きょうだい |
| それなる | 108, 109 | ぞんのほか | おもい | たいけい | 55 |
| それに | しかるに | そんまう | こわす | だいこく | そう |
| それに | そのうえ(に) | そんまう | こわれる | だいこく | 54 |
| それに | そのゆえに | そんまう | はかい | たいさい[太歳] | もくせい |
| それに | ところが | そんまう | ひがい | たいさい[太歳] | 8 |
| それに | 109 | ぞんめい | いきている | たいさい[大才] | けんじん |
| それになほ | 108 | ぞんめい | ぞんめい | たいさい[大才] | さいのう |
| それのみ | それだけで | | | たいし[舵] | かじ |
| それのみ | 109 | | た | たいし[舵] | 97 |
| それはともあれ | それはともかく | | | たいし[大姉] | きょうだい |
| それはともあれ | 110 | た | 102, 111 | たいし[大姉] | 55 |
| そろふ | そろえる | た[誰] | だれ | だいじ | しゅっけ |
| そろべくそろ | そのひぐらし | た[誰] | 107 | だいじ | じゅうだい |
| そろべくそろ | 109 | たい | ほんしつ | だいじ | たいせつ |
| ぞろめく | つづく | たい | ほんしょう | だいじ | たやすい |
| そゐに | だから | たい | ようす | だいじ | だいじけん |
| そん | けっとう | たい | 46 | だいじ | 88 |
| そん | しそん | だい[代] | かわり | だいじにかく | たいせつ |
| そん | まご | だい[代] | だいしょう | だいじにかく | ちゅうい |
| そん | 56, 57 | だい[代] | だいり | たいしゃう | くがつ |
| そんざ | みぶん | だい[代] | 111 | たいしゃう | 7 |
| そんざ | めうえのひと | だい[代] | だいきん | たいじゃう | あやまる |
| ぞんざい | おろそか | だい[台] | しょくじ | たいじゃう | しゃざい |
| ぞんざい | いいかげん | だい[台] | 95, 96 | たいじゃう | わびじょう |
| ぞんざい | なげやり | だい[大] | すぐれる | だいしゅ | そう |
| ぞんざい | ぶれい | だい[大] | ひろい | だいじん | かねもち |
| ぞんざい | らんぼう | だい[大] | 79 | たいす | おびる |
| ぞんじ | しょうち | だいいち | さいしょ | たいす | もつ |
| ぞんじつき | おもいつき | だいいち | たいとう | たいす | 48 |
| ぞんじつく | おもいつく | だいおんじゃう | おおごえ | たいせい | 89 |
| ぞんじのほか | あんがい | だいおんじゃう | 90 | たいぜい | おおぜい |
| ぞんじのほか | いがい | だいか | 92 | たいぜい | ぐんぜい |
| ぞんじのほか | おもい | だいかいはちりをえらばず | どりょう | たいぜい | ぐんたい |
| ぞんじゃ | みぶん | だいかいをてでせく | ふかのう | たいせつ | じじょう |
| ぞんじゃ | めうえのひと | たいかう | しごと | たいせつ | じじょう |
| ぞんじゃう | いきている | たいかう | じぎょう | たいせつ | 62 |
| ぞんじゃう | ぞんめい | たいかう | だいじぎょう | だいそれた | とんでもない |
| そんず | きげん | だいかう | ごうけつ | たいたい | しとう |
| そんず | きずつける | だいかう | つよい | たいだい | きゅうちゅう |
| そんず | こわす | だいかうじ | なっとく | たいだい | きゅうちゅう |
| そんず | すくない | だいかうじ | みかん | たいだいし | おろそか |
| そんず | そこなう | だいかま | わるもの | たいだいし | いいかげん |
| そんず | へる | たいぎ | じゅうだい | たいだいし | かるがるしい |
| そんず | わるい | たいぎ | だいじ | たいだいし | なまける |
| そんず | いきている | たいぎ | ほね | たいだいし | ふつごう |
| ぞんず | いきながらえる | たいぎ | ほねおり | たいだいし | もってのほか |
| ぞんず | おもう | | | だいだう | おおどおり |
| ぞんず | そんざいする | | | だいだう | 31 |
| | | | | だいたん | おうちゃく |

だいたん ………… きも
だいたん ………… ずうずうしい
だいたん ………… どきょう
だいち ………… ちえ
だいぢょうぶ ………… おとこ
だいぢょうぶ ………… しっかり
だいぢょうぶ ………… 58
だいてい ………… およそ
だいてい ………… かなり
だいてい ………… そうとう
だいてい ………… だいぶぶん
だいと ………… たいか
だいとく ………… そう
だいとくじん ………… かねもち
だいとこ ………… そう
たいはく ………… きんせい
たいはく ………… みょうじょう
たいはく ………… 8
たいはくせい ………… きんせい
たいはくせい ………… みょうじょう
たいはくせい ………… 8
だいばんじゃく ………… いわ
だいばんじゃく ………… けんご
だいばんじゃく ………… じょうぶ
だいばんじゃく ………… 70
だいばんどころ ………… じ
だいひ ………… じひ
だいひきもの ………… おくりもの
だいふくちゃう ………… だいちょう
だいふくちゃう ………… ちょうぼ
だいふくちゃうじゃ ………… かねもち
だいふくちゅう ………… どりょう
だいふくちゅう ………… ふとっぱら
たいへいらく ………… でたらめ
だいぼん ………… じゅうざい
だいぼん ………… つみ
たいまつる ………… あたえる
たいまつる ………… けんじょう
たいまつる ………… ささげる
たいまつる ………… さしあげる
だいみゃうぎ ………… どりょう
だいみゃうけんどん ………… そば
たいめ ………… あう
たいめんじょ ………… 91
だいもく ………… じょうけん
だいもく ………… めいしょう
だいもく ………… めいもく
だいもつ ………… かね
だいもつ ………… だいきん
たいや ………… そうしき
たいや ………… めいにち
たいや ………… 74
たいやう ………… だいどころ
たいやう ………… たいとう
たいやう ………… ひってき
たいやく ………… わざわい
たいよう ………… ききめ
たいよう ………… たいせつ
たいよく ………… よくばり

たいよくはむよくににたり
  ………… むよく
だいり ………… きゅうちゅう
だいり ………… てんのう
たいりゃく ………… おおかた
たいりゃく ………… だいたい
たいりょ ………… じゅうがつ
たいりょ ………… 7
たう[党] ………… くみ
たう[党] ………… とも
たう[党] ………… なかま
たう[唐] ………… ちゅうごく
たう[唐] ………… 111,112
だうあう ………… おうぎ
たううちは ………… ぐんばい
たうか ………… みぶん
たうか ………… みぶん
たうがん ………… がちょう
たうがん ………… 34
たうぎん ………… きんじょう
たうぎん ………… てんのう
だうぐ ………… ざいりょう
だうぐ ………… しゅだん
だうぐ ………… ぶき
だうぐおとし ………… おとしあな
だうぐおとし ………… わな
だうけ ………… おどけ
たうけい ………… いじゅつ
たうけいか ………… いしゃ
たうげつ ………… さんがつ
たうげつ ………… 6
たうざ ………… さしあたって
たうざ ………… そくざ
たうざ ………… とうぶん
たうざ ………… 64, 109
たうざさばき ………… いちじ
たうざまかなひ ………… いちじ
たうさん ………… あつまり
たうじ ………… いま
たうじ ………… げんざい
たうじ ………… そのおり
たうじ ………… そのとき
たうじ ………… 109
だうし ………… せんにん
だうし ………… そう
だうし ………… じゅんれい
だうしゃ ………… せんにん
だうしゃ ………… そう
だうしゃ ………… 92
だうじょう ………… きじん
だうじょう ………… ゆかうえ
だうじん ………… とうぞく
だうじん ………… どろぼう
だうじん ………… わるもの
だうしん ………… しんこう
だうしん ………… じひ
だうじん ………… しゅぎょう

だうじん ………… しゅっけ
だうじん ………… よすてびと
だうしんじゃ ………… しんじゃ
たうじんのねごと ………… ねごと
たうせい ………… いま
たうせい ………… げんだい
たうせいふう ………… げんだい
だうぞく ………… そう
たうだい ………… いま
たうだい ………… げんだい
たうだい ………… てんのう
たうただり ………… ほととぎす
たうだどり ………… 35
だうちゃう ………… てら
だうちゅう ………… 86
だうちゅうき ………… たびにっき
だうちゅうき ………… どうちゅう
だうちゅうき ………… 86, 87
たうて ………… みかた
たうど ………… ちゅうごく
たうなす ………… かぼちゃ
たうなす ………… なんきん
たうなす ………… 39
だうにん ………… そう
たうねん ………… 89
たうのつき ………… 5
たうばん ………… しゅくなん
たうばん ………… とまり
たうぶ ………… たべる
たうぶ ………… あたえる
たうふう ………… げんだい
だうふく[胴服] ………… 93
だうふく[道服] ………… そう
だうふく[道服] ………… 93
たうへなげたかね ………… かね
たうへなげたかね ………… むだがね
だうむかへ ………… でむかえ
だうむかへ ………… むかえる
たうめ[専] ………… もっぱら
たうめ[専女] ………… ばあさん
たうめ[専女] ………… 54
たうやく ………… せんぶり
たうやく ………… 40
たうらい[当来] ………… しょうらい
たうらい[当来] ………… みらい
たうらい[到来] ………… おくりもの
たうらい[到来] ………… とどく
たうらう ………… かまきり
たうらう ………… 36
だうり ………… みちすじ
だうり ………… 32
たうりう ………… げんだい
たうりう ………… りゅうこう
たうろう ………… かまきり
たうろう ………… 36
たうろうがをの ………… みのほど
たうろうがをの ………… 49
たうろぎ ………… かまきり
たうろぎ ………… 36

| | | |
|---|---|---|
| たうわ …… **とんち** | たかせ …… **あさせ** | たかむな …… 45 |
| たうわ …… **はなし** | たかせ …… 24 | たかむなさか …… **むないた** |
| たえいる …… **きぜつ** | たかで …… **たかが** | たかむなさか …… **むね** |
| たえいる …… 58, 59, 72 | たかてらす …… 3 | たかむなさか …… 48 |
| たえこがる …… **こがれる** | たかてる …… 3 | たかむら …… **たけ** |
| たえす …… **たえる** | たかど …… **たかい** | たかやか …… **たかい** |
| たえす …… **たやす** | たかどの …… 92 | たかゆくや …… **はやい** |
| たえす …… **つきる** | たがね …… **たばねる** | たかゆくや …… **はやく** |
| たえす …… **なくなる** | たかね …… **みね** | たから …… **かね** |
| たえず …… **いつも** | たかね …… 28 | たから …… **きちょう** |
| たえせず …… **たえず** | たがね …… **あめ** | たから …… **ざいさん** |
| たえだえ …… **とぎれとぎれ** | たかねおろし …… 12 | たからか …… **たかい** |
| たえて …… **かんぜん** | たかのとり …… **きじ** | たからはみのさしあはせ … **かね** |
| たえて …… **すっかり** | たかのとり …… 34 | たかる …… **まといつく** |
| たえて …… **ぜんぜん** | たかば …… **たけ** | たかる …… **よりあつまる** |
| たえて …… **とくに** | たかはうゑてもほをつまず | たかる …… **あつまる** |
| たえはつ …… 72 | …… **ほこり** | たかゑ …… 67 |
| たえま …… **きれめ** | たかはま …… **さきゅう** | たかゑみ …… 67 |
| たえま …… **とだえ** | たかはら …… **たけ** | たかんな …… **たけのこ** |
| たえま …… 62 | たかひ …… **そら** | たかんな …… **たけのこ** |
| たか …… **あげく・あげくのはて** | たかひ …… 3 | たかんな …… 45 |
| たか …… **けっきょく** | たかひかる …… **たいよう** | たき …… **きゅうりゅう** |
| たか …… **ていど** | たかひかる …… 3 | たき …… **はやせ** |
| たか …… 112 | たがひに …… **かわるがわる** | たき …… 25 |
| たが …… **だれ** | たがひめ …… **きたい** | たきがは …… **げきりゅう** |
| たかあふぎ …… **えらい** | たがひめ …… **くいちがい** | たきがは …… **はやせ** |
| たかあふぎ …… **とくい** | たかふ …… **あやまる** | たきがは …… 25 |
| たかい …… **べっせかい** | たがふ …… **あやまる** | たきぎつく …… 72 |
| たかい …… 73 | たがふ …… **かえる** | たぎし …… **かじ** |
| たかうな …… **たけ** | たがふ …… **かわる** | たぎし …… 97 |
| たかうな …… **たけのこ** | たがふ …… **くいちがう** | たきそば …… **たき** |
| たかうな …… 45 | たがふ …… **ぐあい** | たぎたぎし …… **でこぼこ** |
| たかがね …… **かね** | たがふ …… **さからう** | たぎたぎし …… **はかどる** |
| たかがね …… **たいろん** | たがふ …… **したがう** | たぎたぎし …… 32 |
| たかき …… **しろ** | たがふ …… **そむく** | たぎち …… **げきりゅう** |
| たかぐさはら …… 26 | たがふ …… **それる** | たぎち …… **ほんりゅう** |
| たかごし …… **ごうま** | たがふ …… **ちがう** | たぎち …… 25 |
| たかさごの …… **みね** | たがふ …… **はんする** | たぎちみなぎり …… 25 |
| たかし …… **おおきい** | たがふ …… **はんたい** | たきつ …… **たき** |
| たかし …… **こうき** | たがふ …… **まちがう** | たきつ …… 25 |
| たかし …… **こうしょう** | たがふ …… **まちがえる** | たぎつ …… **たかぶる** |
| たかし …… **じそんしんがある** | たがふ …… **ゆきちがう** | たぎつ …… **でる** |
| たかし …… **すぐれる** | たがふ …… **いっち** | たぎつ …… **わきあがる** |
| たかし …… **たかい** | たかぶる …… **おごる** | たぎつ …… 25, 60 |
| たかし …… **ひょうばん** | たかぶる …… **たかまる** | たきつせ …… **げきりゅう** |
| たかし …… **ゆうめい** | たかぶる …… **ほこる** | たきつせ …… **きゅうりゅう** |
| たかし …… 52, 82, 84 | たがへす …… **たがやす** | たきつせ …… **たき** |
| たかしかす …… **おさめる** | たがへす …… 30 | たきつせ …… **はやせ** |
| たかしかす …… 76 | たかぼし …… 8 | たきつせ …… 25 |
| たかしく …… **おさめる** | たかまくら …… **あんみん** | たきつせ …… **げきりゅう** |
| たかしく …… 76 | たかまくら …… 76 | たきつせ …… **きゅうりゅう** |
| たかしほ …… **つなみ** | たかみ …… **たかい** | たきつせ …… **たき** |
| たかしほ …… 23 | たかみくら …… **こうい** | たきつせ …… **はやせ** |
| たかしらす …… **おさめる** | たかみくら …… **てんのう** | たきつせ …… 25 |
| たかしらす …… 76 | たかみづ …… **こうずい** | たきつせの …… **はやい** |
| たかしる …… **おさめる** | たかみづ …… **ぞうすい** | たきなみ …… **たき** |
| たかしる …… 76 | たかみづ …… 25 | たきのいと …… **たき** |
| たかすなご …… **さきゅう** | たかむな …… **たけ** | たきのしらいと …… **たき** |
| たかすなご …… **すな** | たかむな …… **たけのこ** | |

たきもと――たこむら

| | | | | | | |
|---|---|---|---|---|---|---|
| たきもと | たき | たぐふ | くらべる | たけ[丈] | ふうかく |
| たきゃう | がいしゅつ | たぐふ | そうとう | たけ[丈] | ふかい |
| たきらかす | にえたつ | たぐふ | つりあう | たけ[茸] | きのこ |
| たきりゅ | にえゆ | たぐふ | つれそう | たけ[茸] | 40 |
| たきりゅ | ふっとう | たぐふ | つれだつ | たけ[岳] | けわしい |
| たぎる | いらだつ | たぐふ | つれる | たけ[岳] | ちょうじょう |
| たぎる | さかまく | たぐふ | なぞらえる | たけ[岳] | 28 |
| たぎる | たかぶる | たぐふ | ならぶ | たけ[丈・長] | かくちょう |
| たぎる | にえたつ | たぐふ | にあう | たけ[丈・長] | たかさ |
| たぎる | ふっとう | たぐふ | にせる | たけ[丈・長] | ながい |
| たぎる | わきあがる | たぐふ | にる | たけきこと | せいいっぱい |
| たぎる | わく | たぐふ | ひってき | たけし | あらあらしい |
| たぎる | 25, 60 | たぐふ | まねる | たけし | いきおい |
| たく[薫] | くゆらす | たぶすま | しろ・しろい | たけし | いさましい |
| たく[焚] | もやす | たくぶら | うで | たけし | きじょう |
| たく[栲] | こうぞ | たくぶら | 47 | たけし | じょうぶ |
| たく[栲] | 44 | たぼく | きつつき | たけし | すぐれる |
| たく[縞] | かきあげる | たぼく | 34 | たけし | せいいっぱい |
| たく[縞] | こぐ | だぼく | おうとつ | たけし | つよい |
| たく[縞] | 97 | だぼく | でこぼこ | たけし | つよき |
| たく[長] | えんじゅくする | たくまし | いきおい | たけし | はげしい |
| たく[長] | おとろえる | たくまし | つよい | たけし | 82 |
| たく[長] | さかり | たくましうす | いきおい | たけそか | おもいがけない |
| たく[長] | すぐれる | たくましうす | おもいどおり | たけそか | たまたま |
| たく[長] | たかい | たくましうす | すきかってにする | たけそか | とつぜん |
| たく[長] | たけなわ | たくましうす | わがまま | たけたかし | かくちょう |
| たく[長] | のびる | たくみ | くわだて | たけたかし | 64 |
| たぐ[手草] | たべる | たくみ | きよう | たけだち | しんちょう |
| たぐさ[手草] | おもちゃ | たくみ | くふう | たけだち | せたけ |
| たぐさ[田草] | 30 | たくみ | しごと | たけだち | てぐれる |
| たぐさづき | ろくがつ | たくみ | しょくにん | たけなは | さいちゅう |
| たぐさづき | 6 | たくみ | たくらみ | たけなは | さかり |
| たくしょ | るざい | たくみ | てぐわ | たけのあき | さんがつ |
| たくせん | しんたく | たくみ | はかりごと | たけのあき | 6 |
| たくせん | おつげ | たくみ | だいく | たけのこ | たけ |
| だくだく | どきどき | たくみどり | みそさざい | たけのこはる | はちがつ |
| だくつく | どうき | たくみどり | 35 | たけのこはる | 6 |
| だくつく | どきどき | たくむ | かんがえ | たけのその | こうしつ |
| だくつく | むね | たくむ | かんがえめぐらす | たけのその(ふ) | こうぞく |
| たくづぬの | しろ・しろい | たくむ | くふう | たけのそのふ | こうしつ |
| たくづのの | しろ・しろい | たくむ | くわだてる | たけのは | 94 |
| たくなはの | ながい | たくむ | けいかく | たけのはぶね | 97 |
| たくはふ | あつめる | たくむ | しゅこう | たけのはる | はちがつ |
| たくはふ | たくわえる | たくむ | たくらむ | たけのはる | 6 |
| たくはふ | ためる | たくめ | もっぱら | たけぶ[猛] | あばれる |
| たぐひ | しゅるい | だくめく | どきどき | たけぶ[猛] | いさましい |
| たぐひ | たぐい | だくめく | むね | たけぶ[猛] | ふるまう |
| たぐひ | とも | たくらだ | ばかもの | たけぶ[哮] | さけぶ |
| たぐひ | どうるい | たくらだ | おろか | たけぶ[哮] | ほえる |
| たぐひ | なかま | たくらぶ | くらべる | たける | さわぐ |
| たぐひ | ひとびと | たぐる[吐] | せき | たける | 90 |
| たぐひ | るい | たぐる[吐] | せきこむ | たけを | いさましい |
| たぐひなし | すぐれる | たぐる[吐] | はきだす | たけを | おとこ |
| たぐひなし | ならびない | たぐる[吐] | はく | たけを | ますらお |
| たぐひの | 82 | たぐる[手繰] | ひきよせる | たご | ひゃくしょう |
| たくひれの | かける | たけ[丈] | いきおい | たご | ひゃくしょう |
| たくひれの | さぎ | たけ[丈] | げんど | たご | 30 |
| たくひれの | しろ・しろい | たけ[丈] | ていど | たこむら | うで |
| たぐふ | いっしょに | | | たこむら | 47 |

| | | |
|---|---|---|
| だざけ 95 | たそがれ 18 | たたさま すいちょく |
| たし 101 | たそがれぐさ ゆうがた | たたさま たて |
| だし こうじつ | たそがれぐさ 42 | たたさま まっすぐ |
| だし ほうべん | たそがれどき 18 | たたざま すいちょく |
| たしか しっかり | たそがれどり ほととぎす | たたざま たて |
| たしか しんらい | たそがれどり 35 | たたざま まっすぐ |
| たしか どうよう | ただ…のみ ほんの | たたし たて |
| たしか まちがい | ただ…のみ すこし | ただし[正] きちんと |
| たしけし たしな | ただし[常] ふだん | ただし[正] みだれる |
| たしだしに しっかり | ただし[直] ありのまま | ただし[但] あるいは |
| たしだしに たしか | ただし[直] じか | ただし[但] しかし |
| たしだしに ていねい | ただし[直] ちょくせつ | ただし[但] もしくは |
| たじつ ごじつ | ただし[直] ふつう | ただし[但] もっとも |
| たじつ ほか | ただ[只] たんに | ただしづき いちがつ |
| たしなし つらい | ただ[只] わずか | ただしづき 5 |
| たしなし ふにょい | ただ[只] ひたすら | ただす てきはつする |
| たしなし くるしい | ただ[只] むやみ | ただす しらべる |
| たじなし したしい | ただ[只] すこし | ただす ととのえる |
| たじなし なか | ただ[只] ふつう | たたずまひ けはい |
| たじなし よねん | ただ[只] むだ | たたずまひ じょうたい |
| たしなみ[嗜] こころがけ | ただ[只] まっすぐ | たたずまひ ようす |
| たしなみ[嗜] このみ | ただ[只] あたりまえ | たたずまふ たたずむ |
| たしなみ[困] くるしみ | ただ[只] そっくり | たたずまふ とまる |
| たしなむ[困] くるしむ | ただ[只] そのまま | たたずみ いばしょ |
| たしなむ[困] くるしめる | ただ[只] ちょうど | たたずみ 48 |
| たしなむ[困] こまる | ただ[只] まるで | たたずみありく あるきまわる |
| たしなむ[困] なやます | ただ[只] むなしい | たたずみありく うろうろする |
| たしなむ[困] なやむ | ただ[只] じか | たたずみありく |
| たしなむ[困] なんぎ | ただ[只] すぐに | さまよいあるく |
| たしなむ[嗜] がまん | ただ[只] 80, 109 | たたずみありく さまよう |
| たしなむ[嗜] このむ | ただ(に) まっすぐ | たたずみありく ほうろう |
| たしなむ[嗜] つつしむ | ただあり ありのまま | たたずみありく 68 |
| たしなむ[嗜] 85 | ただあり ふつう | たたずむ いったりきたり |
| たじひ いたどり | ただあり へいぼん | たたずむ さまよう |
| たしぶ このむ | ただいきに しゃにむに | たたずむ たちどまる |
| たしぶ たしなむ | ただいきに ひたすら | たたずむ とまる |
| たしむ このむ | ただいま いま | たたずむ ほうろう |
| たしむ たしなむ | ただいま いますがた | ただただ(と) いちもくさん |
| たしょう あのよ | ただいま いますぐ | ただただ(と) ひたすら |
| たしょう ぜんせ | ただいま げんざい | ただち ちかみち |
| たしょうくゎうごふ えいえん | ただいま すぐに | ただち まっすぐ |
| たしょうくゎうごふ 16 | ただいま たったいま | ただち 31, 32 |
| たしょうごふ えいえん | たたうがみ かいし | ただち まっすぐ |
| たしょうごふ 16 | たたうがみ かみ | ただち 32 |
| たしゃく しゃっきん | たたうがみ ちりがみ | ただちに じか |
| たしょ よそ | ただうど きじん | ただちに すぐに |
| たしろ 29 | ただうど けらい | ただちに ちょくせつ |
| たすく うしろだて | ただうど ふつう | ただなか ずぼし |
| たすく こうけん | ただがほ かお | ただなか そのものずばり |
| たすく すくう | ただがほ すがお | ただなか だいひょう |
| たすく たすける | たたきつかふ こきつかう | ただなか ちゅうしん |
| たすく て | たたきつく おしつける | ただなか てんけい |
| たすく ほさする | だだぎぬ 94 | ただなか まっさかり |
| たずのき 45 | たたく 65 | ただなか まんなか |
| たずゑ 30 | ただこと ふつう | ただなか 109 |
| たぜり せり | ただこと よのつね | たたなづく かきね |
| たぜり 40 | ただこと 57 | たたなづく かさなる |
| たそ だれ | たたさ たて | たたなはる かさなる |
| たそかれ 18 | ただささす ちょくしゃする | たたなはる 28 |

|  |  |
|---|---|
| たたなめて | しみず |
| たたならず | すぐれる |
| たたならず | なみなみ |
| たたならず | ふつう |
| たたならず | 82 |
| ただならずなる | にんしん |
| ただに | ちょくせつ |
| ただに | ひたすら |
| ただに | ひとすじ |
| ただに | ただ |
| たたぬ | いじめる |
| たたぬ | かさなる |
| たたぬ | かさねる |
| たたぬ | かたづける |
| たたぬ | せめる |
| たたぬ | つみかさなる |
| たたぬ | とりのぞく |
| たたぬ | とりはらう |
| たたぬ | まとめる |
| たたぬ | やっつける |
| たたはし | いかめしい |
| たたはし | いげん |
| たたはし | かんぜん |
| たたはし | たりる |
| たたはし | ほうふ |
| たたはし | まんぞく |
| たたはし | みちたりる |
| ただびと | きじん |
| ただびと | けらい |
| ただびと | ふつう |
| たたふ[称] | ほめたたえる |
| たたふ[称] | ほめる |
| たたふ[称] | たたえる |
| たたふ[湛] | いっぱい |
| たたふ[湛] | じゅうまんする |
| たたふ[湛] | みたす |
| たたふ[湛] | みちる |
| ただみ | ほんにん |
| たたみこむ | かさなる |
| たたみこむ | へだてる |
| たたみなす | かさねる |
| ただみら | にら |
| ただみら | 41 |
| たたむ | いじめる |
| たたむ | かさなる |
| たたむ | かさねる |
| たたむ | かたづける |
| たたむ | せめる |
| たたむ | つみかさなる |
| たたむ | とりのぞく |
| たたむ | とりはらう |
| たたむ | まとめる |
| たたむ | やっつける |
| ただむかふ | ちょくせつ |
| ただむかふ | まっすぐ |
| ただむかふ | むきあう |
| ただむき | て |
| ただむき | うで |
| ただむき | 47 |
| ただむぎ | て |
| ただむぎ | うで |
| ただむぎ | 47 |
| たたむつき | らいげつ |
| たたむつき | 5 |
| ただよはし | ふあんてい |
| ただよはし | 70 |
| ただよはす | さまよう |
| ただよはす | よりどころ |
| ただよひありく | うごく |
| ただよふ | うかぶ |
| ただよふ | くらす |
| ただよふ | さすらう |
| ただよふ | さまよう |
| ただよふ | ただよう |
| ただよふ | ふあんてい |
| ただよふ | ほうろう |
| ただよふ | ゆれうごく |
| ただよふ | 70 |
| たたら | ふいご |
| たたり | わざわい |
| ただる | ただれる |
| たたんがみ | かいし |
| たたんがみ | かみ |
| たたんがみ | ちりがみ |
| たたんづき | らいげつ |
| たち[館] | しろ |
| たち[館] | ていたく |
| たち[館] | 92 |
| たち[達] | そんけいする |
| たち[達] | 113 |
| たち[立] | 111 |
| たち[太刀] | かたな |
| たち[太刀] | ぶき |
| だち | 113 |
| だち[達] | 113 |
| たちあかす | てつやする |
| たちあかす | 21 |
| たちあひ | しあい |
| たちあう | しょうぶ |
| たちあふ | あらそう |
| たちあふ | しょうぶ |
| たちいづ | あらわれる |
| たちいづ | おもて |
| たちいづ | たちさる |
| たちいづ | たちのぼる |
| たちいづ | でる |
| たちいる | いりこむ |
| たちいる | かんけい |
| たちいる | たずさわる |
| たちいる | はいる |
| たちえ | えだ |
| たちえ | 44 |
| たちおくる | おくれる |
| たちおくる | おとる |
| たちおくる | さきだつ |
| たちおくる | たちおくれる |
| たちおくる | 73 |
| たちかかる | むかっていく |
| たちかかる | よりかかる |
| たちかくす | かくす |
| たちかくす | かくれる |
| たちかはる | こうたいする |
| たちかはる | うつりかわる |
| たちかへし | くりかえし |
| たちかへり | すぐに |
| たちかへり | ふたたび |
| たちかへり | おりかえす |
| たちかへる | くりかえす |
| たちかへる | たちもどる |
| たちかへる | ひきかえす |
| たちから | ぜい |
| たちから | ちから |
| たちから | わんりょく |
| たちがれ | かれる |
| たちぎき | ぬすみぎき |
| たちぎく | こみみにはさむ |
| たちぎく | 71 |
| たちく | おこる |
| たちく | やってくる |
| たちく | 11 |
| たちくく | くぐってゆく |
| たちくく | もぐる |
| たちくだる | おとる |
| たちこむ | こみあう |
| たちこむ | こんざつ |
| たちこむ | たちひろがる |
| たちこむ | たちこめる |
| たちこゆ | すぐれる |
| たちこゆ | でかける |
| たちこゆ | やってくる |
| たちざけ | 95 |
| たちさふ | さえぎる |
| たちさふ | たちふさぐ |
| たちさまよふ | うろうろする |
| たちさわぐ | おおさわぎ |
| たちさわぐ | 90 |
| たちしく | たつ |
| たちじに | 74 |
| たちしのみち | 31 |
| たちすがた | まう |
| たちすくむ | たちつづける |
| たちすくむ | みうごき |
| たちそふ | くわわる |
| たちそふ | つきそう |
| たちそふ | よりそう |
| たちたち | よろめく |
| たちたつ | たつ |
| たちつらぬ | たちならぶ |
| たちど | あしもと |
| たちど | あしば |
| たちどころに | すぐに |
| たちなげく | かなしむ |
| たちなむ | たちならぶ |
| たちおくす | なれしたしむ |
| たちならぶ | おなじ |
| たちならぶ | かたをならべる |

| | | | | | | |
|---|---|---|---|---|---|---|
| たちならぶ | くらべる | たちもとほる | ぶらつく | たちゐる | たつ | |
| たちならぶ | そろう | たちもとほる | ほうろう | たつ[裁] | きる | |
| たちならぶ | どうとう | たちもとほる | 68 | たつ[裁] | さいだんする | |
| たちならぶ | ならぶ | たちやすらふ | うろうろする | たつ[奉] | けんじょう | |
| たちならぶ | はりあう | たちやすらふ | ぐずぐず | たつ[奉] | たてまつる | |
| たちならぶ | ひってき | たちやすらふ | たたずむ | たつ[立] | いりぐち | |
| たちなる | なじむ | たちやすらふ | たちどまる | たつ[立] | おこす | |
| たちなる | なれしたしむ | たちやすらふ | ためらう | たつ[立] | おこる | |
| たちぬふ | したてる | たちやすらふ | とまる | たつ[立] | しゅっせ | |
| たちぬふ | ぬいあげる | たちゆく | たびだつ | たつ[立] | しゅっぱつ | |
| たちぬる | ぬれる | たちゆく | 86 | たつ[立] | しょうじる | |
| たちは | きかい | たちよそふ | かざる | たつ[立] | しらせる | |
| たちは | ころあい | たちよそふ | きかざる | たつ[立] | すぎる | |
| たちはしる | はしりまわる | たちよそふ | きる | たつ[立] | すごす | |
| たちはしる | はしる | たちよそふ | けしょう | たつ[立] | たいしゅつ | |
| たちはだかる | さえぎる | たちよそふ | よそおう | たつ[立] | たちこめる | |
| たちばなづき | ごがつ | たちよる | うちよせる | たつ[立] | たつ | |
| たちばなづき | 6 | たちよる | おとずれる | たつ[立] | たてる | |
| たちばなどり | ほととぎす | たちよる | ちかよる | たつ[立] | たびだつ | |
| たちばなどり | 35 | たちよる | よりそう | たつ[立] | とじまりする | |
| たちはなる | はなれる | たちよる | 24 | たつ[立] | とぶ | |
| たちはなる | へだたる | たちろき | ためらい | たつ[立] | はじまる | |
| たちばら | おこりっぽい | たちろき | どうよう | たつ[立] | ひびく | |
| たちばら | たんき | たちろき | ひるむ | たつ[立] | 11, 13, 17, 83, 86 | |
| たちび | きじつ・きにち | たちろく | おとる | たつ[断] | おわらせる | |
| たちび | そうしん | たちろく | かたむく | たつ[断] | きりはなす | |
| たちび | めいにち | たちろく | ぐずぐず | たつ[断] | ほろぼす | |
| たちひ | いたどり | たちろく | しりごみする | たつ[断] | やめる | |
| たちひ | すかんぽ | たちろく | ひるむ | たつ[断] | きる | |
| たちひ | 39 | たちろく | もたもたする | たつ | つる | |
| たちふるまひ | ききょ | たちろく | ゆれる | だつ | 104 | |
| たちふるまひ | きょどう | たちろぐ | おとる | たづ | しゅだん | |
| たちまさる | まさる | たちろぐ | かたむく | たづかなし | しゅだん | |
| たちまじる | くわわる | たちろぐ | ぐずぐず | たづかなし | よりどころ | |
| たちまじる | はいる | たちろぐ | しりごみする | たづがね | つる | |
| たちまち | げんに | たちろぐ | ひるむ | たつき[方便] | たより | |
| たちまち | とつぜん | たちろぐ | もたもたする | たつき[立木] | 44 | |
| たちまち[立待] | 4 | たちろぐ | ゆれる | たづき | しゅだん | |
| たちまち(に) | きゅう | たちわうじゃう | どうにもならない | たづき | たより | |
| たちまち(に) | じっさい | たちわうじゃう | 74 | たづき | ようす | |
| たちまち(に) | なにげない | たちわかる | たびだつ | たづき | よりどころ | |
| たちまち(に) | にわか | たちわかる | はなれさる | たづきしらず | しゅだん | |
| たちまち(に) | いま | たちわかる | はなれる | たづきしらず | ほうほう | |
| たちまち(に) | おもいがけない | たちわかる | わかれる | たづきしらず | よりどころ | |
| たちまち(に) | すぐに | たちわかる | 87 | たづきなし | しゅだん | |
| たちまち(に) | ふと | たちわたる | いどうする | たづきなし | たより | |
| たちまち(に) | またたく | たちわたる | おおう | たづきなし | よりどころ | |
| たちまちづき | 4 | たちわたる | わたる | たづくり | こうさく | |
| たちまふ | こうさい | たちわづらふ | おく | たづくり | ごさめ | |
| たちまふ | たつ | たちわづらふ | さる | たづくり | たがやす | |
| たちまふ | つきあう | たちわづらふ | たちくたびれる | たづくり | ひゃくしょう | |
| たちまふ | はしる | たちわづらふ | つかれる | たづくり | 96 | |
| たちまふ | まう | たちゐ | くぐまい | たづくる | きる | |
| たちまふ | 57 | たちゐ | たたずまい | たづくる | よそおう | |
| たちみ | みがまえ | たちゐ | どうさ | たつげつ | じゅういちがつ | |
| たちみつ | たちこめる | たちゐ | ふるまい | たつげつ | 7 | |
| たちむかふ | たちむかう | たちゐる | うかぶ | たづさはる | いっしょに | |
| たちもとほる | あるきまわる | たちゐる | くも | たづさはる | かかわる | |
| たちもとほる | さまよう | | | | | |

| | | | |
|---|---|---|---|
| たづさはる | かんけい | たつみあがり | あらあらしい |
| たづさはる | たずさわる | たつみあがり | かんだかい |
| たづさはる | つれだつ | たつみあがり | たいど |
| たづさはる | よりかかる | たつみあがり | 90 |
| たづさふ | かんけい | たづむら | つる |
| たづさふ | けいたいする | たづら | 30 |
| たづさふ | さげる | たて[館] | しろ |
| たづさふ | たずさえる | たて[館] | ていたく |
| たづさふ | つれだつ | たて[館] | 92 |
| たづさふ | つれる | たて[盾] | ふせぐ |
| たづさふ | て | たて[盾] | まもり |
| たづさふ | もつ | たて[盾] | まもる |
| たっしゃ | けんきゃく | だて[立] | ふり |
| たっしゃ | けんこう | だて[立] | 113 |
| たっしゃ | げいのう | だて[伊達] | いき |
| たっしゃ | じょうぶ | だて[伊達] | はで |
| たっしゃ | めいじん | だて[伊達] | ふるまい |
| たっしゃ | 68 | だて[伊達] | みえ |
| たつじん | めいじん | たてあつむ | たてならべる |
| たづたづし | おぼつかない | たてあふ | ていこう |
| たづたづし | しゅうじゅく | たてあふ | はむかう |
| たづたづし | たどたどしい | たていし | にわいし |
| たづたづし | はかどる | たていれ | いじ |
| たづたづし | はっきり | たていれ | ぎり |
| たづたづし | ふたしか | たてくび | うなじ |
| たづたづし | ぼんやり | たてくび | えりくび |
| たづたづし | 68 | たてくび | 47 |
| たっとし | すぐれる | たでくふむしもすきずき | |
| たっとし | ありがたい | | このみ |
| たっとし | すばらしい | たてこむ | いりぐち |
| たっとし | たいせつ | たてこむ | しめきる |
| たっとし | うやまう | たてこもる | とじこもる |
| たっとし | 82 | だてしゃ | はで |
| たっとぶ | おもんじる | たてたてし | いじ |
| たっとぶ | そんけいする | たてたてし | とげとげしい |
| たっとぶ | とうとぶ | たてつき | はむかう |
| たっとむ | うやまう | たてつき | はんこう |
| たっとむ | おもんじる | たてて | ことに |
| たっとむ | そんけいする | たてて | しゅとして |
| たっとむ | とうとぶ | たてて | だいいち |
| たづぬ | おう | たてて | とくに |
| たづぬ | おとずれる | たてて | とりわけ |
| たづぬ | たんきゅうする | たてて | もっぱら |
| たづぬ | さがす | たてのみち | 31 |
| たづぬ | たずねる | たてひき | いじ |
| たづぬ | たどる | たてひきづく | いじ |
| たづねあふ | さがす | たてひく | いじ |
| たづねく | おとずれる | たてまたす | ささげる |
| たづねく | さがす | たてまだす | ささげる |
| たづねとる | ぎり | たてまつる | あたえる |
| たづねとる | しゅうとくする | たてまつらす | けんじょう |
| たづねとる | て | たてまつらす | さしあげる |
| たづねわぶ | さがす | たてまつりもの | けんじょう |
| たつのいぐさ | りんどう | たてまつりもの | みつぎもの |
| たつのいぐさ | 42 | たてまつりもの | 93 |
| たづのき | にわとこ | たてまつる | あたえる |
| たっぱい | とりあつかい | たてまつる | おくる |
| たっぱい | もてなし | たてまつる | きる |
| たつみ | なんとう | たてまつる | さしあげる |

| | | | |
|---|---|---|---|
| たてまつる | たべる | たてまつる | のむ |
| たてまつる | のる | たてまつる | めしあがる |
| たてもの[立者] | たてやくしゃ | たてもの[立物] | はにわ |
| たてやく | たてやくしゃ | | |
| たてよこざた | 83 | | |
| たてわけ | ぎり | | |
| たてわけ | どうり | | |
| たてわけ | わけ | | |
| たてわたす | たてならべる | | |
| たどき | しゅだん | | |
| たどき | たより | | |
| たどき | ようす | | |
| たどき | よりどころ | | |
| たとしへなし | たとえる | | |
| たとしへなし | はなはだしい | | |
| たどたどし | おぼつかない | | |
| たどたどし | きけん | | |
| たどたどし | しゅうじゅく | | |
| たどたどし | たどたどしい | | |
| たどたどし | はかどる | | |
| たどたどし | ふたしか | | |
| たどたどし | ぼんやり | | |
| たどたどし | みじかよ | | |
| たどたどし | はっきり | | |
| たどたどし | 68 | | |
| たとひ | かりに | | |
| たとひ | まんいち | | |
| たとひ | もし | | |
| たとひ | よしんば | | |
| たとふ | たとえる | | |
| たとふ | なぞらえる | | |
| たとへ | かりに | | |
| たとへ | まんいち | | |
| たとへ | もし | | |
| たとへば | かりに | | |
| たとへば | たとえ | | |
| たとへば | よしんば | | |
| たどほし | とおい | | |
| たどり | けんきゅう | | |
| たどり | しりよ | | |
| たどり | ふんべつ | | |
| たどりありく | うろうろする | | |
| たどりなし | まよう | | |
| たどる | なやむ | | |
| たどる | おもいいたる | | |
| たどる | こまる | | |
| たどる | さがす | | |
| たどる | さぐる | | |
| たどる | すいさつ | | |
| たどる | たずねる | | |
| たどる | とほうにくれる | | |
| たどる | まごつく | | |
| たどる | まよう | | |
| たな | 111, 112 | | |
| たな[店] | かしや | | |
| たな[店] | しゃくや | | |

| | | | | | |
|---|---|---|---|---|---|
| たな[店] | みせ | たなむき | しょうか | たのしむ | たのしむ |
| たな[店] | 92 | たなむき | しょうばい | たのしむ | とむ |
| たな[田菜] | たんぽぽ | たなもの | しょうばい | たのしむ | ゆかい |
| たな[田菜] | 40 | たなもの | てだい | たのしむ | ゆたか |
| たなうち | て | たなもの | ばんとう | たのしや | ゆたか |
| たなうら | てのひら | たなもの | みせ | たのみ[頼] | たより |
| たなうら | て | なり | 99, 103, 104 | たのみ[頼] | のぞみ |
| たなうら | 47 | だに | さえ | たのみ[頼] | ゆいのう |
| たなおろし | けってん | だに | せめて…だけでも | たのみ[頼] | 85 |
| たなかどり | ほととぎす | だに | までも | たのみ[田実] | いね |
| たなかどり | 35 | だに | 100 | たのみすぐす | すごす |
| たながへ | ひっこし | だに(も) | だけ | たのみどころ | たより |
| たなぎらふ | きり | だにあり | だけ | たのみどころ | 54 |
| たなぎらふ | くもる | たにかこ | かえる | たのみの | 30 |
| たなぐも | くも | たにかこ | ひきがえる | たのむ[頼] | あつらえる |
| たなぐも | たなびく | たにぐく | 33 | たのむ[頼] | あて |
| たなぐもる | くもる | たにがはやなぎ | ねこやなぎ | たのむ[頼] | きたい |
| たなごころ | て | たにがはやなぎ | 45 | たのむ[頼] | しんじる |
| たなごころ | てのひら | たにぐる | にぎる | たのむ[頼] | しんらい |
| たなごころ | 47 | たにぐく | かえる | たのむ[頼] | たのみ |
| たなごころのなか | じゆう | たにぐく | ひきがえる | たのむ[頼] | たより |
| たなごころをかへす | やさしい | たにぐく | 33 | たのむ[手飲] | のむ |
| たなごころをさす | めいはく | たにのへ | たに・たにま | たのむ[田面] | たのみ |
| たなさき | てさき | たにふけ | たに・たにま | ための | たのみ |
| たなした | のきした | たにべ | たに・たにま | たのも | 30 |
| たなした | みせさき | だにも | さえ | たのもし | かねもち |
| たなしらに | むちゅう | だにも | せめても | たのもし | きたい |
| たなしる | 74, 75 | たにんむき | そっけない | たのもし | きづよい |
| たなすゑ | ゆびさき | たにんむき | たいど | たのもし | こころづよい |
| たなすゑ | て | たぬき | そらみみ | たのもし | たのしみ |
| たなすゑ | てさき | たぬき | 76 | たのもし | たより |
| たなすゑ | 47, 48 | たぬし | おもしろい | たのもし | ゆたか |
| たなそこ | て | たぬし | かねもち | たのもしげ | きたい |
| たなそこ | てのひら | たぬし | たのしい | たのもしげ | きづよい |
| たなそこ | 47 | たぬし | ゆかい | たのもしげ | こころづよい |
| たなだ | 30 | たぬし | ゆたか | たのもしげ | しんらい |
| たなつもの | いね | たね | けっとう | たのもしげ | たのしみ |
| たなつもの | こくもつ | たね | げんいん | たのもしげ | たのみ |
| たなはし | はし | たね | こんげん | たのもしげ | たより |
| たなばた | けんぎゅうせい | たね | しそん | たのもしげなし | こころぼそい |
| たなばた | せっく | たね | ちすじ | たのもしげなし | きがかり |
| たなばた | しょくじょせい | たね | よりどころ | たのもしげなし | たより |
| たなばた | しょっき | たね | 56 | たのもしげなし | ふあん |
| たなばた | たなばた | たねはら | ちちはは | たのもしだて | たのみ |
| たなばた | はた | たねはら | りょうしん | たのもしどころ | たより |
| たなばた | 8 | たねはら | 56 | たのもしびと | たのみ |
| たなばたつき | しちがつ | たねまきどり | かっこう | たのもしびと | たより |
| たなばたつき | 6 | たねまきどり | 34 | たばかり | くふう |
| たなばたつめ | しょくじょせい | たねん | よねん | たばかり | けいかく |
| たなばたつめ | たなばた | たのき | たぬき | たばかり | けいりゃく |
| たなばたつめ | おりひめ | たのぐし | さかき | たばかり | しあん |
| たなばたつめ | 8 | たのぐし | 44 | たばかり | はかりごと |
| たなばたのななくさ | ななくさ | たのごひ | てぬぐい | たばかり | ぼうりゃく |
| たなばたひめ | しょくじょせい | たのし | かねもち | たばかる | かんがえる |
| たなばたひめ | たなばた | たのし | たのしい | たばかる | くふう |
| たなばたひめ | 8 | たのし | ゆかい | たばかる | けいかく |
| たなびく | たなびく | たのし | ゆたか | たばかる | ごまかす |
| たなひじ | ひじ | たのしぶ | たのしむ | たばかる | しあん |
| | | たのしむ | かねもち | | |

| | | | |
|---|---|---|---|
| たばかる | そうだん | たはらもの | こくもつ | たひらぐ | かいふく |
| たばかる | だます | たばり | おぼれる | たひらぐ | しずまる |
| たばかる | とりつくろう | たはる | おぼれる | たひらぐ | たいら |
| たはく | おろか | たはる | たわむれる | たひらぐ | なおる |
| たはく | ばかげた | たはる | ふざける | たひらぐ | ならす |
| たはく | ふざける | たはる | みだら | たひらぐ | へいせいする |
| たはく | みだら | たはる | 62 | たひらぐ | 88 |
| たはけ | おろか | たばる | いただく | たひらけし | おだやか |
| たはけ | ばか | たはれぐさ | よもぎ | たひらけし | しずか |
| たはけ | ふざける | たはれぐさ | 42 | たひらけし | ぶじ |
| たはけ | みだら | たはれごと | じょうだん | たびらこ | ほとけのざ |
| たはけ | ばかもの | たはれごと | でたらめ | たびらこ | 42 |
| たはけもの | おろか | たはれごと | ふざける | たびる | 86 |
| たはけもの | ばかもの | たはれな | 84 | たふ[遮] | さえぎる |
| たはこと | うわごと | たはれめ | ゆうじょ | たふ[遮] | ふせぎとめる |
| たはこと | でたらめ | たはわざ | たわけ | たふ[答] | しかえし |
| たはこと | ふざける | たはわざ | ばかげた | たふ[答] | へんじ |
| たはごと | きぜつ | たひ | たいまつ | たふ[答] | へんれい |
| たはごと | 76 | たび[度] | おり | たふ[堪] | がまん |
| たばさむ | かかえる | たび[度] | 16 | たふ[堪] | じぞくする |
| たばさむ | もつ | だび | かそう | たふ[堪] | のうりょく |
| たはし | いろごのみ | だび | そうしき | たふ[堪] | もちこたえる |
| たはし | ふしだら | たびあきうど | しょうばい | たふ[堪] | ふたん |
| たはし | みだら | たびあきなひ | しょうばい | たふ[食] | たべる |
| たばしる | とびちる | たびあきんど | 86 | たふ[食] | のむ |
| たばしる | ほとばしる | たびいし | いし | たふ[賜] | あたえる |
| たばしる | 27 | たびいでたち | 86 | たふ[賜] | ください |
| たはた | すずめ | たびしかはら | いやしい | たふ[賜] | くださる |
| たはた | 34 | たびたまふ | くださる | たぶさ | うで |
| たばなれ | べつり | たびたまへ | ください | たぶさ | てくび |
| たばなれ | わかれ | たびづと | みやげ | たぶさ | 47 |
| たばね | とりしきる | たびでたち | 86 | たふす | たえる |
| たばね | とりしまり | たびと[田人] | たがやす | たふせ | いなか |
| たばね | まとめ | たびと[田人] | ひゃくしょう | たふせ | ばん |
| たばねぎ | たきぎ | たびと[旅人] | たびびと | たふせ | ばんごや |
| たばねぎ | 44 | たびと[旅人] | 87 | たふせい | 91, 92 |
| たばふ[貯] | たくわえる | たびどころ | やど | たふせい | さまよう |
| たばふ[庇] | かばう | たびどころ | 87 | たふせい | さんさく |
| たばふ[庇] | たすける | たびね | 86 | たふせい | さんぽ |
| たはぶる | じょうだん | たびのそら | 86 | たふせい | のあそび |
| たはぶる | たわむれる | たびまくら | のじゅく | たふせい | 68 |
| たはぶる | ふざける | たびまくら | 86, 87 | たぶたぶ(と) | たっぷり |
| たはぶる | みだら | たびまねし | しきり | たぶたぶ(と) | なみなみと |
| たはぶれ | じょうだん | たびまねし | たえま | たふとし | すぐれる |
| たはぶれ | あそび | たびまねし | 79 | たふとし | ありがたい |
| たはぶれごと | じょうだん | たびや | やど | たふとし | すばらしい |
| たはぶれごと | でたらめ | たびや | 87 | たふとし | たいせつ |
| たはぶれごと | ふざける | たびやかた | やど | たふとし | とうとい |
| たはぶれごと | あそび | たびやかた | 87 | たふとし | 82 |
| たはぶれごと | ゆうぎ | たびやどり | 86 | たふとぶ | うやまう |
| たはむる | じょうだん | たびゆき | 86 | たふとぶ | おもんじる |
| たはむる | たわむれる | たびよそほひ | 86 | たふとぶ | とうとぶ |
| たはむる | ふざける | たひら | あぐら | たふとぶ | うやまう |
| たはむる | みだら | たひらか | おだやか | たふとむ | おもんじる |
| たはもの | たわけ | たひらか | たいら | たふとむ | そんけいする |
| たはやすし | きがる | たひらか | ぶじ | たふとむ | とうとぶ |
| たはやすし | けいそつ | たひらか | へいぼん | たふば | そとば |
| たはやすし | かるがるしい | たひらぐ | おさまる | たふはい | とりあつかい |
| たはやすし | やさしい | たひらぐ | おさめる | | |

| | | | | | |
|---|---|---|---|---|---|
| たфはい | もてなし | たまかづら | かける | たまたま | ぐうぜん |
| たぶやか | じゅうぶん | たまかづら | かげ | たまたま | ふと |
| たぶやか | たっぷり | たまかづら | くる | たまたま | まれ |
| たぶらかす | くるう | たまかづら | つらい | たまちだれ | すだれ |
| たぶらかす | だます | たまかづら | つるくさ | たまちしふ | かみ |
| たぶらかす | まどわす | たまかづら | ながい | たまづさ[烏瓜] | からすうり |
| たふる | が | たまかづら | 40 | たまづさ[玉章] | てがみ |
| たふる | がをおる | たまかづら | たえる | たまづさ[玉章] | しょうそく |
| たふる | くじける | たまかづら | はな | たまづさ[玉章] | たより |
| たふる | くつがえる | たまぎぬ | 93 | たまづさの | いもうと |
| たふる | ころぶ | たまきはる | いのち | たまづさの | かよひ |
| たふる | たおれる | たまきはる | うち | たまづさの | ことば |
| たふる | ふす | たまきはる | 57 | たまづさの | つかい |
| たふる | ほろびる | たまきび | とうもろこし | たまづさの | ひと |
| たふる | よこ | たまきび | 40 | たまづさの | 55 |
| たふる | 72 | たまぎる | おそれる | たまとくだく | 74 |
| たふる | しょうき | たまぎる | おどろく | たまどの | きつね |
| たぶる | 58 | たまぎる | きも | たまどの | 33,92 |
| たぶろかす | だます | たまぎる | びくびくする | たまな | キャベツ |
| たぶろかす | まどわす | たまぐし[玉串] | さかき | たまな | 40 |
| たふわ | おうとう | たまぐし[玉串] | 44 | たまのうてな | 92 |
| たふわ | しかえし | たまぐし[玉櫛] | くし | たまのやぐさ | みそはぎ |
| たふわ | へんじ | たまくしげ | あける | たまのやぐさ | 42 |
| たぶん | おおかた | たまくしげ | おおう | たまのを | いのち |
| たぶん | おそらく | たまくしげ | おく | たまのをの | たえる |
| たぶん | たいてい | たまくしげ | はこ | たまのをの | つぐ |
| たぶん | だいぶぶん | たまくしげ | ひらく | たまのをの | ながい |
| たへ | うつくしい | たまくしげ | ふた | たまのをの | みじかい |
| たへ | こうみょう | たまくしげ | 48 | たまのをの | みだれる |
| たへ | じょうず | たまくら | てまくら | たまのをばかり | しばらく |
| たへ | すぐれる | たまくら | まくら | たまははき | ほうきぐさ |
| たへ | すばらしい | たまごのしかく | ある | たまばはき | 41 |
| たへ | びみょう | たまごろも | 93 | たまばはき | ほうきぐさ |
| たへ | ふしぎ | たまごをわたる | きけん | たまばはき | 41 |
| たへ | 82 | たまさか | おもいがけない | たまはる | あたえる |
| たへがたし | がまん | たまさか | この | たまはる | いただく |
| たへがたし | くるしい | たまさか | たまたま | たまひかげ | ひかげかずら |
| たへがたし | つらい | たまさか | まれ | たまひかげ | 41 |
| たべゑふ | よう | たまさか | まんいち | たまふ | そんけいする |
| たべゑふ | 95 | たまさか | もし | たまふ | くださる |
| たま[玉] | うつくしい | たまさかどり | ほととぎす | たまふ | あたえる |
| たま[玉] | しんじゅ | たまさかどり | 35 | たまぼこ | 30 |
| たま[玉] | ほうせき | たまさかる | きぜつ | たまぼこの | さと |
| たま[玉] | まるい | たまさかる | ぼんやり | たまぼこの | ゆきかう |
| たま[玉] | 111 | たまさかる | 59,72 | たまぼこの | 30 |
| たま[魂] | たましい | たましき | うつくしい | たままつ | まつ |
| たま[魂] | かご | たましき | ところ | たままつ | 46 |
| たまあふ | あう | たましげ | 18 | たままつり | うらぼん |
| たまあふ | 58 | たましひ | きりょく | たまみづ | あまだれ |
| たまえぐさ | あし | たましひ | さいき | たまみづ | しずく |
| たまえぐさ | 39 | たましひ | しりょ | たまみづ | しみず |
| たまか | じっちょく | たましひ | せいしん | たまみづ | 9 |
| たまがね | かきね | たましひ | そしつ | たまみづの | たき |
| たまがき | かきね | たましひ | たましい | たまむかへどり | ほととぎす |
| たまかぎる | ほのか | たましひ | てんせい | たまむかへどり | 35 |
| たまかぎる | 3,19 | たますだれ | すだれ | たまむらさき | らっきょう |
| たまがしは | いわ | たまだすき | かける | たまむらさき | 42 |
| たまかつま | あう | たまだすき | きがかり | たまも | かいそう |
| たまかつら | 4 | たまたま | たまに | たまもかる | おき |

| | | | |
|---|---|---|---|
| たまもかる | おとめ | たむけ[手向] | おそなえ | たゆ | きれる |
| たまもかる | 22 | たむけぐさ | おそなえ | たゆ | たえる |
| たまもなす | うかぶ | たむけぐさ | すみれ | たゆ | とだえる |
| たまもなす | なびく | たむけぐさ | 40 | たゆ | なくなる |
| たまもなす | よる | たむけのかみ | 32 | たゆ | はなれる |
| たまもひ | うつわ | たむけばな | おそなえ | たゆ | 72 |
| たまゆら | かすか | たむけばな | きょうか | たゆげ | だるい |
| たまゆら | しばらく | たむけやま | とうげ | たゆさ | つかれる |
| たまゆら | すこし | たむけやま | 28 | たゆさ | つかれる |
| たまゆら | ちょっと | たむざけ | 94 | たゆさ | にぶい |
| たまゆら | ちらりと | たむだく | うでぐみする | たゆし | しずか |
| たまゆら | 16 | ため | けっか | たゆし | つかれる |
| たまらず | たえる | ため | げんいん | たゆし | にぶい |
| たまらず | がまん | ため | たすけ | たゆし | のろま |
| たまる | ささえる | ため | もくてき | たゆたふ | ゆれうごく |
| たまる | せいしする | ため | りえき | たゆたふ | ためらう |
| たまる | つもる | ため | りゆう | たゆたふ | 70 |
| たまる | とどまる | ためし | しょうこ | たゆみなし | おこたる |
| たまる | とどめる | ためし | せんれい | たゆみなし | たえま |
| たまる | とまる | ためし | たね | たゆみなし | なまける |
| たまる | 70 | ためし | てほん | たゆみなし | ゆだん |
| たみ | じんみん | ためし | れい | たゆむ | おこたる |
| たみくさ | じんみん | ためつすがめつ | 77 | たゆむ | おとろえる |
| だみごゑ | 91 | ためつもの | 96 | たゆむ | だるい |
| だみそ | じまん | ためつる | 77 | たゆむ | つかれる |
| だみそ | てまえみそ | ためらふ | ぐずぐず | たゆむ | なまける |
| たみのかまど | くらし | ためらふ | さまよう | たゆむ | ゆだん |
| たみのはぐさ | いね | ためらふ | せいようする | たゆむ | ゆるむ |
| たむ | なまめかし | ためらふ | ためらう | たゆむ | よわまる |
| たむ[溜] | あつめる | ためらふ | ほうろう | たゆむ | よわる |
| たむ[溜] | たくわえる | ためらふ | ようじょうする | たゆら(に) | ゆれうごく |
| たむ[溜] | ためる | ためり | ている | たよたよ(と) | なよやか |
| たむ[溜] | とどめる | ためり | 99, 103, 104 | たよたよ(と) | よわよわしい |
| たむ[溜] | とめる | だめをおす | ねん | たよら | ゆれうごく |
| たむ[訛] | なまる | だも | さえ | たより | えん |
| たむ[回] | まわる | だも | せめたてる | たより | えんこ |
| たむ[回] | めぐる | だも | 100 | たより | きかい |
| たむ[矯] | あらためる | たもつ | いじ | たより | しゅだん |
| たむ[矯] | いつわる | たもつ | ほじする | たより | しょうそく |
| たむ[矯] | ぎょうせい | たもつ | まもりつづける | たより | ついで |
| たむ[矯] | こじつける | たもつ | もちこたえる | たより | つごう |
| たむ[矯] | ただす | たもとのつゆ | 66 | たより | つて |
| たむ[矯] | のばす | たもとほる | いったりきたり | たより | はいち |
| たむ[矯] | まげる | たもとほる | 68 | たより | べんぎ |
| だむ | なまめかしい | たもとほる | あるきまわる | たより | ほうべん |
| だむ[彩] | いろどる | たもとほる | さまよう | たより | よりどころ |
| だむ[彩] | さいしょくする | たもとほる | とおまわりする | たより | 55 |
| だむ[彩] | 15 | たもとほる | ほうろう | たよりなし | びんぼう |
| だむ[訛] | なまる | たもとほる | まわりみちする | たよりなし | たよりない |
| だむ[訛] | にごる | たもとほる | まわる | たよる | えん |
| だむ[訛] | 90 | たもとほる | はいかいする | たよる | たすけ |
| たむく | おそなえ | たもとほる | めぐる | たよる | たのみ |
| たむく | せんべつ | たもとほる | 31 | たよる | ひかれる |
| たむく | そなえる | たもひ | うつわ | たよる | よせる |
| たむく | たむける | たもる | くださる | たよわし | かよわい |
| たむけ[峠] | さか | たやすし | けいそつ | たよわし | よわい |
| たむけ[峠] | とうげ | たやすし | かるがるしい | たよわし | よわよわしい |
| たむけ[峠] | 28, 31 | たやすし | やさしい | たらう | ちょうなん |
| たむけ[手向] | せんべつ | たゆ | きえる | | |

| | | | | | | |
|---|---|---|---|---|---|---|
| たらうづき | いちがつ | たる[足] | ふさわしい | たわわ | たわむ | た |
| たらうづき | 5 | たる[足] | まんぞく | たぬ | いななか | ら |
| たらし[埶] | ゆみ | たる[足] | みちたりる | たぬ | こうがい | う |
| たらし[誑] | だます | たる[疲] | だるい | たぬ | 30, 91 | づ |
| たらす | ごまかす | たる[疲] | つかれる | たをさ | ひゃくしょう | き |
| たらす | だます | たるし | だるい | たをさ | ほととぎす | ― |
| たらす | なだめる | たるちしの | はは | たをさ | 30, 35 | た |
| たらちし | はは | たるちしの | 56 | たをさどり | ほととぎす | ん |
| たらちし | 56 | たるちしや | はは | たをさどり | 35 | の |
| たらちしの | はは | たるちしや | 56 | たをたを | しとやか | う |
| たらちしの | 56 | たるつきをとこ | 4 | たをたを | しなやか | |
| たらちしや | はは | たるひ[垂氷] | こおり | たをたを | やわらかい | |
| たらちしや | 56 | たるひ[垂氷] | つらら | たをやか | しとやか | |
| たらちね | ちち | たるひ[足日] | よい | たをやか | しなやか | |
| たらちね | はは | たるみ | たき | たをやか | やわらかい | |
| たらちね | りょうしん | たるむ | 25 | たをやぐ | おだやか | |
| たらちね | 56 | たれ | 102 | たをやぐ | しとやか | |
| たらちねの | はは | たれ[誰] | だれ | たをやめ | かよわい | |
| たらちねの | 56 | たれ[誰] | 107 | たをやめ | しなやか | |
| たらちめ | りょうしん | だれ | 107 | たをやめ | 50, 51 | |
| たらちめ | 56 | たれがし | だれそれ | たをやめぶり | かよわい | |
| たらちを | ちち | たれぎぬ | のれん | たをり | とうげ | |
| たらちを | りょうしん | たれこむ | とじこもる | たをる | おる | |
| たらちを | 56 | たれどき | 18 | だんかふ | そうだん | |
| たらふ | しかくがある | たれどきぼし | きんせい | だんがふ | そうだん | |
| たらふ | じゅうぶん | たれどきぼし | 8 | だんかふばしら | そうだい | |
| たらふ | ふそく | たれぬの | のれん | だんぎ | こごと | |
| たらむ | ている | たれりとす | あまんじる | だんぎ | せっきょう | |
| たらむ | 104 | たわ | かみ | だんぎ | せっぽう | |
| たらむ | ている | たわ | しなう | だんぎ | そうだん | |
| たり | 99 | たわ | たわむ | だんぎ | だんごう | |
| たりき | たすけ | たわ | たわわ | だんきん | こうさい | |
| たりけむ | 99, 103 | たわ | とうげ | だんきん | ゆうじょう | |
| たりけり | 99 | たわ | ねぐせ | たんげつ | ろくがつ | |
| たりころも | 28 | たわ | ゆがむ | たんげつ | 6 | |
| たりつ | 99 | たわいなし | おさない | たんご | せっく | |
| たりひづみ | けってん | たわいなし | しりょん | だんし | てがみ | |
| たりふし | ねんごろ | たわいなし | だらしない | だんし | つまはじき | |
| たりふし | ひたすら | たわいなし | とりとめ | たんじつ | 19 | |
| だりむくる | しくじる | たわいなし | ふんべつ | だんしのかん | みじかい | |
| だりむくる | でいすい | たわいなし | ようち | だんしのかん | 16 | |
| だりむくる | 95 | たわたわ | しなう | たんじゃく | たんざく | |
| たりよ | ひとばんじゅう | たわむ | しなう | たんず | えんそう | |
| たる[垂] | さがる | たわむ | たわむ | だんず | ひく | |
| たる[垂] | さげる | たわむ | たわめる | だんず | えんそう | |
| たる[垂] | したたる | たわむ | つかれる | だんず | ひく | |
| たる[垂] | しめす | たわむ | まがる | たんせい | まごころ | |
| たる[垂] | たらす | たわむ | まげる | だんだん | あれこれ | |
| たる[垂] | たれる | たわやか | しとやか | だんだん | いちぶしじゅう | |
| たる[垂] | ながす | たわやか | しなやか | だんだん | いろいろ | |
| たる[垂] | ぶらさがる | たわやか | やわらかい | だんだん | しだい | |
| たる[垂] | ぶらさげる | たわやかひな | て | だんだん | しだいに | |
| たる[垂] | 27 | たわやめ | かよわい | だんだん | 107 | |
| たる[足] | あんしん | たわやめ | しなやか | だんな | しんじょう | |
| たる[足] | じゅうぶん | たわやめ | 50, 51 | だんな | せしゅ | |
| たる[足] | そうおう | たわらは | あかご | だんな | だんか | |
| たる[足] | たりる | たわらは | 51 | たんなり | ている | |
| | | たわらはの | 90 | たんなり | 104 | |
| | | たわわ | しなう | たんのう | すぐれる | |

151

| | | | |
|---|---|---|---|
| たんのう | たりる | ちかきさかひ | ふきん |
| たんのう | まんぞく | ちかせかい | ふきん |
| たんのう | 58, 60 | ちかごと | ちかい |
| だんぷ(と) | ざぶんと | ちかごと | やくそく |
| たんめり | ている | ちかごろ | このごろ |
| たんめり | 104 | ちかごろ | さいきん |
| たんりょ | あさはか | ちかごろ | たいへん |
| たんりょ | たんき | ちかごろ | はなはだ |
| | | ちかし | しんみつ |

## ち

| | | | |
|---|---|---|---|
| ち[茅] | ちがや | ちかし | ちかい |
| ち[茅] | つばな | ちかし | にる |
| ち[茅] | 40 | ちかづく | しんみつ |
| ち[血] | けっとう | ちかづく | ちかよる |
| ち[血] | しそん | ちかづく | むつまじい |
| ち[血] | ちすじ | ちかづく | ちかづける |
| ち[治] | せいじ | ちかづく | ちかよる |
| ち[治] | ちりょう | ぢがね | ほんしょう |
| ち[治] | 88 | ぢがね | ほんしん |
| ち[千] | 79 | ちかふ | せいやくする |
| ち[乳] | ちち | ちかふ | やくそく |
| ち[乳] | ちぶさ | ちがふ | くいちがう |
| ち[乳] | ぼにゅう | ちがふ | ことなる |
| ち[乳] | 47 | ちがふ | そむく |
| ち[鉤] | つりばり | ちがふ | はずれる |
| ぢ[持] | ひきわけ | ちがふ | はんする |
| ぢ[地] | いなか | ちがふ | いっち |
| ぢ[地] | じっさい | ちがふ | すれちがう |
| ぢ[地] | じっち | ちがふ | ちがう |
| ぢ[地] | じめん | ちがふ | にげる |
| ぢ[地] | たいしつ | ちがふ | べつ |
| ぢ[地] | だいち | ちから[税] | ぜい |
| ぢ[地] | ちほう | ちから[力] | いきごみ |
| ぢ[地] | ほんしょう | ちから[力] | おんけい |
| ぢ[地] | りくち | ちから[力] | ききめ |
| ぢ[路] | にっすう | ちから[力] | きりょく |
| ぢ[路] | 30, 113 | ちから[力] | こうけん |
| ちいほあき | えいえん | ちから[力] | こうりょう |
| ちいほあき | さいげつ | ちから[力] | たいりょく |
| ちいほあき | 16 | ちから[力] | たのみ |
| ちいほあきのみづほのくに | | ちから[力] | たより |
| | にほん | ちから[力] | のうりょく |
| ちいん | しりあい | ちから[力] | よりどころ |
| ちいん | ちじん | ちから[力] | りきりょう |
| ちいん | とも | ちからいり | ちから |
| ちう | あんき | ちからだて | じまん |
| ちう | うちゅう | ちからだて | ちから |
| ちう | くうちゅう | ちからぢからし | ちからづよい |
| ちう | こくう | ちからなし | しかた(が)ない |
| ちう | そら | ちからなし | どうしようもない |
| ちうやをおかず | ちゅうや | ちからまさり | ちから |
| ちうやをわかたず | ちゅうや | ちからまさり | ちからづよい |
| ちえ | えだ | ちからをたつ | ちから |
| ちえ | 43, 44, 79 | ぢき | じか |
| ちおも | うば | ぢき | すぐ |
| ちおも | 55 | ぢき | すぐに |
| | | ぢき | ちょくせつ |
| | | ちきひつ | てがみ |
| | | ちぎゃう | しはい |
| | | ちぎゃうしょ | しょりょう |
| | | ちぎゃうしょ | りょうち |
| | | ちぎょのわざはひ | さいなん |
| | | ちぎり | いんねん |
| | | ちぎり | えん |
| | | ちぎり | しゅくえん |
| | | ちぎり | とりきめ |
| | | ちぎり | まじわり |
| | | ちぎり | やくそく |
| | | ちぎり | 85 |
| | | ちぎりおく | やくそく |
| | | ちぎりかはす | しょうらい |
| | | ちぎりかはす | やくそく |
| | | ちぎりぎ | ぼう |
| | | ちぎりぐさ | きく |
| | | ちぎりぐさ | 39 |
| | | ちぎりをむすぶ | やくそく |
| | | ちぎりをむすぶ | 85 |
| | | ちぎる[契] | ちかう |
| | | ちぎる[契] | やくそく |
| | | ちぎる[契] | 63, 84 |
| | | ちぎる[千切] | もぎとる |
| | | ちぎる[千切] | ひどく |
| | | ちきろ | ちかみち |
| | | ちきろ | 31 |
| | | ちく | まきもの |
| | | ちくさ | いろいろ |
| | | ちくさ | 38, 79 |
| | | ちぐさ | いろいろ |
| | | ちぐさ | 15, 38, 79 |
| | | ちぐさいろ | 15 |
| | | ちくしう | さんがつ |
| | | ちくしう | 6 |
| | | ちくしゃう | いきもの |
| | | ちくしゃう | 32 |
| | | ちくしゅん | はちがつ |
| | | ちくしゅん | 6 |
| | | ちくちく(と) | こまごま |
| | | ちくちく(と) | しだいに |
| | | ちくちく(と) | すこし |
| | | ちくてん | とうぼう |
| | | ちくてん | はやい |
| | | ちくでん | とうぼう |
| | | ちくでん | はやい |
| | | ちくと | すこし |
| | | ちくと | ちょっと |
| | | ちくばくぎょ | ぼら |
| | | ちくばくぎょ | 38 |
| | | ちくりんてう | るりちょう |
| | | ちくりんてう | 36 |
| | | ちくゎろ | いろり |
| | | ちくゎろ | いろり |
| | | ちげ | みぶん |
| | | ちけい | けしき |
| | | ちけい | 82 |
| | | ぢげにん | いっぱん |
| | | ぢげにん | たいしゅう |
| | | ぢげにん | みぶん |
| | | ちご | ようじ |
| | | ちご | あかご |

| | | | |
|---|---|---|---|
| ちご | ちのみご | ぢちゃう | きまる |
| ちご | 51, 52 | ぢちゃう | けってい |
| ちこう | いたい | ぢちゃう | ひつじょう |
| ぢごくおとし | ねずみ | ぢちゃう | 71 |
| ぢごくおとし | わな | ちちゅ | くも |
| ぢごくのうへのいっそくとび | | ちちゅう | けってい |
| | きけん | ちちゅう | くも |
| ちさ | えごのき | ちちゅう | 36 |
| ちさ | 44 | ちちり | まつかさ |
| ちさと | いなか | ちちろ | 46 |
| ちさと | えんろ | ちちろ | こおろぎ |
| ちさと | きよう | ちちろ | 36 |
| ちさと | とおい | ちちろむし | こおろぎ |
| ちさと | みちのり | ちちろむし | 36 |
| ちさと | むらざと | ちちわくに | あれやこれや |
| ちさと | 31, 32, 79 | ちちわくに | とやかく |
| ちじ | 89 | ちちわくに | 107 |
| ちじ | じしょく | ちっきょ | がいしゅつ |
| ちじ | たいかん | ちっきょ | 36, 91 |
| ちしき | そう | ぢっきん | しんゆう |
| ちしき | とも | ぢっきん | とも |
| ちしき | りかい | ぢっきん | なれしたしむ |
| ちしゃ | かくれる | ちっす | かくれる |
| ちしゃ | けんじん | ちっす | ふゆごもり |
| ぢす[持] | たもつ | ちっす | 18 |
| ぢす[持] | まもる | ちっと | ちょっと |
| ぢす[持] | もつ | ちっと | すこし |
| ぢす[治] | おさめる | ちてんめい | ごじっさい |
| ぢす[治] | ちりょう | ちてんめい | 89 |
| ぢす[治] | とうちする | ちと | ちょっと |
| ぢす[治] | なおす | ちと | すこし |
| ぢす[治] | なおる | ちとせ | せんねん |
| ぢす[治] | へいていする | ちとせ | ながい |
| ぢす[治] | 88 | ちとせ | ねんげつ |
| ぢすぢ | けっかん | ちとせ | 16 |
| ちそう | ごちそう | ちとせどり | つる |
| ちそう | はしりまわる | ちどり | 33, 79 |
| ちそう | ふるまい | ちどりあし | よろめく |
| ちそう | もてなし | ちどりあし | 69 |
| ぢたい | こんげん | ちな | 83 |
| ぢたい | ほんしつ | ちなみ | いんねん |
| ぢたい | ほんらい | ちなみ | えん |
| ぢたい | もともと | ちなみ | かんけい |
| ちたび | 79 | ちなみ | こんやく |
| ちぢ | いろいろ | ちなみ | 84 |
| ちぢ | こまかい | ちなむ | えん |
| ちぢ | 79 | ちなむ | 84 |
| ちぢく | ちぢむ | ちのすぢ | けつえん |
| ちちご | ちち | ちのすぢ | 56 |
| ちちご | 56 | ちのなみだ | かなしみ |
| ちちぬし | ちち | ちのみち | けっかん |
| ちちぬし | 56 | ちはつ | しゅっけ |
| ちちのみ | ぎんなん | ちばな | ちがや |
| ちちのみ | 44 | ちばな | つばな |
| ちちのみの | ちち | ちばな | 40 |
| ちちのみの | 56 | ちはふ | かご |
| ぢちゃう | かくじつ | ちはや | たすき |
| ぢちゃう | かならず | ちはやぶる | あらあらしい |
| ぢちゃう | きっと | ちはやぶる | いきおい |
| ちはやぶる | かみ | | |
| ちはやぶる | らんぼう | | |
| ちびきのいは | いわ | | |
| ちひさし | ちいさい | | |
| ちひさびと | 51 | | |
| ちひさやか | ちいさい | | |
| ちひろ | ふかい | | |
| ちひろ | いろり | | |
| ちひろぐさ | たけ | | |
| ちふ[茅生] | 26 | | |
| ちふ[地膚] | ほうきぐさ | | |
| ちふ[地膚] | 42 | | |
| ちぶ | すりきれる | | |
| ちふね | 97 | | |
| ちへしくしくに | しきり | | |
| ちへしくしくに | ひんぱん | | |
| ちへなみしきに | しきり | | |
| ちへなみしきに | なんかいも | | |
| ちへにももへに | いくえにも | | |
| ちへのひとへ | すこし | | |
| ちまた | がいろ | | |
| ちまた | このよ | | |
| ちまた | つじ | | |
| ちまた | ところ | | |
| ちまた | ばしょ | | |
| ちまた | ぶんきてん | | |
| ちまた | まちどおり | | |
| ちまた | わかれみち | | |
| ちまた | 30, 31, 32, 57 | | |
| ちまたのかみ | | | |
| ちまちだ | ひろい | | |
| ちまちだ | 30 | | |
| ちみち | けっかん | | |
| ちみをあげる | | | |
| | ぎゃくじょうする | | |
| ちみをあげる | のぼせる | | |
| ちみをあげる | むちゅう | | |
| ちみどろ | ち | | |
| ちめい | ごじっさい | | |
| ちめい | 89 | | |
| ちめぐさ | おみなえし | | |
| ちめぐさ | 39 | | |
| ちも | うば | | |
| ちも | 55 | | |
| ちもりのかみ | 32 | | |
| ちゃう[帳] | ちょうめん | | |
| ちゃう[帳] | とばり | | |
| ちゃう[帳] | 111 | | |
| ちゃう[庁] | かんちょう | | |
| ちゃう[庁] | やくしょ | | |
| ちゃう[丁] | 111 | | |
| ぢゃう[定] | きまり | | |
| ぢゃう[定] | しんじつ | | |
| ぢゃう[定] | そのとおり | | |
| ぢゃう[定] | ていど | | |
| ぢゃう[定] | はんい | | |
| ぢゃう[定] | ひつじょう | | |
| ぢゃう[定] | ようす | | |
| ぢゃう[定] | 109 | | |

ぢゃう──ちょうそ

| | | |
|---|---|---|
| ぢゃう[錠] | …… | おおせ |
| ぢゃう[錠] | …… | めいれい |
| ちゃうか | …… | ろくがつ |
| ちゃうか | …… | 6 |
| ぢゃうき | …… | うつわ |
| ちゃうき | …… | しょうけい |
| ぢゃうきゅう | …… | かんれき |
| ちゃうきゅう | …… | 89 |
| ちゃうけ | …… | ちゃがし |
| ちゃうこく | …… | 89 |
| ちゃうじ | …… | きんし |
| ちゃうじ | …… | さしとめ |
| ちゃうじゃ | …… | かねもち |
| ちゃうじゃ | …… | とく |
| ちゃうじゃのまんどうよりひんじゃのいっとう | | |
| | …… | まごころ |
| ちゃうじゅ | …… | ききて |
| ちゃうじゅ | …… | ききて |
| ちゃうず[打] | …… | たたく |
| ちゃうず[打] | …… | なぐる |
| ちゃうず[長] | …… | おいる |
| ちゃうず[長] | …… | このむ |
| ちゃうず[長] | …… | じょうず |
| ちゃうず[長] | …… | すぐれる |
| ちゃうず[長] | …… | そだつ |
| ちゃうず[長] | …… | たけなわ |
| ちゃうず[長] | …… | ねんちょう |
| ちゃうず[長] | …… | ふける |
| ちゃうず[長] | …… | まっさかり |
| ちゃうず[長] | …… | 53 |
| ちゃうぜつ | …… | くちかず |
| ちゃうぜつ | …… | ながい |
| ちゃうぜつ | …… | ながながと |
| ぢゃうぜつ | …… | ていせつ |
| ちゃうだい | …… | しんしつ |
| ちゃうちゃうと | …… | 14 |
| ちゃうちゃく | …… | たたく |
| ちゃうちゃく | …… | なぐる |
| ちゃうちんにつりがね | | |
| | …… | つりあう |
| ちゃうてい | …… | なぎさ |
| ちゃうてい | …… | 23 |
| ちゃうていきょくせん | … | かいがん |
| ちゃうていきょくほ | …… | 23 |
| ちゃうと | …… | えんろ |
| ちゃうと | …… | たびじ |
| ちゃうと | …… | とおい |
| ちゃうと | …… | 31, 87 |
| ちゃうど | …… | にらみつける |
| ちゃうど | …… | 13 |
| ちゃうなみ | …… | ちょうない |
| ちゃうなみ | …… | まちなみ |
| ちゃうにん | …… | ていしょく |
| ちゃうはい | …… | ちゅうし |
| ちゃうはい | …… | はいし |
| ぢゃうはふ | …… | かんれい |
| ちゃうぼん | …… | げんいん |
| ちゃうぼん | …… | しゅぼうしゃ |
| ちゃうぼんにん | …… | しゅぼうしゃ |
| ちゃうめい | …… | ちょうじゅ |
| ちゃうめい | …… | ながいき |
| ちゃうめい | …… | 53 |
| ちゃうや | …… | あのよ |
| ちゃうやのやみ | …… | ぼんのう |
| ちゃく | …… | ふえ |
| ちゃく | …… | 13 |
| ぢやく | …… | くすり |
| ぢやく | …… | じょうびやく |
| ちゃくし | …… | あととり |
| ちゃくす | …… | きる |
| ちゃくす | …… | つく |
| ちゃくす | …… | とうちゃく |
| ちゃくす | …… | 48 |
| ちゃくす | …… | しゅうしん |
| ちゃくす | …… | しゅうちゃく |
| ちゃくたう | …… | とうちゃく |
| ちゃくなん | …… | あととり |
| ちゃくふく | …… | ぬすむ |
| ちゃくぶく | …… | ぬすむ |
| ちゃくぼく | …… | ぬすむ |
| ちゃだし | …… | きゅうす |
| ちゃっと | …… | さっと |
| ちゃっと | …… | すばやい |
| ちゃにする | …… | ちゃかす |
| ちゃにする | …… | ばか |
| ちゃのこ | …… | ちゃがし |
| ちゃのみぐさ | …… | わだい |
| ちゃの ゑ | …… | ちゃかい |
| ちゃぶるまひ | …… | もてなし |
| ちゃめく | …… | こっけい |
| ちゃり | …… | ちゃみせ |
| ちゃり | …… | おどけ |
| ちゃをひく | …… | ひま |
| ちゃをひく | …… | せいばい |
| ちゅうのたび | …… | あのよ |
| ちゅううのたび | …… | 73 |
| ちゅうか | …… | ごがつ |
| ちゅうか | …… | 6 |
| ちゅうがん | …… | うすめ |
| ちゅうがん | …… | はんがん |
| ちゅうぐう | …… | きゅうちゅう |
| ちゅうぐくり | …… | いいかげん |
| ちゅうぐくり | …… | けんとう |
| ちゅうくゎ | …… | じゅうさい |
| ちゅうくゎ | …… | つみ |
| ちゅうげん | …… | あいだ |
| ちゅうげん | …… | ちゅうちゅん |
| ちゅうげん | …… | ちゅうとはんぱ |
| ちゅうげん | …… | どっちつかず |
| ちゅうさん | …… | せっく |
| ちゅうさん | …… | もものせっく |
| ちゅうしう | …… | はちがつ |
| ちゅうしう | …… | 7 |
| ちゅうしうむげつ | …… | 5 |
| ちゅうじゅ | …… | はちじっさい |
| ちゅうじゅ | …… | 89 |
| ちゅうしゅん | …… | にがつ |
| ちゅうしゅん | …… | 5 |
| ちゅうしん | …… | ほうこく |
| ちゅうじん | …… | なこうど |
| ちゅうじん | …… | なみ |
| ちゅうじん | …… | ふつう |
| ちゅうす | …… | しけい |
| ちゅうす | …… | しょけいする |
| ちゅうす | …… | ばっする |
| ちゅうす | …… | あんじゅう |
| ちゅうす | …… | あんてい |
| ちゅうす | …… | しゅうちゃく |
| ちゅうす | …… | すむ |
| ちゅうす | …… | ていたいする |
| ちゅうす | …… | とらえる |
| ちゅうす | …… | 70 |
| ちゅうだい | …… | たから |
| ちゅうたう | …… | どろぼう |
| ちゅうぢ | …… | じゅしょく |
| ちゅうぢ | …… | そう |
| ちゅうぢゅう | …… | だんかい |
| ちゅうぢゅう | …… | ますます |
| ちゅうっぱら | …… | おこる |
| ちゅうっぱら | …… | たんき |
| ちゅうっぱら | …… | むかつく |
| ちゅうづもり | …… | あてすいりょう |
| ちゅうづもり | …… | みつもり |
| ちゅうとう | …… | じゅういちがつ |
| ちゅうとう | …… | 7 |
| ちゅうばつ | …… | しょばつ |
| ちゅうぶん | …… | ちゅうさい |
| ちゅうもん | …… | ぶんしょ |
| ちゅうもん | …… | ほうこく |
| ちゅうもん | …… | もくろく |
| ちゅうや | …… | まよなか |
| ちゅうや | …… | やはん |
| ちゅうや | …… | よなか |
| ちゅうや | …… | 21 |
| ちゅうやう | …… | にがつ |
| ちゅうやう | …… | 5 |
| ちゅうらう | …… | ちゅうねん |
| ちゅうりく | …… | しょばつ |
| ちよ[千夜] | …… | 21, 79 |
| ちよ[千代] | …… | えいえん |
| ちよ[千代] | …… | せんねん |
| ちよ[千代] | …… | ながい |
| ちよ[千代] | …… | ねんげつ |
| ちよ[千代] | …… | 16 |
| ちょう | …… | かわいがる |
| ちょう | …… | ちょうあい |
| ちょうきう | …… | きく |
| ちょうく | …… | せっく |
| ちょうご | …… | たんごのせっく |
| ちょうさん | …… | せっく |
| ちょうさん | …… | もものせっく |
| ちょうず | …… | こらしめる |
| ちょうず | …… | こりる |
| ちょうそ | …… | こうい |

| | | | | | | |
|---|---|---|---|---|---|---|
| ちょうでふ | かさなる | ちりあかる | ちりぢり | ちんちょう | たいせつ | |
| ちょうでふ | こうつごう | ちりあかる | りさんする | ちんみらい | めでたい | |
| ちょうでふ | つごう | ちりがた | ちる | ぢんみらい | えいえん | |
| ちょうでふ | まんぞく | ちりかひくもる | くもる | ちんみらい | みらいえいごう | |
| ちょうほう | きちょう | ちりかひくもる | ちる | ちんみらい | 16 | |
| ちょうほう | たから | ちりかふ | ちりみだれる | ちんりん | おちぶれる | |
| ちょうほう | ちんちょう | ちりかふ | みだれちる | ちんりん | しずむ | |
| ちょうほう | べんり | ちりけ | ぼんのくぼ | | | |
| ちょうやう | きく | ちりけ | 48 | | | |
| ちょうやう | せっく | ちりけもと | くびすじ | ## つ | | |
| ちょぎ | まつ | ちりけもと | 47 | | | |
| ちよぎ | 46 | ちりしく | ちらばる | | | |
| ちょく[勅] | てんのう | ちりしをる | しおれる | つ | 99 | |
| ちょく[勅] | めいれい | ちりしをる | ちりしおれる | つ[津] | ふなつきば | |
| ちょく[直] | さっぱり | ちりしをる | ちる | つ[津] | みなと | |
| ちょく[直] | しょうじき | ちりすぐ | ちる | つ[津] | わたしば | |
| ちょく[直] | すなお | ちりづか | ごみ | つ[津] | 26, 98 | |
| ちょく[直] | てがる | ちりにまじはる | ぞくせけん | づ[図] | おもうつぼ | |
| ちょく[直] | まじめ | ちりのまがひ | はな | づ[図] | ずめん | |
| ぢょくあく | けがれ | ちりのよ | 57 | づ[図] | ちず | |
| ぢょくあく | ざいあく | ちりばかり | すこし | づ[図] | はかりごと | |
| ちょくかん | とがめ | ちりばかり | わずか | づ[図] | ようす | |
| ちよくさ | きく | ちりばむ | ちり | づ[頭] | あたま | |
| ちよくさ | 39 | ちりばむ | よごれる | づ[頭] | 47 | |
| ちょくし | つかい | ちりひぢ | つまらない | つい | おもわず | |
| ぢょくせ | このよ | ちりひぢ | とるにたりない | つい | すぐ | |
| ぢょくせ | せかい | ちりぼふ | おちぶれる | つい | そのまま | |
| ぢょくせ | 57 | ちりぼふ | さまよう | つい | てがる | |
| ちょくちゃう | ちょくめい | ちりぼふ | ちらばる | つい | 109 | |
| ちょくちゃう | みことのり | ちりぼふ | ちりみだれる | つい[突] | 112 | |
| ちょくひつ | ひっせき | ちりぼふ | ちる | ついかう | くよう | |
| ちょくめい | てんのう | ちりぼふ | みだれちる | ついかき | かきね | |
| ちょくめい | めいれい | ちりぼふ | りさんする | ついかき | ついじ | |
| ちょくん | こうたいし | ちりまがふ | ちりみだれる | ついがき | かきね | |
| ちよふく | いみあけ | ちりまがふ | みだれちる | ついがき | ついじ | |
| ちよみぐさ | きく | ちりみだる | ちりぢる | ついさす | はさむ | |
| ちよみぐさ | 39 | ちりみだる | みだれちる | ついしょう | こびる | |
| ちよみさう | きく | ちる | さんらん | ついしょう | とも | |
| ちよみさう | 39 | ちる | ちらばる | ついしょう | へつらう | |
| ぢょらう | ゆうじょ | ちる | ひろまる | ついすう | おく | |
| ぢょらう | 50, 51 | ちる | まとまる | ついすう | すえる | |
| ちよろづ | むすう | ちる | りさんする | ついすわ | すわる | |
| ちよろづ | 79 | ちる | 70 | ついせう | こびる | |
| ちらす | いいひろめる | ちん[朕] | てんのう | ついせう | へつらう | |
| ちらす | おとす | ちん[亭] | あずまや | ついぜん | くよう | |
| ちらす | たごんする | ちん[亭] | 91 | ついぜん | そうしん | |
| ちらす | ちらかす | ぢんこ | くず | ついそう | こびる | |
| ちらす | なくす | ぢんこ | ごみ | ついそう | こびる | |
| ちらす | はっさんさせる | ちんず | いいわけ | ついそう | とも | |
| ちらす | 70 | ちんず | うそ | ついそう | へつらう | |
| ちらふ | ちらばる | ちんず | しゃくめいする | ついたち | じょうじゅん | |
| ちらふ | ちる | ちんず | つくりごと | ついたち | つきはじめ | |
| ちり | いささか | ちんすい | でいすい | ついたち | 5 | |
| ちり | かち | ちんすい | よいつぶれる | ついたちさう | ふくじゅそう | |
| ちり | ごみ | ちんすい | 95 | ついたちさう | 41 | |
| ちり | つまらない | ちんせい | どせい | ついたつ | たつ | |
| ちり | よごれ | ちんせい | 8 | ついち | かきね | |
| ちり | わずか | ちんぜい | きゅうしゅう | ついち | ついじ | |
| ちり | 57 | ちんだて | はいび | ついづ | ならべる | |

ついで――つきくさ

| | | |
|---|---|---|
| ついで[次] | ……………… | **つぎ** |
| ついで[次] | ……………… | **ひきつづく** |
| ついで[次] | ……………… | **ほど** |
| ついで[次] | ……………… | **ほどなく** |
| ついで[序] | ……………… | **おり** |
| ついで[序] | ……………… | **きかい** |
| ついで[序] | ……………… | **きっかけ** |
| ついで[序] | ……………… | **しだい** |
| ついで[序] | ……………… | **じゅんじょ** |
| ついで[序] | ……………… | **じゅんばん** |
| ついで[序] | ……………… | **ばあい** |
| ついでがまし | ……………… | **さりげない** |
| ついでなし | ……………… | **とつぜん** |
| ついでに | ……………… | **そのおり** |
| ついでに | ……………… | **109** |
| ついと | ……………… | **さっと** |
| ついと | ……………… | **みがる** |
| ついひぢ | ……………… | **ついじ** |
| ついひらがる | ……………… | **たいら** |
| ついひらがる | ……………… | **はいつくばる** |
| ついぶ | ……………… | **うばいとる** |
| ついぶ | ……………… | **とらえる** |
| ついぶ | ……………… | **ぼっしゅう** |
| ついぶ | ……………… | **りゃくだつ** |
| ついふく | ……………… | **くよう** |
| ついふく | ……………… | **そうしき** |
| ついまつ | ……………… | **たいまつ** |
| ついり | ……………… | **10** |
| ついゐる | ……………… | **かしこまる** |
| ついゐる | ……………… | **すわる** |
| ついゐる | ……………… | **とまる** |
| ついゐる | ……………… | **ひざまずく** |
| ついゐる | ……………… | **33** |
| つう | ……………… | **れいりょく** |
| つう | ……………… | **じんつうりき** |
| つうくつ | ……………… | **くめん** |
| つうくつ | ……………… | **さんだん** |
| つうくつ | ……………… | **だんぱん** |
| つうくつ | ……………… | **なかよくなる** |
| つうじ | ……………… | **つうやく** |
| つうじん | ……………… | **すいじん** |
| つうづ | ……………… | **ふつう** |
| つうほう | ……………… | **かね** |
| つうほう | ……………… | **つうか** |
| つうりき | ……………… | **じんつうりき** |
| つうりき | ……………… | **れいりょく** |
| つか[束] | ……………… | **たば** |
| つか[束] | ……………… | **ながい** |
| つか[塚] | ……………… | **はか** |
| つか[塚] | ……………… | **みちしるべ** |
| つかうまつる | ……………… | **あたえる** |
| つかうまつる | ……………… | **おこなう** |
| つかうまつる | ……………… | **おつかえする** |
| つかうまつる | ……………… | **さしあげる** |
| つかうまつる | ……………… | **つかえる** |
| つかうまつる | ……………… | **もうしあげる** |
| つかうまつる | ……………… | **75** |
| つかさ[官] | ……………… | **かんしょく** |

| | | |
|---|---|---|
| つかさ[官] | ……………… | **かんちょう** |
| つかさ[官] | ……………… | **やくしょ** |
| つかさ[官] | ……………… | **やくにん** |
| つかさ[阜] | ……………… | **おか** |
| つかさ[阜] | ……………… | **28** |
| つかさ[長] | ……………… | **おもだった** |
| つかさ[長] | ……………… | **かしら** |
| つかさどる | ……………… | **しはい** |
| つかさどる | ……………… | **たんとう** |
| つかさどる | ……………… | **とりしきる** |
| つかさびと | ……………… | **やくにん** |
| つかなぎ | ……………… | **つえ** |
| つかなぎ | ……………… | **ぼう** |
| つがなし | ……………… | **たわいない** |
| つがなし | ……………… | **わけない** |
| つかぬ | ……………… | **あつめる** |
| つかぬ | ……………… | **うでぐみする** |
| つかぬ | ……………… | **たばねる** |
| つかぬ | ……………… | **たば** |
| つかねを | ……………… | **ひも** |
| つかのあひだ | ……………… | **すこし** |
| つかのあひだ | ……………… | **ちょっと** |
| つかのあひだ | ……………… | **16** |
| つがのきの | ……………… | **つぎつぎ** |
| つかのま | ……………… | **しばらく** |
| つかのま | ……………… | **すこし** |
| つかのま | ……………… | **ちょっと** |
| つかのま | ……………… | **16** |
| つかのまも | ……………… | **しばらく** |
| つかはす | ……………… | **あたえる** |
| つかはす | ……………… | **おくる** |
| つかはす | ……………… | **ゆく** |
| つかはす | ……………… | **はけんする** |
| つかはら | ……………… | **はか** |
| つかひ | ……………… | **けらい** |
| つかひ | ……………… | **ししゃ** |
| つかのあひだ | ……………… | **16** |
| つかひ | ……………… | **ひよう** |
| つかひ | ……………… | **めしつかい** |
| つがひ | ……………… | **いっつい** |
| つがひ | ……………… | **きかい** |
| つがひ | ……………… | **ぐあい** |
| つがひ | ……………… | **そのとき** |
| つがひ | ……………… | **つがい** |
| つがひ | ……………… | **つごう** |
| つがひ | ……………… | **ふうふ** |
| つがひ | ……………… | **84, 85, 109** |
| つかひからし | ……………… | **のこり** |
| つかひびと | ……………… | **めしつかい** |
| つかふ[仕] | ……………… | **つかえる** |
| つかふ[使] | ……………… | **つかう** |
| つかふ[使] | ……………… | **おこなう** |
| つかふ[使] | ……………… | **はたらく** |
| つかふ[使] | ……………… | **あやつる** |
| つかふ[使] | ……………… | **しょうひする** |
| つかふ[使] | ……………… | **たもつ** |
| つかふ[使] | ……………… | **やくだてる** |
| つかふ[継] | ……………… | **つぐ** |
| つかふ[番] | ……………… | **かなう** |
| つかふ[番] | ……………… | **くみあわせる** |

| | | |
|---|---|---|
| つかふ[番] | ……………… | **ついになる** |
| つかふ[番] | ……………… | **つがえる** |
| つかふ[番] | ……………… | **やくそく** |
| つかふ[番] | ……………… | **84** |
| つがふ[都合] | ……………… | **くめん** |
| つがふ[都合] | ……………… | **ぐあい** |
| つがふ[都合] | ……………… | **ごうけい** |
| つがふ[都合] | ……………… | **じじょう** |
| つがふ[都合] | ……………… | **じょうほう** |
| つがふ[都合] | ……………… | **ぜんぶ** |
| つがふ[都合] | ……………… | **てはず** |
| つがふ[都合] | ……………… | **ひっくるめて** |
| つがふ[都合] | ……………… | **やりくり** |
| つかへまつる | ……………… | **あたえる** |
| つかへまつる | ……………… | **おこなう** |
| つかへまつる | ……………… | **おつかえする** |
| つかへまつる | ……………… | **さしあげる** |
| つかへまつる | ……………… | **つかえる** |
| つかへまつる | ……………… | **もうしあげる** |
| つかへまつる | ……………… | **75** |
| つかまつる | ……………… | **あたえる** |
| つかまつる | ……………… | **おこなう** |
| つかまつる | ……………… | **おつかえする** |
| つかまつる | ……………… | **さしあげる** |
| つかまつる | ……………… | **つかえる** |
| つかまつる | ……………… | **もうしあげる** |
| つかまつる | ……………… | **75** |
| つかみづら | ……………… | **よくばり** |
| つがもなし | ……………… | **わけない** |
| づから | ……………… | **のままで** |
| づから | ……………… | **ままで** |
| づから | ……………… | **113** |
| つからかす | ……………… | **けつぼうさせる** |
| つからかす | ……………… | **つかれる** |
| つかる | ……………… | **うえる** |
| つかる | ……………… | **つかれる** |
| つかる | ……………… | **ひろう** |
| つがる | ……………… | **つながる** |
| つき[机] | ……………… | **つくえ** |
| つき[調] | ……………… | **ぜい** |
| つき[槻] | ……………… | **けやき** |
| つき[槻] | ……………… | **44** |
| つき[杯] | ……………… | **うつわ** |
| つき[杯] | ……………… | **110** |
| つき[鞠] | ……………… | **とき** |
| つぎ | ……………… | **あととり** |
| つぎ | ……………… | **111** |
| つきあかり | ……………… | **4** |
| つきいづ | ……………… | **でる** |
| つきいづ | ……………… | **とびだす** |
| つきがき | ……………… | **ついじ** |
| つきかげ | ……………… | **げっこう** |
| つきかげ | ……………… | **すがた** |
| つきかげ | ……………… | **つきあかり** |
| つきかげ | ……………… | **ひかり** |
| つきかげ | ……………… | **4** |
| つきかふ | ……………… | **あらたまる** |
| つきかふ | ……………… | **5** |
| つきくさ | ……………… | **つゆくさ** |

| | | | | | |
|---|---|---|---|---|---|
| つきくさ | 40 | つきなし | ふゆかい | つく[漬] | つける |
| つきくさの | いのち | つきなし | ぶあんない | つく[漬] | ぬれる |
| つきくさの | うつす | つきなし | 59 | つく[漬] | ひたる |
| つきくさの | うつる | つきなみ | まいつき | つく[吐] | いき |
| つきくさの | かりそめ | つきなみ | 5 | つく[吐] | はく |
| つきくさの | きえる | つきなむ | いならぶ | つく[吐] | ばいしょく |
| つきくさの | はな | つきなむ | すわる | つく[吐] | もどす |
| つきこむ | そうしき | つきなむ | ならぶ | つく[付] | かきとめる |
| つきこむ | まいそう | つきにけに | まいつき | つく[付] | くわえる |
| つきごめ | こめ | つきにけに | 5 | つく[付] | くわわる |
| つきごめ | はくまい | つきにむらくもはなにかぜ | | つく[付] | ことづける |
| つきごもり | げつまつ | | じゃま | つく[付] | したがう |
| つきごもり | 5 | つきのかがみ | まんげつ | つく[付] | しょうじる |
| つきごろ | すうかげつらい | つきのかがみ | 5 | つく[付] | そなえる |
| つきごろ | すうねんらい | つきのかほ | げっこう | つく[付] | そなわる |
| つきごろ | 5 | つきのかほ | げつめん | つく[付] | てんかする |
| つぎざま | おとっている | つきのかほ | ひかり | つく[付] | なつく |
| つぎざま | にりゅう | つきのかほ | 4 | つく[付] | なづける |
| つきしなし | つきる | つきのしづく | つゆ | つく[付] | はっきり |
| つきしなし | はてし(が)ない | つぎのつき | 4 | つく[付] | おもい |
| つきじり | げつまつ | つきのねずみ | つきひ | つく[付] | くみする |
| つきじり | つきずえ | つきのはやし | きじん | つく[付] | そえる |
| つきじり | 5 | つきのみやこ | みやこ | つく[付] | でんごん |
| つきしろ[月代] | 4 | つきのゆふべ | まんげつ | つく[付] | ふちゃく |
| つきしろ[月白] | そら | つきのゆふべ | 5 | つく[付] | みかた |
| つきしろ[月白] | 4 | つきのわ | うさぎ | つく[付] | きまる |
| つきしなふ | つつきあう | つきのわ | 33 | つく[付] | たくする |
| つきす | つきる | つきひ | とし | つく[付] | 48, 59, 84 |
| つきす | なくなる | つきひ | ねんげつ | つく[憑] | とりつく |
| つきたち | | つきひと | 4 | つく[憑] | のりうつる |
| つきたつ[月立] | あらたまる | つきひとをとこ | 4 | つく[搗] | おしつぶす |
| つきたつ[突立] | つきさす | つきみぐさ | はぎ | つく[木兎] | みみずく |
| つぎつ | じゅんじょ | つきみぐさ | 45 | つく[木兎] | 35 |
| つぎつ | つぎつぎ | つきみずづき | ごがつ | つく[突] | ぬかずく |
| つぎづき | つきそい | つきみずづき | 6 | つく[突] | さす |
| つぎつぎ | じゅん | つきみづき | はちがつ | つく[突] | つきさす |
| つぎつぎ | しぜん | つきみづき | 7 | つぐ[継] | うけつぐ |
| つぎつぎ | しだいに | つきむ | ことわる | つぐ[継] | せわ |
| つぎつぎ | そのつど | つぎめ | あととり | つぐ[継] | そうぞく |
| つぎつぎ | 56, 109 | つぎめ | かとく | つぐ[継] | たもつ |
| つきづきし | このましい | つぎめ | かんせつ | つぐ[継] | つくろう |
| つきづきし | ちょうわ | つきもの | ばけもの | つぐ[継] | つたえる |
| つきづきし | にあう | つきよ | 4 | つぐ[継] | つづける |
| つきづきし | ふさわしい | つきよにかまをぬかれる | | つぐ[継] | つなぐ |
| つきつむ | つきとめる | | ゆだん | つぐ[継] | もちつづける |
| つきつむ | みとどける | つきよにちゃうちん | ふよう | つく[告] | しらせる |
| つきとむ | つきとめる | つきよにちゃうちん | むだ | つく[告] | つたえる |
| つきとむ | みとどける | つきよみ | 4 | づく | 104, 113 |
| つきともなし | にあう | つきよみをとこ | 4 | づく[木兎] | みみずく |
| つきともなし | ふさわしい | つく | 4 | づく[木兎] | 35 |
| つきなし | たよりない | つく[尽] | おわる | つくえ | しょくたく |
| つきなし | うとい | つく[尽] | きえる | つくえ | 96 |
| つきなし | きにくわない | つく[尽] | つきる | づくし | 113 |
| つきなし | つごう | つく[尽] | なくなる | つくしぐし | さす |
| つきなし | てがかり | つく[尽] | はてる | つくしこひし | せみ |
| つきなし | とりつく | つく[築] | きずく | つくしこひし | つくつくぼうし |
| つきなし | にあう | つく[着] | つける | つくしこひし | 36 |
| つきなし | はっきり | つく[着] | とうちゃく | つくしはつ | しつくす |
| つきなし | ふさわしい | つく[漬] | つかる | つくしはつ | だす |

| | | |
|---|---|---|
| つくしんぼ …………… **つくし** | つくりごと …… **つくりばなし** | つけいだす ………… **みつける** |
| つくしんぼ …………… 40 | つくりだ ………………… 30 | つけがみ ……………… **ふせん** |
| つくす ………………… **おわり** | つくりたつ …… **かざりたてる** | つけがみ …………… **めじるし** |
| つくす ………………… **おわる** | つくりたつ …… **けしょう** | つげく ………………… **しらせ** |
| つくす ……………… **きわめる** | つくりたつ …… **めかす** | つげぐさ ……………… **うめ** |
| つくす ………………… **すべて** | つくりたつ …… **よそおう** | つげぐさ ……………… 44 |
| つくす ………………… **だす** | つくりたつ …… 75 | つげこす …………… **しらせる** |
| つくす ………………… **なくす** | つくりな ……………… **かめい** | つけにする ……………… **ばか** |
| つくだ ………………… 30 | つくりな ……………… **ぎめい** | つけぶみ …………… **こいぶみ** |
| つくづく(と) ………… **ぼんやり** | つくりな ………………… **な** | つけぶみ ………………… 63 |
| つくづく(と) ………… **しみじみ** | つくりばな …………… **ぞうか** | つけめ ………………… **めあて** |
| つくづく(と) ……… **しんみり(と)** | つくりまうく ………… **かまえる** | つげやる …………… **しらせる** |
| つくづく(と) ………… **よくよく** | つくりまうく … **つくりもうける** | つごもり ……………… **げじゅん** |
| つくつくし …………… **せみ** | つくりまうく ……… 75,76 | つごもり ……………… **げつまつ** |
| つくづくし …………… 36 | つくりみがく ……… **うつくしい** | つごもり ……………… **みそか** |
| つくづくし ……………… **つくし** | つくりみがく …… 75,76,83 | つごもり ……………… 4,5 |
| つくづくし …………… 40 | つくりもの …………… **にせもの** | つごもりがた ……… **げじゅん** |
| つくねんと ………… **ぼんやり** | つくりやまひ ………… **けびょう** | つごもりがた ……… **げつまつ** |
| つぐのふね ……………… 97 | つくりやまひ ………… 88 | つごもりがた ……………… 5 |
| つくばねの ……………… 77 | つくりわたし …… **いちめんに** | つじ[旋毛] …………… **つむじ** |
| つくばのみち …………… 65 | つくりわたす …… 75 | つじ[旋毛] …………… 28 |
| つくばひ …………… **しゃがむ** | つくる ………………… **おこなう** | つじ[辻] …………… **じゅうじろ** |
| つくばひ …………… **ねたきり** | つくる ………………… **おさめる** | つじ[辻] …………… **ちょうじろ** |
| つくばひ …………… 76 | つくる ………………… **かざる** | つじ[辻] …………… **みちすじ** |
| つくばふ …………… **うずくまる** | つくる ………………… **けしょう** | つじ[辻] …………… **みちばた** |
| つくばふ …………… **しゃがむ** | つくる ………………… **けんちく** | つじ[辻] …………… **よつつじ** |
| つくばふ …………… **はらばう** | つくる ………………… **こしらえる** | つじ[辻] …………… 31,32 |
| つくばふ ………… **へいふくする** | つくる ……………… **さいばいする** | つじかぜ …………… **せんぷう** |
| つくひよ ………………… **とし** | つくる ……………… **さくぶんする** | つじかぜ …………… **つむじかぜ** |
| つくひよ …………… **ねんげつ** | つくる ………………… **しょり** | つじかぜ …………… 12 |
| つくふ …………………… **くち** | つくる ………………… **そだてる** | つじがため ……………… **けいび** |
| つくふ ………………… **だまる** | つくる ………………… **たがやす** | づしやか ……………… **おもい** |
| つぐふ ………………… **だまる** | つくる ………………… **にせる** | づしやか ………… **おもおもしい** |
| つぐぶ ………………… **だまる** | つくる ………………… **にる** | づしやか …………… **しんちょう** |
| つぐぶ ………………… **だまる** | つくる ……………… **みせかける** | づしやか …………… **つつしむ** |
| つぐふね ……………… 97 | つくる ………………… **よそおう** | づしやか ……………… 70,71 |
| つぐむ ………………… **だまる** | つくる ………………… **りょうり** | づだ ………………… **あんぎゃ** |
| つくも ………………… **ふとい** | つくる ………………… 30 | づだ ………………… **たくはつ** |
| つくも …………………… 41 | つくろひぐさ …………… **よもぎ** | づだ ………………… **ゆぎょう** |
| つくもがみ …………… **しらが** | つくろひぐさ …………… 42 | づだ ………………………… 86 |
| つくもがみ …………… **ばあさん** | つくろひたつ … **かざりたてる** | つたなし ……………… **いくじ** |
| つくもがみ …………… 53,54 | つくろひたつ … **よそおう** | つたなし ……………… **うん** |
| つくもどり ………… **ほととぎす** | つくろひみがく ……… **かざる** | つたなし …………… **おくびょう** |
| つくもどり …………… 35 | つくろふ ……………… **きかざる** | つたなし ………… **おとっている** |
| つくよ ………………………… 4 | つくろふ ……………… **きどる** | つたなし ……………… **おとる** |
| つくよみ ……………………… 4 | つくろふ ……………… **きる** | つたなし ……………… **おろか** |
| つくり ……………… **こうさく** | つくろふ ……………… **けしょう** | つたなし ……………… **にぶい** |
| つくり ……………… **ぞうさく** | つくろふ ……………… **ごまかす** | つたなし ……………… **ばか** |
| つくり ……………… **ていさい** | つくろふ ……………… **ちりょう** | つたなし ……………… **ひきょう** |
| つくり …………… **のうさくぶつ** | つくろふ ……… **ととのえる** | つたなし ……………… **ふぐう** |
| つくり ………………… **よそおい** | つくろふ …… **とりつくろう** | つたなし ……………… **へた** |
| つくり ………………… 30 | つくろふ ……………… **なおす** | つたなし ……………… **まずい** |
| つくりあはす ………… **ちょうわ** | つくろふ ……………… **まぎらす** | つたなし ……………… **みじゅく** |
| つくりあはす …………… 75 | つくろふ ……………… **ようす** | つたなし ………… **みすぼらしい** |
| つくりいだす …………… 75 | つくろふ ……………… **よそおう** | つたはる …………… **いどうする** |
| つくりいづ ……………… 75 | つくろふ ………………… 88 | つたはる ……………… 75 |
| つくりいとなむ …… **けんちく** | つけいだす …………… **さがす** | つたふ ………………… **あたえる** |
| つくりいとなむ ………… 75 | つけいだす ………… **つきとめる** | つたふ ……………… **うけつぐ** |
| | | つたふ ……………… **おしえる** |

つくしんぼ — つたふ

| | | | | | | |
|---|---|---|---|---|---|---|
| つたふ | かたる | つづくり | ほしゅう | つつみ[悉] | さいなん | つ |
| つたふ | ことづける | つっくりと | ぼんやり | つつみ[悉] | 87 | つ |
| つたふ | さずける | つつぐれのとき | 18 | つつみがね | しゅうぎ | た |
| つたふ | しらせる | つつごかしのかほ | | つつみなし | ぶじ | ふ |
| つたふ | つたえる | | そらとぼける | つつみもの | おくりもの | ― |
| つたふ | つたわる | つつじばな | におう | つつむ[慎] | えんりょ | つ |
| つたふ | でんごん | つつしみ | えんりょ | つつむ[慎] | きおくれ | と |
| つたふ | ゆずりうける | つつしみ | けっさい | つつむ[慎] | きがねする | |
| つたへ | たより | つつしみ | ものいみ | つつむ[慎] | つつしむ | |
| つたへ | でんごん | つつしみ | ようじん | つつむ[慎] | はばかる | |
| つたへ | でんせつ | つつしむ | ものいみ | つつむ[包] | かくす | |
| つたへほのめかす | しらせる | つつしむ | ちゅうい | つつむ[悉] | さしさわる | |
| つたよふ | さまよう | つつしむ | ようじん | つつむ[悉] | やむ | |
| つたよふ | ほうろう | つづしる | すする | つつむ[悉] | 88 | |
| つたよふ | ただよう | つづしる | たべる | つづむ | ちぢむ | |
| つち | じめん | つづしる | 69,70 | つづむ | せばめる | |
| つち | だいち | つづしろふ | たべる | つづむ | ちぢめる | |
| つち | どろ | つっと | ずっと | つづむ | つまる | |
| つち | ち | つっと | ひどく | つづむ | つめる | |
| つち | ちじょう | つっとつと | さっと | つづむ | まとまる | |
| つち | つち | つつどり | かっこう | つづむ | みじかい | |
| つち | とち | つつどり | 34 | つつめく | ひそひそ | |
| つちおほね | だいこん | つつなはせどり | せきれい | つつめく | ささやく | |
| つちおほね | 40 | つつなはせどり | 35 | つつめく | 69 | |
| つちかふ | いくせいする | つつまし | えんりょ | つつやく | ひそひそ | |
| つちかふ | さいばいする | つつまし | つつましい | つつやく | ささやく | |
| つちかふ | そだてる | つつまし | はずかしい | つつやく | 69 | |
| つちぐら | あな | つつまし | ひかえめ | つつやみ | まっくらやみ | |
| つちぐら | しちや | つつまし | きがねする | つつやみ | くらやみ | |
| つちぐら | どぞう | つつまし | 59 | つつやみ | やみ | |
| つちくればと | きじばと | つつましげ | えんりょ | つづら | つるくさ | |
| つちくればと | 34 | つつましげ | はずかしい | つづら | 40 | |
| つちけ | いなか | つつましげ | ひかえめ | つづらか | つぶら | |
| つちけ | どろくさい | つつましげ | きがねする | つづらか | まるい | |
| つちでにははく | ついしょう | つつましげ | 59 | つづらこ | つづら | |
| つちでにははく | もてなし | つつましやか | えんりょ | つづらをり | さか | |
| つちはり | つくばね | つつましやか | はずかしい | つづらをり | さかみち | |
| つちはり | めはじき | つつましやか | ひかえめ | つづらをり | 31 | |
| つちはり | 42,45 | つつましやか | きがねする | つづり | そう | |
| つちぼとけのみづあそび | | つつましやか | 59 | つづり | ぼろぎれ・ぼろぬの | |
| | ほろびる | つつまなばしら | せきれい | つづり | 93 | |
| つちやぐら | どぞう | つつまなばしら | 35 | つづる | つぎあわせる | |
| つちゐ | かきね | つつまやか | けんやく | つづる | つなぐ | |
| つちゐ | ついじ | つつまやか | かんりゃく | つづる | ぬいあわせる | |
| つちゐ | どだい | つつまやか | けんやく | つづる | 75 | |
| つつ | 113 | つつまやか | しっそ | つづれ | そう | |
| つつ[伝] | つたえる | つつまやか | てみじか | つづれ | 93 | |
| つつ[土] | つち | つづまる | ちぢむ | つづゐ | いど | |
| つつ[筒] | いげた | つづまる | つまる | つて | でんごん | |
| つつが | さいなん | つづまる | まとまる | つてごと | でんごん | |
| つつが | 87 | つづまる | みじかい | つてごと | 83 | |
| つつがなし | けんこう | つつみ[慎] | えんりょ | つと | きゅう | |
| つつがなし | ぶじ | つつみ[慎] | ものいみ | つと | じっと | |
| つづき | けいしょう | つつみ[慎] | ようじん | つと | そっと | |
| つづき | つたえる | つつみ[堤] | いけ | つと | とたん | |
| つづき | れきだい | つつみ[堤] | ためいけ | つと | とつぜん | |
| つづく | したがう | つつみ[堤] | どて | つと | にわか | |
| つづくり | つづける | つつみ[堤] | どひょうし | つと | 109 | |
| つづくり | しゅうり | つつみ[包] | ふろしき | つと[苞] | さんぶつ | |

159

つと—つぶさ

| | | |
|---|---|---|
| つと[苞] …………… みやげ | つねならず ………… むじょう | つばらつばらに ……… つくづく |
| つとに …………… そうちょう | つねならず ………… 80 | つばらつばらに … まんべんなく |
| つとに ……………… はやく | つねに ………………… いつも | つばらつばらに ……… くまなく |
| つとに …………………… 20 | つねに ……………… にちじょう | つばらつばらに ……… しみじみ |
| つどひ ……………… あつまり | つねのさん ………… さいさん | つはる ……………… めばえる |
| つどふ ……………… あつまる | つねのさん …………… しごと | つはる ………………… きざす |
| つどふ ……………… あつめる | つねのもの ……………… 96 | つはる ……………… にんしん |
| つどふ ………………… よせる | つの …………………… つな | つひ ………………… おわり |
| つどふ ……………… よりあう | つのくにの … いきながらえる | つひえ ……………… しゅっと |
| つとまるぐち ……… そのまま | つのくにの ……… ながらえる | つひえ ………………… そん |
| つとむ ……………… どりょく | つのくにの ……… 53, 65 | つひえ ………………… むだ |
| つとむ ……………… ほうこう | つのぐむ …………… めばえる | つひえ ………………… ろうひ |
| つとむ ……………… きんむする | づのさはふ …………… いわ | つひえ …………… しょうもう |
| つとむ ……………… つかえる | づのない ………… とほうもない | つひえ ……………… つかれ |
| つとむ ……………… つとめる | つのめ ……………… しんめ | つひえ ……………… ひろう |
| つとむ ……………… しゅぎょう | つのめ ……………… めばえる | つひしか ……………… いま |
| つとむ ……………… はげむ | つのめ …………………… 43 | つひに ………………… いま |
| つとめ ……………… しゅぎょう | つのめだつ ……… いきりたつ | つひに ……………… おわり |
| つとめ ……………… しょくむ | つのめだつ ……… とげとげしい | つひに …………… けっきょく |
| つとめ ……………… にんむ | つのめだつ ………………… 49 | つひに ……………… けっして |
| つとめて …………… そうちょう | つのる ……………… だいしょう | つひに ……………… とうとう |
| つとめて …………… よくちょう | つのる ……………… つぐなう | つひに ………………… まだ |
| つとめて …………… 19, 20 | つは …………………… 40 | つひのけむり ………… かぞく |
| つな …………………… えん | つばくら(め) ……… つばめ | つひのけむり …………… 72 |
| つな ………………… えんこ | つばくら(め) …………… 35 | つひのすみか ………… しご |
| つな ………………… たより | つばくろ ……………… つばめ | つひのすみか …………… 73 |
| つな ……………… よりどころ | つばくろ …………………… 35 | つひのわかれ ……… しべつ |
| つな …………………… 55 | づはづれ … なみはずれている | つひのわかれ …………… 73 |
| つなぐ ………………… あと | づはづれ ……………… ほうがい | つひやしそこなふ |
| つなぐ ………………… おう | つばな ……………… ちがや | つかれよわらせる |
| つなし ……………… このしろ | つばな …………………… 40 | つひやす …………… しょうひする |
| つなし …………………… 37 | つばひ ……………… つばめ | つひやす …………… ついやす |
| つなし ……………… とんでもない | つばひ …………………… 35 | つひやす ………………… へる |
| づなし ……… なみはずれている | つばひらか ………… あきらか | つひやす ………………… むだ |
| つなでぐさ …………… きく | つばひらか ………… こまかい | つひやす ………………… ろうひ |
| つなでぐさ …………… 39 | つばひらか ……… ことこまか | つひやす …………… くずれる |
| つなでひく …………… 22 | つばひらか ………… こまかい | つひやす ……………… ひろう |
| つなどり …………… ほととぎす | つばびらく ………… つばめ | つひやす ……………… やぶる |
| つなどり …………………… 35 | つばびらく ……………… 35 | つひやす ……………… よわる |
| つなぬく ……………… つらぬく | つばびらこ ………… つばめ | つひゆ ……………… つぶれる |
| つなひく ……………… いじ | つばびらこ ……………… 35 | つひゆ …………… しょうひする |
| づにのる ……………… ちょうし | つばめあはせ ……… そうすう | つひゆ …………… ついやす |
| づにのる ……………… つけあがる | つばめうを ……… とびうお | つひゆ ………………… むだ |
| つぬ[角] ……………… つの | つばめう …………………… 38 | つひゆ …………… おとろえる |
| つぬ[綱] ……………… つな | つばめさりづき ……… はちがつ | つひゆ ……………… くずれる |
| つぬさはふ …………… いわ | つばめさりづき …………… 7 | つひゆ ……………… ひろう |
| つね ………………… いつも | つばめざんよう ……… そうすう | つひゆ ……………… やぶる |
| つね ……………… えいえん | つはもの ……………… ぐんじん | つひゆ ……………… よわる |
| つね …………………… ふだん | つはもの ………………… ぶき | つひゆ …………… こわれる |
| つね ………………… ふつう | つはもの ………………… ぶし | つひゆ ……… つかれおとろえる |
| つね …………………… ふへん | つはもののふね ……… ぐんせん | つひゆ ………………… へる |
| つね ……………… へいじょう | つはもののふね …………… 97 | つひゆ ……………… やつれる |
| つね …………………… 16 | つばら ……………… くわしい | つぶ ……………………… つぼ |
| つねことばどり …… ほととぎす | つばら ……………… ことこまか | つぶ[壺] ……………… つぼ |
| つねことばどり …………… 35 | つばら ……………… つぶさ | つぶ[禿] ……………… すりきれる |
| つねてい …………… じんじょう | つばらか …………… くわしい | つぶ[禿] …………… ぬけおちる |
| つねてい …………… ふつう | つばらか …………… ことこまか | つぶ[禿] ……………… ぬける |
| つねなし ……………… むじょう | つばらか …………… つぶさ | つぶさ ……………… くわしい |
| つねなし …………………… 80 | つばらつばら ……… つぶさ | |

| | | |
|---|---|---|
| つぶさ | そなわる | |
| つぶさ(に) | しょうさい | |
| つぶさに | くわしい | |
| つぶつぶ | どきどき | |
| つぶつぶ | 13, 27, 95 | |
| つぶつぶ | よいつぶれる | |
| つぶつぶ(と) | ぐち | |
| つぶつぶ(と) | こまごま | |
| つぶつぶ(と) | ながれる | |
| つぶつぶ(と) | ふっくら | |
| つぶつぶ(と) | ぶつぶつ | |
| つぶつぶ(と) | むね | |
| つぶつぶ(と) | 13 | |
| つぶつぶ(と)いふ | 70 | |
| つぶつぶと | ふとる | |
| つぶて | いし | |
| つぶと | すきま | |
| つぶと | すっかり | |
| つぶと | すべて | |
| つぶと | ぜんぜん | |
| つぶと | ぴったり(と) | |
| つぶと | ブスリと | |
| つぶと | 14 | |
| つぶなぎ | かかと | |
| つぶなぎ | くるぶし | |
| つぶなぎ | 47 | |
| つぶね | けらい | |
| つぶね | げじょ | |
| つぶね | ほうこう | |
| つぶね | めしつかい | |
| つぶぶし | くるぶし | |
| つぶぶし | 47 | |
| つぶめく | 70 | |
| つぶら | つぶら | |
| つぶら | まるい | |
| つぶらか | ふっくら | |
| つぶらか | まるい | |
| つぶらつぶら | まるい | |
| つぶらはし | つぶれる | |
| つぶり | あたま | |
| つぶり | かみ | |
| つぶり | 47 | |
| つぶる | つぶれる | |
| つぶる | どうき | |
| つぶれいし | いし | |
| つぶれいし | まるい | |
| つべし | きっと | |
| つべし | 103, 104, 105 | |
| つべたまし | おそろしい | |
| つべたまし | れいこく | |
| つべたまし | れいたん | |
| つべらこべら(と) | つべこべと | |
| つぼ | なかにわ | |
| つぼ | にわ | |
| つぼ | ねらい | |
| つぼ | まと | |
| つぼざら | うつわ | |
| つぼざら | 49 | |
| つぼし | うちとけやすい | |
| つぼし | かわいい | |
| つぼし | こころやすい | |
| つぼし | ほそい | |
| つぼせんざい | なかにわ | |
| つぼせんざい | にわ | |
| つぼせんざい | にわ | |
| つぼには | なかにわ | |
| つぼには | にわ | |
| つぼね | かこむ | |
| つぼみめ | しんめ | |
| つぼみめ | つぼみ | |
| つぼむ | せまい | |
| つぼむ | ちいさい | |
| つぼむ | つぼみ | |
| つぼや | くら | |
| つぼや | なんど | |
| つぼや | へや | |
| つま[端] | いとぐち | |
| つま[端] | きっかけ | |
| つま[端] | きわ | |
| つま[端] | せんたん | |
| つま[端] | てがかり | |
| つま[端] | はし | |
| つま[端] | ふち | |
| つま[夫] | おっと | |
| つま[夫] | 55 | |
| つま[夫・妻] | つがい | |
| つま[夫・妻] | つれそう | |
| つまぎ | えだ | |
| つまぎ | こえだ | |
| つまぎ | たきぎ | |
| つまぎ | 43, 44 | |
| つまぐる | あやつる | |
| つまぐる | はじく | |
| つまくれ | ほうせんか | |
| つまくれ | 42 | |
| つまくれ | ほうせんか | |
| つまぐれ | 42 | |
| つまくれなゐ | ほうせんか | |
| つまくれなゐ | 42 | |
| つまごひ | したう | |
| つまごひ | 62, 63 | |
| つまごひひとり | きじ | |
| つまごひひとり | 34 | |
| つまごもる | すむ | |
| つまさきあがり | さか | |
| つまさきあがり | さかみち | |
| つまさきあがり | のぼりざか | |
| つまさきあがり | 31 | |
| つまづま | すみ | |
| つまづま | はし | |
| つまづま | はしばし | |
| つまどひ | きゅうこん | |
| つまどひ | 62, 84 | |
| つまどふ | きゅうこん | |
| つまどふ | 62, 84 | |
| つまなしぐさ | はす | |
| つまなしぐさ | 41 | |
| つまねばな | ほうせんか | |
| つまねばな | 42 | |
| つまのこ | あなた | |
| つまのこ | おっと | |
| つまのこ | 55, 106 | |
| つまはづれ | どうさ | |
| つまはづれ | ふるまい | |
| つまびく | はじく | |
| つまびく | えんそう | |
| つまびらか | くわしい | |
| つまびらか | あきらか | |
| つまびらか | こまかい | |
| つまびらか | くわしい | |
| つまびらか | ことこまか | |
| つまびらか | はっきり | |
| つまべに | ほうせんか | |
| つまべに | 42 | |
| つまや | しんしつ | |
| つまやしろ | じんじゃ | |
| つまやしろ | ほこら | |
| つまり | けっきょく | |
| つまり | すみ | |
| つまり | ついに | |
| つまる | きゅうくつ | |
| つまる | くらし | |
| つまる | こまる | |
| つまる | なんぎ | |
| つまる | ふさがる | |
| つまる | ゆきづまる | |
| つみ[罪] | かしつ | |
| つみ[罪] | けがれ | |
| つみ[罪] | けってん | |
| つみ[罪] | ばつ | |
| つみ[柘] | くわ | |
| つみ[柘] | 44 | |
| つみあぐ | つまむ | |
| つみくさ | つゆくさ | |
| つみくさ | 40 | |
| つみさる | あやまる | |
| つみさる | のがれる | |
| つみし | どだい | |
| つみしろ | つぐない | |
| つみす | しょけいする | |
| つみす | ばっする | |
| つみす | ばつ | |
| つみなふ | しょけいする | |
| つみなふ | ばっする | |
| つみなふ | ばつ | |
| つみなへ | つみ | |
| つみましぐさ | せり | |
| つみましぐさ | 40 | |
| つむ[詰] | いっぱい | |
| つむ[詰] | おいつめる | |
| つむ[詰] | おしこめる | |
| つむ[詰] | きゅうする | |
| つむ[詰] | けんやく | |
| つむ[詰] | しゅくしょうする | |
| つむ[詰] | しゅっしする | |
| つむ[詰] | せつやく | |

|  |  |
|---|---|
| つむ[詰] | ちぢめる |
| つむ[詰] | つとめ |
| つむ[詰] | みたす |
| つむ[詰] | ゆきづまる |
| つむ[集] | あつめる |
| つむ[積] | たまる |
| つむ[積] | つのる |
| つむ[積] | つみあげる |
| つむ[積] | つもる |
| つむ[積] | のせる |
| つむ[積] | ふやす |
| つむ[積] | ます |
| つむ[舶] | 97 |
| つむ[齧] | かじる |
| つむ[齧] | たべる |
| つむ[抓] | つねる |
| つむ[抓] | つまむ |
| つむくり | こま |
| つむじ[十字] | つじ |
| つむじ[十字] | よつつじ |
| つむじ[十字] | 31 |
| つむじ[旋風] | せんぷう |
| つむじ[旋風] | つむじかぜ |
| つむじ[旋風] | 12 |
| つむじ[辻] | じゅうじろ |
| つむじかぜ | せんぷう |
| つむつむ | ゆるゆる |
| つむり | あたま |
| つむり | 47 |
| つむれ | おか |
| つむれ | つか |
| つむれ | 28 |
| つめ | きわ |
| つめ | そば |
| つめ | はし |
| つめあひ | とうろん |
| つめいし | どだい |
| つめいん | ぼいん |
| つめくふ | はにかむ |
| つめにひをともす | まずしい |
| つめにひをともす | けち |
| つめばん | ぼいん |
| つめふす | せっとく |
| つめふせる | ときふせる |
| つめり | 99, 103 |
| つめる | つねる |
| つめる | つまむ |
| つも | 101 |
| つもごり | げじゅん |
| つもごり | げつまつ |
| つもごり | みそか |
| つもごり | 5 |
| つもり | おわり |
| つもり | げんど |
| つもり | ていど |
| つもり | みつもり |
| つもり | よそい |
| つもる | かさむ |
| つもる | すいりょう |
| つもる | すぎる |
| つもる | たまる |
| つもる | だます |
| つもる | つのる |
| つもる | つみかさなる |
| つもる | にっすう |
| つもる | みくびる |
| つもると | みつもる |
| つやつや | じっと |
| つやつや | すっかり |
| つやつや | ぜんぜん |
| つやつや | つくづく |
| つやつや | よくよく |
| つやつや | つややか |
| つやつや | かんぜん |
| つやなつ | 17, 20 |
| つやめく | うるおす |
| つやめく | つややか |
| つややか | うつくしい |
| つややか | つややか |
| つややか | ひかる |
| つゆ[潰] | くずれる |
| つゆ[潰] | つぶれる |
| つゆ[潰] | なくなる |
| つゆ[潰] | ほろびる |
| つゆ[露] | すくない |
| つゆ[露] | ぜんぜん |
| つゆ[露] | もろい |
| つゆ[露] | わずか |
| つゆ[露] | 66, 80 |
| つゆ[潰・熟] | じゅくす |
| つゆくさの | いのち |
| つゆくさの | つゆ |
| つゆけし | しめっぽい |
| つゆけし | しめる |
| つゆけし | 67 |
| つゆこもりのはづき | じゅういちがつ |
| つゆこもりのはづき | 7 |
| つゆしも | さいげつ |
| つゆしも | しも |
| つゆしも | せいそう |
| つゆしも | とし |
| つゆしも | ねんげつ |
| つゆじも | さいげつ |
| つゆじも | しも |
| つゆじも | せいそう |
| つゆじも | とし |
| つゆじも | ねんげつ |
| つゆじもの | あき |
| つゆじもの | おか |
| つゆじもの | おく |
| つゆじもの | きえる |
| つゆじもの | こきょう |
| つゆじもの | すぎる |
| つゆじもの | 17 |
| つゆそぐさ | おばな |
| つゆたへぐさ | はす |
| つゆたへぐさ | 41 |
| つゆたまぐさ | はす |
| つゆたまぐさ | 41 |
| つゆちり | わずか |
| つゆちり | すくない |
| つゆぬすみ | うさぎ |
| つゆぬすみ | 33 |
| つゆのいのち | いのち |
| つゆのいのち | 80 |
| つゆのたま | しばらく |
| つゆのま | しばらく |
| つゆのま | すこし |
| つゆのま | 16 |
| つゆのみ | 80 |
| つゆのやど | あれる |
| つゆのやど | かなしい |
| つゆのやど | このよ |
| つゆのよ | このよ |
| つゆのよ | 80 |
| つゆばかり | ぜんぜん |
| つゆばかり | わずか |
| つゆも | ぜんぜん |
| つゆやみ | やみよ |
| つゆやみ | 21 |
| つよごち | 12 |
| つよむ | げんき |
| つよむ | はりきる |
| つよむ | ふるいたつ |
| つより | こころづよい |
| つより | たより |
| つよる | つよい |
| つよる | ふるいおこす |
| つよる | ふんまえ |
| つら[蔓] | つるくさ |
| つら[蔓] | 40 |
| つら[面] | おもて |
| つら[面] | かお |
| つら[面] | そば |
| つら[面] | ほお |
| つら[面] | ほとり |
| つら[面] | 47, 48 |
| つら[列] | ぎょうれつ |
| つら[列] | とも |
| つら[列] | どうるい |
| つら[列] | なかま |
| つらうち | つらあて |
| つらうち | ひにく |
| つらがまち | かおつき |
| つらし | おもいやり |
| つらし | こころぐるしい |
| つらし | しゃく |
| つらし | そっけない |
| つらし | たえがたい |
| つらし | つめたい |
| つらし | つらい |
| つらし | はくじょう |
| つらし | ひどい |
| つらし | むごい |
| つらし | れいたん |

| | | | | | |
|---|---|---|---|---|---|
| つらつき | かおつき | つれづれ(と) | しんみり(と) | てあて | そなえ |
| つらつくり | かおつき | つれづれ(と) | たいくつ | てあて | ほうしゅう |
| つらつら | ねんごろ | つれづれ(と) | やるせない | てあて | 85 |
| つらつら | よくよく | つれづれと | しょざいなく | てあはせ | しょうぶ |
| つらつら | つくづく | つれづれと | ながながと | てあひ | しょうぶ |
| つらづゑ | ほおづえ | つれなし | はくじょう | てあひ | とも |
| つらなむ | ならべる | つれなし | ひややか | てあひ | なかま |
| つらなる | つれだつ | つれなし | こころづよい | てあひ | かいごう |
| つらなる | つれる | つれなし | さりげない | てあひ | こうさい |
| つらなる | ならぶ | つれなし | つれない | てあひ | めぐりあひ |
| つらなる | れつ | つれなし | どんかん | であひ | つきあい |
| つらなるえだ | きょうだい | つれなし | へいき | であひ | あう |
| つらなるえだ | 56 | つれなし | へいぜん | であふ | おうたい |
| つらぬ | つらなる | つれなし | むかんしん | てあやまち | かじ |
| つらぬ | つれだつ | つれなし | れいたん | てあやまち | かしつ |
| つらぬ | つれる | つれなし | あつかましい | てい[体] | かたち |
| つらぬ | ならぶ | つれなし | 75 | てい[体] | すがた |
| つらぬ | ならべる | つれなしがほ | しらぬかお | てい[体] | ていど |
| つらぬ | 75 | つれなしがほ | 75 | てい[体] | にる |
| つらぬく | つきとおす | つれなしぐさ | はす | てい[体] | ほんしつ |
| つらねうた | 65 | つれなしぐさ | 41 | てい[体] | ほんしょう |
| つらみ | くるしい | つれなしづくる | へいき | てい[体] | ようす |
| つらみ | つらい | つれぶき | えんそう | てい[体] | 113 |
| つらむ | 99, 103 | つれぶき | がっそう | てい[亭] | あずまや |
| つらら | こおり | つれぶし | えんそう | てい[亭] | じゅうきょ |
| つららく | つらなる | つれぶし | がっしょう | てい[亭] | やしき |
| つららく | ならぶ | つれもなし | えん | てい[亭] | 91, 93 |
| つららく | つづく | つれもなし | かんけい | でい | つち |
| つららに | つらなる | つれもなし | ひややか | でい | どろ |
| つららに | ならぶ | つれもなし | れいたん | ていきん | おしえ |
| つららゐる | こおる | つんと | ぜんぜん | ていきん | かくん |
| つり | けいず | づんど | けっして | ていきん | かていきょういく |
| つりがき | けいず | づんど | ぜんぜん | ていきん | きょういく |
| つりのを | つりいと | づんど | てぎわ | ていけ | そらもよう |
| つる | したがう | づんど | はなはだしい | ていけ | てんき |
| つる | つらなる | | | ていけ | 10 |
| つる | つれだつ | **て** | | ていけつ | きゅうちゅう |
| つる | つれる | | | ていけつ | もん |
| つる | どうこう | て | うでまえ | ていご | しょうご |
| つるぎたち | とぐ | て | えんそう | ていご | にっちゅう |
| つるぎたち | な | て | おんがく | ていご | ひる |
| つるぎたち | 48, 60 | て | きず | ていご | まひる |
| つるたで | またたび | て | ぐんじん | ていしゃ | いしゃ |
| つるたで | 46 | て | けらい | ていしゃう | にわ |
| つるばみ | どんぐり | て | しゅだん | ていしゃう | にわさき |
| つるばみ | 45 | て | せわ | ていしゅ | あるじ |
| つるぶ | ならべる | て | ちょうし | ていしゅ | おっと |
| つるべおとし | 3, 19 | て | ひっせき | ていしゅ | しゅじん |
| つるむ | こうび | て | ふで | ていしゅ | 55 |
| つるむ | つれだつ | て | ぶか | ていたし | おっと |
| つるむ | つれる | て | ほうこう | ていたし | てきはつする |
| つれ | しゅるい | て | もじ | ていたし | てひどい |
| つれ | たぐい | て | 112 | ていたらく | すがた |
| つれ | つれる | で | ない | ていたらく | ていさい |
| つれ | ていど | で | 101 | ていたらく | ようす |
| つれ | どうこう | てあたり | てざわり | ていと | かならず |
| つれあひ | はいぐうしゃ | てあて | こころづけ | ていと | しかと |
| つれあひ | 54 | | | ていと | たしか |
| つれづれ | つくづく | | | ていと | まちがいなく |

| | | | |
|---|---|---|---|
| ていど | かならず | てうふく | こうふく |
| ていど | しかと | てうふく | じゅそ |
| ていど | たしか | てうふく | たいさん |
| ていど | まちがいなく | てうふく | のろい |
| ていとう(と) | 13 | でうふく | こうふく |
| ていねん | にじっさい | でうふく | じゅそ |
| ていねん | 89 | でうふく | たいさん |
| でいのごとし | でいすい | でうふく | のろい |
| でいのごとし | 95 | てうもく | うらなう |
| ていばう | じゅうしょく | てうら | うらなう |
| ていばう | そう | でうり | くかく |
| ていはつ | しゅっけ | てうれん | きょうれん |
| でいり | かんじょう | てうれん | くんれん |
| でいり | けんか | てうれん | れんぺい |
| でいり | そしょう | ておひ | きず |
| てう | くに | ておひ | けがにん |
| てう | しちゅう | ておひ | ふしょう |
| てう | ちょうてい | ておひ | 87 |
| てう | まちなか | ておほす | きず |
| てう | みよ | ておほす | きずつける |
| でう | けん | ておほす | ふしょう |
| てうおん | てんのう | てかき | しょき |
| てうか | こうしつ | てかき | のうひつ |
| てうか | こうぞく | てかく | かく |
| てうがい | かぶん | てかく | もじ |
| てうぎ | さぎ | てかく | あいず |
| てうぎ | さくりゃく | でかく | がいしゅつ |
| てうぎ | さしゅ | でかく | ちゃくしゅする |
| てうぎ | たくらみ | てかしこし | すばやい |
| てうさい | おかず | てかしこし | てばやい |
| てうさい | 96 | てかす | うまい |
| てうさん | くらし | でかす | しとげる |
| てうさんぼし | くらし | でかす | 75 |
| てうさんぼし | せいけい | てがた | しょうけん |
| てうさんぼし | そん | てがた | しょうもん |
| てうさんぼし | だます | てがた | ひっせき |
| てうし | とくり | てがた | ふで |
| てうしん | ちょうたつ | てがみえる | たいした |
| てうす | けんじょう | てがみえる | ふしまつ |
| てうす | さんじょうする | てき | かれ |
| てうず | 24 | できあひ | きせいひん |
| てうず | いじめる | できあひ | まにあわせ |
| てうず | おいはらう | てきき | きよう |
| てうず | こらしめる | てきき | じゅくれん |
| てうず | たいさん | てきく | きよう |
| てうず | ちょうたつ | てきず | きず |
| てうず | ととのえる | てきたふ | はむかう |
| てうず | ばっする | てぎは | うでまえ |
| てうず | りょうり | てぎは | できばえ |
| てうず | 75,86 | できもの | けっさく |
| てうせき | いちにち | でく | にんぎょう |
| てうたん | 19 | でく | やく |
| てうづ | てあらいみず | てくぐつ | あやつる |
| てうてき | かたき | てくぐつ | にんぎょう |
| てうど | どうぐ | てぐすねひく | きかい |
| てうど | ぶき | てぐすねひく | てはず |
| てうど | ゆみ | でくのばう | やく |
| てうはふ | りょうり | てぐみ | しゅだん |
| てうはふ | 85 | てぐみ | てはず |

| | | | |
|---|---|---|---|
| てけ | そらもよう | てこ | あかご |
| てけ | てんき | てこ | にゅうようじ |
| てけ | 10 | てこ | おとめ |
| てけむ | きっと | てこ | しょうじょ |
| てけむ | 103 | てこ | びしょうじょ |
| でけもの | けっさく | てこ | 50,51 |
| てこ | あかご | てごと | てれんてくだ |
| てこ | にゅうようじ | てこな | おとめ |
| てこ | おとめ | てこな | しょうじょ |
| てこ | しょうじょ | てこな | びしょうじょ |
| てこ | びしょうじょ | てこな | 50,51 |
| てこ | 50,51 | てごり | こりる |
| てごと | てれんてくだ | てごり | てこずること |
| てこな | おとめ | てさき | せんとう |
| てこな | しょうじょ | てさく | てせい |
| てこな | びしょうじょ | てさく | てづくり |
| てこな | 50,51 | てしか | 101 |
| てごり | こりる | てしがな | 101 |
| てごり | てこずること | てしげし | しきり |
| てさき | せんとう | てしげし | はげしい |
| てさく | てせい | でしご | でし |
| てさく | てづくり | てじな | うでまえ |
| てしか | 101 | てじな | てつき |
| てしがな | 101 | てじな | てぶり |
| てしげし | しきり | でしほ | みちしお |
| てしげし | はげしい | でしほ | 23,24 |
| でしご | でし | でじほ | 23 |
| てじな | うでまえ | てしほにかく | せわ |
| てじな | てつき | てしゃ | じゅくれん |
| てじな | てぶり | てしゃ | のうひつ |
| でしほ | みちしお | てしゅび | ぐあい |
| でしほ | 23,24 | てしゅび | つごう |
| でじほ | 23 | てしゅび | ていさい |
| てしほにかく | せわ | てすさび | あそび |
| てしゃ | じゅくれん | てすさび | おもちゃ |
| てしゃ | のうひつ | てすさび | てなぐさみ |
| てしゅび | ぐあい | てすさび | なぐさみ |
| てしゅび | つごう | てすさみ | あそび |
| てしゅび | ていさい | てすさみ | おもちゃ |
| てすさび | あそび | てすさみ | てなぐさみ |
| てすさび | おもちゃ | てすさみ | なぐさみ |
| てすさび | てなぐさみ | てすぢ | しゅだん |
| てすさび | なぐさみ | てすぢ | つて |
| てすさみ | あそび | てすぢ | てがかり |
| てすさみ | おもちゃ | てぜい | ぐんじん |
| てすさみ | てなぐさみ | てぜい | ぐんぜい |
| てすさみ | なぐさみ | てぜい | ぶか |
| てすぢ | しゅだん | てだうぐ | どうぐ |
| てすぢ | つて | てだうぐ | 49 |
| てすぢ | てがかり | | |
| てぜい | ぐんじん | でたち | しゅっぱつ |
| てぜい | ぐんぜい | でたち | ふくそう |
| てぜい | ぶか | でたち | みなり |
| てだうぐ | どうぐ | でたち | 96 |
| てだうぐ | 49 | | |

| | | |
|---|---|---|
| てだて ……………… しゅだん | てなる ……………… つかいなれる | てまどひ ………… あわてる |
| でだて ……………… してん | てにかく ………… おもいどおり | てまどひ ………… うろたえる |
| でだな ……………… しょうばい | てにかく ………… ころす | てまはり ………… しんぺん |
| でだな ……………… でみせ | てにたつ ………… てごたえ | てまはり ………… てもと |
| でだな ……………… みせ | でぬける ………… とおりぬける | てまはり …………… 49 |
| てだゆし ………… つかれる | てのうち ………… うでまえ | てまへ …………… うでまえ |
| てだり ……………… じゅくれん | てのうち ………… おもい | てまへ …………… くらし |
| てだれ ……………… じゅくれん | てのうち ………… て | てまへ …………… こちら |
| てつがひ ………… だんどり | てのうち ………… てごたえ | てまへ …………… しょさ |
| てつかひ ………… てさばき | てのうち ………… てのひら | てまへ …………… ひとまえ |
| てつかひ ………… てはず | てのうち …………… 47 | てまへ …………… みぶり |
| てつかひ ………… はいび | てのうら ………… て | てまへ …………… やりかた |
| てつがふ ………… だんどり | てのうら ………… てのひら | てまへ …… わたくし・わたし |
| てつかへ ………… てつまり | てのうら …………… 47 | てまへ …………… ちゃ |
| てづから ………… じぶん | てのきは ………… ちから | てまへ …… 50, 105, 107 |
| てづから ………… みずから | てのごひ ………… てぬぐい | てまへしゃ ……… かねもち |
| てつき ……………… ひっせき | てのび ……………… おくれ | でまれ …………… 99, 100 |
| てつき ……………… ふで | てのべ ……………… おくれ | でみづ …………… こうずい |
| てづつ ……………… へた | てのもの ………… けらい | でみづ …………… ぞうすい |
| てっぱう …………… うそ | てのもの ………… ぶか | でみづ ……………… 25 |
| てっぱう …………… ふぐ | てのもの ………… しょゆう | でみづがは ……… 25 |
| てっぱう …………… ほら | てのもの ………… とくい | てむ ……………… かんゆう |
| てっぱう ………… ゆうじょ | ては ………………… 99 | てむ ……………… きっと |
| てっぱう …………… 38 | てば ………………… 99 | てむ ……………… できる |
| てっぱうあめ ……… 9 | てはなち ………… て | てむ …… 99, 103, 104, 105 |
| てづま ……………… て | てはなち ………… ゆきとどく | てむや …………… 99, 104 |
| てづま ……………… てさき | てひかずかう …… くすり | でもいしゃ ……… いしゃ |
| てづま ……………… 47 | てびき ……………… あんない | でもいしゃ ……… やぶいしゃ |
| てづまつかひ …… てじな | てびき ……………… みちびき | てもち …………… しょち |
| てづまる ………… こまる | てひと ……………… けらい | てもち …………… 48 |
| てづまる ………… ゆきづまる | てひと ……………… しょくにん | てもと …………… うでまえ |
| てて ………………… ちち | てひと ……………… じゅくれん | でやうじょう |
| てて ………………… りょうしん | てひと ……………… じょうず | …… てんちりょうよう |
| てて ………………… 56 | てびと ……………… しょくにん | でやうじょう ………… 88 |
| ててき ……………… ちち | てびと ……………… じょうず | てら ……………… じゅうしょく |
| ててき ……………… りょうしん | てびん ……………… てもと | てらがた ………… じゅうしょく |
| ててぎ ……………… 56 | てふ ………………… 104 | てらからさと …… ぎゃく |
| ててぎみ ………… ちち | てふ[蝶] ………… ちょう | てらからさと |
| ててぎみ ………… りょうしん | てふ[蝶] …………… 37 | …… ほんまつてんとう |
| ててぎ ……………… 56 | でふ ……………… びょうぶ | てらさふ ………… こじする |
| ててご ……………… ちち | てふがひ ………… あこやがい | てらさふ ………… じまん |
| ててご ……………… りょうしん | てふり ……………… けらい | てらさふ ………… ひけらかす |
| ててご ……………… 56 | てふり ……………… じゅうしゃ | てらふ …………… こじする |
| ででむし ………… かたつむり | てふり ……………… すで | てらふ …………… ひけらかす |
| ててれ ……………… じゅばん | てふり ……………… て | てらふ …………… みせびらかす |
| ててれ ……………… ふんどし | てふり ……………… てぶら | てりさかる ……… てる |
| ててれ ……………… 93 | てふり ……………… とも | てりさきぐさ …… ぼたん |
| てとみになる ……… むいちもん | てふり ……………… びんぼう | てりさきぐさ …… 46 |
| てとみになる ……… びんぼう | てふり ……………… むいちもん | てりしらむ ……… てる |
| てなぐさみ ……… ばくち | てふり ……………… ならわし | てりはたたく …… てりつける |
| てならす ………… つかいこなす | てふり ……………… ふうしゅう | てりふりさう …… まつばぼたん |
| てならす ………… てなずける | てふり ……………… ふうぞく | てりふりさう ……… 42 |
| てならひ ………… がくもん | てふり ……………… 47 | てるつきの ……… あきる |
| てならひ ………… けいこ | てまさぐり ……… てなぐさみ | てるつきの ……… かつら |
| てならひ ………… しゅうじ | てまさぐり ……… なぐさみ | てれふれなし …… かくじつ |
| てならひ ………… しょどう | てまし ……………… きっと | てれふれなし …… せいう |
| てならひ ………… れんしゅう | てまし ……………… 99 | てれふれなし …… てんき |
| てなる ……………… じゅくれん | てまどはし ……… あわてる | てれふれなし …… 10 |
| てなる ……………… つかいつける | てまどはし ……… うろたえる | てわざ …………… てしごと |

| | | |
|---|---|---|
| てわざ ………… あそび | てんじん ………… かし | てんめい ………… いのち |
| てをかく ………… あいず | てんじん ………… かんしょく | てんめい ………… うんめい |
| てをくだく ………… しゅだん | てんじん ………… 96 | てんめい ………… てんじゅ |
| てをつかぬ ………… て | てんず ………… あらためる | てんもく ………… うつわ |
| てをつかぬ ………… ぼうかん | てんず ………… しらべる | てんもくざけ ………… 95 |
| てをつくる ………… がっしょう | てんず ………… せんてい | てんをうつ ………… ひなん |
| てをにぎる ………… あせ | てんず ………… ちゃ | てんをうつ ………… ひひょう |
| てをにぎる ………… て | てんず ………… てんけんする | |
| てをにぎる ………… はらはらする | てんず ………… とりあげる | |
| てをねぶる ………… いきごむ | てんず ………… ぼっしゅう | # と |
| てん ………… じょうたい | てんず ………… わりあてる | |
| てん ………… てんさく | てんすい ………… 8 | と[音] ………… ひびき |
| てん ………… ひひょう | てんせい[天性] ………… てんせい | と[音] ………… 12, 90 |
| てん ………… ようす | てんせい[壇星] ………… 8 | と[外] ………… そと |
| てん ………… 65 | てんそん ………… しょくじょせい | と[間] ………… 16 |
| でん ………… 92 | てんそん ………… たなばた | と[戸] ………… いりぐち |
| てんか ………… せかい | てんそん ………… 8 | と[戸] ………… かいきょう |
| てんか ………… ぜんこく | てんたう ………… かみ | と[戸] ………… もん |
| てんか ………… てんのう | てんたう ………… たいよう | と[戸] ………… 23 |
| てんか ………… 57 | てんたう ………… てんてい | と[所] ………… ところ |
| てんがいばな … まんじゅしゃげ | てんたう ………… 3 | とあり ………… 99, 104 |
| てんがいばな ………… 42 | てんだう ………… かみ | とありかかり |
| てんがいや ………… ぶつぐてん | てんだう ………… たいよう | ……… ああだこうだ・ああもこうも |
| てんかん | てんだう ………… てんてい | とありともかかりとも |
| … ほくとしちせい・ほくとせい | てんだう ………… 3 | ……… どうあっても |
| てんかん ………… 8 | てんたかくうまこゆ ………… あき | とある ………… ちょっと |
| てんがん ………… 50 | てんたかくうまこゆ ………… 17 | といき ………… ためいき |
| てんぐ ………… こうまん | てんちくぼたん ………… ダリア | どいつ ………… 107 |
| てんぐかぜ ………… つむじかぜ | てんちくぼたん ………… 40 | とう[疾] ………… さっそく |
| てんぐかぜ ………… とっぷう | てんつかる ………… けっていく | とう[疾] ………… すぐに |
| てんぐかぜ ………… 12 | てんつかる ………… ひなん | とう[疾] ………… すでに |
| てんくゎ[天火] ………… かみなり | てんでに ………… めいめい | とう[疾] ………… すみやか |
| てんくゎ[天花] ………… ゆき | てんてん ………… ねがえり | とう[疾] ………… とっくに |
| てんくゎ[天火] ………… らくらい | てんてん ………… へんたい | とう[疾] ………… はやく |
| てんけ ………… そらもよう | てんてん ………… へんてん | とう[頭] ………… かしら |
| てんけ ………… てんき | てんでんに ………… めいめい | とう[頭] ………… とうりょう |
| てんけ ………… 10 | てんと ………… このうえない | とう ………… せいろ |
| てんげん ………… 50 | てんと ………… すっかり | どう ………… むしき |
| てんごく ………… へつらう | てんと ………… ぜんぜん | どうがな ………… どうにか |
| てんこう ………… てんさい | てんと ………… まったく | どうがな ………… なんとか |
| てんこつ ………… てんせい | でんど ………… はれがましい | とうかん ………… いいかげん |
| てんじゃ ………… はんじゃ | てんとう ………… しゅうぎ | とうかん ………… おろそか |
| でんじゃ ………… いなか | てんとう ………… はな | とうかん ………… なおざり |
| でんじゃ ………… いなか | てんとり ………… ついしょう | とうかんなし ………… こころやすい |
| でんじゃ ………… 91 | てんに ………… すっかり | どうぎゃう ………… つれ |
| てんじゃう ………… だいいち | てんに ………… まったく | どうぎゃう ………… みちづれ |
| てんじゃう ………… むじょう | てんにょ ………… しょくじょせい | どうぎゃう ………… 32 |
| てんじゃうぬけ ………… かぎり | てんにょ ………… たなばた | とうぐう ………… こうたいし |
| てんじゃうびと ………… きじん | てんにょ ………… 8 | とうざい ………… ほうこう |
| てんじゃうまもり … とうがらしの | てんのこんづ ………… 94 | とうざい ………… みうごき |
| てんじゃうまもり ………… 40 | でんばく ………… 30 | とうざい ………… むき |
| てんじゃうをみせる | でんぶ ………… いなかもの | とうじ ………… しゅじん |
| ………… くるしめる | でんぶ ………… ひゃくしょう | とうじ ………… 50, 51, 54 |
| てんじゃうをみせる | でんぶ ………… ぶこつ | とうじ ………… 51 |
| ………… やりこめる | でんぷ ………… 30 | とうじゃう ………… あらそい |
| てんじゅ ………… てんめい | てんぺん ………… へんどう | とうじゃう ………… とうそう |
| てんしん ………… そら | てんま ………… 98 | どうしん ………… きょうりょく |
| てんしん ………… なかぞら | てんまぶね ………… はしけ | |
| | てんまぶね ………… 98 | |

どうしん──ときのほど

| | | |
|---|---|---|
| どうしん …………… なっとく | とうろうばな … まんじゅしゃげ | とき[時] …………… きかい |
| どうしん …………… みかた | とうろうばな ……………… 42 | とき[時] …………… こうき |
| どうず[動] ………… あわてる | どうをすう ………… かくご | とき[時] …………… じこう |
| どうず[動] … おどろきあわてる | とが[栂] …………… つが | とき[時] …………… とうじ |
| どうず[動] ………… どうよう | とが[栂] ……………… 45 | とき[時] …………… ばあい |
| どうず[同] ………… どうい | とが[科] …………… ざいあく | とき[時] …………… すこし |
| どうすはる ………… かくご | とが[科] …………… けってん | とき[時] ………… 16, 17 |
| どうすはる ………… はら | とが[科] …………… つみ | とき[鯨波] ……… おおごえ |
| どうぜい …………… つれる | とかい …………… こうかい | とき[鯨波] ……………… 90 |
| どうぜい …………… どうこう | とかい ……………… 97 | とぎ …………… かんこう |
| どうぜい …………… みちづれ | とかう …………… いろいろ | とぎ ………… なぐさめる |
| どうぜい ……………… 32 | とかう …………… あれこれ | とぎ ……………… 87 |
| とうたい …………… うえる | とかう …………… とにかく | ときうつる ………… すぎる |
| とうたい …………… きが | とかう ………… なにやかや | ときかはさず ……… すぐに |
| とうづ ………… とりだす | とかう ……………… 107 | ときぎぬの ……… みだれる |
| どうづく …………… こづく | とかく ………… あれやこれや | ときさく ………… ときほどく |
| どうづく …………… たたく | とかく ………… どうしても | ときじ ……………… いつも |
| どうづく …………… なぐる | とかく ………… ともすれば | ときじ …………… じせつ |
| どうづよし ………… きも | とかく …………… あれこれ | ときじく ……………… 17 |
| どうづよし ……… どきょう | とかく ……………… ぜひ | ときじくに ……… いつまでも |
| どうづよし ……………… 58 | とかく …………… とにかく | ときしも ………… おりしも |
| とうと …………… きらく | とかく …………… はんだん | ときしも ………… ちょうど |
| とうと …………… すっかり | とかく ………… ややもすれば | ときしもあれ ……… おり |
| とうと …………… ぜんぜん | とかく ………… なにやかや | ときしるあめ ……… しぐれ |
| とうと …………… たしか | とかく ……………… 107 | ときしるあめ ……………… 9 |
| とうと …………… ちょうど | とかげ ………… やまかげ | ときすぐ ………… けいかする |
| とうと …………… とんと | とかげ ……………… 29 | ときすぐ …………… すぎる |
| とうと ………… ぴったり(と) | とかた …………… そと | ときつかぜ ……… しおかぜ |
| とうと …………… まったく | とかた …………… ふた | ときつかぜ ……… じゅんぷう |
| とうと …………… ゆったり | とがとがし ………… うるさい | ときつかぜ ………… ふく |
| とうど …………… どんと | とがとがし ……… とげとげしい | ときつかぜ ……… おいかぜ |
| とうとう …………… はやく | とかへりのはな ……………… まつ | ときつかぜ ……… 11, 23 |
| とうとう …………… さっさと | とかへりのはな ……………… 46 | ときつげどり ……… にわとり |
| どうなし ……………… 70 | とかへりのまつ ……… ながいき | ときつげどり ……………… 35 |
| どうなん …………… おとこ | とがまつ …………… つが | ときつどり ……… ほととぎす |
| どうなん ……………… 51 | とがまつ ……………… 45 | ときとして ……… あるときには |
| どうに …………… はやく | とがむ …………… うたがう | ときとして ……………… 16 |
| どうにょ ………… しょうじょ | とがむ …………… けなす | ときとなく ………… いつも |
| どうにょ ………… 50, 51 | とがむ ………… じんもん | ときとなし ………… いつも |
| どうふく …………… はおり | とがむ …………… せめる | ときなし …………… たえず |
| どうぼう …………… とも | とがむ ………… とがめる | ときなし …………… やむ |
| どうぼう …………… なかま | とがむ ……… とりしらべる | ときなるひと ……… さかえる |
| どうぼね …………… きも | とがむ …………… なじる | ときなるひと ……… ときめく |
| どうぼね ……… どきょう | とがむ …………… ひなん | ときにあふ ……… さかえる |
| どうぼね ……… ろっこつ | とがむ …………… あやしい | ときにとりて ……… ばあい |
| どうぼね ……………… 48 | とがむ ……………… 59 | ときのえ ………… えきびょう |
| どうやく ……… どうりょう | とがめ …………… ざいあく | ときのえ ……………… 87 |
| どうよく ………… はくじょう | とがめ …………… ひなん | ときのきら ………… はぶり |
| どうよく …………… むごい | とがめ …………… かしつ | ときのけ ………… えきびょう |
| どうよく ………… よくばり | とがめ …………… けってん | ときのけ ……………… 87 |
| どうらい ………… よくふかい | とがめ …………… つみ | ときのはな ………… しき |
| とうりう ………… たいざい | とがや ……………… 104 | ときのはな …………… はな |
| とうりう ………… ためらい | とがり …………… たか | ときのはな ……………… 17 |
| とうりう ………… ゆうよ | とがり …………… りょう | ときのひと …… ゆうりょくしゃ |
| とうりょう ………… かしら | とがりなみ ……………… 23 | ときのほど ……… しばらく |
| とうりょう ………… だいく | とき[斎] ……………… 96 | ときのほど ………… すこし |
| とうりょう ……… とうりょう | とき[時] …………… いちじ | ときのほど ……………… 16 |
| どうれい ………… どうはい | とき[時] …………… おり | |
| どうれい ……… どうりょう | | |

| | | | |
|---|---|---|---|
| ときのま | しばらく | とく[疾] | すでに |
| ときのま | すこし | とく[疾] | すみやか |
| ときのま | ちょっと | とく[疾] | とっくに |
| ときのま | 16 | とく[疾] | はやく |
| ときのまのあめ | しぐれ | とく[説] | さとす |
| ときのまのあめ | 9 | とく[説] | せつめい |
| ときは | かわる | とく[着] | とうちゃく |
| ときは | じょうりょく | とく[徳] | おんけい |
| ときは | ふへん | とく[徳] | けんい |
| ときは | 16 | とく[徳] | さいのう |
| ときはあけび | むべ | とく[徳] | さいさん |
| ときはあけび | 46 | とく[徳] | じひ |
| ときはかきは | えいえん | とく[徳] | てんせい |
| ときはかきは | 16 | とく[徳] | とみ |
| ときはぎ | じょうりょく | とく[徳] | どうとく |
| ときはぎ | 43 | とく[徳] | のうりょく |
| ときはぐさ | まつ | とく[徳] | りえき |
| ときはぐさ | 46 | とく[溶] | とかす |
| ときみぐさ | まつ | とく[溶] | とける |
| ときみぐさ | 60 | とぐ | とげる |
| ときめかし | けんせい | とぐ | なしおえる |
| ときめかし | さかえる | とぐ | はたす |
| ときめかし | ちょうあい | とくい | とも |
| ときめかし | 64 | とくい | ひいき |
| ときめかす | ちょうあい | とくい | まんぞく |
| ときめかす | 62, 64 | どくけし | くすり |
| ときめく | けんせい | どくけし | げどくざい |
| ときめく | さかえる | とくさう | そん |
| ときめく | ちょうあい | とくしつ | そん |
| ときめく | どきどき | とくしつ | ちょうしょ |
| ときめく | 60, 61, 64 | とくしつ | りがい |
| どきゃう | きょうをよむ | どくじゅ | きょうをよむ |
| ときよ | じせい | とくしん | さとる |
| ときよ | じせつ | とくしん | なっとく |
| ときよ | じりゅう | とくしん | りかい |
| ときよ | とし | とくだう | さとる |
| ときよ | なりゆき | とくだう | なっとく |
| ときよ | ねんげつ | どくだみ | どくだみ |
| とぎょ | がいしゅつ | どくだめ | 40 |
| とぎょ | でる | とくつく | とむ |
| ときをうしなふ | おちぶれる | とくつく | ゆたか |
| ときをおかず | すぐに | とくつく | りえき |
| ときをわかず | いつ | とくと | じゅうぶん |
| ときをわかず | いつでも | とくと | ねん |
| ときをわかず | 107 | とくと | ねんいり |
| とく[解] | あんしん | とくと | よくよく |
| とく[解] | うちとける | とくど | しゅっけ |
| とく[解] | かいけつする | とくとく | さっさと |
| とく[解] | かいせつする | とくとく | すぐに |
| とく[解] | かいにんする | とくとく | はやく |
| とく[解] | くび | とくにん | かねもち |
| とく[解] | とける | とくにん | とく |
| とく[解] | ととのえる | とくぶん | もうけ |
| とく[解] | とりのぞく | とくぶん | りえき |
| とく[解] | ほどく | とくよう | もうけ |
| とく[解] | ほどける | とくよう | りえき |
| とく[解] | めんしょく | とこ[床] | しんしつ |
| とく[疾] | さっそく | とこ[常] | えいえん |
| とく[疾] | すぐに | とこ[常] | 16, 111, 112 |
| どこ | 110 | とごろ | しっかり |
| とこし | いつも | | |
| とこし | つづく | | |
| とこし | かわる | | |
| とこし | ふへん | | |
| とこしき | しきり | | |
| とこしなへ | えいえん | | |
| とこしなへ | かわる | | |
| とこしなへ | ふへん | | |
| とこしなへ | 16 | | |
| とこしへ | えいえん | | |
| とこしへ | かわる | | |
| とこしへ | ふへん | | |
| とこしへ | 16 | | |
| とこじもの | うつ | | |
| とこそ | めいれい | | |
| ことは | 16 | | |
| とこなつ | なでしこ | | |
| とこなつ | 17, 40 | | |
| とこなつかし | こころひかれる | | |
| とこなつづき | ろくがつ | | |
| とこなつづき | 6 | | |
| とこなつに | 17 | | |
| とこのうみ | 66 | | |
| とこは | このは | | |
| とこは | 16 | | |
| とこはな | はな | | |
| とこはなる | 61, 85 | | |
| とこふ | のろう | | |
| とこふる | つれそう | | |
| とこめづらし | しんせん | | |
| とこめづらし | みずみずしい | | |
| とこやみ | 21 | | |
| とこよ[常世] | かわる | | |
| とこよ[常夜] | 21 | | |
| とこよのくに | 53 | | |
| とこよのながなきどり | にわとり | | |
| とこよのながなきどり | 35 | | |
| とこよもの | たちばな | | |
| とこよもの | 45 | | |
| ところ | いち | | |
| ところ | じゅうきょ | | |
| ところ | ちい | | |
| ところ | てん | | |
| ところ | ばあい | | |
| ところ | みぶん | | |
| ところ | 16, 91 | | |
| ところ(を)おく | えんりょ | | |
| ところ(を)おく | はばかる | | |
| ところう | けんせい | | |
| ところう | とくい | | |
| ところえがほ | とくい | | |
| ところえがほ | わがものがお | | |
| ところから | ばしょ | | |
| ところがら | ばしょ | | |
| ところせがる | きゅうくつ | | |
| ところせがる | やっかい | | |

| | | | |
|---|---|---|---|
| ところせきなし | おおげさ | とし [年] | 17, 89 |
| ところせきなし | おおぜい | とじ | しゅうじん |
| ところせきなし | おもおもしい | とじ | 50, 51, 54 |
| ところせきなし | きづまり | どし | とも |
| ところせきなし | きゅうくつ | どし | なかま |
| ところせきなし | めんどう | どし | つれ |
| ところせし | いっぱい | としあり | みのる |
| ところせし | おおげさ | としおい | 52 |
| ところせし | おおぜい | としかへる | あらたまる |
| ところせし | おもおもしい | としかへる | しんねん |
| ところせし | きづまり | としぎく | ふくじゅそう |
| ところせし | きゅうくつ | としぎく | 41 |
| ところせし | せまい | としきみ | しきい |
| ところせし | どうどう | としこし | |
| ところせし | ふじゆう | としこしのよ | じょや |
| ところせし | めんどう | としこしのよ | ねんまつ |
| ところせし | わずらわしい | としごと | まいねん |
| ところせし | 79 | としごろ | すうねんらい |
| ところづら | たずねる | としごろ | ながねん |
| ところどころ | あちこち | としごろ | 16 |
| ところどころ | かたがた | としたかし | こうれい |
| ところどころ | 107 | としたかし | 53 |
| ところなし | よちがない | としだかびと | 52 |
| ところならはし | ふうしゅう | としたく | おいる |
| ところならひ | ふうしゅう | としたく | おとな |
| ところにつく | ふさわしい | としたく | こうれい |
| ところまだら | ふぞろい | としたく | としとる |
| ところまだら | むら | としたく | 53 |
| ところをはしる | にげだす | としたつ | しんねん |
| とこわか | わかい | としたつ | とし |
| とごゑ | するどい | としつき | つきひ |
| とごゑ | 90 | としつき | ねんげつ |
| とこをとめ | しょうじょ | としつき | ねんらい |
| とこをとめ | びしょうじょ | としつき | 16 |
| とこをとめ | 50, 51 | としつみづき | じゅうにがつ |
| とざし | もん | としつみづき | 7 |
| とざす | とじまりする | としとりもの | とし |
| とざま | そと | としとりもの | ねんまつ |
| とざまかうざま | あれこれ | としなか | ねんげつ |
| とざまかうざま | いろいろ | としなか | はんとし |
| とざまかうざま | とやかく | としなみ | としごと |
| とざまかうざま | 107 | としなみ | まいねん |
| とさん | さんぶつ | としなみ | よわい |
| とさん | みやげ | としなみ | 89 |
| どさん | さんぶつ | としに | としごと |
| どさん | みやげ | としに | まいねん |
| とし [利] | えいり | としのこのごろ | すうねんらい |
| とし [利] | するどい | としのせ | とし |
| とし [疾] | はやい | としのせ | ねんまつ |
| とし [疾] | かしこい | としのは | いちがつ |
| とし [疾] | きびん | としのは | しんねん |
| とし [疾] | すばやい | としのは | まいねん |
| とし [疾] | びんそく | としのは | よわい |
| とし [年] | いね | としのは | としごと |
| とし [年] | こくもつ | としのは | 5, 89 |
| とし [年] | じこう | としのはごと | まいねん |
| とし [年] | とし | としのはごと | としごと |
| とし [年] | ねんげつ | としのよ | じょや |
| とし [年] | よわい | としのよ | ねんまつ |
| | | としのよ | 21 |
| | | としのよはひ | 89 |
| | | としのを | とし |
| | | としのをはり | じゅうにがつ |
| | | としのをはり | 7 |
| | | としは | 89 |
| | | としばい | としごと |
| | | としばい | 85 |
| | | としはづき | いちがつ |
| | | としはづき | 5 |
| | | としばへ | としごと |
| | | としばへ | ねんばい |
| | | としばへ | 85 |
| | | としひさに | ながねん |
| | | としひさに | 16 |
| | | としまへ | そうとう |
| | | としまへ | ねんばい |
| | | としみつづき | じゅうにがつ |
| | | としみつづき | 7 |
| | | どしめく | さわぎたてる |
| | | どしめく | どなる |
| | | どしめく | わめく |
| | | どしめく | 90, 91 |
| | | どしゃうぼね | こんじょう |
| | | としよつむつぎ | じゅうにがつ |
| | | としよつむつぎ | 7 |
| | | としよはひ | 89 |
| | | としより | ねんばい |
| | | としより | 52 |
| | | としろだ | 30 |
| | | としろをだ | 30 |
| | | としわすれ | ぼうねんかい |
| | | とせい | くらし |
| | | とせい | しごと |
| | | とせい | よわたり |
| | | とせい | 57 |
| | | とぜん | たいくつ |
| | | とぞ | 104 |
| | | とそう | あんぎゃ |
| | | とそう | 86 |
| | | とだえ | とぎれる |
| | | とだえ | 61 |
| | | とだち | 33 |
| | | とだゆ | たえる |
| | | とだゆ | かよう |
| | | とだゆ | きれる |
| | | とだゆ | とぎれとぎれ |
| | | とだゆ | とぎれる |
| | | とだゆ | とだえる |
| | | とだゆ | 61 |
| | | とたん | くるしみ |
| | | どち | とも |
| | | どち | なかま |
| | | どち | 110, 113 |
| | | どち [何方] | どちら |
| | | どち | かしつ |

どぢ ………………………… ばか
どぢ ………………………… へま
どぢ ………………………… まぬけ
とぢむ ……………………… しとげる
とぢむ ……………… しゅうりょう
とぢむ ……… すます・すませる
とぢむ ……………………………… 72
とぢめ ……………………… おわり
とぢめ ……………… しゅうけつ
とぢめ ……………………… そうしき
とぢめ ……………………………… 74
とちめく …………… あわてさわぐ
とちめく …………………… うろたえる
とちめのこと ……………… そうしき
とちよぐさ ………………………… まつ
とちよぐさ ………………………… 46
とづ ………………………… こおる
とづ ………………………… こもる
とづ ………………………… しまる
とづ ………………………… しめる
とづ ………………………… とざす
とづ ……………………… とじこめる
とづ ……………………………… とじる
とづ ……………………… ふさがる
とづ ……………………………… ふさぐ
とつおいつ ………………… とやかく
とつぎをしへどり ……… せきれい
とつぎをしへどり ……………… 35
とづく …………………………… とどく
とづく ………………………… とどける
どづく ……………………………… こづく
どづく ……………………………… たたく
どづく ……………………………… なぐる
とつくに ………………………… がいこく
とつくに ………………………………… よそ
とってかへす ………… ひきかえす
とっと ……………………………… ずっと
とっと ……………………………… はや
とっと ……………………… ほんとうに
とっと ……………………………… まこと
とっと ………………………… まったく
どっと ……………………………………… 90
とっとはや ……………………… すでに
とて …………………………… という
とて ………………………… といって
とて ……………………………… おもう
とては …………………… といっては
とては ………………………………… さえ
とては ……………………… としては
とては ……………………………… 100
とても ………………… といっても
とても ……………… けっきょく
とても ………………………… とうてい
とても ………………………… どうせ
とても ………………………………… 99
とてもかくても … いずれにせよ
とてもかくても …… どのように
とてもかくても ……………… 110
とてものことに …………… いっそ

とてものことに ………… むしろ
とと ………………………… おっと
とと ………………………………… ちち
とと ………………………… ていしゅ
とと ………………………… りょうしん
とと ………………………… 55、56
とど ……………………… おわり
とど ……………………… けっきょく
とど ……………………… とうとう
とど ……………………… どんどん
とど ……………………………… 13、14
どど ……………………… たびたび
どど ……………………… まいど
とどく ……………………… とどける
とどこほり ……………… さしさわり
とどこほる ……………… ぐずぐず
とどこほる ……………… ていたいする
とどこほる ……………… とどこおる
とどこほる ……………… ためらう
ととのふ ……………… あわせる
ととのふ ……………………………… かう
ととのふ ……… きんせいがとれる
ととのふ ……………………… そなわる
ととのふ ……………………… そろう
ととのふ ……………………… そろえる
ととのふ …………………… ちょうたつ
ととのふ ……………………… ちょうわ
ととのふ ……………………… ととのう
ととのふ ……………………… ととのえる
ととのふ ……………………… まとめる
ととのふ ……………………… 48、86
ととのほる ……………………… あんてい
ととのほる ……………………… そなわる
ととのほる ……………………… そろう
ととのほる ……………………… ちょうわ
とどまる ……………………… たいざい
とどまる ……………………… たえる
とどまる ……………………… ちゅうし
とどまる ……………………… のこる
とどまる ……………………… ひれとめる
とどまる ……………… ふみとどまる
とどまる ……………………… やどる
とどみ ……………………………… よどみ
とどむ ……………………………… せいし
とどむ ……………………………… とどめる
とどむ ……………………………… のこす
とどむ ……………………………… ひきとめる
とどむ ……………… おさえつける
とどむ ……………………………… ちゅうい
とどむ ……………………………… ちゅうし
とどむ ……………………………… とめる
とどむ ……………………………… やめる
とどむ ……………………………………… 61
とどめく ……………………………… さわぐ
とどめどり …………………… うぐいす
とどめどり …………………………… 34
とどろ ……………………………… ひびく
とどろ ……………………………… 13、14
とどろかす …………………… なりひびく

とどろかす …………………………… 13
とどろく ……………………… なりひびく
とどろく …………………………… ひびく
とどろく …………………………………… 13
とどろとどろ …………………… ひびく
とどろとどろ …………………………… 14
とどろに ……………………… なりひびく
とどろに …………………………………… 14
とどろめく ……………………… とどろく
とどろめく ……………………… なりひびく
とどろめく …………………………… ひびく
となか ……………………………… かいじょう
となか ………………………………………… 23
どなた ……………………………………… 107
となふ[唱] ………………………… よむ
となふ[唱] ……………………… よむ
となふ[整] ……………… ととのえる
となふ[整] ……………… しゅうちゅう
となふ[整] ……………………… そろえる
となへ ……………………………………… 83
となみ ……………………………………… 23
となみはる …………………………… さか
となむ …………………………… まわる
となむ …………………………… めぐる
となむ …………………………… わたる
となり ……………………………………… 104
なりぐさ ……………………………… ぼたん
となりぐさ …………………………… 46
とにかくに ……………………………… 107
とにかくに ……………… なにやかや
とにかくに ……………… あれこれ
とにはあらず ……………… という
とにもあらず ……………… という
とにもかくにも
　　… ああだこうだ・ああ
　　　もこうも
とにもかくにも …… ともかくも
との ……………………………… あなた
との ……………………………… おっと
との ……………………………… しゅくん
との ………………………… 55、92、106
とのうつり …………………… ひっこし
とのかた ……………………………… そと
とのぐもる ………………………… くもる
とのごもる ……………………… 72、76
とのばら …………………………… おとこ
とのばら …………………………… みぶん
とのゐ ……………………… しゅくちょく
とのゐ ……………………………… とまり
とのゐびと ……………… しゅくちょく
とのゐびと ……………………… とまり
とは ……………………………… えいえん
とは ……………………………… かわる
とは ……………………………………… 16
とはう ……………………………… しゅだん
とばかり ……………………… しばらく
とばかり ……………………………… すこし
とばかり …… たいして…(ない)
とばかり …………………………… ちょっと

| | | |
|---|---|---|
| とばかり … 16 | とぼぐち … かどぐち | とほひがた … かいがん |
| とばくち … いりぐち | とほざる … そぞれへ | とほひがた … 22 |
| とばくち … かどぐち | とほざる … はなれる | とほひと … ちょうじゅ |
| とばしる … とびちる | とほざく … とほざける | とほひと … ながいき |
| とばしる … ほとばしる | とほし … かんけい | とほひと … 53 |
| とばしる … 27 | とほし … きのりしない | とほひと … 52 |
| とばす … いる | とほし … ことなる | とほめ … えんぽう |
| とばす … てばなす | とほし … とおい | とほめづら … めずらしい |
| とばす … はしる | とほし … にる | とほやか … とおい |
| とばす … はなつ | とほし … そえん | とほやま … とおい |
| とばに … いつも | とほし … 58 | とほやま … 28 |
| とはのねむり … 73 | とほし … とぼしい | とほやまどり … やまどり |
| とばり … のれん | とほし … びんぼう | とほやまどり … 35 |
| とはれぐさ … おぎ | とほし … ふそく | とほよそ … がいこく |
| とはれぐさ … 39, 60 | とほし … まずしい | とほよそ … よそ |
| とひさく … といかける | とほしろし … いだい | とほらか … とおい |
| とひだんかふ … そうだん | とほしろし … おおきい | とほり … おうらい |
| とびちがふ … とびかう | とほしろし … ゆうだい | とほり … つうこう |
| とびちがふ … みだれとぶ | とほす … けいかする | とほり … つうろ |
| とびのもの … しょくにん | とほす … こす | とほり … 30, 31 |
| とびのもの … とびしょく | とほす … すきとおす | とほりな … つうしょう |
| とひまる … とんや | とほす … つうこう | とほりな … な |
| とひや … とんや | とほす … つらぬく | とほりもの … かける |
| とびを … とびうお | とほす … てんかする | とほりもの … ばくち |
| とびを … 38 | とほす … ひ | とほりもの … すいじん |
| とふ … 104 | とほす … つける | とほる … おうらい |
| とふ[問] … きづかう | とほそ … いりぐち | とほる … さっちする |
| とふ[問] … うらなう | とほそ … と | とほる … すきとおる |
| とふ[問] … とむらう | とほそく … とほざかる | とほる … つうこう |
| とふ[問] … とりしらべる | とほぞく … はなれる | とほる … つきぬける |
| とふ[問] … あんぴ | とほぞく … はなれる | とほる … つらぬく |
| とふ[問] … おとづれる | とほち … とおい | とほる … とうたつする |
| とふ[問] … そうしき | とほち … えんろ | とほる … とどく |
| とふ[問] … たずねる | とほち … とおい | とほる … やりとげる |
| とふ[問] … といただす | とほち … 31 | とほる … ゆうずう |
| とふ[問] … 71 | とほつ … はるか | とほる … りかい |
| とふ … かける | とほつおや … せんぞ | とほる … 75, 83 |
| とぶ … はしる | とほつくに … あのよ | どまぐれる … とまどう |
| とぶさ … こずえ | とほつくに … えんごく | とまや … そまつ |
| とぶさ … 43 | とほつひと … かり | とまや … 92 |
| とぶとりの … はやい | とほつひと … まつ | とまり[泊] … ふなつきば |
| とぶひ … あいず | とほつひと … 34 | とまり[泊] … みなと |
| とぶひ … のろし | とほづま … しょくじょせい | とまり[泊] … 98 |
| とぶらひ … みまい | とほづま … たなばた | とまり[止] … おわり |
| とぶらひいづ … さがす | とほづま … 8, 54 | とまり[止] … つれそう |
| とぶらふ … おとずれる | とほと … とおい | とまり[止] … はて |
| とぶらふ … みまう | とほと … 13, 84 | とまり[止] … ほんさい |
| とぶらふ … いたむ | とほとほし … そえん | とまり[止] … 55, 71 |
| とぶらふ … さがす | とほどほし … かんけい | とまりぶね … 98 |
| とぶらふ … たずねる | とほどほし … そえん | とまる[泊] … しゅくはく |
| とぶらふ … とむらう | とほどほし … はなれる | とまる[泊] … ていはく |
| とぶらふ … めいふくをいのる | とほな … 84 | とまる[泊] … 97 |
| とぶらふ … あんぴ | とほながし … はるか | とまる[止] … あと |
| とべ … ばあさん | とほなだ … 22 | とまる[止] … いきのこる |
| とべ … 54 | とほなだ … おき | とまる[止] … いんしつ |
| とほきさかひ … とおい | とほなり … とおい | とまる[止] … たちどまる |
| とほきまもり … あのよ | とほね … とおい | とまる[止] … ちゅうし |
| とほきまもり … まもり | とほね … 13 | とまれかうまれ |
| とほぐち … いりぐち | とほのくに … とおい | … なにはともあれ |

**とまれかうまれ — とよる**

| | | |
|---|---|---|
| とまれかうまれ | …… | とにかく |
| とまれかくまれ | …… | なにはともあれ |
| とまれかくまれ | …… | とにかく |
| とみ[頓] | …… | いそぎ |
| とみ[頓] | …… | とつぜん |
| とみ[頓] | …… | にわか |
| とみ[富] | …… | かける |
| とみ[富] | …… | かねもち |
| とみ[富] | …… | ざいさん |
| とみ[富] | …… | たからくじ |
| とみかうみ | …… | あちこち |
| とみかうみ | …… | 77, 107 |
| とみくさ | …… | いね |
| とみぐさ | …… | いね |
| とみくじ | …… | たからくじ |
| とみたらふ | …… | じゅうぶん |
| とみたらふ | …… | とむ |
| とみたらふ | …… | まんぞく |
| とみたらふ | …… | ゆたか |
| とみに | …… | きゅう |
| とみに | …… | たちまち |
| とみに | …… | とつぜん |
| とむ[求] | …… | さがす |
| とむ[求] | …… | もとめる |
| とむ[求] | …… | たずねる |
| とむ[止] | …… | しゅくはく |
| とむ[止] | …… | せいし |
| とむ[止] | …… | とどめる |
| とむ[止] | …… | とりやめる |
| とむ[止] | …… | のこす |
| とむ[止] | …… | ちゅうい |
| とむ[止] | …… | とめる |
| とむ[止] | …… | 60 |
| とむね(を)つく | …… | おどろく |
| とむらひ | …… | みまい |
| とむらふ | …… | おとずれる |
| とむらふ | …… | みまう |
| とむらふ | …… | いたむ |
| とむらふ | …… | たずねる |
| とむらふ | …… | とむらう |
| とむらふ | …… | めいふくをいのる |
| とむらふ | …… | さがす |
| とむらふ | …… | あんぴ |
| とめ | …… | ばあさん |
| とめ | …… | 54 |
| とめく | …… | たずねる |
| とめちゃう | …… | ひかえ |
| とめちゃう | …… | メモ |
| とめゆく | …… | たずねる |
| とも[供] | …… | けらい |
| とも[供] | …… | じゅうしゃ |
| とも[友] | …… | つれる |
| とも[友] | …… | どうこう |
| とも[友] | …… | なかま |
| とも[友] | …… | みちづれ |
| とも[友] | …… | 32 |
| とも[艫] | …… | せんび |
| とも[艫] | …… | 97 |
| ども | …… | ふくすい |
| ども | …… | 113 |
| ともある | …… | ちょっと |
| ともあれ | …… | とにかく |
| ともあれかくもあれ | …… | とにかく |
| ともかうも | …… | なんとしても |
| ともかうも | …… | なんとでも |
| ともかうも | …… | まるで |
| ともかがみ | …… | かがみ |
| ともがき | …… | とも |
| ともかくも | …… | なんとしても |
| ともかくも | …… | なんとでも |
| ともかくも | …… | とにかく |
| ともかくも | …… | まるで |
| ともかくもなる | …… | 72 |
| ともがな | …… | 101 |
| ともがら | …… | とも |
| ともがら | …… | どうはい |
| ともがら | …… | どうるい |
| ともがら | …… | なかま |
| ともこ | …… | とも |
| ともし | …… | わずか |
| ともし[羨] | …… | あきない |
| ともし[羨] | …… | うらやましい |
| ともし[羨] | …… | こいしい |
| ともし[羨] | …… | めずらしい |
| ともし[羨] | …… | かわいい |
| ともし[羨] | …… | 62 |
| ともし[灯] | …… | とうか |
| ともし[灯] | …… | ともしび |
| ともし[乏] | …… | とぼしい |
| ともし[乏] | …… | びんぼう |
| ともし[乏] | …… | ふそく |
| ともし[乏] | …… | まずしい |
| ともしづま | …… | しょくじょせい |
| ともしづま | …… | たなばた |
| ともしづま | …… | 8 |
| ともじにふむ | …… | ちどりあし |
| ともじにふむ | …… | 95 |
| ともしび | …… | とうか |
| ともしぶ | …… | うらやむ |
| ともしぶ | …… | したわしい |
| ともしぶ | …… | ものたりない |
| ともしむ | …… | うらやむ |
| ともしむ | …… | したわしい |
| ともしむ | …… | ものたりない |
| ともす | …… | てんかする |
| ともす | …… | つける |
| ともすぎ | …… | ともかせぎ |
| ともぜい | …… | とも |
| ともちどり | …… | ちどり |
| ともつひと | …… | とも |
| ともどち | …… | とも |
| ともなふ | …… | つれだつ |
| ともなふ | …… | つれる |
| ともばやし | …… | とも |
| ともぶね | …… | 97 |
| ともまはり | …… | とも |
| とも | …… | という |
| とや | …… | 104 |
| とや[鶏舎] | …… | けいしゃ |
| とや[鶏舎] | …… | とりごや |
| とや[鶏舎] | …… | 34 |
| とやかくや | …… | あれやこれや |
| とやかくや | …… | なんのかんの |
| とやかくや | …… | なんやかや |
| とやかくや | …… | 107 |
| とやま | …… | 28 |
| とゆきかくゆき | …… | ああもゆきこうもゆく |
| とよ | …… | 99, 100, 101, 102, 104 |
| とよあき | …… | ほうねん |
| とよあきつしま | …… | にほん |
| とよあしはら | …… | にほん |
| とよあしはらのなかつくに | …… | にほん |
| とよあしはらのみづほのくに | …… | にほん |
| どようめ | …… | しんめ |
| とよぐ | …… | とどろく |
| どよぐ | …… | とどろく |
| とよさかのぼり | …… | ひので |
| とよさかのぼり | …… | 3, 20 |
| とよのあかり | …… | えんかい |
| とよのあかり | …… | かお |
| とよのあかり | …… | 94 |
| とよのとし | …… | ほうねん |
| とよはたぐも | …… | くも |
| とよみ | …… | さわぎ |
| とよみ | …… | ひびき |
| とよみ | …… | 13 |
| どよみ | …… | さわぎ |
| どよみ | …… | ひびき |
| とよみき | …… | びしゅ |
| とよみき | …… | 94, 95 |
| とよみてぐら | …… | ぬさ |
| とよむてぐら | …… | さけぶ |
| とよむ | …… | さわぐ |
| とよむ | …… | なりひびく |
| とよむ | …… | ひびく |
| とよむ | …… | とどろく |
| とよむ | …… | 13 |
| どよむ | …… | いたむ |
| どよむ | …… | さけぶ |
| どよむ | …… | さわぐ |
| どよむ | …… | なりひびく |
| どよむ | …… | ひびく |
| どよむ | …… | とどろく |
| どよめく | …… | さわぐ |
| どよめく | …… | なりひびく |
| どよめく | …… | とどろく |
| とよもす | …… | なりひびく |
| とよもす | …… | 13 |
| とよる | …… | たちよる |
| とよる | …… | ちかよる |

172

| | | |
|---|---|---|
| とよる …………… ちょっと | とりいる …………… おさめる | とりしたたむ …… かたづける |
| どら ………………… どうらく | とりいる …………… といいれる | とりしたたむ …… しまつ |
| どら ………………… ほうとう | とりいる …………… とりこむ | とりしたたむ …… しょり |
| とらがあめ …………………… 9 | とりいる …………… とりつく | とりしづ …………… たらす |
| とらかす …………… きぜつ | とりいる …………… なやます | とりじもの ……… うかぶ |
| とらかす …………… しょうき | とりうり …………… ふるどうぐや | とりす ……………… うちこむ |
| とらかす …………… とかす | とりおき …………… しまつ | とりす …………………… 61 |
| とらかす …………… ばらす | とりおき …………… しょち | とりすつ ………… とりさる |
| とらかす …………… ばらばら | とりおき …………… そうしき | とりすつ ………… なげすてる |
| とらかす …………… まよう | とりおく …………… かたづける | とりすぶ ………… まとめる |
| とらく ……………… くずれる | とりおく …………… しまう | とりそふ ………… くわえる |
| とらく ……………… とける | とりおく …………… しまつ | とりそふ ………… そえる |
| とらく ……………… なごむ | とりおく …………… とどめる | とりそふ ………… とりそえる |
| とらく ……………… ばらばら | とりおく …………… ひきとめる | とりたがふ ……… とりちがえる |
| とらく ……………… やわらぐ | とりおく …………… ほぞんする | とりたがふ ……… まちがう |
| とらす ……………… あたえる | とりおこなふ …… えんがい | とりたがふ ……… まちがえる |
| とらす ……………… くださる | とりおこなふ …… しっこうする | とりたつ …………… きずく |
| とらのををふむ … きけん | とりおこなふ …… とりおこなう | とりたつ …………… けんちく |
| とらふ ……………… つかむ | とりおこなふ ………………… 94 | とりたつ …………… そだてる |
| とらふ ……………… とらえる | とりおや …………… そだてる | とりたつ …………… ととのえる |
| とらふ ……………… とりあげる | とりおや …………… やしなう | とりたつ …………… とりたてる |
| とらふ ……………… とりおさえる | とりおや …………… ようふぼ | とりたつ …………… ひいき |
| とらふ ……………… にぎる | とりおや …………… りょうしん | とりたつ …………… ひきたてる |
| とらふ ……………… めしとる | とりかかる ……… しはじめる | とりたつ …………… もつ |
| とらふ ……………… もつ | とりかかる ……… すがる | とりたつ ………………… 86 |
| とり［取］ ………………… 111 | とりかかる ……… たちむかう | とりたて …………… とうよう |
| とり［酉］ …… にし・にしのほう | とりかかる ……… とりすがる | とりたて …………… ばっすい |
| とりあぐ …………… とりあげる | とりかかる ……… はむかう | とりたて …………… ひいき |
| ………………………… 59, 61 | とりかかる …………… 59, 61 | とりつかぬ ……… くくる |
| とりあつむ ……… あつめる | とりかく …………… しはらう | とりつかぬ ……… たばねる |
| とりあつむ ……… いっしょに | とりかく …………… せめよせる | とりつく …………… すがる |
| とりあつむ ……… とりあつめる | とりかくす ……… かくす | とりつく …………… ちゃくしゅする |
| とりあつむ ……… よせあつめる | とりかさぬ ……… くわえる | とりつく …………… つくりつける |
| とりあはす ……… とりあわせる | とりがなく ……… ひがし | とりつく …………… てがかり |
| とりあはせ ……… くちぞえ | とりかへし ……… あらためて | とりつく …………… とりかかる |
| とりあはせ ……… くみあわせ | とりかへし ……… いまひとつ | とりつく …………… のりうつる |
| とりあはせ ……… とりなし | とりかよふ ……… はね | とりつく ………………… 76 |
| とりあはせ ……… はいごう | とりぐす …………… そえる | とりつくろふ …… かざりたてる |
| とりあふ …………… がまん | とりぐす …………… そろえる | とりつくろふ …… しゅうり |
| とりあふ …………… まにあう | とりぐす ………………… 86 | とりつくろふ …… ていれする |
| とりあふ …………… あいて | とりくづき ……… しがつ | とりつくろふ …… とりつくろう |
| とりあふ …………… うばいあう | とりくづき …………………… 6 | とりつくろふ …… よそおう |
| とりあふ …………… かかわる | とりこ ……………… むすこ | とりつたふ ……… ついいあえる |
| とりあふ …………… ちょうあう | とりこ ……………… ようし | とりつたふ ……… でんじゅする |
| とりあふ …………… つりあう | とりこむ［取込］ … かこむ | とりつたふ ……… とりつぐ |
| とりあふ …………… とりあわせる | とりこむ［取込］ … ごたごた | とりどころ ……… ちょうしょ |
| とりあふ …………… もんだい | とりこむ［取込］ … したがう | とりどころ ……… つまみ |
| とりあへず ……… きゅう | とりこむ［取籠］ … おしこめる | とりどころ ……… とって |
| とりあへず ……… すぐに | とりこむ［取籠］ … て | とりどころ ……… とりえ |
| とりあへず ……… たちつづける | とりこむ［取籠］ … とじこめる | とりとむ …………… ひきとめる |
| とりあへず ……… なにはさておき | とりこむ［取籠］ … とりかこむ | とりとむ …………… ひきとめる |
| とりあへず ……… にわか | とりこむ［取籠］ … なんきんする | とりどり …………… めいめい |
| とりあへず ……… まず | とりこむ［取籠］ … ほういする | とりどり …………… いろいろ |
| とりあやまる …… とりちがえる | とりさた …………… しょり | とりなす …………… あつかう |
| とりあやまる …… まちがう | とりさた ………………… 83 | とりなす …………… いいひろめる |
| とりいづ …………… えらびだす | とりざた …………… しょり | とりなす …………… すがた |
| とりいづ …………… とりだす | とりざた ………………… 83 | とりなす …………… つくろう |
| とりいづ …………… ぬきだす | とりさふ …………… ちゅうさい | とりなす …………… はからう |
| とりいづ …………… ひきおこす | とりしし …………… ちょうじゅう | とりなす …………… ふり |
| とりいる …………… うけとる | | |

とよる──とりなす

173

| | | |
|---|---|---|
| とりなす | …… | みなす |
| とりなす | …… | たいせつ |
| とりなづ | …… | なでる |
| とりなほす | …… | あらためる |
| とりなほす | …… | かえる |
| とりなほす | …… | もちかえる |
| とりなむ | …… | そろえる |
| とりなむ | …… | ならべる |
| とりならぶ | …… | ならべる |
| とりなり | …… | すがた |
| とりなり | …… | たいど |
| とりなり | …… | ようす |
| とりなり | …… | みなり |
| とりのあと | …… | しょどう |
| とりのあと | …… | ひっせき |
| とりのあと | …… | ふで |
| とりのあと | …… | へた |
| とりのあと | …… | もじ |
| とりのこ | …… | けいらん |
| とりのこ | …… | たまご |
| とりのこ | …… | にわとり |
| とりのこ | …… | 33 |
| とりのつかひ | …… | きゅう |
| とりのつかひ | …… | つかい |
| とりのみち | …… | 31 |
| とりはづす | …… | あやまる |
| とりはづす | …… | おとす |
| とりはづす | …… | しくじる |
| とりはづす | …… | そそうする |
| とりはづす | …… | とりおとす |
| とりはづす | …… | まちがう |
| とりはなつ | …… | とりあげる |
| とりはなつ | …… | とりはずす |
| とりはなつ | …… | とりわける |
| とりはなつ | …… | はくだつする |
| とりはなつ | …… | ひきはなす |
| とりはなつ | …… | ぼっしゅう |
| とりひしぐ | …… | おしくだく |
| とりひしぐ | …… | おしつぶす |
| とりまかなふ | …… | せわ |
| とりまかなふ | …… | ととのえる |
| とりまかなふ | …… | 86 |
| とりまぎる | …… | とりまぎれる |
| とりまつづき | …… | しがつ |
| とりまつづき | …… | 6 |
| とりまはし | …… | くふう |
| とりまはし | …… | しょち |
| とりまはし | …… | とりなし |
| とりまはし | …… | ふるまい |
| とりまはし | …… | やりくり |
| とりみる | …… | かいほう |
| とりみる | …… | せわ |
| とりむく | …… | そなえる |
| とりむく | …… | たむける |
| とりもあへず | …… | すぐに |
| とりもつ | …… | うばいとる |
| とりもつ | …… | せきにん |
| とりもつ | …… | せわ |
| とりもつ | …… | もつ |

| | | |
|---|---|---|
| とりもつ | …… | もてなす |
| とりやり | …… | おくりもの |
| とりやり | …… | やりとり |
| とりやる | …… | かたづける |
| とりやる | …… | とりのぞく |
| とりやる | …… | のぞく |
| とりよす | …… | とりよせる |
| とりよそふ | …… | よそおう |
| とりよそふ | …… | 86 |
| とりわき(て) | …… | とりわけ |
| とりわきて | …… | とくに |
| とりわく | …… | とくべつ |
| とりわく | …… | とりわける |
| とりわく | …… | めだつ |
| とりゐだち | …… | におうだち |
| とりゐる | …… | つれる |
| とる[採] | …… | えらびだす |
| とる[採] | …… | さいようする |
| とる[採] | …… | せんたく |
| とる[取] | …… | あつかう |
| とる[取] | …… | うちとる・うちはたす |
| とる[取] | …… | うばう |
| とる[取] | …… | しはい |
| とる[取] | …… | しゅうかく |
| とる[取] | …… | とりあげる |
| とる[取] | …… | ぬすむ |
| とる[取] | …… | ぼっしゅう |
| とる[取] | …… | 48 |
| とる[捕] | …… | とらえる |
| どれ | …… | だれ |
| どれ | …… | 107 |
| どれる | …… | だらしない |
| どれる | …… | みだれる |
| どれる | …… | 95 |
| とろく | …… | くずれる |
| とろく | …… | しまりがない |
| とろく | …… | とける |
| とろく | …… | なごむ |
| とろく | …… | ばらばら |
| とろく | …… | やわらぐ |
| とろとろ | …… | たらたら |
| とろとろ | …… | ほれぼれ |
| とろとろ | …… | まどろむ |
| とろとろ | …… | ゆったり |
| とろとろ | …… | 76 |
| どろばうじゃうご | …… | 95 |
| とろめかす | …… | うっとり |
| とろめく | …… | ねむい |
| とろめく | …… | まどろむ |
| とろめく | …… | うとうとする |
| とろめく | …… | 76,77 |
| とわたる | …… | わたる |
| どゐ | …… | かきね |
| どゐ | …… | ついじ |
| とをむ | …… | じゅう |
| とをむ | …… | しなう |
| とをむ | …… | たわむ |

| | | |
|---|---|---|
| とをむ | …… | まがる |
| とをらふ | …… | うねる |
| とをらふ | …… | ゆれうごく |
| とをらふ | …… | 24 |
| とををに(に) | …… | しなう |
| とををに(に) | …… | たわむ |
| とををに(に) | …… | たわわに |
| とををに | …… | しなう |
| とん | …… | しじっさい |
| とん | …… | 89 |
| どんがめ | …… | すっぽん |
| どんがめ | …… | 37 |
| とんじき | …… | にぎりめし |
| とんじき | …… | 96 |
| どんじき | …… | にびいろ |
| どんじき | …… | 15 |
| とんせい | …… | しゅっけ |
| とんせい | …… | ぞくせけん |
| とんせい | …… | 57 |
| とんぜい | …… | しゅっけ |
| とんぜい | …… | ぞくせけん |
| とんぜい | …… | 57 |
| とんせいしゃ | …… | しゅっけ |
| とんせいしゃ | …… | よすてびと |
| とんだ | …… | いがい |
| とんだ | …… | おもいがけない |
| とんだ | …… | たいへん |
| とんだ | …… | ひじょうに |
| とんちゃく | …… | しゅうちゃく |
| とんちゃく | …… | もんだい |
| とんちゃく | …… | 59 |
| とんと | …… | きっぱり(と) |
| とんと | …… | しかと |
| とんと | …… | ぜんぜん |
| とんと | …… | まったく |
| とんばう | …… | とんぼ |
| とんばう | …… | 37 |
| どんみり | …… | くもる |
| どんみり | …… | どんより |
| どんみり | …… | 10 |
| どんよく | …… | よくばり |
| どんよく | …… | よくばり |

## な

| | | |
|---|---|---|
| な | …… | かんゆう |
| な | …… | しよう |
| な | …… | 101 |
| な…そ | …… | きんし |
| な…そ | …… | する |
| な…そね | …… | きんし |
| な…そね | …… | する |
| な…そね | …… | 101 |
| な[魚] | …… | 37 |
| な[肴] | …… | おかず |
| な[肴] | …… | 96 |
| な[字] | …… | じ |

|  |  |
|---|---|
| な[字] | ひっせき |
| な[字] | ふで |
| な[字] | もじ |
| な[汝] | あなた |
| な[汝] | おまえ |
| な[汝] | 106 |
| な[名] | な |
| な[名] | めいせい |
| な[名] | めいもく |
| な[名] | よびな |
| な[名] | 83 |
| なありそね | きんし |
| ないがしろ | うちとける |
| ないがしろ | ばか |
| ないがしろにす | むぞうさ |
| ないがしろにす | あなどる |
| ないがしろにす | けいべつする |
| ないぎ | そうだん |
| ないぎ | ないしょう |
| ないぎ | 54, 55 |
| ないげ | でいり |
| ないげ | ぼんじ |
| ないし | あるいは |
| ないしゃく | 55 |
| ないしょう | かけい |
| ないしょう | くらし |
| ないしょう | じじょう |
| ないしょう | ないじょう |
| ないしょう | ひみつ |
| ないしょう | ふところ |
| ないしょう | みうち |
| ないしょう | 55, 92 |
| ないだん | そうだん |
| ないだん | ないしょ |
| ないだん | みつだん |
| ないない | こっそり(と) |
| ないない | ないみつ |
| ないない | ひそか |
| ないはう | 55 |
| ないぶん | ないない |
| ないめ | つらい |
| ないり | あのよ |
| なう | もしもし |
| なう | よびかけ |
| なうて | ゆうめい |
| なうなう | もしもし |
| なうなう | よびかけ |
| なうれん | のれん |
| なえなえ | やわらかい |
| なえなえと | ぐったり(と) |
| なえばむ | やわらかい |
| なえばむ | よれよれになる |
| なえやか | しなやか |
| なえやか | やわらかい |
| なか | ないぶ |
| なか | あいだがら |
| なか | かんけい |
| なか | しんちゅう |
| なか | ちゅうじゅん |
| なか | ちゅうりゅう |
| なか | ないしん |
| なか | まんなか |
| なか | 5, 61 |
| ながいほあき | ながい |
| ながいほあき | 16 |
| なかがき | かきね |
| なかぎねむり | 73 |
| ながきよのやみ | ほんのう |
| ながきわかれ | しべつ |
| ながきわかれ | 73 |
| ながけし | ながい |
| なかご | ちゅうしん |
| なかごと | ざんげん |
| ながごと | ながばなし |
| ながこひ | ながい |
| ながこひ | 64 |
| なかごろ | むかし |
| ながざま | ながい |
| ながし | ながい |
| ながす | あらう |
| ながす | ききながす |
| ながす | させんする |
| ながす | ばっする |
| ながす | ひろめる |
| ながす | るざい |
| ながす | るふ |
| ながす | 83 |
| なかぞら | うわのそら |
| なかぞら | そらぞらしい |
| なかぞら | そわそわする |
| なかぞら | ちゅうと |
| なかぞら | ちゅうとはんぱ |
| なかぞら | どっちつかず |
| なかぞら | 31, 32, 70 |
| なかたえ | ぜっこう |
| なかだち | なこうど |
| なかだち | 85 |
| なかたゆ | こうさい |
| なかたゆ | ぜっこう |
| ながち | ながい |
| ながち | えんろ |
| ながち | とおい |
| ながち | はるか |
| ながち | 31 |
| ながち | えんろ |
| ながち | とおい |
| ながち | はるか |
| ながち | 31 |
| なかづかひ | とりもつ |
| なかづかひ | なこうど |
| ながつき | くがつ |
| ながつき | 7 |
| ながて | えんろ |
| ながて | とおい |
| ながて | ながい |
| ながて | 31 |
| なかどち | なかま |
| なかどち | なかま |
| なかなか | いかにも |
| なかなか | いっそ |
| なかなか | かなり |
| なかなか | すこぶる |
| なかなか | そのとおり |
| なかなか | ちゅうとはんぱ |
| なかなか | とても |
| なかなか | 109 |
| なかなか(に) | かえって |
| なかなか(に) | なまじっか |
| なかなか(に) | むしろ |
| ながながし | ながい |
| なかなかのこと | いうまでもない |
| なかなかのこと | もちろん |
| なかなかのこと | 69 |
| ながなきどり | にわとり |
| ながなきどり | 35 |
| なかなほし | ちゅうさい |
| なかなれ | ちゅうこ |
| なかのあき | はちがつ |
| なかのあき | 7 |
| なかのとか | ちゅうじゅん |
| なかのふゆ | じゅういちがつ |
| なかのふゆ | 7 |
| ながのわかれ | しべつ |
| ながのわかれ | 73 |
| なかば | おおかた |
| なかば | かなり |
| なかば | さいちゅう |
| なかば | たいはん |
| なかば | たけなわ |
| なかば | ちゅうおう |
| なかば | はんぶん |
| なかば | まんなか |
| なかば | よほど |
| なかばのつき | はんげつ |
| なかばのつき | びわ |
| なかばのつき | まんげつ |
| なかばのつき | 4, 5 |
| なかびと | なこうど |
| なかびと | 85 |
| なかひと | ちょうじゅ |
| なかひと | ながいき |
| なかひと | 53 |
| なかびと | ちょうじゅ |
| なかびと | |
| ながむ[詠] | うたう |
| ながむ[詠] | えいずる |
| ながむ[詠] | くちずさむ |
| ながむ[詠] | よむ |
| ながむ[眺] | ながめる |
| ながむ[眺] | みわたす |
| ながむ[眺] | ものおもい |
| ながむ[眺] | 78 |
| なかむかし | むかし |
| ながむし | へび |
| ながむし | 33 |
| ながめ[詠] | えいずる |

**ながめ――なぐる**

| | | |
|---|---|---|
| ながめ[詠] …………… 65, 75 | ながる …………… **るふ** | なきどよむ …………… 66, 90 |
| ながめ[眺] …………… **しき** | ながる …………… 10, 25 | なきとよもす …………… 66 |
| ながめ[眺] …………… **けしき** | なかれ …………… **きんし** | なきな …………… **えんざい** |
| ながめ[眺] …………… **ふうけい** | なかれ …………… **けっとう** | なきな …………… **ぬれぎぬ** |
| ながめ[長雨] …………… **ながあめ** | ながれ …………… **さかずき** | なきな …………… 84 |
| ながめ[長雨] …………… 10 | ながれ …………… **しそん** | なきな …………… **ない** |
| ながめあかす …………… **てつやする** | ながれ …………… **ながれもの** | なきになす …………… 101 |
| ながめあかす …… **ひとばんじゅう** | ながれ …………… **ほうろう** | なきののしる …………… **なきさけぶ** |
| ながめあかす …………… 21 | ながれ …………… **りゅうぎ** | なきののしる …………… 66 |
| ながめがち …………… **ものおもい** | ながれ …………… 56, 94 | なきまどふ …………… **とりみだす** |
| ながめくらす …………… **すごす** | ながれあるき …………… **さまよう** | なきまどふ …………… 66 |
| ながめのすゑ …………… **とおい** | ながれあるき …………… **ほうろう** | なきよ …………… **しご** |
| ながめのすゑ …………… **はるか** | ながれのすゑ …………… **まつりゅう** | なきよ …………… 73 |
| ながめふ …………… **すごす** | ながれのひと …………… **ゆうじょ** | なきわぶ …………… **かなしみなく** |
| ながめやる …………… **みやる** | ながれのみ …………… **ゆうじょ** | なきわぶ …………… 65 |
| ながめやる …………… **みわたす** | ながれをくむ …………… **りゅうぎ** | なぐ …………… **やすらぐ** |
| なかめり …………… **ない** | なかんづく …………… **とくに** | なぐ …………… **おだやか** |
| なかめり …………… 101, 104 | なかんづく(に) …………… **とりわけ** | なぐ …………… **しずまる** |
| ながめわぶ …………… **ものおもい** | なかんづくに …………… **とくに** | なぐ …………… **へいおん** |
| ながやか …………… **ながい** | なぎ …………… **みずあおい** | なぐ …………… 71 |
| ながやと …………… **ながながと** | なぎ …………… 42 | なくこなす …………… **したう** |
| ながやみ …………… **ながわずらい** | なきあかす …………… **なきくらす** | なくこなす …………… 90 |
| ながやみ …………… 88 | なきあかす …………… **なきつづける** | なぐさ …………… **なぐさめ** |
| なから …………… **たいはん** | なきあかす …………… 66 | なぐさみ …………… **あそび** |
| なから …………… **ちゅうしん** | なきいる …………… 66 | なぐさみ …………… **きばらし** |
| なから …………… **とちゅう** | なきおとす …………… **なきくずれる** | なぐさみ …………… **たのしみ** |
| なから …………… **まんなか** | なきおとす …………… 66 | なぐさみ …………… **なぐさめ** |
| ながら …………… **けれども** | なきかげ …………… **たましい** | なぐさむ …………… **いろうする** |
| ながら …………… **のに** | なきかげ …………… 73 | なぐさむ …………… **かいほう** |
| ながら …………… **ものの** | なきかず …………… 74 | なぐさむ …………… **からかう** |
| ながら …………… 113 | なきかへる …………… 66 | なぐさむ …………… **たのしむ** |
| ながら(に) …………… **のままで** | なきがも …………… **あひる** | なぐさむ …………… **なぐさめる** |
| ながら(に) …………… **ままで** | なきがも …………… 34 | なぐさむ …………… **なだめすかす** |
| なからじに … **はんしはんしょう** | なきがら …………… **しがい** | なぐさむ …………… **なだめる** |
| なからじに …………… 74 | なきがら …………… 73 | なぐさむ …………… **ねぎらう** |
| なからに …………… **すべて** | なきくらす …………… **ずっと** | なぐさむ …………… **もてあそぶ** |
| なからひ …………… **あいだがら** | なきくらす …………… **なきつづける** | なぐさむ …………… 59, 60 |
| なからひ …………… **いちぞく** | なきくらす …………… 66 | なぐさめぐさ …………… **なぐさめる** |
| なからひ …………… **こうさい** | なきこと …………… **えんざい** | なぐさめわぶ … **なぐさめかねる** |
| なからひ …………… **だんじょ** | なきこと …………… **ぬれぎぬ** | なぐさもる …………… **なぐさめる** |
| なからひ …………… **なか** | なきこと …………… **むじつのつみ** | なぐさもる …………… 58 |
| なからひ …………… 55 | なきこふ …………… 64, 65, 66 | なくたづの …………… **たずねる** |
| ながらふ …………… **おちる** | なぎさ …………… **みぎわ** | なくたづの …………… 12, 90 |
| ながらふ …………… **ふりつづく** | なぎさ …………… **みずぎわ** | なくなく …………… **なきながら** |
| ながらふ …………… **ふる** | なぎさ …………… 24 | なくなく …………… 66 |
| ながらふ …………… **いきながらえる** | なきしきる …………… 66 | なくなす …………… **うしなう** |
| ながらふ …………… **つづく** | なきしづむ …………… **なきくずれる** | なくなす …………… **ないがしろ** |
| ながらふ …………… **ながらえる** | なきしづむ …………… 66 | なくなす …………… **なくす** |
| ながらふ …………… 10, 25, 53 | なきしみづく …………… **なきぬれる** | なくなす …………… 73 |
| ながらへはつ …………… **てんじゅ** | なきしみづく …………… 66 | なくなる …………… **つきる** |
| ながらへはつ …………… 74 | なきそほつ …………… **なきぬれる** | なくなる …………… 72 |
| ながらも …………… **けれども** | なきそほつ …………… 66, 67 | なくに …………… **ない** |
| なかりせば …………… **ない** | なきたま …………… **たましい** | なくに …………… 100, 101 |
| なかりせば …………… 101 | なきたま …………… 73 | なくはし …………… **ゆうめい** |
| ながる …………… **さすらう** | なきとよむ …………… **なきさけぶ** | なぐはし …………… 73 |
| ながる …………… **したたる** | なきとよむ …………… **やかましい** | なぐはし …………… **ゆうめい** |
| ながる …………… **すぎる** | なきとよむ …………… 66, 90 | なくもがな …………… **ない** |
| ながる …………… **ながれる** | なきどよむ …………… **なきさけぶ** | なくもがな …………… 101, 102 |
| ながる …………… **ひろまる** | なきどよむ …………… **やかましい** | なぐる …………… **おちぶれる** |
| ながる …………… **ふる** | | |

| | | |
|---|---|---|
| なぐる | それる | なごはし … なごやか |
| なぐる | わきみち | なごはし … やわらかい |
| なぐる | 32 | なごむ … おだやか |
| なぐる[殴] | なげやり | なごむ … しずまる |
| なぐるさの | とおざかる | なごむ … しずめる |
| なげ | ない | なごむ … なごむ |
| なげ | ないがしろ | なごむ … なごやか |
| なげ | なおざり | なごむ … やわらぐ |
| なげ | なげやり | なごやか … おだやか |
| なげ | ふよい | なごやか … しずか |
| なげ | むぞうさ | なごり … あとかた |
| なげいづ | あたえる | なごり … おわり |
| なげいづ | なげだす | なごり … かたみ |
| なげうつ | さしだす | なごり … こころのこり |
| なげうつ | なげすてる | なごり … しそん |
| なげうつ | なげだす | なごり … せきべつ |
| なげうつ | なげつける | なごり … なごりおしい |
| なげかく | なげつける | なごり … よいん |
| なげかし | なげかわしい | なごり … よじよう |
| なげかしがる | なげかわしい | なごり … わかれ |
| なげかふ | かなしむ | なごり … 11, 23, 24, 56 |
| なげかふ | なげきつづける | なごりなし … かんぜん |
| なげかふ | ためいき | なごりなし … さっぱり |
| なげかゆ | なげく | なごりなし … みれん |
| なげかゆ | かなしむ | なごりのそで … せきべつ |
| なげき | かなしむ | なごりのたもと … せきべつ |
| なげき | ためいき | なごりのつき … ざんげつ |
| なげきあかす | かなしむ | なごりのつき … 4, 5 |
| なげきあかす | なげきつづける | なごりのなみだ … わかれ |
| なげきあまる | かなしむ | なごりのなみだ … 67 |
| なげきあまる | なげききれない | なごりをし … なごりおしい |
| なげきくらす | かなしむ | なごろ … 11, 23, 24 |
| なげきくらす | なげきつづける | なさか … あくひょう |
| なげきわたる | かなしむ | なさか … おめい |
| なげきわたる | なげきつづける | なさか … 84 |
| なげきわぶ | かなしみ | なさが … あくひょう |
| なげきわぶ | かなしむ | なさが … おめい |
| なげく | かなしみなく | なさが … 84 |
| なげく | かなしむ | なさけ … いろごと |
| なげく | ためいき | なさけ … おもいやり |
| なげく | ねがう | なさけ … おもむき |
| なげく | 65 | なさけ … ぎり |
| なげすつ | さしだす | なさけ … しんじつ |
| なけなくに | ある | なさけ … じょうじ |
| なけなくに | ない | なさけ … にんじょう |
| なけなくに | ある | なさけ … 62, 81, 82 |
| なけなくに | 100 | なさけおくる … じょうじん |
| なげのあはれ | うわべ | なさけおくる … にんじょう |
| なげのあはれ | どうじょう | なさけおくる … はくじょう |
| なげのことのは | ことば | なさけがる … なさけ |
| なげのことば | ことば | なさけがる … 82 |
| なごし | おだやか | なさけだつ … なさけ |
| なごし | しずか | なさけだつ … 82 |
| なごし | なごやか | なさけなさけし … おもいやり |
| なごし | やわらかい | なさけなさけし … なさけ |
| なごしのつき | ろくがつ | なさけなし … おもいやり |
| なごしのつき | 6 | なさけなし … きょうざめ |
| なごはし | おだやか | なさけなし … しらける |
| なごはし | しずか | なさけなし … なさけない |

| | | |
|---|---|---|
| なさけなし … にんじょう | | |
| なさけなし … はくじょう | | |
| なさけなし … ぶふうりゅう | | |
| なさけなし … 81, 82 | | |
| なさけのふみ … こいぶみ | | |
| なさけのふみ … 63, 64 | | |
| なさけばむ … なさけ | | |
| なさけぶ … なさけ | | |
| なさけふかし … おもいやり | | |
| なさけらし … なさけ | | |
| なし[為] … さよう | | |
| なし[生] … うむ | | |
| なし[汝兄] … あなた | | |
| なし[汝兄] … 106 | | |
| なし[無] … みすてる | | |
| なし[無] … るす | | |
| なじか … どうして | | |
| なじか … なぜ | | |
| なじか … 102, 105 | | |
| なじかは … どうして | | |
| なじかは … なぜ | | |
| なじかは … 102, 105 | | |
| なしたつ … そだつ | | |
| なしたつ … そだてる | | |
| なしたつ … せいちょう | | |
| なじに … なぜ | | |
| なじに … 102 | | |
| なす[為] … する | | |
| なす[寝] … ねかせる | | |
| なす[寝] … 76 | | |
| なす[成] … なしおえる | | |
| なす[生] … うむ | | |
| なす[鳴] … ならす | | |
| なす[鳴] … 13 | | |
| なす[成・為] … おこなう | | |
| なす[成・為] … しあげる | | |
| なす[成・為] … にんめい | | |
| なす[成・為] … もちいる | | |
| なす[成・為] … 75 | | |
| なずな … ななくさ | | |
| なずらひ … にる | | |
| なずらひ … ひってき | | |
| なずらふ … じゅんじる | | |
| なずらふ … にせる | | |
| なずらふ … にる | | |
| なずらふ … ひってき | | |
| なずらふ … まねる | | |
| なずらふ … るい | | |
| なずらふ … なぞらえる | | |
| なずらへ … くらべる | | |
| なせそ … する | | |
| なせそ … きんし | | |
| なぜる … なじる | | |
| なぞ … なにか | | |
| なぞ … どうして | | |
| なぞ … なぜ | | |
| なぞ … 105 | | |
| なぞの … どんな | | |

## なぞの ―― ななしのおよび

| | | | |
|---|---|---|---|
| なぞの | なんという | なつかりの | あし |
| なぞの | 101, 102 | なつかりの | ささ |
| なぞふ | なぞらえる | なつかりの | 45 |
| なぞふ | みたてる | なづき | なふだ |
| なぞふ | なぞらえる | なづき | あたま |
| なぞへ | くらべる | なづき | のうずい |
| なぞへ | なぞらえる | なづき | 47, 48 |
| なぞへ | けいしゃ | なつく | てなずける |
| なぞへ | すじかい | なつく | なじむ |
| なぞらふ | じゅんじる | なつく | なつく |
| なぞらふ | にせる | なつく | なれしたしむ |
| なぞらふ | にる | なつく | なづける |
| なぞらふ | まねる | なつくさの | かりそめ |
| なぞらふ | るい | なつくさの | しおれる |
| なぞらふ | なぞらえる | なつくさの | しげる |
| なだ | なんしょ | なつくさの | ふかい |
| なだたし | 83 | なつくさの | 26 |
| なだたり | ひょうばん | なつくずの | たえる |
| なだたり | ゆうめい | なづけ | いいなずけ |
| なだたり | 84 | なづけ | 84 |
| なだむ | おだやか | なつごろも | うすい |
| なだむ | かんだい | なつごろも | たつ |
| なだむ | とりなす | なつごろも | ひとえ |
| なだむ | なだめる | なづさふ | うかぶ |
| なだむ | やわらぐ | なづさふ | うく |
| なだむ | ゆるす | なづさふ | したしむ |
| なだらか | りゅうちょう | なづさふ | ただよう |
| なだらか | おんわ | なづさふ | なじむ |
| なだらか | なめらか | なづさふ | なつく |
| なだらか | ぶじ | なづさふ | なれしたしむ |
| なだらか | ぶなん | なづさふ | なれる |
| なだらか | りゅうちょう | なづさふ | ひたる |
| なだらか | おだやか | なづさふ | 27 |
| なだらむ | なだらかに | なつさる | 17 |
| なだる | かたむく | なつしぐれ | しぐれ |
| なだる | けいしゃ | なつしぐれ | 9 |
| なだる | ほうかいする | なつそひく | いのち |
| なだる | 25 | なつつばき | またたび |
| なづむ | いつくしむ | なつつばき | 46 |
| なづ | かわいがる | なつな | ぺんぺんぐさ |
| なづ | なでる | なつな | 41 |
| なつうめ | またたび | なつなの | 17 |
| なつうめ | 46 | なつはづき | しがつ |
| なつうめつる | またたび | なつはづき | 6 |
| なつうめつる | 46 | なつびきの | いとおしい |
| なつかく | 17 | なつびきの | ひま |
| なつかげ | こかげ | なつひぼし | 8 |
| なつかげ | 44 | なつまく | 17 |
| なつかし | かわいい | なみ | しゅうしん |
| なつかし | こまやか | なみ | しゅうちゃく |
| なつかし | したしい | なづむ | おとろえる |
| なつかし | したしめる | なづむ | おもいこがれる |
| なつかし | したわしい | なづむ | こうでいする |
| なつかし | なつかい | なづむ | こころひかれる |
| なつかし | やさしい | なづむ | こだわる |
| なつかし | 61, 62, 63 | なづむ | こまる |
| なつかしぐさ | なでしこ | なづむ | しおれる |
| なつかしぐさ | 40 | なづむ | しゅうちゃく |
| なつかしむ | なつかしい | | |

| | | | |
|---|---|---|---|
| なづむ | とどこおる | | |
| なづむ | なやみわずらう | | |
| なづむ | なやむ | | |
| なづむ | なんぎ | | |
| なづむ | ほれる | | |
| なづむ | みれん | | |
| なづむ | ゆきなやむ | | |
| なづむ | わずらう | | |
| なづむ | 62 | | |
| なつむぎ | らいむぎ | | |
| なつむぎ | 42 | | |
| なつむし | せみ | | |
| なつむし | ほたる | | |
| なつむし | 36, 37 | | |
| なつゆきどり | ほととぎす | | |
| なつゆきどり | 35 | | |
| なでかしづく | そだてる | | |
| なでかしづく | たいせつ | | |
| なでしこ | ななくさ | | |
| なでしこ | 51 | | |
| なでつくろふ | みづくろい | | |
| なでふ | どうして | | |
| なでふ | どのような | | |
| なでふ | なんという | | |
| なでふ | 105, 110 | | |
| なでふことかあらむ | たいした | | |
| なでふことかあらむ | もののかず | | |
| なでふことかあらむ | とるにたりない | | |
| なでふことなし | たいした | | |
| なでふことなし | とるにたりない | | |
| なでふことなし | もののかず | | |
| など | どうして | | |
| など | なぜ | | |
| など | なにゆえ | | |
| など | 102, 105 | | |
| などか | どうして | | |
| などか | なにゆえ | | |
| などか | 102, 103, 105 | | |
| などかは | どうして | | |
| などころ | めいしょ | | |
| などて | どうして | | |
| などて | なぜ | | |
| などて | なにゆえ | | |
| などて | 102, 103, 105 | | |
| などてか | 105 | | |
| などや | どうして | | |
| などや | なぜ | | |
| などや | 102, 103, 105 | | |
| なとりがは | な | | |
| なとりぐさ | ぼたん | | |
| なとりぐさ | 46 | | |
| ななきめ | 34 | | |
| ななくさ | ななくさ | | |
| ななしのおよび | くすりゆび | | |
| ななしのおよび | 47 | | |

| | | |
|---|---|---|
| ななせ …………… 24, 79 | なにかはせむ | なにとして …… 102, 103, 105 |
| ななそ ………… ななじゅう | …… どうにもならない | なにとぞ ………… どうか |
| ななそぢ ……… ななじっさい | なにきく ……………… な | なにとぞ ………… どうにか |
| ななそぢ ………… ななじゅう | なにきく ……… ひょうばん | なにとぞ ………… なんとか |
| ななそぢ ………………… 89 | なにきく ………… ゆうめい | なにとて ………… どうして |
| ななつのほし | なにきく …………… 83, 84 | なにとて …………… なぜ |
| … ほくとしちせい・ほくとせい | なにくれ …… あれやこれや | なにとて ……………… 102 |
| ななつのほし ……………… 8 | なにくれ ………… だれそれ | なにとなし |
| ななつぼし | なにくれ ……… なにやかや | … どういうことはない |
| … ほくとしちせい・ほくとせい | なにくれ ……………… 107 | なにとにはなし ……… たいした |
| ななつぼし ……………… 8 | なにくれと ……… あれこれ | なにとにはなし |
| ななつや ………… しちや | なにくれと …… あれやこれや | … どういうことはない |
| ななへんげ ……… あじさい | なにくれと ……… なにやかや | なにとやらん …… どことなく |
| ななむ ………………… 102 | なにくれと …………… 107 | なにとやらん …… なんとなく |
| ななめ ………… ありふれている | なにごころなし ……… むしん | なにとやらん ……………… 110 |
| ななめ …………… ふつう | なにごころなし ……… むじゅん | なにながる ……… めいせい |
| ななめ …………… へいぼん | なにごと ………… ばんじ | なにながる ……… ゆうめい |
| ななめ ………………… 18 | なにさま …………… いかにも | なにならず ………… たいした |
| ななめならず ……… かくべつ | なにさま …………… ほんとうに | なにならず …… とるにたりない |
| ななめならず …… すばらしい | なにさま ………… まこと | なにならず …… もののかず |
| ななめならず …… はなはだしい | なにしおふ ………… ゆうめい | なにかはせむ … なんになろう |
| ななめならず …… ひととおり | なにしか ………… どういう | なにかはせむ ……………… 105 |
| ななよづき ………… しちがつ | なにしか ………… どうして | なにの …………… どんな |
| ななよづき ……………… 6 | なにしか ……………… 102 | なにばかり ……… どのくらい |
| ななり …… 99, 100, 103, 104 | なにしに ………… どうして | なにばかり ……… どれほど |
| なに ……………… どんな | なにしに ………… なぜ | なにばかり ……………… 110 |
| なに ……………… なぜ | なにしに …… なんのために | なにはぐさ …………… あし |
| なに …………… なにゆえ | なにしに …… 102, 103, 105 | なにはぐさ ……………… 39 |
| なに ……………… 103, 105 | なにすれぞ ……… どうして | なにはめ …………… あし |
| なに(し)おふ …… ひょうばん | なにすれぞ ……………… 102 | なにはめ ……………… 39 |
| なに(し)おふ ……………… 84 | なにせむ …… なんになろう | なにびと ………… どういう |
| なにおふ ………… ゆうめい | なにせむ ……………… 105 | なにほど …………… いかに |
| なにか ……………… いや | なにせむに …… なんのために | なにほど ……… どのくらい |
| なにか ……………… なぜ | なにせむに ……………… 103 | なにほど ……… どれほど |
| なにか …………… なにゆえ | なにせんに ……………… 105 | なにほど ……… どんな |
| なにか ……………… 103, 105 | なにぞ ………… どうして | なにほど ……………… 110 |
| なにが ………………… 102 | なにぞ ……………… なぜ | なにも …………… あなた |
| なにがさて ……… とにかく | なにぞ …………… なにゆえ | なにも ……………… 50, 106 |
| なにがさて ……… とんでもない | なにぞ ……………… なんだ | なにやかや ……… あれこれ |
| なにがさて …… なにはともあれ | なにぞ ……… 102, 103 | なにやかや ……… いろいろ |
| なにがさて ……… もちろん | なにぞの ………… どういう | なにやかや ……… あれやこれや |
| なにがし ………… だれそれ | なにぞの ………… なんという | なにやかや ……………… 107 |
| なにがし …… わたくし・わたし | なにぞ ……… 102, 103 | なにをがな ……… てきとう |
| なにがし ……………… 105, 107 | なにぞは ……………… なぜ | なね ……………………… 50 |
| なにがしくれがし ……… だれそれ | なにぞは ……………… 103 | なめ ………… ありふれている |
| なにかせむ … なんになろう | なにたつ ………… ゆうめい | なめ …………… いいかげん |
| なにかせむ ……………… 105 | なにたつ …………… 57, 83 | なめ …………… ひととおり |
| なにがな …………… なにか | なにと ………… どうして | なめ …………… ふじゅうぶん |
| なにがなし ……… とやかく | なにと ……………… なぜ | なめ …………… ふつう |
| なにがなし …………… わけ | なにと …………… なにゆえ | なめ …………… ぶなん |
| なにがなし …… わけもなく | なにと ……… 102, 103, 105 | なめ …………… へいぼん |
| なにかは ……………… なぜ | なにとかして ……… どういう | なめならず …… いいかげん |
| なにかは …………… なにゆえ | なにとかして ……………… 102 | なめならず …… はなはだしい |
| なにかは ……………… 103, 105 | なにとかは ……… どのように | なめならず …… ひととおり |
| なにかはせむ …………… かち | なにとかは …… 102, 105, 110 | なめに ……………… およそ |
| なにかはせむ | なにとかも ……………… 105 | なのりそ …………… ほんだわら |
| …… どうしようもない | なにとして ……… どうして | なのりそ ……………………… 42 |
| | なにとして …………… なぜ | |
| | なにとして …… なんのために | |

ななせ――なのりそ

179

| | | |
|---|---|---|
| なのりその ……………… な | なほ[直] ……………… つまらない | なほなほに ……………… すなお |
| なのりその ……………… なのる | なほ[直] ……………… まっすぐ | なほひと ……………… ふつう |
| なのりそも ……… ほんだわら | なほ[尚] ……… いぜんとして | なほも ……………… やはり |
| なのりそも ……………… 42 | なほ[尚] ……………… おなじ | なほもって ……………… いっそう |
| なのる ……………… 66,90 | なほ[尚] ……………… いよいよ | なほる ……………… なおさら |
| なはしろ ……………… 30 | なほ[尚] ……………… やはり | なほる[治] ……………… なおる |
| なはて ……… あぜ・あぜみち | なほ[尚] ……… そのうえ(に) | なほる[治] ……………… 88 |
| なはて ……………… 30 | なほ[尚] ……………… ますます | なほる[直] ……………… かいふく |
| なはてぢ ……… あぜ・あぜみち | なほあり ……………… て | なほる[直] ……………… すわる |
| なはてぢ ……………… 30 | なほかし ……………… ますます | なほる[直] ……………… ただしい |
| なはのりの ……………… な | なほかし ……………… いちだん | なほる[直] ……………… ふっきする |
| なばる ……………… かくれる | なほかし ……………… いっそう | なほる[直] ……………… まっすぐ |
| なびかす ……………… したがう | なほさらに ……………… いちだん | なま ……………… かんぜん |
| なびかす ……………… なびく | なほさらに ……………… いっそう | なま ……………… ふかんぜん |
| なびかす ……………… ふくじゅう | なほさらに ……………… ますます | なま ……………… 112 |
| なびく ……………… したがう | なほざり ……………… あっさり | なまあくがる ……… あこがれる |
| なびく ……………… たおれる | なほざり ……… いいかげん | なまあらあらし … あらあらしい |
| なびく ……………… どうい | なほざり ……………… おろそか | なまあらあらし ……… せんれん |
| なびく ……………… ながれる | なほざり ……………… てきとう | なまいとほし ……………… かわいい |
| なびく ……………… ふくじゅう | なほざり ……………… なおざり | なまおそろし ……… おそろしい |
| なびく ……………… 61 | なほざり ……………… ほどほど | なまおぼえ ……… うろおぼえ |
| なひと ……………… あなた | なほざり ……………… ほんき | なまがくしょう ……… がくせい |
| なひと ……………… 106 | なほし[直] ……… うしろめたい | なまかたくなし ……… がんこ |
| なびと ……………… あなた | なほし[直] ……………… すなお | なまかたくなし ……… きがきく |
| なびと ……………… 106 | なほし[直] ……………… たいら | なまかたくなし ……… 58 |
| なびなびと ……… しなやか | なほし[直] ……………… ただしい | なまかたほ …… ちゅうとはんば |
| なびなびと ……… なだらかに | なほし[直] ……………… ふつう | なまかは ……… なまけもの |
| なびなびと ……… りゅうれい | なほし[直] ……………… つまらない | なまかは ……… ものぐさ |
| なびやか ……… しなやか | なほし[直] ……………… まっすぐ | なまく ……………… だらしない |
| なびやか ……… なよよする | なほし[猶] ……………… まったく | なまく ……………… つかれる |
| なふ ……………… 113 | なほし[猶] ……………… やはり | なまく ……………… なまける |
| なふ[綯] ……… よりあわす | なほしたつ ……………… あらためる | なまく ……… なまぬるくなる |
| なふ[並] ……………… ならべる | なほしたつ ……………… もどす | なまく ……………… にぶい |
| なふ[靡] ……………… なびく | なほす ……………… あらためる | なまぐさし ……………… こしゃく |
| なへ ……………… につれて | なほす ……………… おさめる | なまぐさし ……………… なまいき |
| なへ ……………… する | なほす ……………… かたづける | なまぐらし ……… うすぐらい |
| なへ ……………… ともに | なほす ……………… しゅうり | なまぐらし ……… ほのぐらい |
| なへ ……………… どうじ | なほす ……………… ただしい | なまごころ ……………… いろけ |
| なべ ……………… する | なほす ……………… ちょうてい | なまごころ ……………… 62 |
| なべぐ ……………… あし | なほす ……………… ていせいする | なまさかし ……… こざかしい |
| なべて ……………… およそ | なほす ……………… とりなす | なまし ……………… きっと |
| なべて ……………… いちめんに | なほす ……………… もどす | なまし ……………… 99,104 |
| なべて ……………… いっぱん | なほす ……………… 88 | なまし[生] ……… しんせん |
| なべて ……… おしなべて | なほなほ[直直] ……… すなお | なまし[生] ……………… なま |
| なべて ……………… すべて | なほなほ[直直] ……… まっすぐ | なまし[生] ……… なまなましい |
| なべて ……………… そうじて | なほなほ[尚尚] ……… いよいよ | なまし[生] ……………… みじゅく |
| なべて ……… ひととおり | なほなほ[尚尚] … そのうえ(に) | なまじひ ……… きょうせい |
| なべて ……………… ふつう | なほなほ[尚尚] …… それでもやはり | なまじひ ……………… しいて |
| なべて ……………… へいぼん | なほなほ[尚尚] ……… ますます | なまじひ …… ちゅうとはんば |
| なべてならず ……… かくべつ | なほなほ[尚尚] ……… やはり | なまじひ ……… なまじっか |
| なべてならず ……… きわだつ | なほなほ[尚尚] ……… 108,110 | なまじひ ……………… みじゅく |
| なべてならず ……… すばらしい | なほなほし ……… ありきたり | なまなか …… ちゅうとはんば |
| なべてならず ……… ふつう | なほなほし ……… おとっている | なまなか ……… なまじっか |
| なべての ……………… いっぱん | なほなほし ……………… とりえ | なまなま ……………… しぶしぶ |
| なべての ……………… ふつう | なほなほし ……………… ふつう | なまなま ……………… ふほんい |
| なへに ……………… する | なほなほし ……………… へいぼん | なまなま ……………… みじゅく |
| なほ[直] ……… ありきたり | なほなほなり ……… ますます | なまなまし ……… なまなましい |
| なほ[直] ……………… ふつう | | なまなり ……………… できばえ |
| なほ[直] ……………… へいぼん | | なまなり ……… ふじゅうぶん |

| | | |
|---|---|---|
| なまにくし ……………… にくらしい | なみ[無] ……………… ない | なむ[並] ……………… ならべる |
| なまねたし ……………… ねたましい | なみ[無] ……………… 100 | なむち ……………… 106 |
| なまはしたなし | なみかぜ ……………… さわぎ | なむち ……………… おまえ |
| ……… ちゅうとはんぱ | なみかぜ ……………… もめごと | なむち ……………… 106 |
| なまはしたなし ……… ていさい | なみくもの ……………… うつくしい | なむや ……………… できる |
| なまばむ ……………… うさんくさい | なみくもの ……………… 54 | なむや ……………… 105 |
| なまはんじゃく …… いいかげん | なみす ……………… あなどる | なめくちら ……………… なめくじ |
| なまはんじゃく | なみす ……………… ないがしろ | なめくぢら ……………… 37 |
| ……… ちゅうとはんぱ | なみだかたてに …… なきながら | なめくぢり ……………… なめくじ |
| なまほし ……………… なんとか | なみだかたてに ……… 66, 67 | なめくぢり ……………… 37 |
| なまほし ……………… 102 | なみだがは ……………… 67 | なめげ ……………… しつれい |
| なまむつかし … めんどうくさい | なみだぐまし ……………… 67 | なめげ ……………… ばか |
| なまむつかし … うるさい | なみたち ……………… ならぶ | なめげ ……………… ぶれい |
| なまむつかし … めんどうくさい | なみだつく ……………… 67 | なめし ……………… しつれい |
| なまめかし ……………… うつくしい | なみだつもる ……………… 67 | なめし ……………… ばか |
| なまめかし ……………… しっとり(と) | なみだにくる ……………… 67 | なめし ……………… ぶれい |
| なまめかし ……………… しめやか | なみだにしづむ …… なきしずむ | なめづる ……………… なめる |
| なまめかし ……………… じょうひん | なみだにしづむ ……………… 66 | なめて ……………… いちめんに |
| なまめかし ……………… せいしん | なみだにまよふ | なめて ……………… おしなべて |
| なまめかし ……………… なまめかしい | ……… とほうにくれる | なめて ……………… すべて |
| なまめかし ……………… みやびやか | なみだにまよふ …… まよう | なめて ……………… そうじて |
| なまめかし ……………… ものしずか | なみだにむす ……………… 91 | なめて ……………… ひととおり |
| なまめかし ……………… ゆうが | なみだのあめ ……………… 67 | なめて ……………… ふつう |
| なまめかし ……………… ゆうび | なみだのそこ ……… かなしみ | なめて ……………… へいぼん |
| なまめかし ……………… わかわかしい | なみだのつゆ ……………… 66 | なめならず ……… かくべつ |
| なまめかし ……………… みずみずしい | なみち ……………… かいろ | なめならず ……… きわだつ |
| なまめく ……………… うつくしい | なみち ……………… こうろ | なめならず ……… すばらしい |
| なまめく ……………… しっとり(と) | なみち ……………… ふなたび | なめならず ……… ふつう |
| なまめく ……………… しめやか | なみち …… 23, 31, 97, 98 | なめり ……… 100, 103, 104 |
| なまめく ……………… しゃれる | なみと ……………… 13, 24 | なめる ……………… なめらか |
| なまめく ……………… しんせん | なみなみ ……………… どうとう | なも ……………… 102 |
| なまめく ……………… じょうひん | なみなみ ……………… どうれつ | なやす ……………… しなやか |
| なまめく ……………… ものしずか | なみなみ ……………… ひととおり | なやす ……………… ちから |
| なまめく ……………… ゆうが | なみなみ ……………… ふつう | なやす ……………… やわらかい |
| なまめく ……………… ゆうび | なみなみ ……………… へいぼん | なやまし ……………… うるさい |
| なまめく ……………… 70, 81 | なみにもいそにもつかず | なやまし ……………… くるしい |
| なまもの ……………… なまいき | ……… ちゅうとはんぱ | なやまし ……………… つらい |
| なまもの ……………… みじゅく | なみのかよひち ……… こうろ | なやまし ……………… なやましい |
| なまもの ……………… みぶん | なみのかよひち ……… ふなたび | なやましがる ……… くるしい |
| なまものしり ……………… がくせい | なみのかよひち …… 31, 97, 98 | なやましがる ……… つらい |
| なまやか ……………… うつくしい | なみのと ……………… 24 | なやましがる ……………… 88 |
| なまゆふぐれ ……… たそがれ | なみのはな ……………… しぶき | なやましげ ……………… だるい |
| なまゆふぐれ ……………… 18 | なみのはな ……………… 23, 24 | なやます ……………… くるしい |
| なまる ……………… にぶる | なみのほ ……………… なみがしら | なやます ……………… くるしめる |
| なまわづらはし …… めいわく | なみのほ ……………… 24 | なやます ……………… こまる |
| なまわろ ……………… みっともない | なみほ[波穂] …… なみがしら | なやます ……………… なやます |
| なまゑひ ……………… 95 | なみほ[波穂] ……………… 24 | なやます ……………… なんぎ |
| なまをんな ……………… みぶん | なみほ[並穂] ……… いなほ | なやます ……………… ひなん |
| なみ ……………… ない | なみほ[並穂] ……………… いね | なやます ……………… やむ |
| なみ ……………… 100 | なみほ[並穂] ……………… ほなみ | なやます ……………… 88 |
| なみ[波] ……………… しわ | なみま ……………… 24 | なやみ ……………… くるしみ |
| なみ[波] ……………… ごたごた | なみまくら ……………… ふなたび | なやみ ……………… 87 |
| なみ[波] ……………… さわぎ | なみまくら ……………… 98 | なやむ ……………… くるしい |
| なみ[波] ……………… 80 | なみゐる ……………… れっせきする | なやむ ……………… くるしめる |
| なみ[並] ……………… せけんなみ | なむ ……………… かんゆう | なやむ ……………… こまる |
| なみ[並] ……………… どうるい | なむ ……………… する | なやむ ……………… しあん |
| なみ[並] ……………… れつ | なむ …… 99, 102, 103, 104, 105 | なやむ ……………… とりはからう |
| なみ[並] ……………… ふつう | なむ[並] ……………… つらなる | なやむ ……………… なやます |
| なみ[並] ……………… 57 | なむ[並] ……………… ならぶ | なやむ ……………… なやむ |

181

| | | |
|---|---|---|
| なやむ | ……………… | **なんぎ** |
| なやむ | ……………… | **ひなん** |
| なやむ | ……………… | **やむ** |
| なやむ | ……………… | 88 |
| なゆ | ……………… | **ぐったり(と)** |
| なゆ | ……………… | **しおれる** |
| なゆ | ……………… | **やわらかい** |
| なよし | ……………… | **ぼら** |
| なよし | ……………… | 38 |
| なよたけ | ……………… | **たけ** |
| なよたけの | ……………… | **おきる** |
| なよたけの | ……………… | **ふす** |
| なよたけの | ……………… | 21, 57 |
| なよびか | ……………… | **しなやか** |
| なよびか | ……………… | **やさしい** |
| なよびか | ……………… | **やわらかい** |
| なよびか | ……………… | 81 |
| なよびたり | ……………… | **しなやか** |
| なよぶ | ……………… | **なよなよする** |
| なよめく | ……………… | **なよなよする** |
| なよやか | ……………… | **なよなよする** |
| なよやか | ……………… | **しなやか** |
| なよよか | ……………… | **やわらかい** |
| なよよか | ……………… | 93 |
| なよらか | ……………… | **しなやか** |
| なよらか | ……………… | **やわらかい** |
| ならく | ……………… | **という** |
| ならく | ……………… | 100 |
| ならく[奈落] | ……………… | **どんぞこ** |
| ならく[奈落] | ……………… | **あのよ** |
| ならく[奈落] | ……………… | **おわり** |
| ならくのそこ | ……………… | **あのよ** |
| ならくのそこ | ……………… | **おわり** |
| ならし | ……………… | 99, 100, 104 |
| ならし[慣] | ……………… | **ならわし** |
| ならし[慣] | ……………… | **れんしゅう** |
| ならし[慣] | ……………… | **しゅうかん** |
| ならしばの | ……………… | **なれる** |
| ならす[鳴] | ……………… | **おとをたてる** |
| ならす[鳴] | ……………… | **ひびく** |
| ならす[鳴] | ……………… | 13 |
| ならす[馴・慣] | ……………… | **ならう** |
| ならす[馴・慣] | ……………… | **れんしゅう** |
| ならす[馴・慣] | ……………… | **なれる** |
| ならず | ……………… | 100 |
| ならで | ……………… | 100 |
| ならでは | ……………… | 100 |
| ならなくに | ……………… | 100 |
| ならはかし | ……………… | **ならわし** |
| ならはかし | ……………… | **しゅうかん** |
| ならはし | ……………… | **ならわし** |
| ならはし | ……………… | **きょういく** |
| ならはし | ……………… | **しきたり** |
| ならはし | ……………… | **しつけ** |
| ならはし | ……………… | **しゅうかん** |
| ならはし | ……………… | **ふうしゅう** |
| ならはし | ……………… | **ふうぞく** |
| ならはす | ……………… | **がくしゅう** |
| ならはす | ……………… | **こりる** |
| ならはす | ……………… | **しゅうかん** |
| ならはす | ……………… | **ひどい** |
| ならはす | ……………… | **まなぶ** |
| ならはす | ……………… | **ならう** |
| ならはす | ……………… | **れんしゅう** |
| ならはす | ……………… | **なれる** |
| ならはす | ……………… | 49 |
| ならひ | ……………… | **おきて** |
| ならひ | ……………… | **がくしゅう** |
| ならひ | ……………… | **きまり** |
| ならひ | ……………… | **けいこ** |
| ならひ | ……………… | **しきたり** |
| ならひ | ……………… | **しゅうかん** |
| ならひ | ……………… | **ふうしゅう** |
| ならひ | ……………… | **ゆいしょ** |
| ならひ | ……………… | **よのつね** |
| ならひ | ……………… | 57 |
| ならびなし | ……………… | **くらべる** |
| ならびなし | ……………… | **たぐいない** |
| ならびなし | ……………… | **ならびない** |
| ならびなし | ……………… | **ならべる** |
| ならふ | ……………… | **なじむ** |
| ならふ | ……………… | **ならう** |
| ならふ | ……………… | **なれる** |
| ならふ | ……………… | **けいけん** |
| ならふ | ……………… | **しきたり** |
| ならふ | ……………… | **しゅうとくする** |
| ならふ | ……………… | **なつく** |
| ならふ | ……………… | **まなぶ** |
| ならふ | ……………… | **まねる** |
| ならふ | ……………… | **したしむ** |
| ならふ | ……………… | **くらべる** |
| ならふ | ……………… | **そろえる** |
| ならふ | ……………… | **ならべる** |
| ならぶ | ……………… | **ひってき** |
| ならぶ | ……………… | **ひとしい** |
| ならむ | ……………… | 100, 103, 104 |
| なり | ……………… | 99, 103, 104 |
| なり[業] | ……………… | **しごと** |
| なり[業] | ……………… | **せいけい** |
| なり[業] | ……………… | **のうぎょう** |
| なり[業] | ……………… | 30 |
| なり[鳴] | ……………… | **うるさい** |
| なり[鳴] | ……………… | 13 |
| なり[形] | ……………… | **かたち** |
| なり[形] | ……………… | **かっこう** |
| なり[形] | ……………… | **けいじょう** |
| なり[形] | ……………… | **すがた** |
| なり[形] | ……………… | **みなり** |
| なり[形] | ……………… | **ようす** |
| なりあふ | ……………… | **いっしょに** |
| なりあふ | ……………… | **かんせい** |
| なりあふ | ……………… | **せいじゅくする** |
| なりあふ | ……………… | **せいちょう** |
| なりあふ | ……………… | **できあがる** |
| なりあふ | ……………… | **ひとつ** |
| なりいづ | ……………… | **うまれつき** |
| なりいづ | ……………… | **うまれる** |
| なりいづ | ……………… | **しゅっせ** |
| なりいづ | ……………… | **そだつ** |
| なりいづ | ……………… | **しょうじる** |
| なりかはる | ……………… | **だいり** |
| なりかはる | ……………… | **へんか** |
| なりかへる | ……………… | **うらがえる** |
| なりかへる | ……………… | **ひっくりかえる** |
| なりかへる | ……………… | **なりきる** |
| なりかへる | ……………… | **もどる** |
| なりき | ……………… | 99 |
| なりけむ | ……………… | 99 |
| なりけり | ……………… | 99, 101 |
| なりさがる | ……………… | **おちぶれる** |
| なりたかし | ……………… | **うるさい** |
| なりたつ | ……………… | **そだつ** |
| なりたつ | ……………… | **できあがる** |
| なりところ | ……………… | **べっそう** |
| なりとよむ | ……………… | **なりひびく** |
| なりどよむ | ……………… | **なりひびく** |
| なりどよむ | ……………… | 13 |
| なりなる | ……………… | **できあがる** |
| なりぬべし | ……………… | **きっと** |
| なりぬべし | ……………… | **なる** |
| なりぬべし | ……………… | 103, 104 |
| なりのぼる | ……………… | **しゅっせ** |
| なりのぼる | ……………… | **なりあがる** |
| なりはつ | ……………… | **おちぶれる** |
| なりはつ | ……………… | **おわる** |
| なりはつ | ……………… | **かわりはてる** |
| なりはひ | ……………… | **せいけい** |
| なりはひ | ……………… | **かぎょう** |
| なりはひ | ……………… | **しごと** |
| なりはひ | ……………… | **のうぎょう** |
| なりはひ | ……………… | 30 |
| なりひさご | ……………… | **ひょうたん** |
| なりひさご | ……………… | 41 |
| なりびさこ | ……………… | **ひょうたん** |
| なりびさこ | ……………… | 41 |
| なりまさる | ……………… | **しだいに** |
| なりみつ | ……………… | **なりわたる** |
| なりみつ | ……………… | 13 |
| なりもていく | ……………… | **しだいに** |
| なりもの | ……………… | **み** |
| なりもの | ……………… | 96 |
| なりやまむ | ……………… | **うるさい** |
| なりやまむ | ……………… | **しずか** |
| なる[業] | ……………… | **はたらく** |
| なる[成] | ……………… | **かんせい** |
| なる[成] | ……………… | **しだいに** |
| なる[成] | ……………… | **じつげんする** |
| なる[成] | ……………… | **じょうじゅ** |
| なる[成] | ……………… | **せいりつする** |
| なる[成] | ……………… | **なしおえる** |
| なる[成] | ……………… | **へんか** |
| なる[生] | ……………… | **うまれる** |
| なる[生] | ……………… | **み** |
| なる[生] | ……………… | **みのる** |
| なる[慣・馴] | ……………… | **うちとける** |
| なる[慣・馴] | ……… | **じゅくせいする** |
| なる[慣・馴] | ……………… | **じゅくれん** |

| | | |
|---|---|---|
| なる[慣・馴] | ならわし | |
| なる[慣・馴] | なれる | |
| なる[慣・馴] | けいけん | |
| なる[慣・馴] | したしむ | |
| なる[慣・馴] | しゅうじゅく | |
| なる[慣・馴] | なじむ | |
| なる[慣・馴] | ふるびる | |
| なる[慣・馴] | 93 | |
| なるかみ | かみなり | |
| なるかみづき | ろくがつ | |
| なるかみづき | 6 | |
| なるかみの | 13 | |
| なると | 23 | |
| なるべし | 100, 103 | |
| なるべく | なるべく | |
| なるほど | あなた | |
| なれ | おまえ | |
| なれ | 106 | |
| なれあふ | ぐるになる | |
| なれあふ | したしみあう | |
| なれかしぬ | 101 | |
| なれぎぬ | ふだん | |
| なれぎぬ | 94 | |
| なれごろも | ふだん | |
| なれごろも | 94 | |
| なれすぐ | したしい | |
| なれそむ | こいなかとなる | |
| なれそむ | したしみはじめる | |
| なれそむ | 63 | |
| なれども | しかし | |
| なれども | けれども | |
| なれなれし | こころやすい | |
| なれなれし | ぶしつけ | |
| なれば | だから | |
| なれば | ゆえ | |
| なればむ | きる | |
| なればむ | よれよれになる | |
| なれむつぶ | したしむ | |
| なれむつぶ | なれしたしむ | |
| なれむつぶ | むつまじい | |
| なれや | だから | |
| なれや | なのだ | |
| なれや | 99, 100, 101, 102, 104, 105 | |
| なれよる | ちかよる | |
| なれよる | なれしたしむ | |
| なゐ | じしん | |
| なゐふる | じしん | |
| なゐふる | ゆれる | |
| なゑ | じしん | |
| なをあぐ | ゆうめい | |
| なをあぐ | めいせい | |
| なをう | めいせい | |
| なをう | ゆうめい | |
| なをたつ | ひょうばん | |
| なをたつ | ゆうめい | |
| なをたつ | 83 | |
| なをとる | ひょうばん | |
| なをとる | ゆうめい | |
| なをとる | 84 | |
| なをながす | な | |
| なをながす | ひょうばん | |
| なをながす | ゆうめい | |
| なをながす | 83 | |
| なをのこす | なおれ | |
| なをり | はじ | |
| なをり | ふめいよ | |
| なををしむ | ひょうばん | |
| なををしむ | 84 | |
| なををる | めいし | |
| なををる | めんぼく | |
| なん | する | |
| なん | 99, 103, 104, 105 | |
| なん[難] | けってん | |
| なん[難] | さいなん | |
| なん[難] | ひなん | |
| なん[難] | わざわい | |
| なん[難] | わるくち | |
| なんぎ | くなん | |
| なんぎ | くるしみ | |
| なんぎ | こんなん | |
| なんぎ | めいわく | |
| なんぎ | めんどう | |
| なんけ | だれそれ | |
| なんけ | 92 | |
| なんし | おとこ | |
| なんじ | おまえ | |
| なんじふ | こまる | |
| なんじふ | すすむ | |
| なんじふ | なやむ | |
| なんじふ | はかどる | |
| なんしょ | きけん | |
| なんしょ | 31 | |
| なんじょ | きけん | |
| なんじょ | 31 | |
| なんず | 99, 103, 104 | |
| なんず[難] | せめる | |
| なんず[難] | そしる | |
| なんず[難] | とがめる | |
| なんず[難] | ひなん | |
| なんぞ | どうして | |
| なんぞ | どんな | |
| なんぞ | なにか | |
| なんぞ | なにごとか | |
| なんぞ | なんだ | |
| なんぞ | 102, 103, 105 | |
| なんぞの | どんな | |
| なんぞの | 102 | |
| なんだ | 66 | |
| なんち[汝] | あなた | |
| なんち[汝] | 106 | |
| なんち[難治] | こんなん | |
| なんち[難治] | なおる | |
| なんち[難治] | むずかしい | |
| なんつく | けってん | |
| なんつく | ひなん | |
| なんでふ | なんという | |
| なんでふ | 101, 105 | |
| なんと | どのように | |
| なんと | 102, 105, 110 | |
| なんとして | いかにして | |
| なんとして | どのように | |
| なんとして | なにゆえ | |
| なんとして | 102, 103, 105, 110 | |
| なんとやら | どうやら | |
| なんとやら | なんだか | |
| なんなし | けってん | |
| なんなし | さしさわり | |
| なんなし | ひなん | |
| なんなり | 100, 104 | |
| なんなんとす | なる | |
| なんにょ | だんじょ | |
| なんにょ | ひとびと | |
| なんの | 102, 105 | |
| なんばんこせう | とうがらし | |
| なんびと | だれ | |
| なんびと | 102, 107 | |
| なんめり | 100, 103, 104 | |
| なんや | できる | |
| なんや | 105 | |
| なんりょ | はちがつ | |
| なんりょ | 7 | |
| なんれん | のれん | |

# に

| | | |
|---|---|---|
| に | 101 | |
| に[丹] | あか・あかいろ | |
| に[丹] | あかつち | |
| に[丹] | つち | |
| に[丹] | 14 | |
| に[瓊] | たま | |
| にあはし | にあう | |
| にあはし | ふさわしい | |
| にあふ | ちょうわ | |
| にあふ | つりあう | |
| にいし | えのぐ | |
| にえいる | はまる | |
| にえいる | ぼつにゅうする | |
| にえこむ | はまる | |
| にえこむ | ぼつにゅうする | |
| にえぶ | うめく | |
| にかあらむ | 100, 102 | |
| にがいろ | あいいろ | |
| にがいろ | 14 | |
| にがし | おもしろい | |
| にがし | ふゆかい | |
| にがしほ | あかしお | |
| にがたけ | たけ | |
| にがたけ | まだけ | |

| | | | |
|---|---|---|---|
| にがたけ | めだけ | にくからず | こうい |
| にがな | りんどう | にくからず | ふせい |
| にがな | 42 | にくげ | いや |
| にがにがし | おもしろい | にくげ | にくらしい |
| にがにがし | にがにがしい | にくげ | みぐるしい |
| にがにがし | ふゆかい | にくげ | みにくい |
| にがむ | いや | にくげごと | にくまれぐち |
| にがむ | しかめる | にくさげ | いや |
| にがむ | しわ | にくさげ | しゅうあく |
| にがむにがむ | しぶしぶ | にくさげ | にくらしい |
| にがむにがむ | にがにがしい | にくさげ | ぶあいそう |
| にがりわらふ | くしょうする | にくさげ | みぐるしい |
| にがりわらふ | 67 | にくさげ | みにくい |
| にがる | いや | にくし | あっぱれ |
| にがる | しかめる | にくし | いや |
| にがる | しわ | にくし | かわいい |
| にき | 111 | にくし | かんしん |
| にき[和] | やわらかい | にくし | きにくわない |
| にき[和] | 111, 112 | にくし | つれない |
| にき[日記] | にっき | にくし | ていさい |
| にぎ | やわらかい | にくし | にくらしい |
| にぎ | 111, 112 | にくし | ぶあいそう |
| にきしね | こめ | にくし | みぐるしい |
| にきしね | 96 | にくし | みにくい |
| にきて | ぬさ | にくし | むずかしい |
| にぎにぎし | にぎやか | にくし | れいたん |
| にぎはし | かっきがある | にくし | わずらわしい |
| にぎはし | かねもち | にくし | 59 |
| にぎはし | さかえる | にくむ | きらう |
| にぎはし | にぎやか | にくむ | そねむ |
| にぎはし | はなやか | にくむ | ねたむ |
| にぎはし | ゆたか | にくむ | はんたい |
| にぎはす | めぐむ | にくらか | にくらしい |
| にきはだ | やわはだ | にげなし | つりあう |
| にぎははし | かっきがある | にげなし | ふさわしい |
| にぎははし | かねもち | にげのく | にげさる |
| にぎははし | さかえる | にげのく | にげる |
| にぎははし | にぎやか | にげまうけ | にげる |
| にぎははし | はなやか | にげまうけ | 86 |
| にぎははし | ゆたか | にけむ | きっと |
| にぎはふ | さかえる | にけむ | 99, 103, 104 |
| にぎはふ | とみさかえる | にけらし | 99, 103, 104 |
| にぎはふ | とむ | にけり | 101, 104 |
| にぎはふ | にぎやか | にこ | 111, 112 |
| にぎはふ | にぎわす | にこぐさ | わかくさ |
| にぎはふ | ゆたか | にこぐさ | 38 |
| にきび | できもの | にこし | なごやか |
| にきぶ | くつろぐ | にこし | やわらかい |
| にきぶ | なごむ | にこやか | しとやか |
| にきぶ | なれしたしむ | にこやか | にこにこ |
| にきぶ | やわらぐ | にこやか | やわらかい |
| にきぶ | したしみなれる | にこよか | にこやか |
| にぎぶ | したしむ | にこよか | しとやか |
| にぎぶ | なれしたしむ | にこよか | にこにこ |
| にく | しきもの | にこよか | やわらかい |
| にぐ | さける | にごり | うしろめたい |
| にぐ | にげる | にごり | けがれ |
| にくからず | いとしい | | |
| にくからず | かんじ | | |

| | |
|---|---|
| にごり | じゃねん |
| にごり | ふせい |
| にごり | ぼんのう |
| にごり | よごれ |
| にごりえ | いりえ |
| にごりえ | 24 |
| にごる | けがれる |
| にごる | けっぱく |
| にごる | じゃねん |
| にし[西] | にしかぜ |
| にし[西] | 12 |
| にし[螺] | まきがい |
| にし[螺] | 38 |
| にじ | じつめい |
| にじ | な |
| にじあかり | そら |
| にしか | 101 |
| にしが | 101 |
| にしかな | 101 |
| にして | 99 |
| にしのむかへ | 73 |
| にしび | ゆうひ |
| にじふご | やくどし |
| にじふご | 89 |
| にしもの | わるもの |
| にじりあがり | はれる |
| にじりあがり | 9 |
| にじりこむ | むりに |
| にじりこむ | はいる |
| にじる | おしつける |
| にす | にせる |
| にす | にる |
| にせ | このよ |
| にせのえん | ふうふ |
| にせのえん | 85 |
| にせのかため | やくそく |
| にせのかため | 85 |
| にせのちぎり | 85 |
| にたり | ている |
| にちりん | たいよう |
| にちりん | 3 |
| にちりんさう | ひまわり |
| にちりんさう | 41 |
| にちゐき | にほん |
| につかはし | ふさわしい |
| につかはし | にあう |
| にっしふ | にゅうせん |
| にっしふ | 64 |
| にっしゅつさう | はこべ |
| にっしゅつさう | 41 |
| につらふ | てりはえる |
| にて | 99 |
| になし | くらべる |
| になし | すぐれる |
| になし | すばらしい |
| になし | ふたつ |
| になし | 82 |
| になひいだす | もちだす |
| になふ | かつぐ |

| | | |
|---|---|---|
| になふ ………………… せおう | にひばりた ………… しんでん | にほはす ………………… 15 |
| にのまひ ………………… しっぱい | にひばりた ……………… 30 | にほひ ………………… いろあい |
| にのまひ ……………… ひとまね | にひばりみち …………… 31 | にほひ ………………… いろつや |
| には ……………………… かいじょう | にひまくら ………… はじめて | にほひ ………………… うつくしい |
| には ……………………… かいめん | にひまるり …………… しんじん | にほひ ………………… えいが |
| には ……………………… にわ | にひむろ ……………… しんちく | にほひ ………………… おもむき |
| には ……………………… 23 | にひむろ ……………………… 91 | にほひ ………………… かおり |
| にはか …………………… きゅう | にひゆどの ………… しんちく | にほひ ………………… きひん |
| にはか …………………… とつぜん | にひゆどの ……………… ふろ | にほひ ………………… こうき |
| にはか ……………………… にわか | にひよね ………………… こめ | にほひ ………………… こうたく |
| にはぎよめ ……………… にわ | にひわかくさ ……… わかくさ | にほひ ………………… さかえる |
| にはぐさ ……………… ほうきぐさ | にひわかくさ …………… 38 | にほひ ………………… 15 |
| にはぐさ ………………… 42 | にぶ ……………………… にびいろ | にほひいづ ………… あふれる |
| にはくなぶり ………… せきれい | にぶ ………………………… 15 | にほひいづ ……… うつくしい |
| にはくなぶり ……………… 35 | にぶいろ ……………… にびいろ | にほひが ……………… こうき |
| にはしく ………………… とつぜん | にぶいろ ……………… ねずみいろ | にほひぐさ …………… うめ |
| にはたたき ……………… せきれい | にぶいろ ……………… もふく | にほひぐさ …………… 44 |
| にはたたき ………………… 35 | にぶいろ ……………… 15,94 | にほひどり …………… うぐいす |
| にはたづみ ……………… あまみず | にぶし ……………………… かん | にほひどり ……………… 34 |
| にはたづみ ……………… ながれる | にぶし ……………………… にぶい | にほひみつ …………… かおり |
| にはたづみ ……………… みずたまり | にふじゃく ……………… 72 | にほひやか ………… いろづく |
| にはたづみ ……………… ゆく | にふだう ……………… しゅっけ | にほひやか ……… うつくしい |
| にはたづみ ……… 9,25,26,27,67 | にふちゃう ……………… 72 | にほひやか ………… はなやか |
| にはつとり ……………… にわとり | にふぶに ……………… にこにこ | にほひやか ……………… 15 |
| にはつとり ………………… 35 | にふぶに ………………… 67 | にほひわたる ………… かおり |
| にはつどり ……………… にわとり | にぶむ …………………… にびいろ | にほふ ………………… いろづく |
| にはつどり ………………… 35 | にぶむ ……………………… 15 | にほふ ……………… うつくしい |
| にはなぶり ……………… せきれい | にふめつ ………………… 72 | にほふ ………………… かおる |
| にはなぶり ………………… 35 | にへ ……………………… おくりもの | にほふ ………………… くゆらす |
| にはのをしへ …………… おしえ | にへ ……………………… おそなえ | にほふ ………………… さかえる |
| にはのをしへ | にへ ……………………… こうたく | にほふ ………………… そまる |
| ……… かていきょういく | にへ ……………………… つや | にほふ ………………… そめる |
| にはのをしへ …………… きょういく | にへ ……………………… にかわ | にほふ ……………… てりかがやく |
| にはのをしへ …………… ていきん | にへどの ……………… だいどころ | にほふ ……………… てりはえる |
| にはみぐさ ……………… ばしょう | にべもない ……………… あいきょう | にほふ ………………… におう |
| にはみぐさ ………………… 41 | にほ ……………………… かいつぶり | にほふ ………………… ひかる |
| にばむ …………………… にびいろ | にほ ……………………… にお・にほどり | にほふ ……………………… 15 |
| にばむ …………………… もふく | にほ ……………………… 34,35 | にほやか ……………… いろづく |
| にばむ ……………………… 15,94 | にほす …………………… いろづく | にほやか …………… うつくしい |
| にはもせに ……………… にわ | にほす …………………… そめる | にほやか ………………… はなやか |
| にばん …………………… ばかもの | にほす ……………………… 15 | にほやか ………………… 15 |
| にばん …………………… おろか | にほとり …………………… 35 | にもこそあれ ………… こまる |
| にばんはえ …………… ばかもの | にほどり …………………… かいつぶり | にや ……………………… 100,102 |
| にばんばえ …………… おろか | にほどり ………………… にお・にほどり | にやあらむ ……………… 102 |
| にひ ………………………… あたらしい | にほどり …………………… 34 | にやあらん ……………… 100 |
| にひ ……………………… 111,112 | にほとりの …………… あし | にょうばう ……………… 50,51,54 |
| にびいろ ………………… ねずみいろ | にほとりの ……………… かぶる | にょうばういへぬし …… しゅめ |
| にびいろ ………………… はいいろ | にほとりの ……………… 47,65 | にょうばういへぬし …… 50 |
| にびいろ ………………… もふく | にほとりの ……………… つらい | にょし ………………… しょうじょ |
| にびいろ ………………… 15,16,94 | にほのうきす ………… たよりなし | にょし ……………………… 50 |
| にひぐさ ……………… わかくさ | にほのうみ ……………… びわこ | にょしゃう ……………… 50,51 |
| にひぐさ ………………… 38 | にほのうみ ……………… みずうみ | にょでいにん …… しまりがない |
| にひし ……………………… あたらしい | にほはし ……………… うつくしい | にょでいにん ……… だらしない |
| にひしね ………………… こめ | にほはす ………………… あんじ | にょにん ……………… 50,51 |
| にひしぼり ………………… 94 | にほはす ……………… いろづく | によふ ……………………… うめく |
| にひたまくら ………… はじめて | にほはす ………………… かおる | によふ ……………………… うめく |
| にひばり ……………… かいこんする | にほはす ………………… くゆらす | にょほふ ……………… かたどおり |
| にひばり ……………… しんでん | にほはす ………………… そめる | にょほふ ……………… がんらい |
| にひばり ……………………… 30 | にほはす ……………… ほのめかす | |

| | | | |
|---|---|---|---|
| にょほふ | けいしき | ぬかがみ | かみ | ぬすびと | どろぼう |
| にょほふ | にゅうわ | ぬかがみ | まえがみ | ぬすびとたけだけし | ずうずうしい |
| にょほふ | まったく | ぬかつき | ほおずき | ぬすびとにおひ(せん) | そん |
| にょほふ | もじどおり | ぬかつき | 42 | ぬすびとのひるね | めあて |
| にょほふ | もとより | ぬかつき | ほおずき | ぬすびとのひるね | りゆう |
| にらぐ | きたえる | ぬかつき | 42 | ぬすまふ | いつわる |
| にらぐ | やきをいれる | ぬかつきむし | こめつきむし | ぬすまふ | ごまかす |
| にらまふ | にらみつける | ぬかつきむし | 36 | ぬすまふ | だます |
| にらまふ | にらむ | ぬかつきむし | こめつきむし | ぬすまふ | ぬすみつづける |
| にれかむ | はんすうする | ぬかつきむし | 36 | ぬすみいづ | つれだす |
| にん | にんき | ぬかつく | おがむ | ぬすみいづ | つれる |
| にんがのさう | りこしゅぎ | ぬかづく | おがむ | ぬすみに | こっそり(と) |
| にんぐゎい | にんぴにん | ぬかづく | れいはい | ぬすみに | ひそか |
| にんぐゎい | わるもの | ぬかにくき | てごたえ | ぬすむ | ごまかす |
| にんげん | 57 | ぬかばへ | うんか | ぬすむ | だます |
| にんさうづら | ぶっちょうづら | ぬかばへ | 36 | ぬすむ | まねる |
| にんじ | こうさい | ぬかぼし | ほしくず | ぬた | 30 |
| にんじ | つきあい | ぬかぼし | 8 | ぬつとりの | きじ |
| にんじゅう | きずつける | ぬかも | ない | ぬつとりの | 34 |
| にんじゅ | おおぜい | ぬかも | 100, 101, 102 | ぬで | 45 |
| にんじん | 46 | ぬかる | しくじる | ぬなた | 30 |
| にんだう | じんどう | ぬかをつく | れいはい | ぬなと | 13 |
| にんちく | わるもの | ぬきいづ | だっしゅつする | ぬなは | じゅんさい |
| にんちく | にんぴにん | ぬきいづ | ばってきする | ぬなは | 40 |
| にんちくしゃう | にんぴにん | ぬきいづ | ひきぬく | ぬなはくり | じゅんさい |
| にんちゅう | 21 | ぬきかふ | きがえる | ぬなはくり | 40 |
| にんてい | じんぴん | ぬきすべす | ぬぐ | ぬなり | 99, 103 |
| にんてい | ふうかく | ぬきんづ | ひいでる | ぬのこ | わたいれ |
| にんてい | ようし | ぬく〔貫〕 | さしとおす | ぬのこ | 94 |
| にんてい | 47 | ぬく〔貫〕 | つらぬく | ぬばたま | くらやみ |
| にんどう | すいかずら | ぬく〔脱〕 | ぬぐ | ぬばたまの | かみ |
| にんどう | 45 | ぬく〔抜〕 | ごまかす | ぬばたまの | やみ |
| にんにく | たえしのぶ | ぬく〔抜〕 | せめおとす | ぬばたまの | くろ |
| にんぴにん | わるもの | ぬく〔抜〕 | だっしゅつする | ぬばたまの | ゆめ |
| | | ぬく〔抜〕 | だつらくする | ぬばたまの | よい |
| | | ぬく〔抜〕 | にげる | ぬばたまの | 4, 15, 19, 21 |
| **ぬ** | | ぬく〔抜〕 | ぬきんでる | ぬはる | かくれる |
| | | ぬく〔抜〕 | ぬける | ぬひはり | さいほう |
| ぬ | 99 | ぬく〔抜〕 | のっとる | ぬひもの | さいほう |
| ぬ〔沼〕 | ぬま | ぬく〔抜〕 | ひいでる | ぬひもの | ししゅう |
| ぬ〔寝〕 | 76 | ぬく〔抜〕 | ひきぬく | ぬべし | ぎむ |
| ぬ〔野〕 | 26 | ぬく〔抜〕 | らくご | ぬべし | しかるべき |
| ぬ〔瓊〕 | たま | ぬく〔抜〕 | だます | ぬべし | できる |
| ぬえ | とらつぐみ | ぬくとし | あたたかい | ぬべし | 103, 104 |
| ぬえくさの | 50 | ぬくむ | ぬくめる | ぬまだ | 30 |
| ぬえことり | かたこい | ぬけいづ | ぬけでる | ぬまたらう | ひしくい |
| ぬえことり | 62 | ぬけいづ | ぬける | ぬまたらう | 35 |
| ぬえこどり | とらつぐみ | ぬけいづ | ひいでる | ぬみぐすり | しゃくやく |
| ぬえどり | とらつぐみ | ぬけぬけ | あつかましい | ぬめり | 103 |
| ぬえとりの | うめく | ぬけぬけ | ずうずうしい | ぬめる | うかれる |
| ぬえとりの | かたこい | ぬけぬけ | まぬけ | ぬめる | すべる |
| ぬえとりの | 62 | ぬけり | 104 | ぬらし | 99, 103 |
| ぬえどりの | 65 | ぬさ | おそなえ | ぬらし | きっと |
| ぬか | ひたい | ぬさ | ささげる | ぬらむ | 103 |
| ぬか | れいはい | ぬし | あなた | ぬり | 45 |
| ぬか | 48 | ぬし | おっと | ぬりつく | てんかする |
| ぬかあめ | きり | ぬし | しょじゆう | ぬりつく | なすりつける |
| ぬかあめ | 9 | ぬし | もちぬし | ぬりで | ぬるで・ふしのき |
| | | ぬし | 55, 106 | | |

| | | | | | | |
|---|---|---|---|---|---|---|
| ぬる | ほどける | ねかた | した | ねざめ | めざめ | ぬる─ねぢけひと |
| ぬる | ゆるむ | ねかた | ね | ねざめぐさ | おぎ | |
| ぬる[寝] | 76 | ねかた | ねもと | ねざめぐさ | まつ | |
| ぬる[濡] | ぬれる | ねがはし | このましい | ねざめぐさ | 39, 60 | |
| ぬるし | あっさり | ねがはし | ねがわしい | ねざめづき | くがつ | |
| ぬるし | ぐどん | ねがはし | のぞましい | ねざめづき | 7 | |
| ぬるし | たんねん | ねがひ | がんぼう | ねじく | ふせい | |
| ぬるし | なまあたたかい | ねがひ | きぼう | ねじけがまし | いじょう | |
| ぬるし | にぶい | ねがひ | のぞみ | ねじろ | せり | |
| ぬるし | ねっしん | ねがひ | 101 | ねじろぐさ | せり | |
| ぬるし | れいたん | ねがふ | いのる | ねじろぐさ | 40 | |
| ぬるし | あたたかい | ねがふ | きがん | ねずさし | ねず・ねずみさし | |
| ぬるま | おろか | ねがふ | きぼう | ねずさし | 45 | |
| ぬるま | のろま | ねがふ | ねがう | ねすむ | 85 | |
| ぬるむ | なまあたたかい | ねからぐさ | おぎ | ねすりごと | いやみ | |
| ぬるむ | ねつ | ねからぐさ | 39 | ねすりごと | ひにく | |
| ぬるむ | 88 | ねぎ | かんぬし | ねずる | なめる | |
| ぬるよおちず | まいばん | ねぎかく | ねがい | ねぜり | 40 | |
| ぬるよおちず | まいゆう・まいよ | ねぎごと | きぼう | ねた | いこん | |
| ぬれ | こい | ねぎごと | ねがい | ねた | ねたましい | |
| ぬれ | じょうじ | ねぎごと | 101 | ねたがる | いまいましい | |
| ぬれ | 62 | ねぎらふ | いたわる | ねたがる | くやしい | |
| ぬれぎぬ | えんざい | ねぐ[祈] | いのる | ねたがる | にくらしい | |
| ぬれぎぬ | 93 | ねぐ[祈] | きがん | ねたがる | ねたましい | |
| ぬれけ | いろけ | ねぐ[労] | いたわる | ねたがる | はらだたしい | |
| ぬれごと | いろごと | ねぐ[労] | いろうする | ねたげ | いまいましい | |
| ぬれごと | じょうじ | ねぐ[労] | なぐさめる | ねたげ | ざんねん | |
| ぬれさき | きく | ねぐ[労] | ねぎらう | ねたげ | しゃく | |
| ぬれさき | 39 | ねくたる | ねみだれる | ねたげ | すばらしい | |
| ぬれそぼつ | ぬれる | ねくたる | 77 | ねたげ | にくらしい | |
| ぬればむ | ぬれる | ねくたれがみ | かみ | ねたげ | はらだたしい | |
| ぬれぶみ | こいぶみ | ねくたれがみ | ねぐせ | ねたし | いまいましい | |
| ぬれぶみ | 63, 64 | ねぐら | しんしつ | ねたし | ざんねん | |
| ぬれもの | すいじん | ねぐら | す | ねたし | しゃく | |
| | | ねこおろし | たべのこし | ねたし | にくらしい | |
| | | ねこおろし | 96 | ねたし | はらだたしい | |
| **ね** | | ねこぎ | ね | ねたまし | いまいましい | |
| | | ねこぎ | ねこそぎ | ねたまし | にくらしい | |
| ね | 102 | ねこじ | ね | ねたまし | ねたましい | |
| ね[音] | なきごえ | ねこじ | ねこそぎ | ねたます | からかう | |
| ね[音] | 12, 66, 90, 91 | ねこず | ねこそぎ | ねたます | にくらしい | |
| ね[根] | おくふかい | ねこま | ねこ | ねたむ | うらむ | |
| ね[根] | こんげん | ねこまた | ねこ | ねたむ | うらやむ | |
| ね[根] | はじまり | ねごむ | ねこそぎ | ねたむ | くやしい | |
| ね[子] | きた | ねざさ | ささ | ねたむ | しゃく | |
| ね[子] | ねずみ | ねざさ | たけ | ねだる | さかえる | |
| ね[峰] | ちょうじょう | ねざさ | 45 | ねだる | ね | |
| ね[峰] | みね | ねざし | いえがら | ねぢく | ねじけている | |
| ね[峰] | 28, 29 | ねざし | げんいん | ねぢく | ねじれる | |
| ねいじん | くち | ねざし | こんげん | ねぢく | ひがむ | |
| ねいじん | わるもの | ねざし | すじょう | ねぢく | ひねくれる | |
| ねおく | おきる | ねざし | てんせい | ねぢく | まがりくねる | |
| ねおく | めざめる | ねざし | ね | ねぢけがまし | かわる | |
| ねおく | 49 | ねざし | ゆらい | ねぢけがまし | すなお | |
| ねおどろく | めざめる | ねざす | げんいん | ねぢけがまし | ねじけている | |
| ねおびる | ねぼける | ねざす | ね | ねぢけがまし | ひねくれる | |
| ねおびる | ぼんやり | ねざす | ねづく | ねぢけひと | すなお | |
| | | ねざす | もとづく | ねぢけひと | ひねくれる | |
| | | ねざめ | さめる | | | |

187

| | | | |
|---|---|---|---|
| ねぢばな | …… もじずりそう | ねぶと | …… できもの |
| ねぢばな | …… 42 | ねぶと | …… はれもの |
| ねぢよる | …… ちかよる | ねぶと | …… 88 |
| ねぢよる | …… にじりよる | ねぶり | …… ねむり |
| ねづ | …… ねじる | ねぶりごゑ | …… ねぼける |
| ねづき | …… じゅういちがつ | ねぶる[眠] | …… 76 |
| ねづき | …… 7 | ねぶる[舐] | …… しゃぶる |
| ねづよし | …… こんき | ねぶる[舐] | …… なめる |
| ねど | …… しんしつ | ねほる | …… ねぼける |
| ねど | …… ねぐら | ねまくほる | …… 76 |
| ねど | …… 76 | ねまちづき | …… 4 |
| ねどころ[根所] | …… ね | ねまちのつき | …… 4 |
| ねどころ[根所] | …… ねもと | ねまどふ | …… ねぼける |
| ねどころ[寝所] | …… しんしつ | ねまどふ | …… 77 |
| ねどころ[寝所] | …… ねぐら | ねまる | …… うずくまる |
| ねどころ[寝所] | …… 76 | ねまる | …… くさる |
| ねなく | …… 65 | ねまる | …… くつろぐ |
| ねなしぐさ | …… うきくさ | ねまる | …… すわる |
| ねなしぐさ | …… 38 | ねまる | …… ねそべる |
| ねなしごと | …… うそ | ねまる | …… ひれふす |
| ねなしごと | …… りゅうげん | ねまる | …… へいふくする |
| ねになく | …… 65 | ねまる | …… よこたわる |
| ねぬなはの | …… くるしい | ねまるづくさ | …… やなぎ |
| ねぬなはの | …… 76 | ねみづぐさ | …… 46 |
| ねのかたすくに | …… あのよ | ねみみにみづ | …… おどろく |
| ねのくに | …… あのよ | ねむ | …… にらむ |
| ねのひづき | …… いちがつ | ねむごろ | …… したしみぶかい |
| ねのひづき | …… 5 | ねむごろ | …… しょうじき |
| ねばふ | …… ね | ねむごろ | …… しんけん |
| ねばふ | …… のびる | ねむごろ | …… しんせつ |
| ねはん | …… 72, 73 | ねむごろ | …… たんねん |
| ねびき | …… ねこそぎ | ねむごろ | …… ていねい |
| ねびく | …… ね | ねむごろ | …… なか |
| ねびととのふ | …… せいじゅくする | ねむごろ | …… ねっしん |
| ねびととのふ | …… ととのう | ねむごろ | …… ねんいり |
| ねびととのふ | …… おとなびる | ねむごろ | …… むつまじい |
| ねびととのほる | …… ととのう | ねむりぐさ | …… おじぎそう |
| ねびととのほる | …… おとなびる | ねむりぐさ | …… 39 |
| ねびびと | …… 52 | ねめかく | …… にらみつける |
| ねびまさる | …… うつくしい | ねめかく | …… にらむ |
| ねびまさる | …… おとなびる | ねめつく | …… にらみつける |
| ねびまさる | …… 82, 83 | ねめまはす | …… にらみつける |
| ねびゆく | …… そだつ | ねもころ | …… こんい |
| ねびゆく | …… せいちょう | ねもころ | …… したしみぶかい |
| ねびゆく | …… おとなびる | ねもころ | …… しょうじき |
| ねびる | …… おいる | ねもころ | …… しんけん |
| ねびる | …… 53, 54 | ねもころ | …… しんせつ |
| ねぶ[合歓] | …… ねむのき | ねもころ | …… たんねん |
| ねぶ[合歓] | …… 45 | ねもころ | …… ていねい |
| ねぶ[老成] | …… おいる | ねもころ | …… なか |
| ねぶ[老成] | …… おとな | ねもころ | …… ねっしん |
| ねぶ[老成] | …… おとなびる | ねもころ | …… ねんいり |
| ねぶ[老成] | …… としとる | ねもころ | …… まとも |
| ねぶ[老成] | …… ませる | ねもころ | …… むつまじい |
| ねぶ[老成] | …… 52, 53, 54 | ねや | …… しんしつ |
| ねぶか | …… ねぎ | ねやす | …… こねる |
| ねぶか | …… 41 | ねやす | …… せいれんする |
| ねぶたし | …… ねむい | | |
| ねやす | …… ぞう | ねやす | …… ねる |
| ねやど | …… しんしつ | ねら | …… みね |
| ねりいづ | …… 68 | ねりかね | …… てつ |
| ねりべい | …… かきね | ねりべい | …… ついじ |
| ねる | …… きたえる | ねる | …… くんれん |
| ねる | …… こねる | ねる | …… すいこうする |
| ねる | …… せいれんする | ねる | …… 75 |
| ねろ | …… みね | ねをなく | …… 65 |
| ねをのみなく | …… 65 | ねん | …… いっしゅん |
| ねん | …… かんがえ | ねん | …… しゅうねん |
| ねん | …… しりょ | ねん | …… ちゅうい |
| ねん | …… 16 | ねんき | …… めいにち |
| ねんぎょ | …… あゆ | ねんぎょ | …… さけ |
| ねんぎょ | …… 37 | ねんごろ | …… こんい |
| ねんごろ | …… したしみぶかい | ねんごろ | …… しょうじき |
| ねんごろ | …… しんけん | ねんごろ | …… しんせつ |
| ねんごろ | …… たんねん | ねんごろ | …… ていねい |
| ねんごろ | …… なか | ねんごろ | …… ねっしん |
| ねんごろ | …… ねんいり | ねんごろ | …… まとも |
| ねんごろ | …… むつまじい | ねんごろがる | …… したしみなれる |
| ねんごろがる | …… むつまじい | ねんじいる | …… いのる |
| ねんじかへす | …… たえる | ねんじゃくす | …… がまん |
| ねんじすぐす | …… しんぼう | ねんじすぐす | …… たえつづける |
| ねんじゃのふねん | …… ふちゅうい | ねんじゅ | …… かんねん |
| ねんじわぶ | …… たえかねる | ねんじわぶ | …… がまん |
| ねんじわぶ | …… たえがたい | ねんず[念] | …… いのる |
| ねんず[念] | …… がまん | ねんず[念] | …… きがん |
| ねんず[拈] | …… つまる | ねんず[拈] | …… ひねる |
| ねんず | …… じゅず | ねんなし | …… いがい |
| ねんなし | …… おもいがけない | | |

| | | | |
|---|---|---|---|
| ねんなし | くやしい | のく | たちさる |
| ねんなし | ぐうぜん | のく | とおざける |
| ねんなし | ざんねん | のく | とりのぞく |
| ねんなし | むねん | のく | どける |
| ねんなし | やさしい | のく | のぞく |
| ねんねん | いっしゅんいっしゅん | のく | はなす |
| ねんねん | ねっちゅう | のく | はなれる |
| ねんねん | 16 | のく | へだてる |
| | | のくれやまくれ | 28, 87 |
| | | のけざまに | あおむけに |
| | | のけに | あおむけに |
| | | のこぎりあきなひ | しょうばい |
| | | のこぎりさう | われもこう |
| | | のこぎりさう | 42 |
| | | のごふ | ぬぐう |
| | | のごふ | ふく |
| の | 26 | のこりおほし | こころのこり |
| のう | げいのう | のこりおほし | ざんねん |
| のう | さいのう | のこりなく | すっかり |
| のう | のうりょく | のこりなげ | みれん |
| のう | わざ | のこりなし | のこらず |
| のうげい | げいのう | のこる | いきのこる |
| のうしゃ | げいたっしゃ | のこる | とどまる |
| のうしゃ | さいのう | のこんの | のこり |
| のうじゃ | げいたっしゃ | のこんのつき | ざんげつ |
| のうじゃ | さいのう | のこんのつき | 5 |
| のうしょ | のうひつ | のこんのゆき | ざんせつ |
| のうせう … のうぜん・のうぜんかずら | | のさのさ(と) | おうへいなさま |
| のうせう | 45 | のさのさ(と) | のんき |
| のうひつ | のうひつ | のさもの | のろま |
| のうらくもの | なまけもの | のさもの | おうちゃく |
| のおくり | そうしき | のざらし | いこつ |
| のかぜ | 12, 26 | のざらし | されこうべ |
| のがひ | ほうぼく | のざらし | ずがいこつ |
| のがひ | まきば | のざらし | どくろ |
| のがふ | かう | のざらし | のたれじに |
| のがふ | ほうぼく | のざらし | 47, 74 |
| のがる | ことわる | のす | おだてる |
| のがる | さける | のす | だます |
| のがる | しゅっけ | のす | つむ |
| のがる | じたい | のす | のせる |
| のがる | にげる | のずゑ | 26 |
| のがる | まぬがれる | のせう … のうぜん・のうぜんかずら | |
| のきなみ | 93 | | |
| のきのいとみづ | あまだれ | のせう | 45 |
| のきのいとみづ | 9 | のぞく[視] | のぞきこむ |
| のきのたまみづ | あまだれ | のぞく[臨] | さしかかる |
| のきのたまみづ | 9 | のぞく[臨] | のぞむ |
| のきば | のきさき | のぞく[臨・視] | みおろす |
| のきば | のきした | のぞく[臨・視] | ようす |
| のきば | 92 | のぞこる | のぞく |
| のきやみ | のきした | のぞみ | きぼう |
| のきやみ | 92 | のぞみ | ながい |
| のきをあらそふ | 93 | のぞみ | ねがい |
| のきをならぶ | 93 | のぞみ | 78, 102 |
| のく | さける | のぞむ[望] | ながめやる |
| のく | しりぞく | のぞむ[望] | ながめる |
| のく | じたい | のぞむ[望] | 78 |
| のぞむ[臨] | しゅっせきする |
| のぞむ[臨] | たいする |
| のぞむ[臨] | ちょくめん |
| のぞむ[臨] | むかいあう |
| のぞむ[臨] | りんせきする |
| のたうつ | くるしむ |
| のたうつ | もがく |
| のたうふ | おっしゃる |
| のたばく | おっしゃる |
| のたまはく | おっしゃる |
| のたまはす | おっしゃる |
| のたまふ | おっしゃる |
| のち | しご |
| のち | しそん |
| のち | しょうらい |
| のち | みらい |
| のち | 56, 73 |
| のちせ | こうせい |
| のちせやま | あと |
| のちどころ | 56 |
| のちどころ | しそん |
| のちのあした | よくちょう |
| のちのあした | 64 |
| のちのおや | ままおや |
| のちのおや | ようふぼ |
| のちのおや | りょうしん |
| のちのこと | しご |
| のちのこと | ほうじ |
| のちのこと | 73 |
| のちのたのみ | たより |
| のちのたのみ | よりどころ |
| のちのつき | 4 |
| のちのよ | あのよ |
| のちのよ | こうせい |
| のちのよ | しご |
| のちのよ | まつだい |
| のちのよ | 73 |
| のちのわざ | しご |
| のちのわざ | そうしき |
| のちのわざ | ほうじ |
| のちのわざ | 73 |
| のづかさ | おか |
| のづかさ | 26, 28 |
| のっけに | あおむけに |
| のっち | われもこう |
| のっち | 42 |
| のつとり | きじ |
| のつとり | 34 |
| のづら | やがい |
| のづら | 26 |
| のてん | ろてん |
| のてんゆ | ふろ |
| のてんゆ | ろてんぶろ |
| のど | おだやか |
| のど | しずか |
| のど | のどか |
| のどか | うららか |
| のどか | おだやか |
| のどか | のんき |

ねんなし—のどか

| | | | | | | |
|---|---|---|---|---|---|---|
| のどか | のんびり | のばふ[延] | のばす | のり[血] | ち |
| のどか | へいき | のばふ[述] | かたる | のり[法] | きじゅん |
| のどか | へいぜん | のばふ[述] | のべる | のり[法] | きそく |
| のとがはの | あと | のび | のやき | のり[法] | てほん |
| のどかび | のどか | のび | 26 | のり[法] | ほうりつ |
| のどけし | うららか | のびらか | おだやか | のりあふ | ののしりあう |
| のどけし | おだやか | のびらか | なごやか | のりうつる | とりつく |
| のどけし | のどか | のびらか | のんびり | のりごつ | めいれい |
| のどけし | のんき | のぶ | おそくなる | のりごと | ことば |
| のどけし | のんびり | のぶ | くつろぐ | のりのころも | そう |
| のどけし | やすらか | のぶ | ながびく | のりのころも | 93 |
| のどけし | ゆったり | のぶ | のばす | のりのころゑ | どきょう |
| のどに | のどか | のぶ | ひろがる | のりのし | ぶつどう |
| のどに | おだやか | のぶ | ふえる | のりのみち | ぶつどう |
| のどのど | のどか | のぶ | ながい | のる[載] | つたえる |
| のどのど | ゆるゆる | のぶ | のびのびさせる | のる[乗] | ちょうしづく |
| のどのどと | ゆうゆうと | のぶ | のびる | のる[乗] | とりつく |
| のどのどと | ゆったり | のぶ | ひろげる | のる[乗] | のりうつる |
| のどまる | おだやか | のぶせり | わるもの | のる[罵] | ののしる |
| のどまる | しずまる | のぶとし | おうちゃく | のる[罵] | わるくち |
| のどまる | のんびり | のぶとし | ずぶとい | のる[伸] | のけぞる |
| のどまる | やわらぐ | のべ | かそう | のる[伸] | そる |
| のどまる | 70 | のべ | はか | のる[伸] | それる |
| のどむ | ゆったり | のべ | まいそう | のる[伸] | まがる |
| のどむ | おだやか | のべ | 26 | のる[告] | しらせる |
| のどむ | しずめる | のべのおくり | そうしき | のる[告] | のべる |
| のどむ | のばす | のべのけむり | そうしき | のる[告] | 69 |
| のどむ | のんびり | のぼす | おだてる | のる[賭] | かける |
| のどむ | ひかえめ | のぼす | よびよせる | のる[賭] | しょうぶ |
| のどむ | ゆるめる | のぼり | こい | のろ | 26 |
| のどむ | 70 | のぼり | 37 | のろし | ぐどん |
| のどやか | うららか | のぼる | くらい | のろし | だらしない |
| のどやか | おだやか | のぼる | さんじょうする | のろし | にぶい |
| のどやか | のどか | のぼる | じょうきする | のろのろし | いまいましい |
| のどやか | のんき | のぼる | じょうしょうする | のろのろし | のろわしい |
| のどやか | のんびり | のぼる | のぼせる | のろふ | のろう |
| のどよふ | 91 | のみ | だけ | のわき | たいふう |
| ののくれやまのくれ | 28 | のみど | のど | のわき | ぼうふう |
| ののしりみつ | さわぎたてる | のみど | 48 | のわき | 11, 12, 17 |
| ののしる | うるさい | のむ | いのる | のわきだつ | ふく |
| ののしる | やかましい | のむ | きがん | のわきだつ | 12 |
| ののしる | いきおい | のむ | こんがんする | のわけ | たいふう |
| ののしる | おおごえ | のもせ[野狭] | いっぱい | のわけ | ぼうふう |
| ののしる | さかん | のもせ[野狭] | 26 | のわけだつ | ふく |
| ののしる | さわぐ | のもせ[野面] | のづら | のわけだつ | 12 |
| ののしる | はぶり | のもせ[野面] | やがい | のんど | のど |
| ののしる | ひょうばん | のもせ[野面] | 26 | のんど | 48 |
| ののしる | 69, 83, 84, 90 | のもり | ばんにん | のんどり(と) | のどか |
| ののめく | うるさい | のもりぐさ | はぎ | のんどり(と) | のんびり |
| のばか | かそう | のもりぐさ | 45 | のんれん | のれん |
| のばか | はか | のや | や | | |
| のばす | おおきい | のら | なまけもの | | |
| のばす | ながびく | のら | どうらく | **は** | |
| のばす | にげる | のら | 26, 30 | | |
| のばす | ふやす | のらえ | しそ | は | せんたん |
| のばす | さかん | のらえ | 40 | は | はし |
| のばす | もうける | のらす | おっしゃる | は | ふち |
| のばふ[延] | ながい | のらやぶ | にわ | はいかい | おどけ |
| | | のらやぶ | やぶ | | |

| | | | | | |
|---|---|---|---|---|---|
| はいかい | こっけい | はうじょう[放生] | ころす | はか | めあて |
| はいかい | たわむれ | はうしん | しんせつ | はがくれ | かくれる |
| はいかい | 65 | はうじん | しんせつ | はかじるし | そとば |
| はいかん | 60, 61 | ばうず[亡] | ほろびる | ばかす | だます |
| はいくゎい | さまよう | ばうず[亡] | 72 | ばかす | だます |
| はいくゎい | たちよる | ばうず[坊主] | じゅうしょく | ばかす | たぶらかす |
| はいくゎい | ぶらつく | ばうず[坊主] | じゅうじ | はかせ | がくしゃ |
| はいしょ | るざい | ばうず[坊主] | そう | はかせ | きじゅん |
| はいす | おがむ | はうすん | きょうちゅう | はかせ | てほん |
| はいす | さずける | はうすん | しんちゅう | はかぜ | 12 |
| はいす | にんめい | はうすん | 60, 61 | はかどころ | はか |
| はいたう | れい | はうすんをせむ | せめる | はかなくなる | 72 |
| はいたう | ぶんぱい | ばうぞく | げひん | はかなげ | かたち |
| はいたう | わりあて | ばうぞく | ぶえんりょ | はかなげ | かりそめ |
| ばいにん | しょうにん | ばうぞく | ぶれい | はかなげ | ちょっと |
| はいばん | えんかい | ばうだら | おろか | はかなげ | つまらない |
| はいばん | 95 | ばうだら | だらしない | はかなげ | みじゅく |
| はいばんらうぜき | えんかい | ばうだら | 95 | はかなげ | とるにたりない |
| はいばんらうぜき | さんらん | はうちゃう | りょうり | はかなげ | もののかず |
| はいばんらうぜき | うろたえる | はうぢゃう | じゅうしょく | はかなげ | よわよわしい |
| はいまう | とまどい | はうちゃう | そう | はかなげ | たよりない |
| はいまう | るざい | はうちゃう | へや | はかなげ | ふあんてい |
| はいる | せいほうけい | はうちゃうじゃ | りょうり | はかなし | かりそめ |
| はう | ほうこう | はうちゃうにん | りょうり | はかなし | ちょっと |
| はう | ほうほう | はうづ | かぎり | はかなし | つまらない |
| ばう[坊] | そう | はうづ | げんど | はかなし | とるにたりない |
| ばう[坊] | 92 | ばうて | きおくれ | はかなし | むなしい |
| ばう[房] | へや | はうふつ | かすか | はかなし | もののかず |
| はうい | こうい | はうふつ | にる | はかなし | よわよわしい |
| はうい | こうじょう | はうふつ | ぼんやり | はかなし | わずか |
| はうい | 60 | はうべん[放免] | ゆるす | はかなし | こころぼそい |
| はういつ | かってきまま | はうべん[方便] | さくりゃく | はかなし | あきらか |
| はういつ | きまま | はうべん[方便] | しゅだん | はかなし | あっけない |
| はういつ | てあら | はうべん[方便] | ほうほう | はかなし | いやしい |
| はういつ | らんぼう | はうめん | ゆるす | はかなし | おろか |
| はうか | うちすてる | はうらつ | かってきまま | はかなし | たよりない |
| はうか | なげすてる | はうらつ | わがまま | はかなし | ふあんてい |
| はうかし | かいどう | はうりゃう | かぎり | はかなし | むじょう |
| はうきぼし | 8 | はうりゃう | さいげん | はかなし | そまつ |
| ばうぐみ | とも | はうりゃく | さくりゃく | はかなし | 80 |
| ばうぐみ | なかま | はうりゃく | はかりごと | はかなしごと | うそ |
| はうぐゎんびいき | どうじょう | ばうをく | そまつ | はかなしごと | じょうだん |
| はうげ | うちすてる | ばうをく | 92 | はかなだつ | たよりない |
| はうげ | なげすてる | はえ[南風] | みなみ | はかなだつ | こころぼそい |
| はうこ | ははこぐさ | はえ[南風] | 12 | はかなぶ | たよりない |
| はうこ | 41 | はえ[栄] | こうさい | はかなぶ | 80 |
| はうごん | いいたいほうだい | はえ[栄] | はなやか | はかなむ | たよりない |
| はうごん | ほうげん | はえ[栄] | みばえ | はかなむ | 80 |
| ばうこん | ばけもの | はえ[栄] | ひきたつ | はかなもの | たよりない |
| ばうこん | ぼうれい | はえす | はえてくる | はかなもの | つまらない |
| ばうこん | ゆうれい | はえす | はえる | はがねをならす | ぶゆう |
| ばうざ | びょうにん | はえなし | さえる | はかばかし | あきらか |
| ばうざ | 88 | はえなし | みばえ | はかばかし | おもて |
| はうし | ひょうし | はえばえし | かがやく | はかばかし | きわだつ |
| はうじ | せんにん | はえばえし | はれがましい | はかばかし | しっかり |
| はうじ | どうし | はえばえし | みばえ | はかばかし | じゅうぶん |
| ばうしゃ | そまつ | はか | はかどり | はかばかし | たしか |
| ばうしゃ | 92 | はか | けんとう | はかばかし | たのしい |
| | | | | はかばかし | てきぱき |

はいかい ── はかばかし

は
か
ば
か
し
｜
は
さ
ま

| | | |
|---|---|---|
| はかばかし …………… はかどる | はぎ ……………………… 47 | はくすいらう …………… あま |
| はかばかし …………… まんぞく | はきき ………………… はぶり | はくすいらう ………… ぎょふ |
| はかばかし ………… めいりょう | はききよむ ………… しずめる | はくすいらう ………… りょふ |
| はかはら ……………………… はか | はききよむ ……… へいていする | はくせい …………… じんみん |
| はがひ ………………… つばさ | はぎしみ …………… はぎしり | はくせい ………… ひゃくしょう |
| はがひ …………………… はね | はぎしめ …………… はぎしり | はくたい …………… えいえん |
| はがひにつく …………… ひご | はぎきへ …………… かたな | はくたい ……………………… 16 |
| はがゆし ………… じれったい | はぎな ………………… よめな | はくち ……………… へいぼん |
| はからざるに … おもいがけない | はぎな ……………………… 42 | はくち ……………… ぼんよう |
| はからずも … おもいがけない | はぎゃく ………………… はかい | はくち ………………… むち |
| はからひ …………… かんがえ | はく[穿] ……………… うがつ | はくとうげ …………… きく |
| はからひ …………… けいかく | はく[魄] …………… たましい | はくとうげ ……………………… 39 |
| はからひ …………… しょち | はく[佩] ……………………… こし | はくとうをう ……… ひよどり |
| はからひ ……… とりあつかい | はく[佩] ……………………… 48 | はくとうをう ……… むくどり |
| はからひ ………… はからい | はく[禿] ……… ぬけおちる | はくとうをう ……… 35, 52 |
| はからひ …………… はんだん | はぐ[禿] …………… ぬける | ばくのふだ ……………………… 97 |
| はからふ ……… うちあわせる | はぐ[禿] …………… はげる | はくやう ……………… ばくち |
| はからふ ………… かんがえる | はぐ[剥] ………………… ぬぐ | はくらう ………………… もず |
| はからふ ……… こうりょする | はぐ[剥] …………… はがす | はくれい …………… たましい |
| はからふ …………… しょち | はぐ[剥] ………… はがれる | はくれい ………… ばけもの |
| はからふ …………… そうだん | はぐ[剥] ……… むきとる | はくれい …………… ぼうれい |
| はからふ ……… てかげんする | ばくえき ……………… ばくち | はくをく …………… そまつ |
| はからふ ………… とりきめ | はくがつく ………… かんろく | はくをく …………… まずしい |
| はからふ ……… とりきめる | ばくぎゃく ………… したしい | はくをく ……………………… 92 |
| はからふ ……… とりしきる | ばくぎゃく ………… しんみつ | ばけ[化] ………… ごまかし |
| はからふ ………… はからう | はぐくみ ………………… せわ | ばけ[化] ……………… だます |
| はかり ………………… けいかく | はぐくみ …………… そだてる | ばけ[術] …………… しゅくう |
| はかり ……… とりはからい | はぐくむ …………… いたわる | ばけ[術] ……… はかりごと |
| はかり ………………… めあて | はぐくむ ………… いつくしむ | はげし ………… あらあらしい |
| はかり ………………… けんとう | はぐくむ ………… かわいがる | はげし ………………… けわしい |
| ばかり ………………………… あたり | はぐくむ ………………… せわ | はげし ……………… はげしい |
| ばかり（に） ………………… ぐらい | はぐくむ …………… そだてる | はげます ………… ふるいたつ |
| ばかり（に） ………………… だけ | はぐくむ …………… たいせつ | はげむ ……………… うちこむ |
| ばかり（に） ………………… ほど | はぐくむ …………… まもる | はげむ ………… ふるいおこす |
| はかりこつ …………… けいかく | はぐくもる …………… いたわる | はげむ ………… ふるいたつ |
| はかりこつ …………… けいかく | はぐくもる ………… いつくしむ | ばげん ………………… むかで |
| はかりごつ …………… だます | はぐくもる ………… かわいがる | はこ ………………… だいべん |
| はかりこと ……… おもいつき | はぐくもる …………… そだてる | はごくむ …………… いたわる |
| はかりこと ……… くわだて | はぐくもる …………… たいせつ | はごくむ ………… いつくしむ |
| はかりこと …………… けいかく | はぐくもる …………… まもる | はごくむ ………… かわいがる |
| はかりこと ………… さくりゃく | はぐくもる ………………… せわ | はごくむ ………………… せわ |
| はかりこと …………… しごと | はくけい ………… きょうだい | はごくむ …………… そだてる |
| はかりこと …………… しゅこう | はくけい ……………………… 55 | はごくむ …………… たいせつ |
| はかりなし ………………… かぎり | ばくげき …………… したい | はごくむ ……………………… |
| はかりなし ……… なみなみ | ばくげき ………… しんみつ | はこぶ ……… おしすすめる |
| はかりなし ……… はかりしれない | はくさ ……………… ざっそう | はこぶ …………………… ゆく |
| ばかりに ………………… あたり | はくさ ……………………… 38 | はこぶ ……………………… 68 |
| はかる ………………… けいかく | はくさ ……………… ざっそう | はこべら …………… ななくさ |
| はかる ………………… そうだん | はぐさ ……………………… 38 | はこべら ……………… はこべ |
| はかる ……………… だます | はくし ………… きょうだい | はこべら ……………………… 41 |
| はかる …………… すいさつ | はくし ……………………… 55 | はこや …………… さしものし |
| はかる ……………… おしはかる | ばくしゅう ……………… ごがつ | はこゆ …………… からげる |
| はかる …………………… よき | ばくしゅう ……………… しょか | はこゆ ………… たくしあげる |
| はかる ………………… よそう | ばくしゅう ……………… 6, 17 | はさかふ ………… はさまる |
| はかる …………… すいりょう | はくじつ ………… たいよう | はさす ………………… はしる |
| はかる ………… くわだてる | はくじつ ………… にっちゅう | ばさつく ……… おとをたてる |
| はかる ………………… たくらむ | はくじつ ………… はくちゅう | ばさつく ……………………… 13 |
| はかる ………………… くふう | はくじつ ……………………… 3 | はさま ……………………… あいだ |
| はぎ ………………………… すね | はくじゅ ……………………… 89 | はさま ……………………… すきま |

| | | | |
|---|---|---|---|
| はさま | たに・たにま | はしたなし | れいたん | はしり | だいどころ |
| はざま | あいだ | はしたなし | わるい | はしり | ながし |
| はざま | すきま | はしたなむ | いましめる | はしり | はつもの |
| はざま | たに・たにま | はしたなむ | こまる | はしりうま | あそび |
| はざめ | まぶた | はしたなむ | しかる | はしりうま | げいのう |
| ばさら | かび | はしたなむ | たしなめる | はしりかかる | とびかかる |
| ばさら | はで | はしたなむ | とがめる | はしりかかる | 27 |
| ばさら | ほういつ | はしたなむ | はじ | はしりこぎり | きょうそう |
| はし[愛] | かわいい | はしため | げじょ | はしりこくら | きょうそう |
| はし[愛] | なつかしい | はしため | めしつかい | はしりちゑ | あさはか |
| はし[愛] | 62 | はしたもの | げじょ | はしりちゑ | ちえ |
| はし[端] | おり | はしたもの | めしつかい | はしりで | いりぐち |
| はし[端] | きっかけ | はしぢか | あさはか | はしりで | かどぐち |
| はし[端] | だんぺん | はしぢか | おくゆかしい | はしりぶね | 97 |
| はし[端] | ふち | はしづま | かわいい | はしりぼし | ながれぼし |
| はし[端] | ほったん | はしづま | 54 | はしりぼし | 8 |
| はし[嘴] | くちばし | はしづめ | はし | はしりまどふ | あわてはしる |
| はし[嘴] | 33 | はしなく | おもいがけない | はしりまどふ | はしる |
| はし[階] | かいだん | はしなく | ふと | はしりめうと | かけおち |
| はし[陛] | はしご | はしなくも | ふと | はしりめうと | 84 |
| はじ[土師] | しょくにん | はしばし | あちこち | はしりもの | かけおち |
| はじ[土師] | どき | はしばし | あれこれ | はしりもの | とうぼう |
| はじ[櫨] | はぜ・はぜのき | はしばし | こうがい | はしりもの | はつもの |
| はじ[櫨] | 45 | はしばし | つまらない | はしりゆ | おんせん |
| はしがき | ついしん | はしばし | へんぴ | はしりゆ | ふろ |
| はしがき | てがみ | はしばし | 107 | はしりゐ | しみず |
| はじかみ | さんしょう | はしぶね | こぶふね | はしる | かける |
| はじかみ | しょうが | はしぶね | はしけ | はしる | ころがる |
| はじかみ | 40, 45 | はしぶね | 97, 98 | はしる | とびちる |
| はしきやし | ああ | はじむ | かいしする | はしる | どきどき |
| はしきやし | かわいい | はじむ | はじめる | はしる | ながれる |
| はしきやし | 101 | はしむかふ | おとうと | はしる | にげる |
| はしきよし | ああ | はしむかふ | 56 | はしる | ひび |
| はしきよし | かわいい | はじめ | いちぶしじゅう | はしる | むなさわぎ |
| はしきよし | 101 | はじめ | こんげん | はしる | わくわくする |
| はしけやし | ああ | はじめ | こんぽん | はしる | われる |
| はしけやし | 101 | はじめ | さいしょ | はしる | 25, 27 |
| はしことば | ことばがき | はじめ | はじまり | はしるはしる | ざっと |
| はしことば | はしがき | はじめ | はじめ | はしるはしる | ひととおり |
| はしことば | 64 | はじめつかた | とうしょ | はしるはしる | わくわくする |
| はじし | はぐき | はじめつかた | はじめ | はしろ | えんがわ |
| はじし | 48 | はじめて | あらためて | はす | あくせくする |
| はした | ちゅうとはんぱ | はじめて | いまさら | はす | かける |
| はしたかの | 28 | はじめて | さいしょ | はす | はしる |
| はしだての | くら | はじめて | すぐに | はず | どうり |
| はしだての | けわしい | はじめのおい | しじっさい | はず | やくそく |
| はしたなし | はくじょう | はじめのおい | 89 | はず | よてい |
| はしたなし | けしからん | ばしゃく | うま | はすのは | そまつ |
| はしたなし | しつれい | ばしゃら | はで | はすのはもの | そまつ |
| はしたなし | はげしい | ばしゃれ | かび | はすは | はしたないこと |
| はしたなし | そっけない | ばしゃれ | ほういつ | はずゑ | は |
| はしたなし | ちゅうとはんぱ | はしら | たより | はせあるく | はしりまわる |
| はしたなし | つれない | はしら | 111 | ばせう | 41 |
| はしたなし | ていさい | はしらかす | にたたせる | はせおくる | おくれる |
| はしたなし | どっちつかず | はしらかす | はしる | はせおくる | とりのこす |
| はしたなし | はなはだしい | はしらかす | はりめぐらす | はせちがふ | ゆきちがう |
| はしたなし | ぶあいそう | はしらかす | ひび | ばせを | ばしょう |
| はしたなし | ぶれい | はしらかす | わる | ばせを | 41 |
| はしたなし | みぐるしい | | | はた[将] | あるいは |

はさま──はた

193

## は た ── はだをあはす

|  |  |
|---|---|
| はた[将] | おそらく |
| はた[将] | きっと |
| はた[将] | しかし |
| はた[将] | そのうえ(に) |
| はた[将] | それとも |
| はた[将] | はたして |
| はた[将] | はたまた |
| はた[将] | ひょっと |
| はた[将] | やはり |
| はた[将] | もしかすると |
| はた[将] | 109, 110 |
| はた[端] | そば |
| はた[端] | ふち |
| はた[端] | ほとり |
| はた[鰭] | ひれ |
| はた[鰭] | 37 |
| はた[機] | しょっき |
| はた[二十] | にじっさい |
| はた[二十] | にじゅう |
| はた[二十] | 89 |
| はた[幡] | たこ |
| はだ | きしょう |
| はだ | きだて |
| はだ | きめ |
| はたおり | きりぎりす |
| はたおり | 36 |
| はたおりめ | きりぎりす |
| はたおりめ | 36 |
| はたかくる | かくれる |
| はだかむし | にんげん |
| はだかむし | びんぼう |
| はだかる | たつ |
| はだかる | ひらく |
| はだかる | ひろがる |
| はだかる | ひろげる |
| はたく[開] | ひろげる |
| はたく[叩] | くだく |
| はたく[叩] | しくじる |
| はたく[叩] | そん |
| はたく[叩] | だす |
| はたく[叩] | つかいはたす |
| はたぐ[開] | あける |
| はたぐ[開] | ひろげる |
| はだく[開] | あける |
| はだく[開] | はだける |
| はだく[開] | ひろげる |
| はだく[刷] | なでる |
| はたぐも | くも |
| はたぐも | たなびく |
| はだけがみ | かみ |
| はだけがみ | みだれる |
| はたこ | ひゃくしょう |
| はたこ | 30 |
| はたご | りょうり |
| はたご | やど |
| はたご | 87, 96, 97 |
| はたごや | やど |
| はたごや | 87 |
| はたした | けらい |
| はたした | はいか |
| はたした | ぶか |
| はたして | あんのじょう |
| はたして | よそう |
| はたしとぐ | しとげる |
| はたしとぐ | なしおえる |
| はたす | ころす |
| はたす | しとげる |
| はたす | しとめる |
| はたす | なしおえる |
| はたす | やりとげる |
| はたすすき | すすき |
| はたすすき | 40 |
| はだせ | はだ |
| はだせ | ひふ |
| はだせ | うま |
| はだせ | はだうま |
| はだせ | 33, 48 |
| はだせうま | はだうま |
| はたたがみ | かみなり |
| はたたく | とどろく |
| はたたく | 13 |
| はたち | にじっさい |
| はたち | にじゅう |
| はたち | 89 |
| はだつき | はだ |
| はだつき | はだぎ |
| はだつき | ひふ |
| はだつき | 93 |
| はたつもの | やさい |
| はたて | かぎり |
| はたて | はて |
| はたて | はし |
| はたと | きゅう |
| はたと | けっして |
| はたと | しっかり |
| はたと | すっかり |
| はたと | たしか |
| はたと | だんじて |
| はたと | とつぜん |
| はたと | にらみつける |
| はたと | にわか |
| はたと | ほんとうに |
| はたと | まこと |
| はたと | まったく |
| はたと | ピシャッと |
| はたとせ | にじっさい |
| はたとせ | 89 |
| はたのさもの | こざかな |
| はたのさもの | 37 |
| はたのひろもの | おおきい |
| はたのひろもの | 37 |
| はたはた | ばった |
| はたはた | 37 |
| はたばり | けんせい |
| はたばり | ざいさん |
| はたばり | はば |
| はたばる | いばる |
| はたばる | のびる |
| はたばる | はば |
| はたばる | ひろがる |
| はだへ | はだ |
| はだへ | ひふ |
| はだへ | 48 |
| はたまた | あるいは |
| はたまた | そのうえ(に) |
| はたまた | もしかすると |
| はたまた | それとも |
| はたまた | ひょっと |
| はたまた | 109, 110 |
| はたもの | はた |
| はたもの | しょっき |
| はたもの | おりもの |
| はたや | あるいは |
| はたや | ひょっとすると…か |
| はたや | もしかして |
| はたや | もしかすると |
| はたやはた | あるいは |
| はたやはた | ひょっとすると…か |
| はたやはた | もしかして…か |
| はたやはた | もしかすると |
| はだら | まだら |
| はだら | まばら |
| はだら | ゆき |
| はだら | しも |
| はたらかす | うごかす |
| はたらかす | かつどうする |
| はたらき | かつやく |
| はたらき | かつよう |
| はたらき | きのう |
| はたらき | こうか |
| はたらき | てがら |
| はたらき | どりょく |
| はたらき | ふるまい |
| はたらき | ろうどう |
| はたらく | うごく |
| はたらく | かつどうする |
| はたらく | かつよう |
| はたらく | きのう |
| はたらく | こうどう |
| はたらく | しごと |
| はたらく | どうよう |
| はたらく | やく |
| はだらゆき | ゆき |
| はたる | さいそく |
| はたる | せいきゅうする |
| はたる | とりたてる |
| はたる | もとめる |
| はだれ | まだら |
| はだれ | まばら |
| はだれ | ゆき |
| はだれ | しも |
| はだれじも | しも |
| はだれゆき | ゆき |
| はだをあはす | きょうぼう |
| はだをあはす | しめしあわす |
| はだをあはす | やくそく |

| | | |
|---|---|---|
| はだをあはす ……… 61 | はちまんだいぼさつ … **まったく** | はつかり ……………… 34 |
| はち ……………… **いこつ** | はちらふ ……… **はずかしがる** | はつかりがね ……… **かり** |
| はち ……………… **ずがいこつ** | はちらふ ……… **はにかむ** | はつかりがね ……… 34,91 |
| はち ……………… **たくはつ** | はちをすつ ……… **はじ** | はづき ……… **はちがつ** |
| はち ……………… 47 | はちをひらく ……… **たくはつ** | はづき ……………… 7 |
| はち ……………… **はじ** | はちをみる ……… **はじ** | はつくさ ……… **おさなご** |
| はち ……………… **ふめいよ** | はつ[果] ……………… **おわり** | はつくさ ……… **わかくさ** |
| はち ……………… **ぶじょく** | はつ[果] ……………… **おわる** | はつくさ ……… 38,51 |
| はち ……………… **めんぼく** | はつ[果] ……………… **きえる** | はっくゎう ……… **くに** |
| はちあり ……… **めいよ** | はつ[果] ……………… **つきる** | はっくゎう ……… **てんかう** |
| はちかかやく ……… **せきめん** | はつ[果] ……………… **なくなる** | ばつざ ……… **まっせき** |
| はちかかやく ……… **せきめん** | はつ[果] ……………… **はてる** | はっし(と) … **はきはきしている** |
| はちかかやく ……… **はずかしがる** | はつ[果] ……………… 72 | はっし(と) ……………… 13 |
| はちかがやく ……… **はじる** | はつ[初] ……………… **さいしょ** | はつしぐれ ……… **しぐれ** |
| はちかくる ……… **はずかしい** | はつ[初] ……………… **はじめて** | はつしぐれ ……………… 9 |
| はちかくる ……… **はずかしい** | はつ[初] ……………… **はつもの** | はつしもづき ……… **じゅうがつ** |
| はちがはし ……… **きはずかしい** | はつ[泊] ……………… **ていはく** | はつしもづき ……………… 7 |
| はちがはし ……… **はずかしい** | はつ[泊] ……………… 97 | はつしもの ……… **おく** |
| はちがはす ……… **はずかしがる** | はづ ……………… **えんりょ** | はつしろぐさ ……… **かどまつ** |
| はちがまし ……… **はずかしい** | はづ ……………… **おとる** | はづす ……… **いっする** |
| はちしむ ……… **いましめる** | はづ ……………… **きがねする** | はづす ……… **えんりょ** |
| はちしむ ……… **はずかしめる** | はづ ……………… **はじ** | はづす ……… **さける** |
| はちじゅん ……… **はちじっさい** | はつあき ……… **しちがつ** | はづす ……… **そこなう** |
| はちじゅん ……………… 89 | はつあき ……………… 6 | はづす ……… **とりにがす** |
| はちしらふ ……… **はずかしい** | はつあさ ……… **がんたん** | はづす ……… **とりのぞく** |
| はちしらふ ……… **はにかむ** | はつあらし ……………… 12 | はづす ……… **にがす** |
| はちす ……… **はす** | はついこ ……… **はつこい** | はづす ……… **ぬぐ** |
| はちす ……………… 41 | はついろ ……………… 64 | はづす ……… **のぞく** |
| はちすのうてな ……… **はす** | はつえ ……… **こずえ** | はづす ……… **はずす** |
| はちすのうてな ……… 41 | はつえ ……………… 43 | はつぞら ……… **がんじつ** |
| はちすのうへ ……… **あのよ** | ばつえふ ……… **しそん** | はつぞら ……… **そら** |
| はちすのうへ | ばつえふ ……………… 56 | はつそらづき ……… **いちがつ** |
| …**ごくらく**・**ごくらくじょうど** | はつおい ……… **しじっさい** | はつそらづき ……………… 5 |
| はちすのうへ ……………… 72 | はつおい ……………… 89 | はつた ……… **しんでん** |
| はちすば ……… **はす** | はつか ……… **かすか** | はつた ……………… 30 |
| はちすば ……………… 41 | はつか ……… **すこし** | はったと ……… **きゅう** |
| はちなし ……… **あつかましい** | はつか ……… **ほのか** | はったと ……… **けっして** |
| はちなし ……… **おとる** | はつか ……… **わずか** | はったと ……… **しっかり** |
| はちのき ……… **ぼんさい** | はっかう ……… **しゅっぱつ** | はったと ……… **すっかり** |
| はちのき ……………… 44 | はっかう ……… **りゅうこう** | はったと ……… **たしか** |
| はちぶく ……… **おこる** | はつかがみ ……… **けしょう** | はったと ……… **だんじて** |
| はちぶく ……… **ぐち** | はつかぐさ ……… **ぼたん** | はったと ……… **とつぜん** |
| はちぶく ……… **ふへい** | はつかぐさ ……………… 46 | はったと ……… **にらみつける** |
| はちぶく ……… **もんく** | はづかし ……… **きおくれ** | はったと ……… **にわか** |
| はちぶく ……………… 70 | はづかし ……… **きづまり** | はったと ……… **ほんとうに** |
| はちぼく ……… **こめ** | はづかし ……… **きまりがわるい** | はったと ……… **まこと** |
| はちぼく ……………… 96 | はづかし ……… **すぐれる** | はったと ……… **まったく** |
| はちまん ……… **まこと** | はづかし ……… **てれくさい** | はったと ……… **ピシャッと** |
| はちまん ……… **けっして** | はづかし ……… **はずかしい** | はっちつ ……… **はちじっさい** |
| はちまん ……… **だんじて** | はづかし ……… 58,59,82 | はっちつ ……………… 89 |
| はちまん ……… **ほんとうに** | はづかしげ ……………… 82 | はつづき ……… **いちがつ** |
| はちまん ……… **まったく** | はづかしげなし ……… **えんりょ** | はつづき ……………… 5 |
| はちまんだいぼさつ …… **まこと** | はづかしげなし ……………… 58 | はっと ……… **きゅう** |
| はちまんだいぼさつ … **けっして** | はづかしむ ……… **はじ** | はっと ……… **にわか** |
| はちまんだいぼさつ … **だんじて** | はづかしむ ……… **はずかしめる** | はっと[法度] ……… **おきて** |
| はちまんだいぼさつ | はづかしむ ……… **ぶじょく** | はっと[法度] ……… **きんせい** |
| ……………… **ほんとうに** | はつかぜ ……… 11,17 | はっと[法度] ……… **ほうりつ** |
| | はつかり ……… **かり** | はつなぐさ ……… **うめ** |
| | | はつなぐさ ……………… 44 |

はつなり―はなはだし

| | | |
|---|---|---|
| はつなり | …………… | **はつもの** |
| はつね | …………… | 90, 91 |
| はつはつ | …………… | **いささか** |
| はつはつ | …………… | **かすか** |
| はつはつ | …………… | **わずか** |
| はつはつ(に) | …………… | **かすか** |
| はつはつに | …………… | **わずか** |
| はつはな | …………… | **わかい** |
| はつはな | …………… | 51 |
| はつはなぐさ | …………… | **うめ** |
| はつはなぐさ | …………… | 44 |
| はつはなづき | …………… | **いちがつ** |
| はつはづき | …………… | 5 |
| はつはる | …………… | **しんねん** |
| はつはる | …………… | **とし** |
| はつはるづき | …………… | **いちがつ** |
| はつはるづき | …………… | 5 |
| はつほ | …………… | **おそなえ** |
| はつほ | …………… | **こめ** |
| はつみぐさ | …………… | **うのはな** |
| はつみぐさ | …………… | **きく** |
| はつみぐさ | …………… | **はぎ** |
| はつみぐさ | …………… | **まつ** |
| はつみぐさ | …………… | 60 |
| はつみづき | …………… | **いちがつ** |
| はつみづき | …………… | 5 |
| はつむ | …………… | **いきおい** |
| はつめい | …………… | **かしこい** |
| はつめい | …………… | **くふう** |
| はつめい | …………… | **そうあん** |
| はつめい | …………… | **りこう** |
| はつもとゆひ | …………… | **おとな** |
| はつよぐさ | …………… | **かどまつ** |
| はづる | …………… | **ほつれる** |
| はづる | …………… | **ほどける** |
| はづる | …………… | **おかす** |
| はづる | …………… | **および** |
| はづる | …………… | **しりぞく** |
| はづる | …………… | **それる** |
| はづる | …………… | **のく** |
| はづる | …………… | **はずれる** |
| はづる | …………… | **はなれる** |
| はづる | …………… | **はみだす** |
| はづる | …………… | **もれる** |
| はづれ | …………… | **はし** |
| はづれ | …………… | **はて** |
| はづれ | …………… | **ふるまい** |
| はつれはつれ | …… | **ところどころ** |
| はつれはつれ | …………… | **はし** |
| はつれはつれ | …………… | **はしばし** |
| はつれはつれ | …………… | **あちこち** |
| はづれはづれ | …… | **ところどころ** |
| はづれはづれ | …………… | **はし** |
| はづれはづれ | …………… | **はしばし** |
| はて | …………… | **おわり** |
| はて | …………… | **かなた** |
| はて | …………… | **けつぼうさせる** |
| はて | …………… | **はて** |
| はてのこと | …………… | **ほうじ** |
| はてのつき | …… | **じゅうにがつ** |
| はてのつき | …………… | 7 |
| はてのわざ | …………… | **ほうじ** |
| はては | …………… | **ついに** |
| はてはて | …………… | **おわり** |
| はてはて | | |
| …あげく・あげくのはて | | |
| はてはて | …………… | **けっきょく** |
| はな | …………… | **さかえる** |
| はな | …………… | **さくら** |
| はな | …………… | **きわだつ** |
| はな | …………… | **あきらか** |
| はな | …………… | **えいが** |
| はな | …………… | **さかん** |
| はな | …………… | **しゅうぎ** |
| はな | …………… | **な** |
| はな | …………… | **にぎやか** |
| はな | …………… | **めいよ** |
| はな | …………… | 44 |
| はなあかす | …………… | **だしぬく** |
| はなあかり | …………… | **あかるい** |
| はないろ | …………… | 15 |
| はなかぜ | …………… | **さくら** |
| はなかぜ | …………… | 11, 45 |
| はながたみ | …………… | **かご** |
| はながたみ | …………… | **はなかご** |
| はながたみ | …………… | 49 |
| はながつみ | …………… | 42 |
| はながひ | …………… | **さくらがい** |
| はながひ | …………… | 37 |
| はなぐはし | …………… | **あし** |
| はなぐはし | …………… | **さくら** |
| はなぐはし | …………… | 45 |
| はなごころ | …………… | **うわきごころ** |
| はなごろも | …………… | **はなみ** |
| はなごろも | …………… | **はれぎ** |
| はなごろも | …………… | 94 |
| はなしたつゆ | …………… | **はな** |
| はなじろ | …………… | **であいがしら** |
| はなじろむ | …………… | **きおくれ** |
| はなじろむ | …………… | **きょうざめ** |
| はなじろむ | …………… | **しらける** |
| はなじろむ | …………… | **ためらう** |
| はなじろむ | …………… | **てれる** |
| はなすすき | …………… | **すすき** |
| はなすすき | …………… | **ほのか** |
| はなすすき | …………… | 40 |
| はなすすり | …………… | 66 |
| はなすはう | …… | **すおうのはな** |
| はなすはう | …………… | 45 |
| はなだ | …………… | **あいいろ** |
| はなだ | …………… | **あお・あおいろ** |
| はなだ | …………… | 14, 15 |
| はなだいろ | …………… | 15 |
| はなだぐさ | …………… | **つゆくさ** |
| はなだぐさ | …………… | 40 |
| はなだつ | …………… | **さく** |
| はなつ | …………… | **あける** |
| はなつ | …………… | **うる** |
| はなつ | …………… | **おいはらう** |
| はなつ | …………… | **かいにんする** |
| はなつ | …………… | **だす** |
| はなつ | …………… | **ついほう** |
| はなつ | …………… | **てばなす** |
| はなつ | …………… | **とおざける** |
| はなつ | …………… | **ときはなす** |
| はなつ | …………… | **にがす** |
| はなつ | …………… | **のぞく** |
| はなつ | …………… | **はっする** |
| はなつ | …………… | **はなす** |
| はなつ | …………… | **めんしょく** |
| はなつ | …………… | 90 |
| はなつき | …………… | **かんどう** |
| はなつき | …………… | **であいがしら** |
| はなつき | …………… | **とつぜん** |
| はなづき | …………… | **さんがつ** |
| はなづき | …………… | 6 |
| はなつつま | …………… | **うつくしい** |
| はなつま | …………… | **うつくしい** |
| はなづま | …………… | **うつくしい** |
| はなづま | …………… | 45, 54 |
| はなとぶつき | …… | **さんがつ** |
| はなとぶつき | …………… | 6 |
| はなのごりづき | …………… | **しがつ** |
| はななごりづき | …………… | 6 |
| はなの | …………… | 26 |
| はなのあに | …………… | **うめ** |
| はなのあに | …………… | 44 |
| はなのあめ | …………… | 9 |
| はなのいも | …………… | **きく** |
| はなのいも | …………… | 39 |
| はなのうてな | …………… | **はす** |
| はなのうてな | …………… | 41 |
| はなのえん | …………… | **えんかい** |
| はなのおと | …………… | **きく** |
| はなのおと | …………… | 39 |
| はなのおとと | …………… | **きく** |
| はなのおとと | …………… | 39 |
| はなのくも | …………… | **さくら** |
| はなのくも | …………… | 45 |
| はなのこりづき | …………… | **しがつ** |
| はなのこりづき | …………… | 6 |
| はなのころも | …………… | **きれい** |
| はなのころも | …………… | 93 |
| はなのさきちゑ | …… | **あさはか** |
| はなのしまき | …………… | 11 |
| はなのやど | …………… | **はな** |
| はなのやど | …………… | **やど** |
| はなのやど | …………… | 87, 92 |
| はなのゆき | …………… | **さくら** |
| はなのゆき | …………… | **ちる** |
| はなのゆき | …………… | 45 |
| はなは | …………… | 28, 29 |
| はなはだ | …………… | **とても** |
| はなはだ | …………… | **ひじょうに** |
| はなはだし | …… | **はなはだしい** |

| | | |
|---|---|---|
| はなばな ………… **はなやか** | はなをやる ………… **あそび** | ははきぼし ………………… **8** |
| はなばなし ………………… **はで** | はなをやる ………… **おしゃれ** | ははくそ …………… **できもの** |
| はなばなし ……… **はなやか** | はなをやる ………… **きかざる** | ははくろ ……………… **ほくろ** |
| はなびと ……………………… **はな** | はなをやる ……………… **きる** | ははくろ …………… **できもの** |
| はなびと ………………… **はなみ** | はなをやる ………… **はなやか** | ははくろ ……………… **ほくろ** |
| はなひる …………… **くしゃみ** | はなををる ………… **はなやか** | ははこ ………………… **ごきょう** |
| はなふ ……………… **くしゃみ** | はに ……………………… **つち** | ははこ …………… **ほうきぐさ** |
| はなふくあき ……………… **くがつ** | はに …………………… **ねんど** | ははこ ………………… **40, 42** |
| はなふくあき ………………… **7** | ははこ ……………………… **はは** |
| はなまじろき ……………… **68** | はにじ ……… **はぜ・はぜのき** | ははごぜ ……………………… **56** |
| はなまじろぎ ……… **れいしょう** | はにじ ………………………… **45** | ははごぜん …………………… **はは** |
| はなみづ ………… **おそなえ** | はにつち …………… **あかつち** | ははごぜん ……………………… **56** |
| はなみづ ……………… **ほとけ** | はにつち ……………… **ねんど** | ははそ ……………… **くぬぎ** |
| はなみづき ………… **さんがつ** | はにふ ……………… **あかつち** | ははそ ………………… **こなら** |
| はなみどり ………………………… **6** | はにふ ………………… **そまつ** | ははそ ……… **なら・くぬぎ** |
| はなみどり ………… **うぐいす** | はにふ …………… **みすぼらしい** | ははそ ………………… **44, 45** |
| はなみどり …………………… **34** | はにふ ………………………… **92** | ははそはの …………………… **はは** |
| はなむけ …………… **せんべつ** | はにふのをや ………… **そまつ** | ははそはの …………………… **56** |
| はなむけ ………… **わかれ** | はにふのをや …… **みすぼらしい** | ははとじ …………………… **はは** |
| はなむしろ ……………………… **はな** | はにふのをや ………………… **92** | ははとじ ……………………… **56** |
| はなむしろ …………………… **38** | はぬ …………………… **はねる** | ははびと …………………… **はは** |
| はなむらさき …… **すおうのはな** | はぬ …………… **きりおとす** | ははびと ………… **りょうしん** |
| はなむらさき ………………… **45** | はぬ ………… **かすめとる** | ははびと ……………………… **56** |
| はなめく ……………… **さかえる** | はぬ ………… **はねあげる** | はひ ………………… **れんこん** |
| はなめく ……………… **ときめく** | はぬ ……… **おどりあがる** | はひ ……………………… **41, 42** |
| はなめく ……………… **はなやか** | はぬ …………… **とびあがる** | はひありく ………… **はいまわる** |
| はなめく ……………… **にぎやか** | はぬ ……………… **はじける** | はひかくる …………… **かくれる** |
| はなもうごかさず ………… **へいぜん** | はぬ …………………… **ぬきとる** | はびこる ……………… **さかん** |
| はなやか …………… **うつくしい** | はねぎる ………… **とびまわる** | はびこる ……………………… **しげる** |
| はなやか ………… **かいかつ** | はねぎる …………… **はしゃぐ** | はびこる ………… **ひろがる** |
| はなやか ……………… **かっぱつ** | はねぎる ………… **いそがしい** | はびこる ………… **ひろまる** |
| はなやか ……… **きらびやか** | はねをかはす …………… **よりそう** | はひだむ ……………… **にごる** |
| はなやか ………… **きわだつ** | はねをかはす ………………… **63** | はひたもとほる …… **はいまわる** |
| はなやか …………… **はっきり** | はねをならぶ ………… **よりそう** | はひひろごる …………… **しげる** |
| はなやか ……………………… **はで** | はねをならぶ ………………… **63** | はひまぎる ………… **かくれる** |
| はなやか ………………… **ようき** | はのじのみづ ………………… **27** | はひまぎる …………… **しのぶ** |
| はなやか …………… **さかん** | はは ……………………………… **33** | はひまぎる ……………… **まぎらす** |
| はなやか …………… **ときめく** | はは［大蛇］ ……… **だいじゃ** | はひもとほる ……… **はいまわる** |
| はなやか …………… **にぎやか** | はは［大蛇］ ……………… **へび** | はひもとほふ …… **はいまわる** |
| はなやぐ …………… **さかえる** | はば …………………… **はぶり** | はひよる …………… **しのぶ** |
| はなやぐ …………… **ときめく** | はは …………………… **はは** | はひよる ………… **ちかよる** |
| はなやぐ …………… **はなやか** | ははおとど ……………………… **はは** | はひり ………………… **いりぐち** |
| はなやぐ ………………… **ようき** | ははおとど ……………………… **56** | はひわたる ………… **しのぶ** |
| はなりそ ………… **かいじょう** | はばかり ………… **えんりょ** | はひわたる …………… **そっと** |
| はなる ………………………… **えん** | はばかり …… **おそれおおい** | はひわたる ……………… **ゆく** |
| はなる ………… **とおざかる** | はばかり …… **さしさわり** | はひわたる ……………………… **68** |
| はなる ……………………… **にげる** | はばかる ………………… **いっぱい** | はふ［延］ ………… **おもいつづける** |
| はなる ……………… **はなれる** | はばかる ………………… **おそれ** | はふ［延］ ……… **はりめぐらす** |
| はなる ……………… **へだたる** | はばかる …… **おそれつつしむ** | はふ［延］ ………… **ひきのばす** |
| はなる ……… **めんかんとなる** | はばかる ……… **きがねする** | はふ［延］ ……………………… **61** |
| はなる ……………… **めんしょく** | はばかる ………………… **すすむ** | はふ［這］ ………… **さすらう** |
| はなる ……………… **わかれる** | はばかる …………… **はびこる** | はふ［這］ ………… **さまよう** |
| はなれそ ………… **かいじょう** | はは ………………………… **ほうき** | はふ［道］ ……………………… **はう** |
| はなれそ ………………………… **22** | はははき …………… **ほうきぐさ** | はふ［道］ …………… **はびこる** |
| はなわけごろも ……………… **94** | はははき …………… **りょうしん** | はふ［道］ ………… **はらばう** |
| はなゑみ …………… **にこやか** | はははき ………………… **42, 56** | はふ［道］ …………… **ほうろう** |
| はなをかく ……………………… **そん** | はははきぐさ …… **ほうきぐさ** | ばふ …………………… **うばう** |
| はなをしみづき ……… **さんがつ** | はははきぐさ ……………………… **42** | はぶき ……………… **はばたき** |
| はなをしみづき …………………… **6** | はははきぼし ……………… **すいせい** | はぶく［省］ ……… **かんりゃく** |

| | | |
|---|---|---|
| はぶく[省] | …… | **とりのぞく** |
| はぶく[省] | …… | **へらす** |
| はぶく[省] | …… | **わけあたえる** |
| はぶく[羽振] | …… | **はばたく** |
| はふくずの | …… | **あと** |
| はふくずの | …… | **した** |
| はふくずの | …… | **たえる** |
| はふくずの | …… | **とおい** |
| はぶし | …… | **はぐき** |
| はぶし | …… | 48 |
| はぶしへだす | …… | **くち** |
| はぶしへだす | …… | **ことば** |
| はぶしへだす | …… | 69 |
| ばふせう | …… | **すくない** |
| ばふせう | …… | **とぼしい** |
| はふつたの | …… | **わかれる** |
| はふに | …… | **おしろい** |
| はふに | …… | **けしょう** |
| はははふ | …… | **あわてふためく** |
| はふはふ | …… | **あわてる** |
| はふはふ | …… | **やっと** |
| はふらかす | …… | **うちすてる** |
| はふらかす | …… | **ほうりだす** |
| はふらす | …… | **うちすてる** |
| はふらす | …… | **ほうりだす** |
| はふり[祝] | …… | **かんぬし** |
| はふり[葬] | …… | **そうしき** |
| はぶり | …… | **そうしき** |
| はふりみち | …… | **そうしき** |
| はふりみち | …… | **そうそう** |
| はふりめ | …… | **かんぬし** |
| はふりめ | …… | **みこ** |
| はふる[葬] | …… | **そうしき** |
| はふる[葬] | …… | **ほうむる** |
| はふる[葬] | …… | **まいそう** |
| はふる[放] | …… | **おちぶれる** |
| はふる[放] | …… | **さすらう** |
| はふる[放] | …… | **さまよう** |
| はふる[放] | …… | **すてる** |
| はふる[放] | …… | **ついほう** |
| はふる[放] | …… | **ばらばら** |
| はふる[放] | …… | **ほうりだす** |
| はふる[放] | …… | **ほうろう** |
| はふる[放] | …… | **みすてる** |
| はふる[羽振] | …… | **はばたく** |
| はふる[屠] | …… | **うちやぶる** |
| はふる[屠] | …… | **きりきざむ** |
| はふる[屠] | …… | **きりさく** |
| はふる[屠] | …… | **やぶる** |
| はふる[溢] | …… | **あふれる** |
| はふる[溢] | …… | **ひろがる** |
| はふる[溢] | …… | **みちひろがる** |
| はぶる[葬] | …… | **かそう** |
| はぶる[葬] | …… | **そうしき** |
| はぶる[葬] | …… | **ほうむる** |
| はぶる[葬] | …… | **まいそう** |
| はぶる[放] | …… | **おちぶれる** |
| はぶる[放] | …… | **さまよう** |
| はぶる[放] | …… | **ほうろう** |
| はぶる[溢] | …… | **あふれる** |
| はぶる[溢] | …… | **みちひろがる** |
| はべり | …… | **おつかえする** |
| はべり | …… | **おる** |
| はべり | …… | **ございます** |
| はべり | …… | **しこうする** |
| はべり | …… | **つかえる** |
| はべる | …… | **ある** |
| はほまめの | …… | **からまる** |
| はま | …… | **かし** |
| はま | …… | **すな** |
| はま | …… | 23 |
| はまおもと | …… | **はまゆう** |
| はまおもと | …… | 41 |
| はまちどり | …… | **ひろがる** |
| はまつかぜ | …… | **しおかぜ** |
| はまつかぜ | …… | 11, 22, 23 |
| はまづら | …… | **はまべ** |
| はまのまさご | …… | 79 |
| はまび | …… | **はまべ** |
| はまひめ | …… | **あま** |
| はまべ | …… | **はまべ** |
| はまもめん | …… | **はまゆう** |
| はまもめん | …… | 41 |
| はまゆふの | …… | **へだてる** |
| はまる | …… | **おちいる** |
| はまる | …… | **おちこむ** |
| はまる | …… | **だます** |
| はみかへる | …… | **たべる** |
| はみかへる | …… | **ぶりかえす** |
| はみかへる | …… | 88 |
| はみもの | …… | **えさ** |
| はみもの | …… | 95, 96 |
| はむ[飲] | …… | **のむ** |
| はむ[食] | …… | **がいする** |
| はむ[食] | …… | **そこなう** |
| はむ[食] | …… | **たべる** |
| はむ[食] | …… | **ぱくぱくする** |
| はむ[填・嵌] | …… | **おとしいれる** |
| はむ[填・嵌] | …… | **だます** |
| はむ[填・嵌] | …… | **なげこむ** |
| はむ[填・嵌] | …… | **はめる** |
| ばむ | …… | **せいしつ** |
| ばむ | …… | 113 |
| はむく | …… | **さからう** |
| はむく | …… | **はむかう** |
| はむら | …… | **は** |
| はも | …… | **よ** |
| はも | …… | 101 |
| はや | …… | **よ** |
| はや[早] | …… | **じつは** |
| はや[早] | …… | **すぐに** |
| はや[早] | …… | **すみやかに** |
| はや[早] | …… | **はやく** |
| はや[早] | …… | **ほんとう** |
| はや[早] | …… | **もともと** |
| はや[甲矢] | …… | **や** |
| ばや | …… | **しよう** |
| ばや | …… | 99, 101 |
| はやあさ | …… | 19 |
| はやう | …… | **いぜん** |
| はやう | …… | **かねて** |
| はやう | …… | **がんらい** |
| はやう | …… | **じつは** |
| はやう | …… | **すぐに** |
| はやう | …… | **すでに** |
| はやう | …… | **とっくに** |
| はやう | …… | **なんとまあ** |
| はやう | …… | **はたして** |
| はやう | …… | **ほんとう** |
| はやう | …… | **むかし** |
| はやう | …… | **もともと** |
| はやう | …… | **やはり** |
| はやう | …… | 101 |
| はやかはの | …… | **さえぎる** |
| はやかはの | …… | **ゆく** |
| はやく | …… | **いぜん** |
| はやく | …… | **かねて** |
| はやく | …… | **がんらい** |
| はやく | …… | **じつは** |
| はやく | …… | **すぐに** |
| はやく | …… | **すでに** |
| はやく | …… | **とっくに** |
| はやく | …… | **なんとまあ** |
| はやく | …… | **はたして** |
| はやく | …… | **ほんとう** |
| はやく | …… | **むかし** |
| はやく | …… | **もともと** |
| はやく | …… | **やはり** |
| はやく | …… | 101 |
| はやさめ | …… | **にわかあめ** |
| はやさめ | …… | 10 |
| はやし[栄] | …… | **かざり** |
| はやし[早] | …… | **きゅう** |
| はやし[早] | …… | **すばやい** |
| はやし[早] | …… | **つよい** |
| はやし[早] | …… | **はげしい** |
| はやし[早] | …… | **まだ** |
| はやし[早] | …… | **はやい** |
| はやしのかね | …… | **ろくがつ** |
| はやしのかね | …… | 6 |
| はやす | …… | **ひきたてる** |
| はやす | …… | **ほめそやす** |
| はやす | …… | **たたえる** |
| はやす | …… | **ほめたたえる** |
| はやせ | …… | **きゅうりゅう** |
| はやせ | …… | 25 |
| はやだち | …… | 25 |
| はやち | …… | 11 |
| はやちかぜ | …… | 11 |
| はやて | …… | 11 |
| はやばやと | …… | **すでに** |
| はやひとぐさ | …… | **ひるがお** |
| はやひとぐさ | …… | 41 |
| はやぶね | …… | 97 |
| はやま | …… | 28 |
| はやみち | …… | **ちかみち** |

| | | | | | |
|---|---|---|---|---|---|
| はやみち | 31 | はらすちよる | おおわらいする | はりみち | 31 |
| はやだつ | かがやく | はらだつ | おこる | はりを | さより |
| はやむ | いそがせる | はらだつ | けんか | はりを | 37 |
| はやむ | はやく | はらだつ | しかる | はりをた | 30 |
| はやらか | はやい | はらだつ | はら | はる[墾] | かいこんする |
| はやらか | すみやか | はらぬち | 61 | はる[腫] | はれる |
| はやりか | いさましい | はらはら | おちる | はる[春] | しんねん |
| はやりか | いさみたつ | はらはら | かみ | はる[春] | とし |
| はやりか | けいかん | はらはら | ふれる | はる[晴] | はればれ |
| はやりか | けいそつ | はらはら | 13, 60, 67 | はる[晴] | はれる |
| はやりか | せっかち | はらひしつらふ | せいびする | はる[晴] | ひらけている |
| はやりか | たんき | はらふ | おいはらう | はる[晴] | ひろびろ |
| はやりか | はやい | はらふ | しずめる | はる[張] | うつ |
| はやりか | すみやか | はらふ | そうじ | はる[張] | かける |
| はやりを | 58, 60 | はらふ | たたく | はる[張] | きんちょう |
| はやりを | わかもの | はらふ | とりのぞく | はる[張] | しかける |
| はやる[逸] | あせる | はらふ | はききよめる | はる[張] | なぐる |
| はやる[逸] | いさみたつ | はらふ | はたく | はる[張] | ばん |
| はやる[逸] | いさむ | はらふ | はらう | はる[張] | ひっぱる |
| はやる[逸] | いらだつ | はらふ | へいていする | はる[張] | ひろがる |
| はやる[逸] | ちょうしづく | はらふ | ついほう | はる[張] | ひろげる |
| はやる[逸] | むちゅう | はらふくる | うっぷん | はる[張] | みはる |
| はやる[流行] | さかえる | はらへ | つぐない | はる[張] | めばえる |
| はやる[流行] | ときめく | はらへ | おそなえ | はる[遙] | はるか |
| はやる[流行] | はんじょうする | はらへつもの | おそなえ | はるあき | さいげつ |
| はやる[流行] | もてはやす | はらみく | かんがえる | はるあき | とし |
| はやる[流行] | りゅうこう | はらみく | ふくあん | はるあき | ねんげつ |
| はやを | ゆうしゃ | はらみく | 65 | はるいぬ | 18 |
| はゆ | あざやか | はらむ | にんしん | はるか | そえん |
| はゆ | うつくしい | はらむ | ふくらむ | はるか | とおい |
| はゆ | かがやく | はらめ | にんしん | はるか | はるか |
| はゆ | さかん | はらめ | 51 | はるかす | はらす |
| はゆし | はずかしい | はらめく | やぶれさける | はるがすみ | たつ |
| はゆし | まばゆい | はらめく | 14 | はるがすみ | わかれる |
| はゆまち | かいどう | はらら | ちりちり | はるかぜの | 13 |
| はら | かんがえる | はら(に) | ばらばら | はるかたまく | 18 |
| はら | ないしん | はららかす | ちらす | はるがみなり | かみなり |
| はら | 60, 61 | はららかす | ばらばら | はるく | さっぱり |
| ばら | ふくすう | はららく | ちりみだれる | はるく | そうじ |
| ばら | 113 | はららに | ちりぢり | はるく | はらいのける |
| はらあか | ます | はらわたをすう | かくご | はるく | はらす |
| はらあか | 38 | はらわたをすう | がまん | はるく | ひろげる |
| はらあし | いじわる | はらわたをたつ | | はるくさの | しげる |
| はらあし | おこりっぽい | | おおわらいする | はるくさの | めずらしい |
| はらあし | たんき | はらわたをたつ | かなしい | はるけし | とおい |
| はらあし | はらぐろい | はらわたをたつ | 67 | はるけし | はなれる |
| はらあし | ひねくれる | はらをきる | おおわらいする | はるけし | ひさしい |
| はらいたし | こっけい | はらをすう | いかり | はるけどころ | きばらし |
| はらから | きょうだい | はり[榛] | はんのき | はるごころ | いろは |
| はらから | 56 | はり[榛] | 45 | はるごり | たきぎ |
| はらがゐる | 58 | はり[張] | いじ | はるさめ | 10, 18 |
| はらぎたなし | いじわる | はりいづ | ひっぱりだす | はるさる | 18 |
| はらぎたなし | こんじょう | はりおこなふ | ごういん | はるしぐれ | しぐれ |
| はらぎたなし | はらぐろい | はりた | しんでん | はるしぐれ | 9, 10, 18 |
| はらぎたなし | ひねくれる | はりた | 30 | はるすすき | やなぎ |
| はらぎたなし | 60 | はりたましひ | ごうじょう | はるすすき | 46 |
| はらぐろし | いじわる | はりだましひ | ごうじょう | はるたつ | 18 |
| はらぐろし | こんじょう | はりぬき | はりこ | はるつかた | 17, 18 |
| はらぐろし | 60 | はりみち | しんみち | | |

| | | | |
|---|---|---|---|
| はるつげうを | にしん | はればれし | はれやか |
| はるつげうを | 38 | はればれし | はれる |
| はるつげぐさ | うめ | はればれしげ | はればれ |
| はるつげぐさ | 44 | はれみつ | はれる |
| はるつげどり | うぐいす | はれらか | さっぱり |
| はるつげどり | 34 | はれらか | はればれ |
| はるどなり | 18 | はれらか | はれやか |
| はるとりの | さまよう | はろはろ | はるか |
| はるとりの | 65 | はろはろ | とおい |
| はるなが | はる | はろはろ | ひろびろ |
| はるなが | 18 | はろばろ | はるか |
| はるに | とおい | はろばろ | ひろびろ |
| はるのかぎり | 18 | はわけのかぜ | 11 |
| はるのかみ | かみなり | はゑ | こわす |
| はるのつかひ | うぐいす | はゑ | はかい |
| はるのつかひ | 34 | はゑ | やぶれる |
| はるのとなり | じゅうにがつ | はをく | あれる |
| はるのとなり | とし | はをく | そまつ |
| はるのとなり | ねんまつ | はをく | 91, 92 |
| はるのとなり | 7, 18 | はん | はんだん |
| はるのひの | ながい | はん | ひなん |
| はるのみなと | はる | はん | ひひょう |
| はるのみなと | 18 | ばん[番] | けいご |
| はるのみや | こうたいし | ばん[番] | しゅくちょく |
| はるのよの | あか・あかいろ | ばん[番] | じゅんぱん |
| はるのよの | 14 | ばん[番] | とうばん |
| はるのわかれづき | さんがつ | ばん[番] | ばんにん |
| はるのわかれづき | 6 | ばん[番] | まもり |
| はるはなの | さかえる | ばん[番] | 111 |
| はるばなの | とうとい | ばん[盤] | うつわ |
| はるばなの | におう | ばん[盤] | さら |
| はるばなの | うつる | ばん[盤] | だい |
| はるばなの | ふとい | ばんか[晩夏] | ろくがつ |
| はるばなの | めずらしい | ばんか[晩夏] | 6, 17 |
| はるばる | はるか | ばんか[挽歌] | そうしき |
| はるばる | とおい | ばんか[挽歌] | そうそう |
| はるばる | ひろびろ | ばんき | せいじ |
| はるへ | はる | ばんけい | ばんがた |
| はるへ | 18 | ばんけい | 18, 19 |
| はるべ | はる | ばんげい | ばんがた |
| はるべ | 18 | ばんげい | 18, 19 |
| はるまく | 18 | はんず | しんぱん |
| はるまちづき | じゅうがつ | はんざき | さんしょううお |
| はるまちづき | じゅうにがつ | はんざき | 37 |
| はるまちづき | 7 | ばんじ | すべて |
| はるゆく | 18 | ばんしう | くがつ |
| はるをしみづき | さんがつ | ばんしう | 7 |
| はるをしみづき | 6 | ばんじゃ | しんぱん |
| はれ | おおやけ | ばんじゃう | さかえる |
| はれ | おもて | ばんじゃう | だいく |
| はれ | せいてん | ばんじゃく | いし |
| はれ | はれがましい | ばんじゃく | いわ |
| はれ | ひろい | ばんじゃく | うごく |
| はれがまし | おもはゆい | ばんじゃく | けんご |
| はればれし | おもて | ばんしゅん | さんがつ |
| はればれし | さっぱり | ばんしゅん | 6 |
| はればれし | すがすがしい | ばんじょう | てんのう |
| はればれし | はれがましい | はんず | はんだん |
| はればれし | はればれ | | |

| | | | |
|---|---|---|---|
| はんず | はんてい | | |
| ばんぜい | まんねん | | |
| ばんぜい | めでたい | | |
| ばんぜい | 16, 72 | | |
| はんぜつ | もず | | |
| はんてん | そら | | |
| はんてん | ちゅうくう | | |
| はんてん | なかぞら | | |
| ばんとう[晩冬] | じゅうにがつ | | |
| ばんとう[晩冬] | 7 | | |
| ばんとう[晩頭] | 18 | | |
| はんにゃたう | 94 | | |
| はんにん | しょうにん | | |
| はんべい | かきね | | |
| はんべり | おる | | |
| はんべる | おる | | |
| はんものぐさ | ぞうり | | |
| はんや | まよなか | | |
| はんや | やはん | | |
| はんや | よなか | | |
| はんや | 21 | | |

# ひ

| | |
|---|---|
| ひ[火] | あいず |
| ひ[火] | かじ |
| ひ[火] | すみ |
| ひ[火] | とうか |
| ひ[火] | ともしび |
| ひ[火] | のろし |
| ひ[火] | ほのお |
| ひ[日] | おり |
| ひ[日] | たいよう |
| ひ[日] | てんき |
| ひ[日] | にっちゅう |
| ひ[日] | ひる |
| ひ[日] | 3, 16 |
| ひ[妃] | きさき |
| ひ[妃] | こうごう |
| ひ[緋] | あか・あかいろ |
| ひ[緋] | しゅいろ |
| ひ[緋] | 14 |
| ひ[非] | けってん |
| ひ[非] | どうり |
| ひ[非] | ふり |
| ひ[非] | よい |
| ひ[氷] | こおり |
| ひ[氷] | ひさめ |
| ひ[氷] | ひょう |
| ひ[氷] | 10 |
| ひ[檜] | ひのき |
| ひ[檜] | 45 |
| ひ[樋] | とい |
| ひあい | きけん |
| ひあい | ぶえんりょ |
| ひいづ | すぐれる |
| ひいづ | ひいでる |

| | | |
|---|---|---|
| ひいづるくに ……… にほん | ひかふ ……………… ひかえる | ひきあふ ……………… やくそく |
| ひいな ……………… にんぎょう | ひかふ ……………… ひきとめる | ひきいだす …………… おこす |
| ひえいる …………… つめたい | ひかふ ……………… まつ | ひきいだす …………… しでかす |
| ひえいる …………… ひえきる | ひかみなり ………… かみなり | ひきいだす ……… ひきおこす |
| ひえどり …………… ひよどり | ひがみみ ………… ききちがい | ひきいづ ……………… おくる |
| ひえどり ……………… 35 | ひがむ ……………… すねる | ひきいづ …………… しでかす |
| ひおほぢ …………… そうそふ | ひがむ ……………… ねじける | ひきいづ …………… とりだす |
| ひおほぢ ……………… 56 | ひがむ ……………… まげる | ひきいでもの ……… おくりもの |
| ひおほば …………… そうそぼ | ひがむ ……………… ゆがめる | ひきいる …………… いんとん |
| ひおほば ……………… 56 | ひがめ ……………… みあやまり | ひきいる …………… えんりょ |
| ひおもて …………… ひなた | ひがめ ……………… みまちがい | ひきいる …………… かぶる |
| ひおもて ……………… 3 | ひがめ ……………… よそみ | ひきいる ………… さそいこむ |
| ひか ……………… しろうと | ひがめ ……………… わきみ | ひきいる …………… さそう |
| ひが ……………… まちがう | ひがめ ……………… 78 | ひきいる …………… しりぞく |
| ひが ………………… 112 | ひがもの …………… かわりもの | ひきいる …………… ひかえめ |
| ひがおぼえ …………… きおく | ひがもの …………… ひねくれる | ひきいる ………… ひきいれる |
| ひがおぼえ …………… ごかい | ひがら ……………… にっすう | ひきいる …………… ひきこむ |
| ひかき ……………… じゅうのう | ひがらひねもす | ひきいる ………… ひきこもる |
| ひがぎき ………… ききちがい | ………… いちにちじゅう | ひきいる ………… ひきほかす |
| ひがく ……………… むがく | ひかり ……………… いきおい | ひきいる ……………… 72, 74 |
| ひがくし …………… ひさし | ひかり ……………… いこう | ひきいれ …………… あんない |
| ひがくし …………… ひよけ | ひかり ……………… かがやき | ひきいれ …………… てびき |
| ひかげ ……………… うめる | ひかり ……………… こうえい | ひきおふ ………… つかいこむ |
| ひかげ ……………… たいよう | ひかり ……………… さかえ | ひきかえる …………… かえる |
| ひかげ ……………… ひざし | ひかりあふ ……… はんえいする | ひきかがふる …………… かぶる |
| ひかげ ………………… 3 | ひかりもの …………… かね | ひきかく ……………… おおう |
| ひかげぐさ …………… あおい | ひかりもの …………… きん | ひきかく ……………… かける |
| ひかげぐさ ……… ひかげかずら | ひかりもの …………… きんか | ひきかく …………… かぶせる |
| ひかげぐさ ……………… 41 | ひかりもの ………… ばけもの | ひきかく ……………… かぶる |
| ひがごころ …………… ごかい | ひかりもの …………… ひとだま | ひきかく …………… かんにん |
| ひがごころ ……… ひねくれる | ひかりもの …………… りゅうせい | ひきかく ……………… さげる |
| ひがこと …………… あやまち | ひかりもの ……………… 8 | ひきかづく ……………… かぶる |
| ひがごと …………… あくじ | ひかる ……………… かがやく | ひきかなぐる ……… はねのける |
| ひがごと …………… あやまち | ひかる ……………… すぐれる | ひきかなぐる ……… ひきのける |
| ひがごと ……………… うそ | ひかるかみ ………… かみなり | ひきかふ …………… うらがえす |
| ひがごと …………… どうり | ひかれもののこうた | ひきかふ …………… こうかん |
| ひがごと ………… まちがい | ………… まけおしみ | ひきかふ …………… とりかえる |
| ひがこむ …………… にっすう | ひかわざ …………… どうり | ひきかふ …………… はんたい |
| ひがさま …………… どうり | ひき[引] …………… えんこ | ひきかへ ………… うってかわる |
| ひがさま …………… ちがう | ひき[引] …………… たすけ | ひきかへし ……… うってかわる |
| ひかさる …………… ひかれる | ひき[引] …………… つて | ひきかへす ……… うらがえす |
| ひかさる …………… ほだされる | ひき[引] …………… てびき | ひきかへす …………… かえす |
| ひがし ……………… ひがし | ひき[引] …………… ひいき | ひきかへす ………… くりかえす |
| ひがし ………………… 12 | ひき[引] …………… 55, 111 | ひきかへす ………… はんたい |
| ひかた ……………… ひがし | ひき[蘰] …………… かえる | ひきかへす ………… もどす |
| ひかた ……………… 11, 12 | ひき[蘰] ………… ひきがえる | ひきかへす ………… もどる |
| ひかた ………………… 23 | ひき[蘰] ………………… 33 | ひききり ………… いらだつ |
| ひがないにち | ひき[匹] ………………… 111 | ひききり ………… せいきゅう |
| ………… いちにちじゅう | ひきあく …………… ひらく | ひききり ………… せっかち |
| ひがひがし ………… ちょうし | ひきあぐ …………… とうよう | ひきぐす ………… ぐびする |
| ひがひがし ……… ひねくれる | ひきあけ ……………… 19 | ひきぐす ………… たずさえる |
| ひがひがし ……………… へん | ひきあはせ ………… しょうかい | ひきぐす ………… つれる |
| ひかふ ……………… えんりょ | ひきあはせ ………… ちゅうかい | ひきぐす ……………… もつ |
| ひかふ ……………… おさえる | ひきあはせ ………… とりもつ | ひきこす |
| ひかふ ……………… そば | ひきあふ ………… きょうりょく | …… さきんじる・さきん |
| ひかふ …………… たいきする | ひきあふ …………… たすける | ずる |
| ひかふ ……………… とめる | ひきあふ ……………… であう | ひきこむ ……………… かくす |
| ひかふ ……………… にぎる | ひきあふ …………… とりあう | ひきこむ …………… かぶる |
| ひかふ …………… ひかえめ | ひきあふ ………… とりひきする | ひきこむ ………… つかいこむ |

**ひきこむ―ひこしろふ**

| | | |
|---|---|---|
| ひきこむ | …… | ひきこもる |
| ひきさぐ | …… | つれる |
| ひきさぐ | …… | もつ |
| ひきさぐ | …… | さげる |
| ひきし | …… | ひくい |
| ひきし | …… | みぶん |
| ひきしじむ | …… | ちいさい |
| ひきしじむ | …… | ちぢめる |
| ひきしたたむ | …… | かたづける |
| ひきしたたむ | …… | とりまとめる |
| ひきしづむ | …… | ひきこなす |
| ひきしづむ | …… | ひく |
| ひきしのぶ | …… | かくれる |
| ひきしのぶ | …… | ひとめ |
| ひきしらふ | …… | ひっぱる |
| ひきしろふ | …… | つれる |
| ひきしろふ | …… | ひきずる |
| ひきしろふ | …… | ひっぱりあう |
| ひきしろふ | …… | ひっぱる |
| ひきすう | …… | すえる |
| ひきすう | …… | すわる |
| ひきすぐ | …… | とおりすぎる |
| ひきすさぶ | …… | えんそう |
| ひきすさぶ | …… | ひききょうじる |
| ひきすさぶ | …… | ひく |
| ひきすます | …… | えんそう |
| ひきすます | …… | ひきこなす |
| ひきすます | …… | ひく |
| ひきそばむ | …… | ひきよせる |
| ひきそふ | …… | くわえる |
| ひきそふ | …… | ひきあいにだす |
| ひきた | …… | なるこ |
| ひきたがふ | …… | うってかわる |
| ひきたがふ | …… | かえる |
| ひきたがふ | …… | かわる |
| ひきたがふ | …… | ぎゃく |
| ひきたがふ | …… | くつがえす |
| ひきたがふ | …… | そむく |
| ひきたがふ | …… | ちがう |
| ひきたがふ | …… | やくそく |
| ひきたがふ | …… | よそう |
| ひきたがへ | …… | うってかわる |
| ひきたつ | …… | しめる |
| ひきたつ | …… | たつ |
| ひきたつ | …… | つれる |
| ひきたつ | …… | とうよう |
| ひきたつ | …… | とりたてる |
| ひきたつ | …… | ひいき |
| ひきたつ | …… | ひきおこす |
| ひきたつ | …… | 50, 61 |
| ひきちがふ | …… | ちがう |
| ひきちがふ | …… | とりちがえる |
| ひきちがふ | …… | まちがう |
| ひきちがふ | …… | まちがえる |
| ひきつくろふ | …… | きちんと |
| ひきつくろふ | …… | ととのえる |
| ひきつくろふ | …… | とりつくろう |
| ひきつくろふ | …… | はいりょ |
| ひきつくろふ | …… | ふくそう |
| ひきつくろふ | …… | みづくろい |
| ひきつくろふ | …… | 60 |
| ひきつる | …… | つれる |
| ひきでもの | …… | おくりもの |
| ひきとどむ | …… | ひきとめる |
| ひきとる[引取] | …… | うばいとる |
| ひきとる[引取] | …… | たいきゃくする |
| ひきとる[引取] | …… | ひきうける |
| ひきとる[引取] | …… | えんそう 72 |
| ひきとる[弾取] | …… | えんそう |
| ひきなほす | …… | あらためる |
| ひきなほす | …… | ととのえる |
| ひきのく | …… | しりぞく |
| ひきのく | …… | たいさん |
| ひきのく | …… | とおざける |
| ひきのく | …… | どける |
| ひきのく | …… | ひきはなす |
| ひきはぎ | …… | わるもの |
| ひきはこゆ | …… | からげる |
| ひきはこゆ | …… | たくしあげる |
| ひきはなつ | …… | はなす |
| ひきはふ | …… | のばす |
| ひきはふ | …… | ひきのばす |
| ひきはる | …… | ひっぱる |
| ひきひき | …… | おもいおもい(に) |
| ひきびき | …… | おもいおもい(に) |
| ひきへだつ | …… | しきる |
| ひきまはす | …… | しどうする |
| ひきまはす | …… | つれる |
| ひきまはす | …… | ほういする |
| ひきまはす | …… | めぐらす |
| ひきみる | …… | こころみる |
| ひきみる | …… | ためす |
| ひきみる | …… | 78 |
| ひきもの | …… | おくりもの |
| ひぎゃう | …… | いよう |
| ひきやか | …… | ひくい |
| ひきやか | …… | みぶん |
| ひきやる[引遣] | …… | のぞく |
| ひきやる[引破] | …… | ひきさく |
| ひきやる[引破] | …… | ひきやぶる |
| ひきやる[引破] | …… | やぶる |
| ひきゆ | …… | ひきいる |
| ひきょう | …… | いやしい |
| ひきょう | …… | おもしろい |
| ひきょう | …… | きょうみ |
| ひきょう | …… | くだらない |
| ひきょう | …… | とるにたりない |
| ひきょう | …… | にがにがしい |
| ひきょう | …… | ふごうり |
| ひきょう | …… | ふつごう |
| ひきょく | …… | さける |
| ひきよづ | …… | ひきよせる |
| ひきよもぎ | …… | ははこぐさ |
| ひきよもぎ | …… | 41 |
| ひきらか | …… | ひくい |
| ひきらか | …… | みぶん |
| ひぎり | …… | にちげん |
| ひきる | …… | さそいこむ |
| ひきる | …… | さそう |
| ひきる | …… | ひきいれる |
| ひきわかる | …… | わかれる |
| ひきゐる | …… | しき |
| ひきゐる | …… | つれる |
| ひきゐる | …… | とうそつする |
| ひく | …… | あたえる |
| ひく | …… | えらびだす |
| ひく | …… | おくりもの |
| ひく | …… | さそう |
| ひく | …… | しりぞく |
| ひく | …… | たいきゃくする |
| ひく | …… | たいら |
| ひく | …… | つれる |
| ひく | …… | とりさる |
| ひく | …… | とりのぞく |
| ひく | …… | とりはずす |
| ひく | …… | ならす |
| ひく | …… | にゅうよく |
| ひく | …… | ぬきとる |
| ひく | …… | ぬすみとる |
| ひく | …… | はりめぐらす |
| ひく | …… | ひきずる |
| ひく | …… | ひきぬく |
| ひく | …… | ひっぱる |
| ひく | …… | みちびく |
| ひく[引] | …… | ちかよる |
| ひく[弾] | …… | えんそう |
| びく | …… | そう |
| びく | …… | あま |
| ふくあみの | …… | つらい |
| ふくあみの | …… | 65 |
| ひくし | …… | ひくい |
| びくに | …… | あま |
| ひくらし | …… | いちにちじゅう |
| ひぐらし[蜩] | …… | かなかなぜみ |
| ひぐらし[蜩] | …… | 36 |
| ひぐらし[日暮] | …… | いちにちじゅう |
| ひぐらしぐさ | …… | なでしこ |
| ひぐらしぐさ | …… | 40 |
| ひくらす | …… | すごす |
| ひくらす | …… | せいけい |
| ひぐるま | …… | ひまわり |
| ひぐるま | …… | 41 |
| ひけ | …… | しろうと |
| ひげ | …… | けんそん |
| ひげ | …… | へりくだる |
| ひけらかす | …… | じまん |
| ひけらかす | …… | みせびらかす |
| ひこ | …… | むすこ |
| ひこえ | …… | こずえ |
| ひこえ | …… | 43 |
| ひこしらふ | …… | ひきもどす |
| ひこしろふ | …… | ひきもどす |

| | | | | | |
|---|---|---|---|---|---|
| ひこぢ | おっと | ひさぐ[販] | うる | ひじゃう[非常] | おもいがけない |
| ひこぢ | 55 | ひさぐ[販] | しょうばい | ひじゃう[非常] | とくべつ |
| ひこづらふ | ひっぱる | ひざくりげ | 87 | ひじゃう[非常] | 72 |
| ひこばえ | め | ひさこ | ひょうたん | ひじゃう[非情] | かんじょう |
| ひこばえ | 43, 44 | ひさこ | 41 | ひじゃう[非情] | ぼくせき |
| ひこばゆ | めばえる | ひさご | ひしゃく | ひしょ | ひぞう |
| ひこひと | むすこ | ひさご | ひょうたん | ひじり | せいじん |
| ひこひと | 52 | ひさご | ゆうがお | ひじり | そう |
| ひごふ | 72, 74 | ひさご | 41, 42 | ひじり | てんし |
| ひこぼし | けんぎゅうせい | ひさごうり | からすうり | ひじり | てんのう |
| ひこぼし | 8 | ひさし | えいえん | ひじり | めいじん |
| ひごろ | いつも | ひさし | しばらく | ひじり | せんにん |
| ひごろ | このごろ | ひさし | ながい | ひじり | 94 |
| ひごろ | すうじつ | ひさし | なじみ | ひじりごころ | どうしん |
| ひごろ | ふだん | ひさし | ひさしい | ひじりほふし | そう |
| ひごろ | 3 | ひさし | ひさしぶり | ひしる | おおごえ |
| ひごん | こうぎ | ひさし | 16 | ひしる | さけぶ |
| ひごん | ひなん | ひざし | 3 | ひしる | 90 |
| ひさ | ながい | ひざのさらにひがつく | | ひじる | しゅっけ |
| ひさ | ひさしい | | びんぼう | ひすい | かわせみ |
| ひさ | 16 | ひざのさらにひがつく | | ひすい | 34 |
| ひさう | たいせつ | | まずしい | ひすかし | あさましい |
| ひさう | ひぞう | ひさめ[大雨] | ごうう | ひすかし | おこりっぽい |
| ひざう[秘蔵] | たいせつ | ひさめ[大雨] | 9 | ひすかし | ひがむ |
| ひざう[非常] | おもいがけない | ひさめ[販女] | ぎょうしょう | ひずかし | ひがむ |
| ひざう[非常] | とくべつ | ひさめ[販女] | しょうばい | ひすがら | いちにちじゅう |
| ひざう[非常] | 72 | ひさめ[氷雨] | あられ | ひそか | ひみつ |
| びさう | うつくしい | ひさめ[氷雨] | ひょう | ひそか | こっそり(と) |
| びさうなし | みにくい | ひさめ[氷雨] | みぞれ | ひそか | ないしょ |
| ひさかた | そら | ひさめ[氷雨] | 9, 10 | ひそか | ひそか |
| ひさかた | てん | ひさらず | まいばん | ひそかごと | ないしょ |
| ひさかた | 3, 4 | ひされ | 3 | ひそかごと | ひみつ |
| ひさかた(の) | 4 | ひし | ひがた | ひそまる | しずか |
| ひさかたの | くも | ひじ[秘事] | ひみつ | ひそまる | ねむり |
| ひさかたの | そら | ひじ[州・洲] | ひがた | ひそまる | 70, 76 |
| ひさかたの | てん | ひしきもの | しきもの | ひそみね | 65 |
| ひさかたの | ひかり | ひしきりに | いちにちじゅう | ひそむ[潜] | かくす |
| ひさかたの | みやこ | ひしぐ | おしつぶす | ひそむ[潜] | かくれる |
| ひさかたの | 8 | ひしぐ | くじく | ひそむ[潜] | しのぶ |
| ひさき | あかめがしわ | ひしぐ | つぶれる | ひそむ[顰] | しかめっつら |
| ひさき | 44 | ひしぐ | ひしゃげる | ひそむ[顰] | べそをかく |
| ひさぎ | あかめがしわ | ひしげくだく | つぶれくだける | ひそむ[顰] | 66 |
| ひさぎ | きささげ | ひしげくだく | つぶれる | ひそめく | ささやく |
| ひさぎ | 44 | ひしと | しっかり | ひそめく | ひそか |
| ひさぎびと | しょうにん | ひしと | すきま | ひそやか | ひそか |
| ひさぎめ | ぎょうしょう | ひしと | たしか | ひそやか | びんぼう |
| ひさぎめ | しょうばい | ひしと | ぴったり(と) | ひそやか | びんぼう |
| ひさく | ひしゃく | ひしと | みしみしと | ひぞる | すねる |
| ひさぐ[塞] | とじる | ひしと | 14 | ひぞる | そる |
| ひさぐ[塞] | ふさぐ | ひじは | きし | ひぞる | ひねくれる |
| ひさぐ[提] | さげる | ひししと | しっかり | ひた | わずか |
| ひさぐ[提] | ひっさげる | ひしひしと | すきま | ひた[直] | ひたすら |
| ひさぐ[提] | ぶらさげる | ひしひしと | ぴったり(と) | ひた[直] | 111, 112 |
| ひさぐ[提] | もつ | ひしひしと | みしみしと | ひた[引板] | なるこ |
| ひさぐ[拉] | おしつぶす | ひしほ | しお | ひたあを | あお・あおいろ |
| ひさぐ[拉] | くじく | ひしめく | きしる | ひたあを | 14 |
| ひさぐ[拉] | つぶす | ひしめく | ぎしぎしなる | ひだう | どうり |
| ひさぐ[拉] | つぶれる | ひしめく | さわぎたてる | ひだう | はずれる |
| ひさぐ[販] | あきなう | ひしめく | 13, 90 | | |

| | | |
|---|---|---|
| ひだう | ひどう | |
| ひだう | むり | |
| ひだう | もとる | |
| ひたおもむき | いちず | |
| ひたおもむき | ひたすら | |
| ひだか | にっちゅう | |
| ひたく | 3 | |
| ひたくれなゐ | あか・あかいろ | |
| ひたくれなゐ | まっか | |
| ひたくれなゐ | 15 | |
| ひたぐろ | くろ | |
| ひたぐろ | まっくろ | |
| ひたぐろ | 15 | |
| ひたごころ | いちず | |
| ひたさわぎ | さわぎたてる | |
| ひたす[浸] | つける | |
| ひたす[浸] | 27 | |
| ひたす[養] | そだてる | |
| ひだす | そだてる | |
| ひたすら | まったく | |
| ひたすら | いちず | |
| ひたすら | すっかり | |
| ひたすら | もっぱら | |
| ひたすら | ひたむき | |
| ひたたく | あらわ | |
| ひたたく | ごたごた | |
| ひたたく | みだれる | |
| ひだち | せいちょう | |
| ひだち | かいふく | |
| ひだっち | じめん | |
| ひたと | いちず | |
| ひたと | きゅう | |
| ひたと | じか | |
| ひたと | せっせと | |
| ひたと | ちょくせつ | |
| ひたと | にわか | |
| ひたと | ぴったり(と) | |
| ひたに | いちず | |
| ひたに | ひたすら | |
| ひだのたくみ | だいく | |
| ひだひ | ひたい | |
| ひだひ | まえがみ | |
| ひだひ | 48 | |
| ひたひた | ひたすら | |
| ひたひた(と) | はやく | |
| ひたひたと | さっさと | |
| ひたひたと | すみやか | |
| ひたひたと | ぴったり(と) | |
| ひたひたと | ピチャピチャ | |
| ひたひたと | 11, 14 | |
| ひたひつき | ひたい | |
| ひだひと | だいく | |
| ひたひをあはす | ちかづく | |
| ひたぶる | いちず | |
| ひたぶる | かんぜん | |
| ひたぶる | ひたすら | |
| ひたぶる | むやみ | |
| ひたぶる | すっかり | |
| ひたぶるこころ | いちず | |
| ひたぶるこころ | むこうみず | |
| ひたぶるごと | ひたむき | |
| ひだまり | ひなた | |
| ひだまり | 3 | |
| ひたみ | ぜんしん | |
| ひたみ | 47 | |
| ひたみち | いちず | |
| ひたみち | ひたすら | |
| ひたもの | いちだん | |
| ひたもの | いっぱい | |
| ひたもの | ひたすら | |
| ひたもの | むやみ | |
| ひたやごもり | ひきこもる | |
| ひだりみぎ | あれこれ | |
| ひだりみぎ | とやかく | |
| ひだりみぎ | 107 | |
| ひだるし | くうふく | |
| ひだるし | ひもじい | |
| ひぢ | つち | |
| ひぢ | どろ | |
| ひぢ | ぬかるみ | |
| ひぢがさ | 10 | |
| ひぢかさあめ | にわかあめ | |
| ひぢかさあめ | 10 | |
| ひぢがさあめ | 10 | |
| ひちち | そうそふ | |
| ひちち | そふ | |
| ひちち | 56 | |
| ひちゅう | にっき | |
| ひつ | つかる | |
| ひつ | ぬらす | |
| ひつ | ぬれる | |
| ひづ[秀] | ぬきんでる | |
| ひづ[秀] | ほ | |
| ひづ[秀] | めばえる | |
| ひづ[漬] | つかる | |
| ひづ[漬] | ぬらす | |
| ひづ[漬] | ぬれる | |
| ひづ[漬] | ひたす | |
| ひついで | ひがら | |
| ひつぎ[日嗣] | こうい | |
| ひつぎ[日次] | ひがら | |
| ひつぎ[日次] | まいにち | |
| ひつぎ[棺・柩] | そうしき | |
| ひつぎのみこ | こうたいし | |
| ひっきょう | けっきょく | |
| ひっしき | しきもの | |
| ひつじぐさ | すいれん | |
| ひつじさる | なんせい | |
| ひっしり(と) | すきま | |
| ひっしり(と) | びっしりと | |
| ひっそく | おちぶれる | |
| ひっそく | かくれる | |
| ひったつ | おこす | |
| ひったつ | つれる | |
| ひったつ | ひきおこす | |
| ひったもの | ひたすら | |
| ひったもの | むやみ | |
| ひづち | じめん | |
| ひつちゃう | かならず | |
| ひつちゃう | きっと | |
| ひつちゃう | たしか | |
| ひづつ | ぬれる | |
| ひっぱく | くるしみ | |
| ひっぱく | こまる | |
| ひつみゃう | 73 | |
| ひづむ | くるしめる | |
| ひづむ | せめる | |
| ひづむ | ねじれる | |
| ひづむ | まがる | |
| ひづむ | まげる | |
| ひづむ | ゆがむ | |
| ひづむ | ゆがめる | |
| ひづらふ | からみつく | |
| ひと | あなた | |
| ひと | いえがら | |
| ひと | おとな | |
| ひと | こいびと | |
| ひと | にんげん | |
| ひと | ひとざと | |
| ひと | みぶん | |
| ひと | 63, 83, 106 | |
| ひとあし | あし | |
| ひとあし | あしおと | |
| ひとあし | おうさう | |
| ひとあひ | つきあい | |
| ひとい | ねむり | |
| ひとおくめん | ひとまね | |
| ひとおと | あし | |
| ひとおと | あしおと | |
| ひとが | うつりか | |
| ひとかず | いちにんまえ | |
| ひとかず | ひとなみ | |
| ひとかすみ | いちだん | |
| ひとかすみ | いっそう | |
| ひとかすみ | かすみ | |
| ひとかた[一方] | いっぽう | |
| ひとかた[一方] | ひととおり | |
| ひとかた[一方] | ふつう | |
| ひとかた[人形] | にんぎょう | |
| ひとがた | にんぎょう | |
| ひとがた | にんそう | |
| ひとがた | みがわり | |
| ひとかたならず | ひじょうに | |
| ひとかたならず | ひととおり | |
| ひとかたらひ | そうだん | |
| ひとがち | おおぜい | |
| ひとかへり | いちど | |
| ひとかへり | いっそう | |
| ひとがまし | ひと | |
| ひとがまし | ひとなみ | |
| ひとがら | ひんい | |
| ひとぎ | ひつぎ | |
| ひときき | 83, 84 | |
| ひときざみ | いちだん | |
| ひときは | いちず | |
| ひときは | いちだん | |

| | | |
|---|---|---|
| ひときは | …………… | **いっそう** |
| ひときは | ………… | **そのうえ(に)** |
| ひときは | ……… | **どうじ** |
| ひときは | …………… | **ひたすら** |
| ひときは | …………… | **ひとすじ** |
| ひときは | …………………… | 108 |
| ひとぎれなし | ………………… | **ひと** |
| ひとくさ[一種] | … | **いっしゅるい** |
| ひとくさ[一種] | ……… | **ひといろ** |
| ひとくさ[人草] | ……… | **じんみん** |
| ひとくどり | …………… | **うぐいす** |
| ひとくどり | …………………… | 34 |
| ひとげ | ……………………… | **ひと** |
| ひとげなし | …………… | **ひとなみ** |
| ひとごこち | …………… | **しょうき** |
| ひとごころ | ……………… | **あらし** |
| ひとごころ | …………… | **しょうき** |
| ひとごころ | …………… | **にんじょう** |
| ひとごと | ……………………… | 83 |
| ひとさかり | ……………… | **さかり** |
| ひとさし | …………… | **いっきょく** |
| ひとざま | ……………… | **ひとがら** |
| ひとざま | ………………… | **ひんい** |
| ひとし | ……………………… | **おなじ** |
| ひとし | ……………………… | **ととのう** |
| ひとし | ……………………… | **ひとしい** |
| ひとし | ………………… | **ぴったり(と)** |
| ひとしく | ……………………… | **どうじ** |
| ひとしなみ | ……………… | **おなじ** |
| ひとしなみ | ……………… | **どうとう** |
| ひとしなみ | ……………… | **どういつ** |
| ひとしなみ | ………………… | **ふつう** |
| ひとしほ | …………………… | **いちだん** |
| ひとしほ | …………………… | **いっそう** |
| ひとしぼり | ………………… | **ごうう** |
| ひとしぼり | ……………… | **ずぶぬれ** |
| ひとしぼり | …………………………… | 9 |
| ひとしれず | …………… | **こっそり(と)** |
| ひとしれず | ………………… | **ひそか** |
| ひとしれず | ………………… | **ひみつ** |
| ひとすぢ | …………………… | **いちぞく** |
| ひとすぢ | …………………… | **いちぞく** |
| ひとすぢ | ………………… | **ひたすら** |
| ひとすぢ | ……………… | **ひととおり** |
| ひとすぢ | …………………… | **ふつう** |
| ひとすぢ | ……………………… | 55 |
| ひとぜり | …………………… | **ひとごみ** |
| ひとぞう | ……………………… | **いちぞく** |
| ひとぞう | ……………………… | 55 |
| ひとだち | …………………… | **ひとだかり** |
| ひとだつ | …………………… | **おとな** |
| ひとだのめ | ……………… | **そらだのみ** |
| ひとだまの | ……… | **あお・あおいろ** |
| ひとだまの | …………………………… | 14 |
| ひとたらし | ………………………… | **さぎ** |
| ひとたらし | ……………… | **わるもの** |
| ひとつ | ……………………… | **いっぱい** |
| ひとつ | ……………………… | **いっぽう** |
| ひとつ | ………………………… | **おなじ** |
| ひとつ | ………………………… | **すこし** |
| ひとつ | ………………………… | **ぜんぜん** |
| ひとつ | ………………………… | **どうじ** |
| ひとつがき | …………… | **かじょうがき** |
| ひとつき | ……………………… | **さかずき** |
| ひとつき | …………………………… | 94 |
| ひとつご | ……………………… | **ひとり** |
| ひとつご | …………………………… | 51, 52 |
| ひとつづて | …………………… | **でんごん** |
| ひとつはら | ……………… | **きょうだい** |
| ひとつはら | …………………………… | 56 |
| ひとつや | ………………………… | **いっけん** |
| ひとつや | …………………………… | 91 |
| ひとつら | ……………………… | **どうれつ** |
| ひととき | ……………………… | **しばらく** |
| ひととき | ………………………… | **すこし** |
| ひととき | ………………………… | **どうじ** |
| ひととき | …………………………… | 16 |
| ひととせ | ……………………… | **あるとし** |
| ひととせ | ……………………… | **いちねん** |
| ひととせ | ……………………… | **せんねん** |
| ひとどち | ……………………… | **なかま** |
| ひととなり | ……………… | **せいしつ** |
| ひととなり | ……………… | **ひとがら** |
| ひととなる | ………………… | **いきおい** |
| ひととなる | ………………………… | **おとな** |
| ひととなる | ……………… | **しょうき** |
| ひとどほし | …………… | **ひとけがない** |
| ひとなか | …………………………… | 57 |
| ひとなみ | ……………… | **せけんなみ** |
| ひとなみ | …………………………… | 57 |
| ひとなみなみ | ……… | **せけんなみ** |
| ひとなみなみ | ………… | **ひとなみ** |
| ひとなみなみ | …………………… | 57 |
| ひとならはし | …………… | **かんか** |
| ひとならはし | …………… | **きょうか** |
| ひとなる | ……………………… | **なつく** |
| ひとにくし | …………… | **にくらしい** |
| ひとにくし | …………… | **ぶあいそう** |
| ひとには | ………………………… | **にわ** |
| ひとには | ………………… | **にわじゅう** |
| ひどの | ………………………… | **だいべん** |
| ひとのうへ | ……………… | **にんげん** |
| ひとのうへ | ……………… | **みのうえ** |
| ひとのうへ | …………………………… | 84 |
| ひとのおや | ……………………… | **せんぞ** |
| ひとのくち | …………………………… | 83, 84 |
| ひとのくに | ………………… | **いなか** |
| ひとのくに | ……………… | **がいこく** |
| ひとのくに | …………… | **ちゅうごく** |
| ひとのくに | ………………………… | **よそ** |
| ひとのこ | ……………………… | **しそん** |
| ひとのこ | …………………………… | 56 |
| ひとのよのたび | …………… | **じんせい** |
| ひとばぐさ | ……………… | **すみれ** |
| ひとばぐさ | …………………………… | 40 |
| ひとばぐさ | ……………………… | **あし** |
| ひとばぐさ | …………………………… | 39 |
| ひとはた | ……………………… | **いっぱい** |
| ひとはた | ……………………… | **たっぷり** |
| ひとはなごころ | …… | **どうじょう** |
| ひとはなごころ | ………… | **なさけ** |
| ひとばなる | ………………… | **いなか** |
| ひとばなる | ……… | **ひとけがない** |
| ひとばなる | …………… | **ひとざと** |
| ひとはぶね | …………………………… | 97 |
| ひとひ | ………………………… | **あるひ** |
| ひとひ | …………… | **いちにちじゅう** |
| ひとひ | ……………………… | **せんじつ** |
| ひとひ | …………………………… | 3 |
| ひとびとし | ………… | **いちにんまえ** |
| ひとびとし | …………… | **ひとがら** |
| ひとひまぜ | …………… | **いちにちおき** |
| ひとひまぜ | ……………… | **かくじつ** |
| ひとひまぜ | …………………………… | 3 |
| ひとふぶし | …………… | **いちぶふん** |
| ひとふし | …………… | **いっきょく** |
| ひとふし | …………………… | **いっけん** |
| ひとふし | …………………… | **できごと** |
| ひとへ | …………………… | **いちだん** |
| ひとへ | …………………… | **いっそう** |
| ひとへごころ | …………… | **いちず** |
| ひとへに | ……………… | **ひたすら** |
| ひとへに | ……………… | **まったく** |
| ひとへに | ………………… | **むやみ** |
| ひとぼしころ | …………………………… | 18 |
| ひとま | ………………………… | **そえん** |
| ひとま | ……………………………… | **ひと** |
| ひとまづ | ……………… | **とにかく** |
| ひとまど | ……………… | **いちおう** |
| ひとまど | ……………… | **とにかく** |
| ひとまへ | ……………… | **めんぼく** |
| ひとみ | ……………………… | **ぜんしん** |
| ひとみ | …………………………… | 47 |
| ひとみちに | ………………… | **いちず** |
| ひとみちに | ……………… | **ひとすじ** |
| ひとみな | ……………… | **ぜんにん** |
| ひとみな | ………………………… | **みな** |
| ひとむら | ……………… | **ひとむれ** |
| ひとめ | ………………………… | **おうらい** |
| ひとめ | ………………………… | **はため** |
| ひとめ | ……………………………… | **ひと** |
| ひとめ | ………………………… | **よそめ** |
| ひとめ | …………………………… | 57 |
| ひとめかし | ………… | **いちにんまえ** |
| ひとめかし | …………… | **にんげん** |
| ひとめかし | …………… | **ひとなみ** |
| ひとめかし | …………………………… | 82 |
| ひとめかす | …………… | **ひとなみ** |
| ひとめく | ………… | **いちにんまえ** |
| ひとめく | ………………… | **ひとなみ** |
| ひとめなし | ………… | **おとずれる** |
| ひとめなし | ………………………… | **だれ** |
| ひとめなし | ……………… | **ほうもん** |
| ひとめもる | ……………………… | **ひとめ** |
| ひとめをはかる | ……… | **ごまかす** |
| ひとめをはかる | ………… | **ぬすむ** |
| ひともじ | ………………………… | **ねぎ** |
| ひともじ | …………………………… | 41 |

## ひともしごろ ── ひひらく

|  |  |
|---|---|
| ひともしごろ | 18 |
| ひともしどき | 18 |
| ひともの | **いちめんに** |
| ひともの | **いっぱい** |
| ひとや | **ろうごく** |
| ひとやう | **おなじ** |
| ひとやう | **どうよう** |
| ひとやど | **はたご** |
| ひとやど | **やど** |
| ひとやど | 87 |
| ひとやま | **やまじゅう** |
| ひとやま | 29 |
| ひとやり | **きょうせい** |
| ひとやりならず | **じぶん** |
| ひとよ | **いっしょう** |
| ひとよ | **あるよ** |
| ひとよ | **ひとばんじゅう** |
| ひとよざけ | **あまざけ** |
| ひとよざけ | 94 |
| ひとよまぜ | 21 |
| ひとり | **しぜん** |
| ひとりごつ | **つぶやく** |
| ひとりごつ | **ひとりごとをいう** |
| ひとりごつ | 70 |
| ひとりずみ | **くらし** |
| ひとりで | **ひとり** |
| ひとりびとり | **ひとり** |
| ひとりぶし | **ひとりね** |
| ひとりぶし | 77 |
| ひどる | **あぶる** |
| ひどる | **やく** |
| ひとわき | **さべつ** |
| ひとわたり | **ひととおり** |
| ひとわたり | **いちど** |
| ひとわたり | **いっかい** |
| ひとわらはれ | **ものわらい** |
| ひとわらはれ | 68 |
| ひとわらへ | **ものわらい** |
| ひとわらへ | 68 |
| ひとわるし | **ていさい** |
| ひとわるし | **みぐるしい** |
| ひとわろし | **ていさい** |
| ひとわろし | **みぐるしい** |
| ひな[雛] | **にんぎょう** |
| ひな[雛] | **ひよこ** |
| ひな[雛] | **にわとり** |
| ひな[雛] | 35 |
| ひな[鄙] | **いなか** |
| ひなさかる | **いなか** |
| びなし | **おり** |
| びなし | **かわいそう** |
| びなし | **ぐあい** |
| びなし | **つごう** |
| びなし | **にあう** |
| びなし | **ふつごう** |
| びなし | **ふとどき** |
| びなし | **ふべん** |
| びなし | **よろしい** |
| ひなたぼこり | **ひなた** |
| ひなたぼこり | 3 |
| ひなつぼし | 8 |
| ひなつめ | **いなか** |
| ひなと | 19 |
| ひなどり | **ひよこ** |
| ひなどり | **にわとり** |
| ひなどり | 35 |
| ひなのながみち | 31 |
| ひなのわかれ | **わかれ** |
| ひなぶ | **いなか** |
| ひなべ | **いなか** |
| ひなぼし | 8 |
| ひなみ | **まいにち** |
| ひなみ | **れんじつ** |
| ひなみ | **ひごと** |
| ひなみ | **ひより** |
| ひなみ | 3, 4 |
| ひにく | **うわべ** |
| ひにく | **おもて** |
| ひにく | 47 |
| ひにけに | **ひごと** |
| ひにけに | **ひましに** |
| ひにけに | **まいにち** |
| ひにけに | **ひにひに** |
| ひにけに | 3 |
| ひにそへて | **ひましに** |
| ひにそへて | 3 |
| ひね[晩稲] | **いね** |
| ひね[古・陳] | **ふるい** |
| ひねくろし | **ふるい** |
| ひねくろし | **ふるめかしい** |
| ひねくろし | 52 |
| ひねひねし | **さかり** |
| ひねひねし | **ふるい** |
| ひねひねし | **ふるびる** |
| ひねもす | **いちにちじゅう** |
| ひねもの | **ろうこう** |
| ひねりいだす | **やっと** |
| ひねりいだす | 76 |
| ひねる[陳] | **ふるい** |
| ひねる[陳] | **ふるびる** |
| ひねる[陳] | **ませる** |
| ひねる[捻] | **かんがえだす** |
| ひねる[捻] | **こころみる** |
| ひねる[捻] | **しゃれる** |
| ひねる[捻] | **つまむ** |
| ひねる[捻] | **ねじる** |
| ひねる[捻] | **まわす** |
| ひねる[捻] | **よじる** |
| ひのあし | 3 |
| ひのありど | 3 |
| ひのいるくに | **ちゅうごく** |
| ひのうち | **ひる** |
| ひのした | **せかい** |
| ひのした | **てんか** |
| ひのたて | **ひがし** |
| ひのたて | **とうざい** |
| ひのたて | 31 |
| ひのつち | **しょうご** |
| ひのぬき | 31 |
| ひのはじめ | **さいしょ** |
| ひのはじめ | **がんじつ** |
| ひのみかげ | **きゅうちゅう** |
| ひのみかど | **きゅうちゅう** |
| ひのみかど | **てんのう** |
| ひのみこ | **おうじ** |
| ひのみこ | **てんのう** |
| ひのめ | 3 |
| ひのもと | **にほん** |
| ひのもとの | **にほん** |
| ひのやま | 28 |
| ひのよこ | **なんぼく** |
| ひのよこ | **とうざい** |
| ひのよこ | **にし・にしのほう** |
| ひのよこ | 31 |
| ひのよこし | 31 |
| ひはう | **そしる** |
| ひはう | **わるくち** |
| ひばう | **そしる** |
| ひばう | **わるくち** |
| ひはぎ | **わるもの** |
| ひはづ | **きゃしゃ** |
| ひはづ | **ひよわ** |
| ひはづ | **よわよわしい** |
| ひばのき | **あすなろ** |
| ひばのき | **ひのき** |
| ひばのき | 44, 45 |
| ひばば | 56 |
| ひはやか | **きゃしゃ** |
| ひはやか | **ひよわ** |
| ひはやか | **よわよわしい** |
| ひはら | **よこっぱら** |
| ひはら | **わきばら** |
| ひはら | 48 |
| ひびかす | **とどろかす** |
| ひびかす | 83 |
| ひびき | **はんきょう** |
| ひびき | 83, 84 |
| ひびく | **いたむ** |
| ひびく | **さわぎたてる** |
| ひびく | **とりさわぐ** |
| ひびく | **な** |
| ひびく | **なりわたる** |
| ひびく | **ゆうめい** |
| ひびく | 75, 83 |
| びびし | **うつくしい** |
| びびし | **はなやか** |
| びびし | 82 |
| ひびつ | **ひぼち** |
| ひひとひ | **いちにちじゅう** |
| ひひな | **にんぎょう** |
| ひひなあそび | **あそび** |
| ひひなあそび | **せっく** |
| ひひなあそび | **ひな** |
| ひひめく | 66 |
| ひひらく | **いななく** |

| | | | |
|---|---|---|---|
| ひひらく | 65, 69 | ひむろぐさ | あし |
| ひひらく[疼] | いたむ | ひむろぐさ | 39 |
| ひひらく[疼] | うずく | ひめ | むすめ |
| ひびらぐ | いななく | ひめ | かわいい |
| ひびらく[疼] | いたむ | ひめ | 111 |
| ひびらく[疼] | うずく | ひめあそび | あそび |
| ひひる[蛾] | が | びめい | 20 |
| ひひる[蛾] | 36 | ひめぎみ | むすめ |
| ひひる[沖] | とぶ | ひめごぜ | ひめ(ぎみ) |
| ひひる[沖] | とびあがる | ひめごぜ | むすめ |
| ひひる[沖] | まいあがる | ひめまつ | まつ |
| ひびる | きおくれ | ひめまつ | 46 |
| びびる | けち | ひめもす | いちにちじゅう |
| ひふ | くら | ひも | すいめん |
| ひふみ | てがみ | びもく | ほまれ |
| ひぶん | ぶんそうおう | びもく | めいよ |
| ひほろき | おそなえ | びもく | めんぼく |
| ひほろき | じんじゃ | びもく | ようし |
| ひま | あいだ | ひもじ | くうふく |
| ひま | きかい | ひもじ | ひもじい |
| ひま | きっかけ | ひもじがら | いちにちじゅう |
| ひま | すきま | ひもとく | さく |
| ひま | ぜっこう | ひもとく | ひらく |
| ひま | たえま | ひもとく | ほころびる |
| ひま | てぬかり | ひもとく | おそなえ |
| ひま | なかたがい | ひもろき | おそなえ |
| ひま | ふわ | ひもろき | かきね |
| ひま | ゆだん | ひもろき | じんじゃ |
| ひま | よゆう | ひもろぎ | おそなえ |
| ひま | りえん | ひもろぎ | じんじゃ |
| ひま | 85 | ひや | かそう |
| ひまいり | てま | ひゃぐ | ぶき |
| ひまけ | ひやけ | びゃうざ | びょうにん |
| ひまし(に) | ひごと | びゃうざ | 88 |
| ひまし(に) | 3 | ひゃうし | もののはずみ |
| ひまぜ | いちにちおき | ひゃうじ | ぐんじん |
| ひまぜ | かくじつ | ひゃうじ | へいし |
| ひまぜ | 3 | ひゃうじにかかる | ちょうじゃ |
| ひまなし | すき | びゃうじゃ | びょうにん |
| ひまなし | すきま | びゃうじゃ | 88 |
| ひまなし | ひっきりなし | ひゃうせん | ぐんせん |
| ひまなし | ゆだん | ひゃうせん | 97 |
| ひまなし | たえま | ひゃうそく | 18 |
| ひまひま | あいだ | ひゃうちゃう[評定] | そうだん |
| ひまひま | すきま | ひゃうちゃう[兵杖] | ぶき |
| ひみ | ひび | ひゃうちゃう[兵仗] | さいなん |
| ひみかし | ひがし | ひゃうと | とつぜん |
| ひみづ | こおり | ひゃうと | ひょっと |
| ひみづ | 27 | ひゃうと | ひょっと |
| ひむ | かくす | ひゃうど | いきなり |
| ひむ | ひみつ | ひゃうど | ひょっと |
| ひむかし | ひがし | ひゃうはふ | せんじゅつ |
| ひむがし | ひがし | ひゃうはふ | ぶじゅつ |
| ひむがし | 12 | ひゃうはふ | へいほう |
| ひむかひ | にし・にしのほう | ひゃうぶがへし | たおれる |
| ひむし | かいこ | ひゃうらう | しょくりょう |
| ひむし | 36 | ひゃうらう | 96 |
| ひむろ | こおり | | |
| ひむろ | へや | | |

| | | | |
|---|---|---|---|
| びゃくえ | しろ・しろい | ひら | ひたすら |
| びゃくえ | 93 | ひら | たいら |
| ひゃくがい | ほね | ひら | うすい |
| ひゃくがい | 48 | ひら | 111, 112 |
| ひゃくがいきうけう | ぜんしん | ひらがる | ひれふす |
| ひゃくがいきうけう | にくたい | ひらく | あける |
| ひゃくがいきうけう | 47, 48 | ひらく | さかん |
| ひゃくきやぎゃう | ばけもの | ひらく | さわやか |
| ひゃくくゎん | やくにん | ひらく | しんぼする |
| ひゃくしゃう | じんみん | | |
| ひゃくしゃう | ひゃくしょう | | |
| ひゃくせい | じんみん | | |
| ひゃくせい | ひゃくしょう | | |
| ひゃくそくのむし | むかで | | |
| びゃくだい | えいえん | | |
| ひゃくだい | 16 | | |
| びゃくだん | せんだん | | |
| びゃくだん | 45 | | |
| ひゃくち | のたうつこと | | |
| ひゃくねんめ | こううん | | |
| ひゃくみ | あじ | | |
| ひゃくみつ | しょくもつ | | |
| ひゃくみ | ちんみ | | |
| ひゃくやくのちゃう | くすり | | |
| ひゃくやくのちゃう | 94 | | |
| ひゃくゑ | のうてん | | |
| ひゃくゑ | 48 | | |
| ひややか | つめたい | | |
| ひややか | ひえびえ | | |
| ひややか | れいたん | | |
| ひゆ | さむい | | |
| ひゆ | つめたい | | |
| ひゆ | ひえびえ | | |
| ひゆ | ひえる | | |
| ひょうど | ひやとい | | |
| ひょうど | ひょいと | | |
| ひょうりん | 4 | | |
| ひよひよ | あかご | | |
| ひよひよ | うぶぎ | | |
| ひよひよ | にわとり | | |
| ひよひよ | ひよこ | | |
| ひよひよ | 35, 51, 93 | | |
| ひよみ | こよみ | | |
| ひよみ | じゅうにし | | |
| ひより | けいせい | | |
| ひより | せいてん | | |
| ひより | そらもよう | | |
| ひより | てんき | | |
| ひより | なりゆき | | |

|  |  |
|---|---|
| ひらく | とりさる |
| ひらく | とりのぞく |
| ひらく | はじまる |
| ひらく | はれる |
| ひらく | ひらく |
| ひらく | ほころびる |
| ひらけさす | さきかける |
| ひらけさす | ひらく |
| ひらけさす | ほころびる |
| ひらさら | ひとえ |
| ひらさら | ぜひ |
| ひらさら | ひたすら |
| ひらせ | 25 |
| ひらに | しきり |
| ひらに | ぜひ |
| ひらに | なにとぞ |
| ひらに | ねっしん |
| ひらに | ぶじ |
| ひらに | ひたすら |
| ひらに | やすやすと |
| ひらむ | たいら |
| ひらむ | ひれふす |
| ひらめかす | たいら |
| ひらめく | きらめく |
| ひらめく | はためく |
| ひらめく | ひかる |
| ひらめく | ひらひら |
| ひらめく | ひるがえす |
| ひらめく | ひるがえる |
| ひりふ | ひろう |
| ひる[干] | かわく |
| ひる[干] | ひく |
| ひる[干] | 23 |
| ひる[蒜] | にんにく |
| ひる[蒜] | 41 |
| ひる[放] | しょうべん |
| ひる[放] | だいべん |
| ひる[放] | ばいしょく |
| ひる[嚔] | くしゃみ |
| ひるがへす | うらがえす |
| ひるがへす | かえる |
| ひるがへす | なびく |
| ひるがへす | はためく |
| ひるがへす | ひらひら |
| ひるがんだう | わるもの |
| ひるけ | ちゅうしょく |
| ひるけ | ひるごはん |
| ひるけ | ひるめし |
| ひるけ | 96 |
| ひるげ | ちゅうしょく |
| ひるげ | ひるごはん |
| ひるげ | ひるめし |
| ひるげ | 96 |
| ひるこのとし | 89 |
| ひるさがり | ひる |
| ひるつかた | しょうご |
| ひるつかた | ひる |
| ひるとんび | わるもの |
| ひるなか | ひる |
| ひるのこがよはひ | 89 |
| ひるま | ひる |
| ひるむ | おじける |
| ひるむ | おそれる |
| ひるむ | しびれる |
| ひるむ | まひ |
| ひれ | そえる |
| ひろ | 3 |
| びろう | しらせる |
| びろう | きたない |
| びろう | けがらわしい |
| びろう | しつれい |
| びろう | はずかしい |
| びろう | ばかげている |
| びろう | ぶれい |
| ひろく | ひろい |
| ひろぐ | さかえる |
| ひろぐ | ひろがる |
| ひろぐ | ひろげる |
| ひろぐ | ほざく |
| ひろごる | おおきい |
| ひろごる | ひろがる |
| ひろごる | ひろまる |
| ひろごる | 83 |
| ひろし | おうよう |
| ひろし | かんだい |
| ひろし | こうだい |
| ひろし | ひろびろ |
| ひろし | ゆきわたる |
| ひろし | 79 |
| ひろしき | ひろま |
| ひろせ | 25 |
| ひろふ | 68 |
| ひろみ | ひろば |
| ひろむ | ひろめる |
| ひろめ | かいそう |
| ひろめ | こんぶ |
| ひろめかす | ひらひら |
| ひろめかす | ひらめく |
| ひろめきたつ | ふらふら |
| ひろめく | うごく |
| ひろめく | きらめく |
| ひろめく | のたうちまわる |
| ひろめく | ひかる |
| ひろめく | ひらめく |
| ひろめく | ふらつく |
| ひろら | ひろびろ |
| ひろらか | ひろびろ |
| ひろる | ひろがる |
| ひろろぐ | ぐらつく |
| ひろろぐ | よろめく |
| ひわかし | わかわかしい |
| ひわる | ひび |
| ひわ | あゆ |
| ひを | 37 |
| ひをけ | いろり |
| ひをけ | ひばち |
| ひをけ | ろ |
| ひをむし | かげろう |
| ひをむし | 36 |
| ひん | びんぼう |
| びん | きかい |
| びん | つごう |
| びん | って |
| びん | てがみ |
| びん | べんき |
| びんあし | おり |
| びんあし | ぐあい |
| びんあし | つごう |
| ひんかく | きゃく |
| ひんがし | ひがし |
| ひんがし | 12 |
| びんぎ | きかい |
| びんぎ | たより |
| びんぎ | ついで |
| びんぎ | つごう |
| びんぎ | てがみ |
| びんぎ | べんり |
| びんぎ | よい |
| ひんけい | にわとり |
| ひんけい | 35 |
| ひんけいあしたす | おとこ |
| ひんけいあしたす | 50 |
| ひんしゅつ | ついほう |
| びんそぎ | おとな |
| ひんだり | ひだり |
| びんづら | かみ |
| びんなし | おり |
| びんなし | かわいそう |
| びんなし | ぐあい |
| びんなし | けしからん |
| びんなし | つごう |
| びんなし | にあう |
| びんなし | ふつごう |
| びんなし | ふとどき |
| びんなし | ふべん |
| びんなし | よろしい |
| ひんのぬすみにこひのうた | ひつよう |
| びんよし | つごう |

## ふ

|  |  |
|---|---|
| ふ[経] | けいかする |
| ふ[経] | けいけん |
| ふ[経] | すぎる |
| ふ[経] | つうかする |
| ふ[経] | とおりすぎる |
| ふ[経] | とおる |
| ふ[経] | 16 |
| ふ[生] | くさき |
| ふ[生] | 38 |
| ふ[斑] | まだら |
| ふ[府] | やくしょ |
| ふ[符] | おふだ |
| ふ[符] | ごふ |

| | | | |
|---|---|---|---|
| ふ[符] …………… | **おまもり** | ふうぞく …………… | **しきたり** | ふかす …………… | **よふかしする** |
| ふ[干] …………… | **かわし** | ふうぞく …………… | **ならわし** | ふかだ …………………… | 30 |
| ふ[干] …………… | **ひく** | ふうぞく …………… | **ふうしゅう** | ふかで …………… | **じゅうしょう** |
| ふ[干] …………………… | 23 | ふうぞく …………… | **ふくそう** | ふがふ …………… | **びんぼう** |
| ぶ[夫] …………… | **にんぷ** | ふうぞく …………… | **みなり** | ふがふ …………… | **ふにいよい** |
| ぶ[武] …………… | **ぶき** | ふうぞく …………… | **ようし** | ふがふ …………………… | 58 |
| ぶあい …………… | **ふつごう** | ふうたく …………… | **ふうりん** | ふかふか(と) …… | **うっかり** |
| ぶあい …………… | **ぶあいそう** | ふうてい …………… | **がいけん** | ふかまちづき …………… | 4 |
| ふあひ …………… | **ふわ** | ふうてい …………… | **すがた** | ふかみぐさ …………… | **ぼたん** |
| ふあひ …………………… | 58 | ふうてい …………… | **ふくそう** | ふかみぐさ …………………… | 46 |
| ぶいぶい …………… | **ぶつぶつ** | ふうてい …………… | **みなり** | ふかみるの …………… | **ふかい** |
| ふいふい(と) …………… | 71 | ふうてい …………… | **ようし** | ふかむ …………… | **おもう** |
| ぶいん …………… | **ぶさた** | ふうてう …………… | **おもむき** | ふかむ …………… | **ふかい** |
| ふう …………… | **しゃれる** | ふうてう …………… | **ようす** | ふかむ …………… | **ふかめる** |
| ふう …………… | **しゅうかん** | ふうてう …………………… | 81 | ふかん …………… | **がまん** |
| ふう …………… | **すがた** | ふうらい …………… | **きまぐれ** | ふかん …………… | **へた** |
| ふう …………… | **ならわし** | ふうりう …………… | **おもむき** | ふかん …………… | **みじゅく** |
| ふう …………… | **なり** | ふうりう …………… | **かざりたてる** | ふぎ …………… | **みっつう** |
| ふう …………… | **ふうしゅう** | ふうりう …………… | **しゅこう** | ぶぎ …………… | **ふせい** |
| ふう …………… | **ふうぞく** | ふうりう …………… | **ぞくじ** | ふきあげ …………… | **ふんすい** |
| ふう …………… | **ようしき** | ふうりう …………… | **でんとう** | ふきおろし …………………… | 12 |
| ふう …………… | **ようす** | ふうりう …………… | **みやびやか** | ふきがたり …………… | **じまん** |
| ふう …………… | **なりふり** | ふうりう …………………… | 81 | ふきかへす …………… | **ひるがえす** |
| ふううん …………… | **しぜん** | ふうゐん …………… | **ふうが** | ふきかへす …………… | **ふきもどす** |
| ふううん …………………… | 87 | ふうゐん …………………… | 81 | ふきかへす …………………… | 12 |
| ふううんのおもひ … | **こうみょう** | ふうん …………… | **うきぐも** | ふきこす …………… | **ふきすぎる** |
| ふううんのおもひ …………… | **やぼう** | ふうん …………… | **くも** | ふきこす …………………… | 12 |
| ふううんのたより …………… | **しぜん** | ふうん …………… | **むじょう** | ふきしく …………… | **しきり** |
| ふうが …………… | **しいか** | ふうん …………………… | 80 | ふきしく …………………… | 11 |
| ふうが …………… | **しぶん** | ふえ …………… | **のど** | ふきしなふ …………… | **たわむ** |
| ふうが …………………… | 64, 65, 81 | ふえ …………………… | 48 | ふきしなふ …………………… | 11 |
| ふうがもの …………………… | 82 | ふえき …………… | **かわる** | ふきしをる …………… | **たわむ** |
| ふうかん …………… | **じゅういちがつ** | ふえき …………… | **ふへん** | ふきすさぶ …………… | **えんそう** |
| ふうかん …………………… | 7 | ぶえん …………… | **うぶ** | ふきすさぶ …………… | **ふきあれる** |
| ふうき …………… | **かねもち** | ぶえん …………… | **しんせん** | ふきすさぶ …………… | **ふく** |
| ふうき …………… | **とみさかえる** | ぶえん …………… | **なま** | ふきすさぶ …………………… | 11, 12 |
| ふうぎ …………… | **すがた** | ぶえん …………………… | 37 | ふきすます …………… | **ふえ** |
| ふうぎ …………… | **ならわし** | ふか …………………… | 97 | ふきそふ …………… | **ふきつのる** |
| ふうぎ …………… | **ふうしゅう** | ふかく …………… | **いしょく** | ふきそふ …………………… | 12 |
| ふうぎ …………… | **ふるまい** | ふかく …………… | **おくびょう** | ふきたつ …………… | **ふきはじめる** |
| ふうぎ …………………… | 48 | ふかく …………… | **おろか** | ふきたつ …………… | **まいあがる** |
| ふうきさう …………… | **ぼたん** | ふかく …………… | **かしせん** | ふきたつ …………………… | 11, 12 |
| ふうきさう …………………… | 46 | ふかく …………… | **きぜつ** | ふきたわむ …………… | **まげる** |
| ふうきょう …………… | **きょうき** | ふかく …………… | **ひきょう** | ふきたわむ …………………… | 11 |
| ふうきょう …………………… | 81 | ふかく …………… | **ふちゅうい** | ふきなす …………… | **ふきならす** |
| ふうげつ …………… | **けしき** | ふかく …………… | **むいしき** | ふきはる …………… | **はれる** |
| ふうげつ …………… | **しいか** | ふかく …………… | **ゆだん** | ふきはる …………………… | 11 |
| ふうげつ …………… | **しぜん** | ふがく …………… | **むがく** | ふきまがふ …………… | **ふきみだれる** |
| ふうげつ …………………… | 64, 75, 81 | ふかくじん …………… | **ひきょう** | ふきまがふ …………………… | 12 |
| ふうこつ …………… | **すがた** | ふかし …………… | **おくふかい** | ふきまく …………… | **ふきまくる** |
| ふうこつ …………… | **ふうかく** | ふかし …………… | **こい** | ふきまく …………… | **ふく** |
| ふうこつ …………… | **ふうさい** | ふかし …………… | **しりょ** | ふきまく …………………… | 11, 12 |
| ふうさう[風騒] …… | **ふうが** | ふかし …………… | **しんみつ** | ふきまどふ …………… | **ふきまくる** |
| ふうさう[風騒] …………… | 81 | ふかし …………… | **たけなわ** | ふきまどふ …………… | **ふきみだれる** |
| ふうさう[風箏] …… | **ふうりん** | ふかし …………… | **ひどい** | ふきまどふ …………… | **ふく** |
| ふうず …………… | **きんし** | ふかし …………… | **ふかい** | ふきまどふ …………………… | 11 |
| ふうず …………… | **とじこめる** | ふかし …………………… | 70, 79 | ふきまよふ …………… | **ふきまくる** |
| ふうず …………… | **ふう** | ふかしい …………………… | 79 | ふきまよふ …………… | **ふきみだれる** |
| ふうず …………… | **ふうじこめる** | | | ふきまよふ …………… | **ふく** |

| | | |
|---|---|---|
| ふきまよふ | 11, 12 | |
| ふきもの | がっき | |
| ふきょう | きげん | |
| ふきょう | きょうざめ | |
| ふきょう | ふかい | |
| ふきょう | ふゆかい | |
| ぶきょう | きげん | |
| ぶきょう | きょうざめ | |
| ぶきょう | ふかい | |
| ぶきょう | ふゆかい | |
| ふきよう | ひれつ | |
| ぶきりょう | みにくい | |
| ぶきりょう | むのう | |
| ふきる | いど | |
| ふく[更] | おいる | |
| ふく[更] | すぎる | |
| ふく[更] | たけなわ | |
| ふく[更] | としとる | |
| ふく[更] | ふける | |
| ふく[更] | 16, 22, 53 | |
| ふく[吹] | せいれんする | |
| ふく[吹] | ふきだす | |
| ふく[葺] | おおう | |
| ぶく | そうしき | |
| ぶく | ふくも | |
| ぶく | もふく | |
| ぶく | 94 | |
| ぶぐ | ぶき | |
| ふくかぜの | たより | |
| ふくかぜの | 78 | |
| ふくげつ | じゅういちがつ | |
| ふくげつ | 7 | |
| ふくしゃ | かねもち | |
| ふくしゃ | こうふく | |
| ふくしん | ゆたか | |
| ふくしん | しんてい | |
| ふくしん | たのみ | |
| ふくしん | 61 | |
| ふくじん | ゆたか | |
| ふくしんのやまひ | 87, 88 | |
| ふくす | くっぷくする | |
| ふくす | したがう | |
| ぶくす | そうしき | |
| ふくす | たべる | |
| ふくす | のむ | |
| ぶくす | ふくも | |
| ふくだむ | かみ | |
| ふくだむ | けばだつ | |
| ふくちのその | あのよ | |
| ふくちのその | ごくらく・ごくらくじょうど | |
| ふくちのその | 72 | |
| ふくつけがる | よくばる | |
| ふくつけし | よくふかい | |
| ふくてう | ふくろう | |
| ふくてう | 35 | |
| ふくにん | ゆたか | |
| ふくべ | ひさご | |
| ふくべ | ひょうたん | |
| ふくべ | 41 | |
| ふくむ | いいきかせる | |
| ふくむ | いれる | |
| ふくむ | おもう | |
| ふくむ | くち | |
| ふくむ | つぼみ | |
| ふくむ | ふくらむ | |
| ふくむ | りかい | |
| ふくむ | 61 | |
| ふくやか | ふっくら | |
| ふくよか | ふっくら | |
| ふくらか | ふっくら | |
| ふぐり | こうがん | |
| ふくりふ | おこる | |
| ふくりふ | はら | |
| ふくりふ | りっぷく | |
| ふくろ[袋] | さいふ | |
| ふくろ[梟] | ふくろう | |
| ふくろ[梟] | 35 | |
| ふくろぶ | さく | |
| ふくろぶ | ほころびる | |
| ふくゎい | ふわ | |
| ふくゎほう | ふうん | |
| ふくゎほう | ふしあわせ | |
| ふけ | 30 | |
| ふけう | おやふこう | |
| ふけう | かんどう | |
| ふけだ | 30 | |
| ふげつ[婦月] | しちがつ | |
| ふげつ[婦月] | 6 | |
| ふげつ[風月] | けしき | |
| ふげつ[風月] | しいか | |
| ふげつ[風月] | しぜん | |
| ふげつ[風月] | 64, 75 | |
| ふけぬ | 26 | |
| ふけまちづき | 4 | |
| ふける | かくす | |
| ふける | みせびらかす | |
| ふける | にげる | |
| ふける | 66 | |
| ふける[耽] | おぼれる | |
| ふける[耽] | ぼっとうする | |
| ぶげん | ぶんざい | |
| ぶげん | みのほど | |
| ぶげん | みぶん | |
| ぶげん | かねもち | |
| ぶげん | 49 | |
| ぶげんしゃ | かねもち | |
| ふこ | 89 | |
| ぶこう | へた | |
| ぶこう | みじゅく | |
| ぶこつ | さいのう | |
| ぶこつ | しつれい | |
| ぶこつ | ふつごう | |
| ぶこつ | ぶしつけ | |
| ぶこつ | ぶれい | |
| ぶこつ | むのう | |
| ふさ | 79 | |
| ふさう | にほん | |
| ぶさう | ならびない | |
| ぶさう | ふたつ | |
| ふさがり | さしきわり | |
| ふさがる | いっぱい | |
| ふさがる | こみあげる | |
| ふさがる | さまたげる | |
| ふさがる | しまる | |
| ふさがる | じゃま | |
| ふさがる | とじる | |
| ふさぐ | いっぱい | |
| ふさぐ | せんりょうする | |
| ふさぐ | ふた | |
| ぶさた | おとずれる | |
| ぶさた | たより | |
| ぶさた | ふつごう | |
| ぶさた | ぶいん | |
| ぶさた | ぶようじん | |
| ぶさた | ほうもん | |
| ぶさた | ゆだん | |
| ぶさた | 74 | |
| ふさに | いろいろ | |
| ふさに | 79 | |
| ふさぬ | たばねる | |
| ふさぬ | そうかつする | |
| ふさぬ | まとめる | |
| ふさはし | このましい | |
| ふさはし | てきとう | |
| ふさはし | ふさわしい | |
| ふさふ | ちょうわ | |
| ふさふ | つりあう | |
| ふさふ | にあう | |
| ふさふ | ふさわしい | |
| ふさやか | ふさふさと | |
| ふし[柴] | しば | |
| ふし[柴] | 43 | |
| ふし[節] | おり | |
| ふし[節] | かんせつ | |
| ふし[節] | きかい | |
| ふしう | ほりょ | |
| ふしおき | くらし | |
| ふしかへる | ねがえり | |
| ふしき[臥木] | 43 | |
| ふしき[節木] | 43 | |
| ふしぎ | あやしい | |
| ふしぎ | いがい | |
| ふしぎ | おもいがけない | |
| ふじきく | ふくじゅそう | |
| ふじぎく | 41 | |
| ふししづむ | なげき | |
| ふししづむ | なやみ | |
| ふししづむ | ものおもい | |
| ふししば | まこも | |
| ふししば | しば | |
| ふししば | 42, 43 | |
| ふじつ | やがて | |
| ふじど | しんしつ | |
| ふじのねの | なる | |

| | | | | | |
|---|---|---|---|---|---|
| ふしのま | すこし | ふすべ | できもの | ふたうじん | むほう |
| ふしのま | 16 | ふすべ | 47 | ふたうじん | わるもの |
| ふじばかま | ななくさ | ふすぼる | くすぶる | ふたがる | つまる |
| ふしぶし | あれこれ | ふすぼる | けむる | ふたがる | ふさがる |
| ふしぶし | 107 | ふすぼる | すすける | ふたきぐさ | ふじ |
| ふしまちのつき | 4 | ふすま | かいまき | ふたきぐさ | 46 |
| ふしまろぶ | もだえる | ふすま | ふとん | ふたぐ | いっぱい |
| ふしまろぶ | みもだえする | ふすまさうじ | ふすま | ふたぐ | おおう |
| ふしゃう[不祥] | えんぎ | ふすまぢを | ひく | ふたぐ | さまたげる |
| ふしゃう[不祥] | ふうん | ふする | いのしし | ふたぐ | ふさがる |
| ふしゃう[不祥] | ふきつ | ふする | 33 | ふたぐ | ふさぐ |
| ふしゃう[不祥] | ふこう | ふするのとこ | いのしし | ふたごころ | うらぎり |
| ふしゃう[不請] | いやいやながら | ふするのとこ | 33 | ふたごころ | うわきごころ |
| ふしゃう[不請] | しょうだく | ふせい | このよ | ふたさやの | へだてる |
| ふじゃう | けがれ | ふせい | 80 | ふだせん | にゅうじょう |
| ふじゃう | だいべん | ふぜい | おもむき | ふたつなし | このうえない |
| ふじゃう | よごれ | ふぜい | すがた | ふたつなし | たぐいない |
| ぶしゃう | じゅうごさい | ふぜい | ようす | ふたつなし | ふたつ |
| ぶしゃう | 89 | ふぜい | 81, 104, 113 | ふたと | はたと |
| ぶしゃく | 89 | ふせいほ | そまつ | ふたと | ほんと |
| ふしゅび | ふしまつ | ふせいほ | 92 | ふたと | 13 |
| ふしゅび | 73 | ふせう | おろか | ふたば | 51 |
| ふしゅび | ふせいこう | ふせう | ふうん | ふたば | ようしょう |
| ふじゅん | けんこう | ふせう | みじめ | ふたばぐさ | すみれ |
| ふじゅん | どうり | ふせう | みじゅく | ふたばぐさ | 40 |
| ふじゅん | やむ | ふせく | くいとめる | ふたふた | ばたばた |
| ふじゅん | 88 | ふせく | さえぎる | ふたふた | 14 |
| ふしょぞん | ふこころえ | ふせく | ふせぐ | ふためかす | ばたばた |
| ふしをがむ | ひれふす | ふせぐ | くいとめる | ふためかす | 14 |
| ふしん[不審] | うたがわしい | ふせぐ | さえぎる | ふためく | うろたえる |
| ふしん[普請] | こうじ | ふせぐ | まもる | ふためく | おとをたてる |
| ぶしんちゅう | せいい | ふせぜい | ぐんじん | ふためく | さわぐ |
| ぶしんちゅう | はくじょう | ふせぜい | ふくへい | ふためく | ばたばた |
| ぶしんちゅう | ふぎり | ふせつ | りゅうげん | ふためく | 13, 14 |
| ぶしんちゅう | ふせいじつ | ふせつ | 83, 84 | ふたもじ | にら |
| ぶしんちゅう | れいたん | ふせひ | とい | ふたもじ | 41 |
| ふす[賦] | くばる | ふせや | そまつ | ふたゆく | くりかえす |
| ふす[賦] | わりあてる | ふせや | 92 | ふたゆく | ふたまたをかける |
| ふす[賦] | 75 | ふそく | ふじゅうぶん | ふたよぐさ | すみれ |
| ふす[伏] | おさえつける | ふそく | ふへい | ふたよぐさ | 40 |
| ふす[伏] | かくれる | ふそく | ふまん | ふたりと | 13 |
| ふす[伏] | ねかせる | ふぞく[付属] | じょうと | ふだん | いつも |
| ふす[伏] | うつむく | ふぞく[付属] | ゆずる | ふだん | ずっと |
| ふす[伏] | おしたおす | ふぞく[風俗] | しきたり | ふだん | たえま |
| ふす[伏] | かくす | ふぞく[風俗] | ふうしゅう | ふだん | にちじょう |
| ふす[伏] | した | ふぞく[風俗] | みなり | ふち[淵] | よどみ |
| ふす[伏] | たえる | ふだ | にゅうじょう | ふち[淵] | 26 |
| ふす[伏] | たおれふす | ふだ | おふだ | ふち[扶持] | じょりょく |
| ふす[伏] | ひそむ | ふだ | おまもり | ふち[扶持] | せわ |
| ふす[伏] | よこ | ふだいた | おふだ | ふち[扶持] | たすける |
| ふす[伏] | よこたわる | ふたいてん | しりぞく | ぶち | まだら |
| ふす[伏] | 76 | ふたいのところ | あのよ | ふぢごろも | なれる |
| ふさすに | 79 | ふたいのところ | ごくらく・ごくらくじょうど | ふぢごろも | まどお |
| ふすぶ | くすぶる | ふたいのところ | 72 | ふぢごろも | もふく |
| ふすぶ | けむる | ふたう | ひどう | ふぢごろも | 94 |
| ふすぶ | しっと | ふたう | むほう | ふちせ | かわりやすい |
| ふすぶ | すねる | | | ふちせ | むじょう |
| ふすぶ | ねたむ | | | ふちせ | 25, 80 |
| ふすべ | こぶ | | | ふちせもしらず | よい |

ふしのま━━ふちせもしらず

| | | | |
|---|---|---|---|
| ふちせもしらず | よしあし | ふっと | ふと |
| ふちな | たんぽぽ | ふっと | わらいごえ |
| ふちな | 40 | ふっと | ブツンと |
| ふちなみ | ふじ | ふっと | 13, 68 |
| ふちなみ | 46 | ぶつど | あのよ |
| ふちなみの | よる | ふつに | かならず |
| ふちなみの | たつ | ふつに | ぜんぜん |
| ふちやう | あて | ふつに | まったく |
| ふちやう | いがい | ふつふつ | ばたばた |
| ふちやう | おもいがけない | ふつふつ(と) | きっぱり(と) |
| ふちやう | きまる | ふつふつ(と) | ブッツリ |
| ふちやう | はっきり | ふで | ひつりよく |
| ふちやう | ふたしか | ふで | ひょうげんりょく |
| ふちやうのくも | まよい | ふで | ひっせき |
| ふつ | ふへい | ふで | おもわしくない |
| ふつ | すてばちになる | ふでう | けってん |
| ふつ | すてる | ふでう | ととのう |
| ふっき | かねもち | ふてうはふ | ゆきとどく |
| ふっき | とみさかえる | ふでがしら | ひっとう |
| ふづき | しちがつ | ふてき | むほう |
| ふづき | 6 | ふでぐさ | らんぎく |
| ふづくえ | つくえ | ふでぐさ | すぎな |
| ふつくに | ことごとく | ふでぐさ | 40 |
| ふつくに | のこらず | ふでたて | まえおき |
| ふつくむ | いきどおる | ふでつばな | つくし |
| ふつくむ | おこる | ふでつばな | 40 |
| ふつくむ | はら | ふでとり | しょき |
| ふづくむ | おこる | ふでのあと | ひっせき |
| ふづくりごと | つくりばなし | ふでのあと | ふで |
| ふづくる | ごまかす | ふでのはな | つくし |
| ぶっけ | そう | ふでのはな | 40 |
| ぶっけ | てら | ふでやう | しょどう |
| ぶっさう | おだやか | ふでやう | ふで |
| ぶっさう | きけん | ふてん | てんか |
| ぶっさう | らんぼう | ふてんそっと | てんか |
| ぶっさう | 70 | ふてんのした | てんか |
| ふっさり(と) | 14 | ふと | おもいがけない |
| ぶっそう | うるさい | ふと | かんたん |
| ふつつか | あさはか | ふと | さっと |
| ふつつか | おろか | ふと | すぐに |
| ふつつか | けいそつ | ふと | たやすい |
| ふつつか | げひん | ふと | とつぜん |
| ふつつか | しっかり | ふと | ひょいと |
| ふつつか | じょうぶ | ふと | ふい |
| ふつつか | ふとい | ふと | むぎょうさ |
| ふつつか | ぶかっこう | ふと[太] | 111, 112 |
| ふつつか | ぶこつ | ふと[浮屠] | そう |
| ふつつか | ぶちょうほう | ふと[浮屠] | そとば |
| ふつつか | 81 | ふと[浮屠] | とう |
| ふっして | けっして | ふとくしん | きにくわない |
| ふっつり(と) | すっかり | ふとくしん | なっとく |
| ふっつり(と) | だんじて | ふとくしん | ふこころえ |
| ふっつり(と) | だんぜん | ふとくしん | ぶれい |
| ふっつり(と) | まったく | ふとくしん | 59 |
| ふっつり(と) | ブツンと | ふところがみ | かいし |
| ふっと | きっぱり(と) | ふところがみ | かみ |
| ふっと | ぜんぜん | ふところがみ | ちりがみ |
| ふっと | とつぜん | ふところご | はこいりむすめ |
| ふっと | ひょっと | ふところご | ひぞう |
| | | ふところご | 51, 52 |
| | | ふとし | しっかり |
| | | ふとし | ずうずうしい |
| | | ふとし | ふとい |
| | | ふとしく | たてる |
| | | ふとしも | きゅう |
| | | ふとしも | たやすい |
| | | ふどの | しょこ |
| | | ふな | 97 |
| | | ふなあまり | かえる |
| | | ふないくさ | あらそい |
| | | ふないくさ | かいぐん |
| | | ふなかがり | はとば |
| | | ふなぎほふ | こぐ |
| | | ふなぎほふ | 97 |
| | | ふなぎみ | せんどう |
| | | ふなぎみ | ふなのり |
| | | ふなぎみ | 98 |
| | | ふなこ | ふなのり |
| | | ふなごころ | ふなよい |
| | | ふなごころ | 98 |
| | | ふなせ | みなと |
| | | ふなせ | 98 |
| | | ふなせうえう | あそび |
| | | ふなち | ふなたび |
| | | ふなつ | ふなつきば |
| | | ふなつ | みなと |
| | | ふなつ | 98 |
| | | ふなて | かいぐん |
| | | ふなて | かいろ |
| | | ふなて | ぐんたい |
| | | ふなて | こうろ |
| | | ふなて | 23, 31, 97, 98 |
| | | ふなどのかみ | 32 |
| | | ふなどめ | はとば |
| | | ふなども | せんび |
| | | ふなども | 97 |
| | | ふなのへ | せんしゅ |
| | | ふなのへ | 97 |
| | | ふなば | はとば |
| | | ふなば | みなと |
| | | ふなば | 98 |
| | | ふなばた | ふなべり |
| | | ふなばた | 98 |
| | | ふなはて | ていはく |
| | | ふなはて | 98 |
| | | ふなびと | ふなのり |
| | | ふなびと | 98 |
| | | ふなゑひ | ふなたび |
| | | ふなみち | 98 |
| | | ふなもやひ | 97 |
| | | ふなゆさん | あそび |
| | | ふなよそひ | 86, 98 |
| | | ふなゑひ | ふなよい |
| | | ふなゑひ | 98 |

| | | | | | |
|---|---|---|---|---|---|
| ふなをさ | せんどう | ふみ | ぶんがく | ふゆ[振] | ゆれる |
| ふなをさ | ふなのり | ふみあだす | ふみあらす | ふゆ[不蹲] | 89 |
| ふなをさ | 98 | ふみかぶる | しくじる | ふゆがまへ | ふゆごもり |
| ふにょい | おもいどおり | ふみがら | かみ | ふゆがまへ | 18 |
| ふにょい | びんぼう | ふみがら | ほご | ふゆがれ | 18 |
| ふにょい | ふべん | ふみくくむ | おしこめる | ふゆき | 43 |
| ふね | うつわ | ふみこむ | おちこむ | ふゆくさ | かれる |
| ふね | すいそう | ふみこむ | ふんばつする | ふゆくさの | はなれる |
| ふねい | ぶのう | ふみさくむ | | ふゆごもり | はる |
| ふねい | わたくし・わたし | ふみしかる | ふんばる | ふゆさび | けしき |
| ふねい | 105 | ふみしたく | ふみあらす | ふゆさび | こうりょう |
| ぶねう | かねもち | ふみしだく | つぶす | ふゆさる | 18 |
| ぶねう | ゆたか | ふみしだく | ふみあらす | ふゆさる | 18 |
| ぶねん | ざんねん | ふみしだく | ふみにじる | ふゆざれ | けしき |
| ぶねん | てぬかり | ふみたがふ | まちがう | ふゆざれ | こうりょう |
| ぶねん | ふちゅうい | ふみたがふ | まよう | ふゆざれ | 18 |
| ぶねん | 58 | ふみたがふ | 32 | ふゆしぐれ | しぐれ |
| ふばこ | てがみ | ふみたつ | おいはらう | ふゆしぐれ | 9 |
| ふびゃう | かぜ | ふみちらす | ふみあらす | ふゆとし | きょねん |
| ふびゃう | かんぼう | ふみづき | しちがつ | ふゆとし | ねんまつ |
| ふびゃう | 87 | ふみづき | 6 | ふゆびより | 18 |
| ふびん[不便] | こまる | ふみて | ふで | ふゆみかづき | 5, 18 |
| ふびん[不便] | つごう | ふみとどむ | ぐずつける | ふよう | きけん |
| ふびん[不便] | なんぎ | ふみとどむ | とめる | ふよう | だめ |
| ふびん[不便] | ふつごう | ふみとどろかす | ふみならす | ふよう | て |
| ふびん[不憫] | かわいい | ふみとどろかす | ふむ | ふよう | ぶしつけ |
| ふびん[不憫] | かわいそう | ふみどの | しょこ | ふよう | ふとどき |
| ふびんにす | せわ | ふみとむ | そくせき | ふよう | ぶようじん |
| ふびんにす | かわいがる | ふみならす | たいら | ふよう | ぶれい |
| ふびんをかく | かわいがる | ふみならす | ならす | ふよう | むだ |
| ふぶきづき | ごがつ | ふみならす | ふみならす | ふよう | らんぼう |
| ふぶきづき | 6 | ふみならす | ふむ | ぶよう | ぶゆう |
| ふふどり | かっこう | ふみのみち | がくもん | ぶらここ | ぶらんこ |
| ふふどり | 34 | ふみばこ | てがみ | ふらら | ふほう |
| ふふまる | つぼみ | ふみはだかる | ふんばる | ふらばふ | さわる |
| ふふむ | つつみもつ | ふみひらきづき | しちがつ | ふらばふ | ふれる |
| ふふむ | つぼみ | ふみひらきづき | 6 | ふり[瓜] | うり |
| ふふむ | ひそむ | ふみひろげづき | しちがつ | ふり[瓜] | 39 |
| ふふむ | ひらく | ふみひろげづき | 6 | ふり[振] | ならわし |
| ふふむ | ふくむ | ふみまどふ | さまよう | ふり[振] | ようし |
| ふふむ | もつ | ふみまどふ | ほうろう | ふり[振] | しょさ |
| ふべん | おもいどおり | ふみまよふ | さまよう | ふり[振] | すがた |
| ふべん | まずしい | ふみまよふ | ほうろう | ふり[振] | そぶり |
| ぶへん | ぐんじん | ふみみぐさ | おぎ | ふり[振] | どうさ |
| ぶへん | ぶげい | ふみみぐさ | 39 | ふり[振] | なり |
| ぶへん | ぶし | ふみわく | わけいる | ふり[振] | なりふり |
| ぶへんじ | なまへんじ | ふむ | おこなう | ふり[振] | ふるまい |
| ふまふ | おさえる | ふむ | すごす | ふり[振] | みぶり |
| ふまふ | しあん | ふむ | ねぶみする | ふり[振] | ゆがみ |
| ふまふ | しはい | ふむ | ひょうかする | ふり[振] | ようす |
| ふまふ | ふみつける | ふむ | ふみつける | ふり[振] | 111 |
| ふみ | しょもつ | ふむ | 68 | ぶり | 113 |
| ふみ | てがみ | ふめつ | おうむがい | ふりあかす | 9 |
| ふみ | ぶんぶん | ぶも | ちちはは | ふりある | ふりあれる |
| ふみ | ぶんしょう | ぶも | ふぼ | ふりある | 10 |
| ふみ | かんし | ぶも | 56 | ふりいづ | なきだす |
| ふみ | かんぶん | ふもん | おまもり | ふりいづ | ふりきる |
| ふみ | がくもん | ふや | がっこう | ふりいづ | 65, 66 |
| ふみ | しょうそく | ふゆ[振] | ゆれうごく | ふりう | おもむき |

| | | | |
|---|---|---|---|
| ふりう | かざりたてる | ふりょ | おもいがけない | ふるひと | こじん |
| ふりう | しゅこう | ぶりょく | びんぼう | ふるひと | こふう |
| ふりう | ぞくじ | ぶりょく | まずしい | ふるひと | むかし |
| ふりう | みやびやか | ふる[触] | かかわる | ふるひと | むかしかたぎ |
| ふりう | 81 | ふる[触] | かんけい | ふるひと … むかしなじみ(のひと) | |
| ふりうづむ | ふりつもる | ふる[触] | さわる | | |
| ふりうづむ | 10 | ふる[触] | しらせる | ふるひと | 52 |
| ふりおく | ふりつもる | ふる[触] | せっする | ふるびと | こじん |
| ふりおく | 10 | ふる[触] | であう | ふるびと | こふう |
| ふりおこす | こぶする | ふる[触] | ふれる | ふるびと | ちじん |
| ふりおこす | ふんき | ふる[振] | しんどうする | ふるびと | むかし |
| ふりがたし | わすれがたい | ふる[震] | ゆれうごく | ふるびと | むかしかたぎ |
| ふりくらす | 9 | ふる[古] | としとる | ふるびと … むかしなじみ(のひと) | |
| ふりこむ | ふりこめられる | ふる[古] | おいる | | |
| ふりさく | はるか | ふる[古] | さびれる | ふるびと | 52 |
| ふりさく | ふりあおぐ | ふる[古] | としおいる | ふるふ[振] | おもいどおり |
| ふりさく | 77,78 | ふる[古] | ふるい | ふるふ[振] | はげます |
| ふりさけあふぐ | 77 | ふる[古] | ふるびる | ふるふ[振] | はっきする |
| ふりさけみる | はるか | ふる[古] | 53 | ふるふ[振] | ゆりうごかす |
| ふりさけみる | 77 | ふる[故] | すぎる | ふるふ[震] | なりひびく |
| ふりしきる | 9 | ふるうた | こか | ふるふ[震] | ふるえる |
| ふりしく[降頻] | 9,10 | ふるうた | 64 | ふるふ[震] | ふるわす |
| ふりしく[降敷] | 9 | ふるかく | きゅうしき | ふるふ[震] | ゆれうごく |
| ふりしこる | 9 | ふるかく | こふう | ふるふ[震] | ゆれる |
| ふりす | ふるい | ふるきぬ | ふるぎ | ふるふ[震] | わな |
| ふりす | ふるびる | ふること[古言] | いいつたえ | ふるぶ | こふう |
| ふりすつ | ふりきる | ふること[古言] | こか | ふるぶ | ふるくさい |
| ふりすつ | みすてる | ふること[古言] | でんしょう | ふるぶ | ふるびる |
| ふりそほつ | 10 | ふること[古言] | むかし | ふるぶるし | としおいる |
| ふりそぼつ | 10 | ふること[古言] | 64 | ふるぶるし | ふるい |
| ふりたつ | 90 | ふること[故事] | こじ | ふるぶるし | 52 |
| ふりづ | なきだす | ふること[故事] | むかし | ふるへ | ふるい |
| ふりづ | ふりきる | ふるごと[故事] | こじ | ふるへ | もと |
| ふりづ | 65,66 | ふるごと[故事] | むかし | ふるへ | 92,93 |
| ふりつむ | つもる | ふるごろも | ふるぎ | ふるまひ | こうどう |
| ふりつむ | ゆき | ふるさと | こきょう | ふるまひ | ごちそう |
| ふりはつ | ふるい | ふるさと | こと | ふるまひ | どうさ |
| ふりはつ | ふるびる | ふるさと | じたく | ふるまひ | ふるまい |
| ふりはつ | 53 | ふるさと | なじみ | ふるまひ | もてなし |
| ふりはふ | ことさら(に) | ふるさと | わがや | ふるまひ | 96 |
| ふりはふ | わざわざ | ふるさと | 92 | ふるまふ | ごちそう |
| ふりはへ | わざわざ | ふるさとびと | こきょう | ふるまふ | ふるまう |
| ふりはへ(て) | ことさら(に) | ふるし | しんせん | ふるまふ | もてなす |
| ふりはへて | わざわざ | ふるし | ちんぷ | ふるめ | せんさい |
| ふりふぶく | 9 | ふるし | ねんこう | ふるめ | 54 |
| ふりふり(と) | ひらひら | ふるし | ふるい | ふるめかし | こふう |
| ふりふる | 9 | ふるし | ふるくさい | ふるめかし | としより |
| ふりまさる[旧増] | としとる | ふるし | ふるびる | ふるめかし | ふるくさい |
| ふりまさる[旧増] | 53 | ふるし | めずらしい | ふるめかし | ふるびる |
| ふりまさる[降増] | はげしい | ふるす | わすれる | ふるめかし | ふるめかしい |
| ふりまさる[降増] | 53 | ふるす | あきる | ふるめかし | 54 |
| ふりみだる | みだれる | ふるす | つかいふるす | ふるめく | こふう |
| ふりみだる | ゆき | ふるす | みすてる | ふるめく | としより |
| ふりみふらずみ | 10 | ふるせ | はぜ | ふるめく | ふるい |
| ぶりゃく | せんじゅつ | ふるせ | 37,38 | ふるめく | ふるくさい |
| ふりゆく | ふるい | ふるとし | きょねん | ふるめく | ふるびる |
| ふりゆく | ふるびる | ふるとし | ねんまつ | | |
| ふりゆく | 52,53 | | | | |
| ふりょ | いがい | | | | |

| | | | | |
|---|---|---|---|---|
| ふるめく | ふるめかしい | | へうかく | たびびと |
| ふるめく | こふう | | へうかく | 87 |
| ふるめく | 54 | | べうしょ | はか |
| ふるものがたり | おもいで | | へうとく | な |
| ふるものがたり | むかし | | べうべう | わんわん |
| ふるや | ふるい | | べうべう(と) | 90 |
| ふるや | 92 | **へ** | べうもあらず | する |
| ふるゆき | ゆき | | べうもあらず | できる |
| ふるゆきの | かみ | へ[家] | 91 | べうもあらず | 103 |
| ふるゆきの | きえる | へ[重] | 111 | へうもの | こくもつ |
| ふるゆきの | しらが | へ[上] | うえ | へうもの | こめ |
| ふるゆきの | ゆく | へ[辺] | あたり | へうもの | 96 |
| ふれあそび | あそび | へ[辺] | うみべ | へうり | つくりもの |
| ふれい | 87 | へ[辺] | そば | へうり | ふたごろ |
| ふればふ | かかわる | へ[辺] | ほとり | べかし | 105 |
| ふればふ | さわる | へ[辺] | 22, 112 | べかなり | のはずだそうだ |
| ふればふ | ふれる | へ[軸] | せんしゅ | べかなり | はずだそうだ |
| ふわく | しじっさい | へ[軸] | へさき | べかなり | 103, 104 |
| ふわく | 89 | へ[軸] | 97 | べかめり | のはずのようだ |
| ぶる | しぜん | べ | くみ | べかめり | ちがいない |
| ぶる | へいおん | べ | むれ | べかめり | はずのようだ |
| ぶん | くらい | へあがる | かわる | べかめり | 104 |
| ぶん | じょうたい | へあがる | しょうしんする | べからず | きんし |
| ぶん | ていど | へあがる | としとる | べからず | する |
| ぶん | ぶんざい | へあがる | なりあがる | べからず | できる |
| ぶん | ほど | へあがる | へんか | べからむ | はず |
| ぶん | みのほど | へあがる | 53 | べからむ | 99, 103, 104, 105 |
| ぶん | めいぎ | へい | おくりもの | べかりき | はず |
| ぶん | わけまえ | へいがく | たたかい | べかりけり | のほうがよかった |
| ぶん | わりあて | へいぐゎい | かんがえ | べかりけり | 105 |
| ぶん | 49 | へいぐゎい | ちんぷ | べかりつる | はず |
| ぶんげん | のうりょく | へいぐゎい | ぶえんりょ | べかんなり | のはずだそうだ |
| ぶんげん | ぶんざい | へいぐゎい | ぶれい | べかんなり | はずだそうだ |
| ぶんげん | みのほど | へいぐゎい | へいぼん | べかんなり | 103, 104 |
| ぶんげん | みぶん | へいこう | くち | べかんめり | のはずのようだ |
| ぶんげん | かねもち | へいこう | くっぷくする | べかんめり | ちがいない |
| ぶんげん | 49 | へいこう | こうさん | べかんめり | はずのようだ |
| ぶんこ | しょこ | へいこう | こたえる | べかんめり | 104 |
| ぶんざい | かぎり | へいこう | だまる | へきたん | ふち |
| ぶんざい | ていど | へいこう | ふくじゅう | へきたん | 25 |
| ぶんざい | みのほど | へいこう | へんじ | べきなり | 105 |
| ぶんざい | みぶん | へいこう | むくち | へきらく | あおぞら |
| ぶんざい | 49 | へいさ | すな | へきらく | そら |
| ふんず | きんし | へいじ | とくり | へきらく | とおい |
| ふんず | とじこめる | べいじゅ | はちじゅうはっさい | へきらく | はて |
| ふんず | ふう | べいじゅ | 89 | へぐ | けずりとる |
| ぶんず | ふうじこめる | へいしょく | 18 | へぐ | はがす |
| ぶんだい | しょもつ | へいちもく | やぶこうじ | べくもあらず | する |
| ぶんだい | だい | へいちもく | 46 | べくもあらず | できる |
| ぶんだい | つくえ | へいはふ | せんじゅつ | べくもあらず | 100, 103 |
| ふんで | ふで | へいはふ | ぶじゅつ | へこむ | くぼむ |
| ふんべつ | かんがえ | へいはふ | へいほう | へこむ | そん |
| ふんべつ | しりょ | へう | ひさめ | べし | ぎむ |
| ふんべつ | はんだん | へう | 10 | べし | はず |
| ふんみゃう | あきらか | べう | ぎむ | べし | めいれい |
| ふんみゃう | はっきり | べう | しよう | べし | 99, 103, 105 |
| | | べう | はず | へしつく | おさえつける |
| | | べう | 99, 103 | へしつく | おしつける |
| | | べう[廟] | はか | べしむ | しよう |
| | | べうえい | しそん | | |
| | | べうえい | 56 | | |
| | | へうかく | さすらい | | |

215

| | | |
|---|---|---|
| へす | あっとうする | |
| へす | うちやぶる | |
| へす | おしつける | |
| へす | おす | |
| へす | まかす | |
| へずる | 41 | |
| へた | うみべ | |
| へた | そば | |
| へた | ふち | |
| へた | みぎわ | |
| へた | みずきわ | |
| へた | 22, 25, 27 | |
| へだたる | さえぎる | |
| へだたる | そえん | |
| へだたる | とおざかる | |
| へだたる | はなれる | |
| へだつ | うとんじる | |
| へだつ | すごす | |
| へだつ | とおざける | |
| へだつ | へだてる | |
| へだつ | ま | |
| へだつ | まをおく | |
| へだて | くべつ | |
| へだて | さい | |
| へだて | しきり | |
| へだて | へだたり | |
| へだて | とくべつ | |
| べち | べつ | |
| べちぎ | とくべつ | |
| べちぎ | べつ | |
| べちぎ | ほか | |
| べちぎなし | さしさわり | |
| へつ | 22 | |
| へつかぜ | うみべ | |
| へつかぜ | 11, 22 | |
| べつぎ | とくべつ | |
| べつぎ | べつ | |
| べつぎ | ほか | |
| べつぎなし | さしさわり | |
| べつげふ | べっそう | |
| べつげふ | 93 | |
| べっして | かくべつ | |
| べっして | とくに | |
| べっして | とりわけ | |
| べっしょ | べっそう | |
| べっしょ | 93 | |
| へつなみ | 23, 24, 98 | |
| へつひ | かまど | |
| へつへ | うみべ | |
| へつへ | きし | |
| へつへ | きしべ | |
| へつへ | 22 | |
| へつへ | かいがん | |
| へつらふ | きげん | |
| へつらふ | ついしょう | |
| へつりがね | へそくり | |
| へづりがね | へそくり | |
| へづる | はこべ | |
| へなみ | 24, 98 | |
| へなる | はなれる | |
| へなる | へだたる | |
| べにがひ | さくらがい | |
| べにがひ | 37 | |
| べにさす | あか・あかいろ | |
| べにさす | 14 | |
| へまさる | よい | |
| へみ | へび | |
| へみ | 33 | |
| ぺみ | ぎむ | |
| ぺみ | しそうなので | |
| へめぐる | へんれきする | |
| へめぐる | めぐりあるく | |
| へめぐる | めぐる | |
| へらず | きおくれ | |
| へらず | ひるむ | |
| べらなり | する | |
| べらなり | 103 | |
| へらへいとう | びょうどう | |
| へらへいとう | むやみ | |
| へり | はし | |
| へり | ふち | |
| へる | けんそん | |
| へる | ひげする | |
| へる | へりくだる | |
| へろ | あたり | |
| へろ | ほとり | |
| へんうん | くも | |
| へんうん | ちぎれぐも | |
| へんえん | おこる | |
| へんげ | ごんげ | |
| へんげ | ばけもの | |
| へんこ | へんくつ | |
| へんさい | かぎり | |
| へんさい | さいげん | |
| へんさい | はて | |
| へんざい | かぎり | |
| へんざい | さいげん | |
| へんざい | はて | |
| へんさつ | てがみ | |
| へんさつ | へんじ | |
| へんし | かたとき | |
| へんし | すこし | |
| へんし | ちょっと | |
| へんし | 16 | |
| へんしふ | かたいじ | |
| へんしふ | ねたましい | |
| へんち | いなか | |
| へんち | こうがい | |
| へんち | へんぴ | |
| へんど | いなか | |
| へんねん | おこる | |
| へんば | ひいき | |
| へんば | ふこうへい | |
| へんば | かたよる | |
| へんべん | へんさい | |
| べんべんと | すごす | |
| べんべんと | だらだらと | |
| へんやく | かえる | |
| へんやく | かわる | |
| べんり | だいべん | |
| へんれい | しかえし | |
| へんれい | ほうふく | |

## ほ

| | | |
|---|---|---|
| ほ[秀] | すぐれる | |
| ほ[秀] | ぬきんでる | |
| ほ[秀] | ひいでる | |
| ほ[百] | ひゃく | |
| ほい | いし | |
| ほい | きぼう | |
| ほい | きもち | |
| ほい | けっしん | |
| ほい | ねがい | |
| ほい | ほんしん | |
| ほい | ほんらい | |
| ほい | もくてき | |
| ほいあり | かなう | |
| ほいあり | きたい | |
| ほいあり | ねがう | |
| ほいなし | きにくわない | |
| ほいなし | ざんねん | |
| ほいなし | ふほんい | |
| ほいなし | ものたりない | |
| ほいなし | 59 | |
| ほう[方] | せいほうけい | |
| ほう[報] | おうほう | |
| ほう[報] | むくい | |
| ほういう | とも | |
| ほうが | おそなえ | |
| ほうが | きふ | |
| ほうが | ほうのう | |
| ほうぎょ | 74 | |
| ほうく | ふける | |
| ほうく | ぼける | |
| ほうく | ぼんやり | |
| ほうく | むちゅう | |
| ほうぐ | かみ | |
| ほうくゎ | あいず | |
| ほうくゎ | のろし | |
| ほうけつ | きゅうちゅう | |
| ほうけつ | もん | |
| ほうご | かみ | |
| ほうご | むだ | |
| ほうさん | 89 | |
| ほうじゃう | きゅうちゅう | |
| ほうじゃう | みやこ | |
| ほうすん | きょうちゅう | |
| ほうすん | しんちゅう | |
| ほうすん | 60, 61 | |
| ほうそ | こうい | |
| ほうそ | てんのう | |
| ほうたく | ふうりん | |
| ほうたん | ぼたん | |
| ぼうたん | 46 | |

| | | | | | | |
|---|---|---|---|---|---|---|
| ほうぢゃう | じゅうしょく | ほく | にぶい | ほころぶ | ほころびる | ほうぢゃう――ほそやぐ |
| ほうぢゃう | そう | ほく[惚] | ふける | ほころぶ | ろけんする | |
| ほうぢゃう | へや | ほく[惚] | ぼける | ほころぶ | 65, 66, 67, 90 | |
| ほうちゃく | ふうりん | ほく[惚] | ぼんやり | ぼさい | じゅうにがつ | |
| ほうと | とんと | ほく[惚] | むちゅう | ぼさい | 7 | |
| ほうと | ぼんと | ほく[祝] | いわう | ほし | しょうす | |
| ほうど | こまる | ほく[祝] | ことほぐ | ほし | ねがう | |
| ほうど | ほとほと | ほぐ | かみ | ほしあひ | あう | |
| ほうなふ | おそなえ | ほぐ | むだ | ほしあひ | せっく | |
| ほうび | ほめる | ほぐ | | ほしあひ | たなばた | |
| ぼうぶら | かぼちゃ | ほくきょく | くらい | ほしあひ | 8 | |
| ぼうぶら | 39 | ほくきょく | てんし | ほしいひ | ごはん | |
| ぼうふり | か | ほくしん | ほっきょくせい | ほしいひ | 96, 97 | |
| ぼうふり | ぼうふら | ほくしん | 8 | ほしいまま | おもい | |
| ぼうふり | 36 | ぼくす | うらなう | ほしいまま | かってきまま | |
| ぼうふりむし | か | ぼくせう | すくない | ぼしう | くがつ | |
| ぼうふりむし | ぼうふら | ぼくせう | とぼしい | ぼしう | 7 | |
| ぼうふりむし | 36 | ぼくせき | ひじょう | ほしきまま | おもい | |
| ほうほう | かっこう | ぼくそわらふ | 68 | ほしきまま | かってきまま | |
| ほうほう | 34 | ぼくだう | はは | ほしくそ | ほしくず | |
| ほうほう(と) | ぼんぼんと | ぼくだう | りょうしん | ほしづきよ | 8, 21 | |
| ほえづら | なきがお | ぼくだう | 56 | ほしづくよ | 8, 21 | |
| ほえづら | 66 | ほぐち | たきぐち | ほしのいもせ | せっく | |
| ほか | いがい | ぼくとつ | くちべた | ほしのいもせ | たなばた | |
| ほか | おもて | ぼくとつ | そぼく | ほしのはやし | 8 | |
| ほか | よそ | ぼくとつ | むくち | ほしのやどり | せいざ | |
| ほか | 57 | ぼくばう | はか | ほしのやどり | 8 | |
| ほかありき | がいしゅつ | ぼくら | じんじゃ | ほしひ | ごはん | |
| ほかげ | かたち | ぼくら | ほこら | ほしひ | 96, 97 | |
| ほかげ | すがた | ぼくら | やしろ | ほしまつり | せっく | |
| ほかげ | ひ | ほけしる | おろか | ほしまつり | たなばた | |
| ほかごころ | うつりぎ | ほけしる | ぼける | ほしみぐさ | きく | |
| ほかごころ | うわき | ほけしる | もうろくする | ほしみぐさ | 39 | |
| ほかと | ぱくりと | ほけしる | 53 | ほしみさう | きく | |
| ほかばら | しょし | ほけほけし | ぼける | ほしみさう | 39 | |
| ほかばら | 52 | ほご | かみ | ほしみせ | ろてん | |
| ほかひ | いわい | ほこすぎ | すぎ | ほしみせ | しょうばい | |
| ほがひ | いわい | ほこすぎ | 45 | ぼしゅん | さんがつ | |
| ほかひびと | こじき | ほこら | じんじゃ | ぼしゅん | 6 | |
| ほかふ | いわう | ほこら | じんじゃ | ほしをさす | すばし | |
| ほかふ | ことほぐ | ほこら | やしろ | ほぞ | へそ | |
| ほかほか | ちりぢり | ほこらか | ふっくら | ほぞ | 48 | |
| ほかほか | ほか | ほこらし | じまん | ほそくりがね | へそくり | |
| ほかほか | よそ | ほこらし | とくい | ほぞくりがね | へそくり | |
| ほがみ | はら | ほこらしげ | とくい | ほそご゛ゑ | 90 | |
| ほかめ | よそみ | ほこり | あまり | ほそし | かすか | |
| ほかめ | わきみ | ほこり | のこり | ほそし | せまい | |
| ほかめ | 78 | ほこり | はした | ほそし | ちいさい | |
| ほがらか | あかるい | ほこり | よぶん | ほそし | とぼしい | |
| ほがらか | あきらか | ほこりか | じまん | ほそし | ほそい | |
| ほがらか | さわやか | ほこりか | とくい | ほそし | やせる | |
| ほがらか | はれやか | ほこる | じまん | ほそし | よわい | |
| ほがらか | ひらけている | ほころふ | じまん | ほそし | わずか | |
| ほがらほがら | ほのぼの | ほころふ | とくい | ほそし | 13, 90 | |
| ほがらほがら | 20 | ほころぶ | さえずる | ほそやか | しなやか | |
| ほき | がけ | ほころぶ | とける | ほそやか | ほそい | |
| ほき | 32 | ほころぶ | はな | ほそやか | ほっそり | |
| ほきぢ | 32 | ほころぶ | ばれる | ほそやぐ | ほそい | |
| ほきみち | 32 | ほころぶ | ひらく | ほそやぐ | ほっそり | |

| | | | |
|---|---|---|---|
| ほそらか | ほそい | ほっす | のぞむ | ほどこす | しこうする |
| ほそらか | ほっそり | ほっす | 101, 103 | ほどこす | ひろめる |
| ほそる | かくれる | ほったい | しゅっけ | ほどこす | もちいる |
| ほそる | とがる | ほったい | そう | ほどこす | ゆきわたる |
| ほそる | ほそい | ほつて | ぎじゅつ | ほどこそありけれ | する |
| ほそる | やせる | ほつて | じょうず | ほどこそありけれ | どうじ |
| ほぞをかたうす | けっしん | ほつて | わざ | ほどこる | じゅうまんする |
| ほぞをかむ | こうかい | ほってと | じゅうぶん | ほどこる | のびひろがる |
| ほた | きぎれ | ほってと | ぞんぶんに | ほどこる | みちる |
| ほだ | きぎれ | ほってと | たっぷり | ほどこる | ゆきわたる |
| ほだ | いなほ | ほっても | けっして | ほとど | おおかた |
| ほだ | 30 | ほっても | とても | ほとど | ほとんど |
| ぼだい | | ほっても | どうしても | ほどなく | まもなく |
| …ごくらく・ごくらくじょうど | | ほっとう | そう | ほどなし | いやしい |
| ぼだい | じょうぶつ | ほっとり | きっぱり(と) | ほどなし | せまい |
| ほだし | あしかせ | ぼつねん | ポツンと | ほどなし | ちいさい |
| ほだし | きずな | ほつほつ | いそがしい | ほどなし | ひくい |
| ほだし | さしさわり | ほつほつ | したたる | ほどなし | まもない |
| ほだし | そくばく | ほつほつ | すこし | ほどなし | 16 |
| ほだし | てかせ | ほつほつ | ぽつぽつ | ほどに | …によって |
| ほだす | からむ | ほづら | いなほ | ほどに | から |
| ほだす | しばる | ほづら | いね | ほどに | する |
| ほだす | そくばく | ほづら | ほなみ | ほどに | ので |
| ほだす | つなぎとめる | ほつらく | まける | ほとばしる | おどりあがる |
| ほだち | いなほ | ほつる | ほつれる | ほとばしる | とびちる |
| ほだち | いね | ほて | すもう | ほとぶ | うるおう |
| ほだはら | ほんだわら | ほど | あいだ | ほとぶ | つかる |
| ほだはら | 42 | ほど | あたり | ほとぶ | ふくれる |
| ほたほた | ほくほく | ほど | いえがら | ほとぶ | ふやける |
| ほたほた | ぼたぼた | ほど | おおきい | ほとぶ | 27 |
| ほたゆ | あまえる | ほど | おり | ほとほと | とんとん |
| ほたゆ | じゃれる | ほど | かいきゅう | ほとほと | おおかた |
| ほたゆ | たわむれる | ほど | きょり | ほとほと | すんでのことに |
| ほたゆ | つけあがる | ほど | ぐらい | ほとほと | ほとんど |
| ほたゆ | ふざける | ほど | ころ | ほとほと | もうすこし |
| ほたるび | 37 | ほど | じき | ほとほと | 14 |
| ほだれぼし | すいせい | ほど | じぶん | ほとほと | みぶん |
| ほだれぼし | 8 | ほど | ちい | ほとほとし | あやうく |
| ほつえ | えだ | ほど | ていど | ほとほとし | きけん |
| ほつえ | こずえ | ほど | とし | ほとほとし | きとく |
| ほつえ | 43 | ほど | にちげん | ほとほとし | さしせまる |
| ほづえ | えだ | ほど | ねんげつ | ほとほとし | ほとんど |
| ほづえ | こずえ | ほど | ひろさ | ほとほとし | 72, 73 |
| ほづえ | 43 | ほど | ふきん | ほどほどし | ひさしい |
| ほっき | くわだてる | ほど | ほとり | ほどほどし | 16 |
| ほつく | さまよう | ほど | みぶん | ほとほり | あつい・あつさ |
| ほつく | にぶい | ほど | めんせき | ほとほり | あつい・あつさ |
| ほつく | ほうろう | ほど | 16, 89 | ほとほり | ほてる |
| ほつく | ろうひ | ほとけ | ししゃ | ほとほり | 84 |
| ほつく[惚] | ぼける | ほとけ | たいせつ | ほとほる | おこる |
| ほつく[惚] | ぼんやり | ほとけ | ぶつじ | ほとほる | ねつ |
| ほっこむ | なげこむ | ほとけ | ほうじ | ほとほる | はつねつする |
| ほっし | そう | ほとけ | 74 | ほとほる | はら |
| ほっしゅう | ほんしつ | ほとけのざ | たびらこ | ほとほる | ふんがい |
| ほっしん | くわだてる | ほとけのざ | なくさ | ほとほる | ほてる |
| ほっしん | しゅったい | ほとけのざ | 40 | ほとほる | 88 |
| ほっす | したい | ほどこす | あたえる | ほとほる | あつくなる |
| ほっす | ねがう | ほどこす | おこなう | ほとほる | いきどおる |
| | | ほどこす | くわえる | ほとほる | おこる |

ほそらか—ほとぼる

| | | | | | | |
|---|---|---|---|---|---|---|
| ほとぼる | ほてる | ほのぼの | うっすら | ほまへせん | 98 | |
| ほとめく | おとをたてる | ほのぼの | ほんのり | ほみづき | しちがつ | |
| ほとめく | 13, 14 | ほのぼの | すこし | ほみづき | 6 | |
| ほどらひ | ていど | ほのぼの | それとなく | ほむ | いわう | |
| ほどらひ | ほどあい | ほのぼの | ちょっと | ほむ | たたえる | |
| ほとり | あたり | ほのぼの | ほのか | ほむ | ほめる | |
| ほとり | えんこ | ほのぼの | わずか | ほむら | かえん | |
| ほとり | きんしんしゃ | ほのぼの | 110 | ほむら | かんじょう | |
| ほとり | さいげん | ほのぼのあけ | 19, 20 | ほむら | げきじょう | |
| ほとり | そば | ほのみゆ | かすか | ほむら | ひ | |
| ほとり | はて | ほのめかす | しめす | ほむら | ほのお | |
| ほとり | へんきょう | ほのめかす | それとなく | ほめく | じょうきする | |
| ほとり | へんぴ | ほのめかす | 70, 110 | ほめく | ほてる | |
| ほとり | 55 | ほのめく | かすか | ほめく | あつくなる | |
| ほとりばむ | あさはか | ほのめく | しめす | ほめなす | ほめる | |
| ほとりめく | あさはか | ほのめく | それとなく | ほめののしる | ほめさわぐ | |
| ほとろ | わらび | ほのめく | たちよる | ほめののしる | ほめたてる | |
| ほどろ | ころ | ほのめく | ほのか | ほめののしる | ほめる | |
| ほどろ | ほど | ほのめく | 13, 70, 110 | ほもと | ひ | |
| ほどろ | 19, 20, 42 | ほびこる | はびこる | ほや[火屋] | かそう | |
| ほどろ(に) | まだら | ほひだす | おいはらう | ほや[寄生] | やどりぎ | |
| ほどろほどろ(に) | まだら | ほひまくる | おいはらう | ほやく | ぐち | |
| ほなか | うらじろ | ほふ | しんり | ほやく | ふへい | |
| ほなが | | ほふかい | うちゅう | ほやほや(と) | にこにこ | |
| ほなが | 39 | ほふかい | せかい | ほやほや(と) | やわらかい | |
| ほなみ | いなほ | ほふけづく | ほとけ | ほゆ | どなる | |
| ほにいづ | あらわれる | ほふけづく | | ほゆ | なきさけぶ | |
| ほにいづ | おもて | | まっこうくさくなる | ほゆ | ほえる | |
| ほにいづ | ひとめ | ほふし | そう | ほゆ | 65, 66 | |
| ほにいづ | み | ほふし | 51, 52 | ほよ | やどりぎ | |
| ほにいづ | みのる | ほふしぜみ | せみ | ほら | よそう | |
| ほにだす | あらわす | ほふしぜみ | つくつくぼうし | ほら | 79 | |
| ほぬれ | いなほ | ほふしぜみ | 36 | ほらほら | くうどう | |
| ほぬれ | ほ | ほふとう | そう | ほりえ | すいろ | |
| ほねだつ | ほそい | ほふね | 98 | ほりえ | 31 | |
| ほねだつ | ほねばる | ほふぶく | そう | ほりす | したい | |
| ほねだつ | やせる | ほふぶく | 93 | ほりす | ねがう | |
| ほねぬき | ほうせんか | ほふみゃう | かいみょう | ほりす | のぞむ | |
| ほねぬき | 42 | ほふみゃう | な | ほりす | 101, 103 | |
| ほねむすびと | なまけもの | ほぶら | なんきん | ほりもの | いれずみ | |
| ほねをぬすむ | くろう | ほふる | うちやぶる | ほりわり | うんが | |
| ほねをぬすむ | て | ほふる | きりきざむ | ほりわり | 31 | |
| ほねをぬすむ | ほねおり | ほふる | きりさく | ほる[惚] | おもい | |
| ほの | ほのか | ほふる | やぶる | ほる[惚] | こいしい | |
| ほの | 111, 112 | ほほ[懐] | かいちゅう | ほる[惚] | ほうしん | |
| ほのか | かすか | ほほ[懐] | ふところ | ほる[惚] | ほれる | |
| ほのか | ちょっと | ほほ[頬] | ほお | ほる[惚] | ほける | |
| ほのか | ほんのり | ほほ[頬] | 48 | ほる[惚] | ぼんやり | |
| ほのか | ぼんやり | ほほがしは | ほおのき | ほる[惚] | もうろくする | |
| ほのか | わずか | ほほがしは | 46 | ほる[惚] | 53, 62, 63 | |
| ほのか | 13, 111 | ほほく | にぶい | ほる[欲] | ねがう | |
| ほのきく | かすか | ほほく | ぼける | ほる[欲] | のぞむ | |
| ほのきく | 13 | ほほく | ぼんやり | ほれほれ(と) | うっとり | |
| ほのきこゆ | かすか | ほほげた | くちさき | ほれほれ(と) | ぼんやり | |
| ほのきこゆ | 13 | ほほげた | ほおぼね | ほれほれ(と) | ほうしん | |
| ほのぐらし | うすぐらい | ほほげた | 48 | ほれほれし | ぼける | |
| ほのぐらし | くらい | ほほまる | つぼみ | ほれほれし | ぼんやり | |
| ほのぐらし | ほのぐらい | ほほゆがむ | わいきょくする | ほれもの | ばかもの | |
| ほのぼの | うすうす | ほほゑむ | ひらく | ほろに | ちりちり | |

**ほろに――まうのぼる**

| | | |
|---|---|---|
| ほろに | ……………… | ばらばら |
| ほろぶ | ……………… | おちぶれる |
| ほろぶ | ……………… | なくなる |
| ほろぶ | ……………… | ほろびる |
| ほろぶ | ……………… | 72 |
| ほろべし | ……… | まつばぼたん |
| ほろべし | ……………… | 42 |
| ほろぼす | ……………… | たやす |
| ほろぼす | ……………… | ころす |
| ほろぼす | ……………… | なくす |
| ほろほろ | ……………… | きじ |
| ほろほろ | ……………… | はらはら |
| ほろほろ | ……………… | ほろほろ |
| ほろほろ | ……… | 34, 67, 90 |
| ほろろ | ……………… | きじ |
| ほろろ | ……………… | 34, 90 |
| ほん | ……………… | きほん |
| ほん | ……………… | こんぽん |
| ほん | ……………… | てほん |
| ほん | ……………… | まこと |
| ほんい | ……………… | いし |
| ほんい | ……………… | きぼう |
| ほんい | ……………… | けっしん |
| ほんい | ……………… | ほんらい |
| ほんい | ……………… | もくてき |
| ほんえん | ……………… | えんぎ |
| ほんえん | ……………… | ゆらい |
| ほんがう | ……………… | こきょう |
| ほんぐゎん | ……………… | がんぼう |
| ほんぐゎん | ……………… | きぼう |
| ほんぐゎん | ……………… | ほんらい |
| ほんぐゎん | ……………… | 102 |
| ぼんげ | ……………… | しょみん |
| ぼんげ | ……………… | へいぼん |
| ぼんげ | ……………… | ぼんじん |
| ぼんげ | ……………… | みぶん |
| ほんけがへり | ……… | かんれき |
| ほんけがへり | ……………… | 89 |
| ほんご | ……………… | かみ |
| ぼんさい | ……………… | そう |
| ぼんさい | ……………… | 54 |
| ほんざう | ……………… | くすり |
| ほんしゃう | ……………… | しょうき |
| ほんしゃう | ……………… | てんせい |
| ほんしゃう | ……………… | ほんしん |
| ほんじゃう | ……………… | てんせい |
| ほんじょ | ……………… | こきょう |
| ほんじょ | ……………… | ほんごく |
| ほんじょ | ……………… | ほんてい |
| ほんじょ | ……………… | 93 |
| ほんそう | ……………… | いそがしい |
| ほんそう | ……………… | かわいがる |
| ほんそう | ……………… | たいせつ |
| ほんそう | ……………… | もてなす |
| ぼんぞく | ……………… | しょみん |
| ぼんぞく | ……………… | ぞくじん |
| ぼんぞく | ……………… | へいぼん |
| ぼんぞく | ……………… | ぼんじん |
| ぼんぞく | ……………… | みぶん |
| ほんたい | ……………… | あたりまえ |
| ほんたい | ……………… | こんたい |
| ほんたい | ……………… | しょうたい |
| ほんたい | ……………… | しんじつ |
| ほんたい | ……………… | しんそう |
| ほんたい | ……………… | じったい |
| ほんたい | ……………… | ほんらい |
| ほんぢ | ……………… | ほんげん |
| ほんぢ | ……………… | ほんしょう |
| ほんぢ | ……………… | ほんしょう |
| ほんぢ | ……………… | ほんらい |
| ほんて | ……………… | ほんしき |
| ほんて | ……………… | ほんもの |
| ほんてう | ……………… | にほん |
| ぼんなう | ……………… | がんぼう |
| ぼんなう | ……………… | きぼう |
| ぼんなう | ……………… | ぐち |
| ぼんなう | ……………… | じょうよく |
| ぼんなう | ……………… | よくぼう |
| ぼんにん | ……………… | ぼんじん |
| ぼんぷ | ……………… | ぼんじん |
| ぼんぷ | ……………… | ぞくじん |
| ぼんぼん | ……………… | しんじつ |
| ぼんぼん | ……………… | せいしき |
| ぼんりょ | ……………… | かんがえ |

## ま

| | | |
|---|---|---|
| ま[間] | ……………… | すきま |
| ま[間] | ……………… | たえま |
| ま[間] | ……………… | ひま |
| ま[間] | ……………… | 113 |
| ま[真] | ……… | 111, 112 |
| まあひ | ……………… | あいだ |
| まあひ | ……………… | すきま |
| まい | ……………… | 111 |
| まいて | ……………… | なおさら |
| まいて | ……………… | まして |
| まう | ……………… | いかめしい |
| まう | ……………… | さかん |
| まうか | ……………… | しがつ |
| まうか | ……………… | 6, 17 |
| まうく[設] | ……………… | える |
| まうく[設] | ……… | せっちする |
| まうく[設] | ……………… | そなえる |
| まうく[設] | ……… | まちむかえる |
| まうく[設] | ……………… | もうける |
| まうく[設] | ……… | 75, 86 |
| まうく[参来] | ……………… | くる |
| まうく[儲] | ……………… | もうける |
| まうく[儲] | ……………… | りえき |
| まうけ[設] | ……………… | ごちそう |
| まうけ[設] | …… | 85, 95, 96 |
| まうけ[儲] | ……………… | もうけ |
| まうけのきみ | ……… | こうたいし |
| まうご | ……………… | うそ |
| まうざう | ……………… | かんがえ |
| まうさんや | ……………… | もちろん |
| まうし | ……… | もうしあげる |
| まうし | ……………… | もしもし |
| まうしあふ | ……… | はなしあう |
| まうしあふす | ……………… | そうだん |
| まうしいづ | ……… | もうしあげる |
| まうしう | ……………… | しちがつ |
| まうしう | ……………… | 6, 17 |
| まうしうく | ……………… | いただく |
| まうしうく | ……… | ひきうける |
| まうしおこなふ | ……………… | しょち |
| まうしご | ……………… | 52 |
| まうしこす | ……… | もうしおくる |
| まうしごと | ……………… | いいぶん |
| まうしごと | ……………… | ねがい |
| まうしじゃう | ……………… | いいぶん |
| まうしじゃう | ……………… | ねがいで |
| まうしつたふ | ……………… | つたえる |
| まうしなす | ……………… | とりなす |
| まうしなほす | ……… | とりのぞく |
| まうしひらく | ……………… | いいわけ |
| まうしふ | ……………… | しゅうちゃく |
| まうしふ | ……………… | しゅうじん |
| まうじふ | ……………… | しゅうちゃく |
| まうじふ | ……………… | しゅうねん |
| まうしむつぶ | ……………… | つきあう |
| まうじゃ | ……………… | ししゃ |
| まうじゃ | ……………… | 74 |
| まうしゅん | ……………… | いちがつ |
| まうしゅん | ……………… | 5, 17 |
| まうしん | ……………… | あやまる |
| まうしん | ……………… | まよい |
| まうしん | ……………… | 61 |
| まうす | ……………… | あたえる |
| まうす | ……………… | おっしゃる |
| まうす | ……………… | さしあげる |
| まうす | ……… | もうしあげる |
| まうちぎみ | ……………… | きじん |
| まうづ | ……………… | うかがう |
| まうづ | ……………… | さんけい |
| まうづ | ……… | さんじょうする |
| まうづ | ……………… | まいる |
| まうづ | ……………… | もうでる |
| まうでく | ……………… | うかがう |
| まうでく | ……………… | さんけい |
| まうでく | ……… | さんじょうする |
| まうでく | ……………… | まいる |
| まうでち | ……………… | さんどう |
| まうでとぶらふ | ……… | たずねる |
| まうと | ……………… | あなた |
| まうと | ……………… | きじん |
| まうと | ……………… | 106 |
| まうとう | ……………… | じゅうがつ |
| まうとう | ……………… | しょとう |
| まうとう | ……………… | 7, 17 |
| まうに | ……………… | はげしい |
| まうねん | ……………… | まよい |
| まうねん | ……………… | 61 |
| まうのぼる | ……………… | さんけい |

| | | |
|---|---|---|
| まうのぼる …… さんじょうする | まがはし …… まちがえやすい | まぎらはし …… きばらし |
| まうのぼる …… まいる | まがひ …… にせもの | まぎらはし …… とりまぎれる |
| まうぼる …… たべる | まがふ …… いりまじる | まぎらはし …… まぎらわしい |
| まうぼる …… めしあがる | まがふ …… いりみだれる | まぎらはし …… まちがえやすい |
| まうりゅう …… ばけもの | まがふ …… にる | まぎらはし …… まばゆい |
| まえん …… ばけもの | まがふ …… まちがう | まぎらはし …… まぶしい |
| まおもて …… しょうめん | まがふ …… みまちがう | まぎらはす …… うやむやにする |
| まか …… すぐれる | まがふ …… もつれる | まぎらはす …… かくす |
| まが …… じゃあく | まがまがし …… いまいましい | まぎらはす …… ごまかす |
| まが …… わざわい | まがまがし …… いまわしい | まぎらはす …… まぎらす |
| まが …… わるい | まがまがし …… にくらしい | まぎる …… いそがしい |
| まかがやく …… かがやく | まがまがし …… ふきっ | まぎる …… いりまじる |
| まかがやく …… きらめく | まかみ …… おおかみ | まぎる …… かくれる |
| まかがやく …… ひかる | まかやき | まぎる …… くべつ |
| まがき …… かきね | … のうぜん・のうぜん | まぎる …… こっそり(と) |
| まかげ …… て | かずら | まぎる …… こんどうする |
| まかげ …… かざす | | まぎる …… とりこむ |
| まかげ …… ためらい | まかやき …… 45 | まぎる …… にる |
| まかげさし …… て | まがよふ …… くべつ | まぎる …… ひそか |
| まがこと …… わざわい | まかり …… じきょ | まぎる …… ひみつ |
| まがこと …… さいなん | まかり …… いとまごい | まぎる …… まぎらす |
| まがこと …… ふきつ | まかり …… わかれ | まぎる …… まぎれこむ |
| まがこと …… わるい | まがり …… うつわ | まぎる …… まぎれる |
| まがごと …… わざわい | まかりあるく …… であるく | まぎる …… まちがう |
| まがごと …… さいなん | まかりいづ …… さんじょうする | まぎる …… みまちがう |
| まがごと …… ふきつ | まかりいづ …… たいしゅつ | まぎる …… わかる |
| まがごと …… わるい | まかりいづ …… でる | まぎる …… わすれる |
| まかす[引] …… ひく | まかりいづ …… まいる | まぎる …… 58, 60 |
| まかす[引] …… 27 | まかりかへる …… たいしゅつ | まぎれ …… こんざつ |
| まかす[任] …… したがう | まかりこす …… さんじょうする | まぎれ …… さわぎ |
| まかす[任] …… まかせる | まかりち …… あのよ | まぎれ …… なぐさみ |
| まかせはつ …… まかせきる | まかりち …… 74 | まぎれ …… まぎれる |
| まかせはつ …… まかせる | まかりとぶらふ …… たずねる | まぎれ …… もめごと |
| まかち …… ろ | まかりまうし …… いとまごい | まぎれありく …… しのぶ |
| まかち …… 98 | まかりまうし …… じきょ | まぎれありく …… 68 |
| まかつ …… にらみつける | まかりまうし …… わかれ | まぎれいづ …… 68 |
| まかつ …… たいしゅつ | まかりまうす …… じきょ | まぎれくらす …… すごす |
| まかつ …… でる | まかる …… さんじょうする | まぎれどころ …… かくれる |
| まかつ …… しりぞく | まかる …… しりぞく | まぎれどころ …… ものかげ |
| まがつひ …… わざわい | まかる …… たいしゅつ | まぎれなし …… まちがい |
| まがつび …… かみ | まかる …… つうこう | まく …… 99 |
| まかなし …… かわいい | まかる …… まいる | まく[撒] …… うとんじる |
| まかなし …… かなしい | まかる …… ゆく | まく[撒] …… さける |
| まかなひ …… したく | まかる …… 72 | まく[設] …… まちうける |
| まかなひ …… せわ | まかんづ …… たいしゅつ | まく[設] …… 86 |
| まかなひ …… やりくり | まき[巻] …… 111 | まく[任] …… にんめい |
| まかなひ …… 96 | まき[牧] …… まきば | まく[任] …… まかせる |
| まかなふ …… しょり | まき[真木・槇] …… ひのき | まく[罷] …… かえる |
| まかなふ …… すいじ | まき[真木・槇] …… 44, 45, 83 | まく[罷] …… たいしゅつ |
| まかなふ …… ととのえる | まきくさ …… ほうきぐさ | まく[負] …… あっとうする |
| まかなふ …… とりあつかう | まきくさ …… 42 | まく[負] …… したがう |
| まかなふ …… 86, 96 | まきさく …… 3 | まく[負] …… まける |
| まかね …… かね | まきぬ …… ともね | まく[負] …… やぶれる |
| まかね …… てつ | まきぬ …… 64, 76 | まく[枕] …… ともね |
| まがね …… かね | まきはしら …… はしら | まく[枕] …… まくら |
| まがね …… てつ | まきはしら …… ふとい | まく[枕] …… めとる |
| まかは …… まぶた | まきら …… ごまかし | まく[枕] …… 54, 63, 64, 76, 84 |
| まかは …… 48, 49 | まぎらはし …… まぎらわしい | まぐ[曲] …… じせいする |
| まがはし …… まぎらわしい | まぎらはし …… いそがしい | まぐ[曲] …… ねじまげる |

| | | |
|---|---|---|
| まぐ[曲] …………… ゆがめる | まこ ………………… 51, 54 | まさに …………………… たしか |
| まぐ[曲] …………… よくあつする | まこそ ……………… ほんとうに | まさに …………………… ただしい |
| まぐ[曲] …………… まげる | まこそ ……………… まこと | まさに …………………… ちょうど |
| まぐ[求] …………… さがす | まこと ……………… まごころ | まさに …………………… まさしく |
| まぐ[求] …………… たずねる | まこと ……………… しんじつ | まさふ …………………… いらっしゃる |
| まぐ[求] …………… もとめる | まこと ……………… しんり | まさふ …………………… ゆく |
| まくさ ……………… 38 | まこと ……………… じっさい | まざまざし ……………… しらじらしい |
| まくし ……………… くし | まこと ……………… せいじつ | まざまざし ……………… せんめい |
| まくしかく ………… いいたてる | まこと(に) ………… ほんとうに | まざまざし ……………… 49 |
| まくしだす ………… おいはらう | まこと(に) ………… まこと | まさめ …………………… まのあたり |
| まくなぎ …………… まばたき | まことし …………… ほんとう | まさめ …………………… 49 |
| まくなぎ …………… 49 | まことし …………… ほんかくてき | まさやか ………………… あきらか |
| まぐはし …………… うつくしい | まことし …………… ほんもの | まさやか ………………… まさしく |
| まぐはし …………… うるわしい | まことし …………… まじめ | まさやか ………………… めいりょう |
| まぐはし …………… びみょう | まことし …………… しんじつ | まさやかに ……………… はっきり |
| まくばせ …………… めくばせ | まことし …………… じっさい | まさりがほ ……………… じまん |
| まくばひ …………… 63 | まことし …………… せいしき | まさりがほ ……………… とくい |
| まくほし …………… のぞましい | まことし …………… ただしい | まさりぐさ ……………… きく |
| まくし ……………… 100, 102 | まことに …………… まったく | まさりぐさ ……………… 39 |
| まくほりす ………… のぞましい | まことのみち ……… ぶつどう | まさりざま ……………… すぐれる |
| まくら ……………… まくら | まことや …………… そうそう | まさる[勝] ……………… すぐれる |
| まくら ……………… 77 | まことや …………… ほんざい | まさる[増] ……………… ぞうかする |
| まくらかはす ……… ともね | まさか ……………… げんざい | まさる[増] ……………… つよまる |
| まくらかはす ……… 64, 76 | まさか ……………… まのあたり | まさる[増] ……………… ふえる |
| まくらがみ ………… まくら | まさか ……………… 49 | まさる[増] ……………… 79 |
| まくらがや ………… かや | まさかり …………… まっさかり | まさを ……………… あお・あおいろ |
| まくらく …………… まくら | まさきく …………… けんこう | まさを ……………… まっさお |
| まくらく …………… 76 | まさきく …………… しあわせ | まさを ……………… 14, 15 |
| まくらごと ………… くちぐせ | まさきく …………… ぶじ | まし ………… 99, 100, 101, 104 |
| まくらぞひ ………… おっと | まさぐりもの ……… なぐさみ | まし[猿] …………………… さる |
| まくらぞひ ………… はいぐうしゃ | まさぐる …………… いじる | まし[猿] …………………… 33 |
| まくらぞひ ………… 56 | まさぐる …………… なぶる | まし[汝] …………………… おまえ |
| まくらのしたのうみ … 67 | まさぐる …………… もてあそぶ | まし[汝] …………………… 106 |
| まくらへ …………… まくら | まさご ……………… すな | まじ ……………………… きんし |
| まくらべ …………… まくら | まさざま …………… すぐれる | まじ ……………………… する |
| まくらまく ………… まくら | まさし ……………… かくじつ | まじ ……………………… 12, 100, 103 |
| まくらまく ………… 76 | まさし ……………… しんじつ | まじ[南] ………………… みなみ |
| まくらむすぶ ……… のじゅく | まさし ……………… たしか | ましくじ ………………… 71, 77 |
| まくらむすぶ ……… 86, 87 | まさし ……………… ただしい | ましくらに ……………… いちもくさん |
| まくらをそばだつ … みみ | まさし ……………… よそう | ましくらに ……………… まっしぐら |
| まくらをそばだつ … 71 | まさづこ …………… 54 | ましじ ……………………… ない |
| まくりだす ………… おいはらう | まさてに …………… まさしく | ましじ ……………………… はず |
| まくる ……………… きぜつ | まさでに …………… たしか | まじ …… 100, 101, 104, 105 |
| まくる ……………… くらむ | まさでに …………… まさしく | まして …………… いうまでもない |
| まくる ……………… めまいがする | まさな ……………… な | まして …………………… いっそう |
| まくる ……………… 49, 59 | まさなごと ………… いたずら | まして …………………… なおさら |
| まぐる ……………… きぜつ | まさなごと ………… じょうだん | まして …………………… 69 |
| まぐる ……………… くらむ | まさなごと ………… たわいない | ましなふ ………………… いのる |
| まぐる ……………… めまいがする | まさなし …………… ぐあい | まじなふ ………………… ちりょう |
| まぐる ……………… 49, 59 | まさなし …………… ふつごう | ましばに ………………… しばしば |
| まけ ………………… にんめい | まさなし …………… おもいがけない | まじはる ………………… いりまじる |
| まげいほ …………… そまつ | まさなし …………… このましい | まじはる ………………… こうさい |
| まげいほ …………… 92 | まさなし …………… とんでもない | まじはる ………………… つきあう |
| まげて ……………… しいて | まさなし …………… ひきょう | まじはる ………………… まぎれこむ |
| まげて ……………… ぜひ | まさなし …………… みぐるしい | まじはる ………………… まじわる |
| まげて ……………… むりに | まさなし …………… よい | まじはる ………………… 63 |
| まけながく ………… ながい | まさなし …………… よそう | まじふ …………………… まじえる |
| まけながく ………… 16 | まさに ……………… きっと | まじふ …………………… まぜる |
| まげもの …………… たんぽ | まさに ……………… さしあたって | まじふ …………………… まぜあわせる |

| | | |
|---|---|---|
| ましほ……………………26 | まず ……………… まぜる | またうど ……… かんぜん |
| まじまじ(と) …… ぐずぐず | まず ………………………69 | またうど ……… しょうじき |
| まじまじ(と) …… じっと | ますかがみ ……… うつる | またうど ……… りちぎ |
| まじまじ(と) …… へいぜん | ますかがみ ……… むかう | またうど ……………………83 |
| まじまじ(と) …… もじもじ | ますかがみ ……………………77 | またおひ ……………………38 |
| まします ………… おる | ますかす ………… すかす | まだき ………… はやく |
| まします ……… いらっしゃる | ますひと ………… じんみん | まだき ………… もう |
| まします ………… ゆく | ますほ ………… つち | またく[急] …… あせる |
| ましみづ ……… しみづ | ますほ ……… あか・あかいろ | またく[急] …… せく |
| ましみづ ……… わきみづ | ますほ ……………………14 | またく[急] …… まちかねる |
| ましみづ ……………………27 | ますみ ………… すむ | またく[全] …… まったく |
| まじもの ……… まじない | ますみのかがみ … かがみ | またく[全] …… かんぜん |
| ましゃう ………… じゃま | ますら ……………………83 | またけし ……… かんぜん |
| まじゃうもの …… しょうじき | ますらたけを …… ゆうしゃ | またけし ……… ととのう |
| ましゃく ……… けいさん | ますらたけを …… おとこ | またし ………… かんぜん |
| ましゃく ……… すんぱう | ますらたけを …… ぐんじん | またし ………… ととのう |
| ましゃくにあふ … ひきあう | ますらたけを …… ますらお | まだし ………… ふじゅうぶん |
| ましら ………… さる | ますらたけを ……………………83 | まだし ………… まだ |
| ましら ……………………33 | ますらを ………… おとこ | まだし ………… みじゅく |
| ましらが ………… かみ | ますらを ………… ぐんじん | まだしからむひと … みじゅく |
| ましらが ……… まっしろ | ますらを ………… ゆうしゃ | まだしかるべし … ふじゅうぶん |
| まじらひ ……… こうさい | ますらを ……………………83 | まだしかるべし … みじゅく |
| まじらひ ……… つきあい | ますらをのこ …… ぐんじん | まだす ………… あたえる |
| ましらふ ………… たか | ますらをのこ …… へいし | まだす ………… はけんする |
| ましらふ ……………………35 | ますらをのこ …… ゆうしゃ | まだす ………… ささげる |
| まじらふ ……… こうさい | ますらをのこ ……………………83 | まだす ………… さしあげる |
| まじらふ ……… つきあう | ませ ……………… かきね | またたく ……… ちらつく |
| まじらふ ……… なかま | ませ ……………… みなみ | まだたく ……… いきながらえる |
| まじらふ ……… まざる | ませがき ………… かきね | まだたく ……… ちらつく |
| まじり …………… まなじり | ませど …………… まきば | まだたく ……… ながらえる |
| まじり …………… めじり | まそかがみ ……… かがみ | まだたく ……… まばたき |
| まじり …………… めつき | まそかがみ ……… かける | まだたく ……………………49,53 |
| まじり …………………48,49 | まそかがみ ……… かげ | またなし ……… このうえない |
| まじりたつ …… くわわる | まそかがみ ……… きよい | またなし ……… ならびない |
| まじりたつ …… さんか | まそかがみ ……… てる | またなし ……… ふたつ |
| まじる …………… こうさい | まそかがみ ……… とぐ | またのあした …… よくちょう |
| まじる …………… さんか | まそかがみ ……… とこ | またのあした ……………………20 |
| まじる …………… なかま | まそかがみ ……… ふた | またのつとめて …… つぎ |
| まじる …………… まざる | まそかがみ ……… みがく | またのつとめて …… よくじつ |
| まじる …………… わけいる | まそかがみ ……… むかう | またのつとめて …… よくちょう |
| まじろぐ ……… またたく | まそかがみ ……………………77 | またのとし ……… らいねん |
| まじろぐ ……… まばたき | まそこ …………… そこ | またのな ……… な |
| まじろぐ ……………………49 | まそほ ………… あか・あかいろ | またのな ……… べつめい |
| まじろふ ……… まざる | まそほ ……………………14 | またのひ ……… よくじつ |
| ましろほすすき …… すすき | まそほのいろ …… あか・あかいろ | またのひ ……………………3 |
| ましろほすすき ……………………40 | まそほのいろ ……………………14 | またのよ ……… あのよ |
| まじわざ ……… まじない | また ……………… しかし | またのよ ……… つぎ |
| ます[勝] ……… まさる | また ……………… あるいは | またび ……………………87 |
| ます[申] ……… もうしあげる | また ……………… そのうえ(に) | またひと ……… べつ |
| ます[増] ……… ぞうかする | また ……………… ふたたび | またまつく ……… あちこち |
| ます[増] ……… ふえる | また ……………… べつ | またまつく ……………………107 |
| ます[増] ……………………79 | また ……………… ほか | まち ……………… しょうてん |
| ます[優] ……… すぐれる | また ……………… やはり | まちいづ ……… まちかまえる |
| ます[坐] ……… おる | また ……………… おなじ | まちう ………… える |
| ます[坐] ……… いらっしゃる | また ……………… ならびに | まちう ………… て |
| ます[坐] ……… ゆく | また ……………… もしくは | まちう ………… まちかまえる |
| まず ……………… くわえる | また ……………………108 | まちう ………… まちむかえる |
| まず ……………… くち | | まちかく ……… たいきする |
| まず ……………… ことば | | まちかく ……… まちかまえる |

まちかし──まどふ

| | | |
|---|---|---|
| まちかし | …… | さいきん |
| まちかし | …… | ちかい |
| まちかし | …… | まちかい |
| まちがたに | ……… | まちかねて |
| まちかてに | ……… | まちかねて |
| まちづ | ……… | まちかまえる |
| まちつく | ……… | あう |
| まちつく | ……… | まちかまえる |
| まちとる | ……… | まちかまえる |
| まちなげく | …… | まちくたびれる |
| まちや | ……… | しょうか |
| まちや | ……… | しょうばい |
| まちや | ……… | まちなか |
| まちわたる | …… | まちつづける |
| まちわぶ | ……… | まちあぐむ |
| まちわぶ | ……… | まちくたびれる |
| まつ | ……… | かどまつ |
| まつ | ……… | さきに |
| まつ | ……… | ともかくも |
| まつ | ……… | はじめ |
| まつ | ……… | ほんとうに |
| まつ | ……… | まこと |
| まつ | ……… | まっさきに |
| まつえふ | ……… | しそん |
| まつえふ | ……… | 56 |
| まっかう | ……… | ひたい |
| まっかう | ……… | 48 |
| まつかぜづき | …… | ろくがつ |
| まつかぜづき | …… | 6 |
| まつがねの | ……… | たえる |
| まつがねの | ……… | まつ |
| まつがへり | ……… | しいる |
| まつくさ | ……… | ふじ |
| まつくさ | ……… | 46 |
| まっくろ | ……… | ねっちゅう |
| まつげよまる | …… | だます |
| まつげよまる | …… | ばかす |
| まつげをぬらす | …… | まゆ |
| まつげをぬらす | …… | ようじん |
| まつご | ……… | 74 |
| まつざ | ……… | まっせき |
| まづし | ……… | びんぼう |
| まつだい | ……… | あのよ |
| まつだい | ……… | こうせい |
| まつだい | ……… | まっせ |
| まったうす | ……… | しはたす |
| まったく | ……… | けっして |
| まったく | ……… | すべて |
| まったく | ……… | ぜんぜん |
| まったし | ……… | かんぜん |
| まったし | ……… | じゅうぶん |
| まったし | ……… | ととのう |
| まっと | ……… | もうすこし |
| まつなぐさ | ……… | ふじ |
| まつなぐさ | ……… | 46 |
| まつのことのは | ……… | 64 |
| まつのこゑ | ……… | まつかぜ |
| まつのこゑ | ……… | 12 |

| | | |
|---|---|---|
| まつのは | ……… | すんし |
| まつのはの | ……… | ちる |
| まつのはの | ……… | つれない |
| まつのはの | ……… | ひさしい |
| まつのよはひ | …… | いのち |
| まつのよはひ | …… | ちょうじゅ |
| まづは | ……… | とりわけ |
| まづは | ……… | はじめ |
| まづは | ……… | まったく |
| まつはす | ……… | からみつく |
| まつはす | ……… | からめる |
| まつはす | ……… | つきまとう |
| まつはす | ……… | まといつく |
| まつはる | ……… | つきまとう |
| まつはる | ……… | まといつら |
| まっぴら | ……… | ひたすら |
| まっぴら | ……… | ひとえ |
| まつふ | ……… | からまる |
| まつふ | ……… | からむ |
| まつふ | ……… | からめる |
| まつふ | ……… | まきつく |
| まつふぐり | ……… | まつかさ |
| まつふぐり | ……… | 46 |
| まつぶさ | ……… | こまかい |
| まつぶさ | ……… | かんぜん |
| まつぶさ | ……… | くわしい |
| まつぶさ | ……… | つぶさ |
| まつぶさに | ……… | かんぜん |
| まつぶさに | ……… | じゅうぶん |
| まつみぐさ | ……… | ふじ |
| まつみぐさ | ……… | 46 |
| まつみどき | ……… | 18 |
| まつむし | ……… | すずむし |
| まつむし | ……… | 36 |
| まつよひ | ……… | 19, 63 |
| まつよひぐさ | …… | つきみそう |
| まつよひぐさ | …… | 40 |
| まつらふ | ……… | したがう |
| まつらふ | ……… | ふくじゅう |
| まつりごつ | ……… | おさめる |
| まつりごつ | ……… | せいじ |
| まつりごつ | ……… | とりしきる |
| まつりごと | ……… | ぎょうせい |
| まつりごと | ……… | せいじ |
| まつる | ……… | あたえる |
| まつる | ……… | ささげる |
| まつる | ……… | さしあげる |
| まつる | ……… | もうしあげる |
| まつろふ | ……… | したがう |
| まつろふ | ……… | ふくじゅう |
| まて | ……… | うで |
| まて | ……… | 48 |
| まで | ……… | さえ |
| まで [真手] | ……… | りょうて |
| まで [真手] | ……… | うで |
| まで [真手] | ……… | 48 |
| まで(に) | ……… | ほど |
| までに | ……… | さえ |

| | | |
|---|---|---|
| までも | ……… | としても |
| まどか | ……… | えんまん |
| まどか | ……… | おだやか |
| まどか | ……… | まるい |
| まどか | ……… | やすらか |
| まどし | ……… | とぼしい |
| まどし | ……… | びんぼう |
| まどし | ……… | ふじゅうぶん |
| まどし | ……… | まずしい |
| まどはかす | ……… | こんらん |
| まどはかす | ……… | しょうき |
| まどはかす | ……… | たぶらかす |
| まどはかす | ……… | だます |
| まどはかす | ……… | まごつく |
| まどはかす | ……… | まよう |
| まどはかす | ……… | みあやまる |
| まどはかす | …… | みうしなわせる |
| まとはす | ……… | からみつく |
| まとはす | ……… | からめる |
| まとはす | ……… | つきまとう |
| まとはす | ……… | まといつく |
| まどはす | ……… | きぜつ |
| まどはす | ……… | こんらん |
| まどはす | ……… | しょうき |
| まどはす | ……… | たぶらかす |
| まどはす | ……… | だます |
| まどはす | ……… | まごつく |
| まどはす | ……… | まどわす |
| まどはす | ……… | まよう |
| まどはす | ……… | まよわす |
| まどはす | ……… | みあやまる |
| まどはす | …… | みうしなわせる |
| まとはる | ……… | つきまとう |
| まとはる | ……… | まといつく |
| まどひ | ……… | とほうにくれる |
| まどひ | ……… | まよい |
| まどひ | ……… | みだれ |
| まどひありく | ……… | さまよう |
| まどひいづ | ……… | あわてる |
| まどひいづ | ……… | たいしゅつ |
| まどひいづ | ……… | でる |
| まどひく | ……… | あわてる |
| まどひく | ……… | くる |
| まどひふためく | … | あわてはしる |
| まどひふためく | ……… | さわぐ |
| まどひもの | ……… | ふろうしゃ |
| まとふ | ……… | からまる |
| まとふ | ……… | からみつく |
| まとふ | ……… | からめる |
| まとふ | ……… | きる |
| まとふ | ……… | つきまとう |
| まとふ | ……… | まきつく |
| まとふ | ……… | まきつける |
| まとふ | ……… | まといつく |
| まどふ [償] | ……… | つぐなう |
| まどふ [惑] | ……… | あわてる |
| まどふ [惑] | ……… | うろたえる |
| まどふ [惑] | ……… | さまよう |

| | | |
|---|---|---|
| まどふ[惑] | …… | とほうにくれる |
| まどふ[惑] | …… | とまどう |
| まどふ[惑] | …… | とりみだす |
| まどふ[惑] | …… | なやむ |
| まどふ[惑] | …… | ふんべつ |
| まどふ[惑] | …… | ほうろう |
| まどふ[惑] | …… | まごつく |
| まどふ[惑] | …… | まちがう |
| まどふ[惑] | …… | まちがえる |
| まどふ[惑] | …… | まよう |
| まどふ[惑] | …… | 62 |
| まどほ | …… | あいだ |
| まどほ | …… | はなれる |
| まどほし | …… | はなれる |
| まとほす | …… | まわす |
| まとも[真艫] | …… | おいかぜ |
| まとも[真艫] | …… | じゅんぷう |
| まとも[真艫] | …… | 11 |
| まとも[真艫] | …… | せんび |
| まとも[真艫] | …… | 97 |
| まとり | …… | う |
| まとり | …… | わし |
| まとり | …… | 34, 36 |
| まどろむ | …… | うとうとする |
| まどろむ | …… | かみん |
| まどろむ | …… | 76 |
| まとゐ | …… | くるまざ |
| まとゐ | …… | すわる |
| まとゐ | …… | だんらん |
| まどゐ | …… | くるまざ |
| まどゐ | …… | すわる |
| まどゐ | …… | だんらん |
| まどゐる | …… | だんらん |
| まな | …… | きんし |
| まな | …… | する |
| まな[真魚] | …… | 37 |
| まな[真字] | …… | もじ |
| まな[真字] | …… | かんじ |
| まなか | …… | ちゅうおう |
| まなか | …… | まんなか |
| まなかひ | …… | がんぜん |
| まなかひ | …… | まのあたり |
| まなかひ | …… | めまえ |
| まなかひ | …… | 48, 49, 50 |
| まなくときなく | …… | いつも |
| まなくときなし | …… | かんだんない |
| まなくときなし | …… | ひっきりなし |
| まなくときなし | …… | ひま |
| まなこ | …… | がんもく |
| まなこ | …… | がんりき |
| まなこ | …… | めだま |
| まなこ | …… | ようてん |
| まなこ | …… | 48, 49 |
| まなご[愛子] | …… | 51 |
| まなご[真砂] | …… | すな |
| まなごっち | …… | すな |
| まなこゐ | …… | めもと |
| まなこゐ | …… | まなざし |
| まなこゐ | …… | めつき |
| まなこゐ | …… | 49, 50 |
| まなざし | …… | めつき |
| まなざし | …… | 49 |
| まなし | …… | すきま |
| まなし | …… | すぐ |
| まなし | …… | すぐに |
| まなし | …… | たえま |
| まなし | …… | まもない |
| まなじり | …… | めじり |
| まなじり | …… | 48, 49 |
| まなばしら | …… | せきれい |
| まなばしら | …… | 35 |
| まなびのには | …… | がっこう |
| まなびのまど | …… | がっこう |
| まなびや | …… | がっこう |
| まなぶ | …… | まねる |
| まなぶた | …… | まぶた |
| まなぶた | …… | 48, 49 |
| まなほに | …… | しょうじき |
| まなほに | …… | まっすぐ |
| まなむすめ | …… | むすめ |
| まなむすめ | …… | 50 |
| まにあひことば | …… | いいのがれ |
| まにあひことば | …… | でまかせ |
| まにま | …… | ままに |
| まにまに | …… | にしたがって |
| まにまに | …… | につれて |
| まにまに | …… | おもい |
| まにまに | …… | したがって |
| まにまに | …… | なりゆき |
| まにまに | …… | ままに |
| まぬらる | …… | しかる |
| まぬらる | …… | ののしる |
| まねく[招] | …… | うける |
| まねく[招] | …… | てまねきする |
| まねく[招] | …… | ひきよせる |
| まねく[招] | …… | まねきよせる |
| まねく[招] | …… | 48 |
| まねぐさ | …… | わらび |
| まねぐさ | …… | 42 |
| まねし | …… | かさなる |
| まねし | …… | たびかさなる |
| まねし | …… | たびたび |
| まねし | …… | ばくだい |
| まねし | …… | 79 |
| まねびいだす | …… | かたる |
| まねびいだす | …… | まねる |
| まねびたつ | …… | かたる |
| まねぶ | …… | まなぶ |
| まねぶ | …… | ならう |
| まねぶ | …… | まねる |
| まねぶ | …… | くちまねする |
| まねぶ | …… | しゅうとくする |
| まのあたり | …… | あきらか |
| まのあたり | …… | がんぜん |
| まのあたり | …… | げんに |
| まのあたり | …… | したしい |
| まのあたり | …… | じっさい |
| まのあたり | …… | ちょくせつ |
| まのあたり | …… | ちょくめん |
| まのあたり | …… | めまえ |
| まのあたり | …… | 50 |
| まのまへ | …… | まのあたり |
| まのまへ | …… | めのまえ |
| まのまへ | …… | 49, 50 |
| まはかす | …… | ふんどし |
| まはし | …… | ふんどし |
| まはす | …… | きげん |
| まはす | …… | とりまく |
| まはす | …… | ほのめかす |
| まはす | …… | めぐらす |
| まはす | …… | ゆきわたる |
| まはに | …… | ねんど |
| まばゆかる | …… | はずかしい |
| まばゆかる | …… | 82 |
| まばゆし | …… | くらむ |
| まばゆし | …… | まばゆい |
| まばゆし | …… | まぶしい |
| まばゆし | …… | うつくしい |
| まばゆし | …… | きおくれ |
| まばゆし | …… | はずかしい |
| まばゆし | …… | いや |
| まばゆし | …… | 59, 82 |
| まはりみづ | …… | 27 |
| まはる | …… | まわりみちする |
| まはる | …… | かいてん |
| まはる | …… | とおまわりする |
| まはる | …… | 31 |
| まひ[幣] | …… | おくりもの |
| まひ[真日] | …… | たいよう |
| まひ[真日] | …… | 3 |
| まび | …… | きゅうじつ |
| まび | …… | やすみ |
| まびき | …… | まばたき |
| まびき | …… | めくばせ |
| まびき | …… | 49 |
| まひてり | …… | ひでり |
| まひとごと | …… | 84 |
| まひなひ | …… | おくりもの |
| まひなひ | …… | わいろ |
| まひなひ | …… | しゃれい |
| まひなふ | …… | わいろ |
| まひなふ | …… | おくりもの |
| まひなふ | …… | おくる |
| まひなふ | …… | おそなえ |
| まびろく | …… | はだける |
| まびろく | …… | ひろげる |
| まびろけすがた | …… | くつろぎ |
| まひをさまる | …… | らくちゃく |
| まふ | …… | まう |
| まふ | …… | まわる |
| まふ | …… | めぐる |
| まぶし | …… | めつき |
| まぶし | …… | 49 |
| まぶる[守] | …… | きめる |
| まぶる[守] | …… | けいかい |

| | | |
|---|---|---|
| まぶる[守] …………… しゅご | まま[儘] ………………… 61, 109 | まめわざ ……… じつようてき |
| まぶる[守] …… じゅんしゅする | まま[間間] …………… ときどき | まめをとこ ………… せいじつ |
| まぶる[守] ………………… せわ | まま[乳母] ………………… うば | まめをとこ …………… まじめ |
| まぶる[守] …………………… ばん | まま[乳母] ……………… めのと | まも ……………………… いも |
| まぶる[守] …… ふせぎまもる | まま[乳母] …………………… 55 | まも …………………………… 39 |
| まぶる[守] ………… みさだめる | ままに ……………… にまかせて | まもらふ ………………… きめる |
| まぶる[守] …………… みつめる | ままに …………………… ため | まもらふ ……………… けいかい |
| まぶる[守] …………… みまもる | ままに ………… にしたがって | まもらふ ………………… しゅご |
| まぶる[守] …………………… 60 | ままに ………………… につれて | まもらふ …… じゅんしゅする |
| まぶる[塗] …………… けがれる | ままに …………… したがって | まもらふ …………………… せわ |
| まぶる[塗] …………… まみれる | ままに ………………… どうじ | まもらふ …………………… ばん |
| まへ ……………………… いぜん | ままに ……………………… ので | まもらふ …… ふせぎまもる |
| まへ ………………………… かこ | ままに ……………………… まま | まもらふ …………… ほごする |
| まへ ………………… しょうめん | まみ[魔魅] …………… ばけもの | まもらふ ………… みさだめる |
| まへ ………………… しょくじ | まみ[魔魅] …………… まもの | まもらふ …………… みつめる |
| まへ ……………………… にわ | まみ[目見] ………… まなざし | まもらふ …………… みまもる |
| まへ …………………… まえにわ | まみ[目見] ……………… めつき | まもらふ …………………… 60 |
| まへ ………………………… むかし | まみ[目見] ……………… めもと | まもり ……………………… おまもり |
| まへ …………………………… 96 | まみ[目見] ……………… 49, 50 | まもり …………………… けいご |
| まへかた …………… あらかじめ | まみゆ ……………………… あう | まもり ……………………… しゅご |
| まへかた ………………… いぜん | まみる ………………… まみれる | まもり ……………………… まもり |
| まへかた …………………… こふう | まめ ……………………… きんべん | まもり …………………… まもりがみ |
| まへかた ………………… ひかえめ | まめ …………………… けんこう | まもりぼし ……………………… 8 |
| まへかた ………… まえもって | まめ ………………… じっちょく | まもりめ ………………… ばんにん |
| まへかど ……………… あらかじめ | まめ ……………… じつようてき | まもりるる …………… たいせつ |
| まへかど ……………………… いぜん | まめ ……………………… じょうぶ | まもりるる ………… みまもる |
| まへかど ………………… まえもって | まめ ……………………… せいじつ | まもる ……………………… きめる |
| まへだれ …………………… まえかけ | まめ …………………………… まじめ | まもる …………………… けいかい |
| まへつきみ …………………… きじん | まめごころ …………… せいじつ | まもる ……………………… しゅご |
| まほ ……………………… かんぜん | まめごころ ………………… まじめ | まもる …… じゅんしゅする |
| まほ …………………………… じゅうぶん | まめごと ………… ちゅうじつ | まもる ………………………… せわ |
| まほ …………………………… ととのう | まめごと …………………… まじめ | まもる ………………………… ばん |
| まほし ……………………………… 101 | まめざま …………………… しんけん | まもる …………… ふせぎまもる |
| まほら ……………………… すぐれる | まめざま ………………… まじめ | まもる ……………… みさだめる |
| まほら ……………………………… ところ | まめしげ ……………………… まじめ | まもる ……………………… みつめる |
| まほらふ …………………… ほごする | まめだつ ………………… しんけん | まもる …………………… みまもる |
| まほらふ ……………………… みつめる | まめだつ ……………………… ほんき | まもる …………………………… 60 |
| まほらま …………………… すぐれる | まめだつ ……………………… まじめ | まや ………………………… うま |
| まほらま ……………………… ところ | まめひと ……………… じっちょく | まや …………………… うまごや |
| まほり ……………………… まもり | まめひと ……………………… まじめ | まや …………………………… 91 |
| まほる …………………………… たべる | まめびと ……………… じっちょく | まゆ ……………………… まゆ |
| まほる …………………… めしあがる | まめびと ……………………… まじめ | まゆ …………………… 48, 49 |
| まぼる[守] ………………… きめる | まめまめし ……………… しんけん | まゆずみ ……………………… 28 |
| まぼる[守] …………………… けいかい | まめまめし ……… じつようてき | まゆつり ……………………… あざみ |
| まぼる[守] …………………… しゅご | まめまめし ……………………… ほんき | まゆつり ……………………… 38 |
| まぼる[守] …… じゅんしゅする | まめまめし ………………… せいじつ | まゆね ……………………… まゆ |
| まぼる[守] ……………………… せわ | まめまめし ……………………… まじめ | まゆね …………………… 48, 49 |
| まぼる[守] ………………………… ばん | まめめいげつ ……………………… 4 | まゆはき ……………………… あざみ |
| まぼる[守] …………… ふせぎまもる | まめやか ………………… かりそめ | まゆはき ……………………… 38 |
| まぼる[守] …………………… まもる | まめやか ………………… げんじつ | まゆはけ …………………… あざみ |
| まぼる[守] ………… みさだめる | まめやか ………………… しんけん | まゆはけ ……………………… 38 |
| まぼる[守] ………………… みつめる | まめやか ………………… しんせつ | まゆをひらく ………… あんしん |
| まぼる[守] ………………… みまもる | まめやか ………………… じっちょく | まゆをひらく ………… しんぱい |
| まぼる[守] ………………………… 60 | まめやか ……………… じつようてき | まよ ……………………………… まゆ |
| まぼろし ………………………… まほう | まめやか ……………………… せいじつ | まよ ……………………………… かいこ |
| まぼろしのよ ……………………… 80 | まめやか ………………… ちゅうじつ | まよ …………………………… 48, 49 |
| まほろば ……………………… すぐれる | まめやか …………… ほんかくてき | まよね ……………………………… まゆ |
| まほろば ……………………………… ところ | まめやか ………………… ほんしき | まよね …………………………… 48, 49 |
| まま[儘] ………………… それきり | まめやか ……………………… まじめ | まよひ …………………………… まぎれる |

| | | | | | |
|---|---|---|---|---|---|
| まよひ | まよい | まろがす | まわす | まゐる | しゅっしする |
| まよひ | まよう | まろがす | まるめる | まゐる | たべる |
| まよひ | みだれ | まろかる | かたまる | まゐる | のむ |
| まよびきの | よこ | まろかる | まるい | まゐる | ほうこう |
| まよびきの | 28 | まろきぶね | 98 | まゐる | まいる |
| まよひご | まいご | まろぐ | まとめる | まゐる | めしあがる |
| まよひぢ | めいろ | まろぐ | まるめる | まゐる | ゆく |
| まよふ | かみ | まろし | かど | まをさく | もうしあげる |
| まよふ | さまよう | まろし | まるい | まをす | あたえる |
| まよふ | しあん | まろね | ごろね | まをす | さしあげる |
| まよふ | なやむ | まろね | 76 | まをす | もうしあげる |
| まよふ | ほうろう | まろばかす | ころがす | まをとめ | しょうじょ |
| まよふ | まぎれこむ | まろばかす | まわす | まをとめ | びしょうじょ |
| まよふ | まぎれる | まろはす | ころがす | まをとめ | 50, 51 |
| まよふ | まよう | まろはす | まわす | まをわたす | とりつくろう |
| まよふ | みだれる | まろばす | ころがす | まん | うん |
| まよふ | みまちがう | まろばす | まわす | まん | こううん |
| まらうと | おとずれる | まろびね | ごろね | まん | めぐりあわせ |
| まらうと | きゃく | まろびね | 76 | まんがち | せっかウ |
| まらうと | ほうもん | まろぶ | ころがる | まんがち | みがって |
| まらうど | おとずれる | まろぶ | ころぶ | まんごふ | つきひ |
| まらうど | きゃく | まろぶ | たおれる | まんごふ | 16 |
| まらうど | ほうもん | まろぶし | ごろね | まんざ | みな |
| まらうどがらす | かささぎ | まろぶし | 76 | まんざいふち | あしび |
| まらうどがらす | 34 | まろむ | かみ | まんざいふち | 44 |
| まらす | けんじょう | まろむ | しゅっし | まんざら | かならず |
| まらする | あたえる | まろむ | そる | まんざら | ほんとうに |
| まらする | さしあげる | まろむ | まるい | まんざら | まこと |
| まらする | もうしあげる | まろむ | まるめる | まんざら | まったく |
| まらする | けんじょう | まろや | そまつ | まんしん | うぬぼれ |
| まらひと | おとずれる | まろや | 92 | まんしん | おごり |
| まらひと | きゃく | まろらか | まるい | まんず | じまん |
| まらひと | ほうもん | まろらか | ふっくら | まんず | とくい |
| まり | うつわ | まるく | くる | まんと | 79 |
| まる[丸] | しろ | まるく | さんじょうする | まんどころ | かんちょう |
| まる[放] | しょうべん | まるす | あたえる | まんな | もじ |
| まる[放] | だいべん | まるす | さしあげる | まんな | かんじ |
| まるぐち | すべて | まるづ | もうでる | まんなほし | えんぎ |
| まるぐち | まるごと | まるづ | さんじょうする | まんまん | とおい |
| まるぐち | 109 | まるづ | まいる | まんまん | はてし(が)ない |
| まるね | ごろね | まるでく | さんじょうする | まんまん | ひろびろ |
| まれ | 99 | まるでく | やってくる | | |
| まれ[稀] | めずらしい | まるのぼる | さんじょうする | | |
| まれびと | おとずれる | まるらす | あたえる | | |
| まれびと | きゃく | まるらす | けんじょう | **み** | |
| まれびと | ほうもん | まるらす | ささげる | | |
| まれまれ | すくない | まるらす | さしあげる | み | ので |
| まれまれ | ときたま | まるらす | もうしあげる | み | 113 |
| まれまれ | めずらしい | まるりく | さんじょうする | み[海] | 22 |
| まれまれ | わずか | まるりく | やってくる | み[御] | そんけいする |
| まれら | まれ | まるりもの | しょくじ | み[御] | 111 |
| まれら | めずらしい | まるりもの | 95, 96 | み[身] | じぶん |
| まろ[丸] | ふとい | まるる | あたえる | み[身] | みのうえ |
| まろ[丸] | ふとる | まるる | うかがう | み[身] | みぶん |
| まろ[丸] | まるい | まるる | きる | み[身] | わたくし・わたし |
| まろ[麿] | わたくし・わたし | まるる | くる | み[身] | 46, 105 |
| まろ[麿] | 105 | まるる | さしあげる | み[水] | 26 |
| まろかす | まるめる | まるる | さんけい | み[美] | 111 |
| まろがす | ころがす | まるる | さんじょうする | み[廻] | 113 |

| | | | | | |
|---|---|---|---|---|---|
| みあか—みけ | | | | | |
| みあか | あか | みえわく | みえる | みがまま | みがって |
| みあか | みずあか | みえわく | みわけ | みがら [身空] | びんぼう |
| みあか | 27 | みえわく | 78 | みがら [身空] | みひとつ |
| みあきらむ | みきわめる | みえわたる | みえる | みがら [身空] | むいちもん |
| みあさむ | おどろきあきれる | みえわたる | みわたす | みがら [身空] | 49 |
| みあつむ | 77 | みえわたる | 77 | みがら [身柄] | じぶん |
| みあつめ | かんとく | みおく | しょち | みがら [身柄] | みのほど |
| みあつめ | とりしまり | みおく | とりはからう | みがら [身柄] | みぶん |
| みあつめ | みはり | みおく | ほうちゃく | みがら [身柄] | 46, 49 |
| みあはす | みかわす | みおく | ほっておく | みき | おそなえ |
| みあはす | みくらべる | みおく | みすてる | みき | 94 |
| みあはす | 78 | みおく | 78 | みきくさ | はこべ |
| みあふ | であう | みおこす | こちら | みきくさ | 41 |
| みあふ | みかわす | みおとす | あなどる | みぎは | ほとり |
| みあふ | 77, 78 | みおとす | けいべつする | みぎは | みぎね |
| みあへ | ごちそう | みおよぶ | 49, 78 | みぎは | みずぎわ |
| みあへ | 96 | みか [甕] | かめ | みぎは | 27 |
| みあらか | 92 | みか [三日] | 4 | みぎはべ | ほとり |
| みあらはぶる | みやぶる | みかきなす | かきね | みぎはべ | みぎね |
| みあらはす | 78 | みがきます | みがきたてる | みぎはべ | みずぎわ |
| みいだす | さがす | みがきなす | 76 | みぎはべ | 27 |
| みいだす | ながめやる | みかきもり | もんばん | みぎり | いしだたみ |
| みいだす | はっけん | みかく | 49, 78 | みぎり | おり |
| みいだす | みつける | みがく | かざる | みぎり | じせつ |
| みいだす | 50, 78 | みがく | どりょく | みぎり | ところ |
| みいづ | さがす | みがく | ひかり | みぎり | にわ |
| みいづ | ながめやる | みがく | ひかる | みぎり | ばしょ |
| みいづ | はっけん | みがく | よそおう | みぎり | 16 |
| みいづ | みつける | みがく | けしょう | みきる | だんねん |
| みいづ | 78 | みかくす | とぼける | みきる | みきわめる |
| みいる | せわ | みかくす | 75, 78 | みぎん | いしだたみ |
| みいる | たたる | みかくる | かくれる | みぎん | おり |
| みいる | ちゅうしする | みかさ | すいりょう | みぎん | じせつ |
| みいる | とりつく | みかさ | みずかさ | みぎん | ところ |
| みいる | みまもる | みかさ | 27 | みぎん | にわ |
| みいる | 50, 77 | みがたり | みのうえ | みぎん | ばしょ |
| みうす | 72 | みがてら | みながら | みくさ | みずくさ |
| みうち | いちぞく | みがてり | みながら | みくさ | 27, 38 |
| みうち | ぜんしん | みかど | きゅうちゅう | みぐし [御髪] | かみ |
| みうち | 47, 55 | みかど | くに | みぐし [御首・御頭] | あたま |
| みえ | うわべ | みかど | もん | みぐし [御首・御頭] | くび |
| みえ | ていさい | みかど | てんし | みぐし [御首・御頭] | 47 |
| みえあふ | であう | みかど | てんのう | みぐしおろす | しゅっけ |
| みえありく | みせびらかす | みかどもり | もんばん | みくづ | ごみ |
| みえく | あらわれる | みかぬ | 78 | みくづ | 27 |
| みえく | やってくる | みかはす | たがいに | みくに | にほん |
| みえしらがふ | あう | みかはす | みあう | みくにことば | にほん |
| みえしらがふ | ひとめ | みかはす | みかわす | みくにぶり | しゅうかん |
| みえしらがふ | めだつ | みかへす | ふりかえる | みくにぶり | ふうぞく |
| みえぼう | きぼう | みかへす | 78 | みくま | 25 |
| みえななむ | みえる | みかへる | ふりかえる | みくまり | ぶんきてん |
| みえななむ | みたい | みかへる | 78 | みくまり | ぶんすいれい |
| みえななむ | 78, 102 | みがほし | きぼう | みくらる | こうい |
| みえまがふ | くべつ | みがほし | みたい | みぐるし | くべつ |
| みえまがふ | まちがう | みがほし | 78, 102 | みぐるし | みぐるしい |
| みえまがふ | みあやまる | みがほる | みたい | みぐるし | みにくい |
| みえまがふ | みちがえる | みがほる | 78 | みぐるし | 78 |
| みえまがふ | みちがう | みがまま | じぶん | みくるべかす | 77 |
| みえわかる | みわけ | みがまま | じぶん | みけ | おそなえ |

| | | |
|---|---|---|
| みけ …… 95 | みじかし …… いやしい | みぞう[御族] …… いちぞく |
| みけし …… 93 | みじかし …… せっかち | みぞう[御族] …… 55 |
| みけつもの …… 95 | みじかし …… たりる | みぞう[未曾有] |
| みけん …… まゆ | みじかし …… たんき | …… いまだ(かつて)…(ない) |
| みけん …… 48 | みじかし …… みじかい | |
| みこ …… きじん | みじかし …… みぶん | みぞう[未曾有] …… くうぜん |
| みこ …… 52 | みじかび …… 17, 18 | みそか[密] …… こっそり(と) |
| みこころ …… 60 | みじかやか …… みじかい | みそか[密] …… ひそか |
| みこと …… おおせ | みじかよ …… 17, 21 | みそか[密] …… ひそか |
| みこと …… めいれい | みじからか …… みじかい | みそか[三十日] …… つきずえ |
| みごと …… すばらしい | みしと …… しっかり | みそか[三十日] …… げつまつ |
| みごと …… みもの | みしね …… いぬし | みそか[三十日] …… 5 |
| みごと …… 82 | みしぶ …… あおみどろ | みぞかげぐさ …… みそはぎ |
| みことのり …… おおせ | みしぶ …… あか | みぞかげぐさ …… 42 |
| みことのり …… てんのう | みしぶ …… みずあか | みそかごころ …… ひそか |
| みことのり …… めいれい | みしぶ …… 27 | みそかごころ …… 64 |
| みこのみや …… こうたいし | みじまひ …… けしょう | みそかごと …… ないしょ |
| みこみ …… がいかん | みじまひ …… みじたく | みそかごと …… ひみつ |
| みこむ …… あて | みじまひ …… 86 | みそかぬすびと …… こそどろ |
| みこむ …… のぞきこむ | みしゃく …… おしつぶす | みそかぬすびと …… わるもの |
| みこむ …… みつめる | みしる …… けいけん | みそかを …… いろごのみ |
| みこむ …… 50 | みしる …… こうさい | みそかをとこ …… いろごのみ |
| みこもり …… かくれる | みしる …… みわける | みそぎ …… 49 |
| みこもり …… ひめる | みしる …… めんしきがある | みそぐ …… みそぎ |
| みごもり …… かくれる | みしる …… りかい | みそくす …… みおとす |
| みごもり …… ひそか | みじろぐ …… 49 | みそけ …… うぬぼれ |
| みごもる …… にんしん | みじわ …… さざなみ | みそけ …… じまん |
| みさかり …… まっさかり | みじわ …… 23, 25 | みそこ …… すいてい |
| みさく …… ながめる | みす[見] …… うらなう | みそこ …… 27 |
| みさく …… のぞみみる | みす[見] …… ごらんになる | みそこなはす …… ごらんになる |
| みさく …… 78 | みす[見] …… とつぐ | みそこなはす …… 77 |
| みさごゐる …… いそ | みす[見] …… みせる | みそす …… せわ |
| みさごゐる …… おき | みす[見] …… めあわせる | みそぢ …… さんじっさい |
| みさごゐる …… 22 | みす[見] …… 84 | みそぢ …… さんじゅう |
| みささぎ …… はか | みす[御簾] …… すだれ | みそぢ …… 89 |
| みさと …… みやこ | みすがら …… 47, 56 | みそなはしたまふ …… 77 |
| みさび …… みずあか | みすぎ …… きょうぐう | みそなはす …… 77 |
| みさび …… 27 | みすぎ …… くらし | みそなふ …… 77 |
| みさびた …… 30 | みすぎ …… しごと | みそのふ …… にわ |
| みざま[見様] …… かっこう | みすぎ …… せいけん | みそひともじ …… たんか |
| みざま[見様] …… がいけん | みすぎはくさのたね …… しごと | みそひともじ …… 64 |
| みざま[見様] …… すがた | みすぎはくさのたね …… 79 | みそみそ(と) |
| みざま[見様] …… ようし | みすぐす …… みおとす | …… めちゃくちゃ・めちゃめちゃ |
| みざま[見様] …… ようぼう | みすぐす …… みのがす | |
| みざま[身様] …… 47 | みすちのかは …… あのよ | みそむ …… こいしはじめる |
| みさみさ(と) …… びしょびしょ | みすちのかは …… 25, 73 | みそむ …… 63, 78 |
| みさめ …… きょうざめ | みすつ …… さきだつ | みそもじあまりひともじ |
| みさわぐ …… 77 | みすつ …… みすてる | …… たんか |
| みさを …… がまん | みすつ …… 72 | みそもじあまりひともじ …… 64 |
| みさを …… しんぼう | みすぼげ …… みすぼらしい | みそら …… みのうえ |
| みさを …… せっそう | みすみす …… みるみる | みぞる …… みぞれ |
| みさを …… つれない | みすみす …… 78 | みぞる …… 10 |
| みさを …… ていせつ | みせさしどき …… 18 | みそをあげる …… じがじさんする |
| みさをつくる …… しんぼう | みせだな …… しょうてん | みそをあげる …… じまん |
| みさをつくる …… ていさい | みせだな …… みせ | みだい …… ごはん |
| みさをつくる …… へいき | みそ[三十] …… さんじゅう | みだい …… しょくじ |
| みじかうた …… 64 | みそ[味噌] …… うぬぼれ | みだい …… ぜん |
| みじかし …… あさはか | みそ[味噌] …… じまん | みだい …… 54, 96 |
| | みぞ …… 93 | みだいばんどころ …… 54 |

229

| | | | |
|---|---|---|---|
| みたつ | あなどる | みだりがはし | らんざつ |
| みたつ | えらぶ | みだりごこち | とりみだす |
| みたつ | けいべつする | みだりごこち | 87 |
| みたつ | しんだん | みだりごと | じょうだん |
| みたつ | せわ | みだりごと | たわごと |
| みたつ | そうべつ | みだりごと | でたらめ |
| みたつ | たとえる | みだる | うちとける |
| みたつ | たびだち | みだる | くずす |
| みたつ | みおくる | みだる | こんらん |
| みたつ | みくびる | みだる | さわぎ |
| みたつ | みさだめる | みだる | だらしない |
| みたつ | みたてる | みだる | とりみだす |
| みたつ | 50, 77, 78 | みだる | なやむ |
| みたて | おもいつき | みだる | へいせい |
| みたて | かんがえ | みだる | みだす |
| みたて | かんてい | みだれる | さわぎ |
| みたて | しんだん | みだれ | そうどう |
| みたて | せんてい | みだれ | なやむ |
| みたて | そうべつ | みだれ | ふうう |
| みたて | ふんべつ | みだれ | 10 |
| みだて | みばえ | みだれあし | あし |
| みだて | ようす | みだれあし | かっけ |
| みたてなし | みすぼらしい | みだれがはし | ちつじょ |
| みたてなし | みばえ | みだれがはし | ふきんしん |
| みたふしや | ふるぎ | みだれがはし | ぶしつけ |
| みたふしや | ふるどうぐや | みだれがはし | ぶれい |
| みたふす | あなどる | みだれがはし | らんざつ |
| みたふす | けいべつする | みだれごこち | とりみだす |
| みたふす | ひやかす | みだれごこち | 87 |
| みたへぐさ | はす | みだれごと | じょうだん |
| みたへぐさ | 41 | みち[道] | いなか |
| みたま | おんけい | みち[道] | がくもん |
| みたま | たましい | みち[道] | ぎり |
| みたま | れいこん | みち[道] | しゅだん |
| みたまや | はか | みち[道] | すじみち |
| みたまや | れいびょう | みち[道] | せんもん |
| みたらし | ゆみ | みち[道] | たびじ |
| みたらし | ちょうず | みち[道] | ちほう |
| みたらし | みずばち | みち[道] | とちゅう |
| みたらし | 27 | みち[道] | どうとく |
| みたらひ | 27 | みち[道] | どうり |
| みだり(に) | いいかげん | みち[道] | ほうほう |
| みだり(に) | だらしない | みち[道] | ほとけ |
| みだり(に) | ちつじょ | みち[道] | やりかた |
| みだり(に) | らんざつ | みち[道] | わけ |
| みだり(に) | むちゃ | みち | 86 |
| みだりあし | あし | みち[満] | みちる |
| みだりあしのけ | かっけ | みち[蜜] | はちみつ |
| みだりあしのけ | 87 | みち[海驢] | あしか |
| みだりかくびょう | かっけ | みち[海驢] | 32 |
| みだりかくびょう | 87 | みちかし | おとる |
| みだりかぜ | かぜ | みちかひ | おうらい |
| みだりかぜ | かんぽう | みちかひ | すれちがい |
| みだりかぜ | 87 | みちく | まんちょうになる |
| みだりがはし | いろごのみ | みちく | みちる |
| みだりがはし | ちつじょ | みちしるべ | あんない |
| みだりがはし | ふきんしん | みちしるべ | みちあんない |
| みだりがはし | ぶしつけ | みちしるべ | 32 |
| みだりがはし | ぶれい | | |
| みちすがら | とちゅう | | |
| みちつじ | みちすじ | | |
| みちづら | みちすじ | | |
| みちづら | ろじょう | | |
| みちづら | 32 | | |
| みちてんがう | みちくさ | | |
| みちてんがう | 32 | | |
| みちのあひだ | みちすがら | | |
| みちのあひだ | 32 | | |
| みちのき | きこうぶん | | |
| みちのしをり | 32, 87 | | |
| みちのそら | とちゅう | | |
| みちのそら | 32 | | |
| みちのそらぢ | とちゅう | | |
| みちのそらぢ | 32 | | |
| みちのにき | きこうぶん | | |
| みちのにき | たびにっき | | |
| みちのにき | どうちゅう | | |
| みちのにき | 86 | | |
| みちのべ | みちばた | | |
| みちのべ | 32 | | |
| みちのほど | きょり | | |
| みちのほど | とちゅう | | |
| みちのほど | どうてい | | |
| みちのほど | みちのり | | |
| みちのほど | 32, 87 | | |
| みちのまま | とちゅう | | |
| みちのまま | みちすがら | | |
| みちのまま | 32 | | |
| みちのもの | せんもん | | |
| みちのもの | たつじん | | |
| みちのもの | めいじん | | |
| みちはか | はかどる | | |
| みちびく | しどうする | | |
| みちびく | なかだち | | |
| みちびく | みちあんない | | |
| みちびく | 32 | | |
| みちべ | みちばた | | |
| みちべ | 32 | | |
| みちほとり | みちばた | | |
| みちみち | とちゅう | | |
| みちみち | みちすがら | | |
| みちみち | 31, 32 | | |
| みちみちし | がくもん | | |
| みちみちし | どうり | | |
| みちみちし | りくつ | | |
| みちみちし | いっぱい | | |
| みちもせに | 32, 79 | | |
| みちゆき | かけおち | | |
| みちゆき | どうちゅう | | |
| みちゆき | 31, 62, 86, 87 | | |
| みちゆきうら | うらなう | | |
| みちゆきづと | みやげ | | |
| みちゆきびと | たびびと | | |
| みちゆきびと | つうこう | | |
| みちゆきびと | 87 | | |
| みちゆきぶり | たびにっき | | |
| みちゆきぶり | どうちゅう | | |
| みちゆきぶり | ゆきずり | | |

| | | |
|---|---|---|
| みちゆきぶり …… **きこうぶん** | みづくき …… **ふで** | みづはぐむ …… 53 |
| みちゆきぶり …… 86 | みづくき …… **ひっせき** | みづはさす …… **いきながらえる** |
| みちん …… **こまかい** | みづくき …… **ふで** | みづはさす …… **おいる** |
| みちん …… **ごみ** | みづぐき …… **てがみ** | みづはさす …… 53 |
| みちん …… **わずか** | みづぐき …… **ふで** | みづはな …… **さいしょ** |
| みつ[満] …… **いっぱい** | みづぐき …… **ひっせき** | みづはな …… **でる** |
| みつ[満] …… **かんぜん** | みづぐき …… **ふで** | みづほ …… **いなほ** |
| みつ[満] …… **きげん** | みづくきの …… **あと** | みづほ …… **いね** |
| みつ[満] …… **じゅうぶん** | みづくきの …… **おか** | みづほのくに …… **にほん** |
| みつ[満] …… **じゅうまんする** | みづくきの …… **ながれる** | みづまり …… **しぶき** |
| みつ[満] …… **なしおえる** | みづくきの …… **ゆく** | みづまり …… **みずたま** |
| みつ[満] …… **まんぞく** | みづくきの …… 25 | みづまり …… 27 |
| みつ[満] …… **まんちょうになる** | みづくきのあと …… **ひっせき** | みづみづと …… **みずみずしい** |
| みつ[満] …… **みたす** | みづくきのあと …… **ふで** | みつむ …… **みまもる** |
| みつ[満] …… **みちる** | みづくさ …… **がま** | みづやま …… **みずみずしい** |
| みつ[満] …… **ゆきわたる** | みづくさ …… **はす** | みづやま …… 29 |
| みつ[密] …… **ひみつ** | みづくさ …… 39, 41 | みつる …… **つかれはてる** |
| みつ[蜜] …… **はちみつ** | みづくみぐるま …… **すいしゃ** | みつる …… **やつれる** |
| みづ …… **みずみずしい** | みづくろひ …… **みじたく** | みつわぐむ …… **おいる** |
| みづ …… 111, 112 | みづくろひ …… 86 | みつわぐむ …… 53 |
| みづあか …… **あか** | みづごけ …… **あか** | みづをさ …… **せんどう** |
| みづうまや …… **もてなし** | みづし …… **げじょ** | みづをさ …… **ふなのり** |
| みづうまや …… **やど** | みづし …… **めしつかい** | みづをさ …… 98 |
| みづうまや …… 86 | みづしどころ …… **だいどころ** | みてぐら …… **おそなえ** |
| みづえ …… **えだ** | みつせがは …… **あのよ** | みてぐら …… **ささげる** |
| みづえ …… 44 | みつせがは …… 25, 73 | みてぐら …… **ぬさ** |
| みづがき …… **いけがき** | みづたへぐさ …… **はす** | みと …… **いりぐち** |
| みづがき …… **かきね** | みづたへぐさ …… 41 | みと …… **かこう** |
| みづがきの …… **かみ** | みづたまうき …… **さかずき** | みと …… 24 |
| みづがきの …… **ひさしい** | みつち …… **ばけもの** | みとあたはす …… **ともね** |
| みづかげぐさ …… **いね** | みづつく …… 27 | みとあたはす …… 64, 76, 84 |
| みづかね …… **すいぎん** | みづつたふ …… **いそ** | みとがむ …… **あやしい** |
| みつかふ …… **のむ** | みづつたふ …… 22 | みとがむ …… **かんしん** |
| みつかふ …… 27 | みづとりの …… **うかぶ** | みとがむ …… **きづく** |
| みづから …… **みずから** | みづとりの …… **かも** | みとがむ …… **ちゅうもく** |
| みづから …… **じぶん** | みづとりの …… **たつ** | みとがむ …… **とりあげる** |
| みづから …… **てずから** | みづとりの …… **つらい** | みとがむ …… **ひなん** |
| みづから …… **わたくし・わたし** | みづとりの …… 34 | みとく …… **さとる** |
| みづから …… 105 | みつなし …… **さいのう** | みとく …… **りかい** |
| みつかれづき …… **ろくがつ** | みづなら …… **なら・くぬぎ** | みどころ …… **かち** |
| みつかれづき …… 6 | みづなら …… 45 | みどころ …… **みこみ** |
| みつぎ …… **えんじょ** | みづなるこ …… **すいしゃ** | みどころ …… **ようしょ** |
| みつぎ …… **しおくり** | みづぬるむ …… **あたたかい** | みどころ …… 78 |
| みつぎ …… **ぜい** | みづぬるむ …… 18 | みとし …… **ゆみ** |
| みつぎ …… **ほり** | みつのあわの …… **あわ** | みども …… **わたくし・わたし** |
| みつきぐさ …… **はす** | みづのうみ …… **みずうみ** | みども …… 105 |
| みつきぐさ …… 41 | みづのからす …… **う** | みとらし …… **ゆみ** |
| みつく …… **なじむ** | みづのからす …… 34 | みどり …… **しんめ** |
| みつく …… **はっけん** | みづのたみ …… 37 | みどり …… **めばえる** |
| みつく …… **みつける** | みづので …… **すいろ** | みどり …… **わかば** |
| みつく …… **みなれる** | みづので …… 27 | みどりかげ …… **かげ** |
| みつぐ …… **えんじょ** | みづのを …… **ながれ** | みどりご …… **あかご** |
| みつぐ …… **たすける** | みづのを …… **みお** | みどりご …… 51, 52 |
| みつぐ …… **みつづける** | みづのを …… 25 | みどりごの …… **たつ** |
| みつぐ …… **みとどける** | みつは …… 52, 54 | みどりのいと …… **えだ** |
| みづく …… **つかる** | みづばかり …… **すいじゅんき** | みどりのいと …… **やなぎ** |
| みづく …… **ひたる** | みづはぐむ …… **いきながらえる** | みどりのいと …… 46 |
| みづく …… 27 | みづはぐむ …… **おいる** | みどりのかみ …… **かみ** |
| みづくき …… **てがみ** | みづはぐむ …… **としとる** | みとる …… **みとめる** |

| | | |
|---|---|---|
| みとる … 75 | みなになす … なくす | みのぶ … とおい |
| みな[皆] … すべて | みなになる … なくなる | みのぶ … ながしめ |
| みな[蜷] … にな | みなになる … つきる | みのぶ … 49, 78 |
| みな[蜷] … 38 | みなのわた … くろい | みのほど … みのうえ |
| みな[御名] … な | みなひと … ぜんいん | みのほど … みぶん |
| みなか … まんなか | みなひと … みな | みのも … すいじょう |
| みなかみ … かわかみ | みなほす … おもいなおす | みのも … すいめん |
| みなかみ … じょうりゅう | みなほす … かいふく | みのも … 27 |
| みなかみ … はじまり | みなほす … なおる | みのよし … かも |
| みなかみ … みなもと | みなほす … 88 | みのよし … 34 |
| みなかみ … 25 | みなまた … しりゅう | みのり … おきて |
| みながら[皆] … すべて | みなみ … 12 | みのり … ほうりつ |
| みながら[皆] … のこらず | みなみおもて … みなみ | みはかし … かたな |
| みながら[身] … われながら | みなも … すいじょう | みはし … かいだん |
| みながらに … すべて | みなも … すいめん | みはつ … せわ |
| みながらに … のこらず | みなも … 27 | みはつ … のこらず |
| みなぎは … ほとり | みなもと … すいげん | みはつ … 77 |
| みなぎは … みぎわ | みなもと … はじまり | みはてぬゆめ … ゆめ |
| みなぎは … みずぎは | みなもと … 27 | みはなだ … あいいろ |
| みなぎは … 27 | みならふ … みなれる | みはなだ … みずいろ |
| みなぎらふ … さかん | みならふ … なじむ | みはなだ … 14, 15 |
| みなぎらふ … みちあふれる | みなる … みなれる | みはなつ … みすてる |
| みなぎる … さかん | みなる … したしい | みはやす … もてはやす |
| みなぎる … みちあふれる | みなる … なじむ | みはやす … ほめそやす |
| みなぐ … なごむ | みなる … まじわる | みはる … 18 |
| みなくくる … もぐる | みなれごろも … きる | みはるかす … ながめやる |
| みなくぐる … もぐる | みなれごろも … ふだん | みはるかす … みはらす |
| みなくれなゐ … あか・あかいろ | みなれごろも … 94 | みはるかす … みわたす |
| みなくれなゐ … 15 | みなわ … あわ | みはるかす … えんぽう |
| みなぐれなゐ … 15 | みなわなす … いのち | みはるかす … 77, 78 |
| みなしがは … あまのかわ | みなわなす … もろい | みはれ … けっぱく |
| みなしがは … ぎんが | みにあまる … じゅうぶん | みひとつ … ひとり |
| みなしがは … たえる | みにくし … みにくい | みひとつ … 47 |
| みなしがは … たなばた | みにくし … みぐるしい | みふし … かんせつ |
| みなしがは … した | みにくやか … みぐるしい | みふし … 47 |
| みなしがは … 8, 24, 25, 27 | みにしむ … かんじる | みふす … みきわめる |
| みなしたふ … 37 | みにそふ … よりそう | みふす … みとどける |
| みなしも … かりゅう | みにそふ … 48 | みふゆ[冬] … ふゆ |
| みなしも … かわしも | みになる … しんみになる | みふゆ[冬] … 18 |
| みなしも … 24 | みになる … たべる | みふゆ[三冬] … 18 |
| みなす … せわ | みになる … まごころ | みふゆつぎ … はる |
| みなす … みたてる | みになる … やく | みふゆづき … じゅうにがつ |
| みなす … みとどける | みぬけ … せきにん | みふゆづき … 7 |
| みなせがは … した | みぬま … ぬま | みふゆつく … 18 |
| みなせがは … 25, 27 | みぬよのひと … むかし | みぶり … かっこう |
| みなせどり … 35 | みね … ちょうじょう | みぶり … ふるまい |
| みなそこ … すいてい | みね … 28 | みぶり … みなり |
| みなそこ … 27 | みねぐも … くも | みぶり … 48 |
| みなづき … ろくがつ | みねぐも … にゅうどうぐも | みほ … にお・におどり |
| みなづき … 6 | みねべ … みね | みほ … かいつぶり |
| みなつぼ … あわ | みねべ … 29 | みほ … 34, 35 |
| みなと … いりぐち | みのかは … 93 | みほとり … 35 |
| みなと … ゆきつく | みのけよだつ … おそれる | みほどり … かいつぶり |
| みなと … 24 | みのけをつめる … おそれる | みほどり … 34 |
| みなとふね … 98 | みのなるはて … 74 | みほめ … じまん |
| みなながら … すべて | みののち … しご | みま … しそん |
| みなながら … のこらず | みののち … 73 | みま … 56 |
| みなながら … みな | みのひし … ほろびる | みまうし … みづらい |
| みなにす … なくす | | みまがふ … まちがう |

| | | |
|---|---|---|
| みまがふ | みまちがう | |
| みまかる | 72 | |
| みまく | 78 | |
| みまくうし | みづらい | |
| みまくほし | あう | |
| みまくほし | みたい | |
| みまくほし | 78, 102 | |
| みまし | あなた | |
| みまし | 106 | |
| みます | すぐれる | |
| みます | まさる | |
| みまそかり | いらっしゃる | |
| みまそかり | おる | |
| みまそかり | ゆく | |
| みまそがり | いらっしゃる | |
| みまそがり | ゆく | |
| みまはし | かんし | |
| みまはし | かんとく | |
| みまひ | おとずれる | |
| みまひ | じゅんし | |
| みまひ | ほうもん | |
| みまひ | みまわり | |
| みまふ | おとずれる | |
| みまふ | じゅんかいする | |
| みまふ | たずねる | |
| みまふ | みまわる | |
| みまほし | あう | |
| みまほし | みたい | |
| みまほし | 78, 102 | |
| みむろ | じんじゃ | |
| みむろ | やしろ | |
| みむろ | 92 | |
| みめ | がいけん | |
| みめ | きりょう | |
| みめ | てがら | |
| みめ | ほまれ | |
| みめ | みため | |
| みめ | めいよ | |
| みめ | めんぼく | |
| みめ | ようぼう | |
| みめ | かおつき | |
| みめ | ようし | |
| みめう | うつくしい | |
| みめう | すばらしい | |
| みめぐらす | 78 | |
| みめづ | かんしん | |
| みめづ | しょうびする | |
| みめづ | 78 | |
| みめよし | うつくしい | |
| みめよし | びじん | |
| みめよし | 51 | |
| みもち | おこない | |
| みもち | にんしん | |
| みもち | ひんこう | |
| みもち | ふるまい | |
| みもち | 51 | |
| みもの | けんぶつ | |
| みもの | まつり | |
| みもの | みどころ | |
| みもひ | 27 | |
| みもらす | みおとす | |
| みもらす | みのがす | |
| みもろ | やしろ | |
| みもろ | 92 | |
| みや | こうぞく | |
| みや | じんじゃ | |
| みや | きゅうちゅう | |
| みゃうが | おれい | |
| みゃうが | かご | |
| みゃうが | しゅご | |

| | | |
|---|---|---|
| みみなる | ききなれる | |
| みみなる | みみなれる | |
| みみにあたる | 59 | |
| みみにかく | 61 | |
| みみにさかふ | ふゆかい | |
| みみはゆし | みみざわり | |
| みみふる | ききあきる | |
| みみふる | ききなれる | |
| みみふる | みみなれる | |
| みみめどり | うぐいす | |
| みみめどり | 34 | |
| みみやすし | あんしん | |
| みみやすし | 71 | |
| みみをかる | ささやく | |
| みみをきく | 83 | |
| みみをそばたつ | すます | |
| みみをそばだつ | みみ | |
| みみをそろへる | そろえる | |

みゃうが ほうおん
みゃうがなし ありがたい
みゃうがなし みはなす
みゃうがなし もったいない
みゃうくゎ かじ
みゃうくゎ ひ
みゃうくゎ もうか
みゃうじょ かご
みゃうせき あととり
みゃうせき かとく
みゃうだい だいり
みゃうだう あのよ
みゃうぶ なふだ
みゃうみゃう くらい
みゃうもん ぎぜんてき
みゃうもん ていさい
みゃうもん めいせい
みゃうもん 83, 84
みゃうもんぐるし
　　　　　　あくせくする
みゃうり[冥利] おんけい
みゃうり[冥利] めぐみ
みゃうり[名利] めいよ
みゃうりょう かんがえ
みやがき かきね
みやこどり かもめ
みやこどり 34
みやこべ みやこ
みやじ かんぬし
みやすし 78
みやすどころ こうたいし
みやすんどころ こうたいし
みやち けいだい
みやち さんどう
みやづかさ かんぬし
みやづかふ けんちく
みやづかふ 76
みやづかへ つかえる
みやづかへ ほうこう
みやつこぎ にわとこ
みやつこぎ 45
みやとこき にわとこ
みやとこき 45
みやところ きゅうちゅう
みやび じょうひん
みやび ゆうが
みやび 81
みやびか じょうひん
みやびか ゆうが
みやびか 81
みやびやか じょうひん
みやびやか ゆうが
みやびやか 81
みやびを おとこ
みやびを びなん
みやびを 82
みやぶ じょうひん
みやぶ ゆうが
みやま はか

みみがふ――みやま

みみ[耳] 83
みみ[身身] うむ
みみ[身身] かくじん
みみ[身身] しゅっさん
みみうつ ささやく
みみおどろく おどろく
みみかしがまし やかましい
みみぎき みみざとい
みみきく 71
みみこすり ささやく
みみこすり ひにく
みみこすり みみうち
みみざふたん みみうち
みみそしょう みみうち
みみたつ ききみみをたてる
みみたつ ちゅうい
みみたつ みみ
みみだんがふ みみうち
みみちかし きこえる
みみちかし ちかい
みみちかし みみなる
みみちかし わかる
みみとし はやみみ
みみとし みみざとい
みみとどまる みみ
みみとどむ 71
みみどほし ききなれる
みみどほし きこえる
みみどほし みみなれる
みみどほし りかい

233

| | | | | |
|---|---|---|---|---|
| みやま | みささぎ | みる[見] | 54, 63, 78, 84 | |
| みやま | おくやま | みる[回] | まわる | **む** |
| みやま | 27, 28 | みる[回] | めぐる | |
| みやまおろし | おくやま | みるみる | みながら | |
| みやまおろし | 12 | みるみる | 78 | む | 99, 103 |
| みやまがくれ | おくやま | みるめ | がいけん | む[身] | 46 |
| みやまがくれ | 28, 29 | みるめ | であい | むいかのあやめとをかのきく | じせつ |
| みやまぎ | おくやま | みるめ | ひとめ | むえ | さとり |
| みやまぎ | 28, 44 | みるめ | みかけ | むえん | ひとり |
| みやまち | やまおく | みるめ | めぐりあひ | むえん | 56 |
| みやまち | 28, 29, 32 | みるめ | ようし | むが | むしん |
| みやり | みわたす | みるめなし | あう | むかし | いぜん |
| みやる | とおい | みるめなし | みすぼらしい | むかし | かこ |
| みやる | ながめやる | みれん | みじゅく | むかし | ぜんせ |
| みやる | 78 | みろみろ(と) | 67 | むかし | うれしい |
| みゆ[見] | あう | みわ | 94 | むかし | したわしい |
| みゆ[見] | あらわれる | みわ | おそなえ | むかし(のひと) | よろこばしい |
| みゆ[見] | おもう | みわく | しきべつ | むかし(のひと) | こじん |
| みゆ[見] | かんじる | みわける | みわける | むかしおぼゆ | こふう |
| みゆ[見] | くる | みわた | 25 | むかしがたり | むかし |
| みゆ[見] | しめす | みわたす | 77 | むかしざま | こふう |
| みゆ[見] | たいめん | みわづらふ | こまる | むかしざま | むかし |
| みゆ[見] | みせる | みわづらふ | せわ | むかしのひと | とも |
| みゆ[見] | 77, 78, 84 | みを | かいろ | むかしのひと | … むかしなじみ(のひと) |
| みゆ[御湯] | おんせん | みを | こうろ | | |
| みゆ[御湯] | ふろ | みを | すいろ | むかしびと | こじん |
| みゆき[深雪] | ゆき | みを | くい | むかしびと | こふう |
| みゆき[深雪] | ふかい | みを | 23, 27, 31, 97 | むかしびと | むかし |
| みゆき[深雪] | ゆき | みをあはす | いっち | むかしびと | … むかしなじみ(のひと) |
| みゆき[御幸] | がいしゅつ | みをあはす | がったいする | | |
| みゆづる | せわ | みをうつ | ほろびる | むかしびと | 52 |
| みゆらく | 78 | みをし | しょくじ | むかしぶ | よろこぶ |
| みゆるす | みのがす | | 96 | むかしぶ | こふう |
| みよし | せんしゅ | みをしづむ | おちぶれる | むかしぶ | ふるめかしい |
| みよし | へさき | みをしづむ | みなげ | むかしぶ | むかし |
| みよし | 97 | みをしるあめ | 10, 67 | むかしへ | かこ |
| みよのし | そう | みをすつ | しゅっけ | むかしへ | むかし |
| みら | にら | みをたつ | しゅっせ | むかしへ | むかし |
| みら | 41 | みをたつ | せいけい | むかしへびと | こじん |
| みらいのさかづき | さかずき | みをたどる | なやむ | むかしへびと | こふう |
| みらいのさかづき | わかれ | みをつくし | くい | むかしへびと | とも |
| みらく | 78 | みをつくし | めじるし | むかしへびと | … むかしなじみ(のひと) |
| みる[見] | あう | みをつくす | ささげる | | |
| みる[見] | おもう | みをつくす | つくす | むかしへびと | 52 |
| みる[見] | かくにんする | みをつくす | 49 | むかしもの | 52 |
| みる[見] | かんしょうする | みをなぐ | うちこむ | むかしものがたり | むかし |
| みる[見] | こころみる | みをなぐ | ねっしん | むかつを | 29 |
| みる[見] | さとる | みをなぐ | みなげ | むかはぎ | すね |
| みる[見] | しょり | みをなす | みじたく | むかはぎ | むこうずね |
| みる[見] | せわ | みをなす | むちゅう | むかはぎ | 47 |
| みる[見] | たいめん | みをはむ | うちこむ | むかはり[身代] | ひとじち |
| みる[見] | ためす | みをひき | あんない | むかはり[身代] | みがわり |
| みる[見] | つれそう | みをもてなす | ふくそう | むかはり[迎] | いっしゅうき |
| みる[見] | つれる | みをもてなす | みづくろい | むかはり[迎] | ほうじ |
| みる[見] | とりあつかう | みをやつす | ねっちゅう | | |
| みる[見] | ながめる | みをやつす | やせる | | |
| みる[見] | みとどける | みんなみ | みなみ | | |
| みる[見] | みとめる | みんなみ | 12 | | |
| みる[見] | りかい | | | | |

みやま――むかはり

| | | | | | | |
|---|---|---|---|---|---|---|
| むかはり[迎] | めいにち | むくひ | しかえし | むこがね | 84 | |
| むかはる | むぐる | むくふ | かえす | むごらし | かわいそう | |
| むかはる | めぐる | むくふ | ほうしゅう | むごらし | ざんこく | |
| むかひ | しょうめん | むくふ | むくいる | むごらし | むごい | |
| むかひめ | ほんさい | むくむくし | おそろしい | むごらし | むごたらしい | |
| むかひる | 55 | むくめく | うごめく | むさ | ぐんじん | |
| むかひゐる | すわる | むくゆ | かえす | むさ | ぶし | |
| むかひゐる | たいざする | むくゆ | ほうしゅう | むさい | がくもん | |
| むかふ[迎] | はきけがす | むくゆ | むくいる | むさい | さいのう | |
| むかふ[迎] | まねく | むぐら | つるくさ | むさい | むのう | |
| むかふ[迎] | むかえる | むぐら | 40 | むさう[夢想] | おつげ | |
| むかふ[向] | むかつく | むぐらのもん | あれる | むさう[夢想] | ゆめ | |
| むかふ[向] | ちかづく | むぐらのもん | 91 | むさう[無双] | ならびない | |
| むかふ[向] | むかう | むぐらのやど | あれる | むさう[無想] | むしん | |
| むかふ[向] | むける | むぐらのやど | 91 | むざう | むごい | |
| むかふ[向] | かたをならべる | むぐらふ | 26 | むざう | ざんこく | |
| むかふ[向] | がいしゅつ | むぐり | にお・におどり | むざう | いたましい | |
| むかふ[向] | すすむ | むぐり | かいつぶり | むざうらしげ | むごい | |
| むかふ[向] | そうとう | むぐり | 34,35 | むざうらしげ | ざんこく | |
| むかふ[向] | たいめん | むくりこくり | おそろしい | むざうらしげ | いたましい | |
| むかふ[向] | でかける | むくろ | しがい | むざえ | がくもん | |
| むかふ[向] | はむかう | むくろ | どうたい | むざえ | さいのう | |
| むかふ[向] | ひってき | むくろ | 46,47,73 | むざえ | むのう | |
| むかふ[向] | むかう | むくろごめ | ぜんしん | むさし | ふけつ | |
| むかふ[向] | はむかう | むくろごめ | 47 | むさし | むさくるしい | |
| むかへす | むかえいれる | むけ | ふくじゅう | むさし | きたない | |
| むかへゆ | うぶごえ | むげ | いやしい | むさと | うっかり | |
| むかへゆ | にんしん | むげ | さいてい | むさと | おしい | |
| むかもも | もも | むげ | ひさん | むさと | けいそつ | |
| むかもも | 48 | むげ | ひどい | むさと | とんでもない | |
| むぎ(の)あき | ごがつ | むげ | みぶん | むさと | ふちゅうい | |
| むぎ(の)あき | 6,17 | むげ | むやみ | むさと | ぶえんりょ | |
| むきむき | おもいおもい(に) | むげ | わるい | むさと | ぶしつけ | |
| むきむき | めいめい | むげちなし | ざんこく | むさと | みだら | |
| むく[向] | かたむく | むげつ | めいげつ | むさと | むふんべつ | |
| むく[向] | ささげる | むげつ | 5 | むさと | むやみ | |
| むく[向] | すすむ | むげつけなし | ざんこく | むさと | わけ | |
| むく[向] | たむける | むげなし | ざんこく | むさと | わけもなく | |
| むく[向] | にあう | むげに | しいて | むざと | うっかり | |
| むく[向] | ふさわしい | むげに | ぜんぜん | むざと | おしい | |
| むく[向] | たしか | むげに | たしか | むざと | けいそつ | |
| むく[向] | むける | むげに | はなはだ | むざと | とんでもない | |
| むく[平] | しずめる | むげに | ひどく | むざと | ぶえんりょ | |
| むく[平] | したがう | むげに | まぎれもなく | むざと | ぶしつけ | |
| むく[向] | むかう | むげに | むやみ | むざと | むやみ | |
| むく[無垢] | じゅんすい | むげに | むりに | むざね | じったい | |
| むく[無垢] | じゅんぱく | むげにす | つめたい | むざね | しょうたい | |
| むく[無垢] | せいじょう | むげにす | むだ | むざね | 48 | |
| むくい | おうほう | むげにす | れいたん | むさぼる | しゅうちゃく | |
| むくい | かほう | むけん | あのよ | むさぼる | のぞむ | |
| むくさかに | さかえる | むけん | あのよ | むさぼる | よくばる | |
| むくさかに | にぎやか | むけんちごく | あのよ | むざん | かわいそう | |
| むくさかに | めでたい | むけんならく | あのよ | むざん | ざんこく | |
| むくつけし | いや | むご | きげん | むざん | らんぼう | |
| むくつけし | いやらしい | むご | はてし(が)ない | むざん | いたましい | |
| むくつけし | おそろしい | むご | ひさしい | むし | かこ | |
| むくつけし | ぶこつ | むご | 16 | むし | むげん | |
| むくつけし | ぶふうりゅう | むこがね | いいなずけ | むし | 17 | |
| むくつけし | 82 | むこがね | こんやく | むしがかぶる | ふくつう | |
| むくのかみ | だいく | | | | | |

**むしがかぶる――むとす**

| | | |
|---|---|---|
| むしがかぶる | | 88 |
| むしがきらふ | | きにくわない |
| むしがきらふ | | 59 |
| むしがね | | 36, 91 |
| むしがをさまる | | なおる |
| むしくゎうごう | | かこ |
| むしくゎうごふ | | かこ |
| むしくゎうごふ | | むげん |
| むしくゎうごふ | | 17 |
| むしこ | | むしかご |
| むしこ | | 36 |
| むしだしかみなり | | かみなり |
| むしつ | | しんじつ |
| むしつ | | つみ |
| むじつ | | しんじつ |
| むじつ | | つみ |
| むじな | | たぬき |
| むしのね | | 36 |
| むしぶすま | | なごやか |
| むしゃ | | ぐんじん |
| むしゃ | | ぶし |
| むしゃ | | むしかご |
| むしゅ | | 36 |
| むじょう | | 73, 80 |
| むじょうしょ | | はか |
| むじょうのかたき | | 73 |
| むじょうのさっき | | 73 |
| むしょ | | はか |
| むしろ | | ばしょ |
| むしろ | | しきもの |
| むしろ | | せき |
| むしをころす | | がまん |
| むしん[無心] | | かんがえ |
| むしん[無心] | | ねだる |
| むしん[無心] | | 81 |
| むじん[無心] | | かんがえ |
| むじん[無心] | | ねだる |
| むじん[無心] | | 81 |
| むじん[無尽] | | つきる |
| むしんしょちゃく | | へた |
| むしんしょちゃく | | 64 |
| むす[咽] | | かなしみ |
| むす[咽] | | せきこむ |
| むす[咽] | | むせる |
| むす[咽] | | むね |
| むす[噎] | | 66 |
| むす[生] | | うまれる |
| むす[生] | | しょうじる |
| むす[生] | | はえる |
| むす[生] | | めばえる |
| むず | | しよう |
| むず | | 99, 103, 105 |
| むずと | | ぐっと |
| むすびあぐ | | すくう |
| むすびき | | みつまた |
| むすびき | | 46 |
| むすぶ[掬] | | すくう |
| むすぶ[結] | | かたち |
| むすぶ[結] | | かたまる |
| むすぶ[結] | | かまえる |
| むすぶ[結] | | けっそくする |
| むすぶ[結] | | しょうじる |
| むすぶ[結] | | ちぎる |
| むすぶ[結] | | つなぐ |
| むすぶ[結] | | できる |
| むすぶ[結] | | ととのをくむ |
| むすぶ[結] | | まとまる |
| むすぶ[結] | | やくそく |
| むすぼほる | | かたまる |
| むすぼほる | | きおち |
| むすぼほる | | とける |
| むすぼほる | | はれる |
| むすぼほる | | ふさぐ |
| むすぼほる | | 59, 60 |
| むすぶる | | かたまる |
| むすぶる | | きおち |
| むすぶる | | とける |
| むすぶる | | はれる |
| むすぶる | | ふさぐ |
| むすぶる | | 59, 60 |
| むずむずと | | えんりょ |
| むずむずと | | ぐっと |
| むずむずと | | ぶれい |
| むずらむ | | 99, 103 |
| むせかへる | | むね |
| むせかへる | | かなしみ |
| むせかへる | | むせえる |
| むせかへる | | むせびなく |
| むせかへる | | 65, 66 |
| むせぶる | | むせびなく |
| むせぶ | | せきこむ |
| むせぶ | | むせる |
| むせぶ | | つかえる |
| むせぶ | | とどこおる |
| むせぶ | | 65, 66 |
| むそ | | ろくじゅう |
| むそく | | むこう |
| むそく | | むだ |
| むそち | | かんれき |
| むそち | | ろくじっさい |
| むそち | | ろくじゅう |
| むそち | | 89 |
| むた | | ともに |
| むたい | | ないがしろ |
| むたい | | むし |
| むたい | | むほう |
| むたい | | むり |
| むだう | | どうり |
| むだう | | ひどう |
| むだう | | むほう |
| むだく | | だく |
| むつかし | | おそろしい |
| むつかし | | きおち |
| むつかし | | きげん |
| むつかし | | ふかい |
| むつかし | | ふさぐ |
| むつかし | | むさくるしい |
| むつかし | | めんどう |
| むつかし | | ゆううつ |
| むつかし | | わずらわしい |
| むつかし | | うっとうしい |
| むつかし | | うるさい |
| むつかし | | 58, 59 |
| むつかしげ | | おそろしい |
| むつかしげ | | ふかい |
| むつかしげ | | わずらわしい |
| むつかる | | いやがる |
| むつかる | | ごねる |
| むつかる | | すねる |
| むつかる | | だだをこねる |
| むつかる | | ふかい |
| むつかる | | ふゆかい |
| むつかる | | ふんがい |
| むつかる | | もんく |
| むつき[睦月] | | いちがつ |
| むつき[睦月] | | 5 |
| むつき[襁褓] | | うぶき |
| むつき[襁褓] | | おしめ |
| むつき[襁褓] | | おむつ |
| むつき[襁褓] | | ふんどし |
| むつき[襁褓] | | 93 |
| むつごと | | かたりあう |
| むつごと | | 63 |
| むつのはな | | ゆき |
| むつび | | したしみ |
| むつぶ | | したしむ |
| むつぶ | | なかよくする |
| むつまし | | したしい |
| むつまし | | したわしい |
| むつまし | | しんみつ |
| むつまし | | なか |
| むつまし | | なつかしい |
| むつまし | | むつまじい |
| むつまじ | | したしい |
| むつまじ | | したわしい |
| むつまじ | | しんみつ |
| むつまじ | | なか |
| むつまじ | | なつかしい |
| むつまじ | | むつまじい |
| むつる | | したしみなつく |
| むつる | | したしむ |
| むつる | | なつく |
| むつる | | なれる |
| むて | | すで |
| むて | | てぶら |
| むて | | むのう |
| むて | | 47 |
| むとく | | げひん |
| むとく | | ひんい |
| むとく | | びんぼう |
| むとく | | みすぼらしい |
| むとく | | むげい |
| むとく | | むだ |
| むとくしん | | むじひ |
| むとす | | しよう |
| むとす | | 99, 103 |

| | | | | | |
|---|---|---|---|---|---|
| むなぎ | うなぎ | むねはしる | しんぱい | むめ | 44 |
| むなぎ | 37 | むねはしる | どきどき | むもる | いんき |
| むなぐるま | からぐるま | むねはしる | やきもきする | むもる | うずまる |
| むなこと | うそ | むねひしぐ | おどろく | むもる | おおう |
| むなざんよう | こころづもり | むねひしぐ | かなしみ | むもる | きおち |
| むなざんよう | みつもり | むねひしぐ | しんぱい | むもる | ひっこみじあん |
| むなし | から | むねひしぐ | どきどき | むもる | ふさぐ |
| むなし | むじょう | むねひしぐ | はらはらする | むもる | 59 |
| むなし | むだ | むねひしぐ | ふあん | むもれいたし | うちき |
| むなし | むなしい | むねひらく | すっきり | むもれいたし | ひかえめ |
| むなし | 74, 80 | むねひらく | はれる | むもれいたし | ゆううつ |
| むなしきそら | こくう | むねひらく | 58 | むもれいたし | 58 |
| むなしくなる | 72 | むねふたがる | かなしみ | むやう | ぶじ |
| むち | ちち | むねふたがる | むね | むやく | むだ |
| むなち | ちぶさ | むねむねし | おもだつ | むやくし | いまいましい |
| むなち | 47 | むねむねし | しっかり | むやくし | くやしい |
| むなづくし | むなぐら | むねむねし | たしか | むやくし | ざんねん |
| むなづくし | 48 | むねむねし | どうどう | むやくし | つまらない |
| むなづはらし | しんぱい | むねわけ | むね | むやくし | はら |
| むなづはらし | むね | むねわけ | 48 | むやくし | はらだたしい |
| むなで | すで | むねん | ざんねん | むやくし | むだ |
| むなで | てぶら | むねん | むしん | むゆか | 4 |
| むなで | なにもしないこと | むば | ばあさん | むよう | きんし |
| むなで | 47 | むば | 54 | むよう | むだ |
| むにむさん | いちず | むばたまの | ゆめ | むら | むらがる |
| むね[胸] | おもい | むばたまの | よい | むらい | ぶれい |
| むね[胸] | むね | むばたまの | やみ | むらぎえ | まだら |
| むね[胸] | 60, 88 | むばたまの | 15, 21 | むらぎえ | ゆき |
| むね[旨] | しゅい | むはふ | どうり | むらぎみ | そんちょう |
| むね[旨] | しゅし | むはふ | らんぎく | むらぎみ | あま |
| むね[宗] | ちゅうしん | むばら | いばら | むらぎみ | ぎょう |
| むねあく | 58 | むばら | とげ | むらぎみ | りょう |
| むねいたし | かなしい | むばら | 38, 44 | むらぎも | 60 |
| むねいたし | つらい | むひつ | がくもん | むらぎもの | 60 |
| むねけ | むね | むひつ | むがく | むらぎゆ | まだら |
| むねけ | 88 | むべ | いかにして | むらぎゆ | ゆき |
| むねこがる | くるしむ | むべ | どうりで | むらくも | くも |
| むねさく | くるしみ | むべ | なるほど | むらくも | くも |
| むねさわぐ | どうよう | むべ | もっともらしい | むらくもの | すぎ |
| むねさわぐ | むなさわぎ | むべむべし | | むらくもの | 45 |
| むねざんよう | こころづもり | | …かくしきばっている | むらさきぐさ | ふじ |
| むねざんよう | みつもり | むべむべし | もっともらしい | むらさきぐさ | 46 |
| むねつぶらはし | おどろく | むへん | かぎり | むらさきだつ | むらさき |
| むねつぶらはし | しんぱい | むへんせかい | こくう | むらさきの | におう |
| むねつぶる | おどろく | むへんせかい | そら | むらさきのくもぢ | あのよ |
| むねつぶる | かなしみ | むほん | はんらん | むらさきのくもぢ | |
| むねつぶる | かなしむ | むま[今] | いま | | …ごくらく・ごくらくじょうど |
| むねつぶる | しんぱい | むま[馬] | うま | むらさきのくもぢ | 72 |
| むねつぶる | どうき | むま[馬] | 33 | むらさめ | にわかあめ |
| むねつぶる | どきどき | むまき | まきげ | むらさめ | 10 |
| むねつぶる | はらはらする | むまご | まご | むらしぐれ | しぐれ |
| むねつぶる | ふあん | むまご | 57 | むらしぐれ | 9 |
| むねと | しゅとして | むまのはなむけ | せんべつ | むらたけ | たけ |
| むねと | だいいち | むまのはなむけ | はなむけ | むらだつ | むらがる |
| むねと | もっとも | むまや | うま | むらちどり | ちどり |
| むねと | もっぱら | むまや | うまごや | むらとり | むらがる |
| むねにあたる | おもいあたる | むまや | 91 | むらとり | 34 |
| むねはしりび | むなさわぎ | むめ | うめ | むらとりの | たつ |

| むらとりの ………… むれ | めいよ ………… めいせい | めぐはし ………… びみょう |
|---|---|---|
| むらむら ………… まだら | めいよ ………… ゆうめい | めくはす ………… あいず |
| むらむら ………… まだら | めいよ ………… 83, 84 | めくはす ………… めくばせ |
| むらめかす ………… むれ | めいろ ………… あのよ | めぐむ[恵] ………… あわれむ |
| むらやま ………… 28 | めいわく ………… こんわく | めぐむ[恵] ………… なさけ |
| むらをさ ………… そんちょう | めいわく ………… とほうにくれる | めぐむ[恵] ………… ほどこす |
| むりむたい ………… むりやり | めいわく ………… とまどい | めぐむ[芽・萌] ………… めばえる |
| むりょう ………… はかりしれない | めいわく ………… なんぎ | めぐらす ………… かこむ |
| むりょう ………… 79 | めう ………… きみょう | めぐらす ………… くふう |
| むる ………… あつまる | めう ………… すぐれる | めぐらす ………… くわだてる |
| むれだつ ………… むらがる | めう ………… ふしぎ | めぐらす ………… ふれまわす |
| むろ[室] ………… そう | めうおん ………… うつくしい | めぐらす ………… まわす |
| むろ[室] ………… どうくつ | めうおん ………… おんがく | めぐらす ………… おもいめぐらす |
| むろ[室] ………… へや | めうおん ………… 90 | めぐらふ ………… くらす |
| むろ[室] ………… 92 | めうと ………… つれそう | めぐらふ ………… ためらう |
| むろ[杜松] … ねず・ねずみさし | めうやく ………… くすり | めぐらふ ………… まじわる |
| むろ[杜松] ………… 45 | めおひ ………… めばえる | めくらべ ………… あそび |
| むろのき ……… ねず・ねずみさし | めおや ………… はは | めくらべ ………… にらみあい |
| むろのき ………… 45 | めおや ………… 56 | めくらべ ………… にらめっこ |
| | めかい ………… しりょく | めぐり ………… はなふだ |
| | めかし ………… 104, 113 | めぐり ………… あたり |
| | めがしこし ………… めざとい | めぐり ………… かきね |
| | めかす ………… 104, 113 | めぐり ………… かきね |
| **め** | めかど ………… がんりき | めぐり ………… かこい |
| | めかど ………… めじり | めぐり ………… しゅうい |
| め[妻] ………… 50, 51, 54 | めかど ………… めつき | めぐりみづ ………… 27 |
| め[奴] ………… 112, 113 | めかど ………… 48, 49 | めぐる ………… くらむ |
| め[牝] ………… めす | めがほ ………… しせん | めぐる ………… いきながらえる |
| め[目] ………… きょうぐう | めがほ ………… ひとめ | めぐる ………… じゅんかいする |
| め[目] ………… めつき | めがほ ………… めつき | めぐる ………… ながらえる |
| め[目] ………… すがた | めがほ ………… 49, 77 | めぐる ………… みまわる |
| め[目] ………… まなざし | めかも ………… 99, 104 | めぐる ………… あるきまわる |
| め[目] ………… 49 | めかり ………… わかめ | めぐる ………… けいかする |
| め[海布] ………… かいそう | めかる ………… あう | めぐる ………… こうさい |
| め[海布] ………… わかめ | めかる ………… 49, 50 | めぐる ………… すぎる |
| め[海布] ………… 38 | めかれず ………… みまもる | めぐる ………… とりかこむ |
| めあかし ………… かんてい | めかれせず ………… みつめる | めぐる ………… まじわる |
| めあけ ………… かんてい | めかれせず ………… みまもる | めぐる ………… もどる |
| めあはす ………… 84 | めきき ………… かんてい | めぐる ………… まわる |
| めあふ ………… 76 | めきたなし ………… みぐるしい | めぐる ………… 53, 68 |
| めい[命] ………… いのち | めぎみ ………… 54 | めくるめく ………… くらむ |
| めい[命] ………… うんめい | めきる ………… 67 | めくるめく ………… 49 |
| めい[命] ………… めいれい | めく ………… 104, 113 | めこ[妻子] ………… さいし |
| めい[命] ………… めぐりあわせ | めぐ ………… こわす | めこ[妻子] ………… 54 |
| めい[銘] ………… な | めぐ ………… こわれる | めこ[女子] ………… しょうじょ |
| めいあん ………… やみ | めくさりがね ………… かね | めこ[女子] ………… 50, 51 |
| めいげつ ………… まんげつ | めくさりがね ………… はしたがね | めざし ………… 51 |
| めいづ ………… 4, 5 | めぐし ………… あわれ | めざす ………… ねらう |
| めいず ………… きざみつける | めぐし ………… いたましい | めざす ………… めがける |
| めいど ………… あのよ | めぐし ………… かわいい | めざと ………… めざとい |
| めいぼく ………… ほまれ | めぐし ………… かわいそう | めざとし ………… めざとい |
| めいめん ………… たいめん | めぐし ………… きがかり | めざまし ………… あきれる |
| めいぼく ………… めいよ | めぐし ………… ふあん | めざまし ………… うつくしい |
| めいぼく ………… めんぼく | めくすし ………… いしゃ | めざまし ………… きにくわない |
| めいめいがき ………… よせがき | めくすし ………… めいしゃ | めざまし ………… しんがい |
| めいよ ………… きみょう | めくちかわき ………… せわ | めざまし ………… すばらしい |
| めいよ ………… ひょうばん | めぐはし ………… うつくしい | めざまし ………… めざわり |
| めいよ ………… ふしぎ | めぐはし ………… うるわしい | めざまし ………… 59, 82, 83 |
| めいよ ………… ほまれ | | めざましぐさ ………… おぎ |

| | | |
|---|---|---|
| めざましぐさ ……… ちゃ | めだれがほ ……… ひきょう | めでくつがへる ……… 62 |
| めざましぐさ ……… まつ | めぢ ……………… しや | めでたし ……… めでたい |
| めざましぐさ ……… タバコ | めちかし ……… まちがい | めでたし ……… うつくしい |
| めざましぐさ ……… 40 | めちかし ……… まもなく | めでたし ……… うるわしい |
| めざめぐさ ……………… 60 | めちかし ……… みなれる | めでたし ……… かわいい |
| めさる …………………… きる | めちかし ……………… 16 | めでたし ……… すぐれる |
| めさる ……………… たべる | めづ ……… かわいがる | めでたし ……… すばらしい |
| めさる ……… めしあがる | めづ ……………… かんしん | めでたし ……………… 82 |
| めさる …………………… | めづ ……………… このむ | めでののしる ……… ほめきわぐ |
| めしあがりもの ……… しょくじ | めづ ……… しょうびする | めでののしる ……… ほめる |
| めしあがりもの ……… 96 | めづ ………………… ほめる | めでまどふ ……… かんしん |
| めしあぐ …………… よぶ | めづ …………… 59, 62 | めでゆする ……… ほめる |
| めしあつむ ……… よびあつめる | めづかひ ……… めくばせ | めでる ……………… 62 |
| めしいだす ……… とりよせる | めづかひ ……… めくばり | めどぎ …… のこぎりそう |
| めしいだす ……… よびだす | めっきゃく ……… ほろぼす | めどぎ …………………… 41 |
| めしいづ ……………… よぶ | めっきゃく ……………… 72 | めどぐさ …… のこぎりそう |
| めしいづ ……… とりよせる | めつく ……… みまもる | めどぐさ ……………… 41 |
| めしいづ ……… よびだす | めつご ……………… しご | めとどむ ……… ちゅうもく |
| めしいづ ……………… よぶ | めつご ………………… 73 | めとどむ ……… みまもる |
| めしいる ……… よびいれる | めづこ ……………… 51 | めとどむ ……………… 77 |
| めしうど ……… しゅうじん | めっさう ……… とんでもない | めどはぎ …… のこぎりそう |
| めしぐす ……… つれる | めっさう ……… はなはだしい | めどはぎ ……………… 41 |
| めしつぎ ……… とりつぎ | めっさう ……… ほうがい | めどほり ……… 49, 50 |
| めしつどふ ……… しょうしゅう | めっす ……… つぶす | めとまる ……… めだつ |
| めしつどふ ……… よびあつめる | めっす ……… つぶれる | めとまる ……………… 49 |
| めしとる ……… とらえる | めっす ……… ほろぼす | めとむ ……… ちゅうしする |
| めしはなつ ……… よびあつめる | めっす ……………… 72 | めとる ……… 54, 84 |
| めしはなつ ……… よびよせる | めった ……… いいかげん | めなご ……… しょうじょ |
| めしひ ……………… 49 | めった ……… ひどく | めなご ……… むすめ |
| めしもの ……… 93, 95 | めった ……… ふんべつ | めなご ……… 50, 51 |
| めしよす ……… とりよせる | めった(と) ……… むやみ | めならぶ ……… くらべる |
| めしよす ……… よびあつめる | めった(に) ……… むやみ | めならぶ ……… たしかめる |
| めしよす ……… よびよせる | めったと ……… ひどく | めならぶ ……… みくらべる |
| めしろ ……… こうけん | めったに ……… ひどく | めならぶ ……………… 78 |
| めしろ ……… だいり | めっぽふ ……… ひどく | めなる ……… なれる |
| めす[見] ……………… 77 | めっぽふ ……… むやみ | めなる ……… みなれる |
| めす[召] ……………… きる | めっぽふ ……………… 73 | めにあまる ……… ひどい |
| めす[召] ……… たべる | めづま ……… しせん | めにあまる ……………… 79 |
| めす[召] ……… とりよせる | めづま ……… ひとめ | めにかく ……… みせる |
| めす[召] ………… のむ | めづま ……… 49, 77 | めにかく ……… 49, 78 |
| めす[召] ………… のる | めづらか …… おもいがけない | めにかどたつ ……… ちゅうもく |
| めす[召] …………… まねく | めづらか ……………… まれ | めにかどたつ ……… にらむ |
| めす[召] ……… めしあがる | めづらか ……… めあたらしい | めにちかし ……… みなれる |
| めす[召] ……… よびよせる | めづらか ……… めずらしい | めのうちつけ ……………… 78 |
| めす[召] …………… よぶ | めづらか ……… めったにない | めのこ ……… しょうじょ |
| めだか ……… がんりき | めづらし ……… かわいい | めのこ ……… むすめ |
| めだか ……… めきき | めづらし ……… すぐれる | めのこ ……… 50, 51 |
| めだし ……… かわいい | めづらし ……… すばらしい | めのこご ……… むすめ |
| めだし ……… ほめたえる | めづらし ……… せいしん | めのこご ……… ようじょ |
| めだし ……… めずらしい | めづらし ……… ちんちょう | めのと ……………… うば |
| めだし ……………… 62 | めづらし ……………… まれ | めのと ……………… 55 |
| めたたく ……… まばたき | めづらし ……… めあたらしい | めのわらは ……… しょうじょ |
| めたたく ……………… 49 | めづらし ……… めずらしい | めのわらは ……… じょし |
| めだたし ……… いちじるしい | めづらし ……… めったにない | めのわらは ……… むすめ |
| めだたし ……… めだつ | めづらし ……………… 82 | めのわらは ……… ようじょ |
| めだたし ……… いちじるしい | めて ……………… みぎ | めのわらは ……… 50, 51 |
| めだち ……… めばえる | めて ……………… 48 | めのわらはご ……… じょし |
| めたと ……………… むやみ | めであひづき ……… しちがつ | めのをんな ……………… 54 |
| めだりがほ ……… ひきょう | めであひづき ……………… 6 | めはじき ……… まばたき |

239

|  |  |
|---|---|
| めはじき | めくばせ |
| めはじき | 49 |
| めはそら | うわのそら |
| めはづかし | はずかしい |
| めはなす | わきみ |
| めばる | めばえる |
| めぶく | めばえる |
| めまうけ | めとる |
| めまうけ | よめとり |
| めまうけ | 54, 84, 85 |
| めまじろき | めくばせ |
| めまじろぎ | めくばせ |
| めまぜ | まばたき |
| めまぜ | めくばせ |
| めまぜ | 49 |
| めみたつ | ちゅうもく |
| めみたつ | 50 |
| めめし | かよわい |
| めめし | にゅうじゃく |
| めめし | めめしいさま |
| めめし | よわよわしい |
| めもあや | きらめく |
| めもあや | まぶしい |
| めもあや | はなやか |
| めもあや | 82 |
| めもおよばず | 82 |
| めもくる | 49 |
| めもじ | あう |
| めもはるに | えんぽう |
| めもはるに | はるか |
| めや | 99, 104 |
| めやすし | かんじ |
| めやすし | ぶなん |
| めやすし | みぐるしい |
| めら | 48, 49 |
| めらう | しょうじょ |
| めらう | 50 |
| めらは | しょうじょ |
| めらは | 50 |
| めり | 103, 104 |
| めり[罵言] | わるくち |
| めり[罵言] | ののしる |
| める | ひくい |
| める | へる |
| める | おとろえる |
| める | きおち |
| める | すくない |
| める | ふさぐ |
| める | 59 |
| めれん | めいてい |
| めれん | 95 |
| めろめろ | めそめそ |
| めろめろ(と) | めめしいさま |
| めろめろ(と) | 66 |
| めを | ふうふ |
| めを | 85 |
| めをいれる | ひいき |
| めをいれる | 50 |
| めをおどろかす | 50 |
| めをきはむ | 77 |
| めをくはす | あいず |
| めをくはす | めくばせ |
| めをすます | みつめる |
| めをすます | みまもる |
| めをそばむ | つめたい |
| めをそばむ | よこめ |
| めをそばむ | れいたん |
| めをそばむ | 50, 78 |
| めをたつ | ちゅうもく |
| めをたつ | みまもる |
| めをたつ | 78 |
| めをつく | みまもる |
| めをと | つれそう |
| めをと | ふうふ |
| めをと | 85 |
| めをとこ | ふうふ |
| めをとこ | 85 |
| めをとぼし | けんぎゅうせい |
| めをとぼし | たなばた |
| めをとぼし | 8 |
| めをながくする | 77 |
| めをぬく | ごまかす |
| めをぬく | だます |
| めをひく | あいず |
| めをひく | めくばせ |
| めをほる | あん |
| めをみす | けいけん |
| めをみる | けいけん |
| めをもらふ | しかる |
| めんかう | まっこう |
| めんす | うどん |
| めんす | そうめん・うどんなど |
| めんず | ゆるす |
| めんつ | うつわ |
| めんつう | うつわ |
| めんてい | おもざし |
| めんぼく | たいめん |
| めんぼく | めいよ |
| めんぼく | めんぼく |
| めんめん | それぞれ |
| めんめん | みな |
| めんめん | めいめい |
| めんもく | 109 |
| めんもく | たいめん |
| めんもく | めいよ |
| めんもく | めんぼく |

## も

|  |  |
|---|---|
| も | のに |
| も | 101 |
| も[喪] | わざわい |
| も[面] | おもて |
| も[面] | かおつき |
| もう | はちじっさい |
| もう | 89 |
| もうしぶん | いいぶん |
| もうのぼる | うかがう |
| もうまい | おろか |
| もうもう | うすぐらい |
| もうもう | ぼんやり |
| もうもうたり | くらい |
| もうろう | おぼろげ |
| もうろく | 52, 53 |
| もえいづ | きざす |
| もえいづ | しょうじる |
| もえいづ | めばえる |
| もえぎ[萌黄] | あお・あおいろ |
| もえぎ[萌黄] | 14, 15 |
| もえぎ[萌木] | わかば |
| もえぎ[萌木] | 44 |
| もえくひ | たきぎ |
| もえくひ | もえがら |
| もえこがる | くるしむ |
| もえこがる | こいこがれる |
| もえこがる | やけこげる |
| もえこがる | 62 |
| もえたつ | めばえる |
| もえの | 26 |
| もえわたる | くるしむ |
| もえわたる | もえさかる |
| もえわたる | もえる |
| もえわたる | めばえる |
| もが | 100, 101, 102 |
| もがさ | てんねんとう |
| もがさ | できもの |
| もがさ | ほうそう |
| もがさ | 88 |
| もがな | 100, 101, 102 |
| もがな | 100, 102 |
| もがもな | 100, 102 |
| もがり[虎落] | かきね |
| もがり[虎落] | たかり |
| もがり[虎落] | ゆすり |
| もがり[殯宮] | まいそう |
| もがり(のみや) | はか |
| もがりのみや | まいそう |
| もぎ | おとな |
| もぎき | えだ |
| もぎき | かれる |
| もぎき | 43 |
| もぎだう | ざんこく |
| もぎだう | ふにんじょう |
| もぎだう | むごい |
| もぎだう | れいたん |
| もぎぬ | もふく |
| もぎぬ | 94 |
| もく | だいく |
| もくけい | あう |
| もくのかみ | だいく |
| もくまんぢゅう | むべ |
| もくまんぢゅう | 46 |
| もくり | もくめ |
| もこ | あいて |
| もこ | とも |

| | | |
|---|---|---|
| もこ …………… なかま | もぢかは ………… もじもじ | もっけ …………… いへん |
| もこ …………… むこ | もちがぬ ………… 96 | もっけ …………… ふきつ |
| もこそ ………… かもしれない | もちぐさ ………… よもぎ | もっさう ………… うつわ |
| もこそ ………… たいへん | もちぐさ ………… 42 | もったい ………… もったいぶる |
| もこよふ ……… のたくる | もくくだち ……… 4 | もったい ………… ものものしい |
| もこよふ ……… はう | もくくつす ……… ざいさん | もったいなし …… おしい |
| もごよふ ……… のたくる | もくくつす ……… だらくする | もったいなし …… おそれおおい |
| もごよふ ……… はう | もこくす ………… もちはこぶ | もったいなし …… ふつごう |
| もさく ………… てさぐり | もぢすり ………… 41 | もったいなし …… ふとどき |
| もし …………… しげる | もちづき ………… まんげつ | もったう ………… ほろぼす |
| もじ …………… がくもん | もちづき ………… 5 | もったう ………… ぼっしゅう |
| もじ …………… ことば | もちづきの ……… うま | もって …………… …によって |
| もじ …………… ちしき | もちづきの ……… たりる | もって …………… から |
| もじ …………… ぶんしょう | もちづきの ……… めずらしい | もってのほか … おもいがけない |
| もしは ………… あるいは | もちづきの ……… 33 | もってのほか … ごんごどうだん |
| もしは ………… もしくは | もちて …………… によって | もってのほか … とんでもない |
| もしほぐさ ……… かく | もちて …………… から | もっとも ………… あたりまえ |
| もしほぐさ ……… かいそう | もちどりの ……… はなれがたい | もっとも ………… いかにも |
| もしほぐさ ……… 38 | もちのかたち … にたりよったり | もっとも ………… だいいち |
| もしや ………… あるいは | もちのかたち …… にる | もっとも ………… とうぜん |
| もしや ………… ひょっと | もちのかたち …… みかけ | もっとも ………… なるほど |
| もぞ …………… かもしれない | もちのひ ………… 4 | もっとも ………… ほんとうに |
| もぞ …………… たいへん | もちひ …………… もち | もっとも ………… まこと |
| もぞする ……… こまる | もちひ …………… 97 | もっとも ………… ぜんぜん |
| もぞする ……… たいへん | もちひかがみ …… かがみもち | もっとも ………… たいそう |
| もぞっと ……… すこし | もちひかがみ …… 96 | もっとも ………… とりわけ |
| もぞっと ……… もうすこし | もちふ …………… さいようする | もっともやく …… はやく |
| もそろ ………… にごりざけ | もちふ …………… しんらい | もつる …………… もつれる |
| もそろ ………… 95 | もちふ …………… そんちょう | もて[以] ………… によって |
| もそろもそろに … しずしず(と) | もちふ …………… つかう | もて[以] ………… から |
| もそろもそろに …… そろそろ | もちふ …………… とうとぶ | もて[持] ………… もつ |
| もそろもそろに …… ゆっくり | もちふ …………… とりいれる | もて[面] ………… おもて |
| もだ …………… だまる | もちふ …………… もちいる | もてあがむ ……… そんちょう |
| もだ …………… ちんもく | もちふ …………… やくだてる | もてあがむ ……… ちょうあい |
| もだ …………… なにもしないこと | もちゆ …………… さいようする | もてあがむ ……… とうとぶ |
| もだ …………… むごん | もちゆ …………… しんらい | もてあがむ ……… 64 |
| もたぐ ………… あげる | もちゆ …………… そんちょう | もてあぐ ………… あげる |
| もたぐ ………… もちあげる | もちゆ …………… つかう | もてあぐ ………… もちあげる |
| もたす ………… だまる | もちゆ …………… とうとぶ | もてあそび ……… あそび |
| もたす ………… みすごす | もちゆ …………… とりいれる | もてあそび ……… なぐさめる |
| もたせ ………… おくりもの | もちゆ …………… もちいる | もてあそび ……… おもちゃ |
| もたせ ………… てみやげ | もちゆ …………… やくだてる | もてあそびぐさ …… あそび |
| もたせ ………… みやげ | もちる …………… ねじる | もてあそびぐさ …… おもちゃ |
| もたせぶり …… おもわせぶり | もちる …………… よじる | もてあそびもの …… あそび |
| もたひ ………… うつわ | もちゐる ………… さいようする | もてあそぶ ……… あそび |
| もだゆ ………… くるしむ | もちゐる ………… しんらい | もてあそぶ ……… なぐさみ |
| もだゆ ………… なやむ | もちゐる ………… そんちょう | もてあそぶ ……… かわいがる |
| もだゆ ………… もがきくるしむ | もちゐる ………… つかう | もてあそぶ ……… たいせつ |
| もだゆ ………… もだえる | もちゐる ………… とうとぶ | もてあつかひぐさ …… わだい |
| もだゆ ………… わずらいくるしむ | もちゐる ………… とりいれる | もてあつかひぐさ …… 83 |
| もち …………… まんげつ | もちゐる ………… もちいる | もてあつかふ …… こまる |
| もち …………… 4,5 | もちゐる ………… やくだてる | もてあつかふ …… せわ |
| もちあそび ……… あそび | もちゑふ ………… もてあます | もてあつかふ …… とりあつかう |
| もちあそび ……… なぐさめる | もつ …………… いじ | もてあつかふ …… もてあます |
| もちあそび ……… おもちゃ | もつ …………… たもつ | もていく ………… しつづける |
| もちあつかふ …… もてあます | もっきゃく ……… そん | もていく ………… もつ |
| もちいひ ………… ためらう | もっきゃく ……… なくす | もていづ ………… おもて |
| もぢかは ………… ためらう | もっけ …………… よそう | もていづ ………… もちだす |
| もぢかは ………… はずかしい | もっけ …………… いがい | もてかくす ……… かくす |

| | | | | | | |
|---|---|---|---|---|---|---|
| もてかしづく | そだてる | もてゆく | しだいに | もとほる | あるきまわる |
| もてかしづく | たいせつ | もてゆく | しつづける | もとほる | さまよう |
| もてかへす | こんさつ | もてわたる | じさんする | もとほる | はいかいする |
| もてかやす | こんさつ | もてわたる | もつ | もとほる | ほうろう |
| もてきょうず | おもしろがる | もてわづらふ | こまる | もとほる | まわる |
| もてさわぐ | もてはやす | もてわづらふ | しょち | もとほる | めぐる |
| もてしづむ | ひかえめ | もてわづらふ | もてあます | もとほる | 68 |
| もてしづむ | 70 | もと | さきに | もとほふ | あるきまわる |
| もてそこなふ | しくじる | もと | ね | もとほふ | はいかいする |
| もてつく | そなえる | もと | はじまり | もとほふ | まわる |
| もてつく | とりつくろう | もと | そば | もとほふ | めぐる |
| もてつく | よそおう | もと | いぜん | もとほふ | 68 |
| もてつく | 48 | もと | よりどころ | もとむ | かう |
| もてなし | とりあつかい | もと | いとけない | もとむ | さがす |
| もてなし | とりはからい | もと | あたり | もとむ | さそう |
| もてなし | ふるまい | もと | いぜん | もとむ | のぞむ |
| もてなし | ごちそう | もと | むかし | もとむ | まねく |
| もてなし | しょち | もと | げんいん | もとむ | もとめる |
| もてなし | たいぐう | もと | きほん | もとむ | ようきゅうする |
| もてなし | たいど | もと | こんぽん | もとめあふ | さがす |
| もてなし | ようす | もと | 111 | もとめいづ | みつける |
| もてなし | 96 | もとあら | 43 | もとめいづ | さがす |
| もてなす | いいたてる | もどかし | じれったい | もとめう | みつける |
| もてなす | しょち | もどかし | ひなん | もとも | もっとも |
| もてなす | せわ | もどかし | 59 | もとも | なるほど |
| もてなす | とりあつかう | もとき | みき | もとも | もっとも |
| もてなす | とりおこなう | もとき | 44 | もとより | まえ |
| もてなす | とりなす | もどきいふ | ひなん | もとより | いぜん |
| もてなす | ふり | もどきいふ | わるくち | もとより | はじめ |
| もてなす | ふるまう | もどく | あらそう | もとより | ふるい |
| もてなす | みせかける | もどく | さからう | もとより | もともと |
| もてなす | むかえる | もどく | にせる | もどろかす | まどわす |
| もてなす | いとなむ | もどく | にる | もどろかす | まだら |
| もてなす | ごちそう | もどく | ひなん | もどろく | いれずみ |
| もてなす | たいせつ | もどく | まねる | もどろく | まぎれみだれる |
| もてなす | ちんちょう | もとくだつ | 53 | もどろく | みだれる |
| もてなす | もてはやす | もとこ | てもと | もどろく | まだら |
| もてなやみぐさ | なやみ | もとこ | そば | もなか | ちゅうおう |
| もてなやむ | こまる | もとつくに | こきょう | もなか | まっさかり |
| もてなやむ | しょち | もとつくに | ほんごく | もなか | まんなか |
| もてなやむ | もてあます | もとつひと | とも | もなかづき | まんげつ |
| もてならす | つかいならす | もとつひと | なかま | もなかづき | 5 |
| もてはなる | あいて | もとつひと | | もぬく | だっぴ |
| もてはなる | とおざける | | むかしなじみ(のひと) | もぬけ | しがい |
| もてはなる | とりあう | もとな | こんきょ | もぬけ | だっぴ |
| もてはなる | はなれる | もとな | しきり | もぬけ | 73 |
| もてはやす | こうぐうする | もとな | みだら | もの | いきもの |
| もてはやす | ひきたつ | もとな | むやみ | もの | なんとなく |
| もてはやす | ほめそやす | もとな | りゆう | もの | ばけもの |
| もてはやす | むかえる | もとな | わけ | もの | 112 |
| もてはやす | もてなす | もとな | わけもなく | ものあつかひ | せわ |
| もてはやす | かんたいする | もとぶね | おおぶね | ものあつかひ | とりあつかい |
| もてはやす | うつくしい | もとぶね | 97 | ものあはれ | 81 |
| もてはやす | ほめる | もとへ | もと | ものあひ | きょり |
| もてまゐる | あたえる | もとへ | した | ものあひ | すきま |
| もてまゐる | さしあげる | もとへ | ふもと | ものあらがひ | いいあらそい |
| もてまゐる | じさんする | もとへ | 28 | ものあらがひ | こうろん |
| もてまゐる | もつ | もとほす | めぐらす | ものあらがひ | あらそい |
| もてやすらふ | やすむ | | | ものあらがひ | あらそい |

もてかしづく――ものあらがひ

| | | | |
|---|---|---|---|
| ものあらがひ | さからう | ものかず | 79 | ものさは | 79 |
| ものあんじ | しあん | ものがたり | だんわ | ものさび | さびしい |
| ものあんじ | しんぱい | ものがな | 101 | ものさびしらに | さびしい |
| ものいひ | いいあらそい | ものがなし | うらがなし | ものさぶ | さびしい |
| ものいひ | いいかた | ものがなし | かなしい | ものさぶ | じょうひん |
| ものいひ | くちたっしゃ | ものかは | とるにたりない | ものさぶ | おとろえる |
| ものいひ | くちょう | ものかは | もののかず | ものさぶ | 81 |
| ものいひ | こうろん | ものかは | 99, 100, 101, 105 | ものさわがし | あわただしい |
| ものいひ | ことばづかい | ものかも | 99, 105 | ものさわがし | うるさい |
| ものいひ | とりざた | ものから | けれども | ものさわがし | おだやか |
| ものいひ | ろんきゃく | ものから | ものの | ものさわがし | ごたごた |
| ものいひ | 83, 84 | ものがら | ていさい | ものさわがし | せっかち |
| ものいひどり | おうむ | ものがら | ひんしつ | ものさわがし | やかましい |
| ものいふ | しゃれ | ものきこゆ | もうしあげる | ものさわがし | 58 |
| ものいふとり | おうむ | ものきたなし | いやしげ | ものし | あやしい |
| ものうがる | いやがる | ものきたなし | きたない | ものし | いや |
| ものうがる | おっくう | ものきよげ | きよらか | ものし | おそろしい |
| ものうげ | おっくう | ものきよし | すがすがしい | ものし | ふかい |
| ものうげ | きのりしない | ものぐさ | さいりょう | ものし | めざわり |
| ものうげ | はればれ | ものくさし | あやしい | ものし | じゅくれん |
| ものうげ | ゆううつ | ものくさし | うさんくさい | ものし | やりて |
| ものうけたまはる | よびかけ | ものくさし | おっくう | ものしげ | きにくわない |
| ものうけたまはる | もしもし | ものくさし | たいぎ | ものしげ | ふかい |
| ものうし | いや | ものくさし | めんどう | ものしげ | ふきげん |
| ものうし | おっくう | ものくさし | 58 | ものしげ | 59 |
| ものうし | きのりしない | ものぐさし | あやしい | ものす | ある |
| ものうし | つらい | ものぐさし | うさんくさい | ものす | うまれる |
| ものうし | めんどうくさい | ものぐさし | おっくう | ものす | おる |
| ものうし | ゆううつ | ものぐさし | たいぎ | ものす | かく |
| ものうし | 58 | ものぐさし | めんどう | ものす | くる |
| ものうじ | あきる | ものぐさし | 58 | ものす | する |
| ものうじ | 57 | ものぐらし | うすぐらい | ものす | たべる |
| ものうたがひ | しっと | ものぐらし | くらい | ものす | ゆく |
| ものうとし | したしみにくい | ものぐるはし | いじょう | ものずきしゃ | こうずか |
| ものうらみ | しっと | ものぐるはし | | ものずきしゃ | 82 |
| ものうらみ | ふへい | | きちがいじみている | ものすさまじ | こうりょう |
| ものうらやみ | しっと | ものぐるはし | きょうき | ものすさまじ | 81 |
| ものうらやみ | ねたみ | ものぐるはし | 58 | ものぞ | ちがいない |
| ものうららか | のどか | ものぐるひ | きょうき | ものぞ | 99 |
| ものうん | あきる | ものぐるひ | らんしん | ものぞかし | ちがいない |
| ものうんじ | 57 | ものぐるひ | 58 | ものぞこなひ | 81 |
| ものおそろし | おそろしい | ものぐるほし | いじょう | ものたち | さいほう |
| ものおち | おそれる | ものぐるほし | | ものだね | こんげん |
| ものおち | おびえること | | きちがいじみている | ものちかし | まちかい |
| ものおぼゆ | しょうき | ものぐるほし | きょうき | ものつつまし | えんりょ |
| ものおぼゆ | ものごころつく | ものぐるほし | 58 | ものつつまし | きがねする |
| ものおぼゆ | わきまえしる | ものけたまはる | よびかけ | ものつつまし | 59 |
| ものおもはし | しんぱい | ものけたまはる | もしもし | ものづつみ | えんりょ |
| ものおもひ | しんぱい | ものげなし | みすぼらしい | ものとがめ | とがめる |
| ものおもひ | なやみ | ものげなし | めだつ | ものとふ | うらなう |
| ものおもひ | なやむ | ものげなし | たいした | ものとほし | うとい |
| ものおもふ | おもい | ものこころぼそし | ふあん | ものとほし | そえん |
| ものおもふ | なやむ | ものごし | たいど | ものとほし | とおい |
| ものか | 99, 100, 101 | ものごのみ | ものずき | ものとほし | はなれる |
| ものかき | しょき | ものごはし | かたくな | ものとほし | れいたん |
| ものかき | だいひつ | ものごはし | かたくるしい | ものどほし | うとい |
| ものがくし | つつみかくす | ものごり | こりる | ものどほし | そえん |
| ものがくし | ひみつ | ものさだめ | しなさだめ | ものどほし | とおい |
| ものかず | くちかず | ものざね | こんげん | ものどほし | はなれる |

ものあらがひ────ものどほし

243

| | | |
|---|---|---|
| ものどほし | ………… | **れいたん** |
| ものども | …………… | **おまえ** |
| ものども | …………… | 106 |
| ものとり | …………… | **どろぼう** |
| ものとり | …………… | **わるもの** |
| ものなげかし | ……… | **なげかわしい** |
| ものならはし | ……… | **がくもん** |
| ものならふ | …………… | **がくもん** |
| ものなる | …………… | **しゅうじゅく** |
| ものなる | …………… | **じゅくれん** |
| ものなる | …………… | **なれしたしむ** |
| ものなる | …………… | **なれる** |
| ものにあたる | … | **あわてふためく** |
| ものにあたる | …… | **とまどう** |
| ものにおそはる | …… | **うなされる** |
| ものにつく | ………… | **のりうつる** |
| ものにつく | ………… | **とりつく** |
| ものにつく | ………… | **ばけもの** |
| ものににず | ………… | **くらべる** |
| ものににず | ………… | **なみなみ** |
| ものにもあらず | … | **もののかず** |
| ものにもあらず | | |
| | …… | **とるにたりない** |
| ものにもあらず | …… | **もんだい** |
| ものねたみ | …………… | **しっと** |
| ものねんじ | …………… | **がまん** |
| ものねんじ | …………… | **たえしのぶ** |
| ものの | …………… | **けれども** |
| もののあはれ | ……… | **おもむき** |
| もののあはれ | ……… | 81 |
| もののきこえ | ……… | 83, 84 |
| もののぐ | …………… | **どうぐ** |
| もののぐ | …………… | **ぶき** |
| もののくま | ………… | **ものかげ** |
| もののけ | …………… | **ばけもの** |
| もののこころ | ……… | **いみ** |
| もののこころ | ……… | **おもむき** |
| もののこころ | ……… | **どうり** |
| もののこころ | ……… | 81 |
| もののさとし | ……… | **おつげ** |
| もののじょうず | …… | **めいじん** |
| もののね | …………… | **おんがく** |
| もののふ | …………… | **ぐんじん** |
| もののふ | …………… | **ぶし** |
| もののふの | ………… | **おとこ** |
| もののほん | ………… | **しょもつ** |
| ものの を | …………… | **おり** |
| ものはかなし | ……… | **たよりない** |
| ものはかなし | ……… | 80 |
| ものはかばかし | …… | **あきらか** |
| ものはかばかし | …… | **てきばき** |
| ものはじめ | ………… | **てはじめ** |
| ものはち | …………… | **はずかしがる** |
| ものはち | …………… | **ひっこみじあん** |
| ものはづかし | ……… | **はずかしい** |
| ものはゆげ | ………… | **はずかしい** |
| ものはゆげ | ………… | **まばゆい** |
| ものはゆげ | ………… | **まぶしい** |
| ものふかし | …………… | **えん** |
| ものふかし | ………… | **おくふかい** |
| ものふかし | ………… | **おくゆかしい** |
| ものふかし | ………… | **しりょ** |
| ものふかし | ………… | **じょうひん** |
| ものふる | …………… | **ふるい** |
| ものふる | …………… | **ふるびる** |
| ものふる | …………… | 82 |
| ものまう | …………… | **あんない** |
| ものまう | …………… | **もしもし** |
| ものまうす | ………… | **おっしゃる** |
| ものまうす | ………… | **あんない** |
| ものまうす | ………… | **もうしあげる** |
| ものまうす | ………… | **もしもし** |
| ものまうで | ………… | **さんけい** |
| ものまなび | ………… | **がくもん** |
| ものまねび | ………… | **ひとまね** |
| ものまねび | ………… | **まね** |
| ものまねび | ………… | **まねごと** |
| ものまねび | ………… | **まねる** |
| ものまめやか | ……… | **けんじつ** |
| ものまめやか | ……… | **じっちょく** |
| ものまめやか | ……… | **せいじつ** |
| ものまゐる | ………… | **たべる** |
| ものまゐる | ………… | **めしあがる** |
| ものまをす | ………… | **あんない** |
| ものまをす | ………… | **もうしあげる** |
| ものまをす | ………… | **もしもし** |
| ものみ | …………… | **けんぶつ** |
| ものみ | …………… | **ばんにん** |
| ものみ | …………… | 83 |
| ものみる | …………… | **けんぶつ** |
| ものむつかし | ……… | **いや** |
| ものむつかし | ……… | **うっとうしい** |
| ものむつかし | ……… | **うるさい** |
| ものむつかし | ……… | **おそろしい** |
| ものむつかし | ……… | 58 |
| ものむつかり | ……… | **きげん** |
| ものむつかり | ……… | **ふきげん** |
| ものむつかり | ……… | **りっぷく** |
| ものめかし | ………… | **ものものしい** |
| ものめかし | ………… | 82 |
| ものめかす | ………… | **あつかう** |
| ものめかす | ………… | **おもんじる** |
| ものめかす | ………… | **たいせつ** |
| ものもおぼえず | …… | **きぜつ** |
| ものもおぼえず | … | **むがむちゅう** |
| ものもどき | ………… | **ぐち** |
| ものもどき | ………… | **さからう** |
| ものものし | ………… | **いかめしい** |
| ものものし | ………… | **おおげさ** |
| ものものし | ………… | **おもおもしい** |
| ものものし | ………… | **ものものしい** |
| ものものし | ………… | 82 |
| ものもひ | …………… | **なやみ** |
| ものもひ | …………… | **ものおもい** |
| ものもふ | …………… | **なやむ** |
| ものもふ | …………… | **ものおもい** |
| ものやまひ | ………… | 87 |
| ものやみ | …………… | 87 |
| ものゆかし | …… | **こころひかれる** |
| ものゆかし | ………… | **したわしい** |
| ものゆゑ | …………… | **けれども** |
| ものゆゑ | …………… | **ので** |
| ものゆゑ | …………… | **のに** |
| ものよみ | …………… | **どくしょ** |
| ものわびし | ………… | **うらさびしい** |
| ものわびし | ………… | **こころぼそい** |
| ものわらひ | ………… | **ちょうしょう** |
| ものわらひ | ………… | 67 |
| ものゑんじ | …………… | **しっと** |
| ものを | …………… | **けれども** |
| ものを | …………… | **ので** |
| ものを | …………… | **のに** |
| ものを | …………… | 101 |
| もは | …………… | **かいそう** |
| もはら | …………… | **ぜんぜん** |
| もはら | …………… | **まったく** |
| もはら(に) | ………… | **ひたすら** |
| もはら(に) | ………… | **もっぱら** |
| もはらに | ……… | **てっていてきに** |
| もはらに | ………… | **ぜんぜん** |
| もひ[水] | ………… | **のみみず** |
| もひ[水] | ………… | 26, 27 |
| もひ[盌] | ………… | **うつわ** |
| もふ | …………… | **おもう** |
| もみたつ | ………… | **せきたてる** |
| もみち | …………… | **かえで** |
| もみち | …………… | **せきもん** |
| もみち | …………… | **は** |
| もみち | …………… | 44 |
| もみちがり | ………… | **こうよう** |
| もみちづき | ………… | **くがつ** |
| もみちづき | ………… | 7 |
| もみちにしか | ……… | **とりあわせ** |
| もみちばの | ………… | **すぎる** |
| もみちばの | ………… | **うつる** |
| もみちばの | ……… | **あか・あかいろ** |
| もみちばの | ………… | 14 |
| もみづ | …………… | **いろづく** |
| もみづ | …………… | **こうよう** |
| もみづ | …………… | 15 |
| もみない | …………… | **まずい** |
| もむ | …………… | **いそがせる** |
| もむ | …………… | **おしあう** |
| もむ | …………… | **おしつける** |
| もむ | …………… | **きたえる** |
| もむ | …………… | **きょういく** |
| もむ | …………… | **しどうする** |
| もめる | …………… | **ひよう** |
| もめる | …………… | **ふたん** |
| もも | …………… | **ひゃく** |
| もも | …………… | 79, 112 |
| ももえ | …………… | **えだ** |
| ももえ | …………… | 44 |
| ももえさす | ………… | 43 |
| ももか | …………… | **うまれる** |
| ももか | ………… | **ひゃくにち** |

| | | | | | |
|---|---|---|---|---|---|
| ももか | 52 | もよほし | はからい | もろこしぶね | がいこく |
| ももくさ | いろいろ | もよほしがほ | うながす | もろこしぶね | 97 |
| ももくま | まがりかど | もよほしがほ | さそう | もろごひ | こいしあう |
| ももこゑどり | ほととぎす | もよほす | あつめる | もろごひ | 62, 63 |
| ももこゑどり | 35 | もよほす | うながす | もろご゚ | 90, 91 |
| ももしき | きゅうちゅう | もよほす | おこなう | もろし | きずつく |
| ももしきの | たもと | もよほす | さいそく | もろし | こわれる |
| ももたび | 79 | もよほす | しょうしゅう | もろし | もろい |
| ももたらず | ごじゅう | もよほす | しょうじる | もろし | 80 |
| ももたらず | はちじゅう | もよほす | せきたてる | もろしらが | かみ |
| ももたらず | 97 | もよほす | ひきおこす | もろしらが | すっかり |
| ももだる | じゅうぶん | もよほす | ふたん | もろしらが | ともしらが |
| ももだる | みちたりる | もよほす | 85, 86 | もろしらが | 53 |
| ももち | 79 | もらかす | はけんする | もろて | りょうて |
| ももちたる | じゅうぶん | もらす | おとす | もろて | 48 |
| ももちたる | みちたりる | もらす | こぼす | もろともに | いっしょに |
| ももちだる | じゅうぶん | もらす | しらせる | もろなみだ | 66 |
| ももちだる | みちたりる | もらす | とりにがす | もろなり | 44 |
| ももちどり | うぐいす | もらす | ぬかす | もろはく | 95 |
| ももちどり | ちどり | もらす | はぶく | もろひと | 79 |
| ももちどり | 33, 34, 79 | もらふ | みつめる | もろびと | じんみん |
| ももつき | さんがつ | もらふ | みまもる | もろもち | きょうどう |
| ももつき | 6 | もり | ばんにん | もろもろ | すべて |
| ももつしま | しま | もりいづ | こぼれる | もろもろ | ぜんたい |
| ももづたふ | ごじゅう | もりいづ | 75 | もろもろ | みな |
| ももづたふ | はちじゅう | もりいる | もれる | もろもろ | 79 |
| ももて | しゅだん | もりいる | 4 | もん | もよう |
| ももて | ほうほう | もりくさ | 71 | もんえふ | いちぞく |
| ももとせ | とし | もりきこゆ | みみ | もんえふ | 55 |
| ももとせ | ひゃくねん | もりきこゆ | 71 | もんかく | いそうろう |
| ももとせ | 16, 89 | もりく | もれる | もんこ | いちぞく |
| ももとり | 33, 79 | もりたつ | そだてる | もんこ | もん |
| ももふね | 97 | もりつぶす | よいつぶす | もんこ | 55 |
| ももへ | かさなる | もりつぶす | 95 | もんこてきすべからず | つりあう |
| ももへやま | 28 | もりべ | ばんにん | | |
| ももやそどり | 33, 79 | もりべ | まもる | もんごん | もん |
| ももよ[百世] | ながい | もる[守] | ばん | もんざい | がくもん |
| ももよ[百夜] | ながい | もる[守] | まもる | もんさく | しゃれ |
| ももよ | 16, 21 | もる[守] | みはる | もんじゃ | がくしゃ |
| ももよぐさ | きく | もる[漏] | けつらくする | もんじゃう | ぶんしょう |
| ももよぐさ | つゆくさ | もる[漏] | こぼれる | もんじゃく | しょもつ |
| ももよぐさ | 39, 40 | もる[漏] | のぞく | もんじょ | しょもつ |
| もや | 99, 101, 102, 103 | もる[漏] | はずす | もんしん | へいこう |
| もやひぶね | 97 | もる[漏] | はぶく | もんじん | といただす |
| もゆ[燃] | あつくなる | もる[漏] | もれる | もんじん | へいこう |
| もゆ[燃] | たかまる | もる[漏] | 75 | もんぜつびゃくち | くるしむ |
| もゆ[燃] | もえる | もる[捥] | つみとる | もんぜつびゃくち | もだえる |
| もゆ[萌] | めばえる | もる[捥] | もぎとる | もんちゅう | うったえ |
| もよぎ | 14, 15 | もろ | ふたつ | もんちゅう | そしょう |
| もよひ | きざし | もろ | 111, 112 | もんと | でし |
| もよひ | めばえる | もろがみ | かみ | もんどり | とんぼがえり |
| もよひ | 85 | もろくち | 83, 84 | もんぬき | もん |
| もよほし | かんゆう | もろごころ | いっしょに | | |
| もよほし | きざし | もろごころ | どうい | | |
| もよほし | くわだて | もろごころ | どうしん | **や** | |
| もよほし | さいそく | もろこしづき | はちがつ | | |
| もよほし | しょうしゅう | もろこしづき | 7 | や | 101, 102, 104 |
| もよほし | たね | | | や[屋] | じゅうきょ |
| もよほし | てまわし | | | | |

245

| | | | | | |
|---|---|---|---|---|---|
| や[屋] | やね | やうす | わけ | やがて | すぐに |
| や[屋] | 91 | やうず | そだてる | やがて | すなわち |
| やいば | は | やうだい | かたち | やがて | そのまま |
| やいばぐさ | よもぎ | やうだい | けいせい | やがて | どうじ |
| やいばぐさ | 42 | やうだい | じじょう | やがて | ひきつづく |
| やいばにふす | じさつ | やうだい | しゅだん | やがて | まもなく |
| やいん | よなか | やうだい | じょうきょう | やがて | 109 |
| やいん | 21, 22 | やうだい | すがた | やかやぎ | |
| やう[益] | かい | やうだい | なりかたち | | …のうぜん・のうぜん |
| やう[益] | こうか | やうだい | びょうじょう | | かずら |
| やう[益] | りえき | やうだい | もったいぶる | やかやぎ | 45 |
| やう[様] | かたち | やうだい | ようし | やから | いちぞく |
| やう[様] | けいしき | やうだい | ようす | やから | とも |
| やう[様] | しゅだん | やうだい | 88 | やから | なかま |
| やう[様] | じじょう | やうでう | がっき | やから | 55 |
| やう[様] | じょうたい | やうでう | よこぶえ | やかん | きつね |
| やう[様] | すがた | やうなし | かんしん | やかん | 33 |
| やう[様] | てほん | やうなし | かい | やきくさ | もぐさ |
| やう[様] | やりかた | やうなし | くだらない | やきくさ | よもぎ |
| やう[様] | ようしき | やうなし | こまる | やきくさ | 42 |
| やう[様] | ようす | やうなし | つまらない | やきたちの | するどい |
| やう[様] | りゆう | やうなし | むだ | やきつく | めっきをする |
| やう[様] | わけ | やうなし | りえき | やきつく | やきいんをおす |
| やう[様] | 113 | やうなり | たとえば | やきもの | かたな |
| やうがまし | ちゅうもん | やうなり | …のとおり | やきもの | とうじき |
| やうがまし | もったいぶる | やうなり | とおり | やきもの | 69 |
| やうがまし | わけ | やうなり | まるで | やぎょう | よあるき |
| やうがまし | わずらわしい | やうなり | 104 | やぎょう | よまわり |
| やうがり | かわる | やうはなる | ようす | やぎょう | 69 |
| やうがり | じじょう | やうやう[漸] | おもむろに | やく[益] | ききめ |
| やうけ | ほしょうにん | やうやう[漸] | しだいに | やく[益] | こうか |
| やうげつ | じゅうがつ | やうやう[漸] | そろそろ | やく[益] | もうけ |
| やうげつ | 7 | やうやう[漸] | やっと | やく[益] | りえき |
| やうごとなし | おそれおおい | やうやう[様様] | いろいろ | やく[焼] | おもい |
| やうごとなし | かくべつ | やうやうし | もったいぶる | やく[焼] | おもいこがれる |
| やうごとなし | きちょう | やうやうし | ようす | やく[焼] | なやます |
| やうごとなし | こうき | やうやく | おもむろに | やく[焼] | なやむ |
| やうごとなし | すてる | やうやく | しだいに | やく[焼] | 61 |
| やうごとなし | たいせつ | やうやく | そろそろ | やく[厄] | さいなん |
| やうごとなし | とうとい | やうやく | やっと | やく[厄] | わざわい |
| やうごとなし | なみなみ | やうら | うらない | やく[役] | しょくむ |
| やうごとなし | ひととおり | やおもて | さいぜんせん | やく[役] | やくめ |
| やうごとなし | みぶん | やおもて | ましょうめん | やく[約] | やくそく |
| やうごふ | えいえん | やか | 104, 113 | やくがひ | さかずき |
| やうごふ | 16 | やか[宅] | 91 | やくがひ | やこうがい |
| やうじゃう | せっせい | やか[八日] | はちにち | やくがひ | 38 |
| やうじゃう | ちりょう | やか[八日] | 4 | やくぎ | ぜいきん |
| やうじゃう | りょうよう | やかう | よあるき | やくぎ | やくめ |
| やうじゃう | 88 | やかう | よまわり | やくしほの | つらい |
| やうす | かたち | やかう | 69 | やくしほの | |
| やうす | きざし | やかげ | 91 | やくしゃ | やくにん |
| やうす | けはい | やかす | 91 | やくしゅ | きぐすり |
| やうす | しさい | やかた | ていたく | やくしゅ | くさき |
| やうす | じじょう | やかた | 92, 98 | やくしゅ | くすり |
| やうす | すがた | やがたし | しっかり | やくしゅ | しょうやく |
| やうす | ていさい | やかたぶね | ゆうらん | やくしゅ | やくひん |
| やうす | みなり | やがため | きこうてん | やくしゅ | 38 |
| やうす | ようし | やがて | さっそく | やくしゅや | くすり |
| やうす | ようす | やがて | さながら | やくたい | やく |

や―やくたい

やくたい（も）なし──やそしま

| | | |
|---|---|---|
| やくたい(も)なし … | くだらない | |
| やくたいなし ………… | やく | |
| やくたいもなし … | とんでもない | |
| やくたいもなし ………… | むだ | |
| やくと ………………… | たいそう | |
| やくと ………………… | ひたすら | |
| やくと ………………… | むやみ | |
| やくと ………………… | もっぱら | |
| やくと ………………… | よねん | |
| やくなし …………… | かんしん | |
| やくなし ………………… | かい | |
| やくなし ……… | くだらない | |
| やくなし ………………… | こまる | |
| やくなし ……… | つまらない | |
| やくなし ………………… | むだ | |
| やくなし ………………… | りえき | |
| やくみ ………………… | くすり | |
| やくみ ……… | こうしんりょう | |
| やくも ………………… | くも | |
| やくも ………………… | 64 | |
| やくもいろ …………… | 65 | |
| やくもさう …………… | 42 | |
| やくものみち ………… | 65 | |
| やくやくと ………… | たいそう | |
| やくやくと ………… | ひたすら | |
| やくやくと ………… | むやみ | |
| やくやくと ………… | もっぱら | |
| やくやくと ………… | よねん | |
| やぐら ……………… | へいきこ | |
| やくれい ……………… | くすり | |
| やくれい ……………… | ちりょう | |
| やくれい ……………… | 88 | |
| やけ ………………… | 91 | |
| やけとまる …… | おもいとどまる | |
| やけとまる ………… | やめる | |
| やけの ………………… | のやき | |
| やけの ………………… | 26 | |
| やけののきじ ……… | おやごころ | |
| やけののきじ ………… | きけん | |
| やけふ ………………… | のやき | |
| やけふ ………………… | 26 | |
| やごし ………………… | ひっこし | |
| やごとなし …… | おそれおおい | |
| やごとなし ………… | かくべつ | |
| やごとなし ………… | きちょう | |
| やごとなし ………… | こうき | |
| やごとなし ………… | すてる | |
| やごとなし ………… | たいせつ | |
| やごとなし ………… | とうとい | |
| やごとなし ………… | なみなみ | |
| やごとなし ………… | ひととおり | |
| やごとなし ………… | みぶん | |
| やこゑのとり ……… | にわとり | |
| やこゑのとり ………… | 35 | |
| やさき ………………… | とたん | |
| やさき ………………… | や | |
| やさき ………………… | やおもて | |
| やさき ………………… | ねらい | |
| やさき ………………… | まぎわ | |
| やさき ………………… | めあて | |
| やさし[易] ………… | わかる | |
| やさし[恥] ………… | つらい | |
| やさし[恥] …… | かたみがせまい | |
| やさし[恥] ……… | たえがたい | |
| やさし[恥] ……… | はずかしい | |
| やさし[恥] …………… | 59 | |
| やさし[優] ……… | うつくしい | |
| やさし[優] ……… | おもいやり | |
| やさし[優] ………… | おんわ | |
| やさし[優] ………… | かんしん | |
| やさし[優] ………… | けなげ | |
| やさし[優] ………… | じょうひん | |
| やさし[優] ……… | つつましい | |
| やさし[優] ………… | やさしい | |
| やさし[優] ……… | みやびやか | |
| やさし[優] ………… | ゆうび | |
| やさし[優] …………… | 81 | |
| やさしむ ………… | やさしい | |
| やさす ……………… | つがえる | |
| やさばむ ………… | やさしい | |
| やさばむ …………… | 81 | |
| やしき ………………… | たくち | |
| やしき ………………… | 92 | |
| やしなひ ………… | しょくじ | |
| やしなひ ………… | そだてる | |
| やしなひ ………… | ふよう | |
| やしなひ ………… | むすこ | |
| やしなひ ………… | ようし | |
| やしなひ …………… | 96 | |
| やしなふ ………… | せっせい | |
| やしなふ ………… | そだてる | |
| やしなふ ………… | ふよう | |
| やしなふ …… | ようじょうする | |
| やしはご ………… | ひまご | |
| やしはご ………… | まご | |
| やしはご …………… | 57 | |
| やしほぢ ………… | かいろ | |
| やしほぢ ………… | こうろ | |
| やしほぢ ………… | はるか | |
| やしほぢ … | 23, 31, 97 | |
| やしま ………………… | にほん | |
| やしまくに ………… | にほん | |
| やしゃご ………… | ひまご | |
| やしゃご ………… | まご | |
| やしゃご …………… | 57 | |
| やじりきり ……… | どろぼう | |
| やじりきり ……… | わるもの | |
| やしるし …… | いちじるしい | |
| やしろ ………………… | じんじゃ | |
| やす ………………… | ほそい | |
| やす ………………… | やせる | |
| やすい ………… | あんみん | |
| やすい …………………… | 76 | |
| やすげ ………………… | きらく | |
| やすげ ……………… | やすらか | |
| やすげなし …………… | ふあん | |
| やすげなし …………… | 70 | |
| やすし[安] …… | かるがるしい | |
| やすし[安] ………… | きがる | |
| やすし[安] ………… | きらく | |
| やすし[安] ………… | のどか | |
| やすし[安] ………… | ぶじ | |
| やすし[安] ………… | やすい | |
| やすし[易] ……… | かんたん | |
| やすし[易] ……… | むぞうさ | |
| やすし[易] ……… | やさしい | |
| やすのかは ……… | あまのかわ | |
| やすのかは ………… | ぎんが | |
| やすのかは ……… | たなばた | |
| やすのかは ……… | 8, 24 | |
| やすむ ………………… | あんしん | |
| やすむ ………………… | きゅうそく | |
| やすむ ………………… | やすらか | |
| やすむ ………………… | やすらぐ | |
| やすむ ………………… | ゆるめる | |
| やすやす ……………… | やせる | |
| やすらか ………… | おだやか | |
| やすらか ………… | かんたん | |
| やすらか ………… | きらく | |
| やすらか ………… | じゆう | |
| やすらか ………… | ぶじ | |
| やすらか ………… | ぶなん | |
| やすらか ………… | やさしい | |
| やすらけし ……… | おだやか | |
| やすらけし ………… | ぶじ | |
| やすらひ ………… | きゅうそく | |
| やすらひ ………… | ためらい | |
| やすらひくらす … | ぐずぐず | |
| やすらふ ………… | きゅうそく | |
| やすらふ ………… | たいざい | |
| やすらふ ………… | たちどまる | |
| やすらふ ………… | ためらう | |
| やすらふ ………… | とどまる | |
| やすらふ ………… | とどめる | |
| やすらふ ………… | やすむ | |
| やすらふ ………… | ゆるめる | |
| やせがる ……… | やせほそる | |
| やせさらぼふ …… | やつれる | |
| やせさらぼふ … | やせほそる | |
| やせとほる ………… | ほそい | |
| やせとほる ………… | やせる | |
| やせやせ ……………… | やせる | |
| やぜん ………………… | さくや | |
| やぜん ………………… | ゆうべ | |
| やそ ………………… | はちじゅう | |
| やそ …………………… | 79 | |
| やそかは …………… | 24, 79 | |
| やそかみ ……………… | かみ | |
| やそぐさ ……………… | 79 | |
| やそくに ……………… | 79 | |
| やそくま ……… | まがりかど | |
| やそくまさか …… | つづらおり | |
| やそくまさか ………… | 31 | |
| やそくまち …………… | 74 | |
| やそくまで …………… | 74 | |
| やそしま ……………… | しま | |

| | | |
|---|---|---|
| やそすみさか | …… | **つづらおり** |
| やそすみさか | …… | 32 |
| やそせ | …… | 24 |
| やそぢ | …… | **はちじっさい** |
| やそぢ | …… | **はちじゅう** |
| やそぢ | …… | 89 |
| やそのをとめ | …… | 50 |
| やたいぶね | …… | 98 |
| やたけ | …… | **いさみたつ** |
| やたけごころ | …… | **いさましい** |
| やたけごころ | …… | **ゆうもう** |
| やち[八千] | …… | 79 |
| やち[谷地] | …… | **さわ** |
| やちくさ | …… | **いろいろ** |
| やちぐさ | …… | **いろいろ** |
| やちぐさ | …… | 79 |
| やちまた | …… | **わかれみち** |
| やちょ | …… | **いのしし** |
| やちょ | …… | 33 |
| やちよ | …… | **えいえん** |
| やちよ | …… | **せんねん** |
| やちよ | …… | **ながい** |
| やちよ | …… | **ねんげつ** |
| やちよ | …… | 16 |
| やつ | …… | **かれ** |
| やつかほ | …… | **いなほ** |
| やつかほ | …… | **いね** |
| やつかれ | …… | **わたくし・わたし** |
| やつかれ | …… | 105 |
| やつがれ | …… | **わたくし・わたし** |
| やつがれ | …… | 105 |
| やっこ | …… | **みぶん** |
| やっこ | …… | **わたくし・わたし** |
| やっこ | …… | 105 |
| やつし | …… | **おしのびすがた** |
| やつし | …… | **へんそう** |
| やつす | …… | **くつろぐ** |
| やつす | …… | **しゅっけ** |
| やつす | …… | **しょうりゃくする** |
| やつす | …… | **すがた** |
| やつす | …… | **ねっちゅう** |
| やつす | …… | **へんそう** |
| やつす | …… | **みすぼらしい** |
| やつす | …… | **やせる** |
| やつぼ | …… | **ねらい** |
| やつぼ | …… | **まと** |
| やづま | …… | **のきさき** |
| やつる | …… | **しっそ** |
| やつる | …… | **そまつ** |
| やつる | …… | **みぐるしい** |
| やつる | …… | **みすぼらしい** |
| やつる | …… | **めだつ** |
| やつる | …… | **やせおとろえる** |
| やつる | …… | 93 |
| やつれ | …… | **おしのびすがた** |
| やつれ | …… | **しのぶ** |
| やつれ | …… | **やせおとろえる** |
| やつを | …… | 28, 79 |
| やてい | …… | **やぼ** |

| | | |
|---|---|---|
| やど | …… | **あるじ** |
| やど | …… | **しゅじん** |
| やど | …… | **じたく** |
| やど | …… | **じゅうきょ** |
| やど | …… | **わがや** |
| やど | …… | 91, 92 |
| やどかしどり | …… | **うぐいす** |
| やどかしどり | …… | **かけす** |
| やどかしどり | …… | **つばめ** |
| やどかしどり | …… | 34, 35 |
| やどころ | …… | **ねらい** |
| やどころ | …… | 91 |
| やどす | …… | **しゅくはく** |
| やどす | …… | **とどまる** |
| やどす | …… | **にんしん** |
| やどす | …… | **やど** |
| やどす | …… | 87 |
| やとせご | …… | 52 |
| やとひど | …… | **しようにん** |
| やとひど | …… | **めしつかい** |
| やとふ | …… | **りようする** |
| やどもと | …… | **じたく** |
| やどもと | …… | **じゅうしょ** |
| やどもと | …… | **わがや** |
| やどもと | …… | **しゅくはく** |
| やどもと | …… | **やど** |
| やどもと | …… | 87, 92 |
| やどもり | …… | **まもる** |
| やどもり | …… | **るすばん** |
| やどもり | …… | 54 |
| やどや | …… | **しゅくはく** |
| やどり | …… | **しゅくはく** |
| やどり | …… | **じゅうきょ** |
| やどり | …… | **せいざ** |
| やどり | …… | 8, 91 |
| やどる | …… | **きせいする** |
| やどる | …… | **すむ** |
| やどる | …… | **とどまる** |
| やどる | …… | **とまる** |
| やどれるきり | …… | 67 |
| やな | …… | 99, 101 |
| やなぎ | …… | **あお・あおいろ** |
| やなぎ | …… | 14 |
| やなぎいろ | …… | **あお・あおいろ** |
| やなぎいろ | …… | 14 |
| やなぎにやる | …… | **さからう** |
| やなぎのかみ | …… | **かみ** |
| やなぎのまゆ | …… | **まゆ** |
| やなみ | …… | 93 |
| やにさがる | …… | **きどる** |
| やには[家庭] | …… | **ひとざと** |
| やには[矢庭] | …… | **せんじょう** |
| やにはに | …… | **すぐに** |
| やにはに | …… | **いきなり** |
| やぬち | …… | **おくない** |
| やぬち | …… | 91 |
| やねぶね | …… | 98 |
| やのつかい | …… | **つかい** |
| やのつかひ | …… | **きゅう** |

| | | |
|---|---|---|
| やのね | …… | **や** |
| やのね | …… | **やじり** |
| やは | …… | 99, 102, 105 |
| やば[野馬] | …… | **うま** |
| やば[野馬] | …… | 33 |
| やば[矢場] | …… | **ゆみ** |
| やはか | …… | **どうして** |
| やはか | …… | **まさか** |
| やはか | …… | **まんいち** |
| やはか | …… | **よもや** |
| やはか | …… | 105 |
| やはわ | …… | **へいわ** |
| やはす | …… | **やわらぐ** |
| やはやは(と) | … | **ものやわらかに** |
| やはやは(と) | … | **やんわりと** |
| やはら | …… | **おもむろに** |
| やはら | …… | **しずか** |
| やはら | …… | **そっと** |
| やはら | …… | **そろそろ** |
| やはら | …… | **じゅうどう** |
| やはらか | …… | **おだやか** |
| やはらか | …… | **しなやか** |
| やはらか | …… | **じゅうじゅん** |
| やはらか | …… | **にゅうわ** |
| やはらか | …… | **やわらかい** |
| やはらぐ | …… | **したしい** |
| やはらぐ | …… | **すなお** |
| やはらぐ | …… | **へいい** |
| やはらぐ | …… | **むつまじい** |
| やはらぐ | …… | **やわらかい** |
| やはらぐ | …… | **やわらぐ** |
| やはらぐ | …… | **わかる** |
| やはらぶ | …… | **おだやか** |
| やはらぶ | …… | **へいおん** |
| やぶ[藪] | …… | **いしゃ** |
| やぶ[藪] | …… | **やぶいしゃ** |
| やぶ[野夫] | …… | **いなかもの** |
| やぶかのもちつき | …… | **か** |
| やぶかのもちつき | …… | 36 |
| やぶからぼう | …… | **とつぜん** |
| やぶさか | …… | **みれん** |
| やぶさか | …… | **ものおしみ** |
| やぶにめ | …… | **ひみつ** |
| やぶはら | …… | **あれる** |
| やぶる | …… | **うちやぶる** |
| やぶる | …… | **がいする** |
| やぶる | …… | **きずつく** |
| やぶる | …… | **きずつける** |
| やぶる | …… | **くだく** |
| やぶる | …… | **くだける** |
| やぶる | …… | **こわす** |
| やぶる | …… | **こわれる** |
| やぶる | …… | **さく** |
| やぶる | …… | **さける** |
| やぶる | …… | **そこなう** |
| やぶる | …… | **だめ** |
| やぶる | …… | **はいぼくする** |
| やぶる | …… | **まかす** |
| やぶる | …… | **まける** |

| | | |
|---|---|---|
| やぶる | やぶれる | |
| やぶる | みだす | |
| やぶれ | はたん | |
| やぶれが | あれる | |
| やぶれ | 91 | |
| やぶれごろも | 94 | |
| やぶれや | あれる | |
| やぶれや | 91 | |
| やへ | かさなる | |
| やへ | 111 | |
| やへがき | かきね | |
| やへぐも | くも | |
| やへなみ | 23 | |
| やへのしほち | かいろ | |
| やへのしほち | こうろ | |
| やへのしほち | はるか | |
| やへのしほち | 87, 98 | |
| やへはたぐも | くも | |
| やへやへ | かさなる | |
| やへやへ | とおい | |
| やへやへ | はなれる | |
| やへやへ | はるか | |
| やへやへ | かさなる | |
| やへやま | 28 | |
| やぼ | いなか | |
| やほ | 16, 79 | |
| やほによし | きずく | |
| やほへ | かさなる | |
| やほへ | とおい | |
| やほへ | はなれる | |
| やほへ | はるか | |
| やほよろづ | 79 | |
| やま | つきやま | |
| やま | はか | |
| やま | みささぎ | |
| やま | 28 | |
| やまあらし | 12 | |
| やまあららぎ | こぶし | |
| やまあららぎ | 44 | |
| やまうど | きこり | |
| やまうど | すみ | |
| やまうど | せんにん | |
| やまうど | 29 | |
| やまうり | さぎ | |
| やまうり | ぺてんし | |
| やまうり | やまし | |
| やまうり | わるもの | |
| やまおくり | そうしき | |
| やまおろし | 12, 29 | |
| やまおろしのかぜ | 12 | |
| やまが | 92 | |
| やまがくれ | 28 | |
| やまかぜ | 12, 29 | |
| やまがつ | いなか | |
| やまがつ | いなかもの | |
| やまがつ | きこり | |
| やまがつ | すみ | |
| やまがつ | そまつ | |
| やまがつ | みぶん | |
| やまがつ | やまざと | |
| やまがつ | 29, 92 | |
| やまかづら | ひかげかずら | |
| やまかづら | まさきのかずら | |
| やまがは | 41 | |
| やまかは | 26, 29 | |
| やまがは | 26, 29 | |
| やまがはの | はやい | |
| やまがはの | 13 | |
| やまかひ | さんかん | |
| やまかひ | やまあい | |
| やまがひ | 28 | |
| やまがひ | さんかん | |
| やまがひ | やまあい | |
| やまがひ | 28 | |
| やまぎは | そら | |
| やまぎは | 29 | |
| やまぎりの | うっとうしい | |
| やまくさ | うらじろ | |
| やまくさ | 39 | |
| やまくじら | いのしし | |
| やまくじら | 33 | |
| やまぐち | きざし | |
| やまぐち | とざんぐち | |
| やまぐち | はじまり | |
| やまさち | ぶき | |
| やまさち | ゆみ | |
| やまさち | 39 | |
| やまざとぶ | いなか | |
| やまざとぶ | やまざと | |
| やまざとぶ | 29 | |
| やまし | はなすげ | |
| やまし | うしろめたい | |
| やまし | ふかい | |
| やまし | やすらか | |
| やまし | やましい | |
| やまし | 39, 41, 58, 88 | |
| やまじ | はなすげ | |
| やまじ | 39, 41 | |
| やました | ふもと | |
| やました | 28 | |
| やましたかぜ | やまおろし | |
| やましたかぜ | 29 | |
| やましたみづ | 27 | |
| やましゅう | ゆうじょ | |
| やますが | やぶらん | |
| やますが | 42 | |
| やますげ | やぶらん | |
| やますげ | 42 | |
| やますげの | みだれる | |
| やますげの | やむ | |
| やますみ | 42 | |
| やませ | やまかぜ | |
| やませ | 12, 29 | |
| やまだ | 29, 30 | |
| やまだち | さんぞく | |
| やまだち | わるもの | |
| やまたちばな | ぼたん | |
| やまたちばな | やぶこうじ | |
| やまたちばな | 46 | |
| やまたづ | にわとこ | |
| やまたづ | 45 | |
| やまたづの | むかえる | |
| やまち | やまみち | |
| やまち | 29, 32 | |
| やまちぐさ | きく | |
| やまちぐさ | 39 | |
| やまちさう | きく | |
| やまちさう | 39 | |
| やまちもの | 43 | |
| やまつみ | かみ | |
| やまつみ | 29 | |
| やまづら | しゃめん | |
| やまづら | 29 | |
| やまと[山処] | 27, 29 | |
| やまと[大和] | にほん | |
| やまとうた | 64 | |
| やまとことのは | 64 | |
| やまとしまね | にほん | |
| やまどりの | お | |
| やまどりの | おのずから | |
| やまどりの | 76 | |
| やまのおうな | あけび | |
| やまのおうな | 44 | |
| やまのかけぢ | 32 | |
| やまのさつを | かりゅうど | |
| やまのさつを | りょうし | |
| やまのつかさ | ちょうじょう | |
| やまのつかさ | 28 | |
| やまのは | おね | |
| やまのは | りょうせん | |
| やまのは | 28, 29 | |
| やまのべ | 29 | |
| やまのほ | ちょうじょう | |
| やまのほ | 28 | |
| やまのゐ | しみず | |
| やまのゐの | あきる | |
| やまのゐの | あさい | |
| やまのをんな | あけび | |
| やまのをんな | 44 | |
| やまひ | けってん | |
| やまひ | しんぱい | |
| やまひ | 65, 87 | |
| やまび[山火] | やまかげ | |
| やまび[山火] | やまやけ | |
| やまび[山火] | 29 | |
| やまび[山辺] | 29 | |
| やまびこ | こだま | |
| やまびこ | 13 | |
| やまひこな | りんどう | |
| やまひこな | 42 | |
| やまびこの | こたえる | |
| やまびこの | 13, 90 | |
| やまひづく | やむ | |
| やまひづく | 88 | |
| やまびと | きこり | |
| やまびと | せんにん | |

| | | |
|---|---|---|
| やまひのとこ | びょうしょう | |
| やまひのとこ | 88 | |
| やまひめ[山女] | あけび | |
| やまひめ[山女] | 44 | |
| やまひめ[山姫] | かみ | |
| やまひめ[山姫] | 29 | |
| やまふ | ながい | |
| やまふ | やむ | |
| やまふ | 88 | |
| やまぶきいろ | かね | |
| やまぶきいろ | きん | |
| やまぶきの | におう | |
| やまぶきの | やむ | |
| やまぶし | のじゅく | |
| やまぶし | しゅげんじゃ | |
| やまぶし | 87 | |
| やまふところ | ぼんち | |
| やまふところ | 29 | |
| やまぶみ | やまあるき | |
| やまぶみ | 29 | |
| やまべ | 29 | |
| やまみづの | あさい | |
| やまみづの | 69 | |
| やまむらさき | らっきょう | |
| やまむらさき | 42 | |
| やまもと | ふもと | |
| やまもと | 28 | |
| やまもとの | あか・あかいろ | |
| やまもとの | 14 | |
| やまもり | ばんにん | |
| やまもり | まもる | |
| やまもり | 29 | |
| やまる | いど | |
| やまる | しみず | |
| やみ | くらやみ | |
| やみ | しりょ | |
| やみ | どうり | |
| やみ | むがく | |
| やみ | やみよ | |
| やみがた | かいふく | |
| やみがた | なおる | |
| やみがた | やむ | |
| やみがた | 87, 88 | |
| やみくも | しりょ | |
| やみくも | ばくぜんと | |
| やみくも | むやみ | |
| やみち | あのよ | |
| やみち | まよい | |
| やみち | 73, 86 | |
| やみと | むやみ | |
| やみにくる | しりょ | |
| やみにくる | とほうにくれる | |
| やみにくる | 3, 19 | |
| やみにまどふ | しりょ | |
| やみのうつつ | はっきり | |
| やみのよ | やみよ | |
| やみのよの | ゆく | |
| やみやみ(と) | わけない | |
| やみやみ(と) | ふんべつ | |

| | | |
|---|---|---|
| やみやみ(と) | むちゅう | |
| やみよなす | おもいまどう | |
| やみよのにしき | むだ | |
| やむ[病] | きずつく | |
| やむ[病] | くにする | |
| やむ[病] | しんぱい | |
| やむ[病] | やむ | |
| やむ[病] | 88 | |
| やむ[已] | なおす | |
| やむ[已] | なおる | |
| やむ[已] | 88 | |
| やむ[止] | おわり | |
| やむ[止] | たえる | |
| やむ[止] | ちゅうだん | |
| やむ[止] | ちゅうし | |
| やむ[止] | とまる | |
| やむ[止] | やめる | |
| やむ[止] | 72 | |
| やむごとなし | おそれおおい | |
| やむごとなし | かくべつ | |
| やむごとなし | きちょう | |
| やむごとなし | こうき | |
| やむごとなし | すてる | |
| やむごとなし | たいせつ | |
| やむごとなし | とうとい | |
| やむごとなし | なみなみ | |
| やむごとなし | ひととおり | |
| やむごとなし | みぶん | |
| やめがたし | どうしようもない | |
| やも | 99, 102, 104, 105 | |
| やもめ | どくしん | |
| やもめ | ひとり | |
| やもを | どくしん | |
| やもを | ひとり | |
| やや | おい | |
| やや[漸] | いくらか | |
| やや[漸] | かなり | |
| やや[漸] | しだいに | |
| やや[漸] | すこし | |
| やや[漸] | ようやく | |
| やや[稍] | しばらく | |
| やや[稍] | わずか | |
| ややしばし | しばらく | |
| ややともすれば | ともすれば | |
| ややまし | こころぐるしい | |
| ややまし | なやましい | |
| ややまし | ふあん | |
| ややむ | なやむ | |
| ももすれば | ともすれば | |
| ももせば | ともすれば | |
| ややややに | しだいに | |
| やよ | やあ | |
| やよし | 79 | |
| やよひ | さんがつ | |
| やよひ | 6 | |
| やよひづき | さんがつ | |
| やよひづき | 6 | |
| やよや | やあ | |
| やよろづ | 79 | |

| | | |
|---|---|---|
| やらふ | おいはらう | |
| やらふ | ついほう | |
| やらふかたなし | おいはらう | |
| やらむ | 99, 103, 104 | |
| やらむかたなし | いいようがない | |
| やらむかたなし | せつない | |
| やらむかたなし | どうしようもない | |
| やらむかたなし | なぐさめる | |
| やらむかたなし | 60 | |
| やらん | 99 | |
| やりすつ | やぶりすてる | |
| やりどき | てきれいき | |
| やりどき | 84 | |
| やりどぐち | いりぐち | |
| やりみづ | おがわ | |
| やりみづ | 24, 25, 26 | |
| やる[遣] | あたえる | |
| やる[遣] | おえる | |
| やる[遣] | おくる | |
| やる[遣] | とどける | |
| やる[遣] | なぐさめる | |
| やる[遣] | にがす | |
| やる[遣] | はけんする | |
| やる[遣] | ゆく | |
| やる[破] | こわす | |
| やる[破] | こわれる | |
| やる[破] | さく | |
| やる[破] | さける | |
| やる[破] | やぶる | |
| やる[破] | やぶれる | |
| やるかたなし | いいようがない | |
| やるかたなし | せつない | |
| やるかたなし | どうしようもない | |
| やるかたなし | なぐさめる | |
| やるかたなし | やるせない | |
| やるせなし | なぐさめる | |
| やれ | やあ | |
| やれごろも | 94 | |
| やゑん | いたち | |
| やをはぐ | つがえる | |
| やをら | おもむろに | |
| やをら | こっそり(と) | |
| やをら | しずか | |
| やをら | そっと | |
| やをら | ひそか | |
| やんごとなし | おそれおおい | |
| やんごとなし | かくべつ | |
| やんごとなし | きちょう | |
| やんごとなし | こうき | |
| やんごとなし | すてる | |
| やんごとなし | たいせつ | |
| やんごとなし | とうとい | |
| やんごとなし | なみなみ | |
| やんごとなし | ひととおり | |
| やんごとなし | みぶん | |
| やんま | とんぼ | |

| | | |
|---|---|---|
| やんま …………… 37 | ゆき …………… はくはつ | ゆきすぐ ………… とおりすぎる |
| | ゆきあかる ……… わかれる | ゆきすぐ ………… ゆきすぎる |
| **ゆ** | ゆきあたる ……… きゅうする | ゆきずり[行違] … すれちがい |
| | ゆきあたる ……… つきあたる | ゆきずり[行摺] … いちじてき |
| | ゆきあたる ……… ぶつかる | ゆきずり[行摺] … かりそめ |
| ゆ ………………… によって | ゆきあたる ……… ゆきづまる | ゆきずり[行摺] … とおりすがり |
| ゆ ………………… から | ゆきあひ ………… かわる | ゆきちがふ ……… すれちがう |
| ゆ ………………… より | ゆきあひ ………… であう | ゆきづき ………… じゅうにがつ |
| ゆ[湯] …………… おんせん | ゆきあひ …………… 17 | ゆきづき ………… 7 |
| ゆ[湯] …………… くすり | ゆきあひのま …… すきま | ゆきつく ………… おいつく |
| ゆ[湯] …………… せんじぐすり | ゆきあふ ………… かさなる | ゆきつく ………… とうちゃく |
| ゆ[湯] …………… にゅうよく | ゆきあふ ………… であう | ゆきつく ………… よいつぶれる |
| ゆ[湯] …………… ふろ | ゆきあふ ………… ゆきあわせる | ゆきつく ………… 95 |
| ゆ[柚] …………… ゆず | ゆきあふ ………… あう | ゆきつる ………… つれだつ |
| ゆ[柚] …………… 46 | ゆきあれ ………… ふぶき | ゆきつる ………… つれる |
| ゆあがり ………… 94 | ゆきあれ ………… ゆき | ゆきつる ………… どうこう |
| ゆあみ …………… おんせん | ゆきいたる ……… とうちゃく | ゆきとぶらふ …… おとずれる |
| ゆあみ …………… ちりょう | ゆきいたる ……… ゆきつく | ゆきとぶらふ …… みまう |
| ゆあみ …………… とうじ | ゆきうち ………… ゆきがっせん | ゆきとまる ……… たちどまる |
| ゆあみ …………… にゅうよく | ゆきおこし ……… かみなり | ゆきどまる ……… たちどまる |
| ゆあみ …………… ふろ | ゆきおろし ……… ゆき | ゆきなづむ ……… ゆきしぶる |
| ゆい ……………… かっぱ | ゆきおろし ………… 12 | ゆきなづむ ……… ゆきなやむ |
| ゆい ……………… 93 | ゆきがた ………… ゆくえ | ゆきにごり ……… ゆき |
| ゆいかい ………… ゆいごん | ゆきがて ………… おうらい | ゆきにごり ……… ゆきどけ |
| ゆいせき ………… いさん | ゆきかひ ………… おうらい | ゆきはちす ……… ふくじゅそう |
| ゆいせき ………… いせき | ゆきかひぢ ……… おうらい | ゆきはちす ………… 41 |
| ゆいせき ………… きゅうせき | ゆきかひぢ ……… ゆきかう | ゆきはなる ……… はなれる |
| ゆいせき ………… こせき | ゆきかひぢ ………… 30 | ゆきぼとけ ……… ゆき |
| ゆうづう ………… つうじる | ゆきかふ ………… うつる | ゆきぼとけ ……… ゆきだるま |
| ゆうみゃう ……… いさましい | ゆきかふ ………… おうらい | ゆきま …………… ゆき |
| ゆうみゃう ……… つよい | ゆきかふ ………… でいり | ゆきまちづき … じゅういちがつ |
| ゆうりき ………… つよい | ゆきかふ ………… ゆきかう | ゆきまちづき ……… 7 |
| ゆかし …………… あこがれる | ゆきかへる ……… あらたまる | ゆきまつつき … じゅういちがつ |
| ゆかし …… こころひかれる | ゆきかへる ……… おうらい | ゆきまつつき ……… 7 |
| ゆかし …………… したわしい | ゆきかよふ ……… おうらい | ゆきみづ …………… 27 |
| ゆかし …………… なつかしい | ゆきかよふ ……… かよう | ゆきみづき … じゅういちがつ |
| ゆかし …………… ほしい | ゆきかよふ ……… ゆきかう | ゆきみづき ………… 7 |
| ゆかし …………… みたい | ゆききえづき ……… にがつ | ゆきみる ………… めぐる |
| ゆかし …………… きぼう | ゆききえづき ……… 5 | ゆきむかふ[行迎] … しんねん |
| ゆかし …… 71, 75, 78, 102 | ゆきく …………… おうらい | ゆきむかふ[行迎] … でむく |
| ゆかしがる ……… みたい | ゆきく …………… ゆきかう | ゆきむかふ[行向] … たちむかう |
| ゆかしがる ……… みたがる | ゆきくらす ……… くれる | ゆきむかふ[行向] |
| ゆかしがる ……… きぼう | ゆきくらす …… 3, 19, 68, 86 | ……………… むかっていく |
| ゆかしがる … 75, 78, 102 | ゆきくる …………… くれる | ゆきめぐる …… めぐりあるく |
| ゆかたびら ……… ゆかた | ゆきくる …… 3, 19, 68, 86 | ゆきもよひ ……… ゆき |
| ゆかたびら ………… 94 | ゆきげ[雪気] …… ゆき | ゆきもよひ ……… ゆきもよう |
| ゆかはあみ ……… みそぎ | ゆきげ[雪気] …… ゆきもよう | ゆぎゃう ………… さまよう |
| ゆがむ …………… ただしい | ゆきげ[雪消] …… ゆき | ゆぎゃう ………… さんぽ |
| ゆがむ …………… ふせい | ゆきげ[雪消] …… ゆきどけ | ゆぎゃう ………… ぶらつく |
| ゆがむ …………… まがる | ゆきげのみづ ……… 27 | ゆきやる ………… すすむ |
| ゆがむ …………… ゆがめる | ゆきしまき ……… きょうふう | ゆきわかる …… はなればなれ |
| ゆかり …………… えん | ゆきしまき ……… せんぷう | ゆきわたる ……… ゆきとどく |
| ゆかり …………… えんこ | ゆきしまき ………… 12 | ゆきわたる ……… わたる |
| ゆかり …………… けつえん | ゆきしる …………… 27 | ゆく ……………… すぎる |
| ゆかり …………… 55, 56 | ゆきしろ ………… ゆき | ゆく ……………… まんぞく |
| ゆかりのいろ ……… 15 | ゆきしろ ………… ゆきどけ | ゆく ……………… ゆかい |
| ゆき ……………… かみ | ゆきすがら ……… みちすがら | ゆく ……………… 72 |
| ゆき ……………… しらが | ゆきすがら ………… 32 | ゆくあき …………… 17 |

ゆくかた──ゆふごち

| | | |
|---|---|---|
| ゆくかた | …………… | はらす |
| ゆくかた | …………… | ゆくさき |
| ゆくかはの | …………… | すぎる |
| ゆくかはの | …………… | 4 |
| ゆくさ | …………… | ゆく |
| ゆくさき | …………… | しょうらい |
| ゆくさき | …………… | ゆくて |
| ゆくさくさ | …………… | ゆく |
| ゆくすがら | …………… | みちすがら |
| ゆくすがら | …………… | 32 |
| ゆくすゑ | …………… | いのち |
| ゆくすゑ | …………… | しょうらい |
| ゆくすゑ | …………… | すじょう |
| ゆくすゑ | …………… | ぜんと |
| ゆくすゑ | …………… | よめい |
| ゆくすゑ | …………… | らいれき |
| ゆくすゑ | …………… | 53 |
| ゆくて | …………… | しょうらい |
| ゆくて | …………… | ぜんと |
| ゆくて | …………… | ゆく |
| ゆくて | …………… | ゆくさき |
| ゆくとりの | …………… | あらそう |
| ゆくとりの | …………… | むらがる |
| ゆくふねの | …………… | すぎる |
| ゆくへ | …………… | しょうらい |
| ゆくへ | …………… | ぜんと |
| ゆくへ | …………… | なりゆき |
| ゆくへ | …………… | もくてき |
| ゆくへ | …………… | ゆくえ |
| ゆくへ | …………… | ゆくて |
| ゆくへなし | …………… | あて |
| ゆくへなし | …………… | とほうにくれる |
| ゆくみづの | …………… | すぎる |
| ゆくみづの | …………… | たえる |
| ゆくみづの | …………… | はやい |
| ゆくゆく | …………… | すらすら |
| ゆくゆく | …………… | どんどん |
| ゆくゆく | …………… | しょうらい |
| ゆくゆく | …………… | すすむ |
| ゆくゆく | …………… | やがて |
| ゆくゆく | …………… | ゆくすえ |
| ゆくゆく(と) | …………… | えんりょ |
| ゆくゆく(と) | …………… | しだいに |
| ゆくゆく(と) | …………… | 71 |
| ゆくらかに | …………… | ゆったり |
| ゆくらゆくらに | …………… | ゆらゆら |
| ゆくりか | …………… | おもいがけない |
| ゆくりか | …………… | けいそつ |
| ゆくりか | …………… | とつぜん |
| ゆくりか | …………… | にわか |
| ゆくりか | …………… | ふよい |
| ゆくりかなし | …………… | とつぜん |
| ゆくりかに | …………… | ふと |
| ゆくりなく | …………… | ぐうぜん |
| ゆくりなく | …………… | ふと |
| ゆくりなし | …………… | おもいがけない |
| ゆくりなし | …………… | けいそつ |
| ゆくりなし | …………… | とつぜん |
| ゆくりなし | …………… | ふよい |
| ゆげ[弓削] | …………… | ゆみ |
| ゆげ[遊戯] | …………… | あそび |
| ゆげ[遊戯] | …………… | たのしみ |
| ゆげ[遊戯] | …………… | ゆうぎ |
| ゆげ[遊戯] | …………… | ゆかい |
| ゆげ[遊戯] | …………… | よろこび |
| ゆげす | …………… | たのしむ |
| ゆげた | …………… | よくそう |
| ゆさはり | …………… | ぶらんこ |
| ゆさばり | …………… | あそび |
| ゆさふり | …………… | ぶらんこ |
| ゆさん | …………… | きばらし |
| ゆさん | …………… | こうらく |
| ゆさん | …………… | なぐさみ |
| ゆさん | …………… | やまあそび |
| ゆさん | …………… | 29 |
| ゆすりみつ | …………… | さわぎたてる |
| ゆすりみつ | …………… | ざわつく・ざわめく |
| ゆすりみつ | …………… | 13 |
| ゆする[揺] | …………… | おどろきさわぐ |
| ゆする[揺] | …………… | さわぎたてる |
| ゆする[揺] | …………… | ゆりうごかす |
| ゆする[揺] | …………… | ゆれうごく |
| ゆする[泔] | …………… | こめ |
| ゆする[泔] | …………… | 27 |
| ゆするは | …………… | 46 |
| ゆずゑ | …………… | ゆみ |
| ゆたか | …………… | かねもち |
| ゆたか | …………… | まんぞく |
| ゆたか | …………… | みちたりる |
| ゆたか | …………… | ゆたか |
| ゆたか | …………… | ゆったり |
| ゆだけ | …………… | ゆみ |
| ゆたけし | …………… | かねもち |
| ゆたけし | …………… | さかえる |
| ゆたけし | …………… | ひろびろ |
| ゆたけし | …………… | ゆたか |
| ゆたけし | …………… | ゆったり |
| ゆたけし | …………… | よめい |
| ゆたけつ | …………… | 20 |
| ゆたし | …………… | いきおい |
| ゆだち[弓立] | …………… | かまえ |
| ゆだち[夕立] | …………… | ゆうだち |
| ゆだち[夕立] | …………… | 10 |
| ゆたに | …………… | のどか |
| ゆたにたゆたに | …………… | ゆったり |
| ゆたにたゆたに | …………… | ゆれる |
| ゆだぬ | …………… | いにんする |
| ゆだぬ | …………… | まかせる |
| ゆたふ | …………… | たるむ |
| ゆたふ | …………… | ゆるむ |
| ゆたやか | …………… | かねもち |
| ゆたやか | …………… | ゆたか |
| ゆたやか | …………… | ゆったり |
| ゆつ | …………… | ゆ |
| ゆづ | …………… | とうじ |
| ゆづ | …………… | にゅうよく |
| ゆづ | …………… | ゆでる |
| ゆづう | …………… | つうじる |
| ゆっすり(と) | …………… | ゆらゆら |
| ゆつぼ | …………… | ふろ |
| ゆつぼ | …………… | ゆぶね |
| ゆづらふ | …………… | ゆずりあう |
| ゆつる | …………… | かわる |
| ゆつる | …………… | うつる |
| ゆづる | …………… | まかせる |
| ゆづるは | …………… | ゆずりは |
| ゆとう | …………… | うつわ |
| ゆどの | …………… | だいどころ |
| ゆどの | …………… | にゅうよく |
| ゆどの | …………… | ふろ |
| ゆとり | …………… | 94 |
| ゆななは | …………… | ついに |
| ゆのやど | …………… | おんせん |
| ゆのやど | …………… | ふろ |
| ゆのやど | …………… | やど |
| ゆのやど | …………… | 86 |
| ゆば | …………… | ゆみ |
| ゆばり | …………… | しょうべん |
| ゆひ | …………… | むすぶ |
| ゆびがね | …………… | ゆびわ |
| ゆひからぐ | …………… | しばる |
| ゆひからぐ | …………… | むすびたばねる |
| ゆひからむ | …………… | しばる |
| ゆひつく | …………… | むすびたばねる |
| ゆひつく | …………… | むすびつける |
| ゆびをさす | …………… | かんよする |
| ゆびをさす | …………… | て |
| ゆびをさす | …………… | わるくち |
| ゆふ[結] | …………… | くみたてる |
| ゆふ[結] | …………… | しばる |
| ゆふ[結] | …………… | つくりもうける |
| ゆふ[結] | …………… | むすぶ |
| ゆふ[結] | …………… | 75, 76 |
| ゆふ[夕] | …………… | 18 |
| ゆふうら | …………… | うらなう |
| ゆふかく | …………… | 19 |
| ゆふかげ | …………… | すがた |
| ゆふかげ | …………… | ゆうひ |
| ゆふかげ | …………… | 3, 19 |
| ゆふかげぐさ | …………… | むくげ |
| ゆふかげぐさ | …………… | あさがお |
| ゆふかげぐさ | …………… | 38, 46 |
| ゆふかげどり | …………… | ほととぎす |
| ゆふかげどり | …………… | 35 |
| ゆふかたまく | …………… | 19 |
| ゆふぐれ | …………… | 18 |
| ゆふけ | …………… | 18 |
| ゆふけ[夕食] | …………… | ゆうしょく |
| ゆふけ[夕食] | …………… | 97 |
| ゆふけ[夕占] | …………… | うらなう |
| ゆふげ | …………… | ゆうしょく |
| ゆふげ | …………… | 97 |
| ゆふけい | …………… | 18 |
| ゆふけぶり | …………… | すいじ |
| ゆふごち | …………… | 12 |

| | | |
|---|---|---|
| ゆふさむ ……………… 19 | ゆぶる ……… ゆりうごかす | ゆめばかり ………… すこし |
| ゆふさめ …………… 10, 19 | ゆほびか ………… ゆする | ゆめまくら ………… おつげ |
| ゆふさらず … まいゆう・まいよ | ゆほびか ………… ひろびろ | ゆめみ …………………… ゆめ |
| ゆふさらず ………… 19 | ゆほびか ………… ゆったり | ゆめみさわがし ……… ふあん |
| ゆふさり …………… 18 | ゆまり ………… しょうべん | ゆめみさわがし ……… ふきつ |
| ゆふさりつかた ……… 18 | ゆみとり ………… ぐんじん | ゆめみづき ……… さんがつ |
| ゆふさる ………… くれる | ゆみとり …………… ぶし | ゆめみづき ……………… 6 |
| ゆふさる ……………… 19 | ゆみとるかた ……… ひだり | ゆめみどり ………… ちょう |
| ゆふされ …………… 18 | ゆみはり …………………… 5 | ゆめみどり …………… 37 |
| ゆふされば …………… 19 | ゆみはりづき …… はんげつ | ゆめむし …………… ちょう |
| ゆふしぐれ ………… しぐれ | ゆみはりづき …………… 5 | ゆめむし ……………… 37 |
| ゆふしぐれ ……………… 9 | ゆみひく ………… はむかう | ゆめゆめ ………… かならず |
| ゆふしでの ………… かみ | ゆみひく ………… はんこう | ゆめゆめ …………… きっと |
| ゆふしほ ………… みちしお | ゆみふで ………… ぶんぶ | ゆめゆめ …………… きんし |
| ゆふしほ ………… 23, 24 | ゆみや ……………… ぶき | ゆめゆめ …………… けっして |
| ゆふだすき ………… かかる | ゆみや ……………… ぶどう | ゆめゆめ …………… ぜひ |
| ゆふだすき ………… かける | ゆみや ……………… ぐんじん | ゆめゆめ ………… ぜんぜん |
| ゆふだち ……………… 10 | ゆみや ……………… ぶし | ゆめゆめ ………… だんじて |
| ゆふだつ ……… ゆうだち | ゆみやとり ……… ぐんじん | ゆめをむすぶ ……… ゆめ |
| ゆふだつ ……………… 10 | ゆみやとり ………… ぶし | ゆや ………………… ふろ |
| ゆふつかた …………… 18 | ゆみやはちまん … かみかけて | ゆや ………………… ゆどの |
| ゆふつきよ ………… くらい | ゆみやはちまん … だんじて | ゆゆし ………… いさましい |
| ゆふつきよ ………… 5, 19 | ゆみをふす ……… こうふく | ゆゆし ………… いまわしい |
| ゆふづく ………… くれる | ゆめ[努] ………… かならず | ゆゆし ……… おそれおおい |
| ゆふづく ……………… 19 | ゆめ[努] ………… きんし | ゆゆし …………… おそろしい |
| ゆふづくひ ………… いりひ | ゆめ[努] ………… けっして | ゆゆし …………… すばらしい |
| ゆふづくひ ………… ゆうひ | ゆめ[努] ………… つとめて | ゆゆし ……… そらおそろしい |
| ゆふづくひ ………… 3, 19 | ゆめ[夢] ………… ぜんぜん | ゆゆし ………… なみなみ |
| ゆふづくよ ………… くらい | ゆめ[夢] ………… たよりない | ゆゆし ……… はなはだしい |
| ゆふづくよ ………… 5, 19 | ゆめ[夢] …………… なやみ | ゆゆし ………… ひととおり |
| ゆふつけどり ……… にわとり | ゆめ[夢] …………… ふたしか | ゆゆし ………………… ひどい |
| ゆふつけどり ………… 35 | ゆめ[夢] …………… まよい | ゆゆし ………………… ふきつ |
| ゆふつげどり ……… にわとり | ゆめ[夢] ………… ぼんのう | ゆゆし ……………………… 82 |
| ゆふつげどり ………… 35 | ゆめ[夢] ……………… 80 | ゆゆしげ …………… ふきつ |
| ゆふつづ …………… よい | ゆめあはせ ……… うらない | ゆゆしげ ……………… 82 |
| ゆふづつ ………… きんせい | ゆめうつつ ……… おぼろげ | ゆらかす ……………… ならす |
| ゆふづつ ……… みょうじょう | ゆめうつつ ……… はっきり | ゆらかす ……………… 13 |
| ゆふづつ …………… よい | ゆめがまし ……… わずか | ゆらく …………………… なる |
| ゆふづつ ……………………… 8 | ゆめがまし ……………… 80 | ゆらく …………………… 13 |
| ゆふづつの ………… ゆうべ | ゆめさらさら …… きんし | ゆらぐ …………………… なる |
| ゆふづつの ………… ゆうべ | ゆめさらさら …… けっして | ゆらと …………………… 13 |
| ゆふづつの …………… 19 | ゆめさらさら …… つとめて | ゆらに …………………… 13 |
| ゆふと ……………………… と | ゆめさらさら …… だんじて | ゆらふ …………… ためらう |
| ゆふな ……………… おかず | ゆめぢ ………………… ゆめ | ゆらふ ………… とどこおる |
| ゆふな ……………………… 96 | ゆめとき ………… うらない | ゆらふ ………… とどめる |
| ゆふばえ ……………… すがた | ゆめに ……………… けっして | ゆらふ ………… ひかえる |
| ゆふばえ ……………………… 18 | ゆめに ……………… ぜんぜん | ゆらぐ …………………… 19 |
| ゆふばなの ………… さかえる | ゆめに ………………… ゆめ | ゆらゆ ……………… ひるむ |
| ゆふべ ……………… さくや | ゆめにゆめみる ……… 80 | ゆらゆ …………… よろめく |
| ゆふべ ……………… ぜんや | ゆめのうきはし ……… ゆめ | ゆらら …………………… 13 |
| ゆふべ ……………………… 18 | ゆめのうきはし ……… 80 | ゆららか ………… ゆらゆら |
| ゆふべゆふべ | ゆめのかよひぢ ……… ゆめ | ゆららか ……… ゆれうごく |
| …… まいゆう・まいよ | ゆめのしるし ……… おつげ | ゆらり(と) ……… ひらり |
| ゆふまく …………………… 19 | ゆめのちゅうげん ……… 80 | ゆり …………………………… から |
| ゆふまぐれ …………………… 19 | ゆめのまどひ ……… なやみ | ゆり ……………………… あと |
| ゆふみぐさ …………… まつ | ゆめのまどひ ……… ぼんのう | ゆり ………………… ごじつ |
| ゆふみぐさ ……………… 60 | ゆめのまどひ ……… まよい | ゆり ……………… しょうらい |
| ゆふやみ ………………… やみよ | ゆめのゆめ ……………… 80 | ゆりにあぐ …… どうあげする |
| ゆふやみ …………………… 19 | ゆめのよ ……………… 80 | ゆる[緩] ………… いいかげん |

253

| | | |
|---|---|---|
| ゆる[緩] | …… | **おこたる** |
| ゆる[緩] | …… | **おだやか** |
| ゆる[緩] | …… | **おろそか** |
| ゆる[緩] | …… | **かんだい** |
| ゆる[緩] | …… | **ゆるい** |
| ゆる[緩] | …… | **ゆるやか** |
| ゆる[緩] | …… | **ゆったり** |
| ゆる[許] | …… | **うちとける** |
| ゆる[許] | …… | **きょか** |
| ゆる[許] | …… | **こうにん** |
| ゆる[許] | …… | **したしい** |
| ゆる[許] | …… | **みとめる** |
| ゆる[許] | …… | **ゆるす** |
| ゆる[揺] | …… | **ゆする** |
| ゆる[揺] | …… | **ゆれる** |
| ゆるがし | …… | **おだやか** |
| ゆるがし | …… | **のんびり** |
| ゆるがしいだす | …… | **やっと** |
| ゆるがしいだす | …… | 76 |
| ゆるがす | …… | **ゆする** |
| ゆるがす | …… | **ゆりうごかす** |
| ゆるかせ | …… | **おろそか** |
| ゆるがせ | …… | **なげやり** |
| ゆるがせ | …… | **おろそか** |
| ゆるがせ | …… | **なげやり** |
| ゆるぎありく | …… | **さまよう** |
| ゆるぎありく | …… | **ほうろう** |
| ゆるぎありく | …… | 68, 69 |
| ゆるぎいづ | …… | **でる** |
| ゆるぎたつ | …… | **たつ** |
| ゆるぐ | …… | **くつろぐ** |
| ゆるぐ | …… | **どうよう** |
| ゆるぐ | …… | **ゆったり** |
| ゆるぐ | …… | **ゆれうごく** |
| ゆるぐ | …… | **ゆれる** |
| ゆるぐ | …… | 58, 60 |
| ゆるし[緩] | …… | **おおらか** |
| ゆるし[緩] | …… | **かんだい** |
| ゆるし[緩] | …… | **きびしい** |
| ゆるし[緩] | …… | **たるむ** |
| ゆるし[緩] | …… | **ゆるい** |
| ゆるし[緩] | …… | **ゆるやか** |
| ゆるし[緩] | …… | **よわい** |
| ゆるし[許] | …… | **きょか** |
| ゆるす | …… | **きょか** |
| ゆるす | …… | **こうにん** |
| ゆるす | …… | **がまん** |
| ゆるす | …… | **しょうだく** |
| ゆるす | …… | **てばなす** |
| ゆるす | …… | **にがす** |
| ゆるす | …… | **はなす** |
| ゆるす | …… | **みとめる** |
| ゆるす | …… | **ゆるめる** |
| ゆるふ | …… | **おこたる** |
| ゆるふ | …… | **かんだい** |
| ゆるふ | …… | **しまりがない** |
| ゆるふ | …… | **たるむ** |
| ゆるふ | …… | **ゆだん** |
| ゆるふ | …… | **ゆるい** |

| | | |
|---|---|---|
| ゆるふ | …… | **ゆるめる** |
| ゆるぶ | …… | **おこたる** |
| ゆるぶ | …… | **かんだい** |
| ゆるぶ | …… | **くつろぐ** |
| ゆるぶ | …… | **しまりがない** |
| ゆるぶ | …… | **たるむ** |
| ゆるぶ | …… | **だらしない** |
| ゆるぶ | …… | **ゆだん** |
| ゆるぶ | …… | **ゆるい** |
| ゆるぶ | …… | **ゆるめる** |
| ゆるゆる(と) | …… | **くつろぐ** |
| ゆるゆる(と) | …… | **やわらかい** |
| ゆるゆる(と) | …… | **ゆっくり** |
| ゆるゆる(と) | …… | **ゆったり** |
| ゆるゆる(と) | …… | **ゆらゆら** |
| ゆるらか | …… | **ゆたか** |
| ゆるらか | …… | **ゆっくり** |
| ゆるらか | …… | **ゆったり** |
| ゆるらか | …… | **ゆるやか** |
| ゆるり[緩] | …… | **ゆったり** |
| ゆるり[囲炉裏] | …… | **いろり** |
| ゆるりくゎん | …… | **ゆったり** |
| ゆるるか | …… | **ゆたか** |
| ゆるるか | …… | **ゆっくり** |
| ゆるるか | …… | **ゆったり** |
| ゆるるか | …… | **ゆるやか** |
| ゆゑ | …… | **えんこ** |
| ゆゑ | …… | **おもむき** |
| ゆゑ | …… | **げんいん** |
| ゆゑ | …… | **こしょう** |
| ゆゑ | …… | **さしさわり** |
| ゆゑ | …… | **じじょう** |
| ゆゑ | …… | **みぶん** |
| ゆゑ | …… | **ゆいしょ** |
| ゆゑ | …… | **らいれき** |
| ゆゑ | …… | **ゆらい** |
| ゆゑ | …… | 55, 81, 82 |
| ゆゑざはり | …… | **さしさわり** |
| ゆゑだつ | …… | **ゐどる** |
| ゆゑだつ | …… | **もったいぶる** |
| ゆゑづく | …… | **わけ** |
| ゆゑづく | …… | 81 |
| ゆゑなし | …… | **えんこ** |
| ゆゑなし | …… | **こんきょ** |
| ゆゑなし | …… | **りゆう** |
| ゆゑなし | …… | 81 |
| ゆゑぶ | …… | **わけ** |
| ゆゑぶ | …… | 81 |
| ゆゑゆゑし | …… | **ものものしい** |
| ゆゑゆゑし | …… | **ゆいしょ** |
| ゆゑゆゑし | …… | **ゆうが** |
| ゆゑよし | …… | **いわれ** |
| ゆゑよし | …… | **きょいしょ** |
| ゆゑよし | …… | **ゆいしょ** |
| ゆゑよし | …… | **ゆらい** |
| ゆゑよし | …… | **りゆう** |
| ゆゑよし | …… | **わけ** |
| ゆゑよし | …… | 81 |

| | | |
|---|---|---|
| ゆゑん | …… | **いわれ** |
| ゆゑん | …… | **りゆう** |
| ゆゑん | …… | **わけ** |
| ゆをひく | …… | **にゅうよく** |
| ゆんだけ | …… | **ゆみ** |
| ゆんで | …… | **ひだり** |
| ゆんで | …… | 48 |

# よ

| | | |
|---|---|---|
| よ[世] | …… | **いっしょう** |
| よ[世] | …… | **いのち** |
| よ[世] | …… | **おり** |
| よ[世] | …… | **かぎょう** |
| よ[世] | …… | **くらし** |
| よ[世] | …… | **しごと** |
| よ[世] | …… | **じせつ** |
| よ[世] | …… | **だんじょ** |
| よ[世] | …… | **よくぼう** |
| よ[世] | …… | 17, 57, 64, 85, 89 |
| よ[節] | …… | **たけ** |
| よ[節] | …… | **ふし** |
| よ[弁] | …… | **かべん** |
| よ[弁] | …… | **はな** |
| よ[弁] | …… | **はなびら** |
| よ[余] | …… | **あまり** |
| よ[余] | …… | **いがい** |
| よ[余] | …… | **よぶん** |
| よ[余] | …… | **じぶん** |
| よ[余] | …… | 105 |
| よ[世] | …… | 57, 85 |
| よあう | …… | **おうほう** |
| よあう | …… | **さいなん** |
| よあう | …… | **むくい** |
| よいち | …… | **てんか** |
| よう | …… | **いりよう** |
| よう | …… | **さよう** |
| よう | …… | **はたらき** |
| よう | …… | **ひつよう** |
| よう | …… | **ひよう** |
| よう | …… | **ようじ** |
| ようい | …… | **こころがまえ** |
| ようい | …… | **こころづかい** |
| ようい | …… | **ちゅうい** |
| ようい | …… | **はいりょ** |
| ようい | …… | **ようじん** |
| ようい | …… | 85 |
| ようかん | …… | **はげしい** |
| ようがん | …… | **かおだち** |
| ようがん | …… | **ようし** |
| ようがん | …… | **ようぼう** |
| ようぎ | …… | **たいど** |
| ようぎ | …… | **ようぼう** |
| ようさつかた | …… | **ばんがた** |
| ようさつかた | …… | 19, 21 |
| ようさり | …… | 19, 20 |
| ようさりがた | …… | 21 |

二〇〇七年四月三〇日　初版発行
二〇二四年二月一〇日　第六刷発行

# 現代語から古語を引く辞典

編　者────芹生公男（せりふ・きみお）

発行者────株式会社三省堂
　　　代表者＝瀧本多加志

印刷者────三省堂印刷株式会社

発行所────株式会社三省堂
　　　〒101-8371
　　　東京都千代田区麴町五丁目七番地二
　　　電話＝(03)3230-9411
　　　https://www.sanseido.co.jp

本書を無断で複写複製することは、著作権法上の例外を除き、禁じられています。また、本書を請負業者等の第三者に依頼してスキャン等によってデジタル化することは、たとえ個人や家庭内での利用であっても一切認められておりません。
本書の内容に関するお問い合わせは、弊社ホームページの「お問い合わせ」フォーム（https://www.sanseido.co.jp/support）にて承ります。

本書は『現代語から古語が引ける　古語類語辞典』（一九九五年四月一日発行）の増補改題版である

［現代語から古語・896 pp.］
落丁本・乱丁本はお取り替えいたします。
ISBN978-4-385-14042-1

## 句作に、吟行に必携。

### 大辞林 第四版
松村 明・三省堂編修所 編

最新・最大・最高の本格派[国語+百科]辞典。あらゆる分野の言葉に最新項目を加え、251,000項目収録。現代語義優先方式にもとづく解説と豊富な用例。**B5変型判**

### 現代俳句大事典
稲畑汀子・大岡信・鷹羽狩行 監修

現代俳句界の総力を結集して誕生した調べる、読む、詠む、鑑賞する初の俳句大事典。

俳人・評論家約1,000人、事項約500項目。

● ナレーター・草柳隆三が心を込めて詠む、朗読CD付き普及版B6判発売

**A5判**

### 現代短歌大事典
篠 弘・馬場あき子・佐佐木幸綱 監修

約210名の現代歌人・評論家の参加により、特定の結社・歌人に偏ることなく、客観的な資料性を重視し、編集した、体系的、本格的な大事典。

● 代表的歌人7人のテーマ別に編集した朗読CD付き普及版B6判発売

**A5判**

### 三省堂名歌名句辞典 新装版
佐佐木幸綱・復本一郎 編

記紀・万葉から現代の短歌・俳句・川柳まで、長い歴史の中で生み出され、愛誦されてきた名歌・名句6,186を集大成。歌謡・狂歌・俳諧歌なども収録。**B6判**

SANSEIDO

# 句作に、吟行に必備の友。

## 稲畑汀子 編

### ホトトギス 新歳時記 第三版

日本人の美意識に磨きぬかれ継承されてきた季題を、現代に即応した新季題も豊富に採用し、季題二,六二六、例句は一万六千百を収録。**A6変型横判**

★活字を大きく、見やすくした「大きな活字のホトトギス新歳時記」第三版も刊行。**A5変型横判**

### ホトトギス 季寄せ 第三版

「ホトトギス新歳時記」のダイジェスト版。軽くて、薄くて、丈夫な、吟行に必携の小型歳時記。**A6変型横判**

## 高浜虚子 編

### 新歳時記 増訂版

座右の宝典として親しまれてきた古今の一大名句集。季題を作句本位に取捨選定し、季節の推移に従って月別に配列。**A6横判**

### 季寄せ 改訂版

虚子編「新歳時記」のダイジェスト版。触目の景色の中に、手っ取り早く季題を探るのに便利な携帯版。吟行に最適。**B7横判**

SANSEIDO

# 月〈旧暦〉の異称

## 【七月】

あきのはづき[秋端月]
あきはづき[秋初月]
あさみなづき
あひづき[相月]
あやづき[親月]
おやづき[親月]
くわげつ[瓜月]
こげつ[個月]
ささはなさつき
しょしう[初秋]
しんしう[新秋]
たなばたづき[七夕月]
ななよづき[七夜月]
はつあき[初秋]
ふげつ[婦月]
ふづき[文月]
ふみづき[文月]
ふみひらきづき[文開月]
ふみひろげづき[文開月]

ほみづき[穂見月]
まうしう[孟秋]
めであひづき[愛逢月]
らんげつ[蘭月]
らんしう[蘭秋]
りゃうげつ[涼月]
をみなへしづき[女郎花月]
をみなべしつき[女郎花月]

## 【八月】

あきかぜつき[秋風月]
かつらづき[桂月]
かりくづき[雁来月]
がんらいづき[雁来月]
くさつづき[草津月]
くゎんげつ[観月]
けいげつ[桂月]
げんげつ[弦月]
こうぞめづき[紅染月]

こそめづき[木染月]
さうげつ[壮月]
せいしう[正秋]
そのいろづき[其色月]
そのいろづき[園色月]
たけのはる[竹春]
ちくしゅん[竹春]
ちゅうしう[仲秋]
つきみづき[月見月]
つばめさりづき[燕去月]
なかのあき[仲秋]
なんりょ[南呂]
はづき[葉月]
もろこしづき[諸越月]

## 【九月】

いろどりづき[色取月]
いろどるづき[色取月]
かうしう[高秋]
きくさきづき[菊咲月]
きくづき[菊月]
きしう[季秋]
くちづき[朽月]
げんげつ[玄月]
こうばいのつき[紅梅月]
こずゑのあき[梢秋]
こそめづき[濃染月]
こそめづき[木染月]
たいしゃう[太衝]
ながつき[長月]
ねざめづき[寝覚月]
はなふくあき[花吹秋]
ばんしう[晩秋]
ぼしう[暮秋]